ALTITUDE CORRECTION TABLE

SUN OCT.–MAR. App. Alt.	Lower Limb	Upper Limb	SUN APR.–SEPT. App. Alt.	Lower Limb	Upper Limb	STARS App. Alt.	Corrn	App. Alt.	Additional Corrn	Ht. of Eye	Corrn	Ht. of Eye	Ht. of Eye	Corrn
° ′	′	′	° ′	′	′	° ′	′			m	′	ft.	m	′
9 34	+10.8	−21.5	9 39	+10.6	−21.2	9 56	−5.3	**1994**		2.4	−2.8	8.0	1.0	1.8
9 45	+10.9	−21.4	9 51	+10.7	−21.1	10 08	−5.2	**VENUS**		2.6	−2.9	8.6	1.5	2.2
9 56	+11.0	−21.3	10 03	+10.8	−21.0	10 20	−5.1	Jan. 1–July 18		2.8	−3.0	9.2	2.0	2.5
10 08	+11.1	−21.2	10 15	+10.9	−20.9	10 33	−5.0	° ′		3.0	−3.1	9.8	2.5	2.8
10 21	+11.2	−21.1	10 27	+11.0	−20.8	10 46	−4.9	0	+0.1	3.2	−3.2	10.5	3.0	3.0
10 34	+11.3	−21.0	10 40	+11.1	−20.7	11 00	−4.8	60		3.4	−3.3	11.2	See table	
10 47	+11.4	−20.9	10 54	+11.2	−20.6	11 14	−4.7	July 19–Sept. 6		3.6	−3.4	11.9	←	
11 01	+11.5	−20.8	11 08	+11.3	−20.5	11 29	−4.6	° ′		3.8	−3.5	12.6	m	′
11 15	+11.6	−20.7	11 23	+11.4	−20.4	11 45	−4.5	0	+0.2	4.0	−3.6	13.3	20	7.9
11 30	+11.7	−20.6	11 38	+11.5	−20.3	12 01	−4.4	41	+0.1	4.3	−3.7	14.1	22	8.3
11 46	+11.8	−20.5	11 54	+11.6	−20.2	12 18	−4.3	76		4.5	−3.8	14.9	24	8.6
12 02	+11.9	−20.4	12 10	+11.7	−20.1	12 35	−4.2	Sept. 7–Sept. 28		4.7	−3.9	15.7	26	9.0
12 19	+12.0	−20.3	12 28	+11.8	−20.0	12 54	−4.1	Dec. 10–Dec. 31		5.0	−4.0	16.5	28	9.3
12 37	+12.1	−20.2	12 46	+11.9	−19.9	13 13	−4.0	° ′		5.2	−4.1	17.4		
12 55	+12.2	−20.1	13 05	+12.0	−19.8	13 33	−3.9	0	+0.3	5.5	−4.2	18.3	30	9.6
13 14	+12.3	−20.0	13 24	+12.1	−19.7	13 54	−3.8	34	+0.2	5.8	−4.3	19.1	32	10.0
13 35	+12.4	−19.9	13 45	+12.2	−19.6	14 16	−3.7	60	+0.1	6.1	−4.4	20.1	34	10.3
13 56	+12.5	−19.8	14 07	+12.3	−19.5	14 40	−3.6	80		6.3	−4.5	21.0	36	10.6
14 18	+12.6	−19.7	14 30	+12.4	−19.4	15 04	−3.5	Sept. 29–Oct. 14		6.6	−4.6	22.0	38	10.8
14 42	+12.7	−19.6	14 54	+12.5	−19.3	15 30	−3.4	Nov. 25–Dec. 9		6.9	−4.7	22.9		
15 06	+12.8	−19.5	15 19	+12.6	−19.2	15 57	−3.3	° ′		7.2	−4.8	23.9	40	11.1
15 32	+12.9	−19.4	15 46	+12.7	−19.1	16 26	−3.2	0	+0.4	7.5	−4.9	24.9	42	11.4
15 59	+13.0	−19.3	16 14	+12.8	−19.0	16 56	−3.1	29	+0.3	7.9	−5.0	26.0	44	11.7
16 28	+13.1	−19.2	16 44	+12.9	−18.9	17 28	−3.0	51	+0.2	8.2	−5.1	27.1	46	11.9
16 59	+13.2	−19.1	17 15	+13.0	−18.8	18 02	−2.9	68	+0.1	8.5	−5.2	28.1	48	12.2
17 32	+13.3	−19.0	17 48	+13.1	−18.7	18 38	−2.8	83		8.8	−5.3	29.2	ft.	
18 06	+13.4	−18.9	18 24	+13.2	−18.6	19 17	−2.7	Oct. 15–Nov. 24		9.2	−5.4	30.4	2	1.4
18 42	+13.5	−18.8	19 01	+13.3	−18.5	19 58	−2.6	° ′		9.5	−5.5	31.5	4	1.9
19 21	+13.6	−18.7	19 42	+13.4	−18.4	20 42	−2.5	0	+0.5	9.9	−5.6	32.7	6	2.4
20 03	+13.7	−18.6	20 25	+13.5	−18.3	21 28	−2.4	26	+0.4	10.3	−5.7	33.9	8	2.7
20 48	+13.8	−18.5	21 11	+13.6	−18.2	22 19	−2.3	46	+0.3	10.6	−5.8	35.1	10	3.1
21 35	+13.9	−18.4	22 00	+13.7	−18.1	23 13	−2.2	60	+0.2	11.0	−5.9	36.3	See table	
22 26	+14.0	−18.3	22 54	+13.8	−18.0	24 11	−2.1	73	+0.1	11.4	−6.0	37.6	←	
23 22	+14.1	−18.2	23 51	+13.9	−17.9	25 14	−2.0	84		11.8	−6.1	38.9	ft.	′
24 21	+14.2	−18.1	24 53	+14.0	−17.8	26 22	−1.9	**MARS**		12.2	−6.2	40.1	70	8.1
25 26	+14.3	−18.0	26 00	+14.1	−17.7	27 36	−1.8	Jan. 1–Dec. 14		12.6	−6.3	41.5	75	8.4
26 36	+14.4	−17.9	27 13	+14.2	−17.6	28 56	−1.7	° ′		13.0	−6.4	42.8	80	8.7
27 52	+14.5	−17.8	28 33	+14.3	−17.5	30 24	−1.6	0	+0.1	13.4	−6.5	44.2	85	8.9
29 15	+14.6	−17.7	30 00	+14.4	−17.4	32 00	−1.5	60		13.8	−6.6	45.5	90	9.2
30 46	+14.7	−17.6	31 35	+14.5	−17.3	33 45	−1.4	Dec. 15–Dec. 31		14.2	−6.7	46.9	95	9.5
32 26	+14.8	−17.5	33 20	+14.6	−17.2	35 40	−1.3	° ′		14.7	−6.8	48.4		
34 17	+14.9	−17.4	35 17	+14.7	−17.1	37 48	−1.2	0	+0.2	15.1	−6.9	49.8		
36 20	+15.0	−17.3	37 26	+14.8	−17.0	40 08	−1.1	41	+0.1	15.5	−7.0	51.3	100	9.7
38 36	+15.1	−17.2	39 50	+14.9	−16.9	42 44	−1.0	76		16.0	−7.1	52.8	105	9.9
41 08	+15.2	−17.1	42 31	+15.0	−16.8	45 36	−0.9			16.5	−7.2	54.3	110	10.2
43 59	+15.3	−17.0	45 31	+15.1	−16.7	48 47	−0.8			16.9	−7.3	55.8	115	10.4
47 10	+15.4	−16.9	48 55	+15.2	−16.6	52 18	−0.7			17.4	−7.4	57.4	120	10.6
50 46	+15.5	−16.8	52 44	+15.3	−16.5	56 11	−0.6			17.9	−7.5	58.9	125	10.8
54 49	+15.6	−16.7	57 02	+15.4	−16.4	60 28	−0.5			18.4	−7.6	60.5		
59 23	+15.7	−16.6	61 51	+15.5	−16.3	65 08	−0.4			18.8	−7.7	62.1	130	11.1
64 30	+15.8	−16.5	67 17	+15.6	−16.2	70 11	−0.3			19.3	−7.8	63.8	135	11.3
70 12	+15.9	−16.4	73 16	+15.7	−16.1	75 34	−0.2			19.8	−7.9	65.4	140	11.5
76 26	+16.0	−16.3	79 43	+15.8	−16.0	81 13	−0.1			20.4	−8.0	67.1	145	11.7
83 05	+16.1	−16.2	86 32	+15.9	−15.9	87 03	0.0			20.9	−8.1	68.8	150	11.9
90 00			90 00			90 00				21.4		70.5	155	12.1

App. Alt. = Apparent altitude = Sextant altitude corrected for index error and dip.

INDEX TO SELECTED STARS, 1994

Name	No	Mag	SHA	Dec		No	Name	Mag	SHA	Dec
			°	°					°	°
Acamar	7	3·1	315	S 40		1	Alpheratz	2·2	358	N 29
Achernar	5	0·6	336	S 57		2	Ankaa	2·4	353	S 42
Acrux	30	1·1	173	S 63		3	Schedar	2·5	350	N 57
Adhara	19	1·6	255	S 29		4	Diphda	2·2	349	S 18
Aldebaran	10	1·1	291	N 16		5	Achernar	0·6	336	S 57
Alioth	32	1·7	167	N 56		6	Hamal	2·2	328	N 23
Alkaid	34	1·9	153	N 49		7	Acamar	3·1	315	S 40
Al Na'ir	55	2·2	28	S 47		8	Menkar	2·8	314	N 4
Alnilam	15	1·8	276	S 1		9	Mirfak	1·9	309	N 50
Alphard	25	2·2	218	S 9		10	Aldebaran	1·1	291	N 16
Alphecca	41	2·3	126	N 27		11	Rigel	0·3	281	S 8
Alpheratz	1	2·2	358	N 29		12	Capella	0·2	281	N 46
Altair	51	0·9	62	N 9		13	Bellatrix	1·7	279	N 6
Ankaa	2	2·4	353	S 42		14	Elnath	1·8	279	N 29
Antares	42	1·2	113	S 26		15	Alnilam	1·8	276	S 1
Arcturus	37	0·2	146	N 19		16	Betelgeuse	Var.*	271	N 7
Atria	43	1·9	108	S 69		17	Canopus	−0·9	264	S 53
Avior	22	1·7	234	S 59		18	Sirius	−1·6	259	S 17
Bellatrix	13	1·7	279	N 6		19	Adhara	1·6	255	S 29
Betelgeuse	16	Var.*	271	N 7		20	Procyon	0·5	245	N 5
Canopus	17	−0·9	264	S 53		21	Pollux	1·2	244	N 28
Capella	12	0·2	281	N 46		22	Avior	1·7	234	S 59
Deneb	53	1·3	50	N 45		23	Suhail	2·2	223	S 43
Denebola	28	2·2	183	N 15		24	Miaplacidus	1·8	222	S 70
Diphda	4	2·2	349	S 18		25	Alphard	2·2	218	S 9
Dubhe	27	2·0	194	N 62		26	Regulus	1·3	208	N 12
Elnath	14	1·8	279	N 29		27	Dubhe	2·0	194	N 62
Eltanin	47	2·4	91	N 51		28	Denebola	2·2	183	N 15
Enif	54	2·5	34	N 10		29	Gienah	2·8	176	S 18
Fomalhaut	56	1·3	16	S 30		30	Acrux	1·1	173	S 63
Gacrux	31	1·6	172	S 57		31	Gacrux	1·6	172	S 57
Gienah	29	2·8	176	S 18		32	Alioth	1·7	167	N 56
Hadar	35	0·9	149	S 60		33	Spica	1·2	159	S 11
Hamal	6	2·2	328	N 23		34	Alkaid	1·9	153	N 49
Kaus Australis	48	2·0	84	S 34		35	Hadar	0·9	149	S 60
Kochab	40	2·2	137	N 74		36	Menkent	2·3	148	S 36
Markab	57	2·6	14	N 15		37	Arcturus	0·2	146	N 19
Menkar	8	2·8	314	N 4		38	Rigil Kentaurus	0·1	140	S 61
Menkent	36	2·3	148	S 36		39	Zubenelgenubi	2·9	137	S 16
Miaplacidus	24	1·8	222	S 70		40	Kochab	2·2	137	N 74
Mirfak	9	1·9	309	N 50		41	Alphecca	2·3	126	N 27
Nunki	50	2·1	76	S 26		42	Antares	1·2	113	S 26
Peacock	52	2·1	54	S 57		43	Atria	1·9	108	S 69
Pollux	21	1·2	244	N 28		44	Sabik	2·6	102	S 16
Procyon	20	0·5	245	N 5		45	Shaula	1·7	97	S 37
Rasalhague	46	2·1	96	N 13		46	Rasalhague	2·1	96	N 13
Regulus	26	1·3	208	N 12		47	Eltanin	2·4	91	N 51
Rigel	11	0·3	281	S 8		48	Kaus Australis	2·0	84	S 34
Rigil Kentaurus	38	0·1	140	S 61		49	Vega	0·1	81	N 39
Sabik	44	2·6	102	S 16		50	Nunki	2·1	76	S 26
Schedar	3	2·5	350	N 57		51	Altair	0·9	62	N 9
Shaula	45	1·7	97	S 37		52	Peacock	2·1	54	S 57
Sirius	18	−1·6	259	S 17		53	Deneb	1·3	50	N 45
Spica	33	1·2	159	S 11		54	Enif	2·5	34	N 10
Suhail	23	2·2	223	S 43		55	Al Na'ir	2·2	28	S 47
Vega	49	0·1	81	N 39		56	Fomalhaut	1·3	16	S 30
Zubenelgenubi	39	2·9	137	S 16		57	Markab	2·6	14	N 15

*0·1 — 1·2

ALTITUDE CORRECTION TABLES 0°–10°—SUN, STARS, PLANETS A3

App. Alt.	OCT.–MAR. SUN		APR.–SEPT.		STARS PLANETS	App. Alt.	OCT.–MAR. SUN		APR.–SEPT.		STARS PLANETS
	Lower Limb	Upper Limb	Lower Limb	Upper Limb			Lower Limb	Upper Limb	Lower Limb	Upper Limb	
° ′	′	′	′	′	′	° ′	′	′	′	′	′
0 00	−18·2	−50·5	−18·4	−50·2	−34·5	3 30	+ 3·3	−29·0	+ 3·1	−28·7	−13·0
03	17·5	49·8	17·8	49·6	33·8	35	3·6	28·7	3·3	28·5	12·7
06	16·9	49·2	17·1	48·9	33·2	40	3·8	28·5	3·5	28·3	12·5
09	16·3	48·6	16·5	48·3	32·6	45	4·0	28·3	3·7	28·1	12·3
12	15·7	48·0	15·9	47·7	32·0	50	4·2	28·1	3·9	27·9	12·1
15	15·1	47·4	15·3	47·1	31·4	3 55	4·4	27·9	4·1	27·7	11·9
0 18	−14·5	−46·8	−14·8	−46·6	−30·8	4 00	+ 4·5	−27·8	+ 4·3	−27·5	−11·8
21	14·0	46·3	14·2	46·0	30·3	05	4·7	27·6	4·5	27·3	11·6
24	13·5	45·8	13·7	45·5	29·8	10	4·9	27·4	4·6	27·2	11·4
27	12·9	45·2	13·2	45·0	29·2	15	5·1	27·2	4·8	27·0	11·2
30	12·4	44·7	12·7	44·5	28·7	20	5·2	27·1	5·0	26·8	11·1
33	11·9	44·2	12·2	44·0	28·2	25	5·4	26·9	5·1	26·7	10·9
0 36	−11·5	−43·8	−11·7	−43·5	−27·8	4 30	+ 5·6	−26·7	+ 5·3	−26·5	−10·7
39	11·0	43·3	11·2	43·0	27·3	35	5·7	26·6	5·5	26·3	10·6
42	10·5	42·8	10·8	42·6	26·8	40	5·9	26·4	5·6	26·2	10·4
45	10·1	42·4	10·3	42·1	26·4	45	6·0	26·3	5·8	26·0	10·3
48	9·6	41·9	9·9	41·7	25·9	50	6·2	26·1	5·9	25·9	10·1
51	9·2	41·5	9·5	41·3	25·5	4 55	6·3	26·0	6·0	25·8	10·0
0 54	− 8·8	−41·1	− 9·1	−40·9	−25·1	5 00	+ 6·4	−25·9	+ 6·2	−25·6	− 9·9
0 57	8·4	40·7	8·7	40·5	24·7	05	6·6	25·7	6·3	25·5	9·7
1 00	8·0	40·3	8·3	40·1	24·3	10	6·7	25·6	6·4	25·4	9·6
03	7·7	40·0	7·9	39·7	24·0	15	6·8	25·5	6·6	25·2	9·5
06	7·3	39·6	7·5	39·3	23·6	20	6·9	25·4	6·7	25·1	9·4
09	6·9	39·2	7·2	39·0	23·2	25	7·1	25·2	6·8	25·0	9·2
1 12	− 6·6	−38·9	− 6·8	−38·6	−22·9	5 30	+ 7·2	−25·1	+ 6·9	−24·9	− 9·1
15	6·2	38·5	6·5	38·3	22·5	35	7·3	25·0	7·0	24·8	9·0
18	5·9	38·2	6·2	38·0	22·2	40	7·4	24·9	7·2	24·6	8·9
21	5·6	37·9	5·8	37·6	21·9	45	7·5	24·8	7·3	24·5	8·8
24	5·3	37·6	5·5	37·3	21·6	50	7·6	24·7	7·4	24·4	8·7
27	4·9	37·2	5·2	37·0	21·2	5 55	7·7	24·6	7·5	24·3	8·6
1 30	− 4·6	−36·9	− 4·9	−36·7	−20·9	6 00	+ 7·8	−24·5	+ 7·6	−24·2	− 8·5
35	4·2	36·5	4·4	36·2	20·5	10	8·0	24·3	7·8	24·0	8·3
40	3·7	36·0	4·0	35·8	20·0	20	8·2	24·1	8·0	23·8	8·1
45	3·2	35·5	3·5	35·3	19·5	30	8·4	23·9	8·1	23·7	7·9
50	2·8	35·1	3·1	34·9	19·1	40	8·6	23·7	8·3	23·5	7·7
1 55	2·4	34·7	2·6	34·4	18·7	6 50	8·7	23·6	8·5	23·3	7·6
2 00	− 2·0	−34·3	− 2·2	−34·0	−18·3	7 00	+ 8·9	−23·4	+ 8·6	−23·2	− 7·4
05	1·6	33·9	1·8	33·6	17·9	10	9·1	23·2	8·8	23·0	7·2
10	1·2	33·5	1·5	33·3	17·5	20	9·2	23·1	9·0	22·8	7·1
15	0·9	33·2	1·1	32·9	17·2	30	9·3	23·0	9·1	22·7	7·0
20	0·5	32·8	0·8	32·6	16·8	40	9·5	22·8	9·2	22·6	6·8
25	− 0·2	32·5	0·4	32·2	16·5	7 50	9·6	22·7	9·4	22·4	6·7
2 30	+ 0·2	−32·1	− 0·1	−31·9	−16·1	8 00	+ 9·7	−22·6	+ 9·5	−22·3	− 6·6
35	0·5	31·8	+ 0·2	31·6	15·8	10	9·9	22·4	9·6	22·2	6·4
40	0·8	31·5	0·5	31·3	15·5	20	10·0	22·3	9·7	22·1	6·3
45	1·1	31·2	0·8	31·0	15·2	30	10·1	22·2	9·8	22·0	6·2
50	1·4	30·9	1·1	30·7	14·9	40	10·2	22·1	10·0	21·8	6·1
2 55	1·6	30·7	1·4	30·4	14·7	8 50	10·3	22·0	10·1	21·7	6·0
3 00	+ 1·9	−30·4	+ 1·7	−30·1	−14·4	9 00	+10·4	−21·9	+10·2	−21·6	− 5·9
05	2·2	30·1	1·9	29·9	14·1	10	10·5	21·8	10·3	21·5	5·8
10	2·4	29·9	2·1	29·4	13·9	20	10·6	21·7	10·4	21·4	5·7
15	2·6	29·7	2·4	29·4	13·7	30	10·7	21·6	10·5	21·3	5·6
20	2·9	29·4	2·6	29·2	13·4	40	10·8	21·5	10·6	21·2	5·5
25	3·1	29·2	2·9	28·9	13·2	9 50	10·9	21·4	10·6	21·2	5·4
3 30	+ 3·3	−29·0	+ 3·1	−28·7	−13·0	10 00	+11·0	−21·3	+10·7	−21·1	− 5·3

Additional corrections for temperature and pressure are given on the following page.

For bubble sextant observations ignore dip and use the star corrections for Sun, planets, and stars.

UNITED STATES EDITION

For sale by the
Superintendent of Documents
U.S. GOVERNMENT PRINTING OFFICE
Washington, D.C. 20402

UNITED KINGDOM EDITION

Published by
HER MAJESTY'S STATIONERY OFFICE
To be purchased from
49 High Holborn, London w.c.1

PREFACE

The British and American editions of *The Nautical Almanac*, which are identical in content, are produced jointly by H. M. Nautical Almanac Office, Royal Greenwich Observatory, under the supervision of B. D. Yallop and C. Y. Hohenkerk, and by the Nautical Almanac Office, United States Naval Observatory, under the supervision of L. E. Doggett, M. R. Lukac, and J. E. Jeffries to the general requirements of the Royal Navy and of the United States Navy. The almanac is printed separately in the United Kingdom and in the United States of America.

The data in this almanac can be made available, in a form suitable for direct photographic reproduction, to the appropriate almanac-producing agency in any country; language changes in the headings of the ephemeral pages can be introduced, if desired, during reproduction. Under this arrangement, this almanac, with minor modifications and changes in language, has been adopted for the Brazilian, Chilean, Danish, Greek, Indian, Indonesian, Italian, Korean, Mexican and Norwegian almanacs.

<table>
<tr><td>ALEXANDER BOKSENBERG
Director,
Royal Greenwich Observatory,
Madingley Road,
Cambridge, CB3 0EZ, England</td><td>WINFIELD DONAT, III
Captain, U.S. Navy,
Superintendent, U.S. Naval Observatory,
Washington, D.C. 20392,
U.S.A.</td></tr>
</table>

November 1992

CALENDAR, 1994

RELIGIOUS CALENDARS

Epiphany	Jan. 6	Low Sunday	Apr. 10
Septuagesima Sunday	Jan. 30	Rogation Sunday	May 8
Quinquagesima Sunday	Feb. 13	Ascension Day—Holy Thursday	May 12
Ash Wednesday	Feb. 16	Whit Sunday—Pentecost	May 22
Quadragesima Sunday	Feb. 20	Trinity Sunday	May 29
Palm Sunday	Mar. 27	Corpus Christi	June 2
Good Friday	Apr. 1	First Sunday in Advent	Nov. 27
Easter Day	Apr. 3	Christmas Day (Sunday)	Dec. 25
First Day of Passover (Pesach)	Mar. 27	Day of Atonement (Yom Kippur)	Sept. 15
Feast of Weeks (Shavuot)	May 16	First day of Tabernacles (Succoth)	Sept. 20
Jewish New Year 5755 (Rosh Hashanah)	Sept. 6		
Ramadân, First day of (tabular)	Feb. 12	Islamic New Year (1415)	June 10

The Jewish and Islamic dates above are tabular dates, which begin at sunset on the previous evening and end at sunset on the date tabulated. In practice, the dates of Islamic fasts and festivals are determined by an actual sighting of the appropriate new moon.

CIVIL CALENDAR—UNITED KINGDOM

Accession of Queen Elizabeth II	Feb. 6	Birthday of Prince Philip, Duke of	
St David (Wales)	Mar. 1	Edinburgh	June 10
Commonwealth Day	Mar. 14	The Queen's Official Birthday†	June 11
St Patrick (Ireland)	Mar. 17	Remembrance Sunday	Nov. 13
Birthday of Queen Elizabeth II	Apr. 21	Birthday of the Prince of Wales	Nov. 14
St George (England)	Apr. 23	St Andrew (Scotland)	Nov. 30
Coronation Day	June 2		

PUBLIC HOLIDAYS

England and Wales—Jan. 3, Apr. 1, Apr. 4, May 2, May 30, Aug. 29, Dec. 26, Dec. 27
Northern Ireland—Jan. 3, Mar. 17, Apr. 1, Apr. 4, May 2, May 30, July 12, Aug. 29, Dec. 26, Dec. 27
Scotland—Jan. 3, Jan. 4, Apr. 1, May 2, May 30, Aug. 1, Dec. 26, Dec. 27

CIVIL CALENDAR—UNITED STATES OF AMERICA

New Year's Day	Jan. 1	Labor Day	Sept. 5
Martin Luther King's Birthday	Jan. 17	Columbus Day	Oct. 10
Lincoln's Birthday	Feb. 12	General Election Day	Nov. 8
Washington's Birthday	Feb. 21	Veterans Day	Nov. 11
Memorial Day	May 30	Thanksgiving Day	Nov. 24
Independence Day	July 4		

†Date subject to confirmation

PHASES OF THE MOON

New Moon			First Quarter			Full Moon			Last Quarter		
d	h	m	d	h	m	d	h	m	d	h	m
									Jan. 5	00	00
Jan. 11	23	10	Jan. 19	20	27	Jan. 27	13	23	Feb. 3	08	06
Feb. 10	14	30	Feb. 18	17	47	Feb. 26	01	15	Mar. 4	16	53
Mar. 12	07	05	Mar. 20	12	14	Mar. 27	11	09	Apr. 3	02	55
Apr. 11	00	17	Apr. 19	02	34	Apr. 25	19	45	May 2	14	32
May 10	17	07	May 18	12	50	May 25	03	39	June 1	04	02
June 9	08	26	June 16	19	56	June 23	11	33	June 30	19	31
July 8	21	37	July 16	01	12	July 22	20	16	July 30	12	40
Aug. 7	08	45	Aug. 14	05	57	Aug. 21	06	47	Aug. 29	06	41
Sept. 5	18	33	Sept. 12	11	34	Sept. 19	20	00	Sept. 28	00	23
Oct. 5	03	55	Oct. 11	19	17	Oct. 19	12	18	Oct. 27	16	44
Nov. 3	13	35	Nov. 10	06	14	Nov. 18	06	57	Nov. 26	07	04
Dec. 2	23	54	Dec. 9	21	06	Dec. 18	02	17	Dec. 25	19	06

CALENDAR, 1994

DAYS OF THE WEEK AND DAYS OF THE YEAR

Day	JAN. Wk Yr	FEB. Wk Yr	MAR. Wk Yr	APR. Wk Yr	MAY Wk Yr	JUNE Wk Yr	JULY Wk Yr	AUG. Wk Yr	SEPT. Wk Yr	OCT. Wk Yr	NOV. Wk Yr	DEC. Wk Yr
1	Sa. 1	Tu. 32	Tu. 60	F. 91	Su. 121	W. 152	F. 182	M. 213	Th. 244	Sa. 274	Tu. 305	Th. 335
2	Su. 2	W. 33	W. 61	Sa. 92	M. 122	Th. 153	Sa. 183	Tu. 214	F. 245	Su. 275	W. 306	F. 336
3	M. 3	Th. 34	Th. 62	Su. 93	Tu. 123	F. 154	Su. 184	W. 215	Sa. 246	M. 276	Th. 307	Sa. 337
4	Tu. 4	F. 35	F. 63	M. 94	W. 124	Sa. 155	M. 185	Th. 216	Su. 247	Tu. 277	F. 308	Su. 338
5	W. 5	Sa. 36	Sa. 64	Tu. 95	Th. 125	Su. 156	Tu. 186	F. 217	M. 248	W. 278	Sa. 309	M. 339
6	Th. 6	Su. 37	Su. 65	W. 96	F. 126	M. 157	W. 187	Sa. 218	Tu. 249	Th. 279	Su. 310	Tu. 340
7	F. 7	M. 38	M. 66	Th. 97	Sa. 127	Tu. 158	Th. 188	Su. 219	W. 250	F. 280	M. 311	W. 341
8	Sa. 8	Tu. 39	Tu. 67	F. 98	Su. 128	W. 159	F. 189	M. 220	Th. 251	Sa. 281	Tu. 312	Th. 342
9	Su. 9	W. 40	W. 68	Sa. 99	M. 129	Th. 160	Sa. 190	Tu. 221	F. 252	Su. 282	W. 313	F. 343
10	M. 10	Th. 41	Th. 69	Su. 100	Tu. 130	F. 161	Su. 191	W. 222	Sa. 253	M. 283	Th. 314	Sa. 344
11	Tu. 11	F. 42	F. 70	M. 101	W. 131	Sa. 162	M. 192	Th. 223	Su. 254	Tu. 284	F. 315	Su. 345
12	W. 12	Sa. 43	Sa. 71	Tu. 102	Th. 132	Su. 163	Tu. 193	F. 224	M. 255	W. 285	Sa. 316	M. 346
13	Th. 13	Su. 44	Su. 72	W. 103	F. 133	M. 164	W. 194	Sa. 225	Tu. 256	Th. 286	Su. 317	Tu. 347
14	F. 14	M. 45	M. 73	Th. 104	Sa. 134	Tu. 165	Th. 195	Su. 226	W. 257	F. 287	M. 318	W. 348
15	Sa. 15	Tu. 46	Tu. 74	F. 105	Su. 135	W. 166	F. 196	M. 227	Th. 258	Sa. 288	Tu. 319	Th. 349
16	Su. 16	W. 47	W. 75	Sa. 106	M. 136	Th. 167	Sa. 197	Tu. 228	F. 259	Su. 289	W. 320	F. 350
17	M. 17	Th. 48	Th. 76	Su. 107	Tu. 137	F. 168	Su. 198	W. 229	Sa. 260	M. 290	Th. 321	Sa. 351
18	Tu. 18	F. 49	F. 77	M. 108	W. 138	Sa. 169	M. 199	Th. 230	Su. 261	Tu. 291	F. 322	Su. 352
19	W. 19	Sa. 50	Sa. 78	Tu. 109	Th. 139	Su. 170	Tu. 200	F. 231	M. 262	W. 292	Sa. 323	M. 353
20	Th. 20	Su. 51	Su. 79	W. 110	F. 140	M. 171	W. 201	Sa. 232	Tu. 263	Th. 293	Su. 324	Tu. 354
21	F. 21	M. 52	M. 80	Th. 111	Sa. 141	Tu. 172	Th. 202	Su. 233	W. 264	F. 294	M. 325	W. 355
22	Sa. 22	Tu. 53	Tu. 81	F. 112	Su. 142	W. 173	F. 203	M. 234	Th. 265	Sa. 295	Tu. 326	Th. 356
23	Su. 23	W. 54	W. 82	Sa. 113	M. 143	Th. 174	Sa. 204	Tu. 235	F. 266	Su. 296	W. 327	F. 357
24	M. 24	Th. 55	Th. 83	Su. 114	Tu. 144	F. 175	Su. 205	W. 236	Sa. 267	M. 297	Th. 328	Sa. 358
25	Tu. 25	F. 56	F. 84	M. 115	W. 145	Sa. 176	M. 206	Th. 237	Su. 268	Tu. 298	F. 329	Su. 359
26	W. 26	Sa. 57	Sa. 85	Tu. 116	Th. 146	Su. 177	Tu. 207	F. 238	M. 269	W. 299	Sa. 330	M. 360
27	Th. 27	Su. 58	Su. 86	W. 117	F. 147	M. 178	W. 208	Sa. 239	Tu. 270	Th. 300	Su. 331	Tu. 361
28	F. 28	M. 59	M. 87	Th. 118	Sa. 148	Tu. 179	Th. 209	Su. 240	W. 271	F. 301	M. 332	W. 362
29	Sa. 29		Tu. 88	F. 119	Su. 149	W. 180	F. 210	M. 241	Th. 272	Sa. 302	Tu. 333	Th. 363
30	Su. 30		W. 89	Sa. 120	M. 150	Th. 181	Sa. 211	Tu. 242	F. 273	Su. 303	W. 334	F. 364
31	M. 31		Th. 90		Tu. 151		Su. 212	W. 243		M. 304		Sa. 365

ECLIPSES

There are three eclipses, two of the Sun and one of the Moon.

1. *An Annular Eclipse of the Sun*, May 10. See map on page 6. The eclipse begins at $14^h 12^m$ and ends at $20^h 11^m$; the annular phase begins at $15^h 23^m$ and ends at $19^h 00^m$. The maximum duration of the annular phase is $6^m 09^s$.

2. *A Partial Eclipse of the Moon*, May 25. The eclipse begins at $02^h 39^m$ and ends at $04^h 23^m$. It is visible from Africa, Europe except the north-east but including the British Isles, southern tip of Iceland, southern tip of Greenland, Antarctica and the Americas except the north-west and extreme north.

3. *A Total Eclipse of the Sun*, November 3. See map on page 7. The eclipse begins at $11^h 05^m$ and ends at $16^h 13^m$; the total phase begins at $12^h 03^m$ and ends at $15^h 15^m$. The maximum duration of totality is $4^m 28^s$.

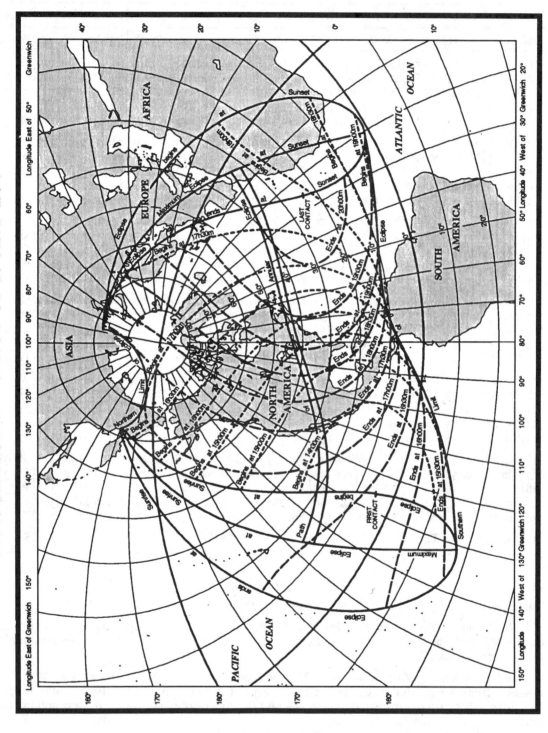

SOLAR ECLIPSE DIAGRAMS

The principal features shown on the above diagrams are: the paths of total and annular eclipses; the northern and southern limits of partial eclipse; the sunrise and sunset curves; dashed lines which show the times of beginning and end of partial eclipse at half-hourly intervals.

TOTAL ECLIPSE OF 1994 NOVEMBER 3

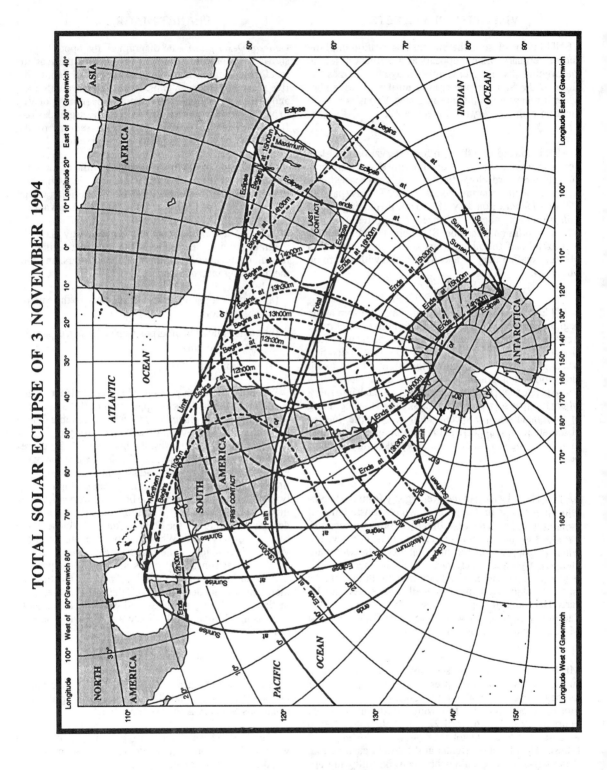

SOLAR ECLIPSE DIAGRAMS

Further details of the paths and times of central eclipse are given in the *Astronomical Almanac*.

PLANET NOTES, 1994

VISIBILITY OF PLANETS

VENUS is too close to the Sun for observation until the end of February when it appears as a brilliant object in the evening sky. By late October it again becomes too close to the Sun for observation until mid-November when it reappears in the morning sky. Venus is in conjunction with Mercury on November 12.

MARS is too close to the Sun for observation until late February when it appears in the morning sky in Capricornus. Its westward elongation gradually increases as it passes through Aquarius, Pisces, Aries, Taurus (passing 5°N of *Aldebaran* on July 18), Gemini (passing 6°S of *Pollux* on September 24), Cancer and into Leo (passing 2°N of *Regulus* on December 8), where it can be seen for more than half the night. Mars is in conjunction with Mercury on February 27 and April 4 and with Saturn on March 14.

JUPITER can be seen in the morning sky in Libra at the beginning of the year and by the beginning of February it can be seen for more than half of the night. Its westward elongation increases until on April 30 it is at opposition when it is visible throughout the night. Its eastward elongation then gradually decreases as it passes into Virgo in late May; in mid-August it passes back into Libra where it can be seen in the evening sky until the beginning of November when it becomes too close to the Sun for observation. It reappears at the beginning of December in the morning sky passing into Scorpius in mid-December.

SATURN can be seen in the evening sky from the beginning of the year in Aquarius in which constellation it remains throughout the year. In early February it becomes too close to the Sun for observation until early March when it reappears in the morning sky. Its westward elongation gradually increases until September 1 when it is at opposition and is visible throughout the night. Its eastward elongation then gradually decreases and by early December it can only be seen in the evening sky. Saturn is in conjunction with Mercury on February 2 and March 24 and with Mars on March 14.

MERCURY can only be seen low in the east before sunrise, or low in the west after sunset (about the time of the beginning or end of civil twilight). It is visible in the mornings between the following approximate dates: February 27 (+2·3) to April 22 (−1·2); July 4 (+2·9) to August 5 (−1·5) and October 28 (+1·4) to November 27 (−0·8). The planet is brighter at the end of each period. It is visible in the evenings between the following approximate dates: January 18 (−1·0) to February 14 (+1·8); May 8 (−1·5) to June 16 (+3·0); August 23 (−0·9) to October 15 (+2·1) and December 30 (−0·9) to December 31 (−0·9). The planet is brighter at the beginning of each period. The figures in parentheses are the magnitudes.

PLANET DIAGRAM

General Description. The diagram on the opposite page shows, in graphical form for any date during the year, the local mean time of meridian passage of the Sun, of the five planets Mercury, Venus, Mars, Jupiter, and Saturn, and of each 30° of SHA; intermediate lines corresponding to particular stars, may be drawn in by the user if desired. It is intended to provide a general picture of the availability of planets and stars for observation.

On each side of the line marking the time of meridian passage of the Sun a band, 45^m wide, is shaded to indicate that planets and most stars crossing the meridian within 45^m of the Sun are too close to the Sun for observation.

Method of use and interpretation. For any date the diagram provides immediately the local mean times of meridian passage of the Sun, planets and stars, and thus the following information:

(a) whether a planet or star is too close to the Sun for observation;

(b) some indication of its position in the sky, especially during twilight;

(c) the proximity of other planets.

When the meridian passage of an outer planet occurs at midnight the body is in opposition to the Sun and is visible all night; a planet may then be observable during both morning and evening twilights. As the time of meridian passage decreases, the body eventually ceases to be observable in the morning, but its altitude above the eastern horizon at sunset gradually increases; this continues until the body is on the meridian during evening twilight. From then onwards the body is observable above the western horizon and its altitude at sunset gradually decreases; eventually the body becomes too close to the Sun for observation. When the body again becomes visible it is seen low in the east during morning twilight; its altitude at sunrise increases until meridian passage occurs during morning twilight. Then, as the time of meridian passage decreases to 0^h, the body is observable in the west during morning twilight with a gradually decreasing altitude, until it once again reaches opposition.

DO NOT CONFUSE

Mercury with Saturn in early February and late March and with Mars at the end of March and early April; on all occasions Mercury is the brighter object.

Mars with Mercury around the beginning of March when Mars is the brighter object. The reddish tint of Mars should assist in its identification.

Saturn with Mars around mid-March when Saturn is the brighter object.

Venus with Mercury in mid-November when Venus is the brighter object.

PLANETS, 1994

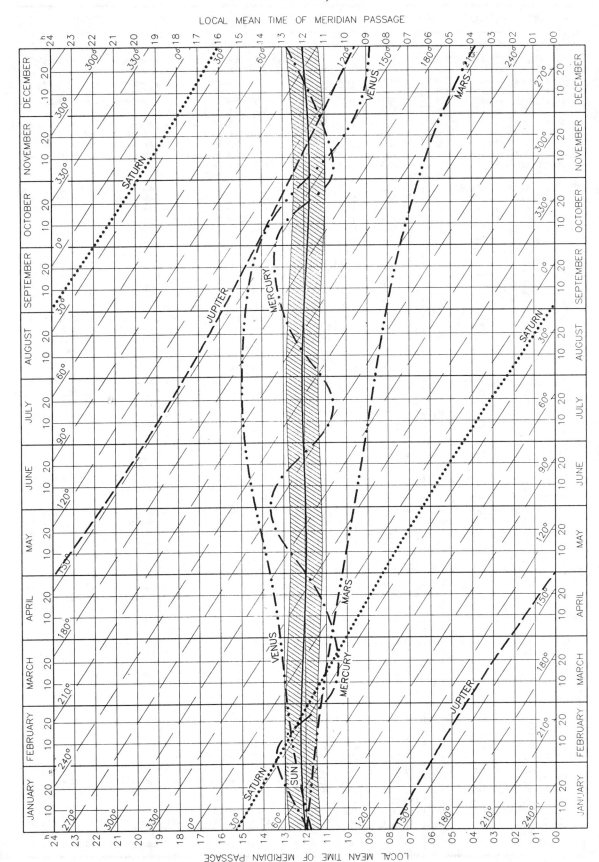

1994 JANUARY 1, 2, 3 (SAT., SUN., MON.)

UT (GMT)	ARIES G.H.A.	VENUS −3.9 G.H.A.	Dec.	MARS +1.2 G.H.A.	Dec.	JUPITER −1.8 G.H.A.	Dec.	SATURN +0.9 G.H.A.	Dec.	STARS Name	S.H.A.	Dec.
1 00	100 25.1	183 19.6	S23 38.8	180 29.2	S23 57.1	242 41.6	S13 39.5	130 42.3	S13 50.9	Acamar	315 29.1	S40 19.9
01	115 27.6	198 18.7	·· 38.7	195 29.6	57.0	257 43.7	39.6	145 44.5	50.8	Achernar	335 37.4	S57 16.3
02	130 30.0	213 17.7	38.6	210 30.0	56.9	272 45.8	39.8	160 46.7	50.8	Acrux	173 25.5	S63 03.8
03	145 32.5	228 16.7	·· 38.6	225 30.3	·· 56.8	287 47.9	·· 39.9	175 49.0	·· 50.7	Adhara	255 23.6	S28 57.9
04	160 35.0	243 15.8	38.5	240 30.7	56.7	302 50.0	40.0	190 51.2	50.6	Aldebaran	291 05.8	N16 29.8
05	175 37.4	258 14.8	38.5	255 31.1	56.6	317 52.0	40.1	205 53.4	50.5			
06	190 39.9	273 13.8	S23 38.4	270 31.5	S23 56.5	332 54.1	S13 40.2	220 55.7	S13 50.4	Alioth	166 33.4	N55 59.2
07	205 42.4	288 12.8	38.3	285 31.9	56.3	347 56.2	40.3	235 57.9	50.3	Alkaid	153 10.5	N49 20.3
S 08	220 44.8	303 11.9	38.3	300 32.3	56.2	2 58.3	40.5	251 00.1	50.3	Al Na'ir	28 02.2	S46 59.5
A 09	235 47.3	318 10.9	·· 38.2	315 32.6	·· 56.1	18 00.4	·· 40.6	266 02.4	·· 50.2	Alnilam	276 00.8	S 1 12.4
T 10	250 49.7	333 09.9	38.1	330 33.0	56.0	33 02.5	40.7	281 04.6	50.1	Alphard	218 10.1	S 8 38.1
U 11	265 52.2	348 09.0	38.0	345 33.4	55.9	48 04.6	40.8	296 06.8	50.0			
R 12	280 54.7	3 08.0	S23 38.0	0 33.8	S23 55.8	63 06.7	S13 40.9	311 09.0	S13 49.9	Alphecca	126 23.6	N26 43.9
D 13	295 57.1	18 07.0	37.9	15 34.2	55.6	78 08.7	41.0	326 11.3	49.8	Alpheratz	357 58.6	N29 03.7
A 14	310 59.6	33 06.1	37.8	30 34.6	55.5	93 10.8	41.1	341 13.5	49.8	Altair	62 22.7	N 8 51.2
Y 15	326 02.1	48 05.1	·· 37.7	45 34.9	·· 55.4	108 12.9	·· 41.3	356 15.7	·· 49.7	Ankaa	353 30.0	S42 20.5
16	341 04.5	63 04.1	37.7	60 35.3	55.3	123 15.0	41.4	11 18.0	49.6	Antares	112 44.4	S26 25.1
17	356 07.0	78 03.1	37.6	75 35.7	55.2	138 17.1	41.5	26 20.2	49.5			
18	11 09.5	93 02.2	S23 37.5	90 36.1	S23 55.0	153 19.2	S13 41.6	41 22.4	S13 49.4	Arcturus	146 09.1	N19 12.6
19	26 11.9	108 01.2	37.4	105 36.5	54.9	168 21.3	41.7	56 24.7	49.3	Atria	107 59.9	S69 00.9
20	41 14.4	123 00.2	37.3	120 36.9	54.8	183 23.4	41.8	71 26.9	49.2	Avior	234 23.3	S59 29.4
21	56 16.9	137 59.3	·· 37.3	135 37.2	·· 54.7	198 25.5	·· 41.9	86 29.1	·· 49.2	Bellatrix	278 47.3	N 6 20.6
22	71 19.3	152 58.3	37.2	150 37.6	54.5	213 27.6	42.1	101 31.4	49.1	Betelgeuse	271 16.7	N 7 24.3
23	86 21.8	167 57.3	37.1	165 38.0	54.4	228 29.7	42.2	116 33.6	49.0			
2 00	101 24.2	182 56.4	S23 37.0	180 38.4	S23 54.3	243 31.7	S13 42.3	131 35.8	S13 48.9	Canopus	264 02.0	S52 41.7
01	116 26.7	197 55.4	36.9	195 38.8	54.2	258 33.8	42.4	146 38.1	48.8	Capella	280 55.5	N45 59.6
02	131 29.2	212 54.4	36.8	210 39.2	54.1	273 35.9	42.5	161 40.3	48.7	Deneb	49 41.8	N45 15.8
03	146 31.6	227 53.4	·· 36.7	225 39.5	·· 53.9	288 38.0	·· 42.6	176 42.5	·· 48.7	Denebola	182 48.4	N14 36.1
04	161 34.1	242 52.5	36.6	240 39.9	53.8	303 40.1	42.7	191 44.8	48.6	Diphda	349 10.5	S18 01.2
05	176 36.6	257 51.5	36.5	255 40.3	53.7	318 42.2	42.9	206 47.0	48.5			
06	191 39.0	272 50.5	S23 36.4	270 40.7	S23 53.5	333 44.3	S13 43.0	221 49.2	S13 48.4	Dubhe	194 09.1	N61 46.6
07	206 41.5	287 49.6	36.3	285 41.1	53.4	348 46.4	43.1	236 51.4	48.3	Elnath	278 30.6	N28 36.1
08	221 44.0	302 48.6	36.2	300 41.5	53.3	3 48.5	43.2	251 53.7	48.2	Eltanin	90 53.4	N51 29.4
S 09	236 46.4	317 47.6	·· 36.1	315 41.8	·· 53.2	18 50.6	·· 43.3	266 55.9	·· 48.1	Enif	34 01.6	N 9 51.0
U 10	251 48.9	332 46.7	36.0	330 42.2	53.0	33 52.7	43.4	281 58.1	48.1	Fomalhaut	15 40.1	S29 39.3
N 11	266 51.3	347 45.7	35.9	345 42.6	52.9	48 54.8	43.5	297 00.4	48.0			
D 12	281 53.8	2 44.7	S23 35.8	0 43.0	S23 52.8	63 56.9	S13 43.6	312 02.6	S13 47.9	Gacrux	172 17.1	S57 04.6
A 13	296 56.3	17 43.8	35.7	15 43.4	52.7	78 58.9	43.8	327 04.8	47.8	Gienah	176 07.2	S17 30.5
Y 14	311 58.7	32 42.8	35.6	30 43.8	52.5	94 01.0	43.9	342 07.1	47.7	Hadar	149 08.8	S60 20.4
15	327 01.2	47 41.8	·· 35.5	45 44.1	·· 52.4	109 03.1	·· 44.0	357 09.3	·· 47.6	Hamal	328 17.1	N23 26.2
16	342 03.7	62 40.9	35.4	60 44.5	52.3	124 05.2	44.1	12 11.5	47.6	Kaus Aust.	84 03.5	S34 23.2
17	357 06.1	77 39.9	35.3	75 44.9	52.1	139 07.3	44.2	27 13.7	47.5			
18	12 08.6	92 38.9	S23 35.2	90 45.3	S23 52.0	154 09.4	S13 44.3	42 16.0	S13 47.4	Kochab	137 20.1	N74 10.5
19	27 11.1	107 38.0	35.1	105 45.7	51.9	169 11.5	44.4	57 18.2	47.3	Markab	13 53.0	N15 10.6
20	42 13.5	122 37.0	35.0	120 46.1	51.7	184 13.6	44.5	72 20.4	47.2	Menkar	314 30.1	N 4 04.0
21	57 16.0	137 36.0	·· 34.9	135 46.4	·· 51.6	199 15.7	·· 44.7	87 22.7	·· 47.1	Menkent	148 24.9	S36 20.3
22	72 18.5	152 35.0	34.7	150 46.8	51.5	214 17.8	44.8	102 24.9	47.0	Miaplacidus	221 41.9	S69 41.5
23	87 20.9	167 34.1	34.6	165 47.2	51.3	229 19.9	44.9	117 27.1	47.0			
3 00	102 23.4	182 33.1	S23 34.5	180 47.6	S23 51.2	244 22.0	S13 45.0	132 29.3	S13 46.9	Mirfak	309 00.9	N49 50.6
01	117 25.8	197 32.1	34.4	195 48.0	51.1	259 24.1	45.1	147 31.6	46.8	Nunki	76 16.7	S26 18.2
02	132 28.3	212 31.2	34.3	210 48.4	50.9	274 26.2	45.2	162 33.8	46.7	Peacock	53 42.6	S56 45.3
03	147 30.8	227 30.2	·· 34.1	225 48.7	·· 50.8	289 28.3	·· 45.3	177 36.0	·· 46.6	Pollux	243 45.1	N28 02.3
04	162 33.2	242 29.2	34.0	240 49.1	50.7	304 30.4	45.4	192 38.3	46.5	Procyon	245 14.6	N 5 14.3
05	177 35.7	257 28.3	33.9	255 49.5	50.5	319 32.5	45.5	207 40.5	46.4			
06	192 38.2	272 27.3	S23 33.8	270 49.9	S23 50.4	334 34.6	S13 45.7	222 42.7	S13 46.4	Rasalhague	96 20.3	N12 33.9
07	207 40.6	287 26.3	33.6	285 50.3	50.2	349 36.7	45.8	237 44.9	46.3	Regulus	207 58.7	N11 59.6
08	222 43.1	302 25.4	33.5	300 50.7	50.1	4 38.8	45.9	252 47.2	46.2	Rigel	281 25.7	S 8 12.6
M 09	237 45.6	317 24.4	·· 33.4	315 51.0	·· 50.0	19 40.9	·· 46.0	267 49.4	·· 46.1	Rigil Kent.	140 11.9	S60 48.4
O 10	252 48.0	332 23.4	33.2	330 51.4	49.8	34 43.0	46.1	282 51.6	46.0	Sabik	102 29.5	S15 43.0
N 11	267 50.5	347 22.5	33.1	345 51.8	49.7	49 45.1	46.2	297 53.9	45.9			
D 12	282 53.0	2 21.5	S23 33.0	0 52.2	S23 49.5	64 47.2	S13 46.3	312 56.1	S13 45.8	Schedar	349 57.2	N56 30.6
A 13	297 55.4	17 20.6	32.8	15 52.6	49.4	79 49.2	46.4	327 58.3	45.8	Shaula	96 42.1	S37 05.9
Y 14	312 57.9	32 19.6	32.7	30 53.0	49.3	94 51.3	46.6	343 00.5	45.7	Sirius	258 46.1	S16 42.6
15	328 00.3	47 18.6	·· 32.6	45 53.3	·· 49.1	109 53.4	·· 46.7	358 02.8	·· 45.6	Spica	158 46.6	S11 07.8
16	343 02.8	62 17.7	32.4	60 53.7	49.0	124 55.5	46.8	13 05.0	45.5	Suhail	223 02.8	S43 24.5
17	358 05.3	77 16.7	32.3	75 54.1	48.8	139 57.6	46.9	28 07.2	45.4			
18	13 07.7	92 15.7	S23 32.1	90 54.5	S23 48.7	154 59.7	S13 47.0	43 09.5	S13 45.3	Vega	80 49.2	N38 46.7
19	28 10.2	107 14.8	32.0	105 54.9	48.5	170 01.8	47.1	58 11.7	45.2	Zuben'ubi	137 21.7	S16 01.0
20	43 12.7	122 13.8	31.9	120 55.3	48.4	185 03.9	47.2	73 13.9	45.2			
21	58 15.1	137 12.8	·· 31.7	135 55.6	·· 48.3	200 06.0	·· 47.3	88 16.1	·· 45.1		S.H.A.	Mer. Pass.
22	73 17.6	152 11.9	31.6	150 56.0	48.1	215 08.1	47.4	103 18.4	45.0	Venus	81 32.1	11 49
23	88 20.1	167 10.9	31.4	165 56.4	48.0	230 10.2	47.6	118 20.6	44.9	Mars	79 14.2	11 51
Mer. Pass. 17 11.6		v −1.0 d 0.1		v 0.4 d 0.1		v 2.1 d 0.1		v 2.2 d 0.1		Jupiter	142 07.5	7 45
										Saturn	30 11.6	15 11

1994 JANUARY 1, 2, 3 (SAT., SUN., MON.)

UT (GMT)	SUN G.H.A.	SUN Dec.	MOON G.H.A.	v	Dec.	d	H.P.
SATURDAY							
1 00	179 10.3	S23 02.2	321 16.2	10.3	N10 34.4	11.2	58.3
01	194 10.0	02.0	335 45.5	10.3	10 23.2	11.2	58.3
02	209 09.7	01.8	350 14.8	10.4	10 12.0	11.3	58.3
03	224 09.4	.. 01.6	4 44.2	10.4	10 00.7	11.3	58.4
04	239 09.1	01.4	19 13.6	10.4	9 49.4	11.4	58.4
05	254 08.8	01.2	33 43.0	10.4	9 38.0	11.5	58.4
06	269 08.5	S23 01.0	48 12.4	10.5	N 9 26.5	11.5	58.4
07	284 08.2	00.8	62 41.9	10.5	9 15.0	11.6	58.4
08	299 07.9	00.6	77 11.4	10.4	9 03.4	11.6	58.4
09	314 07.6	.. 00.4	91 40.8	10.6	8 51.8	11.6	58.5
10	329 07.4	00.2	106 10.4	10.5	8 40.2	11.8	58.5
11	344 07.1	23 00.0	120 39.9	10.6	8 28.4	11.7	58.5
12	359 06.8	S22 59.7	135 09.5	10.5	N 8 16.7	11.9	58.5
13	14 06.5	59.5	149 39.0	10.6	8 04.8	11.8	58.5
14	29 06.2	59.3	164 08.6	10.7	7 53.0	12.0	58.5
15	44 05.9	.. 59.1	178 38.3	10.6	7 41.0	11.9	58.5
16	59 05.6	58.9	193 07.9	10.6	7 29.1	12.0	58.5
17	74 05.3	58.7	207 37.5	10.7	7 17.1	12.1	58.6
18	89 05.0	S22 58.5	222 07.2	10.7	N 7 05.0	12.1	58.6
19	104 04.7	58.3	236 36.9	10.7	6 52.9	12.1	58.6
20	119 04.4	58.1	251 06.6	10.7	6 40.8	12.2	58.6
21	134 04.1	.. 57.9	265 36.3	10.8	6 28.6	12.2	58.6
22	149 03.8	57.6	280 06.1	10.7	6 16.4	12.2	58.6
23	164 03.5	57.4	294 35.8	10.8	6 04.2	12.3	58.6
SUNDAY							
2 00	179 03.2	S22 57.2	309 05.6	10.7	N 5 51.9	12.4	58.6
01	194 03.0	57.0	323 35.3	10.8	5 39.5	12.3	58.7
02	209 02.7	56.8	338 05.1	10.8	5 27.2	12.4	58.7
03	224 02.4	.. 56.5	352 34.9	10.8	5 14.8	12.4	58.7
04	239 02.1	56.3	7 04.7	10.8	5 02.4	12.5	58.7
05	254 01.8	56.1	21 34.5	10.9	4 49.9	12.5	58.7
06	269 01.5	S22 55.9	36 04.4	10.8	N 4 37.4	12.5	58.7
07	284 01.2	55.7	50 34.2	10.9	4 24.9	12.5	58.7
08	299 00.9	55.4	65 04.1	10.8	4 12.4	12.6	58.7
09	314 00.6	.. 55.2	79 33.9	10.9	3 59.8	12.6	58.8
10	329 00.3	55.0	94 03.8	10.8	3 47.2	12.6	58.8
11	344 00.0	54.8	108 33.6	10.9	3 34.6	12.6	58.8
12	358 59.7	S22 54.5	123 03.5	10.9	N 3 22.0	12.7	58.8
13	13 59.5	54.3	137 33.4	10.9	3 09.3	12.7	58.8
14	28 59.2	54.1	152 03.3	10.9	2 56.6	12.7	58.8
15	43 58.9	.. 53.9	166 33.2	10.8	2 43.9	12.7	58.8
16	58 58.6	53.6	181 03.0	10.9	2 31.2	12.7	58.8
17	73 58.3	53.4	195 32.9	10.9	2 18.5	12.8	58.8
18	88 58.0	S22 53.2	210 02.8	10.9	N 2 05.7	12.8	58.8
19	103 57.7	52.9	224 32.7	10.9	1 52.9	12.7	58.9
20	118 57.4	52.7	239 02.6	10.9	1 40.2	12.8	58.9
21	133 57.1	.. 52.5	253 32.5	10.8	1 27.4	12.8	58.9
22	148 56.8	52.2	268 02.4	10.8	1 14.6	12.8	58.9
23	163 56.6	52.0	282 32.2	10.9	1 01.8	12.9	58.9
MONDAY							
3 00	178 56.3	S22 51.8	297 02.1	10.9	N 0 48.9	12.8	58.9
01	193 56.0	51.5	311 32.0	10.9	0 36.1	12.8	58.9
02	208 55.7	51.3	326 01.9	10.8	0 23.3	12.9	58.9
03	223 55.4	.. 51.1	340 31.7	10.9	N 0 10.4	12.8	58.9
04	238 55.1	50.8	355 01.6	10.8	S 0 02.4	12.8	58.9
05	253 54.8	50.6	9 31.4	10.9	0 15.2	12.9	58.9
06	268 54.5	S22 50.3	24 01.3	10.8	S 0 28.1	12.8	59.0
07	283 54.3	50.1	38 31.1	10.8	0 40.9	12.9	59.0
08	298 54.0	49.9	53 00.9	10.8	0 53.8	12.8	59.0
09	313 53.7	.. 49.6	67 30.7	10.8	1 06.6	12.9	59.0
10	328 53.4	49.4	82 00.5	10.8	1 19.5	12.8	59.0
11	343 53.1	49.1	96 30.3	10.8	1 32.3	12.8	59.0
12	358 52.8	S22 48.9	111 00.1	10.7	S 1 45.1	12.9	59.0
13	13 52.5	48.6	125 29.8	10.8	1 58.0	12.8	59.0
14	28 52.2	48.4	139 59.6	10.7	2 10.8	12.8	59.0
15	43 52.0	.. 48.1	154 29.3	10.7	2 23.6	12.8	59.0
16	58 51.7	47.9	168 59.0	10.7	2 36.4	12.8	59.0
17	73 51.4	47.6	183 28.7	10.7	2 49.2	12.7	59.0
18	88 51.1	S22 47.4	197 58.4	10.6	S 3 01.9	12.8	59.0
19	103 50.8	47.1	212 28.0	10.6	3 14.7	12.7	59.1
20	118 50.5	46.9	226 57.6	10.7	3 27.4	12.8	59.1
21	133 50.2	.. 46.6	241 27.3	10.5	3 40.2	12.7	59.1
22	148 50.0	46.4	255 56.8	10.6	3 52.9	12.6	59.1
23	163 49.7	46.1	270 26.4	10.6	4 05.5	12.7	59.1
	S.D. 16.3 d 0.2		S.D. 15.9		16.0		16.1

Lat.	Twilight Naut.	Twilight Civil	Sunrise	Moonrise 1	2	3	4
N 72	08 23	10 40	■	19 52	21 54	23 55	26 02
N 70	08 04	09 48	■	20 02	21 56	23 49	25 46
68	07 49	09 16	■	20 10	21 57	23 44	25 33
66	07 37	08 52	10 26	20 17	21 58	23 39	25 22
64	07 26	08 34	09 49	20 23	21 59	23 36	25 14
62	07 17	08 18	09 22	20 28	22 00	23 32	25 06
60	07 09	08 05	09 02	20 32	22 00	23 30	25 00
N 58	07 02	07 54	08 45	20 35	22 01	23 27	24 54
56	06 56	07 44	08 31	20 39	22 02	23 25	24 49
54	06 50	07 36	08 19	20 42	22 02	23 23	24 45
52	06 44	07 28	08 08	20 44	22 03	23 21	24 41
50	06 39	07 20	07 59	20 47	22 03	23 20	24 37
45	06 28	07 05	07 38	20 52	22 04	23 16	24 29
N 40	06 18	06 52	07 22	20 56	22 05	23 13	24 23
35	06 09	06 40	07 08	21 00	22 05	23 11	24 17
30	06 00	06 30	06 56	21 03	22 06	23 09	24 12
20	05 44	06 12	06 35	21 09	22 07	23 05	24 04
N 10	05 28	05 55	06 17	21 14	22 08	23 02	23 57
0	05 12	05 38	06 00	21 19	22 09	22 59	23 50
S 10	04 53	05 20	05 43	21 23	22 10	22 56	23 43
20	04 31	05 00	05 25	21 28	22 11	22 53	23 36
30	04 03	04 36	05 03	21 34	22 12	22 49	23 28
35	03 44	04 21	04 50	21 37	22 12	22 47	23 23
40	03 22	04 03	04 36	21 41	22 13	22 45	23 18
45	02 52	03 41	04 18	21 45	22 14	22 42	23 12
S 50	02 08	03 12	03 56	21 50	22 15	22 39	23 05
52	01 43	02 58	03 46	21 53	22 15	22 38	23 02
54	01 03	02 40	03 34	21 55	22 16	22 36	22 58
56	////	02 19	03 20	21 58	22 16	22 35	22 54
58	////	01 51	03 04	22 01	22 17	22 33	22 50
S 60	////	01 08	02 44	22 05	22 18	22 31	22 45

Lat.	Sunset	Twilight Civil	Twilight Naut.	Moonset 1	2	3	4
N 72	■	13 28	15 45	10 45	10 29	10 14	09 58
N 70	■	14 20	16 04	10 32	10 24	10 16	10 07
68	■	14 52	16 19	10 22	10 20	10 17	10 15
66	13 42	15 16	16 31	10 14	10 17	10 19	10 21
64	14 20	15 35	16 42	10 07	10 14	10 20	10 26
62	14 46	15 51	16 51	10 01	10 11	10 21	10 31
60	15 06	16 03	16 59	09 55	10 09	10 22	10 35
N 58	15 23	16 14	17 06	09 51	10 07	10 23	10 39
56	15 37	16 24	17 13	09 46	10 05	10 23	10 42
54	15 49	16 33	17 19	09 42	10 04	10 24	10 45
52	16 00	16 41	17 24	09 39	10 02	10 25	10 47
50	16 10	16 48	17 29	09 36	10 01	10 25	10 50
45	16 30	17 03	17 40	09 29	09 58	10 26	10 55
N 40	16 46	17 17	17 50	09 23	09 56	10 27	11 00
35	17 00	17 28	18 00	09 18	09 54	10 28	11 03
30	17 12	17 38	18 08	09 14	09 52	10 29	11 07
20	17 33	17 57	18 24	09 06	09 48	10 30	11 13
N 10	17 51	18 13	18 40	08 59	09 45	10 31	11 18
0	18 08	18 30	18 56	08 52	09 43	10 32	11 23
S 10	18 25	18 48	19 15	08 46	09 40	10 34	11 28
20	18 43	19 08	19 37	08 39	09 37	10 35	11 33
30	19 05	19 32	20 05	08 31	09 33	10 36	11 39
35	19 18	19 47	20 23	08 26	09 31	10 37	11 42
40	19 32	20 05	20 46	08 21	09 29	10 37	11 46
45	19 50	20 27	21 15	08 14	09 26	10 38	11 51
S 50	20 11	20 55	21 59	08 07	09 23	10 39	11 56
52	20 22	21 10	22 24	08 03	09 21	10 40	11 59
54	20 34	21 27	23 03	08 00	09 20	10 40	12 02
56	20 47	21 48	////	07 55	09 18	10 41	12 05
58	21 03	22 15	////	07 50	09 16	10 42	12 08
S 60	21 23	22 57	////	07 45	09 14	10 42	12 12

Day	SUN Eqn. of Time 00ʰ	SUN Eqn. of Time 12ʰ	SUN Mer. Pass.	MOON Mer. Pass. Upper	MOON Mer. Pass. Lower	Age	Phase
1	03 18	03 32	12 04	02 40	15 06	19	
2	03 46	04 00	12 04	03 31	15 56	20	◐
3	04 14	04 28	12 04	04 21	16 46	21	

1994 JANUARY 4, 5, 6 (TUES., WED., THURS.)

UT (GMT) d h	ARIES G.H.A.	VENUS −3.9 G.H.A.	Dec.	MARS +1.2 G.H.A.	Dec.	JUPITER −1.9 G.H.A.	Dec.	SATURN +0.9 G.H.A.	Dec.	STARS Name	S.H.A.	Dec.
4 00	103 22.5	182 09.9	S23 31.3	180 56.8	S23 47.8	245 12.3	S13 47.7	133 22.8	S13 44.8	Acamar	315 29.1	S40 19.9
01	118 25.0	197 09.0	31.1	195 57.2	47.7	260 14.4	47.8	148 25.0	44.7	Achernar	335 37.4	S57 16.3
02	133 27.4	212 08.0	31.0	210 57.6	47.5	275 16.5	47.9	163 27.3	44.6	Acrux	173 25.5	S63 03.8
03	148 29.9	227 07.0	·· 30.8	225 57.9	·· 47.4	290 18.6	·· 48.0	178 29.5	·· 44.6	Adhara	255 23.6	S28 58.0
04	163 32.4	242 06.1	30.7	240 58.3	47.2	305 20.7	48.1	193 31.7	44.5	Aldebaran	291 05.8	N16 29.8
05	178 34.8	257 05.1	30.5	255 58.7	47.1	320 22.8	48.2	208 33.9	44.4			
06	193 37.3	272 04.2	S23 30.4	270 59.1	S23 46.9	335 24.9	S13 48.3	223 36.2	S13 44.3	Alioth	166 33.4	N55 59.1
07	208 39.8	287 03.2	30.2	285 59.5	46.8	350 27.0	48.4	238 38.4	44.2	Alkaid	153 10.4	N49 20.3
T 08	223 42.2	302 02.2	30.0	300 59.9	46.6	5 29.1	48.5	253 40.6	44.1	Al Na'ir	28 02.2	S46 59.5
U 09	238 44.7	317 01.3	·· 29.9	316 00.2	·· 46.5	20 31.3	·· 48.7	268 42.8	·· 44.0	Alnilam	276 00.8	S 1 12.4
E 10	253 47.2	332 00.3	29.7	331 00.6	46.3	35 33.4	48.8	283 45.1	43.9	Alphard	218 10.1	S 8 38.1
S 11	268 49.6	346 59.3	29.6	346 01.0	46.2	50 35.5	48.9	298 47.3	43.9			
D 12	283 52.1	1 58.4	S23 29.4	1 01.4	S23 46.0	65 37.6	S13 49.0	313 49.5	S13 43.8	Alphecca	126 23.6	N26 43.9
A 13	298 54.6	16 57.4	29.2	16 01.8	45.9	80 39.7	49.1	328 51.8	43.7	Alpheratz	357 58.6	N29 03.7
Y 14	313 57.0	31 56.4	29.1	31 02.2	45.7	95 41.8	49.2	343 54.0	43.6	Altair	62 22.7	N 8 51.2
15	328 59.5	46 55.5	·· 28.9	46 02.5	·· 45.6	110 43.9	·· 49.3	358 56.2	·· 43.5	Ankaa	353 30.1	S42 20.5
16	344 01.9	61 54.5	28.7	61 02.9	45.4	125 46.0	49.4	13 58.4	43.4	Antares	112 44.4	S26 25.1
17	359 04.4	76 53.6	28.5	76 03.3	45.3	140 48.1	49.5	29 00.7	43.3			
18	14 06.9	91 52.6	S23 28.4	91 03.7	S23 45.1	155 50.2	S13 49.6	44 02.9	S13 43.3	Arcturus	146 09.1	N19 12.6
19	29 09.3	106 51.6	28.2	106 04.1	45.0	170 52.3	49.7	59 05.1	43.2	Atria	107 59.8	S69 00.8
20	44 11.8	121 50.7	28.0	121 04.5	44.8	185 54.4	49.9	74 07.3	43.1	Avior	234 23.3	S59 29.4
21	59 14.3	136 49.7	·· 27.9	136 04.8	·· 44.7	200 56.5	·· 50.0	89 09.6	·· 43.0	Bellatrix	278 47.3	N 6 20.6
22	74 16.7	151 48.8	27.7	151 05.2	44.5	215 58.6	50.1	104 11.8	42.9	Betelgeuse	271 16.7	N 7 24.3
23	89 19.2	166 47.8	27.5	166 05.6	44.3	231 00.7	50.2	119 14.0	42.8			
5 00	104 21.7	181 46.8	S23 27.3	181 06.0	S23 44.2	246 02.8	S13 50.3	134 16.2	S13 42.7	Canopus	264 02.0	S52 41.7
01	119 24.1	196 45.9	27.1	196 06.4	44.0	261 04.9	50.4	149 18.4	42.6	Capella	280 55.5	N45 59.6
02	134 26.6	211 44.9	27.0	211 06.8	43.9	276 07.0	50.5	164 20.7	42.6	Deneb	49 41.8	N45 15.7
03	149 29.1	226 44.0	·· 26.8	226 07.1	·· 43.7	291 09.1	·· 50.6	179 22.9	·· 42.5	Denebola	182 48.4	N14 36.1
04	164 31.5	241 43.0	26.6	241 07.5	43.6	306 11.2	50.7	194 25.1	42.4	Diphda	349 10.5	S18 01.2
05	179 34.0	256 42.0	26.4	256 07.9	43.4	321 13.3	50.8	209 27.3	42.3			
06	194 36.4	271 41.1	S23 26.2	271 08.3	S23 43.2	336 15.4	S13 50.9	224 29.6	S13 42.2	Dubhe	194 09.1	N61 46.6
W 07	209 38.9	286 40.1	26.0	286 08.7	43.1	351 17.5	51.0	239 31.8	42.1	Elnath	278 30.6	N28 36.1
E 08	224 41.4	301 39.2	25.8	301 09.1	42.9	6 19.6	51.2	254 34.0	42.0	Eltanin	90 53.4	N51 29.4
D 09	239 43.8	316 38.2	·· 25.6	316 09.4	·· 42.8	21 21.8	·· 51.3	269 36.2	·· 41.9	Enif	34 01.6	N 9 51.0
N 10	254 46.3	331 37.2	25.5	331 09.8	42.6	36 23.9	51.4	284 38.5	41.9	Fomalhaut	15 40.2	S29 39.3
E 11	269 48.8	346 36.3	25.3	346 10.2	42.4	51 26.0	51.5	299 40.7	41.8			
S 12	284 51.2	1 35.3	S23 25.1	1 10.6	S23 42.3	66 28.1	S13 51.6	314 42.9	S13 41.7	Gacrux	172 17.1	S57 04.6
D 13	299 53.7	16 34.4	24.9	16 11.0	42.1	81 30.2	51.7	329 45.1	41.6	Gienah	176 07.2	S17 30.6
A 14	314 56.2	31 33.4	24.7	31 11.4	41.9	96 32.3	51.8	344 47.4	41.5	Hadar	149 08.8	S60 20.4
Y 15	329 58.6	46 32.4	·· 24.5	46 11.7	·· 41.8	111 34.4	·· 51.9	359 49.6	·· 41.4	Hamal	328 17.1	N23 26.2
16	345 01.1	61 31.5	24.3	61 12.1	41.6	126 36.5	52.0	14 51.8	41.3	Kaus Aust.	84 03.5	S34 23.2
17	0 03.5	76 30.5	24.1	76 12.5	41.4	141 38.6	52.1	29 54.0	41.2			
18	15 06.0	91 29.6	S23 23.9	91 12.9	S23 41.3	156 40.7	S13 52.2	44 56.2	S13 41.2	Kochab	137 20.1	N74 10.5
19	30 08.5	106 28.6	23.7	106 13.3	41.1	171 42.8	52.3	59 58.5	41.1	Markab	13 53.0	N15 10.5
20	45 10.9	121 27.7	23.5	121 13.7	41.0	186 44.9	52.4	75 00.7	41.0	Menkar	314 30.1	N 4 04.0
21	60 13.4	136 26.7	·· 23.3	136 14.0	·· 40.8	201 47.0	·· 52.6	90 02.9	·· 40.9	Menkent	148 24.9	S36 20.3
22	75 15.9	151 25.7	23.1	151 14.4	40.6	216 49.2	52.7	105 05.1	40.8	Miaplacidus	221 41.9	S69 41.5
23	90 18.3	166 24.8	22.8	166 14.8	40.4	231 51.3	52.8	120 07.4	40.7			
6 00	105 20.8	181 23.8	S23 22.6	181 15.2	S23 40.3	246 53.4	S13 52.9	135 09.6	S13 40.6	Mirfak	309 00.9	N49 50.6
01	120 23.3	196 22.9	22.4	196 15.6	40.1	261 55.5	53.0	150 11.8	40.5	Nunki	76 16.5	S26 18.2
02	135 25.7	211 21.9	22.2	211 16.0	39.9	276 57.6	53.1	165 14.0	40.5	Peacock	53 42.6	S56 45.3
03	150 28.2	226 21.0	·· 22.0	226 16.3	·· 39.8	291 59.7	·· 53.2	180 16.2	·· 40.4	Pollux	243 45.1	N28 02.3
04	165 30.7	241 20.0	21.8	241 16.7	39.6	307 01.8	53.3	195 18.5	40.3	Procyon	245 14.6	N 5 14.3
05	180 33.1	256 19.0	21.6	256 17.1	39.4	322 03.9	53.4	210 20.7	40.2			
06	195 35.6	271 18.1	S23 21.4	271 17.5	S23 39.3	337 06.0	S13 53.5	225 22.9	S13 40.1	Rasalhague	96 20.3	N12 33.9
07	210 38.0	286 17.1	21.1	286 17.9	39.1	352 08.1	53.6	240 25.1	40.0	Regulus	207 58.7	N11 59.6
T 08	225 40.5	301 16.2	20.9	301 18.3	38.9	7 10.3	53.7	255 27.4	39.9	Rigel	281 25.7	S 8 12.6
H 09	240 43.0	316 15.2	·· 20.7	316 18.6	·· 38.7	22 12.4	·· 53.8	270 29.6	·· 39.8	Rigil Kent.	140 11.8	S60 48.4
U 10	255 45.4	331 14.3	20.5	331 19.0	38.6	37 14.5	53.9	285 31.8	39.8	Sabik	102 29.5	S15 43.0
R 11	270 47.9	346 13.3	20.2	346 19.4	38.4	52 16.6	54.0	300 34.0	39.7			
S 12	285 50.4	1 12.4	S23 20.0	1 19.8	S23 38.2	67 18.7	S13 54.1	315 36.2	S13 39.6	Schedar	349 57.2	N56 30.6
D 13	300 52.8	16 11.4	19.8	16 20.2	38.1	82 20.8	54.3	330 38.5	39.5	Shaula	96 42.0	S37 05.9
A 14	315 55.3	31 10.4	19.6	31 20.6	37.9	97 22.9	54.4	345 40.7	39.4	Sirius	258 46.1	S16 42.6
Y 15	330 57.8	46 09.5	·· 19.3	46 20.9	·· 37.7	112 25.0	·· 54.5	0 42.9	·· 39.3	Spica	158 46.6	S11 07.8
16	346 00.2	61 08.5	19.1	61 21.3	37.5	127 27.2	54.6	15 45.1	39.2	Suhail	223 02.7	S43 24.5
17	1 02.7	76 07.6	18.9	76 21.7	37.4	142 29.3	54.7	30 47.3	39.1			
18	16 05.2	91 06.6	S23 18.6	91 22.1	S23 37.2	157 31.4	S13 54.8	45 49.6	S13 39.0	Vega	80 49.2	N38 46.7
19	31 07.6	106 05.7	18.4	106 22.5	37.0	172 33.5	54.9	60 51.8	39.0	Zuben'ubi	137 21.7	S16 01.0
20	46 10.1	121 04.7	18.2	121 22.9	36.8	187 35.6	55.0	75 54.0	38.9			
21	61 12.5	136 03.8	·· 17.9	136 23.2	·· 36.6	202 37.7	·· 55.1	90 56.2	·· 38.8		S.H.A.	Mer. Pass.
22	76 15.0	151 02.8	17.7	151 23.6	36.5	217 39.8	55.2	105 58.4	38.7	Venus	77 25.2	11 54
23	91 17.5	166 01.9	17.5	166 24.0	36.3	232 41.9	55.3	121 00.7	38.6	Mars	76 44.3	11 55
Mer. Pass. 16 59.8		v −1.0	d 0.2	v 0.4	d 0.2	v 2.1	d 0.1	v 2.2	d 0.1	Jupiter	141 41.1	7 35
										Saturn	29 54.6	15 01

1994 JANUARY 4, 5, 6 (TUES., WED., THURS.)

UT (GMT)	SUN G.H.A.	Dec.	MOON G.H.A.	v	Dec.	d	H.P.
4 00	178 49.4	S22 45.9	284 56.0	10.5	S 4 18.2	12.7	59.1
01	193 49.1	45.6	299 25.5	10.5	4 30.9	12.6	59.1
02	208 48.8	45.1	313 55.0	10.4	4 43.5	12.6	59.1
03	223 48.5 ..	45.1	328 24.4	10.5	4 56.1	12.6	59.1
04	238 48.2	44.9	342 53.9	10.4	5 08.7	12.5	59.1
05	253 48.0	44.6	357 23.3	10.4	5 21.2	12.5	59.1
T 06	268 47.7	S22 44.3	11 52.7	10.4	S 5 33.7	12.5	59.1
U 07	283 47.4	44.1	26 22.1	10.3	5 46.2	12.5	59.1
E 08	298 47.1	43.8	40 51.4	10.3	5 58.7	12.4	59.1
S 09	313 46.8 ..	43.6	55 20.7	10.3	6 11.1	12.4	59.1
D 10	328 46.5	43.3	69 50.0	10.2	6 23.5	12.4	59.1
A 11	343 46.3	43.0	84 19.2	10.2	6 35.9	12.3	59.1
Y 12	358 46.0	S22 42.8	98 48.4	10.2	S 6 48.2	12.3	59.2
13	13 45.7	42.5	113 17.6	10.1	7 00.5	12.2	59.2
14	28 45.4	42.2	127 46.7	10.1	7 12.7	12.3	59.2
15	43 45.1 ..	42.0	142 15.8	10.1	7 25.0	12.1	59.2
16	58 44.8	41.7	156 44.9	10.0	7 37.1	12.2	59.2
17	73 44.6	41.4	171 13.9	10.0	7 49.3	12.1	59.2
18	88 44.3	S22 41.2	185 42.9	10.0	S 8 01.4	12.0	59.2
19	103 44.0	40.9	200 11.9	9.9	8 13.4	12.0	59.2
20	118 43.7	40.6	214 40.8	9.9	8 25.4	12.0	59.2
21	133 43.4 ..	40.4	229 09.7	9.8	8 37.4	11.9	59.2
22	148 43.1	40.1	243 38.5	9.8	8 49.3	11.8	59.2
23	163 42.9	39.8	258 07.3	9.8	9 01.1	11.9	59.2
5 00	178 42.6	S22 39.5	272 36.1	9.7	S 9 13.0	11.7	59.5
01	193 42.3	39.3	287 04.8	9.7	9 24.7	11.7	59.2
02	208 42.0	39.0	301 33.5	9.6	9 36.4	11.7	59.2
03	223 41.7 ..	38.7	316 02.1	9.6	9 48.1	11.6	59.2
04	238 41.5	38.4	330 30.7	9.6	9 59.7	11.5	59.2
05	253 41.2	38.2	344 59.3	9.5	10 11.2	11.5	59.2
W 06	268 40.9	S22 37.9	359 27.8	9.4	S10 22.7	11.5	59.2
E 07	283 40.6	37.6	13 56.2	9.4	10 34.2	11.3	59.2
D 08	298 40.3	37.3	28 24.6	9.4	10 45.5	11.3	59.2
N 09	313 40.1 ..	37.0	42 53.0	9.3	10 56.8	11.3	59.2
E 10	328 39.8	36.8	57 21.3	9.3	11 08.1	11.2	59.2
S 11	343 39.5	36.5	71 49.6	9.2	11 19.3	11.1	59.2
D 12	358 39.2	S22 36.2	86 17.8	9.2	S11 30.4	11.0	59.2
A 13	13 38.9	35.9	100 46.0	9.2	11 41.4	11.0	59.2
Y 14	28 38.7	35.6	115 14.2	9.0	11 52.4	10.9	59.2
15	43 38.4 ..	35.3	129 42.2	9.1	12 03.3	10.9	59.2
16	58 38.1	35.1	144 10.3	9.0	12 14.2	10.8	59.2
17	73 37.8	34.8	158 38.3	8.9	12 25.0	10.7	59.2
18	88 37.5	S22 34.5	173 06.2	8.9	S12 35.7	10.6	59.2
19	103 37.3	34.2	187 34.1	8.8	12 46.3	10.6	59.2
20	118 37.0	33.9	202 01.9	8.8	12 56.9	10.5	59.2
21	133 36.7 ..	33.6	216 29.7	8.8	13 07.4	10.4	59.2
22	148 36.4	33.3	230 57.5	8.6	13 17.8	10.3	59.2
23	163 36.2	33.0	245 25.1	8.7	13 28.1	10.2	59.2
6 00	178 35.9	S22 32.7	259 52.8	8.6	S13 38.3	10.2	59.2
01	193 35.6	32.5	274 20.4	8.5	13 48.5	10.1	59.2
02	208 35.3	32.2	288 47.9	8.5	13 58.6	10.0	59.2
03	223 35.1 ..	31.9	303 15.4	8.4	14 08.6	9.9	59.2
04	238 34.8	31.6	317 42.8	8.4	14 18.5	9.8	59.2
05	253 34.5	31.3	332 10.2	8.3	14 28.3	9.8	59.2
T 06	268 34.2	S22 31.0	346 37.5	8.3	S14 38.1	9.7	59.2
H 07	283 34.0	30.7	1 04.8	8.2	14 47.8	9.5	59.2
U 08	298 33.7	30.4	15 32.0	8.1	14 57.3	9.5	59.2
R 09	313 33.4 ..	30.1	29 59.1	8.1	15 06.8	9.4	59.2
S 10	328 33.1	29.8	44 26.2	8.1	15 16.2	9.3	59.2
D 11	343 32.8	29.5	58 53.3	8.0	15 25.5	9.2	59.2
A 12	358 32.6	S22 29.2	73 20.3	8.0	S15 34.7	9.1	59.2
Y 13	13 32.3	28.9	87 47.3	7.9	15 43.8	9.0	59.2
14	28 32.0	28.6	102 14.2	7.8	15 52.8	8.9	59.2
15	43 31.8 ..	28.3	116 41.0	7.8	16 01.7	8.9	59.2
16	58 31.5	28.0	131 07.8	7.7	16 10.6	8.7	59.2
17	73 31.2	27.7	145 34.5	7.7	16 19.3	8.6	59.2
18	88 30.9	S22 27.4	160 01.2	7.7	S16 27.9	8.5	59.2
19	103 30.7	27.1	174 27.9	7.6	16 36.4	8.4	59.2
20	118 30.4	26.7	188 54.5	7.5	16 44.8	8.3	59.2
21	133 30.1 ..	26.4	203 21.0	7.5	16 53.1	8.2	59.2
22	148 29.8	26.1	217 47.5	7.4	17 01.3	8.1	59.2
23	163 29.6	25.8	232 13.9	7.4	17 09.4	8.0	59.2
	S.D. 16.3	d 0.3	S.D. 16.1		16.1		16.1

Twilight / Sunrise / Moonrise

Lat.	Twilight Naut.	Civil	Sunrise	Moonrise 4	5	6	7
N 72	08 20	10 30	■	26 02	02 02	04 21	■
N 70	08 02	09 43	■	25 46	01 46	03 49	06 06
68	07 47	09 12	11 31	25 33	01 33	03 25	05 22
66	07 35	08 50	10 20	25 22	01 22	03 07	04 53
64	07 25	08 32	09 45	25 14	01 14	02 53	04 31
62	07 16	08 17	09 20	25 06	01 06	02 40	04 13
60	07 08	08 04	09 00	25 00	01 00	02 30	03 59
N 58	07 01	07 53	08 44	24 54	00 54	02 21	03 47
56	06 55	07 43	08 30	24 49	00 49	02 13	03 36
54	06 49	07 35	08 18	24 45	00 45	02 06	03 27
52	06 44	07 27	08 07	24 41	00 41	02 00	03 18
50	06 39	07 20	07 58	24 37	00 37	01 55	03 11
45	06 28	07 05	07 38	24 29	00 29	01 43	02 55
N 40	06 18	06 52	07 22	24 23	00 23	01 33	02 42
35	06 09	06 41	07 09	24 17	00 17	01 24	02 31
30	06 00	06 31	06 57	24 12	00 12	01 17	02 22
20	05 45	06 12	06 36	24 04	00 04	01 04	02 05
N 10	05 30	05 56	06 18	23 57	24 53	00 53	01 51
0	05 13	05 39	06 02	23 50	24 43	00 43	01 38
S 10	04 55	05 22	05 45	23 43	24 32	00 32	01 24
20	04 33	05 02	05 26	23 36	24 22	00 22	01 10
30	04 05	04 38	05 05	23 28	24 09	00 09	00 54
35	03 47	04 23	04 53	23 23	24 02	00 02	00 45
40	03 25	04 06	04 38	23 18	23 54	24 35	00 35
45	02 56	03 44	04 21	23 12	23 45	24 22	00 22
S 50	02 13	03 16	03 59	23 05	23 34	24 07	00 07
52	01 49	03 02	03 49	23 02	23 29	24 01	00 01
54	01 12	02 45	03 37	22 58	23 23	23 53	24 31
56	////	02 24	03 24	22 54	23 17	23 44	24 20
58	////	01 58	03 08	22 50	23 10	23 35	24 08
S 60	////	01 18	02 49	22 45	23 02	23 24	23 54

Sunset / Twilight / Moonset

Lat.	Sunset	Twilight Civil	Naut.	Moonset 4	5	6	7
N 72	■	13 41	15 52	09 58	09 39	09 11	■
N 70	■	14 28	16 10	10 07	09 57	09 45	09 24
68	12 41	14 59	16 24	10 15	10 12	10 10	10 09
66	13 51	15 21	16 36	10 21	10 24	10 29	10 39
64	14 26	15 40	16 46	10 26	10 34	10 45	11 01
62	14 51	15 54	16 55	10 31	10 43	10 58	11 19
60	15 11	16 07	17 03	10 35	10 50	11 09	11 34
N 58	15 27	16 18	17 10	10 39	10 57	11 19	11 47
56	15 41	16 28	17 16	10 42	11 03	11 27	11 58
54	15 53	16 36	17 22	10 45	11 08	11 35	12 08
52	16 04	16 44	17 27	10 47	11 12	11 42	12 17
50	16 13	16 51	17 32	10 50	11 17	11 48	12 25
45	16 33	17 06	17 43	10 55	11 26	12 01	12 41
N 40	16 49	17 19	17 53	11 00	11 34	12 12	12 55
35	17 02	17 30	18 02	11 03	11 41	12 21	13 07
30	17 14	17 40	18 10	11 07	11 47	12 30	13 17
20	17 35	17 58	18 26	11 13	11 57	12 44	13 35
N 10	17 52	18 15	18 41	11 18	12 06	12 57	13 50
0	18 09	18 31	18 58	11 23	12 15	13 09	14 05
S 10	18 26	18 49	19 16	11 28	12 23	13 20	14 19
20	18 44	19 09	19 38	11 33	12 32	13 33	14 34
30	19 05	19 33	20 05	11 39	12 43	13 48	14 52
35	19 18	19 47	20 23	11 42	12 49	13 56	15 03
40	19 32	20 05	20 45	11 46	12 56	14 06	15 15
45	19 49	20 26	21 14	11 51	13 04	14 17	15 29
S 50	20 11	20 54	21 56	11 56	13 14	14 31	15 46
52	20 21	21 08	22 21	11 59	13 18	14 37	15 54
54	20 33	21 25	22 56	12 02	13 23	14 44	16 03
56	20 46	21 45	////	12 05	13 29	14 52	16 13
58	21 02	22 11	////	12 08	13 35	15 01	16 25
S 60	21 20	22 50	////	12 12	13 42	15 12	16 38

SUN / MOON

Day	SUN Eqn. of Time 00ʰ	12ʰ	Mer. Pass.	MOON Mer. Pass. Upper	Lower	Age	Phase
	m s	m s	h m	h m	h m	d	
4	04 42	04 56	12 05	05 11	17 36	22	◑
5	05 09	05 23	12 05	06 02	18 29	23	
6	05 36	05 49	12 06	06 56	19 23	24	

1994 JANUARY 7, 8, 9 (FRI., SAT., SUN.)

UT (GMT) d h	ARIES G.H.A.	VENUS −3.9 G.H.A.	Dec.	MARS +1.2 G.H.A.	Dec.	JUPITER −1.9 G.H.A.	Dec.	SATURN +0.9 G.H.A.	Dec.	STARS Name	S.H.A.	Dec.
7 00	106 19.9	181 00.9	S23 17.2	181 24.4	S23 36.1	247 44.1	S13 55.4	136 02.9	S13 38.5	Acamar	315 29.1	S40 19.9
01	121 22.4	196 00.0	17.0	196 24.8	35.9	262 46.2	55.5	151 05.1	38.4	Achernar	335 37.4	S57 16.3
02	136 24.9	210 59.0	16.7	211 25.2	35.8	277 48.3	55.6	166 07.3	38.3	Acrux	173 25.4	S63 03.8
03	151 27.3	225 58.1 · ·	16.5	226 25.5 · ·	35.6	292 50.4 · ·	55.7	181 09.5 · ·	38.2	Adhara	255 23.5	S28 58.0
04	166 29.8	240 57.1	16.3	241 25.9	35.4	307 52.5	55.8	196 11.8	38.2	Aldebaran	291 05.8	N16 29.8
05	181 32.3	255 56.2	16.0	256 26.3	35.2	322 54.6	55.9	211 14.0	38.1			
06	196 34.7	270 55.2	S23 15.8	271 26.7	S23 35.0	337 56.8	S13 56.0	226 16.2	S13 38.0	Alioth	166 33.4	N55 59.1
07	211 37.2	285 54.3	15.5	286 27.1	34.8	352 58.9	56.1	241 18.4	37.9	Alkaid	153 10.4	N49 20.2
F 08	226 39.7	300 53.3	15.3	301 27.5	34.7	8 01.0	56.2	256 20.6	37.8	Al Na'ir	28 02.3	S46 59.5
R 09	241 42.1	315 52.4 · ·	15.0	316 27.8 · ·	34.5	23 03.1 · ·	56.4	271 22.9 · ·	37.7	Alnilam	276 00.8	S 1 12.4
I 10	256 44.6	330 51.4	14.8	331 28.2	34.3	38 05.2	56.5	286 25.1	37.6	Alphard	218 10.1	S 8 38.1
D 11	271 47.0	345 50.5	14.5	346 28.6	34.1	53 07.3	56.6	301 27.3	37.5			
A 12	286 49.5	0 49.5	S23 14.3	1 29.0	S23 33.9	68 09.4	S13 56.7	316 29.5	S13 37.4	Alphecca	126 23.5	N26 43.9
Y 13	301 52.0	15 48.6	14.0	16 29.4	33.7	83 11.6	56.8	331 31.7	37.4	Alpheratz	357 58.6	N29 03.7
14	316 54.4	30 47.6	13.7	31 29.8	33.6	98 13.7	56.9	346 34.0	37.3	Altair	62 22.7	N 8 51.2
15	331 56.9	45 46.7 · ·	13.5	46 30.2 · ·	33.4	113 15.8 · ·	57.0	1 36.2 · ·	37.2	Ankaa	353 30.1	S42 20.5
16	346 59.4	60 45.7	13.2	61 30.5	33.2	128 17.9	57.1	16 38.4	37.1	Antares	112 44.4	S26 25.1
17	2 01.8	75 44.8	13.0	76 30.9	33.0	143 20.0	57.2	31 40.6	37.0			
18	17 04.3	90 43.8	S23 12.7	91 31.3	S23 32.8	158 22.2	S13 57.3	46 42.8	S13 36.9	Arcturus	146 09.1	N19 12.6
19	32 06.8	105 42.9	12.4	106 31.7	32.6	173 24.3	57.4	61 45.1	36.8	Atria	107 59.8	S69 00.8
20	47 09.2	120 41.9	12.2	121 32.1	32.4	188 26.4	57.5	76 47.3	36.7	Avior	234 23.3	S59 29.5
21	62 11.7	135 41.0 · ·	11.9	136 32.5 · ·	32.2	203 28.5 · ·	57.6	91 49.5 · ·	36.6	Bellatrix	278 47.3	N 6 20.6
22	77 14.1	150 40.0	11.6	151 32.8	32.1	218 30.6	57.7	106 51.7	36.6	Betelgeuse	271 16.7	N 7 24.3
23	92 16.6	165 39.1	11.4	166 33.2	31.9	233 32.7	57.8	121 53.9	36.5			
8 00	107 19.1	180 38.1	S23 11.1	181 33.6	S23 31.7	248 34.9	S13 57.9	136 56.1	S13 36.4	Canopus	264 02.0	S52 41.7
01	122 21.5	195 37.2	10.8	196 34.0	31.5	263 37.0	58.0	151 58.4	36.3	Capella	280 55.5	N45 59.6
02	137 24.0	210 36.2	10.6	211 34.4	31.3	278 39.1	58.1	167 00.6	36.2	Deneb	49 41.8	N45 15.7
03	152 26.5	225 35.3 · ·	10.3	226 34.8 · ·	31.1	293 41.2 · ·	58.2	182 02.8 · ·	36.1	Denebola	182 48.3	N14 36.1
04	167 28.9	240 34.4	10.0	241 35.1	30.9	308 43.3	58.3	197 05.0	36.0	Diphda	349 10.5	S18 01.2
05	182 31.4	255 33.4	09.7	256 35.5	30.7	323 45.5	58.4	212 07.2	35.9			
06	197 33.9	270 32.5	S23 09.5	271 35.9	S23 30.5	338 47.6	S13 58.5	227 09.5	S13 35.8	Dubhe	194 09.0	N61 46.6
07	212 36.3	285 31.5	09.2	286 36.3	30.3	353 49.7	58.6	242 11.7	35.7	Elnath	278 30.6	N28 36.1
S 08	227 38.8	300 30.6	08.9	301 36.7	30.1	8 51.8	58.7	257 13.9	35.7	Eltanin	90 53.4	N51 29.3
A 09	242 41.3	315 29.6 · ·	08.6	316 37.1 · ·	29.9	23 53.9 · ·	58.8	272 16.1 · ·	35.6	Enif	34 01.6	N 9 51.0
T 10	257 43.7	330 28.7	08.3	331 37.5	29.7	38 56.1	58.9	287 18.3	35.5	Fomalhaut	15 40.2	S29 39.3
U 11	272 46.2	345 27.7	08.1	346 37.8	29.5	53 58.2	59.0	302 20.5	35.4			
R 12	287 48.6	0 26.8	S23 07.8	1 38.2	S23 29.4	69 00.3	S13 59.1	317 22.8	S13 35.3	Gacrux	172 17.0	S57 04.6
D 13	302 51.1	15 25.9	07.5	16 38.6	29.2	84 02.4	59.2	332 25.0	35.2	Gienah	176 07.2	S17 30.6
A 14	317 53.6	30 24.9	07.2	31 39.0	29.0	99 04.6	59.3	347 27.2	35.1	Hadar	149 08.7	S60 20.4
Y 15	332 56.0	45 24.0 · ·	06.9	46 39.4 · ·	28.8	114 06.7 · ·	59.4	2 29.4 · ·	35.0	Hamal	328 17.1	N23 26.2
16	347 58.5	60 23.0	06.6	61 39.8	28.6	129 08.8	59.5	17 31.6	34.9	Kaus Aust.	84 03.5	S34 23.2
17	3 01.0	75 22.1	06.3	76 40.1	28.4	144 10.9	59.6	32 33.8	34.9			
18	18 03.4	90 21.1	S23 06.0	91 40.5	S23 28.2	159 13.0	S13 59.7	47 36.1	S13 34.8	Kochab	137 20.0	N74 10.5
19	33 05.9	105 20.2	05.7	106 40.9	28.0	174 15.2	59.8	62 38.3	34.7	Markab	13 53.0	N15 10.5
20	48 08.4	120 19.3	05.4	121 41.3	27.8	189 17.3	13 59.9	77 40.5	34.6	Menkar	314 30.1	N 4 04.0
21	63 10.8	135 18.3 · ·	05.2	136 41.7 · ·	27.6	204 19.4	14 00.0	92 42.7 · ·	34.5	Menkent	148 24.8	S36 20.3
22	78 13.3	150 17.4	04.9	151 42.1	27.4	219 21.5	00.2	107 44.9	34.4	Miaplacidus	221 41.8	S69 41.5
23	93 15.8	165 16.4	04.6	166 42.5	27.2	234 23.7	00.3	122 47.1	34.3			
9 00	108 18.2	180 15.5	S23 04.3	181 42.8	S23 27.0	249 25.8	S14 00.4	137 49.4	S13 34.2	Mirfak	309 00.9	N49 50.6
01	123 20.7	195 14.6	04.0	196 43.2	26.8	264 27.9	00.5	152 51.6	34.1	Nunki	76 16.5	S26 18.2
02	138 23.1	210 13.6	03.7	211 43.6	26.6	279 30.0	00.6	167 53.8	34.0	Peacock	53 42.6	S56 45.3
03	153 25.6	225 12.7 · ·	03.4	226 44.0 · ·	26.4	294 32.2 · ·	00.7	182 56.0 · ·	33.9	Pollux	243 45.1	N28 02.3
04	168 28.1	240 11.7	03.1	241 44.4	26.2	309 34.3	00.8	197 58.2	33.9	Procyon	245 14.6	N 5 14.3
05	183 30.5	255 10.8	02.7	256 44.8	26.0	324 36.4	00.9	213 00.4	33.8			
06	198 33.0	270 09.9	S23 02.4	271 45.1	S23 25.8	339 38.5	S14 01.0	228 02.6	S13 33.7	Rasalhague	96 20.3	N12 33.8
07	213 35.5	285 08.9	02.1	286 45.5	25.6	354 40.7	01.1	243 04.9	33.6	Regulus	207 58.7	N11 59.6
08	228 37.9	300 08.0	01.8	301 45.9	25.3	9 42.8	01.2	258 07.1	33.5	Rigel	281 25.7	S 8 12.6
S 09	243 40.4	315 07.0 · ·	01.5	316 46.3 · ·	25.1	24 44.9 · ·	01.3	273 09.3 · ·	33.4	Rigil Kent.	140 11.8	S60 48.4
U 10	258 42.9	330 06.1	01.2	331 46.7	24.9	39 47.0	01.4	288 11.5	33.3	Sabik	102 29.5	S15 43.0
N 11	273 45.3	345 05.2	00.9	346 47.1	24.7	54 49.2	01.5	303 13.7	33.2			
D 12	288 47.8	0 04.2	S23 00.6	1 47.5	S23 24.5	69 51.3	S14 01.6	318 15.9	S13 33.1	Schedar	349 57.2	N56 30.6
A 13	303 50.2	15 03.3	23 00.3	16 47.8	24.3	84 53.4	01.7	333 18.2	33.0	Shaula	96 42.0	S37 05.9
Y 14	318 52.7	30 02.4	22 59.9	31 48.2	24.1	99 55.5	01.8	348 20.4	33.0	Sirius	258 46.1	S16 42.6
15	333 55.2	45 01.4 · ·	59.6	46 48.6 · ·	23.9	114 57.7 · ·	01.9	3 22.6 · ·	32.9	Spica	158 46.6	S11 07.9
16	348 57.6	60 00.5	59.3	61 49.0	23.7	129 59.8	02.0	18 24.8	32.8	Suhail	223 02.7	S43 24.5
17	4 00.1	74 59.5	59.0	76 49.4	23.5	145 01.9	02.1	33 27.0	32.7			
18	19 02.6	89 58.6	S22 58.7	91 49.8	S23 23.3	160 04.1	S14 02.2	48 29.2	S13 32.6	Vega	80 49.2	N38 46.7
19	34 05.0	104 57.7	58.3	106 50.2	23.1	175 06.2	02.3	63 31.4	32.5	Zuben'ubi	137 21.7	S16 01.0
20	49 07.5	119 56.7	58.0	121 50.6	22.9	190 08.3	02.4	78 33.7	32.4			
21	64 10.0	134 55.8 · ·	57.7	136 50.9 · ·	22.6	205 10.4 · ·	02.5	93 35.9 · ·	32.3		S.H.A.	Mer. Pass.
22	79 12.4	149 54.9	57.4	151 51.3	22.4	220 12.6	02.6	108 38.1	32.2	Venus	73 19.1	11 58
23	94 14.9	164 53.9	57.0	166 51.7	22.2	235 14.7	02.7	123 40.3	32.1	Mars	74 14.5	11 53
Mer. Pass. 16 48.0		v −0.9 d 0.3		v 0.4 d 0.2		v 2.1 d 0.1		v 2.2 d 0.1		Jupiter	141 15.8	7 25
										Saturn	29 37.1	14 50

1994 JANUARY 7, 8, 9 (FRI., SAT., SUN.)

UT (GMT)	SUN G.H.A.	SUN Dec.	MOON G.H.A.	v	Dec.	d	H.P.
7 00	178 29.3	S22 25.5	246 40.3	7.3	S17 17.4	7.9	59.2
01	193 29.0	25.2	261 06.6	7.3	17 25.3	7.8	59.2
02	208 28.7	24.9	275 32.9	7.3	17 33.1	7.7	59.2
03	223 28.5	.. 24.6	289 59.2	7.2	17 40.8	7.5	59.2
04	238 28.2	24.3	304 25.4	7.1	17 48.3	7.5	59.2
05	253 27.9	23.9	318 51.5	7.1	17 55.8	7.3	59.2
F 06	268 27.7	S22 23.6	333 17.6	7.0	S18 03.1	7.2	59.2
R 07	283 27.4	23.3	347 43.6	7.0	18 10.3	7.1	59.2
I 08	298 27.1	23.0	2 09.6	7.0	18 17.4	7.0	59.2
D 09	313 26.9	.. 22.7	16 35.6	6.9	18 24.4	6.9	59.2
A 10	328 26.6	22.4	31 01.5	6.9	18 31.3	6.7	59.2
Y 11	343 26.3	22.1	45 27.4	6.8	18 38.0	6.7	59.2
12	358 26.0	S22 21.7	59 53.2	6.7	S18 44.7	6.5	59.2
13	13 25.8	21.4	74 18.9	6.8	18 51.2	6.4	59.1
14	28 25.5	21.1	88 44.7	6.7	18 57.6	6.2	59.1
15	43 25.2	.. 20.8	103 10.4	6.6	19 03.8	6.2	59.1
16	58 25.0	20.4	117 36.0	6.6	19 10.0	6.0	59.1
17	73 24.7	20.1	132 01.6	6.6	19 16.0	5.9	59.1
18	88 24.4	S22 19.8	146 27.2	6.5	S19 21.9	5.8	59.1
19	103 24.2	19.5	160 52.7	6.5	19 27.7	5.7	59.1
20	118 23.9	19.1	175 18.2	6.5	19 33.4	5.5	59.1
21	133 23.6	.. 18.8	189 43.7	6.4	19 38.9	5.4	59.1
22	148 23.4	18.5	204 09.1	6.4	19 44.3	5.3	59.1
23	163 23.1	18.2	218 34.5	6.3	19 49.6	5.1	59.1
8 00	178 22.8	S22 17.8	232 59.8	6.3	S19 54.7	5.0	59.1
01	193 22.5	17.5	247 25.1	6.3	19 59.7	4.9	59.1
02	208 22.3	17.2	261 50.4	6.3	20 04.6	4.8	59.1
03	223 22.0	.. 16.8	276 15.7	6.2	20 09.4	4.6	59.0
04	238 21.7	16.5	290 40.9	6.2	20 14.0	4.5	59.0
05	253 21.5	16.2	305 06.1	6.2	20 18.5	4.3	59.0
06	268 21.2	S22 15.8	319 31.3	6.1	S20 22.8	4.3	59.0
S 07	283 21.0	15.5	333 56.4	6.1	20 27.1	4.0	59.0
A 08	298 20.7	15.2	348 21.5	6.1	20 31.1	4.0	59.0
T 09	313 20.4	.. 14.8	2 46.6	6.1	20 35.1	3.8	59.0
U 10	328 20.2	14.5	17 11.7	6.0	20 38.9	3.7	59.0
R 11	343 19.9	14.2	31 36.7	6.0	20 42.6	3.6	59.0
D 12	358 19.6	S22 13.8	46 01.7	6.1	S20 46.2	3.4	59.0
A 13	13 19.4	13.5	60 26.8	5.9	20 49.6	3.3	59.0
Y 14	28 19.1	13.2	74 51.7	6.0	20 52.9	3.1	58.9
15	43 18.8	.. 12.8	89 16.7	6.0	20 56.0	3.0	58.9
16	58 18.6	12.5	103 41.7	5.9	20 59.0	2.9	58.9
17	73 18.3	12.1	118 06.6	5.9	21 01.9	2.7	58.9
18	88 18.0	S22 11.8	132 31.5	6.0	S21 04.6	2.6	58.9
19	103 17.8	11.4	146 56.5	5.9	21 07.2	2.5	58.9
20	118 17.5	11.1	161 21.4	5.9	21 09.7	2.3	58.9
21	133 17.3	.. 10.8	175 46.3	5.9	21 12.0	2.2	58.9
22	148 17.0	10.4	190 11.2	5.9	21 14.2	2.0	58.9
23	163 16.7	10.1	204 36.1	5.8	21 16.2	1.9	58.8
9 00	178 16.5	S22 09.7	219 00.9	5.9	S21 18.1	1.8	58.8
01	193 16.2	09.4	233 25.8	5.9	21 19.9	1.6	58.8
02	208 15.9	09.0	247 50.7	5.9	21 21.5	1.5	58.8
03	223 15.7	.. 08.7	262 15.6	5.9	21 23.0	1.3	58.8
04	238 15.4	08.3	276 40.5	5.9	21 24.3	1.2	58.8
05	253 15.2	08.0	291 05.4	5.8	21 25.5	1.1	58.8
06	268 14.9	S22 07.6	305 30.2	5.9	S21 26.6	0.9	58.8
S 07	283 14.6	07.3	319 55.1	5.9	21 27.5	0.8	58.7
U 08	298 14.4	06.9	334 20.0	5.9	21 28.3	0.6	58.7
N 09	313 14.1	.. 06.6	348 44.9	6.0	21 28.9	0.6	58.7
D 10	328 13.9	06.2	3 09.9	5.9	21 29.5	0.3	58.7
A 11	343 13.6	05.9	17 34.8	5.9	21 29.8	0.2	58.7
Y 12	358 13.3	S22 05.5	31 59.7	6.0	S21 30.0	0.1	58.7
13	13 13.1	05.1	46 24.7	6.0	21 30.1	0.0	58.7
14	28 12.8	04.8	60 49.7	6.0	21 30.1	0.2	58.6
15	43 12.6	.. 04.4	75 14.7	6.0	21 29.9	0.4	58.6
16	58 12.3	04.1	89 39.7	6.0	21 29.5	0.4	58.6
17	73 12.0	03.7	104 04.7	6.1	21 29.1	0.6	58.6
18	88 11.8	S22 03.3	118 29.8	6.1	S21 28.5	0.8	58.6
19	103 11.5	03.0	132 54.9	6.1	21 27.7	0.9	58.6
20	118 11.3	02.6	147 20.0	6.1	21 26.8	1.0	58.6
21	133 11.0	.. 02.3	161 45.1	6.2	21 25.8	1.1	58.5
22	148 10.8	01.9	176 10.3	6.2	21 24.7	1.3	58.5
23	163 10.5	01.5	190 35.5	6.2	21 23.4	1.5	58.5
	S.D. 16.3	d 0.3	S.D. 16.1		16.1		16.0

Lat.	Twilight Naut.	Twilight Civil	Sunrise	Moonrise 7	8	9	10
N 72	08 15	10 20	■	■	■	■	■
N 70	07 58	09 37	■	06 06	■	■	■
68	07 44	09 08	11 10	05 22	07 20	09 01	09 36
66	07 33	08 46	10 13	04 53	06 33	07 54	08 43
64	07 23	08 29	09 40	04 31	06 03	07 18	08 10
62	07 14	08 14	09 16	04 13	05 40	06 53	07 46
60	07 07	08 02	08 57	03 59	05 22	06 33	07 27
N 58	07 00	07 51	08 41	03 47	05 07	06 16	07 11
56	06 54	07 42	08 28	03 36	04 54	06 02	06 57
54	06 48	07 34	08 16	03 27	04 43	05 50	06 45
52	06 43	07 26	08 06	03 18	04 33	05 39	06 35
50	06 38	07 19	07 57	03 11	04 24	05 29	06 26
45	06 28	07 04	07 38	02 55	04 05	05 09	06 06
N 40	06 18	06 52	07 22	02 42	03 50	04 53	05 50
35	06 09	06 41	07 09	02 31	03 37	04 39	05 37
30	06 01	06 31	06 57	02 22	03 26	04 27	05 25
20	05 46	06 13	06 37	02 05	03 07	04 07	05 05
N 10	05 31	05 57	06 19	01 51	02 50	03 49	04 47
0	05 15	05 41	06 03	01 38	02 35	03 33	04 31
S 10	04 57	05 23	05 46	01 24	02 19	03 16	04 15
20	04 35	05 04	05 28	01 10	02 03	02 59	03 57
30	04 08	04 40	05 08	00 54	01 44	02 39	03 37
35	03 50	04 26	04 55	00 45	01 33	02 27	03 25
40	03 28	04 09	04 41	00 35	01 21	02 13	03 12
45	03 00	03 48	04 24	00 22	01 06	01 57	02 56
S 50	02 19	03 20	04 03	00 07	00 48	01 38	02 34
52	01 55	03 06	03 53	00 01	00 40	01 29	02 27
54	01 22	02 50	03 42	24 31	00 31	01 18	02 17
56	////	02 30	03 29	24 20	00 20	01 06	02 05
58	////	02 05	03 13	24 08	00 08	00 53	01 51
S 60	////	01 29	02 55	23 54	24 37	00 37	01 35

Lat.	Sunset	Twilight Civil	Twilight Naut.	Moonset 7	8	9	10
N 72	■	13 54	15 59	■	■	■	■
N 70	■	14 37	16 16	09 24	■	■	■
68	13 04	15 06	16 30	10 09	10 11	10 32	11 58
66	14 01	15 28	16 41	10 39	10 58	11 39	12 51
64	14 34	15 45	16 51	11 01	11 29	12 15	13 23
62	14 58	15 59	17 00	11 19	11 52	12 40	13 47
60	15 17	16 12	17 07	11 34	12 10	13 01	14 06
N 58	15 32	16 22	17 14	11 47	12 26	13 17	14 22
56	15 46	16 32	17 20	11 58	12 39	13 31	14 35
54	15 57	16 40	17 25	12 08	12 50	13 43	14 47
52	16 08	16 47	17 31	12 17	13 01	13 54	14 57
50	16 17	16 54	17 35	12 25	13 10	14 04	15 06
45	16 36	17 09	17 46	12 41	13 29	14 24	15 26
N 40	16 52	17 22	17 55	12 55	13 44	14 40	15 41
35	17 05	17 33	18 04	13 07	13 58	14 54	15 54
30	17 17	17 43	18 12	13 17	14 09	15 06	16 06
20	17 36	18 00	18 28	13 35	14 29	15 26	16 25
N 10	17 54	18 17	18 43	13 50	14 46	15 44	16 42
0	18 10	18 33	18 59	14 05	15 02	16 01	16 58
S 10	18 27	18 50	19 17	14 19	15 18	16 17	17 14
20	18 45	19 09	19 38	14 34	15 36	16 35	17 31
30	19 06	19 33	20 05	14 52	15 55	16 55	17 50
35	19 18	19 47	20 23	15 03	16 07	17 07	18 01
40	19 32	20 04	20 45	15 15	16 20	17 21	18 14
45	19 49	20 25	21 13	15 29	16 36	17 37	18 29
S 50	20 10	20 52	21 53	15 46	16 55	17 57	18 48
52	20 20	21 06	22 16	15 54	17 04	18 06	18 57
54	20 31	21 22	22 49	16 03	17 15	18 17	19 06
56	20 44	21 42	////	16 13	17 26	18 28	19 17
58	20 59	22 06	////	16 25	17 40	18 42	19 30
S 60	21 17	22 42	////	16 38	17 56	18 58	19 44

Day	SUN Eqn. of Time 00h	12h	Mer. Pass.	MOON Mer. Pass. Upper	Lower	Age	Phase
7	06 02	06 15	12 06	07 51	20 20	25	
8	06 28	06 41	12 07	08 48	21 18	26	
9	06 54	07 06	12 07	09 47	22 16	27	☽

1994 JANUARY 10, 11, 12 (MON., TUES., WED.)

UT (GMT) d h	ARIES G.H.A.	VENUS −3.9 G.H.A.	Dec.	MARS +1.2 G.H.A.	Dec.	JUPITER −1.9 G.H.A.	Dec.	SATURN +0.9 G.H.A.	Dec.	STARS Name	S.H.A.	Dec.
10 00	109 17.4	179 53.0	S22 56.7	181 52.1	S23 22.0	250 16.8	S14 02.8	138 42.5	S13 32.0	Acamar	315 29.2	S40 19.9
01	124 19.8	194 52.1	56.4	196 52.5	21.8	265 19.0	02.9	153 44.7	32.0	Achernar	335 37.5	S57 16.3
02	139 22.3	209 51.1	56.0	211 52.9	21.6	280 21.1	03.0	168 46.9	31.9	Acrux	173 25.4	S63 03.8
03	154 24.7	224 50.2	·· 55.7	226 53.2	·· 21.4	295 23.2	·· 03.1	183 49.2	·· 31.8	Adhara	255 23.5	S28 58.0
04	169 27.2	239 49.3	55.4	241 53.6	21.2	310 25.3	03.2	198 51.4	31.7	Aldebaran	291 05.8	N16 29.8
05	184 29.7	254 48.3	55.0	256 54.0	20.9	325 27.5	03.3	213 53.6	31.6			
06	199 32.1	269 47.4	S22 54.7	271 54.4	S23 20.7	340 29.6	S14 03.3	228 55.8	S13 31.5	Alioth	166 33.3	N55 59.1
07	214 34.6	284 46.5	54.4	286 54.8	20.5	355 31.7	03.4	243 58.0	31.4	Alkaid	153 10.4	N49 20.2
08	229 37.1	299 45.5	54.0	301 55.2	20.3	10 33.9	03.5	259 00.2	31.3	Al Na'ir	28 02.3	S46 59.5
M 09	244 39.5	314 44.6	·· 53.7	316 55.6	·· 20.1	25 36.0	·· 03.6	274 02.4	·· 31.2	Alnilam	276 00.8	S 1 12.4
O 10	259 42.0	329 43.7	53.4	331 55.9	19.9	40 38.1	03.7	289 04.6	31.1	Alphard	218 10.0	S 8 38.1
N 11	274 44.5	344 42.7	53.0	346 56.3	19.6	55 40.3	03.8	304 06.9	31.0			
D 12	289 46.9	359 41.8	S22 52.7	1 56.7	S23 19.4	70 42.4	S14 03.9	319 09.1	S13 31.0	Alphecca	126 23.5	N26 43.9
A 13	304 49.4	14 40.9	52.3	16 57.1	19.2	85 44.5	04.0	334 11.3	30.9	Alpheratz	357 58.6	N29 03.7
Y 14	319 51.9	29 40.0	52.0	31 57.5	19.0	100 46.6	04.1	349 13.5	30.8	Altair	62 22.7	N 8 51.2
15	334 54.3	44 39.0	·· 51.6	46 57.9	·· 18.8	115 48.8	·· 04.2	4 15.7	·· 30.7	Ankaa	353 30.1	S42 20.5
16	349 56.8	59 38.1	51.3	61 58.3	18.6	130 50.9	04.3	19 17.9	30.6	Antares	112 44.4	S26 25.1
17	4 59.2	74 37.2	50.9	76 58.7	18.3	145 53.0	04.4	34 20.1	30.5			
18	20 01.7	89 36.2	S22 50.6	91 59.0	S23 18.1	160 55.2	S14 04.5	49 22.4	S13 30.4	Arcturus	146 09.1	N19 12.6
19	35 04.2	104 35.3	50.2	106 59.4	17.9	175 57.3	04.6	64 24.6	30.3	Atria	107 59.7	S69 00.8
20	50 06.6	119 34.4	49.9	121 59.8	17.7	190 59.4	04.7	79 26.8	30.2	Avior	234 23.3	S59 29.5
21	65 09.1	134 33.5	·· 49.5	137 00.2	·· 17.4	206 01.6	·· 04.8	94 29.0	·· 30.1	Bellatrix	278 47.3	N 6 20.6
22	80 11.6	149 32.5	49.2	152 00.6	17.2	221 03.7	04.9	109 31.2	30.0	Betelgeuse	271 16.7	N 7 24.3
23	95 14.0	164 31.6	48.8	167 01.0	17.0	236 05.8	05.0	124 33.4	29.9			
11 00	110 16.5	179 30.7	S22 48.4	182 01.4	S23 16.8	251 08.0	S14 05.1	139 35.6	S13 29.9	Canopus	264 02.0	S52 41.7
01	125 19.0	194 29.7	48.1	197 01.7	16.6	266 10.1	05.2	154 37.8	29.8	Capella	280 55.5	N45 59.6
02	140 21.4	209 28.8	47.7	212 02.1	16.3	281 12.2	05.3	169 40.0	29.7	Deneb	49 41.8	N45 15.7
03	155 23.9	224 27.9	·· 47.4	227 02.5	·· 16.1	296 14.4	·· 05.4	184 42.3	·· 29.6	Denebola	182 48.3	N14 36.1
04	170 26.3	239 27.0	47.0	242 02.9	15.9	311 16.5	05.5	199 44.5	29.5	Diphda	349 10.5	S18 01.2
05	185 28.8	254 26.0	46.6	257 03.3	15.7	326 18.7	05.6	214 46.7	29.4			
06	200 31.3	269 25.1	S22 46.3	272 03.7	S23 15.4	341 20.8	S14 05.7	229 48.9	S13 29.3	Dubhe	194 09.0	N61 46.6
07	215 33.7	284 24.2	45.9	287 04.1	15.2	356 22.9	05.8	244 51.1	29.2	Elnath	278 30.6	N28 36.1
T 08	230 36.2	299 23.3	45.5	302 04.5	15.0	11 25.1	05.9	259 53.3	29.1	Eltanin	90 53.4	N51 29.3
U 09	245 38.7	314 22.3	·· 45.2	317 04.8	·· 14.8	26 27.2	·· 06.0	274 55.5	·· 29.0	Enif	34 01.6	N 9 51.0
E 10	260 41.1	329 21.4	44.8	332 05.2	14.5	41 29.3	06.1	289 57.7	28.9	Fomalhaut	15 40.2	S29 39.3
S 11	275 43.6	344 20.5	44.4	347 05.6	14.3	56 31.5	06.2	305 00.0	28.8			
D 12	290 46.1	359 19.6	S22 44.1	2 06.0	S23 14.1	71 33.6	S14 06.3	320 02.2	S13 28.7	Gacrux	172 17.0	S57 04.6
A 13	305 48.5	14 18.7	43.7	17 06.4	13.8	86 35.7	06.4	335 04.4	28.7	Gienah	176 07.2	S17 30.6
Y 14	320 51.0	29 17.7	43.3	32 06.8	13.6	101 37.9	06.5	350 06.6	28.6	Hadar	149 08.7	S60 20.4
15	335 53.5	44 16.8	·· 42.9	47 07.2	·· 13.4	116 40.0	·· 06.6	5 08.8	·· 28.5	Hamal	328 17.1	N23 26.2
16	350 55.9	59 15.9	42.6	62 07.6	13.2	131 42.2	06.7	20 11.0	28.4	Kaus Aust.	84 03.4	S34 23.2
17	5 58.4	74 15.0	42.2	77 07.9	12.9	146 44.3	06.8	35 13.2	28.3			
18	21 00.8	89 14.0	S22 41.8	92 08.3	S23 12.7	161 46.4	S14 06.9	50 15.4	S13 28.2	Kochab	137 20.0	N74 10.5
19	36 03.3	104 13.1	41.4	107 08.7	12.5	176 48.6	06.9	65 17.6	28.1	Markab	13 53.0	N15 10.5
20	51 05.8	119 12.2	41.0	122 09.1	12.2	191 50.7	07.0	80 19.8	28.0	Menkar	314 30.1	N 4 04.0
21	66 08.2	134 11.3	·· 40.7	137 09.5	·· 12.0	206 52.8	·· 07.1	95 22.1	·· 27.9	Menkent	148 24.8	S36 20.3
22	81 10.7	149 10.4	40.3	152 09.9	11.8	221 55.0	07.2	110 24.3	27.8	Miaplacidus	221 41.8	S69 41.6
23	96 13.2	164 09.4	39.9	167 10.3	11.5	236 57.1	07.3	125 26.5	27.7			
12 00	111 15.6	179 08.5	S22 39.5	182 10.7	S23 11.3	251 59.3	S14 07.4	140 28.7	S13 27.6	Mirfak	309 00.9	N49 50.6
01	126 18.1	194 07.6	39.1	197 11.0	11.1	267 01.4	07.5	155 30.9	27.6	Nunki	76 16.7	S26 18.2
02	141 20.6	209 06.7	38.7	212 11.4	10.8	282 03.5	07.6	170 33.1	27.5	Peacock	53 42.6	S56 45.3
03	156 23.0	224 05.8	·· 38.3	227 11.8	·· 10.6	297 05.7	·· 07.7	185 35.3	·· 27.4	Pollux	243 45.1	N28 02.3
04	171 25.5	239 04.9	37.9	242 12.2	10.4	312 07.8	07.8	200 37.5	27.3	Procyon	245 14.6	N 5 14.3
05	186 28.0	254 03.9	37.5	257 12.6	10.1	327 10.0	07.9	215 39.7	27.2			
06	201 30.4	269 03.0	S22 37.1	272 13.0	S23 09.9	342 12.1	S14 08.0	230 42.0	S13 27.1	Rasalhague	96 20.2	N12 33.8
W 07	216 32.9	284 02.1	36.7	287 13.4	09.6	357 14.2	08.1	245 44.2	27.0	Regulus	207 58.7	N11 59.6
E 08	231 35.3	299 01.2	36.4	302 13.8	09.4	12 16.4	08.2	260 46.4	26.9	Rigel	281 25.7	S 8 12.6
D 09	246 37.8	314 00.3	·· 36.0	317 14.1	·· 09.2	27 18.5	·· 08.3	275 48.6	·· 26.8	Rigil Kent.	140 11.7	S60 48.4
N 10	261 40.3	328 59.4	35.6	332 14.5	08.9	42 20.7	08.4	290 50.8	26.7	Sabik	102 29.5	S15 43.0
E 11	276 42.7	343 58.4	35.2	347 14.9	08.7	57 22.8	08.5	305 53.0	26.6			
S 12	291 45.2	358 57.5	S22 34.8	2 15.3	S23 08.4	72 24.9	S14 08.6	320 55.2	S13 26.5	Schedar	349 57.2	N56 30.6
D 13	306 47.7	13 56.6	34.4	17 15.7	08.2	87 27.1	08.7	335 57.4	26.4	Shaula	96 42.0	S37 05.9
A 14	321 50.1	28 55.7	33.9	32 16.1	08.0	102 29.2	08.8	350 59.6	26.3	Sirius	258 46.1	S16 42.6
Y 15	336 52.6	43 54.8	·· 33.5	47 16.5	·· 07.7	117 31.4	·· 08.8	6 01.8	·· 26.3	Spica	158 46.6	S11 07.9
16	351 55.1	58 53.9	33.1	62 16.9	07.5	132 33.5	08.9	21 04.0	26.2	Suhail	223 02.7	S43 24.6
17	6 57.5	73 53.0	32.7	77 17.3	07.2	147 35.7	09.0	36 06.3	26.1			
18	22 00.0	88 52.0	S22 32.3	92 17.6	S23 07.0	162 37.8	S14 09.1	51 08.5	S13 26.0	Vega	80 49.2	N38 46.7
19	37 02.4	103 51.1	31.9	107 18.0	06.8	177 39.9	09.2	66 10.7	25.9	Zuben'ubi	137 21.6	S16 01.0
20	52 04.9	118 50.2	31.5	122 18.4	06.5	192 42.1	09.3	81 12.9	25.8			
21	67 07.4	133 49.3	·· 31.1	137 18.8	·· 06.3	207 44.2	·· 09.4	96 15.1	·· 25.7			
22	82 09.8	148 48.4	30.7	152 19.2	06.0	222 46.4	09.5	111 17.3	25.6			
23	97 12.3	163 47.5	30.3	167 19.6	05.8	237 48.5	09.6	126 19.5	25.5			

	S.H.A.	Mer. Pass.
Venus	69 14.2	12 03
Mars	71 44.9	11 52
Jupiter	140 51.5	7 14
Saturn	29 19.1	14 39

Mer. Pass. 16ʰ 36.2ᵐ | *v* −0.9 *d* 0.4 | *v* 0.4 *d* 0.2 | *v* 2.1 *d* 0.1 | *v* 2.2 *d* 0.1

1994 JANUARY 10, 11, 12 (MON., TUES., WED.)

UT (GMT)	SUN G.H.A.	Dec.	MOON G.H.A.	v	Dec.	d	H.P.
d h	° '	° '	° '	'	° '	'	'
10 00	178 10.2	S22 01.2	205 00.7	6.2	S21 21.9	1.5	58.5
01	193 10.0	00.8	219 25.9	6.3	21 20.4	1.7	58.5
02	208 09.7	00.4	233 51.2	6.3	21 18.7	1.9	58.4
03	223 09.5	22 00.1	248 16.5	6.4	21 16.8	1.9	58.4
04	238 09.2	21 59.7	262 41.9	6.4	21 14.9	2.1	58.4
05	253 09.0	59.3	277 07.3	6.4	21 12.8	2.3	58.4
06	268 08.7	S21 59.0	291 32.7	6.5	S21 10.5	2.3	58.4
07	283 08.5	58.6	305 58.2	6.5	21 08.2	2.5	58.4
08	298 08.2	58.2	320 23.7	6.6	21 05.7	2.7	58.3
M 09	313 07.9 ..	57.9	334 49.3	6.6	21 03.0	2.7	58.3
O 10	328 07.7	57.5	349 14.9	6.6	21 00.3	2.9	58.3
N 11	343 07.4	57.1	3 40.5	6.7	20 57.4	3.1	58.3
D 12	358 07.2	S21 56.7	18 06.2	6.7	S20 54.3	3.1	58.3
A 13	13 06.9	56.4	32 31.9	6.8	20 51.2	3.3	58.2
Y 14	28 06.7	56.0	46 57.7	6.9	20 47.9	3.4	58.2
15	43 06.4 ..	55.6	61 23.6	6.8	20 44.5	3.5	58.2
16	58 06.2	55.2	75 49.4	7.0	20 41.0	3.7	58.2
17	73 05.9	54.9	90 15.4	7.0	20 37.3	3.8	58.2
18	88 05.7	S21 54.5	104 41.4	7.0	S20 33.5	3.9	58.1
19	103 05.4	54.1	119 07.4	7.1	20 29.6	4.0	58.1
20	118 05.2	53.7	133 33.5	7.2	20 25.6	4.2	58.1
21	133 04.9 ..	53.3	147 59.7	7.2	20 21.4	4.2	58.1
22	148 04.7	53.0	162 25.9	7.3	20 17.2	4.4	58.1
23	163 04.4	52.6	176 52.2	7.3	20 12.8	4.6	58.0
11 00	178 04.2	S21 52.2	191 18.5	7.4	S20 08.2	4.6	58.0
01	193 03.9	51.8	205 44.9	7.5	20 03.6	4.7	58.0
02	208 03.7	51.4	220 11.4	7.5	19 58.9	4.9	58.0
03	223 03.4 ..	51.0	234 37.9	7.6	19 54.0	5.0	58.0
04	238 03.2	50.7	249 04.5	7.7	19 49.0	5.1	57.9
05	253 02.9	50.3	263 31.2	7.7	19 43.9	5.2	57.9
06	268 02.7	S21 49.9	277 57.9	7.8	S19 38.7	5.4	57.9
07	283 02.4	49.5	292 24.7	7.8	19 33.3	5.4	57.9
T 08	298 02.2	49.1	306 51.5	7.9	19 27.9	5.5	57.8
U 09	313 01.9 ..	48.7	321 18.4	8.0	19 22.4	5.7	57.8
E 10	328 01.7	48.3	335 45.4	8.1	19 16.7	5.8	57.8
S 11	343 01.4	47.9	350 12.5	8.1	19 10.9	5.9	57.8
D 12	358 01.2	S21 47.5	4 39.6	8.2	S19 05.0	5.9	57.8
A 13	13 00.9	47.1	19 06.8	8.2	18 59.1	6.1	57.7
Y 14	28 00.7	46.8	33 34.0	8.4	18 53.0	6.2	57.7
15	43 00.4 ..	46.4	48 01.4	8.4	18 46.8	6.3	57.7
16	58 00.2	46.0	62 28.8	8.4	18 40.5	6.4	57.7
17	72 59.9	45.6	76 56.2	8.6	18 34.1	6.5	57.6
18	87 59.7	S21 45.2	91 23.8	8.6	S18 27.6	6.7	57.6
19	102 59.4	44.8	105 51.4	8.7	18 20.9	6.7	57.6
20	117 59.2	44.4	120 19.1	8.8	18 14.2	6.8	57.6
21	132 59.0 ..	44.0	134 46.9	8.8	18 07.4	6.9	57.5
22	147 58.7	43.6	149 14.7	8.9	18 00.5	7.0	57.5
23	162 58.5	43.2	163 42.6	9.0	17 53.5	7.1	57.5
12 00	177 58.2	S21 42.8	178 10.6	9.1	S17 46.4	7.1	57.5
01	192 58.0	42.4	192 38.7	9.1	17 39.3	7.3	57.4
02	207 57.7	42.0	207 06.8	9.2	17 32.0	7.4	57.4
03	222 57.5 ..	41.6	221 35.0	9.3	17 24.6	7.4	57.4
04	237 57.2	41.2	236 03.3	9.4	17 17.2	7.6	57.4
05	252 57.0	40.8	250 31.7	9.4	17 09.6	7.6	57.3
06	267 56.8	S21 40.4	265 00.1	9.6	S17 02.0	7.8	57.3
W 07	282 56.5	40.0	279 28.7	9.6	16 54.2	7.8	57.3
E 08	297 56.3	39.6	293 57.3	9.7	16 46.4	7.9	57.3
D 09	312 56.0 ..	39.1	308 26.0	9.7	16 38.5	7.9	57.2
N 10	327 55.8	38.7	322 54.7	9.8	16 30.6	8.1	57.2
E 11	342 55.5	38.3	337 23.5	9.9	16 22.5	8.1	57.2
S 12	357 55.3	S21 37.9	351 52.4	10.0	S16 14.4	8.3	57.2
D 13	12 55.1	37.5	6 21.4	10.1	16 06.1	8.3	57.1
A 14	27 54.8	37.1	20 50.5	10.1	15 57.8	8.3	57.1
Y 15	42 54.6 ..	36.7	35 19.6	10.3	15 49.5	8.5	57.1
16	57 54.3	36.3	49 48.9	10.2	15 41.0	8.5	57.1
17	72 54.1	35.9	64 18.1	10.4	15 32.5	8.6	57.0
18	87 53.9	S21 35.5	78 47.5	10.5	S15 23.9	8.7	57.0
19	102 53.6	35.0	93 17.0	10.5	15 15.2	8.7	57.0
20	117 53.4	34.6	107 46.5	10.6	15 06.5	8.9	57.0
21	132 53.1 ..	34.2	122 16.1	10.7	14 57.6	8.9	56.9
22	147 52.9	33.8	136 45.8	10.7	14 48.7	8.9	56.9
23	162 52.7	33.4	151 15.5	10.9	14 39.8	9.0	56.9
	S.D. 16.3	d 0.4	S.D. 15.9		15.7		15.6

Moonrise

Lat.	Twilight Naut.	Civil	Sunrise	10	11	12	13
°	h m	h m	h m	h m	h m	h m	h m
N 72	08 10	10 08	■	■	■	10 54	10 19
N 70	07 54	09 29	■	■	10 38	10 09	09 55
68	07 40	09 02	10 54	09 36	09 40	09 39	09 37
66	07 29	08 42	10 05	08 43	09 06	09 17	09 23
64	07 20	08 25	09 35	08 10	08 41	08 59	09 10
62	07 12	08 11	09 12	07 46	08 21	08 44	09 00
60	07 05	08 00	08 54	07 27	08 05	08 32	08 51
N 58	06 58	07 49	08 39	07 11	07 51	08 21	08 43
56	06 52	07 40	08 26	06 57	07 40	08 12	08 36
54	06 47	07 32	08 14	06 45	07 29	08 03	08 30
52	06 42	07 25	08 04	06 35	07 20	07 56	08 24
50	06 37	07 18	07 56	06 26	07 12	07 49	08 19
45	06 27	07 04	07 37	06 06	06 54	07 35	08 08
N 40	06 18	06 51	07 21	05 50	06 40	07 23	07 59
35	06 09	06 41	07 08	05 37	06 28	07 12	07 51
30	06 02	06 31	06 57	05 25	06 17	07 03	07 44
20	05 47	06 14	06 37	05 05	05 59	06 48	07 32
N 10	05 32	05 58	06 20	04 47	05 43	06 34	07 22
0	05 16	05 42	06 04	04 31	05 28	06 21	07 12
S 10	04 58	05 25	05 48	04 15	05 12	06 08	07 02
20	04 37	05 06	05 30	03 57	04 56	05 55	06 51
30	04 10	04 43	05 10	03 37	04 38	05 39	06 39
35	03 53	04 29	04 58	03 25	04 27	05 30	06 32
40	03 32	04 12	04 44	03 12	04 15	05 19	06 24
45	03 04	03 52	04 28	02 56	04 00	05 07	06 14
S 50	02 25	03 25	04 07	02 36	03 42	04 52	06 03
52	02 02	03 11	03 57	02 27	03 34	04 45	05 58
54	01 32	02 56	03 46	02 17	03 24	04 37	05 52
56	00 29	02 37	03 34	02 05	03 14	04 28	05 45
58	////	02 13	03 19	01 51	03 01	04 18	05 38
S 60	////	01 40	03 02	01 35	02 47	04 07	05 29

Moonset

Lat.	Sunset	Twilight Civil	Naut.	10	11	12	13
°	h m	h m	h m	h m	h m	h m	h m
N 72	■	14 08	16 07	■	■	14 29	16 47
N 70	■	14 47	16 23	■	12 54	15 13	17 09
68	13 23	15 14	16 36	11 58	13 51	15 41	17 26
66	14 11	15 35	16 47	12 51	14 24	16 03	17 40
64	14 42	15 51	16 56	13 23	14 49	16 20	17 51
62	15 04	16 05	17 04	13 47	15 08	16 34	18 00
60	15 23	16 17	17 12	14 06	15 23	16 46	18 08
N 58	15 38	16 27	17 18	14 22	15 37	16 56	18 15
56	15 51	16 36	17 24	14 35	15 48	17 05	18 21
54	16 02	16 44	17 29	14 47	15 58	17 12	18 27
52	16 12	16 51	17 34	14 57	16 07	17 19	18 32
50	16 21	16 58	17 39	15 06	16 15	17 26	18 36
45	16 39	17 12	17 49	15 26	16 32	17 39	18 46
N 40	16 55	17 25	17 58	15 41	16 45	17 50	18 54
35	17 08	17 35	18 07	15 54	16 57	18 00	19 01
30	17 19	17 45	18 14	16 06	17 07	18 08	19 07
20	17 38	18 02	18 29	16 25	17 25	18 22	19 17
N 10	17 56	18 18	18 44	16 42	17 40	18 34	19 26
0	18 12	18 34	19 00	16 58	17 54	18 46	19 35
S 10	18 28	18 51	19 17	17 14	18 08	18 57	19 43
20	18 45	19 09	19 38	17 31	18 22	19 09	19 52
30	19 06	19 32	20 05	17 50	18 39	19 23	20 02
35	19 17	19 47	20 22	18 01	18 49	19 31	20 08
40	19 31	20 03	20 43	18 14	19 00	19 40	20 14
45	19 48	20 24	21 11	18 29	19 14	19 51	20 22
S 50	20 08	20 50	21 50	18 48	19 30	20 03	20 31
52	20 17	21 04	22 12	18 57	19 37	20 09	20 35
54	20 29	21 19	22 41	19 06	19 45	20 15	20 40
56	20 41	21 38	23 37	19 17	19 54	20 23	20 45
58	20 56	22 02	////	19 30	20 05	20 31	20 50
S 60	21 13	22 33	////	19 44	20 17	20 40	20 57

Day	SUN Eqn. of Time 00ʰ	12ʰ	Mer. Pass.	MOON Mer. Pass. Upper	Lower	Age	Phase
	m s	m s	h m	h m	h m	d	
10	07 19	07 31	12 08	10 45	23 13	28	●
11	07 43	07 55	12 08	11 41	24 08	29	
12	08 07	08 18	12 08	12 34	00 08	01	

1994 JANUARY 13, 14, 15 (THURS., FRI., SAT.)

UT (GMT) d h	ARIES G.H.A.	VENUS −3.9 G.H.A.	Dec.	MARS +1.2 G.H.A.	Dec.	JUPITER −1.9 G.H.A.	Dec.	SATURN +0.9 G.H.A.	Dec.
13 00	112 14.8	178 46.6	S22 29.8	182 20.0	S23 05.5	252 50.7	S14 09.7	141 21.7	S13 25.4
01	127 17.2	193 45.7	29.4	197 20.4	05.3	267 52.8	09.8	156 23.9	25.3
02	142 19.7	208 44.7	29.0	212 20.8	05.1	282 55.0	09.9	171 26.1	25.2
03	157 22.2	223 43.8 ··	28.6	227 21.2 ··	04.8	297 57.1 ··	10.0	186 28.3 ··	25.1
04	172 24.6	238 42.9	28.2	242 21.5	04.6	312 59.2	10.1	201 30.5	25.0
05	187 27.1	253 42.0	27.7	257 21.9	04.3	328 01.4	10.2	216 32.8	25.0
06	202 29.6	268 41.1	S22 27.3	272 22.3	S23 04.1	343 03.5	S14 10.3	231 35.0	S13 24.9
07	217 32.0	283 40.2	26.9	287 22.7	03.8	358 05.7	10.3	246 37.2	24.8
T 08	232 34.5	298 39.3	26.5	302 23.1	03.6	13 07.8	10.4	261 39.4	24.7
H 09	247 36.9	313 38.4 ··	26.0	317 23.5 ··	03.3	28 10.0 ··	10.5	276 41.6 ··	24.6
U 10	262 39.4	328 37.5	25.6	332 23.9	03.1	43 12.1	10.6	291 43.8	24.5
R 11	277 41.9	343 36.6	25.2	347 24.3	02.8	58 14.3	10.7	306 46.0	24.4
S 12	292 44.3	358 35.7	S22 24.8	2 24.7	S23 02.6	73 16.4	S14 10.8	321 48.2	S13 24.3
D 13	307 46.8	13 34.8	24.3	17 25.0	02.3	88 18.6	10.9	336 50.4	24.2
A 14	322 49.3	28 33.9	23.9	32 25.4	02.1	103 20.7	11.0	351 52.6	24.1
Y 15	337 51.7	43 32.9 ··	23.5	47 25.8 ··	01.8	118 22.9 ··	11.1	6 54.8 ··	24.0
16	352 54.2	58 32.0	23.0	62 26.2	01.6	133 25.0	11.2	21 57.0	23.9
17	7 56.7	73 31.1	22.6	77 26.6	01.3	148 27.2	11.3	36 59.2	23.8
18	22 59.1	88 30.2	S22 22.2	92 27.0	S23 01.1	163 29.3	S14 11.4	52 01.5	S13 23.7
19	38 01.6	103 29.3	21.7	107 27.4	00.8	178 31.5	11.5	67 03.7	23.6
20	53 04.1	118 28.4	21.3	122 27.8	00.6	193 33.6	11.5	82 05.9	23.5
21	68 06.5	133 27.5 ··	20.8	137 28.2 ··	00.3	208 35.8 ··	11.6	97 08.1 ··	23.5
22	83 09.0	148 26.6	20.4	152 28.6	23 00.0	223 37.9	11.7	112 10.3	23.4
23	98 11.4	163 25.7	19.9	167 29.0	22 59.8	238 40.1	11.8	127 12.5	23.3
14 00	113 13.9	178 24.8	S22 19.5	182 29.3	S22 59.5	253 42.2	S14 11.9	142 14.7	S13 23.2
01	128 16.4	193 23.9	19.1	197 29.7	59.3	268 44.4	12.0	157 16.9	23.1
02	143 18.8	208 23.0	18.6	212 30.1	59.0	283 46.5	12.1	172 19.1	23.0
03	158 21.3	223 22.1 ··	18.2	227 30.5 ··	58.8	298 48.7 ··	12.2	187 21.3 ··	22.9
04	173 23.8	238 21.2	17.7	242 30.9	58.5	313 50.8	12.3	202 23.5	22.8
05	188 26.2	253 20.3	17.3	257 31.3	58.2	328 53.0	12.4	217 25.7	22.7
06	203 28.7	268 19.4	S22 16.8	272 31.7	S22 58.0	343 55.1	S14 12.5	232 27.9	S13 22.6
07	218 31.2	283 18.5	16.4	287 32.1	57.7	358 57.3	12.5	247 30.1	22.5
08	233 33.6	298 17.6	15.9	302 32.5	57.5	13 59.4	12.6	262 32.3	22.4
F 09	248 36.1	313 16.7 ··	15.5	317 32.9 ··	57.2	29 01.6 ··	12.7	277 34.5 ··	22.3
R 10	263 38.6	328 15.8	15.0	332 33.3	57.0	44 03.7	12.8	292 36.8	22.2
I 11	278 41.0	343 14.9	14.5	347 33.6	56.7	59 05.9	12.9	307 39.0	22.1
D 12	293 43.5	358 14.0	S22 14.1	2 34.0	S22 56.4	74 08.0	S14 13.0	322 41.2	S13 22.0
A 13	308 45.9	13 13.1	13.6	17 34.4	56.2	89 10.2	13.1	337 43.4	22.0
Y 14	323 48.4	28 12.2	13.2	32 34.8	55.9	104 12.3	13.2	352 45.6	21.9
15	338 50.9	43 11.3 ··	12.7	47 35.2 ··	55.6	119 14.5 ··	13.3	7 47.8 ··	21.8
16	353 53.3	58 10.4	12.2	62 35.6	55.4	134 16.6	13.4	22 50.0	21.7
17	8 55.8	73 09.5	11.8	77 36.0	55.1	149 18.8	13.5	37 52.2	21.6
18	23 58.3	88 08.6	S22 11.3	92 36.4	S22 54.9	164 20.9	S14 13.5	52 54.4	S13 21.5
19	39 00.7	103 07.8	10.8	107 36.8	54.6	179 23.1	13.6	67 56.6	21.4
20	54 03.2	118 06.9	10.4	122 37.2	54.3	194 25.2	13.7	82 58.8	21.3
21	69 05.7	133 06.0 ··	09.9	137 37.6 ··	54.1	209 27.4 ··	13.8	98 01.0 ··	21.2
22	84 08.1	148 05.1	09.4	152 38.0	53.8	224 29.6	13.9	113 03.2	21.1
23	99 10.6	163 04.2	09.0	167 38.4	53.5	239 31.7	14.0	128 05.4	21.0
15 00	114 13.0	178 03.3	S22 08.5	182 38.7	S22 53.3	254 33.9	S14 14.1	143 07.6	S13 20.9
01	129 15.5	193 02.4	08.0	197 39.1	53.0	269 36.0	14.2	158 09.8	20.8
02	144 18.0	208 01.5	07.5	212 39.5	52.7	284 38.2	14.3	173 12.0	20.7
03	159 20.4	223 00.6 ··	07.1	227 39.9 ··	52.5	299 40.3 ··	14.4	188 14.2 ··	20.6
04	174 22.9	237 59.7	06.6	242 40.3	52.2	314 42.5	14.4	203 16.4	20.5
05	189 25.4	252 58.8	06.1	257 40.7	51.9	329 44.6	14.5	218 18.7	20.4
06	204 27.8	267 57.9	S22 05.6	272 41.1	S22 51.7	344 46.8	S14 14.6	233 20.9	S13 20.3
07	219 30.3	282 57.0	05.2	287 41.5	51.4	359 49.0	14.7	248 23.1	20.3
S 08	234 32.8	297 56.2	04.7	302 41.9	51.1	14 51.1	14.8	263 25.3	20.2
A 09	249 35.2	312 55.3 ··	04.2	317 42.3 ··	50.8	29 53.3 ··	14.9	278 27.5 ··	20.1
T 10	264 37.7	327 54.4	03.7	332 42.7	50.6	44 55.4	15.0	293 29.7	20.0
U 11	279 40.2	342 53.5	03.2	347 43.1	50.3	59 57.6	15.1	308 31.9	19.9
R 12	294 42.6	357 52.6	S22 02.7	2 43.5	S22 50.0	74 59.7	S14 15.2	323 34.1	S13 19.8
D 13	309 45.1	12 51.7	02.2	17 43.9	49.8	90 01.9	15.2	338 36.3	19.7
A 14	324 47.5	27 50.8	01.8	32 44.2	49.5	105 04.1	15.3	353 38.5	19.6
Y 15	339 50.0	42 49.9 ··	01.3	47 44.6 ··	49.2	120 06.2 ··	15.4	8 40.7 ··	19.5
16	354 52.5	57 49.1	00.8	62 45.0	48.9	135 08.4	15.5	23 42.9	19.4
17	9 54.9	72 48.2	22 00.3	77 45.4	48.7	150 10.5	15.6	38 45.1	19.3
18	24 57.4	87 47.3	S21 59.8	92 45.8	S22 48.4	165 12.7	S14 15.7	53 47.3	S13 19.2
19	39 59.9	102 46.4	59.3	107 46.2	48.1	180 14.9	15.8	68 49.5	19.1
20	55 02.3	117 45.5	58.8	122 46.6	47.8	195 17.0	15.9	83 51.7	19.0
21	70 04.8	132 44.6 ··	58.3	137 47.0 ··	47.6	210 19.2 ··	15.9	98 53.9 ··	18.9
22	85 07.3	147 43.7	57.8	152 47.4	47.3	225 21.3	16.0	113 56.1	18.8
23	100 09.7	162 42.9	57.3	167 47.8	47.0	240 23.5	16.1	128 58.3	18.7
Mer. Pass. 16 24.4		v −0.9	d 0.5	v 0.4	d 0.3	v 2.2	d 0.1	v 2.2	d 0.1

STARS

Name	S.H.A.	Dec.
Acamar	315 29.2	S40 19.9
Achernar	335 37.5	S57 16.3
Acrux	173 25.3	S63 03.8
Adhara	255 23.5	S28 58.0
Aldebaran	291 05.8	N16 29.8
Alioth	166 33.3	N55 59.1
Alkaid	153 10.3	N49 20.2
Al Na'ir	28 02.3	S46 59.5
Alnilam	276 00.8	S 1 12.5
Alphard	218 10.0	S 8 38.1
Alphecca	126 23.5	N26 43.9
Alpheratz	357 58.7	N29 03.7
Altair	62 22.7	N 8 51.2
Ankaa	353 30.1	S42 20.5
Antares	112 44.3	S26 25.1
Arcturus	146 09.0	N19 12.6
Atria	107 59.7	S69 00.8
Avior	234 23.3	S59 29.5
Bellatrix	278 47.3	N 6 20.6
Betelgeuse	271 16.7	N 7 24.3
Canopus	264 02.0	S52 41.7
Capella	280 55.5	N45 59.6
Deneb	49 41.8	N45 15.7
Denebola	182 48.3	N14 36.1
Diphda	349 10.5	S18 01.2
Dubhe	194 09.0	N61 46.6
Elnath	278 30.6	N28 36.1
Eltanin	90 53.4	N51 29.3
Enif	34 01.6	N 9 51.0
Fomalhaut	15 40.2	S29 39.3
Gacrux	172 17.0	S57 04.6
Gienah	176 07.1	S17 30.6
Hadar	149 08.6	S60 20.5
Hamal	328 17.1	N23 26.2
Kaus Aust.	84 03.4	S34 23.2
Kochab	137 19.9	N74 10.4
Markab	13 53.0	N15 10.5
Menkar	314 30.1	N 4 04.0
Menkent	148 24.8	S36 20.4
Miaplacidus	221 41.8	S69 41.6
Mirfak	309 00.9	N49 50.6
Nunki	76 16.6	S26 18.2
Peacock	53 42.6	S56 45.2
Pollux	243 45.1	N28 02.3
Procyon	245 14.5	N 5 14.3
Rasalhague	96 20.2	N12 33.8
Regulus	207 58.7	N11 59.6
Rigel	281 25.7	S 8 12.6
Rigil Kent.	140 11.7	S60 48.4
Sabik	102 29.5	S15 43.0
Schedar	349 57.2	N56 30.6
Shaula	96 42.0	S37 05.9
Sirius	258 46.1	S16 42.6
Spica	158 46.5	S11 07.9
Suhail	223 02.7	S43 24.6
Vega	80 49.2	N38 46.7
Zuben'ubi	137 21.6	S16 01.0

	S.H.A.	Mer. Pass.
Venus	65 10.9	12 07
Mars	69 15.4	11 50
Jupiter	140 28.3	7 04
Saturn	29 00.8	14 29

1994 JANUARY 13, 14, 15 (THURS., FRI., SAT.)

UT (GMT)	SUN G.H.A.	Dec.	MOON G.H.A.	v	Dec.	d	H.P.
d h	° '	° '	° '	'	° '	'	'
13 00	177 52.4	S21 33.0	165 45.4	10.9	S14 30.8	9.1	56.9
01	192 52.2	32.5	180 15.3	10.9	14 21.7	9.2	56.8
02	207 52.0	32.1	194 45.2	11.1	14 12.5	9.2	56.8
03	222 51.7 ..	31.7	209 15.3	11.1	14 03.3	9.3	56.8
04	237 51.5	31.3	223 45.4	11.2	13 54.0	9.3	56.7
05	252 51.2	30.9	238 15.6	11.3	13 44.7	9.4	56.7
06	267 51.0	S21 30.4	252 45.9	11.4	S13 35.3	9.5	56.7
07	282 50.8	30.0	267 16.3	11.4	13 25.8	9.5	56.7
T 08	297 50.5	29.6	281 46.7	11.5	13 16.3	9.6	56.6
H 09	312 50.3 ..	29.2	296 17.2	11.6	13 06.7	9.6	56.6
U 10	327 50.1	28.7	310 47.8	11.6	12 57.1	9.7	56.6
R 11	342 49.8	28.3	325 18.4	11.7	12 47.4	9.7	56.6
S 12	357 49.6	S21 27.9	339 49.1	11.8	S12 37.7	9.8	56.5
D 13	12 49.4	27.5	354 19.9	11.9	12 27.9	9.8	56.5
A 14	27 49.1	27.0	8 50.8	11.9	12 18.1	9.9	56.5
Y 15	42 48.9 ..	26.6	23 21.7	12.0	12 08.2	10.0	56.5
16	57 48.7	26.2	37 52.7	12.1	11 58.2	10.0	56.4
17	72 48.4	25.7	52 23.8	12.1	11 48.2	10.0	56.4
18	87 48.2	S21 25.3	66 54.9	12.3	S11 38.2	10.1	56.4
19	102 48.0	24.9	81 26.2	12.2	11 28.1	10.1	56.4
20	117 47.7	24.5	95 57.4	12.4	11 18.0	10.2	56.3
21	132 47.5 ..	24.0	110 28.8	12.4	11 07.8	10.2	56.3
22	147 47.3	23.6	125 00.2	12.5	10 57.6	10.3	56.3
23	162 47.0	23.2	139 31.7	12.5	10 47.3	10.2	56.2
14 00	177 46.8	S21 22.7	154 03.2	12.6	S10 37.1	10.4	56.2
01	192 46.6	22.3	168 34.8	12.7	10 26.7	10.4	56.2
02	207 46.3	21.8	183 06.5	12.7	10 16.3	10.4	56.2
03	222 46.1 ..	21.4	197 38.2	12.9	10 05.9	10.4	56.1
04	237 45.9	21.0	212 10.1	12.8	9 55.5	10.5	56.1
05	252 45.7	20.5	226 41.9	13.0	9 45.0	10.5	56.1
06	267 45.4	S21 20.1	241 13.9	12.9	S 9 34.5	10.6	56.1
07	282 45.2	19.7	255 45.8	13.1	9 23.9	10.6	56.0
08	297 45.0	19.2	270 17.9	13.1	9 13.3	10.6	56.0
F 09	312 44.7 ..	18.8	284 50.0	13.2	9 02.7	10.6	56.0
R 10	327 44.5	18.3	299 22.2	13.2	8 52.1	10.7	56.0
I 11	342 44.3	17.9	313 54.4	13.3	8 41.4	10.7	55.9
D 12	357 44.1	S21 17.4	328 26.7	13.4	S 8 30.7	10.7	55.9
A 13	12 43.8	17.0	342 59.1	13.4	8 20.0	10.8	55.9
Y 14	27 43.6	16.6	357 31.5	13.4	8 09.2	10.8	55.9
15	42 43.4 ..	16.1	12 03.9	13.5	7 58.4	10.8	55.8
16	57 43.1	15.7	26 36.4	13.6	7 47.6	10.8	55.8
17	72 42.9	15.2	41 09.0	13.6	7 36.8	10.9	55.8
18	87 42.7	S21 14.8	55 41.6	13.7	S 7 25.9	10.9	55.8
19	102 42.5	14.3	70 14.3	13.8	7 15.0	10.9	55.7
20	117 42.2	13.9	84 47.1	13.7	7 04.1	10.9	55.7
21	132 42.0 ..	13.4	99 19.8	13.9	6 53.2	10.9	55.7
22	147 41.8	13.0	113 52.7	13.9	6 42.3	11.0	55.7
23	162 41.6	12.5	128 25.6	13.9	6 31.3	11.0	55.6
15 00	177 41.3	S21 12.1	142 58.5	14.0	S 6 20.3	11.0	55.6
01	192 41.1	11.6	157 31.5	14.0	6 09.3	11.0	55.6
02	207 40.9	11.2	172 04.5	14.1	5 58.3	11.0	55.6
03	222 40.7 ..	10.7	186 37.6	14.1	5 47.3	11.0	55.5
04	237 40.4	10.3	201 10.7	14.2	5 36.3	11.1	55.5
05	252 40.2	09.8	215 43.9	14.2	5 25.2	11.1	55.5
06	267 40.0	S21 09.3	230 17.1	14.3	S 5 14.1	11.0	55.5
07	282 39.8	08.9	244 50.4	14.3	5 03.1	11.1	55.4
S 08	297 39.6	08.4	259 23.7	14.3	4 52.0	11.1	55.4
A 09	312 39.3 ..	08.0	273 57.0	14.4	4 40.9	11.1	55.4
T 10	327 39.1	07.5	288 30.4	14.5	4 29.8	11.2	55.4
U 11	342 38.9	07.1	303 03.9	14.4	4 18.6	11.1	55.4
R 12	357 38.7	S21 06.6	317 37.3	14.6	S 4 07.5	11.1	55.3
D 13	12 38.5	06.1	332 10.9	14.5	3 56.4	11.2	55.3
A 14	27 38.2	05.7	346 44.4	14.6	3 45.2	11.1	55.3
Y 15	42 38.0 ..	05.2	1 18.0	14.6	3 34.1	11.2	55.3
16	57 37.8	04.7	15 51.6	14.7	3 22.9	11.1	55.2
17	72 37.6	04.3	30 25.3	14.7	3 11.8	11.2	55.2
18	87 37.4	S21 03.8	44 59.0	14.7	S 3 00.6	11.1	55.2
19	102 37.1	03.3	59 32.7	14.8	2 49.5	11.2	55.2
20	117 36.9	02.9	74 06.5	14.8	2 38.3	11.2	55.2
21	132 36.7 ..	02.4	88 40.3	14.8	2 27.1	11.1	55.1
22	147 36.5	01.9	103 14.1	14.9	2 16.0	11.2	55.1
23	162 36.3	01.5	117 48.0	14.9	2 04.8	11.2	55.1
	S.D. 16.3	d 0.4	S.D. 15.4		15.2		15.1

Twilight / Moonrise

Lat.	Twilight Naut.	Twilight Civil	Sunrise	Moonrise 13	14	15	16
°	h m	h m	h m	h m	h m	h m	h m
N 72	08 03	09 56	■	10 19	09 59	09 44	09 30
N 70	07 48	09 21	■	09 55	09 46	09 37	09 30
68	07 36	08 56	10 39	09 37	09 35	09 32	09 29
66	07 26	08 37	09 57	09 23	09 26	09 28	09 29
64	07 17	08 21	09 28	09 10	09 18	09 24	09 29
62	07 09	08 08	09 07	09 00	09 11	09 21	09 29
60	07 02	07 56	08 50	08 51	09 06	09 18	09 29
N 58	06 56	07 47	08 35	08 43	09 01	09 15	09 29
56	06 50	07 38	08 23	08 36	08 56	09 13	09 28
54	06 45	07 30	08 12	08 30	08 52	09 11	09 28
52	06 41	07 23	08 02	08 24	08 48	09 09	09 28
50	06 36	07 17	07 54	08 19	08 45	09 07	09 28
45	06 26	07 03	07 35	08 08	08 38	09 04	09 28
N 40	06 17	06 51	07 21	07 59	08 31	09 01	09 28
35	06 09	06 40	07 08	07 51	08 26	08 58	09 28
30	06 02	06 31	06 57	07 44	08 21	08 55	09 28
20	05 47	06 14	06 38	07 32	08 13	08 51	09 28
N 10	05 33	05 59	06 21	07 22	08 06	08 48	09 27
0	05 17	05 43	06 05	07 12	07 59	08 44	09 27
S 10	05 00	05 27	05 50	07 02	07 52	08 41	09 27
20	04 40	05 08	05 32	06 51	07 45	08 37	09 27
30	04 13	04 46	05 13	06 39	07 37	08 33	09 27
35	03 57	04 32	05 01	06 32	07 32	08 30	09 27
40	03 36	04 16	04 47	06 24	07 27	08 28	09 27
45	03 09	03 56	04 31	06 14	07 20	08 25	09 27
S 50	02 31	03 30	04 12	06 03	07 13	08 21	09 27
52	02 10	03 17	04 02	05 58	07 09	08 19	09 27
54	01 42	03 02	03 51	05 52	07 05	08 17	09 27
56	00 55	02 44	03 39	05 45	07 01	08 15	09 27
58	////	02 21	03 25	05 38	06 56	08 13	09 27
S 60	////	01 51	03 08	05 29	06 51	08 10	09 27

Twilight / Moonset

Lat.	Sunset	Twilight Civil	Twilight Naut.	Moonset 13	14	15	16
°	h m	h m	h m	h m	h m	h m	h m
N 72	■	14 23	16 16	16 47	18 44	20 32	22 15
N 70	■	14 58	16 31	17 09	18 56	20 36	22 12
68	13 40	15 23	16 43	17 26	19 05	20 39	22 09
66	14 22	15 42	16 53	17 40	19 12	20 41	22 07
64	14 50	15 58	17 02	17 51	19 19	20 43	22 06
62	15 12	16 11	17 10	18 00	19 24	20 45	22 04
60	15 29	16 22	17 17	18 08	19 29	20 47	22 03
N 58	15 44	16 32	17 23	18 15	19 33	20 48	22 02
56	15 56	16 41	17 28	18 21	19 37	20 50	22 01
54	16 07	16 49	17 33	18 27	19 40	20 51	22 00
52	16 16	16 56	17 38	18 32	19 43	20 52	21 59
50	16 25	17 02	17 42	18 36	19 46	20 53	21 58
45	16 43	17 16	17 52	18 46	19 51	20 55	21 56
N 40	16 58	17 28	18 01	18 54	19 56	20 56	21 55
35	17 10	17 38	18 09	19 01	20 00	20 58	21 54
30	17 21	17 47	18 17	19 07	20 04	20 59	21 53
20	17 40	18 04	18 31	19 17	20 10	21 01	21 51
N 10	17 57	18 20	18 46	19 26	20 16	21 03	21 49
0	18 13	18 35	19 01	19 35	20 21	21 05	21 48
S 10	18 29	18 51	19 18	19 43	20 26	21 07	21 46
20	18 46	19 10	19 38	19 52	20 32	21 09	21 44
30	19 05	19 32	20 04	20 02	20 38	21 11	21 43
35	19 17	19 46	20 21	20 08	20 41	21 12	21 41
40	19 30	20 02	20 42	20 14	20 45	21 13	21 40
45	19 46	20 22	21 08	20 22	20 50	21 15	21 39
S 50	20 06	20 48	21 45	20 31	20 55	21 17	21 37
52	20 15	21 00	22 06	20 35	20 57	21 18	21 36
54	20 26	21 15	22 33	20 40	21 00	21 18	21 36
56	20 38	21 33	23 17	20 45	21 03	21 19	21 35
58	20 52	21 55	////	20 50	21 06	21 20	21 34
S 60	21 08	22 24	////	20 57	21 10	21 22	21 32

SUN / MOON

Day	SUN Eqn. of Time 00h	SUN Eqn. of Time 12h	Mer. Pass.	MOON Mer. Pass. Upper	MOON Mer. Pass. Lower	Age	Phase
	m s	m s	h m	h m	h m	d	
13	08 30	08 41	12 09	13 23	00 59	02	
14	08 52	09 03	12 09	14 10	01 47	03	
15	09 14	09 25	12 09	14 55	02 33	04	◗

1994 JANUARY 16, 17, 18 (SUN., MON., TUES.)

UT (GMT) d h	ARIES G.H.A.	VENUS −3.9 G.H.A.	VENUS Dec.	MARS +1.2 G.H.A.	MARS Dec.	JUPITER −1.9 G.H.A.	JUPITER Dec.	SATURN +0.9 G.H.A.	SATURN Dec.
16 00	115 12.2	177 42.0	S21 56.8	182 48.2	S22 46.7	255 25.7	S14 16.2	144 00.5	S13 18.6
01	130 14.7	192 41.1	56.3	197 48.6	46.5	270 27.8	16.3	159 02.7	18.5
02	145 17.1	207 40.2	55.8	212 49.0	46.2	285 30.0	16.4	174 04.9	18.4
03	160 19.6	222 39.3 ··	55.3	227 49.4 ··	45.9	300 32.1 ··	16.5	189 07.1 ··	18.4
04	175 22.0	237 38.4	54.8	242 49.8	45.6	315 34.3	16.6	204 09.3	18.3
05	190 24.5	252 37.6	54.3	257 50.2	45.3	330 36.5	16.6	219 11.5	18.2
06	205 27.0	267 36.7 S21	53.8	272 50.6 S22	45.1	345 38.6 S14	16.7	234 13.7 S13	18.1
07	220 29.4	282 35.8	53.3	287 50.9	44.8	0 40.8	16.8	249 15.9	18.0
08	235 31.9	297 34.9	52.8	302 51.3	44.5	15 42.9	16.9	264 18.1	17.9
S 09	250 34.4	312 34.0 ··	52.2	317 51.7 ··	44.2	30 45.1 ··	17.0	279 20.3 ··	17.8
U 10	265 36.8	327 33.2	51.7	332 52.1	43.9	45 47.3	17.1	294 22.6	17.7
N 11	280 39.3	342 32.3	51.2	347 52.5	43.7	60 49.4	17.2	309 24.8	17.6
D 12	295 41.8	357 31.4 S21	50.7	2 52.9 S22	43.4	75 51.6 S14	17.3	324 27.0 S13	17.5
A 13	310 44.2	12 30.5	50.2	17 53.3	43.1	90 53.8	17.3	339 29.2	17.4
Y 14	325 46.7	27 29.7	49.7	32 53.7	42.8	105 55.9	17.4	354 31.4	17.3
15	340 49.1	42 28.8 ··	49.2	47 54.1 ··	42.5	120 58.1 ··	17.5	9 33.6 ··	17.2
16	355 51.6	57 27.9	48.6	62 54.5	42.2	136 00.3	17.6	24 35.8	17.1
17	10 54.1	72 27.0	48.1	77 54.9	42.0	151 02.4	17.7	39 38.0	17.0
18	25 56.5	87 26.2 S21	47.6	92 55.3 S22	41.7	166 04.6 S14	17.8	54 40.2 S13	16.9
19	40 59.0	102 25.3	47.1	107 55.7	41.4	181 06.7	17.9	69 42.4	16.8
20	56 01.5	117 24.4	46.6	122 56.1	41.1	196 08.9	17.9	84 44.6	16.7
21	71 03.9	132 23.5 ··	46.0	137 56.5 ··	40.8	211 11.1 ··	18.0	99 46.8 ··	16.6
22	86 06.4	147 22.7	45.5	152 56.9	40.5	226 13.2	18.1	114 49.0	16.5
23	101 08.9	162 21.8	45.0	167 57.3	40.2	241 15.4	18.2	129 51.2	16.4
17 00	116 11.3	177 20.9 S21	44.5	182 57.7 S22	40.0	256 17.6 S14	18.3	144 53.4 S13	16.3
01	131 13.8	192 20.0	43.9	197 58.1	39.7	271 19.7	18.4	159 55.6	16.3
02	146 16.3	207 19.2	43.4	212 58.5	39.4	286 21.9	18.5	174 57.8	16.2
03	161 18.7	222 18.3 ··	42.9	227 58.9 ··	39.1	301 24.1 ··	18.5	190 00.0 ··	16.1
04	176 21.2	237 17.4	42.3	242 59.3	38.8	316 26.2	18.6	205 02.2	16.0
05	191 23.6	252 16.6	41.8	257 59.7	38.5	331 28.4	18.7	220 04.4	15.9
06	206 26.1	267 15.7 S21	41.3	273 00.0 S22	38.2	346 30.6 S14	18.8	235 06.6 S13	15.8
07	221 28.6	282 14.8	40.7	288 00.4	37.9	1 32.7	18.9	250 08.8	15.7
08	236 31.0	297 13.9	40.2	303 00.8	37.6	16 34.9	19.0	265 11.0	15.6
M 09	251 33.5	312 13.1 ··	39.7	318 01.2 ··	37.3	31 37.1 ··	19.1	280 13.2 ··	15.5
O 10	266 36.0	327 12.2	39.1	333 01.6	37.1	46 39.2	19.1	295 15.4	15.4
N 11	281 38.4	342 11.3	38.6	348 02.0	36.8	61 41.4	19.2	310 17.6	15.3
D 12	296 40.9	357 10.5 S21	38.0	3 02.4 S22	36.5	76 43.6 S14	19.3	325 19.8 S13	15.2
A 13	311 43.4	12 09.6	37.5	18 02.8	36.2	91 45.8	19.4	340 22.0	15.1
Y 14	326 45.8	27 08.7	36.9	33 03.2	35.9	106 47.9 ··	19.5	355 24.2	15.0
15	341 48.3	42 07.9 ··	36.4	48 03.6 ··	35.6	121 50.1 ··	19.6	10 26.4 ··	14.9
16	356 50.8	57 07.0	35.9	63 04.0	35.3	136 52.3	19.6	25 28.6	14.8
17	11 53.2	72 06.1	35.3	78 04.4	35.0	151 54.4	19.7	40 30.8	14.7
18	26 55.7	87 05.3 S21	34.8	93 04.8 S22	34.7	166 56.6 S14	19.8	55 33.0 S13	14.6
19	41 58.1	102 04.4	34.2	108 05.2	34.4	181 58.8	19.9	70 35.2	14.5
20	57 00.6	117 03.5	33.7	123 05.6	34.1	197 00.9	20.0	85 37.4	14.4
21	72 03.1	132 02.7 ··	33.1	138 06.0 ··	33.8	212 03.1 ··	20.1	100 39.6 ··	14.3
22	87 05.5	147 01.8	32.6	153 06.4	33.5	227 05.3	20.2	115 41.8	14.2
23	102 08.0	162 01.0	32.0	168 06.8	33.2	242 07.5	20.2	130 44.0	14.1
18 00	117 10.5	177 00.1 S21	31.4	183 07.2 S22	32.9	257 09.6 S14	20.3	145 46.2 S13	14.0
01	132 12.9	191 59.2	30.9	198 07.6	32.6	272 11.8	20.4	160 48.4	13.9
02	147 15.4	206 58.4	30.3	213 08.0	32.3	287 14.0	20.5	175 50.6	13.8
03	162 17.9	221 57.5 ··	29.8	228 08.4 ··	32.0	302 16.1 ··	20.6	190 52.8 ··	13.8
04	177 20.3	236 56.6	29.2	243 08.8	31.7	317 18.3	20.7	205 55.0	13.7
05	192 22.8	251 55.8	28.7	258 09.2	31.4	332 20.5	20.7	220 57.2	13.6
06	207 25.2	266 54.9 S21	28.1	273 09.6 S22	31.1	347 22.7 S14	20.8	235 59.4 S13	13.5
07	222 27.7	281 54.1	27.5	288 10.0	30.8	2 24.8	20.9	251 01.6	13.4
T 08	237 30.2	296 53.2	27.0	303 10.4	30.5	17 27.0	21.0	266 03.8	13.3
U 09	252 32.6	311 52.3 ··	26.4	318 10.8 ··	30.2	32 29.2 ··	21.1	281 06.0 ··	13.2
E 10	267 35.1	326 51.5	25.8	333 11.2	29.9	47 31.4	21.2	296 08.2	13.1
S 11	282 37.6	341 50.6	25.3	348 11.6	29.6	62 33.5	21.2	311 10.4	13.0
D 12	297 40.0	356 49.8 S21	24.7	3 12.0 S22	29.3	77 35.7 S14	21.3	326 12.6 S13	12.9
A 13	312 42.5	11 48.9	24.1	18 12.4	29.0	92 37.9	21.4	341 14.8	12.8
Y 14	327 45.0	26 48.1	23.6	33 12.8	28.7	107 40.1	21.5	356 17.0	12.7
15	342 47.4	41 47.2 ··	23.0	48 13.2 ··	28.4	122 42.2 ··	21.6	11 19.2 ··	12.6
16	357 49.9	56 46.4	22.4	63 13.6	28.1	137 44.4	21.6	26 21.4	12.5
17	12 52.4	71 45.5	21.8	78 14.0	27.8	152 46.6	21.7	41 23.6	12.4
18	27 54.8	86 44.6 S21	21.3	93 14.4 S22	27.5	167 48.8 S14	21.8	56 25.8 S13	12.3
19	42 57.3	101 43.8	20.7	108 14.8	27.2	182 50.9	21.9	71 28.0	12.2
20	57 59.7	116 42.9	20.1	123 15.2	26.9	197 53.1	22.0	86 30.2	12.1
21	73 02.2	131 42.1 ··	19.5	138 15.6 ··	26.5	212 55.3 ··	22.1	101 32.4 ··	12.0
22	88 04.7	146 41.2	19.0	153 16.0	26.2	227 57.5	22.1	116 34.6	11.9
23	103 07.1	161 40.4	18.4	168 16.4	25.9	242 59.6	22.2	131 36.8	11.8
Mer. Pass. 16 12.6		v −0.9 d 0.5		v 0.4 d 0.3		v 2.2 d 0.1		v 2.2 d 0.1	

STARS

Name	S.H.A.	Dec.
Acamar	315 29.2	S40 19.9
Achernar	335 37.5	S57 16.3
Acrux	173 25.3	S63 03.8
Adhara	255 23.5	S28 58.0
Aldebaran	291 05.8	N16 29.8
Alioth	166 33.3	N55 59.1
Alkaid	153 10.3	N49 20.2
Al Na'ir	28 02.3	S46 59.5
Alnilam	276 00.8	S 1 12.5
Alphard	218 10.0	S 8 38.1
Alphecca	126 23.5	N26 43.9
Alpheratz	357 58.7	N29 03.7
Altair	62 22.7	N 8 51.2
Ankaa	353 30.1	S42 20.5
Antares	112 44.3	S26 25.1
Arcturus	146 09.0	N19 12.6
Atria	107 59.6	S69 00.8
Avior	234 23.3	S59 29.5
Bellatrix	278 47.3	N 6 20.6
Betelgeuse	271 16.7	N 7 24.3
Canopus	264 02.0	S52 41.8
Capella	280 55.5	N45 59.6
Deneb	49 41.8	N45 15.7
Denebola	182 48.3	N14 36.1
Diphda	349 10.5	S18 01.2
Dubhe	194 08.9	N61 46.6
Elnath	278 30.6	N28 36.1
Eltanin	90 53.4	N51 29.3
Enif	34 01.6	N 9 51.0
Fomalhaut	15 40.2	S29 39.3
Gacrux	172 16.9	S57 04.7
Gienah	176 07.1	S17 30.6
Hadar	149 08.6	S60 20.5
Hamal	328 17.1	N23 26.2
Kaus Aust.	84 03.4	S34 23.2
Kochab	137 19.8	N74 10.4
Markab	13 53.0	N15 10.5
Menkar	314 30.1	N 4 04.0
Menkent	148 24.8	S36 20.4
Miaplacidus	221 41.8	S69 41.6
Mirfak	309 00.9	N49 50.6
Nunki	76 16.6	S26 18.2
Peacock	53 42.6	S56 45.2
Pollux	243 45.1	N28 02.3
Procyon	245 14.5	N 5 14.3
Rasalhague	96 20.2	N12 33.8
Regulus	207 58.6	N11 59.6
Rigel	281 25.7	S 8 12.6
Rigil Kent.	140 11.7	S60 48.4
Sabik	102 29.5	S15 43.0
Schedar	349 57.3	N56 30.6
Shaula	96 42.0	S37 05.9
Sirius	258 46.1	S16 42.6
Spica	158 46.5	S11 07.9
Suhail	223 02.7	S43 24.6
Vega	80 49.2	N38 46.7
Zuben'ubi	137 21.6	S16 01.0

	S.H.A.	Mer. Pass.
Venus	61 09.6	12 11
Mars	66 46.3	11 48
Jupiter	140 06.2	6 54
Saturn	28 42.1	14 18

1994 JANUARY 16, 17, 18 (SUN., MON., TUES.)

UT (GMT)	SUN G.H.A.	SUN Dec.	MOON G.H.A.	MOON v	MOON Dec.	MOON d	MOON H.P.
d h	° ′	° ′	° ′	′	° ′	′	′
16 00	177 36.0	S21 01.0	132 21.9	14.9	S 1 53.6	11.1	55.1
01	192 35.8	00.5	146 55.8	15.0	1 42.5	11.2	55.1
02	207 35.6	21 00.1	161 29.8	14.9	1 31.3	11.1	55.0
03	222 35.4	20 59.6	176 03.7	15.1	1 20.2	11.2	55.0
04	237 35.2	59.1	190 37.8	15.0	1 09.0	11.1	55.0
05	252 35.0	58.7	205 11.8	15.0	0 57.9	11.2	55.0
06	267 34.8	S20 58.2	219 45.8	15.1	S 0 46.7	11.1	55.0
07	282 34.5	57.7	234 19.9	15.1	0 35.6	11.2	54.9
08	297 34.3	57.2	248 54.0	15.2	0 24.4	11.1	54.9
S 09	312 34.1	.. 56.8	263 28.2	15.1	0 13.3	11.1	54.9
U 10	327 33.9	56.3	278 02.3	15.2	S 0 02.2	11.1	54.9
N 11	342 33.7	55.8	292 36.5	15.2	N 0 08.9	11.1	54.9
D 12	357 33.5	S20 55.3	307 10.7	15.2	N 0 20.0	11.1	54.8
A 13	12 33.3	54.9	321 44.9	15.3	0 31.1	11.1	54.8
Y 14	27 33.0	54.4	336 19.2	15.2	0 42.2	11.0	54.8
15	42 32.8	.. 53.9	350 53.4	15.3	0 53.2	11.1	54.8
16	57 32.6	53.4	5 27.7	15.3	1 04.3	11.0	54.8
17	72 32.4	52.9	20 02.0	15.3	1 15.3	11.1	54.8
18	87 32.2	S20 52.5	34 36.3	15.3	N 1 26.4	11.0	54.7
19	102 32.0	52.0	49 10.6	15.3	1 37.4	11.0	54.7
20	117 31.8	51.5	63 44.9	15.4	1 48.4	11.0	54.7
21	132 31.6	.. 51.0	78 19.3	15.3	1 59.4	10.9	54.7
22	147 31.3	50.5	92 53.6	15.4	2 10.3	11.0	54.7
23	162 31.1	50.0	107 28.0	15.4	2 21.3	10.9	54.7
17 00	177 30.9	S20 49.6	122 02.4	15.4	N 2 32.2	11.0	54.6
01	192 30.7	49.1	136 36.8	15.4	2 43.2	10.9	54.6
02	207 30.5	48.6	151 11.2	15.4	2 54.1	10.8	54.6
03	222 30.3	.. 48.1	165 45.6	15.4	3 04.9	10.9	54.6
04	237 30.1	47.6	180 20.0	15.4	3 15.8	10.9	54.6
05	252 29.9	47.1	194 54.4	15.4	3 26.7	10.8	54.6
06	267 29.7	S20 46.6	209 28.8	15.5	N 3 37.5	10.8	54.6
07	282 29.5	46.1	224 03.3	15.4	3 48.3	10.8	54.5
08	297 29.3	45.6	238 37.7	15.4	3 59.1	10.7	54.5
M 09	312 29.1	.. 45.2	253 12.1	15.5	4 09.8	10.8	54.5
O 10	327 28.8	44.7	267 46.6	15.4	4 20.6	10.7	54.5
N 11	342 28.6	44.2	282 21.0	15.5	4 31.3	10.7	54.5
D 12	357 28.4	S20 43.7	296 55.5	15.4	N 4 42.0	10.7	54.5
A 13	12 28.2	43.2	311 29.9	15.4	4 52.7	10.6	54.5
Y 14	27 28.0	42.7	326 04.3	15.5	5 03.3	10.6	54.5
15	42 27.8	.. 42.2	340 38.8	15.4	5 13.9	10.6	54.4
16	57 27.6	41.7	355 13.2	15.4	5 24.5	10.6	54.4
17	72 27.4	41.2	9 47.6	15.5	5 35.1	10.5	54.4
18	87 27.2	S20 40.7	24 22.1	15.4	N 5 45.6	10.5	54.4
19	102 27.0	40.2	38 56.5	15.4	5 56.1	10.5	54.4
20	117 26.8	39.7	53 30.9	15.4	6 06.6	10.5	54.4
21	132 26.6	.. 39.2	68 05.3	15.4	6 17.1	10.4	54.4
22	147 26.4	38.7	82 39.7	15.4	6 27.5	10.4	54.4
23	162 26.2	38.2	97 14.1	15.4	6 37.9	10.3	54.4
18 00	177 26.0	S20 37.7	111 48.5	15.4	N 6 48.2	10.4	54.4
01	192 25.8	37.2	126 22.9	15.4	6 58.6	10.3	54.3
02	207 25.6	36.7	140 57.3	15.3	7 08.9	10.3	54.3
03	222 25.4	.. 36.2	155 31.6	15.4	7 19.2	10.2	54.3
04	237 25.2	35.7	170 06.0	15.3	7 29.4	10.2	54.3
05	252 25.0	35.2	184 40.3	15.3	7 39.6	10.2	54.3
06	267 24.8	S20 34.7	199 14.6	15.4	N 7 49.8	10.1	54.3
07	282 24.6	34.2	213 49.0	15.2	7 59.9	10.1	54.3
T 08	297 24.4	33.7	228 23.2	15.3	8 10.0	10.1	54.3
U 09	312 24.2	.. 33.2	242 57.5	15.3	8 20.1	10.0	54.3
E 10	327 24.0	32.6	257 31.8	15.2	8 30.1	10.0	54.3
S 11	342 23.8	32.1	272 06.0	15.2	8 40.1	9.9	54.3
D 12	357 23.6	S20 31.6	286 40.2	15.3	N 8 50.0	10.0	54.3
A 13	12 23.4	31.1	301 14.5	15.1	9 00.0	9.8	54.3
Y 14	27 23.2	30.6	315 48.6	15.2	9 09.8	9.9	54.3
15	42 23.0	.. 30.1	330 22.8	15.2	9 19.7	9.8	54.3
16	57 22.8	29.6	344 57.0	15.1	9 29.5	9.7	54.3
17	72 22.6	29.1	359 31.1	15.1	9 39.2	9.8	54.2
18	87 22.4	S20 28.6	14 05.2	15.1	N 9 49.0	9.6	54.2
19	102 22.2	28.0	28 39.3	15.0	9 58.6	9.7	54.2
20	117 22.0	27.5	43 13.3	15.0	10 08.3	9.6	54.2
21	132 21.8	.. 27.0	57 47.3	15.0	10 17.9	9.5	54.2
22	147 21.6	26.5	72 21.3	15.0	10 27.4	9.5	54.2
23	162 21.4	26.0	86 55.3	15.0	10 36.9	9.5	54.2
	S.D. 16.3	d 0.5	S.D. 14.9		14.8		14.8

Twilight / Sunrise / Moonrise

Lat.	Twilight Naut.	Twilight Civil	Sunrise	Moonrise 16	17	18	19
°	h m	h m	h m	h m	h m	h m	h m
N 72	07 56	09 44	■■	09 30	09 17	09 02	08 45
N 70	07 42	09 12	11 46	09 30	09 22	09 14	09 06
68	07 31	08 49	10 25	09 29	09 27	09 24	09 22
66	07 21	08 31	09 47	09 29	09 31	09 32	09 35
64	07 13	08 16	09 21	09 29	09 34	09 39	09 45
62	07 05	08 03	09 01	09 29	09 37	09 45	09 55
60	06 59	07 53	08 45	09 29	09 39	09 51	10 04
N 58	06 53	07 43	08 31	09 29	09 42	09 55	10 11
56	06 48	07 35	08 19	09 28	09 44	09 59	10 17
54	06 43	07 28	08 09	09 28	09 45	10 03	10 23
52	06 39	07 21	08 00	09 28	09 47	10 06	10 28
50	06 34	07 15	07 51	09 28	09 49	10 10	10 32
45	06 25	07 01	07 34	09 28	09 52	10 16	10 42
N 40	06 16	06 50	07 19	09 28	09 55	10 22	10 51
35	06 09	06 40	07 07	09 28	09 57	10 27	10 58
30	06 01	06 31	06 56	09 28	09 59	10 31	11 05
20	05 47	06 14	06 38	09 28	10 03	10 39	11 16
N 10	05 33	05 59	06 22	09 27	10 06	10 45	11 25
0	05 19	05 44	06 06	09 27	10 10	10 52	11 35
S 10	05 02	05 28	05 51	09 27	10 13	10 58	11 44
20	04 42	05 10	05 34	09 27	10 16	11 05	11 54
30	04 16	04 48	05 15	09 27	10 20	11 13	12 05
35	04 00	04 35	05 04	09 27	10 22	11 17	12 12
40	03 40	04 19	04 51	09 27	10 25	11 22	12 20
45	03 14	04 00	04 35	09 27	10 28	11 28	12 28
S 50	02 38	03 35	04 16	09 27	10 32	11 36	12 39
52	02 18	03 22	04 07	09 27	10 33	11 39	12 44
54	01 53	03 08	03 57	09 27	10 35	11 43	12 50
56	01 14	02 51	03 45	09 27	10 37	11 47	12 56
58	////	02 30	03 32	09 27	10 39	11 51	13 03
S 60	////	02 02	03 16	09 27	10 42	11 56	13 10

Sunset / Twilight / Moonset

Lat.	Sunset	Twilight Civil	Twilight Naut.	Moonset 16	17	18	19
°	h m	h m	h m	h m	h m	h m	h m
N 72	■■	14 37	16 25	22 15	23 57	25 43	01 43
N 70	12 35	15 09	16 39	22 12	23 47	25 24	01 24
68	13 56	15 32	16 50	22 09	23 39	25 09	01 09
66	14 33	15 50	17 00	22 07	23 32	24 57	00 57
64	14 59	16 05	17 08	22 06	23 27	24 48	00 48
62	15 20	16 17	17 15	22 04	23 22	24 39	00 39
60	15 36	16 28	17 22	22 03	23 18	24 32	00 32
N 58	15 50	16 37	17 28	22 02	23 14	24 25	00 25
56	16 02	16 46	17 33	22 01	23 11	24 20	00 20
54	16 12	16 53	17 38	22 00	23 08	24 15	00 15
52	16 21	17 00	17 42	21 59	23 05	24 10	00 10
50	16 29	17 06	17 46	21 58	23 02	24 06	00 06
45	16 47	17 19	17 56	21 56	22 57	23 57	24 57
N 40	17 01	17 31	18 04	21 55	22 53	23 50	24 47
35	17 13	17 41	18 12	21 54	22 49	23 44	24 38
30	17 24	17 50	18 19	21 53	22 46	23 38	24 31
20	17 42	18 06	18 33	21 51	22 40	23 29	24 18
N 10	17 59	18 21	18 47	21 49	22 35	23 20	24 07
0	18 14	18 36	19 02	21 48	22 30	23 12	23 56
S 10	18 29	18 52	19 18	21 46	22 25	23 04	23 45
20	18 46	19 10	19 38	21 44	22 20	22 56	23 34
30	19 05	19 31	20 03	21 43	22 14	22 47	23 21
35	19 16	19 45	20 20	21 41	22 11	22 41	23 13
40	19 29	20 00	20 40	21 40	22 07	22 35	23 05
45	19 44	20 20	21 05	21 39	22 03	22 28	22 55
S 50	20 03	20 44	21 41	21 37	21 58	22 19	22 44
52	20 12	20 57	22 00	21 36	21 55	22 16	22 38
54	20 22	21 11	22 25	21 36	21 53	22 11	22 32
56	20 34	21 28	23 02	21 35	21 50	22 06	22 25
58	20 47	21 48	////	21 34	21 47	22 01	22 18
S 60	21 03	22 15	////	21 32	21 43	21 55	22 09

SUN / MOON

Day	SUN Eqn. of Time 00ʰ	12ʰ	Mer. Pass.	MOON Mer. Pass. Upper	Lower	Age	Phase
	m s	m s	h m	h m	h m	d	
16	09 35	09 46	12 10	15 38	03 16	05	◑
17	09 56	10 06	12 10	16 20	03 59	06	
18	10 16	10 25	12 10	17 02	04 41	07	

1994 JANUARY 19, 20, 21 (WED., THURS., FRI.)

UT (GMT)	ARIES G.H.A.	VENUS −3.9 G.H.A.	Dec.	MARS +1.2 G.H.A.	Dec.	JUPITER −1.9 G.H.A.	Dec.	SATURN +0.9 G.H.A.	Dec.	STARS Name	S.H.A.	Dec.
19 00	118 09.6	176 39.5	S21 17.8	183 16.8	S22 25.6	258 01.8	S14 22.3	146 39.0	S13 11.7	Acamar	315 29.2	S40 19.9
01	133 12.1	191 38.7	·· 17.2	198 17.2	25.3	273 04.0	22.4	161 41.2	11.6	Achernar	335 37.6	S57 16.3
02	148 14.5	206 37.8	16.6	213 17.6	25.0	288 06.2	22.5	176 43.4	11.5	Acrux	173 25.3	S63 03.8
03	163 17.0	221 37.0	·· 16.0	228 18.0	·· 24.7	303 08.4	·· 22.5	191 45.6	·· 11.4	Adhara	255 23.5	S28 58.0
04	178 19.5	236 36.1	15.5	243 18.4	24.4	318 10.5	22.6	206 47.8	11.3	Aldebaran	291 05.8	N16 29.8
05	193 21.9	251 35.3	14.9	258 18.8	24.1	333 12.7	22.7	221 50.0	11.2			
06	208 24.4	266 34.4	S21 14.3	273 19.2	S22 23.8	348 14.9	S14 22.8	236 52.2	S13 11.1	Alioth	166 33.2	N55 59.1
W 07	223 26.9	281 33.6	13.7	288 19.6	23.4	3 17.1	22.9	251 54.4	11.0	Alkaid	153 10.3	N49 20.2
E 08	238 29.3	296 32.7	13.1	303 20.0	23.1	18 19.3	23.0	266 56.6	10.9	Al Na'ir	28 02.3	S46 59.5
D 09	253 31.8	311 31.9	·· 12.5	318 20.4	·· 22.8	33 21.4	·· 23.0	281 58.8	·· 10.8	Alnilam	276 00.8	S 1 12.5
N 10	268 34.2	326 31.0	11.9	333 20.8	22.5	48 23.6	23.1	297 01.0	10.7	Alphard	218 10.0	S 8 38.1
E 11	283 36.7	341 30.2	11.3	348 21.2	22.2	63 25.8	23.2	312 03.1	10.7			
S 12	298 39.2	356 29.3	S21 10.7	3 21.6	S22 21.9	78 28.0	S14 23.3	327 05.3	S13 10.6	Alphecca	126 23.4	N26 43.9
D 13	313 41.6	11 28.5	10.1	18 22.0	21.6	93 30.2	23.4	342 07.5	10.5	Alpheratz	357 58.7	N29 03.7
A 14	328 44.1	26 27.7	09.5	33 22.4	21.3	108 32.3	23.4	357 09.7	10.4	Altair	62 22.7	N 8 51.2
Y 15	343 46.6	41 26.8	·· 08.9	48 22.8	·· 20.9	123 34.5	·· 23.5	12 11.9	·· 10.3	Ankaa	353 30.1	S42 20.5
16	358 49.0	56 26.0	08.3	63 23.2	20.6	138 36.7	23.6	27 14.1	10.2	Antares	112 44.3	S26 25.1
17	13 51.5	71 25.1	07.7	78 23.6	20.3	153 38.9	23.7	42 16.3	10.1			
18	28 54.0	86 24.3	S21 07.1	93 24.0	S22 20.0	168 41.1	S14 23.8	57 18.5	S13 10.0	Arcturus	146 09.0	N19 12.6
19	43 56.4	101 23.4	06.5	108 24.4	19.7	183 43.2	23.8	72 20.7	09.9	Atria	107 59.6	S69 00.8
20	58 58.9	116 22.6	05.9	123 24.8	19.4	198 45.4	23.9	87 22.9	09.8	Avior	234 23.3	S59 29.5
21	74 01.3	131 21.8	·· 05.3	138 25.2	·· 19.0	213 47.6	·· 24.0	102 25.1	·· 09.7	Bellatrix	278 47.3	N 6 20.6
22	89 03.8	146 20.9	04.7	153 25.6	18.7	228 49.8	24.1	117 27.3	09.6	Betelgeuse	271 16.7	N 7 24.3
23	104 06.3	161 20.1	04.1	168 26.0	18.4	243 52.0	24.2	132 29.5	09.5			
20 00	119 08.7	176 19.2	S21 03.5	183 26.4	S22 18.1	258 54.2	S14 24.2	147 31.7	S13 09.4	Canopus	264 02.0	S52 41.8
01	134 11.2	191 18.4	02.9	198 26.8	17.8	273 56.3	24.3	162 33.9	09.3	Capella	280 55.5	N45 59.6
02	149 13.7	206 17.6	02.3	213 27.2	17.4	288 58.5	24.4	177 36.1	09.2	Deneb	49 41.8	N45 15.7
03	164 16.1	221 16.7	·· 01.7	228 27.6	·· 17.1	304 00.7	·· 24.5	192 38.3	·· 09.1	Denebola	182 48.2	N14 36.1
04	179 18.6	236 15.9	01.1	243 28.0	16.8	319 02.9	24.6	207 40.5	09.0	Diphda	349 10.5	S18 01.2
05	194 21.1	251 15.0	21 00.5	258 28.4	16.5	334 05.1	24.6	222 42.7	08.9			
06	209 23.5	266 14.2	S20 59.8	273 28.8	S22 16.2	349 07.3	S14 24.7	237 44.9	S13 08.8	Dubhe	194 08.9	N61 46.6
T 07	224 26.0	281 13.4	59.2	288 29.2	15.8	4 09.4	24.8	252 47.1	08.7	Elnath	278 30.6	N28 36.1
H 08	239 28.5	296 12.5	58.6	303 29.6	15.5	19 11.6	24.9	267 49.3	08.6	Eltanin	90 53.4	N51 29.3
U 09	254 30.9	311 11.7	·· 58.0	318 30.1	·· 15.2	34 13.8	·· 24.9	282 51.5	·· 08.5	Enif	34 01.6	N 9 50.9
R 10	269 33.4	326 10.9	57.4	333 30.5	14.9	49 16.0	25.0	297 53.7	08.4	Fomalhaut	15 40.2	S29 39.3
S 11	284 35.8	341 10.0	56.8	348 30.9	14.5	64 18.2	25.1	312 55.9	08.3			
D 12	299 38.3	356 09.2	S20 56.1	3 31.3	S22 14.2	79 20.4	S14 25.2	327 58.1	S13 08.2	Gacrux	172 16.9	S57 04.7
A 13	314 40.8	11 08.3	55.5	18 31.7	13.9	94 22.6	25.3	343 00.3	08.1	Gienah	176 07.1	S17 30.6
Y 14	329 43.2	26 07.5	54.9	33 32.1	13.6	109 24.7	25.3	358 02.5	08.0	Hadar	149 08.6	S60 20.5
15	344 45.7	41 06.7	·· 54.3	48 32.5	·· 13.2	124 26.9	·· 25.4	13 04.7	·· 07.9	Hamal	328 17.1	N23 26.2
16	359 48.2	56 05.8	53.6	63 32.9	12.9	139 29.1	25.5	28 06.9	07.8	Kaus Aust.	84 03.4	S34 23.2
17	14 50.6	71 05.0	53.0	78 33.3	12.6	154 31.3	25.6	43 09.1	07.7			
18	29 53.1	86 04.2	S20 52.4	93 33.7	S22 12.3	169 33.5	S14 25.7	58 11.2	S13 07.6	Kochab	137 19.8	N74 10.4
19	44 55.6	101 03.4	51.8	108 34.1	11.9	184 35.7	25.7	73 13.4	07.5	Markab	13 53.0	N15 10.5
20	59 58.0	116 02.5	51.1	123 34.5	11.6	199 37.9	25.8	88 15.6	07.4	Menkar	314 30.1	N 4 04.0
21	75 00.5	131 01.7	·· 50.5	138 34.9	·· 11.3	214 40.1	·· 25.9	103 17.8	·· 07.3	Menkent	148 24.7	S36 20.4
22	90 03.0	146 00.9	49.9	153 35.3	10.9	229 42.2	26.0	118 20.0	07.2	Miaplacidus	221 41.8	S69 41.6
23	105 05.4	161 00.0	49.2	168 35.7	10.6	244 44.4	26.0	133 22.2	07.1			
21 00	120 07.9	175 59.2	S20 48.6	183 36.1	S22 10.3	259 46.6	S14 26.1	148 24.4	S13 07.0	Mirfak	309 01.0	N49 50.6
01	135 10.3	190 58.4	48.0	198 36.5	10.0	274 48.8	26.2	163 26.6	06.9	Nunki	76 16.6	S26 18.2
02	150 12.8	205 57.6	47.3	213 36.9	09.6	289 51.0	26.3	178 28.8	06.8	Peacock	53 42.6	S56 45.2
03	165 15.3	220 56.7	·· 46.7	228 37.3	·· 09.3	304 53.2	·· 26.4	193 31.0	·· 06.7	Pollux	243 45.0	N28 02.3
04	180 17.7	235 55.9	46.1	243 37.7	09.0	319 55.4	26.4	208 33.2	06.6	Procyon	245 14.5	N 5 14.2
05	195 20.2	250 55.1	45.4	258 38.1	08.6	334 57.6	26.5	223 35.4	06.5			
06	210 22.7	265 54.2	S20 44.8	273 38.5	S22 08.3	349 59.8	S14 26.6	238 37.6	S13 06.4	Rasalhague	96 20.2	N12 33.8
07	225 25.1	280 53.4	44.1	288 39.0	08.0	5 02.0	26.7	253 39.8	06.3	Regulus	207 58.6	N11 59.5
08	240 27.6	295 52.6	43.5	303 39.4	07.6	20 04.1	26.7	268 42.0	06.2	Rigel	281 25.7	S 8 12.7
F 09	255 30.1	310 51.8	·· 42.8	318 39.8	·· 07.3	35 06.3	·· 26.8	283 44.2	·· 06.2	Rigil Kent.	140 11.6	S60 48.4
R 10	270 32.5	325 50.9	42.2	333 40.2	07.0	50 08.5	26.9	298 46.4	06.1	Sabik	102 29.4	S15 43.0
I 11	285 35.0	340 50.1	41.6	348 40.6	06.6	65 10.7	27.0	313 48.6	06.0			
D 12	300 37.5	355 49.3	S20 40.9	3 41.0	S22 06.3	80 12.9	S14 27.0	328 50.8	S13 05.9	Schedar	349 57.3	N56 30.6
A 13	315 39.9	10 48.5	40.3	18 41.4	06.0	95 15.1	27.1	343 53.0	05.8	Shaula	96 41.9	S37 05.9
Y 14	330 42.4	25 47.7	39.6	33 41.8	05.6	110 17.3	27.2	358 55.1	05.7	Sirius	258 46.1	S16 42.7
15	345 44.8	40 46.8	·· 39.0	48 42.2	·· 05.3	125 19.5	·· 27.3	13 57.3	·· 05.6	Spica	158 46.5	S11 07.9
16	0 47.3	55 46.0	38.3	63 42.6	05.0	140 21.7	27.4	28 59.5	05.5	Suhail	223 02.7	S43 24.6
17	15 49.8	70 45.2	37.7	78 43.0	04.6	155 23.9	27.4	44 01.7	05.4			
18	30 52.2	85 44.4	S20 37.0	93 43.4	S22 04.3	170 26.1	S14 27.5	59 03.9	S13 05.3	Vega	80 49.2	N38 46.6
19	45 54.7	100 43.6	36.4	108 43.8	03.9	185 28.3	27.6	74 06.1	05.2	Zuben'ubi	137 21.6	S16 01.0
20	60 57.2	115 42.7	35.7	123 44.2	03.6	200 30.5	27.7	89 08.3	05.1		S.H.A.	Mer. Pass.
21	75 59.6	130 41.9	·· 35.0	138 44.6	·· 03.3	215 32.6	·· 27.7	104 10.5	·· 05.0		° ′	h m
22	91 02.1	145 41.1	34.4	153 45.1	02.9	230 34.8	27.8	119 12.7	04.9	Venus	57 10.5	12 15
23	106 04.6	160 40.3	33.7	168 45.5	02.6	245 37.0	27.9	134 14.9	04.8	Mars	64 17.7	11 46
Mer. Pass. 16 00.8		*v* −0.8	*d* 0.6	*v* 0.4	*d* 0.3	*v* 2.2	*d* 0.1	*v* 2.2	*d* 0.1	Jupiter	139 45.4	6 43
										Saturn	28 23.0	14 08

1994 JANUARY 19, 20, 21 (WED., THURS., FRI.)

UT (GMT)	SUN G.H.A.	SUN Dec.	MOON G.H.A.	v	MOON Dec.	d	H.P.
19 00	177 21.2	S20 25.5	101 29.3	14.9	N10 46.4	9.4	54.2
01	192 21.0	24.9	116 03.2	14.9	10 55.8	9.4	54.2
02	207 20.8	24.4	130 37.1	14.9	11 05.2	9.3	54.2
03	222 20.7	.. 23.9	145 11.0	14.8	11 14.5	9.3	54.2
04	237 20.5	23.4	159 44.8	14.8	11 23.8	9.3	54.2
05	252 20.3	22.9	174 18.6	14.8	11 33.1	9.1	54.2
W 06	267 20.1	S20 22.3	188 52.4	14.7	N11 42.2	9.2	54.2
E 07	282 19.9	21.8	203 26.1	14.8	11 51.4	9.1	54.2
D 08	297 19.7	21.3	217 59.9	14.6	12 00.5	9.0	54.2
N 09	312 19.5	.. 20.8	232 33.5	14.7	12 09.5	9.0	54.2
E 10	327 19.3	20.2	247 07.2	14.6	12 18.5	9.0	54.2
S 11	342 19.1	19.7	261 40.8	14.6	12 27.5	8.9	54.2
D 12	357 18.9	S20 19.2	276 14.4	14.5	N12 36.4	8.8	54.2
A 13	12 18.7	18.7	290 47.9	14.5	12 45.2	8.8	54.2
Y 14	27 18.5	18.1	305 21.4	14.5	12 54.0	8.8	54.2
15	42 18.4	.. 17.6	319 54.9	14.4	13 02.8	8.6	54.2
16	57 18.2	17.1	334 28.3	14.4	13 11.4	8.7	54.2
17	72 18.0	16.6	349 01.7	14.4	13 20.1	8.6	54.2
18	87 17.8	S20 16.0	3 35.1	14.3	N13 28.7	8.5	54.3
19	102 17.6	15.5	18 08.4	14.3	13 37.2	8.5	54.3
20	117 17.4	15.0	32 41.7	14.2	13 45.7	8.4	54.3
21	132 17.2	.. 14.4	47 14.9	14.2	13 54.1	8.3	54.3
22	147 17.0	13.9	61 48.1	14.2	14 02.4	8.3	54.3
23	162 16.8	13.4	76 21.3	14.1	14 10.7	8.3	54.3
20 00	177 16.7	S20 12.8	90 54.4	14.1	N14 19.0	8.2	54.3
01	192 16.5	12.3	105 27.5	14.0	14 27.2	8.1	54.3
02	207 16.3	11.8	120 00.5	14.0	14 35.3	8.0	54.3
03	222 16.1	.. 11.2	134 33.5	14.0	14 43.3	8.1	54.3
04	237 15.9	10.7	149 06.5	13.9	14 51.4	7.9	54.3
05	252 15.7	10.1	163 39.4	13.8	14 59.3	7.9	54.3
T 06	267 15.5	S20 09.6	178 12.2	13.8	N15 07.2	7.8	54.3
H 07	282 15.4	09.1	192 45.0	13.8	15 15.0	7.8	54.3
U 08	297 15.2	08.5	207 17.8	13.7	15 22.8	7.7	54.3
R 09	312 15.0	.. 08.0	221 50.5	13.7	15 30.5	7.6	54.3
S 10	327 14.8	07.5	236 23.2	13.6	15 38.1	7.6	54.4
D 11	342 14.6	06.9	250 55.8	13.6	15 45.7	7.5	54.4
A 12	357 14.4	S20 06.4	265 28.4	13.5	N15 53.2	7.4	54.4
Y 13	12 14.3	05.8	280 00.9	13.5	16 00.6	7.4	54.4
14	27 14.1	05.3	294 33.4	13.4	16 08.0	7.3	54.4
15	42 13.9	.. 04.7	309 05.8	13.4	16 15.3	7.2	54.4
16	57 13.7	04.2	323 38.2	13.4	16 22.5	7.2	54.4
17	72 13.5	03.7	338 10.6	13.2	16 29.7	7.1	54.4
18	87 13.4	S20 03.1	352 42.8	13.3	N16 36.8	7.0	54.4
19	102 13.2	02.6	7 15.1	13.2	16 43.8	7.0	54.4
20	117 13.0	02.0	21 47.3	13.1	16 50.8	6.9	54.5
21	132 12.8	.. 01.5	36 19.4	13.1	16 57.7	6.8	54.5
22	147 12.6	00.9	50 51.5	13.0	17 04.5	6.7	54.5
23	162 12.5	20 00.4	65 23.5	13.0	17 11.2	6.7	54.5
21 00	177 12.3	S19 59.8	79 55.5	12.9	N17 17.9	6.6	54.5
01	192 12.1	59.3	94 27.4	12.9	17 24.5	6.5	54.5
02	207 11.9	58.7	108 59.3	12.8	17 31.0	6.5	54.5
03	222 11.7	.. 58.2	123 31.1	12.7	17 37.5	6.3	54.5
04	237 11.6	57.6	138 02.8	12.8	17 43.8	6.3	54.6
05	252 11.4	57.1	152 34.6	12.6	17 50.1	6.3	54.6
F 06	267 11.2	S19 56.5	167 06.2	12.6	N17 56.4	6.1	54.6
R 07	282 11.0	56.0	181 37.8	12.6	18 02.5	6.1	54.6
I 08	297 10.9	55.4	196 09.4	12.5	18 08.6	6.0	54.6
D 09	312 10.7	.. 54.8	210 40.9	12.4	18 14.6	5.9	54.6
A 10	327 10.5	54.3	225 12.3	12.4	18 20.5	5.8	54.7
Y 11	342 10.3	53.7	239 43.7	12.3	18 26.3	5.8	54.7
12	357 10.2	S19 53.2	254 15.0	12.3	N18 32.1	5.6	54.7
13	12 10.0	52.6	268 46.3	12.2	18 37.7	5.6	54.7
14	27 09.8	52.1	283 17.5	12.2	18 43.3	5.5	54.7
15	42 09.6	.. 51.5	297 48.7	12.1	18 48.8	5.4	54.7
16	57 09.5	50.9	312 19.8	12.0	18 54.2	5.4	54.8
17	72 09.3	50.4	326 50.8	12.0	18 59.6	5.2	54.8
18	87 09.1	S19 49.8	341 21.8	12.0	N19 04.8	5.2	54.8
19	102 09.0	49.3	355 52.8	11.9	19 10.0	5.1	54.8
20	117 08.8	48.7	10 23.7	11.8	19 15.1	5.0	54.8
21	132 08.6	.. 48.1	24 54.5	11.8	19 20.1	4.9	54.8
22	147 08.4	47.6	39 25.3	11.7	19 25.0	4.8	54.9
23	162 08.3	47.0	53 56.0	11.7	19 29.8	4.7	54.9
	S.D. 16.3	d 0.5	S.D. 14.8		14.8		14.9

Lat.	Twilight Naut.	Twilight Civil	Sunrise	Moonrise 19	20	21	22
N 72	07 48	09 32	■	08 45	08 21	07 09	□
N 70	07 35	09 03	11 07	09 06	08 56	08 41	□
68	07 25	08 41	10 11	09 22	09 21	09 20	09 24
66	07 16	08 24	09 38	09 35	09 40	09 48	10 04
64	07 08	08 10	09 14	09 46	09 55	10 09	10 31
62	07 01	07 59	08 55	09 55	10 08	10 26	10 52
60	06 55	07 48	08 40	10 04	10 20	10 41	11 10
N 58	06 50	07 40	08 27	10 11	10 29	10 53	11 24
56	06 45	07 32	08 15	10 17	10 38	11 04	11 36
54	06 40	07 25	08 05	10 23	10 45	11 13	11 47
52	06 36	07 18	07 56	10 28	10 52	11 21	11 57
50	06 32	07 12	07 49	10 32	10 58	11 29	12 06
45	06 23	06 59	07 32	10 42	11 12	11 45	12 24
N 40	06 15	06 48	07 18	10 51	11 23	11 58	12 39
35	06 08	06 39	07 06	10 58	11 32	12 09	12 52
30	06 01	06 30	06 56	11 05	11 40	12 19	13 03
20	05 48	06 14	06 38	11 16	11 55	12 36	13 22
N 10	05 34	06 00	06 22	11 25	12 07	12 51	13 39
0	05 20	05 45	06 07	11 35	12 19	13 05	13 54
S 10	05 04	05 30	05 52	11 44	12 31	13 20	14 10
20	04 44	05 13	05 36	11 54	12 44	13 35	14 27
30	04 19	04 51	05 18	12 05	12 58	13 52	14 46
35	04 04	04 38	05 07	12 12	13 07	14 02	14 57
40	03 44	04 23	04 54	12 20	13 17	14 14	15 10
45	03 19	04 04	04 39	12 28	13 28	14 28	15 26
S 50	02 45	03 40	04 21	12 39	13 42	14 45	15 45
52	02 26	03 28	04 12	12 44	13 49	14 53	15 54
54	02 03	03 15	04 02	12 50	13 56	15 01	16 04
56	01 30	02 59	03 51	12 56	14 04	15 11	16 15
58	////	02 39	03 38	13 03	14 14	15 23	16 28
S 60	////	02 14	03 23	13 10	14 24	15 36	16 44

Lat.	Sunset	Twilight Civil	Twilight Naut.	Moonset 19	20	21	22
N 72	■	14 51	16 35	01 43	03 39	06 26	□
N 70	13 16	15 20	16 48	01 24	03 05	04 55	□
68	14 12	15 41	16 58	01 09	02 42	04 16	05 52
66	14 45	15 58	17 07	00 57	02 23	03 49	05 13
64	15 09	16 12	17 15	00 48	02 08	03 29	04 46
62	15 28	16 24	17 21	00 39	01 56	03 12	04 25
60	15 43	16 34	17 27	00 32	01 46	02 58	04 08
N 58	15 56	16 43	17 33	00 25	01 37	02 47	03 54
56	16 07	16 51	17 38	00 20	01 29	02 36	03 42
54	16 17	16 58	17 42	00 15	01 22	02 27	03 31
52	16 26	17 04	17 46	00 10	01 15	02 19	03 22
50	16 34	17 10	17 50	00 06	01 09	02 12	03 14
45	16 51	17 23	17 59	24 57	00 57	01 57	02 56
N 40	17 05	17 34	18 07	24 47	00 47	01 44	02 41
35	17 16	17 44	18 14	24 38	00 38	01 34	02 29
30	17 27	17 52	18 21	24 31	00 31	01 24	02 18
20	17 44	18 08	18 35	24 18	00 18	01 08	02 00
N 10	18 00	18 22	18 48	24 07	00 07	00 54	01 44
0	18 15	18 37	19 02	23 56	24 41	00 41	01 29
S 10	18 29	18 52	19 18	23 45	24 28	00 28	01 14
20	18 45	19 09	19 38	23 34	24 14	00 14	00 58
30	19 04	19 30	20 02	23 21	23 58	24 39	00 39
35	19 15	19 43	20 18	23 14	23 49	24 29	00 29
40	19 27	19 58	20 37	23 05	23 39	24 17	00 17
45	19 42	20 17	21 02	22 55	23 26	24 02	00 02
S 50	20 00	20 41	21 36	22 44	23 11	23 45	24 25
52	20 09	20 52	21 54	22 38	23 05	23 37	24 16
54	20 19	21 06	22 17	22 32	22 57	23 27	24 06
56	20 30	21 22	22 48	22 25	22 48	23 17	23 54
58	20 42	21 41	////	22 18	22 39	23 05	23 41
S 60	20 57	22 05	////	22 09	22 27	22 52	23 25

Day	SUN Eqn. of Time 00ʰ	SUN Eqn. of Time 12ʰ	Mer. Pass.	MOON Mer. Pass. Upper	MOON Mer. Pass. Lower	Age	Phase
19	10 35	10 44	12 11	17 45	05 23	08	
20	10 53	11 02	12 11	18 30	06 07	09	◑
21	11 11	11 19	12 11	19 17	06 53	10	

1994 JANUARY 22, 23, 24 (SAT., SUN., MON.)

UT (GMT) d h	ARIES G.H.A.	VENUS −3.9 G.H.A.	Dec.	MARS +1.2 G.H.A.	Dec.	JUPITER −2.0 G.H.A.	Dec.	SATURN +0.9 G.H.A.	Dec.	STARS Name	S.H.A.	Dec.
22 00	121 07.0	175 39.5	S20 33.1	183 45.9	S22 02.2	260 39.2	S14 28.0	149 17.1	S13 04.7	Acamar	315 29.2	S40 19.9
01	136 09.5	190 38.6	32.4	198 46.3	01.9	275 41.4	28.0	164 19.3	04.6	Achernar	335 37.6	S57 16.3
02	151 11.9	205 37.8	31.7	213 46.7	01.6	290 43.6	28.1	179 21.5	04.5	Acrux	173 25.2	S63 03.8
03	166 14.4	220 37.0 ··	31.1	228 47.1 ··	01.2	305 45.8 ··	28.2	194 23.7 ··	04.4	Adhara	255 23.5	S28 58.0
04	181 16.9	235 36.2	30.4	243 47.5	00.9	320 48.0	28.3	209 25.9	04.3	Aldebaran	291 05.8	N16 29.8
05	196 19.3	250 35.4	29.8	258 47.9	00.5	335 50.2	28.3	224 28.1	04.2			
06	211 21.8	265 34.6	S20 29.1	273 48.3	S22 00.2	350 52.4	S14 28.4	239 30.3	S13 04.1	Alioth	166 33.2	N55 59.1
07	226 24.3	280 33.8	28.4	288 48.7	21 59.9	5 54.6	28.5	254 32.4	04.0	Alkaid	153 10.3	N49 20.2
S 08	241 26.7	295 32.9	27.8	303 49.1	59.5	20 56.8	28.6	269 34.6	03.9	Al Na'ir	28 02.3	S46 59.4
A 09	256 29.2	310 32.1 ··	27.1	318 49.5 ··	59.2	35 59.0 ··	28.6	284 36.8 ··	03.8	Alnilam	276 00.8	S 1 12.5
T 10	271 31.7	325 31.3	26.4	333 50.0	58.8	51 01.2	28.7	299 39.0	03.7	Alphard	218 10.0	S 8 38.2
U 11	286 34.1	340 30.5	25.7	348 50.4	58.5	66 03.4	28.8	314 41.2	03.6			
R 12	301 36.6	355 29.7	S20 25.1	3 50.8	S21 58.1	81 05.6	S14 28.9	329 43.4	S13 03.5	Alphecca	126 23.4	N26 43.9
D 13	316 39.1	10 28.9	24.4	18 51.2	57.8	96 07.8	28.9	344 45.6	03.4	Alpheratz	357 58.7	N29 03.6
A 14	331 41.5	25 28.1	23.7	33 51.6	57.4	111 10.0	29.0	359 47.8	03.3	Altair	62 22.7	N 8 51.2
Y 15	346 44.0	40 27.3 ··	23.1	48 52.0 ··	57.1	126 12.2 ··	29.1	14 50.0 ··	03.2	Ankaa	353 30.1	S42 20.5
16	1 46.4	55 26.5	22.4	63 52.4	56.7	141 14.4	29.2	29 52.2	03.1	Antares	112 44.3	S26 25.1
17	16 48.9	70 25.7	21.7	78 52.8	56.4	156 16.6	29.2	44 54.4	03.0			
18	31 51.4	85 24.8	S20 21.0	93 53.2	S21 56.1	171 18.8	S14 29.3	59 56.6	S13 02.9	Arcturus	146 09.0	N19 12.6
19	46 53.8	100 24.0	20.3	108 53.6	55.7	186 21.0	29.4	74 58.8	02.8	Atria	107 59.5	S69 00.8
20	61 56.3	115 23.2	19.7	123 54.0	55.4	201 23.2	29.5	90 01.0	02.7	Avior	234 23.3	S59 29.6
21	76 58.8	130 22.4 ··	19.0	138 54.5 ··	55.0	216 25.4 ··	29.5	105 03.2 ··	02.6	Bellatrix	278 47.3	N 6 20.6
22	92 01.2	145 21.6	18.3	153 54.9	54.7	231 27.6	29.6	120 05.3	02.5	Betelgeuse	271 16.7	N 7 24.2
23	107 03.7	160 20.8	17.6	168 55.3	54.3	246 29.8	29.7	135 07.5	02.4			
23 00	122 06.2	175 20.0	S20 16.9	183 55.7	S21 54.0	261 32.0	S14 29.7	150 09.7	S13 02.3	Canopus	264 02.1	S52 41.8
01	137 08.6	190 19.2	16.2	198 56.1	53.6	276 34.2	29.8	165 11.9	02.2	Capella	280 55.5	N45 59.6
02	152 11.1	205 18.4	15.6	213 56.5	53.3	291 36.4	29.9	180 14.1	02.1	Deneb	49 41.8	N45 15.7
03	167 13.6	220 17.6 ··	14.9	228 56.9 ··	52.9	306 38.6 ··	30.0	195 16.3 ··	02.0	Denebola	182 48.2	N14 36.1
04	182 16.0	235 16.8	14.2	243 57.3	52.6	321 40.8	30.0	210 18.5	01.9	Diphda	349 10.5	S18 01.2
05	197 18.5	250 16.0	13.5	258 57.7	52.2	336 43.0	30.1	225 20.7	01.8			
06	212 20.9	265 15.2	S20 12.8	273 58.1	S21 51.8	351 45.2	S14 30.2	240 22.9	S13 01.7	Dubhe	194 08.9	N61 46.6
07	227 23.4	280 14.4	12.1	288 58.6	51.5	6 47.4	30.3	255 25.1	01.6	Elnath	278 30.6	N28 36.1
08	242 25.9	295 13.6	11.4	303 59.0	51.1	21 49.6	30.3	270 27.3	01.5	Eltanin	90 53.3	N51 29.3
S 09	257 28.3	310 12.8 ··	10.7	318 59.4 ··	50.8	36 51.8 ··	30.4	285 29.5 ··	01.4	Enif	34 01.6	N 9 50.9
U 10	272 30.8	325 12.0	10.0	333 59.8	50.4	51 54.0	30.5	300 31.7	01.3	Fomalhaut	15 40.2	S29 39.3
N 11	287 33.3	340 11.2	09.3	349 00.2	50.1	66 56.2	30.5	315 33.8	01.2			
D 12	302 35.7	355 10.4	S20 08.6	4 00.6	S21 49.7	81 58.4	S14 30.6	330 36.0	S13 01.1	Gacrux	172 16.9	S57 04.7
A 13	317 38.2	10 09.6	07.9	19 01.0	49.4	97 00.6	30.7	345 38.2	01.0	Gienah	176 07.1	S17 30.6
Y 14	332 40.7	25 08.8	07.2	34 01.4	49.0	112 02.8	30.8	0 40.4	00.9	Hadar	149 08.5	S60 20.5
15	347 43.1	40 08.0 ··	06.5	49 01.9 ··	48.7	127 05.0 ··	30.8	15 42.6 ··	00.8	Hamal	328 17.1	N23 26.2
16	2 45.6	55 07.2	05.8	64 02.3	48.3	142 07.2	30.9	30 44.8	00.7	Kaus Aust.	84 03.4	S34 23.2
17	17 48.0	70 06.4	05.1	79 02.7	47.9	157 09.4	31.0	45 47.0	00.6			
18	32 50.5	85 05.6	S20 04.4	94 03.1	S21 47.6	172 11.6	S14 31.1	60 49.2	S13 00.5	Kochab	137 19.7	N74 10.4
19	47 53.0	100 04.8	03.7	109 03.5	47.2	187 13.9	31.1	75 51.4	00.4	Markab	13 53.0	N15 10.5
20	62 55.4	115 04.0	03.0	124 03.9	46.9	202 16.1	31.2	90 53.6	00.3	Menkar	314 30.1	N 4 04.0
21	77 57.9	130 03.2 ··	02.3	139 04.3 ··	46.5	217 18.3 ··	31.3	105 55.8 ··	00.2	Menkent	148 24.7	S36 20.4
22	93 00.4	145 02.4	01.6	154 04.7	46.1	232 20.5	31.3	120 58.0	00.1	Miaplacidus	221 41.8	S69 41.6
23	108 02.8	160 01.6	00.9	169 05.2	45.8	247 22.7	31.4	136 00.1	13 00.0			
24 00	123 05.3	175 00.8	S20 00.2	184 05.6	S21 45.4	262 24.9	S14 31.5	151 02.3	S12 59.9	Mirfak	309 01.0	N49 50.6
01	138 07.8	190 00.1	19 59.5	199 06.0	45.1	277 27.1	31.6	166 04.5	59.8	Nunki	76 16.6	S26 18.2
02	153 10.2	204 59.3	58.8	214 06.4	44.7	292 29.3	31.6	181 06.7	59.7	Peacock	53 42.6	S56 45.2
03	168 12.7	219 58.5 ··	58.1	229 06.8 ··	44.3	307 31.5 ··	31.7	196 08.9 ··	59.6	Pollux	243 45.0	N28 02.3
04	183 15.2	234 57.7	57.3	244 07.2	44.0	322 33.7	31.8	211 11.1	59.5	Procyon	245 14.5	N 5 14.2
05	198 17.6	249 56.9	56.6	259 07.6	43.6	337 35.9	31.8	226 13.3	59.4			
06	213 20.1	264 56.1	S19 55.9	274 08.0	S21 43.3	352 38.1	S14 31.9	241 15.5	S12 59.3	Rasalhague	96 20.2	N12 33.8
07	228 22.5	279 55.3	55.2	289 08.5	42.9	7 40.3	32.0	256 17.7	59.2	Regulus	207 58.6	N11 59.5
08	243 25.0	294 54.5	54.5	304 08.9	42.5	22 42.6	32.1	271 19.9	59.1	Rigel	281 25.7	S 8 12.7
M 09	258 27.5	309 53.7 ··	53.8	319 09.3 ··	42.2	37 44.8 ··	32.1	286 22.1 ··	59.0	Rigil Kent.	140 11.6	S60 48.4
O 10	273 29.9	324 52.9	53.0	334 09.7	41.8	52 47.0	32.2	301 24.2	58.9	Sabik	102 29.4	S15 43.0
N 11	288 32.4	339 52.2	52.3	349 10.1	41.4	67 49.2	32.3	316 26.4	58.8			
D 12	303 34.9	354 51.4	S19 51.6	4 10.5	S21 41.1	82 51.4	S14 32.3	331 28.6	S12 58.7	Schedar	349 57.3	N56 30.6
A 13	318 37.3	9 50.6	50.9	19 10.9	40.7	97 53.6	32.4	346 30.8	58.6	Shaula	96 41.9	S37 05.9
Y 14	333 39.8	24 49.8	50.2	34 11.4	40.3	112 55.8	32.5	1 33.0	58.5	Sirius	258 46.1	S16 42.7
15	348 42.3	39 49.0 ··	49.4	49 11.8 ··	40.0	127 58.0 ··	32.5	16 35.2 ··	58.4	Spica	158 46.5	S11 07.9
16	3 44.7	54 48.2	48.7	64 12.2	39.6	143 00.2	32.6	31 37.4	58.3	Suhail	223 02.7	S43 24.6
17	18 47.2	69 47.5	48.0	79 12.6	39.2	158 02.4	32.7	46 39.6	58.2			
18	33 49.7	84 46.7	S19 47.3	94 13.0	S21 38.9	173 04.7	S14 32.8	61 41.8	S12 58.1	Vega	80 49.2	N38 46.6
19	48 52.1	99 45.9	46.5	109 13.4	38.5	188 06.9	32.8	76 44.0	58.0	Zuben'ubi	137 21.5	S16 01.0
20	63 54.6	114 45.1	45.8	124 13.8	38.1	203 09.1	32.9	91 46.2	57.9			
21	78 57.0	129 44.3 ··	45.1	139 14.3 ··	37.8	218 11.3 ··	33.0	106 48.3 ··	57.8			
22	93 59.5	144 43.5	44.3	154 14.7	37.4	233 13.5	33.0	121 50.5	57.7	Venus	53 13.8	12 19
23	109 02.0	159 42.8	43.6	169 15.1	37.0	248 15.7	33.1	136 52.7	57.6	Mars	61 49.5	11 44

										S.H.A.	Mer. Pass.
Mer. Pass. 15 49.0		v −0.8 d 0.7		v 0.4 d 0.4		v 2.2 d 0.1		v 2.2 d 0.1		Venus	53 13.8	12 19
										Mars	61 49.5	11 44
										Jupiter	139 25.8	6 33
										Saturn	28 03.6	13 57

1994 JANUARY 22, 23, 24 (SAT., SUN., MON.)

UT (GMT) d h	SUN G.H.A.	SUN Dec.	MOON G.H.A.	v	MOON Dec.	d	H.P.
22 00	177 08.1	S19 46.4	68 26.7	11.6	N19 34.5	4.7	54.9
01	192 07.9	45.9	82 57.3	11.5	19 39.2	4.5	54.9
02	207 07.8	45.3	97 27.8	11.5	19 43.7	4.5	54.9
03	222 07.6	.. 44.7	111 58.3	11.4	19 48.2	4.3	55.0
04	237 07.4	44.2	126 28.7	11.4	19 52.5	4.3	55.0
05	252 07.2	43.6	140 59.1	11.4	19 56.8	4.2	55.0
S 06	267 07.1	S19 43.0	155 29.5	11.2	N20 01.0	4.1	55.0
A 07	282 06.9	42.5	169 59.7	11.3	20 05.1	4.0	55.0
T 08	297 06.7	41.9	184 30.0	11.1	20 09.1	3.9	55.1
U 09	312 06.6	.. 41.3	199 00.1	11.1	20 13.0	3.8	55.1
R 10	327 06.4	40.8	213 30.2	11.1	20 16.8	3.7	55.1
D 11	342 06.2	40.2	228 00.3	11.0	20 20.5	3.6	55.1
A 12	357 06.1	S19 39.6	242 30.3	10.9	N20 24.1	3.6	55.2
Y 13	12 05.9	39.0	257 00.2	10.9	20 27.7	3.4	55.2
14	27 05.7	38.5	271 30.1	10.9	20 31.1	3.3	55.2
15	42 05.6	.. 37.9	286 00.0	10.8	20 34.4	3.2	55.2
16	57 05.4	37.3	300 29.8	10.7	20 37.6	3.2	55.2
17	72 05.2	36.7	314 59.5	10.7	20 40.8	3.0	55.3
18	87 05.1	S19 36.2	329 29.2	10.6	N20 43.8	2.9	55.3
19	102 04.9	35.6	343 58.8	10.6	20 46.7	2.8	55.3
20	117 04.8	35.0	358 28.4	10.5	20 49.5	2.8	55.3
21	132 04.6	.. 34.4	12 57.9	10.5	20 52.3	2.6	55.4
22	147 04.4	33.8	27 27.4	10.4	20 54.9	2.5	55.4
23	162 04.3	33.3	41 56.8	10.4	20 57.4	2.4	55.4
23 00	177 04.1	S19 32.7	56 26.2	10.3	N20 59.8	2.3	55.4
01	192 03.9	32.1	70 55.5	10.3	21 02.1	2.2	55.5
02	207 03.8	31.5	85 24.8	10.2	21 04.3	2.1	55.5
03	222 03.6	.. 30.9	99 54.0	10.2	21 06.4	2.0	55.5
04	237 03.5	30.4	114 23.2	10.1	21 08.4	1.9	55.5
05	252 03.3	29.8	128 52.3	10.1	21 10.3	1.8	55.6
S 06	267 03.1	S19 29.2	143 21.4	10.0	N21 12.1	1.7	55.6
U 07	282 03.0	28.6	157 50.4	10.0	21 13.8	1.5	55.6
N 08	297 02.8	28.0	172 19.4	9.9	21 15.3	1.5	55.6
D 09	312 02.7	.. 27.4	186 48.3	9.9	21 16.8	1.3	55.7
A 10	327 02.5	26.9	201 17.2	9.8	21 18.1	1.3	55.7
Y 11	342 02.3	26.3	215 46.0	9.8	21 19.4	1.1	55.7
12	357 02.2	S19 25.7	230 14.8	9.8	N21 20.5	1.0	55.8
13	12 02.0	25.1	244 43.6	9.7	21 21.5	0.9	55.8
14	27 01.9	24.5	259 12.3	9.7	21 22.4	0.8	55.8
15	42 01.7	.. 23.9	273 41.0	9.6	21 23.2	0.7	55.8
16	57 01.6	23.3	288 09.6	9.6	21 23.9	0.6	55.9
17	72 01.4	22.7	302 38.2	9.5	21 24.5	0.4	55.9
18	87 01.2	S19 22.1	317 06.7	9.5	N21 24.9	0.4	55.9
19	102 01.1	21.5	331 35.2	9.5	21 25.3	0.2	56.0
20	117 00.9	21.0	346 03.7	9.4	21 25.5	0.1	56.0
21	132 00.8	.. 20.4	0 32.1	9.4	21 25.6	0.0	56.0
22	147 00.6	19.8	15 00.5	9.4	21 25.6	0.1	56.0
23	162 00.5	19.2	29 28.9	9.3	21 25.5	0.2	56.1
24 00	177 00.3	S19 18.6	43 57.2	9.3	N21 25.3	0.4	56.1
01	192 00.2	18.0	58 25.5	9.2	21 24.9	0.4	56.1
02	207 00.0	17.4	72 53.7	9.2	21 24.5	0.6	56.2
03	221 59.8	.. 16.8	87 21.9	9.2	21 23.9	0.7	56.2
04	236 59.7	16.2	101 50.1	9.1	21 23.2	0.8	56.2
05	251 59.5	15.6	116 18.2	9.1	21 22.4	0.9	56.2
M 06	266 59.4	S19 15.0	130 46.3	9.1	N21 21.5	1.1	56.3
O 07	281 59.2	14.4	145 14.4	9.1	21 20.4	1.1	56.3
N 08	296 59.1	13.8	159 42.5	9.0	21 19.3	1.3	56.3
D 09	311 58.9	.. 13.2	174 10.5	9.0	21 18.0	1.4	56.4
A 10	326 58.8	12.6	188 38.5	8.9	21 16.6	1.5	56.4
Y 11	341 58.6	12.0	203 06.4	8.9	21 15.1	1.6	56.4
12	356 58.5	S19 11.4	217 34.3	9.0	N21 13.5	1.8	56.5
13	11 58.3	10.8	232 02.3	8.8	21 11.7	1.9	56.5
14	26 58.2	10.2	246 30.1	8.9	21 09.8	1.9	56.5
15	41 58.0	.. 09.6	260 58.0	8.8	21 07.9	2.1	56.5
16	56 57.9	09.0	275 25.8	8.8	21 05.8	2.3	56.6
17	71 57.7	08.4	289 53.6	8.8	21 03.5	2.3	56.6
18	86 57.6	S19 07.8	304 21.4	8.8	N21 01.2	2.5	56.6
19	101 57.4	07.2	318 49.2	8.7	20 58.7	2.6	56.7
20	116 57.3	06.5	333 16.9	8.7	20 56.1	2.7	56.7
21	131 57.1	.. 05.9	347 44.6	8.7	20 53.4	2.8	56.7
22	146 57.0	05.3	2 12.3	8.7	20 50.6	3.0	56.8
23	161 56.9	04.7	16 40.0	8.7	20 47.6	3.0	56.8
S.D. 16.3	d 0.6		S.D. 15.0		15.2		15.4

Lat.	Twilight Naut.	Twilight Civil	Sunrise	Moonrise 22	23	24	25
N 72	07 40	09 19	■■	□	□	□	
N 70	07 28	08 53	10 42	□	□	□	10 35
68	07 18	08 33	09 57	09 24	09 40	10 34	12 09
66	07 10	08 17	09 28	10 04	10 34	11 28	12 48
64	07 03	08 04	09 06	10 31	11 06	12 01	13 15
62	06 57	07 53	08 48	10 52	11 30	12 25	13 35
60	06 51	07 44	08 34	11 10	11 50	12 44	13 52
N 58	06 46	07 35	08 22	11 24	12 06	13 00	14 06
56	06 42	07 28	08 11	11 36	12 19	13 13	14 19
54	06 37	07 21	08 01	11 47	12 31	13 25	14 29
52	06 33	07 15	07 53	11 57	12 41	13 35	14 39
50	06 30	07 09	07 45	12 06	12 51	13 44	14 47
45	06 21	06 57	07 29	12 24	13 10	14 04	15 05
N 40	06 14	06 47	07 16	12 39	13 26	14 20	15 19
35	06 07	06 38	07 05	12 52	13 39	14 33	15 32
30	06 00	06 29	06 55	13 03	13 51	14 45	15 42
20	05 47	06 14	06 38	13 22	14 11	15 05	16 01
N 10	05 35	06 00	06 23	13 39	14 29	15 22	16 17
0	05 21	05 46	06 08	13 54	14 45	15 38	16 32
S 10	05 05	05 31	05 54	14 10	15 02	15 54	16 47
20	04 46	05 15	05 38	14 27	15 19	16 12	17 03
30	04 22	04 54	05 20	14 46	15 40	16 31	17 21
35	04 07	04 42	05 10	14 57	15 51	16 43	17 32
40	03 48	04 27	04 58	15 10	16 05	16 56	17 44
45	03 25	04 09	04 43	15 26	16 21	17 12	17 58
S 50	02 52	03 46	04 26	15 45	16 41	17 32	18 16
52	02 35	03 34	04 17	15 54	16 50	17 41	18 24
54	02 13	03 22	04 08	16 04	17 01	17 51	18 33
56	01 44	03 06	03 58	16 15	17 13	18 03	18 43
58	00 53	02 48	03 45	16 28	17 27	18 16	18 55
S 60	////	02 25	03 31	16 44	17 43	18 32	19 08

Lat.	Sunset	Twilight Civil	Twilight Naut.	Moonset 22	23	24	25
N 72	■■	15 06	16 45	□	□	□	□
N 70	13 42	15 32	16 57	□	□	□	10 08
68	14 27	15 51	17 06	05 52	07 22	08 17	08 34
66	14 56	16 07	17 14	05 13	06 28	07 23	07 54
64	15 18	16 20	17 21	04 46	05 55	06 50	07 27
62	15 36	16 31	17 28	04 25	05 31	06 26	07 06
60	15 50	16 41	17 33	04 08	05 12	06 06	06 49
N 58	16 03	16 49	17 38	03 54	04 56	05 50	06 34
56	16 13	16 56	17 43	03 42	04 43	05 37	06 22
54	16 23	17 03	17 47	03 31	04 31	05 25	06 11
52	16 31	17 09	17 51	03 22	04 21	05 15	06 01
50	16 39	17 15	17 54	03 14	04 12	05 05	05 52
45	16 55	17 27	18 03	02 56	03 52	04 46	05 34
N 40	17 08	17 37	18 10	02 41	03 37	04 30	05 19
35	17 19	17 46	18 17	02 29	03 23	04 16	05 06
30	17 29	17 55	18 24	02 18	03 12	04 05	04 55
20	17 46	18 10	18 36	02 00	02 52	03 44	04 36
N 10	18 01	18 24	18 49	01 44	02 35	03 27	04 19
0	18 15	18 37	19 03	01 29	02 19	03 10	04 04
S 10	18 30	18 52	19 18	01 14	02 02	02 54	03 48
20	18 45	19 09	19 37	00 58	01 45	02 36	03 31
30	19 03	19 29	20 01	00 39	01 25	02 16	03 12
35	19 13	19 42	20 16	00 29	01 14	02 04	03 00
40	19 25	19 56	20 34	00 17	01 00	01 51	02 47
45	19 40	20 14	20 58	00 02	00 45	01 34	02 32
S 50	19 57	20 37	21 30	24 25	00 25	01 14	02 13
52	20 05	20 48	21 47	24 16	00 16	01 05	02 04
54	20 14	21 01	22 08	24 06	00 06	00 54	01 54
56	20 25	21 16	22 36	23 54	24 42	00 42	01 42
58	20 37	21 34	23 22	23 41	24 28	00 28	01 29
S 60	20 51	21 56	////	23 25	24 12	00 12	01 13

Day	SUN Eqn. of Time 00ʰ	12ʰ	Mer. Pass.	MOON Mer. Pass. Upper	Lower	Age	Phase
	m s	m s	h m	h m	h m	d	
22	11 27	11 35	12 12	20 06	07 41	11	
23	11 43	11 51	12 12	20 58	08 32	12	◑
24	11 58	12 06	12 12	21 51	09 24	13	

1994 JANUARY 25, 26, 27 (TUES., WED., THURS.)

UT (GMT) d h	ARIES G.H.A.	VENUS −3.9 G.H.A.	Dec.	MARS +1.2 G.H.A.	Dec.	JUPITER −2.0 G.H.A.	Dec.	SATURN +0.9 G.H.A.	Dec.	STARS Name	S.H.A.	Dec.
25 00	124 04.4	174 42.0	S19 42.9	184 15.5	S21 36.6	263 17.9	S14 33.2	151 54.9	S12 57.5	Acamar	315 29.2	S40 20.0
01	139 06.9	189 41.2	42.1	199 15.9	36.3	278 20.1	33.2	166 57.1	57.4	Achernar	335 37.6	S57 16.3
02	154 09.4	204 40.4	41.4	214 16.3	35.9	293 22.4	33.3	181 59.3	57.3	Acrux	173 25.2	S63 03.9
03	169 11.8	219 39.6	·· 40.7	229 16.8	·· 35.5	308 24.6	·· 33.4	197 01.5	·· 57.2	Adhara	255 23.5	S28 58.1
04	184 14.3	234 38.9	39.9	244 17.2	35.2	323 26.8	33.4	212 03.7	57.1	Aldebaran	291 05.8	N16 29.8
05	199 16.8	249 38.1	39.2	259 17.6	34.8	338 29.0	33.5	227 05.9	57.0			
06	214 19.2	264 37.3	S19 38.5	274 18.0	S21 34.4	353 31.2	S14 33.6	242 08.1	S12 56.9	Alioth	166 33.1	N55 59.1
07	229 21.7	279 36.5	37.7	289 18.4	34.0	8 33.4	33.7	257 10.2	56.8	Alkaid	153 10.2	N49 20.2
T 08	244 24.1	294 35.8	37.0	304 18.8	33.7	23 35.6	33.7	272 12.4	56.7	Al Na'ir	28 02.3	S46 59.4
U 09	259 26.6	309 35.0	·· 36.2	319 19.3	·· 33.3	38 37.9	·· 33.8	287 14.6	·· 56.6	Alnilam	276 00.8	S 1 12.5
E 10	274 29.1	324 34.2	35.5	334 19.7	32.9	53 40.1	33.9	302 16.8	56.5	Alphard	218 10.0	S 8 38.2
S 11	289 31.5	339 33.4	34.7	349 20.1	32.5	68 42.3	33.9	317 19.0	56.4			
D 12	304 34.0	354 32.7	S19 34.0	4 20.5	S21 32.2	83 44.5	S14 34.0	332 21.2	S12 56.3	Alphecca	126 23.4	N26 43.9
A 13	319 36.5	9 31.9	33.3	19 20.9	31.8	98 46.7	34.1	347 23.4	56.2	Alpheratz	357 58.7	N29 03.6
Y 14	334 38.9	24 31.1	32.5	34 21.3	31.4	113 48.9	34.1	2 25.6	56.1	Altair	62 22.7	N 8 51.2
15	349 41.4	39 30.3	·· 31.8	49 21.8	·· 31.0	128 51.2	·· 34.2	17 27.8	·· 56.0	Ankaa	353 30.2	S42 20.5
16	4 43.9	54 29.6	31.0	64 22.2	30.7	143 53.4	34.3	32 29.9	55.9	Antares	112 44.2	S26 25.1
17	19 46.3	69 28.8	30.3	79 22.6	30.3	158 55.6	34.3	47 32.1	55.8			
18	34 48.8	84 28.0	S19 29.5	94 23.0	S21 29.9	173 57.8	S14 34.4	62 34.3	S12 55.7	Arcturus	146 08.9	N19 12.6
19	49 51.3	99 27.3	28.8	109 23.4	29.5	189 00.0	34.5	77 36.5	55.6	Atria	107 59.5	S69 00.8
20	64 53.7	114 26.5	28.0	124 23.9	29.2	204 02.2	34.5	92 38.7	55.5	Avior	234 23.5	S59 29.6
21	79 56.2	129 25.7	·· 27.2	139 24.3	·· 28.8	219 04.5	·· 34.6	107 40.9	·· 55.4	Bellatrix	278 47.3	N 6 20.6
22	94 58.6	144 25.0	26.5	154 24.7	28.4	234 06.7	34.7	122 43.1	55.3	Betelgeuse	271 16.7	N 7 24.2
23	110 01.1	159 24.2	25.7	169 25.1	28.0	249 08.9	34.7	137 45.3	55.2			
26 00	125 03.6	174 23.4	S19 25.0	184 25.5	S21 27.6	264 11.1	S14 34.8	152 47.5	S12 55.1	Canopus	264 02.1	S52 41.8
01	140 06.0	189 22.6	24.2	199 25.9	27.3	279 13.3	34.9	167 49.6	55.0	Capella	280 55.5	N45 59.6
02	155 08.5	204 21.9	23.5	214 26.4	26.9	294 15.6	34.9	182 51.8	54.9	Deneb	49 41.8	N45 15.6
03	170 11.0	219 21.1	·· 22.7	229 26.8	·· 26.5	309 17.8	·· 35.0	197 54.0	·· 54.8	Denebola	182 48.2	N14 36.1
04	185 13.4	234 20.4	21.9	244 27.2	26.1	324 20.0	35.1	212 56.2	54.7	Diphda	349 10.5	S18 01.2
05	200 15.9	249 19.6	21.2	259 27.6	25.7	339 22.2	35.1	227 58.4	54.6			
06	215 18.4	264 18.8	S19 20.4	274 28.0	S21 25.3	354 24.4	S14 35.2	243 00.6	S12 54.5	Dubhe	194 08.8	N61 46.6
W 07	230 20.8	279 18.1	19.7	289 28.5	25.0	9 26.7	35.3	258 02.8	54.4	Elnath	278 30.6	N28 36.1
E 08	245 23.3	294 17.3	18.9	304 28.9	24.6	24 28.9	35.3	273 05.0	54.3	Eltanin	90 53.3	N51 29.2
D 09	260 25.8	309 16.5	·· 18.1	319 29.3	·· 24.2	39 31.1	·· 35.4	288 07.2	·· 54.2	Enif	34 01.6	N 9 50.9
N 10	275 28.2	324 15.8	17.4	334 29.7	23.8	54 33.3	35.5	303 09.3	54.1	Fomalhaut	15 40.2	S29 39.3
E 11	290 30.7	339 15.0	16.6	349 30.1	23.4	69 35.6	35.5	318 11.5	54.0			
S 12	305 33.1	354 14.2	S19 15.8	4 30.6	S21 23.0	84 37.8	S14 35.6	333 13.7	S12 53.9	Gacrux	172 16.8	S57 04.7
D 13	320 35.6	9 13.5	15.1	19 31.0	22.6	99 40.0	35.7	348 15.9	53.8	Gienah	176 07.0	S17 30.6
A 14	335 38.1	24 12.7	14.3	34 31.4	22.3	114 42.2	35.7	3 18.1	53.7	Hadar	149 08.5	S60 20.5
Y 15	350 40.5	39 12.0	·· 13.5	49 31.8	·· 21.9	129 44.4	·· 35.8	18 20.3	·· 53.6	Hamal	328 17.1	N23 26.2
16	5 43.0	54 11.2	12.7	64 32.2	21.5	144 46.7	35.9	33 22.5	53.5	Kaus Aust.	84 03.4	S34 23.2
17	20 45.5	69 10.4	12.0	79 32.7	21.1	159 48.9	35.9	48 24.7	53.4			
18	35 47.9	84 09.7	S19 11.2	94 33.1	S21 20.7	174 51.1	S14 36.0	63 26.9	S12 53.3	Kochab	137 19.6	N74 10.4
19	50 50.4	99 08.9	10.4	109 33.5	20.3	189 53.3	36.1	78 29.0	53.2	Markab	13 53.0	N15 10.5
20	65 52.9	114 08.2	09.6	124 33.9	19.9	204 55.6	36.1	93 31.2	53.1	Menkar	314 30.1	N 4 04.0
21	80 55.3	129 07.4	·· 08.9	139 34.4	·· 19.5	219 57.8	·· 36.2	108 33.4	·· 53.0	Menkent	148 24.7	S36 20.4
22	95 57.8	144 06.7	08.1	154 34.8	19.2	235 00.0	36.3	123 35.6	52.9	Miaplacidus	221 41.7	S69 41.6
23	111 00.2	159 05.9	07.3	169 35.2	18.8	250 02.2	36.3	138 37.8	52.8			
27 00	126 02.7	174 05.2	S19 06.5	184 35.6	S21 18.4	265 04.5	S14 36.4	153 40.0	S12 52.7	Mirfak	309 01.0	N49 50.6
01	141 05.2	189 04.4	05.7	199 36.0	18.0	280 06.7	36.5	168 42.2	52.6	Nunki	76 16.6	S26 18.2
02	156 07.6	204 03.6	05.0	214 36.5	17.6	295 08.9	36.5	183 44.4	52.5	Peacock	53 42.6	S56 45.2
03	171 10.1	219 02.9	·· 04.2	229 36.9	·· 17.2	310 11.1	·· 36.6	198 46.5	·· 52.4	Pollux	243 45.0	N28 02.3
04	186 12.6	234 02.1	03.4	244 37.3	16.8	325 13.4	36.7	213 48.7	52.3	Procyon	245 14.5	N 5 14.2
05	201 15.0	249 01.4	02.6	259 37.7	16.4	340 15.6	36.7	228 50.9	52.2			
06	216 17.5	264 00.6	S19 01.8	274 38.2	S21 16.0	355 17.8	S14 36.8	243 53.1	S12 52.1	Rasalhague	96 20.1	N12 33.8
07	231 20.0	278 59.9	01.0	289 38.6	15.6	10 20.1	36.9	258 55.3	52.0	Regulus	207 58.6	N11 59.5
T 08	246 22.4	293 59.1	19 00.2	304 39.0	15.2	25 22.3	36.9	273 57.5	51.9	Rigel	281 25.7	S 8 12.7
H 09	261 24.9	308 58.4	18 59.5	319 39.4	·· 14.8	40 24.5	·· 37.0	288 59.7	·· 51.8	Rigil Kent.	140 11.5	S60 48.4
U 10	276 27.4	323 57.6	58.7	334 39.8	14.4	55 26.7	37.0	304 01.9	51.7	Sabik	102 29.4	S15 43.0
R 11	291 29.8	338 56.9	57.9	349 40.3	14.1	70 29.0	37.1	319 04.0	51.6			
S 12	306 32.3	353 56.1	S18 57.1	4 40.7	S21 13.7	85 31.2	S14 37.2	334 06.2	S12 51.5	Schedar	349 57.3	N56 30.6
D 13	321 34.7	8 55.4	56.3	19 41.1	13.3	100 33.4	37.2	349 08.4	51.4	Shaula	96 41.9	S37 05.9
A 14	336 37.2	23 54.6	55.5	34 41.5	12.9	115 35.7	37.3	4 10.6	51.2	Sirius	258 46.1	S16 42.7
Y 15	351 39.7	38 53.9	·· 54.7	49 42.0	·· 12.5	130 37.9	·· 37.4	19 12.8	·· 51.1	Spica	158 46.5	S11 07.9
16	6 42.1	53 53.2	53.9	64 42.4	12.1	145 40.1	37.4	34 15.0	51.0	Suhail	223 02.6	S43 24.6
17	21 44.6	68 52.4	53.1	79 42.8	11.7	160 42.3	37.5	49 17.2	50.9			
18	36 47.1	83 51.7	S18 52.3	94 43.2	S21 11.3	175 44.6	S14 37.6	64 19.3	S12 50.8	Vega	80 49.1	N38 46.6
19	51 49.5	98 50.9	51.5	109 43.7	10.9	190 46.8	37.6	79 21.5	50.7	Zuben'ubi	137 21.5	S16 01.1
20	66 52.0	113 50.2	50.7	124 44.1	10.5	205 49.0	37.7	94 23.7	50.6			
21	81 54.5	128 49.4	·· 49.9	139 44.5	·· 10.1	220 51.3	·· 37.7	109 25.9	·· 50.5		S.H.A.	Mer. Pass.
22	96 56.9	143 48.7	49.1	154 44.9	09.7	235 53.5	37.8	124 28.1	50.4	Venus	49 19.8	12 23
23	111 59.4	158 47.9	48.3	169 45.4	09.3	250 55.7	37.9	139 30.3	50.3	Mars	59 22.0	11 42
	h m									Jupiter	139 07.5	6 22
Mer. Pass. 15 37.2	v −0.8 d 0.8			v 0.4 d 0.4		v 2.2 d 0.1		v 2.2 d 0.1		Saturn	27 43.9	13 47

1994 JANUARY 25, 26, 27 (TUES., WED., THURS.)

UT (GMT)	SUN G.H.A.	SUN Dec.	MOON G.H.A.	v	Dec.	d	H.P.
d h	° '	° '	° '	'	° '	'	'
25 00	176 56.7	S19 04.1	31 07.7	8.6	N20 44.6	3.2	56.8
01	191 56.6	03.5	45 35.3	8.7	20 41.4	3.3	56.8
02	206 56.4	02.9	60 03.0	8.6	20 38.1	3.4	56.9
03	221 56.3 ..	02.3	74 30.6	8.6	20 34.7	3.6	56.9
04	236 56.1	01.7	88 58.2	8.6	20 31.1	3.7	56.9
05	251 56.0	01.0	103 25.8	8.6	20 27.4	3.7	57.0
06	266 55.8	S19 00.4	117 53.4	8.5	N20 23.7	3.9	57.0
T 07	281 55.7	18 59.8	132 20.9	8.6	20 19.8	4.1	57.0
U 08	296 55.6	59.2	146 48.5	8.6	20 15.7	4.1	57.1
E 09	311 55.4 ..	58.6	161 16.1	8.5	20 11.6	4.3	57.1
S 10	326 55.3	58.0	175 43.6	8.5	20 07.3	4.4	57.1
D 11	341 55.1	57.4	190 11.1	8.6	20 02.9	4.5	57.2
A 12	356 55.0	S18 56.7	204 38.7	8.5	N19 58.4	4.6	57.2
Y 13	11 54.8	56.1	219 06.2	8.5	19 53.8	4.7	57.2
14	26 54.7	55.5	233 33.7	8.5	19 49.1	4.9	57.2
15	41 54.6 ..	54.9	248 01.2	8.5	19 44.2	5.0	57.3
16	56 54.4	54.3	262 28.7	8.5	19 39.2	5.1	57.3
17	71 54.3	53.6	276 56.2	8.5	19 34.1	5.2	57.3
18	86 54.1	S18 53.0	291 23.7	8.5	N19 28.9	5.3	57.4
19	101 54.0	52.4	305 51.2	8.5	19 23.6	5.4	57.4
20	116 53.9	51.8	320 18.7	8.5	19 18.2	5.6	57.4
21	131 53.7 ..	51.2	334 46.2	8.5	19 12.6	5.7	57.5
22	146 53.6	50.5	349 13.7	8.5	19 06.9	5.8	57.5
23	161 53.4	49.9	3 41.2	8.5	19 01.1	5.9	57.5
26 00	176 53.3	S18 49.3	18 08.7	8.5	N18 55.2	6.0	57.6
01	191 53.2	48.7	32 36.2	8.5	18 49.2	6.2	57.6
02	206 53.0	48.0	47 03.7	8.5	18 43.0	6.2	57.6
03	221 52.9 ..	47.4	61 31.2	8.6	18 36.8	6.4	57.6
04	236 52.8	46.8	75 58.8	8.5	18 30.4	6.5	57.7
05	251 52.6	46.2	90 26.3	8.5	18 23.9	6.6	57.7
06	266 52.5	S18 45.5	104 53.8	8.6	N18 17.3	6.7	57.7
W 07	281 52.4	44.9	119 21.4	8.5	18 10.6	6.8	57.8
E 08	296 52.2	44.3	133 48.9	8.6	18 03.8	6.9	57.8
D 09	311 52.1 ..	43.6	148 16.5	8.5	17 56.9	7.1	57.8
N 10	326 52.0	43.0	162 44.0	8.6	17 49.8	7.1	57.9
E 11	341 51.8	42.4	177 11.6	8.6	17 42.7	7.3	57.9
S 12	356 51.7	S18 41.8	191 39.2	8.6	N17 35.4	7.3	57.9
D 13	11 51.6	41.1	206 06.8	8.6	17 28.1	7.5	57.9
A 14	26 51.4	40.5	220 34.4	8.6	17 20.6	7.6	58.0
Y 15	41 51.3 ..	39.9	235 02.0	8.6	17 13.0	7.7	58.0
16	56 51.2	39.2	249 29.6	8.7	17 05.3	7.8	58.0
17	71 51.0	38.6	263 57.3	8.6	16 57.5	7.9	58.1
18	86 50.9	S18 38.0	278 24.9	8.7	N16 49.6	8.0	58.1
19	101 50.8	37.3	292 52.6	8.7	16 41.6	8.1	58.1
20	116 50.6	36.7	307 20.3	8.7	16 33.5	8.3	58.1
21	131 50.5 ..	36.0	321 48.0	8.7	16 25.2	8.3	58.2
22	146 50.4	35.4	336 15.7	8.7	16 16.9	8.4	58.2
23	161 50.2	34.8	350 43.4	8.8	16 08.5	8.5	58.2
27 00	176 50.1	S18 34.1	5 11.2	8.7	N16 00.0	8.7	58.2
01	191 50.0	33.5	19 38.9	8.8	15 51.3	8.7	58.3
02	206 49.9	32.8	34 06.7	8.8	15 42.6	8.8	58.3
03	221 49.7 ..	32.2	48 34.5	8.8	15 33.8	8.9	58.3
04	236 49.6	31.6	63 02.3	8.9	15 24.9	9.1	58.4
05	251 49.5	30.9	77 30.2	8.8	15 15.8	9.1	58.4
06	266 49.3	S18 30.3	91 58.0	8.9	N15 06.7	9.2	58.4
07	281 49.2	29.6	106 25.9	8.9	14 57.5	9.3	58.4
T 08	296 49.1	29.0	120 53.8	8.9	14 48.2	9.4	58.5
H 09	311 49.0 ..	28.4	135 21.7	8.9	14 38.8	9.5	58.5
U 10	326 48.8	27.7	149 49.6	8.9	14 29.3	9.6	58.5
R 11	341 48.7	27.1	164 17.5	9.0	14 19.7	9.7	58.5
S 12	356 48.6	S18 26.4	178 45.5	9.0	N14 10.0	9.7	58.6
D 13	11 48.5	25.8	193 13.5	9.0	14 00.3	9.9	58.6
A 14	26 48.3	25.1	207 41.5	9.0	13 50.4	9.9	58.6
Y 15	41 48.2 ..	24.5	222 09.5	9.1	13 40.5	10.1	58.6
16	56 48.1	23.8	236 37.6	9.0	13 30.4	10.1	58.7
17	71 48.0	23.2	251 05.6	9.1	13 20.3	10.2	58.7
18	86 47.8	S18 22.5	265 33.7	9.1	N13 10.1	10.3	58.7
19	101 47.7	21.9	280 01.8	9.2	12 59.8	10.3	58.7
20	116 47.6	21.2	294 30.0	9.1	12 49.5	10.5	58.8
21	131 47.5 ..	20.6	308 58.1	9.2	12 39.0	10.5	58.8
22	146 47.4	19.9	323 26.3	9.2	12 28.5	10.6	58.8
23	161 47.2	19.3	337 54.5	9.2	12 17.9	10.7	58.8
	S.D. 16.3	d 0.6	S.D. 15.6		15.8		16.0

Lat.	Twilight Naut.	Twilight Civil	Sunrise	Moonrise 25	Moonrise 26	Moonrise 27	Moonrise 28
°	h m	h m	h m	h m	h m	h m	h m
N 72	07 31	09 06	11 44	▭	12 14	15 00	17 14
N 70	07 20	08 43	10 22	10 35	13 21	15 28	17 28
68	07 11	08 25	09 44	12 09	13 57	15 49	17 40
66	07 04	08 10	09 18	12 48	14 23	16 05	17 49
64	06 58	07 58	08 58	13 15	14 43	16 18	17 56
62	06 52	07 48	08 41	13 35	14 59	16 29	18 03
60	06 47	07 39	08 28	13 52	15 12	16 39	18 09
N 58	06 42	07 31	08 16	14 06	15 23	16 47	18 14
56	06 38	07 24	08 06	14 19	15 33	16 54	18 18
54	06 34	07 17	07 57	14 29	15 42	17 01	18 22
52	06 30	07 12	07 49	14 39	15 50	17 06	18 26
50	06 27	07 06	07 42	14 47	15 57	17 12	18 29
45	06 19	06 55	07 27	15 05	16 12	17 23	18 36
N 40	06 12	06 45	07 14	15 19	16 24	17 32	18 42
35	06 06	06 36	07 03	15 32	16 34	17 40	18 47
30	05 59	06 28	06 54	15 42	16 44	17 47	18 51
20	05 47	06 14	06 37	16 01	16 59	17 59	18 59
N 10	05 35	06 01	06 23	16 17	17 13	18 09	19 05
0	05 22	05 47	06 09	16 32	17 26	18 19	19 12
S 10	05 07	05 33	05 55	16 47	17 38	18 29	19 18
20	04 49	05 17	05 40	17 03	17 52	18 39	19 24
30	04 26	04 57	05 23	17 21	18 07	18 51	19 32
35	04 11	04 45	05 13	17 32	18 16	18 58	19 36
40	03 53	04 31	05 01	17 44	18 27	19 05	19 41
45	03 30	04 14	04 48	17 58	18 39	19 14	19 47
S 50	02 59	03 52	04 31	18 16	18 53	19 25	19 54
52	02 43	03 41	04 23	18 24	19 00	19 30	19 57
54	02 23	03 28	04 14	18 33	19 07	19 36	20 00
56	01 57	03 14	04 04	18 43	19 16	19 42	20 04
58	01 18	02 57	03 53	18 55	19 25	19 49	20 08
S 60	////	02 36	03 39	19 08	19 36	19 56	20 13

Lat.	Sunset	Twilight Civil	Twilight Naut.	Moonset 25	Moonset 26	Moonset 27	Moonset 28
°	h m	h m	h m	h m	h m	h m	h m
N 72	12 43	15 20	16 56	▭	10 23	09 29	09 06
N 70	14 04	15 44	17 06	10 08	09 15	09 00	08 49
68	14 42	16 02	17 15	08 34	08 38	08 38	08 36
66	15 08	16 16	17 22	07 54	08 11	08 20	08 26
64	15 28	16 28	17 29	07 27	07 51	08 06	08 17
62	15 44	16 38	17 34	07 06	07 34	07 54	08 09
60	15 58	16 47	17 39	06 49	07 20	07 44	08 02
N 58	16 10	16 55	17 44	06 34	07 08	07 35	07 56
56	16 20	17 02	17 48	06 22	06 58	07 27	07 51
54	16 29	17 08	17 52	06 11	06 49	07 20	07 46
52	16 37	17 14	17 55	06 01	06 41	07 14	07 42
50	16 44	17 19	17 59	05 52	06 33	07 08	07 38
45	16 59	17 31	18 06	05 34	06 17	06 55	07 29
N 40	17 12	17 41	18 13	05 19	06 04	06 45	07 22
35	17 22	17 49	18 20	05 06	05 53	06 36	07 16
30	17 32	17 57	18 26	04 55	05 43	06 28	07 10
20	17 48	18 11	18 38	04 36	05 26	06 15	07 01
N 10	18 03	18 25	18 50	04 19	05 12	06 03	06 52
0	18 16	18 38	19 03	04 04	04 58	05 51	06 44
S 10	18 30	18 52	19 18	03 48	04 44	05 40	06 36
20	18 45	19 08	19 36	03 31	04 29	05 28	06 27
30	19 02	19 28	19 59	03 12	04 11	05 14	06 17
35	19 12	19 40	20 14	03 00	04 01	05 05	06 12
40	19 23	19 54	20 31	02 47	03 50	04 56	06 05
45	19 37	20 11	20 54	02 32	03 36	04 45	05 57
S 50	19 53	20 32	21 24	02 13	03 19	04 32	05 48
52	20 01	20 43	21 40	02 04	03 11	04 25	05 44
54	20 10	20 55	22 00	01 54	03 02	04 19	05 39
56	20 20	21 09	22 25	01 42	02 53	04 11	05 33
58	20 31	21 26	23 01	01 29	02 41	04 02	05 27
S 60	20 44	21 46	////	01 13	02 28	03 52	05 21

Day	SUN Eqn. of Time 00ʰ	SUN Eqn. of Time 12ʰ	SUN Mer. Pass.	MOON Mer. Pass. Upper	MOON Mer. Pass. Lower	Age	Phase
	m s	m s	h m	h m	h m	d	
25	12 13	12 20	12 12	22 45	10 18	14	◯
26	12 26	12 33	12 13	23 38	11 12	15	
27	12 39	12 45	12 13	24 32	12 05	16	

1994 JANUARY 28, 29, 30 (FRI., SAT., SUN.)

UT (GMT) d h	ARIES G.H.A.	VENUS −3.9 G.H.A.	VENUS Dec.	MARS +1.2 G.H.A.	MARS Dec.	JUPITER −2.0 G.H.A.	JUPITER Dec.	SATURN +0.9 G.H.A.	SATURN Dec.	STARS Name	S.H.A.	Dec.
28 00	127 01.9	173 47.2	S18 47.5	184 45.8	S21 08.9	265 58.0	S14 37.9	154 32.5	S12 50.2	Acamar	315 29.2	S40 20.0
01	142 04.3	188 46.5	46.7	199 46.2	08.5	281 00.2	38.0	169 34.7	50.1	Achernar	335 37.6	S57 16.3
02	157 06.8	203 45.7	45.9	214 46.6	08.1	296 02.4	38.1	184 36.8	50.0	Acrux	173 25.1	S63 03.9
03	172 09.2	218 45.0 ··	45.1	229 47.1 ··	07.7	311 04.7 ··	38.1	199 39.0 ··	49.9	Adhara	255 23.5	S28 58.1
04	187 11.7	233 44.2	44.3	244 47.5	07.3	326 06.9	38.2	214 41.2	49.8	Aldebaran	291 05.8	N16 29.8
05	202 14.2	248 43.5	43.5	259 47.9	06.9	341 09.1	38.3	229 43.4	49.7			
06	217 16.6	263 42.8	S18 42.7	274 48.3	S21 06.5	356 11.4	S14 38.3	244 45.6	S12 49.6	Alioth	166 33.1	N55 59.1
07	232 19.1	278 42.0	41.9	289 48.8	06.1	11 13.6	38.4	259 47.8	49.5	Alkaid	153 10.2	N49 20.2
F 08	247 21.6	293 41.3	41.1	304 49.2	05.7	26 15.8	38.4	274 50.0	49.4	Al Na'ir	28 02.3	S46 59.4
R 09	262 24.0	308 40.6 ··	40.2	319 49.6 ··	05.3	41 18.1 ··	38.5	289 52.1 ··	49.3	Alnilam	276 00.8	S 1 12.5
I 10	277 26.5	323 39.8	39.4	334 50.0	04.9	56 20.3	38.6	304 54.3	49.2	Alphard	218 10.0	S 8 38.2
D 11	292 29.0	338 39.1	38.6	349 50.5	04.5	71 22.5	38.6	319 56.5	49.1			
A 12	307 31.4	353 38.3	S18 37.8	4 50.9	S21 04.0	86 24.8	S14 38.7	334 58.7	S12 49.0	Alphecca	126 23.4	N26 43.8
Y 13	322 33.9	8 37.6	37.0	19 51.3	03.6	101 27.0	38.7	350 00.9	48.9	Alpheratz	357 58.7	N29 03.6
14	337 36.3	23 36.9	36.2	34 51.7	03.2	116 29.2	38.8	5 03.1	48.8	Altair	62 22.7	N 8 51.2
15	352 38.8	38 36.1 ··	35.4	49 52.2 ··	02.8	131 31.5 ··	38.9	20 05.3 ··	48.7	Ankaa	353 30.2	S42 20.4
16	7 41.3	53 35.4	34.5	64 52.6	02.4	146 33.7	38.9	35 07.4	48.6	Antares	112 44.2	S26 25.1
17	22 43.7	68 34.7	33.7	79 53.0	02.0	161 35.9	39.0	50 09.6	48.5			
18	37 46.2	83 33.9	S18 32.9	94 53.5	S21 01.6	176 38.2	S14 39.1	65 11.8	S12 48.4	Arcturus	146 08.9	N19 12.5
19	52 48.7	98 33.2	32.1	109 53.9	01.2	191 40.4	39.1	80 14.0	48.3	Atria	107 59.4	S69 00.8
20	67 51.1	113 32.5	31.3	124 54.3	00.8	206 42.7	39.2	95 16.2	48.2	Avior	234 23.3	S59 29.6
21	82 53.6	128 31.7 ··	30.4	139 54.7 ··	00.4	221 44.9 ··	39.2	110 18.4 ··	48.1	Bellatrix	278 47.3	N 6 20.6
22	97 56.1	143 31.0	29.6	154 55.2	21 00.0	236 47.1	39.3	125 20.6	48.0	Betelgeuse	271 16.7	N 7 24.2
23	112 58.5	158 30.3	28.8	169 55.6	20 59.6	251 49.4	39.4	140 22.7	47.9			
29 00	128 01.0	173 29.6	S18 28.0	184 56.0	S20 59.2	266 51.6	S14 39.4	155 24.9	S12 47.8	Canopus	264 02.1	S52 41.8
01	143 03.5	188 28.8	27.1	199 56.4	58.7	281 53.9	39.5	170 27.1	47.7	Capella	280 55.5	N45 59.6
02	158 05.9	203 28.1	26.3	214 56.9	58.3	296 56.1	39.5	185 29.3	47.6	Deneb	49 41.8	N45 15.6
03	173 08.4	218 27.4 ··	25.5	229 57.3 ··	57.9	311 58.3 ··	39.6	200 31.5 ··	47.5	Denebola	182 48.2	N14 36.0
04	188 10.8	233 26.7	24.7	244 57.7	57.5	327 00.6	39.7	215 33.7	47.4	Diphda	349 10.5	S18 01.2
05	203 13.3	248 25.9	23.8	259 58.2	57.1	342 02.8	39.7	230 35.9	47.3			
06	218 15.8	263 25.2	S18 23.0	274 58.6	S20 56.7	357 05.0	S14 39.8	245 38.0	S12 47.2	Dubhe	194 08.8	N61 46.6
07	233 18.2	278 24.5	22.2	289 59.0	56.3	12 07.3	39.8	260 40.2	47.1	Elnath	278 30.7	N28 36.1
S 08	248 20.7	293 23.7	21.3	304 59.4	55.9	27 09.5	39.9	275 42.4	47.0	Eltanin	90 53.3	N51 29.2
A 09	263 23.2	308 23.0 ··	20.5	319 59.9 ··	55.4	42 11.8 ··	40.0	290 44.6 ··	46.9	Enif	34 01.6	N 9 50.9
T 10	278 25.6	323 22.3	19.7	335 00.3	55.0	57 14.0	40.0	305 46.8	46.8	Fomalhaut	15 40.2	S29 39.3
U 11	293 28.1	338 21.6	18.8	350 00.7	54.6	72 16.3	40.1	320 49.0	46.7			
R 12	308 30.6	353 20.9	S18 18.0	5 01.2	S20 54.2	87 18.5	S14 40.1	335 51.2	S12 46.6	Gacrux	172 16.8	S57 04.7
D 13	323 33.0	8 20.1	17.2	20 01.6	53.8	102 20.7	40.2	350 53.3	46.5	Gienah	176 07.0	S17 30.6
A 14	338 35.5	23 19.4	16.3	35 02.0	53.4	117 23.0	40.3	5 55.5	46.4	Hadar	149 08.4	S60 20.5
Y 15	353 38.0	38 18.7 ··	15.5	50 02.5 ··	53.0	132 25.2 ··	40.3	20 57.7 ··	46.3	Hamal	328 17.1	N23 26.2
16	8 40.4	53 18.0	14.6	65 02.9	52.5	147 27.5	40.4	35 59.9	46.1	Kaus Aust.	84 03.3	S34 23.2
17	23 42.9	68 17.3	13.8	80 03.3	52.1	162 29.7	40.4	51 02.1	46.0			
18	38 45.3	83 16.5	S18 13.0	95 03.7	S20 51.7	177 32.0	S14 40.5	66 04.3	S12 45.9	Kochab	137 19.6	N74 10.4
19	53 47.8	98 15.8	12.1	110 04.2	51.3	192 34.2	40.6	81 06.4	45.8	Markab	13 53.0	N15 10.5
20	68 50.3	113 15.1	11.3	125 04.6	50.9	207 36.4	40.6	96 08.6	45.7	Menkar	314 30.1	N 4 04.0
21	83 52.7	128 14.4 ··	10.4	140 05.0 ··	50.5	222 38.7 ··	40.7	111 10.8 ··	45.6	Menkent	148 24.6	S36 20.4
22	98 55.2	143 13.7	09.6	155 05.5	50.0	237 40.9	40.7	126 13.0	45.5	Miaplacidus	221 41.7	S69 41.7
23	113 57.7	158 12.9	08.7	170 05.9	49.6	252 43.2	40.8	141 15.2	45.4			
30 00	129 00.1	173 12.2	S18 07.9	185 06.3	S20 49.2	267 45.4	S14 40.9	156 17.4	S12 45.3	Mirfak	309 01.0	N49 50.6
01	144 02.6	188 11.5	07.0	200 06.8	48.8	282 47.7	40.9	171 19.6	45.2	Nunki	76 16.6	S26 18.2
02	159 05.1	203 10.8	06.2	215 07.2	48.4	297 49.9	41.0	186 21.7	45.1	Peacock	53 42.6	S56 45.2
03	174 07.5	218 10.1 ··	05.3	230 07.6 ··	47.9	312 52.2 ··	41.0	201 23.9 ··	45.0	Pollux	243 45.0	N28 02.3
04	189 10.0	233 09.4	04.5	245 08.1	47.5	327 54.4	41.1	216 26.1	44.9	Procyon	245 14.5	N 5 14.2
05	204 12.5	248 08.7	03.6	260 08.5	47.1	342 56.6	41.2	231 28.3	44.8			
06	219 14.9	263 07.9	S18 02.8	275 08.9	S20 46.7	357 58.9	S14 41.2	246 30.5	S12 44.7	Rasalhague	96 20.1	N12 33.8
07	234 17.4	278 07.2	01.9	290 09.4	46.2	13 01.1	41.3	261 32.7	44.6	Regulus	207 58.6	N11 59.5
08	249 19.8	293 06.5	01.1	305 09.8	45.8	28 03.4	41.3	276 34.8	44.5	Rigel	281 25.7	S 8 12.7
S 09	264 22.3	308 05.8	18 00.2	320 10.2 ··	45.4	43 05.6 ··	41.4	291 37.0 ··	44.4	Rigil Kent.	140 11.5	S60 48.4
U 10	279 24.8	323 05.1	17 59.4	335 10.7	45.0	58 07.9	41.4	306 39.2	44.3	Sabik	102 29.4	S15 43.0
N 11	294 27.2	338 04.4	58.5	350 11.1	44.6	73 10.1	41.5	321 41.4	44.2			
D 12	309 29.7	353 03.7	S17 57.6	5 11.5	S20 44.1	88 12.4	S14 41.6	336 43.6	S12 44.1	Schedar	349 57.3	N56 30.6
A 13	324 32.2	8 03.0	56.8	20 12.0	43.7	103 14.6	41.6	351 45.8	44.0	Shaula	96 41.9	S37 05.9
Y 14	339 34.6	23 02.3	55.9	35 12.4	43.3	118 16.9	41.7	6 47.9	43.9	Sirius	258 46.1	S16 42.7
15	354 37.1	38 01.6 ··	55.1	50 12.8 ··	42.9	133 19.1 ··	41.7	21 50.1 ··	43.8	Spica	158 46.4	S11 07.9
16	9 39.6	53 00.8	54.2	65 13.3	42.4	148 21.4	41.8	36 52.3	43.7	Suhail	223 02.6	S43 24.7
17	24 42.0	68 00.1	53.3	80 13.7	42.0	163 23.6	41.8	51 54.5	43.6			
18	39 44.5	82 59.4	S17 52.5	95 14.1	S20 41.6	178 25.9	S14 41.9	66 56.7	S12 43.5	Vega	80 49.1	N38 46.6
19	54 46.9	97 58.7	51.6	110 14.6	41.1	193 28.1	42.0	81 58.9	43.4	Zuben'ubi	137 21.5	S16 01.1
20	69 49.4	112 58.0	50.8	125 15.0	40.7	208 30.4	42.0	97 01.0	43.3			
21	84 51.9	127 57.3 ··	49.9	140 15.4 ··	40.3	223 32.6 ··	42.1	112 03.2 ··	43.2			
22	99 54.3	142 56.6	49.0	155 15.9	39.9	238 34.9	42.1	127 05.4	43.1			
23	114 56.8	157 55.9	48.2	170 16.3	39.4	253 37.1	42.2	142 07.6	43.0			

		S.H.A.	Mer. Pass.
		° ′	h m
Venus		45 28.6	12 27
Mars		56 55.0	11 44
Jupiter		138 50.6	6 12
Saturn		27 23.9	13 36

	ARIES	VENUS	MARS	JUPITER	SATURN
Mer. Pass.	15 h 25.4 m	v −0.7 d 0.8	v 0.4 d 0.4	v 2.2 d 0.1	v 2.2 d 0.1

1994 JANUARY 28, 29, 30 (FRI., SAT., SUN.)

UT (GMT)	SUN G.H.A.	SUN Dec.	MOON G.H.A.	MOON v	MOON Dec.	MOON d	MOON H.P.
d h	° ′	° ′	° ′	′	° ′	′	′
28 00	176 47.1	S18 18.6	352 22.7	9.2	N12 07.2	10.8	58.8
01	191 47.0	18.0	6 50.9	9.3	11 56.4	10.8	58.9
02	206 46.9	17.3	21 19.2	9.2	11 45.6	11.0	58.9
03	221 46.8	.. 16.7	35 47.4	9.3	11 34.6	10.9	58.9
04	236 46.6	16.0	50 15.7	9.3	11 23.7	11.1	58.9
05	251 46.5	15.4	64 44.0	9.4	11 12.6	11.2	58.9
06	266 46.4	S18 14.7	79 12.4	9.3	N11 01.4	11.2	59.0
07	281 46.3	14.0	93 40.7	9.4	10 50.2	11.2	59.0
08	296 46.2	13.4	108 09.1	9.4	10 39.0	11.4	59.0
F 09	311 46.0	.. 12.7	122 37.5	9.4	10 27.6	11.4	59.0
R 10	326 45.9	12.1	137 05.9	9.4	10 16.2	11.5	59.0
I 11	341 45.8	11.4	151 34.3	9.5	10 04.7	11.5	59.1
D 12	356 45.7	S18 10.8	166 02.8	9.5	N 9 53.2	11.6	59.1
A 13	11 45.6	10.1	180 31.3	9.4	9 41.6	11.7	59.1
Y 14	26 45.5	09.4	194 59.7	9.6	9 29.9	11.7	59.1
15	41 45.3	.. 08.8	209 28.3	9.5	9 18.2	11.8	59.1
16	56 45.2	08.1	223 56.8	9.5	9 06.4	11.9	59.2
17	71 45.1	07.5	238 25.3	9.6	8 54.5	11.9	59.2
18	86 45.0	S18 06.8	252 53.9	9.6	N 8 42.6	11.9	59.2
19	101 44.9	06.1	267 22.5	9.6	8 30.7	12.0	59.2
20	116 44.8	05.5	281 51.1	9.6	8 18.7	12.1	59.2
21	131 44.7	.. 04.8	296 19.7	9.6	8 06.6	12.1	59.2
22	146 44.5	04.1	310 48.3	9.7	7 54.5	12.2	59.3
23	161 44.4	03.5	325 17.0	9.6	7 42.3	12.2	59.3
29 00	176 44.3	S18 02.8	339 45.6	9.7	N 7 30.1	12.3	59.3
01	191 44.2	02.1	354 14.3	9.7	7 17.8	12.3	59.3
02	206 44.1	01.5	8 43.0	9.7	7 05.5	12.4	59.3
03	221 44.0	.. 00.8	23 11.7	9.8	6 53.1	12.4	59.3
04	236 43.9	18 00.1	37 40.5	9.7	6 40.7	12.4	59.4
05	251 43.8	17 59.5	52 09.2	9.8	6 28.3	12.5	59.4
06	266 43.6	S17 58.8	66 38.0	9.7	N 6 15.8	12.6	59.4
07	281 43.5	58.1	81 06.7	9.8	6 03.2	12.5	59.4
S 08	296 43.4	57.5	95 35.5	9.8	5 50.7	12.7	59.4
A 09	311 43.3	.. 56.8	110 04.3	9.8	5 38.0	12.6	59.4
T 10	326 43.2	56.1	124 33.1	9.8	5 25.4	12.7	59.4
U 11	341 43.1	55.4	139 01.9	9.8	5 12.7	12.7	59.4
R 12	356 43.0	S17 54.8	153 30.7	9.9	N 5 00.0	12.8	59.5
D 13	11 42.9	54.1	167 59.6	9.8	4 47.2	12.7	59.5
A 14	26 42.8	53.4	182 28.4	9.9	4 34.5	12.8	59.5
Y 15	41 42.7	.. 52.7	196 57.3	9.8	4 21.7	12.9	59.5
16	56 42.6	52.1	211 26.1	9.9	4 08.8	12.8	59.5
17	71 42.5	51.4	225 55.0	9.9	3 56.0	12.9	59.5
18	86 42.4	S17 50.7	240 23.9	9.9	N 3 43.1	12.9	59.5
19	101 42.2	50.0	254 52.8	9.9	3 30.2	13.0	59.5
20	116 42.1	49.4	269 21.7	9.9	3 17.2	12.9	59.5
21	131 42.0	.. 48.7	283 50.6	9.9	3 04.3	13.0	59.5
22	146 41.9	48.0	298 19.5	9.9	2 51.3	13.0	59.6
23	161 41.8	47.3	312 48.4	9.9	2 38.3	13.0	59.6
30 00	176 41.7	S17 46.6	327 17.3	9.9	N 2 25.3	13.1	59.6
01	191 41.6	46.0	341 46.2	10.0	2 12.2	13.0	59.6
02	206 41.5	45.3	356 15.2	9.9	1 59.2	13.0	59.6
03	221 41.4	.. 44.6	10 44.1	9.9	1 46.1	13.0	59.6
04	236 41.3	43.9	25 13.0	10.0	1 33.1	13.1	59.6
05	251 41.2	43.2	39 42.0	9.9	1 20.0	13.1	59.6
06	266 41.1	S17 42.6	54 10.9	9.9	N 1 06.9	13.1	59.6
07	281 41.0	41.9	68 39.8	10.0	0 53.8	13.1	59.6
08	296 40.9	41.2	83 08.8	9.9	0 40.7	13.1	59.6
S 09	311 40.8	.. 40.5	97 37.7	9.9	0 27.6	13.1	59.6
U 10	326 40.7	39.8	112 06.6	9.9	0 14.5	13.2	59.6
N 11	341 40.6	39.1	126 35.5	10.0	N 0 01.3	13.1	59.6
D 12	356 40.5	S17 38.4	141 04.5	9.9	S 0 11.8	13.1	59.6
A 13	11 40.4	37.8	155 33.4	9.9	0 24.9	13.1	59.7
Y 14	26 40.3	37.1	170 02.3	9.9	0 38.0	13.1	59.7
15	41 40.2	.. 36.4	184 31.2	9.9	0 51.1	13.1	59.7
16	56 40.1	35.7	199 00.1	9.9	1 04.2	13.1	59.7
17	71 40.0	35.0	213 29.0	9.9	1 17.3	13.1	59.7
18	86 39.9	S17 34.3	227 57.9	9.9	S 1 30.4	13.1	59.7
19	101 39.8	33.6	242 26.8	9.9	1 43.5	13.1	59.7
20	116 39.7	32.9	256 55.7	9.8	1 56.6	13.0	59.7
21	131 39.6	.. 32.3	271 24.5	9.9	2 09.6	13.1	59.7
22	146 39.5	31.6	285 53.4	9.9	2 22.7	13.0	59.7
23	161 39.4	30.9	300 22.3	9.8	2 35.7	13.1	59.7
	S.D. 16.3	d 0.7	S.D. 16.1		16.2		16.3

Lat.	Twilight Naut.	Twilight Civil	Sunrise	Moonrise 28	Moonrise 29	Moonrise 30	Moonrise 31
°	h m	h m	h m	h m	h m	h m	h m
N 72	07 21	08 53	10 57	17 14	19 21	21 25	23 32
N 70	07 11	08 32	10 04	17 28	19 26	21 22	23 19
68	07 04	08 15	09 31	17 40	19 29	21 19	23 09
66	06 57	08 02	09 08	17 49	19 33	21 16	23 01
64	06 51	07 51	08 49	17 56	19 35	21 14	22 54
62	06 46	07 41	08 34	18 03	19 38	21 13	22 48
60	06 42	07 33	08 21	18 09	19 40	21 11	22 43
N 58	06 38	07 26	08 10	18 14	19 42	21 10	22 38
56	06 34	07 19	08 01	18 18	19 43	21 09	22 35
54	06 30	07 13	07 52	18 22	19 45	21 08	22 31
52	06 27	07 08	07 45	18 26	19 46	21 07	22 28
50	06 24	07 03	07 38	18 29	19 47	21 06	22 25
45	06 17	06 52	07 24	18 36	19 50	21 04	22 19
N 40	06 10	06 43	07 12	18 42	19 52	21 03	22 13
35	06 04	06 34	07 01	18 47	19 54	21 01	22 09
30	05 58	06 27	06 52	18 51	19 55	21 00	22 05
20	05 47	06 13	06 36	18 59	19 58	20 58	21 58
N 10	05 35	06 01	06 23	19 05	20 01	20 56	21 52
0	05 23	05 48	06 10	19 12	20 03	20 55	21 47
S 10	05 08	05 34	05 56	19 18	20 06	20 53	21 41
20	04 51	05 19	05 42	19 24	20 08	20 52	21 36
30	04 29	05 00	05 26	19 32	20 11	20 50	21 29
35	04 15	04 48	05 16	19 36	20 13	20 49	21 25
40	03 57	04 35	05 05	19 41	20 15	20 48	21 21
45	03 36	04 18	04 52	19 47	20 17	20 46	21 16
S 50	03 06	03 57	04 36	19 54	20 20	20 45	21 11
52	02 51	03 47	04 28	19 57	20 21	20 44	21 08
54	02 33	03 36	04 20	20 00	20 22	20 43	21 05
56	02 10	03 22	04 11	20 04	20 24	20 42	21 02
58	01 37	03 06	04 00	20 08	20 25	20 41	20 59
S 60	////	02 47	03 47	20 13	20 27	20 40	20 55

Lat.	Sunset	Twilight Civil	Twilight Naut.	Moonset 28	Moonset 29	Moonset 30	Moonset 31
°	h m	h m	h m	h m	h m	h m	h m
N 72	13 30	15 35	17 07	09 06	08 48	08 33	08 18
N 70	14 24	15 56	17 16	08 49	08 41	08 33	08 25
68	14 56	16 12	17 24	08 36	08 35	08 32	08 30
66	15 20	16 25	17 30	08 26	08 29	08 32	08 35
64	15 38	16 36	17 36	08 17	08 25	08 32	08 39
62	15 53	16 46	17 41	08 09	08 21	08 31	08 42
60	16 06	16 54	17 45	08 02	08 17	08 31	08 45
N 58	16 17	17 01	17 50	07 56	08 14	08 31	08 47
56	16 26	17 08	17 53	07 51	08 12	08 31	08 50
54	16 34	17 14	17 57	07 46	08 09	08 31	08 52
52	16 42	17 19	18 00	07 42	08 07	08 30	08 54
50	16 49	17 24	18 03	07 38	08 05	08 30	08 56
45	17 03	17 35	18 10	07 29	08 00	08 30	08 59
N 40	17 15	17 44	18 17	07 22	07 56	08 30	09 03
35	17 25	17 52	18 23	07 16	07 53	08 29	09 05
30	17 34	18 00	18 28	07 10	07 50	08 29	09 08
20	17 50	18 13	18 40	07 01	07 45	08 29	09 12
N 10	18 04	18 26	18 51	06 52	07 41	08 28	09 16
0	18 17	18 38	19 04	06 44	07 36	08 28	09 19
S 10	18 30	18 52	19 18	06 36	07 32	08 27	09 23
20	18 44	19 07	19 35	06 27	07 27	08 27	09 27
30	19 00	19 26	19 57	06 17	07 22	08 26	09 31
35	19 10	19 37	20 11	06 12	07 19	08 26	09 33
40	19 21	19 51	20 28	06 05	07 15	08 26	09 36
45	19 33	20 07	20 49	05 57	07 11	08 25	09 39
S 50	19 49	20 28	21 18	05 48	07 06	08 24	09 43
52	19 57	20 38	21 33	05 44	07 04	08 24	09 45
54	20 05	20 49	21 51	05 39	07 01	08 24	09 47
56	20 14	21 02	22 13	05 33	06 58	08 24	09 49
58	20 25	21 18	22 44	05 27	06 55	08 23	09 52
S 60	20 37	21 37	23 44	05 21	06 51	08 23	09 54

Day	SUN Eqn. of Time 00ʰ	SUN Eqn. of Time 12ʰ	SUN Mer. Pass.	MOON Mer. Pass. Upper	MOON Mer. Pass. Lower	Age	Phase
	m s	m s	h m	h m	h m	d	
28	12 51	12 57	12 13	00 32	12 58	17	◯
29	13 03	13 08	12 13	01 24	13 50	18	
30	13 13	13 18	12 13	02 16	14 41	19	

1994 JAN. 31, FEB. 1, 2 (MON., TUES., WED.)

UT (GMT)	ARIES G.H.A.	VENUS −3.9 G.H.A.	Dec.	MARS +1.2 G.H.A.	Dec.	JUPITER −2.0 G.H.A.	Dec.	SATURN +0.9 G.H.A.	Dec.	STARS Name	S.H.A.	Dec.
31 00	129 59.3	172 55.2	S17 47.3	185 16.7	S20 39.0	268 39.4	S14 42.2	157 09.8	S12 42.9	Acamar	315 29.3	S40 20.0
01	145 01.7	187 54.5	46.4	200 17.2	38.6	283 41.6	42.3	172 12.0	42.8	Achernar	335 37.6	S57 16.3
02	160 04.2	202 53.8	45.5	215 17.6	38.1	298 43.9	42.4	187 14.2	42.7	Acrux	173 25.1	S63 03.9
03	175 06.7	217 53.1 ··	44.7	230 18.0 ··	37.7	313 46.1 ··	42.4	202 16.3 ··	42.6	Adhara	255 23.5	S28 58.1
04	190 09.1	232 52.4	43.8	245 18.5	37.3	328 48.4	42.5	217 18.5	42.4	Aldebaran	291 05.8	N16 29.8
05	205 11.6	247 51.7	42.9	260 18.9	36.9	343 50.6	42.5	232 20.7	42.3			
06	220 14.1	262 51.0	S17 42.1	275 19.3	S20 36.4	358 52.9	S14 42.6	247 22.9	S12 42.2	Alioth	166 33.1	N55 59.1
07	235 16.5	277 50.3	41.2	290 19.8	36.0	13 55.1	42.6	262 25.1	42.1	Alkaid	153 10.2	N49 20.2
08	250 19.0	292 49.6	40.3	305 20.2	35.6	28 57.4	42.7	277 27.3	42.0	Al Na'ir	28 02.3	S46 59.4
M 09	265 21.4	307 48.9 ··	39.4	320 20.7 ··	35.1	43 59.7 ··	42.7	292 29.4 ··	41.9	Alnilam	276 00.8	S 1 12.5
O 10	280 23.9	322 48.2	38.6	335 21.1	34.7	59 01.9	42.8	307 31.6	41.8	Alphard	218 10.0	S 8 38.2
N 11	295 26.4	337 47.5	37.7	350 21.5	34.3	74 04.2	42.9	322 33.8	41.7			
D 12	310 28.8	352 46.8	S17 36.8	5 22.0	S20 33.8	89 06.4	S14 42.9	337 36.0	S12 41.6	Alphecca	126 23.3	N26 43.8
A 13	325 31.3	7 46.1	35.9	20 22.4	33.4	104 08.7	43.0	352 38.2	41.5	Alpheratz	357 58.7	N29 03.6
Y 14	340 33.8	22 45.4	35.0	35 22.8	33.0	119 10.9	43.0	7 40.3	41.4	Altair	62 22.7	N 8 51.2
15	355 36.2	37 44.7 ··	34.2	50 23.3 ··	32.5	134 13.2 ··	43.1	22 42.5 ··	41.3	Ankaa	353 30.2	S42 20.4
16	10 38.7	52 44.0	33.3	65 23.7	32.1	149 15.4	43.1	37 44.7	41.2	Antares	112 44.2	S26 25.1
17	25 41.2	67 43.3	32.4	80 24.1	31.6	164 17.7	43.2	52 46.9	41.1			
18	40 43.6	82 42.7	S17 31.5	95 24.6	S20 31.2	179 20.0	S14 43.2	67 49.1	S12 41.0	Arcturus	146 08.9	N19 12.5
19	55 46.1	97 42.0	30.6	110 25.0	30.8	194 22.2	43.3	82 51.3	40.9	Atria	107 59.4	S69 00.8
20	70 48.6	112 41.3	29.7	125 25.5	30.3	209 24.5	43.4	97 53.4	40.8	Avior	234 23.3	S59 29.6
21	85 51.0	127 40.6 ··	28.9	140 25.9 ··	29.9	224 26.7 ··	43.4	112 55.6 ··	40.7	Bellatrix	278 47.3	N 6 20.6
22	100 53.5	142 39.9	28.0	155 26.3	29.5	239 29.0	43.5	127 57.8	40.6	Betelgeuse	271 16.7	N 7 24.2
23	115 55.9	157 39.2	27.1	170 26.8	29.0	254 31.2	43.5	143 00.0	40.5			
1 00	130 58.4	172 38.5	S17 26.2	185 27.2	S20 28.6	269 33.5	S14 43.6	158 02.2	S12 40.4	Canopus	264 02.1	S52 41.8
01	146 00.9	187 37.8	25.3	200 27.6	28.1	284 35.8	43.6	173 04.4	40.3	Capella	280 55.5	N45 59.6
02	161 03.3	202 37.1	24.4	215 28.1	27.7	299 38.0	43.7	188 06.5	40.2	Deneb	49 41.8	N45 15.6
03	176 05.8	217 36.4 ··	23.5	230 28.5 ··	27.3	314 40.3 ··	43.7	203 08.7 ··	40.1	Denebola	182 48.2	N14 36.0
04	191 08.3	232 35.7	22.6	245 29.0	26.8	329 42.5	43.8	218 10.9	40.0	Diphda	349 10.6	S18 01.2
05	206 10.7	247 35.1	21.7	260 29.4	26.4	344 44.8	43.8	233 13.1	39.9			
06	221 13.2	262 34.4	S17 20.8	275 29.8	S20 25.9	359 47.1	S14 43.9	248 15.3	S12 39.8	Dubhe	194 08.8	N61 46.6
07	236 15.7	277 33.7	19.9	290 30.3	25.5	14 49.3	44.0	263 17.5	39.7	Elnath	278 30.7	N28 36.1
T 08	251 18.1	292 33.0	19.0	305 30.7	25.1	29 51.6	44.0	278 19.6	39.6	Eltanin	90 53.3	N51 29.2
U 09	266 20.6	307 32.3 ··	18.1	320 31.2 ··	24.6	44 53.8 ··	44.1	293 21.8 ··	39.5	Enif	34 01.6	N 9 50.9
E 10	281 23.0	322 31.6	17.2	335 31.6	24.2	59 56.1	44.1	308 24.0	39.4	Fomalhaut	15 40.2	S29 39.3
S 11	296 25.5	337 31.0	16.4	350 32.0	23.7	74 58.4	44.2	323 26.2	39.2			
D 12	311 28.0	352 30.3	S17 15.5	5 32.5	S20 23.3	90 00.6	S14 44.2	338 28.4	S12 39.1	Gacrux	172 16.8	S57 04.7
A 13	326 30.4	7 29.6	14.6	20 32.9	22.8	105 02.9	44.3	353 30.5	39.0	Gienah	176 07.0	S17 30.7
Y 14	341 32.9	22 28.9	13.7	35 33.4	22.4	120 05.1	44.3	8 32.7	38.9	Hadar	149 08.4	S60 20.5
15	356 35.4	37 28.2 ··	12.7	50 33.8 ··	22.0	135 07.4 ··	44.4	23 34.9 ··	38.8	Hamal	328 17.2	N23 26.2
16	11 37.8	52 27.5	11.8	65 34.2	21.5	150 09.7	44.4	38 37.1	38.7	Kaus Aust.	84 03.3	S34 23.2
17	26 40.3	67 26.9	10.9	80 34.7	21.1	165 11.9	44.5	53 39.3	38.6			
18	41 42.8	82 26.2	S17 10.0	95 35.1	S20 20.6	180 14.2	S14 44.5	68 41.5	S12 38.5	Kochab	137 19.5	N74 10.4
19	56 45.2	97 25.5	09.1	110 35.6	20.2	195 16.5	44.6	83 43.6	38.4	Markab	13 53.0	N15 10.5
20	71 47.7	112 24.8	08.2	125 36.0	19.7	210 18.7	44.6	98 45.8	38.3	Menkar	314 30.2	N 4 04.0
21	86 50.2	127 24.1 ··	07.3	140 36.4 ··	19.3	225 21.0 ··	44.7	113 48.0 ··	38.2	Menkent	148 24.6	S36 20.4
22	101 52.6	142 23.5	06.4	155 36.9	18.8	240 23.2	44.8	128 50.2	38.1	Miaplacidus	221 41.7	S69 41.7
23	116 55.1	157 22.8	05.5	170 37.3	18.4	255 25.5	44.8	143 52.4	38.0			
2 00	131 57.5	172 22.1	S17 04.6	185 37.8	S20 17.9	270 27.8	S14 44.9	158 54.5	S12 37.9	Mirfak	309 01.0	N49 50.6
01	147 00.0	187 21.4	03.7	200 38.2	17.5	285 30.0	44.9	173 56.7	37.8	Nunki	76 16.6	S26 18.2
02	162 02.5	202 20.8	02.8	215 38.7	17.0	300 32.3	45.0	188 58.9	37.7	Peacock	53 42.5	S56 45.2
03	177 04.9	217 20.1 ··	01.9	230 39.1 ··	16.6	315 34.6 ··	45.0	204 01.1 ··	37.6	Pollux	243 45.0	N28 02.3
04	192 07.4	232 19.4	00.9	245 39.5	16.1	330 36.8	45.1	219 03.3	37.5	Procyon	245 14.5	N 5 14.2
05	207 09.9	247 18.7	17 00.0	260 40.0	15.7	345 39.1	45.1	234 05.5	37.4			
06	222 12.3	262 18.1	S16 59.1	275 40.4	S20 15.2	0 41.4	S14 45.2	249 07.6	S12 37.3	Rasalhague	96 20.1	N12 33.8
W 07	237 14.8	277 17.4	58.2	290 40.9	14.8	15 43.6	45.2	264 09.8	37.2	Regulus	207 58.6	N11 59.5
E 08	252 17.3	292 16.7	57.3	305 41.3	14.3	30 45.9	45.3	279 12.0	37.1	Rigel	281 25.8	S 8 12.7
D 09	267 19.7	307 16.0 ··	56.4	320 41.8 ··	13.9	45 48.2 ··	45.3	294 14.2 ··	37.0	Rigil Kent.	140 11.5	S60 48.4
N 10	282 22.2	322 15.4	55.5	335 42.2	13.4	60 50.4	45.4	309 16.4	36.9	Sabik	102 29.4	S15 43.0
E 11	297 24.7	337 14.7	54.5	350 42.6	13.0	75 52.7	45.4	324 18.5	36.8			
S 12	312 27.1	352 14.0	S16 53.6	5 43.1	S20 12.5	90 55.0	S14 45.5	339 20.7	S12 36.7	Schedar	349 57.4	N56 30.6
D 13	327 29.6	7 13.4	52.7	20 43.5	12.1	105 57.2	45.5	354 22.9	36.5	Shaula	96 41.8	S37 05.9
A 14	342 32.0	22 12.7	51.8	35 44.0	11.6	120 59.5	45.6	9 25.1	36.4	Sirius	258 46.1	S16 42.7
Y 15	357 34.5	37 12.0 ··	50.9	50 44.4 ··	11.2	136 01.8 ··	45.6	24 27.3 ··	36.3	Spica	158 46.4	S11 07.9
16	12 37.0	52 11.4	49.9	65 44.9	10.7	151 04.1	45.7	39 29.4	36.2	Suhail	223 02.6	S43 24.7
17	27 39.4	67 10.7	49.0	80 45.3	10.3	166 06.3	45.7	54 31.6	36.1			
18	42 41.9	82 10.0	S16 48.1	95 45.7	S20 09.8	181 08.6	S14 45.8	69 33.8	S12 36.0	Vega	80 49.1	N38 46.6
19	57 44.4	97 09.3	47.2	110 46.2	09.4	196 10.9	45.8	84 36.0	35.9	Zuben'ubi	137 21.5	S16 01.1
20	72 46.8	112 08.7	46.2	125 46.6	08.9	211 13.1	45.9	99 38.2	35.8			
21	87 49.3	127 08.0 ··	45.3	140 47.1 ··	08.4	226 15.4 ··	45.9	114 40.4 ··	35.7			
22	102 51.8	142 07.4	44.4	155 47.5	08.0	241 17.7	46.0	129 42.5	35.6			
23	117 54.2	157 06.7	43.5	170 48.0	07.5	256 19.9	46.0	144 44.7	35.5			

	S.H.A.	Mer. Pass.
	° ′	h m
Venus	41 40.1	12 30
Mars	54 28.8	11 38
Jupiter	138 35.1	6 01
Saturn	27 03.8	13 26

Mer. Pass. 15 13.6 | *v* −0.7 *d* 0.9 | *v* 0.4 *d* 0.4 | *v* 2.3 *d* 0.1 | *v* 2.2 *d* 0.1

1994 JAN. 31, FEB. 1, 2 (MON., TUES., WED.)

SUN and MOON

UT (GMT) d h	SUN G.H.A.	SUN Dec.	MOON G.H.A.	v	MOON Dec.	d	H.P.
31 00	176 39.3	S17 30.2	314 51.1	9.8	S 2 48.8	13.0	59.7
01	191 39.2	29.5	329 19.9	9.8	3 01.8	12.9	59.7
02	206 39.1	28.8	343 48.7	9.8	3 14.7	13.0	59.7
03	221 39.0	.. 28.1	358 17.5	9.8	3 27.7	13.0	59.7
04	236 38.9	27.4	12 46.3	9.8	3 40.7	12.9	59.7
05	251 38.9	26.7	27 15.1	9.8	3 53.6	12.9	59.7
06	266 38.8	S17 26.0	41 43.9	9.7	S 4 06.5	12.8	59.7
07	281 38.7	25.3	56 12.6	9.7	4 19.3	12.9	59.7
08	296 38.6	24.6	70 41.4	9.7	4 32.2	12.8	59.7
09	311 38.5	.. 23.9	85 10.1	9.7	4 45.0	12.8	59.7
10	326 38.4	23.2	99 38.8	9.6	4 57.8	12.8	59.7
11	341 38.3	22.5	114 07.4	9.7	5 10.6	12.7	59.7
12	356 38.2	S17 21.8	128 36.1	9.7	S 5 23.3	12.7	59.7
13	11 38.1	21.1	143 04.8	9.6	5 36.0	12.6	59.7
14	26 38.0	20.4	157 33.4	9.6	5 48.6	12.7	59.7
15	41 37.9	.. 19.7	172 02.0	9.6	6 01.3	12.6	59.7
16	56 37.8	19.0	186 30.6	9.5	6 13.9	12.5	59.7
17	71 37.8	18.3	200 59.1	9.6	6 26.4	12.5	59.7
18	86 37.7	S17 17.6	215 27.7	9.5	S 6 38.9	12.5	59.7
19	101 37.6	16.9	229 56.2	9.5	6 51.4	12.4	59.7
20	116 37.5	16.2	244 24.7	9.5	7 03.8	12.4	59.6
21	131 37.4	.. 15.5	258 53.2	9.4	7 16.2	12.3	59.6
22	146 37.3	14.8	273 21.6	9.4	7 28.5	12.3	59.6
23	161 37.2	14.1	287 50.0	9.4	7 40.8	12.2	59.6
1 00	176 37.1	S17 13.4	302 18.4	9.4	S 7 53.0	12.2	59.6
01	191 37.0	12.7	316 46.8	9.4	8 05.2	12.2	59.6
02	206 37.0	12.0	331 15.2	9.3	8 17.4	12.1	59.6
03	221 36.9	.. 11.3	345 43.5	9.3	8 29.5	12.0	59.6
04	236 36.8	10.6	0 11.8	9.2	8 41.5	12.0	59.6
05	251 36.7	09.9	14 40.0	9.3	8 53.5	11.9	59.6
06	266 36.6	S17 09.1	29 08.3	9.2	S 9 05.4	11.9	59.6
07	281 36.5	08.4	43 36.5	9.2	9 17.3	11.8	59.6
08	296 36.4	07.7	58 04.7	9.1	9 29.1	11.8	59.6
09	311 36.4	.. 07.0	72 32.8	9.1	9 40.9	11.7	59.6
10	326 36.3	06.3	87 00.9	9.1	9 52.6	11.6	59.6
11	341 36.2	05.6	101 29.0	9.1	10 04.2	11.6	59.6
12	356 36.1	S17 04.9	115 57.1	9.0	S10 15.8	11.5	59.6
13	11 36.0	04.2	130 25.1	9.0	10 27.3	11.4	59.5
14	26 35.9	03.5	144 53.1	9.0	10 38.7	11.4	59.5
15	41 35.9	.. 02.7	159 21.1	8.9	10 50.1	11.3	59.5
16	56 35.8	02.0	173 49.0	8.9	11 01.4	11.2	59.5
17	71 35.7	01.3	188 16.9	8.9	11 12.6	11.2	59.5
18	86 35.6	S17 00.6	202 44.8	8.8	S11 23.8	11.1	59.5
19	101 35.5	16 59.9	217 12.6	8.8	11 34.9	11.0	59.5
20	116 35.5	59.2	231 40.4	8.8	11 45.9	11.0	59.5
21	131 35.4	.. 58.5	246 08.2	8.7	11 56.9	10.8	59.5
22	146 35.3	57.7	260 35.9	8.7	12 07.7	10.8	59.5
23	161 35.2	57.0	275 03.6	8.7	12 18.5	10.7	59.5
2 00	176 35.1	S16 56.3	289 31.3	8.6	S12 29.2	10.7	59.5
01	191 35.1	55.6	303 58.9	8.6	12 39.9	10.5	59.4
02	206 35.0	54.9	318 26.5	8.5	12 50.4	10.5	59.4
03	221 34.9	.. 54.1	332 54.0	8.6	13 00.9	10.4	59.4
04	236 34.8	53.4	347 21.6	8.4	13 11.3	10.3	59.4
05	251 34.7	52.7	1 49.0	8.5	13 21.6	10.3	59.4
06	266 34.7	S16 52.0	16 16.5	8.4	S13 31.9	10.1	59.4
07	281 34.6	51.3	30 43.9	8.4	13 42.0	10.1	59.4
08	296 34.5	50.5	45 11.3	8.3	13 52.1	9.9	59.4
09	311 34.4	.. 49.8	59 38.6	8.3	14 02.0	9.9	59.4
10	326 34.4	49.1	74 05.9	8.3	14 11.9	9.8	59.3
11	341 34.3	48.4	88 33.2	8.2	14 21.7	9.7	59.3
12	356 34.2	S16 47.6	103 00.4	8.2	S14 31.4	9.6	59.3
13	11 34.1	46.9	117 27.6	8.2	14 41.0	9.6	59.3
14	26 34.1	46.2	131 54.8	8.1	14 50.6	9.4	59.3
15	41 34.0	.. 45.5	146 21.9	8.1	15 00.0	9.3	59.3
16	56 33.9	44.7	160 49.0	8.0	15 09.3	9.2	59.3
17	71 33.8	44.0	175 16.0	8.0	15 18.5	9.2	59.3
18	86 33.8	S16 43.3	189 43.0	8.0	S15 27.7	9.0	59.3
19	101 33.7	42.6	204 10.0	7.9	15 36.7	9.0	59.2
20	116 33.6	41.8	218 36.9	7.9	15 45.7	8.8	59.2
21	131 33.6	.. 41.1	233 03.8	7.9	15 54.5	8.7	59.2
22	146 33.5	40.4	247 30.7	7.8	16 03.2	8.7	59.2
23	161 33.4	39.7	261 57.5	7.8	16 11.9	8.5	59.2
S.D.	16.3	d 0.7	S.D. 16.3		16.2		16.2

Left-margin day markers: **31** MONDAY; **1** TUESDAY; **2** WEDNESDAY.

Twilight, Sunrise and Moonrise

Lat.	Naut.	Civil	Sunrise	Moonrise 31	1	2	3
N 72	07 10	08 39	10 29	23 32	25 46	01 46	04 30
N 70	07 02	08 21	09 47	23 19	25 21	01 21	03 30
68	06 56	08 06	09 18	23 09	25 01	01 01	02 56
66	06 50	07 54	08 57	23 01	24 46	00 46	02 31
64	06 45	07 44	08 40	22 54	24 34	00 34	02 12
62	06 40	07 35	08 26	22 48	24 23	00 23	01 57
60	06 36	07 27	08 14	22 43	24 14	00 14	01 44
N 58	06 33	07 20	08 04	22 38	24 07	00 07	01 33
56	06 29	07 14	07 55	22 35	24 00	00 00	01 23
54	06 26	07 09	07 47	22 31	23 54	25 15	01 15
52	06 23	07 04	07 40	22 28	23 48	25 07	01 07
50	06 20	06 59	07 34	22 25	23 43	25 00	01 00
45	06 14	06 49	07 19	22 19	23 33	24 46	00 46
N 40	06 08	06 40	07 09	22 13	23 24	24 34	00 34
35	06 02	06 32	06 59	22 09	23 16	24 24	00 24
30	05 57	06 25	06 51	22 05	23 10	24 15	00 15
20	05 46	06 13	06 36	21 58	22 59	24 00	00 00
N 10	05 35	06 01	06 22	21 52	22 49	23 46	24 45
0	05 23	05 48	06 10	21 47	22 40	23 34	24 30
S 10	05 10	05 35	05 58	21 41	22 31	23 22	24 15
20	04 53	05 21	05 44	21 36	22 21	23 09	24 00
30	04 32	05 03	05 28	21 29	22 10	22 54	23 42
35	04 18	04 52	05 19	21 25	22 04	22 46	23 32
40	04 02	04 39	05 09	21 21	21 57	22 36	23 20
45	03 41	04 23	04 56	21 16	21 49	22 25	23 06
S 50	03 14	04 03	04 41	21 11	21 39	22 11	22 49
52	02 59	03 54	04 34	21 08	21 34	22 05	22 41
54	02 43	03 43	04 26	21 05	21 29	21 58	22 33
56	02 22	03 30	04 17	21 02	21 24	21 52	22 22
58	01 54	03 15	04 07	20 59	21 18	21 41	22 12
S 60	01 08	02 58	03 56	20 55	21 11	21 31	21 59

Sunset, Twilight and Moonset

Lat.	Sunset	Civil	Naut.	Moonset 31	1	2	3
N 72	14 00	15 49	17 18	08 18	08 01	07 39	06 50
N 70	14 42	16 08	17 26	08 25	08 16	08 06	07 51
68	15 10	16 22	17 33	08 30	08 28	08 26	08 26
66	15 31	16 35	17 38	08 35	08 38	08 43	08 51
64	15 48	16 45	17 43	08 39	08 46	08 56	09 11
62	16 02	16 53	17 48	08 42	08 53	09 08	09 27
60	16 14	17 01	17 52	08 45	09 00	09 18	09 41
N 58	16 24	17 08	17 55	08 47	09 05	09 26	09 53
56	16 33	17 14	17 59	08 50	09 10	09 34	10 03
54	16 40	17 19	18 02	08 52	09 15	09 41	10 12
52	16 47	17 24	18 05	08 54	09 19	09 47	10 20
50	16 54	17 29	18 08	08 56	09 22	09 52	10 27
45	17 07	17 39	18 14	08 59	09 30	10 04	10 43
N 40	17 19	17 47	18 20	09 03	09 37	10 14	10 55
35	17 28	17 55	18 25	09 05	09 43	10 23	11 06
30	17 37	18 02	18 31	09 08	09 48	10 30	11 16
20	17 52	18 15	18 41	09 12	09 57	10 43	11 32
N 10	18 05	18 27	18 52	09 16	10 04	10 55	11 47
0	18 17	18 39	19 04	09 19	10 12	11 05	12 01
S 10	18 30	18 52	19 17	09 23	10 19	11 16	12 14
20	18 43	19 06	19 34	09 27	10 27	11 28	12 29
30	18 58	19 24	19 55	09 31	10 36	11 41	12 45
35	19 07	19 35	20 08	09 33	10 41	11 48	12 55
40	19 18	19 48	20 24	09 36	10 47	11 57	13 06
45	19 30	20 03	20 45	09 39	10 54	12 07	13 19
S 50	19 45	20 23	21 12	09 43	11 02	12 20	13 35
52	19 52	20 32	21 26	09 45	11 06	12 26	13 43
54	20 00	20 43	21 42	09 47	11 10	12 32	13 51
56	20 08	20 55	22 03	09 49	11 15	12 39	14 01
58	20 18	21 10	22 29	09 52	11 20	12 47	14 11
S 60	20 30	21 27	23 11	09 54	11 26	12 57	14 24

SUN and MOON

Day	Eqn. of Time 00ʰ	Eqn. of Time 12ʰ	Mer. Pass.	Mer. Pass. Upper	Mer. Pass. Lower	Age	Phase
31	13 23	13 27	12 13	03 07	15 33	20	
1	13 31	13 35	12 14	03 59	16 26	21	◑
2	13 39	13 43	12 14	04 52	17 20	22	

1994 FEBRUARY 3, 4, 5 (THURS., FRI., SAT.)

UT (GMT) d h	ARIES G.H.A.	VENUS −3.9 G.H.A. Dec.	MARS +1.2 G.H.A. Dec.	JUPITER −2.0 G.H.A. Dec.	SATURN +0.9 G.H.A. Dec.	STARS Name — S.H.A. Dec.
3 00	132 56.7	172 06.0 S16 42.5	185 48.4 S20 07.1	271 22.2 S14 46.1	159 46.9 S12 35.4	Acamar 315 29.3 S40 20.0
01	147 59.1	187 05.4 41.6	200 48.9 06.6	286 24.5 46.1	174 49.1 35.3	Achernar 335 37.7 S57 16.2
02	163 01.6	202 04.7 40.7	215 49.3 06.2	301 26.8 46.2	189 51.3 35.2	Acrux 173 25.1 S63 03.9
03	178 04.1	217 04.0 ·· 39.7	230 49.8 ·· 05.7	316 29.0 ·· 46.2	204 53.4 ·· 35.1	Adhara 255 23.6 S28 58.1
04	193 06.5	232 03.4 38.8	245 50.2 05.2	331 31.3 46.3	219 55.6 35.0	Aldebaran 291 05.8 N16 29.8
05	208 09.0	247 02.7 37.9	260 50.6 04.8	346 33.6 46.3	234 57.8 34.9	
06	223 11.5	262 02.1 S16 36.9	275 51.1 S20 04.3	1 35.9 S14 46.4	250 00.0 S12 34.8	Alioth 166 33.1 N55 59.1
07	238 13.9	277 01.4 36.0	290 51.5 03.9	16 38.1 46.4	265 02.2 34.7	Alkaid 153 10.1 N49 20.2
T 08	253 16.4	292 00.7 35.1	305 52.0 03.4	31 40.4 46.5	280 04.3 34.6	Al Na'ir 28 02.3 S46 59.4
H 09	268 18.9	307 00.1 ·· 34.1	320 52.4 ·· 02.9	46 42.7 ·· 46.5	295 06.5 ·· 34.5	Alnilam 276 00.8 S 1 12.5
U 10	283 21.3	321 59.4 33.2	335 52.9 02.5	61 45.0 46.6	310 08.7 34.4	Alphard 218 10.0 S 8 38.2
R 11	298 23.8	336 58.8 32.3	350 53.3 02.0	76 47.2 46.6	325 10.9 34.3	
S 12	313 26.3	351 58.1 S16 31.3	5 53.8 S20 01.6	91 49.5 S14 46.7	340 13.1 S12 34.2	Alphecca 126 23.3 N26 43.8
D 13	328 28.7	6 57.4 30.4	20 54.2 01.1	106 51.8 46.7	355 15.2 34.0	Alpheratz 357 58.7 N29 03.6
A 14	343 31.2	21 56.8 29.4	35 54.7 00.6	121 54.1 46.8	10 17.4 33.9	Altair 62 22.1 N 8 51.2
Y 15	358 33.6	36 56.1 ·· 28.5	50 55.1 20 00.2	136 56.3 ·· 46.8	25 19.6 ·· 33.8	Ankaa 353 30.2 S42 20.4
16	13 36.1	51 55.5 27.5	65 55.6 19 59.7	151 58.6 46.9	40 21.8 33.7	Antares 112 44.2 S26 25.1
17	28 38.6	66 54.8 26.6	80 56.0 59.2	167 00.9 46.9	55 24.0 33.6	
18	43 41.0	81 54.2 S16 25.7	95 56.5 S19 58.8	182 03.2 S14 47.0	70 26.1 S12 33.5	Arcturus 146 08.9 N19 12.5
19	58 43.5	96 53.5 24.7	110 56.9 58.3	197 05.4 47.0	85 28.3 33.4	Atria 107 59.3 S69 00.8
20	73 46.0	111 52.9 23.8	125 57.4 57.9	212 07.7 47.1	100 30.5 33.3	Avior 234 23.3 S59 29.6
21	88 48.4	126 52.2 ·· 22.8	140 57.8 ·· 57.4	227 10.0 ·· 47.1	115 32.7 ·· 33.2	Bellatrix 278 47.3 N 6 20.6
22	103 50.9	141 51.6 21.9	155 58.3 56.9	242 12.3 47.2	130 34.9 33.1	Betelgeuse 271 16.7 N 7 24.2
23	118 53.4	156 50.9 20.9	170 58.7 56.5	257 14.5 47.2	145 37.0 33.0	
4 00	133 55.8	171 50.3 S16 20.0	185 59.2 S19 56.0	272 16.8 S14 47.3	160 39.2 S12 32.9	Canopus 264 02.1 S52 41.8
01	148 58.3	186 49.6 19.0	200 59.6 55.5	287 19.1 47.3	175 41.4 32.8	Capella 280 55.6 N45 59.6
02	164 00.8	201 48.9 18.1	216 00.1 55.1	302 21.4 47.4	190 43.6 32.7	Deneb 49 41.8 N45 15.6
03	179 03.2	216 48.3 ·· 17.1	231 00.5 ·· 54.6	317 23.7 ·· 47.4	205 45.8 ·· 32.6	Denebola 182 48.1 N14 36.0
04	194 05.7	231 47.7 16.2	246 00.9 54.1	332 25.9 47.5	220 47.9 32.5	Diphda 349 10.6 S18 01.2
05	209 08.1	246 47.0 15.2	261 01.4 53.7	347 28.2 47.5	235 50.1 32.4	
06	224 10.6	261 46.4 S16 14.3	276 01.8 S19 53.2	2 30.5 S14 47.5	250 52.3 S12 32.3	Dubhe 194 08.7 N61 46.6
07	239 13.1	276 45.7 13.3	291 02.3 52.7	17 32.8 47.6	265 54.5 32.2	Elnath 278 30.7 N28 36.1
08	254 15.5	291 45.1 12.4	306 02.7 52.2	32 35.1 47.6	280 56.7 32.1	Eltanin 90 53.2 N51 29.2
F 09	269 18.0	306 44.4 ·· 11.4	321 03.2 ·· 51.8	47 37.3 ·· 47.7	295 58.8 ·· 32.0	Enif 34 01.6 N 9 50.9
R 10	284 20.5	321 43.8 10.5	336 03.7 51.3	62 39.6 47.7	311 01.0 31.9	Fomalhaut 15 40.2 S29 39.3
I 11	299 22.9	336 43.1 09.5	351 04.1 50.8	77 41.9 47.8	326 03.2 31.8	
D 12	314 25.4	351 42.5 S16 08.5	6 04.6 S19 50.4	92 44.2 S14 47.8	341 05.4 S12 31.6	Gacrux 172 16.7 S57 04.7
A 13	329 27.9	6 41.8 07.6	21 05.0 49.9	107 46.5 47.9	356 07.6 31.5	Gienah 176 07.0 S17 30.7
Y 14	344 30.3	21 41.2 06.6	36 05.5 49.4	122 48.8 47.9	11 09.7 31.4	Hadar 149 08.3 S60 20.5
15	359 32.8	36 40.5 ·· 05.7	51 05.9 ·· 48.9	137 51.0 ·· 48.0	26 11.9 ·· 31.3	Hamal 328 17.2 N23 26.2
16	14 35.2	51 39.9 04.7	66 06.4 48.5	152 53.3 48.0	41 14.1 31.2	Kaus Aust. 84 03.3 S34 23.2
17	29 37.7	66 39.3 03.7	81 06.8 48.0	167 55.6 48.1	56 16.3 31.1	
18	44 40.2	81 38.6 S16 02.8	96 07.3 S19 47.5	182 57.9 S14 48.1	71 18.5 S12 31.0	Kochab 137 19.4 N74 10.4
19	59 42.6	96 38.0 01.8	111 07.7 47.1	198 00.2 48.2	86 20.6 30.9	Markab 13 53.0 N15 10.5
20	74 45.1	111 37.3 16 00.9	126 08.2 46.6	213 02.5 48.2	101 22.8 30.8	Menkar 314 30.2 N 4 04.0
21	89 47.6	126 36.7 15 59.9	141 08.6 ·· 46.1	228 04.7 ·· 48.2	116 25.0 ·· 30.7	Menkent 148 24.6 S36 20.4
22	104 50.0	141 36.1 58.9	156 09.1 45.6	243 07.0 48.3	131 27.2 30.6	Miaplacidus 221 41.7 S69 41.7
23	119 52.5	156 35.4 58.0	171 09.5 45.2	258 09.3 48.3	146 29.4 30.5	
5 00	134 55.0	171 34.8 S15 57.0	186 10.0 S19 44.7	273 11.6 S14 48.4	161 31.5 S12 30.4	Mirfak 309 01.0 N49 50.6
01	149 57.4	186 34.1 56.0	201 10.4 44.2	288 13.9 48.4	176 33.7 30.3	Nunki 76 16.5 S26 18.2
02	164 59.9	201 33.5 55.1	216 10.9 43.7	303 16.2 48.5	191 35.9 30.2	Peacock 53 42.5 S56 45.2
03	180 02.4	216 32.9 ·· 54.1	231 11.3 ·· 43.3	318 18.5 ·· 48.5	206 38.1 ·· 30.1	Pollux 243 45.0 N28 02.3
04	195 04.8	231 32.2 53.1	246 11.8 42.8	333 20.7 48.6	221 40.3 30.0	Procyon 245 14.5 N 5 14.2
05	210 07.3	246 31.6 52.1	261 12.2 42.3	348 23.0 48.6	236 42.4 29.9	
06	225 09.7	261 31.0 S15 51.2	276 12.7 S19 41.8	3 25.3 S14 48.7	251 44.6 S12 29.8	Rasalhague 96 20.1 N12 33.8
07	240 12.2	276 30.3 50.2	291 13.1 41.3	18 27.6 48.7	266 46.8 29.7	Regulus 207 58.6 N11 59.5
S 08	255 14.7	291 29.7 49.2	306 13.6 40.9	33 29.9 48.7	281 49.0 29.5	Rigel 281 25.8 S 8 12.7
A 09	270 17.1	306 29.1 ·· 48.3	321 14.1 ·· 40.4	48 32.2 ·· 48.8	296 51.1 ·· 29.4	Rigil Kent. 140 11.4 S60 48.4
T 10	285 19.6	321 28.4 47.3	336 14.5 39.9	63 34.5 48.8	311 53.3 29.3	Sabik 102 29.3 S15 43.0
U 11	300 22.1	336 27.8 46.3	351 15.0 39.4	78 36.8 48.9	326 55.5 29.2	
R 12	315 24.5	351 27.2 S15 45.3	6 15.4 S19 38.9	93 39.0 S14 48.9	341 57.7 S12 29.1	Schedar 349 57.4 N56 30.6
D 13	330 27.0	6 26.5 44.4	21 15.9 38.5	108 41.3 49.0	356 59.9 29.0	Shaula 96 41.8 S37 05.9
A 14	345 29.5	21 25.9 43.4	36 16.3 38.0	123 43.6 49.0	12 02.0 28.9	Sirius 258 46.1 S16 42.7
Y 15	0 31.9	36 25.3 ·· 42.4	51 16.8 ·· 37.5	138 45.9 ·· 49.1	27 04.2 ·· 28.8	Spica 158 46.4 S11 07.9
16	15 34.4	51 24.6 41.4	66 17.2 37.0	153 48.2 49.1	42 06.4 28.7	Suhail 223 02.6 S43 24.7
17	30 36.9	66 24.0 40.4	81 17.7 36.5	168 50.5 49.1	57 08.6 28.6	
18	45 39.3	81 23.4 S15 39.5	96 18.2 S19 36.1	183 52.8 S14 49.2	72 10.8 S12 28.5	Vega 80 49.1 N38 46.6
19	60 41.8	96 22.8 38.5	111 18.6 35.6	198 55.1 49.2	87 12.9 28.4	Zuben'ubi 137 21.4 S16 01.1
20	75 44.2	111 22.1 37.5	126 19.1 35.1	213 57.4 49.3	102 15.1 28.3	
21	90 46.7	126 21.5 ·· 36.5	141 19.5 ·· 34.6	228 59.7 ·· 49.3	117 17.3 ·· 28.2	
22	105 49.2	141 20.9 35.5	156 20.0 34.1	244 01.9 49.4	132 19.5 28.1	
23	120 51.6	156 20.2 34.5	171 20.4 33.6	259 04.2 49.4	147 21.6 28.0	

	S.H.A.	Mer. Pass.
Venus	37 54.4	12 33
Mars	52 03.3	11 36
Jupiter	138 21.0	5 50
Saturn	26 43.4	13 15

Mer. Pass. 15h 01.8m

Venus: v −0.6, d 1.0
Mars: v 0.5, d 0.5
Jupiter: v 2.3, d 0.0
Saturn: v 2.2, d 0.1

1994 FEBRUARY 3, 4, 5 (THURS., FRI., SAT.)

UT (GMT)	SUN G.H.A.	Dec.	MOON G.H.A.	v	Dec.	d	H.P.
d h	o ′	o ′	o ′	′	o ′	′	′
3 00	176 33.3	S16 38.9	276 24.3	7.8	S16 20.4	8.4	59.2
01	191 33.3	38.2	290 51.1	7.7	16 28.8	8.3	59.2
02	206 33.2	37.5	305 17.8	7.7	16 37.1	8.3	59.1
03	221 33.1	.. 36.7	319 44.5	7.6	16 45.4	8.1	59.1
04	236 33.1	36.0	334 11.1	7.7	16 53.5	8.0	59.1
05	251 33.0	35.3	348 37.8	7.6	17 01.5	7.9	59.1
06	266 32.9	S16 34.5	3 04.4	7.5	S17 09.4	7.8	59.1
07	281 32.9	33.8	17 30.9	7.5	17 17.2	7.6	59.1
T 08	296 32.8	33.1	31 57.4	7.5	17 24.8	7.6	59.1
H 09	311 32.7	.. 32.3	46 23.9	7.5	17 32.4	7.5	59.1
U 10	326 32.7	31.6	60 50.4	7.4	17 39.9	7.3	59.0
R 11	341 32.6	30.9	75 16.8	7.4	17 47.2	7.2	59.0
S 12	356 32.5	S16 30.1	89 43.2	7.3	S17 54.4	7.1	59.0
D 13	11 32.5	29.4	104 09.5	7.3	18 01.5	7.0	59.0
A 14	26 32.4	28.6	118 35.8	7.3	18 08.5	6.9	59.0
Y 15	41 32.3	.. 27.9	133 02.1	7.3	18 15.4	6.8	59.0
16	56 32.2	27.2	147 28.4	7.2	18 22.2	6.6	59.0
17	71 32.2	26.4	161 54.6	7.2	18 28.8	6.6	58.9
18	86 32.1	S16 25.7	176 20.8	7.2	S18 35.4	6.4	58.9
19	101 32.1	25.0	190 47.0	7.2	18 41.8	6.3	58.9
20	116 32.0	24.2	205 13.2	7.1	18 48.1	6.1	58.9
21	131 31.9	.. 23.5	219 39.3	7.1	18 54.2	6.1	58.9
22	146 31.9	22.7	234 05.4	7.0	19 00.3	5.9	58.9
23	161 31.8	22.0	248 31.4	7.1	19 06.2	5.8	58.9
4 00	176 31.8	S16 21.2	262 57.5	7.0	S19 12.0	5.7	58.8
01	191 31.7	20.5	277 23.5	7.0	19 17.7	5.6	58.8
02	206 31.6	19.8	291 49.5	7.0	19 23.3	5.4	58.8
03	221 31.6	.. 19.0	306 15.5	6.9	19 28.7	5.3	58.8
04	236 31.5	18.3	320 41.4	7.0	19 34.0	5.2	58.8
05	251 31.4	17.5	335 07.4	6.9	19 39.2	5.1	58.8
06	266 31.4	S16 16.8	349 33.3	6.9	S19 44.3	4.9	58.7
07	281 31.3	16.0	3 59.2	6.8	19 49.2	4.8	58.7
08	296 31.3	15.3	18 25.0	6.9	19 54.0	4.7	58.7
F 09	311 31.2	.. 14.5	32 50.9	6.8	19 58.7	4.6	58.7
R 10	326 31.1	13.8	47 16.7	6.9	20 03.3	4.4	58.7
I 11	341 31.1	13.0	61 42.6	6.8	20 07.7	4.3	58.7
D 12	356 31.0	S16 12.3	76 08.4	6.7	S20 12.0	4.2	58.6
A 13	11 31.0	11.6	90 34.1	6.8	20 16.2	4.0	58.6
Y 14	26 30.9	10.8	104 59.9	6.8	20 20.2	3.9	58.6
15	41 30.9	.. 10.1	119 25.7	6.7	20 24.1	3.8	58.6
16	56 30.8	09.3	133 51.4	6.8	20 27.9	3.6	58.6
17	71 30.7	08.6	148 17.2	6.7	20 31.5	3.6	58.6
18	86 30.7	S16 07.8	162 42.9	6.7	S20 35.1	3.4	58.5
19	101 30.6	07.1	177 08.6	6.7	20 38.5	3.2	58.5
20	116 30.6	06.3	191 34.3	6.8	20 41.7	3.1	58.5
21	131 30.5	.. 05.5	206 00.1	6.7	20 44.8	3.0	58.5
22	146 30.5	04.8	220 25.8	6.7	20 47.8	2.9	58.5
23	161 30.4	04.0	234 51.5	6.6	20 50.7	2.7	58.5
5 00	176 30.4	S16 03.3	249 17.1	6.7	S20 53.4	2.6	58.4
01	191 30.3	02.5	263 42.8	6.7	20 56.0	2.5	58.4
02	206 30.3	01.8	278 08.5	6.7	20 58.5	2.3	58.4
03	221 30.2	.. 01.0	292 34.2	6.7	21 00.8	2.2	58.4
04	236 30.1	16 00.3	306 59.9	6.7	21 03.0	2.1	58.4
05	251 30.1	15 59.5	321 25.6	6.7	21 05.1	1.9	58.4
06	266 30.0	S15 58.8	335 51.3	6.7	S21 07.0	1.8	58.3
07	281 30.0	58.0	350 17.0	6.7	21 08.8	1.7	58.3
S 08	296 29.9	57.2	4 42.7	6.7	21 10.5	1.6	58.3
A 09	311 29.9	.. 56.5	19 08.4	6.7	21 12.1	1.4	58.3
T 10	326 29.8	55.7	33 34.1	6.7	21 13.5	1.2	58.3
U 11	341 29.8	55.0	47 59.8	6.8	21 14.7	1.2	58.3
R 12	356 29.7	S15 54.2	62 25.6	6.7	S21 15.9	1.0	58.2
D 13	11 29.7	53.4	76 51.3	6.8	21 16.9	0.8	58.2
A 14	26 29.6	52.7	91 17.1	6.7	21 17.7	0.8	58.2
Y 15	41 29.6	.. 51.9	105 42.8	6.8	21 18.5	0.6	58.2
16	56 29.5	51.2	120 08.6	6.8	21 19.1	0.5	58.2
17	71 29.5	50.4	134 34.4	6.8	21 19.6	0.3	58.2
18	86 29.4	S15 49.6	149 00.2	6.9	S21 19.9	0.2	58.1
19	101 29.4	48.9	163 26.1	6.8	21 20.1	0.1	58.1
20	116 29.4	48.1	177 51.9	6.9	21 20.2	0.1	58.1
21	131 29.3	.. 47.3	192 17.8	6.9	21 20.1	0.1	58.1
22	146 29.3	46.6	206 43.7	6.9	21 20.0	0.4	58.1
23	161 29.2	45.8	221 09.6	6.9	21 19.6	0.4	58.1
	S.D. 16.3	d 0.7	S.D. 16.1		16.0		15.9

Lat.	Twilight Naut.	Civil	Sunrise	Moonrise 3	4	5	6
o	h m	h m	h m	h m	h m	h m	h m
N 72	06 59	08 26	10 05	04 30	▬	▬	▬
N 70	06 53	08 09	09 30	03 30	06 20	▬	▬
68	06 47	07 56	09 05	02 56	04 51	06 36	07 35
66	06 42	07 45	08 46	02 31	04 12	05 39	06 38
64	06 38	07 36	08 31	02 12	03 46	05 06	06 05
62	06 34	07 28	08 18	01 57	03 25	04 41	05 40
60	06 31	07 21	08 07	01 44	03 08	04 22	05 21
N 58	06 27	07 15	07 58	01 33	02 54	04 06	05 04
56	06 24	07 09	07 50	01 23	02 42	03 52	04 51
54	06 22	07 04	07 42	01 15	02 31	03 40	04 39
52	06 19	06 59	07 36	01 07	02 22	03 30	04 28
50	06 16	06 55	07 30	01 00	02 14	03 21	04 19
45	06 11	06 46	07 17	00 46	01 56	03 01	03 59
N 40	06 05	06 38	07 06	00 34	01 41	02 45	03 43
35	06 00	06 30	06 57	00 24	01 29	02 32	03 30
30	05 55	06 24	06 49	00 15	01 19	02 20	03 18
20	05 45	06 12	06 35	00 00	01 00	02 00	02 58
N 10	05 35	06 00	06 22	24 45	00 45	01 43	02 40
0	05 24	05 49	06 10	24 30	00 30	01 27	02 24
S 10	05 11	05 37	05 59	24 15	00 15	01 11	02 07
20	04 55	05 23	05 46	24 00	00 00	00 54	01 50
30	04 35	05 05	05 31	23 42	24 34	00 34	01 30
35	04 22	04 55	05 22	23 32	24 22	00 22	01 18
40	04 06	04 43	05 12	23 20	24 09	00 09	01 04
45	03 47	04 28	05 01	23 06	23 54	24 49	00 49
S 50	03 21	04 09	04 47	22 49	23 35	24 29	00 29
52	03 08	04 00	04 40	22 41	23 26	24 20	00 20
54	02 52	03 50	04 32	22 33	23 16	24 09	00 09
56	02 33	03 38	04 24	22 23	23 05	23 57	25 01
58	02 08	03 24	04 15	22 12	22 52	23 44	24 48
S 60	01 33	03 08	04 04	21 59	22 36	23 28	24 33

Lat.	Sunset	Twilight Civil	Naut.	Moonset 3	4	5	6
o	h m	h m	h m	h m	h m	h m	h m
N 72	14 24	16 03	17 30	06 50	▬	▬	▬
N 70	14 59	16 20	17 37	07 51	06 58	▬	▬
68	15 24	16 33	17 42	08 26	08 28	08 42	09 42
66	15 43	16 44	17 47	08 51	09 07	09 39	10 38
64	15 58	16 53	17 51	09 11	09 34	10 13	11 12
62	16 11	17 01	17 55	09 27	09 56	10 37	11 36
60	16 21	17 08	17 58	09 41	10 13	10 57	11 56
N 58	16 31	17 14	18 01	09 53	10 27	11 13	12 12
56	16 39	17 20	18 04	10 03	10 40	11 27	12 25
54	16 46	17 25	18 07	10 12	10 50	11 39	12 37
52	16 53	17 29	18 10	10 20	11 00	11 49	12 48
50	16 59	17 34	18 12	10 27	11 09	11 59	12 57
45	17 12	17 43	18 18	10 43	11 27	12 18	13 16
N 40	17 22	17 51	18 23	10 55	11 42	12 35	13 32
35	17 32	17 58	18 28	11 06	11 55	12 48	13 46
30	17 40	18 04	18 33	11 16	12 06	13 00	13 57
20	17 53	18 16	18 43	11 32	12 25	13 20	14 17
N 10	18 06	18 28	18 53	11 47	12 41	13 38	14 34
0	18 17	18 39	19 04	12 01	12 57	13 54	14 51
S 10	18 29	18 51	19 17	12 14	13 13	14 10	15 07
20	18 42	19 05	19 32	12 29	13 29	14 28	15 24
30	18 56	19 22	19 52	12 45	13 48	14 48	15 43
35	19 05	19 32	20 05	12 55	13 59	15 00	15 55
40	19 15	19 44	20 21	13 06	14 12	15 13	16 08
45	19 26	19 59	20 40	13 19	14 27	15 29	16 23
S 50	19 40	20 17	21 05	13 35	14 46	15 49	16 42
52	19 47	20 26	21 18	13 43	14 55	15 58	16 51
54	19 54	20 36	21 34	13 51	15 04	16 09	17 01
56	20 02	20 48	21 52	14 01	15 16	16 20	17 13
58	20 11	21 01	22 16	14 11	15 28	16 34	17 26
S 60	20 22	21 17	22 49	14 24	15 43	16 50	17 41

Day	SUN Eqn. of Time 00ʰ	12ʰ	Mer. Pass.	MOON Mer. Pass. Upper	Lower	Age	Phase
	m s	m s	h m	h m	h m	d	
3	13 46	13 50	12 14	05 47	18 15	23	
4	13 53	13 56	12 14	06 43	19 12	24	◑
5	13 58	14 01	12 14	07 40	20 09	25	

1994 FEBRUARY 6, 7, 8 (SUN., MON., TUES.)

UT (GMT) d h	ARIES G.H.A.	VENUS −3.9 G.H.A.	Dec.	MARS +1.2 G.H.A.	Dec.	JUPITER −2.1 G.H.A.	Dec.	SATURN +0.9 G.H.A.	Dec.	STARS Name	S.H.A.	Dec.
6 00	135 54.1	171 19.6	S15 33.6	186 20.9	S19 33.2	274 06.5	S14 49.5	162 23.8	S12 27.9	Acamar	315 29.3	S40 20.0
01	150 56.6	186 19.0	32.6	201 21.3	32.7	289 08.8	49.5	177 26.0	27.8	Achernar	335 37.7	S57 16.2
02	165 59.0	201 18.4	31.6	216 21.8	32.2	304 11.1	49.5	192 28.2	27.7	Acrux	173 25.0	S63 03.9
03	181 01.5	216 17.7 ··	30.6	231 22.3 ··	31.7	319 13.4 ··	49.6	207 30.4 ··	27.6	Adhara	255 23.6	S28 58.1
04	196 04.0	231 17.1	29.6	246 22.7	31.2	334 15.7	49.6	222 32.5	27.4	Aldebaran	291 05.8	N16 29.8
05	211 06.4	246 16.5	28.6	261 23.2	30.7	349 18.0	49.7	237 34.7	27.3			
06	226 08.9	261 15.9	S15 27.6	276 23.6	S19 30.2	4 20.3	S14 49.7	252 36.9	S12 27.2	Alioth	166 33.0	N55 59.1
07	241 11.3	276 15.3	26.6	291 24.1	29.8	19 22.6	49.8	267 39.1	27.1	Alkaid	153 10.1	N49 20.2
08	256 13.8	291 14.6	25.6	306 24.5	29.3	34 24.9	49.8	282 41.3	27.0	Al Na'ir	28 02.3	S46 59.4
S 09	271 16.3	306 14.0 ··	24.7	321 25.0 ··	28.8	49 27.2 ··	49.8	297 43.4 ··	26.9	Alnilam	276 00.8	S 1 12.5
U 10	286 18.7	321 13.4	23.7	336 25.5	28.3	64 29.5	49.9	312 45.6	26.8	Alphard	218 10.0	S 8 38.2
N 11	301 21.2	336 12.8	22.7	351 25.9	27.8	79 31.8	49.9	327 47.8	26.7			
D 12	316 23.7	351 12.2	S15 21.7	6 26.4	S19 27.3	94 34.1	S14 50.0	342 50.0	S12 26.6	Alphecca	126 23.3	N26 43.8
A 13	331 26.1	6 11.5	20.7	21 26.8	26.8	109 36.4	50.0	357 52.1	26.5	Alpheratz	357 58.7	N29 03.6
Y 14	346 28.6	21 10.9	19.7	36 27.3	26.3	124 38.7	50.1	12 54.3	26.4	Altair	62 22.6	N 8 51.2
15	1 31.1	36 10.3 ··	18.7	51 27.8 ··	25.9	139 41.0 ··	50.1	27 56.5 ··	26.3	Ankaa	353 30.2	S42 20.4
16	16 33.5	51 09.7	17.7	66 28.2	25.4	154 43.2	50.1	42 58.7	26.2	Antares	112 44.1	S26 25.1
17	31 36.0	66 09.1	16.7	81 28.7	24.9	169 45.5	50.2	58 00.9	26.1			
18	46 38.5	81 08.5	S15 15.7	96 29.1	S19 24.4	184 47.8	S14 50.2	73 03.0	S12 26.0	Arcturus	146 08.8	N19 12.5
19	61 40.9	96 07.8	14.7	111 29.6	23.9	199 50.1	50.3	88 05.2	25.9	Atria	107 59.2	S69 00.8
20	76 43.4	111 07.2	13.7	126 30.1	23.4	214 52.4	50.3	103 07.4	25.8	Avior	234 23.5	S59 29.7
21	91 45.8	126 06.6 ··	12.7	141 30.5 ··	22.9	229 54.7 ··	50.4	118 09.6 ··	25.7	Bellatrix	278 47.3	N 6 20.5
22	106 48.3	141 06.0	11.7	156 31.0	22.4	244 57.0	50.4	133 11.7	25.6	Betelgeuse	271 16.7	N 7 24.2
23	121 50.8	156 05.4	10.7	171 31.4	21.9	259 59.3	50.4	148 13.9	25.4			
7 00	136 53.2	171 04.8	S15 09.7	186 31.9	S19 21.4	275 01.6	S14 50.5	163 16.1	S12 25.3	Canopus	264 02.1	S52 41.9
01	151 55.7	186 04.2	08.7	201 32.4	20.9	290 03.9	50.5	178 18.3	25.2	Capella	280 55.6	N45 59.6
02	166 58.2	201 03.5	07.7	216 32.8	20.4	305 06.2	50.6	193 20.5	25.1	Deneb	49 41.8	N45 15.6
03	182 00.6	216 02.9 ··	06.7	231 33.3 ··	19.9	320 08.5 ··	50.6	208 22.6 ··	25.0	Denebola	182 48.1	N14 36.0
04	197 03.1	231 02.3	05.7	246 33.7	19.4	335 10.8	50.6	223 24.8	24.9	Diphda	349 10.6	S18 01.2
05	212 05.6	246 01.7	04.7	261 34.2	19.0	350 13.1	50.7	238 27.0	24.8			
06	227 08.0	261 01.1	S15 03.7	276 34.7	S19 18.5	5 15.4	S14 50.7	253 29.2	S12 24.7	Dubhe	194 08.7	N61 46.6
07	242 10.5	276 00.5	02.7	291 35.1	18.0	20 17.7	50.8	268 31.4	24.6	Elnath	278 30.7	N28 36.1
08	257 13.0	290 59.9	01.6	306 35.6	17.5	35 20.0	50.8	283 33.5	24.5	Eltanin	90 53.2	N51 29.2
M 09	272 15.4	305 59.3 15	00.6	321 36.0 ··	17.0	50 22.3 ··	50.8	298 35.7 ··	24.4	Enif	34 01.6	N 9 50.9
O 10	287 17.9	320 58.7 14	59.6	336 36.5	16.5	65 24.6	50.9	313 37.9	24.3	Fomalhaut	15 40.2	S29 39.3
N 11	302 20.3	335 58.1	58.6	351 37.0	16.0	80 26.9	50.9	328 40.1	24.2			
D 12	317 22.8	350 57.4	S14 57.6	6 37.4	S19 15.5	95 29.3	S14 51.0	343 42.2	S12 24.1	Gacrux	172 16.7	S57 04.7
A 13	332 25.3	5 56.8	56.6	21 37.9	15.0	110 31.6	51.0	358 44.4	24.0	Gienah	176 07.0	S17 30.7
Y 14	347 27.7	20 56.2	55.6	36 38.4	14.5	125 33.9	51.0	13 46.6	23.9	Hadar	149 08.3	S60 20.5
15	2 30.2	35 55.6 ··	54.6	51 38.8 ··	14.0	140 36.2 ··	51.1	28 48.8 ··	23.8	Hamal	328 17.2	N23 26.2
16	17 32.7	50 55.0	53.5	66 39.3	13.5	155 38.5	51.1	43 50.9	23.7	Kaus Aust.	84 03.3	S34 23.2
17	32 35.1	65 54.4	52.5	81 39.7	13.0	170 40.8	51.2	58 53.1	23.5			
18	47 37.6	80 53.8	S14 51.5	96 40.2	S19 12.5	185 43.1	S14 51.2	73 55.3	S12 23.4	Kochab	137 19.4	N74 10.4
19	62 40.1	95 53.2	50.5	111 40.7	12.0	200 45.4	51.2	88 57.5	23.3	Markab	13 53.0	N15 10.5
20	77 42.5	110 52.6	49.5	126 41.1	11.5	215 47.7	51.3	103 59.7	23.2	Menkar	314 30.2	N 4 04.0
21	92 45.0	125 52.0 ··	48.5	141 41.6 ··	11.0	230 50.0 ··	51.3	119 01.8 ··	23.1	Menkent	148 24.5	S36 20.4
22	107 47.5	140 51.4	47.5	156 42.1	10.5	245 52.3	51.4	134 04.0	23.0	Miaplacidus	221 41.7	S69 41.7
23	122 49.9	155 50.8	46.4	171 42.5	10.0	260 54.6	51.4	149 06.2	22.9			
8 00	137 52.4	170 50.2	S14 45.4	186 43.0	S19 09.5	275 56.9	S14 51.4	164 08.4	S12 22.8	Mirfak	309 01.0	N49 50.6
01	152 54.8	185 49.6	44.4	201 43.5	09.0	290 59.2	51.5	179 10.5	22.7	Nunki	76 16.5	S26 18.2
02	167 57.3	200 49.0	43.4	216 43.9	08.5	306 01.5	51.5	194 12.7	22.6	Peacock	53 42.5	S56 45.1
03	182 59.8	215 48.4 ··	42.3	231 44.4 ··	08.0	321 03.8 ··	51.6	209 14.9 ··	22.5	Pollux	243 45.0	N28 02.3
04	198 02.2	230 47.8	41.3	246 44.8	07.5	336 06.1	51.6	224 17.1	22.4	Procyon	245 14.5	N 5 14.2
05	213 04.7	245 47.2	40.3	261 45.3	07.0	351 08.4	51.6	239 19.3	22.3			
06	228 07.2	260 46.6	S14 39.3	276 45.8	S19 06.5	6 10.8	S14 51.7	254 21.4	S12 22.2	Rasalhague	96 20.1	N12 33.8
07	243 09.6	275 46.0	38.3	291 46.2	06.0	21 13.1	51.7	269 23.6	22.1	Regulus	207 58.6	N11 59.5
T 08	258 12.1	290 45.4	37.2	306 46.7	05.5	36 15.4	51.7	284 25.8	22.0	Rigel	281 25.8	S 8 12.2
U 09	273 14.6	305 44.8 ··	36.2	321 47.2 ··	04.9	51 17.7 ··	51.8	299 28.0 ··	21.9	Rigil Kent.	140 11.4	S60 48.4
E 10	288 17.0	320 44.2	35.2	336 47.6	04.4	66 20.0	51.8	314 30.1	21.8	Sabik	102 29.3	S15 43.0
S 11	303 19.5	335 43.6	34.1	351 48.1	03.9	81 22.3	51.9	329 32.3	21.6			
D 12	318 21.9	350 43.0	S14 33.1	6 48.6	S19 03.4	96 24.6	S14 51.9	344 34.5	S12 21.5	Schedar	349 57.4	N56 30.6
A 13	333 24.4	5 42.4	32.1	21 49.0	02.9	111 26.9	51.9	359 36.7	21.4	Shaula	96 41.8	S37 05.9
Y 14	348 26.9	20 41.9	31.1	36 49.5	02.4	126 29.2	52.0	14 38.8	21.3	Sirius	258 46.2	S16 42.7
15	3 29.3	35 41.3 ··	30.0	51 50.0 ··	01.9	141 31.5 ··	52.0	29 41.0 ··	21.2	Spica	158 46.4	S11 08.0
16	18 31.8	50 40.7	29.0	66 50.4	01.4	156 33.9	52.1	44 43.2	21.1	Suhail	223 02.6	S43 24.7
17	33 34.3	65 40.1	28.0	81 50.9	00.9	171 36.2	52.1	59 45.4	21.0			
18	48 36.7	80 39.5	S14 26.9	96 51.4	S19 00.4	186 38.5	S14 52.1	74 47.6	S12 20.9	Vega	80 49.1	N38 46.6
19	63 39.2	95 38.9	25.9	111 51.8	18 59.9	201 40.8	52.2	89 49.7	20.8	Zuben'ubi	137 21.4	S16 01.1
20	78 41.7	110 38.3	24.9	126 52.3	59.4	216 43.1	52.2	104 51.9	20.7			
21	93 44.1	125 37.7 ··	23.8	141 52.8 ··	58.9	231 45.4 ··	52.2	119 54.1 ··	20.6		S.H.A.	Mer. Pass.
22	108 46.6	140 37.1	22.8	156 53.2	58.3	246 47.7	52.3	134 56.3	20.5	Venus	34 11.5	12 36
23	123 49.1	155 36.5	21.8	171 53.7	57.8	261 50.0	52.3	149 58.4	20.4	Mars	49 38.7	11 34
Mer. Pass. 14 50.0		v −0.6	d 1.0	v 0.5	d 0.5	v 2.3	d 0.0	v 2.2	d 0.1	Jupiter Saturn	138 08.4 / 26 22.9	5 39 / 13 05

1994 FEBRUARY 6, 7, 8 (SUN., MON., TUES.)

SUN and MOON

UT (GMT)	SUN G.H.A.	SUN Dec.	MOON G.H.A.	v	MOON Dec.	d	H.P.
d h	° '	° '	° '	'	° '	'	'
6 00	176 29.2	S15 45.1	235 35.5	7.0	S21 19.2	0.6	58.0
01	191 29.1	44.3	250 01.5	7.0	21 18.6	0.7	58.0
02	206 29.1	43.5	264 27.5	7.0	21 17.9	0.8	58.0
03	221 29.0	.. 42.8	278 53.5	7.0	21 17.1	1.0	58.0
04	236 29.0	42.0	293 19.5	7.1	21 16.1	1.1	58.0
05	251 28.9	41.2	307 45.6	7.1	21 15.0	1.2	57.9
06	266 28.9	S15 40.4	322 11.7	7.1	S21 13.8	1.4	57.9
07	281 28.9	39.7	336 37.8	7.2	21 12.4	1.5	57.9
08	296 28.8	38.9	351 04.0	7.2	21 10.9	1.6	57.9
S 09	311 28.8	.. 38.1	5 30.2	7.2	21 09.3	1.7	57.9
U 10	326 28.7	37.4	19 56.4	7.3	21 07.6	1.9	57.9
N 11	341 28.7	36.6	34 22.7	7.3	21 05.7	2.0	57.8
D 12	356 28.6	S15 35.8	48 49.0	7.3	S21 03.7	2.1	57.8
A 13	11 28.6	35.1	63 15.3	7.4	21 01.6	2.2	57.8
Y 14	26 28.6	34.3	77 41.7	7.4	20 59.4	2.4	57.8
15	41 28.5	.. 33.5	92 08.1	7.4	20 57.0	2.5	57.8
16	56 28.5	32.7	106 34.5	7.5	20 54.5	2.6	57.7
17	71 28.4	32.0	121 01.0	7.6	20 51.9	2.8	57.7
18	86 28.4	S15 31.2	135 27.6	7.5	S20 49.1	2.8	57.7
19	101 28.4	30.4	149 54.1	7.6	20 46.3	3.0	57.7
20	116 28.3	29.6	164 20.7	7.7	20 43.3	3.1	57.7
21	131 28.3	.. 28.9	178 47.4	7.7	20 40.2	3.3	57.6
22	146 28.2	28.1	193 14.1	7.8	20 36.9	3.3	57.6
23	161 28.2	27.3	207 40.9	7.8	20 33.6	3.5	57.6
7 00	176 28.2	S15 26.5	222 07.7	7.8	S20 30.1	3.6	57.6
01	191 28.1	25.8	236 34.5	7.9	20 26.5	3.7	57.6
02	206 28.1	25.0	251 01.4	8.0	20 22.8	3.8	57.6
03	221 28.1	.. 24.2	265 28.4	8.0	20 19.0	3.9	57.5
04	236 28.0	23.4	279 55.4	8.0	20 15.1	4.1	57.5
05	251 28.0	22.7	294 22.4	8.1	20 11.0	4.2	57.5
06	266 28.0	S15 21.9	308 49.5	8.2	S20 06.8	4.3	57.5
07	281 27.9	21.1	323 16.7	8.2	20 02.5	4.4	57.5
08	296 27.9	20.3	337 43.9	8.2	19 58.1	4.5	57.4
M 09	311 27.9	.. 19.5	352 11.1	8.4	19 53.6	4.6	57.4
O 10	326 27.8	18.8	6 38.5	8.3	19 49.0	4.7	57.4
N 11	341 27.8	18.0	21 05.8	8.5	19 44.3	4.9	57.4
D 12	356 27.7	S15 17.2	35 33.3	8.4	S19 39.4	4.9	57.4
A 13	11 27.7	16.4	50 00.7	8.6	19 34.5	5.1	57.3
Y 14	26 27.7	15.6	64 28.3	8.6	19 29.4	5.2	57.3
15	41 27.7	.. 14.8	78 55.9	8.6	19 24.2	5.2	57.3
16	56 27.6	14.1	93 23.5	8.7	19 19.0	5.4	57.3
17	71 27.6	13.3	107 51.2	8.8	19 13.6	5.5	57.3
18	86 27.6	S15 12.5	122 19.0	8.9	S19 08.1	5.6	57.2
19	101 27.5	11.7	136 46.9	8.9	19 02.5	5.7	57.2
20	116 27.5	10.9	151 14.8	8.9	18 56.8	5.8	57.2
21	131 27.5	.. 10.1	165 42.7	9.0	18 51.0	5.9	57.2
22	146 27.4	09.4	180 10.7	9.1	18 45.1	6.0	57.2
23	161 27.4	08.6	194 38.8	9.1	18 39.1	6.1	57.1
8 00	176 27.4	S15 07.8	209 06.9	9.2	S18 33.0	6.2	57.1
01	191 27.3	07.0	223 35.1	9.3	18 26.8	6.3	57.1
02	206 27.3	06.2	238 03.4	9.3	18 20.5	6.4	57.1
03	221 27.3	.. 05.4	252 31.7	9.4	18 14.1	6.5	57.1
04	236 27.3	04.6	267 00.1	9.5	18 07.6	6.6	57.0
05	251 27.2	03.8	281 28.6	9.5	18 01.0	6.7	57.0
06	266 27.2	S15 03.0	295 57.1	9.6	S17 54.3	6.8	57.0
07	281 27.2	02.3	310 25.7	9.6	17 47.5	6.8	57.0
T 08	296 27.2	01.5	324 54.3	9.8	17 40.7	7.0	57.0
U 09	311 27.1	15 00.7	339 23.1	9.7	17 33.7	7.0	56.9
E 10	326 27.1	14 59.9	353 51.8	9.9	17 26.7	7.2	56.9
S 11	341 27.1	59.1	8 20.7	9.9	17 19.5	7.2	56.9
D 12	356 27.0	S14 58.3	22 49.6	10.0	S17 12.3	7.3	56.9
A 13	11 27.0	57.5	37 18.6	10.0	17 05.0	7.4	56.9
Y 14	26 27.0	56.7	51 47.6	10.1	16 57.6	7.5	56.8
15	41 27.0	.. 55.9	66 16.7	10.2	16 50.1	7.6	56.8
16	56 27.0	55.1	80 45.9	10.2	16 42.5	7.6	56.8
17	71 26.9	54.3	95 15.1	10.3	16 34.9	7.8	56.8
18	86 26.9	S14 53.5	109 44.4	10.4	S16 27.1	7.8	56.8
19	101 26.9	52.7	124 13.8	10.4	16 19.3	7.9	56.7
20	116 26.9	51.9	138 43.2	10.5	16 11.4	8.0	56.7
21	131 26.8	.. 51.1	153 12.7	10.6	16 03.4	8.0	56.7
22	146 26.8	50.3	167 42.3	10.6	15 55.4	8.2	56.7
23	161 26.8	49.5	182 11.9	10.7	15 47.2	8.2	56.7
	S.D. 16.2	d 0.8	S.D. 15.8		15.6		15.5

Twilight, Sunrise, Moonrise

Lat.	Twilight Naut.	Twilight Civil	Sunrise	Moonrise 6	Moonrise 7	Moonrise 8	Moonrise 9
°	h m	h m	h m	h m	h m	h m	h m
N 72	06 48	08 12	09 44	■	■	09 35	08 42
N 70	06 43	07 58	09 15	■	09 25	08 28	08 12
68	06 38	07 46	08 53	07 35	07 49	07 51	07 50
66	06 34	07 36	08 36	06 38	07 10	07 25	07 33
64	06 30	07 28	08 22	06 05	06 42	07 05	07 18
62	06 27	07 20	08 10	05 40	06 21	06 48	07 06
60	06 24	07 14	08 00	05 21	06 04	06 34	06 56
N 58	06 22	07 08	07 51	05 04	05 49	06 22	06 47
56	06 19	07 03	07 43	04 51	05 37	06 12	06 39
54	06 17	06 59	07 37	04 39	05 26	06 03	06 32
52	06 14	06 55	07 30	04 28	05 16	05 55	06 26
50	06 12	06 51	07 25	04 19	05 08	05 47	06 20
45	06 07	06 42	07 13	03 59	04 49	05 32	06 07
N 40	06 02	06 35	07 03	03 43	04 34	05 19	05 57
35	05 58	06 28	06 54	03 30	04 22	05 08	05 48
30	05 53	06 22	06 47	03 18	04 11	04 58	05 40
20	05 44	06 11	06 33	02 58	03 51	04 41	05 27
N 10	05 35	06 00	06 22	02 40	03 35	04 27	05 15
0	05 24	05 49	06 11	02 24	03 19	04 13	05 04
S 10	05 12	05 38	06 00	02 07	03 04	03 59	04 53
20	04 57	05 24	05 47	01 50	02 47	03 45	04 41
30	04 38	05 08	05 34	01 30	02 28	03 28	04 27
35	04 26	04 58	05 25	01 18	02 17	03 18	04 19
40	04 11	04 47	05 16	01 04	02 04	03 07	04 10
45	03 52	04 33	05 05	00 49	01 49	02 53	03 59
S 50	03 28	04 15	04 52	00 29	01 30	02 37	03 46
52	03 16	04 07	04 46	00 20	01 22	02 30	03 40
54	03 01	03 57	04 39	00 09	01 12	02 21	03 34
56	02 44	03 46	04 31	25 01	01 01	02 12	03 26
58	02 22	03 33	04 22	24 48	00 48	02 01	03 18
S 60	01 53	03 18	04 12	24 33	00 33	01 48	03 08

Sunset, Twilight, Moonset

Lat.	Sunset	Twilight Civil	Twilight Naut.	Moonset 6	Moonset 7	Moonset 8	Moonset 9
°	h m	h m	h m	h m	h m	h m	h m
N 72	14 45	16 17	17 42	■	■	11 29	14 07
N 70	15 15	16 32	17 47	■	09 48	12 36	14 35
68	15 37	16 44	17 52	09 42	11 24	13 11	14 56
66	15 54	16 53	17 56	10 38	12 02	13 37	15 12
64	16 08	17 02	17 59	11 12	12 29	13 56	15 26
62	16 19	17 09	18 02	11 36	12 50	14 12	15 37
60	16 29	17 15	18 05	11 56	13 07	14 25	15 46
N 58	16 38	17 21	18 08	12 12	13 21	14 37	15 55
56	16 46	17 26	18 10	12 25	13 33	14 47	16 02
54	16 52	17 30	18 12	12 37	13 44	14 55	16 09
52	16 59	17 35	18 15	12 48	13 53	15 03	16 14
50	17 04	17 38	18 17	12 57	14 01	15 10	16 20
45	17 16	17 47	18 22	13 16	14 19	15 25	16 31
N 40	17 26	17 54	18 26	13 32	14 34	15 37	16 40
35	17 35	18 01	18 31	13 46	14 46	15 47	16 48
30	17 42	18 07	18 35	13 57	14 57	15 56	16 55
20	17 55	18 18	18 44	14 17	15 15	16 12	17 07
N 10	18 07	18 28	18 54	14 34	15 31	16 25	17 18
0	18 18	18 39	19 04	14 51	15 45	16 38	17 27
S 10	18 29	18 51	19 16	15 07	16 00	16 50	17 37
20	18 41	19 04	19 31	15 24	16 16	17 03	17 47
30	18 54	19 20	19 50	15 43	16 34	17 19	17 59
35	19 02	19 29	20 02	15 55	16 44	17 27	18 06
40	19 11	19 41	20 17	16 08	16 56	17 37	18 13
45	19 22	19 55	20 35	16 23	17 10	17 49	18 22
S 50	19 35	20 12	20 59	16 42	17 27	18 03	18 33
52	19 41	20 20	21 11	16 51	17 35	18 09	18 37
54	19 48	20 30	21 25	17 01	17 43	18 16	18 43
56	19 56	20 40	21 42	17 13	17 53	18 24	18 49
58	20 04	20 53	22 03	17 26	18 05	18 33	18 55
S 60	20 14	21 07	22 31	17 41	18 18	18 44	19 03

SUN and MOON

Day	SUN Eqn. of Time 00ʰ	SUN Eqn. of Time 12ʰ	SUN Mer. Pass.	MOON Mer. Pass. Upper	MOON Mer. Pass. Lower	Age	Phase
	m s	m s	h m	h m	h m	d	
6	14 03	14 05	12 14	08 37	21 05	26	
7	14 07	14 09	12 14	09 32	21 59	27	◖
8	14 10	14 12	12 14	10 25	22 51	28	

1994 FEBRUARY 9, 10, 11 (WED., THURS., FRI.)

UT (GMT) d h	ARIES G.H.A.	VENUS −3.9 G.H.A.	Dec.	MARS +1.2 G.H.A.	Dec.	JUPITER −2.1 G.H.A.	Dec.	SATURN +0.9 G.H.A.	Dec.	STARS Name	S.H.A.	Dec.
9 00	138 51.5	170 35.9	S14 20.7	186 54.2	S18 57.3	276 52.4	S14 52.4	165 00.6	S12 20.3	Acamar	315 29.3	S40 20.0
01	153 54.0	185 35.4	19.7	201 54.6	56.8	291 54.7	52.4	180 02.8	20.2	Achernar	335 37.7	S57 16.2
02	168 56.4	200 34.8	18.7	216 55.1	56.3	306 57.0	52.4	195 05.0	20.1	Acrux	173 25.0	S63 03.9
03	183 58.9	215 34.2	·· 17.6	231 55.6	·· 55.8	321 59.3	·· 52.5	210 07.1	·· 20.0	Adhara	255 23.6	S28 58.1
04	199 01.4	230 33.6	16.6	246 56.1	55.3	337 01.6	52.5	225 09.3	19.8	Aldebaran	291 05.9	N16 29.8
05	214 03.8	245 33.0	15.5	261 56.5	54.8	352 03.9	52.5	240 11.5	19.7			
W 06	229 06.3	260 32.4	S14 14.5	276 57.0	S18 54.3	7 06.2	S14 52.6	255 13.7	S12 19.6	Alioth	166 33.0	N55 59.1
E 07	244 08.8	275 31.8	13.5	291 57.5	53.7	22 08.6	52.6	270 15.9	19.5	Alkaid	153 10.1	N49 20.2
D 08	259 11.2	290 31.3	12.4	306 57.9	53.2	37 10.9	52.6	285 18.0	19.4	Al Na'ir	28 02.3	S46 59.4
N 09	274 13.7	305 30.7	·· 11.4	321 58.4	·· 52.7	52 13.2	·· 52.7	300 20.2	·· 19.3	Alnilam	276 00.8	S 1 12.5
E 10	289 16.2	320 30.1	10.3	336 58.9	52.2	67 15.5	52.7	315 22.4	19.2	Alphard	218 09.9	S 8 38.2
S 11	304 18.6	335 29.5	09.3	351 59.3	51.7	82 17.8	52.8	330 24.6	19.1			
D 12	319 21.1	350 28.9	S14 08.2	6 59.8	S18 51.2	97 20.1	S14 52.8	345 26.7	S12 19.0	Alphecca	126 23.3	N26 43.8
A 13	334 23.6	5 28.3	07.2	22 00.3	50.7	112 22.5	52.8	0 28.9	18.9	Alpheratz	357 58.7	N29 03.6
Y 14	349 26.0	20 27.8	06.1	37 00.8	50.1	127 24.8	52.9	15 31.1	18.8	Altair	62 22.6	N 8 51.1
15	4 28.5	35 27.2	·· 05.1	52 01.2	·· 49.6	142 27.1	·· 52.9	30 33.3	·· 18.7	Ankaa	353 30.2	S42 20.4
16	19 30.9	50 26.6	04.1	67 01.7	49.1	157 29.4	52.9	45 35.4	18.6	Antares	112 44.1	S26 25.1
17	34 33.4	65 26.0	03.0	82 02.2	48.6	172 31.7	53.0	60 37.6	18.5			
18	49 35.9	80 25.4	S14 02.0	97 02.6	S18 48.1	187 34.1	S14 53.0	75 39.8	S12 18.4	Arcturus	146 08.8	N19 12.5
19	64 38.3	95 24.9	14 00.9	112 03.1	47.6	202 36.4	53.0	90 42.0	18.3	Atria	107 59.2	S69 00.8
20	79 40.8	110 24.3	13 59.9	127 03.6	47.0	217 38.7	53.1	105 44.1	18.1	Avior	234 23.3	S59 29.7
21	94 43.3	125 23.7	·· 58.8	142 04.1	·· 46.5	232 41.0	·· 53.1	120 46.3	·· 18.0	Bellatrix	278 47.3	N 6 20.5
22	109 45.7	140 23.1	57.8	157 04.5	46.0	247 43.3	53.1	135 48.5	17.9	Betelgeuse	271 16.7	N 7 24.2
23	124 48.2	155 22.5	56.7	172 05.0	45.5	262 45.7	53.2	150 50.7	17.8			
10 00	139 50.7	170 22.0	S13 55.7	187 05.5	S18 45.0	277 48.0	S14 53.2	165 52.9	S12 17.7	Canopus	264 02.1	S52 41.9
01	154 53.1	185 21.4	54.6	202 05.9	44.5	292 50.3	53.2	180 55.0	17.6	Capella	280 55.6	N45 59.6
02	169 55.6	200 20.8	53.5	217 06.4	43.9	307 52.6	53.3	195 57.2	17.5	Deneb	49 41.8	N45 15.6
03	184 58.0	215 20.2	·· 52.5	232 06.9	·· 43.4	322 54.9	·· 53.3	210 59.4	·· 17.4	Denebola	182 48.1	N14 36.0
04	200 00.5	230 19.7	51.4	247 07.4	42.9	337 57.3	53.3	226 01.6	17.3	Diphda	349 10.6	S18 01.2
05	215 03.0	245 19.1	50.4	262 07.8	42.4	352 59.6	53.4	241 03.7	17.2			
06	230 05.4	260 18.5	S13 49.3	277 08.3	S18 41.9	8 01.9	S14 53.4	256 05.9	S12 17.1	Dubhe	194 08.7	N61 46.7
07	245 07.9	275 18.0	48.3	292 08.8	41.3	23 04.2	53.5	271 08.1	17.0	Elnath	278 30.7	N28 36.2
T 08	260 10.4	290 17.4	47.2	307 09.3	40.8	38 06.6	53.5	286 10.3	16.9	Eltanin	90 53.2	N51 29.2
H 09	275 12.8	305 16.8	·· 46.2	322 09.7	·· 40.3	53 08.9	·· 53.5	301 12.4	·· 16.8	Enif	34 01.6	N 9 50.9
U 10	290 15.3	320 16.2	45.1	337 10.2	39.8	68 11.2	53.6	316 14.6	16.7	Fomalhaut	15 40.2	S29 39.3
R 11	305 17.8	335 15.7	44.0	352 10.7	39.2	83 13.5	53.6	331 16.8	16.6			
S 12	320 20.2	350 15.1	S13 43.0	7 11.1	S18 38.7	98 15.8	S14 53.6	346 19.0	S12 16.4	Gacrux	172 16.7	S57 04.8
D 13	335 22.7	5 14.5	41.9	22 11.6	38.2	113 18.2	53.7	1 21.1	16.3	Gienah	176 06.9	S17 30.7
A 14	350 25.2	20 14.0	40.9	37 12.1	37.7	128 20.5	53.7	16 23.3	16.2	Hadar	149 08.3	S60 20.5
Y 15	5 27.6	35 13.4	·· 39.8	52 12.6	·· 37.1	143 22.8	·· 53.7	31 25.5	·· 16.1	Hamal	328 17.2	N23 26.2
16	20 30.1	50 12.8	38.7	67 13.0	36.6	158 25.1	53.8	46 27.7	16.0	Kaus Aust.	84 03.2	S34 23.2
17	35 32.5	65 12.2	37.7	82 13.5	36.1	173 27.5	53.8	61 29.8	15.9			
18	50 35.0	80 11.7	S13 36.6	97 14.0	S18 35.5	188 29.8	S14 53.8	76 32.0	S12 15.8	Kochab	137 19.3	N74 10.4
19	65 37.5	95 11.1	35.5	112 14.5	35.0	203 32.1	53.9	91 34.2	15.7	Markab	13 53.0	N15 10.5
20	80 39.9	110 10.5	34.5	127 14.9	34.5	218 34.5	53.9	106 36.4	15.6	Menkar	314 30.2	N 4 04.0
21	95 42.4	125 10.0	·· 33.4	142 15.4	·· 34.0	233 36.8	·· 53.9	121 38.5	·· 15.5	Menkent	148 24.5	S36 20.4
22	110 44.9	140 09.4	32.3	157 15.9	33.5	248 39.1	54.0	136 40.7	15.4	Miaplacidus	221 41.7	S69 41.7
23	125 47.3	155 08.9	31.3	172 16.4	32.9	263 41.4	54.0	151 42.9	15.3			
11 00	140 49.8	170 08.3	S13 30.2	187 16.9	S18 32.4	278 43.8	S14 54.0	166 45.1	S12 15.2	Mirfak	309 01.1	N49 50.6
01	155 52.3	185 07.7	29.1	202 17.3	31.9	293 46.1	54.0	181 47.3	15.1	Nunki	76 16.5	S26 18.2
02	170 54.7	200 07.2	28.1	217 17.8	31.4	308 48.4	54.1	196 49.4	15.0	Peacock	53 42.5	S56 45.1
03	185 57.2	215 06.6	·· 27.0	232 18.3	·· 30.8	323 50.7	·· 54.1	211 51.6	·· 14.9	Pollux	243 45.0	N28 02.3
04	200 59.7	230 06.0	25.9	247 18.8	30.3	338 53.1	54.1	226 53.8	14.7	Procyon	245 14.5	N 5 14.2
05	216 02.1	245 05.5	24.9	262 19.2	29.8	353 55.4	54.2	241 56.0	14.6			
06	231 04.6	260 04.9	S13 23.8	277 19.7	S18 29.2	8 57.7	S14 54.2	256 58.1	S12 14.5	Rasalhague	96 20.0	N12 33.7
07	246 07.0	275 04.3	22.7	292 20.2	28.7	24 00.1	54.2	272 00.3	14.4	Regulus	207 58.5	N11 59.5
08	261 09.5	290 03.8	21.6	307 20.7	28.2	39 02.4	54.3	287 02.5	14.3	Rigel	281 25.8	S 8 12.7
F 09	276 12.0	305 03.2	·· 20.6	322 21.1	·· 27.7	54 04.7	·· 54.3	302 04.7	·· 14.2	Rigil Kent.	140 11.3	S60 48.4
R 10	291 14.4	320 02.7	19.5	337 21.6	27.1	69 07.1	54.3	317 06.8	14.1	Sabik	102 29.3	S15 43.1
I 11	306 16.9	335 02.1	18.4	352 22.1	26.6	84 09.4	54.4	332 09.0	14.0			
D 12	321 19.4	350 01.5	S13 17.3	7 22.6	S18 26.1	99 11.7	S14 54.4	347 11.2	S12 13.9	Schedar	349 57.4	N56 30.6
A 13	336 21.8	5 01.0	16.3	22 23.1	25.5	114 14.1	54.4	2 13.4	13.8	Shaula	96 41.8	S37 05.9
Y 14	351 24.3	20 00.4	15.2	37 23.5	25.0	129 16.4	54.5	17 15.5	13.7	Sirius	258 46.2	S16 42.7
15	6 26.8	34 59.9	·· 14.1	52 24.0	·· 24.5	144 18.7	·· 54.5	32 17.7	·· 13.6	Spica	158 46.3	S11 08.0
16	21 29.2	49 59.3	13.0	67 24.5	23.9	159 21.1	54.5	47 19.9	13.5	Suhail	223 02.6	S43 24.7
17	36 31.7	64 58.8	12.0	82 25.0	23.4	174 23.4	54.6	62 22.1	13.4			
18	51 34.1	79 58.2	S13 10.9	97 25.5	S18 22.9	189 25.7	S14 54.6	77 24.2	S12 13.3	Vega	80 49.1	N38 46.6
19	66 36.6	94 57.7	09.8	112 25.9	22.3	204 28.1	54.6	92 26.4	13.2	Zuben'ubi	137 21.4	S16 01.1
20	81 39.1	109 57.1	08.7	127 26.4	21.8	219 30.4	54.6	107 28.6	13.0		S.H.A.	Mer. Pass.
21	96 41.5	124 56.5	·· 07.6	142 26.9	·· 21.3	234 32.7	·· 54.7	122 30.8	·· 12.9	Venus	30 31.3	12 39
22	111 44.0	139 56.0	06.6	157 27.4	20.7	249 35.1	54.7	137 32.9	12.8	Mars	47 14.8	11 31
23	126 46.5	154 55.4	05.5	172 27.9	20.2	264 37.4	54.7	152 35.1	12.7	Jupiter	137 57.3	5 28
Mer. Pass. 14h 38.2m		v −0.6	d 1.1	v 0.5	d 0.5	v 2.3	d 0.0	v 2.2	d 0.1	Saturn	26 02.2	12 55

1994 FEBRUARY 9, 10, 11 (WED., THURS., FRI.)

UT (GMT)	SUN G.H.A.	Dec.	MOON G.H.A.	v	Dec.	d	H.P.	Lat.	Twilight Naut.	Civil	Sunrise	Moonrise 9	10	11	12
d h	o ′	o ′	o ′	′	o ′	′	′	o	h m	h m	h m	h m	h m	h m	h m
								N 72	06 36	07 59	09 25	08 42	08 20	08 03	07 50
9 00	176 26.8	S14 48.8	196 41.6	10.8	S15 39.0	8.2	56.6	N 70	06 32	07 46	08 59	08 12	08 02	07 54	07 47
01	191 26.8	48.0	211 11.4	10.8	15 30.8	8.4	56.6	68	06 29	07 35	08 40	07 50	07 49	07 47	07 44
02	206 26.7	47.2	225 41.2	10.9	15 22.4	8.4	56.6	66	06 26	07 27	08 25	07 33	07 37	07 40	07 42
03	221 26.7	.. 46.4	240 11.1	11.0	15 14.0	8.5	56.6	64	06 23	07 19	08 12	07 18	07 28	07 35	07 40
04	236 26.7	45.6	254 41.1	11.0	15 05.5	8.6	56.6	62	06 20	07 13	08 01	07 06	07 20	07 30	07 39
05	251 26.7	44.8	269 11.1	11.1	14 56.9	8.6	56.5	60	06 18	07 07	07 52	06 56	07 13	07 26	07 38
06	266 26.7	S14 44.0	283 41.2	11.2	S14 48.3	8.8	56.5	N 58	06 16	07 02	07 44	06 47	07 06	07 22	07 36
W 07	281 26.6	43.2	298 11.4	11.2	14 39.5	8.7	56.5	56	06 14	06 57	07 37	06 39	07 01	07 19	07 35
E 08	296 26.6	42.4	312 41.6	11.3	14 30.8	8.9	56.5	54	06 12	06 53	07 31	06 32	06 56	07 16	07 34
D 09	311 26.6	.. 41.6	327 11.9	11.4	14 21.9	8.9	56.5	52	06 10	06 50	07 25	06 26	06 51	07 13	07 33
N 10	326 26.6	40.8	341 42.3	11.4	14 13.0	9.0	56.4	50	06 08	06 46	07 20	06 20	06 47	07 11	07 33
E 11	341 26.6	39.9	356 12.7	11.5	14 04.0	9.0	56.4	45	06 04	06 38	07 09	06 07	06 38	07 06	07 31
S 12	356 26.5	S14 39.1	10 43.2	11.5	S13 55.0	9.1	56.4	N 40	05 59	06 31	06 59	05 57	06 31	07 01	07 29
D 13	11 26.5	38.3	25 13.7	11.6	13 45.9	9.2	56.4	35	05 55	06 25	06 51	05 48	06 24	06 57	07 28
A 14	26 26.5	37.5	39 44.3	11.7	13 36.7	9.2	56.3	30	05 51	06 20	06 44	05 40	06 19	06 54	07 27
Y 15	41 26.5	.. 36.7	54 15.0	11.7	13 27.5	9.3	56.3	20	05 43	06 09	06 32	05 27	06 09	06 48	07 25
16	56 26.5	35.9	68 45.7	11.8	13 18.2	9.3	56.3	N 10	05 34	06 00	06 21	05 15	06 00	06 43	07 23
17	71 26.5	35.1	83 16.5	11.9	13 08.9	9.4	56.3	0	05 25	05 49	06 11	05 04	05 52	06 38	07 22
18	86 26.5	S14 34.3	97 47.4	11.9	S12 59.5	9.5	56.3	S 10	05 13	05 39	06 00	04 53	05 44	06 33	07 20
19	101 26.4	33.5	112 18.3	12.0	12 50.0	9.5	56.2	20	04 59	05 26	05 49	04 41	05 35	06 28	07 18
20	116 26.4	32.7	126 49.3	12.0	12 40.5	9.5	56.2	30	04 41	05 11	05 36	04 27	05 25	06 22	07 17
21	131 26.4	.. 31.9	141 20.3	12.1	12 31.0	9.7	56.2	35	04 29	05 02	05 28	04 19	05 19	06 18	07 15
22	146 26.4	31.1	155 51.4	12.2	12 21.3	9.6	56.2	40	04 15	04 51	05 20	04 10	05 13	06 14	07 14
23	161 26.4	30.3	170 22.6	12.2	12 11.7	9.7	56.2	45	03 58	04 37	05 10	03 59	05 05	06 10	07 13
10 00	176 26.4	S14 29.5	184 53.8	12.3	S12 02.0	9.8	56.1	S 50	03 35	04 21	04 57	03 46	04 56	06 04	07 11
01	191 26.4	28.7	199 25.1	12.4	11 52.2	9.8	56.1	52	03 23	04 13	04 51	03 40	04 52	06 02	07 10
02	206 26.3	27.9	213 56.5	12.4	11 42.4	9.9	56.1	54	03 10	04 04	04 45	03 34	04 47	05 59	07 09
03	221 26.3	.. 27.1	228 27.9	12.4	11 32.5	9.9	56.1	56	02 54	03 54	04 38	03 26	04 42	05 56	07 08
04	236 26.3	26.2	242 59.3	12.6	11 22.6	10.0	56.1	58	02 35	03 42	04 30	03 18	04 36	05 52	07 07
05	251 26.3	25.4	257 30.9	12.5	11 12.6	10.0	56.0	S 60	02 10	03 28	04 21	03 08	04 29	05 48	07 06
06	266 26.3	S14 24.6	272 02.4	12.7	S11 02.6	10.1	56.0								
07	281 26.3	23.8	286 34.1	12.7	10 52.5	10.1	56.0								

UT (GMT)	SUN G.H.A.	Dec.	MOON G.H.A.	v	Dec.	d	H.P.	Lat.	Sunset	Twilight Civil	Naut.	Moonset 9	10	11	12
T 08	296 26.3	23.0	301 05.8	12.7	10 42.4	10.1	56.0	o	h m	h m	h m	h m	h m	h m	h m
H 09	311 26.3	.. 22.2	315 37.5	12.8	10 32.3	10.2	56.0	N 72	15 05	16 31	17 54	14 07	16 08	17 58	19 43
U 10	326 26.3	21.4	330 09.3	12.9	10 22.1	10.2	55.9	N 70	15 30	16 44	17 58	14 35	16 23	18 05	19 43
R 11	341 26.2	20.6	344 41.2	12.9	10 11.9	10.3	55.9	68	15 50	16 54	18 01	14 56	16 35	18 11	19 43
S 12	356 26.2	S14 19.8	359 13.1	13.0	S10 01.6	10.3	55.9	66	16 05	17 03	18 04	15 12	16 45	18 15	19 43
D 13	11 26.2	18.9	13 45.1	13.0	9 51.3	10.3	55.9	64	16 18	17 10	18 07	15 26	16 54	18 19	19 43
A 14	26 26.2	18.1	28 17.1	13.1	9 41.0	10.4	55.9	62	16 28	17 17	18 10	15 37	17 01	18 23	19 43
Y 15	41 26.2	.. 17.3	42 49.2	13.1	9 30.6	10.4	55.8	60	16 37	17 22	18 12	15 46	17 07	18 26	19 43
16	56 26.2	16.5	57 21.3	13.2	9 20.2	10.4	55.8	N 58	16 45	17 27	18 14	15 55	17 12	18 28	19 43
17	71 26.2	15.7	71 53.5	13.3	9 09.8	10.5	55.8	56	16 52	17 32	18 16	16 02	17 17	18 31	19 43
18	86 26.2	S14 14.9	86 25.8	13.2	S 8 59.3	10.5	55.8	54	16 59	17 36	18 18	16 09	17 21	18 33	19 43
19	101 26.2	14.0	100 58.0	13.4	8 48.8	10.5	55.8	52	17 04	17 40	18 20	16 14	17 25	18 35	19 43
20	116 26.2	13.2	115 30.4	13.4	8 38.3	10.6	55.7	50	17 09	17 43	18 21	16 20	17 29	18 36	19 43
21	131 26.2	.. 12.4	130 02.8	13.4	8 27.7	10.6	55.7	45	17 20	17 51	18 26	16 31	17 36	18 40	19 43
22	146 26.2	11.6	144 35.2	13.5	8 17.1	10.7	55.7	N 40	17 30	17 58	18 30	16 40	17 42	18 43	19 43
23	161 26.2	10.8	159 07.7	13.5	8 06.4	10.6	55.7	35	17 38	18 04	18 34	16 48	17 48	18 46	19 43
11 00	176 26.2	S14 10.0	173 40.2	13.6	S 7 55.8	10.7	55.7	30	17 45	18 09	18 37	16 55	17 53	18 48	19 43
01	191 26.2	09.1	188 12.8	13.6	7 45.1	10.7	55.6	20	17 57	18 19	18 46	17 07	18 01	18 52	19 43
02	206 26.1	08.3	202 45.4	13.7	7 34.4	10.8	55.6	N 10	18 07	18 29	18 54	17 18	18 08	18 56	19 43
03	221 26.1	.. 07.5	217 18.1	13.7	7 23.6	10.7	55.6	0	18 18	18 39	19 04	17 27	18 14	18 59	19 42
04	236 26.1	06.7	231 50.8	13.8	7 12.9	10.8	55.6	S 10	18 28	18 50	19 15	17 37	18 21	19 02	19 42
05	251 26.1	05.9	246 23.6	13.8	7 02.1	10.8	55.6	20	18 39	19 02	19 29	17 47	18 28	19 06	19 42
06	266 26.1	S14 05.0	260 56.4	13.9	S 6 51.3	10.8	55.5	30	18 52	19 17	19 47	17 59	18 36	19 10	19 42
07	281 26.1	04.2	275 29.3	13.9	6 40.5	10.9	55.5	35	18 59	19 26	19 58	18 06	18 40	19 12	19 42
08	296 26.1	03.4	290 02.2	13.9	6 29.6	10.9	55.5	40	19 08	19 37	20 12	18 13	18 45	19 14	19 42
F 09	311 26.1	.. 02.6	304 35.1	14.0	6 18.7	10.9	55.5	45	19 18	19 50	20 30	18 22	18 51	19 17	19 42
R 10	326 26.1	01.8	319 08.1	14.0	6 07.8	10.9	55.5	S 50	19 30	20 06	20 52	18 33	18 58	19 21	19 42
I 11	341 26.1	00.9	333 41.1	14.1	5 56.9	10.9	55.4	52	19 36	20 14	21 03	18 37	19 01	19 22	19 42
D 12	356 26.1	S14 00.1	348 14.2	14.1	S 5 46.0	10.9	55.4	54	19 42	20 23	21 16	18 43	19 05	19 24	19 42
A 13	11 26.1	13 59.3	2 47.3	14.1	5 35.1	11.0	55.4	56	19 49	20 33	21 32	18 49	19 09	19 26	19 42
Y 14	26 26.1	58.5	17 20.4	14.2	5 24.1	11.0	55.4	58	19 57	20 44	21 50	18 55	19 13	19 28	19 42
15	41 26.1	.. 57.6	31 53.6	14.2	5 13.1	11.0	55.3	S 60	20 06	20 58	22 15	19 03	19 18	19 30	19 41
16	56 26.1	56.8	46 26.8	14.3	5 02.1	11.0	55.3								
17	71 26.1	56.0	61 00.1	14.3	4 51.1	11.0	55.3								

										SUN			MOON			
18	86 26.1	S13 55.2	75 33.4	14.3	S 4 40.1	11.0	55.3	Day	Eqn. of Time 00h	12h	Mer. Pass.	Mer. Pass. Upper	Lower	Age	Phase
19	101 26.1	54.3	90 06.7	14.4	4 29.1	11.1	55.3		m s	m s	h m	h m	h m	d	
20	116 26.1	53.5	104 40.1	14.4	4 18.0	11.1	55.3	9	14 13	14 14	12 14	11 16	23 40	29	●
21	131 26.1	.. 52.7	119 13.5	14.4	4 07.0	11.1	55.2	10	14 15	14 15	12 14	12 03	24 26	30	
22	146 26.1	51.9	133 46.9	14.5	3 55.9	11.0	55.2	11	14 15	14 16	12 14	12 49	00 26	01	
23	161 26.1	51.0	148 20.4	14.5	3 44.9	11.1	55.2								
	S.D. 16.2	d 0.8	S.D. 15.4		15.2		15.1									

1994 FEBRUARY 12, 13, 14 (SAT., SUN., MON.)

UT (GMT)	ARIES G.H.A.	VENUS −3.9 G.H.A.	Dec.	MARS +1.2 G.H.A.	Dec.	JUPITER −2.1 G.H.A.	Dec.	SATURN +0.9 G.H.A.	Dec.	STARS Name	S.H.A.	Dec.
12 00	141 48.9	169 54.9	S13 04.4	187 28.3	S18 19.7	279 39.7	S14 54.8	167 37.3	S12 12.6	Acamar	315 29.3	S40 20.0
01	156 51.4	184 54.3	03.3	202 28.8	19.1	294 42.1	54.8	182 39.5	12.5	Achernar	335 37.7	S57 16.2
02	171 53.9	199 53.8	02.2	217 29.3	18.6	309 44.4	54.8	197 41.6	12.4	Acrux	173 25.0	S63 03.9
03	186 56.3	214 53.2	·· 01.1	232 29.8	·· 18.0	324 46.7	·· 54.9	212 43.8	·· 12.3	Adhara	255 23.6	S28 58.1
04	201 58.8	229 52.7	13 00.0	247 30.3	17.5	339 49.1	54.9	227 46.0	12.2	Aldebaran	291 05.9	N16 29.8
05	217 01.3	244 52.1	12 59.0	262 30.7	17.0	354 51.4	54.9	242 48.2	12.1			
06	232 03.7	259 51.6	S12 57.9	277 31.2	S18 16.4	9 53.7	S14 54.9	257 50.3	S12 12.0	Alioth	166 33.0	N55 59.1
07	247 06.2	274 51.0	56.8	292 31.7	15.9	24 56.1	55.0	272 52.5	11.9	Alkaid	153 10.0	N49 20.2
S 08	262 08.6	289 50.5	55.7	307 32.2	15.4	39 58.4	55.0	287 54.7	11.8	Al Na'ir	28 02.3	S46 59.4
A 09	277 11.1	304 49.9	·· 54.6	322 32.7	·· 14.8	55 00.8	·· 55.0	302 56.9	·· 11.7	Alnilam	276 00.9	S 1 12.5
T 10	292 13.6	319 49.4	53.5	337 33.1	14.3	70 03.1	55.1	317 59.0	11.6	Alphard	218 09.9	S 8 38.2
U 11	307 16.0	334 48.8	52.4	352 33.6	13.7	85 05.4	55.1	333 01.2	11.4			
R 12	322 18.5	349 48.3	S12 51.3	7 34.1	S18 13.2	100 07.8	S14 55.2	348 03.4	S12 11.3	Alphecca	126 23.2	N26 43.8
D 13	337 21.0	4 47.7	50.3	22 34.6	12.7	115 10.1	55.2	3 05.6	11.2	Alpheratz	357 58.7	N29 03.6
A 14	352 23.4	19 47.2	49.2	37 35.1	12.1	130 12.5	55.2	18 07.7	11.1	Altair	62 22.6	N 8 51.1
Y 15	7 25.9	34 46.6	·· 48.1	52 35.6	·· 11.6	145 14.8	·· 55.2	33 09.9	·· 11.0	Ankaa	353 30.2	S42 20.4
16	22 28.4	49 46.1	47.0	67 36.0	11.0	160 17.1	55.2	48 12.1	10.9	Antares	112 44.1	S26 25.1
17	37 30.8	64 45.6	45.9	82 36.5	10.5	175 19.5	55.3	63 14.3	10.8			
18	52 33.3	79 45.0	S12 44.8	97 37.0	S18 10.0	190 21.8	S14 55.3	78 16.4	S12 10.7	Arcturus	146 08.8	N19 12.5
19	67 35.8	94 44.5	43.7	112 37.5	09.4	205 24.2	55.3	93 18.6	10.6	Atria	107 59.1	S69 00.8
20	82 38.2	109 43.9	42.6	127 38.0	08.9	220 26.5	55.4	108 20.8	10.5	Avior	234 23.5	S59 29.7
21	97 40.7	124 43.4	·· 41.5	142 38.5	·· 08.3	235 28.8	·· 55.4	123 23.0	·· 10.4	Bellatrix	278 47.3	N 6 20.5
22	112 43.1	139 42.8	40.4	157 38.9	07.8	250 31.2	55.4	138 25.1	10.3	Betelgeuse	271 16.7	N 7 24.2
23	127 45.6	154 42.3	39.3	172 39.4	07.2	265 33.5	55.4	153 27.3	10.2			
13 00	142 48.1	169 41.8	S12 38.2	187 39.9	S18 06.7	280 35.9	S14 55.5	168 29.5	S12 10.1	Canopus	264 02.2	S52 41.9
01	157 50.5	184 41.2	37.1	202 40.4	06.2	295 38.2	55.5	183 31.7	09.9	Capella	280 55.6	N45 59.6
02	172 53.0	199 40.7	36.0	217 40.9	05.6	310 40.6	55.5	198 33.8	09.8	Deneb	49 41.8	N45 15.6
03	187 55.5	214 40.1	·· 34.9	232 41.4	·· 05.1	325 42.9	·· 55.5	213 36.0	·· 09.7	Denebola	182 48.1	N14 36.0
04	202 57.9	229 39.6	33.8	247 41.9	04.5	340 45.2	55.6	228 38.2	09.6	Diphda	349 10.6	S18 01.2
05	218 00.4	244 39.1	32.7	262 42.3	04.0	355 47.6	55.6	243 40.4	09.5			
06	233 02.9	259 38.5	S12 31.6	277 42.8	S18 03.4	10 49.9	S14 55.7	258 42.5	S12 09.4	Dubhe	194 08.7	N61 46.7
07	248 05.3	274 38.0	30.5	292 43.3	02.9	25 52.3	55.7	273 44.7	09.3	Elnath	278 30.7	N28 36.2
08	263 07.8	289 37.4	29.4	307 43.8	02.3	40 54.6	55.7	288 46.9	09.2	Eltanin	90 53.2	N51 29.2
S 09	278 10.2	304 36.9	·· 28.3	322 44.3	·· 01.8	55 57.0	·· 55.7	303 49.1	·· 09.1	Enif	34 01.6	N 9 50.9
U 10	293 12.7	319 36.4	27.2	337 44.8	01.2	70 59.3	55.7	318 51.2	09.0	Fomalhaut	15 40.2	S29 39.2
N 11	308 15.2	334 35.8	26.1	352 45.3	00.7	86 01.7	55.8	333 53.4	08.9			
D 12	323 17.6	349 35.3	S12 25.0	7 45.7	S18 00.2	101 04.0	S14 55.8	348 55.6	S12 08.8	Gacrux	172 16.6	S57 04.8
A 13	338 20.1	4 34.8	23.9	22 46.2	17 59.6	116 06.4	55.8	3 57.8	08.7	Gienah	176 06.9	S17 30.7
Y 14	353 22.6	19 34.2	22.8	37 46.7	59.1	131 08.7	55.8	18 59.9	08.6	Hadar	149 08.2	S60 20.5
15	8 25.0	34 33.7	·· 21.7	52 47.2	·· 58.5	146 11.0	·· 55.9	34 02.1	·· 08.5	Hamal	328 17.2	N23 26.2
16	23 27.5	49 33.2	20.6	67 47.7	58.0	161 13.4	55.9	49 04.3	08.3	Kaus Aust.	84 03.2	S34 23.1
17	38 30.0	64 32.6	19.5	82 48.2	57.4	176 15.7	55.9	64 06.5	08.2			
18	53 32.4	79 32.1	S12 18.4	97 48.7	S17 56.9	191 18.1	S14 56.0	79 08.6	S12 08.1	Kochab	137 19.2	N74 10.4
19	68 34.9	94 31.6	17.3	112 49.2	56.3	206 20.4	56.0	94 10.8	08.0	Markab	13 53.0	N15 10.5
20	83 37.4	109 31.0	16.2	127 49.6	55.8	221 22.8	56.0	109 13.0	07.9	Menkar	314 30.2	N 4 03.9
21	98 39.8	124 30.5	·· 15.0	142 50.1	·· 55.2	236 25.1	·· 56.0	124 15.2	·· 07.8	Menkent	148 24.5	S36 20.4
22	113 42.3	139 30.0	13.9	157 50.6	54.7	251 27.5	56.1	139 17.3	07.7	Miaplacidus	221 41.7	S69 41.8
23	128 44.7	154 29.4	12.8	172 51.1	54.1	266 29.8	56.1	154 19.5	07.6			
14 00	143 47.2	169 28.9	S12 11.7	187 51.6	S17 53.6	281 32.2	S14 56.1	169 21.7	S12 07.5	Mirfak	309 01.1	N49 50.6
01	158 49.7	184 28.4	10.6	202 52.1	53.0	296 34.5	56.1	184 23.9	07.4	Nunki	76 16.5	S26 18.2
02	173 52.1	199 27.8	09.5	217 52.6	52.4	311 36.9	56.2	199 26.0	07.3	Peacock	53 42.5	S56 45.1
03	188 54.6	214 27.3	·· 08.4	232 53.1	·· 51.9	326 39.2	·· 56.2	214 28.2	·· 07.2	Pollux	243 45.0	N28 02.3
04	203 57.1	229 26.8	07.3	247 53.6	51.3	341 41.6	56.2	229 30.4	07.1	Procyon	245 14.5	N 5 14.2
05	218 59.5	244 26.3	06.1	262 54.0	50.8	356 43.9	56.2	244 32.6	07.0			
06	234 02.0	259 25.7	S12 05.0	277 54.5	S17 50.2	11 46.3	S14 56.3	259 34.7	S12 06.8	Rasalhague	96 20.0	N12 33.7
07	249 04.5	274 25.2	03.9	292 55.0	49.7	26 48.6	56.3	274 36.9	06.7	Regulus	207 58.5	N11 59.5
08	264 06.9	289 24.7	02.8	307 55.5	49.1	41 51.0	56.3	289 39.1	06.6	Rigel	281 25.8	S 8 12.7
M 09	279 09.4	304 24.1	·· 01.7	322 56.0	·· 48.6	56 53.4	·· 56.3	304 41.3	·· 06.5	Rigil Kent.	140 11.3	S60 48.4
O 10	294 11.9	319 23.6	12 00.6	337 56.5	48.0	71 55.7	56.4	319 43.4	06.4	Sabik	102 29.3	S15 43.1
N 11	309 14.3	334 23.1	11 59.5	352 57.0	47.5	86 58.1	56.4	334 45.6	06.3			
D 12	324 16.8	349 22.6	S11 58.3	7 57.5	S17 46.9	102 00.4	S14 56.4	349 47.8	S12 06.2	Schedar	349 57.4	N56 30.5
A 13	339 19.2	4 22.0	57.2	22 58.0	46.4	117 02.8	56.4	4 50.0	06.1	Shaula	96 41.7	S37 05.9
Y 14	354 21.7	19 21.5	56.1	37 58.5	45.8	132 05.1	56.5	19 52.1	06.0	Sirius	258 46.2	S16 42.7
15	9 24.2	34 21.0	·· 55.0	52 59.0	·· 45.2	147 07.5	·· 56.5	34 54.3	·· 05.9	Spica	158 46.3	S11 08.0
16	24 26.6	49 20.5	53.9	67 59.4	44.7	162 09.8	56.5	49 56.5	05.8	Suhail	223 02.6	S43 24.7
17	39 29.1	64 20.0	52.7	82 59.9	44.1	177 12.2	56.5	64 58.7	05.7			
18	54 31.6	79 19.4	S11 51.6	98 00.4	S17 43.6	192 14.5	S14 56.6	80 00.8	S12 05.6	Vega	80 49.0	N38 46.5
19	69 34.0	94 18.9	50.5	113 00.9	43.0	207 16.9	56.6	95 03.0	05.5	Zuben'ubi	137 21.4	S16 01.1
20	84 36.5	109 18.4	49.4	128 01.4	42.5	222 19.3	56.6	110 05.2	05.3		S.H.A.	Mer. Pass.
21	99 39.0	124 17.9	·· 48.3	143 01.9	·· 41.9	237 21.6	·· 56.6	125 07.4	·· 05.2	Venus	26 53.7	12 42
22	114 41.4	139 17.3	47.1	158 02.4	41.3	252 24.0	56.6	140 09.5	05.1	Mars	44 51.8	11 29
23	129 43.9	154 16.8	46.0	173 02.9	40.8	267 26.3	56.7	155 11.7	05.0	Jupiter	137 47.8	5 17
Mer. Pass. 14 26.4		v −0.5 d 1.1		v 0.5 d 0.5		v 2.3 d 0.0		v 2.2 d 0.1		Saturn	25 41.4	12 44

1994 FEBRUARY 12, 13, 14 (SAT., SUN., MON.)

SUN and MOON

UT (GMT) d h	SUN G.H.A.	SUN Dec.	MOON G.H.A.	v	MOON Dec.	d	H.P.
12 00	176 26.1	S13 50.2	162 53.9	14.5	S 3 33.8	11.1	55.2
01	191 26.1	49.4	177 27.4	14.6	3 22.7	11.1	55.2
02	206 26.1	48.6	192 01.0	14.6	3 11.6	11.1	55.2
03	221 26.1 ..	47.7	206 34.6	14.6	3 00.5	11.1	55.1
04	236 26.2	46.9	221 08.2	14.7	2 49.4	11.1	55.1
05	251 26.2	46.1	235 41.9	14.7	2 38.3	11.1	55.1
06	266 26.2	S13 45.2	250 15.6	14.7	S 2 27.2	11.1	55.1
07	281 26.2	44.4	264 49.3	14.7	2 16.1	11.1	55.1
S 08	296 26.2	43.6	279 23.0	14.8	2 05.0	11.1	55.0
A 09	311 26.2 ..	42.7	293 56.8	14.8	1 53.9	11.1	55.0
T 10	326 26.2	41.9	308 30.6	14.8	1 42.8	11.1	55.0
U 11	341 26.2	41.1	323 04.4	14.8	1 31.7	11.1	55.0
R 12	356 26.2	S13 40.3	337 38.2	14.9	S 1 20.6	11.1	55.0
D 13	11 26.2	39.4	352 12.1	14.9	1 09.5	11.1	55.0
A 14	26 26.2	38.6	6 46.0	14.9	0 58.4	11.1	54.9
Y 15	41 26.2 ..	37.8	21 19.9	14.9	0 47.3	11.1	54.9
16	56 26.2	36.9	35 53.8	15.0	0 36.2	11.1	54.9
17	71 26.2	36.1	50 27.8	15.0	0 25.1	11.0	54.9
18	86 26.2	S13 35.3	65 01.8	15.0	S 0 14.1	11.1	54.9
19	101 26.3	34.4	79 35.8	15.0	S 0 03.0	11.1	54.9
20	116 26.3	33.6	94 09.8	15.0	N 0 08.1	11.0	54.8
21	131 26.3 ..	32.7	108 43.8	15.1	0 19.1	11.1	54.8
22	146 26.3	31.9	123 17.9	15.0	0 30.2	11.0	54.8
23	161 26.3	31.1	137 51.9	15.1	0 41.2	11.0	54.8
13 00	176 26.3	S13 30.2	152 26.0	15.1	N 0 52.2	11.0	54.8
01	191 26.3	29.4	167 00.1	15.1	1 03.2	11.1	54.8
02	206 26.3	28.6	181 34.2	15.2	1 14.3	10.9	54.7
03	221 26.3 ..	27.7	196 08.4	15.1	1 25.2	11.0	54.7
04	236 26.4	26.9	210 42.5	15.1	1 36.2	11.0	54.7
05	251 26.4	26.0	225 16.6	15.2	1 47.2	10.9	54.7
06	266 26.4	S13 25.2	239 50.8	15.2	N 1 58.1	11.0	54.7
07	281 26.4	24.4	254 25.0	15.2	2 09.1	10.9	54.7
S 08	296 26.4	23.5	268 59.2	15.2	2 20.0	10.9	54.7
U 09	311 26.4 ..	22.7	283 33.4	15.2	2 30.9	10.9	54.6
N 10	326 26.4	21.8	298 07.6	15.2	2 41.8	10.8	54.6
D 11	341 26.4	21.0	312 41.8	15.2	2 52.6	10.9	54.6
A 12	356 26.5	S13 20.2	327 16.0	15.2	N 3 03.5	10.8	54.6
Y 13	11 26.5	19.3	341 50.2	15.3	3 14.3	10.8	54.6
14	26 26.5	18.5	356 24.5	15.2	3 25.1	10.8	54.6
15	41 26.5 ..	17.6	10 58.7	15.2	3 35.9	10.8	54.5
16	56 26.5	16.8	25 32.9	15.3	3 46.7	10.7	54.5
17	71 26.5	16.0	40 07.2	15.2	3 57.4	10.8	54.5
18	86 26.6	S13 15.1	54 41.4	15.3	N 4 08.2	10.7	54.5
19	101 26.6	14.3	69 15.7	15.2	4 18.9	10.6	54.5
20	116 26.6	13.4	83 49.9	15.3	4 29.5	10.7	54.5
21	131 26.6 ..	12.6	98 24.2	15.3	4 40.2	10.6	54.5
22	146 26.6	11.7	112 58.5	15.2	4 50.8	10.6	54.5
23	161 26.6	10.9	127 32.7	15.3	5 01.4	10.6	54.5
14 00	176 26.7	S13 10.0	142 07.0	15.2	N 5 12.0	10.6	54.4
01	191 26.7	09.2	156 41.2	15.3	5 22.6	10.5	54.4
02	206 26.7	08.3	171 15.5	15.2	5 33.1	10.5	54.4
03	221 26.7 ..	07.5	185 49.7	15.3	5 43.6	10.4	54.4
04	236 26.7	06.7	200 24.0	15.2	5 54.0	10.5	54.4
05	251 26.8	05.8	214 58.2	15.3	6 04.5	10.4	54.4
06	266 26.8	S13 05.0	229 32.5	15.2	N 6 14.9	10.4	54.4
07	281 26.8	04.1	244 06.7	15.2	6 25.3	10.3	54.4
08	296 26.8	03.3	258 40.9	15.2	6 35.6	10.3	54.4
M 09	311 26.9 ..	02.4	273 15.1	15.3	6 45.9	10.3	54.3
O 10	326 26.9	01.6	287 49.4	15.2	6 56.2	10.3	54.3
N 11	341 26.9	S13 00.7	302 23.6	15.2	7 06.5	10.2	54.3
D 12	356 26.9	S12 59.9	316 57.8	15.1	N 7 16.7	10.2	54.3
A 13	11 26.9	59.0	331 31.9	15.2	7 26.9	10.1	54.3
Y 14	26 27.0	58.2	346 06.1	15.2	7 37.0	10.1	54.3
15	41 27.0 ..	57.3	0 40.3	15.1	7 47.1	10.1	54.3
16	56 27.0	56.5	15 14.4	15.2	7 57.2	10.0	54.3
17	71 27.0	55.6	29 48.6	15.1	8 07.2	10.1	54.3
18	86 27.1	S12 54.7	44 22.7	15.1	N 8 17.3	9.9	54.3
19	101 27.1	53.9	58 56.8	15.1	8 27.2	9.9	54.3
20	116 27.1	53.0	73 30.9	15.1	8 37.1	9.9	54.3
21	131 27.1 ..	52.2	88 05.0	15.1	8 47.0	9.9	54.2
22	146 27.2	51.3	102 39.1	15.0	8 56.9	9.8	54.2
23	161 27.2	50.5	117 13.1	15.1	9 06.7	9.8	54.2
	S.D. 16.2	d 0.8	S.D. 15.0		14.9		14.8

Moonrise

Lat.	Twilight Naut.	Civil	Sunrise	12	13	14	15
N 72	06 24	07 45	09 07	07 50	07 37	07 24	07 09
N 70	06 21	07 34	08 45	07 47	07 40	07 32	07 25
68	06 19	07 25	08 27	07 44	07 42	07 40	07 38
66	06 17	07 17	08 14	07 42	07 44	07 46	07 49
64	06 15	07 11	08 02	07 40	07 46	07 51	07 58
62	06 13	07 05	07 53	07 39	07 47	07 56	08 06
60	06 11	07 00	07 44	07 38	07 49	08 00	08 12
N 58	06 09	06 55	07 37	07 36	07 50	08 03	08 18
56	06 08	06 51	07 30	07 35	07 51	08 07	08 24
54	06 06	06 48	07 25	07 34	07 52	08 09	08 28
52	06 05	06 44	07 19	07 33	07 53	08 12	08 33
50	06 03	06 41	07 15	07 33	07 53	08 14	08 37
45	06 00	06 34	07 04	07 31	07 55	08 20	08 45
N 40	05 56	06 28	06 56	07 29	07 57	08 24	08 52
35	05 53	06 22	06 48	07 28	07 58	08 28	08 58
30	05 49	06 17	06 42	07 27	07 59	08 31	09 04
20	05 42	06 08	06 31	07 25	08 01	08 37	09 13
N 10	05 34	05 59	06 20	07 23	08 03	08 42	09 22
0	05 25	05 50	06 11	07 22	08 05	08 47	09 30
S 10	05 14	05 39	06 01	07 20	08 06	08 52	09 38
20	05 01	05 28	05 51	07 18	08 08	08 57	09 46
30	04 44	05 13	05 39	07 17	08 10	09 03	09 56
35	04 33	05 05	05 32	07 15	08 11	09 07	10 02
40	04 20	04 55	05 23	07 14	08 13	09 11	10 08
45	04 03	04 42	05 14	07 13	08 15	09 15	10 16
S 50	03 42	04 27	05 03	07 11	08 16	09 21	10 25
52	03 31	04 19	04 57	07 10	08 17	09 24	10 29
54	03 19	04 11	04 51	07 09	08 18	09 26	10 34
56	03 04	04 02	04 45	07 08	08 20	09 30	10 39
58	02 47	03 51	04 37	07 07	08 21	09 33	10 45
S 60	02 25	03 38	04 29	07 06	08 22	09 37	10 51

Moonset

Lat.	Sunset	Twilight Civil	Naut.	12	13	14	15
N 72	15 23	16 45	18 07	19 43	21 25	23 09	24 58
N 70	15 45	16 56	18 09	19 43	21 18	22 54	24 32
68	16 02	17 05	18 11	19 43	21 13	22 43	24 13
66	16 16	17 13	18 13	19 43	21 08	22 33	23 58
64	16 27	17 19	18 15	19 43	21 04	22 25	23 46
62	16 37	17 25	18 17	19 43	21 01	22 18	23 35
60	16 45	17 30	18 19	19 43	20 58	22 13	23 26
N 58	16 52	17 34	18 20	19 43	20 55	22 07	23 19
56	16 59	17 38	18 22	19 43	20 53	22 03	23 12
54	17 05	17 42	18 23	19 43	20 51	21 59	23 06
52	17 10	17 45	18 25	19 43	20 49	21 55	23 00
50	17 15	17 48	18 26	19 43	20 48	21 52	22 54
45	17 25	17 55	18 30	19 43	20 44	21 44	22 44
N 40	17 33	18 01	18 33	19 43	20 41	21 38	22 36
35	17 40	18 06	18 36	19 43	20 38	21 33	22 28
30	17 47	18 11	18 40	19 43	20 36	21 29	22 21
20	17 58	18 21	18 47	19 43	20 32	21 21	22 10
N 10	18 08	18 30	18 55	19 43	20 28	21 14	22 00
0	18 18	18 39	19 04	19 42	20 25	21 08	21 51
S 10	18 27	18 49	19 14	19 42	20 22	21 01	21 41
20	18 38	19 00	19 27	19 42	20 18	20 54	21 31
30	18 49	19 14	19 44	19 42	20 14	20 46	21 20
35	18 56	19 23	19 55	19 42	20 12	20 42	21 14
40	19 04	19 33	20 08	19 42	20 09	20 37	21 06
45	19 11	19 45	20 24	19 42	20 06	20 31	20 58
S 50	19 25	20 00	20 45	19 42	20 03	20 24	20 47
52	19 30	20 08	20 56	19 42	20 01	20 21	20 43
54	19 36	20 16	21 08	19 42	19 59	20 17	20 37
56	19 42	20 25	21 22	19 42	19 57	20 13	20 32
58	19 50	20 36	21 39	19 42	19 55	20 09	20 25
S 60	19 58	20 48	22 00	19 41	19 53	20 04	20 18

SUN and MOON

Day	SUN Eqn. of Time 00h	12h	Mer. Pass.	MOON Mer. Pass. Upper	Lower	Age	Phase
12	14 15	14 15	12 14	13 32	01 10	02	
13	14 15	14 14	12 14	14 15	01 54	03	
14	14 13	14 12	12 14	14 57	02 36	04	◐

1994 FEBRUARY 15, 16, 17 (TUES., WED., THURS.)

UT (GMT) d h	ARIES G.H.A.	VENUS −3.9 G.H.A.	Dec.	MARS +1.2 G.H.A.	Dec.	JUPITER −2.1 G.H.A.	Dec.	SATURN +0.9 G.H.A.	Dec.	STARS Name	S.H.A.	Dec.
15 00	144 46.3	169 16.3 S11 44.9		188 03.4 S17 40.2		282 28.7 S14 56.7		170 13.9 S12 04.9		Acamar	315 29.4 S40 20.0	
01	159 48.8	184 15.8 43.8		203 03.9 39.7		297 31.0 56.7		185 16.1 04.8		Achernar	335 37.8 S57 16.2	
02	174 51.3	199 15.3 42.6		218 04.4 39.1		312 33.4 56.7		200 18.2 04.7		Acrux	173 25.0 S63 04.0	
03	189 53.7	214 14.8 ·· 41.5		233 04.9 ·· 38.5		327 35.8 ·· 56.8		215 20.4 ·· 04.6		Adhara	255 23.6 S28 58.1	
04	204 56.2	229 14.2 40.4		248 05.4 38.0		342 38.1 56.8		230 22.6 04.5		Aldebaran	291 05.9 N16 29.8	
05	219 58.7	244 13.7 39.3		263 05.8 37.4		357 40.5 56.8		245 24.7 04.4				
06	235 01.1	259 13.2 S11 38.1		278 06.3 S17 36.9		12 42.8 S14 56.8		260 26.9 S12 04.3		Alioth	166 32.9 N55 59.1	
07	250 03.6	274 12.7 37.0		293 06.8 36.3		27 45.2 56.9		275 29.1 04.2		Alkaid	153 10.0 N49 20.2	
T 08	265 06.1	289 12.2 35.9		308 07.3 35.7		42 47.6 56.9		290 31.3 04.1		Al Na'ir	28 02.3 S46 59.4	
U 09	280 08.5	304 11.7 ·· 34.7		323 07.8 ·· 35.2		57 49.9 ·· 56.9		305 33.4 ·· 04.0		Alnilam	276 00.9 S 1 12.5	
E 10	295 11.0	319 11.1 33.6		338 08.3 34.6		72 52.3 56.9		320 35.6 03.8		Alphard	218 09.9 S 8 38.2	
S 11	310 13.5	334 10.6 32.5		353 08.8 34.0		87 54.6 56.9		335 37.8 03.7				
D 12	325 15.9	349 10.1 S11 31.3		8 09.3 S17 33.5		102 57.0 S14 57.0		350 40.0 S12 03.6		Alphecca	126 23.2 N26 43.8	
A 13	340 18.4	4 09.6 30.2		23 09.8 32.9		117 59.4 57.0		5 42.1 03.5		Alpheratz	357 58.8 N29 03.6	
Y 14	355 20.8	19 09.1 29.1		38 10.3 32.3		133 01.7 57.0		20 44.3 03.4		Altair	62 22.6 N 8 51.1	
15	10 23.3	34 08.6 ·· 28.0		53 10.8 ·· 31.8		148 04.1 ·· 57.0		35 46.5 ·· 03.3		Ankaa	353 30.2 S42 20.4	
16	25 25.8	49 08.1 26.8		68 11.3 31.2		163 06.4 57.1		50 48.7 03.2		Antares	112 44.1 S26 25.1	
17	40 28.2	64 07.5 25.7		83 11.8 30.7		178 08.8 57.1		65 50.8 03.1				
18	55 30.7	79 07.0 S11 24.6		98 12.3 S17 30.1		193 11.2 S14 57.1		80 53.0 S12 03.0		Arcturus	146 08.8 N19 12.5	
19	70 33.2	94 06.5 23.4		113 12.8 29.5		208 13.5 57.1		95 55.2 02.9		Atria	107 59.1 S69 00.8	
20	85 35.6	109 06.0 22.3		128 13.3 29.0		223 15.9 57.1		110 57.4 02.8		Avior	234 23.3 S59 29.7	
21	100 38.1	124 05.5 ·· 21.1		143 13.8 ·· 28.4		238 18.3 ·· 57.2		125 59.5 ·· 02.7		Bellatrix	278 47.4 N 6 20.5	
22	115 40.6	139 05.0 20.0		158 14.3 27.8		253 20.6 57.2		141 01.7 02.6		Betelgeuse	271 16.7 N 7 24.2	
23	130 43.0	154 04.5 18.9		173 14.8 27.3		268 23.0 57.2		156 03.9 02.5				
16 00	145 45.5	169 04.0 S11 17.7		188 15.3 S17 26.7		283 25.4 S14 57.2		171 06.1 S12 02.3		Canopus	264 02.2 S52 41.9	
01	160 48.0	184 03.5 16.6		203 15.8 26.1		298 27.7 57.3		186 08.2 02.2		Capella	280 55.6 N45 59.6	
02	175 50.4	199 03.0 15.5		218 16.3 25.6		313 30.1 57.3		201 10.4 02.1		Deneb	49 41.8 N45 15.5	
03	190 52.9	214 02.5 ·· 14.3		233 16.8 ·· 25.0		328 32.5 ·· 57.3		216 12.6 ·· 02.0		Denebola	182 48.1 N14 36.0	
04	205 55.3	229 01.9 13.2		248 17.3 24.4		343 34.8 57.3		231 14.8 01.9		Diphda	349 10.6 S18 01.2	
05	220 57.8	244 01.4 12.0		263 17.8 23.8		358 37.2 57.3		246 16.9 01.8				
06	236 00.3	259 00.9 S11 10.9		278 18.3 S17 23.3		13 39.6 S14 57.4		261 19.1 S12 01.7		Dubhe	194 08.7 N61 46.7	
W 07	251 02.7	274 00.4 09.8		293 18.8 22.7		28 41.9 57.4		276 21.3 01.6		Elnath	278 30.7 N28 36.2	
E 08	266 05.2	288 59.9 08.6		308 19.2 22.1		43 44.3 57.4		291 23.5 01.5		Eltanin	90 53.1 N51 29.2	
D 09	281 07.7	303 59.4 ·· 07.5		323 19.7 ·· 21.6		58 46.7 ·· 57.4		306 25.6 ·· 01.4		Enif	34 01.6 N 9 50.9	
N 10	296 10.1	318 58.9 06.3		338 20.2 21.0		73 49.0 57.5		321 27.8 01.3		Fomalhaut	15 40.2 S29 39.2	
E 11	311 12.6	333 58.4 05.2		353 20.7 20.4		88 51.4 57.5		336 30.0 01.2				
S 12	326 15.1	348 57.9 S11 04.1		8 21.2 S17 19.9		103 53.8 S14 57.5		351 32.1 S12 01.1		Gacrux	172 16.6 S57 04.8	
D 13	341 17.5	3 57.4 02.9		23 21.7 19.3		118 56.1 57.5		6 34.3 01.0		Gienah	176 06.9 S17 30.7	
A 14	356 20.0	18 56.9 01.8		38 22.2 18.7		133 58.5 57.5		21 36.5 00.8		Hadar	149 08.2 S60 20.5	
Y 15	11 22.5	33 56.4 11 00.6		53 22.7 ·· 18.1		149 00.9 ·· 57.5		36 38.7 ·· 00.7		Hamal	328 17.2 N23 26.2	
16	26 24.9	48 55.9 10 59.5		68 23.2 17.6		164 03.2 57.6		51 40.8 00.6		Kaus Aust.	84 03.2 S34 23.1	
17	41 27.4	63 55.4 58.3		83 23.7 17.0		179 05.6 57.6		66 43.0 00.5				
18	56 29.8	78 54.9 S10 57.2		98 24.2 S17 16.4		194 08.0 S14 57.6		81 45.2 S12 00.4		Kochab	137 19.2 N74 10.4	
19	71 32.3	93 54.4 56.0		113 24.7 15.9		209 10.4 57.6		96 47.4 00.3		Markab	13 53.0 N15 10.5	
20	86 34.8	108 53.9 54.9		128 25.2 15.3		224 12.7 57.6		111 49.5 00.2		Menkar	314 30.2 N 4 03.9	
21	101 37.2	123 53.4 ·· 53.7		143 25.7 ·· 14.7		239 15.1 ·· 57.7		126 51.7 ·· 00.1		Menkent	148 24.5 S36 20.4	
22	116 39.7	138 52.9 52.6		158 26.2 14.1		254 17.5 57.7		141 53.9 12 00.0		Miaplacidus	221 41.8 S69 41.8	
23	131 42.2	153 52.4 51.4		173 26.8 13.6		269 19.8 57.7		156 56.1 11 59.9				
17 00	146 44.6	168 51.9 S10 50.3		188 27.3 S17 13.0		284 22.2 S14 57.7		171 58.2 S11 59.8		Mirfak	309 01.1 N49 50.6	
01	161 47.1	183 51.4 49.1		203 27.8 12.4		299 24.6 57.7		187 00.4 59.7		Nunki	76 16.5 S26 18.2	
02	176 49.6	198 50.9 48.0		218 28.3 11.8		314 27.0 57.8		202 02.6 59.6		Peacock	53 42.5 S56 45.1	
03	191 52.0	213 50.4 ·· 46.8		233 28.8 ·· 11.3		329 29.3 ·· 57.8		217 04.8 ·· 59.5		Pollux	243 45.0 N28 02.3	
04	206 54.5	228 49.9 45.7		248 29.3 10.7		344 31.7 57.8		232 06.9 59.3		Procyon	245 14.5 N 5 14.2	
05	221 56.9	243 49.4 44.5		263 29.8 10.1		359 34.1 57.8		247 09.1 59.2				
06	236 59.4	258 48.9 S10 43.4		278 30.3 S17 09.5		14 36.5 S14 57.8		262 11.3 S11 59.1		Rasalhague	96 20.0 N12 33.7	
07	252 01.9	273 48.4 42.2		293 30.8 08.9		29 38.8 57.8		277 13.5 59.0		Regulus	207 58.5 N11 59.5	
T 08	267 04.3	288 47.9 41.1		308 31.3 08.4		44 41.2 57.9		292 15.6 58.9		Rigel	281 25.8 S 8 12.7	
H 09	282 06.8	303 47.4 ·· 39.9		323 31.8 ·· 07.8		59 43.6 ·· 57.9		307 17.8 ·· 58.8		Rigil Kent.	140 11.2 S60 48.5	
U 10	297 09.3	318 46.9 38.8		338 32.3 07.2		74 46.0 57.9		322 20.0 58.7		Sabik	102 29.2 S15 43.1	
R 11	312 11.7	333 46.4 37.6		353 32.8 06.6		89 48.3 57.9		337 22.1 58.6				
S 12	327 14.2	348 45.9 S10 36.5		8 33.3 S17 06.1		104 50.7 S14 57.9		352 24.3 S11 58.5		Schedar	349 57.5 N56 30.5	
D 13	342 16.7	3 45.5 35.3		23 33.8 05.5		119 53.1 58.0		7 26.5 58.4		Shaula	96 41.7 S37 05.9	
A 14	357 19.1	18 45.0 34.2		38 34.3 04.9		134 55.5 58.0		22 28.7 58.3		Sirius	258 46.2 S16 42.7	
Y 15	12 21.6	33 44.5 ·· 33.0		53 34.8 ·· 04.3		149 57.8 ·· 58.0		37 30.8 ·· 58.2		Spica	158 46.3 S11 08.0	
16	27 24.1	48 44.0 31.8		68 35.3 03.7		165 00.2 58.0		52 33.0 58.1		Suhail	223 02.6 S43 24.8	
17	42 26.5	63 43.5 30.7		83 35.8 03.2		180 02.6 58.0		67 35.2 57.9				
18	57 29.0	78 43.0 S10 29.5		98 36.3 S17 02.6		195 05.0 S14 58.0		82 37.4 S11 57.8		Vega	80 49.0 N38 46.5	
19	72 31.4	93 42.5 28.4		113 36.8 02.0		210 07.3 58.1		97 39.5 57.7		Zuben'ubi	137 21.4 S16 01.1	
20	87 33.9	108 42.0 27.2		128 37.3 01.4		225 09.7 58.1		112 41.7 57.6			S.H.A.	Mer. Pass.
21	102 36.4	123 41.5 ·· 26.0		143 37.8 ·· 00.8		240 12.1 ·· 58.1		127 43.9 ·· 57.5			° ′	h m
22	117 38.8	138 41.0 24.9		158 38.3 17 00.3		255 14.5 58.1		142 46.1 57.4		Venus	23 18.5	12 44
23	132 41.3	153 40.5 23.7		173 38.8 16 59.7		270 16.9 58.1		157 48.2 57.3		Mars	42 29.8	11 27
	h m									Jupiter	137 39.9	5 06
Mer. Pass. 14 14.6		v −0.5 d 1.1		v 0.5 d 0.6		v 2.4 d 0.0		v 2.2 d 0.1		Saturn	25 20.6	12 34

1994 FEBRUARY 15, 16, 17 (TUES., WED., THURS.)

UT (GMT)	SUN G.H.A.	Dec.	MOON G.H.A.	v	Dec.	d	H.P.
d h	° ′	° ′	° ′	′	° ′	′	′
15 00	176 27.2	S12 49.6	131 47.2	15.0	N 9 16.5	9.7	54.2
01	191 27.2	48.8	146 21.2	15.0	9 26.2	9.7	54.2
02	206 27.3	47.9	160 55.2	15.0	9 35.9	9.6	54.2
03	221 27.3	.. 47.1	175 29.2	15.0	9 45.5	9.6	54.2
04	236 27.3	46.2	190 03.2	14.9	9 55.1	9.6	54.2
05	251 27.4	45.3	204 37.1	14.9	10 04.7	9.5	54.2
06	266 27.4	S12 44.5	219 11.0	15.0	N10 14.2	9.5	54.2
T 07	281 27.4	43.6	233 45.0	14.8	10 23.7	9.4	54.2
U 08	296 27.4	42.8	248 18.8	14.9	10 33.1	9.4	54.2
E 09	311 27.5	.. 41.9	262 52.7	14.9	10 42.5	9.3	54.2
S 10	326 27.5	41.1	277 26.6	14.8	10 51.8	9.3	54.2
D 11	341 27.5	40.2	292 00.4	14.8	11 01.1	9.3	54.2
A 12	356 27.6	S12 39.3	306 34.2	14.7	N11 10.4	9.2	54.2
Y 13	11 27.6	38.5	321 07.9	14.8	11 19.6	9.1	54.2
14	26 27.6	37.6	335 41.7	14.7	11 28.7	9.1	54.2
15	41 27.7	.. 36.8	350 15.4	14.7	11 37.8	9.1	54.2
16	56 27.7	35.9	4 49.1	14.7	11 46.9	9.0	54.2
17	71 27.7	35.0	19 22.8	14.6	11 55.9	8.9	54.2
18	86 27.7	S12 34.2	33 56.4	14.6	N12 04.8	8.9	54.2
19	101 27.8	33.3	48 30.0	14.6	12 13.7	8.9	54.2
20	116 27.8	32.5	63 03.6	14.6	12 22.6	8.7	54.1
21	131 27.8	.. 31.6	77 37.2	14.5	12 31.3	8.8	54.1
22	146 27.9	30.7	92 10.7	14.5	12 40.1	8.7	54.1
23	161 27.9	29.9	106 44.2	14.5	12 48.8	8.6	54.1
16 00	176 27.9	S12 29.0	121 17.7	14.4	N12 57.4	8.6	54.1
01	191 28.0	28.1	135 51.1	14.4	13 06.0	8.5	54.1
02	206 28.0	27.3	150 24.5	14.4	13 14.5	8.5	54.1
03	221 28.1	.. 26.4	164 57.9	14.3	13 23.0	8.4	54.1
04	236 28.1	25.6	179 31.2	14.3	13 31.4	8.3	54.1
05	251 28.1	24.7	194 04.5	14.3	13 39.7	8.3	54.1
06	266 28.2	S12 23.8	208 37.8	14.3	N13 48.0	8.3	54.1
W 07	281 28.2	23.0	223 11.1	14.2	13 56.3	8.1	54.1
E 08	296 28.2	22.1	237 44.3	14.2	14 04.4	8.2	54.2
D 09	311 28.3	.. 21.2	252 17.5	14.1	14 12.6	8.0	54.2
N 10	326 28.3	20.4	266 50.6	14.1	14 20.6	8.0	54.2
E 11	341 28.3	19.5	281 23.7	14.1	14 28.6	8.0	54.2
S 12	356 28.4	S12 18.6	295 56.8	14.0	N14 36.6	7.9	54.2
D 13	11 28.4	17.8	310 29.8	14.0	14 44.5	7.8	54.2
A 14	26 28.5	16.9	325 02.8	13.9	14 52.3	7.7	54.2
Y 15	41 28.5	.. 16.0	339 35.7	14.0	15 00.0	7.7	54.2
16	56 28.5	15.2	354 08.7	13.9	15 07.7	7.6	54.2
17	71 28.6	14.3	8 41.6	13.8	15 15.3	7.6	54.2
18	86 28.6	S12 13.4	23 14.4	13.8	N15 22.9	7.5	54.2
19	101 28.7	12.5	37 47.2	13.8	15 30.4	7.4	54.2
20	116 28.7	11.7	52 20.0	13.7	15 37.8	7.4	54.2
21	131 28.7	.. 10.8	66 52.7	13.7	15 45.2	7.3	54.2
22	146 28.8	09.9	81 25.4	13.6	15 52.5	7.2	54.2
23	161 28.8	09.1	95 58.0	13.6	15 59.7	7.2	54.2
17 00	176 28.9	S12 08.2	110 30.6	13.6	N16 06.9	7.1	54.2
01	191 28.9	07.3	125 03.2	13.5	16 14.0	7.0	54.2
02	206 28.9	06.4	139 35.7	13.5	16 21.0	7.0	54.2
03	221 29.0	.. 05.6	154 08.2	13.4	16 28.0	6.9	54.2
04	236 29.0	04.7	168 40.6	13.4	16 34.9	6.8	54.2
05	251 29.1	03.8	183 13.0	13.4	16 41.7	6.8	54.2
06	266 29.1	S12 03.0	197 45.4	13.3	N16 48.5	6.6	54.3
T 07	281 29.2	02.1	212 17.7	13.2	16 55.1	6.6	54.3
H 08	296 29.2	01.2	226 49.9	13.3	17 01.7	6.6	54.3
U 09	311 29.3	12 00.3	241 22.2	13.1	17 08.3	6.4	54.3
R 10	326 29.3	11 59.5	255 54.3	13.2	17 14.7	6.4	54.3
S 11	341 29.3	58.6	270 26.5	13.1	17 21.1	6.3	54.3
D 12	356 29.4	S11 57.7	284 58.6	13.0	N17 27.4	6.3	54.3
A 13	11 29.4	56.8	299 30.6	13.0	17 33.7	6.1	54.3
Y 14	26 29.5	56.0	314 02.6	13.0	17 39.8	6.1	54.3
15	41 29.5	.. 55.1	328 34.6	12.9	17 45.9	6.0	54.3
16	56 29.6	54.2	343 06.5	12.8	17 51.9	6.0	54.4
17	71 29.6	53.3	357 38.3	12.8	17 57.9	5.8	54.4
18	86 29.7	S11 52.5	12 10.1	12.8	N18 03.7	5.8	54.4
19	101 29.7	51.6	26 41.9	12.7	18 09.5	5.7	54.4
20	116 29.8	50.7	41 13.6	12.7	18 15.2	5.6	54.4
21	131 29.8	.. 49.8	55 45.3	12.7	18 20.8	5.5	54.4
22	146 29.9	48.9	70 17.0	12.5	18 26.3	5.5	54.4
23	161 29.9	48.1	84 48.5	12.6	18 31.8	5.4	54.4
	S.D. 16.2	d 0.9	S.D. 14.8		14.8		14.8

Lat.	Twilight Naut.	Twilight Civil	Sunrise	Moonrise 15	16	17	18
°	h m	h m	h m	h m	h m	h m	h m
N 72	06 11	07 31	08 49	07 09	06 50	06 18	▭
N 70	06 10	07 22	08 30	07 25	07 17	07 06	06 48
68	06 09	07 14	08 15	07 38	07 37	07 37	07 40
66	06 07	07 07	08 03	07 49	07 53	08 00	08 12
64	06 06	07 02	07 52	07 58	08 06	08 18	08 36
62	06 05	06 57	07 44	08 06	08 18	08 33	08 55
60	06 04	06 52	07 36	08 12	08 27	08 46	09 11
N 58	06 03	06 49	07 30	08 18	08 36	08 57	09 24
56	06 02	06 45	07 24	08 24	08 43	09 07	09 36
54	06 00	06 42	07 18	08 28	08 50	09 15	09 46
52	05 59	06 39	07 14	08 33	08 56	09 23	09 55
50	05 58	06 36	07 09	08 37	09 01	09 30	10 03
45	05 55	06 30	07 00	08 45	09 13	09 44	10 20
N 40	05 53	06 24	06 52	08 52	09 23	09 56	10 34
35	05 50	06 19	06 45	08 58	09 31	10 07	10 46
30	05 47	06 15	06 39	09 04	09 39	10 16	10 57
20	05 40	06 06	06 29	09 13	09 51	10 32	11 15
N 10	05 33	05 58	06 20	09 22	10 03	10 46	11 31
0	05 25	05 50	06 11	09 30	10 13	10 59	11 46
S 10	05 15	05 40	06 02	09 38	10 24	11 12	12 00
20	05 03	05 29	05 52	09 46	10 36	11 26	12 16
30	04 47	05 16	05 41	09 56	10 49	11 42	12 35
35	04 36	05 08	05 34	10 02	10 56	11 51	12 46
40	04 24	04 58	05 27	10 08	11 05	12 02	12 58
45	04 08	04 47	05 18	10 16	11 15	12 15	13 12
S 50	03 48	04 33	05 08	10 25	11 28	12 30	13 30
52	03 39	04 26	05 03	10 29	11 34	12 37	13 39
54	03 27	04 18	04 57	10 34	11 40	12 45	13 48
56	03 14	04 09	04 51	10 39	11 47	12 54	13 59
58	02 58	03 59	04 45	10 45	11 55	13 05	14 11
S 60	02 38	03 48	04 37	10 51	12 05	13 17	14 25

Lat.	Sunset	Twilight Civil	Twilight Naut.	Moonset 15	16	17	18
°	h m	h m	h m	h m	h m	h m	h m
N 72	15 41	16 59	18 19	24 58	00 58	03 03	▭
N 70	16 00	17 08	18 20	24 32	00 32	02 16	04 11
68	16 15	17 16	18 21	24 13	00 13	01 46	03 19
66	16 27	17 22	18 22	23 58	25 23	01 23	02 47
64	16 37	17 28	18 24	23 46	25 06	01 06	02 23
62	16 46	17 33	18 25	23 35	24 51	00 51	02 05
60	16 53	17 37	18 26	23 26	24 39	00 39	01 49
N 58	17 00	17 41	18 27	23 19	24 29	00 29	01 37
56	17 05	17 44	18 28	23 12	24 20	00 20	01 25
54	17 11	17 47	18 29	23 06	24 11	00 11	01 16
52	17 15	17 50	18 30	23 00	24 04	00 04	01 07
50	17 20	17 53	18 31	22 55	23 58	24 59	00 59
45	17 29	17 59	18 33	22 44	23 44	24 42	00 42
N 40	17 37	18 04	18 36	22 36	23 33	24 29	00 29
35	17 43	18 09	18 39	22 28	23 23	24 17	00 17
30	17 49	18 14	18 42	22 21	23 14	24 07	00 07
20	18 00	18 22	18 48	22 10	23 00	23 50	24 41
N 10	18 09	18 30	18 55	22 00	22 47	23 35	24 25
0	18 18	18 39	19 03	21 51	22 35	23 21	24 09
S 10	18 26	18 48	19 13	21 41	22 23	23 07	23 54
20	18 36	18 59	19 25	21 31	22 10	22 52	23 37
30	18 47	19 12	19 41	21 20	21 56	22 35	23 18
35	18 53	19 20	19 51	21 14	21 48	22 25	23 07
40	19 00	19 29	20 03	21 06	21 38	22 14	22 54
45	19 09	19 40	20 19	20 58	21 27	22 00	22 39
S 50	19 19	19 54	20 38	20 47	21 14	21 44	22 21
52	19 24	20 01	20 48	20 43	21 07	21 37	22 12
54	19 29	20 09	20 59	20 37	21 00	21 28	22 03
56	19 35	20 17	21 12	20 32	20 53	21 19	21 52
58	19 42	20 27	21 27	20 25	20 44	21 08	21 39
S 60	19 49	20 38	21 46	20 18	20 34	20 56	21 25

Day	SUN Eqn. of Time 00h	12h	Mer. Pass.	MOON Mer. Pass. Upper	Lower	Age	Phase
	m s	m s	h m	h m	h m	d	
15	14 11	14 10	12 14	15 40	03 19	05	
16	14 08	14 07	12 14	16 24	04 02	06	
17	14 05	14 03	12 14	17 10	04 47	07	◗

1994 FEBRUARY 18, 19, 20 (FRI., SAT., SUN.)

UT (GMT)	ARIES G.H.A.	VENUS −3.9 G.H.A.	Dec.	MARS +1.2 G.H.A.	Dec.	JUPITER −2.1 G.H.A.	Dec.	SATURN +0.9 G.H.A.	Dec.	STARS Name	S.H.A.	Dec.
18 00	147 43.8	168 40.1	S10 22.6	188 39.3	S16 59.1	285 19.2	S14 58.1	172 50.4	S11 57.2	Acamar	315 29.4	S40 20.0
01	162 46.2	183 39.6	21.4	203 39.8	58.5	300 21.6	58.2	187 52.6	57.1	Achernar	335 37.8	S57 16.2
02	177 48.7	198 39.1	20.2	218 40.4	57.9	315 24.0	58.2	202 54.8	57.0	Acrux	173 24.9	S63 04.0
03	192 51.2	213 38.6	·· 19.1	233 40.9	·· 57.3	330 26.4	·· 58.2	217 56.9	·· 56.9	Adhara	255 23.6	S28 58.1
04	207 53.6	228 38.1	17.9	248 41.4	56.8	345 28.8	58.2	232 59.1	56.8	Aldebaran	291 05.9	N16 29.8
05	222 56.1	243 37.6	16.8	263 41.9	56.2	0 31.2	58.2	248 01.3	56.7			
06	237 58.6	258 37.1	S10 15.6	278 42.4	S16 55.6	15 33.5	S14 58.2	263 03.5	S11 56.5	Alioth	166 32.9	N55 59.2
07	253 01.0	273 36.6	14.4	293 42.9	55.0	30 35.9	58.3	278 05.6	56.4	Alkaid	153 10.0	N49 20.2
08	268 03.5	288 36.2	13.3	308 43.4	54.4	45 38.3	58.3	293 07.8	56.3	Al Na'ir	28 02.3	S46 59.3
F 09	283 05.9	303 35.7	·· 12.1	323 43.9	·· 53.8	60 40.7	·· 58.3	308 10.0	·· 56.2	Alnilam	276 00.9	S 1 12.5
R 10	298 08.4	318 35.2	10.9	338 44.4	53.2	75 43.1	58.3	323 12.1	56.1	Alphard	218 09.9	S 8 38.2
I 11	313 10.9	333 34.7	09.8	353 44.9	52.7	90 45.4	58.3	338 14.3	56.0			
D 12	328 13.3	348 34.2	S10 08.6	8 45.4	S16 52.1	105 47.8	S14 58.3	353 16.5	S11 55.9	Alphecca	126 23.2	N26 43.8
A 13	343 15.8	3 33.7	07.4	23 45.9	51.5	120 50.2	58.3	8 18.7	55.8	Alpheratz	357 58.8	N29 03.6
Y 14	358 18.3	18 33.3	06.3	38 46.4	50.9	135 52.6	58.4	23 20.8	55.7	Altair	62 22.6	N 8 51.1
15	13 20.7	33 32.8	·· 05.1	53 47.0	·· 50.3	150 55.0	·· 58.4	38 23.0	·· 55.6	Ankaa	353 30.2	S42 20.4
16	28 23.2	48 32.3	03.9	68 47.5	49.7	165 57.4	58.4	53 25.2	55.5	Antares	112 44.0	S26 25.1
17	43 25.7	63 31.8	02.8	83 48.0	49.1	180 59.8	58.4	68 27.4	55.4			
18	58 28.1	78 31.3	S10 01.6	98 48.5	S16 48.6	196 02.1	S14 58.4	83 29.5	S11 55.3	Arcturus	146 08.7	N19 12.5
19	73 30.6	93 30.9	10 00.4	113 49.0	48.0	211 04.5	58.4	98 31.7	55.2	Atria	107 59.0	S69 00.8
20	88 33.0	108 30.4	9 59.2	128 49.5	47.4	226 06.9	58.5	113 33.9	55.0	Avior	234 23.3	S59 29.7
21	103 35.5	123 29.9	·· 58.1	143 50.0	·· 46.8	241 09.3	·· 58.5	128 36.1	·· 54.9	Bellatrix	278 47.4	N 6 20.5
22	118 38.0	138 29.4	56.9	158 50.5	46.2	256 11.7	58.5	143 38.2	54.8	Betelgeuse	271 16.8	N 7 24.2
23	133 40.4	153 28.9	55.7	173 51.0	45.6	271 14.1	58.5	158 40.4	54.7			
19 00	148 42.9	168 28.5	S 9 54.6	188 51.5	S16 45.0	286 16.5	S14 58.5	173 42.6	S11 54.6	Canopus	264 02.2	S52 41.9
01	163 45.4	183 28.0	53.4	203 52.0	44.4	301 18.9	58.5	188 44.8	54.5	Capella	280 55.6	N45 59.6
02	178 47.8	198 27.5	52.2	218 52.6	43.8	316 21.2	58.5	203 46.9	54.4	Deneb	49 41.7	N45 15.5
03	193 50.3	213 27.0	·· 51.0	233 53.1	·· 43.2	331 23.6	·· 58.6	218 49.1	·· 54.3	Denebola	182 48.1	N14 36.0
04	208 52.8	228 26.5	49.9	248 53.6	42.7	346 26.0	58.6	233 51.3	54.2	Diphda	349 10.6	S18 01.2
05	223 55.2	243 26.1	48.7	263 54.1	42.1	1 28.4	58.6	248 53.4	54.1			
06	238 57.7	258 25.6	S 9 47.5	278 54.6	S16 41.5	16 30.8	S14 58.6	263 55.6	S11 54.0	Dubhe	194 08.6	N61 46.7
07	254 00.2	273 25.1	46.3	293 55.1	40.9	31 33.2	58.6	278 57.8	53.9	Elnath	278 30.7	N28 36.2
S 08	269 02.6	288 24.6	45.2	308 55.6	40.3	46 35.6	58.6	294 00.0	53.8	Eltanin	90 53.1	N51 29.2
A 09	284 05.1	303 24.2	·· 44.0	323 56.1	·· 39.7	61 38.0	·· 58.6	309 02.1	·· 53.6	Enif	34 01.6	N 9 50.9
T 10	299 07.5	318 23.7	42.8	338 56.6	39.1	76 40.4	58.7	324 04.3	53.5	Fomalhaut	15 40.2	S29 39.2
U 11	314 10.0	333 23.2	41.6	353 57.2	38.5	91 42.8	58.7	339 06.5	53.4			
R 12	329 12.5	348 22.7	S 9 40.5	8 57.7	S16 37.9	106 45.1	S14 58.7	354 08.7	S11 53.3	Gacrux	172 16.6	S57 04.8
D 13	344 14.9	3 22.3	39.3	23 58.2	37.3	121 47.5	58.7	9 10.8	53.2	Gienah	176 06.9	S17 30.7
A 14	359 17.4	18 21.8	38.1	38 58.7	36.7	136 49.9	58.7	24 13.0	53.1	Hadar	149 08.1	S60 20.6
Y 15	14 19.9	33 21.3	·· 36.9	53 59.2	·· 36.1	151 52.3	·· 58.7	39 15.2	·· 53.0	Hamal	328 17.2	N23 26.2
16	29 22.3	48 20.9	35.7	68 59.7	35.5	166 54.7	58.7	54 17.4	52.9	Kaus Aust.	84 03.2	S34 23.1
17	44 24.8	63 20.4	34.6	84 00.2	34.9	181 57.1	58.7	69 19.5	52.8			
18	59 27.3	78 19.9	S 9 33.4	99 00.7	S16 34.4	196 59.5	S14 58.8	84 21.7	S11 52.7	Kochab	137 19.1	N74 10.4
19	74 29.7	93 19.4	32.2	114 01.3	33.8	212 01.9	58.8	99 23.9	52.6	Markab	13 53.0	N15 10.5
20	89 32.2	108 19.0	31.0	129 01.8	33.2	227 04.3	58.8	114 26.1	52.5	Menkar	314 30.2	N 4 03.9
21	104 34.7	123 18.5	·· 29.8	144 02.3	·· 32.6	242 06.7	·· 58.8	129 28.2	·· 52.4	Menkent	148 24.5	S36 20.5
22	119 37.1	138 18.0	28.7	159 02.8	32.0	257 09.1	58.8	144 30.4	52.2	Miaplacidus	221 41.8	S69 41.8
23	134 39.6	153 17.6	27.5	174 03.3	31.4	272 11.5	58.8	159 32.6	52.1			
20 00	149 42.0	168 17.1	S 9 26.3	189 03.8	S16 30.8	287 13.9	S14 58.8	174 34.7	S11 52.0	Mirfak	309 01.1	N49 50.6
01	164 44.5	183 16.6	25.1	204 04.3	30.2	302 16.3	58.8	189 36.9	51.9	Nunki	76 16.4	S26 18.2
02	179 47.0	198 16.1	23.9	219 04.9	29.6	317 18.7	58.9	204 39.1	51.8	Peacock	53 42.4	S56 45.1
03	194 49.4	213 15.7	·· 22.7	234 05.4	·· 29.0	332 21.1	·· 58.9	219 41.3	·· 51.7	Pollux	243 45.0	N28 02.3
04	209 51.9	228 15.2	21.6	249 05.9	28.4	347 23.4	58.9	234 43.4	51.6	Procyon	245 14.6	N 5 14.2
05	224 54.4	243 14.7	20.4	264 06.4	27.8	2 25.8	58.9	249 45.6	51.5			
06	239 56.8	258 14.3	S 9 19.2	279 06.9	S16 27.2	17 28.2	S14 58.9	264 47.8	S11 51.4	Rasalhague	96 20.0	N12 33.7
07	254 59.3	273 13.8	18.0	294 07.4	26.6	32 30.6	58.9	279 50.0	51.3	Regulus	207 58.5	N11 59.5
08	270 01.8	288 13.3	16.8	309 08.0	26.0	47 33.0	58.9	294 52.1	51.2	Rigel	281 25.8	S 8 12.7
S 09	285 04.2	303 12.9	·· 15.6	324 08.5	·· 25.4	62 35.4	·· 58.9	309 54.3	·· 51.1	Rigil Kent.	140 11.2	S60 48.5
U 10	300 06.7	318 12.4	14.4	339 09.0	24.8	77 37.8	58.9	324 56.5	51.0	Sabik	102 29.2	S15 43.1
N 11	315 09.1	333 11.9	13.3	354 09.5	24.2	92 40.2	59.0	339 58.7	50.8			
D 12	330 11.6	348 11.5	S 9 12.1	9 10.0	S16 23.6	107 42.6	S14 59.0	355 00.8	S11 50.7	Schedar	349 57.5	N56 30.5
A 13	345 14.1	3 11.0	10.9	24 10.5	23.0	122 45.0	59.0	10 03.0	50.6	Shaula	96 41.7	S37 05.9
Y 14	0 16.5	18 10.6	09.7	39 11.1	22.4	137 47.4	59.0	25 05.2	50.5	Sirius	258 46.2	S16 42.7
15	15 19.0	33 10.1	·· 08.5	54 11.6	·· 21.8	152 49.8	·· 59.0	40 07.4	·· 50.4	Spica	158 46.3	S11 08.0
16	30 21.5	48 09.6	07.3	69 12.1	21.2	167 52.2	59.0	55 09.5	50.3	Suhail	223 02.6	S43 24.8
17	45 23.9	63 09.2	06.1	84 12.6	20.6	182 54.6	59.0	70 11.7	50.2			
18	60 26.4	78 08.7	S 9 04.9	99 13.1	S16 20.0	197 57.0	S14 59.0	85 13.9	S11 50.1	Vega	80 49.0	N38 46.5
19	75 28.9	93 08.2	03.7	114 13.6	19.4	212 59.4	59.0	100 16.0	50.0	Zuben'ubi	137 21.3	S16 01.1
20	90 31.3	108 07.8	02.6	129 14.2	18.8	228 01.8	59.1	115 18.2	49.9			
21	105 33.8	123 07.3	·· 01.4	144 14.7	·· 18.2	243 04.2	·· 59.1	130 20.4	·· 49.8		S.H.A.	Mer. Pass.
22	120 36.3	138 06.9	9 00.2	159 15.2	17.6	258 06.6	59.1	145 22.6	49.7	Venus	19 45.6	12 47
23	135 38.7	153 06.4	8 59.0	174 15.7	17.0	273 09.0	59.1	160 24.7	49.6	Mars	40 08.6	11 24
Mer. Pass. 14 02.8		v −0.5	d 1.2	v 0.5	d 0.6	v 2.4	d 0.0	v 2.2	d 0.1	Jupiter	137 33.6	4 54
										Saturn	24 59.7	12 23

1994 FEBRUARY 18, 19, 20 (FRI., SAT., SUN.)

43

UT (GMT)	SUN G.H.A.	Dec.	MOON G.H.A.	v	Dec.	d	H.P.
d h	° '	° '	° '	'	° '	'	'
18 00	176 30.0	S11 47.2	99 20.1	12.5	N18 37.2	5.3	54.5
01	191 30.0	46.3	113 51.6	12.4	18 42.5	5.2	54.5
02	206 30.1	45.4	128 23.0	12.4	18 47.7	5.1	54.5
03	221 30.1 ..	44.5	142 54.4	12.4	18 52.8	5.0	54.5
04	236 30.2	43.7	157 25.8	12.3	18 57.8	5.0	54.5
05	251 30.2	42.8	171 57.1	12.2	19 02.8	4.9	54.5
06	266 30.3	S11 41.9	186 28.3	12.2	N19 07.7	4.8	54.5
07	281 30.3	41.0	200 59.5	12.2	19 12.5	4.7	54.6
08	296 30.4	40.1	215 30.7	12.1	19 17.2	4.6	54.6
F 09	311 30.4 ..	39.3	230 01.8	12.1	19 21.8	4.5	54.6
R 10	326 30.5	38.4	244 32.9	12.0	19 26.3	4.5	54.6
I 11	341 30.5	37.5	259 03.9	12.0	19 30.8	4.3	54.6
D 12	356 30.6	S11 36.6	273 34.9	11.9	N19 35.1	4.3	54.6
A 13	11 30.6	35.7	288 05.8	11.9	19 39.4	4.1	54.7
Y 14	26 30.7	34.8	302 36.7	11.8	19 43.5	4.1	54.7
15	41 30.7 ..	34.0	317 07.5	11.8	19 47.6	4.0	54.7
16	56 30.8	33.1	331 38.3	11.7	19 51.6	3.9	54.7
17	71 30.8	32.2	346 09.0	11.7	19 55.5	3.9	54.7
18	86 30.9	S11 31.3	0 39.7	11.6	N19 59.4	3.7	54.7
19	101 30.9	30.4	15 10.3	11.6	20 03.1	3.6	54.8
20	116 31.0	29.5	29 40.9	11.6	20 06.7	3.5	54.8
21	131 31.1 ..	28.6	44 11.5	11.5	20 10.2	3.5	54.8
22	146 31.1	27.8	58 42.0	11.4	20 13.7	3.3	54.8
23	161 31.2	26.9	73 12.4	11.4	20 17.0	3.3	54.8
19 00	176 31.2	S11 26.0	87 42.8	11.4	N20 20.3	3.1	54.9
01	191 31.3	25.1	102 13.2	11.3	20 23.4	3.1	54.9
02	206 31.3	24.2	116 43.5	11.2	20 26.5	3.0	54.9
03	221 31.4 ..	23.3	131 13.7	11.3	20 29.5	2.9	54.9
04	236 31.5	22.4	145 44.0	11.1	20 32.4	2.7	54.9
05	251 31.5	21.5	160 14.1	11.2	20 35.1	2.7	55.0
06	266 31.6	S11 20.7	174 44.3	11.0	N20 37.8	2.6	55.0
07	281 31.6	19.8	189 14.3	11.1	20 40.4	2.5	55.0
S 08	296 31.7	18.9	203 44.4	11.0	20 42.9	2.3	55.0
A 09	311 31.7 ..	18.0	218 14.4	10.9	20 45.2	2.3	55.1
T 10	326 31.8	17.1	232 44.3	10.9	20 47.5	2.2	55.1
U 11	341 31.9	16.2	247 14.2	10.9	20 49.7	2.1	55.1
R 12	356 31.9	S11 15.3	261 44.1	10.8	N20 51.8	2.0	55.1
D 13	11 32.0	14.4	276 13.9	10.7	20 53.8	1.8	55.2
A 14	26 32.0	13.5	290 43.6	10.8	20 55.6	1.8	55.2
Y 15	41 32.1 ..	12.6	305 13.4	10.7	20 57.4	1.7	55.2
16	56 32.2	11.8	319 43.1	10.6	20 59.1	1.5	55.2
17	71 32.2	10.9	334 12.7	10.6	21 00.6	1.5	55.3
18	86 32.3	S11 10.0	348 42.3	10.6	N21 02.1	1.4	55.3
19	101 32.4	09.1	3 11.9	10.5	21 03.5	1.2	55.3
20	116 32.4	08.2	17 41.4	10.4	21 04.7	1.2	55.3
21	131 32.5 ..	07.3	32 10.8	10.5	21 05.9	1.0	55.4
22	146 32.5	06.4	46 40.3	10.4	21 06.9	1.0	55.4
23	161 32.6	05.5	61 09.7	10.3	21 07.9	0.8	55.4
20 00	176 32.7	S11 04.6	75 39.0	10.3	N21 08.7	0.7	55.4
01	191 32.7	03.7	90 08.3	10.3	21 09.4	0.7	55.5
02	206 32.8	02.8	104 37.6	10.2	21 10.1	0.5	55.5
03	221 32.9 ..	01.9	119 06.8	10.2	21 10.6	0.4	55.5
04	236 32.9	01.0	133 36.0	10.2	21 11.0	0.3	55.5
05	251 33.0	11 00.1	148 05.2	10.1	21 11.3	0.2	55.6
06	266 33.1	S10 59.2	162 34.3	10.1	N21 11.5	0.0	55.6
07	281 33.1	58.3	177 03.4	10.0	21 11.5	0.0	55.6
08	296 33.2	57.4	191 32.4	10.0	21 11.5	0.1	55.7
S 09	311 33.3 ..	56.5	206 01.4	10.0	21 11.4	0.3	55.7
U 10	326 33.3	55.7	220 30.4	10.0	21 11.1	0.3	55.7
N 11	341 33.4	54.8	234 59.4	9.9	21 10.8	0.5	55.8
D 12	356 33.5	S10 53.9	249 28.3	9.8	N21 10.3	0.6	55.8
A 13	11 33.5	53.0	263 57.1	9.9	21 09.7	0.7	55.8
Y 14	26 33.6	52.1	278 26.0	9.8	21 09.0	0.8	55.8
15	41 33.7 ..	51.2	292 54.8	9.8	21 08.2	0.9	55.9
16	56 33.7	50.3	307 23.6	9.7	21 07.3	1.0	55.9
17	71 33.8	49.4	321 52.3	9.7	21 06.3	1.1	55.9
18	86 33.9	S10 48.5	336 21.0	9.7	N21 05.2	1.3	56.0
19	101 33.9	47.6	350 49.7	9.6	21 03.9	1.4	56.0
20	116 34.0	46.7	5 18.3	9.6	21 02.5	1.4	56.0
21	131 34.1 ..	45.8	19 46.9	9.6	21 01.1	1.6	56.1
22	146 34.1	44.9	34 15.5	9.6	20 59.5	1.7	56.1
23	161 34.2	44.0	48 44.1	9.5	20 57.8	1.8	56.1
	S.D. 16.2	d 0.9	S.D. 14.9		15.0		15.2

Lat.	Twilight Naut.	Civil	Sunrise	Moonrise 18	19	20	21
°	h m	h m	h m	h m	h m	h m	h m
N 72	05 58	07 17	08 32	☐	☐	☐	☐
N 70	05 58	07 09	08 16	06 48	☐	☐	☐
68	05 58	07 03	08 02	07 40	07 51	08 24	09 39
66	05 58	06 57	07 51	08 12	08 35	09 17	10 23
64	05 57	06 53	07 42	08 36	09 05	09 49	10 52
62	05 57	06 48	07 35	08 55	09 27	10 13	11 14
60	05 56	06 45	07 28	09 11	09 45	10 32	11 32
N 58	05 56	06 41	07 22	09 24	10 00	10 47	11 47
56	05 55	06 38	07 17	09 36	10 13	11 01	12 00
54	05 54	06 36	07 12	09 46	10 25	11 13	12 11
52	05 54	06 33	07 08	09 55	10 35	11 23	12 20
50	05 53	06 31	07 04	10 03	10 43	11 32	12 29
45	05 51	06 25	06 55	10 20	11 02	11 51	12 48
N 40	05 49	06 21	06 48	10 34	11 18	12 07	13 03
35	05 47	06 16	06 42	10 46	11 31	12 20	13 16
30	05 44	06 12	06 37	10 57	11 42	12 32	13 27
20	05 39	06 05	06 27	11 15	12 02	12 52	13 46
N 10	05 32	05 57	06 15	11 31	12 19	13 09	14 02
0	05 25	05 49	06 10	11 46	12 35	13 26	14 18
S 10	05 16	05 41	06 02	12 00	12 51	13 42	14 33
20	05 04	05 31	05 54	12 16	13 08	13 59	14 50
30	04 49	05 19	05 43	12 35	13 27	14 19	15 09
35	04 40	05 11	05 37	12 46	13 39	14 31	15 20
40	04 28	05 02	05 31	12 58	13 52	14 44	15 33
45	04 14	04 52	05 23	13 12	14 08	15 00	15 48
S 50	03 55	04 38	05 13	13 30	14 27	15 20	16 06
52	03 46	04 32	05 09	13 39	14 36	15 29	16 15
54	03 35	04 25	05 04	13 48	14 47	15 39	16 24
56	03 23	04 17	04 58	13 59	14 58	15 51	16 35
58	03 09	04 08	04 52	14 11	15 12	16 04	16 48
S 60	02 51	03 57	04 45	14 25	15 28	16 20	17 02

Lat.	Sunset	Twilight Civil	Naut.	Moonset 18	19	20	21
°	h m	h m	h m	h m	h m	h m	h m
N 72	15 57	17 13	18 32	☐	☐	☐	☐
N 70	16 14	17 20	18 32	04 11	☐	☐	☐
68	16 27	17 27	18 32	03 19	04 49	06 00	06 34
66	16 38	17 32	18 32	02 47	04 05	05 08	05 50
64	16 47	17 37	18 32	02 23	03 35	04 36	05 20
62	16 54	17 41	18 32	02 05	03 13	04 12	04 58
60	17 01	17 44	18 33	01 49	02 55	03 53	04 40
N 58	17 07	17 47	18 33	01 37	02 40	03 37	04 25
56	17 12	17 50	18 34	01 25	02 27	03 24	04 12
54	17 17	17 53	18 34	01 16	02 16	03 12	04 01
52	17 21	17 56	18 35	01 07	02 07	03 02	03 51
50	17 25	17 58	18 36	00 59	01 58	02 52	03 42
45	17 33	18 03	18 37	00 42	01 39	02 33	03 23
N 40	17 40	18 08	18 39	00 29	01 24	02 17	03 07
35	17 46	18 12	18 42	00 17	01 11	02 04	02 54
30	17 52	18 16	18 44	00 07	01 00	01 52	02 43
20	18 01	18 23	18 49	24 41	00 41	01 32	02 24
N 10	18 09	18 31	18 55	24 25	00 25	01 15	02 06
0	18 17	18 38	19 03	24 09	00 09	00 59	01 51
S 10	18 25	18 47	19 12	23 54	24 43	00 43	01 35
20	18 34	18 57	19 23	23 37	24 25	00 25	01 17
30	18 44	19 09	19 38	23 18	24 05	00 05	00 58
35	18 50	19 16	19 47	23 07	23 54	24 46	00 46
40	18 56	19 25	19 59	22 54	23 40	24 33	00 33
45	19 04	19 35	20 13	22 39	23 25	24 17	00 17
S 50	19 14	19 48	20 31	22 21	23 05	23 58	24 59
52	19 18	19 54	20 40	22 12	22 56	23 49	24 51
54	19 23	20 01	20 50	22 03	22 45	23 38	24 41
56	19 28	20 09	21 02	21 52	22 34	23 27	24 31
58	19 34	20 18	21 16	21 39	22 20	23 13	24 18
S 60	19 41	20 28	21 33	21 25	22 04	22 57	24 04

Day	SUN Eqn. of Time 00 h	12 h	Mer. Pass.	MOON Mer. Pass. Upper	Lower	Age	Phase
	m s	m s	h m	h m	h m	d	
18	14 00	13 58	12 14	17 57	05 33	08	
19	13 55	13 52	12 14	18 47	06 22	09	◑
20	13 49	13 46	12 14	19 38	07 12	10	

1994 FEBRUARY 21, 22, 23 (MON., TUES., WED.)

UT (GMT)	ARIES G.H.A.	VENUS −3.9 G.H.A.	Dec.	MARS +1.2 G.H.A.	Dec.	JUPITER −2.2 G.H.A.	Dec.	SATURN +0.9 G.H.A.	Dec.			
d h	° ′	° ′	° ′	° ′	° ′	° ′	° ′	° ′	° ′	**STARS** Name	S.H.A. ° ′	Dec. ° ′
21 00	150 41.2	168 05.9	S 8 57.8	189 16.2	S16 16.4	288 11.4	S14 59.1	175 26.9	S11 49.4	Acamar	315 29.4	S40 19.9
01	165 43.6	183 05.5	56.6	204 16.8	15.8	303 13.9	59.1	190 29.1	49.3	Achernar	335 37.8	S57 16.2
02	180 46.1	198 05.0	55.4	219 17.3	15.2	318 16.3	59.1	205 31.3	49.2	Acrux	173 24.9	S63 04.0
03	195 48.6	213 04.6	·· 54.2	234 17.8	·· 14.5	333 18.7	·· 59.1	220 33.4	·· 49.1	Adhara	255 23.6	S28 58.2
04	210 51.0	228 04.1	53.0	249 18.3	13.9	348 21.1	59.1	235 35.6	49.0	Aldebaran	291 05.9	N16 29.8
05	225 53.5	243 03.6	51.8	264 18.8	13.3	3 23.5	59.1	250 37.8	48.9			
06	240 56.0	258 03.2	S 8 50.6	279 19.3	S16 12.7	18 25.9	S14 59.1	265 40.0	S11 48.8	Alioth	166 32.9	N55 59.2
07	255 58.4	273 02.7	49.4	294 19.9	12.1	33 28.3	59.2	280 42.1	48.7	Alkaid	153 10.0	N49 20.2
08	271 00.9	288 02.3	48.2	309 20.4	11.5	48 30.7	59.2	295 44.3	48.6	Al Na'ir	28 02.2	S46 59.3
M 09	286 03.4	303 01.8	·· 47.0	324 20.9	·· 10.9	63 33.1	·· 59.2	310 46.5	·· 48.5	Alnilam	276 00.9	S 1 12.5
O 10	301 05.8	318 01.4	45.8	339 21.4	10.3	78 35.5	59.2	325 48.7	48.4	Alphard	218 09.9	S 8 38.2
N 11	316 08.3	333 00.9	44.6	354 22.0	09.7	93 37.9	59.2	340 50.8	48.3			
D 12	331 10.8	348 00.4	S 8 43.4	9 22.5	S16 09.1	108 40.3	S14 59.2	355 53.0	S11 48.2	Alphecca	126 23.2	N26 43.8
A 13	346 13.2	3 00.0	42.2	24 23.0	08.5	123 42.7	59.2	10 55.2	48.0	Alpheratz	357 58.8	N29 03.6
Y 14	1 15.7	17 59.5	41.0	39 23.5	07.9	138 45.1	59.2	25 57.3	47.9	Altair	62 22.6	N 8 51.1
15	16 18.1	32 59.1	·· 39.8	54 24.0	·· 07.3	153 47.5	·· 59.2	40 59.5	·· 47.8	Ankaa	353 30.2	S42 20.4
16	31 20.6	47 58.6	38.6	69 24.6	06.7	168 49.9	59.2	56 01.7	47.7	Antares	112 44.0	S26 25.1
17	46 23.1	62 58.2	37.4	84 25.1	06.0	183 52.3	59.2	71 03.9	47.6			
18	61 25.5	77 57.7	S 8 36.2	99 25.6	S16 05.4	198 54.8	S14 59.3	86 06.0	S11 47.5	Arcturus	146 08.7	N19 12.5
19	76 28.0	92 57.3	35.0	114 26.1	04.8	213 57.2	59.3	101 08.2	47.4	Atria	107 59.0	S69 00.8
20	91 30.5	107 56.8	33.8	129 26.6	04.2	228 59.6	59.3	116 10.4	47.3	Avior	234 23.3	S59 29.7
21	106 32.9	122 56.4	·· 32.6	144 27.2	·· 03.6	244 02.0	·· 59.3	131 12.6	·· 47.2	Bellatrix	278 47.4	N 6 20.5
22	121 35.4	137 55.9	31.4	159 27.7	03.0	259 04.4	59.3	146 14.7	47.1	Betelgeuse	271 16.8	N 7 24.2
23	136 37.9	152 55.4	30.2	174 28.2	02.4	274 06.8	59.3	161 16.9	47.0			
22 00	151 40.3	167 55.0	S 8 29.0	189 28.7	S16 01.8	289 09.2	S14 59.3	176 19.1	S11 46.9	Canopus	264 02.2	S52 41.9
01	166 42.8	182 54.5	27.8	204 29.3	01.2	304 11.6	59.3	191 21.3	46.8	Capella	280 55.6	N45 59.6
02	181 45.2	197 54.1	26.6	219 29.8	16 00.6	319 14.0	59.3	206 23.4	46.6	Deneb	49 41.7	N45 15.5
03	196 47.7	212 53.6	·· 25.4	234 30.3	15 59.9	334 16.5	·· 59.3	221 25.6	·· 46.5	Denebola	182 48.1	N14 36.0
04	211 50.2	227 53.2	24.2	249 30.8	59.3	349 18.9	59.3	236 27.8	46.4	Diphda	349 10.6	S18 01.2
05	226 52.6	242 52.7	23.0	264 31.4	58.7	4 21.3	59.3	251 30.0	46.3			
06	241 55.1	257 52.3	S 8 21.8	279 31.9	S15 58.1	19 23.7	S14 59.4	266 32.1	S11 46.2	Dubhe	194 08.6	N61 46.7
07	256 57.6	272 51.8	20.6	294 32.4	57.5	34 26.1	59.4	281 34.3	46.1	Elnath	278 30.7	N28 36.2
T 08	272 00.0	287 51.4	19.4	309 32.9	56.9	49 28.5	59.4	296 36.5	46.0	Eltanin	90 53.1	N51 29.1
U 09	287 02.5	302 50.9	·· 18.2	324 33.5	·· 56.3	64 30.9	·· 59.4	311 38.6	·· 45.9	Enif	34 01.6	N 9 50.9
E 10	302 05.0	317 50.5	17.0	339 34.0	55.6	79 33.3	59.4	326 40.8	45.8	Fomalhaut	15 40.2	S29 39.2
S 11	317 07.4	332 50.1	15.8	354 34.5	55.0	94 35.8	59.4	341 43.0	45.7			
D 12	332 09.9	347 49.6	S 8 14.6	9 35.0	S15 54.4	109 38.2	S14 59.4	356 45.2	S11 45.6	Gacrux	172 16.6	S57 04.8
A 13	347 12.4	2 49.2	13.4	24 35.6	53.8	124 40.6	59.4	11 47.3	45.5	Gienah	176 06.9	S17 30.7
Y 14	2 14.8	17 48.7	12.2	39 36.1	53.2	139 43.0	59.4	26 49.5	45.4	Hadar	149 08.1	S60 20.6
15	17 17.3	32 48.3	·· 11.0	54 36.6	·· 52.6	154 45.4	·· 59.4	41 51.7	·· 45.2	Hamal	328 17.2	N23 26.1
16	32 19.7	47 47.8	09.7	69 37.1	52.0	169 47.8	59.4	56 53.9	45.1	Kaus Aust.	84 03.1	S34 23.1
17	47 22.2	62 47.4	08.5	84 37.7	51.3	184 50.2	59.4	71 56.0	45.0			
18	62 24.7	77 46.9	S 8 07.3	99 38.2	S15 50.7	199 52.7	S14 59.4	86 58.2	S11 44.9	Kochab	137 19.1	N74 10.4
19	77 27.1	92 46.5	06.1	114 38.7	50.1	214 55.1	59.4	102 00.4	44.8	Markab	13 53.0	N15 10.4
20	92 29.6	107 46.0	04.9	129 39.2	49.5	229 57.5	59.4	117 02.6	44.7	Menkar	314 30.2	N 4 03.9
21	107 32.1	122 45.6	·· 03.7	144 39.8	·· 48.9	244 59.9	·· 59.4	132 04.7	·· 44.6	Menkent	148 24.4	S36 20.5
22	122 34.5	137 45.1	02.5	159 40.3	48.3	260 02.3	59.4	147 06.9	44.5	Miaplacidus	221 41.8	S69 41.8
23	137 37.0	152 44.7	01.3	174 40.8	47.6	275 04.8	59.4	162 09.1	44.4			
23 00	152 39.5	167 44.3	S 8 00.1	189 41.3	S15 47.0	290 07.2	S14 59.5	177 11.3	S11 44.3	Mirfak	309 01.2	N49 50.6
01	167 41.9	182 43.8	7 58.9	204 41.9	46.4	305 09.6	59.5	192 13.4	44.2	Nunki	76 16.4	S26 18.2
02	182 44.4	197 43.4	57.6	219 42.4	45.8	320 12.0	59.5	207 15.6	44.1	Peacock	53 42.4	S56 45.1
03	197 46.9	212 42.9	·· 56.4	234 42.9	·· 45.2	335 14.4	·· 59.5	222 17.8	·· 44.0	Pollux	243 45.0	N28 02.3
04	212 49.3	227 42.5	55.2	249 43.5	44.6	350 16.8	59.5	237 19.9	43.8	Procyon	245 14.6	N 5 14.2
05	227 51.8	242 42.0	54.0	264 44.0	43.9	5 19.3	59.5	252 22.1	43.7			
06	242 54.2	257 41.6	S 7 52.8	279 44.5	S15 43.3	20 21.7	S14 59.5	267 24.3	S11 43.6	Rasalhague	96 20.0	N12 33.7
W 07	257 56.7	272 41.2	51.6	294 45.0	42.7	35 24.1	59.5	282 26.5	43.5	Regulus	207 58.5	N11 59.5
E 08	272 59.2	287 40.7	50.4	309 45.6	42.1	50 26.5	59.5	297 28.6	43.4	Rigel	281 25.8	S 8 12.7
D 09	288 01.6	302 40.3	·· 49.1	324 46.1	·· 41.5	65 28.9	·· 59.5	312 30.8	·· 43.3	Rigil Kent.	140 11.2	S60 48.5
N 10	303 04.1	317 39.8	47.9	339 46.6	40.8	80 31.4	59.5	327 33.0	43.2	Sabik	102 29.2	S15 43.1
E 11	318 06.6	332 39.4	46.7	354 47.2	40.2	95 33.8	59.5	342 35.2	43.1			
S 12	333 09.0	347 39.0	S 7 45.5	9 47.7	S15 39.6	110 36.2	S14 59.5	357 37.3	S11 43.0	Schedar	349 57.5	N56 30.5
D 13	348 11.5	2 38.5	44.3	24 48.2	39.0	125 38.6	59.5	12 39.5	42.9	Shaula	96 41.7	S37 05.9
A 14	3 14.0	17 38.1	43.1	39 48.7	38.3	140 41.1	59.5	27 41.7	42.8	Sirius	258 46.3	S16 42.8
Y 15	18 16.4	32 37.7	·· 41.8	54 49.3	·· 37.7	155 43.5	·· 59.5	42 43.9	·· 42.7	Spica	158 46.3	S11 08.0
16	33 18.9	47 37.2	40.6	69 49.8	37.1	170 45.9	59.5	57 46.0	42.6	Suhail	223 02.6	S43 24.8
17	48 21.3	62 36.8	39.4	84 50.3	36.5	185 48.3	59.5	72 48.2	42.4			
18	63 23.8	77 36.3	S 7 38.2	99 50.9	S15 35.9	200 50.8	S14 59.5	87 50.4	S11 42.3	Vega	80 49.0	N38 46.5
19	78 26.3	92 35.9	37.0	114 51.4	35.2	215 53.2	59.5	102 52.6	42.2	Zuben'ubi	137 21.3	S16 01.1
20	93 28.7	107 35.5	35.8	129 51.9	34.6	230 55.6	59.5	117 54.7	42.1			
21	108 31.2	122 35.0	·· 34.5	144 52.5	·· 34.0	245 58.0	·· 59.5	132 56.9	·· 42.0		S.H.A. ° ′	Mer. Pass. h m
22	123 33.7	137 34.6	33.3	159 53.0	33.4	261 00.5	59.5	147 59.1	41.9	Venus	16 14.7	12 49
23	138 36.1	152 34.2	32.1	174 53.5	32.7	276 02.9	59.5	163 01.3	41.8	Mars	37 48.4	11 22
Mer. Pass. 13 51.0		v −0.4	d 1.2	v 0.5	d 0.6	v 2.4	d 0.0	v 2.2	d 0.1	Jupiter	137 28.9	4 43
										Saturn	24 38.8	12 13

1994 FEBRUARY 21, 22, 23 (MON., TUES., WED.)

UT (GMT)	SUN G.H.A.	SUN Dec.	MOON G.H.A.	v	MOON Dec.	d	H.P.
21 00	176 34.3	S10 43.1	63 12.6	9.5	N20 56.0	2.0	56.2
01	191 34.4	42.2	77 41.1	9.5	20 54.0	2.0	56.2
02	206 34.4	41.3	92 09.6	9.5	20 52.0	2.2	56.2
03	221 34.5	.. 40.4	106 38.1	9.4	20 49.8	2.2	56.3
04	236 34.6	39.5	121 06.5	9.4	20 47.6	2.4	56.3
05	251 34.6	38.6	135 34.9	9.4	20 45.2	2.5	56.3
06	266 34.7	S10 37.6	150 03.3	9.3	N20 42.7	2.7	56.4
07	281 34.8	36.7	164 31.6	9.3	20 40.0	2.7	56.4
08	296 34.9	35.8	178 59.9	9.3	20 37.3	2.8	56.4
M 09	311 34.9	.. 34.9	193 28.2	9.3	20 34.5	3.0	56.5
O 10	326 35.0	34.0	207 56.5	9.3	20 31.5	3.1	56.5
N 11	341 35.1	33.1	222 24.8	9.2	20 28.4	3.2	56.5
D 12	356 35.2	S10 32.2	236 53.0	9.3	N20 25.2	3.3	56.6
A 13	11 35.2	31.3	251 21.3	9.2	20 21.9	3.4	56.6
Y 14	26 35.3	30.4	265 49.5	9.1	20 18.5	3.5	56.6
15	41 35.4	.. 29.5	280 17.6	9.2	20 15.0	3.7	56.7
16	56 35.5	28.6	294 45.8	9.1	20 11.3	3.8	56.7
17	71 35.5	27.7	309 13.9	9.2	20 07.5	3.9	56.7
18	86 35.6	S10 26.8	323 42.1	9.1	N20 03.6	4.0	56.8
19	101 35.7	25.9	338 10.2	9.1	19 59.6	4.1	56.8
20	116 35.8	25.0	352 38.3	9.1	19 55.5	4.2	56.8
21	131 35.8	.. 24.1	7 06.4	9.0	19 51.3	4.4	56.9
22	146 35.9	23.2	21 34.4	9.1	19 46.9	4.4	56.9
23	161 36.0	22.3	36 02.5	9.0	19 42.5	4.6	56.9
22 00	176 36.1	S10 21.3	50 30.5	9.0	N19 37.9	4.7	57.0
01	191 36.1	20.4	64 58.5	9.0	19 33.2	4.8	57.0
02	206 36.2	19.5	79 26.5	9.0	19 28.4	4.9	57.1
03	221 36.3	.. 18.6	93 54.5	9.0	19 23.5	5.1	57.1
04	236 36.4	17.7	108 22.5	9.0	19 18.4	5.1	57.1
05	251 36.5	16.8	122 50.5	9.0	19 13.3	5.3	57.2
06	266 36.5	S10 15.9	137 18.5	8.9	N19 08.0	5.4	57.2
07	281 36.6	15.0	151 46.4	9.0	19 02.6	5.5	57.2
T 08	296 36.7	14.1	166 14.4	8.9	18 57.1	5.6	57.3
U 09	311 36.8	.. 13.2	180 42.3	8.9	18 51.5	5.7	57.3
E 10	326 36.9	12.3	195 10.2	9.0	18 45.8	5.8	57.4
S 11	341 36.9	11.3	209 38.2	8.9	18 40.0	6.0	57.4
D 12	356 37.0	S10 10.4	224 06.1	8.9	N18 34.0	6.1	57.4
A 13	11 37.1	09.5	238 34.0	8.9	18 27.9	6.1	57.5
Y 14	26 37.2	08.6	253 01.9	8.9	18 21.8	6.3	57.5
15	41 37.3	.. 07.7	267 29.8	8.9	18 15.5	6.4	57.5
16	56 37.3	06.8	281 57.7	8.8	18 09.1	6.5	57.6
17	71 37.4	05.9	296 25.5	8.9	18 02.6	6.7	57.6
18	86 37.5	S10 05.0	310 53.4	8.9	N17 55.9	6.7	57.6
19	101 37.6	04.0	325 21.3	8.9	17 49.2	6.8	57.7
20	116 37.7	03.1	339 49.2	8.8	17 42.4	7.0	57.7
21	131 37.8	.. 02.2	354 17.0	8.9	17 35.4	7.0	57.8
22	146 37.8	01.3	8 44.9	8.9	17 28.4	7.2	57.8
23	161 37.9	10 00.4	23 12.8	8.8	17 21.2	7.3	57.8
23 00	176 38.0	S 9 59.5	37 40.6	8.9	N17 13.9	7.4	57.9
01	191 38.1	58.6	52 08.5	8.9	17 06.5	7.5	57.9
02	206 38.2	57.6	66 36.4	8.8	16 59.0	7.6	57.9
03	221 38.3	.. 56.7	81 04.2	8.9	16 51.4	7.7	58.0
04	236 38.3	55.8	95 32.1	8.9	16 43.7	7.8	58.0
05	251 38.4	54.9	110 00.0	8.8	16 35.9	7.9	58.1
06	266 38.5	S 9 54.0	124 27.8	8.9	N16 28.0	8.0	58.1
W 07	281 38.6	53.1	138 55.7	8.8	16 20.0	8.2	58.1
E 08	296 38.7	52.2	153 23.5	8.9	16 11.8	8.2	58.2
D 09	311 38.8	.. 51.2	167 51.4	8.9	16 03.6	8.3	58.2
N 10	326 38.9	50.3	182 19.3	8.9	15 55.3	8.5	58.2
E 11	341 38.9	49.4	196 47.2	8.8	15 46.8	8.5	58.3
S 12	356 39.0	S 9 48.5	211 15.0	8.9	N15 38.3	8.7	58.3
D 13	11 39.1	47.6	225 42.9	8.9	15 29.6	8.7	58.3
A 14	26 39.2	46.6	240 10.8	8.9	15 20.9	8.9	58.4
Y 15	41 39.3	.. 45.7	254 38.7	8.8	15 12.0	8.9	58.4
16	56 39.4	44.8	269 06.5	8.9	15 03.1	9.0	58.5
17	71 39.5	43.9	283 34.4	8.9	14 54.1	9.2	58.5
18	86 39.6	S 9 43.0	298 02.3	8.9	N14 44.9	9.2	58.5
19	101 39.6	42.1	312 30.2	8.9	14 35.7	9.3	58.6
20	116 39.7	41.1	326 58.1	8.9	14 26.4	9.5	58.6
21	131 39.8	.. 40.2	341 26.0	8.9	14 16.9	9.5	58.6
22	146 39.9	39.3	355 53.9	9.0	14 07.4	9.6	58.7
23	161 40.0	38.4	10 21.9	8.9	13 57.8	9.7	58.7
S.D.	16.2	d 0.9	S.D. 15.4		15.6		15.9

Twilight / Sunrise / Moonrise

Lat.	Twilight Naut.	Twilight Civil	Sunrise	Moonrise 21	22	23	24
N 72	05 45	07 03	08 16	▢	▢	12 01	14 22
N 70	05 46	06 57	08 01	▢	10 30	12 40	14 42
68	05 47	06 51	07 50	09 39	11 18	13 06	14 57
66	05 48	06 47	07 40	10 23	11 49	13 27	15 09
64	05 48	06 43	07 32	10 52	12 12	13 43	15 28
62	05 48	06 40	07 25	11 14	12 30	13 56	15 28
60	05 49	06 37	07 19	11 32	12 45	14 07	15 36
N 58	05 49	06 34	07 14	11 47	12 58	14 17	15 42
56	05 48	06 32	07 09	12 00	13 09	14 26	15 48
54	05 48	06 29	07 05	12 11	13 18	14 33	15 53
52	05 48	06 27	07 01	12 20	13 27	14 40	15 58
50	05 48	06 25	06 58	12 29	13 34	14 46	16 02
45	05 47	06 21	06 50	12 48	13 51	14 59	16 11
N 40	05 45	06 17	06 44	13 03	14 04	15 10	16 19
35	05 43	06 13	06 39	13 16	14 15	15 19	16 25
30	05 42	06 09	06 34	13 27	14 25	15 27	16 31
20	05 37	06 03	06 25	13 46	14 42	15 41	16 41
N 10	05 31	05 56	06 17	14 02	14 57	15 53	16 49
0	05 25	05 49	06 10	14 18	15 11	16 04	16 58
S 10	05 16	05 41	06 03	14 33	15 25	16 16	17 06
20	05 06	05 32	05 55	14 50	15 39	16 28	17 14
30	04 52	05 21	05 46	15 09	15 56	16 41	17 24
35	04 43	05 14	05 40	15 20	16 06	16 49	17 29
40	04 32	05 06	05 34	15 33	16 17	16 58	17 36
45	04 19	04 56	05 27	15 48	16 30	17 09	17 43
S 50	04 01	04 44	05 18	16 06	16 46	17 21	17 52
52	03 53	04 38	05 14	16 15	16 54	17 27	17 56
54	03 43	04 32	05 10	16 24	17 02	17 33	18 00
56	03 32	04 24	05 05	16 35	17 11	17 41	18 05
58	03 19	04 16	04 59	16 48	17 22	17 49	18 10
S 60	03 03	04 06	04 53	17 02	17 34	17 58	18 17

Sunset / Twilight / Moonset

Lat.	Sunset	Twilight Civil	Twilight Naut.	Moonset 21	22	23	24
N 72	16 13	17 26	18 45	▢	▢	07 56	07 27
N 70	16 27	17 32	18 43	▢	07 33	07 16	07 05
68	16 39	17 37	18 42	06 34	06 45	06 48	06 48
66	16 48	17 42	18 41	05 50	06 14	06 27	06 35
64	16 56	17 45	18 40	05 20	05 50	06 10	06 23
62	17 03	17 49	18 40	04 58	05 32	05 56	06 13
60	17 09	17 52	18 40	04 40	05 16	05 44	06 05
N 58	17 14	17 54	18 40	04 25	05 03	05 33	05 58
56	17 19	17 57	18 40	04 12	04 52	05 24	05 51
54	17 23	17 59	18 40	04 01	04 42	05 16	05 45
52	17 26	18 01	18 40	03 51	04 33	05 09	05 40
50	17 30	18 03	18 40	03 42	04 25	05 02	05 35
45	17 37	18 07	18 41	03 23	04 08	04 48	05 24
N 40	17 44	18 11	18 43	03 07	03 54	04 37	05 16
35	17 49	18 15	18 44	02 54	03 42	04 27	05 08
30	17 54	18 18	18 46	02 43	03 32	04 18	05 01
20	18 02	18 25	18 50	02 24	03 14	04 02	04 50
N 10	18 10	18 31	18 56	02 06	02 58	03 49	04 39
0	18 17	18 38	19 02	01 51	02 43	03 36	04 30
S 10	18 24	18 45	19 10	01 35	02 28	03 24	04 20
20	18 32	18 54	19 21	01 17	02 13	03 10	04 09
30	18 41	19 06	19 35	00 58	01 54	02 55	03 57
35	18 46	19 12	19 43	00 46	01 44	02 45	03 50
40	18 52	19 20	19 54	00 33	01 31	02 35	03 42
45	18 59	19 30	20 07	00 17	01 17	02 23	03 33
S 50	19 08	19 42	20 24	24 59	00 59	02 08	03 22
52	19 12	19 48	20 32	24 51	00 51	02 01	03 16
54	19 16	19 54	20 42	24 41	00 41	01 53	03 11
56	19 21	20 01	20 53	24 31	00 31	01 44	03 04
58	19 26	20 09	21 05	24 18	00 18	01 34	02 57
S 60	19 32	20 19	21 21	24 04	00 04	01 22	02 48

SUN / MOON

Day	SUN Eqn. of Time 00h	12h	Mer. Pass.	MOON Mer. Pass. Upper	Lower	Age	Phase
21	13 43	13 40	12 14	20 31	08 04	11	◖
22	13 36	13 32	12 14	21 24	08 57	12	
23	13 28	13 24	12 13	22 17	09 50	13	

1994 FEBRUARY 24, 25, 26 (THURS., FRI., SAT.)

UT (GMT)	ARIES G.H.A.	VENUS −3.9 G.H.A.	Dec.	MARS +1.2 G.H.A.	Dec.	JUPITER −2.2 G.H.A.	Dec.	SATURN +0.9 G.H.A.	Dec.	STARS Name	S.H.A.	Dec.
24 00	153 38.6	167 33.7	S 7 30.9	189 54.1	S15 32.1	291 05.3	S14 59.6	178 03.4	S11 41.7	Acamar	315 29.4	S40 19.9
01	168 41.1	182 33.3	29.7	204 54.6	31.5	306 07.7	59.6	193 05.6	41.6	Achernar	335 37.8	S57 16.2
02	183 43.5	197 32.9	28.4	219 55.1	30.9	321 10.2	59.6	208 07.8	41.5	Acrux	173 24.9	S63 04.0
03	198 46.0	212 32.4	·· 27.2	234 55.7	·· 30.2	336 12.6	·· 59.6	223 09.9	·· 41.4	Adhara	255 23.6	S28 58.2
04	213 48.5	227 32.0	26.0	249 56.2	29.6	351 15.0	59.6	238 12.1	41.3	Aldebaran	291 05.9	N16 29.8
05	228 50.9	242 31.5	24.8	264 56.7	29.0	6 17.4	59.6	253 14.3	41.2			
06	243 53.4	257 31.1	S 7 23.6	279 57.3	S15 28.4	21 19.9	S14 59.6	268 16.5	S11 41.0	Alioth	166 32.9	N55 59.2
07	258 55.8	272 30.7	22.3	294 57.8	27.7	36 22.3	59.6	283 18.6	40.9	Alkaid	153 09.9	N49 20.2
T 08	273 58.3	287 30.2	21.1	309 58.3	27.1	51 24.7	59.6	298 20.8	40.8	Al Na'ir	28 02.2	S46 59.3
H 09	289 00.8	302 29.8	·· 19.9	324 58.9	·· 26.5	66 27.2	·· 59.6	313 23.0	·· 40.7	Alnilam	276 00.9	S 1 12.5
U 10	304 03.2	317 29.4	18.7	339 59.4	25.9	81 29.6	59.6	328 25.2	40.6	Alphard	218 09.9	S 8 38.3
R 11	319 05.7	332 29.0	17.4	354 59.9	25.2	96 32.0	59.6	343 27.3	40.5			
S 12	334 08.2	347 28.5	S 7 16.2	10 00.5	S15 24.6	111 34.4	S14 59.6	358 29.5	S11 40.4	Alphecca	126 23.1	N26 43.8
D 13	349 10.6	2 28.1	15.0	25 01.0	24.0	126 36.9	59.6	13 31.7	40.3	Alpheratz	357 58.8	N29 03.6
A 14	4 13.1	17 27.7	13.8	40 01.5	23.3	141 39.3	59.6	28 33.9	40.2	Altair	62 22.6	N 8 51.1
Y 15	19 15.6	32 27.2	·· 12.5	55 02.1	·· 22.7	156 41.7	·· 59.6	43 36.0	·· 40.1	Ankaa	353 30.3	S42 20.4
16	34 18.0	47 26.8	11.3	70 02.6	22.1	171 44.2	59.6	58 38.2	40.0	Antares	112 44.0	S26 25.1
17	49 20.5	62 26.4	10.1	85 03.1	21.5	186 46.6	59.6	73 40.4	39.9			
18	64 23.0	77 25.9	S 7 08.9	100 03.7	S15 20.8	201 49.0	S14 59.6	88 42.6	S11 39.7	Arcturus	146 08.7	N19 12.5
19	79 25.4	92 25.5	07.6	115 04.2	20.2	216 51.5	59.6	103 44.7	39.6	Atria	107 58.9	S69 00.8
20	94 27.9	107 25.1	06.4	130 04.7	19.6	231 53.9	59.6	118 46.9	39.5	Avior	234 23.3	S59 29.8
21	109 30.3	122 24.6	·· 05.2	145 05.3	·· 18.9	246 56.3	·· 59.6	133 49.1	·· 39.4	Bellatrix	278 47.4	N 6 20.5
22	124 32.8	137 24.2	04.0	160 05.8	18.3	261 58.8	59.6	148 51.3	39.3	Betelgeuse	271 16.8	N 7 24.2
23	139 35.3	152 23.8	02.7	175 06.3	17.7	277 01.2	59.6	163 53.4	39.2			
25 00	154 37.7	167 23.4	S 7 01.5	190 06.9	S15 17.0	292 03.6	S14 59.6	178 55.6	S11 39.1	Canopus	264 02.3	S52 41.9
01	169 40.2	182 22.9	7 00.3	205 07.4	16.4	307 06.1	59.6	193 57.8	39.0	Capella	280 55.7	N45 59.6
02	184 42.7	197 22.5	6 59.0	220 07.9	15.8	322 08.5	59.6	209 00.0	38.9	Deneb	49 41.7	N45 15.5
03	199 45.1	212 22.1	·· 57.8	235 08.5	·· 15.1	337 10.9	·· 59.6	224 02.1	·· 38.8	Denebola	182 48.0	N14 36.0
04	214 47.6	227 21.7	56.6	250 09.0	14.5	352 13.4	59.6	239 04.3	38.7	Diphda	349 10.6	S18 01.2
05	229 50.1	242 21.2	55.4	265 09.6	13.9	7 15.8	59.6	254 06.5	38.6			
06	244 52.5	257 20.8	S 6 54.1	280 10.1	S15 13.2	22 18.2	S14 59.6	269 08.6	S11 38.5	Dubhe	194 08.6	N61 46.7
07	259 55.0	272 20.4	52.9	295 10.6	12.6	37 20.7	59.6	284 10.8	38.3	Elnath	278 30.8	N28 36.2
08	274 57.4	287 20.0	51.7	310 11.2	12.0	52 23.1	59.6	299 13.0	38.2	Eltanin	90 53.1	N51 29.1
F 09	289 59.9	302 19.5	·· 50.4	325 11.7	·· 11.3	67 25.6	·· 59.6	314 15.2	·· 38.1	Enif	34 01.6	N 9 50.9
R 10	305 02.4	317 19.1	49.2	340 12.2	10.7	82 28.0	59.6	329 17.3	38.0	Fomalhaut	15 40.2	S29 39.2
I 11	320 04.8	332 18.7	48.0	355 12.8	10.1	97 30.4	59.6	344 19.5	37.9			
D 12	335 07.3	347 18.3	S 6 46.7	10 13.3	S15 09.4	112 32.9	S14 59.6	359 21.7	S11 37.8	Gacrux	172 16.5	S57 04.8
A 13	350 09.8	2 17.8	45.5	25 13.9	08.8	127 35.3	59.6	14 23.9	37.7	Gienah	176 06.9	S17 30.7
Y 14	5 12.2	17 17.4	44.3	40 14.4	08.2	142 37.7	59.6	29 26.0	37.6	Hadar	149 08.1	S60 20.6
15	20 14.7	32 17.0	·· 43.0	55 14.9	·· 07.5	157 40.2	·· 59.6	44 28.2	·· 37.5	Hamal	328 17.3	N23 26.1
16	35 17.2	47 16.6	41.8	70 15.5	06.9	172 42.6	59.6	59 30.4	37.4	Kaus Aust.	84 03.1	S34 23.1
17	50 19.6	62 16.1	40.6	85 16.0	06.3	187 45.1	59.6	74 32.6	37.3			
18	65 22.1	77 15.7	S 6 39.3	100 16.6	S15 05.6	202 47.5	S14 59.6	89 34.7	S11 37.2	Kochab	137 19.0	N74 10.4
19	80 24.6	92 15.3	38.1	115 17.1	05.0	217 49.9	59.6	104 36.9	37.1	Markab	13 53.0	N15 10.4
20	95 27.0	107 14.9	36.9	130 17.6	04.4	232 52.4	59.6	119 39.1	36.9	Menkar	314 30.2	N 4 03.9
21	110 29.5	122 14.4	·· 35.6	145 18.2	·· 03.7	247 54.8	·· 59.6	134 41.3	·· 36.8	Menkent	148 24.4	S36 20.5
22	125 31.9	137 14.0	34.4	160 18.7	03.1	262 57.3	59.6	149 43.4	36.7	Miaplacidus	221 41.8	S69 41.8
23	140 34.4	152 13.6	33.2	175 19.3	02.5	277 59.7	59.6	164 45.6	36.6			
26 00	155 36.9	167 13.2	S 6 31.9	190 19.8	S15 01.8	293 02.1	S14 59.6	179 47.8	S11 36.5	Mirfak	309 01.2	N49 50.6
01	170 39.3	182 12.8	30.7	205 20.3	01.2	308 04.6	59.6	194 50.0	36.4	Nunki	76 16.4	S26 18.2
02	185 41.8	197 12.3	29.5	220 20.9	15 00.5	323 07.0	59.6	209 52.1	36.3	Peacock	53 42.4	S56 45.1
03	200 44.3	212 11.9	·· 28.2	235 21.4	14 59.9	338 09.5	·· 59.6	224 54.3	·· 36.2	Pollux	243 45.1	N28 02.3
04	215 46.7	227 11.5	27.0	250 22.0	59.3	353 11.9	59.6	239 56.5	36.1	Procyon	245 14.6	N 5 14.2
05	230 49.2	242 11.1	25.8	265 22.5	58.6	8 14.4	59.6	254 58.7	36.0			
06	245 51.7	257 10.7	S 6 24.5	280 23.0	S14 58.0	23 16.8	S14 59.6	270 00.8	S11 35.9	Rasalhague	96 19.9	N12 33.7
07	260 54.1	272 10.2	23.3	295 23.6	57.3	38 19.2	59.6	285 03.0	35.8	Regulus	207 58.5	N11 59.5
S 08	275 56.6	287 09.8	22.0	310 24.1	56.7	53 21.7	59.6	300 05.2	35.7	Rigel	281 25.8	S 8 12.7
A 09	290 59.1	302 09.4	·· 20.8	325 24.7	·· 56.1	68 24.1	·· 59.6	315 07.4	·· 35.5	Rigil Kent.	140 11.1	S60 48.5
T 10	306 01.5	317 09.0	19.6	340 25.2	55.4	83 26.6	59.6	330 09.5	35.4	Sabik	102 29.2	S15 43.1
U 11	321 04.0	332 08.6	18.3	355 25.7	54.8	98 29.0	59.6	345 11.7	35.3			
R 12	336 06.4	347 08.2	S 6 17.1	10 26.3	S14 54.1	113 31.5	S14 59.6	0 13.9	S11 35.2	Schedar	349 57.5	N56 30.5
D 13	351 08.9	2 07.7	15.9	25 26.8	53.5	128 33.9	59.6	15 16.1	35.1	Shaula	96 41.6	S37 05.9
A 14	6 11.4	17 07.3	14.6	40 27.4	52.9	143 36.4	59.6	30 18.2	35.0	Sirius	258 46.2	S16 42.8
Y 15	21 13.8	32 06.9	·· 13.4	55 27.9	·· 52.2	158 38.8	·· 59.6	45 20.4	·· 34.9	Spica	158 46.2	S11 08.0
16	36 16.3	47 06.5	12.1	70 28.5	51.6	173 41.3	59.6	60 22.6	34.8	Suhail	223 02.6	S43 24.8
17	51 18.8	62 06.1	10.9	85 29.0	50.9	188 43.7	59.5	75 24.7	34.7			
18	66 21.2	77 05.7	S 6 09.7	100 29.5	S14 50.3	203 46.1	S14 59.5	90 26.9	S11 34.6	Vega	80 49.0	N38 46.5
19	81 23.7	92 05.2	08.4	115 30.1	49.6	218 48.6	59.5	105 29.1	34.5	Zuben'ubi	137 21.3	S16 01.1
20	96 26.2	107 04.8	07.2	130 30.6	49.0	233 51.0	59.5	120 31.3	34.4			
21	111 28.6	122 04.4	·· 05.9	145 31.2	·· 48.4	248 53.5	·· 59.5	135 33.4	·· 34.3		S.H.A.	Mer. Pass.
22	126 31.1	137 04.0	04.7	160 31.7	47.7	263 55.9	59.5	150 35.6	34.2	Venus	12 45.6	12 51
23	141 33.6	152 03.6	03.4	175 32.3	47.1	278 58.4	59.5	165 37.8	34.0	Mars	35 29.1	11 19
Mer. Pass. 13 39.2		v −0.4	d 1.2	v 0.5	d 0.6	v 2.4	d 0.0	v 2.2	d 0.1	Jupiter	137 25.9	4 31
										Saturn	24 17.9	12 03

1994 FEBRUARY 24, 25, 26 (THURS., FRI., SAT.)

UT (GMT)	SUN G.H.A.	Dec.	MOON G.H.A.	v	Dec.	d	H.P.
24 00	176 40.1	S 9 37.5	24 49.8	8.9	N13 48.1	9.8	58.7
01	191 40.2	36.5	39 17.7	8.9	13 38.3	9.9	58.8
02	206 40.3	35.6	53 45.6	9.0	13 28.4	10.0	58.8
03	221 40.4	.. 34.7	68 13.6	8.9	13 18.4	10.1	58.8
04	236 40.5	33.8	82 41.5	8.9	13 08.3	10.1	58.9
05	251 40.6	32.8	97 09.4	9.0	12 58.2	10.3	58.9
06	266 40.6	S 9 31.9	111 37.4	9.0	N12 47.9	10.3	58.9
07	281 40.7	31.0	126 05.4	8.9	12 37.6	10.4	59.0
T 08	296 40.8	30.1	140 33.3	9.0	12 27.2	10.5	59.0
H 09	311 40.9	.. 29.2	155 01.3	9.0	12 16.7	10.6	59.0
U 10	326 41.0	28.2	169 29.3	8.9	12 06.1	10.7	59.1
R 11	341 41.1	27.3	183 57.2	9.0	11 55.4	10.8	59.1
S 12	356 41.2	S 9 26.4	198 25.2	9.0	N11 44.6	10.8	59.1
D 13	11 41.3	25.5	212 53.2	9.0	11 33.8	10.9	59.2
A 14	26 41.4	24.5	227 21.2	9.0	11 22.9	11.0	59.2
Y 15	41 41.5	.. 23.6	241 49.2	9.0	11 11.9	11.1	59.2
16	56 41.6	22.7	256 17.2	9.0	11 00.8	11.1	59.3
17	71 41.7	21.8	270 45.2	9.0	10 49.7	11.3	59.3
18	86 41.8	S 9 20.8	285 13.2	9.0	N10 38.4	11.3	59.3
19	101 41.9	19.9	299 41.2	9.1	10 27.1	11.3	59.4
20	116 42.0	19.0	314 09.3	9.0	10 15.8	11.5	59.4
21	131 42.1	.. 18.1	328 37.3	9.0	10 04.3	11.5	59.4
22	146 42.2	17.1	343 05.3	9.1	9 52.8	11.6	59.5
23	161 42.2	16.2	357 33.4	9.0	9 41.2	11.6	59.5
25 00	176 42.3	S 9 15.3	12 01.4	9.0	N 9 29.6	11.8	59.5
01	191 42.4	14.4	26 29.4	9.1	9 17.8	11.7	59.5
02	206 42.5	13.4	40 57.5	9.0	9 06.1	11.9	59.6
03	221 42.6	.. 12.5	55 25.5	9.1	8 54.2	11.9	59.6
04	236 42.7	11.6	69 53.6	9.1	8 42.3	12.0	59.6
05	251 42.8	10.6	84 21.7	9.0	8 30.3	12.0	59.7
06	266 42.9	S 9 09.7	98 49.7	9.1	N 8 18.3	12.1	59.7
07	281 43.0	08.8	113 17.8	9.1	8 06.2	12.2	59.7
F 08	296 43.1	07.9	127 45.9	9.0	7 54.0	12.2	59.7
R 09	311 43.2	.. 06.9	142 13.9	9.1	7 41.8	12.3	59.8
I 10	326 43.3	06.0	156 42.0	9.1	7 29.5	12.3	59.8
D 11	341 43.4	05.1	171 10.1	9.0	7 17.2	12.4	59.8
A 12	356 43.5	S 9 04.1	185 38.1	9.1	N 7 04.8	12.4	59.8
Y 13	11 43.6	03.2	200 06.2	9.1	6 52.4	12.5	59.9
14	26 43.7	02.3	214 34.3	9.1	6 39.9	12.6	59.9
15	41 43.8	.. 01.4	229 02.4	9.0	6 27.3	12.5	59.9
16	56 43.9	9 00.4	243 30.4	9.1	6 14.8	12.7	59.9
17	71 44.0	8 59.5	257 58.5	9.1	6 02.1	12.6	60.0
18	86 44.1	S 8 58.6	272 26.6	9.1	N 5 49.5	12.8	60.0
19	101 44.2	57.6	286 54.7	9.0	5 36.7	12.7	60.0
20	116 44.3	56.7	301 22.7	9.1	5 24.0	12.8	60.0
21	131 44.4	.. 55.8	315 50.8	9.1	5 11.2	12.9	60.1
22	146 44.5	54.8	330 18.9	9.0	4 58.3	12.9	60.1
23	161 44.6	53.9	344 46.9	9.1	4 45.4	12.9	60.1
26 00	176 44.7	S 8 53.0	359 15.0	9.1	N 4 32.5	12.9	60.1
01	191 44.8	52.0	13 43.1	9.0	4 19.6	13.0	60.1
02	206 44.9	51.1	28 11.1	9.1	4 06.6	13.1	60.2
03	221 45.1	.. 50.2	42 39.2	9.0	3 53.5	13.0	60.2
04	236 45.2	49.2	57 07.2	9.1	3 40.5	13.1	60.2
05	251 45.3	48.3	71 35.3	9.0	3 27.4	13.1	60.2
06	266 45.4	S 8 47.4	86 03.3	9.0	N 3 14.3	13.1	60.2
07	281 45.5	46.4	100 31.3	9.1	3 01.2	13.2	60.2
S 08	296 45.6	45.5	114 59.4	9.0	2 48.0	13.2	60.3
A 09	311 45.7	.. 44.6	129 27.4	9.0	2 34.8	13.2	60.3
T 10	326 45.8	43.6	143 55.4	9.0	2 21.6	13.2	60.3
U 11	341 45.9	42.7	158 23.4	9.0	2 08.4	13.3	60.3
R 12	356 46.0	S 8 41.8	172 51.4	9.0	N 1 55.1	13.3	60.3
D 13	11 46.1	40.8	187 19.4	8.9	1 41.8	13.2	60.3
A 14	26 46.2	39.9	201 47.3	9.0	1 28.6	13.3	60.4
Y 15	41 46.3	.. 39.0	216 15.3	9.0	1 15.3	13.4	60.4
16	56 46.4	38.0	230 43.3	8.9	1 01.9	13.3	60.4
17	71 46.5	37.1	245 11.2	9.0	0 48.6	13.4	60.4
18	86 46.6	S 8 36.2	259 39.2	8.9	N 0 35.3	13.4	60.4
19	101 46.7	35.2	274 07.1	8.9	0 21.9	13.3	60.4
20	116 46.8	34.3	288 35.0	8.9	N 0 08.6	13.4	60.4
21	131 47.0	.. 33.3	303 02.9	8.9	S 0 04.8	13.3	60.5
22	146 47.1	32.4	317 30.8	8.9	0 18.1	13.4	60.5
23	161 47.2	31.5	331 58.7	8.8	0 31.5	13.3	60.5
	S.D. 16.2	d 0.9	S.D. 16.1		16.3		16.4

Moonrise

Lat.	Twilight Naut.	Civil	Sunrise	24	25	26	27
N 72	05 31	06 48	07 59	14 22	16 32	18 40	20 48
N 70	05 33	06 44	07 47	14 42	16 41	18 40	20 40
68	05 36	06 40	07 37	14 57	16 48	18 40	20 33
66	05 37	06 36	07 29	15 09	16 54	18 41	20 28
64	05 39	06 34	07 22	15 20	16 59	18 41	20 23
62	05 40	06 31	07 16	15 28	17 04	18 41	20 19
60	05 41	06 29	07 11	15 36	17 08	18 41	20 16
N 58	05 41	06 26	07 06	15 42	17 11	18 41	20 13
56	05 42	06 25	07 02	15 48	17 14	18 41	20 10
54	05 42	06 23	06 58	15 53	17 17	18 42	20 07
52	05 42	06 21	06 55	15 58	17 19	18 42	20 05
50	05 42	06 19	06 52	16 02	17 21	18 42	20 03
45	05 42	06 16	06 45	16 11	17 26	18 42	19 59
N 40	05 41	06 12	06 40	16 19	17 30	18 42	19 55
35	05 40	06 09	06 35	16 25	17 33	18 43	19 52
30	05 39	06 06	06 31	16 31	17 36	18 43	19 50
20	05 35	06 01	06 23	16 41	17 42	18 43	19 45
N 10	05 30	05 55	06 16	16 49	17 46	18 43	19 41
0	05 25	05 49	06 10	16 58	17 51	18 44	19 37
S 10	05 17	05 42	06 03	17 06	17 55	18 44	19 33
20	05 07	05 34	05 56	17 14	17 59	18 44	19 30
30	04 54	05 23	05 48	17 24	18 05	18 45	19 25
35	04 46	05 17	05 43	17 29	18 08	18 45	19 23
40	04 36	05 10	05 38	17 36	18 11	18 45	19 20
45	04 24	05 01	05 31	17 43	18 15	18 46	19 17
S 50	04 08	04 49	05 23	17 52	18 20	18 46	19 13
52	04 00	04 44	05 20	17 56	18 22	18 46	19 11
54	03 51	04 38	05 16	18 00	18 24	18 46	19 09
56	03 41	04 32	05 11	18 05	18 27	18 47	19 07
58	03 29	04 24	05 07	18 10	18 29	18 47	19 05
S 60	03 15	04 15	05 01	18 17	18 33	18 47	19 02

Moonset

Lat.	Sunset	Twilight Civil	Naut.	24	25	26	27
N 72	16 29	17 40	18 58	07 27	07 08	06 53	06 39
N 70	16 41	17 44	18 55	07 05	06 57	06 49	06 42
68	16 51	17 48	18 53	06 48	06 48	06 46	06 45
66	16 59	17 51	18 51	06 35	06 40	06 43	06 47
64	17 05	17 54	18 49	06 23	06 33	06 41	06 49
62	17 11	17 57	18 48	06 13	06 27	06 39	06 50
60	17 16	17 59	18 47	06 05	06 22	06 37	06 52
N 58	17 21	18 01	18 46	05 58	06 18	06 36	06 53
56	17 25	18 03	18 46	05 51	06 14	06 34	06 54
54	17 29	18 05	18 45	05 45	06 10	06 33	06 55
52	17 32	18 06	18 45	05 40	06 07	06 32	06 56
50	17 35	18 08	18 45	05 35	06 04	06 31	06 57
45	17 42	18 11	18 45	05 24	05 57	06 28	06 59
N 40	17 47	18 14	18 46	05 16	05 52	06 26	07 01
35	17 52	18 17	18 47	05 08	05 47	06 25	07 02
30	17 56	18 20	18 48	05 01	05 43	06 23	07 03
20	18 03	18 26	18 51	04 50	05 35	06 20	07 05
N 10	18 10	18 31	18 56	04 39	05 29	06 18	07 07
0	18 16	18 37	19 02	04 30	05 23	06 16	07 09
S 10	18 23	18 44	19 09	04 20	05 16	06 13	07 11
20	18 30	18 52	19 18	04 09	05 10	06 11	07 12
30	18 38	19 02	19 31	03 57	05 02	06 08	07 14
35	18 43	19 08	19 39	03 50	04 58	06 06	07 16
40	18 48	19 16	19 49	03 42	04 53	06 04	07 17
45	18 54	19 25	20 01	03 33	04 47	06 02	07 18
S 50	19 02	19 36	20 17	03 22	04 39	05 59	07 20
52	19 05	19 41	20 25	03 16	04 36	05 58	07 21
54	19 09	19 47	20 33	03 11	04 32	05 57	07 22
56	19 13	19 53	20 43	03 04	04 28	05 55	07 23
58	19 18	20 00	20 55	02 57	04 24	05 53	07 24
S 60	19 23	20 09	21 09	02 48	04 19	05 51	07 25

Day	SUN Eqn. of Time 00h	12h	Mer. Pass.	MOON Mer. Pass. Upper	Lower	Age	Phase
	m s	m s	h m	h m	h m	d	
24	13 20	13 15	12 13	23 10	10 44	14	◯
25	13 11	13 06	12 13	24 03	11 37	15	
26	13 01	12 56	12 13	00 03	12 30	16	

1994 FEB. 27, 28, MAR. 1 (SUN., MON., TUES.)

UT (GMT)	ARIES G.H.A.	VENUS −3.9 G.H.A.	Dec.	MARS +1.2 G.H.A.	Dec.	JUPITER −2.2 G.H.A.	Dec.	SATURN +0.9 G.H.A.	Dec.
27 00	156 36.0	167 03.2	S 6 02.2	190 32.8	S14 46.4	294 00.8	S14 59.5	180 40.0	S11 33.9
01	171 38.5	182 02.8	6 01.0	205 33.4	45.8	309 03.3	59.5	195 42.1	33.8
02	186 40.9	197 02.3	5 59.7	220 33.9	45.1	324 05.7	59.5	210 44.3	33.7
03	201 43.4	212 01.9	·· 58.5	235 34.4	·· 44.5	339 08.2	·· 59.5	225 46.5	·· 33.6
04	216 45.9	227 01.5	57.2	250 35.0	43.9	354 10.6	59.5	240 48.7	33.5
05	231 48.3	242 01.1	56.0	265 35.5	43.2	9 13.1	59.5	255 50.8	33.4
06	246 50.8	257 00.7	S 5 54.7	280 36.1	S14 42.6	24 15.5	S14 59.5	270 53.0	S11 33.3
07	261 53.3	272 00.3	53.5	295 36.6	41.9	39 18.0	59.5	285 55.2	33.2
08	276 55.7	286 59.9	52.3	310 37.2	41.3	54 20.4	59.5	300 57.4	33.1
S 09	291 58.2	301 59.5	·· 51.0	325 37.7	·· 40.6	69 22.9	·· 59.5	315 59.5	·· 33.0
U 10	307 00.7	316 59.0	49.8	340 38.3	40.0	84 25.4	59.5	331 01.7	32.9
N 11	322 03.1	331 58.6	48.5	355 38.8	39.3	99 27.8	59.5	346 03.9	32.8
D 12	337 05.6	346 58.2	S 5 47.3	10 39.4	S14 38.7	114 30.3	S14 59.5	1 06.1	S11 32.6
A 13	352 08.0	1 57.8	46.0	25 39.9	38.0	129 32.7	59.5	16 08.2	32.5
Y 14	7 10.5	16 57.4	44.8	40 40.5	37.4	144 35.2	59.5	31 10.4	32.4
15	22 13.0	31 57.0	·· 43.5	55 41.0	·· 36.7	159 37.6	·· 59.5	46 12.6	·· 32.3
16	37 15.4	46 56.6	42.3	70 41.5	36.1	174 40.1	59.4	61 14.8	32.2
17	52 17.9	61 56.2	41.0	85 42.1	35.4	189 42.5	59.4	76 16.9	32.1
18	67 20.4	76 55.8	S 5 39.8	100 42.6	S14 34.8	204 45.0	S14 59.4	91 19.1	S11 32.0
19	82 22.8	91 55.4	38.6	115 43.2	34.2	219 47.4	59.4	106 21.3	31.9
20	97 25.3	106 54.9	37.3	130 43.7	33.5	234 49.9	59.4	121 23.5	31.8
21	112 27.8	121 54.5	·· 36.1	145 44.3	·· 32.9	249 52.4	·· 59.4	136 25.6	·· 31.7
22	127 30.2	136 54.1	34.8	160 44.8	32.2	264 54.8	59.4	151 27.8	31.6
23	142 32.7	151 53.7	33.6	175 45.4	31.6	279 57.3	59.4	166 30.0	31.5
28 00	157 35.2	166 53.3	S 5 32.3	190 45.9	S14 30.9	294 59.7	S14 59.4	181 32.2	S11 31.4
01	172 37.6	181 52.9	31.1	205 46.5	30.3	310 02.2	59.4	196 34.3	31.2
02	187 40.1	196 52.5	29.8	220 47.0	29.6	325 04.6	59.4	211 36.5	31.1
03	202 42.5	211 52.1	·· 28.6	235 47.6	·· 29.0	340 07.1	·· 59.4	226 38.7	·· 31.0
04	217 45.0	226 51.7	27.3	250 48.1	28.3	355 09.6	59.4	241 40.9	30.9
05	232 47.5	241 51.3	26.1	265 48.7	27.6	10 12.0	59.4	256 43.0	30.8
06	247 49.9	256 50.9	S 5 24.8	280 49.2	S14 27.0	25 14.5	S14 59.4	271 45.2	S11 30.7
07	262 52.4	271 50.5	23.6	295 49.8	26.3	40 16.9	59.4	286 47.4	30.6
08	277 54.9	286 50.1	22.3	310 50.3	25.7	55 19.4	59.4	301 49.6	30.5
M 09	292 57.3	301 49.7	·· 21.1	325 50.9	·· 25.0	70 21.9	·· 59.3	316 51.7	·· 30.4
O 10	307 59.8	316 49.2	19.8	340 51.4	24.4	85 24.3	59.3	331 53.9	30.3
N 11	323 02.3	331 48.8	18.6	355 52.0	23.7	100 26.8	59.3	346 56.1	30.2
D 12	338 04.7	346 48.4	S 5 17.3	10 52.5	S14 23.1	115 29.2	S14 59.3	1 58.3	S11 30.1
A 13	353 07.2	1 48.0	16.1	25 53.1	22.4	130 31.7	59.3	17 00.4	30.0
Y 14	8 09.7	16 47.6	14.8	40 53.6	21.8	145 34.2	59.3	32 02.6	29.8
15	23 12.1	31 47.2	·· 13.6	55 54.2	·· 21.1	160 36.6	·· 59.3	47 04.8	·· 29.7
16	38 14.6	46 46.8	12.3	70 54.7	20.5	175 39.1	59.3	62 07.0	29.6
17	53 17.0	61 46.4	11.0	85 55.3	19.8	190 41.5	59.3	77 09.1	29.5
18	68 19.5	76 46.0	S 5 09.8	100 55.8	S14 19.2	205 44.0	S14 59.3	92 11.3	S11 29.4
19	83 22.0	91 45.6	08.5	115 56.4	18.5	220 46.5	59.3	107 13.5	29.3
20	98 24.4	106 45.2	07.3	130 56.9	17.9	235 48.9	59.3	122 15.7	29.2
21	113 26.9	121 44.8	·· 06.0	145 57.5	·· 17.2	250 51.4	·· 59.3	137 17.8	·· 29.1
22	128 29.4	136 44.4	04.8	160 58.1	16.5	265 53.9	59.2	152 20.0	29.0
23	143 31.8	151 44.0	03.5	175 58.6	15.9	280 56.3	59.2	167 22.2	28.9
1 00	158 34.3	166 43.6	S 5 02.3	190 59.2	S14 15.2	295 58.8	S14 59.2	182 24.4	S11 28.8
01	173 36.8	181 43.2	5 01.0	205 59.7	14.6	311 01.3	59.2	197 26.5	28.7
02	188 39.2	196 42.8	4 59.8	221 00.3	13.9	326 03.7	59.2	212 28.7	28.6
03	203 41.7	211 42.4	·· 58.5	236 00.8	·· 13.3	341 06.2	·· 59.2	227 30.9	·· 28.5
04	218 44.1	226 42.0	57.3	251 01.4	12.6	356 08.7	59.2	242 33.1	28.3
05	233 46.6	241 41.6	56.0	266 01.9	11.9	11 11.1	59.2	257 35.2	28.2
06	248 49.1	256 41.2	S 4 54.7	281 02.5	S14 11.3	26 13.6	S14 59.2	272 37.4	S11 28.1
07	263 51.5	271 40.8	53.5	296 03.0	10.6	41 16.1	59.2	287 39.6	28.0
08	278 54.0	286 40.4	52.2	311 03.6	10.0	56 18.5	59.2	302 41.8	27.9
T 09	293 56.5	301 40.0	·· 51.0	326 04.1	·· 09.3	71 21.0	·· 59.2	317 43.9	·· 27.8
U 10	308 58.9	316 39.6	49.7	341 04.7	08.7	86 23.5	59.1	332 46.1	27.7
E 11	324 01.4	331 39.2	48.5	356 05.3	08.0	101 25.9	59.1	347 48.3	27.6
S 12	339 03.9	346 38.8	S 4 47.2	11 05.8	S14 07.3	116 28.4	S14 59.1	2 50.5	S11 27.5
D 13	354 06.3	1 38.4	45.9	26 06.4	06.7	131 30.9	59.1	17 52.6	27.4
A 14	9 08.8	16 38.0	44.7	41 06.9	06.0	146 33.3	59.1	32 54.8	27.3
Y 15	24 11.3	31 37.6	·· 43.4	56 07.5	·· 05.4	161 35.8	·· 59.1	47 57.0	·· 27.2
16	39 13.7	46 37.2	42.2	71 08.0	04.7	176 38.3	59.1	62 59.2	27.1
17	54 16.2	61 36.8	40.9	86 08.6	04.0	191 40.7	59.1	78 01.3	26.9
18	69 18.6	76 36.4	S 4 39.7	101 09.1	S14 03.4	206 43.2	S14 59.1	93 03.5	S11 26.8
19	84 21.1	91 36.0	38.4	116 09.7	02.7	221 45.7	59.1	108 05.7	26.7
20	99 23.6	106 35.6	37.1	131 10.3	02.1	236 48.2	59.0	123 07.9	26.6
21	114 26.0	121 35.2	·· 35.9	146 10.8	·· 01.4	251 50.6	·· 59.0	138 10.0	·· 26.5
22	129 28.5	136 34.8	34.6	161 11.4	00.7	266 53.1	59.0	153 12.2	26.4
23	144 31.0	151 34.4	33.4	176 11.9	00.1	281 55.6	59.0	168 14.4	26.3
Mer. Pass.	13 27.4	v −0.4	d 1.3	v 0.6	d 0.7	v 2.5	d 0.0	v 2.2	d 0.1

STARS

Name	S.H.A.	Dec.
Acamar	315 29.4	S40 19.9
Achernar	335 37.8	S57 16.2
Acrux	173 24.9	S63 04.0
Adhara	255 23.6	S28 58.2
Aldebaran	291 05.9	N16 29.8
Alioth	166 32.8	N55 59.2
Alkaid	153 09.9	N49 20.2
Al Na'ir	28 02.2	S46 59.3
Alnilam	276 00.9	S 1 12.5
Alphard	218 09.9	S 8 38.3
Alphecca	126 23.1	N26 43.8
Alpheratz	357 58.8	N29 03.5
Altair	62 22.5	N 8 51.1
Ankaa	353 30.3	S42 20.4
Antares	112 44.0	S26 25.1
Arcturus	146 08.7	N19 12.5
Atria	107 58.8	S69 00.8
Avior	234 23.4	S59 29.8
Bellatrix	278 47.4	N 6 20.5
Betelgeuse	271 16.8	N 7 24.2
Canopus	264 02.3	S52 41.9
Capella	280 55.7	N45 59.6
Deneb	49 41.7	N45 15.5
Denebola	182 48.0	N14 36.0
Diphda	349 10.6	S18 01.2
Dubhe	194 08.6	N61 46.7
Elnath	278 30.8	N28 36.2
Eltanin	90 53.0	N51 29.1
Enif	34 01.6	N 9 50.9
Fomalhaut	15 40.2	S29 39.2
Gacrux	172 16.5	S57 04.9
Gienah	176 06.9	S17 30.8
Hadar	149 08.0	S60 20.6
Hamal	328 17.3	N23 26.1
Kaus Aust.	84 03.1	S34 23.1
Kochab	137 18.9	N74 10.4
Markab	13 53.0	N15 10.4
Menkar	314 30.3	N 4 03.9
Menkent	148 24.4	S36 20.5
Miaplacidus	221 41.8	S69 41.9
Mirfak	309 01.2	N49 50.6
Nunki	76 16.4	S26 18.2
Peacock	53 42.4	S56 45.1
Pollux	243 45.1	N28 02.3
Procyon	245 14.6	N 5 14.2
Rasalhague	96 19.9	N12 33.7
Regulus	207 58.5	N11 59.5
Rigel	281 25.9	S 8 12.7
Rigil Kent.	140 11.1	S60 48.5
Sabik	102 29.1	S15 43.1
Schedar	349 57.5	N56 30.5
Shaula	96 41.6	S37 05.9
Sirius	258 46.2	S16 42.8
Spica	158 46.2	S11 08.0
Suhail	223 02.6	S43 24.8
Vega	80 48.9	N38 46.5
Zuben'ubi	137 21.3	S16 01.1

	S.H.A.	Mer. Pass.
Venus	9 18.2	12 53
Mars	33 10.8	11 17
Jupiter	137 24.6	4 19
Saturn	23 57.0	11 52

1994 FEB. 27, 28, MAR. 1 (SUN., MON., TUES.)

UT (GMT)	SUN G.H.A.	SUN Dec.	MOON G.H.A.	v	MOON Dec.	d	H.P.
27 00	176 47.3	S 8 30.5	346 26.5	8.9	S 0 44.8	13.4	60.5
01	191 47.4	29.6	0 54.4	8.8	0 58.2	13.4	60.5
02	206 47.5	28.7	15 22.2	8.8	1 11.6	13.3	60.5
03	221 47.6	.. 27.7	29 50.0	8.8	1 24.9	13.4	60.5
04	236 47.7	26.8	44 17.8	8.8	1 38.3	13.4	60.5
05	251 47.8	25.8	58 45.6	8.8	1 51.6	13.3	60.5
06	266 47.9	S 8 24.9	73 13.4	8.7	S 2 04.9	13.4	60.5
07	281 48.0	24.0	87 41.1	8.8	2 18.3	13.3	60.5
08	296 48.2	23.0	102 08.9	8.7	2 31.6	13.3	60.6
S 09	311 48.3	.. 22.1	116 36.6	8.7	2 44.9	13.3	60.6
U 10	326 48.4	21.1	131 04.3	8.7	2 58.2	13.2	60.6
N 11	341 48.5	20.2	145 32.0	8.6	3 11.4	13.3	60.6
D 12	356 48.6	S 8 19.3	159 59.6	8.7	S 3 24.7	13.2	60.6
A 13	11 48.7	18.3	174 27.3	8.6	3 37.9	13.2	60.6
Y 14	26 48.8	17.4	188 54.9	8.6	3 51.1	13.2	60.6
15	41 48.9	.. 16.4	203 22.5	8.5	4 04.3	13.1	60.6
16	56 49.0	15.5	217 50.0	8.6	4 17.4	13.2	60.6
17	71 49.2	14.6	232 17.6	8.5	4 30.6	13.1	60.6
18	86 49.3	S 8 13.6	246 45.1	8.5	S 4 43.7	13.1	60.6
19	101 49.4	12.7	261 12.6	8.5	4 56.8	13.0	60.6
20	116 49.5	11.7	275 40.1	8.5	5 09.8	13.0	60.6
21	131 49.6	.. 10.8	290 07.6	8.4	5 22.8	13.0	60.6
22	146 49.7	09.9	304 35.0	8.5	5 35.8	12.9	60.6
23	161 49.8	08.9	319 02.5	8.4	5 48.7	12.9	60.6
28 00	176 50.0	S 8 08.0	333 29.9	8.3	S 6 01.6	12.9	60.6
01	191 50.1	07.0	347 57.2	8.4	6 14.5	12.8	60.6
02	206 50.2	06.1	2 24.6	8.3	6 27.3	12.8	60.6
03	221 50.3	.. 05.1	16 51.9	8.3	6 40.1	12.7	60.6
04	236 50.4	04.2	31 19.2	8.2	6 52.8	12.7	60.6
05	251 50.5	03.3	45 46.4	8.3	7 05.5	12.7	60.6
06	266 50.6	S 8 02.3	60 13.7	8.2	S 7 18.2	12.6	60.6
07	281 50.8	01.4	74 40.9	8.2	7 30.8	12.5	60.6
08	296 50.9	8 00.4	89 08.1	8.1	7 43.3	12.5	60.6
M 09	311 51.0	7 59.5	103 35.2	8.2	7 55.8	12.5	60.6
O 10	326 51.1	58.5	118 02.4	8.1	8 08.3	12.4	60.6
N 11	341 51.2	57.6	132 29.5	8.0	8 20.7	12.3	60.6
D 12	356 51.3	S 7 56.6	146 56.5	8.1	S 8 33.0	12.3	60.6
A 13	11 51.5	55.7	161 23.6	8.0	8 45.3	12.2	60.6
Y 14	26 51.6	54.8	175 50.6	8.0	8 57.5	12.2	60.5
15	41 51.7	.. 53.8	190 17.6	7.9	9 09.7	12.0	60.5
16	56 51.8	52.9	204 44.5	7.9	9 21.7	12.1	60.5
17	71 51.9	51.9	219 11.4	7.9	9 33.8	12.0	60.5
18	86 52.1	S 7 51.0	233 38.3	7.9	S 9 45.8	11.9	60.5
19	101 52.2	50.0	248 05.2	7.8	9 57.7	11.8	60.5
20	116 52.3	49.1	262 32.0	7.8	10 09.5	11.8	60.5
21	131 52.4	.. 48.1	276 58.8	7.8	10 21.3	11.7	60.5
22	146 52.5	47.2	291 25.6	7.8	10 33.0	11.6	60.5
23	161 52.6	46.2	305 52.4	7.7	10 44.6	11.5	60.5
1 00	176 52.8	S 7 45.3	320 19.1	7.6	S10 56.1	11.5	60.5
01	191 52.9	44.3	334 45.7	7.7	11 07.6	11.4	60.4
02	206 53.0	43.4	349 12.4	7.6	11 19.0	11.3	60.4
03	221 53.1	.. 42.4	3 39.0	7.6	11 30.3	11.3	60.4
04	236 53.2	41.5	18 05.6	7.6	11 41.6	11.1	60.4
05	251 53.4	40.5	32 32.2	7.5	11 52.7	11.1	60.4
06	266 53.5	S 7 39.6	46 58.7	7.5	S12 03.8	11.0	60.4
07	281 53.6	38.6	61 25.2	7.4	12 14.8	10.9	60.4
T 08	296 53.7	37.7	75 51.6	7.5	12 25.7	10.9	60.4
U 09	311 53.9	.. 36.7	90 18.1	7.4	12 36.6	10.7	60.3
E 10	326 54.0	35.8	104 44.5	7.3	12 47.3	10.7	60.3
S 11	341 54.1	34.9	119 10.8	7.4	12 58.0	10.5	60.3
D 12	356 54.2	S 7 33.9	133 37.2	7.3	S13 08.5	10.5	60.3
A 13	11 54.3	33.0	148 03.5	7.3	13 19.0	10.4	60.3
Y 14	26 54.5	32.0	162 29.8	7.2	13 29.4	10.3	60.3
15	41 54.6	.. 31.1	176 56.0	7.2	13 39.7	10.2	60.3
16	56 54.7	30.1	191 22.2	7.2	13 49.9	10.1	60.2
17	71 54.8	29.1	205 48.4	7.2	14 00.0	10.0	60.2
18	86 55.0	S 7 28.2	220 14.6	7.1	S14 10.0	9.9	60.2
19	101 55.1	27.2	234 40.7	7.1	14 19.9	9.8	60.2
20	116 55.2	26.3	249 06.8	7.1	14 29.7	9.7	60.2
21	131 55.3	.. 25.3	263 32.9	7.0	14 39.4	9.6	60.1
22	146 55.5	24.4	277 58.9	7.0	14 49.0	9.5	60.1
23	161 55.6	23.4	292 24.9	7.0	14 58.5	9.4	60.1
	S.D. 16.2	d 0.9	S.D. 16.5		16.5		16.4

Twilight / Moonrise

Lat.	Naut.	Civil	Sunrise	Moonrise 27	28	1	2
N 72	05 16	06 34	07 43	20 48	23 02	25 31	01 31
N 70	05 21	06 31	07 33	20 40	22 43	24 52	00 52
68	05 24	06 28	07 25	20 33	22 28	24 25	00 25
66	05 27	06 26	07 18	20 28	22 16	24 05	00 05
64	05 29	06 24	07 12	20 23	22 06	23 48	25 26
62	05 31	06 22	07 07	20 19	21 58	23 35	25 07
60	05 32	06 20	07 02	20 16	21 50	23 24	24 52
N 58	05 33	06 19	06 58	20 13	21 44	23 14	24 39
56	05 34	06 17	06 55	20 10	21 38	23 05	24 28
54	05 35	06 16	06 52	20 07	21 33	22 58	24 18
52	05 36	06 15	06 49	20 05	21 29	22 51	24 10
50	05 36	06 14	06 46	20 03	21 25	22 45	24 02
45	05 37	06 11	06 40	19 59	21 16	22 32	23 45
N 40	05 37	06 08	06 35	19 55	21 09	22 21	23 32
35	05 36	06 06	06 31	19 52	21 02	22 12	23 20
30	05 36	06 03	06 27	19 50	20 57	22 04	23 10
20	05 33	05 59	06 21	19 45	20 48	21 50	22 53
N 10	05 29	05 54	06 15	19 41	20 39	21 39	22 38
0	05 24	05 48	06 09	19 37	20 32	21 28	22 25
S 10	05 18	05 42	06 03	19 33	20 24	21 17	22 11
20	05 09	05 35	05 57	19 30	20 16	21 05	21 56
30	04 57	05 26	05 50	19 25	20 07	20 52	21 39
35	04 49	05 20	05 46	19 23	20 02	20 44	21 30
40	04 40	05 13	05 41	19 20	19 56	20 35	21 19
45	04 29	05 05	05 35	19 17	19 49	20 25	21 06
S 50	04 14	04 55	05 29	19 13	19 41	20 13	20 50
52	04 07	04 50	05 25	19 11	19 38	20 08	20 43
54	03 59	04 45	05 22	19 09	19 33	20 01	20 35
56	03 49	04 39	05 18	19 07	19 29	19 55	20 26
58	03 38	04 32	05 14	19 05	19 24	19 47	20 16
S 60	03 26	04 24	05 09	19 02	19 18	19 38	20 04

Twilight / Moonset

Lat.	Sunset	Civil	Naut.	Moonset 27	28	1	2
N 72	16 44	17 54	19 12	06 39	06 24	06 05	05 34
N 70	16 54	17 56	19 07	06 42	06 34	06 26	06 14
68	17 02	17 59	19 03	06 45	06 43	06 42	06 42
66	17 09	18 01	19 00	06 47	06 51	06 56	07 04
64	17 15	18 03	18 58	06 49	06 57	07 07	07 21
62	17 20	18 05	18 56	06 50	07 02	07 17	07 35
60	17 24	18 06	18 54	06 52	07 07	07 25	07 47
N 58	17 28	18 08	18 53	06 53	07 11	07 32	07 58
56	17 31	18 09	18 52	06 54	07 15	07 39	08 07
54	17 35	18 10	18 51	06 55	07 19	07 44	08 15
52	17 37	18 11	18 50	06 56	07 22	07 50	08 22
50	17 40	18 13	18 50	06 57	07 25	07 54	08 29
45	17 46	18 15	18 49	06 59	07 31	08 05	08 43
N 40	17 50	18 18	18 49	07 01	07 36	08 13	08 55
35	17 54	18 20	18 50	07 02	07 40	08 21	09 05
30	17 58	18 22	18 50	07 03	07 44	08 27	09 13
20	18 05	18 27	18 52	07 05	07 51	08 39	09 29
N 10	18 11	18 32	18 56	07 07	07 57	08 49	09 42
0	18 16	18 37	19 01	07 09	08 03	08 58	09 55
S 10	18 22	18 43	19 07	07 11	08 09	09 07	10 07
20	18 28	18 50	19 16	07 12	08 15	09 17	10 20
30	18 34	18 59	19 28	07 14	08 22	09 29	10 36
35	18 39	19 05	19 35	07 16	08 26	09 36	10 45
40	18 43	19 11	19 44	07 17	08 30	09 43	10 55
45	18 49	19 19	19 55	07 18	08 35	09 52	11 07
S 50	18 56	19 29	20 10	07 20	08 42	10 03	11 22
52	18 59	19 34	20 17	07 21	08 45	10 08	11 29
54	19 02	19 39	20 25	07 22	08 48	10 13	11 36
56	19 06	19 45	20 34	07 23	08 52	10 20	11 45
58	19 10	19 52	20 44	07 24	08 56	10 26	11 54
S 60	19 15	19 59	20 57	07 25	09 00	10 34	12 05

SUN / MOON

Day	SUN Eqn. of Time 00h	12h	Mer. Pass.	MOON Mer. Pass. Upper	Lower	Age	Phase
27	12 51	12 46	12 13	00 56	13 23	17	
28	12 40	12 35	12 13	01 50	14 17	18	
1	12 29	12 23	12 12	02 45	15 13	19	◑

1994 MARCH 2, 3, 4 (WED., THURS., FRI.)

UT (GMT) d h	ARIES G.H.A.	VENUS −3.9 G.H.A.	Dec.	MARS +1.2 G.H.A.	Dec.	JUPITER −2.2 G.H.A.	Dec.	SATURN +0.9 G.H.A.	Dec.	STARS Name	S.H.A.	Dec.
2 00	159 33.4	166 34.0	S 4 32.1	191 12.5	S13 59.4	296 58.1	S14 59.0	183 16.6	S11 26.2	Acamar	315 29.4	S40 19.9
01	174 35.9	181 33.6	30.8	206 13.0	58.7	312 00.5	59.0	198 18.8	26.1	Achernar	335 37.9	S57 16.2
02	189 38.4	196 33.2	29.6	221 13.6	58.1	327 03.0	59.0	213 20.9	26.0	Acrux	173 24.8	S63 04.0
03	204 40.8	211 32.8	·· 28.3	236 14.2	·· 57.4	342 05.5	·· 59.0	228 23.1	·· 25.9	Adhara	255 23.7	S28 58.2
04	219 43.3	226 32.4	27.1	251 14.7	56.8	357 07.9	59.0	243 25.3	25.8	Aldebaran	291 06.0	N16 29.8
05	234 45.8	241 32.0	25.8	266 15.3	56.1	12 10.4	58.9	258 27.5	25.7			
06	249 48.2	256 31.6	S 4 24.5	281 15.8	S13 55.4	27 12.9	S14 58.9	273 29.6	S11 25.6	Alioth	166 32.8	N55 59.2
W 07	264 50.7	271 31.3	23.3	296 16.4	54.8	42 15.4	58.9	288 31.8	25.4	Alkaid	153 09.9	N49 20.2
E 08	279 53.1	286 30.9	22.0	311 16.9	54.1	57 17.8	58.9	303 34.0	25.3	Al Na'ir	28 02.2	S46 59.3
D 09	294 55.6	301 30.5	·· 20.7	326 17.5	·· 53.4	72 20.3	·· 58.9	318 36.2	·· 25.2	Alnilam	276 00.9	S 1 12.5
N 10	309 58.1	316 30.1	19.5	341 18.1	52.8	87 22.8	58.9	333 38.3	25.1	Alphard	218 09.9	S 8 38.3
E 11	325 00.5	331 29.7	18.2	356 18.6	52.1	102 25.3	58.9	348 40.5	25.0			
S 12	340 03.0	346 29.3	S 4 17.0	11 19.2	S13 51.4	117 27.7	S14 58.9	3 42.7	S11 24.9	Alphecca	126 23.1	N26 43.8
D 13	355 05.5	1 28.9	15.7	26 19.7	50.8	132 30.2	58.9	18 44.9	24.8	Alpheratz	357 58.8	N29 03.5
A 14	10 07.9	16 28.5	14.4	41 20.3	50.1	147 32.7	58.8	33 47.0	24.7	Altair	62 22.5	N 8 51.1
Y 15	25 10.4	31 28.1	·· 13.2	56 20.9	·· 49.5	162 35.2	·· 58.8	48 49.2	·· 24.6	Ankaa	353 30.3	S42 20.4
16	40 12.9	46 27.7	11.9	71 21.4	48.8	177 37.7	58.8	63 51.4	24.5	Antares	112 43.9	S26 25.1
17	55 15.3	61 27.3	10.6	86 22.0	48.1	192 40.1	58.8	78 53.6	24.4			
18	70 17.8	76 26.9	S 4 09.4	101 22.5	S13 47.5	207 42.6	S14 58.8	93 55.7	S11 24.3	Arcturus	146 08.7	N19 12.5
19	85 20.2	91 26.5	08.1	116 23.1	46.8	222 45.1	58.8	108 57.9	24.2	Atria	107 58.8	S69 00.8
20	100 22.7	106 26.1	06.9	131 23.7	46.1	237 47.6	58.8	124 00.1	24.0	Avior	234 23.4	S59 29.8
21	115 25.2	121 25.7	·· 05.6	146 24.2	·· 45.5	252 50.1	·· 58.8	139 02.3	·· 23.9	Bellatrix	278 47.4	N 6 20.5
22	130 27.6	136 25.4	04.3	161 24.8	44.8	267 52.5	58.7	154 04.4	23.8	Betelgeuse	271 16.8	N 7 24.2
23	145 30.1	151 25.0	03.1	176 25.3	44.1	282 55.0	58.7	169 06.6	23.7			
3 00	160 32.6	166 24.6	S 4 01.8	191 25.9	S13 43.5	297 57.5	S14 58.7	184 08.8	S11 23.6	Canopus	264 02.3	S52 41.9
01	175 35.0	181 24.2	4 00.5	206 26.5	42.8	313 00.0	58.7	199 11.0	23.5	Capella	280 55.7	N45 59.6
02	190 37.5	196 23.8	3 59.3	221 27.0	42.1	328 02.5	58.7	214 13.1	23.4	Deneb	49 41.7	N45 15.5
03	205 40.0	211 23.4	·· 58.0	236 27.6	·· 41.4	343 04.9	·· 58.7	229 15.3	·· 23.3	Denebola	182 48.0	N14 36.0
04	220 42.4	226 23.0	56.7	251 28.1	40.8	358 07.4	58.7	244 17.5	23.2	Diphda	349 10.6	S18 01.2
05	235 44.9	241 22.6	55.5	266 28.7	40.1	13 09.9	58.7	259 19.7	23.1			
06	250 47.4	256 22.2	S 3 54.2	281 29.3	S13 39.4	28 12.4	S14 58.6	274 21.9	S11 23.0	Dubhe	194 08.6	N61 46.7
07	265 49.8	271 21.8	52.9	296 29.8	38.8	43 14.9	58.6	289 24.0	22.9	Elnath	278 30.8	N28 36.2
T 08	280 52.3	286 21.4	51.7	311 30.4	38.1	58 17.4	58.6	304 26.2	22.8	Eltanin	90 53.0	N51 29.1
H 09	295 54.7	301 21.1	·· 50.4	326 31.0	·· 37.4	73 19.8	·· 58.6	319 28.4	·· 22.7	Enif	34 01.6	N 9 50.9
U 10	310 57.2	316 20.7	49.1	341 31.5	36.8	88 22.3	58.6	334 30.6	22.5	Fomalhaut	15 40.2	S29 39.2
R 11	325 59.7	331 20.3	47.9	356 32.1	36.1	103 24.8	58.6	349 32.7	22.4			
S 12	341 02.1	346 19.9	S 3 46.6	11 32.7	S13 35.4	118 27.3	S14 58.6	4 34.9	S11 22.3	Gacrux	172 16.5	S57 04.9
D 13	356 04.6	1 19.5	45.3	26 33.2	34.8	133 29.8	58.5	19 37.1	22.2	Gienah	176 06.8	S17 30.8
A 14	11 07.1	16 19.1	44.1	41 33.8	34.1	148 32.3	58.5	34 39.3	22.1	Hadar	149 08.0	S60 20.6
Y 15	26 09.5	31 18.7	·· 42.8	56 34.3	·· 33.4	163 34.7	·· 58.5	49 41.4	·· 22.0	Hamal	328 17.3	N23 26.1
16	41 12.0	46 18.3	41.5	71 34.9	32.7	178 37.2	58.5	64 43.6	21.9	Kaus Aust.	84 03.1	S34 23.1
17	56 14.5	61 17.9	40.3	86 35.5	32.1	193 39.7	58.5	79 45.8	21.8			
18	71 16.9	76 17.6	S 3 39.0	101 36.0	S13 31.4	208 42.2	S14 58.5	94 48.0	S11 21.7	Kochab	137 18.9	N74 10.4
19	86 19.4	91 17.2	37.7	116 36.6	30.7	223 44.7	58.5	109 50.1	21.6	Markab	13 53.0	N15 10.4
20	101 21.9	106 16.8	36.5	131 37.2	30.1	238 47.2	58.4	124 52.3	21.5	Menkar	314 30.3	N 4 03.9
21	116 24.3	121 16.4	·· 35.2	146 37.7	·· 29.4	253 49.7	·· 58.4	139 54.5	·· 21.4	Menkent	148 24.4	S36 20.5
22	131 26.8	136 16.0	33.9	161 38.3	28.7	268 52.2	58.4	154 56.7	21.3	Miaplacidus	221 41.8	S69 41.9
23	146 29.2	151 15.6	32.7	176 38.9	28.0	283 54.6	58.4	169 58.8	21.2			
4 00	161 31.7	166 15.2	S 3 31.4	191 39.4	S13 27.4	298 57.1	S14 58.4	185 01.0	S11 21.0	Mirfak	309 01.2	N49 50.6
01	176 34.2	181 14.8	30.1	206 40.0	26.7	313 59.6	58.4	200 03.2	20.9	Nunki	76 16.4	S26 18.2
02	191 36.6	196 14.5	28.9	221 40.6	26.0	329 02.1	58.4	215 05.4	20.8	Peacock	53 42.3	S56 45.1
03	206 39.1	211 14.1	·· 27.6	236 41.1	·· 25.3	344 04.6	·· 58.3	230 07.6	·· 20.7	Pollux	243 45.1	N28 02.3
04	221 41.6	226 13.7	26.3	251 41.7	24.7	359 07.1	58.3	245 09.7	20.6	Procyon	245 14.6	N 5 14.2
05	236 44.0	241 13.3	25.0	266 42.3	24.0	14 09.6	58.3	260 11.9	20.5			
06	251 46.5	256 12.9	S 3 23.8	281 42.8	S13 23.3	29 12.1	S14 58.3	275 14.1	S11 20.4	Rasalhague	96 19.9	N12 33.7
07	266 49.0	271 12.5	22.5	296 43.4	22.6	44 14.6	58.3	290 16.3	20.3	Regulus	207 58.5	N11 59.5
08	281 51.4	286 12.1	21.2	311 44.0	22.0	59 17.0	58.3	305 18.4	20.2	Rigel	281 25.9	S 8 12.7
F 09	296 53.9	301 11.8	·· 20.0	326 44.5	·· 21.3	74 19.5	·· 58.2	320 20.6	·· 20.1	Rigil Kent.	140 11.1	S60 48.5
R 10	311 56.3	316 11.4	18.7	341 45.1	20.6	89 22.0	58.2	335 22.8	20.0	Sabik	102 29.1	S15 43.1
I 11	326 58.8	331 11.0	17.4	356 45.7	19.9	104 24.5	58.2	350 25.0	19.9			
D 12	342 01.3	346 10.6	S 3 16.1	11 46.2	S13 19.3	119 27.0	S14 58.2	5 27.1	S11 19.8	Schedar	349 57.5	N56 30.5
A 13	357 03.7	1 10.2	14.9	26 46.8	18.6	134 29.5	58.2	20 29.3	19.7	Shaula	96 41.6	S37 05.9
Y 14	12 06.2	16 09.8	13.6	41 47.4	17.9	149 32.0	58.2	35 31.5	19.6	Sirius	258 46.2	S16 42.8
15	27 08.7	31 09.4	·· 12.3	56 47.9	·· 17.2	164 34.5	·· 58.1	50 33.7	·· 19.4	Spica	158 46.2	S11 08.0
16	42 11.1	46 09.1	11.1	71 48.5	16.6	179 37.0	58.1	65 35.9	19.3	Suhail	223 02.7	S43 24.8
17	57 13.6	61 08.7	09.8	86 49.1	15.9	194 39.5	58.1	80 38.0	19.2			
18	72 16.1	76 08.3	S 3 08.5	101 49.6	S13 15.2	209 42.0	S14 58.1	95 40.2	S11 19.1	Vega	80 48.9	N38 46.5
19	87 18.5	91 07.9	07.2	116 50.2	14.5	224 44.5	58.1	110 42.4	19.0	Zuben'ubi	137 21.2	S16 01.1
20	102 21.0	106 07.5	06.0	131 50.8	13.8	239 47.0	58.1	125 44.6	18.9			
21	117 23.5	121 07.1	·· 04.7	146 51.3	·· 13.2	254 49.5	·· 58.0	140 46.7	·· 18.8		S.H.A.	Mer. Pass.
22	132 25.9	136 06.8	03.4	161 51.9	12.5	269 52.0	58.0	155 48.9	18.7	Venus	5 52.0	12 55
23	147 28.4	151 06.4	02.2	176 52.5	11.8	284 54.4	58.0	170 51.1	18.6	Mars	30 53.3	11 14
Mer. Pass. 13 15.7		v −0.4 d 1.3		v 0.6 d 0.7		v 2.5 d 0.0		v 2.2 d 0.1		Jupiter	137 24.9	4 07
										Saturn	23 36.2	11 42

1994 MARCH 2, 3, 4 (WED., THURS., FRI.)

SUN and MOON

UT (GMT)	SUN G.H.A.	SUN Dec.	MOON G.H.A.	v	MOON Dec.	d	H.P.
d h	° '	° '	° '	'	° '	'	'
2 00	176 55.7	S 7 22.5	306 50.9	6.9	S15 07.9	9.3	60.1
01	191 55.8	21.5	321 16.8	6.9	15 17.2	9.2	60.1
02	206 55.9	20.6	335 42.7	6.9	15 26.4	9.1	60.1
03	221 56.1	.. 19.6	350 08.6	6.9	15 35.5	9.0	60.0
04	236 56.2	18.7	4 34.5	6.9	15 44.5	8.8	60.0
05	251 56.3	17.7	19 00.4	6.8	15 53.3	8.8	60.0
06	266 56.5	S 7 16.8	33 26.2	6.8	S16 02.1	8.7	60.0
W 07	281 56.6	15.8	47 52.0	6.7	16 10.8	8.5	60.0
E 08	296 56.7	14.9	62 17.7	6.8	16 19.3	8.4	59.9
D 09	311 56.8	.. 13.9	76 43.5	6.7	16 27.7	8.3	59.9
N 10	326 57.0	13.0	91 09.2	6.7	16 36.0	8.2	59.9
E 11	341 57.1	12.0	105 34.9	6.6	16 44.2	8.1	59.9
S 12	356 57.2	S 7 11.0	120 00.5	6.7	S16 52.3	8.0	59.8
D 13	11 57.3	10.1	134 26.2	6.6	17 00.3	7.8	59.8
A 14	26 57.5	09.1	148 51.8	6.6	17 08.1	7.8	59.8
Y 15	41 57.6	.. 08.2	163 17.4	6.6	17 15.9	7.6	59.8
16	56 57.7	07.2	177 43.0	6.5	17 23.5	7.5	59.8
17	71 57.9	06.3	192 08.5	6.6	17 31.0	7.3	59.7
18	86 58.0	S 7 05.3	206 34.1	6.5	S17 38.3	7.3	59.7
19	101 58.1	04.4	220 59.6	6.5	17 45.6	7.1	59.7
20	116 58.2	03.4	235 25.1	6.4	17 52.7	7.0	59.7
21	131 58.4	.. 02.5	249 50.5	6.5	17 59.7	6.9	59.6
22	146 58.5	01.5	264 16.0	6.5	18 06.6	6.8	59.6
23	161 58.6	7 00.5	278 41.5	6.4	18 13.4	6.6	59.6
3 00	176 58.8	S 6 59.6	293 06.9	6.4	S18 20.0	6.5	59.6
01	191 58.9	58.6	307 32.3	6.4	18 26.5	6.4	59.5
02	206 59.0	57.7	321 57.7	6.4	18 32.9	6.3	59.5
03	221 59.1	.. 56.7	336 23.1	6.4	18 39.2	6.1	59.5
04	236 59.3	55.8	350 48.5	6.3	18 45.3	6.0	59.5
05	251 59.4	54.8	5 13.8	6.4	18 51.3	5.9	59.4
06	266 59.5	S 6 53.8	19 39.2	6.3	S18 57.2	5.7	59.4
07	281 59.7	52.9	34 04.5	6.4	19 02.9	5.7	59.4
T 08	296 59.8	51.9	48 29.9	6.3	19 08.6	5.5	59.4
H 09	311 59.9	.. 51.0	62 55.2	6.3	19 14.1	5.3	59.3
U 10	327 00.1	50.0	77 20.5	6.3	19 19.4	5.3	59.3
R 11	342 00.2	49.1	91 45.8	6.3	19 24.7	5.1	59.3
S 12	357 00.3	S 6 48.1	106 11.1	6.3	S19 29.8	4.9	59.3
D 13	12 00.5	47.1	120 36.4	6.3	19 34.7	4.9	59.2
A 14	27 00.6	46.2	135 01.7	6.3	19 39.6	4.7	59.2
Y 15	42 00.7	.. 45.2	149 27.0	6.3	19 44.3	4.5	59.2
16	57 00.9	44.3	163 52.3	6.3	19 48.8	4.5	59.2
17	72 01.0	43.3	178 17.6	6.3	19 53.3	4.3	59.1
18	87 01.1	S 6 42.3	192 42.9	6.3	S19 57.6	4.2	59.1
19	102 01.3	41.4	207 08.2	6.3	20 01.8	4.0	59.1
20	117 01.4	40.4	221 33.5	6.3	20 05.8	3.9	59.1
21	132 01.5	.. 39.5	235 58.8	6.3	20 09.7	3.8	59.0
22	147 01.7	38.5	250 24.1	6.3	20 13.5	3.6	59.0
23	162 01.8	37.5	264 49.4	6.3	20 17.1	3.6	59.0
4 00	177 01.9	S 6 36.6	279 14.7	6.3	S20 20.7	3.3	59.0
01	192 02.1	35.6	293 40.0	6.3	20 24.0	3.3	58.9
02	207 02.2	34.7	308 05.3	6.4	20 27.3	3.1	58.9
03	222 02.3	.. 33.7	322 30.7	6.3	20 30.4	2.9	58.9
04	237 02.5	32.7	336 56.0	6.4	20 33.3	2.9	58.8
05	252 02.6	31.8	351 21.4	6.3	20 36.2	2.7	58.8
06	267 02.7	S 6 30.8	5 46.7	6.4	S20 38.9	2.6	58.8
07	282 02.9	29.9	20 12.1	6.4	20 41.5	2.4	58.7
08	297 03.0	28.9	34 37.5	6.4	20 43.9	2.3	58.7
F 09	312 03.1	.. 27.9	49 02.9	6.5	20 46.2	2.2	58.7
R 10	327 03.3	27.0	63 28.4	6.4	20 48.4	2.0	58.7
I 11	342 03.4	26.0	77 53.8	6.5	20 50.4	1.9	58.7
D 12	357 03.6	S 6 25.0	92 19.3	6.5	S20 52.3	1.7	58.6
A 13	12 03.7	24.1	106 44.8	6.5	20 54.0	1.7	58.6
Y 14	27 03.8	23.1	121 10.3	6.5	20 55.7	1.5	58.6
15	42 04.0	.. 22.2	135 35.8	6.6	20 57.2	1.3	58.5
16	57 04.1	21.2	150 01.4	6.5	20 58.5	1.2	58.5
17	72 04.2	20.2	164 26.9	6.6	20 59.7	1.1	58.5
18	87 04.4	S 6 19.3	178 52.5	6.7	S21 00.8	1.0	58.5
19	102 04.5	18.3	193 18.2	6.6	21 01.8	0.8	58.4
20	117 04.7	17.3	207 43.8	6.7	21 02.6	0.7	58.4
21	132 04.8	.. 16.4	222 09.5	6.7	21 03.3	0.6	58.4
22	147 04.9	15.4	236 35.2	6.8	21 03.9	0.4	58.3
23	162 05.1	14.4	251 01.0	6.8	21 04.3	0.3	58.3
	S.D. 16.2	d 1.0	S.D. 16.3		16.1		16.0

Twilight, Sunrise, Moonrise

Lat.	Twilight Naut.	Twilight Civil	Sunrise	Moonrise 2	Moonrise 3	Moonrise 4	Moonrise 5
°	h m	h m	h m	h m	h m	h m	h m
N 72	05 01	06 19	07 28	01 31	■■	■■	■■
N 70	05 07	06 18	07 19	00 52	03 13	■■	■■
68	05 12	06 16	07 12	00 25	02 22	04 10	05 26
66	05 16	06 15	07 06	00 05	01 50	03 23	04 31
64	05 19	06 14	07 01	25 26	01 26	02 52	03 58
62	05 22	06 13	06 57	25 07	01 07	02 29	03 34
60	05 24	06 12	06 53	24 52	00 52	02 11	03 15
N 58	05 26	06 11	06 50	24 39	00 39	01 56	02 59
56	05 27	06 10	06 47	24 28	00 28	01 42	02 45
54	05 28	06 09	06 45	24 18	00 18	01 31	02 33
52	05 29	06 08	06 42	24 10	00 10	01 21	02 23
50	05 30	06 08	06 40	24 02	00 02	01 12	02 14
45	05 32	06 06	06 35	23 45	24 53	00 53	01 54
N 40	05 32	06 04	06 31	23 32	24 38	00 38	01 38
35	05 33	06 02	06 27	23 20	24 25	00 25	01 25
30	05 32	06 00	06 24	23 10	24 14	00 14	01 13
20	05 31	05 56	06 19	22 53	23 55	24 53	00 53
N 10	05 28	05 52	06 14	22 38	23 38	24 36	00 36
0	05 24	05 48	06 09	22 25	23 22	24 20	00 20
S 10	05 18	05 43	06 04	22 11	23 07	24 03	00 03
20	05 10	05 36	05 58	21 56	22 50	23 46	24 43
30	04 59	05 28	05 52	21 39	22 31	23 26	24 24
35	04 52	05 23	05 48	21 30	22 20	23 15	24 13
40	04 44	05 17	05 44	21 19	22 08	23 01	24 00
45	04 33	05 09	05 39	21 06	21 53	22 46	23 44
S 50	04 20	05 00	05 34	20 50	21 35	22 26	23 26
52	04 13	04 56	05 31	20 43	21 26	22 17	23 17
54	04 06	04 51	05 28	20 35	21 16	22 07	23 07
56	03 57	04 46	05 25	20 26	21 06	21 56	22 56
58	03 47	04 40	05 21	20 16	20 53	21 42	22 43
S 60	03 36	04 33	05 17	20 04	20 39	21 27	22 28

Sunset, Twilight, Moonset

Lat.	Sunset	Twilight Civil	Twilight Naut.	Moonset 2	Moonset 3	Moonset 4	Moonset 5
°	h m	h m	h m	h m	h m	h m	h m
N 72	16 58	18 07	19 26	05 34	■■	■■	■■
N 70	17 07	18 08	19 19	06 14	05 53	■■	■■
68	17 13	18 10	19 14	06 42	06 45	06 58	07 41
66	17 19	18 11	19 10	07 04	07 18	07 45	08 36
64	17 24	18 12	19 07	07 21	07 42	08 16	09 09
62	17 28	18 13	19 04	07 35	08 01	08 39	09 33
60	17 32	18 14	19 02	07 47	08 17	08 58	09 52
N 58	17 35	18 14	19 00	07 58	08 30	09 13	10 08
56	17 38	18 15	18 58	08 07	08 42	09 26	10 22
54	17 40	18 16	18 57	08 15	08 52	09 38	10 33
52	17 43	18 17	18 56	08 22	09 01	09 48	10 44
50	17 45	18 17	18 55	08 29	09 09	09 57	10 53
45	17 50	18 19	18 53	08 43	09 26	10 16	11 13
N 40	17 54	18 21	18 52	08 55	09 41	10 32	11 28
35	17 57	18 23	18 52	09 05	09 53	10 45	11 42
30	18 00	18 24	18 52	09 13	10 03	10 57	11 53
20	18 06	18 28	18 53	09 29	10 21	11 17	12 13
N 10	18 11	18 32	18 56	09 42	10 37	11 34	12 31
0	18 15	18 36	19 00	09 55	10 52	11 50	12 47
S 10	18 20	18 41	19 06	10 07	11 07	12 06	13 03
20	18 25	18 48	19 13	10 20	11 23	12 23	13 20
30	18 31	18 56	19 24	10 36	11 41	12 43	13 39
35	18 35	19 01	19 31	10 45	11 51	12 54	13 51
40	18 39	19 06	19 39	10 55	12 04	13 07	14 04
45	18 44	19 14	19 50	11 07	12 18	13 23	14 20
S 50	18 49	19 23	20 03	11 22	12 36	13 42	14 39
52	18 52	19 27	20 09	11 29	12 44	13 51	14 48
54	18 55	19 31	20 16	11 36	12 53	14 01	14 58
56	18 58	19 37	20 25	11 45	13 04	14 13	15 09
58	19 02	19 43	20 34	11 54	13 16	14 26	15 22
S 60	19 06	19 50	20 45	12 05	13 30	14 41	15 37

SUN and MOON

Day	SUN Eqn. of Time 00 h	SUN Eqn. of Time 12 h	SUN Mer. Pass.	MOON Mer. Pass. Upper	MOON Mer. Pass. Lower	Age	Phase
	m s	m s	h m	h m	h m	d	
2	12 17	12 11	12 12	03 41	16 09	20	
3	12 05	11 59	12 12	04 38	17 07	21	◖
4	11 53	11 46	12 12	05 36	18 05	22	

1994 MARCH 5, 6, 7 (SAT., SUN., MON.)

UT (GMT) d h	ARIES G.H.A.	VENUS −3.9 G.H.A.	Dec.	MARS +1.2 G.H.A.	Dec.	JUPITER −2.2 G.H.A.	Dec.	SATURN +0.9 G.H.A.	Dec.	STARS Name	S.H.A.	Dec.
5 00	162 30.8	166 06.0	S 3 00.9	191 53.0	S13 11.1	299 56.9	S14 58.0	185 53.3	S11 18.5	Acamar	315 29.5	S40 19.9
01	177 33.3	181 05.6	2 59.6	206 53.6	10.5	314 59.4	58.0	200 55.4	18.4	Achernar	335 37.9	S57 16.2
02	192 35.8	196 05.2	58.3	221 54.2	09.8	330 01.9	58.0	215 57.6	18.3	Acrux	173 24.8	S63 04.1
03	207 38.2	211 04.8 ··	57.1	236 54.7 ··	09.1	345 04.4 ··	57.9	230 59.8 ··	18.2	Adhara	255 23.7	S28 58.2
04	222 40.7	226 04.5	55.8	251 55.3	08.4	0 06.9	57.9	246 02.0	18.1	Aldebaran	291 06.0	N16 29.8
05	237 43.2	241 04.1	54.5	266 55.9	07.7	15 09.4	57.9	261 04.2	17.9			
06	252 45.6	256 03.7	S 2 53.2	281 56.5	S13 07.1	30 11.9	S14 57.9	276 06.3	S11 17.8	Alioth	166 32.8	N55 59.2
07	267 48.1	271 03.3	52.0	296 57.0	06.4	45 14.4	57.9	291 08.5	17.7	Alkaid	153 09.9	N49 20.2
S 08	282 50.6	286 02.9	50.7	311 57.6	05.7	60 16.9	57.9	306 10.7	17.6	Al Na'ir	28 02.2	S46 59.3
A 09	297 53.0	301 02.5 ··	49.4	326 58.2 ··	05.0	75 19.4 ··	57.8	321 12.9 ··	17.5	Alnilam	276 00.9	S 1 12.5
T 10	312 55.5	316 02.2	48.1	341 58.7	04.3	90 21.9	57.8	336 15.0	17.4	Alphard	218 09.9	S 8 38.3
U 11	327 58.0	331 01.8	46.9	356 59.3	03.7	105 24.4	57.8	351 17.2	17.3			
R 12	343 00.4	346 01.4	S 2 45.6	11 59.9	S13 03.0	120 26.9	S14 57.8	6 19.4	S11 17.2	Alphecca	126 23.1	N26 43.8
D 13	358 02.9	1 01.0	44.3	27 00.5	02.3	135 29.4	57.8	21 21.6	17.1	Alpheratz	357 58.8	N29 03.5
A 14	13 05.3	16 00.6	43.1	42 01.0	01.6	150 31.9	57.7	36 23.8	17.0	Altair	62 22.5	N 8 51.1
Y 15	28 07.8	31 00.3 ··	41.8	57 01.6 ··	00.9	165 34.4 ··	57.7	51 25.9 ··	16.9	Ankaa	353 30.3	S42 20.3
16	43 10.3	45 59.9	40.5	72 02.2	13 00.2	180 36.9	57.7	66 28.1	16.8	Antares	112 43.9	S26 25.1
17	58 12.7	60 59.5	39.2	87 02.7	12 59.6	195 39.4	57.7	81 30.3	16.7			
18	73 15.2	75 59.1	S 2 37.9	102 03.3	S12 58.9	210 41.9	S14 57.7	96 32.5	S11 16.6	Arcturus	146 08.6	N19 12.5
19	88 17.7	90 58.7	36.7	117 03.9	58.2	225 44.4	57.7	111 34.6	16.5	Atria	107 58.7	S69 00.8
20	103 20.1	105 58.4	35.4	132 04.5	57.5	240 46.9	57.6	126 36.8	16.3	Avior	234 23.4	S59 29.8
21	118 22.6	120 58.0 ··	34.1	147 05.0 ··	56.8	255 49.4 ··	57.6	141 39.0 ··	16.2	Bellatrix	278 47.4	N 6 20.5
22	133 25.1	135 57.6	32.8	162 05.6	56.1	270 51.9	57.6	156 41.2	16.1	Betelgeuse	271 16.8	N 7 24.2
23	148 27.5	150 57.2	31.6	177 06.2	55.5	285 54.4	57.6	171 43.3	16.0			
6 00	163 30.0	165 56.8	S 2 30.3	192 06.8	S12 54.8	300 57.0	S14 57.6	186 45.5	S11 15.9	Canopus	264 02.3	S52 41.9
01	178 32.4	180 56.5	29.0	207 07.3	54.1	315 59.5	57.5	201 47.7	15.8	Capella	280 55.7	N45 59.6
02	193 34.9	195 56.1	27.7	222 07.9	53.4	331 02.0	57.5	216 49.9	15.7	Deneb	49 41.7	N45 15.5
03	208 37.4	210 55.7 ··	26.5	237 08.5 ··	52.7	346 04.5 ··	57.5	231 52.1 ··	15.6	Denebola	182 48.0	N14 36.0
04	223 39.8	225 55.3	25.2	252 09.0	52.0	1 07.0	57.5	246 54.2	15.5	Diphda	349 10.6	S18 01.2
05	238 42.3	240 54.9	23.9	267 09.6	51.4	16 09.5	57.5	261 56.4	15.4			
06	253 44.8	255 54.6	S 2 22.6	282 10.2	S12 50.7	31 12.0	S14 57.4	276 58.6	S11 15.3	Dubhe	194 08.6	N61 46.8
07	268 47.2	270 54.2	21.4	297 10.8	50.0	46 14.5	57.4	292 00.8	15.2	Elnath	278 30.8	N28 36.2
S 08	283 49.7	285 53.8	20.1	312 11.3	49.3	61 17.0	57.4	307 02.9	15.1	Eltanin	90 53.0	N51 29.1
U 09	298 52.2	300 53.4 ··	18.8	327 11.9 ··	48.6	76 19.5 ··	57.4	322 05.1 ··	15.0	Enif	34 01.6	N 9 50.9
N 10	313 54.6	315 53.1	17.5	342 12.5	47.9	91 22.0	57.4	337 07.3	14.9	Fomalhaut	15 40.2	S29 39.2
D 11	328 57.1	330 52.7	16.2	357 13.1	47.2	106 24.5	57.3	352 09.5	14.7			
A 12	343 59.6	345 52.3	S 2 15.0	12 13.6	S12 46.6	121 27.0	S14 57.3	7 11.7	S11 14.6	Gacrux	172 16.5	S57 04.9
Y 13	359 02.0	0 51.9	13.7	27 14.2	45.9	136 29.5	57.3	22 13.8	14.5	Gienah	176 06.8	S17 30.8
14	14 04.5	15 51.5	12.4	42 14.8	45.2	151 32.0	57.3	37 16.0	14.4	Hadar	149 08.0	S60 20.6
15	29 06.9	30 51.2 ··	11.1	57 15.4 ··	44.5	166 34.5 ··	57.2	52 18.2 ··	14.3	Hamal	328 17.3	N23 26.1
16	44 09.4	45 50.8	09.9	72 15.9	43.8	181 37.1	57.2	67 20.4	14.2	Kaus Aust.	84 03.0	S34 23.1
17	59 11.9	60 50.4	08.6	87 16.5	43.1	196 39.6	57.2	82 22.6	14.1			
18	74 14.3	75 50.0	S 2 07.3	102 17.1	S12 42.4	211 42.1	S14 57.2	97 24.7	S11 14.0	Kochab	137 18.8	N74 10.4
19	89 16.8	90 49.7	06.0	117 17.7	41.7	226 44.6	57.2	112 26.9	13.9	Markab	13 53.0	N15 10.4
20	104 19.3	105 49.3	04.7	132 18.3	41.1	241 47.1	57.1	127 29.1	13.8	Menkar	314 30.3	N 4 03.9
21	119 21.7	120 48.9 ··	03.5	147 18.8 ··	40.4	256 49.6 ··	57.1	142 31.3 ··	13.7	Menkent	148 24.3	S36 20.5
22	134 24.2	135 48.5	02.2	162 19.4	39.7	271 52.1	57.1	157 33.4	13.6	Miaplacidus	221 41.9	S69 41.9
23	149 26.7	150 48.2	2 00.9	177 20.0	39.0	286 54.6	57.1	172 35.6	13.5			
7 00	164 29.1	165 47.8	S 1 59.6	192 20.6	S12 38.3	301 57.1	S14 57.1	187 37.8	S11 13.4	Mirfak	309 01.2	N49 50.6
01	179 31.6	180 47.4	58.4	207 21.1	37.6	316 59.7	57.0	202 40.0	13.3	Nunki	76 16.3	S26 18.2
02	194 34.1	195 47.0	57.1	222 21.7	36.9	332 02.2	57.0	217 42.2	13.1	Peacock	53 42.3	S56 45.0
03	209 36.5	210 46.7 ··	55.8	237 22.3 ··	36.2	347 04.7 ··	57.0	232 44.3 ··	13.0	Pollux	243 45.1	N28 02.3
04	224 39.0	225 46.3	54.5	252 22.9	35.5	2 07.2	57.0	247 46.5	12.9	Procyon	245 14.6	N 5 14.2
05	239 41.4	240 45.9	53.2	267 23.4	34.9	17 09.7	56.9	262 48.7	12.8			
06	254 43.9	255 45.5	S 1 52.0	282 24.0	S12 34.2	32 12.2	S14 56.9	277 50.9	S11 12.7	Rasalhague	96 19.9	N12 33.7
07	269 46.4	270 45.1	50.7	297 24.6	33.5	47 14.7	56.9	292 53.0	12.6	Regulus	207 58.5	N11 59.5
M 08	284 48.8	285 44.8	49.4	312 25.2	32.8	62 17.2	56.9	307 55.2	12.5	Rigel	281 25.9	S 8 12.7
O 09	299 51.3	300 44.4 ··	48.1	327 25.8 ··	32.1	77 19.8 ··	56.9	322 57.4 ··	12.4	Rigil Kent.	140 11.0	S60 48.5
N 10	314 53.8	315 44.0	46.8	342 26.3	31.4	92 22.3	56.8	337 59.6	12.3	Sabik	102 29.1	S15 43.1
D 11	329 56.2	330 43.6	45.6	357 26.9	30.7	107 24.8	56.8	353 01.8	12.2			
A 12	344 58.7	345 43.3	S 1 44.3	12 27.5	S12 30.0	122 27.3	S14 56.8	8 03.9	S11 12.1	Schedar	349 57.5	N56 30.5
Y 13	0 01.2	0 42.9	43.0	27 28.1	29.3	137 29.8	56.8	23 06.1	12.0	Shaula	96 41.5	S37 05.9
14	15 03.6	15 42.5	41.7	42 28.7	28.6	152 32.3	56.7	38 08.3	11.9	Sirius	258 46.2	S16 42.8
15	30 06.1	30 42.2 ··	40.4	57 29.2 ··	27.9	167 34.9 ··	56.7	53 10.5 ··	11.8	Spica	158 46.2	S11 08.0
16	45 08.5	45 41.8	39.2	72 29.8	27.2	182 37.4	56.7	68 12.7	11.7	Suhail	223 02.7	S43 24.9
17	60 11.0	60 41.4	37.9	87 30.4	26.6	197 39.9	56.7	83 14.8	11.5			
18	75 13.5	75 41.0	S 1 36.6	102 31.0	S12 25.9	212 42.4	S14 56.6	98 17.0	S11 11.4	Vega	80 48.9	N38 46.5
19	90 15.9	90 40.7	35.3	117 31.6	25.2	227 44.9	56.6	113 19.2	11.3	Zuben'ubi	137 21.2	S16 01.1
20	105 18.4	105 40.3	34.0	132 32.1	24.5	242 47.4	56.6	128 21.4	11.2		S.H.A.	Mer. Pass.
21	120 20.9	120 39.9 ··	32.8	147 32.7 ··	23.8	257 50.0 ··	56.6	143 23.5 ··	11.1	Venus	2 26.9	12 57
22	135 23.3	135 39.5	31.5	162 33.3	23.1	272 52.5	56.6	158 25.7	11.0	Mars	28 36.8	11 11
23	150 25.8	150 39.2	30.2	177 33.9	22.4	287 55.0	56.5	173 27.9	10.9	Jupiter	137 27.0	3 56
Mer. Pass. 13 03.9		v −0.4	d 1.3	v 0.6	d 0.7	v 2.5	d 0.0	v 2.2	d 0.1	Saturn	23 15.5	11 31

1994 MARCH 5, 6, 7 (SAT., SUN., MON.)

UT (GMT)	SUN G.H.A.	SUN Dec.	MOON G.H.A.	v	MOON Dec.	d	H.P.
5 00	177 05.2	S 6 13.5	265 26.8	6.8	S21 04.6	0.2	58.3
01	192 05.4	12.5	279 52.6	6.8	21 04.8	0.0	58.3
02	207 05.5	11.6	294 18.4	6.9	21 04.8	0.1	58.2
03	222 05.6	.. 10.6	308 44.3	6.9	21 04.7	0.2	58.2
04	237 05.8	09.6	323 10.2	6.9	21 04.5	0.4	58.2
05	252 05.9	08.7	337 36.1	7.0	21 04.1	0.5	58.2
S 06	267 06.1	S 6 07.7	352 02.1	7.0	S21 03.6	0.6	58.1
A 07	282 06.2	06.7	6 28.1	7.1	21 03.0	0.7	58.1
T 08	297 06.3	05.8	20 54.2	7.1	21 02.3	0.9	58.1
U 09	312 06.5	.. 04.8	35 20.3	7.1	21 01.4	1.0	58.1
R 10	327 06.6	03.8	49 46.4	7.2	21 00.4	1.1	58.0
D 11	342 06.8	02.9	64 12.6	7.3	20 59.3	1.3	58.0
A 12	357 06.9	S 6 01.9	78 38.9	7.2	S20 58.0	1.4	58.0
Y 13	12 07.0	00.9	93 05.1	7.3	20 56.6	1.5	57.9
14	27 07.2	6 00.0	107 31.4	7.4	20 55.1	1.6	57.9
15	42 07.3	5 59.0	121 57.8	7.4	20 53.5	1.7	57.9
16	57 07.5	58.0	136 24.2	7.5	20 51.8	1.9	57.9
17	72 07.6	57.1	150 50.7	7.5	20 49.9	2.0	57.8
18	87 07.7	S 5 56.1	165 17.2	7.5	S20 47.9	2.2	57.8
19	102 07.9	55.1	179 43.7	7.6	20 45.7	2.2	57.8
20	117 08.0	54.2	194 10.3	7.7	20 43.5	2.4	57.8
21	132 08.2	.. 53.2	208 37.0	7.7	20 41.1	2.5	57.7
22	147 08.3	52.2	223 03.7	7.7	20 38.6	2.6	57.7
23	162 08.5	51.3	237 30.4	7.8	20 36.0	2.7	57.7
6 00	177 08.6	S 5 50.3	251 57.2	7.9	S20 33.3	2.8	57.6
01	192 08.7	49.3	266 24.1	7.9	20 30.5	3.0	57.6
02	207 08.9	48.4	280 51.0	7.9	20 27.5	3.1	57.6
03	222 09.0	.. 47.4	295 17.9	8.1	20 24.4	3.2	57.6
04	237 09.2	46.4	309 45.0	8.0	20 21.2	3.3	57.5
05	252 09.3	45.5	324 12.0	8.2	20 17.9	3.4	57.5
S 06	267 09.5	S 5 44.5	338 39.2	8.2	S20 14.5	3.6	57.5
U 07	282 09.6	43.5	353 06.4	8.2	20 10.9	3.6	57.5
N 08	297 09.8	42.6	7 33.6	8.3	20 07.3	3.8	57.4
D 09	312 09.9	.. 41.6	22 00.9	8.4	20 03.5	3.9	57.4
A 10	327 10.0	40.6	36 28.3	8.4	19 59.6	4.0	57.4
Y 11	342 10.2	39.6	50 55.7	8.5	19 55.6	4.1	57.4
12	357 10.3	S 5 38.7	65 23.2	8.5	S19 51.5	4.2	57.3
13	12 10.5	37.7	79 50.7	8.6	19 47.3	4.4	57.3
14	27 10.6	36.7	94 18.3	8.7	19 42.9	4.4	57.3
15	42 10.8	.. 35.8	108 46.0	8.7	19 38.5	4.5	57.3
16	57 10.9	34.8	123 13.7	8.8	19 34.0	4.7	57.2
17	72 11.1	33.8	137 41.5	8.9	19 29.3	4.7	57.2
18	87 11.2	S 5 32.9	152 09.4	8.9	S19 24.6	4.9	57.2
19	102 11.4	31.9	166 37.3	8.9	19 19.7	5.0	57.2
20	117 11.5	30.9	181 05.2	9.1	19 14.7	5.0	57.1
21	132 11.7	.. 30.0	195 33.3	9.1	19 09.7	5.2	57.1
22	147 11.8	29.0	210 01.4	9.1	19 04.5	5.3	57.1
23	162 11.9	28.0	224 29.5	9.3	18 59.2	5.3	57.1
7 00	177 12.1	S 5 27.0	238 57.8	9.3	S18 53.9	5.5	57.0
01	192 12.2	26.1	253 26.1	9.3	18 48.4	5.6	57.0
02	207 12.4	25.1	267 54.4	9.4	18 42.8	5.6	57.0
03	222 12.5	.. 24.1	282 22.8	9.5	18 37.2	5.8	57.0
04	237 12.7	23.2	296 51.3	9.6	18 31.4	5.9	56.9
05	252 12.8	22.2	311 19.9	9.6	18 25.5	5.9	56.9
M 06	267 13.0	S 5 21.2	325 48.5	9.7	S18 19.6	6.1	56.9
O 07	282 13.1	20.2	340 17.2	9.7	18 13.5	6.1	56.9
N 08	297 13.3	19.3	354 45.9	9.9	18 07.4	6.3	56.8
D 09	312 13.4	.. 18.3	9 14.8	9.8	18 01.1	6.3	56.8
A 10	327 13.6	17.3	23 43.6	10.0	17 54.8	6.4	56.8
Y 11	342 13.7	16.4	38 12.6	10.0	17 48.4	6.5	56.8
12	357 13.9	S 5 15.4	52 41.6	10.1	S17 41.9	6.6	56.7
13	12 14.0	14.4	67 10.7	10.1	17 35.3	6.7	56.7
14	27 14.2	13.4	81 39.8	10.2	17 28.6	6.8	56.7
15	42 14.3	.. 12.5	96 09.0	10.3	17 21.8	6.8	56.7
16	57 14.5	11.5	110 38.3	10.4	17 15.0	7.0	56.6
17	72 14.6	10.5	125 07.7	10.4	17 08.0	7.0	56.6
18	87 14.8	S 5 09.5	139 37.1	10.5	S17 01.0	7.1	56.6
19	102 14.9	08.6	154 06.6	10.5	16 53.9	7.2	56.6
20	117 15.1	07.6	168 36.1	10.6	16 46.7	7.3	56.5
21	132 15.2	.. 06.6	183 05.7	10.7	16 39.4	7.3	56.5
22	147 15.4	05.6	197 35.4	10.7	16 32.1	7.4	56.5
23	162 15.5	04.7	212 05.1	10.8	16 24.7	7.6	56.5
	S.D. 16.1	d 1.0	S.D. 15.8		15.6		15.5

Lat.	Twilight Naut.	Twilight Civil	Sunrise	Moonrise 5	6	7	8
N 72	04 46	06 04	07 12	■	■	■	07 02
N 70	04 53	06 04	07 05	■	■	06 42	06 26
68	05 00	06 04	07 00	05 26	05 53	05 59	06 01
66	05 05	06 04	06 55	04 31	05 11	05 31	05 41
64	05 09	06 04	06 51	03 58	04 42	05 09	05 25
62	05 12	06 03	06 48	03 34	04 20	04 51	05 12
60	05 15	06 03	06 45	03 15	04 02	04 36	05 01
N 58	05 17	06 03	06 42	02 59	03 48	04 24	04 51
56	05 20	06 02	06 40	02 45	03 35	04 13	04 42
54	05 21	06 02	06 37	02 33	03 24	04 04	04 35
52	05 23	06 02	06 35	02 23	03 14	03 55	04 28
50	05 24	06 01	06 34	02 14	03 05	03 47	04 22
45	05 26	06 00	06 30	01 54	02 47	03 31	04 08
N 40	05 28	05 59	06 26	01 38	02 31	03 17	03 57
35	05 29	05 58	06 23	01 25	02 19	03 06	03 48
30	05 29	05 57	06 21	01 13	02 07	02 56	03 39
20	05 29	05 54	06 16	00 53	01 48	02 39	03 25
N 10	05 27	05 51	06 12	00 36	01 31	02 23	03 12
0	05 23	05 47	06 08	00 20	01 16	02 09	03 00
S 10	05 18	05 43	06 04	00 03	01 00	01 55	02 48
20	05 11	05 37	05 59	24 43	00 43	01 40	02 35
30	05 02	05 30	05 54	24 24	00 24	01 22	02 21
35	04 55	05 26	05 51	24 13	00 13	01 12	02 12
40	04 48	05 20	05 48	24 00	00 00	01 01	02 03
45	04 38	05 14	05 44	23 44	24 47	00 47	01 51
S 50	04 26	05 05	05 39	23 26	24 30	00 30	01 37
52	04 20	05 02	05 36	23 17	24 22	00 22	01 31
54	04 13	04 57	05 34	23 07	24 13	00 13	01 24
56	04 05	04 53	05 31	22 56	24 03	00 03	01 16
58	03 56	04 47	05 28	22 43	23 52	25 07	01 07
S 60	03 46	04 41	05 24	22 28	23 39	24 56	00 56

Lat.	Sunset	Twilight Civil	Twilight Naut.	Moonset 5	6	7	8
N 72	17 13	18 21	19 40	■	■	■	11 38
N 70	17 19	18 21	19 32	■	■	10 12	12 12
68	17 25	18 20	19 25	07 41	09 11	10 54	12 36
66	17 29	18 20	19 20	08 36	09 52	11 22	12 55
64	17 33	18 21	19 16	09 09	10 20	11 43	13 10
62	17 36	18 21	19 12	09 33	10 42	12 00	13 23
60	17 39	18 21	19 09	09 52	10 59	12 15	13 33
N 58	17 42	18 21	19 07	10 08	11 14	12 27	13 42
56	17 44	18 21	19 04	10 22	11 26	12 37	13 50
54	17 46	18 22	19 03	10 33	11 37	12 46	13 58
52	17 48	18 22	19 01	10 44	11 47	12 54	14 04
50	17 50	18 22	19 00	10 53	11 55	13 02	14 10
45	17 54	18 23	18 57	11 13	12 14	13 17	14 22
N 40	17 57	18 24	18 55	11 28	12 28	13 30	14 32
35	18 00	18 25	18 54	11 42	12 41	13 41	14 41
30	18 02	18 26	18 54	11 53	12 52	13 50	14 49
20	18 07	18 29	18 54	12 13	13 10	14 07	15 02
N 10	18 11	18 32	18 56	12 30	13 26	14 21	15 13
0	18 15	18 35	18 59	12 47	13 42	14 34	15 24
S 10	18 19	18 40	19 04	13 03	13 57	14 47	15 34
20	18 23	18 45	19 11	13 20	14 13	15 01	15 45
30	18 28	18 52	19 20	13 39	14 31	15 17	15 58
35	18 31	18 56	19 27	13 51	14 42	15 26	16 05
40	18 34	19 02	19 34	14 04	14 54	15 37	16 14
45	18 38	19 08	19 44	14 20	15 08	15 49	16 23
S 50	18 43	19 16	19 56	14 39	15 25	16 04	16 35
52	18 45	19 20	20 02	14 48	15 34	16 10	16 40
54	18 48	19 24	20 08	14 58	15 43	16 18	16 46
56	18 50	19 29	20 16	15 09	15 53	16 27	16 53
58	18 53	19 34	20 24	15 22	16 05	16 36	17 00
S 60	18 57	19 40	20 34	15 37	16 18	16 47	17 08

Day	SUN Eqn. of Time 00h	SUN Eqn. of Time 12h	SUN Mer. Pass.	MOON Mer. Pass. Upper	MOON Mer. Pass. Lower	Age	Phase
5	11 39	11 33	12 12	06 33	19 01	23	
6	11 26	11 19	12 11	07 29	19 55	24	◑
7	11 12	11 05	12 11	08 22	20 47	25	

1994 MARCH 8, 9, 10 (TUES., WED., THURS.)

UT (GMT)	ARIES G.H.A.	VENUS −3.9 G.H.A.	Dec.	MARS +1.2 G.H.A.	Dec.	JUPITER −2.3 G.H.A.	Dec.	SATURN +0.9 G.H.A.	Dec.
8 00	165 28.3	165 38.8	S 1 28.9	192 34.5	S12 21.7	302 57.5	S14 56.5	188 30.1	S11 10.8
01	180 30.7	180 38.4	27.6	207 35.0	21.0	318 00.0	56.5	203 32.3	10.7
02	195 33.2	195 38.0	26.3	222 35.6	20.3	333 02.6	56.5	218 34.4	10.6
03	210 35.7	210 37.7 ··	25.1	237 36.2 ··	19.6	348 05.1 ··	56.4	233 36.6 ··	10.5
04	225 38.1	225 37.3	23.8	252 36.8	18.9	3 07.6	56.4	248 38.8	10.4
05	240 40.6	240 36.9	22.5	267 37.4	18.2	18 10.1	56.4	263 41.0	10.3
06	255 43.0	255 36.5	S 1 21.2	282 37.9	S12 17.5	33 12.6	S14 56.4	278 43.2	S11 10.2
07	270 45.5	270 36.2	19.9	297 38.5	16.8	48 15.2	56.3	293 45.3	10.1
T 08	285 48.0	285 35.8	18.7	312 39.1	16.1	63 17.7	56.3	308 47.5	10.0
U 09	300 50.4	300 35.4 ··	17.4	327 39.7 ··	15.4	78 20.2 ··	56.3	323 49.7 ··	09.8
E 10	315 52.9	315 35.1	16.1	342 40.3	14.7	93 22.7	56.3	338 51.9	09.7
S 11	330 55.4	330 34.7	14.8	357 40.9	14.0	108 25.3	56.2	353 54.1	09.6
D 12	345 57.8	345 34.3	S 1 13.5	12 41.4	S12 13.4	123 27.8	S14 56.2	8 56.2	S11 09.5
A 13	1 00.3	0 33.9	12.2	27 42.0	12.7	138 30.3	56.2	23 58.4	09.4
Y 14	16 02.8	15 33.6	11.0	42 42.6	12.0	153 32.8	56.2	39 00.6	09.3
15	31 05.2	30 33.2 ··	09.7	57 43.2 ··	11.3	168 35.4 ··	56.1	54 02.8 ··	09.2
16	46 07.7	45 32.8	08.4	72 43.8	10.6	183 37.9	56.1	69 05.0	09.1
17	61 10.2	60 32.4	07.1	87 44.4	09.9	198 40.4	56.1	84 07.1	09.0
18	76 12.6	75 32.1	S 1 05.8	102 44.9	S12 09.2	213 42.9	S14 56.1	99 09.3	S11 08.9
19	91 15.1	90 31.7	04.6	117 45.5	08.5	228 45.5	56.0	114 11.5	08.8
20	106 17.5	105 31.3	03.3	132 46.1	07.8	243 48.0	56.0	129 13.7	08.7
21	121 20.0	120 31.0 ··	02.0	147 46.7 ··	07.1	258 50.5 ··	56.0	144 15.8 ··	08.6
22	136 22.5	135 30.6	1 00.7	162 47.3	06.4	273 53.0	56.0	159 18.0	08.5
23	151 24.9	150 30.2	0 59.4	177 47.9	05.7	288 55.6	55.9	174 20.2	08.4
9 00	166 27.4	165 29.8	S 0 58.1	192 48.5	S12 05.0	303 58.1	S14 55.9	189 22.4	S11 08.3
01	181 29.9	180 29.5	56.9	207 49.0	04.3	319 00.6	55.9	204 24.6	08.2
02	196 32.3	195 29.1	55.6	222 49.6	03.6	334 03.1	55.9	219 26.7	08.0
03	211 34.8	210 28.7 ··	54.3	237 50.2 ··	02.9	349 05.7 ··	55.8	234 28.9 ··	07.9
04	226 37.3	225 28.4	53.0	252 50.8	02.2	4 08.2	55.8	249 31.1	07.8
05	241 39.7	240 28.0	51.7	267 51.4	01.5	19 10.7	55.8	264 33.3	07.7
06	256 42.2	255 27.6	S 0 50.4	282 52.0	S12 00.8	34 13.3	S14 55.7	279 35.5	S11 07.6
W 07	271 44.6	270 27.3	49.2	297 52.6	12 00.1	49 15.8	55.7	294 37.6	07.5
E 08	286 47.1	285 26.9	47.9	312 53.1	11 59.4	64 18.3	55.7	309 39.8	07.4
D 09	301 49.6	300 26.5 ··	46.6	327 53.7 ··	58.7	79 20.8 ··	55.7	324 42.0 ··	07.3
N 10	316 52.0	315 26.1	45.3	342 54.3	58.0	94 23.4	55.6	339 44.2	07.2
E 11	331 54.5	330 25.8	44.0	357 54.9	57.3	109 25.9	55.6	354 46.4	07.1
S 12	346 57.0	345 25.4	S 0 42.7	12 55.5	S11 56.6	124 28.4	S14 55.6	9 48.5	S11 07.0
D 13	1 59.4	0 25.0	41.5	27 56.1	55.9	139 31.0	55.6	24 50.7	06.9
A 14	17 01.9	15 24.7	40.2	42 56.7	55.2	154 33.5	55.5	39 52.9	06.8
Y 15	32 04.4	30 24.3 ··	38.9	57 57.2 ··	54.5	169 36.0 ··	55.5	54 55.1 ··	06.7
16	47 06.8	45 23.9	37.6	72 57.8	53.8	184 38.6	55.5	69 57.3	06.6
17	62 09.3	60 23.5	36.3	87 58.4	53.1	199 41.1	55.4	84 59.4	06.5
18	77 11.8	75 23.2	S 0 35.0	102 59.0	S11 52.4	214 43.6	S14 55.4	100 01.6	S11 06.3
19	92 14.2	90 22.8	33.7	117 59.6	51.7	229 46.2	55.4	115 03.8	06.2
20	107 16.7	105 22.4	32.5	133 00.2	51.0	244 48.7	55.4	130 06.0	06.1
21	122 19.1	120 22.1 ··	31.2	148 00.8 ··	50.2	259 51.2 ··	55.3	145 08.2 ··	06.0
22	137 21.6	135 21.7	29.9	163 01.4	49.5	274 53.8	55.3	160 10.3	05.9
23	152 24.1	150 21.3	28.6	178 01.9	48.8	289 56.3	55.3	175 12.5	05.8
10 00	167 26.5	165 21.0	S 0 27.3	193 02.5	S11 48.1	304 58.8	S14 55.2	190 14.7	S11 05.7
01	182 29.0	180 20.6	26.0	208 03.1	47.4	320 01.4	55.2	205 16.9	05.6
02	197 31.5	195 20.2	24.8	223 03.7	46.7	335 03.9	55.2	220 19.1	05.5
03	212 33.9	210 19.9 ··	23.5	238 04.3 ··	46.0	350 06.4 ··	55.2	235 21.2 ··	05.4
04	227 36.4	225 19.5	22.2	253 04.9	45.3	5 09.0	55.1	250 23.4	05.3
05	242 38.9	240 19.1	20.9	268 05.5	44.6	20 11.5	55.1	265 25.6	05.2
06	257 41.3	255 18.7	S 0 19.6	283 06.1	S11 43.9	35 14.0	S14 55.1	280 27.8	S11 05.1
07	272 43.8	270 18.4	18.3	298 06.7	43.2	50 16.6	55.0	295 30.0	05.0
T 08	287 46.3	285 18.0	17.1	313 07.3	42.5	65 19.1	55.0	310 32.2	04.9
H 09	302 48.7	300 17.6 ··	15.8	328 07.8 ··	41.8	80 21.7 ··	55.0	325 34.3 ··	04.8
U 10	317 51.2	315 17.3	14.5	343 08.4	41.1	95 24.2	55.0	340 36.5	04.7
R 11	332 53.6	330 16.9	13.2	358 09.0	40.4	110 26.7	54.9	355 38.7	04.6
S 12	347 56.1	345 16.5	S 0 11.9	13 09.6	S11 39.7	125 29.3	S14 54.9	10 40.9	S11 04.4
D 13	2 58.6	0 16.2	10.6	28 10.2	39.0	140 31.8	54.8	25 43.1	04.3
A 14	18 01.0	15 15.8	09.3	43 10.8	38.3	155 34.4	54.8	40 45.2	04.2
Y 15	33 03.5	30 15.4 ··	08.1	58 11.4 ··	37.6	170 36.9 ··	54.8	55 47.4 ··	04.1
16	48 06.0	45 15.1	06.8	73 12.0	36.9	185 39.4	54.8	70 49.6	04.0
17	63 08.4	60 14.7	05.5	88 12.6	36.1	200 42.0	54.8	85 51.8	03.9
18	78 10.9	75 14.3	S 0 04.2	103 13.2	S11 35.4	215 44.5	S14 54.7	100 54.0	S11 03.8
19	93 13.4	90 14.0	02.9	118 13.8	34.7	230 47.1	54.7	115 56.1	03.7
20	108 15.8	105 13.6	01.6	133 14.3	34.0	245 49.6	54.7	130 58.3	03.6
21	123 18.3	120 13.2	S 0 00.4	148 14.9 ··	33.3	260 52.1 ··	54.6	146 00.5 ··	03.5
22	138 20.8	135 12.8	N 0 00.9	163 15.5	32.6	275 54.7	54.6	161 02.7	03.4
23	153 23.2	150 12.5	02.2	178 16.1	31.9	290 57.2	54.6	176 04.9	03.3
Mer. Pass. 12ʰ 52.1ᵐ		v −0.4 d 1.3		v 0.6 d 0.7		v 2.5 d 0.0		v 2.2 d 0.1	

STARS

Name	S.H.A.	Dec.
Acamar	315 29.5	S40 19.9
Achernar	335 37.9	S57 16.1
Acrux	173 24.8	S63 04.1
Adhara	255 23.7	S28 58.2
Aldebaran	291 06.0	N16 29.8
Alioth	166 32.8	N55 59.2
Alkaid	153 09.8	N49 20.2
Al Na'ir	28 02.2	S46 59.3
Alnilam	276 01.0	S 1 12.5
Alphard	218 09.9	S 8 38.3
Alphecca	126 23.1	N26 43.8
Alpheratz	357 58.8	N29 03.5
Altair	62 22.5	N 8 51.1
Ankaa	353 30.3	S42 20.3
Antares	112 43.9	S26 25.1
Arcturus	146 08.6	N19 12.5
Atria	107 58.7	S69 00.8
Avior	234 23.4	S59 29.8
Bellatrix	278 47.4	N 6 20.5
Betelgeuse	271 16.8	N 7 24.2
Canopus	264 02.4	S52 41.9
Capella	280 55.7	N45 59.6
Deneb	49 41.6	N45 15.5
Denebola	182 48.0	N14 36.0
Diphda	349 10.6	S18 01.2
Dubhe	194 08.6	N61 46.8
Elnath	278 30.8	N28 36.2
Eltanin	90 52.9	N51 29.1
Enif	34 01.6	N 9 50.9
Fomalhaut	15 40.2	S29 39.2
Gacrux	172 16.5	S57 04.9
Gienah	176 06.8	S17 30.8
Hadar	149 07.9	S60 20.6
Hamal	328 17.3	N23 26.1
Kaus Aust.	84 03.0	S34 23.1
Kochab	137 18.8	N74 10.4
Markab	13 53.0	N15 10.4
Menkar	314 30.3	N 4 03.9
Menkent	148 24.3	S36 20.5
Miaplacidus	221 41.9	S69 41.9
Mirfak	309 01.2	N49 50.6
Nunki	76 16.3	S26 18.2
Peacock	53 42.3	S56 45.0
Pollux	243 45.1	N28 02.3
Procyon	245 14.6	N 5 14.2
Rasalhague	96 19.9	N12 33.7
Regulus	207 58.5	N11 59.5
Rigel	281 25.9	S 8 12.7
Rigil Kent.	140 11.0	S60 48.5
Sabik	102 29.1	S15 43.1
Schedar	349 57.5	N56 30.5
Shaula	96 41.5	S37 05.9
Sirius	258 46.3	S16 42.8
Spica	158 46.2	S11 08.0
Suhail	223 02.7	S43 24.9
Vega	80 48.9	N38 46.5
Zuben'ubi	137 21.2	S16 01.2

	S.H.A.	Mer. Pass.
Venus	359 02.4	12 58
Mars	26 21.1	11 08
Jupiter	137 30.7	3 43
Saturn	22 55.0	11 21

1994 MARCH 8, 9, 10 (TUES., WED., THURS.)

UT (GMT)	SUN G.H.A.	SUN Dec.	MOON G.H.A.	v	MOON Dec.	d	H.P.
8 00	177 15.7	S 5 03.7	226 34.9	10.9	S16 17.1	7.6	56.5
01	192 15.8	02.7	241 04.8	10.9	16 09.5	7.6	56.4
02	207 16.0	01.8	255 34.7	11.0	16 01.9	7.8	56.4
03	222 16.1	5 00.8	270 04.7	11.1	15 54.1	7.8	56.4
04	237 16.3	4 59.8	284 34.8	11.1	15 46.3	7.9	56.4
05	252 16.4	58.8	299 04.9	11.2	15 38.4	7.9	56.3
06	267 16.6	S 4 57.9	313 35.1	11.3	S15 30.5	8.1	56.3
T 07	282 16.7	56.9	328 05.4	11.3	15 22.4	8.1	56.3
U 08	297 16.9	55.9	342 35.7	11.4	15 14.3	8.1	56.3
E 09	312 17.1 ..	54.9	357 06.1	11.5	15 06.2	8.3	56.3
S 10	327 17.2	54.0	11 36.6	11.5	14 57.9	8.3	56.2
D 11	342 17.4	53.0	26 07.1	11.5	14 49.6	8.4	56.2
A 12	357 17.5	S 4 52.0	40 37.6	11.7	S14 41.2	8.4	56.2
Y 13	12 17.7	51.0	55 08.3	11.7	14 32.8	8.5	56.2
14	27 17.8	50.1	69 39.0	11.8	14 24.3	8.6	56.1
15	42 18.0 ..	49.1	84 09.8	11.8	14 15.7	8.7	56.1
16	57 18.1	48.1	98 40.6	11.9	14 07.0	8.7	56.1
17	72 18.3	47.1	113 11.5	11.9	13 58.3	8.7	56.1
18	87 18.4	S 4 46.2	127 42.4	12.0	S13 49.6	8.9	56.1
19	102 18.6	45.2	142 13.4	12.1	13 40.7	8.8	56.0
20	117 18.7	44.2	156 44.5	12.1	13 31.9	9.0	56.0
21	132 18.9 ..	43.2	171 15.6	12.2	13 22.9	9.0	56.0
22	147 19.1	42.2	185 46.8	12.3	13 13.9	9.1	56.0
23	162 19.2	41.3	200 18.1	12.3	13 04.8	9.1	56.0
9 00	177 19.4	S 4 40.3	214 49.4	12.3	S12 55.7	9.1	55.9
01	192 19.5	39.3	229 20.7	12.5	12 46.6	9.3	55.9
02	207 19.7	38.3	243 52.2	12.4	12 37.3	9.2	55.9
03	222 19.8 ..	37.4	258 23.6	12.6	12 28.1	9.4	55.9
04	237 20.0	36.4	272 55.2	12.6	12 18.7	9.4	55.9
05	252 20.1	35.4	287 26.8	12.6	12 09.3	9.4	55.8
06	267 20.3	S 4 34.4	301 58.4	12.7	S11 59.9	9.5	55.8
W 07	282 20.5	33.5	316 30.1	12.8	11 50.4	9.5	55.8
E 08	297 20.6	32.5	331 01.9	12.8	11 40.9	9.6	55.8
D 09	312 20.8 ..	31.5	345 33.7	12.9	11 31.3	9.6	55.8
N 10	327 20.9	30.5	0 05.6	12.9	11 21.7	9.7	55.7
E 11	342 21.1	29.5	14 37.5	13.0	11 12.0	9.7	55.7
S 12	357 21.2	S 4 28.6	29 09.5	13.0	S11 02.3	9.8	55.7
D 13	12 21.4	27.6	43 41.5	13.1	10 52.5	9.8	55.7
A 14	27 21.6	26.6	58 13.6	13.1	10 42.7	9.8	55.7
Y 15	42 21.7 ..	25.6	72 45.7	13.2	10 32.9	9.9	55.6
16	57 21.9	24.7	87 17.9	13.2	10 23.0	9.9	55.6
17	72 22.0	23.7	101 50.1	13.3	10 13.1	10.0	55.6
18	87 22.2	S 4 22.7	116 22.4	13.3	S10 03.1	10.0	55.6
19	102 22.3	21.7	130 54.7	13.4	9 53.1	10.1	55.6
20	117 22.5	20.7	145 27.1	13.4	9 43.0	10.0	55.5
21	132 22.7 ..	19.8	159 59.5	13.5	9 33.0	10.2	55.5
22	147 22.8	18.8	174 32.0	13.5	9 22.8	10.1	55.5
23	162 23.0	17.8	189 04.5	13.6	9 12.7	10.2	55.5
10 00	177 23.1	S 4 16.8	203 37.1	13.6	S 9 02.5	10.2	55.5
01	192 23.3	15.8	218 09.7	13.7	8 52.3	10.3	55.5
02	207 23.4	14.9	232 42.4	13.7	8 42.0	10.3	55.4
03	222 23.6 ..	13.9	247 15.1	13.7	8 31.7	10.3	55.4
04	237 23.8	12.9	261 47.8	13.8	8 21.4	10.4	55.4
05	252 23.9	11.9	276 20.6	13.8	8 11.0	10.4	55.4
06	267 24.1	S 4 11.0	290 53.4	13.9	S 8 00.7	10.4	55.4
T 07	282 24.2	10.0	305 26.3	13.9	7 50.3	10.5	55.3
H 08	297 24.4	09.0	319 59.2	14.0	7 39.8	10.5	55.3
U 09	312 24.6 ..	08.0	334 32.2	14.0	7 29.3	10.4	55.3
R 10	327 24.7	07.0	349 05.2	14.0	7 18.9	10.6	55.3
S 11	342 24.9	06.1	3 38.2	14.1	7 08.3	10.5	55.3
D 12	357 25.0	S 4 05.1	18 11.3	14.1	S 6 57.8	10.6	55.3
A 13	12 25.2	04.1	32 44.4	14.2	6 47.2	10.6	55.2
Y 14	27 25.4	03.1	47 17.6	14.2	6 36.6	10.6	55.2
15	42 25.5 ..	02.1	61 50.8	14.2	6 26.0	10.6	55.2
16	57 25.7	01.2	76 24.0	14.3	6 15.4	10.7	55.2
17	72 25.9	4 00.2	90 57.3	14.3	6 04.7	10.6	55.2
18	87 26.0	S 3 59.2	105 30.6	14.3	S 5 54.1	10.7	55.2
19	102 26.2	58.2	120 03.9	14.4	5 43.4	10.7	55.1
20	117 26.3	57.2	134 37.3	14.4	5 32.7	10.8	55.1
21	132 26.5 ..	56.3	149 10.7	14.4	5 21.9	10.7	55.1
22	147 26.7	55.3	163 44.1	14.5	5 11.2	10.8	55.1
23	162 26.8	54.3	178 17.6	14.5	5 00.4	10.7	55.1
	S.D. 16.1	d 1.0	S.D. 15.3		15.2		15.1

Lat.	Twilight Naut.	Twilight Civil	Sunrise	Moonrise 8	9	10	11
°	h m	h m	h m	h m	h m	h m	h m
N 72	04 29	05 49	06 56	07 02	06 37	06 20	06 07
N 70	04 39	05 51	06 51	06 26	06 17	06 09	06 02
68	04 47	05 52	06 47	06 01	06 00	05 59	05 58
66	04 53	05 53	06 44	05 41	05 47	05 51	05 54
64	04 58	05 53	06 41	05 25	05 36	05 44	05 51
62	05 02	05 54	06 38	05 12	05 27	05 39	05 48
60	05 06	05 54	06 36	05 01	05 19	05 34	05 46
N 58	05 09	05 55	06 34	04 51	05 12	05 29	05 44
56	05 12	05 55	06 32	04 42	05 06	05 25	05 42
54	05 14	05 55	06 30	04 35	05 00	05 21	05 40
52	05 16	05 55	06 29	04 28	04 55	05 18	05 39
50	05 18	05 55	06 27	04 22	04 50	05 15	05 37
45	05 21	05 55	06 24	04 08	04 40	05 08	05 34
N 40	05 23	05 55	06 22	03 57	04 32	05 03	05 32
35	05 25	05 54	06 19	03 48	04 25	04 58	05 30
30	05 26	05 53	06 17	03 39	04 18	04 54	05 28
20	05 26	05 52	06 14	03 25	04 07	04 47	05 24
N 10	05 25	05 49	06 10	03 12	03 58	04 40	05 21
0	05 23	05 47	06 07	03 00	03 48	04 34	05 18
S 10	05 18	05 43	06 04	02 48	03 39	04 28	05 16
20	05 12	05 38	06 00	02 35	03 29	04 22	05 13
30	05 04	05 32	05 56	02 21	03 18	04 14	05 09
35	04 58	05 28	05 54	02 12	03 12	04 10	05 07
40	04 51	05 24	05 51	02 03	03 04	04 05	05 05
45	04 42	05 18	05 48	01 51	02 56	04 00	05 02
S 50	04 31	05 11	05 44	01 37	02 45	03 53	04 59
52	04 26	05 07	05 42	01 31	02 41	03 50	04 58
54	04 20	05 03	05 40	01 24	02 35	03 46	04 56
56	04 13	04 59	05 37	01 16	02 29	03 42	04 55
58	04 05	04 54	05 35	01 07	02 23	03 38	04 53
S 60	03 55	04 49	05 32	00 56	02 15	03 33	04 50

Lat.	Sunset	Twilight Civil	Twilight Naut.	Moonset 8	9	10	11
°	h m	h m	h m	h m	h m	h m	h m
N 72	17 27	18 34	19 55	11 38	13 42	15 32	17 17
N 70	17 32	18 33	19 45	12 12	14 00	15 42	17 19
68	17 36	18 31	19 37	12 36	14 15	15 50	17 21
66	17 39	18 30	19 30	12 55	14 27	15 56	17 23
64	17 42	18 29	19 25	13 10	14 37	16 02	17 24
62	17 45	18 29	19 21	13 23	14 45	16 06	17 26
60	17 47	18 28	19 17	13 33	14 52	16 10	17 27
N 58	17 49	18 28	19 14	13 42	14 59	16 14	17 28
56	17 50	18 28	19 11	13 50	15 04	16 17	17 29
54	17 52	18 27	19 08	13 58	15 09	16 20	17 29
52	17 53	18 27	19 06	14 04	15 14	16 22	17 30
50	17 55	18 27	19 05	14 10	15 18	16 25	17 31
45	17 58	18 27	19 01	14 22	15 27	16 30	17 32
N 40	18 00	18 27	18 59	14 32	15 34	16 34	17 33
35	18 02	18 28	18 57	14 41	15 40	16 38	17 34
30	18 04	18 28	18 56	14 49	15 45	16 41	17 35
20	18 08	18 30	18 55	15 02	15 55	16 46	17 37
N 10	18 11	18 32	18 56	15 13	16 03	16 51	17 38
0	18 14	18 35	18 59	15 24	16 11	16 56	17 39
S 10	18 17	18 38	19 03	15 34	16 18	17 00	17 40
20	18 20	18 43	19 08	15 45	16 26	17 05	17 41
30	18 25	18 49	19 17	15 58	16 35	17 10	17 43
35	18 27	18 52	19 22	16 05	16 41	17 13	17 44
40	18 30	18 57	19 29	16 14	16 47	17 16	17 45
45	18 33	19 02	19 38	16 23	16 53	17 20	17 46
S 50	18 37	19 09	19 49	16 35	17 02	17 25	17 47
52	18 38	19 13	19 54	16 40	17 05	17 27	17 47
54	18 40	19 16	20 00	16 46	17 09	17 30	17 48
56	18 43	19 20	20 07	16 53	17 14	17 32	17 49
58	18 45	19 25	20 14	17 00	17 19	17 35	17 49
S 60	18 48	19 30	20 24	17 08	17 25	17 38	17 50

Day	SUN Eqn. of Time 00h	12h	Mer. Pass.	MOON Mer. Pass. Upper	Lower	Age	Phase
	m s	m s	h m	h m	h m	d	
8	10 58	10 50	12 11	09 12	21 36	26	◑
9	10 43	10 35	12 11	10 00	22 23	27	
10	10 28	10 20	12 10	10 45	23 07	28	

1994 MARCH 11, 12, 13 (FRI., SAT., SUN.)

UT (GMT)	ARIES G.H.A.	VENUS −3.9 G.H.A.	Dec.	MARS +1.2 G.H.A.	Dec.	JUPITER −2.3 G.H.A.	Dec.	SATURN +0.9 G.H.A.	Dec.	STARS Name	S.H.A.	Dec.
d h	° ′	° ′	° ′	° ′	° ′	° ′	° ′	° ′	° ′		° ′	° ′
11 00	168 25.7	165 12.1 N 0 03.5		193 16.7 S11 31.2		305 59.8 S14 54.5		191 07.0 S11 03.2		Acamar	315 29.5	S40 19.9
01	183 28.1	180 11.7	04.8	208 17.3	30.5	321 02.3	54.5	206 09.2	03.1	Achernar	335 37.9	S57 16.1
02	198 30.6	195 11.4	06.1	223 17.9	29.8	336 04.8	54.5	221 11.4	03.0	Acrux	173 24.8	S63 04.1
03	213 33.1	210 11.0 ··	07.4	238 18.5 ··	29.1	351 07.4 ··	54.4	236 13.6 ··	02.9	Adhara	255 23.7	S28 58.2
04	228 35.5	225 10.6	08.6	253 19.1	28.4	6 09.9	54.4	251 15.8	02.8	Aldebaran	291 06.0	N16 29.8
05	243 38.0	240 10.3	09.9	268 19.7	27.6	21 12.5	54.4	266 18.0	02.7			
06	258 40.5	255 09.9 N 0 11.2		283 20.3 S11 26.9		36 15.0 S14 54.4		281 20.1 S11 02.5		Alioth	166 32.8	N55 59.2
07	273 42.9	270 09.5	12.5	298 20.9	26.2	51 17.6	54.3	296 22.3	02.4	Alkaid	153 09.8	N49 20.2
08	288 45.4	285 09.2	13.8	313 21.5	25.5	66 20.1	54.3	311 24.5	02.3	Al Na'ir	28 02.2	S46 59.3
F 09	303 47.9	300 08.8 ··	15.1	328 22.1 ··	24.8	81 22.7 ··	54.3	326 26.7 ··	02.2	Alnilam	276 01.0	S 1 12.5
R 10	318 50.3	315 08.4	16.4	343 22.6	24.1	96 25.2	54.2	341 28.9	02.1	Alphard	218 10.0	S 8 38.3
I 11	333 52.8	330 08.1	17.6	358 23.2	23.4	111 27.8	54.2	356 31.0	02.0			
D 12	348 55.2	345 07.7 N 0 18.9		13 23.8 S11 22.7		126 30.3 S14 54.2		11 33.2 S11 01.9		Alphecca	126 23.0	N26 43.8
A 13	3 57.7	0 07.3	20.2	28 24.4	22.0	141 32.8	54.1	26 35.4	01.8	Alpheratz	357 58.8	N29 03.5
Y 14	19 00.2	15 07.0	21.5	43 25.0	21.3	156 35.4	54.1	41 37.6	01.7	Altair	62 22.5	N 8 51.1
15	34 02.6	30 06.6 ··	22.8	58 25.6 ··	20.5	171 37.9 ··	54.1	56 39.8 ··	01.6	Ankaa	353 30.3	S42 20.3
16	49 05.1	45 06.2	24.1	73 26.2	19.8	186 40.5	54.0	71 41.9	01.5	Antares	112 43.9	S26 25.1
17	64 07.6	60 05.9	25.3	88 26.8	19.1	201 43.0	54.0	86 44.1	01.4			
18	79 10.0	75 05.5 N 0 26.6		103 27.4 S11 18.4		216 45.6 S14 54.0		101 46.3 S11 01.3		Arcturus	146 08.6	N19 12.5
19	94 12.5	90 05.1	27.9	118 28.0	17.7	231 48.1	53.9	116 48.5	01.2	Atria	107 58.6	S69 00.8
20	109 15.0	105 04.8	29.2	133 28.6	17.0	246 50.7	53.9	131 50.7	01.1	Avior	234 23.5	S59 29.8
21	124 17.4	120 04.4 ··	30.5	148 29.2 ··	16.3	261 53.2 ··	53.9	146 52.9 ··	01.0	Bellatrix	278 47.5	N 6 20.5
22	139 19.9	135 04.0	31.8	163 29.8	15.6	276 55.8	53.8	161 55.0	00.9	Betelgeuse	271 16.8	N 7 24.2
23	154 22.4	150 03.7	33.1	178 30.4	14.8	291 58.3	53.8	176 57.2	00.8			
12 00	169 24.8	165 03.3 N 0 34.3		193 31.0 S11 14.1		307 00.9 S14 53.8		191 59.4 S11 00.7		Canopus	264 02.4	S52 41.9
01	184 27.3	180 02.9	35.6	208 31.6	13.4	322 03.4	53.7	207 01.6	00.5	Capella	280 55.8	N45 59.6
02	199 29.7	195 02.6	36.9	223 32.2	12.7	337 06.0	53.7	222 03.8	00.4	Deneb	49 41.6	N45 15.4
03	214 32.2	210 02.2 ··	38.2	238 32.8 ··	12.0	352 08.5 ··	53.7	237 06.0 ··	00.3	Denebola	182 48.0	N14 36.0
04	229 34.7	225 01.8	39.5	253 33.4	11.3	7 11.1	53.6	252 08.1	00.2	Diphda	349 10.6	S18 01.2
05	244 37.1	240 01.5	40.8	268 34.0	10.6	22 13.6	53.6	267 10.3	00.1			
06	259 39.6	255 01.1 N 0 42.1		283 34.6 S11 09.9		37 16.2 S14 53.6		282 12.5 S11 00.0		Dubhe	194 08.6	N61 46.8
07	274 42.1	270 00.7	43.3	298 35.2	09.1	52 18.7	53.5	297 14.7 10 59.9		Elnath	278 30.8	N28 36.2
S 08	289 44.5	285 00.4	44.6	313 35.8	08.4	67 21.3	53.5	312 16.9	59.8	Eltanin	90 52.9	N51 29.1
A 09	304 47.0	300 00.0 ··	45.9	328 36.4 ··	07.7	82 23.8 ··	53.5	327 19.0 ··	59.7	Enif	34 01.5	N 9 50.9
T 10	319 49.5	314 59.6	47.2	343 36.9	07.0	97 26.4	53.4	342 21.2	59.6	Fomalhaut	15 40.2	S29 39.2
U 11	334 51.9	329 59.3	48.5	358 37.5	06.3	112 29.0	53.4	357 23.4	59.5			
R 12	349 54.4	344 58.9 N 0 49.8		13 38.1 S11 05.6		127 31.5 S14 53.4		12 25.6 S10 59.4		Gacrux	172 16.5	S57 04.9
D 13	4 56.9	359 58.5	51.1	28 38.7	04.8	142 34.1	53.3	27 27.8	59.3	Gienah	176 06.8	S17 30.8
A 14	19 59.3	14 58.2	52.3	43 39.3	04.1	157 36.6	53.3	42 30.0	59.2	Hadar	149 07.9	S60 20.7
Y 15	35 01.8	29 57.8 ··	53.6	58 39.9 ··	03.4	172 39.2 ··	53.3	57 32.1 ··	59.1	Hamal	328 17.3	N23 26.1
16	50 04.2	44 57.4	54.9	73 40.5	02.7	187 41.7	53.2	72 34.3	59.0	Kaus Aust.	84 03.0	S34 23.1
17	65 06.7	59 57.1	56.2	88 41.1	02.0	202 44.3	53.2	87 36.5	58.9			
18	80 09.2	74 56.7 N 0 57.5		103 41.7 S11 01.3		217 46.8 S14 53.2		102 38.7 S10 58.8		Kochab	137 18.7	N74 10.5
19	95 11.6	89 56.3 0 58.8		118 42.3 11 00.6		232 49.4	53.1	117 40.9	58.7	Markab	13 53.0	N15 10.4
20	110 14.1	104 56.0 1 00.0		133 42.9 10 59.8		247 51.9	53.1	132 43.1	58.5	Menkar	314 30.3	N 4 03.9
21	125 16.6	119 55.6 ··	01.3	148 43.5 ··	59.1	262 54.5 ··	53.1	147 45.2 ··	58.4	Menkent	148 24.3	S36 20.5
22	140 19.0	134 55.2	02.6	163 44.1	58.4	277 57.1	53.0	162 47.4	58.3	Miaplacidus	221 41.9	S69 41.9
23	155 21.5	149 54.9	03.9	178 44.7	57.7	292 59.6	53.0	177 49.6	58.2			
13 00	170 24.0	164 54.5 N 1 05.2		193 45.3 S10 57.0		308 02.2 S14 52.9		192 51.8 S10 58.1		Mirfak	309 01.3	N49 50.6
01	185 26.4	179 54.1	06.5	208 45.9	56.3	323 04.7	52.9	207 54.0	58.0	Nunki	76 16.3	S26 18.2
02	200 28.9	194 53.8	07.8	223 46.5	55.5	338 07.3	52.9	222 56.1	57.9	Peacock	53 42.2	S56 45.0
03	215 31.3	209 53.4 ··	09.0	238 47.1 ··	54.8	353 09.9 ··	52.9	237 58.3 ··	57.8	Pollux	243 45.1	N28 02.3
04	230 33.8	224 53.0	10.3	253 47.7	54.1	8 12.4	52.8	253 00.5	57.7	Procyon	245 14.6	N 5 14.2
05	245 36.3	239 52.7	11.6	268 48.3	53.4	23 15.0	52.8	268 02.7	57.6			
06	260 38.7	254 52.3 N 1 12.9		283 48.9 S10 52.7		38 17.5 S14 52.8		283 04.9 S10 57.5		Rasalhague	96 19.8	N12 33.7
07	275 41.2	269 51.9	14.2	298 49.5	51.9	53 20.1	52.7	298 07.1	57.4	Regulus	207 58.5	N11 59.5
08	290 43.7	284 51.6	15.5	313 50.1	51.2	68 22.6	52.7	313 09.2	57.3	Rigel	281 25.9	S 8 12.7
S 09	305 46.1	299 51.2 ··	16.8	328 50.7 ··	50.5	83 25.2 ··	52.6	328 11.4 ··	57.2	Rigil Kent.	140 11.0	S60 48.5
U 10	320 48.6	314 50.8	18.0	343 51.3	49.8	98 27.8	52.6	343 13.6	57.1	Sabik	102 29.0	S15 43.1
N 11	335 51.1	329 50.5	19.3	358 51.9	49.1	113 30.3	52.6	358 15.8	57.0			
D 12	350 53.5	344 50.1 N 1 20.6		13 52.5 S10 48.3		128 32.9 S14 52.5		13 18.0 S10 56.9		Schedar	349 57.5	N56 30.4
A 13	5 56.0	359 49.7	21.9	28 53.1	47.6	143 35.5	52.5	28 20.2	56.8	Shaula	96 41.5	S37 05.9
Y 14	20 58.5	14 49.4	23.2	43 53.7	46.9	158 38.0	52.5	43 22.3	56.7	Sirius	258 46.3	S16 42.8
15	36 00.9	29 49.0 ··	24.5	58 54.3 ··	46.2	173 40.6 ··	52.4	58 24.5 ··	56.6	Spica	158 46.2	S11 08.0
16	51 03.4	44 48.6	25.7	73 54.9	45.5	188 43.1	52.4	73 26.7	56.5	Suhail	223 02.7	S43 24.9
17	66 05.8	59 48.3	27.0	88 55.6	44.7	203 45.7	52.4	88 28.9	56.3			
18	81 08.3	74 47.9 N 1 28.3		103 56.2 S10 44.0		218 48.3 S14 52.3		103 31.1 S10 56.2		Vega	80 48.8	N38 46.5
19	96 10.8	89 47.5	29.6	118 56.8	43.3	233 50.8	52.3	118 33.3	56.1	Zuben'ubi	137 21.2	S16 01.2
20	111 13.2	104 47.2	30.9	133 57.4	42.6	248 53.4	52.2	133 35.4	56.0		S.H.A.	Mer. Pass.
21	126 15.7	119 46.8 ··	32.2	148 58.0 ··	41.9	263 56.0 ··	52.2	148 37.6 ··	55.9		° ′	h m
22	141 18.2	134 46.4	33.4	163 58.6	41.1	278 58.5	52.2	163 39.8	55.8	Venus	355 38.5	13 00
23	156 20.6	149 46.1	34.7	178 59.2	40.4	294 01.1	52.1	178 42.0	55.7	Mars	24 06.2	11 05
	h m									Jupiter	137 36.1	3 31
Mer. Pass. 12 40.3		v −0.4 d 1.3		v 0.6 d 0.7		v 2.6 d 0.0		v 2.2 d 0.1		Saturn	22 34.6	11 10

1994 MARCH 11, 12, 13 (FRI., SAT., SUN.)

UT (GMT)	SUN G.H.A.	SUN Dec.	MOON G.H.A.	MOON v	MOON Dec.	MOON d	MOON H.P.
11 00	177 27.0	S 3 53.3	192 51.1	14.5	S 4 49.7	10.8	55.1
01	192 27.1	52.3	207 24.6	14.6	4 38.9	10.8	55.0
02	207 27.3	51.3	221 58.2	14.5	4 28.1	10.8	55.0
03	222 27.5 ..	50.4	236 31.7	14.7	4 17.3	10.9	55.0
04	237 27.6	49.4	251 05.4	14.6	4 06.4	10.8	55.0
05	252 27.8	48.4	265 39.0	14.7	3 55.6	10.9	55.0
06	267 28.0	S 3 47.4	280 12.7	14.7	S 3 44.7	10.8	55.0
F 07	282 28.1	46.4	294 46.4	14.7	3 33.9	10.9	54.9
R 08	297 28.3	45.5	309 20.1	14.8	3 23.0	10.9	54.9
I 09	312 28.4 ..	44.5	323 53.9	14.7	3 12.1	10.8	54.9
D 10	327 28.6	43.5	338 27.6	14.8	3 01.3	10.9	54.9
A 11	342 28.8	42.5	353 01.4	14.9	2 50.4	10.9	54.9
Y 12	357 28.9	S 3 41.5	7 35.3	14.8	S 2 39.5	10.9	54.9
13	12 29.1	40.5	22 09.1	14.9	2 28.6	10.9	54.9
14	27 29.3	39.6	36 43.0	14.9	2 17.7	10.9	54.8
15	42 29.4 ..	38.6	51 16.9	14.9	2 06.8	10.9	54.8
16	57 29.6	37.6	65 50.8	14.9	1 55.9	11.0	54.8
17	72 29.8	36.6	80 24.7	15.0	1 44.9	10.9	54.8
18	87 29.9	S 3 35.6	94 58.7	15.0	S 1 34.0	10.9	54.8
19	102 30.1	34.7	109 32.7	15.0	1 23.1	10.9	54.8
20	117 30.2	33.7	124 06.7	15.0	1 12.2	10.9	54.8
21	132 30.4 ..	32.7	138 40.7	15.0	1 01.3	10.9	54.7
22	147 30.6	31.7	153 14.7	15.0	0 50.4	10.9	54.7
23	162 30.7	30.7	167 48.7	15.1	0 39.5	10.9	54.7
12 00	177 30.9	S 3 29.7	182 22.8	15.1	S 0 28.6	10.9	54.7
01	192 31.1	28.8	196 56.9	15.0	0 17.7	10.9	54.7
02	207 31.2	27.8	211 30.9	15.2	S 0 06.8	10.9	54.7
03	222 31.4 ..	26.8	226 05.1	15.1	N 0 04.1	10.9	54.7
04	237 31.6	25.8	240 39.2	15.1	0 15.0	10.9	54.6
05	252 31.7	24.8	255 13.3	15.1	0 25.9	10.9	54.6
06	267 31.9	S 3 23.8	269 47.4	15.2	N 0 36.8	10.8	54.6
S 07	282 32.1	22.9	284 21.6	15.1	0 47.6	10.9	54.6
A 08	297 32.2	21.9	298 55.7	15.2	0 58.5	10.8	54.6
T 09	312 32.4 ..	20.9	313 29.9	15.2	1 09.3	10.9	54.6
U 10	327 32.6	19.9	328 04.1	15.2	1 20.2	10.8	54.6
R 11	342 32.7	18.9	342 38.3	15.2	1 31.0	10.8	54.6
D 12	357 32.9	S 3 17.9	357 12.5	15.2	N 1 41.8	10.8	54.5
A 13	12 33.1	17.0	11 46.7	15.2	1 52.6	10.8	54.5
Y 14	27 33.2	16.0	26 20.9	15.2	2 03.4	10.8	54.5
15	42 33.4 ..	15.0	40 55.1	15.3	2 14.2	10.7	54.5
16	57 33.6	14.0	55 29.4	15.2	2 24.9	10.8	54.5
17	72 33.7	13.0	70 03.6	15.2	2 35.7	10.7	54.5
18	87 33.9	S 3 12.0	84 37.8	15.3	N 2 46.4	10.7	54.5
19	102 34.1	11.0	99 12.1	15.2	2 57.1	10.7	54.5
20	117 34.2	10.1	113 46.3	15.2	3 07.8	10.7	54.4
21	132 34.4 ..	09.1	128 20.5	15.3	3 18.5	10.7	54.4
22	147 34.6	08.1	142 54.8	15.2	3 29.2	10.6	54.4
23	162 34.7	07.1	157 29.0	15.3	3 39.8	10.6	54.4
13 00	177 34.9	S 3 06.1	172 03.3	15.2	N 3 50.4	10.6	54.4
01	192 35.1	05.1	186 37.5	15.3	4 01.0	10.6	54.4
02	207 35.2	04.2	201 11.8	15.2	4 11.6	10.6	54.4
03	222 35.4 ..	03.2	215 46.0	15.3	4 22.2	10.5	54.4
04	237 35.6	02.2	230 20.3	15.2	4 32.7	10.5	54.4
05	252 35.8	01.2	244 54.5	15.2	4 43.2	10.5	54.4
06	267 35.9	S 3 00.2	259 28.7	15.3	N 4 53.7	10.5	54.3
S 07	282 36.1	2 59.2	274 03.0	15.2	5 04.2	10.4	54.3
U 08	297 36.3	58.2	288 37.2	15.2	5 14.6	10.4	54.3
N 09	312 36.4 ..	57.3	303 11.4	15.3	5 25.0	10.4	54.3
D 10	327 36.6	56.3	317 45.7	15.2	5 35.4	10.4	54.3
A 11	342 36.8	55.3	332 19.9	15.2	5 45.8	10.3	54.3
Y 12	357 36.9	S 2 54.3	346 54.1	15.2	N 5 56.1	10.3	54.3
13	12 37.1	53.3	1 28.3	15.2	6 06.4	10.3	54.3
14	27 37.3	52.3	16 02.5	15.2	6 16.7	10.3	54.3
15	42 37.4 ..	51.4	30 36.7	15.1	6 27.0	10.2	54.3
16	57 37.6	50.4	45 10.8	15.2	6 37.2	10.2	54.2
17	72 37.8	49.4	59 45.0	15.2	6 47.4	10.1	54.2
18	87 38.0	S 2 48.4	74 19.2	15.1	N 6 57.5	10.1	54.2
19	102 38.1	47.4	88 53.3	15.1	7 07.6	10.1	54.2
20	117 38.3	46.4	103 27.4	15.2	7 17.7	10.1	54.2
21	132 38.5 ..	45.4	118 01.6	15.1	7 27.8	10.0	54.2
22	147 38.6	44.5	132 35.7	15.1	7 37.8	10.0	54.2
23	162 38.8	43.5	147 09.8	15.1	7 47.8	10.0	54.2
	S.D. 16.1	d 1.0	S.D. 15.0		14.9		14.8

Lat.	Twilight Naut.	Twilight Civil	Sunrise	Moonrise 11	12	13	14
N 72	04 13	05 34	06 41	06 07	05 55	05 42	05 29
N 70	04 24	05 37	06 37	06 02	05 55	05 49	05 42
68	04 34	05 39	06 35	05 58	05 56	05 54	05 53
66	04 41	05 41	06 32	05 54	05 56	05 59	06 02
64	04 47	05 43	06 30	05 51	05 57	06 02	06 09
62	04 52	05 44	06 28	05 48	05 57	06 06	06 16
60	04 57	05 45	06 27	05 46	05 57	06 09	06 21
N 58	05 01	05 46	06 25	05 44	05 58	06 11	06 26
56	05 04	05 47	06 24	05 42	05 58	06 14	06 31
54	05 07	05 48	06 23	05 40	05 58	06 16	06 35
52	05 09	05 48	06 22	05 39	05 58	06 18	06 38
50	05 11	05 49	06 21	05 37	05 58	06 20	06 41
45	05 16	05 50	06 19	05 34	05 59	06 23	06 49
N 40	05 19	05 50	06 17	05 32	05 59	06 27	06 55
35	05 21	05 50	06 15	05 30	06 00	06 29	07 00
30	05 22	05 50	06 14	05 28	06 00	06 32	07 04
20	05 24	05 49	06 11	05 24	06 00	06 36	07 13
N 10	05 24	05 48	06 09	05 21	06 01	06 40	07 20
0	05 22	05 46	06 07	05 18	06 01	06 44	07 26
S 10	05 19	05 43	06 04	05 16	06 02	06 47	07 33
20	05 14	05 39	06 01	05 13	06 02	06 51	07 40
30	05 06	05 34	05 58	05 09	06 03	06 56	07 49
35	05 01	05 31	05 56	05 07	06 03	06 58	07 53
40	04 55	05 27	05 54	05 05	06 04	07 01	07 59
45	04 47	05 22	05 52	05 02	06 04	07 05	08 05
S 50	04 37	05 16	05 48	04 59	06 05	07 09	08 13
52	04 32	05 13	05 47	04 58	06 05	07 11	08 16
54	04 26	05 10	05 45	04 56	06 05	07 13	08 20
56	04 20	05 06	05 44	04 55	06 05	07 15	08 25
58	04 13	05 02	05 42	04 53	06 06	07 18	08 30
S 60	04 04	04 57	05 40	04 50	06 06	07 21	08 35

Lat.	Sunset	Twilight Civil	Twilight Naut.	Moonset 11	12	13	14
N 72	17 41	18 48	20 11	17 17	18 58	20 40	22 26
N 70	17 44	18 45	19 58	17 19	18 54	20 29	22 06
68	17 47	18 42	19 49	17 21	18 51	20 20	21 50
66	17 49	18 40	19 41	17 23	18 48	20 13	21 37
64	17 51	18 38	19 34	17 24	18 46	20 07	21 27
62	17 53	18 37	19 29	17 26	18 44	20 01	21 18
60	17 54	18 36	19 24	17 27	18 42	19 56	21 10
N 58	17 56	18 35	19 21	17 28	18 40	19 52	21 04
56	17 57	18 34	19 17	17 29	18 39	19 49	20 58
54	17 58	18 33	19 14	17 29	18 38	19 45	20 52
52	17 59	18 32	19 12	17 30	18 37	19 43	20 48
50	18 00	18 32	19 09	17 31	18 36	19 40	20 43
45	18 02	18 31	19 05	17 32	18 33	19 34	20 34
N 40	18 03	18 30	19 02	17 33	18 32	19 29	20 26
35	18 05	18 30	18 59	17 34	18 30	19 25	20 20
30	18 06	18 30	18 58	17 35	18 28	19 21	20 14
20	18 09	18 31	18 56	17 37	18 26	19 15	20 04
N 10	18 11	18 32	18 56	17 38	18 24	19 09	19 55
0	18 13	18 34	18 58	17 39	18 22	19 04	19 47
S 10	18 15	18 36	19 01	17 40	18 20	18 59	19 39
20	18 18	18 40	19 06	17 41	18 17	18 53	19 30
30	18 21	18 45	19 13	17 43	18 15	18 47	19 20
35	18 23	18 48	19 18	17 44	18 14	18 44	19 15
40	18 25	18 52	19 24	17 45	18 12	18 39	19 08
45	18 27	18 57	19 32	17 46	18 10	18 35	19 01
S 50	18 30	19 03	19 42	17 47	18 08	18 29	18 52
52	18 32	19 06	19 46	17 47	18 07	18 27	18 48
54	18 33	19 09	19 52	17 48	18 06	18 24	18 43
56	18 35	19 12	19 58	17 49	18 04	18 21	18 38
58	18 37	19 16	20 05	17 49	18 03	18 17	18 33
S 60	18 39	19 21	20 13	17 50	18 01	18 13	18 26

Day	SUN Eqn. of Time 00h	SUN Eqn. of Time 12h	SUN Mer. Pass.	MOON Mer. Pass. Upper	MOON Mer. Pass. Lower	Age	Phase
	m s	m s	h m	h m	h m	d	
11	10 12	10 05	12 10	11 29	23 50	29	●
12	09 57	09 49	12 10	12 11	24 33	00	
13	09 41	09 33	12 10	12 54	00 33	01	

1994 MARCH 14, 15, 16 (MON., TUES., WED.)

UT (GMT) d h	ARIES G.H.A.	VENUS −3.9 G.H.A.	Dec.	MARS +1.2 G.H.A.	Dec.	JUPITER −2.3 G.H.A.	Dec.	SATURN +1.0 G.H.A.	Dec.
14 00	171 23.1	164 45.7 N 1 36.0		193 59.8 S10 39.7		309 03.7 S14 52.1		193 44.2 S10 55.6	
01	186 25.6	179 45.3	37.3	209 00.4	39.0	324 06.2	52.1	208 46.4	55.5
02	201 28.0	194 45.0	38.6	224 01.0	38.3	339 08.8	52.0	223 48.6	55.4
03	216 30.5	209 44.6 ··	39.9	239 01.6 ··	37.5	354 11.4 ··	52.0	238 50.7 ··	55.3
04	231 33.0	224 44.2	41.2	254 02.2	36.8	9 13.9	51.9	253 52.9	55.2
05	246 35.4	239 43.9	42.4	269 02.8	36.1	24 16.5	51.9	268 55.1	55.1
06	261 37.9	254 43.5 N 1 43.7		284 03.4 S10 35.4		39 19.1 S14 51.9		283 57.3 S10 55.0	
07	276 40.3	269 43.1	45.0	299 04.0	34.6	54 21.6	51.8	298 59.5	54.9
08	291 42.8	284 42.8	46.3	314 04.6	33.9	69 24.2	51.8	314 01.7	54.8
M 09	306 45.3	299 42.4 ··	47.6	329 05.2 ··	33.2	84 26.8 ··	51.8	329 03.8 ··	54.7
O 10	321 47.7	314 42.0	48.9	344 05.8	32.5	99 29.3	51.7	344 06.0	54.6
N 11	336 50.2	329 41.7	50.1	359 06.4	31.8	114 31.9	51.7	359 08.2	54.5
D 12	351 52.7	344 41.3 N 1 51.4		14 07.0 S10 31.0		129 34.5 S14 51.6		14 10.4 S10 54.4	
A 13	6 55.1	359 40.9	52.7	29 07.6	30.3	144 37.0	51.6	29 12.6	54.3
Y 14	21 57.6	14 40.6	54.0	44 08.2	29.6	159 39.6	51.6	44 14.8	54.2
15	37 00.1	29 40.2 ··	55.3	59 08.8 ··	28.9	174 42.2 ··	51.5	59 16.9 ··	54.0
16	52 02.5	44 39.8	56.6	74 09.4	28.1	189 44.7	51.5	74 19.1	53.9
17	67 05.0	59 39.5	57.8	89 10.1	27.4	204 47.3	51.5	89 21.3	53.8
18	82 07.4	74 39.1 N 1 59.1		104 10.7 S10 26.7		219 49.9 S14 51.4		104 23.5 S10 53.7	
19	97 09.9	89 38.7 2 00.4		119 11.3	26.0	234 52.5	51.4	119 25.7	53.6
20	112 12.4	104 38.4	01.7	134 11.9	25.2	249 55.0	51.3	134 27.9	53.5
21	127 14.8	119 38.0 ··	03.0	149 12.5 ··	24.5	264 57.6 ··	51.3	149 30.1 ··	53.4
22	142 17.3	134 37.6	04.3	164 13.1	23.8	280 00.2	51.3	164 32.2	53.3
23	157 19.8	149 37.3	05.5	179 13.7	23.1	295 02.7	51.2	179 34.4	53.2
15 00	172 22.2	164 36.9 N 2 06.8		194 14.3 S10 22.3		310 05.3 S14 51.2		194 36.6 S10 53.1	
01	187 24.7	179 36.5	08.1	209 14.9	21.6	325 07.9	51.1	209 38.8	53.0
02	202 27.2	194 36.1	09.4	224 15.5	20.9	340 10.5	51.1	224 41.0	52.9
03	217 29.6	209 35.8 ··	10.7	239 16.1 ··	20.2	355 13.0 ··	51.1	239 43.2 ··	52.8
04	232 32.1	224 35.4	12.0	254 16.7	19.4	10 15.6	51.0	254 45.3	52.7
05	247 34.6	239 35.0	13.2	269 17.3	18.7	25 18.2	51.0	269 47.5	52.6
06	262 37.0	254 34.7 N 2 14.5		284 17.9 S10 18.0		40 20.8 S14 50.9		284 49.7 S10 52.5	
07	277 39.5	269 34.3	15.8	299 18.6	17.3	55 23.3	50.9	299 51.9	52.4
T 08	292 41.9	284 33.9	17.1	314 19.2	16.5	70 25.9	50.9	314 54.1	52.3
U 09	307 44.4	299 33.6 ··	18.4	329 19.8 ··	15.8	85 28.5 ··	50.8	329 56.3 ··	52.2
E 10	322 46.9	314 33.2	19.6	344 20.4	15.1	100 31.1	50.8	344 58.5	52.1
S 11	337 49.3	329 32.8	20.9	359 21.0	14.4	115 33.6	50.7	0 00.6	52.0
D 12	352 51.8	344 32.5 N 2 22.2		14 21.6 S10 13.6		130 36.2 S14 50.7		15 02.8 S10 51.9	
A 13	7 54.3	359 32.1	23.5	29 22.2	12.9	145 38.8	50.7	30 05.0	51.8
Y 14	22 56.7	14 31.7	24.8	44 22.8	12.2	160 41.4	50.6	45 07.2	51.7
15	37 59.2	29 31.4 ··	26.1	59 23.4 ··	11.4	175 43.9 ··	50.6	60 09.4 ··	51.5
16	53 01.7	44 31.0	27.3	74 24.0	10.7	190 46.5	50.5	75 11.6	51.4
17	68 04.1	59 30.6	28.6	89 24.6	10.0	205 49.1	50.5	90 13.8	51.3
18	83 06.6	74 30.3 N 2 29.9		104 25.3 S10 09.3		220 51.7 S14 50.5		105 15.9 S10 51.2	
19	98 09.1	89 29.9	31.2	119 25.9	08.5	235 54.3	50.4	120 18.1	51.1
20	113 11.5	104 29.5	32.5	134 26.5	07.8	250 56.8	50.4	135 20.3	51.0
21	128 14.0	119 29.2 ··	33.7	149 27.1 ··	07.1	265 59.4 ··	50.3	150 22.5 ··	50.9
22	143 16.4	134 28.8	35.0	164 27.7	06.3	281 02.0	50.3	165 24.7	50.8
23	158 18.9	149 28.4	36.3	179 28.3	05.6	296 04.6	50.3	180 26.9	50.7
16 00	173 21.4	164 28.1 N 2 37.6		194 28.9 S10 04.9		311 07.1 S14 50.2		195 29.1 S10 50.6	
01	188 23.8	179 27.7	38.9	209 29.5	04.2	326 09.7	50.2	210 31.2	50.5
02	203 26.3	194 27.3	40.1	224 30.1	03.4	341 12.3	50.1	225 33.4	50.4
03	218 28.8	209 27.0 ··	41.4	239 30.7 ··	02.7	356 14.9 ··	50.1	240 35.6 ··	50.3
04	233 31.2	224 26.6	42.7	254 31.4	02.0	11 17.5	50.0	255 37.8	50.2
05	248 33.7	239 26.2	44.0	269 32.0	01.2	26 20.1	50.0	270 40.0	50.1
06	263 36.2	254 25.9 N 2 45.3		284 32.6 S10 00.5		41 22.6 S14 50.0		285 42.2 S10 50.0	
W 07	278 38.6	269 25.5	46.6	299 33.2 9 59.8		56 25.2	49.9	300 44.4	49.9
E 08	293 41.1	284 25.1	47.8	314 33.8	59.0	71 27.8	49.9	315 46.5	49.8
D 09	308 43.5	299 24.8 ··	49.1	329 34.4 ··	58.3	86 30.4 ··	49.8	330 48.7 ··	49.7
N 10	323 46.0	314 24.4	50.4	344 35.0	57.6	101 33.0	49.8	345 50.9	49.6
E 11	338 48.5	329 24.0	51.7	359 35.6	56.8	116 35.6	49.8	0 53.1	49.5
S 12	353 50.9	344 23.7 N 2 53.0		14 36.3 S 9 56.1		131 38.1 S14 49.7		15 55.3 S10 49.4	
D 13	8 53.4	359 23.3	54.2	29 36.9	55.4	146 40.7	49.7	30 57.5	49.3
A 14	23 55.9	14 22.9	55.5	44 37.5	54.7	161 43.3	49.6	45 59.7	49.2
Y 15	38 58.3	29 22.5 ··	56.8	59 38.1 ··	53.9	176 45.9 ··	49.6	61 01.8 ··	49.1
16	54 00.8	44 22.2	58.1	74 38.7	53.2	191 48.5	49.5	76 04.0	49.0
17	69 03.3	59 21.8 2 59.3		89 39.3	52.5	206 51.1	49.5	91 06.2	48.8
18	84 05.7	74 21.4 N 3 00.6		104 39.9 S 9 51.7		221 53.6 S14 49.5		106 08.4 S10 48.7	
19	99 08.2	89 21.1	01.9	119 40.5	51.0	236 56.2	49.4	121 10.6	48.6
20	114 10.7	104 20.7	03.2	134 41.2	50.3	251 58.8	49.4	136 12.8	48.5
21	129 13.1	119 20.3 ··	04.5	149 41.8 ··	49.5	267 01.4 ··	49.3	151 15.0 ··	48.4
22	144 15.6	134 20.0	05.7	164 42.4	48.8	282 04.0	49.3	166 17.1	48.3
23	159 18.0	149 19.6	07.0	179 43.0	48.1	297 06.6	49.2	181 19.3	48.2
Mer. Pass. 12 28.5		v −0.4 d 1.3		v 0.6 d 0.7		v 2.6 d 0.0		v 2.2 d 0.1	

STARS

Name	S.H.A.	Dec.
Acamar	315 29.5	S40 19.9
Achernar	335 37.9	S57 16.1
Acrux	173 24.8	S63 04.1
Adhara	255 23.7	S28 58.2
Aldebaran	291 06.0	N16 29.8
Alioth	166 32.8	N55 59.2
Alkaid	153 09.8	N49 20.3
Al Na'ir	28 02.2	S46 59.2
Alnilam	276 01.0	S 1 12.5
Alphard	218 10.0	S 8 38.3
Alphecca	126 23.0	N26 43.8
Alpheratz	357 58.8	N29 03.5
Altair	62 22.5	N 8 51.1
Ankaa	353 30.3	S42 20.3
Antares	112 43.8	S26 25.1
Arcturus	146 08.6	N19 12.5
Atria	107 58.6	S69 00.8
Avior	234 23.5	S59 29.8
Bellatrix	278 47.5	N 6 20.5
Betelgeuse	271 16.9	N 7 24.2
Canopus	264 02.4	S52 42.0
Capella	280 55.8	N45 59.6
Deneb	49 41.6	N45 15.4
Denebola	182 48.0	N14 36.0
Diphda	349 10.6	S18 01.2
Dubhe	194 08.6	N61 46.8
Elnath	278 30.9	N28 36.2
Eltanin	90 52.9	N51 29.1
Enif	34 01.5	N 9 50.9
Fomalhaut	15 40.2	S29 39.2
Gacrux	172 16.5	S57 04.9
Gienah	176 06.8	S17 30.8
Hadar	149 07.9	S60 20.7
Hamal	328 17.3	N23 26.1
Kaus Aust.	84 03.0	S34 23.1
Kochab	137 18.7	N74 10.5
Markab	13 53.0	N15 10.4
Menkar	314 30.3	N 4 03.9
Menkent	148 24.3	S36 20.5
Miaplacidus	221 41.9	S69 41.9
Mirfak	309 01.3	N49 50.6
Nunki	76 16.3	S26 18.2
Peacock	53 42.2	S56 45.0
Pollux	243 45.1	N28 02.3
Procyon	245 14.6	N 5 14.2
Rasalhague	96 19.8	N12 33.7
Regulus	207 58.5	N11 59.5
Rigel	281 25.9	S 8 12.7
Rigil Kent.	140 10.9	S60 48.6
Sabik	102 29.0	S15 43.1
Schedar	349 57.6	N56 30.4
Shaula	96 41.5	S37 05.9
Sirius	258 46.3	S16 42.8
Spica	158 46.2	S11 08.0
Suhail	223 02.7	S43 24.9
Vega	80 48.8	N38 46.5
Zuben'ubi	137 21.2	S16 01.2

	S.H.A.	Mer. Pass.
Venus	352 14.6	13 02
Mars	21 52.1	11 03
Jupiter	137 43.1	3 19
Saturn	22 14.4	11 00

1994 MARCH 14, 15, 16 (MON., TUES., WED.)

SUN and MOON

UT (GMT)	SUN G.H.A.	SUN Dec.	MOON G.H.A.	v	MOON Dec.	d	H.P.
14 00	177 39.0	S 2 42.5	161 43.9	15.0	N 7 57.8	9.9	54.2
01	192 39.2	41.5	176 17.9	15.1	8 07.7	9.9	54.2
02	207 39.3	40.5	190 52.0	15.0	8 17.6	9.8	54.2
03	222 39.5	.. 39.5	205 26.0	15.1	8 27.4	9.8	54.2
04	237 39.7	38.5	220 00.1	15.0	8 37.2	9.8	54.2
05	252 39.8	37.6	234 34.1	15.0	8 47.0	9.7	54.1
06	267 40.0	S 2 36.6	249 08.1	15.0	N 8 56.7	9.7	54.1
07	282 40.2	35.6	263 42.1	14.9	9 06.4	9.7	54.1
08	297 40.4	34.6	278 16.0	15.0	9 16.1	9.6	54.1
M 09	312 40.5	.. 33.6	292 50.0	14.9	9 25.7	9.5	54.1
O 10	327 40.7	32.6	307 23.9	14.9	9 35.2	9.6	54.1
N 11	342 40.9	31.6	321 57.8	14.9	9 44.8	9.4	54.1
D 12	357 41.0	S 2 30.6	336 31.7	14.8	N 9 54.2	9.5	54.1
A 13	12 41.2	29.7	351 05.5	14.9	10 03.7	9.4	54.1
Y 14	27 41.4	28.7	5 39.4	14.8	10 13.1	9.3	54.1
15	42 41.6	.. 27.7	20 13.2	14.8	10 22.4	9.3	54.1
16	57 41.7	26.7	34 47.0	14.8	10 31.7	9.3	54.1
17	72 41.9	25.7	49 20.8	14.8	10 41.0	9.2	54.1
18	87 42.1	S 2 24.7	63 54.6	14.7	N10 50.2	9.2	54.1
19	102 42.3	23.7	78 28.3	14.7	10 59.4	9.1	54.1
20	117 42.4	22.8	93 02.0	14.7	11 08.5	9.1	54.1
21	132 42.6	.. 21.8	107 35.7	14.7	11 17.6	9.0	54.1
22	147 42.8	20.8	122 09.4	14.6	11 26.6	9.0	54.1
23	162 42.9	19.8	136 43.0	14.6	11 35.6	8.9	54.1
15 00	177 43.1	S 2 18.8	151 16.6	14.6	N11 44.5	8.9	54.1
01	192 43.3	17.8	165 50.2	14.6	11 53.4	8.8	54.0
02	207 43.5	16.8	180 23.8	14.5	12 02.2	8.8	54.0
03	222 43.6	.. 15.8	194 57.3	14.6	12 11.0	8.7	54.0
04	237 43.8	14.9	209 30.9	14.4	12 19.7	8.7	54.0
05	252 44.0	13.9	224 04.3	14.5	12 28.4	8.6	54.0
06	267 44.2	S 2 12.9	238 37.8	14.4	N12 37.0	8.5	54.0
07	282 44.3	11.9	253 11.2	14.4	12 45.5	8.5	54.0
T 08	297 44.5	10.9	267 44.6	14.4	12 54.0	8.5	54.0
U 09	312 44.7	.. 09.9	282 18.0	14.4	13 02.5	8.4	54.0
E 10	327 44.9	08.9	296 51.4	14.3	13 10.9	8.3	54.0
S 11	342 45.0	07.9	311 24.7	14.3	13 19.2	8.3	54.0
D 12	357 45.2	S 2 07.0	325 58.0	14.2	N13 27.5	8.2	54.0
A 13	12 45.4	06.0	340 31.2	14.3	13 35.7	8.2	54.0
Y 14	27 45.6	05.0	355 04.5	14.2	13 43.9	8.1	54.0
15	42 45.7	.. 04.0	9 37.7	14.1	13 52.0	8.1	54.0
16	57 45.9	03.0	24 10.8	14.2	14 00.1	7.9	54.0
17	72 46.1	02.0	38 44.0	14.1	14 08.0	8.0	54.0
18	87 46.3	S 2 01.0	53 17.1	14.0	N14 16.0	7.8	54.0
19	102 46.4	2 00.0	67 50.1	14.1	14 23.8	7.8	54.0
20	117 46.6	1 59.1	82 23.2	14.0	14 31.6	7.8	54.0
21	132 46.8	.. 58.1	96 56.2	14.0	14 39.4	7.7	54.0
22	147 47.0	57.1	111 29.2	13.9	14 47.1	7.6	54.0
23	162 47.1	56.1	126 02.1	13.9	14 54.7	7.5	54.0
16 00	177 47.3	S 1 55.1	140 35.0	13.9	N15 02.2	7.5	54.0
01	192 47.5	54.1	155 07.9	13.8	15 09.7	7.5	54.0
02	207 47.7	53.1	169 40.7	13.8	15 17.2	7.3	54.0
03	222 47.8	.. 52.1	184 13.5	13.8	15 24.5	7.3	54.0
04	237 48.0	51.2	198 46.3	13.7	15 31.8	7.2	54.0
05	252 48.2	50.2	213 19.0	13.7	15 39.0	7.2	54.0
06	267 48.4	S 1 49.2	227 51.7	13.7	N15 46.2	7.1	54.0
W 07	282 48.6	48.2	242 24.4	13.6	15 53.3	7.0	54.0
E 08	297 48.7	47.2	256 57.0	13.6	16 00.3	7.0	54.0
D 09	312 48.9	.. 46.2	271 29.6	13.6	16 07.3	6.9	54.0
N 10	327 49.1	45.2	286 02.2	13.5	16 14.2	6.8	54.1
E 11	342 49.3	44.2	300 34.7	13.5	16 21.0	6.7	54.1
S 12	357 49.4	S 1 43.3	315 07.2	13.4	N16 27.7	6.7	54.1
D 13	12 49.6	42.3	329 39.6	13.4	16 34.4	6.6	54.1
A 14	27 49.8	41.3	344 12.0	13.4	16 41.0	6.5	54.1
Y 15	42 50.0	.. 40.3	358 44.4	13.3	16 47.5	6.5	54.1
16	57 50.1	39.3	13 16.7	13.3	16 54.0	6.4	54.1
17	72 50.3	38.3	27 49.0	13.3	17 00.4	6.3	54.1
18	87 50.5	S 1 37.3	42 21.3	13.2	N17 06.7	6.2	54.1
19	102 50.7	36.3	56 53.5	13.2	17 12.9	6.2	54.1
20	117 50.9	35.3	71 25.7	13.2	17 19.1	6.1	54.1
21	132 51.0	.. 34.4	85 57.9	13.1	17 25.2	6.0	54.1
22	147 51.2	33.4	100 30.0	13.1	17 31.2	5.9	54.1
23	162 51.4	32.4	115 02.1	13.0	17 37.1	5.9	54.1
	S.D. 16.1	d 1.0	S.D. 14.7		14.7		14.7

Twilight, Sunrise and Moonrise

Lat.	Naut.	Civil	Sunrise	Moonrise 14	15	16	17
N 72	03 55	05 18	06 25	05 29	05 14	04 51	03 41
N 70	04 09	05 23	06 24	05 42	05 35	05 27	05 16
68	04 20	05 27	06 22	05 53	05 52	05 53	05 55
66	04 29	05 30	06 21	06 02	06 06	06 12	06 23
64	04 36	05 32	06 20	06 09	06 17	06 28	06 44
62	04 42	05 35	06 19	06 16	06 27	06 42	07 01
60	04 47	05 36	06 18	06 21	06 35	06 53	07 16
N 58	04 52	05 38	06 17	06 26	06 43	07 03	07 28
56	04 56	05 39	06 16	06 31	06 49	07 11	07 39
54	04 59	05 40	06 16	06 35	06 55	07 19	07 48
52	05 02	05 41	06 15	06 38	07 00	07 26	07 56
50	05 05	05 42	06 14	06 41	07 05	07 32	08 04
45	05 10	05 44	06 13	06 49	07 16	07 46	08 20
N 40	05 14	05 45	06 12	06 55	07 24	07 57	08 33
35	05 17	05 46	06 11	07 00	07 32	08 06	08 44
30	05 19	05 46	06 10	07 04	07 39	08 15	08 54
20	05 21	05 47	06 09	07 13	07 50	08 29	09 11
N 10	05 22	05 46	06 07	07 20	08 00	08 42	09 26
0	05 21	05 45	06 06	07 26	08 10	08 54	09 40
S 10	05 19	05 43	06 04	07 33	08 19	09 06	09 54
20	05 15	05 40	06 02	07 40	08 30	09 19	10 09
30	05 08	05 36	06 00	07 49	08 41	09 34	10 27
35	05 04	05 33	05 59	07 53	08 48	09 43	10 37
40	04 58	05 30	05 57	07 59	08 56	09 53	10 49
45	04 51	05 26	05 55	08 05	09 05	10 04	11 02
S 50	04 42	05 21	05 53	08 13	09 16	10 18	11 19
52	04 38	05 18	05 52	08 16	09 21	10 25	11 27
54	04 33	05 16	05 51	08 20	09 27	10 32	11 36
56	04 27	05 12	05 50	08 25	09 33	10 41	11 46
58	04 21	05 09	05 49	08 30	09 40	10 50	11 57
S 60	04 13	05 05	05 47	08 35	09 49	11 01	12 10

Sunset, Twilight and Moonset

Lat.	Sunset	Civil	Naut.	Moonset 14	15	16	17
N 72	17 55	19 02	20 27	22 26	24 20	00 20	03 05
N 70	17 56	18 57	20 12	22 06	23 45	25 31	01 31
68	17 58	18 53	20 01	21 50	23 21	24 52	00 52
66	17 59	18 50	19 52	21 37	23 02	24 25	00 25
64	18 00	18 47	19 44	21 27	22 47	24 04	00 04
62	18 01	18 45	19 38	21 18	22 34	23 48	24 57
60	18 02	18 43	19 32	21 10	22 23	23 34	24 41
N 58	18 02	18 41	19 28	21 04	22 14	23 22	24 27
56	18 03	18 40	19 24	20 58	22 06	23 12	24 15
54	18 03	18 39	19 20	20 52	21 59	23 03	24 04
52	18 04	18 38	19 17	20 48	21 52	22 55	23 55
50	18 04	18 37	19 14	20 43	21 46	22 48	23 47
45	18 06	18 35	19 09	20 34	21 34	22 32	23 29
N 40	18 07	18 34	19 05	20 26	21 23	22 20	23 15
35	18 07	18 33	19 02	20 20	21 15	22 09	23 03
30	18 08	18 32	19 00	20 14	21 07	22 00	22 52
20	18 10	18 32	18 57	20 04	20 53	21 43	22 34
N 10	18 11	18 32	18 56	19 55	20 42	21 29	22 18
0	18 12	18 33	18 57	19 47	20 31	21 16	22 03
S 10	18 14	18 35	18 59	19 39	20 20	21 03	21 48
20	18 15	18 37	19 03	19 30	20 09	20 49	21 32
30	18 17	18 41	19 09	19 20	19 56	20 33	21 14
35	18 19	18 44	19 14	19 15	19 48	20 24	21 04
40	18 20	18 47	19 19	19 08	19 39	20 13	20 52
45	18 22	18 51	19 26	19 01	19 29	20 01	20 38
S 50	18 24	18 56	19 35	18 52	19 17	19 46	20 20
52	18 25	18 58	19 39	18 48	19 11	19 39	20 12
54	18 26	19 01	19 44	18 43	19 05	19 31	20 03
56	18 27	19 04	19 49	18 38	18 58	19 23	19 53
58	18 28	19 08	19 55	18 33	18 51	19 13	19 41
S 60	18 30	19 11	20 03	18 26	18 42	19 02	19 28

SUN and MOON

Day	SUN Eqn. of Time 00h	12h	Mer. Pass.	MOON Mer. Pass. Upper	Lower	Age	Phase
14	09 24	09 16	12 09	13 37	01 15	02	
15	09 08	09 00	12 09	14 20	01 58	03	
16	08 51	08 43	12 09	15 05	02 43	04	◑

1994 MARCH 17, 18, 19 (THURS., FRI., SAT.)

UT (GMT) d h	ARIES G.H.A.	VENUS −3.9 G.H.A.	Dec.	MARS +1.2 G.H.A.	Dec.	JUPITER −2.3 G.H.A.	Dec.	SATURN +1.0 G.H.A.	Dec.	STARS Name	S.H.A.	Dec.
17 00	174 20.5	164 19.2	N 3 08.3	194 43.6	S 9 47.3	312 09.2	S14 49.2	196 21.5	S10 48.1	Acamar	315 29.5	S40 19.9
01	189 23.0	179 18.9	09.6	209 44.2	46.6	327 11.8	49.2	211 23.7	48.0	Achernar	335 37.9	S57 16.1
02	204 25.4	194 18.5	10.9	224 44.8	45.9	342 14.3	49.1	226 25.9	47.9	Acrux	173 24.8	S63 04.1
03	219 27.9	209 18.1	·· 12.1	239 45.5	·· 45.1	357 16.9	·· 49.1	241 28.1	·· 47.8	Adhara	255 23.7	S28 58.2
04	234 30.4	224 17.8	13.4	254 46.1	44.4	12 19.5	49.0	256 30.3	47.7	Aldebaran	291 06.0	N16 29.8
05	249 32.8	239 17.4	14.7	269 46.7	43.7	27 22.1	49.0	271 32.5	47.6			
06	264 35.3	254 17.0	N 3 16.0	284 47.3	S 9 42.9	42 24.7	S14 48.9	286 34.6	S10 47.5	Alioth	166 32.7	N55 59.2
07	279 37.8	269 16.6	17.3	299 47.9	42.2	57 27.3	48.9	301 36.8	47.4	Alkaid	153 09.8	N49 20.3
T 08	294 40.2	284 16.3	18.5	314 48.5	41.5	72 29.9	48.8	316 39.0	47.3	Al Na'ir	28 02.2	S46 59.2
H 09	309 42.7	299 15.9	·· 19.8	329 49.2	·· 40.7	87 32.5	·· 48.8	331 41.2	·· 47.2	Alnilam	276 01.0	S 1 12.5
U 10	324 45.2	314 15.5	21.1	344 49.8	40.0	102 35.1	48.8	346 43.4	47.1	Alphard	218 10.0	S 8 38.3
R 11	339 47.6	329 15.2	22.4	359 50.4	39.3	117 37.6	48.7	1 45.6	47.0			
S 12	354 50.1	344 14.8	N 3 23.6	14 51.0	S 9 38.5	132 40.2	S14 48.7	16 47.8	S10 46.9	Alphecca	126 23.0	N26 43.8
D 13	9 52.5	359 14.4	24.9	29 51.6	37.8	147 42.8	48.6	31 50.0	46.8	Alpheratz	357 58.8	N29 03.5
A 14	24 55.0	14 14.1	26.2	44 52.2	37.1	162 45.4	48.6	46 52.1	46.7	Altair	62 22.4	N 8 51.1
Y 15	39 57.5	29 13.7	·· 27.5	59 52.8	·· 36.3	177 48.0	·· 48.5	61 54.3	·· 46.6	Ankaa	353 30.3	S42 20.3
16	54 59.9	44 13.3	28.7	74 53.5	35.6	192 50.6	48.5	76 56.5	46.5	Antares	112 43.8	S26 25.1
17	70 02.4	59 12.9	30.0	89 54.1	34.8	207 53.2	48.4	91 58.7	46.4			
18	85 04.9	74 12.6	N 3 31.3	104 54.7	S 9 34.1	222 55.8	S14 48.4	107 00.9	S10 46.3	Arcturus	146 08.6	N19 12.5
19	100 07.3	89 12.2	32.6	119 55.3	33.4	237 58.4	48.4	122 03.1	46.2	Atria	107 58.5	S69 00.8
20	115 09.8	104 11.8	33.9	134 55.9	32.6	253 01.0	48.3	137 05.3	46.1	Avior	234 23.5	S59 29.8
21	130 12.3	119 11.5	·· 35.1	149 56.6	·· 31.9	268 03.6	·· 48.3	152 07.5	·· 46.0	Bellatrix	278 47.5	N 6 20.5
22	145 14.7	134 11.1	36.4	164 57.2	31.2	283 06.2	48.2	167 09.6	45.9	Betelgeuse	271 16.9	N 7 24.2
23	160 17.2	149 10.7	37.7	179 57.8	30.4	298 08.8	48.2	182 11.8	45.7			
18 00	175 19.6	164 10.4	N 3 39.0	194 58.4	S 9 29.7	313 11.4	S14 48.1	197 14.0	S10 45.6	Canopus	264 02.4	S52 42.0
01	190 22.1	179 10.0	40.2	209 59.0	29.0	328 13.9	48.1	212 16.2	45.5	Capella	280 55.8	N45 59.6
02	205 24.6	194 09.6	41.5	224 59.6	28.2	343 16.5	48.0	227 18.4	45.4	Deneb	49 41.6	N45 15.4
03	220 27.0	209 09.2	·· 42.8	240 00.3	·· 27.5	358 19.1	·· 48.0	242 20.6	·· 45.3	Denebola	182 48.0	N14 36.0
04	235 29.5	224 08.9	44.1	255 00.9	26.7	13 21.7	47.9	257 22.8	45.2	Diphda	349 10.6	S18 01.2
05	250 32.0	239 08.5	45.3	270 01.5	26.0	28 24.3	47.9	272 25.0	45.1			
06	265 34.4	254 08.1	N 3 46.6	285 02.1	S 9 25.3	43 26.9	S14 47.9	287 27.1	S10 45.0	Dubhe	194 08.6	N61 46.8
07	280 36.9	269 07.8	47.9	300 02.7	24.5	58 29.5	47.8	302 29.3	44.9	Elnath	278 30.9	N28 36.1
08	295 39.4	284 07.4	49.2	315 03.4	23.8	73 32.1	47.8	317 31.5	44.8	Eltanin	90 52.9	N51 29.1
F 09	310 41.8	299 07.0	·· 50.4	330 04.0	·· 23.1	88 34.7	·· 47.7	332 33.7	·· 44.7	Enif	34 01.5	N 9 50.9
R 10	325 44.3	314 06.7	51.7	345 04.6	22.3	103 37.3	47.7	347 35.9	44.6	Fomalhaut	15 40.2	S29 39.2
I 11	340 46.8	329 06.3	53.0	0 05.2	21.6	118 39.9	47.6	2 38.1	44.5			
D 12	355 49.2	344 05.9	N 3 54.3	15 05.8	S 9 20.8	133 42.5	S14 47.6	17 40.3	S10 44.4	Gacrux	172 16.4	S57 05.0
A 13	10 51.7	359 05.5	55.5	30 06.4	20.1	148 45.1	47.5	32 42.5	44.3	Gienah	176 06.8	S17 30.8
Y 14	25 54.1	14 05.2	56.8	45 07.1	19.4	163 47.7	47.5	47 44.7	44.2	Hadar	149 07.9	S60 20.7
15	40 56.6	29 04.8	·· 58.1	60 07.7	·· 18.6	178 50.3	·· 47.4	62 46.8	·· 44.1	Hamal	328 17.3	N23 26.1
16	55 59.1	44 04.4	3 59.4	75 08.3	17.9	193 52.9	47.4	77 49.0	44.0	Kaus Aust.	84 02.9	S34 23.1
17	71 01.5	59 04.1	4 00.6	90 08.9	17.1	208 55.5	47.3	92 51.2	43.9			
18	86 04.0	74 03.7	N 4 01.9	105 09.5	S 9 16.4	223 58.1	S14 47.3	107 53.4	S10 43.8	Kochab	137 18.6	N74 10.5
19	101 06.5	89 03.3	03.2	120 10.2	15.7	239 00.7	47.2	122 55.6	43.7	Markab	13 53.0	N15 10.4
20	116 08.9	104 02.9	04.4	135 10.8	14.9	254 03.3	47.2	137 57.8	43.6	Menkar	314 30.3	N 4 03.9
21	131 11.4	119 02.6	·· 05.7	150 11.4	·· 14.2	269 05.9	·· 47.1	153 00.0	·· 43.5	Menkent	148 24.3	S36 20.6
22	146 13.9	134 02.2	07.0	165 12.0	13.5	284 08.5	47.1	168 02.2	43.4	Miaplacidus	221 42.0	S69 42.0
23	161 16.3	149 01.8	08.3	180 12.7	12.7	299 11.1	47.1	183 04.4	43.3			
19 00	176 18.8	164 01.4	N 4 09.5	195 13.3	S 9 12.0	314 13.7	S14 47.0	198 06.5	S10 43.2	Mirfak	309 01.3	N49 50.6
01	191 21.3	179 01.1	10.8	210 13.9	11.2	329 16.3	47.0	213 08.7	43.1	Nunki	76 16.2	S26 18.2
02	206 23.7	194 00.7	12.1	225 14.5	10.5	344 18.9	46.9	228 10.9	43.0	Peacock	53 42.2	S56 45.0
03	221 26.2	209 00.3	·· 13.4	240 15.1	·· 09.8	359 21.5	·· 46.9	243 13.1	·· 42.9	Pollux	243 45.1	N28 02.3
04	236 28.6	224 00.0	14.6	255 15.8	09.0	14 24.1	46.8	258 15.3	42.8	Procyon	245 14.6	N 5 14.2
05	251 31.1	238 59.6	15.9	270 16.4	08.3	29 26.7	46.8	273 17.5	42.7			
06	266 33.6	253 59.2	N 4 17.2	285 17.0	S 9 07.5	44 29.3	S14 46.7	288 19.7	S10 42.6	Rasalhague	96 19.8	N12 33.7
07	281 36.0	268 58.8	18.4	300 17.6	06.8	59 31.9	46.7	303 21.9	42.5	Regulus	207 58.5	N11 59.5
S 08	296 38.5	283 58.5	19.7	315 18.3	06.0	74 34.5	46.6	318 24.1	42.4	Rigel	281 25.9	S 8 12.7
A 09	311 41.0	298 58.1	·· 21.0	330 18.9	·· 05.3	89 37.1	·· 46.6	333 26.2	·· 42.3	Rigil Kent.	140 10.9	S60 48.6
T 10	326 43.4	313 57.7	22.3	345 19.5	04.6	104 39.7	46.5	348 28.4	42.2	Sabik	102 29.0	S15 43.1
U 11	341 45.9	328 57.3	23.5	0 20.1	03.8	119 42.4	46.5	3 30.6	42.0			
R 12	356 48.4	343 57.0	N 4 24.8	15 20.7	S 9 03.1	134 45.0	S14 46.4	18 32.8	S10 41.9	Schedar	349 57.6	N56 30.4
D 13	11 50.8	358 56.6	26.1	30 21.4	02.3	149 47.6	46.4	33 35.0	41.8	Shaula	96 41.4	S37 05.9
A 14	26 53.3	13 56.2	27.3	45 22.0	01.6	164 50.2	46.3	48 37.2	41.7	Sirius	258 46.3	S16 42.8
Y 15	41 55.7	28 55.9	·· 28.6	60 22.6	·· 00.9	179 52.8	·· 46.3	63 39.4	·· 41.6	Spica	158 46.2	S11 08.0
16	56 58.2	43 55.5	29.9	75 23.2	9 00.1	194 55.4	46.2	78 41.6	41.5	Suhail	223 02.7	S43 24.9
17	72 00.7	58 55.1	31.1	90 23.9	8 59.4	209 58.0	46.2	93 43.8	41.4			
18	87 03.1	73 54.7	N 4 32.4	105 24.5	S 8 58.6	225 00.6	S14 46.1	108 46.0	S10 41.3	Vega	80 48.8	N38 46.5
19	102 05.6	88 54.4	33.7	120 25.1	57.9	240 03.2	46.1	123 48.1	41.2	Zuben'ubi	137 21.2	S16 01.2
20	117 08.1	103 54.0	35.0	135 25.7	57.1	255 05.8	46.0	138 50.3	41.1		S.H.A.	Mer. Pass.
21	132 10.5	118 53.6	·· 36.2	150 26.4	·· 56.4	270 08.4	·· 46.0	153 52.5	·· 41.0	Venus	348 50.7	13 04
22	147 13.0	133 53.2	37.5	165 27.0	55.7	285 11.0	45.9	168 54.7	40.9	Mars	19 38.8	11 00
23	162 15.5	148 52.9	38.8	180 27.6	54.9	300 13.6	45.9	183 56.9	40.8	Jupiter	137 51.7	3 07
Mer. Pass. 12 16.7		*v* −0.4	*d* 1.3	*v* 0.6	*d* 0.7	*v* 2.6	*d* 0.0	*v* 2.2	*d* 0.1	Saturn	21 54.4	10 49

1994 MARCH 17, 18, 19 (THURS., FRI., SAT.)

UT (GMT) d h	SUN G.H.A.	SUN Dec.	MOON G.H.A.	v	Dec.	d	H.P.
17 00	177 51.6	S 1 31.4	129 34.1	13.0	N17 43.0	5.7	54.1
01	192 51.8	30.4	144 06.1	12.9	17 48.7	5.7	54.1
02	207 51.9	29.4	158 38.0	13.0	17 54.4	5.7	54.1
03	222 52.1	.. 28.4	173 10.0	12.9	18 00.1	5.5	54.2
04	237 52.3	27.4	187 41.9	12.8	18 05.6	5.5	54.2
05	252 52.5	26.5	202 13.7	12.8	18 11.1	5.4	54.2
06	267 52.6	S 1 25.5	216 45.5	12.8	N18 16.5	5.3	54.2
T 07	282 52.8	24.5	231 17.3	12.7	18 21.8	5.2	54.2
H 08	297 53.0	23.5	245 49.0	12.7	18 27.0	5.1	54.2
U 09	312 53.2	.. 22.5	260 20.7	12.6	18 32.1	5.1	54.2
R 10	327 53.4	21.5	274 52.3	12.6	18 37.2	5.0	54.2
S 11	342 53.5	20.5	289 23.9	12.6	18 42.2	4.9	54.2
D 12	357 53.7	S 1 19.5	303 55.5	12.6	N18 47.1	4.8	54.2
A 13	12 53.9	18.5	318 27.1	12.5	18 51.9	4.7	54.2
Y 14	27 54.1	17.6	332 58.6	12.4	18 56.6	4.7	54.3
15	42 54.3	.. 16.6	347 30.0	12.4	19 01.3	4.5	54.3
16	57 54.4	15.6	2 01.4	12.4	19 05.8	4.5	54.3
17	72 54.6	14.6	16 32.8	12.4	19 10.3	4.4	54.3
18	87 54.8	S 1 13.6	31 04.2	12.3	N19 14.7	4.3	54.3
19	102 55.0	12.6	45 35.5	12.2	19 19.0	4.2	54.3
20	117 55.2	11.6	60 06.7	12.3	19 23.2	4.1	54.3
21	132 55.3	.. 10.6	74 38.0	12.1	19 27.3	4.0	54.3
22	147 55.5	09.7	89 09.1	12.2	19 31.3	4.0	54.3
23	162 55.7	08.7	103 40.3	12.1	19 35.3	3.9	54.4
18 00	177 55.9	S 1 07.7	118 11.4	12.1	N19 39.2	3.7	54.4
01	192 56.1	06.7	132 42.5	12.0	19 42.9	3.7	54.4
02	207 56.2	05.7	147 13.5	12.0	19 46.6	3.6	54.4
03	222 56.4	.. 04.7	161 44.5	12.0	19 50.2	3.5	54.4
04	237 56.6	03.7	176 15.5	11.9	19 53.7	3.4	54.4
05	252 56.8	02.7	190 46.4	11.9	19 57.1	3.3	54.4
06	267 57.0	S 1 01.7	205 17.3	11.8	N20 00.4	3.2	54.5
07	282 57.2	1 00.8	219 48.1	11.9	20 03.6	3.2	54.5
F 08	297 57.3	0 59.8	234 19.0	11.7	20 06.8	3.0	54.5
R 09	312 57.5	.. 58.8	248 49.7	11.8	20 09.8	3.0	54.5
I 10	327 57.7	57.8	263 20.5	11.7	20 12.8	2.8	54.5
D 11	342 57.9	56.8	277 51.2	11.7	20 15.6	2.8	54.5
A 12	357 58.1	S 0 55.8	292 21.9	11.6	N20 18.4	2.6	54.5
Y 13	12 58.2	54.8	306 52.5	11.6	20 21.0	2.6	54.6
14	27 58.4	53.8	321 23.1	11.6	20 23.6	2.5	54.6
15	42 58.6	.. 52.8	335 53.7	11.5	20 26.1	2.4	54.6
16	57 58.8	51.9	350 24.2	11.5	20 28.5	2.3	54.6
17	72 59.0	50.9	4 54.7	11.4	20 30.8	2.1	54.6
18	87 59.2	S 0 49.9	19 25.1	11.5	N20 32.9	2.1	54.7
19	102 59.3	48.9	33 55.6	11.3	20 35.0	2.0	54.7
20	117 59.5	47.9	48 25.9	11.4	20 37.0	1.9	54.7
21	132 59.7	.. 46.9	62 56.3	11.3	20 38.9	1.8	54.7
22	147 59.9	45.9	77 26.6	11.3	20 40.7	1.7	54.7
23	163 00.1	44.9	91 56.9	11.3	20 42.4	1.6	54.7
19 00	178 00.2	S 0 43.9	106 27.2	11.2	N20 44.0	1.5	54.8
01	193 00.4	43.0	120 57.4	11.2	20 45.5	1.4	54.8
02	208 00.6	42.0	135 27.6	11.1	20 46.9	1.3	54.8
03	223 00.8	.. 41.0	149 57.7	11.2	20 48.2	1.2	54.8
04	238 01.0	40.0	164 27.9	11.1	20 49.4	1.1	54.8
05	253 01.2	39.0	178 58.0	11.0	20 50.5	1.0	54.9
06	268 01.3	S 0 38.0	193 28.0	11.0	N20 51.5	0.9	54.9
07	283 01.5	37.0	207 58.0	11.0	20 52.4	0.8	54.9
S 08	298 01.7	36.0	222 28.0	11.0	20 53.2	0.7	54.9
A 09	313 01.9	.. 35.1	236 58.0	11.0	20 53.9	0.6	55.0
T 10	328 02.1	34.1	251 28.0	10.9	20 54.5	0.6	55.0
U 11	343 02.3	33.1	265 57.9	10.9	20 55.0	0.4	55.0
R 12	358 02.4	S 0 32.1	280 27.8	10.8	N20 55.4	0.3	55.0
D 13	13 02.6	31.1	294 57.6	10.8	20 55.7	0.1	55.0
A 14	28 02.8	30.1	309 27.4	10.8	20 55.8	0.1	55.1
Y 15	43 03.0	.. 29.1	323 57.2	10.8	20 55.9	0.0	55.1
16	58 03.2	28.1	338 27.0	10.7	20 55.9	0.1	55.1
17	73 03.4	27.1	352 56.8	10.7	20 55.8	0.3	55.1
18	88 03.5	S 0 26.2	7 26.5	10.7	N20 55.5	0.3	55.2
19	103 03.7	25.2	21 56.2	10.6	20 55.2	0.4	55.2
20	118 03.9	24.2	36 25.8	10.7	20 54.8	0.6	55.2
21	133 04.1	.. 23.2	50 55.5	10.6	20 54.2	0.6	55.2
22	148 04.3	22.2	65 25.1	10.6	20 53.6	0.8	55.3
23	163 04.5	21.2	79 54.7	10.5	20 52.8	0.9	55.3
	S.D. 16.1	d 1.0	S.D. 14.8		14.9		15.0

Lat.	Twilight Naut.	Twilight Civil	Sunrise	Moonrise 17	18	19	20
N 72	03 36	05 03	06 10	03 41	▭	▭	▭
N 70	03 53	05 09	06 10	05 16	04 46	▭	▭
68	04 06	05 14	06 09	05 55	06 04	06 28	07 24
66	04 16	05 18	06 09	06 23	06 42	07 15	08 09
64	04 25	05 22	06 09	06 44	07 08	07 45	08 39
62	04 32	05 25	06 09	07 01	07 29	08 08	09 02
60	04 38	05 27	06 09	07 16	07 46	08 27	09 20
N 58	04 43	05 29	06 08	07 28	08 00	08 42	09 35
56	04 48	05 31	06 08	07 39	08 12	08 55	09 48
54	04 51	05 33	06 08	07 48	08 23	09 06	09 59
52	04 55	05 34	06 08	07 56	08 33	09 16	10 09
50	04 58	05 36	06 08	08 04	08 41	09 25	10 18
45	05 04	05 38	06 08	08 20	08 59	09 44	10 36
N 40	05 09	05 40	06 07	08 33	09 14	10 00	10 52
35	05 12	05 42	06 07	08 44	09 26	10 13	11 05
30	05 15	05 43	06 07	08 54	09 37	10 24	11 16
20	05 19	05 44	06 06	09 11	09 56	10 44	11 35
N 10	05 20	05 45	06 06	09 26	10 13	11 01	11 52
0	05 20	05 44	06 05	09 40	10 28	11 17	12 08
S 10	05 19	05 43	06 04	09 54	10 43	11 33	12 23
20	05 16	05 41	06 03	10 09	11 00	11 50	12 40
30	05 10	05 38	06 02	10 27	11 19	12 10	12 59
35	05 06	05 36	06 01	10 37	11 30	12 22	13 11
40	05 02	05 33	06 00	10 49	11 43	12 35	13 23
45	04 55	05 30	05 59	11 02	11 58	12 50	13 39
S 50	04 47	05 26	05 58	11 19	12 17	13 10	13 57
52	04 44	05 24	05 58	11 27	12 25	13 19	14 06
54	04 39	05 21	05 57	11 36	12 35	13 29	14 16
56	04 34	05 19	05 56	11 46	12 46	13 41	14 27
58	04 28	05 16	05 55	11 57	12 59	13 54	14 40
S 60	04 22	05 13	05 54	12 10	13 14	14 10	14 55

Lat.	Sunset	Twilight Civil	Twilight Naut.	Moonset 17	18	19	20
N 72	18 09	19 17	20 44	03 05	▭	▭	▭
N 70	18 09	19 10	20 27	01 31	03 39	▭	▭
68	18 09	19 05	20 14	00 52	02 21	03 39	04 28
66	18 09	19 00	20 03	00 25	01 44	02 52	03 42
64	18 09	18 56	19 54	00 04	01 18	02 22	03 12
62	18 09	18 53	19 47	24 57	00 57	01 59	02 49
60	18 09	18 51	19 40	24 41	00 41	01 41	02 31
N 58	18 09	18 48	19 35	24 27	00 27	01 25	02 16
56	18 09	18 46	19 30	24 15	00 15	01 12	02 03
54	18 09	18 44	19 26	24 04	00 04	01 01	01 52
52	18 09	18 43	19 23	23 55	24 51	00 51	01 42
50	18 09	18 42	19 19	23 47	24 42	00 42	01 33
45	18 09	18 39	19 13	23 29	24 23	00 23	01 14
N 40	18 10	18 37	19 08	23 15	24 08	00 08	00 58
35	18 10	18 35	19 05	23 03	23 55	24 45	00 45
30	18 10	18 34	19 02	22 52	23 44	24 34	00 34
20	18 10	18 32	18 58	22 34	23 24	24 14	00 14
N 10	18 11	18 32	18 56	22 18	23 07	23 57	24 47
0	18 11	18 32	18 56	22 03	22 52	23 41	24 32
S 10	18 12	18 33	18 57	21 48	22 36	23 25	24 17
20	18 13	18 35	19 00	21 32	22 19	23 08	24 01
30	18 14	18 38	19 06	21 14	22 01	22 49	23 42
35	18 14	18 40	19 09	21 04	21 48	22 37	23 31
40	18 15	18 42	19 14	20 52	21 35	22 24	23 18
45	18 16	18 45	19 20	20 38	21 20	22 08	23 03
S 50	18 17	18 49	19 28	20 20	21 01	21 49	22 45
52	18 18	18 51	19 31	20 12	20 52	21 40	22 36
54	18 18	18 54	19 36	20 03	20 42	21 30	22 27
56	18 19	18 56	19 41	19 53	20 31	21 18	22 16
58	18 20	18 59	19 46	19 41	20 18	21 05	22 03
S 60	18 20	19 02	19 52	19 28	20 03	20 49	21 48

Day	SUN Eqn. of Time 00h	12h	Mer. Pass.	MOON Mer. Pass. Upper	Lower	Age	Phase
17	08 34	08 25	12 08	15 52	03 28	05	
18	08 17	08 08	12 08	16 40	04 15	06	
19	07 59	07 51	12 08	17 29	05 04	07	

1994 MARCH 20, 21, 22 (SUN., MON., TUES.)

UT (GMT)	ARIES G.H.A.	VENUS −3.9 G.H.A.	Dec.	MARS +1.2 G.H.A.	Dec.	JUPITER −2.3 G.H.A.	Dec.	SATURN +1.0 G.H.A.	Dec.	STARS Name	S.H.A.	Dec.
d h	° ′	° ′	° ′	° ′	° ′	° ′	° ′	° ′	° ′		° ′	° ′
20 00	177 17.9	163 52.5 N 4 40.0		195 28.2 S 8 54.2		315 16.2 S14 45.8		198 59.1 S10 40.7		Acamar	315 29.5	S40 19.9
01	192 20.4	178 52.1	41.3	210 28.9	53.4	330 18.9	45.8	214 01.3	40.6	Achernar	335 38.0	S57 16.1
02	207 22.9	193 51.7	42.6	225 29.5	52.7	345 21.5	45.7	229 03.5	40.5	Acrux	173 24.7	S63 04.1
03	222 25.3	208 51.4 ··	43.8	240 30.1 ··	51.9	0 24.1 ··	45.7	244 05.7 ··	40.4	Adhara	255 23.7	S28 58.2
04	237 27.8	223 51.0	45.1	255 30.7	51.2	15 26.7	45.6	259 07.9	40.3	Aldebaran	291 06.0	N16 29.8
05	252 30.2	238 50.6	46.4	270 31.4	50.4	30 29.3	45.6	274 10.0	40.2			
06	267 32.7	253 50.2 N 4 47.6		285 32.0 S 8 49.7		45 31.9 S14 45.5		289 12.2 S10 40.1		Alioth	166 32.7	N55 59.3
07	282 35.2	268 49.9	48.9	300 32.6	49.0	60 34.5	45.5	304 14.4	40.0	Alkaid	153 09.8	N49 20.3
08	297 37.6	283 49.5	50.2	315 33.2	48.2	75 37.1	45.4	319 16.6	39.9	Al Na'ir	28 02.1	S46 59.2
S 09	312 40.1	298 49.1 ··	51.4	330 33.9 ··	47.5	90 39.7 ··	45.4	334 18.8 ··	39.8	Alnilam	276 01.0	S 1 12.5
U 10	327 42.6	313 48.7	52.7	345 34.5	46.7	105 42.4	45.3	349 21.0	39.7	Alphard	218 10.0	S 8 38.3
N 11	342 45.0	328 48.4	54.0	0 35.1	46.0	120 45.0	45.3	4 23.2	39.6			
D 12	357 47.5	343 48.0 N 4 55.2		15 35.7 S 8 45.2		135 47.6 S14 45.2		19 25.4 S10 39.5		Alphecca	126 23.0	N26 43.8
A 13	12 50.0	358 47.6	56.5	30 36.4	44.5	150 50.2	45.2	34 27.6	39.4	Alpheratz	357 58.8	N29 03.5
Y 14	27 52.4	13 47.2	57.8	45 37.0	43.7	165 52.8	45.1	49 29.8	39.3	Altair	62 22.4	N 8 51.1
15	42 54.9	28 46.9 4 59.0		60 37.6 ··	43.0	180 55.4 ··	45.1	64 31.9 ··	39.2	Ankaa	353 30.3	S42 20.3
16	57 57.4	43 46.5 5 00.3		75 38.2	42.3	195 58.0	45.0	79 34.1	39.1	Antares	112 43.8	S26 25.1
17	72 59.8	58 46.1	01.6	90 38.9	41.5	211 00.6	45.0	94 36.3	39.0			
18	88 02.3	73 45.7 N 5 02.8		105 39.5 S 8 40.8		226 03.3 S14 44.9		109 38.5 S10 38.9		Arcturus	146 08.6	N19 12.5
19	103 04.7	88 45.3	04.1	120 40.1	40.0	241 05.9	44.9	124 40.7	38.8	Atria	107 58.4	S69 00.8
20	118 07.2	103 45.0	05.4	135 40.8	39.3	256 08.5	44.8	139 42.9	38.7	Avior	234 23.5	S59 29.9
21	133 09.7	118 44.6 ··	06.6	150 41.4 ··	38.5	271 11.1 ··	44.8	154 45.1 ··	38.6	Bellatrix	278 47.5	N 6 20.5
22	148 12.1	133 44.2	07.9	165 42.0	37.8	286 13.7	44.7	169 47.3	38.5	Betelgeuse	271 16.9	N 7 24.2
23	163 14.6	148 43.8	09.2	180 42.6	37.0	301 16.3	44.7	184 49.5	38.4			
21 00	178 17.1	163 43.5 N 5 10.4		195 43.3 S 8 36.3		316 19.0 S14 44.6		199 51.7 S10 38.3		Canopus	264 02.5	S52 42.0
01	193 19.5	178 43.1	11.7	210 43.9	35.5	331 21.6	44.6	214 53.9	38.2	Capella	280 55.8	N45 59.6
02	208 22.0	193 42.7	12.9	225 44.5	34.8	346 24.2	44.5	229 56.1	38.1	Deneb	49 41.6	N45 15.4
03	223 24.5	208 42.3 ··	14.2	240 45.2 ··	34.0	1 26.8 ··	44.5	244 58.2 ··	38.0	Denebola	182 48.0	N14 36.0
04	238 26.9	223 41.9	15.5	255 45.8	33.3	16 29.4	44.4	260 00.4	37.9	Diphda	349 10.6	S18 01.2
05	253 29.4	238 41.6	16.7	270 46.4	32.5	31 32.0	44.4	275 02.6	37.8			
06	268 31.8	253 41.2 N 5 18.0		285 47.0 S 8 31.8		46 34.7 S14 44.3		290 04.8 S10 37.7		Dubhe	194 08.6	N61 46.8
07	283 34.3	268 40.8	19.3	300 47.7	31.1	61 37.3	44.3	305 07.0	37.6	Elnath	278 30.9	N28 36.1
08	298 36.8	283 40.4	20.5	315 48.3	30.3	76 39.9	44.2	320 09.2	37.5	Eltanin	90 52.8	N51 29.1
M 09	313 39.2	298 40.1 ··	21.8	330 48.9 ··	29.6	91 42.5 ··	44.2	335 11.4 ··	37.4	Enif	34 01.5	N 9 50.9
O 10	328 41.7	313 39.7	23.0	345 49.6	28.8	106 45.1	44.1	350 13.6	37.3	Fomalhaut	15 40.2	S29 39.1
N 11	343 44.2	328 39.3	24.3	0 50.2	28.1	121 47.7	44.0	5 15.8	37.2			
D 12	358 46.6	343 38.9 N 5 25.6		15 50.8 S 8 27.3		136 50.4 S14 44.0		20 18.0 S10 37.1		Gacrux	172 16.4	S57 05.0
A 13	13 49.1	358 38.5	26.8	30 51.4	26.6	151 53.0	43.9	35 20.2	37.0	Gienah	176 06.8	S17 30.8
Y 14	28 51.6	13 38.2	28.1	45 52.1	25.8	166 55.6	43.9	50 22.4	36.8	Hadar	149 07.8	S60 20.7
15	43 54.0	28 37.8 ··	29.4	60 52.7 ··	25.1	181 58.2 ··	43.8	65 24.5 ··	36.7	Hamal	328 17.3	N23 26.1
16	58 56.5	43 37.4	30.6	75 53.3	24.3	197 00.8	43.8	80 26.7	36.6	Kaus Aust.	84 02.9	S34 23.1
17	73 59.0	58 37.0	31.9	90 54.0	23.6	212 03.5	43.7	95 28.9	36.5			
18	89 01.4	73 36.6 N 5 33.1		105 54.6 S 8 22.8		227 06.1 S14 43.7		110 31.1 S10 36.4		Kochab	137 18.6	N74 10.5
19	104 03.9	88 36.3	34.4	120 55.2	22.1	242 08.7	43.6	125 33.3	36.3	Markab	13 53.0	N15 10.4
20	119 06.3	103 35.9	35.7	135 55.9	21.3	257 11.3	43.6	140 35.5	36.2	Menkar	314 30.3	N 4 03.9
21	134 08.8	118 35.5 ··	36.9	150 56.5 ··	20.6	272 14.0 ··	43.5	155 37.7 ··	36.1	Menkent	148 24.2	S36 20.6
22	149 11.3	133 35.1	38.2	165 57.1	19.8	287 16.6	43.5	170 39.9	36.0	Miaplacidus	221 42.0	S69 42.0
23	164 13.7	148 34.7	39.4	180 57.8	19.1	302 19.2	43.4	185 42.1	35.9			
22 00	179 16.2	163 34.4 N 5 40.7		195 58.4 S 8 18.3		317 21.8 S14 43.4		200 44.3 S10 35.8		Mirfak	309 01.3	N49 50.6
01	194 18.7	178 34.0	42.0	210 59.0	17.6	332 24.4	43.3	215 46.5	35.7	Nunki	76 16.2	S26 18.1
02	209 21.1	193 33.6	43.2	225 59.6	16.8	347 27.1	43.2	230 48.7	35.6	Peacock	53 42.2	S56 45.0
03	224 23.6	208 33.2 ··	44.5	241 00.3 ··	16.1	2 29.7 ··	43.2	245 50.9 ··	35.5	Pollux	243 45.1	N28 02.3
04	239 26.1	223 32.8	45.7	256 00.9	15.3	17 32.3	43.1	260 53.0	35.4	Procyon	245 14.6	N 5 14.2
05	254 28.5	238 32.5	47.0	271 01.5	14.6	32 34.9	43.1	275 55.2	35.3			
06	269 31.0	253 32.1 N 5 48.2		286 02.2 S 8 13.8		47 37.6 S14 43.0		290 57.4 S10 35.2		Rasalhague	96 19.8	N12 33.7
07	284 33.5	268 31.7	49.5	301 02.8	13.1	62 40.2	43.0	305 59.6	35.1	Regulus	207 58.5	N11 59.5
T 08	299 35.9	283 31.3	50.8	316 03.4	12.3	77 42.8	42.9	321 01.8	35.0	Rigel	281 26.0	S 8 12.7
U 09	314 38.4	298 30.9 ··	52.0	331 04.1 ··	11.6	92 45.4 ··	42.9	336 04.0 ··	34.9	Rigil Kent.	140 10.9	S60 48.6
E 10	329 40.8	313 30.6	53.3	346 04.7	10.8	107 48.1	42.8	351 06.2	34.8	Sabik	102 29.0	S15 43.1
S 11	344 43.3	328 30.2	54.5	1 05.3	10.1	122 50.7	42.8	6 08.4	34.7			
D 12	359 45.8	343 29.8 N 5 55.8		16 06.0 S 8 09.3		137 53.3 S14 42.7		21 10.6 S10 34.6		Schedar	349 57.5	N56 30.4
A 13	14 48.2	358 29.4	57.0	31 06.6	08.6	152 55.9	42.7	36 12.8	34.5	Shaula	96 41.4	S37 05.9
Y 14	29 50.7	13 29.0	58.3	46 07.2	07.8	167 58.6	42.6	51 15.0	34.4	Sirius	258 46.3	S16 42.8
15	44 53.2	28 28.6 5 59.6		61 07.9 ··	07.1	183 01.2 ··	42.5	66 17.2 ··	34.3	Spica	158 46.1	S11 08.1
16	59 55.6	43 28.3 6 00.8		76 08.5	06.3	198 03.8	42.5	81 19.4	34.2	Suhail	223 02.7	S43 24.9
17	74 58.1	58 27.9	02.1	91 09.1	05.6	213 06.5	42.4	96 21.6	34.1			
18	90 00.6	73 27.5 N 6 03.3		106 09.8 S 8 04.8		228 09.1 S14 42.4		111 23.8 S10 34.0		Vega	80 48.8	N38 46.5
19	105 03.0	88 27.1	04.6	121 10.4	04.1	243 11.7	42.3	126 25.9	33.9	Zuben'ubi	137 21.1	S16 01.2
20	120 05.5	103 26.7	05.8	136 11.0	03.3	258 14.3	42.3	141 28.1	33.8			
21	135 08.0	118 26.3 ··	07.1	151 11.7 ··	02.6	273 17.0 ··	42.2	156 30.3 ··	33.7		S.H.A.	Mer. Pass.
22	150 10.4	133 26.0	08.3	166 12.3	01.8	288 19.6	42.2	171 32.5	33.6	Venus	345 26.4	13 05
23	165 12.9	148 25.6	09.6	181 13.0	01.1	303 22.2	42.1	186 34.7	33.5	Mars	17 26.2	10 57
Mer. Pass. 12 04.9		v −0.4 d 1.3		v 0.6 d 0.7		v 2.6 d 0.1		v 2.2 d 0.1		Jupiter	138 01.9	2 54
										Saturn	21 34.6	10 39

1994 MARCH 20, 21, 22 (SUN., MON., TUES.)

UT (GMT)	SUN G.H.A.	SUN Dec.	MOON G.H.A.	v	MOON Dec.	d	H.P.
20 00	178 04.7	S 0 20.2	94 24.2	10.6	N20 51.9	0.9	55.3
01	193 04.8	19.2	108 53.8	10.5	20 51.0	1.1	55.3
02	208 05.0	18.3	123 23.3	10.5	20 49.9	1.2	55.4
03	223 05.2	.. 17.3	137 52.8	10.4	20 48.7	1.3	55.4
04	238 05.4	16.3	152 22.2	10.5	20 47.4	1.4	55.4
05	253 05.6	15.3	166 51.7	10.4	20 46.0	1.5	55.5
06	268 05.8	S 0 14.3	181 21.1	10.4	N20 44.5	1.6	55.5
07	283 05.9	13.3	195 50.5	10.4	20 42.9	1.7	55.5
08	298 06.1	12.3	210 19.9	10.3	20 41.2	1.8	55.5
S 09	313 06.3	.. 11.3	224 49.2	10.4	20 39.4	1.9	55.6
U 10	328 06.5	10.3	239 18.6	10.3	20 37.5	2.1	55.6
N 11	343 06.7	09.4	253 47.9	10.3	20 35.4	2.1	55.6
D 12	358 06.9	S 0 08.4	268 17.2	10.3	N20 33.3	2.3	55.7
A 13	13 07.1	07.4	282 46.5	10.2	20 31.0	2.3	55.7
Y 14	28 07.2	06.4	297 15.7	10.3	20 28.7	2.5	55.7
15	43 07.4	.. 05.4	311 45.0	10.2	20 26.2	2.6	55.7
16	58 07.6	04.4	326 14.2	10.2	20 23.6	2.6	55.8
17	73 07.8	03.4	340 43.4	10.2	20 21.0	2.8	55.8
18	88 08.0	S 0 02.4	355 12.6	10.2	N20 18.2	2.9	55.8
19	103 08.2	01.5	9 41.8	10.1	20 15.3	3.0	55.9
20	118 08.4	S 0 00.5	24 10.9	10.2	20 12.3	3.2	55.9
21	133 08.5	N 0 00.5	38 40.1	10.1	20 09.1	3.2	55.9
22	148 08.7	01.5	53 09.2	10.1	20 05.9	3.3	56.0
23	163 08.9	02.5	67 38.3	10.1	20 02.6	3.4	56.0
21 00	178 09.1	N 0 03.5	82 07.4	10.1	N19 59.2	3.6	56.0
01	193 09.3	04.5	96 36.5	10.1	19 55.6	3.6	56.1
02	208 09.5	05.5	111 05.6	10.0	19 52.0	3.8	56.1
03	223 09.7	.. 06.4	125 34.6	10.0	19 48.2	3.9	56.1
04	238 09.8	07.4	140 03.6	10.1	19 44.3	4.0	56.2
05	253 10.0	08.4	154 32.7	10.0	19 40.3	4.0	56.2
06	268 10.2	N 0 09.4	169 01.7	10.0	N19 36.3	4.2	56.2
07	283 10.4	10.4	183 30.7	10.0	19 32.1	4.3	56.3
08	298 10.6	11.4	197 59.7	9.9	19 27.8	4.5	56.3
M 09	313 10.8	.. 12.4	212 28.6	10.0	19 23.3	4.5	56.3
O 10	328 11.0	13.4	226 57.6	10.0	19 18.8	4.6	56.4
N 11	343 11.1	14.3	241 26.6	9.9	19 14.2	4.7	56.4
D 12	358 11.3	N 0 15.3	255 55.5	9.9	N19 09.5	4.9	56.4
A 13	13 11.5	16.3	270 24.4	10.0	19 04.6	4.9	56.5
Y 14	28 11.7	17.3	284 53.4	9.9	18 59.7	5.1	56.5
15	43 11.9	.. 18.3	299 22.3	9.9	18 54.6	5.1	56.5
16	58 12.1	19.3	313 51.2	9.9	18 49.5	5.3	56.6
17	73 12.3	20.3	328 20.1	9.9	18 44.2	5.4	56.6
18	88 12.5	N 0 21.3	342 49.0	9.8	N18 38.8	5.5	56.6
19	103 12.6	22.2	357 17.8	9.9	18 33.3	5.6	56.7
20	118 12.8	23.2	11 46.7	9.9	18 27.7	5.7	56.7
21	133 13.0	.. 24.2	26 15.6	9.8	18 22.0	5.8	56.8
22	148 13.2	25.2	40 44.4	9.9	18 16.2	5.9	56.8
23	163 13.4	26.2	55 13.3	9.8	18 10.3	6.0	56.8
22 00	178 13.6	N 0 27.2	69 42.1	9.8	N18 04.3	6.1	56.9
01	193 13.8	28.2	84 10.9	9.9	17 58.2	6.2	56.9
02	208 14.0	29.2	98 39.8	9.8	17 52.0	6.3	56.9
03	223 14.1	.. 30.1	113 08.6	9.8	17 45.7	6.5	57.0
04	238 14.3	31.1	127 37.4	9.8	17 39.2	6.5	57.0
05	253 14.5	32.1	142 06.2	9.8	17 32.7	6.6	57.1
06	268 14.7	N 0 33.1	156 35.0	9.8	N17 26.1	6.8	57.1
07	283 14.9	34.1	171 03.8	9.8	17 19.3	6.8	57.1
T 08	298 15.1	35.1	185 32.6	9.8	17 12.5	7.0	57.2
U 09	313 15.3	.. 36.1	200 01.4	9.7	17 05.5	7.0	57.2
E 10	328 15.5	37.0	214 30.1	9.8	16 58.5	7.2	57.3
S 11	343 15.6	38.0	228 58.9	9.8	16 51.3	7.2	57.3
D 12	358 15.8	N 0 39.0	243 27.7	9.7	N16 44.1	7.4	57.3
A 13	13 16.0	40.0	257 56.4	9.8	16 36.7	7.4	57.4
Y 14	28 16.2	41.0	272 25.2	9.8	16 29.3	7.6	57.4
15	43 16.4	.. 42.0	286 54.0	9.7	16 21.7	7.6	57.4
16	58 16.6	43.0	301 22.7	9.8	16 14.1	7.8	57.5
17	73 16.8	43.9	315 51.5	9.7	16 06.3	7.9	57.5
18	88 17.0	N 0 44.9	330 20.2	9.7	N15 58.4	7.9	57.6
19	103 17.2	45.9	344 48.9	9.8	15 50.5	8.1	57.6
20	118 17.3	46.9	359 17.7	9.7	15 42.4	8.1	57.6
21	133 17.5	.. 47.9	13 46.4	9.7	15 34.3	8.3	57.7
22	148 17.7	48.9	28 15.1	9.7	15 26.0	8.3	57.7
23	163 17.9	49.9	42 43.8	9.8	15 17.7	8.4	57.8
	S.D. 16.1	d 1.0	S.D. 15.2		15.4		15.6

Moonrise

Lat.	Twilight Naut.	Twilight Civil	Sunrise	20	21	22	23
N 72	03 16	04 46	05 55	□	□	09 01	11 29
N 70	03 36	04 55	05 56	□	07 48	09 57	11 55
68	03 51	05 01	05 57	07 24	08 50	10 30	12 15
66	04 03	05 06	05 58	08 09	09 24	10 54	12 31
64	04 13	05 11	05 58	08 39	09 49	11 13	12 44
62	04 21	05 15	05 59	09 02	10 09	11 28	12 55
60	04 28	05 18	06 00	09 20	10 25	11 41	13 04
N 58	04 34	05 21	06 00	09 35	10 39	11 52	13 12
56	04 39	05 23	06 00	09 48	10 50	12 01	13 19
54	04 44	05 26	06 01	09 59	11 00	12 10	13 25
52	04 48	05 27	06 01	10 09	11 09	12 17	13 31
50	04 51	05 29	06 01	10 18	11 18	12 24	13 36
45	04 58	05 33	06 02	10 36	11 35	12 39	13 47
N 40	05 04	05 35	06 02	10 52	11 49	12 51	13 56
35	05 08	05 38	06 03	11 05	12 01	13 01	14 04
30	05 11	05 39	06 03	11 16	12 11	13 10	14 11
20	05 16	05 42	06 04	11 35	12 29	13 25	14 23
N 10	05 18	05 43	06 04	11 52	12 44	13 38	14 33
0	05 19	05 43	06 04	12 08	12 59	13 51	14 42
S 10	05 19	05 43	06 04	12 23	13 13	14 03	14 52
20	05 16	05 42	06 04	12 40	13 29	14 16	15 02
30	05 12	05 40	06 04	12 59	13 46	14 31	15 14
35	05 09	05 38	06 04	13 11	13 57	14 40	15 21
40	05 05	05 36	06 04	13 23	14 09	14 50	15 28
45	05 00	05 34	06 03	13 39	14 22	15 02	15 37
S 50	04 53	05 31	06 03	13 57	14 39	15 16	15 48
52	04 49	05 29	06 03	14 06	14 47	15 22	15 52
54	04 45	05 27	06 03	14 16	14 56	15 29	15 58
56	04 41	05 25	06 02	14 27	15 06	15 37	16 04
58	04 36	05 23	06 02	14 40	15 17	15 46	16 10
S 60	04 30	05 20	06 02	14 55	15 30	15 57	16 18

Moonset

Lat.	Sunset	Twilight Civil	Twilight Naut.	20	21	22	23
N 72	18 22	19 31	21 03	□	□	06 26	05 47
N 70	18 21	19 23	20 42	□	05 50	05 29	05 19
68	18 20	19 16	20 27	04 28	04 48	04 55	04 58
66	18 19	19 10	20 14	03 42	04 13	04 30	04 41
64	18 18	19 05	20 04	03 12	03 47	04 11	04 27
62	18 17	19 01	19 56	02 49	03 27	03 55	04 15
60	18 16	18 58	19 48	02 31	03 11	03 42	04 05
N 58	18 16	18 55	19 42	02 16	02 57	03 30	03 57
56	18 15	18 52	19 37	02 03	02 45	03 20	03 49
54	18 15	18 50	19 32	01 52	02 35	03 11	03 42
52	18 14	18 48	19 28	01 42	02 26	03 03	03 36
50	18 14	18 46	19 25	01 33	02 17	02 56	03 30
45	18 13	18 43	19 17	01 14	02 00	02 41	03 18
N 40	18 13	18 40	19 11	00 58	01 45	02 28	03 08
35	18 12	18 38	19 07	00 45	01 33	02 17	02 59
30	18 12	18 36	19 04	00 34	01 22	02 08	02 51
20	18 11	18 33	18 59	00 14	01 03	01 51	02 38
N 10	18 11	18 32	18 56	24 47	00 47	01 37	02 26
0	18 11	18 31	18 55	24 32	00 32	01 24	02 15
S 10	18 10	18 31	18 56	24 17	00 17	01 10	02 04
20	18 10	18 32	18 58	24 01	00 01	00 55	01 52
30	18 10	18 34	19 02	23 42	24 39	00 39	01 39
35	18 10	18 35	19 05	23 31	24 29	00 29	01 31
40	18 10	18 37	19 09	23 18	24 18	00 18	01 21
45	18 10	18 40	19 14	23 03	24 04	00 04	01 11
S 50	18 11	18 43	19 21	22 45	23 48	24 58	00 58
52	18 11	18 44	19 24	22 36	23 41	24 52	00 52
54	18 11	18 46	19 28	22 27	23 32	24 45	00 45
56	18 11	18 48	19 32	22 16	23 23	24 37	00 37
58	18 11	18 50	19 37	22 03	23 12	24 29	00 29
S 60	18 11	18 53	19 43	21 48	22 59	24 19	00 19

SUN / MOON

Day	Eqn. of Time 00ʰ	Eqn. of Time 12ʰ	Mer. Pass.	Mer. Pass. Upper	Mer. Pass. Lower	Age	Phase
20	07 42	07 33	12 08	18 20	05 54	08	
21	07 24	07 15	12 07	19 11	06 45	09	
22	07 06	06 57	12 07	20 03	07 37	10	◑

1994 MARCH 23, 24, 25 (WED., THURS., FRI.)

UT (GMT) d h	ARIES G.H.A.	VENUS −3.9 G.H.A.	Dec.	MARS +1.2 G.H.A.	Dec.	JUPITER −2.4 G.H.A.	Dec.	SATURN +1.0 G.H.A.	Dec.	STARS Name	S.H.A.	Dec.
23 00	180 15.3	163 25.2 N 6 10.9		196 13.6 S 8 00.3		318 24.9 S14 42.0		201 36.9 S10 33.4		Acamar	315 29.6	S40 19.9
01	195 17.8	178 24.8	12.1	211 14.2	7 59.5	333 27.5	42.0	216 39.1	33.3	Achernar	335 38.0	S57 16.1
02	210 20.3	193 24.4	13.4	226 14.9	58.8	348 30.1	41.9	231 41.3	33.2	Acrux	173 24.7	S63 04.2
03	225 22.7	208 24.0 ··	14.6	241 15.5 ··	58.0	3 32.8 ··	41.9	246 43.5 ··	33.1	Adhara	255 23.8	S28 58.2
04	240 25.2	223 23.7	15.9	256 16.1	57.3	18 35.4	41.8	261 45.7	33.0	Aldebaran	291 06.0	N16 29.8
05	255 27.7	238 23.3	17.1	271 16.8	56.5	33 38.0	41.8	276 47.9	32.9			
06	270 30.1	253 22.9 N 6 18.4		286 17.4 S 7 55.8		48 40.6 S14 41.7		291 50.1 S10 32.8		Alioth	166 32.7	N55 59.3
W 07	285 32.6	268 22.5	19.6	301 18.0	55.0	63 43.3	41.7	306 52.3	32.7	Alkaid	153 09.8	N49 20.3
E 08	300 35.1	283 22.1	20.9	316 18.7	54.3	78 45.9	41.6	321 54.5	32.6	Al Na'ir	28 02.1	S46 59.2
D 09	315 37.5	298 21.7 ··	22.1	331 19.3 ··	53.5	93 48.5 ··	41.5	336 56.7 ··	32.5	Alnilam	276 01.0	S 1 12.5
N 10	330 40.0	313 21.3	23.4	346 19.9	52.8	108 51.2	41.5	351 58.9	32.4	Alphard	218 10.0	S 8 38.3
E 11	345 42.4	328 21.0	24.6	1 20.6	52.0	123 53.8	41.4	7 01.1	32.3			
S 12	0 44.9	343 20.6 N 6 25.9		16 21.2 S 7 51.3		138 56.4 S14 41.4		22 03.2 S10 32.2		Alphecca	126 23.0	N26 43.8
D 13	15 47.4	358 20.2	27.1	31 21.9	50.5	153 59.1	41.3	37 05.4	32.1	Alpheratz	357 58.8	N29 03.5
A 14	30 49.8	13 19.8	28.4	46 22.5	49.7	169 01.7	41.3	52 07.6	32.0	Altair	62 22.4	N 8 51.1
Y 15	45 52.3	28 19.4 ··	29.6	61 23.1 ··	49.0	184 04.3 ··	41.2	67 09.8 ··	31.9	Ankaa	353 30.3	S42 20.3
16	60 54.8	43 19.0	30.9	76 23.8	48.2	199 07.0	41.1	82 12.0	31.8	Antares	112 43.8	S26 25.1
17	75 57.2	58 18.6	32.1	91 24.4	47.5	214 09.6	41.1	97 14.2	31.7			
18	90 59.7	73 18.3 N 6 33.4		106 25.0 S 7 46.7		229 12.2 S14 41.0		112 16.4 S10 31.6		Arcturus	146 08.6	N19 12.5
19	106 02.2	88 17.9	34.6	121 25.7	46.0	244 14.9	41.0	127 18.6	31.5	Atria	107 58.4	S69 00.8
20	121 04.6	103 17.5	35.9	136 26.3	45.2	259 17.5	40.9	142 20.8	31.4	Avior	234 23.6	S59 29.9
21	136 07.1	118 17.1 ··	37.1	151 26.9 ··	44.5	274 20.2 ··	40.9	157 23.0 ··	31.3	Bellatrix	278 47.5	N 6 20.5
22	151 09.6	133 16.7	38.4	166 27.6	43.7	289 22.8	40.8	172 25.2	31.2	Betelgeuse	271 16.9	N 7 24.2
23	166 12.0	148 16.3	39.6	181 28.2	43.0	304 25.4	40.7	187 27.4	31.1			
24 00	181 14.5	163 15.9 N 6 40.9		196 28.9 S 7 42.2		319 28.1 S14 40.7		202 29.6 S10 31.0		Canopus	264 02.5	S52 42.0
01	196 16.9	178 15.5	42.1	211 29.5	41.4	334 30.7	40.6	217 31.8	30.9	Capella	280 55.8	N45 59.6
02	211 19.4	193 15.2	43.4	226 30.1	40.7	349 33.3	40.6	232 34.0	30.8	Deneb	49 41.5	N45 15.4
03	226 21.9	208 14.8 ··	44.6	241 30.8 ··	39.9	4 36.0 ··	40.5	247 36.2 ··	30.7	Denebola	182 48.0	N14 36.0
04	241 24.3	223 14.4	45.9	256 31.4	39.2	19 38.6	40.5	262 38.4	30.6	Diphda	349 10.6	S18 01.2
05	256 26.8	238 14.0	47.1	271 32.1	38.4	34 41.2	40.4	277 40.6	30.5			
06	271 29.3	253 13.6 N 6 48.4		286 32.7 S 7 37.7		49 43.9 S14 40.3		292 42.8 S10 30.4		Dubhe	194 08.6	N61 46.8
07	286 31.7	268 13.2	49.6	301 33.3	36.9	64 46.5	40.3	307 45.0	30.3	Elnath	278 30.9	N28 36.1
T 08	301 34.2	283 12.8	50.8	316 34.0	36.2	79 49.2	40.2	322 47.2	30.2	Eltanin	90 52.8	N51 29.1
H 09	316 36.7	298 12.4 ··	52.1	331 34.6 ··	35.4	94 51.8 ··	40.2	337 49.3 ··	30.1	Enif	34 01.5	N 9 50.9
U 10	331 39.1	313 12.0	53.3	346 35.2	34.6	109 54.4	40.1	352 51.5	30.0	Fomalhaut	15 40.1	S29 39.1
R 11	346 41.6	328 11.7	54.6	1 35.9	33.9	124 57.1	40.0	7 53.7	29.9			
S 12	1 44.1	343 11.3 N 6 55.8		16 36.5 S 7 33.1		139 59.7 S14 40.0		22 55.9 S10 29.8		Gacrux	172 16.4	S57 05.0
D 13	16 46.5	358 10.9	57.1	31 37.2	32.4	155 02.4	39.9	37 58.1	29.7	Gienah	176 06.8	S17 30.8
A 14	31 49.0	13 10.5	58.3	46 37.8	31.6	170 05.0	39.9	53 00.3	29.6	Hadar	149 07.8	S60 20.7
Y 15	46 51.4	28 10.1	6 59.6	61 38.4 ··	30.9	185 07.6 ··	39.8	68 02.5 ··	29.5	Hamal	328 17.3	N23 26.1
16	61 53.9	43 09.7	7 00.8	76 39.1	30.1	200 10.3	39.7	83 04.7	29.4	Kaus Aust.	84 02.9	S34 23.1
17	76 56.4	58 09.3	02.0	91 39.7	29.3	215 12.9	39.7	98 06.9	29.3			
18	91 58.8	73 08.9 N 7 03.3		106 40.4 S 7 28.6		230 15.6 S14 39.6		113 09.1 S10 29.2		Kochab	137 18.5	N74 10.5
19	107 01.3	88 08.5	04.5	121 41.0	27.8	245 18.2	39.6	128 11.3	29.1	Markab	13 53.0	N15 10.4
20	122 03.8	103 08.1	05.8	136 41.6	27.1	260 20.8	39.5	143 13.5	29.0	Menkar	314 30.3	N 4 03.9
21	137 06.2	118 07.7 ··	07.0	151 42.3 ··	26.3	275 23.5 ··	39.5	158 15.7 ··	28.9	Menkent	148 24.2	S36 20.6
22	152 08.7	133 07.4	08.3	166 42.9	25.6	290 26.1	39.4	173 17.9	28.8	Miaplacidus	221 42.0	S69 42.0
23	167 11.2	148 07.0	09.5	181 43.6	24.8	305 28.8	39.3	188 20.1	28.7			
25 00	182 13.6	163 06.6 N 7 10.7		196 44.2 S 7 24.0		320 31.4 S14 39.3		203 22.3 S10 28.6		Mirfak	309 01.3	N49 50.6
01	197 16.1	178 06.2	12.0	211 44.9	23.3	335 34.1	39.2	218 24.5	28.5	Nunki	76 16.2	S26 18.1
02	212 18.5	193 05.8	13.2	226 45.5	22.5	350 36.7	39.2	233 26.7	28.4	Peacock	53 42.1	S56 45.0
03	227 21.0	208 05.4 ··	14.5	241 46.1 ··	21.8	5 39.3 ··	39.1	248 28.9 ··	28.3	Pollux	243 45.2	N28 02.3
04	242 23.5	223 05.0	15.7	256 46.8	21.0	20 42.0	39.0	263 31.1	28.2	Procyon	245 14.7	N 5 14.2
05	257 25.9	238 04.6	16.9	271 47.4	20.2	35 44.6	39.0	278 33.3	28.1			
06	272 28.4	253 04.2 N 7 18.2		286 48.1 S 7 19.5		50 47.3 S14 38.9		293 35.5 S10 28.0		Rasalhague	96 19.7	N12 33.7
07	287 30.9	268 03.8	19.4	301 48.7	18.7	65 49.9	38.9	308 37.7	27.9	Regulus	207 58.5	N11 59.5
08	302 33.3	283 03.4	20.7	316 49.3	18.0	80 52.6	38.8	323 39.9	27.8	Rigel	281 26.0	S 8 12.7
F 09	317 35.8	298 03.0 ··	21.9	331 50.0 ··	17.2	95 55.2 ··	38.7	338 42.1 ··	27.7	Rigil Kent.	140 10.8	S60 48.6
R 10	332 38.3	313 02.6	23.1	346 50.6	16.5	110 57.9	38.7	353 44.3	27.6	Sabik	102 29.0	S15 43.1
I 11	347 40.7	328 02.2	24.4	1 51.3	15.7	126 00.5	38.6	8 46.5	27.5			
D 12	2 43.2	343 01.8 N 7 25.6		16 51.9 S 7 14.9		141 03.2 S14 38.6		23 48.7 S10 27.4		Schedar	349 57.5	N56 30.4
A 13	17 45.7	358 01.5	26.9	31 52.6	14.2	156 05.8	38.5	38 50.9	27.3	Shaula	96 41.4	S37 05.9
Y 14	32 48.1	13 01.1	28.1	46 53.2	13.4	171 08.4	38.4	53 53.0	27.2	Sirius	258 46.3	S16 42.8
15	47 50.6	28 00.7 ··	29.3	61 53.8 ··	12.7	186 11.1 ··	38.4	68 55.2 ··	27.1	Spica	158 46.1	S11 08.1
16	62 53.0	43 00.3	30.6	76 54.5	11.9	201 13.7	38.3	83 57.4	27.0	Suhail	223 02.7	S43 24.9
17	77 55.5	57 59.9	31.8	91 55.1	11.1	216 16.4	38.2	98 59.6	26.9			
18	92 58.0	72 59.5 N 7 33.0		106 55.8 S 7 10.4		231 19.0 S14 38.2		114 01.8 S10 26.8		Vega	80 48.7	N38 46.5
19	108 00.4	87 59.1	34.3	121 56.4	09.6	246 21.7	38.1	129 04.0	26.7	Zuben'ubi	137 21.1	S16 01.2
20	123 02.9	102 58.7	35.5	136 57.1	08.9	261 24.3	38.1	144 06.2	26.6		S.H.A.	Mer. Pass.
21	138 05.4	117 58.3 ··	36.7	151 57.7 ··	08.1	276 27.0 ··	38.0	159 08.4 ··	26.5	Venus	342 01.5	13 07
22	153 07.8	132 57.9	38.0	166 58.3	07.3	291 29.6	37.9	174 10.6	26.4	Mars	15 14.4	10 54
23	168 10.3	147 57.5	39.2	181 59.0	06.6	306 32.3	37.9	189 12.8	26.3	Jupiter	138 13.6	2 42
Mer. Pass. 11 53.1		v −0.4 d 1.2		v 0.6 d 0.8		v 2.6 d 0.1		v 2.2 d 0.1		Saturn	21 15.1	10 28

1994 MARCH 23, 24, 25 (WED., THURS., FRI.)

UT (GMT) d h	SUN G.H.A.	Dec.	MOON G.H.A.	v	Dec.	d	H.P.
23 00	178 18.1	N 0 50.9	57 12.6	9.7	N15 09.3	8.6	57.8
01	193 18.3	51.8	71 41.3	9.7	15 00.7	8.6	57.8
02	208 18.5	52.8	86 10.0	9.7	14 52.1	8.7	57.9
03	223 18.7	.. 53.8	100 38.7	9.7	14 43.4	8.9	57.9
04	238 18.8	54.8	115 07.4	9.7	14 34.5	8.9	58.0
05	253 19.0	55.8	129 36.1	9.7	14 25.6	9.0	58.0
06	268 19.2	N 0 56.8	144 04.8	9.7	N14 16.6	9.1	58.0
W 07	283 19.4	57.7	158 33.5	9.7	14 07.5	9.2	58.1
E 08	298 19.6	58.7	173 02.2	9.6	13 58.3	9.3	58.1
D 09	313 19.8	0 59.7	187 30.8	9.7	13 49.0	9.3	58.2
N 10	328 20.0	1 00.7	201 59.5	9.7	13 39.7	9.5	58.2
E 11	343 20.2	01.7	216 28.2	9.7	13 30.2	9.5	58.2
S 12	358 20.4	N 1 02.7	230 56.9	9.6	N13 20.7	9.7	58.3
D 13	13 20.5	03.7	245 25.5	9.7	13 11.0	9.7	58.3
A 14	28 20.7	04.6	259 54.2	9.6	13 01.3	9.8	58.4
Y 15	43 20.9	.. 05.6	274 22.8	9.7	12 51.5	9.9	58.4
16	58 21.1	06.6	288 51.5	9.6	12 41.6	10.0	58.4
17	73 21.3	07.6	303 20.1	9.7	12 31.6	10.1	58.5
18	88 21.5	N 1 08.6	317 48.8	9.6	N12 21.5	10.1	58.5
19	103 21.7	09.6	332 17.4	9.6	12 11.4	10.3	58.6
20	118 21.9	10.6	346 46.0	9.6	12 01.1	10.3	58.6
21	133 22.1	.. 11.5	1 14.6	9.7	11 50.8	10.4	58.6
22	148 22.3	12.5	15 43.3	9.6	11 40.4	10.5	58.7
23	163 22.4	13.5	30 11.9	9.6	11 29.9	10.5	58.7
24 00	178 22.6	N 1 14.5	44 40.5	9.6	N11 19.4	10.7	58.8
01	193 22.8	15.5	59 09.1	9.6	11 08.7	10.7	58.8
02	208 23.0	16.5	73 37.7	9.5	10 58.0	10.8	58.8
03	223 23.2	.. 17.4	88 06.2	9.6	10 47.2	10.9	58.9
04	238 23.4	18.4	102 34.8	9.6	10 36.3	10.9	58.9
05	253 23.6	19.4	117 03.4	9.5	10 25.4	11.0	59.0
06	268 23.8	N 1 20.4	131 31.9	9.6	N10 14.4	11.1	59.0
T 07	283 24.0	21.4	146 00.5	9.5	10 03.3	11.2	59.0
H 08	298 24.1	22.4	160 29.0	9.6	9 52.1	11.2	59.1
U 09	313 24.3	.. 23.4	174 57.6	9.5	9 40.9	11.4	59.1
R 10	328 24.5	24.3	189 26.1	9.5	9 29.5	11.3	59.2
S 11	343 24.7	25.3	203 54.6	9.5	9 18.2	11.5	59.2
D 12	358 24.9	N 1 26.3	218 23.1	9.5	N 9 06.7	11.5	59.2
A 13	13 25.1	27.3	232 51.6	9.5	8 55.2	11.6	59.3
Y 14	28 25.3	28.3	247 20.1	9.5	8 43.6	11.7	59.3
15	43 25.5	.. 29.3	261 48.6	9.4	8 31.9	11.7	59.4
16	58 25.7	30.2	276 17.0	9.5	8 20.2	11.8	59.4
17	73 25.9	31.2	290 45.5	9.4	8 08.4	11.8	59.4
18	88 26.0	N 1 32.2	305 13.9	9.4	N 7 56.6	11.9	59.5
19	103 26.2	33.2	319 42.3	9.5	7 44.7	12.0	59.5
20	118 26.4	34.2	334 10.8	9.4	7 32.7	12.0	59.5
21	133 26.6	.. 35.2	348 39.2	9.3	7 20.7	12.1	59.6
22	148 26.8	36.1	3 07.5	9.4	7 08.6	12.1	59.6
23	163 27.0	37.1	17 35.9	9.4	6 56.5	12.2	59.6
25 00	178 27.2	N 1 38.1	32 04.3	9.3	N 6 44.3	12.3	59.7
01	193 27.4	39.1	46 32.6	9.3	6 32.0	12.3	59.7
02	208 27.6	40.1	61 00.9	9.4	6 19.7	12.3	59.8
03	223 27.8	.. 41.1	75 29.3	9.3	6 07.4	12.4	59.8
04	238 27.9	42.0	89 57.6	9.2	5 55.0	12.5	59.8
05	253 28.1	43.0	104 25.8	9.3	5 42.5	12.5	59.9
06	268 28.3	N 1 44.0	118 54.1	9.3	N 5 30.0	12.6	59.9
F 07	283 28.5	45.0	133 22.4	9.2	5 17.4	12.6	59.9
R 08	298 28.7	46.0	147 50.6	9.2	5 04.8	12.6	60.0
I 09	313 28.9	.. 46.9	162 18.8	9.2	4 52.2	12.7	60.0
D 10	328 29.1	47.9	176 47.0	9.2	4 39.5	12.7	60.0
A 11	343 29.3	48.9	191 15.2	9.1	4 26.8	12.8	60.1
Y 12	358 29.5	N 1 49.9	205 43.3	9.1	N 4 14.0	12.8	60.1
13	13 29.7	50.9	220 11.4	9.2	4 01.2	12.8	60.1
14	28 29.8	51.9	234 39.6	9.0	3 48.4	12.9	60.2
15	43 30.0	.. 52.8	249 07.6	9.1	3 35.5	13.0	60.2
16	58 30.2	53.8	263 35.7	9.1	3 22.5	12.9	60.2
17	73 30.4	54.8	278 03.8	9.0	3 09.6	13.0	60.3
18	88 30.6	N 1 55.8	292 31.8	9.0	N 2 56.6	13.0	60.3
19	103 30.8	56.8	306 59.8	9.0	2 43.6	13.1	60.3
20	118 31.0	57.7	321 27.8	8.9	2 30.5	13.0	60.3
21	133 31.2	.. 58.7	335 55.7	8.9	2 17.5	13.1	60.4
22	148 31.4	1 59.7	350 23.6	8.9	2 04.4	13.2	60.4
23	163 31.6	2 00.7	4 51.5	8.9	1 51.2	13.1	60.4
	S.D. 16.1	d 1.0	S.D. 15.9		16.1		16.4

Twilight / Sunrise / Moonrise

Lat.	Twilight Naut.	Civil	Sunrise	Moonrise 23	24	25	26
N 72	02 55	04 30	05 39	11 29	13 38	15 45	17 52
N 70	03 18	04 40	05 42	11 55	13 52	15 49	17 49
68	03 36	04 48	05 44	12 15	14 03	15 53	17 46
66	03 50	04 54	05 46	12 31	14 12	15 57	17 43
64	04 01	05 00	05 48	12 44	14 20	15 59	17 41
62	04 10	05 05	05 49	12 55	14 27	16 02	17 39
60	04 18	05 09	05 50	13 04	14 32	16 04	17 38
N 58	04 25	05 12	05 52	13 12	14 37	16 06	17 37
56	04 31	05 15	05 53	13 19	14 41	16 07	17 35
54	04 36	05 18	05 53	13 25	14 45	16 09	17 34
52	04 40	05 20	05 54	13 31	14 49	16 10	17 33
50	04 44	05 23	05 55	13 36	14 52	16 11	17 32
45	04 52	05 27	05 56	13 47	14 59	16 14	17 30
N 40	04 59	05 31	05 58	13 56	15 05	16 16	17 29
35	05 04	05 33	05 59	14 04	15 10	16 18	17 27
30	05 08	05 36	05 59	14 11	15 14	16 19	17 26
20	05 13	05 39	06 01	14 23	15 22	16 22	17 24
N 10	05 17	05 41	06 02	14 33	15 28	16 25	17 22
0	05 18	05 42	06 03	14 42	15 35	16 27	17 21
S 10	05 19	05 43	06 04	14 52	15 41	16 30	17 19
20	05 17	05 43	06 05	15 02	15 47	16 32	17 18
30	05 14	05 42	06 06	15 14	15 55	16 35	17 16
35	05 11	05 41	06 06	15 21	15 59	16 37	17 15
40	05 08	05 40	06 07	15 28	16 04	16 39	17 13
45	05 04	05 38	06 07	15 37	16 10	16 41	17 12
S 50	04 58	05 35	06 08	15 48	16 16	16 44	17 11
52	04 55	05 34	06 08	15 52	16 19	16 45	17 10
54	04 51	05 33	06 08	15 58	16 23	16 46	17 09
56	04 47	05 31	06 08	16 04	16 27	16 48	17 08
58	04 43	05 30	06 09	16 10	16 31	16 49	17 07
S 60	04 38	05 28	06 09	16 18	16 35	16 51	17 06

Sunset / Twilight / Moonset

Lat.	Sunset	Twilight Civil	Naut.	Moonset 23	24	25	26
N 72	18 36	19 46	21 24	05 47	05 27	05 12	04 58
N 70	18 33	19 36	20 59	05 19	05 11	05 04	04 57
68	18 31	19 27	20 41	04 58	04 58	04 58	04 57
66	18 28	19 20	20 26	04 41	04 48	04 53	04 57
64	18 27	19 15	20 14	04 27	04 39	04 48	04 56
62	18 25	19 10	20 05	04 15	04 31	04 44	04 56
60	18 24	19 06	19 57	04 05	04 24	04 41	04 56
N 58	18 22	19 02	19 50	03 57	04 18	04 38	04 56
56	18 21	18 59	19 44	03 49	04 13	04 35	04 55
54	18 20	18 56	19 38	03 42	04 09	04 32	04 55
52	18 20	18 53	19 34	03 36	04 04	04 30	04 55
50	18 19	18 51	19 30	03 30	04 00	04 28	04 55
45	18 17	18 47	19 21	03 18	03 52	04 24	04 55
N 40	18 16	18 43	19 15	03 08	03 45	04 20	04 54
35	18 15	18 40	19 10	02 59	03 39	04 16	04 54
30	18 14	18 38	19 06	02 51	03 33	04 14	04 54
20	18 12	18 34	19 00	02 38	03 24	04 08	04 53
N 10	18 11	18 32	18 56	02 26	03 15	04 04	04 53
0	18 10	18 30	18 54	02 15	03 07	04 00	04 53
S 10	18 09	18 30	18 54	02 04	02 59	03 55	04 52
20	18 08	18 30	18 55	01 52	02 51	03 50	04 52
30	18 07	18 30	18 58	01 39	02 41	03 45	04 51
35	18 06	18 31	19 01	01 31	02 35	03 42	04 51
40	18 05	18 32	19 04	01 21	02 29	03 38	04 50
45	18 05	18 34	19 08	01 11	02 21	03 34	04 50
S 50	18 04	18 36	19 14	00 58	02 12	03 29	04 49
52	18 04	18 37	19 17	00 52	02 07	03 27	04 49
54	18 03	18 39	19 20	00 45	02 03	03 24	04 49
56	18 03	18 40	19 24	00 37	01 57	03 21	04 48
58	18 03	18 42	19 28	00 29	01 52	03 18	04 48
S 60	18 02	18 44	19 33	00 19	01 45	03 15	04 48

SUN / MOON

Day	SUN Eqn. of Time 00h	12h	Mer. Pass.	MOON Mer. Pass. Upper	Lower	Age	Phase
23	06 48	06 39	12 07	20 55	08 29	11	
24	06 30	06 21	12 06	21 47	09 21	12	◑
25	06 12	06 03	12 06	22 40	10 13	13	

1994 MARCH 26, 27, 28 (SAT., SUN., MON.)

UT (GMT) d h	ARIES G.H.A.	VENUS −3.9 G.H.A.	VENUS Dec.	MARS +1.2 G.H.A.	MARS Dec.	JUPITER −2.4 G.H.A.	JUPITER Dec.	SATURN +1.0 G.H.A.	SATURN Dec.	STARS Name	S.H.A.	Dec.
26 00	183 12.8	162 57.1	N 7 40.4	196 59.6	S 7 05.8	321 34.9	S14 37.8	204 15.0	S10 26.2	Acamar	315 29.6	S40 19.9
01	198 15.2	177 56.7	41.7	212 00.3	05.1	336 37.6	37.8	219 17.2	26.1	Achernar	335 38.0	S57 16.1
02	213 17.7	192 56.3	42.9	227 00.9	04.3	351 40.2	37.7	234 19.4	26.0	Acrux	173 24.7	S63 04.2
03	228 20.2	207 55.9	·· 44.1	242 01.6	·· 03.5	6 42.9	·· 37.6	249 21.6	·· 25.9	Adhara	255 23.8	S28 58.2
04	243 22.6	222 55.5	45.4	257 02.2	02.8	21 45.5	37.6	264 23.8	25.8	Aldebaran	291 06.1	N16 29.8
05	258 25.1	237 55.1	46.6	272 02.9	02.0	36 48.2	37.5	279 26.0	25.7			
06	273 27.5	252 54.7	N 7 47.8	287 03.5	S 7 01.3	51 50.8	S14 37.4	294 28.2	S10 25.6	Alioth	166 32.7	N55 59.3
07	288 30.0	267 54.3	49.1	302 04.1	7 00.5	66 53.5	37.4	309 30.4	25.5	Alkaid	153 09.7	N49 20.3
S 08	303 32.5	282 53.9	50.3	317 04.8	6 59.7	81 56.1	37.3	324 32.6	25.4	Al Na'ir	28 02.1	S46 59.2
A 09	318 34.9	297 53.5	·· 51.5	332 05.4	·· 59.0	96 58.8	·· 37.3	339 34.8	·· 25.3	Alnilam	276 01.0	S 1 12.5
T 10	333 37.4	312 53.1	52.8	347 06.1	58.2	112 01.4	37.2	354 37.0	25.2	Alphard	218 10.0	S 8 38.3
U 11	348 39.9	327 52.7	54.0	2 06.7	57.4	127 04.1	37.1	9 39.2	25.1			
R 12	3 42.3	342 52.3	N 7 55.2	17 07.4	S 6 56.7	142 06.7	S14 37.1	24 41.4	S10 25.0	Alphecca	126 22.9	N26 43.8
D 13	18 44.8	357 51.9	56.5	32 08.0	55.9	157 09.4	37.0	39 43.6	24.9	Alpheratz	357 58.8	N29 03.5
A 14	33 47.3	12 51.5	57.7	47 08.7	55.2	172 12.1	36.9	54 45.8	24.8	Altair	62 22.4	N 8 51.1
Y 15	48 49.7	27 51.1	7 58.9	62 09.3	·· 54.4	187 14.7	·· 36.9	69 48.0	·· 24.7	Ankaa	353 30.3	S42 20.3
16	63 52.2	42 50.7	8 00.2	77 10.0	53.6	202 17.4	36.8	84 50.2	24.6	Antares	112 43.8	S26 25.1
17	78 54.6	57 50.3	01.4	92 10.6	52.9	217 20.0	36.8	99 52.4	24.5			
18	93 57.1	72 49.9	N 8 02.6	107 11.2	S 6 52.1	232 22.7	S14 36.7	114 54.6	S10 24.4	Arcturus	146 08.5	N19 12.5
19	108 59.6	87 49.5	03.8	122 11.9	51.3	247 25.3	36.6	129 56.8	24.3	Atria	107 58.3	S69 00.8
20	124 02.0	102 49.1	05.1	137 12.5	50.6	262 28.0	36.6	144 59.0	24.2	Avior	234 23.6	S59 29.9
21	139 04.5	117 48.7	·· 06.3	152 13.2	·· 49.8	277 30.6	·· 36.5	160 01.2	·· 24.1	Bellatrix	278 47.5	N 6 20.5
22	154 07.0	132 48.3	07.5	167 13.8	49.1	292 33.3	36.4	175 03.4	24.0	Betelgeuse	271 16.9	N 7 24.2
23	169 09.4	147 47.9	08.7	182 14.5	48.3	307 35.9	36.4	190 05.6	23.9			
27 00	184 11.9	162 47.5	N 8 10.0	197 15.1	S 6 47.5	322 38.6	S14 36.3	205 07.8	S10 23.8	Canopus	264 02.5	S52 42.0
01	199 14.4	177 47.1	11.2	212 15.8	46.8	337 41.3	36.3	220 10.0	23.7	Capella	280 55.9	N45 59.6
02	214 16.8	192 46.7	12.4	227 16.4	46.0	352 43.9	36.2	235 12.2	23.6	Deneb	49 41.5	N45 15.4
03	229 19.3	207 46.3	·· 13.7	242 17.1	·· 45.2	7 46.6	·· 36.1	250 14.4	·· 23.5	Denebola	182 48.0	N14 36.0
04	244 21.8	222 45.9	14.9	257 17.7	44.5	22 49.2	36.1	265 16.6	23.5	Diphda	349 10.6	S18 01.1
05	259 24.2	237 45.5	16.1	272 18.4	43.7	37 51.9	36.0	280 18.8	23.4			
06	274 26.7	252 45.1	N 8 17.3	287 19.0	S 6 43.0	52 54.5	S14 35.9	295 21.0	S10 23.3	Dubhe	194 08.6	N61 46.9
07	289 29.1	267 44.7	18.6	302 19.6	42.2	67 57.2	35.9	310 23.2	23.2	Elnath	278 30.9	N28 36.1
S 08	304 31.6	282 44.3	19.8	317 20.3	41.4	82 59.9	35.8	325 25.4	23.1	Eltanin	90 52.8	N51 29.1
U 09	319 34.1	297 43.9	·· 21.0	332 20.9	·· 40.7	98 02.5	·· 35.7	340 27.6	·· 23.0	Enif	34 01.5	N 9 50.9
N 10	334 36.5	312 43.4	22.2	347 21.6	39.9	113 05.2	35.7	355 29.8	22.9	Fomalhaut	15 40.1	S29 39.1
D 11	349 39.0	327 43.0	23.4	2 22.2	39.1	128 07.8	35.6	10 32.0	22.8			
A 12	4 41.5	342 42.6	N 8 24.7	17 22.9	S 6 38.4	143 10.5	S14 35.6	25 34.2	S10 22.7	Gacrux	172 16.4	S57 05.0
Y 13	19 43.9	357 42.2	25.9	32 23.5	37.6	158 13.1	35.5	40 36.4	22.6	Gienah	176 06.8	S17 30.8
14	34 46.4	12 41.8	27.1	47 24.2	36.8	173 15.8	35.4	55 38.6	22.5	Hadar	149 07.8	S60 20.7
15	49 48.9	27 41.4	·· 28.3	62 24.8	·· 36.1	188 18.5	·· 35.4	70 40.8	·· 22.4	Hamal	328 17.3	N23 26.1
16	64 51.3	42 41.0	29.6	77 25.5	35.3	203 21.1	35.3	85 43.0	22.3	Kaus Aust.	84 02.9	S34 23.1
17	79 53.8	57 40.6	30.8	92 26.1	34.6	218 23.8	35.2	100 45.2	22.2			
18	94 56.3	72 40.2	N 8 32.0	107 26.8	S 6 33.8	233 26.4	S14 35.2	115 47.4	S10 22.1	Kochab	137 18.5	N74 10.5
19	109 58.7	87 39.8	33.2	122 27.4	33.0	248 29.1	35.1	130 49.6	22.0	Markab	13 53.0	N15 10.4
20	125 01.2	102 39.4	34.4	137 28.1	32.3	263 31.8	35.0	145 51.8	21.9	Menkar	314 30.4	N 4 03.9
21	140 03.6	117 39.0	·· 35.7	152 28.7	·· 31.5	278 34.4	·· 35.0	160 54.0	·· 21.8	Menkent	148 24.2	S36 20.6
22	155 06.1	132 38.6	36.9	167 29.4	30.7	293 37.1	34.9	175 56.2	21.7	Miaplacidus	221 42.1	S69 42.0
23	170 08.6	147 38.2	38.1	182 30.0	30.0	308 39.8	34.8	190 58.4	21.6			
28 00	185 11.0	162 37.7	N 8 39.3	197 30.7	S 6 29.2	323 42.4	S14 34.8	206 00.6	S10 21.5	Mirfak	309 01.4	N49 50.5
01	200 13.5	177 37.3	40.5	212 31.3	28.4	338 45.1	34.7	221 02.8	21.4	Nunki	76 16.2	S26 18.1
02	215 16.0	192 36.9	41.8	227 32.0	27.7	353 47.7	34.6	236 05.0	21.3	Peacock	53 42.1	S56 45.0
03	230 18.4	207 36.5	·· 43.0	242 32.6	·· 26.9	8 50.4	·· 34.6	251 07.2	·· 21.2	Pollux	243 45.2	N28 02.3
04	245 20.9	222 36.1	44.2	257 33.3	26.1	23 53.1	34.5	266 09.4	21.1	Procyon	245 14.7	N 5 14.2
05	260 23.4	237 35.7	45.4	272 33.9	25.4	38 55.7	34.4	281 11.6	21.0			
06	275 25.8	252 35.3	N 8 46.6	287 34.6	S 6 24.6	53 58.4	S14 34.4	296 13.8	S10 20.9	Rasalhague	96 19.7	N12 33.7
07	290 28.3	267 34.9	47.8	302 35.2	23.8	69 01.1	34.3	311 16.0	20.8	Regulus	207 58.5	N11 59.5
08	305 30.7	282 34.5	49.1	317 35.9	23.1	84 03.7	34.2	326 18.2	20.7	Rigel	281 26.0	S 8 12.7
M 09	320 33.2	297 34.1	·· 50.3	332 36.5	·· 22.3	99 06.4	·· 34.2	341 20.4	·· 20.6	Rigil Kent.	140 10.8	S60 48.6
O 10	335 35.7	312 33.6	51.5	347 37.2	21.5	114 09.1	34.1	356 22.6	20.5	Sabik	102 28.9	S15 43.1
N 11	350 38.1	327 33.2	52.7	2 37.8	20.8	129 11.7	34.0	11 24.8	20.4			
D 12	5 40.6	342 32.8	N 8 53.9	17 38.5	S 6 20.0	144 14.4	S14 34.0	26 27.0	S10 20.3	Schedar	349 57.6	N56 30.4
A 13	20 43.1	357 32.4	55.1	32 39.1	19.2	159 17.0	33.9	41 29.2	20.2	Shaula	96 41.4	S37 05.9
Y 14	35 45.5	12 32.0	56.3	47 39.8	18.5	174 19.7	33.8	56 31.4	20.1	Sirius	258 46.4	S16 42.8
15	50 48.0	27 31.6	·· 57.6	62 40.4	·· 17.7	189 22.4	·· 33.8	71 33.6	·· 20.0	Spica	158 46.1	S11 08.1
16	65 50.5	42 31.2	8 58.8	77 41.1	16.9	204 25.0	33.7	86 35.8	19.9	Suhail	223 02.7	S43 24.9
17	80 52.9	57 30.8	9 00.0	92 41.7	16.2	219 27.7	33.7	101 38.0	19.8			
18	95 55.4	72 30.3	N 9 01.2	107 42.4	S 6 15.4	234 30.4	S14 33.6	116 40.2	S10 19.7	Vega	80 48.7	N38 46.5
19	110 57.9	87 29.9	02.4	122 43.0	14.6	249 33.0	33.5	131 42.4	19.6	Zuben'ubi	137 21.1	S16 01.2
20	126 00.3	102 29.5	03.6	137 43.7	13.9	264 35.7	33.4	146 44.6	19.5			
21	141 02.8	117 29.1	·· 04.8	152 44.3	·· 13.1	279 38.4	·· 33.4	161 46.8	·· 19.4		S.H.A.	Mer. Pass.
22	156 05.2	132 28.7	06.0	167 45.0	12.3	294 41.0	33.3	176 49.0	19.3	Venus	338 35.6	13 09
23	171 07.7	147 28.3	07.2	182 45.6	11.6	309 43.7	33.2	191 51.2	19.2	Mars	13 03.2	10 51
Mer. Pass. 11h 41.3m		v −0.4 d 1.2		v 0.6 d 0.8		v 2.7 d 0.1		v 2.2 d 0.1		Jupiter	138 26.7	2 29
										Saturn	20 55.9	10 18

1994 MARCH 26, 27, 28 (SAT., SUN., MON.)

UT (GMT) d h	SUN G.H.A.	SUN Dec.	MOON G.H.A.	v	MOON Dec.	d	H.P.
26 00	178 31.8	N 2 01.7	19 19.4	8.9	N 1 38.1	13.2	60.5
01	193 31.9	02.7	33 47.3	8.8	1 24.9	13.2	60.5
02	208 32.1	03.6	48 15.1	8.8	1 11.7	13.2	60.5
03	223 32.3	.. 04.6	62 42.9	8.8	0 58.5	13.2	60.5
04	238 32.5	05.6	77 10.7	8.7	0 45.3	13.3	60.6
05	253 32.7	06.6	91 38.4	8.7	0 32.0	13.3	60.6
S 06	268 32.9	N 2 07.6	106 06.1	8.7	N 0 18.7	13.2	60.6
A 07	283 33.1	08.5	120 33.8	8.6	N 0 05.5	13.3	60.6
T 08	298 33.3	09.5	135 01.4	8.7	S 0 07.8	13.3	60.7
U 09	313 33.5	.. 10.5	149 29.1	8.5	0 21.1	13.3	60.7
R 10	328 33.7	11.5	163 56.6	8.6	0 34.4	13.3	60.7
D 11	343 33.8	12.5	178 24.2	8.5	0 47.7	13.4	60.7
A 12	358 34.0	N 2 13.4	192 51.7	8.5	S 1 01.1	13.3	60.8
Y 13	13 34.2	14.4	207 19.2	8.5	1 14.4	13.3	60.8
14	28 34.4	15.4	221 46.7	8.4	1 27.7	13.3	60.8
15	43 34.6	.. 16.4	236 14.1	8.4	1 41.0	13.4	60.8
16	58 34.8	17.4	250 41.5	8.4	1 54.4	13.3	60.8
17	73 35.0	18.3	265 08.9	8.3	2 07.7	13.3	60.9
18	88 35.2	N 2 19.3	279 36.2	8.3	S 2 21.0	13.3	60.9
19	103 35.4	20.3	294 03.5	8.3	2 34.3	13.3	60.9
20	118 35.6	21.3	308 30.8	8.2	2 47.6	13.3	60.9
21	133 35.8	.. 22.3	322 58.0	8.2	3 00.9	13.3	60.9
22	148 35.9	23.2	337 25.2	8.1	3 14.2	13.3	61.0
23	163 36.1	24.2	351 52.3	8.1	3 27.5	13.2	61.0
27 00	178 36.3	N 2 25.2	6 19.4	8.1	S 3 40.7	13.3	61.0
01	193 36.5	26.2	20 46.5	8.0	3 54.0	13.2	61.0
02	208 36.7	27.2	35 13.5	8.0	4 07.2	13.2	61.0
03	223 36.9	.. 28.1	49 40.5	8.0	4 20.4	13.2	61.0
04	238 37.1	29.1	64 07.5	7.9	4 33.6	13.2	61.1
05	253 37.3	30.1	78 34.4	7.9	4 46.8	13.1	61.1
S 06	268 37.5	N 2 31.1	93 01.3	7.8	S 4 59.9	13.1	61.1
U 07	283 37.7	32.1	107 28.1	7.8	5 13.0	13.1	61.1
N 08	298 37.8	33.0	121 54.9	7.8	5 26.1	13.0	61.1
D 09	313 38.0	.. 34.0	136 21.7	7.7	5 39.1	13.0	61.1
A 10	328 38.2	35.0	150 48.4	7.7	5 52.1	13.0	61.1
Y 11	343 38.4	36.0	165 15.1	7.6	6 05.1	13.0	61.2
12	358 38.6	N 2 36.9	179 41.7	7.6	S 6 18.1	12.9	61.2
13	13 38.8	37.9	194 08.3	7.5	6 31.0	12.9	61.2
14	28 39.0	38.9	208 34.8	7.5	6 43.9	12.8	61.2
15	43 39.2	.. 39.9	223 01.3	7.5	6 56.7	12.8	61.2
16	58 39.4	40.9	237 27.8	7.4	7 09.5	12.8	61.2
17	73 39.6	41.8	251 54.2	7.4	7 22.3	12.7	61.2
18	88 39.8	N 2 42.8	266 20.6	7.3	S 7 35.0	12.6	61.2
19	103 39.9	43.8	280 46.9	7.3	7 47.6	12.6	61.2
20	118 40.1	44.8	295 13.2	7.3	8 00.2	12.6	61.2
21	133 40.3	.. 45.7	309 39.5	7.2	8 12.8	12.5	61.2
22	148 40.5	46.7	324 05.7	7.1	8 25.3	12.4	61.2
23	163 40.7	47.7	338 31.8	7.1	8 37.7	12.4	61.2
28 00	178 40.9	N 2 48.7	352 57.9	7.1	S 8 50.1	12.4	61.2
01	193 41.1	49.7	7 24.0	7.0	9 02.5	12.2	61.3
02	208 41.3	50.6	21 50.0	7.0	9 14.7	12.3	61.3
03	223 41.5	.. 51.6	36 16.0	7.0	9 27.0	12.1	61.3
04	238 41.7	52.6	50 42.0	6.8	9 39.1	12.1	61.3
05	253 41.8	53.6	65 07.8	6.9	9 51.2	12.0	61.3
M 06	268 42.0	N 2 54.5	79 33.7	6.8	S10 03.2	12.0	61.3
O 07	283 42.2	55.5	93 59.5	6.7	10 15.2	11.9	61.3
N 08	298 42.4	56.5	108 25.2	6.8	10 27.1	11.8	61.3
D 09	313 42.6	.. 57.5	122 51.0	6.6	10 38.9	11.7	61.3
A 10	328 42.8	58.4	137 16.6	6.7	10 50.6	11.7	61.3
Y 11	343 43.0	2 59.4	151 42.3	6.5	11 02.3	11.6	61.3
12	358 43.2	N 3 00.4	166 07.8	6.6	S11 13.9	11.5	61.2
13	13 43.4	01.4	180 33.4	6.5	11 25.4	11.5	61.2
14	28 43.6	02.3	194 58.9	6.4	11 36.9	11.3	61.2
15	43 43.7	.. 03.3	209 24.3	6.4	11 48.2	11.3	61.2
16	58 43.9	04.3	223 49.7	6.4	11 59.5	11.2	61.2
17	73 44.1	05.3	238 15.1	6.3	12 10.7	11.1	61.2
18	88 44.3	N 3 06.2	252 40.4	6.3	S12 21.8	11.0	61.2
19	103 44.5	07.2	267 05.7	6.2	12 32.8	10.9	61.2
20	118 44.7	08.2	281 30.9	6.2	12 43.7	10.9	61.2
21	133 44.9	.. 09.2	295 56.1	6.1	12 54.6	10.7	61.2
22	148 45.1	10.1	310 21.2	6.1	13 05.3	10.7	61.2
23	163 45.3	11.1	324 46.3	6.1	13 16.0	10.5	61.2
	S.D. 16.1	d 1.0	S.D. 16.6		16.7		16.7

Lat.	Twilight Naut.	Twilight Civil	Sunrise	Moonrise 26	27	28	29
N 72	02 31	04 13	05 24	17 52	20 05	22 27	25 27
N 70	02 59	04 25	05 28	17 49	19 52	22 00	24 17
68	03 20	04 34	05 32	17 46	19 41	21 40	23 40
66	03 36	04 42	05 35	17 43	19 33	21 24	23 14
64	03 48	04 49	05 37	17 41	19 25	21 11	22 54
62	03 59	04 54	05 39	17 39	19 19	21 00	22 38
60	04 08	04 59	05 41	17 38	19 14	20 51	22 25
N 58	04 15	05 03	05 43	17 37	19 09	20 43	22 14
56	04 22	05 07	05 45	17 35	19 05	20 36	22 04
54	04 28	05 10	05 46	17 34	19 02	20 29	21 55
52	04 33	05 13	05 47	17 33	18 58	20 24	21 47
50	04 37	05 16	05 48	17 32	18 55	20 19	21 40
45	04 47	05 21	05 51	17 30	18 49	20 08	21 25
N 40	04 54	05 26	05 53	17 29	18 43	19 59	21 13
35	04 59	05 29	05 54	17 27	18 39	19 51	21 02
30	05 04	05 32	05 56	17 26	18 35	19 44	20 53
20	05 11	05 36	05 58	17 24	18 28	19 32	20 38
N 10	05 15	05 39	06 00	17 22	18 22	19 22	20 24
0	05 17	05 41	06 02	17 21	18 16	19 13	20 12
S 10	05 19	05 43	06 04	17 19	18 10	19 03	19 59
20	05 18	05 44	06 06	17 18	18 04	18 54	19 46
30	05 16	05 44	06 07	17 16	17 58	18 42	19 31
35	05 14	05 43	06 08	17 15	17 54	18 36	19 22
40	05 11	05 43	06 10	17 13	17 50	18 29	19 12
45	05 07	05 42	06 11	17 12	17 45	18 20	19 00
S 50	05 02	05 40	06 12	17 11	17 39	18 10	18 46
52	05 00	05 39	06 13	17 10	17 36	18 05	18 40
54	04 57	05 38	06 14	17 09	17 33	18 00	18 33
56	04 54	05 37	06 15	17 08	17 30	17 55	18 25
58	04 50	05 36	06 15	17 07	17 26	17 48	18 16
S 60	04 46	05 35	06 16	17 06	17 22	17 41	18 06

Lat.	Sunset	Twilight Civil	Twilight Naut.	Moonset 26	27	28	29
N 72	18 50	20 02	21 47	04 58	04 44	04 28	04 06
N 70	18 45	19 49	21 17	04 57	04 51	04 43	04 34
68	18 41	19 39	20 55	04 57	04 56	04 56	04 56
66	18 38	19 31	20 39	04 57	05 01	05 06	05 13
64	18 35	19 24	20 25	04 56	05 05	05 14	05 27
62	18 33	19 18	20 14	04 56	05 08	05 22	05 39
60	18 31	19 13	20 05	04 56	05 11	05 28	05 49
N 58	18 29	19 09	19 57	04 56	05 14	05 34	05 58
56	18 28	19 05	19 51	04 55	05 16	05 39	06 06
54	18 26	19 02	19 45	04 55	05 18	05 44	06 13
52	18 25	18 59	19 39	04 55	05 20	05 48	06 19
50	18 24	18 56	19 35	04 55	05 22	05 52	06 25
45	18 21	18 50	19 25	04 55	05 26	06 00	06 37
N 40	18 19	18 46	19 18	04 54	05 29	06 07	06 48
35	18 17	18 42	19 12	04 54	05 32	06 13	06 56
30	18 15	18 39	19 07	04 54	05 35	06 18	07 04
20	18 13	18 35	19 01	04 53	05 39	06 27	07 15
N 10	18 11	18 32	18 56	04 53	05 43	06 35	07 29
0	18 09	18 29	18 53	04 53	05 47	06 43	07 40
S 10	18 07	18 28	18 52	04 52	05 50	06 50	07 52
20	18 05	18 27	18 52	04 52	05 54	06 58	08 03
30	18 03	18 27	18 54	04 51	05 59	07 08	08 17
35	18 02	18 27	18 56	04 51	06 01	07 13	08 25
40	18 01	18 28	18 59	04 50	06 04	07 19	08 34
45	17 59	18 28	19 02	04 50	06 07	07 26	08 44
S 50	17 58	18 30	19 07	04 49	06 11	07 35	08 57
52	17 57	18 30	19 10	04 49	06 13	07 39	09 03
54	17 56	18 31	19 12	04 49	06 15	07 43	09 10
56	17 55	18 32	19 16	04 48	06 17	07 48	09 17
58	17 54	18 33	19 19	04 48	06 20	07 53	09 26
S 60	17 53	18 35	19 23	04 48	06 23	07 59	09 35

Day	SUN Eqn. of Time 00h	SUN Eqn. of Time 12h	Mer. Pass.	MOON Mer. Pass. Upper	MOON Mer. Pass. Lower	Age	Phase
	m s	m s	h m	h m	h m	d	
26	05 53	05 44	12 06	23 34	11 07	14	
27	05 35	05 26	12 05	24 29	12 01	15	
28	05 17	05 08	12 05	00 29	12 58	16	◯

1994 MARCH 29, 30, 31 (TUES., WED., THURS.)

UT (GMT)	ARIES G.H.A.	VENUS −3.9 G.H.A.	Dec.	MARS +1.2 G.H.A.	Dec.	JUPITER −2.4 G.H.A.	Dec.	SATURN +1.0 G.H.A.	Dec.	STARS Name	S.H.A.	Dec.
d h	° ′	° ′	° ′	° ′	° ′	° ′	° ′	° ′	° ′		° ′	° ′
29 00	186 10.2	162 27.9	N 9 08.4	197 46.3	S 6 10.8	324 46.4	S14 33.2	206 53.5	S10 19.1	Acamar	315 29.6	S40 19.9
01	201 12.6	177 27.4	09.7	212 46.9	10.1	339 49.1	33.1	221 55.7	19.0	Achernar	335 38.0	S57 16.0
02	216 15.1	192 27.0	10.9	227 47.6	09.3	354 51.7	33.1	236 57.9	18.9	Acrux	173 24.7	S63 04.2
03	231 17.6	207 26.6 ··	12.1	242 48.2 ··	08.5	9 54.4 ··	33.0	252 00.1 ··	18.8	Adhara	255 23.8	S28 58.2
04	246 20.0	222 26.2	13.3	257 48.9	07.8	24 57.1	32.9	267 02.3	18.8	Aldebaran	291 06.1	N16 29.8
05	261 22.5	237 25.8	14.5	272 49.5	07.0	39 59.7	32.9	282 04.5	18.7			
06	276 25.0	252 25.4	N 9 15.7	287 50.2	S 6 06.2	55 02.4	S14 32.8	297 06.7	S10 18.6	Alioth	166 32.7	N55 59.3
07	291 27.4	267 25.0	16.9	302 50.8	05.5	70 05.1	32.7	312 08.9	18.5	Alkaid	153 09.7	N49 20.3
T 08	306 29.9	282 24.5	18.1	317 51.5	04.7	85 07.7	32.7	327 11.1	18.4	Al Na'ir	28 02.1	S46 59.2
U 09	321 32.4	297 24.1 ··	19.3	332 52.1 ··	03.9	100 10.4 ··	32.6	342 13.3 ··	18.3	Alnilam	276 01.1	S 1 12.5
E 10	336 34.8	312 23.7	20.5	347 52.8	03.1	115 13.1	32.5	357 15.5	18.2	Alphard	218 10.0	S 8 38.3
S 11	351 37.3	327 23.3	21.7	2 53.5	02.4	130 15.8	32.5	12 17.7	18.1			
D 12	6 39.7	342 22.9	N 9 23.0	17 54.1	S 6 01.6	145 18.4	S14 32.4	27 19.9	S10 18.0	Alphecca	126 22.9	N26 43.8
A 13	21 42.2	357 22.4	24.2	32 54.8	00.8	160 21.1	32.3	42 22.1	17.9	Alpheratz	357 58.8	N29 03.5
Y 14	36 44.7	12 22.0	25.4	47 55.4	6 00.1	175 23.8	32.3	57 24.3	17.8	Altair	62 22.4	N 8 51.1
15	51 47.1	27 21.6 ··	26.6	62 56.1	5 59.3	190 26.4 ··	32.2	72 26.5 ··	17.7	Ankaa	353 30.3	S42 20.2
16	66 49.6	42 21.2	27.8	77 56.7	58.5	205 29.1	32.1	87 28.7	17.6	Antares	112 43.7	S26 25.1
17	81 52.1	57 20.8	29.0	92 57.4	57.8	220 31.8	32.0	102 30.9	17.5			
18	96 54.5	72 20.3	N 9 30.2	107 58.0	S 5 57.0	235 34.5	S14 32.0	117 33.1	S10 17.4	Arcturus	146 08.5	N19 12.5
19	111 57.0	87 19.9	31.4	122 58.7	56.2	250 37.1	31.9	132 35.3	17.3	Atria	107 58.3	S69 00.8
20	126 59.5	102 19.5	32.6	137 59.3	55.5	265 39.8	31.8	147 37.5	17.2	Avior	234 23.6	S59 29.9
21	142 01.9	117 19.1 ··	33.8	153 00.0 ··	54.7	280 42.5 ··	31.8	162 39.7 ··	17.1	Bellatrix	278 47.5	N 6 20.5
22	157 04.4	132 18.7	35.0	168 00.6	53.9	295 45.1	31.7	177 41.9	17.0	Betelgeuse	271 16.9	N 7 24.2
23	172 06.8	147 18.2	36.2	183 01.3	53.1	310 47.8	31.6	192 44.1	16.9			
30 00	187 09.3	162 17.8	N 9 37.4	198 01.9	S 5 52.4	325 50.5	S14 31.6	207 46.3	S10 16.8	Canopus	264 02.5	S52 42.0
01	202 11.8	177 17.4	38.6	213 02.6	51.6	340 53.2	31.5	222 48.5	16.7	Capella	280 55.9	N45 59.6
02	217 14.2	192 17.0	39.8	228 03.3	50.8	355 55.8	31.4	237 50.7	16.6	Deneb	49 41.5	N45 15.4
03	232 16.7	207 16.6 ··	41.0	243 03.9 ··	50.1	10 58.5 ··	31.4	252 52.9 ··	16.5	Denebola	182 48.0	N14 36.0
04	247 19.2	222 16.1	42.2	258 04.6	49.3	26 01.2	31.3	267 55.1	16.4	Diphda	349 10.6	S18 01.1
05	262 21.6	237 15.7	43.4	273 05.2	48.5	41 03.9	31.2	282 57.4	16.3			
06	277 24.1	252 15.3	N 9 44.6	288 05.9	S 5 47.8	56 06.5	S14 31.2	297 59.6	S10 16.2	Dubhe	194 08.6	N61 46.9
W 07	292 26.6	267 14.9	45.8	303 06.5	47.0	71 09.2	31.1	313 01.8	16.1	Elnath	278 30.9	N28 36.1
E 08	307 29.0	282 14.4	47.0	318 07.2	46.2	86 11.9	31.0	328 04.0	16.0	Eltanin	90 52.7	N51 29.1
D 09	322 31.5	297 14.0 ··	48.2	333 07.8 ··	45.5	101 14.6 ··	30.9	343 06.2 ··	15.9	Enif	34 01.5	N 9 50.9
N 10	337 34.0	312 13.6	49.4	348 08.5	44.7	116 17.2	30.9	358 08.4	15.8	Fomalhaut	15 40.1	S29 39.1
E 11	352 36.4	327 13.2	50.6	3 09.2	43.9	131 19.9	30.8	13 10.6	15.7			
S 12	7 38.9	342 12.7	N 9 51.8	18 09.8	S 5 43.1	146 22.6	S14 30.7	28 12.8	S10 15.6	Gacrux	172 16.4	S57 05.0
D 13	22 41.3	357 12.3	53.0	33 10.5	42.4	161 25.3	30.7	43 15.0	15.6	Gienah	176 06.8	S17 30.8
A 14	37 43.8	12 11.9	54.2	48 11.1	41.6	176 28.0	30.6	58 17.2	15.5	Hadar	149 07.8	S60 20.7
Y 15	52 46.3	27 11.5 ··	55.4	63 11.8 ··	40.8	191 30.6 ··	30.5	73 19.4 ··	15.4	Hamal	328 17.3	N23 26.1
16	67 48.7	42 11.0	56.6	78 12.4	40.1	206 33.3	30.5	88 21.6	15.3	Kaus Aust.	84 02.8	S34 23.1
17	82 51.2	57 10.6	57.8	93 13.1	39.3	221 36.0	30.4	103 23.8	15.2			
18	97 53.7	72 10.2	N 9 59.0	108 13.7	S 5 38.5	236 38.7	S14 30.3	118 26.0	S10 15.1	Kochab	137 18.5	N74 10.5
19	112 56.1	87 09.8	10 00.2	123 14.4	37.7	251 41.3	30.2	133 28.2	15.0	Markab	13 53.0	N15 10.4
20	127 58.6	102 09.3	01.4	138 15.1	37.0	266 44.0	30.2	148 30.4	14.9	Menkar	314 30.4	N 4 03.9
21	143 01.1	117 08.9 ··	02.6	153 15.7 ··	36.2	281 46.7 ··	30.1	163 32.6 ··	14.8	Menkent	148 24.2	S36 20.6
22	158 03.5	132 08.5	03.7	168 16.4	35.4	296 49.4	30.0	178 34.8	14.7	Miaplacidus	221 42.1	S69 42.0
23	173 06.0	147 08.1	04.9	183 17.0	34.7	311 52.1	30.0	193 37.0	14.6			
31 00	188 08.5	162 07.6	N10 06.1	198 17.7	S 5 33.9	326 54.7	S14 29.9	208 39.2	S10 14.5	Mirfak	309 01.4	N49 50.5
01	203 10.9	177 07.2	07.3	213 18.3	33.1	341 57.4	29.8	223 41.4	14.4	Nunki	76 16.1	S26 18.1
02	218 13.4	192 06.8	08.5	228 19.0	32.3	357 00.1	29.8	238 43.7	14.3	Peacock	53 42.1	S56 45.0
03	233 15.8	207 06.3 ··	09.7	243 19.7 ··	31.6	12 02.8 ··	29.7	253 45.9 ··	14.2	Pollux	243 45.2	N28 02.3
04	248 18.3	222 05.9	10.9	258 20.3	30.8	27 05.5	29.6	268 48.1	14.1	Procyon	245 14.7	N 5 14.2
05	263 20.8	237 05.5	12.1	273 21.0	30.0	42 08.1	29.5	283 50.3	14.0			
06	278 23.2	252 05.0	N10 13.3	288 21.6	S 5 29.3	57 10.8	S14 29.5	298 52.5	S10 13.9	Rasalhague	96 19.7	N12 33.7
07	293 25.7	267 04.6	14.5	303 22.3	28.5	72 13.5	29.4	313 54.7	13.8	Regulus	207 58.5	N11 59.5
T 08	308 28.2	282 04.2	15.7	318 22.9	27.7	87 16.2	29.3	328 56.9	13.7	Rigel	281 26.0	S 8 12.7
H 09	323 30.6	297 03.8 ··	16.8	333 23.6 ··	26.9	102 18.9 ··	29.3	343 59.1 ··	13.6	Rigil Kent.	140 10.8	S60 48.6
U 10	338 33.1	312 03.3	18.0	348 24.3	26.2	117 21.6	29.2	359 01.3	13.5	Sabik	102 28.9	S15 43.1
R 11	353 35.6	327 02.9	19.2	3 24.9	25.4	132 24.2	29.1	14 03.5	13.4			
S 12	8 38.0	342 02.5	N10 20.4	18 25.6	S 5 24.6	147 26.9	S14 29.0	29 05.7	S10 13.3	Schedar	349 57.5	N56 30.4
D 13	23 40.5	357 02.0	21.6	33 26.2	23.9	162 29.6	29.0	44 07.9	13.2	Shaula	96 41.3	S37 05.9
A 14	38 42.9	12 01.6	22.8	48 26.9	23.1	177 32.3	28.9	59 10.1	13.1	Sirius	258 46.4	S16 42.8
Y 15	53 45.4	27 01.2 ··	24.0	63 27.5 ··	22.3	192 35.0 ··	28.8	74 12.3 ··	13.0	Spica	158 46.1	S11 08.1
16	68 47.9	42 00.7	25.2	78 28.2	21.5	207 37.7	28.8	89 14.5	13.0	Suhail	223 02.8	S43 24.9
17	83 50.3	57 00.3	26.3	93 28.9	20.8	222 40.3	28.7	104 16.7	12.9			
18	98 52.8	71 59.9	N10 27.5	108 29.5	S 5 20.0	237 43.0	S14 28.6	119 19.0	S10 12.8	Vega	80 48.7	N38 46.5
19	113 55.3	86 59.4	28.7	123 30.2	19.2	252 45.7	28.5	134 21.2	12.7	Zuben'ubi	137 21.1	S16 01.2
20	128 57.7	101 59.0	29.9	138 30.8	18.5	267 48.4	28.5	149 23.4	12.6		S.H.A.	Mer. Pass.
21	144 00.2	116 58.6 ··	31.1	153 31.5 ··	17.7	282 51.1 ··	28.4	164 25.6 ··	12.5		° ′	h m
22	159 02.7	131 58.1	32.3	168 32.2	16.9	297 53.8	28.3	179 27.8	12.4	Venus	335 08.5	13 11
23	174 05.1	146 57.7	33.4	183 32.8	16.1	312 56.4	28.3	194 30.0	12.3	Mars	10 52.6	10 47
	h m									Jupiter	138 41.2	2 16
Mer. Pass. 11 29.5	v −0.4	d 1.2		v 0.7	d 0.8	v 2.7	d 0.1	v 2.2	d 0.1	Saturn	20 37.0	10 07

1994 MARCH 29, 30, 31 (TUES., WED., THURS.)

UT (GMT) d h	SUN G.H.A.	SUN Dec.	MOON G.H.A.	v	MOON Dec.	d	H.P.
29 00	178 45.5	N 3 12.1	339 11.4	6.0	S13 26.5	10.5	61.2
01	193 45.7	13.1	353 36.4	6.0	13 37.0	10.3	61.2
02	208 45.9	14.0	8 01.4	5.9	13 47.3	10.3	61.1
03	223 46.0	.. 15.0	22 26.3	6.0	13 57.6	10.2	61.1
04	238 46.2	16.0	36 51.3	5.8	14 07.8	10.0	61.1
05	253 46.4	17.0	51 16.1	5.8	14 17.8	10.0	61.1
06	268 46.6	N 3 17.9	65 40.9	5.8	S14 27.8	9.8	61.1
07	283 46.8	18.9	80 05.7	5.8	14 37.6	9.8	61.1
T 08	298 47.0	19.9	94 30.5	5.7	14 47.4	9.6	61.1
U 09	313 47.2	.. 20.9	108 55.2	5.7	14 57.0	9.6	61.1
E 10	328 47.4	21.8	123 19.9	5.6	15 06.6	9.4	61.0
S 11	343 47.5	22.8	137 44.5	5.6	15 16.0	9.3	61.0
D 12	358 47.7	N 3 23.8	152 09.1	5.6	S15 25.3	9.2	61.0
A 13	13 47.9	24.8	166 33.7	5.5	15 34.5	9.1	61.0
Y 14	28 48.1	25.7	180 58.2	5.5	15 43.6	8.9	61.0
15	43 48.3	.. 26.7	195 22.7	5.5	15 52.5	8.9	61.0
16	58 48.5	27.7	209 47.2	5.4	16 01.4	8.7	60.9
17	73 48.7	28.7	224 11.6	5.4	16 10.1	8.6	60.9
18	88 48.9	N 3 29.6	238 36.0	5.4	S16 18.7	8.5	60.9
19	103 49.1	30.6	253 00.4	5.4	16 27.2	8.4	60.9
20	118 49.2	31.6	267 24.8	5.3	16 35.6	8.3	60.9
21	133 49.4	.. 32.5	281 49.1	5.3	16 43.9	8.1	60.9
22	148 49.6	33.5	296 13.4	5.3	16 52.0	8.0	60.8
23	163 49.8	34.5	310 37.7	5.2	17 00.0	7.9	60.8
30 00	178 50.0	N 3 35.5	325 01.9	5.2	S17 07.9	7.7	60.8
01	193 50.2	36.4	339 26.1	5.2	17 15.6	7.7	60.8
02	208 50.4	37.4	353 50.3	5.2	17 23.3	7.5	60.7
03	223 50.6	.. 38.4	8 14.5	5.2	17 30.8	7.3	60.7
04	238 50.8	39.3	22 38.7	5.1	17 38.1	7.3	60.7
05	253 50.9	40.3	37 02.8	5.1	17 45.4	7.1	60.7
06	268 51.1	N 3 41.3	51 26.9	5.1	S17 52.5	7.0	60.7
W 07	283 51.3	42.3	65 51.0	5.1	17 59.5	6.8	60.6
E 08	298 51.5	43.2	80 15.1	5.1	18 06.3	6.7	60.6
D 09	313 51.7	.. 44.2	94 39.2	5.0	18 13.0	6.6	60.6
N 10	328 51.9	45.2	109 03.2	5.0	18 19.6	6.4	60.6
E 11	343 52.1	46.1	123 27.2	5.1	18 26.0	6.4	60.5
S 12	358 52.3	N 3 47.1	137 51.3	5.0	S18 32.4	6.1	60.5
D 13	13 52.4	48.1	152 15.3	5.0	18 38.5	6.1	60.5
A 14	28 52.6	49.1	166 39.3	5.0	18 44.6	5.9	60.5
Y 15	43 52.8	.. 50.0	181 03.3	5.0	18 50.5	5.7	60.4
16	58 53.0	51.0	195 27.3	5.0	18 56.2	5.7	60.4
17	73 53.2	52.0	209 51.3	4.9	19 01.9	5.5	60.4
18	88 53.4	N 3 52.9	224 15.2	5.0	S19 07.4	5.3	60.3
19	103 53.6	53.9	238 39.2	5.0	19 12.7	5.2	60.3
20	118 53.8	54.9	253 03.2	4.9	19 17.9	5.1	60.3
21	133 54.0	.. 55.8	267 27.1	5.0	19 23.0	4.9	60.3
22	148 54.1	56.8	281 51.1	5.0	19 27.9	4.8	60.2
23	163 54.3	57.8	296 15.1	5.0	19 32.7	4.7	60.2
31 00	178 54.5	N 3 58.8	310 39.1	4.9	S19 37.4	4.5	60.2
01	193 54.7	3 59.7	325 03.0	5.0	19 41.9	4.3	60.1
02	208 54.9	4 00.7	339 27.0	5.0	19 46.2	4.3	60.1
03	223 55.1	.. 01.7	353 51.0	5.0	19 50.5	4.0	60.1
04	238 55.3	02.6	8 15.0	5.0	19 54.5	4.0	60.0
05	253 55.5	03.6	22 39.0	5.0	19 58.5	3.8	60.0
06	268 55.7	N 4 04.6	37 03.0	5.1	S20 02.3	3.6	60.0
07	283 55.8	05.5	51 27.1	5.0	20 05.9	3.5	60.0
T 08	298 56.0	06.5	65 51.1	5.1	20 09.4	3.4	59.9
H 09	313 56.2	.. 07.5	80 15.2	5.1	20 12.8	3.2	59.9
U 10	328 56.4	08.4	94 39.3	5.1	20 16.0	3.1	59.9
R 11	343 56.6	09.4	109 03.4	5.1	20 19.1	3.0	59.8
S 12	358 56.8	N 4 10.4	123 27.5	5.1	S20 22.1	2.8	59.8
D 13	13 57.0	11.3	137 51.6	5.2	20 24.9	2.6	59.8
A 14	28 57.2	12.3	152 15.8	5.2	20 27.5	2.5	59.7
Y 15	43 57.3	.. 13.3	166 40.0	5.2	20 30.0	2.4	59.7
16	58 57.5	14.2	181 04.2	5.2	20 32.4	2.2	59.7
17	73 57.7	15.2	195 28.4	5.3	20 34.6	2.1	59.6
18	88 57.9	N 4 16.2	209 52.7	5.2	S20 36.7	1.9	59.6
19	103 58.1	17.1	224 16.9	5.4	20 38.6	1.8	59.6
20	118 58.3	18.1	238 41.3	5.3	20 40.4	1.7	59.5
21	133 58.5	.. 19.1	253 05.6	5.4	20 42.1	1.5	59.5
22	148 58.7	20.0	267 30.0	5.4	20 43.6	1.4	59.5
23	163 58.9	21.0	281 54.4	5.5	20 45.0	1.2	59.4
	S.D. 16.0	d 1.0	S.D. 16.6		16.5		16.3

Lat.	Twilight Naut.	Twilight Civil	Sunrise	Moonrise 29	30	31	1
°	h m	h m	h m	h m	h m	h m	h m
N 72	02 03	03 55	05 08	25 27	01 27	▬	▬
N 70	02 38	04 09	05 14	24 17	00 17	▬	▬
68	03 03	04 21	05 19	23 40	25 36	01 36	03 08
66	03 21	04 30	05 23	23 14	24 57	00 57	02 18
64	03 35	04 38	05 27	22 54	24 29	00 29	01 46
62	03 47	04 44	05 30	22 38	24 08	00 08	01 22
60	03 57	04 50	05 32	22 25	23 51	25 03	01 03
N 58	04 06	04 55	05 35	22 14	23 37	24 48	00 48
56	04 13	04 59	05 37	22 04	23 25	24 34	00 34
54	04 20	05 03	05 39	21 55	23 14	24 23	00 23
52	04 25	05 06	05 40	21 47	23 05	24 13	00 13
50	04 30	05 09	05 42	21 40	22 56	24 04	00 04
45	04 41	05 16	05 45	21 25	22 38	23 44	24 41
N 40	04 49	05 21	05 48	21 13	22 24	23 29	24 13
35	04 55	05 25	05 50	21 02	22 11	23 15	24 13
30	05 00	05 28	05 52	20 53	22 01	23 04	24 02
20	05 08	05 34	05 56	20 38	21 42	22 44	23 42
N 10	05 13	05 38	05 59	20 24	21 26	22 27	23 25
0	05 17	05 41	06 01	20 12	21 11	22 11	23 09
S 10	05 18	05 43	06 04	19 59	20 57	21 55	22 54
20	05 19	05 44	06 06	19 46	20 41	21 38	22 37
30	05 18	05 45	06 09	19 31	20 23	21 19	22 17
35	05 16	05 46	06 11	19 22	20 12	21 07	22 06
40	05 14	05 46	06 13	19 12	20 00	20 54	21 53
45	05 11	05 45	06 15	19 00	19 46	20 39	21 38
S 50	05 07	05 45	06 17	18 46	19 29	20 20	21 19
52	05 05	05 44	06 18	18 40	19 21	20 11	21 10
54	05 03	05 44	06 19	18 33	19 12	20 01	21 00
56	05 00	05 44	06 21	18 25	19 02	19 50	20 49
58	04 57	05 43	06 22	18 16	18 51	19 37	20 36
S 60	04 53	05 42	06 24	18 06	18 38	19 22	20 21

Lat.	Sunset	Twilight Civil	Twilight Naut.	Moonset 29	30	31	1
°	h m	h m	h m	h m	h m	h m	h m
N 72	19 04	20 18	22 14	04 06	03 10	▬	▬
N 70	18 58	20 03	21 36	04 34	04 21	▬	▬
68	18 52	19 51	21 11	04 56	04 59	05 09	05 41
66	18 48	19 42	20 52	05 13	05 26	05 49	06 32
64	18 44	19 34	20 37	05 27	05 46	06 16	07 04
62	18 41	19 27	20 24	05 39	06 03	06 38	07 27
60	18 38	19 21	20 14	05 49	06 17	06 55	07 46
N 58	18 36	19 16	20 05	05 58	06 29	07 10	08 02
56	18 34	19 11	19 58	06 06	06 40	07 22	08 15
54	18 32	19 08	19 51	06 13	06 49	07 33	08 27
52	18 30	19 04	19 45	06 19	06 57	07 43	08 37
50	18 28	19 01	19 40	06 25	07 04	07 51	08 46
45	18 25	18 54	19 30	06 37	07 20	08 10	09 06
N 40	18 22	18 49	19 21	06 48	07 33	08 25	09 21
35	18 19	18 45	19 15	06 56	07 45	08 38	09 35
30	18 17	18 41	19 09	07 04	07 54	08 49	09 46
20	18 14	18 36	19 02	07 18	08 11	09 08	10 06
N 10	18 11	18 32	18 56	07 29	08 26	09 24	10 23
0	18 08	18 28	18 53	07 40	08 40	09 40	10 39
S 10	18 05	18 26	18 50	07 52	08 54	09 55	10 55
20	18 02	18 24	18 50	08 03	09 09	10 12	11 12
30	17 59	18 23	18 51	08 17	09 26	10 31	11 32
35	17 58	18 23	18 52	08 25	09 35	10 42	11 43
40	17 56	18 23	18 54	08 34	09 47	10 55	11 56
45	17 54	18 23	18 57	08 44	10 00	11 10	12 12
S 50	17 51	18 23	19 01	08 57	10 16	11 29	12 31
52	17 50	18 24	19 03	09 03	10 24	11 37	12 40
54	17 49	18 24	19 05	09 10	10 33	11 47	12 50
56	17 47	18 24	19 07	09 17	10 42	11 58	13 01
58	17 46	18 25	19 10	09 26	10 53	12 11	13 14
S 60	17 44	18 26	19 14	09 35	11 06	12 26	13 30

Day	SUN Eqn. of Time 00ʰ	12ʰ	Mer. Pass.	MOON Mer. Pass. Upper	Lower	Age	Phase
	m s	m s	h m	h m	h m	d	
29	04 58	04 49	12 05	01 27	13 56	17	
30	04 40	04 31	12 05	02 26	14 56	18	☽
31	04 22	04 13	12 04	03 26	15 56	19	

1994 APRIL 1, 2, 3 (FRI., SAT., SUN.)

UT (GMT) d h	ARIES G.H.A.	VENUS −3.9 G.H.A.	Dec.	MARS +1.2 G.H.A.	Dec.	JUPITER −2.4 G.H.A.	Dec.	SATURN +1.0 G.H.A.	Dec.	STARS Name	S.H.A.	Dec.
1 00	189 07.6	161 57.3 N10 34.6		198 33.5 S 5 15.4		327 59.1 S14 28.2		209 32.2 S10 12.2		Acamar	315 29.6	S40 19.9
01	204 10.1	176 56.8	35.8	213 34.1	14.6	343 01.8	28.1	224 34.4	12.1	Achernar	335 38.0	S57 16.0
02	219 12.5	191 56.4	37.0	228 34.8	13.8	358 04.5	28.0	239 36.6	12.0	Acrux	173 24.7	S63 04.2
03	234 15.0	206 55.9 ··	38.2	243 35.5 ··	13.0	13 07.2 ··	28.0	254 38.8 ··	11.9	Adhara	255 23.8	S28 58.2
04	249 17.4	221 55.5	39.3	258 36.1	12.3	28 09.9	27.9	269 41.0	11.8	Aldebaran	291 06.1	N16 29.8
05	264 19.9	236 55.1	40.5	273 36.8	11.5	43 12.6	27.8	284 43.2	11.7			
06	279 22.4	251 54.6 N10 41.7		288 37.4 S 5 10.7		58 15.3 S14 27.8		299 45.4 S10 11.6		Alioth	166 32.7	N55 59.3
07	294 24.8	266 54.2	42.9	303 38.1	09.9	73 17.9	27.7	314 47.6	11.5	Alkaid	153 09.7	N49 20.3
08	309 27.3	281 53.8	44.1	318 38.8	09.2	88 20.6	27.6	329 49.9	11.4	Al Na'ir	28 02.1	S46 59.2
F 09	324 29.8	296 53.3 ··	45.2	333 39.4 ··	08.4	103 23.3 ··	27.5	344 52.1 ··	11.3	Alnilam	276 01.1	S 1 12.5
R 10	339 32.2	311 52.9	46.4	348 40.1	07.6	118 26.0	27.5	359 54.3	11.2	Alphard	218 10.0	S 8 38.3
I 11	354 34.7	326 52.4	47.6	3 40.7	06.9	133 28.7	27.4	14 56.5	11.1			
D 12	9 37.2	341 52.0 N10 48.8		18 41.4 S 5 06.1		148 31.4 S14 27.3		29 58.7 S10 11.0		Alphecca	126 22.9	N26 43.8
A 13	24 39.6	356 51.6	50.0	33 42.1	05.3	163 34.1	27.2	45 00.9	10.9	Alpheratz	357 58.7	N29 03.5
Y 14	39 42.1	11 51.1	51.1	48 42.7	04.5	178 36.8	27.2	60 03.1	10.9	Altair	62 22.3	N 8 51.1
15	54 44.6	26 50.7 ··	52.3	63 43.4 ··	03.8	193 39.5 ··	27.1	75 05.3 ··	10.8	Ankaa	353 30.3	S42 20.2
16	69 47.0	41 50.2	53.5	78 44.0	03.0	208 42.1	27.0	90 07.5	10.7	Antares	112 43.7	S26 25.1
17	84 49.5	56 49.8	54.7	93 44.7	02.2	223 44.8	27.0	105 09.7	10.6			
18	99 51.9	71 49.4 N10 55.8		108 45.4 S 5 01.4		238 47.5 S14 26.9		120 11.9 S10 10.5		Arcturus	146 08.5	N19 12.5
19	114 54.4	86 48.9	57.0	123 46.0	5 00.7	253 50.2	26.8	135 14.1	10.4	Atria	107 58.2	S69 00.8
20	129 56.9	101 48.5	58.2	138 46.7	4 59.9	268 52.9	26.7	150 16.4	10.3	Avior	234 23.6	S59 29.9
21	144 59.3	116 48.0 10 59.3		153 47.3 ··	59.1	283 55.6 ··	26.7	165 18.6 ··	10.2	Bellatrix	278 47.6	N 6 20.5
22	160 01.8	131 47.6 11 00.5		168 48.0	58.3	298 58.3	26.6	180 20.8	10.1	Betelgeuse	271 16.9	N 7 24.2
23	175 04.3	146 47.2 01.7		183 48.7	57.6	314 01.0	26.5	195 23.0	10.0			
2 00	190 06.7	161 46.7 N11 02.9		198 49.3 S 4 56.8		329 03.7 S14 26.4		210 25.2 S10 09.9		Canopus	264 02.6	S52 42.0
01	205 09.2	176 46.3 04.0		213 50.0	56.0	344 06.4	26.4	225 27.4	09.8	Capella	280 55.9	N45 59.6
02	220 11.7	191 45.8 05.2		228 50.7	55.2	359 09.1	26.3	240 29.6	09.7	Deneb	49 41.5	N45 15.4
03	235 14.1	206 45.4 ·· 06.4		243 51.3 ··	54.5	14 11.7 ··	26.2	255 31.8 ··	09.6	Denebola	182 48.0	N14 36.0
04	250 16.6	221 44.9 07.5		258 52.0	53.7	29 14.4	26.1	270 34.0	09.5	Diphda	349 10.6	S18 01.1
05	265 19.0	236 44.5 08.7		273 52.6	52.9	44 17.1	26.1	285 36.2	09.4			
06	280 21.5	251 44.0 N11 09.9		288 53.3 S 4 52.1		59 19.8 S14 26.0		300 38.4 S10 09.3		Dubhe	194 08.6	N61 46.9
07	295 24.0	266 43.6 11.1		303 54.0	51.4	74 22.5	25.9	315 40.7	09.2	Elnath	278 30.9	N28 36.1
S 08	310 26.4	281 43.2 12.2		318 54.6	50.6	89 25.2	25.8	330 42.9	09.1	Eltanin	90 52.7	N51 29.1
A 09	325 28.9	296 42.7 ·· 13.4		333 55.3 ··	49.8	104 27.9 ··	25.8	345 45.1 ··	09.0	Enif	34 01.4	N 9 50.9
T 10	340 31.4	311 42.3 14.6		348 55.9	49.0	119 30.6	25.7	0 47.3	09.0	Fomalhaut	15 40.1	S29 39.1
U 11	355 33.8	326 41.8 15.7		3 56.6	48.3	134 33.3	25.6	15 49.5	08.9			
R 12	10 36.3	341 41.4 N11 16.9		18 57.3 S 4 47.5		149 36.0 S14 25.5		30 51.7 S10 08.8		Gacrux	172 16.4	S57 05.0
D 13	25 38.8	356 40.9 18.1		33 57.9	46.7	164 38.7	25.5	45 53.9	08.7	Gienah	176 06.8	S17 30.8
A 14	40 41.2	11 40.5 19.2		48 58.6	45.9	179 41.4	25.4	60 56.1	08.6	Hadar	149 07.7	S60 20.8
Y 15	55 43.7	26 40.0 ·· 20.4		63 59.3 ··	45.2	194 44.1 ··	25.3	75 58.3 ··	08.5	Hamal	328 17.3	N23 26.1
16	70 46.2	41 39.6 21.5		78 59.9	44.4	209 46.8	25.2	91 00.5	08.4	Kaus Aust.	84 02.8	S34 23.1
17	85 48.6	56 39.1 22.7		94 00.6	43.6	224 49.5	25.2	106 02.7	08.3			
18	100 51.1	71 38.7 N11 23.9		109 01.3 S 4 42.8		239 52.2 S14 25.1		121 05.0 S10 08.2		Kochab	137 18.4	N74 10.5
19	115 53.5	86 38.2 25.0		124 01.9	42.1	254 54.9	25.0	136 07.2	08.1	Markab	13 52.9	N15 10.4
20	130 56.0	101 37.8 26.2		139 02.6	41.3	269 57.6	24.9	151 09.4	08.0	Menkar	314 30.4	N 4 03.9
21	145 58.5	116 37.3 ·· 27.4		154 03.2 ··	40.5	285 00.3 ··	24.9	166 11.6 ··	07.9	Menkent	148 24.2	S36 20.6
22	161 00.9	131 36.9 28.5		169 03.9	39.7	300 03.0	24.8	181 13.8	07.8	Miaplacidus	221 42.1	S69 42.0
23	176 03.4	146 36.4 29.7		184 04.6	39.0	315 05.6	24.7	196 16.0	07.7			
3 00	191 05.9	161 36.0 N11 30.8		199 05.2 S 4 38.2		330 08.3 S14 24.6		211 18.2 S10 07.6		Mirfak	309 01.4	N49 50.5
01	206 08.3	176 35.5 32.0		214 05.9	37.4	345 11.0	24.6	226 20.4	07.5	Nunki	76 16.5	S26 18.1
02	221 10.8	191 35.1 33.2		229 06.6	36.6	0 13.7	24.5	241 22.6	07.4	Peacock	53 42.0	S56 44.9
03	236 13.3	206 34.6 ·· 34.3		244 07.2 ··	35.9	15 16.4 ··	24.4	256 24.9 ··	07.3	Pollux	243 45.2	N28 02.3
04	251 15.7	221 34.2 35.5		259 07.9	35.1	30 19.1	24.3	271 27.1	07.3	Procyon	245 14.7	N 5 14.2
05	266 18.2	236 33.7 36.6		274 08.6	34.3	45 21.8	24.3	286 29.3	07.2			
06	281 20.7	251 33.3 N11 37.8		289 09.2 S 4 33.5		60 24.5 S14 24.2		301 31.5 S10 07.1		Rasalhague	96 19.7	N12 33.7
07	296 23.1	266 32.8 39.0		304 09.9	32.8	75 27.2	24.1	316 33.7	07.0	Regulus	207 58.5	N11 59.5
08	311 25.6	281 32.4 40.1		319 10.5	32.0	90 29.9	24.0	331 35.9	06.9	Rigel	281 26.0	S 8 12.7
S 09	326 28.0	296 31.9 ·· 41.3		334 11.2 ··	31.2	105 32.6 ··	24.0	346 38.1 ··	06.8	Rigil Kent.	140 10.8	S60 48.6
U 10	341 30.5	311 31.5 42.4		349 11.9	30.4	120 35.3	23.9	1 40.3	06.7	Sabik	102 28.9	S15 43.1
N 11	356 33.0	326 31.0 43.6		4 12.5	29.7	135 38.0	23.8	16 42.5	06.6			
D 12	11 35.4	341 30.5 N11 44.7		19 13.2 S 4 28.9		150 40.7 S14 23.7		31 44.8 S10 06.5		Schedar	349 57.5	N56 30.3
A 13	26 37.9	356 30.1 45.9		34 13.9	28.1	165 43.4	23.7	46 47.0	06.4	Shaula	96 41.3	S37 05.9
Y 14	41 40.4	11 29.6 47.0		49 14.5	27.3	180 46.1	23.6	61 49.2	06.3	Sirius	258 46.4	S16 42.8
15	56 42.8	26 29.2 ·· 48.2		64 15.2 ··	26.6	195 48.8 ··	23.5	76 51.4 ··	06.2	Spica	158 46.1	S11 08.1
16	71 45.3	41 28.7 49.3		79 15.9	25.8	210 51.5	23.4	91 53.6	06.1	Suhail	223 02.8	S43 24.9
17	86 47.8	56 28.3 50.5		94 16.5	25.0	225 54.2	23.4	106 55.8	06.0			
18	101 50.2	71 27.8 N11 51.6		109 17.2 S 4 24.2		240 56.9 S14 23.3		121 58.0 S10 05.9		Vega	80 48.7	N38 46.5
19	116 52.7	86 27.3 52.8		124 17.9	23.4	255 59.6	23.2	137 00.2	05.8	Zuben'ubi	137 21.1	S16 01.2
20	131 55.1	101 26.9 53.9		139 18.5	22.7	271 02.3	23.1	152 02.5	05.8			
21	146 57.6	116 26.4 ·· 55.1		154 19.2 ··	21.9	286 05.0 ··	23.1	167 04.7 ··	05.7		S.H.A.	Mer. Pass.
22	162 00.1	131 26.0 56.2		169 19.9	21.1	301 07.7	23.0	182 06.9	05.6	Venus	331 40.0	13 13
23	177 02.5	146 25.5 57.4		184 20.5	20.3	316 10.4	22.9	197 09.1	05.5	Mars	8 42.6	10 44
Mer. Pass. 11 17.7		v −0.4 d 1.2		v 0.7 d 0.8		v 2.7 d 0.1		v 2.2 d 0.1		Jupiter	138 56.9	2 03
										Saturn	20 18.5	9 57

1994 APRIL 1, 2, 3 (FRI., SAT., SUN.)

SUN and MOON

UT (GMT) d h	SUN G.H.A.	SUN Dec.	MOON G.H.A.	v	MOON Dec.	d	H.P.
	° ′	° ′	° ′	′	° ′	′	′
1 00	178 59.0	N 4 22.0	296 18.9	5.5	S20 46.2	1.1	59.4
01	193 59.2	22.9	310 43.4	5.5	20 47.3	0.9	59.4
02	208 59.4	23.9	325 07.9	5.6	20 48.2	0.9	59.3
03	223 59.6	.. 24.9	339 32.5	5.6	20 49.1	0.6	59.3
04	238 59.8	25.8	353 57.1	5.6	20 49.7	0.6	59.2
05	254 00.0	26.8	8 21.7	5.7	20 50.3	0.4	59.2
06	269 00.2	N 4 27.8	22 46.4	5.8	S20 50.7	0.2	59.2
F 07	284 00.4	28.7	37 11.2	5.7	20 50.9	0.1	59.1
R 08	299 00.5	29.7	51 35.9	5.9	20 51.0	0.0	59.1
I 09	314 00.7	.. 30.7	66 00.8	5.8	20 51.0	0.2	59.1
D 10	329 00.9	31.6	80 25.6	6.0	20 50.8	0.3	59.0
A 11	344 01.1	32.6	94 50.6	5.9	20 50.5	0.4	59.0
Y 12	359 01.3	N 4 33.6	109 15.5	6.1	S20 50.1	0.5	59.0
13	14 01.5	34.5	123 40.6	6.1	20 49.6	0.7	58.9
14	29 01.7	35.5	138 05.7	6.1	20 48.9	0.9	58.9
15	44 01.9	.. 36.5	152 30.8	6.2	20 48.0	0.9	58.9
16	59 02.0	37.4	166 56.0	6.2	20 47.1	1.1	58.8
17	74 02.2	38.4	181 21.2	6.3	20 46.0	1.3	58.8
18	89 02.4	N 4 39.4	195 46.5	6.4	S20 44.7	1.3	58.8
19	104 02.6	40.3	210 11.9	6.4	20 43.4	1.5	58.7
20	119 02.8	41.3	224 37.3	6.5	20 41.9	1.7	58.7
21	134 03.0	.. 42.2	239 02.8	6.5	20 40.2	1.7	58.6
22	149 03.2	43.2	253 28.3	6.6	20 38.5	1.9	58.6
23	164 03.4	44.2	267 53.9	6.7	20 36.6	2.0	58.6
2 00	179 03.5	N 4 45.1	282 19.6	6.7	S20 34.6	2.1	58.5
01	194 03.7	46.1	296 45.3	6.8	20 32.5	2.3	58.5
02	209 03.9	47.1	311 11.1	6.9	20 30.2	2.4	58.5
03	224 04.1	.. 48.0	325 37.0	6.9	20 27.8	2.5	58.4
04	239 04.3	49.0	340 02.9	7.0	20 25.3	2.6	58.4
05	254 04.5	49.9	354 28.9	7.0	20 22.7	2.8	58.4
06	269 04.6	N 4 50.9	8 54.9	7.1	S20 19.9	2.9	58.3
S 07	284 04.8	51.9	23 21.0	7.2	20 17.0	3.0	58.3
A 08	299 05.0	52.8	37 47.2	7.3	20 14.0	3.1	58.2
T 09	314 05.2	.. 53.8	52 13.5	7.3	20 10.9	3.2	58.2
U 10	329 05.4	54.8	66 39.8	7.4	20 07.7	3.4	58.2
R 11	344 05.6	55.7	81 06.2	7.5	20 04.3	3.5	58.1
D 12	359 05.8	N 4 56.7	95 32.7	7.5	S20 00.8	3.6	58.1
A 13	14 06.0	57.6	109 59.2	7.7	19 57.2	3.7	58.1
Y 14	29 06.1	58.6	124 25.9	7.6	19 53.5	3.8	58.0
15	44 06.3	4 59.6	138 52.5	7.8	19 49.7	3.9	58.0
16	59 06.5	5 00.5	153 19.3	7.8	19 45.8	4.1	58.0
17	74 06.7	01.5	167 46.1	8.0	19 41.7	4.1	57.9
18	89 06.9	N 5 02.4	182 13.1	7.9	S19 37.6	4.3	57.9
19	104 07.1	03.4	196 40.0	8.1	19 33.3	4.4	57.9
20	119 07.2	04.4	211 07.1	8.1	19 28.9	4.5	57.8
21	134 07.4	.. 05.3	225 34.2	8.2	19 24.4	4.6	57.8
22	149 07.6	06.3	240 01.4	8.3	19 19.8	4.7	57.8
23	164 07.8	07.2	254 28.7	8.4	19 15.1	4.8	57.7
3 00	179 08.0	N 5 08.2	268 56.1	8.4	S19 10.3	4.9	57.7
01	194 08.2	09.2	283 23.5	8.6	19 05.4	5.0	57.6
02	209 08.4	10.1	297 51.1	8.6	19 00.4	5.2	57.6
03	224 08.5	.. 11.1	312 18.7	8.6	18 55.2	5.2	57.6
04	239 08.7	12.0	326 46.3	8.8	18 50.0	5.3	57.5
05	254 08.9	13.0	341 14.1	8.8	18 44.7	5.4	57.5
06	269 09.1	N 5 13.9	355 41.9	8.9	S18 39.3	5.6	57.5
07	284 09.3	14.9	10 09.8	9.0	18 33.7	5.6	57.4
S 08	299 09.5	15.9	24 37.8	9.1	18 28.1	5.7	57.4
U 09	314 09.6	.. 16.8	39 05.9	9.1	18 22.4	5.8	57.4
N 10	329 09.8	17.8	53 34.0	9.3	18 16.6	5.9	57.3
D 11	344 10.0	18.7	68 02.3	9.3	18 10.7	6.1	57.3
A 12	359 10.2	N 5 19.7	82 30.6	9.3	S18 04.6	6.1	57.3
Y 13	14 10.4	20.7	96 58.9	9.5	17 58.5	6.1	57.2
14	29 10.6	21.6	111 27.4	9.5	17 52.4	6.3	57.2
15	44 10.8	.. 22.6	125 55.9	9.7	17 46.1	6.4	57.2
16	59 10.9	23.5	140 24.6	9.6	17 39.7	6.5	57.1
17	74 11.1	24.5	154 53.2	9.8	17 33.2	6.5	57.1
18	89 11.3	N 5 25.4	169 22.0	9.9	S17 26.7	6.6	57.1
19	104 11.5	26.4	183 50.9	9.9	17 20.1	6.8	57.0
20	119 11.7	27.3	198 19.8	10.0	17 13.3	6.8	57.0
21	134 11.9	.. 28.3	212 48.8	10.1	17 06.5	6.9	57.0
22	149 12.0	29.3	227 17.9	10.2	16 59.6	6.9	56.9
23	164 12.2	30.2	241 47.1	10.2	16 52.7	7.1	56.9
	S.D. 16.0	d 1.0	S.D. 16.1		15.8		15.6

Twilight, Sunrise and Moonrise

Lat.	Naut.	Civil	Sunrise	Moonrise 1	2	3	4
°	h m	h m	h m	h m	h m	h m	h m
N 72	01 29	03 37	04 52	■	■	■	05 20
N 70	02 15	03 53	05 00	■	■	04 55	04 39
68	02 44	04 07	05 06	03 08	03 53	04 06	04 10
66	03 05	04 17	05 11	02 18	03 08	03 35	03 49
64	03 22	04 26	05 16	01 46	02 39	03 11	03 31
62	03 35	04 34	05 20	01 22	02 16	02 53	03 17
60	03 47	04 40	05 23	01 03	01 58	02 37	03 05
N 58	03 56	04 46	05 26	00 48	01 43	02 24	02 54
56	04 04	04 51	05 29	00 34	01 30	02 13	02 45
54	04 11	04 55	05 31	00 23	01 19	02 03	02 37
52	04 18	04 59	05 33	00 13	01 09	01 54	02 30
50	04 23	05 02	05 35	00 04	01 00	01 46	02 23
45	04 35	05 10	05 40	24 41	00 41	01 29	02 09
N 40	04 43	05 16	05 43	24 26	00 26	01 15	01 57
35	04 51	05 21	05 46	24 13	00 13	01 03	01 47
30	04 56	05 25	05 49	24 02	00 02	00 53	01 38
20	05 05	05 31	05 53	23 42	24 35	00 35	01 23
N 10	05 11	05 36	05 57	23 25	24 20	00 20	01 10
0	05 16	05 40	06 00	23 09	24 05	00 05	00 57
S 10	05 18	05 43	06 04	22 54	23 50	24 45	00 45
20	05 20	05 45	06 07	22 37	23 35	24 31	00 31
30	05 19	05 47	06 11	22 17	23 17	24 16	00 16
35	05 19	05 48	06 13	22 06	23 06	24 07	00 07
40	05 17	05 49	06 16	21 53	22 54	23 57	24 59
45	05 15	05 49	06 18	21 38	22 40	23 45	24 50
S 50	05 12	05 49	06 22	21 19	22 23	23 30	24 38
52	05 10	05 50	06 23	21 10	22 15	23 23	24 33
54	05 08	05 50	06 25	21 00	22 06	23 16	24 27
56	05 06	05 49	06 27	20 49	21 56	23 07	24 21
58	05 04	05 49	06 29	20 36	21 44	22 58	24 13
S 60	05 01	05 49	06 31	20 21	21 30	22 47	24 05

Sunset, Twilight and Moonset

Lat.	Sunset	Civil	Naut.	Moonset 1	2	3	4
°	h m	h m	h m	h m	h m	h m	h m
N 72	19 18	20 35	22 52	■	■	■	09 13
N 70	19 10	20 17	21 59	■	■	07 50	09 54
68	19 03	20 03	21 28	05 41	06 58	08 38	10 21
66	18 58	19 52	21 06	06 32	07 42	09 09	10 42
64	18 53	19 43	20 48	07 04	08 11	09 32	10 58
62	18 49	19 35	20 34	07 27	08 33	09 50	11 12
60	18 46	19 29	20 23	07 46	08 51	10 05	11 23
N 58	18 42	19 23	20 13	08 02	09 06	10 18	11 33
56	18 40	19 18	20 05	08 15	09 19	10 29	11 42
54	18 37	19 13	19 58	08 27	09 30	10 38	11 50
52	18 35	19 09	19 51	08 37	09 39	10 47	11 56
50	18 33	19 06	19 46	08 46	09 48	10 55	12 03
45	18 29	18 58	19 34	09 06	10 07	11 11	12 16
N 40	18 25	18 52	19 25	09 21	10 22	11 24	12 27
35	18 22	18 47	19 17	09 35	10 35	11 35	12 36
30	18 19	18 43	19 11	09 46	10 46	11 45	12 44
20	18 14	18 37	19 02	10 06	11 05	12 02	12 58
N 10	18 11	18 32	18 56	10 23	11 21	12 17	13 10
0	18 07	18 28	18 52	10 39	11 36	12 30	13 21
S 10	18 03	18 24	18 49	10 55	11 52	12 44	13 33
20	18 00	18 22	18 47	11 12	12 08	12 59	13 44
30	17 56	18 20	18 47	11 32	12 27	13 15	13 58
35	17 53	18 19	18 48	11 43	12 37	13 25	14 06
40	17 51	18 18	18 49	11 56	12 50	13 36	14 15
45	17 48	18 17	18 51	12 12	13 04	13 48	14 25
S 50	17 45	18 17	18 54	12 31	13 22	14 04	14 37
52	17 43	18 17	18 56	12 40	13 31	14 11	14 43
54	17 41	18 17	18 58	12 50	13 40	14 19	14 50
56	17 40	18 17	19 00	13 01	13 51	14 28	14 57
58	17 37	18 17	19 02	13 14	14 03	14 38	15 05
S 60	17 35	18 17	19 05	13 30	14 16	14 50	15 13

SUN and MOON

Day	SUN Eqn. of Time 00ʰ	12ʰ	Mer. Pass.	MOON Mer. Pass. Upper	Lower	Age	Phase
	m s	m s	h m	h m	h m	d	
1	04 04	03 55	12 04	04 25	16 54	20	◗
2	03 46	03 37	12 04	05 23	17 51	21	
3	03 28	03 20	12 03	06 18	18 44	22	

1994 APRIL 4, 5, 6 (MON., TUES., WED.)

UT (GMT)	ARIES G.H.A.	VENUS −3.9 G.H.A.	Dec.	MARS +1.2 G.H.A.	Dec.	JUPITER −2.4 G.H.A.	Dec.	SATURN +1.0 G.H.A.	Dec.	STARS Name	S.H.A.	Dec.
d h	° '	° '	° '	° '	° '	° '	° '	° '	° '		° '	° '
4 00	192 05.0	161 25.1	N11 58.5	199 21.2	S 4 19.6	331 13.2	S14 22.8	212 11.3	S10 05.4	Acamar	315 29.6	S40 19.8
01	207 07.5	176 24.6	11 59.7	214 21.9	18.8	346 15.9	22.7	227 13.5	05.3	Achernar	335 38.0	S57 16.0
02	222 09.9	191 24.1	12 00.8	229 22.5	18.0	1 18.6	22.7	242 15.7	05.2	Acrux	173 24.7	S63 04.2
03	237 12.4	206 23.7	·· 02.0	244 23.2	·· 17.2	16 21.3	·· 22.6	257 17.9	·· 05.1	Adhara	255 23.8	S28 58.2
04	252 14.9	221 23.2	03.1	259 23.9	16.5	31 24.0	22.5	272 20.2	05.0	Aldebaran	291 06.1	N16 29.8
05	267 17.3	236 22.7	04.3	274 24.5	15.7	46 26.7	22.4	287 22.4	04.9			
06	282 19.8	251 22.3	N12 05.4	289 25.2	S 4 14.9	61 29.4	S14 22.4	302 24.6	S10 04.8	Alioth	166 32.7	N55 59.3
07	297 22.3	266 21.8	06.6	304 25.9	14.1	76 32.1	22.3	317 26.8	04.7	Alkaid	153 09.7	N49 20.3
08	312 24.7	281 21.4	07.7	319 26.5	13.3	91 34.8	22.2	332 29.0	04.6	Al Na'ir	28 02.0	S46 59.2
M 09	327 27.2	296 20.9	·· 08.9	334 27.2	·· 12.6	106 37.5	·· 22.1	347 31.2	·· 04.5	Alnilam	276 01.1	S 1 12.5
O 10	342 29.6	311 20.4	10.0	349 27.9	11.8	121 40.2	22.1	2 33.4	04.4	Alphard	218 10.0	S 8 38.3
N 11	357 32.1	326 20.0	11.1	4 28.5	11.0	136 42.9	22.0	17 35.6	04.4			
D 12	12 34.6	341 19.5	N12 12.3	19 29.2	S 4 10.2	151 45.6	S14 21.9	32 37.9	S10 04.3	Alphecca	126 22.9	N26 43.8
A 13	27 37.0	356 19.0	13.4	34 29.9	09.5	166 48.3	21.8	47 40.1	04.2	Alpheratz	357 58.7	N29 03.5
Y 14	42 39.5	11 18.6	14.6	49 30.5	08.7	181 51.0	21.7	62 42.3	04.1	Altair	62 22.3	N 8 51.1
15	57 42.0	26 18.1	·· 15.7	64 31.2	·· 07.9	196 53.7	·· 21.7	77 44.5	·· 04.0	Ankaa	353 30.3	S42 20.2
16	72 44.4	41 17.7	16.9	79 31.9	07.1	211 56.4	21.6	92 46.7	03.9	Antares	112 43.7	S26 25.2
17	87 46.9	56 17.2	18.0	94 32.5	06.3	226 59.1	21.5	107 48.9	03.8			
18	102 49.4	71 16.7	N12 19.1	109 33.2	S 4 05.6	242 01.8	S14 21.4	122 51.1	S10 03.7	Arcturus	146 08.5	N19 12.5
19	117 51.8	86 16.3	20.3	124 33.9	04.8	257 04.5	21.4	137 53.4	03.6	Atria	107 58.2	S69 00.8
20	132 54.3	101 15.8	21.4	139 34.5	04.0	272 07.3	21.3	152 55.6	03.5	Avior	234 23.7	S59 29.9
21	147 56.8	116 15.3	·· 22.6	154 35.2	·· 03.2	287 10.0	·· 21.2	167 57.8	·· 03.4	Bellatrix	278 47.6	N 6 20.5
22	162 59.2	131 14.9	23.7	169 35.9	02.5	302 12.7	21.1	183 00.0	03.3	Betelgeuse	271 16.9	N 7 24.2
23	178 01.7	146 14.4	24.8	184 36.5	01.7	317 15.4	21.0	198 02.2	03.2			
5 00	193 04.1	161 13.9	N12 26.0	199 37.2	S 4 00.9	332 18.1	S14 21.0	213 04.4	S10 03.1	Canopus	264 02.6	S52 42.0
01	208 06.6	176 13.5	27.1	214 37.9	4 00.1	347 20.8	20.9	228 06.6	03.1	Capella	280 55.9	N45 59.6
02	223 09.1	191 13.0	28.2	229 38.5	3 59.3	2 23.5	20.8	243 08.8	03.0	Deneb	49 41.4	N45 15.4
03	238 11.5	206 12.5	·· 29.4	244 39.2	·· 58.6	17 26.2	·· 20.7	258 11.1	·· 02.9	Denebola	182 48.0	N14 36.0
04	253 14.0	221 12.0	30.5	259 39.9	57.8	32 28.9	20.6	273 13.3	02.8	Diphda	349 10.6	S18 01.1
05	268 16.5	236 11.6	31.6	274 40.5	57.0	47 31.6	20.6	288 15.5	02.7			
06	283 18.9	251 11.1	N12 32.8	289 41.2	S 3 56.2	62 34.3	S14 20.5	303 17.7	S10 02.6	Dubhe	194 08.6	N61 46.9
07	298 21.4	266 10.6	33.9	304 41.9	55.5	77 37.0	20.4	318 19.9	02.5	Elnath	278 30.9	N28 36.1
T 08	313 23.9	281 10.2	35.0	319 42.5	54.7	92 39.8	20.3	333 22.1	02.4	Eltanin	90 52.7	N51 29.1
U 09	328 26.3	296 09.7	·· 36.2	334 43.2	·· 53.9	107 42.5	·· 20.3	348 24.4	·· 02.3	Enif	34 01.4	N 9 50.9
E 10	343 28.8	311 09.2	37.3	349 43.9	53.1	122 45.2	20.2	3 26.6	02.2	Fomalhaut	15 40.1	S29 39.1
S 11	358 31.2	326 08.7	38.4	4 44.5	52.3	137 47.9	20.1	18 28.8	02.1			
D 12	13 33.7	341 08.3	N12 39.6	19 45.2	S 3 51.6	152 50.6	S14 20.0	33 31.0	S10 02.0	Gacrux	172 16.4	S57 05.1
A 13	28 36.2	356 07.8	40.7	34 45.9	50.8	167 53.3	19.9	48 33.2	01.9	Gienah	176 06.8	S17 30.8
Y 14	43 38.6	11 07.3	41.8	49 46.6	50.0	182 56.0	19.9	63 35.4	01.8	Hadar	149 07.7	S60 20.8
15	58 41.1	26 06.9	·· 43.0	64 47.2	·· 49.2	197 58.7	·· 19.8	78 37.6	·· 01.8	Hamal	328 17.3	N23 26.1
16	73 43.6	41 06.4	44.1	79 47.9	48.4	213 01.4	19.7	93 39.9	01.7	Kaus Aust.	84 02.8	S34 23.1
17	88 46.0	56 05.9	45.2	94 48.6	47.7	228 04.2	19.6	108 42.1	01.6			
18	103 48.5	71 05.4	N12 46.3	109 49.2	S 3 46.9	243 06.9	S14 19.5	123 44.3	S10 01.5	Kochab	137 18.4	N74 10.5
19	118 51.0	86 05.0	47.5	124 49.9	46.1	258 09.6	19.5	138 46.5	01.4	Markab	13 52.9	N15 10.4
20	133 53.4	101 04.5	48.6	139 50.6	45.3	273 12.3	19.4	153 48.7	01.3	Menkar	314 30.4	N 4 03.9
21	148 55.9	116 04.0	·· 49.7	154 51.2	·· 44.6	288 15.0	·· 19.3	168 50.9	·· 01.2	Menkent	148 24.2	S36 20.6
22	163 58.4	131 03.5	50.8	169 51.9	43.8	303 17.7	19.2	183 53.2	01.1	Miaplacidus	221 42.2	S69 42.0
23	179 00.8	146 03.1	52.0	184 52.6	43.0	318 20.4	19.1	198 55.4	01.0			
6 00	194 03.3	161 02.6	N12 53.1	199 53.2	S 3 42.2	333 23.1	S14 19.1	213 57.6	S10 00.9	Mirfak	309 01.4	N49 50.5
01	209 05.7	176 02.1	54.2	214 53.9	41.4	348 25.9	19.0	228 59.8	00.8	Nunki	76 16.1	S26 18.1
02	224 08.2	191 01.6	55.3	229 54.6	40.7	3 28.6	18.9	244 02.0	00.7	Peacock	53 42.0	S56 44.9
03	239 10.7	206 01.1	·· 56.5	244 55.3	·· 39.9	18 31.3	·· 18.8	259 04.2	·· 00.6	Pollux	243 45.2	N28 02.3
04	254 13.1	221 00.7	57.6	259 55.9	39.1	33 34.0	18.7	274 06.5	00.6	Procyon	245 14.7	N 5 14.2
05	269 15.6	236 00.2	58.7	274 56.6	38.3	48 36.7	18.7	289 08.7	00.5			
06	284 18.1	250 59.7	N12 59.8	289 57.3	S 3 37.5	63 39.4	S14 18.6	304 10.9	S10 00.4	Rasalhague	96 19.7	N12 33.7
W 07	299 20.5	265 59.2	13 00.9	304 57.9	36.8	78 42.1	18.5	319 13.1	00.3	Regulus	207 58.6	N11 59.5
E 08	314 23.0	280 58.7	02.1	319 58.6	36.0	93 44.9	18.4	334 15.3	00.2	Rigel	281 26.0	S 8 12.7
D 09	329 25.5	295 58.3	·· 03.2	334 59.3	·· 35.2	108 47.6	·· 18.3	349 17.5	·· 00.1	Rigil Kent.	140 10.7	S60 48.6
N 10	344 27.9	310 57.8	04.3	350 00.0	34.4	123 50.3	18.3	4 19.8	10 00.0	Sabik	102 28.9	S15 43.1
E 11	359 30.4	325 57.3	05.4	5 00.6	33.6	138 53.0	18.2	19 22.0	9 59.9			
S 12	14 32.9	340 56.8	N13 06.5	20 01.3	S 3 32.9	153 55.7	S14 18.1	34 24.2	S 9 59.8	Schedar	349 57.5	N56 30.3
D 13	29 35.3	355 56.3	07.6	35 02.0	32.1	168 58.4	18.0	49 26.4	59.7	Shaula	96 41.3	S37 05.9
A 14	44 37.8	10 55.9	08.8	50 02.6	31.3	184 01.1	17.9	64 28.6	59.6	Sirius	258 46.4	S16 42.8
Y 15	59 40.2	25 55.4	·· 09.9	65 03.3	·· 30.5	199 03.9	·· 17.9	79 30.8	·· 59.5	Spica	158 46.1	S11 08.1
16	74 42.7	40 54.9	11.0	80 04.0	29.7	214 06.6	17.8	94 33.1	59.5	Suhail	223 02.8	S43 25.0
17	89 45.2	55 54.4	12.1	95 04.6	29.0	229 09.3	17.7	109 35.3	59.4			
18	104 47.6	70 53.9	N13 13.2	110 05.3	S 3 28.2	244 12.0	S14 17.6	124 37.5	S 9 59.3	Vega	80 48.6	N38 46.5
19	119 50.1	85 53.4	14.3	125 06.0	27.4	259 14.7	17.5	139 39.7	59.2	Zuben'ubi	137 21.1	S16 01.2
20	134 52.6	100 53.0	15.4	140 06.7	26.6	274 17.4	17.5	154 41.9	59.1			
21	149 55.0	115 52.5	·· 16.6	155 07.3	·· 25.8	289 20.2	·· 17.4	169 44.1	·· 59.0		S.H.A.	Mer. Pass.
22	164 57.5	130 52.0	17.7	170 08.0	25.1	304 22.9	17.3	184 46.4	58.9		° '	h m
23	180 00.0	145 51.5	18.8	185 08.7	24.3	319 25.6	17.2	199 48.6	58.8	Venus	328 09.8	13 15
										Mars	6 33.0	10 41
	h m									Jupiter	139 13.9	1 50
Mer. Pass. 11 05.9		v −0.5 d 1.1		v 0.7 d 0.8		v 2.7 d 0.1		v 2.2 d 0.1		Saturn	20 00.3	9 46

1994 APRIL 4, 5, 6 (MON., TUES., WED.)

SUN / MOON

UT (GMT)	SUN G.H.A.	Dec.	MOON G.H.A.	v	Dec.	d	H.P.
4 00	179 12.4	N 5 31.2	256 16.3	10.3	S16 45.6	7.1	56.9
01	194 12.6	32.1	270 45.6	10.4	16 38.5	7.2	56.8
02	209 12.8	33.1	285 15.0	10.5	16 31.3	7.3	56.8
03	224 13.0	.. 34.0	299 44.5	10.5	16 24.0	7.4	56.8
04	239 13.1	35.0	314 14.0	10.7	16 16.6	7.4	56.8
05	254 13.3	35.9	328 43.7	10.7	16 09.2	7.6	56.7
06	269 13.5	N 5 36.9	343 13.4	10.7	S16 01.6	7.6	56.7
07	284 13.7	37.9	357 43.1	10.9	15 54.0	7.6	56.7
M 08	299 13.9	38.8	12 13.0	10.9	15 46.4	7.8	56.6
O 09	314 14.0	.. 39.8	26 42.9	11.0	15 38.6	7.8	56.6
N 10	329 14.2	40.7	41 12.9	11.1	15 30.8	7.9	56.6
D 11	344 14.4	41.7	55 43.0	11.2	15 22.9	7.9	56.5
A 12	359 14.6	N 5 42.6	70 13.2	11.2	S15 15.0	8.1	56.5
Y 13	14 14.8	43.6	84 43.4	11.3	15 06.9	8.0	56.5
14	29 15.0	44.5	99 13.7	11.3	14 58.9	8.2	56.4
15	44 15.1	.. 45.5	113 44.0	11.5	14 50.7	8.2	56.4
16	59 15.3	46.4	128 14.5	11.5	14 42.5	8.3	56.4
17	74 15.5	47.4	142 45.0	11.6	14 34.2	8.4	56.4
18	89 15.7	N 5 48.3	157 15.6	11.6	S14 25.8	8.4	56.3
19	104 15.9	49.3	171 46.2	11.8	14 17.4	8.5	56.3
20	119 16.0	50.2	186 17.0	11.8	14 08.9	8.5	56.3
21	134 16.2	.. 51.2	200 47.8	11.8	14 00.4	8.6	56.2
22	149 16.4	52.1	215 18.6	12.0	13 51.8	8.7	56.2
23	164 16.6	53.1	229 49.6	12.0	13 43.1	8.7	56.2
5 00	179 16.8	N 5 54.1	244 20.6	12.0	S13 34.4	8.8	56.2
01	194 17.0	55.0	258 51.6	12.2	13 25.6	8.8	56.1
02	209 17.1	56.0	273 22.8	12.2	13 16.8	8.9	56.1
03	224 17.3	.. 56.9	287 54.0	12.3	13 07.9	8.9	56.1
04	239 17.5	57.9	302 25.3	12.3	12 59.0	9.0	56.1
05	254 17.7	58.8	316 56.6	12.4	12 50.0	9.0	56.0
06	269 17.9	N 5 59.8	331 28.0	12.5	S12 41.0	9.1	56.0
07	284 18.0	6 00.7	345 59.5	12.5	12 31.9	9.2	56.0
T 08	299 18.2	01.7	0 31.0	12.6	12 22.7	9.2	55.9
U 09	314 18.4	.. 02.6	15 02.6	12.6	12 13.5	9.2	55.9
E 10	329 18.6	03.6	29 34.2	12.8	12 04.3	9.3	55.9
S 11	344 18.8	04.5	44 06.0	12.7	11 55.0	9.4	55.9
D 12	359 18.9	N 6 05.5	58 37.7	12.9	S11 45.6	9.4	55.8
A 13	14 19.1	06.4	73 09.6	12.9	11 36.2	9.4	55.8
Y 14	29 19.3	07.4	87 41.5	12.9	11 26.8	9.5	55.8
15	44 19.5	.. 08.3	102 13.4	13.1	11 17.3	9.5	55.8
16	59 19.7	09.2	116 45.5	13.0	11 07.8	9.6	55.7
17	74 19.8	10.2	131 17.5	13.2	10 58.2	9.6	55.7
18	89 20.0	N 6 11.1	145 49.7	13.2	S10 48.6	9.7	55.7
19	104 20.2	12.1	160 21.9	13.2	10 38.9	9.6	55.7
20	119 20.4	13.0	174 54.1	13.3	10 29.3	9.8	55.6
21	134 20.6	.. 14.0	189 26.4	13.4	10 19.5	9.7	55.6
22	149 20.7	14.9	203 58.8	13.4	10 09.8	9.9	55.6
23	164 20.9	15.9	218 31.2	13.4	9 59.9	9.8	55.6
6 00	179 21.1	N 6 16.8	233 03.6	13.5	S 9 50.1	9.9	55.5
01	194 21.3	17.8	247 36.1	13.6	9 40.2	9.9	55.5
02	209 21.4	18.7	262 08.7	13.6	9 30.3	10.0	55.5
03	224 21.6	.. 19.7	276 41.3	13.7	9 20.3	9.9	55.5
04	239 21.8	20.6	291 14.0	13.7	9 10.4	10.1	55.5
05	254 22.0	21.6	305 46.7	13.8	9 00.3	10.0	55.4
06	269 22.2	N 6 22.5	320 19.5	13.8	S 8 50.3	10.1	55.4
W 07	284 22.3	23.5	334 52.3	13.9	8 40.2	10.1	55.4
E 08	299 22.5	24.4	349 25.2	13.9	8 30.1	10.1	55.4
D 09	314 22.7	.. 25.3	3 58.1	13.9	8 20.0	10.2	55.3
N 10	329 22.9	26.3	18 31.0	14.0	8 09.8	10.2	55.3
E 11	344 23.0	27.2	33 04.0	14.1	7 59.6	10.2	55.3
S 12	359 23.2	N 6 28.2	47 37.1	14.1	S 7 49.4	10.3	55.3
D 13	14 23.4	29.1	62 10.2	14.1	7 39.1	10.3	55.3
A 14	29 23.6	30.1	76 43.3	14.2	7 28.8	10.3	55.2
Y 15	44 23.8	.. 31.0	91 16.5	14.2	7 18.5	10.3	55.2
16	59 23.9	32.0	105 49.7	14.2	7 08.2	10.4	55.2
17	74 24.1	32.9	120 22.9	14.3	6 57.8	10.4	55.2
18	89 24.3	N 6 33.8	134 56.2	14.4	S 6 47.4	10.4	55.2
19	104 24.5	34.8	149 29.6	14.4	6 37.0	10.4	55.1
20	119 24.6	35.7	164 03.0	14.4	6 26.6	10.4	55.1
21	134 24.8	.. 36.7	178 36.4	14.4	6 16.2	10.5	55.1
22	149 25.0	37.6	193 09.8	14.5	6 05.7	10.5	55.1
23	164 25.2	38.6	207 43.3	14.5	5 55.2	10.5	55.1
	S.D. 16.0	d 0.9	S.D. 15.4		15.2		15.1

Twilight / Moonrise

Lat.	Naut.	Civil	Sunrise	Moonrise 4	5	6	7
N 72	00 26	03 17	04 36	05 20	04 53	04 36	04 22
N 70	01 48	03 37	04 46	04 39	04 29	04 22	04 15
68	02 24	03 52	04 53	04 10	04 11	04 11	04 09
66	02 49	04 05	05 00	03 49	03 56	04 01	04 05
64	03 08	04 15	05 05	03 31	03 44	03 53	04 01
62	03 23	04 23	05 10	03 17	03 34	03 47	03 57
60	03 36	04 31	05 14	03 05	03 25	03 41	03 54
N 58	03 46	04 37	05 18	02 54	03 17	03 36	03 51
56	03 55	04 43	05 21	02 45	03 10	03 31	03 49
54	04 03	04 47	05 24	02 37	03 04	03 27	03 46
52	04 10	04 52	05 26	02 30	02 59	03 23	03 44
50	04 16	04 56	05 29	02 23	02 54	03 19	03 42
45	04 28	05 04	05 34	02 09	02 43	03 12	03 38
N 40	04 38	05 11	05 38	01 57	02 34	03 06	03 35
35	04 46	05 16	05 42	01 47	02 26	03 00	03 32
30	04 53	05 21	05 45	01 38	02 19	02 55	03 29
20	05 02	05 28	05 50	01 23	02 07	02 47	03 25
N 10	05 09	05 34	05 55	01 10	01 56	02 40	03 21
0	05 15	05 39	05 59	00 57	01 47	02 33	03 17
S 10	05 18	05 43	06 04	00 45	01 37	02 26	03 13
20	05 20	05 46	06 08	00 31	01 26	02 19	03 09
30	05 21	05 49	06 13	00 16	01 14	02 10	03 05
35	05 21	05 50	06 16	00 07	01 07	02 05	03 02
40	05 20	05 52	06 19	24 59	00 59	02 00	02 59
45	05 19	05 53	06 22	24 50	00 50	01 53	02 56
S 50	05 17	05 54	06 26	24 38	00 38	01 45	02 51
52	05 15	05 54	06 28	24 33	00 33	01 42	02 49
54	05 14	05 55	06 30	24 27	00 27	01 38	02 47
56	05 12	05 55	06 33	24 21	00 21	01 33	02 45
58	05 10	05 56	06 35	24 13	00 13	01 29	02 42
S 60	05 08	05 56	06 38	24 05	00 05	01 23	02 40

Twilight / Moonset

Lat.	Sunset	Civil	Naut.	Moonset 4	5	6	7
N 72	19 33	20 53	////	09 13	11 21	13 13	14 57
N 70	19 23	20 32	22 26	09 54	11 43	13 25	15 02
68	19 14	20 16	21 47	10 21	12 00	13 35	15 06
66	19 08	20 04	21 20	10 42	12 14	13 42	15 09
64	19 02	19 53	21 01	10 58	12 25	13 49	15 11
62	18 57	19 44	20 45	11 12	12 34	13 55	15 14
60	18 53	19 37	20 32	11 23	12 42	14 00	15 16
N 58	18 49	19 30	20 21	11 33	12 49	14 04	15 17
56	18 46	19 24	20 12	11 42	12 55	14 08	15 19
54	18 43	19 19	20 04	11 50	13 01	14 11	15 20
52	18 40	19 15	19 57	11 56	13 06	14 14	15 22
50	18 38	19 11	19 51	12 03	13 10	14 17	15 23
45	18 32	19 02	19 38	12 16	13 20	14 23	15 25
N 40	18 28	18 55	19 28	12 27	13 28	14 28	15 27
35	18 24	18 50	19 20	12 36	13 35	14 33	15 29
30	18 21	18 45	19 14	12 44	13 41	14 37	15 31
20	18 15	18 37	19 03	12 58	13 52	14 43	15 33
N 10	18 10	18 32	18 56	13 10	14 01	14 49	15 36
0	18 06	18 27	18 51	13 21	14 09	14 54	15 38
S 10	18 02	18 23	18 47	13 33	14 17	15 00	15 40
20	17 57	18 19	18 45	13 44	14 26	15 05	15 42
30	17 52	18 16	18 44	13 58	14 36	15 12	15 45
35	17 49	18 15	18 44	14 06	14 42	15 15	15 46
40	17 46	18 13	18 45	14 15	14 49	15 19	15 48
45	17 43	18 12	18 46	14 25	14 56	15 24	15 50
S 50	17 38	18 11	18 48	14 37	15 06	15 30	15 52
52	17 36	18 10	18 49	14 43	15 10	15 32	15 53
54	17 34	18 09	18 50	14 50	15 14	15 35	15 54
56	17 32	18 09	18 52	14 57	15 19	15 38	15 55
58	17 29	18 08	18 54	15 05	15 25	15 42	15 57
S 60	17 26	18 08	18 56	15 13	15 31	15 46	15 58

SUN / MOON

Day	SUN Eqn. of Time 00h	12h	Mer. Pass.	MOON Mer. Pass. Upper	Lower	Age	Phase
4	03 11	03 02	12 03	07 09	19 34	23	
5	02 53	02 45	12 03	07 58	20 21	24	
6	02 36	02 27	12 02	08 44	21 06	25	◑

74 — 1994 APRIL 7, 8, 9 (THURS., FRI., SAT.)

UT (GMT) d h	ARIES G.H.A.	VENUS −3.9 G.H.A.	Dec.	MARS +1.2 G.H.A.	Dec.	JUPITER −2.4 G.H.A.	Dec.	SATURN +1.0 G.H.A.	Dec.	STARS Name	S.H.A.	Dec.
7 00	195 02.4	160 51.0	N13 19.9	200 09.3	S 3 23.5	334 28.3	S14 17.1	214 50.8	S 9 58.7	Acamar	315 29.6	S40 19.8
01	210 04.9	175 50.5	21.0	215 10.0	22.7	349 31.0	17.1	229 53.0	58.6	Achernar	335 38.0	S57 16.0
02	225 07.4	190 50.0	22.1	230 10.7	22.0	4 33.8	17.0	244 55.2	58.5	Acrux	173 24.7	S63 04.2
03	240 09.8	205 49.5	·· 23.2	245 11.4	·· 21.2	19 36.5	·· 16.9	259 57.5	·· 58.5	Adhara	255 23.8	S28 58.2
04	255 12.3	220 49.1	24.3	260 12.0	20.4	34 39.2	16.8	274 59.7	58.4	Aldebaran	291 06.1	N16 29.8
05	270 14.7	235 48.6	25.4	275 12.7	19.6	49 41.9	16.7	290 01.9	58.3			
06	285 17.2	250 48.1	N13 26.5	290 13.4	S 3 18.8	64 44.6	S14 16.6	305 04.1	S 9 58.2	Alioth	166 32.7	N55 59.3
07	300 19.7	265 47.6	27.7	305 14.1	18.1	79 47.3	16.6	320 06.3	58.1	Alkaid	153 09.7	N49 20.3
T 08	315 22.1	280 47.1	28.8	320 14.7	17.3	94 50.1	16.5	335 08.5	58.0	Al Na'ir	28 02.0	S46 59.1
H 09	330 24.6	295 46.6	·· 29.9	335 15.4	·· 16.5	109 52.8	·· 16.4	350 10.8	·· 57.9	Alnilam	276 01.1	S 1 12.5
U 10	345 27.1	310 46.1	31.0	350 16.1	15.7	124 55.5	16.3	5 13.0	57.8	Alphard	218 10.0	S 8 38.3
R 11	0 29.5	325 45.6	32.1	5 16.7	14.9	139 58.2	16.2	20 15.2	57.7			
S 12	15 32.0	340 45.1	N13 33.2	20 17.4	S 3 14.2	155 00.9	S14 16.2	35 17.4	S 9 57.6	Alphecca	126 22.9	N26 43.8
D 13	30 34.5	355 44.7	34.3	35 18.1	13.4	170 03.7	16.1	50 19.6	57.5	Alpheratz	357 58.7	N29 03.5
A 14	45 36.9	10 44.2	35.4	50 18.8	12.6	185 06.4	16.0	65 21.9	57.5	Altair	62 22.3	N 8 51.1
Y 15	60 39.4	25 43.7	·· 36.5	65 19.4	·· 11.8	200 09.1	·· 15.9	80 24.1	·· 57.4	Ankaa	353 30.3	S42 20.2
16	75 41.8	40 43.2	37.6	80 20.1	11.0	215 11.8	15.8	95 26.3	57.3	Antares	112 43.7	S26 25.2
17	90 44.3	55 42.7	38.7	95 20.8	10.2	230 14.6	15.7	110 28.5	57.2			
18	105 46.8	70 42.2	N13 39.8	110 21.5	S 3 09.5	245 17.3	S14 15.7	125 30.7	S 9 57.1	Arcturus	146 08.5	N19 12.5
19	120 49.2	85 41.7	40.9	125 22.1	08.7	260 20.0	15.6	140 33.0	57.0	Atria	107 58.1	S69 00.8
20	135 51.7	100 41.2	42.0	140 22.8	07.9	275 22.7	15.5	155 35.2	56.9	Avior	234 23.7	S59 29.9
21	150 54.2	115 40.7	·· 43.1	155 23.5	·· 07.1	290 25.4	·· 15.4	170 37.4	·· 56.8	Bellatrix	278 47.6	N 6 20.5
22	165 56.6	130 40.2	44.2	170 24.1	06.3	305 28.2	15.3	185 39.6	56.7	Betelgeuse	271 17.0	N 7 24.2
23	180 59.1	145 39.7	45.3	185 24.8	05.6	320 30.9	15.3	200 41.8	56.6			
8 00	196 01.6	160 39.2	N13 46.4	200 25.5	S 3 04.8	335 33.6	S14 15.2	215 44.1	S 9 56.5	Canopus	264 02.6	S52 42.0
01	211 04.0	175 38.7	47.5	215 26.2	04.0	350 36.3	15.1	230 46.3	56.5	Capella	280 55.9	N45 59.6
02	226 06.5	190 38.2	48.6	230 26.8	03.2	5 39.1	15.0	245 48.5	56.4	Deneb	49 41.4	N45 15.4
03	241 09.0	205 37.7	·· 49.7	245 27.5	·· 02.4	20 41.8	·· 14.9	260 50.7	·· 56.3	Denebola	182 48.0	N14 36.1
04	256 11.4	220 37.2	50.8	260 28.2	01.7	35 44.5	14.8	275 52.9	56.2	Diphda	349 10.6	S18 01.1
05	271 13.9	235 36.7	51.9	275 28.9	00.9	50 47.2	14.8	290 55.2	56.1			
06	286 16.3	250 36.2	N13 53.0	290 29.5	S 3 00.1	65 49.9	S14 14.7	305 57.4	S 9 56.0	Dubhe	194 08.7	N61 46.9
07	301 18.8	265 35.7	54.0	305 30.2	2 59.3	80 52.7	14.6	320 59.6	55.9	Elnath	278 31.0	N28 36.1
08	316 21.3	280 35.2	55.1	320 30.9	58.5	95 55.4	14.5	336 01.8	55.8	Eltanin	90 52.6	N51 29.1
F 09	331 23.7	295 34.7	·· 56.2	335 31.6	·· 57.8	110 58.1	·· 14.4	351 04.0	·· 55.7	Enif	34 01.4	N 9 50.9
R 10	346 26.2	310 34.2	57.3	350 32.2	57.0	126 00.8	14.3	6 06.3	55.6	Fomalhaut	15 40.1	S29 39.1
I 11	1 28.7	325 33.7	58.4	5 32.9	56.2	141 03.6	14.3	21 08.5	55.6			
D 12	16 31.1	340 33.2	N13 59.5	20 33.6	S 2 55.4	156 06.3	S14 14.2	36 10.7	S 9 55.5	Gacrux	172 16.4	S57 05.1
A 13	31 33.6	355 32.7	14 00.6	35 34.3	54.6	171 09.0	14.1	51 12.9	55.4	Gienah	176 06.8	S17 30.8
Y 14	46 36.1	10 32.2	01.7	50 34.9	53.9	186 11.7	14.0	66 15.1	55.3	Hadar	149 07.7	S60 20.8
15	61 38.5	25 31.7	·· 02.8	65 35.6	·· 53.1	201 14.5	·· 13.9	81 17.4	·· 55.2	Hamal	328 17.3	N23 26.1
16	76 41.0	40 31.2	03.9	80 36.3	52.3	216 17.2	13.8	96 19.6	55.1	Kaus Aust.	84 02.8	S34 23.1
17	91 43.5	55 30.7	04.9	95 37.0	51.5	231 19.9	13.8	111 21.8	55.0			
18	106 45.9	70 30.2	N14 06.0	110 37.6	S 2 50.7	246 22.6	S14 13.7	126 24.0	S 9 54.9	Kochab	137 18.4	N74 10.6
19	121 48.4	85 29.7	07.1	125 38.3	50.0	261 25.4	13.6	141 26.3	54.8	Markab	13 52.9	N15 10.4
20	136 50.8	100 29.2	08.2	140 39.0	49.2	276 28.1	13.5	156 28.5	54.7	Menkar	314 30.4	N 4 03.9
21	151 53.3	115 28.7	·· 09.3	155 39.7	·· 48.4	291 30.8	·· 13.4	171 30.7	·· 54.7	Menkent	148 24.2	S36 20.6
22	166 55.8	130 28.2	10.4	170 40.3	47.6	306 33.6	13.3	186 32.9	54.6	Miaplacidus	221 42.2	S69 42.0
23	181 58.2	145 27.7	11.5	185 40.9	46.8	321 36.3	13.3	201 35.1	54.5			
9 00	197 00.7	160 27.2	N14 12.5	200 41.7	S 2 46.0	336 39.0	S14 13.2	216 37.4	S 9 54.4	Mirfak	309 01.4	N49 50.5
01	212 03.2	175 26.7	13.6	215 42.4	45.3	351 41.7	13.1	231 39.6	54.3	Nunki	76 16.1	S26 18.1
02	227 05.6	190 26.2	14.7	230 43.0	44.5	6 44.5	13.0	246 41.8	54.2	Peacock	53 41.9	S56 44.9
03	242 08.1	205 25.7	·· 15.8	245 43.7	·· 43.7	21 47.2	·· 12.9	261 44.0	·· 54.1	Pollux	243 45.2	N28 02.3
04	257 10.6	220 25.2	16.9	260 44.4	42.9	36 49.9	12.8	276 46.2	54.0	Procyon	245 14.7	N 5 14.2
05	272 13.0	235 24.7	17.9	275 45.1	42.1	51 52.6	12.8	291 48.5	53.9			
06	287 15.5	250 24.2	N14 19.0	290 45.7	S 2 41.4	66 55.4	S14 12.7	306 50.7	S 9 53.8	Rasalhague	96 19.6	N12 33.7
07	302 17.9	265 23.6	20.1	305 46.4	40.6	81 58.1	12.6	321 52.9	53.8	Regulus	207 58.6	N11 59.5
S 08	317 20.4	280 23.1	21.2	320 47.1	39.8	97 00.8	12.5	336 55.1	53.7	Rigel	281 26.0	S 8 12.7
A 09	332 22.9	295 22.6	·· 22.3	335 47.8	·· 39.0	112 03.6	·· 12.4	351 57.4	·· 53.6	Rigil Kent.	140 10.7	S60 48.7
T 10	347 25.3	310 22.1	23.3	350 48.4	38.2	127 06.3	12.3	6 59.6	53.5	Sabik	102 28.9	S15 43.1
U 11	2 27.8	325 21.6	24.4	5 49.1	37.5	142 09.0	12.2	22 01.8	53.4			
R 12	17 30.3	340 21.1	N14 25.5	20 49.8	S 2 36.7	157 11.7	S14 12.2	37 04.0	S 9 53.3	Schedar	349 57.5	N56 30.3
D 13	32 32.7	355 20.6	26.6	35 50.5	35.9	172 14.5	12.1	52 06.3	53.2	Shaula	96 41.2	S37 05.9
A 14	47 35.2	10 20.1	27.6	50 51.2	35.1	187 17.2	12.0	67 08.5	53.1	Sirius	258 46.4	S16 42.8
Y 15	62 37.7	25 19.6	·· 28.7	65 51.8	·· 34.3	202 19.9	·· 11.9	82 10.7	·· 53.0	Spica	158 46.1	S11 08.1
16	77 40.1	40 19.0	29.8	80 52.5	33.5	217 22.7	11.8	97 12.9	53.0	Suhail	223 02.8	S43 25.0
17	92 42.6	55 18.5	30.9	95 53.2	32.8	232 25.4	11.7	112 15.1	52.9			
18	107 45.1	70 18.0	N14 31.9	110 53.9	S 2 32.0	247 28.1	S14 11.7	127 17.4	S 9 52.8	Vega	80 48.6	N38 46.5
19	122 47.5	85 17.5	33.0	125 54.5	31.2	262 30.9	11.6	142 19.6	52.7	Zuben'ubi	137 21.0	S16 01.2
20	137 50.0	100 17.0	34.1	140 55.2	30.4	277 33.6	11.5	157 21.8	52.6			
21	152 52.4	115 16.5	·· 35.1	155 55.9	·· 29.6	292 36.3	·· 11.4	172 24.0	·· 52.5			
22	167 54.9	130 16.0	36.2	170 56.6	28.9	307 39.1	11.3	187 26.3	52.4			
23	182 57.4	145 15.5	37.3	185 57.2	28.1	322 41.8	11.2	202 28.5	52.3			

	S.H.A.	Mer. Pass.
Venus	324 37.7	13 18
Mars	4 23.9	10 38
Jupiter	139 32.0	1 37
Saturn	19 42.5	9 36

Mer. Pass. 10h 54.1m | VENUS: v −0.5, d 1.1 | MARS: v 0.7, d 0.8 | JUPITER: v 2.7, d 0.1 | SATURN: v 2.2, d 0.1

1994 APRIL 7, 8, 9 (THURS., FRI., SAT.)

UT (GMT)	SUN G.H.A.	SUN Dec.	MOON G.H.A.	MOON v	MOON Dec.	MOON d	MOON H.P.
d h	° ′	° ′	° ′	′	° ′	′	′
7 00	179 25.3	N 6 39.5	222 16.8	14.6	S 5 44.7	10.5	55.0
01	194 25.5	40.4	236 50.4	14.6	5 34.2	10.5	55.0
02	209 25.7	41.4	251 24.0	14.6	5 23.7	10.6	55.0
03	224 25.9	.. 42.3	265 57.6	14.7	5 13.1	10.5	55.0
04	239 26.0	43.3	280 31.3	14.7	5 02.6	10.6	55.0
05	254 26.2	44.2	295 05.0	14.7	4 52.0	10.6	55.0
06	269 26.4	N 6 45.1	309 38.7	14.8	S 4 41.4	10.6	54.9
T 07	284 26.6	46.1	324 12.5	14.7	4 30.8	10.6	54.9
H 08	299 26.8	47.0	338 46.2	14.9	4 20.2	10.7	54.9
U 09	314 26.9	.. 48.0	353 20.1	14.8	4 09.5	10.6	54.9
R 10	329 27.1	48.9	7 53.9	14.9	3 58.9	10.7	54.9
S 11	344 27.3	49.9	22 27.8	14.9	3 48.2	10.6	54.8
D 12	359 27.5	N 6 50.8	37 01.7	14.9	S 3 37.6	10.7	54.8
A 13	14 27.6	51.7	51 35.6	14.9	3 26.9	10.7	54.8
Y 14	29 27.8	52.7	66 09.5	15.0	3 16.2	10.7	54.8
15	44 28.0	.. 53.6	80 43.5	15.0	3 05.5	10.7	54.8
16	59 28.2	54.5	95 17.5	15.0	2 54.8	10.7	54.8
17	74 28.3	55.5	109 51.5	15.1	2 44.1	10.7	54.7
18	89 28.5	N 6 56.4	124 25.6	15.0	S 2 33.4	10.7	54.7
19	104 28.7	57.4	138 59.6	15.1	2 22.7	10.7	54.7
20	119 28.8	58.3	153 33.7	15.1	2 12.0	10.7	54.7
21	134 29.0	6 59.2	168 07.8	15.2	2 01.3	10.8	54.7
22	149 29.2	7 00.2	182 42.0	15.1	1 50.5	10.7	54.7
23	164 29.4	01.1	197 16.1	15.2	1 39.8	10.7	54.7
8 00	179 29.5	N 7 02.1	211 50.3	15.1	S 1 29.1	10.7	54.6
01	194 29.7	03.0	226 24.4	15.2	1 18.4	10.7	54.6
02	209 29.9	03.9	240 58.6	15.3	1 07.6	10.7	54.6
03	224 30.1	.. 04.9	255 32.9	15.2	0 56.9	10.7	54.6
04	239 30.2	05.8	270 07.1	15.2	0 46.2	10.8	54.6
05	254 30.4	06.7	284 41.3	15.3	0 35.4	10.7	54.6
06	269 30.6	N 7 07.7	299 15.6	15.3	S 0 24.7	10.7	54.6
F 07	284 30.8	08.6	313 49.9	15.2	0 14.0	10.7	54.5
R 08	299 30.9	09.5	328 24.1	15.3	S 0 03.3	10.7	54.5
I 09	314 31.1	.. 10.5	342 58.4	15.3	N 0 07.4	10.7	54.5
D 10	329 31.3	11.4	357 32.7	15.4	0 18.1	10.7	54.5
A 11	344 31.5	12.4	12 07.1	15.3	0 28.8	10.7	54.5
Y 12	359 31.6	N 7 13.3	26 41.4	15.3	N 0 39.5	10.7	54.5
13	14 31.8	14.2	41 15.7	15.4	0 50.2	10.7	54.5
14	29 32.0	15.2	55 50.1	15.3	1 00.9	10.7	54.5
15	44 32.1	.. 16.1	70 24.4	15.4	1 11.6	10.6	54.4
16	59 32.3	17.0	84 58.8	15.3	1 22.2	10.7	54.4
17	74 32.5	18.0	99 33.1	15.4	1 32.9	10.6	54.4
18	89 32.7	N 7 18.9	114 07.5	15.4	N 1 43.5	10.7	54.4
19	104 32.8	19.8	128 41.9	15.4	1 54.2	10.6	54.4
20	119 33.0	20.8	143 16.3	15.3	2 04.8	10.6	54.4
21	134 33.2	.. 21.7	157 50.6	15.4	2 15.4	10.6	54.4
22	149 33.3	22.6	172 25.0	15.4	2 26.0	10.6	54.4
23	164 33.5	23.6	186 59.4	15.4	2 36.6	10.5	54.3
9 00	179 33.7	N 7 24.5	201 33.8	15.4	N 2 47.1	10.6	54.3
01	194 33.9	25.4	216 08.2	15.4	2 57.7	10.5	54.3
02	209 34.0	26.4	230 42.6	15.4	3 08.2	10.6	54.3
03	224 34.2	.. 27.3	245 17.0	15.4	3 18.8	10.5	54.3
04	239 34.4	28.2	259 51.4	15.3	3 29.3	10.4	54.3
05	254 34.5	29.2	274 25.7	15.4	3 39.7	10.5	54.3
06	269 34.7	N 7 30.1	289 00.1	15.4	N 3 50.2	10.5	54.3
S 07	284 34.9	31.0	303 34.5	15.4	4 00.7	10.4	54.3
A 08	299 35.1	31.9	318 08.9	15.4	4 11.1	10.4	54.3
T 09	314 35.2	.. 32.9	332 43.3	15.3	4 21.5	10.4	54.2
U 10	329 35.4	33.8	347 17.6	15.4	4 31.9	10.4	54.2
R 11	344 35.6	34.7	1 52.0	15.4	4 42.3	10.3	54.2
D 12	359 35.7	N 7 35.7	16 26.4	15.3	N 4 52.6	10.3	54.2
A 13	14 35.9	36.6	31 00.7	15.4	5 02.9	10.3	54.2
Y 14	29 36.1	37.5	45 35.1	15.3	5 13.2	10.3	54.2
15	44 36.2	.. 38.5	60 09.4	15.3	5 23.5	10.2	54.2
16	59 36.4	39.4	74 43.7	15.4	5 33.7	10.2	54.2
17	74 36.6	40.3	89 18.1	15.3	5 44.0	10.2	54.2
18	89 36.7	N 7 41.2	103 52.4	15.3	N 5 54.2	10.1	54.2
19	104 36.9	42.2	118 26.7	15.3	6 04.3	10.2	54.2
20	119 37.1	43.1	133 01.0	15.2	6 14.5	10.1	54.1
21	134 37.3	.. 44.0	147 35.2	15.3	6 24.6	10.1	54.1
22	149 37.4	44.9	162 09.5	15.3	6 34.7	10.1	54.1
23	164 37.6	45.9	176 43.8	15.2	6 44.8	10.0	54.1
	S.D. 16.0	d 0.9	S.D. 14.9		14.8		14.8

Twilight / Sunrise / Moonrise

Lat.	Twilight Naut.	Twilight Civil	Sunrise	Moonrise 7	8	9	10
°	h m	h m	h m	h m	h m	h m	h m
N 72	////	02 57	04 20	04 22	04 10	03 59	03 46
N 70	01 13	03 20	04 31	04 15	04 09	04 03	03 57
68	02 02	03 38	04 41	04 09	04 08	04 07	04 06
66	02 32	03 52	04 48	04 05	04 07	04 10	04 13
64	02 54	04 03	04 55	04 01	04 07	04 13	04 19
62	03 11	04 13	05 00	03 57	04 06	04 15	04 25
60	03 25	04 21	05 05	03 54	04 06	04 17	04 29
N 58	03 36	04 28	05 09	03 51	04 05	04 19	04 34
56	03 46	04 34	05 13	03 49	04 05	04 21	04 37
54	03 55	04 40	05 17	03 46	04 04	04 22	04 41
52	04 02	04 45	05 20	03 44	04 04	04 24	04 44
50	04 09	04 49	05 22	03 42	04 04	04 25	04 46
45	04 22	04 58	05 28	03 38	04 03	04 28	04 53
N 40	04 33	05 06	05 33	03 35	04 03	04 30	04 58
35	04 42	05 12	05 38	03 32	04 02	04 32	05 02
30	04 49	05 17	05 42	03 29	04 02	04 34	05 06
20	05 00	05 26	05 48	03 25	04 01	04 37	05 13
N 10	05 08	05 32	05 54	03 21	04 00	04 40	05 19
0	05 14	05 38	05 59	03 17	04 00	04 42	05 24
S 10	05 18	05 42	06 04	03 13	03 59	04 45	05 30
20	05 21	05 47	06 09	03 09	03 59	04 48	05 36
30	05 23	05 51	06 15	03 05	03 58	04 51	05 43
35	05 23	05 53	06 18	03 02	03 58	04 53	05 47
40	05 23	05 54	06 22	02 59	03 57	04 55	05 52
45	05 22	05 56	06 26	02 56	03 57	04 57	05 57
S 50	05 21	05 59	06 31	02 51	03 56	05 00	06 04
52	05 20	05 59	06 33	02 49	03 56	05 02	06 07
54	05 19	06 00	06 36	02 47	03 56	05 03	06 10
56	05 18	06 01	06 39	02 45	03 55	05 05	06 14
58	05 17	06 02	06 42	02 42	03 55	05 07	06 18
S 60	05 15	06 03	06 45	02 40	03 55	05 09	06 23

Sunset / Twilight / Moonset

Lat.	Sunset	Twilight Civil	Twilight Naut.	Moonset 7	8	9	10
°	h m	h m	h m	h m	h m	h m	h m
N 72	19 47	21 12	////	14 57	16 38	18 19	20 02
N 70	19 35	20 48	23 05	15 02	16 36	18 10	19 45
68	19 26	20 30	22 08	15 06	16 35	18 03	19 32
66	19 20	20 15	21 37	15 09	16 33	17 57	19 21
64	19 11	20 03	21 14	15 11	16 32	17 52	19 12
62	19 05	19 53	20 56	15 14	16 31	17 48	19 04
60	19 00	19 45	20 42	15 16	16 30	17 44	18 58
N 58	18 56	19 37	20 30	15 17	16 30	17 41	18 52
56	18 52	19 31	20 20	15 19	16 29	17 38	18 47
54	18 48	19 25	20 11	15 20	16 28	17 36	18 42
52	18 45	19 20	20 03	15 22	16 28	17 33	18 38
50	18 42	19 16	19 56	15 23	16 27	17 31	18 34
45	18 36	19 06	19 42	15 25	16 26	17 26	18 26
N 40	18 31	18 59	19 32	15 27	16 25	17 23	18 20
35	18 27	18 52	19 23	15 29	16 24	17 19	18 14
30	18 23	18 47	19 16	15 31	16 24	17 16	18 09
20	18 16	18 38	19 04	15 33	16 22	17 11	18 00
N 10	18 10	18 32	18 56	15 36	16 21	17 07	17 52
0	18 05	18 26	18 50	15 38	16 20	17 03	17 45
S 10	18 00	18 21	18 46	15 40	16 19	16 58	17 38
20	17 55	18 17	18 42	15 42	16 18	16 54	17 30
30	17 49	18 13	18 40	15 45	16 17	16 49	17 22
35	17 45	18 11	18 40	15 46	16 16	16 46	17 17
40	17 42	18 09	18 40	15 48	16 15	16 43	17 11
45	17 37	18 07	18 40	15 50	16 14	16 39	17 04
S 50	17 32	18 04	18 42	15 52	16 13	16 34	16 57
52	17 30	18 03	18 42	15 53	16 13	16 32	16 53
54	17 27	18 02	18 43	15 54	16 12	16 30	16 49
56	17 24	18 01	18 44	15 55	16 11	16 28	16 45
58	17 21	18 00	18 46	15 57	16 11	16 25	16 40
S 60	17 17	17 59	18 47	15 58	16 10	16 22	16 35

SUN and MOON

Day	SUN Eqn. of Time 00ʰ	SUN Eqn. of Time 12ʰ	SUN Mer. Pass.	MOON Mer. Pass. Upper	MOON Mer. Pass. Lower	Age	Phase
	m s	m s	h m	h m	h m	d	
7	02 19	02 11	12 02	09 27	21 49	26	
8	02 02	01 54	12 02	10 10	22 31	27	●
9	01 46	01 37	12 02	10 52	23 13	28	

1994 APRIL 10, 11, 12 (SUN., MON., TUES.)

UT (GMT) d h	ARIES G.H.A.	VENUS −3.9 G.H.A.	Dec.	MARS +1.2 G.H.A.	Dec.	JUPITER −2.4 G.H.A.	Dec.	SATURN +1.0 G.H.A.	Dec.	STARS Name	S.H.A.	Dec.
10 00	197 59.8	160 14.9 N14 38.3		200 57.9 S 2 27.3		337 44.5 S14 11.1		217 30.7 S 9 52.2		Acamar	315 29.6	S40 19.8
01	213 02.3	175 14.4	39.4	215 58.6	26.5	352 47.2	11.1	232 32.9	52.2	Achernar	335 38.0	S57 16.0
02	228 04.8	190 13.9	40.5	230 59.3	25.7	7 50.0	11.0	247 35.2	52.1	Acrux	173 24.7	S63 04.3
03	243 07.2	205 13.4 ··	41.5	246 00.0 ··	25.0	22 52.7 ··	10.9	262 37.4 ··	52.0	Adhara	255 23.9	S28 58.2
04	258 09.7	220 12.9	42.6	261 00.6	24.2	37 55.4	10.8	277 39.6	51.9	Aldebaran	291 06.1	N16 29.8
05	273 12.2	235 12.4	43.7	276 01.3	23.4	52 58.2	10.7	292 41.8	51.8			
06	288 14.6	250 11.8 N14 44.7		291 02.0 S 2 22.6		68 00.9 S14 10.6		307 44.1 S 9 51.7		Alioth	166 32.7	N55 59.4
07	303 17.1	265 11.3	45.8	306 02.7	21.8	83 03.6	10.5	322 46.3	51.6	Alkaid	153 09.7	N49 20.4
08	318 19.6	280 10.8	46.9	321 03.3	21.0	98 06.4	10.5	337 48.5	51.5	Al Na'ir	28 02.0	S46 59.1
S 09	333 22.0	295 10.3 ··	47.9	336 04.0 ··	20.3	113 09.1 ··	10.4	352 50.7 ··	51.4	Alnilam	276 01.1	S 1 12.5
U 10	348 24.5	310 09.8	49.0	351 04.7	19.5	128 11.8	10.3	7 53.0	51.4	Alphard	218 10.0	S 8 38.3
N 11	3 26.9	325 09.2	50.1	6 05.4	18.7	143 14.6	10.2	22 55.2	51.3			
D 12	18 29.4	340 08.7 N14 51.1		21 06.1 S 2 17.9		158 17.3 S14 10.1		37 57.4 S 9 51.2		Alphecca	126 22.9	N26 43.8
A 13	33 31.9	355 08.2	52.2	36 06.7	17.1	173 20.0	10.0	52 59.6	51.1	Alpheratz	357 58.7	N29 03.5
Y 14	48 34.3	10 07.7	53.2	51 07.4	16.4	188 22.8	09.9	68 01.9	51.0	Altair	62 22.3	N 8 51.1
15	63 36.8	25 07.2 ··	54.3	66 08.1 ··	15.6	203 25.5 ··	09.9	83 04.1 ··	50.9	Ankaa	353 30.2	S42 20.2
16	78 39.3	40 06.6	55.4	81 08.8	14.8	218 28.2	09.8	98 06.3	50.8	Antares	112 43.7	S26 25.2
17	93 41.7	55 06.1	56.4	96 09.4	14.0	233 31.0	09.7	113 08.5	50.7			
18	108 44.2	70 05.6 N14 57.5		111 10.1 S 2 13.2		248 33.7 S14 09.6		128 10.8 S 9 50.6		Arcturus	146 08.5	N19 12.6
19	123 46.7	85 05.1	58.5	126 10.8	12.4	263 36.4	09.5	143 13.0	50.6	Atria	107 58.1	S69 00.8
20	138 49.1	100 04.5 14 59.6		141 11.5	11.7	278 39.2	09.4	158 15.2	50.5	Avior	234 23.7	S59 29.9
21	153 51.6	115 04.0 15 00.6		156 12.2 ··	10.9	293 41.9 ··	09.3	173 17.4 ··	50.4	Bellatrix	278 47.6	N 6 20.5
22	168 54.0	130 03.5	01.7	171 12.8	10.1	308 44.6	09.3	188 19.7	50.3	Betelgeuse	271 17.0	N 7 24.2
23	183 56.5	145 03.0	02.7	186 13.5	09.3	323 47.4	09.2	203 21.9	50.2			
11 00	198 59.0	160 02.4 N15 03.8		201 14.2 S 2 08.5		338 50.1 S14 09.1		218 24.1 S 9 50.1		Canopus	264 02.7	S52 41.9
01	214 01.4	175 01.9	04.9	216 14.9	07.8	353 52.9	09.0	233 26.3	50.0	Capella	280 56.0	N45 59.6
02	229 03.9	190 01.4	05.9	231 15.6	07.0	8 55.6	08.9	248 28.6	49.9	Deneb	49 41.4	N45 15.4
03	244 06.4	205 00.9 ··	07.0	246 16.2 ··	06.2	23 58.3 ··	08.8	263 30.8 ··	49.9	Denebola	182 48.0	N14 36.1
04	259 08.8	220 00.3	08.0	261 16.9	05.4	39 01.1	08.7	278 33.0	49.8	Diphda	349 10.6	S18 01.1
05	274 11.3	234 59.8	09.1	276 17.6	04.6	54 03.8	08.7	293 35.2	49.7			
06	289 13.8	249 59.3 N15 10.1		291 18.3 S 2 03.8		69 06.5 S14 08.6		308 37.5 S 9 49.6		Dubhe	194 08.7	N61 46.9
07	304 16.2	264 58.7	11.2	306 19.0	03.1	84 09.3	08.5	323 39.7	49.5	Elnath	278 31.0	N28 36.1
08	319 18.7	279 58.2	12.2	321 19.6	02.3	99 12.0	08.4	338 41.9	49.4	Eltanin	90 52.6	N51 29.1
M 09	334 21.2	294 57.7 ··	13.2	336 20.3 ··	01.5	114 14.7 ··	08.3	353 44.2 ··	49.3	Enif	34 01.4	N 9 50.9
O 10	349 23.6	309 57.2	14.3	351 21.0	2 00.7	129 17.5	08.2	8 46.4	49.2	Fomalhaut	15 40.1	S29 39.1
N 11	4 26.1	324 56.6	15.3	6 21.7	1 59.9	144 20.2	08.1	23 48.6	49.2			
D 12	19 28.5	339 56.1 N15 16.4		21 22.4 S 1 59.2		159 23.0 S14 08.0		38 50.8 S 9 49.1		Gacrux	172 16.4	S57 05.1
A 13	34 31.0	354 55.6	17.4	36 23.0	58.4	174 25.7	08.0	53 53.1	49.0	Gienah	176 06.8	S17 30.8
Y 14	49 33.5	9 55.0	18.5	51 23.7	57.6	189 28.4	07.9	68 55.3	48.9	Hadar	149 07.7	S60 20.8
15	64 35.9	24 54.5 ··	19.5	66 24.4 ··	56.8	204 31.2 ··	07.8	83 57.5 ··	48.8	Hamal	328 17.3	N23 26.1
16	79 38.4	39 54.0	20.6	81 25.1	56.0	219 33.9	07.7	98 59.7	48.7	Kaus Aust.	84 02.7	S34 23.1
17	94 40.9	54 53.4	21.6	96 25.8	55.2	234 36.7	07.6	114 02.0	48.6			
18	109 43.3	69 52.9 N15 22.6		111 26.4 S 1 54.5		249 39.4 S14 07.5		129 04.2 S 9 48.5		Kochab	137 18.4	N74 10.6
19	124 45.8	84 52.4	23.7	126 27.1	53.7	264 42.1	07.4	144 06.4	48.5	Markab	13 52.9	N15 10.4
20	139 48.3	99 51.8	24.7	141 27.8	52.9	279 44.9	07.3	159 08.7	48.4	Menkar	314 30.4	N 4 03.9
21	154 50.7	114 51.3 ··	25.8	156 28.5 ··	52.1	294 47.6 ··	07.3	174 10.9 ··	48.3	Menkent	148 24.2	S36 20.6
22	169 53.2	129 50.8	26.8	171 29.2	51.3	309 50.3	07.2	189 13.1	48.2	Miaplacidus	221 42.3	S69 42.0
23	184 55.7	144 50.2	27.8	186 29.8	50.6	324 53.1	07.1	204 15.3	48.1			
12 00	199 58.1	159 49.7 N15 28.9		201 30.5 S 1 49.8		339 55.8 S14 07.0		219 17.6 S 9 48.0		Mirfak	309 01.4	N49 50.5
01	215 00.6	174 49.2	29.9	216 31.2	49.0	354 58.6	06.9	234 19.8	47.9	Nunki	76 16.0	S26 18.1
02	230 03.0	189 48.6	31.0	231 31.9	48.2	10 01.3	06.8	249 22.0	47.8	Peacock	53 41.9	S56 44.9
03	245 05.5	204 48.1 ··	32.0	246 32.6 ··	47.4	25 04.0 ··	06.7	264 24.3 ··	47.8	Pollux	243 45.3	N28 02.3
04	260 08.0	219 47.5	33.0	261 33.2	46.6	40 06.8	06.6	279 26.5	47.7	Procyon	245 14.7	N 5 14.2
05	275 10.4	234 47.0	34.1	276 33.9	45.9	55 09.5	06.6	294 28.7	47.6			
06	290 12.9	249 46.5 N15 35.1		291 34.6 S 1 45.1		70 12.3 S14 06.5		309 30.9 S 9 47.5		Rasalhague	96 19.6	N12 33.7
07	305 15.4	264 45.9	36.1	306 35.3	44.3	85 15.0	06.4	324 33.2	47.4	Regulus	207 58.6	N11 59.5
T 08	320 17.8	279 45.4	37.2	321 36.0	43.5	100 17.7	06.3	339 35.4	47.3	Rigel	281 26.0	S 8 12.7
U 09	335 20.3	294 44.8 ··	38.2	336 36.6 ··	42.7	115 20.5 ··	06.2	354 37.6 ··	47.2	Rigil Kent.	140 10.7	S60 48.7
E 10	350 22.8	309 44.3	39.2	351 37.3	42.0	130 23.2	06.1	9 39.9	47.1	Sabik	102 28.8	S15 43.1
S 11	5 25.2	324 43.8	40.2	6 38.0	41.2	145 26.0	06.0	24 42.1	47.1			
D 12	20 27.7	339 43.2 N15 41.3		21 38.7 S 1 40.4		160 28.7 S14 05.9		39 44.3 S 9 47.0		Schedar	349 57.5	N56 30.3
A 13	35 30.1	354 42.7	42.3	36 39.4	39.6	175 31.5	05.9	54 46.5	46.9	Shaula	96 41.2	S37 05.9
Y 14	50 32.6	9 42.1	43.3	51 40.1	38.8	190 34.2	05.8	69 48.8	46.8	Sirius	258 46.4	S16 42.8
15	65 35.1	24 41.6 ··	44.4	66 40.7 ··	38.0	205 36.9 ··	05.7	84 51.0 ··	46.7	Spica	158 46.1	S11 08.1
16	80 37.5	39 41.1	45.4	81 41.4	37.3	220 39.7	05.6	99 53.2	46.6	Suhail	223 02.8	S43 25.0
17	95 40.0	54 40.5	46.4	96 42.1	36.5	235 42.4	05.5	114 55.5	46.6			
18	110 42.5	69 40.0 N15 47.4		111 42.8 S 1 35.7		250 45.2 S14 05.4		129 57.7 S 9 46.5		Vega	80 48.6	N38 46.5
19	125 44.9	84 39.4	48.5	126 43.5	34.9	265 47.9	05.3	144 59.9	46.4	Zuben'ubi	137 21.0	S16 01.2
20	140 47.4	99 38.9	49.5	141 44.1	34.1	280 50.6	05.2	160 02.1	46.3			
21	155 49.9	114 38.3 ··	50.5	156 44.8 ··	33.4	295 53.4 ··	05.2	175 04.4 ··	46.2		S.H.A.	Mer. Pass.
22	170 52.3	129 37.8	51.5	171 45.5	32.6	310 56.1	05.1	190 06.6	46.1	Venus	321 03.5	13 20
23	185 54.8	144 37.2	52.6	186 46.2	31.8	325 58.9	05.0	205 08.8	46.0	Mars	2 15.2	10 35
	h m									Jupiter	139 51.1	1 24
Mer. Pass. 10 42.3		v −0.5 d 1.0		v 0.7 d 0.8		v 2.7 d 0.1		v 2.2 d 0.1		Saturn	19 25.1	9 25

1994 APRIL 10, 11, 12 (SUN., MON., TUES.)

UT (GMT)	SUN G.H.A.	SUN Dec.	MOON G.H.A.	v	MOON Dec.	d	H.P.
10 00	179 37.8	N 7 46.8	191 18.0	15.2	N 6 54.8	10.0	54.1
01	194 37.9	47.7	205 52.2	15.2	7 04.8	10.0	54.1
02	209 38.1	48.7	220 26.4	15.2	7 14.8	9.9	54.1
03	224 38.3	.. 49.6	235 00.6	15.2	7 24.7	9.9	54.1
04	239 38.4	50.5	249 34.8	15.2	7 34.6	9.9	54.1
05	254 38.6	51.4	264 09.0	15.1	7 44.5	9.8	54.1
06	269 38.8	N 7 52.4	278 43.1	15.2	N 7 54.3	9.8	54.1
07	284 38.9	53.3	293 17.3	15.1	8 04.1	9.8	54.1
S 08	299 39.1	54.2	307 51.4	15.1	8 13.9	9.7	54.1
U 09	314 39.3	.. 55.1	322 25.5	15.1	8 23.6	9.7	54.1
N 10	329 39.4	56.1	336 59.6	15.0	8 33.3	9.7	54.1
D 11	344 39.6	57.0	351 33.6	15.1	8 43.0	9.6	54.0
A 12	359 39.8	N 7 57.9	6 07.7	15.0	N 8 52.6	9.6	54.0
Y 13	14 39.9	58.8	20 41.7	15.0	9 02.2	9.6	54.0
14	29 40.1	7 59.8	35 15.7	15.0	9 11.8	9.5	54.0
15	44 40.3	8 00.7	49 49.7	15.0	9 21.3	9.5	54.0
16	59 40.4	01.6	64 23.7	14.9	9 30.8	9.4	54.0
17	74 40.6	02.5	78 57.6	14.9	9 40.2	9.4	54.0
18	89 40.8	N 8 03.4	93 31.5	14.9	N 9 49.6	9.3	54.0
19	104 40.9	04.4	108 05.4	14.9	9 58.9	9.3	54.0
20	119 41.1	05.3	122 39.3	14.8	10 08.2	9.3	54.0
21	134 41.3	.. 06.2	137 13.1	14.9	10 17.5	9.2	54.0
22	149 41.4	07.1	151 47.0	14.8	10 26.7	9.2	54.0
23	164 41.6	08.1	166 20.8	14.7	10 35.9	9.1	54.0
11 00	179 41.8	N 8 09.0	180 54.5	14.8	N10 45.0	9.1	54.0
01	194 41.9	09.9	195 28.3	14.7	10 54.1	9.0	54.0
02	209 42.1	10.8	210 02.0	14.7	11 03.1	9.0	54.0
03	224 42.3	.. 11.7	224 35.7	14.7	11 12.1	9.0	54.0
04	239 42.4	12.7	239 09.4	14.6	11 21.1	8.9	54.0
05	254 42.6	13.6	253 43.0	14.7	11 30.0	8.8	54.0
06	269 42.8	N 8 14.5	268 16.7	14.5	N11 38.8	8.8	54.0
07	284 42.9	15.4	282 50.2	14.6	11 47.6	8.8	54.0
M 08	299 43.1	16.3	297 23.8	14.5	11 56.4	8.7	54.0
O 09	314 43.3	.. 17.3	311 57.3	14.6	12 05.1	8.6	54.0
N 10	329 43.4	18.2	326 30.9	14.4	12 13.7	8.6	54.0
D 11	344 43.6	19.1	341 04.3	14.5	12 22.3	8.6	54.0
A 12	359 43.7	N 8 20.0	355 37.8	14.4	N12 30.9	8.5	54.0
Y 13	14 43.9	20.9	10 11.2	14.4	12 39.4	8.4	54.0
14	29 44.1	21.9	24 44.6	14.4	12 47.8	8.4	54.0
15	44 44.2	.. 22.8	39 18.0	14.3	12 56.2	8.3	54.0
16	59 44.4	23.7	53 51.3	14.3	13 04.5	8.3	54.0
17	74 44.6	24.6	68 24.6	14.2	13 12.8	8.2	53.9
18	89 44.7	N 8 25.5	82 57.8	14.3	N13 21.0	8.2	53.9
19	104 44.9	26.4	97 31.1	14.2	13 29.2	8.1	53.9
20	119 45.1	27.4	112 04.3	14.2	13 37.3	8.0	53.9
21	134 45.2	.. 28.3	126 37.5	14.1	13 45.3	8.0	53.9
22	149 45.4	29.2	141 10.6	14.1	13 53.3	8.0	53.9
23	164 45.5	30.1	155 43.7	14.1	14 01.3	7.8	53.9
12 00	179 45.7	N 8 31.0	170 16.8	14.0	N14 09.1	7.8	53.9
01	194 45.9	31.9	184 49.8	14.0	14 16.9	7.8	53.9
02	209 46.0	32.9	199 22.8	14.0	14 24.7	7.7	53.9
03	224 46.2	.. 33.8	213 55.8	13.9	14 32.4	7.6	53.9
04	239 46.4	34.7	228 28.7	14.0	14 40.0	7.6	53.9
05	254 46.5	35.6	243 01.7	13.8	14 47.6	7.5	53.9
06	269 46.7	N 8 36.5	257 34.5	13.9	N14 55.1	7.4	53.9
07	284 46.8	37.4	272 07.4	13.8	15 02.5	7.4	54.0
T 08	299 47.0	38.3	286 40.2	13.7	15 09.9	7.3	54.0
U 09	314 47.2	.. 39.3	301 12.9	13.8	15 17.2	7.2	54.0
E 10	329 47.3	40.2	315 45.7	13.7	15 24.4	7.2	54.0
S 11	344 47.5	41.1	330 18.4	13.6	15 31.6	7.1	54.0
D 12	359 47.7	N 8 42.0	344 51.0	13.7	N15 38.7	7.1	54.0
A 13	14 47.8	42.9	359 23.7	13.6	15 45.8	6.9	54.0
Y 14	29 48.0	43.8	13 56.3	13.5	15 52.7	7.0	54.0
15	44 48.1	.. 44.7	28 28.8	13.5	15 59.7	6.8	54.0
16	59 48.3	45.6	43 01.3	13.5	16 06.5	6.8	54.0
17	74 48.5	46.6	57 33.8	13.5	16 13.3	6.7	54.0
18	89 48.6	N 8 47.5	72 06.3	13.4	N16 20.0	6.6	54.0
19	104 48.8	48.4	86 38.7	13.4	16 26.6	6.5	54.0
20	119 49.0	49.3	101 11.1	13.3	16 33.1	6.5	54.0
21	134 49.1	.. 50.2	115 43.4	13.3	16 39.6	6.4	54.0
22	149 49.3	51.1	130 15.7	13.3	16 46.0	6.4	54.0
23	164 49.4	52.0	144 48.0	13.2	16 52.4	6.3	54.0
	S.D. 16.0	d 0.9	S.D. 14.7		14.7		14.7

Lat.	Twilight Naut.	Twilight Civil	Sunrise	Moonrise 10	11	12	13
N 72	////	02 34	04 03	03 46	03 33	03 14	02 40
N 70	////	03 02	04 17	03 57	03 51	03 44	03 35
68	01 36	03 22	04 28	04 06	04 05	04 06	04 08
66	02 13	03 38	04 37	04 13	04 17	04 23	04 33
64	02 38	03 51	04 44	04 19	04 27	04 38	04 52
62	02 58	04 02	04 51	04 25	04 36	04 50	05 08
60	03 13	04 11	04 56	04 29	04 43	05 00	05 21
N 58	03 26	04 19	05 01	04 34	04 50	05 09	05 32
56	03 37	04 26	05 05	04 37	04 56	05 17	05 42
54	03 46	04 32	05 09	04 41	05 01	05 24	05 51
52	03 54	04 38	05 13	04 44	05 05	05 30	05 59
50	04 01	04 43	05 16	04 46	05 10	05 36	06 06
45	04 16	04 53	05 23	04 53	05 19	05 48	06 21
N 40	04 28	05 01	05 29	04 58	05 27	05 58	06 33
35	04 37	05 08	05 34	05 02	05 34	06 07	06 44
30	04 45	05 14	05 38	05 06	05 39	06 15	06 54
20	04 57	05 23	05 45	05 13	05 50	06 29	07 10
N 10	05 06	05 31	05 52	05 19	05 59	06 40	07 24
0	05 13	05 37	05 58	05 24	06 07	06 52	07 37
S 10	05 18	05 42	06 04	05 30	06 16	07 03	07 51
20	05 22	05 47	06 10	05 36	06 25	07 15	08 05
30	05 25	05 52	06 16	05 43	06 36	07 29	08 21
35	05 25	05 55	06 20	05 47	06 42	07 37	08 31
40	05 26	05 58	06 25	05 52	06 49	07 46	08 42
45	05 26	06 00	06 30	05 57	06 57	07 57	08 55
S 50	05 26	06 03	06 36	06 04	07 07	08 10	09 11
52	05 25	06 04	06 38	06 07	07 12	08 16	09 18
54	05 25	06 06	06 41	06 10	07 17	08 23	09 27
56	05 24	06 07	06 45	06 14	07 22	08 30	09 36
58	05 23	06 09	06 48	06 18	07 29	08 39	09 46
S 60	05 22	06 10	06 52	06 23	07 36	08 48	09 59

Lat.	Sunset	Twilight Civil	Twilight Naut.	Moonset 10	11	12	13
N 72	20 02	21 34	////	20 02	21 51	23 59	▭
N 70	19 48	21 05	////	19 45	21 23	23 05	24 57
68	19 37	20 43	22 35	19 32	21 02	22 32	24 02
66	19 28	20 27	21 55	19 21	20 45	22 09	23 29
64	19 20	20 13	21 28	19 12	20 32	21 50	23 05
62	19 13	20 02	21 08	19 04	20 20	21 35	22 46
60	19 08	19 53	20 52	18 58	20 11	21 22	22 30
N 58	19 03	19 45	20 39	18 52	20 02	21 11	22 17
56	18 58	19 38	20 27	18 47	19 55	21 02	22 06
54	18 54	19 31	20 18	18 42	19 48	20 53	21 56
52	18 50	19 26	20 09	18 38	19 43	20 46	21 47
50	18 47	19 21	20 02	18 34	19 37	20 39	21 39
45	18 40	19 10	19 47	18 26	19 26	20 25	21 22
N 40	18 34	19 02	19 35	18 20	19 17	20 13	21 09
35	18 29	18 55	19 26	18 14	19 08	20 03	20 57
30	18 25	18 49	19 18	18 09	19 01	19 54	20 47
20	18 17	18 39	19 06	18 00	18 49	19 39	20 29
N 10	18 10	18 32	18 56	17 52	18 39	19 26	20 14
0	18 04	18 25	18 50	17 45	18 29	19 13	20 00
S 10	17 58	18 20	18 44	17 38	18 19	19 01	19 46
20	17 52	18 14	18 40	17 30	18 08	18 48	19 30
30	17 45	18 09	18 37	17 22	17 56	18 33	19 13
35	17 41	18 07	18 36	17 17	17 49	18 24	19 03
40	17 37	18 04	18 36	17 11	17 41	18 14	18 51
45	17 32	18 01	18 35	17 04	17 32	18 03	18 38
S 50	17 26	17 58	18 36	16 57	17 21	17 49	18 21
52	17 23	17 57	18 36	16 53	17 16	17 42	18 14
54	17 20	17 56	18 36	16 49	17 10	17 35	18 05
56	17 17	17 54	18 37	16 45	17 04	17 27	17 55
58	17 13	17 52	18 38	16 40	16 57	17 18	17 45
S 60	17 09	17 51	18 39	16 35	16 49	17 08	17 32

Day	SUN Eqn. of Time 00h	12h	Mer. Pass.	MOON Mer. Pass. Upper	Lower	Age	Phase
	m s	m s	h m	h m	h m	d	
10	01 29	01 21	12 01	11 35	23 56	29	●
11	01 13	01 05	12 01	12 18	24 40	00	
12	00 57	00 50	12 01	13 02	00 40	01	

1994 APRIL 13, 14, 15 (WED., THURS., FRI.)

UT (GMT)	ARIES G.H.A.	VENUS −3.9 G.H.A.	Dec.	MARS +1.2 G.H.A.	Dec.	JUPITER −2.5 G.H.A.	Dec.	SATURN +1.0 G.H.A.	Dec.	STARS Name	S.H.A.	Dec.
13 00	200 57.3	159 36.7	N15 53.6	201 46.9	S 1 31.0	341 01.6	S14 04.9	220 11.1	S 9 45.9	Acamar	315 29.6	S40 19.8
01	215 59.7	174 36.1	54.6	216 47.6	30.2	356 04.4	04.8	235 13.3	45.8	Achernar	335 38.0	S57 16.0
02	231 02.2	189 35.6	55.6	231 48.2	29.4	11 07.1	04.7	250 15.5	45.8	Acrux	173 24.7	S63 04.3
03	246 04.6	204 35.1 ··	56.6	246 48.9 ··	28.7	26 09.9 ··	04.6	265 17.8 ··	45.7	Adhara	255 23.9	S28 58.2
04	261 07.1	219 34.5	57.7	261 49.6	27.9	41 12.6	04.5	280 20.0	45.6	Aldebaran	291 06.1	N16 29.8
05	276 09.6	234 34.0	58.7	276 50.3	27.1	56 15.3	04.4	295 22.2	45.5			
06	291 12.0	249 33.4	N15 59.7	291 51.0	S 1 26.3	71 18.1	S14 04.4	310 24.5	S 9 45.4	Alioth	166 32.7	N55 59.4
W 07	306 14.5	264 32.9	16 00.7	306 51.7	25.5	86 20.8	04.3	325 26.7	45.3	Alkaid	153 09.7	N49 20.4
E 08	321 17.0	279 32.3	01.7	321 52.3	24.7	101 23.6	04.2	340 28.9	45.2	Al Na'ir	28 02.0	S46 59.1
D 09	336 19.4	294 31.8 ··	02.7	336 53.0 ··	24.0	116 26.3 ··	04.1	355 31.1 ··	45.2	Alnilam	276 01.1	S 1 12.5
N 10	351 21.9	309 31.2	03.7	351 53.7	23.2	131 29.1	04.0	10 33.4	45.1	Alphard	218 10.1	S 8 38.3
E 11	6 24.4	324 30.7	04.8	6 54.4	22.4	146 31.8	03.9	25 35.6	45.0			
S 12	21 26.8	339 30.1	N16 05.8	21 55.1	S 1 21.6	161 34.6	S14 03.8	40 37.8	S 9 44.9	Alphecca	126 22.9	N26 43.9
D 13	36 29.3	354 29.5	06.8	36 55.7	20.8	176 37.3	03.7	55 40.1	44.8	Alpheratz	357 58.7	N29 03.5
A 14	51 31.8	9 29.0	07.8	51 56.4	20.1	191 40.0	03.6	70 42.3	44.7	Altair	62 22.2	N 8 51.1
Y 15	66 34.2	24 28.4 ··	08.8	66 57.1 ··	19.3	206 42.8 ··	03.5	85 44.5 ··	44.6	Ankaa	353 30.2	S42 20.2
16	81 36.7	39 27.9	09.8	81 57.8	18.5	221 45.5	03.5	100 46.8	44.6	Antares	112 43.6	S26 25.2
17	96 39.1	54 27.3	10.8	96 58.5	17.7	236 48.3	03.4	115 49.0	44.5			
18	111 41.6	69 26.8	N16 11.8	111 59.2	S 1 16.9	251 51.0	S14 03.3	130 51.2	S 9 44.5	Arcturus	146 08.5	N19 12.6
19	126 44.1	84 26.2	12.8	126 59.8	16.1	266 53.8	03.2	145 53.5	44.3	Atria	107 58.0	S69 00.8
20	141 46.5	99 25.7	13.9	142 00.5	15.4	281 56.5	03.1	160 55.7	44.2	Avior	234 23.8	S59 29.9
21	156 49.0	114 25.1 ··	14.9	157 01.2 ··	14.6	296 59.3 ··	03.0	175 57.9 ··	44.1	Bellatrix	278 47.6	N 6 20.5
22	171 51.5	129 24.6	15.9	172 01.9	13.8	312 02.0	02.9	191 00.2	44.0	Betelgeuse	271 17.0	N 7 24.2
23	186 53.9	144 24.0	16.9	187 02.6	13.0	327 04.8	02.8	206 02.4	44.0			
14 00	201 56.4	159 23.4	N16 17.9	202 03.3	S 1 12.2	342 07.5	S14 02.7	221 04.6	S 9 43.9	Canopus	264 02.7	S52 41.9
01	216 58.9	174 22.9	18.9	217 04.0	11.5	357 10.3	02.7	236 06.9	43.8	Capella	280 56.0	N45 59.6
02	232 01.3	189 22.3	19.9	232 04.6	10.7	12 13.0	02.6	251 09.1	43.7	Deneb	49 41.4	N45 15.4
03	247 03.8	204 21.8 ··	20.9	247 05.3 ··	09.9	27 15.7 ··	02.5	266 11.3 ··	43.6	Denebola	182 49.8	N14 36.1
04	262 06.2	219 21.2	21.9	262 06.0	09.1	42 18.5	02.4	281 13.6	43.5	Diphda	349 10.6	S18 01.1
05	277 08.7	234 20.7	22.9	277 06.7	08.3	57 21.2	02.3	296 15.8	43.4			
06	292 11.2	249 20.1	N16 23.9	292 07.4	S 1 07.5	72 24.0	S14 02.2	311 18.0	S 9 43.4	Dubhe	194 08.7	N61 46.9
07	307 13.6	264 19.5	24.9	307 08.1	06.8	87 26.7	02.1	326 20.3	43.3	Elnath	278 31.0	N28 36.1
T 08	322 16.1	279 19.0	25.9	322 08.7	06.0	102 29.5	02.0	341 22.5	43.2	Eltanin	90 52.6	N51 29.1
H 09	337 18.6	294 18.4 ··	26.9	337 09.4 ··	05.2	117 32.2 ··	01.9	356 24.7 ··	43.1	Enif	34 01.4	N 9 50.9
U 10	352 21.0	309 17.8	27.9	352 10.1	04.4	132 35.0	01.8	11 27.0	43.0	Fomalhaut	15 40.1	S29 39.1
R 11	7 23.5	324 17.3	28.9	7 10.8	03.6	147 37.7	01.8	26 29.2	42.9			
S 12	22 26.0	339 16.7	N16 29.9	22 11.5	S 1 02.9	162 40.5	S14 01.7	41 31.4	S 9 42.8	Gacrux	172 16.4	S57 05.1
D 13	37 28.4	354 16.2	30.9	37 12.2	02.1	177 43.2	01.6	56 33.7	42.8	Gienah	176 06.8	S17 30.9
A 14	52 30.9	9 15.6	31.9	52 12.8	01.3	192 46.0	01.5	71 35.9	42.7	Hadar	149 07.7	S60 20.8
Y 15	67 33.4	24 15.0 ··	32.9	67 13.5	1 00.5	207 48.7 ··	01.4	86 38.1 ··	42.6	Hamal	328 17.3	N23 26.1
16	82 35.8	39 14.5	33.8	82 14.2	0 59.7	222 51.5	01.3	101 40.4	42.5	Kaus Aust.	84 02.7	S34 23.1
17	97 38.3	54 13.9	34.8	97 14.9	58.9	237 54.2	01.2	116 42.6	42.4			
18	112 40.7	69 13.3	N16 35.8	112 15.6	S 0 58.2	252 57.0	S14 01.1	131 44.8	S 9 42.3	Kochab	137 18.3	N74 10.6
19	127 43.2	84 12.8	36.8	127 16.3	57.4	267 59.7	01.0	146 47.1	42.3	Markab	13 52.9	N15 10.4
20	142 45.7	99 12.2	37.8	142 17.0	56.6	283 02.5	00.9	161 49.3	42.2	Menkar	314 30.4	N 4 03.9
21	157 48.1	114 11.6 ··	38.8	157 17.6 ··	55.8	298 05.2 ··	00.9	176 51.5 ··	42.1	Menkent	148 24.2	S36 20.6
22	172 50.6	129 11.1	39.8	172 18.3	55.0	313 08.0	00.8	191 53.8	42.0	Miaplacidus	221 42.3	S69 42.1
23	187 53.1	144 10.5	40.8	187 19.0	54.3	328 10.7	00.7	206 56.0	41.9			
15 00	202 55.5	159 09.9	N16 41.8	202 19.7	S 0 53.5	343 13.5	S14 00.6	221 58.2	S 9 41.8	Mirfak	309 01.4	N49 50.5
01	217 58.0	174 09.4	42.8	217 20.4	52.7	358 16.2	00.5	237 00.5	41.7	Nunki	76 16.0	S26 18.1
02	233 00.5	189 08.8	43.7	232 21.1	51.9	13 19.0	00.4	252 02.7	41.7	Peacock	53 41.9	S56 44.9
03	248 02.9	204 08.2 ··	44.7	247 21.8 ··	51.1	28 21.7 ··	00.3	267 04.9 ··	41.6	Pollux	243 45.3	N28 02.3
04	263 05.4	219 07.7	45.7	262 22.4	50.3	43 24.5	00.2	282 07.2	41.5	Procyon	245 14.8	N 5 14.2
05	278 07.9	234 07.1	46.7	277 23.1	49.6	58 27.2	00.1	297 09.4	41.4			
06	293 10.3	249 06.5	N16 47.7	292 23.8	S 0 48.8	73 30.0	S14 00.0	312 11.6	S 9 41.3	Rasalhague	96 19.6	N12 33.7
07	308 12.8	264 06.0	48.7	307 24.5	48.0	88 32.7	13 59.9	327 13.9	41.2	Regulus	207 58.6	N11 59.5
08	323 15.2	279 05.4	49.6	322 25.2	47.2	103 35.5	59.9	342 16.1	41.2	Rigel	281 26.1	S 8 12.7
F 09	338 17.7	294 04.8 ··	50.6	337 25.9 ··	46.4	118 38.2 ··	59.8	357 18.3 ··	41.1	Rigil Kent.	140 10.7	S60 48.7
R 10	353 20.2	309 04.2	51.6	352 26.6	45.7	133 41.0	59.7	12 20.6	41.0	Sabik	102 28.8	S15 43.1
I 11	8 22.6	324 03.7	52.6	7 27.2	44.9	148 43.7	59.6	27 22.8	40.9			
D 12	23 25.1	339 03.1	N16 53.6	22 27.9	S 0 44.1	163 46.5	S13 59.5	42 25.0	S 9 40.8	Schedar	349 57.5	N56 30.3
A 13	38 27.6	354 02.5	54.5	37 28.6	43.3	178 49.2	59.4	57 27.3	40.7	Shaula	96 41.2	S37 05.9
Y 14	53 30.0	9 01.9	55.5	52 29.3	42.5	193 52.0	59.3	72 29.5	40.7	Sirius	258 46.4	S16 42.8
15	68 32.5	24 01.4 ··	56.5	67 30.0 ··	41.8	208 54.7 ··	59.2	87 31.8 ··	40.6	Spica	158 46.1	S11 08.1
16	83 35.0	39 00.8	57.5	82 30.7	41.0	223 57.5	59.1	102 34.0	40.5	Suhail	223 02.8	S43 25.0
17	98 37.4	54 00.2	58.4	97 31.4	40.2	239 00.2	59.0	117 36.2	40.4			
18	113 39.9	68 59.6	N16 59.4	112 32.0	S 0 39.4	254 03.0	S13 58.9	132 38.5	S 9 40.3	Vega	80 48.6	N38 46.5
19	128 42.3	83 59.1	17 00.4	127 32.7	38.6	269 05.8	58.8	147 40.7	40.2	Zuben'ubi	137 21.0	S16 01.2
20	143 44.8	98 58.5	01.4	142 33.4	37.8	284 08.5	58.8	162 42.9	40.1			
21	158 47.3	113 57.9 ··	02.3	157 34.1 ··	37.1	299 11.3 ··	58.7	177 45.2 ··	40.1		S.H.A.	Mer. Pass.
22	173 49.7	128 57.3	03.3	172 34.8	36.3	314 14.0	58.6	192 47.4	40.0	Venus	317 27.1	13 23
23	188 52.2	143 56.8	04.3	187 35.5	35.5	329 16.8	58.5	207 49.6	39.9	Mars	0 06.9	10 31
Mer. Pass. 10 30.5		v −0.6	d 1.0	v 0.7	d 0.8	v 2.7	d 0.1	v 2.2	d 0.1	Jupiter	140 11.1	1 11
										Saturn	19 08.2	9 14

1994 APRIL 13, 14, 15 (WED., THURS., FRI.)

UT (GMT) d h	SUN G.H.A.	Dec.	MOON G.H.A.	v	Dec.	d	H.P.
	o '	o '	o '	'	o '	'	'
13 00	179 49.6	N 8 52.9	159 20.2	13.2	N16 58.7	6.1	54.0
01	194 49.7	53.8	173 52.4	13.2	17 04.8	6.2	54.0
02	209 49.9	54.7	188 24.6	13.1	17 11.0	6.0	54.0
03	224 50.1	.. 55.7	202 56.7	13.1	17 17.0	6.0	54.0
04	239 50.2	56.6	217 28.8	13.1	17 23.0	5.9	54.0
05	254 50.4	57.5	232 00.9	13.0	17 28.9	5.8	54.0
06	269 50.5	N 8 58.4	246 32.9	13.0	N17 34.7	5.7	54.0
W 07	284 50.7	8 59.3	261 04.9	12.9	17 40.4	5.7	54.0
E 08	299 50.9	9 00.2	275 36.8	13.0	17 46.1	5.6	54.0
D 09	314 51.0	.. 01.1	290 08.8	12.8	17 51.7	5.5	54.0
N 10	329 51.2	02.0	304 40.6	12.9	17 57.2	5.4	54.0
E 11	344 51.3	02.9	319 12.5	12.8	18 02.6	5.3	54.0
S 12	359 51.5	N 9 03.8	333 44.3	12.7	N18 07.9	5.3	54.1
D 13	14 51.6	04.7	348 16.0	12.8	18 13.2	5.2	54.1
A 14	29 51.8	05.6	2 47.8	12.7	18 18.4	5.1	54.1
Y 15	44 52.0	.. 06.5	17 19.5	12.6	18 23.5	5.0	54.1
16	59 52.1	07.4	31 51.1	12.7	18 28.5	4.9	54.1
17	74 52.3	08.3	46 22.8	12.6	18 33.4	4.9	54.1
18	89 52.4	N 9 09.3	60 54.4	12.5	N18 38.3	4.7	54.1
19	104 52.6	10.2	75 25.9	12.5	18 43.0	4.7	54.1
20	119 52.7	11.1	89 57.4	12.5	18 47.7	4.6	54.1
21	134 52.9	.. 12.0	104 28.9	12.5	18 52.3	4.6	54.1
22	149 53.1	12.9	119 00.4	12.4	18 56.9	4.4	54.1
23	164 53.2	13.8	133 31.8	12.4	19 01.3	4.3	54.1
14 00	179 53.4	N 9 14.7	148 03.2	12.3	N19 05.6	4.3	54.1
01	194 53.5	15.6	162 34.5	12.3	19 09.9	4.2	54.1
02	209 53.7	16.5	177 05.8	12.3	19 14.1	4.1	54.2
03	224 53.8	.. 17.4	191 37.1	12.3	19 18.2	3.9	54.2
04	239 54.0	18.3	206 08.4	12.2	19 22.1	4.0	54.2
05	254 54.2	19.2	220 39.6	12.2	19 26.1	3.8	54.2
06	269 54.3	N 9 20.1	235 10.8	12.1	N19 29.9	3.7	54.2
T 07	284 54.5	21.0	249 41.9	12.1	19 33.6	3.7	54.2
H 08	299 54.6	21.9	264 13.0	12.1	19 37.3	3.5	54.2
U 09	314 54.8	.. 22.8	278 44.1	12.1	19 40.8	3.5	54.2
R 10	329 54.9	23.7	293 15.2	12.0	19 44.3	3.4	54.2
S 11	344 55.1	24.6	307 46.2	12.0	19 47.7	3.2	54.2
D 12	359 55.2	N 9 25.5	322 17.2	11.9	N19 50.9	3.2	54.3
A 13	14 55.4	26.4	336 48.1	12.0	19 54.1	3.1	54.3
Y 14	29 55.5	27.3	351 19.1	11.9	19 57.2	3.0	54.3
15	44 55.7	.. 28.2	5 50.0	11.8	20 00.2	2.9	54.3
16	59 55.9	29.1	20 20.8	11.9	20 03.1	2.9	54.3
17	74 56.0	30.0	34 51.7	11.8	20 06.0	2.7	54.3
18	89 56.2	N 9 30.9	49 22.5	11.7	N20 08.7	2.6	54.3
19	104 56.3	31.8	63 53.2	11.8	20 11.3	2.6	54.3
20	119 56.5	32.7	78 24.0	11.7	20 13.9	2.4	54.3
21	134 56.6	.. 33.6	92 54.7	11.7	20 16.3	2.4	54.4
22	149 56.8	34.5	107 25.4	11.7	20 18.7	2.2	54.4
23	164 56.9	35.4	121 56.1	11.6	20 20.9	2.2	54.4
15 00	179 57.1	N 9 36.3	136 26.7	11.6	N20 23.1	2.1	54.4
01	194 57.2	37.2	150 57.3	11.6	20 25.2	1.9	54.4
02	209 57.4	38.1	165 27.9	11.6	20 27.1	1.9	54.4
03	224 57.5	.. 39.0	179 58.5	11.5	20 29.0	1.8	54.4
04	239 57.7	39.9	194 29.0	11.5	20 30.8	1.7	54.5
05	254 57.9	40.8	208 59.5	11.5	20 32.5	1.6	54.5
06	269 58.0	N 9 41.6	223 30.0	11.4	N20 34.1	1.4	54.5
07	284 58.2	42.5	238 00.4	11.5	20 35.5	1.4	54.5
08	299 58.3	43.4	252 30.9	11.4	20 36.9	1.3	54.5
F 09	314 58.5	.. 44.3	267 01.3	11.3	20 38.2	1.2	54.5
R 10	329 58.6	45.2	281 31.6	11.4	20 39.4	1.1	54.6
I 11	344 58.8	46.1	296 02.0	11.3	20 40.5	1.0	54.6
D 12	359 58.9	N 9 47.0	310 32.3	11.4	N20 41.5	0.9	54.6
A 13	14 59.1	47.9	325 02.7	11.3	20 42.4	0.8	54.6
Y 14	29 59.2	48.8	339 33.0	11.2	20 43.2	0.7	54.6
15	44 59.4	.. 49.7	354 03.2	11.3	20 43.9	0.6	54.6
16	59 59.5	50.6	8 33.5	11.2	20 44.5	0.5	54.6
17	74 59.7	51.5	23 03.7	11.2	20 45.0	0.4	54.7
18	89 59.8	N 9 52.4	37 33.9	11.2	N20 45.4	0.3	54.7
19	105 00.0	53.3	52 04.1	11.2	20 45.7	0.2	54.7
20	120 00.1	54.1	66 34.3	11.1	20 45.9	0.1	54.7
21	135 00.3	.. 55.0	81 04.4	11.1	20 46.0	0.0	54.7
22	150 00.4	55.9	95 34.5	11.2	20 46.0	0.1	54.7
23	165 00.6	56.8	110 04.7	11.1	20 45.9	0.2	54.8
S.D.	16.0	d 0.9	S.D. 14.7		14.8		14.9

Lat.	Twilight Naut.	Civil	Sunrise	Moonrise 13	14	15	16
o	h m	h m	h m	h m	h m	h m	h m
N 72	////	02 10	03 46	02 40	□	□	□
N 70	////	02 43	04 02	03 35	03 20	□	□
68	01 00	03 07	04 15	04 08	04 16	04 34	05 18
66	01 52	03 25	04 25	04 33	04 49	05 17	06 03
64	02 22	03 39	04 34	04 52	05 14	05 46	06 33
62	02 44	03 51	04 41	05 08	05 33	06 08	06 56
60	03 01	04 02	04 47	05 21	05 49	06 26	07 14
N 58	03 15	04 10	04 53	05 32	06 02	06 41	07 29
56	03 27	04 18	04 58	05 42	06 14	06 53	07 42
54	03 38	04 25	05 02	05 51	06 24	07 04	07 53
52	03 46	04 31	05 06	05 59	06 33	07 14	08 03
50	03 54	04 36	05 10	06 06	06 41	07 23	08 12
45	04 10	04 47	05 18	06 21	06 59	07 42	08 31
N 40	04 23	04 56	05 24	06 33	07 13	07 57	08 46
35	04 33	05 04	05 30	06 44	07 25	08 10	08 59
30	04 41	05 10	05 35	06 54	07 35	08 21	09 10
20	04 54	05 21	05 43	07 10	07 54	08 40	09 30
N 10	05 04	05 29	05 50	07 24	08 09	08 57	09 46
0	05 12	05 36	05 57	07 37	08 24	09 13	10 02
S 10	05 18	05 42	06 04	07 51	08 39	09 28	10 18
20	05 23	05 48	06 11	08 05	08 55	09 45	10 35
30	05 26	05 54	06 18	08 21	09 14	10 05	10 54
35	05 28	05 57	06 23	08 31	09 24	10 16	11 05
40	05 29	06 00	06 28	08 42	09 37	10 29	11 18
45	05 30	06 04	06 33	08 55	09 51	10 45	11 34
S 50	05 30	06 08	06 40	09 11	10 09	11 04	11 53
52	05 30	06 09	06 43	09 18	10 18	11 13	12 01
54	05 30	06 11	06 47	09 27	10 27	11 23	12 11
56	05 30	06 13	06 51	09 36	10 38	11 34	12 23
58	05 29	06 15	06 55	09 46	10 50	11 47	12 36
S 60	05 29	06 17	07 00	09 59	11 04	12 02	12 51

Lat.	Sunset	Twilight Civil	Naut.	Moonset 13	14	15	16
o	h m	h m	h m	h m	h m	h m	h m
N 72	20 18	21 58	////	□	□	□	□
N 70	20 02	21 23	////	24 57	00 57	□	□
68	19 49	20 58	23 16	24 02	00 02	01 23	02 22
66	19 38	20 39	22 16	23 29	24 41	00 41	01 36
64	19 29	20 24	21 43	23 05	24 12	00 12	01 06
62	19 22	20 12	21 20	22 46	23 50	24 44	00 44
60	19 15	20 01	21 02	22 30	23 32	24 26	00 26
N 58	19 09	19 52	20 48	22 17	23 18	24 10	00 10
56	19 04	19 44	20 35	22 06	23 05	23 57	24 42
54	19 00	19 37	20 25	21 56	22 54	23 46	24 31
52	18 56	19 31	20 16	21 47	22 44	23 36	24 22
50	18 52	19 26	20 08	21 39	22 36	23 27	24 13
45	18 44	19 14	19 51	21 22	22 17	23 08	23 55
N 40	18 37	19 05	19 39	21 09	22 02	22 53	23 40
35	18 31	18 57	19 28	20 57	21 50	22 40	23 28
30	18 26	18 51	19 20	20 47	21 38	22 29	23 17
20	18 18	18 40	19 07	20 29	21 19	22 09	22 58
N 10	18 10	18 32	18 57	20 12	21 03	21 52	22 42
0	18 04	18 25	18 49	20 00	20 48	21 37	22 26
S 10	17 57	18 18	18 43	19 46	20 32	21 21	22 11
20	17 50	18 12	18 38	19 30	20 16	21 04	21 54
30	17 42	18 06	18 34	19 13	19 57	20 44	21 35
35	17 37	18 03	18 32	19 03	19 46	20 33	21 24
40	17 32	18 00	18 31	18 51	19 33	20 20	21 11
45	17 27	17 56	18 30	18 38	19 18	20 04	20 56
S 50	17 20	17 52	18 30	18 21	19 00	19 45	20 38
52	17 16	17 51	18 30	18 14	18 51	19 36	20 29
54	17 13	17 49	18 30	18 05	18 42	19 26	20 19
56	17 09	17 47	18 30	17 55	18 31	19 15	20 08
58	17 05	17 45	18 30	17 45	18 19	19 01	19 55
S 60	17 00	17 42	18 30	17 32	18 04	18 46	19 40

Day	SUN Eqn. of Time 00h	12h	Mer. Pass.	MOON Mer. Pass. Upper	Lower	Age	Phase
	m s	m s	h m	h m	h m	d	
13	00 42	00 34	12 01	13 48	01 25	02	
14	00 27	00 19	12 00	14 36	02 12	03	
15	0012	0005	12 00	15 25	03 00	04	

1994 APRIL 16, 17, 18 (SAT., SUN., MON.)

UT (GMT) d h	ARIES G.H.A.	VENUS −3.9 G.H.A.	Dec.	MARS +1.2 G.H.A.	Dec.	JUPITER −2.5 G.H.A.	Dec.	SATURN +1.1 G.H.A.	Dec.	STARS Name	S.H.A.	Dec.
16 00	203 54.7	158 56.2	N17 05.2	202 36.2	S 0 34.7	344 19.5	S13 58.4	222 51.9	S 9 39.8	Acamar	315 29.6	S40 19.8
01	218 57.1	173 55.6	06.2	217 36.8	33.9	359 22.3	58.3	237 54.1	39.7	Achernar	335 38.0	S57 15.9
02	233 59.6	188 55.0	07.2	232 37.5	33.2	14 25.0	58.2	252 56.4	39.6	Acrux	173 24.7	S63 04.3
03	249 02.1	203 54.4	·· 08.1	247 38.2	·· 32.4	29 27.8	·· 58.1	267 58.6	·· 39.6	Adhara	255 23.9	S28 58.2
04	264 04.5	218 53.9	09.1	262 38.9	31.6	44 30.5	58.0	283 00.8	39.5	Aldebaran	291 06.1	N16 29.8
05	279 07.0	233 53.3	10.1	277 39.6	30.8	59 33.3	57.9	298 03.1	39.4			
06	294 09.5	248 52.7	N17 11.0	292 40.3	S 0 30.0	74 36.0	S13 57.8	313 05.3	S 9 39.3	Alioth	166 32.7	N55 59.4
07	309 11.9	263 52.1	12.0	307 41.0	29.2	89 38.8	57.7	328 07.5	39.2	Alkaid	153 09.7	N49 20.4
S 08	324 14.4	278 51.5	13.0	322 41.7	28.5	104 41.5	57.7	343 09.8	39.1	Al Na'ir	28 01.9	S46 59.1
A 09	339 16.8	293 50.9	·· 13.9	337 42.3	·· 27.7	119 44.3	·· 57.6	358 12.0	·· 39.1	Alnilam	276 01.1	S 1 12.5
T 10	354 19.3	308 50.4	14.9	352 43.0	26.9	134 47.1	57.5	13 14.3	39.0	Alphard	218 10.1	S 8 38.3
U 11	9 21.8	323 49.8	15.8	7 43.7	26.1	149 49.8	57.4	28 16.5	38.9			
R 12	24 24.2	338 49.2	N17 16.8	22 44.4	S 0 25.3	164 52.6	S13 57.3	43 18.7	S 9 38.8	Alphecca	126 22.8	N26 43.9
D 13	39 26.7	353 48.6	17.8	37 45.1	24.6	179 55.3	57.2	58 21.0	38.7	Alpheratz	357 58.7	N29 03.4
A 14	54 29.2	8 48.0	18.7	52 45.8	23.8	194 58.1	57.1	73 23.2	38.6	Altair	62 22.2	N 8 51.1
Y 15	69 31.6	23 47.4	·· 19.7	67 46.5	·· 23.0	210 00.8	·· 57.0	88 25.4	·· 38.6	Ankaa	353 30.2	S42 20.1
16	84 34.1	38 46.9	20.6	82 47.2	22.2	225 03.6	56.9	103 27.7	38.5	Antares	112 43.6	S26 25.2
17	99 36.6	53 46.3	21.6	97 47.8	21.4	240 06.3	56.8	118 29.9	38.4			
18	114 39.0	68 45.7	N17 22.5	112 48.5	S 0 20.7	255 09.1	S13 56.7	133 32.2	S 9 38.3	Arcturus	146 08.5	N19 12.6
19	129 41.5	83 45.1	23.5	127 49.2	19.9	270 11.9	56.6	148 34.4	38.2	Atria	107 58.0	S69 00.9
20	144 44.0	98 44.5	24.5	142 49.9	19.1	285 14.6	56.5	163 36.6	38.1	Avior	234 23.8	S59 29.9
21	159 46.4	113 43.9	·· 25.4	157 50.6	·· 18.3	300 17.4	·· 56.5	178 38.9	·· 38.1	Bellatrix	278 47.6	N 6 20.5
22	174 48.9	128 43.3	26.4	172 51.3	17.5	315 20.1	56.4	193 41.1	38.0	Betelgeuse	271 17.0	N 7 24.2
23	189 51.3	143 42.7	27.3	187 52.0	16.8	330 22.9	56.3	208 43.4	37.9			
17 00	204 53.8	158 42.2	N17 28.3	202 52.7	S 0 16.0	345 25.6	S13 56.2	223 45.6	S 9 37.8	Canopus	264 02.7	S52 41.9
01	219 56.3	173 41.6	29.2	217 53.3	15.2	0 28.4	56.1	238 47.8	37.7	Capella	280 56.0	N45 59.6
02	234 58.7	188 41.0	30.2	232 54.0	14.4	15 31.2	56.0	253 50.1	37.7	Deneb	49 41.3	N45 15.4
03	250 01.2	203 40.4	·· 31.1	247 54.7	·· 13.6	30 33.9	·· 55.9	268 52.3	·· 37.6	Denebola	182 48.0	N14 36.1
04	265 03.7	218 39.8	32.1	262 55.4	12.8	45 36.7	55.8	283 54.6	37.5	Diphda	349 10.6	S18 01.1
05	280 06.1	233 39.2	33.0	277 56.1	12.1	60 39.4	55.7	298 56.8	37.4			
06	295 08.6	248 38.6	N17 34.0	292 56.8	S 0 11.3	75 42.2	S13 55.6	313 59.0	S 9 37.3	Dubhe	194 08.7	N61 46.9
07	310 11.1	263 38.0	34.9	307 57.5	10.5	90 44.9	55.5	329 01.3	37.2	Elnath	278 31.0	N28 36.1
08	325 13.5	278 37.4	35.9	322 58.2	09.7	105 47.7	55.4	344 03.5	37.2	Eltanin	90 52.6	N51 29.2
S 09	340 16.0	293 36.8	·· 36.8	337 58.8	·· 08.9	120 50.5	·· 55.3	359 05.8	·· 37.1	Enif	34 01.4	N 9 50.9
U 10	355 18.4	308 36.2	37.7	352 59.5	08.2	135 53.2	55.3	14 08.0	37.0	Fomalhaut	15 40.0	S29 39.0
N 11	10 20.9	323 35.6	38.7	8 00.2	07.4	150 56.0	55.2	29 10.2	36.9			
D 12	25 23.4	338 35.0	N17 39.6	23 00.9	S 0 06.6	165 58.7	S13 55.1	44 12.5	S 9 36.8	Gacrux	172 16.4	S57 05.1
A 13	40 25.8	353 34.4	40.6	38 01.6	05.8	181 01.5	55.0	59 14.7	36.7	Gienah	176 06.8	S17 30.9
Y 14	55 28.3	8 33.9	41.5	53 02.3	05.0	196 04.2	54.9	74 17.0	36.7	Hadar	149 07.7	S60 20.8
15	70 30.8	23 33.3	·· 42.4	68 03.0	·· 04.3	211 07.0	·· 54.8	89 19.2	·· 36.6	Hamal	328 17.3	N23 26.1
16	85 33.2	38 32.7	43.4	83 03.7	03.5	226 09.8	54.7	104 21.4	36.5	Kaus Aust.	84 02.7	S34 23.1
17	100 35.7	53 32.1	44.3	98 04.4	02.7	241 12.5	54.6	119 23.7	36.4			
18	115 38.2	68 31.5	N17 45.3	113 05.0	S 0 01.9	256 15.3	S13 54.5	134 25.9	S 9 36.3	Kochab	137 18.3	N74 10.6
19	130 40.6	83 30.9	46.2	128 05.7	01.1	271 18.0	54.4	149 28.2	36.3	Markab	13 52.9	N15 10.4
20	145 43.1	98 30.3	47.1	143 06.4	S 0 00.4	286 20.8	54.3	164 30.4	36.2	Menkar	314 30.4	N 4 03.9
21	160 45.6	113 29.7	·· 48.1	158 07.1	N 0 00.4	301 23.5	·· 54.2	179 32.6	·· 36.1	Menkent	148 24.1	S36 20.7
22	175 48.0	128 29.1	49.0	173 07.8	01.2	316 26.3	54.1	194 34.9	36.0	Miaplacidus	221 42.3	S69 42.1
23	190 50.5	143 28.5	49.9	188 08.5	02.0	331 29.1	54.0	209 37.1	35.9			
18 00	205 52.9	158 27.9	N17 50.9	203 09.2	N 0 02.8	346 31.8	S13 53.9	224 39.4	S 9 35.8	Mirfak	309 01.4	N49 50.5
01	220 55.4	173 27.3	51.8	218 09.9	03.5	1 34.6	53.9	239 41.6	35.8	Nunki	76 16.0	S26 18.1
02	235 57.9	188 26.7	52.7	233 10.6	04.3	16 37.3	53.8	254 43.8	35.7	Peacock	53 41.8	S56 44.9
03	251 00.3	203 26.1	·· 53.7	248 11.2	·· 05.1	31 40.1	·· 53.7	269 46.1	·· 35.6	Pollux	243 45.3	N28 02.3
04	266 02.8	218 25.5	54.6	263 11.9	05.9	46 42.9	53.6	284 48.3	35.5	Procyon	245 14.8	N 5 14.2
05	281 05.3	233 24.9	55.5	278 12.6	06.7	61 45.6	53.5	299 50.6	35.4			
06	296 07.7	248 24.3	N17 56.4	293 13.3	N 0 07.4	76 48.4	S13 53.4	314 52.8	S 9 35.4	Rasalhague	96 19.6	N12 33.7
07	311 10.2	263 23.7	57.4	308 14.0	08.2	91 51.1	53.3	329 55.1	35.3	Regulus	207 58.6	N11 59.5
08	326 12.7	278 23.0	58.3	323 14.7	09.0	106 53.9	53.2	344 57.3	35.2	Rigel	281 26.1	S 8 12.7
M 09	341 15.1	293 22.4	17 59.2	338 15.4	·· 09.8	121 56.7	·· 53.1	359 59.5	·· 35.1	Rigil Kent.	140 10.7	S60 48.7
O 10	356 17.6	308 21.8	18 00.1	353 16.1	10.6	136 59.4	53.0	15 01.8	35.0	Sabik	102 28.8	S15 43.1
N 11	11 20.1	323 21.2	01.1	8 16.8	11.3	152 02.2	52.9	30 04.0	34.9			
D 12	26 22.5	338 20.6	N18 02.0	23 17.4	N 0 12.1	167 04.9	S13 52.8	45 06.3	S 9 34.9	Schedar	349 57.5	N56 30.3
A 13	41 25.0	353 20.0	02.9	38 18.1	12.9	182 07.7	52.7	60 08.5	34.8	Shaula	96 41.2	S37 05.9
Y 14	56 27.4	8 19.4	03.8	53 18.8	13.7	197 10.5	52.6	75 10.8	34.7	Sirius	258 46.5	S16 42.8
15	71 29.9	23 18.8	·· 04.8	68 19.5	·· 14.5	212 13.2	·· 52.5	90 13.0	·· 34.6	Spica	158 46.1	S11 08.1
16	86 32.4	38 18.2	05.7	83 20.2	15.2	227 16.0	52.5	105 15.2	34.5	Suhail	223 02.9	S43 25.0
17	101 34.8	53 17.6	06.6	98 20.9	16.0	242 18.7	52.4	120 17.5	34.5			
18	116 37.3	68 17.0	N18 07.5	113 21.6	N 0 16.8	257 21.5	S13 52.3	135 19.7	S 9 34.4	Vega	80 48.5	N38 46.5
19	131 39.8	83 16.4	08.4	128 22.3	17.6	272 24.3	52.2	150 22.0	34.3	Zuben'ubi	137 21.0	S16 01.2
20	146 42.2	98 15.8	09.3	143 23.0	18.4	287 27.0	52.1	165 24.2	34.2		S.H.A.	Mer. Pass.
21	161 44.7	113 15.2	·· 10.3	158 23.7	·· 19.1	302 29.8	·· 52.0	180 26.5	·· 34.1		° ′	h m
22	176 47.2	128 14.5	11.2	173 24.3	19.9	317 32.6	51.9	195 28.7	34.1	Venus	313 48.3	13 26
23	191 49.7	143 13.9	12.1	188 25.0	20.7	332 35.3	51.8	210 30.9	34.0	Mars	357 58.8	10 28
										Jupiter	140 31.8	0 58
Mer. Pass. 10 18.7		v −0.6	d 0.9	v 0.7	d 0.8	v 2.8	d 0.1	v 2.2	d 0.1	Saturn	18 51.8	9 04

1994 APRIL 16, 17, 18 (SAT., SUN., MON.)

UT (GMT)	SUN G.H.A.	Dec.	MOON G.H.A.	v	Dec.	d	H.P.
16 00	180 00.7	N 9 57.7	124 34.8	11.0	N20 45.7	0.3	54.8
01	195 00.9	58.6	139 04.8	11.1	20 45.4	0.5	54.8
02	210 01.0	9 59.5	153 34.9	11.0	20 44.9	0.5	54.8
03	225 01.2	10 00.4	168 04.9	11.1	20 44.4	0.6	54.8
04	240 01.3	01.3	182 35.0	11.0	20 43.8	0.7	54.8
05	255 01.5	02.2	197 05.0	11.0	20 43.1	0.8	54.9
06	270 01.6	N10 03.0	211 35.0	11.0	N20 42.3	0.9	54.9
07	285 01.8	03.9	226 05.0	10.9	20 41.4	1.0	54.9
S 08	300 01.9	04.8	240 34.9	11.0	20 40.4	1.2	54.9
A 09	315 02.1 ..	05.7	255 04.9	10.9	20 39.2	1.2	54.9
T 10	330 02.2	06.6	269 34.8	10.9	20 38.0	1.3	55.0
U 11	345 02.4	07.5	284 04.7	11.0	20 36.7	1.5	55.0
R 12	0 02.5	N10 08.4	298 34.7	10.9	N20 35.2	1.5	55.0
D 13	15 02.7	09.3	313 04.6	10.9	20 33.7	1.6	55.0
A 14	30 02.8	10.1	327 34.5	10.8	20 32.1	1.8	55.1
Y 15	45 03.0 ..	11.0	342 04.3	10.9	20 30.3	1.8	55.1
16	60 03.1	11.9	356 34.2	10.9	20 28.5	2.0	55.1
17	75 03.2	12.8	11 04.1	10.8	20 26.5	2.0	55.1
18	90 03.4	N10 13.7	25 33.9	10.9	N20 24.5	2.1	55.1
19	105 03.5	14.6	40 03.8	10.8	20 22.4	2.3	55.2
20	120 03.7	15.4	54 33.6	10.8	20 20.1	2.4	55.2
21	135 03.8 ..	16.3	69 03.4	10.8	20 17.7	2.4	55.2
22	150 04.0	17.2	83 33.2	10.8	20 15.3	2.6	55.2
23	165 04.1	18.1	98 03.0	10.8	20 12.7	2.6	55.3
17 00	180 04.3	N10 19.0	112 32.8	10.8	N20 10.1	2.8	55.3
01	195 04.4	19.9	127 02.6	10.8	20 07.3	2.9	55.3
02	210 04.6	20.7	141 32.4	10.8	20 04.4	3.0	55.3
03	225 04.7 ..	21.6	156 02.2	10.7	20 01.4	3.0	55.4
04	240 04.9	22.5	170 31.9	10.8	19 58.4	3.2	55.4
05	255 05.0	23.4	185 01.7	10.8	19 55.2	3.3	55.4
06	270 05.1	N10 24.3	199 31.5	10.7	N19 51.9	3.4	55.4
07	285 05.3	25.2	214 01.2	10.8	19 48.5	3.5	55.5
S 08	300 05.4	26.0	228 31.0	10.7	19 45.0	3.5	55.5
U 09	315 05.6 ..	26.9	243 00.7	10.8	19 41.5	3.7	55.5
N 10	330 05.7	27.8	257 30.5	10.7	19 37.8	3.8	55.5
D 11	345 05.9	28.7	272 00.2	10.7	19 34.0	3.9	55.6
A 12	0 06.0	N10 29.6	286 29.9	10.8	N19 30.1	4.0	55.6
Y 13	15 06.2	30.4	300 59.7	10.7	19 26.1	4.1	55.6
14	30 06.3	31.3	315 29.4	10.7	19 22.0	4.2	55.6
15	45 06.4 ..	32.2	329 59.1	10.7	19 17.8	4.3	55.7
16	60 06.6	33.1	344 28.8	10.7	19 13.5	4.4	55.7
17	75 06.7	33.9	358 58.5	10.8	19 09.1	4.5	55.7
18	90 06.9	N10 34.8	13 28.3	10.7	N19 04.6	4.6	55.8
19	105 07.0	35.7	27 58.0	10.7	19 00.0	4.7	55.8
20	120 07.2	36.6	42 27.7	10.7	18 55.3	4.8	55.8
21	135 07.3 ..	37.5	56 57.4	10.7	18 50.5	4.9	55.8
22	150 07.5	38.3	71 27.1	10.7	18 45.6	5.0	55.9
23	165 07.6	39.2	85 56.8	10.7	18 40.6	5.1	55.9
18 00	180 07.7	N10 40.1	100 26.5	10.8	N18 35.5	5.2	55.9
01	195 07.9	41.0	114 56.3	10.7	18 30.3	5.3	56.0
02	210 08.0	41.8	129 26.0	10.7	18 25.0	5.4	56.0
03	225 08.2 ..	42.7	143 55.7	10.7	18 19.6	5.5	56.0
04	240 08.3	43.6	158 25.4	10.7	18 14.1	5.6	56.0
05	255 08.4	44.5	172 55.1	10.7	18 08.5	5.7	56.1
06	270 08.6	N10 45.3	187 24.8	10.7	N18 02.8	5.8	56.1
07	285 08.7	46.2	201 54.5	10.7	17 57.0	5.9	56.1
08	300 08.9	47.1	216 24.2	10.7	17 51.1	6.0	56.2
M 09	315 09.0 ..	47.9	230 53.9	10.8	17 45.1	6.1	56.2
O 10	330 09.2	48.8	245 23.7	10.7	17 39.0	6.2	56.2
N 11	345 09.3	49.7	259 53.4	10.7	17 32.8	6.3	56.3
D 12	0 09.4	N10 50.6	274 23.1	10.7	N17 26.5	6.3	56.3
A 13	15 09.6	51.4	288 52.8	10.7	17 20.2	6.5	56.3
Y 14	30 09.7	52.3	303 22.5	10.8	17 13.7	6.6	56.4
15	45 09.9 ..	53.2	317 52.3	10.7	17 07.1	6.6	56.4
16	60 10.0	54.0	332 22.0	10.7	17 00.5	6.8	56.4
17	75 10.1	54.9	346 51.7	10.7	16 53.7	6.9	56.5
18	90 10.3	N10 55.8	1 21.4	10.7	N16 46.8	6.9	56.5
19	105 10.4	56.7	15 51.1	10.8	16 39.9	7.0	56.5
20	120 10.6	57.5	30 20.9	10.7	16 32.9	7.2	56.6
21	135 10.7 ..	58.4	44 50.6	10.7	16 25.7	7.2	56.6
22	150 10.8	10 59.3	59 20.3	10.8	16 18.5	7.3	56.6
23	165 11.0	11 00.1	73 50.1	10.7	16 11.2	7.4	56.7
	S.D. 16.0	d 0.9	S.D. 15.0		15.1		15.3

Lat.	Twilight Naut.	Civil	Sunrise	Moonrise 16	17	18	19
N 72	////	01 40	03 29	☐	☐	05 47	08 47
N 70	////	02 22	03 47	☐	05 14	07 26	09 21
68	////	02 50	04 02	05 18	06 33	08 05	09 45
66	01 26	03 11	04 13	06 03	07 10	08 33	10 04
64	02 04	03 27	04 23	06 33	07 37	08 53	10 19
62	02 30	03 41	04 31	06 56	07 57	09 10	10 31
60	02 49	03 52	04 38	07 14	08 14	09 24	10 42
N 58	03 05	04 01	04 45	07 29	08 28	09 36	10 51
56	03 18	04 10	04 50	07 42	08 40	09 46	10 59
54	03 29	04 17	04 55	07 53	08 50	09 55	11 06
52	03 39	04 24	05 00	08 03	09 00	10 03	11 12
50	03 47	04 29	05 04	08 12	09 08	10 11	11 18
45	04 04	04 42	05 13	08 31	09 26	10 26	11 31
N 40	04 18	04 52	05 20	08 46	09 40	10 39	11 41
35	04 29	05 00	05 26	08 59	09 52	10 49	11 49
30	04 38	05 07	05 31	09 10	10 03	10 59	11 57
20	04 52	05 18	05 41	09 30	10 21	11 15	12 10
N 10	05 02	05 27	05 49	09 46	10 37	11 29	12 22
0	05 11	05 35	05 56	10 02	10 52	11 42	12 33
S 10	05 18	05 42	06 04	10 18	11 07	11 56	12 43
20	05 23	05 49	06 11	10 35	11 23	12 10	12 55
30	05 28	05 56	06 20	10 54	11 41	12 26	13 08
35	05 30	05 59	06 25	11 05	11 52	12 35	13 15
40	05 32	06 03	06 31	11 18	12 04	12 45	13 24
45	05 33	06 07	06 37	11 34	12 18	12 58	13 34
S 50	05 34	06 12	06 45	11 53	12 36	13 13	13 46
52	05 35	06 14	06 48	12 01	12 44	13 20	13 51
54	05 35	06 16	06 52	12 11	12 53	13 28	13 57
56	05 35	06 19	06 57	12 23	13 03	13 36	14 04
58	05 36	06 21	07 01	12 36	13 15	13 46	14 12
S 60	05 36	06 24	07 07	12 51	13 29	13 58	14 20

Lat.	Sunset	Twilight Civil	Naut.	Moonset 16	17	18	19
N 72	20 34	22 29	////	☐	☐	05 24	04 07
N 70	20 15	21 43	////	☐	04 10	03 43	03 32
68	20 00	21 13	////	02 22	02 51	03 02	03 07
66	19 48	20 52	22 41	01 36	02 13	02 35	02 47
64	19 38	20 35	22 00	01 06	01 46	02 13	02 32
62	19 30	20 21	21 33	00 44	01 25	01 56	02 18
60	19 22	20 10	21 13	00 26	01 08	01 42	02 07
N 58	19 16	20 00	20 57	00 10	00 54	01 29	01 57
56	19 10	19 51	20 44	24 42	00 42	01 19	01 49
54	19 05	19 44	20 32	24 31	00 31	01 09	01 41
52	19 01	19 37	20 22	24 22	00 22	01 01	01 34
50	18 56	19 31	20 14	24 13	00 13	00 53	01 28
45	18 48	19 18	19 56	23 55	24 37	00 37	01 15
N 40	18 40	19 08	19 42	23 40	24 24	00 24	01 04
35	18 34	19 00	19 31	23 28	24 12	00 12	00 54
30	18 28	18 53	19 22	23 17	24 03	00 03	00 46
20	18 19	18 41	19 08	22 58	23 45	24 31	00 31
N 10	18 11	18 32	18 57	22 42	23 30	24 18	00 18
0	18 03	18 24	18 48	22 26	23 16	24 06	00 06
S 10	17 55	18 17	18 41	22 11	23 02	23 54	24 47
20	17 48	18 10	18 36	21 54	22 47	23 41	24 37
30	17 39	18 03	18 31	21 35	22 30	23 27	24 26
35	17 34	17 59	18 29	21 24	22 19	23 18	24 19
40	17 28	17 55	18 27	21 11	22 08	23 08	24 11
45	17 21	17 51	18 25	20 56	21 54	22 56	24 04
S 50	17 14	17 46	18 24	20 38	21 37	22 42	23 52
52	17 10	17 44	18 23	20 29	21 29	22 35	23 47
54	17 06	17 42	18 23	20 19	21 20	22 28	23 41
56	17 02	17 40	18 23	20 08	21 10	22 20	23 35
58	16 57	17 37	18 23	19 55	20 59	22 10	23 28
S 60	16 51	17 34	18 22	19 40	20 45	22 00	23 20

Day	SUN Eqn. of Time 00h	12h	Mer. Pass.	MOON Mer. Pass. Upper	Lower	Age	Phase
	m s	m s	h m	h m	h m	d	
16	00 03	00 10	12 00	16 14	03 49	05	
17	00 17	00 24	12 00	17 04	04 39	06	
18	00 31	00 37	11 59	17 54	05 29	07	◗

1994 APRIL 19, 20, 21 (TUES., WED., THURS.)

UT (GMT)	ARIES G.H.A.	VENUS −3.9 G.H.A.	VENUS Dec.	MARS +1.2 G.H.A.	MARS Dec.	JUPITER −2.5 G.H.A.	JUPITER Dec.	SATURN +1.1 G.H.A.	SATURN Dec.	STARS Name	S.H.A.	Dec.
19 00	206 52.1	158 13.3	N18 13.0	203 25.7	N 0 21.5	347 38.1	S13 51.7	225 33.2	S 9 33.9	Acamar	315 29.6	S40 19.8
01	221 54.5	173 12.7	13.9	218 26.4	22.3	2 40.8	51.6	240 35.4	33.8	Achernar	335 38.0	S57 15.9
02	236 57.0	188 12.1	14.8	233 27.1	23.0	17 43.6	51.5	255 37.7	33.7	Acrux	173 24.7	S63 04.3
03	251 59.5	203 11.5	·· 15.7	248 27.8	·· 23.8	32 46.4	·· 51.4	270 39.9	·· 33.7	Adhara	255 23.9	S28 58.2
04	267 01.9	218 10.9	16.6	263 28.5	24.6	47 49.1	51.3	285 42.2	33.6	Aldebaran	291 06.1	N16 29.8
05	282 04.4	233 10.3	17.6	278 29.2	25.4	62 51.9	51.2	300 44.4	33.5			
06	297 06.9	248 09.6	N18 18.5	293 29.9	N 0 26.2	77 54.7	S13 51.1	315 46.7	S 9 33.4	Alioth	166 32.7	N55 59.4
T 07	312 09.3	263 09.0	19.4	308 30.6	26.9	92 57.4	51.0	330 48.9	33.3	Alkaid	153 09.7	N49 20.4
U 08	327 11.8	278 08.4	20.3	323 31.2	27.7	108 00.2	50.9	345 51.1	33.2	Al Na'ir	28 01.9	S46 59.1
E 09	342 14.3	293 07.8	·· 21.2	338 31.9	·· 28.5	123 02.9	·· 50.9	0 53.4	·· 33.2	Alnilam	276 01.1	S 1 12.5
S 10	357 16.7	308 07.2	22.1	353 32.6	29.3	138 05.7	50.8	15 55.6	33.1	Alphard	218 10.1	S 8 38.3
D 11	12 19.2	323 06.6	23.0	8 33.3	30.1	153 08.5	50.7	30 57.9	33.0			
A 12	27 21.7	338 05.9	N18 23.9	23 34.0	N 0 30.8	168 11.2	S13 50.6	46 00.1	S 9 32.9	Alphecca	126 22.8	N26 43.9
Y 13	42 24.1	353 05.3	24.8	38 34.7	31.6	183 14.0	50.5	61 02.4	32.8	Alpheratz	357 58.7	N29 03.4
14	57 26.6	8 04.7	25.7	53 35.4	32.4	198 16.8	50.4	76 04.6	32.8	Altair	62 22.2	N 8 51.1
15	72 29.0	23 04.1	·· 26.6	68 36.1	·· 33.2	213 19.5	·· 50.3	91 06.9	·· 32.7	Ankaa	353 30.2	S42 20.1
16	87 31.5	38 03.5	27.5	83 36.8	33.9	228 22.3	50.2	106 09.1	32.6	Antares	112 43.6	S26 25.2
17	102 34.0	53 02.9	28.4	98 37.5	34.7	243 25.0	50.1	121 11.3	32.5			
18	117 36.4	68 02.2	N18 29.3	113 38.2	N 0 35.5	258 27.8	S13 50.0	136 13.6	S 9 32.4	Arcturus	146 08.5	N19 12.6
19	132 38.9	83 01.6	30.2	128 38.8	36.3	273 30.6	49.9	151 15.8	32.4	Atria	107 57.9	S69 00.9
20	147 41.4	98 01.0	31.1	143 39.5	37.1	288 33.3	49.8	166 18.1	32.3	Avior	234 23.8	S59 29.9
21	162 43.8	113 00.4	·· 32.0	158 40.2	·· 37.8	303 36.1	·· 49.7	181 20.3	·· 32.2	Bellatrix	278 47.6	N 6 20.5
22	177 46.3	127 59.7	32.9	173 40.9	38.6	318 38.9	49.6	196 22.6	32.1	Betelgeuse	271 17.0	N 7 24.2
23	192 48.8	142 59.1	33.8	188 41.6	39.4	333 41.6	49.5	211 24.8	32.0			
20 00	207 51.2	157 58.5	N18 34.7	203 42.3	N 0 40.2	348 44.4	S13 49.4	226 27.1	S 9 32.0	Canopus	264 02.7	S52 41.9
01	222 53.7	172 57.9	35.6	218 43.0	41.0	3 47.2	49.3	241 29.3	31.9	Capella	280 56.0	N45 59.6
02	237 56.2	187 57.3	36.4	233 43.7	41.7	18 49.9	49.2	256 31.6	31.8	Deneb	49 41.3	N45 15.4
03	252 58.6	202 56.6	·· 37.3	248 44.4	·· 42.5	33 52.7	·· 49.1	271 33.8	·· 31.7	Denebola	182 48.0	N14 36.1
04	268 01.1	217 56.0	38.2	263 45.1	43.3	48 55.4	49.1	286 36.1	31.6	Diphda	349 10.6	S18 01.1
05	283 03.5	232 55.4	39.1	278 45.8	44.1	63 58.2	49.0	301 38.3	31.6			
06	298 06.0	247 54.8	N18 40.0	293 46.4	N 0 44.8	79 01.0	S13 48.9	316 40.5	S 9 31.5	Dubhe	194 08.7	N61 46.9
W 07	313 08.5	262 54.1	40.9	308 47.1	45.6	94 03.7	48.8	331 42.8	31.4	Elnath	278 31.0	N28 36.1
E 08	328 10.9	277 53.5	41.8	323 47.8	46.4	109 06.5	48.7	346 45.0	31.3	Eltanin	90 52.5	N51 29.2
D 09	343 13.4	292 52.9	·· 42.7	338 48.5	·· 47.2	124 09.3	·· 48.6	1 47.3	·· 31.2	Enif	34 01.3	N 9 50.9
N 10	358 15.9	307 52.3	43.6	353 49.2	48.0	139 12.0	48.5	16 49.5	31.2	Fomalhaut	15 40.0	S29 39.0
E 11	13 18.3	322 51.6	44.4	8 49.9	48.7	154 14.8	48.4	31 51.8	31.1			
S 12	28 20.8	337 51.0	N18 45.3	23 50.6	N 0 49.5	169 17.6	S13 48.3	46 54.0	S 9 31.0	Gacrux	172 16.4	S57 05.1
D 13	43 23.3	352 50.4	46.2	38 51.3	50.3	184 20.3	48.2	61 56.3	30.9	Gienah	176 06.8	S17 30.9
A 14	58 25.7	7 49.7	47.1	53 52.0	51.1	199 23.1	48.1	76 58.5	30.9	Hadar	149 07.7	S60 20.8
Y 15	73 28.2	22 49.1	·· 48.0	68 52.7	·· 51.9	214 25.9	·· 48.0	92 00.8	·· 30.8	Hamal	328 17.3	N23 26.1
16	88 30.6	37 48.5	48.8	83 53.4	52.6	229 28.6	47.9	107 03.0	30.7	Kaus Aust.	84 02.7	S34 23.1
17	103 33.1	52 47.8	49.7	98 54.1	53.4	244 31.4	47.8	122 05.3	30.6			
18	118 35.6	67 47.2	N18 50.6	113 54.7	N 0 54.2	259 34.2	S13 47.7	137 07.5	S 9 30.5	Kochab	137 18.3	N74 10.6
19	133 38.0	82 46.6	51.5	128 55.4	55.0	274 36.9	47.6	152 09.8	30.5	Markab	13 52.9	N15 10.4
20	148 40.5	97 46.0	52.4	143 56.1	55.7	289 39.7	47.5	167 12.0	30.4	Menkar	314 30.4	N 4 03.9
21	163 43.0	112 45.3	·· 53.2	158 56.8	·· 56.5	304 42.5	·· 47.4	182 14.3	·· 30.3	Menkent	148 24.1	S36 20.7
22	178 45.4	127 44.7	54.1	173 57.5	57.3	319 45.2	47.3	197 16.5	30.2	Miaplacidus	221 42.4	S69 42.1
23	193 47.9	142 44.1	55.0	188 58.2	58.1	334 48.0	47.2	212 18.8	30.1			
21 00	208 50.4	157 43.4	N18 55.8	203 58.9	N 0 58.9	349 50.8	S13 47.1	227 21.0	S 9 30.1	Mirfak	309 01.4	N49 50.5
01	223 52.8	172 42.8	56.7	218 59.6	0 59.6	4 53.5	47.1	242 23.3	30.0	Nunki	76 16.0	S26 18.1
02	238 55.3	187 42.2	57.6	234 00.3	1 00.4	19 56.3	47.0	257 25.5	29.9	Peacock	53 41.8	S56 44.9
03	253 57.8	202 41.5	·· 58.5	249 01.0	·· 01.2	34 59.1	·· 46.9	272 27.8	·· 29.8	Pollux	243 45.3	N28 02.4
04	269 00.2	217 40.9	18 59.3	264 01.7	02.0	50 01.8	46.8	287 30.0	29.7	Procyon	245 14.8	N 5 14.2
05	284 02.7	232 40.2	19 00.2	279 02.4	02.7	65 04.6	46.7	302 32.3	29.7			
06	299 05.1	247 39.6	N19 01.1	294 03.1	N 1 03.5	80 07.4	S13 46.6	317 34.5	S 9 29.6	Rasalhague	96 19.6	N12 33.7
T 07	314 07.6	262 39.0	01.9	309 03.7	04.3	95 10.1	46.5	332 36.8	29.5	Regulus	207 58.6	N11 59.5
H 08	329 10.1	277 38.3	02.8	324 04.4	05.1	110 12.9	46.4	347 39.0	29.4	Rigel	281 26.1	S 8 12.7
U 09	344 12.5	292 37.7	·· 03.7	339 05.1	·· 05.8	125 15.7	·· 46.3	2 41.3	·· 29.4	Rigil Kent.	140 10.7	S60 48.7
R 10	359 15.0	307 37.1	04.5	354 05.8	06.6	140 18.4	46.2	17 43.5	29.3	Sabik	102 28.8	S15 43.1
11	14 17.5	322 36.4	05.4	9 06.5	07.4	155 21.2	46.1	32 45.7	29.2			
S 12	29 19.9	337 35.8	N19 06.3	24 07.2	N 1 08.2	170 24.0	S13 46.0	47 48.0	S 9 29.1	Schedar	349 57.5	N56 30.3
D 13	44 22.4	352 35.1	07.1	39 07.9	09.0	185 26.7	45.9	62 50.2	29.0	Shaula	96 41.1	S37 05.9
A 14	59 24.9	7 34.5	08.0	54 08.6	09.7	200 29.5	45.8	77 52.5	29.0	Sirius	258 46.5	S16 42.8
Y 15	74 27.3	22 33.9	·· 08.8	69 09.3	·· 10.5	215 32.3	·· 45.7	92 54.7	·· 28.9	Spica	158 46.1	S11 08.1
16	89 29.8	37 33.2	09.7	84 10.0	11.3	230 35.0	45.6	107 57.0	28.8	Suhail	223 02.9	S43 25.0
17	104 32.3	52 32.6	10.6	99 10.7	12.1	245 37.8	45.5	122 59.3	28.7			
18	119 34.7	67 31.9	N19 11.4	114 11.4	N 1 12.8	260 40.6	S13 45.4	138 01.5	S 9 28.7	Vega	80 48.5	N38 46.5
19	134 37.2	82 31.3	12.3	129 12.1	13.6	275 43.3	45.3	153 03.8	28.6	Zuben'ubi	137 21.0	S16 01.2
20	149 39.6	97 30.7	13.1	144 12.7	14.4	290 46.1	45.2	168 06.0	28.5		S.H.A.	Mer. Pass.
21	164 42.1	112 30.0	·· 14.0	159 13.4	·· 15.2	305 48.9	·· 45.1	183 08.3	·· 28.4	Venus	310 07.3	13 29
22	179 44.6	127 29.4	14.8	174 14.1	15.9	320 51.6	45.0	198 10.5	28.3	Mars	355 51.1	10 25
23	194 47.0	142 28.7	15.7	189 14.8	16.7	335 54.4	44.9	213 12.8	28.3	Jupiter	140 53.2	0 45
Mer. Pass. 10 06.9		v −0.6	d 0.9	v 0.7	d 0.8	v 2.8	d 0.1	v 2.2	d 0.1	Saturn	18 35.8	8 53

1994 APRIL 19, 20, 21 (TUES., WED., THURS.)

UT (GMT)	SUN G.H.A.	Dec.	MOON G.H.A.	v	Dec.	d	H.P.
d h	o '	o '	o '	'	o '	'	'
19 00	180 11.1	N11 01.0	88 19.8	10.7	N16 03.8	7.5	56.7
01	195 11.2	01.9	102 49.5	10.8	15 56.3	7.6	56.7
02	210 11.4	02.7	117 19.3	10.7	15 48.7	7.7	56.8
03	225 11.5	.. 03.6	131 49.0	10.7	15 41.0	7.8	56.8
04	240 11.7	04.5	146 18.7	10.8	15 33.2	7.9	56.8
05	255 11.8	05.3	160 48.5	10.7	15 25.3	7.9	56.9
06	270 11.9	N11 06.2	175 18.2	10.8	N15 17.4	8.1	56.9
T 07	285 12.1	07.1	189 48.0	10.7	15 09.3	8.1	56.9
U 08	300 12.2	07.9	204 17.7	10.7	15 01.2	8.3	57.0
E 09	315 12.3	.. 08.8	218 47.4	10.8	14 52.9	8.3	57.0
S 10	330 12.5	09.7	233 17.2	10.7	14 44.6	8.4	57.0
D 11	345 12.6	10.5	247 46.9	10.8	14 36.2	8.5	57.1
A 12	0 12.8	N11 11.4	262 16.7	10.7	N14 27.7	8.5	57.1
Y 13	15 12.9	12.3	276 46.4	10.8	14 19.2	8.7	57.2
14	30 13.0	13.1	291 16.2	10.7	14 10.5	8.7	57.2
15	45 13.2	.. 14.0	305 45.9	10.7	14 01.8	8.9	57.2
16	60 13.3	14.9	320 15.6	10.8	13 52.9	8.9	57.3
17	75 13.4	15.7	334 45.4	10.7	13 44.0	9.0	57.3
18	90 13.6	N11 16.6	349 15.1	10.7	N13 35.0	9.0	57.3
19	105 13.7	17.4	3 44.8	10.8	13 26.0	9.2	57.4
20	120 13.8	18.3	18 14.6	10.7	13 16.8	9.3	57.4
21	135 14.0	.. 19.2	32 44.3	10.7	13 07.5	9.3	57.5
22	150 14.1	20.0	47 14.0	10.8	12 58.2	9.4	57.5
23	165 14.2	20.9	61 43.8	10.7	12 48.8	9.5	57.5
20 00	180 14.4	N11 21.7	76 13.5	10.7	N12 39.3	9.5	57.6
01	195 14.5	22.6	90 43.2	10.7	12 29.8	9.7	57.6
02	210 14.6	23.5	105 12.9	10.7	12 20.1	9.7	57.6
03	225 14.8	.. 24.3	119 42.6	10.7	12 10.4	9.8	57.7
04	240 14.9	25.2	134 12.3	10.7	12 00.6	9.9	57.7
05	255 15.0	26.0	148 42.0	10.7	11 50.7	9.9	57.8
06	270 15.2	N11 26.9	163 11.7	10.7	N11 40.8	10.1	57.8
W 07	285 15.3	27.8	177 41.4	10.7	11 30.7	10.1	57.8
E 08	300 15.4	28.6	192 11.1	10.7	11 20.6	10.2	57.9
D 09	315 15.6	.. 29.5	206 40.8	10.7	11 10.4	10.2	57.9
N 10	330 15.7	30.3	221 10.5	10.6	11 00.2	10.3	58.0
E 11	345 15.8	31.2	235 40.1	10.7	10 49.9	10.4	58.0
S 12	0 16.0	N11 32.0	250 09.8	10.6	N10 39.5	10.5	58.0
D 13	15 16.1	32.9	264 39.4	10.7	10 29.0	10.5	58.1
A 14	30 16.2	33.8	279 09.1	10.6	10 18.5	10.6	58.1
Y 15	45 16.4	.. 34.6	293 38.7	10.6	10 07.9	10.7	58.1
16	60 16.5	35.5	308 08.3	10.6	9 57.2	10.8	58.2
17	75 16.6	36.3	322 37.9	10.6	9 46.4	10.8	58.2
18	90 16.8	N11 37.2	337 07.5	10.6	N 9 35.6	10.9	58.3
19	105 16.9	38.0	351 37.1	10.6	9 24.7	10.9	58.3
20	120 17.0	38.9	6 06.7	10.6	9 13.8	11.0	58.3
21	135 17.2	.. 39.7	20 36.3	10.5	9 02.8	11.1	58.4
22	150 17.3	40.6	35 05.8	10.6	8 51.7	11.1	58.4
23	165 17.4	41.4	49 35.4	10.5	8 40.6	11.2	58.5
21 00	180 17.5	N11 42.3	64 04.9	10.5	N 8 29.4	11.3	58.5
01	195 17.7	43.2	78 34.4	10.5	8 18.1	11.3	58.5
02	210 17.8	44.0	93 03.9	10.5	8 06.8	11.4	58.6
03	225 17.9	.. 44.9	107 33.4	10.4	7 55.4	11.5	58.6
04	240 18.1	45.7	122 02.8	10.5	7 43.9	11.5	58.7
05	255 18.2	46.6	136 32.3	10.4	7 32.4	11.5	58.7
06	270 18.3	N11 47.4	151 01.7	10.4	N 7 20.9	11.6	58.7
T 07	285 18.5	48.3	165 31.1	10.4	7 09.3	11.7	58.8
H 08	300 18.6	49.1	180 00.5	10.4	6 57.6	11.7	58.8
U 09	315 18.7	.. 50.0	194 29.9	10.4	6 45.9	11.8	58.9
R 10	330 18.8	50.8	208 59.3	10.3	6 34.1	11.8	58.9
S 11	345 19.0	51.7	223 28.6	10.4	6 22.3	11.9	58.9
D 12	0 19.1	N11 52.5	237 58.0	10.3	N 6 10.4	12.0	59.0
A 13	15 19.2	53.4	252 27.3	10.2	5 58.4	11.9	59.0
Y 14	30 19.4	54.2	266 56.5	10.3	5 46.5	12.1	59.1
15	45 19.5	.. 55.1	281 25.8	10.2	5 34.4	12.1	59.1
16	60 19.6	55.9	295 55.0	10.2	5 22.3	12.1	59.1
17	75 19.7	56.7	310 24.2	10.2	5 10.2	12.2	59.2
18	90 19.9	N11 57.6	324 53.4	10.2	N 4 58.0	12.2	59.2
19	105 20.0	58.4	339 22.6	10.1	4 45.8	12.3	59.2
20	120 20.1	11 59.3	353 51.7	10.1	4 33.6	12.3	59.3
21	135 20.2	12 00.1	8 20.8	10.1	4 21.3	12.4	59.3
22	150 20.4	01.0	22 49.9	10.0	4 08.9	12.4	59.4
23	165 20.5	01.8	37 18.9	10.1	3 56.5	12.4	59.4
	S.D. 15.9	d 0.9	S.D. 15.6		15.8		16.1

Lat.	Twilight Naut.	Civil	Sunrise	Moonrise 19	20	21	22
o	h m	h m	h m	h m	h m	h m	h m
N 72	////	01 00	03 11	08 47	10 55	12 57	14 59
N 70	////	01 59	03 32	09 21	11 13	13 06	15 00
68	////	02 33	03 48	09 45	11 28	13 13	15 00
66	00 52	02 56	04 02	10 04	11 40	13 19	15 01
64	01 44	03 15	04 13	10 19	11 49	13 23	15 01
62	02 14	03 30	04 22	10 31	11 58	13 28	15 01
60	02 36	03 42	04 30	10 42	12 05	13 31	15 01
N 58	02 54	03 52	04 37	10 51	12 11	13 35	15 02
56	03 08	04 02	04 43	10 59	12 16	13 38	15 02
54	03 20	04 10	04 48	11 06	12 21	13 40	15 02
52	03 31	04 17	04 53	11 12	12 26	13 43	15 02
50	03 40	04 23	04 58	11 18	12 30	13 45	15 02
45	03 58	04 36	05 07	11 31	12 39	13 49	15 03
N 40	04 13	04 47	05 15	11 41	12 46	13 53	15 03
35	04 25	04 56	05 22	11 49	12 52	13 57	15 03
30	04 34	05 03	05 28	11 57	12 57	14 00	15 04
20	04 49	05 16	05 38	12 10	13 07	14 05	15 04
N 10	05 01	05 26	05 47	12 22	13 15	14 09	15 04
0	05 10	05 35	05 56	12 33	13 23	14 13	15 05
S 10	05 18	05 42	06 04	12 43	13 30	14 17	15 05
20	05 24	05 50	06 12	12 55	13 39	14 22	15 06
30	05 30	05 58	06 22	13 08	13 48	14 27	15 06
35	05 32	06 02	06 27	13 15	13 53	14 30	15 07
40	05 34	06 06	06 34	13 24	13 59	14 33	15 07
45	05 37	06 11	06 41	13 34	14 06	14 37	15 07
S 50	05 39	06 16	06 49	13 46	14 15	14 42	15 08
52	05 39	06 19	06 53	13 51	14 19	14 44	15 08
54	05 40	06 21	06 58	13 57	14 23	14 46	15 08
56	05 41	06 24	07 03	14 04	14 27	14 48	15 09
58	05 41	06 27	07 08	14 12	14 33	14 51	15 09
S 60	05 42	06 31	07 14	14 20	14 38	14 54	15 09

Lat.	Sunset	Twilight Civil	Naut.	Moonset 19	20	21	22
o	h m	h m	h m	h m	h m	h m	h m
N 72	20 51	23 16	////	04 07	03 45	03 29	03 15
N 70	20 29	22 05	////	03 32	03 24	03 18	03 11
68	20 12	21 30	////	03 07	03 09	03 09	03 08
66	19 59	21 05	23 22	02 47	02 56	03 01	03 06
64	19 47	20 46	22 20	02 32	02 45	02 55	03 03
62	19 38	20 31	21 48	02 18	02 35	02 49	03 01
60	19 30	20 18	21 25	02 07	02 27	02 44	02 59
N 58	19 23	20 07	21 07	01 57	02 20	02 40	02 58
56	19 16	19 58	20 52	01 49	02 14	02 36	02 56
54	19 11	19 50	20 40	01 41	02 08	02 33	02 55
52	19 06	19 43	20 29	01 34	02 03	02 29	02 54
50	19 01	19 36	20 20	01 28	01 59	02 26	02 53
45	18 51	19 23	20 01	01 15	01 49	02 20	02 50
N 40	18 43	19 12	19 46	01 04	01 40	02 15	02 48
35	18 36	19 03	19 34	00 54	01 33	02 10	02 47
30	18 30	18 55	19 24	00 46	01 27	02 06	02 45
20	18 20	18 42	19 09	00 31	01 16	01 59	02 42
N 10	18 11	18 32	18 57	00 18	01 06	01 53	02 40
0	18 02	18 23	18 48	00 06	00 56	01 47	02 38
S 10	17 54	18 15	18 40	24 47	00 47	01 41	02 35
20	17 45	18 08	18 34	24 37	00 37	01 34	02 33
30	17 36	18 00	18 28	24 26	00 26	01 27	02 30
35	17 30	17 56	18 25	24 19	00 19	01 23	02 28
40	17 24	17 51	18 23	24 11	00 11	01 18	02 26
45	17 16	17 46	18 21	24 03	00 03	01 12	02 24
S 50	17 08	17 41	18 18	23 52	25 05	01 05	02 21
52	17 04	17 38	18 18	23 47	25 02	01 02	02 20
54	16 59	17 36	18 17	23 41	24 58	00 58	02 19
56	16 54	17 33	18 16	23 35	24 54	00 54	02 17
58	16 49	17 30	18 15	23 28	24 50	00 50	02 15
S 60	16 43	17 26	18 15	23 20	24 45	00 45	02 13

Day	SUN Eqn. of Time 00h	12h	Mer. Pass.	MOON Mer. Pass. Upper	Lower	Age	Phase
	m s	m s	h m	h m	h m	d	
19	00 44	00 51	11 59	18 44	06 19	08	
20	00 57	01 04	11 59	19 35	07 10	09	☽
21	01 10	01 16	11 59	20 25	08 00	10	

1994 APRIL 22, 23, 24 (FRI., SAT., SUN.)

UT (GMT)	ARIES G.H.A.	VENUS −3.9 G.H.A.	Dec.	MARS +1.2 G.H.A.	Dec.	JUPITER −2.5 G.H.A.	Dec.	SATURN +1.1 G.H.A.	Dec.	STARS Name	S.H.A.	Dec.
d h	° ′	° ′	° ′	° ′	° ′	° ′	° ′	° ′	° ′		° ′	° ′
22 00	209 49.5	157 28.1	N19 16.5	204 15.5	N 1 17.5	350 57.2	S13 44.9	228 15.0	S 9 28.2	Acamar	315 29.6	S40 19.8
01	224 52.0	172 27.4	17.4	219 16.2	18.3	5 59.9	44.8	243 17.3	28.1	Achernar	335 38.0	S57 15.9
02	239 54.4	187 26.8	18.2	234 16.9	19.1	21 02.7	44.7	258 19.5	28.0	Acrux	173 24.7	S63 04.3
03	254 56.9	202 26.1	·· 19.1	249 17.6	·· 19.8	36 05.5	·· 44.6	273 21.8	·· 27.9	Adhara	255 23.9	S28 58.2
04	269 59.4	217 25.5	19.9	264 18.3	20.6	51 08.2	44.5	288 24.0	27.9	Aldebaran	291 06.1	N16 29.8
05	285 01.8	232 24.8	20.8	279 19.0	21.4	66 11.0	44.4	303 26.3	27.8			
06	300 04.3	247 24.2	N19 21.6	294 19.7	N 1 22.2	81 13.8	S13 44.3	318 28.5	S 9 27.7	Alioth	166 32.7	N55 59.4
07	315 06.7	262 23.6	22.5	309 20.4	22.9	96 16.6	44.2	333 30.8	27.6	Alkaid	153 09.7	N49 20.4
08	330 09.2	277 22.9	23.3	324 21.1	23.7	111 19.3	44.1	348 33.0	27.6	Al Na'ir	28 01.9	S46 59.1
F 09	345 11.7	292 22.3	·· 24.2	339 21.8	·· 24.5	126 22.1	·· 44.0	3 35.3	·· 27.5	Alnilam	276 01.1	S 1 12.5
R 10	0 14.1	307 21.6	25.0	354 22.4	25.3	141 24.9	43.9	18 37.5	27.4	Alphard	218 10.1	S 8 38.3
I 11	15 16.6	322 21.0	25.9	9 23.1	26.0	156 27.6	43.8	33 39.8	27.3			
D 12	30 19.1	337 20.3	N19 26.7	24 23.8	N 1 26.8	171 30.4	S13 43.7	48 42.0	S 9 27.3	Alphecca	126 22.8	N26 43.9
A 13	45 21.5	352 19.7	27.5	39 24.5	27.6	186 33.2	43.6	63 44.3	27.2	Alpheratz	357 58.7	N29 03.4
Y 14	60 24.0	7 19.0	28.4	54 25.2	28.4	201 35.9	43.5	78 46.5	27.1	Altair	62 22.2	N 8 51.1
15	75 26.5	22 18.4	·· 29.2	69 25.9	·· 29.1	216 38.7	·· 43.4	93 48.8	·· 27.0	Ankaa	353 30.2	S42 20.1
16	90 28.9	37 17.7	30.0	84 26.6	29.9	231 41.5	43.3	108 51.0	26.9	Antares	112 43.6	S26 25.2
17	105 31.4	52 17.0	30.9	99 27.3	30.7	246 44.2	43.2	123 53.3	26.9			
18	120 33.9	67 16.4	N19 31.7	114 28.0	N 1 31.5	261 47.0	S13 43.1	138 55.5	S 9 26.8	Arcturus	146 08.5	N19 12.6
19	135 36.3	82 15.7	32.6	129 28.7	32.2	276 49.8	43.0	153 57.8	26.7	Atria	107 57.9	S69 00.9
20	150 38.8	97 15.1	33.4	144 29.4	33.0	291 52.6	42.9	169 00.0	26.6	Avior	234 23.9	S59 29.9
21	165 41.2	112 14.4	·· 34.2	159 30.1	·· 33.8	306 55.3	·· 42.8	184 02.3	·· 26.6	Bellatrix	278 47.6	N 6 20.5
22	180 43.7	127 13.8	35.1	174 30.8	34.6	321 58.1	42.7	199 04.6	26.5	Betelgeuse	271 17.0	N 7 24.2
23	195 46.2	142 13.1	35.9	189 31.5	35.3	337 00.9	42.6	214 06.8	26.4			
23 00	210 48.6	157 12.5	N19 36.7	204 32.2	N 1 36.1	352 03.6	S13 42.5	229 09.1	S 9 26.3	Canopus	264 02.8	S52 41.9
01	225 51.1	172 11.8	37.5	219 32.8	36.9	7 06.4	42.4	244 11.3	26.3	Capella	280 56.0	N45 59.6
02	240 53.6	187 11.2	38.4	234 33.5	37.7	22 09.2	42.3	259 13.6	26.2	Deneb	49 41.3	N45 15.4
03	255 56.0	202 10.5	·· 39.2	249 34.2	·· 38.5	37 11.9	·· 42.3	274 15.8	·· 26.1	Denebola	182 48.0	N14 36.1
04	270 58.5	217 09.8	40.0	264 34.9	39.2	52 14.7	42.2	289 18.1	26.0	Diphda	349 10.6	S18 01.1
05	286 01.0	232 09.2	40.9	279 35.6	40.0	67 17.5	42.1	304 20.3	25.9			
06	301 03.4	247 08.5	N19 41.7	294 36.3	N 1 40.8	82 20.3	S13 42.0	319 22.6	S 9 25.9	Dubhe	194 08.8	N61 47.0
07	316 05.9	262 07.9	42.5	309 37.0	41.6	97 23.0	41.9	334 24.8	25.8	Elnath	278 31.0	N28 36.1
S 08	331 08.4	277 07.2	43.3	324 37.7	42.3	112 25.8	41.8	349 27.1	25.7	Eltanin	90 52.5	N51 29.2
A 09	346 10.8	292 06.5	·· 44.2	339 38.4	·· 43.1	127 28.6	·· 41.7	4 29.3	·· 25.6	Enif	34 01.3	N 9 50.9
T 10	1 13.3	307 05.9	45.0	354 39.1	43.9	142 31.3	41.6	19 31.6	25.6	Fomalhaut	15 40.0	S29 39.0
U 11	16 15.7	322 05.2	45.8	9 39.8	44.6	157 34.1	41.5	34 33.9	25.5			
R 12	31 18.2	337 04.6	N19 46.6	24 40.5	N 1 45.4	172 36.9	S13 41.4	49 36.1	S 9 25.4	Gacrux	172 16.4	S57 05.1
D 13	46 20.7	352 03.9	47.4	39 41.2	46.2	187 39.7	41.3	64 38.4	25.3	Gienah	176 06.8	S17 30.9
A 14	61 23.1	7 03.2	48.3	54 41.9	47.0	202 42.4	41.2	79 40.6	25.3	Hadar	149 07.7	S60 20.9
Y 15	76 25.6	22 02.6	·· 49.1	69 42.6	·· 47.7	217 45.2	·· 41.1	94 42.9	·· 25.2	Hamal	328 17.3	N23 26.1
16	91 28.1	37 01.9	49.9	84 43.3	48.5	232 48.0	41.0	109 45.1	25.1	Kaus Aust.	84 02.6	S34 23.1
17	106 30.5	52 01.2	50.7	99 43.9	49.3	247 50.7	40.9	124 47.4	25.0			
18	121 33.0	67 00.6	N19 51.5	114 44.6	N 1 50.1	262 53.5	S13 40.8	139 49.6	S 9 25.0	Kochab	137 18.3	N74 10.6
19	136 35.5	81 59.9	52.3	129 45.3	50.8	277 56.3	40.7	154 51.9	24.9	Markab	13 52.8	N15 10.4
20	151 37.9	96 59.3	53.1	144 46.0	51.6	292 59.1	40.6	169 54.2	24.8	Menkar	314 30.4	N 4 04.0
21	166 40.4	111 58.6	·· 54.0	159 46.7	·· 52.4	308 01.8	·· 40.5	184 56.4	·· 24.7	Menkent	148 24.1	S36 20.7
22	181 42.9	126 57.9	54.8	174 47.4	53.2	323 04.6	40.4	199 58.7	24.6	Miaplacidus	221 42.4	S69 42.1
23	196 45.3	141 57.3	55.6	189 48.1	53.9	338 07.4	40.3	215 00.9	24.6			
24 00	211 47.8	156 56.6	N19 56.4	204 48.8	N 1 54.7	353 10.1	S13 40.2	230 03.2	S 9 24.5	Mirfak	309 01.4	N49 50.5
01	226 50.2	171 55.9	57.2	219 49.5	55.5	8 12.9	40.1	245 05.4	24.4	Nunki	76 15.9	S26 18.1
02	241 52.7	186 55.3	58.0	234 50.2	56.3	23 15.7	40.0	260 07.7	24.3	Peacock	53 41.8	S56 44.9
03	256 55.2	201 54.6	·· 58.8	249 50.9	·· 57.0	38 18.5	·· 39.9	275 09.9	·· 24.3	Pollux	243 45.3	N28 02.4
04	271 57.6	216 53.9	19 59.6	264 51.6	57.8	53 21.2	39.8	290 12.2	24.2	Procyon	245 14.8	N 5 14.2
05	287 00.1	231 53.3	20 00.4	279 52.3	58.6	68 24.0	39.7	305 14.5	24.1			
06	302 02.6	246 52.6	N20 01.2	294 53.0	N 1 59.4	83 26.8	S13 39.6	320 16.7	S 9 24.0	Rasalhague	96 19.6	N12 33.7
07	317 05.0	261 51.9	02.0	309 53.7	2 00.1	98 29.5	39.5	335 19.0	24.0	Regulus	207 58.6	N11 59.5
08	332 07.5	276 51.2	02.8	324 54.4	00.9	113 32.3	39.4	350 21.2	23.9	Rigel	281 26.1	S 8 12.7
S 09	347 10.0	291 50.6	·· 03.6	339 55.1	·· 01.7	128 35.1	·· 39.3	5 23.5	·· 23.8	Rigil Kent.	140 10.7	S60 48.7
U 10	2 12.4	306 49.9	04.4	354 55.7	02.5	143 37.9	39.2	20 25.7	23.7	Sabik	102 28.8	S15 43.1
N 11	17 14.9	321 49.2	05.2	9 56.4	03.2	158 40.6	39.2	35 28.0	23.7			
D 12	32 17.3	336 48.6	N20 06.0	24 57.1	N 2 04.0	173 43.4	S13 39.1	50 30.3	S 9 23.6	Schedar	349 57.5	N56 30.3
A 13	47 19.8	351 47.9	06.8	39 57.8	04.8	188 46.2	39.0	65 32.5	23.5	Shaula	96 41.1	S37 05.9
Y 14	62 22.3	6 47.2	07.6	54 58.5	05.5	203 48.9	38.9	80 34.8	23.4	Sirius	258 46.5	S16 42.8
15	77 24.7	21 46.5	·· 08.4	69 59.2	·· 06.3	218 51.7	·· 38.8	95 37.0	·· 23.4	Spica	158 46.1	S11 08.1
16	92 27.2	36 45.9	09.2	84 59.9	07.1	233 54.5	38.7	110 39.3	23.3	Suhail	223 02.9	S43 25.0
17	107 29.7	51 45.2	10.0	100 00.6	07.9	248 57.3	38.6	125 41.5	23.2			
18	122 32.1	66 44.5	N20 10.8	115 01.3	N 2 08.6	264 00.0	S13 38.5	140 43.8	S 9 23.1	Vega	80 48.5	N38 46.5
19	137 34.6	81 43.8	11.6	130 02.0	09.4	279 02.8	38.4	155 46.1	23.1	Zuben'ubi	137 21.0	S16 01.2
20	152 37.1	96 43.2	12.4	145 02.7	10.2	294 05.6	38.3	170 48.3	23.0		S.H.A.	Mer. Pass.
21	167 39.5	111 42.5	·· 13.2	160 03.4	·· 11.0	309 08.4	·· 38.2	185 50.6	·· 22.9		° ′	h m
22	182 42.0	126 41.8	13.9	175 04.1	11.7	324 11.1	38.1	200 52.8	22.8	Venus	306 23.8	13 32
23	197 44.5	141 41.1	14.7	190 04.8	12.5	339 13.9	38.0	215 55.1	22.8	Mars	353 43.5	10 21
	h m									Jupiter	141 15.0	0 32
Mer. Pass. 9 55.1		v −0.7	d 0.8	v 0.7	d 0.8	v 2.8	d 0.1	v 2.3	d 0.1	Saturn	18 20.4	8 42

1994 APRIL 22, 23, 24 (FRI., SAT., SUN.)

UT (GMT) d h	SUN G.H.A.	SUN Dec.	MOON G.H.A.	v	Dec.	d	H.P.
	o ′	o ′	o ′	′	o ′	′	′
22 00	180 20.6	N12 02.7	51 48.0	10.0	N 3 44.1	12.4	59.4
01	195 20.7	03.5	66 17.0	9.9	3 31.7	12.5	59.5
02	210 20.9	04.4	80 45.9	10.0	3 19.2	12.6	59.5
03	225 21.0	.. 05.2	95 14.9	9.9	3 06.6	12.5	59.5
04	240 21.1	06.0	109 43.8	9.8	2 54.1	12.6	59.6
05	255 21.2	06.9	124 12.6	9.9	2 41.5	12.7	59.6
06	270 21.4	N12 07.7	138 41.5	9.8	N 2 28.8	12.6	59.7
07	285 21.5	08.6	153 10.3	9.8	2 16.2	12.6	59.7
F 08	300 21.6	09.4	167 39.1	9.7	2 03.5	12.7	59.7
R 09	315 21.7	.. 10.2	182 07.8	9.7	1 50.8	12.8	59.8
I 10	330 21.9	11.1	196 36.5	9.7	1 38.0	12.7	59.8
D 11	345 22.0	11.9	211 05.2	9.6	1 25.3	12.8	59.8
A 12	0 22.1	N12 12.8	225 33.8	9.6	N 1 12.5	12.9	59.9
Y 13	15 22.2	13.6	240 02.4	9.6	0 59.6	12.8	59.9
14	30 22.4	14.4	254 31.0	9.5	0 46.8	12.9	59.9
15	45 22.5	.. 15.3	268 59.5	9.5	0 33.9	12.8	60.0
16	60 22.6	16.1	283 28.0	9.4	0 21.1	12.9	60.0
17	75 22.7	17.0	297 56.4	9.4	N 0 08.2	12.9	60.0
18	90 22.8	N12 17.8	312 24.8	9.4	S 0 04.7	13.0	60.1
19	105 23.0	18.6	326 53.2	9.3	0 17.7	12.9	60.1
20	120 23.1	19.5	341 21.5	9.2	0 30.6	13.0	60.1
21	135 23.2	.. 20.3	355 49.7	9.3	0 43.6	12.9	60.2
22	150 23.3	21.2	10 18.0	9.2	0 56.5	13.0	60.2
23	165 23.5	22.0	24 46.2	9.1	1 09.5	13.0	60.2
23 00	180 23.6	N12 22.8	39 14.3	9.1	S 1 22.5	13.0	60.3
01	195 23.7	23.7	53 42.4	9.0	1 35.5	13.0	60.3
02	210 23.8	24.5	68 10.4	9.0	1 48.5	13.0	60.3
03	225 23.9	.. 25.3	82 38.4	9.0	2 01.5	13.0	60.4
04	240 24.1	26.2	97 06.4	8.9	2 14.5	13.0	60.4
05	255 24.2	27.0	111 34.3	8.9	2 27.5	13.0	60.4
06	270 24.3	N12 27.8	126 02.2	8.8	S 2 40.5	12.9	60.5
07	285 24.4	28.7	140 30.0	8.7	2 53.4	13.0	60.5
S 08	300 24.5	29.5	154 57.7	8.7	3 06.4	13.0	60.5
A 09	315 24.7	.. 30.3	169 25.4	8.7	3 19.4	13.0	60.6
T 10	330 24.8	31.2	183 53.1	8.6	3 32.4	13.0	60.6
U 11	345 24.9	32.0	198 20.7	8.6	3 45.4	12.9	60.6
R 12	0 25.0	N12 32.8	212 48.3	8.5	S 3 58.3	13.0	60.6
D 13	15 25.1	33.7	227 15.8	8.4	4 11.3	12.9	60.7
A 14	30 25.2	34.5	241 43.2	8.4	4 24.2	12.9	60.7
Y 15	45 25.4	.. 35.3	256 10.6	8.4	4 37.1	12.9	60.7
16	60 25.5	36.2	270 38.0	8.2	4 50.0	12.9	60.8
17	75 25.6	37.0	285 05.2	8.3	5 02.9	12.9	60.8
18	90 25.7	N12 37.8	299 32.5	8.1	S 5 15.8	12.8	60.8
19	105 25.8	38.6	313 59.6	8.2	5 28.6	12.8	60.8
20	120 26.0	39.5	328 26.8	8.0	5 41.4	12.8	60.9
21	135 26.1	.. 40.3	342 53.8	8.0	5 54.2	12.8	60.9
22	150 26.2	41.1	357 20.8	8.0	6 07.0	12.7	60.9
23	165 26.3	42.0	11 47.8	7.9	6 19.7	12.7	60.9
24 00	180 26.4	N12 42.8	26 14.7	7.8	S 6 32.4	12.7	60.9
01	195 26.5	43.6	40 41.5	7.8	6 45.1	12.6	61.0
02	210 26.6	44.4	55 08.3	7.7	6 57.8	12.6	61.0
03	225 26.8	.. 45.3	69 35.0	7.6	7 10.4	12.5	61.0
04	240 26.9	46.1	84 01.6	7.6	7 22.9	12.6	61.0
05	255 27.0	46.9	98 28.2	7.5	7 35.5	12.5	61.1
06	270 27.1	N12 47.7	112 54.7	7.5	S 7 48.0	12.4	61.1
07	285 27.2	48.6	127 21.2	7.4	8 00.4	12.4	61.1
S 08	300 27.3	49.4	141 47.6	7.4	8 12.8	12.4	61.1
U 09	315 27.5	.. 50.2	156 14.0	7.3	8 25.2	12.3	61.1
N 10	330 27.6	51.0	170 40.3	7.2	8 37.5	12.3	61.1
D 11	345 27.7	51.9	185 06.5	7.1	8 49.8	12.2	61.2
A 12	0 27.8	N12 52.7	199 32.6	7.1	S 9 02.0	12.1	61.2
Y 13	15 27.9	53.5	213 58.7	7.1	9 14.1	12.1	61.2
14	30 28.0	54.3	228 24.8	6.9	9 26.2	12.1	61.2
15	45 28.1	.. 55.2	242 50.7	7.0	9 38.3	12.0	61.2
16	60 28.2	56.0	257 16.7	6.8	9 50.3	11.9	61.2
17	75 28.4	56.8	271 42.5	6.8	10 02.2	11.9	61.3
18	90 28.5	N12 57.6	286 08.3	6.7	S10 14.1	11.8	61.3
19	105 28.6	58.4	300 34.0	6.7	10 25.9	11.7	61.3
20	120 28.7	12 59.3	314 59.7	6.6	10 37.6	11.7	61.3
21	135 28.8	13 00.1	329 25.3	6.5	10 49.3	11.6	61.3
22	150 28.9	00.9	343 50.8	6.5	11 00.9	11.6	61.3
23	165 29.0	01.7	358 16.3	6.4	11 12.5	11.4	61.3
	S.D. 15.9	d 0.8	S.D. 16.3		16.5		16.7

Twilight — Sunrise — Moonrise

Lat.	Naut.	Civil	Sunrise	Moonrise 22	23	24	25
o	h m	h m	h m	h m	h m	h m	h m
N 72	////	////	02 52	14 59	17 06	19 20	21 53
N 70	////	01 32	03 17	15 00	16 58	19 02	21 14
68	////	02 14	03 35	15 00	16 51	18 47	20 48
66	////	02 41	03 50	15 01	16 46	18 36	20 28
64	01 21	03 02	04 02	15 01	16 42	18 26	20 12
62	01 58	03 19	04 12	15 01	16 38	18 18	19 58
60	02 23	03 32	04 21	15 01	16 35	18 11	19 47
N 58	02 43	03 44	04 29	15 02	16 32	18 04	19 37
56	02 58	03 54	04 36	15 02	16 29	17 59	19 29
54	03 12	04 02	04 42	15 02	16 27	17 54	19 21
52	03 23	04 10	04 47	15 02	16 25	17 49	19 15
50	03 33	04 17	04 52	15 02	16 23	17 45	19 09
45	03 53	04 31	05 02	15 03	16 19	17 37	18 56
N 40	04 08	04 43	05 11	15 03	16 15	17 30	18 45
35	04 20	04 52	05 19	15 03	16 12	17 24	18 36
30	04 31	05 00	05 25	15 04	16 10	17 18	18 28
20	04 47	05 14	05 36	15 04	16 05	17 09	18 15
N 10	04 59	05 24	05 46	15 04	16 02	17 01	18 03
0	05 09	05 34	05 55	15 05	15 58	16 54	17 52
S 10	05 18	05 42	06 04	15 05	15 55	16 46	17 41
20	05 25	05 51	06 13	15 06	15 51	16 38	17 29
30	05 31	05 59	06 24	15 06	15 47	16 30	17 16
35	05 34	06 04	06 30	15 07	15 44	16 25	17 09
40	05 37	06 09	06 37	15 07	15 42	16 19	17 00
45	05 40	06 14	06 45	15 07	15 39	16 12	16 50
S 50	05 43	06 21	06 54	15 08	15 35	16 04	16 38
52	05 44	06 23	06 58	15 08	15 33	16 01	16 33
54	05 45	06 26	07 03	15 08	15 31	15 57	16 27
56	05 46	06 30	07 09	15 09	15 29	15 52	16 20
58	05 47	06 33	07 15	15 09	15 27	15 48	16 12
S 60	05 49	06 37	07 21	15 09	15 25	15 42	16 04

Sunset — Twilight — Moonset

Lat.	Sunset	Civil	Naut.	Moonset 22	23	24	25
o	h m	h m	h m	h m	h m	h m	h m
N 72	21 09	////	////	03 15	03 02	02 48	02 31
N 70	20 44	22 33	////	03 11	03 05	02 59	02 51
68	20 25	21 48	////	03 08	03 08	03 07	03 07
66	20 09	21 19	////	03 06	03 10	03 14	03 21
64	19 57	20 58	22 44	03 03	03 11	03 20	03 32
62	19 46	20 41	22 04	03 01	03 13	03 26	03 41
60	19 37	20 27	21 37	02 59	03 14	03 30	03 49
N 58	19 29	20 15	21 17	02 58	03 15	03 34	03 56
56	19 23	20 05	21 01	02 56	03 16	03 38	04 03
54	19 16	19 56	20 47	02 55	03 17	03 41	04 08
52	19 11	19 48	20 36	02 54	03 18	03 44	04 14
50	19 06	19 41	20 26	02 53	03 19	03 47	04 18
45	18 55	19 27	20 05	02 50	03 21	03 53	04 28
N 40	18 46	19 15	19 50	02 48	03 22	03 58	04 37
35	18 39	19 05	19 37	02 47	03 24	04 02	04 44
30	18 32	18 57	19 27	02 45	03 25	04 06	04 51
20	18 21	18 43	19 10	02 42	03 27	04 13	05 02
N 10	18 11	18 32	18 58	02 40	03 28	04 19	05 12
0	18 02	18 23	18 47	02 38	03 30	04 24	05 21
S 10	17 53	18 14	18 39	02 35	03 31	04 30	05 30
20	17 43	18 06	18 32	02 33	03 33	04 35	05 40
30	17 33	17 57	18 25	02 30	03 35	04 42	05 51
35	17 26	17 52	18 22	02 28	03 36	04 46	05 58
40	17 20	17 47	18 19	02 26	03 37	04 50	06 05
45	17 11	17 42	18 16	02 24	03 39	04 56	06 14
S 50	17 02	17 35	18 13	02 21	03 40	05 02	06 25
52	16 57	17 32	18 12	02 20	03 41	05 04	06 30
54	16 53	17 29	18 11	02 19	03 42	05 08	06 35
56	16 47	17 26	18 09	02 17	03 43	05 11	06 41
58	16 41	17 22	18 08	02 15	03 44	05 15	06 48
S 60	16 34	17 18	18 07	02 13	03 45	05 19	06 56

SUN — MOON

Day	SUN Eqn. of Time 00h	SUN Eqn. of Time 12h	SUN Mer. Pass.	MOON Mer. Pass. Upper	MOON Mer. Pass. Lower	Age	Phase
	m s	m s	h m	h m	h m	d	
22	01 21	01 28	11 59	21 17	08 51	11	
23	01 34	01 40	11 58	22 11	09 44	12	◖
24	01 45	01 51	11 58	23 07	10 39	13	

1994 APRIL 25, 26, 27 (MON., TUES., WED.)

UT (GMT) d h	ARIES G.H.A.	VENUS −3.9 G.H.A.	Dec.	MARS +1.2 G.H.A.	Dec.	JUPITER −2.5 G.H.A.	Dec.	SATURN +1.1 G.H.A.	Dec.	STARS Name	S.H.A.	Dec.
25 00	212 46.9	156 40.5	N20 15.5	205 05.5	N 2 13.3	354 16.7	S13 37.9	230 57.4	S 9 22.7	Acamar	315 29.6	S40 19.7
01	227 49.4	171 39.8	16.3	220 06.2	14.0	9 19.4	37.8	245 59.6	22.6	Achernar	335 38.0	S57 15.9
02	242 51.8	186 39.1	17.1	235 06.9	14.8	24 22.2	37.7	261 01.9	22.5	Acrux	173 24.8	S63 04.3
03	257 54.3	201 38.4 ··	17.9	250 07.6 ··	15.6	39 25.0 ··	37.6	276 04.1 ··	22.5	Adhara	255 23.9	S28 58.2
04	272 56.8	216 37.7	18.7	265 08.3	16.4	54 27.8	37.5	291 06.4	22.4	Aldebaran	291 06.1	N16 29.8
05	287 59.2	231 37.1	19.4	280 08.9	17.1	69 30.5	37.4	306 08.6	22.3			
06	303 01.7	246 36.4	N20 20.2	295 09.6	N 2 17.9	84 33.3	S13 37.3	321 10.9	S 9 22.2	Alioth	166 32.7	N55 59.4
07	318 04.2	261 35.7	21.0	310 10.3	18.7	99 36.1	37.2	336 13.2	22.2	Alkaid	153 09.7	N49 20.4
08	333 06.6	276 35.0	21.8	325 11.0	19.4	114 38.9	37.1	351 15.4	22.1	Al Na'ir	28 01.9	S46 59.1
M 09	348 09.1	291 34.3 ··	22.6	340 11.7 ··	20.2	129 41.6 ··	37.0	6 17.7 ··	22.0	Alnilam	276 01.2	S 1 12.5
O 10	3 11.6	306 33.7	23.3	355 12.4	21.0	144 44.4	36.9	21 19.9	21.9	Alphard	218 10.1	S 8 38.3
N 11	18 14.0	321 33.0	24.1	10 13.1	21.8	159 47.2	36.8	36 22.2	21.9			
D 12	33 16.5	336 32.3	N20 24.9	25 13.8	N 2 22.5	174 49.9	S13 36.7	51 24.5	S 9 21.8	Alphecca	126 22.8	N26 43.9
A 13	48 19.0	351 31.6	25.7	40 14.5	23.3	189 52.7	36.6	66 26.7	21.7	Alpheratz	357 58.7	N29 03.4
Y 14	63 21.4	6 30.9	26.4	55 15.2	24.1	204 55.5	36.5	81 29.0	21.7	Altair	62 22.2	N 8 51.1
15	78 23.9	21 30.2 ··	27.2	70 15.9 ··	24.9	219 58.3 ··	36.4	96 31.2 ··	21.6	Ankaa	353 30.2	S42 20.1
16	93 26.3	36 29.5	28.0	85 16.6	25.6	235 01.0	36.3	111 33.5	21.5	Antares	112 43.6	S26 25.2
17	108 28.8	51 28.9	28.8	100 17.3	26.4	250 03.8	36.2	126 35.8	21.4			
18	123 31.3	66 28.2	N20 29.5	115 18.0	N 2 27.2	265 06.6	S13 36.1	141 38.0	S 9 21.4	Arcturus	146 08.5	N19 12.6
19	138 33.7	81 27.5	30.3	130 18.7	27.9	280 09.4	36.0	156 40.3	21.3	Atria	107 57.9	S69 00.9
20	153 36.2	96 26.8	31.1	145 19.4	28.7	295 12.1	35.9	171 42.5	21.2	Avior	234 23.9	S59 29.9
21	168 38.7	111 26.1 ··	31.8	160 20.1 ··	29.5	310 14.9 ··	35.8	186 44.8 ··	21.1	Bellatrix	278 47.6	N 6 20.5
22	183 41.1	126 25.4	32.6	175 20.8	30.2	325 17.7	35.7	201 47.1	21.1	Betelgeuse	271 17.0	N 7 24.2
23	198 43.6	141 24.7	33.4	190 21.5	31.0	340 20.5	35.6	216 49.3	21.0			
26 00	213 46.1	156 24.1	N20 34.1	205 22.1	N 2 31.8	355 23.2	S13 35.6	231 51.6	S 9 20.9	Canopus	264 02.8	S52 41.9
01	228 48.5	171 23.4	34.9	220 22.8	32.6	10 26.0	35.5	246 53.9	20.8	Capella	280 56.0	N45 59.6
02	243 51.0	186 22.7	35.6	235 23.5	33.3	25 28.8	35.4	261 56.1	20.8	Deneb	49 41.3	N45 15.4
03	258 53.4	201 22.0 ··	36.4	250 24.2 ··	34.1	40 31.6 ··	35.3	276 58.4 ··	20.7	Denebola	182 48.0	N14 36.1
04	273 55.9	216 21.3	37.2	265 24.9	34.9	55 34.3	35.2	292 00.6	20.6	Diphda	349 10.6	S18 01.1
05	288 58.4	231 20.6	37.9	280 25.6	35.6	70 37.1	35.1	307 02.9	20.5			
06	304 00.8	246 19.9	N20 38.7	295 26.3	N 2 36.4	85 39.9	S13 35.0	322 05.2	S 9 20.5	Dubhe	194 08.8	N61 47.0
07	319 03.3	261 19.2	39.4	310 27.0	37.2	100 42.7	34.9	337 07.4	20.4	Elnath	278 31.0	N28 36.1
T 08	334 05.8	276 18.5	40.2	325 27.7	38.0	115 45.4	34.8	352 09.7	20.3	Eltanin	90 52.5	N51 29.2
U 09	349 08.2	291 17.8 ··	41.0	340 28.4 ··	38.7	130 48.2 ··	34.7	7 11.9 ··	20.3	Enif	34 01.3	N 9 50.9
E 10	4 10.7	306 17.1	41.7	355 29.1	39.5	145 51.0	34.6	22 14.2	20.2	Fomalhaut	15 40.0	S29 39.0
S 11	19 13.2	321 16.5	42.5	10 29.8	40.3	160 53.8	34.5	37 16.5	20.1			
D 12	34 15.6	336 15.8	N20 43.2	25 30.5	N 2 41.0	175 56.5	S13 34.4	52 18.7	S 9 20.0	Gacrux	172 16.4	S57 05.2
A 13	49 18.1	351 15.1	44.0	40 31.2	41.8	190 59.3	34.3	67 21.0	20.0	Gienah	176 06.8	S17 30.9
Y 14	64 20.6	6 14.4	44.7	55 31.9	42.6	206 02.1	34.2	82 23.3	19.9	Hadar	149 07.7	S60 20.9
15	79 23.0	21 13.7 ··	45.5	70 32.6 ··	43.3	221 04.8 ··	34.1	97 25.5 ··	19.8	Hamal	328 17.3	N23 26.1
16	94 25.5	36 13.0	46.2	85 33.3	44.1	236 07.6	34.0	112 27.8	19.7	Kaus Aust.	84 02.6	S34 23.1
17	109 27.9	51 12.3	47.0	100 34.0	44.9	251 10.4	33.9	127 30.1	19.7			
18	124 30.4	66 11.6	N20 47.7	115 34.7	N 2 45.7	266 13.2	S13 33.8	142 32.3	S 9 19.6	Kochab	137 18.3	N74 10.7
19	139 32.9	81 10.9	48.5	130 35.4	46.4	281 15.9	33.7	157 34.6	19.5	Markab	13 52.8	N15 10.4
20	154 35.3	96 10.2	49.2	145 36.1	47.2	296 18.7	33.6	172 36.8	19.5	Menkar	314 30.4	N 4 04.0
21	169 37.8	111 09.5 ··	49.9	160 36.8 ··	48.0	311 21.5 ··	33.5	187 39.1 ··	19.4	Menkent	148 24.1	S36 20.7
22	184 40.3	126 08.8	50.7	175 37.4	48.7	326 24.3	33.4	202 41.4	19.3	Miaplacidus	221 42.5	S69 42.1
23	199 42.7	141 08.1	51.4	190 38.1	49.5	341 27.0	33.3	217 43.6	19.2			
27 00	214 45.2	156 07.4	N20 52.2	205 38.8	N 2 50.3	356 29.8	S13 33.2	232 45.9	S 9 19.2	Mirfak	309 01.4	N49 50.5
01	229 47.7	171 06.7	52.9	220 39.5	51.0	11 32.6	33.1	247 48.2	19.1	Nunki	76 15.9	S26 18.1
02	244 50.1	186 06.0	53.6	235 40.2	51.8	26 35.4	33.0	262 50.4	19.0	Peacock	53 41.7	S56 44.9
03	259 52.6	201 05.3 ··	54.4	250 40.9 ··	52.6	41 38.1 ··	32.9	277 52.7 ··	18.9	Pollux	243 45.3	N28 02.4
04	274 55.1	216 04.6	55.1	265 41.6	53.3	56 40.9	32.8	292 55.0	18.9	Procyon	245 14.8	N 5 14.2
05	289 57.5	231 03.9	55.9	280 42.3	54.1	71 43.7	32.7	307 57.2	18.8			
06	305 00.0	246 03.2	N20 56.6	295 43.0	N 2 54.9	86 46.5	S13 32.6	322 59.5	S 9 18.7	Rasalhague	96 19.5	N12 33.8
W 07	320 02.4	261 02.5	57.3	310 43.7	55.7	101 49.2	32.5	338 01.7	18.7	Regulus	207 58.6	N11 59.5
E 08	335 04.9	276 01.8	58.1	325 44.4	56.4	116 52.0	32.4	353 04.0	18.6	Rigel	281 26.1	S 8 12.7
D 09	350 07.4	291 01.1 ··	58.8	340 45.1 ··	57.2	131 54.8 ··	32.3	8 06.3 ··	18.5	Rigil Kent.	140 10.6	S60 48.7
N 10	5 09.8	306 00.4	20 59.5	355 45.8	58.0	146 57.6	32.2	23 08.5	18.4	Sabik	102 28.7	S15 43.1
E 11	20 12.3	320 59.7	21 00.3	10 46.5	58.7	162 00.3	32.1	38 10.8	18.4			
S 12	35 14.8	335 59.0	N21 01.0	25 47.2	N 2 59.5	177 03.1	S13 32.0	53 13.1	S 9 18.3	Schedar	349 57.4	N56 30.3
D 13	50 17.2	350 58.3	01.7	40 47.9	3 00.3	192 05.9	31.9	68 15.3	18.2	Shaula	96 41.1	S37 05.9
A 14	65 19.7	5 57.6	02.4	55 48.6	01.0	207 08.7	31.8	83 17.6	18.1	Sirius	258 46.5	S16 42.8
Y 15	80 22.2	20 56.9 ··	03.2	70 49.3 ··	01.8	222 11.4 ··	31.7	98 19.9 ··	18.1	Spica	158 46.1	S11 08.1
16	95 24.6	35 56.2	03.9	85 50.0	02.6	237 14.2	31.6	113 22.1	18.0	Suhail	223 02.9	S43 25.0
17	110 27.1	50 55.4	04.6	100 50.7	03.3	252 17.0	31.5	128 24.4	17.9			
18	125 29.5	65 54.7	N21 05.3	115 51.4	N 3 04.1	267 19.8	S13 31.4	143 26.7	S 9 17.9	Vega	80 48.5	N38 46.5
19	140 32.0	80 54.0	06.1	130 52.1	04.9	282 22.6	31.3	158 28.9	17.8	Zuben'ubi	137 21.0	S16 01.2
20	155 34.5	95 53.3	06.8	145 52.7	05.6	297 25.3	31.2	173 31.2	17.7			
21	170 36.9	110 52.6 ··	07.5	160 53.4 ··	06.4	312 28.1 ··	31.2	188 33.5 ··	17.6		S.H.A.	Mer. Pass.
22	185 39.4	125 51.9	08.2	175 54.1	07.2	327 30.9	31.1	203 35.7	17.6	Venus	302 38.0	13 35
23	200 41.9	140 51.2	08.9	190 54.8	07.9	342 33.7	31.0	218 38.0	17.5	Mars	351 36.1	10 18
Mer. Pass. 9 43.3		v −0.7 d 0.8		v 0.7 d 0.8		v 2.8 d 0.1		v 2.3 d 0.1		Jupiter	141 37.2	0 18
										Saturn	18 05.5	8 31

1994 APRIL 25, 26, 27 (MON., TUES., WED.)

UT (GMT)	SUN G.H.A.	SUN Dec.	MOON G.H.A.	v	MOON Dec.	d	H.P.
25 00	180 29.1	N13 02.5	12 41.7	6.3	S11 23.9	11.4	61.3
01	195 29.3	03.4	27 07.0	6.3	11 35.3	11.4	61.4
02	210 29.4	04.2	41 32.3	6.2	11 46.7	11.2	61.4
03	225 29.5	.. 05.0	55 57.5	6.1	11 57.9	11.2	61.4
04	240 29.6	05.8	70 22.6	6.1	12 09.1	11.0	61.4
05	255 29.7	06.6	84 47.7	6.1	12 20.1	11.0	61.4
06	270 29.8	N13 07.4	99 12.8	5.9	S12 31.1	11.0	61.4
07	285 29.9	08.3	113 37.7	5.9	12 42.1	10.8	61.4
08	300 30.0	09.1	128 02.6	5.9	12 52.9	10.7	61.4
M 09	315 30.1	.. 09.9	142 27.5	5.8	13 03.6	10.7	61.4
O 10	330 30.2	10.7	156 52.3	5.7	13 14.3	10.6	61.4
N 11	345 30.4	11.5	171 17.0	5.6	13 24.9	10.4	61.4
D 12	0 30.5	N13 12.3	185 41.6	5.6	S13 35.3	10.4	61.4
A 13	15 30.6	13.1	200 06.2	5.6	13 45.7	10.3	61.4
Y 14	30 30.7	14.0	214 30.8	5.5	13 56.0	10.2	61.4
15	45 30.8	.. 14.8	228 55.3	5.4	14 06.2	10.1	61.4
16	60 30.9	15.6	243 19.7	5.4	14 16.3	9.9	61.4
17	75 31.0	16.4	257 44.1	5.3	14 26.2	9.9	61.4
18	90 31.1	N13 17.2	272 08.4	5.2	S14 36.1	9.8	61.4
19	105 31.2	18.0	286 32.6	5.2	14 45.9	9.7	61.4
20	120 31.3	18.8	300 56.8	5.2	14 55.6	9.5	61.4
21	135 31.4	.. 19.6	315 21.0	5.1	15 05.1	9.5	61.4
22	150 31.5	20.5	329 45.1	5.0	15 14.6	9.3	61.4
23	165 31.6	21.3	344 09.1	5.0	15 23.9	9.3	61.4
26 00	180 31.8	N13 22.1	358 33.1	4.9	S15 33.2	9.1	61.4
01	195 31.9	22.9	12 57.0	4.9	15 42.3	9.0	61.4
02	210 32.0	23.7	27 20.9	4.8	15 51.3	8.9	61.4
03	225 32.1	.. 24.5	41 44.7	4.8	16 00.2	8.8	61.4
04	240 32.2	25.3	56 08.5	4.7	16 09.0	8.6	61.4
05	255 32.3	26.1	70 32.2	4.7	16 17.6	8.6	61.4
06	270 32.4	N13 26.9	84 55.9	4.6	S16 26.2	8.4	61.4
07	285 32.5	27.7	99 19.5	4.6	16 34.6	8.3	61.4
T 08	300 32.6	28.5	113 43.1	4.6	16 42.9	8.2	61.4
U 09	315 32.7	.. 29.3	128 06.7	4.5	16 51.1	8.0	61.4
E 10	330 32.8	30.1	142 30.2	4.4	16 59.1	7.9	61.4
S 11	345 32.9	31.0	156 53.6	4.5	17 07.0	7.8	61.3
D 12	0 33.0	N13 31.8	171 17.1	4.3	S17 14.8	7.7	61.3
A 13	15 33.1	32.6	185 40.4	4.4	17 22.5	7.5	61.3
Y 14	30 33.2	33.4	200 03.8	4.3	17 30.0	7.4	61.3
15	45 33.3	.. 34.2	214 27.1	4.3	17 37.4	7.3	61.3
16	60 33.4	35.0	228 50.4	4.2	17 44.7	7.1	61.3
17	75 33.5	35.8	243 13.6	4.2	17 51.8	7.0	61.3
18	90 33.6	N13 36.6	257 36.8	4.2	S17 58.8	6.9	61.3
19	105 33.7	37.4	272 00.0	4.1	18 05.7	6.7	61.2
20	120 33.8	38.2	286 23.1	4.1	18 12.4	6.6	61.2
21	135 33.9	.. 39.0	300 46.2	4.1	18 19.0	6.5	61.2
22	150 34.0	39.8	315 09.3	4.1	18 25.5	6.3	61.2
23	165 34.1	40.6	329 32.4	4.0	18 31.8	6.2	61.2
27 00	180 34.2	N13 41.4	343 55.4	4.0	S18 38.0	6.0	61.2
01	195 34.3	42.2	358 18.4	4.0	18 44.0	5.9	61.1
02	210 34.4	43.0	12 41.4	4.0	18 49.9	5.8	61.1
03	225 34.5	.. 43.8	27 04.4	3.9	18 55.7	5.6	61.1
04	240 34.6	44.6	41 27.3	3.9	19 01.3	5.4	61.1
05	255 34.7	45.4	55 50.2	4.0	19 06.7	5.3	61.1
06	270 34.8	N13 46.2	70 13.2	3.9	S19 12.0	5.2	61.0
W 07	285 34.9	47.0	84 36.1	3.9	19 17.2	5.0	61.0
E 08	300 35.0	47.8	98 59.0	3.8	19 22.2	4.9	61.0
D 09	315 35.1	.. 48.6	113 21.8	3.9	19 27.1	4.8	61.0
N 10	330 35.2	49.4	127 44.7	3.8	19 31.9	4.5	61.0
E 11	345 35.3	50.2	142 07.6	3.8	19 36.4	4.5	60.9
S 12	0 35.4	N13 51.0	156 30.4	3.9	S19 40.9	4.3	60.9
D 13	15 35.5	51.8	170 53.3	3.9	19 45.2	4.1	60.9
A 14	30 35.6	52.6	185 16.2	3.8	19 49.3	4.0	60.9
Y 15	45 35.7	.. 53.3	199 39.0	3.9	19 53.3	3.9	60.8
16	60 35.8	54.1	214 01.9	3.8	19 57.2	3.6	60.8
17	75 35.9	54.9	228 24.7	3.9	20 00.8	3.6	60.8
18	90 36.0	N13 55.7	242 47.6	3.9	S20 04.4	3.4	60.8
19	105 36.1	56.5	257 10.5	3.9	20 07.8	3.2	60.7
20	120 36.2	57.3	271 33.4	3.9	20 11.0	3.1	60.7
21	135 36.3	.. 58.1	285 56.3	3.9	20 14.1	3.0	60.7
22	150 36.4	58.9	300 19.2	3.9	20 17.1	2.8	60.7
23	165 36.5	59.7	314 42.1	3.9	20 19.9	2.6	60.6
	S.D. 15.9 d 0.8		S.D. 16.7		16.7		16.6

Twilight / Sunrise / Moonrise

Lat.	Naut.	Civil	Sunrise	25	26	27	28
N 72	////	////	02 32	21 53	■	■	■
N 70	////	00 56	03 01	21 14	23 40	■	■
68	////	01 53	03 22	20 48	22 49	24 38	00 38
66	////	02 26	03 38	20 28	22 17	23 53	25 00
64	00 49	02 49	03 52	20 12	21 54	23 23	24 29
62	01 40	03 07	04 03	19 58	21 35	23 00	24 06
60	02 09	03 22	04 13	19 47	21 20	22 42	23 47
N 58	02 31	03 35	04 21	19 37	21 07	22 27	23 32
56	02 48	03 46	04 28	19 29	20 56	22 14	23 18
54	03 03	03 55	04 35	19 21	20 46	22 03	23 07
52	03 15	04 03	04 41	19 15	20 37	21 53	22 57
50	03 26	04 10	04 46	19 09	20 30	21 44	22 48
45	03 47	04 26	04 58	18 56	20 13	21 25	22 29
N 40	04 03	04 38	05 07	18 45	20 00	21 10	22 13
35	04 16	04 48	05 15	18 36	19 48	20 57	22 00
30	04 27	04 57	05 22	18 28	19 38	20 46	21 48
20	04 45	05 11	05 34	18 15	19 21	20 26	21 29
N 10	04 58	05 23	05 45	18 03	19 06	20 10	21 12
0	05 08	05 33	05 54	17 52	18 52	19 54	20 56
S 10	05 18	05 42	06 04	17 41	18 39	19 39	20 40
20	05 26	05 52	06 14	17 29	18 24	19 22	20 23
30	05 33	06 01	06 26	17 16	18 07	19 03	20 03
35	05 36	06 06	06 32	17 09	17 58	18 52	19 52
40	05 40	06 12	06 40	17 00	17 47	18 40	19 39
45	05 43	06 18	06 48	16 50	17 34	18 25	19 23
S 50	05 47	06 25	06 59	16 38	17 19	18 07	19 04
52	05 48	06 28	07 03	16 33	17 11	17 59	18 55
54	05 50	06 32	07 09	16 27	17 03	17 49	18 45
56	05 51	06 35	07 14	16 20	16 54	17 38	18 34
58	05 53	06 39	07 21	16 12	16 44	17 26	18 21
S 60	05 55	06 44	07 28	16 04	16 33	17 12	18 06

Sunset / Twilight / Moonset

Lat.	Sunset	Civil	Naut.	25	26	27	28
N 72	21 29	////	////	02 31	02 02	■	■
N 70	20 59	23 16	////	02 51	02 42	02 24	■
68	20 37	22 09	////	03 07	03 09	03 16	03 36
66	20 20	21 34	////	03 21	03 30	03 48	04 22
64	20 06	21 10	23 21	03 32	03 47	04 12	04 52
62	19 55	20 51	22 21	03 41	04 02	04 31	05 15
60	19 45	20 36	21 50	03 49	04 14	04 47	05 33
N 58	19 36	20 23	21 27	03 56	04 24	05 00	05 49
56	19 29	20 12	21 10	04 03	04 33	05 12	06 02
54	19 22	20 02	20 55	04 08	04 41	05 22	06 13
52	19 16	19 54	20 42	04 14	04 48	05 31	06 23
50	19 11	19 46	20 32	04 18	04 55	05 39	06 32
45	18 59	19 31	20 10	04 28	05 09	05 56	06 51
N 40	18 49	19 18	19 53	04 37	05 21	06 11	07 07
35	18 41	19 08	19 40	04 44	05 31	06 23	07 20
30	18 34	18 59	19 29	04 51	05 39	06 33	07 31
20	18 22	18 45	19 11	05 02	05 55	06 51	07 51
N 10	18 11	18 33	18 58	05 12	06 08	07 07	08 08
0	18 01	18 22	18 47	05 21	06 20	07 22	08 24
S 10	17 51	18 13	18 38	05 30	06 33	07 37	08 40
20	17 41	18 04	18 30	05 40	06 46	07 52	08 56
30	17 30	17 54	18 22	05 51	07 01	08 11	09 16
35	17 23	17 49	18 19	05 58	07 10	08 21	09 27
40	17 15	17 43	18 15	06 05	07 21	08 33	09 40
45	17 07	17 37	18 12	06 14	07 33	08 48	09 56
S 50	16 56	17 30	18 08	06 25	07 47	09 05	10 15
52	16 51	17 27	18 06	06 30	07 54	09 13	10 24
54	16 46	17 23	18 05	06 35	08 01	09 23	10 34
56	16 40	17 19	18 03	06 41	08 10	09 33	10 45
58	16 34	17 15	18 01	06 48	08 20	09 45	10 58
S 60	16 26	17 11	18 00	06 56	08 31	09 59	11 13

SUN / MOON

Day	SUN Eqn. of Time 00ʰ	12ʰ	Mer. Pass.	MOON Mer. Pass. Upper	Lower	Age	Phase
25	01 56	02 02	11 58	24 06	11 36	14	◯
26	02 07	02 12	11 58	00 06	12 36	15	
27	02 17	02 22	11 58	01 07	13 38	16	

1994 APRIL 28, 29, 30 (THURS., FRI., SAT.)

UT (GMT) d h	ARIES G.H.A.	VENUS −3.9 G.H.A.	Dec.	MARS +1.2 G.H.A.	Dec.	JUPITER −2.5 G.H.A.	Dec.	SATURN +1.1 G.H.A.	Dec.	STARS Name	S.H.A.	Dec.
28 00	215 44.3	155 50.5 N21	09.7	205 55.5 N 3	08.7	357 36.4 S13	30.9	233 40.3 S 9	17.4	Acamar	315 29.6	S40 19.7
01	230 46.8	170 49.8	10.4	220 56.2	09.5	12 39.2	30.8	248 42.5	17.4	Achernar	335 38.0	S57 15.9
02	245 49.3	185 49.1	11.1	235 56.9	10.2	27 42.0	30.7	263 44.8	17.3	Acrux	173 24.8	S63 04.4
03	260 51.7	200 48.4 ··	11.8	250 57.6 ··	11.0	42 44.8 ··	30.6	278 47.1 ··	17.2	Adhara	255 24.0	S28 58.2
04	275 54.2	215 47.6	12.5	265 58.3	11.8	57 47.5	30.5	293 49.3	17.1	Aldebaran	291 06.1	N16 29.8
05	290 56.7	230 46.9	13.2	280 59.0	12.5	72 50.3	30.4	308 51.6	17.1			
06	305 59.1	245 46.2 N21	13.9	295 59.7 N 3	13.3	87 53.1 S13	30.3	323 53.9 S 9	17.0	Alioth	166 32.7	N55 59.4
07	321 01.6	260 45.5	14.6	311 00.4	14.1	102 55.9	30.2	338 56.1	16.9	Alkaid	153 09.7	N49 20.4
T 08	336 04.0	275 44.8	15.4	326 01.1	14.8	117 58.6	30.1	353 58.4	16.9	Al Na'ir	28 01.8	S46 59.1
H 09	351 06.5	290 44.1 ··	16.1	341 01.8 ··	15.6	133 01.4 ··	30.0	9 00.7 ··	16.8	Alnilam	276 01.2	S 1 12.5
U 10	6 09.0	305 43.4	16.8	356 02.5	16.4	148 04.2	29.9	24 02.9	16.7	Alphard	218 10.1	S 8 38.3
R 11	21 11.4	320 42.7	17.5	11 03.2	17.1	163 07.0	29.8	39 05.2	16.7			
S 12	36 13.9	335 41.9 N21	18.2	26 03.9 N 3	17.9	178 09.7 S13	29.7	54 07.5 S 9	16.6	Alphecca	126 22.8	N26 43.9
D 13	51 16.4	350 41.2	18.9	41 04.6	18.7	193 12.5	29.6	69 09.7	16.5	Alpheratz	357 58.6	N29 03.4
A 14	66 18.8	5 40.5	19.6	56 05.3	19.4	208 15.3	29.5	84 12.0	16.4	Altair	62 22.1	N 8 51.2
Y 15	81 21.3	20 39.8 ··	20.3	71 06.0 ··	20.2	223 18.1 ··	29.4	99 14.3 ··	16.4	Ankaa	353 30.2	S42 20.1
16	96 23.8	35 39.1	21.0	86 06.7	21.0	238 20.8	29.3	114 16.5	16.3	Antares	112 43.5	S26 25.2
17	111 26.2	50 38.4	21.7	101 07.4	21.7	253 23.6	29.2	129 18.8	16.2			
18	126 28.7	65 37.6 N21	22.4	116 08.1 N 3	22.5	268 26.4 S13	29.1	144 21.1 S 9	16.2	Arcturus	146 08.5	N19 12.6
19	141 31.2	80 36.9	23.1	131 08.8	23.3	283 29.2	29.0	159 23.3	16.1	Atria	107 57.8	S69 00.9
20	156 33.6	95 36.2	23.8	146 09.4	24.0	298 31.9	28.9	174 25.6	16.0	Avior	234 23.9	S59 29.9
21	171 36.1	110 35.5 ··	24.5	161 10.1 ··	24.8	313 34.7 ··	28.8	189 27.9 ··	15.9	Bellatrix	278 47.6	N 6 20.5
22	186 38.5	125 34.8	25.2	176 10.8	25.6	328 37.5	28.7	204 30.2	15.9	Betelgeuse	271 17.0	N 7 24.2
23	201 41.0	140 34.0	25.9	191 11.5	26.3	343 40.3	28.6	219 32.4	15.8			
29 00	216 43.5	155 33.3 N21	26.6	206 12.2 N 3	27.1	358 43.0 S13	28.5	234 34.7 S 9	15.7	Canopus	264 02.8	S52 41.9
01	231 45.9	170 32.6	27.3	221 12.9	27.9	13 45.8	28.4	249 37.0	15.7	Capella	280 56.0	N45 59.6
02	246 48.4	185 31.9	27.9	236 13.6	28.6	28 48.6	28.3	264 39.2	15.6	Deneb	49 41.2	N45 15.4
03	261 50.9	200 31.2 ··	28.6	251 14.3 ··	29.4	43 51.4 ··	28.2	279 41.5 ··	15.5	Denebola	182 48.0	N14 36.1
04	276 53.3	215 30.4	29.3	266 15.0	30.2	58 54.2	28.1	294 43.8	15.5	Diphda	349 10.6	S18 01.0
05	291 55.8	230 29.7	30.0	281 15.7	30.9	73 56.9	28.0	309 46.0	15.4			
06	306 58.3	245 29.0 N21	30.7	296 16.4 N 3	31.7	88 59.7 S13	27.9	324 48.3 S 9	15.3	Dubhe	194 08.8	N61 47.0
07	322 00.7	260 28.3	31.4	311 17.1	32.4	104 02.5	27.8	339 50.6	15.2	Elnath	278 31.0	N28 36.1
08	337 03.2	275 27.5	32.1	326 17.8	33.2	119 05.3	27.7	354 52.8	15.2	Eltanin	90 52.5	N51 29.2
F 09	352 05.6	290 26.8 ··	32.8	341 18.5 ··	34.0	134 08.0 ··	27.6	9 55.1 ··	15.1	Enif	34 01.3	N 9 50.9
R 10	7 08.1	305 26.1	33.4	356 19.2	34.7	149 10.8	27.5	24 57.4	15.0	Fomalhaut	15 40.0	S29 39.0
I 11	22 10.6	320 25.4	34.1	11 19.9	35.5	164 13.6	27.4	39 59.7	15.0			
D 12	37 13.0	335 24.6 N21	34.8	26 20.6 N 3	36.3	179 16.4 S13	27.3	55 01.9 S 9	14.9	Gacrux	172 16.4	S57 05.2
A 13	52 15.5	350 23.9	35.5	41 21.3	37.0	194 19.1	27.2	70 04.2	14.8	Gienah	176 06.8	S17 30.9
Y 14	67 18.0	5 23.2	36.2	56 22.0	37.8	209 21.9	27.1	85 06.5	14.8	Hadar	149 07.6	S60 20.9
15	82 20.4	20 22.5 ··	36.8	71 22.7 ··	38.6	224 24.7 ··	27.0	100 08.7 ··	14.7	Hamal	328 17.3	N23 26.1
16	97 22.9	35 21.7	37.5	86 23.4	39.3	239 27.5	26.9	115 11.0	14.6	Kaus Aust.	84 02.6	S34 23.1
17	112 25.4	50 21.0	38.2	101 24.1	40.1	254 30.2	26.8	130 13.3	14.5			
18	127 27.8	65 20.3 N21	38.9	116 24.8 N 3	40.9	269 33.0 S13	26.7	145 15.6 S 9	14.5	Kochab	137 18.3	N74 10.7
19	142 30.3	80 19.6	39.5	131 25.5	41.6	284 35.8	26.6	160 17.8	14.4	Markab	13 52.8	N15 10.4
20	157 32.8	95 18.8	40.2	146 26.2	42.4	299 38.6	26.5	175 20.1	14.3	Menkar	314 30.4	N 4 04.0
21	172 35.2	110 18.1 ··	40.9	161 26.8 ··	43.1	314 41.3 ··	26.4	190 22.4 ··	14.3	Menkent	148 24.1	S36 20.7
22	187 37.7	125 17.4	41.6	176 27.5	43.9	329 44.1	26.3	205 24.6	14.2	Miaplacidus	221 42.5	S69 42.1
23	202 40.1	140 16.6	42.2	191 28.2	44.7	344 46.9	26.3	220 26.9	14.1			
30 00	217 42.6	155 15.9 N21	42.9	206 28.9 N 3	45.4	359 49.7 S13	26.2	235 29.2 S 9	14.1	Mirfak	309 01.4	N49 50.4
01	232 45.1	170 15.2	43.6	221 29.6	46.2	14 52.5	26.1	250 31.5	14.0	Nunki	76 15.9	S26 18.1
02	247 47.5	185 14.5	44.2	236 30.3	47.0	29 55.2	26.0	265 33.7	13.9	Peacock	53 41.7	S56 44.9
03	262 50.0	200 13.7 ··	44.9	251 31.0 ··	47.7	44 58.0 ··	25.9	280 36.0 ··	13.9	Pollux	243 45.3	N28 02.4
04	277 52.5	215 13.0	45.6	266 31.7	48.5	60 00.8	25.8	295 38.3	13.8	Procyon	245 14.8	N 5 14.2
05	292 54.9	230 12.3	46.2	281 32.4	49.2	75 03.6	25.7	310 40.5	13.7			
06	307 57.4	245 11.5 N21	46.9	296 33.1 N 3	50.0	90 06.3 S13	25.6	325 42.8 S 9	13.6	Rasalhague	96 19.5	N12 33.8
07	322 59.9	260 10.8	47.5	311 33.8	50.8	105 09.1	25.5	340 45.1	13.6	Regulus	207 58.6	N11 59.5
S 08	338 02.3	275 10.1	48.2	326 34.5	51.5	120 11.9	25.4	355 47.4	13.5	Rigel	281 26.1	S 8 12.7
A 09	353 04.8	290 09.3 ··	48.9	341 35.2 ··	52.3	135 14.7 ··	25.3	10 49.6 ··	13.4	Rigil Kent.	140 10.6	S60 48.8
T 10	8 07.3	305 08.6	49.5	356 35.9	53.1	150 17.4	25.2	25 51.9	13.4	Sabik	102 28.7	S15 43.1
U 11	23 09.7	320 07.9	50.2	11 36.6	53.8	165 20.2	25.1	40 54.2	13.3			
R 12	38 12.2	335 07.1 N21	50.8	26 37.3 N 3	54.6	180 23.0 S13	25.0	55 56.5 S 9	13.2	Schedar	349 57.4	N56 30.3
D 13	53 14.6	350 06.4	51.5	41 38.0	55.3	195 25.8	24.9	70 58.7	13.2	Shaula	96 41.1	S37 05.9
A 14	68 17.1	5 05.6	52.1	56 38.7	56.1	210 28.5	24.8	86 01.0	13.1	Sirius	258 46.5	S16 42.8
Y 15	83 19.6	20 04.9 ··	52.8	71 39.4 ··	56.9	225 31.3 ··	24.7	101 03.3 ··	13.0	Spica	158 46.1	S11 08.1
16	98 22.0	35 04.2	53.5	86 40.1	57.6	240 34.1	24.6	116 05.6	13.0	Suhail	223 02.9	S43 25.0
17	113 24.5	50 03.4	54.1	101 40.8	58.4	255 36.9	24.5	131 07.8	12.9			
18	128 27.0	65 02.7 N21	54.8	116 41.5 N 3	59.2	270 39.6 S13	24.4	146 10.1 S 9	12.8	Vega	80 48.4	N38 46.5
19	143 29.4	80 02.0	55.4	131 42.2 3	59.9	285 42.4	24.3	161 12.4	12.8	Zuben'ubi	137 21.0	S16 01.2
20	158 31.9	95 01.2	56.0	146 42.9 4	00.7	300 45.2	24.2	176 14.6	12.7			
21	173 34.4	110 00.5 ··	56.7	161 43.6 ··	01.4	315 48.0 ··	24.1	191 16.9 ··	12.6		S.H.A.	Mer. Pass.
22	188 36.8	124 59.7	57.3	176 44.3	02.2	330 50.8	24.0	206 19.2	12.6	Venus	298 49.9	13 38
23	203 39.3	139 59.0	58.0	191 44.9	03.0	345 53.5	23.9	221 21.5	12.5	Mars	349 28.8	10 15
										Jupiter	141 59.6	0 05
Mer. Pass. 9h 31.5m		v −0.7 d 0.7		v 0.7 d 0.8		v 2.8 d 0.1		v 2.3 d 0.1		Saturn	17 51.2	8 20

1994 APRIL 28, 29, 30 (THURS., FRI., SAT.)

UT (GMT)	SUN G.H.A.	SUN Dec.	MOON G.H.A.	MOON v	MOON Dec.	MOON d	MOON H.P.
d h	o ′	o ′	o ′	′	o ′	′	′
28 00	180 36.6	N14 00.5	329 05.0	4.0	S20 22.5	2.5	60.6
01	195 36.7	01.3	343 28.0	4.0	20 25.0	2.3	60.6
02	210 36.8	02.1	357 51.0	3.9	20 27.3	2.0	60.5
03	225 36.9	.. 02.9	12 13.9	4.1	20 29.5	2.0	60.5
04	240 37.0	03.6	26 37.0	4.0	20 31.5	1.9	60.5
05	255 37.1	04.4	41 00.0	4.1	20 33.4	1.8	60.4
06	270 37.2	N14 05.2	55 23.1	4.1	S20 35.2	1.5	60.4
07	285 37.3	06.0	69 46.2	4.1	20 36.7	1.5	60.4
T 08	300 37.3	06.8	84 09.3	4.2	20 38.2	1.3	60.4
H 09	315 37.4	.. 07.6	98 32.5	4.2	20 39.5	1.1	60.3
U 10	330 37.5	08.4	112 55.7	4.2	20 40.6	1.0	60.3
R 11	345 37.6	09.2	127 18.9	4.3	20 41.6	0.8	60.3
S 12	0 37.7	N14 09.9	141 42.2	4.3	S20 42.4	0.7	60.2
D 13	15 37.8	10.7	156 05.5	4.3	20 43.1	0.5	60.2
A 14	30 37.9	11.5	170 28.8	4.4	20 43.6	0.4	60.2
Y 15	45 38.0	.. 12.3	184 52.2	4.5	20 44.0	0.3	60.1
16	60 38.1	13.1	199 15.7	4.5	20 44.3	0.1	60.1
17	75 38.2	13.9	213 39.2	4.5	20 44.4	0.1	60.1
18	90 38.3	N14 14.6	228 02.7	4.6	S20 44.3	0.2	60.0
19	105 38.4	15.4	242 26.3	4.6	20 44.1	0.3	60.0
20	120 38.5	16.2	256 49.9	4.7	20 43.8	0.5	60.0
21	135 38.5	.. 17.0	271 13.6	4.7	20 43.3	0.6	59.9
22	150 38.6	17.8	285 37.3	4.8	20 42.7	0.9	59.9
23	165 38.7	18.6	300 01.1	4.8	20 41.9	0.9	59.8
29 00	180 38.8	N14 19.3	314 24.9	5.0	S20 41.0	1.1	59.8
01	195 38.9	20.1	328 48.9	4.9	20 39.9	1.2	59.8
02	210 39.0	20.9	343 12.8	5.0	20 38.7	1.3	59.7
03	225 39.1	.. 21.7	357 36.8	5.1	20 37.4	1.5	59.7
04	240 39.2	22.5	12 00.9	5.2	20 35.9	1.6	59.7
05	255 39.3	23.2	26 25.1	5.2	20 34.3	1.8	59.6
06	270 39.4	N14 24.0	40 49.3	5.3	S20 32.5	1.9	59.6
07	285 39.4	24.8	55 13.6	5.3	20 30.6	2.0	59.5
08	300 39.5	25.6	69 37.9	5.4	20 28.6	2.1	59.5
F 09	315 39.6	.. 26.4	84 02.3	5.5	20 26.5	2.3	59.5
R 10	330 39.7	27.1	98 26.8	5.6	20 24.2	2.5	59.4
I 11	345 39.8	27.9	112 51.4	5.6	20 21.7	2.5	59.4
D 12	0 39.9	N14 28.7	127 16.0	5.7	S20 19.2	2.7	59.4
A 13	15 40.0	29.5	141 40.7	5.8	20 16.5	2.9	59.3
Y 14	30 40.1	30.2	156 05.5	5.8	20 13.6	2.9	59.3
15	45 40.1	.. 31.0	170 30.3	5.9	20 10.7	3.1	59.2
16	60 40.2	31.8	184 55.2	6.0	20 07.6	3.2	59.2
17	75 40.3	32.6	199 20.2	6.1	20 04.4	3.4	59.2
18	90 40.4	N14 33.3	213 45.3	6.2	S20 01.0	3.4	59.1
19	105 40.5	34.1	228 10.5	6.2	19 57.6	3.6	59.1
20	120 40.6	34.9	242 35.7	6.3	19 54.0	3.7	59.0
21	135 40.7	.. 35.7	257 01.0	6.4	19 50.3	3.9	59.0
22	150 40.7	36.4	271 26.4	6.5	19 46.4	3.9	59.0
23	165 40.8	37.2	285 51.9	6.6	19 42.5	4.1	58.9
30 00	180 40.9	N14 38.0	300 17.5	6.7	S19 38.4	4.2	58.9
01	195 41.0	38.7	314 43.2	6.7	19 34.2	4.3	58.9
02	210 41.1	39.5	329 08.9	6.8	19 29.9	4.5	58.8
03	225 41.2	.. 40.3	343 34.7	6.9	19 25.4	4.5	58.8
04	240 41.2	41.0	358 00.6	7.0	19 20.9	4.7	58.7
05	255 41.3	41.8	12 26.6	7.1	19 16.2	4.8	58.7
06	270 41.4	N14 42.6	26 52.7	7.2	S19 11.4	4.9	58.7
07	285 41.5	43.4	41 18.9	7.2	19 06.5	5.0	58.6
S 08	300 41.6	44.1	55 45.1	7.4	19 01.5	5.1	58.6
A 09	315 41.7	.. 44.9	70 11.5	7.4	18 56.4	5.2	58.5
T 10	330 41.7	45.7	84 37.9	7.5	18 51.2	5.3	58.5
U 11	345 41.8	46.4	99 04.4	7.6	18 45.9	5.5	58.5
R 12	0 41.9	N14 47.2	113 31.0	7.7	S18 40.4	5.5	58.4
D 13	15 42.0	48.0	127 57.7	7.8	18 34.9	5.7	58.4
A 14	30 42.1	48.7	142 24.5	7.9	18 29.2	5.7	58.3
Y 15	45 42.1	.. 49.5	156 51.4	8.0	18 23.5	5.9	58.3
16	60 42.2	50.3	171 18.4	8.0	18 17.6	5.9	58.3
17	75 42.3	51.0	185 45.4	8.2	18 11.7	6.1	58.2
18	90 42.4	N14 51.8	200 12.6	8.2	S18 05.6	6.1	58.2
19	105 42.5	52.5	214 39.8	8.4	17 59.5	6.3	58.1
20	120 42.5	53.3	229 07.2	8.4	17 53.2	6.3	58.1
21	135 42.6	.. 54.1	243 34.6	8.5	17 46.9	6.4	58.1
22	150 42.7	54.8	258 02.1	8.6	17 40.5	6.6	58.0
23	165 42.8	55.6	272 29.7	8.7	17 33.9	6.6	58.0
	S.D. 15.9	d 0.8	S.D. 16.4		16.2		15.9

Twilight / Moonrise

Lat.	Naut.	Civil	Sunrise	Moonrise 28	29	30	1
o	h m	h m	h m	h m	h m	h m	h m
N 72	////	////	02 11	■	■	■	03 48
N 70	////	////	02 44	■	■	03 16	02 53
68	////	01 29	03 08	00 38	01 47	02 12	02 19
66	////	02 09	03 26	25 00	01 00	01 36	01 55
64	////	02 36	03 41	24 29	00 29	01 11	01 36
62	01 19	02 56	03 54	24 06	00 06	00 51	01 20
60	01 55	03 12	04 04	23 47	24 34	00 34	01 07
N 58	02 19	03 26	04 13	23 32	24 20	00 20	00 55
56	02 38	03 38	04 21	23 18	24 08	00 08	00 45
54	02 54	03 48	04 28	23 07	23 58	24 37	00 37
52	03 07	03 57	04 35	22 57	23 48	24 29	00 29
50	03 18	04 04	04 41	22 48	23 40	24 22	00 22
45	03 41	04 21	04 53	22 29	23 22	24 07	00 07
N 40	03 59	04 34	05 03	22 13	23 08	23 54	24 33
35	04 13	04 45	05 12	22 00	22 55	23 43	24 25
30	04 24	04 54	05 19	21 48	22 44	23 34	24 17
20	04 42	05 09	05 32	21 29	22 26	23 18	24 04
N 10	04 56	05 22	05 44	21 12	22 10	23 04	23 53
0	05 08	05 33	05 54	20 56	21 55	22 50	23 42
S 10	05 18	05 43	06 04	20 40	21 40	22 37	23 31
20	05 26	05 52	06 15	20 23	21 23	22 23	23 20
30	05 35	06 03	06 27	20 03	21 05	22 06	23 06
35	05 38	06 08	06 35	19 52	20 54	21 57	22 59
40	05 43	06 14	06 43	19 39	20 42	21 46	22 50
45	05 47	06 21	06 52	19 23	20 27	21 33	22 40
S 50	05 51	06 29	07 03	19 04	20 09	21 18	22 27
52	05 53	06 33	07 08	18 55	20 00	21 10	22 22
54	05 55	06 37	07 14	18 45	19 51	21 02	22 15
56	05 57	06 41	07 20	18 34	19 40	20 53	22 08
58	05 59	06 45	07 27	18 21	19 28	20 43	22 00
S 60	06 01	06 50	07 36	18 06	19 14	20 31	21 51

Twilight / Moonset

Lat.	Sunset	Civil	Naut.	Moonset 28	29	30	1
o	h m	h m	h m	h m	h m	h m	h m
N 72	21 50	////	////	■	■	■	06 32
N 70	21 15	////	////	■	■	05 09	07 25
68	20 50	22 33	////	03 36	04 35	06 12	07 58
66	20 31	21 50	////	04 22	05 23	06 47	08 22
64	20 16	21 22	////	04 52	05 53	07 12	08 40
62	20 03	21 01	22 43	05 15	06 16	07 32	08 55
60	19 52	20 45	22 04	05 33	06 35	07 48	09 08
N 58	19 43	20 31	21 39	05 49	06 50	08 02	09 19
56	19 35	20 19	21 19	06 02	07 03	08 13	09 28
54	19 27	20 09	21 03	06 13	07 14	08 24	09 36
52	19 21	20 00	20 49	06 23	07 24	08 33	09 44
50	19 15	19 52	20 38	06 32	07 33	08 41	09 51
45	19 03	19 35	20 15	06 51	07 52	08 58	10 05
N 40	18 52	19 21	19 57	07 07	08 08	09 12	10 17
35	18 44	19 10	19 43	07 20	08 21	09 24	10 27
30	18 36	19 01	19 31	07 31	08 32	09 34	10 35
20	18 23	18 46	19 13	07 51	08 52	09 52	10 50
N 10	18 11	18 33	18 59	08 08	09 08	10 07	11 03
0	18 01	18 22	18 47	08 24	09 24	10 22	11 15
S 10	17 50	18 12	18 37	08 40	09 40	10 36	11 28
20	17 39	18 02	18 28	08 56	09 56	10 51	11 40
30	17 27	17 52	18 20	09 16	10 16	11 09	11 55
35	17 20	17 46	18 16	09 27	10 27	11 19	12 03
40	17 12	17 40	18 12	09 40	10 40	11 30	12 13
45	17 02	17 33	18 07	09 56	10 55	11 44	12 24
S 50	16 51	17 25	18 03	10 15	11 13	12 00	12 38
52	16 46	17 21	18 01	10 24	11 22	12 08	12 44
54	16 40	17 17	17 59	10 34	11 31	12 16	12 51
56	16 34	17 13	17 57	10 45	11 42	12 26	12 58
58	16 26	17 08	17 55	10 58	11 55	12 36	13 07
S 60	16 18	17 03	17 53	11 13	12 09	12 49	13 17

SUN / MOON

Day	SUN Eqn. of Time 00 h	12 h	Mer. Pass.	MOON Mer. Pass. Upper	Lower	Age	Phase
	m s	m s	h m	h m	h m	d	
28	02 26	02 31	11 57	02 09	14 40	17	
29	02 35	02 39	11 57	03 10	15 40	18	
30	02 43	02 47	11 57	04 08	16 36	19	

1994 MAY 1, 2, 3 (SUN., MON., TUES.)

UT (GMT)	ARIES G.H.A.	VENUS −3.9 G.H.A.	Dec.	MARS +1.2 G.H.A.	Dec.	JUPITER −2.5 G.H.A.	Dec.	SATURN +1.1 G.H.A.	Dec.	STARS Name	S.H.A.	Dec.
1 00	218 41.7	154 58.3 N21 58.6		206 45.6 N 4 03.7		0 56.3 S13 23.8		236 23.7 S 9 12.4		Acamar	315 29.6	S40 19.7
01	233 44.2	169 57.5	59.3	221 46.3	04.5	15 59.1	23.7	251 26.0	12.3	Achernar	335 38.0	S57 15.8
02	248 46.7	184 56.8 21 59.9		236 47.0	05.2	31 01.9	23.6	266 28.3	12.3	Acrux	173 24.8	S63 04.4
03	263 49.1	199 56.0 22 00.6		251 47.7 ·· 06.0		46 04.6 ·· 23.5		281 30.6 ·· 12.2		Adhara	255 24.0	S28 58.2
04	278 51.6	214 55.3	01.2	266 48.4	06.8	61 07.4	23.4	296 32.8	12.1	Aldebaran	291 06.1	N16 29.8
05	293 54.1	229 54.6	01.8	281 49.1	07.5	76 10.2	23.3	311 35.1	12.1			
06	308 56.5	244 53.8 N22 02.5		296 49.8 N 4 08.3		91 13.0 S13 23.2		326 37.4 S 9 12.0		Alioth	166 32.7	N55 59.4
07	323 59.0	259 53.1	03.1	311 50.5	09.0	106 15.7	23.1	341 39.7	11.9	Alkaid	153 09.7	N49 20.5
08	339 01.5	274 52.3	03.7	326 51.2	09.8	121 18.5	23.0	356 41.9	11.9	Al Na'ir	28 01.8	S46 59.0
S 09	354 03.9	289 51.6 ·· 04.4		341 51.9 ·· 10.6		136 21.3 ·· 22.9		11 44.2 ·· 11.8		Alnilam	276 01.2	S 1 12.5
U 10	9 06.4	304 50.8	05.0	356 52.6	11.3	151 24.1	22.8	26 46.5	11.7	Alphard	218 10.1	S 8 38.3
N 11	24 08.9	319 50.1	05.6	11 53.3	12.1	166 26.8	22.7	41 48.8	11.7			
D 12	39 11.3	334 49.4 N22 06.3		26 54.0 N 4 12.8		181 29.6 S13 22.6		56 51.1 S 9 11.6		Alphecca	126 22.8	N26 43.9
A 13	54 13.8	349 48.6	06.9	41 54.7	13.6	196 32.4	22.5	71 53.3	11.5	Alpheratz	357 58.6	N29 03.4
Y 14	69 16.2	4 47.9	07.5	56 55.4	14.4	211 35.2	22.4	86 55.6	11.5	Altair	62 22.1	N 8 51.2
15	84 18.7	19 47.1 ·· 08.2		71 56.1 ·· 15.1		226 37.9 ·· 22.3		101 57.9 ·· 11.4		Ankaa	353 30.2	S42 20.1
16	99 21.2	34 46.4	08.8	86 56.8	15.9	241 40.7	22.2	117 00.2	11.3	Antares	112 43.5	S26 25.2
17	114 23.6	49 45.6	09.4	101 57.5	16.6	256 43.5	22.1	132 02.4	11.3			
18	129 26.1	64 44.9 N22 10.0		116 58.2 N 4 17.4		271 46.3 S13 22.0		147 04.7 S 9 11.2		Arcturus	146 08.5	N19 12.6
19	144 28.6	79 44.1	10.7	131 58.9	18.2	286 49.1	21.9	162 07.0	11.1	Atria	107 57.8	S69 00.9
20	159 31.0	94 43.4	11.3	146 59.6	18.9	301 51.8	21.8	177 09.3	11.1	Avior	234 23.9	S59 29.9
21	174 33.5	109 42.6 ·· 11.9		162 00.3 ·· 19.7		316 54.6 ·· 21.7		192 11.5 ·· 11.0		Bellatrix	278 47.6	N 6 20.5
22	189 36.0	124 41.9	12.5	177 01.0	20.4	331 57.4	21.6	207 13.8	10.9	Betelgeuse	271 17.0	N 7 24.2
23	204 38.4	139 41.1	13.1	192 01.7	21.2	347 00.2	21.5	222 16.1	10.9			
2 00	219 40.9	154 40.4 N22 13.8		207 02.4 N 4 22.0		2 02.9 S13 21.4		237 18.4 S 9 10.8		Canopus	264 02.8	S52 41.9
01	234 43.4	169 39.6	14.4	222 03.0	22.7	17 05.7	21.4	252 20.7	10.7	Capella	280 56.0	N45 59.6
02	249 45.8	184 38.9	15.0	237 03.7	23.5	32 08.5	21.3	267 22.9	10.7	Deneb	49 41.2	N45 15.4
03	264 48.3	199 38.1 ·· 15.6		252 04.4 ·· 24.2		47 11.3 ·· 21.2		282 25.2 ·· 10.6		Denebola	182 48.0	N14 36.1
04	279 50.7	214 37.4	16.2	267 05.1	25.0	62 14.0	21.1	297 27.5	10.5	Diphda	349 10.5	S18 01.0
05	294 53.2	229 36.6	16.8	282 05.8	25.7	77 16.8	21.0	312 29.8	10.5			
06	309 55.7	244 35.9 N22 17.5		297 06.5 N 4 26.5		92 19.6 S13 20.9		327 32.0 S 9 10.4		Dubhe	194 08.8	N61 47.0
07	324 58.1	259 35.1	18.1	312 07.2	27.3	107 22.4	20.8	342 34.3	10.3	Elnath	278 31.0	N28 36.1
08	340 00.6	274 34.4	18.7	327 07.9	28.0	122 25.1	20.7	357 36.6	10.3	Eltanin	90 52.4	N51 29.2
M 09	355 03.1	289 33.6 ·· 19.3		342 08.6 ·· 28.8		137 27.9 ·· 20.6		12 38.9 ·· 10.2		Enif	34 01.2	N 9 50.9
O 10	10 05.5	304 32.9	19.9	357 09.3	29.5	152 30.7	20.5	27 41.2	10.1	Fomalhaut	15 39.9	S29 39.0
N 11	25 08.0	319 32.1	20.5	12 10.0	30.3	167 33.5	20.4	42 43.4	10.1			
D 12	40 10.5	334 31.4 N22 21.1		27 10.7 N 4 31.0		182 36.2 S13 20.3		57 45.7 S 9 10.0		Gacrux	172 16.4	S57 05.2
A 13	55 12.9	349 30.6	21.7	42 11.4	31.8	197 39.0 20.2		72 48.0	09.9	Gienah	176 06.8	S17 30.9
Y 14	70 15.4	4 29.8	22.3	57 12.1	32.6	212 41.8	20.1	87 50.3	09.9	Hadar	149 07.6	S60 20.9
15	85 17.8	19 29.1 ·· 22.9		72 12.8 ·· 33.3		227 44.6 ·· 20.0		102 52.6 ·· 09.8		Hamal	328 17.3	N23 26.1
16	100 20.3	34 28.3	23.5	87 13.5	34.1	242 47.3	19.9	117 54.8	09.7	Kaus Aust.	84 02.6	S34 23.1
17	115 22.8	49 27.6	24.1	102 14.2	34.8	257 50.1	19.8	132 57.1	09.7			
18	130 25.2	64 26.8 N22 24.7		117 14.9 N 4 35.6		272 52.9 S13 19.7		147 59.4 S 9 09.6		Kochab	137 18.3	N74 10.7
19	145 27.7	79 26.1	25.3	132 15.6	36.3	287 55.7	19.6	163 01.7	09.5	Markab	13 52.8	N15 10.4
20	160 30.2	94 25.3	25.9	147 16.3	37.1	302 58.4	19.5	178 04.0	09.5	Menkar	314 30.4	N 4 04.0
21	175 32.6	109 24.5 ·· 26.5		162 17.0 ·· 37.9		318 01.2 ·· 19.4		193 06.2 ·· 09.4		Menkent	148 24.1	S36 20.7
22	190 35.1	124 23.8	27.1	177 17.7	38.6	333 04.0	19.3	208 08.5	09.3	Miaplacidus	221 42.6	S69 42.1
23	205 37.6	139 23.0	27.7	192 18.4	39.4	348 06.8	19.2	223 10.8	09.3			
3 00	220 40.0	154 22.3 N22 28.3		207 19.1 N 4 40.1		3 09.6 S13 19.1		238 13.1 S 9 09.2		Mirfak	309 01.4	N49 50.4
01	235 42.5	169 21.5	28.9	222 19.8	40.9	18 12.3	19.0	253 15.4	09.1	Nunki	76 15.9	S26 18.1
02	250 45.0	184 20.7	29.5	237 20.5	41.6	33 15.1	18.9	268 17.6	09.1	Peacock	53 41.6	S56 44.9
03	265 47.4	199 20.0 ·· 30.1		252 21.1 ·· 42.4		48 17.9 ·· 18.8		283 19.9 ·· 09.0		Pollux	243 45.3	N28 02.4
04	280 49.9	214 19.2	30.6	267 21.8	43.2	63 20.7	18.7	298 22.2	08.9	Procyon	245 14.8	N 5 14.2
05	295 52.3	229 18.5	31.2	282 22.5	43.9	78 23.4	18.6	313 24.5	08.9			
06	310 54.8	244 17.7 N22 31.8		297 23.2 N 4 44.7		93 26.2 S13 18.5		328 26.8 S 9 08.8		Rasalhague	96 19.5	N12 33.8
07	325 57.3	259 16.9	32.4	312 23.9	45.4	108 29.0	18.4	343 29.0	08.7	Regulus	207 58.6	N11 59.6
T 08	340 59.7	274 16.2	33.0	327 24.6	46.2	123 31.8	18.3	358 31.3	08.7	Rigel	281 26.1	S 8 12.7
U 09	356 02.2	289 15.4 ·· 33.6		342 25.3 ·· 46.9		138 34.5 ·· 18.2		13 33.6 ·· 08.6		Rigil Kent.	140 10.6	S60 48.8
E 10	11 04.7	304 14.7	34.2	357 26.0	47.7	153 37.3	18.1	28 35.9	08.6	Sabik	102 28.7	S15 43.1
S 11	26 07.1	319 13.9	34.7	12 26.7	48.4	168 40.1	18.0	43 38.2	08.5			
D 12	41 09.6	334 13.1 N22 35.3		27 27.4 N 4 49.2		183 42.9 S13 17.9		58 40.4 S 9 08.4		Schedar	349 57.4	N56 30.2
A 13	56 12.1	349 12.4	35.9	42 28.1	49.9	198 45.6	17.8	73 42.7	08.4	Shaula	96 41.1	S37 05.9
Y 14	71 14.5	4 11.6	36.5	57 28.8	50.7	213 48.4	17.7	88 45.0	08.3	Sirius	258 46.5	S16 42.8
15	86 17.0	19 10.8 ·· 37.1		72 29.5 ·· 51.5		228 51.2 ·· 17.6		103 47.3 ·· 08.2		Spica	158 46.1	S11 08.1
16	101 19.5	34 10.1	37.6	87 30.2	52.2	243 54.0	17.5	118 49.6	08.2	Suhail	223 03.0	S43 25.0
17	116 21.9	49 09.3	38.2	102 30.9	53.0	258 56.7	17.4	133 51.9	08.1			
18	131 24.4	64 08.5 N22 38.8		117 31.6 N 4 53.7		273 59.5 S13 17.3		148 54.1 S 9 08.0		Vega	80 48.4	N38 46.5
19	146 26.8	79 07.8	39.3	132 32.3	54.5	289 02.3	17.3	163 56.4	08.0	Zuben'ubi	137 21.0	S16 01.2
20	161 29.3	94 07.0	39.9	147 33.0	55.2	304 05.1	17.2	178 58.7	07.9			
21	176 31.8	109 06.2 ·· 40.5		162 33.7 ·· 56.0		319 07.8 ·· 17.1		194 01.0 ·· 07.8			S.H.A.	Mer. Pass.
22	191 34.2	124 05.5	41.1	177 34.4	56.7	334 10.6	17.0	209 03.3	07.8	Venus	294 59.5	13 42
23	206 36.7	139 04.7	41.6	192 35.1	57.5	349 13.4	16.9	224 05.6	07.7	Mars	347 21.5	10 11
										Jupiter	142 22.0	23 47
Mer. Pass. 9 19.7		v −0.8 d 0.6		v 0.7 d 0.8		v 2.8 d 0.1		v 2.3 d 0.1		Saturn	17 37.5	8 10

1994 MAY 1, 2, 3 (SUN., MON., TUES.)

SUN and MOON

UT (GMT)		SUN G.H.A.	SUN Dec.	MOON G.H.A.	v	MOON Dec.	d	H.P.
	d h	° ′	° ′	° ′	′	° ′	′	′
1	00	180 42.9	N14 56.4	286 57.4	8.8	S17 27.3	6.7	57.9
	01	195 42.9	57.1	301 25.2	8.9	17 20.6	6.8	57.9
	02	210 43.0	57.9	315 53.1	9.0	17 13.8	6.9	57.9
	03	225 43.1	.. 58.6	330 21.1	9.0	17 06.9	7.0	57.8
	04	240 43.2	14 59.4	344 49.1	9.2	16 59.9	7.0	57.8
	05	255 43.3	15 00.2	359 17.3	9.3	16 52.9	7.2	57.7
	06	270 43.3	N15 00.9	13 45.6	9.3	S16 45.7	7.2	57.7
	07	285 43.4	01.7	28 13.9	9.4	16 38.5	7.3	57.7
	08	300 43.5	02.4	42 42.3	9.6	16 31.2	7.4	57.6
S	09	315 43.6	.. 03.2	57 10.9	9.6	16 23.8	7.5	57.6
U	10	330 43.6	03.9	71 39.5	9.7	16 16.3	7.5	57.5
N	11	345 43.7	04.7	86 08.2	9.8	16 08.8	7.7	57.5
D	12	0 43.8	N15 05.5	100 37.0	9.8	S16 01.1	7.7	57.5
A	13	15 43.9	06.2	115 05.8	10.0	15 53.4	7.8	57.4
Y	14	30 43.9	07.0	129 34.8	10.1	15 45.6	7.8	57.4
	15	45 44.0	.. 07.7	144 03.9	10.1	15 37.8	8.0	57.3
	16	60 44.1	08.5	158 33.0	10.3	15 29.8	8.0	57.3
	17	75 44.2	09.2	173 02.3	10.3	15 21.8	8.1	57.3
	18	90 44.2	N15 10.0	187 31.6	10.4	S15 13.7	8.1	57.2
	19	105 44.3	10.7	202 01.0	10.5	15 05.6	8.2	57.2
	20	120 44.4	11.5	216 30.5	10.6	14 57.4	8.3	57.2
	21	135 44.5	.. 12.2	231 00.1	10.6	14 49.1	8.3	57.1
	22	150 44.5	13.0	245 29.7	10.8	14 40.8	8.5	57.1
	23	165 44.6	13.7	259 59.5	10.8	14 32.3	8.4	57.0
2	00	180 44.7	N15 14.5	274 29.3	10.9	S14 23.9	8.6	57.0
	01	195 44.8	15.2	288 59.2	11.0	14 15.3	8.6	57.0
	02	210 44.8	16.0	303 29.2	11.1	14 06.7	8.7	56.9
	03	225 44.9	.. 16.7	317 59.3	11.2	13 58.0	8.7	56.9
	04	240 45.0	17.5	332 29.5	11.3	13 49.3	8.8	56.9
	05	255 45.0	18.2	346 59.8	11.3	13 40.5	8.8	56.8
	06	270 45.1	N15 19.0	1 30.1	11.4	S13 31.7	8.9	56.8
	07	285 45.2	19.7	16 00.5	11.5	13 22.8	9.0	56.8
	08	300 45.3	20.5	30 31.0	11.6	13 13.8	9.0	56.7
M	09	315 45.3	.. 21.2	45 01.6	11.6	13 04.8	9.0	56.7
O	10	330 45.4	22.0	59 32.2	11.8	12 55.8	9.1	56.7
N	11	345 45.5	22.7	74 03.0	11.8	12 46.7	9.2	56.6
D	12	0 45.5	N15 23.5	88 33.8	11.9	S12 37.5	9.2	56.6
A	13	15 45.6	24.2	103 04.7	11.9	12 28.3	9.3	56.5
Y	14	30 45.7	25.0	117 35.6	12.1	12 19.0	9.3	56.5
	15	45 45.8	.. 25.7	132 06.7	12.1	12 09.7	9.4	56.5
	16	60 45.8	26.4	146 37.8	12.1	12 00.3	9.4	56.4
	17	75 45.9	27.2	161 08.9	12.3	11 50.9	9.5	56.4
	18	90 46.0	N15 27.9	175 40.2	12.3	S11 41.4	9.5	56.4
	19	105 46.0	28.7	190 11.5	12.4	11 31.9	9.5	56.3
	20	120 46.1	29.4	204 42.9	12.5	11 22.4	9.6	56.3
	21	135 46.2	.. 30.2	219 14.4	12.6	11 12.8	9.6	56.3
	22	150 46.2	30.9	233 46.0	12.6	11 03.2	9.7	56.2
	23	165 46.3	31.6	248 17.6	12.6	10 53.5	9.7	56.2
3	00	180 46.4	N15 32.4	262 49.2	12.8	S10 43.8	9.8	56.2
	01	195 46.4	33.1	277 21.0	12.8	10 34.0	9.8	56.1
	02	210 46.5	33.9	291 52.8	12.9	10 24.2	9.8	56.1
	03	225 46.6	.. 34.6	306 24.7	12.9	10 14.4	9.8	56.1
	04	240 46.6	35.3	320 56.6	13.1	10 04.6	9.9	56.1
	05	255 46.7	36.1	335 28.7	13.0	9 54.7	10.0	56.0
	06	270 46.8	N15 36.8	350 00.7	13.2	S 9 44.7	9.9	56.0
	07	285 46.8	37.5	4 32.9	13.2	9 34.8	10.0	56.0
	08	300 46.9	38.3	19 05.1	13.2	9 24.8	10.1	55.9
T	09	315 47.0	.. 39.0	33 37.3	13.4	9 14.7	10.0	55.9
U	10	330 47.0	39.7	48 09.7	13.3	9 04.7	10.1	55.9
E	11	345 47.1	40.5	62 42.0	13.5	8 54.6	10.2	55.8
S	12	0 47.2	N15 41.2	77 14.5	13.5	S 8 44.4	10.1	55.8
D	13	15 47.2	42.0	91 47.0	13.5	8 34.3	10.2	55.8
A	14	30 47.3	42.7	106 19.5	13.7	8 24.1	10.2	55.8
Y	15	45 47.3	.. 43.4	120 52.2	13.6	8 13.9	10.3	55.7
	16	60 47.4	44.2	135 24.8	13.8	8 03.6	10.2	55.7
	17	75 47.5	44.9	149 57.6	13.7	7 53.4	10.3	55.7
	18	90 47.5	N15 45.6	164 30.3	13.9	S 7 43.1	10.3	55.6
	19	105 47.6	46.4	179 03.2	13.8	7 32.8	10.3	55.6
	20	120 47.7	47.1	193 36.0	14.0	7 22.5	10.4	55.6
	21	135 47.7	.. 47.8	208 09.0	14.0	7 12.1	10.4	55.6
	22	150 47.8	48.5	222 42.0	14.0	7 01.7	10.4	55.5
	23	165 47.8	49.3	237 15.0	14.1	6 51.3	10.4	55.5
		S.D. 15.9	d 0.7	S.D. 15.7		15.4		15.2

Twilight, Sunrise and Moonrise

Lat.	Twilight Naut.	Twilight Civil	Sunrise	Moonrise 1	Moonrise 2	Moonrise 3	Moonrise 4
°	h m	h m	h m	h m	h m	h m	h m
N 72	////	////	01 46	03 48	03 10	02 51	02 37
N 70	////	////	02 27	02 53	02 43	02 35	02 29
68	////	00 59	02 54	02 19	02 22	02 22	02 21
66	////	01 51	03 15	01 55	02 05	02 11	02 15
64	////	02 22	03 31	01 36	01 51	02 02	02 10
62	00 52	02 45	03 45	01 20	01 40	01 54	02 06
60	01 38	03 03	03 56	01 07	01 30	01 47	02 02
N 58	02 07	03 17	04 06	00 55	01 21	01 42	01 58
56	02 28	03 30	04 15	00 45	01 14	01 36	01 55
54	02 45	03 41	04 22	00 37	01 07	01 31	01 52
52	02 59	03 50	04 29	00 29	01 01	01 27	01 50
50	03 12	03 58	04 35	00 22	00 55	01 23	01 47
45	03 36	04 16	04 48	00 07	00 43	01 15	01 42
N 40	03 54	04 30	04 59	24 33	00 33	01 07	01 38
35	04 09	04 41	05 09	24 25	00 25	01 01	01 34
30	04 21	04 51	05 17	24 17	00 17	00 56	01 31
20	04 40	05 07	05 30	24 04	00 04	00 46	01 25
N 10	04 55	05 21	05 42	23 53	24 38	00 38	01 20
0	05 07	05 32	05 54	23 42	24 30	00 30	01 15
S 10	05 18	05 43	06 05	23 31	24 22	00 22	01 11
20	05 27	05 53	06 16	23 20	24 14	00 14	01 06
30	05 36	06 05	06 29	23 06	24 04	00 04	01 00
35	05 41	06 11	06 37	22 59	23 59	24 57	00 57
40	05 45	06 17	06 46	22 50	23 52	24 53	00 53
45	05 50	06 25	06 56	22 40	23 45	24 49	00 49
S 50	05 55	06 33	07 08	22 27	23 36	24 43	00 43
52	05 57	06 37	07 13	22 22	23 32	24 41	00 41
54	05 59	06 41	07 19	22 15	23 28	24 38	00 38
56	06 02	06 46	07 26	22 08	23 22	24 35	00 35
58	06 04	06 51	07 34	22 00	23 17	24 32	00 32
S 60	06 07	06 57	07 43	21 51	23 10	24 28	00 28

Sunset, Twilight and Moonset

Lat.	Sunset	Twilight Civil	Twilight Naut.	Moonset 1	Moonset 2	Moonset 3	Moonset 4
°	h m	h m	h m	h m	h m	h m	h m
N 72	22 15	////	////	06 32	08 55	10 52	12 38
N 70	21 32	////	////	07 25	09 21	11 06	12 45
68	21 03	23 08	////	07 58	09 40	11 18	12 50
66	20 42	22 09	////	08 22	09 56	11 27	12 55
64	20 25	21 36	////	08 40	10 09	11 35	12 59
62	20 11	21 12	23 14	08 55	10 19	11 42	13 02
60	20 00	20 54	22 20	09 08	10 29	11 48	13 05
N 58	19 50	20 39	21 50	09 19	10 36	11 53	13 07
56	19 41	20 26	21 28	09 28	10 43	11 57	13 09
54	19 33	20 15	21 11	09 36	10 50	12 01	13 11
52	19 26	20 05	20 56	09 44	10 55	12 05	13 13
50	19 20	19 57	20 44	09 51	11 00	12 08	13 15
45	19 06	19 39	20 19	10 05	11 11	12 16	13 18
N 40	18 55	19 25	20 01	10 17	11 20	12 22	13 21
35	18 46	19 13	19 46	10 27	11 28	12 27	13 24
30	18 38	19 03	19 34	10 35	11 34	12 31	13 26
20	18 24	18 47	19 14	10 50	11 46	12 39	13 30
N 10	18 12	18 34	18 59	11 03	11 56	12 46	13 33
0	18 00	18 22	18 47	11 15	12 05	12 52	13 37
S 10	17 49	18 11	18 36	11 28	12 15	12 58	13 40
20	17 38	18 00	18 27	11 40	12 25	13 05	13 43
30	17 24	17 49	18 17	11 55	12 36	13 13	13 47
35	17 17	17 43	18 13	12 03	12 42	13 17	13 49
40	17 08	17 36	18 08	12 13	12 50	13 22	13 51
45	16 58	17 29	18 03	12 24	12 58	13 27	13 54
S 50	16 46	17 20	17 58	12 38	13 08	13 34	13 57
52	16 40	17 16	17 56	12 44	13 13	13 37	13 59
54	16 34	17 12	17 54	12 51	13 18	13 41	14 00
56	16 27	17 07	17 51	12 58	13 24	13 44	14 02
58	16 19	17 02	17 49	13 07	13 30	13 48	14 04
S 60	16 10	16 56	17 46	13 17	13 37	13 53	14 06

SUN and MOON (Equation of Time, Meridian Passage, Age, Phase)

Day	SUN Eqn. of Time 00ʰ	SUN Eqn. of Time 12ʰ	SUN Mer. Pass.	MOON Mer. Pass. Upper	MOON Mer. Pass. Lower	Age	Phase
	m s	m s	h m	h m	h m	d	
1	02 51	02 55	11 57	05 03	17 29	20	
2	02 59	03 02	11 57	05 54	18 18	21	
3	03 05	03 08	11 57	06 41	19 04	22	

1994 MAY 4, 5, 6 (WED., THURS., FRI.)

UT (GMT) d h	ARIES G.H.A.	VENUS −3.9 G.H.A.	Dec.	MARS +1.2 G.H.A.	Dec.	JUPITER −2.5 G.H.A.	Dec.	SATURN +1.1 G.H.A.	Dec.	STARS Name	S.H.A.	Dec.
4 00	221 39.2	154 03.9 N22 42.2		207 35.8 N 4 58.2		4 16.2 S13 16.8		239 07.8 S 9 07.6		Acamar	315 29.6	S40 19.7
01	236 41.6	169 03.2	42.8	222 36.5	59.0	19 18.9	16.7	254 10.1	07.6	Achernar	335 37.9	S57 15.8
02	251 44.1	184 02.4	43.3	237 37.2	4 59.7	34 21.7	16.6	269 12.4	07.5	Acrux	173 24.8	S63 04.4
03	266 46.6	199 01.6 ··	43.9	252 37.9	5 00.5	49 24.5 ··	16.5	284 14.7 ··	07.5	Adhara	255 24.0	S28 58.2
04	281 49.0	214 00.9	44.4	267 38.5	01.3	64 27.3	16.4	299 17.0	07.4	Aldebaran	291 06.1	N16 29.8
05	296 51.5	229 00.1	45.0	282 39.2	02.0	79 30.0	16.3	314 19.3	07.3			
06	311 53.9	243 59.3 N22 45.6		297 39.9 N 5 02.8		94 32.8 S13 16.2		329 21.5 S 9 07.3		Alioth	166 32.7	N55 59.5
W 07	326 56.4	258 58.5	46.1	312 40.6	03.5	109 35.6	16.1	344 23.8	07.2	Alkaid	153 09.7	N49 20.5
E 08	341 58.9	273 57.8	46.7	327 41.3	04.3	124 38.4	16.0	359 26.1	07.1	Al Na'ir	28 01.8	S46 59.0
D 09	357 01.3	288 57.0 ··	47.2	342 42.0 ··	05.0	139 41.1 ··	15.9	14 28.4 ··	07.1	Alnilam	276 01.2	S 1 12.5
N 10	12 03.8	303 56.2	47.8	357 42.7	05.8	154 43.9	15.8	29 30.7	07.0	Alphard	218 10.1	S 8 38.3
E 11	27 06.3	318 55.5	48.4	12 43.4	06.5	169 46.7	15.7	44 33.0	06.9			
S 12	42 08.7	333 54.7 N22 48.9		27 44.1 N 5 07.3		184 49.5 S13 15.6		59 35.2 S 9 06.9		Alphecca	126 22.8	N26 43.9
D 13	57 11.2	348 53.9	49.5	42 44.8	08.0	199 52.2	15.5	74 37.5	06.8	Alpheratz	357 58.6	N29 03.4
A 14	72 13.7	3 53.1	50.0	57 45.5	08.8	214 55.0	15.4	89 39.8	06.7	Altair	62 22.1	N 8 51.2
Y 15	87 16.1	18 52.4 ··	50.6	72 46.2 ··	09.5	229 57.8 ··	15.3	104 42.1 ··	06.7	Ankaa	353 30.1	S42 20.1
16	102 18.6	33 51.6	51.1	87 46.9	10.3	245 00.6	15.2	119 44.4	06.6	Antares	112 43.5	S26 25.2
17	117 21.1	48 50.8	51.7	102 47.6	11.0	260 03.3	15.1	134 46.7	06.6			
18	132 23.5	63 50.0 N22 52.2		117 48.3 N 5 11.8		275 06.1 S13 15.0		149 49.0 S 9 06.5		Arcturus	146 08.5	N19 12.6
19	147 26.0	78 49.3	52.8	132 49.0	12.5	290 08.9	14.9	164 51.2	06.4	Atria	107 57.7	S69 00.9
20	162 28.4	93 48.5	53.3	147 49.7	13.3	305 11.7	14.8	179 53.5	06.4	Avior	234 24.0	S59 29.9
21	177 30.9	108 47.7 ··	53.8	162 50.4 ··	14.0	320 14.4 ··	14.7	194 55.8 ··	06.3	Bellatrix	278 47.7	N 6 20.5
22	192 33.4	123 46.9	54.4	177 51.1	14.8	335 17.2	14.6	209 58.1	06.2	Betelgeuse	271 17.0	N 7 24.2
23	207 35.8	138 46.2	54.9	192 51.8	15.5	350 20.0	14.5	225 00.4	06.2			
5 00	222 38.3	153 45.4 N22 55.5		207 52.5 N 5 16.3		5 22.7 S13 14.4		240 02.7 S 9 06.1		Canopus	264 02.8	S52 41.9
01	237 40.8	168 44.6	56.0	222 53.2	17.0	20 25.5	14.3	255 05.0	06.1	Capella	280 56.0	N45 59.6
02	252 43.2	183 43.8	56.5	237 53.9	17.8	35 28.3	14.2	270 07.2	06.0	Deneb	49 41.2	N45 15.4
03	267 45.7	198 43.1 ··	57.1	252 54.6 ··	18.5	50 31.1 ··	14.1	285 09.5 ··	05.9	Denebola	182 48.0	N14 36.1
04	282 48.2	213 42.3	57.6	267 55.2	19.3	65 33.8	14.0	300 11.8	05.9	Diphda	349 10.5	S18 01.0
05	297 50.6	228 41.5	58.2	282 55.9	20.0	80 36.6	13.9	315 14.1	05.8			
06	312 53.1	243 40.7 N22 58.7		297 56.6 N 5 20.8		95 39.4 S13 13.8		330 16.4 S 9 05.7		Dubhe	194 08.8	N61 47.0
07	327 55.6	258 39.9	59.2	312 57.3	21.5	110 42.2	13.8	345 18.7	05.7	Elnath	278 31.0	N28 36.1
T 08	342 58.0	273 39.2 22 59.7		327 58.0	22.3	125 44.9	13.7	0 21.0	05.6	Eltanin	90 52.4	N51 29.2
H 09	358 00.5	288 38.4 23 00.3		342 58.7 ··	23.0	140 47.7 ··	13.6	15 23.3 ··	05.5	Enif	34 01.2	N 9 50.9
U 10	13 02.9	303 37.6	00.8	357 59.4	23.8	155 50.5	13.5	30 25.5	05.5	Fomalhaut	15 39.9	S29 39.0
R 11	28 05.4	318 36.8	01.3	13 00.1	24.5	170 53.3	13.4	45 27.8	05.4			
S 12	43 07.9	333 36.0 N23 01.9		28 00.8 N 5 25.3		185 56.0 S13 13.3		60 30.1 S 9 05.4		Gacrux	172 16.4	S57 05.2
D 13	58 10.3	348 35.3	02.4	43 01.5	26.0	200 58.8	13.2	75 32.4	05.3	Gienah	176 06.8	S17 30.9
A 14	73 12.8	3 34.5	02.9	58 02.2	26.8	216 01.6	13.1	90 34.7	05.2	Hadar	149 07.6	S60 20.9
Y 15	88 15.3	18 33.7 ··	03.4	73 02.9 ··	27.5	231 04.4 ··	13.0	105 37.0 ··	05.2	Hamal	328 17.3	N23 26.1
16	103 17.7	33 32.9	04.0	88 03.6	28.3	246 07.1	12.9	120 39.3	05.1	Kaus Aust.	84 02.5	S34 23.1
17	118 20.2	48 32.1	04.5	103 04.3	29.0	261 09.9	12.8	135 41.6	05.0			
18	133 22.7	63 31.4 N23 05.0		118 05.0 N 5 29.8		276 12.7 S13 12.7		150 43.8 S 9 05.0		Kochab	137 18.3	N74 10.7
19	148 25.1	78 30.6	05.5	133 05.7	30.5	291 15.4	12.6	165 46.1	04.9	Markab	13 52.8	N15 10.4
20	163 27.6	93 29.8	06.0	148 06.4	31.3	306 18.2	12.5	180 48.4	04.9	Menkar	314 30.4	N 4 04.0
21	178 30.0	108 29.0 ··	06.6	163 07.1 ··	32.0	321 21.0 ··	12.4	195 50.7 ··	04.8	Menkent	148 24.1	S36 20.7
22	193 32.5	123 28.2	07.1	178 07.8	32.8	336 23.8	12.3	210 53.0	04.7	Miaplacidus	221 42.6	S69 42.1
23	208 35.0	138 27.4	07.6	193 08.5	33.5	351 26.5	12.2	225 55.3	04.7			
6 00	223 37.4	153 26.6 N23 08.1		208 09.2 N 5 34.3		6 29.3 S13 12.1		240 57.6 S 9 04.6		Mirfak	309 01.4	N49 50.4
01	238 39.9	168 25.9	08.6	223 09.9	35.0	21 32.1	12.0	255 59.9	04.6	Nunki	76 15.9	S26 18.1
02	253 42.4	183 25.1	09.1	238 10.5	35.8	36 34.9	11.9	271 02.2	04.5	Peacock	53 41.6	S56 44.9
03	268 44.8	198 24.3 ··	09.6	253 11.2 ··	36.5	51 37.6 ··	11.8	286 04.4 ··	04.4	Pollux	243 45.4	N28 02.4
04	283 47.3	213 23.5	10.1	268 11.9	37.3	66 40.4	11.7	301 06.7	04.4	Procyon	245 14.8	N 5 14.2
05	298 49.8	228 22.7	10.7	283 12.6	38.0	81 43.2	11.6	316 09.0	04.3			
06	313 52.2	243 21.9 N23 11.2		298 13.3 N 5 38.8		96 46.0 S13 11.5		331 11.3 S 9 04.2		Rasalhague	96 19.5	N12 33.8
07	328 54.7	258 21.1	11.7	313 14.0	39.5	111 48.7	11.4	346 13.6	04.2	Regulus	207 58.7	N11 59.6
08	343 57.2	273 20.4	12.2	328 14.7	40.3	126 51.5	11.3	1 15.9	04.1	Rigel	281 26.1	S 8 12.7
F 09	358 59.6	288 19.6 ··	12.7	343 15.4 ··	41.0	141 54.3 ··	11.2	16 18.2 ··	04.1	Rigil Kent.	140 10.6	S60 48.8
R 10	14 02.1	303 18.8	13.2	358 16.1	41.7	156 57.0	11.1	31 20.5	04.0	Sabik	102 28.7	S15 43.1
I 11	29 04.5	318 18.0	13.7	13 16.8	42.5	171 59.8	11.0	46 22.8	03.9			
D 12	44 07.0	333 17.2 N23 14.2		28 17.5 N 5 43.2		187 02.6 S13 10.9		61 25.1 S 9 03.9		Schedar	349 57.4	N56 30.2
A 13	59 09.5	348 16.4	14.7	43 18.2	44.0	202 05.4	10.9	76 27.3	03.8	Shaula	96 41.0	S37 05.9
Y 14	74 11.9	3 15.6	15.2	58 18.9	44.7	217 08.1	10.8	91 29.6	03.8	Sirius	258 46.5	S16 42.7
15	89 14.4	18 14.8 ··	15.7	73 19.6 ··	45.5	232 10.9 ··	10.7	106 31.9 ··	03.7	Spica	158 46.1	S11 08.1
16	104 16.9	33 14.0	16.2	88 20.3	46.2	247 13.7	10.6	121 34.2	03.6	Suhail	223 03.0	S43 25.0
17	119 19.3	48 13.3	16.7	103 21.0	47.0	262 16.4	10.5	136 36.5	03.6			
18	134 21.8	63 12.5 N23 17.2		118 21.7 N 5 47.7		277 19.2 S13 10.4		151 38.8 S 9 03.5		Vega	80 48.4	N38 46.6
19	149 24.3	78 11.7	17.6	133 22.4	48.5	292 22.0	10.3	166 41.1	03.4	Zuben'ubi	137 21.0	S16 01.2
20	164 26.7	93 10.9	18.1	148 23.1	49.2	307 24.8	10.2	181 43.4	03.4		S.H.A.	Mer. Pass.
21	179 29.2	108 10.1 ··	18.6	163 23.8 ··	50.0	322 27.5 ··	10.1	196 45.7 ··	03.3	Venus	291 07.1	13 46
22	194 31.7	123 09.3	19.1	178 24.5	50.7	337 30.3	10.0	211 48.0	03.3	Mars	345 14.2	10 08
23	209 34.1	138 08.5	19.6	193 25.2	51.4	352 33.1	09.9	226 50.3	03.2	Jupiter	142 44.4	23 34
Mer. Pass.	h m 9 07.9	v −0.8 d 0.5		v 0.7 d 0.7		v 2.8 d 0.1		v 2.3 d 0.1		Saturn	17 24.4	7 59

1994 MAY 4, 5, 6 (WED., THURS., FRI.)

UT (GMT)	SUN G.H.A.	Dec.	MOON G.H.A.	v	Dec.	d	H.P.	Lat.	Twilight Naut.	Civil	Sunrise	Moonrise 4	5	6	7
d h	° ′	° ′	° ′	′	° ′	′	′	°	h m	h m	h m	h m	h m	h m	h m
4 00	180 47.9	N15 50.0	251 48.1	14.1	S 6 40.9	10.4	55.5	N 72	////	////	01 17	02 37	02 25	02 14	02 02
01	195 48.0	50.7	266 21.2	14.2	6 30.5	10.5	55.4	N 70	////	////	02 08	02 29	02 23	02 17	02 11
02	210 48.0	51.5	280 54.4	14.2	6 20.0	10.5	55.4	68	////	01 30	02 40	02 21	02 20	02 19	02 18
03	225 48.1 ..	52.2	295 27.6	14.3	6 09.5	10.5	55.4	66	////	02 07	03 03	02 15	02 18	02 21	02 24
04	240 48.2	52.9	310 00.9	14.3	5 59.0	10.5	55.4	64	////	02 33	03 21	02 10	02 17	02 23	02 29
05	255 48.2	53.6	324 34.2	14.4	5 48.5	10.5	55.3	62	////	02 53	03 36	02 06	02 15	02 24	02 34
06	270 48.3	N15 54.4	339 07.6	14.3	S 5 38.0	10.5	55.3	60	01 20	02 53	03 48	02 02	02 14	02 26	02 38
W 07	285 48.3	55.1	353 40.9	14.5	5 27.5	10.6	55.3	N 58	01 54	03 09	03 59	01 58	02 13	02 27	02 41
E 08	300 48.4	55.8	8 14.4	14.5	5 16.9	10.6	55.3	56	02 18	03 22	04 08	01 55	02 12	02 28	02 44
D 09	315 48.4 ..	56.5	22 47.9	14.5	5 06.3	10.5	55.2	54	02 36	03 34	04 16	01 52	02 11	02 29	02 47
N 10	330 48.5	57.3	37 21.4	14.6	4 55.8	10.6	55.2	52	02 52	03 44	04 23	01 50	02 10	02 30	02 49
E 11	345 48.6	58.0	51 55.0	14.6	4 45.2	10.6	55.2	50	03 05	03 53	04 30	01 47	02 09	02 30	02 52
S 12	0 48.6	N15 58.7	66 28.6	14.6	S 4 34.6	10.6	55.2	45	03 30	04 11	04 44	01 42	02 08	02 32	02 57
D 13	15 48.7	15 59.4	81 02.2	14.7	4 24.0	10.7	55.1	N 40	03 50	04 26	04 56	01 38	02 06	02 33	03 01
A 14	30 48.7	16 00.2	95 35.9	14.7	4 13.3	10.6	55.1	35	04 05	04 38	05 05	01 34	02 05	02 35	03 05
Y 15	45 48.8 ..	00.9	110 09.6	14.7	4 02.7	10.6	55.1	30	04 18	04 48	05 14	01 31	02 04	02 36	03 08
16	60 48.9	01.6	124 43.3	14.8	3 52.1	10.7	55.1	20	04 38	05 06	05 29	01 25	02 02	02 38	03 14
17	75 48.9	02.3	139 17.1	14.8	3 41.4	10.7	55.1	N 10	04 54	05 19	05 41	01 20	02 00	02 40	03 19
18	90 49.0	N16 03.1	153 50.9	14.8	S 3 30.7	10.6	55.0	0	05 07	05 32	05 53	01 15	01 59	02 41	03 23
19	105 49.0	03.8	168 24.7	14.9	3 20.1	10.7	55.0	S 10	05 18	05 43	06 05	01 11	01 57	02 43	03 28
20	120 49.1	04.5	182 58.6	14.9	3 09.4	10.7	55.0	20	05 28	05 54	06 17	01 06	01 56	02 45	03 33
21	135 49.1 ..	05.2	197 32.5	14.9	2 58.7	10.6	55.0	30	05 38	06 06	06 31	01 00	01 54	02 47	03 39
22	150 49.2	05.9	212 06.4	15.0	2 48.1	10.7	54.9	35	05 43	06 13	06 39	00 57	01 53	02 48	03 42
23	165 49.3	06.6	226 40.4	15.0	2 37.4	10.7	54.9	40	05 48	06 20	06 48	00 53	01 52	02 49	03 46
5 00	180 49.3	N16 07.4	241 14.4	15.0	S 2 26.7	10.7	54.9	45	05 53	06 28	06 59	00 49	01 50	02 51	03 51
01	195 49.4	08.1	255 48.4	15.1	2 16.0	10.7	54.9	S 50	05 59	06 37	07 12	00 43	01 49	02 53	03 56
02	210 49.4	08.8	270 22.5	15.0	2 05.3	10.7	54.9	52	06 01	06 42	07 18	00 41	01 48	02 54	03 59
03	225 49.5 ..	09.5	284 56.5	15.1	1 54.6	10.7	54.8	54	06 04	06 46	07 25	00 38	01 47	02 55	04 02
04	240 49.5	10.2	299 30.6	15.1	1 43.9	10.7	54.8	56	06 07	06 51	07 32	00 35	01 46	02 56	04 05
05	255 49.6	11.0	314 04.7	15.2	1 33.2	10.7	54.8	58	06 10	06 57	07 40	00 32	01 45	02 57	04 08
06	270 49.6	N16 11.7	328 38.9	15.1	S 1 22.5	10.7	54.8	S 60	06 13	07 03	07 50	00 28	01 44	02 58	04 12

Lat.	Sunset	Twilight Civil	Naut.	Moonset 4	5	6	7
°	h m	h m	h m	h m	h m	h m	h m
N 72	22 47	////	////	12 38	14 20	16 00	17 41
N 70	21 50	////	////	12 45	14 20	15 53	17 27
68	21 17	////	////	12 50	14 20	15 48	17 16
66	20 53	22 29	////	12 55	14 20	15 43	17 07
64	20 35	21 50	////	12 59	14 20	15 40	16 59
62	20 20	21 23	////	13 02	14 20	15 36	16 52
60	20 07	21 03	22 39	13 05	14 20	15 34	16 47
N 58	19 56	20 47	22 03	13 07	14 20	15 31	16 42
56	19 47	20 33	21 38	13 09	14 20	15 29	16 37
54	19 38	20 21	21 19	13 11	14 20	15 27	16 33
52	19 31	20 11	21 04	13 13	14 20	15 25	16 30
50	19 24	20 02	20 50	13 15	14 20	15 23	16 27
45	19 10	19 43	20 24	13 18	14 20	15 20	16 20
N 40	18 58	19 28	20 04	13 21	14 20	15 17	16 14
35	18 48	19 16	19 49	13 24	14 20	15 14	16 09
30	18 40	19 05	19 36	13 26	14 20	15 12	16 04
20	18 25	18 48	19 16	13 30	14 19	15 08	15 57
N 10	18 12	18 34	19 00	13 33	14 19	15 05	15 50
0	18 00	18 22	18 47	13 37	14 19	15 01	15 44
S 10	17 48	18 10	18 35	13 40	14 19	14 58	15 38
20	17 36	17 59	18 25	13 43	14 19	14 55	15 31
30	17 22	17 47	18 15	13 47	14 19	14 51	15 23
35	17 14	17 40	18 10	13 49	14 19	14 49	15 19
40	17 04	17 33	18 05	13 51	14 19	14 46	15 14
45	16 54	17 25	18 00	13 54	14 19	14 43	15 08
S 50	16 41	17 15	17 54	13 57	14 19	14 40	15 02
52	16 35	17 11	17 51	13 59	14 19	14 38	14 58
54	16 28	17 06	17 49	14 00	14 18	14 36	14 55
56	16 21	17 01	17 46	14 02	14 18	14 34	14 51
58	16 12	16 56	17 43	14 04	14 18	14 32	14 47
S 60	16 03	16 49	17 40	14 06	14 18	14 30	14 42

Continuation of main table:

UT (GMT)	SUN G.H.A.	Dec.	MOON G.H.A.	v	Dec.	d	H.P.
T 07	285 49.7	12.4	343 13.0	15.2	1 11.8	10.7	54.8
H 08	300 49.7	13.1	357 47.2	15.2	1 01.1	10.6	54.7
U 09	315 49.8 ..	13.8	12 21.4	15.2	0 50.5	10.7	54.7
R 10	330 49.8	14.5	26 55.6	15.3	0 39.8	10.7	54.7
S 11	345 49.9	15.2	41 29.9	15.2	0 29.1	10.7	54.7
D 12	0 50.0	N16 16.0	56 04.1	15.3	S 0 18.4	10.7	54.7
A 13	15 50.0	16.7	70 38.4	15.3	S 0 07.7	10.6	54.7
Y 14	30 50.1	17.4	85 12.7	15.3	N 0 02.9	10.7	54.6
15	45 50.1 ..	18.1	99 47.0	15.3	0 13.6	10.6	54.6
16	60 50.2	18.8	114 21.3	15.4	0 24.2	10.7	54.6
17	75 50.2	19.5	128 55.7	15.3	0 34.9	10.6	54.6
18	90 50.3	N16 20.2	143 30.0	15.4	N 0 45.5	10.7	54.6
19	105 50.3	20.9	158 04.4	15.4	0 56.2	10.6	54.6
20	120 50.4	21.6	172 38.8	15.3	1 06.8	10.6	54.5
21	135 50.4 ..	22.3	187 13.1	15.4	1 17.4	10.6	54.5
22	150 50.5	23.1	201 47.5	15.4	1 28.0	10.6	54.5
23	165 50.5	23.8	216 21.9	15.5	1 38.6	10.6	54.5
6 00	180 50.6	N16 24.5	230 56.4	15.4	N 1 49.2	10.5	54.5
01	195 50.6	25.2	245 30.8	15.4	1 59.7	10.6	54.5
02	210 50.7	25.9	260 05.2	15.4	2 10.3	10.5	54.4
03	225 50.7 ..	26.6	274 39.6	15.5	2 20.8	10.5	54.4
04	240 50.8	27.3	289 14.1	15.4	2 31.3	10.5	54.4
05	255 50.8	28.0	303 48.5	15.5	2 41.8	10.5	54.4
06	270 50.9	N16 28.7	318 23.0	15.4	N 2 52.3	10.5	54.4
F 07	285 50.9	29.4	332 57.4	15.4	3 02.8	10.5	54.4
R 08	300 51.0	30.1	347 31.8	15.5	3 13.3	10.4	54.4
I 09	315 51.0 ..	30.8	2 06.3	15.5	3 23.7	10.5	54.3
D 10	330 51.0	31.5	16 40.8	15.4	3 34.2	10.4	54.3
A 11	345 51.1	32.2	31 15.2	15.5	3 44.6	10.4	54.3
Y 12	0 51.1	N16 32.9	45 49.7	15.4	N 3 55.0	10.3	54.3
13	15 51.2	33.6	60 24.1	15.5	4 05.3	10.4	54.3
14	30 51.2	34.3	74 58.6	15.4	4 15.7	10.3	54.3
15	45 51.3 ..	35.0	89 33.0	15.4	4 26.0	10.3	54.3
16	60 51.3	35.7	104 07.4	15.5	4 36.3	10.3	54.3
17	75 51.4	36.4	118 41.9	15.4	4 46.6	10.3	54.3
18	90 51.4	N16 37.1	133 16.3	15.4	N 4 56.9	10.2	54.2
19	105 51.5	37.8	147 50.7	15.5	5 07.1	10.3	54.2
20	120 51.5	38.5	162 25.2	15.4	5 17.4	10.2	54.2
21	135 51.5 ..	39.2	176 59.6	15.4	5 27.6	10.1	54.2
22	150 51.6	39.9	191 34.0	15.4	5 37.7	10.2	54.2
23	165 51.6	40.6	206 08.4	15.4	5 47.9	10.1	54.2
	S.D. 15.9	d 0.7	S.D. 15.0		14.9		14.8

Day	SUN Eqn. of Time 00ʰ	12ʰ	Mer. Pass.	MOON Mer. Pass. Upper	Lower	Age	Phase
	m s	m s	h m	h m	h m	d	
4	03 12	03 14	11 57	07 26	19 48	23	
5	03 17	03 20	11 57	08 09	20 30	24	◖
6	03 22	03 24	11 57	08 51	21 12	25	

1994 MAY 7, 8, 9 (SAT., SUN., MON.)

UT (GMT)	ARIES G.H.A.	VENUS −3.9 G.H.A.	Dec.	MARS +1.2 G.H.A.	Dec.	JUPITER −2.5 G.H.A.	Dec.	SATURN +1.1 G.H.A.	Dec.	STARS Name	S.H.A.	Dec.
7 00	224 36.6	153 07.7	N23 20.1	208 25.8	N 5 52.2	7 35.9	S13 09.8	241 52.5	S 9 03.1	Acamar	315 29.6	S40 19.7
01	239 39.0	168 06.9	20.6	223 26.5	52.9	22 38.6	09.7	256 54.8	03.1	Achernar	335 37.9	S57 15.8
02	254 41.5	183 06.1	21.1	238 27.2	53.7	37 41.4	09.6	271 57.1	03.0	Acrux	173 24.8	S63 04.4
03	269 44.0	198 05.3 ··	21.5	253 27.9 ··	54.4	52 44.2 ··	09.5	286 59.4 ··	03.0	Adhara	255 24.0	S28 58.2
04	284 46.4	213 04.5	22.0	268 28.6	55.2	67 46.9	09.4	302 01.7	02.9	Aldebaran	291 06.2	N16 29.8
05	299 48.9	228 03.7	22.5	283 29.3	55.9	82 49.7	09.3	317 04.0	02.8			
06	314 51.4	243 02.9	N23 23.0	298 30.0	N 5 56.7	97 52.5	S13 09.2	332 06.3	S 9 02.8	Alioth	166 32.8	N55 59.5
07	329 53.8	258 02.1	23.5	313 30.7	57.4	112 55.3	09.1	347 08.6	02.7	Alkaid	153 09.7	N49 20.5
S 08	344 56.3	273 01.4	23.9	328 31.4	58.1	127 58.0	09.0	2 10.9	02.7	Al Na'ir	28 01.8	S46 59.0
A 09	359 58.8	288 00.6 ··	24.4	343 32.1 ··	58.9	143 00.8 ··	08.9	17 13.2 ··	02.6	Alnilam	276 01.2	S 1 12.5
T 10	15 01.2	302 59.8	24.9	358 32.8	5 59.6	158 03.6	08.8	32 15.5	02.5	Alphard	218 10.1	S 8 38.3
U 11	30 03.7	317 59.0	25.4	13 33.5	6 00.4	173 06.3	08.7	47 17.8	02.5			
R 12	45 06.1	332 58.2	N23 25.8	28 34.2	N 6 01.1	188 09.1	S13 08.6	62 20.1	S 9 02.4	Alphecca	126 22.8	N26 43.9
D 13	60 08.6	347 57.4	26.3	43 34.9	01.9	203 11.9	08.5	77 22.4	02.4	Alpheratz	357 58.6	N29 03.4
A 14	75 11.1	2 56.6	26.8	58 35.6	02.6	218 14.6	08.4	92 24.7	02.3	Altair	62 22.1	N 8 51.2
Y 15	90 13.5	17 55.8 ··	27.3	73 36.3 ··	03.3	233 17.4 ··	08.4	107 26.9 ··	02.2	Ankaa	353 30.1	S42 20.0
16	105 16.0	32 55.0	27.7	88 37.0	04.1	248 20.2	08.3	122 29.2	02.2	Antares	112 43.5	S26 25.2
17	120 18.5	47 54.2	28.2	103 37.7	04.8	263 23.0	08.2	137 31.5	02.1			
18	135 20.9	62 53.4	N23 28.7	118 38.4	N 6 05.6	278 25.7	S13 08.1	152 33.8	S 9 02.1	Arcturus	146 08.5	N19 12.6
19	150 23.4	77 52.6	29.1	133 39.1	06.3	293 28.5	08.0	167 36.1	02.0	Atria	107 57.7	S69 00.9
20	165 25.9	92 51.8	29.6	148 39.7	07.1	308 31.3	07.9	182 38.4	01.9	Avior	234 24.0	S59 29.9
21	180 28.3	107 51.0 ··	30.0	163 40.4 ··	07.8	323 34.0 ··	07.8	197 40.7 ··	01.9	Bellatrix	278 47.7	N 6 20.5
22	195 30.8	122 50.2	30.5	178 41.1	08.5	338 36.8	07.7	212 43.0	01.8	Betelgeuse	271 17.1	N 7 24.2
23	210 33.3	137 49.4	31.0	193 41.8	09.3	353 39.6	07.6	227 45.3	01.8			
8 00	225 35.7	152 48.6	N23 31.4	208 42.5	N 6 10.0	8 42.4	S13 07.5	242 47.6	S 9 01.7	Canopus	264 02.9	S52 41.9
01	240 38.2	167 47.8	31.9	223 43.2	10.8	23 45.1	07.4	257 49.9	01.6	Capella	280 56.0	N45 59.5
02	255 40.6	182 47.0	32.3	238 43.9	11.5	38 47.9	07.3	272 52.2	01.6	Deneb	49 41.1	N45 15.4
03	270 43.1	197 46.2 ··	32.8	253 44.6 ··	12.3	53 50.7 ··	07.2	287 54.5 ··	01.5	Denebola	182 48.0	N14 36.1
04	285 45.6	212 45.4	33.3	268 45.3	13.0	68 53.4	07.1	302 56.8	01.5	Diphda	349 10.5	S18 01.0
05	300 48.0	227 44.6	33.7	283 46.0	13.7	83 56.2	07.0	317 59.1	01.4			
06	315 50.5	242 43.8	N23 34.2	298 46.7	N 6 14.5	98 59.0	S13 06.9	333 01.4	S 9 01.3	Dubhe	194 08.9	N61 47.0
07	330 53.0	257 43.0	34.6	313 47.4	15.2	114 01.7	06.8	348 03.7	01.3	Elnath	278 31.0	N28 36.1
08	345 55.4	272 42.2	35.1	328 48.1	16.0	129 04.5	06.7	3 06.0	01.2	Eltanin	90 52.4	N51 29.2
S 09	0 57.9	287 41.4 ··	35.5	343 48.8 ··	16.7	144 07.3 ··	06.6	18 08.3 ··	01.2	Enif	34 01.2	N 9 50.9
U 10	16 00.4	302 40.6	36.0	358 49.5	17.4	159 10.1	06.5	33 10.6	01.1	Fomalhaut	15 39.9	S29 39.0
N 11	31 02.8	317 39.8	36.4	13 50.2	18.2	174 12.8	06.4	48 12.9	01.0			
D 12	46 05.3	332 39.0	N23 36.8	28 50.9	N 6 18.9	189 15.6	S13 06.3	63 15.1	S 9 01.0	Gacrux	172 16.4	S57 05.2
A 13	61 07.8	347 38.2	37.3	43 51.6	19.7	204 18.4	06.3	78 17.4	00.9	Gienah	176 06.8	S17 30.9
Y 14	76 10.2	2 37.4	37.7	58 52.3	20.4	219 21.1	06.2	93 19.7	00.9	Hadar	149 07.6	S60 20.9
15	91 12.7	17 36.5 ··	38.2	73 52.9 ··	21.1	234 23.9 ··	06.1	108 22.0 ··	00.8	Hamal	328 17.3	N23 26.1
16	106 15.1	32 35.7	38.6	88 53.6	21.9	249 26.7	06.0	123 24.3	00.8	Kaus Aust.	84 02.5	S34 23.1
17	121 17.6	47 34.9	39.1	103 54.3	22.6	264 29.4	05.9	138 26.6	00.7			
18	136 20.1	62 34.1	N23 39.5	118 55.0	N 6 23.4	279 32.2	S13 05.8	153 28.9	S 9 00.6	Kochab	137 18.3	N74 10.7
19	151 22.5	77 33.3	39.9	133 55.7	24.1	294 35.0	05.7	168 31.2	00.6	Markab	13 52.7	N15 10.4
20	166 25.0	92 32.5	40.4	148 56.4	24.8	309 37.7	05.6	183 33.5	00.5	Menkar	314 30.4	N 4 04.0
21	181 27.5	107 31.7 ··	40.8	163 57.1 ··	25.6	324 40.5 ··	05.5	198 35.8 ··	00.5	Menkent	148 24.1	S36 20.7
22	196 29.9	122 30.9	41.2	178 57.8	26.3	339 43.3	05.4	213 38.1	00.4	Miaplacidus	221 42.7	S69 42.1
23	211 32.4	137 30.1	41.7	193 58.5	27.1	354 46.1	05.3	228 40.4	00.3			
9 00	226 34.9	152 29.3	N23 42.1	208 59.2	N 6 27.8	9 48.8	S13 05.2	243 42.7	S 9 00.3	Mirfak	309 01.4	N49 50.4
01	241 37.3	167 28.5	42.5	223 59.9	28.5	24 51.6	05.1	258 45.0	00.2	Nunki	76 15.8	S26 18.1
02	256 39.8	182 27.7	43.0	239 00.6	29.3	39 54.4	05.0	273 47.3	00.2	Peacock	53 41.6	S56 44.9
03	271 42.2	197 26.9 ··	43.4	254 01.3 ··	30.0	54 57.1 ··	04.9	288 49.6 ··	00.1	Pollux	243 45.4	N28 02.4
04	286 44.7	212 26.1	43.8	269 02.0	30.7	69 59.9	04.8	303 51.9	00.1	Procyon	245 14.8	N 5 14.2
05	301 47.2	227 25.3	44.2	284 02.7	31.5	85 02.7	04.7	318 54.2	9 00.0			
06	316 49.6	242 24.4	N23 44.7	299 03.4	N 6 32.2	100 05.4	S13 04.6	333 56.5	S 8 59.9	Rasalhague	96 19.5	N12 33.8
07	331 52.1	257 23.6	45.1	314 04.1	33.0	115 08.2	04.5	348 58.8	59.9	Regulus	207 58.7	N11 59.6
08	346 54.6	272 22.8	45.5	329 04.8	33.7	130 11.0	04.4	4 01.1	59.8	Rigel	281 26.1	S 8 12.7
M 09	1 57.0	287 22.0 ··	45.9	344 05.4 ··	34.4	145 13.7 ··	04.4	19 03.4 ··	59.8	Rigil Kent.	140 10.6	S60 48.8
O 10	16 59.5	302 21.2	46.4	359 06.1	35.2	160 16.5	04.3	34 05.7	59.7	Sabik	102 28.7	S15 43.1
N 11	32 02.0	317 20.4	46.8	14 06.8	35.9	175 19.3	04.2	49 08.0	59.6			
D 12	47 04.4	332 19.6	N23 47.2	29 07.5	N 6 36.6	190 22.0	S13 04.1	64 10.3	S 8 59.6	Schedar	349 57.3	N56 30.2
A 13	62 06.9	347 18.8	47.6	44 08.2	37.4	205 24.8	04.0	79 12.6	59.5	Shaula	96 41.0	S37 05.9
Y 14	77 09.4	2 18.0	48.0	59 08.9	38.1	220 27.6	03.9	94 14.9	59.5	Sirius	258 46.5	S16 42.7
15	92 11.8	17 17.2 ··	48.4	74 09.6 ··	38.9	235 30.3 ··	03.8	109 17.2 ··	59.4	Spica	158 46.1	S11 08.1
16	107 14.3	32 16.3	48.8	89 10.3	39.6	250 33.1	03.7	124 19.5	59.4	Suhail	223 03.0	S43 25.0
17	122 16.7	47 15.5	49.3	104 11.0	40.3	265 35.9	03.6	139 21.8	59.3			
18	137 19.2	62 14.7	N23 49.7	119 11.7	N 6 41.1	280 38.6	S13 03.5	154 24.1	S 8 59.2	Vega	80 48.4	N38 46.6
19	152 21.7	77 13.9	50.1	134 12.4	41.8	295 41.4	03.4	169 26.4	59.2	Zuben'ubi	137 21.0	S16 01.2
20	167 24.1	92 13.1	50.5	149 13.1	42.5	310 44.2	03.3	184 28.7	59.1		S.H.A.	Mer. Pass.
21	182 26.6	107 12.3 ··	50.9	164 13.8 ··	43.3	325 46.9 ··	03.2	199 31.0 ··	59.1		° ′	h m
22	197 29.1	122 11.5	51.3	179 14.5	44.0	340 49.7	03.1	214 33.3	59.0	Venus	287 12.9	13 50
23	212 31.5	137 10.7	51.7	194 15.2	44.7	355 52.5	03.0	229 35.6	59.0	Mars	343 06.8	10 05
										Jupiter	143 06.6	23 21
Mer. Pass. 8 56.2		v −0.8	d 0.4	v 0.7	d 0.7	v 2.8	d 0.1	v 2.3	d 0.1	Saturn	17 11.9	7 48

1994 MAY 7, 8, 9 (SAT., SUN., MON.)

UT (GMT)	SUN G.H.A.	SUN Dec.	MOON G.H.A.	v	MOON Dec.	d	H.P.
d h	° ′	° ′	° ′	′	° ′	′	′
7 00	180 51.7	N16 41.3	220 42.8	15.3	N 5 58.0	10.1	54.2
01	195 51.7	42.0	235 57.1	15.4	6 08.1	10.0	54.2
02	210 51.8	42.7	249 51.5	15.4	6 18.1	10.1	54.2
03	225 51.8	.. 43.4	264 25.9	15.3	6 28.2	10.0	54.2
04	240 51.9	44.1	279 00.2	15.3	6 38.2	10.0	54.1
05	255 51.9	44.8	293 34.5	15.4	6 48.2	9.9	54.1
06	270 51.9	N16 45.5	308 08.9	15.3	N 6 58.1	10.0	54.1
07	285 52.0	46.1	322 43.2	15.3	7 08.1	9.9	54.1
S 08	300 52.0	46.8	337 17.5	15.2	7 18.0	9.8	54.1
A 09	315 52.1	.. 47.5	351 51.7	15.3	7 27.8	9.8	54.1
T 10	330 52.1	48.2	6 26.0	15.2	7 37.6	9.8	54.1
U 11	345 52.1	48.9	21 00.2	15.3	7 47.4	9.8	54.1
R 12	0 52.2	N16 49.6	35 34.5	15.2	N 7 57.2	9.7	54.1
D 13	15 52.2	50.3	50 08.7	15.2	8 06.9	9.7	54.1
A 14	30 52.3	51.0	64 42.9	15.2	8 16.6	9.7	54.1
Y 15	45 52.3	.. 51.7	79 17.1	15.1	8 26.3	9.6	54.1
16	60 52.3	52.4	93 51.2	15.1	8 35.9	9.6	54.1
17	75 52.4	53.0	108 25.3	15.2	8 45.5	9.6	54.1
18	90 52.4	N16 53.7	122 59.5	15.1	N 8 55.1	9.5	54.0
19	105 52.5	54.4	137 33.6	15.0	9 04.6	9.5	54.0
20	120 52.5	55.1	152 07.6	15.1	9 14.1	9.4	54.0
21	135 52.5	.. 55.8	166 41.7	15.0	9 23.5	9.4	54.0
22	150 52.6	56.5	181 15.7	15.0	9 32.9	9.4	54.0
23	165 52.6	57.2	195 49.7	15.0	9 42.3	9.3	54.0
8 00	180 52.7	N16 57.8	210 23.7	15.0	N 9 51.6	9.3	54.0
01	195 52.7	58.5	224 57.7	14.9	10 00.9	9.2	54.0
02	210 52.7	59.2	239 31.6	14.9	10 10.1	9.2	54.0
03	225 52.8	16 59.9	254 05.5	14.9	10 19.3	9.1	54.0
04	240 52.8	17 00.6	268 39.4	14.8	10 28.4	9.2	54.0
05	255 52.8	01.3	283 13.2	14.9	10 37.6	9.0	54.0
06	270 52.9	N17 01.9	297 47.1	14.8	N10 46.6	9.0	54.0
07	285 52.9	02.6	312 20.9	14.8	10 55.6	9.0	54.0
08	300 52.9	03.3	326 54.7	14.7	11 04.6	9.0	54.0
S 09	315 53.0	.. 04.0	341 28.4	14.7	11 13.6	8.8	54.0
U 10	330 53.0	04.7	356 02.1	14.7	11 22.4	8.9	54.0
N 11	345 53.0	05.3	10 35.8	14.7	11 31.3	8.8	54.0
D 12	0 53.1	N17 06.0	25 09.5	14.6	N11 40.1	8.7	54.0
A 13	15 53.1	06.7	39 43.1	14.6	11 48.8	8.7	54.0
Y 14	30 53.2	07.4	54 16.7	14.6	11 57.5	8.7	54.0
15	45 53.2	.. 08.0	68 50.3	14.5	12 06.2	8.5	54.0
16	60 53.2	08.7	83 23.8	14.5	12 14.7	8.6	54.0
17	75 53.3	09.4	97 57.3	14.5	12 23.3	8.5	54.0
18	90 53.3	N17 10.1	112 30.8	14.5	N12 31.8	8.4	54.0
19	105 53.3	10.7	127 04.3	14.4	12 40.2	8.4	54.0
20	120 53.4	11.4	141 37.7	14.4	12 48.6	8.4	54.0
21	135 53.4	.. 12.1	156 11.1	14.3	12 57.0	8.2	54.0
22	150 53.4	12.8	170 44.4	14.3	13 05.2	8.3	54.0
23	165 53.4	13.4	185 17.7	14.3	13 13.5	8.1	54.0
9 00	180 53.5	N17 14.1	199 51.0	14.3	N13 21.6	8.2	54.0
01	195 53.5	14.8	214 24.3	14.2	13 29.8	8.0	54.0
02	210 53.5	15.4	228 57.5	14.2	13 37.8	8.0	54.0
03	225 53.6	.. 16.1	243 30.7	14.1	13 45.8	8.0	54.0
04	240 53.6	16.8	258 03.8	14.1	13 53.8	7.9	54.0
05	255 53.6	17.5	272 36.9	14.1	14 01.7	7.8	54.0
06	270 53.7	N17 18.1	287 10.0	14.0	N14 09.5	7.8	54.0
07	285 53.7	18.8	301 43.0	14.0	14 17.3	7.7	54.0
08	300 53.7	19.5	316 16.0	14.0	14 25.0	7.6	54.0
M 09	315 53.8	.. 20.1	330 49.0	13.9	14 32.6	7.6	54.0
O 10	330 53.8	20.8	345 21.9	13.9	14 40.2	7.5	54.0
N 11	345 53.8	21.5	359 54.8	13.9	14 47.7	7.5	54.0
D 12	0 53.8	N17 22.1	14 27.7	13.8	N14 55.2	7.4	54.0
A 13	15 53.9	22.8	29 00.5	13.8	15 02.6	7.4	54.0
Y 14	30 53.9	23.5	43 33.3	13.7	15 10.0	7.2	54.0
15	45 53.9	.. 24.1	58 06.0	13.7	15 17.2	7.2	54.0
16	60 54.0	24.8	72 38.7	13.7	15 24.4	7.2	54.0
17	75 54.0	25.5	87 11.4	13.6	15 31.6	7.1	54.0
18	90 54.0	N17 26.1	101 44.0	13.6	N15 38.7	7.0	54.0
19	105 54.0	26.8	116 16.6	13.6	15 45.7	6.9	54.0
20	120 54.1	27.4	130 49.2	13.5	15 52.6	6.9	54.0
21	135 54.1	.. 28.1	145 21.7	13.5	15 59.5	6.8	54.0
22	150 54.1	28.8	159 54.2	13.4	16 06.3	6.8	54.0
23	165 54.1	29.4	174 26.6	13.4	16 13.1	6.6	54.0
	S.D. 15.9	d 0.7	S.D. 14.7		14.7		14.7

Twilight / Sunrise / Moonrise

Lat.	Twilight Naut.	Twilight Civil	Sunrise	Moonrise 7	8	9	10
°	h m	h m	h m	h m	h m	h m	h m
N 72	////	////	00 31	02 02	01 49	01 33	01 08
N 70	////	////	01 48	02 11	02 05	01 58	01 51
68	////	////	02 25	02 18	02 18	02 18	02 20
66	////	01 06	02 51	02 24	02 28	02 33	02 42
64	////	01 52	03 11	02 29	02 37	02 46	02 59
62	////	02 21	03 27	02 34	02 44	02 57	03 14
60	00 59	02 43	03 40	02 38	02 51	03 06	03 26
N 58	01 40	03 00	03 52	02 41	02 57	03 15	03 37
56	02 07	03 15	04 02	02 44	03 02	03 22	03 46
54	02 28	03 27	04 10	02 47	03 06	03 28	03 54
52	02 44	03 38	04 18	02 49	03 10	03 34	04 01
50	02 58	03 47	04 25	02 52	03 14	03 39	04 08
45	03 25	04 07	04 40	02 57	03 23	03 51	04 22
N 40	03 46	04 22	04 52	03 01	03 30	04 00	04 34
35	04 02	04 35	05 03	03 05	03 36	04 08	04 44
30	04 15	04 46	05 12	03 08	03 41	04 16	04 53
20	04 36	05 04	05 27	03 14	03 50	04 28	05 09
N 10	04 53	05 18	05 41	03 19	03 58	04 39	05 22
0	05 06	05 31	05 53	03 23	04 06	04 50	05 35
S 10	05 18	05 43	06 05	03 28	04 14	05 00	05 47
20	05 29	05 55	06 18	03 33	04 22	05 11	06 01
30	05 39	06 08	06 33	03 39	04 31	05 24	06 17
35	05 45	06 15	06 42	03 42	04 37	05 31	06 26
40	05 50	06 23	06 51	03 46	04 43	05 39	06 36
45	05 56	06 31	07 03	03 51	04 51	05 50	06 49
S 50	06 03	06 41	07 16	03 56	04 59	06 02	07 04
52	06 05	06 46	07 23	03 59	05 03	06 08	07 11
54	06 08	06 51	07 30	04 02	05 08	06 14	07 19
56	06 11	06 57	07 38	04 05	05 13	06 21	07 27
58	06 15	07 03	07 47	04 08	05 19	06 29	07 37
S 60	06 18	07 09	07 57	04 12	05 25	06 38	07 49

Sunset / Twilight / Moonset

Lat.	Sunset	Twilight Civil	Twilight Naut.	Moonset 7	8	9	10
°	h m	h m	h m	h m	h m	h m	h m
N 72	□	□	□	17 41	19 27	21 26	□
N 70	22 11	////	////	17 27	19 03	20 43	22 31
68	21 32	////	////	17 16	18 45	20 15	21 45
66	21 05	22 56	////	17 07	18 30	19 54	21 16
64	20 45	22 05	////	16 59	18 18	19 37	20 54
62	20 28	21 35	////	16 52	18 08	19 23	20 36
60	20 14	21 13	23 02	16 47	18 00	19 12	20 21
N 58	20 03	20 55	22 17	16 42	17 52	19 02	20 09
56	19 53	20 40	21 49	16 37	17 46	18 53	19 58
54	19 44	20 27	21 28	16 33	17 40	18 45	19 48
52	19 36	20 16	21 11	16 30	17 34	18 38	19 40
50	19 29	20 07	20 57	16 27	17 30	18 32	19 32
45	19 14	19 47	20 29	16 20	17 19	18 18	19 16
N 40	19 01	19 31	20 08	16 14	17 11	18 07	19 03
35	18 51	19 18	19 52	16 09	17 03	17 58	18 52
30	18 42	19 07	19 38	16 04	16 57	17 49	18 42
20	18 26	18 49	19 17	15 57	16 46	17 35	18 25
N 10	18 12	18 35	19 00	15 50	16 36	17 23	18 11
0	18 00	18 22	18 47	15 44	16 27	17 11	17 57
S 10	17 48	18 09	18 35	15 38	16 18	17 00	17 44
20	17 34	17 57	18 24	15 31	16 08	16 47	17 29
30	17 19	17 45	18 13	15 23	15 57	16 33	17 12
35	17 11	17 37	18 08	15 19	15 51	16 25	17 03
40	17 01	17 30	18 02	15 14	15 44	16 16	16 52
45	16 50	17 21	17 56	15 08	15 35	16 05	16 39
S 50	16 36	17 11	17 50	15 02	15 25	15 52	16 23
52	16 30	17 06	17 47	14 58	15 21	15 46	16 16
54	16 22	17 01	17 44	14 55	15 16	15 39	16 07
56	16 15	16 56	17 41	14 51	15 10	15 32	15 58
58	16 06	16 50	17 37	14 47	15 04	15 23	15 48
S 60	15 55	16 43	17 34	14 42	14 57	15 14	15 36

SUN and MOON

Day	SUN Eqn. of Time 00ʰ	SUN Eqn. of Time 12ʰ	SUN Mer. Pass.	MOON Mer. Pass. Upper	MOON Mer. Pass. Lower	Age	Phase
	m s	m s	h m	h m	h m	d	
7	03 27	03 29	11 57	09 34	21 55	26	
8	03 31	03 32	11 56	10 16	22 38	27	●
9	03 34	03 35	11 56	11 00	23 23	28	

1994 MAY 10, 11, 12 (TUES., WED., THURS.)

UT (GMT) d h	ARIES G.H.A.	VENUS −3.9 G.H.A.	Dec.	MARS +1.2 G.H.A.	Dec.	JUPITER −2.5 G.H.A.	Dec.	SATURN +1.1 G.H.A.	Dec.	STARS Name	S.H.A.	Dec.
10 00	227 34.0	152 09.8	N23 52.1	209 15.9	N 6 45.5	10 55.2	S13 02.9	244 37.9	S 8 58.9	Acamar	315 29.6	S40 19.7
01	242 36.5	167 09.0	52.5	224 16.6	46.2	25 58.0	02.8	259 40.2	58.8	Achernar	335 37.9	S57 15.8
02	257 38.9	182 08.2	52.9	239 17.2	47.0	41 00.8	02.7	274 42.5	58.8	Acrux	173 24.8	S63 04.4
03	272 41.4	197 07.4	·· 53.3	254 17.9	·· 47.7	56 03.5	·· 02.7	289 44.8	·· 58.7	Adhara	255 24.0	S28 58.2
04	287 43.9	212 06.6	53.7	269 18.6	48.4	71 06.3	02.6	304 47.1	58.7	Aldebaran	291 06.2	N16 29.8
05	302 46.3	227 05.8	54.1	284 19.3	49.2	86 09.1	02.5	319 49.4	58.6			
06	317 48.8	242 05.0	N23 54.5	299 20.0	N 6 49.9	101 11.8	S13 02.4	334 51.7	S 8 58.6	Alioth	166 32.8	N55 59.5
T 07	332 51.2	257 04.1	54.9	314 20.7	50.6	116 14.6	02.3	349 54.0	58.5	Alkaid	153 09.7	N49 20.5
U 08	347 53.7	272 03.3	55.3	329 21.4	51.4	131 17.4	02.2	4 56.3	58.4	Al Na'ir	28 01.7	S46 59.0
E 09	2 56.2	287 02.5	·· 55.7	344 22.1	·· 52.1	146 20.1	·· 02.1	19 58.6	·· 58.4	Alnilam	276 01.2	S 1 12.5
S 10	17 58.6	302 01.7	56.1	359 22.8	52.8	161 22.9	02.0	35 00.9	58.3	Alphard	218 10.2	S 8 38.3
D 11	33 01.1	317 00.9	56.5	14 23.5	53.6	176 25.7	01.9	50 03.2	58.3			
A 12	48 03.6	332 00.1	N23 56.9	29 24.2	N 6 54.3	191 28.4	S13 01.8	65 05.5	S 8 58.2	Alphecca	126 22.8	N26 44.0
Y 13	63 06.0	346 59.2	57.2	44 24.9	55.0	206 31.2	01.7	80 07.8	58.2	Alpheratz	357 58.6	N29 03.4
14	78 08.5	1 58.4	57.6	59 25.6	55.8	221 34.0	01.6	95 10.1	58.1	Altair	62 22.0	N 8 51.2
15	93 11.0	16 57.6	·· 58.0	74 26.3	·· 56.5	236 36.7	·· 01.5	110 12.4	·· 58.1	Ankaa	353 30.1	S42 20.0
16	108 13.4	31 56.8	58.4	89 27.0	57.2	251 39.5	01.4	125 14.7	58.0	Antares	112 43.5	S26 25.2
17	123 15.9	46 56.0	58.8	104 27.7	58.0	266 42.3	01.3	140 17.1	57.9			
18	138 18.3	61 55.2	N23 59.2	119 28.3	N 6 58.7	281 45.0	S13 01.2	155 19.4	S 8 57.9	Arcturus	146 08.5	N19 12.6
19	153 20.8	76 54.3	59.6	134 29.0	6 59.4	296 47.8	01.1	170 21.7	57.8	Atria	107 57.7	S69 00.9
20	168 23.3	91 53.5	23 59.9	149 29.7	7 00.2	311 50.6	01.1	185 24.0	57.8	Avior	234 24.0	S59 29.9
21	183 25.7	106 52.7	24 00.3	164 30.4	·· 00.9	326 53.3	·· 01.0	200 26.3	·· 57.7	Bellatrix	278 47.7	N 6 20.5
22	198 28.2	121 51.9	00.7	179 31.1	01.6	341 56.1	00.9	215 28.6	57.7	Betelgeuse	271 17.1	N 7 24.2
23	213 30.7	136 51.1	01.1	194 31.8	02.4	356 58.8	00.8	230 30.9	57.6			
11 00	228 33.1	151 50.2	N24 01.4	209 32.5	N 7 03.1	12 01.6	S13 00.7	245 33.2	S 8 57.6	Canopus	264 02.9	S52 41.9
01	243 35.6	166 49.4	01.8	224 33.2	03.8	27 04.4	00.6	260 35.5	57.5	Capella	280 56.0	N45 59.5
02	258 38.1	181 48.6	02.2	239 33.9	04.6	42 07.1	00.5	275 37.8	57.4	Deneb	49 41.1	N45 15.4
03	273 40.5	196 47.8	·· 02.6	254 34.6	·· 05.3	57 09.9	·· 00.4	290 40.1	·· 57.4	Denebola	182 48.1	N14 36.1
04	288 43.0	211 47.0	02.9	269 35.3	06.0	72 12.7	00.3	305 42.4	57.3	Diphda	349 10.5	S18 01.0
05	303 45.5	226 46.1	03.3	284 36.0	06.7	87 15.4	00.2	320 44.7	57.3			
06	318 47.9	241 45.3	N24 03.7	299 36.7	N 7 07.5	102 18.2	S13 00.1	335 47.0	S 8 57.2	Dubhe	194 08.9	N61 47.0
W 07	333 50.4	256 44.5	04.0	314 37.4	08.2	117 21.0	13 00.0	350 49.3	57.2	Elnath	278 31.1	N28 36.1
E 08	348 52.8	271 43.7	04.4	329 38.1	08.9	132 23.7	12 59.9	5 51.6	57.1	Eltanin	90 52.4	N51 29.3
D 09	3 55.3	286 42.9	·· 04.8	344 38.7	·· 09.7	147 26.5	·· 59.8	20 53.9	·· 57.1	Enif	34 01.2	N 9 50.9
N 10	18 57.8	301 42.0	05.1	359 39.4	10.4	162 29.3	59.7	35 56.2	57.0	Fomalhaut	15 39.9	S29 39.0
E 11	34 00.2	316 41.2	05.5	14 40.1	11.1	177 32.0	59.7	50 58.5	56.9			
S 12	49 02.7	331 40.4	N24 05.9	29 40.8	N 7 11.9	192 34.8	S12 59.6	66 00.8	S 8 56.9	Gacrux	172 16.5	S57 05.2
D 13	64 05.2	346 39.6	06.2	44 41.5	12.6	207 37.5	59.5	81 03.1	56.8	Gienah	176 06.8	S17 30.9
A 14	79 07.6	1 38.7	06.6	59 42.2	13.3	222 40.3	59.4	96 05.5	56.8	Hadar	149 07.6	S60 20.9
Y 15	94 10.1	16 37.9	·· 06.9	74 42.9	·· 14.1	237 43.1	·· 59.3	111 07.8	·· 56.7	Hamal	328 17.3	N23 26.1
16	109 12.6	31 37.1	07.3	89 43.6	14.8	252 45.8	59.2	126 10.1	56.7	Kaus Aust.	84 02.5	S34 23.1
17	124 15.0	46 36.3	07.6	104 44.3	15.5	267 48.6	59.1	141 12.4	56.6			
18	139 17.5	61 35.5	N24 08.0	119 45.0	N 7 16.2	282 51.4	S12 59.0	156 14.7	S 8 56.6	Kochab	137 18.3	N74 10.7
19	154 20.0	76 34.6	08.4	134 45.7	17.0	297 54.1	58.9	171 17.0	56.5	Markab	13 52.7	N15 10.4
20	169 22.4	91 33.8	08.7	149 46.4	17.7	312 56.9	58.8	186 19.3	56.5	Menkar	314 30.4	N 4 04.0
21	184 24.9	106 33.0	·· 09.1	164 47.1	·· 18.4	327 59.6	·· 58.7	201 21.6	·· 56.4	Menkent	148 24.1	S36 20.7
22	199 27.3	121 32.2	09.4	179 47.8	19.2	343 02.4	58.6	216 23.9	56.3	Miaplacidus	221 42.7	S69 42.1
23	214 29.8	136 31.3	09.8	194 48.4	19.9	358 05.2	58.5	231 26.2	56.3			
12 00	229 32.3	151 30.5	N24 10.1	209 49.1	N 7 20.6	13 07.9	S12 58.4	246 28.5	S 8 56.2	Mirfak	309 01.4	N49 50.4
01	244 34.7	166 29.7	10.4	224 49.8	21.3	28 10.7	58.4	261 30.8	56.2	Nunki	76 15.8	S26 18.1
02	259 37.2	181 28.9	10.8	239 50.5	22.1	43 13.5	58.3	276 33.1	56.1	Peacock	53 41.5	S56 44.9
03	274 39.7	196 28.0	·· 11.1	254 51.2	·· 22.8	58 16.2	·· 58.2	291 35.4	·· 56.1	Pollux	243 45.4	N28 02.4
04	289 42.1	211 27.2	11.5	269 51.9	23.5	73 19.0	58.1	306 37.8	56.0	Procyon	245 14.9	N 5 14.2
05	304 44.6	226 26.4	11.8	284 52.6	24.3	88 21.7	58.0	321 40.1	56.0			
06	319 47.1	241 25.6	N24 12.2	299 53.3	N 7 25.0	103 24.5	S12 57.9	336 42.4	S 8 55.9	Rasalhague	96 19.5	N12 33.8
07	334 49.5	256 24.7	12.5	314 54.0	25.7	118 27.3	57.8	351 44.7	55.9	Regulus	207 58.7	N11 59.6
T 08	349 52.0	271 23.9	12.8	329 54.7	26.4	133 30.0	57.7	6 47.0	55.8	Rigel	281 26.1	S 8 12.7
H 09	4 54.4	286 23.1	·· 13.2	344 55.4	·· 27.2	148 32.8	·· 57.6	21 49.3	·· 55.7	Rigil Kent.	140 10.6	S60 48.8
U 10	19 56.9	301 22.3	13.5	359 56.1	27.9	163 35.6	57.5	36 51.6	55.7	Sabik	102 28.7	S15 43.1
R 11	34 59.4	316 21.4	13.8	14 56.8	28.6	178 38.3	57.4	51 53.9	55.6			
S 12	50 01.8	331 20.6	N24 14.2	29 57.5	N 7 29.3	193 41.1	S12 57.3	66 56.2	S 8 55.6	Schedar	349 57.3	N56 30.2
D 13	65 04.3	346 19.8	14.5	44 58.1	30.1	208 43.8	57.2	81 58.5	55.5	Shaula	96 41.0	S37 05.9
A 14	80 06.8	1 18.9	14.8	59 58.8	30.8	223 46.6	57.2	97 00.8	55.5	Sirius	258 46.5	S16 42.7
Y 15	95 09.2	16 18.1	·· 15.2	74 59.5	·· 31.5	238 49.4	·· 57.1	112 03.1	·· 55.4	Spica	158 46.1	S11 08.1
16	110 11.7	31 17.3	15.5	90 00.2	32.3	253 52.1	57.0	127 05.5	55.4	Suhail	223 03.0	S43 25.0
17	125 14.2	46 16.5	15.8	105 00.9	33.0	268 54.9	56.9	142 07.8	55.3			
18	140 16.6	61 15.6	N24 16.1	120 01.6	N 7 33.7	283 57.6	S12 56.8	157 10.1	S 8 55.3	Vega	80 48.4	N38 46.6
19	155 19.1	76 14.8	16.5	135 02.3	34.4	299 00.4	56.7	172 12.4	55.2	Zuben'ubi	137 20.9	S16 01.2
20	170 21.6	91 14.0	16.8	150 03.0	35.2	314 03.2	56.6	187 14.7	55.2		S.H.A.	Mer. Pass.
21	185 24.0	106 13.1	·· 17.1	165 03.7	·· 35.9	329 05.9	·· 56.5	202 17.0	·· 55.1	Venus	283 17.1	13 53
22	200 26.5	121 12.3	17.4	180 04.4	36.6	344 08.7	56.4	217 19.3	55.1	Mars	340 59.4	10 01
23	215 28.9	136 11.5	17.7	195 05.1	37.3	359 11.4	56.3	232 21.6	55.0	Jupiter	143 28.5	23 08
Mer. Pass. 8 44.4		v −0.8	d 0.4	v 0.7	d 0.7	v 2.8	d 0.1	v 2.3	d 0.1	Saturn	17 00.0	7 37

1994 MAY 10, 11, 12 (TUES., WED., THURS.)

UT (GMT) d h	SUN G.H.A.	SUN Dec.	MOON G.H.A.	v	Dec.	d	H.P.
10 00	180 54.2	N17 30.1	188 59.0	13.4	N16 19.7	6.6	54.0
01	195 54.2	30.7	203 31.4	13.3	16 26.3	6.6	54.0
02	210 54.2	31.4	218 03.7	13.3	16 32.9	6.4	54.0
03	225 54.2	.. 32.1	232 36.0	13.2	16 39.3	6.4	54.0
04	240 54.3	32.7	247 08.2	13.2	16 45.7	6.3	54.0
05	255 54.3	33.4	261 40.4	13.2	16 52.0	6.3	54.0
06	270 54.3	N17 34.0	276 12.6	13.1	N16 58.3	6.2	54.0
07	285 54.3	34.7	290 44.7	13.1	17 04.5	6.1	54.0
T 08	300 54.4	35.3	305 16.8	13.1	17 10.6	6.0	54.0
U 09	315 54.4	.. 36.0	319 48.9	13.0	17 16.6	5.9	54.0
E 10	330 54.4	36.7	334 20.9	13.0	17 22.5	5.9	54.0
S 11	345 54.4	37.3	348 52.9	12.9	N17 28.4	5.8	54.0
D 12	0 54.5	N17 38.0					
A 13	15 54.5	38.6			An Annular Eclipse		
Y 14	30 54.5	39.3			of the Sun		
15	45 54.5	.. 39.9			occurs on this date.		
16	60 54.5	40.6			See page 5.		
17	75 54.6	41.2					
18	90 54.6	N17 41.9	90 35.6	12.7	N18 07.3	5.3	54.1
19	105 54.6	42.5	105 07.3	12.6	18 12.6	5.1	54.1
20	120 54.6	43.2	119 38.9	12.6	18 17.7	5.1	54.1
21	135 54.6	.. 43.8	134 10.5	12.6	18 22.8	5.0	54.1
22	150 54.7	44.5	148 42.1	12.5	18 27.8	4.9	54.1
23	165 54.7	45.1	163 13.6	12.5	18 32.7	4.9	54.1
11 00	180 54.7	N17 45.8	177 45.1	12.4	N18 37.6	4.7	54.1
01	195 54.7	46.4	192 16.5	12.4	18 42.3	4.7	54.1
02	210 54.7	47.1	206 47.9	12.4	18 47.0	4.6	54.1
03	225 54.8	.. 47.7	221 19.3	12.3	18 51.6	4.5	54.1
04	240 54.8	48.4	235 50.6	12.3	18 56.1	4.4	54.1
05	255 54.8	49.0	250 21.9	12.3	19 00.5	4.3	54.2
W 06	270 54.8	N17 49.6	264 53.2	12.2	N19 04.8	4.2	54.2
E 07	285 54.8	50.3	279 24.4	12.2	19 09.0	4.2	54.2
D 08	300 54.9	50.9	293 55.6	12.2	19 13.2	4.1	54.2
N 09	315 54.9	.. 51.6	308 26.8	12.1	19 17.3	3.9	54.2
E 10	330 54.9	52.2	322 57.9	12.1	19 21.2	3.9	54.2
S 11	345 54.9	52.9	337 29.0	12.0	19 25.1	3.8	54.2
D 12	0 54.9	N17 53.5	352 00.0	12.0	N19 28.9	3.7	54.2
A 13	15 54.9	54.1	6 31.0	12.0	19 32.6	3.6	54.2
Y 14	30 55.0	54.8	21 02.0	12.0	19 36.2	3.6	54.2
15	45 55.0	.. 55.4	35 33.0	11.9	19 39.8	3.4	54.2
16	60 55.0	56.1	50 03.9	11.9	19 43.2	3.4	54.2
17	75 55.0	56.7	64 34.8	11.8	19 46.6	3.2	54.3
18	90 55.0	N17 57.3	79 05.6	11.9	N19 49.8	3.2	54.3
19	105 55.0	58.0	93 36.5	11.8	19 53.0	3.1	54.3
20	120 55.0	58.6	108 07.3	11.7	19 56.1	3.0	54.3
21	135 55.1	.. 59.3	122 38.0	11.8	19 59.1	2.8	54.3
22	150 55.1	17 59.9	137 08.8	11.7	20 01.9	2.8	54.3
23	165 55.1	18 00.5	151 39.5	11.6	20 04.7	2.7	54.3
12 00	180 55.1	N18 01.2	166 10.1	11.7	N20 07.4	2.6	54.3
01	195 55.1	01.8	180 40.8	11.6	20 10.0	2.6	54.3
02	210 55.1	02.4	195 11.4	11.6	20 12.6	2.4	54.3
03	225 55.1	.. 03.1	209 42.0	11.5	20 15.0	2.3	54.4
04	240 55.2	03.7	224 12.5	11.6	20 17.3	2.2	54.4
05	255 55.2	04.3	238 43.1	11.5	20 19.5	2.2	54.4
T 06	270 55.2	N18 05.0	253 13.6	11.5	N20 21.7	2.0	54.4
H 07	285 55.2	05.6	267 44.1	11.4	20 23.7	1.9	54.4
U 08	300 55.2	06.2	282 14.5	11.5	20 25.6	1.9	54.4
R 09	315 55.2	.. 06.9	296 45.0	11.4	20 27.5	1.7	54.4
S 10	330 55.2	07.5	311 15.4	11.3	20 29.2	1.7	54.4
D 11	345 55.2	08.1	325 45.7	11.4	20 30.9	1.5	54.5
A 12	0 55.3	N18 08.7	340 16.1	11.3	N20 32.4	1.5	54.5
Y 13	15 55.3	09.4	354 46.4	11.3	20 33.9	1.3	54.5
14	30 55.3	10.0	9 16.7	11.3	20 35.2	1.3	54.5
15	45 55.3	.. 10.6	23 47.0	11.3	20 36.5	1.1	54.5
16	60 55.3	11.3	38 17.3	11.2	20 37.6	1.1	54.5
17	75 55.3	11.9	52 47.5	11.3	20 38.7	0.9	54.5
18	90 55.3	N18 12.5	67 17.8	11.2	N20 39.6	0.9	54.5
19	105 55.3	13.1	81 48.0	11.2	20 40.5	0.8	54.6
20	120 55.3	13.8	96 18.2	11.1	20 41.3	0.6	54.6
21	135 55.3	.. 14.4	110 48.3	11.2	20 41.9	0.6	54.6
22	150 55.3	15.0	125 18.5	11.1	20 42.5	0.4	54.6
23	165 55.4	15.6	139 48.6	11.1	20 42.9	0.4	54.6
	S.D. 15.9	d 0.6	S.D. 14.7		14.8		14.8

Lat.	Twilight Naut.	Twilight Civil	Sunrise	Moonrise 10	11	12	13
N 72	☐	☐	☐	01 08	☐	☐	☐
N 70	////	////	01 25	01 51	01 40	☐	☐
68	////	////	02 10	02 20	02 26	02 40	03 14
66	////	00 29	02 39	02 42	02 56	03 20	04 00
64	////	01 35	03 01	02 59	03 18	03 47	04 30
62	////	02 09	03 18	03 14	03 37	04 08	04 52
60	00 26	02 33	03 33	03 26	03 52	04 26	05 10
N 58	01 26	02 52	03 45	03 37	04 04	04 40	05 26
56	01 56	03 07	03 55	03 46	04 15	04 53	05 38
54	02 19	03 21	04 05	03 54	04 25	05 03	05 50
52	02 37	03 32	04 13	04 01	04 34	05 13	06 00
50	02 51	03 42	04 20	04 08	04 42	05 22	06 09
45	03 20	04 03	04 36	04 22	04 58	05 40	06 27
N 40	03 42	04 19	04 49	04 34	05 12	05 55	06 43
35	03 59	04 32	05 00	04 44	05 24	06 08	06 56
30	04 13	04 44	05 09	04 53	05 34	06 19	07 07
20	04 35	05 02	05 26	05 09	05 52	06 38	07 26
N 10	04 52	05 18	05 40	05 22	06 07	06 54	07 43
0	05 06	05 31	05 53	05 35	06 22	07 10	07 59
S 10	05 18	05 44	06 06	05 47	06 36	07 25	08 15
20	05 30	05 56	06 19	06 01	06 52	07 42	08 32
30	05 41	06 10	06 35	06 17	07 09	08 01	08 51
35	05 47	06 17	06 44	06 26	07 20	08 12	09 03
40	05 53	06 25	06 54	06 36	07 32	08 25	09 16
45	05 59	06 35	07 06	06 49	07 46	08 41	09 31
S 50	06 06	06 45	07 21	07 04	08 03	08 59	09 50
52	06 09	06 50	07 27	07 11	08 11	09 08	09 59
54	06 13	06 56	07 35	07 19	08 21	09 18	10 09
56	06 16	07 02	07 43	07 27	08 31	09 29	10 20
58	06 20	07 08	07 53	07 37	08 43	09 42	10 33
S 60	06 24	07 15	08 04	07 49	08 56	09 57	10 49

Lat.	Sunset	Twilight Civil	Twilight Naut.	Moonset 10	11	12	13
N 72	☐	☐	☐	☐	☐	☐	☐
N 70	22 35	////	////	22 31	☐	☐	☐
68	21 47	////	////	21 45	23 11	24 18	00 18
66	21 17	////	////	21 16	22 31	23 33	24 15
64	20 54	22 22	////	20 54	22 04	23 03	23 47
62	20 36	21 47	////	20 36	21 43	22 40	23 26
60	20 22	21 22	////	20 21	21 26	22 22	23 08
N 58	20 09	21 03	22 32	20 09	21 11	22 07	22 54
56	19 59	20 47	21 59	19 58	20 59	21 54	22 41
54	19 49	20 34	21 36	19 48	20 48	21 43	22 30
52	19 41	20 22	21 18	19 40	20 39	21 33	22 20
50	19 33	20 12	21 03	19 32	20 30	21 24	22 12
45	19 17	19 51	20 34	19 16	20 12	21 05	21 53
N 40	19 04	19 35	20 12	19 03	19 58	20 50	21 38
35	18 53	19 21	19 55	18 52	19 45	20 37	21 26
30	18 44	19 10	19 41	18 42	19 35	20 26	21 14
20	18 27	18 51	19 18	18 25	19 16	20 06	20 55
N 10	18 13	18 35	19 01	18 11	19 00	19 49	20 39
0	18 00	18 22	18 47	17 57	18 45	19 34	20 23
S 10	17 47	18 09	18 34	17 44	18 30	19 18	20 07
20	17 33	17 56	18 23	17 29	18 13	19 01	19 51
30	17 17	17 43	18 11	17 12	17 55	18 41	19 31
35	17 08	17 35	18 05	17 03	17 44	18 30	19 20
40	16 58	17 27	17 59	16 52	17 32	18 17	19 07
45	16 46	17 18	17 53	16 39	17 17	18 02	18 52
S 50	16 31	17 07	17 46	16 23	17 00	17 43	18 33
52	16 25	17 02	17 43	16 16	16 51	17 34	18 24
54	16 17	16 56	17 39	16 07	16 42	17 24	18 14
56	16 09	16 50	17 36	15 58	16 31	17 13	18 03
58	15 59	16 44	17 32	15 48	16 19	17 00	17 50
S 60	15 48	16 37	17 28	15 36	16 05	16 44	17 35

Day	SUN Eqn. of Time 00h	SUN Eqn. of Time 12h	Mer. Pass.	MOON Mer. Pass. Upper	MOON Mer. Pass. Lower	Age	Phase
	m s	m s	h m	h m	h m	d	
10	03 37	03 38	11 56	11 46	24 09	29	
11	03 39	03 40	11 56	12 33	00 09	01	
12	03 40	03 41	11 56	13 22	00 57	02	●

1994 MAY 13, 14, 15 (FRI., SAT., SUN.)

UT (GMT)	ARIES G.H.A.	VENUS −3.9 G.H.A.	Dec.	MARS +1.2 G.H.A.	Dec.	JUPITER −2.5 G.H.A.	Dec.	SATURN +1.1 G.H.A.	Dec.	STARS Name	S.H.A.	Dec.
13 00	230 31.4	151 10.7	N24 18.1	210 05.8	N 7 38.1	14 14.2	S12 56.2	247 23.9	S 8 54.9	Acamar	315 29.6	S40 19.7
01	245 33.9	166 09.8	18.4	225 06.5	38.8	29 17.0	56.1	262 26.2	54.9	Achernar	335 37.9	S57 15.8
02	260 36.3	181 09.0	18.7	240 07.1	39.5	44 19.7	56.0	277 28.6	54.8	Acrux	173 24.8	S63 04.4
03	275 38.8	196 08.2 ··	19.0	255 07.8 ··	40.2	59 22.5 ··	56.0	292 30.9 ··	54.8	Adhara	255 24.0	S28 58.2
04	290 41.3	211 07.3	19.3	270 08.5	41.0	74 25.2	55.9	307 33.2	54.7	Aldebaran	291 06.1	N16 29.8
05	305 43.7	226 06.5	19.6	285 09.2	41.7	89 28.0	55.8	322 35.5	54.7			
06	320 46.2	241 05.7	N24 20.0	300 09.9	N 7 42.4	104 30.8	S12 55.7	337 37.8	S 8 54.6	Alioth	166 32.8	N55 59.5
07	335 48.7	256 04.8	20.3	315 10.6	43.1	119 33.5	55.6	352 40.1	54.6	Alkaid	153 09.7	N49 20.5
08	350 51.1	271 04.0	20.6	330 11.3	43.8	134 36.3	55.5	7 42.4	54.5	Al Na'ir	28 01.7	S46 59.0
F 09	5 53.6	286 03.2 ··	20.9	345 12.0 ··	44.6	149 39.0 ··	55.4	22 44.7 ··	54.5	Alnilam	276 01.2	S 1 12.5
R 10	20 56.1	301 02.4	21.2	0 12.7	45.3	164 41.8	55.3	37 47.1	54.4	Alphard	218 10.2	S 8 38.3
I 11	35 58.5	316 01.5	21.5	15 13.4	46.0	179 44.5	55.2	52 49.4	54.4			
D 12	51 01.0	331 00.7	N24 21.8	30 14.1	N 7 46.7	194 47.3	S12 55.1	67 51.7	S 8 54.3	Alphecca	126 22.8	N26 44.0
A 13	66 03.4	345 59.9	22.1	45 14.8	47.5	209 50.1	55.0	82 54.0	54.3	Alpheratz	357 58.5	N29 03.4
Y 14	81 05.9	0 59.0	22.4	60 15.5	48.2	224 52.8	54.9	97 56.3	54.2	Altair	62 22.0	N 8 51.2
15	96 08.4	15 58.2 ··	22.7	75 16.1 ··	49.0	239 55.6 ··	54.9	112 58.6 ··	54.2	Ankaa	353 30.1	S42 20.0
16	111 10.8	30 57.4	23.0	90 16.8	49.6	254 58.3	54.8	128 00.9	54.1	Antares	112 43.5	S26 25.2
17	126 13.3	45 56.5	23.3	105 17.5	50.4	270 01.1	54.7	143 03.2	54.1			
18	141 15.8	60 55.7	N24 23.6	120 18.2	N 7 51.1	285 03.9	S12 54.6	158 05.6	S 8 54.0	Arcturus	146 08.5	N19 12.6
19	156 18.2	75 54.9	23.9	135 18.9	51.8	300 06.6	54.5	173 07.9	53.9	Atria	107 57.6	S69 01.0
20	171 20.7	90 54.0	24.2	150 19.6	52.5	315 09.4	54.4	188 10.2	53.9	Avior	234 24.1	S59 29.9
21	186 23.2	105 53.2 ··	24.5	165 20.3 ··	53.2	330 12.1 ··	54.3	203 12.5 ··	53.8	Bellatrix	278 47.7	N 6 20.5
22	201 25.6	120 52.4	24.8	180 21.0	54.0	345 14.9	54.2	218 14.8	53.8	Betelgeuse	271 17.1	N 7 24.2
23	216 28.1	135 51.5	25.1	195 21.7	54.7	0 17.6	54.1	233 17.1	53.7			
14 00	231 30.6	150 50.7	N24 25.3	210 22.4	N 7 55.4	15 20.4	S12 54.0	248 19.4	S 8 53.7	Canopus	264 02.9	S52 41.9
01	246 33.0	165 49.9	25.6	225 23.1	56.1	30 23.2	53.9	263 21.7	53.6	Capella	280 56.0	N45 59.5
02	261 35.5	180 49.0	25.9	240 23.8	56.8	45 25.9	53.9	278 24.1	53.6	Deneb	49 41.1	N45 15.4
03	276 37.9	195 48.2 ··	26.2	255 24.4 ··	57.6	60 28.7 ··	53.8	293 26.4 ··	53.5	Denebola	182 48.1	N14 36.1
04	291 40.4	210 47.4	26.5	270 25.1	58.3	75 31.4	53.7	308 28.7	53.5	Diphda	349 10.5	S18 01.0
05	306 42.9	225 46.5	26.8	285 25.8	59.0	90 34.2	53.6	323 31.0	53.4			
06	321 45.3	240 45.7	N24 27.1	300 26.5	N 7 59.7	105 36.9	S12 53.5	338 33.3	S 8 53.4	Dubhe	194 08.9	N61 47.0
07	336 47.8	255 44.9	27.3	315 27.2	8 00.4	120 39.7	53.4	353 35.6	53.3	Elnath	278 31.1	N28 36.1
S 08	351 50.3	270 44.0	27.6	330 27.9	01.2	135 42.4	53.3	8 37.9	53.3	Eltanin	90 52.3	N51 29.3
A 09	6 52.7	285 43.2 ··	27.9	345 28.6 ··	01.9	150 45.2 ··	53.2	23 40.3 ··	53.2	Enif	34 01.2	N 9 50.9
T 10	21 55.2	300 42.4	28.2	0 29.3	02.6	165 48.0	53.1	38 42.6	53.2	Fomalhaut	15 39.8	S29 38.9
U 11	36 57.7	315 41.5	28.4	15 30.0	03.3	180 50.7	53.0	53 44.9	53.1			
R 12	52 00.1	330 40.7	N24 28.7	30 30.7	N 8 04.0	195 53.5	S12 53.0	68 47.2	S 8 53.1	Gacrux	172 16.5	S57 05.2
D 13	67 02.6	345 39.9	29.0	45 31.4	04.8	210 56.2	52.9	83 49.5	53.0	Gienah	176 06.8	S17 30.9
A 14	82 05.0	0 39.0	29.3	60 32.0	05.5	225 59.0	52.8	98 51.8	53.0	Hadar	149 07.6	S60 20.9
Y 15	97 07.5	15 38.2 ··	29.5	75 32.7 ··	06.2	241 01.7 ··	52.7	113 54.2 ··	52.9	Hamal	328 17.3	N23 26.1
16	112 10.0	30 37.3	29.8	90 33.4	06.9	256 04.5	52.6	128 56.5	52.9	Kaus Aust.	84 02.5	S34 23.1
17	127 12.4	45 36.5	30.1	105 34.1	07.6	271 07.2	52.5	143 58.8	52.8			
18	142 14.9	60 35.7	N24 30.3	120 34.8	N 8 08.4	286 10.0	S12 52.4	159 01.1	S 8 52.8	Kochab	137 18.3	N74 10.8
19	157 17.4	75 34.8	30.6	135 35.5	09.1	301 12.8	52.3	174 03.4	52.7	Markab	13 52.7	N15 10.4
20	172 19.8	90 34.0	30.9	150 36.2	09.8	316 15.5	52.2	189 05.7	52.7	Menkar	314 30.4	N 4 04.0
21	187 22.3	105 33.2 ··	31.1	165 36.9 ··	10.5	331 18.3 ··	52.1	204 08.1 ··	52.6	Menkent	148 24.1	S36 20.7
22	202 24.8	120 32.3	31.4	180 37.6	11.2	346 21.0	52.1	219 10.4	52.6	Miaplacidus	221 42.7	S69 42.1
23	217 27.2	135 31.5	31.7	195 38.3	11.9	1 23.8	52.0	234 12.7	52.5			
15 00	232 29.7	150 30.7	N24 31.9	210 39.0	N 8 12.7	16 26.5	S12 51.9	249 15.0	S 8 52.5	Mirfak	309 01.4	N49 50.4
01	247 32.2	165 29.9	32.2	225 39.6	13.4	31 29.3	51.8	264 17.3	52.4	Nunki	76 15.8	S26 18.1
02	262 34.6	180 29.0	32.4	240 40.3	14.1	46 32.0	51.7	279 19.6	52.4	Peacock	53 41.5	S56 44.9
03	277 37.1	195 28.1 ··	32.7	255 41.0 ··	14.8	61 34.8 ··	51.6	294 22.0 ··	52.3	Pollux	243 45.4	N28 02.4
04	292 39.5	210 27.3	33.0	270 41.7	15.5	76 37.5	51.5	309 24.3	52.3	Procyon	245 14.9	N 5 14.2
05	307 42.0	225 26.5	33.2	285 42.4	16.2	91 40.3	51.4	324 26.6	52.2			
06	322 44.5	240 25.6	N24 33.5	300 43.1	N 8 17.0	106 43.0	S12 51.3	339 28.9	S 8 52.2	Rasalhague	96 19.4	N12 33.8
07	337 46.9	255 24.8	33.7	315 43.8	17.7	121 45.8	51.2	354 31.2	52.1	Regulus	207 58.5	N11 59.6
08	352 49.4	270 24.0	34.0	330 44.5	18.4	136 48.6	51.2	9 33.5	52.1	Rigel	281 26.1	S 8 12.6
S 09	7 51.9	285 23.1 ··	34.2	345 45.2 ··	19.1	151 51.3 ··	51.1	24 35.9 ··	52.0	Rigil Kent.	140 10.6	S60 48.8
U 10	22 54.3	300 22.3	34.5	0 45.9	19.8	166 54.1	51.0	39 38.2	52.0	Sabik	102 28.6	S15 43.1
N 11	37 56.8	315 21.4	34.7	15 46.6	20.5	181 56.8	50.9	54 40.5	51.9			
D 12	52 59.3	330 20.6	N24 35.0	30 47.2	N 8 21.3	196 59.6	S12 50.8	69 42.8	S 8 51.9	Schedar	349 57.3	N56 30.2
A 13	68 01.7	345 19.8	35.2	45 47.9	22.0	212 02.3	50.7	84 45.1	51.8	Shaula	96 41.0	S37 05.9
Y 14	83 04.2	0 18.9	35.4	60 48.6	22.7	227 05.1	50.6	99 47.5	51.8	Sirius	258 46.5	S16 42.7
15	98 06.7	15 18.1 ··	35.7	75 49.3 ··	23.4	242 07.8 ··	50.5	114 49.8 ··	51.7	Spica	158 46.1	S11 08.1
16	113 09.1	30 17.2	35.9	90 50.0	24.1	257 10.6	50.4	129 52.1	51.7	Suhail	223 03.0	S43 25.0
17	128 11.6	45 16.4	36.2	105 50.7	24.8	272 13.3	50.3	144 54.4	51.6			
18	143 14.0	60 15.6	N24 36.4	120 51.4	N 8 25.5	287 16.1	S12 50.3	159 56.7	S 8 51.6	Vega	80 48.3	N38 46.6
19	158 16.5	75 14.7	36.6	135 52.1	26.3	302 18.8	50.2	174 59.1	51.5	Zuben'ubi	137 20.9	S16 01.2
20	173 19.0	90 13.9	36.9	150 52.8	27.0	317 21.6	50.1	190 01.4	51.5			
21	188 21.4	105 13.0 ··	37.1	165 53.5 ··	27.7	332 24.3 ··	50.0	205 03.7 ··	51.4		S.H.A.	Mer. Pass.
22	203 23.9	120 12.2	37.3	180 54.1	28.4	347 27.1	49.9	220 06.0	51.4	Venus	279 20.2	13 57
23	218 26.4	135 11.4	37.6	195 54.8	29.1	2 29.8	49.8	235 08.3	51.3	Mars	338 51.8	9 58
Mer. Pass. 8 32.6		v −0.8	d 0.3	v 0.7	d 0.7	v 2.8	d 0.1	v 2.3	d 0.1	Jupiter	143 49.8	22 54
										Saturn	16 48.9	7 26

1994 MAY 13, 14, 15 (FRI., SAT., SUN.)

UT (GMT)	SUN G.H.A.	SUN Dec.	MOON G.H.A.	MOON v	MOON Dec.	MOON d	MOON H.P.
d h	° '	° '	° '	'	° '	'	'
13 00	180 55.4	N18 16.2	154 18.7	11.1	N20 43.3	0.2	54.6
01	195 55.4	16.9	168 48.8	11.1	20 43.5	0.2	54.6
02	210 55.4	17.5	183 18.9	11.1	20 43.7	0.0	54.7
03	225 55.4	.. 18.1	197 49.0	11.0	20 43.7	0.0	54.7
04	240 55.4	18.7	212 19.0	11.1	20 43.7	0.1	54.7
05	255 55.4	19.3	226 49.1	11.0	20 43.6	0.3	54.7
06	270 55.4	N18 20.0	241 19.1	11.0	N20 43.3	0.3	54.7
07	285 55.4	20.6	255 49.1	11.0	20 43.0	0.5	54.7
08	300 55.4	21.2	270 19.1	11.0	20 42.5	0.6	54.7
F 09	315 55.4	.. 21.8	284 49.1	10.9	20 41.9	0.6	54.8
R 10	330 55.4	22.4	299 19.0	11.0	20 41.3	0.8	54.8
I 11	345 55.4	23.1	313 49.0	11.0	20 40.5	0.8	54.8
D 12	0 55.4	N18 23.7	328 19.0	10.9	N20 39.7	1.0	54.8
A 13	15 55.4	24.3	342 48.9	10.9	20 38.7	1.1	54.8
Y 14	30 55.4	24.9	357 18.8	11.0	20 37.6	1.1	54.8
15	45 55.5	.. 25.5	11 48.8	10.9	20 36.5	1.3	54.8
16	60 55.5	26.1	26 18.7	10.9	20 35.2	1.4	54.9
17	75 55.5	26.7	40 48.6	10.9	20 33.8	1.4	54.9
18	90 55.5	N18 27.4	55 18.5	10.9	N20 32.4	1.6	54.9
19	105 55.5	28.0	69 48.4	10.9	20 30.8	1.7	54.9
20	120 55.5	28.6	84 18.3	10.9	20 29.1	1.8	54.9
21	135 55.5	.. 29.2	98 48.2	10.8	20 27.3	1.8	54.9
22	150 55.5	29.8	113 18.0	10.9	20 25.5	2.0	55.0
23	165 55.5	30.4	127 47.9	10.9	20 23.5	2.1	55.0
14 00	180 55.5	N18 31.0	142 17.8	10.8	N20 21.4	2.2	55.0
01	195 55.5	31.6	156 47.6	10.9	20 19.2	2.3	55.0
02	210 55.5	32.2	171 17.5	10.9	20 16.9	2.4	55.0
03	225 55.5	.. 32.8	185 47.4	10.8	20 14.5	2.5	55.1
04	240 55.5	33.5	200 17.2	10.9	20 12.0	2.6	55.1
05	255 55.5	34.1	214 47.1	10.8	20 09.4	2.7	55.1
06	270 55.5	N18 34.7	229 16.9	10.9	N20 06.7	2.8	55.1
07	285 55.5	35.3	243 46.8	10.9	20 03.9	2.9	55.1
S 08	300 55.5	35.9	258 16.7	10.8	20 01.0	3.0	55.1
A 09	315 55.5	.. 36.5	272 46.5	10.9	19 58.0	3.1	55.2
T 10	330 55.5	37.1	287 16.4	10.8	19 54.9	3.2	55.2
U 11	345 55.5	37.7	301 46.2	10.9	19 51.7	3.3	55.2
R 12	0 55.5	N18 38.3	316 16.1	10.9	N19 48.4	3.4	55.2
D 13	15 55.5	38.9	330 46.0	10.8	19 45.0	3.5	55.2
A 14	30 55.5	39.5	345 15.8	10.9	19 41.5	3.6	55.3
Y 15	45 55.5	.. 40.1	359 45.7	10.9	19 37.9	3.7	55.3
16	60 55.5	40.7	14 15.6	10.9	19 34.2	3.8	55.3
17	75 55.5	41.3	28 45.5	10.9	19 30.4	3.9	55.3
18	90 55.5	N18 41.9	43 15.4	10.8	N19 26.5	4.0	55.3
19	105 55.5	42.5	57 45.2	10.9	19 22.5	4.1	55.4
20	120 55.5	43.1	72 15.1	10.9	19 18.4	4.2	55.4
21	135 55.5	.. 43.7	86 45.0	10.9	19 14.2	4.3	55.4
22	150 55.5	44.3	101 14.9	11.0	19 09.9	4.4	55.4
23	165 55.5	44.9	115 44.9	10.9	19 05.5	4.5	55.5
15 00	180 55.5	N18 45.5	130 14.8	10.9	N19 01.0	4.6	55.5
01	195 55.5	46.1	144 44.7	10.9	18 56.4	4.7	55.5
02	210 55.4	46.7	159 14.6	11.0	18 51.7	4.8	55.5
03	225 55.4	.. 47.3	173 44.6	10.9	18 46.9	4.9	55.5
04	240 55.4	47.9	188 14.5	11.0	18 42.0	4.9	55.6
05	255 55.4	48.5	202 44.5	11.0	18 37.1	5.1	55.6
06	270 55.4	N18 49.1	217 14.5	10.9	N18 32.0	5.2	55.6
07	285 55.4	49.6	231 44.4	11.0	18 26.8	5.3	55.6
08	300 55.4	50.2	246 14.4	11.0	18 21.5	5.3	55.6
S 09	315 55.4	.. 50.8	260 44.4	11.0	18 16.2	5.5	55.7
U 10	330 55.4	51.4	275 14.4	11.0	18 10.7	5.6	55.7
N 11	345 55.4	52.0	289 44.4	11.1	18 05.1	5.6	55.7
D 12	0 55.4	N18 52.6	304 14.5	11.0	N17 59.5	5.8	55.7
A 13	15 55.4	53.2	318 44.5	11.0	17 53.7	5.8	55.8
Y 14	30 55.4	53.8	333 14.5	11.1	17 47.9	6.0	55.8
15	45 55.4	.. 54.4	347 44.6	11.1	17 41.9	6.0	55.8
16	60 55.4	55.0	2 14.7	11.0	17 35.9	6.1	55.8
17	75 55.4	55.5	16 44.7	11.1	17 29.8	6.2	55.9
18	90 55.3	N18 56.1	31 14.8	11.1	N17 23.6	6.3	55.9
19	105 55.3	56.7	45 44.9	11.1	17 17.3	6.4	55.9
20	120 55.3	57.3	60 15.0	11.1	17 10.9	6.5	55.9
21	135 55.3	.. 57.9	74 45.1	11.2	17 04.4	6.6	56.0
22	150 55.3	58.5	89 15.3	11.1	16 57.8	6.7	56.0
23	165 55.3	59.1	103 45.4	11.2	16 51.1	6.7	56.0
	S.D. 15.8	d 0.6	S.D. 14.9		15.0		15.2

Moonrise

Lat.	Twilight Naut.	Twilight Civil	Sunrise	13	14	15	16
°	h m	h m	h m	h m	h m	h m	h m
N 72	□	□	□	□	□	□	06 15
N 70	////	////	00 57	□	□	05 02	06 57
68	////	////	01 54	03 14	04 20	05 48	07 25
66	////	////	02 27	04 00	05 01	06 18	07 46
64	////	01 17	02 51	04 30	05 28	06 41	08 03
62	////	01 57	03 10	04 52	05 50	06 59	08 16
60	////	02 23	03 25	05 10	06 07	07 14	08 28
N 58	01 09	02 44	03 38	05 26	06 21	07 26	08 38
56	01 45	03 00	03 50	05 38	06 34	07 37	08 47
54	02 10	03 14	03 59	05 50	06 44	07 47	08 55
52	02 29	03 26	04 08	06 00	06 54	07 55	09 02
50	02 45	03 37	04 16	06 09	07 03	08 03	09 08
45	03 15	03 59	04 33	06 27	07 21	08 19	09 21
N 40	03 38	04 16	04 46	06 43	07 35	08 32	09 32
35	03 56	04 30	04 57	06 56	07 48	08 44	09 42
30	04 10	04 41	05 07	07 07	07 59	08 53	09 50
20	04 33	05 01	05 24	07 26	08 17	09 10	10 04
N 10	04 51	05 17	05 39	07 43	08 34	09 25	10 17
0	05 06	05 31	05 53	07 59	08 49	09 39	10 28
S 10	05 19	05 44	06 06	08 15	09 04	09 53	10 40
20	05 31	05 57	06 21	08 32	09 20	10 07	10 52
30	05 43	06 12	06 37	08 51	09 39	10 24	11 06
35	05 49	06 19	06 46	09 03	09 50	10 34	11 14
40	05 55	06 28	06 57	09 16	10 02	10 45	11 23
45	06 02	06 38	07 10	09 31	10 17	10 58	11 34
S 50	06 10	06 49	07 25	09 50	10 35	11 14	11 47
52	06 13	06 55	07 32	09 59	10 43	11 21	11 53
54	06 17	07 00	07 40	10 09	10 53	11 29	12 00
56	06 21	07 06	07 49	10 20	11 03	11 39	12 07
58	06 25	07 13	07 59	10 33	11 16	11 49	12 16
S 60	06 29	07 21	08 10	10 49	11 30	12 01	12 25

Moonset

Lat.	Sunset	Twilight Civil	Twilight Naut.	13	14	15	16
°	h m	h m	h m	h m	h m	h m	h m
N 72	□	□	□	□	□	□	02 30
N 70	23 08	////	////	□	□	01 59	01 47
68	22 03	////	////	00 18	00 56	01 11	01 18
66	21 29	////	////	24 15	00 15	00 41	00 56
64	21 04	22 42	////	23 47	24 18	00 18	00 38
62	20 45	22 00	////	23 26	23 59	24 24	00 24
60	20 29	21 32	////	23 08	23 44	24 12	00 12
N 58	20 16	21 11	22 49	22 54	23 31	24 00	00 01
56	20 04	20 54	22 11	22 41	23 20	23 52	24 18
54	19 54	20 40	21 45	22 30	23 10	23 44	24 12
52	19 45	20 28	21 25	22 20	23 01	23 36	24 06
50	19 38	20 17	21 09	22 12	22 54	23 30	24 01
45	19 21	19 55	20 38	21 53	22 37	23 15	23 50
N 40	19 07	19 38	20 16	21 38	22 23	23 03	23 40
35	18 56	19 24	19 58	21 26	22 11	22 53	23 32
30	18 46	19 12	19 43	21 14	22 01	22 44	23 25
20	18 28	18 52	19 20	20 55	21 43	22 29	23 13
N 10	18 14	18 36	19 02	20 39	21 28	22 15	23 02
0	18 00	18 22	18 47	20 23	21 13	22 03	22 52
S 10	17 46	18 08	18 34	20 07	20 58	21 50	22 41
20	17 32	17 55	18 22	19 51	20 43	21 36	22 30
30	17 15	17 41	18 10	19 31	20 25	21 20	22 18
35	17 06	17 33	18 03	19 20	20 14	21 11	22 10
40	16 55	17 24	17 57	19 07	20 02	21 01	22 02
45	16 42	17 14	17 50	18 52	19 48	20 48	21 52
S 50	16 27	17 03	17 42	18 33	19 30	20 33	21 40
52	16 20	16 58	17 39	18 24	19 22	20 26	21 35
54	16 12	16 52	17 35	18 14	19 13	20 18	21 29
56	16 03	16 45	17 31	18 03	19 02	20 09	21 22
58	15 53	16 39	17 27	17 50	18 51	19 59	21 14
S 60	15 42	16 31	17 22	17 35	18 37	19 48	21 05

SUN / MOON

Day	SUN Eqn. of Time 00h	12h	Mer. Pass.	MOON Mer. Pass. Upper	Lower	Age	Phase
	m s	m s	h m	h m	h m	d	
13	03 41	03 42	11 56	14 11	01 46	03	
14	03 42	03 42	11 56	15 01	02 36	04	◗
15	03 42	03 42	11 56	15 51	03 26	05	

1994 MAY 16, 17, 18 (MON., TUES., WED.)

UT (GMT)	ARIES G.H.A.	VENUS −3.9 G.H.A.	Dec.	MARS +1.2 G.H.A.	Dec.	JUPITER −2.5 G.H.A.	Dec.	SATURN +1.1 G.H.A.	Dec.	STARS Name	S.H.A.	Dec.
16 00	233 28.8	150 10.5 N24 37.8		210 55.5 N 8 29.8		17 32.6 S12 49.7		250 10.7 S 8 51.3		Acamar	315 29.6	S40 19.6
01	248 31.3	165 09.7 38.0		225 56.2 30.5		32 35.3 49.6		265 13.0 51.2		Achernar	335 37.9	S57 15.8
02	263 33.8	180 08.8 38.3		240 56.9 31.3		47 38.1 49.6		280 15.3 51.2		Acrux	173 24.8	S63 04.4
03	278 36.2	195 08.0 · · 38.5		255 57.6 · · 32.0		62 40.8 · · 49.5		295 17.6 · · 51.1		Adhara	255 24.0	S28 58.1
04	293 38.7	210 07.2 38.7		270 58.3 32.7		77 43.6 49.4		310 19.9 51.1		Aldebaran	291 06.1	N16 29.8
05	308 41.1	225 06.3 38.9		285 59.0 33.4		92 46.3 49.3		325 22.3 51.0				
06	323 43.6	240 05.5 N24 39.2		300 59.7 N 8 34.1		107 49.1 S12 49.2		340 24.6 S 8 51.0		Alioth	166 32.8	N55 59.5
07	338 46.1	255 04.6 39.4		316 00.4 34.8		122 51.8 49.1		355 26.9 50.9		Alkaid	153 09.7	N49 20.5
08	353 48.5	270 03.8 39.6		331 01.0 35.5		137 54.6 49.0		10 29.2 50.9		Al Na'ir	28 01.7	S46 59.0
M 09	8 51.0	285 03.0 · · 39.8		346 01.7 · · 36.2		152 57.3 · · 48.9		25 31.5 · · 50.8		Alnilam	276 01.2	S 1 12.5
O 10	23 53.5	300 02.1 40.1		1 02.4 36.9		168 00.1 48.8		40 33.9 50.8		Alphard	218 10.2	S 8 38.3
N 11	38 55.9	315 01.3 40.3		16 03.1 37.7		183 02.8 48.8		55 36.2 50.7				
D 12	53 58.4	330 00.4 N24 40.5		31 03.8 N 8 38.4		198 05.6 S12 48.7		70 38.5 S 8 50.7		Alphecca	126 22.7	N26 44.0
A 13	69 00.9	344 59.6 40.7		46 04.5 39.1		213 08.3 48.6		85 40.8 50.6		Alpheratz	357 58.5	N29 03.4
Y 14	84 03.3	359 58.8 40.9		61 05.2 39.8		228 11.1 48.5		100 43.2 50.6		Altair	62 22.0	N 8 51.2
15	99 05.8	14 57.9 · · 41.1		76 05.9 · · 40.5		243 13.8 · · 48.4		115 45.5 · · 50.5		Ankaa	353 30.1	S42 20.0
16	114 08.3	29 57.1 41.3		91 06.6 41.2		258 16.6 48.3		130 47.8 50.5		Antares	112 43.5	S26 25.2
17	129 10.7	44 56.2 41.6		106 07.3 41.9		273 19.3 48.2		145 50.1 50.5				
18	144 13.2	59 55.4 N24 41.8		121 07.9 N 8 42.6		288 22.1 S12 48.1		160 52.4 S 8 50.4		Arcturus	146 08.5	N19 12.6
19	159 15.6	74 54.6 42.0		136 08.6 43.3		303 24.8 48.0		175 54.8 50.4		Atria	107 57.6	S69 01.0
20	174 18.1	89 53.7 42.2		151 09.3 44.1		318 27.6 48.0		190 57.1 50.3		Avior	234 24.1	S59 29.9
21	189 20.6	104 52.9 · · 42.4		166 10.0 · · 44.8		333 30.3 · · 47.9		205 59.4 · · 50.3		Bellatrix	278 47.7	N 6 20.6
22	204 23.0	119 52.0 42.6		181 10.7 45.5		348 33.1 47.8		221 01.7 50.2		Betelgeuse	271 17.1	N 7 24.2
23	219 25.5	134 51.2 42.8		196 11.4 46.2		3 35.8 47.7		236 04.1 50.2				
17 00	234 28.0	149 50.3 N24 43.0		211 12.1 N 8 46.9		18 38.6 S12 47.6		251 06.4 S 8 50.1		Canopus	264 02.9	S52 41.9
01	249 30.4	164 49.5 43.2		226 12.8 47.6		33 41.3 47.5		266 08.7 50.1		Capella	280 56.0	N45 59.5
02	264 32.9	179 48.7 43.4		241 13.5 48.3		48 44.1 47.4		281 11.0 50.0		Deneb	49 41.1	N45 15.5
03	279 35.4	194 47.8 · · 43.6		256 14.1 · · 49.0		63 46.8 · · 47.3		296 13.4 · · 50.0		Denebola	182 48.1	N14 36.1
04	294 37.8	209 47.0 43.8		271 14.8 49.7		78 49.6 47.3		311 15.7 49.9		Diphda	349 10.5	S18 01.0
05	309 40.3	224 46.1 44.0		286 15.5 50.4		93 52.3 47.2		326 18.0 49.9				
06	324 42.8	239 45.3 N24 44.2		301 16.2 N 8 51.1		108 55.0 S12 47.1		341 20.3 S 8 49.8		Dubhe	194 08.9	N61 47.0
07	339 45.2	254 44.4 44.4		316 16.9 51.9		123 57.8 47.0		356 22.6 49.8		Elnath	278 31.1	N28 36.1
T 08	354 47.7	269 43.6 44.6		331 17.6 52.6		139 00.5 46.9		11 25.0 49.7		Eltanin	90 52.3	N51 29.3
U 09	9 50.1	284 42.8 · · 44.8		346 18.3 · · 53.3		154 03.3 · · 46.8		26 27.3 · · 49.7		Enif	34 01.1	N 9 50.9
E 10	24 52.6	299 41.9 44.9		1 19.0 54.0		169 06.0 46.7		41 29.6 49.6		Fomalhaut	15 39.8	S29 38.9
S 11	39 55.1	314 41.1 45.1		16 19.7 54.7		184 08.8 46.7		56 31.9 49.6				
D 12	54 57.5	329 40.2 N24 45.3		31 20.3 N 8 55.4		199 11.5 S12 46.6		71 34.3 S 8 49.6		Gacrux	172 16.5	S57 05.2
A 13	70 00.0	344 39.4 45.5		46 21.0 56.1		214 14.3 46.5		86 36.6 49.5		Gienah	176 06.8	S17 30.9
Y 14	85 02.5	359 38.5 45.7		61 21.7 56.8		229 17.0 '46.4		101 38.9 49.5		Hadar	149 07.6	S60 21.0
15	100 04.9	14 37.7 · · 45.9		76 22.4 · · 57.5		244 19.8 · · 46.3		116 41.3 · · 49.4		Hamal	328 17.2	N23 26.1
16	115 07.4	29 36.9 46.1		91 23.1 58.2		259 22.5 46.2		131 43.6 49.4		Kaus Aust.	84 02.4	S34 23.1
17	130 09.9	44 36.0 46.2		106 23.8 58.9		274 25.3 46.1		146 45.9 49.3				
18	145 12.3	59 35.2 N24 46.4		121 24.5 N 8 59.6		289 28.0 S12 46.0		161 48.2 S 8 49.3		Kochab	137 18.3	N74 10.8
19	160 14.8	74 34.3 46.6		136 25.2 9 00.3		304 30.7 46.0		176 50.6 49.2		Markab	13 52.7	N15 10.4
20	175 17.2	89 33.5 46.8		151 25.9 01.0		319 33.5 45.9		191 52.9 49.2		Menkar	314 30.3	N 4 04.0
21	190 19.7	104 32.6 · · 46.9		166 26.5 · · 01.7		334 36.2 · · 45.8		206 55.2 · · 49.1		Menkent	148 24.1	S36 20.7
22	205 22.2	119 31.8 47.1		181 27.2 02.4		349 39.0 45.7		221 57.5 49.1		Miaplacidus	221 42.8	S69 42.1
23	220 24.6	134 31.0 47.3		196 27.9 03.2		4 41.7 45.6		236 59.9 49.0				
18 00	235 27.1	149 30.1 N24 47.5		211 28.6 N 9 03.9		19 44.5 S12 45.5		252 02.2 S 8 49.0		Mirfak	309 01.4	N49 50.4
01	250 29.6	164 29.3 47.6		226 29.3 04.6		34 47.2 45.4		267 04.5 48.9		Nunki	76 15.8	S26 18.1
02	265 32.0	179 28.4 47.8		241 30.0 05.3		49 50.0 45.4		282 06.8 48.9		Peacock	53 41.5	S56 44.9
03	280 34.5	194 27.6 · · 48.0		256 30.7 · · 06.0		64 52.7 · · 45.3		297 09.2 · · 48.9		Pollux	243 45.4	N28 02.4
04	295 37.0	209 26.7 48.1		271 31.4 06.7		79 55.4 45.2		312 11.5 48.8		Procyon	245 14.9	N 5 14.2
05	310 39.4	224 25.9 48.3		286 32.1 07.4		94 58.2 45.1		327 13.8 48.8				
06	325 41.9	239 25.1 N24 48.5		301 32.7 N 9 08.1		110 00.9 S12 45.0		342 16.2 S 8 48.7		Rasalhague	96 19.4	N12 33.8
W 07	340 44.4	254 24.2 48.6		316 33.4 08.8		125 03.7 44.9		357 18.5 48.7		Regulus	207 58.7	N11 59.6
E 08	355 46.8	269 23.4 48.8		331 34.1 09.5		140 06.4 44.8		12 20.8 48.6		Rigel	281 26.1	S 8 12.6
D 09	10 49.3	284 22.5 · · 49.0		346 34.8 · · 10.2		155 09.2 · · 44.7		27 23.1 · · 48.6		Rigil Kent.	140 10.6	S60 48.8
N 10	25 51.7	299 21.7 49.1		1 35.5 10.9		170 11.9 44.7		42 25.5 48.5		Sabik	102 28.6	S15 43.1
E 11	40 54.2	314 20.8 49.3		16 36.2 11.6		185 14.6 44.6		57 27.8 48.5				
S 12	55 56.7	329 20.0 N24 49.4		31 36.9 N 9 12.3		200 17.4 S12 44.5		72 30.1 S 8 48.4		Schedar	349 57.3	N56 30.2
D 13	70 59.1	344 19.1 49.6		46 37.6 13.0		215 20.1 44.4		87 32.4 48.4		Shaula	96 41.0	S37 05.9
A 14	86 01.6	359 18.3 49.8		61 38.2 13.7		230 22.9 44.3		102 34.8 48.4		Sirius	258 46.6	S16 42.7
Y 15	101 04.1	14 17.5 · · 49.9		76 38.9 · · 14.4		245 25.6 · · 44.2		117 37.1 · · 48.3		Spica	158 46.1	S11 08.1
16	116 06.5	29 16.6 50.1		91 39.6 15.1		260 28.4 44.1		132 39.4 48.3		Suhail	223 03.0	S43 25.0
17	131 09.0	44 15.8 50.2		106 40.3 15.8		275 31.1 44.1		147 41.8 48.2				
18	146 11.5	59 14.9 N24 50.4		121 41.0 N 9 16.5		290 33.8 S12 44.0		162 44.1 S 8 48.2		Vega	80 48.3	N38 46.6
19	161 13.9	74 14.1 50.5		136 41.7 17.2		305 36.6 43.9		177 46.4 48.1		Zuben'ubi	137 20.9	S16 01.2
20	176 16.4	89 13.2 50.7		151 42.4 17.9		320 39.3 43.8		192 48.8 48.1			S.H.A.	Mer. Pass.
21	191 18.9	104 12.4 · · 50.8		166 43.1 · · 18.6		335 42.1 · · 43.7		207 51.1 · · 48.0			° ′	h m
22	206 21.3	119 11.5 50.9		181 43.7 19.3		350 44.8 43.6		222 53.4 48.0		Venus	275 22.4	14 01
23	221 23.8	134 10.7 51.1		196 44.4 20.0		5 47.5 43.6		237 55.7 47.9		Mars	336 44.1	9 55
										Jupiter	144 10.6	22 41
Mer. Pass. 8 20.8		v −0.8 d 0.2		v 0.7 d 0.7		v 2.7 d 0.1		v 2.3 d 0.0		Saturn	16 38.4	7 14

1994 MAY 16, 17, 18 (MON., TUES., WED.)

UT (GMT)	SUN G.H.A.	SUN Dec.	MOON G.H.A.	v	Dec.	d	H.P.
16 00	180 55.3	N18 59.6	118 15.6	11.1	N16 44.4	6.9	56.0
01	195 55.3	19 00.2	132 45.7	11.2	16 37.5	6.9	56.1
02	210 55.3	00.8	147 15.9	11.2	16 30.6	7.0	56.1
03	225 55.3 ..	01.4	161 46.1	11.2	16 23.6	7.2	56.1
04	240 55.3	02.0	176 16.3	11.2	16 16.4	7.2	56.1
05	255 55.2	02.5	190 46.5	11.2	16 09.2	7.3	56.2
M 06	270 55.2	N19 03.1	205 16.7	11.3	N16 01.9	7.3	56.2
O 07	285 55.2	03.7	219 47.0	11.2	15 54.6	7.5	56.2
N 08	300 55.2	04.3	234 17.2	11.3	15 47.1	7.5	56.2
D 09	315 55.2 ..	04.9	248 47.5	11.2	15 39.6	7.7	56.3
A 10	330 55.2	05.4	263 17.7	11.3	15 31.9	7.7	56.3
Y 11	345 55.2	06.0	277 48.0	11.3	15 24.2	7.8	56.3
12	0 55.2	N19 06.6	292 18.3	11.3	N15 16.4	7.9	56.4
13	15 55.1	07.2	306 48.6	11.3	15 08.5	7.9	56.4
14	30 55.1	07.7	321 18.9	11.3	15 00.6	8.1	56.4
15	45 55.1 ..	08.3	335 49.2	11.4	14 52.5	8.1	56.4
16	60 55.1	08.9	350 19.6	11.3	14 44.4	8.2	56.5
17	75 55.1	09.5	4 49.9	11.4	14 36.2	8.3	56.5
18	90 55.1	N19 10.0	19 20.3	11.3	N14 27.9	8.4	56.5
19	105 55.1	10.6	33 50.6	11.4	14 19.5	8.5	56.5
20	120 55.0	11.2	48 21.0	11.4	14 11.0	8.5	56.6
21	135 55.0 ..	11.8	62 51.4	11.4	14 02.5	8.6	56.6
22	150 55.0	12.3	77 21.8	11.4	13 53.9	8.7	56.6
23	165 55.0	12.9	91 52.2	11.4	13 45.2	8.8	56.7
17 00	180 55.0	N19 13.5	106 22.6	11.4	N13 36.4	8.8	56.7
01	195 55.0	14.0	120 53.0	11.4	13 27.6	9.0	56.7
02	210 55.0	14.6	135 23.4	11.4	13 18.6	9.0	56.8
03	225 54.9 ..	15.2	149 53.8	11.5	13 09.6	9.0	56.8
04	240 54.9	15.7	164 24.3	11.4	13 00.6	9.2	56.8
05	255 54.9	16.3	178 54.7	11.5	12 51.4	9.2	56.8
06	270 54.9	N19 16.9	193 25.2	11.4	N12 42.2	9.3	56.9
07	285 54.9	17.4	207 55.6	11.5	12 32.9	9.4	56.9
T 08	300 54.9	18.0	222 26.1	11.5	12 23.5	9.4	56.9
U 09	315 54.8 ..	18.6	236 56.6	11.4	12 14.1	9.5	57.0
E 10	330 54.8	19.1	251 27.0	11.5	12 04.6	9.6	57.0
S 11	345 54.8	19.7	265 57.5	11.5	11 55.0	9.7	57.0
D 12	0 54.8	N19 20.3	280 28.0	11.5	N11 45.3	9.7	57.1
A 13	15 54.8	20.8	294 58.5	11.5	11 35.6	9.8	57.1
Y 14	30 54.8	21.4	309 29.0	11.5	11 25.8	9.8	57.1
15	45 54.7 ..	21.9	323 59.5	11.5	11 16.0	10.0	57.1
16	60 54.7	22.5	338 30.0	11.5	11 06.0	10.0	57.2
17	75 54.7	23.1	353 00.5	11.5	10 56.0	10.0	57.2
18	90 54.7	N19 23.6	7 31.0	11.5	N10 46.0	10.1	57.2
19	105 54.7	24.2	22 01.5	11.5	10 35.9	10.2	57.3
20	120 54.6	24.7	36 32.0	11.5	10 25.7	10.3	57.3
21	135 54.6 ..	25.3	51 02.5	11.5	10 15.4	10.3	57.3
22	150 54.6	25.9	65 33.0	11.5	10 05.1	10.4	57.4
23	165 54.6	26.4	80 03.5	11.5	9 54.7	10.4	57.4
18 00	180 54.6	N19 27.0	94 34.0	11.5	N 9 44.3	10.5	57.4
01	195 54.5	27.5	109 04.5	11.5	9 33.8	10.6	57.5
02	210 54.5	28.1	123 35.0	11.5	9 23.2	10.6	57.5
03	225 54.5 ..	28.6	138 05.5	11.4	9 12.6	10.7	57.5
04	240 54.5	29.2	152 35.9	11.5	9 01.9	10.8	57.6
05	255 54.4	29.7	167 06.4	11.5	8 51.1	10.7	57.6
W 06	270 54.4	N19 30.3	181 36.9	11.5	N 8 40.4	10.9	57.6
E 07	285 54.4	30.8	196 07.4	11.5	8 29.5	10.9	57.7
D 08	300 54.4	31.4	210 37.9	11.4	8 18.6	11.0	57.7
N 09	315 54.4 ..	31.9	225 08.3	11.5	8 07.6	11.0	57.7
E 10	330 54.3	32.5	239 38.8	11.4	7 56.6	11.1	57.8
S 11	345 54.3	33.0	254 09.2	11.5	7 45.5	11.1	57.8
D 12	0 54.3	N19 33.6	268 39.7	11.4	N 7 34.4	11.2	57.8
A 13	15 54.3	34.1	283 10.1	11.4	7 23.2	11.2	57.9
Y 14	30 54.2	34.7	297 40.5	11.4	7 12.0	11.3	57.9
15	45 54.2 ..	35.2	312 10.9	11.4	7 00.7	11.3	57.9
16	60 54.2	35.8	326 41.3	11.4	6 49.4	11.4	58.0
17	75 54.2	36.3	341 11.7	11.4	6 38.0	11.4	58.0
18	90 54.1	N19 36.9	355 42.1	11.3	N 6 26.6	11.5	58.0
19	105 54.1	37.4	10 12.4	11.4	6 15.1	11.5	58.1
20	120 54.1	38.0	24 42.8	11.3	6 03.6	11.6	58.1
21	135 54.1 ..	38.5	39 13.1	11.3	5 52.0	11.6	58.1
22	150 54.0	39.1	53 43.4	11.3	5 40.4	11.6	58.2
23	165 54.0	39.6	68 13.7	11.3	5 28.8	11.7	58.2
	S.D. 15.8	d 0.6	S.D. 15.4		15.5		15.8

Twilight / Sunrise / Moonrise

Lat.	Twilight Naut.	Twilight Civil	Sunrise	Moonrise 16	Moonrise 17	Moonrise 18	Moonrise 19
N 72	▭	▭	▭	06 15	08 24	10 23	12 21
N 70	▭	▭	▭	06 57	08 47	10 35	12 24
68	////	////	01 37	07 25	09 04	10 45	12 28
66	////	////	02 15	07 46	09 18	10 53	12 30
64	////	00 55	02 42	08 03	09 30	11 00	12 32
62	////	01 44	03 02	08 16	09 39	11 05	12 34
60	////	02 14	03 18	08 28	09 48	11 10	12 36
N 58	00 49	02 36	03 32	08 38	09 55	11 15	12 38
56	01 34	02 54	03 44	08 47	10 01	11 19	12 39
54	02 01	03 08	03 54	08 55	10 07	11 22	12 40
52	02 22	03 21	04 04	09 02	10 12	11 25	12 41
50	02 39	03 32	04 12	09 08	10 17	11 28	12 42
45	03 11	03 55	04 29	09 21	10 27	11 34	12 44
N 40	03 34	04 12	04 43	09 32	10 35	11 40	12 46
35	03 53	04 27	04 55	09 42	10 42	11 44	12 48
30	04 08	04 39	05 06	09 50	10 48	11 48	12 49
20	04 32	05 00	05 23	10 04	10 59	11 55	12 51
N 10	04 50	05 16	05 39	10 17	11 08	12 01	12 53
0	05 05	05 31	05 53	10 28	11 17	12 06	12 55
S 10	05 19	05 45	06 07	10 40	11 26	12 12	12 57
20	05 32	05 59	06 22	10 52	11 35	12 18	12 59
30	05 44	06 13	06 39	11 06	11 46	12 24	13 02
35	05 51	06 22	06 49	11 14	11 52	12 28	13 03
40	05 58	06 31	07 00	11 23	11 59	12 32	13 05
45	06 05	06 41	07 13	11 34	12 07	12 37	13 07
S 50	06 13	06 53	07 29	11 47	12 17	12 43	13 09
52	06 17	06 59	07 36	11 53	12 21	12 46	13 10
54	06 21	07 05	07 45	12 00	12 26	12 49	13 11
56	06 25	07 11	07 54	12 07	12 31	12 53	13 12
58	06 30	07 19	08 05	12 16	12 37	12 56	13 13
S 60	06 34	07 27	08 17	12 25	12 44	13 00	13 15

Sunset / Twilight / Moonset

Lat.	Sunset	Twilight Civil	Twilight Naut.	Moonset 16	Moonset 17	Moonset 18	Moonset 19
N 72	▭	▭	▭	02 30	02 03	01 46	01 33
N 70	▭	▭	▭	01 47	01 39	01 32	01 26
68	22 21	////	////	01 18	01 20	01 21	01 20
66	21 41	////	////	00 56	01 05	01 11	01 16
64	21 14	23 07	////	00 38	00 53	01 03	01 12
62	20 53	22 13	////	00 24	00 42	00 56	01 08
60	20 36	21 42	////	00 12	00 33	00 50	01 05
N 58	20 22	21 19	23 12	00 01	00 25	00 45	01 03
56	20 10	21 01	22 23	24 18	00 18	00 40	01 00
54	19 59	20 46	21 54	24 12	00 12	00 36	00 58
52	19 50	20 33	21 33	24 06	00 06	00 32	00 56
50	19 42	20 22	21 15	24 01	00 01	00 29	00 54
45	19 24	19 59	20 43	23 50	24 21	00 21	00 51
N 40	19 10	19 41	20 19	23 40	24 14	00 14	00 47
35	18 58	19 26	20 01	23 32	24 09	00 09	00 44
30	18 47	19 14	19 45	23 25	24 04	00 04	00 42
20	18 30	18 53	19 21	23 13	23 55	24 37	00 37
N 10	18 14	18 37	19 03	23 02	23 48	24 33	00 33
0	18 00	18 22	18 47	22 52	23 41	24 29	00 29
S 10	17 46	18 08	18 34	22 41	23 33	24 26	00 26
20	17 31	17 54	18 21	22 30	23 26	24 22	00 22
30	17 14	17 39	18 08	22 18	23 17	24 17	00 17
35	17 04	17 31	18 02	22 10	23 11	24 14	00 14
40	16 52	17 22	17 55	22 02	23 06	24 11	00 11
45	16 39	17 11	17 47	21 52	22 59	24 07	00 07
S 50	16 23	16 59	17 39	21 40	22 50	24 03	00 03
52	16 16	16 54	17 35	21 35	22 47	24 01	00 01
54	16 07	16 48	17 31	21 29	22 42	23 59	25 18
56	15 58	16 41	17 27	21 22	22 38	23 56	25 18
58	15 47	16 33	17 22	21 14	22 32	23 54	25 17
S 60	15 35	16 25	17 18	21 05	22 26	23 51	25 17

SUN / MOON

Day	SUN Eqn. of Time 00h	SUN Eqn. of Time 12h	SUN Mer. Pass.	MOON Mer. Pass. Upper	MOON Mer. Pass. Lower	Age	Phase
	m s	m s	h m	h m	h m	d	
16	03 41	03 41	11 56	16 40	04 15	06	
17	03 40	03 39	11 56	17 29	05 04	07	◑
18	03 38	03 37	11 56	18 18	05 53	08	

1994 MAY 19, 20, 21 (THURS., FRI., SAT.)

UT (GMT)	ARIES G.H.A.	VENUS −3.9 G.H.A.	Dec.	MARS +1.2 G.H.A.	Dec.	JUPITER −2.5 G.H.A.	Dec.	SATURN +1.0 G.H.A.	Dec.	STARS Name	S.H.A.	Dec.
19 00	236 26.2	149 09.9	N24 51.2	211 45.1	N 9 20.7	20 50.3	S12 43.5	252 58.1	S 8 47.9	Acamar	315 29.6	S40 19.6
01	251 28.7	164 09.0	51.4	226 45.8	21.4	35 53.0	43.4	268 00.4	47.9	Achernar	335 37.9	S57 15.7
02	266 31.2	179 08.2	51.5	241 46.5	22.1	50 55.8	43.3	283 02.7	47.8	Acrux	173 24.9	S63 04.4
03	281 33.6	194 07.3 · ·	51.7	256 47.2 · ·	22.8	65 58.5 · ·	43.2	298 05.1 · ·	47.8	Adhara	255 24.0	S28 58.1
04	296 36.1	209 06.5	51.8	271 47.9	23.5	81 01.2	43.1	313 07.4	47.7	Aldebaran	291 06.1	N16 29.8
05	311 38.6	224 05.6	51.9	286 48.6	24.2	96 04.0	43.0	328 09.7	47.7			
06	326 41.0	239 04.8	N24 52.1	301 49.2	N 9 24.9	111 06.7	S12 43.0	343 12.1	S 8 47.6	Alioth	166 32.8	N55 59.5
07	341 43.5	254 03.9	52.2	316 49.9	25.6	126 09.5	42.9	358 14.4	47.6	Alkaid	153 09.7	N49 20.5
T 08	356 46.0	269 03.1	52.3	331 50.6	26.3	141 12.2	42.8	13 16.7	47.5	Al Na'ir	28 01.6	S46 59.0
H 09	11 48.4	284 02.3 · ·	52.5	346 51.3 · ·	27.0	156 14.9 · ·	42.7	28 19.1 · ·	47.5	Alnilam	276 01.2	S 1 12.5
U 10	26 50.9	299 01.4	52.6	1 52.0	27.7	171 17.7	42.6	43 21.4	47.5	Alphard	218 10.2	S 8 38.3
R 11	41 53.3	314 00.6	52.7	16 52.7	28.4	186 20.4	42.5	58 23.7	47.4			
S 12	56 55.8	328 59.7	N24 52.9	31 53.4	N 9 29.1	201 23.2	S12 42.4	73 26.0	S 8 47.4	Alphecca	126 22.7	N26 44.0
D 13	71 58.3	343 58.9	53.0	46 54.1	29.8	216 25.9	42.4	88 28.4	47.3	Alpheratz	357 58.5	N29 03.5
A 14	87 00.7	358 58.0	53.1	61 54.7	30.5	231 28.6	42.3	103 30.7	47.3	Altair	62 22.0	N 8 51.2
Y 15	102 03.2	13 57.2 · ·	53.2	76 55.4 · ·	31.2	246 31.4 · ·	42.2	118 33.0 · ·	47.2	Ankaa	353 30.0	S42 20.0
16	117 05.7	28 56.3	53.4	91 56.1	31.9	261 34.1	42.1	133 35.4	47.2	Antares	112 43.4	S26 25.2
17	132 08.1	43 55.5	53.5	106 56.8	32.6	276 36.9	42.0	148 37.7	47.1			
18	147 10.6	58 54.6	N24 53.6	121 57.5	N 9 33.3	291 39.6	S12 41.9	163 40.0	S 8 47.1	Arcturus	146 08.5	N19 12.7
19	162 13.1	73 53.8	53.7	136 58.2	34.0	306 42.3	41.9	178 42.4	47.1	Atria	107 57.6	S69 01.0
20	177 15.5	88 53.0	53.8	151 58.9	34.7	321 45.1	41.8	193 44.7	47.0	Avior	234 24.1	S59 29.9
21	192 18.0	103 52.1 · ·	53.9	166 59.5 · ·	35.4	336 47.8 · ·	41.7	208 47.0 · ·	47.0	Bellatrix	278 47.7	N 6 20.6
22	207 20.5	118 51.3	54.1	182 00.2	36.1	351 50.5	41.6	223 49.4	46.9	Betelgeuse	271 17.1	N 7 24.2
23	222 22.9	133 50.4	54.2	197 00.9	36.8	6 53.3	41.5	238 51.7	46.9			
20 00	237 25.4	148 49.6	N24 54.3	212 01.6	N 9 37.5	21 56.0	S12 41.4	253 54.0	S 8 46.8	Canopus	264 02.9	S52 41.8
01	252 27.8	163 48.7	54.4	227 02.3	38.2	36 58.7	41.4	268 56.4	46.8	Capella	280 56.0	N45 59.5
02	267 30.3	178 47.9	54.5	242 03.0	38.9	52 01.5	41.3	283 58.7	46.8	Deneb	49 41.0	N45 15.5
03	282 32.8	193 47.0 · ·	54.6	257 03.7 · ·	39.6	67 04.2 · ·	41.2	299 01.0 · ·	46.7	Denebola	182 48.1	N14 36.1
04	297 35.2	208 46.2	54.7	272 04.4	40.3	82 07.0	41.1	314 03.4	46.7	Diphda	349 10.4	S18 01.0
05	312 37.7	223 45.4	54.8	287 05.0	41.0	97 09.7	41.0	329 05.7	46.6			
06	327 40.2	238 44.5	N24 54.9	302 05.7	N 9 41.7	112 12.4	S12 40.9	344 08.0	S 8 46.6	Dubhe	194 09.0	N61 47.0
07	342 42.6	253 43.7	55.0	317 06.4	42.4	127 15.2	40.9	359 10.4	46.5	Elnath	278 31.1	N28 36.1
08	357 45.1	268 42.8	55.2	332 07.1	43.0	142 17.9	40.8	14 12.7	46.5	Eltanin	90 52.3	N51 29.3
F 09	12 47.6	283 42.0 · ·	55.3	347 07.8 · ·	43.7	157 20.6 · ·	40.7	29 15.1 · ·	46.5	Enif	34 01.1	N 9 50.9
R 10	27 50.0	298 41.1	55.4	2 08.5	44.4	172 23.4	40.6	44 17.4	46.4	Fomalhaut	15 39.8	S29 38.9
I 11	42 52.5	313 40.3	55.5	17 09.2	45.1	187 26.1	40.5	59 19.7	46.4			
D 12	57 55.0	328 39.4	N24 55.6	32 09.8	N 9 45.8	202 28.8	S12 40.4	74 22.1	S 8 46.3	Gacrux	172 16.5	S57 05.2
A 13	72 57.4	343 38.6	55.6	47 10.5	46.5	217 31.6	40.4	89 24.4	46.3	Gienah	176 06.8	S17 30.9
Y 14	87 59.9	358 37.8	55.7	62 11.2	47.2	232 34.3	40.3	104 26.7	46.2	Hadar	149 07.6	S60 21.0
15	103 02.3	13 36.9 · ·	55.8	77 11.9 · ·	47.9	247 37.0 · ·	40.2	119 29.1 · ·	46.2	Hamal	328 17.2	N23 26.1
16	118 04.8	28 36.1	55.9	92 12.6	48.6	262 39.8	40.1	134 31.4	46.2	Kaus Aust.	84 02.4	S34 23.1
17	133 07.3	43 35.2	56.0	107 13.3	49.3	277 42.5	40.0	149 33.7	46.1			
18	148 09.7	58 34.4	N24 56.1	122 14.0	N 9 50.0	292 45.2	S12 39.9	164 36.1	S 8 46.1	Kochab	137 18.3	N74 10.8
19	163 12.2	73 33.5	56.2	137 14.6	50.7	307 48.0	39.9	179 38.4	46.0	Markab	13 52.7	N15 10.5
20	178 14.7	88 32.7	56.3	152 15.3	51.4	322 50.7	39.8	194 40.7	46.0	Menkar	314 30.3	N 4 04.0
21	193 17.1	103 31.8 · ·	56.4	167 16.0 · ·	52.1	337 53.4 · ·	39.7	209 43.1 · ·	45.9	Menkent	148 24.1	S36 20.7
22	208 19.6	118 31.0	56.5	182 16.7	52.8	352 56.2	39.6	224 45.4	45.9	Miaplacidus	221 42.8	S69 42.1
23	223 22.1	133 30.2	56.5	197 17.4	53.4	7 58.9	39.5	239 47.8	45.9			
21 00	238 24.5	148 29.3	N24 56.6	212 18.1	N 9 54.1	23 01.6	S12 39.4	254 50.1	S 8 45.8	Mirfak	309 01.4	N49 50.4
01	253 27.0	163 28.5	56.7	227 18.8	54.8	38 04.4	39.4	269 52.4	45.8	Nunki	76 15.7	S26 18.1
02	268 29.4	178 27.6	56.8	242 19.4	55.5	53 07.1	39.3	284 54.8	45.7	Peacock	53 41.4	S56 44.9
03	283 31.9	193 26.8 · ·	56.9	257 20.1 · ·	56.2	68 09.8 · ·	39.2	299 57.1 · ·	45.7	Pollux	243 45.4	N28 02.4
04	298 34.4	208 25.9	57.0	272 20.8	56.9	83 12.6	39.1	314 59.4	45.7	Procyon	245 14.9	N 5 14.2
05	313 36.8	223 25.1	57.0	287 21.5	57.6	98 15.3	39.0	330 01.8	45.6			
06	328 39.3	238 24.2	N24 57.1	302 22.2	N 9 58.3	113 18.0	S12 39.0	345 04.1	S 8 45.6	Rasalhague	96 19.4	N12 33.8
07	343 41.8	253 23.4	57.2	317 22.9	59.0	128 20.8	38.9	0 06.5	45.5	Regulus	207 58.7	N11 59.6
S 08	358 44.2	268 22.6	57.3	332 23.6	9 59.7	143 23.5	38.8	15 08.8	45.5	Rigel	281 26.1	S 8 12.6
A 09	13 46.7	283 21.7 · ·	57.3	347 24.2	10 00.4	158 26.2 · ·	38.7	30 11.1 · ·	45.4	Rigil Kent.	140 10.6	S60 48.8
T 10	28 49.2	298 20.9	57.4	2 24.9	01.0	173 29.0	38.6	45 13.5	45.4	Sabik	102 28.6	S15 43.1
U 11	43 51.6	313 20.0	57.5	17 25.6	01.7	188 31.7	38.5	60 15.8	45.4			
R 12	58 54.1	328 19.2	N24 57.5	32 26.3	N10 02.4	203 34.4	S12 38.5	75 18.1	S 8 45.3	Schedar	349 57.2	N56 30.2
D 13	73 56.6	343 18.3	57.6	47 27.0	03.1	218 37.2	38.4	90 20.5	45.3	Shaula	96 40.9	S37 05.9
A 14	88 59.0	358 17.5	57.7	62 27.7	03.8	233 39.9	38.3	105 22.8	45.2	Sirius	258 46.6	S16 42.7
Y 15	104 01.5	13 16.6 · ·	57.7	77 28.3 · ·	04.5	248 42.6 · ·	38.2	120 25.2 · ·	45.2	Spica	158 46.1	S11 08.1
16	119 03.9	28 15.8	57.8	92 29.0	05.2	263 45.3	38.1	135 27.5	45.2	Suhail	223 03.1	S43 25.0
17	134 06.4	43 15.0	57.9	107 29.7	05.9	278 48.1	38.1	150 29.8	45.1			
18	149 08.9	58 14.1	N24 57.9	122 30.4	N10 06.6	293 50.8	S12 38.0	165 32.2	S 8 45.1	Vega	80 48.3	N38 46.6
19	164 11.3	73 13.3	58.0	137 31.1	07.2	308 53.5	37.9	180 34.5	45.0	Zuben'ubi	137 20.9	S16 01.2
20	179 13.8	88 12.4	58.0	152 31.8	07.9	323 56.3	37.8	195 36.9	45.0			

	S.H.A.	Mer. Pass.
	° ′	h m
Venus	271 24.2	14 05
Mars	334 36.2	9 51
Jupiter	144 30.6	22 28
Saturn	16 28.7	7 03

21	194 16.3	103 11.6 · ·	58.1	167 32.5 · ·	08.6	338 59.0 · ·	37.7	210 39.2 · ·	45.0
22	209 18.7	118 10.7	58.2	182 33.1	09.3	354 01.7	37.6	225 41.5	44.9
23	224 21.2	133 09.9	58.2	197 33.8	10.0	9 04.4	37.6	240 43.9	44.9

Mer. Pass. 8 09.0
v −0.8 d 0.1 v 0.7 d 0.7 v 2.7 d 0.1 v 2.3 d 0.0

1994 MAY 19, 20, 21 (THURS., FRI., SAT.)

UT (GMT)	SUN G.H.A.	SUN Dec.	MOON G.H.A.	v	MOON Dec.	d	H.P.
d h	° ′	° ′	° ′	′	° ′	′	′
19 00	180 54.0	N19 40.1	82 44.0	11.3	N 5 17.1	11.7	58.2
01	195 54.0	40.7	97 14.3	11.2	5 05.4	11.8	58.3
02	210 53.9	41.2	111 44.5	11.2	4 53.6	11.8	58.3
03	225 53.9	.. 41.8	126 14.7	11.2	4 41.8	11.9	58.3
04	240 53.9	42.3	140 44.9	11.2	4 29.9	11.9	58.4
05	255 53.8	42.8	155 15.1	11.2	4 18.0	11.9	58.4
06	270 53.8	N19 43.4	169 45.3	11.1	N 4 06.1	12.0	58.4
T 07	285 53.8	43.9	184 15.4	11.2	3 54.1	12.0	58.5
H 08	300 53.8	44.5	198 45.6	11.0	3 42.1	12.0	58.5
U 09	315 53.7	.. 45.0	213 15.6	11.1	3 30.1	12.1	58.5
R 10	330 53.7	45.5	227 45.7	11.1	3 18.0	12.1	58.6
S 11	345 53.7	46.1	242 15.8	11.0	3 05.9	12.1	58.6
D 12	0 53.6	N19 46.6	256 45.8	11.0	N 2 53.8	12.1	58.6
A 13	15 53.6	47.1	271 15.8	10.9	2 41.7	12.2	58.7
Y 14	30 53.6	47.7	285 45.7	11.0	2 29.5	12.2	58.7
15	45 53.5	.. 48.2	300 15.7	10.9	2 17.3	12.3	58.7
16	60 53.5	48.7	314 45.6	10.8	2 05.0	12.2	58.8
17	75 53.5	49.3	329 15.4	10.9	1 52.8	12.3	58.8
18	90 53.5	N19 49.8	343 45.3	10.8	N 1 40.5	12.4	58.8
19	105 53.4	50.3	358 15.1	10.8	1 28.1	12.3	58.9
20	120 53.4	50.9	12 44.9	10.7	1 15.8	12.4	58.9
21	135 53.4	.. 51.4	27 14.6	10.7	1 03.4	12.3	58.9
22	150 53.3	51.9	41 44.3	10.7	0 51.1	12.4	59.0
23	165 53.3	52.5	56 14.0	10.6	0 38.7	12.5	59.0
20 00	180 53.2	N19 53.0	70 43.6	10.6	N 0 26.2	12.4	59.0
01	195 53.2	53.5	85 13.2	10.6	0 13.8	12.4	59.1
02	210 53.2	54.0	99 42.8	10.5	N 0 01.4	12.5	59.1
03	225 53.2	.. 54.6	114 12.3	10.5	S 0 11.1	12.5	59.1
04	240 53.1	55.1	128 41.8	10.5	0 23.6	12.5	59.2
05	255 53.1	55.6	143 11.3	10.4	0 36.1	12.5	59.2
06	270 53.1	N19 56.1	157 40.7	10.3	S 0 48.6	12.5	59.2
F 07	285 53.0	56.7	172 10.0	10.4	1 01.1	12.5	59.3
R 08	300 53.0	57.2	186 39.4	10.2	1 13.6	12.5	59.3
I 09	315 53.0	.. 57.7	201 08.6	10.3	1 26.1	12.6	59.3
D 10	330 52.9	58.2	215 37.9	10.2	1 38.7	12.5	59.4
A 11	345 52.9	58.8	230 07.1	10.1	1 51.2	12.6	59.4
Y 12	0 52.9	N19 59.3	244 36.2	10.1	S 2 03.8	12.5	59.4
13	15 52.8	19 59.8	259 05.3	10.0	2 16.3	12.6	59.5
14	30 52.8	20 00.3	273 34.3	10.0	2 28.9	12.5	59.5
15	45 52.8	.. 00.8	288 03.3	10.0	2 41.4	12.6	59.5
16	60 52.7	01.3	302 32.3	9.9	2 54.0	12.5	59.6
17	75 52.7	01.9	317 01.2	9.8	3 06.5	12.6	59.6
18	90 52.6	N20 02.4	331 30.0	9.8	S 3 19.0	12.6	59.6
19	105 52.6	02.9	345 58.8	9.8	3 31.6	12.5	59.7
20	120 52.6	03.4	0 27.6	9.7	3 44.1	12.5	59.7
21	135 52.5	.. 03.9	14 56.3	9.6	3 56.6	12.5	59.7
22	150 52.5	04.4	29 24.9	9.6	4 09.1	12.5	59.8
23	165 52.5	05.0	43 53.5	9.5	4 21.6	12.5	59.8
21 00	180 52.4	N20 05.5	58 22.0	9.5	S 4 34.1	12.5	59.8
01	195 52.4	06.0	72 50.5	9.4	4 46.6	12.5	59.8
02	210 52.4	06.5	87 18.9	9.4	4 59.1	12.4	59.9
03	225 52.3	.. 07.0	101 47.3	9.3	5 11.5	12.5	59.9
04	240 52.3	07.5	116 15.6	9.2	5 24.0	12.4	59.9
05	255 52.2	08.0	130 43.8	9.2	5 36.4	12.4	60.0
06	270 52.2	N20 08.5	145 12.0	9.1	S 5 48.8	12.3	60.0
07	285 52.2	09.1	159 40.1	9.1	6 01.1	12.4	60.0
S 08	300 52.1	09.6	174 08.2	8.9	6 13.5	12.3	60.1
A 09	315 52.1	.. 10.1	188 36.1	9.0	6 25.8	12.3	60.1
T 10	330 52.0	10.6	203 04.1	8.9	6 38.1	12.3	60.1
U 11	345 52.0	11.1	217 32.0	8.8	6 50.4	12.2	60.1
R 12	0 52.0	N20 11.6	231 59.8	8.7	S 7 02.6	12.2	60.2
D 13	15 51.9	12.1	246 27.5	8.7	7 14.8	12.2	60.2
A 14	30 51.9	12.6	260 55.2	8.6	7 27.0	12.1	60.2
Y 15	45 51.8	.. 13.1	275 22.8	8.5	7 39.1	12.1	60.2
16	60 51.8	13.6	289 50.3	8.5	7 51.2	12.1	60.3
17	75 51.8	14.1	304 17.8	8.4	8 03.3	12.0	60.3
18	90 51.7	N20 14.6	318 45.2	8.4	S 8 15.3	12.0	60.3
19	105 51.7	15.1	333 12.6	8.2	8 27.3	12.0	60.3
20	120 51.6	15.6	347 39.8	8.3	8 39.3	11.9	60.4
21	135 51.6	.. 16.1	2 07.1	8.1	8 51.2	11.8	60.4
22	150 51.5	16.6	16 34.2	8.1	9 03.0	11.9	60.4
23	165 51.5	17.1	31 01.3	8.0	9 14.9	11.7	60.4
	S.D. 15.8	d 0.5	S.D. 16.0		16.2		16.4

Twilight / Sunrise / Moonrise

Lat.	Twilight Naut.	Twilight Civil	Sunrise	Moonrise 19	20	21	22
°	h m	h m	h m	h m	h m	h m	h m
N 72	☐	☐	☐	12 21	14 20	16 26	18 43
N 70	☐	☐	☐	12 24	14 16	16 13	18 17
68	////	////	01 18	12 28	14 13	16 03	17 58
66	////	////	02 03	12 30	14 10	15 54	17 42
64	////	00 19	02 32	12 32	14 08	15 47	17 29
62	////	01 30	02 54	12 34	14 06	15 41	17 19
60	////	02 04	03 12	12 36	14 04	15 36	17 10
N 58	00 17	02 28	03 26	12 38	14 03	15 31	17 02
56	01 21	02 47	03 39	12 39	14 02	15 27	16 55
54	01 53	03 03	03 50	12 40	14 00	15 24	16 49
52	02 15	03 16	03 59	12 41	13 59	15 20	16 43
50	02 33	03 28	04 08	12 42	13 58	15 17	16 38
45	03 07	03 51	04 26	12 44	13 56	15 11	16 27
N 40	03 31	04 10	04 41	12 46	13 55	15 06	16 19
35	03 50	04 25	04 53	12 48	13 53	15 01	16 11
30	04 06	04 38	05 04	12 49	13 52	14 57	16 04
20	04 30	04 58	05 22	12 51	13 50	14 50	15 53
N 10	04 49	05 16	05 38	12 53	13 48	14 44	15 43
0	05 05	05 31	05 53	12 55	13 46	14 38	15 34
S 10	05 19	05 45	06 08	12 57	13 44	14 33	15 24
20	05 33	06 00	06 23	12 59	13 42	14 27	15 15
30	05 46	06 15	06 41	13 02	13 40	14 20	15 04
35	05 53	06 24	06 51	13 03	13 39	14 17	14 57
40	06 00	06 33	07 03	13 05	13 38	14 12	14 50
45	06 08	06 44	07 16	13 07	13 36	14 07	14 42
S 50	06 17	06 57	07 33	13 09	13 34	14 02	14 32
52	06 21	07 02	07 41	13 10	13 34	13 59	14 29
54	06 25	07 09	07 49	13 11	13 33	13 56	14 23
56	06 29	07 16	07 59	13 12	13 32	13 53	14 17
58	06 34	07 24	08 10	13 13	13 31	13 49	14 11
S 60	06 39	07 32	08 23	13 15	13 29	13 45	14 04

Sunset / Twilight / Moonset

Lat.	Sunset	Twilight Civil	Twilight Naut.	Moonset 19	20	21	22
°	h m	h m	h m	h m	h m	h m	h m
N 72	☐	☐	☐	01 33	01 20	01 07	00 52
N 70	☐	☐	☐	01 26	01 20	01 14	01 07
68	22 41	////	////	01 20	01 20	01 19	01 19
66	21 53	////	////	01 16	01 20	01 24	01 29
64	21 23	////	////	01 12	01 20	01 28	01 37
62	21 01	22 27	////	01 08	01 20	01 31	01 45
60	20 43	21 52	////	01 05	01 20	01 34	01 51
N 58	20 28	21 27	////	01 03	01 20	01 37	01 57
56	20 15	21 08	22 35	01 00	01 20	01 40	02 02
54	20 04	20 52	22 03	00 58	01 20	01 42	02 06
52	19 54	20 38	21 40	00 56	01 20	01 44	02 11
50	19 46	20 26	21 21	00 54	01 20	01 46	02 14
45	19 28	20 02	20 47	00 51	01 20	01 50	02 22
N 40	19 13	19 44	20 23	00 47	01 20	01 53	02 29
35	19 00	19 29	20 03	00 44	01 19	01 56	02 35
30	18 49	19 16	19 48	00 42	01 19	01 58	02 40
20	18 31	18 55	19 23	00 37	01 19	02 03	02 49
N 10	18 15	18 37	19 04	00 33	01 19	02 07	02 57
0	18 00	18 22	18 48	00 29	01 19	02 10	03 04
S 10	17 45	18 08	18 33	00 26	01 19	02 14	03 12
20	17 30	17 53	18 20	00 22	01 19	02 18	03 20
30	17 12	17 38	18 07	00 17	01 19	02 23	03 29
35	17 02	17 29	18 00	00 14	01 19	02 25	03 34
40	16 50	17 19	17 53	00 11	01 18	02 28	03 40
45	16 36	17 09	17 45	00 07	01 18	02 31	03 47
S 50	16 20	16 56	17 36	00 03	01 18	02 35	03 55
52	16 12	16 50	17 32	00 01	01 18	02 37	03 59
54	16 03	16 44	17 28	25 18	01 18	02 39	04 03
56	15 53	16 37	17 23	25 18	01 18	02 42	04 08
58	15 42	16 29	17 18	25 17	01 17	02 44	04 13
S 60	15 29	16 20	17 13	25 17	01 17	02 47	04 20

SUN / MOON

Day	SUN Eqn. of Time 00ʰ	SUN Eqn. of Time 12ʰ	Mer. Pass.	MOON Mer. Pass. Upper	MOON Mer. Pass. Lower	Age	Phase
	m s	m s	h m	h m	h m	d	
19	03 36	03 35	11 56	19 07	06 42	09	
20	03 33	03 32	11 56	19 58	07 32	10	
21	03 30	03 28	11 57	20 51	08 24	11	☾

1994 MAY 22, 23, 24 (SUN., MON., TUES.)

UT (GMT)	ARIES G.H.A.	VENUS −4.0 G.H.A.	Dec.	MARS +1.2 G.H.A.	Dec.	JUPITER −2.4 G.H.A.	Dec.	SATURN +1.0 G.H.A.	Dec.	STARS Name	S.H.A.	Dec.
d h 22 00	239 23.7	148 09.1	N24 58.3	212 34.5	N10 10.7	24 07.2	S12 37.5	255 46.2	S 8 44.8	Acamar	315 29.6	S40 19.6
01	254 26.1	163 08.2	58.3	227 35.2	11.4	39 09.9	37.4	270 48.6	44.8	Achernar	335 37.9	S57 15.7
02	269 28.6	178 07.4	58.4	242 35.9	12.1	54 12.6	37.3	285 50.9	44.8	Acrux	173 24.9	S63 04.4
03	284 31.1	193 06.5 ··	58.4	257 36.6 ··	12.7	69 15.4 ··	37.2	300 53.2 ··	44.7	Adhara	255 24.0	S28 58.1
04	299 33.5	208 05.7	58.5	272 37.2	13.4	84 18.1	37.2	315 55.6	44.7	Aldebaran	291 06.1	N16 29.8
05	314 36.0	223 04.8	58.5	287 37.9	14.1	99 20.8	37.1	330 57.9	44.6			
06	329 38.4	238 04.0	N24 58.6	302 38.6	N10 14.8	114 23.5	S12 37.0	346 00.3	S 8 44.6	Alioth	166 32.8	N55 59.5
07	344 40.9	253 03.2	58.6	317 39.3	15.5	129 26.3	36.9	1 02.6	44.6	Alkaid	153 09.7	N49 20.5
08	359 43.4	268 02.3	58.6	332 40.0	16.2	144 29.0	36.8	16 04.9	44.5	Al Na'ir	28 01.6	S46 59.0
S 09	14 45.8	283 01.5 ··	58.7	347 40.7 ··	16.9	159 31.7 ··	36.8	31 07.3 ··	44.5	Alnilam	276 01.2	S 1 12.5
U 10	29 48.3	298 00.6	58.7	2 41.3	17.5	174 34.5	36.7	46 09.6	44.4	Alphard	218 10.2	S 8 38.3
N 11	44 50.8	312 59.8	58.8	17 42.0	18.2	189 37.2	36.6	61 12.0	44.4			
D 12	59 53.2	327 58.9	N24 58.8	32 42.7	N10 18.9	204 39.9	S12 36.5	76 14.3	S 8 44.4	Alphecca	126 22.7	N26 44.0
A 13	74 55.7	342 58.1	58.8	47 43.4	19.6	219 42.6	36.4	91 16.7	44.3	Alpheratz	357 58.5	N29 03.5
Y 14	89 58.2	357 57.3	58.9	62 44.1	20.3	234 45.4	36.4	106 19.0	44.3	Altair	62 22.0	N 8 51.2
15	105 00.6	12 56.4 ··	58.9	77 44.8 ··	21.0	249 48.1 ··	36.3	121 21.3 ··	44.2	Ankaa	353 30.0	S42 20.0
16	120 03.1	27 55.6	59.0	92 45.4	21.6	264 50.8	36.2	136 23.7	44.2	Antares	112 43.4	S26 25.2
17	135 05.5	42 54.7	59.0	107 46.1	22.3	279 53.5	36.1	151 26.0	44.2			
18	150 08.0	57 53.9	N24 59.0	122 46.8	N10 23.0	294 56.3	S12 36.0	166 28.4	S 8 44.1	Arcturus	146 08.5	N19 12.7
19	165 10.5	72 53.0	59.0	137 47.5	23.7	309 59.0	36.0	181 30.7	44.1	Atria	107 57.6	S69 01.0
20	180 12.9	87 52.2	59.1	152 48.2	24.4	325 01.7	35.9	196 33.1	44.0	Avior	234 24.1	S59 29.9
21	195 15.4	102 51.4 ··	59.1	167 48.9 ··	25.1	340 04.4 ··	35.8	211 35.4 ··	44.0	Bellatrix	278 47.7	N 6 20.6
22	210 17.9	117 50.5	59.1	182 49.5	25.7	355 07.2	35.7	226 37.7	44.0	Betelgeuse	271 17.1	N 7 24.2
23	225 20.3	132 49.7	59.2	197 50.2	26.4	10 09.9	35.6	241 40.1	43.9			
23 00	240 22.8	147 48.8	N24 59.2	212 50.9	N10 27.1	25 12.6	S12 35.6	256 42.4	S 8 43.9	Canopus	264 02.9	S52 41.8
01	255 25.3	162 48.0	59.2	227 51.6	27.8	40 15.3	35.5	271 44.8	43.8	Capella	280 56.0	N45 59.5
02	270 27.7	177 47.2	59.2	242 52.3	28.5	55 18.1	35.4	286 47.1	43.8	Deneb	49 41.0	N45 15.5
03	285 30.2	192 46.3 ··	59.2	257 53.0 ··	29.2	70 20.8 ··	35.3	301 49.5 ··	43.8	Denebola	182 48.1	N14 36.1
04	300 32.7	207 45.5	59.3	272 53.6	29.8	85 23.5	35.2	316 51.8	43.7	Diphda	349 10.4	S18 01.0
05	315 35.1	222 44.6	59.3	287 54.3	30.5	100 26.2	35.2	331 54.2	43.7			
06	330 37.6	237 43.8	N24 59.3	302 55.0	N10 31.2	115 29.0	S12 35.1	346 56.5	S 8 43.6	Dubhe	194 09.0	N61 47.0
07	345 40.0	252 42.9	59.3	317 55.7	31.9	130 31.7	35.0	1 58.8	43.6	Elnath	278 31.1	N28 36.1
08	0 42.5	267 42.1	59.3	332 56.4	32.6	145 34.4	34.9	17 01.2	43.6	Eltanin	90 52.3	N51 29.3
M 09	15 45.0	282 41.3 ··	59.3	347 57.1 ··	33.2	160 37.1 ··	34.8	32 03.5 ··	43.5	Enif	34 01.1	N 9 51.0
O 10	30 47.4	297 40.4	59.3	2 57.7	33.9	175 39.8	34.8	47 05.9	43.5	Fomalhaut	15 39.8	S29 38.9
N 11	45 49.9	312 39.6	59.4	17 58.4	34.6	190 42.6	34.7	62 08.2	43.5			
D 12	60 52.4	327 38.7	N24 59.4	32 59.1	N10 35.3	205 45.3	S12 34.6	77 10.6	S 8 43.4	Gacrux	172 16.5	S57 05.2
A 13	75 54.8	342 37.9	59.4	47 59.8	36.0	220 48.0	34.5	92 12.9	43.4	Gienah	176 06.8	S17 30.9
Y 14	90 57.3	357 37.1	59.4	63 00.5	36.6	235 50.7	34.5	107 15.3	43.3	Hadar	149 07.6	S60 21.0
15	105 59.8	12 36.2 ··	59.4	78 01.2 ··	37.3	250 53.5 ··	34.4	122 17.6 ··	43.3	Hamal	328 17.2	N23 26.1
16	121 02.2	27 35.4	59.4	93 01.8	38.0	265 56.2	34.3	137 20.0	43.3	Kaus Aust.	84 02.4	S34 23.1
17	136 04.7	42 34.5	59.4	108 02.5	38.7	280 58.9	34.2	152 22.3	43.2			
18	151 07.2	57 33.7	N24 59.4	123 03.2	N10 39.4	296 01.6	S12 34.1	167 24.6	S 8 43.2	Kochab	137 18.4	N74 10.8
19	166 09.6	72 32.9	59.4	138 03.9	40.0	311 04.3	34.1	182 27.0	43.1	Markab	13 52.6	N15 10.5
20	181 12.1	87 32.0	59.4	153 04.6	40.7	326 07.1	34.0	197 29.3	43.1	Menkar	314 30.3	N 4 04.0
21	196 14.5	102 31.2 ··	59.4	168 05.3 ··	41.4	341 09.8 ··	33.9	212 31.7 ··	43.1	Menkent	148 24.1	S36 20.7
22	211 17.0	117 30.3	59.4	183 05.9	42.1	356 12.5	33.8	227 34.0	43.0	Miaplacidus	221 42.9	S69 42.1
23	226 19.5	132 29.5	59.4	198 06.6	42.8	11 15.2	33.7	242 36.4	43.0			
24 00	241 21.9	147 28.7	N24 59.4	213 07.3	N10 43.4	26 17.9	S12 33.7	257 38.7	S 8 43.0	Mirfak	309 01.4	N49 50.4
01	256 24.4	162 27.8	59.4	228 08.0	44.1	41 20.7	33.6	272 41.1	42.9	Nunki	76 15.7	S26 18.1
02	271 26.9	177 27.0	59.4	243 08.7	44.8	56 23.4	33.5	287 43.4	42.9	Peacock	53 41.4	S56 44.9
03	286 29.3	192 26.2 ··	59.4	258 09.3 ··	45.5	71 26.1 ··	33.4	302 45.8 ··	42.8	Pollux	243 45.4	N28 02.3
04	301 31.8	207 25.3	59.3	273 10.0	46.1	86 28.8	33.4	317 48.1	42.8	Procyon	245 14.9	N 5 14.2
05	316 34.3	222 24.5	59.3	288 10.7	46.8	101 31.5	33.3	332 50.5	42.8			
06	331 36.7	237 23.6	N24 59.3	303 11.4	N10 47.5	116 34.3	S12 33.2	347 52.8	S 8 42.7	Rasalhague	96 19.4	N12 33.8
07	346 39.2	252 22.8	59.3	318 12.1	48.2	131 37.0	33.1	2 55.2	42.7	Regulus	207 58.7	N11 59.6
T 08	1 41.6	267 22.0	59.3	333 12.8	48.8	146 39.7	33.1	17 57.5	42.7	Rigel	281 26.1	S 8 12.6
U 09	16 44.1	282 21.1 ··	59.3	348 13.4 ··	49.5	161 42.4 ··	33.0	32 59.9 ··	42.6	Rigil Kent.	140 10.6	S60 48.9
E 10	31 46.6	297 20.3	59.3	3 14.1	50.2	176 45.1	32.9	48 02.2	42.6	Sabik	102 28.6	S15 43.1
S 11	46 49.0	312 19.4	59.2	18 14.8	50.9	191 47.8	32.8	63 04.6	42.5			
D 12	61 51.5	327 18.6	N24 59.2	33 15.5	N10 51.5	206 50.6	S12 32.7	78 06.9	S 8 42.5	Schedar	349 57.2	N56 30.2
A 13	76 54.0	342 17.8	59.2	48 16.2	52.2	221 53.3	32.7	93 09.3	42.5	Shaula	96 40.9	S37 05.9
Y 14	91 56.4	357 16.9	59.2	63 16.8	52.9	236 56.0	32.6	108 11.6	42.4	Sirius	258 46.6	S16 42.7
15	106 58.9	12 16.1 ··	59.1	78 17.5 ··	53.6	251 58.7 ··	32.5	123 14.0 ··	42.4	Spica	158 46.1	S11 08.1
16	122 01.4	27 15.3	59.1	93 18.2	54.2	267 01.4	32.4	138 16.3	42.4	Suhail	223 03.1	S43 25.0
17	137 03.8	42 14.4	59.1	108 18.9	54.9	282 04.1	32.4	153 18.7	42.3			
18	152 06.3	57 13.6	N24 59.1	123 19.6	N10 55.6	297 06.9	S12 32.3	168 21.0	S 8 42.3	Vega	80 48.3	N38 46.6
19	167 08.8	72 12.8	59.0	138 20.2	56.3	312 09.6	32.2	183 23.4	42.3	Zuben'ubi	137 20.9	S16 01.2
20	182 11.2	87 11.9	59.0	153 20.9	56.9	327 12.3	32.1	198 25.7	42.2			
21	197 13.7	102 11.1 ··	59.0	168 21.6 ··	57.6	342 15.0 ··	32.1	213 28.1 ··	42.2		S.H.A.	Mer. Pass.
22	212 16.1	117 10.2	58.9	183 22.3	58.3	357 17.7	32.0	228 30.4	42.1	Venus	267 26.0	14 10
23	227 18.6	132 09.4	58.9	198 23.0	59.0	12 20.4	31.9	243 32.8	42.1	Mars	332 28.1	9 48
										Jupiter	144 49.8	22 15
Mer. Pass. 7 57.2		v −0.8	d 0.0	v 0.7	d 0.7	v 2.7	d 0.1	v 2.3	d 0.0	Saturn	16 19.6	6 52

1994 MAY 22, 23, 24 (SUN., MON., TUES.)

UT (GMT) d h	SUN G.H.A.	SUN Dec.	MOON G.H.A.	v	MOON Dec.	d	H.P.
22 00	180 51.5	N20 17.6	45 28.3	7.9	S 9 26.6	11.7	60.5
01	195 51.4	18.1	59 55.2	7.8	9 38.3	11.7	60.5
02	210 51.4	18.6	74 22.0	7.8	9 50.0	11.6	60.5
03	225 51.3	.. 19.1	88 48.8	7.7	10 01.6	11.6	60.5
04	240 51.3	19.6	103 15.5	7.7	10 13.2	11.5	60.6
05	255 51.2	20.1	117 42.2	7.6	10 24.7	11.4	60.6
06	270 51.2	N20 20.6	132 08.8	7.5	S10 36.1	11.4	60.6
07	285 51.1	21.1	146 35.3	7.4	10 47.5	11.4	60.6
08	300 51.1	21.6	161 01.7	7.3	10 58.9	11.2	60.6
S 09	315 51.1	.. 22.1	175 28.0	7.3	11 10.1	11.2	60.7
U 10	330 51.0	22.6	189 54.3	7.2	11 21.3	11.2	60.7
N 11	345 51.0	23.1	204 20.5	7.2	11 32.5	11.0	60.7
D 12	0 50.9	N20 23.6	218 46.7	7.0	S11 43.5	11.0	60.7
A 13	15 50.9	24.1	233 12.7	7.0	11 54.5	11.0	60.7
Y 14	30 50.8	24.6	247 38.7	6.9	12 05.5	10.8	60.8
15	45 50.8	.. 25.1	262 04.6	6.9	12 16.3	10.8	60.8
16	60 50.7	25.5	276 30.5	6.7	12 27.1	10.7	60.8
17	75 50.7	26.0	290 56.2	6.7	12 37.8	10.7	60.8
18	90 50.6	N20 26.5	305 21.9	6.6	S12 48.5	10.5	60.8
19	105 50.6	27.0	319 47.5	6.6	12 59.0	10.5	60.8
20	120 50.5	27.5	334 13.1	6.4	13 09.5	10.4	60.9
21	135 50.5	.. 28.0	348 38.5	6.4	13 19.9	10.3	60.9
22	150 50.4	28.5	3 03.9	6.4	13 30.2	10.2	60.9
23	165 50.4	29.0	17 29.3	6.2	13 40.4	10.1	60.9
23 00	180 50.3	N20 29.4	31 54.5	6.2	S13 50.5	10.1	60.9
01	195 50.3	29.9	46 19.7	6.1	14 00.6	9.9	60.9
02	210 50.3	30.4	60 44.8	6.0	14 10.5	9.9	60.9
03	225 50.2	.. 30.9	75 09.8	6.0	14 20.4	9.8	61.0
04	240 50.2	31.4	89 34.8	5.9	14 30.2	9.7	61.0
05	255 50.1	31.9	103 59.7	5.8	14 39.9	9.5	61.0
06	270 50.1	N20 32.3	118 24.5	5.7	S14 49.4	9.5	61.0
07	285 50.0	32.8	132 49.2	5.7	14 58.9	9.4	61.0
08	300 50.0	33.3	147 13.9	5.6	15 08.3	9.3	61.0
M 09	315 49.9	.. 33.8	161 38.5	5.5	15 17.6	9.2	61.0
O 10	330 49.9	34.3	176 03.0	5.5	15 26.8	9.0	61.0
N 11	345 49.8	34.7	190 27.5	5.4	15 35.8	9.0	61.0
D 12	0 49.8	N20 35.2	204 51.9	5.3	S15 44.8	8.8	61.1
A 13	15 49.7	35.7	219 16.2	5.3	15 53.6	8.8	61.1
Y 14	30 49.6	36.2	233 40.5	5.2	16 02.4	8.6	61.1
15	45 49.6	.. 36.6	248 04.7	5.1	16 11.0	8.6	61.1
16	60 49.5	37.1	262 28.8	5.1	16 19.6	8.4	61.1
17	75 49.5	37.6	276 52.9	5.0	16 28.0	8.3	61.1
18	90 49.4	N20 38.1	291 16.9	5.0	S16 36.3	8.2	61.1
19	105 49.4	38.5	305 40.9	4.8	16 44.5	8.0	61.1
20	120 49.3	39.0	320 04.7	4.9	16 52.5	8.0	61.1
21	135 49.3	.. 39.5	334 28.6	4.7	17 00.5	7.8	61.1
22	150 49.2	40.0	348 52.3	4.7	17 08.3	7.7	61.1
23	165 49.2	40.4	3 16.0	4.7	17 16.0	7.6	61.1
24 00	180 49.1	N20 40.9	17 39.7	4.6	S17 23.6	7.4	61.1
01	195 49.1	41.4	32 03.3	4.5	17 31.0	7.4	61.1
02	210 49.0	41.8	46 26.8	4.5	17 38.4	7.2	61.1
03	225 49.0	.. 42.3	60 50.3	4.4	17 45.6	7.0	61.1
04	240 48.9	42.8	75 13.7	4.4	17 52.6	7.0	61.1
05	255 48.8	43.2	89 37.1	4.3	17 59.6	6.8	61.1
06	270 48.8	N20 43.7	104 00.4	4.3	S18 06.4	6.7	61.1
07	285 48.7	44.2	118 23.7	4.2	18 13.1	6.5	61.1
08	300 48.7	44.6	132 46.9	4.2	18 19.6	6.5	61.1
T 09	315 48.6	.. 45.1	147 10.1	4.1	18 26.1	6.2	61.1
U 10	330 48.6	45.6	161 33.2	4.1	18 32.3	6.2	61.1
E 11	345 48.5	46.0	175 56.3	4.1	18 38.5	6.0	61.1
S 12	0 48.5	N20 46.5	190 19.4	4.0	S18 44.5	5.9	61.1
D 13	15 48.4	47.0	204 42.4	3.9	18 50.4	5.7	61.1
A 14	30 48.3	47.4	219 05.3	4.0	18 56.1	5.6	61.1
Y 15	45 48.3	.. 47.9	233 28.3	3.9	19 01.7	5.4	61.1
16	60 48.2	48.3	247 51.2	3.8	19 07.1	5.3	61.1
17	75 48.2	48.8	262 14.0	3.9	19 12.4	5.2	61.1
18	90 48.1	N20 49.3	276 36.9	3.8	S19 17.6	5.0	61.0
19	105 48.1	49.7	290 59.7	3.7	19 22.6	4.9	61.0
20	120 48.0	50.2	305 22.4	3.8	19 27.5	4.7	61.0
21	135 47.9	.. 50.6	319 45.2	3.7	19 32.2	4.6	61.0
22	150 47.9	51.1	334 07.9	3.7	19 36.8	4.4	61.0
23	165 47.8	51.5	348 30.6	3.6	19 41.2	4.3	61.0
	S.D. 15.8	d 0.5	S.D. 16.5		16.6		16.6

Lat.	Twilight Naut.	Twilight Civil	Sunrise	Moonrise 22	23	24	25
°	h m	h m	h m	h m	h m	h m	h m
N 72	□	□	□	18 43	21 35	■■	■■
N 70	□	□	□	18 17	20 32	23 21	■■
68	////	////	00 56	17 58	19 57	21 55	23 30
66	////	////	01 51	17 42	19 32	21 16	22 41
64	////	////	02 23	17 29	19 13	20 50	22 09
62	////	01 16	02 47	17 19	18 57	20 29	21 46
60	////	01 54	03 06	17 10	18 44	20 12	21 27
N 58	////	02 21	03 21	17 02	18 32	19 58	21 12
56	01 09	02 41	03 34	16 55	18 23	19 46	20 58
54	01 44	02 57	03 45	16 49	18 14	19 35	20 47
52	02 08	03 11	03 56	16 43	18 06	19 26	20 37
50	02 27	03 23	04 04	16 38	17 59	19 17	20 28
45	03 03	03 48	04 23	16 27	17 45	18 59	20 08
N 40	03 28	04 07	04 38	16 19	17 32	18 45	19 53
35	03 48	04 23	04 51	16 11	17 22	18 33	19 40
30	04 04	04 36	05 02	16 04	17 13	18 22	19 28
20	04 29	04 58	05 21	15 53	16 58	18 04	19 09
N 10	04 49	05 15	05 38	15 43	16 45	17 48	18 51
0	05 05	05 31	05 53	15 34	16 32	17 33	18 36
S 10	05 20	05 46	06 08	15 24	16 20	17 18	18 20
20	05 34	06 01	06 24	15 15	16 07	17 03	18 03
30	05 47	06 17	06 42	15 04	15 52	16 45	17 43
35	05 55	06 26	06 53	14 57	15 43	16 35	17 32
40	06 02	06 36	07 05	14 50	15 33	16 23	17 19
45	06 11	06 47	07 19	14 42	15 22	16 09	17 04
S 50	06 20	07 00	07 37	14 32	15 08	15 52	16 45
52	06 24	07 06	07 45	14 28	15 02	15 44	16 36
54	06 28	07 13	07 54	14 23	14 55	15 35	16 26
56	06 33	07 20	08 04	14 17	14 47	15 25	16 15
58	06 38	07 28	08 16	14 11	14 38	15 14	16 03
S 60	06 44	07 38	08 30	14 04	14 28	15 01	15 48

Lat.	Sunset	Twilight Civil	Twilight Naut.	Moonset 22	23	24	25
°	h m	h m	h m	h m	h m	h m	h m
N 72	□	□	□	00 52	{00 23 / 31 43}	■■	■■
N 70	□	□	□	01 07	00 59	00 47	00 07
68	23 06	////	////	01 19	01 20	01 23	01 34
66	22 06	////	////	01 29	01 36	01 49	02 13
64	21 33	////	////	01 37	01 50	02 09	02 40
62	21 08	22 42	////	01 45	02 02	02 26	03 02
60	20 49	22 02	////	01 51	02 12	02 40	03 19
N 58	20 34	21 35	////	01 57	02 21	02 51	03 33
56	20 20	21 14	22 49	02 02	02 28	03 02	03 46
54	20 09	20 57	22 12	02 06	02 35	03 11	03 56
52	19 59	20 43	21 47	02 10	02 41	03 19	04 06
50	19 50	20 31	21 27	02 14	02 47	03 26	04 15
45	19 31	20 06	20 52	02 22	02 59	03 42	04 33
N 40	19 15	19 47	20 26	02 29	03 09	03 55	04 48
35	19 02	19 31	20 06	02 35	03 18	04 06	05 01
30	18 51	19 18	19 50	02 40	03 25	04 16	05 12
20	18 32	18 56	19 24	02 49	03 39	04 33	05 31
N 10	18 16	18 38	19 05	02 57	03 50	04 47	05 47
0	18 00	18 22	18 48	03 04	04 01	05 01	06 03
S 10	17 45	18 07	18 33	03 12	04 12	05 15	06 18
20	17 29	17 53	18 20	03 20	04 24	05 29	06 35
30	17 11	17 36	18 06	03 29	04 37	05 46	06 54
35	17 00	17 27	17 58	03 34	04 45	05 56	07 05
40	16 48	17 18	17 51	03 40	04 53	06 07	07 18
45	16 34	17 06	17 42	03 47	05 04	06 20	07 33
S 50	16 16	16 53	17 33	03 55	05 16	06 36	07 51
52	16 08	16 47	17 29	03 59	05 22	06 44	08 00
54	15 59	16 40	17 24	04 03	05 29	06 52	08 09
56	15 49	16 33	17 20	04 08	05 36	07 02	08 20
58	15 41	16 25	17 14	04 13	05 44	07 13	08 33
S 60	15 23	16 15	17 09	04 20	05 53	07 25	08 48

Day	SUN Eqn. of Time 00ʰ	SUN Eqn. of Time 12ʰ	SUN Mer. Pass.	MOON Mer. Pass. Upper	MOON Mer. Pass. Lower	Age	Phase
	m s	m s	h m	h m	h m	d	
22	03 26	03 24	11 57	21 47	09 19	12	
23	03 21	03 19	11 57	22 46	10 16	13	
24	03 17	03 14	11 57	23 48	11 17	14	○

1994 MAY 25, 26, 27 (WED., THURS., FRI.)

UT (GMT)	ARIES G.H.A.	VENUS −4.0 G.H.A.	Dec.	MARS +1.2 G.H.A.	Dec.	JUPITER −2.4 G.H.A.	Dec.	SATURN +1.0 G.H.A.	Dec.	STARS Name	S.H.A.	Dec.
25 00	242 21.1	147 08.6	N24 58.9	213 23.6	N10 59.6	27 23.2	S12 31.8	258 35.1	S 8 42.1	Acamar	315 29.6	S40 19.6
01	257 23.5	162 07.7	58.8	228 24.3	11 00.3	42 25.9	31.7	273 37.5	42.0	Achernar	335 37.8	S57 15.7
02	272 26.0	177 06.9	58.8	243 25.0	01.0	57 28.6	31.7	288 39.8	42.0	Acrux	173 24.9	S63 04.4
03	287 28.5	192 06.1 ··	58.7	258 25.7 ··	01.6	72 31.3 ··	31.6	303 42.2 ··	42.0	Adhara	255 24.0	S28 58.1
04	302 30.9	207 05.2	58.7	273 26.4	02.3	87 34.0	31.5	318 44.5	41.9	Aldebaran	291 06.1	N16 29.8
05	317 33.4	222 04.4	58.7	288 27.1	03.0	102 36.7	31.4	333 46.9	41.9			
06	332 35.9	237 03.6	N24 58.6	303 27.7	N11 03.7	117 39.4	S12 31.4	348 49.2	S 8 41.9	Alioth	166 32.9	N55 59.5
W 07	347 38.3	252 02.7	58.6	318 28.4	04.3	132 42.2	31.3	3 51.6	41.8	Alkaid	153 09.7	N49 20.6
E 08	2 40.8	267 01.9	58.5	333 29.1	05.0	147 44.9	31.2	18 53.9	41.8	Al Na'ir	28 01.6	S46 59.0
D 09	17 43.3	282 01.1 ··	58.5	348 29.8 ··	05.7	162 47.6 ··	31.1	33 56.3 ··	41.8	Alnilam	276 01.2	S 1 12.5
N 10	32 45.7	297 00.2	58.4	3 30.5	06.3	177 50.3	31.1	48 58.6	41.7	Alphard	218 10.2	S 8 38.3
E 11	47 48.2	311 59.4	58.4	18 31.1	07.0	192 53.0	31.0	64 01.0	41.7			
S 12	62 50.6	326 58.6	N24 58.3	33 31.8	N11 07.7	207 55.7	S12 30.9	79 03.3	S 8 41.6	Alphecca	126 22.7	N26 44.0
D 13	77 53.1	341 57.7	58.3	48 32.5	08.4	222 58.4	30.8	94 05.7	41.6	Alpheratz	357 58.4	N29 03.5
A 14	92 55.6	356 56.9	58.2	63 33.2	09.0	238 01.1	30.8	109 08.0	41.6	Altair	62 21.9	N 8 51.2
Y 15	107 58.0	11 56.0 ··	58.2	78 33.9 ··	09.7	253 03.9 ··	30.7	124 10.4 ··	41.5	Ankaa	353 30.0	S42 20.0
16	123 00.5	26 55.2	58.1	93 34.5	10.4	268 06.6	30.6	139 12.7	41.5	Antares	112 43.4	S26 25.2
17	138 03.0	41 54.4	58.1	108 35.2	11.0	283 09.3	30.5	154 15.1	41.5			
18	153 05.4	56 53.5	N24 58.0	123 35.9	N11 11.7	298 12.0	S12 30.5	169 17.4	S 8 41.4	Arcturus	146 08.5	N19 12.7
19	168 07.9	71 52.7	58.0	138 36.6	12.4	313 14.7	30.4	184 19.8	41.4	Atria	107 57.5	S69 01.0
20	183 10.4	86 51.9	57.9	153 37.3	13.0	328 17.4	30.3	199 22.2	41.4	Avior	234 24.2	S59 29.9
21	198 12.8	101 51.1 ··	57.8	168 37.9 ··	13.7	343 20.1 ··	30.2	214 24.5 ··	41.3	Bellatrix	278 47.7	N 6 20.6
22	213 15.3	116 50.2	57.8	183 38.6	14.4	358 22.8	30.2	229 26.9	41.3	Betelgeuse	271 17.1	N 7 24.2
23	228 17.7	131 49.4	57.7	198 39.3	15.0	13 25.6	30.1	244 29.2	41.3			
26 00	243 20.2	146 48.6	N24 57.6	213 40.0	N11 15.7	28 28.3	S12 30.0	259 31.6	S 8 41.2	Canopus	264 02.9	S52 41.8
01	258 22.7	161 47.7	57.6	228 40.7	16.4	43 31.0	29.9	274 33.9	41.2	Capella	280 56.0	N45 59.5
02	273 25.1	176 46.9	57.5	243 41.3	17.0	58 33.7	29.9	289 36.3	41.2	Deneb	49 41.0	N45 15.5
03	288 27.6	191 46.1 ··	57.4	258 42.0 ··	17.7	73 36.4 ··	29.8	304 38.6 ··	41.1	Denebola	182 48.1	N14 36.1
04	303 30.1	206 45.2	57.4	273 42.7	18.4	88 39.1	29.7	319 41.0	41.1	Diphda	349 10.4	S18 00.9
05	318 32.5	221 44.4	57.3	288 43.4	19.0	103 41.8	29.6	334 43.3	41.1			
06	333 35.0	236 43.6	N24 57.2	303 44.0	N11 19.7	118 44.5	S12 29.6	349 45.7	S 8 41.0	Dubhe	194 09.0	N61 47.0
07	348 37.5	251 42.7	57.1	318 44.7	20.4	133 47.2	29.5	4 48.1	41.0	Elnath	278 31.0	N28 36.1
T 08	3 39.9	266 41.9	57.1	333 45.4	21.0	148 49.9	29.4	19 50.4	40.9	Eltanin	90 52.3	N51 29.3
H 09	18 42.4	281 41.1 ··	57.0	348 46.1 ··	21.7	163 52.6 ··	29.3	34 52.8 ··	40.9	Enif	34 01.1	N 9 51.0
U 10	33 44.9	296 40.2	56.9	3 46.8	22.4	178 55.4	29.3	49 55.1	40.9	Fomalhaut	15 39.7	S29 38.9
R 11	48 47.3	311 39.4	56.8	18 47.4	23.0	193 58.1	29.2	64 57.5	40.8			
S 12	63 49.8	326 38.6	N24 56.8	33 48.1	N11 23.7	209 00.8	S12 29.1	79 59.8	S 8 40.8	Gacrux	172 16.5	S57 05.3
D 13	78 52.2	341 37.8	56.7	48 48.8	24.4	224 03.5	29.0	95 02.2	40.8	Gienah	176 06.8	S17 30.9
A 14	93 54.7	356 36.9	56.6	63 49.5	25.0	239 06.2	29.0	110 04.5	40.7	Hadar	149 07.6	S60 21.0
Y 15	108 57.2	11 36.1 ··	56.5	78 50.2 ··	25.7	254 08.9 ··	28.9	125 06.9 ··	40.7	Hamal	328 17.2	N23 26.1
16	123 59.6	26 35.3	56.4	93 50.8	26.4	269 11.6	28.8	140 09.3	40.7	Kaus Aust.	84 02.4	S34 23.1
17	139 02.1	41 34.4	56.3	108 51.5	27.0	284 14.3	28.8	155 11.6	40.6			
18	154 04.6	56 33.6	N24 56.2	123 52.2	N11 27.7	299 17.0	S12 28.7	170 14.0	S 8 40.6	Kochab	137 18.4	N74 10.8
19	169 07.0	71 32.8	56.2	138 52.9	28.3	314 19.7	28.6	185 16.3	40.6	Markab	13 52.6	N15 10.5
20	184 09.5	86 31.9	56.1	153 53.6	29.0	329 22.4	28.5	200 18.7	40.5	Menkar	314 30.3	N 4 04.0
21	199 12.0	101 31.1 ··	56.0	168 54.2 ··	29.7	344 25.1 ··	28.5	215 21.0 ··	40.5	Menkent	148 24.1	S36 20.7
22	214 14.4	116 30.3	55.9	183 54.9	30.3	359 27.8	28.4	230 23.4	40.5	Miaplacidus	221 42.9	S69 42.1
23	229 16.9	131 29.5	55.8	198 55.6	31.0	14 30.5	28.3	245 25.8	40.4			
27 00	244 19.4	146 28.6	N24 55.7	213 56.3	N11 31.7	29 33.3	S12 28.2	260 28.1	S 8 40.4	Mirfak	309 01.3	N49 50.4
01	259 21.8	161 27.8	55.6	228 56.9	32.3	44 36.0	28.2	275 30.5	40.4	Nunki	76 15.7	S26 18.1
02	274 24.3	176 27.0	55.5	243 57.6	33.0	59 38.7	28.1	290 32.8	40.3	Peacock	53 41.4	S56 44.9
03	289 26.7	191 26.2 ··	55.4	258 58.3 ··	33.6	74 41.4 ··	28.0	305 35.2 ··	40.3	Pollux	243 45.4	N28 02.3
04	304 29.2	206 25.3	55.3	273 59.0	34.3	89 44.1	28.0	320 37.6	40.3	Procyon	245 14.9	N 5 14.2
05	319 31.7	221 24.5	55.2	288 59.7	35.0	104 46.8	27.9	335 39.9	40.2			
06	334 34.1	236 23.7	N24 55.1	304 00.3	N11 35.6	119 49.5	S12 27.8	350 42.3	S 8 40.2	Rasalhague	96 19.4	N12 33.8
07	349 36.6	251 22.8	55.0	319 01.0	36.3	134 52.2	27.7	5 44.6	40.2	Regulus	207 58.7	N11 59.6
08	4 39.1	266 22.0	54.9	334 01.7	37.0	149 54.9	27.7	20 47.0	40.1	Rigel	281 26.1	S 8 12.6
F 09	19 41.5	281 21.2 ··	54.8	349 02.4 ··	37.6	164 57.6 ··	27.6	35 49.3 ··	40.1	Rigil Kent.	140 10.6	S60 48.9
R 10	34 44.0	296 20.4	54.7	4 03.0	38.3	180 00.3	27.5	50 51.7	40.1	Sabik	102 28.6	S15 43.1
I 11	49 46.5	311 19.5	54.6	19 03.7	38.9	195 03.0	27.4	65 54.1	40.0			
D 12	64 48.9	326 18.7	N24 54.5	34 04.4	N11 39.6	210 05.7	S12 27.4	80 56.4	S 8 40.0	Schedar	349 57.2	N56 30.2
A 13	79 51.4	341 17.9	54.4	49 05.1	40.3	225 08.4	27.3	95 58.8	40.0	Shaula	96 40.9	S37 05.9
Y 14	94 53.8	356 17.1	54.2	64 05.8	40.9	240 11.1	27.2	111 01.1	40.0	Sirius	258 46.6	S16 42.7
15	109 56.3	11 16.2 ··	54.1	79 06.4 ··	41.6	255 13.8 ··	27.2	126 03.5 ··	39.9	Spica	158 46.1	S11 08.1
16	124 58.8	26 15.4	54.0	94 07.1	42.2	270 16.5	27.1	141 05.9	39.9	Suhail	223 03.1	S43 25.0
17	140 01.2	41 14.6	53.9	109 07.8	42.9	285 19.2	27.0	156 08.2	39.9			
18	155 03.7	56 13.8	N24 53.8	124 08.5	N11 43.5	300 21.9	S12 26.9	171 10.6	S 8 39.8	Vega	80 48.3	N38 46.6
19	170 06.2	71 12.9	53.7	139 09.1	44.2	315 24.6	26.9	186 12.9	39.8	Zuben'ubi	137 20.9	S16 01.2
20	185 08.6	86 12.1	53.5	154 09.8	44.9	330 27.3	26.8	201 15.3	39.8			
21	200 11.1	101 11.3 ··	53.4	169 10.5 ··	45.5	345 30.0 ··	26.7	216 17.7 ··	39.7			
22	215 13.6	116 10.5	53.3	184 11.2	46.2	0 32.7	26.7	231 20.0	39.7			
23	230 16.0	131 09.7	53.2	199 11.8	46.8	15 35.4	26.6	246 22.4	39.7			

											S.H.A.	Mer. Pass.
										Venus	263 28.3	14 14
										Mars	330 19.8	9 45
Mer. Pass. 7 45.4		v −0.8 d 0.1		v 0.7 d 0.7		v 2.7 d 0.1		v 2.4 d 0.0		Jupiter	145 08.1	22 02
										Saturn	16 11.4	6 41

1994 MAY 25, 26, 27 (WED., THURS., FRI.)

UT (GMT)	SUN G.H.A.	SUN Dec.	MOON G.H.A.	v	MOON Dec.	d	H.P.
25 00	180 47.8	N20 52.0	2 53.2	3.7	S19 45.5	4.2	61.0
01	195 47.7	52.5	17 15.9	3.6	19 49.7	3.9	61.0
02	210 47.6	52.9	31 38.5	3.6	19 53.6	3.9	61.0
03	225 47.6	.. 53.4	46 01.1	3.6	19 57.5	3.7	61.0
04	240 47.5	53.8	60 23.7	3.6	20 01.2	3.5	60.9
05	255 47.5	54.3	74 46.3	3.6	20 04.7	3.4	60.9
W 06	270 47.4	N20 54.7	89 08.9	3.6	S20 08.1	3.2	60.9
E 07	285 47.3	55.2	103 31.5	3.5	20 11.3	3.1	60.9
D 08	300 47.3	55.6	117 54.0	3.6	20 14.4	3.0	60.9
N 09	315 47.2	.. 56.1	132 16.6	3.5	20 17.4	2.8	60.9
E 10	330 47.2	56.5	146 39.1	3.6	20 20.2	2.6	60.9
S 11	345 47.1	57.0	161 01.7	3.5	20 22.8	2.5	60.8
D 12	0 47.0	N20 57.4	175 24.2	3.6	S20 25.3	2.3	60.8
A 13	15 47.0	57.9	189 46.8	3.5	20 27.6	2.2	60.8
Y 14	30 46.9	58.3	204 09.3	3.6	20 29.8	2.0	60.8
15	45 46.8	.. 58.8	218 31.9	3.5	20 31.8	1.9	60.8
16	60 46.8	59.2	232 54.4	3.6	20 33.7	1.7	60.7
17	75 46.7	20 59.6	247 17.0	3.6	20 35.4	1.5	60.7
18	90 46.7	N21 00.1	261 39.6	3.6	S20 36.9	1.4	60.7
19	105 46.6	00.5	276 02.2	3.7	20 38.3	1.3	60.7
20	120 46.5	01.0	290 24.9	3.6	20 39.6	1.1	60.7
21	135 46.5	.. 01.4	304 47.5	3.7	20 40.7	0.9	60.6
22	150 46.4	01.9	319 10.2	3.7	20 41.6	0.8	60.6
23	165 46.3	02.3	333 32.9	3.7	20 42.4	0.7	60.6
26 00	180 46.3	N21 02.7	347 55.6	3.7	S20 43.1	0.5	60.6
01	195 46.2	03.2	2 18.3	3.8	20 43.6	0.3	60.6
02	210 46.1	03.6	16 41.1	3.8	20 43.9	0.2	60.5
03	225 46.1	.. 04.1	31 03.9	3.8	20 44.1	0.0	60.5
04	240 46.0	04.5	45 26.7	3.9	20 44.1	0.1	60.5
05	255 46.0	04.9	59 49.6	3.9	20 44.0	0.3	60.5
T 06	270 45.9	N21 05.4	74 12.5	3.9	S20 43.7	0.4	60.4
H 07	285 45.8	05.8	88 35.4	4.0	20 43.3	0.5	60.4
U 08	300 45.8	06.2	102 58.4	4.0	20 42.8	0.8	60.4
R 09	315 45.7	.. 06.7	117 21.4	4.1	20 42.0	0.8	60.3
S 10	330 45.6	07.1	131 44.5	4.1	20 41.2	1.0	60.3
D 11	345 45.6	07.5	146 07.6	4.1	20 40.2	1.2	60.3
A 12	0 45.5	N21 08.0	160 30.7	4.2	S20 39.0	1.3	60.3
Y 13	15 45.4	08.4	174 53.9	4.3	20 37.7	1.5	60.2
14	30 45.4	08.8	189 17.2	4.3	20 36.2	1.6	60.2
15	45 45.3	.. 09.3	203 40.5	4.3	20 34.6	1.7	60.2
16	60 45.2	09.7	218 03.8	4.5	20 32.9	1.9	60.2
17	75 45.2	10.1	232 27.3	4.4	20 31.0	2.0	60.1
18	90 45.1	N21 10.6	246 50.7	4.6	S20 29.0	2.2	60.1
19	105 45.0	11.0	261 14.3	4.6	20 26.8	2.3	60.1
20	120 45.0	11.4	275 37.9	4.6	20 24.5	2.6	60.0
21	135 44.9	.. 11.8	290 01.5	4.7	20 22.0	2.6	60.0
22	150 44.8	12.3	304 25.2	4.8	20 19.4	2.7	60.0
23	165 44.7	12.7	318 49.0	4.9	20 16.7	2.9	59.9
27 00	180 44.7	N21 13.1	333 12.9	4.9	S20 13.8	3.0	59.9
01	195 44.6	13.5	347 36.8	5.0	20 10.8	3.1	59.9
02	210 44.5	14.0	2 00.8	5.0	20 07.7	3.3	59.8
03	225 44.5	.. 14.4	16 24.8	5.2	20 04.4	3.4	59.8
04	240 44.4	14.8	30 49.0	5.2	20 01.0	3.6	59.8
05	255 44.3	15.2	45 13.2	5.2	19 57.4	3.6	59.7
F 06	270 44.3	N21 15.7	59 37.4	5.4	S19 53.8	3.9	59.7
R 07	285 44.2	16.1	74 01.8	5.4	19 49.9	3.9	59.7
I 08	300 44.1	16.5	88 26.2	5.5	19 46.0	4.1	59.6
D 09	315 44.0	.. 16.9	102 50.7	5.6	19 41.9	4.2	59.6
A 10	330 44.0	17.3	117 15.3	5.7	19 37.7	4.3	59.6
Y 11	345 43.9	17.8	131 40.0	5.7	19 33.4	4.4	59.5
12	0 43.8	N21 18.2	146 04.7	5.9	S19 29.0	4.6	59.5
13	15 43.8	18.6	160 29.6	5.9	19 24.4	4.5	59.5
14	30 43.7	19.0	174 54.5	6.0	19 19.7	4.8	59.4
15	45 43.6	.. 19.4	189 19.5	6.1	19 14.9	5.0	59.4
16	60 43.5	19.8	203 44.6	6.1	19 09.9	5.0	59.4
17	75 43.5	20.2	218 09.7	6.3	19 04.9	5.2	59.3
18	90 43.4	N21 20.7	232 35.0	6.3	S18 59.7	5.3	59.3
19	105 43.3	21.1	247 00.3	6.5	18 54.4	5.4	59.2
20	120 43.2	21.5	261 25.8	6.5	18 49.0	5.5	59.2
21	135 43.2	.. 21.9	275 51.3	6.6	18 43.5	5.6	59.2
22	150 43.1	22.3	290 16.9	6.7	18 37.9	5.8	59.1
23	165 43.0	22.7	304 42.6	6.8	18 32.1	5.8	59.1
	S.D. 15.8	d 0.4	S.D. 16.6		16.4		16.2

Twilight / Moonrise

Lat.	Naut.	Civil	Sunrise	Moonrise 25	26	27	28
N 72	□	□	□	■	■	■	■
N 70	□	□	□	■	■	■	01 12
68	////	////	00 22	23 30	24 15	00 15	00 29
66	////	////	01 39	22 41	23 33	24 00	00 00
64	////	////	02 15	22 09	23 04	23 38	23 58
62	////	01 00	02 40	21 46	22 42	23 20	23 44
60	////	01 45	03 00	21 27	22 25	23 05	23 33
N 58	////	02 13	03 16	21 12	22 10	22 52	23 23
56	00 54	02 35	03 30	20 58	21 57	22 41	23 14
54	01 35	02 52	03 42	20 47	21 46	22 32	23 07
52	02 02	03 07	03 52	20 37	21 36	22 23	23 00
50	02 22	03 20	04 01	20 28	21 27	22 15	22 53
45	02 59	03 45	04 21	20 08	21 08	21 59	22 40
N 40	03 25	04 05	04 37	19 53	20 53	21 45	22 29
35	03 46	04 21	04 50	19 40	20 40	21 33	22 19
30	04 02	04 35	05 01	19 28	20 29	21 23	22 11
20	04 28	04 57	05 21	19 09	20 10	21 06	21 56
N 10	04 48	05 15	05 38	18 51	19 53	20 51	21 44
0	05 05	05 31	05 53	18 36	19 37	20 36	21 32
S 10	05 21	05 46	06 09	18 20	19 22	20 22	21 20
20	05 35	06 02	06 25	18 03	19 05	20 07	21 07
30	05 49	06 18	06 44	17 43	18 46	19 49	20 52
35	05 56	06 28	06 55	17 32	18 34	19 39	20 44
40	06 04	06 38	07 08	17 19	18 21	19 27	20 34
45	06 13	06 50	07 22	17 04	18 06	19 13	20 22
S 50	06 23	07 03	07 40	16 45	17 48	18 57	20 08
52	06 27	07 10	07 49	16 36	17 39	18 49	20 02
54	06 32	07 17	07 58	16 26	17 29	18 40	19 55
56	06 37	07 24	08 09	16 15	17 18	18 30	19 47
58	06 42	07 33	08 21	16 03	17 05	18 18	19 37
S 60	06 48	07 42	08 35	15 48	16 50	18 05	19 27

Twilight / Moonset

Lat.	Sunset	Civil	Naut.	Moonset 25	26	27	28
N 72	□	□	□	■	■	■	■
N 70	□	□	□	00 07	■	■	04 38
68	□	□	□	01 34	02 10	03 33	05 21
66	22 19	////	////	02 13	02 59	04 15	05 49
64	21 42	////	////	02 40	03 31	04 43	06 11
62	21 16	23 00	////	03 02	03 54	05 05	06 28
60	20 56	22 12	////	03 19	04 13	05 23	06 43
N 58	20 39	21 42	////	03 33	04 29	05 37	06 55
56	20 25	21 20	23 05	03 46	04 42	05 50	07 05
54	20 13	21 03	22 21	03 56	04 53	06 01	07 15
52	20 03	20 48	21 54	04 06	05 04	06 10	07 23
50	19 53	20 35	21 33	04 15	05 13	06 19	07 30
45	19 34	20 09	20 56	04 33	05 32	06 37	07 46
N 40	19 18	19 50	20 29	04 48	05 48	06 52	07 59
35	19 05	19 33	20 09	05 01	06 01	07 05	08 10
30	18 53	19 20	19 52	05 12	06 12	07 16	08 19
20	18 33	18 57	19 26	05 31	06 32	07 34	08 36
N 10	18 16	18 39	19 06	05 47	06 49	07 51	08 50
0	18 01	18 23	18 49	06 03	07 05	08 06	09 03
S 10	17 45	18 07	18 33	06 18	07 21	08 21	09 16
20	17 28	17 52	18 19	06 35	07 38	08 37	09 30
30	17 10	17 35	18 05	06 54	07 58	08 55	09 46
35	16 59	17 26	17 57	07 05	08 09	09 06	09 56
40	16 46	17 16	17 49	07 18	08 22	09 18	10 06
45	16 31	17 04	17 40	07 33	08 37	09 33	10 18
S 50	16 13	16 50	17 31	07 51	08 56	09 50	10 33
52	16 05	16 44	17 26	08 00	09 05	09 58	10 40
54	15 55	16 37	17 22	08 09	09 15	10 08	10 48
56	15 45	16 29	17 17	08 20	09 26	10 18	10 56
58	15 32	16 21	17 11	08 33	09 39	10 30	11 06
S 60	15 18	16 11	17 05	08 48	09 54	10 43	11 17

SUN / MOON

Day	Eqn. of Time 00h	12h	Mer. Pass.	Mer. Pass. Upper	Lower	Age	Phase
	m s	m s	h m	h m	h m	d	
25	03 11	03 08	11 57	24 50	12 19	15	
26	03 05	03 02	11 57	00 50	13 21	16	
27	02 59	02 55	11 57	01 52	14 21	17	○

1994 MAY 28, 29, 30 (SAT., SUN., MON.)

UT (GMT) d h	ARIES G.H.A.	VENUS −4.0 G.H.A.	Dec.	MARS +1.2 G.H.A.	Dec.	JUPITER −2.4 G.H.A.	Dec.	SATURN +1.0 G.H.A.	Dec.	STARS Name	S.H.A.	Dec.
28 00	245 18.5	146 08.8 N24 53.0		214 12.5 N11 47.5		30 38.1 S12 26.5		261 24.8 S 8 39.6		Acamar	315 29.6 S40 19.6	
01	260 21.0	161 08.0	52.9	229 13.2	48.2	45 40.8	26.4	276 27.1	39.6	Achernar	335 37.8 S57 15.7	
02	275 23.4	176 07.2	52.8	244 13.9	48.8	60 43.5	26.4	291 29.5	39.6	Acrux	173 24.9 S63 04.5	
03	290 25.9	191 06.4 ··	52.7	259 14.6 ··	49.5	75 46.2 ··	26.3	306 31.8 ··	39.5	Adhara	255 24.0 S28 58.1	
04	305 28.3	206 05.5	52.5	274 15.2	50.1	90 48.9	26.2	321 34.2	39.5	Aldebaran	291 06.1 N16 29.8	
05	320 30.8	221 04.7	52.4	289 15.9	50.8	105 51.6	26.2	336 36.6	39.5			
06	335 33.3	236 03.9 N24 52.3		304 16.6 N11 51.4		120 54.3 S12 26.1		351 38.9 S 8 39.4		Alioth	166 32.9 N55 59.5	
07	350 35.7	251 03.1	52.1	319 17.3	52.1	135 57.0	26.0	6 41.3	39.4	Alkaid	153 09.8 N49 20.6	
S 08	5 38.2	266 02.3	52.0	334 17.9	52.7	150 59.7	25.9	21 43.7	39.4	Al Na'ir	28 01.5 S46 59.0	
A 09	20 40.7	281 01.4 ··	51.9	349 18.6 ··	53.4	166 02.4 ··	25.9	36 46.0 ··	39.3	Alnilam	276 01.2 S 1 12.5	
T 10	35 43.1	296 00.6	51.7	4 19.3	54.1	181 05.1	25.8	51 48.4	39.3	Alphard	218 10.2 S 8 38.3	
U 11	50 45.6	310 59.8	51.6	19 20.0	54.7	196 07.8	25.7	66 50.7	39.3			
R 12	65 48.1	325 59.0 N24 51.5		34 20.6 N11 55.4		211 10.5 S12 25.7		81 53.1 S 8 39.3		Alphecca	126 22.7 N26 44.0	
D 13	80 50.5	340 58.2	51.3	49 21.3	56.0	226 13.2	25.6	96 55.5	39.2	Alpheratz	357 58.4 N29 03.5	
A 14	95 53.0	355 57.3	51.2	64 22.0	56.7	241 15.9	25.5	111 57.8	39.2	Altair	62 21.9 N 8 51.2	
Y 15	110 55.5	10 56.5 ··	51.0	79 22.7 ··	57.3	256 18.6 ··	25.5	127 00.2 ··	39.2	Ankaa	353 30.0 S42 19.9	
16	125 57.9	25 55.7	50.9	94 23.3	58.0	271 21.3	25.4	142 02.6	39.1	Antares	112 43.4 S26 25.2	
17	141 00.4	40 54.9	50.7	109 24.0	58.6	286 24.0	25.3	157 04.9	39.1			
18	156 02.8	55 54.1 N24 50.6		124 24.7 N11 59.3		301 26.7 S12 25.2		172 07.3 S 8 39.1		Arcturus	146 08.5 N19 12.7	
19	171 05.3	70 53.2	50.4	139 25.4 11 59.9		316 29.4	25.2	187 09.7	39.0	Atria	107 57.5 S69 01.0	
20	186 07.8	85 52.4	50.3	154 26.0 12 00.6		331 32.1	25.1	202 12.0	39.0	Avior	234 24.2 S59 29.9	
21	201 10.2	100 51.6 ··	50.2	169 26.7 ··	01.2	346 34.8 ··	25.0	217 14.4 ··	39.0	Bellatrix	278 47.7 N 6 20.6	
22	216 12.7	115 50.8	50.0	184 27.4	01.9	1 37.5	25.0	232 16.7	39.0	Betelgeuse	271 17.1 N 7 24.2	
23	231 15.2	130 50.0	49.8	199 28.1	02.5	16 40.2	24.9	247 19.1	38.9			
29 00	246 17.6	145 49.2 N24 49.7		214 28.7 N12 03.2		31 42.9 S12 24.8		262 21.5 S 8 38.9		Canopus	264 03.0 S52 41.8	
01	261 20.1	160 48.3	49.5	229 29.4	03.9	46 45.6	24.8	277 23.8	38.9	Capella	280 56.0 N45 59.5	
02	276 22.6	175 47.5	49.4	244 30.1	04.5	61 48.3	24.7	292 26.2	38.8	Deneb	49 41.0 N45 15.5	
03	291 25.0	190 46.7 ··	49.2	259 30.8 ··	05.2	76 51.0 ··	24.6	307 28.6 ··	38.8	Denebola	182 48.1 N14 36.1	
04	306 27.5	205 45.9	49.1	274 31.4	05.8	91 53.6	24.6	322 30.9	38.8	Diphda	349 10.4 S18 00.9	
05	321 29.9	220 45.1	48.9	289 32.1	06.5	106 56.3	24.5	337 33.3	38.7			
06	336 32.4	235 44.3 N24 48.7		304 32.8 N12 07.1		121 59.0 S12 24.4		352 35.7 S 8 38.7		Dubhe	194 09.1 N61 47.0	
07	351 34.9	250 43.4	48.6	319 33.5	07.8	137 01.7	24.3	7 38.0	38.7	Elnath	278 31.0 N28 36.1	
08	6 37.3	265 42.6	48.4	334 34.1	08.4	152 04.4	24.3	22 40.4	38.7	Eltanin	90 52.3 N51 29.3	
S 09	21 39.8	280 41.8 ··	48.3	349 34.8 ··	09.1	167 07.1 ··	24.2	37 42.8 ··	38.6	Enif	34 01.0 N 9 51.0	
U 10	36 42.3	295 41.0	48.1	4 35.5	09.7	182 09.8	24.1	52 45.1	38.6	Fomalhaut	15 39.7 S29 38.9	
N 11	51 44.7	310 40.2	47.9	19 36.2	10.4	197 12.5	24.1	67 47.5	38.6			
D 12	66 47.2	325 39.4 N24 47.7		34 36.8 N12 11.0		212 15.2 S12 24.0		82 49.9 S 8 38.5		Gacrux	172 16.5 S57 05.3	
A 13	81 49.7	340 38.6	47.6	49 37.5	11.7	227 17.9	23.9	97 52.2	38.5	Gienah	176 06.8 S17 30.9	
Y 14	96 52.1	355 37.7	47.4	64 38.2	12.3	242 20.6	23.9	112 54.6	38.5	Hadar	149 07.6 S60 21.0	
15	111 54.6	10 36.9 ··	47.2	79 38.9 ··	13.0	257 23.3 ··	23.8	127 57.0 ··	38.4	Hamal	328 17.2 N23 26.1	
16	126 57.1	25 36.1	47.1	94 39.5	13.6	272 26.0	23.7	142 59.3	38.4	Kaus Aust.	84 02.4 S34 23.1	
17	141 59.5	40 35.3	46.9	109 40.2	14.2	287 28.7	23.7	158 01.7	38.4			
18	157 02.0	55 34.5 N24 46.7		124 40.9 N12 14.9		302 31.3 S12 23.6		173 04.1 S 8 38.4		Kochab	137 18.4 N74 10.8	
19	172 04.4	70 33.7	46.5	139 41.6	15.5	317 34.0	23.5	188 06.4	38.3	Markab	13 52.6 N15 10.5	
20	187 06.9	85 32.9	46.4	154 42.2	16.2	332 36.7	23.5	203 08.8	38.3	Menkar	314 30.3 N 4 04.0	
21	202 09.4	100 32.1 ··	46.2	169 42.9 ··	16.8	347 39.4 ··	23.4	218 11.2 ··	38.3	Menkent	148 24.1 S36 20.7	
22	217 11.8	115 31.2	46.0	184 43.6	17.5	2 42.1	23.3	233 13.5	38.2	Miaplacidus	221 42.9 S69 42.1	
23	232 14.3	130 30.4	45.8	199 44.3	18.1	17 44.8	23.3	248 15.9	38.2			
30 00	247 16.8	145 29.6 N24 45.6		214 44.9 N12 18.8		32 47.5 S12 23.2		263 18.3 S 8 38.2		Mirfak	309 01.3 N49 50.4	
01	262 19.2	160 28.8	45.4	229 45.6	19.4	47 50.2	23.1	278 20.7	38.2	Nunki	76 15.7 S26 18.1	
02	277 21.7	175 28.0	45.3	244 46.3	20.1	62 52.9	23.1	293 23.0	38.1	Peacock	53 41.3 S56 44.9	
03	292 24.2	190 27.2 ··	45.1	259 47.0 ··	20.7	77 55.6 ··	23.0	308 25.4 ··	38.1	Pollux	243 45.4 N28 02.3	
04	307 26.6	205 26.4	44.9	274 47.6	21.4	92 58.2	22.9	323 27.8	38.1	Procyon	245 14.9 N 5 14.2	
05	322 29.1	220 25.6	44.7	289 48.3	22.0	108 00.9	22.9	338 30.1	38.0			
06	337 31.6	235 24.8 N24 44.5		304 49.0 N12 22.7		123 03.6 S12 22.8		353 32.5 S 8 38.0		Rasalhague	96 19.4 N12 33.8	
07	352 34.0	250 24.0	44.3	319 49.7	23.3	138 06.3	22.7	8 34.9	38.0	Regulus	207 58.7 N11 59.6	
08	7 36.5	265 23.2	44.1	334 50.3	23.9	153 09.0	22.7	23 37.2	38.0	Rigel	281 26.1 S 8 12.6	
M 09	22 38.9	280 22.3 ··	43.9	349 51.0 ··	24.6	168 11.7 ··	22.6	38 39.6 ··	37.9	Rigil Kent.	140 10.6 S60 48.9	
O 10	37 41.4	295 21.5	43.7	4 51.7	25.2	183 14.4	22.5	53 42.0	37.9	Sabik	102 28.6 S15 43.1	
N 11	52 43.9	310 20.7	43.5	19 52.3	25.9	198 17.1	22.5	68 44.3	37.9			
D 12	67 46.3	325 19.9 N24 43.3		34 53.0 N12 26.5		213 19.7 S12 22.4		83 46.7 S 8 37.8		Schedar	349 57.1 N56 30.2	
A 13	82 48.8	340 19.1	43.1	49 53.7	27.2	228 22.4	22.3	98 49.1	37.8	Shaula	96 40.9 S37 05.9	
Y 14	97 51.3	355 18.3	42.9	64 54.4	27.8	243 25.1	22.3	113 51.5	37.8	Sirius	258 46.6 S16 42.7	
15	112 53.7	10 17.5 ··	42.7	79 55.0 ··	28.4	258 27.8 ··	22.2	128 53.8 ··	37.8	Spica	158 46.1 S11 08.1	
16	127 56.2	25 16.7	42.5	94 55.7	29.1	273 30.5	22.1	143 56.2	37.7	Suhail	223 03.1 S43 25.0	
17	142 58.7	40 15.9	42.3	109 56.4	29.7	288 33.2	22.1	158 58.6	37.7			
18	158 01.1	55 15.1 N24 42.1		124 57.1 N12 30.4		303 35.9 S12 22.0		174 00.9 S 8 37.7		Vega	80 48.2 N38 46.7	
19	173 03.6	70 14.3	41.9	139 57.7	31.0	318 38.6	21.9	189 03.3	37.7	Zuben'ubi	137 20.9 S16 01.2	
20	188 06.0	85 13.5	41.7	154 58.4	31.7	333 41.2	21.9	204 05.7	37.6		S.H.A.	Mer. Pass.
21	203 08.5	100 12.7 ··	41.5	169 59.1 ··	32.3	348 43.9 ··	21.8	219 08.1 ··	37.6		° ′	h m
22	218 11.0	115 11.9	41.3	184 59.7	32.9	3 46.6	21.7	234 10.4	37.6	Venus	259 31.5	14 18
23	233 13.4	130 11.1	41.1	200 00.4	33.6	18 49.3	21.7	249 12.8	37.5	Mars	328 11.1	9 42
	h m									Jupiter	145 25.2	21 49
Mer. Pass. 7 33.6		v −0.8 d 0.2		v 0.7 d 0.6		v 2.7 d 0.1		v 2.4 d 0.0		Saturn	16 03.8	6 30

1994 MAY 28, 29, 30 (SAT., SUN., MON.)

UT (GMT)	SUN G.H.A.	SUN Dec.	MOON G.H.A.	MOON v	MOON Dec.	MOON d	MOON H.P.
d h	o ,	o ,	o ,	,	o ,	,	,
28 00	180 43.0	N21 23.1	319 08.4	6.9	S18 26.3	6.0	59.1
01	195 42.9	23.5	333 34.3	6.9	18 20.3	6.1	59.0
02	210 42.8	23.9	348 00.2	7.1	18 14.2	6.2	59.0
03	225 42.7 ..	24.4	2 26.3	7.2	18 08.0	6.3	58.9
04	240 42.7	24.8	16 52.5	7.2	18 01.7	6.3	58.9
05	255 42.6	25.2	31 18.7	7.4	17 55.4	6.5	58.9
06	270 42.5	N21 25.6	45 45.1	7.4	S17 48.9	6.6	58.8
07	285 42.4	26.0	60 11.5	7.5	17 42.3	6.7	58.8
S 08	300 42.4	26.4	74 38.0	7.7	17 35.6	6.8	58.8
A 09	315 42.3 ..	26.8	89 04.7	7.7	17 28.8	6.9	58.7
T 10	330 42.2	27.2	103 31.4	7.8	17 21.9	7.0	58.7
U 11	345 42.1	27.6	117 58.2	7.9	17 14.9	7.1	58.6
R 12	0 42.0	N21 28.0	132 25.1	8.0	S17 07.8	7.1	58.6
D 13	15 42.0	28.4	146 52.1	8.1	17 00.7	7.3	58.6
A 14	30 41.9	28.8	161 19.2	8.2	16 53.4	7.3	58.5
Y 15	45 41.8 ..	29.2	175 46.4	8.3	16 46.1	7.5	58.5
16	60 41.7	29.6	190 13.7	8.4	16 38.6	7.5	58.4
17	75 41.7	30.0	204 41.1	8.5	16 31.1	7.6	58.4
18	90 41.6	N21 30.4	219 08.6	8.6	S16 23.5	7.7	58.4
19	105 41.5	30.8	233 36.2	8.7	16 15.8	7.8	58.3
20	120 41.4	31.2	248 03.9	8.7	16 08.0	7.9	58.3
21	135 41.3 ..	31.6	262 31.6	8.9	16 00.1	7.9	58.2
22	150 41.3	32.0	276 59.5	9.0	15 52.2	8.1	58.2
23	165 41.2	32.4	291 27.5	9.0	15 44.1	8.1	58.2
29 00	180 41.1	N21 32.8	305 55.5	9.2	S15 36.0	8.2	58.1
01	195 41.0	33.2	320 23.7	9.2	15 27.8	8.2	58.1
02	210 41.0	33.6	334 51.9	9.3	15 19.6	8.4	58.0
03	225 40.9 ..	33.9	349 20.2	9.5	15 11.2	8.4	58.0
04	240 40.8	34.3	3 48.7	9.5	15 02.8	8.4	58.0
05	255 40.7	34.7	18 17.2	9.6	14 54.4	8.6	57.9
06	270 40.6	N21 35.1	32 45.8	9.7	S14 45.8	8.6	57.9
07	285 40.6	35.5	47 14.5	9.8	14 37.2	8.7	57.8
08	300 40.5	35.9	61 43.3	9.9	14 28.5	8.8	57.8
S 09	315 40.4 ..	36.3	76 12.2	10.0	14 19.7	8.8	57.8
U 10	330 40.3	36.7	90 41.2	10.1	14 10.9	8.9	57.7
N 11	345 40.2	37.1	105 10.3	10.2	14 02.0	8.9	57.7
D 12	0 40.1	N21 37.4	119 39.5	10.2	S13 53.1	9.0	57.7
A 13	15 40.1	37.8	134 08.7	10.4	13 44.1	9.1	57.6
Y 14	30 40.0	38.2	148 38.1	10.4	13 35.0	9.1	57.6
15	45 39.9 ..	38.6	163 07.5	10.6	13 25.9	9.2	57.5
16	60 39.8	39.0	177 37.1	10.6	13 16.7	9.3	57.5
17	75 39.7	39.4	192 06.7	10.7	13 07.4	9.3	57.5
18	90 39.7	N21 39.8	206 36.4	10.8	S12 58.1	9.3	57.4
19	105 39.6	40.1	221 06.2	10.9	12 48.8	9.5	57.4
20	120 39.5	40.5	235 36.1	10.9	12 39.3	9.4	57.3
21	135 39.4 ..	40.9	250 06.0	11.1	12 29.9	9.5	57.3
22	150 39.3	41.3	264 36.1	11.1	12 20.4	9.6	57.3
23	165 39.2	41.7	279 06.2	11.2	12 10.8	9.6	57.2
30 00	180 39.2	N21 42.0	293 36.4	11.3	S12 01.2	9.7	57.2
01	195 39.1	42.4	308 06.7	11.4	11 51.5	9.7	57.1
02	210 39.0	42.8	322 37.1	11.5	11 41.8	9.7	57.1
03	225 38.9 ..	43.2	337 07.6	11.5	11 32.1	9.8	57.1
04	240 38.8	43.5	351 38.1	11.6	11 22.3	9.9	57.0
05	255 38.7	43.9	6 08.7	11.8	11 12.4	9.9	57.0
06	270 38.6	N21 44.3	20 39.5	11.7	S11 02.5	9.9	57.0
07	285 38.6	44.7	35 10.2	11.9	10 52.6	10.0	56.9
08	300 38.5	45.0	49 41.1	11.9	10 42.6	10.0	56.9
M 09	315 38.4 ..	45.4	64 12.0	12.1	10 32.6	10.0	56.9
O 10	330 38.3	45.8	78 43.1	12.1	10 22.6	10.1	56.8
N 11	345 38.2	46.2	93 14.2	12.1	10 12.5	10.1	56.8
D 12	0 38.1	N21 46.5	107 45.3	12.3	S10 02.4	10.2	56.7
A 13	15 38.0	46.9	122 16.6	12.3	9 52.2	10.2	56.7
Y 14	30 38.0	47.3	136 47.9	12.4	9 42.0	10.2	56.7
15	45 37.9 ..	47.6	151 19.3	12.4	9 31.8	10.3	56.6
16	60 37.8	48.0	165 50.7	12.6	9 21.5	10.3	56.6
17	75 37.7	48.4	180 22.3	12.6	9 11.2	10.3	56.6
18	90 37.6	N21 48.7	194 53.9	12.6	S 9 00.9	10.3	56.5
19	105 37.5	49.1	209 25.5	12.8	8 50.6	10.4	56.5
20	120 37.4	49.5	223 57.3	12.8	8 40.2	10.4	56.5
21	135 37.4 ..	49.8	238 29.1	12.9	8 29.8	10.4	56.4
22	150 37.3	50.2	253 01.0	12.9	8 19.4	10.5	56.4
23	165 37.2	50.6	267 32.9	13.0	8 08.9	10.5	56.4
	S.D. 15.8	d 0.4	S.D. 16.0		15.7		15.5

Moonrise

Lat.	Twilight Naut.	Twilight Civil	Sunrise	28	29	30	31
o	h m	h m	h m	h m	h m	h m	h m
N 72	☐	☐	☐	▬	01 35	01 11	00 55
N 70	☐	☐	☐	01 12	00 59	00 50	00 44
68	☐	☐	☐	00 29	00 33	00 34	00 34
66	////	////	01 26	00 00	00 14	00 21	00 26
64	////	////	02 06	23 58	24 10	00 10	00 20
62	////	00 41	02 33	23 44	24 01	00 01	00 14
60	////	01 36	02 54	23 33	23 53	24 09	00 09
N 58	////	02 07	03 11	23 23	23 46	24 04	00 04
56	00 37	02 30	03 26	23 14	23 40	24 00	00 00
54	01 27	02 48	03 38	23 07	23 34	23 57	24 17
52	01 56	03 03	03 49	23 00	23 29	23 54	24 15
50	02 18	03 16	03 58	22 53	23 25	23 51	24 11
45	02 56	03 43	04 19	22 40	23 15	23 44	24 11
N 40	03 23	04 03	04 35	22 29	23 06	23 39	24 08
35	03 44	04 19	04 48	22 19	22 59	23 34	24 06
30	04 01	04 33	05 00	22 11	22 53	23 30	24 04
20	04 27	04 56	05 20	21 56	22 42	23 23	24 01
N 10	04 48	05 15	05 38	21 44	22 32	23 17	23 58
0	05 06	05 31	05 54	21 32	22 23	23 11	23 56
S 10	05 21	05 47	06 10	21 20	22 14	23 05	23 53
20	05 36	06 03	06 27	21 07	22 04	22 58	23 50
30	05 50	06 20	06 46	20 52	21 53	22 51	23 47
35	05 58	06 29	06 57	20 44	21 46	22 47	23 45
40	06 06	06 40	07 10	20 34	21 39	22 42	23 43
45	06 16	06 52	07 25	20 22	21 30	22 37	23 40
S 50	06 26	07 06	07 44	20 08	21 20	22 30	23 37
52	06 30	07 13	07 52	20 02	21 15	22 27	23 36
54	06 35	07 20	08 02	19 55	21 10	22 23	23 34
56	06 40	07 28	08 13	19 47	21 04	22 20	23 33
58	06 46	07 37	08 26	19 37	20 57	22 15	23 31
S 60	06 52	07 47	08 41	19 27	20 50	22 11	23 29

Moonset

Lat.	Sunset	Twilight Civil	Twilight Naut.	28	29	30	31
o	h m	h m	h m	h m	h m	h m	h m
N 72	☐	☐	☐	▬	06 10	08 18	10 11
N 70	☐	☐	☐	04 38	06 44	08 37	10 21
68	☐	☐	☐	05 21	07 09	08 51	10 28
66	22 32	////	////	05 49	07 28	09 03	10 34
64	21 51	////	////	06 11	07 43	09 13	10 40
62	21 23	23 22	////	06 28	07 55	09 21	10 44
60	21 02	22 22	////	06 43	08 06	09 28	10 48
N 58	20 44	21 50	////	06 55	08 15	09 35	10 52
56	20 30	21 26	23 25	07 05	08 23	09 40	10 55
54	20 17	21 08	22 30	07 15	08 30	09 45	10 58
52	20 07	20 52	22 00	07 23	08 37	09 50	11 00
50	19 57	20 39	21 39	07 30	08 43	09 54	11 02
45	19 37	20 13	21 00	07 46	08 55	10 02	11 07
N 40	19 20	19 52	20 32	07 59	09 05	10 10	11 11
35	19 07	19 36	20 11	08 10	09 14	10 16	11 15
30	18 55	19 22	19 54	08 19	09 21	10 21	11 18
20	18 34	18 59	19 27	08 36	09 35	10 30	11 23
N 10	18 17	18 40	19 07	08 50	09 46	10 39	11 28
0	18 01	18 23	18 49	09 03	09 57	10 46	11 32
S 10	17 45	18 07	18 34	09 16	10 07	10 54	11 37
20	17 28	17 52	18 19	09 30	10 18	11 02	11 41
30	17 09	17 35	18 04	09 46	10 31	11 11	11 46
35	16 57	17 25	17 56	09 56	10 38	11 16	11 49
40	16 44	17 14	17 48	10 06	10 47	11 22	11 53
45	16 29	17 02	17 39	10 18	10 56	11 28	11 57
S 50	16 11	16 48	17 29	10 33	11 08	11 36	12 01
52	16 02	16 41	17 24	10 40	11 13	11 40	12 03
54	15 52	16 34	17 19	10 48	11 19	11 44	12 05
56	15 41	16 26	17 14	10 56	11 26	11 49	12 08
58	15 28	16 17	17 08	11 06	11 33	11 54	12 11
S 60	15 13	16 07	17 02	11 17	11 41	11 59	12 14

Day	SUN Eqn. of Time 00 h	SUN Eqn. of Time 12 h	SUN Mer. Pass.	MOON Mer. Pass. Upper	MOON Mer. Pass. Lower	Age	Phase
	m s	m s	h m	h m	h m	d	
28	02 52	02 48	11 57	02 50	15 18	18	◑
29	02 45	02 41	11 57	03 44	16 10	19	
30	02 37	02 33	11 57	04 35	16 58	20	

1994 MAY 31, JUNE 1, 2 (TUES., WED., THURS.)

UT (GMT) d h	ARIES G.H.A.	VENUS −4.0 G.H.A.	Dec.	MARS +1.2 G.H.A.	Dec.	JUPITER −2.4 G.H.A.	Dec.	SATURN +1.0 G.H.A.	Dec.	STARS Name	S.H.A.	Dec.
31 00	248 15.9	145 10.3	N24 40.9	215 01.1	N12 34.2	33 52.0	S12 21.6	264 15.2	S 8 37.5	Acamar	315 29.6	S40 19.6
01	263 18.4	160 09.5	40.7	230 01.8	34.9	48 54.7	21.5	279 17.5	37.5	Achernar	335 37.8	S57 15.7
02	278 20.8	175 08.7	40.4	245 02.4	35.5	63 57.3	21.5	294 19.9	37.5	Acrux	173 24.9	S63 04.5
03	293 23.3	190 07.8 ··	40.2	260 03.1 ··	36.1	79 00.0 ··	21.4	309 22.3 ··	37.4	Adhara	255 24.1	S28 58.1
04	308 25.8	205 07.0	40.0	275 03.8	36.8	94 02.7	21.3	324 24.7	37.4	Aldebaran	291 06.1	N16 29.8
05	323 28.2	220 06.2	39.8	290 04.5	37.4	109 05.4	21.3	339 27.0	37.4			
06	338 30.7	235 05.4	N24 39.6	305 05.1	N12 38.1	124 08.1	S12 21.2	354 29.4	S 8 37.4	Alioth	166 32.9	N55 59.6
07	353 33.2	250 04.6	39.3	320 05.8	38.7	139 10.8	21.1	9 31.8	37.3	Alkaid	153 09.8	N49 20.6
T 08	8 35.6	265 03.8	39.1	335 06.5	39.3	154 13.4	21.1	24 34.2	37.3	Al Na'ir	28 01.5	S46 59.0
U 09	23 38.1	280 03.0 ··	38.9	350 07.1 ··	40.0	169 16.1 ··	21.0	39 36.5 ··	37.3	Alnilam	276 01.2	S 1 12.4
E 10	38 40.5	295 02.2	38.7	5 07.8	40.6	184 18.8	20.9	54 38.9	37.2	Alphard	218 10.2	S 8 38.3
S 11	53 43.0	310 01.4	38.5	20 08.5	41.3	199 21.5	20.9	69 41.3	37.2			
D 12	68 45.5	325 00.6	N24 38.2	35 09.2	N12 41.9	214 24.2	S12 20.8	84 43.7	S 8 37.2	Alphecca	126 22.7	N26 44.0
A 13	83 47.9	339 59.8	38.0	50 09.8	42.5	229 26.9	20.8	99 46.0	37.2	Alpheratz	357 58.4	N29 03.5
Y 14	98 50.4	354 59.0	37.8	65 10.5	43.2	244 29.5	20.7	114 48.4	37.1	Altair	62 21.9	N 8 51.2
15	113 52.9	9 58.2 ··	37.5	80 11.2 ··	43.8	259 32.2 ··	20.6	129 50.8 ··	37.1	Ankaa	353 29.9	S42 19.9
16	128 55.3	24 57.4	37.3	95 11.8	44.4	274 34.9	20.6	144 53.2	37.1	Antares	112 43.4	S26 25.2
17	143 57.8	39 56.6	37.1	110 12.5	45.1	289 37.6	20.5	159 55.5	37.1			
18	159 00.3	54 55.8	N24 36.8	125 13.2	N12 45.7	304 40.3	S12 20.4	174 57.9	S 8 37.0	Arcturus	146 08.5	N19 12.7
19	174 02.7	69 55.0	36.6	140 13.9	46.4	319 42.9	20.4	190 00.3	37.0	Atria	107 57.5	S69 01.0
20	189 05.2	84 54.2	36.4	155 14.5	47.0	334 45.6	20.3	205 02.7	37.0	Avior	234 24.2	S59 29.9
21	204 07.7	99 53.5 ··	36.1	170 15.2 ··	47.6	349 48.3 ··	20.2	220 05.0 ··	37.0	Bellatrix	278 47.7	N 6 20.6
22	219 10.1	114 52.7	35.9	185 15.9	48.3	4 51.0	20.2	235 07.4	36.9	Betelgeuse	271 17.1	N 7 24.3
23	234 12.6	129 51.9	35.7	200 16.5	48.9	19 53.7	20.1	250 09.8	36.9			
1 00	249 15.0	144 51.1	N24 35.4	215 17.2	N12 49.5	34 56.3	S12 20.0	265 12.2	S 8 36.9	Canopus	264 03.0	S52 41.8
01	264 17.5	159 50.3	35.2	230 17.9	50.2	49 59.0	20.0	280 14.5	36.9	Capella	280 56.0	N45 59.5
02	279 20.0	174 49.5	34.9	245 18.6	50.8	65 01.7	19.9	295 16.9	36.8	Deneb	49 40.9	N45 15.5
03	294 22.4	189 48.7 ··	34.7	260 19.2 ··	51.4	80 04.4 ··	19.9	310 19.3 ··	36.8	Denebola	182 48.1	N14 36.1
04	309 24.9	204 47.9	34.4	275 19.9	52.1	95 07.0	19.8	325 21.7	36.8	Diphda	349 10.4	S18 00.9
05	324 27.4	219 47.1	34.2	290 20.6	52.7	110 09.7	19.7	340 24.0	36.8			
06	339 29.8	234 46.3	N24 33.9	305 21.2	N12 53.3	125 12.4	S12 19.7	355 26.4	S 8 36.7	Dubhe	194 09.1	N61 47.0
W 07	354 32.3	249 45.5	33.7	320 21.9	54.0	140 15.1	19.6	10 28.8	36.7	Elnath	278 31.0	N28 36.1
E 08	9 34.8	264 44.7	33.4	335 22.6	54.6	155 17.8	19.5	25 31.2	36.7	Eltanin	90 52.3	N51 29.4
D 09	24 37.2	279 43.9 ··	33.2	350 23.2 ··	55.2	170 20.4 ··	19.5	40 33.5 ··	36.7	Enif	34 01.0	N 9 51.0
N 10	39 39.7	294 43.1	32.9	5 23.9	55.9	185 23.1	19.4	55 35.9	36.6	Fomalhaut	15 39.7	S29 38.9
E 11	54 42.1	309 42.3	32.7	20 24.6	56.5	200 25.8	19.4	70 38.3	36.6			
S 12	69 44.6	324 41.5	N24 32.4	35 25.3	N12 57.1	215 28.5	S12 19.3	85 40.7	S 8 36.6	Gacrux	172 16.6	S57 05.3
D 13	84 47.1	339 40.7	32.2	50 25.9	57.8	230 31.1	19.2	100 43.1	36.6	Gienah	176 06.9	S17 30.9
A 14	99 49.5	354 40.0	31.9	65 26.6	58.4	245 33.8	19.2	115 45.4	36.5	Hadar	149 07.7	S60 21.0
Y 15	114 52.0	9 39.2 ··	31.6	80 27.3 ··	59.0	260 36.5 ··	19.1	130 47.8 ··	36.5	Hamal	328 17.2	N23 26.1
16	129 54.5	24 38.4	31.4	95 27.9	12 59.7	275 39.2	19.0	145 50.2	36.5	Kaus Aust.	84 02.3	S34 23.1
17	144 56.9	39 37.6	31.1	110 28.6	13 00.3	290 41.8	19.0	160 52.6	36.5			
18	159 59.4	54 36.8	N24 30.9	125 29.3	N13 00.9	305 44.5	S12 18.9	175 54.9	S 8 36.4	Kochab	137 18.4	N74 10.8
19	175 01.9	69 36.0	30.6	140 30.0	01.6	320 47.2	18.9	190 57.3	36.4	Markab	13 52.6	N15 10.5
20	190 04.3	84 35.2	30.3	155 30.6	02.2	335 49.9	18.8	205 59.7	36.4	Menkar	314 30.3	N 4 04.0
21	205 06.8	99 34.4 ··	30.1	170 31.3 ··	02.8	350 52.5 ··	18.7	221 02.1 ··	36.4	Menkent	148 24.1	S36 20.8
22	220 09.3	114 33.6	29.8	185 32.0	03.4	5 55.2	18.7	236 04.5	36.3	Miaplacidus	221 43.0	S69 42.1
23	235 11.7	129 32.8	29.5	200 32.6	04.1	20 57.9	18.6	251 06.8	36.3			
2 00	250 14.2	144 32.1	N24 29.3	215 33.3	N13 04.7	36 00.6	S12 18.5	266 09.2	S 8 36.3	Mirfak	309 01.3	N49 50.4
01	265 16.6	159 31.3	29.0	230 34.0	05.3	51 03.2	18.5	281 11.6	36.3	Nunki	76 15.7	S26 18.1
02	280 19.1	174 30.5	28.7	245 34.6	06.0	66 05.9	18.4	296 14.0	36.2	Peacock	53 41.3	S56 44.9
03	295 21.6	189 29.7 ··	28.4	260 35.3 ··	06.6	81 08.6 ··	18.4	311 16.4 ··	36.2	Pollux	243 45.4	N28 02.3
04	310 24.0	204 28.9	28.2	275 36.0	07.2	96 11.2	18.3	326 18.7	36.2	Procyon	245 14.9	N 5 14.2
05	325 26.5	219 28.1	27.9	290 36.6	07.9	111 13.9	18.2	341 21.1	36.2			
06	340 29.0	234 27.3	N24 27.6	305 37.3	N13 08.5	126 16.6	S12 18.2	356 23.5	S 8 36.1	Rasalhague	96 19.4	N12 33.9
07	355 31.4	249 26.6	27.3	320 38.0	09.1	141 19.3	18.1	11 25.9	36.1	Regulus	207 58.7	N11 59.6
T 08	10 33.9	264 25.8	27.1	335 38.7	09.7	156 21.9	18.1	26 28.3	36.1	Rigel	281 26.1	S 8 12.6
H 09	25 36.4	279 25.0 ··	26.8	350 39.3 ··	10.4	171 24.6 ··	18.0	41 30.6 ··	36.1	Rigil Kent.	140 10.6	S60 48.9
U 10	40 38.8	294 24.2	26.5	5 40.0	11.0	186 27.3	17.9	56 33.0	36.0	Sabik	102 28.6	S15 43.1
R 11	55 41.3	309 23.4	26.2	20 40.7	11.6	201 29.9	17.9	71 35.4	36.0			
S 12	70 43.8	324 22.6	N24 25.9	35 41.3	N13 12.2	216 32.6	S12 17.8	86 37.8	S 8 36.0	Schedar	349 57.1	N56 30.2
D 13	85 46.2	339 21.8	25.6	50 42.0	12.9	231 35.3	17.8	101 40.2	36.0	Shaula	96 40.9	S37 05.9
A 14	100 48.7	354 21.1	25.4	65 42.7	13.5	246 38.0	17.7	116 42.6	36.0	Sirius	258 46.6	S16 42.7
Y 15	115 51.1	9 20.3 ··	25.1	80 43.3 ··	14.1	261 40.6 ··	17.6	131 44.9 ··	35.9	Spica	158 46.1	S11 08.1
16	130 53.6	24 19.5	24.8	95 44.0	14.7	276 43.3	17.6	146 47.3	35.9	Suhail	223 03.1	S43 25.0
17	145 56.1	39 18.7	24.5	110 44.7	15.4	291 46.0	17.5	161 49.7	35.9			
18	160 58.5	54 17.9	N24 24.2	125 45.3	N13 16.0	306 48.6	S12 17.4	176 52.1	S 8 35.9	Vega	80 48.2	N38 46.7
19	176 01.0	69 17.2	23.9	140 46.0	16.6	321 51.3	17.4	191 54.5	35.8	Zuben'ubi	137 20.9	S16 01.2
20	191 03.5	84 16.4	23.6	155 46.7	17.2	336 54.0	17.3	206 56.8	35.8			
21	206 05.9	99 15.6 ··	23.3	170 47.3 ··	17.9	351 56.6 ··	17.3	221 59.2 ··	35.8			
22	221 08.4	114 14.8	23.0	185 48.0	18.5	6 59.3	17.2	237 01.6	35.8			
23	236 10.9	129 14.0	22.7	200 48.7	19.1	22 02.0	17.2	252 04.0	35.7			

	S.H.A.	Mer. Pass.
	° ′	h m
Venus	255 36.0	14 21
Mars	326 02.2	9 38
Jupiter	145 41.3	21 36
Saturn	15 57.1	6 18

Mer. Pass. 7 21.8 | v −0.8 d 0.3 | v 0.7 d 0.6 | v 2.7 d 0.1 | v 2.4 d 0.0

1994 MAY 31, JUNE 1, 2 (TUES., WED., THURS.)

UT (GMT)	SUN G.H.A.	Dec.	MOON G.H.A.	v	Dec.	d	H.P.
d h	o ′	o ′	o ′	′	o ′	′	′
31 00	180 37.1	N21 50.9	282 04.9	13.1	S 7 58.4	10.5	56.3
01	195 37.0	51.3	296 37.0	13.1	7 47.9	10.5	56.3
02	210 36.9	51.7	311 09.1	13.2	7 37.4	10.5	56.3
03	225 36.8	.. 52.0	325 41.3	13.2	7 26.9	10.6	56.2
04	240 36.7	52.4	340 13.5	13.4	7 16.3	10.6	56.2
05	255 36.6	52.7	354 45.9	13.3	7 05.7	10.6	56.1
06	270 36.6	N21 53.1	9 18.2	13.5	S 6 55.1	10.6	56.1
T 07	285 36.5	53.4	23 50.7	13.5	6 44.5	10.7	56.1
U 08	300 36.4	53.8	38 23.2	13.5	6 33.8	10.6	56.1
E 09	315 36.3	.. 54.2	52 55.7	13.6	6 23.2	10.7	56.0
S 10	330 36.2	54.5	67 28.3	13.7	6 12.5	10.7	56.0
D 11	345 36.1	54.9	82 01.0	13.7	6 01.8	10.7	56.0
A 12	0 36.0	N21 55.2	96 33.7	13.7	S 5 51.1	10.8	55.9
Y 13	15 35.9	55.6	111 06.4	13.9	5 40.3	10.7	55.9
14	30 35.8	55.9	125 39.3	13.8	5 29.6	10.7	55.9
15	45 35.7	.. 56.3	140 12.1	13.9	5 18.9	10.8	55.8
16	60 35.7	56.6	154 45.0	14.0	5 08.1	10.8	55.8
17	75 35.6	57.0	169 18.0	14.0	4 57.3	10.7	55.8
18	90 35.5	N21 57.3	183 51.0	14.1	S 4 46.6	10.8	55.7
19	105 35.4	57.7	198 24.1	14.1	4 35.8	10.8	55.7
20	120 35.3	58.0	212 57.2	14.2	4 25.0	10.8	55.7
21	135 35.2	.. 58.4	227 30.4	14.2	4 14.2	10.9	55.6
22	150 35.1	58.7	242 03.6	14.2	4 03.3	10.8	55.6
23	165 35.0	59.1	256 36.8	14.3	3 52.5	10.8	55.6
1 00	180 34.9	N21 59.4	271 10.1	14.3	S 3 41.7	10.8	55.6
01	195 34.8	21 59.8	285 43.4	14.4	3 30.9	10.9	55.5
02	210 34.7	22 00.1	300 16.8	14.4	3 20.0	10.8	55.5
03	225 34.6	.. 00.5	314 50.2	14.5	3 09.2	10.8	55.5
04	240 34.5	00.8	329 23.7	14.4	2 58.4	10.9	55.5
05	255 34.4	01.2	343 57.1	14.6	2 47.5	10.8	55.4
06	270 34.4	N22 01.5	358 30.7	14.5	S 2 36.7	10.9	55.4
W 07	285 34.3	01.8	13 04.2	14.6	2 25.8	10.8	55.4
E 08	300 34.2	02.2	27 37.8	14.7	2 15.0	10.8	55.3
D 09	315 34.1	.. 02.5	42 11.5	14.6	2 04.2	10.9	55.3
N 10	330 34.0	02.9	56 45.1	14.7	1 53.3	10.8	55.3
E 11	345 33.9	03.2	71 18.8	14.8	1 42.5	10.8	55.3
S 12	0 33.8	N22 03.6	85 52.6	14.7	S 1 31.7	10.9	55.2
D 13	15 33.7	03.9	100 26.3	14.8	1 20.8	10.8	55.2
A 14	30 33.6	04.2	115 00.1	14.8	1 10.0	10.8	55.2
Y 15	45 33.5	.. 04.6	129 33.9	14.9	0 59.2	10.8	55.2
16	60 33.4	04.9	144 07.8	14.9	0 48.4	10.9	55.1
17	75 33.3	05.2	158 41.7	14.9	0 37.5	10.8	55.1
18	90 33.2	N22 05.6	173 15.6	14.9	S 0 26.7	10.8	55.1
19	105 33.1	05.9	187 49.5	15.0	0 15.9	10.7	55.1
20	120 33.0	06.2	202 23.5	14.9	S 0 05.2	10.8	55.0
21	135 32.9	.. 06.6	216 57.4	15.0	N 0 05.6	10.8	55.0
22	150 32.8	06.9	231 31.4	15.1	0 16.4	10.8	55.0
23	165 32.7	07.2	246 05.5	15.0	0 27.2	10.7	55.0
2 00	180 32.6	N22 07.6	260 39.5	15.1	N 0 37.9	10.7	55.0
01	195 32.5	07.9	275 13.6	15.1	0 48.6	10.7	54.9
02	210 32.4	08.2	289 47.7	15.1	0 59.4	10.7	54.9
03	225 32.3	.. 08.6	304 21.8	15.1	1 10.1	10.7	54.9
04	240 32.2	08.9	318 55.9	15.1	1 20.8	10.7	54.9
05	255 32.1	09.2	333 30.0	15.2	1 31.5	10.7	54.8
06	270 32.0	N22 09.5	348 04.2	15.1	N 1 42.2	10.6	54.8
T 07	285 32.0	09.9	2 38.3	15.2	1 52.8	10.7	54.8
H 08	300 31.9	10.2	17 12.5	15.2	2 03.5	10.6	54.8
U 09	315 31.8	.. 10.5	31 46.7	15.2	2 14.1	10.6	54.8
R 10	330 31.7	10.8	46 20.9	15.2	2 24.7	10.6	54.7
S 11	345 31.6	11.2	60 55.1	15.3	2 35.3	10.6	54.7
D 12	0 31.5	N22 11.5	75 29.4	15.3	N 2 45.9	10.6	54.7
A 13	15 31.4	11.8	90 03.6	15.3	2 56.5	10.5	54.7
Y 14	30 31.3	12.1	104 37.9	15.2	3 07.0	10.5	54.7
15	45 31.2	.. 12.5	119 12.1	15.3	3 17.5	10.5	54.7
16	60 31.1	12.8	133 46.4	15.2	3 28.0	10.5	54.6
17	75 31.0	13.1	148 20.6	15.3	3 38.5	10.5	54.6
18	90 30.9	N22 13.4	162 54.9	15.3	N 3 49.0	10.4	54.6
19	105 30.8	13.7	177 29.2	15.3	3 59.4	10.4	54.6
20	120 30.7	14.0	192 03.5	15.3	4 09.8	10.4	54.6
21	135 30.6	.. 14.4	206 37.8	15.3	4 20.2	10.4	54.5
22	150 30.5	14.7	221 12.1	15.3	4 30.6	10.3	54.5
23	165 30.4	15.0	235 46.4	15.3	4 41.0	10.3	54.5
	S.D. 15.8	d 0.3	S.D. 15.2		15.1		14.9

Moonrise

Lat.	Twilight Naut.	Twilight Civil	Sunrise	Moonrise 31	1	2	3
o	h m	h m	h m	h m	h m	h m	h m
N 72	□	□	□	00 55	00 42	00 31	00 19
N 70	□	□	□	00 44	00 37	00 31	00 26
68	□	□	□	00 34	00 33	00 32	00 31
66	////	////	01 13	00 26	00 30	00 33	00 36
64	////	////	01 58	00 20	00 27	00 33	00 40
62	////	00 04	02 28	00 14	00 24	00 34	00 43
60	////	01 27	02 50	00 09	00 22	00 34	00 46
N 58	////	02 01	03 07	00 04	00 20	00 34	00 49
56	00 03	02 25	03 22	00 00	00 18	00 35	00 51
54	01 19	02 44	03 35	24 17	00 17	00 35	00 53
52	01 50	03 00	03 46	24 15	00 15	00 35	00 55
50	02 13	03 13	03 56	24 14	00 14	00 35	00 57
45	02 53	03 40	04 17	24 11	00 11	00 36	01 01
N 40	03 21	04 01	04 33	24 08	00 08	00 36	01 04
35	03 42	04 18	04 47	24 06	00 06	00 37	01 07
30	04 00	04 32	04 59	24 04	00 04	00 37	01 09
20	04 27	04 56	05 20	24 01	00 01	00 38	01 14
N 10	04 48	05 15	05 38	23 58	24 38	00 38	01 18
0	05 06	05 32	05 54	23 56	24 39	00 39	01 21
S 10	05 22	05 48	06 10	23 53	24 39	00 39	01 25
20	05 37	06 04	06 28	23 50	24 40	00 40	01 29
30	05 52	06 21	06 47	23 47	24 41	00 41	01 34
35	06 00	06 31	06 59	23 45	24 41	00 41	01 36
40	06 08	06 42	07 12	23 43	24 42	00 42	01 39
45	06 18	06 54	07 28	23 40	24 42	00 42	01 43
S 50	06 28	07 09	07 47	23 37	24 43	00 43	01 47
52	06 33	07 16	07 56	23 36	24 43	00 43	01 49
54	06 38	07 23	08 06	23 34	24 43	00 43	01 51
56	06 44	07 32	08 17	23 33	24 44	00 44	01 53
58	06 50	07 41	08 30	23 31	24 44	00 44	01 56
S 60	06 56	07 51	08 46	23 29	24 45	00 45	01 59

Moonset

Lat.	Sunset	Twilight Civil	Twilight Naut.	Moonset 31	1	2	3
o	h m	h m	h m	h m	h m	h m	h m
N 72	□	□	□	10 11	11 56	13 37	15 18
N 70	□	□	□	10 21	11 58	13 33	15 07
68	□	□	□	10 28	12 00	13 30	14 58
66	22 46	////	////	10 34	12 02	13 27	14 51
64	21 59	////	////	10 40	12 03	13 24	14 44
62	21 29	////	////	10 44	12 04	13 22	14 39
60	21 07	22 31	////	10 48	12 05	13 20	14 34
N 58	20 49	21 57	////	10 52	12 06	13 19	14 30
56	20 34	21 32	////	10 55	12 07	13 17	14 26
54	20 21	21 13	22 39	10 58	12 08	13 16	14 23
52	20 10	20 57	22 07	11 00	12 08	13 15	14 20
50	20 00	20 43	21 44	11 02	12 09	13 14	14 18
45	19 39	20 16	21 03	11 07	12 10	13 11	14 12
N 40	19 22	19 55	20 35	11 11	12 11	13 10	14 07
35	19 08	19 38	20 14	11 15	12 12	13 08	14 03
30	18 56	19 23	19 56	11 18	12 13	13 06	13 59
20	18 36	19 00	19 29	11 23	12 14	13 04	13 53
N 10	18 18	18 41	19 07	11 28	12 15	13 01	13 47
0	18 01	18 24	18 50	11 32	12 17	12 59	13 42
S 10	17 45	18 08	18 34	11 37	12 18	12 57	13 37
20	17 28	17 51	18 19	11 41	12 19	12 55	13 31
30	17 08	17 34	18 03	11 46	12 20	12 52	13 25
35	16 56	17 24	17 55	11 49	12 21	12 51	13 21
40	16 43	17 13	17 47	11 53	12 21	12 49	13 17
45	16 28	17 01	17 37	11 57	12 22	12 47	13 12
S 50	16 08	16 46	17 27	12 01	12 23	12 45	13 07
52	15 59	16 39	17 22	12 03	12 24	12 44	13 04
54	15 49	16 32	17 17	12 05	12 25	12 43	13 01
56	15 38	16 24	17 12	12 08	12 25	12 41	12 58
58	15 25	16 14	17 06	12 11	12 26	12 40	12 54
S 60	15 09	16 04	16 59	12 14	12 26	12 38	12 51

Day	SUN Eqn. of Time 00h	12h	Mer. Pass.	MOON Mer. Pass. Upper	Lower	Age	Phase
	m s	m s	h m	h m	h m	d	
31	02 29	02 24	11 58	05 22	17 44	21	
1	02 20	02 15	11 58	06 06	18 28	22	
2	02 11	02 06	11 58	06 49	19 10	23	

1994 JUNE 3, 4, 5 (FRI., SAT., SUN.)

UT (GMT)	ARIES G.H.A.	VENUS −4.0 G.H.A.	Dec.	MARS +1.2 G.H.A.	Dec.	JUPITER −2.4 G.H.A.	Dec.	SATURN +1.0 G.H.A.	Dec.	STARS Name	S.H.A.	Dec.
3 00	251 13.3	144 13.3	N24 22.4	215 49.3	N13 19.7	37 04.6	S12 17.1	267 06.4	S 8 35.7	Acamar	315 29.5	S40 19.5
01	266 15.8	159 12.5	22.1	230 50.0	20.4	52 07.3	17.0	282 08.8	35.7	Achernar	335 37.8	S57 15.7
02	281 18.2	174 11.7	21.8	245 50.7	21.0	67 10.0	17.0	297 11.1	35.7	Acrux	173 25.0	S63 04.5
03	296 20.7	189 10.9	·· 21.5	260 51.3	·· 21.6	82 12.6	·· 16.9	312 13.5	·· 35.7	Adhara	255 24.1	S28 58.1
04	311 23.2	204 10.1	21.2	275 52.0	22.2	97 15.3	16.9	327 15.9	35.6	Aldebaran	291 06.1	N16 29.8
05	326 25.6	219 09.4	20.9	290 52.7	22.9	112 18.0	16.8	342 18.3	35.6			
06	341 28.1	234 08.6	N24 20.6	305 53.4	N13 23.5	127 20.6	S12 16.7	357 20.7	S 8 35.6	Alioth	166 32.9	N55 59.6
07	356 30.6	249 07.8	20.3	320 54.0	24.1	142 23.3	16.7	12 23.1	35.6	Alkaid	153 09.8	N49 20.6
08	11 33.0	264 07.0	20.0	335 54.7	24.7	157 26.0	16.6	27 25.5	35.5	Al Na'ir	28 01.5	S46 59.0
F 09	26 35.5	279 06.3	·· 19.7	350 55.4	·· 25.3	172 28.6	·· 16.6	42 27.8	·· 35.5	Alnilam	276 01.2	S 1 12.4
R 10	41 38.0	294 05.5	19.4	5 56.0	26.0	187 31.3	16.5	57 30.2	35.5	Alphard	218 10.2	S 8 38.3
I 11	56 40.4	309 04.7	19.1	20 56.7	26.6	202 34.0	16.4	72 32.6	35.5			
D 12	71 42.9	324 03.9	N24 18.7	35 57.4	N13 27.2	217 36.6	S12 16.4	87 35.0	S 8 35.5	Alphecca	126 22.7	N26 44.0
A 13	86 45.4	339 03.2	18.4	50 58.0	27.8	232 39.3	16.3	102 37.4	35.4	Alpheratz	357 58.4	N29 03.5
Y 14	101 47.8	354 02.4	18.1	65 58.7	28.4	247 42.0	16.3	117 39.8	35.4	Altair	62 21.9	N 8 51.3
15	116 50.3	9 01.6	·· 17.8	80 59.4	·· 29.1	262 44.6	·· 16.2	132 42.1	·· 35.4	Ankaa	353 29.9	S42 19.9
16	131 52.7	24 00.8	17.5	96 00.0	29.7	277 47.3	16.2	147 44.5	35.4	Antares	112 43.4	S26 25.2
17	146 55.2	39 00.1	17.2	111 00.7	30.3	292 49.9	16.1	162 46.9	35.4			
18	161 57.7	53 59.3	N24 16.8	126 01.4	N13 30.9	307 52.6	S12 16.0	177 49.3	S 8 35.3	Arcturus	146 08.5	N19 12.7
19	177 00.1	68 58.5	16.5	141 02.0	31.5	322 55.3	16.0	192 51.7	35.3	Atria	107 57.5	S69 01.0
20	192 02.6	83 57.7	16.2	156 02.7	32.2	337 57.9	15.9	207 54.1	35.3	Avior	234 24.2	S59 29.9
21	207 05.1	98 57.0	·· 15.9	171 03.4	·· 32.8	353 00.6	·· 15.9	222 56.5	·· 35.3	Bellatrix	278 47.6	N 6 20.6
22	222 07.5	113 56.2	15.5	186 04.0	33.4	8 03.3	15.8	237 58.9	35.2	Betelgeuse	271 17.1	N 7 24.3
23	237 10.0	128 55.4	15.2	201 04.7	34.0	23 05.9	15.8	253 01.2	35.2			
4 00	252 12.5	143 54.7	N24 14.9	216 05.4	N13 34.6	38 08.6	S12 15.7	268 03.6	S 8 35.2	Canopus	264 03.0	S52 41.8
01	267 14.9	158 53.9	14.6	231 06.0	35.3	53 11.2	15.6	283 06.0	35.2	Capella	280 56.0	N45 59.5
02	282 17.4	173 53.1	14.2	246 06.7	35.9	68 13.9	15.6	298 08.4	35.2	Deneb	49 40.9	N45 15.5
03	297 19.9	188 52.4	·· 13.9	261 07.4	·· 36.5	83 16.6	·· 15.5	313 10.8	·· 35.1	Denebola	182 48.1	N14 36.1
04	312 22.3	203 51.6	13.6	276 08.0	37.1	98 19.2	15.5	328 13.2	35.1	Diphda	349 10.3	S18 00.9
05	327 24.8	218 50.8	13.2	291 08.7	37.7	113 21.9	15.4	343 15.6	35.1			
06	342 27.2	233 50.1	N24 12.9	306 09.4	N13 38.3	128 24.5	S12 15.4	358 18.0	S 8 35.1	Dubhe	194 09.1	N61 47.0
07	357 29.7	248 49.3	12.6	321 10.0	39.0	143 27.2	15.3	13 20.3	35.1	Elnath	278 31.0	N28 36.1
S 08	12 32.2	263 48.5	12.2	336 10.7	39.6	158 29.9	15.2	28 22.7	35.0	Eltanin	90 52.2	N51 29.4
A 09	27 34.6	278 47.8	·· 11.9	351 11.3	·· 40.2	173 32.5	·· 15.2	43 25.1	·· 35.0	Enif	34 01.0	N 9 51.0
T 10	42 37.1	293 47.0	11.6	6 12.0	40.8	188 35.2	15.1	58 27.5	35.0	Fomalhaut	15 39.7	S29 38.9
U 11	57 39.6	308 46.2	11.2	21 12.7	41.4	203 37.8	15.1	73 29.9	35.0			
R 12	72 42.0	323 45.5	N24 10.9	36 13.3	N13 42.0	218 40.5	S12 15.0	88 32.3	S 8 35.0	Gacrux	172 16.6	S57 05.3
D 13	87 44.5	338 44.7	10.5	51 14.0	42.6	233 43.2	15.0	103 34.7	34.9	Gienah	176 06.9	S17 30.9
A 14	102 47.0	353 43.9	10.2	66 14.7	43.3	248 45.8	14.9	118 37.1	34.9	Hadar	149 07.7	S60 21.0
Y 15	117 49.4	8 43.2	·· 09.9	81 15.3	·· 43.9	263 48.5	·· 14.8	133 39.4	·· 34.9	Hamal	328 17.1	N23 26.1
16	132 51.9	23 42.4	09.5	96 16.0	44.5	278 51.1	14.8	148 41.8	34.9	Kaus Aust.	84 02.3	S34 23.1
17	147 54.4	38 41.6	09.2	111 16.7	45.1	293 53.8	14.7	163 44.2	34.9			
18	162 56.8	53 40.9	N24 08.8	126 17.3	N13 45.7	308 56.4	S12 14.7	178 46.6	S 8 34.8	Kochab	137 18.5	N74 10.9
19	177 59.3	68 40.1	08.5	141 18.0	46.3	323 59.1	14.6	193 49.0	34.8	Markab	13 52.5	N15 10.5
20	193 01.7	83 39.3	08.1	156 18.7	46.9	339 01.8	14.6	208 51.4	34.8	Menkar	314 30.3	N 4 04.0
21	208 04.2	98 38.6	·· 07.8	171 19.3	·· 47.6	354 04.4	·· 14.5	223 53.8	·· 34.8	Menkent	148 24.1	S36 20.8
22	223 06.7	113 37.8	07.4	186 20.0	48.2	9 07.1	14.5	238 56.2	34.8	Miaplacidus	221 43.0	S69 42.1
23	238 09.1	128 37.1	07.1	201 20.7	48.8	24 09.7	14.4	253 58.6	34.7			
5 00	253 11.6	143 36.3	N24 06.7	216 21.3	N13 49.4	39 12.4	S12 14.3	269 01.0	S 8 34.7	Mirfak	309 01.3	N49 50.4
01	268 14.1	158 35.5	06.3	231 22.0	50.0	54 15.0	14.3	284 03.4	34.7	Nunki	76 15.6	S26 18.1
02	283 16.5	173 34.8	06.0	246 22.7	50.6	69 17.7	14.2	299 05.7	34.7	Peacock	53 41.3	S56 44.9
03	298 19.0	188 34.0	·· 05.6	261 23.3	·· 51.2	84 20.3	·· 14.2	314 08.1	·· 34.7	Pollux	243 45.4	N28 02.3
04	313 21.5	203 33.3	05.3	276 24.0	51.8	99 23.0	14.1	329 10.5	34.6	Procyon	245 14.9	N 5 14.2
05	328 23.9	218 32.5	04.9	291 24.6	52.4	114 25.7	14.1	344 12.9	34.6			
06	343 26.4	233 31.8	N24 04.5	306 25.3	N13 53.1	129 28.3	S12 14.0	359 15.3	S 8 34.6	Rasalhague	96 19.3	N12 33.9
07	358 28.8	248 31.0	04.2	321 26.0	53.7	144 31.0	14.0	14 17.7	34.6	Regulus	207 58.8	N11 59.6
08	13 31.3	263 30.2	03.8	336 26.6	54.3	159 33.6	13.9	29 20.1	34.6	Rigel	281 26.1	S 8 12.6
S 09	28 33.8	278 29.5	·· 03.4	351 27.3	·· 54.9	174 36.3	·· 13.9	44 22.5	·· 34.5	Rigil Kent.	140 10.6	S60 48.9
U 10	43 36.2	293 28.7	03.1	6 28.0	55.5	189 38.9	13.8	59 24.9	34.5	Sabik	102 28.6	S15 43.1
N 11	58 38.7	308 28.0	02.7	21 28.6	56.1	204 41.6	13.7	74 27.3	34.5			
D 12	73 41.2	323 27.2	N24 02.3	36 29.3	N13 56.7	219 44.2	S12 13.7	89 29.7	S 8 34.5	Schedar	349 57.1	N56 30.2
A 13	88 43.6	338 26.5	02.0	51 30.0	57.3	234 46.9	13.6	104 32.1	34.5	Shaula	96 40.9	S37 05.9
Y 14	103 46.1	353 25.7	01.6	66 30.6	57.9	249 49.5	13.6	119 34.4	34.5	Sirius	258 46.6	S16 42.7
15	118 48.6	8 25.0	·· 01.2	81 31.3	·· 58.5	264 52.2	·· 13.5	134 36.8	·· 34.4	Spica	158 46.1	S11 08.1
16	133 51.0	23 24.2	00.9	96 32.0	59.1	279 54.8	13.5	149 39.2	34.4	Suhail	223 03.1	S43 25.0
17	148 53.5	38 23.4	00.5	111 32.6	13 59.8	294 57.5	13.4	164 41.6	34.4			
18	163 56.0	53 22.7	N24 00.1	126 33.3	N14 00.4	310 00.1	S12 13.3	179 44.0	S 8 34.4	Vega	80 48.2	N38 46.7
19	178 58.4	68 21.9	23 59.7	141 33.9	01.0	325 02.8	13.3	194 46.4	34.4	Zuben'ubi	137 20.9	S16 01.2
20	194 00.9	83 21.2	59.4	156 34.6	01.6	340 05.4	13.3	209 48.8	34.3			
21	209 03.3	98 20.4	·· 59.0	171 35.3	·· 02.2	355 08.1	·· 13.2	224 51.2	·· 34.3			
22	224 05.8	113 19.7	58.6	186 35.9	02.8	10 10.7	13.2	239 53.6	34.3			
23	239 08.3	128 18.9	58.2	201 36.6	03.4	25 13.4	13.1	254 56.0	34.3			

	S.H.A.	Mer. Pass.
Venus	251 42.2	14 25
Mars	323 52.9	9 35
Jupiter	145 56.1	21 24
Saturn	15 51.2	6 07

Mer. Pass. 7h 10.0m	v −0.8 d 0.3	v 0.7 d 0.6	v 2.7 d 0.1	v 2.4 d 0.0	

1994 JUNE 3, 4, 5 (FRI., SAT., SUN.)

UT (GMT)	SUN G.H.A.	SUN Dec.	MOON G.H.A.	v	Dec.	d	H.P.
3 00	180 30.3	N22 15.3	250 20.7	15.2	N 4 51.3	10.3	54.5
01	195 30.2	15.6	264 54.9	15.3	5 01.6	10.3	54.5
02	210 30.1	15.9	279 29.2	15.3	5 11.9	10.2	54.5
03	225 30.0	.. 16.2	294 03.5	15.3	5 22.1	10.3	54.5
04	240 29.8	16.6	308 37.8	15.3	5 32.4	10.2	54.4
05	255 29.7	16.9	323 12.1	15.3	5 42.6	10.1	54.4
F 06	270 29.6	N22 17.2	337 46.4	15.3	N 5 52.7	10.2	54.4
R 07	285 29.5	17.5	352 20.7	15.2	6 02.9	10.1	54.4
I 08	300 29.4	17.8	6 54.9	15.3	6 13.0	10.1	54.4
D 09	315 29.3	.. 18.1	21 29.2	15.3	6 23.1	10.0	54.4
A 10	330 29.2	18.4	36 03.5	15.2	6 33.1	10.1	54.4
Y 11	345 29.1	18.7	50 37.7	15.3	6 43.2	10.0	54.3
12	0 29.0	N22 19.0	65 12.0	15.2	N 6 53.2	9.9	54.3
13	15 28.9	19.3	79 46.2	15.2	7 03.1	9.9	54.3
14	30 28.8	19.6	94 20.4	15.2	7 13.0	9.9	54.3
15	45 28.7	.. 19.9	108 54.6	15.2	7 22.9	9.9	54.3
16	60 28.6	20.3	123 28.8	15.2	7 32.8	9.8	54.3
17	75 28.5	20.6	138 03.0	15.2	7 42.6	9.8	54.3
18	90 28.4	N22 20.9	152 37.2	15.2	N 7 52.4	9.8	54.3
19	105 28.3	21.2	167 11.4	15.1	8 02.2	9.7	54.3
20	120 28.2	21.5	181 45.5	15.2	8 11.9	9.7	54.2
21	135 28.1	.. 21.8	196 19.7	15.1	8 21.6	9.7	54.2
22	150 28.0	22.1	210 53.8	15.1	8 31.3	9.6	54.2
23	165 27.9	22.4	225 27.9	15.1	8 40.9	9.6	54.2
4 00	180 27.8	N22 22.7	240 02.0	15.0	N 8 50.5	9.5	54.2
01	195 27.7	23.0	254 36.0	15.1	9 00.0	9.5	54.2
02	210 27.6	23.3	269 10.1	15.0	9 09.5	9.5	54.2
03	225 27.5	.. 23.6	283 44.1	15.1	9 19.0	9.4	54.2
04	240 27.4	23.8	298 18.2	14.9	9 28.4	9.4	54.2
05	255 27.3	24.1	312 52.1	15.0	9 37.8	9.4	54.2
S 06	270 27.1	N22 24.4	327 26.1	15.0	N 9 47.2	9.3	54.2
A 07	285 27.0	24.7	342 00.1	14.9	9 56.5	9.2	54.2
T 08	300 26.9	25.0	356 34.0	14.9	10 05.7	9.3	54.1
U 09	315 26.8	.. 25.3	11 07.9	14.9	10 15.0	9.1	54.1
R 10	330 26.7	25.6	25 41.8	14.9	10 24.1	9.2	54.1
D 11	345 26.6	25.9	40 15.7	14.8	10 33.3	9.1	54.1
A 12	0 26.5	N22 26.2	54 49.5	14.8	N10 42.4	9.0	54.1
Y 13	15 26.4	26.5	69 23.3	14.8	10 51.4	9.0	54.1
14	30 26.3	26.8	83 57.1	14.8	11 00.4	9.0	54.1
15	45 26.2	.. 27.1	98 30.9	14.7	11 09.4	8.9	54.1
16	60 26.1	27.3	113 04.6	14.7	11 18.3	8.8	54.1
17	75 26.0	27.6	127 38.3	14.7	11 27.1	8.8	54.1
18	90 25.9	N22 27.9	142 12.0	14.7	N11 35.9	8.8	54.1
19	105 25.8	28.2	156 45.7	14.6	11 44.7	8.7	54.1
20	120 25.6	28.5	171 19.3	14.6	11 53.4	8.7	54.1
21	135 25.5	.. 28.8	185 52.9	14.6	12 02.1	8.6	54.1
22	150 25.4	29.1	200 26.5	14.5	12 10.7	8.6	54.1
23	165 25.3	29.3	215 00.0	14.5	12 19.3	8.5	54.1
5 00	180 25.2	N22 29.6	229 33.5	14.5	N12 27.8	8.5	54.1
01	195 25.1	29.9	244 07.0	14.4	12 36.3	8.4	54.1
02	210 25.0	30.2	258 40.4	14.4	12 44.7	8.3	54.1
03	225 24.9	.. 30.5	273 13.8	14.4	12 53.0	8.3	54.1
04	240 24.8	30.7	287 47.2	14.4	13 01.3	8.3	54.1
05	255 24.7	31.0	302 20.6	14.3	13 09.6	8.2	54.1
S 06	270 24.6	N22 31.3	316 53.9	14.3	N13 17.8	8.1	54.1
U 07	285 24.4	31.6	331 27.2	14.2	13 25.9	8.1	54.1
N 08	300 24.3	31.9	346 00.4	14.2	13 34.0	8.1	54.1
D 09	315 24.2	.. 32.1	0 33.6	14.2	13 42.1	7.9	54.1
A 10	330 24.1	32.4	15 06.8	14.1	13 50.0	8.0	54.0
Y 11	345 24.0	32.7	29 39.9	14.1	13 58.0	7.8	54.0
12	0 23.9	N22 33.0	44 13.0	14.1	N14 05.8	7.8	54.0
13	15 23.8	33.2	58 46.1	14.1	14 13.6	7.8	54.0
14	30 23.7	33.5	73 19.2	14.0	14 21.4	7.6	54.0
15	45 23.6	.. 33.8	87 52.2	13.9	14 29.0	7.7	54.0
16	60 23.4	34.0	102 25.1	13.9	14 36.7	7.5	54.1
17	75 23.3	34.3	116 58.0	13.9	14 44.2	7.5	54.1
18	90 23.2	N22 34.6	131 30.9	13.9	N14 51.7	7.5	54.1
19	105 23.1	34.9	146 03.8	13.8	14 59.2	7.3	54.1
20	120 23.0	35.1	160 36.6	13.8	15 06.5	7.4	54.1
21	135 22.9	.. 35.4	175 09.4	13.7	15 13.9	7.2	54.1
22	150 22.8	35.7	189 42.1	13.7	15 21.1	7.2	54.1
23	165 22.7	35.9	204 14.8	13.6	15 28.3	7.1	54.1
S.D.	15.8	d 0.3	S.D. 14.8		14.7		14.7

Lat.	Twilight Naut.	Twilight Civil	Sunrise	Moonrise 3	4	5	6
N 72	□	□	□	00 19	{00 23 / 07 52}	23 31	22 35
N 70	□	□	□	00 26	00 20	00 13	{00 23 / 06 57}
68	□	□	□	00 31	00 30	00 30	00 32
66	////	////	01 00	00 36	00 39	00 44	00 51
64	////	////	01 51	00 40	00 47	00 55	01 07
62	////	////	02 22	00 43	00 53	01 05	01 20
60	////	01 18	02 46	00 46	00 59	01 13	01 31
N 58	////	01 55	03 04	00 49	01 04	01 21	01 41
56	////	02 21	03 19	00 51	01 08	01 27	01 50
54	01 11	02 41	03 32	00 53	01 12	01 33	01 57
52	01 45	02 57	03 44	00 55	01 16	01 38	02 04
50	02 09	03 11	03 54	00 57	01 19	01 43	02 10
45	02 51	03 39	04 15	01 01	01 26	01 53	02 24
N 40	03 19	04 00	04 32	01 04	01 32	02 02	02 35
35	03 41	04 17	04 46	01 07	01 37	02 10	02 44
30	03 59	04 32	04 59	01 09	01 42	02 16	02 53
20	04 27	04 55	05 20	01 14	01 50	02 28	03 07
N 10	04 48	05 15	05 38	01 18	01 57	02 38	03 20
0	05 06	05 32	05 55	01 21	02 04	02 47	03 32
S 10	05 22	05 49	06 11	01 25	02 11	02 57	03 44
20	05 38	06 05	06 29	01 29	02 18	03 07	03 56
30	05 53	06 23	06 49	01 34	02 26	03 19	04 11
35	06 01	06 33	07 01	01 36	02 31	03 25	04 20
40	06 10	06 44	07 14	01 39	02 36	03 33	04 30
45	06 20	06 57	07 30	01 43	02 43	03 42	04 41
S 50	06 31	07 12	07 50	01 47	02 50	03 53	04 55
52	06 36	07 19	07 59	01 49	02 54	03 58	05 02
54	06 41	07 26	08 09	01 51	02 58	04 04	05 09
56	06 46	07 35	08 21	01 53	03 02	04 10	05 17
58	06 53	07 44	08 35	01 56	03 07	04 17	05 27
S 60	07 00	07 55	08 51	01 59	03 12	04 25	05 37

Lat.	Sunset	Twilight Civil	Twilight Naut.	Moonset 3	4	5	6
N 72	□	□	□	15 18	17 02	18 55	21 26
N 70	□	□	□	15 07	16 42	18 21	20 06
68	□	□	□	14 58	16 27	17 57	19 27
66	23 01	////	////	14 51	16 14	17 38	19 01
64	22 07	////	////	14 44	16 04	17 23	18 40
62	21 35	////	////	14 39	15 55	17 10	18 24
60	21 12	22 41	////	14 34	15 47	17 00	18 10
N 58	20 53	22 03	////	14 30	15 41	16 51	17 59
56	20 38	21 37	////	14 26	15 35	16 42	17 49
54	20 25	21 17	22 47	14 23	15 30	16 35	17 40
52	20 13	21 00	22 12	14 20	15 25	16 29	17 32
50	20 03	20 46	21 48	14 18	15 21	16 23	17 24
45	19 42	20 18	21 07	14 12	15 11	16 11	17 09
N 40	19 25	19 57	20 38	14 07	15 04	16 00	16 57
35	19 10	19 40	20 16	14 03	14 57	15 52	16 46
30	18 58	19 25	19 58	13 59	14 51	15 44	16 37
20	18 37	19 01	19 30	13 53	14 41	15 31	16 21
N 10	18 19	18 42	19 08	13 47	14 33	15 19	16 07
0	18 02	18 24	18 50	13 42	14 25	15 08	15 54
S 10	17 45	18 08	18 34	13 37	14 16	14 58	15 41
20	17 28	17 51	18 19	13 31	14 08	14 46	15 27
30	17 07	17 33	18 03	13 25	13 58	14 33	15 11
35	16 56	17 23	17 55	13 21	13 52	14 26	15 02
40	16 42	17 12	17 46	13 17	13 46	14 17	14 51
45	16 26	17 00	17 36	13 12	13 38	14 07	14 39
S 50	16 07	16 44	17 25	13 07	13 29	13 55	14 24
52	15 57	16 37	17 21	13 04	13 25	13 49	14 17
54	15 47	16 30	17 15	13 01	13 21	13 43	14 10
56	15 35	16 21	17 10	12 58	13 16	13 36	14 01
58	15 22	16 12	17 03	12 54	13 10	13 29	13 51
S 60	15 06	16 01	16 57	12 51	13 04	13 20	13 40

Day	SUN Eqn. of Time 00h	12h	Mer. Pass.	MOON Mer. Pass. Upper	Lower	Age	Phase
3	02 01	01 56	11 58	07 32	19 53	24	
4	01 51	01 46	11 58	08 14	20 36	25	
5	01 41	01 36	11 58	08 58	21 20	26	

1994 JUNE 6, 7, 8 (MON., TUES., WED.)

UT (GMT)	ARIES G.H.A.	VENUS −4.0 G.H.A.	Dec.	MARS +1.2 G.H.A.	Dec.	JUPITER −2.4 G.H.A.	Dec.	SATURN +1.0 G.H.A.	Dec.	STARS Name	S.H.A.	Dec.
d h	° ′	° ′	° ′	° ′	° ′	° ′	° ′	° ′	° ′		° ′	° ′
6 00	254 10.7	143 18.2	N23 57.8	216 37.3	N14 04.0	40 16.0	S12 13.0	269 58.4	S 8 34.3	Acamar	315 29.5	S40 19.5
01	269 13.2	158 17.4	57.4	231 37.9	04.6	55 18.7	13.0	285 00.8	34.2	Achernar	335 37.7	S57 15.6
02	284 15.7	173 16.7	57.1	246 38.6	05.2	70 21.3	12.9	300 03.2	34.2	Acrux	173 25.0	S63 04.5
03	299 18.1	188 15.9 ··	56.7	261 39.2 ··	05.8	85 24.0 ··	12.9	315 05.6 ··	34.2	Adhara	255 24.1	S28 58.1
04	314 20.6	203 15.2	56.3	276 39.9	06.4	100 26.6	12.8	330 08.0	34.2	Aldebaran	291 06.1	N16 29.8
05	329 23.1	218 14.4	55.9	291 40.6	07.0	115 29.3	12.8	345 10.4	34.2			
06	344 25.5	233 13.7	N23 55.5	306 41.2	N14 07.6	130 31.9	S12 12.7	0 12.8	S 8 34.2	Alioth	166 32.9	N55 59.6
07	359 28.0	248 13.0	55.1	321 41.9	08.2	145 34.6	12.7	15 15.1	34.1	Alkaid	153 09.8	N49 20.6
08	14 30.5	263 12.2	54.7	336 42.6	08.8	160 37.2	12.6	30 17.5	34.1	Al Na'ir	28 01.5	S46 59.0
M 09	29 32.9	278 11.5 ··	54.3	351 43.2 ··	09.4	175 39.9 ··	12.6	45 19.9 ··	34.1	Alnilam	276 01.2	S 1 12.4
O 10	44 35.4	293 10.7	53.9	6 43.9	10.0	190 42.5	12.5	60 22.3	34.1	Alphard	218 10.2	S 8 38.3
N 11	59 37.8	308 10.0	53.5	21 44.6	10.6	205 45.2	12.5	75 24.7	34.1			
D 12	74 40.3	323 09.2	N23 53.1	36 45.2	N14 11.2	220 47.8	S12 12.4	90 27.1	S 8 34.1	Alphecca	126 22.7	N26 44.1
A 13	89 42.8	338 08.5	52.7	51 45.9	11.8	235 50.4	12.4	105 29.5	34.0	Alpheratz	357 58.4	N29 03.5
Y 14	104 45.2	353 07.7	52.3	66 46.5	12.4	250 53.1	12.3	120 31.9	34.0	Altair	62 21.9	N 8 51.3
15	119 47.7	8 07.0 ··	51.9	81 47.2 ··	13.1	265 55.7 ··	12.3	135 34.3 ··	34.0	Ankaa	353 29.9	S42 19.9
16	134 50.2	23 06.3	51.5	96 47.9	13.7	280 58.4	12.2	150 36.7	34.0	Antares	112 43.4	S26 25.2
17	149 52.6	38 05.5	51.1	111 48.5	14.3	296 01.0	12.2	165 39.1	34.0			
18	164 55.1	53 04.8	N23 50.7	126 49.2	N14 14.9	311 03.7	S12 12.1	180 41.5	S 8 34.0	Arcturus	146 08.5	N19 12.7
19	179 57.6	68 04.0	50.3	141 49.8	15.5	326 06.3	12.1	195 43.9	33.9	Atria	107 57.5	S69 01.1
20	195 00.0	83 03.3	49.9	156 50.5	16.1	341 09.0	12.0	210 46.3	33.9	Avior	234 24.2	S59 29.9
21	210 02.5	98 02.5 ··	49.5	171 51.2 ··	16.7	356 11.6 ··	11.9	225 48.7 ··	33.9	Bellatrix	278 47.6	N 6 20.6
22	225 04.9	113 01.8	49.1	186 51.8	17.3	11 14.2	11.9	240 51.1	33.9	Betelgeuse	271 17.1	N 7 24.3
23	240 07.4	128 01.1	48.7	201 52.5	17.9	26 16.9	11.8	255 53.5	33.9			
7 00	255 09.9	143 00.3	N23 48.3	216 53.2	N14 18.5	41 19.5	S12 11.8	270 55.9	S 8 33.9	Canopus	264 03.0	S52 41.8
01	270 12.3	157 59.6	47.9	231 53.8	19.1	56 22.2	11.7	285 58.3	33.8	Capella	280 56.0	N45 59.5
02	285 14.8	172 58.9	47.5	246 54.5	19.7	71 24.8	11.7	301 00.7	33.8	Deneb	49 40.9	N45 15.5
03	300 17.3	187 58.1 ··	47.1	261 55.1 ··	20.3	86 27.5 ··	11.6	316 03.1 ··	33.8	Denebola	182 48.1	N14 36.2
04	315 19.7	202 57.4	46.6	276 55.8	20.9	101 30.1	11.6	331 05.5	33.8	Diphda	349 10.3	S18 00.9
05	330 22.2	217 56.6	46.2	291 56.5	21.5	116 32.7	11.5	346 07.9	33.8			
06	345 24.7	232 55.9	N23 45.8	306 57.1	N14 22.0	131 35.4	S12 11.5	1 10.3	S 8 33.8	Dubhe	194 09.1	N61 47.0
07	0 27.1	247 55.2	45.4	321 57.8	22.6	146 38.0	11.4	16 12.7	33.7	Elnath	278 31.0	N28 36.1
T 08	15 29.6	262 54.4	45.0	336 58.4	23.2	161 40.7	11.4	31 15.1	33.7	Eltanin	90 52.2	N51 29.4
U 09	30 32.1	277 53.7 ··	44.6	351 59.1 ··	23.8	176 43.3 ··	11.3	46 17.5 ··	33.7	Enif	34 01.0	N 9 51.0
E 10	45 34.5	292 53.0	44.1	6 59.8	24.4	191 46.0	11.3	61 19.9	33.7	Fomalhaut	15 39.6	S29 38.9
S 11	60 37.0	307 52.2	43.7	22 00.4	25.0	206 48.6	11.2	76 22.3	33.7			
D 12	75 39.4	322 51.5	N23 43.3	37 01.1	N14 25.6	221 51.2	S12 11.2	91 24.7	S 8 33.7	Gacrux	172 16.6	S57 05.3
A 13	90 41.9	337 50.8	42.9	52 01.8	26.2	236 53.9	11.1	106 27.1	33.7	Gienah	176 06.9	S17 30.9
Y 14	105 44.4	352 50.0	42.4	67 02.4	26.8	251 56.5	11.1	121 29.5	33.6	Hadar	149 07.7	S60 21.0
15	120 46.8	7 49.3 ··	42.0	82 03.1 ··	27.4	266 59.1 ··	11.0	136 31.9 ··	33.6	Hamal	328 17.1	N23 26.1
16	135 49.3	22 48.6	41.6	97 03.7	28.0	282 01.8	11.0	151 34.3	33.6	Kaus Aust.	84 02.3	S34 23.1
17	150 51.8	37 47.8	41.1	112 04.4	28.6	297 04.4	10.9	166 36.7	33.6			
18	165 54.2	52 47.1	N23 40.7	127 05.1	N14 29.2	312 07.1	S12 10.9	181 39.1	S 8 33.6	Kochab	137 18.5	N74 10.9
19	180 56.7	67 46.4	40.3	142 05.7	29.8	327 09.7	10.8	196 41.5	33.6	Markab	13 52.5	N15 10.5
20	195 59.2	82 45.6	39.9	157 06.4	30.4	342 12.3	10.8	211 43.9	33.5	Menkar	314 30.3	N 4 04.0
21	211 01.6	97 44.9 ··	39.4	172 07.0 ··	31.0	357 15.0 ··	10.7	226 46.3 ··	33.5	Menkent	148 24.1	S36 20.8
22	226 04.1	112 44.2	39.0	187 07.7	31.6	12 17.6	10.7	241 48.7	33.5	Miaplacidus	221 43.1	S69 42.1
23	241 06.6	127 43.5	38.5	202 08.4	32.2	27 20.3	10.7	256 51.1	33.5			
8 00	256 09.0	142 42.7	N23 38.1	217 09.0	N14 32.8	42 22.9	S12 10.6	271 53.5	S 8 33.5	Mirfak	309 01.3	N49 50.3
01	271 11.5	157 42.0	37.7	232 09.7	33.4	57 25.5	10.6	286 55.9	33.5	Nunki	76 15.6	S26 18.1
02	286 13.9	172 41.3	37.2	247 10.3	34.0	72 28.2	10.5	301 58.3	33.5	Peacock	53 41.2	S56 44.9
03	301 16.4	187 40.6 ··	36.8	262 11.0 ··	34.5	87 30.8 ··	10.5	317 00.7 ··	33.4	Pollux	243 45.4	N28 02.3
04	316 18.9	202 39.8	36.3	277 11.7	35.1	102 33.4	10.4	332 03.1	33.4	Procyon	245 14.9	N 5 14.2
05	331 21.3	217 39.1	35.9	292 12.3	35.7	117 36.1	10.4	347 05.5	33.4			
06	346 23.8	232 38.4	N23 35.5	307 13.0	N14 36.3	132 38.7	S12 10.3	2 07.9	S 8 33.4	Rasalhague	96 19.3	N12 33.9
W 07	1 26.3	247 37.7	35.0	322 13.6	36.9	147 41.3	10.3	17 10.3	33.4	Regulus	207 58.8	N11 59.6
E 08	16 28.7	262 36.9	34.6	337 14.3	37.5	162 44.0	10.2	32 12.7	33.4	Rigel	281 26.1	S 8 12.6
D 09	31 31.2	277 36.2 ··	34.1	352 15.0 ··	38.1	177 46.6 ··	10.2	47 15.1 ··	33.4	Rigil Kent.	140 10.6	S60 48.9
N 10	46 33.7	292 35.5	33.7	7 15.6	38.7	192 49.2	10.1	62 17.5	33.3	Sabik	102 28.5	S15 43.1
E 11	61 36.1	307 34.8	33.2	22 16.3	39.3	207 51.9	10.1	77 19.9	33.3			
S 12	76 38.6	322 34.0	N23 32.8	37 16.9	N14 39.9	222 54.5	S12 10.0	92 22.3	S 8 33.3	Schedar	349 57.0	N56 30.2
D 13	91 41.0	337 33.3	32.3	52 17.6	40.5	237 57.1	10.0	107 24.7	33.3	Shaula	96 40.8	S37 05.9
A 14	106 43.5	352 32.6	31.9	67 18.3	41.0	252 59.8	09.9	122 27.1	33.3	Sirius	258 46.6	S16 42.7
Y 15	121 46.0	7 31.9 ··	31.4	82 18.9 ··	41.6	268 02.4 ··	09.9	137 29.6 ··	33.3	Spica	158 46.1	S11 08.1
16	136 48.4	22 31.2	31.0	97 19.6	42.2	283 05.0	09.8	152 32.0	33.3	Suhail	223 03.1	S43 24.9
17	151 50.9	37 30.4	30.5	112 20.2	42.8	298 07.7	09.8	167 34.4	33.2			
18	166 53.4	52 29.7	N23 30.0	127 20.9	N14 43.4	313 10.3	S12 09.7	182 36.8	S 8 33.2	Vega	80 48.2	N38 46.7
19	181 55.8	67 29.0	29.6	142 21.5	44.0	328 12.9	09.7	197 39.2	33.2	Zuben'ubi	137 20.9	S16 01.2
20	196 58.3	82 28.3	29.1	157 22.2	44.6	343 15.6	09.6	212 41.6	33.2		S.H.A.	Mer. Pass.
21	212 00.8	97 27.6 ··	28.7	172 22.9 ··	45.2	358 18.2 ··	09.6	227 44.0 ··	33.2		° ′	h m
22	227 03.2	112 26.8	28.2	187 23.5	45.8	13 20.8	09.6	242 46.4	33.2	Venus	247 50.5	14 29
23	242 05.7	127 26.1	27.7	202 24.2	46.3	28 23.5	09.5	257 48.8	33.2	Mars	321 43.3	9 32
	h m									Jupiter	146 09.7	21 11
Mer. Pass. 6 58.2		v −0.7	d 0.4	v 0.7	d 0.6	v 2.6	d 0.0	v 2.4	d 0.0	Saturn	15 46.0	5 55

1994 JUNE 6, 7, 8 (MON., TUES., WED.)

UT (GMT)	SUN G.H.A.	SUN Dec.	MOON G.H.A.	v	MOON Dec.	d	H.P.
6 MONDAY							
00	180 22.6	N22 36.2	218 47.4	13.7	N15 35.4	7.1	54.1
01	195 22.4	36.5	233 20.1	13.5	15 42.5	6.9	54.1
02	210 22.3	36.7	247 52.6	13.6	15 49.4	7.0	54.1
03	225 22.2	.. 37.0	262 25.2	13.5	15 56.4	6.8	54.1
04	240 22.1	37.2	276 57.7	13.4	16 03.2	6.8	54.1
05	255 22.0	37.5	291 30.1	13.4	16 10.0	6.7	54.1
06	270 21.9	N22 37.8	306 02.5	13.4	N16 16.7	6.7	54.1
07	285 21.8	38.0	320 34.9	13.3	16 23.4	6.5	54.1
08	300 21.6	38.3	335 07.2	13.3	16 29.9	6.5	54.1
09	315 21.5	.. 38.6	349 39.5	13.3	16 36.4	6.5	54.1
10	330 21.4	38.8	4 11.8	13.2	16 42.9	6.3	54.1
11	345 21.3	39.1	18 44.0	13.2	16 49.2	6.3	54.1
12	0 21.2	N22 39.3	33 16.2	13.1	N16 55.5	6.3	54.1
13	15 21.1	39.6	47 48.3	13.1	17 01.8	6.1	54.1
14	30 21.0	39.8	62 20.4	13.0	17 07.9	6.1	54.1
15	45 20.9	.. 40.1	76 52.4	13.0	17 14.0	6.0	54.1
16	60 20.7	40.3	91 24.4	13.0	17 20.0	5.9	54.1
17	75 20.6	40.6	105 56.4	12.9	17 25.9	5.8	54.1
18	90 20.5	N22 40.9	120 28.3	12.9	N17 31.7	5.8	54.1
19	105 20.4	41.1	135 00.2	12.8	17 37.5	5.7	54.1
20	120 20.3	41.4	149 32.0	12.8	17 43.2	5.6	54.2
21	135 20.2	.. 41.6	164 03.8	12.8	17 48.8	5.6	54.2
22	150 20.0	41.9	178 35.6	12.7	17 54.4	5.4	54.2
23	165 19.9	42.1	193 07.3	12.7	17 59.8	5.4	54.2
7 TUESDAY							
00	180 19.8	N22 42.4	207 39.0	12.6	N18 05.2	5.3	54.2
01	195 19.7	42.6	222 10.6	12.6	18 10.5	5.2	54.2
02	210 19.6	42.9	236 42.2	12.6	18 15.7	5.2	54.2
03	225 19.5	.. 43.1	251 13.8	12.5	18 20.9	5.0	54.2
04	240 19.4	43.4	265 45.3	12.4	18 25.9	5.0	54.2
05	255 19.2	43.6	280 16.7	12.5	18 30.9	4.9	54.2
06	270 19.1	N22 43.8	294 48.2	12.3	N18 35.8	4.8	54.2
07	285 19.0	44.1	309 19.5	12.4	18 40.6	4.7	54.2
08	300 18.9	44.3	323 50.9	12.3	18 45.3	4.7	54.2
09	315 18.8	.. 44.6	338 22.2	12.3	18 50.0	4.5	54.2
10	330 18.7	44.8	352 53.5	12.2	18 54.5	4.5	54.3
11	345 18.5	45.1	7 24.7	12.2	18 59.0	4.4	54.3
12	0 18.4	N22 45.3	21 55.9	12.1	N19 03.4	4.3	54.3
13	15 18.3	45.5	36 27.0	12.1	19 07.7	4.2	54.3
14	30 18.2	45.8	50 58.1	12.1	19 11.9	4.2	54.3
15	45 18.1	.. 46.0	65 29.2	12.0	19 16.1	4.0	54.3
16	60 17.9	46.3	80 00.2	12.0	19 20.1	4.0	54.3
17	75 17.8	46.5	94 31.2	12.0	19 24.1	3.8	54.3
18	90 17.7	N22 46.7	109 02.2	11.9	N19 27.9	3.8	54.3
19	105 17.6	47.0	123 33.1	11.9	19 31.7	3.7	54.3
20	120 17.5	47.2	138 04.0	11.8	19 35.4	3.6	54.4
21	135 17.4	.. 47.4	152 34.8	11.8	19 39.0	3.5	54.4
22	150 17.2	47.7	167 05.6	11.8	19 42.5	3.4	54.4
23	165 17.1	47.9	181 36.4	11.7	19 45.9	3.3	54.4
8 WEDNESDAY							
00	180 17.0	N22 48.1	196 07.1	11.7	N19 49.2	3.3	54.4
01	195 16.9	48.4	210 37.8	11.7	19 52.5	3.1	54.4
02	210 16.8	48.6	225 08.5	11.6	19 55.6	3.0	54.4
03	225 16.6	.. 48.8	239 39.1	11.6	19 58.6	3.0	54.4
04	240 16.5	49.1	254 09.7	11.5	20 01.6	2.9	54.4
05	255 16.4	49.3	268 40.2	11.6	20 04.5	2.7	54.4
06	270 16.3	N22 49.5	283 10.8	11.5	N20 07.2	2.7	54.5
07	285 16.2	49.7	297 41.3	11.4	20 09.9	2.6	54.5
08	300 16.0	50.0	312 11.7	11.4	20 12.5	2.4	54.5
09	315 15.9	.. 50.2	326 42.1	11.4	20 14.9	2.4	54.5
10	330 15.8	50.4	341 12.5	11.4	20 17.3	2.3	54.5
11	345 15.7	50.6	355 42.9	11.3	20 19.6	2.2	54.5
12	0 15.6	N22 50.9	10 13.2	11.3	N20 21.8	2.1	54.5
13	15 15.4	51.1	24 43.5	11.3	20 23.9	2.0	54.5
14	30 15.3	51.3	39 13.8	11.2	20 25.9	1.9	54.6
15	45 15.2	.. 51.5	53 44.0	11.2	20 27.8	1.8	54.6
16	60 15.1	51.8	68 14.2	11.2	20 29.6	1.7	54.6
17	75 15.0	52.0	82 44.4	11.2	20 31.3	1.6	54.6
18	90 14.8	N22 52.2	97 14.6	11.1	N20 32.9	1.5	54.6
19	105 14.7	52.4	111 44.7	11.1	20 34.4	1.4	54.6
20	120 14.6	52.6	126 14.8	11.1	20 35.8	1.3	54.6
21	135 14.5	.. 52.9	140 44.9	11.0	20 37.1	1.3	54.7
22	150 14.4	53.1	155 14.9	11.1	20 38.4	1.1	54.7
23	165 14.2	53.3	169 45.0	11.0	20 39.5	1.0	54.7
S.D. 15.8	d 0.2		S.D. 14.7		14.8		14.9

Lat.	Naut.	Civil	Sunrise	Moonrise 6	7	8	9
N 72	□	□	□	22 35	□	□	□
N 70	□	□	□	{00 23 / 06 57}	23 36	□	□
68	□	□	□	00 32	00 36	00 46	01 12
66	////	////	00 46	00 51	01 03	01 22	01 56
64	////	////	01 45	01 07	01 24	01 49	02 26
62	////	////	02 18	01 20	01 40	02 09	02 44
60	////	01 10	02 42	01 31	01 55	02 25	03 07
N 58	////	01 50	03 01	01 41	02 07	02 40	03 22
56	////	02 17	03 17	01 50	02 17	02 52	03 35
54	01 04	02 38	03 30	01 57	02 26	03 02	03 46
52	01 41	02 54	03 42	02 03	02 35	03 12	03 56
50	02 06	03 09	03 52	02 10	02 42	03 20	04 05
45	02 49	03 37	04 14	02 24	02 58	03 38	04 23
N 40	03 18	03 59	04 31	02 35	03 11	03 52	04 39
35	03 40	04 16	04 46	02 44	03 22	04 05	04 52
30	03 58	04 31	04 58	02 53	03 32	04 16	05 03
20	04 26	04 55	05 20	03 07	03 49	04 34	05 23
N 10	04 48	05 15	05 38	03 20	04 04	04 51	05 39
0	05 07	05 33	05 55	03 32	04 18	05 06	05 55
S 10	05 23	05 49	06 12	03 44	04 32	05 21	06 11
20	05 39	06 06	06 30	03 56	04 47	05 38	06 28
30	05 54	06 24	06 50	04 11	05 04	05 56	06 48
35	06 03	06 34	07 02	04 20	05 14	06 08	06 59
40	06 12	06 46	07 16	04 30	05 26	06 20	07 12
45	06 22	06 59	07 32	04 41	05 39	06 35	07 28
S 50	06 33	07 14	07 52	04 55	05 56	06 54	07 47
52	06 38	07 21	08 02	05 02	06 04	07 02	07 56
54	06 43	07 29	08 12	05 09	06 12	07 12	08 06
56	06 49	07 38	08 24	05 17	06 22	07 23	08 17
58	06 55	07 47	08 38	05 27	06 33	07 36	08 30
S 60	07 03	07 59	08 55	05 37	06 46	07 50	08 46

Lat.	Sunset	Civil	Naut.	Moonset 6	7	8	9
N 72	□	□	□	21 26	□	□	□
N 70	□	□	□	20 06	22 05	□	□
68	□	□	□	19 27	20 56	22 12	23 00
66	23 16	////	////	19 01	20 19	21 27	22 16
64	22 14	////	////	18 40	19 54	20 57	21 47
62	21 41	////	////	18 24	19 34	20 35	21 25
60	21 16	22 50	////	18 10	19 17	20 17	21 07
N 58	20 57	22 09	////	17 59	19 03	20 02	20 52
56	20 41	21 42	////	17 49	18 52	19 49	20 39
54	20 28	21 21	22 56	17 40	18 41	19 38	20 28
52	20 16	21 04	22 18	17 32	18 32	19 28	20 18
50	20 06	20 49	21 52	17 24	18 24	19 19	20 10
45	19 44	20 21	21 09	17 09	18 06	19 01	19 51
N 40	19 26	19 59	20 40	16 57	17 52	18 45	19 36
35	19 12	19 41	20 18	16 46	17 40	18 32	19 23
30	18 59	19 27	20 00	16 37	17 29	18 21	19 11
20	18 38	19 02	19 31	16 21	17 11	18 02	18 52
N 10	18 19	18 42	19 09	16 07	16 56	17 45	18 35
0	18 02	18 25	18 51	15 54	16 41	17 30	18 19
S 10	17 46	18 08	18 34	15 41	16 26	17 14	18 04
20	17 28	17 51	18 19	15 27	16 11	16 57	17 47
30	17 07	17 33	18 03	15 11	15 53	16 38	17 27
35	16 55	17 23	17 55	15 02	15 42	16 27	17 16
40	16 41	17 12	17 46	14 51	15 30	16 14	17 03
45	16 25	16 59	17 36	14 39	15 16	15 59	16 47
S 50	16 05	16 43	17 24	14 24	14 59	15 40	16 28
52	15 56	16 36	17 19	14 17	14 51	15 31	16 19
54	15 46	16 28	17 14	14 10	14 42	15 21	16 09
56	15 33	16 20	17 08	14 01	14 32	15 10	15 58
58	15 19	16 10	17 02	13 51	14 20	14 57	15 45
S 60	15 03	15 59	16 55	13 40	14 07	14 42	15 29

Day	SUN Eqn. of Time 00h	SUN Eqn. of Time 12h	Mer. Pass.	MOON Mer. Pass. Upper	MOON Mer. Pass. Lower	Age	Phase
6	01 30	01 25	11 59	09 43	22 06	27	
7	01 19	01 14	11 59	10 29	22 53	28	
8	01 08	01 03	11 59	11 18	23 42	29	●

1994 JUNE 9, 10, 11 (THURS., FRI., SAT.)

UT (GMT)	ARIES G.H.A.	VENUS −4.0 G.H.A.	Dec.	MARS +1.2 G.H.A.	Dec.	JUPITER −2.4 G.H.A.	Dec.	SATURN +1.0 G.H.A.	Dec.	STARS Name	S.H.A.	Dec.
9 00	257 08.2	142 25.4	N23 27.3	217 24.8	N14 46.9	43 26.1	S12 09.5	272 51.2	S 8 33.1	Acamar	315 29.5	S40 19.5
01	272 10.6	157 24.7	26.8	232 25.5	47.5	58 28.7	09.4	287 53.6	33.1	Achernar	335 37.7	S57 15.6
02	287 13.1	172 24.0	26.3	247 26.2	48.1	73 31.3	09.4	302 56.0	33.1	Acrux	173 25.0	S63 04.5
03	302 15.5	187 23.3 ··	25.9	262 26.8 ··	48.7	88 34.0 ··	09.3	317 58.4 ··	33.1	Adhara	255 24.1	S28 58.1
04	317 18.0	202 22.6	25.4	277 27.5	49.3	103 36.6	09.3	333 00.8	33.1	Aldebaran	291 06.1	N16 29.8
05	332 20.5	217 21.8	24.9	292 28.1	49.9	118 39.2	09.2	348 03.2	33.1			
06	347 22.9	232 21.1	N23 24.5	307 28.8	N14 50.4	133 41.9	S12 09.2	3 05.6	S 8 33.1	Alioth	166 32.9	N55 59.6
07	2 25.4	247 20.4	24.0	322 29.4	51.0	148 44.5	09.1	18 08.0	33.1	Alkaid	153 09.8	N49 20.6
T 08	17 27.9	262 19.7	23.5	337 30.1	51.6	163 47.1	09.1	33 10.4	33.0	Al Na'ir	28 01.4	S46 58.9
H 09	32 30.3	277 19.0 ··	23.0	352 30.8 ··	52.2	178 49.7 ··	09.0	48 12.9 ··	33.0	Alnilam	276 01.2	S 1 12.4
U 10	47 32.8	292 18.3	22.6	7 31.4	52.8	193 52.4	09.0	63 15.3	33.0	Alphard	218 10.2	S 8 38.3
R 11	62 35.3	307 17.6	22.1	22 32.1	53.4	208 55.0	09.0	78 17.7	33.0			
S 12	77 37.7	322 16.9	N23 21.6	37 32.7	N14 53.9	223 57.6	S12 08.9	93 20.1	S 8 33.0	Alphecca	126 22.7	N26 44.1
D 13	92 40.2	337 16.2	21.1	52 33.4	54.5	239 00.3	08.9	108 22.5	33.0	Alpheratz	357 58.3	N29 03.5
A 14	107 42.7	352 15.5	20.7	67 34.1	55.1	254 02.9	08.8	123 24.9	33.0	Altair	62 21.8	N 8 51.3
Y 15	122 45.1	7 14.7 ··	20.2	82 34.7 ··	55.7	269 05.5 ··	08.8	138 27.3 ··	33.0	Ankaa	353 29.9	S42 19.9
16	137 47.6	22 14.0	19.7	97 35.4	56.3	284 08.1	08.7	153 29.7	32.9	Antares	112 43.4	S26 25.2
17	152 50.0	37 13.3	19.2	112 36.0	56.9	299 10.8	08.7	168 32.1	32.9			
18	167 52.5	52 12.6	N23 18.7	127 36.7	N14 57.4	314 13.4	S12 08.6	183 34.5	S 8 32.9	Arcturus	146 08.5	N19 12.7
19	182 55.0	67 11.9	18.2	142 37.3	58.0	329 16.0	08.6	198 36.9	32.9	Atria	107 57.4	S69 01.1
20	197 57.4	82 11.2	17.8	157 38.0	58.6	344 18.6	08.6	213 39.3	32.9	Avior	234 24.3	S59 29.8
21	212 59.9	97 10.5 ··	17.3	172 38.7 ··	59.2	359 21.3 ··	08.5	228 41.8 ··	32.9	Bellatrix	278 47.6	N 6 20.6
22	228 02.4	112 09.8	16.8	187 39.3	14 59.8	14 23.9	08.5	243 44.2	32.9	Betelgeuse	271 17.1	N 7 24.3
23	243 04.8	127 09.1	16.3	202 40.0	15 00.4	29 26.5	08.4	258 46.6	32.9			
10 00	258 07.3	142 08.4	N23 15.8	217 40.6	N15 00.9	44 29.1	S12 08.4	273 49.0	S 8 32.9	Canopus	264 03.0	S52 41.7
01	273 09.8	157 07.7	15.3	232 41.3	01.5	59 31.8	08.3	288 51.4	32.8	Capella	280 56.0	N45 59.5
02	288 12.2	172 07.0	14.8	247 41.9	02.1	74 34.4	08.3	303 53.8	32.8	Deneb	49 40.9	N45 15.6
03	303 14.7	187 06.3 ··	14.3	262 42.6 ··	02.7	89 37.0 ··	08.2	318 56.2 ··	32.8	Denebola	182 48.1	N14 36.2
04	318 17.1	202 05.6	13.8	277 43.2	03.3	104 39.6	08.2	333 58.6	32.8	Diphda	349 10.3	S18 00.9
05	333 19.6	217 04.9	13.3	292 43.9	03.8	119 42.2	08.2	349 01.0	32.8			
06	348 22.1	232 04.2	N23 12.8	307 44.6	N15 04.4	134 44.9	S12 08.1	4 03.4	S 8 32.8	Dubhe	194 09.2	N61 47.0
07	3 24.5	247 03.5	12.3	322 45.2	05.0	149 47.5	08.1	19 05.9	32.8	Elnath	278 31.0	N28 36.1
08	18 27.0	262 02.8	11.8	337 45.9	05.6	164 50.1	08.0	34 08.3	32.8	Eltanin	90 52.2	N51 29.4
F 09	33 29.5	277 02.1 ··	11.3	352 46.5 ··	06.1	179 52.7 ··	08.0	49 10.7 ··	32.7	Enif	34 01.0	N 9 51.0
R 10	48 31.9	292 01.4	10.8	7 47.2	06.7	194 55.4	07.9	64 13.1	32.7	Fomalhaut	15 39.6	S29 38.9
I 11	63 34.4	307 00.7	10.3	22 47.8	07.3	209 58.0	07.9	79 15.5	32.7			
D 12	78 36.9	322 00.0	N23 09.8	37 48.5	N15 07.9	225 00.6	S12 07.9	94 17.9	S 8 32.7	Gacrux	172 16.6	S57 05.3
A 13	93 39.3	336 59.3	09.3	52 49.2	08.5	240 03.2	07.8	109 20.3	32.7	Gienah	176 06.9	S17 30.9
Y 14	108 41.8	351 58.6	08.8	67 49.8	09.0	255 05.8	07.8	124 22.7	32.7	Hadar	149 07.7	S60 21.0
15	123 44.3	6 57.9 ··	08.3	82 50.5 ··	09.6	270 08.5 ··	07.7	139 25.1 ··	32.7	Hamal	328 17.1	N23 26.1
16	138 46.7	21 57.2	07.8	97 51.1	10.2	285 11.1	07.7	154 27.6	32.7	Kaus Aust.	84 02.3	S34 23.1
17	153 49.2	36 56.5	07.3	112 51.8	10.8	300 13.7	07.6	169 30.0	32.7			
18	168 51.6	51 55.8	N23 06.8	127 52.4	N15 11.3	315 16.3	S12 07.6	184 32.4	S 8 32.7	Kochab	137 18.5	N74 10.9
19	183 54.1	66 55.1	06.3	142 53.1	11.9	330 18.9	07.6	199 34.8	32.6	Markab	13 52.5	N15 10.5
20	198 56.6	81 54.4	05.8	157 53.7	12.5	345 21.6	07.5	214 37.2	32.6	Menkar	314 30.2	N 4 04.0
21	213 59.0	96 53.7 ··	05.2	172 54.4 ··	13.1	0 24.2 ··	07.5	229 39.6 ··	32.6	Menkent	148 24.1	S36 20.8
22	229 01.5	111 53.1	04.7	187 55.1	13.6	15 26.8	07.4	244 42.0	32.6	Miaplacidus	221 43.1	S69 42.1
23	244 04.0	126 52.4	04.2	202 55.7	14.2	30 29.4	07.4	259 44.4	32.6			
11 00	259 06.4	141 51.7	N23 03.7	217 56.4	N15 14.8	45 32.0	S12 07.3	274 46.9	S 8 32.6	Mirfak	309 01.2	N49 50.3
01	274 08.9	156 51.0	03.2	232 57.0	15.4	60 34.6	07.3	289 49.3	32.6	Nunki	76 15.6	S26 18.1
02	289 11.4	171 50.3	02.7	247 57.7	15.9	75 37.3	07.3	304 51.7	32.6	Peacock	53 41.2	S56 44.9
03	304 13.8	186 49.6 ··	02.1	262 58.3 ··	16.5	90 39.9 ··	07.2	319 54.1 ··	32.6	Pollux	243 45.4	N28 02.3
04	319 16.3	201 48.9	01.6	277 59.0	17.1	105 42.5	07.2	334 56.5	32.6	Procyon	245 14.9	N 5 14.2
05	334 18.8	216 48.2	01.1	292 59.6	17.6	120 45.1	07.1	349 58.9	32.5			
06	349 21.2	231 47.5	N23 00.6	308 00.3	N15 18.2	135 47.7	S12 07.1	5 01.3	S 8 32.5	Rasalhague	96 19.3	N12 33.9
07	4 23.7	246 46.8	23 00.0	323 01.0	18.8	150 50.3	07.1	20 03.8	32.5	Regulus	207 58.8	N11 59.6
S 08	19 26.1	261 46.2	22 59.5	338 01.6	19.4	165 53.0	07.0	35 06.2	32.5	Rigel	281 26.1	S 8 12.6
A 09	34 28.6	276 45.5 ··	59.0	353 02.3 ··	19.9	180 55.6 ··	07.0	50 08.6 ··	32.5	Rigil Kent.	140 10.6	S60 48.9
T 10	49 31.1	291 44.8	58.5	8 02.9	20.5	195 58.2	06.9	65 11.0	32.5	Sabik	102 28.5	S15 43.0
U 11	64 33.5	306 44.1	57.9	23 03.6	21.1	211 00.8	06.9	80 13.4	32.5			
R 12	79 36.0	321 43.4	N22 57.4	38 04.2	N15 21.6	226 03.4	S12 06.8	95 15.8	S 8 32.5	Schedar	349 57.0	N56 30.2
D 13	94 38.5	336 42.7	56.9	53 04.9	22.2	241 06.0	06.8	110 18.2	32.5	Shaula	96 40.8	S37 05.9
A 14	109 40.9	351 42.1	56.3	68 05.5	22.8	256 08.6	06.8	125 20.7	32.5	Sirius	258 46.6	S16 42.7
Y 15	124 43.4	6 41.4 ··	55.8	83 06.2 ··	23.4	271 11.2 ··	06.7	140 23.1 ··	32.4	Spica	158 46.1	S11 08.1
16	139 45.9	21 40.7	55.3	98 06.8	23.9	286 13.9	06.7	155 25.5	32.4	Suhail	223 03.2	S43 24.9
17	154 48.3	36 40.0	54.7	113 07.5	24.5	301 16.5	06.6	170 27.9	32.4			
18	169 50.8	51 39.3	N22 54.2	128 08.2	N15 25.1	316 19.1	S12 06.6	185 30.3	S 8 32.4	Vega	80 48.2	N38 46.7
19	184 53.2	66 38.6	53.7	143 08.8	25.6	331 21.7	06.6	200 32.7	32.4	Zuben'ubi	137 20.9	S16 01.2
20	199 55.7	81 38.0	53.1	158 09.5	26.2	346 24.3	06.5	215 35.2	32.4		S.H.A.	Mer. Pass.
21	214 58.2	96 37.3 ··	52.6	173 10.1 ··	26.8	1 26.9 ··	06.5	230 37.6 ··	32.4		° ′	h m
22	230 00.6	111 36.6	52.0	188 10.8	27.3	16 29.5	06.4	245 40.0	32.4	Venus	244 01.1	14 32
23	245 03.1	126 35.9	51.5	203 11.4	27.9	31 32.1	06.4	260 42.4	32.4	Mars	319 33.3	9 29
Mer. Pass. 6 46.4		v −0.7	d 0.5	v 0.7	d 0.6	v 2.6	d 0.0	v 2.4	d 0.0	Jupiter	146 21.8	20 58
										Saturn	15 41.7	5 44

1994 JUNE 9, 10, 11 (THURS., FRI., SAT.)

UT (GMT)	SUN G.H.A.	Dec.	MOON G.H.A.	v	Dec.	d	H.P.
d h	° ′	° ′	° ′	′	° ′	′	′
9 00	180 14.1	N22 53.5	184 15.0	10.9	N20 40.5	0.9	54.7
01	195 14.0	53.7	198 44.9	11.0	20 41.4	0.8	54.7
02	210 13.9	53.9	213 14.9	10.9	20 42.2	0.7	54.7
03	225 13.7 ..	54.2	227 44.8	10.9	20 42.9	0.6	54.7
04	240 13.6	54.4	242 14.7	10.9	20 43.5	0.5	54.7
05	255 13.5	54.6	256 44.6	10.9	20 44.0	0.4	54.8
06	270 13.4	N22 54.8	271 14.5	10.8	N20 44.4	0.3	54.8
07	285 13.3	55.0	285 44.3	10.9	20 44.7	0.2	54.8
T 08	300 13.1	55.2	300 14.2	10.8	20 44.9	0.1	54.8
H 09	315 13.0 ..	55.4	314 44.0	10.8	20 45.0	0.0	54.8
U 10	330 12.9	55.6	329 13.8	10.7	20 45.0	0.1	54.8
R 11	345 12.8	55.8	343 43.5	10.8	20 44.9	0.2	54.9
S 12	0 12.6	N22 56.0	358 13.3	10.7	N20 44.7	0.4	54.9
D 13	15 12.5	56.3	12 43.0	10.8	20 44.3	0.4	54.9
A 14	30 12.4	56.5	27 12.8	10.7	20 43.9	0.5	54.9
Y 15	45 12.3 ..	56.7	41 42.5	10.7	20 43.4	0.6	54.9
16	60 12.2	56.9	56 12.2	10.7	20 42.8	0.8	54.9
17	75 12.0	57.1	70 41.9	10.6	20 42.0	0.8	54.9
18	90 11.9	N22 57.3	85 11.5	10.7	N20 41.2	0.9	55.0
19	105 11.8	57.5	99 41.2	10.7	20 40.3	1.1	55.0
20	120 11.7	57.7	114 10.9	10.6	20 39.2	1.1	55.0
21	135 11.5 ..	57.9	128 40.5	10.6	20 38.1	1.3	55.0
22	150 11.4	58.1	143 10.1	10.6	20 36.8	1.3	55.0
23	165 11.3	58.3	157 39.7	10.7	20 35.5	1.5	55.0
10 00	180 11.2	N22 58.5	172 09.4	10.6	N20 34.0	1.6	55.1
01	195 11.0	58.7	186 39.0	10.6	20 32.4	1.6	55.1
02	210 10.9	58.9	201 08.6	10.5	20 30.8	1.8	55.1
03	225 10.8 ..	59.1	215 38.1	10.6	20 29.0	1.9	55.1
04	240 10.7	59.3	230 07.7	10.6	20 27.1	1.9	55.1
05	255 10.5	59.5	244 37.3	10.6	20 25.2	2.1	55.1
06	270 10.4	N22 59.7	259 06.9	10.5	N20 23.1	2.2	55.2
07	285 10.3	22 59.9	273 36.4	10.6	20 20.9	2.3	55.2
08	300 10.2	23 00.0	288 06.0	10.6	20 18.6	2.4	55.2
F 09	315 10.0 ..	00.2	302 35.6	10.5	20 16.2	2.5	55.2
R 10	330 09.9	00.4	317 05.1	10.6	20 13.7	2.6	55.2
I 11	345 09.8	00.6	331 34.7	10.5	20 11.1	2.7	55.2
D 12	0 09.7	N23 00.8	346 04.2	10.6	N20 08.4	2.8	55.3
A 13	15 09.5	01.0	0 33.8	10.6	20 05.6	2.9	55.3
Y 14	30 09.4	01.2	15 03.4	10.5	20 02.7	3.0	55.3
15	45 09.3 ..	01.4	29 32.9	10.6	19 59.7	3.1	55.3
16	60 09.2	01.6	44 02.5	10.5	19 56.6	3.2	55.3
17	75 09.0	01.8	58 32.0	10.6	19 53.4	3.4	55.3
18	90 08.9	N23 01.9	73 01.6	10.6	N19 50.0	3.4	55.4
19	105 08.8	02.1	87 31.2	10.5	19 46.6	3.5	55.4
20	120 08.7	02.3	102 00.7	10.6	19 43.1	3.6	55.4
21	135 08.5 ..	02.5	116 30.3	10.6	19 39.5	3.8	55.4
22	150 08.4	02.7	130 59.9	10.6	19 35.7	3.8	55.4
23	165 08.3	02.9	145 29.5	10.6	19 31.9	3.9	55.5
11 00	180 08.1	N23 03.0	159 59.1	10.6	N19 28.0	4.1	55.5
01	195 08.0	03.2	174 28.7	10.6	19 23.9	4.1	55.5
02	210 07.9	03.4	188 58.3	10.6	19 19.8	4.2	55.5
03	225 07.8 ..	03.6	203 27.9	10.6	19 15.6	4.4	55.5
04	240 07.6	03.8	217 57.5	10.6	19 11.2	4.4	55.5
05	255 07.5	03.9	232 27.1	10.7	19 06.8	4.5	55.6
06	270 07.4	N23 04.1	246 56.8	10.6	N19 02.3	4.7	55.6
07	285 07.3	04.3	261 26.4	10.7	18 57.6	4.7	55.6
S 08	300 07.1	04.5	275 56.1	10.7	18 52.9	4.8	55.6
A 09	315 07.0 ..	04.7	290 25.8	10.6	18 48.1	5.0	55.6
T 10	330 06.9	04.8	304 55.4	10.7	18 43.1	5.0	55.7
U 11	345 06.8	05.0	319 25.1	10.7	18 38.1	5.1	55.7
R 12	0 06.6	N23 05.2	333 54.8	10.8	N18 33.0	5.2	55.7
D 13	15 06.5	05.4	348 24.6	10.7	18 27.8	5.3	55.7
A 14	30 06.4	05.5	2 54.3	10.7	18 22.5	5.5	55.7
Y 15	45 06.2 ..	05.7	17 24.0	10.8	18 17.0	5.5	55.8
16	60 06.1	05.9	31 53.8	10.8	18 11.5	5.6	55.8
17	75 06.0	06.0	46 23.6	10.7	18 05.9	5.7	55.8
18	90 05.9	N23 06.2	60 53.3	10.8	N18 00.2	5.8	55.8
19	105 05.7	06.4	75 23.1	10.8	17 54.4	5.9	55.8
20	120 05.6	06.5	89 52.9	10.9	17 48.5	6.0	55.9
21	135 05.5 ..	06.7	104 22.8	10.8	17 42.5	6.0	55.9
22	150 05.3	06.9	118 52.6	10.9	17 36.5	6.2	55.9
23	165 05.2	07.0	133 22.5	10.9	17 30.3	6.3	55.9
	S.D. 15.8	d 0.2	S.D. 14.9		15.1		15.2

Moonrise

Lat.	Twilight Naut.	Civil	Sunrise	9	10	11	12
°	h m	h m	h m	h m	h m	h m	h m
N 72	□	□	□	□	□	□	03 39
N 70	□	□	□	□	□	02 34	04 34
68	□	□	□	01 12	02 08	03 31	05 07
66	////	////	00 30	01 56	02 51	04 05	05 30
64	////	////	01 40	02 26	03 20	04 29	05 49
62	////	////	02 14	02 49	03 42	04 48	06 09
60	////	01 03	02 39	03 07	04 00	05 04	06 17
N 58	////	01 46	02 59	03 22	04 14	05 17	06 28
56	////	02 14	03 15	03 35	04 27	05 29	06 37
54	00 58	02 35	03 29	03 46	04 38	05 39	06 46
52	01 37	02 53	03 41	03 56	04 48	05 48	06 53
50	02 03	03 07	03 51	04 05	04 57	05 56	07 00
45	02 47	03 36	04 13	04 23	05 15	06 13	07 14
N 40	03 17	03 58	04 31	04 39	05 30	06 27	07 26
35	03 40	04 16	04 46	04 52	05 43	06 38	07 36
30	03 58	04 31	04 58	05 03	05 54	06 49	07 45
20	04 26	04 55	05 20	05 23	06 13	07 06	08 00
N 10	04 48	05 15	05 38	05 39	06 30	07 22	08 14
0	05 07	05 33	05 56	05 55	06 46	07 36	08 26
S 10	05 24	05 50	06 13	06 11	07 01	07 50	08 38
20	05 40	06 07	06 31	06 28	07 18	08 06	08 51
30	05 56	06 26	06 52	06 48	07 37	08 23	09 06
35	06 04	06 36	07 04	06 59	07 48	08 33	09 15
40	06 13	06 47	07 18	07 12	08 01	08 45	09 25
45	06 23	07 01	07 34	07 28	08 16	08 59	09 37
S 50	06 35	07 16	07 54	07 47	08 34	09 15	09 51
52	06 40	07 23	08 04	07 56	08 43	09 23	09 57
54	06 45	07 31	08 15	08 06	08 52	09 32	10 04
56	06 51	07 40	08 27	08 17	09 03	09 41	10 12
58	06 58	07 50	08 41	08 30	09 16	09 53	10 21
S 60	07 05	08 01	08 58	08 46	09 31	10 05	10 32

Moonset

Lat.	Sunset	Twilight Civil	Naut.	9	10	11	12
°	h m	h m	h m	h m	h m	h m	h m
N 72	□	□	□	□	□	□	00 59
N 70	□	□	□	□	□	00 19	{00 04 / 23 55}
68	□	□	□	23 00	23 21	23 30	23 33
66	23 35	////	////	22 16	22 47	23 05	23 16
64	22 21	////	////	21 47	22 22	22 46	23 02
62	21 45	////	////	21 25	22 03	22 30	22 50
60	21 20	22 58	////	21 07	21 47	22 17	22 40
N 58	21 01	22 14	////	20 52	21 33	22 06	22 31
56	20 44	21 45	////	20 39	21 21	21 56	22 24
54	20 30	21 24	23 03	20 28	21 11	21 47	22 17
52	20 18	21 07	22 22	20 18	21 02	21 39	22 10
50	20 08	20 52	21 56	20 10	20 54	21 32	22 05
45	19 46	20 23	21 12	19 51	20 36	21 17	21 52
N 40	19 28	20 01	20 42	19 36	20 22	21 04	21 42
35	19 13	19 43	20 19	19 23	20 10	20 53	21 34
30	19 00	19 28	20 01	19 11	19 59	20 44	21 26
20	18 39	19 03	19 33	18 52	19 41	20 28	21 12
N 10	18 20	18 43	19 10	18 35	19 25	20 13	21 01
0	18 03	18 25	18 52	18 19	19 10	20 00	20 50
S 10	17 46	18 09	18 35	18 04	18 55	19 47	20 38
20	17 28	17 52	18 19	17 47	18 39	19 32	20 27
30	17 07	17 33	18 03	17 27	18 20	19 15	20 13
35	16 55	17 23	17 54	17 16	18 09	19 06	20 05
40	16 41	17 11	17 45	17 03	17 57	18 55	19 54
45	16 24	16 58	17 35	16 47	17 42	18 42	19 45
S 50	16 04	16 42	17 24	16 28	17 24	18 26	19 32
52	15 55	16 35	17 19	16 19	17 15	18 18	19 26
54	15 44	16 27	17 13	16 09	17 06	18 10	19 19
56	15 31	16 18	17 07	15 58	16 55	18 00	19 12
58	15 17	16 08	17 01	15 45	16 43	17 50	19 03
S 60	15 00	15 57	16 53	15 29	16 28	17 37	18 53

SUN · MOON

Day	SUN Eqn. of Time 00h	12h	Mer. Pass.	MOON Mer. Pass. Upper	Lower	Age	Phase
	m s	m s	h m	h m	h m	d	
9	00 57	00 51	11 59	12 07	24 32	00	●
10	00 45	00 39	11 59	12 58	00 32	01	
11	00 33	00 27	12 00	13 48	01 23	02	

1994 JUNE 12, 13, 14 (SUN., MON., TUES.)

UT (GMT)	ARIES G.H.A.	VENUS −4.0 G.H.A.	Dec.	MARS +1.2 G.H.A.	Dec.	JUPITER −2.3 G.H.A.	Dec.	SATURN +1.0 G.H.A.	Dec.	STARS Name	S.H.A.	Dec.
12 00	260 05.6	141 35.3	N22 51.0	218 12.1	N15 28.5	46 34.8	S12 06.4	275 44.8	S 8 32.4	Acamar	315 29.5	S40 19.5
01	275 08.0	156 34.6	50.4	233 12.7	29.0	61 37.4	06.3	290 47.2	32.4	Achernar	335 37.7	S57 15.6
02	290 10.5	171 33.9	49.9	248 13.4	29.6	76 40.0	06.3	305 49.7	32.4	Acrux	173 25.0	S63 04.5
03	305 13.0	186 33.2	·· 49.3	263 14.0	·· 30.2	91 42.6	·· 06.2	320 52.1	·· 32.3	Adhara	255 24.1	S28 58.1
04	320 15.4	201 32.6	48.8	278 14.7	30.7	106 45.2	06.2	335 54.5	32.3	Aldebaran	291 06.1	N16 29.8
05	335 17.9	216 31.9	48.2	293 15.4	31.3	121 47.8	06.2	350 56.9	32.3			
06	350 20.4	231 31.2	N22 47.7	308 16.0	N15 31.9	136 50.4	S12 06.1	5 59.3	S 8 32.3	Alioth	166 33.0	N55 59.6
07	5 22.8	246 30.5	47.1	323 16.7	32.4	151 53.0	06.1	21 01.8	32.3	Alkaid	153 09.8	N49 20.6
08	20 25.3	261 29.9	46.6	338 17.3	33.0	166 55.6	06.1	36 04.2	32.3	Al Na'ir	28 01.4	S46 58.9
S 09	35 27.7	276 29.2	·· 46.0	353 18.0	·· 33.6	181 58.2	·· 06.0	51 06.6	·· 32.3	Alnilam	276 01.2	S 1 12.4
U 10	50 30.2	291 28.5	45.5	8 18.6	34.1	197 00.8	06.0	66 09.0	32.3	Alphard	218 10.2	S 8 38.3
N 11	65 32.7	306 27.8	44.9	23 19.3	34.7	212 03.5	05.9	81 11.4	32.3			
D 12	80 35.1	321 27.2	N22 44.4	38 19.9	N15 35.3	227 06.1	S12 05.9	96 13.8	S 8 32.3	Alphecca	126 22.7	N26 44.1
A 13	95 37.6	336 26.5	43.8	53 20.6	35.8	242 08.7	05.9	111 16.3	32.3	Alpheratz	357 58.3	N29 03.5
Y 14	110 40.1	351 25.8	43.3	68 21.2	36.4	257 11.3	05.8	126 18.7	32.3	Altair	62 21.8	N 8 51.3
15	125 42.5	6 25.2	·· 42.7	83 21.9	·· 37.0	272 13.9	·· 05.8	141 21.1	·· 32.2	Ankaa	353 29.8	S42 19.9
16	140 45.0	21 24.5	42.1	98 22.5	37.5	287 16.5	05.8	156 23.5	32.2	Antares	112 43.4	S26 25.2
17	155 47.5	36 23.8	41.6	113 23.2	38.1	302 19.1	05.7	171 25.9	32.2			
18	170 49.9	51 23.2	N22 41.0	128 23.8	N15 38.6	317 21.7	S12 05.7	186 28.4	S 8 32.2	Arcturus	146 08.5	N19 12.7
19	185 52.4	66 22.5	40.4	143 24.5	39.2	332 24.3	05.6	201 30.8	32.2	Atria	107 57.4	S69 01.1
20	200 54.9	81 21.8	39.9	158 25.1	39.8	347 26.9	05.6	216 33.2	32.2	Avior	234 24.5	S59 29.8
21	215 57.3	96 21.2	·· 39.3	173 25.8	·· 40.3	2 29.5	·· 05.6	231 35.6	·· 32.2	Bellatrix	278 47.6	N 6 20.6
22	230 59.8	111 20.5	38.8	188 26.5	40.9	17 32.1	05.5	246 38.0	32.2	Betelgeuse	271 17.0	N 7 24.3
23	246 02.2	126 19.8	38.2	203 27.1	41.4	32 34.7	05.5	261 40.5	32.2			
13 00	261 04.7	141 19.2	N22 37.6	218 27.8	N15 42.0	47 37.3	S12 05.5	276 42.9	S 8 32.2	Canopus	264 03.0	S52 41.7
01	276 07.2	156 18.5	37.1	233 28.4	42.6	62 39.9	05.4	291 45.3	32.2	Capella	280 56.0	N45 59.5
02	291 09.6	171 17.8	36.5	248 29.1	43.1	77 42.5	05.4	306 47.7	32.2	Deneb	49 40.8	N45 15.6
03	306 12.1	186 17.2	·· 35.9	263 29.7	·· 43.7	92 45.1	·· 05.3	321 50.2	·· 32.2	Denebola	182 48.1	N14 36.2
04	321 14.6	201 16.5	35.3	278 30.4	44.2	107 47.7	05.3	336 52.6	32.2	Diphda	349 10.3	S18 00.9
05	336 17.0	216 15.9	34.8	293 31.0	44.8	122 50.3	05.3	351 55.0	32.2			
06	351 19.5	231 15.2	N22 34.2	308 31.7	N15 45.4	137 52.9	S12 05.2	6 57.4	S 8 32.1	Dubhe	194 09.2	N61 47.0
07	6 22.0	246 14.5	33.6	323 32.3	45.9	152 55.5	05.2	21 59.8	32.1	Elnath	278 31.0	N28 36.1
08	21 24.4	261 13.9	33.0	338 33.0	46.5	167 58.1	05.2	37 02.3	32.1	Eltanin	90 52.2	N51 29.4
M 09	36 26.9	276 13.2	·· 32.5	353 33.6	·· 47.0	183 00.7	·· 05.1	52 04.7	·· 32.1	Enif	34 00.9	N 9 51.0
O 10	51 29.3	291 12.6	31.9	8 34.3	47.6	198 03.3	05.1	67 07.1	32.1	Fomalhaut	15 39.6	S29 38.8
N 11	66 31.8	306 11.9	31.3	23 34.9	48.2	213 05.9	05.0	82 09.5	32.1			
D 12	81 34.3	321 11.2	N22 30.7	38 35.6	N15 48.7	228 08.5	S12 05.0	97 12.0	S 8 32.1	Gacrux	172 16.6	S57 05.3
A 13	96 36.7	336 10.6	30.1	53 36.2	49.3	243 11.1	05.0	112 14.4	32.1	Gienah	176 06.9	S17 30.9
Y 14	111 39.2	351 09.9	29.6	68 36.9	49.8	258 13.7	04.9	127 16.8	32.1	Hadar	149 07.7	S60 21.1
15	126 41.7	6 09.3	·· 29.0	83 37.5	·· 50.4	273 16.3	·· 04.9	142 19.2	·· 32.1	Hamal	328 17.1	N23 26.1
16	141 44.1	21 08.6	28.4	98 38.2	50.9	288 18.9	04.9	157 21.6	32.1	Kaus Aust.	84 02.3	S34 23.1
17	156 46.6	36 08.0	27.8	113 38.8	51.5	303 21.5	04.8	172 24.1	32.1			
18	171 49.1	51 07.3	N22 27.2	128 39.5	N15 52.1	318 24.1	S12 04.8	187 26.5	S 8 32.1	Kochab	137 18.6	N74 10.9
19	186 51.5	66 06.7	26.6	143 40.1	52.6	333 26.7	04.8	202 28.9	32.1	Markab	13 52.5	N15 10.5
20	201 54.0	81 06.0	26.0	158 40.8	53.2	348 29.3	04.7	217 31.3	32.1	Menkar	314 30.2	N 4 04.0
21	216 56.5	96 05.4	·· 25.4	173 41.4	·· 53.7	3 31.9	·· 04.7	232 33.8	·· 32.1	Menkent	148 24.1	S36 20.8
22	231 58.9	111 04.7	24.9	188 42.1	54.3	18 34.5	04.7	247 36.2	32.0	Miaplacidus	221 43.1	S69 42.1
23	247 01.4	126 04.1	24.3	203 42.7	54.8	33 37.1	04.6	262 38.6	32.0			
14 00	262 03.8	141 03.4	N22 23.7	218 43.4	N15 55.4	48 39.7	S12 04.6	277 41.0	S 8 32.0	Mirfak	309 01.2	N49 50.3
01	277 06.3	156 02.8	23.1	233 44.0	55.9	63 42.3	04.6	292 43.5	32.0	Nunki	76 15.6	S26 18.1
02	292 08.8	171 02.1	22.5	248 44.7	56.5	78 44.9	04.5	307 45.9	32.0	Peacock	53 41.1	S56 44.9
03	307 11.2	186 01.5	·· 21.9	263 45.3	·· 57.0	93 47.5	·· 04.5	322 48.3	·· 32.0	Pollux	243 45.4	N28 02.3
04	322 13.7	201 00.8	21.3	278 46.0	57.6	108 50.1	04.5	337 50.7	32.0	Procyon	245 14.9	N 5 14.2
05	337 16.2	216 00.2	20.7	293 46.7	58.1	123 52.7	04.4	352 53.2	32.0			
06	352 18.6	230 59.5	N22 20.1	308 47.3	N15 58.7	138 55.3	S12 04.4	7 55.6	S 8 32.0	Rasalhague	96 19.3	N12 33.9
07	7 21.1	245 58.9	19.5	323 48.0	59.2	153 57.9	04.4	22 58.0	32.0	Regulus	207 58.8	N11 59.6
T 08	22 23.6	260 58.2	18.9	338 48.6	15 59.8	169 00.5	04.3	38 00.4	32.0	Rigel	281 26.1	S 8 12.6
U 09	37 26.0	275 57.6	·· 18.3	353 49.3	16 00.4	184 03.1	·· 04.3	53 02.9	·· 32.0	Rigil Kent.	140 10.6	S60 48.9
E 10	52 28.5	290 56.9	17.7	8 49.9	00.9	199 05.7	04.2	68 05.3	32.0	Sabik	102 28.5	S15 43.0
S 11	67 31.0	305 56.3	17.1	23 50.6	01.5	214 08.3	04.2	83 07.7	32.0			
D 12	82 33.4	320 55.7	N22 16.5	38 51.2	N16 02.0	229 10.9	S12 04.1	98 10.2	S 8 32.0	Schedar	349 57.0	N56 30.2
A 13	97 35.9	335 55.0	15.9	53 51.9	02.6	244 13.5	04.1	113 12.6	32.0	Shaula	96 40.8	S37 05.9
Y 14	112 38.3	350 54.4	15.3	68 52.5	03.1	259 16.1	04.1	128 15.0	32.0	Sirius	258 46.6	S16 42.7
15	127 40.8	5 53.7	·· 14.7	83 53.2	·· 03.7	274 18.7	·· 04.1	143 17.4	·· 32.0	Spica	158 46.1	S11 08.1
16	142 43.3	20 53.1	14.0	98 53.8	04.2	289 21.2	04.0	158 19.9	32.0	Suhail	223 03.2	S43 24.9
17	157 45.7	35 52.5	13.4	113 54.5	04.8	304 23.8	04.0	173 22.3	32.0			
18	172 48.2	50 51.8	N22 12.8	128 55.1	N16 05.3	319 26.4	S12 04.0	188 24.7	S 8 32.0	Vega	80 48.2	N38 46.7
19	187 50.7	65 51.2	12.2	143 55.8	05.8	334 29.0	03.9	203 27.1	31.9	Zuben'ubi	137 20.9	S16 01.2
20	202 53.1	80 50.5	11.6	158 56.4	06.4	349 31.6	03.9	218 29.6	31.9			
21	217 55.6	95 49.9	·· 11.0	173 57.1	·· 06.9	4 34.2	·· 03.9	233 32.0	·· 31.9		S.H.A.	Mer. Pass.
22	232 58.1	110 49.3	10.4	188 57.7	07.5	19 36.8	03.9	248 34.4	31.9	Venus	240 14.5	14 35
23	248 00.5	125 48.6	09.7	203 58.4	08.0	34 39.4	03.8	263 36.9	31.9	Mars	317 23.0	9 26
Mer. Pass.	h m 6 34.6	v −0.7	d 0.6	v 0.7	d 0.6	v 2.6	d 0.0	v 2.4	d 0.0	Jupiter	146 32.6	20 46
										Saturn	15 38.2	5 32

1994 JUNE 12, 13, 14 (SUN., MON., TUES.)

UT (GMT)	SUN G.H.A.	Dec.	MOON G.H.A.	v	Dec.	d	H.P.
12 00	180 05.1	N23 07.2	147 52.4	10.8	N17 24.0	6.3	55.9
01	195 05.0	07.4	162 22.2	10.9	17 17.7	6.5	56.0
02	210 04.8	07.5	176 52.1	11.0	17 11.2	6.5	56.0
03	225 04.7	.. 07.7	191 22.1	10.9	17 04.7	6.6	56.0
04	240 04.6	07.9	205 52.0	11.0	16 58.1	6.8	56.0
05	255 04.4	08.0	220 22.0	10.9	16 51.3	6.8	56.0
06	270 04.3	N23 08.2	234 51.9	11.0	N16 44.5	6.9	56.1
07	285 04.2	08.3	249 21.9	11.0	16 37.6	7.0	56.1
08	300 04.1	08.5	263 51.9	11.1	16 30.6	7.0	56.1
S 09	315 03.9	.. 08.7	278 22.0	11.0	16 23.6	7.2	56.1
U 10	330 03.8	08.8	292 52.0	11.1	16 16.4	7.2	56.1
N 11	345 03.7	09.0	307 22.1	11.0	16 09.2	7.4	56.2
D 12	0 03.5	N23 09.1	321 52.1	11.1	N16 01.8	7.4	56.2
A 13	15 03.4	09.3	336 22.2	11.2	15 54.4	7.5	56.2
Y 14	30 03.3	09.4	350 52.4	11.1	15 46.9	7.6	56.2
15	45 03.1	.. 09.6	5 22.5	11.1	15 39.3	7.7	56.3
16	60 03.0	09.8	19 52.6	11.2	15 31.6	7.7	56.3
17	75 02.9	09.9	34 22.8	11.2	15 23.9	7.9	56.3
18	90 02.8	N23 10.1	48 53.0	11.2	N15 16.0	7.9	56.3
19	105 02.6	10.2	63 23.2	11.2	15 08.1	8.0	56.3
20	120 02.5	10.4	77 53.4	11.3	15 00.1	8.1	56.4
21	135 02.4	.. 10.5	92 23.7	11.2	14 52.0	8.1	56.4
22	150 02.2	10.7	106 53.9	11.3	14 43.9	8.3	56.4
23	165 02.1	10.8	121 24.2	11.3	14 35.6	8.3	56.4
13 00	180 02.0	N23 11.0	135 54.5	11.3	N14 27.3	8.4	56.5
01	195 01.8	11.1	150 24.8	11.3	14 18.9	8.5	56.5
02	210 01.7	11.3	164 55.1	11.4	14 10.4	8.6	56.5
03	225 01.6	.. 11.4	179 25.5	11.3	14 01.8	8.6	56.5
04	240 01.4	11.5	193 55.8	11.4	13 53.2	8.7	56.5
05	255 01.3	11.7	208 26.2	11.4	13 44.5	8.8	56.5
06	270 01.2	N23 11.8	222 56.6	11.4	N13 35.7	8.9	56.6
07	285 01.1	12.0	237 27.0	11.5	13 26.8	8.9	56.6
08	300 00.9	12.1	251 57.5	11.4	13 17.9	9.0	56.6
M 09	315 00.8	.. 12.3	266 27.9	11.5	13 08.9	9.1	56.7
O 10	330 00.7	12.4	280 58.4	11.4	12 59.8	9.1	56.7
N 11	345 00.5	12.5	295 28.8	11.5	12 50.7	9.3	56.7
D 12	0 00.4	N23 12.7	309 59.3	11.6	N12 41.4	9.2	56.7
A 13	15 00.3	12.8	324 29.9	11.5	12 32.2	9.4	56.7
Y 14	30 00.1	13.0	339 00.4	11.5	12 22.8	9.4	56.8
15	45 00.0	.. 13.1	353 30.9	11.6	12 13.4	9.5	56.8
16	59 59.9	13.2	8 01.5	11.5	12 03.9	9.6	56.8
17	74 59.7	13.4	22 32.0	11.6	11 54.3	9.6	56.8
18	89 59.6	N23 13.5	37 02.6	11.6	N11 44.7	9.7	56.9
19	104 59.5	13.6	51 33.2	11.6	11 35.0	9.8	56.9
20	119 59.3	13.8	66 03.8	11.7	11 25.2	9.8	56.9
21	134 59.2	.. 13.9	80 34.5	11.6	11 15.4	9.9	56.9
22	149 59.1	14.0	95 05.1	11.6	11 05.5	10.0	57.0
23	164 59.0	14.2	109 35.7	11.7	10 55.5	10.0	57.0
14 00	179 58.8	N23 14.3	124 06.4	11.7	N10 45.5	10.1	57.0
01	194 58.7	14.4	138 37.1	11.6	10 35.4	10.1	57.0
02	209 58.6	14.6	153 07.7	11.7	10 25.3	10.2	57.0
03	224 58.4	.. 14.7	167 38.4	11.7	10 15.1	10.3	57.1
04	239 58.3	14.8	182 09.1	11.7	10 04.8	10.3	57.1
05	254 58.2	15.0	196 39.8	11.8	9 54.5	10.4	57.1
06	269 58.0	N23 15.1	211 10.6	11.7	N 9 44.1	10.4	57.1
07	284 57.9	15.2	225 41.3	11.7	9 33.7	10.5	57.2
T 08	299 57.8	15.3	240 12.0	11.8	9 23.2	10.5	57.2
U 09	314 57.6	.. 15.5	254 42.8	11.7	9 12.7	10.6	57.2
E 10	329 57.5	15.6	269 13.5	11.8	9 02.1	10.7	57.2
S 11	344 57.4	15.7	283 44.3	11.7	8 51.4	10.7	57.3
D 12	359 57.2	N23 15.8	298 15.0	11.8	N 8 40.7	10.7	57.3
A 13	14 57.1	15.9	312 45.8	11.8	8 30.0	10.9	57.3
Y 14	29 57.0	16.1	327 16.6	11.8	8 19.1	10.8	57.3
15	44 56.8	.. 16.2	341 47.4	11.7	8 08.3	10.9	57.4
16	59 56.7	16.3	356 18.1	11.8	7 57.4	11.0	57.4
17	74 56.6	16.4	10 48.9	11.8	7 46.4	11.0	57.4
18	89 56.4	N23 16.5	25 19.7	11.8	N 7 35.4	11.0	57.4
19	104 56.3	16.7	39 50.5	11.8	7 24.4	11.1	57.5
20	119 56.2	16.8	54 21.3	11.8	7 13.3	11.2	57.5
21	134 56.0	.. 16.9	68 52.1	11.8	7 02.1	11.1	57.5
22	149 55.9	17.0	83 22.9	11.7	6 51.0	11.3	57.5
23	164 55.8	17.1	97 53.6	11.8	6 39.7	11.2	57.6
	S.D. 15.8	d 0.1	S.D. 15.3		15.5		15.6

Moonrise

Lat.	Twilight Naut.	Civil	Sunrise	Moonrise 12	13	14	15
N 72	□	□	□	03 39	05 58	07 59	09 54
N 70	□	□	□	04 34	06 25	08 14	10 01
68	□	□	□	05 07	06 46	08 26	10 06
66	□	□	□	05 30	07 02	08 36	10 11
64	////	////	01 35	05 49	07 15	08 44	10 14
62	////	////	02 12	06 04	07 26	08 51	10 18
60	////	00 57	02 37	06 17	07 35	08 57	10 20
N 58	////	01 43	02 57	06 28	07 43	09 02	10 23
56	////	02 12	03 14	06 37	07 51	09 07	10 25
54	00 52	02 34	03 28	06 46	07 57	09 11	10 27
52	01 35	02 51	03 40	06 53	08 03	09 15	10 29
50	02 02	03 06	03 50	07 00	08 08	09 18	10 30
45	02 46	03 35	04 13	07 14	08 19	09 26	10 34
N 40	03 16	03 58	04 31	07 26	08 28	09 32	10 37
35	03 39	04 16	04 45	07 36	08 36	09 37	10 39
30	03 58	04 31	04 58	07 45	08 43	09 42	10 42
20	04 26	04 56	05 20	08 00	08 55	09 50	10 45
N 10	04 49	05 16	05 39	08 14	09 05	09 57	10 49
0	05 08	05 34	05 56	08 26	09 15	10 04	10 52
S 10	05 24	05 51	06 14	08 38	09 25	10 10	10 55
20	05 40	06 08	06 32	08 51	09 35	10 17	10 59
30	05 57	06 27	06 53	09 06	09 47	10 25	11 03
35	06 05	06 37	07 05	09 15	09 54	10 30	11 05
40	06 15	06 49	07 19	09 25	10 01	10 35	11 07
45	06 25	07 02	07 36	09 37	10 10	10 41	11 10
S 50	06 36	07 18	07 56	09 51	10 21	10 48	11 14
52	06 42	07 25	08 06	09 57	10 26	10 52	11 15
54	06 47	07 33	08 17	10 04	10 32	10 55	11 17
56	06 53	07 42	08 29	10 12	10 38	10 59	11 19
58	07 00	07 52	08 44	10 21	10 44	11 04	11 21
S 60	07 07	08 04	09 01	10 32	10 52	11 09	11 24

Moonset

Lat.	Sunset	Twilight Civil	Naut.	Moonset 12	13	14	15
N 72	□	□	□	00 59	00 23	{00 05 / 23 50}	23 38
N 70	□	□	□	{00 04 / 23 55}	23 48	23 41	23 35
68	□	□	□	23 33	23 34	23 34	23 34
66	□	□	□	23 16	23 23	23 28	23 32
64	22 26	////	////	23 02	23 14	23 23	23 31
62	21 49	////	////	22 50	23 06	23 18	23 29
60	21 23	23 05	////	22 40	22 59	23 14	23 28
N 58	21 03	22 18	////	22 31	22 52	23 11	23 27
56	20 47	21 49	////	22 24	22 47	23 07	23 26
54	20 33	21 27	23 10	22 17	22 42	23 05	23 26
52	20 20	21 09	22 26	22 10	22 38	23 02	23 25
50	20 10	20 54	21 59	22 05	22 34	23 00	23 24
45	19 47	20 25	21 14	21 52	22 25	22 54	23 23
N 40	19 30	20 02	20 44	21 42	22 17	22 50	23 22
35	19 15	19 44	20 21	21 34	22 11	22 46	23 21
30	19 02	19 29	20 02	21 26	22 05	22 43	23 20
20	18 40	19 04	19 34	21 12	21 55	22 37	23 18
N 10	18 21	18 44	19 11	21 01	21 47	22 32	23 17
0	18 04	18 26	18 52	20 50	21 38	22 27	23 15
S 10	17 46	18 09	18 35	20 38	21 30	22 22	23 14
20	17 28	17 52	18 19	20 27	21 21	22 17	23 12
30	17 07	17 33	18 03	20 13	21 11	22 10	23 10
35	16 55	17 23	17 54	20 05	21 05	22 07	23 09
40	16 41	17 11	17 45	19 56	20 59	22 03	23 08
45	16 24	16 58	17 35	19 45	20 51	21 58	23 07
S 50	16 04	16 42	17 23	19 32	20 41	21 52	23 05
52	15 54	16 35	17 18	19 26	20 37	21 50	23 04
54	15 43	16 26	17 13	19 19	20 32	21 47	23 04
56	15 30	16 17	17 06	19 12	20 26	21 44	23 03
58	15 16	16 07	17 00	19 03	20 20	21 40	23 02
S 60	14 59	15 56	16 52	18 53	20 13	21 36	23 00

Day	SUN Eqn. of Time 00h	12h	Mer. Pass.	MOON Mer. Pass. Upper	Lower	Age	Phase
12	00 21	00 14	12 00	14 38	02 13	03	
13	00 08	00 02	12 00	15 27	03 02	04	◐
14	00 04	00 11	12 00	16 15	03 51	05	

1994 JUNE 15, 16, 17 (WED., THURS., FRI.)

UT (GMT) d h	ARIES G.H.A.	VENUS −4.0 G.H.A.	Dec.	MARS +1.2 G.H.A.	Dec.	JUPITER −2.3 G.H.A.	Dec.	SATURN +1.0 G.H.A.	Dec.	STARS Name	S.H.A.	Dec.
15 00	263 03.0	140 48.0	N22 09.1	218 59.0	N16 08.6	49 42.0	S12 03.8	278 39.3	S 8 31.9	Acamar	315 29.5	S40 19.5
01	278 05.4	155 47.4	08.5	233 59.7	09.1	64 44.6	03.8	293 41.7	31.9	Achernar	335 37.6	S57 15.6
02	293 07.9	170 46.7	07.9	249 00.3	09.7	79 47.2	03.7	308 44.1	31.9	Acrux	173 25.1	S63 04.5
03	308 10.4	185 46.1	·· 07.3	264 01.0	·· 10.2	94 49.7	·· 03.7	323 46.6	·· 31.9	Adhara	255 24.1	S28 58.0
04	323 12.8	200 45.5	06.7	279 01.6	10.8	109 52.3	03.7	338 49.0	31.9	Aldebaran	291 06.1	N16 29.8
05	338 15.3	215 44.8	06.0	294 02.2	11.3	124 54.9	03.6	353 51.4	31.9			
06	353 17.8	230 44.2	N22 05.4	309 02.9	N16 11.9	139 57.5	S12 03.6	8 53.9	S 8 31.9	Alioth	166 33.0	N55 59.6
W 07	8 20.2	245 43.6	04.8	324 03.5	12.4	155 00.1	03.6	23 56.3	31.9	Alkaid	153 09.8	N49 20.6
E 08	23 22.7	260 42.9	04.2	339 04.2	13.0	170 02.7	03.5	38 58.7	31.9	Al Na'ir	28 01.4	S46 58.9
D 09	38 25.2	275 42.3	·· 03.5	354 04.8	·· 13.5	185 05.3	·· 03.5	54 01.1	·· 31.9	Alnilam	276 01.2	S 1 12.4
N 10	53 27.6	290 41.7	02.9	9 05.5	14.0	200 07.9	03.5	69 03.6	31.9	Alphard	218 10.3	S 8 38.3
E 11	68 30.1	305 41.0	02.3	24 06.1	14.6	215 10.4	03.4	84 06.0	31.9			
S 12	83 32.6	320 40.4	N22 01.6	39 06.8	N16 15.1	230 13.0	S12 03.4	99 08.4	S 8 31.9	Alphecca	126 22.7	N26 44.1
D 13	98 35.0	335 39.8	01.0	54 07.4	15.7	245 15.6	03.4	114 10.9	31.9	Alpheratz	357 58.3	N29 03.5
A 14	113 37.5	350 39.2	22 00.4	69 08.1	16.2	260 18.2	03.3	129 13.3	31.9	Altair	62 21.8	N 8 51.3
Y 15	128 39.9	5 38.5	21 59.7	84 08.7	·· 16.8	275 20.8	·· 03.3	144 15.7	·· 31.9	Ankaa	353 29.8	S42 19.9
16	143 42.4	20 37.9	59.1	99 09.4	17.3	290 23.4	03.3	159 18.2	31.9	Antares	112 43.4	S26 25.2
17	158 44.9	35 37.3	58.5	114 10.0	17.8	305 26.0	03.3	174 20.6	31.9			
18	173 47.3	50 36.7	N21 57.8	129 10.7	N16 18.4	320 28.5	S12 03.2	189 23.0	S 8 31.9	Arcturus	146 08.5	N19 12.7
19	188 49.8	65 36.0	57.2	144 11.3	18.9	335 31.1	03.2	204 25.5	31.9	Atria	107 57.4	S69 01.1
20	203 52.3	80 35.4	56.6	159 12.0	19.5	350 33.7	03.2	219 27.9	31.9	Avior	234 24.3	S59 29.8
21	218 54.7	95 34.8	·· 55.9	174 12.6	·· 20.0	5 36.3	·· 03.1	234 30.3	·· 31.9	Bellatrix	278 47.6	N 6 20.6
22	233 57.2	110 34.2	55.3	189 13.3	20.6	20 38.9	03.1	249 32.8	31.9	Betelgeuse	271 17.0	N 7 24.3
23	248 59.7	125 33.5	54.6	204 13.9	21.1	35 41.5	03.1	264 35.2	31.9			
16 00	264 02.1	140 32.9	N21 54.0	219 14.6	N16 21.6	50 44.1	S12 03.0	279 37.6	S 8 31.9	Canopus	264 03.0	S52 41.7
01	279 04.6	155 32.3	53.4	234 15.2	22.2	65 46.6	03.0	294 40.1	31.9	Capella	280 56.0	N45 59.5
02	294 07.1	170 31.7	52.7	249 15.9	22.7	80 49.2	03.0	309 42.5	31.9	Deneb	49 40.8	N45 15.6
03	309 09.5	185 31.1	·· 52.1	264 16.5	·· 23.2	95 51.8	·· 03.0	324 44.9	·· 31.9	Denebola	182 48.1	N14 36.2
04	324 12.0	200 30.4	51.4	279 17.2	23.8	110 54.4	02.9	339 47.4	31.9	Diphda	349 10.3	S18 00.9
05	339 14.4	215 29.8	50.8	294 17.8	24.3	125 57.0	02.9	354 49.8	31.8			
06	354 16.9	230 29.2	N21 50.1	309 18.5	N16 24.9	140 59.5	S12 02.9	9 52.2	S 8 31.8	Dubhe	194 09.2	N61 47.0
T 07	9 19.4	245 28.6	49.5	324 19.1	25.4	156 02.1	02.8	24 54.7	31.8	Elnath	278 31.0	N28 36.1
H 08	24 21.8	260 28.0	48.8	339 19.8	25.9	171 04.7	02.8	39 57.1	31.8	Eltanin	90 52.2	N51 29.4
U 09	39 24.3	275 27.4	·· 48.2	354 20.4	·· 26.5	186 07.3	·· 02.8	54 59.5	·· 31.8	Enif	34 00.9	N 9 51.0
R 10	54 26.8	290 26.8	47.5	9 21.1	27.0	201 09.9	02.7	70 02.0	31.8	Fomalhaut	15 39.6	S29 38.8
S 11	69 29.2	305 26.1	46.9	24 21.7	27.6	216 12.5	02.7	85 04.4	31.8			
D 12	84 31.7	320 25.5	N21 46.2	39 22.3	N16 28.1	231 15.0	S12 02.7	100 06.8	S 8 31.8	Gacrux	172 16.6	S57 05.3
A 13	99 34.2	335 24.9	45.6	54 23.0	28.6	246 17.6	02.7	115 09.3	31.8	Gienah	176 06.9	S17 30.9
Y 14	114 36.6	350 24.3	44.9	69 23.6	29.2	261 20.2	02.6	130 11.7	31.8	Hadar	149 07.7	S60 21.1
15	129 39.1	5 23.7	·· 44.3	84 24.3	·· 29.7	276 22.8	·· 02.6	145 14.1	·· 31.8	Hamal	328 17.1	N23 26.1
16	144 41.5	20 23.1	43.6	99 24.9	30.2	291 25.3	02.6	160 16.6	31.8	Kaus Aust.	84 02.3	S34 23.1
17	159 44.0	35 22.5	42.9	114 25.6	30.8	306 27.9	02.5	175 19.0	31.8			
18	174 46.5	50 21.9	N21 42.3	129 26.2	N16 31.3	321 30.5	S12 02.5	190 21.4	S 8 31.8	Kochab	137 18.6	N74 10.9
19	189 48.9	65 21.3	41.6	144 26.9	31.8	336 33.1	02.5	205 23.9	31.8	Markab	13 52.4	N15 10.5
20	204 51.4	80 20.6	41.0	159 27.5	32.4	351 35.7	02.5	220 26.3	31.8	Menkar	314 30.2	N 4 04.1
21	219 53.9	95 20.0	·· 40.3	174 28.2	·· 32.9	6 38.2	·· 02.4	235 28.7	·· 31.8	Menkent	148 24.1	S36 20.8
22	234 56.3	110 19.4	39.6	189 28.8	33.4	21 40.8	02.4	250 31.2	31.8	Miaplacidus	221 43.2	S69 42.1
23	249 58.8	125 18.8	39.0	204 29.5	34.0	36 43.4	02.4	265 33.6	31.8			
17 00	265 01.3	140 18.2	N21 38.3	219 30.1	N16 34.5	51 46.0	S12 02.4	280 36.0	S 8 31.8	Mirfak	309 01.2	N49 50.3
01	280 03.7	155 17.6	37.6	234 30.8	35.0	66 48.5	02.3	295 38.5	31.8	Nunki	76 15.6	S26 18.1
02	295 06.2	170 17.0	37.0	249 31.4	35.6	81 51.1	02.3	310 40.9	31.8	Peacock	53 41.1	S56 44.9
03	310 08.7	185 16.4	·· 36.3	264 32.1	·· 36.1	96 53.7	·· 02.3	325 43.4	·· 31.8	Pollux	243 45.4	N28 02.3
04	325 11.1	200 15.8	35.6	279 32.7	36.6	111 56.3	02.2	340 45.8	31.8	Procyon	245 14.9	N 5 14.2
05	340 13.6	215 15.2	35.0	294 33.3	37.2	126 58.8	02.2	355 48.2	31.8			
06	355 16.0	230 14.6	N21 34.3	309 34.0	N16 37.7	142 01.4	S12 02.2	10 50.7	S 8 31.8	Rasalhague	96 19.3	N12 33.9
07	10 18.5	245 14.0	33.6	324 34.6	38.2	157 04.0	02.2	25 53.1	31.8	Regulus	207 58.8	N11 59.6
08	25 21.0	260 13.4	32.9	339 35.3	38.8	172 06.6	02.1	40 55.5	31.8	Rigel	281 26.1	S 8 12.6
F 09	40 23.4	275 12.8	·· 32.3	354 35.9	·· 39.3	187 09.1	·· 02.1	55 58.0	·· 31.8	Rigil Kent.	140 10.7	S60 48.9
R 10	55 25.9	290 12.2	31.6	9 36.6	39.8	202 11.7	02.1	71 00.4	31.8	Sabik	102 28.5	S15 43.0
I 11	70 28.4	305 11.6	30.9	24 37.2	40.4	217 14.3	02.1	86 02.9	31.8			
D 12	85 30.8	320 11.0	N21 30.2	39 37.9	N16 40.9	232 16.9	S12 02.0	101 05.3	S 8 31.8	Schedar	349 56.9	N56 30.2
A 13	100 33.3	335 10.4	29.6	54 38.5	41.4	247 19.4	02.0	116 07.7	31.8	Shaula	96 40.8	S37 05.9
Y 14	115 35.8	350 09.8	28.9	69 39.2	41.9	262 22.0	02.0	131 10.2	31.8	Sirius	258 46.6	S16 42.6
15	130 38.2	5 09.2	·· 28.2	84 39.8	·· 42.5	277 24.6	·· 02.0	146 12.6	·· 31.8	Spica	158 46.1	S11 08.1
16	145 40.7	20 08.6	27.5	99 40.5	43.0	292 27.1	01.9	161 15.1	31.8	Suhail	223 03.2	S43 24.9
17	160 43.2	35 08.0	26.8	114 41.1	43.5	307 29.7	01.9	176 17.5	31.8			
18	175 45.6	50 07.4	N21 26.2	129 41.7	N16 44.1	322 32.3	S12 01.9	191 19.9	S 8 31.8	Vega	80 48.2	N38 46.8
19	190 48.1	65 06.8	25.5	144 42.4	44.6	337 34.9	01.9	206 22.4	31.8	Zuben'ubi	137 20.9	S16 01.2
20	205 50.5	80 06.2	24.8	159 43.0	45.1	352 37.4	01.8	221 24.8	31.8		S.H.A.	Mer. Pass.
21	220 53.0	95 05.6	·· 24.1	174 43.7	·· 45.6	7 40.0	·· 01.8	236 27.3	·· 31.8		° ′	h m
22	235 55.5	110 05.1	23.4	189 44.3	46.2	22 42.6	01.8	251 29.7	31.8	Venus	236 30.8	14 38
23	250 57.9	125 04.5	22.7	204 45.0	46.7	37 45.1	01.8	266 32.1	31.8	Mars	315 12.5	9 23
										Jupiter	146 41.9	20 34
Mer. Pass. 6 22.8	v −0.6 d 0.7	v 0.6 d 0.5		v 2.6 d 0.0		v 2.4 d 0.0				Saturn	15 35.5	5 21

1994 JUNE 15, 16, 17 (WED., THURS., FRI.)

UT (GMT)	SUN G.H.A.	Dec.	MOON G.H.A.	v	Dec.	d	H.P.
d h	° ′	° ′	° ′	′	° ′	′	′
15 00	179 55.6	N23 17.2	112 24.4	11.8	N 6 28.5	11.4	57.6
01	194 55.5	17.4	126 55.2	11.8	6 17.1	11.3	57.6
02	209 55.4	17.5	141 26.0	11.8	6 05.8	11.4	57.6
03	224 55.2	.. 17.6	155 56.8	11.7	5 54.4	11.4	57.7
04	239 55.1	17.7	170 27.5	11.8	5 43.0	11.5	57.7
05	254 55.0	17.8	184 58.3	11.8	5 31.5	11.5	57.7
06	269 54.8	N23 17.9	199 29.1	11.7	N 5 20.0	11.6	57.7
W 07	284 54.7	18.0	213 59.8	11.8	5 08.4	11.5	57.8
E 08	299 54.6	18.1	228 30.6	11.7	4 56.9	11.7	57.8
D 09	314 54.4	.. 18.2	243 01.3	11.8	4 45.2	11.6	57.8
N 10	329 54.3	18.3	257 32.1	11.7	4 33.6	11.7	57.8
E 11	344 54.2	18.5	272 02.8	11.7	4 21.9	11.7	57.9
S 12	359 54.0	N23 18.6	286 33.5	11.7	N 4 10.2	11.8	57.9
D 13	14 53.9	18.7	301 04.2	11.7	3 58.4	11.7	57.9
A 14	29 53.8	18.8	315 34.9	11.7	3 46.7	11.8	57.9
Y 15	44 53.6	.. 18.9	330 05.6	11.7	3 34.9	11.9	58.0
16	59 53.5	19.0	344 36.3	11.6	3 23.0	11.8	58.0
17	74 53.4	19.1	359 06.9	11.6	3 11.2	11.9	58.0
18	89 53.2	N23 19.2	13 37.5	11.7	N 2 59.3	11.9	58.0
19	104 53.1	19.3	28 08.2	11.6	2 47.4	12.0	58.1
20	119 53.0	19.4	42 38.8	11.6	2 35.4	11.9	58.1
21	134 52.8	.. 19.5	57 09.4	11.5	2 23.5	12.0	58.1
22	149 52.7	19.6	71 39.9	11.6	2 11.5	12.0	58.1
23	164 52.6	19.7	86 10.5	11.5	1 59.5	12.0	58.2
16 00	179 52.4	N23 19.8	100 41.0	11.5	N 1 47.5	12.1	58.2
01	194 52.3	19.9	115 11.5	11.5	1 35.4	12.0	58.2
02	209 52.2	20.0	129 42.0	11.5	1 23.4	12.1	58.2
03	224 52.0	.. 20.1	144 12.5	11.5	1 11.3	12.1	58.3
04	239 51.9	20.1	158 43.0	11.4	0 59.2	12.1	58.3
05	254 51.7	20.2	173 13.4	11.4	0 47.1	12.1	58.3
06	269 51.6	N23 20.3	187 43.8	11.4	N 0 35.0	12.2	58.3
T 07	284 51.5	20.4	202 14.2	11.3	0 22.8	12.1	58.4
H 08	299 51.3	20.5	216 44.5	11.3	N 0 10.7	12.2	58.4
U 09	314 51.2	.. 20.6	231 14.8	11.3	S 0 01.5	12.2	58.4
R 10	329 51.1	20.7	245 45.1	11.3	0 13.7	12.1	58.4
S 11	344 50.9	20.8	260 15.4	11.2	0 25.8	12.2	58.5
D 12	359 50.8	N23 20.9	274 45.6	11.3	S 0 38.0	12.2	58.5
A 13	14 50.7	21.0	289 15.9	11.1	0 50.2	12.2	58.5
Y 14	29 50.5	21.1	303 46.0	11.2	1 02.4	12.2	58.5
15	44 50.4	.. 21.1	318 16.2	11.1	1 14.6	12.2	58.6
16	59 50.3	21.2	332 46.3	11.1	1 26.8	12.3	58.6
17	74 50.1	21.3	347 16.4	11.0	1 39.1	12.2	58.6
18	89 50.0	N23 21.4	1 46.4	11.0	S 1 51.3	12.2	58.6
19	104 49.9	21.5	16 16.4	11.0	2 03.5	12.2	58.7
20	119 49.7	21.6	30 46.4	10.9	2 15.7	12.3	58.7
21	134 49.6	.. 21.6	45 16.3	10.9	2 27.9	12.2	58.7
22	149 49.5	21.7	59 46.2	10.9	2 40.1	12.2	58.7
23	164 49.3	21.8	74 16.1	10.8	2 52.3	12.2	58.8
17 00	179 49.2	N23 21.9	88 45.9	10.8	S 3 04.5	12.2	58.8
01	194 49.1	22.0	103 15.7	10.7	3 16.7	12.2	58.8
02	209 48.9	22.0	117 45.4	10.7	3 28.9	12.2	58.8
03	224 48.8	.. 22.1	132 15.1	10.7	3 41.1	12.2	58.8
04	239 48.6	22.2	146 44.8	10.6	3 53.3	12.1	58.9
05	254 48.5	22.3	161 14.4	10.6	4 05.4	12.2	58.9
06	269 48.4	N23 22.3	175 44.0	10.5	S 4 17.6	12.1	58.9
F 07	284 48.2	22.4	190 13.5	10.5	4 29.7	12.1	59.0
R 08	299 48.1	22.5	204 43.0	10.4	4 41.8	12.1	59.0
I 09	314 48.0	.. 22.6	219 12.4	10.4	4 53.9	12.1	59.0
D 10	329 47.8	22.6	233 41.8	10.3	5 06.0	12.1	59.0
A 11	344 47.7	22.7	248 11.1	10.3	5 18.1	12.1	59.1
Y 12	359 47.6	N23 22.8	262 40.4	10.2	S 5 30.2	12.0	59.1
13	14 47.4	22.9	277 09.6	10.2	5 42.2	12.0	59.1
14	29 47.3	22.9	291 38.8	10.1	5 54.2	12.0	59.1
15	44 47.2	.. 23.0	306 07.9	10.1	6 06.2	11.9	59.2
16	59 47.0	23.1	320 37.0	10.0	6 18.1	12.0	59.2
17	74 46.9	23.1	335 06.0	10.0	6 30.1	11.9	59.2
18	89 46.8	N23 23.2	349 35.0	9.9	S 6 42.0	11.9	59.2
19	104 46.6	23.3	4 03.9	9.9	6 53.9	11.8	59.3
20	119 46.5	.. 23.3	18 32.8	9.8	7 05.7	11.8	59.3
21	134 46.3	23.4	33 01.6	9.7	7 17.5	11.8	59.3
22	149 46.2	23.5	47 30.3	9.7	7 29.3	11.8	59.3
23	164 46.1	23.5	61 59.0	9.6	7 41.1	11.7	59.4
S.D.	15.8	d 0.1	S.D. 15.8		15.9		16.1

Moonrise

Lat.	Twilight Naut.	Twilight Civil	Sunrise	Moonrise 15	16	17	18
°	h m	h m	h m	h m	h m	h m	h m
N 72	▢	▢	▢	09 54	11 50	13 49	15 56
N 70	▢	▢	▢	10 01	11 49	13 40	15 36
68	▢	▢	▢	10 06	11 48	13 33	15 21
66	▢	▢	▢	10 11	11 47	13 26	15 09
64	////	////	01 33	10 14	11 47	13 21	14 59
62	////	////	02 10	10 18	11 46	13 17	14 50
60	////	00 52	02 36	10 20	11 46	13 13	14 43
N 58	////	01 41	02 56	10 23	11 45	13 10	14 37
56	////	02 11	03 13	10 25	11 45	13 07	14 31
54	00 48	02 33	03 27	10 27	11 45	13 04	14 26
52	01 33	02 51	03 39	10 29	11 44	13 02	14 21
50	02 00	03 06	03 50	10 30	11 44	13 00	14 17
45	02 46	03 35	04 13	10 34	11 44	12 55	14 08
N 40	03 16	03 58	04 31	10 37	11 43	12 51	14 01
35	03 39	04 16	04 46	10 39	11 43	12 48	13 54
30	03 58	04 31	04 59	10 42	11 42	12 45	13 49
20	04 27	04 56	05 20	10 45	11 42	12 40	13 39
N 10	04 49	05 16	05 39	10 49	11 41	12 35	13 31
0	05 08	05 34	05 57	10 52	11 41	12 31	13 23
S 10	05 25	05 51	06 14	10 55	11 40	12 27	13 16
20	05 41	06 09	06 33	10 59	11 40	12 23	13 07
30	05 58	06 28	06 54	11 03	11 40	12 18	12 58
35	06 06	06 38	07 06	11 05	11 39	12 15	12 53
40	06 16	06 50	07 20	11 07	11 39	12 12	12 47
45	06 26	07 03	07 37	11 10	11 39	12 08	12 40
S 50	06 38	07 19	07 58	11 14	11 38	12 04	12 32
52	06 43	07 27	08 08	11 15	11 38	12 02	12 28
54	06 49	07 35	08 19	11 17	11 38	12 00	12 24
56	06 55	07 44	08 31	11 19	11 38	11 58	12 19
58	07 02	07 54	08 46	11 21	11 38	11 55	12 14
S 60	07 09	08 06	09 03	11 24	11 37	11 52	12 09

Moonset

Lat.	Sunset	Twilight Civil	Twilight Naut.	Moonset 15	16	17	18
°	h m	h m	h m	h m	h m	h m	h m
N 72	▢	▢	▢	23 38	23 25	23 12	22 54
N 70	▢	▢	▢	23 35	23 29	23 23	23 16
68	▢	▢	▢	23 34	23 33	23 32	23 32
66	▢	▢	▢	23 32	23 36	23 40	23 46
64	22 29	////	////	23 31	23 38	23 47	23 57
62	21 52	////	////	23 29	23 40	23 52	24 07
60	21 26	23 10	////	23 28	23 42	23 57	24 15
N 58	21 05	22 21	////	23 27	23 44	24 02	00 02
56	20 49	21 51	////	23 26	23 45	24 06	00 06
54	20 34	21 29	23 15	23 26	23 47	24 09	00 09
52	20 22	21 11	22 29	23 25	23 48	24 13	00 13
50	20 11	20 56	22 01	23 25	23 49	24 15	00 15
45	19 49	20 26	21 16	23 23	23 52	24 22	00 22
N 40	19 31	20 04	20 45	23 22	23 54	24 27	00 27
35	19 16	19 45	20 22	23 21	23 55	24 32	00 32
30	19 03	19 30	20 04	23 20	23 57	24 36	00 36
20	18 41	19 05	19 35	23 18	24 00	00 00	00 43
N 10	18 22	18 45	19 12	23 17	24 02	00 02	00 50
0	18 04	18 27	18 53	23 15	24 05	00 05	00 55
S 10	17 47	18 10	18 36	23 14	24 07	00 07	01 01
20	17 28	17 52	18 20	23 12	24 09	00 09	01 08
30	17 07	17 34	18 03	23 10	24 12	00 12	01 15
35	16 55	17 23	17 55	23 09	24 13	00 13	01 19
40	16 41	17 11	17 45	23 08	24 15	00 15	01 24
45	16 24	16 58	17 35	23 07	24 17	00 17	01 29
S 50	16 03	16 42	17 23	23 05	24 20	00 20	01 36
52	15 53	16 34	17 18	23 04	24 21	00 21	01 39
54	15 42	16 26	17 12	23 04	24 22	00 22	01 42
56	15 30	16 17	17 06	23 03	24 23	00 23	01 46
58	15 15	16 07	16 59	23 02	24 25	00 25	01 50
S 60	14 58	15 55	16 52	23 00	24 27	00 27	01 55

Day	SUN Eqn. of Time 00h	SUN Eqn. of Time 12h	Mer. Pass.	MOON Mer. Pass. Upper	MOON Mer. Pass. Lower	Age	Phase
	m s	m s	h m	h m	h m	d	
15	00 17	00 24	12 00	17 04	04 39	06	
16	00 30	00 37	12 01	17 53	05 28	07	◗
17	00 43	00 49	12 01	18 43	06 18	08	

1994 JUNE 18, 19, 20 (SAT., SUN., MON.)

UT (GMT) d h	ARIES G.H.A.	VENUS −4.0 G.H.A. / Dec.	MARS +1.2 G.H.A. / Dec.	JUPITER −2.3 G.H.A. / Dec.	SATURN +0.9 G.H.A. / Dec.	STARS Name / S.H.A. / Dec.
18 00	266 00.4	140 03.9 N21 22.0	219 45.6 N16 47.2	52 47.7 S12 01.7	281 34.6 S 8 31.8	Acamar 315 29.5 S40 19.5
01	281 02.9	155 03.3 21.4	234 46.3 47.7	67 50.3 01.7	296 37.0 31.8	Achernar 335 37.6 S57 15.6
02	296 05.3	170 02.7 20.7	249 46.9 48.3	82 52.9 01.7	311 39.5 31.8	Acrux 173 25.1 S63 04.5
03	311 07.8	185 02.1 ·· 20.0	264 47.6 ·· 48.8	97 55.4 ·· 01.7	326 41.9 ·· 31.8	Adhara 255 24.1 S28 58.0
04	326 10.3	200 01.5 19.3	279 48.2 49.3	112 58.0 01.6	341 44.3 31.8	Aldebaran 291 06.1 N16 29.8
05	341 12.7	215 00.9 18.6	294 48.8 49.8	128 00.6 01.6	356 46.8 31.8	
06	356 15.2	230 00.3 N21 17.9	309 49.5 N16 50.4	143 03.1 S12 01.6	11 49.2 S 8 31.8	Alioth 166 33.0 N55 59.6
07	11 17.6	244 59.8 17.2	324 50.1 50.9	158 05.7 01.6	26 51.7 31.8	Alkaid 153 09.9 N49 20.6
S 08	26 20.1	259 59.2 16.5	339 50.8 51.4	173 08.3 01.5	41 54.1 31.8	Al Na'ir 28 01.3 S46 58.9
A 09	41 22.6	274 58.6 ·· 15.8	354 51.4 ·· 51.9	188 10.8 ·· 01.5	56 56.5 ·· 31.8	Alnilam 276 01.1 S 1 12.4
T 10	56 25.0	289 58.0 15.1	9 52.1 52.5	203 13.4 01.5	71 59.0 31.8	Alphard 218 10.3 S 8 38.2
U 11	71 27.5	304 57.4 14.4	24 52.7 53.0	218 16.0 01.5	87 01.4 31.8	
R 12	86 30.0	319 56.8 N21 13.7	39 53.4 N16 53.5	233 18.5 S12 01.4	102 03.9 S 8 31.9	Alphecca 126 22.7 N26 44.1
D 13	101 32.4	334 56.3 13.0	54 54.0 54.0	248 21.1 01.4	117 06.3 31.9	Alpheratz 357 58.3 N29 03.5
A 14	116 34.9	349 55.7 12.3	69 54.6 54.5	263 23.7 01.4	132 08.8 31.9	Altair 62 21.8 N 8 51.3
Y 15	131 37.4	4 55.1 ·· 11.6	84 55.3 ·· 55.1	278 26.2 ·· 01.4	147 11.2 ·· 31.9	Ankaa 353 29.8 S42 19.9
16	146 39.8	19 54.5 10.9	99 55.9 55.6	293 28.8 01.3	162 13.6 31.9	Antares 112 43.4 S26 25.2
17	161 42.3	34 53.9 10.2	114 56.6 56.1	308 31.3 01.3	177 16.1 31.9	
18	176 44.8	49 53.4 N21 09.5	129 57.2 N16 56.6	323 33.9 S12 01.3	192 18.5 S 8 31.9	Arcturus 146 08.5 N19 12.7
19	191 47.2	64 52.8 08.8	144 57.9 57.2	338 36.5 01.3	207 21.0 31.9	Atria 107 57.4 S69 01.1
20	206 49.7	79 52.2 08.1	159 58.5 57.7	353 39.0 01.3	222 23.4 31.9	Avior 234 24.3 S59 29.8
21	221 52.1	94 51.6 ·· 07.4	174 59.2 ·· 58.2	8 41.6 ·· 01.2	237 25.9 ·· 31.9	Bellatrix 278 47.6 N 6 20.6
22	236 54.6	109 51.0 06.7	189 59.8 58.7	23 44.2 01.2	252 28.3 31.9	Betelgeuse 271 17.0 N 7 24.3
23	251 57.1	124 50.5 05.9	205 00.4 59.2	38 46.7 01.2	267 30.7 31.9	
19 00	266 59.5	139 49.9 N21 05.2	220 01.1 N16 59.8	53 49.3 S12 01.2	282 33.2 S 8 31.9	Canopus 264 03.0 S52 41.7
01	282 02.0	154 49.3 04.5	235 01.7 17 00.3	68 51.9 01.1	297 35.6 31.9	Capella 280 56.0 N45 59.4
02	297 04.5	169 48.8 03.8	250 02.4 00.8	83 54.4 01.1	312 38.1 31.9	Deneb 49 40.8 N45 15.6
03	312 06.9	184 48.2 ·· 03.1	265 03.0 ·· 01.3	98 57.0 ·· 01.1	327 40.5 ·· 31.9	Denebola 182 48.2 N14 36.2
04	327 09.4	199 47.6 02.4	280 03.7 01.8	113 59.5 01.1	342 43.0 31.9	Diphda 349 10.2 S18 00.9
05	342 11.9	214 47.0 01.7	295 04.3 02.3	129 02.1 01.0	357 45.4 31.9	
06	357 14.3	229 46.5 N21 00.9	310 04.9 N17 02.9	144 04.7 S12 01.0	12 47.9 S 8 31.9	Dubhe 194 09.2 N61 47.0
07	12 16.8	244 45.9 21 00.2	325 05.6 03.4	159 07.2 01.0	27 50.3 31.9	Elnath 278 31.0 N28 36.1
08	27 19.3	259 45.3 20 59.5	340 06.2 03.9	174 09.8 01.0	42 52.7 31.9	Eltanin 90 52.2 N51 29.5
S 09	42 21.7	274 44.8 ·· 58.8	355 06.9 ·· 04.4	189 12.3 ·· 01.0	57 55.2 ·· 31.9	Enif 34 00.9 N 9 51.0
U 10	57 24.2	289 44.2 58.1	10 07.5 04.9	204 14.9 00.9	72 57.6 31.9	Fomalhaut 15 39.5 S29 38.8
N 11	72 26.6	304 43.6 57.3	25 08.2 05.4	219 17.5 00.9	88 00.1 31.9	
D 12	87 29.1	319 43.1 N20 56.6	40 08.8 N17 06.0	234 20.0 S12 00.9	103 02.5 S 8 31.9	Gacrux 172 16.7 S57 05.3
A 13	102 31.6	334 42.5 55.9	55 09.5 06.5	249 22.6 00.9	118 05.0 31.9	Gienah 176 06.9 S17 30.9
Y 14	117 34.0	349 41.9 55.2	70 10.1 07.0	264 25.1 00.9	133 07.4 31.9	Hadar 149 07.7 S60 21.1
15	132 36.5	4 41.4 ·· 54.4	85 10.7 ·· 07.5	279 27.7 ·· 00.8	148 09.9 ·· 31.9	Hamal 328 17.0 N23 26.1
16	147 39.0	19 40.8 53.7	100 11.4 08.0	294 30.2 00.8	163 12.3 31.9	Kaus Aust. 84 02.3 S34 23.1
17	162 41.4	34 40.2 53.0	115 12.0 08.5	309 32.8 00.8	178 14.8 31.9	
18	177 43.9	49 39.7 N20 52.3	130 12.7 N17 09.0	324 35.4 S12 00.8	193 17.2 S 8 31.9	Kochab 137 18.6 N74 10.9
19	192 46.4	64 39.1 51.5	145 13.3 09.6	339 37.9 00.8	208 19.7 31.9	Markab 13 52.4 N15 10.5
20	207 48.8	79 38.5 50.8	160 14.0 10.1	354 40.5 00.7	223 22.1 31.9	Menkar 314 30.2 N 4 04.1
21	222 51.3	94 38.0 ·· 50.1	175 14.6 ·· 10.6	9 43.0 ·· 00.7	238 24.5 ·· 31.9	Menkent 148 24.1 S36 20.8
22	237 53.7	109 37.4 49.3	190 15.2 11.1	24 45.6 00.7	253 27.0 32.0	Miaplacidus 221 43.2 S69 42.0
23	252 56.2	124 36.9 48.6	205 15.9 11.6	39 48.1 00.7	268 29.4 32.0	
20 00	267 58.7	139 36.3 N20 47.9	220 16.5 N17 12.1	54 50.7 S12 00.7	283 31.9 S 8 32.0	Mirfak 309 01.2 N49 50.3
01	283 01.1	154 35.7 47.1	235 17.2 12.6	69 53.3 00.6	298 34.3 32.0	Nunki 76 15.6 S26 18.1
02	298 03.6	169 35.2 46.4	250 17.8 13.1	84 55.8 00.6	313 36.8 32.0	Peacock 53 41.1 S56 44.9
03	313 06.1	184 34.6 ·· 45.7	265 18.5 ·· 13.6	99 58.4 ·· 00.6	328 39.2 ·· 32.0	Pollux 243 45.4 N28 02.3
04	328 08.5	199 34.1 44.9	280 19.1 14.2	115 00.9 00.6	343 41.7 32.0	Procyon 245 14.9 N 5 14.2
05	343 11.0	214 33.5 44.2	295 19.7 14.7	130 03.5 00.6	358 44.1 32.0	
06	358 13.5	229 33.0 N20 43.5	310 20.4 N17 15.2	145 06.0 S12 00.5	13 46.6 S 8 32.0	Rasalhague 96 19.3 N12 33.9
07	13 15.9	244 32.4 42.7	325 21.0 15.7	160 08.6 00.5	28 49.0 32.0	Regulus 207 58.8 N11 59.6
08	28 18.4	259 31.9 42.0	340 21.7 16.2	175 11.1 00.5	43 51.5 32.0	Rigel 281 26.1 S 8 12.5
M 09	43 20.9	274 31.3 ·· 41.2	355 22.3 ·· 16.7	190 13.7 ·· 00.5	58 53.9 ·· 32.0	Rigil Kent. 140 10.7 S60 48.9
O 10	58 23.3	289 30.8 40.5	10 22.9 17.2	205 16.2 00.5	73 56.4 32.0	Sabik 102 28.5 S15 43.0
N 11	73 25.8	304 30.2 39.7	25 23.6 17.7	220 18.8 00.4	88 58.8 32.0	
D 12	88 28.2	319 29.6 N20 39.0	40 24.2 N17 18.2	235 21.3 S12 00.4	104 01.3 S 8 32.0	Schedar 349 56.9 N56 30.2
A 13	103 30.7	334 29.1 38.3	55 24.9 18.7	250 23.9 00.4	119 03.7 32.0	Shaula 96 40.8 S37 05.9
Y 14	118 33.2	349 28.5 37.5	70 25.5 19.2	265 26.4 00.4	134 06.2 32.0	Sirius 258 46.6 S16 42.6
15	133 35.6	4 28.0 ·· 36.8	85 26.2 ·· 19.8	280 29.0 ·· 00.4	149 08.6 ·· 32.0	Spica 158 46.1 S11 08.1
16	148 38.1	19 27.5 36.0	100 26.8 20.3	295 31.5 00.3	164 11.1 32.0	Suhail 223 03.2 S43 24.9
17	163 40.6	34 26.9 35.3	115 27.4 20.8	310 34.1 00.3	179 13.5 32.0	
18	178 43.0	49 26.4 N20 34.5	130 28.1 N17 21.3	325 36.6 S12 00.3	194 16.0 S 8 32.0	Vega 80 48.2 N38 46.8
19	193 45.5	64 25.8 33.8	145 28.7 21.8	340 39.2 00.3	209 18.4 32.1	Zuben'ubi 137 20.9 S16 01.2
20	208 48.0	79 25.3 33.0	160 29.4 22.3	355 41.7 00.3	224 20.9 32.1	
21	223 50.4	94 24.7 ·· 32.3	175 30.0 ·· 22.8	10 44.3 ·· 00.3	239 23.3 ·· 32.1	Venus 232 50.4 — 14 41
22	238 52.9	109 24.2 31.5	190 30.6 23.3	25 46.8 00.2	254 25.8 32.1	Mars 313 01.5 — 9 20
23	253 55.4	124 23.6 30.8	205 31.3 23.8	40 49.4 00.2	269 28.2 32.1	Jupiter 146 49.8 — 20 21
Mer. Pass. 6 11.0		v −0.6 d 0.7	v 0.6 d 0.5	v 2.6 d 0.0	v 2.4 d 0.0	Saturn 15 33.6 — 5 09

Bottom-right (S.H.A. / Mer. Pass.):

	S.H.A.	Mer. Pass.
Venus	232 50.4	14 41
Mars	313 01.5	9 20
Jupiter	146 49.8	20 21
Saturn	15 33.6	5 09

1994 JUNE 18, 19, 20 (SAT., SUN., MON.)

SUN and MOON

UT (GMT)	SUN G.H.A.	SUN Dec.	MOON G.H.A.	v	MOON Dec.	d	H.P.
18 00	179 45.9	N23 23.6	76 27.6	9.6	S 7 52.8	11.7	59.4
01	194 45.8	23.6	90 56.2	9.5	8 04.5	11.6	59.4
02	209 45.7	23.7	105 24.7	9.5	8 16.1	11.6	59.4
03	224 45.5	.. 23.8	119 53.2	9.4	8 27.7	11.6	59.4
04	239 45.4	23.8	134 21.6	9.3	8 39.3	11.5	59.5
05	254 45.3	23.9	148 49.9	9.3	8 50.8	11.5	59.5
S 06	269 45.1	N23 23.9	163 18.2	9.2	S 9 02.3	11.5	59.5
A 07	284 45.0	24.0	177 46.4	9.1	9 13.8	11.4	59.5
T 08	299 44.9	24.1	192 14.5	9.1	9 25.2	11.3	59.6
U 09	314 44.7	.. 24.1	206 42.6	9.0	9 36.5	11.3	59.6
R 10	329 44.6	24.2	221 10.6	8.9	9 47.8	11.3	59.6
D 11	344 44.4	24.2	235 38.5	8.9	9 59.1	11.2	59.6
A 12	359 44.3	N23 24.3	250 06.4	8.8	S10 10.3	11.1	59.6
Y 13	14 44.2	24.3	264 34.2	8.8	10 21.4	11.1	59.7
14	29 44.0	24.4	279 02.0	8.7	10 32.5	11.1	59.7
15	44 43.9	.. 24.4	293 29.7	8.6	10 43.6	10.9	59.7
16	59 43.8	24.5	307 57.3	8.5	10 54.5	11.0	59.7
17	74 43.6	24.5	322 24.8	8.5	11 05.5	10.8	59.7
18	89 43.5	N23 24.6	336 52.3	8.4	S11 16.3	10.8	59.8
19	104 43.4	24.6	351 19.7	8.3	11 27.1	10.8	59.8
20	119 43.2	24.7	5 47.0	8.3	11 37.9	10.7	59.8
21	134 43.1	.. 24.7	20 14.3	8.2	11 48.6	10.6	59.8
22	149 43.0	24.8	34 41.5	8.1	11 59.2	10.5	59.8
23	164 42.8	24.8	49 08.6	8.1	12 09.7	10.5	59.9
19 00	179 42.7	N23 24.9	63 35.7	8.0	S12 20.2	10.4	59.9
01	194 42.6	24.9	78 02.7	7.9	12 30.6	10.4	59.9
02	209 42.4	25.0	92 29.6	7.9	12 41.0	10.2	59.9
03	224 42.3	.. 25.0	106 56.5	7.7	12 51.2	10.2	59.9
04	239 42.1	25.0	121 23.2	7.7	13 01.4	10.2	59.9
05	254 42.0	25.1	135 49.9	7.7	13 11.6	10.0	60.0
06	269 41.9	N23 25.1	150 16.6	7.5	S13 21.6	10.0	60.0
07	284 41.7	25.2	164 43.1	7.5	13 31.6	9.9	60.0
08	299 41.6	25.2	179 09.6	7.4	13 41.5	9.8	60.0
S 09	314 41.5	.. 25.2	193 36.0	7.4	13 51.3	9.7	60.0
U 10	329 41.3	25.3	208 02.4	7.2	14 01.0	9.6	60.0
N 11	344 41.2	25.3	222 28.6	7.2	14 10.6	9.6	60.1
D 12	359 41.1	N23 25.4	236 54.8	7.2	S14 20.2	9.5	60.1
A 13	14 40.9	25.4	251 21.0	7.0	14 29.7	9.4	60.1
Y 14	29 40.8	25.4	265 47.0	7.0	14 39.1	9.2	60.1
15	44 40.7	.. 25.5	280 13.0	6.9	14 48.3	9.2	60.1
16	59 40.5	25.5	294 38.9	6.9	14 57.5	9.2	60.1
17	74 40.4	25.5	309 04.8	6.7	15 06.7	9.0	60.1
18	89 40.2	N23 25.6	323 30.5	6.7	S15 15.7	8.9	60.2
19	104 40.1	25.6	337 56.2	6.7	15 24.6	8.8	60.2
20	119 40.0	25.6	352 21.9	6.5	15 33.4	8.8	60.2
21	134 39.8	.. 25.7	6 47.4	6.5	15 42.2	8.6	60.2
22	149 39.7	25.7	21 12.9	6.4	15 50.8	8.5	60.2
23	164 39.6	25.7	35 38.3	6.4	15 59.3	8.4	60.2
20 00	179 39.4	N23 25.7	50 03.7	6.2	S16 07.7	8.4	60.2
01	194 39.3	25.8	64 28.9	6.2	16 16.1	8.2	60.2
02	209 39.2	25.8	78 54.1	6.2	16 24.3	8.1	60.3
03	224 39.0	.. 25.8	93 19.3	6.1	16 32.4	8.0	60.3
04	239 38.9	25.9	107 44.4	6.0	16 40.4	7.9	60.3
05	254 38.8	25.9	122 09.4	5.9	16 48.3	7.8	60.3
06	269 38.6	N23 25.9	136 34.3	5.9	S16 56.1	7.7	60.3
07	284 38.5	25.9	150 59.2	5.8	17 03.8	7.5	60.3
08	299 38.3	25.9	165 24.0	5.7	17 11.3	7.5	60.3
M 09	314 38.2	.. 26.0	179 48.7	5.7	17 18.8	7.3	60.3
O 10	329 38.1	26.0	194 13.4	5.6	17 26.1	7.2	60.3
N 11	344 37.9	26.0	208 38.0	5.6	17 33.3	7.1	60.3
D 12	359 37.8	N23 26.0	223 02.6	5.5	S17 40.4	7.0	60.3
A 13	14 37.7	26.1	237 27.1	5.4	17 47.4	6.9	60.4
Y 14	29 37.5	26.1	251 51.5	5.4	17 54.3	6.7	60.4
15	44 37.4	.. 26.1	266 15.9	5.3	18 01.0	6.7	60.4
16	59 37.3	26.1	280 40.2	5.3	18 07.7	6.5	60.4
17	74 37.1	26.1	295 04.5	5.2	18 14.2	6.3	60.4
18	89 37.0	N23 26.1	309 28.7	5.1	S18 20.5	6.3	60.4
19	104 36.9	26.2	323 52.8	5.1	18 26.8	6.1	60.4
20	119 36.7	26.2	338 16.9	5.1	18 32.9	6.0	60.4
21	134 36.6	.. 26.2	352 41.0	4.9	18 38.9	5.8	60.4
22	149 36.4	26.2	7 04.9	5.0	18 44.7	5.8	60.4
23	164 36.3	26.2	21 28.9	4.9	18 50.5	5.6	60.4
	S.D. 15.8	d 0.0	S.D. 16.2		16.4		16.4

Twilight, Sunrise and Moonrise

Lat.	Twilight Naut.	Twilight Civil	Sunrise	Moonrise 18	19	20	21
N 72	□	□	□	15 56	18 21	■	■
N 70	□	□	□	15 36	17 42	20 01	■
68	□	□	□	15 21	17 15	19 11	20 59
66	□	□	□	15 09	16 55	18 40	20 14
64	////	////	01 31	14 59	16 39	18 17	19 44
62	////	////	02 09	14 50	16 25	17 58	19 22
60	////	00 49	02 35	14 43	16 14	17 43	19 04
N 58	////	01 40	02 56	14 37	16 04	17 30	18 49
56	////	02 10	03 13	14 31	15 56	17 19	18 36
54	00 45	02 32	03 27	14 26	15 48	17 09	18 25
52	01 32	02 50	03 39	14 21	15 42	17 01	18 15
50	02 00	03 06	03 50	14 17	15 36	16 53	18 06
45	02 46	03 35	04 13	14 08	15 23	16 37	17 47
N 40	03 16	03 58	04 31	14 01	15 12	16 23	17 32
35	03 39	04 16	04 46	13 54	15 03	16 12	17 19
30	03 58	04 31	04 59	13 49	14 55	16 02	17 08
20	04 27	04 56	05 21	13 39	14 41	15 45	16 49
N 10	04 50	05 17	05 40	13 31	14 29	15 30	16 32
0	05 09	05 35	05 58	13 23	14 18	15 16	16 17
S 10	05 26	05 52	06 15	13 16	14 07	15 03	16 01
20	05 42	06 10	06 34	13 07	13 56	14 48	15 45
30	05 59	06 28	06 55	12 58	13 42	14 31	15 26
35	06 07	06 39	07 07	12 53	13 35	14 22	15 15
40	06 17	06 51	07 21	12 47	13 26	14 11	15 03
45	06 27	07 04	07 38	12 40	13 16	13 58	14 48
S 50	06 39	07 20	07 59	12 32	13 04	13 43	14 30
52	06 44	07 28	08 09	12 28	12 58	13 35	14 21
54	06 50	07 36	08 20	12 24	12 52	13 27	14 12
56	06 56	07 45	08 33	12 19	12 45	13 18	14 01
58	07 03	07 56	08 47	12 14	12 38	13 08	13 49
S 60	07 10	08 07	09 05	12 09	12 29	12 57	13 35

Sunset, Twilight and Moonset

Lat.	Sunset	Twilight Civil	Twilight Naut.	Moonset 18	19	20	21
N 72	□	□	□	22 54	22 26	■	■
N 70	□	□	□	23 16	23 06	22 50	■
68	□	□	□	23 32	23 34	23 40	23 59
66	□	□	□	23 46	23 55	24 12	00 12
64	22 32	////	////	23 57	24 13	00 13	00 36
62	21 54	////	////	24 07	00 07	00 27	00 55
60	21 27	23 14	////	24 15	00 15	00 39	01 11
N 58	21 07	22 23	////	00 02	00 23	00 49	01 24
56	20 50	21 53	////	00 06	00 29	00 58	01 35
54	20 36	21 30	23 18	00 09	00 35	01 06	01 46
52	20 23	21 12	22 31	00 13	00 40	01 13	01 55
50	20 12	20 57	22 03	00 16	00 45	01 20	02 03
45	19 50	20 27	21 17	00 22	00 55	01 34	02 20
N 40	19 32	20 05	20 46	00 27	01 04	01 46	02 34
35	19 17	19 46	20 23	00 32	01 12	01 56	02 46
30	19 04	19 31	20 04	00 36	01 18	02 05	02 56
20	18 42	19 06	19 35	00 43	01 30	02 20	03 14
N 10	18 23	18 46	19 13	00 50	01 40	02 33	03 30
0	18 05	18 27	18 54	00 55	01 49	02 45	03 45
S 10	17 47	18 10	18 37	01 01	01 58	02 58	04 00
20	17 29	17 53	18 20	01 08	02 08	03 11	04 15
30	17 08	17 34	18 04	01 15	02 20	03 27	04 33
35	16 55	17 23	17 55	01 19	02 27	03 35	04 44
40	16 41	17 12	17 46	01 24	02 34	03 46	04 56
45	16 24	16 58	17 35	01 29	02 43	03 58	05 10
S 50	16 03	16 42	17 24	01 36	02 54	04 12	05 28
52	15 54	16 35	17 18	01 39	02 59	04 19	05 36
54	15 42	16 26	17 13	01 42	03 05	04 27	05 45
56	15 30	16 17	17 06	01 46	03 11	04 35	05 56
58	15 15	16 07	17 00	01 50	03 18	04 45	06 07
S 60	14 57	15 55	16 52	01 55	03 25	04 56	06 21

SUN and MOON

Day	SUN Eqn. of Time 00ʰ	12ʰ	Mer. Pass.	MOON Mer. Pass. Upper	Lower	Age	Phase
18	00 56	01 02	12 01	19 36	07 09	09	
19	01 09	01 15	12 01	20 32	08 03	10	◗
20	01 22	01 29	12 01	21 30	09 01	11	

1994 JUNE 21, 22, 23 (TUES., WED., THURS.)

UT (GMT)	ARIES G.H.A.	VENUS −4.0 G.H.A.	Dec.	MARS +1.2 G.H.A.	Dec.	JUPITER −2.3 G.H.A.	Dec.	SATURN +0.9 G.H.A.	Dec.
21 00	268 57.8	139 23.1	N20 30.0	220 31.9	N17 24.3	55 51.9	S12 00.2	284 30.7	S 8 32.1
01	284 00.3	154 22.5	29.2	235 32.6	24.8	70 54.5	00.2	299 33.1	32.1
02	299 02.7	169 22.0	28.5	250 33.2	25.3	85 57.0	00.2	314 35.6	32.1
03	314 05.2	184 21.5 ··	27.7	265 33.9 ··	25.8	100 59.6 ··	00.2	329 38.0 ··	32.1
04	329 07.7	199 20.9	27.0	280 34.5	26.3	116 02.1	00.1	344 40.5	32.1
05	344 10.1	214 20.4	26.2	295 35.1	26.8	131 04.7	00.1	359 43.0	32.1
06	359 12.6	229 19.8	N20 25.4	310 35.8	N17 27.3	146 07.2	S12 00.1	14 45.4	S 8 32.1
07	14 15.1	244 19.3	24.7	325 36.4	27.8	161 09.8	00.1	29 47.9	32.1
T 08	29 17.5	259 18.8	23.9	340 37.1	28.3	176 12.3	00.1	44 50.3	32.1
U 09	44 20.0	274 18.2 ··	23.2	355 37.7 ··	28.8	191 14.9 ··	00.1	59 52.8 ··	32.1
E 10	59 22.5	289 17.7	22.4	10 38.3	29.3	206 17.4	00.0	74 55.2	32.1
S 11	74 24.9	304 17.2	21.6	25 39.0	29.8	221 19.9	00.0	89 57.7	32.1
D 12	89 27.4	319 16.6	N20 20.9	40 39.6	N17 30.3	236 22.5	S12 00.0	105 00.1	S 8 32.2
A 13	104 29.8	334 16.1	20.1	55 40.3	30.8	251 25.0	00.0	120 02.6	32.2
Y 14	119 32.3	349 15.6	19.3	70 40.9	31.3	266 27.6	00.0	135 05.0	32.2
15	134 34.8	4 15.0 ··	18.6	85 41.5 ··	31.8	281 30.1	12 00.0	150 07.5 ··	32.2
16	149 37.2	19 14.5	17.8	100 42.2	32.3	296 32.7	11 59.9	165 09.9	32.2
17	164 39.7	34 14.0	17.0	115 42.8	32.8	311 35.2	59.9	180 12.4	32.2
18	179 42.2	49 13.4	N20 16.2	130 43.5	N17 33.3	326 37.8	S11 59.9	195 14.9	S 8 32.2
19	194 44.6	64 12.9	15.5	145 44.1	33.8	341 40.3	59.9	210 17.3	32.2
20	209 47.1	79 12.4	14.7	160 44.7	34.3	356 42.8	59.9	225 19.8	32.2
21	224 49.6	94 11.8 ··	13.9	175 45.4 ··	34.8	11 45.4 ··	59.9	240 22.2 ··	32.2
22	239 52.0	109 11.3	13.1	190 46.0	35.3	26 47.9	59.8	255 24.7	32.2
23	254 54.5	124 10.8	12.4	205 46.7	35.8	41 50.5	59.8	270 27.1	32.2
22 00	269 57.0	139 10.3	N20 11.6	220 47.3	N17 36.3	56 53.0	S11 59.8	285 29.6	S 8 32.2
01	284 59.4	154 09.7	10.8	235 47.9	36.8	71 55.5	59.8	300 32.0	32.2
02	300 01.9	169 09.2	10.0	250 48.6	37.3	86 58.1	59.8	315 34.5	32.3
03	315 04.3	184 08.7 ··	09.3	265 49.2 ··	37.8	102 00.6 ··	59.8	330 37.0 ··	32.3
04	330 06.8	199 08.2	08.5	280 49.9	38.3	117 03.2	59.8	345 39.4	32.3
05	345 09.3	214 07.6	07.7	295 50.5	38.8	132 05.7	59.7	0 41.9	32.3
06	0 11.7	229 07.1	N20 06.9	310 51.1	N17 39.3	147 08.2	S11 59.7	15 44.3	S 8 32.3
W 07	15 14.2	244 06.6	06.1	325 51.8	39.8	162 10.8	59.7	30 46.8	32.3
E 08	30 16.7	259 06.1	05.3	340 52.4	40.3	177 13.3	59.7	45 49.2	32.3
D 09	45 19.1	274 05.6 ··	04.6	355 53.1 ··	40.8	192 15.9 ··	59.7	60 51.7 ··	32.3
N 10	60 21.6	289 05.0	03.8	10 53.7	41.3	207 18.4	59.7	75 54.2	32.3
E 11	75 24.1	304 04.5	03.0	25 54.3	41.8	222 20.9	59.7	90 56.6	32.3
S 12	90 26.5	319 04.0	N20 02.2	40 55.0	N17 42.3	237 23.5	S11 59.6	105 59.1	S 8 32.3
D 13	105 29.0	334 03.5	01.4	55 55.6	42.8	252 26.0	59.6	121 01.5	32.3
A 14	120 31.5	349 03.0	20 00.6	70 56.3	43.2	267 28.5	59.6	136 04.0	32.3
Y 15	135 33.9	4 02.4	19 59.8	85 56.9 ··	43.7	282 31.1 ··	59.6	151 06.4 ··	32.4
16	150 36.4	19 01.9	59.0	100 57.5	44.2	297 33.6	59.6	166 08.9	32.4
17	165 38.8	34 01.4	58.3	115 58.2	44.7	312 36.2	59.6	181 11.4	32.4
18	180 41.3	49 00.9	N19 57.5	130 58.8	N17 45.2	327 38.7	S11 59.6	196 13.8	S 8 32.4
19	195 43.8	64 00.4	56.7	145 59.5	45.7	342 41.2	59.6	211 16.3	32.4
20	210 46.2	78 59.9	55.9	161 00.1	46.2	357 43.8	59.5	226 18.7	32.4
21	225 48.7	93 59.4 ··	55.1	176 00.7 ··	46.7	12 46.3 ··	59.5	241 21.2 ··	32.4
22	240 51.2	108 58.9	54.3	191 01.4	47.2	27 48.8	59.5	256 23.7	32.4
23	255 53.6	123 58.3	53.5	206 02.0	47.7	42 51.4	59.5	271 26.1	32.4
23 00	270 56.1	138 57.8	N19 52.7	221 02.6	N17 48.2	57 53.9	S11 59.5	286 28.6	S 8 32.4
01	285 58.6	153 57.3	51.9	236 03.3	48.6	72 56.4	59.5	301 31.0	32.4
02	301 01.0	168 56.8	51.1	251 03.9	49.1	87 59.0	59.5	316 33.5	32.5
03	316 03.5	183 56.3 ··	50.3	266 04.6 ··	49.6	103 01.5 ··	59.5	331 36.0 ··	32.5
04	331 05.9	198 55.8	49.5	281 05.2	50.1	118 04.0	59.4	346 38.4	32.5
05	346 08.4	213 55.3	48.7	296 05.8	50.6	133 06.6	59.4	1 40.9	32.5
06	1 10.9	228 54.8	N19 47.9	311 06.5	N17 51.1	148 09.1	S11 59.4	16 43.3	S 8 32.5
07	16 13.3	243 54.3	47.1	326 07.1	51.6	163 11.6	59.4	31 45.8	32.5
T 08	31 15.8	258 53.8	46.3	341 07.8	52.1	178 14.2	59.4	46 48.3	32.5
H 09	46 18.3	273 53.3 ··	45.5	356 08.4 ··	52.6	193 16.7 ··	59.4	61 50.7 ··	32.5
U 10	61 20.7	288 52.8	44.7	11 09.0	53.0	208 19.2	59.4	76 53.2	32.5
R 11	76 23.2	303 52.3	43.9	26 09.7	53.5	223 21.8	59.4	91 55.6	32.5
S 12	91 25.7	318 51.8	N19 43.0	41 10.3	N17 54.0	238 24.3	S11 59.3	106 58.1	S 8 32.5
D 13	106 28.1	333 51.3	42.2	56 10.9	54.5	253 26.8	59.3	122 00.6	32.6
A 14	121 30.6	348 50.8	41.4	71 11.6	55.0	268 29.3	59.3	137 03.0	32.6
Y 15	136 33.1	3 50.3 ··	40.6	86 12.2 ··	55.5	283 31.9 ··	59.3	152 05.5 ··	32.6
16	151 35.5	18 49.8	39.8	101 12.9	55.9	298 34.4	59.3	167 07.9	32.6
17	166 38.0	33 49.3	39.0	116 13.5	56.4	313 36.9	59.3	182 10.4	32.6
18	181 40.4	48 48.8	N19 38.2	131 14.1	N17 56.9	328 39.5	S11 59.3	197 12.9	S 8 32.6
19	196 42.9	63 48.3	37.4	146 14.8	57.4	343 42.0	59.3	212 15.3	32.6
20	211 45.4	78 47.8	36.5	161 15.4	57.9	358 44.5	59.3	227 17.8	32.6
21	226 47.8	93 47.3 ··	35.7	176 16.0 ··	58.4	13 47.0 ··	59.2	242 20.3 ··	32.6
22	241 50.3	108 46.8	34.9	191 16.7	58.9	28 49.6	59.2	257 22.7	32.6
23	256 52.8	123 46.3	34.1	206 17.3	59.3	43 52.1	59.2	272 25.2	32.7
Mer. Pass.	5h 59.2m	v −0.5	d 0.8	v 0.6	d 0.5	v 2.5	d 0.0	v 2.5	d 0.0

STARS

Name	S.H.A.	Dec.
Acamar	315 29.4	S40 19.5
Achernar	335 37.6	S57 15.6
Acrux	173 25.1	S63 04.5
Adhara	255 24.1	S28 58.0
Aldebaran	291 06.0	N16 29.8
Alioth	166 33.0	N55 59.6
Alkaid	153 09.9	N49 20.6
Al Na'ir	28 01.3	S46 58.9
Alnilam	276 00.1	S 1 12.4
Alphard	218 10.3	S 8 38.2
Alphecca	126 22.7	N26 44.1
Alpheratz	357 58.2	N29 03.5
Altair	62 21.8	N 8 51.3
Ankaa	353 29.8	S42 19.9
Antares	112 43.4	S26 25.2
Arcturus	146 08.5	N19 12.7
Atria	107 57.4	S69 01.1
Avior	234 24.3	S59 29.8
Bellatrix	278 47.6	N 6 20.6
Betelgeuse	271 17.0	N 7 24.3
Canopus	264 03.0	S52 41.7
Capella	280 55.9	N45 59.4
Deneb	49 40.8	N45 15.6
Denebola	182 48.2	N14 36.2
Diphda	349 10.2	S18 00.8
Dubhe	194 09.3	N61 47.0
Elnath	278 31.0	N28 36.1
Eltanin	90 52.2	N51 29.5
Enif	34 00.9	N 9 51.1
Fomalhaut	15 39.5	S29 38.8
Gacrux	172 16.7	S57 05.3
Gienah	176 06.9	S17 30.9
Hadar	149 07.7	S60 21.1
Hamal	328 17.0	N23 26.1
Kaus Aust.	84 02.2	S34 23.1
Kochab	137 18.7	N74 10.9
Markab	13 52.4	N15 10.6
Menkar	314 30.2	N 4 04.1
Menkent	148 24.1	S36 20.8
Miaplacidus	221 43.2	S69 42.0
Mirfak	309 01.1	N49 50.3
Nunki	76 15.5	S26 18.1
Peacock	53 41.1	S56 44.9
Pollux	243 45.4	N28 02.3
Procyon	245 14.9	N 5 14.2
Rasalhague	96 19.3	N12 33.9
Regulus	207 58.8	N11 59.6
Rigel	281 26.1	S 8 12.5
Rigil Kent.	140 10.7	S60 48.9
Sabik	102 28.5	S15 43.0
Schedar	349 56.8	N56 30.2
Shaula	96 40.8	S37 05.9
Sirius	258 46.6	S16 42.6
Spica	158 46.1	S11 08.1
Suhail	223 03.2	S43 24.9
Vega	80 48.1	N38 46.8
Zuben'ubi	137 20.9	S16 01.2

	S.H.A.	Mer. Pass.
Venus	229 13.3	14h 44m
Mars	310 50.3	9 16
Jupiter	146 56.0	20 09
Saturn	15 32.6	4 57

1994 JUNE 21, 22, 23 (TUES., WED., THURS.)

UT (GMT) d h	SUN G.H.A.	Dec.	MOON G.H.A.	v	Dec.	d	H.P.
21 00	179 36.2	N23 26.2	35 52.8	4.8	S18 56.1	5.5	60.4
01	194 36.0	26.2	50 16.6	4.8	19 01.6	5.3	60.4
02	209 35.9	26.2	64 40.4	4.7	19 06.9	5.2	60.4
03	224 35.8	.. 26.2	79 04.1	4.7	19 12.1	5.1	60.4
04	239 35.6	26.2	93 27.8	4.7	19 17.2	4.9	60.4
05	254 35.5	26.3	107 51.5	4.6	19 22.1	4.8	60.4
06	269 35.4	N23 26.3	122 15.1	4.6	S19 26.9	4.6	60.4
07	284 35.2	26.3	136 38.7	4.5	19 31.5	4.6	60.4
T 08	299 35.1	26.3	151 02.2	4.5	19 36.1	4.3	60.4
U 09	314 35.0	.. 26.3	165 25.7	4.5	19 40.4	4.3	60.4
E 10	329 34.8	26.3	179 49.2	4.4	19 44.7	4.1	60.4
S 11	344 34.7	26.3	194 12.6	4.4	19 48.8	3.9	60.4
D 12	359 34.6	N23 26.3	208 36.0	4.3	S19 52.7	3.9	60.4
A 13	14 34.4	26.3	222 59.4	4.3	19 56.6	3.6	60.4
Y 14	29 34.3	26.3	237 22.7	4.3	20 00.2	3.6	60.4
15	44 34.1	.. 26.3	251 46.0	4.3	20 03.8	3.4	60.4
16	59 34.0	26.3	266 09.3	4.2	20 07.2	3.2	60.4
17	74 33.9	26.3	280 32.5	4.3	20 10.4	3.1	60.4
18	89 33.7	N23 26.3	294 55.8	4.2	S20 13.5	3.0	60.4
19	104 33.6	26.3	309 19.0	4.2	20 16.5	2.8	60.4
20	119 33.5	26.3	323 42.2	4.2	20 19.3	2.6	60.4
21	134 33.3	.. 26.3	338 05.4	4.1	20 21.9	2.5	60.4
22	149 33.2	26.3	352 28.5	4.1	20 24.4	2.4	60.4
23	164 33.1	26.3	6 51.7	4.1	20 26.8	2.2	60.4
22 00	179 32.9	N23 26.3	21 14.8	4.1	S20 29.0	2.1	60.4
01	194 32.8	26.3	35 37.9	4.1	20 31.1	1.9	60.3
02	209 32.7	26.2	50 01.0	4.1	20 33.0	1.8	60.3
03	224 32.5	.. 26.2	64 24.1	4.1	20 34.8	1.6	60.3
04	239 32.4	26.2	78 47.2	4.1	20 36.4	1.5	60.3
05	254 32.3	26.2	93 10.3	4.1	20 37.9	1.3	60.3
06	269 32.1	N23 26.2	107 33.4	4.1	S20 39.2	1.2	60.3
W 07	284 32.0	26.2	121 56.5	4.1	20 40.4	1.1	60.3
E 08	299 31.9	26.2	136 19.6	4.1	20 41.5	0.8	60.3
D 09	314 31.7	.. 26.2	150 42.7	4.1	20 42.3	0.8	60.3
N 10	329 31.6	26.2	165 05.8	4.1	20 43.1	0.6	60.3
E 11	344 31.5	26.1	179 28.9	4.2	20 43.7	0.4	60.2
S 12	359 31.3	N23 26.1	193 52.1	4.1	S20 44.1	0.3	60.2
D 13	14 31.2	26.1	208 15.2	4.2	20 44.4	0.1	60.2
A 14	29 31.0	26.1	222 38.4	4.1	20 44.5	0.0	60.2
Y 15	44 30.9	.. 26.1	237 01.5	4.2	20 44.5	0.2	60.2
16	59 30.8	26.1	251 24.7	4.2	20 44.3	0.3	60.2
17	74 30.6	26.0	265 47.9	4.2	20 44.0	0.4	60.2
18	89 30.5	N23 26.0	280 11.1	4.3	S20 43.6	0.6	60.2
19	104 30.4	26.0	294 34.4	4.3	20 43.0	0.8	60.1
20	119 30.2	26.0	308 57.7	4.3	20 42.2	0.9	60.1
21	134 30.1	.. 26.0	323 21.0	4.3	20 41.3	1.0	60.1
22	149 30.0	25.9	337 44.3	4.3	20 40.3	1.2	60.1
23	164 29.8	25.9	352 07.6	4.4	20 39.1	1.3	60.1
23 00	179 29.7	N23 25.9	6 31.0	4.5	S20 37.8	1.5	60.1
01	194 29.6	25.9	20 54.5	4.4	20 36.3	1.6	60.0
02	209 29.4	25.9	35 17.9	4.5	20 34.7	1.8	60.0
03	224 29.3	.. 25.8	49 41.4	4.6	20 32.9	1.9	60.0
04	239 29.2	25.8	64 05.0	4.5	20 31.0	2.1	60.0
05	254 29.0	25.8	78 28.5	4.6	20 28.9	2.2	60.0
06	269 28.9	N23 25.7	92 52.1	4.7	S20 26.7	2.3	59.9
07	284 28.8	25.7	107 15.8	4.7	20 24.4	2.5	59.9
T 08	299 28.6	25.7	121 39.5	4.8	20 21.9	2.6	59.9
H 09	314 28.5	.. 25.7	136 03.3	4.8	20 19.3	2.8	59.9
U 10	329 28.4	25.6	150 27.1	4.8	20 16.5	2.9	59.9
R 11	344 28.2	25.6	164 50.9	4.9	20 13.6	3.0	59.8
S 12	359 28.1	N23 25.6	179 14.8	5.0	S20 10.6	3.2	59.8
D 13	14 28.0	25.5	193 38.8	5.0	20 07.4	3.3	59.8
A 14	29 27.8	25.5	208 02.8	5.1	20 04.1	3.4	59.8
Y 15	44 27.7	.. 25.5	222 26.9	5.1	20 00.7	3.6	59.8
16	59 27.6	25.4	236 51.0	5.2	19 57.1	3.7	59.7
17	74 27.4	25.4	251 15.2	5.3	19 53.4	3.9	59.7
18	89 27.3	N23 25.4	265 39.5	5.3	S19 49.5	4.0	59.7
19	104 27.2	25.3	280 03.8	5.4	19 45.5	4.1	59.7
20	119 27.0	25.3	294 28.2	5.4	19 41.4	4.2	59.6
21	134 26.9	.. 25.2	308 52.6	5.5	19 37.2	4.4	59.6
22	149 26.8	25.2	323 17.1	5.6	19 32.8	4.5	59.6
23	164 26.6	25.2	337 41.7	5.6	19 28.3	4.6	59.6
	S.D. 15.8	d 0.0	S.D. 16.5		16.4		16.3

Twilight / Sunrise / Moonrise

Lat.	Naut.	Civil	Sunrise	Moonrise 21	22	23	24
N 72	□	□	□	■	■		■
N 70	□	□	□	■	■	23 42	23 18
68	□	□	□	20 59	22 11	22 37	22 45
66	□	□	□	20 14	21 23	22 01	22 21
64	////	////	01 31	19 44	20 52	21 35	22 02
62	////	////	02 09	19 22	20 29	21 15	21 46
60	////	00 49	02 36	19 04	20 10	20 59	21 33
N 58	////	01 40	02 56	18 49	19 54	20 45	21 21
56	////	02 11	03 13	18 36	19 41	20 33	21 12
54	00 45	02 33	03 27	18 25	19 30	20 22	21 03
52	01 32	02 51	03 40	18 15	19 20	20 13	20 55
50	02 00	03 06	03 51	18 06	19 10	20 04	20 48
45	02 46	03 36	04 13	17 47	18 51	19 47	20 33
N 40	03 17	03 59	04 31	17 32	18 36	19 32	20 20
35	03 40	04 17	04 46	17 19	18 22	19 20	20 10
30	03 59	04 32	05 00	17 08	18 11	19 09	20 00
20	04 28	04 57	05 22	16 49	17 51	18 50	19 44
N 10	04 50	05 18	05 41	16 32	17 34	18 34	19 30
0	05 09	05 36	05 58	16 17	17 18	18 19	19 17
S 10	05 26	05 53	06 16	16 01	17 02	18 04	19 03
20	05 43	06 10	06 34	15 45	16 45	17 47	18 49
30	05 59	06 29	06 56	15 26	16 26	17 29	18 33
35	06 08	06 40	07 08	15 15	16 14	17 18	18 23
40	06 17	06 52	07 22	15 03	16 01	17 05	18 13
45	06 28	07 05	07 39	14 48	15 46	16 51	18 00
S 50	06 40	07 21	08 00	14 30	15 27	16 33	17 44
52	06 45	07 29	08 10	14 21	15 18	16 24	17 37
54	06 51	07 37	08 21	14 12	15 08	16 15	17 29
56	06 57	07 46	08 33	14 01	14 57	16 04	17 20
58	07 04	07 56	08 48	13 49	14 44	15 52	17 09
S 60	07 11	08 08	09 06	13 35	14 28	15 37	16 57

Sunset / Twilight / Moonset

Lat.	Sunset	Civil	Naut.	Moonset 21	22	23	24
N 72	□	□	□	■	■	■	■
N 70	□	□	□	■	■	■	01 32
68	□	□	□	23 59	24 57	00 57	02 36
66	□	□	□	00 12	00 45	01 45	03 12
64	22 33	////	////	00 36	01 15	02 16	03 37
62	21 54	////	////	00 55	01 38	02 39	03 57
60	21 28	23 14	////	01 11	01 56	02 57	04 13
N 58	21 07	22 23	////	01 24	02 11	03 13	04 27
56	20 51	21 53	////	01 35	02 24	03 26	04 38
54	20 36	21 31	23 19	01 46	02 36	03 37	04 48
52	20 24	21 13	22 31	01 55	02 46	03 47	04 58
50	20 13	20 58	22 03	02 03	02 55	03 56	05 06
45	19 50	20 28	21 18	02 20	03 14	04 15	05 23
N 40	19 32	20 05	20 47	02 34	03 29	04 31	05 37
35	19 17	19 47	20 24	02 46	03 42	04 44	05 49
30	19 04	19 32	20 05	02 56	03 54	04 55	05 59
20	18 42	19 07	19 36	03 14	04 13	05 15	06 17
N 10	18 23	18 46	19 13	03 30	04 30	05 32	06 32
0	18 06	18 28	18 54	03 45	04 46	05 47	06 47
S 10	17 48	18 11	18 37	04 00	05 02	06 03	07 01
20	17 30	17 54	18 21	04 15	05 19	06 20	07 16
30	17 08	17 35	18 05	04 33	05 38	06 39	07 34
35	16 56	17 24	17 56	04 44	05 50	06 50	07 44
40	16 42	17 12	17 46	04 56	06 03	07 03	07 55
45	16 25	16 59	17 36	05 10	06 18	07 18	08 09
S 50	16 04	16 43	17 24	05 28	06 37	07 36	08 25
52	15 54	16 35	17 19	05 36	06 46	07 45	08 33
54	15 43	16 27	17 13	05 45	06 56	07 55	08 41
56	15 30	16 18	17 07	05 56	07 07	08 06	08 51
58	15 16	16 08	17 00	06 07	07 20	08 18	09 02
S 60	14 58	15 56	16 53	06 21	07 35	08 33	09 14

Day	SUN Eqn. of Time 00h	12h	Mer. Pass.	MOON Mer. Pass. Upper	Lower	Age	Phase
	m s	m s	h m	h m	h m	d	
21	01 35	01 42	12 02	22 31	10 01	12	
22	01 48	01 54	12 02	23 33	11 02	13	○
23	02 01	02 07	12 02	24 33	12 03	14	

1994 JUNE 24, 25, 26 (FRI., SAT., SUN.)

UT (GMT)	ARIES G.H.A.	VENUS −4.0 G.H.A.	Dec.	MARS +1.2 G.H.A.	Dec.	JUPITER −2.3 G.H.A.	Dec.	SATURN +0.9 G.H.A.	Dec.	STARS Name	S.H.A.	Dec.
24 00	271 55.2	138 45.8 N19 33.3		221 18.0 N17 59.8		58 54.6 S11 59.2		287 27.6 S 8 32.7		Acamar	315 29.4	S40 19.4
01	286 57.7	153 45.3	32.5	236 18.6	18 00.3	73 57.2	59.2	302 30.1	32.7	Achernar	335 37.6	S57 15.6
02	302 00.2	168 44.8	31.6	251 19.2	00.8	88 59.7	59.2	317 32.6	32.7	Acrux	173 25.1	S63 04.5
03	317 02.6	183 44.3 ··	30.8	266 19.9 ··	01.3	104 02.2 ··	59.2	332 35.0 ··	32.7	Adhara	255 24.1	S28 58.0
04	332 05.1	198 43.8	30.0	281 20.5	01.7	119 04.7	59.2	347 37.5	32.7	Aldebaran	291 06.0	N16 29.8
05	347 07.6	213 43.3	29.2	296 21.1	02.2	134 07.3	59.2	2 40.0	32.7			
06	2 10.0	228 42.8 N19 28.4		311 21.8 N18 02.7		149 09.8 S11 59.2		17 42.4 S 8 32.7		Alioth	166 33.0	N55 59.6
07	17 12.5	243 42.4	27.5	326 22.4	03.2	164 12.3	59.2	32 44.9	32.7	Alkaid	153 09.9	N49 20.6
08	32 14.9	258 41.9	26.7	341 23.1	03.7	179 14.8	59.1	47 47.4	32.8	Al Na'ir	28 01.3	S46 58.9
F 09	47 17.4	273 41.4 ··	25.9	356 23.7 ··	04.1	194 17.4 ··	59.1	62 49.8 ··	32.8	Alnilam	276 01.1	S 1 12.4
R 10	62 19.9	288 40.9	25.1	11 24.3	04.6	209 19.9	59.1	77 52.3	32.8	Alphard	218 10.3	S 8 38.2
I 11	77 22.3	303 40.4	24.2	26 25.0	05.1	224 22.4	59.1	92 54.8	32.8			
D 12	92 24.8	318 39.9 N19 23.4		41 25.6 N18 05.6		239 24.9 S11 59.1		107 57.2 S 8 32.8		Alphecca	126 22.7	N26 44.1
A 13	107 27.3	333 39.4	22.6	56 26.2	06.1	254 27.4	59.1	122 59.7	32.8	Alpheratz	357 58.2	N29 03.5
Y 14	122 29.7	348 38.9	21.7	71 26.9	06.5	269 30.0	59.1	138 02.2	32.8	Altair	62 21.8	N 8 51.3
15	137 32.2	3 38.5 ··	20.9	86 27.5 ··	07.0	284 32.5 ··	59.1	153 04.6 ··	32.8	Ankaa	353 29.7	S42 19.8
16	152 34.7	18 38.0	20.1	101 28.1	07.5	299 35.0	59.1	168 07.1	32.8	Antares	112 43.4	S26 25.2
17	167 37.1	33 37.5	19.2	116 28.8	08.0	314 37.5	59.1	183 09.6	32.9			
18	182 39.6	48 37.0 N19 18.4		131 29.4 N18 08.4		329 40.1 S11 59.1		198 12.0 S 8 32.9		Arcturus	146 08.5	N19 12.7
19	197 42.0	63 36.5	17.6	146 30.1	08.9	344 42.6	59.1	213 14.5	32.9	Atria	107 57.4	S69 01.1
20	212 44.5	78 36.1	16.7	161 30.7	09.4	359 45.1	59.0	228 17.0	32.9	Avior	234 24.3	S59 29.8
21	227 47.0	93 35.6 ··	15.9	176 31.3 ··	09.9	14 47.6 ··	59.0	243 19.4 ··	32.9	Bellatrix	278 47.6	N 6 20.6
22	242 49.4	108 35.1	15.1	191 32.0	10.3	29 50.1	59.0	258 21.9	32.9	Betelgeuse	271 17.0	N 7 24.3
23	257 51.9	123 34.6	14.2	206 32.6	10.8	44 52.7	59.0	273 24.4	32.9			
25 00	272 54.4	138 34.1 N19 13.4		221 33.2 N18 11.3		59 55.2 S11 59.0		288 26.8 S 8 32.9		Canopus	264 03.0	S52 41.7
01	287 56.8	153 33.7	12.6	236 33.9	11.8	74 57.7	59.0	303 29.3	33.0	Capella	280 55.9	N45 59.4
02	302 59.3	168 33.2	11.7	251 34.5	12.2	90 00.2	59.0	318 31.8	33.0	Deneb	49 40.7	N45 15.6
03	318 01.8	183 32.7 ··	10.9	266 35.1 ··	12.7	105 02.7 ··	59.0	333 34.2 ··	33.0	Denebola	182 48.2	N14 36.2
04	333 04.2	198 32.2	10.0	281 35.8	13.2	120 05.3	59.0	348 36.7	33.0	Diphda	349 10.2	S18 00.8
05	348 06.7	213 31.8	09.2	296 36.4	13.7	135 07.8	59.0	3 39.2	33.0			
06	3 09.2	228 31.3 N19 08.3		311 37.0 N18 14.1		150 10.3 S11 59.0		18 41.6 S 8 33.0		Dubhe	194 09.3	N61 47.0
07	18 11.6	243 30.8	07.5	326 37.7	14.6	165 12.8	59.0	33 44.1	33.0	Elnath	278 31.0	N28 36.1
S 08	33 14.1	258 30.3	06.7	341 38.3	15.1	180 15.3	59.0	48 46.6	33.0	Eltanin	90 52.2	N51 29.5
A 09	48 16.5	273 29.9 ··	05.8	356 39.0 ··	15.6	195 17.8 ··	59.0	63 49.0 ··	33.1	Enif	34 00.8	N 9 51.1
T 10	63 19.0	288 29.4	05.0	11 39.6	16.0	210 20.4	58.9	78 51.5	33.1	Fomalhaut	15 39.5	S29 38.8
U 11	78 21.5	303 28.9	04.1	26 40.2	16.5	225 22.9	58.9	93 54.0	33.1			
R 12	93 23.9	318 28.5 N19 03.3		41 40.9 N18 17.0		240 25.4 S11 58.9		108 56.4 S 8 33.1		Gacrux	172 16.7	S57 05.3
D 13	108 26.4	333 28.0	02.4	56 41.5	17.4	255 27.9	58.9	123 58.9	33.1	Gienah	176 06.9	S17 30.9
A 14	123 28.9	348 27.5	01.6	71 42.1	17.9	270 30.4	58.9	139 01.4	33.1	Hadar	149 07.8	S60 21.1
Y 15	138 31.3	3 27.1 19 00.7		86 42.8 ··	18.4	285 32.9 ··	58.9	154 03.8 ··	33.1	Hamal	328 17.0	N23 26.1
16	153 33.8	18 26.6 18 59.9		101 43.4	18.8	300 35.4	58.9	169 06.3	33.1	Kaus Aust.	84 02.2	S34 23.1
17	168 36.3	33 26.1	59.0	116 44.0	19.3	315 38.0	58.9	184 08.8	33.2			
18	183 38.7	48 25.7 N18 58.2		131 44.7 N18 19.8		330 40.5 S11 58.9		199 11.3 S 8 33.2		Kochab	137 18.7	N74 10.9
19	198 41.2	63 25.2	57.3	146 45.3	20.3	345 43.0	58.9	214 13.7	33.2	Markab	13 52.4	N15 10.6
20	213 43.7	78 24.7	56.5	161 45.9	20.7	0 45.5	58.9	229 16.2	33.2	Menkar	314 30.1	N 4 04.1
21	228 46.1	93 24.3 ··	55.6	176 46.6 ··	21.2	15 48.0 ··	58.9	244 18.7 ··	33.2	Menkent	148 24.1	S36 20.8
22	243 48.6	108 23.8	54.7	191 47.2	21.7	30 50.5	58.9	259 21.1	33.2	Miaplacidus	221 43.3	S69 42.0
23	258 51.0	123 23.4	53.9	206 47.8	22.1	45 53.0	58.9	274 23.6	33.2			
26 00	273 53.5	138 22.9 N18 53.0		221 48.5 N18 22.6		60 55.6 S11 58.9		289 26.1 S 8 33.3		Mirfak	309 01.1	N49 50.3
01	288 56.0	153 22.4	52.2	236 49.1	23.1	75 58.1	58.9	304 28.6	33.3	Nunki	76 15.5	S26 18.1
02	303 58.4	168 22.0	51.3	251 49.7	23.5	91 00.6	58.9	319 31.0	33.3	Peacock	53 41.0	S56 44.9
03	319 00.9	183 21.5 ··	50.5	266 50.4 ··	24.0	106 03.1 ··	58.9	334 33.5 ··	33.3	Pollux	243 45.4	N28 02.3
04	334 03.4	198 21.1	49.6	281 51.0	24.5	121 05.6	58.8	349 36.0	33.3	Procyon	245 14.9	N 5 14.3
05	349 05.8	213 20.6	48.7	296 51.7	24.9	136 08.1	58.8	4 38.4	33.3			
06	4 08.3	228 20.1 N18 47.9		311 52.3 N18 25.4		151 10.6 S11 58.8		19 40.9 S 8 33.3		Rasalhague	96 19.3	N12 33.9
07	19 10.8	243 19.7	47.0	326 52.9	25.8	166 13.1	58.8	34 43.4	33.3	Regulus	207 58.8	N11 59.6
08	34 13.2	258 19.2	46.1	341 53.6	26.3	181 15.6	58.8	49 45.9	33.4	Rigel	281 26.0	S 8 12.5
S 09	49 15.7	273 18.8 ··	45.3	356 54.2 ··	26.8	196 18.2 ··	58.8	64 48.3 ··	33.4	Rigil Kent.	140 10.7	S60 49.0
U 10	64 18.1	288 18.3	44.4	11 54.8	27.2	211 20.7	58.8	79 50.8	33.4	Sabik	102 28.5	S15 43.0
N 11	79 20.6	303 17.9	43.5	26 55.5	27.7	226 23.2	58.8	94 53.3	33.4			
D 12	94 23.1	318 17.4 N18 42.7		41 56.1 N18 28.2		241 25.7 S11 58.8		109 55.8 S 8 33.4		Schedar	349 56.8	N56 30.2
A 13	109 25.5	333 17.0	41.8	56 56.7	28.6	256 28.2	58.8	124 58.2	33.4	Shaula	96 40.8	S37 05.9
Y 14	124 28.0	348 16.5	40.9	71 57.4	29.1	271 30.7	58.8	140 00.7	33.4	Sirius	258 46.6	S16 42.6
15	139 30.5	3 16.1 ··	40.1	86 58.0 ··	29.6	286 33.2 ··	58.8	155 03.2 ··	33.5	Spica	158 46.1	S11 08.1
16	154 32.9	18 15.6	39.2	101 58.6	30.0	301 35.7	58.8	170 05.6	33.5	Suhail	223 03.2	S43 24.9
17	169 35.4	33 15.2	38.3	116 59.3	30.5	316 38.2	58.8	185 08.1	33.5			
18	184 37.9	48 14.7 N18 37.5		131 59.9 N18 30.9		331 40.7 S11 58.8		200 10.6 S 8 33.5		Vega	80 48.1	N38 46.8
19	199 40.3	63 14.3	36.6	147 00.5	31.4	346 43.2	58.8	215 13.1	33.5	Zuben'ubi	137 20.9	S16 01.2
20	214 42.8	78 13.8	35.7	162 01.2	31.9	1 45.7	58.8	230 15.5	33.5			
21	229 45.3	93 13.4 ··	34.8	177 01.8 ··	32.3	16 48.2 ··	58.8	245 18.0 ··	33.6			S.H.A. / Mer. Pass.
22	244 47.7	108 12.9	34.0	192 02.4	32.8	31 50.8	58.8	260 20.5	33.6	Venus	225 39.8	14 46
23	259 50.2	123 12.5	33.1	207 03.1	33.2	46 53.3	58.8	275 23.0	33.6	Mars	308 38.9	9 13
Mer. Pass. 5h 47.4m		v −0.5 d 0.8		v 0.6 d 0.5		v 2.5 d 0.0		v 2.5 d 0.0		Jupiter	147 00.8	19 57
										Saturn	15 32.5	4 45

1994 JUNE 24, 25, 26 (FRI., SAT., SUN.)

UT (GMT)	SUN G.H.A.	Dec.	MOON G.H.A.	v	Dec.	d	H.P.
d h	o ′	o ′	o ′	′	o ′	′	′
24 00	179 26.5	N23 25.1	352 06.3	5.8	S19 23.7	4.8	59.5
01	194 26.4	25.1	6 31.1	5.7	19 18.9	4.8	59.5
02	209 26.2	25.0	20 55.8	5.9	19 14.1	5.0	59.5
03	224 26.1 ..	25.0	35 20.7	5.9	19 09.1	5.2	59.5
04	239 26.0	25.0	49 45.6	6.0	19 03.9	5.2	59.4
05	254 25.8	24.9	64 10.6	6.1	18 58.7	5.4	59.4
06	269 25.7	N23 24.9	78 35.7	6.2	S18 53.3	5.4	59.4
07	284 25.6	24.8	93 00.9	6.2	18 47.9	5.6	59.3
08	299 25.4	24.8	107 26.1	6.3	18 42.3	5.7	59.3
F 09	314 25.3 ..	24.7	121 51.4	6.4	18 36.6	5.9	59.3
R 10	329 25.2	24.7	136 16.8	6.4	18 30.7	5.9	59.3
I 11	344 25.0	24.6	150 42.2	6.6	18 24.8	6.1	59.2
D 12	359 24.9	N23 24.6	165 07.8	6.6	S18 18.7	6.1	59.2
A 13	14 24.8	24.5	179 33.4	6.7	18 12.6	6.3	59.2
Y 14	29 24.6	24.5	193 59.1	6.8	18 06.3	6.4	59.1
15	44 24.5 ..	24.4	208 24.9	6.9	17 59.9	6.5	59.1
16	59 24.4	24.4	222 50.8	7.0	17 53.4	6.6	59.1
17	74 24.2	24.3	237 16.8	7.0	17 46.8	6.7	59.1
18	89 24.1	N23 24.3	251 42.8	7.1	S17 40.1	6.8	59.0
19	104 24.0	24.2	266 08.9	7.2	17 33.3	6.9	59.0
20	119 23.8	24.2	280 35.1	7.3	17 26.4	7.0	59.0
21	134 23.7 ..	24.1	295 01.4	7.4	17 19.4	7.2	58.9
22	149 23.6	24.1	309 27.8	7.5	17 12.2	7.2	58.9
23	164 23.4	24.0	323 54.3	7.6	17 05.0	7.3	58.9
25 00	179 23.3	N23 23.9	338 20.9	7.6	S16 57.7	7.4	58.8
01	194 23.2	23.9	352 47.5	7.7	16 50.3	7.5	58.8
02	209 23.0	23.8	7 14.2	7.9	16 42.8	7.6	58.8
03	224 22.9 ..	23.8	21 41.1	7.9	16 35.2	7.7	58.7
04	239 22.8	23.7	36 08.0	8.0	16 27.5	7.7	58.7
05	254 22.6	23.6	50 35.0	8.0	16 19.8	7.9	58.7
06	269 22.5	N23 23.6	65 02.0	8.2	S16 11.9	8.0	58.6
07	284 22.4	23.5	79 29.2	8.3	16 03.9	8.0	58.6
S 08	299 22.3	23.4	93 56.5	8.3	15 55.9	8.1	58.6
A 09	314 22.1 ..	23.4	108 23.8	8.5	15 47.8	8.2	58.5
T 10	329 22.0	23.3	122 51.3	8.5	15 39.6	8.3	58.5
U 11	344 21.9	23.3	137 18.8	8.6	15 31.3	8.4	58.5
R 12	359 21.7	N23 23.2	151 46.4	8.7	S15 22.9	8.4	58.4
D 13	14 21.6	23.1	166 14.1	8.8	15 14.5	8.6	58.4
A 14	29 21.5	23.1	180 41.9	8.9	15 05.9	8.6	58.4
Y 15	44 21.3 ..	23.0	195 09.8	9.0	14 57.3	8.6	58.3
16	59 21.2	22.9	209 37.8	9.1	14 48.7	8.8	58.3
17	74 21.1	22.8	224 05.9	9.1	14 39.9	8.8	58.3
18	89 20.9	N23 22.8	238 34.0	9.3	S14 31.1	8.9	58.2
19	104 20.8	22.7	253 02.3	9.3	14 22.2	9.0	58.2
20	119 20.7	22.6	267 30.6	9.4	14 13.2	9.0	58.2
21	134 20.5 ..	22.6	281 59.0	9.5	14 04.2	9.1	58.1
22	149 20.4	22.5	296 27.5	9.6	13 55.1	9.2	58.1
23	164 20.3	22.4	310 56.1	9.7	13 45.9	9.2	58.1
26 00	179 20.2	N23 22.3	325 24.8	9.8	S13 36.7	9.3	58.0
01	194 20.0	22.3	339 53.6	9.8	13 27.4	9.4	58.0
02	209 19.9	22.2	354 22.4	10.0	13 18.0	9.4	58.0
03	224 19.8 ..	22.1	8 51.4	10.0	13 08.6	9.5	57.9
04	239 19.6	22.0	23 20.4	10.1	12 59.1	9.5	57.9
05	254 19.5	22.0	37 49.5	10.2	12 49.6	9.6	57.9
06	269 19.4	N23 21.9	52 18.7	10.3	S12 40.0	9.7	57.8
07	284 19.2	21.8	66 48.0	10.4	12 30.3	9.7	57.8
08	299 19.1	21.7	81 17.4	10.4	12 20.6	9.8	57.7
S 09	314 19.0 ..	21.6	95 46.8	10.5	12 10.8	9.8	57.7
U 10	329 18.8	21.5	110 16.3	10.7	12 01.0	9.9	57.7
N 11	344 18.7	21.5	124 46.0	10.7	11 51.1	9.9	57.6
D 12	359 18.6	N23 21.4	139 15.7	10.7	S11 41.2	9.9	57.6
A 13	14 18.5	21.3	153 45.4	10.9	11 31.3	10.1	57.6
Y 14	29 18.3	21.2	168 15.3	10.9	11 21.2	10.0	57.5
15	44 18.2 ..	21.1	182 45.2	11.1	11 11.2	10.1	57.5
16	59 18.1	21.0	197 15.3	11.1	11 01.1	10.2	57.5
17	74 17.9	21.0	211 45.4	11.2	10 50.9	10.2	57.4
18	89 17.8	N23 20.9	226 15.6	11.2	S10 40.7	10.2	57.4
19	104 17.7	20.8	240 45.8	11.4	10 30.5	10.3	57.4
20	119 17.5	20.7	255 16.2	11.4	10 20.2	10.3	57.3
21	134 17.4 ..	20.6	269 46.6	11.5	10 09.9	10.3	57.3
22	149 17.3	20.5	284 17.1	11.5	9 59.6	10.4	57.3
23	164 17.2	20.4	298 47.6	11.7	9 49.2	10.4	57.2
	S.D. 15.8	d 0.1	S.D. 16.1		15.9		15.7

Twilight / Sunrise / Moonrise

Lat.	Naut.	Civil	Sunrise	Moonrise 24	25	26	27
o	h m	h m	h m	h m	h m	h m	h m
N 72	□	□	□	■	{00 23, 11 34}	23 15	23 01
N 70	□	□	□	23 18	23 08	23 00	22 54
68	□	□	□	22 45	22 47	22 48	22 47
66	□	□	□	22 21	22 31	22 38	22 42
64	////	////	01 33	22 02	22 18	22 29	22 37
62	////	////	02 11	21 46	22 07	22 22	22 33
60	////	00 51	02 37	21 33	21 57	22 15	22 30
N 58	////	01 42	02 57	21 21	21 49	22 10	22 27
56	////	02 12	03 14	21 12	21 41	22 04	22 24
54	00 47	02 34	03 28	21 03	21 34	22 00	22 21
52	01 34	02 52	03 41	20 55	21 28	21 56	22 19
50	02 02	03 07	03 52	20 48	21 23	21 52	22 17
45	02 47	03 37	04 14	20 33	21 11	21 44	22 13
N 40	03 18	03 59	04 32	20 20	21 01	21 37	22 09
35	03 41	04 18	04 47	20 10	20 53	21 31	22 05
30	04 01	04 33	05 00	20 00	20 46	21 26	22 03
20	04 29	04 58	05 22	19 44	20 33	21 17	21 57
N 10	04 51	05 18	05 41	19 30	20 22	21 09	21 53
0	05 10	05 36	05 59	19 17	20 11	21 01	21 49
S 10	05 27	05 53	06 16	19 03	20 00	20 54	21 45
20	05 43	06 11	06 35	18 49	19 49	20 46	21 40
30	06 00	06 30	06 56	18 33	19 36	20 37	21 35
35	06 09	06 40	07 08	18 23	19 28	20 32	21 32
40	06 18	06 52	07 23	18 13	19 20	20 25	21 29
45	06 28	07 06	07 39	18 00	19 10	20 18	21 25
S 50	06 40	07 22	08 00	17 44	18 58	20 10	21 20
52	06 45	07 29	08 10	17 37	18 52	20 06	21 18
54	06 51	07 37	08 21	17 29	18 46	20 02	21 16
56	06 57	07 46	08 34	17 20	18 39	19 57	21 13
58	07 04	07 57	08 48	17 09	18 31	19 52	21 10
S 60	07 11	08 08	09 06	16 57	18 22	19 46	21 07

Sunset / Twilight / Moonset

Lat.	Sunset	Civil	Naut.	Moonset 24	25	26	27
o	h m	h m	h m	h m	h m	h m	h m
N 72	□	□	□	■	03 03	05 31	07 33
N 70	□	□	□	01 32	03 55	05 56	07 46
68	□	□	□	02 36	04 27	06 15	07 57
66	□	□	□	03 12	04 50	06 30	08 05
64	22 32	////	////	03 37	05 09	06 42	08 13
62	21 54	////	////	03 57	05 24	06 52	08 19
60	21 28	23 13	////	04 13	05 36	07 01	08 24
N 58	21 07	22 23	////	04 27	05 47	07 09	08 29
56	20 51	21 53	////	04 38	05 56	07 16	08 33
54	20 36	21 31	23 17	04 48	06 05	07 22	08 37
52	20 24	21 13	22 31	04 58	06 12	07 27	08 41
50	20 13	20 58	22 03	05 06	06 19	07 32	08 44
45	19 51	20 28	21 18	05 23	06 33	07 43	08 50
N 40	19 33	20 06	20 47	05 37	06 45	07 51	08 56
35	19 18	19 47	20 24	05 49	06 55	07 59	09 01
30	19 05	19 32	20 06	05 59	07 03	08 05	09 05
20	18 43	19 07	19 37	06 17	07 18	08 17	09 12
N 10	18 24	18 47	19 14	06 32	07 31	08 26	09 19
0	18 06	18 29	18 55	06 47	07 43	08 36	09 24
S 10	17 49	18 12	18 38	07 01	07 55	08 45	09 30
20	17 30	17 54	18 22	07 16	08 08	08 54	09 36
30	17 09	17 35	18 05	07 34	08 22	09 05	09 43
35	16 57	17 25	17 57	07 44	08 31	09 11	09 47
40	16 43	17 13	17 47	07 55	08 40	09 18	09 52
45	16 26	17 00	17 37	08 09	08 51	09 27	09 57
S 50	16 05	16 44	17 25	08 25	09 04	09 36	10 03
52	15 55	16 36	17 20	08 33	09 11	09 41	10 06
54	15 44	16 28	17 14	08 41	09 17	09 46	10 09
56	15 31	16 19	17 08	08 51	09 25	09 51	10 13
58	15 17	16 09	17 01	09 02	09 33	09 57	10 17
S 60	14 59	15 57	16 54	09 14	09 43	10 04	10 21

SUN / MOON

Day	SUN Eqn. of Time 00h	12h	Mer. Pass.	MOON Mer. Pass. Upper	Lower	Age	Phase
	m s	m s	h m	h m	h m	d	
24	02 14	02 20	12 02	00 33	13 02	15	○
25	02 26	02 33	12 03	01 30	13 57	16	
26	02 39	02 45	12 03	02 23	14 49	17	

1994 JUNE 27, 28, 29 (MON., TUES., WED.)

UT (GMT) d h	ARIES G.H.A. ° '	VENUS −4.0 G.H.A. ° '	Dec. ° '	MARS +1.2 G.H.A. ° '	Dec. ° '	JUPITER −2.2 G.H.A. ° '	Dec. ° '	SATURN +0.9 G.H.A. ° '	Dec. ° '	STARS Name	S.H.A. ° '	Dec. ° '
27 00	274 52.6	138 12.0	N18 32.2	222 03.7	N18 33.7	61 55.8	S11 58.8	290 25.4	S 8 33.6	Acamar	315 29.4	S40 19.4
01	289 55.1	153 11.6	31.3	237 04.3	34.2	76 58.3	58.8	305 27.9	33.6	Achernar	335 37.5	S57 15.6
02	304 57.6	168 11.2	30.5	252 05.0	34.6	92 00.8	58.8	320 30.4	33.6	Acrux	173 25.1	S63 04.5
03	320 00.0	183 10.7	·· 29.6	267 05.6	·· 35.1	107 03.3	·· 58.8	335 32.9	·· 33.6	Adhara	255 24.1	S28 58.0
04	335 02.5	198 10.3	28.7	282 06.2	35.5	122 05.8	58.8	350 35.3	33.7	Aldebaran	291 06.0	N16 29.8
05	350 05.0	213 09.8	27.8	297 06.9	36.0	137 08.3	58.8	5 37.8	33.7			
06	5 07.4	228 09.4	N18 26.9	312 07.5	N18 36.5	152 10.8	S11 58.8	20 40.3	S 8 33.7	Alioth	166 33.1	N55 59.6
07	20 09.9	243 08.9	26.1	327 08.1	36.9	167 13.3	58.8	35 42.8	33.7	Alkaid	153 09.9	N49 20.7
08	35 12.4	258 08.5	25.2	342 08.8	37.4	182 15.8	58.8	50 45.2	33.7	Al Na'ir	28 01.2	S46 58.9
M 09	50 14.8	273 08.1	·· 24.3	357 09.4	·· 37.8	197 18.3	·· 58.8	65 47.7	·· 33.7	Alnilam	276 01.1	S 1 12.4
O 10	65 17.3	288 07.6	23.4	12 10.0	38.3	212 20.8	58.8	80 50.2	33.8	Alphard	218 10.3	S 8 38.2
N 11	80 19.8	303 07.2	22.5	27 10.7	38.7	227 23.3	58.8	95 52.7	33.8			
D 12	95 22.2	318 06.8	N18 21.6	42 11.3	N18 39.2	242 25.8	S11 58.8	110 55.2	S 8 33.8	Alphecca	126 22.8	N26 44.1
A 13	110 24.7	333 06.3	20.7	57 11.9	39.6	257 28.3	58.8	125 57.6	33.8	Alpheratz	357 58.2	N29 03.5
Y 14	125 27.1	348 05.9	19.9	72 12.6	40.1	272 30.8	58.8	141 00.1	33.8	Altair	62 21.8	N 8 51.3
15	140 29.6	3 05.5	·· 19.0	87 13.2	·· 40.6	287 33.3	·· 58.8	156 02.6	·· 33.8	Ankaa	353 29.7	S42 19.8
16	155 32.1	18 05.0	18.1	102 13.8	41.0	302 35.8	58.8	171 05.1	33.9	Antares	112 43.4	S26 25.2
17	170 34.5	33 04.6	17.2	117 14.5	41.5	317 38.3	58.8	186 07.5	33.9			
18	185 37.0	48 04.2	N18 16.3	132 15.1	N18 41.9	332 40.8	S11 58.8	201 10.0	S 8 33.9	Arcturus	146 08.5	N19 12.7
19	200 39.5	63 03.7	15.4	147 15.7	42.4	347 43.3	58.8	216 12.5	33.9	Atria	107 57.4	S69 01.1
20	215 41.9	78 03.3	14.5	162 16.3	42.8	2 45.8	58.8	231 15.0	33.9	Avior	234 24.4	S59 29.8
21	230 44.4	93 02.9	·· 13.6	177 17.0	·· 43.3	17 48.3	·· 58.8	246 17.5	·· 33.9	Bellatrix	278 47.6	N 6 20.6
22	245 46.9	108 02.4	12.7	192 17.6	43.7	32 50.8	58.8	261 19.9	34.0	Betelgeuse	271 17.0	N 7 24.3
23	260 49.3	123 02.0	11.8	207 18.2	44.2	47 53.3	58.8	276 22.4	34.0			
28 00	275 51.8	138 01.6	N18 10.9	222 18.9	N18 44.6	62 55.8	S11 58.8	291 24.9	S 8 34.0	Canopus	264 03.0	S52 41.7
01	290 54.3	153 01.2	10.0	237 19.5	45.1	77 58.3	58.8	306 27.4	34.0	Capella	280 55.9	N45 59.4
02	305 56.7	168 00.7	09.1	252 20.1	45.5	93 00.8	58.8	321 29.8	34.0	Deneb	49 40.7	N45 15.6
03	320 59.2	183 00.3	·· 08.2	267 20.8	·· 46.0	108 03.3	·· 58.8	336 32.3	·· 34.0	Denebola	182 48.2	N14 36.2
04	336 01.6	197 59.9	07.3	282 21.4	46.4	123 05.8	58.8	351 34.8	34.1	Diphda	349 10.2	S18 00.8
05	351 04.1	212 59.4	06.5	297 22.0	46.9	138 08.3	58.8	6 37.3	34.1			
06	6 06.6	227 59.0	N18 05.6	312 22.7	N18 47.3	153 10.8	S11 58.8	21 39.8	S 8 34.1	Dubhe	194 09.3	N61 47.0
07	21 09.0	242 58.6	04.7	327 23.3	47.8	168 13.3	58.8	36 42.2	34.1	Elnath	278 30.9	N28 36.1
T 08	36 11.5	257 58.2	03.7	342 23.9	48.2	183 15.8	58.8	51 44.7	34.1	Eltanin	90 52.2	N51 29.5
U 09	51 14.0	272 57.8	·· 02.8	357 24.6	·· 48.7	198 18.3	·· 58.8	66 47.2	·· 34.1	Enif	34 00.8	N 9 51.1
E 10	66 16.4	287 57.3	01.9	12 25.2	49.1	213 20.8	58.8	81 49.7	34.2	Fomalhaut	15 39.5	S29 38.8
S 11	81 18.9	302 56.9	01.0	27 25.8	49.6	228 23.3	58.8	96 52.2	34.2			
D 12	96 21.4	317 56.5	N18 00.1	42 26.5	N18 50.0	243 25.7	S11 58.8	111 54.7	S 8 34.2	Gacrux	172 16.7	S57 05.3
A 13	111 23.8	332 56.1	17 59.2	57 27.1	50.5	258 28.2	58.8	126 57.1	34.2	Gienah	176 06.9	S17 30.9
Y 14	126 26.3	347 55.7	58.3	72 27.7	50.9	273 30.7	58.8	141 59.6	34.2	Hadar	149 07.8	S60 21.1
15	141 28.7	2 55.2	·· 57.4	87 28.3	·· 51.4	288 33.2	·· 58.8	157 02.1	·· 34.2	Hamal	328 17.0	N23 26.1
16	156 31.2	17 54.8	56.5	102 29.0	51.8	303 35.7	58.8	172 04.6	34.3	Kaus Aust.	84 02.2	S34 23.1
17	171 33.7	32 54.4	55.6	117 29.6	52.3	318 38.2	58.8	187 07.1	34.3			
18	186 36.1	47 54.0	N17 54.7	132 30.2	N18 52.7	333 40.7	S11 58.8	202 09.5	S 8 34.3	Kochab	137 18.8	N74 10.9
19	201 38.6	62 53.6	53.8	147 30.9	53.1	348 43.2	58.8	217 12.0	34.3	Markab	13 52.4	N15 10.6
20	216 41.1	77 53.2	52.9	162 31.5	53.6	3 45.7	58.8	232 14.5	34.3	Menkar	314 30.1	N 4 04.1
21	231 43.5	92 52.7	·· 52.0	177 32.1	·· 54.0	18 48.2	·· 58.8	247 17.0	·· 34.4	Menkent	148 24.2	S36 20.8
22	246 46.0	107 52.3	51.1	192 32.8	54.5	33 50.7	58.8	262 19.5	34.4	Miaplacidus	221 43.3	S69 42.0
23	261 48.5	122 51.9	50.1	207 33.4	54.9	48 53.2	58.8	277 22.0	34.4			
29 00	276 50.9	137 51.5	N17 49.2	222 34.0	N18 55.4	63 55.7	S11 58.8	292 24.4	S 8 34.4	Mirfak	309 01.1	N49 50.3
01	291 53.4	152 51.1	48.3	237 34.7	55.8	78 58.1	58.8	307 26.9	34.4	Nunki	76 15.5	S26 18.1
02	306 55.9	167 50.7	47.4	252 35.3	56.3	94 00.6	58.8	322 29.4	34.4	Peacock	53 41.0	S56 44.9
03	321 58.3	182 50.3	·· 46.5	267 35.9	·· 56.7	109 03.1	·· 58.8	337 31.9	·· 34.5	Pollux	243 45.4	N28 02.3
04	337 00.8	197 49.9	45.6	282 36.5	57.1	124 05.6	58.8	352 34.4	34.5	Procyon	245 14.9	N 5 14.3
05	352 03.2	212 49.5	44.6	297 37.2	57.6	139 08.1	58.8	7 36.8	34.5			
06	7 05.7	227 49.1	N17 43.7	312 37.8	N18 58.0	154 10.6	S11 58.8	22 39.3	S 8 34.5	Rasalhague	96 19.3	N12 33.9
W 07	22 08.2	242 48.7	42.8	327 38.4	58.5	169 13.1	58.8	37 41.8	34.5	Regulus	207 58.8	N11 59.6
E 08	37 10.6	257 48.2	41.9	342 39.1	58.9	184 15.6	58.8	52 44.3	34.6	Rigel	281 26.0	S 8 12.5
D 09	52 13.1	272 47.8	·· 41.0	357 39.7	·· 59.3	199 18.1	·· 58.8	67 46.8	·· 34.6	Rigil Kent.	140 10.7	S60 49.0
N 10	67 15.6	287 47.4	40.1	12 40.3	18 59.8	214 20.5	58.8	82 49.3	34.6	Sabik	102 28.5	S15 43.0
E 11	82 18.0	302 47.0	39.1	27 41.0	19 00.2	229 23.0	58.8	97 51.8	34.6			
S 12	97 20.5	317 46.6	N17 38.2	42 41.6	N19 00.7	244 25.5	S11 58.8	112 54.2	S 8 34.6	Schedar	349 56.8	N56 30.2
D 13	112 23.0	332 46.2	37.3	57 42.2	01.1	259 28.0	58.8	127 56.7	34.7	Shaula	96 40.8	S37 06.0
A 14	127 25.4	347 45.8	36.4	72 42.8	01.5	274 30.5	58.8	142 59.2	34.7	Sirius	258 46.6	S16 42.6
Y 15	142 27.9	2 45.4	·· 35.4	87 43.5	·· 02.0	289 33.0	·· 58.8	158 01.7	·· 34.7	Spica	158 46.1	S11 08.1
16	157 30.4	17 45.0	34.5	102 44.1	02.4	304 35.5	58.8	173 04.2	34.7	Suhail	223 03.2	S43 24.9
17	172 32.8	32 44.6	33.6	117 44.7	02.9	319 38.0	58.9	188 06.7	34.7			
18	187 35.3	47 44.2	N17 32.7	132 45.4	N19 03.3	334 40.4	S11 58.9	203 09.1	S 8 34.7	Vega	80 48.1	N38 46.8
19	202 37.7	62 43.8	31.7	147 46.0	03.7	349 42.9	58.9	218 11.6	34.8	Zuben'ubi	137 20.9	S16 01.2
20	217 40.2	77 43.4	30.8	162 46.6	04.2	4 45.4	58.9	233 14.1	34.8			
21	232 42.7	92 43.0	·· 29.9	177 47.3	·· 04.6	19 47.9	·· 58.9	248 16.6	·· 34.8		S.H.A. ° '	Mer. Pass. h m
22	247 45.1	107 42.6	28.9	192 47.9	05.0	34 50.4	58.9	263 19.1	34.8	Venus	222 09.8	14 48
23	262 47.6	122 42.2	28.0	207 48.5	05.5	49 52.9	58.9	278 21.6	34.8	Mars	306 27.1	9 10
	h m									Jupiter	147 04.0	19 45
Mer. Pass. 5 35.6		v −0.4 d 0.9		v 0.6 d 0.4		v 2.5 d 0.0		v 2.5 d 0.0		Saturn	15 33.1	4 34

1994 JUNE 27, 28, 29 (MON., TUES., WED.)

SUN / MOON

UT (GMT) d h	SUN G.H.A.	SUN Dec.	MOON G.H.A.	v	Dec.	d	H.P.
27 00	179 17.0	N23 20.3	313 18.3	11.7	S 9 38.8	10.5	57.2
01	194 16.9	20.2	327 49.0	11.8	9 28.3	10.5	57.1
02	209 16.8	20.1	342 19.8	11.8	9 17.8	10.5	57.1
03	224 16.6	.. 20.0	356 50.6	12.0	9 07.3	10.6	57.1
04	239 16.5	20.0	11 21.6	12.0	8 56.7	10.5	57.0
05	254 16.4	19.9	25 52.6	12.0	8 46.2	10.7	57.0
06	269 16.3	N23 19.8	40 23.6	12.2	S 8 35.5	10.6	57.0
07	284 16.1	19.7	54 54.8	12.2	8 24.9	10.7	56.9
08 (M)	299 16.0	19.6	69 26.0	12.3	8 14.2	10.7	56.9
09 (O)	314 15.9	.. 19.5	83 57.3	12.3	8 03.5	10.7	56.9
10 (N)	329 15.7	19.4	98 28.6	12.5	7 52.8	10.7	56.8
11 (D)	344 15.6	19.3	113 00.1	12.4	7 42.1	10.8	56.8
12 (A)	359 15.5	N23 19.2	127 31.5	12.6	S 7 31.3	10.8	56.8
13 (Y)	14 15.3	19.1	142 03.1	12.6	7 20.5	10.8	56.7
14	29 15.2	19.0	156 34.7	12.7	7 09.7	10.8	56.7
15	44 15.1	.. 18.9	171 06.4	12.7	6 58.9	10.9	56.7
16	59 15.0	18.8	185 38.1	12.8	6 48.0	10.9	56.6
17	74 14.8	18.7	200 09.9	12.9	6 37.1	10.8	56.6
18	89 14.7	N23 18.5	214 41.8	12.9	S 6 26.3	10.9	56.6
19	104 14.6	18.4	229 13.7	13.0	6 15.4	11.0	56.5
20	119 14.4	18.3	243 45.7	13.0	6 04.4	10.9	56.5
21	134 14.3	.. 18.2	258 17.7	13.1	5 53.5	10.9	56.5
22	149 14.2	18.1	272 49.8	13.2	5 42.6	11.0	56.4
23	164 14.1	18.0	287 22.0	13.2	5 31.6	11.0	56.4
28 00	179 13.9	N23 17.9	301 54.2	13.3	S 5 20.6	11.0	56.4
01	194 13.8	17.8	316 26.5	13.3	5 09.6	11.0	56.3
02	209 13.7	17.7	330 58.8	13.4	4 58.6	11.0	56.3
03	224 13.6	.. 17.6	345 31.2	13.4	4 47.6	11.0	56.3
04	239 13.4	17.5	0 03.6	13.5	4 36.6	11.0	56.2
05	254 13.3	17.3	14 36.1	13.5	4 25.6	11.0	56.2
06	269 13.2	N23 17.2	29 08.6	13.6	S 4 14.6	11.0	56.2
07	284 13.0	17.1	43 41.2	13.6	4 03.6	11.1	56.1
08 (T)	299 12.9	17.0	58 13.8	13.7	3 52.5	11.0	56.1
09 (U)	314 12.8	.. 16.9	72 46.5	13.7	3 41.5	11.1	56.1
10 (E)	329 12.7	16.8	87 19.2	13.8	3 30.4	11.0	56.0
11 (S)	344 12.5	16.7	101 52.0	13.8	3 19.4	11.1	56.0
12 (D)	359 12.4	N23 16.5	116 24.8	13.8	S 3 08.3	11.0	56.0
13 (A)	14 12.3	16.4	130 57.6	13.9	2 57.3	11.1	56.0
14 (Y)	29 12.2	16.3	145 30.5	14.0	2 46.2	11.0	55.9
15	44 12.0	.. 16.2	160 03.5	14.0	2 35.2	11.1	55.9
16	59 11.9	16.1	174 36.5	14.0	2 24.1	11.0	55.9
17	74 11.8	15.9	189 09.5	14.1	2 13.1	11.0	55.8
18	89 11.6	N23 15.8	203 42.6	14.1	S 2 02.1	11.1	55.8
19	104 11.5	15.7	218 15.7	14.1	1 51.0	11.0	55.8
20	119 11.4	15.6	232 48.8	14.2	1 40.0	11.0	55.7
21	134 11.3	.. 15.4	247 22.0	14.2	1 29.0	11.1	55.7
22	149 11.1	15.3	261 55.2	14.3	1 17.9	11.0	55.7
23	164 11.0	15.2	276 28.5	14.3	1 06.9	11.0	55.7
29 00	179 10.9	N23 15.1	291 01.8	14.3	S 0 55.9	11.0	55.6
01	194 10.8	14.9	305 35.1	14.3	0 44.9	11.0	55.6
02	209 10.6	14.8	320 08.4	14.4	0 33.9	11.0	55.6
03	224 10.5	.. 14.7	334 41.8	14.5	0 22.9	11.0	55.5
04	239 10.4	14.6	349 15.3	14.4	0 11.9	10.9	55.5
05	254 10.3	14.4	3 48.7	14.5	S 0 01.0	11.0	55.5
06	269 10.1	N23 14.3	18 22.2	14.5	N 0 10.0	10.9	55.5
07 (W)	284 10.0	14.2	32 55.7	14.5	0 20.9	11.0	55.4
08 (E)	299 09.9	14.0	47 29.2	14.6	0 31.9	10.9	55.4
09 (D)	314 09.8	.. 13.9	62 02.8	14.6	0 42.8	10.9	55.4
10 (N)	329 09.6	13.8	76 36.4	14.6	0 53.7	10.9	55.4
11 (E)	344 09.5	13.6	91 10.0	14.6	1 04.6	10.9	55.3
12 (S)	359 09.4	N23 13.5	105 43.6	14.7	N 1 15.5	10.8	55.3
13 (D)	14 09.2	13.4	120 17.3	14.7	1 26.3	10.9	55.3
14 (A)	29 09.1	13.2	134 51.0	14.7	1 37.2	10.8	55.3
15 (Y)	44 09.0	.. 13.1	149 24.7	14.7	1 48.0	10.8	55.2
16	59 08.9	13.0	163 58.4	14.8	1 58.8	10.7	55.2
17	74 08.7	12.8	178 32.2	14.7	2 09.6	10.7	55.2
18	89 08.6	N23 12.7	193 05.9	14.8	N 2 20.3	10.8	55.2
19	104 08.5	12.5	207 39.7	14.8	2 31.1	10.7	55.1
20	119 08.4	12.4	222 13.5	14.8	2 41.8	10.7	55.1
21	134 08.3	.. 12.3	236 47.3	14.9	2 52.5	10.7	55.1
22	149 08.1	12.1	251 21.2	14.8	3 03.2	10.7	55.1
23	164 08.0	12.0	265 55.0	14.9	3 13.9	10.6	55.1
S.D.	15.8	d 0.1	S.D. 15.5		15.3		15.1

Twilight / Sunrise / Moonrise

Lat.	Twilight Naut.	Twilight Civil	Sunrise	Moonrise 27	28	29	30
N 72	□	□	□	23 01	22 49	22 38	22 26
N 70	□	□	□	22 54	22 48	22 42	22 36
68	□	□	□	22 47	22 46	22 45	22 44
66	□	□	□	22 42	22 45	22 48	22 51
64	////	////	01 36	22 37	22 44	22 51	22 57
62	////	////	02 13	22 33	22 43	22 53	23 03
60	////	00 56	02 39	22 30	22 43	22 55	23 07
N 58	////	01 44	02 59	22 27	22 42	22 56	23 11
56	////	02 14	03 16	22 24	22 41	22 58	23 15
54	00 51	02 36	03 30	22 21	22 41	22 59	23 18
52	01 36	02 54	03 42	22 19	22 40	23 00	23 21
50	02 03	03 09	03 53	22 17	22 40	23 02	23 24
45	02 49	03 38	04 15	22 13	22 39	23 04	23 29
N 40	03 19	04 01	04 33	22 09	22 38	23 06	23 34
35	03 42	04 19	04 48	22 05	22 37	23 08	23 39
30	04 00	04 34	05 01	22 03	22 37	23 10	23 42
20	04 29	04 59	05 23	21 57	22 36	23 12	23 49
N 10	04 52	05 19	05 42	21 53	22 35	23 15	23 55
0	05 11	05 37	05 59	21 49	22 34	23 17	24 00
S 10	05 28	05 54	06 17	21 45	22 33	23 20	24 06
20	05 44	06 11	06 35	21 40	22 32	23 22	24 12
30	06 00	06 30	06 56	21 35	22 31	23 25	24 18
35	06 09	06 41	07 09	21 32	22 30	23 27	24 22
40	06 18	06 52	07 23	21 29	22 30	23 29	24 27
45	06 28	07 06	07 39	21 25	22 29	23 31	24 32
S 50	06 40	07 22	08 00	21 20	22 28	23 34	24 38
52	06 45	07 29	08 10	21 18	22 28	23 35	24 41
54	06 51	07 37	08 21	21 16	22 27	23 37	24 44
56	06 57	07 46	08 33	21 13	22 27	23 38	24 48
58	07 04	07 56	08 48	21 10	22 26	23 40	24 52
S 60	07 11	08 08	09 05	21 07	22 25	23 42	24 56

Sunset / Twilight / Moonset

Lat.	Sunset	Twilight Civil	Twilight Naut.	Moonset 27	28	29	30
N 72	□	□	□	07 33	09 23	11 08	12 50
N 70	□	□	□	07 46	09 29	11 06	12 42
68	□	□	□	07 57	09 33	11 05	12 35
66	□	□	□	08 05	09 37	11 04	12 30
64	22 29	////	////	08 13	09 40	11 03	12 25
62	21 53	////	////	08 19	09 42	11 03	12 21
60	21 27	23 09	////	08 24	09 45	11 02	12 17
N 58	21 07	22 21	////	08 29	09 47	11 02	12 14
56	20 50	21 52	////	08 33	09 49	11 01	12 12
54	20 36	21 30	23 13	08 37	09 50	11 01	12 09
52	20 24	21 12	22 30	08 41	09 52	11 00	12 07
50	20 13	20 58	22 02	08 44	09 53	11 00	12 05
45	19 51	20 28	21 18	08 50	09 56	10 59	12 01
N 40	19 33	20 06	20 47	08 56	09 58	10 58	11 57
35	19 18	19 48	20 24	09 01	10 00	10 58	11 54
30	19 05	19 32	20 06	09 05	10 02	10 57	11 51
20	18 43	19 08	19 37	09 12	10 05	10 56	11 46
N 10	18 24	18 47	19 14	09 19	10 08	10 56	11 42
0	18 07	18 29	18 56	09 24	10 11	10 55	11 38
S 10	17 50	18 12	18 39	09 30	10 13	10 54	11 34
20	17 31	17 55	18 23	09 36	10 16	10 53	11 30
30	17 10	17 36	18 06	09 43	10 19	10 52	11 25
35	16 58	17 26	17 58	09 47	10 20	10 52	11 22
40	16 44	17 14	17 48	09 52	10 22	10 51	11 19
45	16 27	17 01	17 38	09 57	10 25	10 50	11 15
S 50	16 06	16 45	17 26	10 03	10 27	10 49	11 11
52	15 57	16 37	17 21	10 06	10 28	10 49	11 09
54	15 46	16 29	17 15	10 09	10 30	10 49	11 07
56	15 33	16 20	17 09	10 13	10 31	10 48	11 05
58	15 19	16 10	17 03	10 17	10 33	10 48	11 02
S 60	15 01	15 59	16 55	10 21	10 34	10 47	10 59

SUN / MOON

Day	SUN Eqn. of Time 00h	12h	Mer. Pass.	MOON Mer. Pass. Upper	Lower	Age	Phase
27	02 52	02 58	12 03	03 13	15 37	18	◗
28	03 04	03 10	12 03	04 00	16 22	19	
29	03 16	03 22	12 03	04 44	17 06	20	

1994 JUNE 30, JULY 1, 2 (THURS., FRI., SAT.)

UT (GMT)	ARIES G.H.A.	VENUS −4.0 G.H.A.	Dec.	MARS +1.2 G.H.A.	Dec.	JUPITER −2.2 G.H.A.	Dec.	SATURN +0.9 G.H.A.	Dec.	STARS Name	S.H.A.	Dec.
d h	° ′	° ′	° ′	° ′	° ′	° ′	° ′	° ′	° ′		° ′	° ′
30 00	277 50.1	137 41.8 N17 27.1		222 49.1 N19 05.9		64 55.3 S11 58.9		293 24.1 S 8 34.9		Acamar	315 29.4 S40 19.4	
01	292 52.5	152 41.4	26.2	237 49.8	06.4	79 57.8	58.9	308 26.6	34.9	Achernar	335 37.5 S57 15.5	
02	307 55.0	167 41.0	25.2	252 50.4	06.8	95 00.3	58.9	323 29.0	34.9	Acrux	173 25.2 S63 04.5	
03	322 57.5	182 40.7 ··	24.3	267 51.0 ··	07.2	110 02.8 ··	58.9	338 31.5 ··	34.9	Adhara	255 24.1 S28 58.0	
04	337 59.9	197 40.3	23.4	282 51.7	07.7	125 05.3	58.9	353 34.0	34.9	Aldebaran	291 06.0 N16 29.8	
05	353 02.4	212 39.9	22.4	297 52.3	08.1	140 07.8	58.9	8 36.5	35.0			
06	8 04.8	227 39.5 N17 21.5		312 52.9 N19 08.5		155 10.2 S11 58.9		23 39.0 S 8 35.0		Alioth	166 33.1 N55 59.6	
07	23 07.3	242 39.1	20.6	327 53.5	09.0	170 12.7	58.9	38 41.5	35.0	Alkaid	153 09.9 N49 20.7	
T 08	38 09.8	257 38.7	19.6	342 54.2	09.4	185 15.2	58.9	53 44.0	35.0	Al Na'ir	28 01.2 S46 58.9	
H 09	53 12.2	272 38.3 ··	18.7	357 54.8 ··	09.8	200 17.7 ··	58.9	68 46.5 ··	35.0	Alnilam	276 01.1 S 1 12.4	
U 10	68 14.7	287 37.9	17.7	12 55.4	10.3	215 20.2	58.9	83 48.9	35.1	Alphard	218 10.3 S 8 38.2	
R 11	83 17.2	302 37.5	16.8	27 56.1	10.7	230 22.6	59.0	98 51.4	35.1			
S 12	98 19.6	317 37.1 N17 15.9		42 56.7 N19 11.1		245 25.1 S11 59.0		113 53.9 S 8 35.1		Alphecca	126 22.8 N26 44.1	
D 13	113 22.1	332 36.8	14.9	57 57.3	11.6	260 27.6	59.0	128 56.4	35.1	Alpheratz	357 58.1 N29 03.6	
A 14	128 24.6	347 36.4	14.0	72 58.0	12.0	275 30.1	59.0	143 58.9	35.2	Altair	62 21.7 N 8 51.4	
Y 15	143 27.0	2 36.0 ··	13.0	87 58.6 ··	12.4	290 32.6 ··	59.0	159 01.4 ··	35.2	Ankaa	353 29.7 S42 19.8	
16	158 29.5	17 35.6	12.1	102 59.2	12.9	305 35.0	59.0	174 03.9	35.2	Antares	112 43.4 S26 25.2	
17	173 32.0	32 35.2	11.2	117 59.8	13.3	320 37.5	59.0	189 06.4	35.2			
18	188 34.4	47 34.8 N17 10.2		133 00.5 N19 13.7		335 40.0 S11 59.0		204 08.9 S 8 35.2		Arcturus	146 08.5 N19 12.8	
19	203 36.9	62 34.5	09.3	148 01.1	14.1	350 42.5	59.0	219 11.3	35.3	Atria	107 57.4 S69 01.2	
20	218 39.3	77 34.1	08.3	163 01.7	14.6	5 44.9	59.0	234 13.8	35.3	Avior	234 24.4 S59 29.8	
21	233 41.8	92 33.7 ··	07.4	178 02.3 ··	15.0	20 47.4 ··	59.0	249 16.3 ··	35.3	Bellatrix	278 47.6 N 6 20.6	
22	248 44.3	107 33.3	06.4	193 03.0	15.4	35 49.9	59.0	264 18.8	35.3	Betelgeuse	271 17.0 N 7 24.3	
23	263 46.7	122 32.9	05.5	208 03.6	15.9	50 52.4	59.0	279 21.3	35.3			
1 00	278 49.2	137 32.6 N17 04.5		223 04.2 N19 16.3		65 54.9 S11 59.0		294 23.8 S 8 35.4		Canopus	264 03.0 S52 41.6	
01	293 51.7	152 32.2	03.6	238 04.9	16.7	80 57.3	59.1	309 26.3	35.4	Capella	280 55.9 N45 59.4	
02	308 54.1	167 31.8	02.6	253 05.5	17.1	95 59.8	59.1	324 28.8	35.4	Deneb	49 40.7 N45 15.7	
03	323 56.6	182 31.4 ··	01.7	268 06.1 ··	17.6	111 02.3 ··	59.1	339 31.3 ··	35.4	Denebola	182 48.2 N14 36.2	
04	338 59.1	197 31.0 17 00.7		283 06.7	18.0	126 04.8	59.1	354 33.8	35.4	Diphda	349 10.1 S18 00.8	
05	354 01.5	212 30.7 16 59.8		298 07.4	18.4	141 07.2	59.1	9 36.2	35.5			
06	9 04.0	227 30.3 N16 58.8		313 08.0 N19 18.8		156 09.7 S11 59.1		24 38.7 S 8 35.5		Dubhe	194 09.3 N61 47.0	
07	24 06.5	242 29.9	57.9	328 08.6	19.3	171 12.2	59.1	39 41.2	35.5	Elnath	278 30.9 N28 36.1	
08	39 08.9	257 29.5	56.9	343 09.3	19.7	186 14.7	59.1	54 43.7	35.5	Eltanin	90 52.2 N51 29.5	
F 09	54 11.4	272 29.2 ··	56.0	358 09.9 ··	20.1	201 17.1 ··	59.1	69 46.2 ··	35.6	Enif	34 00.8 N 9 51.1	
R 10	69 13.8	287 28.8	55.0	13 10.5	20.5	216 19.6	59.1	84 48.7	35.6	Fomalhaut	15 39.4 S29 38.8	
I 11	84 16.3	302 28.4	54.1	28 11.1	21.0	231 22.1	59.1	99 51.2	35.6			
D 12	99 18.8	317 28.1 N16 53.1		43 11.8 N19 21.4		246 24.5 S11 59.1		114 53.7 S 8 35.6		Gacrux	172 16.7 S57 05.3	
A 13	114 21.2	332 27.7	52.1	58 12.4	21.8	261 27.0	59.2	129 56.2	35.6	Gienah	176 06.9 S17 30.9	
Y 14	129 23.7	347 27.3	51.2	73 13.0	22.2	276 29.5	59.2	144 58.7	35.7	Hadar	149 07.8 S60 21.1	
15	144 26.2	2 26.9 ··	50.2	88 13.7 ··	22.7	291 32.0 ··	59.2	160 01.2 ··	35.7	Hamal	328 16.9 N23 26.1	
16	159 28.6	17 26.6	49.3	103 14.3	23.1	306 34.4	59.2	175 03.7	35.7	Kaus Aust.	84 02.2 S34 23.1	
17	174 31.1	32 26.2	48.3	118 14.9	23.5	321 36.9	59.2	190 06.2	35.7			
18	189 33.6	47 25.8 N16 47.3		133 15.5 N19 23.9		336 39.4 S11 59.2		205 08.6 S 8 35.8		Kochab	137 18.8 N74 11.0	
19	204 36.0	62 25.5	46.4	148 16.2	24.4	351 41.8	59.2	220 11.1	35.8	Markab	13 52.3 N15 10.6	
20	219 38.5	77 25.1	45.4	163 16.8	24.8	6 44.3	59.2	235 13.6	35.8	Menkar	314 30.1 N 4 04.1	
21	234 40.9	92 24.7 ··	44.5	178 17.4 ··	25.2	21 46.8 ··	59.2	250 16.1 ··	35.8	Menkent	148 24.2 S36 20.8	
22	249 43.4	107 24.4	43.5	193 18.0	25.6	36 49.3	59.2	265 18.6	35.8	Miaplacidus	221 43.3 S69 42.0	
23	264 45.9	122 24.0	42.5	208 18.7	26.0	51 51.7	59.2	280 21.1	35.9			
2 00	279 48.3	137 23.7 N16 41.6		223 19.3 N19 26.5		66 54.2 S11 59.3		295 23.6 S 8 35.9		Mirfak	309 01.1 N49 50.3	
01	294 50.8	152 23.3	40.6	238 19.9	26.9	81 56.7	59.3	310 26.1	35.9	Nunki	76 15.5 S26 18.1	
02	309 53.3	167 22.9	39.6	253 20.5	27.3	96 59.1	59.3	325 28.6	35.9	Peacock	53 41.0 S56 44.9	
03	324 55.7	182 22.6 ··	38.7	268 21.2 ··	27.7	112 01.6 ··	59.3	340 31.1 ··	36.0	Pollux	243 45.4 N28 02.3	
04	339 58.2	197 22.2	37.7	283 21.8	28.1	127 04.1	59.3	355 33.6	36.0	Procyon	245 14.9 N 5 14.3	
05	355 00.7	212 21.9	36.7	298 22.4	28.6	142 06.5	59.3	10 36.1	36.0			
06	10 03.1	227 21.5 N16 35.8		313 23.1 N19 29.0		157 09.0 S11 59.3		25 38.6 S 8 36.0		Rasalhague	96 19.3 N12 34.0	
07	25 05.6	242 21.1	34.8	328 23.7	29.4	172 11.5	59.3	40 41.1	36.1	Regulus	207 58.8 N11 59.6	
S 08	40 08.1	257 20.8	33.8	343 24.3	29.8	187 13.9	59.3	55 43.6	36.1	Rigel	281 26.0 S 8 12.5	
A 09	55 10.5	272 20.4 ··	32.9	358 24.9 ··	30.2	202 16.4 ··	59.4	70 46.1 ··	36.1	Rigil Kent.	140 10.7 S60 49.0	
T 10	70 13.0	287 20.1	31.9	13 25.6	30.6	217 18.9	59.4	85 48.6	36.1	Sabik	102 28.5 S15 43.0	
U 11	85 15.4	302 19.7	30.9	28 26.2	31.1	232 21.3	59.4	100 51.1	36.2			
R 12	100 17.9	317 19.4 N16 29.9		43 26.8 N19 31.5		247 23.8 S11 59.4		115 53.6 S 8 36.2		Schedar	349 56.7 N56 30.2	
D 13	115 20.4	332 19.0	29.0	58 27.4	31.9	262 26.3	59.4	130 56.1	36.2	Shaula	96 40.8 S37 06.0	
A 14	130 22.8	347 18.6	28.0	73 28.1	32.3	277 28.7	59.4	145 58.5	36.2	Sirius	258 46.6 S16 42.6	
Y 15	145 25.3	2 18.3 ··	27.0	88 28.7 ··	32.7	292 31.2 ··	59.4	161 01.0 ··	36.2	Spica	158 46.1 S11 08.1	
16	160 27.8	17 17.9	26.0	103 29.3	33.1	307 33.7	59.4	176 03.5	36.3	Suhail	223 03.2 S43 24.9	
17	175 30.2	32 17.6	25.1	118 29.9	33.5	322 36.1	59.4	191 06.0	36.3			
18	190 32.7	47 17.2 N16 24.1		133 30.6 N19 34.0		337 38.6 S11 59.5		206 08.5 S 8 36.3		Vega	80 48.1 N38 46.8	
19	205 35.2	62 16.9	23.1	148 31.2	34.4	352 41.1	59.5	221 11.0	36.3	Zuben'ubi	137 21.0 S16 01.2	
20	220 37.6	77 16.5	22.1	163 31.8	34.8	7 43.5	59.5	236 13.5	36.4			
21	235 40.1	92 16.2 ··	21.2	178 32.5 ··	35.2	22 46.0 ··	59.5	251 16.0 ··	36.4		S.H.A.	Mer. Pass.
22	250 42.6	107 15.8	20.2	193 33.1	35.6	37 48.4	59.5	266 18.5	36.4	Venus	218 43.4	14 50
23	265 45.0	122 15.5	19.2	208 33.7	36.0	52 50.9	59.5	281 21.0	36.4	Mars	304 15.0	9 07
	h m									Jupiter	147 05.7	19 33
Mer. Pass. 5 23.8		v −0.4 d 1.0		v 0.6 d 0.4		v 2.5 d 0.0		v 2.5 d 0.0		Saturn	15 34.6	4 22

1994 JUNE 30, JULY 1, 2 (THURS., FRI., SAT.)

UT (GMT)	SUN G.H.A.	Dec.	MOON G.H.A.	v	Dec.	d	H.P.
d h	° ′	° ′	° ′	′	° ′	′	′
30 00	179 07.9	N23 11.8	280 28.9	14.8	N 3 24.5	10.7	55.0
01	194 07.8	11.7	295 02.7	14.9	3 35.2	10.6	55.0
02	209 07.6	11.5	309 36.6	14.9	3 45.8	10.5	55.0
03	224 07.5 · ·	11.4	324 10.5	14.9	3 56.3	10.6	55.0
04	239 07.4	11.3	338 44.4	15.0	4 06.9	10.5	54.9
05	254 07.3	11.1	353 18.4	14.9	4 17.4	10.5	54.9
06	269 07.1	N23 11.0	7 52.3	14.9	N 4 27.9	10.5	54.9
07	284 07.0	10.8	22 26.2	15.0	4 38.4	10.4	54.9
T 08	299 06.9	10.7	37 00.2	14.9	4 48.8	10.5	54.9
H 09	314 06.8 · ·	10.5	51 34.1	15.0	4 59.3	10.3	54.8
U 10	329 06.6	10.4	66 08.1	15.0	5 09.6	10.4	54.8
R 11	344 06.5	10.2	80 42.0	15.0	5 20.0	10.3	54.8
S 12	359 06.4	N23 10.1	95 16.0	14.9	N 5 30.3	10.3	54.8
D 13	14 06.3	09.9	109 50.0	14.9	5 40.6	10.3	54.8
A 14	29 06.1	09.8	124 23.9	15.0	5 50.9	10.3	54.7
Y 15	44 06.0 · ·	09.6	138 57.9	15.0	6 01.2	10.2	54.7
16	59 05.9	09.4	153 31.9	14.9	6 11.4	10.1	54.7
17	74 05.8	09.3	168 05.8	15.0	6 21.5	10.2	54.7
18	89 05.7	N23 09.1	182 39.8	15.0	N 6 31.7	10.1	54.7
19	104 05.5	09.0	197 13.8	15.0	6 41.8	10.1	54.7
20	119 05.4	08.8	211 47.8	14.9	6 51.9	10.0	54.6
21	134 05.3 · ·	08.7	226 21.7	15.0	7 01.9	10.0	54.6
22	149 05.2	08.5	240 55.7	14.9	7 11.9	10.0	54.6
23	164 05.0	08.3	255 29.6	15.0	7 21.9	10.0	54.6
1 00	179 04.9	N23 08.2	270 03.6	14.9	N 7 31.9	9.9	54.6
01	194 04.8	08.0	284 37.5	15.0	7 41.8	9.8	54.6
02	209 04.7	07.9	299 11.5	14.9	7 51.6	9.9	54.6
03	224 04.5 · ·	07.7	313 45.4	14.9	8 01.5	9.8	54.5
04	239 04.4	07.5	328 19.3	14.9	8 11.3	9.7	54.5
05	254 04.3	07.4	342 53.2	14.9	8 21.0	9.7	54.5
06	269 04.2	N23 07.2	357 27.1	14.9	N 8 30.7	9.7	54.5
07	284 04.1	07.0	12 01.0	14.9	8 40.4	9.6	54.5
08	299 03.9	06.9	26 34.9	14.9	8 50.0	9.6	54.5
F 09	314 03.8 · ·	06.7	41 08.8	14.8	8 59.6	9.6	54.5
R 10	329 03.7	06.5	55 42.6	14.9	9 09.2	9.5	54.4
I 11	344 03.6	06.4	70 16.5	14.8	9 18.7	9.5	54.4
D 12	359 03.5	N23 06.2	84 50.3	14.8	N 9 28.2	9.4	54.4
A 13	14 03.3	06.0	99 24.1	14.8	9 37.6	9.4	54.4
Y 14	29 03.2	05.9	113 57.9	14.8	9 47.0	9.3	54.4
15	44 03.1 · ·	05.7	128 31.7	14.8	9 56.3	9.3	54.4
16	59 03.0	05.5	143 05.5	14.7	10 05.6	9.3	54.4
17	74 02.9	05.4	157 39.2	14.8	10 14.9	9.2	54.4
18	89 02.7	N23 05.2	172 13.0	14.7	N10 24.1	9.1	54.4
19	104 02.6	05.0	186 46.7	14.7	10 33.2	9.2	54.3
20	119 02.5	04.8	201 20.4	14.7	10 42.4	9.0	54.3
21	134 02.4 · ·	04.7	215 54.1	14.6	10 51.4	9.1	54.3
22	149 02.2	04.5	230 27.7	14.7	11 00.5	8.9	54.3
23	164 02.1	04.3	245 01.4	14.6	11 09.4	9.0	54.3
2 00	179 02.0	N23 04.1	259 35.0	14.6	N11 18.4	8.8	54.3
01	194 01.9	04.0	274 08.6	14.5	11 27.2	8.9	54.3
02	209 01.8	03.8	288 42.1	14.6	11 36.1	8.7	54.3
03	224 01.6 · ·	03.6	303 15.7	14.5	11 44.8	8.8	54.3
04	239 01.5	03.4	317 49.2	14.5	11 53.6	8.6	54.3
05	254 01.4	03.2	332 22.7	14.5	12 02.2	8.7	54.3
06	269 01.3	N23 03.1	346 56.2	14.4	N12 10.9	8.5	54.3
07	284 01.2	02.9	1 29.6	14.4	12 19.4	8.6	54.3
S 08	299 01.1	02.7	16 03.0	14.4	12 28.0	8.4	54.2
A 09	314 00.9 · ·	02.5	30 36.4	14.4	12 36.4	8.4	54.2
T 10	329 00.8	02.3	45 09.8	14.3	12 44.8	8.4	54.2
U 11	344 00.7	02.1	59 43.1	14.3	12 53.2	8.3	54.2
R 12	359 00.6	N23 02.0	74 16.4	14.3	N13 01.5	8.2	54.2
D 13	14 00.5	01.8	88 49.7	14.3	13 09.7	8.2	54.2
A 14	29 00.3	01.6	103 23.0	14.2	13 17.9	8.2	54.2
Y 15	44 00.2 · ·	01.4	117 56.2	14.2	13 26.1	8.1	54.2
16	59 00.1	01.2	132 29.4	14.1	13 34.2	8.0	54.2
17	74 00.0	01.0	147 02.5	14.2	13 42.2	7.9	54.2
18	88 59.9	N23 00.8	161 35.7	14.1	N13 50.1	8.0	54.2
19	103 59.7	00.6	176 08.8	14.0	13 58.1	7.8	54.2
20	118 59.6	00.5	190 41.8	14.1	14 05.9	7.8	54.2
21	133 59.5 · ·	00.3	205 14.9	13.9	14 13.7	7.7	54.2
22	148 59.4	23 00.1	219 47.8	14.0	14 21.4	7.7	54.2
23	163 59.3	22 59.9	234 20.8	13.9	14 29.1	7.6	54.2
	S.D. 15.8	d 0.2	S.D. 14.9		14.8		14.8

Lat.	Twilight Naut.	Civil	Sunrise	Moonrise 30	1	2	3
°	h m	h m	h m	h m	h m	h m	h m
N 72	☐	☐	☐	22 26	22 12	21 55	21 24
N 70	☐	☐	☐	22 36	22 30	22 23	22 15
68	☐	☐	☐	22 44	22 44	22 45	22 48
66	////	////	00 16	22 51	22 56	23 02	23 11
64	////	////	01 41	22 57	23 05	23 16	23 30
62	////	////	02 16	23 03	23 14	23 28	23 46
60	////	01 02	02 42	23 07	23 21	23 38	23 59
N 58	////	01 48	03 02	23 11	23 27	23 46	24 10
56	////	02 17	03 18	23 15	23 33	23 54	24 19
54	00 57	02 38	03 32	23 18	23 38	24 01	00 01
52	01 39	02 56	03 44	23 21	23 43	24 07	00 07
50	02 06	03 10	03 55	23 24	23 47	24 13	00 13
45	02 50	03 40	04 17	23 29	23 56	24 25	00 25
N 40	03 20	04 02	04 35	23 34	24 04	00 04	00 35
35	03 43	04 20	04 49	23 39	24 10	00 10	00 44
30	04 02	04 35	05 02	23 42	24 16	00 16	00 52
20	04 30	05 00	05 24	23 49	24 26	00 26	01 05
N 10	04 53	05 20	05 43	23 55	24 35	00 35	01 16
0	05 11	05 38	06 00	24 00	00 00	00 43	01 27
S 10	05 28	05 55	06 17	24 06	00 06	00 52	01 38
20	05 44	06 12	06 36	24 12	00 12	01 01	01 50
30	06 00	06 30	06 56	24 18	00 18	01 11	02 04
35	06 09	06 41	07 09	24 22	00 22	01 17	02 12
40	06 18	06 52	07 23	24 27	00 27	01 24	02 21
45	06 28	07 05	07 39	24 32	00 32	01 32	02 31
S 50	06 40	07 21	08 00	24 38	00 38	01 42	02 44
52	06 45	07 29	08 09	24 41	00 41	01 46	02 50
54	06 51	07 37	08 20	24 44	00 44	01 51	02 57
56	06 57	07 45	08 33	24 48	00 48	01 57	03 04
58	07 03	07 56	08 47	24 52	00 52	02 03	03 13
S 60	07 11	08 07	09 04	24 56	00 56	02 10	03 22

Lat.	Sunset	Twilight Civil	Naut.	Moonset 30	1	2	3
°	h m	h m	h m	h m	h m	h m	h m
N 72	☐	☐	☐	12 50	14 33	16 22	18 27
N 70	☐	☐	☐	12 42	14 17	15 54	17 36
68	☐	☐	☐	12 35	14 04	15 34	17 04
66	23 42	////	////	12 30	13 54	15 18	16 41
64	22 26	////	////	12 25	13 45	15 05	16 23
62	21 50	////	////	12 21	13 38	14 54	16 08
60	21 25	23 03	////	12 17	13 31	14 44	15 56
N 58	21 05	22 18	////	12 14	13 26	14 36	15 45
56	20 49	21 50	////	12 12	13 21	14 29	15 36
54	20 35	21 29	23 08	12 09	13 16	14 23	15 28
52	20 23	21 11	22 27	12 07	13 12	14 17	15 20
50	20 13	20 57	22 01	12 05	13 09	14 12	15 14
45	19 50	20 28	21 17	12 01	13 01	14 01	15 00
N 40	19 33	20 05	20 47	11 57	12 54	13 51	14 48
35	19 18	19 48	20 24	11 54	12 49	13 44	14 38
30	19 05	19 32	20 06	11 51	12 44	13 37	14 29
20	18 43	19 08	19 37	11 46	12 35	13 25	14 14
N 10	18 25	18 48	19 15	11 42	12 28	13 14	14 01
0	18 07	18 30	18 56	11 38	12 21	13 04	13 49
S 10	17 50	18 13	18 39	11 34	12 14	12 55	13 37
20	17 32	17 56	18 23	11 30	12 06	12 44	13 24
30	17 11	17 37	18 07	11 25	11 58	12 33	13 09
35	16 59	17 27	17 59	11 22	11 53	12 26	13 01
40	16 45	17 15	17 49	11 19	11 48	12 18	12 51
45	16 28	17 02	17 39	11 15	11 41	12 09	12 40
S 50	16 08	16 46	17 28	11 11	11 34	11 58	12 26
52	15 58	16 39	17 23	11 09	11 30	11 53	12 20
54	15 48	16 31	17 17	11 07	11 26	11 48	12 12
56	15 35	16 22	17 11	11 05	11 22	11 42	12 05
58	15 21	16 12	17 05	11 02	11 18	11 35	11 56
S 60	15 04	16 01	16 57	10 59	11 12	11 27	11 46

Day	SUN Eqn. of Time 00h	12h	Mer. Pass.	MOON Mer. Pass. Upper	Lower	Age	Phase
	m s	m s	h m	h m	h m	d	
30	03 28	03 34	12 04	05 28	17 49	21	◑
1	03 40	03 46	12 04	06 10	18 32	22	
2	03 52	03 57	12 04	06 54	19 16	23	

1994 JULY 3, 4, 5 (SUN., MON., TUES.)

UT (GMT) d h	ARIES G.H.A.	VENUS −4.0 G.H.A.	Dec.	MARS +1.2 G.H.A.	Dec.	JUPITER −2.2 G.H.A.	Dec.	SATURN +0.9 G.H.A.	Dec.	STARS Name	S.H.A.	Dec.
3 00	280 47.5	137 15.1	N16 18.2	223 34.3	N19 36.4	67 53.4	S11 59.5	296 23.5	S 8 36.5	Acamar	315 29.4	S40 19.4
01	295 49.9	152 14.8	17.2	238 35.0	36.9	82 55.8	59.5	311 26.0	36.5	Achernar	335 37.5	S57 15.5
02	310 52.4	167 14.5	16.2	253 35.6	37.3	97 58.3	59.6	326 28.5	36.5	Acrux	173 25.2	S63 04.5
03	325 54.9	182 14.1	·· 15.3	268 36.2	·· 37.7	113 00.7	·· 59.6	341 31.0	·· 36.5	Adhara	255 24.1	S28 58.0
04	340 57.3	197 13.8	14.3	283 36.8	38.1	128 03.2	59.6	356 33.5	36.6	Aldebaran	291 06.0	N16 29.8
05	355 59.8	212 13.4	13.3	298 37.5	38.5	143 05.7	59.6	11 36.0	36.6			
06	11 02.3	227 13.1	N16 12.3	313 38.1	N19 38.9	158 08.1	S11 59.6	26 38.5	S 8 36.6	Alioth	166 33.1	N55 59.6
07	26 04.7	242 12.7	11.3	328 38.7	39.3	173 10.6	59.6	41 41.0	36.6	Alkaid	153 09.9	N49 20.7
08	41 07.2	257 12.4	10.3	343 39.3	39.7	188 13.0	59.6	56 43.5	36.7	Al Na'ir	28 01.2	S46 58.9
S 09	56 09.7	272 12.1	·· 09.4	358 40.0	·· 40.1	203 15.5	·· 59.7	71 46.0	·· 36.7	Alnilam	276 01.1	S 1 12.4
U 10	71 12.1	287 11.7	08.4	13 40.6	40.5	218 18.0	59.7	86 48.5	36.7	Alphard	218 10.3	S 8 38.2
N 11	86 14.6	302 11.4	07.4	28 41.2	40.9	233 20.4	59.7	101 51.0	36.7			
D 12	101 17.0	317 11.0	N16 06.4	43 41.8	N19 41.4	248 22.9	S11 59.7	116 53.5	S 8 36.8	Alphecca	126 22.8	N26 44.1
A 13	116 19.5	332 10.7	05.4	58 42.5	41.8	263 25.3	59.7	131 56.0	36.8	Alpheratz	357 58.1	N29 03.6
Y 14	131 22.0	347 10.4	04.4	73 43.1	42.2	278 27.8	59.7	146 58.5	36.8	Altair	62 21.7	N 8 51.4
15	146 24.4	2 10.0	·· 03.4	88 43.7	·· 42.6	293 30.3	·· 59.7	162 01.0	·· 36.8	Ankaa	353 29.6	S42 19.8
16	161 26.9	17 09.7	02.4	103 44.3	43.0	308 32.7	59.8	177 03.5	36.9	Antares	112 43.4	S26 25.2
17	176 29.4	32 09.3	01.4	118 45.0	43.4	323 35.2	59.8	192 06.0	36.9			
18	191 31.8	47 09.0	N16 00.4	133 45.6	N19 43.8	338 37.6	S11 59.8	207 08.5	S 8 36.9	Arcturus	146 08.5	N19 12.8
19	206 34.3	62 08.7	15 59.4	148 46.2	44.2	353 40.1	59.8	222 11.0	36.9	Atria	107 57.4	S69 01.2
20	221 36.8	77 08.3	58.4	163 46.8	44.6	8 42.5	59.8	237 13.5	37.0	Avior	234 24.4	S59 29.7
21	236 39.2	92 08.0	·· 57.5	178 47.5	·· 45.0	23 45.0	·· 59.8	252 16.0	·· 37.0	Bellatrix	278 47.6	N 6 20.6
22	251 41.7	107 07.7	56.5	193 48.1	45.4	38 47.5	59.8	267 18.5	37.0	Betelgeuse	271 17.0	N 7 24.3
23	266 44.2	122 07.3	55.5	208 48.7	45.8	53 49.9	59.9	282 21.0	37.0			
4 00	281 46.6	137 07.0	N15 54.5	223 49.3	N19 46.2	68 52.4	S11 59.9	297 23.5	S 8 37.1	Canopus	264 03.0	S52 41.6
01	296 49.1	152 06.7	53.5	238 50.0	46.6	83 54.8	59.9	312 26.0	37.1	Capella	280 55.9	N45 59.4
02	311 51.5	167 06.4	52.5	253 50.6	47.0	98 57.3	59.9	327 28.5	37.1	Deneb	49 40.7	N45 15.7
03	326 54.0	182 06.0	·· 51.5	268 51.2	·· 47.4	113 59.7	·· 59.9	342 31.0	·· 37.1	Denebola	182 48.2	N14 36.2
04	341 56.5	197 05.7	50.5	283 51.8	47.8	129 02.2	59.9	357 33.5	37.2	Diphda	349 10.1	S18 00.8
05	356 58.9	212 05.4	49.5	298 52.5	48.2	144 04.6	11 59.9	12 36.0	37.2			
06	12 01.4	227 05.0	N15 48.5	313 53.1	N19 48.6	159 07.1	S12 00.0	27 38.5	S 8 37.2	Dubhe	194 09.4	N61 47.0
07	27 03.9	242 04.7	47.5	328 53.7	49.0	174 09.5	00.0	42 41.0	37.3	Elnath	278 30.9	N28 36.1
08	42 06.3	257 04.4	46.5	343 54.3	49.4	189 12.0	00.0	57 43.5	37.3	Eltanin	90 52.2	N51 29.5
M 09	57 08.8	272 04.1	·· 45.5	358 55.0	·· 49.8	204 14.4	·· 00.0	72 46.0	·· 37.3	Enif	34 00.8	N 9 51.1
O 10	72 11.3	287 03.7	44.5	13 55.6	50.2	219 16.9	00.0	87 48.5	37.3	Fomalhaut	15 39.4	S29 38.8
N 11	87 13.7	302 03.4	43.5	28 56.2	50.6	234 19.3	00.0	102 51.1	37.4			
D 12	102 16.2	317 03.1	N15 42.4	43 56.8	N19 51.0	249 21.8	S12 00.1	117 53.6	S 8 37.4	Gacrux	172 16.8	S57 05.3
A 13	117 18.7	332 02.8	41.4	58 57.5	51.4	264 24.2	00.1	132 56.1	37.4	Gienah	176 07.0	S17 30.8
Y 14	132 21.1	347 02.5	40.4	73 58.1	51.8	279 26.7	00.1	147 58.6	37.4	Hadar	149 07.8	S60 21.1
15	147 23.6	2 02.1	·· 39.4	88 58.7	·· 52.2	294 29.1	·· 00.1	163 01.1	·· 37.5	Hamal	328 16.9	N23 26.1
16	162 26.0	17 01.8	38.4	103 59.3	52.6	309 31.6	00.1	178 03.6	37.5	Kaus Aust.	84 02.2	S34 23.1
17	177 28.5	32 01.5	37.4	119 00.0	53.0	324 34.0	00.1	193 06.1	37.5			
18	192 31.0	47 01.2	N15 36.4	134 00.6	N19 53.4	339 36.5	S12 00.2	208 08.6	S 8 37.6	Kochab	137 18.9	N74 11.0
19	207 33.4	62 00.9	35.4	149 01.2	53.8	354 38.9	00.2	223 11.1	37.6	Markab	13 52.3	N15 10.6
20	222 35.9	77 00.5	34.4	164 01.8	54.2	9 41.4	00.2	238 13.6	37.6	Menkar	314 30.1	N 4 04.1
21	237 38.4	92 00.2	·· 33.4	179 02.5	·· 54.6	24 43.8	·· 00.2	253 16.1	·· 37.6	Menkent	148 24.2	S36 20.8
22	252 40.8	106 59.9	32.4	194 03.1	55.0	39 46.3	00.2	268 18.6	37.7	Miaplacidus	221 43.3	S69 42.0
23	267 43.3	121 59.6	31.4	209 03.7	55.4	54 48.7	00.2	283 21.1	37.7			
5 00	282 45.8	136 59.3	N15 30.3	224 04.3	N19 55.8	69 51.2	S12 00.3	298 23.6	S 8 37.7	Mirfak	309 01.0	N49 50.3
01	297 48.2	151 59.0	29.3	239 05.0	56.2	84 53.6	00.3	313 26.1	37.7	Nunki	76 15.5	S26 18.1
02	312 50.7	166 58.7	28.3	254 05.6	56.6	99 56.1	00.3	328 28.6	37.8	Peacock	53 41.0	S56 44.9
03	327 53.1	181 58.3	·· 27.3	269 06.2	·· 57.0	114 58.5	·· 00.3	343 31.1	·· 37.8	Pollux	243 45.4	N28 02.3
04	342 55.6	196 58.0	26.3	284 06.8	57.4	130 01.0	00.3	358 33.6	37.8	Procyon	245 14.9	N 5 14.3
05	357 58.1	211 57.7	25.3	299 07.5	57.8	145 03.4	00.4	13 36.1	37.9			
06	13 00.5	226 57.4	N15 24.3	314 08.1	N19 58.2	160 05.9	S12 00.4	28 38.6	S 8 37.9	Rasalhague	96 19.3	N12 34.0
07	28 03.0	241 57.1	23.2	329 08.7	58.6	175 08.3	00.4	43 41.2	37.9	Regulus	207 58.8	N11 59.6
T 08	43 05.5	256 56.8	22.2	344 09.3	59.0	190 10.8	00.4	58 43.7	37.9	Rigel	281 26.0	S 8 12.5
U 09	58 07.9	271 56.5	·· 21.2	359 10.0	·· 59.4	205 13.2	·· 00.4	73 46.2	·· 38.0	Rigil Kent.	140 10.8	S60 49.0
E 10	73 10.4	286 56.2	20.2	14 10.6	19 59.8	220 15.6	00.4	88 48.7	38.0	Sabik	102 28.5	S15 43.0
S 11	88 12.9	301 55.9	19.2	29 11.2	20 00.2	235 18.1	00.5	103 51.2	38.0			
D 12	103 15.3	316 55.6	N15 18.1	44 11.8	N20 00.5	250 20.5	S12 00.5	118 53.7	S 8 38.0	Schedar	349 56.7	N56 30.2
A 13	118 17.8	331 55.3	17.1	59 12.5	00.9	265 23.0	00.5	133 56.2	38.1	Shaula	96 40.8	S37 06.0
Y 14	133 20.3	346 54.9	16.1	74 13.1	01.3	280 25.4	00.5	148 58.7	38.1	Sirius	258 46.5	S16 42.6
15	148 22.7	1 54.6	·· 15.1	89 13.7	·· 01.7	295 27.9	·· 00.5	164 01.2	·· 38.1	Spica	158 46.2	S11 08.0
16	163 25.2	16 54.3	14.1	104 14.3	02.1	310 30.3	00.5	179 03.7	38.2	Suhail	223 03.2	S43 24.9
17	178 27.6	31 54.0	13.0	119 15.0	02.5	325 32.7	00.6	194 06.2	38.2			
18	193 30.1	46 53.7	N15 12.0	134 15.6	N20 02.9	340 35.2	S12 00.6	209 08.7	S 8 38.2	Vega	80 48.1	N38 46.8
19	208 32.6	61 53.4	11.0	149 16.2	03.3	355 37.6	00.6	224 11.2	38.2	Zuben'ubi	137 21.0	S16 01.2
20	223 35.0	76 53.1	10.0	164 16.8	03.7	10 40.1	00.6	239 13.8	38.3		S.H.A.	Mer. Pass.
21	238 37.5	91 52.8	·· 08.9	179 17.5	·· 04.1	25 42.5	·· 00.7	254 16.3	·· 38.3	Venus	215 20.4	14 52
22	253 40.0	106 52.5	07.9	194 18.1	04.4	40 45.0	00.7	269 18.8	38.3	Mars	302 02.7	9 04
23	268 44.2	121 52.2	06.9	209 18.7	04.8	55 47.4	00.7	284 21.3	38.4	Jupiter	147 05.7	19 21
Mer. Pass. 5 12.0		v −0.3	d 1.0	v 0.6	d 0.4	v 2.5	d 0.0	v 2.5	d 0.0	Saturn	15 36.9	4 10

1994 JULY 3, 4, 5 (SUN., MON., TUES.)

UT (GMT)	SUN G.H.A.	SUN Dec.	MOON G.H.A.	v	MOON Dec.	d	H.P.
d h	o ′	o ′	o ′	′	o ′	′	′
3 00	178 59.2	N22 59.7	248 53.7	13.9	N14 36.7	7.5	54.2
01	193 59.0	59.5	263 26.6	13.9	14 44.2	7.5	54.2
02	208 58.9	59.3	277 59.5	13.8	14 51.7	7.4	54.2
03	223 58.8	.. 59.1	292 32.3	13.8	14 59.1	7.4	54.2
04	238 58.7	58.9	307 05.1	13.8	15 06.5	7.3	54.2
05	253 58.6	58.7	321 37.9	13.7	15 13.8	7.2	54.2
06	268 58.5	N22 58.5	336 10.6	13.7	N15 21.0	7.2	54.2
07	283 58.3	58.3	350 43.3	13.6	15 28.2	7.1	54.2
S 08	298 58.2	58.1	5 15.9	13.6	15 35.3	7.0	54.2
U 09	313 58.1	.. 57.9	19 48.5	13.6	15 42.3	7.0	54.2
N 10	328 58.0	57.7	34 21.1	13.5	15 49.3	6.9	54.2
D 11	343 57.9	57.5	48 53.6	13.5	15 56.2	6.8	54.2
A 12	358 57.8	N22 57.3	63 26.1	13.5	N16 03.0	6.7	54.2
Y 13	13 57.6	57.1	77 58.6	13.4	16 09.7	6.7	54.2
14	28 57.5	56.9	92 31.0	13.4	16 16.4	6.7	54.2
15	43 57.4	.. 56.7	107 03.4	13.3	16 23.1	6.5	54.2
16	58 57.3	56.5	121 35.7	13.3	16 29.6	6.5	54.2
17	73 57.2	56.3	136 08.0	13.3	16 36.1	6.4	54.2
18	88 57.1	N22 56.1	150 40.3	13.2	N16 42.5	6.3	54.2
19	103 57.0	55.9	165 12.5	13.2	16 48.8	6.3	54.2
20	118 56.8	55.7	179 44.7	13.1	16 55.1	6.2	54.2
21	133 56.7	.. 55.5	194 16.8	13.1	17 01.3	6.1	54.2
22	148 56.6	55.2	208 48.9	13.1	17 07.4	6.1	54.2
23	163 56.5	55.0	223 21.0	13.0	17 13.5	5.9	54.2
4 00	178 56.4	N22 54.8	237 53.0	13.0	N17 19.4	5.9	54.2
01	193 56.3	54.6	252 25.0	12.9	17 25.3	5.8	54.2
02	208 56.1	54.4	266 56.9	12.9	17 31.1	5.8	54.2
03	223 56.0	.. 54.2	281 28.8	12.9	17 36.9	5.7	54.3
04	238 55.9	54.0	296 00.7	12.8	17 42.6	5.6	54.3
05	253 55.8	53.8	310 32.5	12.7	17 48.2	5.5	54.3
06	268 55.7	N22 53.5	325 04.2	12.8	N17 53.7	5.4	54.3
07	283 55.6	53.3	339 36.0	12.7	17 59.1	5.4	54.3
M 08	298 55.5	53.1	354 07.7	12.6	18 04.5	5.2	54.3
O 09	313 55.4	.. 52.9	8 39.3	12.6	18 09.7	5.2	54.3
N 10	328 55.2	52.7	23 10.9	12.6	18 14.9	5.1	54.3
D 11	343 55.1	52.5	37 42.5	12.5	18 20.0	5.1	54.3
A 12	358 55.0	N22 52.2	52 14.0	12.5	N18 25.1	4.9	54.3
Y 13	13 54.9	52.0	66 45.5	12.4	18 30.0	4.9	54.3
14	28 54.8	51.8	81 16.9	12.4	18 34.9	4.8	54.3
15	43 54.7	.. 51.6	95 48.3	12.4	18 39.7	4.7	54.3
16	58 54.6	51.4	110 19.7	12.3	18 44.4	4.6	54.3
17	73 54.5	51.1	124 51.0	12.2	18 49.0	4.6	54.4
18	88 54.3	N22 50.9	139 22.2	12.3	N18 53.6	4.4	54.4
19	103 54.2	50.7	153 53.5	12.2	18 58.0	4.4	54.4
20	118 54.1	50.5	168 24.7	12.1	19 02.4	4.3	54.4
21	133 54.0	.. 50.2	182 55.8	12.1	19 06.7	4.2	54.4
22	148 53.9	50.0	197 26.9	12.1	19 10.9	4.1	54.4
23	163 53.8	49.8	211 58.0	12.0	19 15.0	4.0	54.4
5 00	178 53.7	N22 49.6	226 29.0	12.0	N19 19.0	3.9	54.4
01	193 53.6	49.3	241 00.0	12.0	19 22.9	3.9	54.4
02	208 53.5	49.1	255 31.0	11.9	19 26.8	3.7	54.4
03	223 53.3	.. 48.9	270 01.9	11.8	19 30.5	3.7	54.5
04	238 53.2	48.6	284 32.7	11.9	19 34.2	3.6	54.5
05	253 53.1	48.4	299 03.6	11.7	19 37.8	3.5	54.5
06	268 53.0	N22 48.2	313 34.3	11.8	N19 41.3	3.4	54.5
07	283 52.9	48.0	328 05.1	11.7	19 44.7	3.3	54.5
T 08	298 52.8	47.7	342 35.8	11.7	19 48.0	3.2	54.5
U 09	313 52.7	.. 47.5	357 06.5	11.6	19 51.2	3.1	54.5
E 10	328 52.6	47.3	11 37.1	11.6	19 54.3	3.1	54.5
S 11	343 52.5	47.0	26 07.7	11.6	19 57.4	2.9	54.6
D 12	358 52.4	N22 46.8	40 38.3	11.5	N20 00.3	2.8	54.6
A 13	13 52.2	46.5	55 08.8	11.5	20 03.1	2.8	54.6
Y 14	28 52.1	46.3	69 39.3	11.4	20 05.9	2.7	54.6
15	43 52.0	.. 46.1	84 09.7	11.4	20 08.6	2.5	54.6
16	58 51.9	45.8	98 40.1	11.4	20 11.1	2.5	54.6
17	73 51.8	45.6	113 10.5	11.3	20 13.6	2.4	54.6
18	88 51.7	N22 45.4	127 40.8	11.3	N20 16.0	2.2	54.6
19	103 51.6	45.1	142 11.1	11.3	20 18.2	2.2	54.7
20	118 51.5	44.9	156 41.4	11.2	20 20.4	2.1	54.7
21	133 51.4	.. 44.6	171 11.6	11.2	20 22.5	2.0	54.7
22	148 51.3	44.4	185 41.8	11.2	20 24.5	1.9	54.7
23	163 51.2	44.1	200 12.0	11.2	20 26.4	1.7	54.7
	S.D. 15.8	d 0.2	S.D. 14.8		14.8		14.9

Moonrise

Lat.	Twilight Naut.	Twilight Civil	Sunrise	3	4	5	6
o	h m	h m	h m	h m	h m	h m	h m
N 72	□	□	□	21 24	□	□	□
N 70	□	□	□	22 15	22 02	□	□
68	□	□	□	22 48	22 55	23 13	23 56
66	////	////	00 40	23 11	23 27	23 55	24 41
64	////	////	01 46	23 30	23 51	24 24	00 24
62	////	////	02 21	23 46	24 10	00 10	00 45
60	////	01 10	02 45	23 59	24 26	00 26	01 03
N 58	////	01 53	03 05	24 10	00 10	00 39	01 18
56	////	02 20	03 21	24 19	00 19	00 51	01 30
54	01 04	02 41	03 34	00 07	00 28	01 01	01 41
52	01 44	02 58	03 46	00 07	00 36	01 10	01 51
50	02 09	03 13	03 57	00 13	00 43	01 18	02 00
45	02 53	03 42	04 19	00 25	00 58	01 35	02 18
N 40	03 22	04 04	04 36	00 35	01 10	01 49	02 34
35	03 45	04 21	04 51	00 44	01 21	02 01	02 46
30	04 03	04 36	05 04	00 52	01 30	02 12	02 58
20	04 31	05 01	05 25	01 05	01 46	02 30	03 17
N 10	04 54	05 21	05 44	01 16	02 00	02 45	03 34
0	05 12	05 38	06 01	01 27	02 13	03 00	03 49
S 10	05 29	05 55	06 18	01 38	02 26	03 15	04 05
20	05 44	06 12	06 36	01 50	02 40	03 31	04 22
30	06 00	06 30	06 56	02 04	02 57	03 49	04 41
35	06 09	06 40	07 08	02 12	03 06	04 00	04 52
40	06 18	06 52	07 22	02 21	03 17	04 12	05 05
45	06 28	07 05	07 39	02 31	03 30	04 27	05 21
S 50	06 39	07 21	07 59	02 44	03 45	04 44	05 40
52	06 44	07 28	08 08	02 50	03 53	04 53	05 49
54	06 50	07 36	08 19	02 57	04 01	05 02	05 59
56	06 56	07 44	08 31	03 04	04 10	05 13	06 10
58	07 02	07 54	08 45	03 13	04 21	05 25	06 23
S 60	07 09	08 05	09 02	03 22	04 33	05 39	06 38

Moonset

Lat.	Sunset	Twilight Civil	Twilight Naut.	3	4	5	6
o	h m	h m	h m	h m	h m	h m	h m
N 72	□	□	□	18 27	□	□	□
N 70	□	□	□	17 36	19 26	□	□
68	□	□	□	17 04	18 34	19 57	20 58
66	23 24	////	////	16 41	18 02	19 15	20 12
64	22 21	////	////	16 23	17 38	18 47	19 43
62	21 47	////	////	16 08	17 20	18 25	19 20
60	21 23	22 56	////	15 56	17 05	18 08	19 02
N 58	21 03	22 15	////	15 45	16 52	17 53	18 47
56	20 47	21 48	////	15 36	16 40	17 40	18 34
54	20 34	21 27	23 02	15 28	16 31	17 30	18 23
52	20 23	21 10	22 24	15 20	16 22	17 20	18 13
50	20 11	20 55	21 58	15 14	16 14	17 11	18 04
45	19 50	20 27	21 15	15 00	15 57	16 53	17 45
N 40	19 32	20 05	20 46	14 48	15 44	16 38	17 30
35	19 18	19 47	20 23	14 38	15 32	16 25	17 17
30	19 05	19 32	20 05	14 29	15 22	16 14	17 05
20	18 44	19 08	19 37	14 14	15 05	15 55	16 46
N 10	18 25	18 48	19 15	14 01	14 50	15 39	16 29
0	18 08	18 30	18 57	13 49	14 36	15 24	16 13
S 10	17 51	18 14	18 40	13 37	14 22	15 08	15 58
20	17 33	17 57	18 24	13 24	14 07	14 52	15 41
30	17 12	17 39	18 08	13 09	13 49	14 33	15 21
35	17 00	17 28	18 00	13 01	13 39	14 22	15 10
40	16 47	17 17	17 51	12 51	13 28	14 10	14 57
45	16 30	17 04	17 41	12 40	13 15	13 55	14 41
S 50	16 10	16 48	17 30	12 26	12 58	13 37	14 22
52	16 01	16 41	17 25	12 20	12 51	13 28	14 13
54	15 51	16 33	17 19	12 12	12 42	13 18	14 03
56	15 38	16 25	17 13	12 05	12 33	13 08	13 52
58	15 24	16 15	17 07	11 56	12 22	12 55	13 39
S 60	15 07	16 04	17 00	11 46	12 09	12 41	13 23

Day	SUN Eqn. of Time 00h	SUN Eqn. of Time 12h	SUN Mer. Pass.	MOON Mer. Pass. Upper	MOON Mer. Pass. Lower	Age	Phase
	m s	m s	h m	h m	h m	d	
3	04 03	04 09	12 04	07 38	20 01	24	
4	04 14	04 20	12 04	08 24	20 48	25	
5	04 25	04 30	12 05	09 12	21 36	26	

1994 JULY 6, 7, 8 (WED., THURS., FRI.)

UT (GMT) d h	ARIES G.H.A.	VENUS −4.1 G.H.A.	Dec.	MARS +1.2 G.H.A.	Dec.	JUPITER −2.2 G.H.A.	Dec.	SATURN +0.8 G.H.A.	Dec.
6 00	283 44.9	136 51.9	N15 05.8	224 19.3	N20 05.2	70 49.8	S12 00.7	299 23.8	S 8 38.4
01	298 47.4	151 51.6	04.8	239 20.0	05.6	85 52.3	00.7	314 26.3	38.4
02	313 49.8	166 51.3	03.8	254 20.6	06.0	100 54.7	00.8	329 28.8	38.4
03	328 52.3	181 51.0 ··	02.8	269 21.2 ··	06.4	115 57.2 ··	00.8	344 31.3 ··	38.5
04	343 54.8	196 50.7	01.7	284 21.8	06.8	130 59.6	00.8	359 33.8	38.5
05	358 57.2	211 50.5	15 00.7	299 22.4	07.2	146 02.0	00.8	14 36.3	38.5
W 06	13 59.7	226 50.2	N14 59.7	314 23.1	N20 07.5	161 04.5	S12 00.8	29 38.9	S 8 38.6
E 07	29 02.1	241 49.9	58.6	329 23.7	07.9	176 06.9	00.9	44 41.4	38.6
D 08	44 04.6	256 49.6	57.6	344 24.3	08.3	191 09.3	00.9	59 43.9	38.6
N 09	59 07.1	271 49.3 ··	56.6	359 24.9 ··	08.7	206 11.8 ··	00.9	74 46.4 ··	38.7
E 10	74 09.5	286 49.0	55.5	14 25.6	09.1	221 14.2	00.9	89 48.9	38.7
S 11	89 12.0	301 48.7	54.5	29 26.2	09.5	236 16.7	00.9	104 51.4	38.7
D 12	104 14.5	316 48.4	N14 53.5	44 26.8	N20 09.8	251 19.1	S12 01.0	119 53.9	S 8 38.7
A 13	119 16.9	331 48.1	52.4	59 27.4	10.2	266 21.5	01.0	134 56.4	38.8
Y 14	134 19.4	346 47.8	51.4	74 28.1	10.6	281 24.0	01.0	149 58.9	38.8
15	149 21.9	1 47.5 ··	50.4	89 28.7 ··	11.0	296 26.4 ··	01.0	165 01.5 ··	38.8
16	164 24.3	16 47.3	49.3	104 29.3	11.4	311 28.8	01.1	180 04.0	38.9
17	179 26.8	31 47.0	48.3	119 29.9	11.8	326 31.3	01.1	195 06.5	38.9
18	194 29.2	46 46.7	N14 47.2	134 30.6	N20 12.1	341 33.7	S12 01.1	210 09.0	S 8 38.9
19	209 31.7	61 46.4	46.2	149 31.2	12.5	356 36.1	01.1	225 11.5	39.0
20	224 34.2	76 46.1	45.2	164 31.8	12.9	11 38.6	01.1	240 14.0	39.0
21	239 36.6	91 45.8 ··	44.1	179 32.4 ··	13.3	26 41.0 ··	01.2	255 16.5 ··	39.0
22	254 39.1	106 45.5	43.1	194 33.1	13.7	41 43.4	01.2	270 19.0	39.0
23	269 41.6	121 45.3	42.0	209 33.7	14.0	56 45.9	01.2	285 21.6	39.1
7 00	284 44.0	136 45.0	N14 41.0	224 34.3	N20 14.4	71 48.3	S12 01.2	300 24.1	S 8 39.1
01	299 46.5	151 44.7	40.0	239 34.9	14.8	86 50.7	01.3	315 26.6	39.1
02	314 49.0	166 44.4	38.9	254 35.5	15.2	101 53.2	01.3	330 29.1	39.2
03	329 51.4	181 44.1 ··	37.9	269 36.2 ··	15.6	116 55.6 ··	01.3	345 31.6 ··	39.2
04	344 53.9	196 43.9	36.9	284 36.8	16.0	131 58.0	01.3	0 34.1	39.2
05	359 56.4	211 43.6	35.8	299 37.4	16.3	147 00.5	01.4	15 36.6	39.3
T 06	14 58.8	226 43.3	N14 34.8	314 38.0	N20 16.7	162 02.9	S12 01.4	30 39.1	S 8 39.3
H 07	30 01.3	241 43.0	33.7	329 38.7	17.1	177 05.3	01.4	45 41.7	39.3
U 08	45 03.7	256 42.7	32.7	344 39.3	17.5	192 07.8	01.4	60 44.2	39.3
R 09	60 06.2	271 42.5 ··	31.6	359 39.9 ··	17.8	207 10.2 ··	01.4	75 46.7 ··	39.4
S 10	75 08.7	286 42.2	30.6	14 40.5	18.2	222 12.6	01.5	90 49.2	39.4
D 11	90 11.1	301 41.9	29.5	29 41.2	18.6	237 15.1	01.5	105 51.7	39.4
A 12	105 13.6	316 41.6	N14 28.5	44 41.8	N20 19.0	252 17.5	S12 01.5	120 54.2	S 8 39.5
Y 13	120 16.1	331 41.4	27.4	59 42.4	19.3	267 19.9	01.5	135 56.7	39.5
14	135 18.5	346 41.1	26.4	74 43.0	19.7	282 22.3	01.6	150 59.3	39.5
15	150 21.0	1 40.8 ··	25.3	89 43.6 ··	20.1	297 24.8 ··	01.6	166 01.8 ··	39.6
16	165 23.5	16 40.5	24.3	104 44.3	20.5	312 27.2	01.6	181 04.3	39.6
17	180 25.9	31 40.3	23.2	119 44.9	20.8	327 29.6	01.6	196 06.8	39.6
18	195 28.4	46 40.0	N14 22.2	134 45.5	N20 21.2	342 32.1	S12 01.7	211 09.3	S 8 39.7
19	210 30.9	61 39.7	21.1	149 46.1	21.6	357 34.5	01.7	226 11.8	39.7
20	225 33.3	76 39.4	20.1	164 46.8	22.0	12 36.9	01.7	241 14.4	39.7
21	240 35.8	91 39.2 ··	19.0	179 47.4 ··	22.3	27 39.3 ··	01.7	256 16.9 ··	39.8
22	255 38.2	106 38.9	18.0	194 48.0	22.7	42 41.8	01.8	271 19.4	39.8
23	270 40.7	121 38.6	16.9	209 48.6	23.1	57 44.2	01.8	286 21.9	39.8
8 00	285 43.2	136 38.4	N14 15.9	224 49.3	N20 23.4	72 46.6	S12 01.8	301 24.4	S 8 39.9
01	300 45.6	151 38.1	14.8	239 49.9	23.8	87 49.0	01.8	316 26.9	39.9
02	315 48.1	166 37.8	13.8	254 50.5	24.2	102 51.5	01.9	331 29.5	39.9
03	330 50.6	181 37.6 ··	12.7	269 51.1 ··	24.6	117 53.9 ··	01.9	346 32.0 ··	39.9
04	345 53.0	196 37.3	11.7	284 51.7	24.9	132 56.3	01.9	1 34.5	40.0
05	0 55.5	211 37.0	10.6	299 52.4	25.3	147 58.7	01.9	16 37.0	40.0
F 06	15 58.0	226 36.8	N14 09.5	314 53.0	N20 25.7	163 01.2	S12 02.0	31 39.5	S 8 40.0
R 07	31 00.4	241 36.5	08.5	329 53.6	26.0	178 03.6	02.0	46 42.0	40.1
I 08	46 02.9	256 36.3	07.4	344 54.2	26.4	193 06.0	02.0	61 44.6	40.1
D 09	61 05.3	271 36.0 ··	06.4	359 54.9 ··	26.8	208 08.4 ··	02.0	76 47.1 ··	40.1
A 10	76 07.8	286 35.7	05.3	14 55.5	27.1	223 10.8	02.1	91 49.6	40.2
Y 11	91 10.3	301 35.5	04.2	29 56.1	27.5	238 13.3	02.1	106 52.1	40.2
12	106 12.7	316 35.2	N14 03.2	44 56.7	N20 27.9	253 15.7	S12 02.1	121 54.6	S 8 40.3
13	121 15.2	331 35.0	02.1	59 57.4	28.2	268 18.1	02.2	136 57.2	40.3
14	136 17.7	346 34.7	01.1	74 58.0	28.6	283 20.5	02.2	151 59.7	40.3
15	151 20.1	1 34.4	14 00.0	89 58.6 ··	29.0	298 23.0 ··	02.2	167 02.2 ··	40.3
16	166 22.6	16 34.2	13 58.9	104 59.2	29.3	313 25.4	02.2	182 04.7	40.4
17	181 25.1	31 33.9	57.9	119 59.8	29.7	328 27.8	02.3	197 07.2	40.4
18	196 27.5	46 33.7	N13 56.8	135 00.5	N20 30.1	343 30.2	S12 02.3	212 09.8	S 8 40.4
19	211 30.0	61 33.4	55.7	150 01.1	30.4	358 32.6	02.3	227 12.3	40.5
20	226 32.5	76 33.2	54.7	165 01.7	30.8	13 35.1	02.3	242 14.8	40.5
21	241 34.9	91 32.9 ··	53.6	180 02.3 ··	31.2	28 37.5 ··	02.4	257 17.3 ··	40.5
22	256 37.4	106 32.7	52.5	195 03.0	31.5	43 39.9	02.4	272 19.8	40.6
23	271 39.8	121 32.4	51.5	210 03.6	31.9	58 42.3	02.4	287 22.4	40.6
Mer. Pass.	h m 5 00.2	v −0.3	d 1.0	v 0.6	d 0.4	v 2.4	d 0.0	v 2.5	d 0.0

STARS

Name	S.H.A.	Dec.
Acamar	315 29.3	S40 19.4
Achernar	335 37.4	S57 15.5
Acrux	173 25.2	S63 04.5
Adhara	255 24.0	S28 58.0
Aldebaran	291 05.9	N16 29.8
Alioth	166 33.1	N55 59.6
Alkaid	153 10.0	N49 20.7
Al Na'ir	28 01.2	S46 58.9
Alnilam	276 01.1	S 1 12.4
Alphard	218 10.3	S 8 38.2
Alphecca	126 22.8	N26 44.2
Alpheratz	357 58.1	N29 03.6
Altair	62 21.7	N 8 51.4
Ankaa	353 29.6	S42 19.8
Antares	112 43.4	S26 25.2
Arcturus	146 08.5	N19 12.8
Atria	107 57.4	S69 01.2
Avior	234 24.4	S59 29.7
Bellatrix	278 47.5	N 6 20.6
Betelgeuse	271 17.0	N 7 24.3
Canopus	264 03.0	S52 41.6
Capella	280 55.9	N45 59.4
Deneb	49 40.7	N45 15.7
Denebola	182 48.2	N14 36.2
Diphda	349 10.1	S18 00.8
Dubhe	194 09.4	N61 47.0
Elnath	278 30.9	N28 36.1
Eltanin	90 52.2	N51 29.6
Enif	34 00.8	N 9 51.1
Fomalhaut	15 39.4	S29 38.8
Gacrux	172 16.8	S57 05.3
Gienah	176 07.0	S17 30.8
Hadar	149 07.8	S60 21.1
Hamal	328 16.9	N23 26.1
Kaus Aust.	84 02.2	S34 23.1
Kochab	137 18.9	N74 11.0
Markab	13 52.3	N15 10.6
Menkar	314 30.1	N 4 04.1
Menkent	148 24.2	S36 20.8
Miaplacidus	221 43.4	S69 42.0
Mirfak	309 01.0	N49 50.3
Nunki	76 15.5	S26 18.1
Peacock	53 40.9	S56 44.9
Pollux	243 45.4	N28 02.3
Procyon	245 14.9	N 5 14.3
Rasalhague	96 19.3	N12 34.0
Regulus	207 58.8	N11 59.6
Rigel	281 26.0	S 8 12.5
Rigil Kent.	140 10.8	S60 49.0
Sabik	102 28.5	S15 43.0
Schedar	349 56.7	N56 30.3
Shaula	96 40.8	S37 06.0
Sirius	258 46.5	S16 42.6
Spica	158 46.2	S11 08.0
Suhail	223 03.2	S43 24.9
Vega	80 48.1	N38 46.9
Zuben'ubi	137 21.0	S16 01.2

	S.H.A.	Mer. Pass.
	° '	h m
Venus	212 00.9	14 53
Mars	299 50.3	9 01
Jupiter	147 04.3	19 10
Saturn	15 40.0	3 58

1994 JULY 6, 7, 8 (WED., THURS., FRI.)

Sun and Moon — GHA, Dec, etc.

UT (GMT)	SUN G.H.A.	SUN Dec.	MOON G.H.A.	v	MOON Dec.	d	H.P.
d h	o ′	o ′	o ′	′	o ′	′	′
6 00	178 51.1	N22 43.9	214 42.2	11.1	N20 28.1	1.7	54.7
01	193 51.0	43.7	229 12.3	11.0	20 29.8	1.6	54.8
02	208 50.8	43.4	243 42.3	11.1	20 31.4	1.5	54.8
03	223 50.7 ..	43.2	258 12.4	11.0	20 32.9	1.4	54.8
04	238 50.6	42.9	272 42.4	10.9	20 34.3	1.3	54.8
05	253 50.5	42.7	287 12.3	11.0	20 35.6	1.2	54.8
06	268 50.4	N22 42.4	301 42.3	10.9	N20 36.8	1.1	54.8
W 07	283 50.3	42.2	316 12.2	10.9	20 37.9	1.0	54.8
E 08	298 50.2	41.9	330 42.1	10.9	20 38.9	0.9	54.9
D 09	313 50.1 ..	41.7	345 12.0	10.8	20 39.8	0.8	54.9
N 10	328 50.0	41.4	359 41.8	10.8	20 40.6	0.7	54.9
E 11	343 49.9	41.2	14 11.6	10.8	20 41.3	0.6	54.9
S 12	358 49.8	N22 40.9	28 41.4	10.7	N20 41.9	0.4	54.9
D 13	13 49.7	40.7	43 11.1	10.7	20 42.3	0.4	54.9
A 14	28 49.6	40.4	57 40.8	10.7	20 42.7	0.3	55.0
Y 15	43 49.5 ..	40.2	72 10.5	10.7	20 43.0	0.2	55.0
16	58 49.4	39.9	86 40.2	10.7	20 43.2	0.1	55.0
17	73 49.3	39.7	101 09.9	10.6	20 43.3	0.1	55.0
18	88 49.2	N22 39.4	115 39.5	10.6	N20 43.3	0.0	55.0
19	103 49.1	39.1	130 09.1	10.6	20 43.1	0.2	55.1
20	118 49.0	38.9	144 38.7	10.6	20 42.9	0.4	55.1
21	133 48.9 ..	38.6	159 08.3	10.5	20 42.5	0.4	55.1
22	148 48.8	38.4	173 37.8	10.5	20 42.1	0.6	55.1
23	163 48.6	38.1	188 07.3	10.5	20 41.5	0.6	55.1
7 00	178 48.5	N22 37.9	202 36.8	10.5	N20 40.9	0.8	55.1
01	193 48.4	37.6	217 06.3	10.5	20 40.1	0.9	55.2
02	208 48.3	37.3	231 35.8	10.4	20 39.2	0.9	55.2
03	223 48.2 ..	37.1	246 05.2	10.5	20 38.3	1.1	55.2
04	238 48.1	36.8	260 34.7	10.4	20 37.2	1.2	55.2
05	253 48.0	36.5	275 04.1	10.4	20 36.0	1.3	55.2
06	268 47.9	N22 36.3	289 33.5	10.4	N20 34.7	1.3	55.3
T 07	283 47.8	36.0	304 02.9	10.3	20 33.4	1.5	55.3
H 08	298 47.7	35.8	318 32.2	10.4	20 31.9	1.6	55.3
U 09	313 47.6 ..	35.5	333 01.6	10.3	20 30.3	1.7	55.3
R 10	328 47.5	35.2	347 30.9	10.4	20 28.6	1.9	55.3
S 11	343 47.4	35.0	2 00.3	10.3	20 26.7	1.9	55.4
D 12	358 47.3	N22 34.7	16 29.6	10.3	N20 24.8	2.0	55.4
A 13	13 47.2	34.4	30 58.9	10.3	20 22.8	2.1	55.4
Y 14	28 47.1	34.1	45 28.2	10.3	20 20.7	2.3	55.4
15	43 47.0 ..	33.9	59 57.5	10.3	20 18.4	2.3	55.4
16	58 46.9	33.6	74 26.8	10.2	20 16.1	2.4	55.4
17	73 46.8	33.3	88 56.0	10.3	20 13.7	2.6	55.5
18	88 46.7	N22 33.1	103 25.3	10.3	N20 11.1	2.6	55.5
19	103 46.6	32.8	117 54.6	10.2	20 08.5	2.8	55.5
20	118 46.5	32.5	132 23.8	10.3	20 05.7	2.9	55.5
21	133 46.4 ..	32.2	146 53.1	10.2	20 02.8	2.9	55.6
22	148 46.3	32.0	161 22.3	10.2	19 59.9	3.1	55.6
23	163 46.2	31.7	175 51.5	10.3	19 56.8	3.2	55.6
8 00	178 46.1	N22 31.4	190 20.8	10.2	N19 53.6	3.3	55.6
01	193 46.0	31.1	204 50.0	10.2	19 50.3	3.4	55.6
02	208 45.9	30.9	219 19.2	10.3	19 46.9	3.5	55.7
03	223 45.8 ..	30.6	233 48.5	10.2	19 43.4	3.6	55.7
04	238 45.7	30.3	248 17.7	10.2	19 39.8	3.7	55.7
05	253 45.6	30.0	262 46.9	10.2	19 36.1	3.8	55.7
06	268 45.5	N22 29.7	277 16.1	10.3	N19 32.3	3.9	55.7
07	283 45.4	29.5	291 45.4	10.2	19 28.4	4.0	55.8
08	298 45.3	29.2	306 14.6	10.2	19 24.4	4.1	55.8
F 09	313 45.2 ..	28.9	320 43.8	10.3	19 20.3	4.3	55.8
R 10	328 45.1	28.6	335 13.1	10.2	19 16.0	4.3	55.8
I 11	343 45.0	28.3	349 42.3	10.2	19 11.7	4.4	55.8
D 12	358 44.9	N22 28.0	4 11.5	10.3	N19 07.3	4.6	55.9
A 13	13 44.8	27.8	18 40.8	10.2	19 02.7	4.6	55.9
Y 14	28 44.7	27.5	33 10.0	10.3	18 58.1	4.7	55.9
15	43 44.6 ..	27.2	47 39.3	10.2	18 53.4	4.9	55.9
16	58 44.5	26.9	62 08.5	10.3	18 48.5	4.9	55.9
17	73 44.4	26.6	76 37.8	10.3	18 43.6	5.0	56.0
18	88 44.3	N22 26.3	91 07.1	10.3	N18 38.6	5.2	56.0
19	103 44.2	26.0	105 36.4	10.2	18 33.4	5.2	56.0
20	118 44.1	25.7	120 05.6	10.3	18 28.2	5.4	56.0
21	133 44.0 ..	25.4	134 34.9	10.4	18 22.8	5.4	56.1
22	148 43.9	25.2	149 04.3	10.3	18 17.4	5.5	56.1
23	163 43.8	24.9	163 33.6	10.3	18 11.9	5.7	56.1
	S.D. 15.8	d 0.3	S.D. 15.0		15.1		15.2

Twilight, Sunrise and Moonrise

Lat.	Twilight Naut.	Civil	Sunrise	Moonrise 6	7	8	9
o	h m	h m	h m	h m	h m	h m	h m
N 72	☐	☐	☐	☐	☐	☐	00 27
N 70	☐	☐	☐	☐	23 53	26 05	02 05
68	☐	☐	☐	23 56	25 11	01 11	02 44
66	////	////	00 56	24 41	00 41	01 49	03 12
64	////	////	01 53	00 24	01 11	02 15	03 32
62	////	////	02 26	00 45	01 33	02 35	03 49
60	////	01 19	02 49	01 03	01 51	02 52	04 03
N 58	////	01 58	03 08	01 18	02 06	03 06	04 15
56	////	02 24	03 24	01 30	02 19	03 18	04 25
54	01 12	02 45	03 37	01 41	02 31	03 29	04 34
52	01 49	03 01	03 49	01 51	02 40	03 38	04 42
50	02 13	03 16	03 59	02 00	02 49	03 46	04 49
45	02 55	03 44	04 21	02 18	03 08	04 04	05 05
N 40	03 25	04 05	04 38	02 34	03 23	04 18	05 18
35	03 47	04 23	04 52	02 46	03 36	04 31	05 28
30	04 05	04 38	05 05	02 58	03 48	04 41	05 38
20	04 33	05 02	05 26	03 17	04 07	05 00	05 54
N 10	04 54	05 21	05 44	03 34	04 24	05 15	06 08
0	05 13	05 39	06 01	03 49	04 39	05 30	06 21
S 10	05 29	05 55	06 18	04 05	04 55	05 45	06 34
20	05 45	06 12	06 36	04 22	05 12	06 01	06 48
30	06 00	06 30	06 56	04 41	05 31	06 19	07 04
35	06 09	06 40	07 08	04 52	05 43	06 30	07 14
40	06 17	06 51	07 22	05 05	05 56	06 42	07 24
45	06 27	07 04	07 38	05 21	06 11	06 56	07 37
S 50	06 38	07 19	07 57	05 40	06 30	07 14	07 52
52	06 43	07 26	08 07	05 49	06 39	07 22	07 59
54	06 49	07 34	08 17	05 59	06 49	07 31	08 07
56	06 54	07 43	08 29	06 10	07 00	07 41	08 15
58	07 01	07 52	08 43	06 23	07 13	07 53	08 25
S 60	07 08	08 03	08 59	06 38	07 28	08 07	08 36

Sunset, Twilight and Moonset

Lat.	Sunset	Twilight Civil	Naut.	Moonset 6	7	8	9
o	h m	h m	h m	h m	h m	h m	h m
N 72	☐	☐	☐	☐	☐	☐	{00 22 / 00 46}
N 70	☐	☐	☐	☐	22 47	22 21	22 11
68	☐	☐	☐	20 58	21 28	21 41	21 46
66	23 09	////	////	20 12	20 51	21 13	21 27
64	22 15	////	////	19 43	20 24	20 52	21 11
62	21 43	////	////	19 20	20 03	20 35	20 58
60	21 19	22 48	////	19 02	19 46	20 20	20 46
N 58	21 01	22 10	////	18 47	19 32	20 08	20 37
56	20 45	21 44	////	18 34	19 20	19 57	20 28
54	20 32	21 24	22 55	18 23	19 09	19 48	20 20
52	20 20	21 07	22 20	18 13	19 00	19 39	20 13
50	20 09	20 53	21 55	18 04	18 51	19 32	20 07
45	19 49	20 25	21 14	17 45	18 33	19 16	19 54
N 40	19 31	20 04	20 45	17 30	18 18	19 02	19 43
35	19 17	19 46	20 23	17 17	18 06	18 51	19 33
30	19 05	19 32	20 05	17 05	17 55	18 41	19 25
20	18 44	19 08	19 37	16 46	17 36	18 24	19 10
N 10	18 25	18 48	19 15	16 29	17 19	18 09	18 58
0	18 08	18 31	18 57	16 13	17 04	17 55	18 46
S 10	17 52	18 14	18 41	15 58	16 49	17 41	18 33
20	17 34	17 58	18 25	15 41	16 32	17 26	18 21
30	17 14	17 40	18 10	15 21	16 13	17 08	18 06
35	17 02	17 30	18 01	15 10	16 02	16 58	17 57
40	16 48	17 19	17 52	14 57	15 49	16 46	17 47
45	16 32	17 06	17 43	14 41	15 34	16 32	17 35
S 50	16 13	16 50	17 32	14 22	15 16	16 15	17 21
52	16 03	16 43	17 27	14 13	15 07	16 08	17 15
54	15 53	16 36	17 21	14 03	14 57	15 59	17 07
56	15 41	16 27	17 16	13 52	14 46	15 49	16 59
58	15 27	16 18	17 09	13 39	14 33	15 37	16 50
S 60	15 11	16 07	17 02	13 23	14 18	15 24	16 39

Sun and Moon — Mer. Pass.

Day	SUN Eqn. of Time 00h	12h	Mer. Pass.	MOON Mer. Pass. Upper	Lower	Age	Phase
	m s	m s	h m	h m	h m	d	
6	04 36	04 41	12 05	10 01	22 26	27	
7	04 46	04 51	12 05	10 52	23 17	28	
8	04 55	05 00	12 05	11 43	24 08	29	●

1994 JULY 9, 10, 11 (SAT., SUN., MON.)

UT (GMT)	ARIES G.H.A.	VENUS −4.1 G.H.A.	Dec.	MARS +1.2 G.H.A.	Dec.	JUPITER −2.2 G.H.A.	Dec.	SATURN +0.8 G.H.A.	Dec.	STARS Name	S.H.A.	Dec.
9 00	286 42.3	136 32.2	N13 50.4	225 04.2	N20 32.3	73 44.7	S12 02.5	302 24.9	S 8 40.6	Acamar	315 29.3	S40 19.4
01	301 44.8	151 31.9	49.3	240 04.8	32.6	88 47.2	02.5	317 27.4	40.7	Achernar	335 37.4	S57 15.5
02	316 47.2	166 31.7	48.3	255 05.4	33.0	103 49.6	02.5	332 29.9	40.7	Acrux	173 25.3	S63 04.5
03	331 49.7	181 31.4 ··	47.2	270 06.1 ··	33.3	118 52.0 ··	02.5	347 32.4 ··	40.7	Adhara	255 24.0	S28 57.9
04	346 52.2	196 31.2	46.1	285 06.7	33.7	133 54.4	02.6	2 35.0	40.8	Aldebaran	291 05.9	N16 29.8
05	1 54.6	211 30.9	45.1	300 07.3	34.1	148 56.8	02.6	17 37.5	40.8			
06	16 57.1	226 30.7	N13 44.0	315 07.9	N20 34.4	163 59.2	S12 02.6	32 40.0	S 8 40.8	Alioth	166 33.2	N55 59.6
07	31 59.6	241 30.4	42.9	330 08.6	34.8	179 01.7	02.6	47 42.5	40.9	Alkaid	153 10.0	N49 20.7
S 08	47 02.0	256 30.2	41.8	345 09.2	35.1	194 04.1	02.7	62 45.0	40.9	Al Na'ir	28 01.1	S46 58.9
A 09	62 04.5	271 29.9 ··	40.8	0 09.8 ··	35.5	209 06.5 ··	02.7	77 47.6 ··	40.9	Alnilam	276 01.1	S 1 12.4
T 10	77 07.0	286 29.7	39.7	15 10.4	35.9	224 08.9	02.7	92 50.1	41.0	Alphard	218 10.3	S 8 38.2
U 11	92 09.4	301 29.4	38.6	30 11.0	36.2	239 11.3	02.8	107 52.6	41.0			
R 12	107 11.9	316 29.2	N13 37.5	45 11.7	N20 36.6	254 13.7	S12 02.8	122 55.1	S 8 41.0	Alphecca	126 22.8	N26 44.2
D 13	122 14.3	331 28.9	36.5	60 12.3	36.9	269 16.1	02.8	137 57.7	41.1	Alpheratz	357 58.1	N29 03.6
A 14	137 16.8	346 28.7	35.4	75 12.9	37.3	284 18.6	02.8	153 00.2	41.1	Altair	62 21.7	N 8 51.4
Y 15	152 19.3	1 28.5 ··	34.3	90 13.5 ··	37.7	299 21.0 ··	02.9	168 02.7 ··	41.1	Ankaa	353 29.6	S42 19.8
16	167 21.7	16 28.2	33.2	105 14.1	38.0	314 23.4	02.9	183 05.2	41.2	Antares	112 43.4	S26 25.2
17	182 24.2	31 28.0	32.2	120 14.8	38.4	329 25.8	02.9	198 07.8	41.2			
18	197 26.7	46 27.7	N13 31.1	135 15.4	N20 38.7	344 28.2	S12 03.0	213 10.3	S 8 41.3	Arcturus	146 08.6	N19 12.8
19	212 29.1	61 27.5	30.0	150 16.0	39.1	359 30.6	03.0	228 12.8	41.3	Atria	107 57.4	S69 01.2
20	227 31.6	76 27.3	28.9	165 16.6	39.4	14 33.0	03.0	243 15.3	41.3	Avior	234 24.4	S59 29.7
21	242 34.1	91 27.0 ··	27.9	180 17.3 ··	39.8	29 35.4 ··	03.1	258 17.8 ··	41.4	Bellatrix	278 47.5	N 6 20.6
22	257 36.5	106 26.8	26.8	195 17.9	40.2	44 37.9	03.1	273 20.4	41.4	Betelgeuse	271 17.0	N 7 24.3
23	272 39.0	121 26.5	25.7	210 18.5	40.5	59 40.3	03.1	288 22.9	41.4			
10 00	287 41.4	136 26.3	N13 24.6	225 19.1	N20 40.9	74 42.7	S12 03.1	303 25.4	S 8 41.5	Canopus	264 03.0	S52 41.6
01	302 43.9	151 26.1	23.5	240 19.7	41.2	89 45.1	03.2	318 27.9	41.5	Capella	280 55.8	N45 59.4
02	317 46.4	166 25.8	22.5	255 20.4	41.6	104 47.5	03.2	333 30.5	41.5	Deneb	49 40.7	N45 15.7
03	332 48.8	181 25.6 ··	21.4	270 21.0 ··	41.9	119 49.9 ··	03.2	348 33.0 ··	41.6	Denebola	182 48.2	N14 36.2
04	347 51.3	196 25.4	20.3	285 21.6	42.3	134 52.3	03.3	3 35.5	41.6	Diphda	349 10.1	S18 00.8
05	2 53.8	211 25.1	19.2	300 22.2	42.6	149 54.7	03.3	18 38.0	41.6			
06	17 56.2	226 24.9	N13 18.1	315 22.9	N20 43.0	164 57.1	S12 03.3	33 40.6	S 8 41.7	Dubhe	194 09.4	N61 47.0
07	32 58.7	241 24.7	17.0	330 23.5	43.3	179 59.6	03.4	48 43.1	41.7	Elnath	278 30.9	N28 36.1
08	48 01.2	256 24.4	16.0	345 24.1	43.7	195 02.0	03.4	63 45.6	41.7	Eltanin	90 52.2	N51 29.6
S 09	63 03.6	271 24.2 ··	14.9	0 24.7 ··	44.0	210 04.4 ··	03.4	78 48.1 ··	41.8	Enif	34 00.8	N 9 51.1
U 10	78 06.1	286 24.0	13.8	15 25.3	44.4	225 06.8	03.5	93 50.7	41.8	Fomalhaut	15 39.4	S29 38.8
N 11	93 08.6	301 23.8	12.7	30 26.0	44.7	240 09.2	03.5	108 53.2	41.8			
D 12	108 11.0	316 23.5	N13 11.6	45 26.6	N20 45.1	255 11.6	S12 03.5	123 55.7	S 8 41.9	Gacrux	172 16.8	S57 05.3
A 13	123 13.5	331 23.3	10.5	60 27.2	45.4	270 14.0	03.5	138 58.2	41.9	Gienah	176 07.0	S17 30.8
Y 14	138 15.9	346 23.1	09.4	75 27.8	45.8	285 16.4	03.6	154 00.8	42.0	Hadar	149 07.9	S60 21.1
15	153 18.4	1 22.9 ··	08.3	90 28.4 ··	46.1	300 18.8 ··	03.6	169 03.3 ··	42.0	Hamal	328 16.9	N23 26.1
16	168 20.9	16 22.6	07.3	105 29.1	46.5	315 21.2	03.6	184 05.8	42.0	Kaus Aust.	84 02.2	S34 23.1
17	183 23.3	31 22.4	06.2	120 29.7	46.8	330 23.6	03.7	199 08.4	42.1			
18	198 25.8	46 22.2	N13 05.1	135 30.3	N20 47.2	345 26.0	S12 03.7	214 10.9	S 8 42.1	Kochab	137 19.0	N74 11.0
19	213 28.3	61 22.0	04.0	150 30.9	47.5	0 28.4	03.7	229 13.4	42.1	Markab	13 52.3	N15 10.6
20	228 30.7	76 21.7	02.9	165 31.6	47.9	15 30.8	03.8	244 15.9	42.2	Menkar	314 30.0	N 4 04.1
21	243 33.2	91 21.5 ··	01.8	180 32.2 ··	48.2	30 33.3 ··	03.8	259 18.5 ··	42.2	Menkent	148 24.2	S36 20.8
22	258 35.7	106 21.3	13 00.7	195 32.8	48.6	45 35.7	03.8	274 21.0	42.2	Miaplacidus	221 43.4	S69 42.0
23	273 38.1	121 21.1	12 59.6	210 33.4	48.9	60 38.1	03.9	289 23.5	42.3			
11 00	288 40.6	136 20.8	N12 58.5	225 34.0	N20 49.3	75 40.5	S12 03.9	304 26.0	S 8 42.3	Mirfak	309 01.0	N49 50.3
01	303 43.1	151 20.6	57.4	240 34.7	49.6	90 42.9	03.9	319 28.6	42.4	Nunki	76 15.5	S26 18.1
02	318 45.5	166 20.4	56.3	255 35.3	50.0	105 45.3	04.0	334 31.1	42.4	Peacock	53 40.9	S56 44.9
03	333 48.0	181 20.2 ··	55.2	270 35.9 ··	50.3	120 47.7 ··	04.0	349 33.6 ··	42.4	Pollux	243 45.4	N28 02.3
04	348 50.4	196 20.0	54.2	285 36.5	50.7	135 50.1	04.0	4 36.2	42.5	Procyon	245 14.9	N 5 14.3
05	3 52.9	211 19.7	53.1	300 37.1	51.0	150 52.5	04.1	19 38.7	42.5			
06	18 55.4	226 19.5	N12 52.0	315 37.8	N20 51.3	165 54.9	S12 04.1	34 41.2	S 8 42.5	Rasalhague	96 19.3	N12 34.0
07	33 57.8	241 19.3	50.9	330 38.4	51.7	180 57.3	04.1	49 43.7	42.6	Regulus	207 58.8	N11 59.6
08	49 00.3	256 19.1	49.8	345 39.0	52.0	195 59.7	04.2	64 46.3	42.6	Rigel	281 26.0	S 8 12.5
M 09	64 02.8	271 18.9 ··	48.7	0 39.6 ··	52.4	211 02.1 ··	04.2	79 48.8 ··	42.6	Rigil Kent.	140 15.8	S60 49.0
O 10	79 05.2	286 18.7	47.6	15 40.3	52.7	226 04.5	04.2	94 51.3	42.7	Sabik	102 28.5	S15 43.0
N 11	94 07.7	301 18.5	46.5	30 40.9	53.1	241 06.9	04.3	109 53.9	42.7			
D 12	109 10.2	316 18.2	N12 45.4	45 41.5	N20 53.4	256 09.3	S12 04.3	124 56.4	S 8 42.8	Schedar	349 56.6	N56 30.3
A 13	124 12.6	331 18.0	44.3	60 42.1	53.7	271 11.7	04.3	139 58.9	42.8	Shaula	96 40.8	S37 06.0
Y 14	139 15.1	346 17.8	43.2	75 42.7	54.1	286 14.1	04.4	155 01.5	42.8	Sirius	258 46.5	S16 42.6
15	154 17.5	1 17.6 ··	42.1	90 43.4 ··	54.4	301 16.5 ··	04.4	170 04.0 ··	42.9	Spica	158 46.2	S11 08.0
16	169 20.0	16 17.4	41.0	105 44.0	54.8	316 18.9	04.4	185 06.5	42.9	Suhail	223 03.2	S43 24.8
17	184 22.5	31 17.2	39.9	120 44.6	55.1	331 21.3	04.5	200 09.0	42.9			
18	199 24.9	46 17.0	N12 38.8	135 45.2	N20 55.5	346 23.7	S12 04.5	215 11.6	S 8 43.0	Vega	80 48.1	N38 46.9
19	214 27.4	61 16.8	37.7	150 45.8	55.8	1 26.1	04.5	230 14.1	43.0	Zuben'ubi	137 21.0	S16 01.2
20	229 29.9	76 16.6	36.6	165 46.5	56.1	16 28.5	04.6	245 16.6	43.1		S.H.A.	Mer. Pass.
21	244 32.3	91 16.4 ··	35.5	180 47.1 ··	56.5	31 30.9 ··	04.6	260 19.2 ··	43.1			
22	259 34.8	106 16.1	34.4	195 47.7	56.8	46 33.3	04.6	275 21.7	43.1	Venus	208 44.9	14 54
23	274 37.3	121 15.9	33.3	210 48.3	57.1	61 35.7	04.7	290 24.2	43.2	Mars	297 37.7	8 58
										Jupiter	147 01.2	18 58
Mer. Pass. 4 48.4		v −0.2 d 1.1		v 0.6 d 0.4		v 2.4 d 0.0		v 2.5 d 0.0		Saturn	15 44.0	3 46

1994 JULY 9, 10, 11 (SAT., SUN., MON.)

UT (GMT)		SUN G.H.A.	SUN Dec.	MOON G.H.A.	v	MOON Dec.	d	H.P.
	d h	° ′	° ′	° ′	′	° ′	′	′
9	00	178 43.8	N22 24.6	178 02.9	10.3	N18 06.2	5.7	56.1
	01	193 43.7	24.3	192 32.2	10.4	18 00.5	5.9	56.1
	02	208 43.6	24.0	207 01.6	10.3	17 54.6	5.9	56.2
	03	223 43.5	.. 23.7	221 30.9	10.4	17 48.7	6.0	56.2
	04	238 43.4	23.4	236 00.3	10.4	17 42.7	6.1	56.2
	05	253 43.3	23.1	250 29.7	10.4	17 36.6	6.3	56.2
S	06	268 43.2	N22 22.8	264 59.1	10.4	N17 30.3	6.3	56.2
A	07	283 43.1	22.5	279 28.5	10.4	17 24.0	6.4	56.3
T	08	298 43.0	22.2	293 57.9	10.5	17 17.6	6.5	56.3
U	09	313 42.9	.. 21.9	308 27.4	10.4	17 11.1	6.6	56.3
R	10	328 42.8	21.6	322 56.8	10.5	17 04.5	6.7	56.3
D	11	343 42.7	21.3	337 26.3	10.5	16 57.8	6.8	56.4
A	12	358 42.6	N22 21.0	351 55.8	10.4	N16 51.0	6.9	56.4
Y	13	13 42.5	20.7	6 25.2	10.6	16 44.1	6.9	56.4
	14	28 42.4	20.4	20 54.8	10.5	16 37.2	7.1	56.4
	15	43 42.3	.. 20.1	35 24.3	10.5	16 30.1	7.1	56.4
	16	58 42.2	19.8	49 53.8	10.6	16 23.0	7.3	56.5
	17	73 42.1	19.5	64 23.4	10.5	16 15.7	7.3	56.5
	18	88 42.1	N22 19.2	78 52.9	10.6	N16 08.4	7.4	56.5
	19	103 42.0	18.9	93 22.5	10.6	16 01.0	7.6	56.5
	20	118 41.9	18.6	107 52.1	10.7	15 53.4	7.6	56.6
	21	133 41.8	.. 18.3	122 21.8	10.6	15 45.8	7.6	56.6
	22	148 41.7	18.0	136 51.4	10.7	15 38.2	7.8	56.6
	23	163 41.6	17.7	151 21.1	10.6	15 30.4	7.9	56.6
10	00	178 41.5	N22 17.4	165 50.7	10.7	N15 22.5	7.9	56.6
	01	193 41.4	17.0	180 20.4	10.7	15 14.6	8.0	56.7
	02	208 41.3	16.7	194 50.1	10.8	15 06.6	8.2	56.7
	03	223 41.2	.. 16.4	209 19.9	10.7	14 58.4	8.2	56.7
	04	238 41.1	16.1	223 49.6	10.8	14 50.2	8.2	56.7
	05	253 41.0	15.8	238 19.4	10.8	14 42.0	8.4	56.7
S	06	268 41.0	N22 15.5	252 49.2	10.8	N14 33.6	8.4	56.8
U	07	283 40.9	15.2	267 19.0	10.8	14 25.2	8.6	56.8
N	08	298 40.8	14.9	281 48.8	10.8	14 16.6	8.6	56.8
D	09	313 40.7	.. 14.5	296 18.6	10.9	14 08.0	8.6	56.8
A	10	328 40.6	14.2	310 48.5	10.8	13 59.4	8.8	56.9
Y	11	343 40.5	13.9	325 18.3	10.9	13 50.6	8.8	56.9
	12	358 40.4	N22 13.6	339 48.2	10.9	N13 41.8	8.9	56.9
	13	13 40.3	13.3	354 18.1	11.0	13 32.9	9.0	56.9
	14	28 40.2	13.0	8 48.1	10.9	13 23.9	9.1	56.9
	15	43 40.2	.. 12.6	23 18.0	11.0	13 14.8	9.1	57.0
	16	58 40.1	12.3	37 48.0	10.9	13 05.7	9.3	57.0
	17	73 40.0	12.0	52 17.9	11.0	12 56.4	9.2	57.0
	18	88 39.9	N22 11.7	66 47.9	11.1	N12 47.2	9.4	57.0
	19	103 39.8	11.4	81 18.0	11.0	12 37.8	9.4	57.0
	20	118 39.7	11.0	95 48.0	11.0	12 28.4	9.5	57.1
	21	133 39.6	.. 10.7	110 18.0	11.1	12 18.9	9.6	57.1
	22	148 39.5	10.4	124 48.1	11.1	12 09.3	9.6	57.1
	23	163 39.4	10.1	139 18.2	11.1	11 59.7	9.7	57.1
11	00	178 39.4	N22 09.8	153 48.3	11.1	N11 50.0	9.8	57.1
	01	193 39.3	09.4	168 18.4	11.2	11 40.2	9.9	57.2
	02	208 39.2	09.1	182 48.6	11.1	11 30.3	9.9	57.2
	03	223 39.1	.. 08.8	197 18.7	11.2	11 20.4	9.9	57.2
	04	238 39.0	08.4	211 48.9	11.2	11 10.5	10.1	57.2
	05	253 38.9	08.1	226 19.1	11.2	11 00.4	10.1	57.3
M	06	268 38.8	N22 07.8	240 49.3	11.2	N10 50.3	10.1	57.3
O	07	283 38.8	07.5	255 19.5	11.2	10 40.2	10.3	57.3
N	08	298 38.7	07.1	269 49.7	11.2	10 29.9	10.2	57.3
D	09	313 38.6	.. 06.8	284 19.9	11.3	10 19.7	10.4	57.3
A	10	328 38.5	06.5	298 50.2	11.3	10 09.3	10.4	57.4
Y	11	343 38.4	06.1	313 20.5	11.3	9 58.9	10.4	57.4
	12	358 38.3	N22 05.8	327 50.8	11.2	N 9 48.5	10.6	57.4
	13	13 38.2	05.5	342 21.0	11.4	9 37.9	10.5	57.4
	14	28 38.2	05.1	356 51.4	11.3	9 27.4	10.7	57.4
	15	43 38.1	.. 04.8	11 21.7	11.3	9 16.7	10.6	57.5
	16	58 38.0	04.5	25 52.0	11.4	9 06.1	10.8	57.5
	17	73 37.9	04.1	40 22.4	11.3	8 55.3	10.8	57.5
	18	88 37.8	N22 03.8	54 52.7	11.4	N 8 44.5	10.8	57.5
	19	103 37.7	03.5	69 23.1	11.4	8 33.7	10.9	57.5
	20	118 37.7	03.1	83 53.5	11.4	8 22.8	10.9	57.6
	21	133 37.6	.. 02.8	98 23.9	11.4	8 11.9	11.0	57.6
	22	148 37.5	02.4	112 54.3	11.4	8 00.9	11.1	57.6
	23	163 37.4	02.1	127 24.7	11.4	7 49.8	11.0	57.6
		S.D. 15.8	d 0.3	S.D. 15.4		15.5		15.6

Lat.	Twilight Naut.	Civil	Sunrise	Moonrise 9	10	11	12
°	h m	h m	h m	h m	h m	h m	h m
N 72	□	□	□	00 27	03 26	05 32	07 30
N 70	□	□	□	02 05	04 00	05 51	07 40
68	□	□	□	02 44	04 24	06 06	07 47
66	////	////	01 11	03 12	04 43	06 17	07 53
64	////	////	02 01	03 32	04 58	06 27	07 58
62	////	////	02 31	03 49	05 10	06 35	08 03
60	////	01 28	02 54	04 03	05 21	06 43	08 07
N 58	////	02 04	03 12	04 15	05 30	06 49	08 10
56	////	02 29	03 27	04 25	05 38	06 55	08 13
54	01 21	02 49	03 41	04 34	05 45	06 59	08 16
52	01 54	03 05	03 52	04 42	05 52	07 04	08 18
50	02 18	03 19	04 02	04 49	05 57	07 08	08 20
45	02 59	03 46	04 23	05 05	06 10	07 17	08 25
N 40	03 27	04 08	04 40	05 18	06 20	07 24	08 29
35	03 49	04 25	04 54	05 28	06 29	07 30	08 33
30	04 06	04 39	05 06	05 38	06 36	07 36	08 36
20	04 34	05 03	05 27	05 54	06 49	07 45	08 41
N 10	04 55	05 22	05 45	06 08	07 01	07 54	08 46
0	05 13	05 39	06 02	06 21	07 12	08 01	08 50
S 10	05 29	05 56	06 18	06 34	07 22	08 09	08 55
20	05 45	06 12	06 36	06 48	07 34	08 17	08 59
30	06 00	06 30	06 56	07 04	07 47	08 27	09 05
35	06 08	06 39	07 07	07 14	07 54	08 32	09 08
40	06 17	06 50	07 21	07 24	08 03	08 38	09 11
45	06 26	07 03	07 36	07 37	08 13	08 45	09 15
S 50	06 37	07 18	07 56	07 52	08 25	08 54	09 20
52	06 42	07 25	08 05	07 59	08 30	08 57	09 22
54	06 47	07 32	08 15	08 07	08 36	09 02	09 24
56	06 53	07 41	08 27	08 15	08 43	09 06	09 27
58	06 59	07 50	08 40	08 25	08 51	09 12	09 30
S 60	07 05	08 01	08 56	08 36	08 59	09 18	09 33

Lat.	Sunset	Twilight Civil	Naut.	Moonset 9	10	11	12
°	h m	h m	h m	h m	h m	h m	h m
N 72	□	□	□	{00 22 / 00 46}	22 24	22 09	21 56
N 70	□	□	□	22 11	22 04	21 58	21 52
68	□	□	□	21 46	21 48	21 48	21 48
66	22 55	////	////	21 27	21 35	21 41	21 45
64	22 08	////	////	21 11	21 24	21 34	21 42
62	21 38	////	////	20 58	21 15	21 28	21 40
60	21 15	22 40	////	20 46	21 07	21 23	21 38
N 58	20 57	22 05	////	20 37	21 00	21 19	21 36
56	20 42	21 40	////	20 28	20 53	21 15	21 35
54	20 29	21 21	22 47	20 20	20 48	21 11	21 33
52	20 18	21 05	22 15	20 13	20 43	21 08	21 32
50	20 08	20 51	21 52	20 07	20 38	21 05	21 31
45	19 47	20 24	21 11	19 54	20 28	20 59	21 28
N 40	19 30	20 03	20 43	19 43	20 19	20 53	21 26
35	19 16	19 46	20 21	19 33	20 12	20 49	21 24
30	19 04	19 31	20 04	19 25	20 06	20 44	21 22
20	18 43	19 08	19 37	19 10	19 55	20 37	21 19
N 10	18 26	18 48	19 15	18 58	19 45	20 31	21 16
0	18 09	18 31	18 57	18 46	19 35	20 25	21 14
S 10	17 52	18 15	18 41	18 33	19 26	20 19	21 11
20	17 35	17 59	18 26	18 21	19 16	20 12	21 08
30	17 15	17 41	18 11	18 06	19 05	20 04	21 05
35	17 03	17 31	18 03	17 57	18 58	20 00	21 03
40	16 50	17 20	17 54	17 47	18 50	19 55	21 01
45	16 35	17 08	17 45	17 35	18 41	19 49	20 58
S 50	16 15	16 53	17 34	17 21	18 31	19 42	20 55
52	16 06	16 46	17 29	17 15	18 26	19 39	20 54
54	15 56	16 39	17 24	17 07	18 20	19 35	20 52
56	15 44	16 30	17 18	16 59	18 14	19 32	20 51
58	15 31	16 21	17 12	16 50	18 07	19 27	20 49
S 60	15 15	16 10	17 06	16 39	17 59	19 22	20 47

Day	SUN Eqn. of Time 00ʰ	12ʰ	Mer. Pass.	MOON Mer. Pass. Upper	Lower	Age	Phase
	m s	m s	h m	h m	h m	d	
9	05 05	05 09	12 05	12 33	00 08	01	●
10	05 14	05 18	12 05	13 24	00 59	02	
11	05 22	05 27	12 05	14 13	01 48	03	

1994 JULY 12, 13, 14 (TUES., WED., THURS.)

UT (GMT) d h	ARIES G.H.A.	VENUS −4.1 G.H.A.	Dec.	MARS +1.2 G.H.A.	Dec.	JUPITER −2.1 G.H.A.	Dec.	SATURN +0.8 G.H.A.	Dec.	STAR Name	S.H.A.	Dec.
12 00	289 39.7	136 15.7 N12	32.2	225 49.0 N20	57.5	76 38.1 S12	04.7	305 26.8 S 8	43.2	Acamar	315 29.3	S40 19.4
01	304 42.2	151 15.5	31.1	240 49.6	57.8	91 40.5	04.7	320 29.3	43.2	Achernar	335 37.3	S57 15.5
02	319 44.7	166 15.3	29.9	255 50.2	58.2	106 42.9	04.8	335 31.8	43.3	Acrux	173 25.3	S63 04.5
03	334 47.1	181 15.1 ··	28.8	270 50.8 ··	58.5	121 45.3 ··	04.8	350 34.4 ··	43.3	Adhara	255 24.0	S28 57.9
04	349 49.6	196 14.9	27.7	285 51.4	58.8	136 47.7	04.9	5 36.9	43.4	Aldebaran	291 05.9	N16 29.8
05	4 52.0	211 14.7	26.6	300 52.1	59.2	151 50.1	04.9	20 39.4	43.4			
06	19 54.5	226 14.5 N12	25.5	315 52.7 N20	59.5	166 52.4 S12	04.9	35 42.0 S 8	43.4	Alioth	166 33.2	N55 59.6
07	34 57.0	241 14.3	24.4	330 53.3 20	59.8	181 54.8	05.0	50 44.5	43.5	Alkaid	153 10.0	N49 20.7
T 08	49 59.4	256 14.1	23.3	345 53.9 21	00.2	196 57.2	05.0	65 47.0	43.5	Al Na'ir	28 01.1	S46 58.9
U 09	65 01.9	271 13.9 ··	22.2	0 54.5 ··	00.5	211 59.6 ··	05.0	80 49.6 ··	43.5	Alnilam	276 01.0	S 1 12.3
E 10	80 04.4	286 13.7	21.1	15 55.2	00.8	227 02.0	05.1	95 52.1	43.6	Alphard	218 10.3	S 8 38.2
S 11	95 06.8	301 13.5	20.0	30 55.8	01.2	242 04.4	05.1	110 54.6	43.6			
D 12	110 09.3	316 13.3 N12	18.9	45 56.4 N21	01.5	257 06.8 S12	05.1	125 57.2 S 8	43.7	Alphecca	126 22.8	N26 44.2
A 13	125 11.8	331 13.1	17.8	60 57.0	01.8	272 09.2	05.2	140 59.7	43.7	Alpheratz	357 58.0	N29 03.6
Y 14	140 14.2	346 12.9	16.6	75 57.7	02.2	287 11.6	05.2	156 02.2	43.7	Altair	62 21.7	N 8 51.4
15	155 16.7	1 12.7 ··	15.5	90 58.3 ··	02.5	302 14.0 ··	05.2	171 04.8 ··	43.8	Ankaa	353 29.6	S42 19.8
16	170 19.2	16 12.5	14.4	105 58.9	02.8	317 16.4	05.3	186 07.3	43.8	Antares	112 43.4	S26 25.2
17	185 21.6	31 12.3	13.3	120 59.5	03.2	332 18.8	05.3	201 09.8	43.9			
18	200 24.1	46 12.1 N12	12.2	136 00.1 N21	03.5	347 21.2 S12	05.4	216 12.4 S 8	43.9	Arcturus	146 08.6	N19 12.8
19	215 26.5	61 12.0	11.1	151 00.8	03.8	2 23.6	05.4	231 14.9	43.9	Atria	107 57.5	S69 01.2
20	230 29.0	76 11.8	10.0	166 01.4	04.2	17 26.0	05.4	246 17.4	44.0	Avior	234 24.4	S59 29.7
21	245 31.5	91 11.6 ··	08.9	181 02.0 ··	04.5	32 28.3 ··	05.5	261 20.0 ··	44.0	Bellatrix	278 47.5	N 6 20.6
22	260 33.9	106 11.4	07.7	196 02.6	04.8	47 30.7	05.5	276 22.5	44.0	Betelgeuse	271 16.9	N 7 24.3
23	275 36.4	121 11.2	06.6	211 03.2	05.2	62 33.1	05.5	291 25.0	44.1			
13 00	290 38.9	136 11.0 N12	05.5	226 03.9 N21	05.5	77 35.5 S12	05.6	306 27.6 S 8	44.1	Canopus	264 03.0	S52 41.6
01	305 41.3	151 10.8	04.4	241 04.5	05.8	92 37.9	05.6	321 30.1	44.2	Capella	280 55.8	N45 59.4
02	320 43.8	166 10.6	03.3	256 05.1	06.2	107 40.3	05.7	336 32.6	44.2	Deneb	49 40.7	N45 15.7
03	335 46.3	181 10.4 ··	02.2	271 05.7 ··	06.5	122 42.7 ··	05.7	351 35.2 ··	44.2	Denebola	182 48.2	N14 36.2
04	350 48.7	196 10.2 12	01.0	286 06.4	06.8	137 45.1	05.7	6 37.7	44.3	Diphda	349 10.0	S18 00.8
05	5 51.2	211 10.0 11	59.9	301 07.0	07.1	152 47.5	05.8	21 40.2	44.3			
06	20 53.6	226 09.9 N11	58.8	316 07.6 N21	07.5	167 49.8 S12	05.8	36 42.8 S 8	44.4	Dubhe	194 09.4	N61 47.0
W 07	35 56.1	241 09.7	57.7	331 08.2	07.8	182 52.2	05.8	51 45.3	44.4	Elnath	278 30.9	N28 36.1
E 08	50 58.6	256 09.5	56.6	346 08.8	08.1	197 54.6	05.9	66 47.8	44.4	Eltanin	90 52.2	N51 29.6
D 09	66 01.0	271 09.3 ··	55.5	1 09.5 ··	08.4	212 57.0 ··	05.9	81 50.4 ··	44.5	Enif	34 00.7	N 9 51.1
N 10	81 03.5	286 09.1	54.3	16 10.1	08.8	227 59.4	06.0	96 52.9	44.5	Fomalhaut	15 39.3	S29 38.8
E 11	96 06.0	301 08.9	53.2	31 10.7	09.1	243 01.8	06.0	111 55.5	44.6			
S 12	111 08.4	316 08.8 N11	52.1	46 11.3 N21	09.4	258 04.2 S12	06.0	126 58.0 S 8	44.6	Gacrux	172 16.8	S57 05.3
D 13	126 10.9	331 08.6	51.0	61 11.9	09.8	273 06.6	06.1	142 00.5	44.6	Gienah	176 07.0	S17 30.8
A 14	141 13.4	346 08.4	49.9	76 12.6	10.1	288 08.9	06.1	157 03.1	44.7	Hadar	149 07.9	S60 21.1
Y 15	156 15.8	1 08.2 ··	48.7	91 13.2 ··	10.4	303 11.3 ··	06.2	172 05.6 ··	44.7	Hamal	328 16.8	N23 26.1
16	171 18.3	16 08.0	47.6	106 13.8	10.8	318 13.7	06.2	187 08.1	44.8	Kaus Aust.	84 02.2	S34 23.2
17	186 20.8	31 07.8	46.5	121 14.4	11.1	333 16.1	06.2	202 10.7	44.8			
18	201 23.2	46 07.7 N11	45.4	136 15.1 N21	11.4	348 18.5 S12	06.3	217 13.2 S 8	44.8	Kochab	137 19.0	N74 11.0
19	216 25.7	61 07.5	44.2	151 15.7	11.7	3 20.9	06.3	232 15.8	44.9	Markab	13 52.2	N15 10.6
20	231 28.1	76 07.3	43.1	166 16.3	12.0	18 23.3	06.4	247 18.3	44.9	Menkar	314 30.0	N 4 04.1
21	246 30.6	91 07.1 ··	42.0	181 16.9 ··	12.3	33 25.6 ··	06.4	262 20.8 ··	45.0	Menkent	148 24.5	S36 20.8
22	261 33.1	106 07.0	40.9	196 17.5	12.7	48 28.0	06.4	277 23.4	45.0	Miaplacidus	221 43.4	S69 42.0
23	276 35.5	121 06.8	39.7	211 18.2	13.0	63 30.4	06.5	292 25.9	45.0			
14 00	291 38.0	136 06.6 N11	38.6	226 18.8 N21	13.3	78 32.8 S12	06.5	307 28.4 S 8	45.1	Mirfak	309 00.9	N49 50.3
01	306 40.5	151 06.4	37.5	241 19.4	13.6	93 35.2	06.6	322 31.0	45.1	Nunki	76 15.5	S26 18.1
02	321 42.9	166 06.3	36.4	256 20.0	13.9	108 37.5	06.6	337 33.5	45.2	Peacock	53 40.9	S56 44.9
03	336 45.4	181 06.1 ··	35.2	271 20.6 ··	14.3	123 39.9 ··	06.6	352 36.1 ··	45.2	Pollux	243 45.4	N28 02.3
04	351 47.9	196 05.9	34.1	286 21.3	14.6	138 42.3	06.7	7 38.6	45.2	Procyon	245 14.9	N 5 14.3
05	6 50.3	211 05.7	33.0	301 21.9	14.9	153 44.7	06.7	22 41.1	45.3			
06	21 52.8	226 05.6 N11	31.8	316 22.5 N21	15.2	168 47.1 S12	06.8	37 43.7 S 8	45.3	Rasalhague	96 19.3	N12 34.0
07	36 55.3	241 05.4	30.7	331 23.1	15.5	183 49.5	06.8	52 46.2	45.4	Regulus	207 58.8	N11 59.6
T 08	51 57.7	256 05.2	29.6	346 23.8	15.9	198 51.8	06.8	67 48.8	45.4	Rigel	281 26.0	S 8 12.5
H 09	67 00.2	271 05.0 ··	28.5	1 24.4 ··	16.2	213 54.2 ··	06.9	82 51.3 ··	45.4	Rigil Kent.	140 10.8	S60 49.0
U 10	82 02.6	286 04.9	27.3	16 25.0	16.5	228 56.6	06.9	97 53.8	45.5	Sabik	102 28.5	S15 43.0
R 11	97 05.1	301 04.7	26.2	31 25.6	16.8	243 59.0	07.0	112 56.4	45.5			
S 12	112 07.6	316 04.5 N11	25.1	46 26.2 N21	17.1	259 01.4 S12	07.0	127 58.9 S 8	45.6	Schedar	349 56.6	N56 30.3
D 13	127 10.0	331 04.4	23.9	61 26.9	17.5	274 03.7	07.0	143 01.5	45.6	Shaula	96 40.8	S37 06.0
A 14	142 12.5	346 04.2	22.8	76 27.5	17.8	289 06.1	07.1	158 04.0	45.6	Sirius	258 46.5	S16 42.6
Y 15	157 15.0	1 04.0 ··	21.7	91 28.1 ··	18.1	304 08.5 ··	07.1	173 06.5 ··	45.7	Spica	158 46.2	S11 08.0
16	172 17.4	16 03.9	20.5	106 28.7	18.4	319 10.9	07.2	188 09.1	45.7	Suhail	223 03.3	S43 24.8
17	187 19.9	31 03.7	19.4	121 29.3	18.7	334 13.2	07.2	203 11.6	45.8			
18	202 22.4	46 03.5 N11	18.3	136 30.0 N21	19.0	349 15.6 S12	07.2	218 14.2 S 8	45.8	Vega	80 48.1	N38 46.9
19	217 24.8	61 03.4	17.1	151 30.6	19.3	4 18.0	07.3	233 16.7	45.9	Zuben'ubi	137 21.0	S16 01.2
20	232 27.3	76 03.2	16.0	166 31.2	19.7	19 20.4	07.3	248 19.2	45.9			
21	247 29.7	91 03.1 ··	14.9	181 31.8 ··	20.0	34 22.8 ··	07.4	263 21.8 ··	45.9			
22	262 32.2	106 02.9	13.7	196 32.5	20.3	49 25.1	07.4	278 24.3	46.0			
23	277 34.7	121 02.7	12.6	211 33.1	20.6	64 27.5	07.5	293 26.9	46.0			
Mer. Pass. 4ʰ 36.7ᵐ		v −0.2	d 1.1	v 0.6	d 0.3	v 2.4	d 0.0	v 2.5	d 0.0			

	S.H.A.	Mer. Pass.
Venus	205 32.1	14ʰ 55ᵐ
Mars	295 25.0	8 55
Jupiter	146 56.6	18 47
Saturn	15 48.7	3 34

1994 JULY 12, 13, 14 (TUES., WED., THURS.)

UT (GMT)	SUN G.H.A.	Dec.	MOON G.H.A.	v	Dec.	d	H.P.
d h	o '	o '	o '	'	o '	'	'
12 00	178 37.3	N22 01.8	141 55.1	11.4	N 7 38.8	11.2	57.6
01	193 37.2	01.4	156 25.5	11.5	7 27.6	11.1	57.7
02	208 37.2	01.1	170 56.0	11.4	7 16.5	11.2	57.7
03	223 37.1	.. 00.7	185 26.4	11.4	7 05.3	11.3	57.7
04	238 37.0	00.4	199 56.8	11.5	6 54.0	11.3	57.7
05	253 36.9	22 00.1	214 27.3	11.5	6 42.7	11.4	57.7
06	268 36.8	N21 59.7	228 57.8	11.4	N 6 31.3	11.3	57.7
07	283 36.8	59.4	243 28.2	11.5	6 20.0	11.5	57.8
T 08	298 36.7	59.0	257 58.7	11.5	6 08.5	11.4	57.8
U 09	313 36.6	.. 58.7	272 29.2	11.5	5 57.1	11.5	57.8
E 10	328 36.5	58.3	286 59.7	11.4	5 45.6	11.5	57.8
S 11	343 36.4	58.0	301 30.1	11.5	5 34.1	11.6	57.8
D 12	358 36.4	N21 57.6	316 00.6	11.5	N 5 22.5	11.6	57.9
A 13	13 36.3	57.3	330 31.1	11.5	5 10.9	11.7	57.9
Y 14	28 36.2	56.9	345 01.6	11.5	4 59.2	11.6	57.9
15	43 36.1	.. 56.6	359 32.1	11.5	4 47.6	11.7	57.9
16	58 36.0	56.2	14 02.6	11.4	4 35.9	11.7	57.9
17	73 36.0	55.9	28 33.0	11.5	4 24.2	11.8	58.0
18	88 35.9	N21 55.5	43 03.5	11.5	N 4 12.4	11.8	58.0
19	103 35.8	55.2	57 34.0	11.5	4 00.6	11.8	58.0
20	118 35.7	54.8	72 04.5	11.5	3 48.8	11.8	58.0
21	133 35.7	.. 54.5	86 35.0	11.4	3 37.0	11.9	58.0
22	148 35.6	54.1	101 05.4	11.5	3 25.1	11.9	58.0
23	163 35.5	53.8	115 35.9	11.5	3 13.2	11.9	58.1
13 00	178 35.4	N21 53.4	130 06.4	11.4	N 3 01.3	11.9	58.1
01	193 35.3	53.1	144 36.8	11.5	2 49.4	12.0	58.1
02	208 35.3	52.7	159 07.3	11.4	2 37.4	12.0	58.1
03	223 35.2	.. 52.3	173 37.7	11.4	2 25.4	12.0	58.1
04	238 35.1	52.0	188 08.1	11.5	2 13.4	12.0	58.2
05	253 35.0	51.6	202 38.6	11.4	2 01.4	12.0	58.2
06	268 35.0	N21 51.3	217 09.0	11.4	N 1 49.4	12.1	58.2
W 07	283 34.9	50.9	231 39.4	11.4	1 37.3	12.0	58.2
E 08	298 34.8	50.5	246 09.8	11.4	1 25.3	12.1	58.2
D 09	313 34.7	.. 50.2	260 40.2	11.3	1 13.2	12.1	58.2
N 10	328 34.7	49.8	275 10.5	11.4	1 01.1	12.1	58.3
E 11	343 34.6	49.5	289 40.9	11.3	0 49.0	12.1	58.3
S 12	358 34.5	N21 49.1	304 11.2	11.4	N 0 36.9	12.1	58.3
D 13	13 34.4	48.7	318 41.6	11.3	0 24.8	12.1	58.3
A 14	28 34.4	48.4	333 11.9	11.3	0 12.7	12.1	58.3
Y 15	43 34.3	.. 48.0	347 42.2	11.3	N 0 00.6	12.2	58.3
16	58 34.2	47.6	2 12.5	11.2	S 0 11.6	12.2	58.4
17	73 34.1	47.3	16 42.7	11.3	0 23.7	12.2	58.4
18	88 34.1	N21 46.9	31 13.0	11.2	S 0 35.9	12.1	58.4
19	103 34.0	46.5	45 43.2	11.2	0 48.0	12.2	58.4
20	118 33.9	46.2	60 13.4	11.2	1 00.2	12.1	58.4
21	133 33.8	.. 45.8	74 43.6	11.2	1 12.3	12.2	58.4
22	148 33.8	45.4	89 13.8	11.1	1 24.5	12.1	58.5
23	163 33.7	45.1	103 43.9	11.1	1 36.6	12.2	58.5
14 00	178 33.6	N21 44.7	118 14.0	11.1	S 1 48.8	12.1	58.5
01	193 33.6	44.3	132 44.1	11.1	2 00.9	12.2	58.5
02	208 33.5	43.9	147 14.2	11.1	2 13.1	12.1	58.5
03	223 33.4	.. 43.6	161 44.3	11.0	2 25.2	12.1	58.5
04	238 33.3	43.2	176 14.3	11.0	2 37.3	12.1	58.6
05	253 33.3	42.8	190 44.3	10.9	2 49.4	12.1	58.6
06	268 33.2	N21 42.4	205 14.2	11.0	S 3 01.5	12.1	58.6
07	283 33.1	42.1	219 44.2	10.9	3 13.6	12.1	58.6
T 08	298 33.1	41.7	234 14.1	10.9	3 25.7	12.1	58.6
H 09	313 33.0	.. 41.3	248 44.0	10.8	3 37.8	12.0	58.6
U 10	328 32.9	40.9	263 13.8	10.9	3 49.9	12.0	58.7
R 11	343 32.8	40.6	277 43.7	10.7	4 01.9	12.0	58.7
S 12	358 32.8	N21 40.2	292 13.4	10.8	S 4 13.9	12.1	58.7
D 13	13 32.7	39.8	306 43.2	10.7	4 26.0	12.0	58.7
A 14	28 32.6	39.4	321 12.9	10.7	4 38.0	11.9	58.7
Y 15	43 32.6	.. 39.0	335 42.6	10.7	4 49.9	12.0	58.7
16	58 32.5	38.7	350 12.3	10.6	5 01.9	11.9	58.7
17	73 32.4	38.3	4 41.9	10.6	5 13.8	11.9	58.8
18	88 32.4	N21 37.9	19 11.5	10.5	S 5 25.7	11.9	58.8
19	103 32.3	37.5	33 41.0	10.5	5 37.6	11.9	58.8
20	118 32.2	37.1	48 10.5	10.5	5 49.5	11.8	58.8
21	133 32.2	.. 36.7	62 40.0	10.4	6 01.3	11.8	58.8
22	148 32.1	36.4	77 09.4	10.4	6 13.1	11.8	58.8
23	163 32.0	36.0	91 38.8	10.4	6 24.9	11.7	58.9
	S.D. 15.8	d 0.4	S.D. 15.8		15.9		16.0

Lat.	Twilight Naut.	Twilight Civil	Sunrise	Moonrise 12	13	14	15
o	h m	h m	h m	h m	h m	h m	h m
N 72	☐	☐	☐	07 30	09 26	11 23	13 25
N 70	☐	☐	☐	07 40	09 27	11 17	13 09
68	☐	☐	☐	07 47	09 29	11 12	12 57
66	////	////	01 25	07 53	09 30	11 07	12 47
64	////	////	02 09	07 58	09 30	11 04	12 39
62	////	00 27	02 37	08 03	09 31	11 01	12 32
60	////	01 37	02 59	08 07	09 32	10 58	12 26
N 58	////	02 11	03 17	08 10	09 32	10 56	12 21
56	00 25	02 34	03 31	08 13	09 33	10 54	12 16
54	01 29	02 53	03 44	08 16	09 33	10 52	12 12
52	02 00	03 09	03 55	08 18	09 34	10 50	12 08
50	02 22	03 22	04 05	08 20	09 34	10 49	12 04
45	03 02	03 49	04 25	08 25	09 35	10 45	11 57
N 40	03 30	04 10	04 42	08 29	09 36	10 43	11 51
35	03 51	04 27	04 56	08 33	09 36	10 40	11 46
30	04 08	04 41	05 08	08 36	09 37	10 38	11 41
20	04 35	05 04	05 28	08 41	09 38	10 35	11 33
N 10	04 56	05 23	05 46	08 46	09 38	10 32	11 26
0	05 14	05 40	06 02	08 50	09 39	10 29	11 19
S 10	05 30	05 56	06 18	08 55	09 40	10 26	11 13
20	05 44	06 12	06 35	08 59	09 41	10 23	11 06
30	05 59	06 29	06 55	09 05	09 42	10 19	10 58
35	06 07	06 39	07 06	09 08	09 42	10 17	10 54
40	06 16	06 49	07 19	09 11	09 43	10 15	10 49
45	06 25	07 02	07 35	09 15	09 44	10 13	10 43
S 50	06 35	07 16	07 54	09 20	09 45	10 10	10 36
52	06 40	07 23	08 02	09 22	09 45	10 08	10 33
54	06 45	07 30	08 12	09 24	09 46	10 07	10 30
56	06 50	07 38	08 24	09 27	09 46	10 05	10 26
58	06 56	07 47	08 37	09 30	09 47	10 04	10 22
S 60	07 03	07 58	08 52	09 33	09 47	10 02	10 17

Lat.	Sunset	Twilight Civil	Twilight Naut.	Moonset 12	13	14	15
o	h m	h m	h m	h m	h m	h m	h m
N 72	☐	☐	☐	21 56	21 44	21 31	21 16
N 70	☐	☐	☐	21 52	21 46	21 40	21 33
68	☐	☐	☐	21 48	21 48	21 47	21 47
66	22 42	////	////	21 45	21 49	21 53	21 59
64	22 00	////	////	21 42	21 50	21 58	22 08
62	21 32	23 33	////	21 40	21 51	22 03	22 16
60	21 11	22 31	////	21 38	21 52	22 07	22 23
N 58	20 54	21 59	////	21 36	21 53	22 10	22 30
56	20 39	21 36	23 36	21 35	21 54	22 13	22 35
54	20 26	21 17	22 40	21 33	21 54	22 16	22 40
52	20 16	21 01	22 10	21 32	21 55	22 19	22 45
50	20 06	20 48	21 48	21 31	21 55	22 22	22 49
45	19 45	20 22	21 09	21 28	21 57	22 26	22 58
N 40	19 29	20 01	20 41	21 26	21 58	22 30	23 05
35	19 15	19 44	20 20	21 24	21 58	22 34	23 12
30	19 03	19 30	20 03	21 22	21 59	22 37	23 17
20	18 43	19 07	19 36	21 19	22 00	22 43	23 27
N 10	18 26	18 48	19 15	21 16	22 02	22 48	23 36
0	18 09	18 32	18 57	21 14	22 03	22 53	23 44
S 10	17 53	18 16	18 42	21 11	22 04	22 57	23 52
20	17 36	18 00	18 27	21 08	22 05	23 02	24 01
30	17 17	17 43	18 12	21 05	22 06	23 08	24 11
35	17 05	17 33	18 04	21 03	22 07	23 11	24 17
40	16 52	17 22	17 56	21 01	22 07	23 15	24 24
45	16 37	17 10	17 47	20 58	22 08	23 19	24 31
S 50	16 18	16 56	17 36	20 55	22 09	23 25	24 41
52	16 09	16 49	17 32	20 54	22 10	23 27	24 45
54	15 59	16 42	17 27	20 52	22 10	23 30	24 50
56	15 48	16 34	17 21	20 51	22 11	23 32	24 55
58	15 35	16 25	17 16	20 49	22 12	23 36	25 01
S 60	15 20	16 14	17 09	20 47	22 12	23 39	25 08

	SUN Eqn. of Time 00h	12h	Mer. Pass.	MOON Mer. Pass. Upper	Lower	Age	Phase
Day	m s	m s	h m	h m	h m	d	
12	05 31	05 34	12 06	15 02	02 38	04	
13	05 38	05 42	12 06	15 51	03 26	05	
14	05 45	05 49	12 06	16 41	04 16	06	◗

1994 JULY 15, 16, 17 (FRI., SAT., SUN.)

UT (GMT) d h	ARIES G.H.A.	VENUS −4.1 G.H.A.	Dec.	MARS +1.2 G.H.A.	Dec.	JUPITER −2.1 G.H.A.	Dec.	SATURN +0.8 G.H.A.	Dec.	STARS Name	S.H.A.	Dec.
15 00	292 37.1	136 02.6	N11 11.5	226 33.7	N21 20.9	79 29.9	S12 07.5	308 29.4	S 8 46.1	Acamar	315 29.3	S40 19.4
01	307 39.6	151 02.4	10.3	241 34.3	21.2	94 32.3	07.5	323 32.0	46.1	Achernar	335 37.3	S57 15.5
02	322 42.1	166 02.2	09.2	256 34.9	21.5	109 34.6	07.6	338 34.5	46.1	Acrux	173 25.3	S63 04.5
03	337 44.5	181 02.1 ··	08.0	271 35.6 ··	21.9	124 37.0 ··	07.6	353 37.0 ··	46.2	Adhara	255 24.0	S28 57.9
04	352 47.0	196 01.9	06.9	286 36.2	22.2	139 39.4	07.7	8 39.6	46.2	Aldebaran	291 05.9	N16 29.8
05	7 49.5	211 01.8	05.8	301 36.8	22.5	154 41.8	07.7	23 42.1	46.3			
06	22 51.9	226 01.6	N11 04.6	316 37.4	N21 22.8	169 44.1	S12 07.8	38 44.7	S 8 46.3	Alioth	166 33.2	N55 59.6
07	37 54.4	241 01.5	03.5	331 38.1	23.1	184 46.5	07.8	53 47.2	46.4	Alkaid	153 10.0	N49 20.7
08	52 56.9	256 01.3	02.4	346 38.7	23.4	199 48.9	07.8	68 49.8	46.4	Al Na'ir	28 01.1	S46 58.9
F 09	67 59.3	271 01.1 ··	01.2	1 39.3 ··	23.7	214 51.3 ··	07.9	83 52.3 ··	46.4	Alnilam	276 01.0	S 1 12.3
R 10	83 01.8	286 01.0	11 00.1	16 39.9	24.0	229 53.6	07.9	98 54.8	46.5	Alphard	218 10.3	S 8 38.2
I 11	98 04.2	301 00.8	10 58.9	31 40.5	24.3	244 56.0	08.0	113 57.4	46.5			
D 12	113 06.7	316 00.7	N10 57.8	46 41.2	N21 24.6	259 58.4	S12 08.0	128 59.9	S 8 46.6	Alphecca	126 22.8	N26 44.2
A 13	128 09.2	331 00.5	56.6	61 41.8	25.0	275 00.7	08.1	144 02.5	46.6	Alpheratz	357 58.0	N29 03.6
Y 14	143 11.6	346 00.4	55.5	76 42.4	25.3	290 03.1	08.1	159 05.0	46.7	Altair	62 21.7	N 8 51.4
15	158 14.1	1 00.2 ··	54.4	91 43.0 ··	25.6	305 05.5 ··	08.1	174 07.6 ··	46.7	Ankaa	353 29.5	S42 19.8
16	173 16.6	16 00.1	53.2	106 43.6	25.9	320 07.9	08.2	189 10.1	46.7	Antares	112 43.4	S26 25.2
17	188 19.0	30 59.9	52.1	121 44.3	26.2	335 10.2	08.2	204 12.7	46.8			
18	203 21.5	45 59.8	N10 50.9	136 44.9	N21 26.5	350 12.6	S12 08.3	219 15.2	S 8 46.8	Arcturus	146 08.6	N19 12.8
19	218 24.0	60 59.6	49.8	151 45.5	26.8	5 15.0	08.3	234 17.7	46.9	Atria	107 57.5	S69 01.2
20	233 26.4	75 59.5	48.6	166 46.1	27.1	20 17.3	08.4	249 20.3	46.9	Avior	234 24.4	S59 29.7
21	248 28.9	90 59.3 ··	47.5	181 46.8 ··	27.4	35 19.7 ··	08.4	264 22.8 ··	47.0	Bellatrix	278 47.5	N 6 20.7
22	263 31.4	105 59.2	46.4	196 47.4	27.7	50 22.1	08.5	279 25.4	47.0	Betelgeuse	271 16.9	N 7 24.3
23	278 33.8	120 59.0	45.2	211 48.0	28.0	65 24.5	08.5	294 27.9	47.0			
16 00	293 36.3	135 58.9	N10 44.1	226 48.6	N21 28.3	80 26.8	S12 08.5	309 30.5	S 8 47.1	Canopus	264 02.9	S52 41.6
01	308 38.7	150 58.7	42.9	241 49.2	28.6	95 29.2	08.6	324 33.0	47.1	Capella	280 55.8	N45 59.4
02	323 41.2	165 58.6	41.8	256 49.9	28.9	110 31.6	08.6	339 35.6	47.2	Deneb	49 40.7	N45 15.7
03	338 43.7	180 58.4 ··	40.6	271 50.5 ··	29.2	125 33.9 ··	08.7	354 38.1 ··	47.2	Denebola	182 48.2	N14 36.2
04	353 46.1	195 58.3	39.5	286 51.1	29.5	140 36.3	08.7	9 40.6	47.3	Diphda	349 10.0	S18 00.8
05	8 48.6	210 58.2	38.3	301 51.7	29.8	155 38.7	08.8	24 43.2	47.3			
06	23 51.1	225 58.0	N10 37.2	316 52.4	N21 30.1	170 41.0	S12 08.8	39 45.7	S 8 47.4	Dubhe	194 09.4	N61 47.0
07	38 53.5	240 57.9	36.0	331 53.0	30.4	185 43.4	08.9	54 48.3	47.4	Elnath	278 30.9	N28 36.1
S 08	53 56.0	255 57.7	34.9	346 53.6	30.7	200 45.8	08.9	69 50.8	47.4	Eltanin	90 52.2	N51 29.6
A 09	68 58.5	270 57.6 ··	33.7	1 54.2 ··	31.0	215 48.1 ··	08.9	84 53.4 ··	47.5	Enif	34 00.7	N 9 51.1
T 10	84 00.9	285 57.5	32.6	16 54.8	31.4	230 50.5	09.0	99 55.9	47.5	Fomalhaut	15 39.3	S29 38.8
U 11	99 03.4	300 57.3	31.4	31 55.5	31.7	245 52.9	09.0	114 58.5	47.6			
R 12	114 05.8	315 57.2	N10 30.3	46 56.1	N21 32.0	260 55.2	S12 09.1	130 01.0	S 8 47.6	Gacrux	172 16.8	S57 05.3
D 13	129 08.3	330 57.0	29.1	61 56.7	32.3	275 57.6	09.1	145 03.6	47.6	Gienah	176 07.0	S17 30.8
A 14	144 10.8	345 56.9	28.0	76 57.3	32.6	291 00.0	09.2	160 06.1	47.7	Hadar	149 07.9	S60 21.1
Y 15	159 13.2	0 56.8 ··	26.8	91 57.9 ··	32.9	306 02.3 ··	09.2	175 08.7 ··	47.7	Hamal	328 16.8	N23 26.2
16	174 15.7	15 56.6	25.7	106 58.6	33.1	321 04.7	09.3	190 11.2	47.8	Kaus Aust.	84 02.2	S34 23.2
17	189 18.2	30 56.5	24.5	121 59.2	33.4	336 07.0	09.3	205 13.8	47.8			
18	204 20.6	45 56.4	N10 23.4	136 59.8	N21 33.7	351 09.4	S12 09.4	220 16.3	S 8 47.9	Kochab	137 19.1	N74 11.0
19	219 23.1	60 56.2	22.2	152 00.4	34.0	6 11.8	09.4	235 18.9	47.9	Markab	13 52.2	N15 10.6
20	234 25.6	75 56.1	21.1	167 01.1	34.3	21 14.1	09.5	250 21.4	48.0	Menkar	314 30.0	N 4 04.1
21	249 28.0	90 55.9 ··	19.9	182 01.7 ··	34.6	36 16.5 ··	09.5	265 24.0 ··	48.0	Menkent	148 24.2	S36 20.8
22	264 30.5	105 55.8	18.8	197 02.3	34.9	51 18.9	09.5	280 26.5	48.0	Miaplacidus	221 43.4	S69 41.9
23	279 33.0	120 55.7	17.6	212 02.9	35.2	66 21.2	09.6	295 29.1	48.1			
17 00	294 35.4	135 55.5	N10 16.5	227 03.5	N21 35.5	81 23.6	S12 09.6	310 31.6	S 8 48.1	Mirfak	309 00.9	N49 50.3
01	309 37.9	150 55.4	15.3	242 04.2	35.8	96 26.0	09.7	325 34.1	48.2	Nunki	76 15.5	S26 18.1
02	324 40.3	165 55.3	14.1	257 04.8	36.1	111 28.3	09.7	340 36.7	48.2	Peacock	53 40.9	S56 44.9
03	339 42.8	180 55.2 ··	13.0	272 05.4 ··	36.4	126 30.7 ··	09.8	355 39.2 ··	48.3	Pollux	243 45.4	N28 02.3
04	354 45.3	195 55.0	11.8	287 06.0	36.7	141 33.0	09.8	10 41.8	48.3	Procyon	245 14.9	N 5 14.3
05	9 47.7	210 54.9	10.7	302 06.7	37.0	156 35.4	09.9	25 44.3	48.4			
06	24 50.2	225 54.8	N10 09.5	317 07.3	N21 37.3	171 37.8	S12 09.9	40 46.9	S 8 48.4	Rasalhague	96 19.3	N12 34.0
07	39 52.7	240 54.6	08.4	332 07.9	37.6	186 40.1	10.0	55 49.4	48.4	Regulus	207 58.8	N11 59.6
08	54 55.1	255 54.5	07.2	347 08.5	37.9	201 42.5	10.0	70 52.0	48.5	Rigel	281 26.0	S 8 12.5
S 09	69 57.6	270 54.4 ··	06.0	2 09.1 ··	38.2	216 44.8 ··	10.1	85 54.5 ··	48.5	Rigil Kent.	140 10.8	S60 49.0
U 10	85 00.1	285 54.3	04.9	17 09.8	38.5	231 47.2	10.1	100 57.1	48.6	Sabik	102 28.5	S15 43.0
N 11	100 02.5	300 54.1	03.7	32 10.4	38.8	246 49.6	10.2	115 59.6	48.6			
D 12	115 05.0	315 54.0	N10 02.6	47 11.0	N21 39.1	261 51.9	S12 10.2	131 02.2	S 8 48.7	Schedar	349 56.6	N56 30.3
A 13	130 07.5	330 53.9	01.4	62 11.6	39.3	276 54.3	10.3	146 04.7	48.7	Shaula	96 40.8	S37 06.0
Y 14	145 09.9	345 53.8	10 00.2	77 12.3	39.6	291 56.6	10.3	161 07.3	48.8	Sirius	258 46.5	S16 42.5
15	160 12.4	0 53.6	9 59.1	92 12.9 ··	39.9	306 59.0 ··	10.4	176 09.9 ··	48.8	Spica	158 46.2	S11 08.0
16	175 14.8	15 53.5	57.9	107 13.5	40.2	322 01.3	10.4	191 12.4	48.9	Suhail	223 03.3	S43 24.8
17	190 17.3	30 53.4	56.8	122 14.1	40.5	337 03.7	10.5	206 15.0	48.9			
18	205 19.8	45 53.3	N 9 55.6	137 14.7	N21 40.8	352 06.1	S12 10.5	221 17.5	S 8 48.9	Vega	80 48.1	N38 46.9
19	220 22.2	60 53.2	54.4	152 15.4	41.1	7 08.4	10.6	236 20.1	49.0	Zuben'ubi	137 21.0	S16 01.2
20	235 24.7	75 53.0	53.3	167 16.0	41.4	22 10.8	10.6	251 22.6	49.0			
21	250 27.2	90 52.9 ··	52.1	182 16.6 ··	41.7	37 13.1 ··	10.7	266 25.2 ··	49.1			
22	265 29.6	105 52.8	51.0	197 17.2	42.0	52 15.5	10.7	281 27.7	49.1			
23	280 32.1	120 52.7	49.8	212 17.9	42.2	67 17.8	10.7	296 30.3	49.2			

		S.H.A.	Mer. Pass.
Venus		202 22.6	14 56
Mars		293 12.3	8 52
Jupiter		146 50.5	18 35
Saturn		15 54.2	3 21

Mer. Pass. 4 h 24.9 m | v −0.1 d 1.2 | v 0.6 d 0.3 | v 2.4 d 0.0 | v 2.5 d 0.0

1994 JULY 15, 16, 17 (FRI., SAT., SUN.)

SUN and MOON

UT (GMT)	SUN G.H.A.	SUN Dec.	MOON G.H.A.	v	MOON Dec.	d	H.P.
15 00	178 32.0	N21 35.6	106 08.2	10.3	S 6 36.6	11.7	58.9
01	193 31.9	35.2	120 37.5	10.2	6 48.3	11.7	58.9
02	208 31.8	34.8	135 06.7	10.3	7 00.0	11.7	58.9
03	223 31.8 ..	34.4	149 36.0	10.1	7 11.7	11.6	58.9
04	238 31.7	34.0	164 05.1	10.2	7 23.3	11.6	58.9
05	253 31.6	33.6	178 34.3	10.1	7 34.9	11.5	58.9
06	268 31.6	N21 33.2	193 03.4	10.0	S 7 46.4	11.5	59.0
07	283 31.5	32.9	207 32.4	10.0	7 57.9	11.5	59.0
F 08	298 31.4	32.5	222 01.4	10.0	8 09.4	11.4	59.0
R 09	313 31.4 ..	32.1	236 30.4	9.9	8 20.8	11.4	59.0
I 10	328 31.3	31.7	250 59.3	9.8	8 32.2	11.3	59.0
D 11	343 31.2	31.3	265 28.1	9.9	8 43.5	11.3	59.0
A 12	358 31.2	N21 30.9	279 57.0	9.7	S 8 54.8	11.2	59.0
Y 13	13 31.1	30.5	294 25.7	9.7	9 06.0	11.2	59.0
14	28 31.1	30.1	308 54.4	9.7	9 17.2	11.2	59.1
15	43 31.0 ..	29.7	323 23.1	9.6	9 28.4	11.1	59.1
16	58 30.9	29.3	337 51.7	9.6	9 39.5	11.0	59.1
17	73 30.9	28.9	352 20.3	9.5	9 50.5	11.0	59.1
18	88 30.8	N21 28.5	6 48.8	9.4	S10 01.5	11.0	59.1
19	103 30.7	28.1	21 17.2	9.4	10 12.5	10.9	59.1
20	118 30.7	27.7	35 45.6	9.4	10 23.4	10.8	59.1
21	133 30.6 ..	27.3	50 14.0	9.3	10 34.2	10.8	59.1
22	148 30.6	26.9	64 42.3	9.2	10 45.0	10.7	59.2
23	163 30.5	26.5	79 10.5	9.2	10 55.7	10.6	59.2
16 00	178 30.4	N21 26.1	93 38.7	9.2	S11 06.3	10.7	59.2
01	193 30.4	25.7	108 06.9	9.0	11 17.0	10.5	59.2
02	208 30.3	25.3	122 34.9	9.1	11 27.5	10.5	59.2
03	223 30.3 ..	24.9	137 03.0	8.9	11 38.0	10.4	59.2
04	238 30.2	24.5	151 30.9	8.9	11 48.4	10.3	59.2
05	253 30.1	24.1	165 58.8	8.9	11 58.7	10.3	59.2
06	268 30.1	N21 23.7	180 26.7	8.8	S12 09.0	10.2	59.2
07	283 30.0	23.3	194 54.5	8.7	12 19.2	10.2	59.3
S 08	298 30.0	22.9	209 22.2	8.7	12 29.4	10.0	59.3
A 09	313 29.9 ..	22.5	223 49.9	8.6	12 39.4	10.0	59.3
T 10	328 29.8	22.1	238 17.5	8.6	12 49.4	10.0	59.3
U 11	343 29.8	21.6	252 45.1	8.5	12 59.4	9.8	59.3
R 12	358 29.7	N21 21.2	267 12.6	8.4	S13 09.2	9.8	59.3
D 13	13 29.7	20.8	281 40.0	8.4	13 19.0	9.7	59.3
A 14	28 29.6	20.4	296 07.4	8.3	13 28.7	9.6	59.3
Y 15	43 29.5 ..	20.0	310 34.7	8.3	13 38.3	9.6	59.3
16	58 29.5	19.6	325 02.0	8.2	13 47.9	9.4	59.4
17	73 29.4	19.2	339 29.2	8.1	13 57.3	9.4	59.4
18	88 29.4	N21 18.8	353 56.3	8.1	S14 06.7	9.3	59.4
19	103 29.3	18.4	8 23.4	8.0	14 16.0	9.2	59.4
20	118 29.3	17.9	22 50.4	8.0	14 25.2	9.1	59.4
21	133 29.2 ..	17.5	37 17.4	7.9	14 34.3	9.1	59.4
22	148 29.1	17.1	51 44.3	7.8	14 43.4	8.9	59.4
23	163 29.1	16.7	66 11.1	7.8	14 52.3	8.9	59.4
17 00	178 29.0	N21 16.3	80 37.9	7.7	S15 01.2	8.8	59.4
01	193 29.0	15.9	95 04.6	7.7	15 10.0	8.7	59.4
02	208 28.9	15.4	109 31.3	7.6	15 18.7	8.6	59.4
03	223 28.9 ..	15.0	123 57.9	7.5	15 27.3	8.5	59.4
04	238 28.8	14.6	138 24.4	7.5	15 35.8	8.4	59.5
05	253 28.8	14.2	152 50.9	7.4	15 44.2	8.3	59.5
06	268 28.7	N21 13.8	167 17.3	7.4	S15 52.5	8.2	59.5
07	283 28.7	13.3	181 43.7	7.3	16 00.7	8.1	59.5
S 08	298 28.6	12.9	196 10.0	7.3	16 08.8	8.0	59.5
U 09	313 28.5 ..	12.5	210 36.3	7.1	16 16.8	7.9	59.5
N 10	328 28.5	12.1	225 02.4	7.2	16 24.7	7.8	59.5
D 11	343 28.4	11.6	239 28.6	7.0	16 32.5	7.8	59.5
A 12	358 28.4	N21 11.2	253 54.6	7.0	S16 40.3	7.6	59.5
Y 13	13 28.3	10.8	268 20.6	7.0	16 47.9	7.5	59.5
14	28 28.3	10.4	282 46.6	6.9	16 55.4	7.4	59.5
15	43 28.2 ..	09.9	297 12.5	6.8	17 02.8	7.2	59.5
16	58 28.2	09.5	311 38.3	6.8	17 10.0	7.2	59.5
17	73 28.1	09.1	326 04.1	6.8	17 17.2	7.1	59.5
18	88 28.1	N21 08.7	340 29.9	6.6	S17 24.3	6.9	59.5
19	103 28.0	08.2	354 55.5	6.6	17 31.2	6.9	59.6
20	118 28.0	07.8	9 21.1	6.6	17 38.1	6.7	59.6
21	133 27.9 ..	07.4	23 46.7	6.5	17 44.8	6.6	59.6
22	148 27.9	06.9	38 12.2	6.5	17 51.4	6.6	59.6
23	163 27.8	06.5	52 37.7	6.4	17 58.0	6.3	59.6
	S.D. 15.8 d 0.4		S.D. 16.1		16.2		16.2

Twilight, Sunrise and Moonrise

Lat.	Twilight Naut.	Twilight Civil	Sunrise	Moonrise 15	16	17	18
N 72	□	□	□	13 25	15 37	18 30	▬
N 70	□	□	□	13 09	15 08	17 16	19 58
68	□	□	□	12 57	14 46	16 38	18 28
66	////	////	01 38	12 47	14 30	16 12	17 49
64	////	////	02 17	12 39	14 16	15 52	17 22
62	////	00 55	02 44	12 32	14 04	15 36	17 01
60	////	01 47	03 05	12 26	13 55	15 22	16 44
N 58	////	02 18	03 22	12 21	13 46	15 11	16 30
56	00 50	02 40	03 36	12 16	13 39	15 01	16 18
54	01 38	02 58	03 48	12 12	13 32	14 52	16 07
52	02 06	03 13	03 59	12 08	13 26	14 44	15 58
50	02 28	03 26	04 08	12 04	13 21	14 37	15 50
45	03 06	03 52	04 28	11 57	13 09	14 22	15 32
N 40	03 33	04 12	04 44	11 51	13 00	14 09	15 17
35	03 53	04 29	04 58	11 46	12 52	13 59	15 05
30	04 10	04 43	05 09	11 41	12 45	13 50	14 54
20	04 37	05 05	05 29	11 33	12 33	13 34	14 36
N 10	04 57	05 24	05 46	11 26	12 22	13 20	14 20
0	05 14	05 40	06 02	11 19	12 12	13 08	14 05
S 10	05 30	05 56	06 18	11 13	12 02	12 55	13 51
20	05 44	06 11	06 35	11 06	11 52	12 41	13 35
30	05 59	06 28	06 54	10 58	11 40	12 26	13 17
35	06 06	06 38	07 05	10 54	11 34	12 17	13 06
40	06 15	06 48	07 18	10 49	11 26	12 07	12 55
45	06 23	07 00	07 33	10 43	11 17	11 55	12 41
S 50	06 33	07 14	07 51	10 36	11 06	11 41	12 24
52	06 38	07 20	08 00	10 33	11 01	11 35	12 16
54	06 43	07 27	08 09	10 30	10 56	11 27	12 07
56	06 48	07 35	08 20	10 26	10 50	11 19	11 57
58	06 53	07 44	08 33	10 22	10 43	11 10	11 45
S 60	07 00	07 54	08 47	10 17	10 36	11 00	11 32

Sunset, Twilight and Moonset

Lat.	Sunset	Twilight Civil	Twilight Naut.	Moonset 15	16	17	18
N 72	□	□	□	21 16	20 55	19 59	▬
N 70	□	□	□	21 33	21 26	21 14	20 34
68	□	□	□	21 47	21 49	21 53	22 05
66	22 30	////	////	21 59	22 06	22 20	22 44
64	21 52	////	////	22 08	22 21	22 40	23 11
62	21 26	23 11	////	22 16	22 33	22 57	23 32
60	21 06	22 22	////	22 23	22 44	23 11	23 50
N 58	20 49	21 53	////	22 30	22 53	23 24	24 04
56	20 35	21 30	23 16	22 35	23 01	23 34	24 16
54	20 23	21 13	22 31	22 40	23 09	23 43	24 27
52	20 13	20 58	22 04	22 45	23 15	23 52	24 37
50	20 03	20 45	21 43	22 49	23 21	23 59	24 46
45	19 43	20 19	21 05	22 58	23 34	24 15	00 15
N 40	19 27	19 59	20 39	23 05	23 44	24 28	00 28
35	19 14	19 43	20 18	23 12	23 53	24 39	00 39
30	19 02	19 29	20 02	23 17	24 01	00 01	00 49
20	18 43	19 07	19 35	23 27	24 15	00 15	01 06
N 10	18 25	18 48	19 15	23 36	24 27	00 27	01 21
0	18 10	18 32	18 58	23 44	24 38	00 38	01 35
S 10	17 54	18 16	18 42	23 52	24 50	00 50	01 49
20	17 37	18 01	18 28	24 01	00 01	01 02	02 03
30	17 18	17 44	18 13	24 11	00 11	01 16	02 21
35	17 07	17 35	18 06	24 17	00 17	01 24	02 32
40	16 54	17 24	17 58	24 24	00 24	01 33	02 42
45	16 40	17 12	17 49	24 31	00 31	01 44	02 55
S 50	16 21	16 58	17 39	24 41	00 41	01 57	03 11
52	16 13	16 52	17 35	24 45	00 45	02 03	03 19
54	16 03	16 45	17 30	24 50	00 50	02 10	03 28
56	15 52	16 37	17 25	24 55	00 55	02 17	03 37
58	15 40	16 28	17 19	25 01	01 01	02 26	03 48
S 60	15 25	16 19	17 13	25 08	01 08	02 36	04 01

SUN and MOON

Day	SUN Eqn. of Time 00h	12h	Mer. Pass.	MOON Mer. Pass. Upper	Lower	Age	Phase
	m s	m s	h m	h m	h m	d	
15	05 52	05 55	12 06	17 32	05 06	07	
16	05 58	06 01	12 06	18 25	05 58	08	
17	06 04	06 06	12 06	19 21	06 53	09	◖

1994 JULY 18, 19, 20 (MON., TUES., WED.)

UT (GMT)	ARIES G.H.A.	VENUS −4.1 G.H.A.	Dec.	MARS +1.2 G.H.A.	Dec.	JUPITER −2.1 G.H.A.	Dec.	SATURN +0.8 G.H.A.	Dec.	STARS Name	S.H.A.	Dec.
18 00	295 34.6	135 52.6 N 9	48.6	227 18.5 N21	42.5	82 20.2 S12	10.8	311 32.8 S 8	49.2	Acamar	315 29.2	S40 19.3
01	310 37.0	150 52.4	47.5	242 19.1	42.8	97 22.5	10.8	326 35.4	49.3	Achernar	335 37.3	S57 15.5
02	325 39.5	165 52.3	46.3	257 19.7	43.1	112 24.9	10.9	341 37.9	49.3	Acrux	173 25.3	S63 04.5
03	340 41.9	180 52.2 ··	45.1	272 20.3 ··	43.4	127 27.3 ··	10.9	356 40.5 ··	49.4	Adhara	255 24.0	S28 57.9
04	355 44.4	195 52.1	44.0	287 21.0	43.7	142 29.6	11.0	11 43.0	49.4	Aldebaran	291 05.9	N16 29.8
05	10 46.9	210 52.0	42.8	302 21.6	44.0	157 32.0	11.0	26 45.6	49.4			
06	25 49.3	225 51.9 N 9	41.6	317 22.2 N21	44.2	172 34.3 S12	11.1	41 48.1 S 8	49.5	Alioth	166 33.2	N55 59.6
07	40 51.8	240 51.8	40.5	332 22.8	44.5	187 36.7	11.1	56 50.7	49.5	Alkaid	153 10.0	N49 20.7
08	55 54.3	255 51.6	39.3	347 23.5	44.8	202 39.0	11.2	71 53.2	49.6	Al Na'ir	28 01.1	S46 58.9
M 09	70 56.7	270 51.5 ··	38.1	2 24.1 ··	45.1	217 41.4 ··	11.2	86 55.8 ··	49.6	Alnilam	276 01.0	S 1 12.3
O 10	85 59.2	285 51.4	37.0	17 24.7	45.4	232 43.7	11.3	101 58.3	49.7	Alphard	218 10.3	S 8 38.2
N 11	101 01.7	300 51.3	35.8	32 25.3	45.7	247 46.1	11.3	117 00.9	49.7			
D 12	116 04.1	315 51.2 N 9	34.6	47 25.9 N21	46.0	262 48.4 S12	11.4	132 03.5 S 8	49.8	Alphecca	126 22.8	N26 44.2
A 13	131 06.6	330 51.1	33.5	62 26.6	46.2	277 50.8	11.4	147 06.0	49.8	Alpheratz	357 58.0	N29 03.6
Y 14	146 09.1	345 51.0	32.3	77 27.2	46.5	292 53.1	11.5	162 08.6	49.9	Altair	62 21.7	N 8 51.4
15	161 11.5	0 50.9 ··	31.1	92 27.8 ··	46.8	307 55.5 ··	11.6	177 11.1 ··	49.9	Ankaa	353 29.5	S42 19.8
16	176 14.0	15 50.8	30.0	107 28.4	47.1	322 57.8	11.6	192 13.7	50.0	Antares	112 43.4	S26 25.2
17	191 16.4	30 50.6	28.8	122 29.1	47.4	338 00.2	11.7	207 16.2	50.0			
18	206 18.9	45 50.5 N 9	27.6	137 29.7 N21	47.6	353 02.5 S12	11.7	222 18.8 S 8	50.0	Arcturus	146 08.6	N19 12.8
19	221 21.4	60 50.4	26.4	152 30.3	47.9	8 04.9	11.8	237 21.3	50.1	Atria	107 57.5	S69 01.2
20	236 23.8	75 50.3	25.3	167 30.9	48.2	23 07.2	11.8	252 23.9	50.1	Avior	234 24.4	S59 29.7
21	251 26.3	90 50.2 ··	24.1	182 31.5 ··	48.5	38 09.6 ··	11.9	267 26.4 ··	50.2	Bellatrix	278 47.5	N 6 20.7
22	266 28.8	105 50.1	22.9	197 32.2	48.8	53 11.9	11.9	282 29.0	50.2	Betelgeuse	271 16.9	N 7 24.3
23	281 31.2	120 50.0	21.8	212 32.8	49.0	68 14.3	12.0	297 31.6	50.3			
19 00	296 33.7	135 49.9 N 9	20.6	227 33.4 N21	49.3	83 16.6 S12	12.0	312 34.1 S 8	50.3	Canopus	264 02.9	S52 41.5
01	311 36.2	150 49.8	19.4	242 34.0	49.6	98 19.0	12.1	327 36.7	50.4	Capella	280 55.8	N45 59.4
02	326 38.6	165 49.7	18.2	257 34.7	49.9	113 21.3	12.1	342 39.2	50.4	Deneb	49 40.6	N45 15.8
03	341 41.1	180 49.6 ··	17.1	272 35.3 ··	50.2	128 23.7 ··	12.2	357 41.8 ··	50.5	Denebola	182 48.2	N14 36.2
04	356 43.6	195 49.5	15.9	287 35.9	50.4	143 26.0	12.2	12 44.3	50.5	Diphda	349 10.0	S18 00.8
05	11 46.0	210 49.4	14.7	302 36.5	50.7	158 28.4	12.3	27 46.9	50.6			
06	26 48.5	225 49.3 N 9	13.6	317 37.2 N21	51.0	173 30.7 S12	12.3	42 49.5 S 8	50.6	Dubhe	194 09.4	N61 47.0
07	41 50.9	240 49.2	12.4	332 37.8	51.3	188 33.1	12.4	57 52.0	50.7	Elnath	278 30.8	N28 36.1
T 08	56 53.4	255 49.1	11.2	347 38.4	51.5	203 35.4	12.4	72 54.6	50.7	Eltanin	90 52.2	N51 29.6
U 09	71 55.9	270 49.0 ··	10.0	2 39.0 ··	51.8	218 37.7 ··	12.5	87 57.1 ··	50.8	Enif	34 00.7	N 9 51.2
E 10	86 58.3	285 48.9	08.9	17 39.6	52.1	233 40.1	12.5	102 59.7	50.8	Fomalhaut	15 39.3	S29 38.8
S 11	102 00.8	300 48.8	07.7	32 40.3	52.4	248 42.4	12.6	118 02.2	50.8			
D 12	117 03.3	315 48.7 N 9	06.5	47 40.9 N21	52.6	263 44.8 S12	12.6	133 04.8 S 8	50.9	Gacrux	172 16.9	S57 05.3
A 13	132 05.7	330 48.6	05.3	62 41.5	52.9	278 47.1	12.7	148 07.4	50.9	Gienah	176 07.0	S17 30.8
Y 14	147 08.2	345 48.5	04.2	77 42.1	53.2	293 49.5	12.7	163 09.9	51.0	Hadar	149 07.9	S60 21.1
15	162 10.7	0 48.4 ··	03.0	92 42.8 ··	53.5	308 51.8 ··	12.8	178 12.5 ··	51.0	Hamal	328 16.8	N23 26.2
16	177 13.1	15 48.3	01.8	107 43.4	53.7	323 54.2	12.8	193 15.0	51.1	Kaus Aust.	84 02.2	S34 23.2
17	192 15.6	30 48.2 9	00.6	122 44.0	54.0	338 56.5	12.9	208 17.6	51.1			
18	207 18.1	45 48.1 N 8	59.4	137 44.6 N21	54.3	353 58.8 S12	13.0	223 20.1 S 8	51.2	Kochab	137 19.2	N74 11.0
19	222 20.5	60 48.1	58.3	152 45.2	54.6	9 01.2	13.0	238 22.7	51.2	Markab	13 52.2	N15 10.7
20	237 23.0	75 48.0	57.1	167 45.9	54.8	24 03.5	13.1	253 25.3	51.3	Menkar	314 30.0	N 4 04.1
21	252 25.4	90 47.9 ··	55.9	182 46.5 ··	55.1	39 05.9 ··	13.1	268 27.8 ··	51.3	Menkent	148 24.2	S36 20.8
22	267 27.9	105 47.8	54.7	197 47.1	55.4	54 08.2	13.2	283 30.4	51.4	Miaplacidus	221 43.4	S69 41.9
23	282 30.4	120 47.7	53.5	212 47.7	55.6	69 10.6	13.2	298 32.9	51.4			
20 00	297 32.8	135 47.6 N 8	52.4	227 48.4 N21	55.9	84 12.9 S12	13.3	313 35.5 S 8	51.5	Mirfak	309 00.9	N49 50.3
01	312 35.3	150 47.5	51.2	242 49.0	56.2	99 15.2	13.3	328 38.1	51.5	Nunki	76 15.5	S26 18.1
02	327 37.8	165 47.4	50.0	257 49.6	56.5	114 17.6	13.4	343 40.6	51.6	Peacock	53 40.9	S56 44.9
03	342 40.2	180 47.3 ··	48.8	272 50.2 ··	56.7	129 19.9 ··	13.4	358 43.2 ··	51.6	Pollux	243 45.4	N28 02.3
04	357 42.7	195 47.2	47.6	287 50.9	57.0	144 22.3	13.5	13 45.7	51.7	Procyon	245 14.9	N 5 14.3
05	12 45.2	210 47.2	46.5	302 51.5	57.3	159 24.6	13.5	28 48.3	51.7			
06	27 47.6	225 47.1 N 8	45.3	317 52.1 N21	57.5	174 26.9 S12	13.6	43 50.9 S 8	51.8	Rasalhague	96 19.3	N12 34.0
W 07	42 50.1	240 47.0	44.1	332 52.7	57.8	189 29.3	13.7	58 53.4	51.8	Regulus	207 58.8	N11 59.6
E 08	57 52.5	255 46.9	42.9	347 53.3	58.1	204 31.6	13.7	73 56.0	51.9	Rigel	281 25.9	S 8 12.5
D 09	72 55.0	270 46.8 ··	41.7	2 54.0 ··	58.3	219 34.0 ··	13.8	88 58.5 ··	51.9	Rigil Kent.	140 10.9	S60 49.0
N 10	87 57.5	285 46.7	40.6	17 54.6	58.6	234 36.3	13.8	104 01.1	52.0	Sabik	102 28.5	S15 43.0
E 11	102 59.9	300 46.7	39.4	32 55.2	58.9	249 38.6	13.9	119 03.7	52.0			
S 12	118 02.4	315 46.6 N 8	38.2	47 55.8 N21	59.1	264 41.0 S12	13.9	134 06.2 S 8	52.1	Schedar	349 56.5	N56 30.3
D 13	133 04.9	330 46.5	37.0	62 56.5	59.4	279 43.3	14.0	149 08.8	52.1	Shaula	96 40.8	S37 06.0
A 14	148 07.3	345 46.4	35.8	77 57.1	59.7	294 45.6	14.0	164 11.3	52.2	Sirius	258 46.5	S16 42.5
Y 15	163 09.8	0 46.3 ··	34.6	92 57.7 21	59.9	309 48.0 ··	14.1	179 13.9 ··	52.2	Spica	158 46.2	S11 08.0
16	178 12.3	15 46.2	33.5	107 58.3 22	00.2	324 50.3	14.2	194 16.5	52.3	Suhail	223 03.3	S43 24.8
17	193 14.7	30 46.2	32.3	122 59.0	00.5	339 52.7	14.2	209 19.0	52.3			
18	208 17.2	45 46.1 N 8	31.1	137 59.6 N22	00.7	354 55.0 S12	14.3	224 21.6 S 8	52.3	Vega	80 48.1	N38 46.9
19	223 19.7	60 46.0	29.9	153 00.2	01.0	9 57.3	14.3	239 24.1	52.4	Zuben'ubi	137 21.0	S16 01.2
20	238 22.1	75 45.9	28.7	168 00.8	01.3	24 59.7	14.4	254 26.7	52.4			
21	253 24.6	90 45.8 ··	27.5	183 01.5 ··	01.5	40 02.0 ··	14.4	269 29.3 ··	52.5			
22	268 27.0	105 45.8	26.3	198 02.1	01.8	55 04.3	14.5	284 31.8	52.5			
23	283 29.5	120 45.7	25.1	213 02.7	02.0	70 06.7	14.5	299 34.4	52.6			

		S.H.A.	Mer. Pass.
		° ′	h m
	Venus	199 16.2	14 57
	Mars	290 59.7	8 49
	Jupiter	146 42.9	18 24
	Saturn	16 00.4	3 09

Mer. Pass. 4h 13.1m | Venus: v −0.1, d 1.2 | Mars: v 0.6, d 0.3 | Jupiter: v 2.3, d 0.1 | Saturn: v 2.6, d 0.0

1994 JULY 18, 19, 20 (MON., TUES., WED.)

SUN / MOON

UT (GMT)	SUN G.H.A.	SUN Dec.	MOON G.H.A.	v	MOON Dec.	d	H.P.
18 00	178 27.8	N21 06.1	67 03.1	6.3	S18 04.3	6.3	59.6
01	193 27.7	05.6	81 28.4	6.3	18 10.6	6.2	59.6
02	208 27.7	05.2	95 53.7	6.3	18 16.8	6.0	59.6
03	223 27.6	.. 04.8	110 19.0	6.2	18 22.8	5.9	59.6
04	238 27.6	04.3	124 44.2	6.2	18 28.7	5.8	59.6
05	253 27.5	03.9	139 09.4	6.1	18 34.5	5.7	59.6
06	268 27.4	N21 03.5	153 34.5	6.0	S18 40.2	5.6	59.6
07	283 27.4	03.0	167 59.5	6.0	18 45.8	5.4	59.6
M 08	298 27.4	02.6	182 24.5	6.0	18 51.2	5.3	59.6
O 09	313 27.3	.. 02.2	196 49.5	5.9	18 56.5	5.2	59.6
N 10	328 27.3	01.7	211 14.4	5.9	19 01.7	5.0	59.6
D 11	343 27.2	01.3	225 39.3	5.9	19 06.7	5.0	59.6
A 12	358 27.2	N21 00.9	240 04.2	5.8	S19 11.7	4.8	59.6
Y 13	13 27.2	00.4	254 29.0	5.7	19 16.5	4.6	59.6
14	28 27.1	21 00.0	268 53.7	5.7	19 21.1	4.6	59.6
15	43 27.1	20 59.5	283 18.4	5.7	19 25.7	4.4	59.6
16	58 27.0	59.1	297 43.1	5.6	19 30.1	4.3	59.6
17	73 27.0	58.6	312 07.8	5.6	19 34.4	4.1	59.6
18	88 26.9	N20 58.2	326 32.4	5.6	S19 38.5	4.1	59.6
19	103 26.9	57.8	340 57.0	5.5	19 42.6	3.9	59.6
20	118 26.8	57.3	355 21.5	5.5	19 46.5	3.7	59.6
21	133 26.8	.. 56.9	9 46.0	5.5	19 50.2	3.6	59.6
22	148 26.7	56.4	24 10.5	5.4	19 53.8	3.5	59.6
23	163 26.7	56.0	38 34.9	5.5	19 57.3	3.4	59.6
19 00	178 26.7	N20 55.5	52 59.4	5.4	S20 00.7	3.2	59.6
01	193 26.6	55.1	67 23.8	5.3	20 03.9	3.1	59.6
02	208 26.6	54.6	81 48.1	5.4	20 07.0	2.9	59.6
03	223 26.5	.. 54.2	96 12.5	5.3	20 09.9	2.9	59.6
04	238 26.5	53.7	110 36.8	5.3	20 12.8	2.6	59.6
05	253 26.4	53.3	125 01.1	5.3	20 15.4	2.6	59.6
06	268 26.4	N20 52.8	139 25.4	5.2	S20 18.0	2.4	59.6
07	283 26.4	52.4	153 49.6	5.3	20 20.4	2.2	59.6
T 08	298 26.3	51.9	168 13.9	5.2	20 22.6	2.2	59.6
U 09	313 26.3	.. 51.5	182 38.1	5.2	20 24.8	1.9	59.6
E 10	328 26.2	51.0	197 02.3	5.2	20 26.7	1.9	59.6
S 11	343 26.2	50.6	211 26.5	5.2	20 28.6	1.7	59.6
D 12	358 26.1	N20 50.1	225 50.7	5.2	S20 30.3	1.6	59.6
A 13	13 26.1	49.7	240 14.9	5.2	20 31.9	1.4	59.6
Y 14	28 26.1	49.2	254 39.1	5.1	20 33.3	1.3	59.6
15	43 26.0	.. 48.8	269 03.2	5.2	20 34.6	1.1	59.5
16	58 26.0	48.3	283 27.4	5.1	20 35.7	1.0	59.5
17	73 25.9	47.8	297 51.5	5.2	20 36.7	0.9	59.5
18	88 25.9	N20 47.4	312 15.7	5.1	S20 37.6	0.7	59.5
19	103 25.9	46.9	326 39.8	5.2	20 38.3	0.6	59.5
20	118 25.8	46.5	341 04.0	5.1	20 38.9	0.4	59.5
21	133 25.8	.. 46.0	355 28.1	5.2	20 39.3	0.3	59.5
22	148 25.7	45.5	9 52.3	5.1	20 39.6	0.2	59.5
23	163 25.7	45.1	24 16.4	5.2	20 39.8	0.0	59.5
20 00	178 25.6	N20 44.6	38 40.6	5.2	S20 39.8	0.1	59.5
01	193 25.6	44.2	53 04.8	5.1	20 39.7	0.3	59.5
02	208 25.6	43.7	67 28.9	5.2	20 39.4	0.4	59.5
03	223 25.6	.. 43.2	81 53.1	5.2	20 39.0	0.5	59.5
04	238 25.5	42.8	96 17.3	5.2	20 38.5	0.7	59.5
05	253 25.5	42.3	110 41.6	5.2	20 37.8	0.8	59.4
06	268 25.4	N20 41.8	125 05.8	5.3	S20 37.0	1.0	59.4
07	283 25.4	41.4	139 30.1	5.2	20 36.0	1.1	59.4
W 08	298 25.4	40.9	153 54.3	5.3	20 34.9	1.2	59.4
E 09	313 25.3	.. 40.4	168 18.6	5.3	20 33.7	1.4	59.4
D 10	328 25.3	40.0	182 42.9	5.4	20 32.3	1.5	59.4
N 11	343 25.3	39.5	197 07.3	5.3	20 30.8	1.6	59.4
E 12	358 25.2	N20 39.0	211 31.6	5.4	S20 29.2	1.8	59.4
S 13	13 25.2	38.6	225 56.0	5.4	20 27.4	2.0	59.4
D 14	28 25.2	38.1	240 20.4	5.5	20 25.4	2.0	59.4
A 15	43 25.1	.. 37.6	254 44.9	5.5	20 23.4	2.2	59.3
Y 16	58 25.1	37.2	269 09.4	5.5	20 21.2	2.4	59.3
17	73 25.1	36.7	283 33.9	5.5	20 18.8	2.4	59.3
18	88 25.0	N20 36.2	297 58.4	5.6	S20 16.4	2.6	59.3
19	103 25.0	35.7	312 23.0	5.6	20 13.8	2.8	59.3
20	118 25.0	35.3	326 47.6	5.6	20 11.0	2.8	59.3
21	133 24.9	.. 34.8	341 12.2	5.7	20 08.2	3.0	59.3
22	148 24.9	34.3	355 36.9	5.8	20 05.2	3.2	59.2
23	163 24.9	33.8	10 01.7	5.7	20 02.0	3.2	59.2
	S.D. 15.8	d 0.5	S.D. 16.2		16.2		16.2

Twilight / Sunrise / Moonrise

Lat.	Twilight Naut.	Civil	Sunrise	Moonrise 18	19	20	21
N 72	□	□	□	■	■	■	■
N 70	□	□	□	19 58	■	■	21 38
68	////	////	00 42	18 28	19 56	20 40	20 54
66	////	////	01 51	17 49	19 08	19 58	20 25
64	////	////	02 26	17 22	18 37	19 30	20 03
62	////	01 14	02 51	17 01	18 14	19 08	19 45
60	////	01 57	03 11	16 44	17 55	18 51	19 31
N 58	////	02 25	03 27	16 30	17 40	18 36	19 18
56	01 07	02 46	03 40	16 18	17 27	18 23	19 07
54	01 47	03 03	03 52	16 07	17 15	18 12	18 57
52	02 13	03 18	04 03	15 58	17 05	18 02	18 49
50	02 33	03 30	04 12	15 50	16 56	17 53	18 41
45	03 10	03 55	04 31	15 32	16 37	17 35	18 24
N 40	03 36	04 15	04 47	15 17	16 21	17 20	18 11
35	03 56	04 31	05 00	15 05	16 08	17 07	17 59
30	04 12	04 44	05 11	14 54	15 57	16 56	17 49
20	04 38	05 06	05 30	14 36	15 37	16 37	17 32
N 10	04 58	05 25	05 47	14 20	15 20	16 20	17 17
0	05 15	05 41	06 03	14 05	15 05	16 04	17 02
S 10	05 30	05 56	06 18	13 51	14 49	15 49	16 48
20	05 44	06 11	06 34	13 35	14 32	15 32	16 33
30	05 58	06 27	06 53	13 17	14 13	15 13	16 15
35	06 05	06 36	07 04	13 06	14 01	15 02	16 05
40	06 13	06 46	07 16	12 55	13 49	14 49	15 53
45	06 22	06 58	07 30	12 41	13 33	14 34	15 40
S 50	06 31	07 11	07 48	12 24	13 15	14 15	15 23
52	06 35	07 18	07 56	12 16	13 06	14 06	15 15
54	06 40	07 24	08 06	12 07	12 56	13 56	15 06
56	06 45	07 32	08 16	11 57	12 45	13 45	14 56
58	06 50	07 40	08 28	11 45	12 32	13 33	14 45
S 60	06 56	07 50	08 42	11 32	12 17	13 18	14 32

Sunset / Twilight / Moonset

Lat.	Sunset	Twilight Civil	Naut.	Moonset 18	19	20	21
N 72	□	□	□	■	■	■	■
N 70	□	□	□	20 34	■	■	■
68	23 19	////	////	22 05	22 41	24 02	00 02
66	22 18	////	////	22 44	23 29	24 43	00 43
64	21 44	////	////	23 11	24 00	00 00	01 11
62	21 19	22 54	////	23 32	24 24	00 24	01 32
60	21 00	22 13	////	23 50	24 42	00 42	01 50
N 58	20 44	21 46	////	24 04	00 04	00 58	02 04
56	20 31	21 25	23 01	24 16	00 16	01 11	02 17
54	20 19	21 08	22 23	24 27	00 27	01 22	02 28
52	20 09	20 54	21 58	24 37	00 37	01 32	02 37
50	20 00	20 41	21 38	24 46	00 46	01 41	02 46
45	19 41	20 16	21 02	00 15	01 04	02 00	03 04
N 40	19 25	19 57	20 36	00 28	01 19	02 16	03 19
35	19 12	19 41	20 16	00 39	01 31	02 29	03 31
30	19 01	19 28	20 00	00 49	01 43	02 41	03 42
20	18 42	19 06	19 34	01 06	02 01	03 00	04 01
N 10	18 25	18 48	19 14	01 21	02 18	03 17	04 17
0	18 10	18 32	18 58	01 35	02 33	03 33	04 32
S 10	17 55	18 17	18 43	01 49	02 49	03 49	04 47
20	17 38	18 02	18 29	02 03	03 05	04 06	05 03
30	17 20	17 46	18 15	02 21	03 24	04 25	05 22
35	17 09	17 37	18 08	02 30	03 35	04 37	05 32
40	16 57	17 26	18 00	02 42	03 48	04 50	05 44
45	16 42	17 15	17 51	02 55	04 03	05 05	05 59
S 50	16 25	17 02	17 42	03 11	04 21	05 24	06 16
52	16 16	16 55	17 38	03 19	04 30	05 32	06 24
54	16 07	16 49	17 33	03 28	04 40	05 42	06 33
56	15 57	16 41	17 28	03 37	04 51	05 54	06 44
58	15 45	16 31	17 23	03 48	05 03	06 06	06 55
S 60	15 31	16 23	17 17	04 01	05 18	06 21	07 09

SUN / MOON

Day	SUN Eqn. of Time 00h	12h	Mer. Pass.	MOON Mer. Pass. Upper	Lower	Age	Phase
	m s	m s	h m	h m	h m	d	
18	06 09	06 11	12 06	20 19	07 50	10	
19	06 13	06 15	12 06	21 19	08 49	11	☾
20	06 17	06 19	12 06	22 18	09 49	12	

1994 JULY 21, 22, 23 (THURS., FRI., SAT.)

UT (GMT) d h	ARIES G.H.A.	VENUS −4.1 G.H.A. Dec.	MARS +1.2 G.H.A. Dec.	JUPITER −2.1 G.H.A. Dec.	SATURN +0.8 G.H.A. Dec.	STARS Name	S.H.A.	Dec.
21 00	298 32.0	135 45.6 N 8 24.0	228 03.3 N22 02.3	85 09.0 S12 14.6	314 37.0 S 8 52.6	Acamar	315 29.2	S40 19.3
01	313 34.4	150 45.5 22.8	243 03.9 02.6	100 11.3 14.7	329 39.5 52.7	Achernar	335 37.2	S57 15.5
02	328 36.9	165 45.5 21.6	258 04.6 02.8	115 13.7 14.7	344 42.1 52.7	Acrux	173 25.4	S63 04.5
03	343 39.4	180 45.4 ·· 20.4	273 05.2 ·· 03.1	130 16.0 ·· 14.8	359 44.6 ·· 52.8	Adhara	255 24.0	S28 57.9
04	358 41.8	195 45.3 19.2	288 05.8 03.3	145 18.3 14.8	14 47.2 52.8	Aldebaran	291 05.8	N16 29.9
05	13 44.3	210 45.2 18.0	303 06.4 03.6	160 20.7 14.9	29 49.8 52.9			
06	28 46.8	225 45.2 N 8 16.8	318 07.1 N22 03.9	175 23.0 S12 14.9	44 52.3 S 8 52.9	Alioth	166 33.2	N55 59.6
07	43 49.2	240 45.1 15.6	333 07.7 04.1	190 25.3 15.0	59 54.9 53.0	Alkaid	153 10.0	N49 20.7
T 08	58 51.7	255 45.0 14.5	348 08.3 04.4	205 27.7 15.1	74 57.5 53.0	Al Na'ir	28 01.0	S46 58.9
H 09	73 54.2	270 45.0 ·· 13.3	3 08.9 ·· 04.6	220 30.0 ·· 15.1	90 00.0 ·· 53.1	Alnilam	276 01.0	S 1 12.3
U 10	88 56.6	285 44.9 12.1	18 09.6 04.9	235 32.3 15.2	105 02.6 53.1	Alphard	218 10.3	S 8 38.2
R 11	103 59.1	300 44.8 10.9	33 10.2 05.2	250 34.7 15.2	120 05.1 53.2			
S 12	119 01.5	315 44.8 N 8 09.7	48 10.8 N22 05.4	265 37.0 S12 15.3	135 07.7 S 8 53.2	Alphecca	126 22.8	N26 44.2
D 13	134 04.0	330 44.7 08.5	63 11.4 05.7	280 39.3 15.3	150 10.3 53.3	Alpheratz	357 58.0	N29 03.6
A 14	149 06.5	345 44.6 07.3	78 12.1 05.9	295 41.7 15.4	165 12.8 53.3	Altair	62 21.7	N 8 51.4
Y 15	164 08.9	0 44.6 ·· 06.1	93 12.7 ·· 06.2	310 44.0 ·· 15.5	180 15.4 ·· 53.4	Ankaa	353 29.5	S42 19.8
16	179 11.4	15 44.5 04.9	108 13.3 06.4	325 46.3 15.5	195 18.0 53.4	Antares	112 43.4	S26 25.2
17	194 13.9	30 44.4 03.7	123 13.9 06.7	340 48.7 15.6	210 20.5 53.5			
18	209 16.3	45 44.4 N 8 02.5	138 14.5 N22 07.0	355 51.0 S12 15.6	225 23.1 S 8 53.5	Arcturus	146 08.6	N19 12.8
19	224 18.8	60 44.3 01.4	153 15.2 07.2	10 53.3 15.7	240 25.7 53.6	Atria	107 57.5	S69 01.2
20	239 21.3	75 44.2 8 00.2	168 15.8 07.5	25 55.6 15.7	255 28.2 53.6	Avior	234 24.4	S59 29.7
21	254 23.7	90 44.2 7 59.0	183 16.4 ·· 07.7	40 58.0 ·· 15.8	270 30.8 ·· 53.7	Bellatrix	278 47.5	N 6 20.7
22	269 26.2	105 44.1 57.8	198 17.0 08.0	56 00.3 15.9	285 33.4 53.7	Betelgeuse	271 16.9	N 7 24.3
23	284 28.6	120 44.0 56.6	213 17.7 08.2	71 02.6 15.9	300 35.9 53.8			
22 00	299 31.1	135 44.0 N 7 55.4	228 18.3 N22 08.5	86 05.0 S12 16.0	315 38.5 S 8 53.8	Canopus	264 02.9	S52 41.5
01	314 33.6	150 43.9 54.2	243 18.9 08.7	101 07.3 16.0	330 41.1 53.9	Capella	280 55.7	N45 59.4
02	329 36.0	165 43.8 53.0	258 19.5 09.0	116 09.6 16.1	345 43.6 53.9	Deneb	49 40.6	N45 15.8
03	344 38.5	180 43.8 ·· 51.8	273 20.2 ·· 09.2	131 11.9 ·· 16.1	0 46.2 ·· 54.0	Denebola	182 48.2	N14 36.2
04	359 41.0	195 43.7 50.6	288 20.8 09.5	146 14.3 16.2	15 48.8 54.1	Diphda	349 10.0	S18 00.7
05	14 43.4	210 43.7 49.4	303 21.4 09.7	161 16.6 16.3	30 51.3 54.1			
06	29 45.9	225 43.6 N 7 48.2	318 22.0 N22 10.0	176 18.9 S12 16.3	45 53.9 S 8 54.2	Dubhe	194 09.4	N61 47.0
07	44 48.4	240 43.5 47.0	333 22.7 10.3	191 21.2 16.4	60 56.4 54.2	Elnath	278 30.8	N28 36.1
08	59 50.8	255 43.5 45.8	348 23.3 10.5	206 23.6 16.4	75 59.0 54.3	Eltanin	90 52.2	N51 29.6
F 09	74 53.3	270 43.4 ·· 44.6	3 23.9 ·· 10.8	221 25.9 ·· 16.5	91 01.6 ·· 54.3	Enif	34 00.7	N 9 51.2
R 10	89 55.8	285 43.4 43.4	18 24.5 11.0	236 28.2 16.6	106 04.2 54.4	Fomalhaut	15 39.3	S29 38.8
I 11	104 58.2	300 43.3 42.2	33 25.2 11.3	251 30.5 16.6	121 06.7 54.4			
D 12	120 00.7	315 43.3 N 7 41.0	48 25.8 N22 11.5	266 32.9 S12 16.7	136 09.3 S 8 54.5	Gacrux	172 16.9	S57 05.3
A 13	135 03.1	330 43.2 39.8	63 26.4 11.7	281 35.2 16.7	151 11.9 54.5	Gienah	176 07.0	S17 30.8
Y 14	150 05.6	345 43.2 38.6	78 27.0 12.0	296 37.5 16.8	166 14.4 54.6	Hadar	149 07.9	S60 21.1
15	165 08.1	0 43.1 ·· 37.4	93 27.7 ·· 12.2	311 39.8 ·· 16.9	181 17.0 ·· 54.6	Hamal	328 16.8	N23 26.2
16	180 10.5	15 43.0 36.2	108 28.3 12.5	326 42.2 16.9	196 19.6 54.7	Kaus Aust.	84 02.2	S34 23.2
17	195 13.0	30 43.0 35.0	123 28.9 12.7	341 44.5 17.0	211 22.1 54.7			
18	210 15.5	45 42.9 N 7 33.8	138 29.5 N22 13.0	356 46.8 S12 17.0	226 24.7 S 8 54.8	Kochab	137 19.2	N74 11.0
19	225 17.9	60 42.9 32.7	153 30.1 13.2	11 49.1 17.1	241 27.3 54.8	Markab	13 52.2	N15 10.7
20	240 20.4	75 42.8 31.5	168 30.8 13.5	26 51.5 17.2	256 29.8 54.9	Menkar	314 30.0	N 4 04.2
21	255 22.9	90 42.8 ·· 30.3	183 31.4 ·· 13.7	41 53.8 ·· 17.2	271 32.4 ·· 54.9	Menkent	148 24.2	S36 20.8
22	270 25.3	105 42.7 29.1	198 32.0 14.0	56 56.1 17.3	286 35.0 55.0	Miaplacidus	221 43.5	S69 41.9
23	285 27.8	120 42.7 27.9	213 32.6 14.2	71 58.4 17.3	301 37.5 55.0			
23 00	300 30.3	135 42.6 N 7 26.7	228 33.3 N22 14.5	87 00.7 S12 17.4	316 40.1 S 8 55.1	Mirfak	309 00.8	N49 50.3
01	315 32.7	150 42.6 25.5	243 33.9 14.7	102 03.1 17.5	331 42.7 55.1	Nunki	76 15.5	S26 18.1
02	330 35.2	165 42.5 24.3	258 34.5 15.0	117 05.4 17.5	346 45.2 55.2	Peacock	53 40.8	S56 45.0
03	345 37.6	180 42.5 ·· 23.0	273 35.1 ·· 15.2	132 07.7 ·· 17.6	1 47.8 ·· 55.2	Pollux	243 45.4	N28 02.3
04	0 40.1	195 42.5 21.8	288 35.8 15.4	147 10.0 17.6	16 50.4 55.3	Procyon	245 14.8	N 5 14.3
05	15 42.6	210 42.4 20.6	303 36.4 15.7	162 12.3 17.7	31 52.9 55.3			
06	30 45.0	225 42.4 N 7 19.4	318 37.0 N22 15.9	177 14.7 S12 17.8	46 55.5 S 8 55.4	Rasalhague	96 19.3	N12 34.0
07	45 47.5	240 42.3 18.2	333 37.6 16.2	192 17.0 17.8	61 58.1 55.4	Regulus	207 58.8	N11 59.6
S 08	60 50.0	255 42.3 17.0	348 38.3 16.4	207 19.3 17.9	77 00.7 55.5	Rigel	281 25.9	S 8 12.4
A 09	75 52.4	270 42.2 ·· 15.8	3 38.9 ·· 16.7	222 21.6 ·· 18.0	92 03.2 ·· 55.5	Rigil Kent.	140 15.9	S60 49.0
T 10	90 54.9	285 42.2 14.6	18 39.5 16.9	237 23.9 18.0	107 05.8 55.6	Sabik	102 28.5	S15 43.0
U 11	105 57.4	300 42.1 13.4	33 40.1 17.1	252 26.3 18.1	122 08.4 55.7			
R 12	120 59.8	315 42.1 N 7 12.2	48 40.8 N22 17.4	267 28.6 S12 18.1	137 10.9 S 8 55.7	Schedar	349 56.5	N56 30.3
D 13	136 02.3	330 42.1 11.0	63 41.4 17.6	282 30.9 18.2	152 13.5 55.8	Shaula	96 40.8	S37 06.0
A 14	151 04.7	345 42.0 09.8	78 42.0 17.9	297 33.2 18.3	167 16.1 55.8	Sirius	258 46.5	S16 42.5
Y 15	166 07.2	0 42.0 ·· 08.6	93 42.6 ·· 18.1	312 35.5 ·· 18.3	182 18.6 ·· 55.9	Spica	158 46.2	S11 08.0
16	181 09.7	15 41.9 07.4	108 43.3 18.3	327 37.8 18.4	197 21.2 55.9	Suhail	223 03.3	S43 24.8
17	196 12.1	30 41.9 06.2	123 43.9 18.6	342 40.2 18.4	212 23.8 56.0			
18	211 14.6	45 41.9 N 7 05.0	138 44.5 N22 18.8	357 42.5 S12 18.5	227 26.4 S 8 56.0	Vega	80 48.1	N38 46.9
19	226 17.1	60 41.8 03.8	153 45.1 19.0	12 44.8 18.6	242 28.9 56.1	Zuben'ubi	137 21.0	S16 01.2
20	241 19.5	75 41.8 02.6	168 45.8 19.3	27 47.1 18.6	257 31.5 56.1			
21	256 22.0	90 41.7 ·· 01.4	183 46.4 ·· 19.5	42 49.4 ·· 18.7	272 34.1 ·· 56.2			
22	271 24.5	105 41.7 7 00.2	198 47.0 19.8	57 51.7 18.7	287 36.6 56.2			
23	286 26.9	120 41.7 6 59.0	213 47.6 20.0	72 54.1 18.8	302 39.2 56.3			

							S.H.A.	Mer. Pass.
						Venus	196 12.9	14 57
						Mars	288 47.2	8 46
						Jupiter	146 33.8	18 13
Mer. Pass. 4 01.3		v −0.1 d 1.2	v 0.6 d 0.2	v 2.3 d 0.1	v 2.6 d 0.1	Saturn	16 07.4	2 57

1994 JULY 21, 22, 23 (THURS., FRI., SAT.)

SUN / MOON

UT (GMT)	SUN G.H.A.	SUN Dec.	MOON G.H.A.	v	MOON Dec.	d	H.P.
21 00	178 24.8	N20 33.4	24 26.4	5.9	S19 58.8	3.4	59.2
01	193 24.8	32.9	38 51.3	5.8	19 55.4	3.6	59.2
02	208 24.8	32.4	53 16.1	5.9	19 51.8	3.6	59.2
03	223 24.7	.. 31.9	67 41.0	6.0	19 48.2	3.8	59.2
04	238 24.7	31.5	82 06.0	6.0	19 44.4	3.9	59.2
05	253 24.7	31.0	96 31.0	6.0	19 40.5	4.1	59.1
06	268 24.6	N20 30.5	110 56.0	6.1	S19 36.4	4.1	59.1
07	283 24.6	30.0	125 21.1	6.2	19 32.3	4.3	59.1
T 08	298 24.6	29.5	139 46.3	6.2	19 28.0	4.5	59.1
H 09	313 24.6	.. 29.1	154 11.5	6.2	19 23.5	4.5	59.1
U 10	328 24.5	28.6	168 36.7	6.3	19 19.0	4.7	59.1
R 11	343 24.5	28.1	183 02.0	6.4	19 14.3	4.7	59.0
S 12	358 24.5	N20 27.6	197 27.4	6.4	S19 09.6	4.9	59.0
D 13	13 24.4	27.1	211 52.8	6.5	19 04.7	5.1	59.0
A 14	28 24.4	26.6	226 18.3	6.6	18 59.6	5.1	59.0
Y 15	43 24.4	.. 26.2	240 43.9	6.6	18 54.5	5.3	59.0
16	58 24.3	25.7	255 09.5	6.6	18 49.2	5.4	59.0
17	73 24.3	25.2	269 35.1	6.8	18 43.8	5.5	58.9
18	88 24.3	N20 24.7	284 00.9	6.7	S18 38.3	5.6	58.9
19	103 24.3	24.2	298 26.6	6.9	18 32.7	5.7	58.9
20	118 24.2	23.7	312 52.5	6.9	18 27.0	5.8	58.9
21	133 24.2	.. 23.2	327 18.4	7.0	18 21.2	6.0	58.9
22	148 24.2	22.8	341 44.4	7.0	18 15.2	6.0	58.8
23	163 24.2	22.3	356 10.4	7.2	18 09.2	6.2	58.8
22 00	178 24.1	N20 21.8	10 36.6	7.1	S18 03.0	6.3	58.8
01	193 24.1	21.3	25 02.7	7.3	17 56.7	6.4	58.8
02	208 24.1	20.8	39 29.0	7.3	17 50.3	6.5	58.8
03	223 24.1	.. 20.3	53 55.3	7.4	17 43.8	6.6	58.7
04	238 24.0	19.8	68 21.7	7.5	17 37.2	6.7	58.7
05	253 24.0	19.3	82 48.2	7.5	17 30.5	6.8	58.7
06	268 24.0	N20 18.8	97 14.7	7.6	S17 23.7	6.9	58.7
07	283 24.0	18.3	111 41.3	7.6	17 16.8	7.0	58.6
F 08	298 23.9	17.8	126 07.9	7.8	17 09.8	7.1	58.6
R 09	313 23.9	.. 17.3	140 34.7	7.8	17 02.7	7.2	58.6
I 10	328 23.9	16.8	155 01.5	7.9	16 55.5	7.3	58.6
D 11	343 23.9	16.3	169 28.4	8.0	16 48.2	7.4	58.6
A 12	358 23.8	N20 15.8	183 55.4	8.0	S16 40.8	7.4	58.5
Y 13	13 23.8	15.3	198 22.4	8.1	16 33.4	7.6	58.5
14	28 23.8	14.9	212 49.5	8.2	16 25.8	7.7	58.5
15	43 23.8	.. 14.4	227 16.7	8.2	16 18.1	7.8	58.5
16	58 23.7	13.9	241 43.9	8.4	16 10.3	7.8	58.4
17	73 23.7	13.4	256 11.3	8.4	16 02.5	8.0	58.4
18	88 23.7	N20 12.9	270 38.7	8.5	S15 54.5	8.0	58.4
19	103 23.7	12.3	285 06.2	8.5	15 46.5	8.1	58.4
20	118 23.7	11.8	299 33.7	8.7	15 38.4	8.2	58.3
21	133 23.6	.. 11.3	314 01.4	8.7	15 30.2	8.3	58.3
22	148 23.6	10.8	328 29.1	8.8	15 21.9	8.3	58.3
23	163 23.6	10.3	342 56.9	8.8	15 13.6	8.5	58.3
23 00	178 23.6	N20 09.8	357 24.7	9.0	S15 05.1	8.5	58.2
01	193 23.6	09.3	11 52.7	9.0	14 56.6	8.6	58.2
02	208 23.5	08.8	26 20.7	9.1	14 48.0	8.7	58.2
03	223 23.5	.. 08.3	40 48.8	9.2	14 39.3	8.7	58.2
04	238 23.5	07.8	55 17.0	9.2	14 30.6	8.9	58.1
05	253 23.5	07.3	69 45.2	9.4	14 21.7	8.9	58.1
06	268 23.5	N20 06.8	84 13.6	9.4	S14 12.8	8.9	58.1
07	283 23.4	06.3	98 42.0	9.4	14 03.9	9.1	58.1
S 08	298 23.4	05.8	113 10.4	9.6	13 54.8	9.1	58.0
A 09	313 23.4	.. 05.3	127 39.0	9.6	13 45.7	9.2	58.0
T 10	328 23.4	04.8	142 07.6	9.7	13 36.5	9.2	58.0
U 11	343 23.4	04.2	156 36.3	9.8	13 27.3	9.3	57.9
R 12	358 23.3	N20 03.7	171 05.1	9.9	S13 18.0	9.4	57.9
D 13	13 23.3	03.2	185 34.0	9.9	13 08.6	9.5	57.9
A 14	28 23.3	02.7	200 02.9	10.0	12 59.1	9.5	57.9
Y 15	43 23.3	.. 02.2	214 31.9	10.1	12 49.6	9.5	57.8
16	58 23.3	01.7	229 01.0	10.2	12 40.1	9.6	57.8
17	73 23.3	01.2	243 30.2	10.2	12 30.5	9.7	57.8
18	88 23.2	N20 00.7	257 59.4	10.3	S12 20.8	9.8	57.8
19	103 23.2	20 00.1	272 28.7	10.4	12 11.0	9.8	57.7
20	118 23.2	19 59.6	286 58.1	10.4	12 01.2	9.8	57.7
21	133 23.2	.. 59.1	301 27.5	10.6	11 51.4	9.9	57.7
22	148 23.2	58.6	315 57.1	10.6	11 41.5	10.0	57.6
23	163 23.2	58.1	330 26.7	10.6	11 31.5	10.0	57.6
	S.D. 15.8	d 0.5	S.D. 16.1		15.9		15.8

Twilight / Sunrise / Moonrise

Lat.	Naut.	Civil	Sunrise	21	22	23	24
N 72	□	□	□	■	22 01	21 37	21 22
N 70	□	□	□	21 38	21 25	21 17	21 10
68	////	////	01 12	20 54	21 00	21 01	21 01
66	////	////	02 04	20 25	20 40	20 48	20 54
64	////	////	02 36	20 03	20 24	20 37	20 47
62	////	01 29	02 59	19 45	20 10	20 28	20 41
60	////	02 07	03 17	19 31	19 59	20 20	20 37
N 58	////	02 32	03 32	19 18	19 49	20 13	20 32
56	01 22	02 52	03 45	19 07	19 41	20 07	20 28
54	01 56	03 09	03 57	18 57	19 33	20 01	20 25
52	02 20	03 23	04 07	18 49	19 26	19 56	20 22
50	02 39	03 35	04 15	18 41	19 20	19 52	20 19
45	03 14	03 59	04 34	18 24	19 06	19 42	20 12
N 40	03 39	04 18	04 49	18 11	18 55	19 33	20 07
35	03 58	04 33	05 02	17 59	18 46	19 26	20 03
30	04 14	04 46	05 13	17 49	18 37	19 20	19 59
20	04 39	05 08	05 32	17 32	18 23	19 09	19 52
N 10	04 59	05 25	05 48	17 17	18 10	18 59	19 45
0	05 15	05 41	06 03	17 02	17 58	18 50	19 40
S 10	05 30	05 55	06 18	16 48	17 46	18 41	19 34
20	05 43	06 10	06 34	16 33	17 33	18 32	19 28
30	05 57	06 26	06 52	16 15	17 18	18 20	19 20
35	06 04	06 35	07 02	16 05	17 10	18 14	19 16
40	06 11	06 44	07 14	15 53	17 00	18 07	19 12
45	06 19	06 55	07 28	15 40	16 49	17 58	19 06
S 50	06 28	07 08	07 45	15 23	16 35	17 48	19 00
52	06 32	07 14	07 53	15 15	16 28	17 43	18 57
54	06 37	07 21	08 02	15 06	16 21	17 38	18 53
56	06 41	07 28	08 12	14 56	16 13	17 32	18 50
58	06 46	07 36	08 23	14 45	16 04	17 25	18 46
S 60	06 52	07 45	08 37	14 32	15 53	17 18	18 41

Sunset / Twilight / Moonset

Lat.	Sunset	Civil	Naut.	21	22	23	24
N 72	□	□	□	■	■	02 37	04 48
N 70	□	□	□	■	01 05	03 11	05 06
68	22 54	////	////	00 02	01 47	03 36	05 21
66	22 05	////	////	00 43	02 16	03 55	05 32
64	21 35	////	////	01 11	02 37	04 10	05 42
62	21 12	22 39	////	01 32	02 55	04 22	05 50
60	20 54	22 03	////	01 50	03 09	04 33	05 57
N 58	20 39	21 38	////	02 04	03 21	04 42	06 04
56	20 26	21 19	22 47	02 17	03 31	04 50	06 09
54	20 15	21 03	22 14	02 28	03 41	04 57	06 14
52	20 05	20 49	21 51	02 37	03 49	05 04	06 18
50	19 57	20 37	21 32	02 46	03 56	05 09	06 22
45	19 38	20 13	20 58	03 04	04 12	05 22	06 31
N 40	19 23	19 54	20 33	03 19	04 25	05 32	06 38
35	19 11	19 39	20 14	03 31	04 36	05 41	06 44
30	19 00	19 26	19 58	03 42	04 45	05 48	06 49
20	18 41	19 05	19 33	04 01	05 02	06 01	06 59
N 10	18 25	18 47	19 14	04 17	05 16	06 13	07 07
0	18 10	18 32	18 58	04 32	05 29	06 23	07 14
S 10	17 55	18 17	18 43	04 47	05 42	06 34	07 22
20	17 39	18 03	18 30	05 03	05 56	06 45	07 30
30	17 21	17 47	18 16	05 22	06 12	06 58	07 38
35	17 11	17 38	18 09	05 32	06 22	07 05	07 44
40	16 59	17 29	18 02	05 44	06 32	07 13	07 49
45	16 45	17 18	17 54	05 59	06 44	07 23	07 56
S 50	16 28	17 05	17 45	06 16	06 59	07 35	08 04
52	16 20	16 59	17 41	06 24	07 06	07 40	08 08
54	16 11	16 52	17 37	06 33	07 14	07 46	08 12
56	16 01	16 45	17 32	06 44	07 22	07 52	08 16
58	15 50	16 37	17 27	06 55	07 32	08 00	08 21
S 60	15 37	16 28	17 21	07 09	07 43	08 08	08 27

SUN / MOON

Day	Eqn. of Time 00^h	Eqn. of Time 12^h	Mer. Pass.	Mer. Pass. Upper	Mer. Pass. Lower	Age	Phase
	m s	m s	h m	h m	h m	d	
21	06 21	06 22	12 06	23 16	10 47	13	◯
22	06 23	06 25	12 06	24 11	11 44	14	
23	06 26	06 27	12 06	00 11	12 37	15	

1994 JULY 24, 25, 26 (SUN., MON., TUES.)

UT (GMT)	ARIES G.H.A.	VENUS −4.1 G.H.A.	Dec.	MARS +1.2 G.H.A.	Dec.	JUPITER −2.1 G.H.A.	Dec.	SATURN +0.7 G.H.A.	Dec.	STARS Name	S.H.A.	Dec.
24 00	301 29.4	135 41.6	N 6 57.8	228 48.3	N22 20.2	87 56.4	S12 18.9	317 41.8	S 8 56.3	Acamar	315 29.2	S40 19.3
01	316 31.9	150 41.6	56.6	243 48.9	20.5	102 58.7	18.9	332 44.4	56.4	Achernar	335 37.2	S57 15.5
02	331 34.3	165 41.6	55.4	258 49.5	20.7	118 01.0	19.0	347 46.9	56.4	Acrux	173 25.4	S63 04.5
03	346 36.8	180 41.5	·· 54.1	273 50.1	·· 20.9	133 03.3	·· 19.1	2 49.5	·· 56.5	Adhara	255 24.0	S28 57.9
04	1 39.2	195 41.5	52.9	288 50.8	21.2	148 05.6	19.1	17 52.1	56.6	Aldebaran	291 05.8	N16 29.9
05	16 41.7	210 41.5	51.7	303 51.4	21.4	163 07.9	19.2	32 54.7	56.6			
06	31 44.2	225 41.4	N 6 50.5	318 52.0	N22 21.6	178 10.2	S12 19.3	47 57.2	S 8 56.7	Alioth	166 33.3	N55 59.6
07	46 46.6	240 41.4	49.3	333 52.6	21.9	193 12.6	19.3	62 59.8	56.7	Alkaid	153 10.1	N49 20.7
08	61 49.1	255 41.4	48.1	348 53.3	22.1	208 14.9	19.4	78 02.4	56.8	Al Na'ir	28 01.0	S46 58.9
S 09	76 51.6	270 41.3	·· 46.9	3 53.9	·· 22.3	223 17.2	·· 19.5	93 04.9	·· 56.8	Alnilam	276 01.0	S 1 12.3
U 10	91 54.0	285 41.3	45.7	18 54.5	22.6	238 19.5	19.5	108 07.5	56.9	Alphard	218 10.3	S 8 38.2
N 11	106 56.5	300 41.3	44.5	33 55.1	22.8	253 21.8	19.6	123 10.1	56.9			
D 12	121 59.0	315 41.2	N 6 43.3	48 55.8	N22 23.0	268 24.1	S12 19.6	138 12.7	S 8 57.0	Alphecca	126 22.8	N26 44.2
A 13	137 01.4	330 41.2	42.1	63 56.4	23.3	283 26.4	19.7	153 15.2	57.0	Alpheratz	357 57.9	N29 03.6
Y 14	152 03.9	345 41.2	40.9	78 57.0	23.5	298 28.7	19.8	168 17.8	57.1	Altair	62 21.7	N 8 51.4
15	167 06.4	0 41.2	·· 39.6	93 57.6	·· 23.7	313 31.0	·· 19.8	183 20.4	·· 57.1	Ankaa	353 29.4	S42 19.8
16	182 08.8	15 41.1	38.4	108 58.3	24.0	328 33.4	19.9	198 23.0	57.2	Antares	112 43.4	S26 25.2
17	197 11.3	30 41.1	37.2	123 58.9	24.2	343 35.7	20.0	213 25.5	57.2			
18	212 13.7	45 41.1	N 6 36.0	138 59.5	N22 24.4	358 38.0	S12 20.0	228 28.1	S 8 57.3	Arcturus	146 08.6	N19 12.8
19	227 16.2	60 41.1	34.8	154 00.2	24.7	13 40.3	20.1	243 30.7	57.4	Atria	107 57.5	S69 01.2
20	242 18.7	75 41.0	33.6	169 00.8	24.9	28 42.6	20.2	258 33.3	57.4	Avior	234 24.4	S59 29.6
21	257 21.1	90 41.0	·· 32.4	184 01.4	·· 25.1	43 44.9	·· 20.2	273 35.8	·· 57.5	Bellatrix	278 47.4	N 6 20.7
22	272 23.6	105 41.0	31.2	199 02.0	25.3	58 47.2	20.3	288 38.4	57.5	Betelgeuse	271 16.9	N 7 24.3
23	287 26.1	120 41.0	30.0	214 02.7	25.6	73 49.5	20.4	303 41.0	57.6			
25 00	302 28.5	135 40.9	N 6 28.7	229 03.3	N22 25.8	88 51.8	S12 20.4	318 43.6	S 8 57.6	Canopus	264 02.9	S52 41.5
01	317 31.0	150 40.9	27.5	244 03.9	26.0	103 54.1	20.5	333 46.1	57.7	Capella	280 55.7	N45 59.4
02	332 33.5	165 40.9	26.3	259 04.5	26.3	118 56.4	20.5	348 48.7	57.7	Deneb	49 40.6	N45 15.8
03	347 35.9	180 40.9	·· 25.1	274 05.2	·· 26.5	133 58.8	·· 20.6	3 51.3	·· 57.8	Denebola	182 48.2	N14 36.2
04	2 38.4	195 40.8	23.9	289 05.8	26.7	149 01.1	20.6	18 53.9	57.8	Diphda	349 09.9	S18 00.7
05	17 40.8	210 40.8	22.7	304 06.4	26.9	164 03.4	20.7	33 56.4	57.9			
06	32 43.3	225 40.8	N 6 21.5	319 07.0	N22 27.2	179 05.7	S12 20.8	48 59.0	S 8 58.0	Dubhe	194 09.5	N61 46.9
07	47 45.8	240 40.8	20.3	334 07.7	27.4	194 08.0	20.9	64 01.6	58.0	Elnath	278 30.8	N28 36.1
08	62 48.2	255 40.8	19.0	349 08.3	27.6	209 10.3	20.9	79 04.2	58.1	Eltanin	90 52.3	N51 29.6
M 09	77 50.7	270 40.8	·· 17.8	4 08.9	·· 27.8	224 12.6	·· 21.0	94 06.7	·· 58.1	Enif	34 00.7	N 9 51.2
O 10	92 53.2	285 40.7	16.6	19 09.5	28.1	239 14.9	21.1	109 09.3	58.2	Fomalhaut	15 39.3	S29 38.8
N 11	107 55.6	300 40.7	15.4	34 10.2	28.3	254 17.2	21.1	124 11.9	58.2			
D 12	122 58.1	315 40.7	N 6 14.2	49 10.8	N22 28.5	269 19.5	S12 21.2	139 14.5	S 8 58.3	Gacrux	172 16.9	S57 05.3
A 13	138 00.6	330 40.7	13.0	64 11.4	28.7	284 21.8	21.3	154 17.0	58.3	Gienah	176 07.0	S17 30.8
Y 14	153 03.0	345 40.7	11.8	79 12.1	29.0	299 24.1	21.3	169 19.6	58.4	Hadar	149 08.0	S60 21.1
15	168 05.5	0 40.7	·· 10.5	94 12.7	·· 29.2	314 26.4	·· 21.4	184 22.2	·· 58.4	Hamal	328 16.7	N23 26.2
16	183 08.0	15 40.6	09.3	109 13.3	29.4	329 28.7	21.5	199 24.8	58.5	Kaus Aust.	84 02.2	S34 23.2
17	198 10.4	30 40.6	08.1	124 13.9	29.6	344 31.0	21.5	214 27.4	58.6			
18	213 12.9	45 40.6	N 6 06.9	139 14.6	N22 29.8	359 33.3	S12 21.6	229 29.9	S 8 58.6	Kochab	137 19.3	N74 11.0
19	228 15.3	60 40.6	05.7	154 15.2	30.1	14 35.6	21.7	244 32.5	58.7	Markab	13 52.2	N15 10.7
20	243 17.8	75 40.6	04.5	169 15.8	30.3	29 37.9	21.7	259 35.1	58.7	Menkar	314 29.9	N 4 04.2
21	258 20.3	90 40.6	·· 03.2	184 16.4	·· 30.5	44 40.2	·· 21.8	274 37.7	·· 58.8	Menkent	148 24.3	S36 20.8
22	273 22.7	105 40.6	02.0	199 17.1	30.7	59 42.5	21.9	289 40.2	58.8	Miaplacidus	221 43.5	S69 41.9
23	288 25.2	120 40.6	6 00.8	214 17.7	30.9	74 44.8	21.9	304 42.8	58.9			
26 00	303 27.7	135 40.5	N 5 59.6	229 18.3	N22 31.2	89 47.1	S12 22.0	319 45.4	S 8 58.9	Mirfak	309 00.8	N49 50.3
01	318 30.1	150 40.5	58.4	244 18.9	31.4	104 49.4	22.1	334 48.0	59.0	Nunki	76 15.5	S26 18.1
02	333 32.6	165 40.5	57.2	259 19.6	31.6	119 51.7	22.1	349 50.6	59.1	Peacock	53 40.8	S56 45.0
03	348 35.1	180 40.5	·· 55.9	274 20.2	·· 31.8	134 54.0	·· 22.2	4 53.1	·· 59.1	Pollux	243 45.4	N28 02.3
04	3 37.5	195 40.5	54.7	289 20.8	32.0	149 56.3	22.3	19 55.7	59.2	Procyon	245 14.8	N 5 14.3
05	18 40.0	210 40.5	53.5	304 21.5	32.3	164 58.6	22.3	34 58.3	59.2			
06	33 42.5	225 40.5	N 5 52.3	319 22.1	N22 32.5	180 00.9	S12 22.4	50 00.9	S 8 59.3	Rasalhague	96 19.3	N12 34.0
07	48 44.9	240 40.5	51.1	334 22.7	32.7	195 03.2	22.5	65 03.4	59.3	Regulus	207 58.8	N11 59.6
T 08	63 47.4	255 40.5	49.8	349 23.3	32.9	210 05.5	22.5	80 06.0	59.4	Rigel	281 25.9	S 8 12.4
U 09	78 49.8	270 40.5	·· 48.6	4 24.0	·· 33.1	225 07.8	·· 22.6	95 08.6	·· 59.4	Rigil Kent.	140 10.9	S60 49.0
E 10	93 52.3	285 40.5	47.4	19 24.6	33.3	240 10.1	22.7	110 11.2	59.5	Sabik	102 28.5	S15 43.0
S 11	108 54.8	300 40.5	46.2	34 25.2	33.5	255 12.4	22.7	125 13.8	59.6			
D 12	123 57.2	315 40.5	N 5 45.0	49 25.8	N22 33.8	270 14.7	S12 22.8	140 16.3	S 8 59.6	Schedar	349 56.4	N56 30.3
A 13	138 59.7	330 40.5	43.8	64 26.5	34.0	285 17.0	22.9	155 18.9	59.7	Shaula	96 40.8	S37 06.0
Y 14	154 02.2	345 40.5	42.5	79 27.1	34.2	300 19.3	23.0	170 21.5	59.7	Sirius	258 46.5	S16 42.5
15	169 04.6	0 40.4	·· 41.3	94 27.7	·· 34.4	315 21.6	·· 23.0	185 24.1	·· 59.8	Spica	158 46.2	S11 08.0
16	184 07.1	15 40.4	40.1	109 28.4	34.6	330 23.9	23.1	200 26.7	59.8	Suhail	223 03.3	S43 24.8
17	199 09.6	30 40.4	38.9	124 29.0	34.8	345 26.2	23.2	215 29.2	59.9			
18	214 12.0	45 40.4	N 5 37.7	139 29.6	N22 35.0	0 28.5	S12 23.2	230 31.8	S 8 59.9	Vega	80 48.1	N38 46.9
19	229 14.5	60 40.4	36.4	154 30.2	35.3	15 30.8	23.3	245 34.4	9 00.0	Zuben'ubi	137 21.0	S16 01.2
20	244 16.9	75 40.4	35.2	169 30.9	35.5	30 33.1	23.4	260 37.0	00.1			
21	259 19.4	90 40.4	·· 34.0	184 31.5	·· 35.7	45 35.4	·· 23.4	275 39.6	·· 00.1		S.H.A.	Mer. Pass.
22	274 21.9	105 40.4	32.8	199 32.1	35.9	60 37.7	23.5	290 42.1	00.2	Venus	193 12.4	14 57
23	289 24.3	120 40.4	31.5	214 32.7	36.1	75 40.0	23.6	305 44.7	00.2	Mars	286 34.8	8 43
Mer. Pass. 3 49.5		v 0.0	d 1.2	v 0.6	d 0.2	v 2.3	d 0.1	v 2.6	d 0.1	Jupiter	146 23.3	18 02
										Saturn	16 15.0	2 45

1994 JULY 24, 25, 26 (SUN., MON., TUES.)

UT (GMT)	SUN G.H.A.	SUN Dec.	MOON G.H.A.	MOON v	MOON Dec.	MOON d	MOON H.P.
d h	° ′	° ′	° ′	′	° ′	′	′
24 00	178 23.2	N19 57.6	344 56.3	10.8	S11 21.5	10.0	57.6
01	193 23.1	57.0	359 26.1	10.8	11 11.5	10.1	57.6
02	208 23.1	56.5	13 55.9	10.9	11 01.4	10.2	57.5
03	223 23.1	.. 56.0	28 25.8	11.0	10 51.2	10.2	57.5
04	238 23.1	55.5	42 55.8	11.0	10 41.0	10.2	57.5
05	253 23.1	55.0	57 25.8	11.1	10 30.8	10.3	57.4
06	268 23.1	N19 54.4	71 55.9	11.2	S10 20.5	10.3	57.4
07	283 23.1	53.9	86 26.1	11.2	10 10.2	10.4	57.4
S 08	298 23.1	53.4	100 56.3	11.3	9 59.8	10.4	57.3
U 09	313 23.0	.. 52.9	115 26.6	11.4	9 49.4	10.4	57.3
N 10	328 23.0	52.3	129 57.0	11.4	9 39.0	10.5	57.3
D 11	343 23.0	51.8	144 27.4	11.5	9 28.5	10.5	57.3
A 12	358 23.0	N19 51.3	158 57.9	11.6	S 9 18.0	10.6	57.2
Y 13	13 23.0	50.8	173 28.5	11.6	9 07.4	10.6	57.2
14	28 23.0	50.2	187 59.1	11.8	8 56.8	10.6	57.2
15	43 23.0	.. 49.7	202 29.9	11.7	8 46.2	10.6	57.1
16	58 23.0	49.2	217 00.6	11.9	8 35.6	10.7	57.1
17	73 23.0	48.7	231 31.5	11.9	8 24.9	10.7	57.1
18	88 22.9	N19 48.1	246 02.4	11.9	S 8 14.2	10.8	57.1
19	103 22.9	47.6	260 33.3	12.1	8 03.4	10.8	57.0
20	118 22.9	47.1	275 04.4	12.0	7 52.6	10.8	57.0
21	133 22.9	.. 46.5	289 35.4	12.2	7 41.8	10.8	57.0
22	148 22.9	46.0	304 06.6	12.2	7 31.0	10.8	56.9
23	163 22.9	45.5	318 37.8	12.3	7 20.2	10.9	56.9
25 00	178 22.9	N19 44.9	333 09.1	12.3	S 7 09.3	10.9	56.9
01	193 22.9	44.4	347 40.4	12.4	6 58.4	10.9	56.8
02	208 22.9	43.9	2 11.8	12.4	6 47.5	11.0	56.8
03	223 22.9	.. 43.3	16 43.2	12.5	6 36.5	10.9	56.8
04	238 22.9	42.8	31 14.7	12.6	6 25.6	11.0	56.8
05	253 22.9	42.3	45 46.3	12.6	6 14.6	11.0	56.7
06	268 22.8	N19 41.7	60 17.9	12.6	S 6 03.6	11.0	56.7
07	283 22.8	41.2	74 49.5	12.8	5 52.6	11.0	56.7
M 08	298 22.8	40.7	89 21.3	12.7	5 41.6	11.1	56.6
O 09	313 22.8	.. 40.1	103 53.0	12.9	5 30.5	11.0	56.6
N 10	328 22.8	39.6	118 24.9	12.8	5 19.5	11.1	56.6
D 11	343 22.8	39.1	132 56.7	13.0	5 08.4	11.0	56.6
A 12	358 22.8	N19 38.5	147 28.7	12.9	S 4 57.4	11.1	56.5
Y 13	13 22.8	38.0	162 00.6	13.1	4 46.3	11.1	56.5
14	28 22.8	37.4	176 32.7	13.1	4 35.2	11.2	56.5
15	43 22.8	.. 36.9	191 04.8	13.1	4 24.1	11.2	56.4
16	58 22.8	36.4	205 36.9	13.2	4 12.9	11.1	56.4
17	73 22.8	35.8	220 09.1	13.2	4 01.8	11.1	56.4
18	88 22.8	N19 35.3	234 41.3	13.3	S 3 50.7	11.1	56.3
19	103 22.8	34.7	249 13.6	13.3	3 39.6	11.2	56.3
20	118 22.8	34.2	263 45.9	13.3	3 28.4	11.1	56.3
21	133 22.8	.. 33.6	278 18.2	13.4	3 17.3	11.2	56.3
22	148 22.8	33.1	292 50.6	13.5	3 06.1	11.1	56.2
23	163 22.8	32.5	307 23.1	13.5	2 55.0	11.2	56.2
26 00	178 22.8	N19 32.0	321 55.6	13.5	S 2 43.8	11.1	56.2
01	193 22.8	31.5	336 28.1	13.6	2 32.7	11.2	56.1
02	208 22.8	30.9	351 00.7	13.6	2 21.5	11.1	56.1
03	223 22.8	.. 30.4	5 33.3	13.6	2 10.4	11.1	56.1
04	238 22.8	29.8	20 05.9	13.7	1 59.3	11.2	56.1
05	253 22.8	29.3	34 38.6	13.7	1 48.1	11.1	56.0
06	268 22.8	N19 28.7	49 11.3	13.8	S 1 37.0	11.1	56.0
07	283 22.8	28.2	63 44.1	13.8	1 25.9	11.2	56.0
T 08	298 22.8	27.6	78 16.9	13.8	1 14.7	11.1	56.0
U 09	313 22.8	.. 27.1	92 49.7	13.9	1 03.6	11.1	55.9
E 10	328 22.8	26.5	107 22.6	13.9	0 52.5	11.1	55.9
S 11	343 22.8	26.0	121 55.5	13.9	0 41.4	11.1	55.9
D 12	358 22.8	N19 25.4	136 28.4	14.0	S 0 30.3	11.1	55.8
A 13	13 22.8	24.9	151 01.4	14.0	0 19.2	11.1	55.8
Y 14	28 22.8	24.3	165 34.4	14.0	S 0 08.1	11.0	55.8
15	43 22.8	.. 23.7	180 07.4	14.1	N 0 02.9	11.1	55.8
16	58 22.8	23.2	194 40.5	14.1	0 14.0	11.0	55.7
17	73 22.8	22.6	209 13.6	14.1	0 25.0	11.0	55.7
18	88 22.8	N19 22.1	223 46.7	14.1	N 0 36.0	11.0	55.7
19	103 22.8	21.5	238 19.8	14.2	0 47.0	11.0	55.7
20	118 22.8	21.0	252 53.0	14.2	0 58.0	11.0	55.6
21	133 22.8	.. 20.4	267 26.2	14.2	1 09.0	11.0	55.6
22	148 22.8	19.9	281 59.4	14.3	1 20.0	10.9	55.6
23	163 22.8	19.3	296 32.7	14.2	1 30.9	11.0	55.6
	S.D. 15.8	d 0.5	S.D. 15.6		15.4		15.2

Lat.	Twilight Naut.	Twilight Civil	Sunrise	Moonrise 24	25	26	27
°	h m	h m	h m	h m	h m	h m	h m
N 72	□	□	□	21 22	21 09	20 57	20 46
N 70	□	□	□	21 10	21 04	20 59	20 53
68	////	////	01 33	21 01	21 01	21 00	20 59
66	////	////	02 16	20 54	20 58	21 01	21 04
64	////	00 40	02 45	20 47	20 55	21 02	21 09
62	////	01 44	03 06	20 41	20 53	21 03	21 12
60	////	02 17	03 24	20 37	20 50	21 03	21 16
N 58	00 37	02 40	03 38	20 32	20 49	21 04	21 19
56	01 35	02 59	03 51	20 28	20 47	21 04	21 21
54	02 05	03 14	04 01	20 25	20 46	21 05	21 24
52	02 27	03 28	04 11	20 22	20 44	21 05	21 26
50	02 45	03 39	04 19	20 19	20 43	21 06	21 28
45	03 18	04 02	04 37	20 12	20 40	21 06	21 32
N 40	03 42	04 21	04 52	20 07	20 38	21 07	21 36
35	04 01	04 36	05 04	20 03	20 36	21 08	21 39
30	04 16	04 48	05 15	19 59	20 34	21 08	21 42
20	04 41	05 09	05 33	19 52	20 31	21 09	21 46
N 10	05 00	05 26	05 48	19 45	20 29	21 10	21 51
0	05 15	05 41	06 03	19 40	20 26	21 11	21 55
S 10	05 29	05 55	06 17	19 34	20 24	21 12	21 59
20	05 42	06 09	06 33	19 28	20 21	21 13	22 03
30	05 55	06 24	06 53	19 20	20 18	21 14	22 08
35	06 02	06 33	07 00	19 16	20 16	21 15	22 11
40	06 09	06 42	07 12	19 12	20 14	21 15	22 15
45	06 17	06 53	07 25	19 06	20 12	21 16	22 18
S 50	06 26	07 05	07 41	19 00	20 10	21 17	22 23
52	06 29	07 11	07 49	18 57	20 08	21 18	22 25
54	06 33	07 17	07 58	18 53	20 07	21 18	22 28
56	06 38	07 24	08 07	18 50	20 05	21 19	22 30
58	06 42	07 32	08 18	18 46	20 04	21 19	22 33
S 60	06 48	07 40	08 31	18 41	20 02	21 20	22 36

Lat.	Sunset	Twilight Civil	Twilight Naut.	Moonset 24	25	26	27
°	h m	h m	h m	h m	h m	h m	h m
N 72	□	□	□	04 48	06 44	08 32	10 16
N 70	□	□	□	05 06	06 53	08 34	10 12
68	22 34	////	////	05 21	07 00	08 36	10 08
66	21 53	////	////	05 32	07 06	08 37	10 04
64	21 26	23 21	////	05 42	07 11	08 38	10 01
62	21 05	22 25	////	05 50	07 16	08 39	09 59
60	20 48	21 54	////	05 57	07 20	08 39	09 57
N 58	20 33	21 31	23 26	06 04	07 23	08 40	09 55
56	20 21	21 12	22 35	06 09	07 26	08 41	09 53
54	20 11	20 57	22 06	06 14	07 29	08 41	09 52
52	20 01	20 44	21 44	06 18	07 31	08 42	09 50
50	19 53	20 33	21 27	06 22	07 33	08 42	09 49
45	19 35	20 10	20 54	06 31	07 38	08 43	09 46
N 40	19 21	19 52	20 30	06 38	07 42	08 44	09 44
35	19 09	19 37	20 11	06 44	07 45	08 45	09 42
30	18 58	19 24	19 56	06 49	07 48	08 45	09 40
20	18 40	19 04	19 32	06 59	07 54	08 46	09 37
N 10	18 24	18 47	19 13	07 07	07 58	08 47	09 35
0	18 10	18 32	18 57	07 14	08 02	08 48	09 32
S 10	17 56	18 18	18 44	07 22	08 06	08 49	09 30
20	17 41	18 04	18 31	07 30	08 11	08 49	09 27
30	17 23	17 49	18 18	07 38	08 16	08 50	09 24
35	17 13	17 40	18 11	07 44	08 18	08 51	09 22
40	17 02	17 31	18 04	07 49	08 22	08 51	09 20
45	16 48	17 21	17 56	07 56	08 25	08 52	09 18
S 50	16 32	17 08	17 48	08 04	08 30	08 53	09 15
52	16 24	17 03	17 44	08 08	08 32	08 53	09 14
54	16 16	16 56	17 40	08 12	08 34	08 54	09 13
56	16 06	16 50	17 36	08 16	08 36	08 54	09 11
58	15 55	16 42	17 31	08 21	08 39	08 55	09 10
S 60	15 43	16 33	17 26	08 27	08 42	08 55	09 08

Day	SUN Eqn. of Time 00ʰ	SUN Eqn. of Time 12ʰ	SUN Mer. Pass.	MOON Mer. Pass. Upper	MOON Mer. Pass. Lower	Age	Phase
	m s	m s	h m	h m	h m	d	
24	06 27	06 28	12 06	01 02	13 27	16	◑
25	06 28	06 29	12 06	01 51	14 14	17	
26	06 29	06 29	12 06	02 37	14 59	18	

1994 JULY 27, 28, 29 (WED., THURS., FRI.)

UT (GMT)	ARIES G.H.A.	VENUS −4.2 G.H.A.	Dec.	MARS +1.2 G.H.A.	Dec.	JUPITER −2.1 G.H.A.	Dec.	SATURN +0.7 G.H.A.	Dec.	STARS Name	S.H.A.	Dec.
d h	° ′	° ′	° ′	° ′	° ′	° ′	° ′	° ′	° ′		° ′	° ′
27 00	304 26.8	135 40.4 N 5 30.3		229 33.4 N22 36.3		90 42.3 S12 23.6		320 47.3 S 9 00.3		Acamar	315 29.1	S40 19.3
01	319 29.3	150 40.5	29.1	244 34.0	36.5	105 44.6	23.7	335 49.9	00.3	Achernar	335 37.2	S57 15.5
02	334 31.7	165 40.5	27.9	259 34.6	36.7	120 46.9	23.8	350 52.5	00.4	Acrux	173 25.4	S63 04.5
03	349 34.2	180 40.5 ··	26.7	274 35.3 ··	36.9	135 49.2 ··	23.8	5 55.0 ··	00.5	Adhara	255 24.0	S28 57.9
04	4 36.7	195 40.5	25.4	289 35.9	37.2	150 51.5	23.9	20 57.6	00.5	Aldebaran	291 05.8	N16 29.9
05	19 39.1	210 40.5	24.2	304 36.5	37.4	165 53.8	24.0	36 00.2	00.6			
06	34 41.6	225 40.5 N 5 23.0		319 37.1 N22 37.6		180 56.1 S12 24.1		51 02.8 S 9 00.6		Alioth	166 33.3	N55 59.6
W 07	49 44.1	240 40.5	21.8	334 37.8	37.8	195 58.3	24.1	66 05.4	00.7	Alkaid	153 10.1	N49 20.7
E 08	64 46.5	255 40.5	20.5	349 38.4	38.0	211 00.6	24.2	81 08.0	00.7	Al Na'ir	28 01.0	S46 59.0
D 09	79 49.0	270 40.5 ··	19.3	4 39.0 ··	38.2	226 02.9 ··	24.3	96 10.5 ··	00.8	Alnilam	276 01.0	S 1 12.3
N 10	94 51.4	285 40.5	18.1	19 39.7	38.4	241 05.2	24.3	111 13.1	00.9	Alphard	218 10.3	S 8 38.2
E 11	109 53.9	300 40.5	16.9	34 40.3	38.6	256 07.5	24.4	126 15.7	00.9			
S 12	124 56.4	315 40.5 N 5 15.7		49 40.9 N22 38.8		271 09.8 S12 24.5		141 18.3 S 9 01.0		Alphecca	126 22.8	N26 44.2
D 13	139 58.8	330 40.5	14.4	64 41.5	39.0	286 12.1	24.5	156 20.9	01.0	Alpheratz	357 57.9	N29 03.7
A 14	155 01.3	345 40.5	13.2	79 42.2	39.2	301 14.4	24.6	171 23.5	01.1	Altair	62 21.7	N 8 51.4
Y 15	170 03.8	0 40.5 ··	12.0	94 42.8 ··	39.4	316 16.7 ··	24.7	186 26.0 ··	01.1	Ankaa	353 29.4	S42 19.8
16	185 06.2	15 40.6	10.8	109 43.4	39.6	331 19.0	24.8	201 28.6	01.2	Antares	112 43.4	S26 25.2
17	200 08.7	30 40.6	09.5	124 44.1	39.8	346 21.3	24.8	216 31.2	01.3			
18	215 11.2	45 40.6 N 5 08.3		139 44.7 N22 40.0		1 23.5 S12 24.9		231 33.8 S 9 01.3		Arcturus	146 08.6	N19 12.8
19	230 13.6	60 40.6	07.1	154 45.3	40.2	16 25.8	25.0	246 36.4	01.4	Atria	107 57.6	S69 01.2
20	245 16.1	75 40.6	05.9	169 45.9	40.5	31 28.1	25.0	261 39.0	01.4	Avior	234 24.4	S59 29.6
21	260 18.6	90 40.6 ··	04.6	184 46.6 ··	40.7	46 30.4 ··	25.1	276 41.5 ··	01.5	Bellatrix	278 47.4	N 6 20.7
22	275 21.0	105 40.6	03.4	199 47.2	40.9	61 32.7	25.2	291 44.1	01.5	Betelgeuse	271 16.9	N 7 24.3
23	290 23.5	120 40.6	02.2	214 47.8	41.1	76 35.0	25.3	306 46.7	01.6			
28 00	305 25.9	135 40.6 N 5 01.0		229 48.5 N22 41.3		91 37.3 S12 25.3		321 49.3 S 9 01.7		Canopus	264 02.9	S52 41.5
01	320 28.4	150 40.7	4 59.7	244 49.1	41.5	106 39.6	25.4	336 51.9	01.7	Capella	280 55.7	N45 59.4
02	335 30.9	165 40.7	58.5	259 49.7	41.7	121 41.9	25.5	351 54.5	01.8	Deneb	49 40.6	N45 15.8
03	350 33.3	180 40.7 ··	57.3	274 50.3 ··	41.9	136 44.1 ··	25.5	6 57.0 ··	01.8	Denebola	182 48.3	N14 36.2
04	5 35.8	195 40.7	56.0	289 51.0	42.1	151 46.4	25.6	21 59.6	01.9	Diphda	349 09.9	S18 00.7
05	20 38.3	210 40.7	54.8	304 51.6	42.3	166 48.7	25.7	37 02.2	01.9			
06	35 40.7	225 40.7 N 4 53.6		319 52.2 N22 42.5		181 51.0 S12 25.8		52 04.8 S 9 02.0		Dubhe	194 09.5	N61 46.9
07	50 43.2	240 40.8	52.4	334 52.9	42.7	196 53.3	25.8	67 07.4	02.1	Elnath	278 30.8	N28 36.1
T 08	65 45.7	255 40.8	51.1	349 53.5	42.9	211 55.6	25.9	82 10.0	02.1	Eltanin	90 52.3	N51 29.7
H 09	80 48.1	270 40.8 ··	49.9	4 54.1 ··	43.1	226 57.9 ··	26.0	97 12.6 ··	02.2	Enif	34 00.7	N 9 51.2
U 10	95 50.6	285 40.8	48.7	19 54.8	43.3	242 00.2	26.0	112 15.1	02.2	Fomalhaut	15 39.2	S29 38.8
R 11	110 53.0	300 40.8	47.5	34 55.4	43.5	257 02.4	26.1	127 17.7	02.3			
S 12	125 55.5	315 40.9 N 4 46.2		49 56.0 N22 43.7		272 04.7 S12 26.2		142 20.3 S 9 02.3		Gacrux	172 16.9	S57 05.3
D 13	140 58.0	330 40.9	45.0	64 56.6	43.9	287 07.0	26.3	157 22.9	02.4	Gienah	176 07.0	S17 30.8
A 14	156 00.4	345 40.9	43.8	79 57.3	44.1	302 09.3	26.3	172 25.5	02.5	Hadar	149 08.0	S60 21.1
Y 15	171 02.9	0 40.9 ··	42.5	94 57.9 ··	44.3	317 11.6 ··	26.4	187 28.1 ··	02.5	Hamal	328 16.7	N23 26.2
16	186 05.4	15 40.9	41.3	109 58.5	44.4	332 13.9	26.5	202 30.7	02.6	Kaus Aust.	84 02.2	S34 23.2
17	201 07.8	30 41.0	40.1	124 59.2	44.6	347 16.1	26.6	217 33.2	02.6			
18	216 10.3	45 41.0 N 4 38.9		139 59.8 N22 44.8		2 18.4 S12 26.6		232 35.8 S 9 02.7		Kochab	137 19.3	N74 11.0
19	231 12.8	60 41.0	37.6	155 00.4	45.0	17 20.7	26.7	247 38.4	02.8	Markab	13 52.2	N15 10.7
20	246 15.2	75 41.0	36.4	170 01.0	45.2	32 23.0	26.8	262 41.0	02.8	Menkar	314 29.9	N 4 04.2
21	261 17.7	90 41.1 ··	35.2	185 01.7 ··	45.4	47 25.3 ··	26.8	277 43.6 ··	02.9	Menkent	148 24.3	S36 20.8
22	276 20.2	105 41.1	33.9	200 02.3	45.6	62 27.6	26.9	292 46.2	02.9	Miaplacidus	221 43.5	S69 41.9
23	291 22.6	120 41.1	32.7	215 02.9	45.8	77 29.8	27.0	307 48.8	03.0			
29 00	306 25.1	135 41.1 N 4 31.5		230 03.6 N22 46.0		92 32.1 S12 27.1		322 51.3 S 9 03.0		Mirfak	309 00.8	N49 50.3
01	321 27.5	150 41.2	30.2	245 04.2	46.2	107 34.4	27.1	337 53.9	03.1	Nunki	76 15.5	S26 18.1
02	336 30.0	165 41.2	29.0	260 04.8	46.4	122 36.7	27.2	352 56.5	03.2	Peacock	53 40.8	S56 45.0
03	351 32.5	180 41.2 ··	27.8	275 05.5 ··	46.6	137 39.0 ··	27.3	7 59.1 ··	03.2	Pollux	243 45.4	N28 02.3
04	6 34.9	195 41.2	26.6	290 06.1	46.8	152 41.2	27.4	23 01.7	03.3	Procyon	245 14.8	N 5 14.3
05	21 37.4	210 41.3	25.3	305 06.7	47.0	167 43.5	27.4	38 04.3	03.3			
06	36 39.9	225 41.3 N 4 24.1		320 07.4 N22 47.2		182 45.8 S12 27.5		53 06.9 S 9 03.4		Rasalhague	96 19.3	N12 34.0
07	51 42.3	240 41.3	22.9	335 08.0	47.4	197 48.1	27.6	68 09.5	03.5	Regulus	207 58.8	N11 59.6
08	66 44.8	255 41.4	21.6	350 08.6	47.5	212 50.4	27.7	83 12.0	03.5	Rigel	281 25.9	S 8 12.4
F 09	81 47.3	270 41.4 ··	20.4	5 09.2 ··	47.7	227 52.6 ··	27.7	98 14.6 ··	03.6	Rigil Kent.	140 10.9	S60 49.0
R 10	96 49.7	285 41.4	19.2	20 09.9	47.9	242 54.9	27.8	113 17.2	03.6	Sabik	102 28.5	S15 43.0
I 11	111 52.2	300 41.5	17.9	35 10.5	48.1	257 57.2	27.9	128 19.8	03.7			
D 12	126 54.7	315 41.5 N 4 16.7		50 11.1 N22 48.3		272 59.5 S12 28.0		143 22.4 S 9 03.8		Schedar	349 56.4	N56 30.3
A 13	141 57.1	330 41.5	15.5	65 11.8	48.5	288 01.8	28.0	158 25.0	03.8	Shaula	96 40.8	S37 06.0
Y 14	156 59.6	345 41.6	14.2	80 12.4	48.7	303 04.0	28.1	173 27.6	03.9	Sirius	258 46.5	S16 42.5
15	172 02.0	0 41.6 ··	13.0	95 13.0 ··	48.9	318 06.3 ··	28.2	188 30.2 ··	03.9	Spica	158 46.2	S11 08.0
16	187 04.5	15 41.6	11.8	110 13.7	49.1	333 08.6	28.3	203 32.7	04.0	Suhail	223 03.3	S43 24.8
17	202 07.0	30 41.7	10.6	125 14.3	49.2	348 10.9	28.3	218 35.3	04.0			
18	217 09.4	45 41.7 N 4 09.3		140 14.9 N22 49.4		3 13.2 S12 28.4		233 37.9 S 9 04.1		Vega	80 48.1	N38 47.0
19	232 11.9	60 41.7	08.1	155 15.6	49.6	18 15.4	28.5	248 40.5	04.2	Zuben'ubi	137 21.0	S16 01.2
20	247 14.4	75 41.8	06.9	170 16.2	49.8	33 17.7	28.6	263 43.1	04.2			
21	262 16.8	90 41.8 ··	05.6	185 16.8 ··	50.0	48 20.0 ··	28.6	278 45.7 ··	04.3			
22	277 19.3	105 41.8	04.4	200 17.5	50.2	63 22.3	28.7	293 48.3	04.3			
23	292 21.8	120 41.9	03.2	215 18.1	50.4	78 24.5	28.8	308 50.9	04.4			

											S.H.A.	Mer. Pass.
											° ′	h m
										Venus	190 14.7	14 57
										Mars	284 22.5	8 40
	h m									Jupiter	146 11.3	17 51
Mer. Pass. 3 37.7	v 0.0 d 1.2		v 0.6 d 0.2		v 2.3 d 0.1		v 2.6 d 0.1			Saturn	16 23.3	2 32

1994 JULY 27, 28, 29 (WED., THURS., FRI.)

UT (GMT) d h	SUN G.H.A.	Dec.	MOON G.H.A.	v	Dec.	d	H.P.
27 00	178 22.8	N19 18.7	311 05.9	14.3	N 1 41.9	10.9	55.5
01	193 22.8	18.2	325 39.2	14.3	1 52.8	10.9	55.5
02	208 22.8	17.6	340 12.5	14.4	2 03.7	10.8	55.5
03	223 22.8 ..	17.1	354 45.9	14.3	2 14.5	10.9	55.5
04	238 22.8	16.5	9 19.2	14.4	2 25.4	10.8	55.4
05	253 22.8	15.9	23 52.6	14.4	2 36.2	10.8	55.4
W 06	268 22.8	N19 15.4	38 26.0	14.4	N 2 47.0	10.8	55.4
E 07	283 22.8	14.8	52 59.4	14.5	2 57.8	10.8	55.4
D 08	298 22.8	14.2	67 32.9	14.4	3 08.6	10.7	55.3
N 09	313 22.8 ..	13.7	82 06.3	14.5	3 19.3	10.7	55.3
E 10	328 22.8	13.1	96 39.8	14.4	3 30.0	10.7	55.3
S 11	343 22.8	12.5	111 13.2	14.5	3 40.7	10.7	55.3
D 12	358 22.8	N19 12.0	125 46.7	14.5	N 3 51.4	10.7	55.3
A 13	13 22.9	11.4	140 20.2	14.6	4 02.1	10.6	55.2
Y 14	28 22.9	10.9	154 53.8	14.5	4 12.7	10.6	55.2
15	43 22.9 ..	10.3	169 27.3	14.5	4 23.3	10.5	55.2
16	58 22.9	09.7	184 00.8	14.6	4 33.8	10.5	55.2
17	73 22.9	09.1	198 34.4	14.6	4 44.3	10.5	55.1
18	88 22.9	N19 08.6	213 08.0	14.5	N 4 54.8	10.5	55.1
19	103 22.9	08.0	227 41.5	14.6	5 05.3	10.5	55.1
20	118 22.9	07.4	242 15.1	14.6	5 15.8	10.4	55.1
21	133 22.9 ..	06.9	256 48.7	14.6	5 26.2	10.3	55.1
22	148 22.9	06.3	271 22.3	14.6	5 36.5	10.4	55.0
23	163 22.9	05.7	285 55.9	14.6	5 46.9	10.3	55.0
28 00	178 23.0	N19 05.2	300 29.5	14.6	N 5 57.2	10.3	55.0
01	193 23.0	04.6	315 03.1	14.6	6 07.5	10.2	55.0
02	208 23.0	04.0	329 36.7	14.7	6 17.7	10.3	55.0
03	223 23.0 ..	03.4	344 10.4	14.6	6 28.0	10.1	54.9
04	238 23.0	02.9	358 44.0	14.6	6 38.1	10.2	54.9
05	253 23.0	02.3	13 17.6	14.6	6 48.3	10.1	54.9
T 06	268 23.0	N19 01.7	27 51.2	14.7	N 6 58.4	10.0	54.9
H 07	283 23.0	01.1	42 24.9	14.6	7 08.4	10.1	54.9
U 08	298 23.0	00.6	56 58.5	14.6	7 18.5	10.0	54.8
R 09	313 23.0	19 00.0	71 32.1	14.6	7 28.5	9.9	54.8
S 10	328 23.1	18 59.4	86 05.7	14.6	7 38.4	9.9	54.8
D 11	343 23.1	58.8	100 39.3	14.7	7 48.3	9.9	54.8
A 12	358 23.1	N18 58.2	115 13.0	14.6	N 7 58.2	9.9	54.8
Y 13	13 23.1	57.7	129 46.6	14.6	8 08.1	9.8	54.8
14	28 23.1	57.1	144 20.2	14.6	8 17.9	9.7	54.7
15	43 23.1 ..	56.5	158 53.8	14.6	8 27.6	9.7	54.7
16	58 23.1	55.9	173 27.4	14.6	8 37.3	9.7	54.7
17	73 23.2	55.3	188 01.0	14.6	8 47.0	9.6	54.7
18	88 23.2	N18 54.8	202 34.6	14.6	N 8 56.6	9.6	54.7
19	103 23.2	54.2	217 08.2	14.5	9 06.2	9.5	54.7
20	118 23.2	53.6	231 41.7	14.6	9 15.7	9.5	54.6
21	133 23.2 ..	53.0	246 15.3	14.5	9 25.2	9.5	54.6
22	148 23.2	52.4	260 48.8	14.6	9 34.7	9.4	54.6
23	163 23.2	51.8	275 22.4	14.5	9 44.1	9.4	54.6
29 00	178 23.3	N18 51.3	289 55.9	14.5	N 9 53.5	9.3	54.6
01	193 23.3	50.7	304 29.4	14.5	10 02.8	9.2	54.6
02	208 23.3	50.1	319 02.9	14.5	10 12.0	9.3	54.6
03	223 23.3 ..	49.5	333 36.4	14.5	10 21.3	9.1	54.6
04	238 23.3	48.9	348 09.9	14.5	10 30.4	9.2	54.5
05	253 23.3	48.3	2 43.4	14.4	10 39.6	9.0	54.5
F 06	268 23.4	N18 47.7	17 16.8	14.5	N10 48.6	9.1	54.5
R 07	283 23.4	47.1	31 50.3	14.4	10 57.7	8.9	54.5
I 08	298 23.4	46.5	46 23.7	14.4	11 06.6	8.9	54.5
D 09	313 23.4 ..	46.0	60 57.1	14.4	11 15.5	8.9	54.5
A 10	328 23.4	45.4	75 30.5	14.3	11 24.4	8.8	54.5
Y 11	343 23.5	44.8	90 03.8	14.4	11 33.2	8.8	54.5
12	358 23.5	N18 44.2	104 37.2	14.3	N11 42.0	8.7	54.4
13	13 23.5	43.6	119 10.5	14.3	11 50.7	8.7	54.4
14	28 23.5	43.0	133 43.8	14.3	11 59.4	8.6	54.4
15	43 23.5 ..	42.4	148 17.1	14.3	12 08.0	8.6	54.4
16	58 23.6	41.8	162 50.4	14.3	12 16.6	8.5	54.4
17	73 23.6	41.2	177 23.7	14.2	12 25.1	8.4	54.4
18	88 23.6	N18 40.6	191 56.9	14.2	N12 33.5	8.4	54.4
19	103 23.6	40.0	206 30.1	14.2	12 41.9	8.3	54.4
20	118 23.6	39.4	221 03.3	14.1	12 50.2	8.3	54.4
21	133 23.7 ..	38.8	235 36.4	14.2	12 58.5	8.2	54.4
22	148 23.7	38.2	250 09.6	14.1	13 06.7	8.2	54.4
23	163 23.7	37.6	264 42.7	14.1	13 14.9	8.1	54.3
	S.D. 15.8	d 0.6	S.D. 15.1		14.9		14.8

Moonrise

Lat.	Twilight Naut.	Civil	Sunrise	27	28	29	30
N 72	□	□	□	20 46	20 34	20 19	19 58
N 70	////	////	00 28	20 53	20 48	20 42	20 35
68	////	////	01 52	20 59	20 59	21 00	21 02
66	////	////	02 29	21 04	21 09	21 14	21 22
64	////	01 10	02 54	21 09	21 16	21 26	21 39
62	////	01 57	03 14	21 12	21 23	21 36	21 52
60	////	02 26	03 31	21 16	21 29	21 45	22 04
N 58	01 04	02 48	03 44	21 19	21 35	21 52	22 14
56	01 47	03 06	03 56	21 21	21 39	21 59	22 23
54	02 14	03 20	04 06	21 24	21 43	22 05	22 31
52	02 34	03 33	04 15	21 26	21 47	22 11	22 38
50	02 51	03 44	04 23	21 28	21 51	22 16	22 44
45	03 22	04 06	04 40	21 32	21 58	22 27	22 58
N 40	03 46	04 24	04 54	21 36	22 05	22 36	23 09
35	04 04	04 38	05 06	21 39	22 10	22 43	23 19
30	04 19	04 50	05 16	21 42	22 15	22 50	23 27
20	04 42	05 10	05 34	21 46	22 24	23 02	23 42
N 10	05 00	05 27	05 49	21 51	22 31	23 12	23 55
0	05 16	05 41	06 03	21 55	22 38	23 22	24 07
S 10	05 29	05 55	06 17	21 59	22 45	23 32	24 19
20	05 42	06 08	06 32	22 03	22 53	23 43	24 33
30	05 54	06 23	06 48	22 08	23 02	23 55	24 48
35	06 00	06 31	06 58	22 11	23 07	24 02	00 02
40	06 07	06 40	07 09	22 15	23 13	24 10	00 10
45	06 14	06 50	07 22	22 18	23 19	24 19	00 19
S 50	06 22	07 02	07 37	22 23	23 27	24 31	00 31
52	06 26	07 07	07 45	22 25	23 31	24 36	00 36
54	06 30	07 13	07 53	22 28	23 35	24 42	00 42
56	06 34	07 19	08 02	22 30	23 40	24 48	00 48
58	06 38	07 27	08 12	22 33	23 45	24 56	00 56
S 60	06 43	07 35	08 24	22 36	23 51	25 04	01 04

Moonset

Lat.	Sunset	Twilight Civil	Naut.	27	28	29	30
N 72	□	□	□	10 16	12 00	13 46	15 40
N 70	23 25	////	////	10 12	11 48	13 24	15 03
68	22 16	////	////	10 08	11 38	13 08	14 38
66	21 41	////	////	10 04	11 30	12 54	14 18
64	21 16	22 56	////	10 01	11 23	12 43	14 02
62	20 57	22 12	////	09 59	11 17	12 34	13 49
60	20 41	21 44	////	09 57	11 12	12 26	13 38
N 58	20 27	21 23	23 03	09 55	11 08	12 19	13 29
56	20 16	21 06	22 23	09 53	11 04	12 13	13 21
54	20 06	20 51	21 57	09 52	11 00	12 07	13 13
52	19 57	20 39	21 37	09 50	10 57	12 02	13 07
50	19 49	20 28	21 21	09 49	10 54	11 58	13 01
45	19 32	20 06	20 49	09 46	10 48	11 48	12 48
N 40	19 18	19 49	20 27	09 44	10 43	11 40	12 37
35	19 06	19 34	20 09	09 42	10 38	11 33	12 28
30	18 56	19 22	19 54	09 40	10 34	11 27	12 20
20	18 39	19 03	19 30	09 37	10 27	11 17	12 07
N 10	18 24	18 46	19 12	09 35	10 21	11 08	11 55
0	18 10	18 32	18 57	09 32	10 16	10 59	11 44
S 10	17 56	18 18	18 44	09 30	10 10	10 51	11 33
20	17 42	18 05	18 32	09 27	10 04	10 42	11 21
30	17 25	17 50	18 19	09 24	09 57	10 32	11 07
35	17 15	17 42	18 13	09 22	09 53	10 26	11 00
40	17 04	17 33	18 06	09 20	09 49	10 19	10 51
45	16 52	17 23	17 59	09 18	09 44	10 11	10 41
S 50	16 36	17 12	17 51	09 15	09 38	10 02	10 28
52	16 29	17 06	17 48	09 14	09 35	09 57	10 22
54	16 21	17 00	17 44	09 13	09 32	09 53	10 16
56	16 11	16 54	17 40	09 11	09 29	09 47	10 09
58	16 01	16 47	17 36	09 10	09 25	09 42	10 01
S 60	15 49	16 39	17 31	09 08	09 21	09 35	09 52

Day	SUN Eqn. of Time 00h	12h	Mer. Pass.	MOON Mer. Pass. Upper	Lower	Age	Phase
27	06 29	06 29	12 06	03 22	15 43	19	
28	06 28	06 28	12 06	04 05	16 27	20	◑
29	06 27	06 26	12 06	04 49	17 11	21	

1994 JULY 30, 31, AUG. 1 (SAT., SUN., MON.)

UT (GMT) d h	ARIES G.H.A.	VENUS −4.2 G.H.A.	VENUS Dec.	MARS +1.2 G.H.A.	MARS Dec.	JUPITER −2.0 G.H.A.	JUPITER Dec.	SATURN +0.7 G.H.A.	SATURN Dec.
30 00	307 24.2	135 41.9	N 4 01.9	230 18.7	N22 50.5	93 26.8	S12 28.9	323 53.5	S 9 04.5
01	322 26.7	150 42.0	4 00.7	245 19.3	50.7	108 29.1	28.9	338 56.1	04.5
02	337 29.1	165 42.0	3 59.5	260 20.0	50.9	123 31.4	29.0	353 58.6	04.6
03	352 31.6	180 42.0	·· 58.2	275 20.6	·· 51.1	138 33.6	·· 29.1	9 01.2	·· 04.6
04	7 34.1	195 42.1	57.0	290 21.2	51.3	153 35.9	29.2	24 03.8	04.7
05	22 36.5	210 42.1	55.8	305 21.9	51.5	168 38.2	29.2	39 06.4	04.8
06	37 39.0	225 42.1	N 3 54.5	320 22.5	N22 51.6	183 40.5	S12 29.3	54 09.0	S 9 04.8
S 07	52 41.5	240 42.2	53.3	335 23.1	51.8	198 42.7	29.4	69 11.6	04.9
A 08	67 43.9	255 42.2	52.1	350 23.8	52.0	213 45.0	29.5	84 14.2	04.9
T 09	82 46.4	270 42.3	·· 50.8	5 24.4	·· 52.2	228 47.3	·· 29.5	99 16.8	·· 05.0
U 10	97 48.9	285 42.3	49.6	20 25.0	52.4	243 49.6	29.6	114 19.4	05.1
R 11	112 51.3	300 42.4	48.4	35 25.7	52.6	258 51.8	29.7	129 22.0	05.1
D 12	127 53.8	315 42.4	N 3 47.1	50 26.3	N22 52.7	273 54.1	S12 29.8	144 24.6	S 9 05.2
A 13	142 56.3	330 42.4	45.9	65 26.9	52.9	288 56.4	29.8	159 27.1	05.2
Y 14	157 58.7	345 42.5	44.6	80 27.6	53.1	303 58.6	29.9	174 29.7	05.3
15	173 01.2	0 42.5	·· 43.4	95 28.2	·· 53.3	319 00.9	·· 30.0	189 32.3	·· 05.4
16	188 03.6	15 42.6	42.2	110 28.8	53.5	334 03.2	30.1	204 34.9	05.4
17	203 06.1	30 42.6	40.9	125 29.5	53.6	349 05.5	30.1	219 37.5	05.5
18	218 08.6	45 42.7	N 3 39.7	140 30.1	N22 53.8	4 07.7	S12 30.2	234 40.1	S 9 05.5
19	233 11.0	60 42.7	38.5	155 30.7	54.0	19 10.0	30.3	249 42.7	05.6
20	248 13.5	75 42.8	37.2	170 31.4	54.2	34 12.3	30.4	264 45.3	05.7
21	263 16.0	90 42.8	·· 36.0	185 32.0	·· 54.3	49 14.5	·· 30.5	279 47.9	·· 05.7
22	278 18.4	105 42.9	34.8	200 32.6	54.5	64 16.8	30.5	294 50.5	05.8
23	293 20.9	120 42.9	33.5	215 33.3	54.7	79 19.1	30.6	309 53.1	05.8
31 00	308 23.4	135 43.0	N 3 32.3	230 33.9	N22 54.9	94 21.3	S12 30.7	324 55.7	S 9 05.9
01	323 25.8	150 43.0	31.1	245 34.5	55.1	109 23.6	30.8	339 58.2	06.0
02	338 28.3	165 43.1	29.8	260 35.2	55.2	124 25.9	30.8	355 00.8	06.0
03	353 30.8	180 43.1	·· 28.6	275 35.8	·· 55.4	139 28.1	·· 30.9	10 03.4	·· 06.1
04	8 33.2	195 43.2	27.3	290 36.4	55.6	154 30.4	31.0	25 06.0	06.2
05	23 35.7	210 43.2	26.1	305 37.1	55.8	169 32.7	31.1	40 08.6	06.2
06	38 38.1	225 43.3	N 3 24.9	320 37.7	N22 55.9	184 35.0	S12 31.2	55 11.2	S 9 06.3
S 07	53 40.6	240 43.3	23.6	335 38.3	56.1	199 37.2	31.2	70 13.8	06.3
U 08	68 43.1	255 43.4	22.4	350 39.0	56.3	214 39.5	31.3	85 16.4	06.4
N 09	83 45.5	270 43.4	·· 21.2	5 39.6	·· 56.5	229 41.8	·· 31.4	100 19.0	·· 06.5
D 10	98 48.0	285 43.5	19.9	20 40.2	56.6	244 44.0	31.5	115 21.6	06.5
A 11	113 50.5	300 43.5	18.7	35 40.9	56.8	259 46.3	31.5	130 24.2	06.6
Y 12	128 52.9	315 43.6	N 3 17.5	50 41.5	N22 57.0	274 48.6	S12 31.6	145 26.8	S 9 06.6
13	143 55.4	330 43.6	16.2	65 42.1	57.1	289 50.8	31.7	160 29.4	06.7
14	158 57.9	345 43.7	15.0	80 42.8	57.3	304 53.1	31.8	175 32.0	06.8
15	174 00.3	0 43.8	·· 13.7	95 43.4	·· 57.5	319 55.3	·· 31.9	190 34.6	·· 06.8
16	189 02.8	15 43.8	12.5	110 44.0	57.7	334 57.6	31.9	205 37.2	06.9
17	204 05.2	30 43.9	11.3	125 44.7	57.8	349 59.9	32.0	220 39.7	06.9
18	219 07.7	45 43.9	N 3 10.0	140 45.3	N22 58.0	5 02.1	S12 32.1	235 42.3	S 9 07.0
19	234 10.2	60 44.0	08.8	155 45.9	58.2	20 04.4	32.2	250 44.9	07.1
20	249 12.6	75 44.0	07.5	170 46.6	58.3	35 06.7	32.3	265 47.5	07.1
21	264 15.1	90 44.1	·· 06.3	185 47.2	·· 58.5	50 08.9	·· 32.3	280 50.1	·· 07.2
22	279 17.6	105 44.2	05.1	200 47.8	58.7	65 11.2	32.4	295 52.7	07.3
23	294 20.0	120 44.2	03.8	215 48.5	58.8	80 13.5	32.5	310 55.3	07.3
1 00	309 22.5	135 44.3	N 3 02.6	230 49.1	N22 59.0	95 15.7	S12 32.6	325 57.9	S 9 07.4
01	324 25.0	150 44.3	01.3	245 49.7	59.2	110 18.0	32.7	341 00.5	07.4
02	339 27.4	165 44.4	3 00.1	260 50.4	59.3	125 20.2	32.7	356 03.1	07.5
03	354 29.9	180 44.5	2 58.9	275 51.0	·· 59.5	140 22.5	·· 32.8	11 05.7	·· 07.6
04	9 32.4	195 44.5	57.6	290 51.7	59.7	155 24.8	32.9	26 08.3	07.6
05	24 34.8	210 44.6	56.4	305 52.3	22 59.8	170 27.0	33.0	41 10.9	07.7
06	39 37.3	225 44.7	N 2 55.2	320 52.9	N23 00.0	185 29.3	S12 33.0	56 13.5	S 9 07.7
M 07	54 39.7	240 44.7	53.9	335 53.6	00.2	200 31.6	33.1	71 16.1	07.8
O 08	69 42.2	255 44.8	52.7	350 54.2	00.3	215 33.8	33.2	86 18.7	07.9
N 09	84 44.7	270 44.9	·· 51.4	5 54.8	·· 00.5	230 36.1	·· 33.3	101 21.3	·· 07.9
D 10	99 47.1	285 44.9	50.2	20 55.5	00.7	245 38.3	33.4	116 23.9	08.0
A 11	114 49.6	300 45.0	49.0	35 56.1	00.8	260 40.6	33.5	131 26.5	08.1
Y 12	129 52.1	315 45.1	N 2 47.7	50 56.7	N23 01.0	275 42.9	S12 33.5	146 29.1	S 9 08.1
13	144 54.5	330 45.1	46.5	65 57.4	01.2	290 45.1	33.6	161 31.7	08.2
14	159 57.0	345 45.2	45.2	80 58.0	01.3	305 47.4	33.7	176 34.3	08.2
15	174 59.5	0 45.3	·· 44.0	95 58.6	·· 01.5	320 49.6	·· 33.8	191 36.9	·· 08.3
16	190 01.9	15 45.3	42.8	110 59.3	01.6	335 51.9	33.9	206 39.5	08.4
17	205 04.4	30 45.4	41.5	125 59.9	01.8	350 54.2	33.9	221 42.0	08.4
18	220 06.9	45 45.5	N 2 40.3	141 00.6	N23 02.0	5 56.4	S12 34.0	236 44.6	S 9 08.5
19	235 09.3	60 45.5	39.0	156 01.2	02.1	20 58.7	34.1	251 47.2	08.5
20	250 11.8	75 45.6	37.8	171 01.8	02.3	36 00.9	34.2	266 49.8	08.6
21	265 14.2	90 45.7	·· 36.6	186 02.5	·· 02.5	51 03.2	·· 34.3	281 52.4	·· 08.7
22	280 16.7	105 45.7	35.3	201 03.1	02.6	66 05.4	34.3	296 55.0	08.7
23	295 19.2	120 45.8	34.1	216 03.7	02.8	81 07.7	34.4	311 57.6	08.8
Mer. Pass.	3h 25.9m	v 0.1	d 1.2	v 0.6	d 0.2	v 2.3	d 0.1	v 2.6	d 0.1

STARS

Name	S.H.A.	Dec.
Acamar	315 29.1	S40 19.3
Achernar	335 37.1	S57 15.5
Acrux	173 25.4	S63 04.5
Adhara	255 24.0	S28 57.9
Aldebaran	291 05.8	N16 29.9
Alioth	166 33.3	N55 59.6
Alkaid	153 10.1	N49 20.7
Al Na'ir	28 01.0	S46 59.0
Alnilam	276 01.0	S 1 12.3
Alphard	218 10.3	S 8 38.2
Alphecca	126 22.9	N26 44.2
Alpheratz	357 57.9	N29 03.7
Altair	62 21.7	N 8 51.5
Ankaa	353 29.4	S42 19.8
Antares	112 43.4	S26 25.2
Arcturus	146 08.6	N19 12.8
Atria	107 57.6	S69 01.3
Avior	234 24.4	S59 29.6
Bellatrix	278 47.4	N 6 20.7
Betelgeuse	271 16.9	N 7 24.3
Canopus	264 02.9	S52 41.5
Capella	280 55.7	N45 59.4
Deneb	49 40.6	N45 15.8
Denebola	182 48.3	N14 36.2
Diphda	349 09.9	S18 00.7
Dubhe	194 09.5	N61 46.9
Elnath	278 30.8	N28 36.1
Eltanin	90 52.3	N51 29.7
Enif	34 00.7	N 9 51.2
Fomalhaut	15 39.2	S29 38.8
Gacrux	172 16.9	S57 05.3
Gienah	176 07.0	S17 30.8
Hadar	149 08.0	S60 21.1
Hamal	328 16.7	N23 26.2
Kaus Aust.	84 02.2	S34 23.2
Kochab	137 19.4	N74 11.0
Markab	13 52.1	N15 10.7
Menkar	314 29.9	N 4 04.2
Menkent	148 24.3	S36 20.8
Miaplacidus	221 43.5	S69 41.9
Mirfak	309 00.7	N49 50.3
Nunki	76 15.5	S26 18.1
Peacock	53 40.8	S56 45.0
Pollux	243 45.4	N28 02.3
Procyon	245 14.8	N 5 14.3
Rasalhague	96 19.3	N12 34.0
Regulus	207 58.8	N11 59.6
Rigel	281 25.9	S 8 12.4
Rigil Kent.	140 11.0	S60 49.0
Sabik	102 28.5	S15 43.0
Schedar	349 56.4	N56 30.3
Shaula	96 40.8	S37 06.0
Sirius	258 46.5	S16 42.5
Spica	158 46.2	S11 08.0
Suhail	223 03.3	S43 24.8
Vega	80 48.1	N38 47.0
Zuben'ubi	137 21.0	S16 01.2

	S.H.A.	Mer. Pass.
Venus	187 19.6	14h 57m
Mars	282 10.5	8 37
Jupiter	145 58.0	17 40
Saturn	16 32.3	2 20

1994 JULY 30, 31, AUG. 1 (SAT., SUN., MON.)

UT (GMT)	SUN G.H.A.	SUN Dec.	MOON G.H.A.	v	Dec.	d	H.P.
30 d h	° ′	° ′	° ′	′	° ′	′	′
00	178 23.7	N18 37.0	279 15.8	14.1	N13 23.0	8.0	54.3
01	193 23.7	36.4	293 48.9	14.0	13 31.0	8.0	54.3
02	208 23.8	35.8	308 21.9	14.0	13 39.0	7.9	54.3
03	223 23.8	.. 35.2	322 54.9	14.0	13 46.9	7.9	54.3
04	238 23.8	34.6	337 27.9	14.0	13 54.8	7.8	54.3
05	253 23.8	34.0	352 00.9	13.9	14 02.6	7.7	54.3
06	268 23.9	N18 33.4	6 33.8	13.9	N14 10.3	7.7	54.3
07	283 23.9	32.8	21 06.7	13.9	14 18.0	7.6	54.3
08	298 23.9	32.2	35 39.6	13.8	14 25.6	7.6	54.3
09	313 23.9	.. 31.6	50 12.4	13.9	14 33.2	7.5	54.3
10	328 24.0	31.0	64 45.3	13.7	14 40.7	7.4	54.3
11	343 24.0	30.4	79 18.0	13.8	14 48.1	7.4	54.3
12	358 24.0	N18 29.8	93 50.8	13.7	N14 55.5	7.3	54.3
13	13 24.0	29.2	108 23.5	13.7	15 02.8	7.2	54.3
14	28 24.1	28.6	122 56.2	13.7	15 10.0	7.2	54.3
15	43 24.1	.. 28.0	137 28.9	13.7	15 17.2	7.1	54.3
16	58 24.1	27.4	152 01.6	13.6	15 24.3	7.0	54.3
17	73 24.1	26.8	166 34.2	13.5	15 31.3	7.0	54.3
18	88 24.2	N18 26.2	181 06.7	13.6	N15 38.3	6.9	54.3
19	103 24.2	25.6	195 39.3	13.5	15 45.2	6.8	54.3
20	118 24.2	25.0	210 11.8	13.5	15 52.0	6.8	54.3
21	133 24.2	.. 24.4	224 44.3	13.4	15 58.8	6.7	54.3
22	148 24.3	23.7	239 16.7	13.4	16 05.5	6.6	54.3
23	163 24.3	23.1	253 49.1	13.4	16 12.1	6.6	54.3
31 00	178 24.3	N18 22.5	268 21.5	13.3	N16 18.7	6.4	54.3
01	193 24.4	21.9	282 53.8	13.4	16 25.1	6.4	54.3
02	208 24.4	21.3	297 26.2	13.2	16 31.5	6.4	54.3
03	223 24.4	.. 20.7	311 58.4	13.3	16 37.9	6.3	54.3
04	238 24.4	20.1	326 30.7	13.2	16 44.2	6.1	54.3
05	253 24.5	19.5	341 02.9	13.1	16 50.3	6.2	54.3
06	268 24.5	N18 18.8	355 35.0	13.2	N16 56.5	6.0	54.3
07	283 24.5	18.2	10 07.2	13.1	17 02.5	6.0	54.3
08	298 24.6	17.6	24 39.3	13.0	17 08.5	5.9	54.3
09	313 24.6	.. 17.0	39 11.3	13.1	17 14.4	5.8	54.3
10	328 24.6	16.4	53 43.4	12.9	17 20.2	5.8	54.3
11	343 24.7	15.8	68 15.3	13.0	17 26.0	5.6	54.3
12	358 24.7	N18 15.1	82 47.3	12.9	N17 31.6	5.6	54.3
13	13 24.7	14.5	97 19.2	12.9	17 37.2	5.5	54.3
14	28 24.7	13.9	111 51.1	12.8	17 42.7	5.5	54.3
15	43 24.8	.. 13.3	126 22.9	12.8	17 48.2	5.3	54.3
16	58 24.8	12.7	140 54.7	12.8	17 53.5	5.3	54.3
17	73 24.8	12.1	155 26.5	12.7	17 58.8	5.2	54.3
18	88 24.9	N18 11.4	169 58.2	12.7	N18 04.0	5.1	54.3
19	103 24.9	10.8	184 29.9	12.7	18 09.1	5.1	54.3
20	118 24.9	10.2	199 01.6	12.6	18 14.2	4.9	54.3
21	133 25.0	.. 09.6	213 33.2	12.5	18 19.1	4.9	54.3
22	148 25.0	08.9	228 04.7	12.6	18 24.0	4.8	54.3
23	163 25.0	08.3	242 36.3	12.5	18 28.8	4.7	54.3
1 00	178 25.1	N18 07.7	257 07.8	12.4	N18 33.5	4.7	54.4
01	193 25.1	07.1	271 39.2	12.5	18 38.2	4.5	54.4
02	208 25.1	06.5	286 10.7	12.4	18 42.7	4.5	54.4
03	223 25.2	.. 05.8	300 42.1	12.3	18 47.2	4.4	54.4
04	238 25.2	05.2	315 13.4	12.3	18 51.6	4.3	54.4
05	253 25.3	04.6	329 44.7	12.3	18 55.9	4.2	54.4
06	268 25.3	N18 04.0	344 16.0	12.2	N19 00.1	4.1	54.4
07	283 25.3	03.3	358 47.2	12.2	19 04.2	4.0	54.4
08	298 25.4	02.7	13 18.4	12.2	19 08.2	4.0	54.4
09	313 25.4	.. 02.1	27 49.6	12.1	19 12.2	3.9	54.4
10	328 25.4	01.4	42 20.7	12.1	19 16.1	3.7	54.4
11	343 25.5	00.8	56 51.8	12.0	19 19.8	3.7	54.5
12	358 25.5	N18 00.2	71 22.8	12.0	N19 23.5	3.6	54.5
13	13 25.6	17 59.6	85 53.8	12.0	19 27.1	3.6	54.5
14	28 25.6	58.9	100 24.8	11.9	19 30.7	3.4	54.5
15	43 25.6	.. 58.3	114 55.7	11.9	19 34.1	3.3	54.5
16	58 25.7	57.7	129 26.6	11.9	19 37.4	3.3	54.5
17	73 25.7	57.0	143 57.5	11.8	19 40.7	3.1	54.5
18	88 25.7	N17 56.4	158 28.3	11.8	N19 43.8	3.1	54.5
19	103 25.8	55.8	172 59.1	11.7	19 46.9	3.0	54.5
20	118 25.8	55.1	187 29.8	11.7	19 49.9	2.9	54.6
21	133 25.9	.. 54.5	202 00.5	11.7	19 52.8	2.7	54.6
22	148 25.9	53.9	216 31.2	11.7	19 55.5	2.7	54.6
23	163 25.9	53.2	231 01.9	11.6	19 58.2	2.6	54.6
	S.D. 15.8	d 0.6	S.D. 14.8		14.8		14.8

Day labels (left margin): 30 = SATURDAY; 31 = SUNDAY; 1 = MONDAY

Moonrise

Lat.	Twilight Naut.	Twilight Civil	Sunrise	Moonrise 30	31	1	2
°	h m	h m	h m	h m	h m	h m	h m
N 72	□	□	□	19 58	□	□	
N 70	////	////	01 14	20 35	20 27	20 09	□
68	////	////	02 08	21 02	21 08	21 21	21 51
66	////	////	02 40	21 22	21 35	21 58	22 35
64	////	01 32	03 04	21 39	21 57	22 24	23 04
62	////	02 10	03 22	21 52	22 14	22 44	23 26
60	////	02 36	03 38	22 04	22 28	23 01	23 44
N 58	01 23	02 56	03 50	22 14	22 41	23 15	23 59
56	01 58	03 12	04 01	22 23	22 51	23 27	24 12
54	02 22	03 26	04 11	22 31	23 01	23 38	24 23
52	02 41	03 38	04 20	22 38	23 09	23 47	24 33
50	02 57	03 48	04 27	22 44	23 17	23 56	24 41
45	03 27	04 10	04 44	22 58	23 33	24 13	00 13
N 40	03 49	04 27	04 57	23 09	23 46	24 28	00 28
35	04 07	04 40	05 08	23 19	23 58	24 40	00 40
30	04 21	04 52	05 18	23 27	24 07	00 07	00 51
20	04 44	05 11	05 35	23 42	24 25	00 25	01 10
N 10	05 01	05 27	05 49	23 55	24 40	00 40	01 26
0	05 16	05 41	06 03	24 07	00 07	00 54	01 42
S 10	05 29	05 54	06 16	24 19	00 19	01 08	01 57
20	05 43	06 07	06 30	24 33	00 33	01 23	02 13
30	05 52	06 21	06 46	24 48	00 48	01 40	02 32
35	05 58	06 29	06 56	00 02	00 56	01 50	02 43
40	06 04	06 37	07 06	00 10	01 06	02 02	02 56
45	06 11	06 47	07 18	00 19	01 18	02 16	03 11
S 50	06 19	06 58	07 33	00 31	01 33	02 32	03 29
52	06 22	07 03	07 40	00 36	01 39	02 40	03 38
54	06 25	07 09	07 48	00 42	01 47	02 49	03 48
56	06 29	07 15	07 57	00 48	01 55	02 59	03 59
58	06 33	07 21	08 06	00 56	02 05	03 10	04 11
S 60	06 37	07 29	08 18	01 04	02 16	03 24	04 26

Moonset

Lat.	Sunset	Twilight Civil	Naut.	Moonset 30	31	1	2
°	h m	h m	h m	h m	h m	h m	h m
N 72	□	□	□	15 40	□	□	□
N 70	22 50	////	////	15 03	16 47	18 44	□
68	22 00	////	////	14 38	16 07	17 33	18 44
66	21 29	////	////	14 18	15 40	16 56	18 01
64	21 06	22 36	////	14 02	15 19	16 30	17 31
62	20 48	22 00	////	13 49	15 02	16 10	17 09
60	20 33	21 34	////	13 38	14 48	15 53	16 52
N 58	20 21	21 15	22 45	13 29	14 36	15 40	16 37
56	20 10	20 59	22 12	13 21	14 26	15 28	16 24
54	20 00	20 45	21 48	13 13	14 17	15 17	16 13
52	19 52	20 33	21 30	13 07	14 09	15 08	16 03
50	19 44	20 23	21 14	13 01	14 01	15 00	15 54
45	19 28	20 02	20 45	12 48	13 46	14 42	15 36
N 40	19 15	19 45	20 23	12 37	13 33	14 28	15 21
35	19 04	19 32	20 02	12 28	13 22	14 16	15 08
30	18 54	19 20	19 51	12 20	13 13	14 05	14 57
20	18 38	19 01	19 29	12 07	12 57	13 47	14 38
N 10	18 23	18 45	19 11	11 55	12 43	13 31	14 21
0	18 10	18 32	18 57	11 44	12 29	13 17	14 05
S 10	17 57	18 19	18 44	11 33	12 16	13 02	13 50
20	17 43	18 06	18 32	11 21	12 02	12 46	13 33
30	17 27	17 52	18 21	11 07	11 46	12 28	13 14
35	17 18	17 44	18 15	11 00	11 37	12 17	13 03
40	17 07	17 36	18 09	10 51	11 26	12 05	12 50
45	16 55	17 26	18 02	10 41	11 14	11 51	12 35
S 50	16 40	17 15	17 55	10 28	10 58	11 34	12 16
52	16 33	17 10	17 51	10 22	10 51	11 26	12 07
54	16 25	17 05	17 48	10 16	10 43	11 17	11 57
56	16 17	16 59	17 44	10 09	10 35	11 07	11 46
58	16 07	16 52	17 40	10 01	10 25	10 55	11 34
S 60	15 56	16 45	17 36	09 52	10 13	10 41	11 19

SUN / MOON

Day	SUN Eqn. of Time 00h	12h	Mer. Pass.	MOON Mer. Pass. Upper	Lower	Age	Phase
	m s	m s	h m	h m	h m	d	
30	06 25	06 24	12 06	05 33	17 55	22	
31	06 23	06 21	12 06	06 18	18 41	23	
1	06 20	06 18	12 06	07 05	19 29	24	◗

1994 AUGUST 2, 3, 4 (TUES., WED., THURS.)

UT (GMT)	ARIES G.H.A.	VENUS −4.2 G.H.A.	Dec.	MARS +1.2 G.H.A.	Dec.	JUPITER −2.0 G.H.A.	Dec.	SATURN +0.7 G.H.A.	Dec.	STARS Name	S.H.A.	Dec.
2 00	310 21.6	135 45.9	N 2 32.8	231 04.4	N23 02.9	96 10.0	S12 34.5	327 00.2	S 9 08.9	Acamar	315 29.1	S40 19.3
01	325 24.1	150 46.0	31.6	246 05.0	03.1	111 12.2	34.6	342 02.8	08.9	Achernar	335 37.1	S57 15.5
02	340 26.6	165 46.0	30.4	261 05.6	03.3	126 14.5	34.7	357 05.4	09.0	Acrux	173 25.5	S63 04.4
03	355 29.0	180 46.1	·· 29.1	276 06.3	·· 03.4	141 16.7	·· 34.7	12 08.0	·· 09.0	Adhara	255 24.0	S28 57.8
04	10 31.5	195 46.2	27.9	291 06.9	03.6	156 19.0	34.8	27 10.6	09.1	Aldebaran	291 05.8	N16 29.9
05	25 34.0	210 46.2	26.6	306 07.6	03.7	171 21.2	34.9	42 13.2	09.2			
06	40 36.4	225 46.3	N 2 25.4	321 08.2	N23 03.9	186 23.5	S12 35.0	57 15.8	S 9 09.2	Alioth	166 33.3	N55 59.6
T 07	55 38.9	240 46.4	24.2	336 08.8	04.0	201 25.7	35.1	72 18.4	09.3	Alkaid	153 10.1	N49 20.7
U 08	70 41.3	255 46.5	22.9	351 09.5	04.2	216 28.0	35.2	87 21.0	09.4	Al Na'ir	28 01.0	S46 59.0
E 09	85 43.8	270 46.5	·· 21.7	6 10.1	·· 04.4	231 30.3	·· 35.2	102 23.6	·· 09.4	Alnilam	276 00.9	S 1 12.3
S 10	100 46.3	285 46.6	20.4	21 10.7	04.5	246 32.5	35.3	117 26.2	09.5	Alphard	218 10.3	S 8 38.2
D 11	115 48.7	300 46.7	19.2	36 11.4	04.7	261 34.8	35.4	132 28.8	09.6			
A 12	130 51.2	315 46.8	N 2 18.0	51 12.0	N23 04.8	276 37.0	S12 35.5	147 31.4	S 9 09.6	Alphecca	126 22.9	N26 44.2
Y 13	145 53.7	330 46.9	16.7	66 12.7	05.0	291 39.3	35.6	162 34.0	09.7	Alpheratz	357 57.9	N29 03.7
14	160 56.1	345 46.9	15.5	81 13.3	05.1	306 41.5	35.7	177 36.6	09.7	Altair	62 21.7	N 8 51.5
15	175 58.6	0 47.0	·· 14.2	96 13.9	·· 05.3	321 43.8	·· 35.7	192 39.2	·· 09.8	Ankaa	353 29.4	S42 19.8
16	191 01.1	15 47.1	13.0	111 14.6	05.4	336 46.0	35.8	207 41.8	09.9	Antares	112 43.4	S26 25.2
17	206 03.5	30 47.2	11.7	126 15.2	05.6	351 48.3	35.9	222 44.4	09.9			
18	221 06.0	45 47.3	N 2 10.5	141 15.8	N23 05.7	6 50.5	S12 36.0	237 47.0	S 9 10.0	Arcturus	146 08.6	N19 12.8
19	236 08.5	60 47.3	09.3	156 16.5	05.9	21 52.8	36.1	252 49.6	10.1	Atria	107 57.6	S69 01.3
20	251 10.9	75 47.4	08.0	171 17.1	06.0	36 55.0	36.1	267 52.2	10.1	Avior	234 24.4	S59 29.6
21	266 13.4	90 47.5	·· 06.8	186 17.8	·· 06.2	51 57.3	·· 36.2	282 54.8	·· 10.2	Bellatrix	278 47.4	N 6 20.7
22	281 15.8	105 47.6	05.5	201 18.4	06.4	66 59.5	36.3	297 57.4	10.2	Betelgeuse	271 16.8	N 7 24.3
23	296 18.3	120 47.7	04.3	216 19.0	06.5	82 01.8	36.4	313 00.0	10.3			
3 00	311 20.8	135 47.7	N 2 03.1	231 19.7	N23 06.7	97 04.0	S12 36.5	328 02.6	S 9 10.4	Canopus	264 02.8	S52 41.5
01	326 23.2	150 47.8	01.8	246 20.3	06.8	112 06.3	36.6	343 05.2	10.4	Capella	280 55.6	N45 59.4
02	341 25.7	165 47.9	2 00.6	261 20.9	07.0	127 08.5	36.6	358 07.8	10.5	Deneb	49 40.6	N45 15.8
03	356 28.2	180 48.0	1 59.3	276 21.6	·· 07.1	142 10.8	·· 36.7	13 10.4	·· 10.6	Denebola	182 48.3	N14 36.2
04	11 30.6	195 48.1	58.1	291 22.2	07.3	157 13.0	36.8	28 13.0	10.6	Diphda	349 09.9	S18 00.7
05	26 33.1	210 48.2	56.8	306 22.9	07.4	172 15.3	36.9	43 15.6	10.7			
06	41 35.6	225 48.2	N 1 55.6	321 23.5	N23 07.6	187 17.5	S12 37.0	58 18.2	S 9 10.8	Dubhe	194 09.5	N61 46.9
W 07	56 38.0	240 48.3	54.4	336 24.1	07.7	202 19.8	37.1	73 20.8	10.8	Elnath	278 30.7	N28 36.1
E 08	71 40.5	255 48.4	53.1	351 24.8	07.9	217 22.0	37.1	88 23.4	10.9	Eltanin	90 52.3	N51 29.7
D 09	86 43.0	270 48.5	·· 51.9	6 25.4	·· 08.0	232 24.3	·· 37.2	103 26.0	·· 10.9	Enif	34 00.7	N 9 51.2
N 10	101 45.4	285 48.6	50.6	21 26.1	08.1	247 26.5	37.3	118 28.6	11.0	Fomalhaut	15 39.2	S29 38.8
E 11	116 47.9	300 48.7	49.4	36 26.7	08.3	262 28.8	37.4	133 31.2	11.1			
S 12	131 50.3	315 48.8	N 1 48.1	51 27.3	N23 08.4	277 31.0	S12 37.5	148 33.8	S 9 11.1	Gacrux	172 17.0	S57 05.2
D 13	146 52.8	330 48.9	46.9	66 28.0	08.6	292 33.3	37.6	163 36.4	11.2	Gienah	176 07.0	S17 30.8
A 14	161 55.3	345 48.9	45.7	81 28.6	08.7	307 35.5	37.7	178 39.0	11.3	Hadar	149 08.0	S60 21.1
Y 15	176 57.7	0 49.0	·· 44.4	96 29.3	·· 08.9	322 37.8	·· 37.7	193 41.6	·· 11.3	Hamal	328 16.7	N23 26.2
16	192 00.2	15 49.1	43.2	111 29.9	09.0	337 40.0	37.8	208 44.2	11.4	Kaus Aust.	84 02.2	S34 23.2
17	207 02.7	30 49.2	41.9	126 30.5	09.2	352 42.3	37.9	223 46.8	11.5			
18	222 05.1	45 49.3	N 1 40.7	141 31.2	N23 09.3	7 44.5	S12 38.0	238 49.4	S 9 11.5	Kochab	137 19.4	N74 11.0
19	237 07.6	60 49.4	39.4	156 31.8	09.5	22 46.8	38.1	253 52.0	11.6	Markab	13 52.1	N15 10.7
20	252 10.1	75 49.5	38.2	171 32.5	09.6	37 49.0	38.2	268 54.6	11.6	Menkar	314 29.9	N 4 04.2
21	267 12.5	90 49.6	·· 37.0	186 33.1	·· 09.7	52 51.2	·· 38.2	283 57.3	·· 11.7	Menkent	148 24.3	S36 20.8
22	282 15.0	105 49.7	35.7	201 33.7	09.9	67 53.5	38.3	298 59.9	11.8	Miaplacidus	221 43.5	S69 41.9
23	297 17.4	120 49.8	34.5	216 34.4	10.0	82 55.7	38.4	314 02.5	11.8			
4 00	312 19.9	135 49.9	N 1 33.2	231 35.0	N23 10.2	97 58.0	S12 38.5	329 05.1	S 9 11.9	Mirfak	309 00.7	N49 50.3
01	327 22.4	150 50.0	32.0	246 35.7	10.3	113 00.2	38.6	344 07.7	12.0	Nunki	76 15.5	S26 18.1
02	342 24.8	165 50.0	30.7	261 36.3	10.5	128 02.5	38.7	359 10.3	12.0	Peacock	53 40.8	S56 45.0
03	357 27.3	180 50.1	·· 29.5	276 36.9	·· 10.6	143 04.7	·· 38.8	14 12.9	·· 12.1	Pollux	243 45.3	N28 02.3
04	12 29.8	195 50.2	28.3	291 37.6	10.7	158 06.9	38.8	29 15.5	12.2	Procyon	245 14.8	N 5 14.3
05	27 32.2	210 50.3	27.0	306 38.2	10.9	173 09.2	38.9	44 18.1	12.2			
06	42 34.7	225 50.4	N 1 25.8	321 38.9	N23 11.0	188 11.4	S12 39.0	59 20.7	S 9 12.3	Rasalhague	96 19.3	N12 34.0
07	57 37.2	240 50.5	24.5	336 39.5	11.2	203 13.7	39.1	74 23.3	12.4	Regulus	207 58.8	N11 59.6
T 08	72 39.6	255 50.6	23.3	351 40.2	11.3	218 15.9	39.2	89 25.9	12.4	Rigel	281 25.8	S 8 12.4
H 09	87 42.1	270 50.7	·· 22.0	6 40.8	·· 11.4	233 18.2	·· 39.3	104 28.5	·· 12.5	Rigil Kent.	140 11.0	S60 49.0
U 10	102 44.6	285 50.8	20.8	21 41.4	11.6	248 20.4	39.4	119 31.1	12.5	Sabik	102 28.5	S15 43.0
R 11	117 47.0	300 50.9	19.5	36 42.1	11.7	263 22.6	39.4	134 33.7	12.6			
S 12	132 49.5	315 51.0	N 1 18.3	51 42.7	N23 11.9	278 24.9	S12 39.5	149 36.3	S 9 12.7	Schedar	349 56.3	N56 30.4
D 13	147 51.9	330 51.1	17.1	66 43.4	12.0	293 27.1	39.6	164 38.9	12.7	Shaula	96 40.8	S37 06.0
A 14	162 54.4	345 51.2	15.8	81 44.0	12.1	308 29.4	39.7	179 41.5	12.8	Sirius	258 46.4	S16 42.5
Y 15	177 56.9	0 51.3	·· 14.6	96 44.6	·· 12.3	323 31.6	·· 39.8	194 44.1	·· 12.9	Spica	158 46.2	S11 08.0
16	192 59.3	15 51.4	13.3	111 45.3	12.4	338 33.8	39.9	209 46.7	12.9	Suhail	223 03.3	S43 24.7
17	208 01.8	30 51.5	12.1	126 45.9	12.5	353 36.1	40.0	224 49.3	13.0			
18	223 04.3	45 51.6	N 1 10.8	141 46.6	N23 12.7	8 38.3	S12 40.1	239 51.9	S 9 13.1	Vega	80 48.1	N38 47.0
19	238 06.7	60 51.7	09.6	156 47.2	12.8	23 40.6	40.1	254 54.5	13.1	Zuben'ubi	137 21.0	S16 01.2
20	253 09.2	75 51.8	08.4	171 47.9	13.0	38 42.8	40.2	269 57.1	13.2		S.H.A.	Mer. Pass.
21	268 11.7	90 51.9	·· 07.1	186 48.5	·· 13.1	53 45.0	·· 40.3	284 59.7	·· 13.3	Venus	184 27.0	14 57
22	283 14.1	105 52.0	05.9	201 49.1	13.2	68 47.3	40.4	300 02.4	13.3	Mars	279 58.9	8 34
23	298 16.2	120 52.1	04.6	216 49.8	13.4	83 49.5	40.5	315 05.0	13.4	Jupiter	145 43.3	17 29
Mer. Pass. 3 14.1		v 0.1	d 1.2	v 0.6	d 0.1	v 2.2	d 0.1	v 2.6	d 0.1	Saturn	16 41.8	2 07

1994 AUGUST 2, 3, 4 (TUES., WED., THURS.)

SUN / MOON

UT (GMT)	SUN G.H.A.	Dec.	MOON G.H.A.	v	Dec.	d	H.P.
2 00	178 26.0	N17 52.6	245 32.5	11.5	N20 00.8	2.6	54.6
01	193 26.0	52.0	260 03.0	11.6	20 03.4	2.4	54.6
02	208 26.1	51.3	274 33.6	11.5	20 05.8	2.3	54.6
03	223 26.1 ..	50.7	289 04.1	11.4	20 08.1	2.2	54.7
04	238 26.1	50.0	303 34.5	11.4	20 10.3	2.2	54.7
05	253 26.2	49.4	318 04.9	11.4	20 12.5	2.0	54.7
06	268 26.2	N17 48.8	332 35.3	11.4	N20 14.5	1.9	54.7
07	283 26.3	48.1	347 05.7	11.3	20 16.4	1.9	54.7
T 08	298 26.3	47.5	1 36.0	11.3	20 18.3	1.7	54.7
U 09	313 26.4 ..	46.8	16 06.3	11.3	20 20.0	1.7	54.7
E 10	328 26.4	46.2	30 36.6	11.2	20 21.7	1.6	54.8
S 11	343 26.4	45.6	45 06.8	11.2	20 23.3	1.4	54.8
D 12	358 26.5	N17 44.9	59 37.0	11.1	N20 24.7	1.4	54.8
A 13	13 26.5	44.3	74 07.1	11.2	20 26.1	1.2	54.8
Y 14	28 26.6	43.6	88 37.3	11.1	20 27.3	1.2	54.8
15	43 26.6 ..	43.0	103 07.4	11.0	20 28.5	1.1	54.8
16	58 26.7	42.3	117 37.4	11.1	20 29.6	0.9	54.9
17	73 26.7	41.7	132 07.5	11.0	20 30.5	0.9	54.9
18	88 26.8	N17 41.1	146 37.5	11.0	N20 31.4	0.8	54.9
19	103 26.8	40.4	161 07.5	10.9	20 32.2	0.6	54.9
20	118 26.8	39.8	175 37.4	10.9	20 32.8	0.6	54.9
21	133 26.9 ..	39.1	190 07.3	10.9	20 33.4	0.5	55.0
22	148 26.9	38.5	204 37.2	10.9	20 33.9	0.3	55.0
23	163 27.0	37.8	219 07.1	10.8	20 34.2	0.3	55.0
3 00	178 27.0	N17 37.2	233 36.9	10.8	N20 34.5	0.1	55.0
01	193 27.1	36.5	248 06.7	10.8	20 34.6	0.1	55.0
02	208 27.1	35.9	262 36.5	10.8	20 34.7	0.0	55.1
03	223 27.2 ..	35.2	277 06.3	10.7	20 34.7	0.2	55.1
04	238 27.2	34.6	291 36.0	10.7	20 34.5	0.2	55.1
05	253 27.3	33.9	306 05.7	10.7	20 34.3	0.4	55.1
06	268 27.3	N17 33.3	320 35.4	10.6	N20 33.9	0.4	55.1
W 07	283 27.4	32.6	335 05.0	10.7	20 33.5	0.6	55.2
E 08	298 27.4	32.0	349 34.7	10.6	20 32.9	0.6	55.2
D 09	313 27.5 ..	31.3	4 04.3	10.6	20 32.3	0.8	55.2
N 10	328 27.5	30.7	18 33.9	10.5	20 31.5	0.9	55.2
E 11	343 27.6	30.0	33 03.4	10.6	20 30.6	0.9	55.2
S 12	358 27.6	N17 29.4	47 33.0	10.5	N20 29.7	1.1	55.3
D 13	13 27.7	28.7	62 02.5	10.5	20 28.6	1.2	55.3
A 14	28 27.7	28.1	76 32.0	10.5	20 27.4	1.3	55.3
Y 15	43 27.8 ..	27.4	91 01.5	10.5	20 26.1	1.4	55.3
16	58 27.8	26.8	105 30.9	10.5	20 24.7	1.5	55.3
17	73 27.9	26.1	120 00.4	10.4	20 23.2	1.6	55.4
18	88 27.9	N17 25.4	134 29.8	10.4	N20 21.6	1.7	55.4
19	103 28.0	24.8	148 59.2	10.4	20 19.9	1.8	55.4
20	118 28.0	24.1	163 28.6	10.3	20 18.1	1.9	55.4
21	133 28.1 ..	23.5	177 57.9	10.4	20 16.2	2.0	55.5
22	148 28.1	22.8	192 27.3	10.3	20 14.2	2.1	55.5
23	163 28.2	22.1	206 56.6	10.4	20 12.1	2.2	55.5
4 00	178 28.2	N17 21.5	221 26.0	10.3	N20 09.9	2.4	55.5
01	193 28.3	20.8	235 55.3	10.3	20 07.5	2.4	55.6
02	208 28.3	20.2	250 24.6	10.3	20 05.1	2.6	55.6
03	223 28.4 ..	19.5	264 53.8	10.3	20 02.5	2.6	55.6
04	238 28.4	18.8	279 23.1	10.3	19 59.9	2.8	55.6
05	253 28.5	18.2	293 52.4	10.2	19 57.1	2.8	55.7
06	268 28.6	N17 17.5	308 21.6	10.2	N19 54.3	3.0	55.7
07	283 28.6	16.9	322 50.8	10.3	19 51.3	3.1	55.7
T 08	298 28.7	16.2	337 20.1	10.2	19 48.2	3.1	55.7
H 09	313 28.7 ..	15.5	351 49.3	10.2	19 45.1	3.3	55.8
U 10	328 28.8	14.9	6 18.5	10.2	19 41.8	3.4	55.8
R 11	343 28.8	14.2	20 47.7	10.1	19 38.4	3.5	55.8
S 12	358 28.9	N17 13.5	35 16.8	10.2	N19 34.9	3.6	55.8
D 13	13 28.9	12.9	49 46.0	10.2	19 31.3	3.7	55.9
A 14	28 29.0	12.2	64 15.2	10.1	19 27.6	3.8	55.9
Y 15	43 29.1 ..	11.5	78 44.3	10.2	19 23.8	3.9	55.9
16	58 29.1	10.9	93 13.5	10.1	19 19.9	4.0	55.9
17	73 29.2	10.2	107 42.6	10.1	19 15.9	4.1	56.0
18	88 29.2	N17 09.5	122 11.8	10.1	N19 11.8	4.2	56.0
19	103 29.3	08.9	136 40.9	10.1	19 07.6	4.4	56.0
20	118 29.3	08.2	151 10.0	10.2	19 03.2	4.4	56.0
21	133 29.4 ..	07.5	165 39.2	10.1	18 58.8	4.5	56.1
22	148 29.5	06.9	180 08.3	10.1	18 54.3	4.7	56.1
23	163 29.5	06.2	194 37.4	10.1	18 49.6	4.7	56.1
	S.D. 15.8	d 0.7	S.D. 14.9		15.1		15.2

Twilight / Sunrise / Moonrise

Lat.	Naut.	Civil	Sunrise	Moonrise 2	3	4	5
N 72	□	□	□	□	□		
N 70	////	////	01 41	□	□	23 30	25 27
68	////	////	02 24	21 51	22 52	24 18	00 18
66	////	00 49	02 52	22 35	23 33	24 49	00 49
64	////	01 49	03 13	23 04	24 00	00 00	01 12
62	////	02 22	03 30	23 26	24 22	00 22	01 31
60	00 44	02 45	03 45	23 44	24 39	00 39	01 46
N 58	01 39	03 04	03 57	23 59	24 53	00 53	01 58
56	02 09	03 19	04 07	24 12	00 12	01 06	02 09
54	02 31	03 32	04 16	24 23	00 23	01 17	02 19
52	02 48	03 43	04 24	24 33	00 33	01 26	02 28
50	03 03	03 53	04 32	24 41	00 41	01 35	02 36
45	03 31	04 14	04 47	00 13	01 00	01 53	02 52
N 40	03 53	04 30	05 00	00 28	01 15	02 08	03 05
35	04 09	04 43	05 11	00 40	01 28	02 20	03 17
30	04 23	04 54	05 20	00 51	01 39	02 31	03 27
20	04 45	05 13	05 36	01 10	01 59	02 50	03 44
N 10	05 02	05 28	05 50	01 26	02 15	03 06	03 59
0	05 16	05 41	06 03	01 42	02 31	03 22	04 13
S 10	05 28	05 53	06 15	01 57	02 47	03 37	04 27
20	05 39	06 06	06 29	02 13	03 04	03 53	04 41
30	05 50	06 19	06 44	02 32	03 23	04 12	04 58
35	05 56	06 26	06 53	02 43	03 34	04 23	05 08
40	06 02	06 34	07 03	02 56	03 47	04 35	05 20
45	06 08	06 43	07 15	03 11	04 03	04 50	05 33
S 50	06 15	06 54	07 29	03 29	04 21	05 08	05 49
52	06 18	06 59	07 35	03 38	04 30	05 17	05 56
54	06 21	07 04	07 43	03 48	04 40	05 26	06 05
56	06 24	07 09	07 51	03 59	04 52	05 37	06 14
58	06 28	07 16	08 00	04 11	05 04	05 49	06 25
S 60	06 32	07 23	08 11	04 26	05 20	06 03	06 37

Sunset / Twilight / Moonset

Lat.	Sunset	Civil	Naut.	Moonset 2	3	4	5
N 72	□	□	□	□	□		21 12
N 70	22 25	////	////	□	□	20 37	20 26
68	21 45	////	////	18 44	19 28	19 48	19 56
66	21 17	23 11	////	18 01	18 47	19 16	19 34
64	20 57	22 18	////	17 31	18 19	18 53	19 16
62	20 40	21 47	////	17 09	17 58	18 34	19 01
60	20 26	21 24	23 17	16 52	17 40	18 19	18 49
N 58	20 14	21 06	22 29	16 37	17 26	18 06	18 38
56	20 04	20 51	22 01	16 24	17 13	17 54	18 28
54	19 55	20 39	21 39	16 13	17 02	17 44	18 20
52	19 47	20 28	21 22	16 03	16 53	17 36	18 12
50	19 40	20 18	21 08	15 54	16 44	17 28	18 06
45	19 24	19 58	20 40	15 36	16 25	17 11	17 51
N 40	19 12	19 42	20 19	15 21	16 10	16 57	17 39
35	19 01	19 29	20 02	15 08	15 58	16 45	17 29
30	18 52	19 18	19 49	14 57	15 47	16 34	17 20
20	18 36	18 59	19 27	14 38	15 28	16 16	17 04
N 10	18 22	18 44	19 10	14 21	15 11	16 01	16 50
0	18 10	18 31	18 56	14 05	14 55	15 46	16 37
S 10	17 57	18 19	18 44	13 50	14 40	15 31	16 24
20	17 44	18 07	18 33	13 33	14 23	15 16	16 10
30	17 28	17 54	18 22	13 14	14 04	14 57	15 55
35	17 20	17 46	18 11	13 03	13 52	14 47	15 45
40	17 10	17 38	18 11	12 50	13 40	14 35	15 34
45	16 58	17 30	18 05	12 35	13 24	14 20	15 22
S 50	16 44	17 19	17 58	12 16	13 06	14 03	15 06
52	16 37	17 14	17 55	12 07	12 57	13 54	14 59
54	16 30	17 09	17 52	11 57	12 47	13 45	14 51
56	16 22	17 04	17 49	11 46	12 36	13 35	14 42
58	16 13	16 57	17 45	11 34	12 23	13 23	14 32
S 60	16 02	16 50	17 41	11 19	12 08	13 09	14 20

SUN / MOON

Day	Eqn. of Time 00h	12h	Mer. Pass.	Mer. Pass. Upper	Lower	Age	Phase
	m s	m s	h m	h m	h m	d	
2	06 16	06 14	12 06	07 53	20 18	25	
3	06 12	06 10	12 06	08 43	21 08	26	
4	06 07	06 05	12 06	09 34	21 59	27	☾

1994 AUGUST 5, 6, 7 (FRI., SAT., SUN.)

UT (GMT)	ARIES G.H.A.	VENUS −4.2 G.H.A.	Dec.	MARS +1.2 G.H.A.	Dec.	JUPITER −2.0 G.H.A.	Dec.	SATURN +0.6 G.H.A.	Dec.	STARS Name	S.H.A.	Dec.
d h	° ′	° ′	° ′	° ′	° ′	° ′	° ′	° ′	° ′		° ′	° ′
5 00	313 19.1	135 52.2	N 1 03.4	231 50.4	N23 13.5	98 51.8	S12 40.6	330 07.6	S 9 13.5	Acamar	315 29.1	S40 19.3
01	328 21.5	150 52.3	02.1	246 51.1	13.6	113 54.0	40.7	345 10.2	13.5	Achernar	335 37.1	S57 15.5
02	343 24.0	165 52.5	1 00.9	261 51.7	13.8	128 56.2	40.7	0 12.8	13.6	Acrux	173 25.5	S63 04.4
03	358 26.4	180 52.6	0 59.6	276 52.4	·· 13.9	143 58.5	·· 40.8	15 15.4	·· 13.7	Adhara	255 23.9	S28 57.8
04	13 28.9	195 52.7	58.4	291 53.0	14.0	159 00.7	40.9	30 18.0	13.7	Aldebaran	291 05.7	N16 29.9
05	28 31.4	210 52.8	57.2	306 53.6	14.2	174 03.0	41.0	45 20.6	13.8			
06	43 33.8	225 52.9	N 0 55.9	321 54.3	N23 14.3	189 05.2	S12 41.1	60 23.2	S 9 13.8	Alioth	166 33.3	N55 59.6
07	58 36.3	240 53.0	54.7	336 54.9	14.4	204 07.4	41.2	75 25.8	13.9	Alkaid	153 10.1	N49 20.7
08	73 38.8	255 53.1	53.4	351 55.6	14.5	219 09.7	41.3	90 28.4	14.0	Al Na'ir	28 01.0	S46 59.0
F 09	88 41.2	270 53.2	·· 52.2	6 56.2	·· 14.7	234 11.9	·· 41.4	105 31.0	·· 14.0	Alnilam	276 00.9	S 1 12.3
R 10	103 43.7	285 53.3	50.9	21 56.9	14.8	249 14.1	41.5	120 33.6	14.1	Alphard	218 10.3	S 8 38.2
I 11	118 46.2	300 53.4	49.7	36 57.5	14.9	264 16.4	41.5	135 36.2	14.2			
D 12	133 48.6	315 53.5	N 0 48.5	51 58.1	N23 15.1	279 18.6	S12 41.6	150 38.8	S 9 14.2	Alphecca	126 22.9	N26 44.2
A 13	148 51.1	330 53.6	47.2	66 58.8	15.2	294 20.8	41.7	165 41.4	14.3	Alpheratz	357 57.9	N29 03.7
Y 14	163 53.5	345 53.8	46.0	81 59.4	15.3	309 23.1	41.8	180 44.1	14.4	Altair	62 21.7	N 8 51.5
15	178 56.0	0 53.9	·· 44.7	97 00.1	·· 15.5	324 25.3	·· 41.9	195 46.7	·· 14.4	Ankaa	353 29.3	S42 19.8
16	193 58.5	15 54.0	43.5	112 00.7	15.6	339 27.5	42.0	210 49.3	14.5	Antares	112 43.4	S26 25.2
17	209 00.9	30 54.1	42.2	127 01.4	15.7	354 29.8	42.1	225 51.9	14.6			
18	224 03.4	45 54.2	N 0 41.0	142 02.0	N23 15.8	9 32.0	S12 42.2	240 54.5	S 9 14.6	Arcturus	146 08.6	N19 12.8
19	239 05.9	60 54.3	39.7	157 02.7	16.0	24 34.2	42.2	255 57.1	14.7	Atria	107 57.6	S69 01.3
20	254 08.3	75 54.4	38.5	172 03.3	16.1	39 36.5	42.3	270 59.7	14.8	Avior	234 24.4	S59 29.6
21	269 10.8	90 54.5	·· 37.3	187 03.9	·· 16.2	54 38.7	·· 42.4	286 02.3	·· 14.8	Bellatrix	278 47.4	N 6 20.7
22	284 13.3	105 54.7	36.0	202 04.6	16.4	69 40.9	42.5	301 04.9	14.9	Betelgeuse	271 16.8	N 7 24.4
23	299 15.7	120 54.8	34.8	217 05.2	16.5	84 43.2	42.6	316 07.5	15.0			
6 00	314 18.2	135 54.9	N 0 33.5	232 05.9	N23 16.6	99 45.4	S12 42.7	331 10.1	S 9 15.0	Canopus	264 02.8	S52 41.5
01	329 20.7	150 55.0	32.3	247 06.5	16.7	114 47.6	42.8	346 12.7	15.1	Capella	280 55.6	N45 59.4
02	344 23.1	165 55.1	31.0	262 07.2	16.9	129 49.9	42.9	1 15.3	15.2	Deneb	49 40.6	N45 15.9
03	359 25.6	180 55.2	·· 29.8	277 07.8	·· 17.0	144 52.1	·· 43.0	16 18.0	·· 15.2	Denebola	182 48.3	N14 36.2
04	14 28.0	195 55.3	28.5	292 08.5	17.1	159 54.3	43.0	31 20.6	15.3	Diphda	349 09.9	S18 00.7
05	29 30.5	210 55.5	27.3	307 09.1	17.2	174 56.6	43.1	46 23.2	15.4			
06	44 33.0	225 55.6	N 0 26.1	322 09.8	N23 17.3	189 58.8	S12 43.2	61 25.8	S 9 15.4	Dubhe	194 09.5	N61 46.9
07	59 35.4	240 55.7	24.8	337 10.4	17.5	205 01.0	43.3	76 28.4	15.5	Elnath	278 30.7	N28 36.1
S 08	74 37.9	255 55.8	23.6	352 11.0	17.6	220 03.3	43.4	91 31.0	15.6	Eltanin	90 52.3	N51 29.7
A 09	89 40.4	270 55.9	·· 22.3	7 11.7	·· 17.7	235 05.5	·· 43.5	106 33.6	·· 15.6	Enif	34 00.6	N 9 51.2
T 10	104 42.8	285 56.1	21.1	22 12.3	17.8	250 07.7	43.6	121 36.2	15.7	Fomalhaut	15 39.2	S29 38.8
U 11	119 45.3	300 56.2	19.8	37 13.0	18.0	265 09.9	43.7	136 38.8	15.8			
R 12	134 47.8	315 56.3	N 0 18.6	52 13.6	N23 18.1	280 12.2	S12 43.8	151 41.4	S 9 15.8	Gacrux	172 17.0	S57 05.2
D 13	149 50.2	330 56.4	17.3	67 14.3	18.2	295 14.4	43.9	166 44.0	15.9	Gienah	176 07.0	S17 30.8
A 14	164 52.7	345 56.5	16.1	82 14.9	18.3	310 16.6	43.9	181 46.6	16.0	Hadar	149 08.1	S60 21.1
Y 15	179 55.2	0 56.7	·· 14.9	97 15.6	·· 18.4	325 18.9	·· 44.0	196 49.3	·· 16.0	Hamal	328 16.6	N23 26.2
16	194 57.6	15 56.8	13.6	112 16.2	18.6	340 21.1	44.1	211 51.9	16.1	Kaus Aust.	84 02.2	S34 23.2
17	210 00.1	30 56.9	12.4	127 16.9	18.7	355 23.3	44.2	226 54.5	16.2			
18	225 02.5	45 57.0	N 0 11.1	142 17.5	N23 18.8	10 25.5	S12 44.3	241 57.1	S 9 16.2	Kochab	137 19.5	N74 11.0
19	240 05.0	60 57.2	09.9	157 18.2	18.9	25 27.8	44.4	256 59.7	16.3	Markab	13 52.1	N15 10.7
20	255 07.5	75 57.3	08.6	172 18.8	19.0	40 30.0	44.5	272 02.3	16.4	Menkar	314 29.8	N 4 04.2
21	270 09.9	90 57.4	·· 07.4	187 19.4	·· 19.2	55 32.2	·· 44.6	287 04.9	·· 16.4	Menkent	148 24.3	S36 20.8
22	285 12.4	105 57.5	06.1	202 20.1	19.3	70 34.5	44.7	302 07.5	16.5	Miaplacidus	221 43.5	S69 41.8
23	300 14.9	120 57.6	04.9	217 20.7	19.4	85 36.7	44.8	317 10.1	16.6			
7 00	315 17.3	135 57.8	N 0 03.7	232 21.4	N23 19.5	100 38.9	S12 44.8	332 12.7	S 9 16.6	Mirfak	309 00.7	N49 50.3
01	330 19.8	150 57.9	02.4	247 22.0	19.6	115 41.1	44.9	347 15.4	16.7	Nunki	76 15.5	S26 18.1
02	345 22.3	165 58.0	N 0 01.2	262 22.7	19.7	130 43.4	45.0	2 18.0	16.8	Peacock	53 40.8	S56 45.0
03	0 24.7	180 58.2	S 0 00.1	277 23.3	·· 19.9	145 45.6	·· 45.1	17 20.6	·· 16.8	Pollux	243 45.3	N28 02.3
04	15 27.2	195 58.3	01.3	292 24.0	20.0	160 47.8	45.2	32 23.2	16.9	Procyon	245 14.8	N 5 14.3
05	30 29.6	210 58.4	02.6	307 24.6	20.1	175 50.0	45.3	47 25.8	17.0			
06	45 32.1	225 58.5	S 0 03.8	322 25.3	N23 20.2	190 52.3	S12 45.4	62 28.4	S 9 17.0	Rasalhague	96 19.3	N12 34.1
07	60 34.6	240 58.7	05.0	337 25.9	20.3	205 54.5	45.5	77 31.0	17.1	Regulus	207 58.8	N11 59.6
08	75 37.0	255 58.8	06.3	352 26.6	20.4	220 56.7	45.6	92 33.6	17.2	Rigel	281 25.8	S 8 12.4
S 09	90 39.5	270 58.9	·· 07.5	7 27.2	·· 20.6	235 58.9	·· 45.7	107 36.2	·· 17.2	Rigil Kent.	140 11.0	S60 49.0
U 10	105 42.0	285 59.1	08.8	22 27.9	20.7	251 01.2	45.8	122 38.9	17.3	Sabik	102 28.5	S15 43.0
N 11	120 44.4	300 59.2	10.0	37 28.5	20.8	266 03.4	45.9	137 41.5	17.4			
D 12	135 46.9	315 59.3	S 0 11.3	52 29.2	N23 20.9	281 05.6	S12 45.9	152 44.1	S 9 17.4	Schedar	349 56.3	N56 30.4
A 13	150 49.4	330 59.4	12.5	67 29.8	21.0	296 07.8	46.0	167 46.7	17.5	Shaula	96 40.8	S37 06.0
Y 14	165 51.8	345 59.6	13.8	82 30.5	21.1	311 10.0	46.1	182 49.3	17.6	Sirius	258 46.4	S16 42.5
15	180 54.3	0 59.7	·· 15.0	97 31.1	·· 21.2	326 12.3	·· 46.2	197 51.9	·· 17.6	Spica	158 46.2	S11 08.0
16	195 56.8	15 59.8	16.2	112 31.8	21.3	341 14.5	46.3	212 54.5	17.7	Suhail	223 03.3	S43 24.7
17	210 59.2	31 00.0	17.5	127 32.4	21.5	356 16.7	46.4	227 57.1	17.8			
18	226 01.7	46 00.1	S 0 18.7	142 33.1	N23 21.6	11 18.9	S12 46.5	242 59.7	S 9 17.8	Vega	80 48.2	N38 47.0
19	241 04.1	61 00.2	20.0	157 33.7	21.7	26 21.2	46.6	258 02.4	17.9	Zuben'ubi	137 21.1	S16 01.2
20	256 06.6	76 00.4	21.2	172 34.4	21.8	41 23.4	46.7	273 05.0	18.0			
21	271 09.1	91 00.5	·· 22.5	187 35.0	·· 21.9	56 25.6	·· 46.8	288 07.6	·· 18.0		S.H.A.	Mer. Pass.
22	286 11.5	106 00.7	23.7	202 35.7	22.0	71 27.8	46.9	303 10.2	18.1		° ′	h m
23	301 14.0	121 00.8	24.9	217 36.3	22.1	86 30.0	47.0	318 12.8	18.2	Venus	181 36.7	14 56
										Mars	277 47.7	8 31
Mer. Pass.	h m 3 02.3	v 0.1 d 1.2		v 0.6 d 0.1		v 2.2 d 0.1		v 2.6 d 0.1		Jupiter	145 27.2	17 18
										Saturn	16 51.9	1 55

1994 AUGUST 5, 6, 7 (FRI., SAT., SUN.)

UT (GMT)	SUN G.H.A.	SUN Dec.	MOON G.H.A.	MOON v	MOON Dec.	MOON d	MOON H.P.
5 00	178 29.6	N17 05.5	209 06.5	10.2	N18 44.9	4.8	56.1
01	193 29.6	04.8	223 35.7	10.1	18 40.1	5.0	56.2
02	208 29.7	04.2	238 04.8	10.1	18 35.1	5.0	56.2
03	223 29.8	.. 03.5	252 33.9	10.1	18 30.1	5.2	56.2
04	238 29.8	02.8	267 03.0	10.1	18 24.9	5.2	56.2
05	253 29.9	02.2	281 32.1	10.1	18 19.7	5.4	56.3
06	268 29.9	N17 01.5	296 01.2	10.2	N18 14.3	5.4	56.3
07	283 30.0	00.8	310 30.4	10.1	18 08.9	5.6	56.3
08	298 30.1	17 00.1	324 59.5	10.1	18 03.3	5.6	56.3
F 09	313 30.1	16 59.5	339 28.6	10.1	17 57.7	5.8	56.4
R 10	328 30.2	58.8	353 57.7	10.2	17 51.9	5.8	56.4
I 11	343 30.2	58.1	8 26.9	10.1	17 46.1	6.0	56.4
D 12	358 30.3	N16 57.4	22 56.0	10.1	N17 40.1	6.0	56.5
A 13	13 30.4	56.7	37 25.1	10.2	17 34.1	6.2	56.5
Y 14	28 30.4	56.1	51 54.3	10.1	17 27.9	6.2	56.5
15	43 30.5	.. 55.4	66 23.4	10.1	17 21.7	6.4	56.5
16	58 30.6	54.7	80 52.5	10.2	17 15.3	6.4	56.6
17	73 30.6	54.0	95 21.7	10.1	17 08.9	6.6	56.6
18	88 30.7	N16 53.4	109 50.8	10.2	N17 02.3	6.6	56.6
19	103 30.8	52.7	124 20.0	10.2	16 55.7	6.8	56.6
20	118 30.8	52.0	138 49.2	10.2	16 48.9	6.8	56.7
21	133 30.9	.. 51.3	153 18.4	10.1	16 42.1	6.9	56.7
22	148 30.9	50.6	167 47.5	10.2	16 35.2	7.0	56.7
23	163 31.0	49.9	182 16.7	10.2	16 28.2	7.1	56.7
6 00	178 31.1	N16 49.3	196 45.9	10.2	N16 21.1	7.3	56.8
01	193 31.1	48.6	211 15.1	10.2	16 13.8	7.3	56.8
02	208 31.2	47.9	225 44.3	10.3	16 06.5	7.3	56.8
03	223 31.3	.. 47.2	240 13.6	10.2	15 59.2	7.5	56.9
04	238 31.3	46.5	254 42.8	10.2	15 51.7	7.6	56.9
05	253 31.4	45.8	269 12.0	10.3	15 44.1	7.7	56.9
06	268 31.5	N16 45.2	283 41.3	10.2	N15 36.4	7.7	56.9
07	283 31.5	44.5	298 10.5	10.3	15 28.7	7.9	57.0
S 08	298 31.6	43.8	312 39.8	10.3	15 20.8	7.9	57.0
A 09	313 31.7	.. 43.1	327 09.1	10.2	15 12.9	8.0	57.0
T 10	328 31.7	42.4	341 38.3	10.3	15 04.9	8.2	57.0
U 11	343 31.8	41.7	356 07.6	10.3	14 56.7	8.2	57.1
R 12	358 31.9	N16 41.0	10 36.9	10.4	N14 48.5	8.2	57.1
D 13	13 32.0	40.3	25 06.3	10.3	14 40.3	8.4	57.1
A 14	28 32.0	39.7	39 35.6	10.3	14 31.9	8.5	57.1
Y 15	43 32.1	.. 39.0	54 04.9	10.4	14 23.4	8.5	57.2
16	58 32.2	38.3	68 34.3	10.3	14 14.9	8.6	57.2
17	73 32.2	37.6	83 03.6	10.4	14 06.3	8.7	57.2
18	88 32.3	N16 36.9	97 33.0	10.4	N13 57.6	8.8	57.3
19	103 32.4	36.2	112 02.4	10.3	13 48.8	8.9	57.3
20	118 32.4	35.5	126 31.7	10.4	13 39.9	9.0	57.3
21	133 32.5	.. 34.8	141 01.1	10.5	13 30.9	9.0	57.3
22	148 32.6	34.1	155 30.6	10.4	13 21.9	9.1	57.4
23	163 32.7	33.4	170 00.0	10.4	13 12.8	9.2	57.4
7 00	178 32.7	N16 32.7	184 29.4	10.5	N13 03.6	9.3	57.4
01	193 32.8	32.0	198 58.9	10.4	12 54.3	9.3	57.4
02	208 32.9	31.4	213 28.3	10.5	12 45.0	9.4	57.5
03	223 32.9	.. 30.7	227 57.8	10.5	12 35.6	9.5	57.5
04	238 33.0	30.0	242 27.3	10.4	12 26.1	9.6	57.5
05	253 33.1	29.3	256 56.7	10.5	12 16.5	9.7	57.5
06	268 33.2	N16 28.6	271 26.2	10.5	N12 06.8	9.7	57.6
07	283 33.2	27.9	285 55.7	10.6	11 57.1	9.8	57.6
08	298 33.3	27.2	300 25.3	10.5	11 47.3	9.8	57.6
S 09	313 33.4	.. 26.5	314 54.8	10.5	11 37.5	10.0	57.6
U 10	328 33.5	25.8	329 24.3	10.6	11 27.5	10.0	57.7
N 11	343 33.5	25.1	343 53.9	10.6	11 17.5	10.0	57.7
D 12	358 33.6	N16 24.4	358 23.5	10.5	N11 07.5	10.2	57.7
A 13	13 33.7	23.7	12 53.0	10.6	10 57.3	10.2	57.7
Y 14	28 33.8	23.0	27 22.6	10.6	10 47.1	10.2	57.8
15	43 33.8	.. 22.3	41 52.2	10.6	10 36.9	10.4	57.8
16	58 33.9	21.6	56 21.8	10.6	10 26.5	10.4	57.8
17	73 34.0	20.9	70 51.4	10.6	10 16.1	10.4	57.8
18	88 34.1	N16 20.2	85 21.0	10.7	N10 05.7	10.6	57.9
19	103 34.1	19.5	99 50.7	10.6	9 55.1	10.6	57.9
20	118 34.2	18.8	114 20.3	10.7	9 44.5	10.6	57.9
21	133 34.3	.. 18.1	128 50.0	10.6	9 33.9	10.7	57.9
22	148 34.4	17.4	143 19.6	10.7	9 23.2	10.8	57.9
23	163 34.4	16.7	157 49.3	10.6	9 12.4	10.8	58.0
	S.D. 15.8	d 0.7	S.D. 15.4		15.6		15.7

Twilight / Sunrise / Moonrise

Lat.	Twilight Naut.	Civil	Sunrise	Moonrise 5	6	7	8
N 72	////	////	00 53	▭	00 42	02 57	04 59
N 70	////	////	02 02	25 27	01 27	03 20	05 11
68	////	////	02 38	00 18	01 56	03 38	05 21
66	////	01 21	03 03	00 49	02 18	03 52	05 29
64	////	02 05	03 23	01 12	02 35	04 04	05 36
62	////	02 33	03 39	01 31	02 49	04 14	05 42
60	01 13	02 55	03 52	01 46	03 01	04 23	05 47
N 58	01 53	03 12	04 03	01 58	03 12	04 30	05 52
56	02 19	03 26	04 13	02 09	03 21	04 37	05 56
54	02 39	03 38	04 21	02 19	03 29	04 43	06 00
52	02 55	03 49	04 29	02 28	03 36	04 48	06 03
50	03 09	03 58	04 36	02 36	03 42	04 53	06 06
45	03 36	04 17	04 51	02 52	03 56	05 03	06 12
N 40	03 56	04 33	05 03	03 05	04 07	05 11	06 18
35	04 12	04 45	05 13	03 17	04 17	05 19	06 22
30	04 25	04 56	05 22	03 27	04 25	05 25	06 26
20	04 46	05 14	05 37	03 44	04 39	05 36	06 33
N 10	05 02	05 28	05 50	03 59	04 52	05 46	06 39
0	05 16	05 41	06 02	04 13	05 04	05 55	06 45
S 10	05 27	05 53	06 15	04 27	05 16	06 04	06 51
20	05 38	06 04	06 27	04 41	05 28	06 13	06 57
30	05 48	06 17	06 42	04 58	05 42	06 24	07 04
35	05 53	06 24	06 50	05 08	05 51	06 30	07 08
40	05 59	06 31	07 00	05 20	06 00	06 37	07 12
45	06 05	06 40	07 11	05 33	06 11	06 46	07 17
S 50	06 11	06 49	07 24	05 49	06 24	06 56	07 23
52	06 13	06 54	07 30	05 56	06 31	07 00	07 26
54	06 16	06 59	07 37	06 05	06 37	07 05	07 29
56	06 19	07 04	07 45	06 14	06 45	07 11	07 33
58	06 22	07 10	07 53	06 25	06 53	07 17	07 37
S 60	06 26	07 16	08 03	06 37	07 03	07 24	07 41

Moonset

Lat.	Sunset	Twilight Civil	Naut.	Moonset 5	6	7	8
N 72	23 04	////	////	21 12	20 44	20 28	20 15
N 70	22 04	////	////	20 26	20 19	20 13	20 08
68	21 30	////	////	19 56	20 00	20 02	20 02
66	21 05	22 43	////	19 34	19 45	19 52	19 57
64	20 47	22 03	////	19 16	19 32	19 44	19 53
62	20 31	21 35	////	19 01	19 21	19 37	19 50
60	20 18	21 15	22 52	18 49	19 12	19 30	19 46
N 58	20 07	20 58	22 15	18 38	19 03	19 25	19 44
56	19 58	20 44	21 50	18 28	18 56	19 20	19 41
54	19 49	20 32	21 30	18 20	18 50	19 16	19 39
52	19 42	20 22	21 15	18 12	18 44	19 12	19 37
50	19 35	20 12	21 01	18 06	18 39	19 08	19 35
45	19 20	19 53	20 35	17 51	18 27	19 00	19 31
N 40	19 08	19 38	20 15	17 39	18 18	18 53	19 27
35	18 58	19 26	19 59	17 29	18 09	18 48	19 24
30	18 50	19 15	19 46	17 20	18 02	18 43	19 22
20	18 35	18 58	19 25	17 04	17 50	18 34	19 17
N 10	18 21	18 43	19 09	16 50	17 39	18 26	19 13
0	18 09	18 31	18 56	16 37	17 28	18 19	19 09
S 10	17 57	18 19	18 44	16 24	17 18	18 11	19 05
20	17 45	18 08	18 34	16 10	17 06	18 03	19 01
30	17 30	17 55	18 24	15 54	16 54	17 54	18 56
35	17 22	17 48	18 19	15 45	16 46	17 49	18 53
40	17 12	17 41	18 13	15 34	16 37	17 43	18 50
45	17 01	17 33	18 08	15 22	16 27	17 36	18 46
S 50	16 48	17 23	18 02	15 06	16 15	17 27	18 41
52	16 42	17 19	17 59	14 59	16 09	17 23	18 39
54	16 35	17 14	17 56	14 51	16 03	17 19	18 37
56	16 28	17 09	17 53	14 42	15 56	17 14	18 34
58	16 19	17 03	17 50	14 32	15 48	17 09	18 31
S 60	16 09	16 56	17 47	14 20	15 39	17 02	18 28

SUN / MOON

Day	SUN Eqn. of Time 00h	12h	Mer. Pass.	MOON Mer. Pass. Upper	Lower	Age	Phase
	m s	m s	h m	h m	h m	d	
5	06 02	05 59	12 06	10 25	22 51	28	●
6	05 56	05 53	12 06	11 16	23 41	29	
7	05 49	05 46	12 06	12 07	24 32	00	

1994 AUGUST 8, 9, 10 (MON., TUES., WED.)

UT (GMT) d h	ARIES G.H.A.	VENUS −4.2 G.H.A.	Dec.	MARS +1.2 G.H.A.	Dec.	JUPITER −2.0 G.H.A.	Dec.	SATURN +0.6 G.H.A.	Dec.	STARS Name	S.H.A.	Dec.
8 00	316 16.5	136 00.9 S 0 26.2		232 37.0 N23 22.2		101 32.3 S12 47.1		333 15.4 S 9 18.2		Acamar	315 29.0	S40 19.3
01	331 18.9	151 01.1	27.4	247 37.6	22.3	116 34.5	47.1	348 18.0	18.3	Achernar	335 37.0	S57 15.5
02	346 21.4	166 01.2	28.7	262 38.3	22.4	131 36.7	47.2	3 20.6	18.4	Acrux	173 25.5	S63 04.4
03	1 23.9	181 01.3 ··	29.9	277 38.9 ··	22.6	146 38.9 ··	47.3	18 23.3 ··	18.4	Adhara	255 23.9	S28 57.8
04	16 26.3	196 01.5	31.2	292 39.6	22.7	161 41.1	47.4	33 25.9	18.5	Aldebaran	291 05.7	N16 29.9
05	31 28.8	211 01.6	32.4	307 40.2	22.8	176 43.4	47.5	48 28.5	18.6			
06	46 31.3	226 01.7 S 0 33.7		322 40.9 N23 22.9		191 45.6 S12 47.6		63 31.1 S 9 18.6		Alioth	166 33.4	N55 59.6
07	61 33.7	241 01.9	34.9	337 41.5	23.0	206 47.8	47.7	78 33.7	18.7	Alkaid	153 10.2	N49 20.7
08	76 36.2	256 02.0	36.1	352 42.2	23.1	221 50.0	47.8	93 36.3	18.8	Al Na'ir	28 00.9	S46 59.0
M 09	91 38.6	271 02.2 ··	37.4	7 42.8 ··	23.2	236 52.2 ··	47.9	108 38.9 ··	18.8	Alnilam	276 00.9	S 1 12.3
O 10	106 41.1	286 02.3	38.6	22 43.5	23.3	251 54.5	48.0	123 41.6	18.9	Alphard	218 10.3	S 8 38.2
N 11	121 43.6	301 02.5	39.9	37 44.1	23.4	266 56.7	48.1	138 44.2	19.0			
D 12	136 46.0	316 02.6 S 0 41.1		52 44.8 N23 23.5		281 58.9 S12 48.2		153 46.8 S 9 19.0		Alphecca	126 22.9	N26 44.2
A 13	151 48.5	331 02.7	42.4	67 45.4	23.6	297 01.1	48.3	168 49.4	19.1	Alpheratz	357 57.9	N29 03.7
Y 14	166 51.0	346 02.9	43.6	82 46.1	23.7	312 03.3	48.4	183 52.0	19.2	Altair	62 21.7	N 8 51.5
15	181 53.4	1 03.0 ··	44.8	97 46.7 ··	23.8	327 05.5 ··	48.5	198 54.6 ··	19.2	Ankaa	353 29.3	S42 19.8
16	196 55.9	16 03.2	46.1	112 47.4	23.9	342 07.8	48.5	213 57.2	19.3	Antares	112 43.4	S26 25.2
17	211 58.4	31 03.3	47.3	127 48.0	24.0	357 10.0	48.6	228 59.8	19.4			
18	227 00.8	46 03.5 S 0 48.6		142 48.7 N23 24.1		12 12.2 S12 48.7		244 02.5 S 9 19.4		Arcturus	146 08.7	N19 12.8
19	242 03.3	61 03.6	49.8	157 49.3	24.2	27 14.4	48.8	259 05.1	19.5	Atria	107 57.7	S69 01.3
20	257 05.8	76 03.7	51.1	172 50.0	24.3	42 16.6	48.9	274 07.7	19.6	Avior	234 24.4	S59 29.6
21	272 08.2	91 03.9 ··	52.3	187 50.6 ··	24.4	57 18.8 ··	49.0	289 10.3 ··	19.7	Bellatrix	278 47.3	N 6 20.7
22	287 10.7	106 04.0	53.5	202 51.3	24.5	72 21.0	49.1	304 12.9	19.7	Betelgeuse	271 16.8	N 7 24.4
23	302 13.1	121 04.2	54.8	217 51.9	24.6	87 23.3	49.2	319 15.5	19.8			
9 00	317 15.6	136 04.3 S 0 56.0		232 52.6 N23 24.7		102 25.5 S12 49.3		334 18.2 S 9 19.9		Canopus	264 02.8	S52 41.4
01	332 18.1	151 04.5	57.3	247 53.2	24.8	117 27.7	49.4	349 20.8	19.9	Capella	280 55.6	N45 59.4
02	347 20.5	166 04.6	58.5	262 53.9	24.9	132 29.9	49.5	4 23.4	20.0	Deneb	49 40.6	N45 15.9
03	2 23.0	181 04.8 0 59.8		277 54.6 ··	25.0	147 32.1 ··	49.6	19 26.0 ··	20.1	Denebola	182 48.3	N14 36.2
04	17 25.5	196 04.9 1 01.0		292 55.2	25.1	162 34.3	49.7	34 28.6	20.1	Diphda	349 09.8	S18 00.7
05	32 27.9	211 05.1	02.2	307 55.9	25.2	177 36.5	49.8	49 31.2	20.2			
06	47 30.4	226 05.2 S 1 03.5		322 56.5 N23 25.3		192 38.8 S12 49.9		64 33.8 S 9 20.3		Dubhe	194 09.5	N61 46.9
07	62 32.9	241 05.4	04.7	337 57.2	25.4	207 41.0	50.0	79 36.5	20.3	Elnath	278 30.7	N28 36.1
T 08	77 35.3	256 05.5	06.0	352 57.8	25.5	222 43.2	50.1	94 39.1	20.4	Eltanin	90 52.3	N51 29.7
U 09	92 37.8	271 05.7 ··	07.2	7 58.5 ··	25.6	237 45.4 ··	50.2	109 41.7 ··	20.5	Enif	34 00.6	N 9 51.2
E 10	107 40.2	286 05.8	08.4	22 59.1	25.7	252 47.6	50.2	124 44.3	20.5	Fomalhaut	15 39.2	S29 38.8
S 11	122 42.7	301 06.0	09.7	37 59.8	25.8	267 49.8	50.3	139 46.9	20.6			
D 12	137 45.2	316 06.1 S 1 10.9		53 00.4 N23 25.9		282 52.0 S12 50.4		154 49.5 S 9 20.7		Gacrux	172 17.0	S57 05.2
A 13	152 47.6	331 06.3	12.2	68 01.1	26.0	297 54.2	50.5	169 52.1	20.7	Gienah	176 07.0	S17 30.8
Y 14	167 50.1	346 06.4	13.4	83 01.7	26.1	312 56.5	50.6	184 54.8	20.8	Hadar	149 08.1	S60 21.1
15	182 52.6	1 06.6 ··	14.7	98 02.4 ··	26.2	327 58.7 ··	50.7	199 57.4 ··	20.9	Hamal	328 16.6	N23 26.2
16	197 55.0	16 06.7	15.9	113 03.1	26.3	343 00.9	50.8	215 00.0	20.9	Kaus Aust.	84 02.2	S34 23.2
17	212 57.5	31 06.9	17.1	128 03.7	26.4	358 03.1	50.9	230 02.6	21.0			
18	228 00.0	46 07.0 S 1 18.4		143 04.4 N23 26.5		13 05.3 S12 51.0		245 05.2 S 9 21.1		Kochab	137 19.6	N74 11.0
19	243 02.4	61 07.2	19.6	158 05.0	26.6	28 07.5	51.1	260 07.8	21.2	Markab	13 52.1	N15 10.7
20	258 04.9	76 07.4	20.9	173 05.7	26.7	43 09.7	51.2	275 10.5	21.2	Menkar	314 29.8	N 4 04.2
21	273 07.4	91 07.5 ··	22.1	188 06.3 ··	26.8	58 11.9 ··	51.3	290 13.1 ··	21.3	Menkent	148 24.3	S36 20.8
22	288 09.8	106 07.7	23.3	203 07.0	26.9	73 14.1	51.4	305 15.7	21.4	Miaplacidus	221 43.5	S69 41.8
23	303 12.3	121 07.8	24.6	218 07.6	27.0	88 16.3	51.5	320 18.3	21.4			
10 00	318 14.7	136 08.0 S 1 25.8		233 08.3 N23 27.0		103 18.6 S12 51.6		335 20.9 S 9 21.5		Mirfak	309 00.6	N49 50.3
01	333 17.2	151 08.1	27.1	248 09.0	27.1	118 20.8	51.7	350 23.5	21.6	Nunki	76 15.5	S26 18.1
02	348 19.7	166 08.3	28.3	263 09.6	27.2	133 23.0	51.8	5 26.2	21.6	Peacock	53 40.8	S56 45.0
03	3 22.1	181 08.5 ··	29.5	278 10.3 ··	27.3	148 25.2 ··	51.9	20 28.8 ··	21.7	Pollux	243 45.3	N28 02.3
04	18 24.6	196 08.6	30.8	293 10.9	27.4	163 27.4	52.0	35 31.4	21.8	Procyon	245 14.8	N 5 14.3
05	33 27.1	211 08.8	32.0	308 11.6	27.5	178 29.6	52.1	50 34.0	21.8			
06	48 29.5	226 08.9 S 1 33.3		323 12.2 N23 27.6		193 31.8 S12 52.2		65 36.6 S 9 21.9		Rasalhague	96 19.3	N12 34.1
W 07	63 32.0	241 09.1	34.5	338 12.9	27.7	208 34.0	52.3	80 39.3	22.0	Regulus	207 58.8	N11 59.6
E 08	78 34.5	256 09.3	35.7	353 13.5	27.8	223 36.2	52.4	95 41.9	22.0	Rigel	281 25.8	S 8 12.4
D 09	93 36.9	271 09.4 ··	37.0	8 14.2 ··	27.9	238 38.4 ··	52.5	110 44.5 ··	22.1	Rigil Kent.	140 11.0	S60 49.0
N 10	108 39.4	286 09.6	38.2	23 14.9	28.0	253 40.6	52.6	125 47.1	22.2	Sabik	102 28.5	S15 43.0
E 11	123 41.9	301 09.7	39.5	38 15.5	28.0	268 42.8	52.7	140 49.7	22.3			
S 12	138 44.3	316 09.9 S 1 40.7		53 16.2 N23 28.1		283 45.0 S12 52.7		155 52.3 S 9 22.3		Schedar	349 56.3	N56 30.4
D 13	153 46.8	331 10.1	42.0	68 16.8	28.2	298 47.2	52.8	170 55.0	22.4	Shaula	96 40.8	S37 06.0
A 14	168 49.2	346 10.2	43.2	83 17.5	28.3	313 49.4	52.9	185 57.6	22.5	Sirius	258 46.4	S16 42.5
Y 15	183 51.7	1 10.4 ··	44.4	98 18.1 ··	28.4	328 51.7 ··	53.0	201 00.2 ··	22.5	Spica	158 46.3	S11 08.0
16	198 54.2	16 10.6	45.7	113 18.8	28.5	343 53.9	53.1	216 02.8	22.6	Suhail	223 03.3	S43 24.7
17	213 56.6	31 10.7	46.9	128 19.5	28.6	358 56.1	53.2	231 05.4	22.7			
18	228 59.1	46 10.9 S 1 48.1		143 20.1 N23 28.7		13 58.3 S12 53.3		246 08.0 S 9 22.7		Vega	80 48.2	N38 47.0
19	244 01.6	61 11.1	49.4	158 20.8	28.7	29 00.5	53.4	261 10.7	22.8	Zuben'ubi	137 21.1	S16 01.2
20	259 04.0	76 11.2	50.6	173 21.4	28.8	44 02.7	53.5	276 13.3	22.9			
21	274 06.5	91 11.4 ··	51.9	188 22.1 ··	28.9	59 04.9 ··	53.6	291 15.9 ··	22.9		S.H.A.	Mer. Pass.
22	289 09.0	106 11.6	53.1	203 22.7	29.0	74 07.1	53.7	306 18.5	23.0	Venus	178 48.7	h m 14 56
23	304 11.4	121 11.7	54.3	218 23.4	29.1	89 09.3	53.8	321 21.1	23.1	Mars	275 37.0	8 28
	h m									Jupiter	145 09.9	17 08
Mer. Pass. 2 50.5		v 0.2 d 1.2		v 0.7 d 0.1		v 2.2 d 0.1		v 2.6 d 0.1		Saturn	17 02.5	1 42

1994 AUGUST 8, 9, 10 (MON., TUES., WED.)

SUN and MOON

UT (GMT)	SUN G.H.A.	SUN Dec.	MOON G.H.A.	v	MOON Dec.	d	H.P.
8 00	178 34.5	N16 16.0	172 18.9	10.7	N 9 01.6	10.9	58.0
01	193 34.6	15.2	186 48.6	10.7	8 50.7	10.9	58.0
02	208 34.7	14.5	201 18.3	10.7	8 39.8	11.0	58.0
03	223 34.8	.. 13.8	215 48.0	10.7	8 28.8	11.0	58.1
04	238 34.8	13.1	230 17.7	10.7	8 17.8	11.1	58.1
05	253 34.9	12.4	244 47.4	10.7	8 06.7	11.2	58.1
06	268 35.0	N16 11.7	259 17.1	10.8	N 7 55.5	11.2	58.1
07	283 35.1	11.0	273 46.9	10.7	7 44.3	11.3	58.1
M 08	298 35.2	10.3	288 16.6	10.7	7 33.1	11.3	58.2
O 09	313 35.2	.. 09.6	302 46.3	10.7	7 21.8	11.3	58.2
N 10	328 35.3	08.9	317 16.0	10.8	7 10.5	11.4	58.2
D 11	343 35.4	08.2	331 45.8	10.7	6 59.1	11.5	58.2
A 12	358 35.5	N16 07.5	346 15.5	10.8	N 6 47.6	11.5	58.3
Y 13	13 35.6	06.7	0 45.3	10.7	6 36.2	11.5	58.3
14	28 35.6	06.0	15 15.0	10.7	6 24.7	11.6	58.3
15	43 35.7	.. 05.3	29 44.8	10.7	6 13.1	11.6	58.3
16	58 35.8	04.6	44 14.5	10.8	6 01.5	11.6	58.3
17	73 35.9	03.9	58 44.3	10.7	5 49.9	11.7	58.4
18	88 36.0	N16 03.2	73 14.0	10.8	N 5 38.2	11.7	58.4
19	103 36.0	02.5	87 43.8	10.8	5 26.5	11.8	58.4
20	118 36.1	01.8	102 13.6	10.7	5 14.7	11.8	58.4
21	133 36.2	.. 01.0	116 43.3	10.8	5 02.9	11.8	58.4
22	148 36.3	16 00.3	131 13.1	10.7	4 51.1	11.8	58.5
23	163 36.4	15 59.6	145 42.8	10.6	4 39.3	11.9	58.5
9 00	178 36.5	N15 58.9	160 12.6	10.8	N 4 27.4	12.0	58.5
01	193 36.5	58.2	174 42.4	10.7	4 15.4	11.9	58.5
02	208 36.6	57.5	189 12.1	10.8	4 03.5	12.0	58.5
03	223 36.7	.. 56.8	203 41.9	10.7	3 51.5	12.0	58.5
04	238 36.8	56.0	218 11.6	10.8	3 39.5	12.0	58.6
05	253 36.9	55.3	232 41.4	10.7	3 27.5	12.1	58.6
06	268 37.0	N15 54.6	247 11.1	10.7	N 3 15.4	12.0	58.6
07	283 37.1	53.9	261 40.8	10.8	3 03.4	12.1	58.6
T 08	298 37.1	53.2	276 10.6	10.7	2 51.3	12.2	58.6
U 09	313 37.2	.. 52.4	290 40.3	10.7	2 39.1	12.1	58.7
E 10	328 37.3	51.7	305 10.0	10.7	2 27.0	12.2	58.7
S 11	343 37.4	51.0	319 39.7	10.7	2 14.8	12.1	58.7
D 12	358 37.5	N15 50.3	334 09.4	10.7	N 2 02.7	12.2	58.7
A 13	13 37.6	49.6	348 39.1	10.7	1 50.5	12.2	58.7
Y 14	28 37.7	48.8	3 08.8	10.7	1 38.3	12.3	58.7
15	43 37.8	.. 48.1	17 38.5	10.6	1 26.0	12.2	58.7
16	58 37.8	47.4	32 08.1	10.7	1 13.8	12.3	58.8
17	73 37.9	46.7	46 37.8	10.6	1 01.5	12.3	58.8
18	88 38.0	N15 45.9	61 07.4	10.7	N 0 49.3	12.3	58.8
19	103 38.1	45.2	75 37.1	10.6	0 37.0	12.3	58.8
20	118 38.2	44.5	90 06.7	10.6	0 24.7	12.3	58.8
21	133 38.3	.. 43.8	104 36.3	10.6	0 12.4	12.2	58.8
22	148 38.4	43.0	119 05.9	10.6	N 0 00.2	12.3	58.9
23	163 38.5	42.3	133 35.5	10.6	S 0 12.1	12.3	58.9
10 00	178 38.6	N15 41.6	148 05.1	10.5	S 0 24.4	12.3	58.9
01	193 38.6	40.9	162 34.6	10.6	0 36.7	12.4	58.9
02	208 38.7	40.1	177 04.2	10.5	0 49.1	12.3	58.9
03	223 38.8	.. 39.4	191 33.7	10.5	1 01.4	12.3	58.9
04	238 38.9	38.7	206 03.2	10.5	1 13.7	12.3	58.9
05	253 39.0	38.0	220 32.7	10.4	1 26.0	12.3	58.9
06	268 39.1	N15 37.2	235 02.1	10.5	S 1 38.3	12.2	59.0
W 07	283 39.2	36.5	249 31.6	10.4	1 50.5	12.3	59.0
E 08	298 39.3	35.8	264 01.0	10.4	2 02.8	12.3	59.0
D 09	313 39.4	.. 35.0	278 30.4	10.4	2 15.1	12.3	59.0
N 10	328 39.5	34.3	292 59.8	10.4	2 27.4	12.2	59.0
E 11	343 39.6	33.6	307 29.2	10.3	2 39.6	12.3	59.0
S 12	358 39.7	N15 32.8	321 58.5	10.4	S 2 51.9	12.2	59.0
D 13	13 39.8	32.1	336 27.9	10.3	3 04.1	12.2	59.0
A 14	28 39.8	31.4	350 57.2	10.3	3 16.3	12.3	59.1
Y 15	43 39.9	.. 30.7	5 26.5	10.2	3 28.6	12.1	59.1
16	58 40.0	29.9	19 55.7	10.2	3 40.7	12.2	59.1
17	73 40.1	29.2	34 24.9	10.3	3 52.9	12.2	59.1
18	88 40.2	N15 28.5	48 54.2	10.1	S 4 05.1	12.1	59.1
19	103 40.3	27.7	63 23.3	10.2	4 17.2	12.1	59.1
20	118 40.4	27.0	77 52.5	10.1	4 29.3	12.1	59.1
21	133 40.5	.. 26.2	92 21.6	10.1	4 41.4	12.1	59.1
22	148 40.6	25.5	106 50.7	10.1	4 53.5	12.0	59.1
23	163 40.7	24.8	121 19.8	10.0	5 05.5	12.0	59.1
	S.D. 15.8	d 0.7	S.D. 15.9		16.0		16.1

Twilight / Sunrise / Moonrise

Lat.	Naut.	Civil	Sunrise	Moonrise 8	9	10	11
N 72	////	////	01 32	04 59	06 57	08 55	10 57
N 70	////	////	02 21	05 11	07 01	08 52	10 45
68	////	00 16	02 52	05 21	07 05	08 49	10 35
66	////	01 44	03 15	05 29	07 08	08 47	10 27
64	////	02 19	03 32	05 36	07 10	08 45	10 21
62	00 15	02 44	03 47	05 42	07 12	08 43	10 15
60	01 33	03 04	03 59	05 47	07 14	08 42	10 10
N 58	02 06	03 20	04 09	05 52	07 16	08 40	10 06
56	02 29	03 33	04 19	05 56	07 17	08 39	10 02
54	02 47	03 44	04 27	06 00	07 18	08 38	09 59
52	03 02	03 54	04 34	06 03	07 20	08 37	09 56
50	03 15	04 03	04 40	06 06	07 21	08 36	09 53
45	03 41	04 21	04 54	06 12	07 23	08 35	09 47
N 40	04 00	04 36	05 05	06 18	07 25	08 33	09 42
35	04 15	04 48	05 15	06 22	07 27	08 32	09 38
30	04 28	04 58	05 24	06 26	07 28	08 31	09 34
20	04 48	05 15	05 38	06 33	07 31	08 29	09 28
N 10	05 03	05 29	05 50	06 39	07 33	08 27	09 22
0	05 16	05 41	06 02	06 45	07 35	08 25	09 17
S 10	05 27	05 52	06 14	06 51	07 37	08 24	09 11
20	05 37	06 03	06 26	06 57	07 39	08 22	09 06
30	05 46	06 14	06 39	07 04	07 42	08 20	09 00
35	05 51	06 21	06 47	07 08	07 44	08 19	08 56
40	05 56	06 28	06 56	07 12	07 45	08 18	08 52
45	06 01	06 36	07 07	07 17	07 47	08 17	08 48
S 50	06 06	06 45	07 19	07 23	07 50	08 15	08 42
52	06 09	06 49	07 25	07 26	07 51	08 15	08 40
54	06 11	06 53	07 31	07 29	07 52	08 14	08 37
56	06 14	06 58	07 39	07 33	07 53	08 13	08 34
58	06 17	07 04	07 47	07 37	07 55	08 12	08 30
S 60	06 20	07 10	07 56	07 41	07 56	08 11	08 27

Twilight / Sunset / Moonset

Lat.	Sunset	Civil	Naut.	Moonset 8	9	10	11
N 72	22 30	////	////	20 15	20 03	19 51	19 37
N 70	21 45	////	////	20 08	20 02	19 57	19 51
68	21 15	23 26	////	20 02	20 02	20 02	20 02
66	20 54	22 21	////	19 57	20 02	20 06	20 12
64	20 36	21 48	////	19 53	20 02	20 10	20 20
62	20 22	21 24	23 31	19 50	20 01	20 13	20 27
60	20 10	21 05	22 33	19 46	20 01	20 16	20 33
N 58	20 00	20 49	22 02	19 44	20 01	20 19	20 38
56	19 51	20 36	21 39	19 41	20 01	20 21	20 43
54	19 43	20 25	21 22	19 39	20 01	20 23	20 47
52	19 36	20 15	21 07	19 37	20 01	20 25	20 51
50	19 30	20 07	20 54	19 35	20 01	20 27	20 54
45	19 16	19 49	20 29	19 31	20 00	20 30	21 02
N 40	19 05	19 34	20 10	19 27	20 00	20 33	21 08
35	18 55	19 23	19 55	19 24	20 00	20 36	21 14
30	18 47	19 12	19 43	19 22	20 00	20 38	21 19
20	18 33	18 56	19 23	19 17	20 00	20 43	21 27
N 10	18 20	18 42	19 08	19 13	19 59	20 46	21 34
0	18 09	18 30	18 55	19 09	19 59	20 50	21 41
S 10	17 58	18 19	18 45	19 05	19 59	20 53	21 48
20	17 46	18 08	18 35	19 01	19 58	20 57	21 56
30	17 32	17 57	18 25	18 56	19 58	21 01	22 04
35	17 24	17 51	18 21	18 53	19 58	21 03	22 09
40	17 15	17 44	18 16	18 50	19 57	21 06	22 15
45	17 05	17 36	18 11	18 46	19 57	21 09	22 22
S 50	16 52	17 27	18 05	18 41	19 57	21 13	22 29
52	16 47	17 23	18 03	18 39	19 56	21 14	22 33
54	16 40	17 18	18 01	18 37	19 56	21 16	22 37
56	16 33	17 14	17 58	18 34	19 56	21 18	22 42
58	16 25	17 08	17 55	18 31	19 56	21 21	22 47
S 60	16 16	17 02	17 52	18 28	19 55	21 23	22 52

SUN and MOON

Day	SUN Eqn. of Time 00ʰ	12ʰ	Mer. Pass.	MOON Mer. Pass. Upper	Lower	Age	Phase
8	05 42	05 38	12 06	12 57	00 32	01	●
9	05 34	05 30	12 06	13 47	01 22	02	
10	05 26	05 22	12 05	14 37	02 12	03	

1994 AUGUST 11, 12, 13 (THURS., FRI., SAT.)

UT (GMT) d h	ARIES G.H.A.	VENUS −4.2 G.H.A.	Dec.	MARS +1.2 G.H.A.	Dec.	JUPITER −2.0 G.H.A.	Dec.	SATURN +0.6 G.H.A.	Dec.	STARS Name	S.H.A.	Dec.
11 00	319 13.9	136 11.9	S 1 55.6	233 24.1	N23 29.2	104 11.5	S12 53.9	336 23.8	S 9 23.2	Acamar	315 29.0	S40 19.3
01	334 16.3	151 12.1	56.8	248 24.7	29.2	119 13.7	54.0	351 26.4	23.2	Achernar	335 37.0	S57 15.5
02	349 18.8	166 12.2	58.1	263 25.4	29.3	134 15.9	54.1	6 29.0	23.3	Acrux	173 25.5	S63 04.4
03	4 21.3	181 12.4	1 59.3	278 26.0	·· 29.4	149 18.1	·· 54.2	21 31.6	·· 23.4	Adhara	255 23.9	S28 57.8
04	19 23.7	196 12.6	2 00.5	293 26.7	29.5	164 20.3	54.3	36 34.2	23.4	Aldebaran	291 05.7	N16 29.9
05	34 26.2	211 12.7	01.8	308 27.4	29.6	179 22.5	54.4	51 36.9	23.5			
06	49 28.7	226 12.9	S 2 03.0	323 28.0	N23 29.7	194 24.7	S12 54.5	66 39.5	S 9 23.6	Alioth	166 33.4	N55 59.6
07	64 31.1	241 13.1	04.3	338 28.7	29.7	209 26.9	54.6	81 42.1	23.6	Alkaid	153 10.2	N49 20.7
T 08	79 33.6	256 13.2	05.5	353 29.3	29.8	224 29.1	54.7	96 44.7	23.7	Al Na'ir	28 00.9	S46 59.0
H 09	94 36.1	271 13.4	·· 06.7	8 30.0	·· 29.9	239 31.3	·· 54.8	111 47.3	·· 23.8	Alnilam	276 00.9	S 1 12.3
U 10	109 38.5	286 13.6	08.0	23 30.7	30.0	254 33.5	54.9	126 50.0	23.9	Alphard	218 10.3	S 8 38.1
R 11	124 41.0	301 13.8	09.2	38 31.3	30.1	269 35.7	55.0	141 52.6	23.9			
S 12	139 43.5	316 13.9	S 2 10.4	53 32.0	N23 30.1	284 37.9	S12 55.1	156 55.2	S 9 24.0	Alphecca	126 22.9	N26 44.2
D 13	154 45.9	331 14.1	11.7	68 32.6	30.2	299 40.1	55.2	171 57.8	24.1	Alpheratz	357 57.8	N29 03.7
A 14	169 48.4	346 14.3	12.9	83 33.3	30.3	314 42.3	55.3	187 00.4	24.1	Altair	62 21.7	N 8 51.5
Y 15	184 50.8	1 14.5	·· 14.2	98 34.0	·· 30.4	329 44.5	·· 55.4	202 03.1	·· 24.2	Ankaa	353 29.3	S42 19.8
16	199 53.3	16 14.6	15.4	113 34.6	30.5	344 46.7	55.5	217 05.7	24.3	Antares	112 43.5	S26 25.2
17	214 55.8	31 14.8	16.6	128 35.3	30.5	359 48.9	55.6	232 08.3	24.3			
18	229 58.2	46 15.0	S 2 17.9	143 35.9	N23 30.6	14 51.1	S12 55.7	247 10.9	S 9 24.4	Arcturus	146 08.7	N19 12.8
19	245 00.7	61 15.2	19.1	158 36.6	30.7	29 53.3	55.8	262 13.5	24.5	Atria	107 57.7	S69 01.3
20	260 03.2	76 15.3	20.3	173 37.3	30.8	44 55.5	55.9	277 16.2	24.6	Avior	234 24.4	S59 29.5
21	275 05.6	91 15.5	·· 21.6	188 37.9	·· 30.9	59 57.7	·· 56.0	292 18.8	·· 24.6	Bellatrix	278 47.3	N 6 20.7
22	290 08.1	106 15.7	22.8	203 38.6	30.9	74 59.9	56.1	307 21.4	24.7	Betelgeuse	271 16.8	N 7 24.4
23	305 10.6	121 15.9	24.1	218 39.2	31.0	90 02.1	56.2	322 24.0	24.8			
12 00	320 13.0	136 16.1	S 2 25.3	233 39.9	N23 31.1	105 04.3	S12 56.3	337 26.6	S 9 24.8	Canopus	264 02.8	S52 41.4
01	335 15.5	151 16.2	26.5	248 40.6	31.2	120 06.5	56.4	352 29.3	24.9	Capella	280 55.5	N45 59.4
02	350 18.0	166 16.4	27.8	263 41.2	31.2	135 08.7	56.5	7 31.9	25.0	Deneb	49 40.6	N45 15.9
03	5 20.4	181 16.6	·· 29.0	278 41.9	·· 31.3	150 10.9	·· 56.6	22 34.5	·· 25.0	Denebola	182 48.3	N14 36.2
04	20 22.9	196 16.8	30.2	293 42.5	31.4	165 13.1	56.7	37 37.1	25.1	Diphda	349 09.8	S18 00.7
05	35 25.3	211 17.0	31.5	308 43.2	31.5	180 15.3	56.8	52 39.7	25.2			
06	50 27.8	226 17.1	S 2 32.7	323 43.9	N23 31.5	195 17.5	S12 56.9	67 42.4	S 9 25.3	Dubhe	194 09.5	N61 46.9
07	65 30.3	241 17.3	34.0	338 44.5	31.6	210 19.7	57.0	82 45.0	25.3	Elnath	278 30.7	N28 36.1
08	80 32.7	256 17.5	35.2	353 45.2	31.7	225 21.9	57.1	97 47.6	25.4	Eltanin	90 52.3	N51 29.7
F 09	95 35.2	271 17.7	·· 36.4	8 45.9	·· 31.7	240 24.0	·· 57.2	112 50.2	·· 25.5	Enif	34 00.6	N 9 51.2
R 10	110 37.7	286 17.9	37.7	23 46.5	31.8	255 26.2	57.3	127 52.8	25.5	Fomalhaut	15 39.2	S29 38.8
I 11	125 40.1	301 18.0	38.9	38 47.2	31.9	270 28.4	57.4	142 55.5	25.6			
D 12	140 42.6	316 18.2	S 2 40.1	53 47.8	N23 32.0	285 30.6	S12 57.5	157 58.1	S 9 25.7	Gacrux	172 17.0	S57 05.2
A 13	155 45.1	331 18.4	41.4	68 48.5	32.0	300 32.8	57.6	173 00.7	25.7	Gienah	176 07.1	S17 30.8
Y 14	170 47.5	346 18.6	42.6	83 49.2	32.1	315 35.0	57.7	188 03.3	25.8	Hadar	149 08.1	S60 21.1
15	185 50.0	1 18.8	·· 43.8	98 49.8	·· 32.2	330 37.2	·· 57.8	203 06.0	·· 25.9	Hamal	328 16.6	N23 26.2
16	200 52.4	16 19.0	45.1	113 50.5	32.2	345 39.4	57.9	218 08.6	26.0	Kaus Aust.	84 02.2	S34 23.2
17	215 54.9	31 19.2	46.3	128 51.2	32.3	0 41.6	58.0	233 11.2	26.0			
18	230 57.4	46 19.3	S 2 47.5	143 51.8	N23 32.4	15 43.8	S12 58.1	248 13.8	S 9 26.1	Kochab	137 19.6	N74 11.0
19	245 59.8	61 19.5	48.8	158 52.5	32.5	30 46.0	58.2	263 16.4	26.2	Markab	13 52.1	N15 10.7
20	261 02.3	76 19.7	50.0	173 53.2	32.5	45 48.2	58.3	278 19.1	26.2	Menkar	314 29.8	N 4 04.2
21	276 04.8	91 19.9	·· 51.2	188 53.8	·· 32.6	60 50.4	·· 58.4	293 21.7	·· 26.3	Menkent	148 24.3	S36 20.8
22	291 07.2	106 20.1	52.5	203 54.5	32.7	75 52.6	58.5	308 24.3	26.4	Miaplacidus	221 43.5	S69 41.8
23	306 09.7	121 20.3	53.7	218 55.1	32.7	90 54.8	58.6	323 26.9	26.4			
13 00	321 12.2	136 20.5	S 2 54.9	233 55.8	N23 32.8	105 56.9	S12 58.7	338 29.6	S 9 26.5	Mirfak	309 00.6	N49 50.3
01	336 14.6	151 20.7	56.2	248 56.5	32.9	120 59.1	58.8	353 32.2	26.6	Nunki	76 15.5	S26 18.1
02	351 17.1	166 20.9	57.4	263 57.1	32.9	136 01.3	58.9	8 34.8	26.7	Peacock	53 40.8	S56 45.0
03	6 19.6	181 21.0	·· 58.6	278 57.8	·· 33.0	151 03.5	·· 59.0	23 37.4	·· 26.7	Pollux	243 45.3	N28 02.3
04	21 22.0	196 21.2	2 59.9	293 58.5	33.1	166 05.7	59.1	38 40.1	26.8	Procyon	245 14.8	N 5 14.3
05	36 24.5	211 21.4	3 01.1	308 59.1	33.1	181 07.9	59.2	53 42.7	26.9			
06	51 26.9	226 21.6	S 3 02.3	323 59.8	N23 33.2	196 10.1	S12 59.3	68 45.3	S 9 26.9	Rasalhague	96 19.3	N12 34.1
07	66 29.4	241 21.8	03.6	339 00.5	33.3	211 12.3	59.4	83 47.9	27.0	Regulus	207 58.8	N11 59.6
S 08	81 31.9	256 22.0	04.8	354 01.1	33.3	226 14.5	59.5	98 50.5	27.1	Rigel	281 25.8	S 8 12.4
A 09	96 34.3	271 22.2	·· 06.0	9 01.8	·· 33.4	241 16.7	·· 59.6	113 53.2	·· 27.2	Rigil Kent.	140 11.1	S60 49.0
T 10	111 36.8	286 22.4	07.3	24 02.5	33.5	256 18.8	59.7	128 55.8	27.2	Sabik	102 28.6	S15 43.0
U 11	126 39.3	301 22.6	08.5	39 03.1	33.5	271 21.0	59.8	143 58.4	27.3			
R 12	141 41.7	316 22.8	S 3 09.7	54 03.8	N23 33.6	286 23.2	S12 59.9	159 01.0	S 9 27.4	Schedar	349 56.3	N56 30.4
D 13	156 44.2	331 23.0	11.0	69 04.5	33.7	301 25.4	13 00.0	174 03.7	27.4	Shaula	96 40.8	S37 06.0
A 14	171 46.7	346 23.2	12.2	84 05.1	33.7	316 27.6	00.1	189 06.3	27.5	Sirius	258 46.4	S16 42.5
Y 15	186 49.1	1 23.4	·· 13.4	99 05.8	·· 33.8	331 29.8	·· 00.2	204 08.9	·· 27.6	Spica	158 46.3	S11 08.0
16	201 51.6	16 23.6	14.7	114 06.5	33.8	346 32.0	00.3	219 11.5	27.7	Suhail	223 03.2	S43 24.7
17	216 54.1	31 23.8	15.9	129 07.1	33.9	1 34.2	00.4	234 14.2	27.7			
18	231 56.5	46 24.0	S 3 17.1	144 07.8	N23 34.0	16 36.4	S13 00.5	249 16.8	S 9 27.8	Vega	80 48.2	N38 47.0
19	246 59.0	61 24.2	18.4	159 08.5	34.0	31 38.5	00.6	264 19.4	27.9	Zuben'ubi	137 21.1	S16 01.2
20	262 01.4	76 24.4	19.6	174 09.1	34.1	46 40.7	00.7	279 22.0	27.9			
21	277 03.9	91 24.5	·· 20.8	189 09.8	·· 34.1	61 42.9	·· 00.8	294 24.7	·· 28.0		S.H.A.	Mer. Pass.
22	292 06.4	106 24.7	22.1	204 10.5	34.2	76 45.1	00.9	309 27.3	28.1	Venus	176 00.3	14 55
23	307 08.8	121 24.9	23.3	219 11.1	34.3	91 47.3	01.1	324 29.9	28.1	Mars	273 26.9	8 25
										Jupiter	144 51.3	16 57
Mer. Pass. 2 38.7		v 0.2	d 1.2	v 0.7	d 0.1	v 2.2	d 0.1	v 2.6	d 0.1	Saturn	17 13.6	1 30

1994 AUGUST 11, 12, 13 (THURS., FRI., SAT.)

UT (GMT)	SUN G.H.A.	SUN Dec.	MOON G.H.A.	v	MOON Dec.	d	H.P.
11 00	178 40.8	N15 24.0	135 48.8	10.1	S 5 17.5	12.0	59.2
01	193 40.9	23.3	150 17.9	9.9	5 29.5	12.0	59.2
02	208 41.0	22.6	164 46.8	10.0	5 41.5	11.9	59.2
03	223 41.1 ..	21.8	179 15.8	9.9	5 53.4	11.9	59.2
04	238 41.2	21.1	193 44.7	9.9	6 05.3	11.9	59.2
05	253 41.3	20.4	208 13.6	9.9	6 17.2	11.8	59.2
06	268 41.4	N15 19.6	222 42.5	9.8	S 6 29.0	11.8	59.2
07	283 41.5	18.9	237 11.3	9.8	6 40.8	11.8	59.2
08	298 41.6	18.1	251 40.1	9.7	6 52.6	11.7	59.2
09	313 41.7 ..	17.4	266 08.8	9.8	7 04.3	11.7	59.2
10	328 41.8	16.7	280 37.6	9.7	7 16.0	11.6	59.2
11	343 41.9	15.9	295 06.3	9.6	7 27.6	11.6	59.2
12	358 42.0	N15 15.2	309 34.9	9.6	S 7 39.2	11.6	59.2
13	13 42.1	14.4	324 03.5	9.6	7 50.8	11.5	59.2
14	28 42.2	13.7	338 32.1	9.6	8 02.3	11.5	59.3
15	43 42.3 ..	12.9	353 00.7	9.5	8 13.8	11.4	59.3
16	58 42.4	12.2	7 29.2	9.5	8 25.2	11.4	59.3
17	73 42.5	11.5	21 57.7	9.4	8 36.6	11.3	59.3
18	88 42.6	N15 10.7	36 26.1	9.4	S 8 47.9	11.3	59.3
19	103 42.7	10.0	50 54.5	9.4	8 59.2	11.2	59.3
20	118 42.8	09.2	65 22.9	9.3	9 10.4	11.2	59.3
21	133 42.9 ..	08.5	79 51.2	9.3	9 21.6	11.1	59.3
22	148 43.0	07.7	94 19.5	9.2	9 32.7	11.1	59.3
23	163 43.1	07.0	108 47.7	9.2	9 43.8	11.0	59.3
12 00	178 43.2	N15 06.2	123 15.9	9.1	S 9 54.8	11.0	59.3
01	193 43.3	05.5	137 44.0	9.2	10 05.8	10.9	59.3
02	208 43.4	04.7	152 12.2	9.0	10 16.7	10.8	59.3
03	223 43.5 ..	04.0	166 40.2	9.1	10 27.5	10.8	59.3
04	238 43.6	03.2	181 08.3	9.0	10 38.3	10.7	59.3
05	253 43.7	02.5	195 36.3	8.9	10 49.0	10.6	59.3
06	268 43.8	N15 01.7	210 04.2	8.9	S10 59.6	10.6	59.3
07	283 43.9	01.0	224 32.1	8.9	11 10.2	10.5	59.3
08	298 44.0	15 00.2	239 00.0	8.8	11 20.7	10.5	59.3
09	313 44.1	14 59.5	253 27.8	8.8	11 31.2	10.4	59.3
10	328 44.2	58.7	267 55.6	8.7	11 41.6	10.3	59.3
11	343 44.3	58.0	282 23.3	8.7	11 51.9	10.2	59.3
12	358 44.4	N14 57.2	296 51.0	8.6	S12 02.1	10.2	59.3
13	13 44.5	56.5	311 18.6	8.6	12 12.3	10.1	59.3
14	28 44.6	55.7	325 46.2	8.6	12 22.4	10.0	59.3
15	43 44.7 ..	55.0	340 13.8	8.5	12 32.4	10.0	59.3
16	58 44.8	54.2	354 41.3	8.4	12 42.4	9.8	59.3
17	73 45.0	53.5	9 08.7	8.5	12 52.2	9.8	59.3
18	88 45.1	N14 52.7	23 36.2	8.3	S13 02.0	9.7	59.3
19	103 45.2	52.0	38 03.5	8.4	13 11.7	9.7	59.3
20	118 45.3	51.2	52 30.9	8.2	13 21.4	9.5	59.3
21	133 45.4 ..	50.5	66 58.1	8.3	13 30.9	9.5	59.3
22	148 45.5	49.7	81 25.4	8.2	13 40.4	9.4	59.3
23	163 45.6	49.0	95 52.6	8.1	13 49.8	9.3	59.3
13 00	178 45.7	N14 48.2	110 19.7	8.1	S13 59.1	9.2	59.3
01	193 45.8	47.4	124 46.8	8.0	14 08.3	9.1	59.3
02	208 45.9	46.7	139 13.8	8.0	14 17.4	9.1	59.3
03	223 46.0 ..	45.9	153 40.8	8.0	14 26.5	8.9	59.3
04	238 46.1	45.2	168 07.8	7.9	14 35.4	8.9	59.3
05	253 46.3	44.4	182 34.7	7.9	14 44.3	8.8	59.3
06	268 46.4	N14 43.6	197 01.6	7.8	S14 53.1	8.7	59.3
07	283 46.5	42.9	211 28.4	7.8	15 01.8	8.5	59.3
08	298 46.6	42.1	225 55.2	7.7	15 10.3	8.5	59.3
09	313 46.7 ..	41.4	240 21.9	7.7	15 18.8	8.4	59.3
10	328 46.8	40.6	254 48.6	7.6	15 27.2	8.3	59.3
11	343 46.9	39.8	269 15.2	7.6	15 35.5	8.2	59.3
12	358 47.0	N14 39.1	283 41.8	7.6	S15 43.7	8.1	59.3
13	13 47.1	38.3	298 08.4	7.5	15 51.8	8.0	59.3
14	28 47.2	37.6	312 34.9	7.5	15 59.8	7.9	59.3
15	43 47.4 ..	36.8	327 01.3	7.5	16 07.7	7.9	59.3
16	58 47.5	36.0	341 27.8	7.3	16 15.6	7.6	59.3
17	73 47.6	35.3	355 54.1	7.4	16 23.2	7.6	59.3
18	88 47.7	N14 34.5	10 20.5	7.2	S16 30.8	7.5	59.3
19	103 47.8	33.7	24 46.7	7.3	16 38.3	7.4	59.3
20	118 47.9	33.0	39 13.0	7.2	16 45.7	7.3	59.3
21	133 48.0 ..	32.2	53 39.2	7.2	16 53.0	7.2	59.3
22	148 48.1	31.4	68 05.4	7.1	17 00.2	7.0	59.3
23	163 48.3	30.7	82 31.5	7.0	17 07.2	7.0	59.3
	S.D. 15.8 d 0.8		S.D. 16.1		16.2		16.2

(THURSDAY = Aug 11 hours; FRIDAY = Aug 12 hours; SATURDAY = Aug 13 hours)

Moonrise

Lat.	Twilight Naut.	Twilight Civil	Sunrise	11	12	13	14
N 72	////	////	02 00	10 57	13 05	15 31	■■
N 70	////	////	02 39	10 45	12 41	14 44	16 58
68	////	01 13	03 05	10 35	12 24	14 14	16 02
66	////	02 03	03 26	10 27	12 09	13 52	15 29
64	////	02 33	03 42	10 21	11 58	13 34	15 05
62	01 05	02 55	03 55	10 15	11 48	13 19	14 46
60	01 50	03 13	04 06	10 10	11 39	13 07	14 30
N 58	02 18	03 27	04 16	10 06	11 32	12 57	14 17
56	02 38	03 40	04 24	10 02	11 26	12 48	14 06
54	02 55	03 50	04 32	09 59	11 20	12 40	13 56
52	03 09	04 00	04 39	09 56	11 15	12 32	13 47
50	03 21	04 08	04 45	09 53	11 10	12 26	13 39
45	03 41	04 25	04 58	09 47	11 00	12 12	13 22
N 40	04 03	04 39	05 08	09 42	10 51	12 01	13 09
35	04 18	04 50	05 17	09 38	10 44	11 51	12 57
30	04 30	05 00	05 25	09 34	10 38	11 43	12 47
20	04 49	05 16	05 39	09 28	10 27	11 28	12 29
N 10	05 03	05 29	05 51	09 22	10 18	11 16	12 14
0	05 15	05 40	06 02	09 17	10 09	11 04	12 00
S 10	05 26	05 51	06 12	09 11	10 01	10 52	11 46
20	05 35	06 01	06 24	09 06	09 51	10 40	11 31
30	05 44	06 12	06 37	09 00	09 41	10 26	11 14
35	05 48	06 18	06 44	08 56	09 35	10 17	11 04
40	05 52	06 24	06 53	08 52	09 28	10 08	10 53
45	05 57	06 32	07 02	08 48	09 20	09 57	10 40
S 50	06 02	06 40	07 14	08 42	09 11	09 44	10 24
52	06 04	06 44	07 19	08 40	09 07	09 38	10 16
54	06 06	06 48	07 25	08 37	09 02	09 32	10 08
56	06 08	06 52	07 32	08 34	08 57	09 24	09 59
58	06 10	06 57	07 40	08 30	08 51	09 16	09 48
S 60	06 13	07 03	07 48	08 27	08 45	09 07	09 36

Moonset

Lat.	Sunset	Twilight Civil	Twilight Naut.	11	12	13	14
N 72	22 04	////	////	19 37	19 20	18 48	■■
N 70	21 27	////	////	19 51	19 45	19 37	19 22
68	21 01	22 48	////	20 02	20 04	20 08	20 13
66	20 42	22 02	////	20 12	20 19	20 31	20 51
64	20 26	21 34	////	20 20	20 32	20 49	21 16
62	20 13	21 12	22 56	20 27	20 43	21 05	21 35
60	20 02	20 55	22 16	20 33	20 52	21 17	21 51
N 58	19 53	20 41	21 49	20 38	21 00	21 28	22 05
56	19 44	20 29	21 29	20 43	21 08	21 38	22 17
54	19 37	20 18	21 13	20 47	21 14	21 47	22 27
52	19 30	20 09	20 59	20 51	21 20	21 54	22 36
50	19 24	20 01	20 47	20 54	21 25	22 01	22 44
45	19 12	19 44	20 24	21 02	21 36	22 16	23 02
N 40	19 01	19 30	20 06	21 08	21 46	22 28	23 16
35	18 52	19 19	19 52	21 14	21 54	22 39	23 28
30	18 44	19 10	19 40	21 19	22 01	22 48	23 39
20	18 31	18 54	19 21	21 27	22 14	23 04	23 57
N 10	18 19	18 41	19 07	21 34	22 25	23 17	24 13
0	18 08	18 30	18 55	21 41	22 35	23 30	24 30
S 10	17 58	18 19	18 45	21 48	22 45	23 43	24 42
20	17 46	18 09	18 35	21 56	22 56	23 57	24 58
30	17 34	17 58	18 27	22 04	23 09	24 13	00 13
35	17 26	17 53	18 23	22 09	23 16	24 23	00 23
40	17 18	17 46	18 18	22 15	23 24	24 33	00 33
45	17 08	17 39	18 14	22 22	23 34	24 46	00 46
S 50	16 57	17 31	18 09	22 29	23 46	25 01	01 01
52	16 51	17 27	18 07	22 33	23 52	25 08	01 08
54	16 45	17 23	18 05	22 37	23 58	25 16	01 16
56	16 39	17 14	18 03	22 42	24 04	00 04	01 25
58	16 31	17 14	18 01	22 47	24 12	00 12	01 35
S 60	16 23	17 08	17 58	22 52	24 21	00 21	01 46

SUN / MOON

Day	SUN Eqn. of Time 00h	SUN Eqn. of Time 12h	SUN Mer. Pass.	MOON Mer. Pass. Upper	MOON Mer. Pass. Lower	Age	Phase
	m s	m s	h m	h m	h m	d	
11	05 17	05 12	12 05	15 29	03 03	04	
12	05 07	05 03	12 05	16 22	03 55	05	◗
13	04 57	04 52	12 05	17 17	04 49	06	

1994 AUGUST 14, 15, 16 (SUN., MON., TUES.)

UT (GMT)	ARIES G.H.A.	VENUS −4.3 G.H.A.	Dec.	MARS +1.2 G.H.A.	Dec.	JUPITER −1.9 G.H.A.	Dec.	SATURN +0.6 G.H.A.	Dec.	STARS Name	S.H.A.	Dec.
14 00	322 11.3	136 25.1	S 3 24.5	234 11.8	N23 34.3	106 49.5	S13 01.2	339 32.5	S 9 28.2	Acamar	315 29.0	S40 19.3
01	337 13.8	151 25.3	25.8	249 12.5	34.4	121 51.7	01.3	354 35.2	28.3	Achernar	335 37.0	S57 15.5
02	352 16.2	166 25.5	27.0	264 13.1	34.4	136 53.8	01.4	9 37.8	28.4	Acrux	173 25.5	S63 04.4
03	7 18.7	181 25.7	·· 28.2	279 13.8	·· 34.5	151 56.0	·· 01.5	24 40.4	·· 28.4	Adhara	255 23.9	S28 57.8
04	22 21.2	196 26.0	29.4	294 14.5	34.6	166 58.2	01.6	39 43.0	28.5	Aldebaran	291 05.7	N16 29.9
05	37 23.6	211 26.2	30.7	309 15.1	34.6	182 00.4	01.7	54 45.7	28.6			
06	52 26.1	226 26.4	S 3 31.9	324 15.8	N23 34.7	197 02.6	S13 01.8	69 48.3	S 9 28.6	Alioth	166 33.4	N55 59.5
07	67 28.5	241 26.6	33.1	339 16.5	34.7	212 04.8	01.9	84 50.9	28.7	Alkaid	153 10.2	N49 20.7
08	82 31.0	256 26.8	34.4	354 17.1	34.8	227 06.9	02.0	99 53.5	28.8	Al Na'ir	28 00.9	S46 59.0
S 09	97 33.5	271 27.0	·· 35.6	9 17.8	·· 34.8	242 09.1	·· 02.1	114 56.2	·· 28.9	Alnilam	276 00.9	S 1 12.3
U 10	112 35.9	286 27.2	36.8	24 18.5	34.9	257 11.3	02.2	129 58.8	28.9	Alphard	218 10.3	S 8 38.1
N 11	127 38.4	301 27.4	38.1	39 19.2	35.0	272 13.5	02.3	145 01.4	29.0			
D 12	142 40.9	316 27.6	S 3 39.3	54 19.8	N23 35.0	287 15.7	S13 02.4	160 04.0	S 9 29.1	Alphecca	126 22.9	N26 44.2
A 13	157 43.3	331 27.8	40.5	69 20.5	35.1	302 17.9	02.5	175 06.7	29.1	Alpheratz	357 57.8	N29 03.7
Y 14	172 45.8	346 28.0	41.7	84 21.2	35.1	317 20.0	02.6	190 09.3	29.2	Altair	62 21.7	N 8 51.5
15	187 48.3	1 28.2	·· 43.0	99 21.8	·· 35.2	332 22.2	·· 02.7	205 11.9	·· 29.3	Ankaa	353 29.3	S42 19.8
16	202 50.7	16 28.4	44.2	114 22.5	35.2	347 24.4	02.8	220 14.5	29.4	Antares	112 43.5	S26 25.2
17	217 53.2	31 28.6	45.4	129 23.2	35.3	2 26.6	02.9	235 17.2	29.4			
18	232 55.7	46 28.8	S 3 46.7	144 23.8	N23 35.3	17 28.8	S13 03.0	250 19.8	S 9 29.5	Arcturus	146 08.7	N19 12.8
19	247 58.1	61 29.0	47.9	159 24.5	35.4	32 31.0	03.1	265 22.4	29.6	Atria	107 57.7	S69 01.3
20	263 00.6	76 29.2	49.1	174 25.2	35.4	47 33.1	03.2	280 25.0	29.6	Avior	234 24.4	S59 29.5
21	278 03.0	91 29.4	·· 50.3	189 25.8	·· 35.5	62 35.3	·· 03.3	295 27.7	·· 29.7	Bellatrix	278 47.3	N 6 20.7
22	293 05.5	106 29.7	51.6	204 26.5	35.6	77 37.5	03.4	310 30.3	29.8	Betelgeuse	271 16.8	N 7 24.4
23	308 08.0	121 29.9	52.8	219 27.2	35.6	92 39.7	03.5	325 32.9	29.9			
15 00	323 10.4	136 30.1	S 3 54.0	234 27.9	N23 35.7	107 41.9	S13 03.6	340 35.5	S 9 29.9	Canopus	264 02.8	S52 41.4
01	338 12.9	151 30.3	55.2	249 28.5	35.7	122 44.0	03.7	355 38.2	30.0	Capella	280 55.5	N45 59.4
02	353 15.4	166 30.5	56.5	264 29.2	35.8	137 46.2	03.9	10 40.8	30.1	Deneb	49 40.6	N45 15.9
03	8 17.8	181 30.7	·· 57.7	279 29.9	·· 35.8	152 48.4	·· 04.0	25 43.4	·· 30.1	Denebola	182 48.3	N14 36.2
04	23 20.3	196 30.9	3 58.9	294 30.5	35.9	167 50.6	04.1	40 46.0	30.2	Diphda	349 09.8	S18 00.7
05	38 22.8	211 31.1	4 00.2	309 31.2	35.9	182 52.8	04.2	55 48.7	30.3			
− 06	53 25.2	226 31.4	S 4 01.4	324 31.9	N23 36.0	197 54.9	S13 04.3	70 51.3	S 9 30.4	Dubhe	194 09.5	N61 46.9
07	68 27.7	241 31.6	02.6	339 32.6	36.0	212 57.1	04.4	85 53.9	30.4	Elnath	278 30.6	N28 36.1
08	83 30.2	256 31.8	03.8	354 33.2	36.1	227 59.3	04.5	100 56.5	30.5	Eltanin	90 52.4	N51 29.7
M 09	98 32.6	271 32.0	·· 05.1	9 33.9	·· 36.1	243 01.5	·· 04.6	115 59.2	·· 30.6	Enif	34 00.6	N 9 51.2
O 10	113 35.1	286 32.2	06.3	24 34.6	36.2	258 03.7	04.7	131 01.8	30.6	Fomalhaut	15 39.2	S29 38.8
N 11	128 37.5	301 32.4	07.5	39 35.3	36.2	273 05.8	04.8	146 04.4	30.7			
D 12	143 40.0	316 32.6	S 4 08.7	54 35.9	N23 36.3	288 08.0	S13 04.9	161 07.1	S 9 30.8	Gacrux	172 17.0	S57 05.2
A 13	158 42.5	331 32.9	10.0	69 36.6	36.3	303 10.2	05.0	176 09.7	30.9	Gienah	176 07.1	S17 30.8
Y 14	173 44.9	346 33.1	11.2	84 37.3	36.3	318 12.4	05.1	191 12.3	30.9	Hadar	149 08.1	S60 21.1
15	188 47.4	1 33.3	·· 12.4	99 37.9	·· 36.4	333 14.5	·· 05.2	206 14.9	·· 31.0	Hamal	328 16.6	N23 26.2
16	203 49.9	16 33.5	13.6	114 38.6	36.4	348 16.7	05.3	221 17.6	31.1	Kaus Aust.	84 02.2	S34 23.2
17	218 52.3	31 33.7	14.9	129 39.3	36.5	3 18.9	05.4	236 20.2	31.2			
18	233 54.8	46 34.0	S 4 16.1	144 40.0	N23 36.5	18 21.1	S13 05.5	251 22.8	S 9 31.2	Kochab	137 19.7	N74 11.0
19	248 57.3	61 34.2	17.3	159 40.6	36.6	33 23.2	05.6	266 25.4	31.3	Markab	13 52.1	N15 10.8
20	263 59.7	76 34.4	18.5	174 41.3	36.6	48 25.4	05.7	281 28.1	31.4	Menkar	314 29.8	N 4 04.2
21	279 02.2	91 34.6	·· 19.8	189 42.0	·· 36.7	63 27.6	·· 05.9	296 30.7	·· 31.4	Menkent	148 24.3	S36 20.7
22	294 04.6	106 34.8	21.0	204 42.7	36.7	78 29.8	06.0	311 33.3	31.5	Miaplacidus	221 43.5	S69 41.8
23	309 07.1	121 35.1	22.2	219 43.3	36.8	93 31.9	06.1	326 36.0	31.6			
16 00	324 09.6	136 35.3	S 4 23.4	234 44.0	N23 36.8	108 34.1	S13 06.2	341 38.6	S 9 31.7	Mirfak	309 00.6	N49 50.4
01	339 12.0	151 35.5	24.6	249 44.7	36.8	123 36.3	06.3	356 41.2	31.7	Nunki	76 15.5	S26 18.1
02	354 14.5	166 35.7	25.9	264 45.4	36.9	138 38.5	06.4	11 43.8	31.8	Peacock	53 40.8	S56 45.0
03	9 17.0	181 35.9	·· 27.1	279 46.0	·· 36.9	153 40.6	·· 06.5	26 46.5	·· 31.9	Pollux	243 45.3	N28 02.3
04	24 19.4	196 36.2	28.3	294 46.7	37.0	168 42.8	06.6	41 49.1	31.9	Procyon	245 14.8	N 5 14.3
05	39 21.9	211 36.4	29.5	309 47.4	37.0	183 45.0	06.7	56 51.7	32.0			
06	54 24.4	226 36.6	S 4 30.8	324 48.1	N23 37.0	198 47.2	S13 06.8	71 54.4	S 9 32.1	Rasalhague	96 19.4	N12 34.1
07	69 26.8	241 36.8	32.0	339 48.7	37.1	213 49.3	06.9	86 57.0	32.2	Regulus	207 58.8	N11 59.6
T 08	84 29.3	256 37.1	33.2	354 49.4	37.1	228 51.5	07.0	101 59.6	32.2	Rigel	281 25.8	S 8 12.4
U 09	99 31.8	271 37.3	·· 34.4	9 50.1	·· 37.2	243 53.7	·· 07.1	117 02.2	·· 32.3	Rigil Kent.	140 11.1	S60 49.0
E 10	114 34.2	286 37.5	35.6	24 50.8	37.2	258 55.9	07.2	132 04.9	32.4	Sabik	102 28.6	S15 43.0
S 11	129 36.7	301 37.7	36.9	39 51.4	37.3	273 58.0	07.3	147 07.5	32.5			
D 12	144 39.1	316 38.0	S 4 38.1	54 52.1	N23 37.3	289 00.2	S13 07.5	162 10.1	S 9 32.5	Schedar	349 56.2	N56 30.4
A 13	159 41.6	331 38.2	39.3	69 52.8	37.3	304 02.4	07.6	177 12.8	32.6	Shaula	96 40.8	S37 06.0
Y 14	174 44.1	346 38.4	40.5	84 53.5	37.4	319 04.5	07.7	192 15.4	32.7	Sirius	258 46.4	S16 42.5
15	189 46.5	1 38.7	·· 41.7	99 54.1	·· 37.4	334 06.7	·· 07.8	207 18.0	·· 32.7	Spica	158 46.3	S11 08.0
16	204 49.0	16 38.9	43.0	114 54.8	37.4	349 08.9	07.9	222 20.6	32.8	Suhail	223 03.2	S43 24.7
17	219 51.5	31 39.1	44.2	129 55.5	37.5	4 11.1	08.0	237 23.3	32.9			
18	234 53.9	46 39.3	S 4 45.4	144 56.2	N23 37.5	19 13.2	S13 08.1	252 25.9	S 9 33.0	Vega	80 48.2	N38 47.0
19	249 56.4	61 39.6	46.6	159 56.8	37.6	34 15.4	08.2	267 28.5	33.0	Zuben'ubi	137 21.1	S16 01.2
20	264 58.9	76 39.8	47.8	174 57.5	37.6	49 17.6	08.3	282 31.2	33.1		S.H.A.	Mer. Pass.
21	280 01.3	91 40.0	·· 49.1	189 58.2	·· 37.6	64 19.7	·· 08.4	297 33.8	·· 33.2		° ′	h m
22	295 03.8	106 40.3	50.3	204 58.9	37.7	79 21.9	08.5	312 36.4	33.2	Venus	173 19.6	14 54
23	310 06.3	121 40.5	51.5	219 59.6	37.7	94 24.1	08.6	327 39.0	33.3	Mars	271 17.4	8 22
	h m									Jupiter	144 31.4	16 47
Mer. Pass. 2 26.9		v 0.2	d 1.2	v 0.7	d 0.0	v 2.2	d 0.1	v 2.6	d 0.1	Saturn	17 25.1	1 17

1994 AUGUST 14, 15, 16 (SUN., MON., TUES.)

UT (GMT)	SUN G.H.A.	Dec.	MOON G.H.A.	v	Dec.	d	H.P.
d h	° '	° '	° '	'	° '	'	'
14 00	178 48.4	N14 29.9	96 57.5	7.1	S17 14.2	6.8	59.3
01	193 48.5	29.1	111 23.6	7.0	17 21.0	6.8	59.3
02	208 48.6	28.4	125 49.6	6.9	17 27.8	6.6	59.3
03	223 48.7 ..	27.6	140 15.5	7.0	17 34.4	6.5	59.3
04	238 48.8	26.8	154 41.5	6.8	17 40.9	6.4	59.3
05	253 48.9	26.1	169 07.3	6.9	17 47.3	6.3	59.3
06	268 49.1	N14 25.3	183 33.2	6.8	S17 53.6	6.1	59.3
07	283 49.2	24.5	197 59.0	6.8	17 59.7	6.1	59.3
08	298 49.3	23.8	212 24.8	6.7	18 05.8	5.9	59.3
S 09	313 49.4 ..	23.0	226 50.5	6.7	18 11.7	5.8	59.3
U 10	328 49.5	22.2	241 16.2	6.7	18 17.5	5.7	59.3
N 11	343 49.6	21.5	255 41.9	6.6	18 23.2	5.6	59.3
D 12	358 49.8	N14 20.7	270 07.5	6.8	S18 28.8	5.5	59.2
A 13	13 49.9	19.9	284 33.1	6.6	18 34.3	5.3	59.2
Y 14	28 50.0	19.1	298 58.7	6.5	18 39.6	5.2	59.2
15	43 50.1 ..	18.4	313 24.2	6.5	18 44.8	5.1	59.2
16	58 50.2	17.6	327 49.7	6.5	18 49.9	5.0	59.2
17	73 50.4	16.8	342 15.2	6.4	18 54.9	4.9	59.2
18	88 50.5	N14 16.1	356 40.6	6.4	S18 59.8	4.7	59.2
19	103 50.6	15.3	11 06.0	6.4	19 04.5	4.6	59.2
20	118 50.7	14.5	25 31.4	6.4	19 09.1	4.5	59.2
21	133 50.8 ..	13.7	39 56.8	6.3	19 13.6	4.3	59.2
22	148 50.9	13.0	54 22.1	6.3	19 17.9	4.2	59.2
23	163 51.1	12.2	68 47.4	6.3	19 22.1	4.1	59.2
15 00	178 51.2	N14 11.4	83 12.7	6.3	S19 26.2	4.0	59.2
01	193 51.3	10.6	97 38.0	6.2	19 30.2	3.9	59.2
02	208 51.4	09.9	112 03.2	6.2	19 34.1	3.7	59.2
03	223 51.5 ..	09.1	126 28.4	6.2	19 37.8	3.6	59.1
04	238 51.7	08.3	140 53.6	6.2	19 41.4	3.4	59.1
05	253 51.8	07.5	155 18.8	6.2	19 44.8	3.4	59.1
06	268 51.9	N14 06.7	169 44.0	6.1	S19 48.2	3.2	59.1
07	283 52.0	06.0	184 09.1	6.2	19 51.4	3.0	59.1
08	298 52.2	05.2	198 34.3	6.1	19 54.4	3.0	59.1
M 09	313 52.3 ..	04.4	212 59.4	6.1	19 57.4	2.8	59.1
O 10	328 52.4	03.6	227 24.5	6.1	20 00.2	2.7	59.1
N 11	343 52.5	02.8	241 49.6	6.1	20 02.9	2.5	59.1
D 12	358 52.6	N14 02.1	256 14.7	6.0	S20 05.4	2.4	59.1
A 13	13 52.8	01.3	270 39.7	6.1	20 07.8	2.3	59.1
Y 14	28 52.9	14 00.5	285 04.8	6.0	20 10.1	2.2	59.1
15	43 53.0	13 59.7	299 29.8	6.1	20 12.3	2.0	59.1
16	58 53.1	58.9	313 54.9	6.0	20 14.3	1.9	59.0
17	73 53.3	58.2	328 19.9	6.0	20 16.2	1.7	59.0
18	88 53.4	N13 57.4	342 44.9	6.1	S20 17.9	1.6	59.0
19	103 53.5	56.6	357 10.0	6.0	20 19.5	1.5	59.0
20	118 53.6	55.8	11 35.0	6.0	20 21.0	1.4	59.0
21	133 53.8 ..	55.0	26 00.0	6.1	20 22.4	1.2	59.0
22	148 53.9	54.2	40 25.1	6.0	20 23.6	1.1	59.0
23	163 54.0	53.5	54 50.1	6.0	20 24.7	0.9	59.0
16 00	178 54.1	N13 52.7	69 15.1	6.1	S20 25.6	0.9	59.0
01	193 54.3	51.9	83 40.2	6.0	20 26.5	0.6	59.0
02	208 54.4	51.1	98 05.2	6.0	20 27.1	0.6	58.9
03	223 54.5 ..	50.3	112 30.2	6.1	20 27.7	0.4	58.9
04	238 54.6	49.5	126 55.3	6.1	20 28.1	0.3	58.9
05	253 54.8	48.7	141 20.4	6.0	20 28.4	0.2	58.9
06	268 54.9	N13 48.0	155 45.4	6.1	S20 28.6	0.0	58.9
07	283 55.0	47.2	170 10.5	6.1	20 28.6	0.1	58.9
T 08	298 55.1	46.4	184 35.6	6.1	20 28.5	0.3	58.9
U 09	313 55.3 ..	45.6	199 00.7	6.1	20 28.2	0.3	58.9
E 10	328 55.4	44.8	213 25.8	6.2	20 27.9	0.6	58.9
S 11	343 55.5	44.0	227 51.0	6.1	20 27.3	0.6	58.8
D 12	358 55.7	N13 43.2	242 16.1	6.2	S20 26.7	0.8	58.8
A 13	13 55.8	42.4	256 41.3	6.2	20 25.9	0.9	58.8
Y 14	28 55.9	41.6	271 06.5	6.2	20 25.0	1.0	58.8
15	43 56.0 ..	40.9	285 31.7	6.2	20 24.0	1.2	58.8
16	58 56.2	40.1	299 56.9	6.3	20 22.8	1.3	58.8
17	73 56.3	39.3	314 22.2	6.3	20 21.5	1.4	58.8
18	88 56.4	N13 38.5	328 47.5	6.3	S20 20.1	1.6	58.8
19	103 56.6	37.7	343 12.8	6.3	20 18.5	1.7	58.8
20	118 56.7	36.9	357 38.1	6.4	20 16.8	1.8	58.7
21	133 56.8 ..	36.1	12 03.5	6.4	20 15.0	1.9	58.7
22	148 57.0	35.3	26 28.9	6.4	20 13.1	2.1	58.7
23	163 57.1	34.5	40 54.3	6.4	20 11.0	2.2	58.7
	S.D. 15.8	d 0.8	S.D. 16.1		16.1		16.0

Twilight / Moonrise

Lat.	Twilight Naut.	Twilight Civil	Sunrise	Moonrise 14	15	16	17
°	h m	h m	h m	h m	h m	h m	h m
N 72	////	////	02 22	■■	■■	■■	
N 70	////	////	02 55	16 58	■■	■■	19 53
68	////	01 41	03 18	16 02	17 37	18 36	19 00
66	////	02 19	03 36	15 29	16 53	17 53	18 27
64	////	02 46	03 51	15 05	16 24	17 24	18 03
62	01 30	03 06	04 03	14 46	16 02	17 01	17 44
60	02 05	03 22	04 13	14 30	15 44	16 44	17 28
N 58	02 29	03 35	04 22	14 17	15 29	16 29	17 15
56	02 48	03 47	04 30	14 06	15 16	16 16	17 03
54	03 03	03 57	04 37	13 56	15 05	16 05	16 53
52	03 16	04 05	04 43	13 47	14 55	15 55	16 44
50	03 27	04 13	04 49	13 39	14 47	15 46	16 36
45	03 50	04 29	05 01	13 22	14 28	15 27	16 19
N 40	04 07	04 42	05 11	13 09	14 13	15 12	16 04
35	04 21	04 53	05 20	12 57	14 00	14 59	15 52
30	04 32	05 02	05 27	12 47	13 49	14 48	15 42
20	04 50	05 17	05 40	12 29	13 30	14 28	15 24
N 10	05 04	05 29	05 51	12 14	13 13	14 12	15 08
0	05 15	05 40	06 01	12 00	12 58	13 56	14 53
S 10	05 25	05 50	06 11	11 46	12 43	13 40	14 39
20	05 33	05 59	06 22	11 31	12 26	13 24	14 23
30	05 41	06 09	06 34	11 14	12 07	13 04	14 05
35	05 45	06 15	06 41	11 04	11 56	12 53	13 54
40	05 49	06 21	06 49	10 53	11 44	12 40	13 42
45	05 53	06 27	06 58	10 40	11 29	12 25	13 28
S 50	05 57	06 35	07 09	10 24	11 11	12 07	13 10
52	05 58	06 38	07 14	10 16	11 03	11 58	13 02
54	06 00	06 42	07 19	10 08	10 53	11 48	12 53
56	06 02	06 46	07 25	09 59	10 42	11 37	12 42
58	06 04	06 50	07 32	09 48	10 30	11 24	12 31
S 60	06 06	06 55	07 40	09 36	10 16	11 10	12 17

Twilight / Moonset

Lat.	Sunset	Twilight Civil	Twilight Naut.	Moonset 14	15	16	17
°	h m	h m	h m	h m	h m	h m	h m
N 72	21 41	////	////	■■	■■	■■	■■
N 70	21 10	23 39	////	19 22	■■	■■	22 28
68	20 48	22 21	////	20 18	20 44	21 46	23 21
66	20 30	21 45	////	20 51	21 28	22 30	23 53
64	20 16	21 20	23 42	21 16	21 57	22 59	24 17
62	20 04	21 01	22 33	21 35	22 20	23 21	24 36
60	19 54	20 45	22 00	21 51	22 38	23 38	24 51
N 58	19 45	20 32	21 37	22 05	22 53	23 53	25 04
56	19 37	20 21	21 19	22 17	23 06	24 06	00 06
54	19 31	20 11	21 04	22 27	23 17	24 17	00 17
52	19 24	20 02	20 51	22 36	23 27	24 27	00 27
50	19 19	19 55	20 40	22 44	23 36	24 35	00 35
45	19 07	19 39	20 18	23 02	23 54	24 54	00 54
N 40	18 57	19 26	20 01	23 16	24 10	00 10	01 09
35	18 49	19 16	19 48	23 28	24 23	00 23	01 22
30	18 41	19 07	19 36	23 39	24 34	00 34	01 33
20	18 29	18 52	19 19	23 57	24 53	00 53	01 52
N 10	18 18	18 40	19 05	24 13	00 13	01 10	02 08
0	18 08	18 29	18 54	24 28	00 28	01 26	02 24
S 10	17 58	18 19	18 44	24 42	00 42	01 41	02 39
20	17 47	18 10	18 36	24 58	00 58	01 58	02 55
30	17 35	18 00	18 28	00 13	01 17	02 17	03 14
35	17 29	17 55	18 25	00 23	01 27	02 29	03 25
40	17 21	17 49	18 21	00 33	01 39	02 41	03 37
45	17 12	17 42	18 17	00 46	01 54	02 57	03 52
S 50	17 01	17 35	18 13	01 01	02 11	03 15	04 10
52	16 56	17 31	18 11	01 08	02 20	03 24	04 18
54	16 51	17 28	18 10	01 16	02 29	03 34	04 28
56	16 44	17 24	18 08	01 25	02 39	03 45	04 38
58	16 38	17 20	18 06	01 35	02 51	03 57	04 50
S 60	16 30	17 15	18 04	01 46	03 05	04 12	05 04

SUN / MOON

Day	SUN Eqn. of Time 00h	12h	Mer. Pass.	MOON Mer. Pass. Upper	Lower	Age	Phase
	m s	m s	h m	h m	h m	d	
14	04 47	04 41	12 05	18 14	05 45	07	
15	04 35	04 30	12 04	19 12	06 43	08	☾
16	04 24	04 18	12 04	20 10	07 41	09	

1994 AUGUST 17, 18, 19 (WED., THURS., FRI.)

UT (GMT)	ARIES G.H.A.	VENUS −4.3 G.H.A.	VENUS Dec.	MARS +1.2 G.H.A.	MARS Dec.	JUPITER −1.9 G.H.A.	JUPITER Dec.	SATURN +0.6 G.H.A.	SATURN Dec.	STAR Name	S.H.A.	Dec.
17 00	325 08.7	136 40.7	S 4 52.7	235 00.2	N23 37.7	109 26.3	S13 08.7	342 41.7	S 9 33.4	Acamar	315 29.0	S40 19.3
01	340 11.2	151 41.0	53.9	250 00.9	37.8	124 28.4	08.8	357 44.3	33.5	Achernar	335 36.9	S57 15.5
02	355 13.6	166 41.2	55.2	265 01.6	37.8	139 30.6	09.0	12 46.9	33.5	Acrux	173 25.6	S63 04.4
03	10 16.1	181 41.4	·· 56.4	280 02.3	·· 37.8	154 32.8	·· 09.1	27 49.6	·· 33.6	Adhara	255 23.9	S28 57.8
04	25 18.6	196 41.7	57.6	295 02.9	37.9	169 34.9	09.2	42 52.2	33.7	Aldebaran	291 05.6	N16 29.9
05	40 21.0	211 41.9	4 58.8	310 03.6	37.9	184 37.1	09.3	57 54.8	33.8			
06	55 23.5	226 42.1	S 5 00.0	325 04.3	N23 37.9	199 39.3	S13 09.4	72 57.5	S 9 33.8	Alioth	166 33.4	N55 59.5
W 07	70 26.0	241 42.4	01.3	340 05.0	38.0	214 41.4	09.5	88 00.1	33.9	Alkaid	153 10.2	N49 20.6
E 08	85 28.4	256 42.6	02.5	355 05.7	38.0	229 43.6	09.6	103 02.7	34.0	Al Na'ir	28 00.9	S46 59.0
D 09	100 30.9	271 42.8	·· 03.7	10 06.3	·· 38.0	244 45.8	·· 09.7	118 05.3	·· 34.0	Alnilam	276 00.8	S 1 12.3
N 10	115 33.4	286 43.1	04.9	25 07.0	38.1	259 47.9	09.8	133 08.0	34.1	Alphard	218 10.2	S 8 38.1
E 11	130 35.8	301 43.3	06.1	40 07.7	38.1	274 50.1	09.9	148 10.6	34.2			
S 12	145 38.3	316 43.6	S 5 07.3	55 08.4	N23 38.1	289 52.3	S13 10.0	163 13.2	S 9 34.3	Alphecca	126 22.9	N26 44.2
D 13	160 40.7	331 43.8	08.6	70 09.1	38.2	304 54.4	10.1	178 15.9	34.3	Alpheratz	357 57.8	N29 03.7
A 14	175 43.2	346 44.0	09.8	85 09.7	38.2	319 56.6	10.3	193 18.5	34.4	Altair	62 21.7	N 8 51.5
Y 15	190 45.7	1 44.3	·· 11.0	100 10.4	·· 38.2	334 58.8	·· 10.4	208 21.1	·· 34.5	Ankaa	353 29.3	S42 19.8
16	205 48.1	16 44.5	12.2	115 11.1	38.3	350 00.9	10.5	223 23.8	34.6	Antares	112 43.5	S26 25.2
17	220 50.6	31 44.8	13.4	130 11.8	38.3	5 03.1	10.6	238 26.4	34.6			
18	235 53.1	46 45.0	S 5 14.6	145 12.5	N23 38.3	20 05.3	S13 10.7	253 29.0	S 9 34.7	Arcturus	146 08.7	N19 12.8
19	250 55.5	61 45.2	15.8	160 13.1	38.4	35 07.4	10.8	268 31.6	34.8	Atria	107 57.8	S69 01.3
20	265 58.0	76 45.5	17.1	175 13.8	38.4	50 09.6	10.9	283 34.3	34.8	Avior	234 24.3	S59 29.5
21	281 00.5	91 45.7	·· 18.3	190 14.5	·· 38.4	65 11.8	·· 11.0	298 36.9	·· 34.9	Bellatrix	278 47.3	N 6 20.7
22	296 02.9	106 46.0	19.5	205 15.2	38.4	80 13.9	11.1	313 39.5	35.0	Betelgeuse	271 16.7	N 7 24.4
23	311 05.4	121 46.2	20.7	220 15.9	38.5	95 16.1	11.2	328 42.2	35.1			
18 00	326 07.9	136 46.4	S 5 21.9	235 16.5	N23 38.5	110 18.3	S13 11.3	343 44.8	S 9 35.1	Canopus	264 02.7	S52 41.4
01	341 10.3	151 46.7	23.1	250 17.2	38.5	125 20.4	11.5	358 47.4	35.2	Capella	280 55.5	N45 59.4
02	356 12.8	166 46.9	24.3	265 17.9	38.6	140 22.6	11.6	13 50.1	35.3	Deneb	49 40.6	N45 15.9
03	11 15.2	181 47.2	·· 25.6	280 18.6	·· 38.6	155 24.7	·· 11.7	28 52.7	·· 35.4	Denebola	182 48.3	N14 36.2
04	26 17.7	196 47.4	26.8	295 19.3	38.6	170 26.9	11.8	43 55.3	35.4	Diphda	349 09.8	S18 00.7
05	41 20.2	211 47.7	28.0	310 20.0	38.6	185 29.1	11.9	58 58.0	35.5			
06	56 22.6	226 47.9	S 5 29.2	325 20.6	N23 38.7	200 31.2	S13 12.0	74 00.6	S 9 35.6	Dubhe	194 09.5	N61 46.8
07	71 25.1	241 48.2	30.4	340 21.3	38.7	215 33.4	12.1	89 03.2	35.6	Elnath	278 30.6	N28 36.1
T 08	86 27.6	256 48.4	31.6	355 22.0	38.7	230 35.6	12.2	104 05.8	35.7	Eltanin	90 52.4	N51 29.7
H 09	101 30.0	271 48.7	·· 32.8	10 22.7	·· 38.7	245 37.7	·· 12.3	119 08.5	·· 35.8	Enif	34 00.6	N 9 51.3
U 10	116 32.5	286 48.9	34.0	25 23.4	38.8	260 39.9	12.4	134 11.1	35.9	Fomalhaut	15 39.1	S29 38.8
R 11	131 35.0	301 49.2	35.3	40 24.1	38.8	275 42.0	12.6	149 13.7	35.9			
S 12	146 37.4	316 49.4	S 5 36.5	55 24.7	N23 38.8	290 44.2	S13 12.7	164 16.4	S 9 36.0	Gacrux	172 17.0	S57 05.2
D 13	161 39.9	331 49.7	37.7	70 25.4	38.8	305 46.4	12.8	179 19.0	36.1	Gienah	176 07.1	S17 30.8
A 14	176 42.4	346 49.9	38.9	85 26.1	38.8	320 48.5	12.9	194 21.6	36.2	Hadar	149 08.2	S60 21.1
Y 15	191 44.8	1 50.2	·· 40.1	100 26.8	·· 38.9	335 50.7	·· 13.0	209 24.3	·· 36.2	Hamal	328 16.5	N23 26.2
16	206 47.3	16 50.4	41.3	115 27.5	38.9	350 52.8	13.1	224 26.9	36.3	Kaus Aust.	84 02.2	S34 23.2
17	221 49.7	31 50.7	42.5	130 28.2	38.9	5 55.0	13.2	239 29.5	36.4			
18	236 52.2	46 50.9	S 5 43.7	145 28.8	N23 38.9	20 57.2	S13 13.3	254 32.2	S 9 36.5	Kochab	137 19.7	N74 11.0
19	251 54.7	61 51.2	44.9	160 29.5	39.0	35 59.3	13.4	269 34.8	36.5	Markab	13 52.1	N15 10.8
20	266 57.1	76 51.4	46.1	175 30.2	39.0	51 01.5	13.5	284 37.4	36.6	Menkar	314 29.8	N 4 04.2
21	281 59.6	91 51.7	·· 47.4	190 30.9	·· 39.0	66 03.6	·· 13.7	299 40.1	·· 36.7	Menkent	148 24.4	S36 20.7
22	297 02.1	106 51.9	48.6	205 31.6	39.0	81 05.8	13.8	314 42.7	36.7	Miaplacidus	221 43.5	S69 41.8
23	312 04.5	121 52.2	49.8	220 32.3	39.0	96 08.0	13.9	329 45.3	36.8			
19 00	327 07.0	136 52.4	S 5 51.0	235 33.0	N23 39.1	111 10.1	S13 14.0	344 48.0	S 9 36.9	Mirfak	309 00.5	N49 50.4
01	342 09.5	151 52.7	52.2	250 33.6	39.1	126 12.3	14.1	359 50.6	37.0	Nunki	76 15.5	S26 18.1
02	357 11.9	166 52.9	53.4	265 34.3	39.1	141 14.4	14.2	14 53.2	37.0	Peacock	53 40.8	S56 45.0
03	12 14.4	181 53.2	·· 54.6	280 35.0	·· 39.1	156 16.6	·· 14.3	29 55.9	·· 37.1	Pollux	243 45.3	N28 02.3
04	27 16.8	196 53.5	55.8	295 35.7	39.1	171 18.8	14.4	44 58.5	37.2	Procyon	245 14.7	N 5 14.3
05	42 19.3	211 53.7	57.0	310 36.4	39.2	186 20.9	14.5	60 01.1	37.3			
06	57 21.8	226 54.0	S 5 58.2	325 37.1	N23 39.2	201 23.1	S13 14.7	75 03.7	S 9 37.3	Rasalhague	96 19.4	N12 34.1
07	72 24.2	241 54.2	5 59.4	340 37.8	39.2	216 25.2	14.8	90 06.4	37.4	Regulus	207 58.8	N11 59.6
08	87 26.7	256 54.5	6 00.6	355 38.4	39.2	231 27.4	14.9	105 09.0	37.5	Rigel	281 25.7	S 8 12.4
F 09	102 29.2	271 54.8	·· 01.8	10 39.1	·· 39.2	246 29.5	·· 15.0	120 11.6	·· 37.6	Rigil Kent.	140 11.1	S60 49.0
R 10	117 31.6	286 55.0	03.1	25 39.8	39.2	261 31.7	15.1	135 14.3	37.6	Sabik	102 28.6	S15 43.0
I 11	132 34.1	301 55.3	04.3	40 40.5	39.3	276 33.9	15.2	150 16.9	37.7			
D 12	147 36.6	316 55.5	S 6 05.5	55 41.2	N23 39.3	291 36.0	S13 15.3	165 19.5	S 9 37.8	Schedar	349 56.2	N56 30.4
A 13	162 39.0	331 55.8	06.7	70 41.9	39.3	306 38.2	15.4	180 22.2	37.8	Shaula	96 40.8	S37 06.0
Y 14	177 41.5	346 56.1	07.9	85 42.6	39.3	321 40.3	15.5	195 24.8	37.9	Sirius	258 46.4	S16 42.4
15	192 44.0	1 56.3	·· 09.1	100 43.2	·· 39.3	336 42.5	·· 15.7	210 27.4	·· 38.0	Spica	158 46.3	S11 08.0
16	207 46.4	16 56.6	10.3	115 43.9	39.3	351 44.6	15.8	225 30.1	38.1	Suhail	223 03.2	S43 24.7
17	222 48.9	31 56.8	11.5	130 44.6	39.3	6 46.8	15.9	240 32.7	38.1			
18	237 51.3	46 57.1	S 6 12.7	145 45.3	N23 39.4	21 48.9	S13 16.0	255 35.3	S 9 38.2	Vega	80 48.2	N38 47.0
19	252 53.8	61 57.4	13.9	160 46.0	39.4	36 51.1	16.1	270 38.0	38.3	Zuben'ubi	137 21.1	S16 01.2
20	267 56.3	76 57.6	15.1	175 46.7	39.4	51 53.3	16.2	285 40.6	38.4			
21	282 58.7	91 57.9	·· 16.3	190 47.4	·· 39.4	66 55.4	·· 16.3	300 43.2	·· 38.4			
22	298 01.2	106 58.2	17.5	205 48.1	39.4	81 57.6	16.4	315 45.9	38.5			
23	313 03.7	121 58.4	18.7	220 48.8	39.4	96 59.7	16.5	330 48.5	38.6			
Mer. Pass.	2h 15.1m	v 0.2	d 1.2	v 0.7	d 0.0	v 2.2	d 0.1	v 2.6	d 0.1			

	S.H.A.	Mer. Pass.
Venus	170 38.6	14 53
Mars	269 08.7	8 19
Jupiter	144 10.4	16 36
Saturn	17 36.9	1 05

1994 AUGUST 17, 18, 19 (WED., THURS., FRI.)

UT (GMT)	SUN G.H.A.	SUN Dec.	MOON G.H.A.	v	MOON Dec.	d	H.P.
17 00	178 57.2	N13 33.7	55 19.7	6.5	S20 08.8	2.3	58.7
01	193 57.3	32.9	69 45.2	6.5	20 06.5	2.5	58.7
02	208 57.5	32.1	84 10.7	6.6	20 04.0	2.6	58.7
03	223 57.6	.. 31.3	98 36.3	6.6	20 01.4	2.7	58.6
04	238 57.7	30.5	113 01.9	6.6	19 58.7	2.8	58.6
05	253 57.9	29.7	127 27.5	6.6	19 55.9	3.0	58.6
W 06	268 58.0	N13 28.9	141 53.1	6.7	S19 52.9	3.1	58.6
E 07	283 58.1	28.2	156 18.8	6.8	19 49.8	3.2	58.6
D 08	298 58.3	27.4	170 44.6	6.8	19 46.6	3.3	58.6
N 09	313 58.4	.. 26.6	185 10.4	6.8	19 43.3	3.5	58.6
E 10	328 58.5	25.8	199 36.2	6.8	19 39.8	3.6	58.5
S 11	343 58.7	25.0	214 02.0	6.9	19 36.2	3.7	58.5
D 12	358 58.8	N13 24.2	228 27.9	7.0	S19 32.5	3.8	58.5
A 13	13 58.9	23.4	242 53.9	7.0	19 28.7	3.9	58.5
Y 14	28 59.1	22.6	257 19.9	7.0	19 24.8	4.1	58.5
15	43 59.2	.. 21.8	271 45.9	7.1	19 20.7	4.2	58.5
16	58 59.3	21.0	286 12.0	7.1	19 16.5	4.3	58.5
17	73 59.5	20.2	300 38.1	7.2	19 12.2	4.4	58.4
18	88 59.6	N13 19.4	315 04.3	7.2	S19 07.8	4.5	58.4
19	103 59.7	18.6	329 30.5	7.3	19 03.3	4.6	58.4
20	118 59.9	17.8	343 56.8	7.3	18 58.7	4.8	58.4
21	134 00.0	.. 17.0	358 23.1	7.4	18 53.9	4.9	58.4
22	149 00.2	16.2	12 49.5	7.4	18 49.0	5.0	58.4
23	164 00.3	15.4	27 15.9	7.5	18 44.0	5.0	58.4
18 00	179 00.4	N13 14.6	41 42.4	7.6	S18 39.0	5.3	58.3
01	194 00.6	13.7	56 09.0	7.6	18 33.7	5.3	58.3
02	209 00.7	12.9	70 35.6	7.6	18 28.4	5.4	58.3
03	224 00.8	.. 12.1	85 02.2	7.7	18 23.0	5.5	58.3
04	239 01.0	11.3	99 28.9	7.8	18 17.5	5.7	58.3
05	254 01.1	10.5	113 55.7	7.8	18 11.8	5.7	58.3
T 06	269 01.2	N13 09.7	128 22.5	7.9	S18 06.1	5.9	58.2
H 07	284 01.4	08.9	142 49.4	7.9	18 00.2	5.9	58.2
U 08	299 01.5	08.1	157 16.3	8.0	17 54.3	6.1	58.2
R 09	314 01.7	.. 07.3	171 43.3	8.1	17 48.2	6.2	58.2
S 10	329 01.8	06.5	186 10.4	8.1	17 42.0	6.2	58.2
D 11	344 01.9	05.7	200 37.5	8.1	17 35.8	6.4	58.1
A 12	359 02.1	N13 04.9	215 04.6	8.3	S17 29.4	6.5	58.1
Y 13	14 02.2	04.1	229 31.9	8.3	17 22.9	6.5	58.1
14	29 02.4	03.3	243 59.2	8.3	17 16.4	6.7	58.1
15	44 02.5	.. 02.5	258 26.5	8.4	17 09.7	6.8	58.1
16	59 02.6	01.7	272 53.9	8.5	17 02.9	6.8	58.1
17	74 02.8	00.8	287 21.4	8.5	16 56.1	7.0	58.0
18	89 02.9	N13 00.0	301 48.9	8.6	S16 49.1	7.0	58.0
19	104 03.1	12 59.2	316 16.5	8.7	16 42.1	7.2	58.0
20	119 03.2	58.4	330 44.2	8.7	16 34.9	7.2	58.0
21	134 03.3	.. 57.6	345 11.9	8.8	16 27.7	7.3	58.0
22	149 03.5	56.8	359 39.7	8.9	16 20.4	7.4	57.9
23	164 03.6	56.0	14 07.6	8.9	16 13.0	7.5	57.9
19 00	179 03.8	N12 55.2	28 35.5	9.0	S16 05.5	7.6	57.9
01	194 03.9	54.4	43 03.5	9.0	15 57.9	7.7	57.9
02	209 04.1	53.5	57 31.5	9.2	15 50.2	7.8	57.9
03	224 04.2	.. 52.7	71 59.7	9.1	15 42.4	7.8	57.8
04	239 04.3	51.9	86 27.8	9.3	15 34.6	7.9	57.8
05	254 04.5	51.1	100 56.1	9.3	15 26.7	8.0	57.8
F 06	269 04.6	N12 50.3	115 24.4	9.4	S15 18.7	8.1	57.8
R 07	284 04.8	49.5	129 52.8	9.4	15 10.6	8.2	57.8
I 08	299 04.9	48.7	144 21.2	9.5	15 02.4	8.2	57.8
D 09	314 05.1	.. 47.9	158 49.7	9.6	14 54.2	8.4	57.7
A 10	329 05.2	47.0	173 18.3	9.6	14 45.8	8.4	57.7
Y 11	344 05.3	46.2	187 46.9	9.7	14 37.4	8.4	57.7
12	359 05.5	N12 45.4	202 15.6	9.8	S14 29.0	8.6	57.7
13	14 05.6	44.6	216 44.4	9.8	14 20.4	8.6	57.7
14	29 05.8	43.8	231 13.2	9.9	14 11.8	8.7	57.6
15	44 05.9	.. 43.0	245 42.1	9.9	14 03.1	8.8	57.6
16	59 06.1	42.1	260 11.0	10.1	13 54.3	8.8	57.6
17	74 06.2	41.3	274 40.1	10.1	13 45.5	8.9	57.6
18	89 06.4	N12 40.5	289 09.2	10.1	S13 36.6	9.0	57.5
19	104 06.5	39.7	303 38.3	10.2	13 27.6	9.0	57.5
20	119 06.6	38.9	318 07.5	10.3	13 18.6	9.1	57.5
21	134 06.8	.. 38.0	332 36.8	10.4	13 09.5	9.2	57.5
22	149 06.9	37.2	347 06.2	10.4	13 00.3	9.2	57.5
23	164 07.1	36.4	1 35.6	10.4	12 51.1	9.3	57.4
	S.D. 15.8	d 0.8	S.D. 15.9		15.8		15.7

Twilight / Sunrise / Moonrise

Lat.	Twilight Naut.	Twilight Civil	Sunrise	Moonrise 17	18	19	20
N 72	////	////	02 42	■	20 27	19 57	19 40
N 70	////	01 09	03 10	19 53	19 40	19 32	19 26
68	////	02 03	03 31	19 00	19 09	19 13	19 14
66	////	02 35	03 47	18 27	18 46	18 57	19 04
64	01 01	02 58	04 00	18 03	18 28	18 44	18 56
62	01 49	03 16	04 11	17 44	18 13	18 33	18 49
60	02 18	03 30	04 21	17 28	18 00	18 24	18 42
N 58	02 39	03 43	04 29	17 15	17 49	18 16	18 37
56	02 56	03 53	04 36	17 03	17 40	18 09	18 32
54	03 11	04 03	04 43	16 53	17 31	18 02	18 28
52	03 23	04 11	04 48	16 44	17 24	17 56	18 24
50	03 33	04 18	04 54	16 36	17 17	17 51	18 20
45	03 54	04 33	05 05	16 19	17 02	17 40	18 12
N 40	04 10	04 45	05 14	16 04	16 50	17 30	18 06
35	04 23	04 55	05 22	15 52	16 40	17 22	18 00
30	04 34	05 04	05 29	15 42	16 31	17 15	17 55
20	04 51	05 18	05 41	15 24	16 16	17 02	17 46
N 10	05 04	05 29	05 51	15 08	16 01	16 52	17 38
0	05 15	05 39	06 00	14 53	15 49	16 41	17 31
S 10	05 23	05 48	06 10	14 39	15 36	16 31	17 24
20	05 31	05 57	06 20	14 23	15 22	16 20	17 16
30	05 38	06 06	06 31	14 05	15 06	16 07	17 07
35	05 42	06 11	06 37	13 54	14 57	16 00	17 02
40	05 45	06 17	06 45	13 42	14 46	15 52	16 56
45	05 48	06 23	06 53	13 28	14 34	15 42	16 50
S 50	05 52	06 30	07 03	13 10	14 19	15 30	16 41
52	05 53	06 33	07 08	13 02	14 12	15 25	16 38
54	05 56	06 36	07 13	12 53	14 04	15 18	16 33
56	05 56	06 39	07 18	12 42	13 55	15 12	16 29
58	05 57	06 43	07 25	12 31	13 45	15 04	16 24
S 60	05 59	06 48	07 32	12 17	13 34	14 55	16 18

Sunset / Twilight / Moonset

Lat.	Sunset	Twilight Civil	Twilight Naut.	Moonset 17	18	19	20
N 72	21 20	////	////	■	23 50	26 08	02 08
N 70	20 54	22 47	////	22 28	23 50	00 36	02 32
68	20 34	21 59	////	23 21	25 06	01 06	02 50
66	20 18	21 29	////	23 53	25 28	01 28	03 04
64	20 05	21 07	22 57	24 17	00 17	01 45	03 16
62	19 55	20 49	22 14	24 36	00 36	01 59	03 26
60	19 45	20 35	21 46	24 51	00 51	02 12	03 34
N 58	19 37	20 23	21 25	25 04	01 04	02 22	03 42
56	19 30	20 13	21 09	00 06	01 15	02 31	03 48
54	19 24	20 04	20 55	00 17	01 25	02 39	03 54
52	19 18	19 56	20 43	00 27	01 34	02 46	03 59
50	19 13	19 49	20 33	00 35	01 42	02 52	04 04
45	19 02	19 34	20 12	00 54	01 59	03 06	04 14
N 40	18 53	19 22	19 56	01 09	02 12	03 17	04 23
35	18 45	19 12	19 44	01 22	02 24	03 27	04 30
30	18 38	19 03	19 33	01 33	02 34	03 35	04 36
20	18 27	18 50	19 16	01 52	02 51	03 50	04 47
N 10	18 17	18 38	18 59	02 08	03 06	04 02	04 57
0	18 07	18 28	18 53	02 24	03 20	04 14	05 05
S 10	17 58	18 19	18 44	02 39	03 34	04 26	05 14
20	17 48	18 11	18 37	02 55	03 49	04 38	05 24
30	17 37	18 02	18 30	03 14	04 06	04 52	05 34
35	17 31	17 57	18 27	03 25	04 15	05 00	05 40
40	17 24	17 51	18 23	03 37	04 27	05 09	05 47
45	17 15	17 46	18 20	03 52	04 40	05 20	05 55
S 50	17 05	17 39	18 17	04 10	04 55	05 33	06 04
52	17 01	17 36	18 16	04 18	05 03	05 39	06 09
54	16 56	17 33	18 14	04 28	05 11	05 46	06 14
56	16 50	17 29	18 13	04 38	05 20	05 53	06 19
58	16 44	17 25	18 11	04 50	05 31	06 01	06 25
S 60	16 37	17 21	18 10	05 04	05 43	06 11	06 32

SUN / MOON

Day	SUN Eqn. of Time 00h	SUN Eqn. of Time 12h	Mer. Pass.	MOON Mer. Pass. Upper	MOON Mer. Pass. Lower	Age	Phase
	m s	m s	h m	h m	h m	d	
17	04 11	04 05	12 04	21 07	08 38	10	
18	03 59	03 52	12 04	22 01	09 34	11	☽
19	03 45	03 38	12 04	22 53	10 28	12	

1994 AUGUST 20, 21, 22 (SAT., SUN., MON.)

UT (GMT) d h	ARIES G.H.A.	VENUS −4.3 G.H.A.	Dec.	MARS +1.2 G.H.A.	Dec.	JUPITER −1.9 G.H.A.	Dec.	SATURN +0.5 G.H.A.	Dec.	STARS Name	S.H.A.	Dec.
20 00	328 06.1	136 58.7 S 6 19.9		235 49.4 N23 39.4		112 01.9 S13 16.7		345 51.1 S 9 38.7		Acamar	315 28.9	S40 19.3
01	343 08.6	151 59.0	21.1	250 50.1	39.5	127 04.0	16.8	0 53.8	38.7	Achernar	335 36.9	S57 15.5
02	358 11.1	166 59.2	22.3	265 50.8	39.5	142 06.2	16.9	15 56.4	38.8	Acrux	173 25.6	S63 04.4
03	13 13.5	181 59.5 ··	23.5	280 51.5 ··	39.5	157 08.3 ··	17.0	30 59.0 ··	38.9	Adhara	255 23.9	S28 57.8
04	28 16.0	196 59.8	24.7	295 52.2	39.5	172 10.5	17.1	46 01.7	38.9	Aldebaran	291 05.6	N16 29.9
05	43 18.5	212 00.0	25.9	310 52.9	39.5	187 12.6	17.2	61 04.3	39.0			
06	58 20.9	227 00.3 S 6 27.1		325 53.6 N23 39.5		202 14.8 S13 17.3		76 06.9 S 9 39.1		Alioth	166 33.4	N55 59.5
07	73 23.4	242 00.6	28.3	340 54.3	39.5	217 16.9	17.4	91 09.6	39.2	Alkaid	153 10.2	N49 20.6
S 08	88 25.8	257 00.8	29.5	355 55.0	39.5	232 19.1	17.6	106 12.2	39.2	Al Na'ir	28 00.9	S46 59.0
A 09	103 28.3	272 01.1 ··	30.7	10 55.7 ··	39.5	247 21.2 ··	17.7	121 14.8 ··	39.3	Alnilam	276 00.8	S 1 12.3
T 10	118 30.8	287 01.4	31.9	25 56.3	39.5	262 23.4	17.8	136 17.5	39.4	Alphard	218 10.2	S 8 38.1
U 11	133 33.2	302 01.7	33.1	40 57.0	39.6	277 25.5	17.9	151 20.1	39.5			
R 12	148 35.7	317 01.9 S 6 34.3		55 57.7 N23 39.6		292 27.7 S13 18.0		166 22.8 S 9 39.5		Alphecca	126 23.0	N26 44.2
D 13	163 38.2	332 02.2	35.5	70 58.4	39.6	307 29.8	18.1	181 25.4	39.6	Alpheratz	357 57.8	N29 03.8
A 14	178 40.6	347 02.5	36.7	85 59.1	39.6	322 32.0	18.2	196 28.0	39.7	Altair	62 21.7	N 8 51.5
Y 15	193 43.1	2 02.7 ··	37.9	100 59.8 ··	39.6	337 34.1 ··	18.4	211 30.7 ··	39.8	Ankaa	353 29.2	S42 19.8
16	208 45.6	17 03.0	39.1	116 00.5	39.6	352 36.3	18.5	226 33.3	39.8	Antares	112 43.5	S26 25.2
17	223 48.0	32 03.3	40.3	131 01.2	39.6	7 38.4	18.6	241 35.9	39.9			
18	238 50.5	47 03.6 S 6 41.5		146 01.9 N23 39.6		22 40.6 S13 18.7		256 38.6 S 9 40.0		Arcturus	146 08.7	N19 12.8
19	253 52.9	62 03.8	42.7	161 02.6	39.6	37 42.7	18.8	271 41.2	40.1	Atria	107 57.8	S69 01.3
20	268 55.4	77 04.1	43.9	176 03.3	39.6	52 44.9	18.9	286 43.8	40.1	Avior	234 24.3	S59 29.5
21	283 57.9	92 04.4 ··	45.1	191 03.9 ··	39.6	67 47.0 ··	19.0	301 46.5 ··	40.2	Bellatrix	278 47.3	N 6 20.7
22	299 00.3	107 04.7	46.3	206 04.6	39.6	82 49.2	19.1	316 49.1	40.3	Betelgeuse	271 16.7	N 7 24.4
23	314 02.8	122 05.0	47.5	221 05.3	39.6	97 51.3	19.3	331 51.7	40.4			
21 00	329 05.3	137 05.2 S 6 48.7		236 06.0 N23 39.6		112 53.5 S13 19.4		346 54.4 S 9 40.4		Canopus	264 02.7	S52 41.4
01	344 07.7	152 05.5	49.9	251 06.7	39.6	127 55.6	19.5	1 57.0	40.5	Capella	280 55.5	N45 59.4
02	359 10.2	167 05.8	51.1	266 07.4	39.6	142 57.8	19.6	16 59.6	40.6	Deneb	49 40.6	N45 15.9
03	14 12.7	182 06.1 ··	52.3	281 08.1 ··	39.6	157 59.9 ··	19.7	32 02.3 ··	40.6	Denebola	182 48.3	N14 36.2
04	29 15.1	197 06.3	53.5	296 08.8	39.6	173 02.1	19.8	47 04.9	40.7	Diphda	349 09.8	S18 00.7
05	44 17.6	212 06.6	54.7	311 09.5	39.6	188 04.2	19.9	62 07.5	40.8			
06	59 20.1	227 06.9 S 6 55.9		326 10.2 N23 39.6		203 06.4 S13 20.1		77 10.2 S 9 40.9		Dubhe	194 09.5	N61 46.8
07	74 22.5	242 07.2	57.1	341 10.9	39.7	218 08.5	20.2	92 12.8	40.9	Elnath	278 30.6	N28 36.1
08	89 25.0	257 07.5	58.3	356 11.6	39.7	233 10.7	20.3	107 15.4	41.0	Eltanin	90 52.4	N51 29.7
S 09	104 27.4	272 07.8 6 59.5		11 12.3 ··	39.7	248 12.8 ··	20.4	122 18.1 ··	41.1	Enif	34 00.6	N 9 51.3
U 10	119 29.9	287 08.0 7 00.7		26 13.0	39.7	263 15.0	20.5	137 20.7	41.2	Fomalhaut	15 39.1	S29 38.8
N 11	134 32.4	302 08.3	01.9	41 13.7	39.7	278 17.1	20.6	152 23.4	41.2			
D 12	149 34.8	317 08.6 S 7 03.1		56 14.4 N23 39.7		293 19.2 S13 20.7		167 26.0 S 9 41.3		Gacrux	172 17.1	S57 05.2
A 13	164 37.3	332 08.9	04.2	71 15.1	39.7	308 21.4	20.9	182 28.6	41.4	Gienah	176 07.1	S17 30.8
Y 14	179 39.8	347 09.2	05.4	86 15.7	39.7	323 23.5	21.0	197 31.3	41.5	Hadar	149 08.2	S60 21.1
15	194 42.2	2 09.5 ··	06.6	101 16.4 ··	39.7	338 25.7 ··	21.1	212 33.9 ··	41.5	Hamal	328 16.5	N23 26.3
16	209 44.7	17 09.7	07.8	116 17.1	39.7	353 27.8	21.2	227 36.5	41.6	Kaus Aust.	84 02.2	S34 23.2
17	224 47.2	32 10.0	09.0	131 17.8	39.7	8 30.0	21.3	242 39.2	41.7			
18	239 49.6	47 10.3 S 7 10.2		146 18.5 N23 39.7		23 32.1 S13 21.4		257 41.8 S 9 41.8		Kochab	137 19.8	N74 11.0
19	254 52.1	62 10.6	11.4	161 19.2	39.7	38 34.3	21.5	272 44.4	41.8	Markab	13 52.0	N15 10.8
20	269 54.6	77 10.9	12.6	176 19.9	39.6	53 36.4	21.7	287 47.1	41.9	Menkar	314 29.7	N 4 04.2
21	284 57.0	92 11.2 ··	13.8	191 20.6 ··	39.6	68 38.5 ··	21.8	302 49.7 ··	42.0	Menkent	148 24.4	S36 20.7
22	299 59.5	107 11.5	15.0	206 21.3	39.6	83 40.7	21.9	317 52.3	42.1	Miaplacidus	221 43.5	S69 41.8
23	315 01.9	122 11.8	16.2	221 22.0	39.6	98 42.8	22.0	332 55.0	42.1			
22 00	330 04.4	137 12.0 S 7 17.4		236 22.7 N23 39.6		113 45.0 S13 22.1		347 57.6 S 9 42.2		Mirfak	309 00.5	N49 50.4
01	345 06.9	152 12.3	18.5	251 23.4	39.6	128 47.1	22.2	3 00.3	42.3	Nunki	76 15.5	S26 18.1
02	0 09.3	167 12.6	19.7	266 24.1	39.6	143 49.3	22.3	18 02.9	42.3	Peacock	53 40.8	S56 45.1
03	15 11.8	182 12.9 ··	20.9	281 24.8 ··	39.6	158 51.4 ··	22.5	33 05.5 ··	42.4	Pollux	243 45.2	N28 02.3
04	30 14.3	197 13.2	22.1	296 25.5	39.6	173 53.5	22.6	48 08.2	42.5	Procyon	245 14.7	N 5 14.3
05	45 16.7	212 13.5	23.3	311 26.2	39.6	188 55.7	22.7	63 10.8	42.6			
06	60 19.2	227 13.8 S 7 24.5		326 26.9 N23 39.6		203 57.8 S13 22.8		78 13.4 S 9 42.6		Rasalhague	96 19.4	N12 34.1
07	75 21.7	242 14.1	25.7	341 27.6	39.6	219 00.0	22.9	93 16.1	42.7	Regulus	207 58.8	N11 59.6
08	90 24.1	257 14.4	26.9	356 28.3	39.6	234 02.1	23.0	108 18.7	42.8	Rigel	281 25.7	S 8 12.4
M 09	105 26.6	272 14.7 ··	28.1	11 29.0 ··	39.6	249 04.3 ··	23.2	123 21.3 ··	42.9	Rigil Kent.	140 11.1	S60 49.0
O 10	120 29.0	287 15.0	29.2	26 29.7	39.6	264 06.4	23.3	138 24.0	42.9	Sabik	102 28.6	S15 43.0
N 11	135 31.5	302 15.3	30.4	41 30.4	39.6	279 08.5	23.4	153 26.6	43.0			
D 12	150 34.0	317 15.6 S 7 31.6		56 31.1 N23 39.6		294 10.7 S13 23.5		168 29.2 S 9 43.1		Schedar	349 56.2	N56 30.4
A 13	165 36.4	332 15.9	32.8	71 31.8	39.6	309 12.8	23.6	183 31.9	43.2	Shaula	96 40.9	S37 06.0
Y 14	180 38.9	347 16.1	34.0	86 32.5	39.6	324 15.0	23.7	198 34.5	43.2	Sirius	258 46.3	S16 42.4
15	195 41.4	2 16.4 ··	35.2	101 33.2 ··	39.5	339 17.1 ··	23.8	213 37.2 ··	43.3	Spica	158 46.3	S11 08.0
16	210 43.8	17 16.7	36.4	116 33.9	39.5	354 19.2	24.0	228 39.8	43.4	Suhail	223 03.2	S43 24.7
17	225 46.3	32 17.0	37.5	131 34.6	39.5	9 21.4	24.1	243 42.4	43.5			
18	240 48.8	47 17.3 S 7 38.7		146 35.3 N23 39.5		24 23.5 S13 24.2		258 45.1 S 9 43.5		Vega	80 48.2	N38 47.1
19	255 51.2	62 17.6	39.9	161 36.0	39.5	39 25.7	24.3	273 47.7	43.6	Zuben'ubi	137 21.1	S16 01.2
20	270 53.7	77 17.9	41.1	176 36.7	39.5	54 27.8	24.4	288 50.3	43.7			
21	285 56.2	92 18.2 ··	42.3	191 37.4 ··	39.5	69 29.9 ··	24.5	303 53.0 ··	43.8		S.H.A.	Mer. Pass.
22	300 58.6	107 18.5	43.5	206 38.1	39.5	84 32.1	24.7	318 55.6	43.8	Venus	168 00.0	14 51
23	316 01.1	122 18.8	44.7	221 38.8	39.5	99 34.2	24.8	333 58.3	43.9	Mars	267 00.8	8 15
Mer. Pass.	2 03.3	v 0.3 d 1.2		v 0.7 d 0.0		v 2.1 d 0.1		v 2.6 d 0.1		Jupiter	143 48.2	16 26
										Saturn	17 49.1	0 52

1994 AUGUST 20, 21, 22 (SAT., SUN., MON.)

UT (GMT)	SUN G.H.A.	SUN Dec.	MOON G.H.A.	MOON v	MOON Dec.	MOON d	MOON H.P.
d h	o ,	o ,	o ,	,	o ,	,	,
20 00	179 07.2	N12 35.6	16 05.0	10.6	S12 41.8	9.4	57.4
01	194 07.4	34.8	30 34.6	10.6	12 32.4	9.4	57.4
02	209 07.5	33.9	45 04.2	10.6	12 23.0	9.4	57.4
03	224 07.7 ..	33.1	59 33.8	10.8	12 13.6	9.6	57.4
04	239 07.8	32.3	74 03.6	10.8	12 04.0	9.6	57.3
05	254 08.0	31.5	88 33.4	10.8	11 54.4	9.6	57.3
06	269 08.1	N12 30.7	103 03.2	10.9	S11 44.8	9.7	57.3
07	284 08.3	29.8	117 33.1	11.0	11 35.1	9.7	57.3
S 08	299 08.4	29.0	132 03.1	11.0	11 25.4	9.8	57.2
A 09	314 08.6 ..	28.2	146 33.1	11.1	11 15.6	9.9	57.2
T 10	329 08.7	27.4	161 03.2	11.2	11 05.7	9.9	57.2
U 11	344 08.9	26.5	175 33.4	11.2	10 55.8	9.9	57.2
R 12	359 09.0	N12 25.7	190 03.6	11.3	S10 45.9	10.0	57.2
D 13	14 09.2	24.9	204 33.9	11.3	10 35.9	10.1	57.1
A 14	29 09.3	24.1	219 04.2	11.4	10 25.8	10.0	57.1
Y 15	44 09.5 ..	23.2	233 34.6	11.5	10 15.8	10.2	57.1
16	59 09.6	22.4	248 05.1	11.5	10 05.6	10.1	57.1
17	74 09.8	21.6	262 35.6	11.6	9 55.5	10.3	57.0
18	89 09.9	N12 20.8	277 06.2	11.6	S 9 45.2	10.2	57.0
19	104 10.1	19.9	291 36.8	11.7	9 35.0	10.3	57.0
20	119 10.2	19.1	306 07.5	11.7	9 24.7	10.3	57.0
21	134 10.4 ..	18.3	320 38.2	11.8	9 14.4	10.4	57.0
22	149 10.5	17.5	335 09.0	11.9	9 04.0	10.4	56.9
23	164 10.7	16.6	349 39.9	11.9	8 53.6	10.5	56.9
21 00	179 10.8	N12 15.8	4 10.8	12.0	S 8 43.1	10.5	56.9
01	194 11.0	15.0	18 41.8	12.0	8 32.6	10.5	56.9
02	209 11.1	14.1	33 12.8	12.1	8 22.1	10.5	56.8
03	224 11.3 ..	13.3	47 43.9	12.1	8 11.6	10.6	56.8
04	239 11.4	12.5	62 15.0	12.2	8 01.0	10.6	56.8
05	254 11.6	11.7	76 46.2	12.2	7 50.4	10.6	56.8
06	269 11.7	N12 10.8	91 17.4	12.3	S 7 39.8	10.7	56.7
07	284 11.9	10.0	105 48.7	12.3	7 29.1	10.7	56.7
08	299 12.0	09.2	120 20.0	12.4	7 18.4	10.7	56.7
S 09	314 12.2 ..	08.3	134 51.4	12.4	7 07.7	10.7	56.7
U 10	329 12.4	07.5	149 22.8	12.5	6 57.0	10.8	56.6
N 11	344 12.5	06.7	163 54.3	12.6	6 46.2	10.8	56.6
D 12	359 12.7	N12 05.8	178 25.9	12.5	S 6 35.4	10.8	56.6
A 13	14 12.8	05.0	192 57.4	12.7	6 24.6	10.8	56.6
Y 14	29 13.0	04.2	207 29.1	12.6	6 13.8	10.9	56.6
15	44 13.1 ..	03.3	222 00.7	12.8	6 02.9	10.9	56.5
16	59 13.3	02.5	236 32.5	12.7	5 52.0	10.9	56.5
17	74 13.4	01.7	251 04.2	12.8	5 41.1	10.9	56.5
18	89 13.6	N12 00.8	265 36.0	12.9	S 5 30.2	10.9	56.5
19	104 13.7	12 00.0	280 07.9	12.9	5 19.3	10.9	56.4
20	119 13.9	11 59.2	294 39.8	12.9	5 08.4	11.0	56.4
21	134 14.1 ..	58.3	309 11.7	13.0	4 57.4	10.9	56.4
22	149 14.2	57.5	323 43.7	13.1	4 46.5	11.0	56.4
23	164 14.4	56.7	338 15.8	13.0	4 35.5	11.0	56.3
22 00	179 14.5	N11 55.8	352 47.8	13.1	S 4 24.5	11.0	56.3
01	194 14.7	55.0	7 19.9	13.2	4 13.5	11.0	56.3
02	209 14.8	54.2	21 52.1	13.2	4 02.5	11.1	56.3
03	224 15.0 ..	53.3	36 24.3	13.2	3 51.4	11.0	56.2
04	239 15.2	52.5	50 56.5	13.3	3 40.4	11.0	56.2
05	254 15.3	51.6	65 28.8	13.3	3 29.4	11.1	56.2
06	269 15.5	N11 50.8	80 01.1	13.3	S 3 18.3	11.0	56.2
07	284 15.6	50.0	94 33.4	13.4	3 07.3	11.1	56.2
08	299 15.8	49.1	109 05.8	13.4	2 56.2	11.0	56.1
M 09	314 15.9 ..	48.3	123 38.2	13.5	2 45.2	11.1	56.1
O 10	329 16.1	47.5	138 10.7	13.5	2 34.1	11.0	56.1
N 11	344 16.3	46.6	152 43.2	13.5	2 23.1	11.1	56.1
D 12	359 16.4	N11 45.8	167 15.7	13.6	S 2 12.0	11.1	56.0
A 13	14 16.6	44.9	181 48.3	13.6	2 00.9	11.0	56.0
Y 14	29 16.7	44.1	196 20.9	13.6	1 49.9	11.1	56.0
15	44 16.9 ..	43.2	210 53.5	13.6	1 38.8	11.0	56.0
16	59 17.1	42.4	225 26.1	13.7	1 27.8	11.1	55.9
17	74 17.2	41.6	239 58.8	13.7	1 16.7	11.0	55.9
18	89 17.4	N11 40.7	254 31.5	13.8	S 1 05.7	11.1	55.9
19	104 17.5	39.9	269 04.3	13.7	0 54.6	11.0	55.9
20	119 17.7	39.0	283 37.0	13.8	0 43.6	11.0	55.8
21	134 17.9 ..	38.2	298 09.8	13.8	0 32.6	11.1	55.8
22	149 18.0	37.4	312 42.6	13.9	0 21.5	11.0	55.8
23	164 18.2	36.5	327 15.5	13.9	0 10.5	11.0	55.8
	S.D. 15.8	d 0.8	S.D. 15.6		15.4		15.3

Twilight / Sunrise / Moonrise

Lat.	Twilight Naut.	Twilight Civil	Sunrise	Moonrise 20	Moonrise 21	Moonrise 22	Moonrise 23
o	h m	h m	h m	h m	h m	h m	h m
N 72	////	////	03 01	19 40	19 27	19 16	19 05
N 70	////	01 42	03 25	19 26	19 20	19 15	19 10
68	////	02 22	03 43	19 14	19 14	19 14	19 14
66	////	02 49	03 57	19 04	19 09	19 13	19 17
64	01 29	03 09	04 09	18 56	19 05	19 12	19 20
62	02 06	03 26	04 19	18 49	19 01	19 12	19 22
60	02 30	03 39	04 28	18 42	18 58	19 11	19 24
N 58	02 50	03 50	04 35	18 37	18 55	19 10	19 26
56	03 05	04 00	04 42	18 32	18 52	19 10	19 27
54	03 18	04 09	04 48	18 28	18 50	19 10	19 29
52	03 29	04 16	04 53	18 24	18 47	19 09	19 30
50	03 39	04 23	04 58	18 20	18 45	19 09	19 32
45	03 59	04 37	05 08	18 12	18 41	19 08	19 34
N 40	04 14	04 48	05 17	18 06	18 38	19 07	19 37
35	04 26	04 58	05 24	18 00	18 34	19 07	19 39
30	04 36	05 06	05 31	17 55	18 32	19 06	19 40
20	04 52	05 19	05 42	17 46	18 27	19 06	19 43
N 10	05 04	05 29	05 51	17 38	18 23	19 05	19 46
0	05 14	05 39	06 00	17 31	18 19	19 04	19 49
S 10	05 22	05 47	06 08	17 24	18 15	19 04	19 51
20	05 29	05 55	06 18	17 16	18 10	19 03	19 54
30	05 35	06 03	06 28	17 07	18 06	19 02	19 57
35	05 38	06 08	06 34	17 02	18 03	19 02	19 59
40	05 41	06 13	06 40	16 56	18 00	19 01	20 01
45	05 44	06 18	06 48	16 50	17 56	19 01	20 04
S 50	05 46	06 24	06 57	16 41	17 52	19 00	20 07
52	05 47	06 27	07 02	16 38	17 50	19 00	20 08
54	05 48	06 30	07 06	16 33	17 47	18 59	20 10
56	05 49	06 33	07 11	16 29	17 45	18 59	20 11
58	05 50	06 36	07 17	16 24	17 42	18 59	20 13
S 60	05 51	06 40	07 24	16 18	17 39	18 58	20 15

Sunset / Twilight / Moonset

Lat.	Sunset	Twilight Civil	Twilight Naut.	Moonset 20	Moonset 21	Moonset 22	Moonset 23
o	h m	h m	h m	h m	h m	h m	h m
N 72	21 01	23 43	////	02 08	04 07	05 57	07 43
N 70	20 38	22 17	////	02 32	04 20	06 02	07 41
68	20 21	21 39	////	02 50	04 30	06 06	07 39
66	20 07	21 14	23 46	03 04	04 38	06 10	07 38
64	19 55	20 54	22 30	03 16	04 45	06 12	07 37
62	19 45	20 38	21 56	03 26	04 51	06 15	07 36
60	19 37	20 25	21 33	03 34	04 57	06 17	07 35
N 58	19 29	20 14	21 14	03 42	05 01	06 19	07 35
56	19 23	20 05	20 59	03 48	05 05	06 20	07 34
54	19 17	19 56	20 46	03 54	05 09	06 22	07 33
52	19 12	19 49	20 35	03 59	05 12	06 23	07 33
50	19 07	19 42	20 26	04 04	05 15	06 25	07 32
45	18 57	19 28	20 06	04 14	05 22	06 27	07 31
N 40	18 49	19 17	19 52	04 23	05 27	06 29	07 30
35	18 42	19 08	19 39	04 30	05 31	06 31	07 30
30	18 35	19 00	19 29	04 36	05 36	06 33	07 29
20	18 24	18 47	19 14	04 47	05 42	06 36	07 28
N 10	18 15	18 37	19 02	04 57	05 49	06 38	07 27
0	18 07	18 28	18 52	05 05	05 54	06 41	07 26
S 10	17 58	18 19	18 44	05 14	06 00	06 43	07 25
20	17 49	18 11	18 37	05 24	06 06	06 45	07 24
30	17 39	18 03	18 31	05 34	06 12	06 48	07 22
35	17 33	17 59	18 28	05 40	06 16	06 50	07 22
40	17 26	17 54	18 26	05 47	06 21	06 51	07 21
45	17 19	17 49	18 23	05 55	06 26	06 54	07 20
S 50	17 10	17 43	18 21	06 04	06 32	06 56	07 19
52	17 06	17 40	18 20	06 09	06 34	06 57	07 18
54	17 01	17 38	18 19	06 14	06 37	06 58	07 18
56	16 56	17 34	18 18	06 19	06 41	06 59	07 17
58	16 50	17 31	18 17	06 25	06 44	07 01	07 17
S 60	16 44	17 27	18 16	06 32	06 48	07 03	07 16

SUN / MOON

Day	SUN Eqn. of Time 00h	SUN Eqn. of Time 12h	SUN Mer. Pass.	MOON Mer. Pass. Upper	MOON Mer. Pass. Lower	Age	Phase
	m s	m s	h m	h m	h m	d	
20	03 31	03 24	12 03	23 43	11 18	13	
21	03 17	03 10	12 03	24 30	12 06	14	
22	03 02	02 55	12 03	00 30	12 53	15	◯

1994 AUGUST 23, 24, 25 (TUES., WED., THURS.)

UT (GMT)	ARIES G.H.A.	VENUS −4.3 G.H.A.	VENUS Dec.	MARS +1.2 G.H.A.	MARS Dec.	JUPITER −1.9 G.H.A.	JUPITER Dec.	SATURN +0.5 G.H.A.	SATURN Dec.	Star Name	S.H.A.	Dec.
23 00	331 03.5	137 19.1	S 7 45.8	236 39.5	N23 39.5	114 36.3	S13 24.9	349 00.9	S 9 44.0	Acamar	315 28.9	S40 19.3
01	346 06.0	152 19.4	47.0	251 40.2	39.4	129 38.5	25.0	4 03.5	44.1	Achernar	335 36.9	S57 15.5
02	1 08.5	167 19.7	48.2	266 40.9	39.4	144 40.6	25.1	19 06.2	44.1	Acrux	173 25.6	S63 04.4
03	16 10.9	182 20.0	·· 49.4	281 41.6	·· 39.4	159 42.8	·· 25.2	34 08.8	·· 44.2	Adhara	255 23.8	S28 57.8
04	31 13.4	197 20.4	50.6	296 42.3	39.4	174 44.9	25.4	49 11.4	44.3	Aldebaran	291 05.6	N16 29.9
05	46 15.9	212 20.7	51.7	311 43.0	39.4	189 47.0	25.5	64 14.1	44.4			
06	61 18.3	227 21.0	S 7 52.9	326 43.7	N23 39.4	204 49.2	S13 25.6	79 16.7	S 9 44.4	Alioth	166 33.4	N55 59.5
07	76 20.8	242 21.3	54.1	341 44.4	39.4	219 51.3	25.7	94 19.3	44.5	Alkaid	153 10.2	N49 20.6
T 08	91 23.3	257 21.6	55.3	356 45.1	39.4	234 53.4	25.8	109 22.0	44.6	Al Na'ir	28 00.9	S46 59.0
U 09	106 25.7	272 21.9	·· 56.5	11 45.8	·· 39.3	249 55.6	·· 25.9	124 24.6	·· 44.6	Alnilam	276 00.8	S 1 12.3
E 10	121 28.2	287 22.2	57.6	26 46.5	39.3	264 57.7	26.1	139 27.3	44.7	Alphard	218 10.2	S 8 38.1
S 11	136 30.7	302 22.5	7 58.8	41 47.2	39.3	279 59.9	26.2	154 29.9	44.8			
D 12	151 33.1	317 22.8	S 8 00.0	56 47.9	N23 39.3	295 02.0	S13 26.3	169 32.5	S 9 44.9	Alphecca	126 23.0	N26 44.2
A 13	166 35.6	332 23.1	01.2	71 48.6	39.3	310 04.1	26.4	184 35.2	44.9	Alpheratz	357 57.8	N29 03.8
Y 14	181 38.0	347 23.4	02.4	86 49.3	39.3	325 06.3	26.5	199 37.8	45.0	Altair	62 21.7	N 8 51.5
15	196 40.5	2 23.7	·· 03.5	101 50.0	·· 39.3	340 08.4	·· 26.6	214 40.4	·· 45.1	Ankaa	353 29.2	S42 19.8
16	211 43.0	17 24.0	04.7	116 50.7	39.2	355 10.5	26.8	229 43.1	45.2	Antares	112 43.5	S26 25.2
17	226 45.4	32 24.3	05.9	131 51.4	39.2	10 12.7	26.9	244 45.7	45.2			
18	241 47.9	47 24.7	S 8 07.1	146 52.1	N23 39.2	25 14.8	S13 27.0	259 48.4	S 9 45.3	Arcturus	146 08.7	N19 12.8
19	256 50.4	62 25.0	08.3	161 52.8	39.2	40 16.9	27.1	274 51.0	45.4	Atria	107 57.8	S69 01.3
20	271 52.8	77 25.3	09.4	176 53.5	39.2	55 19.1	27.2	289 53.6	45.5	Avior	234 24.3	S59 29.5
21	286 55.3	92 25.6	·· 10.6	191 54.2	·· 39.2	70 21.2	·· 27.4	304 56.3	·· 45.5	Bellatrix	278 47.2	N 6 20.7
22	301 57.8	107 25.9	11.8	206 55.0	39.1	85 23.3	27.5	319 58.9	45.6	Betelgeuse	271 16.7	N 7 24.4
23	317 00.2	122 26.2	13.0	221 55.7	39.1	100 25.5	27.6	335 01.5	45.7			
24 00	332 02.7	137 26.5	S 8 14.1	236 56.4	N23 39.1	115 27.6	S13 27.7	350 04.2	S 9 45.8	Canopus	264 02.7	S52 41.4
01	347 05.1	152 26.8	15.3	251 57.1	39.1	130 29.7	27.8	5 06.8	45.8	Capella	280 55.4	N45 59.4
02	2 07.6	167 27.2	16.5	266 57.8	39.1	145 31.9	27.9	20 09.5	45.9	Deneb	49 40.6	N45 16.0
03	17 10.1	182 27.5	·· 17.7	281 58.5	·· 39.0	160 34.0	·· 28.1	35 12.1	·· 46.0	Denebola	182 48.3	N14 36.2
04	32 12.5	197 27.8	18.8	296 59.2	39.0	175 36.1	28.2	50 14.7	46.1	Diphda	349 09.8	S18 00.7
05	47 15.0	212 28.1	20.0	311 59.9	39.0	190 38.3	28.3	65 17.4	46.1			
06	62 17.5	227 28.4	S 8 21.2	327 00.6	N23 39.0	205 40.4	S13 28.4	80 20.0	S 9 46.2	Dubhe	194 09.5	N61 46.8
W 07	77 19.9	242 28.7	22.4	342 01.3	39.0	220 42.5	28.5	95 22.7	46.3	Elnath	278 30.6	N28 36.1
E 08	92 22.4	257 29.1	23.5	357 02.0	38.9	235 44.7	28.6	110 25.3	46.4	Eltanin	90 52.4	N51 29.7
D 09	107 24.9	272 29.4	·· 24.7	12 02.7	·· 38.9	250 46.8	·· 28.8	125 27.9	·· 46.4	Enif	34 00.6	N 9 51.3
N 10	122 27.3	287 29.7	25.9	27 03.4	38.9	265 48.9	28.9	140 30.6	46.5	Fomalhaut	15 39.1	S29 38.8
E 11	137 29.8	302 30.0	27.1	42 04.1	38.9	280 51.0	29.0	155 33.2	46.6			
S 12	152 32.3	317 30.3	S 8 28.2	57 04.8	N23 38.8	295 53.2	S13 29.1	170 35.8	S 9 46.7	Gacrux	172 17.1	S57 05.2
D 13	167 34.7	332 30.7	29.4	72 05.5	38.8	310 55.3	29.2	185 38.5	46.7	Gienah	176 07.1	S17 30.8
A 14	182 37.2	347 31.0	30.6	87 06.3	38.8	325 57.4	29.4	200 41.1	46.8	Hadar	149 08.2	S60 21.1
Y 15	197 39.6	2 31.3	·· 31.7	102 07.0	·· 38.8	340 59.6	·· 29.5	215 43.8	·· 46.9	Hamal	328 16.5	N23 26.3
16	212 42.1	17 31.6	32.9	117 07.7	38.8	356 01.7	29.6	230 46.4	47.0	Kaus Aust.	84 02.2	S34 23.2
17	227 44.6	32 31.9	34.1	132 08.4	38.7	11 03.8	29.7	245 49.0	47.0			
18	242 47.0	47 32.3	S 8 35.3	147 09.1	N23 38.7	26 06.0	S13 29.8	260 51.7	S 9 47.1	Kochab	137 19.8	N74 11.0
19	257 49.5	62 32.6	36.4	162 09.8	38.7	41 08.1	30.0	275 54.3	47.2	Markab	13 52.0	N15 10.8
20	272 52.0	77 32.9	37.6	177 10.5	38.7	56 10.2	30.1	290 57.0	47.3	Menkar	314 29.7	N 4 04.2
21	287 54.4	92 33.2	·· 38.8	192 11.2	·· 38.6	71 12.3	·· 30.2	305 59.6	·· 47.3	Menkent	148 24.4	S36 20.7
22	302 56.9	107 33.6	39.9	207 11.9	38.6	86 14.5	30.3	321 02.2	47.4	Miaplacidus	221 43.5	S69 41.7
23	317 59.4	122 33.9	41.1	222 12.6	38.6	101 16.6	30.4	336 04.9	47.5			
25 00	333 01.8	137 34.2	S 8 42.3	237 13.3	N23 38.6	116 18.7	S13 30.5	351 07.5	S 9 47.6	Mirfak	309 00.5	N49 50.4
01	348 04.3	152 34.5	43.4	252 14.1	38.5	131 20.9	30.7	6 10.1	47.6	Nunki	76 15.5	S26 18.1
02	3 06.8	167 34.9	44.6	267 14.8	38.5	146 23.0	30.8	21 12.8	47.7	Peacock	53 40.8	S56 45.1
03	18 09.2	182 35.2	·· 45.8	282 15.5	·· 38.5	161 25.1	·· 30.9	36 15.4	·· 47.8	Pollux	243 45.2	N28 02.3
04	33 11.7	197 35.5	46.9	297 16.2	38.4	176 27.2	31.0	51 18.1	47.9	Procyon	245 14.7	N 5 14.3
05	48 14.1	212 35.8	48.1	312 16.9	38.4	191 29.4	31.1	66 20.7	47.9			
06	63 16.6	227 36.2	S 8 49.3	327 17.6	N23 38.4	206 31.5	S13 31.3	81 23.3	S 9 48.0	Rasalhague	96 19.4	N12 34.1
07	78 19.1	242 36.5	50.4	342 18.3	38.4	221 33.6	31.4	96 26.0	48.1	Regulus	207 58.8	N11 59.6
T 08	93 21.5	257 36.8	51.6	357 19.0	38.3	236 35.7	31.5	111 28.6	48.2	Rigel	281 25.7	S 8 12.4
H 09	108 24.0	272 37.2	·· 52.8	12 19.7	·· 38.3	251 37.9	·· 31.6	126 31.3	·· 48.2	Rigil Kent.	140 11.2	S60 49.0
U 10	123 26.5	287 37.5	53.9	27 20.4	38.3	266 40.0	31.7	141 33.9	48.3	Sabik	102 28.6	S15 43.0
R 11	138 28.9	302 37.8	55.1	42 21.2	38.2	281 42.1	31.9	156 36.5	48.4			
S 12	153 31.4	317 38.2	S 8 56.3	57 21.9	N23 38.2	296 44.2	S13 32.0	171 39.2	S 9 48.5	Schedar	349 56.2	N56 30.5
D 13	168 33.9	332 38.5	57.4	72 22.6	38.2	311 46.4	32.1	186 41.8	48.5	Shaula	96 40.9	S37 06.0
A 14	183 36.3	347 38.8	58.6	87 23.3	38.2	326 48.5	32.2	201 44.5	48.6	Sirius	258 46.3	S16 42.4
Y 15	198 38.8	2 39.2	8 59.7	102 24.0	·· 38.1	341 50.6	·· 32.3	216 47.1	·· 48.7	Spica	158 46.3	S11 08.0
16	213 41.3	17 39.5	9 00.9	117 24.7	38.1	356 52.7	32.5	231 49.7	48.7	Suhail	223 03.2	S43 24.6
17	228 43.7	32 39.8	02.1	132 25.4	38.1	11 54.9	32.6	246 52.4	48.8			
18	243 46.2	47 40.2	S 9 03.2	147 26.1	N23 38.0	26 57.0	S13 32.7	261 55.0	S 9 48.9	Vega	80 48.2	N38 47.1
19	258 48.6	62 40.5	04.4	162 26.9	38.0	41 59.1	32.8	276 57.6	49.0	Zuben'ubi	137 21.1	S16 01.2
20	273 51.1	77 40.8	05.6	177 27.6	38.0	57 01.2	32.9	292 00.3	49.0			
21	288 53.6	92 41.2	·· 06.7	192 28.3	·· 37.9	72 03.4	·· 33.1	307 02.9	·· 49.1			
22	303 56.0	107 41.5	07.9	207 29.0	37.9	87 05.5	33.2	322 05.6	49.2			
23	318 58.5	122 41.9	09.0	222 29.7	37.9	102 07.6	33.3	337 08.2	49.3			

	S.H.A.	Mer. Pass.
Venus	165 23.8	14 50
Mars	264 53.7	8 12
Jupiter	143 24.9	16 16
Saturn	18 01.5	0 40

Mer. Pass. ♈ 1 51.5 | v 0.3 d 1.2 | v 0.7 d 0.0 | v 2.1 d 0.1 | v 2.6 d 0.1

1994 AUGUST 23, 24, 25 (TUES., WED., THURS.)

UT (GMT)	SUN G.H.A.	Dec.	MOON G.H.A.	v	Dec.	d	H.P.
23 00	179 18.4	N11 35.7	341 48.4	13.9	N 0 00.5	11.0	55.8
01	194 18.5	34.8	356 21.3	13.9	0 11.5	11.0	55.7
02	209 18.7	34.0	10 54.2	14.0	0 22.5	10.9	55.7
03	224 18.8	.. 33.1	25 27.2	13.9	0 33.4	11.0	55.7
04	239 19.0	32.3	40 00.1	14.0	0 44.4	10.9	55.7
05	254 19.2	31.4	54 33.1	14.0	0 55.3	11.0	55.6
T 06	269 19.3	N11 30.6	69 06.1	14.1	N 1 06.3	10.9	55.6
07	284 19.5	29.7	83 39.2	14.1	1 17.2	10.9	55.6
U 08	299 19.6	28.9	98 12.3	14.0	1 28.1	10.9	55.6
E 09	314 19.8	.. 28.1	112 45.3	14.1	1 39.0	10.9	55.6
S 10	329 20.0	27.2	127 18.4	14.2	1 49.9	10.8	55.5
D 11	344 20.1	26.4	141 51.6	14.1	2 00.7	10.8	55.5
A 12	359 20.3	N11 25.5	156 24.7	14.1	N 2 11.5	10.9	55.5
Y 13	14 20.5	24.7	170 57.8	14.2	2 22.4	10.8	55.5
14	29 20.6	23.8	185 31.0	14.2	2 33.2	10.7	55.5
15	44 20.8	.. 23.0	200 04.2	14.2	2 43.9	10.8	55.4
16	59 21.0	22.1	214 37.4	14.2	2 54.7	10.7	55.4
17	74 21.1	21.3	229 10.6	14.3	3 05.4	10.7	55.4
18	89 21.3	N11 20.4	243 43.9	14.2	N 3 16.1	10.7	55.4
19	104 21.5	19.6	258 17.1	14.3	3 26.8	10.7	55.3
20	119 21.6	18.7	272 50.4	14.2	3 37.5	10.6	55.3
21	134 21.8	.. 17.9	287 23.6	14.3	3 48.1	10.6	55.3
22	149 21.9	17.0	301 56.9	14.3	3 58.7	10.6	55.3
23	164 22.1	16.2	316 30.2	14.3	4 09.3	10.6	55.3
24 00	179 22.3	N11 15.3	331 03.5	14.3	N 4 19.9	10.5	55.2
01	194 22.4	14.5	345 36.8	14.4	4 30.4	10.5	55.2
02	209 22.6	13.6	0 10.2	14.3	4 40.9	10.5	55.2
03	224 22.8	.. 12.8	14 43.5	14.3	4 51.4	10.4	55.2
04	239 22.9	11.9	29 16.8	14.4	5 01.8	10.5	55.2
05	254 23.1	11.1	43 50.2	14.3	5 12.3	10.3	55.1
W 06	269 23.3	N11 10.2	58 23.5	14.4	N 5 22.6	10.4	55.1
E 07	284 23.4	09.3	72 56.9	14.4	5 33.0	10.3	55.1
D 08	299 23.6	08.5	87 30.3	14.3	5 43.3	10.3	55.1
N 09	314 23.8	.. 07.6	102 03.6	14.4	5 53.6	10.3	55.1
E 10	329 23.9	06.8	116 37.0	14.4	6 03.9	10.2	55.0
S 11	344 24.1	05.9	131 10.4	14.4	6 14.1	10.2	55.0
D 12	359 24.3	N11 05.1	145 43.8	14.4	N 6 24.3	10.1	55.0
A 13	14 24.5	04.2	160 17.2	14.3	6 34.4	10.1	55.0
Y 14	29 24.6	03.4	174 50.5	14.4	6 44.5	10.1	55.0
15	44 24.8	.. 02.5	189 23.9	14.4	6 54.6	10.1	55.0
16	59 25.0	01.7	203 57.3	14.4	7 04.7	10.0	54.9
17	74 25.1	11 00.8	218 30.7	14.4	7 14.7	9.9	54.9
18	89 25.3	N10 59.9	233 04.1	14.4	N 7 24.6	10.0	54.9
19	104 25.5	59.1	247 37.5	14.4	7 34.6	9.8	54.9
20	119 25.6	58.2	262 10.9	14.3	7 44.4	9.9	54.9
21	134 25.8	.. 57.4	276 44.2	14.4	7 54.3	9.8	54.9
22	149 26.0	56.5	291 17.6	14.4	8 04.1	9.8	54.8
23	164 26.1	55.6	305 51.0	14.4	8 13.9	9.7	54.8
25 00	179 26.3	N10 54.8	320 24.4	14.3	N 8 23.6	9.7	54.8
01	194 26.5	53.9	334 57.7	14.4	8 33.3	9.6	54.8
02	209 26.7	53.1	349 31.1	14.4	8 42.9	9.6	54.8
03	224 26.8	.. 52.2	4 04.5	14.3	8 52.5	9.6	54.8
04	239 27.0	51.4	18 37.8	14.3	9 02.1	9.5	54.7
05	254 27.2	50.5	33 11.1	14.4	9 11.6	9.4	54.7
T 06	269 27.3	N10 49.6	47 44.5	14.3	N 9 21.0	9.4	54.7
H 07	284 27.5	48.8	62 17.8	14.3	9 30.4	9.4	54.7
U 08	299 27.7	47.9	76 51.1	14.3	9 39.8	9.3	54.7
R 09	314 27.9	.. 47.0	91 24.4	14.3	9 49.1	9.3	54.7
S 10	329 28.0	46.2	105 57.7	14.3	9 58.4	9.2	54.6
D 11	344 28.2	45.3	120 31.0	14.3	10 07.6	9.2	54.6
A 12	359 28.4	N10 44.5	135 04.3	14.3	N10 16.8	9.1	54.6
Y 13	14 28.5	43.6	149 37.6	14.2	10 25.9	9.1	54.6
14	29 28.7	42.7	164 10.8	14.3	10 35.0	9.0	54.6
15	44 28.9	.. 41.9	178 44.1	14.2	10 44.0	9.0	54.6
16	59 29.1	41.0	193 17.3	14.2	10 53.0	8.9	54.6
17	74 29.2	40.1	207 50.5	14.2	11 01.9	8.9	54.6
18	89 29.4	N10 39.3	222 23.7	14.2	N11 10.8	8.8	54.5
19	104 29.6	38.4	236 56.9	14.2	11 19.6	8.8	54.5
20	119 29.8	37.6	251 30.1	14.2	11 28.4	8.7	54.5
21	134 29.9	.. 36.7	266 03.3	14.1	11 37.1	8.7	54.5
22	149 30.1	35.8	280 36.4	14.2	11 45.8	8.6	54.5
23	164 30.3	35.0	295 09.6	14.1	11 54.4	8.5	54.5
	S.D. 15.8	d 0.9	S.D. 15.1		15.0		14.9

Lat.	Twilight Naut.	Civil	Sunrise	Moonrise 23	24	25	26
N 72	////	01 10	03 18	19 05	18 54	18 42	18 25
N 70	////	02 07	03 39	19 10	19 05	19 00	18 55
68	////	02 39	03 55	19 14	19 14	19 15	19 17
66	01 01	03 02	04 07	19 17	19 21	19 26	19 34
64	01 51	03 21	04 18	19 20	19 27	19 36	19 48
62	02 20	03 35	04 27	19 22	19 33	19 45	20 00
60	02 42	03 47	04 35	19 24	19 37	19 52	20 10
N 58	02 59	03 58	04 42	19 26	19 42	19 59	20 19
56	03 13	04 07	04 48	19 27	19 45	20 05	20 27
54	03 25	04 15	04 53	19 29	19 49	20 10	20 34
52	03 36	04 22	04 58	19 30	19 52	20 15	20 40
50	03 45	04 28	05 02	19 32	19 55	20 19	20 46
45	04 03	04 41	05 12	19 34	20 01	20 28	20 58
N 40	04 17	04 51	05 20	19 37	20 06	20 36	21 09
35	04 29	05 00	05 26	19 39	20 10	20 43	21 17
30	04 38	05 08	05 32	19 40	20 14	20 49	21 25
20	04 53	05 20	05 42	19 43	20 21	20 59	21 38
N 10	05 05	05 30	05 51	19 46	20 27	21 08	21 50
0	05 14	05 38	05 59	19 49	20 33	21 17	22 01
S 10	05 21	05 46	06 07	19 51	20 38	21 25	22 12
20	05 27	05 53	06 15	19 54	20 45	21 35	22 24
30	05 32	06 00	06 25	19 57	20 52	21 45	22 38
35	05 35	06 04	06 30	19 59	20 56	21 51	22 46
40	05 37	06 09	06 36	20 01	21 00	21 58	22 55
45	05 39	06 13	06 43	20 04	21 06	22 06	23 06
S 50	05 41	06 18	06 51	20 07	21 12	22 16	23 19
52	05 41	06 21	06 55	20 08	21 15	22 21	23 25
54	05 43	06 23	06 59	20 10	21 19	22 26	23 32
56	05 43	06 26	07 04	20 11	21 22	22 32	23 39
58	05 43	06 29	07 09	20 13	21 26	22 38	23 48
S 60	05 44	06 32	07 15	20 15	21 31	22 45	23 57

Lat.	Sunset	Twilight Civil	Naut.	Moonset 23	24	25	26
N 72	20 43	22 42	////	07 43	09 26	11 11	12 59
N 70	20 23	21 52	////	07 41	09 18	10 54	12 31
68	20 07	21 21	////	07 39	09 10	10 41	12 10
66	19 55	20 59	22 53	07 38	09 05	10 30	11 54
64	19 45	20 41	22 09	07 37	09 00	10 21	11 41
62	19 36	20 27	21 41	07 36	08 55	10 13	11 29
60	19 28	20 15	21 20	07 35	08 52	10 07	11 20
N 58	19 21	20 05	21 03	07 35	08 48	10 01	11 11
56	19 16	19 56	20 49	07 34	08 46	09 56	11 04
54	19 10	19 49	20 38	07 33	08 43	09 51	10 58
52	19 06	19 42	20 27	07 33	08 41	09 47	10 52
50	19 01	19 36	20 19	07 32	08 38	09 43	10 47
45	18 52	19 23	20 01	07 31	08 35	09 35	10 35
N 40	18 44	19 13	19 47	07 30	08 30	09 28	10 26
35	18 38	19 04	19 35	07 30	08 27	09 23	10 18
30	18 32	18 57	19 26	07 29	08 24	09 17	10 11
20	18 22	18 45	19 11	07 28	08 19	09 07	09 59
N 10	18 14	18 35	19 00	07 27	08 14	09 01	09 48
0	18 06	18 27	18 51	07 26	08 10	08 54	09 38
S 10	17 58	18 19	18 44	07 25	08 06	08 47	09 28
20	17 50	18 12	18 38	07 24	08 01	08 39	09 18
30	17 40	18 05	18 33	07 22	07 56	08 30	09 06
35	17 35	18 01	18 30	07 22	07 53	08 25	08 59
40	17 29	17 57	18 28	07 21	07 50	08 20	08 51
45	17 22	17 52	18 26	07 20	07 46	08 13	08 41
S 50	17 14	17 47	18 25	07 19	07 42	08 05	08 31
52	17 10	17 45	18 24	07 18	07 40	08 02	08 26
54	17 06	17 42	18 24	07 18	07 37	07 58	08 20
56	17 02	17 40	18 23	07 17	07 35	07 53	08 14
58	16 56	17 37	18 23	07 17	07 32	07 48	08 07
S 60	16 51	17 34	18 22	07 16	07 29	07 43	07 59

Day	SUN Eqn. of Time 00h	12h	Mer. Pass.	MOON Mer. Pass. Upper	Lower	Age	Phase
	m s	m s	h m	h m	h m	d	
23	02 47	02 39	12 03	01 15	13 37	16	
24	02 31	02 23	12 02	01 59	14 21	17	
25	02 15	02 07	12 02	02 43	15 05	18	

1994 AUGUST 26, 27, 28 (FRI., SAT., SUN.)

UT (GMT)	ARIES G.H.A.	VENUS −4.4 G.H.A.	Dec.	MARS +1.2 G.H.A.	Dec.	JUPITER −1.9 G.H.A.	Dec.	SATURN +0.5 G.H.A.	Dec.	STARS Name	S.H.A.	Dec.
26 00	334 01.0	137 42.2	S 9 10.2	237 30.4	N23 37.8	117 09.7	S13 33.4	352 10.8	S 9 49.3	Acamar	315 28.9	S40 19.3
01	349 03.4	152 42.5	11.4	252 31.1	37.8	132 11.9	33.5	7 13.5	49.4	Achernar	335 36.9	S57 15.5
02	4 05.9	167 42.9	12.5	267 31.9	37.8	147 14.0	33.7	22 16.1	49.5	Acrux	173 25.6	S63 04.4
03	19 08.4	182 43.2	·· 13.7	282 32.6	·· 37.7	162 16.1	·· 33.8	37 18.8	·· 49.6	Adhara	255 23.8	S28 57.8
04	34 10.8	197 43.6	14.8	297 33.3	37.7	177 18.2	33.9	52 21.4	49.6	Aldebaran	291 05.6	N16 29.9
05	49 13.3	212 43.9	16.0	312 34.0	37.7	192 20.3	34.0	67 24.0	49.7			
06	64 15.7	227 44.2	S 9 17.2	327 34.7	N23 37.6	207 22.5	S13 34.1	82 26.7	S 9 49.8	Alioth	166 33.5	N55 59.5
07	79 18.2	242 44.6	18.3	342 35.4	37.6	222 24.6	34.3	97 29.3	49.9	Alkaid	153 10.3	N49 20.6
08	94 20.7	257 44.9	19.5	357 36.1	37.6	237 26.7	34.4	112 32.0	49.9	Al Na'ir	28 00.9	S46 59.0
F 09	109 23.1	272 45.3	·· 20.6	12 36.9	·· 37.5	252 28.8	·· 34.5	127 34.6	·· 50.0	Alnilam	276 00.8	S 1 12.3
R 10	124 25.6	287 45.6	21.8	27 37.6	37.5	267 31.0	34.6	142 37.2	50.1	Alphard	218 10.2	S 8 38.1
I 11	139 28.1	302 46.0	22.9	42 38.3	37.4	282 33.1	34.8	157 39.9	50.2			
D 12	154 30.5	317 46.3	S 9 24.1	57 39.0	N23 37.4	297 35.2	S13 34.9	172 42.5	S 9 50.2	Alphecca	126 23.0	N26 44.2
A 13	169 33.0	332 46.6	25.2	72 39.7	37.4	312 37.3	35.0	187 45.2	50.3	Alpheratz	357 57.8	N29 03.8
Y 14	184 35.5	347 47.0	26.4	87 40.4	37.3	327 39.4	35.1	202 47.8	50.4	Altair	62 21.7	N 8 51.5
15	199 37.9	2 47.3	·· 27.6	102 41.2	·· 37.3	342 41.6	·· 35.2	217 50.4	·· 50.5	Ankaa	353 29.2	S42 19.8
16	214 40.4	17 47.7	28.7	117 41.9	37.3	357 43.7	35.4	232 53.1	50.5	Antares	112 43.5	S26 25.2
17	229 42.9	32 48.0	29.9	132 42.6	37.2	12 45.8	35.5	247 55.7	50.6			
18	244 45.3	47 48.4	S 9 31.0	147 43.3	N23 37.2	27 47.9	S13 35.6	262 58.4	S 9 50.7	Arcturus	146 08.7	N19 12.8
19	259 47.8	62 48.7	32.2	162 44.0	37.1	42 50.0	35.7	278 01.0	50.8	Atria	107 57.9	S69 01.3
20	274 50.2	77 49.1	33.3	177 44.7	37.1	57 52.2	35.8	293 03.6	50.8	Avior	234 24.3	S59 29.5
21	289 52.7	92 49.4	·· 34.5	192 45.5	·· 37.1	72 54.3	·· 36.0	308 06.3	·· 50.9	Bellatrix	278 47.2	N 6 20.7
22	304 55.2	107 49.8	35.6	207 46.2	37.0	87 56.4	36.1	323 08.9	51.0	Betelgeuse	271 16.7	N 7 24.4
23	319 57.6	122 50.1	36.8	222 46.9	37.0	102 58.5	36.2	338 11.6	51.1			
27 00	335 00.1	137 50.5	S 9 37.9	237 47.6	N23 36.9	118 00.6	S13 36.3	353 14.2	S 9 51.1	Canopus	264 02.7	S52 41.4
01	350 02.6	152 50.8	39.1	252 48.3	36.9	133 02.7	36.5	8 16.8	51.2	Capella	280 55.4	N45 59.4
02	5 05.0	167 51.2	40.2	267 49.1	36.9	148 04.9	36.6	23 19.5	51.3	Deneb	49 40.6	N45 16.0
03	20 07.5	182 51.5	·· 41.4	282 49.8	·· 36.8	163 07.0	·· 36.7	38 22.1	·· 51.4	Denebola	182 48.3	N14 36.2
04	35 10.0	197 51.9	42.5	297 50.5	36.8	178 09.1	36.8	53 24.8	51.4	Diphda	349 09.7	S18 00.7
05	50 12.4	212 52.3	43.7	312 51.2	36.7	193 11.2	36.9	68 27.4	51.5			
06	65 14.9	227 52.6	S 9 44.8	327 51.9	N23 36.7	208 13.3	S13 37.1	83 30.0	S 9 51.6	Dubhe	194 09.5	N61 46.8
07	80 17.4	242 53.0	46.0	342 52.7	36.6	223 15.4	37.2	98 32.7	51.7	Elnath	278 30.5	N28 36.1
S 08	95 19.8	257 53.3	47.1	357 53.4	36.6	238 17.6	37.3	113 35.3	51.7	Eltanin	90 52.5	N51 29.8
A 09	110 22.3	272 53.7	·· 48.3	12 54.1	·· 36.6	253 19.7	·· 37.4	128 38.0	·· 51.8	Enif	34 00.6	N 9 51.3
T 10	125 24.7	287 54.0	49.4	27 54.8	36.5	268 21.8	37.5	143 40.6	51.9	Fomalhaut	15 39.1	S29 38.8
U 11	140 27.2	302 54.4	50.6	42 55.5	36.5	283 23.9	37.7	158 43.2	52.0			
R 12	155 29.7	317 54.8	S 9 51.7	57 56.3	N23 36.4	298 26.0	S13 37.8	173 45.9	S 9 52.0	Gacrux	172 17.1	S57 05.2
D 13	170 32.1	332 55.1	52.9	72 57.0	36.4	313 28.1	37.9	188 48.5	52.1	Gienah	176 07.1	S17 30.8
A 14	185 34.6	347 55.5	54.0	87 57.7	36.3	328 30.3	38.0	203 51.2	52.2	Hadar	149 08.2	S60 21.0
Y 15	200 37.1	2 55.8	·· 55.2	102 58.4	·· 36.3	343 32.4	·· 38.2	218 53.8	·· 52.3	Hamal	328 16.5	N23 26.3
16	215 39.5	17 56.2	56.3	117 59.1	36.2	358 34.5	38.3	233 56.4	52.3	Kaus Aust.	84 02.3	S34 23.2
17	230 42.0	32 56.6	57.4	132 59.9	36.2	13 36.6	38.4	248 59.1	52.4			
18	245 44.5	47 56.9	S 9 58.6	148 00.6	N23 36.2	28 38.7	S13 38.5	264 01.7	S 9 52.5	Kochab	137 19.9	N74 11.0
19	260 46.9	62 57.3	9 59.7	163 01.3	36.1	43 40.8	38.6	279 04.4	52.6	Markab	13 52.0	N15 10.8
20	275 49.4	77 57.6	10 00.9	178 02.0	36.1	58 42.9	38.8	294 07.0	52.6	Menkar	314 29.7	N 4 04.2
21	290 51.8	92 58.0	·· 02.0	193 02.8	·· 36.0	73 45.1	·· 38.9	309 09.7	·· 52.7	Menkent	148 24.4	S36 20.7
22	305 54.3	107 58.4	03.2	208 03.5	36.0	88 47.2	39.0	324 12.3	52.8	Miaplacidus	221 43.5	S69 41.7
23	320 56.8	122 58.7	04.3	223 04.2	35.9	103 49.3	39.1	339 14.9	52.9			
28 00	335 59.2	137 59.1	S10 05.4	238 04.9	N23 35.9	118 51.4	S13 39.3	354 17.6	S 9 52.9	Mirfak	309 00.4	N49 50.4
01	351 01.7	152 59.5	06.6	253 05.6	35.8	133 53.5	39.4	9 20.2	53.0	Nunki	76 15.5	S26 18.1
02	6 04.2	167 59.8	07.7	268 06.4	35.8	148 55.6	39.5	24 22.9	53.1	Peacock	53 40.8	S56 45.1
03	21 06.6	183 00.2	·· 08.9	283 07.1	·· 35.7	163 57.7	·· 39.6	39 25.5	·· 53.2	Pollux	243 45.2	N28 02.3
04	36 09.1	198 00.6	10.0	298 07.8	35.7	178 59.9	39.8	54 28.1	53.2	Procyon	245 14.7	N 5 14.3
05	51 11.6	213 00.9	11.2	313 08.5	35.6	194 02.0	39.9	69 30.8	53.3			
06	66 14.0	228 01.3	S10 12.3	328 09.3	N23 35.6	209 04.1	S13 40.0	84 33.4	S 9 53.4	Rasalhague	96 19.4	N12 34.1
07	81 16.5	243 01.7	13.4	343 10.0	35.5	224 06.2	40.1	99 36.1	53.5	Regulus	207 58.8	N11 59.6
08	96 19.0	258 02.0	14.6	358 10.7	35.5	239 08.3	40.2	114 38.7	53.5	Rigel	281 25.7	S 8 12.4
S 09	111 21.4	273 02.4	·· 15.7	13 11.4	·· 35.4	254 10.4	·· 40.4	129 41.3	·· 53.6	Rigil Kent.	140 11.2	S60 49.0
U 10	126 23.9	288 02.8	16.9	28 12.2	35.4	269 12.5	40.5	144 44.0	53.7	Sabik	102 28.6	S15 43.0
N 11	141 26.3	303 03.2	18.0	43 12.9	35.3	284 14.6	40.6	159 46.6	53.8			
D 12	156 28.8	318 03.5	S10 19.1	58 13.6	N23 35.3	299 16.7	S13 40.7	174 49.3	S 9 53.8	Schedar	349 56.1	N56 30.5
A 13	171 31.3	333 03.9	20.3	73 14.3	35.2	314 18.9	40.9	189 51.9	53.9	Shaula	96 40.9	S37 06.0
Y 14	186 33.7	348 04.3	21.4	88 15.1	35.2	329 21.0	41.0	204 54.5	54.0	Sirius	258 46.3	S16 42.4
15	201 36.2	3 04.6	·· 22.5	103 15.8	·· 35.1	344 23.1	·· 41.1	219 57.2	·· 54.1	Spica	158 46.3	S11 08.0
16	216 38.7	18 05.0	23.7	118 16.5	35.1	359 25.2	41.2	234 59.8	54.1	Suhail	223 03.2	S43 24.6
17	231 41.1	33 05.4	24.8	133 17.3	35.0	14 27.3	41.4	250 02.5	54.2			
18	246 43.6	48 05.8	S10 25.9	148 18.0	N23 34.9	29 29.4	S13 41.5	265 05.1	S 9 54.3	Vega	80 48.2	N38 47.1
19	261 46.1	63 06.2	27.1	163 18.7	34.9	44 31.5	41.6	280 07.8	54.4	Zuben'ubi	137 21.1	S16 01.2
20	276 48.5	78 06.5	28.2	178 19.4	34.8	59 33.6	41.7	295 10.4	54.4			
21	291 51.0	93 06.9	·· 29.3	193 20.2	·· 34.8	74 35.7	·· 41.9	310 13.0	·· 54.5			
22	306 53.5	108 07.3	30.5	208 20.9	34.7	89 37.8	42.0	325 15.7	54.6			
23	321 55.9	123 07.7	31.6	223 21.6	34.7	104 40.0	42.1	340 18.3	54.7			

		S.H.A.	Mer. Pass.
	Venus	162 50.4	14 48
	Mars	262 47.5	8 08
	Jupiter	143 00.5	16 06
	Saturn	18 14.1	0 27

Mer. Pass. 1 39.7	v 0.4 d 1.1	v 0.7 d 0.0	v 2.1 d 0.1	v 2.6 d 0.1

1994 AUGUST 26, 27, 28 (FRI., SAT., SUN.)

SUN and MOON

UT (GMT) d h	SUN G.H.A.	SUN Dec.	MOON G.H.A.	MOON v	MOON Dec.	d	H.P.
26 00	179 30.5	N10 34.1	309 42.7	14.1	N12 02.9	8.5	54.5
01	194 30.6	33.2	324 15.8	14.0	12 11.4	8.5	54.5
02	209 30.8	32.4	338 48.8	14.1	12 19.9	8.4	54.4
03	224 31.0	.. 31.5	353 21.9	14.1	12 28.3	8.3	54.4
04	239 31.2	30.6	7 55.0	14.0	12 36.6	8.3	54.4
05	254 31.3	29.8	22 28.0	14.0	12 44.9	8.2	54.4
06	269 31.5	N10 28.9	37 01.0	14.0	N12 53.1	8.1	54.4
07	284 31.7	28.0	51 34.0	14.0	13 01.2	8.1	54.4
08	299 31.9	27.2	66 07.0	13.9	13 09.3	8.0	54.4
F 09	314 32.0	.. 26.3	80 39.9	13.9	13 17.3	8.0	54.4
R 10	329 32.2	25.4	95 12.8	13.9	13 25.3	7.9	54.4
I 11	344 32.4	24.5	109 45.7	13.9	13 33.2	7.9	54.4
D 12	359 32.6	N10 23.7	124 18.6	13.9	N13 41.1	7.8	54.4
A 13	14 32.7	22.8	138 51.5	13.8	13 48.9	7.7	54.3
Y 14	29 32.9	21.9	153 24.3	13.9	13 56.6	7.7	54.3
15	44 33.1	.. 21.1	167 57.2	13.7	14 04.3	7.6	54.3
16	59 33.3	20.2	182 29.9	13.8	14 11.9	7.5	54.3
17	74 33.4	19.3	197 02.7	13.8	14 19.4	7.5	54.3
18	89 33.6	N10 18.5	211 35.5	13.7	N14 26.9	7.4	54.3
19	104 33.8	17.6	226 08.2	13.7	14 34.3	7.3	54.3
20	119 34.0	16.7	240 40.9	13.7	14 41.6	7.3	54.3
21	134 34.2	.. 15.8	255 13.6	13.6	14 48.9	7.2	54.3
22	149 34.3	15.0	269 46.2	13.7	14 56.1	7.1	54.3
23	164 34.5	14.1	284 18.9	13.6	15 03.2	7.1	54.3
27 00	179 34.7	N10 13.2	298 51.5	13.5	N15 10.3	7.0	54.3
01	194 34.9	12.3	313 24.0	13.6	15 17.3	7.0	54.3
02	209 35.0	11.5	327 56.6	13.5	15 24.3	6.9	54.3
03	224 35.2	.. 10.6	342 29.1	13.5	15 31.2	6.8	54.3
04	239 35.4	09.7	357 01.6	13.5	15 38.0	6.7	54.3
05	254 35.6	08.9	11 34.1	13.4	15 44.7	6.7	54.3
06	269 35.8	N10 08.0	26 06.5	13.4	N15 51.4	6.6	54.2
07	284 35.9	07.1	40 38.9	13.4	15 58.0	6.5	54.2
S 08	299 36.1	06.2	55 11.3	13.4	16 04.5	6.4	54.2
A 09	314 36.3	.. 05.4	69 43.7	13.3	16 10.9	6.4	54.2
T 10	329 36.5	04.5	84 16.0	13.3	16 17.3	6.3	54.2
U 11	344 36.7	03.6	98 48.3	13.3	16 23.6	6.3	54.2
R 12	359 36.8	N10 02.7	113 20.6	13.3	N16 29.9	6.1	54.2
D 13	14 37.0	01.9	127 52.9	13.2	16 36.0	6.1	54.2
A 14	29 37.2	01.0	142 25.1	13.2	16 42.1	6.0	54.2
Y 15	44 37.4	N10 00.1	156 57.3	13.1	16 48.1	6.0	54.2
16	59 37.6	9 59.2	171 29.4	13.2	16 54.1	5.8	54.2
17	74 37.7	58.3	186 01.6	13.1	16 59.9	5.8	54.2
18	89 37.9	N 9 57.5	200 33.7	13.0	N17 05.7	5.7	54.2
19	104 38.1	56.6	215 05.7	13.1	17 11.4	5.7	54.2
20	119 38.3	55.7	229 37.8	13.0	17 17.1	5.5	54.2
21	134 38.5	.. 54.8	244 09.8	13.0	17 22.6	5.5	54.2
22	149 38.6	54.0	258 41.8	12.9	17 28.1	5.4	54.2
23	164 38.8	53.1	273 13.7	12.9	17 33.5	5.4	54.2
28 00	179 39.0	N 9 52.2	287 45.6	12.9	N17 38.9	5.2	54.2
01	194 39.2	51.3	302 17.5	12.9	17 44.1	5.2	54.2
02	209 39.4	50.4	316 49.4	12.8	17 49.3	5.1	54.2
03	224 39.6	.. 49.6	331 21.2	12.8	17 54.4	5.0	54.2
04	239 39.8	48.7	345 53.0	12.8	17 59.4	4.9	54.2
05	254 39.9	47.8	0 24.8	12.7	18 04.3	4.9	54.2
06	269 40.1	N 9 46.9	14 56.5	12.7	N18 09.2	4.7	54.3
07	284 40.3	46.0	29 28.2	12.7	18 13.9	4.7	54.3
08	299 40.5	45.1	43 59.9	12.6	18 18.6	4.6	54.3
S 09	314 40.7	.. 44.3	58 31.5	12.6	18 23.2	4.6	54.3
U 10	329 40.9	43.4	73 03.1	12.6	18 27.8	4.4	54.3
N 11	344 41.0	42.5	87 34.7	12.5	18 32.2	4.4	54.3
D 12	359 41.2	N 9 41.6	102 06.2	12.5	N18 36.6	4.3	54.3
A 13	14 41.4	40.7	116 37.7	12.5	18 40.9	4.1	54.3
Y 14	29 41.6	39.9	131 09.2	12.5	18 45.0	4.2	54.3
15	44 41.8	.. 39.0	145 40.7	12.4	18 49.2	4.0	54.3
16	59 42.0	38.1	160 12.1	12.4	18 53.2	3.9	54.3
17	74 42.1	37.2	174 43.5	12.3	18 57.1	3.9	54.3
18	89 42.3	N 9 36.3	189 14.8	12.4	N19 01.0	3.7	54.3
19	104 42.5	35.4	203 46.2	12.3	19 04.7	3.7	54.3
20	119 42.7	34.5	218 17.5	12.2	19 08.4	3.6	54.3
21	134 42.9	.. 33.7	232 48.7	12.3	19 12.0	3.5	54.3
22	149 43.1	32.8	247 20.0	12.1	19 15.5	3.4	54.3
23	164 43.3	31.9	261 51.1	12.2	19 18.9	3.4	54.4
	S.D. 15.9	d 0.9	S.D. 14.8		14.8		14.8

Twilight, Sunrise, Moonrise

Lat.	Twilight Naut.	Twilight Civil	Sunrise	Moonrise 26	27	28	29
N 72	////	01 47	03 34	18 25	17 57	□	□
N 70	////	02 28	03 52	18 55	18 49	18 41	□
68	////	02 55	04 06	19 17	19 21	19 32	19 54
66	01 32	03 15	04 18	19 34	19 45	20 04	20 34
64	02 09	03 31	04 27	19 48	20 04	20 27	21 01
62	02 34	03 44	04 35	20 00	20 20	20 46	21 22
60	02 53	03 56	04 42	20 10	20 32	21 01	21 34
N 58	03 08	04 05	04 48	20 19	20 44	21 15	21 54
56	03 21	04 13	04 54	20 27	20 53	21 26	22 06
54	03 32	04 20	04 59	20 34	21 02	21 36	22 17
52	03 42	04 27	05 03	20 40	21 10	21 45	22 26
50	03 50	04 33	05 07	20 46	21 17	21 53	22 35
45	04 07	04 45	05 16	20 58	21 32	22 10	22 53
N 40	04 21	04 54	05 23	21 09	21 44	22 24	23 08
35	04 31	05 03	05 29	21 17	21 55	22 36	23 21
30	04 40	05 09	05 34	21 25	22 04	22 46	23 32
20	04 54	05 21	05 43	21 38	22 20	23 04	23 51
N 10	05 05	05 30	05 51	21 50	22 34	23 19	24 07
0	05 13	05 37	05 58	22 01	22 47	23 34	24 22
S 10	05 19	05 44	06 05	22 12	23 00	23 49	24 38
20	05 25	05 51	06 13	22 24	23 14	24 04	00 04
30	05 29	05 57	06 21	22 38	23 31	24 23	00 23
35	05 31	06 01	06 26	22 46	23 40	24 33	00 33
40	05 33	06 04	06 32	22 55	23 51	24 45	00 45
45	05 34	06 08	06 38	23 06	24 04	00 04	01 00
S 50	05 35	06 13	06 45	23 19	24 19	00 19	01 17
52	05 35	06 15	06 49	23 25	24 27	00 27	01 25
54	05 36	06 17	06 53	23 32	24 35	00 35	01 35
56	05 36	06 19	06 57	23 39	24 44	00 44	01 45
58	05 36	06 21	07 01	23 48	24 55	00 55	01 57
S 60	05 36	06 24	07 07	23 57	25 07	01 07	02 11

Sunset, Twilight, Moonset

Lat.	Sunset	Twilight Civil	Twilight Naut.	Moonset 26	27	28	29
N 72	20 25	22 08	////	12 59	15 02	□	□
N 70	20 08	21 30	////	12 31	14 11	15 56	□
68	19 54	21 04	23 37	12 10	13 39	15 06	16 23
66	19 43	20 45	22 24	11 54	13 16	14 34	15 43
64	19 34	20 29	21 50	11 41	12 58	14 11	15 16
62	19 26	20 16	21 26	11 29	12 43	13 53	14 55
60	19 19	20 06	21 07	11 20	12 31	13 38	14 38
N 58	19 13	19 56	20 52	11 11	12 20	13 25	14 24
56	19 08	19 48	20 40	11 04	12 11	13 14	14 12
54	19 03	19 41	20 29	10 58	12 02	13 04	14 01
52	18 59	19 35	20 20	10 52	11 55	12 55	13 52
50	18 55	19 29	20 11	10 47	11 48	12 47	13 43
45	18 47	19 17	19 55	10 35	11 34	12 31	13 25
N 40	18 40	19 08	19 41	10 26	11 22	12 17	13 10
35	18 34	19 00	19 31	10 18	11 12	12 06	12 58
30	18 29	18 53	19 22	10 11	11 04	11 56	12 49
20	18 20	18 42	19 09	09 59	10 49	11 39	12 29
N 10	18 12	18 33	18 58	09 48	10 36	11 24	12 12
0	18 05	18 26	18 50	09 38	10 23	11 10	11 57
S 10	17 58	18 19	18 44	09 28	10 11	10 56	11 42
20	17 50	18 13	18 38	09 18	09 58	10 41	11 26
30	17 42	18 06	18 34	09 06	09 43	10 24	11 07
35	17 37	18 03	18 32	08 59	09 35	10 14	10 57
40	17 32	17 59	18 31	08 51	09 25	10 02	10 44
45	17 27	17 56	18 30	08 42	09 13	09 49	10 29
S 50	17 18	17 51	18 29	08 31	09 00	09 33	10 12
52	17 15	17 49	18 29	08 26	08 53	09 25	10 03
54	17 11	17 47	18 28	08 20	08 46	09 17	09 54
56	17 07	17 45	18 28	08 14	08 38	09 09	09 43
58	17 03	17 43	18 28	08 07	08 29	08 56	09 31
S 60	16 58	17 40	18 29	07 59	08 19	08 44	09 17

SUN and MOON

Day	SUN Eqn. of Time 00h	SUN Eqn. of Time 12h	Mer. Pass.	MOON Mer. Pass. Upper	MOON Mer. Pass. Lower	Age	Phase
	m s	m s	h m	h m	h m	d	
26	01 59	01 50	12 02	03 27	15 50	19	
27	01 42	01 33	12 02	04 12	16 35	20	◐
28	01 24	01 15	12 01	04 58	17 22	21	

1994 AUGUST 29, 30, 31 (MON., TUES., WED.)

UT (GMT)	ARIES G.H.A.	VENUS −4.4 G.H.A.	Dec.	MARS +1.2 G.H.A.	Dec.	JUPITER −1.9 G.H.A.	Dec.	SATURN +0.5 G.H.A.	Dec.	STARS Name	S.H.A.	Dec.
29 00	336 58.4	138 08.0	S10 32.7	238 22.3	N23 34.6	119 42.1	S13 42.2	355 21.0	S 9 54.7	Acamar	315 28.9	S40 19.3
01	352 00.8	153 08.4	33.9	253 23.1	34.6	134 44.2	42.4	10 23.6	54.8	Achernar	335 36.8	S57 15.5
02	7 03.3	168 08.8	35.0	268 23.8	34.5	149 46.3	42.5	25 26.2	54.9	Acrux	173 25.6	S63 04.3
03	22 05.8	183 09.2	·· 36.1	283 24.5	·· 34.5	164 48.4	·· 42.6	40 28.9	·· 54.9	Adhara	255 23.8	S28 57.8
04	37 08.2	198 09.6	37.3	298 25.3	34.4	179 50.5	42.7	55 31.5	55.0	Aldebaran	291 05.6	N16 29.9
05	52 10.7	213 09.9	38.4	313 26.0	34.3	194 52.6	42.8	70 34.2	55.1			
06	67 13.2	228 10.3	S10 39.5	328 26.7	N23 34.3	209 54.7	S13 43.0	85 36.8	S 9 55.2	Alioth	166 33.5	N55 59.5
07	82 15.6	243 10.7	40.7	343 27.4	34.2	224 56.8	43.1	100 39.4	55.2	Alkaid	153 10.3	N49 20.6
08	97 18.1	258 11.1	41.8	358 28.2	34.2	239 58.9	43.2	115 42.1	55.3	Al Na'ir	28 00.9	S46 59.0
M 09	112 20.6	273 11.5	·· 42.9	13 28.9	·· 34.1	255 01.0	·· 43.3	130 44.7	·· 55.4	Alnilam	276 00.8	S 1 12.3
O 10	127 23.0	288 11.9	44.1	28 29.6	34.0	270 03.1	43.5	145 47.4	55.5	Alphard	218 10.2	S 8 38.1
N 11	142 25.5	303 12.3	45.2	43 30.4	34.0	285 05.2	43.6	160 50.0	55.5			
D 12	157 27.9	318 12.6	S10 46.3	58 31.1	N23 33.9	300 07.3	S13 43.7	175 52.7	S 9 55.6	Alphecca	126 23.0	N26 44.2
A 13	172 30.4	333 13.0	47.4	73 31.8	33.9	315 09.5	43.8	190 55.3	55.7	Alpheratz	357 57.7	N29 03.8
Y 14	187 32.9	348 13.4	48.6	88 32.6	33.8	330 11.6	44.0	205 57.9	55.8	Altair	62 21.7	N 8 51.5
15	202 35.3	3 13.8	·· 49.7	103 33.3	·· 33.8	345 13.7	·· 44.1	221 00.6	·· 55.8	Ankaa	353 29.2	S42 19.8
16	217 37.8	18 14.2	50.8	118 34.0	33.7	0 15.8	44.2	236 03.2	55.9	Antares	112 43.5	S26 25.2
17	232 40.3	33 14.6	51.9	133 34.8	33.6	15 17.9	44.3	251 05.9	56.0			
18	247 42.7	48 15.0	S10 53.1	148 35.5	N23 33.6	30 20.0	S13 44.5	266 08.5	S 9 56.1	Arcturus	146 08.7	N19 12.8
19	262 45.2	63 15.4	54.2	163 36.2	33.5	45 22.1	44.6	281 11.1	56.1	Atria	107 57.9	S69 01.3
20	277 47.7	78 15.7	55.3	178 36.9	33.4	60 24.2	44.7	296 13.8	56.2	Avior	234 24.3	S59 29.5
21	292 50.1	93 16.1	·· 56.4	193 37.7	·· 33.4	75 26.3	·· 44.8	311 16.4	·· 56.3	Bellatrix	278 47.2	N 6 20.7
22	307 52.6	108 16.5	57.6	208 38.4	33.3	90 28.4	45.0	326 19.1	56.4	Betelgeuse	271 16.7	N 7 24.4
23	322 55.1	123 16.9	58.7	223 39.1	33.3	105 30.5	45.1	341 21.7	56.4			
30 00	337 57.5	138 17.3	S10 59.8	238 39.9	N23 33.2	120 32.6	S13 45.2	356 24.4	S 9 56.5	Canopus	264 02.6	S52 41.4
01	353 00.0	153 17.7	11 00.9	253 40.6	33.1	135 34.7	45.3	11 27.0	56.6	Capella	280 55.4	N45 59.4
02	8 02.4	168 18.1	02.1	268 41.3	33.1	150 36.8	45.5	26 29.6	56.7	Deneb	49 40.6	N45 16.0
03	23 04.9	183 18.5	·· 03.2	283 42.1	·· 33:0	165 38.9	·· 45.6	41 32.3	·· 56.7	Denebola	182 48.3	N14 36.2
04	38 07.4	198 18.9	04.3	298 42.8	32.9	180 41.0	45.7	56 34.9	56.8	Diphda	349 09.7	S18 00.7
05	53 09.8	213 19.3	05.4	313 43.5	32.9	195 43.1	45.8	71 37.6	56.9			
06	68 12.3	228 19.7	S11 06.5	328 44.3	N23 32.8	210 45.2	S13 46.0	86 40.2	S 9 57.0	Dubhe	194 09.5	N61 46.8
07	83 14.8	243 20.1	07.7	343 45.0	32.8	225 47.3	46.1	101 42.8	57.0	Elnath	278 30.5	N28 36.1
T 08	98 17.2	258 20.5	08.8	358 45.8	32.7	240 49.4	46.2	116 45.5	57.1	Eltanin	90 52.5	N51 29.8
U 09	113 19.7	273 20.9	·· 09.9	13 46.5	·· 32.6	255 51.5	·· 46.4	131 48.1	·· 57.2	Enif	34 00.6	N 9 51.3
E 10	128 22.2	288 21.3	11.0	28 47.2	32.6	270 53.6	46.5	146 50.8	57.3	Fomalhaut	15 39.1	S29 38.8
S 11	143 24.6	303 21.7	12.1	43 48.0	32.5	285 55.7	46.6	161 53.4	57.3			
D 12	158 27.1	318 22.1	S11 13.3	58 48.7	N23 32.4	300 57.8	S13 46.7	176 56.1	S 9 57.4	Gacrux	172 17.1	S57 05.2
A 13	173 29.6	333 22.5	14.4	73 49.4	32.4	315 59.9	46.9	191 58.7	57.5	Gienah	176 07.1	S17 30.8
Y 14	188 32.0	348 22.9	15.5	88 50.2	32.3	331 02.0	47.0	207 01.3	57.6	Hadar	149 08.3	S60 21.0
15	203 34.5	3 23.3	·· 16.6	103 50.9	·· 32.2	346 04.1	·· 47.1	222 04.0	·· 57.6	Hamal	328 16.5	N23 26.3
16	218 36.9	18 23.7	17.7	118 51.6	32.2	1 06.2	47.2	237 06.6	57.7	Kaus Aust.	84 02.3	S34 23.2
17	233 39.4	33 24.1	18.8	133 52.4	32.1	16 08.3	47.4	252 09.3	57.8			
18	248 41.9	48 24.5	S11 20.0	148 53.1	N23 32.0	31 10.4	S13 47.5	267 11.9	S 9 57.9	Kochab	137 20.0	N74 11.0
19	263 44.3	63 24.9	21.1	163 53.8	32.0	46 12.5	47.6	282 14.5	57.9	Markab	13 52.0	N15 10.8
20	278 46.8	78 25.3	22.2	178 54.6	31.9	61 14.6	47.7	297 17.2	58.0	Menkar	314 29.7	N 4 04.2
21	293 49.3	93 25.7	·· 23.3	193 55.3	·· 31.8	76 16.7	·· 47.9	312 19.8	·· 58.1	Menkent	148 24.4	S36 20.7
22	308 51.7	108 26.1	24.4	208 56.1	31.7	91 18.8	48.0	327 22.5	58.2	Miaplacidus	221 43.4	S69 41.7
23	323 54.2	123 26.5	25.5	223 56.8	31.7	106 20.9	48.1	342 25.1	58.2			
31 00	338 56.7	138 26.9	S11 26.6	238 57.5	N23 31.6	121 23.0	S13 48.2	357 27.8	S 9 58.3	Mirfak	309 00.4	N49 50.4
01	353 59.1	153 27.4	27.7	253 58.3	31.5	136 25.1	48.4	12 30.4	58.4	Nunki	76 15.5	S26 18.1
02	9 01.6	168 27.8	28.9	268 59.0	31.5	151 27.2	48.5	27 33.0	58.5	Peacock	53 40.8	S56 45.1
03	24 04.0	183 28.2	·· 30.0	283 59.7	·· 31.4	166 29.3	·· 48.6	42 35.7	·· 58.5	Pollux	243 45.2	N28 02.3
04	39 06.5	198 28.6	31.1	299 00.5	31.3	181 31.4	48.7	57 38.3	58.6	Procyon	245 14.7	N 5 14.3
05	54 09.0	213 29.0	32.2	314 01.2	31.3	196 33.5	48.9	72 41.0	58.7			
06	69 11.4	228 29.4	S11 33.3	329 02.0	N23 31.2	211 35.6	S13 49.0	87 43.6	S 9 58.8	Rasalhague	96 19.4	N12 34.1
W 07	84 13.9	243 29.8	34.4	344 02.7	31.1	226 37.7	49.1	102 46.3	58.8	Regulus	207 58.8	N11 59.6
E 08	99 16.4	258 30.2	35.5	359 03.4	31.0	241 39.8	49.3	117 48.9	58.9	Rigel	281 25.7	S 8 12.4
D 09	114 18.8	273 30.6	·· 36.6	14 04.2	·· 31.0	256 41.9	·· 49.4	132 51.5	·· 59.0	Rigil Kent.	140 11.2	S60 49.0
N 10	129 21.3	288 31.1	37.7	29 04.9	30.9	271 44.0	49.5	147 54.2	59.1	Sabik	102 28.6	S15 43.0
E 11	144 23.8	303 31.5	38.8	44 05.7	30.8	286 46.1	49.6	162 56.8	59.1			
S 12	159 26.2	318 31.9	S11 40.0	59 06.4	N23 30.8	301 48.2	S13 49.8	177 59.5	S 9 59.2	Schedar	349 56.1	N56 30.5
D 13	174 28.7	333 32.3	41.1	74 07.1	30.7	316 50.3	49.9	193 02.1	59.3	Shaula	96 40.9	S37 06.0
A 14	189 31.2	348 32.7	42.2	89 07.9	30.6	331 52.4	50.0	208 04.7	59.4	Sirius	258 46.3	S16 42.4
Y 15	204 33.6	3 33.1	·· 43.3	104 08.6	·· 30.5	346 54.5	·· 50.1	223 07.4	·· 59.4	Spica	158 46.3	S11 08.0
16	219 36.1	18 33.6	44.4	119 09.4	30.5	1 56.6	50.3	238 10.0	59.5	Suhail	223 03.2	S43 24.6
17	234 38.5	33 34.0	45.5	134 10.1	30.4	16 58.7	50.4	253 12.7	59.6			
18	249 41.0	48 34.4	S11 46.6	149 10.9	N23 30.3	32 00.8	S13 50.5	268 15.3	S 9 59.6	Vega	80 48.3	N38 47.1
19	264 43.5	63 34.8	47.7	164 11.6	30.2	47 02.9	50.7	283 18.0	59.7	Zuben'ubi	137 21.1	S16 01.2
20	279 45.9	78 35.2	48.8	179 12.3	30.2	62 05.0	50.8	298 20.6	59.8		S.H.A.	Mer. Pass.
21	294 48.4	93 35.7	·· 49.9	194 13.1	·· 30.1	77 07.1	·· 50.9	313 23.2	·· 59.9			h m
22	309 50.9	108 36.1	51.0	209 13.8	30.0	92 09.2	51.0	328 25.9	9 59.9	Venus	160 19.8	14 46
23	324 53.3	123 36.5	52.1	224 14.6	29.9	107 11.3	51.2	343 28.5	10 00.0	Mars	260 42.4	8 05
Mer. Pass. 1 27.9		v 0.4	d 1.1	v 0.7	d 0.1	v 2.1	d 0.1	v 2.6	d 0.1	Jupiter	142 35.1	15 56
										Saturn	18 26.8	0 14

1994 AUGUST 29, 30, 31 (MON., TUES., WED.)

SUN and MOON

UT (GMT)	SUN G.H.A.	SUN Dec.	MOON G.H.A.	v	MOON Dec.	d	H.P.
29 00	179 43.4	N 9 31.0	276 22.3	12.2	N19 22.3	3.2	54.4
01	194 43.6	30.1	290 53.5	12.1	19 25.5	3.2	54.4
02	209 43.8	29.2	305 24.6	12.0	19 28.7	3.0	54.4
03	224 44.0	.. 28.3	319 55.6	12.1	19 31.7	3.0	54.4
04	239 44.2	27.5	334 26.7	12.0	19 34.7	2.9	54.4
05	254 44.4	26.6	348 57.7	12.0	19 37.6	2.8	54.4
06	269 44.6	N 9 25.7	3 28.7	11.9	N19 40.4	2.7	54.4
07	284 44.7	24.8	17 59.6	12.0	19 43.1	2.6	54.4
M 08	299 44.9	23.9	32 30.6	11.8	19 45.7	2.5	54.4
O 09	314 45.1	.. 23.0	47 01.4	11.9	19 48.2	2.5	54.5
N 10	329 45.3	22.1	61 32.3	11.8	19 50.7	2.3	54.5
D 11	344 45.5	21.2	76 03.1	11.8	19 53.0	2.3	54.5
A 12	359 45.7	N 9 20.4	90 33.9	11.8	N19 55.3	2.1	54.5
Y 13	14 45.9	19.5	105 04.7	11.8	19 57.4	2.1	54.5
14	29 46.1	18.6	119 35.5	11.7	19 59.5	2.0	54.5
15	44 46.2	.. 17.7	134 06.2	11.7	20 01.5	1.8	54.5
16	59 46.4	16.8	148 36.9	11.6	20 03.3	1.8	54.5
17	74 46.6	15.9	163 07.5	11.7	20 05.1	1.7	54.6
18	89 46.8	N 9 15.0	177 38.2	11.6	N20 06.8	1.6	54.6
19	104 47.0	14.1	192 08.8	11.5	20 08.4	1.5	54.6
20	119 47.2	13.2	206 39.3	11.6	20 09.9	1.4	54.6
21	134 47.4	.. 12.3	221 09.9	11.5	20 11.3	1.3	54.6
22	149 47.6	11.4	235 40.4	11.5	20 12.6	1.2	54.6
23	164 47.8	10.6	250 10.9	11.4	20 13.8	1.1	54.6
30 00	179 47.9	N 9 09.7	264 41.3	11.5	N20 14.9	1.1	54.7
01	194 48.1	08.8	279 11.8	11.4	20 16.0	0.9	54.7
02	209 48.3	07.9	293 42.2	11.4	20 16.9	0.8	54.7
03	224 48.5	.. 07.0	308 12.6	11.3	20 17.7	0.8	54.7
04	239 48.7	06.1	322 42.9	11.4	20 18.5	0.6	54.7
05	254 48.9	05.2	337 13.3	11.3	20 19.1	0.5	54.7
06	269 49.1	N 9 04.3	351 43.6	11.3	N20 19.6	0.5	54.8
07	284 49.3	03.4	6 13.9	11.2	20 20.1	0.3	54.8
T 08	299 49.5	02.5	20 44.1	11.2	20 20.4	0.3	54.8
U 09	314 49.7	.. 01.6	35 14.3	11.3	20 20.7	0.1	54.8
E 10	329 49.8	9 00.7	49 44.6	11.1	20 20.8	0.1	54.8
S 11	344 50.0	8 59.8	64 14.7	11.2	20 20.9	0.1	54.9
D 12	359 50.2	N 8 58.9	78 44.9	11.1	N20 20.8	0.1	54.9
A 13	14 50.4	58.0	93 15.0	11.1	20 20.7	0.3	54.9
Y 14	29 50.6	57.1	107 45.1	11.1	20 20.4	0.3	54.9
15	44 50.8	.. 56.3	122 15.2	11.1	20 20.1	0.5	54.9
16	59 51.0	55.4	136 45.3	11.1	20 19.6	0.5	55.0
17	74 51.2	54.5	151 15.4	11.0	20 19.1	0.7	55.0
18	89 51.4	N 8 53.6	165 45.4	11.0	N20 18.4	0.7	55.0
19	104 51.6	52.7	180 15.4	11.0	20 17.7	0.9	55.0
20	119 51.8	51.8	194 45.4	10.9	20 16.8	0.9	55.0
21	134 52.0	.. 50.9	209 15.3	11.0	20 15.9	1.1	55.1
22	149 52.1	50.0	223 45.3	10.9	20 14.8	1.1	55.1
23	164 52.3	49.1	238 15.2	10.9	20 13.7	1.3	55.1
31 00	179 52.5	N 8 48.2	252 45.1	10.9	N20 12.4	1.3	55.1
01	194 52.7	47.3	267 15.0	10.8	20 11.1	1.5	55.1
02	209 52.9	46.4	281 44.8	10.9	20 09.6	1.5	55.2
03	224 53.1	.. 45.5	296 14.7	10.8	20 08.1	1.7	55.2
04	239 53.3	44.6	310 44.5	10.8	20 06.4	1.8	55.2
05	254 53.5	43.7	325 14.3	10.8	20 04.6	1.8	55.2
06	269 53.7	N 8 42.8	339 44.1	10.8	N20 02.8	2.0	55.3
07	284 53.9	41.9	354 13.9	10.8	20 00.8	2.0	55.3
W 08	299 54.1	41.0	8 43.7	10.7	19 58.8	2.2	55.3
E 09	314 54.3	.. 40.1	23 13.4	10.7	19 56.6	2.3	55.3
D 10	329 54.5	39.2	37 43.1	10.7	19 54.3	2.3	55.4
N 11	344 54.7	38.3	52 12.8	10.7	19 52.0	2.5	55.4
E 12	359 54.9	N 8 37.4	66 42.5	10.7	N19 49.5	2.6	55.4
S 13	14 55.0	36.5	81 12.2	10.7	19 46.9	2.6	55.4
D 14	29 55.2	35.6	95 41.9	10.7	19 44.3	2.8	55.5
A 15	44 55.4	.. 34.7	110 11.6	10.6	19 41.5	2.9	55.5
Y 16	59 55.6	33.8	124 41.2	10.6	19 38.6	3.0	55.5
17	74 55.8	32.9	139 10.8	10.6	19 35.6	3.1	55.5
18	89 56.0	N 8 32.0	153 40.4	10.6	N19 32.5	3.1	55.6
19	104 56.2	31.1	168 10.0	10.6	19 29.4	3.3	55.6
20	119 56.4	30.2	182 39.6	10.6	19 26.1	3.4	55.6
21	134 56.6	.. 29.3	197 09.2	10.6	19 22.7	3.5	55.7
22	149 56.8	28.4	211 38.8	10.5	19 19.2	3.6	55.7
23	164 57.0	27.5	226 08.3	10.6	19 15.6	3.7	55.7
	S.D. 15.9	d 0.9	S.D. 14.8		15.0		15.1

Twilight, Sunrise and Moonrise

Lat.	Twilight Naut.	Twilight Civil	Sunrise	Moonrise 29	30	31	1
N 72	////	02 13	03 50	□	□	□	21 47
N 70	////	02 46	04 05	□	□	20 56	22 51
68	01 05	03 09	04 17	19 54	20 41	21 55	23 26
66	01 55	03 27	04 28	20 34	21 22	22 29	23 51
64	02 25	03 42	04 36	21 01	21 50	22 54	24 11
62	02 46	03 54	04 43	21 22	22 11	23 13	24 26
60	03 03	04 04	04 49	21 39	22 28	23 29	24 40
N 58	03 17	04 12	04 55	21 54	22 43	23 42	24 51
56	03 29	04 20	05 00	22 06	22 55	23 54	25 01
54	03 39	04 26	05 04	22 17	23 06	24 04	00 04
52	03 48	04 32	05 08	22 26	23 16	24 13	00 13
50	03 56	04 37	05 11	22 35	23 24	24 21	00 21
45	04 12	04 49	05 19	22 53	23 43	24 38	00 38
N 40	04 24	04 58	05 25	23 08	23 58	24 52	00 52
35	04 34	05 05	05 31	23 21	24 10	00 10	01 04
30	04 42	05 11	05 36	23 32	24 21	00 21	01 14
20	04 55	05 21	05 44	23 51	24 40	00 40	01 32
N 10	05 05	05 30	05 51	24 07	00 07	00 56	01 48
0	05 12	05 36	05 57	24 22	00 22	01 12	02 02
S 10	05 18	05 43	06 04	24 38	00 38	01 27	02 17
20	05 23	05 48	06 10	00 04	00 54	01 44	02 32
30	05 26	05 54	06 18	00 23	01 13	02 03	02 50
35	05 27	05 57	06 22	00 33	01 24	02 14	03 00
40	05 28	06 00	06 27	00 45	01 37	02 26	03 12
45	05 29	06 03	06 33	01 00	01 52	02 41	03 26
S 50	05 29	06 07	06 39	01 17	02 11	02 59	03 42
52	05 29	06 08	06 42	01 25	02 20	03 08	03 50
54	05 29	06 10	06 46	01 35	02 29	03 18	03 59
56	05 29	06 13	06 49	01 45	02 40	03 29	04 09
58	05 28	06 13	06 53	01 57	02 53	03 41	04 20
S 60	05 28	06 16	06 58	02 11	03 08	03 55	04 33

Sunset, Twilight and Moonset

Lat.	Sunset	Twilight Civil	Twilight Naut.	Moonset 29	30	31	1
N 72	20 08	21 41	////	□	□	□	19 43
N 70	19 53	21 10	////	□	□	18 48	18 39
68	19 41	20 48	22 45	16 23	17 18	17 48	18 03
66	19 32	20 31	22 01	15 43	16 37	17 14	17 37
64	19 23	20 17	21 33	15 16	16 09	16 49	17 17
62	19 16	20 05	21 12	14 55	15 48	16 29	17 00
60	19 10	19 56	20 55	14 38	15 31	16 13	16 47
N 58	19 05	19 47	20 42	14 24	15 16	16 00	16 35
56	19 00	19 40	20 30	14 12	15 03	15 48	16 25
54	18 56	19 34	20 20	14 01	14 53	15 37	16 16
52	18 52	19 28	20 12	13 52	14 43	15 28	16 08
50	18 49	19 23	20 04	13 43	14 34	15 20	16 00
45	18 41	19 12	19 48	13 25	14 16	15 02	15 45
N 40	18 35	19 03	19 36	13 10	14 01	14 48	15 32
35	18 30	18 56	19 26	12 58	13 48	14 36	15 21
30	18 25	18 50	19 18	12 47	13 37	14 25	15 11
20	18 17	18 40	19 06	12 29	13 18	14 07	14 55
N 10	18 10	18 32	18 56	12 12	13 02	13 51	14 40
0	18 04	18 25	18 49	11 57	12 46	13 36	14 26
S 10	17 58	18 19	18 43	11 42	12 31	13 21	14 13
20	17 51	18 13	18 39	11 26	12 14	13 05	13 58
30	17 44	18 08	18 36	11 07	11 55	12 46	13 41
35	17 40	18 05	18 34	10 57	11 44	12 35	13 31
40	17 35	18 02	18 34	10 44	11 31	12 23	13 20
45	17 29	17 59	18 33	10 29	11 16	12 08	13 06
S 50	17 23	17 56	18 33	10 12	10 57	11 50	12 50
52	17 20	17 54	18 33	10 03	10 49	11 42	12 42
54	17 17	17 52	18 33	09 54	10 39	11 32	12 34
56	17 13	17 51	18 34	09 43	10 28	11 21	12 24
58	17 09	17 49	18 34	09 31	10 15	11 09	12 13
S 60	17 05	17 47	18 35	09 17	10 00	10 55	12 01

SUN and MOON

Day	SUN Eqn. of Time 00h	12h	Mer. Pass.	MOON Mer. Pass. Upper	Lower	Age	Phase
	m s	m s	h m	h m	h m		
29	01 07	00 58	12 01	05 46	18 10	22	
30	00 49	00 39	12 01	06 34	18 59	23	
31	00 30	00 21	12 00	07 24	19 49	24	

1994 SEPTEMBER 1, 2, 3 (THURS., FRI., SAT.)

UT (GMT) d h	ARIES G.H.A.	VENUS −4.4 G.H.A.	Dec.	MARS +1.2 G.H.A.	Dec.	JUPITER −1.9 G.H.A.	Dec.	SATURN +0.5 G.H.A.	Dec.	STARS Name	S.H.A.	Dec.
1 00	339 55.8	138 36.9	S11 53.2	239 15.3	N23 29.9	122 13.4	S13 51.3	358 31.2	S10 00.1	Acamar	315 28.8	S40 19.3
01	354 58.3	153 37.4	54.3	254 16.1	29.8	137 15.5	51.4	13 33.8	00.2	Achernar	335 36.8	S57 15.5
02	10 00.7	168 37.8	55.4	269 16.8	29.7	152 17.6	51.5	28 36.5	00.2	Acrux	173 25.6	S63 04.3
03	25 03.2	183 38.2 ··	56.5	284 17.5 ··	29.6	167 19.6 ··	51.7	43 39.1 ··	00.3	Adhara	255 23.8	S28 57.8
04	40 05.7	198 38.6	57.6	299 18.3	29.5	182 21.7	51.8	58 41.7	00.4	Aldebaran	291 05.5	N16 29.9
05	55 08.1	213 39.1	58.7	314 19.0	29.5	197 23.8	51.9	73 44.4	00.5			
06	70 10.6	228 39.5	S11 59.8	329 19.8	N23 29.4	212 25.9	S13 52.1	88 47.0	S10 00.5	Alioth	166 33.5	N55 59.5
T 07	85 13.0	243 39.9	12 00.9	344 20.5	29.3	227 28.0	52.2	103 49.7	00.6	Alkaid	153 10.3	N49 20.6
H 08	100 15.5	258 40.3	02.0	359 21.3	29.2	242 30.1	52.3	118 52.3	00.7	Al Na'ir	28 00.9	S46 59.0
U 09	115 18.0	273 40.8 ··	03.1	14 22.0 ··	29.1	257 32.2 ··	52.4	133 54.9 ··	00.8	Alnilam	276 00.7	S 1 12.3
R 10	130 20.4	288 41.2	04.2	29 22.8	29.1	272 34.3	52.6	148 57.6	00.8	Alphard	218 10.2	S 8 38.1
S 11	145 22.9	303 41.6	05.3	44 23.5	29.0	287 36.4	52.7	164 00.2	00.9			
D 12	160 25.4	318 42.1	S12 06.4	59 24.2	N23 28.9	302 38.5	S13 52.8	179 02.9	S10 01.0	Alphecca	126 23.0	N26 44.2
A 13	175 27.8	333 42.5	07.5	74 25.0	28.8	317 40.6	53.0	194 05.5	01.1	Alpheratz	357 57.7	N29 03.8
Y 14	190 30.3	348 42.9	08.6	89 25.7	28.7	332 42.7	53.1	209 08.2	01.1	Altair	62 21.7	N 8 51.5
15	205 32.8	3 43.4 ··	09.7	104 26.5 ··	28.7	347 44.8 ··	53.2	224 10.8 ··	01.2	Ankaa	353 29.2	S42 19.8
16	220 35.2	18 43.8	10.8	119 27.2	28.6	2 46.9	53.3	239 13.4	01.3	Antares	112 43.5	S26 25.2
17	235 37.7	33 44.2	11.9	134 28.0	28.5	17 48.9	53.5	254 16.1	01.4			
18	250 40.1	48 44.7	S12 13.0	149 28.7	N23 28.4	32 51.0	S13 53.6	269 18.7	S10 01.4	Arcturus	146 08.8	N19 12.8
19	265 42.6	63 45.1	14.1	164 29.5	28.3	47 53.1	53.7	284 21.4	01.5	Atria	107 58.0	S69 01.3
20	280 45.1	78 45.5	15.1	179 30.2	28.3	62 55.2	53.9	299 24.0	01.6	Avior	234 24.3	S59 29.5
21	295 47.5	93 46.0 ··	16.2	194 31.0 ··	28.2	77 57.3 ··	54.0	314 26.7 ··	01.7	Bellatrix	278 47.2	N 6 20.7
22	310 50.0	108 46.4	17.3	209 31.7	28.1	92 59.4	54.1	329 29.3	01.7	Betelgeuse	271 16.6	N 7 24.4
23	325 52.5	123 46.9	18.4	224 32.5	28.0	108 01.5	54.2	344 31.9	01.8			
2 00	340 54.9	138 47.3	S12 19.5	239 33.2	N23 27.9	123 03.6	S13 54.4	359 34.6	S10 01.9	Canopus	264 02.6	S52 41.4
01	355 57.4	153 47.7	20.6	254 34.0	27.8	138 05.7	54.5	14 37.2	02.0	Capella	280 55.3	N45 59.4
02	10 59.9	168 48.2	21.7	269 34.7	27.8	153 07.8	54.6	29 39.9	02.0	Deneb	49 40.7	N45 16.0
03	26 02.3	183 48.6 ··	22.8	284 35.5 ··	27.7	168 09.8 ··	54.8	44 42.5 ··	02.1	Denebola	182 48.3	N14 36.2
04	41 04.8	198 49.1	23.9	299 36.2	27.6	183 11.9	54.9	59 45.2	02.2	Diphda	349 09.7	S18 00.7
05	56 07.3	213 49.5	25.0	314 37.0	27.5	198 14.0	55.0	74 47.8	02.3			
06	71 09.7	228 50.0	S12 26.0	329 37.7	N23 27.4	213 16.1	S13 55.1	89 50.4	S10 02.3	Dubhe	194 09.5	N61 46.8
07	86 12.2	243 50.4	27.1	344 38.5	27.3	228 18.2	55.3	104 53.1	02.4	Elnath	278 30.5	N28 36.1
08	101 14.6	258 50.8	28.2	359 39.2	27.2	243 20.3	55.4	119 55.7	02.5	Eltanin	90 52.5	N51 29.8
F 09	116 17.1	273 51.3 ··	29.3	14 40.0 ··	27.2	258 22.4 ··	55.5	134 58.4 ··	02.5	Enif	34 00.6	N 9 51.3
R 10	131 19.6	288 51.7	30.4	29 40.7	27.1	273 24.5	55.7	150 01.0	02.6	Fomalhaut	15 39.1	S29 38.8
I 11	146 22.0	303 52.2	31.5	44 41.5	27.0	288 26.6	55.8	165 03.6	02.7			
D 12	161 24.5	318 52.6	S12 32.6	59 42.2	N23 26.9	303 28.6	S13 55.9	180 06.3	S10 02.8	Gacrux	172 17.1	S57 05.1
A 13	176 27.0	333 53.1	33.6	74 43.0	26.8	318 30.7	56.0	195 08.9	02.8	Gienah	176 07.1	S17 30.7
Y 14	191 29.4	348 53.5	34.7	89 43.7	26.7	333 32.8	56.2	210 11.6	02.9	Hadar	149 08.3	S60 21.0
15	206 31.9	3 54.0 ··	35.8	104 44.5 ··	26.6	348 34.9 ··	56.3	225 14.2 ··	03.0	Hamal	328 16.4	N23 26.3
16	221 34.4	18 54.4	36.9	119 45.2	26.6	3 37.0	56.4	240 16.9	03.1	Kaus Aust.	84 02.3	S34 23.2
17	236 36.8	33 54.9	38.0	134 46.0	26.5	18 39.1	56.6	255 19.5	03.1			
18	251 39.3	48 55.3	S12 39.1	149 46.7	N23 26.4	33 41.2	S13 56.7	270 22.1	S10 03.2	Kochab	137 20.0	N74 10.9
19	266 41.8	63 55.8	40.1	164 47.5	26.3	48 43.3	56.8	285 24.8	03.3	Markab	13 52.0	N15 10.8
20	281 44.2	78 56.2	41.2	179 48.2	26.2	63 45.3	56.9	300 27.4	03.4	Menkar	314 29.6	N 4 04.2
21	296 46.7	93 56.7 ··	42.3	194 49.0 ··	26.1	78 47.4 ··	57.1	315 30.1 ··	03.4	Menkent	148 24.4	S36 20.7
22	311 49.1	108 57.1	43.4	209 49.7	26.0	93 49.5	57.2	330 32.7	03.5	Miaplacidus	221 43.4	S69 41.7
23	326 51.6	123 57.6	44.5	224 50.5	25.9	108 51.6	57.3	345 35.4	03.6			
3 00	341 54.1	138 58.1	S12 45.5	239 51.2	N23 25.8	123 53.7	S13 57.5	0 38.0	S10 03.7	Mirfak	309 00.4	N49 50.4
01	356 56.5	153 58.5	46.6	254 52.0	25.7	138 55.8	57.6	15 40.6	03.7	Nunki	76 15.5	S26 18.1
02	11 59.0	168 59.0	47.7	269 52.8	25.7	153 57.9	57.7	30 43.3	03.8	Peacock	53 40.8	S56 45.1
03	27 01.5	183 59.4 ··	48.8	284 53.5 ··	25.6	168 59.9 ··	57.9	45 45.9 ··	03.9	Pollux	243 45.2	N28 02.2
04	42 03.9	198 59.9	49.9	299 54.3	25.5	184 02.0	58.0	60 48.6	04.0	Procyon	245 14.7	N 5 14.3
05	57 06.4	214 00.3	50.9	314 55.0	25.4	199 04.1	58.1	75 51.2	04.0			
06	72 08.9	229 00.8	S12 52.0	329 55.8	N23 25.3	214 06.2	S13 58.2	90 53.9	S10 04.1	Rasalhague	96 19.4	N12 34.1
07	87 11.3	244 01.3	53.1	344 56.5	25.2	229 08.3	58.4	105 56.5	04.2	Regulus	207 58.8	N11 59.6
S 08	102 13.8	259 01.7	54.2	359 57.3	25.1	244 10.4	58.5	120 59.1	04.2	Rigel	281 25.6	S 8 12.4
A 09	117 16.2	274 02.2 ··	55.2	14 58.0 ··	25.0	259 12.4 ··	58.6	136 01.8 ··	04.3	Rigil Kent.	140 11.2	S60 48.9
T 10	132 18.7	289 02.7	56.3	29 58.8	24.9	274 14.5	58.8	151 04.4	04.4	Sabik	102 28.6	S15 43.0
U 11	147 21.2	304 03.1	57.4	44 59.5	24.9	289 16.6	58.9	166 07.1	04.5			
R 12	162 23.6	319 03.6	S12 58.5	60 00.3	N23 24.7	304 18.7	S13 59.0	181 09.7	S10 04.5	Schedar	349 56.1	N56 30.5
D 13	177 26.1	334 04.1	12 59.5	75 01.1	24.6	319 20.8	59.2	196 12.3	04.6	Shaula	96 40.9	S37 06.0
A 14	192 28.6	349 04.5	13 00.6	90 01.8	24.5	334 22.9	59.3	211 15.0	04.7	Sirius	258 46.3	S16 42.4
Y 15	207 31.0	4 05.0 ··	01.7	105 02.6 ··	24.4	349 24.9 ··	59.4	226 17.6 ··	04.8	Spica	158 46.3	S11 08.0
16	222 33.5	19 05.5	02.7	120 03.3	24.4	4 27.0	59.5	241 20.3	04.8	Suhail	223 03.2	S43 24.6
17	237 36.0	34 05.9	03.8	135 04.1	24.3	19 29.1	59.7	256 22.9	04.9			
18	252 38.4	49 06.4	S13 04.9	150 04.9	N23 24.2	34 31.2	S13 59.8	271 25.6	S10 05.0	Vega	80 48.3	N38 47.1
19	267 40.9	64 06.9	06.0	165 05.6	24.1	49 33.3	13 59.9	286 28.2	05.1	Zuben'ubi	137 21.2	S16 01.2
20	282 43.3	79 07.3	07.0	180 06.4	24.0	64 35.4	14 00.1	301 30.8	05.1			
21	297 45.8	94 07.8 ··	08.1	195 07.1 ··	23.9	79 37.4 ··	00.2	316 33.5 ··	05.2			
22	312 48.3	109 08.3	09.2	210 07.9	23.8	94 39.5	00.3	331 36.1	05.3			
23	327 50.7	124 08.8	10.2	225 08.6	23.7	109 41.6	00.5	346 38.8	05.4			

		S.H.A.	Mer. Pass.
	Venus	157 52.4	14 44
	Mars	258 38.3	8 01
	Jupiter	142 08.6	15 46
	Saturn	18 39.6	0 02

Mer. Pass.	ARIES 1 16.1	VENUS v 0.4 d 1.1	MARS v 0.8 d 0.1	JUPITER v 2.1 d 0.1	SATURN v 2.6 d 0.1

1994 SEPTEMBER 1, 2, 3 (THURS., FRI., SAT.)

UT (GMT)	SUN G.H.A.	SUN Dec.	MOON G.H.A.	v	MOON Dec.	d	H.P.
d h	° ′	° ′	° ′	′	° ′	′	′
1 00	179 57.2	N 8 26.6	240 37.9	10.5	N19 11.9	3.8	55.7
01	194 57.4	25.6	255 07.4	10.5	19 08.1	3.9	55.8
02	209 57.6	24.7	269 36.9	10.5	19 04.2	4.0	55.8
03	224 57.8	.. 23.8	284 06.4	10.5	19 00.2	4.1	55.8
04	239 58.0	22.9	298 35.9	10.5	18 56.1	4.2	55.8
05	254 58.2	22.0	313 05.4	10.5	18 51.9	4.3	55.9
06	269 58.4	N 8 21.1	327 34.9	10.5	N18 47.6	4.4	55.9
07	284 58.6	20.2	342 04.4	10.5	18 43.2	4.5	55.9
T 08	299 58.8	19.3	356 33.9	10.4	18 38.7	4.6	56.0
H 09	314 59.0	.. 18.4	11 03.3	10.5	18 34.1	4.7	56.0
U 10	329 59.2	17.5	25 32.8	10.5	18 29.4	4.8	56.0
R 11	344 59.4	16.6	40 02.3	10.4	18 24.6	4.9	56.1
S 12	359 59.6	N 8 15.7	54 31.7	10.4	N18 19.7	5.0	56.1
D 13	14 59.7	14.8	69 01.1	10.5	18 14.7	5.1	56.1
A 14	29 59.9	13.9	83 30.6	10.4	18 09.6	5.2	56.1
Y 15	45 00.1	.. 13.0	98 00.0	10.4	18 04.4	5.3	56.2
16	60 00.3	12.1	112 29.4	10.4	17 59.1	5.4	56.2
17	75 00.5	11.2	126 58.8	10.4	17 53.7	5.6	56.2
18	90 00.7	N 8 10.2	141 28.2	10.4	N17 48.1	5.6	56.3
19	105 00.9	09.3	155 57.6	10.4	17 42.5	5.7	56.3
20	120 01.1	08.4	170 27.0	10.4	17 36.8	5.8	56.3
21	135 01.3	.. 07.5	184 56.4	10.4	17 31.0	5.9	56.4
22	150 01.5	06.6	199 25.8	10.4	17 25.1	5.9	56.4
23	165 01.7	05.7	213 55.2	10.4	17 19.2	6.1	56.4
2 00	180 01.9	N 8 04.8	228 24.6	10.4	N17 13.1	6.2	56.5
01	195 02.1	03.9	242 54.0	10.4	17 06.9	6.3	56.5
02	210 02.3	03.0	257 23.4	10.3	17 00.6	6.4	56.5
03	225 02.5	.. 02.1	271 52.7	10.4	16 54.2	6.5	56.5
04	240 02.7	01.2	286 22.1	10.4	16 47.7	6.6	56.6
05	255 02.9	8 00.2	300 51.5	10.4	16 41.1	6.6	56.6
06	270 03.1	N 7 59.3	315 20.9	10.3	N16 34.5	6.8	56.6
07	285 03.3	58.4	329 50.2	10.4	16 27.7	6.9	56.7
08	300 03.5	57.5	344 19.6	10.4	16 20.8	6.9	56.7
F 09	315 03.7	.. 56.6	358 49.0	10.3	16 13.9	7.1	56.7
R 10	330 03.9	55.7	13 18.3	10.4	16 06.8	7.1	56.8
I 11	345 04.1	54.8	27 47.7	10.3	15 59.7	7.2	56.8
D 12	0 04.3	N 7 53.9	42 17.0	10.4	N15 52.5	7.4	56.8
A 13	15 04.5	52.9	56 46.4	10.4	15 45.1	7.4	56.9
Y 14	30 04.7	52.0	71 15.8	10.3	15 37.7	7.5	56.9
15	45 04.9	.. 51.1	85 45.1	10.4	15 30.2	7.6	56.9
16	60 05.1	50.2	100 14.5	10.3	15 22.6	7.7	57.0
17	75 05.3	49.3	114 43.8	10.4	15 14.9	7.8	57.0
18	90 05.5	N 7 48.4	129 13.2	10.4	N15 07.1	7.8	57.0
19	105 05.7	47.5	143 42.6	10.3	14 59.3	8.0	57.1
20	120 05.9	46.6	158 11.9	10.4	14 51.3	8.0	57.1
21	135 06.1	.. 45.6	172 41.3	10.3	14 43.3	8.2	57.1
22	150 06.3	44.7	187 10.6	10.4	14 35.1	8.2	57.2
23	165 06.5	43.8	201 40.0	10.3	14 26.9	8.3	57.2
3 00	180 06.7	N 7 42.9	216 09.3	10.4	N14 18.6	8.4	57.2
01	195 06.9	42.0	230 38.7	10.4	14 10.2	8.5	57.3
02	210 07.1	41.1	245 08.1	10.3	14 01.7	8.6	57.3
03	225 07.3	.. 40.2	259 37.4	10.4	13 53.1	8.6	57.3
04	240 07.5	39.2	274 06.8	10.3	13 44.5	8.8	57.4
05	255 07.7	38.3	288 36.1	10.4	13 35.7	8.8	57.4
06	270 07.9	N 7 37.4	303 05.5	10.4	N13 26.9	8.9	57.4
07	285 08.1	36.5	317 34.9	10.3	13 18.0	9.0	57.5
S 08	300 08.4	35.6	332 04.2	10.4	13 09.0	9.0	57.5
A 09	315 08.6	.. 34.7	346 33.6	10.3	13 00.0	9.2	57.5
T 10	330 08.8	33.7	1 02.9	10.4	12 50.8	9.2	57.6
U 11	345 09.0	32.8	15 32.3	10.4	12 41.6	9.3	57.6
R 12	0 09.2	N 7 31.9	30 01.7	10.3	N12 32.3	9.4	57.6
D 13	15 09.4	31.0	44 31.0	10.4	12 22.9	9.5	57.7
A 14	30 09.6	30.1	59 00.4	10.3	12 13.4	9.5	57.7
Y 15	45 09.8	.. 29.1	73 29.7	10.4	12 03.9	9.6	57.7
16	60 10.0	28.2	87 59.1	10.3	11 54.3	9.7	57.8
17	75 10.2	27.3	102 28.4	10.4	11 44.6	9.8	57.8
18	90 10.4	N 7 26.4	116 57.8	10.4	N11 34.8	9.8	57.8
19	105 10.6	25.5	131 27.2	10.3	11 25.0	9.9	57.9
20	120 10.8	24.6	145 56.5	10.4	11 15.1	10.0	57.9
21	135 11.0	23.6	160 25.9	10.3	11 05.1	10.1	57.9
22	150 11.2	22.7	174 55.2	10.4	10 55.0	10.1	58.0
23	165 11.4	21.8	189 24.6	10.3	10 44.9	10.2	58.0
	S.D. 15.9	d 0.9	S.D. 15.3		15.5		15.7

Twilight / Sunrise / Moonrise

Lat.	Twilight Naut.	Twilight Civil	Sunrise	Moonrise 1	2	3	4
°	h m	h m	h m	h m	h m	h m	h m
N 72	////	02 36	04 05	21 47	24 12	00 12	02 17
N 70	////	03 03	04 18	22 51	24 43	00 43	02 34
68	01 37	03 23	04 29	23 26	25 05	01 05	02 47
66	02 14	03 39	04 37	23 51	25 22	01 22	02 58
64	02 39	03 52	04 45	24 11	00 11	01 36	03 07
62	02 58	04 03	04 51	24 26	00 26	01 48	03 15
60	03 13	04 12	04 56	24 40	00 40	01 58	03 21
N 58	03 26	04 19	05 01	24 51	00 51	02 07	03 27
56	03 37	04 26	05 06	25 01	01 01	02 14	03 32
54	03 46	04 32	05 09	00 04	01 09	02 21	03 37
52	03 54	04 37	05 13	00 13	01 17	02 27	03 41
50	04 01	04 42	05 16	00 21	01 24	02 33	03 45
45	04 16	04 52	05 23	00 38	01 39	02 44	03 53
N 40	04 27	05 01	05 28	00 52	01 51	02 54	04 00
35	04 37	05 07	05 33	01 04	02 02	03 02	04 05
30	04 44	05 13	05 37	01 14	02 11	03 10	04 11
20	04 56	05 22	05 44	01 32	02 26	03 22	04 19
N 10	05 05	05 29	05 51	01 48	02 40	03 33	04 27
0	05 11	05 36	05 56	02 02	02 53	03 44	04 34
S 10	05 16	05 41	06 02	02 17	03 05	03 54	04 42
20	05 20	05 46	06 08	02 32	03 19	04 05	04 49
30	05 23	05 50	06 14	02 50	03 35	04 17	04 58
35	05 23	05 53	06 18	03 00	03 43	04 24	05 03
40	05 24	05 55	06 22	03 12	03 54	04 32	05 09
45	05 24	05 58	06 27	03 26	04 06	04 42	05 15
S 50	05 23	06 00	06 33	03 42	04 20	04 53	05 23
52	05 23	06 02	06 36	03 50	04 27	04 59	05 27
54	05 22	06 03	06 38	03 59	04 34	05 04	05 31
56	05 21	06 04	06 42	04 09	04 43	05 11	05 35
58	05 20	06 06	06 45	04 20	04 52	05 18	05 40
S 60	05 19	06 07	06 49	04 33	05 03	05 26	05 45

Sunset / Twilight / Moonset

Lat.	Sunset	Twilight Civil	Twilight Naut.	Moonset 1	2	3	4
°	h m	h m	h m	h m	h m	h m	h m
N 72	19 51	21 18	////	19 43	19 04	18 46	18 32
N 70	19 39	20 52	23 21	18 39	18 32	18 27	18 22
68	19 28	20 33	22 14	18 03	18 09	18 12	18 14
66	19 20	20 17	21 41	17 37	17 51	18 00	18 07
64	19 13	20 05	21 17	17 17	17 36	17 50	18 01
62	19 07	19 55	20 58	17 00	17 24	17 41	17 56
60	19 01	19 46	20 44	16 47	17 13	17 34	17 51
N 58	18 57	19 38	20 31	16 35	17 04	17 27	17 47
56	18 53	19 32	20 21	16 25	16 55	17 21	17 44
54	18 49	19 26	20 12	16 16	16 48	17 16	17 41
52	18 46	19 21	20 04	16 08	16 41	17 11	17 38
50	18 43	19 16	19 57	16 00	16 36	17 07	17 35
45	18 36	19 06	19 42	15 45	16 23	16 57	17 29
N 40	18 30	18 58	19 31	15 32	16 12	16 49	17 24
35	18 26	18 52	19 22	15 21	16 03	16 42	17 20
30	18 22	18 46	19 15	15 11	15 55	16 36	17 16
20	18 15	18 37	19 03	14 55	15 41	16 26	17 10
N 10	18 09	18 30	18 55	14 40	15 29	16 17	17 04
0	18 03	18 24	18 48	14 26	15 17	16 08	16 59
S 10	17 58	18 19	18 43	14 13	15 05	15 59	16 53
20	17 52	18 14	18 40	13 58	14 53	15 49	16 47
30	17 45	18 09	18 37	13 41	14 39	15 39	16 40
35	17 42	18 07	18 37	13 31	14 30	15 32	16 36
40	17 38	18 05	18 36	13 20	14 21	15 25	16 32
45	17 33	18 02	18 36	13 06	14 10	15 17	16 26
S 50	17 27	18 00	18 37	12 50	13 56	15 06	16 20
52	17 25	17 59	18 38	12 42	13 50	15 02	16 17
54	17 22	17 58	18 38	12 34	13 43	14 56	16 14
56	17 19	17 56	18 39	12 24	13 35	14 51	16 10
58	17 15	17 55	18 40	12 13	13 26	14 44	16 06
S 60	17 12	17 54	18 42	12 01	13 16	14 37	16 02

SUN / MOON

Day	SUN Eqn. of Time 00 h	SUN Eqn. of Time 12 h	SUN Mer. Pass.	MOON Mer. Pass. Upper	MOON Mer. Pass. Lower	Age	Phase
	m s	m s	h m	h m	h m	d	
1	00 12	00 02	12 00	08 14	20 40	25	
2	00 07	00 17	12 00	09 05	21 30	26	
3	00 27	00 36	11 59	09 56	22 21	27	

1994 SEPTEMBER 4, 5, 6 (SUN., MON., TUES.)

UT (GMT)	ARIES G.H.A.	VENUS −4.4 G.H.A.	Dec.	MARS +1.1 G.H.A.	Dec.	JUPITER −1.8 G.H.A.	Dec.	SATURN +0.5 G.H.A.	Dec.	STARS Name	S.H.A.	Dec.
4 00	342 53.2	139 09.2	S13 11.3	240 09.4	N23 23.6	124 43.7	S14 00.6	1 41.4	S10 05.4	Acamar	315 28.8	S40 19.3
01	357 55.7	154 09.7	12.4	255 10.2	23.5	139 45.8	00.7	16 44.1	05.5	Achernar	335 36.8	S57 15.5
02	12 58.1	169 10.2	13.4	270 10.9	23.4	154 47.8	00.9	31 46.7	05.6	Acrux	173 25.7	S63 04.3
03	28 00.6	184 10.6	·· 14.5	285 11.7	·· 23.3	169 49.9	·· 01.0	46 49.3	·· 05.7	Adhara	255 23.8	S28 57.7
04	43 03.1	199 11.1	15.6	300 12.4	23.2	184 52.0	01.1	61 52.0	05.7	Aldebaran	291 05.5	N16 29.9
05	58 05.5	214 11.6	16.6	315 13.2	23.1	199 54.1	01.2	76 54.6	05.8			
06	73 08.0	229 12.1	S13 17.7	330 14.0	N23 23.0	214 56.2	S14 01.4	91 57.3	S10 05.9	Alioth	166 33.5	N55 59.5
07	88 10.5	244 12.6	18.8	345 14.7	22.9	229 58.2	01.5	106 59.9	05.9	Alkaid	153 10.3	N49 20.6
08	103 12.9	259 13.0	19.8	0 15.5	22.8	245 00.3	01.6	122 02.6	06.0	Al Na'ir	28 00.9	S46 59.0
S 09	118 15.4	274 13.5	·· 20.9	15 16.2	·· 22.7	260 02.4	·· 01.8	137 05.2	·· 06.1	Alnilam	276 00.7	S 1 12.3
U 10	133 17.9	289 14.0	21.9	30 17.0	22.6	275 04.5	01.9	152 07.8	06.2	Alphard	218 10.2	S 8 38.1
N 11	148 20.3	304 14.5	23.0	45 17.8	22.5	290 06.6	02.0	167 10.5	06.2			
D 12	163 22.8	319 15.0	S13 24.1	60 18.5	N23 22.4	305 08.6	S14 02.2	182 13.1	S10 06.3	Alphecca	126 23.0	N26 44.2
A 13	178 25.2	334 15.4	25.1	75 19.3	22.3	320 10.7	02.3	197 15.8	06.4	Alpheratz	357 57.7	N29 03.8
Y 14	193 27.7	349 15.9	26.2	90 20.1	22.2	335 12.8	02.4	212 18.4	06.5	Altair	62 21.7	N 8 51.5
15	208 30.2	4 16.4	·· 27.2	105 20.8	·· 22.1	350 14.9	·· 02.6	227 21.0	·· 06.5	Ankaa	353 29.2	S42 19.8
16	223 32.6	19 16.9	28.3	120 21.6	22.0	5 17.0	02.7	242 23.7	06.6	Antares	112 43.6	S26 25.2
17	238 35.1	34 17.4	29.4	135 22.3	21.9	20 19.0	02.8	257 26.3	06.7			
18	253 37.6	49 17.9	S13 30.4	150 23.1	N23 21.8	35 21.1	S14 03.0	272 29.0	S10 06.8	Arcturus	146 08.8	N19 12.8
19	268 40.0	64 18.4	31.5	165 23.9	21.7	50 23.2	03.1	287 31.6	06.8	Atria	107 58.0	S69 01.3
20	283 42.5	79 18.9	32.5	180 24.6	21.6	65 25.3	03.2	302 34.3	06.9	Avior	234 24.2	S59 29.4
21	298 45.0	94 19.3	·· 33.6	195 25.4	·· 21.5	80 27.3	·· 03.3	317 36.9	·· 07.0	Bellatrix	278 47.2	N 6 20.7
22	313 47.4	109 19.8	34.6	210 26.2	21.4	95 29.4	03.5	332 39.5	07.1	Betelgeuse	271 16.6	N 7 24.4
23	328 49.9	124 20.3	35.7	225 26.9	21.3	110 31.5	03.6	347 42.2	07.1			
5 00	343 52.3	139 20.8	S13 36.8	240 27.7	N23 21.2	125 33.6	S14 03.7	2 44.8	S10 07.2	Canopus	264 02.6	S52 41.4
01	358 54.8	154 21.3	37.8	255 28.5	21.1	140 35.6	03.9	17 47.5	07.3	Capella	280 55.3	N45 59.4
02	13 57.3	169 21.8	38.9	270 29.2	21.0	155 37.7	04.0	32 50.1	07.3	Deneb	49 40.7	N45 16.0
03	28 59.7	184 22.3	·· 39.9	285 30.0	·· 20.9	170 39.8	·· 04.1	47 52.8	·· 07.4	Denebola	182 48.3	N14 36.2
04	44 02.2	199 22.8	41.0	300 30.8	20.8	185 41.9	04.3	62 55.4	07.5	Diphda	349 09.7	S18 00.7
05	59 04.7	214 23.3	42.0	315 31.5	20.6	200 44.0	04.4	77 58.0	07.6			
06	74 07.1	229 23.8	S13 43.1	330 32.3	N23 20.5	215 46.0	S14 04.5	93 00.7	S10 07.6	Dubhe	194 09.5	N61 46.0
07	89 09.6	244 24.3	44.1	345 33.1	20.4	230 48.1	04.7	108 03.3	07.7	Elnath	278 30.5	N28 36.1
08	104 12.1	259 24.8	45.2	0 33.8	20.3	245 50.2	04.8	123 06.0	07.8	Eltanin	90 52.5	N51 29.8
M 09	119 14.5	274 25.3	·· 46.2	15 34.6	·· 20.2	260 52.3	·· 04.9	138 08.6	·· 07.9	Enif	34 00.6	N 9 51.3
O 10	134 17.0	289 25.8	47.3	30 35.4	20.1	275 54.3	05.1	153 11.2	07.9	Fomalhaut	15 39.1	S29 38.8
N 11	149 19.5	304 26.3	48.3	45 36.1	20.0	290 56.4	05.2	168 13.9	08.0			
D 12	164 21.9	319 26.8	S13 49.4	60 36.9	N23 19.9	305 58.5	S14 05.3	183 16.5	S10 08.1	Gacrux	172 17.1	S57 05.1
A 13	179 24.4	334 27.3	50.4	75 37.7	19.8	321 00.6	05.5	198 19.2	08.2	Gienah	176 07.1	S17 30.7
Y 14	194 26.8	349 27.8	51.5	90 38.4	19.7	336 02.6	05.6	213 21.8	08.2	Hadar	149 08.3	S60 21.0
15	209 29.3	4 28.3	·· 52.5	105 39.2	·· 19.6	351 04.7	·· 05.7	228 24.5	·· 08.3	Hamal	328 16.4	N23 26.3
16	224 31.8	19 28.8	53.6	120 40.0	19.5	6 06.8	05.9	243 27.1	08.4	Kaus Aust.	84 02.3	S34 23.2
17	239 34.2	34 29.3	54.6	135 40.7	19.4	21 08.8	06.0	258 29.7	08.4			
18	254 36.7	49 29.8	S13 55.6	150 41.5	N23 19.3	36 10.9	S14 06.1	273 32.4	S10 08.5	Kochab	137 20.1	N74 10.9
19	269 39.2	64 30.3	56.7	165 42.3	19.1	51 13.0	06.3	288 35.0	08.6	Markab	13 52.0	N15 10.8
20	284 41.6	79 30.8	57.7	180 43.0	19.0	66 15.1	06.4	303 37.7	08.7	Menkar	314 29.6	N 4 04.3
21	299 44.1	94 31.3	·· 58.8	195 43.8	·· 18.9	81 17.1	·· 06.5	318 40.3	·· 08.7	Menkent	148 24.4	S36 20.7
22	314 46.6	109 31.8	13 59.8	210 44.6	18.8	96 19.2	06.6	333 43.0	08.8	Miaplacidus	221 43.4	S69 41.7
23	329 49.0	124 32.3	14 00.9	225 45.4	18.7	111 21.3	06.8	348 45.6	08.9			
6 00	344 51.5	139 32.9	S14 01.9	240 46.1	N23 18.6	126 23.4	S14 06.9	3 48.2	S10 09.0	Mirfak	309 00.4	N49 50.4
01	359 54.0	154 33.4	02.9	255 46.9	18.5	141 25.4	07.0	18 50.9	09.0	Nunki	76 15.5	S26 18.1
02	14 56.4	169 33.9	04.0	270 47.7	18.4	156 27.5	07.2	33 53.5	09.1	Peacock	53 40.8	S56 45.1
03	29 58.9	184 34.4	·· 05.0	285 48.4	·· 18.3	171 29.6	·· 07.3	48 56.2	·· 09.2	Pollux	243 45.2	N28 02.2
04	45 01.3	199 34.9	06.1	300 49.2	18.2	186 31.6	07.4	63 58.8	09.2	Procyon	245 14.6	N 5 14.3
05	60 03.8	214 35.4	07.1	315 50.0	18.0	201 33.7	07.6	79 01.4	09.3			
06	75 06.3	229 35.9	S14 08.1	330 50.8	N23 17.9	216 35.8	S14 07.7	94 04.1	S10 09.4	Rasalhague	96 19.4	N12 34.1
07	90 08.7	244 36.5	09.2	345 51.5	17.8	231 37.9	07.8	109 06.7	09.5	Regulus	207 58.8	N11 59.6
T 08	105 11.2	259 37.0	10.2	0 52.3	17.7	246 39.9	08.0	124 09.4	09.5	Rigel	281 25.6	S 8 12.4
U 09	120 13.7	274 37.5	·· 11.3	15 53.1	·· 17.6	261 42.0	·· 08.1	139 12.0	·· 09.6	Rigil Kent.	140 11.3	S60 48.9
E 10	135 16.1	289 38.0	12.3	30 53.8	17.5	276 44.1	08.2	154 14.7	09.7	Sabik	102 28.6	S15 43.0
S 11	150 18.6	304 38.5	13.3	45 54.6	17.4	291 46.1	08.4	169 17.3	09.8			
D 12	165 21.1	319 39.1	S14 14.4	60 55.4	N23 17.3	306 48.2	S14 08.5	184 19.9	S10 09.8	Schedar	349 56.1	N56 30.5
A 13	180 23.5	334 39.6	15.4	75 56.2	17.1	321 50.3	08.6	199 22.6	09.9	Shaula	96 40.9	S37 06.0
Y 14	195 26.0	349 40.1	16.4	90 56.9	17.0	336 52.4	08.8	214 25.2	10.0	Sirius	258 46.2	S16 42.4
15	210 28.4	4 40.6	·· 17.5	105 57.7	·· 16.9	351 54.4	·· 08.9	229 27.9	·· 10.1	Spica	158 46.3	S11 08.0
16	225 30.9	19 41.1	18.5	120 58.5	16.8	6 56.5	09.0	244 30.5	10.1	Suhail	223 03.2	S43 24.6
17	240 33.4	34 41.7	19.5	135 59.3	16.7	21 58.6	09.2	259 33.1	10.2			
18	255 35.8	49 42.2	S14 20.6	151 00.0	N23 16.6	37 00.6	S14 09.3	274 35.8	S10 10.3	Vega	80 48.3	N38 47.1
19	270 38.3	64 42.7	21.6	166 00.8	16.5	52 02.7	09.4	289 38.4	10.3	Zuben'ubi	137 21.2	S16 01.1
20	285 40.8	79 43.3	22.6	181 01.6	16.3	67 04.8	09.6	304 41.1	10.4			
21	300 43.2	94 43.8	·· 23.7	196 02.4	·· 16.2	82 06.8	·· 09.7	319 43.7	·· 10.5		S.H.A.	Mer. Pass.
22	315 45.7	109 44.3	24.7	211 03.1	16.1	97 08.9	09.8	334 46.4	10.6	Venus	155 28.5	14 42
23	330 48.2	124 44.8	25.7	226 03.9	16.0	112 11.0	10.0	349 49.0	10.6	Mars	256 35.3	7 58
										Jupiter	141 41.2	15 36
Mer. Pass. 1 04.3		*v* 0.5	*d* 1.0	*v* 0.8	*d* 0.1	*v* 2.1	*d* 0.1	*v* 2.6	*d* 0.1	Saturn	18 52.5	23 45

1994 SEPTEMBER 4, 5, 6 (SUN., MON., TUES.)

SUN and MOON

UT (GMT)	SUN G.H.A.	SUN Dec.	MOON G.H.A.	v	MOON Dec.	d	H.P.
d h	o '	o '	o '	'	o '	'	'
4 00	180 11.6	N 7 20.9	203 53.9	10.4	N10 34.7	10.3	58.0
01	195 11.8	20.0	218 23.3	10.3	10 24.4	10.3	58.1
02	210 12.0	19.0	232 52.6	10.4	10 14.1	10.4	58.1
03	225 12.2	.. 18.1	247 22.0	10.3	10 03.7	10.5	58.1
04	240 12.4	17.2	261 51.3	10.4	9 53.2	10.5	58.1
05	255 12.6	16.3	276 20.7	10.3	9 42.7	10.6	58.2
06	270 12.8	N 7 15.4	290 50.0	10.3	N 9 32.1	10.7	58.2
07	285 13.0	14.4	305 19.3	10.4	9 21.4	10.7	58.2
08	300 13.2	13.5	319 48.7	10.3	9 10.7	10.8	58.3
S 09	315 13.4	.. 12.6	334 18.0	10.3	8 59.9	10.8	58.3
U 10	330 13.7	11.7	348 47.3	10.3	8 49.1	11.0	58.3
N 11	345 13.9	10.7	3 16.6	10.3	8 38.1	10.9	58.4
D 12	0 14.1	N 7 09.8	17 45.9	10.4	N 8 27.2	11.0	58.4
A 13	15 14.3	08.9	32 15.3	10.3	8 16.2	11.1	58.4
Y 14	30 14.5	08.0	46 44.6	10.3	8 05.1	11.2	58.5
15	45 14.7	.. 07.1	61 13.9	10.3	7 53.9	11.2	58.5
16	60 14.9	06.1	75 43.2	10.2	7 42.7	11.2	58.5
17	75 15.1	05.2	90 12.4	10.3	7 31.5	11.3	58.5
18	90 15.3	N 7 04.3	104 41.7	10.3	N 7 20.2	11.4	58.6
19	105 15.5	03.4	119 11.0	10.3	7 08.8	11.4	58.6
20	120 15.7	02.4	133 40.3	10.2	6 57.4	11.4	58.6
21	135 15.9	.. 01.5	148 09.5	10.3	6 46.0	11.5	58.7
22	150 16.1	7 00.6	162 38.8	10.2	6 34.5	11.6	58.7
23	165 16.3	6 59.7	177 08.0	10.3	6 22.9	11.6	58.7
5 00	180 16.5	N 6 58.7	191 37.3	10.2	N 6 11.3	11.6	58.8
01	195 16.7	57.8	206 06.5	10.2	5 59.7	11.7	58.8
02	210 16.9	56.9	220 35.7	10.3	5 48.0	11.7	58.8
03	225 17.2	.. 56.0	235 05.0	10.2	5 36.3	11.8	58.8
04	240 17.4	55.0	249 34.2	10.1	5 24.5	11.8	58.9
05	255 17.6	54.1	264 03.3	10.2	5 12.7	11.9	58.9
06	270 17.8	N 6 53.2	278 32.5	10.2	N 5 00.8	11.9	58.9
07	285 18.0	52.3	293 01.7	10.2	4 48.9	11.9	58.9
08	300 18.2	51.3	307 30.9	10.1	4 37.0	12.0	59.0
M 09	315 18.4	.. 50.4	322 00.0	10.2	4 25.0	12.0	59.0
O 10	330 18.6	49.5	336 29.2	10.1	4 13.0	12.0	59.0
N 11	345 18.8	48.6	350 58.3	10.1	4 01.0	12.1	59.0
D 12	0 19.0	N 6 47.6	5 27.4	10.1	N 3 48.9	12.1	59.1
A 13	15 19.2	46.7	19 56.5	10.1	3 36.8	12.1	59.1
Y 14	30 19.4	45.8	34 25.6	10.0	3 24.7	12.2	59.1
15	45 19.6	.. 44.8	48 54.6	10.1	3 12.5	12.1	59.1
16	60 19.9	43.9	63 23.7	10.0	3 00.4	12.3	59.2
17	75 20.1	43.0	77 52.7	10.1	2 48.1	12.2	59.2
18	90 20.3	N 6 42.1	92 21.8	10.0	N 2 35.9	12.3	59.2
19	105 20.5	41.1	106 50.8	10.0	2 23.6	12.2	59.2
20	120 20.7	40.2	121 19.8	9.9	2 11.4	12.3	59.3
21	135 20.9	.. 39.3	135 48.7	10.0	1 59.1	12.4	59.3
22	150 21.1	38.3	150 17.7	9.9	1 46.7	12.3	59.3
23	165 21.3	37.4	164 46.6	9.9	1 34.4	12.4	59.3
6 00	180 21.5	N 6 36.5	179 15.5	9.9	N 1 22.0	12.4	59.4
01	195 21.7	35.6	193 44.4	9.9	1 09.6	12.4	59.4
02	210 21.9	34.6	208 13.3	9.9	0 57.2	12.4	59.4
03	225 22.2	.. 33.7	222 42.2	9.8	0 44.8	12.4	59.4
04	240 22.4	32.8	237 11.0	9.9	0 32.4	12.4	59.4
05	255 22.6	31.8	251 39.9	9.8	0 20.0	12.5	59.5
06	270 22.8	N 6 30.9	266 08.7	9.7	N 0 07.5	12.5	59.5
07	285 23.0	30.0	280 37.4	9.8	S 0 04.9	12.5	59.5
T 08	300 23.2	29.0	295 06.2	9.7	0 17.4	12.5	59.5
U 09	315 23.4	.. 28.1	309 34.9	9.7	0 29.9	12.4	59.5
E 10	330 23.6	27.2	324 03.6	9.7	0 42.3	12.5	59.6
S 11	345 23.8	26.3	338 32.3	9.7	0 54.8	12.5	59.6
D 12	0 24.0	N 6 25.3	353 01.0	9.6	S 1 07.3	12.4	59.6
A 13	15 24.3	24.4	7 29.6	9.6	1 19.7	12.5	59.6
Y 14	30 24.5	23.5	21 58.2	9.6	1 32.2	12.5	59.6
15	45 24.7	.. 22.5	36 26.8	9.6	1 44.7	12.5	59.6
16	60 24.9	21.6	50 55.4	9.5	1 57.2	12.4	59.7
17	75 25.1	20.7	65 23.9	9.5	2 09.6	12.5	59.7
18	90 25.3	N 6 19.7	79 52.4	9.5	S 2 22.1	12.4	59.7
19	105 25.5	18.8	94 20.9	9.5	2 34.5	12.5	59.7
20	120 25.7	17.9	108 49.4	9.4	2 47.0	12.4	59.7
21	135 25.9	.. 16.9	123 17.8	9.4	2 59.4	12.4	59.7
22	150 26.1	16.0	137 46.2	9.3	3 11.8	12.4	59.8
23	165 26.4	15.1	152 14.5	9.4	3 24.2	12.4	59.8
	S.D. 15.9	d 0.9	S.D. 15.9		16.1		16.2

Twilight, Sunrise and Moonrise

Lat.	Twilight Naut.	Twilight Civil	Sunrise	Moonrise 4	Moonrise 5	Moonrise 6	Moonrise 7
o	h m	h m	h m	h m	h m	h m	h m
N 72	////	02 56	04 19	02 17	04 17	06 17	08 20
N 70	01 13	03 19	04 31	02 34	04 25	06 17	08 11
68	02 01	03 37	04 40	02 47	04 31	06 17	08 05
66	02 31	03 50	04 47	02 58	04 36	06 17	07 59
64	02 52	04 02	04 53	03 07	04 41	06 17	07 55
62	03 09	04 11	04 59	03 15	04 45	06 17	07 51
60	03 23	04 19	05 04	03 21	04 48	06 17	07 47
N 58	03 34	04 26	05 08	03 27	04 51	06 17	07 44
56	03 44	04 32	05 11	03 32	04 53	06 17	07 42
54	03 53	04 38	05 15	03 37	04 56	06 17	07 39
52	04 00	04 43	05 18	03 41	04 58	06 17	07 37
50	04 07	04 47	05 20	03 45	05 00	06 17	07 35
45	04 20	04 56	05 26	03 53	05 04	06 17	07 31
N 40	04 31	05 04	05 31	04 00	05 07	06 17	07 27
35	04 39	05 10	05 35	04 05	05 10	06 17	07 24
30	04 46	05 15	05 39	04 11	05 13	06 17	07 21
20	04 57	05 23	05 45	04 19	05 17	06 17	07 17
N 10	05 05	05 29	05 51	04 27	05 21	06 17	07 13
0	05 10	05 35	05 55	04 34	05 25	06 17	07 09
S 10	05 15	05 39	06 00	04 42	05 29	06 17	07 05
20	05 18	05 43	06 05	04 49	05 33	06 17	07 01
30	05 19	05 47	06 11	04 58	05 38	06 17	06 57
35	05 19	05 49	06 14	05 03	05 40	06 17	06 54
40	05 19	05 51	06 18	05 09	05 43	06 17	06 52
45	05 18	05 52	06 22	05 15	05 47	06 17	06 48
S 50	05 17	05 54	06 27	05 23	05 51	06 17	06 45
52	05 16	05 55	06 29	05 27	05 52	06 17	06 43
54	05 15	05 56	06 31	05 31	05 55	06 17	06 41
56	05 14	05 57	06 34	05 35	05 57	06 18	06 39
58	05 12	05 58	06 37	05 40	05 59	06 18	06 36
S 60	05 11	05 59	06 40	05 45	06 02	06 18	06 34

Sunset, Twilight and Moonset

Lat.	Sunset	Twilight Civil	Twilight Naut.	Moonset 4	Moonset 5	Moonset 6	Moonset 7
o	h m	h m	h m	h m	h m	h m	h m
N 72	19 35	20 56	////	18 32	18 21	18 09	17 57
N 70	19 24	20 34	22 33	18 22	18 17	18 13	18 08
68	19 15	20 18	21 50	18 14	18 15	18 15	18 16
66	19 08	20 04	21 22	18 07	18 12	18 18	18 23
64	19 02	19 53	21 02	18 01	18 11	18 20	18 30
62	18 57	19 44	20 45	17 56	18 09	18 22	18 35
60	18 52	19 36	20 32	17 51	18 07	18 23	18 40
N 58	18 48	19 29	20 21	17 47	18 06	18 24	18 44
56	18 45	19 23	20 11	17 44	18 05	18 26	18 48
54	18 42	19 18	20 03	17 41	18 04	18 27	18 51
52	18 39	19 14	19 56	17 38	18 03	18 28	18 54
50	18 36	19 09	19 49	17 35	18 02	18 29	18 57
45	18 30	19 00	19 36	17 29	18 00	18 31	19 03
N 40	18 26	18 53	19 26	17 24	17 58	18 32	19 08
35	18 22	18 47	19 18	17 20	17 57	18 34	19 12
30	18 18	18 42	19 11	17 16	17 56	18 35	19 16
20	18 12	18 34	19 00	17 10	17 53	18 38	19 23
N 10	18 07	18 28	18 53	17 04	17 51	18 39	19 29
0	18 02	18 23	18 47	16 59	17 50	18 41	19 34
S 10	17 57	18 18	18 43	16 53	17 48	18 43	19 40
20	17 52	18 15	18 40	16 47	17 46	18 45	19 46
30	17 47	18 11	18 39	16 40	17 43	18 47	19 53
35	17 44	18 09	18 39	16 36	17 42	18 49	19 56
40	17 40	18 08	18 39	16 32	17 40	18 50	20 01
45	17 36	18 06	18 40	16 26	17 38	18 52	20 06
S 50	17 32	18 04	18 41	16 20	17 36	18 54	20 12
52	17 30	18 03	18 42	16 17	17 35	18 54	20 15
54	17 27	18 03	18 44	16 14	17 34	18 55	20 18
56	17 25	18 02	18 45	16 10	17 33	18 57	20 22
58	17 22	18 01	18 47	16 06	17 31	18 58	20 26
S 60	17 18	18 00	18 48	16 02	17 30	18 59	20 30

SUN and MOON

Day	SUN Eqn. of Time 00 h	SUN Eqn. of Time 12 h	SUN Mer. Pass.	MOON Mer. Pass. Upper	MOON Mer. Pass. Lower	Age	Phase
	m s	m s	h m	h m	h m	d	
4	00 46	00 56	11 59	10 46	23 12	28	●
5	01 06	01 16	11 59	11 37	24 03	29	
6	01 26	01 36	11 58	12 29	00 03	01	

1994 SEPTEMBER 7, 8, 9 (WED., THURS., FRI.)

UT (GMT) d h	ARIES G.H.A.	VENUS −4.4 G.H.A.	Dec.	MARS +1.1 G.H.A.	Dec.	JUPITER −1.8 G.H.A.	Dec.	SATURN +0.5 G.H.A.	Dec.	STARS Name	S.H.A.	Dec.
7 00	345 50.6	139 45.4	S14 26.7	241 04.7	N23 15.9	127 13.0	S14 10.1	4 51.6	S10 10.7	Acamar	315 28.8	S40 19.3
01	0 53.1	154 45.9	27.8	256 05.5	15.8	142 15.1	10.2	19 54.3	10.8	Achernar	335 36.8	S57 15.5
02	15 55.6	169 46.4	28.8	271 06.3	15.6	157 17.2	10.4	34 56.9	10.9	Acrux	173 25.7	S63 04.3
03	30 58.0	184 47.0 ··	29.8	286 07.0 ··	15.5	172 19.2 ··	10.5	49 59.6 ··	10.9	Adhara	255 23.7	S28 57.7
04	46 00.5	199 47.5	30.8	301 07.8	15.4	187 21.3	10.6	65 02.2	11.0	Aldebaran	291 05.5	N16 29.9
05	61 02.9	214 48.0	31.9	316 08.6	15.3	202 23.4	10.8	80 04.8	11.1			
06	76 05.4	229 48.6	S14 32.9	331 09.4	N23 15.2	217 25.4	S14 10.9	95 07.5	S10 11.1	Alioth	166 33.5	N55 59.5
W 07	91 07.9	244 49.1	33.9	346 10.1	15.0	232 27.5	11.0	110 10.1	11.2	Alkaid	153 10.3	N49 20.6
E 08	106 10.3	259 49.7	34.9	1 10.9	14.9	247 29.6	11.2	125 12.8	11.3	Al Na'ir	28 00.9	S46 59.1
D 09	121 12.8	274 50.2 ··	36.0	16 11.7 ··	14.8	262 31.6 ··	11.3	140 15.4 ··	11.4	Alnilam	276 00.7	S 1 12.2
N 10	136 15.3	289 50.7	37.0	31 12.5	14.7	277 33.7	11.4	155 18.0	11.4	Alphard	218 10.2	S 8 38.1
E 11	151 17.7	304 51.3	38.0	46 13.3	14.6	292 35.8	11.6	170 20.7	11.5			
S 12	166 20.2	319 51.8	S14 39.0	61 14.0	N23 14.5	307 37.8	S14 11.7	185 23.3	S10 11.6	Alphecca	126 23.0	N26 44.2
D 13	181 22.7	334 52.4	40.1	76 14.8	14.3	322 39.9	11.8	200 26.0	11.7	Alpheratz	357 57.7	N29 03.8
A 14	196 25.1	349 52.9	41.1	91 15.6	14.2	337 42.0	12.0	215 28.6	11.7	Altair	62 21.7	N 8 51.5
Y 15	211 27.6	4 53.4 ··	42.1	106 16.4 ··	14.1	352 44.0 ··	12.1	230 31.3 ··	11.8	Ankaa	353 29.2	S42 19.8
16	226 30.1	19 54.0	43.1	121 17.2	14.0	7 46.1	12.3	245 33.9	11.9	Antares	112 43.6	S26 25.2
17	241 32.5	34 54.5	44.1	136 17.9	13.8	22 48.2	12.4	260 36.5	11.9			
18	256 35.0	49 55.1	S14 45.2	151 18.7	N23 13.7	37 50.2	S14 12.5	275 39.2	S10 12.0	Arcturus	146 08.8	N19 12.8
19	271 37.4	64 55.6	46.2	166 19.5	13.6	52 52.3	12.7	290 41.8	12.1	Atria	107 58.0	S69 01.3
20	286 39.9	79 56.2	47.2	181 20.3	13.5	67 54.4	12.8	305 44.5	12.2	Avior	234 24.2	S59 29.4
21	301 42.4	94 56.7 ··	48.2	196 21.1 ··	13.4	82 56.4 ··	12.9	320 47.1 ··	12.2	Bellatrix	278 47.1	N 6 20.7
22	316 44.8	109 57.3	49.2	211 21.8	13.2	97 58.5	13.1	335 49.7	12.3	Betelgeuse	271 16.6	N 7 24.4
23	331 47.3	124 57.8	50.2	226 22.6	13.1	113 00.6	13.2	350 52.4	12.4			
8 00	346 49.8	139 58.4	S14 51.2	241 23.4	N23 13.0	128 02.6	S14 13.3	5 55.0	S10 12.4	Canopus	264 02.6	S52 41.3
01	1 52.2	154 58.9	52.3	256 24.2	12.9	143 04.7	13.5	20 57.7	12.5	Capella	280 55.3	N45 59.4
02	16 54.7	169 59.5	53.3	271 25.0	12.7	158 06.8	13.6	36 00.3	12.6	Deneb	49 40.7	N45 16.0
03	31 57.2	185 00.0 ··	54.3	286 25.8 ··	12.6	173 08.8 ··	13.7	51 02.9 ··	12.7	Denebola	182 48.3	N14 36.2
04	46 59.6	200 00.6	55.3	301 26.5	12.5	188 10.9	13.9	66 05.6	12.7	Diphda	349 09.7	S18 00.7
05	62 02.1	215 01.1	56.3	316 27.3	12.4	203 12.9	14.0	81 08.2	12.8			
06	77 04.5	230 01.7	S14 57.3	331 28.1	N23 12.2	218 15.0	S14 14.1	96 10.9	S10 12.9	Dubhe	194 09.5	N61 46.7
07	92 07.0	245 02.3	58.3	346 28.9	12.1	233 17.1	14.3	111 13.5	13.0	Elnath	278 30.4	N28 36.1
T 08	107 09.5	260 02.8	14 59.3	1 29.7	12.0	248 19.1	14.4	126 16.2	13.0	Eltanin	90 52.6	N51 29.8
H 09	122 11.9	275 03.4	15 00.4	16 30.5 ··	11.9	263 21.2 ··	14.5	141 18.8 ··	13.1	Enif	34 00.6	N 9 51.3
U 10	137 14.4	290 03.9	01.4	31 31.2	11.7	278 23.3	14.7	156 21.4	13.2	Fomalhaut	15 39.1	S29 38.8
R 11	152 16.9	305 04.5	02.4	46 32.0	11.6	293 25.3	14.8	171 24.1	13.2			
S 12	167 19.3	320 05.1	S15 03.4	61 32.8	N23 11.5	308 27.4	S14 14.9	186 26.7	S10 13.3	Gacrux	172 17.1	S57 05.1
D 13	182 21.8	335 05.6	04.4	76 33.6	11.4	323 29.4	15.1	201 29.4	13.4	Gienah	176 07.1	S17 30.7
A 14	197 24.3	350 06.2	05.4	91 34.4	11.2	338 31.5	15.2	216 32.0	13.5	Hadar	149 08.3	S60 21.0
Y 15	212 26.7	5 06.8 ··	06.4	106 35.2 ··	11.1	353 33.6 ··	15.4	231 34.6 ··	13.5	Hamal	328 16.4	N23 26.3
16	227 29.2	20 07.3	07.4	121 36.0	11.0	8 35.6	15.5	246 37.3	13.6	Kaus Aust.	84 02.3	S34 23.2
17	242 31.7	35 07.9	08.4	136 36.7	10.9	23 37.7	15.6	261 39.9	13.7			
18	257 34.1	50 08.5	S15 09.4	151 37.5	N23 10.7	38 39.7	S14 15.8	276 42.6	S10 13.7	Kochab	137 20.1	N74 10.9
19	272 36.6	65 09.0	10.4	166 38.3	10.6	53 41.8	15.9	291 45.2	13.8	Markab	13 52.0	N15 10.8
20	287 39.0	80 09.6	11.4	181 39.1	10.5	68 43.9	16.0	306 47.8	13.9	Menkar	314 29.6	N 4 04.3
21	302 41.5	95 10.2 ··	12.4	196 39.9 ··	10.3	83 45.9 ··	16.2	321 50.5 ··	14.0	Menkent	148 24.4	S36 20.7
22	317 44.0	110 10.8	13.4	211 40.7	10.2	98 48.0	16.3	336 53.1	14.0	Miaplacidus	221 43.4	S69 41.7
23	332 46.4	125 11.3	14.4	226 41.5	10.1	113 50.0	16.4	351 55.8	14.1			
9 00	347 48.9	140 11.9	S15 15.4	241 42.3	N23 10.0	128 52.1	S14 16.6	6 58.4	S10 14.2	Mirfak	309 00.3	N49 50.4
01	2 51.4	155 12.5	16.4	256 43.0	09.8	143 54.2	16.7	22 01.0	14.3	Nunki	76 15.6	S26 18.1
02	17 53.8	170 13.1	17.4	271 43.8	09.7	158 56.2	16.8	37 03.7	14.3	Peacock	53 40.9	S56 45.1
03	32 56.3	185 13.6 ··	18.4	286 44.6 ··	09.6	173 58.3 ··	17.0	52 06.3 ··	14.4	Pollux	243 45.1	N28 02.2
04	47 58.8	200 14.2	19.4	301 45.4	09.4	189 00.3	17.1	67 09.0	14.5	Procyon	245 14.6	N 5 14.3
05	63 01.2	215 14.8	20.4	316 46.2	09.3	204 02.4	17.2	82 11.6	14.5			
06	78 03.7	230 15.4	S15 21.4	331 47.0	N23 09.2	219 04.5	S14 17.4	97 14.2	S10 14.6	Rasalhague	96 19.5	N12 34.1
07	93 06.2	245 15.9	22.4	346 47.8	09.0	234 06.5	17.5	112 16.9	14.7	Regulus	207 58.8	N11 59.6
08	108 08.6	260 16.5	23.4	1 48.6	08.9	249 08.6	17.7	127 19.5	14.8	Rigel	281 25.6	S 8 12.4
F 09	123 11.1	275 17.1 ··	24.4	16 49.4 ··	08.8	264 10.6 ··	17.8	142 22.2 ··	14.8	Rigil Kent.	140 11.3	S60 48.9
R 10	138 13.5	290 17.7	25.4	31 50.2	08.6	279 12.7	17.9	157 24.8	14.9	Sabik	102 28.7	S15 43.0
I 11	153 16.0	305 18.3	26.4	46 51.0	08.5	294 14.8	18.1	172 27.4	15.0			
D 12	168 18.5	320 18.9	S15 27.4	61 51.7	N23 08.4	309 16.8	S14 18.2	187 30.1	S10 15.0	Schedar	349 56.1	N56 30.5
A 13	183 20.9	335 19.5	28.4	76 52.5	08.3	324 18.9	18.3	202 32.7	15.1	Shaula	96 41.0	S37 06.0
Y 14	198 23.4	350 20.0	29.4	91 53.3	08.1	339 20.9	18.5	217 35.4	15.2	Sirius	258 46.2	S16 42.4
15	213 25.9	5 20.6 ··	30.4	106 54.1 ··	08.0	354 23.0 ··	18.6	232 38.0 ··	15.3	Spica	158 46.3	S11 08.0
16	228 28.3	20 21.2	31.3	121 54.9	07.9	9 25.0	18.7	247 40.6	15.3	Suhail	223 03.2	S43 24.6
17	243 30.8	35 21.8	32.3	136 55.7	07.7	24 27.1	18.9	262 43.3	15.4			
18	258 33.3	50 22.4	S15 33.3	151 56.5	N23 07.6	39 29.2	S14 19.0	277 45.9	S10 15.5	Vega	80 48.3	N38 47.1
19	273 35.7	65 23.0	34.3	166 57.3	07.4	54 31.2	19.1	292 48.6	15.5	Zuben'ubi	137 21.2	S16 01.1
20	288 38.2	80 23.6	35.3	181 58.1	07.3	69 33.3	19.3	307 51.2	15.6		S.H.A.	Mer. Pass.
21	303 40.7	95 24.2 ··	36.3	196 58.9 ··	07.2	84 35.3 ··	19.4	322 53.8 ··	15.7	Venus	153 08.6	14 40
22	318 43.1	110 24.8	37.3	211 59.7	07.0	99 37.4	19.6	337 56.5	15.8	Mars	254 33.6	7 54
23	333 45.6	125 25.4	38.3	227 00.5	06.9	114 39.4	19.7	352 59.1	15.8	Jupiter	141 12.9	15 26
Mer. Pass. 0 52.5		v 0.6	d 1.0	v 0.8	d 0.1	v 2.1	d 0.1	v 2.6	d 0.1	Saturn	19 05.3	23 32

1994 SEPTEMBER 7, 8, 9 (WED., THURS., FRI.)

UT (GMT) d h	SUN G.H.A.	SUN Dec.	MOON G.H.A.	v	MOON Dec.	d	H.P.
	° ′	° ′	° ′	′	° ′	′	′
7 00	180 26.6	N 6 14.1	166 42.9	9.3	S 3 36.6	12.4	59.8
01	195 26.8	13.2	181 11.2	9.3	3 49.0	12.3	59.8
02	210 27.0	12.3	195 39.5	9.2	4 01.3	12.3	59.8
03	225 27.2	.. 11.3	210 07.7	9.2	4 13.6	12.4	59.8
04	240 27.4	10.4	224 35.9	9.2	4 26.0	12.3	59.8
05	255 27.6	09.5	239 04.1	9.2	4 38.3	12.2	59.9
06	270 27.8	N 6 08.5	253 32.3	9.1	S 4 50.5	12.3	59.9
W 07	285 28.0	07.6	268 00.4	9.1	5 02.8	12.2	59.9
E 08	300 28.3	06.7	282 28.5	9.0	5 15.0	12.2	59.9
D 09	315 28.5	.. 05.7	296 56.5	9.0	5 27.2	12.1	59.9
N 10	330 28.7	04.8	311 24.5	9.0	5 39.3	12.2	59.9
E 11	345 28.9	03.8	325 52.5	8.9	5 51.5	12.0	59.9
S 12	0 29.1	N 6 02.9	340 20.4	9.0	S 6 03.5	12.1	59.9
D 13	15 29.3	02.0	354 48.4	8.8	6 15.6	12.0	59.9
A 14	30 29.5	01.0	9 16.2	8.9	6 27.6	12.0	59.9
Y 15	45 29.7	6 00.1	23 44.1	8.8	6 39.6	12.0	60.0
16	60 30.0	5 59.2	38 11.9	8.7	6 51.6	11.9	60.0
17	75 30.2	58.2	52 39.6	8.8	7 03.5	11.9	60.0
18	90 30.4	N 5 57.3	67 07.4	8.7	S 7 15.4	11.8	60.0
19	105 30.6	56.4	81 35.1	8.6	7 27.2	11.8	60.0
20	120 30.8	55.4	96 02.7	8.7	7 39.0	11.7	60.0
21	135 31.0	.. 54.5	110 30.4	8.5	7 50.7	11.7	60.0
22	150 31.2	53.5	124 57.9	8.6	8 02.4	11.7	60.0
23	165 31.4	52.6	139 25.5	8.5	8 14.1	11.6	60.0
8 00	180 31.7	N 5 51.7	153 53.0	8.4	S 8 25.7	11.5	60.0
01	195 31.9	50.7	168 20.4	8.5	8 37.2	11.5	60.0
02	210 32.1	49.8	182 47.9	8.4	8 48.7	11.5	60.0
03	225 32.3	.. 48.9	197 15.3	8.3	9 00.2	11.3	60.0
04	240 32.5	47.9	211 42.6	8.3	9 11.5	11.4	60.0
05	255 32.7	47.0	226 09.9	8.3	9 22.9	11.3	60.0
06	270 32.9	N 5 46.0	240 37.2	8.2	S 9 34.2	11.2	60.0
T 07	285 33.2	45.1	255 04.4	8.2	9 45.4	11.1	60.0
H 08	300 33.4	44.2	269 31.6	8.1	9 56.5	11.1	60.0
U 09	315 33.6	.. 43.2	283 58.7	8.2	10 07.6	11.0	60.0
R 10	330 33.8	42.3	298 25.9	8.0	10 18.6	11.0	60.0
S 11	345 34.0	41.3	312 52.9	8.0	10 29.6	10.9	60.0
D 12	0 34.2	N 5 40.4	327 19.9	8.0	S10 40.5	10.8	60.1
A 13	15 34.4	39.5	341 46.9	8.0	10 51.3	10.8	60.1
Y 14	30 34.7	38.5	356 13.9	7.9	11 02.1	10.7	60.1
15	45 34.9	.. 37.6	10 40.8	7.8	11 12.8	10.6	60.1
16	60 35.1	36.6	25 07.6	7.9	11 23.4	10.6	60.1
17	75 35.3	35.7	39 34.5	7.7	11 34.0	10.4	60.0
18	90 35.5	N 5 34.8	54 01.2	7.8	S11 44.4	10.4	60.0
19	105 35.7	33.8	68 28.0	7.7	11 54.8	10.4	60.0
20	120 35.9	32.9	82 54.7	7.6	12 05.2	10.2	60.0
21	135 36.2	.. 31.9	97 21.3	7.6	12 15.4	10.2	60.0
22	150 36.4	31.0	111 47.9	7.6	12 25.6	10.1	60.0
23	165 36.6	30.0	126 14.5	7.5	12 35.7	10.0	60.0
9 00	180 36.8	N 5 29.1	140 41.0	7.5	S12 45.7	9.9	60.0
01	195 37.0	28.2	155 07.5	7.5	12 55.6	9.8	60.0
02	210 37.2	27.2	169 34.0	7.4	13 05.4	9.8	60.0
03	225 37.4	.. 26.3	184 00.4	7.4	13 15.2	9.6	60.0
04	240 37.7	25.3	198 26.8	7.3	13 24.8	9.6	60.0
05	255 37.9	24.4	212 53.1	7.3	13 34.4	9.5	60.0
06	270 38.1	N 5 23.5	227 19.4	7.2	S13 43.9	9.4	60.0
F 07	285 38.3	22.5	241 45.6	7.2	13 53.3	9.3	60.0
R 08	300 38.5	21.6	256 11.8	7.2	14 02.6	9.2	60.0
I 09	315 38.7	.. 20.6	270 38.0	7.1	14 11.8	9.1	60.0
D 10	330 39.0	19.7	285 04.1	7.1	14 20.9	9.0	60.0
A 11	345 39.2	18.7	299 30.2	7.1	14 29.9	9.0	60.0
Y 12	0 39.4	N 5 17.8	313 56.3	7.0	S14 38.9	8.8	60.0
13	15 39.6	16.8	328 22.3	7.0	14 47.7	8.7	60.0
14	30 39.8	15.9	342 48.3	6.9	14 56.4	8.6	60.0
15	45 40.0	.. 15.0	357 14.2	6.9	15 05.0	8.6	60.0
16	60 40.2	14.0	11 40.1	6.9	15 13.6	8.4	59.9
17	75 40.5	13.1	26 06.0	6.8	15 22.0	8.3	59.9
18	90 40.7	N 5 12.1	40 31.8	6.8	S15 30.3	8.3	59.9
19	105 40.9	11.2	54 57.6	6.8	15 38.6	8.1	59.9
20	120 41.1	10.2	69 23.4	6.7	15 46.7	8.0	59.9
21	135 41.3	.. 09.3	83 49.1	6.7	15 54.7	7.9	59.9
22	150 41.5	08.3	98 14.8	6.6	16 02.6	7.8	59.9
23	165 41.8	07.4	112 40.4	6.6	16 10.4	7.7	59.9
	S.D. 15.9	d 0.9	S.D. 16.3		16.4		16.3

Lat.	Twilight Naut.	Civil	Sunrise	Moonrise 7	8	9	10
°	h m	h m	h m	h m	h m	h m	h m
N 72	00 27	03 15	04 34	08 20	10 27	12 46	■■
N 70	01 45	03 34	04 43	08 11	10 09	12 12	14 20
68	02 21	03 49	04 50	08 05	09 55	11 47	13 38
66	02 46	04 01	04 57	07 59	09 43	11 28	13 09
64	03 05	04 11	05 02	07 55	09 34	11 13	12 47
62	03 20	04 20	05 07	07 51	09 26	11 00	12 30
60	03 32	04 27	05 11	07 47	09 19	10 49	12 16
N 58	03 42	04 33	05 14	07 44	09 13	10 40	12 04
56	03 51	04 39	05 17	07 42	09 07	10 32	11 53
54	03 59	04 44	05 20	07 39	09 02	10 25	11 44
52	04 06	04 48	05 23	07 37	08 58	10 18	11 36
50	04 12	04 52	05 25	07 35	08 54	10 12	11 28
45	04 24	05 00	05 30	07 31	08 45	10 00	11 12
N 40	04 34	05 06	05 34	07 27	08 38	09 50	11 00
35	04 42	05 12	05 37	07 24	08 32	09 41	10 49
30	04 48	05 16	05 41	07 21	08 27	09 33	10 39
20	04 58	05 24	05 46	07 17	08 18	09 24	10 23
N 10	05 05	05 29	05 50	07 13	08 10	09 09	10 08
0	05 10	05 34	05 54	07 09	08 03	08 58	09 55
S 10	05 13	05 37	05 58	07 05	07 55	08 47	09 42
20	05 15	05 41	06 03	07 01	07 48	08 36	09 28
30	05 16	05 43	06 07	06 57	07 39	08 24	09 12
35	05 15	05 45	06 10	06 54	07 34	08 16	09 03
40	05 15	05 46	06 13	06 52	07 28	08 08	08 52
45	05 13	05 47	06 16	06 48	07 22	07 58	08 40
S 50	05 11	05 48	06 20	06 45	07 14	07 47	08 25
52	05 09	05 48	06 22	06 43	07 10	07 41	08 18
54	05 08	05 49	06 24	06 41	07 06	07 35	08 10
56	05 06	05 49	06 26	06 39	07 02	07 29	08 02
58	05 04	05 49	06 29	06 36	06 57	07 21	07 52
S 60	05 02	05 50	06 31	06 34	06 52	07 13	07 41

Lat.	Sunset	Twilight Civil	Naut.	Moonset 7	8	9	10
°	h m	h m	h m	h m	h m	h m	h m
N 72	19 19	20 36	23 03	17 57	17 42	17 20	■■
N 70	19 10	20 18	22 02	18 08	18 02	17 56	17 48
68	19 03	20 03	21 29	18 16	18 18	18 22	18 31
66	18 57	19 51	21 05	18 23	18 31	18 42	19 00
64	18 52	19 42	20 47	18 30	18 42	18 58	19 22
62	18 47	19 34	20 33	18 35	18 51	19 12	19 40
60	18 43	19 27	20 21	18 40	18 59	19 23	19 55
N 58	18 40	19 21	20 11	18 44	19 06	19 33	20 07
56	18 37	19 15	20 02	18 48	19 12	19 42	20 18
54	18 34	19 11	19 55	18 51	19 18	19 49	20 28
52	18 32	19 06	19 48	18 54	19 23	19 56	20 37
50	18 30	19 03	19 42	18 57	19 27	20 03	20 44
45	18 25	18 55	19 30	19 03	19 37	20 16	21 01
N 40	18 21	18 48	19 21	19 08	19 46	20 28	21 14
35	18 17	18 43	19 13	19 12	19 53	20 37	21 26
30	18 14	18 39	19 07	19 16	19 59	20 46	21 36
20	18 09	18 32	18 57	19 23	20 10	21 00	21 53
N 10	18 05	18 26	18 51	19 29	20 20	21 13	22 09
0	18 01	18 22	18 46	19 34	20 29	21 25	22 23
S 10	17 57	18 18	18 43	19 40	20 38	21 37	22 37
20	17 53	18 15	18 41	19 46	20 47	21 50	22 52
30	17 49	18 13	18 40	19 53	20 59	22 05	23 10
35	17 46	18 11	18 41	19 56	21 05	22 13	23 20
40	17 43	18 10	18 42	20 01	21 12	22 23	23 31
45	17 40	18 09	18 43	20 06	21 21	22 35	23 45
S 50	17 36	18 08	18 46	20 12	21 31	22 49	24 02
52	17 34	18 08	18 47	20 15	21 36	22 55	24 10
54	17 32	18 08	18 49	20 18	21 41	23 02	24 19
56	17 30	18 08	18 51	20 22	21 47	23 10	24 28
58	17 28	18 07	18 53	20 26	21 54	23 18	24 40
S 60	17 25	18 07	18 55	20 30	22 01	23 30	24 53

Day	SUN Eqn. of Time 00h	12h	Mer. Pass.	MOON Mer. Pass. Upper	Lower	Age	Phase
	m s	m s	h m	h m	h m	d	
7	01 46	01 56	11 58	13 22	00 55	02	◐
8	02 06	02 16	11 58	14 16	01 48	03	
9	02 27	02 37	11 57	15 11	02 43	04	

1994 SEPTEMBER 10, 11, 12 (SAT., SUN., MON.)

UT (GMT)	ARIES G.H.A.	VENUS −4.5 G.H.A.	Dec.	MARS +1.1 G.H.A.	Dec.	JUPITER −1.8 G.H.A.	Dec.	SATURN +0.5 G.H.A.	Dec.	STARS Name	S.H.A.	Dec.
10 00	348 48.0	140 26.0	S15 39.2	242 01.3	N23 06.8	129 41.5	S14 19.8	8 01.8	S10 15.9	Acamar	315 28.8	S40 19.3
01	3 50.5	155 26.6	40.2	257 02.1	06.6	144 43.5	20.0	23 04.4	16.0	Achernar	335 36.7	S57 15.5
02	18 53.0	170 27.2	41.2	272 02.9	06.5	159 45.6	20.1	38 07.0	16.0	Acrux	173 25.7	S63 04.3
03	33 55.4	185 27.8 ··	42.2	287 03.7 ··	06.4	174 47.7 ··	20.2	53 09.7 ··	16.1	Adhara	255 23.7	S28 57.7
04	48 57.9	200 28.4	43.2	302 04.4	06.2	189 49.7	20.4	68 12.3	16.2	Aldebaran	291 05.5	N16 29.9
05	64 00.4	215 29.0	44.2	317 05.2	06.1	204 51.8	20.5	83 15.0	16.3			
06	79 02.8	230 29.6	S15 45.1	332 06.0	N23 06.0	219 53.8	S14 20.6	98 17.6	S10 16.3	Alioth	166 33.5	N55 59.4
07	94 05.3	245 30.2	46.1	347 06.8	05.8	234 55.9	20.8	113 20.2	16.4	Alkaid	153 10.3	N49 20.6
S 08	109 07.8	260 30.8	47.1	2 07.6	05.7	249 57.9	20.9	128 22.9	16.5	Al Na'ir	28 00.9	S46 59.1
A 09	124 10.2	275 31.4 ··	48.1	17 08.4 ··	05.5	265 00.0 ··	21.1	143 25.5 ··	16.5	Alnilam	276 00.7	S 1 12.2
T 10	139 12.7	290 32.0	49.1	32 09.2	05.4	280 02.0	21.2	158 28.2	16.6	Alphard	218 10.2	S 8 38.1
U 11	154 15.1	305 32.6	50.0	47 10.0	05.3	295 04.1	21.3	173 30.8	16.7			
R 12	169 17.6	320 33.2	S15 51.0	62 10.8	N23 05.1	310 06.1	S14 21.5	188 33.4	S10 16.8	Alphecca	126 23.1	N26 44.2
D 13	184 20.1	335 33.8	52.0	77 11.6	05.0	325 08.2	21.6	203 36.1	16.8	Alpheratz	357 57.7	N29 03.8
A 14	199 22.5	350 34.4	53.0	92 12.4	04.8	340 10.3	21.7	218 38.7	16.9	Altair	62 21.7	N 8 51.5
Y 15	214 25.0	5 35.1 ··	54.0	107 13.2 ··	04.7	355 12.3 ··	21.9	233 41.4 ··	17.0	Ankaa	353 29.1	S42 19.8
16	229 27.5	20 35.7	54.9	122 14.0	04.6	10 14.4	22.0	248 44.0	17.0	Antares	112 43.6	S26 25.2
17	244 29.9	35 36.3	55.9	137 14.8	04.4	25 16.4	22.1	263 46.6	17.1			
18	259 32.4	50 36.9	S15 56.9	152 15.6	N23 04.3	40 18.5	S14 22.3	278 49.3	S10 17.2	Arcturus	146 08.8	N19 12.8
19	274 34.9	65 37.5	57.8	167 16.4	04.1	55 20.5	22.4	293 51.9	17.3	Atria	107 58.1	S69 01.3
20	289 37.3	80 38.1	58.8	182 17.2	04.0	70 22.6	22.6	308 54.6	17.3	Avior	234 24.2	S59 29.4
21	304 39.8	95 38.7	15 59.8	197 18.0 ··	03.9	85 24.6 ··	22.7	323 57.2 ··	17.4	Bellatrix	278 47.1	N 6 20.7
22	319 42.3	110 39.4	16 00.8	212 18.8	03.7	100 26.7	22.8	338 59.8	17.5	Betelgeuse	271 16.6	N 7 24.4
23	334 44.7	125 40.0	01.7	227 19.6	03.6	115 28.7	23.0	354 02.5	17.5			
11 00	349 47.2	140 40.6	S16 02.7	242 20.4	N23 03.4	130 30.8	S14 23.1	9 05.1	S10 17.6	Canopus	264 02.5	S52 41.3
01	4 49.6	155 41.2	03.7	257 21.2	03.3	145 32.8	23.2	24 07.8	17.7	Capella	280 55.2	N45 59.4
02	19 52.1	170 41.9	04.6	272 22.0	03.2	160 34.9	23.4	39 10.4	17.7	Deneb	49 40.7	N45 16.0
03	34 54.6	185 42.5 ··	05.6	287 22.8 ··	03.0	175 36.9 ··	23.5	54 13.0 ··	17.8	Denebola	182 48.3	N14 36.2
04	49 57.0	200 43.1	06.6	302 23.6	02.9	190 39.0	23.7	69 15.7	17.9	Diphda	349 09.7	S18 00.7
05	64 59.5	215 43.7	07.5	317 24.4	02.7	205 41.0	23.8	84 18.3	18.0			
06	80 02.0	230 44.4	S16 08.5	332 25.2	N23 02.6	220 43.1	S14 23.9	99 21.0	S10 18.0	Dubhe	194 09.5	N61 46.7
07	95 04.4	245 45.0	09.5	347 26.0	02.4	235 45.1	24.1	114 23.6	18.1	Elnath	278 30.4	N28 36.1
08	110 06.9	260 45.6	10.4	2 26.8	02.3	250 47.2	24.2	129 26.2	18.2	Eltanin	90 52.6	N51 29.8
S 09	125 09.4	275 46.3 ··	11.4	17 27.6 ··	02.2	265 49.2 ··	24.3	144 28.9 ··	18.2	Enif	34 00.6	N 9 51.3
U 10	140 11.8	290 46.9	12.4	32 28.4	02.0	280 51.3	24.5	159 31.5	18.3	Fomalhaut	15 39.1	S29 38.8
N 11	155 14.3	305 47.5	13.3	47 29.2	01.9	295 53.3	24.6	174 34.1	18.4			
D 12	170 16.8	320 48.2	S16 14.3	62 30.1	N23 01.7	310 55.4	S14 24.8	189 36.8	S10 18.5	Gacrux	172 17.1	S57 05.1
A 13	185 19.2	335 48.8	15.3	77 30.9	01.6	325 57.4	24.9	204 39.4	18.5	Gienah	176 07.1	S17 30.7
Y 14	200 21.7	350 49.4	16.2	92 31.7	01.4	340 59.5	25.0	219 42.1	18.6	Hadar	149 08.3	S60 21.0
15	215 24.1	5 50.1 ··	17.2	107 32.5 ··	01.3	356 01.5 ··	25.2	234 44.7 ··	18.7	Hamal	328 16.4	N23 26.3
16	230 26.6	20 50.7	18.1	122 33.3	01.1	11 03.6	25.3	249 47.3	18.7	Kaus Aust.	84 02.3	S34 23.2
17	245 29.1	35 51.3	19.1	137 34.1	01.0	26 05.6	25.4	264 50.0	18.8			
18	260 31.5	50 52.0	S16 20.1	152 34.9	N23 00.8	41 07.7	S14 25.6	279 52.6	S10 18.9	Kochab	137 20.2	N74 10.9
19	275 34.0	65 52.6	21.0	167 35.7	00.7	56 09.7	25.7	294 55.3	18.9	Markab	13 52.0	N15 10.8
20	290 36.5	80 53.3	22.0	182 36.5	00.6	71 11.8	25.9	309 57.9	19.0	Menkar	314 29.6	N 4 04.3
21	305 38.9	95 53.9 ··	22.9	197 37.3 ··	00.4	86 13.8 ··	26.0	325 00.5 ··	19.1	Menkent	148 24.5	S36 20.7
22	320 41.4	110 54.6	23.9	212 38.1	00.3	101 15.9	26.1	340 03.2	19.2	Miaplacidus	221 43.3	S69 41.7
23	335 43.9	125 55.2	24.8	227 38.9	00.1	116 17.9	26.3	355 05.8	19.2			
12 00	350 46.3	140 55.9	S16 25.8	242 39.7	N23 00.0	131 20.0	S14 26.4	10 08.4	S10 19.3	Mirfak	309 00.3	N49 50.4
01	5 48.8	155 56.5	26.8	257 40.5	22 59.8	146 22.0	26.5	25 11.1	19.4	Nunki	76 15.6	S26 18.1
02	20 51.2	170 57.2	27.7	272 41.3	59.7	161 24.1	26.7	40 13.7	19.4	Peacock	53 40.9	S56 45.1
03	35 53.7	185 57.8 ··	28.7	287 42.1 ··	59.5	176 26.1 ··	26.8	55 16.4 ··	19.5	Pollux	243 45.1	N28 02.2
04	50 56.2	200 58.5	29.6	302 43.0	59.4	191 28.2	27.0	70 19.0	19.6	Procyon	245 14.6	N 5 14.3
05	65 58.6	215 59.1	30.6	317 43.8	59.2	206 30.2	27.1	85 21.6	19.7			
06	81 01.1	230 59.8	S16 31.5	332 44.6	N22 59.1	221 32.2	S14 27.2	100 24.3	S10 19.7	Rasalhague	96 19.5	N12 34.1
07	96 03.6	246 00.4	32.5	347 45.4	58.9	236 34.3	27.4	115 26.9	19.8	Regulus	207 58.8	N11 59.6
08	111 06.0	261 01.1	33.4	2 46.2	58.8	251 36.3	27.5	130 29.6	19.9	Rigel	281 25.6	S 8 12.4
M 09	126 08.5	276 01.7 ··	34.4	17 47.0 ··	58.6	266 38.4 ··	27.7	145 32.2 ··	19.9	Rigil Kent.	140 11.3	S60 48.9
O 10	141 11.0	291 02.4	35.3	32 47.8	58.5	281 40.4	27.8	160 34.8	20.0	Sabik	102 28.7	S15 43.0
N 11	156 13.4	306 03.1	36.3	47 48.6	58.3	296 42.5	27.9	175 37.5	20.1			
D 12	171 15.9	321 03.7	S16 37.2	62 49.4	N22 58.2	311 44.5	S14 28.1	190 40.1	S10 20.1	Schedar	349 56.0	N56 30.5
A 13	186 18.4	336 04.4	38.1	77 50.2	58.0	326 46.6	28.2	205 42.7	20.2	Shaula	96 41.0	S37 06.0
Y 14	201 20.8	351 05.0	39.1	92 51.1	57.9	341 48.6	28.3	220 45.4	20.3	Sirius	258 46.2	S16 42.4
15	216 23.3	6 05.7 ··	40.0	107 51.9 ··	57.7	356 50.7 ··	28.5	235 48.0 ··	20.4	Spica	158 46.3	S11 08.0
16	231 25.7	21 06.4	41.0	122 52.7	57.6	11 52.7	28.6	250 50.7	20.4	Suhail	223 03.1	S43 24.6
17	246 28.2	36 07.0	41.9	137 53.5	57.4	26 54.7	28.8	265 53.3	20.5			
18	261 30.7	51 07.7	S16 42.9	152 54.3	N22 57.3	41 56.8	S14 28.9	280 55.9	S10 20.6	Vega	80 48.3	N38 47.1
19	276 33.1	66 08.4	43.8	167 55.1	57.1	56 58.8	29.0	295 58.6	20.6	Zuben'ubi	137 21.2	S16 01.1
20	291 35.6	81 09.1	44.7	182 55.9	57.0	72 00.9	29.2	311 01.2	20.7			
21	306 38.1	96 09.7 ··	45.7	197 56.7 ··	56.8	87 02.9 ··	29.3	326 03.8 ··	20.8			
22	321 40.5	111 10.4	46.6	212 57.6	56.7	102 05.0	29.5	341 06.5	20.8			
23	336 43.0	126 11.1	47.6	227 58.4	56.5	117 07.0	29.6	356 09.1	20.9			

											S.H.A.	Mer. Pass.
Mer. Pass. 0ʰ 40.7ᵐ	v 0.6 d 1.0			v 0.8 d 0.1		v 2.0 d 0.1		v 2.6 d 0.1		Venus	150 53.4	14ʰ 37ᵐ
										Mars	252 33.2	7 50
										Jupiter	140 43.6	15 16
										Saturn	19 17.9	23 20

1994 SEPTEMBER 10, 11, 12 (SAT., SUN., MON.)

UT (GMT)	SUN G.H.A.	SUN Dec.	MOON G.H.A.	v	MOON Dec.	d	H.P.
d h	o ′	o ′	o ′	′	o ′	′	′
10 00	180 42.0	N 5 06.5	127 06.0	6.6	S16 18.1	7.5	59.9
01	195 42.2	05.5	141 31.6	6.6	16 25.6	7.5	59.9
02	210 42.4	04.6	155 57.2	6.5	16 33.1	7.4	59.9
03	225 42.6	.. 03.6	170 22.7	6.5	16 40.5	7.2	59.8
04	240 42.8	02.7	184 48.2	6.5	16 47.7	7.1	59.8
05	255 43.1	01.7	199 13.7	6.4	16 54.8	7.1	59.8
06	270 43.3	N 5 00.8	213 39.1	6.4	S17 01.9	6.9	59.8
07	285 43.5	4 59.8	228 04.5	6.4	17 08.8	6.7	59.8
S 08	300 43.7	58.9	242 29.9	6.3	17 15.5	6.7	59.8
A 09	315 43.9	.. 57.9	256 55.2	6.3	17 22.2	6.6	59.8
T 10	330 44.2	57.0	271 20.5	6.3	17 28.8	6.4	59.8
U 11	345 44.4	56.0	285 45.8	6.3	17 35.2	6.3	59.7
R 12	0 44.6	N 4 55.1	300 11.1	6.2	S17 41.5	6.2	59.7
D 13	15 44.8	54.1	314 36.3	6.2	17 47.7	6.1	59.7
A 14	30 45.0	53.2	329 01.5	6.2	17 53.8	5.9	59.7
Y 15	45 45.2	.. 52.3	343 26.7	6.2	17 59.7	5.8	59.7
16	60 45.5	51.3	357 51.9	6.2	18 05.5	5.7	59.7
17	75 45.7	50.4	12 17.1	6.1	18 11.2	5.6	59.7
18	90 45.9	N 4 49.4	26 42.2	6.1	S18 16.8	5.5	59.6
19	105 46.1	48.5	41 07.3	6.1	18 22.3	5.3	59.6
20	120 46.3	47.5	55 32.4	6.1	18 27.6	5.2	59.6
21	135 46.5	.. 46.6	69 57.5	6.0	18 32.8	5.1	59.6
22	150 46.8	45.6	84 22.5	6.1	18 37.9	5.0	59.6
23	165 47.0	44.7	98 47.6	6.0	18 42.9	4.8	59.6
11 00	180 47.2	N 4 43.7	113 12.6	6.0	S18 47.7	4.7	59.6
01	195 47.4	42.8	127 37.6	6.0	18 52.4	4.6	59.5
02	210 47.7	41.8	142 02.6	6.0	18 57.0	4.4	59.5
03	225 47.9	.. 40.9	156 27.6	5.9	19 01.4	4.3	59.5
04	240 48.1	39.9	170 52.5	6.0	19 05.7	4.2	59.5
05	255 48.3	39.0	185 17.5	6.0	19 09.9	4.1	59.5
06	270 48.5	N 4 38.0	199 42.5	5.9	S19 14.0	3.9	59.5
07	285 48.7	37.1	214 07.4	5.9	19 17.9	3.8	59.4
S 08	300 48.9	36.1	228 32.3	6.0	19 21.7	3.7	59.4
U 09	315 49.2	.. 35.2	242 57.3	5.9	19 25.4	3.5	59.4
N 10	330 49.4	34.2	257 22.2	5.9	19 28.9	3.4	59.4
D 11	345 49.6	33.3	271 47.1	5.9	19 32.3	3.3	59.4
A 12	0 49.8	N 4 32.3	286 12.0	6.0	S19 35.6	3.2	59.4
Y 13	15 50.0	31.4	300 37.0	5.9	19 38.8	3.0	59.3
14	30 50.3	30.4	315 01.9	5.9	19 41.8	2.8	59.3
15	45 50.5	.. 29.5	329 26.8	5.9	19 44.6	2.8	59.3
16	60 50.7	28.5	343 51.7	5.9	19 47.4	2.6	59.3
17	75 50.9	27.6	358 16.6	6.0	19 50.0	2.5	59.3
18	90 51.1	N 4 26.6	12 41.6	5.9	S19 52.5	2.3	59.3
19	105 51.4	25.7	27 06.5	5.9	19 54.8	2.3	59.2
20	120 51.6	24.7	41 31.4	6.0	19 57.1	2.1	59.2
21	135 51.8	.. 23.8	55 56.4	5.9	19 59.2	1.9	59.2
22	150 52.0	22.8	70 21.3	6.0	20 01.1	1.8	59.2
23	165 52.2	21.8	84 46.3	5.9	20 02.9	1.7	59.2
12 00	180 52.5	N 4 20.9	99 11.2	6.0	S20 04.6	1.6	59.1
01	195 52.7	19.9	113 36.2	6.0	20 06.2	1.4	59.1
02	210 52.9	19.0	128 01.2	6.0	20 07.6	1.3	59.1
03	225 53.1	.. 18.0	142 26.2	6.1	20 08.9	1.1	59.1
04	240 53.3	17.1	156 51.3	6.0	20 10.0	1.1	59.1
05	255 53.6	16.1	171 16.3	6.0	20 11.1	0.8	59.1
06	270 53.8	N 4 15.2	185 41.3	6.1	S20 11.9	0.8	59.0
07	285 54.0	14.2	200 06.4	6.1	20 12.7	0.6	59.0
M 08	300 54.2	13.3	214 31.5	6.1	20 13.3	0.5	59.0
O 09	315 54.4	.. 12.3	228 56.6	6.2	20 13.8	0.4	59.0
N 10	330 54.7	11.4	243 21.8	6.1	20 14.2	0.2	59.0
D 11	345 54.9	10.4	257 46.9	6.2	20 14.4	0.1	58.9
A 12	0 55.1	N 4 09.5	272 12.1	6.2	S20 14.5	0.0	58.9
Y 13	15 55.3	08.5	286 37.3	6.2	20 14.5	0.2	58.9
14	30 55.5	07.5	301 02.5	6.3	20 14.3	0.3	58.9
15	45 55.8	.. 06.6	315 27.8	6.3	20 14.0	0.4	58.9
16	60 56.0	05.6	329 53.1	6.3	20 13.6	0.6	58.8
17	75 56.2	04.7	344 18.4	6.4	20 13.0	0.7	58.8
18	90 56.4	N 4 03.7	358 43.8	6.3	S20 12.4	0.9	58.8
19	105 56.6	02.8	13 09.1	6.4	20 11.5	0.9	58.8
20	120 56.9	01.8	27 34.5	6.5	20 10.6	1.1	58.8
21	135 57.1	4 00.9	42 00.0	6.5	20 09.5	1.2	58.7
22	150 57.3	3 59.9	56 25.5	6.5	20 08.3	1.3	58.7
23	165 57.5	59.0	70 51.0	6.5	20 07.0	1.4	58.7
	S.D. 15.9	d 1.0	S.D. 16.3		16.2		16.1

Lat.	Twilight Naut.	Twilight Civil	Sunrise	Moonrise 10	11	12	13
o	h m	h m	h m	h m	h m	h m	h m
N 72	01 24	03 32	04 48	■	■	■	■
N 70	02 10	03 49	04 55	14 20	16 57	■	18 03
68	02 39	04 02	05 01	13 38	15 18	16 29	17 03
66	03 00	04 12	05 06	13 09	14 39	15 46	16 28
64	03 17	04 21	05 11	12 47	14 12	15 17	16 03
62	03 30	04 28	05 14	12 30	13 51	14 55	15 43
60	03 41	04 35	05 18	12 16	13 34	14 38	15 26
N 58	03 50	04 40	05 21	12 04	13 19	14 23	15 13
56	03 58	04 45	05 23	11 53	13 07	14 10	15 01
54	04 05	04 49	05 25	11 44	12 56	13 59	14 50
52	04 12	04 53	05 27	11 36	12 47	13 49	14 41
50	04 17	04 56	05 29	11 28	12 38	13 40	14 33
45	04 28	05 04	05 33	11 12	12 20	13 22	14 15
N 40	04 37	05 09	05 37	11 00	12 06	13 07	14 01
35	04 44	05 14	05 40	10 49	11 53	12 54	13 49
30	04 50	05 18	05 42	10 39	11 43	12 43	13 38
20	04 59	05 24	05 46	10 23	11 24	12 24	13 20
N 10	05 05	05 29	05 50	10 08	11 08	12 07	13 04
0	05 09	05 33	05 53	09 55	10 53	11 51	12 49
S 10	05 11	05 36	05 57	09 42	10 38	11 36	12 34
20	05 12	05 38	06 00	09 28	10 22	11 19	12 18
30	05 12	05 40	06 04	09 12	10 04	11 00	11 59
35	05 11	05 40	06 06	09 03	09 54	10 49	11 49
40	05 10	05 41	06 08	08 52	09 42	10 37	11 36
45	05 07	05 41	06 11	08 40	09 28	10 22	11 22
S 50	05 04	05 42	06 14	08 25	09 10	10 04	11 04
52	05 02	05 42	06 15	08 18	09 02	09 55	10 56
54	05 01	05 41	06 17	08 10	08 53	09 45	10 47
56	04 58	05 41	06 18	08 02	08 43	09 34	10 36
58	04 56	05 41	06 20	07 52	08 31	09 22	10 24
S 60	04 53	05 41	06 22	07 41	08 18	09 07	10 10

Lat.	Sunset	Twilight Civil	Twilight Naut.	Moonset 10	11	12	13
o	h m	h m	h m	h m	h m	h m	h m
N 72	19 03	20 17	22 19	▬	▬	▬	▬
N 70	18 56	20 01	21 37	17 48	17 13	▬	20 07
68	18 50	19 49	21 10	18 31	18 53	19 43	21 08
66	18 45	19 39	20 50	19 00	19 32	20 26	21 42
64	18 41	19 30	20 34	19 22	19 59	20 54	22 07
62	18 37	19 23	20 21	19 40	20 20	21 16	22 26
60	18 34	19 17	20 10	19 55	20 38	21 34	22 42
N 58	18 31	19 12	20 01	20 07	20 52	21 49	22 56
56	18 29	19 07	19 53	20 18	21 05	22 01	23 07
54	18 27	19 03	19 46	20 28	21 15	22 12	23 18
52	18 25	18 59	19 40	20 37	21 25	22 22	23 27
50	18 23	18 56	19 35	20 44	21 34	22 31	23 35
45	18 19	18 49	19 24	21 01	21 52	22 49	23 52
N 40	18 16	18 43	19 15	21 14	22 07	23 04	24 06
35	18 13	18 39	19 09	21 26	22 19	23 17	24 18
30	18 11	18 35	19 03	21 36	22 30	23 28	24 28
20	18 07	18 29	18 55	21 53	22 49	23 47	24 46
N 10	18 03	18 24	18 49	22 09	23 06	24 04	00 04
0	18 00	18 21	18 45	22 23	23 21	24 19	00 19
S 10	17 57	18 18	18 42	22 37	23 36	24 34	00 34
20	17 54	18 16	18 41	22 52	23 53	24 51	00 51
30	17 50	18 14	18 42	23 10	24 12	00 12	01 10
35	17 48	18 13	18 43	23 20	24 23	00 23	01 20
40	17 46	18 13	18 44	23 31	24 35	00 35	01 33
45	17 43	18 13	18 47	23 45	24 50	00 50	01 48
S 50	17 41	18 13	18 52	24 02	00 02	01 08	02 06
52	17 39	18 13	18 52	24 10	00 10	01 17	02 14
54	17 38	18 13	18 54	24 19	00 19	01 26	02 24
56	17 36	18 13	18 56	24 28	00 28	01 37	02 34
58	17 34	18 13	18 59	24 40	00 40	01 50	02 46
S 60	17 32	18 14	19 02	24 53	00 53	02 04	03 01

Day	SUN Eqn. of Time 00h	SUN Eqn. of Time 12h	Mer. Pass.	MOON Mer. Pass. Upper	MOON Mer. Pass. Lower	Age	Phase
	m s	m s	h m	h m	h m	d	
10	02 47	02 58	11 57	16 09	03 40	05	
11	03 08	03 19	11 57	17 07	04 38	06	
12	03 29	03 40	11 56	18 05	05 36	07	◖

1994 SEPTEMBER 13, 14, 15 (TUES., WED., THURS.)

UT (GMT)	ARIES G.H.A.	VENUS −4.5 G.H.A.	Dec.	MARS +1.1 G.H.A.	Dec.	JUPITER −1.8 G.H.A.	Dec.	SATURN +0.5 G.H.A.	Dec.	STARS Name	S.H.A.	Dec.
d h	° '	° '	° '	° '	° '	° '	° '	° '	° '		° '	° '
13 00	351 45.5	141 11.7	S16 48.5	242 59.2	N22 56.3	132 09.1	S14 29.7	11 11.8	S10 21.0	Acamar	315 28.8	S40 19.3
01	6 47.9	156 12.4	49.4	258 00.0	56.2	147 11.1	29.9	26 14.4	21.1	Achernar	335 36.7	S57 15.6
02	21 50.4	171 13.1	50.4	273 00.8	56.0	162 13.1	30.0	41 17.0	21.1	Acrux	173 25.7	S63 04.3
03	36 52.9	186 13.8	·· 51.3	288 01.6	·· 55.9	177 15.2	·· 30.1	56 19.7	·· 21.2	Adhara	255 23.7	S28 57.7
04	51 55.3	201 14.5	52.2	303 02.4	55.7	192 17.2	30.3	71 22.3	21.3	Aldebaran	291 05.4	N16 29.9
05	66 57.8	216 15.1	53.2	318 03.3	55.6	207 19.3	30.4	86 24.9	21.3			
06	82 00.2	231 15.8	S16 54.1	333 04.1	N22 55.4	222 21.3	S14 30.6	101 27.6	S10 21.4	Alioth	166 33.5	N55 59.4
07	97 02.7	246 16.5	55.1	348 04.9	55.3	237 23.4	30.7	116 30.2	21.5	Alkaid	153 10.3	N49 20.6
T 08	112 05.2	261 17.2	56.0	3 05.7	55.1	252 25.4	30.8	131 32.9	21.5	Al Na'ir	28 00.9	S46 59.1
U 09	127 07.6	276 17.9	·· 56.9	18 06.5	·· 55.0	267 27.4	·· 31.0	146 35.5	·· 21.6	Alnilam	276 00.6	S 1 12.2
E 10	142 10.1	291 18.6	57.8	33 07.3	54.8	282 29.5	31.1	161 38.1	21.7	Alphard	218 10.2	S 8 38.1
S 11	157 12.6	306 19.2	58.8	48 08.1	54.6	297 31.5	31.3	176 40.8	21.7			
D 12	172 15.0	321 19.9	S16 59.7	63 09.0	N22 54.5	312 33.6	S14 31.4	191 43.4	S10 21.8	Alphecca	126 23.1	N26 44.2
A 13	187 17.5	336 20.6	17 00.6	78 09.8	54.3	327 35.6	31.5	206 46.0	21.9	Alpheratz	357 57.7	N29 03.8
Y 14	202 20.0	351 21.3	01.6	93 10.6	54.2	342 37.6	31.7	221 48.7	22.0	Altair	62 21.7	N 8 51.5
15	217 22.4	6 22.0	·· 02.5	108 11.4	·· 54.0	357 39.7	·· 31.8	236 51.3	·· 22.0	Ankaa	353 29.1	S42 19.9
16	232 24.9	21 22.7	03.4	123 12.2	53.9	12 41.7	32.0	251 54.0	22.1	Antares	112 43.6	S26 25.2
17	247 27.3	36 23.4	04.3	138 13.1	53.7	27 43.8	32.1	266 56.6	22.2			
18	262 29.8	51 24.1	S17 05.3	153 13.9	N22 53.5	42 45.8	S14 32.2	281 59.2	S10 22.2	Arcturus	146 08.8	N19 12.8
19	277 32.3	66 24.8	06.2	168 14.7	53.4	57 47.9	32.4	297 01.9	22.3	Atria	107 58.1	S69 01.3
20	292 34.7	81 25.5	07.1	183 15.5	53.2	72 49.9	32.5	312 04.5	22.4	Avior	234 24.2	S59 29.4
21	307 37.2	96 26.2	·· 08.0	198 16.3	·· 53.1	87 51.9	·· 32.6	327 07.1	·· 22.4	Bellatrix	278 47.1	N 6 20.7
22	322 39.7	111 26.9	09.0	213 17.2	52.9	102 54.0	32.8	342 09.8	22.5	Betelgeuse	271 16.5	N 7 24.4
23	337 42.1	126 27.6	09.9	228 18.0	52.7	117 56.0	32.9	357 12.4	22.6			
14 00	352 44.6	141 28.3	S17 10.8	243 18.8	N22 52.6	132 58.1	S14 33.1	12 15.0	S10 22.6	Canopus	264 02.5	S52 41.3
01	7 47.1	156 29.0	11.7	258 19.6	52.4	148 00.1	33.2	27 17.7	22.7	Capella	280 55.2	N45 59.4
02	22 49.5	171 29.7	12.7	273 20.4	52.3	163 02.1	33.3	42 20.3	22.8	Deneb	49 40.7	N45 16.0
03	37 52.0	186 30.4	·· 13.6	288 21.3	·· 52.1	178 04.2	·· 33.5	57 23.0	·· 22.9	Denebola	182 48.3	N14 36.1
04	52 54.5	201 31.1	14.5	303 22.1	51.9	193 06.2	33.6	72 25.6	22.9	Diphda	349 09.7	S18 00.7
05	67 56.9	216 31.8	15.4	318 22.9	51.8	208 08.2	33.8	87 28.2	23.0			
06	82 59.4	231 32.5	S17 16.3	333 23.7	N22 51.6	223 10.3	S14 33.9	102 30.9	S10 23.1	Dubhe	194 09.5	N61 46.7
W 07	98 01.8	246 33.3	17.2	348 24.5	51.5	238 12.3	34.0	117 33.5	23.1	Elnath	278 30.4	N28 36.1
E 08	113 04.3	261 34.0	18.2	3 25.4	51.3	253 14.4	34.2	132 36.1	23.2	Eltanin	90 52.6	N51 29.8
D 09	128 06.8	276 34.7	·· 19.1	18 26.2	·· 51.1	268 16.4	·· 34.3	147 38.8	·· 23.3	Enif	34 00.6	N 9 51.3
N 10	143 09.2	291 35.4	20.0	33 27.0	51.0	283 18.4	34.5	162 41.4	23.3	Fomalhaut	15 39.1	S29 38.8
E 11	158 11.7	306 36.1	20.9	48 27.8	50.8	298 20.5	34.6	177 44.0	23.4			
S 12	173 14.2	321 36.8	S17 21.8	63 28.7	N22 50.7	313 22.5	S14 34.7	192 46.7	S10 23.5	Gacrux	172 17.1	S57 05.1
D 13	188 16.6	336 37.6	22.7	78 29.5	50.5	328 24.6	34.9	207 49.3	23.5	Gienah	176 07.1	S17 30.7
A 14	203 19.1	351 38.3	23.6	93 30.3	50.3	343 26.6	35.0	222 51.9	23.6	Hadar	149 08.4	S60 21.0
Y 15	218 21.6	6 39.0	·· 24.5	108 31.1	·· 50.2	358 28.6	·· 35.2	237 54.6	·· 23.7	Hamal	328 16.4	N23 26.3
16	233 24.0	21 39.7	25.5	123 32.0	50.0	13 30.7	35.3	252 57.2	23.8	Kaus Aust.	84 02.3	S34 23.2
17	248 26.5	36 40.5	26.4	138 32.8	49.8	28 32.7	35.4	267 59.9	23.8			
18	263 29.0	51 41.2	S17 27.3	153 33.6	N22 49.7	43 34.7	S14 35.6	283 02.5	S10 23.9	Kochab	137 20.2	N74 10.9
19	278 31.4	66 41.9	28.2	168 34.4	49.5	58 36.8	35.7	298 05.1	24.0	Markab	13 52.0	N15 10.8
20	293 33.9	81 42.6	29.1	183 35.3	49.3	73 38.8	35.9	313 07.8	24.0	Menkar	314 29.6	N 4 04.3
21	308 36.3	96 43.4	·· 30.0	198 36.1	·· 49.2	88 40.9	·· 36.0	328 10.4	·· 24.1	Menkent	148 24.5	S36 20.7
22	323 38.8	111 44.1	30.9	213 36.9	49.0	103 42.9	36.1	343 13.0	24.2	Miaplacidus	221 43.3	S69 41.6
23	338 41.3	126 44.8	31.8	228 37.7	48.8	118 44.9	36.3	358 15.7	24.2			
15 00	353 43.7	141 45.6	S17 32.7	243 38.6	N22 48.7	133 47.0	S14 36.4	13 18.3	S10 24.3	Mirfak	309 00.3	N49 50.4
01	8 46.2	156 46.3	33.6	258 39.4	48.5	148 49.0	36.6	28 20.9	24.4	Nunki	76 15.6	S26 18.1
02	23 48.7	171 47.0	34.5	273 40.2	48.4	163 51.0	36.7	43 23.6	24.4	Peacock	53 40.9	S56 45.1
03	38 51.1	186 47.8	·· 35.4	288 41.0	·· 48.2	178 53.1	·· 36.8	58 26.2	·· 24.5	Pollux	243 45.1	N28 02.2
04	53 53.6	201 48.5	36.3	303 41.9	48.0	193 55.1	37.0	73 28.8	24.6	Procyon	245 14.6	N 5 14.3
05	68 56.1	216 49.3	37.2	318 42.7	47.9	208 57.1	37.1	88 31.5	24.6			
06	83 58.5	231 50.0	S17 38.1	333 43.5	N22 47.7	223 59.2	S14 37.3	103 34.1	S10 24.7	Rasalhague	96 19.5	N12 34.1
07	99 01.0	246 50.7	39.0	348 44.4	47.5	239 01.2	37.4	118 36.8	24.8	Regulus	207 58.8	N11 59.6
T 08	114 03.4	261 51.5	39.9	3 45.2	47.4	254 03.2	37.5	133 39.4	24.8	Rigel	281 25.6	S 8 12.3
H 09	129 05.9	276 52.2	·· 40.8	18 46.0	·· 47.2	269 05.3	·· 37.7	148 42.0	·· 24.9	Rigil Kent.	140 11.3	S60 48.9
U 10	144 08.4	291 53.0	41.7	33 46.8	47.0	284 07.3	37.8	163 44.7	25.0	Sabik	102 28.7	S15 43.0
R 11	159 10.8	306 53.7	42.6	48 47.7	46.9	299 09.3	38.0	178 47.3	25.1			
S 12	174 13.3	321 54.5	S17 43.5	63 48.5	N22 46.7	314 11.4	S14 38.1	193 49.9	S10 25.1	Schedar	349 56.0	N56 30.6
D 13	189 15.8	336 55.2	44.4	78 49.3	46.5	329 13.4	38.2	208 52.6	25.2	Shaula	96 41.0	S37 06.0
A 14	204 18.2	351 56.0	45.3	93 50.2	46.4	344 15.4	38.4	223 55.2	25.3	Sirius	258 46.2	S16 42.4
Y 15	219 20.7	6 56.7	·· 46.2	108 51.0	·· 46.2	359 17.5	·· 38.5	238 57.8	·· 25.3	Spica	158 46.3	S11 08.0
16	234 23.2	21 57.5	47.1	123 51.8	46.0	14 19.5	38.7	254 00.5	25.4	Suhail	223 03.1	S43 24.6
17	249 25.6	36 58.2	48.0	138 52.7	45.8	29 21.5	38.8	269 03.1	25.5			
18	264 28.1	51 59.0	S17 48.9	153 53.5	N22 45.7	44 23.6	S14 38.9	284 05.7	S10 25.5	Vega	80 48.3	N38 47.1
19	279 30.6	66 59.8	49.8	168 54.3	45.5	59 25.6	39.1	299 08.4	25.6	Zuben'ubi	137 21.2	S16 01.1
20	294 33.0	82 00.5	50.6	183 55.2	45.3	74 27.6	39.2	314 11.0	25.7			
21	309 35.5	97 01.3	·· 51.5	198 56.0	·· 45.2	89 29.7	·· 39.4	329 13.6	·· 25.7		S.H.A.	Mer. Pass.
22	324 37.9	112 02.0	52.4	213 56.8	45.0	104 31.7	39.5	344 16.3	25.8	Venus	148 43.7	14 33
23	339 40.4	127 02.8	53.3	228 57.7	44.8	119 33.7	39.6	359 18.9	25.9	Mars	250 34.2	7 46
										Jupiter	140 13.5	15 06
Mer. Pass. 0 28.9		v 0.7 d 0.9		v 0.8 d 0.2		v 2.0 d 0.1		v 2.6 d 0.1		Saturn	19 30.4	23 07

1994 SEPTEMBER 13, 14, 15 (TUES., WED., THURS.)

UT (GMT)	SUN G.H.A.	Dec.	MOON G.H.A.	v	Dec.	d	H.P.
d h	o ′	o ′	o ′	′	o ′	′	′
13 00	180 57.7	N 3 58.0	85 16.5	6.6	S20 05.6	1.6	58.7
01	195 58.0	57.0	99 42.1	6.6	20 04.0	1.7	58.6
02	210 58.2	56.1	114 07.7	6.7	20 02.3	1.9	58.6
03	225 58.4	.. 55.1	128 33.4	6.7	20 00.4	1.9	58.6
04	240 58.6	54.2	142 59.1	6.8	19 58.5	2.1	58.6
05	255 58.8	53.2	157 24.9	6.8	19 56.4	2.2	58.6
06	270 59.1	N 3 52.3	171 50.7	6.8	S19 54.2	2.3	58.5
07	285 59.3	51.3	186 16.5	6.9	19 51.9	2.5	58.5
T 08	300 59.5	50.4	200 42.4	6.9	19 49.4	2.6	58.5
U 09	315 59.7	.. 49.4	215 08.3	6.9	19 46.8	2.7	58.5
E 10	330 59.9	48.4	229 34.2	7.1	19 44.1	2.8	58.5
S 11	346 00.2	47.5	244 00.3	7.0	19 41.3	2.9	58.4
D 12	1 00.4	N 3 46.5	258 26.3	7.1	S19 38.4	3.1	58.4
A 13	16 00.6	45.6	272 52.4	7.2	19 35.3	3.2	58.4
Y 14	31 00.8	44.6	287 18.6	7.2	19 32.1	3.2	58.4
15	46 01.1	.. 43.7	301 44.8	7.2	19 28.9	3.5	58.4
16	61 01.3	42.7	316 11.0	7.3	19 25.4	3.5	58.3
17	76 01.5	41.7	330 37.3	7.4	19 21.9	3.6	58.3
18	91 01.7	N 3 40.8	345 03.7	7.4	S19 18.3	3.8	58.3
19	106 01.9	39.8	359 30.1	7.5	19 14.5	3.9	58.3
20	121 02.2	38.9	13 56.6	7.5	19 10.6	4.0	58.2
21	136 02.4	.. 37.9	28 23.1	7.5	19 06.6	4.1	58.2
22	151 02.6	37.0	42 49.6	7.7	19 02.5	4.2	58.2
23	166 02.8	36.0	57 16.3	7.6	18 58.3	4.3	58.2
14 00	181 03.0	N 3 35.0	71 42.9	7.8	S18 54.0	4.4	58.2
01	196 03.3	34.1	86 09.7	7.8	18 49.6	4.6	58.1
02	211 03.5	33.1	100 36.5	7.8	18 45.0	4.6	58.1
03	226 03.7	.. 32.2	115 03.3	7.9	18 40.4	4.8	58.1
04	241 03.9	31.2	129 30.2	8.0	18 35.6	4.9	58.1
05	256 04.2	30.2	143 57.2	8.0	18 30.7	5.0	58.1
06	271 04.4	N 3 29.3	158 24.2	8.1	S18 25.7	5.1	58.0
W 07	286 04.6	28.3	172 51.3	8.1	18 20.6	5.1	58.0
E 08	301 04.8	27.4	187 18.4	8.2	18 15.5	5.3	58.0
D 09	316 05.0	.. 26.4	201 45.6	8.3	18 10.2	5.4	58.0
N 10	331 05.3	25.4	216 12.9	8.3	18 04.8	5.5	57.9
E 11	346 05.5	24.5	230 40.2	8.4	17 59.3	5.6	57.9
S 12	1 05.7	N 3 23.5	245 07.6	8.4	S17 53.7	5.7	57.9
D 13	16 05.9	22.6	259 35.0	8.5	17 48.0	5.8	57.9
A 14	31 06.1	21.6	274 02.5	8.6	17 42.2	5.9	57.9
Y 15	46 06.4	.. 20.6	288 30.1	8.6	17 36.3	6.0	57.8
16	61 06.6	19.7	302 57.7	8.7	17 30.3	6.1	57.8
17	76 06.8	18.7	317 25.4	8.8	17 24.2	6.2	57.8
18	91 07.0	N 3 17.8	331 53.2	8.8	S17 18.0	6.3	57.8
19	106 07.3	16.8	346 21.0	8.8	17 11.7	6.4	57.8
20	121 07.5	15.8	0 48.8	9.0	17 05.3	6.5	57.7
21	136 07.7	.. 14.9	15 16.8	9.0	16 58.8	6.5	57.7
22	151 07.9	13.9	29 44.8	9.1	16 52.3	6.7	57.7
23	166 08.1	13.0	44 12.9	9.1	16 45.6	6.7	57.7
15 00	181 08.4	N 3 12.0	58 41.0	9.2	S16 38.9	6.9	57.6
01	196 08.6	11.0	73 09.2	9.2	16 32.0	6.9	57.6
02	211 08.8	10.1	87 37.4	9.4	16 25.1	7.0	57.6
03	226 09.0	.. 09.1	102 05.8	9.3	16 18.1	7.1	57.6
04	241 09.3	08.2	116 34.1	9.5	16 11.0	7.2	57.6
05	256 09.5	07.2	131 02.6	9.5	16 03.8	7.2	57.5
06	271 09.7	N 3 06.2	145 31.1	9.6	S15 56.6	7.4	57.5
07	286 09.9	05.3	159 59.7	9.6	15 49.2	7.4	57.5
T 08	301 10.2	04.3	174 28.3	9.7	15 41.8	7.5	57.5
H 09	316 10.4	.. 03.4	188 57.0	9.8	15 34.3	7.6	57.5
U 10	331 10.6	02.4	203 25.8	9.8	15 26.7	7.7	57.4
R 11	346 10.8	01.4	217 54.6	9.9	15 19.0	7.7	57.4
S 12	1 11.0	N 3 00.5	232 23.5	10.0	S15 11.3	7.9	57.4
D 13	16 11.3	2 59.5	246 52.5	10.0	15 03.4	7.9	57.4
A 14	31 11.5	58.5	261 21.5	10.1	14 55.5	7.9	57.3
Y 15	46 11.7	.. 57.6	275 50.6	10.2	14 47.6	8.1	57.3
16	61 11.9	56.6	290 19.8	10.2	14 39.5	8.1	57.3
17	76 12.2	55.7	304 49.0	10.3	14 31.4	8.2	57.3
18	91 12.4	N 2 54.7	319 18.3	10.3	S14 23.2	8.3	57.3
19	106 12.6	53.7	333 47.6	10.4	14 14.9	8.3	57.2
20	121 12.8	52.8	348 17.0	10.5	14 06.6	8.4	57.2
21	136 13.0	.. 51.8	2 46.5	10.5	13 58.2	8.5	57.2
22	151 13.3	50.8	17 16.0	10.6	13 49.7	8.6	57.2
23	166 13.5	49.9	31 45.6	10.7	13 41.1	8.6	57.2
	S.D. 15.9	d 1.0	S.D. 15.9		15.8		15.6

Lat.	Twilight Naut.	Civil	Sunrise	Moonrise 13	14	15	16
o	h m	h m	h m	h m	h m	h m	h m
N 72	01 56	03 48	05 01	■	18 50	18 14	17 56
N 70	02 31	04 02	05 07	18 03	17 51	17 44	17 39
68	02 55	04 13	05 12	17 03	17 16	17 22	17 25
66	03 13	04 23	05 16	16 28	16 51	17 05	17 13
64	03 28	04 30	05 19	16 03	16 31	16 50	17 04
62	03 40	04 37	05 22	15 43	16 15	16 38	16 55
60	03 51	04 42	05 25	15 26	16 02	16 28	16 48
N 58	03 58	04 47	05 27	15 13	15 50	16 19	16 42
56	04 05	04 51	05 29	15 01	15 40	16 11	16 36
54	04 12	04 55	05 31	14 50	15 31	16 04	16 31
52	04 17	04 58	05 32	14 41	15 23	15 58	16 26
50	04 22	05 01	05 34	14 33	15 16	15 52	16 22
45	04 32	05 07	05 37	14 15	15 01	15 40	16 13
N 40	04 40	05 12	05 40	14 01	14 48	15 29	16 06
35	04 47	05 16	05 42	13 49	14 37	15 20	15 59
30	04 52	05 20	05 44	13 38	14 28	15 13	15 53
20	04 59	05 25	05 47	13 20	14 12	14 59	15 43
N 10	05 04	05 29	05 50	13 04	13 57	14 47	15 34
0	05 08	05 32	05 52	12 49	13 44	14 36	15 26
S 10	05 09	05 34	05 55	12 34	13 30	14 25	15 18
20	05 10	05 35	05 57	12 18	13 16	14 13	15 09
30	05 08	05 36	06 00	11 59	13 00	14 00	14 59
35	05 07	05 36	06 01	11 49	12 50	13 52	14 53
40	05 05	05 36	06 03	11 36	12 39	13 43	14 46
45	05 02	05 36	06 05	11 22	12 26	13 32	14 39
S 50	04 58	05 35	06 07	11 04	12 10	13 19	14 29
52	04 55	05 35	06 08	10 56	12 03	13 13	14 25
54	04 53	05 34	06 09	10 47	11 55	13 07	14 20
56	04 50	05 34	06 10	10 36	11 46	12 59	14 15
58	04 47	05 33	06 12	10 24	11 35	12 51	14 09
S 60	04 43	05 32	06 13	10 10	11 23	12 42	14 02

Lat.	Sunset	Twilight Civil	Naut.	Moonset 13	14	15	16
o	h m	h m	h m	h m	h m	h m	h m
N 72	18 47	19 59	21 47	■	21 15	23 39	25 39
N 70	18 42	19 46	21 15	20 07	22 13	24 08	00 08
68	18 37	19 35	20 52	21 08	22 47	24 29	00 29
66	18 33	19 26	20 35	21 42	23 12	24 45	00 45
64	18 30	19 19	20 21	22 07	23 31	24 59	00 59
62	18 28	19 13	20 09	22 26	23 46	25 10	01 10
60	18 25	19 07	20 00	22 42	23 59	25 19	01 19
N 58	18 23	19 03	19 51	22 56	24 10	00 10	01 28
56	18 21	18 59	19 44	23 07	24 20	00 20	01 35
54	18 19	18 55	19 38	23 18	24 28	00 28	01 42
52	18 18	18 52	19 33	23 27	24 36	00 36	01 47
50	18 16	18 49	19 28	23 35	24 43	00 43	01 53
45	18 13	18 43	19 18	23 52	24 57	00 57	02 04
N 40	18 11	18 38	19 10	24 06	00 06	01 09	02 13
35	18 09	18 34	19 04	24 18	00 18	01 20	02 21
30	18 07	18 31	18 59	24 28	00 28	01 28	02 28
20	18 04	18 26	18 52	24 46	00 46	01 44	02 40
N 10	18 01	18 22	18 47	00 04	01 01	01 57	02 51
0	17 59	18 20	18 44	00 19	01 15	02 09	03 01
S 10	17 57	18 18	18 42	00 34	01 30	02 22	03 10
20	17 54	18 16	18 42	00 51	01 45	02 35	03 21
30	17 52	18 16	18 43	01 10	02 02	02 50	03 32
35	17 50	18 16	18 45	01 20	02 12	02 58	03 39
40	17 49	18 16	18 47	01 33	02 24	03 08	03 47
45	17 47	18 16	18 50	01 48	02 37	03 19	03 55
S 50	17 44	18 17	18 55	02 06	02 54	03 33	04 06
52	17 44	18 18	18 57	02 14	03 01	03 40	04 11
54	17 43	18 18	18 59	02 24	03 10	03 47	04 16
56	17 42	18 19	19 02	02 34	03 19	03 54	04 22
58	17 41	18 20	19 06	02 46	03 30	04 03	04 29
S 60	17 39	18 21	19 10	03 01	03 43	04 13	04 36

Day	SUN Eqn. of Time 00h	12h	Mer. Pass.	MOON Mer. Pass. Upper	Lower	Age	Phase
	m s	m s	h m	h m	h m	d	
13	03 51	04 01	11 56	19 02	06 34	08	
14	04 12	04 22	11 56	19 57	07 30	09	◑
15	04 33	04 44	11 55	20 49	08 23	10	

1994 SEPTEMBER 16, 17, 18 (FRI., SAT., SUN.)

UT (GMT) d h	ARIES G.H.A.	VENUS −4.5 G.H.A.	Dec.	MARS +1.1 G.H.A.	Dec.	JUPITER −1.8 G.H.A.	Dec.	SATURN +0.5 G.H.A.	Dec.	STARS Name	S.H.A.	Dec.
16 00	354 42.9	142 03.6	S17 54.2	243 58.5	N22 44.7	134 35.8	S14 39.8	14 21.5	S10 25.9	Acamar	315 28.7	S40 19.3
01	9 45.3	157 04.3	55.1	258 59.3	44.5	149 37.8	39.9	29 24.2	26.0	Achernar	335 36.7	S57 15.6
02	24 47.8	172 05.1	56.0	274 00.2	44.3	164 39.8	40.1	44 26.8	26.1	Acrux	173 25.7	S63 04.3
03	39 50.3	187 05.9 ··	56.8	289 01.0 ··	44.1	179 41.9 ··	40.2	59 29.4 ··	26.1	Adhara	255 23.7	S28 57.7
04	54 52.7	202 06.7	57.7	304 01.8	44.0	194 43.9	40.4	74 32.1	26.2	Aldebaran	291 05.4	N16 29.9
05	69 55.2	217 07.4	58.6	319 02.7	43.8	209 45.9	40.5	89 34.7	26.3			
06	84 57.7	232 08.2	S17 59.5	334 03.5	N22 43.6	224 48.0	S14 40.6	104 37.3	S10 26.3	Alioth	166 33.5	N55 59.4
07	100 00.1	247 09.0	18 00.4	349 04.3	43.5	239 50.0	40.8	119 40.0	26.4	Alkaid	153 10.4	N49 20.6
08	115 02.6	262 09.8	01.3	4 05.2	43.3	254 52.0	40.9	134 42.6	26.5	Al Na'ir	28 00.9	S46 59.1
F 09	130 05.1	277 10.5 ··	02.1	19 06.0 ··	43.1	269 54.1 ··	41.1	149 45.2 ··	26.5	Alnilam	276 00.6	S 1 12.2
R 10	145 07.5	292 11.3	03.0	34 06.8	42.9	284 56.1	41.2	164 47.9	26.6	Alphard	218 10.1	S 8 38.1
I 11	160 10.0	307 12.1	03.9	49 07.7	42.8	299 58.1	41.3	179 50.5	26.7			
D 12	175 12.4	322 12.9	S18 04.8	64 08.5	N22 42.6	315 00.1	S14 41.5	194 53.1	S10 26.7	Alphecca	126 23.1	N26 44.2
A 13	190 14.9	337 13.7	05.6	79 09.4	42.4	330 02.2	41.6	209 55.8	26.8	Alpheratz	357 57.7	N29 03.9
Y 14	205 17.4	352 14.4	06.5	94 10.2	42.2	345 04.2	41.8	224 58.4	26.9	Altair	62 21.8	N 8 51.5
15	220 19.8	7 15.2 ··	07.4	109 11.0 ··	42.1	0 06.2 ··	41.9	240 01.0 ··	26.9	Ankaa	353 29.1	S42 19.9
16	235 22.3	22 16.0	08.3	124 11.9	41.9	15 08.3	42.0	255 03.7	27.0	Antares	112 43.6	S26 25.2
17	250 24.8	37 16.8	09.1	139 12.7	41.7	30 10.3	42.2	270 06.3	27.1			
18	265 27.2	52 17.6	S18 10.0	154 13.5	N22 41.5	45 12.3	S14 42.3	285 08.9	S10 27.2	Arcturus	146 08.8	N19 12.8
19	280 29.7	67 18.4	10.9	169 14.4	41.4	60 14.4	42.5	300 11.6	27.2	Atria	107 58.1	S69 01.3
20	295 32.2	82 19.2	11.8	184 15.2	41.2	75 16.4	42.6	315 14.2	27.3	Avior	234 24.1	S59 29.4
21	310 34.6	97 20.0 ··	12.6	199 16.1 ··	41.0	90 18.4 ··	42.8	330 16.8 ··	27.4	Bellatrix	278 47.1	N 6 20.7
22	325 37.1	112 20.8	13.5	214 16.9	40.8	105 20.4	42.9	345 19.5	27.4	Betelgeuse	271 16.5	N 7 24.4
23	340 39.5	127 21.6	14.4	229 17.7	40.7	120 22.5	43.0	0 22.1	27.5			
17 00	355 42.0	142 22.4	S18 15.2	244 18.6	N22 40.5	135 24.5	S14 43.2	15 24.7	S10 27.6	Canopus	264 02.5	S52 41.3
01	10 44.5	157 23.2	16.1	259 19.4	40.3	150 26.5	43.3	30 27.4	27.6	Capella	280 55.2	N45 59.4
02	25 46.9	172 24.0	17.0	274 20.3	40.1	165 28.6	43.5	45 30.0	27.7	Deneb	49 40.7	N45 16.1
03	40 49.4	187 24.8 ··	17.8	289 21.1 ··	40.0	180 30.6 ··	43.6	60 32.6 ··	27.8	Denebola	182 48.3	N14 36.1
04	55 51.9	202 25.6	18.7	304 21.9	39.8	195 32.6	43.7	75 35.3	27.8	Diphda	349 09.7	S18 00.7
05	70 54.3	217 26.4	19.6	319 22.8	39.6	210 34.6	43.9	90 37.9	27.9			
06	85 56.8	232 27.2	S18 20.4	334 23.6	N22 39.4	225 36.7	S14 44.0	105 40.5	S10 28.0	Dubhe	194 09.5	N61 46.7
07	100 59.3	247 28.0	21.3	349 24.5	39.2	240 38.7	44.2	120 43.2	28.0	Elnath	278 30.4	N28 36.1
S 08	116 01.7	262 28.8	22.1	4 25.3	39.1	255 40.7	44.3	135 45.8	28.1	Eltanin	90 52.6	N51 29.8
A 09	131 04.2	277 29.6 ··	23.0	19 26.2 ··	38.9	270 42.7 ··	44.5	150 48.4 ··	28.2	Enif	34 00.6	N 9 51.3
T 10	146 06.7	292 30.4	23.9	34 27.0	38.7	285 44.8	44.6	165 51.1	28.2	Fomalhaut	15 39.1	S29 38.8
U 11	161 09.1	307 31.3	24.7	49 27.8	38.5	300 46.8	44.7	180 53.7	28.3			
R 12	176 11.6	322 32.1	S18 25.6	64 28.7	N22 38.4	315 48.8	S14 44.9	195 56.3	S10 28.4	Gacrux	172 17.1	S57 05.1
D 13	191 14.0	337 32.9	26.4	79 29.5	38.2	330 50.9	45.0	210 59.0	28.4	Gienah	176 07.1	S17 30.7
A 14	206 16.5	352 33.7	27.3	94 30.4	38.0	345 52.9	45.2	226 01.6	28.5	Hadar	149 08.4	S60 21.0
Y 15	221 19.0	7 34.5 ··	28.2	109 31.2 ··	37.8	0 54.9 ··	45.3	241 04.2 ··	28.6	Hamal	328 16.4	N23 26.3
16	236 21.4	22 35.4	29.0	124 32.1	37.6	15 56.9	45.4	256 06.9	28.6	Kaus Aust.	84 02.3	S34 23.2
17	251 23.9	37 36.2	29.9	139 32.9	37.5	30 59.0	45.6	271 09.5	28.7			
18	266 26.4	52 37.0	S18 30.7	154 33.8	N22 37.3	46 01.0	S14 45.7	286 12.1	S10 28.8	Kochab	137 20.3	N74 10.9
19	281 28.8	67 37.8	31.6	169 34.6	37.1	61 03.0	45.9	301 14.8	28.8	Markab	13 52.0	N15 10.9
20	296 31.3	82 38.7	32.4	184 35.4	36.9	76 05.0	46.0	316 17.4	28.9	Menkar	314 29.6	N 4 04.3
21	311 33.8	97 39.5 ··	33.3	199 36.3 ··	36.7	91 07.1 ··	46.2	331 20.0 ··	29.0	Menkent	148 24.5	S36 20.7
22	326 36.2	112 40.3	34.1	214 37.1	36.6	106 09.1	46.3	346 22.7	29.0	Miaplacidus	221 43.3	S69 41.6
23	341 38.7	127 41.2	35.0	229 38.0	36.4	121 11.1	46.4	1 25.3	29.1			
18 00	356 41.2	142 42.0	S18 35.8	244 38.8	N22 36.2	136 13.1	S14 46.6	16 27.9	S10 29.2	Mirfak	309 00.2	N49 50.4
01	11 43.6	157 42.8	36.7	259 39.7	36.0	151 15.2	46.7	31 30.5	29.2	Nunki	76 15.6	S26 18.1
02	26 46.1	172 43.7	37.5	274 40.5	35.8	166 17.2	46.9	46 33.2	29.3	Peacock	53 40.9	S56 45.1
03	41 48.5	187 44.5 ··	38.4	289 41.4 ··	35.6	181 19.2 ··	47.0	61 35.8 ··	29.4	Pollux	243 45.1	N28 02.2
04	56 51.0	202 45.3	39.2	304 42.2	35.5	196 21.2	47.1	76 38.4	29.4	Procyon	245 14.6	N 5 14.3
05	71 53.5	217 46.2	40.1	319 43.1	35.3	211 23.3	47.3	91 41.1	29.5			
06	86 55.9	232 47.0	S18 40.9	334 43.9	N22 35.1	226 25.3	S14 47.4	106 43.7	S10 29.6	Rasalhague	96 19.5	N12 34.1
07	101 58.4	247 47.9	41.7	349 44.8	34.9	241 27.3	47.6	121 46.3	29.6	Regulus	207 58.7	N11 59.6
08	117 00.9	262 48.7	42.6	4 45.6	34.7	256 29.3	47.7	136 49.0	29.7	Rigel	281 25.5	S 8 12.3
S 09	132 03.3	277 49.6 ··	43.4	19 46.5 ··	34.5	271 31.3 ··	47.9	151 51.6 ··	29.7	Rigil Kent.	140 11.4	S60 48.9
U 10	147 05.8	292 50.4	44.3	34 47.3	34.4	286 33.4	48.0	166 54.2	29.8	Sabik	102 28.7	S15 43.0
N 11	162 08.3	307 51.3	45.1	49 48.2	34.2	301 35.4	48.1	181 56.9	29.9			
D 12	177 10.7	322 52.1	S18 46.0	64 49.0	N22 34.0	316 37.4	S14 48.3	196 59.5	S10 29.9	Schedar	349 56.0	N56 30.6
A 13	192 13.2	337 53.0	46.8	79 49.9	33.8	331 39.4	48.4	212 02.1	30.0	Shaula	96 41.0	S37 06.0
Y 14	207 15.6	352 53.8	47.6	94 50.7	33.6	346 41.5	48.6	227 04.7	30.1	Sirius	258 46.2	S16 42.4
15	222 18.1	7 54.7 ··	48.5	109 51.6 ··	33.4	1 43.5 ··	48.7	242 07.4 ··	30.1	Spica	158 46.4	S11 08.0
16	237 20.6	22 55.5	49.3	124 52.4	33.3	16 45.5	48.9	257 10.0	30.2	Suhail	223 03.1	S43 24.6
17	252 23.0	37 56.4	50.1	139 53.3	33.1	31 47.5	49.0	272 12.6	30.3			
18	267 25.5	52 57.3	S18 51.0	154 54.1	N22 32.9	46 49.6	S14 49.1	287 15.3	S10 30.3	Vega	80 48.4	N38 47.1
19	282 28.0	67 58.1	51.8	169 55.0	32.7	61 51.6	49.3	302 17.9	30.4	Zuben'ubi	137 21.2	S16 01.1
20	297 30.4	82 59.0	52.6	184 55.8	32.5	76 53.6	49.4	317 20.5	30.5			
21	312 32.9	97 59.9 ··	53.5	199 56.7 ··	32.3	91 55.6 ··	49.6	332 23.2 ··	30.5		S.H.A.	Mer. Pass.
22	327 35.4	113 00.7	54.3	214 57.5	32.1	106 57.6	49.7	347 25.8	30.6	Venus	146 40.4	14 30
23	342 37.8	128 01.6	55.1	229 58.4	31.9	121 59.7	49.9	2 28.4	30.7	Mars	248 36.6	7 42
Mer. Pass.	0 17.2	v 0.8	d 0.9	v 0.8	d 0.2	v 2.0	d 0.1	v 2.6	d 0.1	Jupiter	139 42.5	14 56
										Saturn	19 42.7	22 54

1994 SEPTEMBER 16, 17, 18 (FRI., SAT., SUN.)

SUN / MOON

UT (GMT) d h	SUN G.H.A.	SUN Dec.	MOON G.H.A.	v	MOON Dec.	d	H.P.
16 00	181 13.7	N 2 48.9	46 15.3	10.7	S13 32.5	8.7	57.1
01	196 13.9	48.0	60 45.0	10.7	13 23.8	8.7	57.1
02	211 14.2	47.0	75 14.7	10.9	13 15.1	8.8	57.1
03	226 14.4	.. 46.0	89 44.6	10.9	13 06.3	8.9	57.1
04	241 14.6	45.1	104 14.5	10.9	12 57.4	8.9	57.0
05	256 14.8	44.1	118 44.4	11.0	12 48.5	9.0	57.0
06	271 15.1	N 2 43.1	133 14.4	11.1	S12 39.5	9.0	57.0
07	286 15.3	42.2	147 44.5	11.2	12 30.5	9.1	57.0
08	301 15.5	41.2	162 14.7	11.2	12 21.4	9.2	57.0
F 09	316 15.7	.. 40.2	176 44.9	11.2	12 12.2	9.2	56.9
R 10	331 15.9	39.3	191 15.1	11.3	12 03.0	9.3	56.9
I 11	346 16.2	38.3	205 45.4	11.4	11 53.7	9.3	56.9
D 12	1 16.4	N 2 37.4	220 15.8	11.4	S11 44.4	9.4	56.9
A 13	16 16.6	36.4	234 46.2	11.5	11 35.0	9.4	56.9
Y 14	31 16.8	35.4	249 16.7	11.5	11 25.6	9.5	56.8
15	46 17.1	.. 34.5	263 47.2	11.6	11 16.1	9.5	56.8
16	61 17.3	33.5	278 17.8	11.7	11 06.6	9.6	56.8
17	76 17.5	32.5	292 48.5	11.7	10 57.0	9.6	56.8
18	91 17.7	N 2 31.6	307 19.2	11.8	S10 47.4	9.7	56.8
19	106 18.0	30.6	321 50.0	11.8	10 37.7	9.7	56.7
20	121 18.2	29.6	336 20.8	11.9	10 28.0	9.8	56.7
21	136 18.4	.. 28.7	350 51.7	11.9	10 18.2	9.8	56.7
22	151 18.6	27.7	5 22.6	12.0	10 08.4	9.9	56.7
23	166 18.8	26.7	19 53.6	12.0	9 58.5	9.9	56.6
17 00	181 19.1	N 2 25.8	34 24.6	12.1	S 9 48.6	9.9	56.6
01	196 19.3	24.8	48 55.7	12.1	9 38.7	10.0	56.6
02	211 19.5	23.8	63 26.8	12.2	9 28.7	10.0	56.6
03	226 19.7	.. 22.9	77 58.0	12.2	9 18.7	10.1	56.6
04	241 20.0	21.9	92 29.2	12.3	9 08.6	10.1	56.5
05	256 20.2	20.9	107 00.5	12.3	8 58.5	10.1	56.5
06	271 20.4	N 2 20.0	121 31.8	12.4	S 8 48.4	10.2	56.5
07	286 20.6	19.0	136 03.2	12.5	8 38.2	10.2	56.5
S 08	301 20.9	18.1	150 34.7	12.4	8 28.0	10.2	56.5
A 09	316 21.1	.. 17.1	165 06.1	12.6	8 17.8	10.3	56.4
T 10	331 21.3	16.1	179 37.7	12.5	8 07.5	10.3	56.4
U 11	346 21.5	15.2	194 09.2	12.7	7 57.2	10.3	56.4
R 12	1 21.8	N 2 14.2	208 40.9	12.6	S 7 46.9	10.4	56.4
D 13	16 22.0	13.2	223 12.5	12.7	7 36.5	10.3	56.4
A 14	31 22.2	12.3	237 44.2	12.8	7 26.2	10.5	56.3
Y 15	46 22.4	.. 11.3	252 16.0	12.8	7 15.7	10.4	56.3
16	61 22.6	10.3	266 47.8	12.8	7 05.3	10.5	56.3
17	76 22.9	09.4	281 19.6	12.9	6 54.8	10.5	56.3
18	91 23.1	N 2 08.4	295 51.5	12.9	S 6 44.3	10.5	56.3
19	106 23.3	07.4	310 23.4	13.0	6 33.8	10.5	56.2
20	121 23.5	06.5	324 55.4	13.0	6 23.3	10.6	56.2
21	136 23.8	.. 05.5	339 27.4	13.1	6 12.7	10.6	56.2
22	151 24.0	04.5	353 59.5	13.1	6 02.1	10.6	56.2
23	166 24.2	03.6	8 31.6	13.1	5 51.5	10.6	56.2
18 00	181 24.4	N 2 02.6	23 03.7	13.2	S 5 40.9	10.7	56.1
01	196 24.7	01.6	37 35.9	13.2	5 30.2	10.6	56.1
02	211 24.9	2 00.7	52 08.1	13.2	5 19.6	10.7	56.1
03	226 25.1	1 59.7	66 40.3	13.3	5 08.9	10.7	56.1
04	241 25.3	58.7	81 12.6	13.3	4 58.2	10.7	56.1
05	256 25.5	57.8	95 44.9	13.4	4 47.5	10.8	56.0
06	271 25.8	N 1 56.8	110 17.3	13.3	S 4 36.7	10.7	56.0
07	286 26.0	55.8	124 49.6	13.5	4 26.0	10.8	56.0
08	301 26.2	54.8	139 22.1	13.4	4 15.2	10.7	56.0
S 09	316 26.4	.. 53.9	153 54.5	13.5	4 04.5	10.8	56.0
U 10	331 26.7	52.9	168 27.0	13.5	3 53.7	10.8	55.9
N 11	346 26.9	51.9	182 59.5	13.6	3 42.9	10.8	55.9
D 12	1 27.1	N 1 51.0	197 32.1	13.6	S 3 32.1	10.8	55.9
A 13	16 27.3	50.0	212 04.7	13.6	3 21.3	10.8	55.9
Y 14	31 27.6	49.0	226 37.3	13.6	3 10.5	10.9	55.9
15	46 27.8	.. 48.1	241 09.9	13.7	2 59.6	10.8	55.8
16	61 28.0	47.1	255 42.6	13.7	2 48.8	10.8	55.8
17	76 28.2	46.1	270 15.3	13.7	2 38.0	10.9	55.8
18	91 28.5	N 1 45.2	284 48.0	13.8	S 2 27.1	10.8	55.8
19	106 28.7	44.2	299 20.8	13.8	2 16.3	10.8	55.8
20	121 28.9	43.2	313 53.6	13.8	2 05.5	10.9	55.7
21	136 29.1	.. 42.3	328 26.4	13.8	1 54.6	10.8	55.7
22	151 29.3	41.3	342 59.2	13.9	1 43.8	10.9	55.7
23	166 29.6	40.3	357 32.1	13.9	1 32.9	10.8	55.7
	S.D. 15.9	d 1.0	S.D. 15.5		15.4		15.2

Twilight / Sunrise / Moonrise

Lat.	Naut.	Civil	Sunrise	Moonrise 16	17	18	19
N 72	02 21	04 04	05 15	17 56	17 44	17 33	17 23
N 70	02 50	04 16	05 19	17 39	17 34	17 29	17 25
68	03 10	04 25	05 22	17 25	17 26	17 26	17 27
66	03 26	04 33	05 25	17 13	17 19	17 24	17 28
64	03 39	04 39	05 28	17 04	17 13	17 22	17 29
62	03 49	04 45	05 30	16 55	17 09	17 20	17 31
60	03 58	04 50	05 32	16 48	17 04	17 18	17 32
N 58	04 05	04 54	05 33	16 42	17 00	17 17	17 32
56	04 12	04 57	05 35	16 36	16 57	17 16	17 33
54	04 18	05 00	05 36	16 31	16 54	17 14	17 34
52	04 23	05 03	05 37	16 26	16 51	17 13	17 35
50	04 27	05 06	05 38	16 22	16 48	17 12	17 35
45	04 36	05 11	05 41	16 13	16 43	17 10	17 37
N 40	04 43	05 15	05 42	16 06	16 38	17 09	17 38
35	04 49	05 19	05 44	15 59	16 34	17 07	17 39
30	04 53	05 21	05 45	15 53	16 31	17 06	17 40
20	05 00	05 26	05 48	15 43	16 24	17 03	17 41
N 10	05 04	05 29	05 50	15 34	16 19	17 01	17 43
0	05 07	05 31	05 51	15 26	16 14	16 59	17 44
S 10	05 08	05 32	05 53	15 18	16 09	16 57	17 45
20	05 07	05 33	05 54	15 09	16 03	16 55	17 47
30	05 05	05 32	05 56	14 59	15 57	16 53	17 48
35	05 03	05 32	05 57	14 53	15 53	16 52	17 49
40	05 00	05 31	05 58	14 46	15 49	16 50	17 50
45	04 56	05 30	05 59	14 39	15 44	16 49	17 52
S 50	04 51	05 28	06 01	14 29	15 38	16 46	17 53
52	04 48	05 28	06 01	14 25	15 36	16 46	17 54
54	04 45	05 27	06 02	14 20	15 33	16 44	17 55
56	04 42	05 26	06 03	14 15	15 30	16 43	17 56
58	04 38	05 24	06 03	14 09	15 26	16 42	17 57
S 60	04 34	05 23	06 04	14 02	15 22	16 41	17 58

Twilight / Moonset

Lat.	Sunset	Civil	Naut.	Moonset 16	17	18	19
N 72	18 32	19 42	21 21	25 39	01 39	03 29	05 15
N 70	18 28	19 31	20 55	00 08	01 55	03 37	05 15
68	18 25	19 21	20 35	00 29	02 08	03 43	05 16
66	18 22	19 14	20 20	00 45	02 18	03 48	05 16
64	18 20	19 08	20 08	00 59	02 26	03 53	05 17
62	18 18	19 02	19 58	01 10	02 34	03 56	05 17
60	18 16	18 58	19 49	01 19	02 40	04 00	05 18
N 58	18 14	18 54	19 42	01 28	02 46	04 02	05 18
56	18 13	18 50	19 36	01 35	02 50	04 05	05 18
54	18 12	18 47	19 30	01 42	02 55	04 07	05 18
52	18 11	18 45	19 25	01 47	02 59	04 09	05 19
50	18 10	18 42	19 21	01 53	03 02	04 11	05 19
45	18 08	18 37	19 12	02 04	03 10	04 15	05 19
N 40	18 06	18 33	19 05	02 13	03 17	04 19	05 19
35	18 05	18 30	18 59	02 21	03 22	04 21	05 20
30	18 03	18 27	18 55	02 28	03 27	04 24	05 20
20	18 01	18 23	18 49	02 40	03 35	04 28	05 20
N 10	17 59	18 20	18 45	02 51	03 42	04 32	05 21
0	17 58	18 18	18 42	03 01	03 49	04 36	05 21
S 10	17 56	18 17	18 42	03 10	03 56	04 39	05 21
20	17 55	18 17	18 42	03 21	04 03	04 43	05 21
30	17 53	18 17	18 45	03 32	04 11	04 47	05 22
35	17 53	18 18	18 47	03 39	04 16	04 50	05 22
40	17 52	18 19	18 50	03 47	04 21	04 52	05 22
45	17 51	18 20	18 54	03 55	04 27	04 56	05 22
S 50	17 49	18 22	18 59	04 06	04 34	04 59	05 23
52	17 49	18 23	19 02	04 11	04 37	05 01	05 23
54	17 48	18 24	19 05	04 16	04 41	05 03	05 23
56	17 48	18 25	19 08	04 22	04 45	05 05	05 23
58	17 47	18 26	19 12	04 29	04 49	05 07	05 23
S 60	17 46	18 28	19 17	04 36	04 54	05 10	05 23

SUN / MOON

Day	SUN Eqn. of Time 00ʰ	12ʰ	Mer. Pass.	MOON Mer. Pass. Upper	Lower	Age	Phase
	m s	m s	h m	h m	h m	d	
16	04 54	05 05	11 55	21 38	09 13	11	
17	05 16	05 27	11 55	22 25	10 02	12	○
18	05 37	05 48	11 54	23 10	10 48	13	

1994 SEPTEMBER 19, 20, 21 (MON., TUES., WED.)

UT (GMT) d h	ARIES G.H.A.	VENUS G.H.A.	VENUS Dec.	MARS G.H.A.	MARS Dec.	JUPITER G.H.A.	JUPITER Dec.	SATURN G.H.A.	SATURN Dec.	STARS Name	S.H.A.	Dec.
19 00	357 40.3	143 02.5	S18 56.0	244 59.3	N22 31.8	137 01.7	S14 50.0	17 31.1	S10 30.7	Acamar	315 28.7	S40 19.3
01	12 42.8	158 03.3	56.8	260 00.1	31.6	152 03.7	50.1	32 33.7	30.8	Achernar	335 36.7	S57 15.6
02	27 45.2	173 04.2	57.6	275 01.0	31.4	167 05.7	50.3	47 36.3	30.9	Acrux	173 25.7	S63 04.3
03	42 47.7	188 05.1	·· 58.4	290 01.8	·· 31.2	182 07.7	·· 50.4	62 38.9	·· 30.9	Adhara	255 23.7	S28 57.7
04	57 50.1	203 06.0	18 59.3	305 02.7	31.0	197 09.8	50.6	77 41.6	31.0	Aldebaran	291 05.4	N16 29.9
05	72 52.6	218 06.9	19 00.1	320 03.5	30.8	212 11.8	50.7	92 44.2	31.1			
06	87 55.1	233 07.7	S19 00.9	335 04.4	N22 30.6	227 13.8	S14 50.9	107 46.8	S10 31.1	Alioth	166 33.5	N55 59.4
07	102 57.5	248 08.6	01.7	350 05.2	30.4	242 15.8	51.0	122 49.5	31.2	Alkaid	153 10.4	N49 20.5
08	118 00.0	263 09.5	02.6	5 06.1	30.3	257 17.8	51.1	137 52.1	31.3	Al Na'ir	28 00.9	S46 59.1
M 09	133 02.5	278 10.4	·· 03.4	20 07.0	·· 30.1	272 19.9	·· 51.3	152 54.7	·· 31.3	Alnilam	276 00.6	S 1 12.2
O 10	148 04.9	293 11.3	04.2	35 07.8	29.9	287 21.9	51.4	167 57.3	31.4	Alphard	218 10.1	S 8 38.1
N 11	163 07.4	308 12.2	05.0	50 08.7	29.7	302 23.9	51.6	183 00.0	31.5			
D 12	178 09.9	323 13.1	S19 05.8	65 09.5	N22 29.5	317 25.9	S14 51.7	198 02.6	S10 31.5	Alphecca	126 23.1	N26 44.2
A 13	193 12.3	338 14.0	06.7	80 10.4	29.3	332 27.9	51.9	213 05.2	31.6	Alpheratz	357 57.7	N29 03.9
Y 14	208 14.8	353 14.8	07.5	95 11.2	29.1	347 30.0	52.0	228 07.9	31.6	Altair	62 21.8	N 8 51.5
15	223 17.3	8 15.7	·· 08.3	110 12.1	·· 28.9	2 32.0	·· 52.1	243 10.5	·· 31.7	Ankaa	353 29.1	S42 19.9
16	238 19.7	23 16.6	09.1	125 13.0	28.7	17 34.0	52.3	258 13.1	31.8	Antares	112 43.6	S26 25.2
17	253 22.2	38 17.5	09.9	140 13.8	28.6	32 36.0	52.4	273 15.8	31.8			
18	268 24.6	53 18.4	S19 10.7	155 14.7	N22 28.4	47 38.0	S14 52.6	288 18.4	S10 31.9	Arcturus	146 08.8	N19 12.8
19	283 27.1	68 19.3	11.6	170 15.5	28.2	62 40.1	52.7	303 21.0	32.0	Atria	107 58.2	S69 01.3
20	298 29.6	83 20.2	12.4	185 16.4	28.0	77 42.1	52.9	318 23.6	32.0	Avior	234 24.1	S59 29.4
21	313 32.0	98 21.1	·· 13.2	200 17.3	·· 27.8	92 44.1	·· 53.0	333 26.3	·· 32.1	Bellatrix	278 47.0	N 6 20.7
22	328 34.5	113 22.1	14.0	215 18.1	27.6	107 46.1	53.1	348 28.9	32.2	Betelgeuse	271 16.5	N 7 24.4
23	343 37.0	128 23.0	14.8	230 19.0	27.4	122 48.1	53.3	3 31.5	32.2			
20 00	358 39.4	143 23.9	S19 15.6	245 19.8	N22 27.2	137 50.1	S14 53.4	18 34.2	S10 32.3	Canopus	264 02.4	S52 41.3
01	13 41.9	158 24.8	16.4	260 20.7	27.0	152 52.2	53.6	33 36.8	32.4	Capella	280 55.2	N45 59.4
02	28 44.4	173 25.7	17.2	275 21.6	26.8	167 54.2	53.7	48 39.4	32.4	Deneb	49 40.7	N45 16.1
03	43 46.8	188 26.6	·· 18.0	290 22.4	·· 26.6	182 56.2	·· 53.9	63 42.0	·· 32.5	Denebola	182 48.3	N14 36.1
04	58 49.3	203 27.5	18.8	305 23.3	26.4	197 58.2	54.0	78 44.7	32.6	Diphda	349 09.6	S18 00.7
05	73 51.7	218 28.5	19.6	320 24.1	26.2	213 00.2	54.1	93 47.3	32.6			
06	88 54.2	233 29.4	S19 20.5	335 25.0	N22 26.1	228 02.2	S14 54.3	108 49.9	S10 32.7	Dubhe	194 09.5	N61 46.7
07	103 56.7	248 30.3	21.3	350 25.9	25.9	243 04.3	54.4	123 52.6	32.7	Elnath	278 30.3	N28 36.1
T 08	118 59.1	263 31.2	22.1	5 26.7	25.7	258 06.3	54.6	138 55.2	32.8	Eltanin	90 52.7	N51 29.8
U 09	134 01.6	278 32.1	·· 22.9	20 27.6	·· 25.5	273 08.3	·· 54.7	153 57.8	·· 32.9	Enif	34 00.6	N 9 51.3
E 10	149 04.1	293 33.1	23.7	35 28.5	25.3	288 10.3	54.9	169 00.4	32.9	Fomalhaut	15 39.1	S29 38.8
S 11	164 06.5	308 34.0	24.5	50 29.3	25.1	303 12.3	55.0	184 03.1	33.0			
D 12	179 09.0	323 34.9	S19 25.3	65 30.2	N22 24.9	318 14.3	S14 55.1	199 05.7	S10 33.1	Gacrux	172 17.1	S57 05.1
A 13	194 11.5	338 35.9	26.1	80 31.1	24.7	333 16.4	55.3	214 08.3	33.1	Gienah	176 07.1	S17 30.7
Y 14	209 13.9	353 36.8	26.9	95 31.9	24.5	348 18.4	55.4	229 10.9	33.2	Hadar	149 08.4	S60 21.0
15	224 16.4	8 37.7	·· 27.7	110 32.8	·· 24.3	3 20.4	·· 55.6	244 13.6	·· 33.3	Hamal	328 16.3	N23 26.3
16	239 18.9	23 38.7	28.4	125 33.7	24.1	18 22.4	55.7	259 16.2	33.3	Kaus Aust.	84 02.4	S34 23.2
17	254 21.3	38 39.6	29.2	140 34.5	23.9	33 24.4	55.9	274 18.8	33.4			
18	269 23.8	53 40.6	S19 30.0	155 35.4	N22 23.7	48 26.4	S14 56.0	289 21.5	S10 33.5	Kochab	137 20.3	N74 10.9
19	284 26.2	68 41.5	30.8	170 36.3	23.5	63 28.4	56.2	304 24.1	33.5	Markab	13 52.0	N15 10.9
20	299 28.7	83 42.4	31.6	185 37.1	23.3	78 30.5	56.3	319 26.7	33.6	Menkar	314 29.5	N 4 04.3
21	314 31.2	98 43.4	·· 32.4	200 38.0	·· 23.1	93 32.5	·· 56.4	334 29.3	·· 33.6	Menkent	148 24.5	S36 20.7
22	329 33.6	113 44.3	33.2	215 38.9	22.9	108 34.5	56.6	349 32.0	33.7	Miaplacidus	221 43.3	S69 41.6
23	344 36.1	128 45.3	34.0	230 39.7	22.7	123 36.5	56.7	4 34.6	33.8			
21 00	359 38.6	143 46.2	S19 34.8	245 40.6	N22 22.5	138 38.5	S14 56.9	19 37.2	S10 33.8	Mirfak	309 00.2	N49 50.4
01	14 41.0	158 47.2	35.6	260 41.5	22.3	153 40.5	57.0	34 39.8	33.9	Nunki	76 15.6	S26 18.1
02	29 43.5	173 48.1	36.4	275 42.3	22.1	168 42.5	57.2	49 42.5	34.0	Peacock	53 40.9	S56 45.1
03	44 46.0	188 49.1	·· 37.1	290 43.2	·· 21.9	183 44.6	·· 57.3	64 45.1	·· 34.0	Pollux	243 45.1	N28 02.2
04	59 48.4	203 50.1	37.9	305 44.1	21.7	198 46.6	57.4	79 47.7	34.1	Procyon	245 14.6	N 5 14.3
05	74 50.9	218 51.0	38.7	320 44.9	21.5	213 48.6	57.6	94 50.4	34.2			
06	89 53.4	233 52.0	S19 39.5	335 45.8	N22 21.3	228 50.6	S14 57.7	109 53.0	S10 34.2	Rasalhague	96 19.5	N12 34.1
W 07	104 55.8	248 52.9	40.3	350 46.7	21.2	243 52.6	57.9	124 55.6	34.3	Regulus	207 58.7	N11 59.6
E 08	119 58.3	263 53.9	41.1	5 47.5	21.0	258 54.6	58.0	139 58.2	34.3	Rigel	281 25.5	S 8 12.3
D 09	135 00.7	278 54.9	·· 41.8	20 48.4	·· 20.8	273 56.6	·· 58.2	155 00.9	·· 34.4	Rigil Kent.	140 11.4	S60 48.9
N 10	150 03.2	293 55.8	42.6	35 49.3	20.6	288 58.6	58.3	170 03.5	34.5	Sabik	102 28.7	S15 43.0
E 11	165 05.7	308 56.8	43.4	50 50.2	20.4	304 00.7	58.5	185 06.1	34.5			
S 12	180 08.1	323 57.8	S19 44.2	65 51.0	N22 20.2	319 02.7	S14 58.6	200 08.7	S10 34.6	Schedar	349 56.0	N56 30.6
D 13	195 10.6	338 58.8	44.9	80 51.9	20.0	334 04.7	58.7	215 11.4	34.7	Shaula	96 41.0	S37 06.0
A 14	210 13.1	353 59.7	45.7	95 52.8	19.8	349 06.7	58.9	230 14.0	34.7	Sirius	258 46.1	S16 42.4
Y 15	225 15.5	9 00.7	·· 46.5	110 53.6	·· 19.6	4 08.7	·· 59.0	245 16.6	·· 34.8	Spica	158 46.4	S11 08.0
16	240 18.0	24 01.7	47.3	125 54.5	19.4	19 10.7	59.2	260 19.2	34.9	Suhail	223 03.1	S43 24.6
17	255 20.5	39 02.7	48.0	140 55.4	19.2	34 12.7	59.3	275 21.9	34.9			
18	270 22.9	54 03.7	S19 48.8	155 56.2	N22 19.0	49 14.7	S14 59.5	290 24.5	S10 35.0	Vega	80 48.4	N38 47.1
19	285 25.4	69 04.6	49.6	170 57.1	18.8	64 16.8	59.6	305 27.1	35.0	Zuben'ubi	137 21.2	S16 01.1
20	300 27.9	84 05.6	50.4	185 58.0	18.5	79 18.8	59.8	320 29.7	35.1			
21	315 30.3	99 06.6	·· 51.1	200 58.9	·· 18.3	94 20.8	14 59.9	335 32.4	·· 35.2		S.H.A.	Mer. Pass.
22	330 32.8	114 07.6	51.9	215 59.8	18.1	109 22.8	15 00.0	350 35.0	35.2	Venus	144 44.4	14 26
23	345 35.2	129 08.6	52.7	231 00.6	17.9	124 24.8	00.2	5 37.6	35.3	Mars	246 40.4	7 38
										Jupiter	139 10.7	14 47
Mer. Pass. 0 05.4		v 0.9 d 0.8		v 0.9 d 0.2		v 2.0 d 0.1		v 2.6 d 0.1		Saturn	19 54.7	22 42

1994 SEPTEMBER 19, 20, 21 (MON., TUES., WED.)

UT (GMT) d h	SUN G.H.A.	SUN Dec.	MOON G.H.A.	v	MOON Dec.	d	H.P.
19 00	181 29.8	N 1 39.4	12 05.0	13.9	S 1 22.1	10.9	55.7
01	196 30.0	38.4	26 37.9	13.9	1 11.2	10.8	55.6
02	211 30.2	37.4	41 10.8	14.0	1 00.4	10.9	55.6
03	226 30.5	.. 36.5	55 43.8	13.9	0 49.5	10.8	55.6
04	241 30.7	35.5	70 16.7	14.0	0 38.7	10.8	55.6
05	256 30.9	34.5	84 49.7	14.1	0 27.9	10.9	55.6
06	271 31.1	N 1 33.5	99 22.8	14.0	S 0 17.0	10.8	55.6
07	286 31.4	32.6	113 55.8	14.1	S 0 06.2	10.8	55.5
M 08	301 31.6	31.6	128 28.9	14.0	N 0 04.6	10.8	55.5
O 09	316 31.8	.. 30.6	143 01.9	14.1	0 15.4	10.8	55.5
N 10	331 32.0	29.7	157 35.0	14.2	0 26.2	10.8	55.5
D 11	346 32.2	28.7	172 08.2	14.1	0 37.0	10.8	55.5
A 12	1 32.5	N 1 27.7	186 41.3	14.1	N 0 47.8	10.7	55.4
Y 13	16 32.7	26.8	201 14.4	14.2	0 58.5	10.8	55.4
14	31 32.9	25.8	215 47.6	14.2	1 09.3	10.7	55.4
15	46 33.1	.. 24.8	230 20.8	14.2	1 20.0	10.7	55.4
16	61 33.4	23.9	244 54.0	14.2	1 30.7	10.8	55.3
17	76 33.6	22.9	259 27.2	14.2	1 41.5	10.7	55.3
18	91 33.8	N 1 21.9	274 00.4	14.2	N 1 52.2	10.7	55.3
19	106 34.0	20.9	288 33.6	14.2	2 02.9	10.6	55.3
20	121 34.3	20.0	303 06.9	14.2	2 13.5	10.7	55.3
21	136 34.5	.. 19.0	317 40.1	14.3	2 24.2	10.6	55.3
22	151 34.7	18.0	332 13.4	14.3	2 34.8	10.6	55.3
23	166 34.9	17.1	346 46.7	14.3	2 45.4	10.6	55.2
20 00	181 35.1	N 1 16.1	1 20.0	14.3	N 2 56.0	10.6	55.2
01	196 35.4	15.1	15 53.3	14.3	3 06.6	10.6	55.2
02	211 35.6	14.2	30 26.6	14.3	3 17.2	10.5	55.2
03	226 35.8	.. 13.2	44 59.9	14.3	3 27.7	10.5	55.2
04	241 36.0	12.2	59 33.2	14.3	3 38.2	10.5	55.1
05	256 36.3	11.2	74 06.5	14.4	3 48.7	10.5	55.1
06	271 36.5	N 1 10.3	88 39.9	14.3	N 3 59.2	10.4	55.1
07	286 36.7	09.3	103 13.2	14.4	4 09.6	10.4	55.1
T 08	301 36.9	08.3	117 46.6	14.3	4 20.0	10.4	55.1
U 09	316 37.2	.. 07.4	132 19.9	14.4	4 30.4	10.4	55.1
E 10	331 37.4	06.4	146 53.3	14.3	4 40.8	10.3	55.1
S 11	346 37.6	05.4	161 26.6	14.4	4 51.1	10.4	55.0
D 12	1 37.8	N 1 04.4	176 00.0	14.4	N 5 01.5	10.2	55.0
A 13	16 38.0	03.5	190 33.4	14.3	5 11.7	10.3	55.0
Y 14	31 38.3	02.5	205 06.7	14.4	5 22.0	10.2	55.0
15	46 38.5	.. 01.5	219 40.1	14.4	5 32.2	10.2	55.0
16	61 38.7	1 00.6	234 13.5	14.3	5 42.4	10.2	55.0
17	76 38.9	0 59.6	248 46.8	14.4	5 52.6	10.1	54.9
18	91 39.2	N 0 58.6	263 20.2	14.4	N 6 02.7	10.1	54.9
19	106 39.4	57.7	277 53.6	14.3	6 12.8	10.1	54.9
20	121 39.6	56.7	292 26.9	14.4	6 22.9	10.0	54.9
21	136 39.8	.. 55.7	307 00.3	14.3	6 32.9	10.0	54.9
22	151 40.0	54.7	321 33.7	14.3	6 42.9	10.0	54.9
23	166 40.3	53.8	336 07.0	14.4	6 52.9	9.9	54.8
21 00	181 40.5	N 0 52.8	350 40.4	14.4	N 7 02.8	9.9	54.8
01	196 40.7	51.8	5 13.8	14.2	7 12.7	9.9	54.8
02	211 40.9	50.9	19 47.1	14.4	7 22.6	9.8	54.8
03	226 41.2	.. 49.9	34 20.5	14.3	7 32.4	9.8	54.8
04	241 41.4	48.9	48 53.8	14.3	7 42.2	9.7	54.8
05	256 41.6	47.9	63 27.1	14.4	7 51.9	9.8	54.8
06	271 41.8	N 0 47.0	78 00.5	14.3	N 8 01.6	9.7	54.7
W 07	286 42.0	46.0	92 33.8	14.3	8 11.3	9.6	54.7
E 08	301 42.3	45.0	107 07.1	14.3	8 20.9	9.6	54.7
D 09	316 42.5	.. 44.1	121 40.4	14.3	8 30.5	9.5	54.7
N 10	331 42.7	43.1	136 13.7	14.3	8 40.0	9.5	54.7
E 11	346 42.9	42.1	150 47.0	14.3	8 49.5	9.5	54.7
S 12	1 43.2	N 0 41.1	165 20.3	14.3	N 8 59.0	9.4	54.7
D 13	16 43.4	40.2	179 53.6	14.2	9 08.4	9.4	54.6
A 14	31 43.6	39.2	194 26.8	14.3	9 17.8	9.3	54.6
Y 15	46 43.8	.. 38.2	209 00.1	14.2	9 27.1	9.3	54.6
16	61 44.0	37.2	223 33.3	14.3	9 36.4	9.2	54.6
17	76 44.3	36.3	238 06.6	14.2	9 45.6	9.2	54.6
18	91 44.5	N 0 35.3	252 39.8	14.2	N 9 54.8	9.1	54.6
19	106 44.7	34.3	267 13.0	14.2	10 03.9	9.1	54.6
20	121 44.9	33.4	281 46.2	14.2	10 13.0	9.1	54.5
21	136 45.2	.. 32.4	296 19.4	14.2	10 22.1	8.9	54.5
22	151 45.4	31.4	310 52.6	14.1	10 31.0	9.0	54.5
23	166 45.6	30.4	325 25.7	14.2	10 40.0	8.9	54.5
	S.D. 16.0	d 1.0	S.D. 15.1		15.0		14.9

Twilight / Sunrise / Moonrise

Lat.	Naut.	Civil	Sunrise	Moonrise 19	20	21	22
N 72	02 43	04 19	05 28	17 23	17 12	17 01	16 48
N 70	03 06	04 28	05 31	17 25	17 20	17 16	17 12
68	03 24	04 36	05 33	17 27	17 27	17 28	17 30
66	03 38	04 43	05 35	17 28	17 33	17 38	17 45
64	03 49	04 48	05 36	17 29	17 37	17 46	17 57
62	03 58	04 53	05 38	17 31	17 41	17 53	18 08
60	04 06	04 57	05 39	17 32	17 45	18 00	18 17
N 58	04 13	05 00	05 40	17 32	17 48	18 05	18 24
56	04 19	05 03	05 41	17 33	17 51	18 10	18 31
54	04 24	05 06	05 41	17 34	17 54	18 15	18 38
52	04 28	05 08	05 42	17 35	17 56	18 19	18 43
50	04 32	05 10	05 42	17 35	17 58	18 22	18 48
45	04 40	05 15	05 44	17 37	18 03	18 30	18 59
N 40	04 46	05 18	05 45	17 38	18 07	18 37	19 09
35	04 51	05 21	05 46	17 39	18 10	18 43	19 17
30	04 55	05 23	05 47	17 40	18 13	18 48	19 24
20	05 01	05 26	05 48	17 41	18 19	18 57	19 36
N 10	05 04	05 28	05 49	17 43	18 23	19 04	19 46
0	05 06	05 30	05 50	17 44	18 28	19 12	19 56
S 10	05 06	05 30	05 51	17 45	18 32	19 19	20 06
20	05 04	05 30	05 52	17 47	18 37	19 27	20 17
30	05 01	05 29	05 52	17 48	18 43	19 36	20 30
35	04 58	05 28	05 53	17 49	18 46	19 42	20 37
40	04 55	05 26	05 53	17 50	18 50	19 48	20 45
45	04 50	05 24	05 54	17 52	18 54	19 55	20 55
S 50	04 44	05 22	05 54	17 53	18 59	20 03	21 06
52	04 41	05 21	05 54	17 54	19 01	20 07	21 12
54	04 38	05 19	05 54	17 55	19 04	20 12	21 18
56	04 34	05 18	05 55	17 56	19 07	20 18	21 25
58	04 29	05 16	05 55	17 57	19 10	20 22	21 32
S 60	04 24	05 14	05 55	17 58	19 13	20 28	21 41

Twilight / Moonset

Lat.	Sunset	Civil	Naut.	Moonset 19	20	21	22
N 72	18 16	19 25	20 58	05 15	06 57	08 40	10 26
N 70	18 14	19 16	20 36	05 15	06 51	08 27	10 03
68	18 12	19 08	20 20	05 16	06 47	08 17	09 46
66	18 10	19 02	20 06	05 16	06 43	08 08	09 32
64	18 09	18 57	19 56	05 17	06 39	08 01	09 21
62	18 08	18 52	19 47	05 17	06 36	07 54	09 11
60	18 07	18 49	19 39	05 18	06 34	07 49	09 03
N 58	18 06	18 45	19 32	05 18	06 32	07 44	08 56
56	18 05	18 42	19 27	05 18	06 30	07 40	08 49
54	18 04	18 40	19 22	05 18	06 28	07 36	08 44
52	18 04	18 38	19 18	05 18	06 26	07 33	08 38
50	18 03	18 36	19 14	05 19	06 25	07 30	08 34
45	18 02	18 31	19 06	05 19	06 22	07 23	08 24
N 40	18 01	18 28	19 00	05 19	06 19	07 18	08 16
35	18 00	18 25	18 55	05 20	06 17	07 13	08 08
30	17 59	18 23	18 51	05 20	06 15	07 09	08 02
20	17 58	18 20	18 46	05 20	06 11	07 01	07 51
N 10	17 57	18 18	18 43	05 21	06 08	06 55	07 42
0	17 57	18 17	18 41	05 21	06 05	06 49	07 33
S 10	17 56	18 17	18 41	05 21	06 02	06 43	07 24
20	17 56	18 18	18 43	05 21	05 59	06 37	07 15
30	17 55	18 19	18 47	05 22	05 56	06 30	07 05
35	17 55	18 20	18 49	05 22	05 54	06 25	06 58
40	17 54	18 21	18 53	05 22	05 51	06 21	06 51
45	17 54	18 23	18 58	05 22	05 49	06 15	06 43
S 50	17 54	18 26	19 04	05 23	05 45	06 09	06 34
52	17 54	18 27	19 07	05 23	05 44	06 06	06 29
54	17 54	18 29	19 11	05 23	05 42	06 03	06 24
56	17 54	18 31	19 15	05 23	05 41	05 59	06 19
58	17 53	18 33	19 19	05 23	05 39	05 55	06 13
S 60	17 53	18 35	19 24	05 23	05 37	05 51	06 06

SUN / MOON

Day	SUN Eqn. of Time 00h	12h	Mer. Pass.	MOON Mer. Pass. Upper	Lower	Age	Phase
19	05 59	06 09	11 54	23 55	11 32	14	
20	06 20	06 31	11 53	24 38	12 16	15	○
21	06 42	06 52	11 53	00 38	13 00	16	

1994 SEPTEMBER 22, 23, 24 (THURS., FRI., SAT.)

UT (GMT) d h	ARIES G.H.A.	VENUS −4.5 G.H.A.	Dec.	MARS +1.1 G.H.A.	Dec.	JUPITER −1.8 G.H.A.	Dec.	SATURN +0.5 G.H.A.	Dec.	STARS Name	S.H.A.	Dec.
22 00	0 37.7	144 09.6	S19 53.4	246 01.5	N22 17.7	139 26.8	S15 00.3	20 40.2	S10 35.4	Acamar	315 28.7	S40 19.3
01	15 40.2	159 10.6	54.2	261 02.4	17.5	154 28.8	00.5	35 42.9	35.4	Achernar	335 36.7	S57 15.6
02	30 42.6	174 11.6	55.0	276 03.3	17.3	169 30.8	00.6	50 45.5	35.5	Acrux	173 25.7	S63 04.2
03	45 45.1	189 12.6	·· 55.7	291 04.1	·· 17.1	184 32.8	·· 00.8	65 48.1	·· 35.5	Adhara	255 23.6	S28 57.7
04	60 47.6	204 13.6	56.5	306 05.0	16.9	199 34.8	00.9	80 50.7	35.6	Aldebaran	291 05.4	N16 29.9
05	75 50.0	219 14.6	57.3	321 05.9	16.7	214 36.9	01.1	95 53.4	35.7			
06	90 52.5	234 15.6	S19 58.0	336 06.8	N22 16.5	229 38.9	S15 01.2	110 56.0	S10 35.7	Alioth	166 33.5	N55 59.4
07	105 55.0	249 16.6	58.8	351 07.6	16.3	244 40.9	01.3	125 58.6	35.8	Alkaid	153 10.4	N49 20.5
T 08	120 57.4	264 17.6	19 59.5	6 08.5	16.1	259 42.9	01.5	141 01.2	35.9	Al Na'ir	28 00.9	S46 59.1
H 09	135 59.9	279 18.6	20 00.3	21 09.4	·· 15.9	274 44.9	·· 01.6	156 03.9	·· 35.9	Alnilam	276 00.6	S 1 12.2
U 10	151 02.3	294 19.6	01.1	36 10.3	15.7	289 46.9	01.8	171 06.5	36.0	Alphard	218 10.1	S 8 38.1
R 11	166 04.8	309 20.7	01.8	51 11.2	15.5	304 48.9	01.9	186 09.1	36.0			
S 12	181 07.3	324 21.7	S20 02.6	66 12.0	N22 15.3	319 50.9	S15 02.1	201 11.7	S10 36.1	Alphecca	126 23.1	N26 44.2
D 13	196 09.7	339 22.7	03.3	81 12.9	15.1	334 52.9	02.2	216 14.4	36.2	Alpheratz	357 57.7	N29 03.9
A 14	211 12.2	354 23.7	04.1	96 13.8	14.9	349 54.9	02.4	231 17.0	36.2	Altair	62 21.8	N 8 51.5
Y 15	226 14.7	9 24.7	·· 04.8	111 14.7	·· 14.7	4 56.9	·· 02.5	246 19.6	·· 36.3	Ankaa	353 29.1	S42 19.9
16	241 17.1	24 25.8	05.6	126 15.6	14.5	19 59.0	02.6	261 22.2	36.4	Antares	112 43.6	S26 25.2
17	256 19.6	39 26.8	06.3	141 16.4	14.3	35 01.0	02.8	276 24.9	36.4			
18	271 22.1	54 27.8	S20 07.1	156 17.3	N22 14.1	50 03.0	S15 02.9	291 27.5	S10 36.5	Arcturus	146 08.8	N19 12.8
19	286 24.5	69 28.8	07.8	171 18.2	13.9	65 05.0	03.1	306 30.1	36.5	Atria	107 58.2	S69 01.3
20	301 27.0	84 29.9	08.6	186 19.1	13.7	80 07.0	03.2	321 32.7	36.6	Avior	234 24.1	S59 29.4
21	316 29.5	99 30.9	·· 09.3	201 20.0	·· 13.5	95 09.0	·· 03.4	336 35.4	·· 36.7	Bellatrix	278 47.0	N 6 20.7
22	331 31.9	114 31.9	10.1	216 20.8	13.2	110 11.0	03.5	351 38.0	36.7	Betelgeuse	271 16.5	N 7 24.4
23	346 34.4	129 33.0	10.8	231 21.7	13.0	125 13.0	03.7	6 40.6	36.8			
23 00	1 36.8	144 34.0	S20 11.6	246 22.6	N22 12.8	140 15.0	S15 03.8	21 43.2	S10 36.9	Canopus	264 02.4	S52 41.3
01	16 39.3	159 35.1	12.3	261 23.5	12.6	155 17.0	03.9	36 45.8	36.9	Capella	280 55.1	N45 59.4
02	31 41.8	174 36.1	13.1	276 24.4	12.4	170 19.0	04.1	51 48.5	37.0	Deneb	49 40.7	N45 16.1
03	46 44.2	189 37.1	·· 13.8	291 25.2	·· 12.2	185 21.0	·· 04.2	66 51.1	·· 37.0	Denebola	182 48.3	N14 36.1
04	61 46.7	204 38.2	14.5	306 26.1	12.0	200 23.0	04.4	81 53.7	37.1	Diphda	349 09.6	S18 00.7
05	76 49.2	219 39.2	15.3	321 27.0	11.8	215 25.1	04.5	96 56.3	37.2			
06	91 51.6	234 40.3	S20 16.0	336 27.9	N22 11.6	230 27.1	S15 04.7	111 59.0	S10 37.2	Dubhe	194 09.5	N61 46.7
07	106 54.1	249 41.3	16.8	351 28.8	11.4	245 29.1	04.8	127 01.6	37.3	Elnath	278 30.3	N28 36.1
08	121 56.6	264 42.4	17.5	6 29.7	11.2	260 31.1	05.0	142 04.2	37.4	Eltanin	90 52.7	N51 29.8
F 09	136 59.0	279 43.5	·· 18.2	21 30.6	·· 11.0	275 33.1	·· 05.1	157 06.8	·· 37.4	Enif	34 00.6	N 9 51.3
R 10	152 01.5	294 44.5	19.0	36 31.4	10.7	290 35.1	05.2	172 09.5	37.5	Fomalhaut	15 39.1	S29 38.8
I 11	167 04.0	309 45.6	19.7	51 32.3	10.5	305 37.1	05.4	187 12.1	37.5			
D 12	182 06.4	324 46.6	S20 20.4	66 33.2	N22 10.3	320 39.1	S15 05.5	202 14.7	S10 37.6	Gacrux	172 17.1	S57 05.0
A 13	197 08.9	339 47.7	21.2	81 34.1	10.1	335 41.1	05.7	217 17.3	37.7	Gienah	176 07.1	S17 30.7
Y 14	212 11.3	354 48.8	21.9	96 35.0	09.9	350 43.1	05.8	232 19.9	37.7	Hadar	149 08.4	S60 21.0
15	227 13.8	9 49.8	·· 22.6	111 35.9	·· 09.7	5 45.1	·· 06.0	247 22.6	·· 37.8	Hamal	328 16.3	N23 26.3
16	242 16.3	24 50.9	23.4	126 36.8	09.5	20 47.1	06.1	262 25.2	37.8	Kaus Aust.	84 02.4	S34 23.2
17	257 18.7	39 52.0	24.1	141 37.6	09.3	35 49.1	06.3	277 27.8	37.9			
18	272 21.2	54 53.1	S20 24.8	156 38.5	N22 09.1	50 51.1	S15 06.4	292 30.4	S10 38.0	Kochab	137 20.4	N74 10.9
19	287 23.7	69 54.1	25.5	171 39.4	08.9	65 53.1	06.6	307 33.1	38.0	Markab	13 52.0	N15 10.9
20	302 26.1	84 55.2	26.3	186 40.3	08.6	80 55.1	06.7	322 35.7	38.1	Menkar	314 29.5	N 4 04.3
21	317 28.6	99 56.3	·· 27.0	201 41.2	·· 08.4	95 57.1	·· 06.8	337 38.3	·· 38.1	Menkent	148 24.5	S36 20.7
22	332 31.1	114 57.4	27.7	216 42.1	08.2	110 59.1	07.0	352 40.9	38.2	Miaplacidus	221 43.2	S69 41.6
23	347 33.5	129 58.5	28.4	231 43.0	08.0	126 01.1	07.1	7 43.5	38.3			
24 00	2 36.0	144 59.5	S20 29.2	246 43.9	N22 07.8	141 03.1	S15 07.3	22 46.2	S10 38.3	Mirfak	309 00.2	N49 50.5
01	17 38.4	160 00.6	29.9	261 44.8	07.6	156 05.1	07.4	37 48.8	38.4	Nunki	76 15.6	S26 18.1
02	32 40.9	175 01.7	30.6	276 45.6	07.4	171 07.2	07.6	52 51.4	38.5	Peacock	53 41.0	S56 45.2
03	47 43.4	190 02.8	·· 31.3	291 46.5	·· 07.2	186 09.2	·· 07.7	67 54.0	·· 38.5	Pollux	243 45.0	N28 02.2
04	62 45.8	205 03.9	32.0	306 47.4	07.0	201 11.2	07.9	82 56.6	38.6	Procyon	245 14.5	N 5 14.3
05	77 48.3	220 05.0	32.8	321 48.3	06.7	216 13.2	08.0	97 59.3	38.6			
06	92 50.8	235 06.1	S20 33.5	336 49.2	N22 06.5	231 15.2	S15 08.2	113 01.9	S10 38.7	Rasalhague	96 19.5	N12 34.1
07	107 53.2	250 07.2	34.2	351 50.1	06.3	246 17.2	08.3	128 04.5	38.8	Regulus	207 58.7	N11 59.6
S 08	122 55.7	265 08.3	34.9	6 51.0	06.1	261 19.2	08.4	143 07.1	38.8	Rigel	281 25.5	S 8 12.3
A 09	137 58.2	280 09.4	·· 35.6	21 51.9	·· 05.9	276 21.2	·· 08.6	158 09.7	·· 38.9	Rigil Kent.	140 11.4	S60 48.9
T 10	153 00.6	295 10.5	36.3	36 52.8	05.7	291 23.2	08.7	173 12.4	38.9	Sabik	102 28.7	S15 43.0
U 11	168 03.1	310 11.6	37.0	51 53.7	05.5	306 25.2	08.9	188 15.0	39.0			
R 12	183 05.6	325 12.7	S20 37.7	66 54.6	N22 05.2	321 27.2	S15 09.0	203 17.6	S10 39.1	Schedar	349 56.0	N56 30.6
D 13	198 08.0	340 13.8	38.5	81 55.5	05.0	336 29.2	09.2	218 20.2	39.1	Shaula	96 41.0	S37 06.0
A 14	213 10.5	355 15.0	39.2	96 56.3	04.8	351 31.2	09.3	233 22.8	39.2	Sirius	258 46.1	S16 42.4
Y 15	228 12.9	10 16.1	·· 39.9	111 57.2	·· 04.6	6 33.2	·· 09.5	248 25.5	·· 39.2	Spica	158 46.4	S11 08.0
16	243 15.4	25 17.2	40.6	126 58.1	04.4	21 35.2	09.6	263 28.1	39.3	Suhail	223 03.1	S43 24.5
17	258 17.9	40 18.3	41.3	141 59.0	04.2	36 37.2	09.8	278 30.7	39.4			
18	273 20.3	55 19.4	S20 42.0	156 59.9	N22 04.0	51 39.2	S15 09.9	293 33.3	S10 39.4	Vega	80 48.4	N38 47.1
19	288 22.8	70 20.6	42.7	172 00.8	03.7	66 41.2	10.0	308 35.9	39.5	Zuben'ubi	137 21.2	S16 01.1
20	303 25.3	85 21.7	43.4	187 01.7	03.5	81 43.2	10.2	323 38.6	39.5			
21	318 27.7	100 22.8	·· 44.1	202 02.6	·· 03.3	96 45.2	·· 10.3	338 41.2	·· 39.6			
22	333 30.2	115 24.0	44.8	217 03.5	03.1	111 47.2	10.5	353 43.8	39.7			
23	348 32.7	130 25.1	45.5	232 04.4	02.9	126 49.2	10.6	8 46.4	39.7			

	S.H.A.	Mer. Pass.
Venus	142 57.2	14 21
Mars	244 45.8	7 34
Jupiter	138 38.2	14 37
Saturn	20 06.4	22 29

Mer. Pass. 23 49.6 | v 1.1 d 0.7 | v 0.9 d 0.2 | v 2.0 d 0.1 | v 2.6 d 0.1

1994 SEPTEMBER 22, 23, 24 (THURS., FRI., SAT.)

UT (GMT)	SUN G.H.A.	SUN Dec.	MOON G.H.A.	v	MOON Dec.	d	H.P.
22 00	181 45.8	N 0 29.5	339 58.9	14.1	N10 48.9	8.8	54.5
01	196 46.0	28.5	354 32.0	14.1	10 57.7	8.8	54.5
02	211 46.3	27.5	9 05.1	14.1	11 06.5	8.7	54.5
03	226 46.5	.. 26.6	23 38.2	14.1	11 15.2	8.7	54.5
04	241 46.7	25.6	38 11.3	14.1	11 23.9	8.6	54.5
05	256 46.9	24.6	52 44.4	14.0	11 32.5	8.6	54.4
T 06	271 47.1	N 0 23.6	67 17.4	14.1	N11 41.1	8.5	54.4
H 07	286 47.4	22.7	81 50.5	14.0	11 49.6	8.5	54.4
U 08	301 47.6	21.7	96 23.5	14.0	11 58.1	8.4	54.4
R 09	316 47.8	.. 20.7	110 56.5	14.0	12 06.5	8.4	54.4
S 10	331 48.0	19.7	125 29.5	14.0	12 14.9	8.3	54.3
D 11	346 48.3	18.8	140 02.5	13.9	12 23.2	8.2	54.4
A 12	1 48.5	N 0 17.8	154 35.4	14.0	N12 31.4	8.2	54.4
Y 13	16 48.7	16.8	169 08.4	13.9	12 39.6	8.1	54.4
14	31 48.9	15.9	183 41.3	13.9	12 47.7	8.1	54.3
15	46 49.1	.. 14.9	198 14.2	13.9	12 55.8	8.0	54.3
16	61 49.4	13.9	212 47.1	13.8	13 03.8	8.0	54.3
17	76 49.6	12.9	227 19.9	13.8	13 11.8	7.8	54.3
18	91 49.8	N 0 12.0	241 52.7	13.9	N13 19.6	7.9	54.3
19	106 50.0	11.0	256 25.6	13.8	13 27.5	7.7	54.3
20	121 50.2	10.0	270 58.4	13.7	13 35.2	7.7	54.3
21	136 50.5	.. 09.0	285 31.1	13.8	13 42.9	7.7	54.3
22	151 50.7	08.1	300 03.9	13.7	13 50.6	7.6	54.3
23	166 50.9	07.1	314 36.6	13.8	13 58.2	7.5	54.3
23 00	181 51.1	N 0 06.1	329 09.4	13.7	N14 05.7	7.4	54.3
01	196 51.3	05.2	343 42.1	13.6	14 13.1	7.4	54.2
02	211 51.6	04.2	358 14.7	13.7	14 20.5	7.3	54.2
03	226 51.8	.. 03.2	12 47.4	13.6	14 27.8	7.2	54.2
04	241 52.0	02.2	27 20.0	13.6	14 35.1	7.2	54.2
05	256 52.2	01.3	41 52.6	13.6	14 42.3	7.1	54.2
F 06	271 52.4	N 0 00.3	56 25.2	13.6	N14 49.4	7.1	54.2
R 07	286 52.7	S 0 00.7	70 57.8	13.5	14 56.5	7.0	54.2
I 08	301 52.9	01.7	85 30.3	13.5	15 03.5	6.9	54.2
D 09	316 53.1	.. 02.6	100 02.8	13.5	15 10.4	6.8	54.2
A 10	331 53.3	03.6	114 35.3	13.5	15 17.2	6.8	54.2
Y 11	346 53.5	04.6	129 07.8	13.4	15 24.0	6.7	54.2
12	1 53.8	S 0 05.5	143 40.2	13.4	N15 30.7	6.7	54.2
13	16 54.0	06.5	158 12.6	13.4	15 37.4	6.6	54.2
14	31 54.2	07.5	172 45.0	13.4	15 44.0	6.5	54.2
15	46 54.4	.. 08.5	187 17.4	13.4	15 50.5	6.4	54.2
16	61 54.6	09.4	201 49.8	13.3	15 56.9	6.4	54.2
17	76 54.9	10.4	216 22.1	13.3	16 03.3	6.3	54.2
18	91 55.1	S 0 11.4	230 54.4	13.3	N16 09.6	6.2	54.1
19	106 55.3	12.4	245 26.7	13.2	16 15.8	6.1	54.1
20	121 55.5	13.3	259 58.9	13.2	16 21.9	6.1	54.1
21	136 55.7	.. 14.3	274 31.1	13.2	16 28.0	6.0	54.1
22	151 56.0	15.3	289 03.3	13.2	16 34.0	5.9	54.1
23	166 56.2	16.3	303 35.5	13.2	16 39.9	5.9	54.1
24 00	181 56.4	S 0 17.2	318 07.7	13.1	N16 45.8	5.7	54.1
01	196 56.6	18.2	332 39.8	13.1	16 51.5	5.7	54.1
02	211 56.8	19.2	347 11.9	13.1	16 57.2	5.7	54.1
03	226 57.1	.. 20.1	1 44.0	13.0	17 02.9	5.6	54.1
04	241 57.3	21.1	16 16.0	13.0	17 08.4	5.5	54.1
05	256 57.5	22.1	30 48.0	13.0	17 13.9	5.4	54.1
S 06	271 57.7	S 0 23.1	45 20.0	13.0	N17 19.3	5.3	54.1
A 07	286 57.9	24.0	59 52.0	13.0	17 24.6	5.2	54.1
T 08	301 58.1	25.0	74 24.0	12.9	17 29.8	5.2	54.1
U 09	316 58.4	.. 26.0	88 55.9	12.9	17 35.0	5.0	54.1
R 10	331 58.6	27.0	103 27.8	12.9	17 40.0	5.0	54.1
D 11	346 58.8	27.9	117 59.7	12.8	17 45.0	5.0	54.1
A 12	1 59.0	S 0 28.9	132 31.5	12.8	N17 50.0	4.8	54.1
Y 13	16 59.2	29.9	147 03.3	12.8	17 54.8	4.7	54.1
14	31 59.5	30.9	161 35.1	12.8	17 59.5	4.7	54.1
15	46 59.7	.. 31.8	176 06.9	12.8	18 04.2	4.6	54.1
16	61 59.9	32.8	190 38.7	12.7	18 08.8	4.5	54.1
17	77 00.1	33.8	205 10.4	12.7	18 13.3	4.5	54.1
18	92 00.3	S 0 34.8	219 42.1	12.7	N18 17.8	4.3	54.1
19	107 00.5	35.7	234 13.8	12.6	18 22.1	4.3	54.1
20	122 00.8	36.7	248 45.4	12.6	18 26.4	4.2	54.1
21	137 01.0	.. 37.7	263 17.0	12.6	18 30.6	4.1	54.1
22	152 01.2	38.6	277 48.6	12.6	18 34.7	4.0	54.1
23	167 01.4	39.6	292 20.2	12.5	18 38.7	3.9	54.1
S.D.	16.0	d 1.0	S.D. 14.8		14.8		14.7

Lat.	Twilight Naut.	Twilight Civil	Sunrise	Moonrise 22	23	24	25
N 72	03 03	04 33	05 42	16 48	16 28	☐	☐
N 70	03 22	04 41	05 43	17 12	17 07	17 03	16 58
68	03 37	04 47	05 44	17 30	17 34	17 43	18 01
66	03 49	04 53	05 44	17 45	17 55	18 11	18 36
64	03 59	04 57	05 45	17 57	18 12	18 32	19 02
62	04 07	05 01	05 45	18 08	18 26	18 49	19 21
60	04 14	05 04	05 46	18 17	18 37	19 04	19 38
N 58	04 20	05 07	05 46	18 24	18 47	19 16	19 51
56	04 25	05 09	05 47	18 31	18 56	19 26	20 03
54	04 30	05 11	05 47	18 38	19 04	19 36	20 14
52	04 33	05 13	05 47	18 43	19 11	19 44	20 23
50	04 37	05 15	05 47	18 48	19 18	19 52	20 31
45	04 44	05 18	05 48	18 59	19 32	20 08	20 49
N 40	04 49	05 21	05 48	19 09	19 43	20 21	21 03
35	04 54	05 23	05 49	19 17	19 53	20 32	21 15
30	04 57	05 25	05 49	19 24	20 02	20 42	21 26
20	05 01	05 27	05 49	19 36	20 16	20 59	21 45
N 10	05 04	05 28	05 49	19 46	20 29	21 14	22 01
0	05 05	05 29	05 49	19 56	20 42	21 28	22 16
S 10	05 04	05 28	05 49	20 06	20 54	21 42	22 31
20	05 01	05 27	05 49	20 17	21 07	21 57	22 47
30	04 57	05 25	05 49	20 30	21 22	22 14	23 05
35	04 54	05 23	05 48	20 37	21 31	22 25	23 16
40	04 50	05 21	05 48	20 45	21 41	22 36	23 29
45	04 44	05 19	05 48	20 55	21 53	22 50	23 43
S 50	04 37	05 15	05 47	21 06	22 08	23 06	24 01
52	04 34	05 14	05 47	21 12	22 15	23 14	24 10
54	04 30	05 12	05 47	21 18	22 22	23 23	24 19
56	04 25	05 10	05 47	21 25	22 31	23 33	24 30
58	04 20	05 07	05 46	21 32	22 40	23 44	24 42
S 60	04 15	05 04	05 46	21 41	22 51	23 57	24 56

Lat.	Sunset	Twilight Civil	Twilight Naut.	Moonset 22	23	24	25
N 72	18 01	19 09	20 38	10 26	12 19	☐	☐
N 70	18 00	19 01	20 19	10 03	11 41	13 21	15 04
68	17 59	18 55	20 05	09 46	11 15	12 42	14 02
66	17 59	18 50	19 53	09 32	10 55	12 14	13 27
64	17 58	18 46	19 44	09 21	10 39	11 54	13 01
62	17 58	18 42	19 36	09 11	10 26	11 37	12 42
60	17 58	18 39	19 29	09 03	10 14	11 23	12 26
N 58	17 57	18 37	19 23	08 56	10 05	11 11	12 12
56	17 57	18 34	19 18	08 49	09 56	11 01	12 00
54	17 57	18 32	19 14	08 44	09 49	10 52	11 50
52	17 57	18 30	19 10	08 38	09 42	10 43	11 41
50	17 57	18 29	19 07	08 34	09 36	10 36	11 33
45	17 56	18 26	19 00	08 24	09 23	10 21	11 16
N 40	17 56	18 23	18 55	08 16	09 12	10 08	11 02
35	17 56	18 21	18 51	08 08	09 03	09 57	10 50
30	17 56	18 20	18 47	08 02	08 55	09 48	10 39
20	17 56	18 18	18 43	07 51	08 41	09 31	10 21
N 10	17 56	18 17	18 41	07 42	08 29	09 17	10 06
0	17 56	18 16	18 40	07 33	08 18	09 04	09 51
S 10	17 56	18 17	18 41	07 24	08 07	08 51	09 36
20	17 56	18 18	18 44	07 15	07 55	08 37	09 21
30	17 57	18 21	18 48	07 05	07 41	08 21	09 03
35	17 57	18 22	18 52	06 58	07 33	08 11	08 52
40	17 57	18 24	18 56	06 51	07 24	08 01	08 41
45	17 58	18 27	19 02	06 43	07 14	07 48	08 27
S 50	17 58	18 31	19 09	06 34	07 01	07 33	08 09
52	17 59	18 32	19 12	06 29	06 56	07 26	08 01
54	17 59	18 34	19 16	06 24	06 49	07 18	07 52
56	17 59	18 37	19 21	06 19	06 42	07 09	07 42
58	18 00	18 39	19 26	06 13	06 34	06 59	07 31
S 60	18 00	18 42	19 32	06 06	06 25	06 48	07 18

Day	SUN Eqn. of Time 00h	12h	Mer. Pass.	MOON Mer. Pass. Upper	Lower	Age	Phase
22	07 03	07 13	11 53	01 23	13 45	17	
23	07 24	07 35	11 52	02 07	14 30	18	
24	07 45	07 56	11 52	02 53	15 16	19	

1994 SEPTEMBER 25, 26, 27 (SUN., MON., TUES.)

UT (GMT) d h	ARIES G.H.A.	VENUS −4.6 G.H.A.	Dec.	MARS +1.0 G.H.A.	Dec.	JUPITER −1.8 G.H.A.	Dec.	SATURN +0.6 G.H.A.	Dec.	Star Name	S.H.A.	Dec.
25 00	3 35.1	145 26.2	S20 46.2	247 05.3	N22 02.7	141 51.2	S15 10.8	23 49.0	S10 39.8	Acamar	315 28.7	S40 19.3
01	18 37.6	160 27.4	46.9	262 06.2	02.4	156 53.2	10.9	38 51.7	39.8	Achernar	335 36.7	S57 15.6
02	33 40.1	175 28.5	47.6	277 07.1	02.2	171 55.2	11.1	53 54.3	39.9	Acrux	173 25.7	S63 04.2
03	48 42.5	190 29.6	·· 48.3	292 08.0	·· 02.0	186 57.2	·· 11.2	68 56.9	·· 40.0	Adhara	255 23.6	S28 57.7
04	63 45.0	205 30.8	49.0	307 08.9	01.8	201 59.2	11.4	83 59.5	40.0	Aldebaran	291 05.4	N16 29.9
05	78 47.4	220 31.9	49.7	322 09.8	01.6	217 01.2	11.5	99 02.1	40.1			
06	93 49.9	235 33.1	S20 50.4	337 10.7	N22 01.4	232 03.2	S15 11.6	114 04.8	S10 40.1	Alioth	166 33.5	N55 59.4
07	108 52.4	250 34.2	51.1	352 11.6	01.1	247 05.2	11.8	129 07.4	40.2	Alkaid	153 10.4	N49 20.5
08	123 54.8	265 35.4	51.7	7 12.5	00.9	262 07.2	11.9	144 10.0	40.3	Al Na'ir	28 00.9	S46 59.1
S 09	138 57.3	280 36.5	·· 52.4	22 13.4	·· 00.7	277 09.2	·· 12.1	159 12.6	·· 40.3	Alnilam	276 00.6	S 1 12.2
U 10	153 59.8	295 37.7	53.1	37 14.3	00.5	292 11.2	12.2	174 15.2	40.3	Alphard	218 10.1	S 8 38.1
N 11	169 02.2	310 38.9	53.8	52 15.2	00.3	307 13.2	12.4	189 17.9	40.4			
D 12	184 04.7	325 40.0	S20 54.5	67 16.1	N22 00.1	322 15.2	S15 12.5	204 20.5	S10 40.5	Alphecca	126 23.1	N26 44.2
A 13	199 07.2	340 41.2	55.2	82 17.0	21 59.8	337 17.2	12.7	219 23.1	40.6	Alpheratz	357 57.7	N29 03.9
Y 14	214 09.6	355 42.3	55.9	97 17.9	59.6	352 19.2	12.8	234 25.7	40.6	Altair	62 21.8	N 8 51.6
15	229 12.1	10 43.5	·· 56.5	112 18.8	·· 59.4	7 21.2	·· 13.0	249 28.3	·· 40.7	Ankaa	353 29.1	S42 19.9
16	244 14.5	25 44.7	57.2	127 19.7	59.2	22 23.2	13.1	264 30.9	40.7	Antares	112 43.7	S26 25.2
17	259 17.0	40 45.9	57.9	142 20.6	59.0	37 25.2	13.3	279 33.6	40.8			
18	274 19.5	55 47.0	S20 58.6	157 21.5	N21 58.7	52 27.2	S15 13.4	294 36.2	S10 40.9	Arcturus	146 08.8	N19 12.7
19	289 21.9	70 48.2	59.3	172 22.4	58.5	67 29.2	13.5	309 38.8	40.9	Atria	107 58.3	S69 01.3
20	304 24.4	85 49.4	20 59.9	187 23.3	58.3	82 31.2	13.7	324 41.4	41.0	Avior	234 24.0	S59 29.4
21	319 26.9	100 50.6	21 00.6	202 24.2	·· 58.1	97 33.2	·· 13.8	339 44.0	·· 41.0	Bellatrix	278 47.0	N 6 20.7
22	334 29.3	115 51.7	01.3	217 25.1	57.9	112 35.2	14.0	354 46.7	41.1	Betelgeuse	271 16.5	N 7 24.4
23	349 31.8	130 52.9	02.0	232 26.0	57.6	127 37.2	14.1	9 49.3	41.2			
26 00	4 34.3	145 54.1	S21 02.7	247 26.9	N21 57.4	142 39.2	S15 14.3	24 51.9	S10 41.2	Canopus	264 02.4	S52 41.3
01	19 36.7	160 55.3	03.3	262 27.8	57.2	157 41.2	14.4	39 54.5	41.3	Capella	280 55.1	N45 59.4
02	34 39.2	175 56.5	04.0	277 28.7	57.0	172 43.2	14.6	54 57.1	41.3	Deneb	49 40.8	N45 16.1
03	49 41.7	190 57.7	·· 04.7	292 29.6	·· 56.8	187 45.2	·· 14.7	69 59.7	·· 41.4	Denebola	182 48.3	N14 36.1
04	64 44.1	205 58.9	05.3	307 30.5	56.5	202 47.1	14.9	85 02.4	41.4	Diphda	349 09.6	S18 00.7
05	79 46.6	221 00.1	06.0	322 31.4	56.3	217 49.1	15.0	100 05.0	41.5			
06	94 49.0	236 01.3	S21 06.7	337 32.3	N21 56.1	232 51.1	S15 15.2	115 07.6	S10 41.6	Dubhe	194 09.5	N61 46.6
07	109 51.5	251 02.5	07.3	352 33.3	55.9	247 53.1	15.3	130 10.2	41.6	Elnath	278 30.3	N28 36.1
08	124 54.0	266 03.7	08.0	7 34.2	55.6	262 55.1	15.4	145 12.8	41.7	Eltanin	90 52.7	N51 29.8
M 09	139 56.4	281 04.9	·· 08.7	22 35.1	·· 55.4	277 57.1	·· 15.6	160 15.4	·· 41.7	Enif	34 00.6	N 9 51.3
O 10	154 58.9	296 06.1	09.3	37 36.0	55.2	292 59.1	15.7	175 18.1	41.8	Fomalhaut	15 39.1	S29 38.8
N 11	170 01.4	311 07.3	10.0	52 36.9	55.0	308 01.1	15.9	190 20.7	41.9			
D 12	185 03.8	326 08.5	S21 10.7	67 37.8	N21 54.8	323 03.1	S15 16.0	205 23.3	S10 41.9	Gacrux	172 17.1	S57 05.0
A 13	200 06.3	341 09.8	11.3	82 38.7	54.5	338 05.1	16.2	220 25.9	42.0	Gienah	176 07.1	S17 30.7
Y 14	215 08.8	356 11.0	12.0	97 39.6	54.3	353 07.1	16.3	235 28.5	42.0	Hadar	149 08.4	S60 20.9
15	230 11.2	11 12.2	·· 12.6	112 40.5	·· 54.1	8 09.1	·· 16.5	250 31.1	·· 42.1	Hamal	328 16.3	N23 26.3
16	245 13.7	26 13.4	13.3	127 41.4	53.9	23 11.1	16.6	265 33.8	42.2	Kaus Aust.	84 02.4	S34 23.2
17	260 16.2	41 14.6	14.0	142 42.3	53.6	38 13.1	16.8	280 36.4	42.2			
18	275 18.6	56 15.9	S21 14.6	157 43.2	N21 53.4	53 15.1	S15 16.9	295 39.0	S10 42.3	Kochab	137 20.4	N74 10.8
19	290 21.1	71 17.1	15.3	172 44.2	53.2	68 17.1	17.1	310 41.6	42.3	Markab	13 52.0	N15 10.9
20	305 23.5	86 18.3	15.9	187 45.1	53.0	83 19.1	17.2	325 44.2	42.4	Menkar	314 29.5	N 4 04.3
21	320 26.0	101 19.6	·· 16.6	202 46.0	·· 52.7	98 21.1	·· 17.3	340 46.8	·· 42.4	Menkent	148 24.5	S36 20.7
22	335 28.5	116 20.8	17.2	217 46.9	52.5	113 23.1	17.5	355 49.4	42.5	Miaplacidus	221 43.2	S69 41.6
23	350 30.9	131 22.0	17.9	232 47.8	52.3	128 25.1	17.6	10 52.1	42.6			
27 00	5 33.4	146 23.3	S21 18.5	247 48.7	N21 52.1	143 27.1	S15 17.8	25 54.7	S10 42.6	Mirfak	309 00.2	N49 50.5
01	20 35.9	161 24.5	19.2	262 49.6	51.8	158 29.0	17.9	40 57.3	42.7	Nunki	76 15.6	S26 18.1
02	35 38.3	176 25.8	19.8	277 50.5	51.6	173 31.0	18.1	55 59.9	42.7	Peacock	53 41.0	S56 45.2
03	50 40.8	191 27.0	·· 20.5	292 51.4	·· 51.4	188 33.0	·· 18.2	71 02.5	·· 42.8	Pollux	243 45.0	N28 02.2
04	65 43.3	206 28.3	21.1	307 52.4	51.2	203 35.0	18.4	86 05.1	42.8	Procyon	245 14.5	N 5 14.3
05	80 45.7	221 29.5	21.7	322 53.3	50.9	218 37.0	18.5	101 07.8	42.9			
06	95 48.2	236 30.8	S21 22.4	337 54.2	N21 50.7	233 39.0	S15 18.7	116 10.4	S10 43.0	Rasalhague	96 19.5	N12 34.1
07	110 50.6	251 32.0	23.0	352 55.1	50.5	248 41.0	18.8	131 13.0	43.0	Regulus	207 58.7	N11 59.6
T 08	125 53.1	266 33.3	23.7	7 56.0	50.3	263 43.0	19.0	146 15.6	43.1	Rigel	281 25.5	S 8 12.3
U 09	140 55.6	281 34.6	·· 24.3	22 56.9	·· 50.0	278 45.0	·· 19.1	161 18.2	·· 43.1	Rigil Kent.	140 11.4	S60 48.9
E 10	155 58.0	296 35.8	24.9	37 57.8	49.8	293 47.0	19.3	176 20.8	43.2	Sabik	102 28.7	S15 43.0
S 11	171 00.5	311 37.1	25.6	52 58.8	49.6	308 49.0	19.4	191 23.4	43.3			
D 12	186 03.0	326 38.4	S21 26.2	67 59.7	N21 49.3	323 51.0	S15 19.5	206 26.1	S10 43.3	Schedar	349 56.0	N56 30.6
A 13	201 05.4	341 39.6	26.9	83 00.6	49.1	338 53.0	19.7	221 28.7	43.4	Shaula	96 41.0	S37 06.0
Y 14	216 07.9	356 40.9	27.5	98 01.5	48.9	353 55.0	19.8	236 31.3	43.4	Sirius	258 46.1	S16 42.4
15	231 10.4	11 42.2	·· 28.1	113 02.4	·· 48.7	8 56.9	·· 20.0	251 33.9	·· 43.5	Spica	158 46.4	S11 08.0
16	246 12.8	26 43.5	28.8	128 03.3	48.4	23 58.9	20.1	266 36.5	43.5	Suhail	223 03.1	S43 24.5
17	261 15.3	41 44.7	29.4	143 04.3	48.2	39 00.0	20.3	281 39.1	43.6			
18	276 17.8	56 46.0	S21 30.0	158 05.2	N21 48.0	54 02.9	S15 20.4	296 41.7	S10 43.7	Vega	80 48.4	N38 47.1
19	291 20.2	71 47.3	30.6	173 06.1	47.7	69 04.9	20.6	311 44.4	43.7	Zuben'ubi	137 21.2	S16 01.1
20	306 22.7	86 48.6	31.3	188 07.0	47.5	84 06.9	20.7	326 47.0	43.8		S.H.A.	Mer. Pass.
21	321 25.1	101 49.9	·· 31.9	203 07.9	·· 47.3	99 08.9	·· 20.9	341 49.6	·· 43.8	Venus	141 19.9	14 15
22	336 27.6	116 51.2	32.5	218 08.8	47.1	114 10.9	21.0	356 52.2	43.9	Mars	242 52.7	7 30
23	351 30.1	131 52.5	33.1	233 09.8	46.8	129 12.9	21.2	11 54.8	43.9	Jupiter	138 04.9	14 27
Mer. Pass. 23 37.8		v 1.2	d 0.7	v 0.9	d 0.2	v 2.0	d 0.1	v 2.6	d 0.1	Saturn	20 17.6	22 17

1994 SEPTEMBER 25, 26, 27 (SUN., MON., TUES.)

189

UT (GMT)	SUN G.H.A.	SUN Dec.	MOON G.H.A.	MOON v	MOON Dec.	MOON d	MOON H.P.
d h	o '	o '	o '	'	o '	'	'
25 00	182 01.6	S 0 40.6	306 51.7	12.6	N18 42.6	3.8	54.1
01	197 01.8	41.6	321 23.3	12.5	18 46.4	3.8	54.1
02	212 02.1	42.5	335 54.8	12.4	18 50.2	3.7	54.1
03	227 02.3	.. 43.5	350 26.2	12.5	18 53.9	3.6	54.1
04	242 02.5	44.5	4 57.7	12.4	18 57.5	3.5	54.1
05	257 02.7	45.5	19 29.1	12.4	19 01.0	3.4	54.1
06	272 02.9	S 0 46.4	34 00.5	12.4	N19 04.4	3.3	54.1
07	287 03.2	47.4	48 31.9	12.3	19 07.7	3.3	54.2
08	302 03.4	48.4	63 03.2	12.4	19 11.0	3.1	54.2
S 09	317 03.6	.. 49.4	77 34.6	12.3	19 14.1	3.1	54.2
U 10	332 03.8	50.3	92 05.9	12.2	19 17.2	3.0	54.2
N 11	347 04.0	51.3	106 37.1	12.3	19 20.2	2.9	54.2
D 12	2 04.2	S 0 52.3	121 08.4	12.2	N19 23.1	2.8	54.2
A 13	17 04.4	53.3	135 39.6	12.3	19 25.9	2.7	54.2
Y 14	32 04.7	54.2	150 10.9	12.1	19 28.6	2.6	54.2
15	47 04.9	.. 55.2	164 42.0	12.2	19 31.2	2.6	54.2
16	62 05.1	56.2	179 13.2	12.3	19 33.8	2.4	54.2
17	77 05.3	57.1	193 44.4	12.1	19 36.2	2.4	54.2
18	92 05.5	S 0 58.1	208 15.5	12.1	N19 38.6	2.2	54.2
19	107 05.7	0 59.1	222 46.6	12.1	19 40.8	2.2	54.2
20	122 06.0	1 00.1	237 17.7	12.0	19 43.0	2.1	54.2
21	137 06.2	.. 01.0	251 48.7	12.0	19 45.1	2.0	54.2
22	152 06.4	02.0	266 19.7	12.1	19 47.1	1.9	54.3
23	167 06.6	03.0	280 50.8	12.0	19 49.0	1.8	54.3
26 00	182 06.8	S 1 04.0	295 21.8	11.9	N19 50.8	1.7	54.3
01	197 07.0	04.9	309 52.7	12.0	19 52.5	1.7	54.3
02	212 07.3	05.9	324 23.7	11.9	19 54.2	1.5	54.3
03	227 07.5	.. 06.9	338 54.6	11.9	19 55.7	1.5	54.3
04	242 07.7	07.9	353 25.5	11.9	19 57.2	1.3	54.3
05	257 07.9	08.8	7 56.4	11.9	19 58.5	1.3	54.3
06	272 08.1	S 1 09.8	22 27.3	11.8	N19 59.8	1.1	54.3
07	287 08.3	10.8	36 58.1	11.9	20 00.9	1.1	54.4
08	302 08.5	11.8	51 29.0	11.8	20 02.0	1.0	54.4
M 09	317 08.8	.. 12.7	65 59.8	11.8	20 03.0	0.9	54.4
O 10	332 09.0	13.7	80 30.6	11.7	20 03.9	0.8	54.4
N 11	347 09.2	14.7	95 01.3	11.8	20 04.7	0.7	54.4
D 12	2 09.4	S 1 15.6	109 32.1	11.7	N20 05.4	0.6	54.4
A 13	17 09.6	16.6	124 02.8	11.8	20 06.0	0.5	54.4
Y 14	32 09.8	17.6	138 33.6	11.7	20 06.5	0.4	54.4
15	47 10.0	.. 18.6	153 04.3	11.7	20 06.9	0.3	54.5
16	62 10.3	19.5	167 35.0	11.6	20 07.2	0.3	54.5
17	77 10.5	20.5	182 05.6	11.7	20 07.5	0.1	54.5
18	92 10.7	S 1 21.5	196 36.3	11.6	N20 07.6	0.0	54.5
19	107 10.9	22.5	211 06.9	11.6	20 07.6	0.0	54.5
20	122 11.1	23.4	225 37.5	11.6	20 07.6	0.2	54.5
21	137 11.3	.. 24.4	240 08.1	11.6	20 07.4	0.2	54.5
22	152 11.5	25.4	254 38.7	11.6	20 07.2	0.4	54.6
23	167 11.8	26.4	269 09.3	11.6	20 06.8	0.4	54.6
27 00	182 12.0	S 1 27.3	283 39.9	11.5	N20 06.4	0.6	54.6
01	197 12.2	28.3	298 10.4	11.5	20 05.8	0.6	54.6
02	212 12.4	29.3	312 40.9	11.5	20 05.2	0.7	54.6
03	227 12.6	.. 30.2	327 11.5	11.5	20 04.5	0.9	54.6
04	242 12.8	31.2	341 42.0	11.4	20 03.6	0.9	54.7
05	257 13.0	32.2	356 12.4	11.5	20 02.7	1.0	54.7
06	272 13.2	S 1 33.2	10 42.9	11.5	N20 01.7	1.1	54.7
07	287 13.5	34.1	25 13.4	11.4	20 00.6	1.2	54.7
T 08	302 13.7	35.1	39 43.8	11.5	19 59.4	1.3	54.7
U 09	317 13.9	.. 36.1	54 14.3	11.4	19 58.1	1.4	54.7
E 10	332 14.1	37.1	68 44.7	11.4	19 56.7	1.5	54.8
S 11	347 14.3	38.0	83 15.1	11.4	19 55.2	1.6	54.8
D 12	2 14.5	S 1 39.0	97 45.5	11.4	N19 53.6	1.7	54.8
A 13	17 14.7	40.0	112 15.9	11.3	19 51.9	1.8	54.8
Y 14	32 14.9	41.0	126 46.2	11.4	19 50.1	1.9	54.8
15	47 15.2	.. 41.9	141 16.6	11.4	19 48.2	2.0	54.9
16	62 15.4	42.9	155 47.0	11.3	19 46.2	2.1	54.9
17	77 15.6	43.9	170 17.3	11.3	19 44.1	2.2	54.9
18	92 15.8	S 1 44.8	184 47.6	11.4	N19 41.9	2.3	54.9
19	107 16.0	45.8	199 18.0	11.3	19 39.6	2.3	55.0
20	122 16.2	46.8	213 48.3	11.3	19 37.3	2.5	55.0
21	137 16.4	.. 47.8	228 18.6	11.3	19 34.8	2.6	55.0
22	152 16.6	48.7	242 48.9	11.3	19 32.2	2.6	55.0
23	167 16.8	49.7	257 19.2	11.2	19 29.6	2.8	55.0
	S.D. 16.0	d 1.0	S.D. 14.8		14.8		14.9

Twilight / Sunrise / Moonrise

Lat.	Twilight Naut.	Twilight Civil	Sunrise	Moonrise 25	Moonrise 26	Moonrise 27	Moonrise 28
o	h m	h m	h m	h m	h m	h m	h m
N 72	03 20	04 47	05 55	☐	☐	☐	☐
N 70	03 37	04 53	05 54	16 58	☐	18 31	20 19
68	03 50	04 58	05 54	18 01	18 37	19 38	21 00
66	04 00	05 03	05 54	18 36	19 16	20 14	21 29
64	04 09	05 06	05 53	19 02	19 44	20 40	21 50
62	04 16	05 09	05 53	19 21	20 05	21 00	22 07
60	04 22	05 11	05 53	19 38	20 22	21 16	22 21
N 58	04 27	05 13	05 53	19 51	20 36	21 30	22 33
56	04 31	05 15	05 52	20 03	20 48	21 42	22 44
54	04 35	05 17	05 52	20 14	20 59	21 52	22 53
52	04 39	05 18	05 52	20 23	21 09	22 02	23 01
50	04 42	05 20	05 52	20 31	21 17	22 10	23 09
45	04 48	05 22	05 51	20 49	21 35	22 27	23 24
N 40	04 52	05 24	05 51	21 03	21 50	22 42	23 37
35	04 56	05 25	05 51	21 15	22 03	22 54	23 48
30	04 59	05 26	05 50	21 26	22 14	23 04	23 58
20	05 02	05 28	05 50	21 45	22 32	23 22	24 14
N 10	05 04	05 28	05 49	22 01	22 49	23 38	24 29
0	05 03	05 27	05 48	22 16	23 04	23 53	24 42
S 10	05 01	05 26	05 47	22 31	23 19	24 08	00 08
20	04 59	05 24	05 46	22 47	23 36	24 23	00 23
30	04 53	05 21	05 45	23 05	23 54	24 42	00 42
35	04 49	05 19	05 44	23 16	24 05	00 05	00 52
40	04 44	05 16	05 43	23 29	24 18	00 18	01 04
45	04 38	05 13	05 42	23 43	24 33	00 33	01 18
S 50	04 30	05 08	05 41	24 01	00 01	00 51	01 36
52	04 26	05 06	05 40	24 10	00 10	01 00	01 44
54	04 22	05 04	05 39	24 19	00 19	01 09	01 53
56	04 17	05 01	05 39	24 30	00 30	01 20	02 03
58	04 11	04 58	05 38	24 42	00 42	01 33	02 15
S 60	04 04	04 55	05 37	24 56	00 56	01 47	02 28

Twilight / Sunset / Moonset

Lat.	Sunset	Twilight Civil	Twilight Naut.	Moonset 25	Moonset 26	Moonset 27	Moonset 28
o	h m	h m	h m	h m	h m	h m	h m
N 72	17 45	18 53	20 18	☐	☐	☐	☐
N 70	17 46	18 47	20 02	15 04	☐	16 53	16 48
68	17 47	18 42	19 50	14 02	15 06	15 45	16 06
66	17 47	18 38	19 40	13 27	14 26	15 09	15 37
64	17 48	18 35	19 32	13 01	13 59	14 43	15 15
62	17 48	18 32	19 25	12 42	13 38	14 23	14 58
60	17 49	18 30	19 19	12 26	13 21	14 07	14 43
N 58	17 49	18 28	19 14	12 12	13 06	13 53	14 31
56	17 49	18 26	19 10	12 00	12 54	13 41	14 20
54	17 50	18 25	19 06	11 50	12 43	13 30	14 11
52	17 50	18 23	19 03	11 41	12 34	13 21	14 02
50	17 50	18 22	19 00	11 33	12 25	13 13	13 54
45	17 51	18 20	18 54	11 16	12 07	12 55	13 38
N 40	17 51	18 18	18 50	11 02	11 53	12 40	13 25
35	17 52	18 17	18 46	10 50	11 40	12 28	13 13
30	17 52	18 16	18 44	10 39	11 29	12 17	13 03
20	17 53	18 15	18 40	10 21	11 10	11 59	12 46
N 10	17 54	18 15	18 39	10 06	10 54	11 43	12 31
0	17 55	18 15	18 39	09 51	10 39	11 27	12 17
S 10	17 56	18 17	18 41	09 36	10 24	11 12	12 02
20	17 57	18 19	18 44	09 21	10 07	10 56	11 47
30	17 58	18 22	18 50	09 03	09 48	10 37	11 30
35	17 59	18 24	18 54	08 52	09 37	10 27	11 19
40	18 00	18 27	18 59	08 41	09 25	10 14	11 08
45	18 01	18 31	19 05	08 27	09 10	09 59	10 54
S 50	18 03	18 35	19 14	08 09	08 52	09 41	10 37
52	18 04	18 38	19 18	08 01	08 43	09 33	10 29
54	18 04	18 40	19 22	07 52	08 34	09 23	10 20
56	18 05	18 43	19 28	07 42	08 23	09 12	10 10
58	18 06	18 46	19 33	07 31	08 11	09 00	09 59
S 60	18 07	18 49	19 40	07 18	07 56	08 45	09 45

SUN / MOON

Day	SUN Eqn. of Time 00h	SUN Eqn. of Time 12h	SUN Mer. Pass.	MOON Mer. Pass. Upper	MOON Mer. Pass. Lower	Age	Phase
	m s	m s	h m	h m	h m	d	
25	08 06	08 17	11 52	03 40	16 03	20	
26	08 27	08 37	11 51	04 27	16 51	21	☽
27	08 47	08 58	11 51	05 16	17 40	22	

1994 SEPTEMBER 28, 29, 30 (WED., THURS., FRI.)

UT (GMT)	ARIES G.H.A.	VENUS −4.6 G.H.A.	Dec.	MARS +1.0 G.H.A.	Dec.	JUPITER −1.8 G.H.A.	Dec.	SATURN +0.6 G.H.A.	Dec.	STARS Name	S.H.A.	Dec.
28 00	6 32.5	146 53.8 S21 33.8		248 10.7 N21 46.6		144 14.9 S15 21.3		26 57.4 S10 44.0		Acamar	315 28.7	S40 19.3
01	21 35.0	161 55.1	34.4	263 11.6	46.4	159 16.9	21.5	42 00.0	44.1	Achernar	335 36.6	S57 15.6
02	36 37.5	176 56.4	35.0	278 12.5	46.1	174 18.8	21.6	57 02.6	44.1	Acrux	173 25.7	S63 04.2
03	51 39.9	191 57.7 ··	35.6	293 13.4 ··	45.9	189 20.8 ··	21.7	72 05.3 ··	44.2	Adhara	255 23.6	S28 57.7
04	66 42.4	206 59.0	36.3	308 14.4	45.7	204 22.8	21.9	87 07.9	44.2	Aldebaran	291 05.3	N16 29.9
05	81 44.9	222 00.3	36.9	323 15.3	45.5	219 24.8	22.0	102 10.5	44.3			
06	96 47.3	237 01.6 S21 37.5		338 16.2 N21 45.2		234 26.8 S15 22.2		117 13.1 S10 44.3		Alioth	166 33.5	N55 59.3
W 07	111 49.8	252 02.9	38.1	353 17.1	45.0	249 28.8	22.3	132 15.7	44.4	Alkaid	153 10.4	N49 20.5
E 08	126 52.3	267 04.2	38.7	8 18.0	44.8	264 30.8	22.5	147 18.3	44.4	Al Na'ir	28 00.9	S46 59.1
D 09	141 54.7	282 05.6 ··	39.3	23 19.0 ··	44.5	279 32.8 ··	22.6	162 20.9 ··	44.5	Alnilam	276 00.5	S 1 12.2
N 10	156 57.2	297 06.9	39.9	38 19.9	44.3	294 34.8	22.8	177 23.5	44.6	Alphard	218 10.1	S 8 38.1
E 11	171 59.6	312 08.2	40.6	53 20.8	44.1	309 36.8	22.9	192 26.2	44.6			
S 12	187 02.1	327 09.5 S21 41.2		68 21.7 N21 43.8		324 38.7 S15 23.1		207 28.8 S10 44.7		Alphecca	126 23.1	N26 44.2
D 13	202 04.6	342 10.9	41.8	83 22.7	43.6	339 40.7	23.2	222 31.4	44.7	Alpheratz	357 57.7	N29 03.9
A 14	217 07.0	357 12.2	42.4	98 23.6	43.4	354 42.7	23.4	237 34.0	44.8	Altair	62 21.8	N 8 51.6
Y 15	232 09.5	12 13.5 ··	43.0	113 24.5 ··	43.1	9 44.7 ··	23.5	252 36.6 ··	44.8	Ankaa	353 29.1	S42 19.9
16	247 12.0	27 14.9	43.6	128 25.4	42.9	24 46.7	23.7	267 39.2	44.9	Antares	112 43.7	S26 25.2
17	262 14.4	42 16.2	44.2	143 26.4	42.7	39 48.7	23.8	282 41.8	45.0			
18	277 16.9	57 17.5 S21 44.8		158 27.3 N21 42.4		54 50.7 S15 24.0		297 44.4 S10 45.0		Arcturus	146 08.8	N19 12.7
19	292 19.4	72 18.9	45.4	173 28.2	42.2	69 52.7	24.1	312 47.0	45.1	Atria	107 58.3	S69 01.3
20	307 21.8	87 20.2	46.0	188 29.1	42.0	84 54.7	24.2	327 49.7	45.1	Avior	234 24.0	S59 29.4
21	322 24.3	102 21.6 ··	46.6	203 30.1 ··	41.7	99 56.6 ··	24.4	342 52.3 ··	45.2	Bellatrix	278 47.0	N 6 20.7
22	337 26.7	117 22.9	47.2	218 31.0	41.5	114 58.6	24.5	357 54.9	45.2	Betelgeuse	271 16.4	N 7 24.4
23	352 29.2	132 24.3	47.8	233 31.9	41.3	130 00.6	24.7	12 57.5	45.3			
29 00	7 31.7	147 25.7 S21 48.4		248 32.8 N21 41.0		145 02.6 S15 24.8		28 00.1 S10 45.3		Canopus	264 02.3	S52 41.3
01	22 34.1	162 27.0	49.0	263 33.8	40.8	160 04.6	25.0	43 02.7	45.4	Capella	280 55.1	N45 59.4
02	37 36.6	177 28.4	49.6	278 34.7	40.6	175 06.6	25.1	58 05.3	45.5	Deneb	49 40.8	N45 16.1
03	52 39.1	192 29.7 ··	50.2	293 35.6 ··	40.3	190 08.6 ··	25.3	73 07.9 ··	45.5	Denebola	182 48.3	N14 36.1
04	67 41.5	207 31.1	50.8	308 36.5	40.1	205 10.6	25.4	88 10.5	45.6	Diphda	349 09.6	S18 00.7
05	82 44.0	222 32.5	51.4	323 37.5	39.9	220 12.5	25.6	103 13.2	45.6			
06	97 46.5	237 33.8 S21 51.9		338 38.4 N21 39.6		235 14.5 S15 25.7		118 15.8 S10 45.7		Dubhe	194 09.5	N61 46.6
07	112 48.9	252 35.2	52.5	353 39.3	39.4	250 16.5	25.9	133 18.4	45.7	Elnath	278 30.3	N28 36.1
T 08	127 51.4	267 36.6	53.1	8 40.3	39.2	265 18.5	26.0	148 21.0	45.8	Eltanin	90 52.7	N51 29.8
H 09	142 53.9	282 38.0 ··	53.7	23 41.2 ··	38.9	280 20.5 ··	26.2	163 23.6 ··	45.8	Enif	34 00.6	N 9 51.3
U 10	157 56.3	297 39.4	54.3	38 42.1	38.7	295 22.5	26.3	178 26.2	45.9	Fomalhaut	15 39.1	S29 38.9
R 11	172 58.8	312 40.7	54.9	53 43.0	38.5	310 24.5	26.5	193 28.8	46.0			
S 12	188 01.2	327 42.1 S21 55.5		68 44.0 N21 38.2		325 26.4 S15 26.6		208 31.4 S10 46.0		Gacrux	172 17.1	S57 05.0
D 13	203 03.7	342 43.5	56.0	83 44.9	38.0	340 28.4	26.8	223 34.0	46.1	Gienah	176 07.1	S17 30.7
A 14	218 06.2	357 44.9	56.6	98 45.8	37.8	355 30.4	26.9	238 36.6	46.1	Hadar	149 08.4	S60 20.9
Y 15	233 08.6	12 46.3 ··	57.2	113 46.8 ··	37.5	10 32.4 ··	27.0	253 39.3 ··	46.2	Hamal	328 16.3	N23 26.4
16	248 11.1	27 47.7	57.8	128 47.7	37.3	25 34.4	27.2	268 41.9	46.2	Kaus Aust.	84 02.4	S34 23.2
17	263 13.6	42 49.1	58.3	143 48.6	37.0	40 36.4	27.3	283 44.5	46.3			
18	278 16.0	57 50.5 S21 58.9		158 49.6 N21 36.8		55 38.4 S15 27.5		298 47.1 S10 46.3		Kochab	137 20.4	N74 10.8
19	293 18.5	72 51.9 21 59.5		173 50.5	36.6	70 40.3	27.6	313 49.7	46.4	Markab	13 52.0	N15 10.9
20	308 21.0	87 53.3 22 00.1		188 51.4	36.3	85 42.3	27.8	328 52.3	46.5	Menkar	314 29.5	N 4 04.3
21	323 23.4	102 54.7 ·· 00.6		203 52.4 ··	36.1	100 44.3 ··	27.9	343 54.9 ··	46.5	Menkent	148 24.5	S36 20.6
22	338 25.9	117 56.1	01.2	218 53.3	35.9	115 46.3	28.1	358 57.5	46.6	Miaplacidus	221 43.1	S69 41.6
23	353 28.4	132 57.6	01.8	233 54.2	35.6	130 48.3	28.2	14 00.1	46.6			
30 00	8 30.8	147 59.0 S22 02.4		248 55.2 N21 35.4		145 50.3 S15 28.4		29 02.7 S10 46.7		Mirfak	309 00.1	N49 50.5
01	23 33.3	163 00.4	02.9	263 56.1	35.1	160 52.3	28.5	44 05.3	46.7	Nunki	76 15.6	S26 18.1
02	38 35.7	178 01.8	03.5	278 57.0	34.9	175 54.2	28.7	59 07.9	46.8	Peacock	53 41.0	S56 45.2
03	53 38.2	193 03.2 ··	04.1	293 58.0 ··	34.7	190 56.2 ··	28.8	74 10.6 ··	46.8	Pollux	243 45.0	N28 02.2
04	68 40.7	208 04.7	04.6	308 58.9	34.4	205 58.2	29.0	89 13.2	46.9	Procyon	245 14.5	N 5 14.3
05	83 43.1	223 06.1	05.2	323 59.8	34.2	221 00.2	29.1	104 15.8	46.9			
06	98 45.6	238 07.5 S22 05.7		339 00.8 N21 34.0		236 02.2 S15 29.3		119 18.4 S10 47.0		Rasalhague	96 19.6	N12 34.1
07	113 48.1	253 09.0	06.3	354 01.7	33.7	251 04.2	29.4	134 21.0	47.1	Regulus	207 58.7	N11 59.6
08	128 50.5	268 10.4	06.9	9 02.7	33.5	266 06.1	29.6	149 23.6	47.1	Rigel	281 25.4	S 8 12.4
F 09	143 53.0	283 11.9 ··	07.4	24 03.6 ··	33.2	281 08.1 ··	29.7	164 26.2 ··	47.2	Rigil Kent.	140 11.4	S60 48.9
R 10	158 55.5	298 13.3	08.0	39 04.5	33.0	296 10.1	29.8	179 28.8	47.2	Sabik	102 28.7	S15 43.0
I 11	173 57.9	313 14.7	08.5	54 05.5	32.8	311 12.1	30.0	194 31.4	47.3			
D 12	189 00.4	328 16.2 S22 09.1		69 06.4 N21 32.5		326 14.1 S15 30.1		209 34.0 S10 47.3		Schedar	349 56.0	N56 30.6
A 13	204 02.8	343 17.7	09.6	84 07.3	32.3	341 16.1	30.3	224 36.6	47.4	Shaula	96 41.1	S37 06.0
Y 14	219 05.3	358 19.1	10.2	99 08.3	32.0	356 18.0	30.4	239 39.2	47.4	Sirius	258 46.1	S16 42.4
15	234 07.8	13 20.6 ··	10.7	114 09.2 ··	31.8	11 20.0 ··	30.6	254 41.8 ··	47.5	Spica	158 46.4	S11 08.0
16	249 10.2	28 22.0	11.3	129 10.2	31.6	26 22.0	30.7	269 44.4	47.5	Suhail	223 03.0	S43 24.5
17	264 12.7	43 23.5	11.8	144 11.1	31.3	41 24.0	30.9	284 47.1	47.6			
18	279 15.2	58 25.0 S22 12.4		159 12.0 N21 31.1		56 26.0 S15 31.0		299 49.7 S10 47.6		Vega	80 48.4	N38 47.1
19	294 17.6	73 26.4	12.9	174 13.0	30.8	71 27.9	31.2	314 52.3	47.7	Zuben'ubi	137 21.2	S16 01.1
20	309 20.1	88 27.9	13.5	189 13.9	30.6	86 29.9	31.3	329 54.9	47.8			
21	324 22.6	103 29.4 ··	14.0	204 14.9 ··	30.4	101 31.9 ··	31.5	344 57.5 ··	47.8		S.H.A.	Mer. Pass.
22	339 25.0	118 30.8	14.6	219 15.8	30.1	116 33.9	31.6	0 00.1	47.9	Venus	139 54.0	14 09
23	354 27.5	133 32.3	15.1	234 16.8	29.9	131 35.9	31.8	15 02.7	47.9	Mars	241 01.2	7 25
										Jupiter	137 30.9	14 18
Mer. Pass. 23 26.0		v 1.4 d 0.6		v 0.9 d 0.2		v 2.0 d 0.1		v 2.6 d 0.1		Saturn	20 28.4	22 04

1994 SEPTEMBER 28, 29, 30 (WED., THURS., FRI.)

UT (GMT) d h	SUN G.H.A.	SUN Dec.	MOON G.H.A.	v	MOON Dec.	d	H.P.
28 00	182 17.1	S 1 50.7	271 49.4	11.3	N19 26.8	2.9	55.1
01	197 17.3	51.7	286 19.7	11.3	19 23.9	2.9	55.1
02	212 17.5	52.6	300 50.0	11.2	19 21.0	3.1	55.1
03	227 17.7	.. 53.6	315 20.2	11.2	19 17.9	3.1	55.1
04	242 17.9	54.6	329 50.4	11.3	19 14.8	3.3	55.2
05	257 18.1	55.6	344 20.7	11.2	19 11.5	3.3	55.2
W 06	272 18.3	S 1 56.5	358 50.9	11.2	N19 08.2	3.5	55.2
E 07	287 18.5	57.5	13 21.1	11.2	19 04.7	3.5	55.2
D 08	302 18.7	58.5	27 51.3	11.2	19 01.2	3.6	55.3
N 09	317 19.0	1 59.4	42 21.5	11.2	18 57.6	3.8	55.3
E 10	332 19.2	2 00.4	56 51.7	11.2	18 53.8	3.8	55.3
S 11	347 19.4	01.4	71 21.9	11.2	18 50.0	3.9	55.3
D 12	2 19.6	S 2 02.4	85 52.1	11.2	N18 46.1	4.0	55.4
A 13	17 19.8	03.3	100 22.3	11.2	18 42.1	4.2	55.4
Y 14	32 20.0	04.3	114 52.5	11.1	18 37.9	4.2	55.4
15	47 20.2	.. 05.3	129 22.6	11.2	18 33.7	4.3	55.4
16	62 20.4	06.3	143 52.8	11.2	18 29.4	4.4	55.5
17	77 20.6	07.2	158 23.0	11.1	18 25.0	4.5	55.5
18	92 20.8	S 2 08.2	172 53.1	11.1	N18 20.5	4.7	55.6
19	107 21.0	09.2	187 23.2	11.2	18 15.9	4.7	55.6
20	122 21.3	10.1	201 53.4	11.1	18 11.2	4.8	55.6
21	137 21.5	.. 11.1	216 23.5	11.2	18 06.4	4.8	55.6
22	152 21.7	12.1	230 53.7	11.1	18 01.6	5.0	55.6
23	167 21.9	13.1	245 23.8	11.1	17 56.6	5.1	55.7
29 00	182 22.1	S 2 14.0	259 53.9	11.1	N17 51.5	5.2	55.7
01	197 22.3	15.0	274 24.0	11.1	17 46.3	5.2	55.7
02	212 22.5	16.0	288 54.1	11.1	17 41.1	5.4	55.8
03	227 22.7	.. 16.9	303 24.2	11.1	17 35.7	5.4	55.8
04	242 22.9	17.9	317 54.3	11.1	17 30.3	5.6	55.8
05	257 23.1	18.9	332 24.4	11.1	17 24.7	5.6	55.9
T 06	272 23.3	S 2 19.9	346 54.5	11.1	N17 19.1	5.7	55.9
H 07	287 23.5	20.8	1 24.6	11.1	17 13.4	5.8	55.9
U 08	302 23.8	21.8	15 54.7	11.1	17 07.6	5.9	56.0
R 09	317 24.0	.. 22.8	30 24.8	11.1	17 01.7	6.1	56.0
S 10	332 24.2	23.8	44 54.9	11.1	16 55.6	6.0	56.0
D 11	347 24.4	24.7	59 25.0	11.0	16 49.6	6.2	56.0
A 12	2 24.6	S 2 25.7	73 55.0	11.1	N16 43.4	6.3	56.1
Y 13	17 24.8	26.7	88 25.1	11.1	16 37.1	6.4	56.1
14	32 25.0	27.6	102 55.2	11.0	16 30.7	6.4	56.1
15	47 25.2	.. 28.6	117 25.2	11.1	16 24.3	6.6	56.2
16	62 25.4	29.6	131 55.3	11.1	16 17.7	6.6	56.2
17	77 25.6	30.6	146 25.4	11.0	16 11.1	6.8	56.2
18	92 25.8	S 2 31.5	160 55.4	11.1	N16 04.3	6.8	56.3
19	107 26.0	32.5	175 25.5	11.0	15 57.5	6.9	56.3
20	122 26.2	33.5	189 55.5	11.0	15 50.6	7.0	56.3
21	137 26.4	.. 34.4	204 25.5	11.1	15 43.6	7.1	56.4
22	152 26.6	35.4	218 55.6	11.0	15 36.5	7.2	56.4
23	167 26.8	36.4	233 25.6	11.0	15 29.3	7.2	56.4
30 00	182 27.1	S 2 37.4	247 55.6	11.1	N15 22.1	7.4	56.5
01	197 27.3	38.3	262 25.7	11.0	15 14.7	7.4	56.5
02	212 27.5	39.3	276 55.7	11.0	15 07.3	7.6	56.6
03	227 27.7	.. 40.3	291 25.7	11.0	14 59.7	7.6	56.6
04	242 27.9	41.2	305 55.7	11.0	14 52.1	7.7	56.6
05	257 28.1	42.2	320 25.7	11.0	14 44.4	7.8	56.7
F 06	272 28.3	S 2 43.2	334 55.7	11.0	N14 36.6	7.8	56.7
R 07	287 28.5	44.2	349 25.7	11.0	14 28.8	8.0	56.7
I 08	302 28.7	45.1	3 55.7	11.0	14 20.8	8.0	56.8
D 09	317 28.9	.. 46.1	18 25.7	11.0	14 12.8	8.1	56.8
A 10	332 29.1	47.1	32 55.7	11.0	14 04.7	8.2	56.8
Y 11	347 29.3	48.0	47 25.7	11.0	13 56.5	8.3	56.9
12	2 29.5	S 2 49.0	61 55.7	10.9	N13 48.2	8.4	56.9
13	17 29.7	50.0	76 25.6	11.0	13 39.8	8.5	56.9
14	32 29.9	51.0	90 55.6	11.0	13 31.3	8.5	57.0
15	47 30.1	.. 51.9	105 25.6	10.9	13 22.8	8.6	57.0
16	62 30.3	52.9	119 55.5	11.0	13 14.2	8.7	57.1
17	77 30.5	53.9	134 25.5	10.9	13 05.5	8.8	57.1
18	92 30.7	S 2 54.8	148 55.4	10.9	N12 56.7	8.8	57.1
19	107 30.9	55.8	163 25.3	11.0	12 47.9	9.0	57.2
20	122 31.1	56.8	177 55.3	10.9	12 38.9	9.0	57.2
21	137 31.3	.. 57.8	192 25.2	10.9	12 29.9	9.1	57.2
22	152 31.5	58.7	206 55.1	10.9	12 20.8	9.1	57.3
23	167 31.7	59.7	221 25.0	10.9	12 11.7	9.3	57.3
	S.D. 16.0	d 1.0	S.D. 15.1		15.3		15.5

Lat.	Twilight Naut.	Twilight Civil	Sunrise	Moonrise 28	29	30	1
N 72	03 37	05 01	06 08	▭	21 27	23 32	25 31
N 70	03 51	05 06	06 06	20 19	22 06	23 54	25 43
68	04 02	05 09	06 05	21 00	22 33	24 11	00 11
66	04 11	05 12	06 03	21 29	22 53	24 25	00 25
64	04 18	05 15	06 02	21 50	23 10	24 36	00 36
62	04 24	05 17	06 01	22 07	23 23	24 45	00 45
60	04 29	05 18	06 00	22 21	23 34	24 54	00 54
N 58	04 34	05 20	05 59	22 33	23 44	25 01	01 01
56	04 38	05 21	05 58	22 44	23 53	25 07	01 07
54	04 41	05 22	05 58	22 53	24 00	00 00	01 13
52	04 44	05 23	05 57	23 01	24 07	00 07	01 18
50	04 46	05 24	05 56	23 09	24 13	00 13	01 22
45	04 52	05 26	05 55	23 24	24 26	00 26	01 32
N 40	04 55	05 27	05 54	23 37	24 37	00 37	01 40
35	04 58	05 28	05 53	23 48	24 46	00 46	01 47
30	05 00	05 28	05 52	23 58	24 54	00 54	01 53
20	05 03	05 28	05 50	24 14	00 14	01 08	02 04
N 10	05 03	05 28	05 49	24 29	00 29	01 20	02 13
0	05 02	05 26	05 47	24 42	00 42	01 32	02 22
S 10	05 00	05 24	05 45	00 08	00 56	01 43	02 30
20	04 56	05 21	05 44	00 23	01 10	01 55	02 39
30	04 49	05 17	05 41	00 42	01 26	02 09	02 50
35	04 45	05 15	05 40	00 52	01 36	02 17	02 56
40	04 39	05 11	05 38	01 04	01 47	02 26	03 03
45	04 32	05 07	05 36	01 18	01 59	02 37	03 11
S 50	04 23	05 02	05 34	01 36	02 15	02 49	03 20
52	04 19	04 59	05 33	01 44	02 22	02 55	03 24
54	04 14	04 56	05 32	01 53	02 30	03 02	03 29
56	04 08	04 53	05 31	02 03	02 39	03 09	03 35
58	04 02	04 50	05 29	02 15	02 49	03 17	03 41
S 60	03 54	04 46	05 28	02 28	03 01	03 26	03 47

Lat.	Sunset	Twilight Civil	Twilight Naut.	Moonset 28	29	30	1
N 72	17 30	18 37	20 00	▭	17 24	17 03	16 49
N 70	17 32	18 33	19 47	16 48	16 44	16 39	16 35
68	17 34	18 29	19 36	16 06	16 16	16 21	16 24
66	17 36	18 27	19 28	15 37	15 55	16 06	16 15
64	17 37	18 24	19 20	15 15	15 38	15 54	16 07
62	17 38	18 22	19 15	14 58	15 24	15 44	16 00
60	17 39	18 21	19 10	14 43	15 12	15 35	15 54
N 58	17 40	18 19	19 05	14 31	15 02	15 27	15 49
56	17 41	18 18	19 02	14 20	14 53	15 20	15 44
54	17 42	18 17	18 58	14 11	14 45	15 14	15 40
52	17 43	18 16	18 56	14 02	14 38	15 08	15 36
50	17 43	18 14	18 53	13 54	14 31	15 03	15 33
45	17 45	18 14	18 48	13 38	14 17	14 52	15 25
N 40	17 46	18 13	18 45	13 25	14 05	14 43	15 19
35	17 47	18 13	18 42	13 13	13 56	14 35	15 13
30	17 48	18 12	18 40	13 03	13 47	14 28	15 08
20	17 50	18 12	18 38	12 46	13 32	14 16	15 00
N 10	17 52	18 13	18 37	12 31	13 19	14 06	14 53
0	17 54	18 14	18 38	12 17	13 06	13 56	14 45
S 10	17 55	18 16	18 41	12 02	12 54	13 46	14 38
20	17 58	18 20	18 45	11 47	12 40	13 35	14 31
30	18 00	18 24	18 52	11 30	12 25	13 22	14 22
35	18 01	18 27	18 57	11 19	12 16	13 15	14 17
40	18 03	18 30	19 02	11 08	12 06	13 07	14 11
45	18 05	18 35	19 09	10 54	11 53	12 57	14 04
S 50	18 08	18 40	19 19	10 37	11 39	12 45	13 56
52	18 09	18 43	19 23	10 29	11 32	12 40	13 52
54	18 10	18 46	19 28	10 20	11 24	12 34	13 48
56	18 11	18 49	19 34	10 10	11 16	12 27	13 44
58	18 13	18 53	19 41	09 59	11 06	12 20	13 38
S 60	18 15	18 57	19 49	09 45	10 55	12 11	13 33

Day	SUN Eqn. of Time 00h	SUN Eqn. of Time 12h	SUN Mer. Pass.	MOON Mer. Pass. Upper	MOON Mer. Pass. Lower	Age	Phase
28	09 08	09 18	11 51	06 05	18 29	23	
29	09 28	09 38	11 50	06 54	19 19	24	◑
30	09 48	09 58	11 50	07 44	20 09	25	

1994 OCTOBER 1, 2, 3 (SAT., SUN., MON.)

UT (GMT)	ARIES G.H.A.	VENUS −4.6 G.H.A.	Dec.	MARS +1.0 G.H.A.	Dec.	JUPITER −1.8 G.H.A.	Dec.	SATURN +0.6 G.H.A.	Dec.	STARS Name	S.H.A.	Dec.
1 00	9 30.0	148 33.8	S22 15.6	249 17.7	N21 29.6	146 37.9	S15 31.9	30 05.3	S10 48.0	Acamar	315 28.6	S40 19.3
01	24 32.4	163 35.3	16.2	264 18.6	29.4	161 39.8	32.1	45 07.9	48.0	Achernar	335 36.6	S57 15.6
02	39 34.9	178 36.8	16.7	279 19.6	29.2	176 41.8	32.2	60 10.5	48.1	Acrux	173 25.7	S63 04.2
03	54 37.3	193 38.3	·· 17.3	294 20.5	·· 28.9	191 43.8	·· 32.4	75 13.1	·· 48.1	Adhara	255 23.6	S28 57.7
04	69 39.8	208 39.8	17.8	309 21.5	28.7	206 45.8	32.5	90 15.7	48.2	Aldebaran	291 05.3	N16 29.9
05	84 42.3	223 41.3	18.3	324 22.4	28.4	221 47.8	32.7	105 18.3	48.2			
06	99 44.7	238 42.8	S22 18.9	339 23.4	N21 28.2	236 49.7	S15 32.8	120 20.9	S10 48.3	Alioth	166 33.5	N55 59.3
07	114 47.2	253 44.3	19.4	354 24.3	27.9	251 51.7	33.0	135 23.5	48.3	Alkaid	153 10.4	N49 20.5
S 08	129 49.7	268 45.8	19.9	9 25.2	27.7	266 53.7	33.1	150 26.1	48.4	Al Na'ir	28 00.9	S46 59.1
A 09	144 52.1	283 47.3	·· 20.4	24 26.2	·· 27.5	281 55.7	·· 33.2	165 28.7	·· 48.5	Alnilam	276 00.5	S 1 12.2
T 10	159 54.6	298 48.8	21.0	39 27.1	27.2	296 57.7	33.4	180 31.4	48.5	Alphard	218 10.1	S 8 38.1
U 11	174 57.1	313 50.3	21.5	54 28.1	27.0	311 59.6	33.5	195 34.0	48.6			
R 12	189 59.5	328 51.8	S22 22.0	69 29.0	N21 26.7	327 01.6	S15 33.7	210 36.6	S10 48.6	Alphecca	126 23.1	N26 44.2
D 13	205 02.0	343 53.3	22.5	84 30.0	26.5	342 03.6	33.8	225 39.2	48.7	Alpheratz	357 57.7	N29 03.9
A 14	220 04.5	358 54.9	23.1	99 30.9	26.2	357 05.6	34.0	240 41.8	48.7	Altair	62 21.8	N 8 51.6
Y 15	235 06.9	13 56.4	·· 23.6	114 31.9	·· 26.0	12 07.6	·· 34.1	255 44.4	·· 48.8	Ankaa	353 29.1	S42 19.9
16	250 09.4	28 57.9	24.1	129 32.8	25.7	27 09.5	34.3	270 47.0	48.8	Antares	112 43.7	S26 25.2
17	265 11.8	43 59.4	24.6	144 33.8	25.5	42 11.5	34.4	285 49.6	48.9			
18	280 14.3	59 01.0	S22 25.1	159 34.7	N21 25.3	57 13.5	S15 34.6	300 52.2	S10 48.9	Arcturus	146 08.8	N19 12.7
19	295 16.8	74 02.5	25.7	174 35.7	25.0	72 15.5	34.7	315 54.8	49.0	Atria	107 58.3	S69 01.3
20	310 19.2	89 04.0	26.2	189 36.6	24.8	87 17.5	34.9	330 57.4	49.0	Avior	234 24.0	S59 29.4
21	325 21.7	104 05.6	·· 26.7	204 37.6	·· 24.5	102 19.4	·· 35.0	346 00.0	·· 49.1	Bellatrix	278 47.0	N 6 20.7
22	340 24.2	119 07.1	27.2	219 38.5	24.3	117 21.4	35.2	1 02.6	49.1	Betelgeuse	271 16.4	N 7 24.4
23	355 26.6	134 08.7	27.7	234 39.5	24.0	132 23.4	35.3	16 05.2	49.2			
2 00	10 29.1	149 10.2	S22 28.2	249 40.4	N21 23.8	147 25.4	S15 35.5	31 07.8	S10 49.2	Canopus	264 02.3	S52 41.3
01	25 31.6	164 11.8	28.7	264 41.4	23.5	162 27.4	35.6	46 10.4	49.3	Capella	280 55.0	N45 59.4
02	40 34.0	179 13.3	29.2	279 42.3	23.3	177 29.3	35.8	61 13.0	49.3	Deneb	49 40.8	N45 16.1
03	55 36.5	194 14.9	·· 29.7	294 43.3	·· 23.1	192 31.3	·· 35.9	76 15.6	·· 49.4	Denebola	182 48.3	N14 36.1
04	70 38.9	209 16.4	30.3	309 44.2	22.8	207 33.3	36.1	91 18.2	49.4	Diphda	349 09.6	S18 00.7
05	85 41.4	224 18.0	30.8	324 45.2	22.6	222 35.3	36.2	106 20.8	49.5			
06	100 43.9	239 19.6	S22 31.3	339 46.1	N21 22.3	237 37.2	S15 36.4	121 23.4	S10 49.6	Dubhe	194 09.4	N61 46.6
07	115 46.3	254 21.1	31.8	354 47.1	22.1	252 39.2	36.5	136 26.0	49.6	Elnath	278 30.2	N28 36.1
08	130 48.8	269 22.7	32.3	9 48.0	21.8	267 41.2	36.7	151 28.6	49.7	Eltanin	90 52.8	N51 29.8
S 09	145 51.3	284 24.3	·· 32.8	24 49.0	·· 21.6	282 43.2	·· 36.8	166 31.2	·· 49.7	Enif	34 00.7	N 9 51.3
U 10	160 53.7	299 25.9	33.3	39 49.9	21.3	297 45.2	36.9	181 33.8	49.8	Fomalhaut	15 39.1	S29 38.9
N 11	175 56.2	314 27.4	33.8	54 50.9	21.1	312 47.1	37.1	196 36.4	49.8			
D 12	190 58.7	329 29.0	S22 34.2	69 51.8	N21 20.8	327 49.1	S15 37.2	211 39.0	S10 49.9	Gacrux	172 17.1	S57 05.0
A 13	206 01.1	344 30.6	34.7	84 52.8	20.6	342 51.1	37.4	226 41.6	49.9	Gienah	176 07.1	S17 30.7
Y 14	221 03.6	359 32.2	35.2	99 53.8	20.3	357 53.1	37.5	241 44.2	50.0	Hadar	149 08.4	S60 20.9
15	236 06.1	14 33.8	·· 35.7	114 54.7	·· 20.1	12 55.0	·· 37.7	256 46.8	·· 50.0	Hamal	328 16.3	N23 26.4
16	251 08.5	29 35.4	36.2	129 55.7	19.8	27 57.0	37.8	271 49.4	50.1	Kaus Aust.	84 02.4	S34 23.2
17	266 11.0	44 37.0	36.7	144 56.6	19.6	42 59.0	38.0	286 52.0	50.1			
18	281 13.4	59 38.6	S22 37.2	159 57.6	N21 19.3	58 01.0	S15 38.1	301 54.6	S10 50.2	Kochab	137 20.5	N74 10.8
19	296 15.9	74 40.2	37.7	174 58.5	19.1	73 02.9	38.3	316 57.2	50.2	Markab	13 52.0	N15 10.9
20	311 18.4	89 41.8	38.2	189 59.5	18.9	88 04.9	38.4	331 59.9	50.3	Menkar	314 29.5	N 4 04.3
21	326 20.8	104 43.4	·· 38.6	205 00.5	·· 18.6	103 06.9	·· 38.6	347 02.5	·· 50.3	Menkent	148 24.5	S36 20.6
22	341 23.3	119 45.0	39.1	220 01.4	18.4	118 08.9	38.7	2 05.1	50.4	Miaplacidus	221 43.1	S69 41.6
23	356 25.8	134 46.6	39.6	235 02.4	18.1	133 10.8	38.9	17 07.7	50.4			
3 00	11 28.2	149 48.3	S22 40.1	250 03.3	N21 17.9	148 12.8	S15 39.0	32 10.3	S10 50.5	Mirfak	309 00.1	N49 50.5
01	26 30.7	164 49.9	40.6	265 04.3	17.6	163 14.8	39.2	47 12.9	50.5	Nunki	76 15.7	S26 18.1
02	41 33.2	179 51.5	41.0	280 05.2	17.4	178 16.8	39.3	62 15.5	50.6	Peacock	53 41.0	S56 45.2
03	56 35.6	194 53.1	·· 41.5	295 06.2	·· 17.1	193 18.8	·· 39.5	77 18.1	·· 50.6	Pollux	243 45.0	N28 02.2
04	71 38.1	209 54.8	42.0	310 07.2	16.9	208 20.7	39.6	92 20.7	50.7	Procyon	245 14.5	N 5 14.3
05	86 40.6	224 56.4	42.5	325 08.1	16.6	223 22.7	39.8	107 23.3	50.7			
06	101 43.0	239 58.0	S22 42.9	340 09.1	N21 16.4	238 24.7	S15 39.9	122 25.9	S10 50.8	Rasalhague	96 19.6	N12 34.1
07	116 45.5	254 59.7	43.4	355 10.0	16.1	253 26.7	40.1	137 28.5	50.8	Regulus	207 58.7	N11 59.6
08	131 47.9	270 01.3	43.9	10 11.0	15.9	268 28.6	40.2	152 31.1	50.9	Rigel	281 25.4	S 8 12.4
M 09	146 50.4	285 03.0	·· 44.3	25 12.0	·· 15.6	283 30.6	·· 40.4	167 33.7	·· 50.9	Rigil Kent.	140 11.4	S60 48.8
O 10	161 52.9	300 04.6	44.8	40 12.9	15.4	298 32.6	40.5	182 36.3	51.0	Sabik	102 28.8	S15 43.0
N 11	176 55.3	315 06.3	45.3	55 13.9	15.1	313 34.5	40.7	197 38.9	51.0			
D 12	191 57.8	330 07.9	S22 45.7	70 14.9	N21 14.9	328 36.5	S15 40.8	212 41.5	S10 51.1	Schedar	349 56.0	N56 30.7
A 13	207 00.3	345 09.6	46.2	85 15.8	14.6	343 38.5	41.0	227 44.1	51.1	Shaula	96 41.1	S37 06.0
Y 14	222 02.7	0 11.2	46.7	100 16.8	14.4	358 40.5	41.1	242 46.7	51.2	Sirius	258 46.1	S16 42.4
15	237 05.2	15 12.9	·· 47.1	115 17.7	·· 14.1	13 42.4	·· 41.2	257 49.3	·· 51.2	Spica	158 46.4	S11 08.0
16	252 07.7	30 14.6	47.6	130 18.7	13.9	28 44.4	41.4	272 51.9	51.3	Suhail	223 03.0	S43 24.5
17	267 10.1	45 16.2	48.0	145 19.7	13.6	43 46.4	41.5	287 54.4	51.3			
18	282 12.6	60 17.9	S22 48.5	160 20.6	N21 13.3	58 48.4	S15 41.7	302 57.0	S10 51.4	Vega	80 48.5	N38 47.1
19	297 15.1	75 19.6	48.9	175 21.6	13.1	73 50.3	41.8	317 59.6	51.4	Zuben'ubi	137 21.2	S16 01.1
20	312 17.5	90 21.3	49.4	190 22.6	12.8	88 52.3	42.0	333 02.2	51.5			
21	327 20.0	105 23.0	·· 49.8	205 23.5	·· 12.6	103 54.3	·· 42.1	348 04.8	·· 51.5		S.H.A.	Mer. Pass.
22	342 22.4	120 24.6	50.3	220 24.5	12.3	118 56.3	42.3	3 07.4	51.6	Venus	138 41.1	14 02
23	357 24.9	135 26.3	50.7	235 25.5	12.1	133 58.2	42.4	18 10.0	51.6	Mars	239 11.3	7 21
										Jupiter	136 56.3	14 08
Mer. Pass. 23 14.2	v 1.6 d 0.5	v 1.0 d 0.2		v 2.0 d 0.1		v 2.6 d 0.1				Saturn	20 38.7	21 52

1994 OCTOBER 1, 2, 3 (SAT., SUN., MON.)

UT (GMT)		SUN G.H.A.	SUN Dec.	MOON G.H.A.	v	MOON Dec.	d	H.P.
	d h	° ′	° ′	° ′	′	° ′	′	′
1	00	182 31.9	S 3 00.7	235 54.9	10.9	N12 02.4	9.3	57.4
	01	197 32.1	01.6	250 24.8	10.9	11 53.1	9.4	57.4
	02	212 32.3	02.6	264 54.7	10.9	11 43.7	9.4	57.4
	03	227 32.6	.. 03.6	279 24.6	10.8	11 34.3	9.6	57.5
	04	242 32.8	04.5	293 54.4	10.9	11 24.7	9.6	57.5
	05	257 33.0	05.5	308 24.3	10.8	11 15.1	9.7	57.5
S	06	272 33.2	S 3 06.5	322 54.1	10.9	N11 05.4	9.7	57.6
A	07	287 33.4	07.5	337 24.0	10.8	10 55.7	9.9	57.6
T	08	302 33.6	08.4	351 53.8	10.8	10 45.8	9.9	57.7
U	09	317 33.8	.. 09.4	6 23.6	10.8	10 35.9	9.9	57.7
R	10	332 34.0	10.4	20 53.4	10.8	10 26.0	10.1	57.7
D	11	347 34.2	11.3	35 23.2	10.8	10 15.9	10.1	57.8
A	12	2 34.4	S 3 12.3	49 53.0	10.8	N10 05.8	10.1	57.8
Y	13	17 34.6	13.3	64 22.8	10.7	9 55.7	10.3	57.9
	14	32 34.8	14.2	78 52.5	10.8	9 45.4	10.3	57.9
	15	47 35.0	.. 15.2	93 22.3	10.7	9 35.1	10.4	57.9
	16	62 35.2	16.2	107 52.0	10.7	9 24.7	10.4	58.0
	17	77 35.4	17.2	122 21.7	10.8	9 14.3	10.5	58.0
	18	92 35.6	S 3 18.1	136 51.5	10.6	N 9 03.8	10.6	58.0
	19	107 35.8	19.1	151 21.1	10.7	8 53.2	10.6	58.1
	20	122 36.0	20.1	165 50.8	10.7	8 42.6	10.7	58.1
	21	137 36.2	.. 21.0	180 20.5	10.6	8 31.9	10.7	58.2
	22	152 36.4	22.0	194 50.1	10.7	8 21.2	10.8	58.2
	23	167 36.6	23.0	209 19.8	10.6	8 10.4	10.9	58.2
2	00	182 36.8	S 3 23.9	223 49.4	10.6	N 7 59.5	10.9	58.3
	01	197 37.0	24.9	238 19.0	10.6	7 48.6	11.0	58.3
	02	212 37.2	25.9	252 48.6	10.6	7 37.6	11.1	58.4
	03	227 37.4	.. 26.8	267 18.2	10.5	7 26.5	11.1	58.4
	04	242 37.6	27.8	281 47.7	10.5	7 15.4	11.1	58.4
	05	257 37.8	28.8	296 17.2	10.6	7 04.3	11.2	58.5
S	06	272 38.0	S 3 29.7	310 46.8	10.5	N 6 53.1	11.3	58.5
U	07	287 38.2	30.7	325 16.3	10.4	6 41.8	11.3	58.5
N	08	302 38.3	31.7	339 45.7	10.5	6 30.5	11.3	58.6
D	09	317 38.5	.. 32.7	354 15.2	10.4	6 19.2	11.4	58.6
A	10	332 38.7	33.6	8 44.6	10.4	6 07.8	11.5	58.7
Y	11	347 38.9	34.6	23 14.0	10.4	5 56.3	11.5	58.7
	12	2 39.1	S 3 35.6	37 43.4	10.4	N 5 44.8	11.6	58.7
	13	17 39.3	36.5	52 12.8	10.3	5 33.2	11.6	58.8
	14	32 39.5	37.5	66 42.2	10.3	5 21.6	11.6	58.8
	15	47 39.7	.. 38.5	81 11.5	10.3	5 10.0	11.7	58.8
	16	62 39.9	39.4	95 40.8	10.3	4 58.3	11.7	58.9
	17	77 40.1	40.4	110 10.1	10.2	4 46.6	11.8	58.9
	18	92 40.3	S 3 41.4	124 39.3	10.2	N 4 34.8	11.8	58.9
	19	107 40.5	42.3	139 08.5	10.2	4 23.0	11.9	59.0
	20	122 40.7	43.3	153 37.7	10.2	4 11.1	11.8	59.0
	21	137 40.9	.. 44.3	168 06.9	10.2	3 59.3	12.0	59.1
	22	152 41.1	45.2	182 36.1	10.1	3 47.3	11.9	59.1
	23	167 41.3	46.2	197 05.2	10.1	3 35.4	12.0	59.1
3	00	182 41.5	S 3 47.2	211 34.3	10.1	N 3 23.4	12.1	59.2
	01	197 41.7	48.1	226 03.4	10.0	3 11.3	12.0	59.2
	02	212 41.9	49.1	240 32.4	10.0	2 59.3	12.1	59.2
	03	227 42.1	.. 50.1	255 01.4	10.0	2 47.2	12.2	59.3
	04	242 42.3	51.0	269 30.4	9.9	2 35.0	12.1	59.3
	05	257 42.5	52.0	283 59.3	10.0	2 22.9	12.2	59.3
M	06	272 42.7	S 3 53.0	298 28.3	9.9	N 2 10.7	12.2	59.4
O	07	287 42.9	53.9	312 57.2	9.8	1 58.5	12.2	59.4
N	08	302 43.1	54.9	327 26.0	9.8	1 46.3	12.3	59.4
D	09	317 43.3	.. 55.9	341 54.8	9.8	1 34.0	12.3	59.5
A	10	332 43.4	56.8	356 23.6	9.8	1 21.7	12.3	59.5
Y	11	347 43.6	57.8	10 52.4	9.7	1 09.4	12.3	59.5
	12	2 43.8	S 3 58.8	25 21.1	9.7	N 0 57.1	12.4	59.6
	13	17 44.0	3 59.7	39 49.8	9.7	0 44.7	12.3	59.6
	14	32 44.2	4 00.7	54 18.5	9.6	0 32.4	12.4	59.6
	15	47 44.4	.. 01.7	68 47.1	9.6	0 20.0	12.4	59.7
	16	62 44.6	02.6	83 15.7	9.5	N 0 07.6	12.4	59.7
	17	77 44.8	03.6	97 44.2	9.5	S 0 04.8	12.4	59.7
	18	92 45.0	S 4 04.5	112 12.7	9.5	S 0 17.2	12.5	59.8
	19	107 45.2	05.5	126 41.2	9.4	0 29.7	12.4	59.8
	20	122 45.4	06.5	141 09.6	9.4	0 42.1	12.5	59.8
	21	137 45.6	.. 07.5	155 38.0	9.4	0 54.6	12.4	59.8
	22	152 45.8	08.4	170 06.4	9.3	1 07.0	12.5	59.9
	23	167 46.0	09.4	184 34.7	9.3	1 19.5	12.5	59.9
		S.D. 16.0 d 1.0		S.D. 15.8	16.0			16.2

Twilight / Sunrise / Moonrise

Lat.	Naut.	Civil	Sunrise	Moonrise 1	2	3	4
°	h m	h m	h m	h m	h m	h m	h m
N 72	03 53	05 15	06 22	25 31	01 31	03 30	05 31
N 70	04 04	05 18	06 18	25 43	01 43	03 33	05 27
68	04 14	05 20	06 15	00 11	01 52	03 36	05 23
66	04 21	05 22	06 13	00 25	02 00	03 39	05 21
64	04 27	05 23	06 11	00 36	02 07	03 41	05 18
62	04 33	05 25	06 09	00 45	02 12	03 43	05 16
60	04 37	05 26	06 07	00 54	02 17	03 44	05 14
N 58	04 41	05 27	06 06	01 01	02 22	03 46	05 13
56	04 44	05 27	06 04	01 07	02 25	03 47	05 12
54	04 47	05 28	06 03	01 13	02 29	03 48	05 10
52	04 49	05 28	06 02	01 18	02 32	03 49	05 09
50	04 51	05 29	06 01	01 22	02 35	03 50	05 08
45	04 55	05 29	05 59	01 32	02 41	03 52	05 06
N 40	04 58	05 30	05 57	01 40	02 46	03 54	05 04
35	05 01	05 30	05 55	01 47	02 50	03 55	05 03
30	05 02	05 30	05 54	01 53	02 54	03 57	05 01
20	05 03	05 29	05 51	02 04	03 01	03 59	04 59
N 10	05 03	05 28	05 49	02 13	03 06	04 01	04 57
0	05 01	05 25	05 46	02 22	03 12	04 03	04 55
S 10	04 58	05 23	05 44	02 30	03 17	04 05	04 53
20	04 53	05 19	05 41	02 39	03 23	04 07	04 51
30	04 46	05 14	05 38	02 50	03 30	04 09	04 49
35	04 40	05 10	05 36	02 56	03 33	04 10	04 48
40	04 34	05 06	05 33	03 03	03 38	04 12	04 46
45	04 26	05 01	05 31	03 11	03 43	04 13	04 45
S 50	04 16	04 55	05 28	03 20	03 48	04 16	04 43
52	04 11	04 52	05 26	03 24	03 51	04 16	04 42
54	04 06	04 49	05 25	03 29	03 54	04 18	04 41
56	03 59	04 45	05 23	03 35	03 57	04 19	04 40
58	03 52	04 41	05 21	03 41	04 01	04 20	04 39
S 60	03 44	04 36	05 19	03 47	04 05	04 21	04 38

Sunset / Twilight / Moonset

Lat.	Sunset	Civil	Naut.	Moonset 1	2	3	4
°	h m	h m	h m	h m	h m	h m	h m
N 72	17 15	18 22	19 43	16 49	16 37	16 26	16 15
N 70	17 19	18 19	19 31	16 35	16 31	16 26	16 22
68	17 22	18 17	19 23	16 24	16 25	16 27	16 28
66	17 24	18 15	19 15	16 15	16 21	16 27	16 33
64	17 27	18 14	19 09	16 07	16 17	16 27	16 37
62	17 29	18 13	19 04	16 00	16 14	16 27	16 40
60	17 30	18 12	19 00	15 54	16 11	16 27	16 43
N 58	17 32	18 11	18 57	15 49	16 08	16 27	16 46
56	17 33	18 10	18 54	15 44	16 06	16 27	16 49
54	17 35	18 10	18 51	15 40	16 04	16 27	16 51
52	17 36	18 09	18 49	15 36	16 02	16 27	16 53
50	17 37	18 09	18 47	15 33	16 00	16 27	16 55
45	17 39	18 09	18 42	15 25	15 56	16 27	16 59
N 40	17 41	18 08	18 40	15 19	15 53	16 27	17 02
35	17 43	18 08	18 38	15 13	15 50	16 27	17 05
30	17 45	18 09	18 36	15 08	15 48	16 27	17 08
20	17 48	18 10	18 35	15 00	15 43	16 27	17 12
N 10	17 50	18 11	18 35	14 53	15 40	16 27	17 16
0	17 53	18 13	18 37	14 45	15 36	16 27	17 20
S 10	17 55	18 16	18 41	14 38	15 32	16 27	17 24
20	17 58	18 20	18 46	14 31	15 28	16 27	17 28
30	18 02	18 26	18 54	14 22	15 24	16 27	17 33
35	18 04	18 29	18 59	14 17	15 21	16 27	17 35
40	18 06	18 33	19 05	14 11	15 18	16 27	17 38
45	18 09	18 38	19 14	14 04	15 14	16 27	17 42
S 50	18 12	18 45	19 24	13 56	15 10	16 27	17 46
52	18 14	18 48	19 29	13 52	15 08	16 27	17 48
54	18 15	18 51	19 35	13 48	15 06	16 27	17 50
56	18 17	18 55	19 41	13 44	15 04	16 27	17 52
58	18 19	18 59	19 49	13 38	15 01	16 26	17 55
S 60	18 22	19 04	19 57	13 33	14 58	16 26	17 58

SUN / MOON

Day	SUN Eqn. of Time 00h	12h	Mer. Pass.	MOON Mer. Pass. Upper	Lower	Age	Phase
	m s	m s	h m	h m	h m	d	
1	10 07	10 17	11 50	08 34	20 59	26	
2	10 27	10 36	11 49	09 24	21 49	27	
3	10 46	10 55	11 49	10 15	22 41	28	◖

1994 OCTOBER 4, 5, 6 (TUES., WED., THURS.)

UT (GMT) d h	ARIES G.H.A.	VENUS −4.6 G.H.A.	VENUS Dec.	MARS +1.0 G.H.A.	MARS Dec.	JUPITER −1.7 G.H.A.	JUPITER Dec.	SATURN +0.6 G.H.A.	SATURN Dec.	STARS Name	S.H.A.	Dec.
4 00	12 27.4	150 28.0	S22 51.2	250 26.4	N21 11.8	149 00.2	S15 42.6	33 12.6	S10 51.7	Acamar	315 28.6	S40 19.3
01	27 29.8	165 29.7	·· 51.6	265 27.4	11.6	164 02.2	42.7	48 15.2	51.7	Achernar	335 36.6	S57 15.6
02	42 32.3	180 31.4	52.1	280 28.4	11.3	179 04.1	42.9	63 17.8	51.8	Acrux	173 25.7	S63 04.2
03	57 34.8	195 33.1	·· 52.5	295 29.3	·· 11.1	194 06.1	·· 43.0	78 20.4	·· 51.8	Adhara	255 23.6	S28 57.7
04	72 37.2	210 34.8	53.0	310 30.3	10.8	209 08.1	43.2	93 23.0	51.9	Aldebaran	291 05.3	N16 29.9
05	87 39.7	225 36.5	53.4	325 31.3	10.6	224 10.1	43.3	108 25.6	51.9			
06	102 42.2	240 38.2	S22 53.8	340 32.2	N21 10.3	239 12.0	S15 43.5	123 28.2	S10 52.0	Alioth	166 33.6	N55 59.3
07	117 44.6	255 40.0	54.3	355 33.2	10.1	254 14.0	43.6	138 30.8	52.0	Alkaid	153 10.4	N49 20.5
T 08	132 47.1	270 41.7	54.7	10 34.2	09.8	269 16.0	43.8	153 33.4	52.1	Al Na'ir	28 01.0	S46 59.1
U 09	147 49.5	285 43.4	·· 55.2	25 35.2	·· 09.6	284 18.0	·· 43.9	168 36.0	·· 52.1	Alnilam	276 00.5	S 1 12.2
E 10	162 52.0	300 45.1	55.6	40 36.1	09.3	299 19.9	44.1	183 38.6	52.2	Alphard	218 10.1	S 8 38.1
S 11	177 54.5	315 46.8	56.0	55 37.1	09.0	314 21.9	44.2	198 41.2	52.2			
D 12	192 56.9	330 48.6	S22 56.4	70 38.1	N21 08.8	329 23.9	S15 44.4	213 43.8	S10 52.3	Alphecca	126 23.2	N26 44.2
A 13	207 59.4	345 50.3	56.9	85 39.0	08.5	344 25.8	44.5	228 46.4	52.3	Alpheratz	357 57.7	N29 03.9
Y 14	223 01.9	0 52.0	57.3	100 40.0	08.3	359 27.8	44.7	243 49.0	52.4	Altair	62 21.8	N 8 51.6
15	238 04.3	15 53.8	·· 57.7	115 41.0	·· 08.0	14 29.8	·· 44.8	258 51.6	·· 52.4	Ankaa	353 29.1	S42 19.9
16	253 06.8	30 55.5	58.2	130 42.0	07.8	29 31.8	45.0	273 54.2	52.5	Antares	112 43.7	S26 25.2
17	268 09.3	45 57.3	58.6	145 42.9	07.5	44 33.7	45.1	288 56.8	52.5			
18	283 11.7	60 59.0	S22 59.0	160 43.9	N21 07.3	59 35.7	S15 45.3	303 59.4	S10 52.6	Arcturus	146 08.8	N19 12.7
19	298 14.2	76 00.8	59.4	175 44.9	07.0	74 37.7	45.4	319 02.0	52.6	Atria	107 58.4	S69 01.3
20	313 16.7	91 02.5	22 59.8	190 45.8	06.8	89 39.6	45.6	334 04.6	52.7	Avior	234 23.9	S59 29.4
21	328 19.1	106 04.3	23 00.3	205 46.8	·· 06.5	104 41.6	·· 45.7	349 07.2	·· 52.7	Bellatrix	278 46.9	N 6 20.7
22	343 21.6	121 06.0	00.7	220 47.8	06.2	119 43.6	45.9	4 09.8	52.8	Betelgeuse	271 16.4	N 7 24.4
23	358 24.0	136 07.8	01.1	235 48.8	06.0	134 45.5	46.0	19 12.4	52.8			
5 00	13 26.5	151 09.6	S23 01.5	250 49.7	N21 05.7	149 47.5	S15 46.2	34 15.0	S10 52.9	Canopus	264 02.3	S52 41.3
01	28 29.0	166 11.3	01.9	265 50.7	05.5	164 49.5	46.3	49 17.6	52.9	Capella	280 55.0	N45 59.4
02	43 31.4	181 13.1	02.3	280 51.7	05.2	179 51.5	46.4	64 20.1	53.0	Deneb	49 40.8	N45 16.1
03	58 33.9	196 14.9	·· 02.7	295 52.7	·· 05.0	194 53.4	·· 46.6	79 22.7	·· 53.0	Denebola	182 48.3	N14 36.1
04	73 36.4	211 16.7	03.2	310 53.6	04.7	209 55.4	46.7	94 25.3	53.1	Diphda	349 09.6	S18 00.7
05	88 38.8	226 18.4	03.6	325 54.6	04.5	224 57.4	46.9	109 27.9	53.1			
06	103 41.3	241 20.2	S23 04.0	340 55.6	N21 04.2	239 59.3	S15 47.0	124 30.5	S10 53.2	Dubhe	194 09.4	N61 46.6
W 07	118 43.8	256 22.0	04.4	355 56.6	03.9	255 01.3	47.2	139 33.1	53.2	Elnath	278 30.2	N28 36.1
E 08	133 46.2	271 23.8	04.8	10 57.6	03.7	270 03.3	47.3	154 35.7	53.3	Eltanin	90 52.8	N51 29.8
D 09	148 48.7	286 25.6	·· 05.2	25 58.5	·· 03.4	285 05.2	·· 47.5	169 38.3	·· 53.3	Enif	34 00.7	N 9 51.3
N 10	163 51.2	301 27.4	05.6	40 59.5	03.2	300 07.2	47.6	184 40.9	53.4	Fomalhaut	15 39.1	S29 38.9
E 11	178 53.6	316 29.2	06.0	56 00.5	02.9	315 09.2	47.8	199 43.5	53.4			
S 12	193 56.1	331 31.0	S23 06.4	71 01.5	N21 02.7	330 11.1	S15 47.9	214 46.1	S10 53.5	Gacrux	172 17.1	S57 05.0
D 13	208 58.5	346 32.8	06.8	86 02.5	02.4	345 13.1	48.1	229 48.7	53.5	Gienah	176 07.1	S17 30.7
A 14	224 01.0	1 34.6	07.2	101 03.4	02.1	0 15.1	48.2	244 51.3	53.6	Hadar	149 08.4	S60 20.9
Y 15	239 03.5	16 36.5	·· 07.6	116 04.4	·· 01.9	15 17.1	·· 48.4	259 53.9	·· 53.6	Hamal	328 16.3	N23 26.4
16	254 05.9	31 38.3	07.9	131 05.4	01.6	30 19.0	48.5	274 56.5	53.6	Kaus Aust.	84 02.5	S34 23.2
17	269 08.4	46 40.1	08.3	146 06.4	01.4	45 21.0	48.7	289 59.1	53.7			
18	284 10.9	61 41.9	S23 08.7	161 07.4	N21 01.1	60 23.0	S15 48.8	305 01.7	S10 53.7	Kochab	137 20.5	N74 10.8
19	299 13.3	76 43.8	09.1	176 08.3	00.8	75 24.9	49.0	320 04.2	53.8	Markab	13 52.0	N15 10.9
20	314 15.8	91 45.6	09.5	191 09.3	00.6	90 26.9	49.1	335 06.8	53.8	Menkar	314 29.5	N 4 04.3
21	329 18.3	106 47.4	·· 09.9	206 10.3	·· 00.3	105 28.9	·· 49.3	350 09.4	·· 53.9	Menkent	148 24.5	S36 20.6
22	344 20.7	121 49.3	10.3	221 11.3	21 00.1	120 30.8	49.4	5 12.0	53.9	Miaplacidus	221 43.1	S69 41.6
23	359 23.2	136 51.1	10.6	236 12.3	20 59.8	135 32.8	49.6	20 14.6	54.0			
6 00	14 25.6	151 52.9	S23 11.0	251 13.3	N20 59.6	150 34.8	S15 49.7	35 17.2	S10 54.0	Mirfak	309 00.1	N49 50.5
01	29 28.1	166 54.8	11.4	266 14.2	59.3	165 36.7	49.9	50 19.8	54.1	Nunki	76 15.7	S26 18.1
02	44 30.6	181 56.6	11.8	281 15.2	59.0	180 38.7	50.0	65 22.4	54.1	Peacock	53 41.0	S56 45.2
03	59 33.0	196 58.5	·· 12.2	296 16.2	·· 58.8	195 40.7	·· 50.2	80 25.0	·· 54.2	Pollux	243 44.9	N28 02.2
04	74 35.5	212 00.4	12.5	311 17.2	58.5	210 42.6	50.3	95 27.6	54.2	Procyon	245 14.5	N 5 14.3
05	89 38.0	227 02.2	12.9	326 18.2	58.3	225 44.6	50.5	110 30.2	54.3			
06	104 40.4	242 04.1	S23 13.3	341 19.2	N20 58.0	240 46.6	S15 50.6	125 32.8	S10 54.3	Rasalhague	96 19.6	N12 34.1
07	119 42.9	257 06.0	13.6	356 20.2	57.7	255 48.5	50.8	140 35.4	54.4	Regulus	207 58.7	N11 59.6
T 08	134 45.4	272 07.8	14.0	11 21.1	57.5	270 50.5	50.9	155 37.9	54.4	Rigel	281 25.4	S 8 12.4
H 09	149 47.8	287 09.7	·· 14.4	26 22.1	·· 57.2	285 52.5	·· 51.1	170 40.5	·· 54.5	Rigil Kent.	140 11.5	S60 48.8
U 10	164 50.3	302 11.6	14.7	41 23.1	57.0	300 54.4	51.2	185 43.1	54.5	Sabik	102 28.8	S15 43.0
R 11	179 52.8	317 13.5	15.1	56 24.1	56.7	315 56.4	51.4	200 45.7	54.5			
S 12	194 55.2	332 15.4	S23 15.5	71 25.1	N20 56.4	330 58.4	S15 51.5	215 48.3	S10 54.6	Schedar	349 56.0	N56 30.7
D 13	209 57.7	347 17.2	15.8	86 26.1	56.2	346 00.3	51.7	230 50.9	54.6	Shaula	96 41.1	S37 06.0
A 14	225 00.1	2 19.1	16.2	101 27.1	55.9	1 02.3	51.8	245 53.5	54.7	Sirius	258 46.0	S16 42.4
Y 15	240 02.6	17 21.0	·· 16.5	116 28.1	·· 55.6	16 04.3	·· 52.0	260 56.1	·· 54.7	Spica	158 46.4	S11 08.0
16	255 05.1	32 22.9	16.9	131 29.0	55.4	31 06.2	52.1	275 58.7	54.8	Suhail	223 03.0	S43 24.5
17	270 07.5	47 24.8	17.3	146 30.0	55.1	46 08.2	52.3	291 01.3	54.8			
18	285 10.0	62 26.7	S23 17.6	161 31.0	N20 54.9	61 10.1	S15 52.4	306 03.9	S10 54.9	Vega	80 48.5	N38 47.1
19	300 12.5	77 28.7	18.0	176 32.0	54.6	76 12.1	52.6	321 06.4	54.9	Zuben'ubi	137 21.3	S16 01.1
20	315 14.9	92 30.6	18.3	191 33.0	54.3	91 14.1	52.7	336 09.0	55.0			
21	330 17.4	107 32.5	·· 18.7	206 34.0	·· 54.1	106 16.0	·· 52.8	351 11.6	·· 55.0		S.H.A.	Mer. Pass.
22	345 19.9	122 34.4	19.0	221 35.0	53.8	121 18.0	53.0	6 14.2	55.1	Venus	137 43.1	13 54
23	0 22.3	137 36.3	19.4	236 36.0	53.6	136 20.0	53.1	21 16.8	55.1	Mars	237 23.2	7 16
Mer. Pass. 23 02.4		v 1.8	d 0.4	v 1.0	d 0.3	v 2.0	d 0.1	v 2.6	d 0.0	Jupiter	136 21.0	13 59
										Saturn	20 48.4	21 39

1994 OCTOBER 4, 5, 6 (TUES., WED., THURS.)

UT (GMT)	SUN		MOON					Lat.	Twilight		Sunrise	Moonrise			
	G.H.A.	Dec.	G.H.A.	v	Dec.	d	H.P.		Naut.	Civil		4	5	6	7
d h	° '	° '	° '	'	° '	'	'	°	h m	h m	h m	h m	h m	h m	h m
4 00	182 46.2	S 4 10.4	199 03.0	9.2	S 1 32.0	12.4	59.9	N 72	04 08	05 28	06 36	05 31	07 37	09 53	12 31
01	197 46.3	11.3	213 31.2	9.2	1 44.4	12.5	60.0	N 70	04 17	05 29	06 30	05 27	07 24	09 27	11 36
02	212 46.5	12.3	227 59.4	9.2	1 56.9	12.5	60.0	68	04 25	05 30	06 26	05 23	07 14	09 08	11 03
03	227 46.7	.. 13.3	242 27.6	9.1	2 09.4	12.5	60.0	66	04 31	05 31	06 22	05 21	07 05	08 53	10 39
04	242 46.9	14.2	256 55.7	9.1	2 21.9	12.4	60.0	64	04 36	05 32	06 19	05 18	06 58	08 40	10 20
05	257 47.1	15.2	271 23.8	9.0	2 34.3	12.5	60.1	62	04 41	05 32	06 17	05 16	06 52	08 29	10 05
06	272 47.3	S 4 16.2	285 51.8	9.0	S 2 46.8	12.5	60.1	60	04 44	05 33	06 14	05 14	06 47	08 20	09 52
07	287 47.5	17.1	300 19.8	8.9	2 59.3	12.4	60.1	N 58	04 47	05 33	06 12	05 13	06 42	08 13	09 41
T 08	302 47.7	18.1	314 47.7	8.9	3 11.7	12.5	60.1	56	04 50	05 33	06 10	05 12	06 38	08 06	09 32
U 09	317 47.9	.. 19.1	329 15.6	8.9	3 24.2	12.4	60.2	54	04 52	05 33	06 09	05 10	06 35	08 00	09 23
E 10	332 48.1	20.0	343 43.5	8.8	3 36.6	12.4	60.2	52	04 54	05 33	06 07	05 09	06 31	07 54	09 16
S 11	347 48.3	21.0	358 11.3	8.7	3 49.0	12.4	60.2	50	04 56	05 33	06 06	05 08	06 28	07 49	09 09
D 12	2 48.4	S 4 21.9	12 39.0	8.7	S 4 01.4	12.4	60.2	45	04 59	05 33	06 02	05 06	06 22	07 39	08 55
A 13	17 48.6	22.9	27 06.7	8.7	4 13.8	12.4	60.3	N 40	05 01	05 33	06 00	05 04	06 16	07 30	08 43
Y 14	32 48.8	23.9	41 34.4	8.6	4 26.2	12.4	60.3	35	05 03	05 32	05 58	05 03	06 12	07 22	08 33
15	47 49.0	.. 24.8	56 02.0	8.6	4 38.6	12.3	60.3	30	05 04	05 32	05 55	05 01	06 08	07 16	08 24
16	62 49.2	25.8	70 29.6	8.5	4 50.9	12.3	60.3	20	05 03	05 27	05 48	04 57	05 55	06 54	07 56
17	77 49.4	26.8	84 57.1	8.5	5 03.2	12.3	60.4	N 10	05 00	05 24	05 45	04 55	05 49	06 45	07 44
18	92 49.6	S 4 27.7	99 24.6	8.4	S 5 15.5	12.3	60.4	0	04 56	05 21	05 42	04 53	05 43	06 36	07 31
19	107 49.8	28.7	113 52.0	8.4	5 27.8	12.3	60.4	S 10	04 50	05 16	05 38	04 51	05 37	06 26	07 19
20	122 50.0	29.7	128 19.4	8.3	5 40.1	12.2	60.4	20	04 42	05 10	05 34	04 49	05 31	06 15	07 04
21	137 50.1	.. 30.6	142 46.7	8.3	5 52.3	12.2	60.4	30	04 36	05 06	05 31	04 48	05 27	06 09	06 55
22	152 50.3	31.6	157 14.0	8.2	6 04.5	12.2	60.5	35	04 29	05 01	05 29	04 46	05 23	06 02	06 46
23	167 50.5	32.6	171 41.2	8.2	6 16.7	12.1	60.5	40	04 20	04 56	05 25	04 45	05 18	05 54	06 35
5 00	182 50.7	S 4 33.5	186 08.4	8.1	S 6 28.8	12.1	60.5	45	04 09	04 48	05 21	04 43	05 12	05 44	06 21
01	197 50.9	34.5	200 35.5	8.1	6 40.9	12.1	60.5	S 50	04 04	04 45	05 19	04 42	05 09	05 39	06 15
02	212 51.1	35.4	215 02.6	8.0	6 53.0	12.0	60.5	52	03 57	04 41	05 17	04 41	05 06	05 34	06 08
03	227 51.3	.. 36.4	229 29.6	8.0	7 05.0	12.0	60.6	54	03 50	04 37	05 15	04 40	05 03	05 29	06 00
04	242 51.5	37.4	243 56.6	7.9	7 17.0	11.9	60.6	56	03 42	04 32	05 12	04 39	04 59	05 23	05 52
05	257 51.7	38.3	258 23.5	7.9	7 28.9	11.9	60.6	S 60	03 33	04 27	05 09	04 38	04 55	05 16	05 42
06	272 51.8	S 4 39.3	272 50.4	7.8	S 7 40.8	11.9	60.6								

UT (GMT)	SUN		MOON					Lat.	Sunset	Twilight		Moonset			
										Civil	Naut.	4	5	6	7
d h	° '	° '	° '	'	° '	'	'	°	h m	h m	h m	h m	h m	h m	h m
W 07	287 52.0	40.3	287 17.2	7.8	7 52.7	11.8	60.6	N 72	16 59	18 06	19 26	16 15	16 02	15 45	15 11
E 08	302 52.2	41.2	301 44.0	7.7	8 04.5	11.8	60.6	N 70	17 05	18 05	19 17	16 22	16 18	16 13	16 07
D 09	317 52.4	.. 42.2	316 10.7	7.7	8 16.3	11.7	60.7	68	17 09	18 04	19 09	16 28	16 30	16 33	16 41
N 10	332 52.6	43.1	330 37.4	7.6	8 28.0	11.7	60.7	66	17 13	18 04	19 03	16 33	16 40	16 50	17 06
E 11	347 52.8	44.1	345 04.0	7.6	8 39.7	11.6	60.7	64	17 16	18 03	18 59	16 37	16 48	17 03	17 25
S 12	2 53.0	S 4 45.1	359 30.6	7.5	S 8 51.3	11.6	60.7	62	17 19	18 03	18 55	16 40	16 56	17 15	17 41
D 13	17 53.2	46.0	13 57.1	7.4	9 02.9	11.5	60.7	60	17 21	18 03	18 51	16 43	17 02	17 25	17 54
A 14	32 53.3	47.0	28 23.5	7.4	9 14.4	11.5	60.7	N 58	17 24	18 03	18 48	16 46	17 08	17 33	18 06
Y 15	47 53.5	.. 48.0	42 49.9	7.4	9 25.9	11.4	60.7	56	17 26	18 03	18 46	16 49	17 13	17 41	18 16
16	62 53.7	48.9	57 16.3	7.2	9 37.3	11.3	60.7	54	17 27	18 03	18 43	16 51	17 17	17 48	18 25
17	77 53.9	49.9	71 42.5	7.3	9 48.6	11.3	60.8	52	17 29	18 03	18 42	16 53	17 21	17 54	18 33
18	92 54.1	S 4 50.8	86 08.8	7.2	S 9 59.9	11.3	60.8	50	17 30	18 03	18 40	16 55	17 25	17 59	18 40
19	107 54.3	51.8	100 35.0	7.1	10 11.2	11.1	60.8	45	17 34	18 03	18 37	16 59	17 33	18 11	18 55
20	122 54.5	52.8	115 01.1	7.1	10 22.3	11.1	60.8	N 40	17 36	18 03	18 35	17 02	17 40	18 21	19 08
21	137 54.6	.. 53.7	129 27.2	7.0	10 33.4	11.1	60.8	35	17 39	18 04	18 33	17 05	17 46	18 30	19 19
22	152 54.8	54.7	143 53.2	7.0	10 44.5	10.9	60.8	30	17 41	18 05	18 33	17 08	17 51	18 37	19 28
23	167 55.0	55.6	158 19.2	6.9	10 55.4	10.9	60.8	20	17 45	18 07	18 32	17 12	18 00	18 50	19 44
6 00	182 55.2	S 4 56.6	172 45.1	6.9	S11 06.3	10.8	60.8	N 10	17 48	18 09	18 34	17 16	18 08	19 02	19 59
01	197 55.4	57.6	187 11.0	6.8	11 17.1	10.8	60.8	0	17 52	18 12	18 37	17 20	18 15	19 13	20 12
02	212 55.6	58.5	201 36.8	6.7	11 27.9	10.7	60.8	S 10	17 55	18 16	18 41	17 24	18 23	19 23	20 25
03	227 55.7	4 59.5	216 02.5	6.7	11 38.6	10.5	60.8	20	17 59	18 21	18 47	17 28	18 31	19 35	20 40
04	242 55.9	5 00.5	230 28.2	6.7	11 49.1	10.6	60.8	30	18 03	18 28	18 56	17 33	18 40	19 48	20 56
05	257 56.1	01.4	244 53.9	6.6	11 59.7	10.4	60.9	35	18 06	18 32	19 02	17 35	18 45	19 56	21 05
06	272 56.3	S 5 02.4	259 19.5	6.6	S12 10.1	10.4	60.9	40	18 09	18 36	19 09	17 38	18 51	20 04	21 16
07	287 56.5	03.3	273 45.1	6.5	12 20.5	10.2	60.9	45	18 13	18 42	19 18	17 42	18 58	20 15	21 29
T 08	302 56.7	04.3	288 10.6	6.4	12 30.7	10.2	60.9	S 50	18 17	18 50	19 29	17 46	19 06	20 27	21 45
H 09	317 56.8	.. 05.3	302 36.0	6.4	12 40.9	10.1	60.9	52	18 19	18 53	19 35	17 48	19 10	20 33	21 52
U 10	332 57.0	06.2	317 01.4	6.4	12 51.0	10.1	60.9	54	18 21	18 57	19 41	17 50	19 15	20 39	22 00
R 11	347 57.2	07.2	331 26.8	6.3	13 01.1	9.9	60.9	56	18 23	19 02	19 48	17 52	19 19	20 46	22 10
S 12	2 57.4	S 5 08.1	345 52.1	6.2	S13 11.0	9.8	60.9	58	18 26	19 06	19 56	17 55	19 25	20 54	22 20
D 13	17 57.6	09.1	0 17.3	6.2	13 20.8	9.8	60.9	S 60	18 29	19 12	20 06	17 58	19 31	21 03	22 32
A 14	32 57.8	10.1	14 42.5	6.1	13 30.6	9.7	60.9								
Y 15	47 57.9	.. 11.0	29 07.6	6.1	13 40.3	9.5	60.9								
16	62 58.1	12.0	43 32.7	6.1	13 49.8	9.5	60.9								
17	77 58.3	12.9	57 57.8	6.0	13 59.3	9.4	60.9								

								Day	SUN			MOON			
									Eqn. of Time		Mer.	Mer. Pass.		Age	Phase
									00ʰ	12ʰ	Pass.	Upper	Lower		
18	92 58.5	S 5 13.9	72 22.8	6.0	S14 08.7	9.2	60.9		m s	m s	h m	h m	h m	d	
19	107 58.7	14.8	86 47.8	5.9	14 17.9	9.2	60.9	4	11 04	11 13	11 49	11 08	23 35	29	●
20	122 58.9	15.8	101 12.7	5.8	14 27.1	9.1	60.9	5	11 22	11 31	11 48	12 02	24 30	00	
21	137 59.0	.. 16.8	115 37.5	5.9	14 36.2	9.0	60.9	6	11 40	11 49	11 48	12 59	00 30	01	
22	152 59.2	17.7	130 02.4	5.7	14 45.2	8.8	60.9								
23	167 59.4	18.7	144 27.1	5.8	14 54.0	8.8	60.8								
	S.D. 16.0	d 1.0	S.D. 16.4		16.5		16.6									

195

1994 OCTOBER 7, 8, 9 (FRI., SAT., SUN.)

UT (GMT) d h	ARIES G.H.A.	VENUS −4.5 G.H.A.	Dec.	MARS +1.0 G.H.A.	Dec.	JUPITER −1.7 G.H.A.	Dec.	SATURN +0.6 G.H.A.	Dec.	STARS Name	S.H.A.	Dec.
7 00	15 24.8	152 38.3	S23 19.7	251 37.0	N20 53.3	151 21.9	S15 53.3	36 19.4	S10 55.1	Acamar	315 28.6	S40 19.4
01	30 27.3	167 40.2	20.0	266 38.0	53.0	166 23.9	53.4	51 22.0	55.2	Achernar	335 36.6	S57 15.7
02	45 29.7	182 42.1	20.4	281 39.0	52.8	181 25.9	53.6	66 24.6	55.2	Acrux	173 25.7	S63 04.2
03	60 32.2	197 44.1	·· 20.7	296 40.0	·· 52.5	196 27.8	·· 53.7	81 27.2	·· 55.3	Adhara	255 23.5	S28 57.7
04	75 34.6	212 46.0	21.1	311 41.0	52.2	211 29.8	53.9	96 29.7	55.3	Aldebaran	291 05.3	N16 29.9
05	90 37.1	227 47.9	21.4	326 41.9	52.0	226 31.8	54.0	111 32.3	55.4			
06	105 39.6	242 49.9	S23 22.1	341 42.9	N20 51.7	241 33.7	S15 54.2	126 34.9	S10 55.4	Alioth	166 33.6	N55 59.3
07	120 42.0	257 51.8	22.1	356 43.9	51.5	256 35.7	54.3	141 37.5	55.5	Alkaid	153 10.4	N49 20.5
08	135 44.5	272 53.8	22.4	11 44.9	51.2	271 37.6	54.5	156 40.1	55.5	Al Na'ir	28 01.0	S46 59.2
F 09	150 47.0	287 55.7	·· 22.7	26 45.9	·· 50.9	286 39.6	·· 54.6	171 42.7	·· 55.6	Alnilam	276 00.5	S 1 12.3
R 10	165 49.4	302 57.7	23.1	41 46.9	50.7	301 41.6	54.8	186 45.3	55.6	Alphard	218 10.0	S 8 38.1
I 11	180 51.9	317 59.7	23.4	56 47.9	50.4	316 43.5	54.9	201 47.9	55.7			
D 12	195 54.4	333 01.6	S23 23.7	71 48.9	N20 50.1	331 45.5	S15 55.1	216 50.5	S10 55.7	Alphecca	126 23.2	N26 44.2
A 13	210 56.8	348 03.6	24.0	86 49.9	49.9	346 47.5	55.2	231 53.0	55.7	Alpheratz	357 57.7	N29 03.9
Y 14	225 59.3	3 05.6	24.4	101 50.9	49.6	1 49.4	55.4	246 55.6	55.8	Altair	62 21.8	N 8 51.6
15	241 01.7	18 07.6	·· 24.7	116 51.9	·· 49.3	16 51.4	·· 55.5	261 58.2	·· 55.8	Ankaa	353 29.1	S42 19.9
16	256 04.2	33 09.6	25.0	131 52.9	49.1	31 53.4	55.7	277 00.8	55.9	Antares	112 43.7	S26 25.2
17	271 06.7	48 11.5	25.3	146 53.9	48.8	46 55.3	55.8	292 03.4	55.9			
18	286 09.1	63 13.5	S23 25.6	161 54.9	N20 48.5	61 57.3	S15 56.0	307 06.0	S10 56.0	Arcturus	146 08.8	N19 12.7
19	301 11.6	78 15.5	25.9	176 55.9	48.3	76 59.2	56.1	322 08.6	56.0	Atria	107 58.4	S69 01.2
20	316 14.1	93 17.5	26.3	191 56.9	48.0	92 01.2	56.3	337 11.2	56.1	Avior	234 23.9	S59 29.4
21	331 16.5	108 19.5	·· 26.6	206 57.9	·· 47.8	107 03.2	·· 56.4	352 13.7	·· 56.1	Bellatrix	278 46.9	N 6 20.7
22	346 19.0	123 21.5	26.9	221 58.9	47.5	122 05.1	56.6	7 16.3	56.1	Betelgeuse	271 16.4	N 7 24.4
23	1 21.5	138 23.5	27.2	236 59.9	47.2	137 07.1	56.7	22 18.9	56.2			
8 00	16 23.9	153 25.5	S23 27.5	252 00.9	N20 47.0	152 09.1	S15 56.9	37 21.5	S10 56.2	Canopus	264 02.3	S52 41.3
01	31 26.4	168 27.6	27.8	267 01.9	46.7	167 11.0	57.0	52 24.1	56.3	Capella	280 55.0	N45 59.4
02	46 28.9	183 29.6	28.1	282 02.9	46.4	182 13.0	57.2	67 26.7	56.3	Deneb	49 40.8	N45 16.1
03	61 31.3	198 31.6	·· 28.4	297 03.9	·· 46.2	197 14.9	·· 57.3	82 29.3	·· 56.4	Denebola	182 48.3	N14 36.1
04	76 33.8	213 33.6	28.7	312 04.9	45.9	212 16.9	57.5	97 31.8	56.4	Diphda	349 09.6	S18 00.7
05	91 36.2	228 35.6	29.0	327 05.9	45.6	227 18.9	57.6	112 34.4	56.5			
06	106 38.7	243 37.7	S23 29.3	342 06.9	N20 45.4	242 20.8	S15 57.8	127 37.0	S10 56.5	Dubhe	194 09.4	N61 46.6
07	121 41.2	258 39.7	29.6	357 07.9	45.1	257 22.8	57.9	142 39.6	56.5	Elnath	278 30.2	N28 36.1
S 08	136 43.6	273 41.8	29.9	12 08.9	44.8	272 24.7	58.1	157 42.2	56.6	Eltanin	90 52.8	N51 29.8
A 09	151 46.1	288 43.8	·· 30.2	27 09.9	·· 44.6	287 26.7	·· 58.2	172 44.8	·· 56.6	Enif	34 00.7	N 9 51.3
T 10	166 48.6	303 45.8	30.5	42 10.9	44.3	302 28.7	58.4	187 47.4	56.7	Fomalhaut	15 39.1	S29 38.9
U 11	181 51.0	318 47.9	30.8	57 11.9	44.0	317 30.6	58.5	202 49.9	56.7			
R 12	196 53.5	333 50.0	S23 31.1	72 13.0	N20 43.8	332 32.6	S15 58.7	217 52.5	S10 56.8	Gacrux	172 17.1	S57 05.0
D 13	211 56.0	348 52.0	31.3	87 14.0	43.5	347 34.5	58.8	232 55.1	56.8	Gienah	176 07.1	S17 30.7
A 14	226 58.4	3 54.1	31.6	102 15.0	43.2	2 36.5	59.0	247 57.7	56.9	Hadar	149 08.4	S60 20.9
Y 15	242 00.9	18 56.1	·· 31.9	117 16.0	·· 43.0	17 38.5	·· 59.1	263 00.3	·· 56.9	Hamal	328 16.3	N23 26.4
16	257 03.4	33 58.2	32.2	132 17.0	42.7	32 40.4	59.3	278 02.9	56.9	Kaus Aust.	84 02.5	S34 23.2
17	272 05.8	49 00.3	32.5	147 18.0	42.4	47 42.4	59.4	293 05.5	57.0			
18	287 08.3	64 02.4	S23 32.8	162 19.0	N20 42.2	62 44.3	S15 59.6	308 08.0	S10 57.0	Kochab	137 20.6	N74 10.8
19	302 10.7	79 04.4	33.0	177 20.0	41.9	77 46.3	59.7	323 10.6	57.1	Markab	13 52.0	N15 10.9
20	317 13.2	94 06.5	33.3	192 21.0	41.6	92 48.3	15 59.9	338 13.2	57.1	Menkar	314 29.5	N 4 04.3
21	332 15.7	109 08.6	·· 33.6	207 22.0	·· 41.4	107 50.2	16 00.0	353 15.8	·· 57.2	Menkent	148 24.5	S36 20.6
22	347 18.1	124 10.7	33.8	222 23.0	41.1	122 52.2	00.2	8 18.4	57.2	Miaplacidus	221 43.0	S69 41.6
23	2 20.6	139 12.8	34.1	237 24.0	40.8	137 54.1	00.3	23 21.0	57.3			
9 00	17 23.1	154 14.9	S23 34.4	252 25.0	N20 40.6	152 56.1	S16 00.5	38 23.5	S10 57.3	Mirfak	309 00.1	N49 50.5
01	32 25.5	169 17.0	34.7	267 26.1	40.3	167 58.1	00.6	53 26.1	57.3	Nunki	76 15.7	S26 18.1
02	47 28.0	184 19.1	34.9	282 27.1	40.0	183 00.0	00.8	68 28.7	57.4	Peacock	53 41.1	S56 45.2
03	62 30.5	199 21.2	·· 35.2	297 28.1	·· 39.7	198 02.0	·· 00.9	83 31.3	·· 57.4	Pollux	243 44.9	N28 02.2
04	77 32.9	214 23.3	35.4	312 29.1	39.5	213 03.9	01.1	98 33.9	57.5	Procyon	245 14.4	N 5 14.3
05	92 35.4	229 25.4	35.7	327 30.1	39.2	228 05.9	01.2	113 36.5	57.5			
06	107 37.8	244 27.5	S23 36.0	342 31.1	N20 38.9	243 07.9	S16 01.4	128 39.0	S10 57.6	Rasalhague	96 19.6	N12 34.1
07	122 40.3	259 29.7	36.2	357 32.1	38.7	258 09.8	01.5	143 41.6	57.6	Regulus	207 58.7	N11 59.5
08	137 42.8	274 31.8	36.5	12 33.1	38.4	273 11.8	01.6	158 44.2	57.6	Rigel	281 25.4	S 8 12.4
S 09	152 45.2	289 33.9	·· 36.7	27 34.2	·· 38.1	288 13.7	·· 01.8	173 46.8	·· 57.7	Rigil Kent.	140 11.5	S60 48.8
U 10	167 47.7	304 36.1	37.0	42 35.2	37.9	303 15.7	01.9	188 49.4	57.7	Sabik	102 28.8	S15 43.0
N 11	182 50.2	319 38.2	37.2	57 36.2	37.6	318 17.6	02.1	203 52.0	57.8			
D 12	197 52.6	334 40.3	S23 37.5	72 37.2	N20 37.3	333 19.6	S16 02.2	218 54.5	S10 57.8	Schedar	349 56.0	N56 30.7
A 13	212 55.1	349 42.5	37.7	87 38.2	37.1	348 21.6	02.4	233 57.1	57.9	Shaula	96 41.1	S37 06.0
Y 14	227 57.6	4 44.6	38.0	102 39.2	36.8	3 23.5	02.5	248 59.7	57.9	Sirius	258 46.0	S16 42.4
15	243 00.0	19 46.8	·· 38.2	117 40.2	·· 36.5	18 25.5	·· 02.7	264 02.3	·· 57.9	Spica	158 46.4	S11 08.0
16	258 02.5	34 49.0	38.5	132 41.3	36.2	33 27.4	02.8	279 04.9	58.0	Suhail	223 03.0	S43 24.5
17	273 05.0	49 51.1	38.7	147 42.3	36.0	48 29.4	03.0	294 07.4	58.0			
18	288 07.4	64 53.3	S23 38.9	162 43.3	N20 35.7	63 31.3	S16 03.1	309 10.0	S10 58.1	Vega	80 48.5	N38 47.1
19	303 09.9	79 55.4	39.2	177 44.3	35.4	78 33.3	03.3	324 12.6	58.1	Zuben'ubi	137 21.3	S16 01.1
20	318 12.3	94 57.6	39.4	192 45.3	35.2	93 35.3	03.4	339 15.2	58.2		S.H.A.	Mer. Pass.
21	333 14.8	109 59.8	·· 39.6	207 46.3	·· 34.9	108 37.2	·· 03.6	354 17.8	·· 58.2			h m
22	348 17.3	125 02.0	39.9	222 47.4	34.6	123 39.2	03.7	9 20.4	58.2	Venus	137 01.6	13 44
23	3 19.2	140 04.2	40.1	237 48.4	34.4	138 41.1	03.9	24 22.9	58.3	Mars	235 37.0	7 11
Mer. Pass. 22 50.7		v 2.1	d 0.3	v 1.0	d 0.3	v 2.0	d 0.1	v 2.6	d 0.0	Jupiter	135 45.1	13 50
										Saturn	20 57.6	21 27

1994 OCTOBER 7, 8, 9 (FRI., SAT., SUN.)

UT (GMT)	SUN G.H.A.	SUN Dec.	MOON G.H.A.	v	MOON Dec.	d	H.P.
7 00	182 59.6	S 5 19.6	158 51.9	5.7	S15 02.8	8.7	60.8
01	197 59.8	20.6	173 16.6	5.6	15 11.5	8.5	60.8
02	212 59.9	21.6	187 41.2	5.6	15 20.0	8.5	60.8
03	228 00.1	.. 22.5	202 05.8	5.6	15 28.5	8.3	60.8
04	243 00.3	23.5	216 30.4	5.5	15 36.8	8.2	60.8
05	258 00.5	24.4	230 54.9	5.5	15 45.0	8.1	60.8
06	273 00.7	S 5 25.4	245 19.4	5.4	S15 53.1	8.0	60.8
07	288 00.8	26.3	259 43.8	5.4	16 01.1	7.9	60.8
08	303 01.0	27.3	274 08.2	5.4	16 09.0	7.8	60.8
F 09	318 01.2	.. 28.3	288 32.6	5.3	16 16.8	7.6	60.8
R 10	333 01.4	29.2	302 56.9	5.3	16 24.4	7.5	60.8
I 11	348 01.6	30.2	317 21.2	5.3	16 31.9	7.5	60.8
D 12	3 01.7	S 5 31.1	331 45.5	5.2	S16 39.4	7.3	60.8
A 13	18 01.9	32.1	346 09.7	5.2	16 46.7	7.1	60.7
Y 14	33 02.1	33.0	0 33.9	5.2	16 53.8	7.1	60.7
15	48 02.3	.. 34.0	14 58.1	5.1	17 00.9	6.9	60.7
16	63 02.4	35.0	29 22.2	5.1	17 07.8	6.8	60.7
17	78 02.6	35.9	43 46.3	5.1	17 14.6	6.7	60.7
18	93 02.8	S 5 36.9	58 10.4	5.0	S17 21.3	6.5	60.7
19	108 03.0	37.8	72 34.4	5.1	17 27.8	6.5	60.7
20	123 03.2	38.8	86 58.5	5.0	17 34.3	6.3	60.7
21	138 03.3	.. 39.7	101 22.5	4.9	17 40.6	6.1	60.6
22	153 03.5	40.7	115 46.4	5.0	17 46.7	6.1	60.6
23	168 03.7	41.7	130 10.4	4.9	17 52.8	5.9	60.6
8 00	183 03.9	S 5 42.6	144 34.3	4.9	S17 58.7	5.8	60.6
01	198 04.0	43.6	158 58.2	4.9	18 04.5	5.6	60.6
02	213 04.2	44.5	173 22.1	4.9	18 10.1	5.6	60.6
03	228 04.4	.. 45.5	187 46.0	4.9	18 15.7	5.3	60.5
04	243 04.6	46.4	202 09.9	4.8	18 21.0	5.3	60.5
05	258 04.7	47.4	216 33.7	4.8	18 26.3	5.1	60.5
06	273 04.9	S 5 48.3	230 57.5	4.8	S18 31.4	5.0	60.5
07	288 05.1	49.3	245 21.3	4.9	18 36.4	4.9	60.5
S 08	303 05.3	50.3	259 45.2	4.7	18 41.3	4.7	60.5
A 09	318 05.4	.. 51.2	274 08.9	4.8	18 46.0	4.5	60.4
T 10	333 05.6	52.2	288 32.7	4.8	18 50.5	4.5	60.4
U 11	348 05.8	53.1	302 56.5	4.8	18 55.0	4.3	60.4
R 12	3 06.0	S 5 54.1	317 20.3	4.8	S18 59.3	4.2	60.4
D 13	18 06.1	55.0	331 44.1	4.7	19 03.5	4.0	60.4
A 14	33 06.3	56.0	346 07.8	4.8	19 07.5	3.9	60.3
Y 15	48 06.5	.. 56.9	0 31.6	4.8	19 11.4	3.7	60.3
16	63 06.7	57.9	14 55.4	4.7	19 15.1	3.7	60.3
17	78 06.8	58.8	29 19.1	4.8	19 18.8	3.4	60.3
18	93 07.0	S 5 59.8	43 42.9	4.8	S19 22.2	3.4	60.3
19	108 07.2	6 00.7	58 06.7	4.7	19 25.6	3.2	60.2
20	123 07.4	01.7	72 30.4	4.8	19 28.8	3.0	60.2
21	138 07.5	.. 02.6	86 54.2	4.8	19 31.8	3.0	60.2
22	153 07.7	03.6	101 18.0	4.8	19 34.8	2.7	60.2
23	168 07.9	04.6	115 41.8	4.8	19 37.5	2.7	60.1
9 00	183 08.1	S 6 05.5	130 05.6	4.8	S19 40.2	2.5	60.1
01	198 08.2	06.5	144 29.4	4.9	19 42.7	2.3	60.1
02	213 08.4	07.4	158 53.3	4.8	19 45.0	2.3	60.1
03	228 08.6	.. 08.4	173 17.1	4.9	19 47.3	2.0	60.0
04	243 08.7	09.3	187 41.0	4.9	19 49.3	2.0	60.0
05	258 08.9	10.3	202 04.9	4.9	19 51.3	1.8	60.0
06	273 09.1	S 6 11.2	216 28.8	4.9	S19 53.1	1.6	60.0
07	288 09.3	12.2	230 52.7	5.0	19 54.7	1.6	59.9
08	303 09.4	13.1	245 16.7	5.0	19 56.3	1.3	59.9
S 09	318 09.6	.. 14.1	259 40.7	5.0	19 57.6	1.3	59.9
U 10	333 09.8	15.0	274 04.7	5.0	19 58.9	1.1	59.9
N 11	348 09.9	16.0	288 28.7	5.0	20 00.0	0.9	59.8
D 12	3 10.1	S 6 16.9	302 52.7	5.1	S20 00.9	0.9	59.8
A 13	18 10.3	17.9	317 16.8	5.1	20 01.8	0.6	59.8
Y 14	33 10.4	18.8	331 40.9	5.2	20 02.4	0.6	59.8
15	48 10.6	.. 19.8	346 05.1	5.1	20 03.0	0.4	59.7
16	63 10.8	20.7	0 29.2	5.3	20 03.4	0.3	59.7
17	78 11.0	21.7	14 53.5	5.2	20 03.7	0.1	59.7
18	93 11.1	S 6 22.6	29 17.7	5.3	S20 03.8	0.0	59.7
19	108 11.3	23.6	43 42.0	5.3	20 03.8	0.1	59.6
20	123 11.5	24.5	58 06.3	5.4	20 03.7	0.3	59.6
21	138 11.6	.. 25.5	72 30.7	5.4	20 03.4	0.4	59.6
22	153 11.8	26.4	86 55.1	5.4	20 03.0	0.6	59.5
23	168 12.0	27.4	101 19.5	5.5	20 02.4	0.7	59.5
	S.D. 16.0	d 1.0	S.D. 16.6		16.5		16.3

Lat.	Twilight Naut.	Twilight Civil	Sunrise	Moonrise 7	8	9	10
N 72	04 22	05 41	06 49	12 31	■■	■■	■■
N 70	04 30	05 41	06 43	11 36	13 51	■■	16 13
68	04 36	05 41	06 37	11 03	12 51	14 16	15 03
66	04 41	05 41	06 32	10 39	12 17	13 35	14 26
64	04 45	05 40	06 28	10 20	11 52	13 07	14 00
62	04 49	05 40	06 25	10 05	11 32	12 45	13 40
60	04 52	05 40	06 21	09 52	11 16	12 28	13 23
N 58	04 54	05 39	06 19	09 41	11 03	12 13	13 09
56	04 56	05 39	06 16	09 32	10 51	12 01	12 57
54	04 58	05 39	06 14	09 23	10 41	11 50	12 46
52	04 59	05 38	06 12	09 16	10 32	11 40	12 37
50	05 01	05 38	06 10	09 09	10 24	11 31	12 28
45	05 03	05 37	06 06	08 55	10 07	11 13	12 11
N 40	05 04	05 36	06 03	08 43	09 53	10 58	11 56
35	05 05	05 35	06 00	08 33	09 41	10 45	11 44
30	05 06	05 33	05 57	08 24	09 31	10 34	11 33
20	05 05	05 31	05 53	08 09	09 13	10 15	11 14
N 10	05 03	05 27	05 48	07 56	08 58	09 59	10 58
0	04 59	05 24	05 44	07 44	08 43	09 44	10 43
S 10	04 54	05 19	05 40	07 31	08 29	09 28	10 28
20	04 48	05 13	05 36	07 19	08 14	09 12	10 12
30	04 38	05 06	05 30	07 04	07 57	08 53	09 53
35	04 32	05 02	05 27	06 55	07 47	08 43	09 42
40	04 24	04 56	05 24	06 46	07 35	08 30	09 29
45	04 14	04 50	05 20	06 35	07 22	08 15	09 15
S 50	04 02	04 42	05 15	06 21	07 05	07 58	08 57
52	03 56	04 38	05 12	06 15	06 58	07 49	08 49
54	03 49	04 33	05 10	06 08	06 49	07 40	08 40
56	03 41	04 29	05 07	06 00	06 40	07 29	08 29
58	03 33	04 23	05 04	05 52	06 29	07 17	08 17
S 60	03 22	04 17	05 00	05 42	06 16	07 03	08 03

Lat.	Sunset	Twilight Civil	Twilight Naut.	Moonset 7	8	9	10
N 72	16 44	17 51	19 10	15 11	■■	■■	■■
N 70	16 51	17 52	19 03	16 07	15 58	■■	17 46
68	16 57	17 52	18 57	16 41	16 58	17 39	18 55
66	17 02	17 53	18 52	17 06	17 33	18 20	19 31
64	17 06	17 53	18 48	17 25	17 58	18 48	19 57
62	17 09	17 54	18 45	17 41	18 18	19 10	20 17
60	17 13	17 54	18 42	17 54	18 34	19 28	20 34
N 58	17 15	17 54	18 40	18 06	18 48	19 42	20 48
56	17 18	17 55	18 38	18 16	19 00	19 55	21 00
54	17 20	17 55	18 36	18 25	19 10	20 06	21 10
52	17 22	17 56	18 35	18 33	19 20	20 16	21 19
50	17 24	17 56	18 34	18 40	19 28	20 24	21 28
45	17 28	17 58	18 31	18 55	19 46	20 43	21 45
N 40	17 32	17 59	18 30	19 08	20 00	20 58	21 59
35	17 35	18 00	18 29	19 19	20 12	21 10	22 11
30	17 38	18 01	18 29	19 28	20 23	21 21	22 22
20	17 42	18 04	18 30	19 44	20 41	21 40	22 40
N 10	17 47	18 08	18 32	19 59	20 57	21 57	22 56
0	17 51	18 12	18 36	20 12	21 12	22 12	23 10
S 10	17 55	18 16	18 41	20 25	21 27	22 27	23 25
20	18 00	18 22	18 48	20 40	21 43	22 44	23 40
30	18 05	18 29	18 58	20 56	22 01	23 03	23 58
35	18 09	18 34	19 04	21 05	22 12	23 14	24 08
40	18 12	18 40	19 12	21 16	22 24	23 26	24 20
45	18 16	18 46	19 22	21 29	22 39	23 41	24 34
S 50	18 22	18 55	19 35	21 45	22 56	23 59	24 51
52	18 24	18 59	19 41	21 52	23 05	24 07	00 07
54	18 27	19 03	19 48	22 00	23 14	24 17	00 17
56	18 29	19 08	19 56	22 10	23 25	24 28	00 28
58	18 33	19 14	20 05	22 20	23 37	24 40	00 40
S 60	18 36	19 20	20 15	22 32	23 50	24 54	00 54

Day	SUN Eqn. of Time 00h	12h	SUN Mer. Pass.	MOON Mer. Pass. Upper	Lower	Age	Phase
	m s	m s	h m	h m	h m	d	
7	11 58	12 07	11 48	13 58	01 28	02	
8	12 15	12 24	11 48	14 58	02 28	03	
9	12 32	12 40	11 47	15 58	03 28	04	

1994 OCTOBER 10, 11, 12 (MON., TUES., WED.)

UT (GMT) d h	ARIES G.H.A.	VENUS −4.5 G.H.A.	Dec.	MARS +0.9 G.H.A.	Dec.	JUPITER −1.7 G.H.A.	Dec.	SATURN +0.6 G.H.A.	Dec.	Name	S.H.A.	Dec.
10 00	18 22.2	155 06.3	S23 40.3	252 49.4	N20 34.1	153 43.1	S16 04.0	39 25.5	S10 58.3	Acamar	315 28.6	S40 19.4
01	33 24.7	170 08.5	40.6	267 50.4	33.8	168 45.0	04.2	54 28.1	58.4	Achernar	335 36.6	S57 15.7
02	48 27.1	185 10.7	40.8	282 51.4	33.5	183 47.0	04.3	69 30.7	58.4	Acrux	173 25.6	S63 04.2
03	63 29.6	200 12.9	·· 41.0	297 52.5	·· 33.3	198 49.0	·· 04.5	84 33.3	·· 58.4	Adhara	255 23.5	S28 57.7
04	78 32.1	215 15.1	41.2	312 53.5	33.0	213 50.9	04.6	99 35.8	58.5	Aldebaran	291 05.3	N16 29.9
05	93 34.5	230 17.3	41.4	327 54.5	32.7	228 52.9	04.8	114 38.4	58.5			
06	108 37.0	245 19.5	S23 41.7	342 55.5	N20 32.5	243 54.8	S16 04.9	129 41.0	S10 58.6	Alioth	166 33.5	N55 59.3
07	123 39.5	260 21.8	41.9	357 56.5	32.2	258 56.8	05.1	144 43.6	58.6	Alkaid	153 10.4	N49 20.4
08	138 41.9	275 24.0	42.1	12 57.6	31.9	273 58.7	05.2	159 46.2	58.7	Al Na'ir	28 01.0	S46 59.2
M 09	153 44.4	290 26.2	·· 42.3	27 58.6	·· 31.6	289 00.7	·· 05.4	174 48.7	·· 58.7	Alnilam	276 00.5	S 1 12.3
O 10	168 46.8	305 28.4	42.5	42 59.6	31.4	304 02.6	05.5	189 51.3	58.7	Alphard	218 10.0	S 8 38.1
N 11	183 49.3	320 30.7	42.7	58 00.6	31.1	319 04.6	05.7	204 53.9	58.8			
D 12	198 51.8	335 32.9	S23 42.9	73 01.7	N20 30.8	334 06.6	S16 05.8	219 56.5	S10 58.8	Alphecca	126 23.2	N26 44.2
A 13	213 54.2	350 35.1	43.1	88 02.7	30.5	349 08.5	06.0	234 59.0	58.9	Alpheratz	357 57.7	N29 03.9
Y 14	228 56.7	5 37.4	43.3	103 03.7	30.3	4 10.5	06.1	250 01.6	58.9	Altair	62 21.9	N 8 51.6
15	243 59.2	20 39.6	·· 43.5	118 04.7	·· 30.0	19 12.4	·· 06.3	265 04.2	·· 58.9	Ankaa	353 29.1	S42 20.0
16	259 01.6	35 41.9	43.7	133 05.8	29.7	34 14.4	06.4	280 06.8	59.0	Antares	112 43.7	S26 25.2
17	274 04.1	50 44.1	43.9	148 06.8	29.5	49 16.3	06.6	295 09.4	59.0			
18	289 06.6	65 46.4	S23 44.1	163 07.8	N20 29.2	64 18.3	S16 06.7	310 11.9	S10 59.1	Arcturus	146 08.8	N19 12.7
19	304 09.0	80 48.6	44.3	178 08.8	28.9	79 20.2	06.9	325 14.5	59.1	Atria	107 58.4	S69 01.2
20	319 11.5	95 50.9	44.5	193 09.9	28.6	94 22.2	07.0	340 17.1	59.1	Avior	234 23.9	S59 29.4
21	334 13.9	110 53.2	·· 44.7	208 10.9	·· 28.4	109 24.2	·· 07.2	355 19.7	·· 59.2	Bellatrix	278 46.9	N 6 20.7
22	349 16.4	125 55.4	44.9	223 11.9	28.1	124 26.1	07.3	10 22.3	59.2	Betelgeuse	271 16.4	N 7 24.4
23	4 18.9	140 57.7	45.1	238 12.9	27.8	139 28.1	07.5	25 24.8	59.3			
11 00	19 21.3	156 00.0	S23 45.3	253 14.0	N20 27.5	154 30.0	S16 07.6	40 27.4	S10 59.3	Canopus	264 02.2	S52 41.3
01	34 23.8	171 02.3	45.5	268 15.0	27.3	169 32.0	07.8	55 30.0	59.4	Capella	280 54.9	N45 59.4
02	49 26.3	186 04.5	45.6	283 16.0	27.0	184 33.9	07.9	70 32.6	59.4	Deneb	49 40.9	N45 16.1
03	64 28.7	201 06.8	·· 45.8	298 17.1	·· 26.7	199 35.9	·· 08.1	85 35.1	·· 59.4	Denebola	182 48.2	N14 36.1
04	79 31.2	216 09.1	46.0	313 18.1	26.5	214 37.8	08.2	100 37.7	59.5	Diphda	349 09.6	S18 00.7
05	94 33.7	231 11.4	46.2	328 19.1	26.2	229 39.8	08.4	115 40.3	59.5			
06	109 36.1	246 13.7	S23 46.4	343 20.2	N20 25.9	244 41.7	S16 08.5	130 42.9	S10 59.6	Dubhe	194 09.4	N61 46.6
07	124 38.6	261 16.0	46.5	358 21.2	25.6	259 43.7	08.7	145 45.4	59.6	Elnath	278 30.2	N28 36.1
T 08	139 41.1	276 18.4	46.7	13 22.2	25.4	274 45.6	08.8	160 48.0	59.6	Eltanin	90 52.8	N51 29.8
U 09	154 43.5	291 20.7	·· 46.9	28 23.2	·· 25.1	289 47.6	·· 09.0	175 50.6	·· 59.7	Enif	34 00.7	N 9 51.3
E 10	169 46.0	306 23.0	47.0	43 24.3	24.8	304 49.6	09.1	190 53.2	59.7	Fomalhaut	15 39.1	S29 38.9
S 11	184 48.4	321 25.3	47.2	58 25.3	24.5	319 51.5	09.3	205 55.7	59.8			
D 12	199 50.9	336 27.6	S23 47.4	73 26.3	N20 24.3	334 53.5	S16 09.4	220 58.3	S10 59.8	Gacrux	172 17.1	S57 05.0
A 13	214 53.4	351 30.0	47.5	88 27.4	24.0	349 55.4	09.6	236 00.9	59.8	Gienah	176 07.1	S17 30.7
Y 14	229 55.8	6 32.3	47.7	103 28.4	23.7	4 57.4	09.7	251 03.5	59.9	Hadar	149 08.4	S60 20.9
15	244 58.3	21 34.6	·· 47.8	118 29.4	·· 23.4	19 59.3	·· 09.9	266 06.1	10 59.9	Hamal	328 16.3	N23 26.4
16	260 00.8	36 37.0	48.0	133 30.5	23.2	35 01.3	10.0	281 08.6	11 00.0	Kaus Aust.	84 02.5	S34 23.2
17	275 03.2	51 39.3	48.2	148 31.5	22.9	50 03.2	10.2	296 11.2	00.0			
18	290 05.7	66 41.7	S23 48.3	163 32.5	N20 22.6	65 05.2	S16 10.3	311 13.8	S11 00.0	Kochab	137 20.6	N74 10.8
19	305 08.2	81 44.0	48.5	178 33.6	22.3	80 07.1	10.5	326 16.4	00.1	Markab	13 52.0	N15 10.9
20	320 10.6	96 46.4	48.6	193 34.6	22.1	95 09.1	10.6	341 18.9	00.1	Menkar	314 29.4	N 4 04.3
21	335 13.1	111 48.7	·· 48.8	208 35.7	·· 21.8	110 11.0	·· 10.8	356 21.5	·· 00.2	Menkent	148 24.5	S36 20.6
22	350 15.6	126 51.1	48.9	223 36.7	21.5	125 13.0	10.9	11 24.1	00.2	Miaplacidus	221 43.0	S69 41.6
23	5 18.0	141 53.5	49.1	238 37.7	21.2	140 14.9	11.1	26 26.7	00.2			
12 00	20 20.5	156 55.8	S23 49.2	253 38.8	N20 20.9	155 16.9	S16 11.2	41 29.2	S11 00.3	Mirfak	309 00.0	N49 50.5
01	35 22.9	171 58.2	49.3	268 39.8	20.7	170 18.8	11.4	56 31.8	00.3	Nunki	76 15.7	S26 18.1
02	50 25.4	187 00.6	49.5	283 40.8	20.4	185 20.8	11.5	71 34.4	00.3	Peacock	53 41.1	S56 45.2
03	65 27.9	202 03.0	·· 49.6	298 41.9	·· 20.1	200 22.7	·· 11.7	86 36.9	·· 00.4	Pollux	243 44.9	N28 02.2
04	80 30.3	217 05.4	49.7	313 42.9	19.8	215 24.7	11.8	101 39.5	00.4	Procyon	245 14.4	N 5 14.3
05	95 32.8	232 07.8	49.9	328 43.9	19.6	230 26.6	12.0	116 42.1	00.5			
06	110 35.3	247 10.2	S23 50.0	343 45.0	N20 19.3	245 28.6	S16 12.1	131 44.7	S11 00.5	Rasalhague	96 19.6	N12 34.1
W 07	125 37.7	262 12.6	50.1	358 46.0	19.0	260 30.5	12.3	146 47.2	00.5	Regulus	207 58.6	N11 59.5
E 08	140 40.2	277 15.0	50.3	13 47.1	18.7	275 32.5	12.4	161 49.8	00.6	Rigel	281 25.4	S 8 12.4
D 09	155 42.7	292 17.4	·· 50.4	28 48.1	·· 18.5	290 34.4	·· 12.6	176 52.4	·· 00.6	Rigil Kent.	140 11.5	S60 48.8
N 10	170 45.1	307 19.8	50.5	43 49.1	18.2	305 36.4	12.7	191 55.0	00.7	Sabik	102 28.8	S15 43.0
E 11	185 47.6	322 22.2	50.6	58 50.2	17.9	320 38.3	12.9	206 57.5	00.7			
S 12	200 50.0	337 24.6	S23 50.8	73 51.2	N20 17.6	335 40.3	S16 13.0	222 00.1	S11 00.7	Schedar	349 56.0	N56 30.7
D 13	215 52.5	352 27.1	50.9	88 52.3	17.4	350 42.2	13.1	237 02.7	00.8	Shaula	96 41.1	S37 06.0
A 14	230 55.0	7 29.5	51.0	103 53.3	17.1	5 44.2	13.3	252 05.2	00.8	Sirius	258 46.0	S16 42.4
Y 15	245 57.4	22 31.9	·· 51.1	118 54.4	·· 16.8	20 46.1	·· 13.4	267 07.8	·· 00.9	Spica	158 46.4	S11 08.0
16	260 59.9	37 34.3	51.2	133 55.4	16.5	35 48.1	13.6	282 10.4	00.9	Suhail	223 02.9	S43 24.5
17	276 02.4	52 36.8	51.3	148 56.4	16.2	50 50.0	13.7	297 13.0	00.9			
18	291 04.8	67 39.2	S23 51.4	163 57.5	N20 16.0	65 52.0	S16 13.9	312 15.5	S11 01.0	Vega	80 48.5	N38 47.1
19	306 07.3	82 41.7	51.5	178 58.5	15.7	80 53.9	14.0	327 18.1	01.0	Zuben'ubi	137 21.3	S16 01.1
20	321 09.8	97 44.1	51.6	193 59.6	15.4	95 55.9	14.2	342 20.7	01.0			
21	336 12.2	112 46.6	·· 51.7	209 00.6	·· 15.1	110 57.8	·· 14.3	357 23.3	·· 01.1			
22	351 14.7	127 49.0	51.8	224 01.7	14.8	125 59.8	14.5	12 25.8	01.1			
23	6 17.2	142 51.5	51.9	239 02.7	14.6	141 01.7	14.6	27 28.4	01.2			

											S.H.A.	Mer. Pass.
										Venus	136 38.6	13 34
										Mars	233 52.6	7 07
										Jupiter	135 08.7	13 40
Mer. Pass. 22 38.9		*v* 2.3 *d* 0.2		*v* 1.0 *d* 0.3		*v* 2.0 *d* 0.1		*v* 2.6 *d* 0.0		Saturn	21 06.1	21 15

1994 OCTOBER 10, 11, 12 (MON., TUES., WED.)

SUN / MOON

UT (GMT)	SUN G.H.A.	SUN Dec.	MOON G.H.A.	v	MOON Dec.	d	H.P.
10 00	183 12.1	S 6 28.3	115 44.0	5.6	S20 01.7	0.8	59.5
01	198 12.3	29.3	130 08.6	5.5	20 00.9	0.9	59.5
02	213 12.5	30.2	144 33.1	5.7	20 00.0	1.1	59.4
03	228 12.6	.. 31.2	158 57.8	5.6	19 58.9	1.2	59.4
04	243 12.8	32.1	173 22.4	5.8	19 57.7	1.4	59.4
05	258 13.0	33.1	187 47.2	5.7	19 56.3	1.4	59.3
06	273 13.1	S 6 34.0	202 11.9	5.9	S19 54.9	1.7	59.3
07	288 13.3	35.0	216 36.8	5.9	19 53.2	1.7	59.3
08	303 13.5	35.9	231 01.7	5.9	19 51.5	1.9	59.3
M 09	318 13.6	.. 36.9	245 26.6	6.0	19 49.6	2.0	59.2
O 10	333 13.8	37.8	259 51.6	6.0	19 47.6	2.1	59.2
N 11	348 14.0	38.7	274 16.6	6.1	19 45.5	2.2	59.2
D 12	3 14.1	S 6 39.7	288 41.7	6.2	S19 43.3	2.4	59.1
A 13	18 14.3	40.6	303 06.9	6.2	19 40.9	2.5	59.1
Y 14	33 14.5	41.6	317 32.1	6.3	19 38.4	2.6	59.1
15	48 14.6	.. 42.5	331 57.4	6.3	19 35.8	2.8	59.0
16	63 14.8	43.5	346 22.7	6.4	19 33.0	2.9	59.0
17	78 15.0	44.4	0 48.1	6.4	19 30.1	3.0	59.0
18	93 15.1	S 6 45.4	15 13.5	6.6	S19 27.1	3.1	59.0
19	108 15.3	46.3	29 39.1	6.6	19 24.0	3.2	58.9
20	123 15.5	47.3	44 04.7	6.6	19 20.8	3.4	58.9
21	138 15.6	.. 48.2	58 30.3	6.7	19 17.4	3.5	58.9
22	153 15.8	49.2	72 56.0	6.8	19 13.9	3.6	58.8
23	168 16.0	50.1	87 21.8	6.8	19 10.3	3.7	58.8
11 00	183 16.1	S 6 51.0	101 47.6	7.0	S19 06.6	3.8	58.8
01	198 16.3	52.0	116 13.6	6.9	19 02.8	4.0	58.7
02	213 16.4	52.9	130 39.5	7.1	18 58.8	4.0	58.7
03	228 16.6	.. 53.9	145 05.6	7.1	18 54.8	4.2	58.7
04	243 16.8	54.8	159 31.7	7.2	18 50.6	4.3	58.6
05	258 16.9	55.8	173 57.9	7.3	18 46.3	4.4	58.6
06	273 17.1	S 6 56.7	188 24.2	7.3	S18 41.9	4.5	58.6
07	288 17.3	57.7	202 50.5	7.4	18 37.4	4.6	58.6
T 08	303 17.4	58.6	217 16.9	7.4	18 32.8	4.8	58.5
U 09	318 17.6	6 59.5	231 43.3	7.6	18 28.0	4.8	58.5
E 10	333 17.7	7 00.5	246 09.9	7.6	18 23.2	4.9	58.5
S 11	348 17.9	01.4	260 36.5	7.7	18 18.3	5.1	58.4
D 12	3 18.1	S 7 02.4	275 03.2	7.8	S18 13.2	5.1	58.4
A 13	18 18.2	03.3	289 30.0	7.8	18 08.1	5.3	58.4
Y 14	33 18.4	04.3	303 56.8	7.9	18 02.8	5.4	58.3
15	48 18.6	.. 05.2	318 23.7	8.0	17 57.4	5.4	58.3
16	63 18.7	06.1	332 50.7	8.0	17 52.0	5.6	58.3
17	78 18.9	07.1	347 17.7	8.2	17 46.4	5.7	58.2
18	93 19.0	S 7 08.0	1 44.9	8.2	S17 40.7	5.7	58.2
19	108 19.2	09.0	16 12.1	8.3	17 35.0	5.9	58.2
20	123 19.4	09.9	30 39.4	8.3	17 29.1	5.9	58.2
21	138 19.5	.. 10.9	45 06.7	8.4	17 23.2	6.1	58.1
22	153 19.7	11.8	59 34.1	8.6	17 17.1	6.1	58.1
23	168 19.8	12.7	74 01.7	8.5	17 11.0	6.3	58.1
12 00	183 20.0	S 7 13.7	88 29.2	8.7	S17 04.7	6.3	58.0
01	198 20.1	14.6	102 56.9	8.7	16 58.4	6.4	58.0
02	213 20.3	15.6	117 24.6	8.8	16 52.0	6.6	58.0
03	228 20.5	.. 16.5	131 52.4	8.9	16 45.4	6.6	57.9
04	243 20.6	17.4	146 20.3	9.0	16 38.8	6.7	57.9
05	258 20.8	18.4	160 48.3	9.0	16 32.1	6.7	57.9
06	273 20.9	S 7 19.3	175 16.3	9.1	S16 25.4	6.9	57.8
W 07	288 21.1	20.3	189 44.4	9.2	16 18.5	7.0	57.8
E 08	303 21.3	21.2	204 12.6	9.3	16 11.5	7.0	57.8
D 09	318 21.4	.. 22.1	218 40.9	9.3	16 04.5	7.1	57.8
N 10	333 21.6	23.1	233 09.2	9.5	15 57.4	7.2	57.7
E 11	348 21.7	24.0	247 37.7	9.4	15 50.2	7.3	57.7
S 12	3 21.9	S 7 24.9	262 06.1	9.6	S15 42.9	7.4	57.7
D 13	18 22.0	25.9	276 34.7	9.6	15 35.5	7.4	57.6
A 14	33 22.2	26.8	291 03.3	9.8	15 28.1	7.5	57.6
Y 15	48 22.3	.. 27.8	305 32.1	9.8	15 20.6	7.6	57.6
16	63 22.5	28.7	320 00.9	9.8	15 13.0	7.7	57.5
17	78 22.7	29.6	334 29.7	10.0	15 05.3	7.7	57.5
18	93 22.8	S 7 30.6	348 58.7	10.0	S14 57.6	7.9	57.5
19	108 23.0	31.5	3 27.7	10.1	14 49.7	7.9	57.5
20	123 23.1	32.5	17 56.8	10.1	14 41.8	7.9	57.4
21	138 23.3	.. 33.4	32 25.9	10.2	14 33.9	8.1	57.4
22	153 23.4	34.3	46 55.1	10.3	14 25.8	8.1	57.4
23	168 23.6	35.3	61 24.4	10.4	14 17.7	8.1	57.3
	S.D. 16.0	d 0.9	S.D. 16.1		15.9		15.7

Twilight / Sunrise / Moonrise

Lat.	Naut.	Civil	Sunrise	Moonrise 10	11	12	13
N 72	04 36	05 55	07 04	▬	17 24	16 30	16 11
N 70	04 42	05 53	06 55	16 13	16 02	15 56	15 51
68	04 47	05 52	06 48	15 03	15 23	15 31	15 35
66	04 51	05 50	06 42	14 26	14 55	15 12	15 22
64	04 54	05 49	06 37	14 00	14 34	14 56	15 11
62	04 57	05 48	06 33	13 40	14 17	14 43	15 02
60	04 59	05 47	06 29	13 23	14 03	14 32	14 54
N 58	05 01	05 46	06 25	13 09	13 51	14 22	14 47
56	05 02	05 45	06 22	12 57	13 40	14 14	14 41
54	05 03	05 44	06 20	12 46	13 31	14 06	14 35
52	05 04	05 43	06 17	12 37	13 23	14 00	14 30
50	05 05	05 43	06 15	12 28	13 15	13 54	14 25
45	05 07	05 41	06 10	12 11	12 59	13 40	14 15
N 40	05 07	05 39	06 06	11 56	12 46	13 29	14 07
35	05 08	05 37	06 02	11 44	12 35	13 20	14 00
30	05 07	05 35	05 59	11 33	12 25	13 12	13 53
20	05 06	05 31	05 53	11 14	12 08	12 58	13 43
N 10	05 03	05 27	05 48	10 58	11 53	12 45	13 33
0	04 59	05 23	05 44	10 43	11 40	12 33	13 24
S 10	04 53	05 17	05 39	10 28	11 26	12 22	13 15
20	04 45	05 11	05 33	10 12	11 11	12 09	13 05
30	04 34	05 03	05 27	09 53	10 54	11 55	12 54
35	04 27	04 58	05 23	09 42	10 44	11 46	12 48
40	04 19	04 51	05 19	09 30	10 33	11 37	12 40
45	04 08	04 44	05 14	09 15	10 19	11 26	12 32
S 50	03 55	04 35	05 08	08 57	10 03	11 12	12 21
52	03 48	04 31	05 06	08 49	09 55	11 06	12 17
54	03 41	04 26	05 03	08 40	09 47	10 59	12 11
56	03 32	04 20	04 59	08 29	09 37	10 51	12 05
58	03 23	04 14	04 56	08 17	09 27	10 42	11 59
S 60	03 11	04 07	04 52	08 03	09 14	10 32	11 51

Sunset / Twilight / Moonset

Lat.	Sunset	Civil	Naut.	Moonset 10	11	12	13
N 72	16 28	17 37	18 55	▬	18 32	21 16	23 18
N 70	16 37	17 39	18 49	17 46	19 54	21 49	23 37
68	16 44	17 40	18 44	18 55	20 32	22 13	23 52
66	16 50	17 42	18 41	19 31	20 59	22 31	24 04
64	16 55	17 43	18 38	19 57	21 19	22 46	24 13
62	17 00	17 44	18 35	20 17	21 36	22 58	24 22
60	17 04	17 45	18 33	20 34	21 49	23 09	24 29
N 58	17 07	17 46	18 32	20 48	22 01	23 18	24 35
56	17 10	17 47	18 30	21 00	22 11	23 26	24 41
54	17 13	17 48	18 29	21 10	22 20	23 33	24 46
52	17 15	17 49	18 28	21 19	22 28	23 45	24 50
50	17 18	17 50	18 27	21 28	22 35	23 45	24 54
45	17 23	17 52	18 26	21 45	22 51	23 57	25 03
N 40	17 27	17 54	18 26	21 59	23 03	24 07	00 07
35	17 31	17 56	18 25	22 11	23 14	24 16	00 16
30	17 34	17 58	18 26	22 22	23 23	24 23	00 23
20	17 40	18 02	18 28	22 40	23 39	24 36	00 36
N 10	17 45	18 06	18 31	22 56	23 53	24 47	00 47
0	17 50	18 11	18 35	23 10	24 06	00 06	00 58
S 10	17 55	18 16	18 41	23 25	24 19	00 19	01 08
20	18 01	18 23	18 49	23 40	24 32	00 32	01 19
30	18 07	18 31	19 00	23 58	24 48	00 48	01 32
35	18 11	18 37	19 07	24 08	00 08	00 57	01 39
40	18 15	18 43	19 16	24 20	00 20	01 07	01 47
45	18 20	18 50	19 27	24 34	00 34	01 19	01 57
S 50	18 26	19 00	19 40	24 51	00 51	01 33	02 08
52	18 29	19 04	19 47	00 07	00 59	01 40	02 14
54	18 32	19 09	19 54	00 17	01 08	01 48	02 19
56	18 36	19 15	20 03	00 28	01 17	01 56	02 26
58	18 40	19 21	20 13	00 40	01 29	02 05	02 33
S 60	18 44	19 28	20 25	00 54	01 42	02 16	02 41

SUN / MOON

Day	Eqn. of Time 00h	12h	Mer. Pass.	Mer. Pass. Upper	Lower	Age	Phase
	m s	m s	h m	h m	h m	d	
10	12 48	12 56	11 47	16 57	04 28	05	
11	13 04	13 12	11 47	17 53	05 25	06	
12	13 20	13 27	11 47	18 46	06 20	07	◑

1994 OCTOBER 13, 14, 15 (THURS., FRI., SAT.)

UT (GMT)	ARIES G.H.A.	VENUS −4.5 G.H.A.	Dec.	MARS +0.9 G.H.A.	Dec.	JUPITER −1.7 G.H.A.	Dec.	SATURN +0.6 G.H.A.	Dec.	STARS Name	S.H.A.	Dec.
13 00	21 19.6	157 54.0	S23 52.0	254 03.8	N20 14.3	156 03.7	S16 14.8	42 31.0	S11 01.2	Acamar	315 28.6	S40 19.4
01	36 22.1	172 56.5	52.1	269 04.8	14.0	171 05.6	14.9	57 33.5	01.2	Achernar	335 36.6	S57 15.7
02	51 24.5	187 58.9	52.2	284 05.8	13.7	186 07.6	15.1	72 36.1	01.3	Acrux	173 25.6	S63 04.1
03	66 27.0	203 01.4 ··	52.3	299 06.9 ··	13.5	201 09.5 ··	15.2	87 38.7 ··	01.3	Adhara	255 23.5	S28 57.7
04	81 29.5	218 03.9	52.4	314 07.9	13.2	216 11.5	15.4	102 41.2	01.3	Aldebaran	291 05.2	N16 29.9
05	96 31.9	233 06.4	52.5	329 09.0	12.9	231 13.4	15.5	117 43.8	01.4			
06	111 34.4	248 08.9	S23 52.6	344 10.0	N20 12.6	246 15.4	S16 15.7	132 46.4	S11 01.4	Alioth	166 33.5	N55 59.3
07	126 36.9	263 11.4	52.7	359 11.1	12.3	261 17.3	15.8	147 49.0	01.5	Alkaid	153 10.4	N49 20.4
T 08	141 39.3	278 13.9	52.7	14 12.1	12.1	276 19.3	16.0	162 51.5	01.5	Al Na'ir	28 01.0	S46 59.2
H 09	156 41.8	293 16.4 ··	52.8	29 13.2 ··	11.8	291 21.2 ··	16.1	177 54.1 ··	01.5	Alnilam	276 00.4	S 1 12.3
U 10	171 44.3	308 18.9	52.9	44 14.2	11.5	306 23.2	16.3	192 56.7	01.6	Alphard	218 10.0	S 8 38.1
R 11	186 46.7	323 21.4	53.0	59 15.3	11.2	321 25.1	16.4	207 59.2	01.6			
S 12	201 49.2	338 23.9	S23 53.0	74 16.3	N20 10.9	336 27.1	S16 16.6	223 01.8	S11 01.6	Alphecca	126 23.2	N26 44.1
D 13	216 51.7	353 26.4	53.1	89 17.4	10.7	351 29.0	16.7	238 04.4	01.7	Alpheratz	357 57.7	N29 03.9
A 14	231 54.1	8 29.0	53.2	104 18.4	10.4	6 31.0	16.9	253 06.9	01.7	Altair	62 21.9	N 8 51.6
Y 15	246 56.6	23 31.5 ··	53.2	119 19.5 ··	10.1	21 32.9 ··	17.0	268 09.5 ··	01.8	Ankaa	353 29.1	S42 20.0
16	261 59.0	38 34.0	53.3	134 20.5	09.8	36 34.9	17.2	283 12.1	01.8	Antares	112 43.7	S26 25.2
17	277 01.5	53 36.5	53.4	149 21.6	09.5	51 36.8	17.3	298 14.7	01.8			
18	292 04.0	68 39.1	S23 53.4	164 22.6	N20 09.3	66 38.8	S16 17.5	313 17.2	S11 01.9	Arcturus	146 08.8	N19 12.7
19	307 06.4	83 41.6	53.5	179 23.7	09.0	81 40.7	17.6	328 19.8	01.9	Atria	107 58.5	S69 01.2
20	322 08.9	98 44.2	53.5	194 24.7	08.7	96 42.7	17.8	343 22.4	01.9	Avior	234 23.8	S59 29.4
21	337 11.4	113 46.7 ··	53.6	209 25.8 ··	08.4	111 44.6 ··	17.9	358 24.9 ··	02.0	Bellatrix	278 46.9	N 6 20.7
22	352 13.8	128 49.3	53.7	224 26.8	08.1	126 46.5	18.1	13 27.5	02.0	Betelgeuse	271 16.3	N 7 24.4
23	7 16.3	143 51.8	53.7	239 27.9	07.9	141 48.5	18.2	28 30.1	02.1			
14 00	22 18.8	158 54.4	S23 53.8	254 29.0	N20 07.6	156 50.4	S16 18.3	43 32.6	S11 02.1	Canopus	264 02.2	S52 41.3
01	37 21.2	173 57.0	53.8	269 30.0	07.3	171 52.4	18.5	58 35.2	02.1	Capella	280 54.9	N45 59.4
02	52 23.7	188 59.6	53.8	284 31.1	07.0	186 54.3	18.7	73 37.8	02.2	Deneb	49 40.9	N45 16.1
03	67 26.2	204 02.1 ··	53.9	299 32.1 ··	06.7	201 56.3 ··	18.8	88 40.3 ··	02.2	Denebola	182 48.2	N14 36.1
04	82 28.6	219 04.7	53.9	314 33.2	06.5	216 58.2	19.0	103 42.9	02.2	Diphda	349 09.6	S18 00.8
05	97 31.1	234 07.3	54.0	329 34.2	06.2	232 00.2	19.1	118 45.5	02.3			
06	112 33.5	249 09.9	S23 54.0	344 35.3	N20 05.9	247 02.1	S16 19.3	133 48.0	S11 02.3	Dubhe	194 09.4	N61 46.5
07	127 36.0	264 12.5	54.0	359 36.3	05.6	262 04.1	19.4	148 50.6	02.3	Elnath	278 30.1	N28 36.1
08	142 38.5	279 15.1	54.1	14 37.4	05.3	277 06.0	19.6	163 53.2	02.4	Eltanin	90 52.9	N51 29.8
F 09	157 40.9	294 17.7 ··	54.1	29 38.5 ··	05.1	292 08.0 ··	19.7	178 55.7 ··	02.4	Enif	34 00.7	N 9 51.3
R 10	172 43.4	309 20.3	54.1	44 39.5	04.8	307 09.9	19.9	193 58.3	02.4	Fomalhaut	15 39.1	S29 38.9
I 11	187 45.9	324 22.9	54.2	59 40.6	04.5	322 11.9	20.0	209 00.9	02.5			
D 12	202 48.3	339 25.5	S23 54.2	74 41.6	N20 04.2	337 13.8	S16 20.2	224 03.4	S11 02.5	Gacrux	172 17.1	S57 05.0
A 13	217 50.8	354 28.1	54.2	89 42.7	03.9	352 15.7	20.3	239 06.0	02.6	Gienah	176 07.0	S17 30.7
Y 14	232 53.3	9 30.7	54.2	104 43.7	03.6	7 17.7	20.5	254 08.6	02.6	Hadar	149 08.4	S60 20.9
15	247 55.7	24 33.4 ··	54.2	119 44.8 ··	03.4	22 19.6 ··	20.6	269 11.1 ··	02.6	Hamal	328 16.2	N23 26.4
16	262 58.2	39 36.0	54.2	134 45.9	03.1	37 21.6	20.8	284 13.7	02.7	Kaus Aust.	84 02.5	S34 23.2
17	278 00.6	54 38.6	54.3	149 46.9	02.8	52 23.5	20.9	299 16.3	02.7			
18	293 03.1	69 41.3	S23 54.3	164 48.0	N20 02.5	67 25.5	S16 21.1	314 18.8	S11 02.7	Kochab	137 20.6	N74 10.8
19	308 05.6	84 43.9	54.3	179 49.0	02.2	82 27.4	21.2	329 21.4	02.8	Markab	13 52.0	N15 10.9
20	323 08.0	99 46.5	54.3	194 50.1	02.0	97 29.4	21.4	344 24.0	02.8	Menkar	314 29.4	N 4 04.3
21	338 10.5	114 49.2 ··	54.3	209 51.2 ··	01.7	112 31.3 ··	21.5	359 26.5 ··	02.8	Menkent	148 24.5	S36 20.6
22	353 13.0	129 51.8	54.3	224 52.2	01.4	127 33.2	21.7	14 29.1	02.9	Miaplacidus	221 42.9	S69 41.6
23	8 15.4	144 54.5	54.3	239 53.3	01.1	142 35.2	21.8	29 31.6	02.9			
15 00	23 17.9	159 57.2	S23 54.3	254 54.4	N20 00.8	157 37.1	S16 22.0	44 34.2	S11 02.9	Mirfak	309 00.0	N49 50.5
01	38 20.4	174 59.8	54.3	269 55.5	00.5	172 39.1	22.1	59 36.8	03.0	Nunki	76 15.7	S26 18.1
02	53 22.8	190 02.5	54.3	284 56.5	00.3	187 41.0	22.3	74 39.3	03.0	Peacock	53 41.1	S56 45.2
03	68 25.3	205 05.2 ··	54.3	299 57.6	20 00.0	202 43.0 ··	22.4	89 41.9 ··	03.0	Pollux	243 44.9	N28 02.2
04	83 27.8	220 07.9	54.2	314 58.6	19 59.7	217 44.9	22.6	104 44.5	03.1	Procyon	245 14.4	N 5 14.3
05	98 30.2	235 10.5	54.3	329 59.7	59.4	232 46.9	22.7	119 47.0	03.1			
06	113 32.7	250 13.2	S23 54.3	345 00.8	N19 59.1	247 48.8	S16 22.9	134 49.6	S11 03.1	Rasalhague	96 19.6	N12 34.1
07	128 35.1	265 15.9	54.3	0 01.8	58.8	262 50.8	23.0	149 52.1	03.2	Regulus	207 58.6	N11 59.5
S 08	143 37.6	280 18.6	54.2	15 02.9	58.6	277 52.7	23.2	164 54.7	03.2	Rigel	281 25.3	S 8 12.4
A 09	158 40.1	295 21.3 ··	54.2	30 04.0 ··	58.3	292 54.6 ··	23.3	179 57.3 ··	03.3	Rigil Kent.	140 11.5	S60 48.8
T 10	173 42.5	310 24.0	54.2	45 05.0	58.0	307 56.6	23.5	194 59.8	03.3	Sabik	102 28.8	S15 43.0
U 11	188 45.0	325 26.7	54.2	60 06.1	57.7	322 58.5	23.6	210 02.4	03.3			
R 12	203 47.5	340 29.4	S23 54.1	75 07.2	N19 57.4	338 00.5	S16 23.8	225 05.0	S11 03.4	Schedar	349 56.0	N56 30.7
D 13	218 49.9	355 32.1	54.1	90 08.2	57.1	353 02.4	23.9	240 07.5	03.4	Shaula	96 41.1	S37 06.0
A 14	233 52.4	10 34.9	54.1	105 09.3	56.9	8 04.4	24.1	255 10.1	03.4	Sirius	258 46.0	S16 42.4
Y 15	248 54.9	25 37.6 ··	54.1	120 10.4 ··	56.6	23 06.3 ··	24.2	270 12.6 ··	03.5	Spica	158 46.4	S11 08.0
16	263 57.3	40 40.3	54.0	135 11.4	56.3	38 08.2	24.3	285 15.2	03.5	Suhail	223 02.9	S43 24.5
17	278 59.8	55 43.0	54.0	150 12.5	56.0	53 10.2	24.5	300 17.8	03.5			
18	294 02.3	70 45.8	S23 54.0	165 13.6	N19 55.7	68 12.1	S16 24.6	315 20.3	S11 03.6	Vega	80 48.5	N38 47.1
19	309 04.7	85 48.5	53.9	180 14.6	55.4	83 14.1	24.8	330 22.9	03.6	Zuben'ubi	137 21.3	S16 01.1
20	324 07.2	100 51.3	53.9	195 15.7	55.1	98 16.0	24.9	345 25.5	03.6			
21	339 09.6	115 54.0 ··	53.8	210 16.8 ··	54.9	113 18.0 ··	25.1	0 28.0 ··	03.7		S.H.A.	Mer. Pass.
22	354 12.1	130 56.8	53.8	225 17.9	54.6	128 19.9	25.2	15 30.6	03.7	Venus	136 35.7	13 22
23	9 14.6	145 59.5	53.7	240 18.9	54.3	143 21.8	25.4	30 33.1	03.7	Mars	232 10.2	7 02
Mer. Pass. 22 27.1		v 2.6	d 0.0	v 1.1	d 0.3	v 1.9	d 0.1	v 2.6	d 0.0	Jupiter	134 31.7	13 31
										Saturn	21 13.9	21 02

1994 OCTOBER 13, 14, 15 (THURS., FRI., SAT.)

UT (GMT)	SUN G.H.A.	Dec.	MOON G.H.A.	v	Dec.	d	H.P.
13 00	183 23.7	S 7 36.2	75 53.8	10.5	S14 09.6	8.3	57.3
01	198 23.9	37.1	90 23.3	10.5	14 01.3	8.3	57.3
02	213 24.0	38.1	104 52.8	10.6	13 53.0	8.4	57.3
03	228 24.2	.. 39.0	119 22.4	10.6	13 44.6	8.4	57.2
04	243 24.3	39.9	133 52.0	10.8	13 36.2	8.5	57.2
05	258 24.5	40.9	148 21.8	10.8	13 27.7	8.5	57.2
06	273 24.7	S 7 41.8	162 51.6	10.8	S13 19.2	8.7	57.1
07	288 24.8	42.7	177 21.4	11.0	13 10.5	8.7	57.1
T 08	303 25.0	43.7	191 51.4	11.0	13 01.8	8.7	57.1
H 09	318 25.1	.. 44.6	206 21.4	11.0	12 53.1	8.8	57.1
U 10	333 25.3	45.6	220 51.4	11.2	12 44.3	8.9	57.0
R 11	348 25.4	46.5	235 21.6	11.2	12 35.4	8.9	57.0
S 12	3 25.6	S 7 47.4	249 51.8	11.3	S12 26.5	8.9	57.0
D 13	18 25.7	48.4	264 22.1	11.3	12 17.6	9.1	56.9
A 14	33 25.9	49.3	278 52.4	11.4	12 08.5	9.0	56.9
Y 15	48 26.0	.. 50.2	293 22.8	11.5	11 59.5	9.2	56.9
16	63 26.2	51.2	307 53.3	11.5	11 50.3	9.2	56.9
17	78 26.3	52.1	322 23.8	11.6	11 41.1	9.2	56.8
18	93 26.5	S 7 53.0	336 54.4	11.7	S11 31.9	9.3	56.8
19	108 26.6	53.9	351 25.1	11.7	11 22.6	9.3	56.8
20	123 26.8	54.9	5 55.8	11.8	11 13.3	9.4	56.8
21	138 26.9	.. 55.8	20 26.6	11.8	11 03.9	9.4	56.7
22	153 27.1	56.7	34 57.4	12.0	10 54.5	9.5	56.7
23	168 27.2	57.7	49 28.4	11.9	10 45.0	9.5	56.7
14 00	183 27.3	S 7 58.6	63 59.3	12.1	S10 35.5	9.5	56.7
01	198 27.5	7 59.5	78 30.4	12.0	10 26.0	9.6	56.6
02	213 27.6	8 00.5	93 01.4	12.2	10 16.4	9.7	56.6
03	228 27.8	.. 01.4	107 32.6	12.2	10 06.7	9.7	56.6
04	243 27.9	02.3	122 03.8	12.2	9 57.0	9.7	56.5
05	258 28.1	03.3	136 35.0	12.4	9 47.3	9.7	56.5
06	273 28.2	S 8 04.2	151 06.4	12.3	S 9 37.6	9.8	56.5
07	288 28.4	05.1	165 37.7	12.5	9 27.8	9.9	56.5
08	303 28.5	06.1	180 09.2	12.4	9 17.9	9.9	56.4
F 09	318 28.7	.. 07.0	194 40.6	12.6	9 08.0	9.9	56.4
R 10	333 28.8	07.9	209 12.2	12.6	8 58.1	9.9	56.4
I 11	348 29.0	08.8	223 43.8	12.6	8 48.2	10.0	56.4
D 12	3 29.1	S 8 09.8	238 15.4	12.7	S 8 38.2	10.0	56.3
A 13	18 29.2	10.7	252 47.1	12.8	8 28.2	10.1	56.3
Y 14	33 29.4	11.6	267 18.9	12.7	8 18.1	10.0	56.3
15	48 29.5	.. 12.6	281 50.6	12.9	8 08.1	10.1	56.3
16	63 29.7	13.5	296 22.5	12.9	7 58.0	10.2	56.2
17	78 29.8	14.4	310 54.4	12.9	7 47.8	10.1	56.2
18	93 30.0	S 8 15.3	325 26.3	13.0	S 7 37.7	10.2	56.2
19	108 30.1	16.3	339 58.3	13.1	7 27.5	10.2	56.2
20	123 30.2	17.2	354 30.4	13.0	7 17.3	10.3	56.2
21	138 30.4	.. 18.1	9 02.4	13.2	7 07.0	10.3	56.1
22	153 30.5	19.0	23 34.6	13.1	6 56.8	10.3	56.1
23	168 30.7	20.0	38 06.7	13.3	6 46.5	10.4	56.1
15 00	183 30.8	S 8 20.9	52 39.0	13.2	S 6 36.1	10.3	56.1
01	198 31.0	21.8	67 11.2	13.3	6 25.8	10.4	56.0
02	213 31.1	22.8	81 43.5	13.4	6 15.4	10.4	56.0
03	228 31.2	.. 23.7	96 15.9	13.4	6 05.1	10.4	56.0
04	243 31.4	24.6	110 48.3	13.4	5 54.7	10.5	56.0
05	258 31.5	25.6	125 20.7	13.4	5 44.2	10.4	55.9
06	273 31.7	S 8 26.5	139 53.1	13.6	S 5 33.8	10.5	55.9
07	288 31.8	27.4	154 25.7	13.5	5 23.3	10.4	55.9
S 08	303 32.0	28.3	168 58.2	13.6	5 12.9	10.5	55.9
A 09	318 32.1	.. 29.3	183 30.8	13.6	5 02.4	10.5	55.9
T 10	333 32.2	30.2	198 03.4	13.7	4 51.9	10.5	55.8
U 11	348 32.4	31.1	212 36.1	13.6	4 41.4	10.6	55.8
R 12	3 32.5	S 8 32.0	227 08.7	13.8	S 4 30.8	10.5	55.8
D 13	18 32.7	32.9	241 41.5	13.7	4 20.3	10.6	55.8
A 14	33 32.8	33.9	256 14.2	13.8	4 09.7	10.5	55.8
Y 15	48 32.9	.. 34.8	270 47.0	13.8	3 59.2	10.6	55.7
16	63 33.1	35.7	285 19.8	13.9	3 48.6	10.6	55.7
17	78 33.2	36.6	299 52.7	13.9	3 38.0	10.6	55.7
18	93 33.4	S 8 37.6	314 25.6	13.9	S 3 27.4	10.5	55.7
19	108 33.5	38.5	328 58.5	14.0	3 16.8	10.6	55.6
20	123 33.6	39.4	343 31.5	13.9	3 06.2	10.7	55.6
21	138 33.8	.. 40.3	358 04.4	14.0	2 55.5	10.6	55.6
22	153 33.9	41.3	12 37.4	14.1	2 44.9	10.6	55.6
23	168 34.0	42.2	27 10.5	14.0	2 34.3	10.6	55.6
	S.D. 16.1	d 0.9	S.D. 15.5		15.4		15.2

Moonrise

Lat.	Twilight Naut.	Civil	Sunrise	13	14	15	16
N 72	04 50	06 08	07 18	16 11	15 58	15 48	15 38
N 70	04 54	06 05	07 07	15 51	15 46	15 42	15 38
68	04 58	06 02	06 59	15 35	15 37	15 38	15 38
66	05 00	06 00	06 52	15 22	15 29	15 34	15 39
64	05 03	05 58	06 46	15 11	15 22	15 31	15 39
62	05 04	05 56	06 41	15 02	15 16	15 28	15 39
60	05 06	05 54	06 36	14 54	15 11	15 26	15 39
N 58	05 07	05 52	06 32	14 47	15 07	15 24	15 39
56	05 08	05 51	06 29	14 41	15 02	15 22	15 40
54	05 09	05 50	06 25	14 35	14 59	15 20	15 40
52	05 09	05 48	06 22	14 30	14 55	15 18	15 40
50	05 10	05 47	06 20	14 25	14 52	15 17	15 40
45	05 10	05 44	06 14	14 15	14 46	15 14	15 40
N 40	05 10	05 42	06 09	14 07	14 40	15 11	15 40
35	05 10	05 39	06 05	14 00	14 36	15 09	15 40
30	05 09	05 37	06 01	13 53	14 31	15 07	15 41
20	05 07	05 32	05 54	13 43	14 24	15 03	15 41
N 10	05 03	05 27	05 48	13 33	14 18	15 00	15 41
0	04 58	05 22	05 43	13 24	14 12	14 57	15 41
S 10	04 51	05 16	05 37	13 15	14 06	14 54	15 42
20	04 42	05 08	05 31	13 05	13 59	14 51	15 42
30	04 30	04 59	05 23	12 54	13 52	14 48	15 42
35	04 23	04 53	05 19	12 48	13 47	14 46	15 43
40	04 14	04 47	05 14	12 40	13 43	14 43	15 43
45	04 02	04 39	05 09	12 32	13 37	14 41	15 43
S 50	03 47	04 28	05 02	12 21	13 30	14 38	15 44
52	03 40	04 24	04 59	12 17	13 27	14 36	15 44
54	03 32	04 18	04 55	12 11	13 23	14 34	15 44
56	03 23	04 12	04 51	12 05	13 20	14 33	15 44
58	03 12	04 05	04 47	11 59	13 15	14 31	15 44
S 60	03 00	03 58	04 42	11 51	13 11	14 28	15 45

Moonset

Lat.	Sunset	Twilight Civil	Naut.	13	14	15	16
N 72	16 12	17 22	18 40	23 18	25 09	01 09	02 54
N 70	16 23	17 25	18 36	23 37	25 19	01 19	02 57
68	16 32	17 28	18 32	23 52	25 27	01 27	02 59
66	16 39	17 31	18 30	24 04	00 04	01 33	03 01
64	16 45	17 33	18 28	24 13	00 13	01 39	03 02
62	16 50	17 35	18 26	24 22	00 22	01 44	03 04
60	16 55	17 37	18 25	24 29	00 29	01 48	03 05
N 58	16 59	17 39	18 24	24 35	00 35	01 51	03 06
56	17 03	17 40	18 23	24 41	00 41	01 55	03 07
54	17 06	17 41	18 22	24 46	00 46	01 57	03 08
52	17 09	17 43	18 22	24 50	00 50	02 00	03 09
50	17 12	17 44	18 21	24 54	00 54	02 02	03 09
45	17 17	17 47	18 21	25 03	01 03	02 08	03 11
N 40	17 22	17 50	18 21	00 07	01 10	02 12	03 12
35	17 27	17 52	18 22	00 16	01 16	02 16	03 13
30	17 31	17 55	18 23	00 23	01 22	02 19	03 14
20	17 37	18 00	18 25	00 36	01 31	02 24	03 16
N 10	17 44	18 05	18 29	00 47	01 39	02 29	03 17
0	17 49	18 10	18 35	00 58	01 47	02 34	03 19
S 10	17 55	18 17	18 41	01 08	01 55	02 38	03 20
20	18 02	18 24	18 50	01 19	02 03	02 43	03 21
30	18 09	18 34	19 02	01 32	02 12	02 48	03 23
35	18 13	18 39	19 10	01 39	02 17	02 51	03 24
40	18 18	18 46	19 19	01 47	02 23	02 55	03 25
45	18 24	18 55	19 31	01 57	02 30	02 59	03 26
S 50	18 31	19 05	19 46	02 08	02 38	03 03	03 27
52	18 34	19 10	19 53	02 14	02 41	03 06	03 28
54	18 38	19 15	20 02	02 19	02 46	03 08	03 28
56	18 42	19 20	20 11	02 26	02 50	03 11	03 29
58	18 46	19 28	20 22	02 33	02 55	03 14	03 30
S 60	18 51	19 36	20 35	02 41	03 01	03 17	03 31

Day	SUN Eqn. of Time 00h	12h	Mer. Pass.	MOON Mer. Pass. Upper	Lower	Age	Phase
	m s	m s	h m	h m	h m	d	
13	13 35	13 42	11 46	19 35	07 11	08	
14	13 49	13 56	11 46	20 23	07 59	09	
15	14 03	14 10	11 46	21 08	08 46	10	◖

1994 OCTOBER 16, 17, 18 (SUN., MON., TUES.)

UT (GMT)	ARIES G.H.A.	VENUS −4.4 G.H.A.	Dec.	MARS +0.9 G.H.A.	Dec.	JUPITER −1.7 G.H.A.	Dec.	SATURN +0.7 G.H.A.	Dec.	STARS Name	S.H.A.	Dec.
d h	° ′	° ′	° ′	° ′	° ′	° ′	° ′	° ′	° ′		° ′	° ′
16 00	24 17.0	161 02.3	S23 53.7	255 20.0	N19 54.0	158 23.8	S16 25.5	45 35.7	S11 03.8	Acamar	315 28.6	S40 19.4
01	39 19.5	176 05.0	53.6	270 21.1	53.7	173 25.7	25.7	60 38.3	03.8	Achernar	335 36.6	S57 15.7
02	54 22.0	191 07.8	53.6	285 22.1	53.4	188 27.7	25.8	75 40.8	03.8	Acrux	173 25.6	S63 04.1
03	69 24.4	206 10.6	·· 53.5	300 23.2	·· 53.2	203 29.6	·· 26.0	90 43.4	·· 03.9	Adhara	255 23.5	S28 57.7
04	84 26.9	221 13.4	53.5	315 24.3	52.9	218 31.6	26.1	105 45.9	03.9	Aldebaran	291 05.2	N16 29.9
05	99 29.4	236 16.1	53.4	330 25.4	52.6	233 33.5	26.3	120 48.5	03.9			
06	114 31.8	251 18.9	S23 53.4	345 26.4	N19 52.3	248 35.4	S16 26.4	135 51.1	S11 04.0	Alioth	166 33.5	N55 59.2
07	129 34.3	266 21.7	53.3	0 27.5	52.0	263 37.4	26.6	150 53.6	04.0	Alkaid	153 10.4	N49 20.4
08	144 36.7	281 24.5	53.2	15 28.6	51.7	278 39.3	26.7	165 56.2	04.0	Al Na'ir	28 01.0	S46 59.2
S 09	159 39.2	296 27.3	·· 53.1	30 29.7	·· 51.4	293 41.3	·· 26.9	180 58.7	·· 04.1	Alnilam	276 00.4	S 1 12.3
U 10	174 41.7	311 30.1	53.1	45 30.7	51.2	308 43.2	27.0	196 01.3	04.1	Alphard	218 10.0	S 8 38.1
N 11	189 44.1	326 32.9	53.0	60 31.8	50.9	323 45.2	27.2	211 03.9	04.1			
D 12	204 46.6	341 35.7	S23 52.9	75 32.9	N19 50.6	338 47.1	S16 27.3	226 06.4	S11 04.2	Alphecca	126 23.2	N26 44.1
A 13	219 49.1	356 38.5	52.8	90 34.0	50.3	353 49.0	27.5	241 09.0	04.2	Alpheratz	357 57.7	N29 03.9
Y 14	234 51.5	11 41.3	52.8	105 35.1	50.0	8 51.0	27.6	256 11.5	04.2	Altair	62 21.9	N 8 51.6
15	249 54.0	26 44.2	·· 52.7	120 36.1	·· 49.7	23 52.9	·· 27.8	271 14.1	·· 04.3	Ankaa	353 29.1	S42 20.0
16	264 56.5	41 47.0	52.6	135 37.2	49.4	38 54.9	27.9	286 16.7	04.3	Antares	112 43.7	S26 25.2
17	279 58.9	56 49.8	52.5	150 38.3	49.2	53 56.8	28.1	301 19.2	04.3			
18	295 01.4	71 52.6	S23 52.4	165 39.4	N19 48.9	68 58.7	S16 28.2	316 21.8	S11 04.4	Arcturus	146 08.8	N19 12.7
19	310 03.9	86 55.5	52.3	180 40.5	48.6	84 00.7	28.4	331 24.3	04.4	Atria	107 58.5	S69 01.2
20	325 06.3	101 58.3	52.2	195 41.5	48.3	99 02.6	28.5	346 26.9	04.4	Avior	234 23.8	S59 29.3
21	340 08.8	117 01.2	·· 52.1	210 42.6	·· 48.0	114 04.6	·· 28.7	1 29.4	·· 04.5	Bellatrix	278 46.9	N 6 20.7
22	355 11.2	132 04.0	52.0	225 43.7	47.7	129 06.5	28.8	16 32.0	04.5	Betelgeuse	271 16.3	N 7 24.4
23	10 13.7	147 06.9	51.9	240 44.8	47.4	144 08.5	29.0	31 34.6	04.5			
17 00	25 16.2	162 09.7	S23 51.8	255 45.9	N19 47.1	159 10.4	S16 29.1	46 37.1	S11 04.5	Canopus	264 02.2	S52 41.4
01	40 18.6	177 12.6	51.7	270 46.9	46.9	174 12.3	29.3	61 39.7	04.6	Capella	280 54.9	N45 59.4
02	55 21.1	192 15.5	51.6	285 48.0	46.6	189 14.3	29.4	76 42.2	04.6	Deneb	49 40.9	N45 16.1
03	70 23.6	207 18.3	·· 51.5	300 49.1	·· 46.3	204 16.2	·· 29.6	91 44.8	·· 04.6	Denebola	182 48.2	N14 36.1
04	85 26.0	222 21.2	51.4	315 50.2	46.0	219 18.2	29.7	106 47.3	04.7	Diphda	349 09.6	S18 00.8
05	100 28.5	237 24.1	51.3	330 51.3	45.7	234 20.1	29.9	121 49.9	04.7			
06	115 31.0	252 27.0	S23 51.2	345 52.4	N19 45.4	249 22.0	S16 30.0	136 52.5	S11 04.7	Dubhe	194 09.3	N61 46.5
07	130 33.4	267 29.8	51.1	0 53.4	45.1	264 24.0	30.2	151 55.0	04.8	Elnath	278 30.1	N28 36.1
08	145 35.9	282 32.7	51.0	15 54.5	44.9	279 25.9	30.3	166 57.6	04.8	Eltanin	90 54.9	N51 29.8
M 09	160 38.4	297 35.6	·· 50.8	30 55.6	·· 44.6	294 27.9	·· 30.5	182 00.1	·· 04.8	Enif	34 00.7	N 9 51.3
O 10	175 40.8	312 38.5	50.7	45 56.7	44.3	309 29.8	30.6	197 02.7	04.9	Fomalhaut	15 39.1	S29 38.9
N 11	190 43.3	327 41.4	50.6	60 57.8	44.0	324 31.7	30.8	212 05.2	04.9			
D 12	205 45.7	342 44.3	S23 50.4	75 58.9	N19 43.7	339 33.7	S16 30.9	227 07.8	S11 04.9	Gacrux	172 17.1	S57 05.0
A 13	220 48.2	357 47.2	50.3	91 00.0	43.4	354 35.6	31.1	242 10.4	05.0	Gienah	176 07.0	S17 30.7
Y 14	235 50.7	12 50.2	50.2	106 01.1	43.1	9 37.6	31.2	257 12.9	05.0	Hadar	149 08.4	S60 20.9
15	250 53.1	27 53.1	·· 50.1	121 02.1	·· 42.8	24 39.5	·· 31.3	272 15.5	·· 05.0	Hamal	328 16.2	N23 26.4
16	265 55.6	42 56.0	49.9	136 03.2	42.6	39 41.4	31.5	287 18.0	05.1	Kaus Aust.	84 02.5	S34 23.2
17	280 58.1	57 58.9	49.8	151 04.3	42.3	54 43.4	31.6	302 20.6	05.1			
18	296 00.5	73 01.9	S23 49.6	166 05.4	N19 42.0	69 45.3	S16 31.8	317 23.1	S11 05.1	Kochab	137 20.6	N74 10.7
19	311 03.0	88 04.8	49.5	181 06.5	41.7	84 47.2	31.9	332 25.7	05.1	Markab	13 52.0	N15 10.9
20	326 05.5	103 07.7	49.4	196 07.6	41.4	99 49.2	32.1	347 28.2	05.2	Menkar	314 29.4	N 4 04.3
21	341 07.9	118 10.7	·· 49.2	211 08.7	·· 41.1	114 51.1	·· 32.2	2 30.8	·· 05.2	Menkent	148 24.5	S36 20.6
22	356 10.4	133 13.6	49.1	226 09.8	40.8	129 53.1	32.4	17 33.3	05.2	Miaplacidus	221 42.9	S69 41.5
23	11 12.8	148 16.6	48.9	241 10.9	40.5	144 55.0	32.5	32 35.9	05.3			
18 00	26 15.3	163 19.5	S23 48.7	256 12.0	N19 40.2	159 56.9	S16 32.7	47 38.5	S11 05.3	Mirfak	309 00.0	N49 50.5
01	41 17.8	178 22.5	48.6	271 13.0	40.0	174 58.9	32.8	62 41.0	05.3	Nunki	76 15.7	S26 18.1
02	56 20.2	193 25.4	48.4	286 14.1	39.7	190 00.8	33.0	77 43.6	05.4	Peacock	53 41.1	S56 45.2
03	71 22.7	208 28.4	·· 48.3	301 15.2	·· 39.4	205 02.8	·· 33.1	92 46.1	·· 05.4	Pollux	243 44.8	N28 02.2
04	86 25.2	223 31.4	48.1	316 16.3	39.1	220 04.7	33.3	107 48.7	05.4	Procyon	245 14.4	N 5 14.3
05	101 27.6	238 34.3	47.9	331 17.4	38.8	235 06.6	33.4	122 51.2	05.5			
06	116 30.1	253 37.3	S23 47.8	346 18.5	N19 38.5	250 08.6	S16 33.6	137 53.8	S11 05.5	Rasalhague	96 19.6	N12 34.1
07	131 32.6	268 40.3	47.6	1 19.6	38.2	265 10.5	33.7	152 56.3	05.5	Regulus	207 58.6	N11 59.5
T 08	146 35.0	283 43.3	47.4	16 20.7	37.9	280 12.4	33.9	167 58.9	05.5	Rigel	281 25.3	S 8 12.4
U 09	161 37.5	298 46.3	·· 47.3	31 21.8	·· 37.6	295 14.4	·· 34.0	183 01.4	·· 05.6	Rigil Kent.	140 11.5	S60 48.8
E 10	176 40.0	313 49.3	47.1	46 22.9	37.4	310 16.3	34.2	198 04.0	05.6	Sabik	102 28.8	S15 43.0
S 11	191 42.4	328 52.3	46.9	61 24.0	37.1	325 18.3	34.3	213 06.5	05.6			
D 12	206 44.9	343 55.3	S23 46.7	76 25.1	N19 36.8	340 20.2	S16 34.5	228 09.1	S11 05.7	Schedar	349 56.0	N56 30.7
A 13	221 47.3	358 58.3	46.5	91 26.2	36.5	355 22.1	34.6	243 11.6	05.7	Shaula	96 41.2	S37 06.0
Y 14	236 49.8	14 01.3	46.3	106 27.3	36.2	10 24.1	34.8	258 14.2	05.7	Sirius	258 45.9	S16 42.4
15	251 52.3	29 04.3	·· 46.2	121 28.4	·· 35.9	25 26.0	·· 34.9	273 16.7	·· 05.8	Spica	158 46.4	S11 08.0
16	266 54.7	44 07.3	46.0	136 29.5	35.6	40 27.9	35.1	288 19.3	05.8	Suhail	223 02.9	S43 24.5
17	281 57.2	59 10.3	45.8	151 30.6	35.3	55 29.9	35.2	303 21.8	05.8			
18	296 59.7	74 13.4	S23 45.6	166 31.7	N19 35.0	70 31.8	S16 35.4	318 24.4	S11 05.8	Vega	80 48.6	N38 47.1
19	312 02.1	89 16.4	45.4	181 32.8	34.8	85 33.8	35.5	333 26.9	05.9	Zuben'ubi	137 21.3	S16 01.1
20	327 04.6	104 19.4	45.2	196 33.9	34.5	100 35.7	35.7	348 29.5	05.9			
21	342 07.1	119 22.5	·· 45.0	211 35.0	·· 34.2	115 37.6	·· 35.8	3 32.1	·· 05.9		S.H.A.	Mer. Pass.
22	357 09.5	134 25.5	44.8	226 36.1	33.9	130 39.6	36.0	18 34.6	06.0	Venus	136 53.8 ° ′	13 09 h m
23	12 12.0	149 28.6	44.6	241 37.2	33.6	145 41.5	36.1	33 37.2	06.0	Mars	230 29.7	6 56
	h m									Jupiter	133 54.2	13 22
Mer. Pass. 22 15.3		v 2.9	d 0.1	v 1.1	d 0.3	v 1.9	d 0.1	v 2.6	d 0.0	Saturn	21 20.9	20 50

1994 OCTOBER 16, 17, 18 (SUN., MON., TUES.)

UT (GMT)	SUN G.H.A.	SUN Dec.	MOON G.H.A.	v	MOON Dec.	d	H.P.
d h	° ′	° ′	° ′	′	° ′	′	′
16 00	183 34.2	S 8 43.1	41 43.5	14.1	S 2 23.7	10.7	55.5
01	198 34.3	44.0	56 16.6	14.1	2 13.0	10.6	55.5
02	213 34.5	44.9	70 49.7	14.2	2 02.4	10.7	55.5
03	228 34.6	.. 45.9	85 22.9	14.1	1 51.7	10.6	55.5
04	243 34.7	46.8	99 56.0	14.2	1 41.1	10.7	55.5
05	258 34.9	47.7	114 29.2	14.2	1 30.4	10.6	55.4
06	273 35.0	S 8 48.6	129 02.4	14.3	S 1 19.8	10.7	55.4
07	288 35.1	49.5	143 35.7	14.2	1 09.1	10.6	55.4
08	303 35.3	50.5	158 08.9	14.3	0 58.5	10.6	55.4
S 09	318 35.4	.. 51.4	172 42.2	14.3	0 47.9	10.7	55.4
U 10	333 35.5	52.3	187 15.5	14.3	0 37.2	10.6	55.4
N 11	348 35.7	53.2	201 48.8	14.3	0 26.6	10.6	55.3
D 12	3 35.8	S 8 54.1	216 22.1	14.4	S 0 16.0	10.7	55.3
A 13	18 35.9	55.1	230 55.5	14.3	S 0 05.3	10.6	55.3
Y 14	33 36.1	56.0	245 28.8	14.4	N 0 05.3	10.6	55.3
15	48 36.2	.. 56.9	260 02.2	14.4	0 15.9	10.6	55.3
16	63 36.3	57.8	274 35.6	14.4	0 26.5	10.6	55.2
17	78 36.5	58.7	289 09.0	14.4	0 37.1	10.6	55.2
18	93 36.6	S 8 59.7	303 42.4	14.5	N 0 47.7	10.6	55.2
19	108 36.7	9 00.6	318 15.9	14.4	0 58.3	10.5	55.2
20	123 36.9	01.5	332 49.3	14.5	1 08.8	10.6	55.2
21	138 37.0	.. 02.4	347 22.8	14.5	1 19.4	10.5	55.2
22	153 37.1	03.3	1 56.3	14.5	1 29.9	10.6	55.1
23	168 37.3	04.2	16 29.8	14.5	1 40.5	10.5	55.1
17 00	183 37.4	S 9 05.2	31 03.3	14.5	N 1 51.0	10.5	55.1
01	198 37.5	06.1	45 36.8	14.5	2 01.5	10.5	55.1
02	213 37.7	07.0	60 10.3	14.5	2 12.0	10.5	55.1
03	228 37.8	.. 07.9	74 43.8	14.5	2 22.5	10.4	55.1
04	243 37.9	08.8	89 17.3	14.6	2 32.9	10.5	55.0
05	258 38.0	09.7	103 50.9	14.5	2 43.4	10.4	55.0
06	273 38.2	S 9 10.7	118 24.4	14.6	N 2 53.8	10.4	55.0
07	288 38.3	11.6	132 58.0	14.6	3 04.2	10.4	55.0
08	303 38.4	12.5	147 31.6	14.5	3 14.6	10.4	55.0
M 09	318 38.6	.. 13.4	162 05.1	14.6	3 25.0	10.3	55.0
O 10	333 38.7	14.3	176 38.7	14.6	3 35.3	10.4	54.9
N 11	348 38.8	15.2	191 12.3	14.5	3 45.7	10.3	54.9
D 12	3 38.9	S 9 16.1	205 45.8	14.6	N 3 56.0	10.3	54.9
A 13	18 39.1	17.1	220 19.4	14.6	4 06.3	10.2	54.9
Y 14	33 39.2	18.0	234 53.0	14.6	4 16.5	10.3	54.9
15	48 39.3	.. 18.9	249 26.6	14.6	4 26.8	10.2	54.8
16	63 39.5	19.8	264 00.2	14.6	4 37.0	10.2	54.8
17	78 39.6	20.7	278 33.8	14.5	4 47.2	10.1	54.8
18	93 39.7	S 9 21.6	293 07.3	14.6	N 4 57.3	10.2	54.8
19	108 39.8	22.5	307 40.9	14.6	5 07.5	10.1	54.8
20	123 40.0	23.4	322 14.5	14.6	5 17.6	10.1	54.8
21	138 40.1	.. 24.4	336 48.1	14.6	5 27.7	10.1	54.8
22	153 40.2	25.3	351 21.7	14.5	5 37.8	10.0	54.8
23	168 40.3	26.2	5 55.2	14.6	5 47.8	10.0	54.7
18 00	183 40.5	S 9 27.1	20 28.8	14.6	N 5 57.8	10.0	54.7
01	198 40.6	28.0	35 02.4	14.5	6 07.8	9.9	54.7
02	213 40.7	28.9	49 35.9	14.6	6 17.7	9.9	54.7
03	228 40.8	.. 29.8	64 09.5	14.5	6 27.6	9.9	54.7
04	243 41.0	30.7	78 43.0	14.6	6 37.5	9.8	54.7
05	258 41.1	31.6	93 16.6	14.5	6 47.3	9.9	54.7
06	273 41.2	S 9 32.6	107 50.1	14.5	N 6 57.2	9.7	54.6
07	288 41.3	33.5	122 23.6	14.6	7 06.9	9.8	54.6
T 08	303 41.4	34.4	136 57.2	14.5	7 16.7	9.7	54.6
U 09	318 41.6	.. 35.3	151 30.7	14.5	7 26.4	9.7	54.6
E 10	333 41.7	36.2	166 04.2	14.5	7 36.1	9.6	54.6
S 11	348 41.8	37.1	180 37.7	14.5	7 45.7	9.6	54.6
D 12	3 41.9	S 9 38.0	195 11.2	14.4	N 7 55.3	9.6	54.6
A 13	18 42.1	38.9	209 44.6	14.5	8 04.9	9.5	54.6
Y 14	33 42.2	39.8	224 18.1	14.5	8 14.4	9.5	54.5
15	48 42.3	.. 40.7	238 51.6	14.4	8 23.9	9.4	54.5
16	63 42.4	41.6	253 25.0	14.4	8 33.3	9.4	54.5
17	78 42.5	42.5	267 58.4	14.4	8 42.7	9.4	54.5
18	93 42.7	S 9 43.5	282 31.8	14.5	N 8 52.1	9.3	54.5
19	108 42.8	44.4	297 05.3	14.3	9 01.4	9.3	54.5
20	123 42.9	45.3	311 38.6	14.4	9 10.7	9.3	54.5
21	138 43.0	.. 46.2	326 12.0	14.4	9 20.0	9.2	54.5
22	153 43.1	47.1	340 45.4	14.3	9 29.2	9.1	54.5
23	168 43.3	48.0	355 18.7	14.4	9 38.3	9.1	54.4
	S.D. 16.1	d 0.9	S.D. 15.1		15.0		14.9

Twilight / Sunrise / Moonrise

Lat.	Twilight Naut.	Twilight Civil	Sunrise	Moonrise 16	17	18	19
°	h m	h m	h m	h m	h m	h m	h m
N 72	05 03	06 21	07 33	15 38	15 28	15 18	15 06
N 70	05 06	06 16	07 20	15 38	15 34	15 30	15 26
68	05 08	06 12	07 10	15 38	15 39	15 40	15 42
66	05 10	06 09	07 02	15 39	15 43	15 48	15 55
64	05 11	06 06	06 55	15 39	15 47	15 55	16 06
62	05 12	06 03	06 49	15 39	15 50	16 01	16 15
60	05 13	06 01	06 44	15 39	15 53	16 07	16 23
N 58	05 13	05 59	06 39	15 40	15 55	16 11	16 30
56	05 14	05 57	06 35	15 40	15 57	16 16	16 36
54	05 14	05 55	06 31	15 40	15 59	16 19	16 42
52	05 14	05 53	06 28	15 40	16 01	16 23	16 47
50	05 14	05 52	06 25	15 40	16 03	16 26	16 51
45	05 14	05 48	06 18	15 40	16 06	16 33	17 01
N 40	05 13	05 45	06 12	15 40	16 09	16 39	17 10
35	05 12	05 42	06 07	15 40	16 12	16 44	17 17
30	05 11	05 39	06 03	15 41	16 14	16 48	17 23
20	05 07	05 33	05 55	15 41	16 18	16 56	17 34
N 10	05 03	05 27	05 49	15 41	16 22	17 02	17 44
0	04 57	05 21	05 42	15 41	16 25	17 09	17 53
S 10	04 49	05 14	05 36	15 42	16 29	17 15	18 02
20	04 40	05 06	05 28	15 42	16 32	17 22	18 12
30	04 27	04 56	05 19	15 42	16 36	17 30	18 23
35	04 19	04 49	05 15	15 43	16 39	17 34	18 30
40	04 09	04 42	05 10	15 43	16 42	17 40	18 37
45	03 56	04 33	05 03	15 43	16 45	17 46	18 46
S 50	03 40	04 22	04 56	15 44	16 49	17 53	18 56
52	03 33	04 17	04 52	15 44	16 51	17 56	19 01
54	03 24	04 11	04 48	15 44	16 53	18 00	19 07
56	03 14	04 04	04 44	15 44	16 55	18 04	19 13
58	03 02	03 57	04 39	15 44	16 57	18 09	19 19
S 60	02 48	03 48	04 34	15 45	17 00	18 14	19 27

Sunset / Twilight / Moonset

Lat.	Sunset	Twilight Civil	Twilight Naut.	Moonset 16	17	18	19
°	h m	h m	h m	h m	h m	h m	h m
N 72	15 56	17 08	18 25	02 54	04 35	06 17	08 00
N 70	16 09	17 13	18 23	02 57	04 32	06 06	07 41
68	16 19	17 17	18 21	02 59	04 29	05 58	07 26
66	16 28	17 20	18 19	03 01	04 26	05 51	07 15
64	16 35	17 23	18 18	03 02	04 24	05 45	07 05
62	16 41	17 26	18 17	03 04	04 22	05 40	06 56
60	16 46	17 29	18 17	03 05	04 21	05 35	06 49
N 58	16 51	17 31	18 16	03 06	04 19	05 32	06 43
56	16 55	17 33	18 16	03 07	04 18	05 28	06 37
54	16 59	17 35	18 16	03 08	04 17	05 25	06 32
52	17 02	17 36	18 16	03 09	04 16	05 22	06 28
50	17 05	17 38	18 16	03 09	04 15	05 20	06 24
45	17 12	17 42	18 16	03 11	04 13	05 14	06 15
N 40	17 18	17 45	18 17	03 12	04 11	05 10	06 07
35	17 23	17 49	18 18	03 13	04 10	05 06	06 01
30	17 27	17 52	18 19	03 14	04 09	05 02	05 56
20	17 35	17 57	18 23	03 16	04 06	04 56	05 46
N 10	17 42	18 03	18 28	03 17	04 04	04 51	05 38
0	17 49	18 10	18 34	03 19	04 03	04 46	05 30
S 10	17 55	18 17	18 42	03 20	04 01	04 41	05 22
20	18 03	18 25	18 51	03 21	03 59	04 36	05 14
30	18 11	18 36	19 05	03 23	03 56	04 30	05 04
35	18 16	18 42	19 13	03 24	03 55	04 27	04 59
40	18 22	18 50	19 23	03 25	03 54	04 23	04 53
45	18 28	18 59	19 36	03 26	03 52	04 18	04 46
S 50	18 36	19 10	19 52	03 27	03 50	04 13	04 37
52	18 40	19 16	20 00	03 28	03 49	04 10	04 33
54	18 44	19 22	20 09	03 28	03 48	04 08	04 29
56	18 48	19 28	20 19	03 29	03 47	04 05	04 24
58	18 53	19 36	20 31	03 30	03 46	04 02	04 19
S 60	18 59	19 45	20 46	03 31	03 44	03 58	04 13

SUN / MOON

Day	SUN Eqn. of Time 00h	SUN Eqn. of Time 12h	SUN Mer. Pass.	MOON Mer. Pass. Upper	MOON Mer. Pass. Lower	Age	Phase
	m s	m s	h m	h m	h m	d	
16	14 16	14 23	11 46	21 52	09 30	11	○
17	14 29	14 36	11 45	22 36	10 14	12	
18	14 42	14 48	11 45	23 19	10 57	13	

1994 OCTOBER 19, 20, 21 (WED., THURS., FRI.)

UT (GMT)	ARIES G.H.A.	VENUS −4.4 G.H.A.	Dec.	MARS +0.9 G.H.A.	Dec.	JUPITER −1.7 G.H.A.	Dec.	SATURN +0.7 G.H.A.	Dec.	STARS Name	S.H.A.	Dec.
d h	° ′	° ′	° ′	° ′	° ′	° ′	° ′	° ′	° ′		° ′	° ′
19 00	27 14.5	164 31.6	S23 44.3	256 38.3	N19 33.3	160 43.4	S16 36.3	48 39.7	S11 06.0	Acamar	315 28.6	S40 19.4
01	42 16.9	179 34.7	44.1	271 39.4	33.0	175 45.4	36.4	63 42.3	06.0	Achernar	335 36.5	S57 15.7
02	57 19.4	194 37.7	43.9	286 40.5	32.7	190 47.3	36.6	78 44.8	06.1	Acrux	173 25.6	S63 04.1
03	72 21.8	209 40.8 ··	43.7	301 41.6 ··	32.4	205 49.2 ··	36.7	93 47.4 ··	06.1	Adhara	255 23.4	S28 57.7
04	87 24.3	224 43.8	43.5	316 42.7	32.1	220 51.2	36.9	108 49.9	06.1	Aldebaran	291 05.2	N16 29.9
05	102 26.8	239 46.9	43.3	331 43.8	31.7	235 53.1	37.0	123 52.5	06.2			
06	117 29.2	254 50.0	S23 43.0	346 44.9	N19 31.6	250 55.0	S16 37.1	138 55.0	S11 06.2	Alioth	166 33.5	N55 59.2
W 07	132 31.7	269 53.1	42.8	1 46.0	31.3	265 57.0	37.3	153 57.5	06.2	Alkaid	153 10.4	N49 20.4
E 08	147 34.2	284 56.1	42.6	16 47.1	31.0	280 58.9	37.4	169 00.1	06.2	Al Na'ir	28 01.0	S46 59.2
D 09	162 36.6	299 59.2 ··	42.3	31 48.2 ··	30.7	296 00.9 ··	37.6	184 02.6 ··	06.3	Alnilam	276 00.4	S 1 12.3
N 10	177 39.1	315 02.3	42.1	46 49.3	30.4	311 02.8	37.7	199 05.2	06.3	Alphard	218 10.0	S 8 38.1
E 11	192 41.6	330 05.4	41.9	61 50.4	30.1	326 04.7	37.9	214 07.7	06.3			
S 12	207 44.0	345 08.5	S23 41.6	76 51.5	N19 29.8	341 06.7	S16 38.0	229 10.3	S11 06.4	Alphecca	126 23.2	N26 44.1
D 13	222 46.5	0 11.6	41.4	91 52.6	29.5	356 08.6	38.2	244 12.8	06.4	Alpheratz	357 57.7	N29 04.0
A 14	237 48.9	15 14.7	41.2	106 53.7	29.2	11 10.5	38.3	259 15.4	06.4	Altair	62 21.9	N 8 51.6
Y 15	252 51.4	30 17.8 ··	40.9	121 54.9 ··	28.9	26 12.5 ··	38.5	274 17.9 ··	06.4	Ankaa	353 29.1	S42 20.0
16	267 53.9	45 20.9	40.7	136 56.0	28.7	41 14.4	38.6	289 20.5	06.5	Antares	112 43.7	S26 25.2
17	282 56.3	60 24.0	40.4	151 57.1	28.4	56 16.3	38.8	304 23.0	06.5			
18	297 58.8	75 27.2	S23 40.2	166 58.2	N19 28.1	71 18.3	S16 38.9	319 25.6	S11 06.5	Arcturus	146 08.8	N19 12.7
19	313 01.3	90 30.3	39.9	181 59.3	27.8	86 20.2	39.1	334 28.1	06.6	Atria	107 58.5	S69 01.2
20	328 03.7	105 33.4	39.6	197 00.4	27.5	101 22.1	39.2	349 30.7	06.6	Avior	234 23.8	S59 29.3
21	343 06.2	120 36.5 ··	39.4	212 01.5 ··	27.2	116 24.1 ··	39.4	4 33.2 ··	06.6	Bellatrix	278 46.8	N 6 20.7
22	358 08.7	135 39.7	39.1	227 02.6	26.9	131 26.0	39.5	19 35.8	06.6	Betelgeuse	271 16.3	N 7 24.4
23	13 11.1	150 42.8	38.9	242 03.7	26.6	146 27.9	39.7	34 38.3	06.7			
20 00	28 13.6	165 46.0	S23 38.6	257 04.8	N19 26.3	161 29.9	S16 39.8	49 40.9	S11 06.7	Canopus	264 02.1	S52 41.4
01	43 16.1	180 49.1	38.3	272 05.9	26.0	176 31.8	40.0	64 43.4	06.7	Capella	280 54.9	N45 59.4
02	58 18.5	195 52.3	38.1	287 07.1	25.7	191 33.7	40.1	79 46.0	06.7	Deneb	49 40.9	N45 16.1
03	73 21.0	210 55.4 ··	37.8	302 08.2 ··	25.5	206 35.7 ··	40.3	94 48.5 ··	06.8	Denebola	182 48.2	N14 36.1
04	88 23.4	225 58.6	37.5	317 09.3	25.2	221 37.6	40.4	109 51.1	06.8	Diphda	349 09.6	S18 00.8
05	103 25.9	241 01.7	37.2	332 10.4	24.9	236 39.5	40.6	124 53.6	06.8			
06	118 28.4	256 04.9	S23 36.9	347 11.5	N19 24.6	251 41.5	S16 40.7	139 56.1	S11 06.9	Dubhe	194 09.3	N61 46.5
07	133 30.8	271 08.1	36.7	2 12.6	24.3	266 43.4	40.9	154 58.7	06.9	Elnath	278 30.1	N28 36.1
T 08	148 33.3	286 11.2	36.4	17 13.7	24.0	281 45.3	41.0	170 01.2	06.9	Eltanin	90 52.9	N51 29.8
H 09	163 35.8	301 14.4 ··	36.1	32 14.9 ··	23.7	296 47.3 ··	41.2	185 03.8 ··	06.9	Enif	34 00.7	N 9 51.3
U 10	178 38.2	316 17.6	35.8	47 16.0	23.4	311 49.2	41.3	200 06.3	07.0	Fomalhaut	15 39.1	S29 38.9
R 11	193 40.7	331 20.8	35.5	62 17.1	23.1	326 51.1	41.5	215 08.9	07.0			
S 12	208 43.2	346 24.0	S23 35.2	77 18.2	N19 22.8	341 53.1	S16 41.6	230 11.4	S11 07.0	Gacrux	172 17.1	S57 04.9
D 13	223 45.6	1 27.2	34.9	92 19.3	22.5	356 55.0	41.8	245 14.0	07.0	Gienah	176 07.0	S17 30.7
A 14	238 48.1	16 30.4	34.6	107 20.4	22.2	11 56.9	41.9	260 16.5	07.1	Hadar	149 08.4	S60 20.8
Y 15	253 50.6	31 33.6 ··	34.3	122 21.5 ··	21.9	26 58.9 ··	42.0	275 19.0 ··	07.1	Hamal	328 16.2	N23 26.4
16	268 53.0	46 36.8	34.0	137 22.7	21.7	42 00.8	42.2	290 21.6	07.1	Kaus Aust.	84 02.5	S34 23.2
17	283 55.5	61 40.0	33.7	152 23.8	21.4	57 02.7	42.3	305 24.1	07.2			
18	298 57.9	76 43.2	S23 33.4	167 24.9	N19 21.1	72 04.7	S16 42.5	320 26.7	S11 07.2	Kochab	137 20.7	N74 10.7
19	314 00.4	91 46.4	33.1	182 26.0	20.8	87 06.6	42.6	335 29.2	07.2	Markab	13 52.0	N15 10.9
20	329 02.9	106 49.6	32.8	197 27.1	20.5	102 08.5	42.8	350 31.8	07.2	Menkar	314 29.4	N 4 04.3
21	344 05.3	121 52.8 ··	32.4	212 28.3 ··	20.2	117 10.5 ··	42.9	5 34.3 ··	07.3	Menkent	148 24.5	S36 20.6
22	359 07.8	136 56.1	32.1	227 29.4	19.9	132 12.4	43.1	20 36.9	07.3	Miaplacidus	221 42.8	S69 41.5
23	14 10.3	151 59.3	31.8	242 30.5	19.6	147 14.3	43.2	35 39.4	07.3			
21 00	29 12.7	167 02.5	S23 31.5	257 31.6	N19 19.3	162 16.3	S16 43.4	50 41.9	S11 07.3	Mirfak	309 00.0	N49 50.5
01	44 15.2	182 05.8	31.2	272 32.7	19.0	177 18.2	43.5	65 44.5	07.4	Nunki	76 15.8	S26 18.1
02	59 17.7	197 09.0	30.8	287 33.9	18.7	192 20.1	43.7	80 47.0	07.4	Peacock	53 41.2	S56 45.2
03	74 20.1	212 12.2 ··	30.5	302 35.0 ··	18.4	207 22.1 ··	43.8	95 49.6 ··	07.4	Pollux	243 44.8	N28 02.2
04	89 22.6	227 15.5	30.2	317 36.1	18.1	222 24.0	44.0	110 52.1	07.4	Procyon	245 14.3	N 5 14.3
05	104 25.0	242 18.7	29.8	332 37.2	17.8	237 25.9	44.1	125 54.7	07.5			
06	119 27.5	257 22.0	S23 29.5	347 38.3	N19 17.6	252 27.9	S16 44.3	140 57.2	S11 07.5	Rasalhague	96 19.6	N12 34.1
07	134 30.0	272 25.3	29.1	2 39.5	17.3	267 29.8	44.4	155 59.7	07.5	Regulus	207 58.6	N11 59.5
08	149 32.4	287 28.5	28.8	17 40.6	17.0	282 31.7	44.6	171 02.3	07.5	Rigel	281 25.3	S 8 12.4
F 09	164 34.9	302 31.8 ··	28.5	32 41.7 ··	16.7	297 33.7 ··	44.7	186 04.8 ··	07.6	Rigil Kent.	140 11.5	S60 48.8
R 10	179 37.4	317 35.1	28.1	47 42.8	16.4	312 35.6	44.9	201 07.4	07.6	Sabik	102 28.8	S15 43.0
I 11	194 39.8	332 38.3	27.8	62 44.0	16.1	327 37.5	45.0	216 09.9	07.6			
D 12	209 42.3	347 41.6	S23 27.4	77 45.1	N19 15.8	342 39.5	S16 45.2	231 12.4	S11 07.6	Schedar	349 56.0	N56 30.7
A 13	224 44.8	2 44.9	27.1	92 46.2	15.5	357 41.4	45.3	246 15.0	07.7	Shaula	96 41.2	S37 06.0
Y 14	239 47.2	17 48.2	26.7	107 47.3	15.2	12 43.3	45.5	261 17.5	07.7	Sirius	258 45.9	S16 42.4
15	254 49.7	32 51.5 ··	26.3	122 48.5 ··	14.9	27 45.2 ··	45.6	276 20.1 ··	07.7	Spica	158 46.4	S11 08.0
16	269 52.2	47 54.7	26.0	137 49.6	14.6	42 47.2	45.8	291 22.6	07.7	Suhail	223 02.9	S43 24.5
17	284 54.6	62 58.0	25.6	152 50.7	14.3	57 49.1	45.9	306 25.1	07.8			
18	299 57.1	78 01.3	S23 25.2	167 51.8	N19 14.0	72 51.0	S16 46.1	321 27.7	S11 07.8	Vega	80 48.6	N38 47.1
19	314 59.5	93 04.6	24.9	182 53.0	13.7	87 53.0	46.2	336 30.2	07.8	Zuben'ubi	137 21.3	S16 01.1
20	330 02.0	108 07.9	24.5	197 54.1	13.4	102 54.9	46.3	351 32.8	07.8		S.H.A.	Mer. Pass.
21	345 04.5	123 11.3 ··	24.1	212 55.2 ··	13.2	117 56.8 ··	46.5	6 35.3 ··	07.9		° ′	h m
22	0 06.9	138 14.6	23.7	227 56.4	12.9	132 58.8	46.6	21 37.8	07.9	Venus	137 32.4	12 54
23	15 09.4	153 17.9	23.4	242 57.5	12.6	148 00.7	46.8	36 40.4	07.9	Mars	228 51.2	6 51
	h m									Jupiter	133 16.3	13 12
Mer. Pass. 22 03.5		v 3.2	d 0.3	v 1.1	d 0.3	v 1.9	d 0.1	v 2.5	d 0.0	Saturn	21 27.3	20 38

1994 OCTOBER 19, 20, 21 (WED., THURS., FRI.)

UT (GMT)	SUN G.H.A.	Dec.	MOON G.H.A.	v	Dec.	d	H.P.
d h	° ′	° ′	° ′	′	° ′	′	′
19 00	183 43.4	S 9 48.9	9 52.1	14.3	N 9 47.4	9.1	54.4
01	198 43.5	49.8	24 25.4	14.3	9 56.5	9.0	54.4
02	213 43.6	50.7	38 58.7	14.3	10 05.5	9.0	54.4
03	228 43.7	.. 51.6	53 32.0	14.2	10 14.5	8.9	54.4
04	243 43.8	52.5	68 05.2	14.3	10 23.4	8.9	54.4
05	258 44.0	53.4	82 38.5	14.2	10 32.3	8.8	54.4
06	273 44.1	S 9 54.3	97 11.7	14.3	N10 41.1	8.8	54.4
W 07	288 44.2	55.2	111 45.0	14.2	10 49.9	8.7	54.4
E 08	303 44.3	56.1	126 18.2	14.1	10 58.6	8.7	54.3
D 09	318 44.4	.. 57.0	140 51.3	14.2	11 07.3	8.6	54.3
N 10	333 44.5	57.9	155 24.5	14.1	11 15.9	8.6	54.3
E 11	348 44.7	58.8	169 57.6	14.2	11 24.5	8.6	54.3
S 12	3 44.8	S 9 59.7	184 30.8	14.1	N11 33.1	8.4	54.3
D 13	18 44.9	10 00.6	199 03.9	14.1	11 41.5	8.5	54.3
A 14	33 45.0	01.5	213 37.0	14.0	11 50.0	8.3	54.3
Y 15	48 45.1	.. 02.4	228 10.0	14.1	11 58.3	8.3	54.3
16	63 45.2	03.3	242 43.1	14.0	12 06.6	8.3	54.3
17	78 45.3	04.2	257 16.1	14.0	12 14.9	8.2	54.3
18	93 45.5	S10 05.1	271 49.1	14.0	N12 23.1	8.2	54.3
19	108 45.6	06.0	286 22.1	14.0	12 31.3	8.0	54.2
20	123 45.7	06.9	300 55.1	13.9	12 39.3	8.1	54.2
21	138 45.8	.. 07.8	315 28.0	13.9	12 47.4	8.0	54.2
22	153 45.9	08.7	330 00.9	13.9	12 55.4	7.9	54.2
23	168 46.0	09.6	344 33.8	13.9	13 03.3	7.9	54.2
20 00	183 46.1	S10 10.5	359 06.7	13.8	N13 11.2	7.8	54.2
01	198 46.2	11.4	13 39.5	13.9	13 19.0	7.7	54.2
02	213 46.4	12.3	28 12.4	13.8	13 26.7	7.7	54.2
03	228 46.5	.. 13.2	42 45.2	13.8	13 34.4	7.6	54.2
04	243 46.6	14.1	57 18.0	13.7	13 42.0	7.6	54.2
05	258 46.7	15.0	71 50.7	13.8	13 49.6	7.5	54.2
06	273 46.8	S10 15.9	86 23.5	13.7	N13 57.1	7.4	54.2
07	288 46.9	16.8	100 56.2	13.7	14 04.5	7.4	54.2
T 08	303 47.0	17.7	115 28.9	13.6	14 11.9	7.3	54.1
H 09	318 47.1	.. 18.6	130 01.5	13.7	14 19.2	7.2	54.1
U 10	333 47.2	19.5	144 34.2	13.6	14 26.4	7.2	54.1
R 11	348 47.4	20.4	159 06.8	13.6	14 33.6	7.1	54.1
S 12	3 47.5	S10 21.3	173 39.4	13.6	N14 40.7	7.1	54.1
D 13	18 47.6	22.2	188 12.0	13.5	14 47.8	7.0	54.1
A 14	33 47.7	23.1	202 44.5	13.5	14 54.8	6.9	54.1
Y 15	48 47.8	.. 24.0	217 17.0	13.5	15 01.7	6.8	54.1
16	63 47.9	24.9	231 49.5	13.5	15 08.5	6.8	54.1
17	78 48.0	25.8	246 22.0	13.4	15 15.3	6.7	54.1
18	93 48.1	S10 26.7	260 54.4	13.4	N15 22.0	6.7	54.1
19	108 48.2	27.6	275 26.8	13.4	15 28.7	6.6	54.1
20	123 48.3	28.5	289 59.2	13.4	15 35.3	6.5	54.1
21	138 48.4	.. 29.4	304 31.6	13.4	15 41.8	6.4	54.1
22	153 48.5	30.3	319 04.0	13.3	15 48.2	6.4	54.1
23	168 48.6	31.2	333 36.3	13.3	15 54.6	6.3	54.1
21 00	183 48.7	S10 32.1	348 08.6	13.2	N16 00.9	6.2	54.1
01	198 48.8	32.9	2 40.8	13.3	16 07.1	6.1	54.0
02	213 49.0	33.8	17 13.1	13.2	16 13.2	6.1	54.0
03	228 49.1	.. 34.7	31 45.3	13.2	16 19.3	6.0	54.0
04	243 49.2	35.6	46 17.5	13.2	16 25.3	6.0	54.0
05	258 49.3	36.5	60 49.7	13.1	16 31.3	5.8	54.0
06	273 49.4	S10 37.4	75 21.8	13.1	N16 37.1	5.8	54.0
07	288 49.5	38.3	89 53.9	13.1	16 42.9	5.7	54.0
08	303 49.6	39.2	104 26.0	13.1	16 48.6	5.6	54.0
F 09	318 49.7	.. 40.1	118 58.1	13.0	16 54.2	5.6	54.0
R 10	333 49.8	41.0	133 30.1	13.0	16 59.8	5.5	54.0
I 11	348 49.9	41.9	148 02.1	13.0	17 05.3	5.4	54.0
D 12	3 50.0	S10 42.8	162 34.1	13.0	N17 10.7	5.3	54.0
A 13	18 50.1	43.6	177 06.1	12.9	17 16.0	5.3	54.0
Y 14	33 50.2	44.5	191 38.0	13.0	17 21.3	5.1	54.0
15	48 50.3	.. 45.4	206 10.0	12.9	17 26.4	5.1	54.0
16	63 50.4	46.3	220 41.9	12.8	17 31.5	5.0	54.0
17	78 50.5	47.2	235 13.7	12.9	17 36.5	5.0	54.0
18	93 50.6	S10 48.1	249 45.6	12.8	N17 41.5	4.8	54.0
19	108 50.7	49.0	264 17.4	12.8	17 46.3	4.8	54.0
20	123 50.8	49.9	278 49.2	12.8	17 51.1	4.7	54.0
21	138 50.9	.. 50.8	293 21.0	12.7	17 55.8	4.6	54.0
22	153 51.0	51.6	307 52.7	12.7	18 00.4	4.5	54.0
23	168 51.1	52.5	322 24.4	12.7	18 04.9	4.5	54.0
	S.D. 16.1	d 0.9	S.D. 14.8		14.7		14.7

Twilight / Sunrise / Moonrise

Lat.	Twilight Naut.	Twilight Civil	Sunrise	Moonrise 19	20	21	22
°	h m	h m	h m	h m	h m	h m	h m
N 72	05 16	06 34	07 48	15 06	14 50	14 21	▭
N 70	05 17	06 28	07 33	15 26	15 22	15 19	15 16
68	05 18	06 23	07 22	15 42	15 46	15 53	16 08
66	05 19	06 18	07 12	15 55	16 04	16 18	16 40
64	05 19	06 15	07 04	16 06	16 19	16 37	17 04
62	05 20	06 11	06 57	16 15	16 32	16 53	17 22
60	05 20	06 08	06 51	16 23	16 42	17 07	17 38
N 58	05 20	06 05	06 46	16 30	16 52	17 18	17 51
56	05 20	06 03	06 41	16 36	17 00	17 28	18 03
54	05 20	06 01	06 37	16 42	17 07	17 37	18 13
52	05 19	05 58	06 33	16 47	17 14	17 45	18 22
50	05 19	05 56	06 29	16 51	17 20	17 52	18 30
45	05 18	05 52	06 22	17 01	17 32	18 07	18 47
N 40	05 16	05 48	06 15	17 10	17 43	18 20	19 01
35	05 15	05 44	06 10	17 17	17 52	18 31	19 12
30	05 13	05 41	06 05	17 23	18 00	18 40	19 23
20	05 08	05 34	05 56	17 34	18 14	18 56	19 41
N 10	05 03	05 27	05 49	17 44	18 26	19 11	19 56
0	04 56	05 20	05 41	17 53	18 38	19 24	20 11
S 10	04 48	05 13	05 34	18 02	18 49	19 37	20 26
20	04 37	05 04	05 26	18 12	19 02	19 52	20 41
30	04 23	04 52	05 17	18 23	19 16	20 08	21 00
35	04 14	04 46	05 12	18 30	19 24	20 18	21 10
40	04 04	04 37	05 05	18 37	19 34	20 29	21 22
45	03 50	04 28	04 58	18 46	19 45	20 42	21 36
S 50	03 33	04 15	04 50	18 56	19 58	20 58	21 54
52	03 25	04 10	04 46	19 01	20 05	21 05	22 02
54	03 15	04 03	04 41	19 07	20 12	21 14	22 11
56	03 04	03 56	04 36	19 13	20 19	21 23	22 22
58	02 51	03 48	04 31	19 19	20 28	21 34	22 34
S 60	02 36	03 38	04 25	19 27	20 38	21 46	22 48

Moonset

Lat.	Sunset	Twilight Civil	Twilight Naut.	Moonset 19	20	21	22
°	h m	h m	h m	h m	h m	h m	h m
N 72	15 40	16 53	18 12	08 00	09 49	11 54	▭
N 70	15 55	17 00	18 10	07 41	09 18	10 56	12 36
68	16 07	17 05	18 10	07 26	08 55	10 22	11 45
66	16 16	17 10	18 09	07 15	08 38	09 58	11 13
64	16 24	17 14	18 09	07 05	08 23	09 39	10 50
62	16 31	17 17	18 09	06 56	08 11	09 24	10 31
60	16 38	17 20	18 09	06 49	08 01	09 11	10 16
N 58	16 43	17 23	18 09	06 43	07 53	09 00	10 03
56	16 48	17 26	18 09	06 37	07 45	08 50	09 52
54	16 52	17 28	18 09	06 32	07 38	08 42	09 42
52	16 56	17 30	18 09	06 28	07 32	08 34	09 33
50	17 00	17 32	18 10	06 24	07 26	08 27	09 25
45	17 07	17 37	18 11	06 15	07 14	08 13	09 08
N 40	17 14	17 41	18 13	06 07	07 05	08 01	08 55
35	17 19	17 45	18 14	06 01	06 56	07 50	08 43
30	17 24	17 49	18 16	05 56	06 49	07 41	08 33
20	17 33	17 55	18 21	05 46	06 36	07 26	08 16
N 10	17 41	18 02	18 27	05 38	06 25	07 13	08 01
0	17 48	18 09	18 34	05 30	06 15	07 00	07 47
S 10	17 56	18 17	18 42	05 22	06 04	06 48	07 32
20	18 04	18 26	18 53	05 14	05 53	06 34	07 17
30	18 13	18 38	19 07	05 04	05 41	06 19	07 00
35	18 19	18 45	19 16	04 59	05 33	06 10	06 50
40	18 25	18 53	19 27	04 53	05 25	06 00	06 39
45	18 32	19 03	19 41	04 46	05 15	05 48	06 25
S 50	18 41	19 15	19 58	04 37	05 04	05 34	06 09
52	18 45	19 21	20 07	04 33	04 59	05 27	06 01
54	18 50	19 28	20 16	04 29	04 53	05 20	05 53
56	18 55	19 35	20 28	04 24	04 46	05 12	05 43
58	19 00	19 44	20 41	04 19	04 39	05 03	05 32
S 60	19 07	19 54	20 57	04 13	04 30	04 52	05 19

SUN / MOON

Day	SUN Eqn. of Time 00ʰ	12ʰ	Mer. Pass.	MOON Mer. Pass. Upper	Lower	Age	Phase
	m s	m s	h m	h m	h m	d	
19	14 53	14 59	11 45	24 04	11 41	14	
20	15 04	15 10	11 45	00 04	12 26	15	◯
21	15 15	15 20	11 45	00 49	13 12	16	

1994 OCTOBER 22, 23, 24 (SAT., SUN., MON.)

UT (GMT) d h	ARIES G.H.A.	VENUS −4.3 G.H.A.	Dec.	MARS +0.8 G.H.A.	Dec.	JUPITER −1.7 G.H.A.	Dec.	SATURN +0.7 G.H.A.	Dec.	STARS Name	S.H.A.	Dec.
22 00	30 11.9	168 21.2	S23 23.0	257 58.6	N19 12.3	163 02.6	S16 46.9	51 42.9	S11 07.9	Acamar	315 28.6	S40 19.4
01	45 14.3	183 24.5	22.6	272 59.7	12.0	178 04.6	47.1	66 45.5	08.0	Achernar	335 36.6	S57 15.7
02	60 16.8	198 27.9	22.2	288 00.9	11.7	193 06.5	47.2	81 48.0	08.0	Acrux	173 25.6	S63 04.1
03	75 19.3	213 31.2	·· 21.8	303 02.0	·· 11.4	208 08.4	·· 47.4	96 50.5	·· 08.0	Adhara	255 23.4	S28 57.8
04	90 21.7	228 34.5	21.4	318 03.1	11.1	223 10.3	47.5	111 53.1	08.0	Aldebaran	291 05.2	N16 29.9
05	105 24.2	243 37.9	21.0	333 04.3	10.8	238 12.3	47.7	126 55.6	08.1			
06	120 26.7	258 41.2	S23 20.6	348 05.4	N19 10.5	253 14.2	S16 47.8	141 58.2	S11 08.1	Alioth	166 33.5	N55 59.2
07	135 29.1	273 44.5	20.2	3 06.5	10.2	268 16.1	48.0	157 00.7	08.1	Alkaid	153 10.4	N49 20.4
S 08	150 31.6	288 47.9	19.8	18 07.7	09.9	283 18.1	48.1	172 03.2	08.1	Al Na'ir	28 01.0	S46 59.2
A 09	165 34.0	303 51.2	·· 19.4	33 08.8	·· 09.6	298 20.0	·· 48.3	187 05.8	·· 08.2	Alnilam	276 00.4	S 1 12.3
T 10	180 36.5	318 54.6	19.0	48 09.9	09.3	313 21.9	48.4	202 08.3	08.2	Alphard	218 09.9	S 8 38.1
U 11	195 39.0	333 57.9	18.6	63 11.1	09.0	328 23.8	48.6	217 10.9	08.2			
R 12	210 41.4	349 01.3	S23 18.2	78 12.2	N19 08.7	343 25.8	S16 48.7	232 13.4	S11 08.2	Alphecca	126 23.2	N26 44.1
D 13	225 43.9	4 04.7	17.8	93 13.3	08.4	358 27.7	48.9	247 15.9	08.3	Alpheratz	357 57.7	N29 04.0
A 14	240 46.4	19 08.0	17.4	108 14.5	08.1	13 29.6	49.0	262 18.5	08.3	Altair	62 21.9	N 8 51.6
Y 15	255 48.8	34 11.4	·· 17.0	123 15.6	·· 07.9	28 31.6	·· 49.2	277 21.0	·· 08.3	Ankaa	353 29.1	S42 20.0
16	270 51.3	49 14.8	16.6	138 16.7	07.6	43 33.5	49.3	292 23.5	08.3	Antares	112 43.7	S26 25.2
17	285 53.8	64 18.2	16.1	153 17.9	07.3	58 35.4	49.5	307 26.1	08.3			
18	300 56.2	79 21.5	S23 15.7	168 19.0	N19 07.0	73 37.4	S16 49.6	322 28.6	S11 08.4	Arcturus	146 08.8	N19 12.7
19	315 58.7	94 24.9	15.3	183 20.2	06.7	88 39.3	49.8	337 31.1	08.4	Atria	107 58.6	S69 01.2
20	331 01.2	109 28.3	14.9	198 21.3	06.4	103 41.2	49.9	352 33.7	08.4	Avior	234 23.7	S59 29.4
21	346 03.6	124 31.7	·· 14.4	213 22.4	·· 06.1	118 43.1	·· 50.1	7 36.2	·· 08.4	Bellatrix	278 46.8	N 6 20.7
22	1 06.1	139 35.1	14.0	228 23.6	05.8	133 45.1	50.2	22 38.8	08.5	Betelgeuse	271 16.3	N 7 24.4
23	16 08.5	154 38.5	13.6	243 24.7	05.5	148 47.0	50.3	37 41.3	08.5			
23 00	31 11.0	169 41.9	S23 13.1	258 25.8	N19 05.2	163 48.9	S16 50.5	52 43.8	S11 08.5	Canopus	264 02.1	S52 41.4
01	46 13.5	184 45.3	12.7	273 27.0	04.9	178 50.9	50.6	67 46.4	08.5	Capella	280 54.8	N45 59.4
02	61 15.9	199 48.7	12.2	288 28.1	04.6	193 52.8	50.8	82 48.9	08.6	Deneb	49 40.9	N45 16.1
03	76 18.4	214 52.1	·· 11.8	303 29.3	·· 04.3	208 54.7	·· 50.9	97 51.4	·· 08.6	Denebola	182 48.2	N14 36.1
04	91 20.9	229 55.5	11.3	318 30.4	04.0	223 56.6	51.1	112 54.0	08.6	Diphda	349 09.6	S18 00.8
05	106 23.3	244 59.0	10.9	333 31.5	03.7	238 58.6	51.2	127 56.5	08.6			
06	121 25.8	260 02.4	S23 10.4	348 32.7	N19 03.4	254 00.5	S16 51.4	142 59.0	S11 08.6	Dubhe	194 09.3	N61 46.5
07	136 28.3	275 05.8	10.0	3 33.8	03.1	269 02.4	51.5	158 01.6	08.7	Elnath	278 30.1	N28 36.1
08	151 30.7	290 09.2	09.5	18 35.0	02.8	284 04.3	51.7	173 04.1	08.7	Eltanin	90 52.9	N51 29.8
S 09	166 33.2	305 12.7	·· 09.1	33 36.1	·· 02.5	299 06.3	·· 51.8	188 06.6	·· 08.7	Enif	34 00.7	N 9 51.3
U 10	181 35.6	320 16.1	08.6	48 37.3	02.2	314 08.2	52.0	203 09.2	08.7	Fomalhaut	15 39.2	S29 38.9
N 11	196 38.1	335 19.5	08.1	63 38.4	01.9	329 10.1	52.1	218 11.7	08.8			
D 12	211 40.6	350 23.0	S23 07.7	78 39.5	N19 01.7	344 12.1	S16 52.3	233 14.2	S11 08.8	Gacrux	172 17.1	S57 04.9
A 13	226 43.0	5 26.4	07.2	93 40.7	01.4	359 14.0	52.4	248 16.8	08.8	Gienah	176 07.0	S17 30.7
Y 14	241 45.5	20 29.9	06.7	108 41.8	01.1	14 15.9	52.6	263 19.3	08.8	Hadar	149 08.4	S60 20.8
15	256 48.0	35 33.3	·· 06.2	123 43.0	·· 00.8	29 17.8	·· 52.7	278 21.8	·· 08.8	Hamal	328 16.2	N23 26.4
16	271 50.4	50 36.8	05.8	138 44.1	00.5	44 19.8	52.9	293 24.4	08.9	Kaus Aust.	84 02.5	S34 23.2
17	286 52.9	65 40.2	05.3	153 45.3	19 00.2	59 21.7	53.0	308 26.9	08.9			
18	301 55.4	80 43.7	S23 04.8	168 46.4	N18 59.9	74 23.6	S16 53.2	323 29.4	S11 08.9	Kochab	137 20.7	N74 10.7
19	316 57.8	95 47.1	04.3	183 47.6	59.6	89 25.5	53.3	338 32.0	08.9	Markab	13 52.0	N15 10.9
20	332 00.3	110 50.6	03.8	198 48.7	59.3	104 27.5	53.4	353 34.5	09.0	Menkar	314 29.4	N 4 04.3
21	347 02.8	125 54.1	·· 03.3	213 49.9	·· 59.0	119 29.4	·· 53.6	8 37.0	·· 09.0	Menkent	148 24.5	S36 20.6
22	2 05.2	140 57.6	02.8	228 51.0	58.7	134 31.3	53.7	23 39.6	09.0	Miaplacidus	221 42.8	S69 41.5
23	17 07.7	156 01.0	02.3	243 52.2	58.4	149 33.3	53.9	38 42.1	09.0			
24 00	32 10.1	171 04.5	S23 01.9	258 53.3	N18 58.1	164 35.2	S16 54.0	53 44.6	S11 09.0	Mirfak	309 00.0	N49 50.5
01	47 12.6	186 08.0	01.4	273 54.5	57.8	179 37.1	54.2	68 47.2	09.1	Nunki	76 15.8	S26 18.1
02	62 15.1	201 11.5	00.9	288 55.6	57.5	194 39.0	54.3	83 49.7	09.1	Peacock	53 41.2	S56 45.2
03	77 17.5	216 15.0	23 00.3	303 56.8	·· 57.2	209 41.0	·· 54.5	98 52.2	·· 09.1	Pollux	243 44.8	N28 02.2
04	92 20.0	231 18.5	22 59.8	318 57.9	56.9	224 42.9	54.6	113 54.8	09.1	Procyon	245 14.3	N 5 14.3
05	107 22.5	246 21.9	59.3	333 59.1	56.6	239 44.8	54.8	128 57.3	09.1			
06	122 24.9	261 25.4	S22 58.8	349 00.2	N18 56.3	254 46.7	S16 54.9	143 59.8	S11 09.2	Rasalhague	96 19.7	N12 34.1
07	137 27.4	276 28.9	58.3	4 01.4	56.0	269 48.7	55.1	159 02.4	09.2	Regulus	207 58.6	N11 59.5
08	152 29.9	291 32.4	57.8	19 02.5	55.7	284 50.6	55.2	174 04.9	09.2	Rigel	281 25.3	S 8 12.4
M 09	167 32.3	306 35.9	·· 57.3	34 03.7	·· 55.4	299 52.5	·· 55.4	189 07.4	·· 09.2	Rigil Kent.	140 11.5	S60 48.8
O 10	182 34.8	321 39.5	56.8	49 04.8	55.1	314 54.4	55.5	204 09.9	09.2	Sabik	102 28.8	S15 43.0
N 11	197 37.3	336 43.0	56.2	64 06.0	54.8	329 56.4	55.7	219 12.5	09.3			
D 12	212 39.7	351 46.5	S22 55.7	79 07.1	N18 54.5	344 58.3	S16 55.8	234 15.0	S11 09.3	Schedar	349 56.0	N56 30.8
A 13	227 42.2	6 50.0	55.2	94 08.3	54.3	0 00.2	56.0	249 17.5	09.3	Shaula	96 41.2	S37 06.0
Y 14	242 44.6	21 53.5	54.6	109 09.4	54.0	15 02.1	56.1	264 20.1	09.3	Sirius	258 45.9	S16 42.4
15	257 47.1	36 57.0	·· 54.1	124 10.6	·· 53.7	30 04.1	·· 56.3	279 22.6	·· 09.3	Spica	158 46.3	S11 08.0
16	272 49.6	52 00.6	53.6	139 11.7	53.4	45 06.0	56.4	294 25.1	09.4	Suhail	223 02.8	S43 24.5
17	287 52.0	67 04.1	53.0	154 12.9	53.1	60 07.9	56.5	309 27.7	09.4			
18	302 54.5	82 07.6	S22 52.5	169 14.1	N18 52.8	75 09.8	S16 56.7	324 30.2	S11 09.4	Vega	80 48.6	N38 47.1
19	317 57.0	97 11.2	52.0	184 15.2	52.5	90 11.8	56.8	339 32.7	09.4	Zuben'ubi	137 21.3	S16 01.1
20	332 59.4	112 14.7	51.4	199 16.4	52.2	105 13.7	57.0	354 35.2	09.4			
21	348 01.9	127 18.2	·· 50.9	214 17.5	·· 51.9	120 15.6	·· 57.1	9 37.8	·· 09.5		S.H.A.	Mer. Pass.
22	3 04.4	142 21.8	50.3	229 18.7	51.6	135 17.5	57.3	24 40.3	09.5	Venus	138 30.9	12 38
23	18 06.8	157 25.3	49.8	244 19.8	51.3	150 19.5	57.4	39 42.8	09.5	Mars	227 14.8	6 46
										Jupiter	132 37.9	13 03
Mer. Pass. 21 51.7		v 3.4	d 0.5	v 1.1	d 0.3	v 1.9	d 0.1	v 2.5	d 0.0	Saturn	21 32.8	20 26

1994 OCTOBER 22, 23, 24 (SAT., SUN., MON.)

UT (GMT)	SUN G.H.A.	SUN Dec.	MOON G.H.A.	v	MOON Dec.	d	H.P.
22 00	183 51.2	S10 53.4	336 56.1	12.7	N18 09.4	4.3	54.0
01	198 51.3	54.3	351 27.8	12.7	18 13.7	4.3	54.0
02	213 51.4	55.2	5 59.5	12.6	18 18.0	4.2	54.0
03	228 51.5	.. 56.1	20 31.1	12.6	18 22.2	4.2	54.0
04	243 51.6	57.0	35 02.7	12.6	18 26.4	4.0	54.0
05	258 51.7	57.8	49 34.3	12.6	18 30.4	3.9	54.0
06	273 51.8	S10 58.7	64 05.9	12.5	N18 34.3	3.9	54.0
07	288 51.9	10 59.6	78 37.4	12.5	18 38.2	3.8	54.0
S 08	303 52.0	11 00.5	93 08.9	12.5	18 42.0	3.7	54.0
A 09	318 52.1	.. 01.4	107 40.4	12.5	18 45.7	3.6	54.0
T 10	333 52.2	02.3	122 11.9	12.5	18 49.3	3.5	54.0
U 11	348 52.3	03.1	136 43.4	12.4	18 52.8	3.5	54.0
R 12	3 52.3	S11 04.0	151 14.8	12.4	N18 56.3	3.3	54.0
D 13	18 52.4	04.9	165 46.2	12.4	18 59.6	3.3	54.0
A 14	33 52.5	05.8	180 17.6	12.4	19 02.9	3.2	54.0
Y 15	48 52.6	.. 06.7	194 49.0	12.3	19 06.1	3.1	54.0
16	63 52.7	07.6	209 20.3	12.4	19 09.2	3.0	54.0
17	78 52.8	08.4	223 51.7	12.3	19 12.2	2.9	54.0
18	93 52.9	S11 09.3	238 23.0	12.3	N19 15.1	2.8	54.0
19	108 53.0	10.2	252 54.3	12.3	19 17.9	2.8	54.0
20	123 53.1	11.1	267 25.6	12.2	19 20.7	2.6	54.0
21	138 53.2	.. 12.0	281 56.8	12.3	19 23.3	2.6	54.0
22	153 53.3	12.8	296 28.1	12.2	19 25.9	2.5	54.0
23	168 53.4	13.7	310 59.3	12.2	19 28.4	2.4	54.0
23 00	183 53.5	S11 14.6	325 30.5	12.2	N19 30.8	2.3	54.0
01	198 53.6	15.5	340 01.7	12.2	19 33.1	2.2	54.0
02	213 53.6	16.4	354 32.9	12.1	19 35.3	2.1	54.1
03	228 53.7	.. 17.2	9 04.0	12.1	19 37.4	2.0	54.1
04	243 53.8	18.1	23 35.1	12.2	19 39.4	2.0	54.1
05	258 53.9	19.0	38 06.3	12.1	19 41.4	1.8	54.1
06	273 54.0	S11 19.9	52 37.4	12.1	N19 43.2	1.8	54.1
07	288 54.1	20.8	67 08.5	12.0	19 45.0	1.6	54.1
S 08	303 54.2	21.6	81 39.5	12.1	19 46.6	1.6	54.1
U 09	318 54.3	.. 22.5	96 10.6	12.0	19 48.2	1.5	54.1
N 10	333 54.4	23.4	110 41.6	12.1	19 49.7	1.4	54.1
D 11	348 54.4	24.3	125 12.7	12.0	19 51.1	1.3	54.1
A 12	3 54.5	S11 25.1	139 43.7	12.0	N19 52.4	1.2	54.1
Y 13	18 54.6	26.0	154 14.7	12.0	19 53.6	1.1	54.1
14	33 54.7	26.9	168 45.7	12.0	19 54.7	1.0	54.1
15	48 54.8	.. 27.8	183 16.7	11.9	19 55.7	1.0	54.1
16	63 54.9	28.6	197 47.6	12.0	19 56.7	0.8	54.1
17	78 55.0	29.5	212 18.6	11.9	19 57.5	0.7	54.1
18	93 55.1	S11 30.4	226 49.5	11.9	N19 58.2	0.7	54.2
19	108 55.1	31.3	241 20.4	12.0	19 58.9	0.6	54.2
20	123 55.2	32.1	255 51.4	11.9	19 59.5	0.4	54.2
21	138 55.3	.. 33.0	270 22.3	11.9	19 59.9	0.4	54.2
22	153 55.4	33.9	284 53.2	11.9	20 00.3	0.3	54.2
23	168 55.5	34.8	299 24.1	11.8	20 00.6	0.2	54.2
24 00	183 55.6	S11 35.6	313 54.9	11.9	N20 00.8	0.1	54.2
01	198 55.6	36.5	328 25.8	11.9	20 00.9	0.0	54.2
02	213 55.7	37.4	342 56.7	11.8	20 00.9	0.1	54.2
03	228 55.8	.. 38.2	357 27.5	11.8	20 00.8	0.2	54.2
04	243 55.9	39.1	11 58.3	11.9	20 00.6	0.3	54.3
05	258 56.0	40.0	26 29.2	11.8	20 00.3	0.4	54.3
06	273 56.1	S11 40.9	41 00.0	11.8	N19 59.9	0.4	54.3
07	288 56.1	41.7	55 30.8	11.8	19 59.5	0.6	54.3
08	303 56.2	42.6	70 01.6	11.8	19 58.9	0.6	54.3
M 09	318 56.3	.. 43.5	84 32.4	11.8	19 58.3	0.8	54.3
O 10	333 56.4	44.3	99 03.2	11.8	19 57.5	0.8	54.3
N 11	348 56.5	45.2	113 34.0	11.8	19 56.7	1.0	54.3
D 12	3 56.6	S11 46.1	128 04.8	11.8	N19 55.7	1.0	54.3
A 13	18 56.6	47.0	142 35.6	11.8	19 54.7	1.1	54.4
Y 14	33 56.7	47.8	157 06.4	11.7	19 53.6	1.2	54.4
15	48 56.8	.. 48.7	171 37.1	11.8	19 52.4	1.3	54.4
16	63 56.9	49.6	186 07.9	11.8	19 51.1	1.5	54.4
17	78 56.9	50.4	200 38.7	11.7	19 49.6	1.5	54.4
18	93 57.0	S11 51.3	215 09.4	11.8	N19 48.1	1.5	54.4
19	108 57.1	52.2	229 40.2	11.7	19 46.6	1.7	54.4
20	123 57.2	53.0	244 10.9	11.8	19 44.9	1.8	54.5
21	138 57.3	.. 53.9	258 41.7	11.7	19 43.1	1.9	54.5
22	153 57.3	54.8	273 12.4	11.8	19 41.2	2.0	54.5
23	168 57.4	55.6	287 43.2	11.7	19 39.2	2.0	54.5
	S.D. 16.1	d 0.9	S.D. 14.7		14.7		14.8

Lat.	Twilight Naut.	Twilight Civil	Sunrise	Moonrise 22	23	24	25
N 72	05 28	06 48	08 04	□	□	□	□
N 70	05 28	06 40	07 47	15 16	15 17	16 14	17 54
68	05 28	06 33	07 33	16 08	16 36	17 28	18 42
66	05 28	06 28	07 22	16 40	17 14	18 05	19 13
64	05 28	06 23	07 13	17 04	17 41	18 32	19 34
62	05 27	06 19	07 05	17 22	18 01	18 52	19 54
60	05 27	06 15	06 59	17 38	18 18	19 09	20 09
N 58	05 26	06 12	06 53	17 51	18 32	19 23	20 22
56	05 26	06 09	06 47	18 03	18 44	19 35	20 33
54	05 25	06 06	06 43	18 13	18 55	19 45	20 42
52	05 24	06 04	06 38	18 22	19 05	19 54	20 51
50	05 23	06 01	06 34	18 30	19 13	20 03	20 58
45	05 22	05 56	06 26	18 47	19 31	20 20	21 15
N 40	05 19	05 51	06 19	19 01	19 46	20 35	21 28
35	05 17	05 47	06 12	19 12	19 58	20 47	21 40
30	05 15	05 43	06 07	19 23	20 09	20 58	21 50
20	05 09	05 35	05 58	19 41	20 27	21 16	22 07
N 10	05 03	05 28	05 49	19 56	20 44	21 32	22 22
0	04 55	05 20	05 41	20 11	20 59	21 47	22 36
S 10	04 46	05 11	05 33	20 26	21 14	22 02	22 49
20	04 35	05 01	05 24	20 41	21 30	22 18	23 04
30	04 20	04 49	05 14	21 00	21 49	22 36	23 21
35	04 10	04 42	05 08	21 10	22 00	22 47	23 31
40	03 59	04 33	05 01	21 22	22 13	22 59	23 43
45	03 45	04 22	04 53	21 36	22 27	23 14	23 56
S 50	03 26	04 09	04 44	21 54	22 45	23 31	24 12
52	03 17	04 03	04 39	22 02	22 54	23 40	24 19
54	03 07	03 56	04 34	22 11	23 04	23 49	24 28
56	02 55	03 48	04 29	22 22	23 14	24 00	00 00
58	02 40	03 39	04 23	22 34	23 27	24 11	00 11
S 60	02 23	03 28	04 16	22 48	23 41	24 25	00 25

Lat.	Sunset	Twilight Civil	Twilight Naut.	Moonset 22	23	24	25
N 72	15 24	16 39	17 58	□	□	□	□
N 70	15 41	16 47	17 58	12 36	14 14	14 58	14 58
68	15 54	16 54	17 59	11 45	12 55	13 43	14 10
66	16 05	17 00	17 59	11 13	12 17	13 06	13 39
64	16 14	17 04	18 00	10 50	11 51	12 40	13 15
62	16 22	17 09	18 00	10 31	11 30	12 19	12 57
60	16 29	17 12	18 01	10 16	11 13	12 02	12 42
N 58	16 35	17 16	18 01	10 03	10 59	11 48	12 29
56	16 41	17 19	18 02	09 52	10 47	11 36	12 18
54	16 47	17 22	18 03	09 42	10 37	11 26	12 08
52	16 50	17 24	18 04	09 33	10 27	11 16	11 59
50	16 54	17 27	18 04	09 25	10 19	11 08	11 51
45	17 02	17 32	18 06	09 08	10 01	10 50	11 34
N 40	17 10	17 37	18 09	08 55	09 47	10 35	11 20
35	17 16	17 42	18 11	08 43	09 34	10 23	11 09
30	17 21	17 46	18 14	08 33	09 24	10 12	10 58
20	17 31	17 53	18 19	08 16	09 05	09 54	10 41
N 10	17 40	18 01	18 26	08 01	08 49	09 37	10 25
0	17 48	18 09	18 33	07 47	08 34	09 22	10 11
S 10	17 56	18 18	18 43	07 32	08 19	09 07	09 56
20	18 05	18 28	18 54	07 17	08 03	08 51	09 40
30	18 15	18 40	19 09	07 00	07 45	08 32	09 22
35	18 21	18 48	19 19	06 50	07 34	08 21	09 12
40	18 28	18 57	19 31	06 39	07 21	08 09	09 00
45	18 36	19 07	19 45	06 25	07 07	07 54	08 46
S 50	18 46	19 21	20 04	06 09	06 49	07 36	08 28
52	18 51	19 27	20 14	06 01	06 41	07 27	08 20
54	18 56	19 34	20 24	05 53	06 31	07 18	08 11
56	19 01	19 43	20 36	05 43	06 21	07 07	08 01
58	19 07	19 52	20 51	05 32	06 09	06 54	07 49
S 60	19 14	20 03	21 09	05 19	05 55	06 40	07 35

Day	SUN Eqn. of Time 00h	SUN Eqn. of Time 12h	SUN Mer. Pass.	MOON Mer. Pass. Upper	MOON Mer. Pass. Lower	Age	Phase
	m s	m s	h m	h m	h m	d	
22	15 25	15 29	11 45	01 35	13 59	17	
23	15 34	15 38	11 44	02 23	14 46	18	☽
24	15 42	15 46	11 44	03 11	15 35	19	

1994 OCTOBER 25, 26, 27 (TUES., WED., THURS.)

UT (GMT)	ARIES G.H.A.	VENUS −4.2 G.H.A.	VENUS Dec.	MARS +0.8 G.H.A.	MARS Dec.	JUPITER −1.7 G.H.A.	JUPITER Dec.	SATURN +0.7 G.H.A.	SATURN Dec.	STARS Name	S.H.A.	Dec.
25 00	33 09.3	172 28.9	S22 49.2	259 21.0	N18 51.0	165 21.4	S16 57.6	54 45.4	S11 09.5	Acamar	315 28.5	S40 19.4
01	48 11.7	187 32.4	48.7	274 22.2	50.7	180 23.3	57.7	69 47.9	09.5	Achernar	335 36.6	S57 15.7
02	63 14.2	202 36.0	48.1	289 23.3	50.4	195 25.2	57.9	84 50.4	09.6	Acrux	173 25.6	S63 04.1
03	78 16.7	217 39.5	·· 47.5	304 24.5	·· 50.1	210 27.2	·· 58.0	99 52.9	·· 09.6	Adhara	255 23.4	S28 57.8
04	93 19.1	232 43.1	47.0	319 25.6	49.8	225 29.1	58.2	114 55.5	09.6	Aldebaran	291 05.2	N16 29.9
05	108 21.6	247 46.7	46.4	334 26.8	49.5	240 31.0	58.3	129 58.0	09.6			
06	123 24.1	262 50.2	S22 45.8	349 28.0	N18 49.2	255 32.9	S16 58.5	145 00.5	S11 09.6	Alioth	166 33.5	N55 59.2
07	138 26.5	277 53.8	45.3	4 29.1	48.9	270 34.9	58.6	160 03.0	09.7	Alkaid	153 10.4	N49 20.4
T 08	153 29.0	292 57.4	44.7	19 30.3	48.6	285 36.8	58.8	175 05.6	09.7	Al Na'ir	28 01.1	S46 59.2
U 09	168 31.5	308 00.9	·· 44.1	34 31.4	·· 48.3	300 38.7	·· 58.9	190 08.1	·· 09.7	Alnilam	276 00.4	S 1 12.3
E 10	183 33.9	323 04.5	43.5	49 32.6	48.0	315 40.6	59.1	205 10.6	09.7	Alphard	218 09.9	S 8 38.1
S 11	198 36.4	338 08.1	43.0	64 33.8	47.7	330 42.6	59.2	220 13.2	09.7			
D 12	213 38.9	353 11.7	S22 42.4	79 34.9	N18 47.4	345 44.5	S16 59.3	235 15.7	S11 09.8	Alphecca	126 23.2	N26 44.1
A 13	228 41.3	8 15.3	41.8	94 36.1	47.1	0 46.4	59.5	250 18.2	09.8	Alpheratz	357 57.7	N29 04.0
Y 14	243 43.8	23 18.8	41.2	109 37.3	46.8	15 48.3	59.6	265 20.7	09.8	Altair	62 21.9	N 8 51.6
15	258 46.2	38 22.4	·· 40.6	124 38.4	·· 46.5	30 50.3	·· 59.8	280 23.3	·· 09.8	Ankaa	353 29.1	S42 20.0
16	273 48.7	53 26.0	40.0	139 39.6	46.2	45 52.2	16 59.9	295 25.8	09.8	Antares	112 43.7	S26 25.2
17	288 51.2	68 29.6	39.4	154 40.8	45.9	60 54.1	17 00.1	310 28.3	09.9			
18	303 53.6	83 33.2	S22 38.8	169 41.9	N18 45.6	75 56.0	S17 00.2	325 30.8	S11 09.9	Arcturus	146 08.8	N19 12.7
19	318 56.1	98 36.8	38.2	184 43.1	45.3	90 57.9	00.4	340 33.4	09.9	Atria	107 58.6	S69 01.2
20	333 58.6	113 40.4	37.6	199 44.3	45.1	105 59.9	00.5	355 35.9	09.9	Avior	234 23.7	S59 29.4
21	349 01.0	128 44.0	·· 37.0	214 45.4	·· 44.8	121 01.8	·· 00.7	10 38.4	·· 09.9	Bellatrix	278 46.8	N 6 20.7
22	4 03.5	143 47.6	36.4	229 46.6	44.5	136 03.7	00.8	25 40.9	09.9	Betelgeuse	271 16.3	N 7 24.4
23	19 06.0	158 51.2	35.8	244 47.8	44.2	151 05.6	01.0	40 43.5	10.0			
26 00	34 08.4	173 54.9	S22 35.2	259 48.9	N18 43.9	166 07.6	S17 01.1	55 46.0	S11 10.0	Canopus	264 02.1	S52 41.4
01	49 10.9	188 58.5	34.6	274 50.1	43.6	181 09.5	01.3	70 48.5	10.0	Capella	280 54.8	N45 59.4
02	64 13.4	204 02.1	34.0	289 51.3	43.3	196 11.4	01.4	85 51.0	10.0	Deneb	49 41.0	N45 16.1
03	79 15.8	219 05.7	·· 33.4	304 52.4	·· 43.0	211 13.3	·· 01.6	100 53.6	·· 10.0	Denebola	182 48.2	N14 36.0
04	94 18.3	234 09.3	32.7	319 53.6	42.7	226 15.3	01.7	115 56.1	10.1	Diphda	349 09.6	S18 00.8
05	109 20.7	249 13.0	32.1	334 54.8	42.4	241 17.2	01.8	130 58.6	10.1			
06	124 23.2	264 16.6	S22 31.5	349 56.0	N18 42.1	256 19.1	S17 02.0	146 01.1	S11 10.1	Dubhe	194 09.3	N61 46.5
W 07	139 25.7	279 20.2	30.9	4 57.1	41.8	271 21.0	02.1	161 03.6	10.1	Elnath	278 30.1	N28 36.1
E 08	154 28.1	294 23.8	30.2	19 58.3	41.5	286 22.9	02.3	176 06.2	10.1	Eltanin	90 53.0	N51 29.7
D 09	169 30.6	309 27.5	·· 29.6	34 59.5	·· 41.2	301 24.9	·· 02.4	191 08.7	·· 10.1	Enif	34 00.7	N 9 51.3
N 10	184 33.1	324 31.1	29.0	50 00.7	40.9	316 26.8	02.6	206 11.2	10.2	Fomalhaut	15 39.2	S29 38.9
E 11	199 35.5	339 34.8	28.3	65 01.8	40.6	331 28.7	02.7	221 13.7	10.2			
S 12	214 38.0	354 38.4	S22 27.7	80 03.0	N18 40.3	346 30.6	S17 02.9	236 16.3	S11 10.2	Gacrux	172 17.0	S57 04.9
D 13	229 40.5	9 42.0	27.1	95 04.2	40.0	1 32.6	03.0	251 18.8	10.2	Gienah	176 07.0	S17 30.7
A 14	244 42.9	24 45.7	26.4	110 05.3	39.7	16 34.5	03.2	266 21.3	10.2	Hadar	149 08.4	S60 20.8
Y 15	259 45.4	39 49.3	·· 25.8	125 06.5	·· 39.4	31 36.4	·· 03.3	281 23.8	·· 10.2	Hamal	328 16.2	N23 26.4
16	274 47.8	54 53.0	25.1	140 07.7	39.1	46 38.3	03.5	296 26.3	10.3	Kaus Aust.	84 02.5	S34 23.2
17	289 50.3	69 56.6	24.5	155 08.9	38.8	61 40.2	03.6	311 28.9	10.3			
18	304 52.8	85 00.3	S22 23.8	170 10.1	N18 38.5	76 42.2	S17 03.8	326 31.4	S11 10.3	Kochab	137 20.7	N74 10.7
19	319 55.2	100 04.0	23.2	185 11.2	38.2	91 44.1	03.9	341 33.9	10.3	Markab	13 52.1	N15 10.9
20	334 57.7	115 07.6	22.5	200 12.4	37.9	106 46.0	04.1	356 36.4	10.3	Menkar	314 29.4	N 4 04.3
21	350 00.2	130 11.3	·· 21.9	215 13.6	·· 37.6	121 47.9	·· 04.2	11 39.0	·· 10.3	Menkent	148 24.5	S36 20.6
22	5 02.6	145 14.9	21.2	230 14.8	37.3	136 49.9	04.3	26 41.5	10.4	Miaplacidus	221 42.7	S69 41.5
23	20 05.1	160 18.6	20.5	245 15.9	37.0	151 51.8	04.5	41 44.0	10.4			
27 00	35 07.6	175 22.3	S22 19.9	260 17.1	N18 36.7	166 53.7	S17 04.6	56 46.5	S11 10.4	Mirfak	308 59.9	N49 50.6
01	50 10.0	190 26.0	19.2	275 18.3	36.4	181 55.6	04.8	71 49.0	10.4	Nunki	76 15.8	S26 18.1
02	65 12.5	205 29.6	18.5	290 19.5	36.1	196 57.5	04.9	86 51.6	10.4	Peacock	53 41.2	S56 45.2
03	80 15.0	220 33.3	·· 17.9	305 20.7	·· 35.8	211 59.5	·· 05.1	101 54.1	·· 10.4	Pollux	243 44.8	N28 02.2
04	95 17.4	235 37.0	17.2	320 21.8	35.5	227 01.4	05.2	116 56.6	10.5	Procyon	245 14.3	N 5 14.3
05	110 19.9	250 40.7	16.5	335 23.0	35.2	242 03.3	05.4	131 59.1	10.5			
06	125 22.3	265 44.3	S22 15.8	350 24.2	N18 34.9	257 05.2	S17 05.5	147 01.6	S11 10.5	Rasalhague	96 19.7	N12 34.1
07	140 24.8	280 48.0	15.2	5 25.4	34.6	272 07.1	05.7	162 04.2	10.5	Regulus	207 58.5	N11 59.5
T 08	155 27.3	295 51.7	14.5	20 26.6	34.3	287 09.1	05.8	177 06.7	10.5	Rigel	281 25.3	S 8 12.4
H 09	170 29.7	310 55.4	·· 13.8	35 27.8	·· 34.0	302 11.0	·· 06.0	192 09.2	·· 10.5	Rigil Kent.	140 11.5	S60 48.7
U 10	185 32.2	325 59.1	13.1	50 28.9	33.7	317 12.9	06.1	207 11.7	10.6	Sabik	102 28.8	S15 43.0
R 11	200 34.7	341 02.8	12.4	65 30.1	33.5	332 14.8	06.3	222 14.2	10.6			
S 12	215 37.1	356 06.5	S22 11.7	80 31.3	N18 33.2	347 16.7	S17 06.4	237 16.7	S11 10.6	Schedar	349 56.0	N56 30.8
D 13	230 39.6	11 10.2	11.0	95 32.5	32.9	2 18.7	06.5	252 19.3	10.6	Shaula	96 41.2	S37 06.0
A 14	245 42.1	26 13.9	10.3	110 33.7	32.6	17 20.6	06.7	267 21.8	10.6	Sirius	258 45.9	S16 42.4
Y 15	260 44.5	41 17.6	·· 09.6	125 34.9	·· 32.3	32 22.5	·· 06.8	282 24.3	·· 10.6	Spica	158 46.3	S11 08.0
16	275 47.0	56 21.3	08.9	140 36.1	32.0	47 24.4	07.0	297 26.8	10.7	Suhail	223 02.8	S43 24.5
17	290 49.5	71 25.0	08.2	155 37.2	31.7	62 26.3	07.1	312 29.3	10.7			
18	305 51.9	86 28.7	S22 07.5	170 38.4	N18 31.4	77 28.3	S17 07.3	327 31.9	S11 10.7	Vega	80 48.6	N38 47.1
19	320 54.4	101 32.4	06.8	185 39.6	31.1	92 30.2	07.4	342 34.4	10.7	Zuben'ubi	137 21.3	S16 01.1
20	335 56.8	116 36.1	06.1	200 40.8	30.8	107 32.1	07.6	357 36.9	10.7			
21	350 59.3	131 39.8	·· 05.4	215 42.0	·· 30.5	122 34.0	·· 07.7	12 39.4	·· 10.7			
22	6 01.8	146 43.5	04.7	230 43.2	30.2	137 35.9	07.9	27 41.9	10.7			
23	21 04.2	161 47.2	04.0	245 44.4	29.9	152 37.9	08.0	42 44.4	10.8			

					S.H.A.	Mer. Pass.
				Venus	139 46.4	12 21
				Mars	225 40.5	6 40
				Jupiter	131 59.1	12 54
				Saturn	21 37.6	20 14

Mer. Pass. 21 39.9	v 3.6 d 0.6	v 1.2 d 0.3	v 1.9 d 0.1	v 2.5 d 0.0

1994 OCTOBER 25, 26, 27 (TUES., WED., THURS.)

UT (GMT)	SUN G.H.A.	SUN Dec.	MOON G.H.A.	v	MOON Dec.	d	H.P.
25 00	183 57.5	S11 56.5	302 13.9	11.7	N19 37.2	2.2	54.5
01	198 57.6	57.4	316 44.6	11.8	19 35.0	2.2	54.5
02	213 57.6	58.2	331 15.4	11.7	19 32.8	2.4	54.5
03	228 57.7	.. 59.1	345 46.1	11.8	19 30.4	2.4	54.6
04	243 57.8	11 59.9	0 16.9	11.7	19 28.0	2.6	54.6
05	258 57.9	12 00.8	14 47.6	11.7	19 25.4	2.6	54.6
T 06	273 57.9	S12 01.7	29 18.3	11.8	N19 22.8	2.7	54.6
U 07	288 58.0	02.5	43 49.1	11.7	19 20.1	2.8	54.6
E 08	303 58.1	03.4	58 19.8	11.7	19 17.3	2.9	54.6
S 09	318 58.2	.. 04.3	72 50.5	11.8	19 14.4	3.0	54.7
D 10	333 58.2	05.1	87 21.3	11.7	19 11.4	3.1	54.7
A 11	348 58.3	06.0	101 52.0	11.7	19 08.3	3.2	54.7
Y 12	3 58.4	S12 06.8	116 22.7	11.8	N19 05.1	3.3	54.7
13	18 58.5	07.7	130 53.5	11.7	19 01.8	3.3	54.7
14	33 58.5	08.6	145 24.2	11.7	18 58.5	3.5	54.8
15	48 58.6	.. 09.4	159 54.9	11.8	18 55.0	3.5	54.8
16	63 58.7	10.3	174 25.7	11.7	18 51.5	3.7	54.8
17	78 58.7	11.1	188 56.4	11.8	18 47.8	3.7	54.8
18	93 58.8	S12 12.0	203 27.2	11.7	N18 44.1	3.8	54.8
19	108 58.9	12.9	217 57.9	11.8	18 40.3	4.0	54.9
20	123 59.0	13.7	232 28.7	11.7	18 36.3	4.0	54.9
21	138 59.0	.. 14.6	246 59.4	11.8	18 32.3	4.1	54.9
22	153 59.1	15.4	261 30.2	11.7	18 28.2	4.2	54.9
23	168 59.2	16.3	276 00.9	11.8	18 24.0	4.2	54.9
26 00	183 59.2	S12 17.2	290 31.7	11.7	N18 19.8	4.4	55.0
01	198 59.3	18.0	305 02.4	11.8	18 15.4	4.5	55.0
02	213 59.4	18.9	319 33.2	11.7	18 10.9	4.5	55.0
03	228 59.4	.. 19.7	334 04.0	11.7	18 06.4	4.7	55.0
04	243 59.5	20.6	348 34.7	11.8	18 01.7	4.7	55.1
05	258 59.6	21.4	3 05.5	11.8	17 57.0	4.8	55.1
W 06	273 59.6	S12 22.3	17 36.3	11.8	N17 52.2	4.9	55.1
E 07	288 59.7	23.2	32 07.1	11.8	17 47.3	5.0	55.1
D 08	303 59.8	24.0	46 37.9	11.8	17 42.3	5.1	55.1
N 09	318 59.8	.. 24.9	61 08.7	11.7	17 37.2	5.2	55.2
E 10	333 59.9	25.7	75 39.4	11.8	17 32.0	5.3	55.2
S 11	349 00.0	26.6	90 10.2	11.8	17 26.7	5.3	55.2
D 12	4 00.0	S12 27.4	104 41.0	11.8	N17 21.4	5.5	55.2
A 13	19 00.1	28.3	119 11.8	11.9	17 15.9	5.5	55.3
Y 14	34 00.1	29.1	133 42.7	11.8	17 10.4	5.6	55.3
15	49 00.2	.. 30.0	148 13.5	11.8	17 04.8	5.7	55.3
16	64 00.3	30.8	162 44.3	11.8	16 59.1	5.8	55.3
17	79 00.4	31.7	177 15.1	11.8	16 53.3	5.9	55.4
18	94 00.4	S12 32.5	191 45.9	11.8	N16 47.4	6.0	55.4
19	109 00.5	33.4	206 16.7	11.9	16 41.4	6.0	55.4
20	124 00.5	34.2	220 47.6	11.8	16 35.4	6.1	55.5
21	139 00.6	.. 35.1	235 18.4	11.8	16 29.3	6.3	55.5
22	154 00.7	35.9	249 49.2	11.9	16 23.0	6.3	55.5
23	169 00.7	36.8	264 20.1	11.8	16 16.7	6.3	55.5
27 00	184 00.8	S12 37.6	278 50.9	11.9	N16 10.4	6.5	55.6
01	199 00.8	38.5	293 21.8	11.8	16 03.9	6.6	55.6
02	214 00.9	39.3	307 52.6	11.8	15 57.3	6.6	55.6
03	229 01.0	.. 40.2	322 23.4	11.9	15 50.7	6.7	55.7
04	244 01.0	41.0	336 54.3	11.9	15 44.0	6.8	55.7
05	259 01.1	41.9	351 25.2	11.8	15 37.2	6.9	55.7
T 06	274 01.1	S12 42.7	5 56.0	11.9	N15 30.3	7.0	55.7
H 07	289 01.2	43.6	20 26.9	11.8	15 23.3	7.1	55.8
U 08	304 01.3	44.4	34 57.7	11.9	15 16.2	7.1	55.8
R 09	319 01.3	.. 45.3	49 28.6	11.9	15 09.1	7.2	55.8
S 10	334 01.4	46.1	63 59.5	11.8	15 01.9	7.3	55.9
D 11	349 01.4	47.0	78 30.3	11.9	14 54.6	7.4	55.9
A 12	4 01.5	S12 47.8	93 01.2	11.9	N14 47.2	7.4	55.9
Y 13	19 01.6	48.7	107 32.1	11.8	14 39.8	7.6	56.0
14	34 01.6	49.5	122 02.9	11.9	14 32.2	7.6	56.0
15	49 01.7	.. 50.3	136 33.8	11.9	14 24.6	7.7	56.0
16	64 01.7	51.2	151 04.7	11.8	14 16.9	7.7	56.0
17	79 01.8	52.0	165 35.5	11.9	14 09.2	7.9	56.1
18	94 01.8	S12 52.9	180 06.4	11.9	N14 01.3	7.9	56.1
19	109 01.9	53.7	194 37.3	11.8	13 53.4	8.0	56.1
20	124 01.9	54.6	209 08.1	11.9	13 45.4	8.1	56.2
21	139 02.0	.. 55.4	223 39.0	11.9	13 37.3	8.2	56.2
22	154 02.0	56.2	238 09.9	11.8	13 29.1	8.2	56.2
23	169 02.1	57.1	252 40.7	11.9	13 20.9	8.3	56.3
	S.D. 16.1	d 0.9	S.D. 14.9		15.1		15.2

Lat.	Twilight Naut.	Twilight Civil	Sunrise	Moonrise 25	26	27	28
°	h m	h m	h m	h m	h m	h m	h m
N 72	05 41	07 01	08 20	▭	18 48	20 54	22 50
N 70	05 39	06 52	08 00	17 54	19 38	21 22	23 06
68	05 38	06 44	07 45	18 42	20 09	21 42	23 19
66	05 37	06 37	07 33	19 13	20 32	21 58	23 29
64	05 36	06 32	07 22	19 36	20 50	22 11	23 37
62	05 35	06 27	07 14	19 54	21 05	22 22	23 45
60	05 33	06 22	07 06	20 09	21 17	22 32	23 51
N 58	05 32	06 18	06 59	20 22	21 28	22 40	23 56
56	05 31	06 15	06 54	20 33	21 37	22 47	24 01
54	05 30	06 12	06 48	20 42	21 45	22 54	24 06
52	05 29	06 09	06 44	20 51	21 53	22 59	24 10
50	05 28	06 06	06 39	20 58	21 59	23 05	24 13
45	05 25	06 00	06 30	21 15	22 14	23 16	24 21
N 40	05 22	05 54	06 22	21 28	22 25	23 25	24 27
35	05 20	05 49	06 15	21 40	22 35	23 33	24 33
30	05 17	05 45	06 09	21 50	22 44	23 40	24 38
20	05 10	05 36	05 59	22 07	22 59	23 52	24 46
N 10	05 03	05 28	05 49	22 22	23 12	24 02	00 02
0	04 55	05 19	05 41	22 36	23 24	24 12	00 12
S 10	04 45	05 10	05 32	22 49	23 36	24 22	00 22
20	04 33	04 59	05 22	23 04	23 49	24 32	00 32
30	04 17	04 46	05 11	23 21	24 04	00 04	00 44
35	04 06	04 38	05 05	23 31	24 12	00 12	00 51
40	03 54	04 29	04 57	23 43	24 22	00 22	00 59
45	03 39	04 17	04 48	23 56	24 34	00 34	01 08
S 50	03 19	04 03	04 38	24 12	00 12	00 47	01 19
52	03 09	03 56	04 33	24 19	00 19	00 54	01 24
54	02 58	03 48	04 28	24 28	00 28	01 01	01 29
56	02 45	03 40	04 22	00 00	00 37	01 09	01 35
58	02 29	03 30	04 15	00 11	00 48	01 18	01 42
S 60	02 10	03 19	04 08	00 25	01 00	01 28	01 50

Lat.	Sunset	Twilight Civil	Naut.	Moonset 25	26	27	28
°	h m	h m	h m	h m	h m	h m	h m
N 72	15 07	16 25	17 45	▭	15 46	15 20	15 05
N 70	15 26	16 35	17 47	14 58	14 55	14 51	14 48
68	15 41	16 43	17 48	14 10	14 23	14 30	14 34
66	15 54	16 49	17 49	13 39	14 00	14 13	14 22
64	16 04	16 55	17 51	13 15	13 41	13 59	14 13
62	16 13	17 00	17 52	12 57	13 26	13 47	14 04
60	16 21	17 05	17 53	12 42	13 13	13 37	13 57
N 58	16 28	17 09	17 55	12 29	13 02	13 28	13 51
56	16 34	17 12	17 56	12 18	12 52	13 21	13 45
54	16 39	17 16	17 57	12 08	12 43	13 14	13 40
52	16 44	17 19	17 58	11 59	12 36	13 07	13 36
50	16 48	17 21	17 59	11 51	12 29	13 02	13 31
45	16 58	17 28	18 02	11 34	12 14	12 50	13 22
N 40	17 06	17 33	18 05	11 20	12 02	12 39	13 15
35	17 12	17 38	18 08	11 09	11 51	12 31	13 08
30	17 18	17 43	18 11	10 58	11 42	12 23	13 02
20	17 29	17 52	18 17	10 41	11 26	12 10	12 52
N 10	17 38	18 00	18 25	10 25	11 12	11 58	12 44
0	17 47	18 09	18 33	10 11	10 59	11 47	12 35
S 10	17 56	18 18	18 43	09 56	10 46	11 36	12 27
20	18 06	18 29	18 56	09 40	10 32	11 24	12 18
30	18 17	18 42	19 12	09 22	10 15	11 10	12 07
35	18 24	18 51	19 22	09 12	10 06	11 03	12 01
40	18 32	19 00	19 35	09 00	09 55	10 53	11 55
45	18 40	19 12	19 50	08 46	09 42	10 43	11 47
S 50	18 51	19 26	20 11	08 28	09 27	10 30	11 37
52	18 56	19 33	20 21	08 20	09 20	10 24	11 32
54	19 02	19 41	20 32	08 11	09 11	10 17	11 27
56	19 08	19 50	20 46	08 01	09 02	10 10	11 22
58	19 14	20 00	21 02	07 49	08 52	10 01	11 16
S 60	19 22	20 12	21 21	07 35	08 40	09 52	11 09

Day	SUN Eqn. of Time 00h	12h	Mer. Pass.	MOON Mer. Pass. Upper	Lower	Age	Phase
	m s	m s	h m	h m	h m		
25	15 50	15 53	11 44	03 59	16 23	20	◑
26	15 57	16 00	11 44	04 47	17 11	21	
27	16 03	16 06	11 44	05 35	18 00	22	

1994 OCTOBER 28, 29, 30 (FRI., SAT., SUN.)

UT (GMT) d h	ARIES G.H.A.	VENUS −4.2 G.H.A.	Dec.	MARS +0.8 G.H.A.	Dec.	JUPITER −1.7 G.H.A.	Dec.	SATURN +0.7 G.H.A.	Dec.	Name	STARS S.H.A.	Dec.
28 00	36 06.7	176 50.9 S22 03.2		260 45.6 N18 29.6		167 39.8 S17 08.2		57 47.0 S11 10.8		Acamar	315 28.5	S40 19.4
01	51 09.2	191 54.7	02.5	275 46.7	29.3	182 41.7	08.3	72 49.5	10.8	Achernar	335 36.6	S57 15.8
02	66 11.6	206 58.4	01.8	290 47.9	29.0	197 43.6	08.4	87 52.0	10.8	Acrux	173 25.5	S63 04.1
03	81 14.1	222 02.1 ··	01.1	305 49.1 ··	28.7	212 45.5 ··	08.6	102 54.5 ··	10.8	Adhara	255 23.4	S28 57.8
04	96 16.6	237 05.8	22 00.3	320 50.3	28.4	227 47.5	08.7	117 57.0	10.8	Aldebaran	291 05.2	N16 29.9
05	111 19.0	252 09.6	21 59.6	335 51.5	28.1	242 49.4	08.9	132 59.5	10.8			
06	126 21.5	267 13.3 S21 58.9		350 52.7 N18 27.8		257 51.3 S17 09.0		148 02.0 S11 10.9		Alioth	166 33.5	N55 59.2
07	141 23.9	282 17.0	58.2	5 53.9	27.5	272 53.2	09.2	163 04.6	10.9	Alkaid	153 10.4	N49 20.3
08	156 26.4	297 20.7	57.4	20 55.1	27.2	287 55.1	09.3	178 07.1	10.9	Al Na'ir	28 01.1	S46 59.2
F 09	171 28.9	312 24.5 ··	56.7	35 56.3 ··	26.9	302 57.1 ··	09.5	193 09.6 ··	10.9	Alnilam	276 00.3	S 1 12.3
R 10	186 31.3	327 28.2	55.9	50 57.5	26.6	317 59.0	09.6	208 12.1	10.9	Alphard	218 09.9	S 8 38.1
I 11	201 33.8	342 32.0	55.2	65 58.7	26.3	333 00.9	09.8	223 14.6	10.9			
D 12	216 36.3	357 35.7 S21 54.5		80 59.9 N18 26.0		348 02.8 S17 09.9		238 17.1 S11 10.9		Alphecca	126 23.2	N26 44.1
A 13	231 38.7	12 39.4	53.7	96 01.1	25.7	3 04.7	10.1	253 19.7	11.0	Alpheratz	357 57.7	N29 04.0
Y 14	246 41.2	27 43.2	53.0	111 02.3	25.4	18 06.7	10.2	268 22.2	11.0	Altair	62 21.9	N 8 51.5
15	261 43.7	42 46.9 ··	52.2	126 03.5 ··	25.1	33 08.6 ··	10.4	283 24.7 ··	11.0	Ankaa	353 29.1	S42 20.0
16	276 46.1	57 50.7	51.5	141 04.7	24.8	48 10.5	10.5	298 27.2	11.0	Antares	112 43.8	S26 25.2
17	291 48.6	72 54.4	50.7	156 05.9	24.5	63 12.4	10.6	313 29.7	11.0			
18	306 51.1	87 58.2 S21 49.9		171 07.1 N18 24.2		78 14.3 S17 10.8		328 32.2 S11 11.0		Arcturus	146 08.8	N19 12.6
19	321 53.5	103 01.9	49.2	186 08.2	23.9	93 16.2	10.9	343 34.7	11.0	Atria	107 58.6	S69 01.2
20	336 56.0	118 05.6	48.4	201 09.4	23.6	108 18.2	11.1	358 37.2	11.1	Avior	234 23.7	S59 29.4
21	351 58.4	133 09.4 ··	47.7	216 10.6 ··	23.3	123 20.1 ··	11.2	13 39.8 ··	11.1	Bellatrix	278 46.8	N 6 20.7
22	7 00.9	148 13.2	46.9	231 11.8	23.0	138 22.0	11.4	28 42.3	11.1	Betelgeuse	271 16.2	N 7 24.4
23	22 03.4	163 16.9	46.1	246 13.0	22.7	153 23.9	11.5	43 44.8	11.1			
29 00	37 05.8	178 20.7 S21 45.4		261 14.2 N18 22.4		168 25.8 S17 11.7		58 47.3 S11 11.1		Canopus	264 02.0	S52 41.4
01	52 08.3	193 24.4	44.6	276 15.4	22.1	183 27.8	11.8	73 49.8	11.1	Capella	280 54.8	N45 59.4
02	67 10.8	208 28.2	43.8	291 16.6	21.8	198 29.7	12.0	88 52.3	11.1	Deneb	49 41.0	N45 16.1
03	82 13.2	223 31.9 ··	43.0	306 17.9 ··	21.5	213 31.6 ··	12.1	103 54.8 ··	11.2	Denebola	182 48.2	N14 36.0
04	97 15.7	238 35.7	42.3	321 19.1	21.2	228 33.5	12.2	118 57.3	11.2	Diphda	349 09.6	S18 00.8
05	112 18.2	253 39.5	41.5	336 20.3	20.9	243 35.4	12.4	133 59.9	11.2			
06	127 20.6	268 43.2 S21 40.7		351 21.5 N18 20.6		258 37.3 S17 12.5		149 02.4 S11 11.2		Dubhe	194 09.2	N61 46.5
07	142 23.1	283 47.0	39.9	6 22.7	20.3	273 39.3	12.7	164 04.9	11.2	Elnath	278 30.0	N28 36.1
S 08	157 25.6	298 50.8	39.1	21 23.9	20.0	288 41.2	12.8	179 07.4	11.2	Eltanin	90 53.0	N51 29.7
A 09	172 28.0	313 54.5 ··	38.3	36 25.1 ··	19.7	303 43.1 ··	13.0	194 09.9 ··	11.2	Enif	34 00.7	N 9 51.3
T 10	187 30.5	328 58.3	37.6	51 26.3	19.5	318 45.0	13.1	209 12.4	11.2	Fomalhaut	15 39.2	S29 38.9
U 11	202 32.9	344 02.1	36.8	66 27.5	19.2	333 46.9	13.3	224 14.9	11.3			
R 12	217 35.4	359 05.8 S21 36.0		81 28.7 N18 18.9		348 48.8 S17 13.4		239 17.4 S11 11.3		Gacrux	172 17.0	S57 04.9
D 13	232 37.9	14 09.6	35.2	96 29.9	18.6	3 50.8	13.6	254 19.9	11.3	Gienah	176 07.0	S17 30.7
A 14	247 40.3	29 13.4	34.4	111 31.1	18.3	18 52.7	13.7	269 22.5	11.3	Hadar	149 08.4	S60 20.8
Y 15	262 42.8	44 17.2 ··	33.6	126 32.3 ··	18.0	33 54.6 ··	13.9	284 25.0 ··	11.3	Hamal	328 16.2	N23 26.4
16	277 45.3	59 21.0	32.8	141 33.5	17.7	48 56.5	14.0	299 27.5	11.3	Kaus Aust.	84 02.6	S34 23.2
17	292 47.7	74 24.7	32.0	156 34.7	17.4	63 58.4	14.1	314 30.0	11.3			
18	307 50.2	89 28.5 S21 31.2		171 35.9 N18 17.1		79 00.3 S17 14.3		329 32.5 S11 11.3		Kochab	137 20.7	N74 10.7
19	322 52.7	104 32.3	30.4	186 37.1	16.8	94 02.3	14.4	344 35.0	11.4	Markab	13 52.1	N15 10.9
20	337 55.1	119 36.1	29.6	201 38.4	16.5	109 04.2	14.6	359 37.5	11.4	Menkar	314 29.4	N 4 04.3
21	352 57.6	134 39.9 ··	28.7	216 39.6 ··	16.2	124 06.1 ··	14.7	14 40.0 ··	11.4	Menkent	148 24.5	S36 20.6
22	8 00.0	149 43.6	27.9	231 40.8	15.9	139 08.0	14.9	29 42.5	11.4	Miaplacidus	221 42.7	S69 41.5
23	23 02.5	164 47.4	27.1	246 42.0	15.6	154 09.9	15.0	44 45.0	11.4			
30 00	38 05.0	179 51.2 S21 26.3		261 43.2 N18 15.3		169 11.8 S17 15.2		59 47.6 S11 11.4		Mirfak	308 59.9	N49 50.6
01	53 07.4	194 55.0	25.5	276 44.4	15.0	184 13.8	15.3	74 50.1	11.4	Nunki	76 15.8	S26 18.1
02	68 09.9	209 58.8	24.7	291 45.6	14.7	199 15.7	15.5	89 52.6	11.4	Peacock	53 41.2	S56 45.2
03	83 12.4	225 02.6 ··	23.8	306 46.8 ··	14.4	214 17.6 ··	15.6	104 55.1 ··	11.4	Pollux	243 44.7	N28 02.2
04	98 14.8	240 06.4	23.0	321 48.0	14.1	229 19.5	15.7	119 57.6	11.5	Procyon	245 14.3	N 5 14.3
05	113 17.3	255 10.2	22.2	336 49.3	13.8	244 21.4	15.9	135 00.1	11.5			
06	128 19.8	270 14.0 S21 21.4		351 50.5 N18 13.5		259 23.3 S17 16.0		150 02.6 S11 11.5		Rasalhague	96 19.7	N12 34.1
07	143 22.2	285 17.7	20.5	6 51.7	13.2	274 25.3	16.2	165 05.1	11.5	Regulus	207 58.5	N11 59.5
08	158 24.7	300 21.5	19.7	21 52.9	12.9	289 27.2	16.3	180 07.6	11.5	Rigel	281 25.3	S 8 12.4
S 09	173 27.2	315 25.3 ··	18.9	36 54.1 ··	12.6	304 29.1 ··	16.5	195 10.1 ··	11.5	Rigil Kent.	140 11.5	S60 48.7
U 10	188 29.6	330 29.1	18.0	51 55.3	12.3	319 31.0	16.6	210 12.6	11.5	Sabik	102 28.9	S15 43.0
N 11	203 32.1	345 32.9	17.2	66 56.6	12.0	334 32.9	16.8	225 15.1	11.5			
D 12	218 34.5	0 36.7 S21 16.3		81 57.8 N18 11.7		349 34.8 S17 16.9		240 17.6 S11 11.5		Schedar	349 56.0	N56 30.8
A 13	233 37.0	15 40.5	15.5	96 59.0	11.4	4 36.8	17.1	255 20.1	11.6	Shaula	96 41.2	S37 06.0
Y 14	248 39.5	30 44.3	14.7	112 00.2	11.1	19 38.7	17.2	270 22.7	11.6	Sirius	258 45.9	S16 42.5
15	263 41.9	45 48.1 ··	13.8	127 01.4 ··	10.8	34 40.6 ··	17.3	285 25.2 ··	11.6	Spica	158 46.3	S11 08.0
16	278 44.4	60 51.9	13.0	142 02.6	10.5	49 42.5	17.5	300 27.7	11.6	Suhail	223 02.8	S43 24.5
17	293 46.9	75 55.7	12.1	157 03.9	10.2	64 44.4	17.6	315 30.2	11.6			
18	308 49.3	90 59.5 S21 11.3		172 05.1 N18 09.9		79 46.3 S17 17.8		330 32.7 S11 11.6		Vega	80 48.6	N38 47.1
19	323 51.8	106 03.3	10.4	187 06.3	09.6	94 48.3	17.9	345 35.2	11.6	Zuben'ubi	137 21.3	S16 01.1
20	338 54.3	121 07.1	09.6	202 07.5	09.3	109 50.2	18.1	0 37.7	11.6		S.H.A.	Mer. Pass.
21	353 56.7	136 10.9 ··	08.7	217 08.7 ··	09.0	124 52.1 ··	18.2	15 40.2 ··	11.6	Venus	141 14.8	12 04
22	8 59.2	151 14.7	07.8	232 10.0	08.7	139 54.0	18.4	30 42.7	11.7	Mars	224 08.4	6 35
23	24 01.7	166 18.6	07.0	247 11.2	08.4	154 55.9	18.5	45 45.2	11.7	Jupiter	131 20.0	12 45
Mer. Pass. 21 28.1		v 3.8	d 0.8	v 1.2	d 0.3	v 1.9	d 0.1	v 2.5	d 0.0	Saturn	21 41.5	20 01

1994 OCTOBER 28, 29, 30 (FRI., SAT., SUN.)

SUN / MOON

UT (GMT)		SUN G.H.A.	Dec.	MOON G.H.A.	v	Dec.	d	H.P.
28	00	184 02.2	S12 57.9	267 11.6	11.9	N13 12.6	8.4	56.3
	01	199 02.2	58.8	281 42.5	11.8	13 04.2	8.4	56.3
	02	214 02.3	12 59.6	296 13.3	11.9	12 55.8	8.6	56.4
	03	229 02.3	13 00.4	310 44.2	11.8	12 47.2	8.6	56.4
	04	244 02.4	01.3	325 15.0	11.9	12 38.6	8.6	56.5
	05	259 02.4	02.1	339 45.9	11.8	12 30.0	8.8	56.5
	06	274 02.5	S13 03.0	354 16.7	11.8	N12 21.2	8.8	56.5
	07	289 02.5	03.8	8 47.5	11.9	12 12.4	8.9	56.6
	08	304 02.6	04.6	23 18.4	11.8	12 03.5	9.0	56.6
F	09	319 02.6	.. 05.5	37 49.2	11.8	11 54.5	9.0	56.6
R	10	334 02.7	06.3	52 20.0	11.8	11 45.5	9.1	56.7
I	11	349 02.7	07.2	66 50.8	11.9	11 36.4	9.2	56.7
D	12	4 02.8	S13 08.0	81 21.7	11.8	N11 27.2	9.2	56.7
A	13	19 02.8	08.8	95 52.5	11.8	11 18.0	9.3	56.8
Y	14	34 02.9	09.7	110 23.3	11.7	11 08.7	9.4	56.8
	15	49 02.9	.. 10.5	124 54.0	11.8	10 59.3	9.4	56.8
	16	64 03.0	11.3	139 24.8	11.8	10 49.9	9.6	56.9
	17	79 03.0	12.2	153 55.6	11.8	10 40.3	9.5	56.9
	18	94 03.0	S13 13.0	168 26.4	11.7	N10 30.8	9.7	57.0
	19	109 03.1	13.8	182 57.1	11.7	10 21.1	9.7	57.0
	20	124 03.1	14.7	197 27.8	11.8	10 11.4	9.8	57.0
	21	139 03.2	.. 15.5	211 58.6	11.7	10 01.6	9.8	57.1
	22	154 03.2	16.3	226 29.3	11.7	9 51.8	9.9	57.1
	23	169 03.3	17.2	241 00.0	11.7	9 41.9	9.9	57.1
29	00	184 03.3	S13 18.0	255 30.7	11.7	N 9 32.0	10.1	57.2
	01	199 03.4	18.8	270 01.4	11.6	9 21.9	10.0	57.2
	02	214 03.4	19.7	284 32.0	11.7	9 11.9	10.2	57.3
	03	229 03.5	.. 20.5	299 02.7	11.6	9 01.7	10.2	57.3
	04	244 03.5	21.3	313 33.3	11.7	8 51.5	10.3	57.3
	05	259 03.5	22.2	328 04.0	11.6	8 41.2	10.3	57.4
	06	274 03.6	S13 23.0	342 34.6	11.6	N 8 30.9	10.4	57.4
	07	289 03.6	23.8	357 05.2	11.5	8 20.5	10.4	57.5
S	08	304 03.7	24.7	11 35.7	11.6	8 10.1	10.5	57.5
A	09	319 03.7	.. 25.5	26 06.3	11.5	7 59.6	10.5	57.5
T	10	334 03.8	26.3	40 36.8	11.6	7 49.1	10.6	57.6
U	11	349 03.8	27.1	55 07.4	11.5	7 38.5	10.7	57.6
R	12	4 03.8	S13 28.0	69 37.9	11.4	N 7 27.8	10.7	57.7
D	13	19 03.9	28.8	84 08.3	11.5	7 17.1	10.8	57.7
A	14	34 03.9	29.6	98 38.8	11.5	7 06.3	10.8	57.7
Y	15	49 04.0	.. 30.5	113 09.3	11.4	6 55.5	10.8	57.8
	16	64 04.0	31.3	127 39.7	11.4	6 44.7	11.0	57.8
	17	79 04.0	32.1	142 10.1	11.3	6 33.7	10.9	57.8
	18	94 04.1	S13 32.9	156 40.4	11.4	N 6 22.8	11.0	57.9
	19	109 04.1	33.8	171 10.8	11.3	6 11.8	11.1	57.9
	20	124 04.1	34.6	185 41.1	11.3	6 00.7	11.1	58.0
	21	139 04.2	.. 35.4	200 11.4	11.3	5 49.6	11.2	58.0
	22	154 04.2	36.2	214 41.7	11.3	5 38.4	11.2	58.1
	23	169 04.3	37.1	229 12.0	11.2	5 27.2	11.2	58.1
30	00	184 04.3	S13 37.9	243 42.2	11.2	N 5 16.0	11.3	58.1
	01	199 04.3	38.7	258 12.4	11.1	5 04.7	11.4	58.2
	02	214 04.4	39.5	272 42.5	11.2	4 53.3	11.4	58.2
	03	229 04.4	.. 40.4	287 12.7	11.1	4 42.0	11.5	58.3
	04	244 04.4	41.2	301 42.8	11.1	4 30.5	11.4	58.3
	05	259 04.5	42.0	316 12.9	11.0	4 19.1	11.5	58.3
	06	274 04.5	S13 42.8	330 42.9	11.0	N 4 07.6	11.5	58.4
	07	289 04.5	43.6	345 12.9	11.0	3 56.1	11.6	58.4
	08	304 04.6	44.5	359 42.9	11.0	3 44.5	11.6	58.5
S	09	319 04.6	.. 45.3	14 12.9	10.9	3 32.9	11.7	58.5
U	10	334 04.6	46.1	28 42.8	10.9	3 21.2	11.7	58.5
N	11	349 04.7	46.9	43 12.7	10.8	3 09.5	11.7	58.6
D	12	4 04.7	S13 47.7	57 42.5	10.8	N 2 57.8	11.7	58.6
A	13	19 04.7	48.6	72 12.3	10.8	2 46.1	11.8	58.7
Y	14	34 04.8	49.4	86 42.1	10.8	2 34.3	11.8	58.7
	15	49 04.8	.. 50.2	101 11.9	10.7	2 22.5	11.9	58.7
	16	64 04.8	51.0	115 41.6	10.6	2 10.6	11.9	58.8
	17	79 04.9	51.8	130 11.2	10.6	1 58.7	11.9	58.8
	18	94 04.9	S13 52.7	144 40.8	10.6	N 1 46.8	11.9	58.9
	19	109 04.9	53.5	159 10.4	10.6	1 34.9	11.9	58.9
	20	124 05.0	54.3	173 40.0	10.5	1 23.0	12.0	58.9
	21	139 05.0	.. 55.1	188 09.5	10.4	1 11.0	12.0	59.0
	22	154 05.0	55.9	202 38.9	10.4	0 59.0	12.0	59.0
	23	169 05.0	56.7	217 08.3	10.4	0 47.0	12.1	59.1
	S.D.	16.1	d 0.8	S.D.	15.5	15.7		16.0

Twilight / Moonrise

Lat.	Twilight Naut.	Twilight Civil	Sunrise	Moonrise 28	29	30	31
N 72	05 53	07 14	08 37	22 50	24 44	00 44	02 40
N 70	05 50	07 03	08 15	23 06	24 52	00 52	02 40
68	05 48	06 54	07 57	23 19	24 58	00 58	02 40
66	05 46	06 47	07 43	23 29	25 03	01 03	02 40
64	05 44	06 40	07 32	23 37	25 07	01 07	02 40
62	05 42	06 34	07 22	23 45	25 10	01 10	02 40
60	05 40	06 29	07 14	23 51	25 14	01 14	02 40
N 58	05 39	06 25	07 06	23 56	25 16	01 16	02 40
56	05 37	06 21	07 00	24 01	00 01	01 19	02 40
54	05 35	06 17	06 54	24 06	00 06	01 21	02 40
52	05 34	06 14	06 49	24 10	00 10	01 23	02 40
50	05 33	06 11	06 44	24 13	00 13	01 25	02 40
45	05 29	06 03	06 34	24 21	00 21	01 29	02 40
N 40	05 26	05 57	06 25	24 27	00 27	01 32	02 40
35	05 22	05 52	06 18	24 33	00 33	01 35	02 40
30	05 19	05 47	06 11	24 38	00 38	01 38	02 40
20	05 11	05 37	06 00	24 46	00 46	01 42	02 40
N 10	05 03	05 28	05 50	00 02	00 54	01 46	02 40
0	04 54	05 19	05 40	00 12	01 00	01 49	02 40
S 10	04 44	05 09	05 31	00 22	01 07	01 53	02 40
20	04 31	04 57	05 20	00 32	01 15	01 57	02 40
30	04 13	04 43	05 08	00 44	01 23	02 01	02 40
35	04 03	04 35	05 01	00 51	01 28	02 04	02 40
40	03 50	04 24	04 53	00 59	01 33	02 07	02 40
45	03 33	04 12	04 44	01 08	01 39	02 10	02 40
S 50	03 12	03 57	04 32	01 19	01 47	02 14	02 40
52	03 01	03 49	04 27	01 24	01 50	02 15	02 40
54	02 49	03 41	04 21	01 29	01 54	02 17	02 40
56	02 35	03 32	04 15	01 35	01 58	02 20	02 40
58	02 18	03 21	04 07	01 42	02 03	02 22	02 40
S 60	01 56	03 09	03 59	01 50	02 08	02 25	02 40

Twilight / Moonset

Lat.	Sunset	Twilight Civil	Twilight Naut.	Moonset 28	29	30	31
N 72	14 49	16 11	17 32	15 05	14 53	14 43	14 32
N 70	15 12	16 23	17 35	14 48	14 44	14 40	14 36
68	15 29	16 32	17 38	14 34	14 36	14 37	14 38
66	15 43	16 40	17 40	14 22	14 29	14 35	14 41
64	15 54	16 46	17 42	14 13	14 24	14 33	14 43
62	16 04	16 52	17 44	14 04	14 19	14 32	14 44
60	16 13	16 57	17 46	13 57	14 14	14 30	14 46
N 58	16 20	17 02	17 48	13 51	14 11	14 29	14 47
56	16 27	17 06	17 50	13 45	14 07	14 28	14 49
54	16 33	17 10	17 51	13 40	14 04	14 27	14 50
52	16 38	17 13	17 53	13 36	14 01	14 26	14 51
50	16 43	17 16	17 54	13 31	13 59	14 25	14 52
45	16 53	17 23	17 58	13 22	13 53	14 23	14 54
N 40	17 02	17 30	18 01	13 15	13 48	14 20	14 55
35	17 09	17 35	18 05	13 08	13 44	14 20	14 57
30	17 16	17 40	18 08	13 02	13 41	14 19	14 58
20	17 27	17 50	18 16	12 52	13 35	14 17	15 00
N 10	17 37	17 59	18 24	12 44	13 29	14 15	15 02
0	17 47	18 08	18 33	12 35	13 24	14 13	15 04
S 10	17 57	18 19	18 44	12 27	13 18	14 11	15 06
20	18 08	18 30	18 57	12 18	13 13	14 09	15 08
30	18 20	18 45	19 15	12 07	13 06	14 07	15 10
35	18 27	18 54	19 26	12 01	13 02	14 06	15 11
40	18 35	19 04	19 39	11 55	12 58	14 04	15 13
45	18 45	19 16	19 56	11 47	12 53	14 02	15 14
S 50	18 56	19 32	20 17	11 37	12 47	14 00	15 16
52	19 02	19 39	20 28	11 32	12 44	13 59	15 17
54	19 08	19 48	20 40	11 27	12 41	13 58	15 18
56	19 14	19 57	20 55	11 22	12 38	13 57	15 19
58	19 22	20 08	21 13	11 16	12 34	13 55	15 20
S 60	19 30	20 21	21 35	11 09	12 30	13 54	15 22

SUN / MOON

Day	SUN Eqn. of Time 00h	12h	Mer. Pass.	MOON Mer. Pass. Upper	Lower	Age	Phase
	m s	m s	h m	h m	h m	d	
28	16 09	16 11	11 44	06 24	18 48	23	
29	16 13	16 15	11 44	07 12	19 36	24	
30	16 17	16 19	11 44	08 01	20 26	25	◗

1994 OCT. 31, NOV. 1, 2 (MON., TUES., WED.)

UT (GMT) d h	ARIES G.H.A.	VENUS −4.1 G.H.A.	Dec.	MARS +0.7 G.H.A.	Dec.	JUPITER −1.7 G.H.A.	Dec.	SATURN +0.7 G.H.A.	Dec.	Star Name	S.H.A.	Dec.
31 00	39 04.1	181 22.4	S21 06.1	262 12.4	N18 08.1	169 57.8	S17 18.7	60 47.7	S11 11.7	Acamar	315 28.5	S40 19.4
01	54 06.6	196 26.2	05.3	277 13.6	07.8	184 59.7	18.8	75 50.2	11.7	Achernar	335 36.6	S57 15.8
02	69 09.0	211 30.0	04.4	292 14.9	07.5	200 01.7	18.9	90 52.7	11.7	Acrux	173 25.5	S63 04.1
03	84 11.5	226 33.8	·· 03.5	307 16.1	·· 07.2	215 03.6	·· 19.1	105 55.2	·· 11.7	Adhara	255 23.3	S28 57.8
04	99 14.0	241 37.6	02.7	322 17.3	06.9	230 05.5	19.2	120 57.7	11.7	Aldebaran	291 05.1	N16 29.9
05	114 16.4	256 41.4	01.8	337 18.5	06.6	245 07.4	19.4	136 00.2	11.7			
06	129 18.9	271 45.2	S21 00.9	352 19.8	N18 06.4	260 09.3	S17 19.5	151 02.7	S11 11.7	Alioth	166 33.5	N55 59.2
07	144 21.4	286 49.0	21 00.1	7 21.0	06.1	275 11.2	19.7	166 05.2	11.7	Alkaid	153 10.4	N49 20.3
08	159 23.8	301 52.8	20 59.2	22 22.2	05.8	290 13.1	19.8	181 07.7	11.8	Al Na'ir	28 01.1	S46 59.2
M 09	174 26.3	316 56.6	·· 58.3	37 23.4	·· 05.5	305 15.1	·· 20.0	196 10.2	·· 11.8	Alnilam	276 00.3	S 1 12.3
O 10	189 28.8	332 00.5	57.4	52 24.7	05.2	320 17.0	20.1	211 12.7	11.8	Alphard	218 09.9	S 8 38.1
N 11	204 31.2	347 04.3	56.5	67 25.9	04.9	335 18.9	20.3	226 15.2	11.8			
D 12	219 33.7	2 08.1	S20 55.7	82 27.1	N18 04.6	350 20.8	S17 20.4	241 17.7	S11 11.8	Alphecca	126 23.2	N26 44.1
A 13	234 36.1	17 11.9	54.8	97 28.3	04.3	5 22.7	20.5	256 20.3	11.8	Alpheratz	357 57.7	N29 04.0
Y 14	249 38.6	32 15.7	53.9	112 29.6	04.0	20 24.6	20.7	271 22.8	11.8	Altair	62 22.0	N 8 51.5
15	264 41.1	47 19.5	·· 53.0	127 30.8	·· 03.7	35 26.5	·· 20.8	286 25.3	·· 11.8	Ankaa	353 29.1	S42 20.0
16	279 43.5	62 23.3	52.1	142 32.0	03.4	50 28.5	21.0	301 27.8	11.8	Antares	112 43.8	S26 25.2
17	294 46.0	77 27.2	51.2	157 33.3	03.1	65 30.4	21.1	316 30.3	11.8			
18	309 48.5	92 31.0	S20 50.3	172 34.5	N18 02.8	80 32.3	S17 21.3	331 32.8	S11 11.8	Arcturus	146 08.8	N19 12.6
19	324 50.9	107 34.8	49.4	187 35.7	02.5	95 34.2	21.4	346 35.3	11.9	Atria	107 58.6	S69 01.2
20	339 53.4	122 38.6	48.5	202 37.0	02.2	110 36.1	21.6	1 37.8	11.9	Avior	234 23.6	S59 29.4
21	354 55.9	137 42.4	·· 47.7	217 38.2	·· 01.9	125 38.0	·· 21.7	16 40.3	·· 11.9	Bellatrix	278 46.8	N 6 20.7
22	9 58.3	152 46.2	46.8	232 39.4	01.6	140 39.9	21.8	31 42.8	11.9	Betelgeuse	271 16.2	N 7 24.4
23	25 00.8	167 50.1	45.9	247 40.7	01.3	155 41.9	22.0	46 45.3	11.9			
1 00	40 03.3	182 53.9	S20 45.0	262 41.9	N18 01.0	170 43.8	S17 22.1	61 47.8	S11 11.9	Canopus	264 02.0	S52 41.4
01	55 05.7	197 57.7	44.1	277 43.1	00.7	185 45.7	22.3	76 50.3	11.9	Capella	280 54.8	N45 59.4
02	70 08.2	213 01.5	43.1	292 44.4	00.4	200 47.6	22.4	91 52.8	11.9	Deneb	49 41.0	N45 16.1
03	85 10.6	228 05.3	·· 42.2	307 45.6	18 00.1	215 49.5	·· 22.6	106 55.3	·· 11.9	Denebola	182 48.2	N14 36.0
04	100 13.1	243 09.1	41.3	322 46.8	17 59.8	230 51.4	22.7	121 57.8	11.9	Diphda	349 09.6	S18 00.8
05	115 15.6	258 13.0	40.4	337 48.1	59.5	245 53.3	22.9	137 00.3	11.9			
06	130 18.0	273 16.8	S20 39.5	352 49.3	N17 59.2	260 55.3	S17 23.0	152 02.8	S11 11.9	Dubhe	194 09.2	N61 46.4
07	145 20.5	288 20.6	38.6	7 50.5	58.9	275 57.2	23.2	167 05.3	12.0	Elnath	278 30.0	N28 36.1
T 08	160 23.0	303 24.4	37.7	22 51.8	58.6	290 59.1	23.3	182 07.8	12.0	Eltanin	90 53.0	N51 29.7
U 09	175 25.4	318 28.2	·· 36.8	37 53.0	·· 58.3	306 01.0	·· 23.4	197 10.3	·· 12.0	Enif	34 00.8	N 9 51.3
E 10	190 27.9	333 32.1	35.9	52 54.3	58.0	321 02.9	23.6	212 12.8	12.0	Fomalhaut	15 39.2	S29 38.9
S 11	205 30.4	348 35.9	34.9	67 55.5	57.7	336 04.8	23.7	227 15.3	12.0			
D 12	220 32.8	3 39.7	S20 34.0	82 56.7	N17 57.4	351 06.7	S17 23.9	242 17.8	S11 12.0	Gacrux	172 17.0	S57 04.9
A 13	235 35.3	18 43.5	33.1	97 58.0	57.1	6 08.6	24.0	257 20.3	12.0	Gienah	176 07.0	S17 30.7
Y 14	250 37.8	33 47.3	32.2	112 59.2	56.8	21 10.6	24.2	272 22.8	12.0	Hadar	149 08.4	S60 20.8
15	265 40.2	48 51.1	·· 31.3	128 00.4	·· 56.5	36 12.5	·· 24.3	287 25.3	·· 12.0	Hamal	328 16.2	N23 26.4
16	280 42.7	63 55.0	30.3	143 01.7	56.2	51 14.4	24.5	302 27.8	12.0	Kaus Aust.	84 02.6	S34 23.2
17	295 45.1	78 58.8	29.4	158 02.9	55.9	66 16.3	24.6	317 30.3	12.0			
18	310 47.6	94 02.6	S20 28.5	173 04.2	N17 55.7	81 18.2	S17 24.7	332 32.7	S11 12.0	Kochab	137 20.7	N74 10.6
19	325 50.1	109 06.4	27.6	188 05.4	55.4	96 20.1	24.9	347 35.2	12.0	Markab	13 52.1	N15 10.9
20	340 52.5	124 10.2	26.6	203 06.7	55.1	111 22.0	25.0	2 37.7	12.0	Menkar	314 29.4	N 4 04.3
21	355 55.0	139 14.1	·· 25.7	218 07.9	·· 54.8	126 23.9	·· 25.2	17 40.2	·· 12.1	Menkent	148 24.5	S36 20.6
22	10 57.5	154 17.9	24.8	233 09.1	54.5	141 25.9	25.3	32 42.7	12.1	Miaplacidus	221 42.6	S69 41.5
23	25 59.9	169 21.7	23.8	248 10.4	54.2	156 27.8	25.5	47 45.2	12.1			
2 00	41 02.4	184 25.5	S20 22.9	263 11.6	N17 53.9	171 29.7	S17 25.6	62 47.7	S11 12.1	Mirfak	308 59.9	N49 50.6
01	56 04.9	199 29.3	22.0	278 12.9	53.6	186 31.6	25.8	77 50.2	12.1	Nunki	76 15.8	S26 18.1
02	71 07.3	214 33.2	21.0	293 14.1	53.3	201 33.5	25.9	92 52.7	12.1	Peacock	53 41.3	S56 45.2
03	86 09.8	229 37.0	·· 20.1	308 15.4	·· 53.0	216 35.4	·· 26.0	107 55.2	·· 12.1	Pollux	243 44.7	N28 02.2
04	101 12.3	244 40.8	19.1	323 16.6	52.7	231 37.3	26.2	122 57.7	12.1	Procyon	245 14.3	N 5 14.3
05	116 14.7	259 44.6	18.2	338 17.9	52.4	246 39.2	26.3	138 00.2	12.1			
06	131 17.2	274 48.4	S20 17.2	353 19.1	N17 52.1	261 41.2	S17 26.5	153 02.7	S11 12.1	Rasalhague	96 19.7	N12 34.1
W 07	146 19.6	289 52.2	16.3	8 20.4	51.8	276 43.1	26.6	168 05.2	12.1	Regulus	207 58.5	N11 59.5
E 08	161 22.1	304 56.1	15.4	23 21.6	51.5	291 45.0	26.8	183 07.7	12.1	Rigel	281 25.2	S 8 12.4
D 09	176 24.6	319 59.9	·· 14.4	38 22.9	·· 51.2	306 46.9	·· 26.9	198 10.2	·· 12.1	Rigil Kent.	140 11.5	S60 48.7
N 10	191 27.0	335 03.7	13.5	53 24.1	50.9	321 48.8	27.1	213 12.7	12.1	Sabik	102 28.9	S15 43.0
E 11	206 29.5	350 07.5	12.5	68 25.4	50.6	336 50.7	27.2	228 15.2	12.1			
S 12	221 32.0	5 11.3	S20 11.6	83 26.6	N17 50.3	351 52.6	S17 27.3	243 17.7	S11 12.2	Schedar	349 56.0	N56 30.8
D 13	236 34.4	20 15.1	10.6	98 27.9	50.0	6 54.5	27.5	258 20.2	12.2	Shaula	96 41.2	S37 06.0
A 14	251 36.9	35 18.9	09.7	113 29.1	49.7	21 56.5	27.6	273 22.7	12.2	Sirius	258 45.8	S16 42.5
Y 15	266 39.4	50 22.8	·· 08.7	128 30.4	·· 49.4	36 58.4	·· 27.8	288 25.2	·· 12.2	Spica	158 46.3	S11 08.0
16	281 41.8	65 26.6	07.7	143 31.6	49.1	52 00.3	27.9	303 27.7	12.2	Suhail	223 02.8	S43 24.5
17	296 44.3	80 30.4	06.8	158 32.9	48.8	67 02.2	28.1	318 30.1	12.2			
18	311 46.7	95 34.2	S20 05.8	173 34.1	N17 48.5	82 04.1	S17 28.2	333 32.6	S11 12.2	Vega	80 48.7	N38 47.1
19	326 49.2	110 38.0	04.9	188 35.4	48.2	97 06.0	28.3	348 35.1	12.2	Zuben'ubi	137 21.3	S16 01.1
20	341 51.7	125 41.8	03.9	203 36.6	47.9	112 07.9	28.5	3 37.6	12.2			
21	356 54.1	140 45.6	·· 03.0	218 37.9	·· 47.7	127 09.8	·· 28.6	18 40.1	·· 12.2			
22	11 56.6	155 49.4	02.0	233 39.1	47.4	142 11.7	28.8	33 42.6	12.2			
23	26 59.1	170 53.3	01.0	248 40.4	47.1	157 13.7	28.9	48 45.1	12.2			
Mer. Pass. 21 16.3		v 3.8 d 0.9		v 1.2 d 0.3		v 1.9 d 0.1		v 2.5 d 0.0				

	S.H.A.	Mer. Pass.
Venus	142 50.5	11 45
Mars	222 38.6	6 29
Jupiter	130 40.5	12 35
Saturn	21 44.5	19 50

1994 OCT. 31, NOV. 1, 2 (MON., TUES., WED.)

SUN and MOON

UT (GMT)	SUN G.H.A.	SUN Dec.	MOON G.H.A.	v	MOON Dec.	d	H.P.
31 00	184 05.1	S13 57.5	231 37.7	10.3	N 0 34.9	12.0	59.1
01	199 05.1	58.4	246 07.0	10.3	0 22.9	12.1	59.1
02	214 05.1	13 59.2	260 36.3	10.3	N 0 10.8	12.1	59.2
03	229 05.2	14 00.0	275 05.6	10.1	S 0 01.3	12.2	59.2
04	244 05.2	00.8	289 34.7	10.2	0 13.5	12.1	59.3
05	259 05.2	01.6	304 03.9	10.1	0 25.6	12.1	59.3
06	274 05.2	S14 02.4	318 33.0	10.0	S 0 37.7	12.2	59.3
07	289 05.3	03.2	333 02.0	10.0	0 49.9	12.2	59.4
M 08	304 05.3	04.1	347 31.0	10.0	1 02.1	12.2	59.4
O 09	319 05.3 ..	04.9	2 00.0	9.9	1 14.3	12.2	59.4
N 10	334 05.3	05.7	16 28.9	9.8	1 26.5	12.2	59.5
D 11	349 05.4	06.5	30 57.7	9.8	1 38.7	12.2	59.5
A 12	4 05.4	S14 07.3	45 26.5	9.7	S 1 50.9	12.2	59.6
Y 13	19 05.4	08.1	59 55.2	9.7	2 03.1	12.2	59.6
14	34 05.4	08.9	74 23.9	9.6	2 15.3	12.2	59.6
15	49 05.5 ..	09.7	88 52.5	9.6	2 27.5	12.3	59.7
16	64 05.5	10.5	103 21.1	9.5	2 39.8	12.2	59.7
17	79 05.5	11.3	117 49.6	9.5	2 52.0	12.2	59.7
18	94 05.5	S14 12.1	132 18.1	9.4	S 3 04.2	12.2	59.8
19	109 05.5	13.0	146 46.5	9.4	3 16.4	12.2	59.8
20	124 05.6	13.8	161 14.9	9.2	3 28.6	12.3	59.9
21	139 05.6 ..	14.6	175 43.1	9.3	3 40.9	12.2	59.9
22	154 05.6	15.4	190 11.4	9.1	3 53.1	12.2	59.9
23	169 05.6	16.2	204 39.5	9.2	4 05.3	12.2	60.0
1 00	184 05.6	S14 17.0	219 07.7	9.0	S 4 17.5	12.1	60.0
01	199 05.7	17.8	233 35.7	9.0	4 29.6	12.2	60.0
02	214 05.7	18.6	248 03.7	8.9	4 41.8	12.2	60.1
03	229 05.7 ..	19.4	262 31.6	8.9	4 54.0	12.1	60.1
04	244 05.7	20.2	276 59.5	8.8	5 06.1	12.1	60.1
05	259 05.7	21.0	291 27.3	8.7	5 18.2	12.1	60.2
06	274 05.8	S14 21.8	305 55.0	8.7	S 5 30.3	12.1	60.2
07	289 05.8	22.6	320 22.7	8.6	5 42.4	12.1	60.2
T 08	304 05.8	23.4	334 50.3	8.6	5 54.5	12.0	60.3
U 09	319 05.8 ..	24.2	349 17.9	8.5	6 06.5	12.0	60.3
E 10	334 05.8	25.0	3 45.4	8.4	6 18.5	12.0	60.3
S 11	349 05.8	25.8	18 12.8	8.3	6 30.5	12.0	60.4
D 12	4 05.9	S14 26.6	32 40.1	8.3	S 6 42.5	11.9	60.4
A 13	19 05.9	27.4	47 07.4	8.2	6 54.4	11.9	60.4
Y 14	34 05.9	28.2	61 34.6	8.2	7 06.3	11.9	60.5
15	49 05.9 ..	29.0	76 01.8	8.1	7 18.2	11.8	60.5
16	64 05.9	29.8	90 28.9	8.0	7 30.0	11.8	60.5
17	79 05.9	30.6	104 55.9	7.9	7 41.8	11.8	60.5
18	94 05.9	S14 31.4	119 22.8	7.9	S 7 53.6	11.7	60.6
19	109 06.0	32.2	133 49.7	7.8	8 05.3	11.7	60.6
20	124 06.0	33.0	148 16.5	7.7	8 17.0	11.7	60.6
21	139 06.0 ..	33.8	162 43.2	7.7	8 28.7	11.6	60.7
22	154 06.0	34.6	177 09.9	7.6	8 40.3	11.5	60.7
23	169 06.0	35.4	191 36.5	7.5	8 51.8	11.5	60.7
2 00	184 06.0	S14 36.2	206 03.0	7.5	S 9 03.3	11.5	60.7
01	199 06.0	37.0	220 29.5	7.3	9 14.8	11.4	60.8
02	214 06.0	37.8	234 55.8	7.3	9 26.2	11.4	60.8
03	229 06.1 ..	38.6	249 22.1	7.3	9 37.6	11.3	60.8
04	244 06.1	39.4	263 48.4	7.1	9 48.9	11.2	60.8
05	259 06.1	40.2	278 14.5	7.1	10 00.1	11.2	60.9
06	274 06.1	S14 41.0	292 40.6	7.1	S10 11.3	11.2	60.9
W 07	289 06.1	41.8	307 06.7	6.9	10 22.5	11.0	60.9
E 08	304 06.1	42.5	321 32.6	6.9	10 33.5	11.1	60.9
D 09	319 06.1 ..	43.3	335 58.5	6.8	10 44.6	10.9	60.9
N 10	334 06.1	44.1	350 24.3	6.7	10 55.5	10.9	61.0
E 11	349 06.1	44.9	4 50.0	6.7	11 06.4	10.8	61.0
S 12	4 06.1	S14 45.7	19 15.7	6.6	S11 17.2	10.8	61.0
D 13	19 06.1	46.5	33 41.3	6.5	11 28.0	10.7	61.0
A 14	34 06.1	47.3	48 06.8	6.5	11 38.7	10.6	61.1
Y 15	49 06.2 ..	48.1	62 32.3	6.3	11 49.3	10.5	61.1
16	64 06.2	48.9	76 57.6	6.3	11 59.8	10.5	61.1
17	79 06.2	49.7	91 22.9	6.3	12 10.3	10.4	61.1
18	94 06.2	S14 50.4	105 48.2	6.1	S12 20.7	10.3	61.1
19	109 06.2	51.2	120 13.3	6.1	12 31.0	10.2	61.1
20	124 06.2	52.0	134 38.4	6.0	12 41.2	10.2	61.2
21	139 06.2 ..	52.8	149 03.4	6.0	12 51.4	10.0	61.2
22	154 06.2	53.6	163 28.4	5.9	13 01.4	10.0	61.2
23	169 06.2	54.4	177 53.3	5.8	13 11.4	9.9	61.2
	S.D. 16.1	d 0.8	S.D. 16.2		16.5		16.6

Twilight, Sunrise, Moonrise

Lat.	Naut.	Civil	Sunrise	Moonrise 31	1	2	3
N 72	06 05	07 28	08 55	02 40	04 41	06 51	09 15
N 70	06 01	07 15	08 29	02 40	04 33	06 33	08 39
68	05 58	07 05	08 10	02 40	04 27	06 18	08 14
66	05 54	06 56	07 54	02 40	04 21	06 07	07 55
64	05 52	06 48	07 41	02 40	04 17	05 57	07 40
62	05 49	06 42	07 31	02 40	04 13	05 49	07 27
60	05 47	06 36	07 21	02 40	04 09	05 42	07 16
N 58	05 45	06 31	07 13	02 40	04 07	05 36	07 07
56	05 43	06 27	07 06	02 40	04 04	05 31	06 59
54	05 41	06 23	07 00	02 40	04 01	05 26	06 51
52	05 39	06 19	06 54	02 40	03 59	05 22	06 45
50	05 37	06 15	06 49	02 40	03 57	05 18	06 39
45	05 33	06 07	06 38	02 40	03 53	05 09	06 27
N 40	05 29	06 01	06 29	02 40	03 50	05 02	06 17
35	05 25	05 55	06 21	02 40	03 47	04 56	06 07
30	05 21	05 49	06 14	02 40	03 44	04 51	06 00
20	05 13	05 39	06 01	02 40	03 39	04 42	05 46
N 10	05 04	05 29	05 50	02 40	03 35	04 34	05 35
0	04 54	05 19	05 40	02 40	03 32	04 26	05 24
S 10	04 43	05 08	05 30	02 40	03 28	04 19	05 14
20	04 29	04 56	05 19	02 40	03 24	04 11	05 02
30	04 10	04 40	05 06	02 40	03 20	04 03	04 50
35	03 59	04 31	04 58	02 40	03 17	03 58	04 42
40	03 45	04 20	04 49	02 40	03 15	03 52	04 34
45	03 28	04 07	04 39	02 40	03 11	03 46	04 24
S 50	03 05	03 51	04 27	02 40	03 08	03 38	04 13
52	02 54	03 43	04 21	02 40	03 06	03 34	04 07
54	02 41	03 34	04 15	02 40	03 04	03 30	04 01
56	02 25	03 24	04 08	02 40	03 02	03 26	03 55
58	02 06	03 13	04 00	02 40	03 00	03 21	03 47
S 60	01 41	02 59	03 51	02 40	02 57	03 16	03 39

Sunset, Twilight, Moonset

Lat.	Sunset	Civil	Naut.	Moonset 31	1	2	3
N 72	14 31	15 58	17 20	14 32	14 21	14 07	13 45
N 70	14 57	16 11	17 24	14 36	14 31	14 27	14 27
68	15 16	16 21	17 28	14 38	14 40	14 43	14 48
66	15 32	16 30	17 31	14 41	14 47	14 56	15 08
64	15 45	16 38	17 34	14 43	14 53	15 06	15 25
62	15 56	16 44	17 37	14 44	14 59	15 16	15 38
60	16 05	16 50	17 39	14 46	15 03	15 24	15 50
N 58	16 13	16 55	17 42	14 47	15 07	15 31	16 00
56	16 20	17 00	17 44	14 49	15 11	15 37	16 09
54	16 26	17 04	17 46	14 50	15 14	15 42	16 16
52	16 32	17 08	17 48	14 51	15 17	15 48	16 23
50	16 37	17 11	17 49	14 52	15 20	15 52	16 30
45	16 49	17 19	17 54	14 54	15 26	16 02	16 44
N 40	16 58	17 26	17 58	14 55	15 31	16 10	16 55
35	17 06	17 32	18 02	14 57	15 35	16 18	17 05
30	17 13	17 38	18 06	14 58	15 39	16 24	17 13
20	17 26	17 48	18 14	15 00	15 46	16 35	17 28
N 10	17 37	17 58	18 23	15 02	15 52	16 44	17 41
0	17 47	18 08	18 33	15 04	15 57	16 54	17 53
S 10	17 58	18 19	18 45	15 06	16 03	17 03	18 05
20	18 09	18 32	18 59	15 08	16 09	17 12	18 18
30	18 22	18 47	19 17	15 10	16 15	17 23	18 33
35	18 30	18 57	19 29	15 11	16 19	17 30	18 41
40	18 38	19 08	19 43	15 13	16 24	17 37	18 51
45	18 49	19 21	20 01	15 14	16 29	17 46	19 03
S 50	19 01	19 38	20 24	15 16	16 35	17 56	19 17
52	19 07	19 46	20 35	15 17	16 38	18 01	19 23
54	19 14	19 55	20 49	15 18	16 41	18 06	19 31
56	19 21	20 05	21 05	15 19	16 44	18 12	19 39
58	19 29	20 17	21 24	15 20	16 48	18 18	19 48
S 60	19 38	20 31	21 50	15 22	16 53	18 26	19 59

SUN and MOON

Day	SUN Eqn. of Time 00h	12h	Mer. Pass.	MOON Mer. Pass. Upper	Lower	Age	Phase
31	16 20	16 21	11 44	08 52	21 18	26	●
1	16 23	16 23	11 44	09 44	22 12	27	
2	16 24	16 25	11 44	10 40	23 09	28	

1994 NOVEMBER 3, 4, 5 (THURS., FRI., SAT.)

UT (GMT)	ARIES G.H.A.	VENUS −4.0 G.H.A.	Dec.	MARS +0.7 G.H.A.	Dec.	JUPITER −1.7 G.H.A.	Dec.	SATURN +0.8 G.H.A.	Dec.	STARS Name	S.H.A.	Dec.
3 00	42 01.5	185 57.1	S20 00.1	263 41.7	N17 46.8	172 15.6	S17 29.1	63 47.6	S11 12.2	Acamar	315 28.5	S40 19.5
01	57 04.0	201 00.9	19 59.1	278 42.9	46.5	187 17.5	29.2	78 50.1	12.2	Achernar	335 36.6	S57 15.8
02	72 06.5	216 04.7	58.1	293 44.2	46.2	202 19.4	29.4	93 52.6	12.2	Acrux	173 25.5	S63 04.1
03	87 08.9	231 08.5	·· 57.2	308 45.4	·· 45.9	217 21.3	·· 29.5	108 55.1	·· 12.2	Adhara	255 23.3	S28 57.8
04	102 11.4	246 12.3	56.2	323 46.7	45.6	232 23.2	29.6	123 57.6	12.2	Aldebaran	291 05.1	N16 29.9
05	117 13.9	261 16.1	55.2	338 48.0	45.3	247 25.1	29.8	139 00.1	12.2			
06	132 16.3	276 19.9	S19 54.3	353 49.2	N17 45.0	262 27.0	S17 29.9	154 02.5	S11 12.3	Alioth	166 33.5	N55 59.1
07	147 18.8	291 23.7	53.3	8 50.5	44.7	277 28.9	30.1	169 05.0	12.3	Alkaid	153 10.4	N49 20.3
T 08	162 21.2	306 27.5	52.3	23 51.7	44.4	292 30.8	30.2	184 07.5	12.3	Al Na'ir	28 01.1	S46 59.2
H 09	177 23.7	321 31.3	·· 51.3	38 53.0	·· 44.1	307 32.8	·· 30.4	199 10.0	·· 12.3	Alnilam	276 00.3	S 1 12.3
U 10	192 26.2	336 35.1	50.4	53 54.3	43.8	322 34.7	30.5	214 12.5	12.3	Alphard	218 09.9	S 8 38.1
R 11	207 28.6	351 38.9	49.4	68 55.5	43.5	337 36.6	30.6	229 15.0	12.3			
S 12	222 31.1	6 42.7	S19 48.4	83 56.8	N17 43.2	352 38.5	S17 30.8	244 17.5	S11 12.3	Alphecca	126 23.2	N26 44.1
D 13	237 33.6	21 46.5	47.4	98 58.0	42.9	7 40.4	30.9	259 20.0	12.3	Alpheratz	357 57.7	N29 04.0
A 14	252 36.0	36 50.3	46.4	113 59.3	42.6	22 42.3	31.1	274 22.5	12.3	Altair	62 22.0	N 8 51.5
Y 15	267 38.5	51 54.1	·· 45.5	129 00.6	·· 42.3	37 44.2	·· 31.2	289 25.0	·· 12.3	Ankaa	353 29.1	S42 20.0
16	282 41.0	66 57.9	44.5	144 01.8	42.0	52 46.1	31.4	304 27.5	12.3	Antares	112 43.8	S26 25.1
17	297 43.4	82 01.7	43.5	159 03.1	41.7	67 48.0	31.5	319 29.9	12.3			
18	312 45.9	97 05.5	S19 42.5	174 04.4	N17 41.4	82 50.0	S17 31.7	334 32.4	S11 12.3	Arcturus	146 08.8	N19 12.6
19	327 48.4	112 09.3	41.5	189 05.6	41.1	97 51.9	31.8	349 34.9	12.3	Atria	107 58.6	S69 01.1
20	342 50.8	127 13.1	40.6	204 06.9	40.9	112 53.8	31.9	4 37.4	12.3	Avior	234 23.6	S59 29.4
21	357 53.3	142 16.9	·· 39.6	219 08.2	·· 40.6	127 55.7	·· 32.1	19 39.9	·· 12.3	Bellatrix	278 46.7	N 6 20.7
22	12 55.7	157 20.7	38.6	234 09.4	40.3	142 57.6	32.2	34 42.4	12.3	Betelgeuse	271 16.2	N 7 24.3
23	27 58.2	172 24.5	37.6	249 10.7	40.0	157 59.5	32.4	49 44.9	12.3			
4 00	43 00.7	187 28.3	S19 36.6	264 12.0	N17 39.7	173 01.4	S17 32.5	64 47.4	S11 12.3	Canopus	264 02.0	S52 41.4
01	58 03.1	202 32.1	35.6	279 13.2	39.4	188 03.3	32.7	79 49.9	12.3	Capella	280 54.7	N45 59.4
02	73 05.6	217 35.9	34.6	294 14.5	39.1	203 05.2	32.8	94 52.3	12.3	Deneb	49 41.0	N45 16.1
03	88 08.1	232 39.7	·· 33.6	309 15.8	·· 38.8	218 07.1	·· 32.9	109 54.8	·· 12.3	Denebola	182 48.1	N14 36.0
04	103 10.5	247 43.5	32.6	324 17.0	38.5	233 09.0	33.1	124 57.3	12.3	Diphda	349 09.6	S18 00.8
05	118 13.0	262 47.3	31.6	339 18.3	38.2	248 11.0	33.2	139 59.8	12.3			
06	133 15.5	277 51.0	S19 30.7	354 19.6	N17 37.9	263 12.9	S17 33.4	155 02.3	S11 12.3	Dubhe	194 09.2	N61 46.4
07	148 17.9	292 54.8	29.7	9 20.9	37.6	278 14.8	33.5	170 04.8	12.3	Elnath	278 30.0	N28 36.1
08	163 20.4	307 58.6	28.7	24 22.1	37.3	293 16.7	33.7	185 07.3	12.4	Eltanin	90 53.0	N51 29.7
F 09	178 22.8	323 02.4	·· 27.7	39 23.4	·· 37.0	308 18.6	·· 33.8	200 09.8	·· 12.4	Enif	34 00.8	N 9 51.3
R 10	193 25.3	338 06.2	26.7	54 24.7	36.7	323 20.5	33.9	215 12.2	12.4	Fomalhaut	15 39.2	S29 38.9
I 11	208 27.8	353 10.0	25.7	69 25.9	36.4	338 22.4	34.1	230 14.7	12.4			
D 12	223 30.2	8 13.8	S19 24.7	84 27.2	N17 36.1	353 24.3	S17 34.2	245 17.2	S11 12.4	Gacrux	172 17.0	S57 04.9
A 13	238 32.7	23 17.5	23.7	99 28.5	35.8	8 26.2	34.4	260 19.7	12.4	Gienah	176 07.0	S17 30.7
Y 14	253 35.2	38 21.3	22.7	114 29.8	35.5	23 28.1	34.5	275 22.2	12.4	Hadar	149 08.4	S60 20.8
15	268 37.6	53 25.1	·· 21.7	129 31.0	·· 35.2	38 30.1	·· 34.7	290 24.7	·· 12.4	Hamal	328 16.2	N23 26.4
16	283 40.1	68 28.9	20.7	144 32.3	35.0	53 32.0	34.8	305 27.2	12.4	Kaus Aust.	84 02.6	S34 23.2
17	298 42.6	83 32.6	19.7	159 33.6	34.7	68 33.9	35.0	320 29.6	12.4			
18	313 45.0	98 36.4	S19 18.7	174 34.9	N17 34.4	83 35.8	S17 35.1	335 32.1	S11 12.4	Kochab	137 20.7	N74 10.6
19	328 47.5	113 40.2	17.7	189 36.1	34.1	98 37.7	35.2	350 34.6	12.4	Markab	13 52.1	N15 10.9
20	343 50.0	128 44.0	16.7	204 37.4	33.8	113 39.6	35.4	5 37.1	12.4	Menkar	314 29.4	N 4 04.3
21	358 52.4	143 47.7	·· 15.7	219 38.7	·· 33.5	128 41.5	·· 35.5	20 39.6	·· 12.4	Menkent	148 24.5	S36 20.6
22	13 54.9	158 51.5	14.6	234 40.0	33.2	143 43.4	35.7	35 42.1	12.4	Miaplacidus	221 42.6	S69 41.5
23	28 57.3	173 55.3	13.6	249 41.3	32.9	158 45.3	35.8	50 44.6	12.4			
5 00	43 59.8	188 59.1	S19 12.6	264 42.5	N17 32.6	173 47.2	S17 36.0	65 47.0	S11 12.4	Mirfak	308 59.9	N49 50.6
01	59 02.3	204 02.8	11.6	279 43.8	32.3	188 49.1	36.1	80 49.5	12.4	Nunki	76 15.8	S26 18.1
02	74 04.7	219 06.6	10.6	294 45.1	32.0	203 51.0	36.2	95 52.0	12.4	Peacock	53 41.3	S56 45.2
03	89 07.2	234 10.3	·· 09.6	309 46.4	·· 31.7	218 53.0	·· 36.4	110 54.5	·· 12.4	Pollux	243 44.7	N28 02.2
04	104 09.7	249 14.1	08.6	324 47.7	31.4	233 54.9	36.5	125 57.0	12.4	Procyon	245 14.2	N 5 14.3
05	119 12.1	264 17.9	07.6	339 48.9	31.1	248 56.8	36.7	140 59.5	12.4			
06	134 14.6	279 21.6	S19 06.6	354 50.2	N17 30.8	263 58.7	S17 36.8	156 01.9	S11 12.4	Rasalhague	96 19.7	N12 34.1
07	149 17.1	294 25.4	05.6	9 51.5	30.5	279 00.6	37.0	171 04.4	12.4	Regulus	207 58.5	N11 59.5
S 08	164 19.5	309 29.2	04.5	24 52.8	30.2	294 02.5	37.1	186 06.9	12.4	Rigel	281 25.2	S 8 12.4
A 09	179 22.0	324 32.9	·· 03.5	39 54.1	·· 30.0	309 04.4	·· 37.2	201 09.4	·· 12.4	Rigil Kent.	140 11.5	S60 48.7
T 10	194 24.5	339 36.7	02.5	54 55.4	29.7	324 06.3	37.4	216 11.9	12.4	Sabik	102 28.9	S15 43.0
U 11	209 26.9	354 40.4	01.5	69 56.6	29.4	339 08.2	37.5	231 14.4	12.4			
R 12	224 29.4	9 44.2	S19 00.5	84 57.9	N17 29.1	354 10.1	S17 37.7	246 16.8	S11 12.4	Schedar	349 56.0	N56 30.8
D 13	239 31.8	24 47.9	18 59.5	99 59.2	28.8	9 12.0	37.8	261 19.3	12.4	Shaula	96 41.2	S37 06.0
A 14	254 34.3	39 51.7	58.4	115 00.5	28.5	24 13.9	38.0	276 21.8	12.4	Sirius	258 45.8	S16 42.5
Y 15	269 36.8	54 55.4	·· 57.4	130 01.8	·· 28.2	39 15.9	·· 38.1	291 24.3	·· 12.4	Spica	158 46.3	S11 08.0
16	284 39.2	69 59.2	56.4	145 03.1	27.9	54 17.8	38.2	306 26.8	12.4	Suhail	223 02.7	S43 24.5
17	299 41.7	85 02.9	55.4	160 04.4	27.6	69 19.7	38.4	321 29.2	12.4			
18	314 44.2	100 06.7	S18 54.4	175 05.7	N17 27.3	84 21.6	S17 38.5	336 31.7	S11 12.4	Vega	80 48.7	N38 47.1
19	329 46.6	115 10.4	53.4	190 06.9	27.0	99 23.5	38.7	351 34.2	12.4	Zuben'ubi	137 21.3	S16 01.1
20	344 49.1	130 14.1	52.3	205 08.2	26.7	114 25.4	38.8	6 36.7	12.4			
21	359 51.6	145 17.9	·· 51.3	220 09.5	·· 26.4	129 27.3	·· 38.9	21 39.2	·· 12.4			
22	14 54.0	160 21.6	50.3	235 10.8	26.1	144 29.2	39.1	36 41.7	12.4			
23	29 56.5	175 25.3	49.3	250 12.1	25.8	159 31.1	39.2	51 44.1	12.4			

	h m										S.H.A.	Mer. Pass.
Mer. Pass.	21 04.5	v 3.8	d 1.0	v 1.3	d 0.3	v 1.9	d 0.1	v 2.5	d 0.0	Venus	144 27.6	11 27
										Mars	221 11.3	6 23
										Jupiter	130 00.7	12 26
										Saturn	21 46.7	19 38

1994 NOVEMBER 3, 4, 5 (THURS., FRI., SAT.)

215

UT (GMT)	SUN G.H.A.	SUN Dec.	MOON G.H.A.	MOON v	MOON Dec.	MOON d	MOON H.P.
d h	° '	° '	° '	'	° '	'	'
3 00	184 06.2	S14 55.2	192 18.1	5.7	S13 21.3	9.8	61.2
01	199 06.2	56.0	206 42.8	5.7	13 31.1	9.7	61.2
02	214 06.2	56.7	221 07.5	5.6	13 40.8	9.7	61.2
03	229 06.2	.. 57.5	235 32.1	5.6	13 50.5	9.5	61.3
04	244 06.2	58.3	249 56.7	5.4	14 00.0	9.4	61.3
05	259 06.2	59.1	264 21.1	5.4	14 09.4	9.4	61.3
06	274 06.2	S14 59.9	278 45.5	5.4	S14 18.8	9.2	61.3
07	289 06.2	15 00.7	293 09.9	5.2	14 28.0	9.2	61.3
T 08	304 06.2	01.4	307 34.1	5.3	14 37.2	9.0	61.3
H 09	319 06.2	.. 02.2	321 58.4	5.1	14 46.2	8.9	61.3
U 10	334 06.2	03.0	336 22.5	5.1	14 55.1	8.9	61.3
R 11	349 06.2	03.8	350 46.6	5.0	S15 04.0	8.7	61.3
S 12	4 06.2	S15 04.6					
D 13	19 06.2	05.3		A Total Eclipse			
A 14	34 06.2	06.1		of the Sun			
Y 15	49 06.2	.. 06.9		occurs on this date.			
16	64 06.2	07.7		See page 5.			
17	79 06.2	08.5					
18	94 06.2	S15 09.2	91 33.5	4.6	S16 02.8	7.9	61.4
19	109 06.2	10.0	105 57.1	4.5	16 10.7	7.9	61.4
20	124 06.2	10.8	120 20.6	4.5	16 18.6	7.7	61.4
21	139 06.2	.. 11.6	134 44.1	4.5	16 26.3	7.6	61.4
22	154 06.2	12.3	149 07.6	4.4	16 33.9	7.5	61.4
23	169 06.2	13.1	163 31.0	4.3	16 41.4	7.3	61.4
4 00	184 06.2	S15 13.9	177 54.3	4.3	S16 48.7	7.2	61.4
01	199 06.2	14.7	192 17.6	4.2	16 55.9	7.1	61.4
02	214 06.2	15.4	206 40.8	4.2	17 03.0	7.0	61.4
03	229 06.1	.. 16.2	221 04.0	4.2	17 10.0	6.9	61.4
04	244 06.1	17.0	235 27.2	4.1	17 16.9	6.7	61.4
05	259 06.1	17.8	249 50.3	4.1	17 23.6	6.6	61.4
06	274 06.1	S15 18.5	264 13.4	4.0	S17 30.2	6.4	61.4
07	289 06.1	19.3	278 36.4	4.0	17 36.6	6.4	61.4
08	304 06.1	20.1	292 59.4	3.9	17 43.0	6.2	61.4
F 09	319 06.1	.. 20.9	307 22.3	3.9	17 49.2	6.0	61.4
R 10	334 06.1	21.6	321 45.2	3.9	17 55.2	5.9	61.3
I 11	349 06.1	22.4	336 08.1	3.9	18 01.1	5.8	61.3
D 12	4 06.1	S15 23.2	350 31.0	3.8	S18 06.9	5.7	61.3
A 13	19 06.1	23.9	4 53.8	3.7	18 12.6	5.5	61.3
Y 14	34 06.1	24.7	19 16.5	3.8	18 18.1	5.4	61.3
15	49 06.0	.. 25.5	33 39.3	3.7	18 23.5	5.2	61.3
16	64 06.0	26.2	48 02.0	3.7	18 28.7	5.1	61.3
17	79 06.0	27.0	62 24.7	3.7	18 33.8	5.0	61.3
18	94 06.0	S15 27.8	76 47.4	3.6	S18 38.8	4.8	61.3
19	109 06.0	28.6	91 10.0	3.7	18 43.6	4.7	61.3
20	124 06.0	29.3	105 32.7	3.6	18 48.3	4.5	61.3
21	139 06.0	.. 30.1	119 55.3	3.5	18 52.8	4.4	61.2
22	154 06.0	30.9	134 17.8	3.6	18 57.2	4.3	61.2
23	169 05.9	31.6	148 40.4	3.6	19 01.5	4.1	61.2
5 00	184 05.9	S15 32.4	163 03.0	3.5	S19 05.6	3.9	61.2
01	199 05.9	33.1	177 25.5	3.6	19 09.5	3.8	61.2
02	214 05.9	33.9	191 48.1	3.5	19 13.3	3.7	61.2
03	229 05.9	.. 34.7	206 10.6	3.5	19 17.0	3.5	61.2
04	244 05.9	35.4	220 33.1	3.5	19 20.5	3.4	61.1
05	259 05.9	36.2	234 55.6	3.5	19 23.9	3.2	61.1
06	274 05.8	S15 37.0	249 18.1	3.5	S19 27.1	3.1	61.1
07	289 05.8	37.7	263 40.6	3.5	19 30.2	2.9	61.1
S 08	304 05.8	38.5	278 03.1	3.6	19 33.1	2.8	61.1
A 09	319 05.8	.. 39.2	292 25.7	3.5	19 35.9	2.6	61.1
T 10	334 05.8	40.0	306 48.2	3.5	19 38.5	2.5	61.0
U 11	349 05.8	40.8	321 10.7	3.5	19 41.0	2.3	61.0
R 12	4 05.7	S15 41.5	335 33.2	3.6	S19 43.3	2.2	61.0
D 13	19 05.7	42.3	349 55.8	3.5	19 45.5	2.0	61.0
A 14	34 05.7	43.0	4 18.3	3.6	19 47.5	1.9	61.0
Y 15	49 05.7	.. 43.8	18 40.9	3.6	19 49.4	1.7	60.9
16	64 05.7	44.6	33 03.5	3.6	19 51.1	1.6	60.9
17	79 05.6	45.3	47 26.1	3.6	19 52.7	1.5	60.9
18	94 05.6	S15 46.1	61 48.7	3.6	S19 54.2	1.3	60.9
19	109 05.6	46.8	76 11.3	3.7	19 55.5	1.1	60.9
20	124 05.6	47.6	90 34.0	3.7	19 56.6	1.0	60.8
21	139 05.6	.. 48.3	104 56.7	3.7	19 57.6	0.8	60.8
22	154 05.5	49.1	119 19.4	3.7	19 58.4	0.7	60.8
23	169 05.5	49.9	133 42.1	3.8	19 59.1	0.6	60.8
	S.D. 16.2	d 0.8	S.D. 16.7		16.7		16.6

Lat.	Twilight Naut.	Twilight Civil	Sunrise	Moonrise 3	Moonrise 4	Moonrise 5	Moonrise 6
°	h m	h m	h m	h m	h m	h m	h m
N 72	06 17	07 42	09 15	09 15	▬	▬	▬
N 70	06 12	07 27	08 44	08 39	10 53	13 24	▬
68	06 07	07 15	08 22	08 14	10 10	11 52	12 58
66	06 03	07 05	08 05	07 55	09 41	11 13	12 19
64	06 00	06 57	07 51	07 40	09 19	10 46	11 51
62	05 56	06 50	07 39	07 27	09 01	10 25	11 30
60	05 53	06 43	07 29	07 16	08 47	10 08	11 13
N 58	05 51	06 38	07 20	07 07	08 35	09 54	10 58
56	05 48	06 33	07 13	06 59	08 24	09 41	10 46
54	05 46	06 28	07 06	06 51	08 15	09 31	10 35
52	05 44	06 24	07 00	06 45	08 06	09 21	10 25
50	05 41	06 20	06 54	06 39	07 59	09 13	10 17
45	05 36	06 11	06 42	06 27	07 43	08 55	09 59
N 40	05 32	06 04	06 32	06 16	07 30	08 40	09 44
35	05 27	05 57	06 24	06 07	07 19	08 28	09 31
30	05 23	05 51	06 16	06 00	07 09	08 17	09 20
20	05 14	05 40	06 03	05 46	06 53	07 58	09 01
N 10	05 04	05 29	05 51	05 35	06 38	07 42	08 45
0	04 54	05 19	05 40	05 24	06 25	07 27	08 29
S 10	04 42	05 07	05 29	05 14	06 12	07 12	08 14
20	04 27	04 54	05 17	05 02	05 57	06 56	07 58
30	04 08	04 38	05 03	04 50	05 41	06 38	07 39
35	03 55	04 28	04 55	04 42	05 32	06 28	07 28
40	03 41	04 17	04 46	04 34	05 21	06 15	07 16
45	03 22	04 03	04 35	04 24	05 09	06 01	07 01
S 50	02 58	03 45	04 22	04 13	04 54	05 44	06 43
52	02 46	03 37	04 16	04 07	04 47	05 36	06 34
54	02 32	03 27	04 09	04 01	04 39	05 27	06 25
56	02 15	03 17	04 01	03 55	04 31	05 17	06 14
58	01 54	03 04	03 53	03 47	04 21	05 05	06 02
S 60	01 25	02 49	03 43	03 39	04 10	04 52	05 48

Lat.	Sunset	Twilight Civil	Twilight Naut.	Moonset 3	Moonset 4	Moonset 5	Moonset 6
°	h m	h m	h m	h m	h m	h m	h m
N 72	14 11	15 44	17 08	13 45	▬	▬	▬
N 70	14 41	15 59	17 14	14 22	14 16	13 57	▬
68	15 04	16 11	17 19	14 48	15 00	15 29	16 32
66	15 21	16 21	17 23	15 08	15 30	16 08	17 12
64	15 35	16 29	17 26	15 25	15 52	16 36	17 39
62	15 47	16 36	17 30	15 38	16 10	16 57	18 00
60	15 57	16 43	17 33	15 50	16 25	17 14	18 17
N 58	16 06	16 49	17 35	16 00	16 38	17 28	18 31
56	16 14	16 54	17 38	16 09	16 49	17 41	18 44
54	16 21	16 58	17 40	16 16	16 59	17 51	18 55
52	16 27	17 03	17 43	16 23	17 07	18 01	19 04
50	16 32	17 07	17 45	16 30	17 15	18 10	19 13
45	16 45	17 15	17 50	16 44	17 32	18 28	19 31
N 40	16 55	17 23	17 55	16 55	17 46	18 43	19 45
35	17 03	17 30	18 00	17 05	17 57	18 55	19 58
30	17 11	17 36	18 04	17 13	18 07	19 06	20 09
20	17 24	17 47	18 13	17 28	18 25	19 25	20 27
N 10	17 36	17 58	18 23	17 41	18 40	19 42	20 43
0	17 47	18 09	18 33	17 53	18 54	19 57	20 58
S 10	17 58	18 20	18 46	18 05	19 09	20 12	21 13
20	18 10	18 34	19 01	18 18	19 24	20 29	21 29
30	18 24	18 50	19 20	18 33	19 41	20 47	21 48
35	18 33	19 00	19 32	18 41	19 52	20 58	21 58
40	18 42	19 11	19 47	18 51	20 03	21 11	22 10
45	18 53	19 26	20 06	19 03	20 17	21 25	22 23
S 50	19 06	19 43	20 31	19 17	20 34	21 43	22 42
52	19 13	19 52	20 43	19 23	20 42	21 52	22 50
54	19 20	20 01	20 58	19 31	20 51	22 01	23 00
56	19 27	20 12	21 15	19 39	21 01	22 12	23 10
58	19 36	20 25	21 37	19 48	21 12	22 24	23 22
S 60	19 46	20 40	22 07	19 59	21 25	22 39	23 35

Day	SUN Eqn. of Time 00h	SUN Eqn. of Time 12h	SUN Mer. Pass.	MOON Mer. Pass. Upper	MOON Mer. Pass. Lower	Age	Phase
	m s	m s	h m	h m	h m	d	
3	16 25	16 25	11 44	11 38	24 09	29	●
4	16 25	16 24	11 44	12 40	00 09	01	
5	16 24	16 23	11 44	13 42	01 11	02	

1994 NOVEMBER 6, 7, 8 (SUN., MON., TUES.)

UT (GMT) d h	ARIES G.H.A.	VENUS −4.1 G.H.A.	Dec.	MARS +0.7 G.H.A.	Dec.	JUPITER −1.7 G.H.A.	Dec.	SATURN +0.8 G.H.A.	Dec.
6 00	44 58.9	190 29.1	S18 48.2	265 13.4	N17 25.6	174 33.0	S17 39.4	66 46.6	S11 12.4
01	60 01.4	205 32.8	47.2	280 14.7	25.3	189 34.9	39.5	81 49.1	12.4
02	75 03.9	220 36.5	46.2	295 16.0	25.0	204 36.8	39.7	96 51.6	12.4
03	90 06.3	235 40.3	·· 45.2	310 17.3	·· 24.7	219 38.7	·· 39.8	111 54.1	·· 12.4
04	105 08.8	250 44.0	44.2	325 18.6	24.4	234 40.7	39.9	126 56.5	12.4
05	120 11.3	265 47.7	43.1	340 19.9	24.1	249 42.6	40.1	141 59.0	12.4
06	135 13.7	280 51.5	S18 42.1	355 21.2	N17 23.8	264 44.5	S17 40.2	157 01.5	S11 12.4
07	150 16.2	295 55.2	41.1	10 22.5	23.5	279 46.4	40.4	172 04.0	12.4
08	165 18.7	310 58.9	40.1	25 23.8	23.2	294 48.3	40.5	187 06.4	12.4
S 09	180 21.1	326 02.6	·· 39.0	40 25.0	·· 22.9	309 50.2	·· 40.7	202 08.9	·· 12.4
U 10	195 23.6	341 06.3	38.0	55 26.3	22.6	324 52.1	40.8	217 11.4	12.4
N 11	210 26.1	356 10.0	37.0	70 27.6	22.3	339 54.0	40.9	232 13.9	12.4
D 12	225 28.5	11 13.8	S18 35.9	85 28.9	N17 22.0	354 55.9	S17 41.1	247 16.4	S11 12.4
A 13	240 31.0	26 17.5	34.9	100 30.2	21.8	9 57.8	41.2	262 18.8	12.4
Y 14	255 33.4	41 21.2	33.9	115 31.5	21.5	24 59.7	41.4	277 21.3	12.4
15	270 35.9	56 24.9	·· 32.9	130 32.8	·· 21.2	40 01.6	·· 41.5	292 23.8	·· 12.4
16	285 38.4	71 28.6	31.8	145 34.1	20.9	55 03.5	41.7	307 26.3	12.4
17	300 40.8	86 32.3	30.8	160 35.4	20.6	70 05.4	41.8	322 28.8	12.4
18	315 43.3	101 36.0	S18 29.8	175 36.7	N17 20.3	85 07.3	S17 41.9	337 31.2	S11 12.4
19	330 45.8	116 39.7	28.7	190 38.0	20.0	100 09.3	42.1	352 33.7	12.4
20	345 48.2	131 43.4	27.7	205 39.3	19.7	115 11.2	42.2	7 36.2	12.4
21	0 50.7	146 47.1	·· 26.7	220 40.6	·· 19.4	130 13.1	·· 42.4	22 38.7	·· 12.4
22	15 53.2	161 50.8	25.7	235 41.9	19.1	145 15.0	42.5	37 41.1	12.4
23	30 55.6	176 54.5	24.6	250 43.2	18.8	160 16.9	42.6	52 43.6	12.4
7 00	45 58.1	191 58.2	S18 23.6	265 44.5	N17 18.5	175 18.8	S17 42.8	67 46.1	S11 12.4
01	61 00.6	207 01.9	22.6	280 45.8	18.3	190 20.7	42.9	82 48.6	12.4
02	76 03.0	222 05.5	21.5	295 47.2	18.0	205 22.6	43.1	97 51.0	12.4
03	91 05.5	237 09.2	·· 20.5	310 48.5	·· 17.7	220 24.5	·· 43.2	112 53.5	·· 12.4
04	106 07.9	252 12.9	19.5	325 49.8	17.4	235 26.4	43.4	127 56.0	12.4
05	121 10.4	267 16.6	18.4	340 51.1	17.1	250 28.3	43.5	142 58.5	12.4
06	136 12.9	282 20.3	S18 17.4	355 52.4	N17 16.8	265 30.2	S17 43.6	158 00.9	S11 12.4
07	151 15.3	297 24.0	16.4	10 53.7	16.5	280 32.1	43.8	173 03.4	12.4
08	166 17.8	312 27.6	15.3	25 55.0	16.2	295 34.0	43.9	188 05.9	12.4
M 09	181 20.3	327 31.3	·· 14.3	40 56.3	·· 15.9	310 35.9	·· 44.1	203 08.4	·· 12.4
O 10	196 22.7	342 35.0	13.3	55 57.6	15.6	325 37.8	44.2	218 10.8	12.4
N 11	211 25.2	357 38.6	12.2	70 58.9	15.3	340 39.8	44.3	233 13.3	12.4
D 12	226 27.7	12 42.3	S18 11.2	86 00.2	N17 15.0	355 41.7	S17 44.5	248 15.8	S11 12.4
A 13	241 30.1	27 46.0	10.2	101 01.5	14.8	10 43.6	44.6	263 18.3	12.4
Y 14	256 32.6	42 49.6	09.1	116 02.8	14.5	25 45.5	44.8	278 20.7	12.4
15	271 35.0	57 53.3	·· 08.1	131 04.2	·· 14.2	40 47.4	·· 45.0	293 23.2	·· 12.4
16	286 37.5	72 56.9	07.1	146 05.5	13.9	55 49.3	45.1	308 25.7	12.4
17	301 40.0	88 00.6	06.0	161 06.8	13.6	70 51.2	45.2	323 28.2	12.4
18	316 42.4	103 04.3	S18 05.0	176 08.1	N17 13.3	85 53.1	S17 45.3	338 30.6	S11 12.4
19	331 44.9	118 07.9	04.0	191 09.4	13.0	100 55.0	45.5	353 33.1	12.4
20	346 47.4	133 11.5	02.9	206 10.7	12.7	115 56.9	45.6	8 35.6	12.4
21	1 49.8	148 15.2	·· 01.9	221 12.0	·· 12.4	130 58.8	·· 45.8	23 38.0	·· 12.4
22	16 52.3	163 18.8	18 00.9	236 13.3	12.1	146 00.7	45.9	38 40.5	12.4
23	31 54.8	178 22.5	17 59.8	251 14.7	11.9	161 02.6	46.0	53 43.0	12.4
8 00	46 57.2	193 26.1	S17 58.8	266 16.0	N17 11.6	176 04.5	S17 46.2	68 45.5	S11 12.3
01	61 59.7	208 29.8	57.8	281 17.3	11.3	191 06.4	46.3	83 47.9	12.3
02	77 02.2	223 33.4	56.7	296 18.6	11.0	206 08.3	46.5	98 50.4	12.3
03	92 04.6	238 37.0	·· 55.7	311 19.9	·· 10.7	221 10.2	·· 46.6	113 52.9	·· 12.3
04	107 07.1	253 40.7	54.7	326 21.2	10.4	236 12.1	46.7	128 55.4	12.3
05	122 09.5	268 44.3	53.6	341 22.6	10.1	251 14.1	46.9	143 57.8	12.3
06	137 12.0	283 47.9	S17 52.6	356 23.9	N17 09.8	266 16.0	S17 47.0	159 00.3	S11 12.3
07	152 14.5	298 51.5	51.6	11 25.2	09.5	281 17.9	47.2	174 02.8	12.3
T 08	167 16.9	313 55.1	50.5	26 26.5	09.2	296 19.8	47.3	189 05.2	12.3
U 09	182 19.4	328 58.8	·· 49.5	41 27.8	·· 09.0	311 21.7	·· 47.5	204 07.7	·· 12.3
E 10	197 21.9	344 02.4	48.5	56 29.2	08.7	326 23.6	47.6	219 10.2	12.3
S 11	212 24.3	359 06.0	47.4	71 30.5	08.4	341 25.5	47.7	234 12.6	12.3
D 12	227 26.8	14 09.6	S17 46.4	86 31.8	N17 08.1	356 27.4	S17 47.9	249 15.1	S11 12.3
A 13	242 29.3	29 13.2	45.4	101 33.1	07.8	11 29.3	48.0	264 17.6	12.3
Y 14	257 31.7	44 16.8	44.3	116 34.4	07.5	26 31.2	48.2	279 20.1	12.3
15	272 34.2	59 20.4	·· 43.3	131 35.8	·· 07.2	41 33.1	·· 48.3	294 22.5	·· 12.3
16	287 36.7	74 24.0	42.3	146 37.1	06.9	56 35.0	48.4	309 25.0	12.3
17	302 39.1	89 27.6	41.2	161 38.4	06.6	71 36.9	48.6	324 27.5	12.3
18	317 41.6	104 31.2	S17 40.2	176 39.7	N17 06.3	86 38.8	S17 48.7	339 29.9	S11 12.3
19	332 44.0	119 34.8	39.2	191 41.1	06.1	101 40.7	48.9	354 32.4	12.3
20	347 46.5	134 38.4	38.1	206 42.4	05.8	116 42.6	49.0	9 34.9	12.3
21	2 49.0	149 42.0	·· 37.1	221 43.7	·· 05.5	131 44.5	·· 49.1	24 37.3	·· 12.3
22	17 51.4	164 45.6	36.1	236 45.0	05.2	146 46.4	49.3	39 39.8	12.3
23	32 53.9	179 49.1	35.0	251 46.4	04.9	161 48.3	49.4	54 42.3	12.3
Mer. Pass. 20 52.7		v 3.7	d 1.0	v 1.3	d 0.3	v 1.9	d 0.1	v 2.5	d 0.0

STARS

Name	S.H.A.	Dec.
Acamar	315 28.5	S40 19.5
Achernar	335 36.6	S57 15.8
Acrux	173 25.4	S63 04.1
Adhara	255 23.3	S28 57.8
Aldebaran	291 05.1	N16 29.9
Alioth	166 33.4	N55 59.1
Alkaid	153 10.4	N49 20.3
Al Na'ir	28 01.1	S46 59.2
Alnilam	276 00.3	S 1 12.3
Alphard	218 09.8	S 8 38.2
Alphecca	126 23.2	N26 44.1
Alpheratz	357 57.7	N29 04.0
Altair	62 22.0	N 8 51.5
Ankaa	353 29.1	S42 20.1
Antares	112 43.8	S26 25.1
Arcturus	146 08.8	N19 12.6
Atria	107 58.6	S69 01.1
Avior	234 23.5	S59 29.4
Bellatrix	278 46.7	N 6 20.7
Betelgeuse	271 16.2	N 7 24.3
Canopus	264 02.0	S52 41.4
Capella	280 54.7	N45 59.4
Deneb	49 41.0	N45 16.1
Denebola	182 48.1	N14 36.0
Diphda	349 09.6	S18 00.8
Dubhe	194 09.1	N61 46.4
Elnath	278 30.0	N28 36.1
Eltanin	90 53.0	N51 29.7
Enif	34 00.8	N 9 51.3
Fomalhaut	15 39.2	S29 38.9
Gacrux	172 16.9	S57 04.9
Gienah	176 06.9	S17 30.7
Hadar	149 08.4	S60 20.8
Hamal	328 16.2	N23 26.4
Kaus Aust.	84 02.6	S34 23.2
Kochab	137 20.8	N74 10.6
Markab	13 52.1	N15 10.9
Menkar	314 29.3	N 4 04.3
Menkent	148 24.5	S36 20.6
Miaplacidus	221 42.5	S69 41.5
Mirfak	308 59.9	N49 50.6
Nunki	76 15.8	S26 18.1
Peacock	53 41.3	S56 45.2
Pollux	243 44.7	N28 02.1
Procyon	245 14.2	N 5 14.2
Rasalhague	96 19.7	N12 34.0
Regulus	207 58.5	N11 59.5
Rigel	281 25.2	S 8 12.4
Rigil Kent.	140 11.4	S60 48.7
Sabik	102 28.9	S15 43.0
Schedar	349 56.0	N56 30.8
Shaula	96 41.2	S37 06.0
Sirius	258 45.8	S16 42.5
Spica	158 46.3	S11 08.0
Suhail	223 02.7	S43 24.5
Vega	80 48.7	N38 47.1
Zuben'ubi	137 21.2	S16 01.1

	S.H.A.	Mer. Pass.
Venus	146 00.1	11 09
Mars	219 46.5	6 16
Jupiter	129 20.7	12 17
Saturn	21 48.0	19 26

1994 NOVEMBER 9, 10, 11 (WED., THURS., FRI.)

UT (GMT) d h	ARIES G.H.A.	VENUS −4.2 G.H.A.	Dec.	MARS +0.6 G.H.A.	Dec.	JUPITER −1.7 G.H.A.	Dec.	SATURN +0.8 G.H.A.	Dec.	STARS Name	S.H.A.	Dec.
9 00	47 56.4	194 52.7	S17 34.0	266 47.7	N17 04.6	176 50.2	S17 49.6	69 44.7	S11 12.3	Acamar	315 28.5	S40 19.5
01	62 58.8	209 56.3	33.0	281 49.0	04.3	191 52.1	49.7	84 47.2	12.3	Achernar	335 36.6	S57 15.8
02	78 01.3	224 59.9	31.9	296 50.4	04.0	206 54.0	49.8	99 49.7	12.2	Acrux	173 25.4	S63 04.1
03	93 03.8	240 03.4	·· 30.9	311 51.7	·· 03.8	221 56.0	·· 50.0	114 52.1	·· 12.2	Adhara	255 23.3	S28 57.8
04	108 06.2	255 07.0	29.9	326 53.0	03.5	236 57.9	50.1	129 54.6	12.2	Aldebaran	291 05.1	N16 29.9
05	123 08.7	270 10.6	28.8	341 54.3	03.2	251 59.8	50.3	144 57.1	12.2			
06	138 11.2	285 14.1	S17 27.8	356 55.7	N17 02.9	267 01.7	S17 50.4	159 59.5	S11 12.2	Alioth	166 33.4	N55 59.1
W 07	153 13.6	300 17.7	26.8	11 57.0	02.6	282 03.6	50.6	175 02.0	12.2	Alkaid	153 10.4	N49 20.3
E 08	168 16.1	315 21.3	25.8	26 58.3	02.3	297 05.5	50.7	190 04.5	12.2	Al Na'ir	28 01.1	S46 59.2
D 09	183 18.5	330 24.8	·· 24.7	41 59.7	·· 02.0	312 07.4	·· 50.8	205 06.9	·· 12.2	Alnilam	276 00.3	S 1 12.3
N 10	198 21.0	345 28.4	23.7	57 01.0	01.7	327 09.3	51.0	220 09.4	12.2	Alphard	218 09.8	S 8 38.2
E 11	213 23.5	0 31.9	22.7	72 02.3	01.4	342 11.2	51.1	235 11.9	12.2			
S 12	228 25.9	15 35.5	S17 21.6	87 03.7	N17 01.2	357 13.1	S17 51.3	250 14.3	S11 12.2	Alphecca	126 23.2	N26 44.0
D 13	243 28.4	30 39.0	20.6	102 05.0	00.9	12 15.0	51.4	265 16.8	12.2	Alpheratz	357 57.7	N29 04.0
A 14	258 30.9	45 42.6	19.6	117 06.3	00.6	27 16.9	51.5	280 19.3	12.2	Altair	62 22.0	N 8 51.5
Y 15	273 33.3	60 46.1	·· 18.6	132 07.7	·· 00.3	42 18.8	·· 51.7	295 21.7	·· 12.2	Ankaa	353 29.1	S42 20.1
16	288 35.8	75 49.6	17.5	147 09.0	17 00.0	57 20.7	51.8	310 24.2	12.2	Antares	112 43.8	S26 25.1
17	303 38.3	90 53.2	16.5	162 10.3	16 59.7	72 22.6	52.0	325 26.7	12.2			
18	318 40.7	105 56.7	S17 15.5	177 11.7	N16 59.4	87 24.5	S17 52.1	340 29.1	S11 12.2	Arcturus	146 08.8	N19 12.6
19	333 43.2	121 00.2	14.5	192 13.0	59.1	102 26.4	52.2	355 31.6	12.2	Atria	107 58.6	S69 01.1
20	348 45.6	136 03.7	13.4	207 14.4	58.9	117 28.3	52.4	10 34.1	12.1	Avior	234 23.5	S59 29.4
21	3 48.1	151 07.3	·· 12.4	222 15.7	·· 58.6	132 30.2	·· 52.5	25 36.5	·· 12.1	Bellatrix	278 46.7	N 6 20.7
22	18 50.6	166 10.8	11.4	237 17.0	58.3	147 32.1	52.7	40 39.0	12.1	Betelgeuse	271 16.2	N 7 24.3
23	33 53.0	181 14.3	10.4	252 18.4	58.0	162 34.0	52.8	55 41.5	12.1			
10 00	48 55.5	196 17.8	S17 09.3	267 19.7	N16 57.7	177 35.9	S17 52.9	70 43.9	S11 12.1	Canopus	264 01.9	S52 41.4
01	63 58.0	211 21.3	08.3	282 21.1	57.4	192 37.8	53.1	85 46.4	12.1	Capella	280 54.7	N45 59.5
02	79 00.4	226 24.8	07.3	297 22.4	57.1	207 39.7	53.2	100 48.8	12.1	Deneb	49 41.1	N45 16.1
03	94 02.9	241 28.3	·· 06.3	312 23.7	·· 56.9	222 41.6	·· 53.4	115 51.3	·· 12.1	Denebola	182 48.1	N14 36.0
04	109 05.4	256 31.8	05.3	327 25.1	56.6	237 43.5	53.5	130 53.8	12.1	Diphda	349 09.6	S18 00.8
05	124 07.8	271 35.3	04.2	342 26.4	56.3	252 45.4	53.6	145 56.2	12.1			
06	139 10.3	286 38.8	S17 03.2	357 27.8	N16 56.0	267 47.4	S17 53.8	160 58.7	S11 12.1	Dubhe	194 09.1	N61 46.4
07	154 12.8	301 42.3	02.2	12 29.1	55.7	282 49.3	53.9	176 01.2	12.1	Elnath	278 30.0	N28 36.1
T 08	169 15.2	316 45.8	01.2	27 30.5	55.4	297 51.2	54.1	191 03.6	12.1	Eltanin	90 53.0	N51 29.7
H 09	184 17.7	331 49.3	17 00.2	42 31.8	·· 55.1	312 53.1	·· 54.2	206 06.1	·· 12.1	Enif	34 00.8	N 9 51.3
U 10	199 20.1	346 52.8	16 59.2	57 33.1	54.9	327 55.0	54.3	221 08.5	12.1	Fomalhaut	15 39.2	S29 38.9
R 11	214 22.6	1 56.3	58.1	72 34.5	54.6	342 56.9	54.5	236 11.0	12.1			
S 12	229 25.1	16 59.7	S16 57.1	87 35.8	N16 54.3	357 58.8	S17 54.6	251 13.5	S11 12.0	Gacrux	172 16.9	S57 04.9
D 13	244 27.5	32 03.2	56.1	102 37.2	54.0	13 00.7	54.8	266 15.9	12.0	Gienah	176 06.9	S17 30.7
A 14	259 30.0	47 06.7	55.1	117 38.5	53.7	28 02.6	54.9	281 18.4	12.0	Hadar	149 08.4	S60 20.8
Y 15	274 32.5	62 10.2	·· 54.1	132 39.9	·· 53.4	43 04.5	·· 55.0	296 20.9	·· 12.0	Hamal	328 16.2	N23 26.4
16	289 34.9	77 13.6	53.1	147 41.2	53.1	58 06.4	55.2	311 23.3	12.0	Kaus Aust.	84 02.6	S34 23.2
17	304 37.4	92 17.1	52.0	162 42.6	52.9	73 08.3	55.3	326 25.8	12.0			
18	319 39.9	107 20.5	S16 51.0	177 43.9	N16 52.6	88 10.2	S17 55.5	341 28.2	S11 12.0	Kochab	137 20.8	N74 10.6
19	334 42.3	122 24.0	50.0	192 45.3	52.3	103 12.1	55.6	356 30.7	12.0	Markab	13 52.1	N15 10.9
20	349 44.8	137 27.4	49.0	207 46.6	52.0	118 14.0	55.7	11 33.2	12.0	Menkar	314 29.3	N 4 04.3
21	4 47.3	152 30.9	·· 48.0	222 48.0	·· 51.7	133 15.9	·· 55.9	26 35.6	·· 12.0	Menkent	148 24.4	S36 20.6
22	19 49.7	167 34.3	47.0	237 49.3	51.4	148 17.8	56.0	41 38.1	12.0	Miaplacidus	221 42.5	S69 41.5
23	34 52.2	182 37.8	46.0	252 50.7	51.1	163 19.7	56.2	56 40.5	12.0			
11 00	49 54.6	197 41.2	S16 45.0	267 52.0	N16 50.9	178 21.6	S17 56.3	71 43.0	S11 12.0	Mirfak	308 59.9	N49 50.6
01	64 57.1	212 44.7	44.0	282 53.4	50.6	193 23.5	56.4	86 45.5	11.9	Nunki	76 15.8	S26 18.1
02	79 59.6	227 48.1	43.0	297 54.7	50.3	208 25.4	56.6	101 47.9	11.9	Peacock	53 41.3	S56 45.2
03	95 02.0	242 51.5	·· 42.0	312 56.1	·· 50.0	223 27.3	·· 56.7	116 50.4	·· 11.9	Pollux	243 44.6	N28 02.1
04	110 04.5	257 55.0	41.0	327 57.4	49.7	238 29.2	56.9	131 52.8	11.9	Procyon	245 14.2	N 5 14.2
05	125 07.0	272 58.4	39.9	342 58.8	49.4	253 31.1	57.0	146 55.3	11.9			
06	140 09.4	288 01.8	S16 38.9	358 00.2	N16 49.1	268 33.0	S17 57.1	161 57.8	S11 11.9	Rasalhague	96 19.7	N12 34.0
07	155 11.9	303 05.2	37.9	13 01.5	48.9	283 34.9	57.3	177 00.2	11.9	Regulus	207 58.4	N11 59.5
08	170 14.4	318 08.6	36.9	28 02.9	48.6	298 36.8	57.4	192 02.7	11.9	Rigel	281 25.2	S 8 12.4
F 09	185 16.8	333 12.1	·· 35.9	43 04.2	·· 48.3	313 38.7	·· 57.5	207 05.1	·· 11.9	Rigil Kent.	140 11.4	S60 48.7
R 10	200 19.3	348 15.5	34.9	58 05.6	48.0	328 40.6	57.7	222 07.6	11.9	Sabik	102 28.9	S15 43.0
I 11	215 21.7	3 18.9	33.9	73 06.9	47.7	343 42.5	. 57.8	237 10.0	11.9			
D 12	230 24.2	18 22.3	S16 32.9	88 08.3	N16 47.4	358 44.4	S17 58.0	252 12.5	S11 11.9	Schedar	349 56.0	N56 30.8
A 13	245 26.7	33 25.7	31.9	103 09.7	47.2	13 46.3	58.1	267 15.0	11.8	Shaula	96 41.2	S37 06.0
Y 14	260 29.1	48 29.1	30.9	118 11.0	46.9	28 48.2	58.2	282 17.4	11.8	Sirius	258 45.8	S16 42.5
15	275 31.6	63 32.5	·· 29.9	133 12.4	·· 46.6	43 50.1	·· 58.4	297 19.9	·· 11.8	Spica	158 46.3	S11 08.0
16	290 34.1	78 35.8	29.0	148 13.7	46.3	58 52.0	58.5	312 22.3	11.8	Suhail	223 02.7	S43 24.5
17	305 36.5	93 39.2	28.0	163 15.1	46.0	73 53.9	58.7	327 24.8	11.8			
18	320 39.0	108 42.6	S16 27.0	178 16.5	N16 45.7	88 55.8	S17 58.8	342 27.2	S11 11.8	Vega	80 48.7	N38 47.1
19	335 41.5	123 46.0	26.0	193 17.8	45.5	103 57.7	58.9	357 29.7	11.8	Zuben'ubi	137 21.2	S16 01.1
20	350 43.9	138 49.4	25.0	208 19.2	45.2	118 59.6	59.1	12 32.2	11.8			
21	5 46.4	153 52.7	·· 24.0	223 20.6	·· 44.9	134 01.5	·· 59.2	27 34.6	·· 11.8			
22	20 48.9	168 56.1	23.0	238 21.9	44.6	149 03.5	59.4	42 37.1	11.8			
23	35 51.3	183 59.5	22.0	253 23.3	44.3	164 05.4	59.5	57 39.5	11.8			
Mer. Pass. 20 40.9		v 3.5 d 1.0		v 1.3 d 0.3		v 1.9 d 0.1		v 2.5 d 0.0				

	S.H.A.	Mer. Pass.
Venus	147 22.3	10 52
Mars	218 24.2	6 10
Jupiter	128 40.4	12 08
Saturn	21 48.4	19 14

1994 NOVEMBER 6, 7, 8 (SUN., MON., TUES.)

217

UT (GMT)	SUN		MOON					Lat.	Twilight		Sunrise	Moonrise			
	G.H.A.	Dec.	G.H.A.	v	Dec.	d	H.P.		Naut.	Civil		6	7	8	9
d h	° ′	° ′	° ′	′	° ′	′	′	°	h m	h m	h m	h m	h m	h m	h m
6 00	184 05.5	S15 50.6	148 04.9	3.8	S19 59.7	0.4	60.7	N 72	06 29	07 56	09 36	■	■	14 51	14 28
01	199 05.5	51.4	162 27.7	3.8	20 00.1	0.2	60.7	N 70	06 22	07 39	09 00	■	14 15	14 09	14 04
02	214 05.4	52.1	176 50.5	3.9	20 00.3	0.1	60.7	68	06 16	07 26	08 35	12 58	13 28	13 40	13 46
03	229 05.4	.. 52.9	191 13.4	3.9	20 00.4	0.2	60.7	66	06 11	07 15	08 16	12 19	12 57	13 18	13 31
04	244 05.4	53.6	205 36.3	4.0	20 00.4	0.2	60.6	64	06 07	07 05	08 01	11 51	12 34	13 01	13 19
05	259 05.4	54.4	219 59.3	4.0	20 00.2	0.3	60.6	62	06 03	06 57	07 48	11 30	12 16	12 47	13 08
06	274 05.4	S15 55.1	234 22.3	4.0	S19 59.9	0.5	60.6	60	06 00	06 50	07 37	11 13	12 01	12 35	12 59
07	289 05.3	55.9	248 45.3	4.1	19 59.4	0.6	60.5	N 58	05 57	06 44	07 27	10 58	11 48	12 24	12 51
08	304 05.3	56.6	263 08.4	4.1	19 58.8	0.8	60.5	56	05 54	06 38	07 19	10 46	11 36	12 15	12 44
S 09	319 05.3	.. 57.4	277 31.5	4.2	19 58.0	0.9	60.5	54	05 51	06 33	07 12	10 35	11 27	12 07	12 38
U 10	334 05.3	58.1	291 54.7	4.2	19 57.1	1.1	60.5	52	05 48	06 29	07 05	10 25	11 18	11 59	12 32
N 11	349 05.2	58.9	306 17.9	4.2	19 56.0	1.2	60.4	50	05 46	06 25	06 59	10 17	11 10	11 53	12 27
D 12	4 05.2	S15 59.6	320 41.1	4.4	S19 54.8	1.3	60.4	45	05 40	06 15	06 46	09 59	10 53	11 38	12 16
A 13	19 05.2	16 00.4	335 04.5	4.3	19 53.5	1.5	60.4	N 40	05 35	06 07	06 36	09 44	10 39	11 27	12 07
Y 14	34 05.1	01.1	349 27.8	4.5	19 52.0	1.6	60.3	35	05 30	06 00	06 26	09 31	10 27	11 16	11 59
15	49 05.1	.. 01.9	3 51.3	4.4	19 50.4	1.7	60.3	30	05 25	05 53	06 18	09 20	10 17	11 08	11 52
16	64 05.1	02.6	18 14.7	4.6	19 48.7	1.9	60.3	20	05 15	05 41	06 04	09 01	09 59	10 52	11 40
17	79 05.1	03.4	32 38.3	4.6	19 46.8	2.1	60.2	N 10	05 05	05 30	05 52	08 45	09 44	10 39	11 29
18	94 05.0	S16 04.1	47 01.9	4.6	S19 44.7	2.1	60.2	0	04 54	05 19	05 40	08 29	09 30	10 26	11 20
19	109 05.0	04.8	61 25.5	4.8	19 42.6	2.4	60.2	S 10	04 41	05 06	05 28	08 14	09 15	10 14	11 10
20	124 05.0	05.6	75 49.3	4.8	19 40.2	2.4	60.1	20	04 25	04 52	05 16	07 58	09 00	10 00	10 59
21	139 04.9	.. 06.3	90 13.1	4.8	19 37.8	2.6	60.1	30	04 05	04 35	05 01	07 39	08 42	09 45	10 47
22	154 04.9	07.1	104 36.9	4.9	19 35.2	2.7	60.1	35	03 52	04 25	04 52	07 28	08 32	09 36	10 40
23	169 04.9	07.8	119 00.8	5.0	19 32.5	2.8	60.1	40	03 37	04 13	04 43	07 16	08 20	09 26	10 31
7 00	184 04.9	S16 08.6	133 24.8	5.1	S19 29.7	3.0	60.0	45	03 17	03 58	04 31	07 01	08 06	09 14	10 22
01	199 04.8	09.3	147 48.9	5.1	19 26.7	3.1	60.0	S 50	02 52	03 40	04 17	06 43	07 49	08 59	10 11
02	214 04.8	10.1	162 13.0	5.2	19 23.6	3.2	60.0	52	02 39	03 31	04 10	06 34	07 41	08 52	10 05
03	229 04.8	.. 10.8	176 37.2	5.3	19 20.4	3.4	59.9	54	02 23	03 21	04 03	06 25	07 32	08 45	09 59
04	244 04.7	11.5	191 01.5	5.3	19 17.0	3.5	59.9	56	02 05	03 09	03 55	06 14	07 22	08 36	09 53
05	259 04.7	12.3	205 25.8	5.4	19 13.5	3.6	59.8	58	01 41	02 56	03 45	06 02	07 10	08 27	09 46
06	274 04.7	S16 13.0	219 50.2	5.5	S19 09.9	3.8	59.8	S 60	01 07	02 39	03 35	05 48	06 57	08 16	09 37

Lat.	Sunset	Twilight		Moonset			
		Civil	Naut.	6	7	8	9
°	h m	h m	h m	h m	h m	h m	h m
N 72	13 50	15 30	16 57	■	■	18 42	20 53
N 70	14 26	15 47	17 04	■	17 20	19 23	21 15
68	14 51	16 01	17 10	16 32	18 07	19 51	21 33
66	15 10	16 12	17 15	17 12	18 37	20 11	21 46
64	15 26	16 21	17 19	17 39	18 59	20 28	21 58
62	15 39	16 29	17 23	18 00	19 17	20 42	22 07
60	15 50	16 36	17 27	18 17	19 32	20 53	22 15
N 58	15 59	16 43	17 30	18 31	19 45	21 03	22 23
56	16 07	16 48	17 33	18 44	19 56	21 12	22 29
54	16 15	16 53	17 36	18 55	20 05	21 20	22 35
52	16 22	16 58	17 38	19 04	20 14	21 27	22 40
50	16 28	17 02	17 41	19 13	20 21	21 33	22 44
45	16 41	17 12	17 47	19 31	20 38	21 46	22 54
N 40	16 51	17 20	17 52	19 45	20 51	21 57	23 02
35	17 01	17 27	17 57	19 58	21 02	22 07	23 09
30	17 09	17 34	18 02	20 09	21 12	22 15	23 15
20	17 23	17 46	18 12	20 27	21 29	22 29	23 26
N 10	17 35	17 57	18 22	20 43	21 44	22 41	23 35
0	17 47	18 09	18 34	20 58	21 57	22 52	23 44
S 10	17 59	18 21	18 47	21 13	22 11	23 04	23 52
20	18 12	18 35	19 03	21 29	22 25	23 16	24 01
30	18 27	18 52	19 23	21 48	22 42	23 29	24 11
35	18 36	19 03	19 36	21 58	22 51	23 37	24 17
40	18 46	19 15	19 52	22 10	23 02	23 46	24 24
45	18 57	19 30	20 11	22 25	23 15	23 56	24 32
S 50	19 12	19 49	20 38	22 42	23 30	24 09	00 09
52	19 18	19 58	20 51	22 50	23 37	24 15	00 15
54	19 26	20 08	21 07	23 00	23 45	24 21	00 21
56	19 34	20 20	21 26	23 10	23 54	24 28	00 28
58	19 44	20 34	21 50	23 22	24 04	00 04	00 36
S 60	19 54	20 50	22 27	23 35	24 16	00 16	00 45

Monday section:

UT (GMT)	SUN		MOON				
07	289 04.6	13.8	234 14.7	5.6	19 06.1	3.8	59.8
08	304 04.6	14.5	248 39.3	5.6	19 02.3	4.0	59.7
M 09	319 04.6	.. 15.2	263 03.9	5.8	18 58.3	4.1	59.7
O 10	334 04.5	16.0	277 28.7	5.8	18 54.2	4.3	59.7
N 11	349 04.5	16.7	291 53.5	5.8	18 49.9	4.3	59.6
D 12	4 04.5	S16 17.4	306 18.3	6.0	S18 45.6	4.5	59.6
A 13	19 04.4	18.2	320 43.3	6.0	18 41.1	4.6	59.6
Y 14	34 04.4	18.9	335 08.3	6.2	18 36.5	4.7	59.5
15	49 04.3	.. 19.7	349 33.5	6.2	18 31.8	4.9	59.5
16	64 04.3	20.4	3 58.7	6.3	18 26.9	4.9	59.5
17	79 04.3	21.1	18 24.0	6.3	18 22.0	5.1	59.4
18	94 04.2	S16 21.9	32 49.3	6.5	S18 16.9	5.1	59.4
19	109 04.2	22.6	47 14.8	6.6	18 11.8	5.3	59.3
20	124 04.2	23.3	61 40.4	6.6	18 06.5	5.4	59.3
21	139 04.1	.. 24.1	76 06.0	6.7	18 01.1	5.5	59.3
22	154 04.1	24.8	90 31.7	6.8	17 55.6	5.6	59.2
23	169 04.0	25.5	104 57.5	6.9	17 50.0	5.7	59.2
8 00	184 04.0	S16 26.3	119 23.4	7.0	S17 44.3	5.8	59.2
01	199 04.0	27.0	133 49.4	7.1	17 38.5	5.9	59.1
02	214 03.9	27.7	148 15.5	7.1	17 32.6	6.1	59.1
03	229 03.9	.. 28.5	162 41.6	7.3	17 26.5	6.1	59.0
04	244 03.8	29.2	177 07.9	7.3	17 20.4	6.2	59.0
05	259 03.8	29.9	191 34.2	7.4	17 14.2	6.3	59.0
06	274 03.8	S16 30.6	206 00.6	7.5	S17 07.9	6.5	58.9
07	289 03.7	31.4	220 27.1	7.6	17 01.4	6.5	58.9
T 08	304 03.7	32.1	234 53.7	7.7	16 54.9	6.6	58.9
U 09	319 03.6	.. 32.8	249 20.4	7.8	16 48.3	6.7	58.8
E 10	334 03.6	33.5	263 47.2	7.9	16 41.6	6.8	58.8
S 11	349 03.5	34.3	278 14.1	7.9	16 34.8	6.9	58.7
D 12	4 03.5	S16 35.0	292 41.0	8.1	S16 27.9	7.0	58.7
A 13	19 03.5	35.7	307 08.1	8.1	16 20.9	7.0	58.7
Y 14	34 03.4	36.5	321 35.2	8.3	16 13.9	7.2	58.6
15	49 03.4	.. 37.2	336 02.5	8.3	16 06.7	7.2	58.6
16	64 03.3	37.9	350 29.8	8.4	15 59.5	7.3	58.6
17	79 03.3	38.6	4 57.2	8.5	15 52.2	7.5	58.5
18	94 03.2	S16 39.3	19 24.7	8.6	S15 44.7	7.5	58.5
19	109 03.2	40.1	33 52.3	8.7	15 37.2	7.5	58.4
20	124 03.1	40.8	48 20.0	8.8	15 29.7	7.7	58.4
21	139 03.1	.. 41.5	62 47.8	8.8	15 22.0	7.7	58.4
22	154 03.0	42.2	77 15.6	9.0	15 14.3	7.8	58.3
23	169 03.0	43.0	91 43.6	9.0	15 06.5	7.9	58.3
	S.D. 16.2	d 0.7	S.D.	16.5	16.2		16.0

	SUN			MOON			
Day	Eqn. of Time		Mer.	Mer. Pass.		Age	Phase
	00ʰ	12ʰ	Pass.	Upper	Lower		
	m s	m s	h m	h m	h m	d	
6	16 22	16 21	11 44	14 44	02 13	03	
7	16 19	16 18	11 44	15 43	03 14	04	◐
8	16 16	16 14	11 44	16 39	04 12	05	

1994 NOVEMBER 9, 10, 11 (WED., THURS., FRI.)

UT (GMT)	SUN G.H.A.	SUN Dec.	MOON G.H.A.	v	Dec.	d	H.P.
d h	° ′	° ′	° ′	′	° ′	′	′
9 00	184 03.0	S16 43.7	106 11.6	9.2	S14 58.6	8.0	58.3
01	199 02.9	44.4	120 39.8	9.2	14 50.6	8.0	58.2
02	214 02.9	45.1	135 08.0	9.3	14 42.6	8.1	58.2
03	229 02.8	.. 45.8	149 36.3	9.4	14 34.5	8.2	58.1
04	244 02.8	46.5	164 04.7	9.5	14 26.3	8.3	58.1
05	259 02.7	47.3	178 33.2	9.5	14 18.0	8.3	58.1
06	274 02.7	S16 48.0	193 01.7	9.7	S14 09.7	8.4	58.0
W 07	289 02.6	48.7	207 30.4	9.7	14 01.3	8.4	58.0
E 08	304 02.6	49.4	221 59.1	9.9	13 52.9	8.5	57.9
D 09	319 02.5	.. 50.1	236 28.0	9.9	13 44.4	8.6	57.9
N 10	334 02.5	50.8	250 56.9	10.0	13 35.8	8.7	57.9
E 11	349 02.4	51.6	265 25.9	10.0	13 27.1	8.7	57.8
S 12	4 02.3	S16 52.3	279 54.9	10.2	S13 18.4	8.7	57.8
D 13	19 02.3	53.0	294 24.1	10.3	13 09.7	8.9	57.8
A 14	34 02.2	53.7	308 53.4	10.3	13 00.8	8.9	57.7
Y 15	49 02.2	.. 54.4	323 22.7	10.4	12 51.9	8.9	57.7
16	64 02.1	55.1	337 52.1	10.5	12 43.0	9.0	57.7
17	79 02.1	55.8	352 21.6	10.6	12 34.0	9.1	57.6
18	94 02.0	S16 56.5	6 51.2	10.6	S12 24.9	9.1	57.6
19	109 02.0	57.3	21 20.8	10.8	12 15.8	9.2	57.5
20	124 01.9	58.0	35 50.6	10.8	12 06.6	9.2	57.5
21	139 01.9	.. 58.7	50 20.4	10.9	11 57.4	9.2	57.5
22	154 01.8	16 59.4	64 50.3	11.0	11 48.2	9.4	57.4
23	169 01.8	17 00.1	79 20.3	11.0	11 38.8	9.3	57.4
10 00	184 01.7	S17 00.8	93 50.3	11.1	S11 29.5	9.4	57.4
01	199 01.6	01.5	108 20.4	11.2	11 20.1	9.5	57.3
02	214 01.6	02.2	122 50.6	11.3	11 10.6	9.5	57.3
03	229 01.5	.. 02.9	137 20.9	11.4	11 01.1	9.6	57.3
04	244 01.5	03.6	151 51.3	11.4	10 51.5	9.6	57.2
05	259 01.4	04.3	166 21.7	11.5	10 41.9	9.6	57.2
06	274 01.3	S17 05.0	180 52.2	11.6	S10 32.3	9.7	57.1
T 07	289 01.3	05.7	195 22.8	11.6	10 22.6	9.7	57.1
H 08	304 01.2	06.5	209 53.4	11.7	10 12.9	9.8	57.1
U 09	319 01.2	.. 07.2	224 24.1	11.8	10 03.1	9.8	57.0
R 10	334 01.1	07.9	238 54.9	11.9	9 53.3	9.8	57.0
S 11	349 01.0	08.6	253 25.8	11.9	9 43.5	9.9	57.0
D 12	4 01.0	S17 09.3	267 56.7	12.0	S 9 33.6	9.9	56.9
A 13	19 00.9	10.0	282 27.7	12.1	9 23.7	9.9	56.9
Y 14	34 00.9	10.7	296 58.8	12.1	9 13.8	10.0	56.9
15	49 00.8	.. 11.4	311 29.9	12.2	9 03.8	10.0	56.8
16	64 00.7	12.1	326 01.1	12.2	8 53.8	10.0	56.8
17	79 00.7	12.8	340 32.3	12.4	8 43.8	10.1	56.8
18	94 00.6	S17 13.5	355 03.7	12.3	S 8 33.7	10.1	56.7
19	109 00.6	14.2	9 35.0	12.5	8 23.6	10.1	56.7
20	124 00.5	14.9	24 06.5	12.5	8 13.5	10.2	56.7
21	139 00.4	.. 15.6	38 38.0	12.6	8 03.3	10.2	56.6
22	154 00.4	16.3	53 09.6	12.6	7 53.1	10.2	56.6
23	169 00.3	17.0	67 41.2	12.7	7 42.9	10.2	56.6
11 00	184 00.2	S17 17.6	82 12.9	12.7	S 7 32.7	10.3	56.5
01	199 00.2	18.3	96 44.6	12.8	7 22.4	10.3	56.5
02	214 00.1	19.0	111 16.4	12.9	7 12.1	10.3	56.5
03	229 00.0	.. 19.7	125 48.3	12.9	7 01.8	10.4	56.4
04	244 00.0	20.4	140 20.2	13.0	6 51.5	10.4	56.4
05	258 59.9	21.1	154 52.2	13.0	6 41.1	10.3	56.4
06	273 59.8	S17 21.8	169 24.2	13.1	S 6 30.8	10.4	56.4
F 07	288 59.8	22.5	183 56.3	13.1	6 20.4	10.4	56.3
R 08	303 59.7	23.2	198 28.4	13.2	6 10.0	10.5	56.3
I 09	318 59.6	.. 23.9	213 00.6	13.2	5 59.5	10.4	56.3
D 10	333 59.6	24.6	227 32.8	13.3	5 49.1	10.5	56.2
A 11	348 59.5	25.3	242 05.1	13.3	5 38.6	10.4	56.2
Y 12	3 59.4	S17 26.0	256 37.4	13.4	S 5 28.2	10.5	56.2
13	18 59.3	26.6	271 09.8	13.4	5 17.7	10.5	56.1
14	33 59.3	27.3	285 42.2	13.5	5 07.2	10.5	56.1
15	49 59.2	.. 28.0	300 14.7	13.5	4 56.7	10.6	56.1
16	63 59.1	28.7	314 47.2	13.6	4 46.1	10.5	56.1
17	78 59.1	29.4	329 19.8	13.6	4 35.6	10.5	56.0
18	93 59.0	S17 30.1	343 52.4	13.7	S 4 25.1	10.6	56.0
19	108 58.9	30.8	358 25.1	13.7	4 14.5	10.6	56.0
20	123 58.8	31.5	12 57.8	13.7	4 03.9	10.5	55.9
21	138 58.8	.. 32.1	27 30.5	13.8	3 53.4	10.6	55.9
22	153 58.7	32.8	42 03.3	13.8	3 42.8	10.6	55.9
23	168 58.6	33.5	56 36.1	13.8	3 32.2	10.6	55.9
	S.D. 16.2	d 0.7	S.D. 15.7		15.5		15.3

Lat.	Twilight Naut.	Twilight Civil	Sunrise	Moonrise 9	10	11	12
°	h m	h m	h m	h m	h m	h m	h m
N 72	06 40	08 10	10 00	14 28	14 14	14 03	13 53
N 70	06 32	07 51	09 17	14 04	14 00	13 56	13 51
68	06 25	07 36	08 49	13 46	13 48	13 50	13 50
66	06 20	07 24	08 27	13 31	13 39	13 45	13 49
64	06 15	07 14	08 10	13 19	13 31	13 40	13 49
62	06 10	07 05	07 56	13 08	13 24	13 37	13 48
60	06 06	06 57	07 45	12 59	13 18	13 34	13 47
N 58	06 03	06 50	07 34	12 51	13 13	13 31	13 47
56	05 59	06 44	07 26	12 44	13 08	13 28	13 46
54	05 56	06 39	07 18	12 38	13 04	13 26	13 46
52	05 53	06 34	07 11	12 32	13 00	13 24	13 46
50	05 50	06 29	07 04	12 27	12 56	13 22	13 45
45	05 44	06 19	06 50	12 16	12 49	13 18	13 44
N 40	05 38	06 10	06 39	12 07	12 42	13 14	13 44
35	05 32	06 03	06 29	11 59	12 37	13 11	13 43
30	05 27	05 56	06 21	11 52	12 32	13 08	13 43
20	05 16	05 43	06 06	11 40	12 23	13 04	13 42
N 10	05 06	05 31	05 53	11 29	12 16	13 00	13 41
0	04 54	05 19	05 40	11 20	12 09	12 56	13 40
S 10	04 40	05 06	05 28	11 10	12 02	12 52	13 40
20	04 24	04 51	05 14	10 59	11 54	12 48	13 39
30	04 02	04 33	04 59	10 47	11 46	12 43	13 38
35	03 49	04 22	04 50	10 40	11 41	12 40	13 38
40	03 33	04 10	04 39	10 31	11 35	12 37	13 37
45	03 12	03 54	04 27	10 22	11 29	12 34	13 37
S 50	02 45	03 34	04 12	10 11	11 21	12 29	13 36
52	02 31	03 25	04 05	10 05	11 17	12 27	13 35
54	02 14	03 14	03 57	09 59	11 13	12 25	13 35
56	01 54	03 02	03 49	09 53	11 09	12 23	13 35
58	01 27	02 47	03 39	09 46	11 04	12 20	13 34
S 60	00 45	02 30	03 27	09 37	10 58	12 17	13 34

Lat.	Sunset	Twilight Civil	Twilight Naut.	Moonset 9	10	11	12
°	h m	h m	h m	h m	h m	h m	h m
N 72	13 26	15 17	16 46	20 53	22 48	24 35	00 35
N 70	14 10	15 36	16 54	21 15	23 00	24 39	00 39
68	14 38	15 51	17 01	21 33	23 10	24 43	00 43
66	15 00	16 03	17 07	21 46	23 18	24 47	00 47
64	15 17	16 13	17 12	21 58	23 25	24 49	00 49
62	15 31	16 22	17 17	22 07	23 31	24 52	00 52
60	15 42	16 30	17 21	22 15	23 36	24 54	00 54
N 58	15 53	16 37	17 24	22 23	23 40	24 56	00 56
56	16 02	16 43	17 28	22 29	23 44	24 57	00 57
54	16 10	16 48	17 31	22 35	23 48	24 59	00 59
52	16 17	16 53	17 34	22 40	23 51	25 00	01 00
50	16 23	16 58	17 37	22 44	23 54	25 01	01 01
45	16 37	17 08	17 43	22 54	24 00	00 00	01 04
N 40	16 48	17 17	17 49	23 02	24 05	00 05	01 06
35	16 58	17 25	17 55	23 09	24 10	00 10	01 08
30	17 07	17 32	18 01	23 15	24 14	00 14	01 10
20	17 22	17 45	18 11	23 26	24 20	00 20	01 13
N 10	17 35	17 57	18 22	23 35	24 26	00 26	01 15
0	17 47	18 09	18 34	23 44	24 32	00 32	01 17
S 10	18 00	18 22	18 48	23 52	24 37	00 37	01 20
20	18 14	18 37	19 05	24 01	00 01	00 43	01 22
30	18 29	18 55	19 26	24 11	00 11	00 49	01 25
35	18 39	19 06	19 40	24 17	00 17	00 53	01 26
40	18 49	19 19	19 56	24 24	00 24	00 57	01 28
45	19 01	19 35	20 17	24 32	00 32	01 02	01 30
S 50	19 17	19 55	20 45	00 09	00 41	01 08	01 32
52	19 24	20 04	20 59	00 15	00 45	01 11	01 33
54	19 32	20 15	21 16	00 21	00 50	01 13	01 34
56	19 41	20 28	21 37	00 28	00 55	01 17	01 36
58	19 51	20 43	22 05	00 36	01 00	01 20	01 37
S 60	20 02	21 01	22 52	00 45	01 07	01 24	01 39

Day	SUN Eqn. of Time 00h	SUN Eqn. of Time 12h	SUN Mer. Pass.	MOON Mer. Pass. Upper	MOON Mer. Pass. Lower	Age	Phase
	m s	m s	h m	h m	h m	d	
9	16 12	16 10	11 44	17 32	05 06	06	◑
10	16 07	16 04	11 44	18 20	05 56	07	
11	16 01	15 58	11 44	19 07	06 44	08	

1994 NOVEMBER 12, 13, 14 (SAT., SUN., MON.)

UT (GMT)	ARIES	VENUS −4.3		MARS +0.6		JUPITER −1.7		SATURN +0.8		STARS		
	G.H.A.	G.H.A.	Dec.	G.H.A.	Dec.	G.H.A.	Dec.	G.H.A.	Dec.	Name	S.H.A.	Dec.
d h	° ′	° ′	° ′	° ′	° ′	° ′	° ′	° ′	° ′		° ′	° ′
12 00	50 53.8	199 02.8	S16 21.0	268 24.6	N16 44.0	179 07.3	S17 59.6	72 42.0	S11 11.7	Acamar	315 28.5	S40 19.5
01	65 56.2	214 06.2	20.0	283 26.0	43.8	194 09.2	59.8	87 44.4	11.7	Achernar	335 36.6	S57 15.8
02	80 58.7	229 09.5	19.0	298 27.4	43.5	209 11.1	17 59.9	102 46.9	11.7	Acrux	173 25.4	S63 04.0
03	96 01.2	244 12.9	·· 18.1	313 28.7	·· 43.2	224 13.0	18 00.1	117 49.3	·· 11.7	Adhara	255 23.3	S28 57.8
04	111 03.6	259 16.2	17.1	328 30.1	42.9	239 14.9	00.2	132 51.8	11.7	Aldebaran	291 05.1	N16 29.9
05	126 06.1	274 19.6	16.1	343 31.5	42.6	254 16.8	00.3	147 54.3	11.7			
06	141 08.6	289 22.9	S16 15.1	358 32.8	N16 42.4	269 18.7	S18 00.5	162 56.7	S11 11.7	Alioth	166 33.4	N55 59.1
07	156 11.0	304 26.3	14.1	13 34.2	42.1	284 20.6	00.6	177 59.2	11.7	Alkaid	153 10.4	N49 20.3
S 08	171 13.5	319 29.6	13.1	28 35.6	41.8	299 22.5	00.7	193 01.6	11.7	Al Na'ir	28 01.2	S46 59.2
A 09	186 16.0	334 32.9	·· 12.2	43 37.0	·· 41.5	314 24.4	·· 00.9	208 04.1	·· 11.7	Alnilam	276 00.3	S 1 12.3
T 10	201 18.4	349 36.3	11.2	58 38.3	41.2	329 26.3	01.0	223 06.5	11.6	Alphard	218 09.8	S 8 38.2
U 11	216 20.9	4 39.6	10.2	73 39.7	40.9	344 28.2	01.2	238 09.0	11.6			
R 12	231 23.4	19 42.9	S16 09.2	88 41.1	N16 40.7	359 30.1	S18 01.3	253 11.4	S11 11.6	Alphecca	126 23.2	N26 44.0
D 13	246 25.8	34 46.2	08.2	103 42.4	40.4	14 32.0	01.4	268 13.9	11.6	Alpheratz	357 57.7	N29 04.0
A 14	261 28.3	49 49.5	07.3	118 43.8	40.1	29 33.9	01.6	283 16.3	11.6	Altair	62 22.0	N 8 51.5
Y 15	276 30.7	64 52.9	·· 06.3	133 45.2	·· 39.8	44 35.8	·· 01.7	298 18.8	·· 11.6	Ankaa	353 29.2	S42 20.1
16	291 33.2	79 56.2	05.3	148 46.6	39.5	59 37.7	01.9	313 21.2	11.6	Antares	112 43.8	S26 25.1
17	306 35.7	94 59.5	04.4	163 47.9	39.3	74 39.6	02.0	328 23.7	11.6			
18	321 38.1	110 02.8	S16 03.4	178 49.3	N16 39.0	89 41.5	S18 02.1	343 26.2	S11 11.6	Arcturus	146 08.8	N19 12.6
19	336 40.6	125 06.1	02.4	193 50.7	38.7	104 43.4	02.3	358 28.6	11.5	Atria	107 58.7	S69 01.1
20	351 43.1	140 09.4	01.4	208 52.1	38.4	119 45.3	02.4	13 31.1	11.5	Avior	234 23.5	S59 29.4
21	6 45.5	155 12.7	16 00.5	223 53.4	·· 38.1	134 47.2	·· 02.5	28 33.5	·· 11.5	Bellatrix	278 46.7	N 6 20.7
22	21 48.0	170 15.9	15 59.5	238 54.8	37.8	149 49.1	02.7	43 36.0	11.5	Betelgeuse	271 16.1	N 7 24.3
23	36 50.5	185 19.2	58.5	253 56.2	37.6	164 51.0	02.8	58 38.4	11.5			
13 00	51 52.9	200 22.5	S15 57.6	268 57.6	N16 37.3	179 52.9	S18 03.0	73 40.9	S11 11.5	Canopus	264 01.9	S52 41.5
01	66 55.4	215 25.8	56.6	283 58.9	37.0	194 54.8	03.1	88 43.3	11.5	Capella	280 54.7	N45 59.5
02	81 57.8	230 29.1	55.7	299 00.3	36.7	209 56.7	03.2	103 45.8	11.5	Deneb	49 41.1	N45 16.1
03	97 00.3	245 32.3	·· 54.7	314 01.7	·· 36.4	224 58.6	·· 03.4	118 48.2	·· 11.5	Denebola	182 48.1	N14 36.0
04	112 02.8	260 35.6	53.7	329 03.1	36.2	240 00.5	03.5	133 50.7	11.4	Diphda	349 09.6	S18 00.8
05	127 05.2	275 38.8	52.8	344 04.5	35.9	255 02.4	03.6	148 53.1	11.4			
06	142 07.7	290 42.1	S15 51.8	359 05.8	N16 35.6	270 04.3	S18 03.8	163 55.6	S11 11.4	Dubhe	194 09.0	N61 46.4
07	157 10.2	305 45.4	50.9	14 07.2	35.3	285 06.2	03.9	178 58.0	11.4	Elnath	278 29.9	N28 36.1
08	172 12.6	320 48.6	49.9	29 08.6	35.0	300 08.1	04.1	194 00.5	11.4	Eltanin	90 53.1	N51 29.7
S 09	187 15.1	335 51.9	·· 49.0	44 10.0	·· 34.8	315 10.0	·· 04.2	209 02.9	·· 11.4	Enif	34 00.8	N 9 51.3
U 10	202 17.6	350 55.1	48.0	59 11.4	34.5	330 11.9	04.4	224 05.4	11.4	Fomalhaut	15 39.2	S29 39.0
N 11	217 20.0	5 58.3	47.0	74 12.8	34.2	345 13.8	04.5	239 07.8	11.4			
D 12	232 22.5	21 01.6	S15 46.1	89 14.1	N16 33.9	0 15.7	S18 04.6	254 10.3	S11 11.4	Gacrux	172 16.9	S57 04.9
A 13	247 25.0	36 04.8	45.1	104 15.5	33.7	15 17.6	04.8	269 12.7	11.3	Gienah	176 06.9	S17 30.7
Y 14	262 27.4	51 08.0	44.2	119 16.9	33.4	30 19.5	04.9	284 15.2	11.3	Hadar	149 08.3	S60 20.8
15	277 29.9	66 11.3	·· 43.3	134 18.3	·· 33.1	45 21.4	·· 05.0	299 17.6	·· 11.3	Hamal	328 16.2	N23 26.4
16	292 32.3	81 14.5	42.3	149 19.7	32.8	60 23.3	05.2	314 20.1	11.3	Kaus Aust.	84 02.6	S34 23.2
17	307 34.8	96 17.7	41.4	164 21.1	32.5	75 25.2	05.3	329 22.5	11.3			
18	322 37.3	111 20.9	S15 40.4	179 22.5	N16 32.3	90 27.1	S18 05.4	344 25.0	S11 11.3	Kochab	137 20.7	N74 10.6
19	337 39.7	126 24.1	39.5	194 23.8	32.0	105 29.0	05.6	359 27.4	11.3	Markab	13 52.1	N15 10.9
20	352 42.2	141 27.3	38.5	209 25.2	31.7	120 30.9	05.7	14 29.9	11.3	Menkar	314 29.3	N 4 04.2
21	7 44.7	156 30.5	·· 37.6	224 26.6	·· 31.4	135 32.8	·· 05.9	29 32.3	·· 11.2	Menkent	148 24.4	S36 20.6
22	22 47.1	171 33.7	36.7	239 28.0	31.1	150 34.7	06.0	44 34.7	11.2	Miaplacidus	221 42.4	S69 41.5
23	37 49.6	186 36.9	35.7	254 29.4	30.9	165 36.6	06.1	59 37.2	11.2			
14 00	52 52.1	201 40.1	S15 34.8	269 30.8	N16 30.6	180 38.5	S18 06.3	74 39.6	S11 11.2	Mirfak	308 59.9	N49 50.6
01	67 54.5	216 43.3	33.8	284 32.2	30.3	195 40.4	06.4	89 42.1	11.2	Nunki	76 15.8	S26 18.1
02	82 57.0	231 46.5	32.9	299 33.6	30.0	210 42.3	06.5	104 44.5	11.2	Peacock	53 41.4	S56 45.2
03	97 59.5	246 49.7	·· 32.0	314 35.0	·· 29.8	225 44.2	·· 06.7	119 47.0	·· 11.2	Pollux	243 44.6	N28 02.1
04	113 01.9	261 52.9	31.1	329 36.4	29.5	240 46.1	06.8	134 49.4	11.1	Procyon	245 14.2	N 5 14.2
05	128 04.4	276 56.0	30.1	344 37.7	29.2	255 48.0	07.0	149 51.9	11.1			
06	143 06.8	291 59.2	S15 29.2	359 39.1	N16 28.9	270 49.9	S18 07.1	164 54.3	S11 11.1	Rasalhague	96 19.7	N12 34.0
07	158 09.3	307 02.4	28.3	14 40.5	28.6	285 51.8	07.2	179 56.8	11.1	Regulus	207 58.4	N11 59.4
08	173 11.8	322 05.5	27.3	29 41.9	28.4	300 53.7	07.4	194 59.2	11.1	Rigel	281 25.2	S 8 12.4
M 09	188 14.2	337 08.7	·· 26.4	44 43.3	·· 28.1	315 55.6	·· 07.5	210 01.7	·· 11.1	Rigil Kent.	140 15.4	S60 48.7
O 10	203 16.7	352 11.9	25.5	59 44.7	27.8	330 57.5	07.6	225 04.1	11.1	Sabik	102 28.9	S15 43.0
N 11	218 19.2	7 15.0	24.6	74 46.1	27.5	345 59.4	07.8	240 06.6	11.1			
D 12	233 21.6	22 18.2	S15 23.7	89 47.5	N16 27.3	1 01.3	S18 07.9	255 09.0	S11 11.0	Schedar	349 56.0	N56 30.8
A 13	248 24.1	37 21.3	22.7	104 48.9	27.0	16 03.2	08.1	270 11.4	11.0	Shaula	96 41.2	S37 06.0
Y 14	263 26.6	52 24.4	21.8	119 50.3	26.7	31 05.1	08.2	285 13.9	11.0	Sirius	258 45.8	S16 42.5
15	278 29.0	67 27.6	·· 20.9	134 51.7	·· 26.4	46 07.0	·· 08.3	300 16.3	·· 11.0	Spica	158 46.3	S11 08.0
16	293 31.5	82 30.7	20.0	149 53.1	26.2	61 08.9	08.5	315 18.8	11.0	Suhail	223 02.6	S43 24.5
17	308 33.9	97 33.8	19.1	164 54.5	25.9	76 10.8	08.6	330 21.2	11.0			
18	323 36.4	112 37.0	S15 18.2	179 55.9	N16 25.6	91 12.7	S18 08.7	345 23.7	S11 11.0	Vega	80 48.7	N38 47.1
19	338 38.9	127 40.1	17.3	194 57.3	25.3	106 14.6	08.9	0 26.1	10.9	Zuben'ubi	137 21.2	S16 01.1
20	353 41.3	142 43.2	16.3	209 58.7	25.0	121 16.5	09.0	15 28.6	10.9		S.H.A.	Mer. Pass.
21	8 43.8	157 46.3	·· 15.4	225 00.1	·· 24.8	136 18.4	·· 09.2	30 31.0	·· 10.9		° ′	h m
22	23 46.3	172 49.4	14.5	240 01.5	24.5	151 20.3	09.3	45 33.4	10.9	Venus	148 29.6	10 36
23	38 48.7	187 52.5	13.6	255 02.9	24.2	166 22.2	09.4	60 35.9	10.9	Mars	217 04.6	6 04
	h m									Jupiter	128 00.0	11 59
Mer. Pass. 20 29.1		v 3.2	d 0.9	v 1.4	d 0.3	v 1.9	d 0.1	v 2.4	d 0.0	Saturn	21 47.9	19 02

1994 NOVEMBER 12, 13, 14 (SAT., SUN., MON.)

UT (GMT)	SUN G.H.A.	SUN Dec.	MOON G.H.A.	v	MOON Dec.	d	H.P.
d h	o ′	o ′	o ′	′	o ′	′	′
12 00	183 58.6	S17 34.2	71 08.9	13.9	S 3 21.6	10.6	55.8
01	198 58.5	34.9	85 41.8	13.9	3 11.0	10.6	55.8
02	213 58.4	35.6	100 14.7	14.0	3 00.4	10.6	55.8
03	228 58.3	.. 36.2	114 47.7	14.0	2 49.8	10.6	55.8
04	243 58.3	36.9	129 20.7	14.0	2 39.2	10.6	55.7
05	258 58.2	37.6	143 53.7	14.1	2 28.6	10.7	55.7
S 06	273 58.1	S17 38.3	158 26.8	14.1	S 2 17.9	10.6	55.7
A 07	288 58.0	39.0	172 59.9	14.1	2 07.3	10.6	55.6
T 08	303 58.0	39.6	187 33.0	14.2	1 56.7	10.6	55.6
U 09	318 57.9	.. 40.3	202 06.2	14.2	1 46.1	10.6	55.6
R 10	333 57.8	41.0	216 39.4	14.2	1 35.5	10.6	55.6
D 11	348 57.7	41.7	231 12.6	14.3	1 24.9	10.7	55.5
A 12	3 57.6	S17 42.4	245 45.9	14.2	S 1 14.2	10.6	55.5
Y 13	18 57.6	43.0	260 19.1	14.3	1 03.6	10.6	55.5
14	33 57.5	43.7	274 52.4	14.4	0 53.0	10.6	55.5
15	48 57.4	.. 44.4	289 25.8	14.3	0 42.4	10.6	55.4
16	63 57.3	45.1	303 59.1	14.4	0 31.8	10.5	55.4
17	78 57.2	45.7	318 32.5	14.4	0 21.3	10.6	55.4
18	93 57.2	S17 46.4	333 05.9	14.4	S 0 10.7	10.6	55.4
19	108 57.1	47.1	347 39.3	14.5	S 0 00.1	10.6	55.4
20	123 57.0	47.8	2 12.8	14.5	N 0 10.5	10.5	55.3
21	138 56.9	.. 48.4	16 46.3	14.5	0 21.0	10.6	55.3
22	153 56.8	49.1	31 19.8	14.5	0 31.6	10.5	55.3
23	168 56.8	49.8	45 53.3	14.5	0 42.1	10.5	55.3
13 00	183 56.7	S17 50.4	60 26.8	14.5	N 0 52.6	10.5	55.2
01	198 56.6	51.1	75 00.3	14.6	1 03.1	10.5	55.2
02	213 56.5	51.8	89 33.9	14.6	1 13.6	10.5	55.2
03	228 56.4	.. 52.4	104 07.5	14.6	1 24.1	10.5	55.2
04	243 56.3	53.1	118 41.1	14.6	1 34.6	10.5	55.2
05	258 56.3	53.8	133 14.7	14.6	1 45.1	10.4	55.1
S 06	273 56.2	S17 54.4	147 48.3	14.7	N 1 55.5	10.5	55.1
U 07	288 56.1	55.1	162 22.0	14.6	2 06.0	10.4	55.1
N 08	303 56.0	55.8	176 55.6	14.7	2 16.4	10.4	55.1
D 09	318 55.9	.. 56.4	191 29.3	14.7	2 26.8	10.4	55.1
A 10	333 55.8	57.1	206 03.0	14.7	2 37.2	10.3	55.0
Y 11	348 55.7	57.8	220 36.7	14.7	2 47.5	10.4	55.0
12	3 55.7	S17 58.4	235 10.4	14.7	N 2 57.9	10.3	55.0
13	18 55.6	59.1	249 44.1	14.7	3 08.2	10.3	55.0
14	33 55.5	17 59.8	264 17.8	14.7	3 18.5	10.3	55.0
15	48 55.4	18 00.4	278 51.5	14.7	3 28.8	10.3	54.9
16	63 55.3	01.1	293 25.2	14.8	3 39.1	10.2	54.9
17	78 55.2	01.8	307 59.0	14.7	3 49.3	10.3	54.9
18	93 55.1	S18 02.4	322 32.7	14.7	N 3 59.6	10.2	54.9
19	108 55.0	03.1	337 06.4	14.8	4 09.8	10.1	54.9
20	123 54.9	03.7	351 40.2	14.7	4 19.9	10.2	54.8
21	138 54.9	.. 04.4	6 13.9	14.8	4 30.1	10.1	54.8
22	153 54.8	05.1	20 47.7	14.7	4 40.2	10.1	54.8
23	168 54.7	05.7	35 21.4	14.8	4 50.3	10.1	54.8
14 00	183 54.6	S18 06.4	49 55.2	14.8	N 5 00.4	10.1	54.8
01	198 54.5	07.0	64 29.0	14.7	5 10.5	10.0	54.8
02	213 54.4	07.7	79 02.7	14.8	5 20.5	10.0	54.7
03	228 54.3	.. 08.3	93 36.5	14.7	5 30.5	10.0	54.7
04	243 54.2	09.0	108 10.2	14.8	5 40.5	9.9	54.7
05	258 54.1	09.6	122 44.0	14.7	5 50.4	10.0	54.7
M 06	273 54.0	S18 10.3	137 17.7	14.8	N 6 00.4	9.8	54.7
O 07	288 53.9	11.0	151 51.5	14.7	6 10.2	9.9	54.7
N 08	303 53.8	11.6	166 25.2	14.8	6 20.1	9.8	54.6
D 09	318 53.7	.. 12.3	180 59.0	14.7	6 29.9	9.8	54.6
A 10	333 53.7	12.9	195 32.7	14.7	6 39.7	9.8	54.6
Y 11	348 53.6	13.6	210 06.4	14.7	6 49.5	9.7	54.6
12	3 53.5	S18 14.2	224 40.1	14.8	N 6 59.2	9.7	54.6
13	18 53.4	14.9	239 13.9	14.7	7 08.9	9.7	54.6
14	33 53.3	15.5	253 47.6	14.7	7 18.6	9.6	54.6
15	48 53.2	.. 16.2	268 21.3	14.6	7 28.2	9.6	54.5
16	63 53.1	16.8	282 54.9	14.7	7 37.8	9.5	54.5
17	78 53.0	17.5	297 28.6	14.7	7 47.3	9.6	54.5
18	93 52.9	S18 18.1	312 02.3	14.7	N 7 56.9	9.4	54.5
19	108 52.8	18.8	326 36.0	14.6	8 06.3	9.5	54.5
20	123 52.7	19.4	341 09.6	14.6	8 15.8	9.4	54.5
21	138 52.6	.. 20.1	355 43.2	14.7	8 25.2	9.4	54.5
22	153 52.5	20.7	10 16.9	14.6	8 34.6	9.3	54.4
23	168 52.4	21.3	24 50.5	14.6	8 43.9	9.3	54.4
	S.D. 16.2	d 0.7	S.D. 15.1		15.0		14.9

Lat.	Twilight Naut.	Civil	Sunrise	Moonrise 12	13	14	15
o	h m	h m	h m	h m	h m	h m	h m
N 72	06 51	08 24	10 30	13 53	13 43	13 33	13 22
N 70	06 42	08 03	09 35	13 51	13 47	13 44	13 40
68	06 34	07 46	09 02	13 50	13 51	13 52	13 53
66	06 28	07 33	08 39	13 49	13 54	13 59	14 05
64	06 22	07 22	08 20	13 49	13 56	14 05	14 14
62	06 17	07 12	08 05	13 48	13 59	14 10	14 23
60	06 12	07 04	07 52	13 47	14 01	14 14	14 30
N 58	06 08	06 57	07 41	13 47	14 02	14 18	14 36
56	06 05	06 50	07 32	13 46	14 04	14 22	14 42
54	06 01	06 44	07 23	13 46	14 05	14 25	14 47
52	05 58	06 39	07 16	13 46	14 07	14 28	14 51
50	05 55	06 34	07 09	13 45	14 08	14 31	14 55
45	05 47	06 23	06 54	13 44	14 10	14 37	15 04
N 40	05 41	06 14	06 42	13 44	14 12	14 41	15 12
35	05 35	06 05	06 32	13 43	14 14	14 46	15 18
30	05 29	05 58	06 23	13 43	14 16	14 49	15 24
20	05 18	05 44	06 08	13 42	14 19	14 56	15 34
N 10	05 06	05 32	05 54	13 41	14 21	15 02	15 43
0	04 54	05 19	05 41	13 40	14 24	15 07	15 51
S 10	04 39	05 05	05 28	13 40	14 26	15 13	15 59
20	04 22	04 50	05 13	13 39	14 29	15 19	16 08
30	04 00	04 31	04 57	13 38	14 32	15 25	16 18
35	03 46	04 20	04 48	13 38	14 34	15 29	16 24
40	03 29	04 06	04 37	13 37	14 36	15 34	16 31
45	03 08	03 50	04 24	13 37	14 38	15 39	16 39
S 50	02 39	03 29	04 08	13 36	14 41	15 45	16 48
52	02 24	03 19	04 00	13 36	14 42	15 48	16 53
54	02 06	03 08	03 52	13 35	14 44	15 51	16 58
56	01 43	02 55	03 43	13 35	14 45	15 55	17 03
58	01 12	02 39	03 32	13 34	14 47	15 59	17 09
S 60	00 09	02 20	03 20	13 34	14 49	16 03	17 16

Lat.	Sunset	Twilight Civil	Naut.	Moonset 12	13	14	15
o	h m	h m	h m	h m	h m	h m	h m
N 72	12 57	15 04	16 36	00 35	02 17	03 57	05 39
N 70	13 52	15 25	16 45	00 39	02 15	03 49	05 23
68	14 25	15 41	16 53	00 43	02 14	03 42	05 10
66	14 49	15 55	17 00	00 47	02 12	03 37	05 00
64	15 08	16 06	17 05	00 49	02 11	03 32	04 51
62	15 23	16 16	17 11	00 52	02 11	03 28	04 44
60	15 36	16 24	17 15	00 54	02 10	03 24	04 38
N 58	15 47	16 31	17 19	00 56	02 09	03 21	04 32
56	15 56	16 38	17 23	00 57	02 09	03 19	04 27
54	16 05	16 44	17 27	00 59	02 08	03 16	04 23
52	16 12	16 49	17 30	01 00	02 08	03 14	04 19
50	16 19	16 54	17 33	01 01	02 07	03 12	04 16
45	16 34	17 05	17 41	01 04	02 06	03 07	04 08
N 40	16 46	17 15	17 47	01 06	02 06	03 04	04 01
35	16 56	17 23	17 53	01 08	02 05	03 01	03 56
30	17 05	17 30	17 59	01 10	02 04	02 58	03 51
20	17 21	17 44	18 11	01 13	02 03	02 53	03 42
N 10	17 35	17 57	18 22	01 15	02 02	02 49	03 35
0	17 48	18 10	18 35	01 17	02 01	02 45	03 28
S 10	18 01	18 23	18 49	01 20	02 00	02 41	03 21
20	18 15	18 39	19 07	01 22	02 00	02 37	03 14
30	18 32	18 58	19 29	01 25	01 58	02 32	03 06
35	18 41	19 09	19 43	01 26	01 58	02 29	03 01
40	18 53	19 23	20 00	01 28	01 57	02 26	02 55
45	19 06	19 39	20 22	01 30	01 56	02 22	02 49
S 50	19 22	20 00	20 52	01 32	01 55	02 18	02 42
52	19 29	20 11	21 07	01 33	01 55	02 16	02 38
54	19 38	20 22	21 25	01 34	01 54	02 14	02 34
56	19 47	20 36	21 49	01 36	01 54	02 11	02 30
58	19 58	20 52	22 22	01 37	01 53	02 09	02 25
S 60	20 11	21 11	////	01 39	01 52	02 06	02 20

Day	SUN Eqn. of Time 00h	12h	Mer. Pass.	MOON Mer. Pass. Upper	Lower	Age	Phase
	m s	m s	h m	h m	h m		
12	15 54	15 51	11 44	19 51	07 29	09	☾
13	15 47	15 43	11 44	20 34	08 13	10	
14	15 39	15 34	11 44	21 18	08 56	11	

1994 NOVEMBER 15, 16, 17 (TUES., WED., THURS.)

UT (GMT)	ARIES G.H.A.	VENUS −4.4 G.H.A.	Dec.	MARS +0.5 G.H.A.	Dec.	JUPITER −1.7 G.H.A.	Dec.	SATURN +0.8 G.H.A.	Dec.	STARS Name	S.H.A.	Dec.
15 00	53 51.2	202 55.6	S15 12.7	270 04.3	N16 23.9	181 24.1	S18 09.6	75 38.3	S11 10.9	Acamar	315 28.5	S40 19.5
01	68 53.7	217 58.7	11.8	285 05.7	23.7	196 26.0	09.7	90 40.8	10.9	Achernar	335 36.6	S57 15.8
02	83 56.1	233 01.8	10.9	300 07.1	23.4	211 27.9	09.8	105 43.2	10.8	Acrux	173 25.3	S63 04.0
03	98 58.6	248 04.9	·· 10.0	315 08.5	·· 23.1	226 29.8	·· 10.0	120 45.7	·· 10.8	Adhara	255 23.2	S28 57.8
04	114 01.1	263 08.0	09.1	330 09.9	22.8	241 31.7	10.1	135 48.1	10.8	Aldebaran	291 05.1	N16 29.9
05	129 03.5	278 11.1	08.2	345 11.3	22.6	256 33.6	10.2	150 50.5	10.8			
06	144 06.0	293 14.2	S15 07.3	0 12.8	N16 22.3	271 35.5	S18 10.4	165 53.0	S11 10.8	Alioth	166 33.4	N55 59.1
T 07	159 08.4	308 17.3	06.4	15 14.2	22.0	286 37.4	10.5	180 55.4	10.8	Alkaid	153 10.4	N49 20.2
U 08	174 10.9	323 20.3	05.6	30 15.6	21.7	301 39.3	10.7	195 57.9	10.8	Al Na'ir	28 01.2	S46 59.2
E 09	189 13.4	338 23.4	·· 04.7	45 17.0	·· 21.5	316 41.2	·· 10.8	211 00.3	·· 10.7	Alnilam	276 00.2	S 1 12.3
S 10	204 15.8	353 26.5	03.8	60 18.4	21.2	331 43.1	10.9	226 02.7	10.7	Alphard	218 09.8	S 8 38.2
D 11	219 18.3	8 29.5	02.9	75 19.8	20.9	346 45.0	11.1	241 05.2	10.7			
A 12	234 20.8	23 32.6	S15 02.0	90 21.2	N16 20.6	1 46.9	S18 11.2	256 07.6	S11 10.7	Alphecca	126 23.2	N26 44.0
Y 13	249 23.2	38 35.6	01.1	105 22.6	20.4	16 48.8	11.3	271 10.1	10.7	Alpheratz	357 57.7	N29 04.0
14	264 25.7	53 38.7	15 00.2	120 24.0	20.1	31 50.7	11.5	286 12.5	10.7	Altair	62 22.0	N 8 51.5
15	279 28.2	68 41.7	14 59.4	135 25.4	·· 19.8	46 52.6	·· 11.6	301 14.9	·· 10.6	Ankaa	353 29.2	S42 20.1
16	294 30.6	83 44.8	58.5	150 26.9	19.6	61 54.5	11.7	316 17.4	10.6	Antares	112 43.8	S26 25.1
17	309 33.1	98 47.8	57.6	165 28.3	19.3	76 56.4	11.9	331 19.8	10.6			
18	324 35.6	113 50.8	S14 56.7	180 29.7	N16 19.0	91 58.3	S18 12.0	346 22.3	S11 10.6	Arcturus	146 08.8	N19 12.6
19	339 38.0	128 53.9	55.9	195 31.1	18.7	107 00.2	12.2	1 24.7	10.6	Atria	107 58.7	S69 01.1
20	354 40.5	143 56.9	55.0	210 32.5	18.5	122 02.1	12.3	16 27.1	10.6	Avior	234 23.4	S59 29.4
21	9 42.9	158 59.9	·· 54.1	225 33.9	·· 18.2	137 04.0	·· 12.4	31 29.6	·· 10.6	Bellatrix	278 46.7	N 6 20.7
22	24 45.4	174 02.9	53.2	240 35.3	17.9	152 05.9	12.6	46 32.0	10.5	Betelgeuse	271 16.1	N 7 24.3
23	39 47.9	189 05.9	52.4	255 36.8	17.6	167 07.8	12.7	61 34.5	10.5			
16 00	54 50.3	204 08.9	S14 51.5	270 38.2	N16 17.4	182 09.7	S18 12.8	76 36.9	S11 10.5	Canopus	264 01.9	S52 41.5
01	69 52.8	219 12.0	50.6	285 39.6	17.1	197 11.6	13.0	91 39.3	10.5	Capella	280 54.6	N45 59.5
02	84 55.3	234 15.0	49.8	300 41.0	16.8	212 13.5	13.1	106 41.8	10.5	Deneb	49 41.4	N45 16.1
03	99 57.7	249 18.0	·· 48.9	315 42.4	·· 16.6	227 15.4	·· 13.2	121 44.2	·· 10.5	Denebola	182 48.1	N14 36.0
04	115 00.2	264 20.9	48.1	330 43.8	16.3	242 17.3	13.4	136 46.7	10.4	Diphda	349 09.6	S18 00.8
05	130 02.7	279 23.9	47.2	345 45.3	16.0	257 19.2	13.5	151 49.1	10.4			
06	145 05.1	294 26.9	S14 46.3	0 46.7	N16 15.7	272 21.1	S18 13.7	166 51.5	S11 10.4	Dubhe	194 09.0	N61 46.4
W 07	160 07.6	309 29.9	45.5	15 48.1	15.5	287 23.0	13.8	181 54.0	10.4	Elnath	278 29.9	N28 36.1
E 08	175 10.1	324 32.9	44.6	30 49.5	15.2	302 24.9	13.9	196 56.4	10.4	Eltanin	90 53.1	N51 29.7
D 09	190 12.5	339 35.9	·· 43.8	45 51.0	·· 14.9	317 26.8	·· 14.1	211 58.8	·· 10.4	Enif	34 00.8	N 9 51.3
N 10	205 15.0	354 38.8	42.9	60 52.4	14.7	332 28.7	14.2	227 01.3	10.3	Fomalhaut	15 39.2	S29 39.0
E 11	220 17.4	9 41.8	42.1	75 53.8	14.4	347 30.6	14.3	242 03.7	10.3			
S 12	235 19.9	24 44.8	S14 41.2	90 55.2	N16 14.1	2 32.5	S18 14.5	257 06.2	S11 10.3	Gacrux	172 16.9	S57 04.9
D 13	250 22.4	39 47.7	40.4	105 56.6	13.8	17 34.4	14.6	272 08.6	10.3	Gienah	176 06.9	S17 30.7
A 14	265 24.8	54 50.7	39.5	120 58.1	13.6	32 36.3	14.7	287 11.0	10.3	Hadar	149 08.3	S60 20.7
Y 15	280 27.3	69 53.6	·· 38.7	135 59.5	·· 13.3	47 38.2	·· 14.9	302 13.5	·· 10.3	Hamal	328 16.2	N23 26.4
16	295 29.8	84 56.6	37.9	151 00.9	13.0	62 40.1	15.0	317 15.9	10.2	Kaus Aust.	84 02.6	S34 23.2
17	310 32.2	99 59.5	37.0	166 02.3	12.8	77 42.0	15.1	332 18.3	10.2			
18	325 34.7	115 02.5	S14 36.2	181 03.8	N16 12.5	92 43.9	S18 15.3	347 20.8	S11 10.2	Kochab	137 20.7	N74 10.6
19	340 37.2	130 05.4	35.3	196 05.2	12.2	107 45.8	15.4	2 23.2	10.2	Markab	13 52.1	N15 10.9
20	355 39.6	145 08.3	34.5	211 06.6	11.9	122 47.7	15.6	17 25.6	10.2	Menkar	314 29.3	N 4 02.2
21	10 42.1	160 11.3	·· 33.7	226 08.1	·· 11.7	137 49.6	·· 15.7	32 28.1	·· 10.1	Menkent	148 24.4	S36 20.6
22	25 44.5	175 14.2	32.8	241 09.5	11.4	152 51.5	15.8	47 30.5	10.1	Miaplacidus	221 42.4	S69 41.6
23	40 47.0	190 17.1	32.0	256 10.9	11.1	167 53.4	16.0	62 33.0	10.1			
17 00	55 49.5	205 20.0	S14 31.2	271 12.3	N16 10.9	182 55.3	S18 16.1	77 35.4	S11 10.1	Mirfak	308 59.8	N49 50.6
01	70 51.9	220 22.9	30.4	286 13.8	10.6	197 57.2	16.2	92 37.8	10.1	Nunki	76 15.9	S26 18.1
02	85 54.4	235 25.8	29.5	301 15.2	10.3	212 59.1	16.4	107 40.3	10.1	Peacock	53 41.4	S56 45.2
03	100 56.9	250 28.7	·· 28.7	316 16.6	·· 10.1	228 01.0	·· 16.5	122 42.7	·· 10.0	Pollux	243 44.6	N28 02.1
04	115 59.3	265 31.6	27.9	331 18.1	09.8	243 02.8	16.6	137 45.1	10.0	Procyon	245 14.1	N 5 14.2
05	131 01.8	280 34.5	27.1	346 19.5	09.5	258 04.7	16.8	152 47.6	10.0			
06	146 04.3	295 37.4	S14 26.3	1 20.9	N16 09.2	273 06.6	S18 16.9	167 50.0	S11 10.0	Rasalhague	96 19.7	N12 34.0
07	161 06.7	310 40.3	25.4	16 22.4	09.0	288 08.5	17.0	182 52.4	10.0	Regulus	207 58.4	N11 59.4
T 08	176 09.2	325 43.2	24.6	31 23.8	08.7	303 10.4	17.2	197 54.9	10.0	Rigel	281 25.2	S 8 12.4
H 09	191 11.7	340 46.1	·· 23.8	46 25.2	·· 08.4	318 12.3	·· 17.3	212 57.3	·· 09.9	Rigil Kent.	140 11.4	S60 48.7
U 10	206 14.1	355 48.9	23.0	61 26.7	08.2	333 14.2	17.4	227 59.7	09.9	Sabik	102 28.9	S15 43.0
R 11	221 16.6	10 51.8	22.2	76 28.1	07.9	348 16.1	17.6	243 02.2	09.9			
S 12	236 19.0	25 54.7	S14 21.4	91 29.6	N16 07.6	3 18.0	S18 17.7	258 04.6	S11 09.9	Schedar	349 56.0	N56 30.9
D 13	251 21.5	40 57.5	20.6	106 31.0	07.4	18 19.9	17.9	273 07.0	09.9	Shaula	96 41.2	S37 05.9
A 14	266 24.0	56 00.4	19.8	121 32.4	07.1	33 21.8	18.0	288 09.5	09.8	Sirius	258 45.7	S16 42.5
Y 15	281 26.4	71 03.3	·· 19.0	136 33.9	·· 06.8	48 23.7	·· 18.1	303 11.9	·· 09.8	Spica	158 46.3	S11 08.0
16	296 28.9	86 06.1	18.2	151 35.3	06.6	63 25.6	18.3	318 14.3	09.8	Suhail	223 02.6	S43 24.5
17	311 31.4	101 09.0	17.4	166 36.8	06.3	78 27.5	18.4	333 16.8	09.8			
18	326 33.8	116 11.8	S14 16.6	181 38.2	N16 06.0	93 29.4	S18 18.5	348 19.2	S11 09.8	Vega	80 48.7	N38 47.0
19	341 36.3	131 14.6	15.8	196 39.6	05.8	108 31.3	18.7	3 21.6	09.7	Zuben'ubi	137 21.2	S16 01.1
20	356 38.8	146 17.5	15.0	211 41.1	05.5	123 33.2	18.8	18 24.0	09.7			
21	11 41.2	161 20.3	·· 14.2	226 42.5	·· 05.2	138 35.1	·· 18.9	33 26.5	·· 09.7			
22	26 43.7	176 23.1	13.4	241 44.0	05.0	153 37.0	19.1	48 28.9	09.7			
23	41 46.2	191 26.0	12.6	256 45.4	04.7	168 38.9	19.2	63 31.3	09.7			

	S.H.A.	Mer. Pass.
Venus	149 18.6	10 21
Mars	215 47.8	5 57
Jupiter	127 19.3	11 50
Saturn	21 46.6	18 50

| Mer. Pass. 20 17.3 | v 3.0 d 0.8 | v 1.4 d 0.3 | v 1.9 d 0.1 | v 2.4 d 0.0 |

1994 NOVEMBER 15, 16, 17 (TUES., WED., THURS.)

SUN and MOON

UT (GMT)	SUN G.H.A.	SUN Dec.	MOON G.H.A.	v	MOON Dec.	d	H.P.
15 00	183 52.3	S18 22.0	39 24.1	14.6	N 8 53.2	9.2	54.4
01	198 52.2	22.6	53 57.7	14.5	9 02.4	9.2	54.4
02	213 52.1	23.3	68 31.2	14.6	9 11.6	9.2	54.4
03	228 52.0	.. 23.9	83 04.8	14.5	9 20.8	9.1	54.4
04	243 51.9	24.6	97 38.3	14.6	9 29.9	9.1	54.4
05	258 51.8	25.2	112 11.9	14.5	9 39.0	9.1	54.4
06	273 51.7	S18 25.8	126 45.4	14.5	N 9 48.1	9.0	54.3
07	288 51.6	26.5	141 18.9	14.4	9 57.1	8.9	54.3
T 08	303 51.5	27.1	155 52.3	14.5	10 06.0	8.9	54.3
U 09	318 51.4	.. 27.8	170 25.8	14.4	10 14.9	8.9	54.3
E 10	333 51.3	28.4	184 59.2	14.5	10 23.8	8.8	54.3
S 11	348 51.2	29.0	199 32.7	14.4	10 32.6	8.8	54.3
D 12	3 51.1	S18 29.7	214 06.1	14.3	N10 41.4	8.7	54.3
A 13	18 51.0	30.3	228 39.4	14.4	10 50.1	8.7	54.3
Y 14	33 50.8	30.9	243 12.8	14.4	10 58.8	8.6	54.3
15	48 50.7	.. 31.6	257 46.2	14.3	11 07.4	8.5	54.3
16	63 50.6	32.2	272 19.5	14.3	11 15.9	8.6	54.2
17	78 50.5	32.9	286 52.8	14.3	11 24.5	8.4	54.2
18	93 50.4	S18 33.5	301 26.1	14.2	N11 32.9	8.5	54.2
19	108 50.3	34.1	315 59.3	14.3	11 41.4	8.3	54.2
20	123 50.2	34.8	330 32.6	14.2	11 49.7	8.4	54.2
21	138 50.1	.. 35.4	345 05.8	14.2	11 58.1	8.2	54.2
22	153 50.0	36.0	359 39.0	14.1	12 06.3	8.3	54.2
23	168 49.9	36.6	14 12.1	14.2	12 14.6	8.1	54.2
16 00	183 49.8	S18 37.3	28 45.3	14.1	N12 22.7	8.1	54.2
01	198 49.7	37.9	43 18.4	14.1	12 30.8	8.1	54.2
02	213 49.6	38.5	57 51.5	14.1	12 38.9	8.0	54.2
03	228 49.5	.. 39.2	72 24.6	14.0	12 46.9	7.9	54.2
04	243 49.3	39.8	86 57.6	14.1	12 54.8	7.9	54.1
05	258 49.2	40.4	101 30.7	14.0	13 02.7	7.8	54.1
06	273 49.1	S18 41.1	116 03.7	13.9	N13 10.5	7.8	54.1
W 07	288 49.0	41.7	130 36.6	14.0	13 18.3	7.7	54.1
E 08	303 48.9	42.3	145 09.6	13.9	13 26.0	7.7	54.1
D 09	318 48.8	.. 42.9	159 42.5	13.9	13 33.7	7.6	54.1
N 10	333 48.7	43.6	174 15.4	13.9	13 41.3	7.5	54.1
E 11	348 48.6	44.2	188 48.3	13.8	13 48.8	7.5	54.1
S 12	3 48.4	S18 44.8	203 21.1	13.8	N13 56.3	7.4	54.1
D 13	18 48.3	45.4	217 53.9	13.8	14 03.7	7.3	54.1
A 14	33 48.2	46.0	232 26.7	13.8	14 11.0	7.3	54.1
Y 15	48 48.1	.. 46.7	246 59.5	13.7	14 18.3	7.2	54.1
16	63 48.0	47.3	261 32.2	13.7	14 25.5	7.2	54.1
17	78 47.9	47.9	276 04.9	13.7	14 32.7	7.1	54.1
18	93 47.8	S18 48.5	290 37.6	13.7	N14 39.8	7.0	54.1
19	108 47.6	49.2	305 10.3	13.6	14 46.8	7.0	54.0
20	123 47.5	49.8	319 42.9	13.6	14 53.8	6.9	54.0
21	138 47.4	.. 50.4	334 15.5	13.6	15 00.7	6.9	54.0
22	153 47.3	51.0	348 48.1	13.5	15 07.6	6.7	54.0
23	168 47.2	51.6	3 20.6	13.5	15 14.3	6.7	54.0
17 00	183 47.1	S18 52.2	17 53.1	13.5	N15 21.0	6.7	54.0
01	198 46.9	52.9	32 25.6	13.4	15 27.7	6.6	54.0
02	213 46.8	53.5	46 58.0	13.5	15 34.3	6.5	54.0
03	228 46.7	.. 54.1	61 30.5	13.4	15 40.8	6.4	54.0
04	243 46.6	54.7	76 02.9	13.3	15 47.2	6.4	54.0
05	258 46.5	55.3	90 35.2	13.4	15 53.6	6.2	54.0
06	273 46.4	S18 55.9	105 07.6	13.3	N15 59.8	6.3	54.0
07	288 46.2	56.5	119 39.9	13.3	16 06.1	6.1	54.0
T 08	303 46.1	57.2	134 12.2	13.2	16 12.2	6.1	54.0
H 09	318 46.0	.. 57.8	148 44.4	13.3	16 18.3	6.0	54.0
U 10	333 45.9	58.4	163 16.7	13.2	16 24.3	6.0	54.0
R 11	348 45.7	59.0	177 48.9	13.1	16 30.3	5.8	54.0
S 12	3 45.6	S18 59.6	192 21.0	13.2	N16 36.1	5.8	54.0
D 13	18 45.5	19 00.2	206 53.2	13.1	16 41.9	5.7	54.0
A 14	33 45.4	00.8	221 25.3	13.1	16 47.6	5.7	54.0
Y 15	48 45.3	.. 01.4	235 57.4	13.0	16 53.3	5.5	54.0
16	63 45.1	02.0	250 29.4	13.1	16 58.8	5.5	54.0
17	78 45.0	02.6	265 01.5	13.0	17 04.3	5.4	54.0
18	93 44.9	S19 03.2	279 33.5	12.9	N17 09.7	5.4	54.0
19	108 44.8	03.9	294 05.4	13.0	17 15.1	5.3	54.0
20	123 44.6	04.5	308 37.4	12.9	17 20.4	5.1	54.0
21	138 44.5	.. 05.1	323 09.3	12.9	17 25.5	5.1	54.0
22	153 44.4	05.7	337 41.2	12.8	17 30.6	5.1	54.0
23	168 44.3	06.3	352 13.0	12.9	17 35.7	4.9	54.0
	S.D. 16.2	d 0.6	S.D. 14.8		14.7		14.7

Twilight, Sunrise and Moonrise

Lat.	Twilight Naut.	Twilight Civil	Sunrise	Moonrise 15	16	17	18
N 72	07 02	08 38	11 21	13 22	13 08	12 46	☐
N 70	06 52	08 14	09 54	13 40	13 36	13 32	13 29
68	06 43	07 56	09 16	13 53	13 57	14 02	14 14
66	06 36	07 42	08 50	14 05	14 13	14 25	14 44
64	06 29	07 30	08 30	14 14	14 27	14 43	15 06
62	06 24	07 19	08 13	14 23	14 38	14 58	15 24
60	06 19	07 10	08 00	14 30	14 48	15 10	15 39
N 58	06 14	07 03	07 48	14 36	14 56	15 21	15 52
56	06 10	06 56	07 38	14 42	15 04	15 31	16 03
54	06 06	06 49	07 29	14 47	15 11	15 39	16 12
52	06 02	06 44	07 21	14 51	15 17	15 46	16 21
50	05 59	06 38	07 14	14 55	15 22	15 53	16 29
45	05 51	06 27	06 59	15 04	15 34	16 08	16 45
N 40	05 44	06 17	06 46	15 12	15 44	16 20	16 59
35	05 38	06 08	06 35	15 18	15 53	16 30	17 11
30	05 31	06 00	06 26	15 24	16 00	16 39	17 21
20	05 19	05 46	06 09	15 34	16 13	16 54	17 38
N 10	05 07	05 33	05 55	15 43	16 25	17 08	17 53
0	04 54	05 19	05 41	15 51	16 35	17 21	18 08
S 10	04 39	05 05	05 27	15 59	16 46	17 34	18 22
20	04 21	04 49	05 13	16 08	16 58	17 48	18 37
30	03 58	04 29	04 56	16 18	17 11	18 03	18 55
35	03 44	04 18	04 46	16 24	17 19	18 13	19 05
40	03 26	04 03	04 34	16 31	17 27	18 23	19 17
45	03 03	03 46	04 20	16 39	17 38	18 36	19 31
S 50	02 33	03 25	04 04	16 48	17 50	18 51	19 48
52	02 17	03 14	03 56	16 53	17 56	18 58	19 56
54	01 57	03 02	03 47	16 58	18 03	19 06	20 05
56	01 32	02 48	03 37	17 03	18 10	19 15	20 15
58	00 55	02 31	03 26	17 09	18 18	19 25	20 27
S 60	////	02 10	03 13	17 16	18 27	19 36	20 40

Sunset, Twilight and Moonset

Lat.	Sunset	Twilight Civil	Twilight Naut.	Moonset 15	16	17	18
N 72	12 08	14 51	16 26	05 39	07 24	09 21	☐
N 70	13 34	15 14	16 37	05 23	06 58	08 36	10 15
68	14 12	15 32	16 45	05 10	06 38	08 06	09 31
66	14 39	15 47	16 53	05 00	06 23	07 44	09 01
64	14 59	15 59	16 59	04 51	06 10	07 27	08 39
62	15 15	16 09	17 05	04 44	05 59	07 13	08 22
60	15 29	16 18	17 10	04 38	05 50	07 01	08 07
N 58	15 41	16 26	17 15	04 32	05 42	06 50	07 55
56	15 51	16 33	17 19	04 27	05 35	06 41	07 44
54	16 00	16 40	17 23	04 23	05 29	06 33	07 35
52	16 08	16 45	17 27	04 19	05 23	06 26	07 26
50	16 15	16 51	17 30	04 16	05 18	06 20	07 19
45	16 30	17 02	17 38	04 08	05 07	06 06	07 03
N 40	16 43	17 12	17 45	04 01	04 58	05 54	06 49
35	16 54	17 21	17 52	03 56	04 50	05 45	06 38
30	17 04	17 29	17 58	03 51	04 44	05 36	06 28
20	17 20	17 43	18 10	03 42	04 32	05 22	06 12
N 10	17 35	17 57	18 24	03 35	04 22	05 09	05 57
0	17 48	18 10	18 36	03 28	04 12	04 57	05 43
S 10	18 02	18 24	18 51	03 21	04 03	04 45	05 30
20	18 17	18 41	19 09	03 14	03 52	04 33	05 15
30	18 34	19 01	19 32	03 06	03 41	04 18	04 59
35	18 44	19 13	19 47	03 01	03 34	04 10	04 49
40	18 56	19 27	20 05	02 55	03 27	04 00	04 38
45	19 10	19 44	20 28	02 49	03 18	03 49	04 25
S 50	19 27	20 06	20 59	02 42	03 07	03 36	04 09
52	19 35	20 17	21 15	02 38	03 02	03 30	04 02
54	19 44	20 29	21 35	02 34	02 57	03 23	03 53
56	19 54	20 44	22 01	02 30	02 51	03 15	03 44
58	20 05	21 01	22 41	02 25	02 44	03 07	03 34
S 60	20 19	21 22	////	02 20	02 37	02 57	03 22

SUN and MOON

Day	SUN Eqn. of Time 00ʰ	SUN Eqn. of Time 12ʰ	SUN Mer. Pass.	MOON Mer. Pass. Upper	MOON Mer. Pass. Lower	Age	Phase
	m s	m s	h m	h m	h m	d	
15	15 29	15 24	11 45	22 01	09 39	12	
16	15 19	15 14	11 45	22 46	10 24	13	
17	15 08	15 03	11 45	23 32	11 09	14	○

1994 NOVEMBER 18, 19, 20 (FRI., SAT., SUN.)

UT (GMT) d h	ARIES G.H.A.	VENUS −4.5 G.H.A.	Dec.	MARS +0.5 G.H.A.	Dec.	JUPITER −1.7 G.H.A.	Dec.	SATURN +0.8 G.H.A.	Dec.	Star Name	S.H.A.	Dec.
18 00	56 48.6	206 28.8	S14 11.9	271 46.9	N16 04.4	183 40.8	S18 19.3	78 33.8	S11 09.7	Acamar	315 28.5	S40 19.5
01	71 51.1	221 31.6	11.1	286 48.3	04.2	198 42.7	19.5	93 36.2	09.6	Achernar	335 36.6	S57 15.9
02	86 53.5	236 34.4	10.3	301 49.7	03.9	213 44.6	19.6	108 38.6	09.6	Acrux	173 25.3	S63 04.0
03	101 56.0	251 37.2	·· 09.5	316 51.2	·· 03.6	228 46.5	·· 19.7	123 41.1	·· 09.6	Adhara	255 23.2	S28 57.8
04	116 58.5	266 40.0	08.7	331 52.6	03.4	243 48.4	19.9	138 43.5	09.6	Aldebaran	291 05.1	N16 29.9
05	132 00.9	281 42.8	08.0	346 54.1	03.1	258 50.3	20.0	153 45.9	09.6			
06	147 03.4	296 45.6	S14 07.2	1 55.5	N16 02.8	273 52.2	S18 20.1	168 48.4	S11 09.5	Alioth	166 33.4	N55 59.1
07	162 05.9	311 48.4	06.4	16 57.0	02.6	288 54.1	20.3	183 50.8	09.5	Alkaid	153 10.3	N49 20.2
08	177 08.3	326 51.2	05.6	31 58.4	02.3	303 56.0	20.4	198 53.2	09.5	Al Na'ir	28 01.2	S46 59.2
F 09	192 10.8	341 54.0	·· 04.9	46 59.9	·· 02.0	318 57.9	·· 20.5	213 55.6	09.5	Alnilam	276 00.2	S 1 12.3
R 10	207 13.3	356 56.8	04.1	62 01.3	01.8	333 59.8	20.7	228 58.1	09.5	Alphard	218 09.7	S 8 38.2
I 11	222 15.7	11 59.5	03.3	77 02.8	01.5	349 01.7	20.8	244 00.5	09.4			
D 12	237 18.2	27 02.3	S14 02.6	92 04.2	N16 01.2	4 03.6	S18 21.0	259 02.9	S11 09.4	Alphecca	126 23.2	N26 44.0
A 13	252 20.6	42 05.1	01.8	107 05.7	01.0	19 05.5	21.1	274 05.4	09.4	Alpheratz	357 57.7	N29 04.0
Y 14	267 23.1	57 07.8	01.1	122 07.1	00.7	34 07.4	21.2	289 07.8	09.4	Altair	62 22.0	N 8 51.5
15	282 25.6	72 10.6	14 00.3	137 08.6	·· 00.4	49 09.3	·· 21.4	304 10.2	09.4	Ankaa	353 29.2	S42 20.1
16	297 28.0	87 13.3	13 59.5	152 10.0	16 00.2	64 11.2	21.5	319 12.6	09.3	Antares	112 43.8	S26 25.1
17	312 30.5	102 16.1	58.8	167 11.5	15 59.9	79 13.1	21.6	334 15.1	09.3			
18	327 33.0	117 18.8	S13 58.0	182 12.9	N15 59.7	94 15.0	S18 21.8	349 17.5	S11 09.3	Arcturus	146 08.8	N19 12.6
19	342 35.4	132 21.6	57.3	197 14.4	59.4	109 16.9	21.9	4 19.9	09.3	Atria	107 58.7	S69 01.1
20	357 37.9	147 24.3	56.5	212 15.9	59.1	124 18.8	22.0	19 22.3	09.2	Avior	234 23.4	S59 29.4
21	12 40.4	162 27.1	·· 55.8	227 17.3	·· 58.9	139 20.7	·· 22.2	34 24.8	·· 09.2	Bellatrix	278 46.7	N 6 20.7
22	27 42.8	177 29.8	55.0	242 18.8	58.6	154 22.6	22.3	49 27.2	09.2	Betelgeuse	271 16.1	N 7 24.3
23	42 45.3	192 32.5	54.3	257 20.2	58.3	169 24.5	22.4	64 29.6	09.2			
19 00	57 47.8	207 35.2	S13 53.6	272 21.7	N15 58.1	184 26.4	S18 22.6	79 32.1	S11 09.2	Canopus	264 01.9	S52 41.5
01	72 50.2	222 38.0	52.8	287 23.1	57.8	199 28.3	22.7	94 34.5	09.1	Capella	280 54.6	N45 59.5
02	87 52.7	237 40.7	52.1	302 24.6	57.5	214 30.2	22.8	109 36.9	09.1	Deneb	49 41.1	N45 16.1
03	102 55.1	252 43.4	·· 51.4	317 26.1	·· 57.3	229 32.1	·· 23.0	124 39.3	·· 09.1	Denebola	182 48.0	N14 36.0
04	117 57.6	267 46.1	50.6	332 27.5	57.0	244 34.0	23.1	139 41.8	09.1	Diphda	349 09.7	S18 00.8
05	133 00.1	282 48.8	49.9	347 29.0	56.8	259 35.8	23.2	154 44.2	09.1			
06	148 02.5	297 51.5	S13 49.2	2 30.4	N15 56.5	274 37.7	S18 23.4	169 46.6	S11 09.0	Dubhe	194 09.0	N61 46.4
07	163 05.0	312 54.2	48.4	17 31.9	56.2	289 39.6	23.5	184 49.0	09.0	Elnath	278 29.9	N28 36.1
S 08	178 07.5	327 56.9	47.7	32 33.4	56.0	304 41.5	23.6	199 51.5	09.0	Eltanin	90 53.1	N51 29.7
A 09	193 09.9	342 59.6	·· 47.0	47 34.8	·· 55.7	319 43.4	·· 23.8	214 53.9	·· 09.0	Enif	34 00.8	N 9 51.3
T 10	208 12.4	358 02.2	46.3	62 36.3	55.5	334 45.3	23.9	229 56.3	09.0	Fomalhaut	15 39.3	S29 39.0
U 11	223 14.9	13 04.9	45.5	77 37.8	55.2	349 47.2	24.0	244 58.7	08.9			
R 12	238 17.3	28 07.6	S13 44.8	92 39.2	N15 54.9	4 49.1	S18 24.2	260 01.2	S11 08.9	Gacrux	172 16.8	S57 04.9
D 13	253 19.8	43 10.3	44.1	107 40.7	54.7	19 51.0	24.3	275 03.6	08.9	Gienah	176 06.9	S17 30.7
A 14	268 22.3	58 12.9	43.4	122 42.2	54.4	34 52.9	24.4	290 06.0	08.9	Hadar	149 08.3	S60 20.7
Y 15	283 24.7	73 15.6	·· 42.7	137 43.6	·· 54.1	49 54.8	·· 24.6	305 08.4	·· 08.8	Hamal	328 16.2	N23 26.4
16	298 27.2	88 18.3	42.0	152 45.1	53.9	64 56.7	24.7	320 10.9	08.8	Kaus Aust.	84 02.6	S34 23.2
17	313 29.6	103 20.9	41.3	167 46.6	53.6	79 58.6	24.8	335 13.3	08.8			
18	328 32.1	118 23.6	S13 40.6	182 48.0	N15 53.4	95 00.5	S18 25.0	350 15.7	S11 08.8	Kochab	137 20.7	N74 10.5
19	343 34.6	133 26.2	39.8	197 49.5	53.1	110 02.4	25.1	5 18.1	08.8	Markab	13 52.1	N15 10.9
20	358 37.0	148 28.8	39.1	212 51.0	52.8	125 04.3	25.2	20 20.5	08.7	Menkar	314 29.3	N 4 04.2
21	13 39.5	163 31.5	·· 38.4	227 52.4	·· 52.6	140 06.2	·· 25.4	35 23.0	·· 08.7	Menkent	148 24.4	S36 20.5
22	28 42.0	178 34.1	37.7	242 53.9	52.3	155 08.1	25.5	50 25.4	08.7	Miaplacidus	221 42.3	S69 41.6
23	43 44.4	193 36.7	37.1	257 55.4	52.1	170 10.0	25.6	65 27.8	08.7			
20 00	58 46.9	208 39.4	S13 36.4	272 56.9	N15 51.8	185 11.9	S18 25.8	80 30.2	S11 08.6	Mirfak	308 59.8	N49 50.6
01	73 49.4	223 42.0	35.7	287 58.3	51.5	200 13.8	25.9	95 32.7	08.6	Nunki	76 15.9	S26 18.1
02	88 51.8	238 44.6	35.0	302 59.8	51.3	215 15.7	26.0	110 35.1	08.6	Peacock	53 41.4	S56 45.2
03	103 54.3	253 47.2	·· 34.3	318 01.3	·· 51.0	230 17.6	·· 26.2	125 37.5	·· 08.6	Pollux	243 44.6	N28 02.1
04	118 56.7	268 49.8	33.6	333 02.7	50.8	245 19.5	26.3	140 39.9	08.5	Procyon	245 14.1	N 5 14.2
05	133 59.2	283 52.4	32.9	348 04.2	50.5	260 21.4	26.4	155 42.3	08.5			
06	149 01.7	298 55.0	S13 32.2	3 05.7	N15 50.2	275 23.3	S18 26.5	170 44.8	S11 08.5	Rasalhague	96 19.7	N12 34.0
07	164 04.1	313 57.6	31.5	18 07.2	50.0	290 25.2	26.7	185 47.2	08.5	Regulus	207 58.4	N11 59.4
08	179 06.6	329 00.2	30.9	33 08.7	49.7	305 27.1	26.8	200 49.6	08.5	Rigel	281 25.2	S 8 12.4
S 09	194 09.1	344 02.8	·· 30.2	48 10.1	·· 49.5	320 29.0	·· 27.0	215 52.0	·· 08.4	Rigil Kent.	140 11.4	S60 48.7
U 10	209 11.5	359 05.4	29.5	63 11.6	49.2	335 30.9	27.1	230 54.5	08.4	Sabik	102 28.9	S15 43.0
N 11	224 14.0	14 08.0	28.8	78 13.1	49.0	350 32.8	27.2	245 56.9	08.4			
D 12	239 16.5	29 10.6	S13 28.2	93 14.6	N15 48.7	5 34.7	S18 27.4	260 59.3	S11 08.4	Schedar	349 56.0	N56 30.9
A 13	254 18.9	44 13.1	27.5	108 16.0	48.4	20 36.6	27.5	276 01.7	08.3	Shaula	96 41.2	S37 05.9
Y 14	269 21.4	59 15.7	26.8	123 17.5	48.2	35 38.5	27.6	291 04.1	08.3	Sirius	258 45.7	S16 42.5
15	284 23.9	74 18.3	·· 26.2	138 19.0	·· 47.9	50 40.4	·· 27.8	306 06.6	·· 08.3	Spica	158 46.2	S11 08.0
16	299 26.3	89 20.8	25.5	153 20.5	47.7	65 42.3	27.9	321 09.0	08.3	Suhail	223 02.6	S43 24.6
17	314 28.8	104 23.4	24.8	168 22.0	47.4	80 44.2	28.0	336 11.4	08.2			
18	329 31.2	119 26.0	S13 24.2	183 23.5	N15 47.2	95 46.0	S18 28.2	351 13.8	S11 08.2	Vega	80 48.7	N38 47.0
19	344 33.7	134 28.5	23.5	198 24.9	46.9	110 47.9	28.3	6 16.2	08.2	Zuben'ubi	137 21.2	S16 01.1
20	359 36.2	149 31.0	22.9	213 26.4	46.6	125 49.8	28.4	21 18.7	08.2			
21	14 38.6	164 33.6	·· 22.2	228 27.9	·· 46.4	140 51.7	·· 28.6	36 21.1	·· 08.1			
22	29 41.1	179 36.1	21.6	243 29.4	46.1	155 53.6	28.7	51 23.5	08.1			
23	44 43.6	194 38.7	20.9	258 30.9	45.9	170 55.5	28.8	66 25.9	08.1			

	S.H.A.	Mer. Pass.
Venus	149 47.5	10 08
Mars	214 33.9	5 50
Jupiter	126 38.6	11 41
Saturn	21 44.3	18 39

Mer. Pass. 20 05.5 | v 2.7 d 0.7 | v 1.5 d 0.3 | v 1.9 d 0.1 | v 2.4 d 0.0

1994 NOVEMBER 18, 19, 20 (FRI., SAT., SUN.)

UT (GMT) d h	SUN G.H.A.	SUN Dec.	MOON G.H.A.	v	Dec.	d	H.P.
18 00	183 44.1	S19 06.9	6 44.9	12.8	N17 40.6	4.9	54.0
01	198 44.0	07.5	21 16.7	12.7	17 45.5	4.8	54.0
02	213 43.9	08.1	35 48.4	12.8	17 50.3	4.7	54.0
03	228 43.8	.. 08.7	50 20.2	12.7	17 55.0	4.6	54.0
04	243 43.6	09.3	64 51.9	12.7	17 59.6	4.6	54.0
05	258 43.5	09.9	79 23.6	12.7	18 04.2	4.5	54.0
06	273 43.4	S19 10.5	93 55.3	12.6	N18 08.7	4.4	54.0
07	288 43.2	11.1	108 26.9	12.6	18 13.1	4.3	54.0
08	303 43.1	11.7	122 58.5	12.6	18 17.4	4.2	54.0
F 09	318 43.0	.. 12.3	137 30.1	12.6	18 21.6	4.1	54.0
R 10	333 42.9	12.9	152 01.7	12.5	18 25.7	4.1	54.0
I 11	348 42.7	13.5	166 33.2	12.6	18 29.8	4.0	54.0
D 12	3 42.6	S19 14.1	181 04.8	12.5	N18 33.8	3.9	54.0
A 13	18 42.5	14.7	195 36.3	12.4	18 37.7	3.8	54.0
Y 14	33 42.3	15.2	210 07.7	12.5	18 41.5	3.7	54.0
15	48 42.2	.. 15.8	224 39.2	12.4	18 45.2	3.6	54.0
16	63 42.1	16.4	239 10.6	12.4	18 48.8	3.6	54.0
17	78 41.9	17.0	253 42.0	12.4	18 52.4	3.4	54.0
18	93 41.8	S19 17.6	268 13.4	12.3	N18 55.8	3.4	54.0
19	108 41.7	18.2	282 44.7	12.3	18 59.2	3.3	54.0
20	123 41.5	18.8	297 16.0	12.3	19 02.5	3.2	54.0
21	138 41.4	.. 19.4	311 47.3	12.3	19 05.7	3.1	54.0
22	153 41.3	20.0	326 18.6	12.3	19 08.8	3.1	54.0
23	168 41.1	20.6	340 49.9	12.2	19 11.9	2.9	54.0
19 00	183 41.0	S19 21.2	355 21.1	12.2	N19 14.8	2.9	54.0
01	198 40.9	21.7	9 52.3	12.2	19 17.7	2.7	54.0
02	213 40.7	22.3	24 23.5	12.2	19 20.4	2.7	54.0
03	228 40.6	.. 22.9	38 54.7	12.2	19 23.1	2.6	54.0
04	243 40.5	23.5	53 25.9	12.1	19 25.7	2.5	54.0
05	258 40.3	24.1	67 57.0	12.1	19 28.2	2.4	54.0
06	273 40.2	S19 24.7	82 28.1	12.1	N19 30.6	2.4	54.0
07	288 40.1	25.3	96 59.2	12.1	19 33.0	2.2	54.0
S 08	303 39.9	25.8	111 30.3	12.1	19 35.2	2.1	54.0
A 09	318 39.8	.. 26.4	126 01.4	12.0	19 37.3	2.1	54.0
T 10	333 39.6	27.0	140 32.4	12.1	19 39.4	1.9	54.0
U 11	348 39.5	27.6	155 03.5	12.0	19 41.3	1.9	54.0
R 12	3 39.4	S19 28.2	169 34.5	12.0	N19 43.2	1.8	54.0
D 13	18 39.2	28.8	184 05.5	12.0	19 45.0	1.7	54.0
A 14	33 39.1	29.3	198 36.5	12.0	19 46.7	1.6	54.0
Y 15	48 38.9	.. 29.9	213 07.5	11.9	19 48.3	1.5	54.0
16	63 38.8	30.5	227 38.4	11.9	19 49.8	1.4	54.1
17	78 38.7	31.1	242 09.3	12.0	19 51.2	1.3	54.1
18	93 38.5	S19 31.6	256 40.3	11.9	N19 52.5	1.3	54.1
19	108 38.4	32.2	271 11.2	11.9	19 53.8	1.1	54.1
20	123 38.2	32.8	285 42.1	11.9	19 54.9	1.0	54.1
21	138 38.1	.. 33.4	300 13.0	11.9	19 55.9	1.0	54.1
22	153 38.0	33.9	314 43.9	11.8	19 56.9	0.8	54.1
23	168 37.8	34.5	329 14.7	11.9	19 57.7	0.8	54.1
20 00	183 37.7	S19 35.1	343 45.6	11.8	N19 58.5	0.7	54.1
01	198 37.5	35.7	358 16.4	11.9	19 59.2	0.6	54.1
02	213 37.4	36.2	12 47.3	11.8	19 59.8	0.4	54.1
03	228 37.2	.. 36.8	27 18.1	11.8	20 00.2	0.4	54.1
04	243 37.1	37.4	41 48.9	11.8	20 00.6	0.3	54.1
05	258 36.9	38.0	56 19.7	11.8	20 00.9	0.2	54.1
06	273 36.8	S19 38.5	70 50.5	11.8	N20 01.1	0.2	54.1
07	288 36.7	39.1	85 21.3	11.8	20 01.3	0.0	54.1
08	303 36.5	39.7	99 52.1	11.7	20 01.3	0.1	54.2
S 09	318 36.4	.. 40.2	114 22.8	11.8	20 01.2	0.2	54.2
U 10	333 36.2	40.8	128 53.6	11.8	20 01.0	0.2	54.2
N 11	348 36.1	41.4	143 24.4	11.7	20 00.8	0.4	54.2
D 12	3 35.9	S19 41.9	157 55.1	11.8	N20 00.4	0.4	54.2
A 13	18 35.8	42.5	172 25.9	11.7	20 00.0	0.6	54.2
Y 14	33 35.6	43.1	186 56.6	11.8	19 59.4	0.6	54.2
15	48 35.5	.. 43.6	201 27.4	11.7	19 58.8	0.8	54.2
16	63 35.3	44.2	215 58.1	11.8	19 58.0	0.8	54.2
17	78 35.2	44.8	230 28.9	11.7	19 57.2	0.9	54.2
18	93 35.0	S19 45.3	244 59.6	11.7	N19 56.3	1.0	54.2
19	108 34.9	45.9	259 30.3	11.8	19 55.3	1.1	54.2
20	123 34.7	46.4	274 01.1	11.7	19 54.2	1.2	54.3
21	138 34.6	.. 47.0	288 31.8	11.7	19 53.0	1.3	54.3
22	153 34.4	47.6	303 02.5	11.8	19 51.7	1.4	54.3
23	168 34.3	48.1	317 33.3	11.7	19 50.3	1.5	54.3
	S.D. 16.2	d 0.6	S.D. 14.7		14.7		14.8

Twilight / Sunrise / Moonrise

Lat.	Twilight Naut.	Twilight Civil	Sunrise	Moonrise 18	19	20	21
N 72	07 13	08 52	■■■■	□	□	□	□
N 70	07 01	08 26	10 16	13 29	13 28	13 56	15 32
68	06 51	08 06	09 31	14 14	14 37	15 21	16 28
66	06 43	07 51	09 01	14 44	15 13	15 59	17 01
64	06 36	07 38	08 39	15 06	15 39	16 26	17 26
62	06 30	07 26	08 22	15 24	16 00	16 46	17 45
60	06 24	07 17	08 07	15 39	16 16	17 03	18 00
N 58	06 19	07 09	07 55	15 52	16 30	17 17	18 14
56	06 15	07 01	07 44	16 03	16 42	17 30	18 25
54	06 11	06 54	07 35	16 12	16 53	17 40	18 35
52	06 07	06 48	07 26	16 21	17 02	17 50	18 44
50	06 03	06 43	07 19	16 29	17 10	17 58	18 52
45	05 55	06 30	07 03	16 45	17 28	18 16	19 09
N 40	05 47	06 20	06 49	16 59	17 43	18 31	19 23
35	05 40	06 11	06 38	17 11	17 55	18 43	19 35
30	05 34	06 03	06 28	17 21	18 06	18 54	19 45
20	05 21	05 48	06 11	17 38	18 24	19 12	20 02
N 10	05 08	05 34	05 56	17 53	18 40	19 29	20 18
0	04 54	05 20	05 42	18 08	18 55	19 44	20 32
S 10	04 39	05 05	05 27	18 22	19 11	19 59	20 47
20	04 20	04 48	05 12	18 37	19 27	20 15	21 02
30	03 56	04 28	04 54	18 55	19 45	20 34	21 19
35	03 41	04 16	04 44	19 05	19 56	20 45	21 30
40	03 23	04 01	04 32	19 17	20 09	20 57	21 41
45	02 59	03 43	04 17	19 31	20 24	21 12	21 55
S 50	02 27	03 20	04 00	19 48	20 42	21 30	22 12
52	02 10	03 09	03 52	19 56	20 50	21 38	22 20
54	01 49	02 56	03 42	20 05	21 00	21 47	22 28
56	01 20	02 41	03 32	20 15	21 10	21 58	22 38
58	00 33	02 23	03 20	20 27	21 23	22 10	22 49
S 60	////	02 01	03 06	20 40	21 37	22 24	23 02

Sunset / Twilight / Moonset

Lat.	Sunset	Twilight Civil	Twilight Naut.	Moonset 18	19	20	21
N 72	■■■■	14 38	16 17	□	□	□	□
N 70	13 14	15 04	16 29	10 15	11 56	13 08	13 12
68	13 59	15 23	16 38	09 31	10 46	11 43	12 16
66	14 29	15 39	16 47	09 01	10 10	11 04	11 42
64	14 51	15 52	16 54	08 39	09 44	10 38	11 18
62	15 08	16 04	17 00	08 22	09 24	10 17	10 58
60	15 23	16 13	17 06	08 07	09 08	10 00	10 42
N 58	15 35	16 22	17 11	07 55	08 54	09 46	10 29
56	15 46	16 29	17 15	07 44	08 42	09 34	10 17
54	15 56	16 36	17 20	07 35	08 32	09 23	10 07
52	16 04	16 42	17 24	07 26	08 22	09 13	09 58
50	16 12	16 48	17 27	07 19	08 14	09 05	09 50
45	16 28	17 00	17 36	07 03	07 57	08 47	09 33
N 40	16 41	17 10	17 43	06 49	07 42	08 32	09 19
35	16 52	17 20	17 50	06 38	07 30	08 20	09 06
30	17 02	17 28	17 57	06 28	07 20	08 09	08 56
20	17 20	17 43	18 10	06 12	07 01	07 50	08 38
N 10	17 35	17 57	18 23	05 57	06 46	07 34	08 22
0	17 49	18 11	18 36	05 43	06 31	07 19	08 07
S 10	18 03	18 26	18 52	05 30	06 16	07 04	07 52
20	18 18	18 43	19 11	05 15	06 00	06 47	07 35
30	18 37	19 03	19 35	04 59	05 42	06 29	07 18
35	18 47	19 16	19 50	04 49	05 31	06 18	07 07
40	19 00	19 31	20 09	04 38	05 19	06 05	06 55
45	19 14	19 49	20 33	04 25	05 05	05 50	06 41
S 50	19 32	20 12	21 06	04 09	04 48	05 32	06 23
52	19 40	20 23	21 23	04 02	04 39	05 24	06 15
54	19 49	20 36	21 45	03 53	04 30	05 14	06 05
56	20 00	20 51	22 14	03 44	04 20	05 03	05 55
58	20 12	21 10	23 06	03 34	04 08	04 51	05 43
S 60	20 26	21 33	////	03 22	03 55	04 36	05 29

SUN / MOON

Day	SUN Eqn. of Time 00h	SUN Eqn. of Time 12h	Mer. Pass.	MOON Mer. Pass. Upper	MOON Mer. Pass. Lower	Age	Phase
	m s	m s	h m	h m	h m	d	
18	14 57	14 51	11 45	24 19	11 56	15	
19	14 44	14 38	11 45	00 19	12 43	16	○
20	14 31	14 24	11 46	01 07	13 31	17	

1994 NOVEMBER 21, 22, 23 (MON., TUES., WED.)

UT (GMT) d h	ARIES G.H.A.	VENUS −4.5 G.H.A.	Dec.	MARS +0.4 G.H.A.	Dec.	JUPITER −1.7 G.H.A.	Dec.	SATURN +0.8 G.H.A.	Dec.	STARS Name	S.H.A.	Dec.
21 00	59 46.0	209 41.2	S13 20.3	273 32.4	N15 45.6	185 57.4	S18 29.0	81 28.3	S11 08.1	Acamar	315 28.5	S40 19.5
01	74 48.5	224 43.7	19.6	288 33.9	45.4	200 59.3	29.1	96 30.7	08.1	Achernar	335 36.7	S57 15.9
02	89 51.0	239 46.2	19.0	303 35.3	45.1	216 01.2	29.2	111 33.2	08.0	Acrux	173 25.3	S63 04.0
03	104 53.4	254 48.8 ··	18.3	318 36.8 ··	44.9	231 03.1 ··	29.4	126 35.6 ··	08.0	Adhara	255 23.2	S28 57.9
04	119 55.9	269 51.3	17.7	333 38.3	44.6	246 05.0	29.5	141 38.0	08.0	Aldebaran	291 05.0	N16 29.9
05	134 58.4	284 53.8	17.1	348 39.8	44.3	261 06.9	29.6	156 40.4	08.0			
06	150 00.8	299 56.3	S13 16.4	3 41.3	N15 44.1	276 08.8	S18 29.7	171 42.8	S11 07.9	Alioth	166 33.3	N55 59.0
07	165 03.3	314 58.8	15.8	18 42.8	43.8	291 10.7	29.9	186 45.2	07.9	Alkaid	153 10.3	N49 20.2
08	180 05.7	330 01.3	15.2	33 44.3	43.6	306 12.6	30.0	201 47.7	07.9	Al Na'ir	28 01.2	S46 59.2
M 09	195 08.2	345 03.8 ··	14.5	48 45.8 ··	43.3	321 14.5 ··	30.1	216 50.1 ··	07.9	Alnilam	276 00.2	S 1 12.3
O 10	210 10.7	0 06.3	13.9	63 47.3	43.1	336 16.4	30.3	231 52.5	07.8	Alphard	218 09.7	S 8 38.2
N 11	225 13.1	15 08.8	13.3	78 48.8	42.8	351 18.3	30.4	246 54.9	07.8			
D 12	240 15.6	30 11.2	S13 12.7	93 50.3	N15 42.6	6 20.2	S18 30.5	261 57.3	S11 07.8	Alphecca	126 23.2	N26 44.0
A 13	255 18.1	45 13.7	12.0	108 51.7	42.3	21 22.1	30.7	276 59.7	07.8	Alpheratz	357 57.7	N29 04.0
Y 14	270 20.5	60 16.2	11.4	123 53.2	42.1	36 24.0	30.8	292 02.2	07.7	Altair	62 22.0	N 8 51.5
15	285 23.0	75 18.7 ··	10.8	138 54.7 ··	41.8	51 25.9 ··	30.9	307 04.6 ··	07.7	Ankaa	353 29.2	S42 20.1
16	300 25.5	90 21.1	10.2	153 56.2	41.5	66 27.8	31.1	322 07.0	07.7	Antares	112 43.7	S26 25.1
17	315 27.9	105 23.6	09.6	168 57.7	41.3	81 29.7	31.2	337 09.4	07.7			
18	330 30.4	120 26.0	S13 09.0	183 59.2	N15 41.0	96 31.6	S18 31.3	352 11.8	S11 07.6	Arcturus	146 08.8	N19 12.5
19	345 32.8	135 28.5	08.4	199 00.7	40.8	111 33.5	31.5	7 14.2	07.6	Atria	107 58.7	S69 01.1
20	0 35.3	150 30.9	07.8	214 02.2	40.5	126 35.4	31.6	22 16.7	07.6	Avior	234 23.4	S59 29.4
21	15 37.8	165 33.4 ··	07.1	229 03.7 ··	40.3	141 37.3 ··	31.7	37 19.1 ··	07.6	Bellatrix	278 46.7	N 6 20.7
22	30 40.2	180 35.8	06.5	244 05.2	40.0	156 39.2	31.9	52 21.5	07.5	Betelgeuse	271 16.1	N 7 24.3
23	45 42.7	195 38.3	05.9	259 06.7	39.8	171 41.1	32.0	67 23.9	07.5			
22 00	60 45.2	210 40.7	S13 05.3	274 08.2	N15 39.5	186 43.0	S18 32.1	82 26.3	S11 07.5	Canopus	264 01.8	S52 41.5
01	75 47.6	225 43.1	04.7	289 09.7	39.3	201 44.9	32.3	97 28.7	07.5	Capella	280 54.6	N45 59.5
02	90 50.1	240 45.6	04.2	304 11.2	39.0	216 46.7	32.4	112 31.1	07.4	Deneb	49 41.1	N45 16.1
03	105 52.6	255 48.0 ··	03.6	319 12.7 ··	38.8	231 48.6 ··	32.5	127 33.6 ··	07.4	Denebola	182 48.0	N14 35.9
04	120 55.0	270 50.4	03.0	334 14.2	38.5	246 50.5	32.6	142 36.0	07.4	Diphda	349 09.7	S18 00.8
05	135 57.5	285 52.8	02.4	349 15.7	38.3	261 52.4	32.8	157 38.4	07.3			
06	151 00.0	300 55.2	S13 01.8	4 17.3	N15 38.0	276 54.3	S18 32.9	172 40.8	S11 07.3	Dubhe	194 08.9	N61 46.4
07	166 02.4	315 57.6	01.2	19 18.8	37.8	291 56.2	33.0	187 43.2	07.3	Elnath	278 29.9	N28 36.1
T 08	181 04.9	331 00.0	00.6	34 20.3	37.5	306 58.1	33.2	202 45.6	07.3	Eltanin	90 53.1	N51 29.6
U 09	196 07.3	346 02.4	13 00.0	49 21.8 ··	37.3	322 00.0 ··	33.3	217 48.0 ··	07.2	Enif	34 00.8	N 9 51.3
E 10	211 09.8	1 04.8	12 59.5	64 23.3	37.0	337 01.9	33.4	232 50.4	07.2	Fomalhaut	15 39.3	S29 39.0
S 11	226 12.3	16 07.2	58.9	79 24.8	36.8	352 03.8	33.6	247 52.9	07.2			
D 12	241 14.7	31 09.6	S12 58.3	94 26.3	N15 36.5	7 05.7	S18 33.7	262 55.3	S11 07.2	Gacrux	172 16.8	S57 04.9
A 13	256 17.2	46 12.0	57.7	109 27.8	36.3	22 07.6	33.8	277 57.7	07.1	Gienah	176 06.8	S17 30.7
Y 14	271 19.7	61 14.4	57.2	124 29.3	36.0	37 09.5	34.0	293 00.1	07.1	Hadar	149 08.3	S60 20.7
15	286 22.1	76 16.7 ··	56.6	139 30.8 ··	35.8	52 11.4 ··	34.1	308 02.5 ··	07.1	Hamal	328 16.2	N23 26.4
16	301 24.6	91 19.1	56.0	154 32.3	35.5	67 13.3	34.2	323 04.9	07.1	Kaus Aust.	84 02.6	S34 23.2
17	316 27.1	106 21.5	55.5	169 33.8	35.3	82 15.2	34.4	338 07.3	07.0			
18	331 29.5	121 23.8	S12 54.9	184 35.4	N15 35.0	97 17.1	S18 34.5	353 09.7	S11 07.0	Kochab	137 20.7	N74 10.5
19	346 32.0	136 26.2	54.4	199 36.9	34.8	112 19.0	34.6	8 12.2	07.0	Markab	13 52.1	N15 10.9
20	1 34.5	151 28.5	53.8	214 38.4	34.5	127 20.9	34.7	23 14.6	06.9	Menkar	314 29.3	N 4 04.2
21	16 36.9	166 30.9 ··	53.2	229 39.9 ··	34.3	142 22.8 ··	34.9	38 17.0 ··	06.9	Menkent	148 24.4	S36 20.5
22	31 39.4	181 33.2	52.7	244 41.4	34.0	157 24.7	35.0	53 19.4	06.9	Miaplacidus	221 42.3	S69 41.6
23	46 41.8	196 35.6	52.1	259 42.9	33.8	172 26.6	35.1	68 21.8	06.9			
23 00	61 44.3	211 37.9	S12 51.6	274 44.5	N15 33.5	187 28.5	S18 35.3	83 24.2	S11 06.8	Mirfak	308 59.8	N49 50.7
01	76 46.8	226 40.3	51.0	289 46.0	33.3	202 30.4	35.4	98 26.6	06.8	Nunki	76 15.9	S26 18.1
02	91 49.2	241 42.6	50.5	304 47.5	33.0	217 32.3	35.5	113 29.0	06.8	Peacock	53 41.4	S56 45.2
03	106 51.7	256 44.9 ··	50.0	319 49.0 ··	32.8	232 34.2 ··	35.7	128 31.4 ··	06.8	Pollux	243 44.5	N28 02.1
04	121 54.2	271 47.2	49.4	334 50.5	32.5	247 36.1	35.8	143 33.8	06.7	Procyon	245 14.1	N 5 14.2
05	136 56.6	286 49.6	48.9	349 52.0	32.3	262 38.0	35.9	158 36.3	06.7			
06	151 59.1	301 51.9	S12 48.3	4 53.6	N15 32.0	277 39.9	S18 36.1	173 38.7	S11 06.7	Rasalhague	96 19.7	N12 34.0
W 07	167 01.6	316 54.2	47.8	19 55.1	31.8	292 41.7	36.2	188 41.1	06.6	Regulus	207 58.3	N11 59.4
E 08	182 04.0	331 56.5	47.3	34 56.6	31.5	307 43.6	36.3	203 43.5	06.6	Rigel	281 25.1	S 8 12.5
D 09	197 06.5	346 58.8 ··	46.7	49 58.1 ··	31.3	322 45.5 ··	36.4	218 45.9 ··	06.6	Rigil Kent.	140 11.3	S60 48.6
N 10	212 09.0	2 01.1	46.2	64 59.6	31.1	337 47.4	36.6	233 48.3	06.6	Sabik	102 28.9	S15 43.0
E 11	227 11.4	17 03.4	45.7	80 01.2	30.8	352 49.3	36.7	248 50.7	06.5			
S 12	242 13.9	32 05.7	S12 45.2	95 02.7	N15 30.6	7 51.2	S18 36.8	263 53.1	S11 06.5	Schedar	349 56.0	N56 30.9
D 13	257 16.3	47 08.0	44.6	110 04.2	30.3	22 53.1	37.0	278 55.5	06.5	Shaula	96 41.2	S37 05.9
A 14	272 18.8	62 10.3	44.1	125 05.7	30.1	37 55.0	37.1	293 57.9	06.4	Sirius	258 45.7	S16 42.5
Y 15	287 21.3	77 12.5 ··	43.6	140 07.3 ··	29.8	52 56.9 ··	37.2	309 00.3 ··	06.4	Spica	158 46.2	S11 08.0
16	302 23.7	92 14.8	43.1	155 08.8	29.6	67 58.8	37.4	324 02.7	06.4	Suhail	223 02.5	S43 24.6
17	317 26.2	107 17.1	42.6	170 10.3	29.3	83 00.7	37.5	339 05.1	06.4			
18	332 28.7	122 19.4	S12 42.0	185 11.9	N15 29.1	98 02.6	S18 37.6	354 07.6	S11 06.3	Vega	80 48.7	N38 47.0
19	347 31.1	137 21.6	41.5	200 13.4	28.8	113 04.5	37.8	9 10.0	06.3	Zuben'ubi	137 21.2	S16 01.1
20	2 33.6	152 23.9	41.0	215 14.9	28.6	128 06.4	37.9	24 12.4	06.3			
21	17 36.1	167 26.2 ··	40.5	230 16.4 ··	28.4	143 08.3 ··	38.0	39 14.8 ··	06.2		S.H.A.	Mer. Pass.
22	32 38.5	182 28.4	40.0	245 18.0	28.1	158 10.2	38.1	54 17.2	06.2	Venus	149 55.5	9 56
23	47 41.0	197 30.7	39.5	260 19.5	27.9	173 12.1	38.3	69 19.6	06.2	Mars	213 23.1	5 43
Mer. Pass. 19 53.7		v 2.4	d 0.6	v 1.5	d 0.2	v 1.9	d 0.1	v 2.4	d 0.0	Jupiter	125 57.8	11 32
										Saturn	21 41.1	18 27

1994 NOVEMBER 21, 22, 23 (MON., TUES., WED.)

UT (GMT) d h	SUN G.H.A.	SUN Dec.	MOON G.H.A.	v	Dec.	d	H.P.
21 00	183 34.1	S19 48.7	332 04.0	11.7	N19 48.8	1.6	54.3
01	198 34.0	49.2	346 34.7	11.8	19 47.2	1.7	54.3
02	213 33.8	49.8	1 05.5	11.7	19 45.5	1.7	54.3
03	228 33.7	.. 50.4	15 36.2	11.7	19 43.8	1.9	54.3
04	243 33.5	50.9	30 06.9	11.8	19 41.9	1.9	54.3
05	258 33.4	51.5	44 37.7	11.7	19 40.0	2.1	54.4
M 06	273 33.2	S19 52.0	59 08.4	11.8	N19 37.9	2.1	54.4
O 07	288 33.0	52.6	73 39.2	11.7	19 35.8	2.3	54.4
N 08	303 32.9	53.1	88 09.9	11.8	19 33.5	2.3	54.4
D 09	318 32.7	.. 53.7	102 40.7	11.7	19 31.2	2.4	54.4
A 10	333 32.6	54.2	117 11.4	11.8	19 28.8	2.5	54.4
Y 11	348 32.4	54.8	131 42.2	11.7	19 26.3	2.6	54.4
12	3 32.3	S19 55.3	146 12.9	11.8	N19 23.7	2.7	54.4
13	18 32.1	55.9	160 43.7	11.8	19 21.0	2.8	54.5
14	33 32.0	56.4	175 14.5	11.8	19 18.2	2.9	54.5
15	48 31.8	.. 57.0	189 45.3	11.7	19 15.3	3.0	54.5
16	63 31.6	57.5	204 16.0	11.8	19 12.3	3.0	54.5
17	78 31.5	58.1	218 46.8	11.8	19 09.3	3.2	54.5
18	93 31.3	S19 58.6	233 17.6	11.9	N19 06.1	3.2	54.5
19	108 31.2	59.2	247 48.5	11.8	19 02.9	3.4	54.5
20	123 31.0	19 59.7	262 19.3	11.8	18 59.5	3.4	54.6
21	138 30.8	20 00.3	276 50.1	11.8	18 56.1	3.5	54.6
22	153 30.7	00.8	291 20.9	11.9	18 52.6	3.6	54.6
23	168 30.5	01.4	305 51.8	11.8	18 49.0	3.7	54.6
22 00	183 30.4	S20 01.9	320 22.6	11.9	N18 45.3	3.8	54.6
01	198 30.2	02.4	334 53.5	11.8	18 41.5	3.9	54.6
02	213 30.0	03.0	349 24.3	11.9	18 37.6	4.0	54.6
03	228 29.9	.. 03.5	3 55.2	11.9	18 33.6	4.0	54.6
04	243 29.7	04.1	18 26.1	11.9	18 29.6	4.2	54.7
05	258 29.6	04.6	32 57.0	11.9	18 25.4	4.2	54.7
T 06	273 29.4	S20 05.2	47 27.9	11.9	N18 21.2	4.4	54.7
U 07	288 29.2	05.7	61 58.8	12.0	18 16.8	4.4	54.7
E 08	303 29.1	06.2	76 29.8	11.9	18 12.4	4.5	54.7
S 09	318 28.9	.. 06.8	91 00.7	12.0	18 07.9	4.6	54.7
D 10	333 28.7	07.3	105 31.7	11.9	18 03.3	4.6	54.8
A 11	348 28.6	07.8	120 02.6	12.0	17 58.7	4.8	54.8
Y 12	3 28.4	S20 08.4	134 33.6	12.0	N17 53.9	4.9	54.8
13	18 28.2	08.9	149 04.6	12.0	17 49.0	4.9	54.8
14	33 28.1	09.5	163 35.6	12.0	17 44.1	5.0	54.8
15	48 27.9	.. 10.0	178 06.6	12.0	17 39.1	5.1	54.8
16	63 27.7	10.5	192 37.6	12.1	17 34.0	5.2	54.9
17	78 27.6	11.1	207 08.7	12.0	17 28.8	5.3	54.9
18	93 27.4	S20 11.6	221 39.7	12.0	N17 23.5	5.4	54.9
19	108 27.2	12.1	236 10.8	12.0	17 18.1	5.4	54.9
20	123 27.1	12.6	250 41.8	12.1	17 12.7	5.6	54.9
21	138 26.9	.. 13.2	265 12.9	12.1	17 07.1	5.6	55.0
22	153 26.7	13.7	279 44.0	12.1	17 01.5	5.7	55.0
23	168 26.6	14.2	294 15.1	12.2	16 55.8	5.8	55.0
23 00	183 26.4	S20 14.8	308 46.3	12.1	N16 50.0	5.8	55.0
01	198 26.2	15.3	323 17.4	12.1	16 44.2	6.0	55.0
02	213 26.1	15.8	337 48.5	12.2	16 38.2	6.0	55.0
03	228 25.9	.. 16.3	352 19.7	12.2	16 32.2	6.1	55.1
04	243 25.7	16.9	6 50.9	12.2	16 26.1	6.2	55.1
05	258 25.6	17.4	21 22.1	12.2	16 19.9	6.3	55.1
W 06	273 25.4	S20 17.9	35 53.3	12.2	N16 13.6	6.4	55.1
E 07	288 25.2	18.4	50 24.5	12.2	16 07.2	6.4	55.2
D 08	303 25.0	19.0	64 55.7	12.2	16 00.8	6.5	55.2
N 09	318 24.9	.. 19.5	79 26.9	12.3	15 54.3	6.6	55.2
E 10	333 24.7	20.0	93 58.2	12.2	15 47.7	6.7	55.2
S 11	348 24.5	20.5	108 29.4	12.3	15 41.0	6.7	55.2
D 12	3 24.4	S20 21.1	123 00.7	12.3	N15 34.3	6.9	55.3
A 13	18 24.2	21.6	137 32.0	12.3	15 27.4	6.9	55.3
Y 14	33 24.0	22.1	152 03.3	12.3	15 20.5	7.0	55.3
15	48 23.8	.. 22.6	166 34.6	12.3	15 13.5	7.0	55.3
16	63 23.7	23.1	181 05.9	12.3	15 06.5	7.2	55.3
17	78 23.5	23.6	195 37.2	12.4	14 59.3	7.2	55.4
18	93 23.3	S20 24.2	210 08.6	12.3	N14 52.1	7.3	55.4
19	108 23.1	24.7	224 39.9	12.4	14 44.8	7.3	55.4
20	123 23.0	25.2	239 11.3	12.4	14 37.5	7.5	55.4
21	138 22.8	.. 25.7	253 42.7	12.4	14 30.0	7.5	55.5
22	153 22.6	26.2	268 14.1	12.4	14 22.5	7.6	55.5
23	168 22.4	26.7	282 45.5	12.4	14 14.9	7.6	55.5
	S.D. 16.2	d 0.5	S.D. 14.8		14.9		15.1

Lat.	Twilight Naut.	Twilight Civil	Sunrise	Moonrise 21	22	23	24
N 72	07 23	09 06	■	□	16 08	18 25	20 20
N 70	07 10	08 38	10 42	15 32	17 15	18 58	20 40
68	06 59	08 16	09 46	16 28	17 51	19 22	20 55
66	06 50	07 59	09 13	17 01	18 17	19 40	21 07
64	06 43	07 45	08 49	17 26	18 37	19 55	21 17
62	06 36	07 33	08 30	17 45	18 53	20 07	21 26
60	06 30	07 23	08 14	18 00	19 06	20 18	21 33
N 58	06 25	07 14	08 01	18 14	19 17	20 27	21 40
56	06 20	07 06	07 50	18 25	19 27	20 35	21 46
54	06 15	06 59	07 40	18 35	19 36	20 42	21 51
52	06 11	06 53	07 31	18 44	19 44	20 48	21 56
50	06 07	06 47	07 23	18 52	19 51	20 54	22 00
45	05 58	06 34	07 07	19 09	20 06	21 06	22 09
N 40	05 50	06 23	06 53	19 23	20 18	21 16	22 16
35	05 43	06 14	06 41	19 35	20 29	21 25	22 23
30	05 36	06 05	06 31	19 45	20 38	21 33	22 28
20	05 22	05 49	06 13	20 02	20 54	21 46	22 38
N 10	05 09	05 35	05 57	20 18	21 07	21 57	22 47
0	04 55	05 20	05 42	20 32	21 20	22 08	22 55
S 10	04 39	05 05	05 28	20 47	21 33	22 18	23 03
20	04 20	04 48	05 12	21 02	21 47	22 30	23 11
30	03 55	04 27	04 53	21 19	22 02	22 43	23 21
35	03 39	04 14	04 42	21 30	22 11	22 50	23 27
40	03 20	03 59	04 30	21 41	22 22	22 59	23 33
45	02 55	03 40	04 15	21 55	22 34	23 09	23 40
S 50	02 21	03 16	03 57	22 12	22 49	23 21	23 49
52	02 03	03 04	03 48	22 20	22 55	23 26	23 53
54	01 40	02 51	03 38	22 28	23 03	23 32	23 58
56	01 08	02 35	03 27	22 38	23 11	23 39	24 03
58	////	02 16	03 15	22 49	23 21	23 47	24 08
S 60	////	01 51	03 00	23 02	23 32	23 55	24 14

Lat.	Sunset	Twilight Civil	Twilight Naut.	Moonset 21	22	23	24
N 72	■	14 25	16 08	□	14 17	13 40	13 23
N 70	12 49	14 54	16 21	13 12	13 09	13 06	13 02
68	13 46	15 15	16 31	12 16	12 32	12 41	12 45
66	14 19	15 32	16 41	11 42	12 06	12 22	12 32
64	14 43	15 46	16 49	11 18	11 46	12 06	12 21
62	15 02	15 58	16 55	10 58	11 30	11 53	12 11
60	15 17	16 08	17 01	10 42	11 16	11 42	12 03
N 58	15 30	16 17	17 07	10 29	11 04	11 33	11 56
56	15 42	16 25	17 12	10 17	10 54	11 24	11 49
54	15 52	16 32	17 16	10 07	10 45	11 17	11 44
52	16 00	16 39	17 21	09 58	10 37	11 10	11 38
50	16 08	16 45	17 25	09 50	10 29	11 04	11 34
45	16 25	16 58	17 34	09 33	10 14	10 50	11 23
N 40	16 39	17 09	17 42	09 19	10 01	10 39	11 15
35	16 51	17 18	17 49	09 06	09 50	10 30	11 08
30	17 01	17 27	17 56	08 56	09 40	10 22	11 01
20	17 19	17 43	18 10	08 38	09 24	10 08	10 50
N 10	17 35	17 57	18 23	08 22	09 09	09 55	10 40
0	17 50	18 12	18 37	08 07	08 55	09 43	10 30
S 10	18 05	18 27	18 54	07 52	08 42	09 31	10 21
20	18 21	18 45	19 13	07 36	08 27	09 19	10 11
30	18 39	19 06	19 38	07 18	08 10	09 04	09 59
35	18 50	19 19	19 54	07 07	08 00	08 55	09 53
40	19 03	19 34	20 13	06 55	07 49	08 46	09 45
45	19 18	19 53	20 38	06 41	07 36	08 34	09 36
S 50	19 36	20 17	21 13	06 23	07 19	08 20	09 25
52	19 45	20 29	21 31	06 15	07 12	08 14	09 20
54	19 55	20 43	21 55	06 05	07 03	08 07	09 14
56	20 06	20 59	22 28	05 55	06 54	07 59	09 08
58	20 19	21 19	////	05 43	06 43	07 50	09 01
S 60	20 34	21 44	////	05 29	06 30	07 39	08 53

Day	SUN Eqn. of Time 00ʰ	SUN Eqn. of Time 12ʰ	SUN Mer. Pass.	MOON Mer. Pass. Upper	MOON Mer. Pass. Lower	Age	Phase
21	14 17	14 09	11 46	01 55	14 20	18	◑
22	14 02	13 54	11 46	02 44	15 08	19	
23	13 46	13 38	11 46	03 32	15 55	20	

1994 NOVEMBER 24, 25, 26 (THURS., FRI., SAT.)

UT (GMT) d h	ARIES G.H.A.	VENUS −4.6 G.H.A.	Dec.	MARS +0.4 G.H.A.	Dec.	JUPITER −1.7 G.H.A.	Dec.	SATURN +0.9 G.H.A.	Dec.	STARS Name	S.H.A.	Dec.
24 00	62 43.4	212 32.9	S12 39.0	275 21.0	N15 27.6	188 14.0	S18 38.4	84 22.0	S11 06.2	Acamar	315 28.5	S40 19.6
01	77 45.9	227 35.1	38.5	290 22.6	27.4	203 15.9	38.5	99 24.4	06.1	Achernar	335 36.7	S57 15.9
02	92 48.4	242 37.4	38.0	305 24.1	27.1	218 17.8	38.7	114 26.8	06.1	Acrux	173 25.2	S63 04.0
03	107 50.8	257 39.6	·· 37.5	320 25.6	·· 26.9	233 19.7	·· 38.8	129 29.2	·· 06.1	Adhara	255 23.2	S28 57.9
04	122 53.3	272 41.9	37.0	335 27.2	26.7	248 21.6	38.9	144 31.6	06.0	Aldebaran	291 05.0	N16 29.9
05	137 55.8	287 44.1	36.5	350 28.7	26.4	263 23.5	39.1	159 34.0	06.0			
06	152 58.2	302 46.3	S12 36.1	5 30.2	N15 26.2	278 25.4	S18 39.2	174 36.4	S11 06.0	Alioth	166 33.3	N55 59.0
07	168 00.7	317 48.5	35.6	20 31.8	25.9	293 27.3	39.3	189 38.8	06.0	Alkaid	153 10.3	N49 20.2
T 08	183 03.2	332 50.7	35.1	35 33.3	25.7	308 29.2	39.4	204 41.2	05.9	Al Na'ir	28 01.2	S46 59.2
H 09	198 05.6	347 52.9	·· 34.6	50 34.8	·· 25.4	323 31.1	·· 39.6	219 43.6	·· 05.9	Alnilam	276 00.2	S 1 12.3
U 10	213 08.1	2 55.2	34.1	65 36.4	25.2	338 33.0	39.7	234 46.0	05.9	Alphard	218 09.7	S 8 38.2
R 11	228 10.6	17 57.4	33.6	80 37.9	25.0	353 34.8	39.8	249 48.4	05.8			
S 12	243 13.0	32 59.6	S12 33.2	95 39.5	N15 24.7	8 36.7	S18 40.0	264 50.9	S11 05.8	Alphecca	126 23.2	N26 44.0
D 13	258 15.5	48 01.8	32.7	110 41.0	24.5	23 38.6	40.1	279 53.3	05.8	Alpheratz	357 57.7	N29 04.0
A 14	273 17.9	63 03.9	32.2	125 42.5	24.2	38 40.5	40.2	294 55.7	05.7	Altair	62 22.0	N 8 51.5
Y 15	288 20.4	78 06.1	·· 31.8	140 44.1	·· 24.0	53 42.4	·· 40.3	309 58.1	·· 05.7	Ankaa	353 29.2	S42 20.1
16	303 22.9	93 08.3	31.3	155 45.6	23.8	68 44.3	40.5	325 00.5	05.7	Antares	112 43.7	S26 25.1
17	318 25.3	108 10.5	30.8	170 47.2	23.5	83 46.2	40.6	340 02.9	05.7			
18	333 27.8	123 12.7	S12 30.4	185 48.7	N15 23.3	98 48.1	S18 40.7	355 05.3	S11 05.6	Arcturus	146 08.8	N19 12.5
19	348 30.3	138 14.9	29.9	200 50.3	23.0	113 50.0	40.9	10 07.7	05.6	Atria	107 58.6	S69 01.1
20	3 32.7	153 17.0	29.4	215 51.8	22.8	128 51.9	41.0	25 10.1	05.6	Avior	234 23.3	S59 29.4
21	18 35.2	168 19.2	·· 29.0	230 53.3	·· 22.6	143 53.8	·· 41.1	40 12.5	·· 05.5	Bellatrix	278 46.6	N 6 20.7
22	33 37.7	183 21.4	28.5	245 54.9	22.3	158 55.7	41.3	55 14.9	05.5	Betelgeuse	271 16.1	N 7 24.3
23	48 40.1	198 23.5	28.1	260 56.4	22.1	173 57.6	41.4	70 17.3	05.5			
25 00	63 42.6	213 25.7	S12 27.6	275 58.0	N15 21.8	188 59.5	S18 41.5	85 19.7	S11 05.4	Canopus	264 01.8	S52 41.5
01	78 45.1	228 27.8	27.2	290 59.5	21.6	204 01.4	41.6	100 22.1	05.4	Capella	280 54.6	N45 59.5
02	93 47.5	243 30.0	26.7	306 01.1	21.4	219 03.3	41.8	115 24.5	05.4	Deneb	49 41.1	N45 16.1
03	108 50.0	258 32.1	·· 26.3	321 02.6	·· 21.1	234 05.2	·· 41.9	130 26.9	·· 05.3	Denebola	182 48.0	N14 35.9
04	123 52.4	273 34.2	25.8	336 04.2	20.9	249 07.1	42.0	145 29.3	05.3	Diphda	349 09.7	S18 00.9
05	138 54.9	288 36.4	25.4	351 05.7	20.6	264 09.0	42.2	160 31.7	05.3			
06	153 57.4	303 38.5	S12 25.0	6 07.3	N15 20.4	279 10.9	S18 42.3	175 34.1	S11 05.3	Dubhe	194 08.9	N61 46.3
07	168 59.8	318 40.6	24.5	21 08.8	20.2	294 12.8	42.4	190 36.5	05.2	Elnath	278 29.9	N28 36.1
08	184 02.3	333 42.8	24.1	36 10.4	19.9	309 14.7	42.5	205 38.9	05.2	Eltanin	90 53.1	N51 29.6
F 09	199 04.8	348 44.9	·· 23.7	51 11.9	·· 19.7	324 16.6	·· 42.7	220 41.3	·· 05.2	Enif	34 00.8	N 9 51.3
R 10	214 07.2	3 47.0	23.2	66 13.5	19.5	339 18.5	42.8	235 43.7	05.1	Fomalhaut	15 39.3	S29 39.0
I 11	229 09.7	18 49.1	22.8	81 15.0	19.2	354 20.4	42.9	250 46.1	05.1			
D 12	244 12.2	33 51.2	S12 22.4	96 16.6	N15 19.0	9 22.3	S18 43.1	265 48.5	S11 05.1	Gacrux	172 16.8	S57 04.9
A 13	259 14.6	48 53.3	21.9	111 18.2	18.7	24 24.2	43.2	280 50.9	05.0	Gienah	176 06.8	S17 30.7
Y 14	274 17.1	63 55.4	21.5	126 19.7	18.5	39 26.0	43.3	295 53.3	05.0	Hadar	149 08.2	S60 20.7
15	289 19.5	78 57.5	·· 21.1	141 21.3	·· 18.3	54 27.9	·· 43.4	310 55.7	·· 05.0	Hamal	328 16.2	N23 26.4
16	304 22.0	93 59.6	20.7	156 22.8	18.0	69 29.8	43.6	325 58.1	04.9	Kaus Aust.	84 02.6	S34 23.2
17	319 24.5	109 01.7	20.3	171 24.4	17.8	84 31.7	43.7	341 00.5	04.9			
18	334 26.9	124 03.8	S12 19.9	186 25.9	N15 17.6	99 33.6	S18 43.8	356 02.9	S11 04.9	Kochab	137 20.7	N74 10.5
19	349 29.4	139 05.9	19.4	201 27.5	17.3	114 35.5	44.0	11 05.3	04.8	Markab	13 52.1	N15 10.9
20	4 31.9	154 08.0	19.0	216 29.1	17.1	129 37.4	44.1	26 07.7	04.8	Menkar	314 29.3	N 4 04.2
21	19 34.3	169 10.1	·· 18.6	231 30.6	·· 16.9	144 39.3	·· 44.2	41 10.1	·· 04.8	Menkent	148 24.4	S36 20.5
22	34 36.8	184 12.1	18.2	246 32.2	16.6	159 41.2	44.3	56 12.5	04.8	Miaplacidus	221 42.2	S69 41.6
23	49 39.3	199 14.2	17.8	261 33.7	16.4	174 43.1	44.5	71 14.9	04.7			
26 00	64 41.7	214 16.3	S12 17.4	276 35.3	N15 16.2	189 45.0	S18 44.6	86 17.3	S11 04.7	Mirfak	308 59.8	N49 50.7
01	79 44.2	229 18.3	17.0	291 36.9	15.9	204 46.9	44.7	101 19.7	04.7	Nunki	76 15.9	S26 18.1
02	94 46.7	244 20.4	16.6	306 38.4	15.7	219 48.8	44.9	116 22.1	04.6	Peacock	53 41.4	S56 45.2
03	109 49.1	259 22.4	·· 16.2	321 40.0	·· 15.5	234 50.7	·· 45.0	131 24.5	·· 04.6	Pollux	243 44.5	N28 02.1
04	124 51.6	274 24.5	15.8	336 41.6	15.2	249 52.6	45.1	146 26.9	04.6	Procyon	245 14.1	N 5 14.2
05	139 54.0	289 26.5	15.4	351 43.1	15.0	264 54.5	45.2	161 29.3	04.5			
06	154 56.5	304 28.6	S12 15.0	6 44.7	N15 14.8	279 56.4	S18 45.4	176 31.7	S11 04.5	Rasalhague	96 19.7	N12 34.0
07	169 59.0	319 30.6	14.7	21 46.3	14.5	294 58.3	45.5	191 34.1	04.5	Regulus	207 58.3	N11 59.4
S 08	185 01.4	334 32.7	14.3	36 47.8	14.3	310 00.2	45.6	206 36.5	04.4	Rigel	281 25.1	S 8 12.5
A 09	200 03.9	349 34.7	·· 13.9	51 49.4	·· 14.1	325 02.1	·· 45.8	221 38.9	·· 04.4	Rigil Kent.	140 11.3	S60 48.6
T 10	215 06.4	4 36.7	13.5	66 51.0	13.8	340 04.0	45.9	236 41.3	04.4	Sabik	102 28.9	S15 43.0
U 11	230 08.8	19 38.7	13.1	81 52.5	13.6	355 05.9	46.0	251 43.6	04.3			
R 12	245 11.3	34 40.8	S12 12.7	96 54.1	N15 13.4	10 07.8	S18 46.1	266 46.0	S11 04.3	Schedar	349 56.1	N56 30.9
D 13	260 13.8	49 42.8	12.4	111 55.7	13.1	25 09.7	46.3	281 48.4	04.3	Shaula	96 41.2	S37 05.9
A 14	275 16.2	64 44.8	12.0	126 57.3	12.9	40 11.6	46.4	296 50.8	04.2	Sirius	258 45.7	S16 42.5
Y 15	290 18.7	79 46.8	·· 11.6	141 58.8	·· 12.7	55 13.5	·· 46.5	311 53.2	·· 04.2	Spica	158 46.2	S11 08.0
16	305 21.2	94 48.8	11.3	157 00.4	12.4	70 15.4	46.6	326 55.6	04.2	Suhail	223 02.5	S43 24.6
17	320 23.6	109 50.8	10.9	172 02.0	12.2	85 17.2	46.8	341 58.0	04.1			
18	335 26.1	124 52.8	S12 10.5	187 03.6	N15 12.0	100 19.1	S18 46.9	357 00.4	S11 04.1	Vega	80 48.7	N38 47.0
19	350 28.5	139 54.8	10.2	202 05.1	11.7	115 21.0	47.0	12 02.8	04.1	Zuben'ubi	137 21.2	S16 01.1
20	5 31.0	154 56.8	09.8	217 06.7	11.5	130 22.9	47.2	27 05.2	04.0			
21	20 33.5	169 58.8	·· 09.4	232 08.3	·· 11.3	145 24.8	·· 47.3	42 07.6	·· 04.0		S.H.A.	Mer. Pass.
22	35 35.9	185 00.8	09.1	247 09.9	11.0	160 26.7	47.4	57 10.0	04.0	Venus	149 43.1	9 45
23	50 38.4	200 02.8	08.7	262 11.4	10.8	175 28.6	47.5	72 12.4	03.9	Mars	212 15.4	5 36
	h m									Jupiter	125 16.9	11 23
Mer. Pass. 19 41.9		v 2.1	d 0.4	v 1.6	d 0.2	v 1.9	d 0.1	v 2.4	d 0.0	Saturn	21 37.1	18 16

1994 NOVEMBER 24, 25, 26 (THURS., FRI., SAT.)

SUN and MOON

UT (GMT)	SUN G.H.A.	SUN Dec.	MOON G.H.A.	v	MOON Dec.	d	H.P.
24 00	183 22.3	S20 27.2	297 16.9	12.4	N14 07.3	7.7	55.5
01	198 22.1	27.8	311 48.3	12.4	13 59.6	7.8	55.6
02	213 21.9	28.3	326 19.7	12.4	13 51.8	7.9	55.6
03	228 21.7 ..	28.8	340 51.1	12.5	13 43.9	8.0	55.6
04	243 21.5	29.3	355 22.6	12.4	13 35.9	8.0	55.6
05	258 21.4	29.8	9 54.0	12.5	13 27.9	8.1	55.7
T 06	273 21.2	S20 30.3	24 25.5	12.5	N13 19.8	8.1	55.7
H 07	288 21.0	30.8	38 57.0	12.4	13 11.7	8.3	55.7
U 08	303 20.8	31.3	53 28.4	12.5	13 03.4	8.2	55.7
R 09	318 20.6 ..	31.8	67 59.9	12.5	12 55.2	8.4	55.8
S 10	333 20.5	32.3	82 31.4	12.5	12 46.8	8.4	55.8
D 11	348 20.3	32.8	97 02.9	12.5	12 38.4	8.5	55.8
A 12	3 20.1	S20 33.4	111 34.4	12.5	N12 29.9	8.6	55.8
Y 13	18 19.9	33.9	126 05.9	12.5	12 21.3	8.6	55.9
14	33 19.7	34.4	140 37.4	12.5	12 12.7	8.7	55.9
15	48 19.6 ..	34.9	155 08.9	12.6	12 04.0	8.8	55.9
16	63 19.4	35.4	169 40.5	12.5	11 55.2	8.8	56.0
17	78 19.2	35.9	184 12.0	12.5	11 46.4	8.9	56.0
18	93 19.0	S20 36.4	198 43.5	12.6	N11 37.5	8.9	56.0
19	108 18.8	36.9	213 15.1	12.5	11 28.6	9.1	56.0
20	123 18.6	37.4	227 46.6	12.5	11 19.5	9.0	56.1
21	138 18.5 ..	37.9	242 18.1	12.6	11 10.5	9.2	56.1
22	153 18.3	38.4	256 49.7	12.5	11 01.3	9.2	56.1
23	168 18.1	38.9	271 21.2	12.6	10 52.1	9.2	56.2
25 00	183 17.9	S20 39.4	285 52.8	12.5	N10 42.9	9.4	56.2
01	198 17.7	39.9	300 24.3	12.5	10 33.5	9.3	56.2
02	213 17.5	40.3	314 55.8	12.6	10 24.2	9.5	56.2
03	228 17.3 ..	40.8	329 27.4	12.5	10 14.7	9.5	56.3
04	243 17.2	41.3	343 58.9	12.6	10 05.2	9.5	56.3
05	258 17.0	41.8	358 30.5	12.5	9 55.7	9.7	56.3
06	273 16.8	S20 42.3	13 02.0	12.5	N 9 46.0	9.6	56.4
07	288 16.6	42.8	27 33.5	12.6	9 36.4	9.7	56.4
08	303 16.4	43.3	42 05.1	12.5	9 26.7	9.8	56.4
F 09	318 16.2 ..	43.8	56 36.6	12.5	9 16.9	9.9	56.5
R 10	333 16.0	44.3	71 08.1	12.6	9 07.0	9.9	56.5
I 11	348 15.8	44.8	85 39.7	12.5	8 57.1	9.9	56.5
D 12	3 15.7	S20 45.3	100 11.2	12.5	N 8 47.2	10.0	56.6
A 13	18 15.5	45.8	114 42.7	12.5	8 37.2	10.0	56.6
Y 14	33 15.3	46.2	129 14.2	12.5	8 27.2	10.1	56.6
15	48 15.1 ..	46.7	143 45.7	12.5	8 17.1	10.2	56.7
16	63 14.9	47.2	158 17.2	12.4	8 06.9	10.2	56.7
17	78 14.7	47.7	172 48.6	12.5	7 56.7	10.3	56.7
18	93 14.5	S20 48.2	187 20.1	12.5	N 7 46.4	10.3	56.8
19	108 14.3	48.7	201 51.6	12.4	7 36.1	10.3	56.8
20	123 14.1	49.2	216 23.0	12.4	7 25.8	10.4	56.8
21	138 13.9 ..	49.6	230 54.4	12.5	7 15.4	10.4	56.9
22	153 13.7	50.1	245 25.9	12.4	7 05.0	10.5	56.9
23	168 13.5	50.6	259 57.3	12.4	6 54.5	10.6	56.9
26 00	183 13.4	S20 51.1	274 28.7	12.3	N 6 43.9	10.6	57.0
01	198 13.2	51.6	289 00.0	12.4	6 33.3	10.6	57.0
02	213 13.0	52.0	303 31.4	12.4	6 22.7	10.7	57.0
03	228 12.8 ..	52.5	318 02.8	12.3	6 12.0	10.7	57.1
04	243 12.6	53.0	332 34.1	12.3	6 01.3	10.7	57.1
05	258 12.4	53.5	347 05.4	12.3	5 50.6	10.8	57.1
06	273 12.2	S20 54.0	1 36.7	12.3	N 5 39.8	10.9	57.2
07	288 12.0	54.4	16 08.0	12.3	5 28.9	10.8	57.2
S 08	303 11.8	54.9	30 39.3	12.2	5 18.1	11.0	57.2
A 09	318 11.6 ..	55.4	45 10.5	12.2	5 07.1	10.9	57.3
T 10	333 11.4	55.9	59 41.7	12.2	4 56.2	11.0	57.3
U 11	348 11.2	56.3	74 12.9	12.2	4 45.2	11.1	57.3
R 12	3 11.0	S20 56.8	88 44.1	12.2	N 4 34.1	11.0	57.4
D 13	18 10.8	57.3	103 15.3	12.1	4 23.1	11.1	57.4
A 14	33 10.6	57.7	117 46.4	12.1	4 12.0	11.2	57.4
Y 15	48 10.4 ..	58.2	132 17.5	12.1	4 00.8	11.1	57.5
16	63 10.2	58.7	146 48.6	12.0	3 49.7	11.2	57.5
17	78 10.0	59.2	161 19.6	12.1	3 38.5	11.3	57.5
18	93 09.8	S20 59.6	175 50.7	12.0	N 3 27.2	11.3	57.6
19	108 09.6	21 00.1	190 21.7	11.9	3 15.9	11.3	57.6
20	123 09.4	00.6	204 52.6	12.0	3 04.6	11.3	57.7
21	138 09.2 ..	01.0	219 23.6	11.9	2 53.3	11.4	57.7
22	153 09.0	01.5	233 54.5	11.9	2 41.9	11.3	57.7
23	168 08.8	02.0	248 25.4	11.8	2 30.6	11.5	57.8
S.D.	16.2	d 0.5	S.D. 15.2		15.4		15.6

Moonrise

Lat.	Twilight Naut.	Twilight Civil	Sunrise	Moonrise 24	25	26	27
N 72	07 33	09 21	▮	20 20	22 11	24 01	00 01
N 70	07 18	08 49	11 25	20 40	22 21	24 05	00 05
68	07 07	08 26	10 01	20 55	22 30	24 07	00 07
66	06 57	08 07	09 24	21 07	22 37	24 09	00 09
64	06 49	07 52	08 58	21 17	22 43	24 11	00 11
62	06 42	07 40	08 38	21 26	22 48	24 13	00 13
60	06 35	07 29	08 21	21 33	22 52	24 14	00 14
N 58	06 30	07 20	08 08	21 40	22 56	24 15	00 15
56	06 24	07 11	07 56	21 46	23 00	24 16	00 16
54	06 20	07 04	07 45	21 51	23 03	24 17	00 17
52	06 15	06 57	07 36	21 56	23 06	24 18	00 18
50	06 11	06 51	07 28	22 00	23 08	24 19	00 19
45	06 01	06 38	07 10	22 09	23 14	24 21	00 21
N 40	05 53	06 26	06 56	22 16	23 18	24 22	00 22
35	05 45	06 16	06 44	22 23	23 22	24 23	00 23
30	05 38	06 07	06 33	22 28	23 26	24 24	00 24
20	05 24	05 51	06 15	22 38	23 32	24 26	00 26
N 10	05 10	05 36	05 59	22 47	23 37	24 28	00 28
0	04 55	05 21	05 43	22 55	23 42	24 30	00 30
S 10	04 39	05 05	05 28	23 03	23 47	24 31	00 31
20	04 19	04 47	05 11	23 11	23 52	24 33	00 33
30	03 54	04 26	04 52	23 21	23 58	24 35	00 35
35	03 37	04 12	04 41	23 27	24 02	00 02	00 37
40	03 17	03 57	04 28	23 33	24 06	00 06	00 38
45	02 52	03 37	04 13	23 40	24 10	00 10	00 39
S 50	02 16	03 12	03 54	23 49	24 15	00 15	00 41
52	01 57	03 00	03 45	23 53	24 18	00 18	00 42
54	01 32	02 46	03 34	23 58	24 21	00 21	00 43
56	00 55	02 29	03 23	24 03	00 03	00 24	00 44
58	////	02 09	03 10	24 08	00 08	00 27	00 45
S 60	////	01 42	02 54	24 14	00 14	00 31	00 46

Moonset

Lat.	Sunset	Twilight Civil	Twilight Naut.	Moonset 24	25	26	27
N 72	▮	14 12	16 00	13 23	13 11	13 00	12 50
N 70	12 08	14 44	16 14	13 02	12 58	12 54	12 50
68	13 32	15 08	16 26	12 45	12 48	12 49	12 50
66	14 09	15 26	16 36	12 32	12 39	12 45	12 51
64	14 35	15 41	16 51	12 21	12 32	12 42	12 51
62	14 55	15 53	16 51	12 11	12 26	12 39	12 51
60	15 12	16 04	16 58	12 03	12 21	12 36	12 51
N 58	15 26	16 14	17 04	11 56	12 16	12 34	12 51
56	15 38	16 22	17 09	11 49	12 12	12 32	12 51
54	15 48	16 29	17 14	11 44	12 08	12 30	12 52
52	15 57	16 36	17 18	11 38	12 04	12 28	12 52
50	16 06	16 42	17 23	11 34	12 01	12 27	12 52
45	16 23	16 56	17 32	11 23	11 54	12 23	12 52
N 40	16 38	17 07	17 41	11 15	11 48	12 20	12 52
35	16 50	17 17	17 48	11 08	11 43	12 18	12 52
30	17 01	17 26	17 56	11 01	11 39	12 15	12 52
20	17 19	17 43	18 10	10 50	11 31	12 11	12 53
N 10	17 35	17 58	18 24	10 40	11 24	12 08	12 53
0	17 51	18 13	18 38	10 30	11 17	12 05	12 53
S 10	18 06	18 29	18 55	10 21	11 11	12 01	12 53
20	18 23	18 47	19 15	10 11	11 04	11 58	12 53
30	18 42	19 09	19 41	09 59	10 56	11 54	12 53
35	18 53	19 22	19 57	09 53	10 51	11 51	12 54
40	19 06	19 38	20 17	09 45	10 46	11 49	12 54
45	19 22	19 57	20 43	09 36	10 40	11 45	12 54
S 50	19 41	20 22	21 19	09 25	10 32	11 42	12 54
52	19 50	20 35	21 39	09 20	10 29	11 40	12 54
54	20 00	20 49	22 05	09 14	10 25	11 38	12 54
56	20 12	21 06	22 44	09 08	10 21	11 36	12 54
58	20 26	21 27	////	09 01	10 16	11 33	12 54
S 60	20 42	21 55	////	08 53	10 10	11 31	12 54

SUN and MOON

Day	SUN Eqn. of Time 00ʰ	SUN Eqn. of Time 12ʰ	SUN Mer. Pass.	MOON Mer. Pass. Upper	MOON Mer. Pass. Lower	Age	Phase
24	13 29	13 21	11 47	04 19	16 43	21	
25	13 12	13 03	11 47	05 06	17 30	22	◖
26	12 54	12 44	11 47	05 53	18 17	23	

1994 NOVEMBER 27, 28, 29 (SUN., MON., TUES.)

UT (GMT) d h	ARIES G.H.A.	VENUS −4.6 G.H.A.	VENUS Dec.	MARS +0.3 G.H.A.	MARS Dec.	JUPITER −1.7 G.H.A.	JUPITER Dec.	SATURN +0.9 G.H.A.	SATURN Dec.
27 00	65 40.9	215 04.7	S12 08.4	277 13.0	N15 10.6	190 30.5	S18 47.7	87 14.8	S11 03.9
01	80 43.3	230 06.7	08.0	292 14.6	10.4	205 32.4	47.8	102 17.2	03.9
02	95 45.8	245 08.7	07.7	307 16.2	10.1	220 34.3	47.9	117 19.6	03.8
03	110 48.3	260 10.7	·· 07.3	322 17.8	·· 09.9	235 36.2	·· 48.1	132 22.0	·· 03.8
04	125 50.7	275 12.6	07.0	337 19.3	09.7	250 38.1	48.2	147 24.4	03.8
05	140 53.2	290 14.6	06.6	352 20.9	09.4	265 40.0	48.3	162 26.7	03.7
06	155 55.6	305 16.5	S12 06.3	7 22.5	N15 09.2	280 41.9	S18 48.4	177 29.1	S11 03.7
07	170 58.1	320 18.5	06.0	22 24.1	09.0	295 43.8	48.6	192 31.5	03.7
08	186 00.6	335 20.4	05.6	37 25.7	08.8	310 45.7	48.7	207 33.9	03.6
S 09	201 03.0	350 22.4	·· 05.3	52 27.3	·· 08.5	325 47.6	·· 48.8	222 36.3	·· 03.6
U 10	216 05.5	5 24.3	04.9	67 28.9	08.3	340 49.5	48.9	237 38.7	03.6
N 11	231 08.0	20 26.3	04.6	82 30.4	08.1	355 51.4	49.1	252 41.1	03.5
D 12	246 10.4	35 28.2	S12 04.3	97 32.0	N15 07.9	10 53.3	S18 49.2	267 43.5	S11 03.5
A 13	261 12.9	50 30.1	04.0	112 33.6	07.6	25 55.2	49.3	282 45.9	03.4
Y 14	276 15.4	65 32.1	03.6	127 35.2	07.4	40 57.1	49.4	297 48.3	03.4
15	291 17.8	80 34.0	·· 03.3	142 36.8	·· 07.2	55 59.0	·· 49.6	312 50.7	·· 03.4
16	306 20.3	95 35.9	03.0	157 38.4	06.9	71 00.9	49.7	327 53.1	03.3
17	321 22.8	110 37.8	02.7	172 40.0	06.7	86 02.8	49.8	342 55.4	03.3
18	336 25.2	125 39.7	S12 02.3	187 41.6	N15 06.5	101 04.7	S18 50.0	357 57.8	S11 03.3
19	351 27.7	140 41.6	02.0	202 43.2	06.3	116 06.6	50.1	13 00.2	03.2
20	6 30.1	155 43.6	01.7	217 44.7	06.0	131 08.5	50.2	28 02.6	03.2
21	21 32.6	170 45.5	·· 01.4	232 46.3	·· 05.8	146 10.3	·· 50.3	43 05.0	·· 03.2
22	36 35.1	185 47.4	01.1	247 47.9	05.6	161 12.2	50.5	58 07.4	03.1
23	51 37.5	200 49.3	00.8	262 49.5	05.4	176 14.1	50.6	73 09.8	03.1
28 00	66 40.0	215 51.2	S12 00.5	277 51.1	N15 05.1	191 16.0	S18 50.7	88 12.2	S11 03.1
01	81 42.5	230 53.0	12 00.2	292 52.7	04.9	206 17.9	50.8	103 14.6	03.0
02	96 44.9	245 54.9	11 59.9	307 54.3	04.7	221 19.8	51.0	118 17.0	03.0
03	111 47.4	260 56.8	·· 59.6	322 55.9	·· 04.5	236 21.7	·· 51.1	133 19.4	·· 03.0
04	126 49.9	275 58.7	59.3	337 57.5	04.2	251 23.6	51.2	148 21.7	02.9
05	141 52.3	291 00.6	59.0	352 59.1	04.0	266 25.5	51.3	163 24.1	02.9
06	156 54.8	306 02.4	S11 58.7	8 00.7	N15 03.8	281 27.4	S18 51.5	178 26.5	S11 02.9
07	171 57.3	321 04.3	58.4	23 02.3	03.6	296 29.3	51.6	193 28.9	02.8
08	186 59.7	336 06.2	58.1	38 03.9	03.4	311 31.2	51.7	208 31.3	02.8
M 09	202 02.2	351 08.0	·· 57.8	53 05.5	·· 03.1	326 33.1	·· 51.9	223 33.7	·· 02.7
O 10	217 04.6	6 09.9	57.5	68 07.1	02.9	341 35.0	52.0	238 36.1	02.7
N 11	232 07.1	21 11.7	57.2	83 08.7	02.7	356 36.9	52.1	253 38.5	02.7
D 12	247 09.6	36 13.6	S11 57.0	98 10.3	N15 02.5	11 38.8	S18 52.2	268 40.8	S11 02.6
A 13	262 12.0	51 15.5	56.7	113 11.9	02.2	26 40.7	52.4	283 43.2	02.6
Y 14	277 14.5	66 17.3	56.4	128 13.5	02.0	41 42.6	52.5	298 45.6	02.6
15	292 17.0	81 19.1	·· 56.1	143 15.1	·· 01.8	56 44.5	·· 52.6	313 48.0	·· 02.5
16	307 19.4	96 21.0	55.9	158 16.7	01.6	71 46.4	52.7	328 50.4	02.5
17	322 21.9	111 22.8	55.6	173 18.4	01.4	86 48.3	52.9	343 52.8	02.5
18	337 24.4	126 24.6	S11 55.3	188 20.0	N15 01.1	101 50.2	S18 53.0	358 55.2	S11 02.4
19	352 26.8	141 26.5	55.0	203 21.6	00.9	116 52.1	53.1	13 57.6	02.4
20	7 29.3	156 28.3	54.8	218 23.2	00.7	131 54.0	53.2	28 59.9	02.3
21	22 31.7	171 30.1	·· 54.5	233 24.8	·· 00.5	146 55.9	·· 53.4	44 02.3	·· 02.3
22	37 34.2	186 31.9	54.2	248 26.4	00.3	161 57.8	53.5	59 04.7	02.3
23	52 36.7	201 33.7	54.0	263 28.0	15 00.0	176 59.7	53.6	74 07.1	02.2
29 00	67 39.1	216 35.6	S11 53.7	278 29.6	N14 59.8	192 01.6	S18 53.7	89 09.5	S11 02.2
01	82 41.6	231 37.4	53.5	293 31.2	59.6	207 03.5	53.9	104 11.9	02.2
02	97 44.1	246 39.2	53.2	308 32.8	59.4	222 05.3	54.0	119 14.3	02.1
03	112 46.5	261 41.0	·· 53.0	323 34.5	·· 59.2	237 07.2	·· 54.1	134 16.6	·· 02.1
04	127 49.0	276 42.8	52.7	338 36.1	58.9	252 09.1	54.2	149 19.0	02.0
05	142 51.5	291 44.6	52.5	353 37.7	58.7	267 11.0	54.4	164 21.4	02.0
06	157 53.9	306 46.4	S11 52.2	8 39.3	N14 58.5	282 12.9	S18 54.5	179 23.8	S11 02.0
07	172 56.4	321 48.1	52.0	23 40.9	58.3	297 14.8	54.6	194 26.2	01.9
T 08	187 58.9	336 49.9	51.7	38 42.5	58.1	312 16.7	54.7	209 28.6	01.9
U 09	203 01.3	351 51.7	·· 51.5	53 44.2	·· 57.9	327 18.6	·· 54.9	224 31.0	·· 01.9
E 10	218 03.8	6 53.5	51.2	68 45.8	57.6	342 20.5	55.0	239 33.3	01.8
S 11	233 06.2	21 55.3	51.0	83 47.4	57.4	357 22.4	55.1	254 35.7	01.8
D 12	248 08.7	36 57.0	S11 50.8	98 49.0	N14 57.2	12 24.3	S18 55.2	269 38.1	S11 01.7
A 13	263 11.2	51 58.8	50.5	113 50.6	57.0	27 26.2	55.4	284 40.5	01.7
Y 14	278 13.6	67 00.6	50.3	128 52.3	56.8	42 28.1	55.5	299 42.9	01.7
15	293 16.1	82 02.3	·· 50.1	143 53.9	·· 56.6	57 30.0	·· 55.6	314 45.3	·· 01.6
16	308 18.6	97 04.1	49.8	158 55.5	56.3	72 31.9	55.7	329 47.6	01.6
17	323 21.0	112 05.8	49.6	173 57.1	56.1	87 33.8	55.9	344 50.0	01.6
18	338 23.5	127 07.6	S11 49.4	188 58.8	N14 55.9	102 35.7	S18 56.0	359 52.4	S11 01.5
19	353 26.0	142 09.3	49.2	204 00.4	55.7	117 37.6	56.1	14 54.8	01.5
20	8 28.4	157 11.1	48.9	219 02.0	55.5	132 39.5	56.2	29 57.2	01.4
21	23 30.9	172 12.8	·· 48.7	234 03.6	·· 55.3	147 41.4	·· 56.4	44 59.6	·· 01.4
22	38 33.4	187 14.6	48.5	249 05.3	55.1	162 43.3	56.5	60 01.9	01.4
23	53 35.8	202 16.3	48.3	264 06.9	54.8	177 45.2	56.6	75 04.3	01.3
Mer. Pass.	h m 19 30.1	v 1.9	d 0.3	v 1.6	d 0.2	v 1.9	d 0.1	v 2.4	d 0.0

STARS

Name	S.H.A.	Dec.
Acamar	315 28.5	S40 19.6
Achernar	335 36.7	S57 15.9
Acrux	173 25.2	S63 04.0
Adhara	255 23.2	S28 57.9
Aldebaran	291 05.0	N16 29.9
Alioth	166 33.3	N55 59.0
Alkaid	153 10.3	N49 20.2
Al Na'ir	28 01.2	S46 59.2
Alnilam	276 00.2	S 1 12.3
Alphard	218 09.7	S 8 38.2
Alphecca	126 23.2	N26 44.0
Alpheratz	357 57.8	N29 04.0
Altair	62 22.0	N 8 51.5
Ankaa	353 29.2	S42 20.1
Antares	112 43.7	S26 25.1
Arcturus	146 08.7	N19 12.5
Atria	107 58.6	S69 01.0
Avior	234 23.5	S59 29.4
Bellatrix	278 46.6	N 6 20.7
Betelgeuse	271 16.1	N 7 24.3
Canopus	264 01.8	S52 41.5
Capella	280 54.6	N45 59.5
Deneb	49 41.2	N45 16.1
Denebola	182 48.0	N14 35.9
Diphda	349 09.7	S18 00.9
Dubhe	194 08.9	N61 46.3
Elnath	278 29.9	N28 36.1
Eltanin	90 53.1	N51 29.6
Enif	34 00.9	N 9 51.3
Fomalhaut	15 39.3	S29 39.0
Gacrux	172 16.7	S57 04.9
Gienah	176 06.8	S17 30.7
Hadar	149 08.2	S60 20.7
Hamal	328 16.2	N23 26.4
Kaus Aust.	84 02.6	S34 23.2
Kochab	137 20.7	N74 10.5
Markab	13 52.2	N15 10.9
Menkar	314 29.3	N 4 04.2
Menkent	148 24.4	S36 20.5
Miaplacidus	221 42.2	S69 41.6
Mirfak	308 59.8	N49 50.7
Nunki	76 15.9	S26 18.1
Peacock	53 41.5	S56 45.2
Pollux	243 44.5	N28 02.1
Procyon	245 14.1	N 5 14.2
Rasalhague	96 19.7	N12 34.0
Regulus	207 58.3	N11 59.4
Rigel	281 25.1	S 8 12.5
Rigil Kent.	140 11.3	S60 48.6
Sabik	102 28.9	S15 43.0
Schedar	349 56.1	N56 30.9
Shaula	96 41.2	S37 05.9
Sirius	258 45.7	S16 42.6
Spica	158 46.2	S11 08.0
Suhail	223 02.5	S43 24.6
Vega	80 48.8	N38 47.0
Zuben'ubi	137 21.2	S16 01.1

	S.H.A.	Mer. Pass.
Venus	149 11.1	9 35
Mars	211 11.1	5 28
Jupiter	124 36.0	11 14
Saturn	21 32.2	18 04

1994 NOVEMBER 27, 28, 29 (SUN., MON., TUES.)

UT (GMT)	SUN G.H.A.	SUN Dec.	MOON G.H.A.	MOON v	MOON Dec.	MOON d	MOON H.P.
27 00	183 08.6	S21 02.4	262 56.2	11.8	N 2 19.1	11.4	57.8
01	198 08.4	02.9	277 27.0	11.8	2 07.7	11.5	57.8
02	213 08.2	03.3	291 57.8	11.8	1 56.2	11.5	57.9
03	228 08.0	.. 03.8	306 28.6	11.7	1 44.7	11.5	57.9
04	243 07.8	04.3	320 59.3	11.7	1 33.2	11.5	58.0
05	258 07.6	04.7	335 30.0	11.6	1 21.7	11.6	58.0
06	273 07.4	S21 05.2	350 00.6	11.6	N 1 10.1	11.6	58.0
07	288 07.2	05.6	4 31.2	11.6	0 58.5	11.6	58.1
S 08	303 07.0	06.1	19 01.8	11.5	0 46.9	11.6	58.1
U 09	318 06.8	.. 06.6	33 32.3	11.5	0 35.3	11.7	58.1
N 10	333 06.6	07.0	48 02.8	11.4	0 23.6	11.6	58.2
D 11	348 06.4	07.5	62 33.2	11.4	0 12.0	11.7	58.2
A 12	3 06.2	S21 07.9	77 03.6	11.4	N 0 00.3	11.7	58.3
Y 13	18 06.0	08.4	91 34.0	11.3	S 0 11.4	11.7	58.3
14	33 05.8	08.8	106 04.3	11.2	0 23.1	11.7	58.3
15	48 05.6	.. 09.3	120 34.5	11.3	0 34.8	11.8	58.4
16	63 05.3	09.8	135 04.8	11.1	0 46.6	11.7	58.4
17	78 05.1	10.2	149 34.9	11.2	0 58.3	11.8	58.4
18	93 04.9	S21 10.7	164 05.1	11.1	S 1 10.1	11.7	58.5
19	108 04.7	11.1	178 35.2	11.0	1 21.8	11.8	58.5
20	123 04.5	11.6	193 05.2	11.0	1 33.6	11.8	58.6
21	138 04.3	.. 12.0	207 35.2	10.9	1 45.4	11.8	58.6
22	153 04.1	12.5	222 05.1	10.9	1 57.2	11.8	58.6
23	168 03.9	12.9	236 35.0	10.8	2 09.0	11.8	58.7
28 00	183 03.7	S21 13.4	251 04.8	10.8	S 2 20.8	11.8	58.7
01	198 03.5	13.8	265 34.6	10.7	2 32.6	11.8	58.7
02	213 03.3	14.2	280 04.3	10.7	2 44.4	11.8	58.8
03	228 03.1	.. 14.7	294 34.0	10.6	2 56.2	11.8	58.8
04	243 02.8	15.1	309 03.6	10.5	3 08.0	11.8	58.9
05	258 02.6	15.6	323 33.1	10.5	3 19.8	11.8	58.9
06	273 02.4	S21 16.0	338 02.6	10.5	S 3 31.6	11.8	58.9
07	288 02.2	16.5	352 32.1	10.4	3 43.4	11.8	59.0
M 08	303 02.0	16.9	7 01.5	10.3	3 55.2	11.8	59.0
O 09	318 01.8	.. 17.4	21 30.8	10.2	4 07.0	11.8	59.1
N 10	333 01.6	17.8	36 00.0	10.2	4 18.8	11.7	59.1
D 11	348 01.4	18.2	50 29.2	10.2	4 30.6	11.7	59.1
A 12	3 01.2	S21 18.7	64 58.4	10.1	S 4 42.3	11.8	59.2
Y 13	18 00.9	19.1	79 27.5	10.0	4 54.1	11.7	59.2
14	33 00.7	19.6	93 56.5	9.9	5 05.8	11.8	59.2
15	48 00.5	.. 20.0	108 25.4	9.9	5 17.6	11.7	59.3
16	63 00.3	20.4	122 54.3	9.8	5 29.3	11.7	59.3
17	78 00.1	20.9	137 23.1	9.8	5 41.0	11.6	59.3
18	92 59.9	S21 21.3	151 51.9	9.6	S 5 52.6	11.7	59.4
19	107 59.7	21.7	166 20.5	9.6	6 04.3	11.6	59.4
20	122 59.4	22.2	180 49.1	9.6	6 15.9	11.7	59.5
21	137 59.2	.. 22.6	195 17.7	9.5	6 27.6	11.6	59.5
22	152 59.0	23.0	209 46.2	9.4	6 39.2	11.5	59.5
23	167 58.8	23.5	224 14.6	9.3	6 50.7	11.6	59.6
29 00	182 58.6	S21 23.9	238 42.9	9.3	S 7 02.3	11.5	59.6
01	197 58.4	24.3	253 11.2	9.1	7 13.8	11.5	59.6
02	212 58.1	24.8	267 39.3	9.2	7 25.3	11.5	59.7
03	227 57.9	.. 25.2	282 07.5	9.0	7 36.8	11.4	59.7
04	242 57.7	25.6	296 35.5	9.0	7 48.2	11.4	59.7
05	257 57.5	26.0	311 03.5	8.9	7 59.6	11.4	59.8
06	272 57.3	S21 26.5	325 31.4	8.8	S 8 11.0	11.3	59.8
07	287 57.1	26.9	339 59.2	8.7	8 22.3	11.3	59.8
T 08	302 56.8	27.3	354 26.9	8.7	8 33.6	11.3	59.9
U 09	317 56.6	.. 27.7	8 54.6	8.6	8 44.9	11.3	59.9
E 10	332 56.4	28.2	23 22.2	8.5	8 56.1	11.2	59.9
S 11	347 56.2	28.6	37 49.7	8.4	9 07.3	11.1	60.0
D 12	2 56.0	S21 29.0	52 17.1	8.4	S 9 18.4	11.0	60.0
A 13	17 55.7	29.4	66 44.5	8.2	9 29.5	11.0	60.1
Y 14	32 55.5	29.9	81 11.7	8.2	9 40.5	11.1	60.1
15	47 55.3	.. 30.3	95 38.9	8.2	9 51.6	10.9	60.1
16	62 55.1	30.7	110 06.1	8.0	10 02.5	10.9	60.1
17	77 54.9	31.1	124 33.1	7.9	10 13.4	10.9	60.2
18	92 54.6	S21 31.5	139 00.0	7.9	S10 24.3	10.8	60.2
19	107 54.4	32.0	153 26.9	7.8	10 35.1	10.7	60.2
20	122 54.2	32.4	167 53.7	7.7	10 45.8	10.7	60.3
21	137 54.0	.. 32.8	182 20.4	7.6	10 56.5	10.6	60.3
22	152 53.7	33.2	196 47.0	7.6	11 07.1	10.6	60.3
23	167 53.5	33.6	211 13.6	7.4	11 17.7	10.5	60.4
	S.D. 16.2	d 0.4	S.D. 15.9		16.1		16.4

Lat.	Twilight Naut.	Civil	Sunrise	Moonrise 27	28	29	30
N 72	07 42	09 35	■	00 01	01 55	03 55	06 07
N 70	07 27	09 00	■	00 05	01 51	03 43	05 42
68	07 14	08 35	10 18	00 07	01 48	03 33	05 23
66	07 04	08 15	09 35	00 09	01 45	03 25	05 09
64	06 55	07 59	09 07	00 11	01 43	03 18	04 57
62	06 47	07 46	08 45	00 13	01 40	03 12	04 46
60	06 41	07 35	08 28	00 14	01 39	03 07	04 38
N 58	06 34	07 25	08 14	00 15	01 37	03 02	04 30
56	06 29	07 16	08 01	00 16	01 36	02 58	04 23
54	06 24	07 09	07 50	00 17	01 34	02 55	04 18
52	06 19	07 02	07 41	00 18	01 33	02 52	04 12
50	06 15	06 55	07 32	00 19	01 32	02 49	04 07
45	06 05	06 41	07 14	00 21	01 30	02 42	03 57
N 40	05 56	06 29	06 59	00 22	01 28	02 37	03 48
35	05 48	06 19	06 47	00 23	01 27	02 33	03 41
30	05 40	06 10	06 36	00 24	01 25	02 29	03 35
20	05 26	05 53	06 17	00 26	01 23	02 22	03 24
N 10	05 11	05 37	06 00	00 28	01 21	02 16	03 14
0	04 56	05 22	05 44	00 30	01 19	02 10	03 05
S 10	04 39	05 06	05 28	00 31	01 17	02 05	02 56
20	04 19	04 47	05 11	00 33	01 15	01 59	02 47
30	03 53	04 25	04 52	00 35	01 13	01 53	02 36
35	03 36	04 11	04 40	00 36	01 12	01 49	02 30
40	03 15	03 55	04 27	00 38	01 10	01 45	02 23
45	02 49	03 35	04 11	00 39	01 09	01 40	02 15
S 50	02 11	03 09	03 51	00 41	01 07	01 34	02 05
52	01 51	02 56	03 42	00 42	01 06	01 31	02 01
54	01 23	02 42	03 31	00 43	01 05	01 29	01 56
56	00 39	02 24	03 19	00 44	01 04	01 25	01 51
58	////	02 02	03 05	00 45	01 03	01 22	01 45
S 60	////	01 33	02 49	00 46	01 01	01 18	01 38

Lat.	Sunset	Twilight Civil	Naut.	Moonset 27	28	29	30
N 72	■	14 00	15 53	12 50	12 39	12 27	12 11
N 70	■	14 35	16 08	12 50	12 46	12 42	12 37
68	13 18	15 01	16 21	12 50	12 51	12 53	12 57
66	14 00	15 20	16 31	12 51	12 56	13 03	13 13
64	14 28	15 36	16 40	12 51	13 00	13 11	13 26
62	14 50	15 49	16 48	12 51	13 04	13 18	13 37
60	15 07	16 00	16 55	12 51	13 07	13 25	13 47
N 58	15 22	16 10	17 01	12 51	13 10	13 30	13 55
56	15 34	16 19	17 06	12 51	13 12	13 35	14 02
54	15 45	16 27	17 12	12 52	13 14	13 39	14 09
52	15 55	16 34	17 16	12 52	13 16	13 43	14 15
50	16 03	16 40	17 21	12 52	13 18	13 47	14 20
45	16 21	16 54	17 31	12 52	13 22	13 55	14 32
N 40	16 36	17 06	17 40	12 52	13 25	14 01	14 42
35	16 49	17 17	17 48	12 52	13 28	14 07	14 50
30	17 00	17 26	17 55	12 52	13 31	14 12	14 58
20	17 19	17 43	18 10	12 53	13 35	14 21	15 10
N 10	17 36	17 58	18 24	12 53	13 39	14 29	15 22
0	17 52	18 14	18 40	12 53	13 43	14 36	15 32
S 10	18 07	18 30	18 57	12 53	13 47	14 43	15 43
20	18 25	18 49	19 17	12 53	13 51	14 51	15 54
30	18 44	19 11	19 44	12 53	13 55	15 00	16 07
35	18 56	19 25	20 01	12 53	13 58	15 05	16 14
40	19 10	19 41	20 21	12 53	14 01	15 11	16 23
45	19 26	20 02	20 48	12 53	14 04	15 17	16 33
S 50	19 46	20 28	21 26	12 53	14 08	15 25	16 45
52	19 55	20 40	21 47	12 53	14 10	15 29	16 50
54	20 06	20 55	22 15	12 53	14 12	15 33	16 57
56	20 18	21 13	23 02	12 54	14 14	15 38	17 04
58	20 32	21 34	////	12 54	14 17	15 43	17 11
S 60	20 49	22 06	////	12 54	14 20	15 49	17 20

Day	SUN Eqn. of Time 00h	12h	Mer. Pass.	MOON Mer. Pass. Upper	Lower	Age	Phase
27	12 35	12 25	11 48	06 41	19 06	24	
28	12 15	12 05	11 48	07 31	19 57	25	
29	11 55	11 44	11 48	08 23	20 50	26	◑

1994 NOV. 30, DEC. 1, 2 (WED., THURS., FRI.)

UT (GMT) d h	ARIES G.H.A.	VENUS −4.6 G.H.A.	Dec.	MARS +0.3 G.H.A.	Dec.	JUPITER −1.7 G.H.A.	Dec.	SATURN +0.9 G.H.A.	Dec.	STARS Name	S.H.A.	Dec.
30 00	68 38.3	217 18.0	S11 48.1	279 08.5	N14 54.6	192 47.1	S18 56.7	90 06.7	S11 01.3	Acamar	315 28.5	S40 19.6
01	83 40.7	232 19.7	47.9	294 10.2	54.4	207 49.0	56.9	105 09.1	01.3	Achernar	335 36.7	S57 15.9
02	98 43.2	247 21.5	47.7	309 11.8	54.2	222 50.9	57.0	120 11.5	01.2	Acrux	173 25.1	S63 04.0
03	113 45.7	262 23.2	·· 47.4	324 13.4	·· 54.0	237 52.8	·· 57.1	135 13.8	·· 01.2	Adhara	255 23.1	S28 57.9
04	128 48.1	277 24.9	47.2	339 15.0	53.8	252 54.7	57.2	150 16.2	01.1	Aldebaran	291 05.0	N16 29.9
05	143 50.6	292 26.6	47.0	354 16.7	53.6	267 56.6	57.4	165 18.6	01.1			
06	158 53.1	307 28.3	S11 46.8	9 18.3	N14 53.4	282 58.5	S18 57.5	180 21.0	S11 01.1	Alioth	166 33.3	N55 59.0
W 07	173 55.5	322 30.0	46.6	24 19.9	53.1	298 00.4	57.6	195 23.4	01.0	Alkaid	153 10.3	N49 20.2
E 08	188 58.0	337 31.7	46.4	39 21.6	52.9	313 02.3	57.7	210 25.7	01.0	Al Na'ir	28 01.3	S46 59.2
D 09	204 00.5	352 33.4	·· 46.2	54 23.2	·· 52.7	328 04.1	·· 57.9	225 28.1	·· 00.9	Alnilam	276 00.2	S 1 12.4
N 10	219 02.9	7 35.1	46.0	69 24.9	52.5	343 06.0	58.0	240 30.5	00.9	Alphard	218 09.6	S 8 38.2
E 11	234 05.4	22 36.8	45.8	84 26.5	52.3	358 07.9	58.1	255 32.9	00.9			
S 12	249 07.9	37 38.5	S11 45.7	99 28.1	N14 52.1	13 09.8	S18 58.2	270 35.3	S11 00.8	Alphecca	126 23.2	N26 43.9
D 13	264 10.3	52 40.2	45.5	114 29.8	51.9	28 11.7	58.4	285 37.6	00.8	Alpheratz	357 57.8	N29 04.0
A 14	279 12.8	67 41.9	45.3	129 31.4	51.7	43 13.6	58.5	300 40.0	00.7	Altair	62 22.0	N 8 51.5
Y 15	294 15.2	82 43.6	·· 45.1	144 33.0	·· 51.5	58 15.5	·· 58.6	315 42.4	·· 00.7	Ankaa	353 29.2	S42 20.1
16	309 17.7	97 45.3	44.9	159 34.7	51.2	73 17.4	58.7	330 44.8	00.7	Antares	112 43.7	S26 25.1
17	324 20.2	112 46.9	44.7	174 36.3	51.0	88 19.3	58.9	345 47.2	00.6			
18	339 22.6	127 48.6	S11 44.5	189 38.0	N14 50.8	103 21.2	S18 59.0	0 49.5	S11 00.6	Arcturus	146 08.7	N19 12.5
19	354 25.1	142 50.3	44.4	204 39.6	50.6	118 23.1	59.1	15 51.9	00.6	Atria	107 58.6	S69 01.0
20	9 27.6	157 52.0	44.2	219 41.3	50.4	133 25.0	59.2	30 54.3	00.5	Avior	234 23.3	S59 29.5
21	24 30.0	172 53.6	·· 44.0	234 42.9	·· 50.2	148 26.9	·· 59.4	45 56.7	·· 00.5	Bellatrix	278 46.6	N 6 20.7
22	39 32.5	187 55.3	43.8	249 44.5	50.0	163 28.8	59.5	60 59.1	00.4	Betelgeuse	271 16.0	N 7 24.3
23	54 35.0	202 56.9	43.7	264 46.2	49.8	178 30.7	59.6	76 01.4	00.4			
1 00	69 37.4	217 58.6	S11 43.5	279 47.8	N14 49.6	193 32.6	S18 59.7	91 03.8	S11 00.4	Canopus	264 01.8	S52 41.5
01	84 39.9	233 00.2	43.3	294 49.5	49.4	208 34.5	18 59.9	106 06.2	00.3	Capella	280 54.6	N45 59.5
02	99 42.3	248 01.9	43.2	309 51.1	49.2	223 36.4	19 00.0	121 08.6	00.3	Deneb	49 41.2	N45 16.1
03	114 44.8	263 03.5	·· 43.0	324 52.8	·· 48.9	238 38.3	·· 00.1	136 10.9	·· 00.2	Denebola	182 48.0	N14 35.9
04	129 47.3	278 05.2	42.8	339 54.4	48.7	253 40.2	00.2	151 13.3	00.2	Diphda	349 09.7	S18 00.9
05	144 49.7	293 06.8	42.7	354 56.1	48.5	268 42.1	00.3	166 15.7	00.2			
06	159 52.2	308 08.4	S11 42.5	9 57.7	N14 48.3	283 44.0	S19 00.5	181 18.1	S11 00.1	Dubhe	194 08.8	N61 46.3
07	174 54.7	323 10.1	42.4	24 59.4	48.1	298 45.9	00.6	196 20.5	00.1	Elnath	278 29.8	N28 36.1
T 08	189 57.1	338 11.7	42.2	40 01.0	47.9	313 47.8	00.7	211 22.8	00.0	Eltanin	90 53.1	N51 29.6
H 09	204 59.6	353 13.3	·· 42.1	55 02.7	·· 47.7	328 49.7	·· 00.8	226 25.2	11 00.0	Enif	34 00.9	N 9 51.3
U 10	220 02.1	8 14.9	41.9	70 04.3	47.5	343 51.6	01.0	241 27.6	10 59.9	Fomalhaut	15 39.3	S29 39.0
R 11	235 04.5	23 16.6	41.8	85 06.0	47.3	358 53.5	01.1	256 30.0	59.9			
S 12	250 07.0	38 18.2	S11 41.6	100 07.7	N14 47.1	13 55.4	S19 01.2	271 32.3	S10 59.9	Gacrux	172 16.7	S57 04.9
D 13	265 09.5	53 19.8	41.5	115 09.3	46.9	28 57.3	01.3	286 34.7	59.8	Gienah	176 06.8	S17 30.7
A 14	280 11.9	68 21.4	41.3	130 11.0	46.7	43 59.2	01.5	301 37.1	59.8	Hadar	149 08.2	S60 20.7
Y 15	295 14.4	83 23.0	·· 41.2	145 12.6	·· 46.5	59 01.1	·· 01.6	316 39.5	·· 59.7	Hamal	328 16.2	N23 26.4
16	310 16.8	98 24.6	41.0	160 14.3	46.3	74 03.0	01.7	331 41.8	59.7	Kaus Aust.	84 02.6	S34 23.2
17	325 19.3	113 26.2	40.9	175 15.9	46.1	89 04.9	01.8	346 44.2	59.7			
18	340 21.8	128 27.8	S11 40.8	190 17.6	N14 45.9	104 06.8	S19 02.0	1 46.6	S10 59.6	Kochab	137 20.7	N74 10.5
19	355 24.2	143 29.4	40.6	205 19.3	45.7	119 08.7	02.1	16 49.0	59.6	Markab	13 52.2	N15 10.9
20	10 26.7	158 31.0	40.5	220 20.9	45.5	134 10.5	02.2	31 51.3	59.5	Menkar	314 29.3	N 4 04.2
21	25 29.2	173 32.6	·· 40.4	235 22.6	·· 45.3	149 12.4	·· 02.3	46 53.7	·· 59.5	Menkent	148 24.3	S36 20.5
22	40 31.6	188 34.2	40.2	250 24.2	45.1	164 14.3	02.4	61 56.1	59.5	Miaplacidus	221 42.1	S69 41.6
23	55 34.1	203 35.7	40.1	265 25.9	44.9	179 16.2	02.6	76 58.5	59.4			
2 00	70 36.6	218 37.3	S11 40.0	280 27.6	N14 44.7	194 18.1	S19 02.7	92 00.8	S10 59.4	Mirfak	308 59.8	N49 50.7
01	85 39.0	233 38.9	39.9	295 29.2	44.5	209 20.0	02.8	107 03.2	59.3	Nunki	76 15.9	S26 18.1
02	100 41.5	248 40.5	39.7	310 30.9	44.2	224 21.9	02.9	122 05.6	59.3	Peacock	53 41.5	S56 45.2
03	115 44.0	263 42.0	·· 39.6	325 32.6	·· 44.0	239 23.8	·· 03.1	137 08.0	·· 59.2	Pollux	243 44.5	N28 02.1
04	130 46.4	278 43.6	39.5	340 34.2	43.8	254 25.7	03.2	152 10.3	59.2	Procyon	245 14.0	N 5 14.2
05	145 48.9	293 45.2	39.4	355 35.9	43.6	269 27.6	03.3	167 12.7	59.2			
06	160 51.3	308 46.7	S11 39.3	10 37.6	N14 43.4	284 29.5	S19 03.4	182 15.1	S10 59.1	Rasalhague	96 19.7	N12 34.0
07	175 53.8	323 48.3	39.2	25 39.2	43.2	299 31.4	03.5	197 17.4	59.1	Regulus	207 58.3	N11 59.4
08	190 56.3	338 49.8	39.0	40 40.9	43.0	314 33.3	03.7	212 19.8	59.0	Rigel	281 25.1	S 8 12.5
F 09	205 58.7	353 51.4	·· 38.9	55 42.6	·· 42.8	329 35.2	·· 03.8	227 22.2	·· 59.0	Rigil Kent.	140 11.3	S60 48.6
R 10	221 01.2	8 52.9	38.8	70 44.3	42.6	344 37.1	03.9	242 24.6	59.0	Sabik	102 28.9	S15 43.0
I 11	236 03.7	23 54.5	38.7	85 45.9	42.4	359 39.0	04.0	257 26.9	58.9			
D 12	251 06.1	38 56.0	S11 38.6	100 47.6	N14 42.2	14 40.9	S19 04.2	272 29.3	S10 58.9	Schedar	349 56.1	N56 30.9
A 13	266 08.6	53 57.6	38.5	115 49.3	42.0	29 42.8	04.3	287 31.7	58.8	Shaula	96 41.2	S37 05.9
Y 14	281 11.1	68 59.1	38.4	130 51.0	41.8	44 44.7	04.4	302 34.0	58.8	Sirius	258 45.7	S16 42.6
15	296 13.5	84 00.6	·· 38.3	145 52.6	·· 41.7	59 46.6	·· 04.5	317 36.4	·· 58.7	Spica	158 46.2	S11 08.0
16	311 16.0	99 02.2	38.2	160 54.3	41.5	74 48.5	04.7	332 38.8	58.7	Suhail	223 02.5	S43 24.6
17	326 18.4	114 03.7	38.1	175 56.0	41.3	89 50.4	04.8	347 41.2	58.7			
18	341 20.9	129 05.2	S11 38.0	190 57.7	N14 41.1	104 52.3	S19 04.9	2 43.5	S10 58.6	Vega	80 48.8	N38 47.0
19	356 23.4	144 06.7	37.9	205 59.3	40.9	119 54.2	05.0	17 45.9	58.6	Zuben'ubi	137 21.2	S16 01.1
20	11 25.8	159 08.3	37.8	221 01.0	40.7	134 56.1	05.1	32 48.3	58.5			
21	26 28.3	174 09.8	·· 37.7	236 02.7	·· 40.5	149 58.0	·· 05.3	47 50.6	·· 58.5			
22	41 30.8	189 11.3	37.7	251 04.4	40.3	164 59.9	05.4	62 53.0	58.4			
23	56 33.2	204 12.8	37.6	266 06.1	40.1	180 01.8	05.5	77 55.4	58.4			

			S.H.A.	Mer. Pass.
			° ′	h m
Venus			148 21.2	9 27
Mars			210 10.4	5 20
Jupiter			123 55.2	11 04
Saturn			21 26.4	17 53

Mer. Pass. 19 18.3	v 1.6 d 0.1	v 1.7 d 0.2	v 1.9 d 0.1	v 2.4 d 0.0

1994 NOV. 30, DEC. 1, 2 (WED., THURS., FRI.)

UT (GMT) d h	SUN G.H.A.	Dec.	MOON G.H.A.	v	Dec.	d	H.P.
30 00	182 53.3	S21 34.0	225 40.0	7.4	S11 28.2	10.4	60.4
01	197 53.1	34.4	240 06.4	7.3	11 38.6	10.4	60.4
02	212 52.8	34.9	254 32.7	7.2	11 49.0	10.3	60.5
03	227 52.6	.. 35.3	268 58.9	7.2	11 59.3	10.3	60.5
04	242 52.4	35.7	283 25.1	7.0	12 09.6	10.2	60.5
05	257 52.2	36.1	297 51.1	7.0	12 19.8	10.1	60.5
W 06	272 51.9	S21 36.5	312 17.1	6.8	S12 29.9	10.0	60.6
E 07	287 51.7	36.9	326 42.9	6.8	12 39.9	10.0	60.6
D 08	302 51.5	37.3	341 08.7	6.8	12 49.9	9.9	60.6
N 09	317 51.3	.. 37.7	355 34.5	6.6	12 59.8	9.8	60.6
E 10	332 51.0	38.1	10 00.1	6.5	13 09.6	9.7	60.7
S 11	347 50.8	38.5	24 25.6	6.5	13 19.3	9.7	60.7
D 12	2 50.6	S21 38.9	38 51.1	6.4	S13 29.0	9.6	60.7
A 13	17 50.4	39.4	53 16.5	6.3	13 38.6	9.5	60.8
Y 14	32 50.1	39.8	67 41.8	6.2	13 48.1	9.4	60.8
15	47 49.9	.. 40.2	82 07.0	6.1	13 57.5	9.3	60.8
16	62 49.7	40.6	96 32.1	6.1	14 06.8	9.2	60.8
17	77 49.4	41.0	110 57.2	5.9	14 16.0	9.2	60.8
18	92 49.2	S21 41.4	125 22.1	5.9	S14 25.2	9.0	60.9
19	107 49.0	41.8	139 47.0	5.8	14 34.2	9.0	60.9
20	122 48.8	42.2	154 11.8	5.7	14 43.2	8.8	60.9
21	137 48.5	.. 42.6	168 36.5	5.7	14 52.0	8.8	60.9
22	152 48.3	43.0	183 01.2	5.6	15 00.8	8.7	61.0
23	167 48.1	43.4	197 25.8	5.4	15 09.5	8.5	61.0
1 00	182 47.8	S21 43.8	211 50.2	5.4	S15 18.0	8.5	61.0
01	197 47.6	44.2	226 14.6	5.4	15 26.5	8.4	61.0
02	212 47.4	44.5	240 39.0	5.2	15 34.9	8.2	61.0
03	227 47.1	.. 44.9	255 03.2	5.2	15 43.1	8.2	61.1
04	242 46.9	45.3	269 27.4	5.1	15 51.3	8.0	61.1
05	257 46.7	45.7	283 51.5	5.0	15 59.3	8.0	61.1
T 06	272 46.5	S21 46.1	298 15.5	5.0	S16 07.3	7.8	61.1
H 07	287 46.2	46.5	312 39.5	4.8	16 15.1	7.7	61.1
U 08	302 46.0	46.9	327 03.3	4.8	16 22.8	7.7	61.1
R 09	317 45.8	.. 47.3	341 27.1	4.8	16 30.5	7.4	61.2
S 10	332 45.5	47.7	355 50.9	4.6	16 37.9	7.4	61.2
D 11	347 45.3	48.1	10 14.5	4.6	16 45.3	7.3	61.2
A 12	2 45.1	S21 48.5	24 38.1	4.5	S16 52.6	7.1	61.2
Y 13	17 44.8	48.9	39 01.6	4.5	16 59.7	7.1	61.2
14	32 44.6	49.2	53 25.1	4.3	17 06.8	6.9	61.2
15	47 44.3	.. 49.6	67 48.4	4.4	17 13.7	6.7	61.2
16	62 44.1	50.0	82 11.8	4.2	17 20.4	6.7	61.3
17	77 43.9	50.4	96 35.0	4.2	17 27.1	6.5	61.3
18	92 43.6	S21 50.8	110 58.2	4.1	S17 33.6	6.4	61.3
19	107 43.4	51.2	125 21.3	4.1	17 40.0	6.3	61.3
20	122 43.2	51.5	139 44.4	4.0	17 46.3	6.1	61.3
21	137 42.9	.. 51.9	154 07.4	4.0	17 52.4	6.1	61.3
22	152 42.7	52.3	168 30.4	3.8	17 58.5	5.8	61.3
23	167 42.5	52.7	182 53.2	3.9	18 04.3	5.8	61.3
2 00	182 42.2	S21 53.1	197 16.1	3.8	S18 10.1	5.6	61.3
01	197 42.0	53.4	211 38.9	3.7	18 15.7	5.5	61.3
02	212 41.7	53.8	226 01.6	3.7	18 21.2	5.4	61.3
03	227 41.5	.. 54.2	240 24.3	3.6	18 26.6	5.2	61.4
04	242 41.3	54.6	254 46.9	3.6	18 31.8	5.0	61.4
05	257 41.0	55.0	269 09.5	3.5	18 36.8	5.0	61.4
F 06	272 40.8	S21 55.3	283 32.0	3.5	S18 41.8	4.8	61.4
R 07	287 40.5	55.7	297 54.5	3.5	18 46.6	4.6	61.4
I 08	302 40.3	56.1	312 17.0	3.4	18 51.2	4.5	61.4
D 09	317 40.1	.. 56.5	326 39.4	3.4	18 55.7	4.4	61.4
A 10	332 39.8	56.8	341 01.8	3.3	19 00.1	4.2	61.4
Y 11	347 39.6	57.2	355 24.1	3.3	19 04.3	4.1	61.4
12	2 39.3	S21 57.6	9 46.4	3.3	S19 08.4	3.9	61.4
13	17 39.1	57.9	24 08.7	3.2	19 12.3	3.8	61.4
14	32 38.9	58.3	38 30.9	3.2	19 16.1	3.7	61.4
15	47 38.6	.. 58.7	52 53.1	3.2	19 19.8	3.5	61.4
16	62 38.4	59.0	67 15.3	3.1	19 23.3	3.3	61.4
17	77 38.1	59.4	81 37.4	3.2	19 26.6	3.2	61.4
18	92 37.9	S21 59.8	95 59.6	3.1	S19 29.8	3.1	61.4
19	107 37.7	22 00.1	110 21.7	3.1	19 32.9	2.8	61.4
20	122 37.4	00.5	124 43.8	3.0	19 35.7	2.8	61.4
21	137 37.2	.. 00.9	139 05.8	3.1	19 38.5	2.6	61.4
22	152 36.9	01.2	153 27.9	3.0	19 41.1	2.4	61.3
23	167 36.7	01.6	167 49.9	3.1	19 43.5	2.3	61.3
	S.D. 16.2	d 0.4	S.D. 16.5		16.7		16.7

Lat.	Twilight Naut.	Civil	Sunrise	Moonrise 30	1	2	3
N 72	07 50	09 49	■	06 07	08 41	■	■
N 70	07 34	09 10	■	05 42	07 50	10 08	■
68	07 21	08 43	10 35	05 23	07 18	09 10	10 40
66	07 10	08 22	09 46	05 09	06 55	08 36	09 59
64	07 01	08 06	09 15	04 57	06 37	08 12	09 31
62	06 53	07 52	08 53	04 46	06 22	07 52	09 09
60	06 45	07 40	08 34	04 38	06 09	07 37	08 52
N 58	06 39	07 30	08 19	04 30	05 59	07 23	08 37
56	06 33	07 21	08 06	04 23	05 49	07 12	08 25
54	06 28	07 13	07 55	04 18	05 41	07 01	08 14
52	06 23	07 06	07 45	04 12	05 34	06 53	08 04
50	06 18	06 59	07 36	04 07	05 27	06 44	07 55
45	06 08	06 45	07 18	03 57	05 13	06 27	07 37
N 40	05 59	06 32	07 02	03 48	05 01	06 13	07 22
35	05 50	06 22	06 49	03 41	04 51	06 02	07 09
30	05 42	06 13	06 38	03 35	04 43	05 51	06 58
20	05 28	05 55	06 18	03 24	04 28	05 34	06 39
N 10	05 13	05 39	06 01	03 14	04 15	05 19	06 23
0	04 57	05 23	05 45	03 05	04 03	05 04	06 07
S 10	04 40	05 06	05 29	02 56	03 51	04 50	05 52
20	04 19	04 47	05 12	02 47	03 38	04 35	05 36
30	03 52	04 24	04 51	02 36	03 24	04 18	05 17
35	03 35	04 10	04 39	02 30	03 16	04 08	05 06
40	03 14	03 54	04 26	02 23	03 06	03 56	04 54
45	02 46	03 33	04 09	02 15	02 55	03 43	04 39
S 50	02 07	03 07	03 49	02 05	02 42	03 27	04 21
52	01 45	02 53	03 39	02 01	02 36	03 19	04 13
54	01 15	02 38	03 28	01 56	02 29	03 11	04 03
56	00 19	02 19	03 16	01 51	02 22	03 01	03 53
58	////	01 56	03 01	01 45	02 13	02 51	03 41
S 60	////	01 24	02 44	01 38	02 04	02 38	03 27

Lat.	Sunset	Twilight Civil	Naut.	Moonset 30	1	2	3
N 72	■	13 48	15 47	12 11	11 39	■	■
N 70	■	14 27	16 03	12 37	12 32	12 23	■
68	13 03	14 54	16 16	12 57	13 04	13 22	14 04
66	13 51	15 15	16 27	13 13	13 28	13 56	14 45
64	14 22	15 32	16 37	13 26	13 47	14 21	15 14
62	14 45	15 45	16 45	13 37	14 03	14 41	15 35
60	15 03	15 57	16 52	13 47	14 16	14 57	15 53
N 58	15 18	16 08	16 59	13 55	14 27	15 10	16 08
56	15 31	16 17	17 04	14 02	14 37	15 22	16 20
54	15 42	16 25	17 10	14 09	14 46	15 33	16 31
52	15 52	16 32	17 15	14 15	14 54	15 42	16 41
50	16 01	16 39	17 19	14 20	15 01	15 50	16 50
45	16 20	16 53	17 30	14 32	15 16	16 08	17 08
N 40	16 35	17 05	17 39	14 42	15 28	16 22	17 23
35	16 48	17 16	17 47	14 50	15 39	16 34	17 36
30	17 00	17 26	17 55	14 58	15 48	16 45	17 47
20	17 19	17 43	18 10	15 10	16 04	17 03	18 06
N 10	17 37	17 59	18 25	15 22	16 19	17 19	18 22
0	17 53	18 15	18 41	15 32	16 32	17 34	18 38
S 10	18 09	18 32	18 58	15 43	16 45	17 49	18 53
20	18 27	18 51	19 20	15 54	16 59	18 05	19 09
30	18 47	19 14	19 47	16 07	17 15	18 23	19 28
35	18 59	19 28	20 04	16 14	17 25	18 34	19 39
40	19 13	19 45	20 25	16 23	17 36	18 46	19 52
45	19 29	20 05	20 53	16 33	17 48	19 01	20 06
S 50	19 50	20 32	21 32	16 45	18 04	19 18	20 24
52	20 00	20 46	21 55	16 50	18 11	19 27	20 33
54	20 11	21 01	22 25	16 57	18 19	19 36	20 42
56	20 23	21 20	23 29	17 04	18 28	19 46	20 53
58	20 38	21 44	////	17 11	18 38	19 58	21 05
S 60	20 55	22 17	////	17 20	18 50	20 12	21 19

Day	SUN Eqn. of Time 00h	12h	Mer. Pass.	MOON Mer. Pass. Upper	Lower	Age	Phase
	m s	m s	h m	h m	h m	d	
30	11 34	11 23	11 49	09 18	21 47	27	
1	11 12	11 01	11 49	10 17	22 48	28	●
2	10 49	10 38	11 49	11 19	23 51	29	

1994 DECEMBER 3, 4, 5 (SAT., SUN., MON.)

UT (GMT)	ARIES G.H.A.	VENUS −4.7 G.H.A.	Dec.	MARS +0.2 G.H.A.	Dec.	JUPITER −1.7 G.H.A.	Dec.	SATURN +0.9 G.H.A.	Dec.	STARS Name	S.H.A.	Dec.
3 00	71 35.7	219 14.3	S11 37.5	281 07.7	N14 39.9	195 03.7	S19 05.6	92 57.8	S10 58.4	Acamar	315 28.5	S40 19.6
01	86 38.2	234 15.8	37.4	296 09.4	39.7	210 05.6	05.8	108 00.1	58.3	Achernar	335 36.7	S57 15.9
02	101 40.6	249 17.3	37.3	311 11.1	39.5	225 07.5	05.9	123 02.5	58.3	Acrux	173 25.1	S63 04.0
03	116 43.1	264 18.8 ··	37.2	326 12.8 ··	39.3	240 09.4 ··	06.0	138 04.9 ··	58.2	Adhara	255 23.1	S28 57.9
04	131 45.6	279 20.3	37.2	341 14.5	39.1	255 11.3	06.1	153 07.2	58.2	Aldebaran	291 05.0	N16 29.9
05	146 48.0	294 21.8	37.1	356 16.2	38.9	270 13.2	06.2	168 09.6	58.1			
06	161 50.5	309 23.3	S11 37.0	11 17.8	N14 38.7	285 15.1	S19 06.4	183 12.0	S10 58.1	Alioth	166 33.2	N55 59.0
07	176 52.9	324 24.8	36.9	26 19.5	38.5	300 17.0	06.5	198 14.3	58.1	Alkaid	153 10.2	N49 20.1
S 08	191 55.4	339 26.2	36.9	41 21.2	38.3	315 18.9	06.6	213 16.7	58.0	Al Na'ir	28 01.3	S46 59.2
A 09	206 57.9	354 27.7 ··	36.8	56 22.9 ··	38.1	330 20.8 ··	06.7	228 19.1 ··	58.0	Alnilam	276 00.2	S 1 12.4
T 10	222 00.3	9 29.2	36.7	71 24.6	37.9	345 22.7	06.8	243 21.4	57.9	Alphard	218 09.6	S 8 38.2
U 11	237 02.8	24 30.7	36.7	86 26.3	37.7	0 24.6	07.0	258 23.8	57.9			
R 12	252 05.3	39 32.1	S11 36.6	101 28.0	N14 37.5	15 26.5	S19 07.1	273 26.2	S10 57.8	Alphecca	126 23.2	N26 43.9
D 13	267 07.7	54 33.6	36.5	116 29.7	37.4	30 28.4	07.2	288 28.6	57.8	Alpheratz	357 57.8	N29 04.0
A 14	282 10.2	69 35.1	36.5	131 31.4	37.2	45 30.3	07.3	303 30.9	57.7	Altair	62 22.0	N 8 51.5
Y 15	297 12.7	84 36.5 ··	36.4	146 33.1 ··	37.0	60 32.2 ··	07.5	318 33.3 ··	57.7	Ankaa	353 29.3	S42 20.1
16	312 15.1	99 38.0	36.4	161 34.8	36.8	75 34.1	07.6	333 35.7	57.7	Antares	112 43.7	S26 25.1
17	327 17.6	114 39.4	36.3	176 36.4	36.6	90 36.0	07.7	348 38.0	57.6			
18	342 20.1	129 40.9	S11 36.3	191 38.1	N14 36.4	105 37.8	S19 07.8	3 40.4	S10 57.6	Arcturus	146 08.7	N19 12.5
19	357 22.5	144 42.4	36.2	206 39.8	36.2	120 39.7	07.9	18 42.8	57.5	Atria	107 58.6	S69 01.0
20	12 25.0	159 43.8	36.2	221 41.5	36.0	135 41.6	08.1	33 45.1	57.5	Avior	234 23.2	S59 29.5
21	27 27.4	174 45.2 ··	36.1	236 43.2 ··	35.8	150 43.5 ··	08.2	48 47.5 ··	57.4	Bellatrix	278 46.6	N 6 20.6
22	42 29.9	189 46.7	36.1	251 44.9	35.6	165 45.4	08.3	63 49.9	57.4	Betelgeuse	271 16.0	N 7 24.3
23	57 32.4	204 48.1	36.0	266 46.6	35.4	180 47.3	08.4	78 52.2	57.4			
4 00	72 34.8	219 49.6	S11 36.0	281 48.3	N14 35.3	195 49.2	S19 08.5	93 54.6	S10 57.3	Canopus	264 01.8	S52 41.6
01	87 37.3	234 51.0	35.9	296 50.0	35.1	210 51.1	08.7	108 57.0	57.3	Capella	280 54.5	N45 59.5
02	102 39.8	249 52.4	35.9	311 51.7	34.9	225 53.0	08.8	123 59.3	57.2	Deneb	49 41.2	N45 16.1
03	117 42.2	264 53.8 ··	35.9	326 53.4 ··	34.7	240 54.9 ··	08.9	139 01.7 ··	57.2	Denebola	182 47.9	N14 35.9
04	132 44.7	279 55.3	35.8	341 55.1	34.5	255 56.8	09.0	154 04.1	57.1	Diphda	349 09.7	S18 00.9
05	147 47.2	294 56.7	35.8	356 56.8	34.3	270 58.7	09.1	169 06.4	57.1			
06	162 49.6	309 58.1	S11 35.7	11 58.6	N14 34.1	286 00.6	S19 09.3	184 08.8	S10 57.0	Dubhe	194 08.8	N61 46.3
07	177 52.1	324 59.5	35.7	27 00.3	33.9	301 02.5	09.4	199 11.1	57.0	Elnath	278 29.8	N28 36.1
08	192 54.5	340 00.9	35.7	42 02.0	33.7	316 04.4	09.5	214 13.5	56.9	Eltanin	90 53.1	N51 29.6
S 09	207 57.0	355 02.4 ··	35.7	57 03.7 ··	33.6	331 06.3 ··	09.6	229 15.9 ··	56.9	Enif	34 00.9	N 9 51.3
U 10	222 59.5	10 03.8	35.6	72 05.4	33.4	346 08.2	09.8	244 18.2	56.9	Fomalhaut	15 39.3	S29 39.0
N 11	238 01.9	25 05.2	35.6	87 07.1	33.2	1 10.1	09.9	259 20.6	56.8			
D 12	253 04.4	40 06.6	S11 35.6	102 08.8	N14 33.0	16 12.0	S19 10.0	274 23.0	S10 56.8	Gacrux	172 16.6	S57 04.9
A 13	268 06.9	55 08.0	35.6	117 10.5	32.8	31 13.9	10.1	289 25.3	56.7	Gienah	176 06.7	S17 30.8
Y 14	283 09.3	70 09.4	35.5	132 12.2	32.6	46 15.8	10.2	304 27.7	56.7	Hadar	149 08.1	S60 20.7
15	298 11.8	85 10.8 ··	35.5	147 13.9 ··	32.4	61 17.7 ··	10.4	319 30.1 ··	56.6	Hamal	328 16.2	N23 26.4
16	313 14.3	100 12.1	35.5	162 15.6	32.3	76 19.6	10.5	334 32.4	56.6	Kaus Aust.	84 02.6	S34 23.2
17	328 16.7	115 13.5	35.5	177 17.4	32.1	91 21.5	10.6	349 34.8	56.5			
18	343 19.2	130 14.9	S11 35.5	192 19.1	N14 31.9	106 23.4	S19 10.7	4 37.1	S10 56.5	Kochab	137 20.7	N74 10.4
19	358 21.7	145 16.3	35.5	207 20.8	31.7	121 25.3	10.8	19 39.5	56.4	Markab	13 52.2	N15 10.9
20	13 24.1	160 17.7	35.4	222 22.5	31.5	136 27.2	11.0	34 41.9	56.4	Menkar	314 29.3	N 4 04.2
21	28 26.6	175 19.1 ··	35.4	237 24.2 ··	31.3	151 29.1 ··	11.1	49 44.2 ··	56.4	Menkent	148 24.3	S36 20.5
22	43 29.0	190 20.4	35.4	252 25.9	31.1	166 31.0	11.2	64 46.6	56.3	Miaplacidus	221 42.1	S69 41.6
23	58 31.5	205 21.8	35.4	267 27.7	31.0	181 32.9	11.3	79 49.0	56.3			
5 00	73 34.0	220 23.2	S11 35.4	282 29.4	N14 30.8	196 34.8	S19 11.4	94 51.3	S10 56.2	Mirfak	308 59.8	N49 50.7
01	88 36.4	235 24.5	35.4	297 31.1	30.6	211 36.7	11.6	109 53.7	56.2	Nunki	76 15.9	S26 18.1
02	103 38.9	250 25.9	35.4	312 32.8	30.4	226 38.6	11.7	124 56.0	56.1	Peacock	53 41.5	S56 45.2
03	118 41.4	265 27.3 ··	35.4	327 34.5 ··	30.2	241 40.5 ··	11.8	139 58.4 ··	56.1	Pollux	243 44.4	N28 02.1
04	133 43.8	280 28.6	35.4	342 36.3	30.0	256 42.4	11.9	155 00.8	56.0	Procyon	245 14.0	N 5 14.2
05	148 46.3	295 30.0	35.4	357 38.0	29.9	271 44.3	12.0	170 03.1	56.0			
06	163 48.8	310 31.3	S11 35.4	12 39.7	N14 29.7	286 46.2	S19 12.2	185 05.5	S10 55.9	Rasalhague	96 19.7	N12 34.0
07	178 51.2	325 32.7	35.4	27 41.4	29.5	301 48.1	12.3	200 07.9	55.9	Regulus	207 58.2	N11 59.4
08	193 53.7	340 34.0	35.4	42 43.2	29.3	316 50.0	12.4	215 10.2	55.8	Rigel	281 25.1	S 8 12.5
M 09	208 56.2	355 35.4 ··	35.4	57 44.9 ··	29.1	331 51.9 ··	12.5	230 12.6 ··	55.8	Rigil Kent.	140 11.2	S60 48.6
O 10	223 58.6	10 36.7	35.4	72 46.6	29.0	346 53.8	12.6	245 14.9	55.8	Sabik	102 28.9	S15 43.0
N 11	239 01.1	25 38.0	35.5	87 48.3	28.8	1 55.7	12.8	260 17.3	55.7			
D 12	254 03.5	40 39.4	S11 35.5	102 50.1	N14 28.6	16 57.6	S19 12.9	275 19.7	S10 55.7	Schedar	349 56.1	N56 30.9
A 13	269 06.0	55 40.7	35.5	117 51.8	28.4	31 59.5	13.0	290 22.0	55.6	Shaula	96 41.2	S37 05.9
Y 14	284 08.5	70 42.0	35.5	132 53.5	28.2	47 01.4	13.1	305 24.4	55.6	Sirius	258 45.6	S16 42.6
15	299 10.9	85 43.4 ··	35.5	147 55.3 ··	28.1	62 03.3 ··	13.2	320 26.7 ··	55.5	Spica	158 46.1	S11 08.0
16	314 13.4	100 44.7	35.5	162 57.0	27.9	77 05.2	13.4	335 29.1	55.5	Suhail	223 02.4	S43 24.6
17	329 15.9	115 46.0	35.6	177 58.7	27.7	92 07.1	13.5	350 31.5	55.4			
18	344 18.3	130 47.3	S11 35.6	193 00.4	N14 27.5	107 09.0	S19 13.6	5 33.8	S10 55.4	Vega	80 48.8	N38 47.0
19	359 20.8	145 48.6	35.6	208 02.2	27.3	122 10.9	13.7	20 36.2	55.3	Zuben'ubi	137 21.1	S16 01.1
20	14 23.3	160 50.0	35.6	223 03.9	27.2	137 12.8	13.8	35 38.5	55.3			
21	29 25.7	175 51.3 ··	35.7	238 05.7 ··	27.0	152 14.7 ··	13.9	50 40.9 ··	55.2		S.H.A.	Mer. Pass.
22	44 28.2	190 52.6	35.7	253 07.4	26.8	167 16.6	14.1	65 43.3	55.2	Venus	147 14.7	9 20
23	59 30.6	205 53.9	35.7	268 09.1	26.6	182 18.5	14.2	80 45.6	55.1	Mars	209 13.5	5 12
										Jupiter	123 14.4	10 55
Mer. Pass. 19 06.5		v 1.4 d 0.0		v 1.7 d 0.2		v 1.9 d 0.1		v 2.4 d 0.0		Saturn	21 19.8	17 42

1994 DECEMBER 3, 4, 5 (SAT., SUN., MON.)

SUN and MOON

UT (GMT)	SUN G.H.A.	SUN Dec.	MOON G.H.A.	v	MOON Dec.	d	H.P.
3 00	182 36.4	S22 02.0	182 12.0	3.0	S19 45.8	2.2	61.3
01	197 36.2	02.3	196 34.0	3.0	19 48.0	2.0	61.3
02	212 35.9	02.7	210 56.0	3.0	19 50.0	1.8	61.3
03	227 35.7	.. 03.0	225 18.0	3.0	19 51.8	1.7	61.3
04	242 35.5	03.4	239 40.0	3.0	19 53.5	1.5	61.3
05	257 35.2	03.8	254 02.0	3.0	19 55.0	1.4	61.3
06	272 35.0	S22 04.1	268 24.0	3.0	S19 56.4	1.3	61.3
07	287 34.7	04.5	282 46.0	3.0	19 57.7	1.0	61.3
S 08	302 34.5	04.8	297 08.0	3.0	19 58.7	1.0	61.3
A 09	317 34.2	.. 05.2	311 30.0	3.0	19 59.7	0.7	61.3
T 10	332 34.0	05.5	325 52.0	3.1	20 00.4	0.7	61.2
U 11	347 33.7	05.9	340 14.1	3.0	20 01.1	0.4	61.2
R 12	2 33.5	S22 06.2	354 36.1	3.1	S20 01.5	0.3	61.2
D 13	17 33.2	06.6	8 58.2	3.1	20 01.8	0.2	61.2
A 14	32 33.0	06.9	23 20.3	3.1	20 02.0	0.0	61.2
Y 15	47 32.7	.. 07.3	37 42.4	3.1	20 02.0	0.1	61.2
16	62 32.5	07.6	52 04.5	3.2	20 01.9	0.3	61.2
17	77 32.3	08.0	66 26.7	3.1	20 01.6	0.5	61.1
18	92 32.0	S22 08.3	80 48.8	3.2	S20 01.1	0.6	61.1
19	107 31.8	08.7	95 11.0	3.3	20 00.5	0.9	61.1
20	122 31.5	09.0	109 33.3	3.2	19 59.8	0.9	61.1
21	137 31.3	.. 09.4	123 55.5	3.3	19 58.9	1.1	61.1
22	152 31.0	09.7	138 17.8	3.4	19 57.8	1.2	61.0
23	167 30.8	10.1	152 40.2	3.4	19 56.6	1.3	61.0
4 00	182 30.5	S22 10.4	167 02.6	3.4	S19 55.3	1.5	61.0
01	197 30.3	10.8	181 25.0	3.4	19 53.8	1.7	61.0
02	212 30.0	11.1	195 47.4	3.5	19 52.1	1.8	61.0
03	227 29.8	.. 11.5	210 09.9	3.6	19 50.3	1.9	60.9
04	242 29.5	11.8	224 32.5	3.6	19 48.4	2.1	60.9
05	257 29.2	12.1	238 55.1	3.6	19 46.3	2.2	60.9
06	272 29.0	S22 12.5	253 17.7	3.7	S19 44.1	2.4	60.9
07	287 28.7	12.8	267 40.4	3.8	19 41.7	2.5	60.9
S 08	302 28.5	13.2	282 03.2	3.8	19 39.2	2.7	60.8
U 09	317 28.2	.. 13.5	296 26.0	3.8	19 36.5	2.8	60.8
N 10	332 28.0	13.8	310 48.8	3.9	19 33.7	2.9	60.8
D 11	347 27.7	14.2	325 11.7	4.0	19 30.8	3.1	60.8
A 12	2 27.5	S22 14.5	339 34.7	4.1	S19 27.7	3.2	60.7
Y 13	17 27.2	14.8	353 57.8	4.1	19 24.5	3.4	60.7
14	32 27.0	15.2	8 20.9	4.1	19 21.1	3.5	60.7
15	47 26.7	.. 15.5	22 44.0	4.3	19 17.6	3.6	60.6
16	62 26.5	15.8	37 07.3	4.3	19 14.0	3.8	60.6
17	77 26.2	16.2	51 30.6	4.3	19 10.2	3.9	60.6
18	92 26.0	S22 16.5	65 53.9	4.5	S19 06.3	4.0	60.6
19	107 25.7	16.8	80 17.4	4.5	19 02.3	4.2	60.5
20	122 25.4	17.2	94 40.9	4.6	18 58.1	4.3	60.5
21	137 25.2	.. 17.5	109 04.5	4.6	18 53.8	4.4	60.5
22	152 24.9	17.8	123 28.1	4.8	18 49.4	4.6	60.4
23	167 24.7	18.1	137 51.9	4.8	18 44.8	4.7	60.4
5 00	182 24.4	S22 18.5	152 15.7	4.9	S18 40.1	4.8	60.4
01	197 24.2	18.8	166 39.6	4.9	18 35.3	4.9	60.4
02	212 23.9	19.1	181 03.5	5.1	18 30.4	5.1	60.3
03	227 23.7	.. 19.4	195 27.6	5.1	18 25.3	5.2	60.3
04	242 23.4	19.8	209 51.7	5.2	18 20.1	5.3	60.3
05	257 23.1	20.1	224 15.9	5.3	18 14.8	5.4	60.2
06	272 22.9	S22 20.4	238 40.2	5.4	S18 09.4	5.5	60.2
07	287 22.6	20.7	253 04.6	5.5	18 03.9	5.7	60.2
M 08	302 22.4	21.0	267 29.1	5.5	17 58.2	5.8	60.1
O 09	317 22.1	.. 21.4	281 53.6	5.6	17 52.4	5.9	60.1
N 10	332 21.8	21.7	296 18.2	5.8	17 46.5	6.0	60.1
D 11	347 21.6	22.0	310 43.0	5.8	17 40.5	6.1	60.0
A 12	2 21.3	S22 22.3	325 07.8	5.9	S17 34.4	6.2	60.0
Y 13	17 21.1	22.6	339 32.7	6.0	17 28.2	6.3	60.0
14	32 20.8	23.0	353 57.7	6.1	17 21.9	6.5	59.9
15	47 20.6	.. 23.3	8 22.8	6.1	17 15.4	6.5	59.9
16	62 20.3	23.6	22 47.9	6.3	17 08.9	6.7	59.8
17	77 20.0	23.9	37 13.2	6.4	17 02.2	6.7	59.8
18	92 19.8	S22 24.2	51 38.6	6.4	S16 55.5	6.9	59.8
19	107 19.5	24.5	66 04.0	6.6	16 48.6	7.0	59.7
20	122 19.3	24.8	80 29.6	6.6	16 41.6	7.0	59.7
21	137 19.0	.. 25.1	94 55.2	6.7	16 34.6	7.2	59.7
22	152 18.7	25.4	109 20.9	6.9	16 27.4	7.2	59.6
23	167 18.5	25.8	123 46.8	6.9	16 20.2	7.4	59.6
S.D.	16.3	d 0.3	S.D. 16.7		16.5		16.3

Twilight, Sunrise and Moonrise

Lat.	Twilight Naut.	Twilight Civil	Sunrise	Moonrise 3	4	5	6
N 72	07 58	10 03	■	■	■	13 32	12 50
N 70	07 41	09 20	■	■	12 35	12 25	12 20
68	07 27	08 51	10 54	10 40	11 29	11 49	11 57
66	07 16	08 29	09 56	09 59	10 53	11 23	11 39
64	07 06	08 12	09 23	09 31	10 27	11 02	11 25
62	06 57	07 57	08 59	09 09	10 07	10 46	11 12
60	06 50	07 45	08 40	08 52	09 50	10 32	11 02
N 58	06 43	07 35	08 25	08 37	09 36	10 20	10 53
56	06 37	07 25	08 11	08 25	09 24	10 10	10 45
54	06 32	07 17	08 00	08 14	09 14	10 01	10 37
52	06 26	07 09	07 49	08 04	09 04	09 53	10 31
50	06 22	07 03	07 40	07 55	08 56	09 45	10 25
45	06 11	06 48	07 21	07 37	08 38	09 30	10 13
N 40	06 01	06 35	07 05	07 22	08 23	09 17	10 02
35	05 53	06 24	06 52	07 09	08 11	09 06	09 53
30	05 45	06 14	06 40	06 58	08 00	08 56	09 45
20	05 29	05 57	06 20	06 39	07 42	08 39	09 31
N 10	05 14	05 40	06 03	06 23	07 26	08 25	09 20
0	04 58	05 24	05 46	06 07	07 10	08 11	09 08
S 10	04 40	05 07	05 30	05 52	06 55	07 58	08 57
20	04 19	04 48	05 12	05 36	06 39	07 43	08 45
30	03 51	04 24	04 51	05 17	06 21	07 26	08 31
35	03 34	04 10	04 39	05 06	06 10	07 16	08 23
40	03 12	03 53	04 25	04 54	05 58	07 05	08 14
45	02 44	03 32	04 08	04 39	05 43	06 52	08 03
S 50	02 03	03 04	03 47	04 21	05 25	06 36	07 50
52	01 40	02 51	03 37	04 13	05 17	06 29	07 44
54	01 08	02 34	03 26	04 03	05 07	06 20	07 37
56	////	02 15	03 13	03 53	04 57	06 11	07 30
58	////	01 50	02 58	03 41	04 45	06 00	07 21
S 60	////	01 15	02 40	03 27	04 31	05 48	07 12

Sunset, Twilight and Moonset

Lat.	Sunset	Twilight Civil	Twilight Naut.	Moonset 3	4	5	6
N 72	■	13 37	15 41	■	■	15 31	18 09
N 70	■	14 20	15 59	■	14 21	16 36	18 38
68	12 46	14 49	16 13	14 04	15 27	17 12	19 00
66	13 43	15 11	16 24	14 45	16 02	17 37	19 17
64	14 16	15 28	16 34	15 14	16 28	17 57	19 30
62	14 41	15 42	16 42	15 35	16 48	18 13	19 42
60	15 00	15 55	16 50	15 53	17 04	18 26	19 51
N 58	15 15	16 05	16 57	16 08	17 18	18 37	20 00
56	15 29	16 15	17 03	16 20	17 30	18 47	20 07
54	15 40	16 23	17 08	16 31	17 40	18 56	20 14
52	15 51	16 31	17 14	16 41	17 49	19 04	20 20
50	16 00	16 37	17 19	16 50	17 58	19 11	20 25
45	16 19	16 52	17 29	17 08	18 15	19 26	20 37
N 40	16 35	17 05	17 39	17 23	18 29	19 38	20 46
35	16 48	17 16	17 47	17 36	18 41	19 48	20 54
30	17 00	17 26	17 56	17 47	18 52	19 57	21 01
20	17 20	17 44	18 11	18 06	19 10	20 13	21 14
N 10	17 37	18 00	18 26	18 22	19 25	20 26	21 24
0	17 54	18 16	18 42	18 38	19 40	20 39	21 34
S 10	18 11	18 33	19 00	18 53	19 54	20 51	21 44
20	18 28	18 53	19 22	19 09	20 10	21 05	21 54
30	18 49	19 16	19 49	19 28	20 27	21 20	22 06
35	19 02	19 31	20 07	19 39	20 37	21 29	22 13
40	19 19	19 48	20 29	19 52	20 49	21 38	22 21
45	19 33	20 09	20 57	20 06	21 03	21 50	22 29
S 50	19 54	20 37	21 38	20 24	21 19	22 04	22 40
52	20 04	20 51	22 02	20 33	21 27	22 11	22 45
54	20 15	21 07	22 35	20 42	21 36	22 18	22 51
56	20 28	21 27	////	20 53	21 46	22 26	22 57
58	20 43	21 52	////	21 05	21 57	22 35	23 03
S 60	21 02	22 28	////	21 19	22 09	22 45	23 11

SUN and MOON

Day	SUN Eqn. of Time 00h	12h	Mer. Pass.	MOON Mer. Pass. Upper	Lower	Age	Phase
	m s	m s	h m	h m	h m	d	
3	10 26	10 14	11 50	12 23	24 54	01	
4	10 03	09 50	11 50	13 25	00 54	02	●
5	09 38	09 26	11 51	14 25	01 56	03	

1994 DECEMBER 6, 7, 8 (TUES., WED., THURS.)

UT (GMT)	ARIES G.H.A.	VENUS −4.7 G.H.A.	Dec.	MARS +0.2 G.H.A.	Dec.	JUPITER −1.7 G.H.A.	Dec.	SATURN +0.9 G.H.A.	Dec.	STARS Name	S.H.A.	Dec.
d h	° ′	° ′	° ′	° ′	° ′	° ′	° ′	° ′	° ′		° ′	° ′
6 00	74 33.1	220 55.2 S11 35.8		283 10.9 N14 26.5		197 20.4 S19 14.3		95 48.0 S10 55.1		Acamar	315 28.5	S40 19.6
01	89 35.6	235 56.5 35.8		298 12.6 26.3		212 22.3 14.4		110 50.3 55.0		Achernar	335 36.7	S57 15.9
02	104 38.0	250 57.8 35.8		313 14.3 26.1		227 24.2 14.5		125 52.7 55.0		Acrux	173 25.1	S63 04.0
03	119 40.5	265 59.1 ·· 35.9		328 16.1 ·· 25.9		242 26.1 ·· 14.7		140 55.0 ·· 55.0		Adhara	255 23.1	S28 57.9
04	134 43.0	281 00.4 35.9		343 17.8 25.8		257 28.0 14.8		155 57.4 54.9		Aldebaran	291 05.0	N16 29.9
05	149 45.4	296 01.7 35.9		358 19.6 25.6		272 29.9 14.9		170 59.8 54.9				
06	164 47.9	311 02.9 S11 36.0		13 21.3 N14 25.4		287 31.8 S19 15.0		186 02.1 S10 54.8		Alioth	166 33.2	N55 59.0
07	179 50.4	326 04.2 36.0		28 23.1 25.2		302 33.7 15.1		201 04.5 54.8		Alkaid	153 10.2	N49 20.1
T 08	194 52.8	341 05.5 36.1		43 24.8 25.1		317 35.6 15.3		216 06.8 54.7		Al Na'ir	28 01.3	S46 59.2
U 09	209 55.3	356 06.8 ·· 36.1		58 26.5 ·· 24.9		332 37.5 ·· 15.4		231 09.2 ·· 54.7		Alnilam	276 00.1	S 1 12.4
E 10	224 57.8	11 08.1 36.2		73 28.3 24.7		347 39.4 15.5		246 11.5 54.6		Alphard	218 09.6	S 8 38.2
S 11	240 00.2	26 09.3 36.2		88 30.0 24.5		2 41.3 15.6		261 13.9 54.6				
D 12	255 02.7	41 10.6 S11 36.3		103 31.8 N14 24.4		17 43.2 S19 15.7		276 16.3 S10 54.5		Alphecca	126 23.1	N26 43.9
A 13	270 05.1	56 11.9 36.3		118 33.5 24.2		32 45.1 15.9		291 18.6 54.5		Alpheratz	357 57.8	N29 04.0
Y 14	285 07.6	71 13.1 36.4		133 35.3 24.0		47 47.0 16.0		306 21.0 54.4		Altair	62 22.0	N 8 51.5
15	300 10.1	86 14.4 ·· 36.4		148 37.0 ·· 23.8		62 48.9 ·· 16.1		321 23.3 ·· 54.4		Ankaa	353 29.3	S42 20.1
16	315 12.5	101 15.7 36.5		163 38.8 23.7		77 50.8 16.2		336 25.7 54.3		Antares	112 43.7	S26 25.1
17	330 15.0	116 16.9 36.5		178 40.5 23.5		92 52.7 16.3		351 28.0 54.3				
18	345 17.5	131 18.2 S11 36.6		193 42.3 N14 23.3		107 54.6 S19 16.4		6 30.4 S10 54.2		Arcturus	146 08.7	N19 12.5
19	0 19.9	146 19.4 36.7		208 44.0 23.2		122 56.5 16.6		21 32.8 54.2		Atria	107 58.6	S69 01.0
20	15 22.4	161 20.7 36.7		223 45.8 23.0		137 58.4 16.7		36 35.1 54.1		Avior	234 23.2	S59 29.5
21	30 24.9	176 21.9 ·· 36.8		238 47.5 ·· 22.8		153 00.3 ·· 16.8		51 37.5 ·· 54.1		Bellatrix	278 46.6	N 6 20.6
22	45 27.3	191 23.2 36.9		253 49.3 22.7		168 02.2 16.9		66 39.8 54.0		Betelgeuse	271 16.0	N 7 24.3
23	60 29.8	206 24.4 36.9		268 51.1 22.5		183 04.1 17.0		81 42.2 54.0				
7 00	75 32.3	221 25.6 S11 37.0		283 52.8 N14 22.3		198 06.0 S19 17.2		96 44.5 S10 53.9		Canopus	264 01.8	S52 41.6
01	90 34.7	236 26.9 37.1		298 54.6 22.1		213 07.9 17.3		111 46.9 53.9		Capella	280 54.5	N45 59.5
02	105 37.2	251 28.1 37.1		313 56.3 22.0		228 09.8 17.4		126 49.2 53.8		Deneb	49 41.2	N45 16.1
03	120 39.6	266 29.3 ·· 37.2		328 58.1 ·· 21.8		243 11.7 ·· 17.5		141 51.6 ·· 53.8		Denebola	182 47.9	N14 35.9
04	135 42.1	281 30.6 37.3		343 59.8 21.6		258 13.6 17.6		156 53.9 53.7		Diphda	349 09.7	S18 00.9
05	150 44.6	296 31.8 37.4		359 01.6 21.5		273 15.5 17.7		171 56.3 53.7				
06	165 47.0	311 33.0 S11 37.4		14 03.4 N14 21.3		288 17.4 S19 17.9		186 58.7 S10 53.6		Dubhe	194 08.7	N61 46.3
W 07	180 49.5	326 34.3 37.5		29 05.1 21.1		303 19.3 18.0		202 01.0 53.6		Elnath	278 29.8	N28 36.1
E 08	195 52.0	341 35.5 37.6		44 06.9 21.0		318 21.2 18.1		217 03.4 53.5		Eltanin	90 53.1	N51 29.6
D 09	210 54.4	356 36.7 ·· 37.7		59 08.7 ·· 20.8		333 23.1 ·· 18.2		232 05.7 ·· 53.5		Enif	34 00.9	N 9 51.3
N 10	225 56.9	11 37.9 37.8		74 10.4 20.6		348 25.0 18.3		247 08.1 53.4		Fomalhaut	15 39.3	S29 39.0
E 11	240 59.4	26 39.1 37.8		89 12.2 20.5		3 26.9 18.4		262 10.4 53.4				
S 12	256 01.8	41 40.3 S11 37.9		104 14.0 N14 20.3		18 28.8 S19 18.6		277 12.8 S10 53.3		Gacrux	172 16.6	S57 04.9
D 13	271 04.3	56 41.5 38.0		119 15.7 20.1		33 30.7 18.7		292 15.1 53.3		Gienah	176 06.7	S17 30.8
A 14	286 06.8	71 42.7 38.1		134 17.5 20.0		48 32.6 18.8		307 17.5 53.2		Hadar	149 08.1	S60 20.7
Y 15	301 09.2	86 43.9 ·· 38.2		149 19.3 ·· 19.8		63 34.5 ·· 18.9		322 19.8 ·· 53.2		Hamal	328 16.2	N23 26.4
16	316 11.7	101 45.1 38.3		164 21.0 19.6		78 36.4 19.0		337 22.2 53.1		Kaus Aust.	84 02.6	S34 23.2
17	331 14.1	116 46.3 38.4		179 22.8 19.5		93 38.3 19.2		352 24.5 53.1				
18	346 16.6	131 47.5 S11 38.5		194 24.6 N14 19.3		108 40.2 S19 19.3		7 26.9 S10 53.0		Kochab	137 20.6	N74 10.4
19	1 19.1	146 48.7 38.6		209 26.4 19.1		123 42.1 19.4		22 29.2 53.0		Markab	13 52.2	N15 10.9
20	16 21.5	161 49.9 38.7		224 28.1 19.0		138 44.0 19.5		37 31.6 52.9		Menkar	314 29.3	N 4 04.2
21	31 24.0	176 51.1 ·· 38.8		239 29.9 ·· 18.8		153 45.9 ·· 19.6		52 33.9 ·· 52.9		Menkent	148 24.3	S36 20.5
22	46 26.5	191 52.3 38.9		254 31.7 18.7		168 47.8 19.7		67 36.3 52.8		Miaplacidus	221 42.0	S69 41.6
23	61 28.9	206 53.4 38.9		269 33.4 18.5		183 49.7 19.9		82 38.6 52.8				
8 00	76 31.4	221 54.6 S11 39.1		284 35.2 N14 18.3		198 51.6 S19 20.0		97 41.0 S10 52.7		Mirfak	308 59.8	N49 50.7
01	91 33.9	236 55.8 39.2		299 37.0 18.2		213 53.5 20.1		112 43.3 52.7		Nunki	76 15.9	S26 18.1
02	106 36.3	251 57.0 39.3		314 38.8 18.0		228 55.4 20.2		127 45.7 52.6		Peacock	53 41.5	S56 45.2
03	121 38.8	266 58.1 ·· 39.4		329 40.6 ·· 17.8		243 57.3 ·· 20.3		142 48.0 ·· 52.6		Pollux	243 44.4	N28 02.1
04	136 41.2	281 59.3 39.5		344 42.3 17.7		258 59.2 20.4		157 50.4 52.5		Procyon	245 14.0	N 5 14.2
05	151 43.7	297 00.5 39.6		359 44.1 17.5		274 01.1 20.6		172 52.7 52.5				
06	166 46.2	312 01.6 S11 39.7		14 45.9 N14 17.4		289 03.0 S19 20.7		187 55.1 S10 52.4		Rasalhague	96 19.7	N12 34.0
07	181 48.6	327 02.8 39.8		29 47.7 17.2		304 04.9 20.8		202 57.4 52.4		Regulus	207 58.2	N11 59.4
T 08	196 51.1	342 04.0 39.9		44 49.5 17.0		319 06.8 20.9		217 59.8 52.3		Rigel	281 25.1	S 8 12.5
H 09	211 53.6	357 05.1 ·· 40.1		59 51.3 ·· 16.9		334 08.7 ·· 21.0		233 02.1 ·· 52.3		Rigil Kent.	140 11.2	S60 48.6
U 10	226 56.0	12 06.3 40.2		74 53.0 16.7		349 10.6 21.1		248 04.5 52.2		Sabik	102 28.8	S15 43.0
R 11	241 58.5	27 07.4 40.3		89 54.8 16.6		4 12.5 21.3		263 06.8 52.2				
S 12	257 01.0	42 08.6 S11 40.4		104 56.6 N14 16.4		19 14.4 S19 21.4		278 09.2 S10 52.1		Schedar	349 56.1	N56 30.9
D 13	272 03.4	57 09.7 40.5		119 58.4 16.2		34 16.3 21.5		293 11.5 52.1		Shaula	96 41.2	S37 05.9
A 14	287 05.9	72 10.9 40.7		135 00.2 16.1		49 18.2 21.6		308 13.9 52.0		Sirius	258 45.6	S16 42.6
Y 15	302 08.4	87 12.0 ·· 40.8		150 02.0 ·· 15.9		64 20.1 ·· 21.7		323 16.2 ·· 52.0		Spica	158 46.1	S11 08.0
16	317 10.8	102 13.1 40.9		165 03.8 15.8		79 22.0 21.8		338 18.6 51.9		Suhail	223 02.4	S43 24.6
17	332 13.3	117 14.3 41.0		180 05.6 15.6		94 23.9 22.0		353 20.9 51.9				
18	347 15.7	132 15.4 S11 41.2		195 07.3 N14 15.5		109 25.8 S19 22.1		8 23.3 S10 51.8		Vega	80 48.8	N38 47.0
19	2 18.2	147 16.5 41.3		210 09.1 15.3		124 27.7 22.2		23 25.6 51.8		Zuben'ubi	137 21.1	S16 01.1
20	17 20.7	162 17.7 41.4		225 10.9 15.1		139 29.6 22.3		38 28.0 51.7			S.H.A.	Mer. Pass.
21	32 23.1	177 18.8 ·· 41.5		240 12.7 ·· 15.0		154 31.5 ·· 22.4		53 30.3 ·· 51.7			° ′	h m
22	47 25.6	192 19.9 41.7		255 14.5 14.8		169 33.4 22.5		68 32.7 51.6		Venus	145 53.4	9 14
23	62 28.1	207 21.0 41.8		270 16.3 14.7		184 35.3 22.7		83 35.0 51.6		Mars	208 20.6	5 04
										Jupiter	122 33.7	10 46
Mer. Pass. 18 54.7		v 1.2 d 0.1		v 1.8 d 0.2		v 1.9 d 0.1		v 2.4 d 0.0		Saturn	21 12.3	17 30

1994 DECEMBER 6, 7, 8 (TUES., WED., THURS.)

UT (GMT) d h	SUN G.H.A.	SUN Dec.	MOON G.H.A.	v	MOON Dec.	d	H.P.
6 00	182 18.2	S22 26.1	138 12.7	7.0	S16 12.8	7.4	59.6
01	197 17.9	26.4	152 38.7	7.1	16 05.4	7.6	59.5
02	212 17.7	26.7	167 04.8	7.2	15 57.8	7.6	59.5
03	227 17.4	.. 27.0	181 31.0	7.3	15 50.2	7.7	59.4
04	242 17.2	27.3	195 57.3	7.4	15 42.5	7.8	59.4
05	257 16.9	27.6	210 23.7	7.5	15 34.7	7.9	59.4
06	272 16.6	S22 27.9	224 50.2	7.6	S15 26.8	8.0	59.3
07	287 16.4	28.2	239 16.8	7.7	15 18.8	8.0	59.3
T 08	302 16.1	28.5	253 43.5	7.7	15 10.8	8.2	59.2
U 09	317 15.8	.. 28.8	268 10.2	7.9	15 02.6	8.2	59.2
E 10	332 15.6	29.1	282 37.1	8.0	14 54.4	8.3	59.2
S 11	347 15.3	29.4	297 04.1	8.1	14 46.1	8.4	59.1
D 12	2 15.0	S22 29.7	311 31.2	8.1	S14 37.7	8.4	59.1
A 13	17 14.8	30.0	325 58.3	8.3	14 29.3	8.6	59.0
Y 14	32 14.5	30.3	340 25.6	8.3	14 20.7	8.6	59.0
15	47 14.3	.. 30.6	354 52.9	8.5	14 12.1	8.7	59.0
16	62 14.0	30.9	9 20.4	8.5	14 03.4	8.7	58.9
17	77 13.7	31.2	23 47.9	8.6	13 54.7	8.8	58.9
18	92 13.5	S22 31.5	38 15.5	8.8	S13 45.9	8.9	58.8
19	107 13.2	31.8	52 43.3	8.8	13 37.0	9.0	58.8
20	122 12.9	32.1	67 11.1	8.9	13 28.0	9.0	58.8
21	137 12.7	.. 32.4	81 39.0	9.0	13 19.0	9.1	58.7
22	152 12.4	32.7	96 07.0	9.1	13 09.9	9.1	58.7
23	167 12.1	32.9	110 35.1	9.2	13 00.8	9.2	58.6
7 00	182 11.9	S22 33.2	125 03.3	9.3	S12 51.6	9.3	58.6
01	197 11.6	33.5	139 31.6	9.4	12 42.3	9.3	58.6
02	212 11.3	33.8	154 00.0	9.5	12 33.0	9.4	58.5
03	227 11.1	.. 34.1	168 28.5	9.5	12 23.6	9.5	58.5
04	242 10.8	34.4	182 57.0	9.7	12 14.1	9.5	58.4
05	257 10.5	34.7	197 25.7	9.7	12 04.6	9.5	58.4
06	272 10.2	S22 35.0	211 54.4	9.8	S11 55.1	9.6	58.4
W 07	287 10.0	35.2	226 23.2	10.0	11 45.5	9.7	58.3
E 08	302 09.7	35.5	240 52.2	10.0	11 35.8	9.7	58.3
D 09	317 09.4	.. 35.8	255 21.2	10.0	11 26.1	9.7	58.2
N 10	332 09.2	36.1	269 50.2	10.2	11 16.4	9.9	58.2
E 11	347 08.9	36.4	284 19.4	10.3	11 06.5	9.8	58.2
S 12	2 08.6	S22 36.7	298 48.7	10.3	S10 56.7	9.9	58.1
D 13	17 08.4	36.9	313 18.0	10.5	10 46.8	9.9	58.1
A 14	32 08.1	37.2	327 47.5	10.5	10 36.9	10.0	58.0
Y 15	47 07.8	.. 37.5	342 17.0	10.6	10 26.9	10.0	58.0
16	62 07.5	37.8	356 46.6	10.7	10 16.9	10.1	58.0
17	77 07.3	38.0	11 16.3	10.8	10 06.8	10.1	57.9
18	92 07.0	S22 38.3	25 46.1	10.8	S 9 56.7	10.1	57.9
19	107 06.7	38.6	40 15.9	10.9	9 46.6	10.2	57.8
20	122 06.5	38.9	54 45.8	11.0	9 36.4	10.2	57.8
21	137 06.2	.. 39.1	69 15.8	11.1	9 26.2	10.3	57.8
22	152 05.9	39.4	83 45.9	11.2	9 15.9	10.2	57.7
23	167 05.6	39.7	98 16.1	11.2	9 05.7	10.4	57.7
8 00	182 05.4	S22 40.0	112 46.3	11.4	S 8 55.3	10.3	57.6
01	197 05.1	40.2	127 16.7	11.4	8 45.0	10.4	57.6
02	212 04.8	40.5	141 47.1	11.4	8 34.6	10.4	57.6
03	227 04.6	.. 40.8	156 17.5	11.6	8 24.2	10.4	57.5
04	242 04.3	41.0	170 48.1	11.6	8 13.8	10.5	57.5
05	257 04.0	41.3	185 18.7	11.7	8 03.3	10.4	57.4
06	272 03.7	S22 41.6	199 49.4	11.7	S 7 52.9	10.5	57.4
07	287 03.5	41.8	214 20.1	11.9	7 42.4	10.6	57.4
T 08	302 03.2	42.1	228 51.0	11.9	7 31.8	10.5	57.3
H 09	317 02.9	.. 42.4	243 21.9	12.0	7 21.3	10.6	57.3
U 10	332 02.6	42.6	257 52.9	12.0	7 10.7	10.6	57.2
R 11	347 02.4	42.9	272 23.9	12.1	7 00.1	10.6	57.2
S 12	2 02.1	S22 43.2	286 55.0	12.2	S 6 49.5	10.7	57.2
D 13	17 01.8	43.4	301 26.2	12.2	6 38.8	10.6	57.1
A 14	32 01.5	43.7	315 57.4	12.3	6 28.2	10.7	57.1
Y 15	47 01.3	.. 43.9	330 28.7	12.4	6 17.5	10.7	57.0
16	62 01.0	44.2	345 00.1	12.4	6 06.8	10.7	57.0
17	77 00.7	44.5	359 31.5	12.5	5 56.1	10.7	57.0
18	92 00.4	S22 44.7	14 03.0	12.6	S 5 45.4	10.7	56.9
19	107 00.2	45.0	28 34.6	12.6	5 34.7	10.7	56.9
20	121 59.9	45.2	43 06.2	12.7	5 24.0	10.8	56.9
21	136 59.6	.. 45.5	57 37.9	12.7	5 13.2	10.8	56.8
22	151 59.3	45.7	72 09.6	12.8	5 02.4	10.7	56.8
23	166 59.1	46.0	86 41.4	12.9	4 51.7	10.8	56.7
	S.D. 16.3	d 0.3	S.D. 16.1		15.8		15.6

Lat.	Twilight Naut.	Twilight Civil	Sunrise	Moonrise 6	7	8	9
N 72	08 05	10 16	▬	12 50	12 33	12 20	12 10
N 70	07 47	09 29	▬	12 20	12 15	12 11	12 06
68	07 33	08 58	11 17	11 57	12 01	12 03	12 04
66	07 21	08 35	10 06	11 39	11 49	11 56	12 01
64	07 11	08 17	09 31	11 25	11 39	11 50	11 59
62	07 02	08 02	09 05	11 12	11 31	11 45	11 57
60	06 54	07 50	08 46	11 02	11 24	11 41	11 56
N 58	06 47	07 39	08 29	10 53	11 17	11 37	11 54
56	06 41	07 29	08 16	10 45	11 12	11 34	11 53
54	06 35	07 21	08 04	10 37	11 07	11 31	11 52
52	06 30	07 13	07 53	10 31	11 02	11 28	11 51
50	06 25	07 06	07 44	10 25	10 58	11 25	11 50
45	06 14	06 51	07 24	10 13	10 49	11 20	11 48
N 40	06 04	06 38	07 08	10 02	10 41	11 15	11 46
35	05 55	06 27	06 54	09 53	10 34	11 11	11 45
30	05 47	06 16	06 43	09 45	10 29	11 07	11 43
20	05 31	05 58	06 22	09 31	10 18	11 01	11 41
N 10	05 16	05 42	06 04	09 20	10 10	10 56	11 39
0	04 59	05 25	05 48	09 08	10 01	10 51	11 37
S 10	04 41	05 08	05 31	08 57	09 53	10 45	11 35
20	04 19	04 48	05 13	08 45	09 44	10 40	11 33
30	03 51	04 24	04 51	08 31	09 34	10 34	11 31
35	03 33	04 10	04 39	08 23	09 28	10 30	11 30
40	03 11	03 52	04 25	08 14	09 21	10 26	11 28
45	02 42	03 31	04 07	08 03	09 13	10 21	11 27
S 50	02 00	03 03	03 46	07 50	09 04	10 15	11 24
52	01 36	02 48	03 36	07 44	09 00	10 13	11 24
54	01 00	02 32	03 24	07 37	08 55	10 10	11 23
56	////	02 12	03 11	07 30	08 49	10 07	11 21
58	////	01 45	02 55	07 21	08 43	10 03	11 20
S 60	////	01 07	02 36	07 12	08 36	09 59	11 19

Lat.	Sunset	Twilight Civil	Twilight Naut.	Moonset 6	7	8	9
N 72	▬	13 26	15 37	18 09	20 14	22 07	23 53
N 70	▬	14 14	15 55	18 38	20 30	22 15	23 54
68	12 26	14 44	16 09	19 00	20 43	22 21	23 54
66	13 36	15 07	16 22	19 17	20 53	22 26	23 55
64	14 12	15 25	16 32	19 30	21 02	22 30	23 55
62	14 37	15 40	16 41	19 42	21 09	22 34	23 55
60	14 57	15 53	16 48	19 51	21 16	22 37	23 56
N 58	15 13	16 04	16 55	20 00	21 21	22 40	23 56
56	15 27	16 13	17 02	20 07	21 26	22 43	23 56
54	15 39	16 22	17 08	20 14	21 31	22 45	23 56
52	15 49	16 30	17 13	20 20	21 35	22 47	23 56
50	15 59	16 37	17 18	20 25	21 38	22 49	23 57
45	16 19	16 52	17 29	20 37	21 46	22 53	23 57
N 40	16 35	17 05	17 39	20 46	21 52	22 56	23 57
35	16 48	17 16	17 48	20 54	21 58	22 59	23 58
30	17 00	17 26	17 56	21 01	22 03	23 01	23 58
20	17 20	17 44	18 12	21 14	22 11	23 06	23 58
N 10	17 38	18 01	18 27	21 24	22 18	23 10	23 58
0	17 55	18 18	18 44	21 34	22 25	23 13	23 59
S 10	18 12	18 35	19 02	21 44	22 32	23 17	23 59
20	18 30	18 55	19 24	21 54	22 39	23 20	23 59
30	18 52	19 19	19 52	22 06	22 47	23 25	23 59
35	19 04	19 34	20 10	22 13	22 52	23 27	24 00
40	19 19	19 51	20 32	22 21	22 57	23 30	24 00
45	19 36	20 13	21 01	22 29	23 03	23 33	24 00
S 50	19 57	20 41	21 44	22 40	23 10	23 36	24 00
52	20 08	20 55	22 08	22 45	23 14	23 38	24 00
54	20 19	21 12	22 45	22 51	23 17	23 40	24 00
56	20 33	21 32	////	22 57	23 21	23 42	24 01
58	20 49	21 59	////	23 03	23 26	23 44	24 01
S 60	21 07	22 39	////	23 11	23 31	23 47	24 01

Day	SUN Eqn. of Time 00ʰ	12ʰ	Mer. Pass.	MOON Mer. Pass. Upper	Lower	Age	Phase
	m s	m s	h m	h m	h m	d	
6	09 13	09 01	11 51	15 21	02 54	04	
7	08 48	08 35	11 51	16 13	03 48	05	
8	08 22	08 09	11 52	17 02	04 38	06	

1994 DECEMBER 9, 10, 11 (FRI., SAT., SUN.)

UT (GMT)	ARIES G.H.A.	VENUS −4.6 G.H.A.	Dec.	MARS +0.1 G.H.A.	Dec.	JUPITER −1.7 G.H.A.	Dec.	SATURN +0.9 G.H.A.	Dec.	STARS Name	S.H.A.	Dec.
d h	° ′	° ′	° ′	° ′	° ′	° ′	° ′	° ′	° ′		° ′	° ′
9 00	77 30.5	222 22.2	S11 42.0	285 18.1	N14 14.5	199 37.2	S19 22.8	98 37.4	S10 51.5	Acamar	315 28.5	S40 19.6
01	92 33.0	237 23.3	42.1	300 19.9	14.4	214 39.1	22.9	113 39.7	51.5	Achernar	335 36.8	S57 15.9
02	107 35.5	252 24.4	42.2	315 21.7	14.2	229 41.0	23.0	128 42.1	51.4	Acrux	173 25.0	S63 04.0
03	122 37.9	267 25.5	·· 42.4	330 23.5	·· 14.1	244 42.9	·· 23.1	143 44.4	·· 51.4	Adhara	255 23.1	S28 57.9
04	137 40.4	282 26.6	42.5	345 25.3	13.9	259 44.8	23.2	158 46.7	51.3	Aldebaran	291 05.0	N16 29.9
05	152 42.9	297 27.7	42.7	0 27.1	13.7	274 46.7	23.4	173 49.1	51.3			
06	167 45.3	312 28.8	S11 42.8	15 28.9	N14 13.6	289 48.6	S19 23.5	188 51.4	S10 51.2	Alioth	166 33.2	N55 58.9
07	182 47.8	327 29.9	42.9	30 30.7	13.4	304 50.5	23.6	203 53.8	51.1	Alkaid	153 10.2	N49 20.1
08	197 50.2	342 31.0	43.1	45 32.5	13.3	319 52.4	23.7	218 56.1	51.1	Al Na'ir	28 01.3	S46 59.2
F 09	212 52.7	357 32.1	·· 43.2	60 34.3	·· 13.1	334 54.3	·· 23.8	233 58.5	·· 51.0	Alnilam	276 00.1	S 1 12.4
R 10	227 55.2	12 33.2	43.4	75 36.1	13.0	349 56.2	23.9	249 00.8	51.0	Alphard	218 09.6	S 8 38.3
I 11	242 57.6	27 34.3	43.5	90 37.9	12.8	4 58.1	24.0	264 03.2	50.9			
D 12	258 00.1	42 35.4	S11 43.7	105 39.7	N14 12.7	20 00.0	S19 24.2	279 05.5	S10 50.9	Alphecca	126 23.1	N26 43.9
A 13	273 02.6	57 36.5	43.8	120 41.5	12.5	35 01.9	24.3	294 07.9	50.8	Alpheratz	357 57.8	N29 04.0
Y 14	288 05.0	72 37.6	44.0	135 43.4	12.4	50 03.9	24.4	309 10.2	50.8	Altair	62 22.1	N 8 51.5
15	303 07.5	87 38.7	·· 44.1	150 45.2	·· 12.2	65 05.8	·· 24.5	324 12.5	·· 50.7	Ankaa	353 29.3	S42 20.1
16	318 10.0	102 39.7	44.3	165 47.0	12.1	80 07.7	24.6	339 14.9	50.7	Antares	112 43.7	S26 25.1
17	333 12.4	117 40.8	44.5	180 48.8	11.9	95 09.6	24.7	354 17.2	50.6			
18	348 14.9	132 41.9	S11 44.6	195 50.6	N14 11.8	110 11.5	S19 24.9	9 19.6	S10 50.6	Arcturus	146 08.7	N19 12.5
19	3 17.3	147 43.0	44.8	210 52.4	11.6	125 13.4	25.0	24 21.9	50.5	Atria	107 58.6	S69 01.0
20	18 19.8	162 44.0	44.9	225 54.2	11.5	140 15.3	25.1	39 24.3	50.5	Avior	234 23.2	S59 29.5
21	33 22.3	177 45.1	·· 45.1	240 56.0	·· 11.3	155 17.2	·· 25.2	54 26.6	·· 50.4	Bellatrix	278 46.6	N 6 20.6
22	48 24.7	192 46.2	45.3	255 57.9	11.2	170 19.1	25.3	69 29.0	50.4	Betelgeuse	271 16.0	N 7 24.3
23	63 27.2	207 47.2	45.4	270 59.7	11.0	185 21.0	25.4	84 31.3	50.3			
10 00	78 29.7	222 48.3	S11 45.6	286 01.5	N14 10.9	200 22.9	S19 25.5	99 33.6	S10 50.3	Canopus	264 01.7	S52 41.6
01	93 32.1	237 49.4	45.8	301 03.3	10.7	215 24.8	25.7	114 36.0	50.2	Capella	280 54.5	N45 59.5
02	108 34.6	252 50.4	45.9	316 05.1	10.6	230 26.7	25.8	129 38.3	50.2	Deneb	49 41.2	N45 16.1
03	123 37.1	267 51.5	·· 46.1	331 06.9	·· 10.4	245 28.6	·· 25.9	144 40.7	·· 50.1	Denebola	182 47.9	N14 35.9
04	138 39.5	282 52.5	46.3	346 08.8	10.3	260 30.5	26.0	159 43.0	50.0	Diphda	349 09.7	S18 00.9
05	153 42.0	297 53.6	46.5	1 10.6	10.1	275 32.4	26.1	174 45.4	50.0			
06	168 44.5	312 54.6	S11 46.6	16 12.4	N14 10.0	290 34.3	S19 26.2	189 47.7	S10 49.9	Dubhe	194 08.7	N61 46.3
07	183 46.9	327 55.7	46.8	31 14.2	09.9	305 36.2	26.4	204 50.0	49.9	Elnath	278 29.8	N28 36.1
S 08	198 49.4	342 56.7	47.0	46 16.1	09.7	320 38.1	26.5	219 52.4	49.8	Eltanin	90 53.1	N51 29.5
A 09	213 51.8	357 57.8	·· 47.2	61 17.9	·· 09.6	335 40.0	·· 26.6	234 54.7	·· 49.8	Enif	34 00.9	N 9 51.3
T 10	228 54.3	12 58.8	47.4	76 19.7	09.4	350 41.9	26.7	249 57.1	49.7	Fomalhaut	15 39.3	S29 39.0
U 11	243 56.8	27 59.8	47.5	91 21.5	09.3	5 43.8	26.8	264 59.4	49.7			
R 12	258 59.2	43 00.9	S11 47.7	106 23.4	N14 09.1	20 45.7	S19 26.9	280 01.8	S10 49.6	Gacrux	172 16.6	S57 04.9
D 13	274 01.7	58 01.9	47.9	121 25.2	09.0	35 47.6	27.0	295 04.1	49.6	Gienah	176 06.7	S17 30.8
A 14	289 04.2	73 02.9	48.1	136 27.0	08.8	50 49.5	27.2	310 06.4	49.5	Hadar	149 08.1	S60 20.7
Y 15	304 06.6	88 04.0	·· 48.3	151 28.8	·· 08.7	65 51.4	·· 27.3	325 08.8	·· 49.4	Hamal	328 16.2	N23 26.4
16	319 09.1	103 05.0	48.5	166 30.7	08.6	80 53.3	27.4	340 11.1	49.4	Kaus Aust.	84 02.6	S34 23.2
17	334 11.6	118 06.0	48.6	181 32.5	08.4	95 55.2	27.5	355 13.5	49.3			
18	349 14.0	133 07.0	S11 48.8	196 34.3	N14 08.3	110 57.1	S19 27.6	10 15.8	S10 49.3	Kochab	137 20.6	N74 10.4
19	4 16.5	148 08.1	49.0	211 36.2	08.1	125 59.0	27.7	25 18.1	49.2	Markab	13 52.2	N15 10.9
20	19 19.0	163 09.1	49.2	226 38.0	08.0	141 00.9	27.8	40 20.5	49.2	Menkar	314 29.3	N 4 04.2
21	34 21.4	178 10.1	·· 49.4	241 39.8	·· 07.9	156 02.8	·· 28.0	55 22.8	·· 49.1	Menkent	148 24.3	S36 20.5
22	49 23.9	193 11.1	49.6	256 41.7	07.7	171 04.7	28.1	70 25.2	49.1	Miaplacidus	221 42.0	S69 41.6
23	64 26.3	208 12.1	49.7	271 43.5	07.6	186 06.6	28.2	85 27.5	49.0			
11 00	79 28.8	223 13.1	S11 50.0	286 45.3	N14 07.4	201 08.5	S19 28.3	100 29.8	S10 49.0	Mirfak	308 59.8	N49 50.7
01	94 31.3	238 14.1	50.2	301 47.2	07.3	216 10.4	28.4	115 32.2	48.9	Nunki	76 15.9	S26 18.1
02	109 33.7	253 15.1	50.4	316 49.0	07.2	231 12.4	28.5	130 34.5	48.8	Peacock	53 41.5	S56 45.2
03	124 36.2	268 16.1	·· 50.6	331 50.9	·· 07.0	246 14.3	·· 28.6	145 36.9	·· 48.8	Pollux	243 44.4	N28 02.1
04	139 38.7	283 17.1	50.8	346 52.7	06.9	261 16.2	28.8	160 39.2	48.7	Procyon	245 14.0	N 5 14.2
05	154 41.1	298 18.1	51.0	1 54.5	06.7	276 18.1	28.9	175 41.5	48.7			
06	169 43.6	313 19.1	S11 51.2	16 56.4	N14 06.6	291 20.0	S19 29.0	190 43.9	S10 48.6	Rasalhague	96 19.7	N12 34.0
07	184 46.1	328 20.1	51.4	31 58.2	06.5	306 21.9	29.1	205 46.2	48.6	Regulus	207 58.2	N11 59.4
08	199 48.5	343 21.1	51.6	47 00.1	06.3	321 23.8	29.2	220 48.5	48.5	Rigel	281 25.1	S 8 12.5
S 09	214 51.0	358 22.1	·· 51.8	62 01.9	·· 06.2	336 25.7	·· 29.3	235 50.9	·· 48.5	Rigil Kent.	140 11.2	S60 48.8
U 10	229 53.4	13 23.1	52.0	77 03.8	06.0	351 27.6	29.4	250 53.2	48.4	Sabik	102 28.8	S15 43.0
N 11	244 55.9	28 24.0	52.3	92 05.6	05.9	6 29.5	29.5	265 55.6	48.3			
D 12	259 58.4	43 25.0	S11 52.5	107 07.5	N14 05.8	21 31.4	S19 29.7	280 57.9	S10 48.3	Schedar	349 56.1	N56 30.9
A 13	275 00.8	58 26.0	52.7	122 09.3	05.6	36 33.3	29.8	296 00.2	48.2	Shaula	96 41.2	S37 05.9
Y 14	290 03.3	73 27.0	52.9	137 11.2	05.5	51 35.2	29.9	311 02.6	48.2	Sirius	258 45.6	S16 42.6
15	305 05.8	88 27.9	·· 53.1	152 13.0	·· 05.4	66 37.1	·· 30.0	326 04.9	·· 48.1	Spica	158 46.1	S11 08.0
16	320 08.2	103 28.9	53.3	167 14.9	05.2	81 39.0	30.1	341 07.2	48.1	Suhail	223 02.4	S43 24.6
17	335 10.7	118 29.9	53.5	182 16.7	05.1	96 40.9	30.2	356 09.6	48.0			
18	350 13.2	133 30.9	S11 53.8	197 18.6	N14 05.0	111 42.8	S19 30.3	11 11.9	S10 48.0	Vega	80 48.8	N38 46.9
19	5 15.6	148 31.8	54.0	212 20.4	04.8	126 44.7	30.5	26 14.3	47.9	Zuben'ubi	137 21.1	S16 01.2
20	20 18.1	163 32.8	54.2	227 22.3	04.7	141 46.6	30.6	41 16.6	47.8			

											S.H.A.	Mer. Pass.
21	35 20.6	178 33.7	·· 54.4	242 24.1	·· 04.6	156 48.5	·· 30.7	56 18.9	·· 47.8		° ′	h m
22	50 23.0	193 34.7	54.6	257 26.0	04.4	171 50.4	30.8	71 21.3	47.7	Venus	144 18.6	9 08
23	65 25.5	208 35.7	54.9	272 27.9	04.3	186 52.3	30.9	86 23.6	47.7	Mars	207 31.8	4 55
										Jupiter	121 53.2	10 37
Mer. Pass. 18 42.9		v 1.0	d 0.2	v 1.8	d 0.1	v 1.9	d 0.1	v 2.3	d 0.1	Saturn	21 04.0	17 19

1994 DECEMBER 9, 10, 11 (FRI., SAT., SUN.)

UT (GMT)	SUN G.H.A.	SUN Dec.	MOON G.H.A.	v	MOON Dec.	d	H.P.
9 00	181 58.8	S22 46.2	101 13.3	12.9	S 4 40.9	10.8	56.7
01	196 58.5	46.5	115 45.2	12.9	4 30.1	10.8	56.7
02	211 58.2	46.7	130 17.1	13.0	4 19.3	10.8	56.6
03	226 58.0	.. 47.0	144 49.1	13.1	4 08.5	10.8	56.6
04	241 57.7	47.3	159 21.2	13.1	3 57.7	10.8	56.6
05	256 57.4	47.5	173 53.3	13.2	3 46.9	10.8	56.5
06	271 57.1	S22 47.7	188 25.5	13.2	S 3 36.1	10.9	56.5
07	286 56.8	48.0	202 57.7	13.3	3 25.2	10.8	56.4
F 08	301 56.6	48.2	217 30.0	13.3	3 14.4	10.8	56.4
R 09	316 56.3	.. 48.5	232 02.3	13.4	3 03.6	10.8	56.4
I 10	331 56.0	48.7	246 34.7	13.4	2 52.8	10.8	56.3
D 11	346 55.7	49.0	261 07.1	13.5	2 42.0	10.9	56.3
A 12	1 55.4	S22 49.2	275 39.6	13.5	S 2 31.1	10.8	56.3
Y 13	16 55.2	49.5	290 12.1	13.5	2 20.3	10.8	56.3
14	31 54.9	49.7	304 44.6	13.6	2 09.5	10.8	56.2
15	46 54.6	.. 49.9	319 17.2	13.6	1 58.7	10.8	56.2
16	61 54.3	50.2	333 49.8	13.7	1 47.9	10.8	56.2
17	76 54.0	50.4	348 22.5	13.7	1 37.1	10.8	56.1
18	91 53.8	S22 50.7	2 55.2	13.8	S 1 26.3	10.8	56.1
19	106 53.5	50.9	17 28.0	13.8	1 15.5	10.8	56.1
20	121 53.2	51.1	32 00.8	13.8	1 04.7	10.8	56.0
21	136 52.9	.. 51.4	46 33.6	13.9	0 53.9	10.8	56.0
22	151 52.6	51.6	61 06.5	13.9	0 43.1	10.7	56.0
23	166 52.4	51.8	75 39.4	13.9	0 32.4	10.8	55.9
10 00	181 52.1	S22 52.1	90 12.3	14.0	S 0 21.6	10.7	55.9
01	196 51.8	52.3	104 45.3	14.0	0 10.9	10.8	55.9
02	211 51.5	52.5	119 18.3	14.0	S 0 00.1	10.7	55.8
03	226 51.2	.. 52.8	133 51.3	14.1	N 0 10.6	10.7	55.8
04	241 51.0	53.0	148 24.4	14.1	0 21.3	10.7	55.8
05	256 50.7	53.2	162 57.5	14.1	0 32.0	10.7	55.7
06	271 50.4	S22 53.5	177 30.6	14.2	N 0 42.7	10.6	55.7
07	286 50.1	53.7	192 03.8	14.2	0 53.3	10.7	55.7
S 08	301 49.8	53.9	206 37.0	14.2	1 04.0	10.6	55.7
A 09	316 49.5	.. 54.2	221 10.2	14.2	1 14.6	10.6	55.6
T 10	331 49.3	54.4	235 43.4	14.3	1 25.2	10.6	55.6
U 11	346 49.0	54.6	250 16.7	14.2	1 35.8	10.6	55.6
R 12	1 48.7	S22 54.8	264 49.9	14.4	N 1 46.4	10.6	55.5
D 13	16 48.4	55.1	279 23.3	14.3	1 57.0	10.5	55.5
A 14	31 48.1	55.3	293 56.6	14.3	2 07.5	10.6	55.5
Y 15	46 47.8	.. 55.5	308 29.9	14.4	2 18.1	10.5	55.5
16	61 47.6	55.7	323 03.3	14.4	2 28.6	10.5	55.4
17	76 47.3	55.9	337 36.7	14.4	2 39.1	10.4	55.4
18	91 47.0	S22 56.2	352 10.1	14.4	N 2 49.5	10.5	55.4
19	106 46.7	56.4	6 43.5	14.5	3 00.0	10.4	55.4
20	121 46.4	56.6	21 17.0	14.5	3 10.4	10.4	55.3
21	136 46.1	.. 56.8	35 50.5	14.4	3 20.8	10.4	55.3
22	151 45.8	57.0	50 23.9	14.5	3 31.2	10.3	55.3
23	166 45.6	57.3	64 57.4	14.5	3 41.5	10.3	55.2
11 00	181 45.3	S22 57.5	79 30.9	14.6	N 3 51.9	10.3	55.2
01	196 45.0	57.7	94 04.5	14.5	4 02.2	10.2	55.2
02	211 44.7	57.9	108 38.0	14.6	4 12.4	10.3	55.2
03	226 44.4	.. 58.1	123 11.6	14.5	4 22.7	10.2	55.2
04	241 44.1	58.3	137 45.1	14.6	4 32.9	10.2	55.1
05	256 43.8	58.5	152 18.7	14.6	4 43.1	10.2	55.1
06	271 43.6	S22 58.7	166 52.3	14.5	N 4 53.3	10.1	55.1
07	286 43.3	59.0	181 25.8	14.6	5 03.4	10.1	55.1
S 08	301 43.0	59.2	195 59.4	14.6	5 13.5	10.1	55.0
U 09	316 42.7	.. 59.4	210 33.0	14.6	5 23.6	10.1	55.0
N 10	331 42.4	59.6	225 06.6	14.7	5 33.7	10.0	55.0
D 11	346 42.1	22 59.8	239 40.3	14.6	5 43.7	10.0	55.0
A 12	1 41.8	S23 00.0	254 13.9	14.6	N 5 53.7	9.9	54.9
Y 13	16 41.5	00.2	268 47.5	14.6	6 03.6	10.0	54.9
14	31 41.3	00.4	283 21.1	14.7	6 13.6	9.8	54.9
15	46 41.0	.. 00.6	297 54.8	14.6	6 23.4	9.9	54.9
16	61 40.7	00.8	312 28.4	14.6	6 33.3	9.8	54.9
17	76 40.4	01.0	327 02.0	14.6	6 43.1	9.8	54.8
18	91 40.1	S23 01.2	341 35.6	14.7	N 6 52.9	9.8	54.8
19	106 39.8	01.4	356 09.3	14.6	7 02.7	9.7	54.8
20	121 39.5	01.6	10 42.9	14.6	7 12.4	9.7	54.8
21	136 39.2	.. 01.8	25 16.5	14.7	7 22.1	9.6	54.8
22	151 38.9	02.0	39 50.2	14.6	7 31.7	9.6	54.7
23	166 38.7	02.2	54 23.8	14.6	7 41.3	9.6	54.7
	S.D. 16.3	d 0.2	S.D. 15.3		15.1		15.0

Lat.	Twilight Naut.	Civil	Sunrise	Moonrise 9	10	11	12
N 72	08 12	10 29	■■	12 10	12 00	11 50	11 40
N 70	07 53	09 37	■■	12 06	12 02	11 58	11 54
68	07 38	09 05	■■	12 04	12 04	12 05	12 06
66	07 25	08 41	10 15	12 01	12 06	12 10	12 16
64	07 15	08 22	09 37	11 59	12 07	12 15	12 24
62	07 06	08 07	09 11	11 57	12 08	12 19	12 31
60	06 58	07 54	08 50	11 56	12 09	12 23	12 38
N 58	06 51	07 43	08 34	11 54	12 10	12 26	12 43
56	06 44	07 33	08 20	11 53	12 11	12 29	12 48
54	06 38	07 24	08 07	11 52	12 12	12 32	12 52
52	06 33	07 16	07 57	11 51	12 12	12 34	12 56
50	06 28	07 09	07 47	11 50	12 13	12 36	13 00
45	06 16	06 53	07 27	11 48	12 14	12 41	13 08
N 40	06 06	06 40	07 11	11 46	12 16	12 45	13 14
35	05 57	06 29	06 57	11 45	12 17	12 48	13 20
30	05 49	06 19	06 45	11 43	12 17	12 51	13 25
20	05 33	06 00	06 24	11 41	12 19	12 56	13 34
N 10	05 17	05 43	06 06	11 39	12 20	13 01	13 42
0	05 00	05 27	05 49	11 37	12 22	13 05	13 49
S 10	04 42	05 09	05 32	11 35	12 23	13 10	13 56
20	04 20	04 49	05 13	11 33	12 25	13 15	14 04
30	03 51	04 25	04 52	11 31	12 26	13 20	14 13
35	03 33	04 10	04 39	11 30	12 27	13 23	14 18
40	03 11	03 52	04 25	11 28	12 28	13 27	14 24
45	02 41	03 30	04 07	11 27	12 30	13 31	14 31
S 50	01 58	03 01	03 45	11 24	12 31	13 36	14 40
52	01 32	02 47	03 35	11 24	12 32	13 38	14 44
54	00 54	02 30	03 23	11 23	12 33	13 41	14 48
56	////	02 09	03 09	11 21	12 34	13 44	14 53
58	////	01 41	02 53	11 20	12 35	13 47	14 58
S 60	////	01 00	02 34	11 19	12 36	13 51	15 04

Lat.	Sunset	Twilight Civil	Naut.	Moonset 9	10	11	12
N 72	■■	13 17	15 33	23 53	25 35	01 35	03 16
N 70	■■	14 08	15 52	23 54	25 29	01 29	03 03
68	■■	14 41	16 07	23 54	25 24	01 24	02 53
66	13 30	15 04	16 20	23 55	25 20	01 20	02 44
64	14 08	15 23	16 30	23 55	25 17	01 17	02 37
62	14 34	15 38	16 39	23 55	25 14	01 14	02 31
60	14 55	15 51	16 47	23 56	25 12	01 12	02 26
N 58	15 12	16 03	16 55	23 56	25 09	01 09	02 21
56	15 26	16 12	17 01	23 56	25 07	01 07	02 17
54	15 38	16 21	17 07	23 56	25 05	01 06	02 13
52	15 49	16 29	17 13	23 56	25 04	01 04	02 10
50	15 58	16 36	17 18	23 57	25 02	01 02	02 07
45	16 18	16 52	17 29	23 57	24 59	00 59	02 00
N 40	16 35	17 05	17 39	23 57	24 57	00 57	01 55
35	16 49	17 17	17 48	23 58	24 54	00 54	01 50
30	17 01	17 27	17 57	23 58	24 52	00 52	01 46
20	17 21	17 45	18 13	23 58	24 49	00 49	01 39
N 10	17 39	18 02	18 28	23 58	24 46	00 46	01 32
0	17 56	18 19	18 45	23 59	24 43	00 43	01 26
S 10	18 14	18 37	19 04	23 59	24 40	00 40	01 20
20	18 32	18 57	19 26	23 59	24 37	00 37	01 14
30	18 54	19 21	19 54	23 59	24 33	00 33	01 07
35	19 06	19 36	20 12	24 00	00 00	00 31	01 03
40	19 21	19 54	20 35	24 00	00 00	00 29	00 58
45	19 39	20 16	21 05	24 00	00 00	00 26	00 53
S 50	20 01	20 45	21 48	24 00	00 00	00 23	00 46
52	20 11	20 59	22 14	24 00	00 00	00 22	00 44
54	20 23	21 16	22 54	24 00	00 00	00 20	00 40
56	20 37	21 38	////	24 01	00 01	00 18	00 37
58	20 53	22 05	////	24 01	00 01	00 17	00 33
S 60	21 13	22 48	////	24 01	00 01	00 14	00 28

Day	SUN Eqn. of Time 00h	12h	Mer. Pass.	MOON Mer. Pass. Upper	Lower	Age	Phase
	m s	m s	h m	h m	h m	d	
9	07 56	07 42	11 52	17 48	05 25	07	◑
10	07 29	07 15	11 53	18 32	06 10	08	
11	07 02	06 48	11 53	19 16	06 54	09	

1994 DECEMBER 12, 13, 14 (MON., TUES., WED.)

UT (GMT) d h	ARIES G.H.A.	VENUS −4.6 G.H.A.	Dec.	MARS +0.1 G.H.A.	Dec.	JUPITER −1.7 G.H.A.	Dec.	SATURN +0.9 G.H.A.	Dec.	STARS Name	S.H.A.	Dec.
12 00	80 27.9	223 36.6	S11 55.1	287 29.7	N14 04.2	201 54.2	S19 31.0	101 25.9	S10 47.6	Acamar	315 28.5	S40 19.6
01	95 30.4	238 37.6	55.3	302 31.6	04.0	216 56.1	31.1	116 28.3	47.6	Achernar	335 36.8	S57 16.0
02	110 32.9	253 38.5	55.6	317 33.4	03.9	231 58.0	31.2	131 30.6	47.5	Acrux	173 25.0	S63 04.0
03	125 35.3	268 39.5	·· 55.8	332 35.3	·· 03.8	247 00.0	·· 31.4	146 32.9	·· 47.5	Adhara	255 23.1	S28 58.0
04	140 37.8	283 40.4	56.0	347 37.2	03.6	262 01.9	31.5	161 35.3	47.4	Aldebaran	291 05.0	N16 29.9
05	155 40.3	298 41.3	56.2	2 39.0	03.5	277 03.8	31.6	176 37.6	47.3			
06	170 42.7	313 42.3	S11 56.5	17 40.9	N14 03.4	292 05.7	S19 31.7	191 40.0	S10 47.3	Alioth	166 33.1	N55 58.9
07	185 45.2	328 43.2	56.7	32 42.7	03.3	307 07.6	31.8	206 42.3	47.2	Alkaid	153 10.2	N49 20.1
08	200 47.7	343 44.2	56.9	47 44.6	03.1	322 09.5	31.9	221 44.6	47.2	Al Na'ir	28 01.3	S46 59.2
M 09	215 50.1	358 45.1	·· 57.2	62 46.5	·· 03.0	337 11.4	·· 32.0	236 47.0	·· 47.1	Alnilam	276 00.1	S 1 12.4
O 10	230 52.6	13 46.0	57.4	77 48.3	02.9	352 13.3	32.1	251 49.3	47.1	Alphard	218 09.6	S 8 38.3
N 11	245 55.1	28 47.0	57.7	92 50.2	02.7	7 15.2	32.3	266 51.6	47.0			
D 12	260 57.5	43 47.9	S11 57.9	107 52.1	N14 02.6	22 17.1	S19 32.4	281 54.0	S10 46.9	Alphecca	126 23.1	N26 43.9
A 13	276 00.0	58 48.8	58.1	122 54.0	02.5	37 19.0	32.5	296 56.3	46.9	Alpheratz	357 57.8	N29 04.0
Y 14	291 02.4	73 49.7	58.4	137 55.8	02.4	52 20.9	32.6	311 58.6	46.8	Altair	62 22.1	N 8 51.5
15	306 04.9	88 50.6	·· 58.6	152 57.7	·· 02.2	67 22.8	·· 32.7	327 01.0	·· 46.8	Ankaa	353 29.3	S42 20.2
16	321 07.4	103 51.6	58.9	167 59.6	02.1	82 24.7	32.8	342 03.3	46.7	Antares	112 43.7	S26 25.1
17	336 09.8	118 52.5	59.1	183 01.4	02.0	97 26.6	32.9	357 05.6	46.7			
18	351 12.3	133 53.4	S11 59.4	198 03.3	N14 01.8	112 28.5	S19 33.0	12 08.0	S10 46.6	Arcturus	146 08.7	N19 12.5
19	6 14.8	148 54.3	59.6	213 05.2	01.7	127 30.4	33.2	27 10.3	46.5	Atria	107 58.6	S69 01.0
20	21 17.2	163 55.2	11 59.9	228 07.1	01.6	142 32.3	33.3	42 12.6	46.5	Avior	234 23.1	S59 29.5
21	36 19.7	178 56.1	12 00.1	243 08.9	·· 01.5	157 34.2	·· 33.4	57 15.0	·· 46.4	Bellatrix	278 46.6	N 6 20.6
22	51 22.2	193 57.0	00.4	258 10.8	01.3	172 36.1	33.5	72 17.3	46.4	Betelgeuse	271 16.0	N 7 24.3
23	66 24.6	208 57.9	00.6	273 12.7	01.2	187 38.0	33.6	87 19.6	46.3			
13 00	81 27.1	223 58.8	S12 00.9	288 14.6	N14 01.1	202 40.0	S19 33.7	102 22.0	S10 46.3	Canopus	264 01.7	S52 41.6
01	96 29.6	238 59.7	01.1	303 16.5	01.0	217 41.9	33.8	117 24.3	46.2	Capella	280 54.5	N45 59.5
02	111 32.0	254 00.6	01.3	318 18.3	00.9	232 43.8	33.9	132 26.6	46.1	Deneb	49 41.2	N45 16.1
03	126 34.5	269 01.5	·· 01.6	333 20.2	·· 00.7	247 45.7	·· 34.1	147 29.0	·· 46.1	Denebola	182 47.9	N14 35.9
04	141 36.9	284 02.4	01.9	348 22.1	00.6	262 47.6	34.2	162 31.3	46.0	Diphda	349 09.7	S18 00.9
05	156 39.4	299 03.3	02.1	3 24.0	00.5	277 49.5	34.3	177 33.6	46.0			
06	171 41.9	314 04.3	S12 02.4	18 25.9	N14 00.4	292 51.4	S19 34.4	192 35.9	S10 45.9	Dubhe	194 08.6	N61 46.3
07	186 44.3	329 05.1	02.7	33 27.8	00.2	307 53.3	34.5	207 38.3	45.8	Elnath	278 29.8	N28 36.1
T 08	201 46.8	344 06.0	02.9	48 29.7	00.1	322 55.2	34.6	222 40.6	45.8	Eltanin	90 53.1	N51 29.5
U 09	216 49.3	359 06.9	·· 03.2	63 31.5	14 00.0	337 57.1	·· 34.7	237 42.9	·· 45.7	Enif	34 00.9	N 9 51.3
E 10	231 51.7	14 07.7	03.5	78 33.4	13 59.9	352 59.0	34.8	252 45.3	45.7	Fomalhaut	15 39.3	S29 39.0
S 11	246 54.2	29 08.6	03.7	93 35.3	59.8	8 00.9	35.0	267 47.6	45.6			
D 12	261 56.7	44 09.5	S12 04.0	108 37.2	N13 59.6	23 02.8	S19 35.1	282 49.9	S10 45.6	Gacrux	172 16.5	S57 04.9
A 13	276 59.1	59 10.4	04.2	123 39.1	59.5	38 04.7	35.2	297 52.3	45.5	Gienah	176 06.7	S17 30.8
Y 14	292 01.6	74 11.2	04.5	138 41.0	59.4	53 06.6	35.3	312 54.6	45.4	Hadar	149 08.0	S60 20.7
15	307 04.0	89 12.1	·· 04.8	153 42.9	·· 59.3	68 08.5	·· 35.4	327 56.9	·· 45.4	Hamal	328 16.2	N23 26.4
16	322 06.5	104 13.0	05.1	168 44.8	59.2	83 10.4	35.5	342 59.3	45.3	Kaus Aust.	84 02.6	S34 23.1
17	337 09.0	119 13.8	05.3	183 46.7	59.0	98 12.4	35.6	358 01.6	45.3			
18	352 11.4	134 14.7	S12 05.6	198 48.6	N13 58.9	113 14.3	S19 35.7	13 03.9	S10 45.2	Kochab	137 20.6	N74 10.4
19	7 13.9	149 15.6	05.9	213 50.5	58.8	128 16.2	35.8	28 06.2	45.1	Markab	13 52.2	N15 10.9
20	22 16.4	164 16.4	06.1	228 52.4	58.7	143 18.1	36.0	43 08.6	45.1	Menkar	314 29.3	N 4 04.2
21	37 18.8	179 17.3	·· 06.4	243 54.3	·· 58.6	158 20.0	·· 36.1	58 10.9	·· 45.0	Menkent	148 24.2	S36 20.5
22	52 21.3	194 18.1	06.7	258 56.2	58.5	173 21.9	36.2	73 13.2	45.0	Miaplacidus	221 41.9	S69 41.6
23	67 23.8	209 19.0	07.0	273 58.1	58.3	188 23.8	36.3	88 15.6	44.9			
14 00	82 26.2	224 19.9	S12 07.3	289 00.0	N13 58.2	203 25.7	S19 36.4	103 17.9	S10 44.9	Mirfak	308 59.8	N49 50.7
01	97 28.7	239 20.7	07.5	304 01.9	58.1	218 27.6	36.5	118 20.2	44.8	Nunki	76 15.9	S26 18.1
02	112 31.2	254 21.6	07.8	319 03.8	58.0	233 29.5	36.6	133 22.5	44.7	Peacock	53 41.5	S56 45.1
03	127 33.6	269 22.4	·· 08.1	334 05.7	·· 57.9	248 31.4	·· 36.7	148 24.9	·· 44.7	Pollux	243 44.4	N28 02.1
04	142 36.1	284 23.2	08.4	349 07.6	57.8	263 33.3	36.8	163 27.2	44.6	Procyon	245 14.0	N 5 14.2
05	157 38.5	299 24.1	08.7	4 09.5	57.6	278 35.2	37.0	178 29.5	44.6			
06	172 41.0	314 24.9	S12 09.0	19 11.4	N13 57.5	293 37.1	S19 37.1	193 31.9	S10 44.5	Rasalhague	96 19.7	N12 33.9
W 07	187 43.5	329 25.8	09.2	34 13.3	57.4	308 39.0	37.2	208 34.2	44.4	Regulus	207 58.2	N11 59.4
E 08	202 45.9	344 26.6	09.5	49 15.2	57.3	323 41.0	37.3	223 36.5	44.4	Rigel	281 25.1	S 8 12.5
D 09	217 48.4	359 27.4	·· 09.8	64 17.1	·· 57.2	338 42.9	·· 37.4	238 38.8	·· 44.3	Rigil Kent.	140 11.1	S60 48.6
N 10	232 50.9	14 28.3	10.1	79 19.0	57.1	353 44.8	37.5	253 41.2	44.3	Sabik	102 28.8	S15 43.0
E 11	247 53.3	29 29.1	10.4	94 21.0	57.0	8 46.7	37.6	268 43.5	44.2			
S 12	262 55.8	44 29.9	S12 10.7	109 22.9	N13 56.9	23 48.6	S19 37.7	283 45.8	S10 44.1	Schedar	349 56.2	N56 30.9
D 13	277 58.3	59 30.7	11.0	124 24.8	56.8	38 50.5	37.8	298 48.1	44.1	Shaula	96 41.2	S37 05.9
A 14	293 00.7	74 31.6	11.3	139 26.7	56.6	53 52.4	37.9	313 50.5	44.0	Sirius	258 45.6	S16 42.6
Y 15	308 03.2	89 32.4	·· 11.6	154 28.6	·· 56.5	68 54.3	·· 38.1	328 52.8	·· 44.0	Spica	158 46.1	S11 08.1
16	323 05.7	104 33.2	11.9	169 30.5	56.4	83 56.2	38.2	343 55.1	43.9	Suhail	223 02.4	S43 24.6
17	338 08.1	119 34.0	12.2	184 32.4	56.3	98 58.1	38.3	358 57.5	43.8			
18	353 10.6	134 34.8	S12 12.4	199 34.4	N13 56.2	114 00.0	S19 38.4	13 59.8	S10 43.8	Vega	80 48.8	N38 46.9
19	8 13.0	149 35.7	12.7	214 36.3	56.1	129 01.9	38.5	29 02.1	43.7	Zuben'ubi	137 21.1	S16 01.2
20	23 15.5	164 36.5	13.0	229 38.2	56.0	144 03.8	38.6	44 04.4	43.7			
21	38 18.0	179 37.3	·· 13.3	244 40.1	·· 55.9	159 05.7	·· 38.7	59 06.8	·· 43.6			
22	53 20.4	194 38.1	13.6	259 42.0	55.8	174 07.7	38.8	74 09.1	43.5			
23	68 22.9	209 38.9	13.9	274 44.0	55.7	189 09.6	38.9	89 11.4	43.5			

	S.H.A.	Mer. Pass.
Venus	142 31.8	9 04
Mars	206 47.5	4 46
Jupiter	121 12.9	10 28
Saturn	20 54.9	17 08

Mer. Pass. 18h 31.2m | v 0.9 d 0.3 | v 1.9 d 0.1 | v 1.9 d 0.1 | v 2.3 d 0.1

1994 DECEMBER 12, 13, 14 (MON., TUES., WED.)

UT (GMT)	SUN G.H.A.	SUN Dec.	MOON G.H.A.	v	MOON Dec.	d	H.P.
d h	o '	o '	o '	'	o '	'	'
12 00	181 38.4	S23 02.4	68 57.4	14.6	N 7 50.9	9.5	54.7
01	196 38.1	02.6	83 31.0	14.6	8 00.4	9.5	54.7
02	211 37.8	02.8	98 04.6	14.6	8 09.9	9.5	54.7
03	226 37.5	.. 03.0	112 38.2	14.6	8 19.4	9.4	54.6
04	241 37.2	03.2	127 11.8	14.6	8 28.8	9.3	54.6
05	256 36.9	03.4	141 45.4	14.6	8 38.1	9.4	54.6
06	271 36.6	S23 03.6	156 19.0	14.6	N 8 47.5	9.3	54.6
07	286 36.3	03.8	170 52.6	14.5	8 56.8	9.2	54.6
08	301 36.0	03.9	185 26.1	14.6	9 06.0	9.2	54.6
09	316 35.8	.. 04.1	199 59.7	14.5	9 15.2	9.2	54.5
10	331 35.5	04.3	214 33.2	14.6	9 24.4	9.1	54.5
11	346 35.2	04.5	229 06.8	14.5	9 33.5	9.1	54.5
12	1 34.9	S23 04.7	243 40.3	14.5	N 9 42.6	9.0	54.5
13	16 34.6	04.9	258 13.8	14.5	9 51.6	9.0	54.5
14	31 34.3	05.1	272 47.3	14.5	10 00.6	8.9	54.5
15	46 34.0	.. 05.3	287 20.8	14.5	10 09.5	8.9	54.5
16	61 33.7	05.4	301 54.3	14.4	10 18.4	8.8	54.4
17	76 33.4	05.6	316 27.7	14.5	10 27.2	8.8	54.4
18	91 33.1	S23 05.8	331 01.2	14.4	N10 36.0	8.8	54.4
19	106 32.8	06.0	345 34.6	14.4	10 44.8	8.7	54.4
20	121 32.6	06.2	0 08.0	14.4	10 53.5	8.6	54.4
21	136 32.3	.. 06.3	14 41.4	14.4	11 02.1	8.6	54.4
22	151 32.0	06.5	29 14.8	14.3	11 10.7	8.6	54.4
23	166 31.7	06.7	43 48.1	14.4	11 19.3	8.5	54.3
13 00	181 31.4	S23 06.9	58 21.5	14.3	N11 27.8	8.4	54.3
01	196 31.1	07.1	72 54.8	14.3	11 36.2	8.4	54.3
02	211 30.8	07.2	87 28.1	14.3	11 44.6	8.3	54.3
03	226 30.5	.. 07.4	102 01.4	14.3	11 53.0	8.3	54.3
04	241 30.2	07.6	116 34.7	14.2	12 01.3	8.2	54.3
05	256 29.9	07.7	131 07.9	14.2	12 09.5	8.2	54.3
06	271 29.6	S23 07.9	145 41.1	14.2	N12 17.7	8.1	54.3
07	286 29.3	08.1	160 14.3	14.2	12 25.8	8.1	54.3
08	301 29.0	08.3	174 47.5	14.2	12 33.9	8.0	54.2
09	316 28.7	.. 08.4	189 20.7	14.1	12 41.9	8.0	54.2
10	331 28.4	08.6	203 53.8	14.1	12 49.9	7.9	54.2
11	346 28.1	08.8	218 26.9	14.1	12 57.8	7.9	54.2
12	1 27.9	S23 08.9	233 00.0	14.1	N13 05.7	7.7	54.2
13	16 27.6	09.1	247 33.1	14.0	13 13.4	7.8	54.2
14	31 27.3	09.3	262 06.1	14.1	13 21.2	7.7	54.2
15	46 27.0	.. 09.4	276 39.2	14.0	13 28.9	7.6	54.2
16	61 26.7	09.6	291 12.2	13.9	13 36.5	7.6	54.2
17	76 26.4	09.8	305 45.1	14.0	13 44.1	7.5	54.2
18	91 26.1	S23 09.9	320 18.1	13.9	N13 51.6	7.4	54.2
19	106 25.8	10.1	334 51.0	13.9	13 59.0	7.4	54.1
20	121 25.5	10.3	349 23.9	13.8	14 06.4	7.3	54.1
21	136 25.2	.. 10.4	3 56.7	13.9	14 13.7	7.3	54.1
22	151 24.9	10.6	18 29.6	13.8	14 21.0	7.2	54.1
23	166 24.6	10.7	33 02.4	13.8	14 28.2	7.1	54.1
14 00	181 24.3	S23 10.9	47 35.2	13.7	N14 35.3	7.1	54.1
01	196 24.0	11.0	62 07.9	13.8	14 42.4	7.0	54.1
02	211 23.7	11.2	76 40.7	13.7	14 49.4	6.9	54.1
03	226 23.4	.. 11.4	91 13.4	13.7	14 56.3	6.9	54.1
04	241 23.1	11.5	105 46.1	13.6	15 03.2	6.8	54.1
05	256 22.8	11.7	120 18.7	13.6	15 10.0	6.7	54.1
06	271 22.5	S23 11.8	134 51.3	13.6	N15 16.7	6.7	54.1
07	286 22.2	12.0	149 23.9	13.6	15 23.4	6.6	54.1
08	301 21.9	12.1	163 56.5	13.5	15 30.0	6.6	54.1
09	316 21.6	.. 12.3	178 29.0	13.5	15 36.6	6.5	54.1
10	331 21.3	12.4	193 01.5	13.5	15 43.1	6.4	54.1
11	346 21.0	12.6	207 34.0	13.4	15 49.5	6.3	54.0
12	1 20.7	S23 12.7	222 06.4	13.4	N15 55.8	6.3	54.0
13	16 20.5	12.9	236 38.8	13.4	16 02.1	6.2	54.0
14	31 20.2	13.0	251 11.2	13.4	16 08.3	6.1	54.0
15	46 19.9	.. 13.2	265 43.6	13.3	16 14.4	6.1	54.0
16	61 19.6	13.3	280 15.9	13.3	16 20.5	6.0	54.0
17	76 19.3	13.5	294 48.2	13.2	16 26.5	5.9	54.0
18	91 19.0	S23 13.6	309 20.4	13.3	N16 32.4	5.8	54.0
19	106 18.7	13.7	323 52.7	13.2	16 38.2	5.8	54.0
20	121 18.4	13.9	338 24.9	13.1	16 44.0	5.7	54.0
21	136 18.1	.. 14.0	352 57.0	13.2	16 49.7	5.6	54.0
22	151 17.8	14.2	7 29.2	13.1	16 55.3	5.6	54.0
23	166 17.5	14.3	22 01.3	13.1	17 00.9	5.4	54.0
S.D.	16.3	d 0.2	S.D. 14.8		14.8		14.7

MONDAY (12), TUESDAY (13), WEDNESDAY (14)

Lat.	Twilight Naut.	Twilight Civil	Sunrise	Moonrise 12	13	14	15
o	h m	h m	h m	h m	h m	h m	h m
N 72	08 17	10 40	■	11 40	11 27	11 09	10 20
N 70	07 58	09 43	■	11 54	11 51	11 47	11 43
68	07 42	09 10	■	12 06	12 09	12 13	12 22
66	07 29	08 46	10 23	12 16	12 23	12 34	12 49
64	07 19	08 26	09 43	12 24	12 35	12 50	13 10
62	07 09	08 11	09 16	12 31	12 46	13 04	13 27
60	07 01	07 57	08 55	12 38	12 54	13 15	13 41
N 58	06 54	07 46	08 37	12 43	13 02	13 25	13 53
56	06 47	07 36	08 23	12 48	13 09	13 34	14 04
54	06 41	07 27	08 11	12 52	13 15	13 42	14 13
52	06 35	07 19	08 00	12 56	13 21	13 49	14 21
50	06 30	07 12	07 50	13 00	13 26	13 55	14 29
45	06 19	06 56	07 30	13 08	13 37	14 09	14 45
N 40	06 09	06 43	07 13	13 14	13 46	14 20	14 58
35	05 59	06 31	06 59	13 20	13 54	14 30	15 09
30	05 51	06 21	06 47	13 25	14 01	14 38	15 19
20	05 34	06 02	06 26	13 34	14 12	14 53	15 36
N 10	05 19	05 45	06 08	13 42	14 23	15 06	15 50
0	05 02	05 28	05 50	13 49	14 33	15 18	16 04
S 10	04 43	05 10	05 33	13 56	14 43	15 30	16 18
20	04 21	04 50	05 14	14 04	14 54	15 43	16 33
30	03 52	04 25	04 53	14 13	15 06	15 58	16 50
35	03 34	04 10	04 40	14 18	15 13	16 07	17 00
40	03 11	03 52	04 25	14 24	15 21	16 17	17 12
45	02 41	03 30	04 07	14 31	15 31	16 29	17 25
S 50	01 56	03 01	03 45	14 40	15 42	16 43	17 42
52	01 30	02 46	03 34	14 44	15 47	16 50	17 49
54	00 48	02 29	03 22	14 48	15 53	16 57	17 58
56	////	02 07	03 08	14 53	16 00	17 06	18 08
58	////	01 38	02 52	14 58	16 07	17 15	18 19
S 60	////	00 53	02 32	15 04	16 16	17 26	18 32

Lat.	Sunset	Twilight Civil	Twilight Naut.	Moonset 12	13	14	15
o	h m	h m	h m	h m	h m	h m	h m
N 72	■	13 08	15 31	03 16	05 00	06 51	09 16
N 70	■	14 05	15 50	03 03	04 38	06 14	07 53
68	■	14 38	16 06	02 53	04 21	05 49	07 15
66	13 26	15 02	16 19	02 44	04 07	05 29	06 48
64	14 05	15 22	16 30	02 37	03 56	05 13	06 28
62	14 33	15 37	16 39	02 31	03 47	05 00	06 11
60	14 54	15 51	16 47	02 26	03 38	04 49	05 58
N 58	15 11	16 02	16 54	02 21	03 31	04 40	05 46
56	15 25	16 12	17 01	02 17	03 25	04 32	05 36
54	15 37	16 21	17 07	02 13	03 19	04 24	05 27
52	15 48	16 29	17 13	02 10	03 14	04 18	05 19
50	15 58	16 36	17 18	02 07	03 10	04 12	05 11
45	16 19	16 52	17 29	02 00	03 00	03 59	04 56
N 40	16 35	17 06	17 40	01 55	02 52	03 48	04 44
35	16 49	17 17	17 49	01 50	02 45	03 39	04 33
30	17 01	17 28	17 57	01 46	02 39	03 31	04 23
20	17 22	17 46	18 14	01 39	02 28	03 18	04 07
N 10	17 41	18 03	18 30	01 32	02 19	03 06	03 53
0	17 58	18 20	18 47	01 26	02 10	02 55	03 40
S 10	18 15	18 38	19 05	01 20	02 01	02 43	03 27
20	18 34	18 59	19 28	01 14	01 52	02 32	03 13
30	18 56	19 23	19 56	01 07	01 42	02 18	02 57
35	19 09	19 38	20 15	01 03	01 36	02 10	02 48
40	19 24	19 56	20 38	00 58	01 29	02 02	02 37
45	19 41	20 19	21 08	00 53	01 21	01 51	02 25
S 50	20 04	20 48	21 53	00 46	01 11	01 39	02 11
52	20 14	21 03	22 19	00 44	01 07	01 33	02 03
54	20 26	21 20	23 02	00 40	01 02	01 27	01 55
56	20 40	21 42	////	00 37	00 57	01 19	01 47
58	20 57	22 11	////	00 33	00 51	01 12	01 37
S 60	21 17	22 57	////	00 28	00 44	01 03	01 26

Day	SUN Eqn. of Time 00h	SUN Eqn. of Time 12h	Mer. Pass.	MOON Mer. Pass. Upper	MOON Mer. Pass. Lower	Age	Phase
	m s	m s	h m	h m	h m	d	
12	06 34	06 20	11 54	19 59	07 38	10	
13	06 06	05 52	11 54	20 44	08 21	11	
14	05 38	05 24	11 55	21 29	09 06	12	◑

1994 DECEMBER 15, 16, 17 (THURS., FRI., SAT.)

UT (GMT)	ARIES G.H.A.	VENUS −4.6 G.H.A.	Dec.	MARS +0.0 G.H.A.	Dec.	JUPITER −1.7 G.H.A.	Dec.	SATURN +0.9 G.H.A.	Dec.	STARS Name	S.H.A.	Dec.
15 00	83 25.4	224 39.7	S12 14.3	289 45.9	N13 55.6	204 11.5	S19 39.0	104 13.7	S10 43.4	Acamar	315 28.6	S40 19.7
01	98 27.8	239 40.5	14.6	304 47.8	55.4	219 13.4	39.2	119 16.1	43.4	Achernar	335 36.8	S57 16.0
02	113 30.3	254 41.3	14.9	319 49.7	55.3	234 15.3	39.3	134 18.4	43.3	Acrux	173 24.9	S63 04.0
03	128 32.8	269 42.1	·· 15.2	334 51.7	·· 55.2	249 17.2	·· 39.4	149 20.7	·· 43.2	Adhara	255 23.1	S28 58.0
04	143 35.2	284 42.9	15.5	349 53.6	55.1	264 19.1	39.5	164 23.0	43.2	Aldebaran	291 05.0	N16 29.9
05	158 37.7	299 43.7	15.8	4 55.5	55.0	279 21.0	39.6	179 25.4	43.1			
06	173 40.1	314 44.5	S12 16.1	19 57.5	N13 54.9	294 22.9	S19 39.7	194 27.7	S10 43.1	Alioth	166 33.1	N55 58.9
07	188 42.6	329 45.3	16.4	34 59.4	54.8	309 24.8	39.8	209 30.0	43.0	Alkaid	153 10.1	N49 20.1
T 08	203 45.1	344 46.0	16.7	50 01.3	54.7	324 26.7	39.9	224 32.3	42.9	Al Na'ir	28 01.3	S46 59.2
H 09	218 47.5	359 46.8	·· 17.0	65 03.2	·· 54.6	339 28.6	·· 40.0	239 34.7	·· 42.9	Alnilam	276 00.1	S 1 12.4
U 10	233 50.0	14 47.6	17.3	80 05.2	54.5	354 30.5	40.1	254 37.0	42.8	Alphard	218 09.5	S 8 38.3
R 11	248 52.5	29 48.4	17.7	95 07.1	54.4	9 32.5	40.3	269 39.3	42.8			
S 12	263 54.9	44 49.2	S12 18.0	110 09.0	N13 54.3	24 34.4	S19 40.4	284 41.6	S10 42.7	Alphecca	126 23.1	N26 43.9
D 13	278 57.4	59 49.9	18.3	125 11.0	54.2	39 36.3	40.5	299 43.9	42.6	Alpheratz	357 57.8	N29 04.0
A 14	293 59.9	74 50.7	18.6	140 12.9	54.1	54 38.2	40.6	314 46.3	42.6	Altair	62 22.1	N 8 51.5
Y 15	309 02.3	89 51.5	·· 18.9	155 14.9	·· 54.0	69 40.1	·· 40.7	329 48.6	·· 42.5	Ankaa	353 29.3	S42 20.2
16	324 04.8	104 52.3	19.2	170 16.8	53.9	84 42.0	40.8	344 50.9	42.4	Antares	112 43.7	S26 25.1
17	339 07.3	119 53.0	19.6	185 18.7	53.8	99 43.9	40.9	359 53.2	42.4			
18	354 09.7	134 53.8	S12 19.9	200 20.7	N13 53.7	114 45.8	S19 41.0	14 55.6	S10 42.3	Arcturus	146 08.6	N19 12.4
19	9 12.2	149 54.6	20.2	215 22.6	53.6	129 47.7	41.1	29 57.9	42.3	Atria	107 58.5	S69 01.0
20	24 14.6	164 55.3	20.5	230 24.6	53.5	144 49.6	41.2	45 00.2	42.2	Avior	234 23.1	S59 29.5
21	39 17.1	179 56.1	·· 20.8	245 26.5	·· 53.4	159 51.5	·· 41.3	60 02.5	·· 42.1	Bellatrix	278 46.6	N 6 20.6
22	54 19.6	194 56.9	21.2	260 28.5	53.3	174 53.5	41.5	75 04.8	42.1	Betelgeuse	271 16.0	N 7 24.3
23	69 22.0	209 57.6	21.5	275 30.4	53.2	189 55.4	41.6	90 07.2	42.0			
16 00	84 24.5	224 58.4	S12 21.8	290 32.3	N13 53.1	204 57.3	S19 41.7	105 09.5	S10 42.0	Canopus	264 01.7	S52 41.6
01	99 27.0	239 59.1	22.1	305 34.3	53.0	219 59.2	41.8	120 11.8	41.9	Capella	280 54.5	N45 59.5
02	114 29.4	254 59.9	22.5	320 36.2	52.9	235 01.1	41.9	135 14.1	41.8	Deneb	49 41.2	N45 16.1
03	129 31.9	270 00.6	·· 22.8	335 38.2	·· 52.8	250 03.0	·· 42.0	150 16.5	·· 41.8	Denebola	182 47.8	N14 35.9
04	144 34.4	285 01.4	23.1	350 40.1	52.7	265 04.9	42.1	165 18.8	41.7	Diphda	349 09.7	S18 00.9
05	159 36.8	300 02.1	23.5	5 42.1	52.6	280 06.8	42.2	180 21.1	41.6			
06	174 39.3	315 02.9	S12 23.8	20 44.0	N13 52.5	295 08.7	S19 42.3	195 23.4	S10 41.6	Dubhe	194 08.6	N61 46.3
07	189 41.8	330 03.6	24.1	35 46.0	52.4	310 10.6	42.4	210 25.7	41.5	Elnath	278 29.8	N28 36.1
08	204 44.2	345 04.4	24.5	50 47.9	52.3	325 12.5	42.5	225 28.1	41.5	Eltanin	90 53.1	N51 29.5
F 09	219 46.7	0 05.1	·· 24.8	65 49.9	·· 52.2	340 14.5	·· 42.6	240 30.4	·· 41.4	Enif	34 00.9	N 9 51.3
R 10	234 49.1	15 05.8	25.1	80 51.9	52.1	355 16.4	42.8	255 32.7	41.3	Fomalhaut	15 39.4	S29 39.0
I 11	249 51.6	30 06.6	25.5	95 53.8	52.0	10 18.3	42.9	270 35.0	41.3			
D 12	264 54.1	45 07.3	S12 25.8	110 55.8	N13 51.9	25 20.2	S19 43.0	285 37.3	S10 41.2	Gacrux	172 16.5	S57 04.9
A 13	279 56.5	60 08.0	26.1	125 57.7	51.8	40 22.1	43.1	300 39.7	41.1	Gienah	176 06.6	S17 30.8
Y 14	294 59.0	75 08.8	26.5	140 59.7	51.7	55 24.0	43.2	315 42.0	41.1	Hadar	149 08.0	S60 20.7
15	310 01.5	90 09.5	·· 26.8	156 01.7	·· 51.7	70 25.9	·· 43.3	330 44.3	·· 41.0	Hamal	328 16.2	N23 26.4
16	325 03.9	105 10.2	27.2	171 03.6	51.6	85 27.8	43.4	345 46.6	41.0	Kaus Aust.	84 02.6	S34 23.1
17	340 06.4	120 10.9	27.5	186 05.6	51.5	100 29.7	43.5	0 48.9	40.9			
18	355 08.9	135 11.7	S12 27.8	201 07.5	N13 51.4	115 31.6	S19 43.6	15 51.3	S10 40.8	Kochab	137 20.5	N74 10.4
19	10 11.3	150 12.4	28.2	216 09.5	51.3	130 33.5	43.7	30 53.6	40.8	Markab	13 52.2	N15 10.9
20	25 13.8	165 13.1	28.5	231 11.5	51.2	145 35.5	43.8	45 55.9	40.7	Menkar	314 29.3	N 4 04.2
21	40 16.2	180 13.8	·· 28.9	246 13.4	·· 51.1	160 37.4	·· 43.9	60 58.2	·· 40.6	Menkent	148 24.2	S36 20.5
22	55 18.7	195 14.5	29.2	261 15.4	51.0	175 39.3	44.1	76 00.5	40.6	Miaplacidus	221 41.9	S69 41.7
23	70 21.2	210 15.2	29.6	276 17.4	50.9	190 41.2	44.2	91 02.8	40.5			
17 00	85 23.6	225 15.9	S12 29.9	291 19.3	N13 50.8	205 43.1	S19 44.3	106 05.2	S10 40.5	Mirfak	308 59.8	N49 50.7
01	100 26.1	240 16.7	30.3	306 21.3	50.7	220 45.0	44.4	121 07.5	40.4	Nunki	76 15.9	S26 18.1
02	115 28.6	255 17.4	30.6	321 23.3	50.7	235 46.9	44.5	136 09.8	40.3	Peacock	53 41.5	S56 45.1
03	130 31.0	270 18.1	·· 31.0	336 25.3	·· 50.6	250 48.8	·· 44.6	151 12.1	·· 40.3	Pollux	243 44.4	N28 02.1
04	145 33.5	285 18.8	31.3	351 27.2	50.5	265 50.7	44.7	166 14.4	40.2	Procyon	245 13.9	N 5 14.1
05	160 36.0	300 19.5	31.7	6 29.2	50.4	280 52.7	44.8	181 16.8	40.1			
06	175 38.4	315 20.2	S12 32.0	21 31.2	N13 50.3	295 54.6	S19 44.9	196 19.1	S10 40.1	Rasalhague	96 19.7	N12 33.9
07	190 40.9	330 20.9	32.4	36 33.2	50.2	310 56.5	45.0	211 21.4	40.0	Regulus	207 58.1	N11 59.3
S 08	205 43.4	345 21.6	32.7	51 35.1	50.1	325 58.4	45.1	226 23.7	39.9	Rigel	281 25.1	S 8 12.5
A 09	220 45.8	0 22.3	·· 33.1	66 37.1	·· 50.0	341 00.3	·· 45.2	241 26.0	·· 39.9	Rigil Kent.	140 11.1	S60 48.6
T 10	235 48.3	15 22.9	33.4	81 39.1	50.0	356 02.2	45.3	256 28.3	39.8	Sabik	102 28.8	S15 43.0
U 11	250 50.7	30 23.6	33.8	96 41.1	49.9	11 04.1	45.5	271 30.7	39.8			
R 12	265 53.2	45 24.3	S12 34.1	111 43.1	N13 49.8	26 06.0	S19 45.6	286 33.0	S10 39.7	Schedar	349 56.2	N56 30.9
D 13	280 55.7	60 25.0	34.5	126 45.0	49.7	41 07.9	45.7	301 35.3	39.6	Shaula	96 41.2	S37 05.9
A 14	295 58.1	75 25.7	34.9	141 47.0	49.6	56 09.8	45.8	316 37.6	39.6	Sirius	258 45.6	S16 42.6
Y 15	311 00.6	90 26.4	·· 35.2	156 49.0	·· 49.5	71 11.8	·· 45.9	331 39.9	·· 39.5	Spica	158 46.0	S11 08.1
16	326 03.1	105 27.1	35.6	171 51.0	49.4	86 13.7	46.0	346 42.2	39.4	Suhail	223 02.3	S43 24.7
17	341 05.5	120 27.7	35.9	186 53.0	49.4	101 15.6	46.1	1 44.6	39.4			
18	356 08.0	135 28.4	S12 36.3	201 55.0	N13 49.3	116 17.5	S19 46.2	16 46.9	S10 39.3	Vega	80 48.8	N38 46.9
19	11 10.5	150 29.1	36.7	216 56.9	49.2	131 19.4	46.3	31 49.2	39.2	Zuben'ubi	137 21.1	S16 01.2
20	26 12.9	165 29.8	37.0	231 58.9	49.1	146 21.3	46.4	46 51.5	39.2		S.H.A.	Mer. Pass.
21	41 15.4	180 30.4	·· 37.4	247 00.9	·· 49.0	161 23.2	·· 46.5	61 53.8	·· 39.1	Venus	140 33.9	9 00
22	56 17.9	195 31.1	37.8	262 02.9	49.0	176 25.1	46.6	76 56.1	39.1	Mars	206 07.8	4 37
23	71 20.3	210 31.8	38.1	277 04.9	48.9	191 27.0	46.7	91 58.4	39.0	Jupiter	120 32.8	10 19
Mer. Pass. 18 19.4		v 0.7	d 0.3	v 2.0	d 0.1	v 1.9	d 0.1	v 2.3	d 0.1	Saturn	20 45.0	16 57

1994 DECEMBER 15, 16, 17 (THURS., FRI., SAT.)

UT (GMT)	SUN G.H.A.	SUN Dec.	MOON G.H.A.	v	MOON Dec.	d	H.P.
d h	° ′	° ′	° ′	′	° ′	′	′
15 00	181 17.2	S23 14.4	36 33.4	13.0	N17 06.3	5.4	54.0
01	196 16.9	14.6	51 05.4	13.1	17 11.7	5.4	54.0
02	211 16.6	14.7	65 37.5	12.9	17 17.1	5.2	54.0
03	226 16.3	.. 14.9	80 09.4	13.0	17 22.3	5.2	54.0
04	241 16.0	15.0	94 41.4	12.9	17 27.5	5.1	54.0
05	256 15.7	15.1	109 13.3	12.9	17 32.6	5.0	54.0
06	271 15.4	S23 15.3	123 45.2	12.9	N17 37.6	4.9	54.0
07	286 15.1	15.4	138 17.1	12.8	17 42.5	4.9	54.0
T 08	301 14.8	15.5	152 48.9	12.8	17 47.4	4.8	54.0
H 09	316 14.5	.. 15.7	167 20.7	12.8	17 52.2	4.7	54.0
U 10	331 14.2	15.8	181 52.5	12.8	17 56.9	4.6	54.0
R 11	346 13.9	15.9	196 24.3	12.7	18 01.5	4.5	54.0
S 12	1 13.6	S23 16.1	210 56.0	12.7	N18 06.0	4.5	54.0
D 13	16 13.3	16.2	225 27.7	12.6	18 10.5	4.4	54.0
A 14	31 13.0	16.3	239 59.3	12.7	18 14.9	4.3	54.0
Y 15	46 12.7	.. 16.4	254 31.0	12.6	18 19.2	4.2	54.0
16	61 12.4	16.6	269 02.6	12.5	18 23.4	4.2	54.0
17	76 12.1	16.7	283 34.1	12.6	18 27.6	4.0	54.0
18	91 11.8	S23 16.8	298 05.7	12.5	N18 31.6	4.0	54.0
19	106 11.5	16.9	312 37.2	12.5	18 35.6	3.9	54.0
20	121 11.2	17.1	327 08.7	12.4	18 39.5	3.8	54.0
21	136 10.9	.. 17.2	341 40.1	12.5	18 43.3	3.7	54.0
22	151 10.6	17.3	356 11.6	12.4	18 47.0	3.6	54.0
23	166 10.3	17.4	10 43.0	12.3	18 50.6	3.6	54.0
16 00	181 10.0	S23 17.5	25 14.3	12.4	N18 54.2	3.4	54.0
01	196 09.7	17.7	39 45.7	12.3	18 57.6	3.4	54.0
02	211 09.4	17.8	54 17.0	12.3	19 01.0	3.3	54.0
03	226 09.1	.. 17.9	68 48.3	12.3	19 04.3	3.2	54.0
04	241 08.8	18.0	83 19.6	12.2	19 07.5	3.1	54.0
05	256 08.5	18.1	97 50.8	12.2	19 10.6	3.1	54.0
06	271 08.2	S23 18.2	112 22.0	12.2	N19 13.7	2.9	54.0
07	286 07.8	18.4	126 53.2	12.2	19 16.6	2.9	54.1
08	301 07.5	18.5	141 24.4	12.1	19 19.5	2.7	54.1
F 09	316 07.2	.. 18.6	155 55.5	12.1	19 22.2	2.7	54.1
R 10	331 06.9	18.7	170 26.6	12.1	19 24.9	2.6	54.1
I 11	346 06.6	18.8	184 57.7	12.1	19 27.5	2.5	54.1
D 12	1 06.3	S23 18.9	199 28.8	12.1	N19 30.0	2.4	54.1
A 13	16 06.0	19.0	213 59.9	12.0	19 32.4	2.3	54.1
Y 14	31 05.7	19.1	228 30.9	12.0	19 34.7	2.3	54.1
15	46 05.4	.. 19.2	243 01.9	12.0	19 37.0	2.1	54.1
16	61 05.1	19.3	257 32.9	11.9	19 39.1	2.1	54.1
17	76 04.8	19.4	272 03.8	12.0	19 41.2	1.9	54.1
18	91 04.5	S23 19.6	286 34.8	11.9	N19 43.1	1.9	54.1
19	106 04.2	19.7	301 05.7	11.9	19 45.0	1.8	54.1
20	121 03.9	19.8	315 36.6	11.9	19 46.8	1.7	54.1
21	136 03.6	.. 19.9	330 07.5	11.8	19 48.5	1.6	54.1
22	151 03.3	20.0	344 38.3	11.9	19 50.1	1.5	54.1
23	166 03.0	20.1	359 09.2	11.8	19 51.6	1.4	54.1
17 00	181 02.7	S23 20.2	13 40.0	11.8	N19 53.0	1.3	54.1
01	196 02.4	20.3	28 10.8	11.8	19 54.3	1.2	54.2
02	211 02.1	20.4	42 41.6	11.7	19 55.5	1.2	54.2
03	226 01.8	.. 20.5	57 12.3	11.8	19 56.7	1.0	54.2
04	241 01.5	20.6	71 43.1	11.7	19 57.7	1.0	54.2
05	256 01.2	20.7	86 13.8	11.7	19 58.7	0.8	54.2
06	271 00.9	S23 20.7	100 44.5	11.8	N19 59.5	0.8	54.2
07	286 00.6	20.8	115 15.3	11.6	20 00.3	0.6	54.2
S 08	301 00.3	20.9	129 45.9	11.7	20 00.9	0.6	54.2
A 09	316 00.0	.. 21.0	144 16.6	11.7	20 01.5	0.5	54.2
T 10	330 59.7	21.1	158 47.3	11.6	20 02.0	0.4	54.2
U 11	345 59.4	21.2	173 17.9	11.7	20 02.4	0.3	54.2
R 12	0 59.0	S23 21.3	187 48.6	11.6	N20 02.7	0.2	54.2
D 13	15 58.7	21.4	202 19.2	11.6	20 02.9	0.1	54.2
A 14	30 58.4	21.5	216 49.8	11.6	20 03.0	0.0	54.2
Y 15	45 58.1	.. 21.6	231 20.4	11.6	20 03.0	0.1	54.3
16	60 57.8	21.7	245 51.0	11.6	20 02.9	0.2	54.3
17	75 57.5	21.7	260 21.6	11.6	20 02.7	0.3	54.3
18	90 57.2	S23 21.8	274 52.2	11.5	N20 02.4	0.4	54.3
19	105 56.9	21.9	289 22.7	11.6	20 02.0	0.4	54.3
20	120 56.6	22.0	303 53.3	11.5	20 01.6	0.6	54.3
21	135 56.3	.. 22.1	318 23.8	11.6	20 01.0	0.7	54.3
22	150 56.0	22.2	332 54.4	11.5	20 00.3	0.7	54.3
23	165 55.7	22.2	347 24.9	11.5	19 59.6	0.9	54.3
	S.D. 16.3	d 0.1	S.D. 14.7		14.7		14.8

Twilight / Sunrise / Moonrise

Lat.	Naut.	Civil	Sunrise	Moonrise 15	16	17	18
°	h m	h m	h m	h m	h m	h m	h m
N 72	08 21	10 49	■	10 20	⬜		⬜
N 70	08 01	09 49	■	11 43	11 40	11 45	13 09
68	07 46	09 14	■	12 22	12 40	13 15	14 15
66	07 33	08 49	10 29	12 49	13 14	13 54	14 51
64	07 22	08 30	09 47	13 10	13 39	14 21	15 17
62	07 12	08 14	09 19	13 27	13 59	14 42	15 37
60	07 04	08 00	08 58	13 41	14 15	14 59	15 53
N 58	06 56	07 49	08 41	13 53	14 29	15 13	16 07
56	06 50	07 39	08 26	14 04	14 41	15 25	16 18
54	06 43	07 30	08 13	14 13	14 51	15 36	16 29
52	06 38	07 21	08 02	14 21	15 00	15 45	16 38
50	06 33	07 14	07 53	14 29	15 08	15 54	16 46
45	06 21	06 58	07 32	14 45	15 26	16 12	17 04
N 40	06 11	06 45	07 15	14 58	15 40	16 27	17 18
35	06 01	06 33	07 01	15 09	15 52	16 39	17 30
30	05 53	06 22	06 49	15 19	16 03	16 50	17 40
20	05 36	06 04	06 28	15 36	16 21	17 09	17 59
N 10	05 20	05 46	06 09	15 50	16 37	17 25	18 14
0	05 03	05 29	05 52	16 04	16 52	17 40	18 29
S 10	04 44	05 11	05 34	16 18	17 07	17 56	18 44
20	04 22	04 51	05 15	16 33	17 23	18 12	19 00
30	03 53	04 26	04 53	16 50	17 41	18 31	19 18
35	03 34	04 11	04 41	17 00	17 52	18 42	19 28
40	03 11	03 53	04 26	17 12	18 04	18 54	19 40
45	02 41	03 30	04 08	17 25	18 19	19 09	19 54
S 50	01 56	03 01	03 45	17 42	18 37	19 27	20 12
52	01 28	02 46	03 34	17 49	18 45	19 36	20 20
54	00 44	02 28	03 22	17 58	18 55	19 45	20 29
56	////	02 06	03 08	18 08	19 05	19 56	20 39
58	////	01 37	02 51	18 19	19 17	20 08	20 51
S 60	////	00 48	02 31	18 32	19 32	20 21	21 04

Sunset / Twilight / Moonset

Lat.	Sunset	Civil	Naut.	Moonset 15	16	17	18
°	h m	h m	h m	h m	h m	h m	h m
N 72	■	13 02	15 30	09 16	⬜	⬜	⬜
N 70	■	14 02	15 50	07 53	09 34	11 10	11 28
68	■	14 37	16 05	07 15	08 35	09 40	10 21
66	13 22	15 02	16 18	06 48	08 01	09 01	09 45
64	14 04	15 21	16 29	06 28	07 36	08 34	09 19
62	14 32	15 37	16 39	06 11	07 17	08 13	08 59
60	14 53	15 51	16 47	05 58	07 01	07 56	08 43
N 58	15 10	16 02	16 55	05 46	06 47	07 42	08 29
56	15 25	16 12	17 01	05 36	06 36	07 30	08 17
54	15 38	16 21	17 08	05 27	06 26	07 19	08 06
52	15 49	16 30	17 13	05 19	06 17	07 10	07 57
50	15 59	16 37	17 18	05 11	06 08	07 01	07 49
45	16 19	16 53	17 30	04 56	05 51	06 43	07 31
N 40	16 36	17 06	17 40	04 44	05 37	06 29	07 17
35	16 50	17 18	17 50	04 33	05 25	06 16	07 04
30	17 02	17 29	18 00	04 23	05 15	06 05	06 53
20	17 23	17 47	18 15	04 07	04 57	05 47	06 35
N 10	17 42	18 05	18 31	03 53	04 42	05 30	06 19
0	17 59	18 22	18 48	03 40	04 27	05 15	06 04
S 10	18 17	18 40	19 07	03 27	04 13	05 00	05 49
20	18 36	19 00	19 30	03 13	03 57	04 44	05 33
30	18 58	19 25	19 59	02 57	03 39	04 25	05 14
35	19 11	19 40	20 17	02 48	03 29	04 14	05 03
40	19 26	19 59	20 40	02 37	03 17	04 02	04 51
45	19 44	20 21	21 11	02 25	03 03	03 47	04 36
S 50	20 06	20 51	21 56	02 10	02 46	03 29	04 18
52	20 17	21 06	22 23	02 03	02 38	03 20	04 09
54	20 29	21 24	23 09	01 55	02 30	03 20	04 00
56	20 43	21 46	////	01 47	02 20	03 00	03 49
58	21 00	22 15	////	01 37	02 08	02 48	03 37
S 60	21 20	23 04	////	01 26	01 55	02 34	03 22

SUN / MOON

Day	SUN Eqn. of Time 00ʰ	12ʰ	Mer. Pass.	MOON Mer. Pass. Upper	Lower	Age	Phase
	m s	m s	h m	h m	h m	d	
15	05 09	04 55	11 55	22 16	09 52	13	
16	04 40	04 26	11 56	23 04	10 39	14	◯
17	04 11	03 57	11 56	23 52	11 28	15	

1994 DECEMBER 18, 19, 20 (SUN., MON., TUES.)

UT (GMT) d h	ARIES G.H.A.	VENUS −4.6 G.H.A.	Dec.	MARS −0.1 G.H.A.	Dec.	JUPITER −1.7 G.H.A.	Dec.	SATURN +0.9 G.H.A.	Dec.
18 00	86 22.8	225 32.4	S12 38.5	292 06.9	N13 48.8	206 29.0	S19 46.8	107 00.8	S10 38.9
01	101 25.2	240 33.1	38.9	307 08.9	48.7	221 30.9	46.9	122 03.1	38.9
02	116 27.7	255 33.8	39.2	322 10.9	48.6	236 32.8	47.1	137 05.4	38.8
03	131 30.2	270 34.4 ··	39.6	337 12.9 ··	48.6	251 34.7 ··	47.2	152 07.7 ··	38.7
04	146 32.6	285 35.1	40.0	352 14.9	48.5	266 36.6	47.3	167 10.0	38.7
05	161 35.1	300 35.7	40.3	7 16.9	48.4	281 38.5	47.4	182 12.3	38.6
06	176 37.6	315 36.4	S12 40.7	22 18.9	N13 48.3	296 40.4	S19 47.5	197 14.6	S10 38.5
07	191 40.0	330 37.1	41.1	37 20.9	48.2	311 42.3	47.6	212 17.0	38.5
08	206 42.5	345 37.7	41.5	52 22.9	48.2	326 44.3	47.7	227 19.3	38.4
S 09	221 45.0	0 38.4 ··	41.8	67 24.9 ··	48.1	341 46.2 ··	47.8	242 21.6 ··	38.3
U 10	236 47.4	15 39.0	42.2	82 26.9	48.0	356 48.1	47.9	257 23.9	38.3
N 11	251 49.9	30 39.6	42.6	97 28.9	47.9	11 50.0	48.0	272 26.2	38.2
D 12	266 52.4	45 40.3	S12 43.0	112 30.9	N13 47.9	26 51.9	S19 48.1	287 28.5	S10 38.1
A 13	281 54.8	60 40.9	43.4	127 32.9	47.8	41 53.8	48.2	302 30.8	38.1
Y 14	296 57.3	75 41.6	43.7	142 34.9	47.7	56 55.7	48.3	317 33.1	38.0
15	311 59.7	90 42.2 ··	44.1	157 36.9 ··	47.6	71 57.6 ··	48.4	332 35.5 ··	38.0
16	327 02.2	105 42.9	44.5	172 38.9	47.6	86 59.6	48.5	347 37.8	37.9
17	342 04.7	120 43.5	44.9	187 40.9	47.5	102 01.5	48.6	2 40.1	37.8
18	357 07.1	135 44.1	S12 45.3	202 42.9	N13 47.4	117 03.4	S19 48.8	17 42.4	S10 37.8
19	12 09.6	150 44.8	45.6	217 45.0	47.3	132 05.3	48.9	32 44.7	37.7
20	27 12.1	165 45.4	46.0	232 47.0	47.3	147 07.2	49.0	47 47.0	37.6
21	42 14.5	180 46.0 ··	46.4	247 49.0 ··	47.2	162 09.1 ··	49.1	62 49.3 ··	37.6
22	57 17.0	195 46.6	46.8	262 51.0	47.1	177 11.0	49.2	77 51.6	37.5
23	72 19.5	210 47.3	47.2	277 53.0	47.0	192 12.9	49.3	92 54.0	37.4
19 00	87 21.9	225 47.9	S12 47.6	292 55.0	N13 47.0	207 14.9	S19 49.4	107 56.3	S10 37.4
01	102 24.4	240 48.5	47.9	307 57.0	46.9	222 16.8	49.5	122 58.6	37.3
02	117 26.8	255 49.1	48.3	322 59.1	46.8	237 18.7	49.6	138 00.9	37.2
03	132 29.3	270 49.7 ··	48.7	338 01.1 ··	46.8	252 20.6 ··	49.7	153 03.2 ··	37.2
04	147 31.8	285 50.4	49.1	353 03.1	46.7	267 22.5	49.8	168 05.5	37.1
05	162 34.2	300 51.0	49.5	8 05.1	46.6	282 24.4	49.9	183 07.8	37.0
06	177 36.7	315 51.6	S12 49.9	23 07.2	N13 46.6	297 26.3	S19 50.0	198 10.1	S10 37.0
07	192 39.2	330 52.2	50.3	38 09.2	46.5	312 28.2	50.1	213 12.4	36.9
08	207 41.6	345 52.8	50.7	53 11.2	46.4	327 30.2	50.2	228 14.7	36.8
M 09	222 44.1	0 53.4 ··	51.1	68 13.2 ··	46.4	342 32.1 ··	50.3	243 17.1 ··	36.8
O 10	237 46.6	15 54.0	51.5	83 15.3	46.3	357 34.0	50.4	258 19.4	36.7
N 11	252 49.0	30 54.6	51.9	98 17.3	46.2	12 35.9	50.5	273 21.7	36.6
D 12	267 51.5	45 55.2	S12 52.3	113 19.3	N13 46.2	27 37.8	S19 50.6	288 24.0	S10 36.6
A 13	282 54.0	60 55.8	52.6	128 21.3	46.1	42 39.7	50.8	303 26.3	36.5
Y 14	297 56.4	75 56.4	53.0	143 23.4	46.0	57 41.6	50.9	318 28.6	36.4
15	312 58.9	90 57.0 ··	53.4	158 25.4 ··	46.0	72 43.6 ··	51.0	333 30.9 ··	36.4
16	328 01.3	105 57.6	53.8	173 27.4	45.9	87 45.5	51.1	348 33.2	36.3
17	343 03.8	120 58.2	54.2	188 29.5	45.8	102 47.4	51.2	3 35.5	36.2
18	358 06.3	135 58.8	S12 54.6	203 31.5	N13 45.8	117 49.3	S19 51.3	18 37.8	S10 36.2
19	13 08.7	150 59.4	55.0	218 33.5	45.7	132 51.2	51.4	33 40.2	36.1
20	28 11.2	166 00.0	55.4	233 35.6	45.6	147 53.1	51.5	48 42.5	36.0
21	43 13.7	181 00.6 ··	55.8	248 37.6 ··	45.6	162 55.0 ··	51.6	63 44.8 ··	36.0
22	58 16.1	196 01.2	56.2	263 39.7	45.5	177 57.0	51.7	78 47.1	35.9
23	73 18.6	211 01.7	56.6	278 41.7	45.4	192 58.9	51.8	93 49.4	35.8
20 00	88 21.1	226 02.3	S12 57.1	293 43.7	N13 45.4	208 00.8	S19 51.9	108 51.7	S10 35.8
01	103 23.5	241 02.9	57.5	308 45.8	45.3	223 02.7	52.0	123 54.0	35.7
02	118 26.0	256 03.5	57.9	323 47.8	45.3	238 04.6	52.1	138 56.3	35.6
03	133 28.5	271 04.1 ··	58.3	338 49.9 ··	45.2	253 06.5 ··	52.2	153 58.6 ··	35.5
04	148 30.9	286 04.6	58.7	353 51.9	45.1	268 08.4	52.3	169 00.9	35.5
05	163 33.4	301 05.2	59.1	8 54.0	45.1	283 10.4	52.4	184 03.2	35.4
06	178 35.8	316 05.8	S12 59.5	23 56.0	N13 45.0	298 12.3	S19 52.5	199 05.5	S10 35.4
07	193 38.3	331 06.3	12 59.9	38 58.1	45.0	313 14.2	52.6	214 07.8	35.3
T 08	208 40.8	346 06.9	13 00.3	54 00.1	44.9	328 16.1	52.7	229 10.1	35.2
U 09	223 43.2	1 07.5 ··	00.7	69 02.1 ··	44.9	343 18.0 ··	52.8	244 12.5 ··	35.2
E 10	238 45.7	16 08.0	01.1	84 04.2	44.8	358 19.9	52.9	259 14.8	35.1
S 11	253 48.2	31 08.6	01.5	99 06.3	44.7	13 21.9	53.1	274 17.1	35.0
D 12	268 50.6	46 09.2	S13 02.0	114 08.3	N13 44.7	28 23.8	S19 53.2	289 19.4	S10 35.0
A 13	283 53.1	61 09.7	02.4	129 10.4	44.6	43 25.7	53.3	304 21.7	34.9
Y 14	298 55.6	76 10.3	02.8	144 12.4	44.6	58 27.6	53.4	319 24.0	34.8
15	313 58.0	91 10.8 ··	03.2	159 14.5 ··	44.5	73 29.5 ··	53.5	334 26.3 ··	34.8
16	329 00.5	106 11.4	03.6	174 16.5	44.5	88 31.4	53.6	349 28.6	34.7
17	344 02.9	121 11.9	04.0	189 18.6	44.4	103 33.3	53.7	4 30.9	34.6
18	359 05.4	136 12.5	S13 04.4	204 20.6	N13 44.3	118 35.3	S19 53.8	19 33.2	S10 34.6
19	14 07.9	151 13.0	04.9	219 22.7	44.3	133 37.2	53.9	34 35.5	34.5
20	29 10.3	166 13.6	05.3	234 24.8	44.2	148 39.1	54.0	49 37.8	34.4
21	44 12.8	181 14.1 ··	05.7	249 26.8 ··	44.2	163 41.0 ··	54.1	64 40.1 ··	34.3
22	59 15.3	196 14.7	06.1	264 28.9	44.1	178 42.9	54.2	79 42.4	34.3
23	74 17.7	211 15.2	06.5	279 31.0	44.1	193 44.8	54.3	94 44.7	34.2
Mer. Pass.	18 07.6	v 0.6	d 0.4	v 2.0	d 0.1	v 1.9	d 0.1	v 2.3	d 0.1

STARS

Name	S.H.A.	Dec.
Acamar	315 28.6	S40 19.7
Achernar	335 36.8	S57 16.0
Acrux	173 24.9	S63 04.0
Adhara	255 23.0	S28 58.0
Aldebaran	291 05.0	N16 29.9
Alioth	166 33.1	N55 58.9
Alkaid	153 10.1	N49 20.1
Al Na'ir	28 01.3	S46 59.2
Alnilam	276 00.1	S 1 12.4
Alphard	218 09.5	S 8 38.3
Alphecca	126 23.1	N26 43.9
Alpheratz	357 57.8	N29 04.0
Altair	62 22.1	N 8 51.5
Ankaa	353 29.3	S42 20.2
Antares	112 43.7	S26 25.1
Arcturus	146 08.6	N19 12.4
Atria	107 58.5	S69 01.0
Avior	234 23.1	S59 29.6
Bellatrix	278 46.6	N 6 20.6
Betelgeuse	271 16.0	N 7 24.3
Canopus	264 01.7	S52 41.7
Capella	280 54.5	N45 59.5
Deneb	49 41.3	N45 16.0
Denebola	182 47.8	N14 35.8
Diphda	349 09.7	S18 00.9
Dubhe	194 08.5	N61 46.3
Elnath	278 29.8	N28 36.1
Eltanin	90 53.1	N51 29.5
Enif	34 00.9	N 9 51.3
Fomalhaut	15 39.4	S29 39.0
Gacrux	172 16.5	S57 04.9
Gienah	176 06.6	S17 30.8
Hadar	149 08.0	S60 20.7
Hamal	328 16.2	N23 26.4
Kaus Aust.	84 02.6	S34 23.1
Kochab	137 20.5	N74 10.4
Markab	13 52.2	N15 10.9
Menkar	314 29.3	N 4 04.2
Menkent	148 24.2	S36 20.6
Miaplacidus	221 41.8	S69 41.7
Mirfak	308 59.8	N49 50.7
Nunki	76 15.9	S26 18.1
Peacock	53 41.5	S56 45.1
Pollux	243 44.3	N28 02.1
Procyon	245 13.9	N 5 14.1
Rasalhague	96 19.7	N12 33.9
Regulus	207 58.1	N11 59.3
Rigel	281 25.1	S 8 12.5
Rigil Kent.	140 11.1	S60 48.6
Sabik	102 28.8	S15 43.0
Schedar	349 56.2	N56 30.9
Shaula	96 41.2	S37 05.9
Sirius	258 45.6	S16 42.6
Spica	158 46.0	S11 08.1
Suhail	223 02.3	S43 24.7
Vega	80 48.8	N38 46.9
Zuben'ubi	137 21.0	S16 01.2

	S.H.A.	Mer. Pass.
Venus	138 26.0	8 56
Mars	205 33.1	4 28
Jupiter	119 52.9	10 10
Saturn	20 34.3	16 46

1994 DECEMBER 18, 19, 20 (SUN., MON., TUES.)

UT (GMT)	SUN G.H.A.	SUN Dec.	MOON G.H.A.	v	MOON Dec.	d	H.P.
18 00	180 55.4	S23 22.3	1 55.4	11.6	N19 58.7	0.9	54.3
01	195 55.1	22.4	16 26.0	11.5	19 57.8	1.0	54.4
02	210 54.8	22.5	30 56.5	11.5	19 56.8	1.2	54.4
03	225 54.5	.. 22.6	45 27.0	11.5	19 55.6	1.2	54.4
04	240 54.2	22.6	59 57.5	11.5	19 54.4	1.3	54.4
05	255 53.9	22.7	74 28.0	11.5	19 53.1	1.5	54.4
06	270 53.5	S23 22.8	88 58.5	11.5	N19 51.6	1.5	54.4
07	285 53.2	22.9	103 29.0	11.5	19 50.1	1.6	54.4
S 08	300 52.9	22.9	117 59.5	11.5	19 48.5	1.7	54.4
U 09	315 52.6	.. 23.0	132 30.0	11.5	19 46.8	1.8	54.4
N 10	330 52.3	23.1	147 00.5	11.5	19 45.0	1.9	54.4
D 11	345 52.0	23.2	161 31.0	11.5	19 43.1	2.0	54.5
A 12	0 51.7	S23 23.2	176 01.5	11.5	N19 41.1	2.1	54.5
Y 13	15 51.4	23.3	190 32.0	11.5	19 39.0	2.2	54.5
14	30 51.1	23.4	205 02.5	11.5	19 36.8	2.2	54.5
15	45 50.8	.. 23.4	219 33.0	11.5	19 34.6	2.4	54.5
16	60 50.5	23.5	234 03.5	11.5	19 32.2	2.5	54.5
17	75 50.2	23.6	248 34.0	11.6	19 29.7	2.5	54.5
18	90 49.9	S23 23.6	263 04.6	11.5	N19 27.2	2.7	54.5
19	105 49.6	23.7	277 35.1	11.5	19 24.5	2.7	54.5
20	120 49.3	23.8	292 05.6	11.5	19 21.8	2.9	54.6
21	135 48.9	.. 23.8	306 36.1	11.5	19 18.9	2.9	54.6
22	150 48.6	23.9	321 06.6	11.6	19 16.0	3.0	54.6
23	165 48.3	24.0	335 37.2	11.5	19 13.0	3.1	54.6
19 00	180 48.0	S23 24.0	350 07.7	11.6	N19 09.9	3.3	54.6
01	195 47.7	24.1	4 38.3	11.5	19 06.6	3.3	54.6
02	210 47.4	24.1	19 08.8	11.6	19 03.3	3.4	54.6
03	225 47.1	.. 24.2	33 39.4	11.6	18 59.9	3.5	54.6
04	240 46.8	24.3	48 10.0	11.5	18 56.4	3.5	54.7
05	255 46.5	24.3	62 40.5	11.6	18 52.9	3.7	54.7
06	270 46.2	S23 24.4	77 11.1	11.6	N18 49.2	3.8	54.7
07	285 45.9	24.4	91 41.7	11.6	18 45.4	3.8	54.7
M 08	300 45.6	24.5	106 12.3	11.6	18 41.6	4.0	54.7
O 09	315 45.3	.. 24.5	120 42.9	11.7	18 37.6	4.0	54.7
N 10	330 45.0	24.6	135 13.6	11.6	18 33.6	4.1	54.7
D 11	345 44.6	24.6	149 44.2	11.7	18 29.5	4.3	54.8
A 12	0 44.3	S23 24.7	164 14.9	11.6	N18 25.2	4.3	54.8
Y 13	15 44.0	24.7	178 45.5	11.7	18 20.9	4.4	54.8
14	30 43.7	24.8	193 16.2	11.7	18 16.5	4.5	54.8
15	45 43.4	.. 24.8	207 46.9	11.7	18 12.0	4.5	54.8
16	60 43.1	24.9	222 17.6	11.7	18 07.5	4.7	54.8
17	75 42.8	24.9	236 48.3	11.7	18 02.8	4.8	54.8
18	90 42.5	S23 25.0	251 19.0	11.7	N17 58.0	4.8	54.9
19	105 42.2	25.0	265 49.7	11.8	17 53.2	4.9	54.9
20	120 41.9	25.1	280 20.5	11.8	17 48.3	5.0	54.9
21	135 41.6	.. 25.1	294 51.3	11.7	17 43.3	5.2	54.9
22	150 41.3	25.2	309 22.0	11.8	17 38.1	5.1	54.9
23	165 40.9	25.2	323 52.8	11.8	17 33.0	5.3	54.9
20 00	180 40.6	S23 25.2	338 23.6	11.9	N17 27.7	5.4	54.9
01	195 40.3	25.3	352 54.5	11.8	17 22.3	5.4	55.0
02	210 40.0	25.3	7 25.3	11.8	17 16.9	5.6	55.0
03	225 39.7	.. 25.4	21 56.1	11.9	17 11.3	5.6	55.0
04	240 39.4	25.4	36 27.0	11.9	17 05.7	5.7	55.0
05	255 39.1	25.4	50 57.9	11.9	17 00.0	5.8	55.0
06	270 38.8	S23 25.5	65 28.8	11.9	N16 54.2	5.8	55.0
07	285 38.5	25.5	79 59.7	11.9	16 48.4	6.0	55.1
T 08	300 38.2	25.5	94 30.6	12.0	16 42.4	6.0	55.1
U 09	315 37.9	.. 25.6	109 01.6	12.0	16 36.4	6.1	55.1
E 10	330 37.5	25.6	123 32.6	11.9	16 30.3	6.2	55.1
S 11	345 37.2	25.6	138 03.5	12.0	16 24.1	6.3	55.1
D 12	0 36.9	S23 25.7	152 34.5	12.1	N16 17.8	6.4	55.1
A 13	15 36.6	25.7	167 05.6	12.0	16 11.4	6.4	55.2
Y 14	30 36.3	25.7	181 36.6	12.0	16 05.0	6.5	55.2
15	45 36.0	.. 25.8	196 07.6	12.1	15 58.5	6.6	55.2
16	60 35.7	25.8	210 38.7	12.1	15 51.9	6.7	55.2
17	75 35.4	25.8	225 09.8	12.1	15 45.2	6.8	55.2
18	90 35.1	S23 25.8	239 40.9	12.1	N15 38.4	6.8	55.2
19	105 34.8	25.9	254 12.0	12.2	15 31.6	6.9	55.3
20	120 34.5	25.9	268 43.2	12.1	15 24.7	7.0	55.3
21	135 34.1	.. 25.9	283 14.3	12.2	15 17.7	7.0	55.3
22	150 33.8	25.9	297 45.5	12.2	15 10.7	7.2	55.3
23	165 33.5	26.0	312 16.7	12.2	15 03.5	7.2	55.3
S.D.	16.3	d 0.1	S.D. 14.8		14.9		15.0

Twilight / Sunrise / Moonrise

Lat.	Twilight Naut.	Twilight Civil	Sunrise	Moonrise 18	19	20	21
N 72	08 24	10 55	■	■	□	15 56	17 55
N 70	08 04	09 53	■	13 09	14 53	16 37	18 19
68	07 48	09 17	■	14 15	15 35	17 04	18 37
66	07 35	08 52	10 33	14 51	16 03	17 25	18 51
64	07 24	08 33	09 50	15 17	16 25	17 41	19 03
62	07 14	08 16	09 22	15 37	16 42	17 55	19 13
60	07 06	08 03	09 01	15 53	16 56	18 07	19 21
N 58	06 58	07 51	08 43	16 07	17 08	18 16	19 29
56	06 52	07 41	08 28	16 18	17 19	18 25	19 35
54	06 46	07 32	08 16	16 29	17 28	18 33	19 41
52	06 40	07 24	08 05	16 38	17 36	18 40	19 46
50	06 35	07 16	07 55	16 46	17 44	18 46	19 51
45	06 23	07 00	07 34	17 04	18 00	18 59	20 01
N 40	06 12	06 46	07 17	17 18	18 13	19 10	20 10
35	06 03	06 35	07 03	17 30	18 24	19 20	20 17
30	05 54	06 24	06 50	17 40	18 33	19 28	20 23
20	05 38	06 05	06 29	17 59	18 50	19 42	20 34
N 10	05 22	05 48	06 11	18 14	19 04	19 54	20 44
0	05 05	05 31	05 53	18 29	19 18	20 06	20 53
S 10	04 46	05 13	05 36	18 44	19 31	20 17	21 02
20	04 23	04 52	05 17	19 00	19 45	20 29	21 12
30	03 54	04 27	04 55	19 18	20 02	20 43	21 23
35	03 35	04 12	04 42	19 28	20 11	20 52	21 29
40	03 12	03 54	04 27	19 40	20 22	21 01	21 36
45	02 41	03 31	04 09	19 54	20 35	21 11	21 44
S 50	01 56	03 01	03 46	20 12	20 51	21 24	21 54
52	01 28	02 46	03 35	20 20	20 58	21 30	21 59
54	00 41	02 28	03 23	20 29	21 06	21 37	22 04
56	////	02 06	03 09	20 39	21 15	21 44	22 09
58	////	01 36	02 52	20 51	21 25	21 53	22 15
S 60	////	00 46	02 31	21 04	21 37	22 02	22 22

Sunset / Twilight / Moonset

Lat.	Sunset	Twilight Civil	Twilight Naut.	Moonset 18	19	20	21
N 72	■	12 59	15 30	□	□	12 03	11 43
N 70	■	14 01	15 50	11 28	11 25	11 21	11 18
68	■	14 36	16 06	10 21	10 42	10 53	10 59
66	13 21	15 02	16 19	09 45	10 14	10 32	10 43
64	14 04	15 21	16 30	09 19	09 52	10 14	10 31
62	14 32	15 38	16 40	08 59	09 34	10 00	10 20
60	14 53	15 51	16 48	08 43	09 19	09 48	10 11
N 58	15 11	16 03	16 56	08 29	09 07	09 38	10 03
56	15 26	16 13	17 02	08 17	08 56	09 29	09 56
54	15 38	16 22	17 09	08 06	08 47	09 20	09 49
52	15 49	16 30	17 14	07 57	08 38	09 13	09 43
50	15 59	16 38	17 19	07 49	08 30	09 07	09 38
45	16 20	16 54	17 31	07 31	08 14	08 52	09 27
N 40	16 37	17 08	17 42	07 17	08 01	08 41	09 17
35	16 51	17 19	17 51	07 04	07 49	08 31	09 09
30	17 04	17 30	18 00	06 53	07 39	08 22	09 02
20	17 25	17 49	18 16	06 35	07 22	08 07	08 50
N 10	17 43	18 06	18 33	06 19	07 07	07 53	08 39
0	18 01	18 23	18 50	06 04	06 53	07 41	08 29
S 10	18 18	18 41	19 09	05 49	06 38	07 28	08 18
20	18 37	19 02	19 31	05 33	06 23	07 15	08 07
30	18 59	19 27	20 00	05 14	06 06	06 59	07 54
35	19 12	19 42	20 19	05 03	05 55	06 50	07 47
40	19 28	20 00	20 42	04 51	05 44	06 40	07 39
45	19 46	20 23	21 13	04 36	05 30	06 28	07 29
S 50	20 05	20 53	21 58	04 18	05 13	06 13	07 17
52	20 19	21 08	22 26	04 09	05 05	06 06	07 11
54	20 31	21 26	23 13	04 00	04 56	05 58	07 05
56	20 46	21 48	////	03 49	04 46	05 50	06 58
58	21 02	22 18	////	03 37	04 35	05 40	06 50
S 60	21 23	23 09	////	03 22	04 21	05 29	06 41

SUN / MOON

Day	SUN Eqn. of Time 00h	12h	Mer. Pass.	MOON Mer. Pass. Upper	Lower	Age	Phase
18	03 42	03 27	11 57	24 41	12 16	16	◯
19	03 13	02 58	11 57	00 41	13 05	17	
20	02 43	02 28	11 58	01 29	13 53	18	

1994 DECEMBER 21, 22, 23 (WED., THURS., FRI.)

UT (GMT)	ARIES G.H.A.	VENUS −4.6 G.H.A.	Dec.	MARS −0.1 G.H.A.	Dec.	JUPITER −1.7 G.H.A.	Dec.	SATURN +1.0 G.H.A.	Dec.	STARS Name	S.H.A.	Dec.
d h	° ′	° ′	° ′	° ′	° ′	° ′	° ′	° ′	° ′		° ′	° ′
21 00	89 20.2	226 15.8	S13 06.9	294 33.0	N13 44.0	208 46.8	S19 54.4	109 47.0	S10 34.1	Acamar	315 28.6	S40 19.7
01	104 22.7	241 16.3	07.4	309 35.1	44.0	223 48.7	54.5	124 49.3	34.1	Achernar	335 36.8	S57 16.0
02	119 25.1	256 16.8	07.8	324 37.2	43.9	238 50.6	54.6	139 51.6	34.0	Acrux	173 24.8	S63 04.0
03	134 27.6	271 17.4	·· 08.2	339 39.2	·· 43.9	253 52.5	·· 54.7	154 53.9	·· 33.9	Adhara	255 23.0	S28 58.0
04	149 30.1	286 17.9	08.6	354 41.3	43.8	268 54.4	54.8	169 56.3	33.9	Aldebaran	291 05.0	N16 29.9
05	164 32.5	301 18.5	09.1	9 43.4	43.8	283 56.3	54.9	184 58.6	33.8			
06	179 35.0	316 19.0	S13 09.5	24 45.4	N13 43.7	298 58.3	S19 55.0	200 00.9	S10 33.7	Alioth	166 33.0	N55 58.9
W 07	194 37.4	331 19.5	09.9	39 47.5	43.7	314 00.2	55.1	215 03.2	33.7	Alkaid	153 10.1	N49 20.0
E 08	209 39.9	346 20.0	10.3	54 49.6	43.6	329 02.1	55.2	230 05.5	33.6	Al Na'ir	28 01.4	S46 59.2
D 09	224 42.4	1 20.6	·· 10.8	69 51.7	·· 43.6	344 04.0	·· 55.3	245 07.8	·· 33.5	Alnilam	276 00.1	S 1 12.4
N 10	239 44.8	16 21.1	11.2	84 53.7	43.5	359 05.9	55.4	260 10.1	33.5	Alphard	218 09.5	S 8 38.3
E 11	254 47.3	31 21.6	11.6	99 55.8	43.5	14 07.8	55.5	275 12.4	33.4			
S 12	269 49.8	46 22.1	S13 12.0	114 57.9	N13 43.4	29 09.8	S19 55.6	290 14.7	S10 33.3	Alphecca	126 23.1	N26 43.8
D 13	284 52.2	61 22.7	12.5	130 00.0	43.4	44 11.7	55.7	305 17.0	33.2	Alpheratz	357 57.8	N29 04.0
A 14	299 54.7	76 23.2	12.9	145 02.1	43.3	59 13.6	55.8	320 19.3	33.2	Altair	62 22.1	N 8 51.5
Y 15	314 57.2	91 23.7	·· 13.3	160 04.1	·· 43.3	74 15.5	·· 55.9	335 21.6	·· 33.1	Ankaa	353 29.3	S42 20.2
16	329 59.6	106 24.2	13.8	175 06.2	43.3	89 17.4	56.0	350 23.9	33.0	Antares	112 43.6	S26 25.1
17	345 02.1	121 24.7	14.2	190 08.3	43.2	104 19.3	56.2	5 26.2	33.0			
18	0 04.6	136 25.2	S13 14.6	205 10.4	N13 43.2	119 21.3	S19 56.3	20 28.5	S10 32.9	Arcturus	146 08.6	N19 12.4
19	15 07.0	151 25.7	15.0	220 12.5	43.1	134 23.2	56.4	35 30.8	32.8	Atria	107 58.5	S69 00.9
20	30 09.5	166 26.2	15.5	235 14.6	43.1	149 25.1	56.5	50 33.1	32.8	Avior	234 23.1	S59 29.6
21	45 11.9	181 26.8	·· 15.9	250 16.7	·· 43.0	164 27.0	·· 56.6	65 35.4	·· 32.7	Bellatrix	278 46.5	N 6 20.6
22	60 14.4	196 27.3	16.3	265 18.7	43.0	179 28.9	56.7	80 37.7	32.6	Betelgeuse	271 16.0	N 7 24.3
23	75 16.9	211 27.8	16.8	280 20.8	42.9	194 30.8	56.8	95 40.0	32.6			
22 00	90 19.3	226 28.3	S13 17.2	295 22.9	N13 42.9	209 32.8	S19 56.9	110 42.3	S10 32.5	Canopus	264 01.7	S52 41.7
01	105 21.8	241 28.8	17.7	310 25.0	42.9	224 34.7	57.0	125 44.6	32.4	Capella	280 54.5	N45 59.5
02	120 24.3	256 29.3	18.1	325 27.1	42.8	239 36.6	57.1	140 46.9	32.3	Deneb	49 41.3	N45 16.0
03	135 26.7	271 29.8	·· 18.5	340 29.2	·· 42.8	254 38.5	·· 57.2	155 49.2	·· 32.3	Denebola	182 47.8	N14 35.8
04	150 29.2	286 30.3	19.0	355 31.3	42.7	269 40.4	57.3	170 51.5	32.2	Diphda	349 09.7	S18 00.9
05	165 31.7	301 30.7	19.4	10 33.4	42.7	284 42.4	57.4	185 53.8	32.1			
06	180 34.1	316 31.2	S13 19.8	25 35.5	N13 42.7	299 44.3	S19 57.5	200 56.1	S10 32.1	Dubhe	194 08.5	N61 46.3
07	195 36.6	331 31.7	20.3	40 37.6	42.6	314 46.2	57.6	215 58.4	32.0	Elnath	278 29.8	N28 36.1
T 08	210 39.0	346 32.2	20.7	55 39.7	42.6	329 48.1	57.7	231 00.7	31.9	Eltanin	90 53.1	N51 29.5
H 09	225 41.5	1 32.7	·· 21.2	70 41.8	·· 42.5	344 50.0	·· 57.8	246 03.0	·· 31.9	Enif	34 00.9	N 9 51.3
U 10	240 44.0	16 33.2	21.6	85 43.9	42.5	359 51.9	57.9	261 05.3	31.8	Fomalhaut	15 39.4	S29 39.0
R 11	255 46.4	31 33.7	22.0	100 46.0	42.5	14 53.9	58.0	276 07.6	31.7			
S 12	270 48.9	46 34.2	S13 22.5	115 48.1	N13 42.4	29 55.8	S19 58.1	291 09.9	S10 31.6	Gacrux	172 16.4	S57 04.9
D 13	285 51.4	61 34.6	22.9	130 50.2	42.4	44 57.7	58.2	306 12.2	31.6	Gienah	176 06.6	S17 30.8
A 14	300 53.8	76 35.1	23.4	145 52.3	42.4	59 59.6	58.3	321 14.5	31.5	Hadar	149 07.9	S60 20.7
Y 15	315 56.3	91 35.6	·· 23.8	160 54.4	·· 42.3	75 01.5	·· 58.4	336 16.8	·· 31.4	Hamal	328 16.2	N23 26.4
16	330 58.8	106 36.1	24.3	175 56.5	42.3	90 03.5	58.5	351 19.1	31.4	Kaus Aust.	84 02.6	S34 23.1
17	346 01.2	121 36.5	24.7	190 58.6	42.3	105 05.4	58.6	6 21.4	31.3			
18	1 03.7	136 37.0	S13 25.1	206 00.7	N13 42.2	120 07.3	S19 58.7	21 23.7	S10 31.2	Kochab	137 20.4	N74 10.3
19	16 06.2	151 37.5	25.6	221 02.9	42.2	135 09.2	58.8	36 26.0	31.2	Markab	13 52.2	N15 10.9
20	31 08.6	166 38.0	26.0	236 05.0	42.2	150 11.1	58.9	51 28.3	31.1	Menkar	314 29.3	N 4 04.2
21	46 11.1	181 38.4	·· 26.5	251 07.1	·· 42.1	165 13.1	·· 59.0	66 30.6	·· 31.0	Menkent	148 24.2	S36 20.6
22	61 13.5	196 38.9	26.9	266 09.2	42.1	180 15.0	59.1	81 32.9	30.9	Miaplacidus	221 41.8	S69 41.7
23	76 16.0	211 39.4	27.4	281 11.3	42.1	195 16.9	59.2	96 35.2	30.9			
23 00	91 18.5	226 39.8	S13 27.8	296 13.4	N13 42.0	210 18.8	S19 59.3	111 37.5	S10 30.8	Mirfak	308 59.8	N49 50.7
01	106 20.9	241 40.3	28.3	311 15.5	42.0	225 20.7	59.4	126 39.8	30.7	Nunki	76 15.9	S26 18.1
02	121 23.4	256 40.7	28.7	326 17.7	42.0	240 22.7	59.5	141 42.1	30.7	Peacock	53 41.5	S56 45.1
03	136 25.9	271 41.2	·· 29.2	341 19.8	·· 41.9	255 24.6	·· 59.6	156 44.4	·· 30.6	Pollux	243 44.3	N28 02.1
04	151 28.3	286 41.7	29.6	356 21.9	41.9	270 26.5	59.7	171 46.7	30.5	Procyon	245 13.9	N 5 14.1
05	166 30.8	301 42.1	30.1	11 24.0	41.9	285 28.4	59.8	186 49.0	30.4			
06	181 33.3	316 42.6	S13 30.5	26 26.2	N13 41.8	300 30.3	S19 59.9	201 51.3	S10 30.4	Rasalhague	96 19.7	N12 33.9
07	196 35.7	331 43.0	31.0	41 28.3	41.8	315 32.2	20 00.0	216 53.6	30.3	Regulus	207 58.1	N11 59.3
08	211 38.2	346 43.5	31.4	56 30.4	41.8	330 34.2	00.1	231 55.9	30.2	Rigel	281 25.1	S 8 12.5
F 09	226 40.7	1 43.9	·· 31.9	71 32.5	·· 41.8	345 36.1	·· 00.2	246 58.2	·· 30.2	Rigil Kent.	140 11.0	S60 48.6
R 10	241 43.1	16 44.4	32.3	86 34.7	41.7	0 38.0	00.3	262 00.5	30.1	Sabik	102 28.8	S15 43.0
I 11	256 45.6	31 44.8	32.8	101 36.8	41.7	15 39.9	00.4	277 02.8	30.0			
D 12	271 48.0	46 45.3	S13 33.2	116 38.9	N13 41.7	30 41.9	S20 00.5	292 05.1	S10 29.9	Schedar	349 56.2	N56 30.9
A 13	286 50.5	61 45.7	33.7	131 41.0	41.6	45 43.8	00.6	307 07.3	29.9	Shaula	96 41.2	S37 05.9
Y 14	301 53.0	76 46.2	34.2	146 43.2	41.6	60 45.7	00.7	322 09.6	29.8	Sirius	258 45.6	S16 42.7
15	316 55.4	91 46.6	·· 34.6	161 45.3	·· 41.6	75 47.6	·· 00.8	337 11.9	·· 29.7	Spica	158 46.0	S11 08.1
16	331 57.9	106 47.0	35.1	176 47.4	41.6	90 49.5	00.9	352 14.2	29.7	Suhail	223 02.3	S43 24.7
17	347 00.4	121 47.5	35.5	191 49.6	41.5	105 51.5	01.0	7 16.5	29.6			
18	2 02.8	136 47.9	S13 36.0	206 51.7	N13 41.5	120 53.4	S20 01.1	22 18.8	S10 29.5	Vega	80 48.8	N38 46.9
19	17 05.3	151 48.3	36.4	221 53.9	41.5	135 55.3	01.2	37 21.1	29.4	Zuben'ubi	137 21.0	S16 01.2
20	32 07.8	166 48.8	36.9	236 56.0	41.5	150 57.2	01.3	52 23.4	29.4		S.H.A.	Mer. Pass.
21	47 10.2	181 49.2	·· 37.4	251 58.1	·· 41.4	165 59.1	·· 01.4	67 25.7	·· 29.3		° ′	h m
22	62 12.7	196 49.6	37.8	267 00.3	41.4	181 01.1	01.5	82 28.0	29.2	Venus	136 08.9	8 54
23	77 15.2	211 50.1	38.3	282 02.4	41.4	196 03.0	01.6	97 30.3	29.2	Mars	205 03.6	4 18
										Jupiter	119 13.4	10 01
Mer. Pass. 17 55.8		v 0.5	d 0.4	v 2.1	d 0.0	v 1.9	d 0.1	v 2.3	d 0.1	Saturn	20 23.0	16 35

1994 DECEMBER 21, 22, 23 (WED., THURS., FRI.)

UT (GMT)	SUN G.H.A.	SUN Dec.	MOON G.H.A.	v	Dec.	d	H.P.
21 00	180 33.2	S23 26.0	326 47.9	12.2	N14 56.3	7.3	55.3
01	195 32.9	26.0	341 19.1	12.2	14 49.0	7.3	55.4
02	210 32.6	26.0	355 50.3	12.3	14 41.7	7.5	55.4
03	225 32.3	.. 26.1	10 21.6	12.3	14 34.2	7.5	55.4
04	240 32.0	26.1	24 52.9	12.3	14 26.7	7.6	55.4
05	255 31.7	26.1	39 24.2	12.3	14 19.1	7.6	55.4
W 06	270 31.4	S23 26.1	53 55.5	12.3	N14 11.5	7.7	55.5
E 07	285 31.0	26.1	68 26.8	12.3	14 03.8	7.8	55.5
D 08	300 30.7	26.1	82 58.1	12.4	13 56.0	7.9	55.5
N 09	315 30.4	.. 26.2	97 29.5	12.4	13 48.1	7.9	55.5
E 10	330 30.1	26.2	112 00.9	12.4	13 40.2	8.0	55.5
S 11	345 29.8	26.2	126 32.3	12.4	13 32.2	8.1	55.6
D 12	0 29.5	S23 26.2	141 03.7	12.4	N13 24.1	8.2	55.6
A 13	15 29.2	26.2	155 35.1	12.4	13 15.9	8.2	55.6
Y 14	30 28.9	26.2	170 06.5	12.5	13 07.7	8.2	55.6
15	45 28.6	.. 26.2	184 38.0	12.4	12 59.5	8.4	55.6
16	60 28.3	26.2	199 09.4	12.5	12 51.1	8.4	55.7
17	75 27.9	26.2	213 40.9	12.5	12 42.7	8.5	55.7
18	90 27.6	S23 26.2	228 12.4	12.5	N12 34.2	8.5	55.7
19	105 27.3	26.3	242 43.9	12.5	12 25.7	8.6	55.7
20	120 27.0	26.3	257 15.4	12.6	12 17.1	8.7	55.7
21	135 26.7	.. 26.3	271 47.0	12.5	12 08.4	8.7	55.8
22	150 26.4	26.3	286 18.5	12.6	11 59.7	8.8	55.8
23	165 26.1	26.3	300 50.1	12.6	11 50.9	8.8	55.8
22 00	180 25.8	S23 26.3	315 21.7	12.6	N11 42.1	8.9	55.8
01	195 25.5	26.3	329 53.3	12.6	11 33.2	9.0	55.8
02	210 25.2	26.3	344 24.9	12.6	11 24.2	9.0	55.9
03	225 24.8	.. 26.3	358 56.5	12.6	11 15.2	9.1	55.9
04	240 24.5	26.3	13 28.1	12.6	11 06.1	9.2	55.9
05	255 24.2	26.3	27 59.7	12.7	10 56.9	9.2	55.9
T 06	270 23.9	S23 26.3	42 31.4	12.6	N10 47.7	9.2	55.9
H 07	285 23.6	26.3	57 03.0	12.7	10 38.5	9.4	56.0
U 08	300 23.3	26.3	71 34.7	12.7	10 29.1	9.3	56.0
R 09	315 23.0	.. 26.3	86 06.4	12.6	10 19.8	9.5	56.0
S 10	330 22.7	26.2	100 38.0	12.7	10 10.3	9.4	56.0
D 11	345 22.4	26.2	115 09.7	12.7	10 00.9	9.6	56.1
A 12	0 22.1	S23 26.2	129 41.4	12.7	N 9 51.3	9.6	56.1
Y 13	15 21.7	26.2	144 13.1	12.8	9 41.7	9.6	56.1
14	30 21.4	26.2	158 44.9	12.7	9 32.1	9.7	56.1
15	45 21.1	.. 26.2	173 16.6	12.7	9 22.4	9.7	56.1
16	60 20.8	26.2	187 48.3	12.7	9 12.7	9.8	56.2
17	75 20.5	26.2	202 20.0	12.8	9 02.9	9.9	56.2
18	90 20.2	S23 26.2	216 51.8	12.7	N 8 53.0	9.9	56.2
19	105 19.9	26.2	231 23.5	12.8	8 43.1	9.9	56.2
20	120 19.6	26.1	245 55.3	12.7	8 33.2	10.0	56.3
21	135 19.3	.. 26.1	260 27.0	12.8	8 23.2	10.0	56.3
22	150 18.9	26.1	274 58.8	12.7	8 13.2	10.1	56.3
23	165 18.6	26.1	289 30.5	12.8	8 03.1	10.2	56.3
23 00	180 18.3	S23 26.1	304 02.3	12.7	N 7 52.9	10.1	56.4
01	195 18.0	26.1	318 34.0	12.8	7 42.8	10.2	56.4
02	210 17.7	26.0	333 05.8	12.7	7 32.6	10.3	56.4
03	225 17.4	.. 26.0	347 37.6	12.7	7 22.3	10.3	56.4
04	240 17.1	26.0	2 09.3	12.8	7 12.0	10.4	56.5
05	255 16.8	26.0	16 41.1	12.7	7 01.6	10.3	56.5
F 06	270 16.5	S23 26.0	31 12.8	12.8	N 6 51.3	10.5	56.5
R 07	285 16.1	25.9	45 44.6	12.8	6 40.8	10.4	56.5
I 08	300 15.8	25.9	60 16.4	12.7	6 30.4	10.6	56.6
D 09	315 15.5	.. 25.9	74 48.1	12.7	6 19.8	10.5	56.6
A 10	330 15.2	25.9	89 19.8	12.8	6 09.3	10.6	56.6
Y 11	345 14.9	25.8	103 51.6	12.7	5 58.7	10.6	56.6
12	0 14.6	S23 25.8	118 23.3	12.7	N 5 48.1	10.7	56.7
13	15 14.3	25.8	132 55.0	12.8	5 37.4	10.7	56.7
14	30 14.0	25.8	147 26.8	12.7	5 26.7	10.7	56.7
15	45 13.7	.. 25.7	161 58.5	12.7	5 16.0	10.7	56.7
16	60 13.4	25.7	176 30.2	12.7	5 05.3	10.8	56.8
17	75 13.0	25.7	191 01.9	12.7	4 54.5	10.9	56.8
18	90 12.7	S23 25.6	205 33.6	12.6	N 4 43.6	10.8	56.8
19	105 12.4	25.6	220 05.2	12.7	4 32.8	10.9	56.8
20	120 12.1	25.6	234 36.9	12.7	4 21.9	10.9	56.9
21	135 11.8	.. 25.5	249 08.6	12.6	4 11.0	11.0	56.9
22	150 11.5	25.5	263 40.2	12.6	4 00.0	11.0	56.9
23	165 11.2	25.5	278 11.8	12.6	3 49.0	11.0	56.9
	S.D. 16.3	d 0.0	S.D. 15.1		15.3		15.4

Lat.	Twilight Naut.	Twilight Civil	Sunrise	Moonrise 21	22	23	24
N 72	08 26	10 58	■	17 55	19 47	21 36	23 25
N 70	08 06	09 55	■	18 19	20 00	21 41	23 24
68	07 50	09 19	■	18 37	20 11	21 46	23 23
66	07 37	08 54	10 35	18 51	20 20	21 50	23 22
64	07 26	08 34	09 52	19 03	20 27	21 53	23 21
62	07 16	08 18	09 24	19 13	20 33	21 56	23 20
60	07 08	08 05	09 02	19 21	20 39	21 58	23 20
N 58	07 00	07 53	08 45	19 29	20 44	22 01	23 19
56	06 53	07 43	08 30	19 35	20 48	22 03	23 19
54	06 47	07 33	08 17	19 41	20 52	22 04	23 19
52	06 41	07 25	08 06	19 46	20 55	22 06	23 18
50	06 36	07 18	07 56	19 51	20 58	22 07	23 18
45	06 24	07 02	07 36	20 01	21 05	22 10	23 17
N 40	06 14	06 48	07 19	20 10	21 11	22 13	23 17
35	06 05	06 36	07 04	20 17	21 16	22 15	23 16
30	05 56	06 26	06 52	20 23	21 20	22 17	23 16
20	05 39	06 07	06 31	20 34	21 27	22 21	23 15
N 10	05 23	05 49	06 12	20 44	21 34	22 24	23 15
0	05 06	05 32	05 55	20 53	21 40	22 27	23 14
S 10	04 47	05 14	05 37	21 02	21 46	22 30	23 13
20	04 24	04 54	05 18	21 12	21 52	22 33	23 13
30	03 55	04 29	04 56	21 23	22 00	22 36	23 12
35	03 36	04 13	04 43	21 29	22 04	22 38	23 12
40	03 13	03 55	04 28	21 36	22 09	22 40	23 12
45	02 43	03 32	04 10	21 44	22 14	22 43	23 11
S 50	01 57	03 03	03 47	21 54	22 21	22 46	23 11
52	01 29	02 47	03 36	21 59	22 24	22 47	23 11
54	00 42	02 29	03 24	22 04	22 27	22 49	23 10
56	////	02 07	03 10	22 09	22 31	22 51	23 10
58	////	01 37	02 53	22 15	22 35	22 53	23 10
S 60	////	00 46	02 32	22 22	22 39	22 55	23 09

Lat.	Sunset	Twilight Civil	Twilight Naut.	Moonset 21	22	23	24
N 72	■	12 59	15 31	11 43	11 29	11 18	11 08
N 70	■	14 02	15 51	11 18	11 14	11 10	11 06
68	■	14 38	16 07	10 59	11 02	11 03	11 04
66	13 22	15 03	16 20	10 43	10 52	10 58	11 03
64	14 05	15 23	16 31	10 31	10 43	10 53	11 02
62	14 33	15 39	16 41	10 20	10 36	10 49	11 01
60	14 55	15 52	16 49	10 11	10 29	10 45	11 00
N 58	15 12	16 04	16 57	10 03	10 24	10 42	10 59
56	15 27	16 14	17 04	09 56	10 19	10 39	10 58
54	15 40	16 24	17 10	09 49	10 14	10 37	10 58
52	15 51	16 32	17 16	09 43	10 10	10 34	10 57
50	16 01	16 39	17 21	09 38	10 06	10 32	10 57
45	16 22	16 55	17 33	09 27	09 58	10 27	10 56
N 40	16 38	17 09	17 43	09 17	09 51	10 23	10 55
35	16 53	17 21	17 52	09 09	09 45	10 20	10 54
30	17 05	17 31	18 01	09 02	09 40	10 17	10 53
20	17 26	17 50	18 18	08 50	09 31	10 11	10 52
N 10	17 45	18 08	18 34	08 39	09 23	10 07	10 50
0	18 02	18 25	18 51	08 29	09 16	10 02	10 49
S 10	18 20	18 43	19 10	08 18	09 08	09 58	10 48
20	18 39	19 03	19 33	08 07	09 00	09 53	10 47
30	19 01	19 28	20 02	07 54	08 51	09 47	10 45
35	19 14	19 44	20 21	07 47	08 45	09 44	10 44
40	19 29	20 02	20 44	07 39	08 39	09 40	10 43
45	19 47	20 25	21 14	07 29	08 32	09 36	10 42
S 50	20 10	20 54	22 00	07 17	08 23	09 31	10 41
52	20 21	21 10	22 28	07 11	08 19	09 29	10 40
54	20 33	21 28	23 15	07 05	08 15	09 26	10 39
56	20 47	21 50	////	06 58	08 10	09 23	10 39
58	21 04	22 20	////	06 50	08 04	09 20	10 38
S 60	21 25	23 11	////	06 41	07 58	09 16	10 37

Day	SUN Eqn. of Time 00h	12h	Mer. Pass.	MOON Mer. Pass. Upper	Lower	Age	Phase
21	02 13	01 59	11 58	02 17	14 41	19	
22	01 44	01 29	11 59	03 04	15 28	20	
23	01 14	00 59	11 59	03 51	16 14	21	◖

1994 DECEMBER 24, 25, 26 (SAT., SUN., MON.)

UT (GMT) d h	ARIES G.H.A.	VENUS −4.6 G.H.A.	Dec.	MARS −0.2 G.H.A.	Dec.	JUPITER −1.8 G.H.A.	Dec.	SATURN +1.0 G.H.A.	Dec.	STARS Name	S.H.A.	Dec.
24 00	92 17.6	226 50.5	S13 38.7	297 04.6	N13 41.4	211 04.9	S20 01.7	112 32.6	S10 29.1	Acamar	315 28.6	S40 19.7
01	107 20.1	241 50.9	39.2	312 06.7	41.4	226 06.8	01.8	127 34.9	29.0	Achernar	335 36.9	S57 16.0
02	122 22.5	256 51.3	39.7	327 08.8	41.3	241 08.7	01.9	142 37.2	28.9	Acrux	173 24.8	S63 04.0
03	137 25.0	271 51.8	·· 40.1	342 11.0	·· 41.3	256 10.7	·· 02.0	157 39.5	·· 28.9	Adhara	255 23.0	S28 58.0
04	152 27.5	286 52.2	40.6	357 13.1	41.3	271 12.6	02.1	172 41.8	28.8	Aldebaran	291 05.0	N16 29.9
05	167 29.9	301 52.6	41.1	12 15.3	41.3	286 14.5	02.2	187 44.1	28.7			
06	182 32.4	316 53.0	S13 41.5	27 17.4	N13 41.3	301 16.4	S20 02.3	202 46.4	S10 28.6	Alioth	166 33.0	N55 58.9
07	197 34.9	331 53.4	42.0	42 19.6	41.2	316 18.4	02.4	217 48.7	28.6	Alkaid	153 10.1	N49 20.0
S 08	212 37.3	346 53.8	42.5	57 21.7	41.2	331 20.3	02.5	232 50.9	28.5	Al Na'ir	28 01.4	S46 59.2
A 09	227 39.8	1 54.3	·· 42.9	72 23.9	·· 41.2	346 22.2	·· 02.6	247 53.2	·· 28.4	Alnilam	276 00.1	S 1 12.4
T 10	242 42.3	16 54.7	43.4	87 26.0	41.2	1 24.1	02.7	262 55.5	28.4	Alphard	218 09.5	S 8 38.3
U 11	257 44.7	31 55.1	43.8	102 28.2	41.2	16 26.0	02.8	277 57.8	28.3			
R 12	272 47.2	46 55.5	S13 44.3	117 30.4	N13 41.2	31 28.0	S20 02.9	293 00.1	S10 28.2	Alphecca	126 23.1	N26 43.8
D 13	287 49.6	61 55.9	44.8	132 32.5	41.1	46 29.9	03.0	308 02.4	28.1	Alpheratz	357 57.8	N29 04.0
A 14	302 52.1	76 56.3	45.2	147 34.7	41.1	61 31.8	03.1	323 04.7	28.1	Altair	62 22.1	N 8 51.4
Y 15	317 54.6	91 56.7	·· 45.7	162 36.8	·· 41.1	76 33.7	·· 03.2	338 07.0	·· 28.0	Ankaa	353 29.4	S42 20.2
16	332 57.0	106 57.1	46.2	177 39.0	41.1	91 35.7	03.3	353 09.3	27.9	Antares	112 43.6	S26 25.1
17	347 59.5	121 57.5	46.7	192 41.2	41.1	106 37.6	03.4	8 11.6	27.8			
18	3 02.0	136 57.9	S13 47.1	207 43.3	N13 41.1	121 39.5	S20 03.5	23 13.9	S10 27.8	Arcturus	146 08.6	N19 12.4
19	18 04.4	151 58.3	47.6	222 45.5	41.1	136 41.4	03.6	38 16.2	27.7	Atria	107 58.4	S69 00.9
20	33 06.9	166 58.7	48.1	237 47.6	41.0	151 43.3	03.7	53 18.5	27.6	Avior	234 23.0	S59 29.6
21	48 09.4	181 59.1	·· 48.5	252 49.8	·· 41.0	166 45.3	·· 03.8	68 20.8	·· 27.6	Bellatrix	278 46.5	N 6 20.6
22	63 11.8	196 59.5	49.0	267 52.0	41.0	181 47.2	03.9	83 23.0	27.5	Betelgeuse	271 16.0	N 7 24.3
23	78 14.3	211 59.9	49.5	282 54.1	41.0	196 49.1	04.0	98 25.3	27.4			
25 00	93 16.8	227 00.3	S13 49.9	297 56.3	N13 41.0	211 51.0	S20 04.1	113 27.6	S10 27.3	Canopus	264 01.7	S52 41.7
01	108 19.2	242 00.7	50.4	312 58.5	41.0	226 53.0	04.2	128 29.9	27.3	Capella	280 54.5	N45 59.6
02	123 21.7	257 01.0	50.9	328 00.7	41.0	241 54.9	04.3	143 32.2	27.2	Deneb	49 41.3	N45 16.0
03	138 24.1	272 01.4	·· 51.4	343 02.8	·· 41.0	256 56.8	·· 04.4	158 34.5	·· 27.1	Denebola	182 47.8	N14 35.8
04	153 26.6	287 01.8	51.8	358 05.0	41.0	271 58.7	04.5	173 36.8	27.0	Diphda	349 09.7	S18 00.9
05	168 29.1	302 02.2	52.3	13 07.2	40.9	287 00.7	04.6	188 39.1	27.0			
06	183 31.5	317 02.6	S13 52.8	28 09.4	N13 40.9	302 02.6	S20 04.7	203 41.4	S10 26.9	Dubhe	194 08.5	N61 46.3
07	198 34.0	332 03.0	53.3	43 11.5	40.9	317 04.5	04.8	218 43.7	26.8	Elnath	278 29.8	N28 36.1
08	213 36.5	347 03.3	53.7	58 13.7	40.9	332 06.4	04.9	233 46.0	26.7	Eltanin	90 53.1	N51 29.5
S 09	228 38.9	2 03.7	·· 54.2	73 15.9	·· 40.9	347 08.3	·· 05.0	248 48.2	·· 26.7	Enif	34 00.9	N 9 51.3
U 10	243 41.4	17 04.1	54.7	88 18.1	40.9	2 10.3	05.1	263 50.5	26.6	Fomalhaut	15 39.4	S29 39.0
N 11	258 43.9	32 04.5	55.2	103 20.3	40.9	17 12.2	05.2	278 52.8	26.5			
D 12	273 46.3	47 04.8	S13 55.6	118 22.4	N13 40.9	32 14.1	S20 05.3	293 55.1	S10 26.4	Gacrux	172 16.4	S57 04.9
A 13	288 48.8	62 05.2	56.1	133 24.6	40.9	47 16.0	05.4	308 57.4	26.4	Gienah	176 06.6	S17 30.8
Y 14	303 51.3	77 05.6	56.6	148 26.8	40.9	62 18.0	05.5	323 59.7	26.3	Hadar	149 07.9	S60 20.7
15	318 53.7	92 06.0	·· 57.1	163 29.0	·· 40.9	77 19.9	·· 05.6	339 02.0	·· 26.2	Hamal	328 16.2	N23 26.4
16	333 56.2	107 06.3	57.6	178 31.2	40.9	92 21.8	05.7	354 04.3	26.2	Kaus Aust.	84 02.6	S34 23.1
17	348 58.6	122 06.7	58.0	193 33.4	40.9	107 23.7	05.8	9 06.6	26.1			
18	4 01.1	137 07.0	S13 58.5	208 35.6	N13 40.9	122 25.7	S20 05.9	24 08.9	S10 26.0	Kochab	137 20.4	N74 10.3
19	19 03.6	152 07.4	59.0	223 37.8	40.9	137 27.6	06.0	39 11.1	25.9	Markab	13 52.2	N15 10.9
20	34 06.0	167 07.8	13 59.5	238 39.9	40.9	152 29.5	06.1	54 13.4	25.9	Menkar	314 29.3	N 4 04.2
21	49 08.5	182 08.1	14 00.0	253 42.1	·· 40.9	167 31.4	·· 06.2	69 15.7	·· 25.8	Menkent	148 24.1	S36 20.6
22	64 11.0	197 08.5	00.4	268 44.3	40.9	182 33.4	06.3	84 18.0	25.7	Miaplacidus	221 41.8	S69 41.7
23	79 13.4	212 08.8	00.9	283 46.5	40.9	197 35.3	06.4	99 20.3	25.6			
26 00	94 15.9	227 09.2	S14 01.4	298 48.7	N13 40.9	212 37.2	S20 06.5	114 22.6	S10 25.6	Mirfak	308 59.8	N49 50.7
01	109 18.4	242 09.6	01.9	313 50.9	40.9	227 39.1	06.6	129 24.9	25.5	Nunki	76 15.9	S26 18.1
02	124 20.8	257 09.9	02.4	328 53.1	40.9	242 41.1	06.7	144 27.2	25.4	Peacock	53 41.6	S56 45.1
03	139 23.3	272 10.3	·· 02.9	343 55.3	·· 40.9	257 43.0	·· 06.8	159 29.4	·· 25.3	Pollux	243 44.3	N28 02.1
04	154 25.7	287 10.6	03.3	358 57.5	40.9	272 44.9	06.9	174 31.7	25.3	Procyon	245 13.9	N 5 14.1
05	169 28.2	302 11.0	03.8	13 59.7	40.9	287 46.8	07.0	189 34.0	25.2			
06	184 30.7	317 11.3	S14 04.3	29 01.9	N13 40.9	302 48.8	S20 07.1	204 36.3	S10 25.1	Rasalhague	96 19.7	N12 33.9
07	199 33.1	332 11.7	04.8	44 04.1	40.9	317 50.7	07.1	219 38.6	25.0	Regulus	207 58.1	N11 59.3
08	214 35.6	347 12.0	05.3	59 06.3	40.9	332 52.6	07.2	234 40.9	25.0	Rigel	281 25.1	S 8 12.6
M 09	229 38.1	2 12.3	·· 05.8	74 08.6	·· 40.9	347 54.5	·· 07.3	249 43.2	·· 24.9	Rigil Kent.	140 11.0	S60 48.6
O 10	244 40.5	17 12.7	06.2	89 10.8	40.9	2 56.5	07.4	264 45.5	24.8	Sabik	102 28.8	S15 43.0
N 11	259 43.0	32 13.0	06.7	104 13.0	40.9	17 58.4	07.5	279 47.7	24.7			
D 12	274 45.5	47 13.4	S14 07.2	119 15.2	N13 40.9	33 00.3	S20 07.6	294 50.0	S10 24.7	Schedar	349 56.2	N56 30.9
A 13	289 47.9	62 13.7	07.7	134 17.4	40.9	48 02.2	07.7	309 52.3	24.6	Shaula	96 41.2	S37 05.9
Y 14	304 50.4	77 14.0	08.2	149 19.6	40.9	63 04.2	07.8	324 54.6	24.5	Sirius	258 45.6	S16 42.7
15	319 52.9	92 14.4	·· 08.7	164 21.8	·· 40.9	78 06.1	·· 07.9	339 56.9	·· 24.4	Spica	158 46.0	S11 08.1
16	334 55.3	107 14.7	09.2	179 24.0	40.9	93 08.0	08.0	354 59.2	24.4	Suhail	223 02.3	S43 24.7
17	349 57.8	122 15.0	09.7	194 26.2	40.9	108 10.0	08.1	10 01.5	24.3			
18	5 00.2	137 15.4	S14 10.1	209 28.5	N13 40.9	123 11.9	S20 08.2	25 03.7	S10 24.2	Vega	80 48.8	N38 46.9
19	20 02.7	152 15.7	10.6	224 30.7	40.9	138 13.8	08.3	40 06.0	24.1	Zuben'ubi	137 21.0	S16 01.2
20	35 05.2	167 16.0	11.1	239 32.9	40.9	153 15.7	08.4	55 08.3	24.1			
21	50 07.6	182 16.3	·· 11.6	254 35.1	·· 40.9	168 17.7	·· 08.5	70 10.6	·· 24.0		S.H.A.	Mer. Pass.
22	65 10.1	197 16.7	12.1	269 37.3	41.0	183 19.6	08.6	85 12.9	23.9		° ′	h m
23	80 12.6	212 17.0	12.6	284 39.6	41.0	198 21.5	08.7	100 15.2	23.8	Venus	133 43.5	8 52
	h m									Mars	204 39.6	4 08
Mer. Pass. 17 44.0		v 0.4	d 0.5	v 2.2	d 0.0	v 1.9	d 0.1	v 2.3	d 0.1	Jupiter	118 34.3	9 51
										Saturn	20 10.9	16 24

1994 DECEMBER 24, 25, 26 (SAT., SUN., MON.)

UT (GMT)	SUN G.H.A.	SUN Dec.	MOON G.H.A.	v	Dec.	d	H.P.
d h	° '	° '	° '	'	° '	'	'
24 00	180 10.9	S23 25.4	292 43.4	12.6	N 3 38.0	11.0	57.0
01	195 10.6	25.4	307 15.0	12.6	3 27.0	11.1	57.0
02	210 10.2	25.3	321 46.6	12.6	3 15.9	11.0	57.0
03	225 09.9 ..	25.3	336 18.2	12.5	3 04.9	11.1	57.1
04	240 09.6	25.3	350 49.7	12.6	2 53.8	11.2	57.1
05	255 09.3	25.2	5 21.3	12.5	2 42.6	11.1	57.1
S 06	270 09.0	S23 25.2	19 52.8	12.5	N 2 31.5	11.2	57.1
A 07	285 08.7	25.1	34 24.3	12.5	2 20.3	11.2	57.2
T 08	300 08.4	25.1	48 55.8	12.4	2 09.1	11.2	57.2
U 09	315 08.1 ..	25.1	63 27.2	12.4	1 57.9	11.3	57.2
R 10	330 07.8	25.0	77 58.6	12.5	1 46.6	11.2	57.2
D 11	345 07.4	25.0	92 30.1	12.3	1 35.4	11.3	57.3
A 12	0 07.1	S23 24.9	107 01.4	12.4	N 1 24.1	11.3	57.3
Y 13	15 06.8	24.9	121 32.8	12.3	1 12.8	11.3	57.3
14	30 06.5	24.8	136 04.1	12.3	1 01.5	11.4	57.4
15	45 06.2 ..	24.8	150 35.4	12.3	0 50.1	11.3	57.4
16	60 05.9	24.7	165 06.7	12.3	0 38.8	11.4	57.4
17	75 05.6	24.7	179 38.0	12.2	0 27.4	11.3	57.4
18	90 05.3	S23 24.6	194 09.2	12.2	N 0 16.1	11.4	57.5
19	105 05.0	24.6	208 40.4	12.2	N 0 04.7	11.4	57.5
20	120 04.7	24.5	223 11.6	12.1	S 0 06.7	11.4	57.5
21	135 04.3 ..	24.5	237 42.7	12.1	0 18.1	11.4	57.6
22	150 04.0	24.4	252 13.8	12.1	0 29.5	11.4	57.6
23	165 03.7	24.3	266 44.9	12.0	0 40.9	11.5	57.6
25 00	180 03.4	S23 24.3	281 15.9	12.1	S 0 52.4	11.4	57.6
01	195 03.1	24.2	295 47.0	11.9	1 03.8	11.4	57.7
02	210 02.8	24.2	310 17.9	12.0	1 15.2	11.5	57.7
03	225 02.5 ..	24.1	324 48.9	11.9	1 26.7	11.4	57.7
04	240 02.2	24.1	339 19.8	11.8	1 38.1	11.5	57.8
05	255 01.9	24.0	353 50.6	11.8	1 49.6	11.5	57.8
S 06	270 01.6	S23 23.9	8 21.4	11.8	S 2 01.1	11.4	57.8
U 07	285 01.2	23.9	22 52.2	11.8	2 12.5	11.5	57.8
N 08	300 00.9	23.8	37 23.0	11.7	2 24.0	11.4	57.9
D 09	315 00.6 ..	23.7	51 53.7	11.6	2 35.4	11.5	57.9
A 10	330 00.3	23.7	66 24.3	11.7	2 46.9	11.4	57.9
Y 11	345 00.0	23.6	80 55.0	11.5	2 58.3	11.5	58.0
12	359 59.7	S23 23.5	95 25.5	11.6	S 3 09.8	11.4	58.0
13	14 59.4	23.5	109 56.1	11.5	3 21.2	11.5	58.0
14	29 59.1	23.4	124 26.6	11.4	3 32.7	11.4	58.1
15	44 58.8 ..	23.3	138 57.0	11.4	3 44.1	11.4	58.1
16	59 58.5	23.3	153 27.4	11.3	3 55.5	11.4	58.1
17	74 58.1	23.2	167 57.7	11.3	4 06.9	11.4	58.1
18	89 57.8	S23 23.1	182 28.0	11.3	S 4 18.3	11.4	58.2
19	104 57.5	23.1	196 58.3	11.2	4 29.7	11.4	58.2
20	119 57.2	23.0	211 28.5	11.1	4 41.1	11.4	58.2
21	134 56.9 ..	22.9	225 58.6	11.1	4 52.5	11.4	58.3
22	149 56.6	22.8	240 28.7	11.1	5 03.9	11.3	58.3
23	164 56.3	22.8	254 58.8	10.9	5 15.2	11.3	58.3
26 00	179 56.0	S23 22.7	269 28.7	11.0	S 5 26.5	11.3	58.4
01	194 55.7	22.6	283 58.7	10.9	5 37.8	11.3	58.4
02	209 55.4	22.5	298 28.6	10.8	5 49.1	11.3	58.4
03	224 55.0 ..	22.5	312 58.4	10.8	6 00.4	11.2	58.5
04	239 54.7	22.4	327 28.2	10.7	6 11.6	11.3	58.5
05	254 54.4	22.3	341 57.9	10.6	6 22.9	11.2	58.5
M 06	269 54.1	S23 22.2	356 27.5	10.6	S 6 34.1	11.2	58.5
O 07	284 53.8	22.1	10 57.1	10.5	6 45.3	11.1	58.6
N 08	299 53.5	22.0	25 26.6	10.5	6 56.4	11.1	58.6
D 09	314 53.2 ..	22.0	39 56.1	10.4	7 07.5	11.1	58.6
A 10	329 52.9	21.9	54 25.5	10.4	7 18.6	11.0	58.7
Y 11	344 52.6	21.8	68 54.9	10.3	7 29.7	11.1	58.7
12	359 52.3	S23 21.7	83 24.1	10.3	S 7 40.8	11.0	58.7
13	14 51.9	21.6	97 53.4	10.1	7 51.8	11.0	58.8
14	29 51.6	21.5	112 22.5	10.1	8 02.8	10.9	58.8
15	44 51.3 ..	21.4	126 51.6	10.0	8 13.7	10.9	58.8
16	59 51.0	21.4	141 20.6	10.0	8 24.6	10.9	58.8
17	74 50.7	21.3	155 49.6	9.9	8 35.5	10.9	58.9
18	89 50.4	S23 21.2	170 18.5	9.8	S 8 46.4	10.8	58.9
19	104 50.1	21.1	184 47.3	9.8	8 57.2	10.7	58.9
20	119 49.8	21.0	199 16.1	9.6	9 07.9	10.7	59.0
21	134 49.5 ..	20.9	213 44.7	9.7	9 18.6	10.7	59.0
22	149 49.2	20.8	228 13.4	9.5	9 29.3	10.7	59.0
23	164 48.9	20.7	242 41.9	9.5	9 40.0	10.6	59.1
	S.D. 16.3	d 0.1	S.D. 15.6		15.8		16.0

Moonrise

Lat.	Twilight Naut.	Twilight Civil	Sunrise	24	25	26	27
°	h m	h m	h m	h m	h m	h m	h m
N 72	08 27	10 57	■	23 25	25 18	01 18	03 19
N 70	08 07	09 55	■	23 24	25 09	01 09	03 00
68	07 51	09 20	■	23 23	25 02	01 02	02 46
66	07 38	08 55	10 35	23 22	24 56	00 56	02 35
64	07 27	08 35	09 53	23 21	24 52	00 52	02 25
62	07 17	08 19	09 25	23 20	24 47	00 47	02 17
60	07 09	08 06	09 03	23 20	24 44	00 44	02 10
N 58	07 01	07 54	08 46	23 19	24 40	00 40	02 04
56	06 55	07 44	08 31	23 19	24 38	00 38	01 58
54	06 48	07 35	08 19	23 19	24 35	00 35	01 54
52	06 43	07 26	08 07	23 18	24 33	00 33	01 49
50	06 37	07 19	07 58	23 18	24 31	00 31	01 45
45	06 26	07 03	07 37	23 17	24 26	00 26	01 37
N 40	06 15	06 49	07 20	23 17	24 22	00 22	01 30
35	06 06	06 38	07 06	23 16	24 19	00 19	01 24
30	05 57	06 27	06 53	23 16	24 16	00 16	01 18
20	05 41	06 08	06 32	23 15	24 11	00 11	01 09
N 10	05 24	05 51	06 14	23 15	24 07	00 07	01 01
0	05 07	05 34	05 56	23 14	24 03	00 03	00 54
S 10	04 49	05 16	05 39	23 13	23 59	24 46	00 46
20	04 26	04 55	05 20	23 13	23 55	24 39	00 39
30	03 57	04 30	04 58	23 12	23 50	24 30	00 30
35	03 38	04 15	04 45	23 12	23 47	24 25	00 25
40	03 15	03 57	04 30	23 12	23 44	24 19	00 19
45	02 44	03 34	04 12	23 11	23 41	24 13	00 13
S 50	01 59	03 04	03 49	23 11	23 36	24 05	00 05
52	01 31	02 49	03 38	23 11	23 35	24 01	00 01
54	00 44	02 31	03 26	23 10	23 32	23 57	24 26
56	////	02 09	03 12	23 10	23 30	23 53	24 19
58	////	01 39	02 55	23 10	23 28	23 48	24 12
S 60	////	00 49	02 34	23 09	23 25	23 42	24 04

Moonset

Lat.	Sunset	Twilight Civil	Twilight Naut.	24	25	26	27
°	h m	h m	h m	h m	h m	h m	h m
N 72	■	13 03	15 33	11 08	10 58	10 47	10 33
N 70	■	14 05	15 53	11 06	11 02	10 58	10 53
68	■	14 40	16 09	11 04	11 05	11 07	11 09
66	13 25	15 05	16 22	11 03	11 08	11 14	11 22
64	14 07	15 25	16 33	11 02	11 11	11 21	11 33
62	14 35	15 41	16 43	11 01	11 13	11 26	11 42
60	14 57	15 54	16 51	11 00	11 15	11 31	11 50
N 58	15 14	16 06	16 59	10 59	11 16	11 35	11 57
56	15 29	16 16	17 05	10 58	11 18	11 39	12 03
54	15 42	16 25	17 12	10 58	11 19	11 42	12 09
52	15 53	16 34	17 17	10 57	11 21	11 45	12 14
50	16 03	16 41	17 23	10 57	11 22	11 48	12 18
45	16 23	16 57	17 34	10 56	11 24	11 54	12 28
N 40	16 40	17 11	17 45	10 55	11 26	12 00	12 36
35	16 54	17 22	17 54	10 54	11 28	12 04	12 43
30	17 07	17 33	18 03	10 53	11 30	12 08	12 50
20	17 28	17 52	18 19	10 52	11 32	12 15	13 01
N 10	17 46	18 09	18 36	10 50	11 35	12 21	13 10
0	18 04	18 26	18 53	10 49	11 37	12 27	13 19
S 10	18 21	18 44	19 11	10 48	11 39	12 32	13 28
20	18 40	19 05	19 34	10 47	11 42	12 39	13 38
30	19 02	19 30	20 03	10 45	11 44	12 45	13 49
35	19 15	19 45	20 22	10 44	11 46	12 49	13 55
40	19 30	20 03	20 45	10 43	11 48	12 54	14 02
45	19 48	20 26	21 15	10 42	11 50	12 59	14 11
S 50	20 11	20 55	22 01	10 41	11 52	13 06	14 21
52	20 22	21 11	22 29	10 40	11 53	13 09	14 26
54	20 34	21 29	23 15	10 39	11 55	13 12	14 31
56	20 48	21 51	////	10 39	11 56	13 15	14 37
58	21 05	22 20	////	10 38	11 57	13 19	14 44
S 60	21 25	23 10	////	10 37	11 59	13 24	14 51

Day	SUN Eqn. of Time 00ʰ	SUN Eqn. of Time 12ʰ	SUN Mer. Pass.	MOON Mer. Pass. Upper	MOON Mer. Pass. Lower	Age	Phase
	m s	m s	h m	h m	h m	d	
24	00 44	00 29	12 00	04 38	17 02	22	◑
25	0014	0001	12 00	05 25	17 50	23	
26	00 15	00 30	12 01	06 15	18 40	24	

1994 DECEMBER 27, 28, 29 (TUES., WED., THURS.)

UT (GMT) d h	ARIES G.H.A.	VENUS −4.6 G.H.A.	Dec.	MARS −0.3 G.H.A.	Dec.	JUPITER −1.8 G.H.A.	Dec.	SATURN +1.0 G.H.A.	Dec.
27 00	95 15.0	227 17.3	S14 13.1	299 41.8	N13 41.0	213 23.4	S20 08.8	115 17.5	S10 23.7
01	110 17.5	242 17.6	13.6	314 44.0	41.0	228 25.4	08.9	130 19.7	23.7
02	125 20.0	257 18.0	14.1	329 46.2	41.0	243 27.3	09.0	145 22.0	23.6
03	140 22.4	272 18.3 ··	14.6	344 48.5 ··	41.0	258 29.2 ··	09.1	160 24.3 ··	23.5
04	155 24.9	287 18.6	15.0	359 50.7	41.0	273 31.1	09.2	175 26.6	23.4
05	170 27.4	302 18.9	15.5	14 52.9	41.0	288 33.1	09.3	190 28.9	23.4
06	185 29.8	317 19.2	S14 16.0	29 55.2	N13 41.0	303 35.0	S20 09.4	205 31.2	S10 23.3
07	200 32.3	332 19.5	16.5	44 57.4	41.1	318 36.9	09.5	220 33.5	23.2
T 08	215 34.7	347 19.8	17.0	59 59.6	41.1	333 38.9	09.6	235 35.7	23.1
U 09	230 37.2	2 20.1 ··	17.5	75 01.9 ··	41.1	348 40.8 ··	09.7	250 38.0 ··	23.1
E 10	245 39.7	17 20.5	18.0	90 04.1	41.1	3 42.7	09.8	265 40.3	23.0
S 11	260 42.1	32 20.8	18.5	105 06.3	41.1	18 44.6	09.9	280 42.6	22.9
D 12	275 44.6	47 21.1	S14 19.0	120 08.6	N13 41.1	33 46.6	S20 10.0	295 44.9	S10 22.8
A 13	290 47.1	62 21.4	19.5	135 10.8	41.2	48 48.5	10.0	310 47.2	22.8
Y 14	305 49.5	77 21.7	20.0	150 13.1	41.2	63 50.4	10.1	325 49.4	22.7
15	320 52.0	92 22.0 ··	20.5	165 15.3 ··	41.2	78 52.4 ··	10.2	340 51.7 ··	22.6
16	335 54.5	107 22.3	21.0	180 17.5	41.2	93 54.3	10.3	355 54.0	22.5
17	350 56.9	122 22.6	21.5	195 19.8	41.2	108 56.2	10.4	10 56.3	22.5
18	5 59.4	137 22.9	S14 22.0	210 22.0	N13 41.2	123 58.1	S20 10.5	25 58.6	S10 22.4
19	21 01.8	152 23.2	22.5	225 24.3	41.3	139 00.1	10.6	41 00.9	22.3
20	36 04.3	167 23.5	23.0	240 26.5	41.3	154 02.0	10.7	56 03.1	22.2
21	51 06.8	182 23.7 ··	23.5	255 28.8 ··	41.3	169 03.9 ··	10.8	71 05.4 ··	22.1
22	66 09.2	197 24.0	24.0	270 31.0	41.3	184 05.9	10.9	86 07.7	22.1
23	81 11.7	212 24.3	24.5	285 33.3	41.3	199 07.8	11.0	101 10.0	22.0
28 00	96 14.2	227 24.6	S14 25.0	300 35.5	N13 41.4	214 09.7	S20 11.1	116 12.3	S10 21.9
01	111 16.6	242 24.9	25.5	315 37.8	41.4	229 11.6	11.2	131 14.5	21.8
02	126 19.1	257 25.2	26.0	330 40.0	41.4	244 13.6	11.3	146 16.8	21.8
03	141 21.6	272 25.5 ··	26.5	345 42.3 ··	41.4	259 15.5 ··	11.4	161 19.1 ··	21.7
04	156 24.0	287 25.8	27.0	0 44.6	41.4	274 17.4	11.5	176 21.4	21.6
05	171 26.5	302 26.0	27.5	15 46.8	41.5	289 19.4	11.6	191 23.7	21.5
06	186 29.0	317 26.3	S14 28.0	30 49.1	N13 41.5	304 21.3	S20 11.7	206 26.0	S10 21.5
W 07	201 31.4	332 26.6	28.5	45 51.3	41.5	319 23.2	11.8	221 28.2	21.4
E 08	216 33.9	347 26.9	29.0	60 53.6	41.5	334 25.1	11.9	236 30.5	21.3
D 09	231 36.3	2 27.2 ··	29.5	75 55.9 ··	41.6	349 27.1 ··	12.0	251 32.8 ··	21.2
N 10	246 38.8	17 27.4	30.0	90 58.1	41.6	4 29.0	12.1	266 35.1	21.1
E 11	261 41.3	32 27.7	30.5	106 00.4	41.6	19 30.9	12.1	281 37.4	21.1
S 12	276 43.7	47 28.0	S14 31.0	121 02.7	N13 41.7	34 32.9	S20 12.2	296 39.6	S10 21.0
D 13	291 46.2	62 28.2	31.5	136 04.9	41.7	49 34.8	12.3	311 41.9	20.9
A 14	306 48.7	77 28.5	32.0	151 07.2	41.7	64 36.7	12.4	326 44.2	20.8
Y 15	321 51.1	92 28.8 ··	32.5	166 09.5 ··	41.7	79 38.7 ··	12.5	341 46.5 ··	20.8
16	336 53.6	107 29.1	33.0	181 11.7	41.8	94 40.6	12.6	356 48.8	20.7
17	351 56.1	122 29.3	33.5	196 14.0	41.8	109 42.5	12.7	11 51.0	20.6
18	6 58.5	137 29.6	S14 34.0	211 16.3	N13 41.8	124 44.5	S20 12.8	26 53.3	S10 20.5
19	22 01.0	152 29.8	34.5	226 18.6	41.9	139 46.4	12.9	41 55.6	20.4
20	37 03.5	167 30.1	35.0	241 20.8	41.9	154 48.3	13.0	56 57.9	20.4
21	52 05.9	182 30.4 ··	35.5	256 23.1 ··	41.9	169 50.2 ··	13.1	72 00.2 ··	20.3
22	67 08.4	197 30.6	36.0	271 25.4	41.9	184 52.2	13.2	87 02.4	20.2
23	82 10.8	212 30.9	36.5	286 27.7	42.0	199 54.1	13.3	102 04.7	20.1
29 00	97 13.3	227 31.1	S14 37.0	301 29.9	N13 42.0	214 56.0	S20 13.4	117 07.0	S10 20.1
01	112 15.8	242 31.4	37.5	316 32.2	42.0	229 58.0	13.5	132 09.3	20.0
02	127 18.2	257 31.6	38.0	331 34.5	42.1	244 59.9	13.6	147 11.6	19.9
03	142 20.7	272 31.9 ··	38.5	346 36.8 ··	42.1	260 01.8 ··	13.7	162 13.8 ··	19.8
04	157 23.2	287 32.2	39.0	1 39.1	42.1	275 03.8	13.8	177 16.1	19.7
05	172 25.6	302 32.4	39.5	16 41.4	42.2	290 05.7	13.9	192 18.4	19.7
06	187 28.1	317 32.7	S14 40.0	31 43.7	N13 42.2	305 07.6	S20 13.9	207 20.7	S10 19.6
07	202 30.6	332 32.9	40.5	46 46.0	42.2	320 09.6	14.0	222 22.9	19.5
T 08	217 33.0	347 33.1	41.0	61 48.2	42.3	335 11.5	14.1	237 25.2	19.4
H 09	232 35.5	2 33.4 ··	41.6	76 50.5 ··	42.3	350 13.4 ··	14.2	252 27.5 ··	19.3
U 10	247 38.0	17 33.6	42.1	91 52.8	42.4	5 15.4	14.3	267 29.8	19.3
R 11	262 40.4	32 33.9	42.6	106 55.1	42.4	20 17.3	14.4	282 32.1	19.2
S 12	277 42.9	47 34.1	S14 43.1	121 57.4	N13 42.4	35 19.2	S20 14.5	297 34.3	S10 19.1
D 13	292 45.3	62 34.4	43.6	136 59.7	42.5	50 21.2	14.6	312 36.6	19.0
A 14	307 47.8	77 34.6	44.1	152 02.0	42.5	65 23.1	14.7	327 38.9	19.0
Y 15	322 50.3	92 34.8 ··	44.6	167 04.3 ··	42.5	80 25.0 ··	14.8	342 41.2 ··	18.9
16	337 52.7	107 35.1	45.1	182 06.6	42.6	95 27.0	14.9	357 43.4	18.8
17	352 55.2	122 35.3	45.6	197 08.9	42.6	110 28.9	15.0	12 45.7	18.7
18	7 57.7	137 35.5	S14 46.1	212 11.2	N13 42.7	125 30.8	S20 15.1	27 48.0	S10 18.6
19	23 00.1	152 35.8	46.6	227 13.5	42.7	140 32.7	15.2	42 50.3	18.6
20	38 02.6	167 36.0	47.2	242 15.8	42.8	155 34.7	15.3	57 52.6	18.5
21	53 05.1	182 36.2 ··	47.7	257 18.1 ··	42.8	170 36.6 ··	15.3	72 54.8 ··	18.4
22	68 07.5	197 36.5	48.2	272 20.4	42.8	185 38.5	15.4	87 57.1	18.3
23	83 10.0	212 36.7	48.7	287 22.7	42.9	200 40.5	15.5	102 59.4	18.2
Mer. Pass. 17 32.2		v 0.3	d 0.5	v 2.3	d 0.0	v 1.9	d 0.1	v 2.3	d 0.1

STARS

Name	S.H.A.	Dec.
Acamar	315 28.6	S40 19.7
Achernar	335 36.9	S57 16.0
Acrux	173 24.7	S63 04.0
Adhara	255 23.0	S28 58.0
Aldebaran	291 05.0	N16 29.9
Alioth	166 33.0	N55 58.9
Alkaid	153 10.0	N49 20.0
Al Na'ir	28 01.4	S46 59.2
Alnilam	276 00.1	S 1 12.4
Alphard	218 09.5	S 8 38.3
Alphecca	126 23.0	N26 43.8
Alpheratz	357 55.9	N29 04.0
Altair	62 22.1	N 8 51.4
Ankaa	353 29.4	S42 20.2
Antares	112 43.6	S26 25.1
Arcturus	146 08.5	N19 12.4
Atria	107 58.4	S69 00.9
Avior	234 23.0	S59 29.6
Bellatrix	278 46.5	N 6 20.6
Betelgeuse	271 16.0	N 7 24.3
Canopus	264 01.7	S52 41.7
Capella	280 54.5	N45 59.6
Deneb	49 41.3	N45 16.0
Denebola	182 47.7	N14 35.8
Diphda	349 09.8	S18 00.9
Dubhe	194 08.4	N61 46.3
Elnath	278 29.8	N28 36.1
Eltanin	90 53.1	N51 29.4
Enif	34 00.9	N 9 51.3
Fomalhaut	15 39.4	S29 39.0
Gacrux	172 16.3	S57 04.9
Gienah	176 06.5	S17 30.8
Hadar	149 07.8	S60 20.7
Hamal	328 16.2	N23 26.4
Kaus Aust.	84 02.6	S34 23.1
Kochab	137 20.3	N74 10.3
Markab	13 52.2	N15 10.9
Menkar	314 29.3	N 4 04.2
Menkent	148 24.1	S36 20.6
Miaplacidus	221 41.7	S69 41.7
Mirfak	308 59.8	N49 50.8
Nunki	76 15.9	S26 18.1
Peacock	53 41.6	S56 45.1
Pollux	243 44.3	N28 02.1
Procyon	245 13.9	N 5 14.1
Rasalhague	96 19.7	N12 33.9
Regulus	207 58.1	N11 59.3
Rigel	281 25.0	S 8 12.6
Rigil Kent.	140 11.0	S60 48.6
Sabik	102 28.8	S15 43.0
Schedar	349 56.3	N56 30.9
Shaula	96 41.1	S37 05.9
Sirius	258 45.5	S16 42.7
Spica	158 46.0	S11 08.1
Suhail	223 02.2	S43 24.7
Vega	80 48.8	N38 46.9
Zuben'ubi	137 21.0	S16 01.2

	S.H.A.	Mer. Pass.
Venus	131 10.4	8 50
Mars	204 21.4	3 57
Jupiter	117 55.5	9 42
Saturn	19 58.1	16 13

1994 DECEMBER 27, 28, 29 (TUES., WED., THURS.)

251

UT (GMT)	SUN		MOON					Lat.	Twilight		Sunrise	Moonrise			
	G.H.A.	Dec.	G.H.A.	v	Dec.	d	H.P.		Naut.	Civil		27	28	29	30
d h	° ′	° ′	° ′	′	° ′	′	′	°	h m	h m	h m	h m	h m	h m	h m
27 00	179 48.5	S23 20.6	257 10.4	9.4	S 9 50.6	10.5	59.1	N 72	08 27	10 53	■	03 19	05 33	■	■
01	194 48.2	20.5	271 38.8	9.3	10 01.1	10.5	59.1	N 70	08 07	09 54	■	03 00	04 59	07 06	09 29
02	209 47.9	20.4	286 07.1	9.3	10 11.6	10.5	59.1	68	07 51	09 20	■	02 46	04 35	06 25	08 08
03	224 47.6	.. 20.3	300 35.4	9.1	10 22.1	10.4	59.2	66	07 38	08 55	10 34	02 35	04 16	05 57	07 30
04	239 47.3	20.2	315 03.5	9.1	10 32.5	10.3	59.2	64	07 27	08 35	09 53	02 25	04 01	05 36	07 03
05	254 47.0	20.1	329 31.6	9.1	10 42.8	10.3	59.2	62	07 18	08 20	09 25	02 17	03 49	05 19	06 42
06	269 46.7	S23 20.0	343 59.7	8.9	S10 53.1	10.3	59.3	60	07 09	08 06	09 04	02 10	03 38	05 05	06 25
T 07	284 46.4	19.9	358 27.6	8.9	11 03.4	10.2	59.3	N 58	07 02	07 55	08 46	02 04	03 29	04 53	06 11
U 08	299 46.1	19.8	12 55.5	8.8	11 13.6	10.1	59.3	56	06 55	07 44	08 32	01 58	03 21	04 42	05 59
E 09	314 45.8	.. 19.7	27 23.3	8.8	11 23.7	10.1	59.3	54	06 49	07 35	08 19	01 54	03 14	04 33	05 48
S 10	329 45.5	19.6	41 51.1	8.6	11 33.8	10.0	59.4	52	06 44	07 27	08 08	01 49	03 07	04 25	05 39
D 11	344 45.2	19.5	56 18.7	8.6	11 43.8	10.0	59.4	50	06 38	07 20	07 58	01 45	03 02	04 18	05 31
A 12	359 44.8	S23 19.4	70 46.3	8.5	S11 53.8	9.9	59.4	45	06 27	07 04	07 38	01 37	02 49	04 02	05 13
Y 13	14 44.5	19.3	85 13.8	8.4	12 03.7	9.8	59.5	N 40	06 16	06 50	07 21	01 30	02 39	03 49	04 58
14	29 44.2	19.2	99 41.2	8.4	12 13.5	9.8	59.5	35	06 07	06 39	07 07	01 24	02 30	03 38	04 46
15	44 43.9	.. 19.1	114 08.6	8.2	12 23.3	9.7	59.5	30	05 58	06 28	06 55	01 18	02 23	03 29	04 35
16	59 43.6	19.0	128 35.8	8.2	12 33.0	9.6	59.5	20	05 42	06 10	06 34	01 09	02 10	03 13	04 17
17	74 43.3	18.9	143 03.0	8.1	12 42.6	9.6	59.6	N 10	05 26	05 52	06 15	01 01	01 58	02 59	04 01
18	89 43.0	S23 18.8	157 30.1	8.0	S12 52.2	9.5	59.6	0	05 09	05 35	05 58	00 54	01 48	02 45	03 46
19	104 42.7	18.6	171 57.1	8.0	13 01.7	9.5	59.6	S 10	04 50	05 17	05 40	00 46	01 37	02 32	03 31
20	119 42.4	18.5	186 24.1	7.9	13 11.2	9.3	59.7	20	04 28	04 57	05 21	00 39	01 26	02 18	03 15
21	134 42.1	.. 18.4	200 51.0	7.7	13 20.5	9.3	59.7	30	03 59	04 32	04 59	00 30	01 14	02 03	02 57
22	149 41.8	18.3	215 17.7	7.7	13 29.8	9.2	59.7	35	03 40	04 17	04 47	00 25	01 06	01 53	02 47
23	164 41.5	18.2	229 44.4	7.7	13 39.0	9.1	59.7	40	03 17	03 59	04 32	00 19	00 58	01 43	02 35
28 00	179 41.2	S23 18.1	244 11.1	7.5	S13 48.1	9.1	59.8	45	02 47	03 36	04 14	00 13	00 49	01 31	02 21
01	194 40.8	18.0	258 37.6	7.5	13 57.2	9.0	59.8	S 50	02 02	03 07	03 51	00 05	00 37	01 16	02 04
02	209 40.5	17.8	273 04.1	7.4	14 06.2	8.9	59.8	52	01 34	02 52	03 40	00 01	00 32	01 09	01 56
03	224 40.2	.. 17.7	287 30.5	7.3	14 15.1	8.8	59.8	54	00 50	02 34	03 28	24 26	00 26	01 02	01 47
04	239 39.9	17.6	301 56.8	7.2	14 23.9	8.7	59.9	56	////	02 12	03 14	24 19	00 19	00 53	01 37
05	254 39.6	17.5	316 23.0	7.1	14 32.6	8.7	59.9	58	////	01 43	02 57	24 12	00 12	00 44	01 25
06	269 39.3	S23 17.4	330 49.1	7.1	S14 41.3	8.5	59.9	S 60	////	00 54	02 37	24 04	00 04	00 33	01 12

UT (GMT)	SUN		MOON					Lat.	Sunset	Twilight		Moonset			
	G.H.A.	Dec.	G.H.A.	v	Dec.	d	H.P.			Civil	Naut.	27	28	29	30
d h	° ′	° ′	° ′	′	° ′	′	′	°	h m	h m	h m	h m	h m	h m	h m
W 07	284 39.0	17.2	345 15.2	7.0	14 49.8	8.5	59.9	N 72	■	13 10	15 37	10 33	10 13	■	■
E 08	299 38.7	17.1	359 41.2	6.9	14 58.3	8.4	60.0	N 70	■	14 09	15 56	10 53	10 49	10 43	10 28
D 09	314 38.4	.. 17.0	14 07.1	6.8	15 06.7	8.3	60.0	68	■	14 43	16 12	11 09	11 14	11 25	11 50
N 10	329 38.1	16.9	28 32.9	6.7	15 15.0	8.2	60.0	66	13 30	15 08	16 25	11 22	11 34	11 53	12 28
E 11	344 37.8	16.8	42 58.6	6.7	15 23.2	8.1	60.0	64	14 11	15 28	16 36	11 33	11 50	12 15	12 55
S 12	359 37.5	S23 16.6	57 24.3	6.6	S15 31.3	8.0	60.1	62	14 38	15 44	16 45	11 42	12 03	12 33	13 16
D 13	14 37.2	16.5	71 49.9	6.5	15 39.3	7.9	60.1	60	15 00	15 57	16 54	11 50	12 14	12 47	13 33
A 14	29 36.9	16.4	86 15.4	6.4	15 47.2	7.8	60.1	N 58	15 17	16 09	17 01	11 57	12 24	13 00	13 47
Y 15	44 36.6	.. 16.2	100 40.8	6.4	15 55.0	7.7	60.1	56	15 31	16 19	17 08	12 03	12 33	13 10	14 00
16	59 36.2	16.1	115 06.2	6.2	16 02.7	7.7	60.2	54	15 44	16 28	17 14	12 09	12 40	13 20	14 11
17	74 35.9	16.0	129 31.4	6.2	16 10.4	7.5	60.2	52	15 55	16 36	17 19	12 14	12 47	13 29	14 20
18	89 35.6	S23 15.9	143 56.6	6.1	S16 17.9	7.4	60.2	50	16 05	16 43	17 25	12 18	12 53	13 36	14 29
19	104 35.3	15.7	158 21.7	6.1	16 25.3	7.3	60.2	45	16 25	16 59	17 36	12 28	13 07	13 53	14 47
20	119 35.0	15.6	172 46.8	5.9	16 32.6	7.2	60.2	N 40	16 42	17 13	17 47	12 36	13 18	14 06	15 02
21	134 34.7	.. 15.5	187 11.7	5.9	16 39.8	7.1	60.3	35	16 56	17 24	17 57	12 43	13 27	14 17	15 14
22	149 34.4	15.3	201 36.6	5.8	16 46.9	7.0	60.3	30	17 08	17 35	18 05	12 50	13 36	14 28	15 25
23	164 34.1	15.2	216 01.4	5.7	16 53.9	6.9	60.3	20	17 29	17 53	18 21	13 01	13 50	14 45	15 44
29 00	179 33.8	S23 15.1	230 26.1	5.7	S17 00.8	6.8	60.3	N 10	17 48	18 11	18 37	13 10	14 03	15 00	16 00
01	194 33.5	14.9	244 50.8	5.6	17 07.6	6.6	60.3	0	18 05	18 28	18 54	13 19	14 15	15 14	16 16
02	209 33.2	14.8	259 15.4	5.5	17 14.2	6.6	60.4	S 10	18 23	18 46	19 13	13 28	14 27	15 28	16 31
03	224 32.9	.. 14.7	273 39.9	5.4	17 20.8	6.4	60.4	20	18 42	19 06	19 35	13 38	14 40	15 43	16 47
04	239 32.6	14.5	288 04.3	5.4	17 27.2	6.3	60.4	30	19 03	19 31	20 04	13 49	14 54	16 00	17 06
05	254 32.3	14.4	302 28.7	5.3	17 33.5	6.2	60.4	35	19 16	19 46	20 23	13 55	15 03	16 11	17 17
06	269 32.0	S23 14.2	316 53.0	5.3	S17 39.7	6.1	60.4	40	19 31	20 04	20 46	14 02	15 12	16 22	17 29
07	284 31.7	14.1	331 17.3	5.1	17 45.8	5.9	60.5	45	19 49	20 26	21 16	14 11	15 24	16 36	17 44
T 08	299 31.4	14.0	345 41.4	5.1	17 51.7	5.9	60.5	S 50	20 12	20 56	22 01	14 21	15 38	16 52	18 02
H 09	314 31.0	.. 13.8	0 05.5	5.1	17 57.6	5.7	60.5	52	20 22	21 11	22 28	14 26	15 44	17 00	18 10
U 10	329 30.7	13.7	14 29.6	4.9	18 03.3	5.6	60.5	54	20 34	21 29	23 12	14 31	15 51	17 09	18 20
R 11	344 30.4	13.5	28 53.5	4.9	18 08.9	5.5	60.5	56	20 49	21 51	////	14 37	15 59	17 19	18 30
S 12	359 30.1	S23 13.4	43 17.4	4.9	S18 14.4	5.3	60.5	58	21 05	22 20	////	14 44	16 08	17 30	18 43
D 13	14 29.8	13.2	57 41.3	4.7	18 19.7	5.2	60.6	S 60	21 25	23 07	////	14 51	16 19	17 43	18 57
A 14	29 29.5	13.1	72 05.0	4.8	18 24.9	5.1	60.6								
Y 15	44 29.2	.. 12.9	86 28.8	4.6	18 30.0	5.0	60.6		SUN			MOON			
16	59 28.9	12.8	100 52.4	4.6	18 35.0	4.8	60.6	Day	Eqn. of Time		Mer.	Mer. Pass.		Age	Phase
17	74 28.6	12.6	115 16.0	4.6	18 39.8	4.7	60.6		00ʰ	12ʰ	Pass.	Upper	Lower		
18	89 28.3	S23 12.5	129 39.6	4.4	S18 44.5	4.6	60.6		m s	m s	h m	h m	h m	d	
19	104 28.0	12.3	144 03.0	4.5	18 49.1	4.4	60.6	27	00 45	01 00	12 01	07 06	19 33	25	
20	119 27.7	12.2	158 26.5	4.4	18 53.5	4.3	60.7	28	01 15	01 30	12 01	08 01	20 30	26	
21	134 27.4	.. 12.0	172 49.9	4.3	18 57.8	4.2	60.7	29	01 44	01 59	12 02	09 00	21 30	27	
22	149 27.1	11.9	187 13.2	4.3	19 02.0	4.0	60.7								
23	164 26.8	11.7	201 36.5	4.2	19 06.0	3.9	60.7								
	S.D. 16.3	d 0.1	S.D. 16.2		16.4		16.5									

1994 DEC. 30, 31, JAN. 1 (FRI., SAT., SUN.)

UT (GMT)	ARIES G.H.A.	VENUS −4.5 G.H.A.	Dec.	MARS −0.3 G.H.A.	Dec.	JUPITER −1.8 G.H.A.	Dec.	SATURN +1.0 G.H.A.	Dec.	STARS Name	S.H.A.	Dec.
d h	° '	° '	° '	° '	° '	° '	° '	° '	° '		° '	° '
30 00	98 12.4	227 36.9	S14 49.2	302 25.1	N13 42.9	215 42.4	S20 15.6	118 01.7	S10 18.2	Acamar	315 28.6	S40 19.7
01	113 14.9	242 37.1	49.7	317 27.4	43.0	230 44.3	15.7	133 03.9	18.1	Achernar	335 36.9	S57 16.0
02	128 17.4	257 37.3	50.2	332 29.7	43.0	245 46.3	15.8	148 06.2	18.0	Acrux	173 24.7	S63 04.1
03	143 19.8	272 37.6	·· 50.7	347 32.0	·· 43.1	260 48.2	·· 15.9	163 08.5	·· 17.9	Adhara	255 23.0	S28 58.0
04	158 22.3	287 37.8	51.2	2 34.3	43.1	275 50.1	16.0	178 10.8	17.8	Aldebaran	291 05.0	N16 29.9
05	173 24.8	302 38.0	51.7	17 36.6	43.1	290 52.1	16.1	193 13.0	17.8			
06	188 27.2	317 38.2	S14 52.3	32 38.9	N13 43.2	305 54.0	S20 16.2	208 15.3	S10 17.7	Alioth	166 32.9	N55 58.9
07	203 29.7	332 38.4	52.8	47 41.3	43.2	320 56.0	16.3	223 17.6	17.6	Alkaid	153 10.0	N49 20.0
08	218 32.2	347 38.7	53.3	62 43.6	43.3	335 57.9	16.4	238 19.9	17.5	Al Na'ir	28 01.4	S46 59.2
F 09	233 34.6	2 38.9	·· 53.8	77 45.9	·· 43.3	350 59.8	·· 16.5	253 22.1	·· 17.4	Alnilam	276 00.1	S 1 12.4
R 10	248 37.1	17 39.1	54.3	92 48.2	43.4	6 01.8	16.6	268 24.4	17.4	Alphard	218 09.4	S 8 38.3
I 11	263 39.6	32 39.3	54.8	107 50.5	43.4	21 03.7	16.7	283 26.7	17.3			
D 12	278 42.0	47 39.5	S14 55.3	122 52.9	N13 43.5	36 05.6	S20 16.7	298 29.0	S10 17.2	Alphecca	126 23.0	N26 43.8
A 13	293 44.5	62 39.7	55.8	137 55.2	43.5	51 07.6	16.8	313 31.2	17.1	Alpheratz	357 57.9	N29 04.0
Y 14	308 46.9	77 39.9	56.4	152 57.5	43.6	66 09.5	16.9	328 33.5	17.0	Altair	62 22.1	N 8 51.4
15	323 49.4	92 40.1	·· 56.9	167 59.9	·· 43.6	81 11.4	·· 17.0	343 35.8	·· 17.0	Ankaa	353 29.4	S42 20.2
16	338 51.9	107 40.3	57.4	183 02.2	43.7	96 13.4	17.1	358 38.1	16.9	Antares	112 43.6	S26 25.1
17	353 54.3	122 40.5	57.9	198 04.5	43.7	111 15.3	17.2	13 40.3	16.8			
18	8 56.8	137 40.7	S14 58.4	213 06.8	N13 43.8	126 17.2	S20 17.3	28 42.6	S10 16.7	Arcturus	146 08.5	N19 12.4
19	23 59.3	152 40.9	58.9	228 09.2	43.8	141 19.2	17.4	43 44.9	16.6	Atria	107 58.4	S69 00.9
20	39 01.7	167 41.1	14 59.4	243 11.5	43.9	156 21.1	17.5	58 47.2	16.6	Avior	234 23.0	S59 29.6
21	54 04.2	182 41.3	15 00.0	258 13.9	·· 43.9	171 23.0	·· 17.6	73 49.4	·· 16.5	Bellatrix	278 46.5	N 6 20.6
22	69 06.7	197 41.5	00.5	273 16.2	44.0	186 25.0	17.7	88 51.7	16.4	Betelgeuse	271 15.9	N 7 24.2
23	84 09.1	212 41.7	01.0	288 18.5	44.1	201 26.9	17.8	103 54.0	16.3			
31 00	99 11.6	227 41.9	S15 01.5	303 20.9	N13 44.1	216 28.8	S20 17.9	118 56.2	S10 16.2	Canopus	264 01.7	S52 41.7
01	114 14.1	242 42.1	02.0	318 23.2	44.2	231 30.8	17.9	133 58.5	16.2	Capella	280 54.5	N45 59.6
02	129 16.5	257 42.3	02.5	333 25.6	44.2	246 32.7	18.0	149 00.8	16.1	Deneb	49 41.3	N45 16.0
03	144 19.0	272 42.5	·· 03.0	348 27.9	·· 44.3	261 34.7	·· 18.1	164 03.1	·· 16.0	Denebola	182 47.7	N14 35.8
04	159 21.4	287 42.7	03.6	3 30.2	44.3	276 36.6	18.2	179 05.3	15.9	Diphda	349 09.8	S18 00.9
05	174 23.9	302 42.9	04.1	18 32.6	44.4	291 38.5	18.3	194 07.6	15.8			
06	189 26.4	317 43.1	S15 04.6	33 34.9	N13 44.5	306 40.5	S20 18.4	209 09.9	S10 15.8	Dubhe	194 08.4	N61 46.3
07	204 28.8	332 43.3	05.1	48 37.3	44.5	321 42.4	18.5	224 12.2	15.7	Elnath	278 29.8	N28 36.1
S 08	219 31.3	347 43.4	05.6	63 39.6	44.6	336 44.3	18.6	239 14.4	15.6	Eltanin	90 53.1	N51 29.4
A 09	234 33.8	2 43.6	·· 06.1	78 42.0	·· 44.6	351 46.3	·· 18.7	254 16.7	·· 15.5	Enif	34 00.9	N 9 51.3
T 10	249 36.2	17 43.8	06.7	93 44.3	44.7	6 48.2	18.8	269 19.0	15.4	Fomalhaut	15 39.4	S29 39.0
U 11	264 38.7	32 44.0	07.2	108 46.7	44.7	21 50.1	18.9	284 21.2	15.4			
R 12	279 41.2	47 44.2	S15 07.7	123 49.0	N13 44.8	36 52.1	S20 19.0	299 23.5	S10 15.3	Gacrux	172 16.3	S57 04.9
D 13	294 43.6	62 44.3	08.2	138 51.4	44.9	51 54.0	19.0	314 25.8	15.2	Gienah	176 06.5	S17 30.8
A 14	309 46.1	77 44.5	08.7	153 53.8	44.9	66 56.0	19.1	329 28.1	15.1	Hadar	149 07.8	S60 20.7
Y 15	324 48.5	92 44.7	·· 09.2	168 56.1	·· 45.0	81 57.9	·· 19.2	344 30.3	·· 15.0	Hamal	328 16.2	N23 26.4
16	339 51.0	107 44.9	09.8	183 58.5	45.1	96 59.8	19.3	359 32.6	14.9	Kaus Aust.	84 02.6	S34 23.1
17	354 53.5	122 45.1	10.3	199 00.8	45.1	112 01.8	19.4	14 34.9	14.9			
18	9 55.9	137 45.2	S15 10.8	214 03.2	N13 45.2	127 03.7	S20 19.5	29 37.1	S10 14.8	Kochab	137 20.3	N74 10.3
19	24 58.4	152 45.4	11.3	229 05.6	45.2	142 05.6	19.6	44 39.4	14.7	Markab	13 52.3	N15 10.9
20	40 00.9	167 45.6	11.8	244 07.9	45.3	157 07.6	19.7	59 41.7	14.6	Menkar	314 29.3	N 4 04.2
21	55 03.3	182 45.7	·· 12.3	259 10.3	·· 45.4	172 09.5	·· 19.8	74 44.0	·· 14.5	Menkent	148 24.1	S36 20.6
22	70 05.8	197 45.9	12.9	274 12.7	45.4	187 11.5	19.9	89 46.2	14.5	Miaplacidus	221 41.7	S69 41.7
23	85 08.3	212 46.1	13.4	289 15.0	45.5	202 13.4	20.0	104 48.5	14.4			
1 00	100 10.7	227 46.2	S15 13.9	304 17.4	N13 45.6	217 15.3	S20 20.0	119 50.8	S10 14.3	Mirfak	308 59.8	N49 50.8
01	115 13.2	242 46.4	14.4	319 19.8	45.6	232 17.3	20.1	134 53.0	14.2	Nunki	76 15.8	S26 18.1
02	130 15.7	257 46.6	14.9	334 22.1	45.7	247 19.2	20.2	149 55.3	14.1	Peacock	53 41.6	S56 45.1
03	145 18.1	272 46.7	·· 15.5	349 24.5	·· 45.8	262 21.1	·· 20.3	164 57.6	·· 14.1	Pollux	243 44.3	N28 02.1
04	160 20.6	287 46.9	16.0	4 26.9	45.8	277 23.1	20.4	179 59.8	14.0	Procyon	245 13.9	N 5 14.1
05	175 23.0	302 47.0	16.5	19 29.3	45.9	292 25.0	20.5	195 02.1	13.9			
06	190 25.5	317 47.2	S15 17.0	34 31.6	N13 46.0	307 27.0	S20 20.6	210 04.4	S10 13.8	Rasalhague	96 19.6	N12 33.9
07	205 28.0	332 47.4	17.5	49 34.0	46.1	322 28.9	20.7	225 06.6	13.7	Regulus	207 58.0	N11 59.3
08	220 30.4	347 47.5	18.1	64 36.4	46.1	337 30.8	20.8	240 08.9	13.6	Rigel	281 25.0	S 8 12.6
S 09	235 32.9	2 47.7	·· 18.6	79 38.8	·· 46.2	352 32.8	·· 20.9	255 11.2	·· 13.6	Rigil Kent.	140 10.9	S60 48.6
U 10	250 35.4	17 47.8	19.1	94 41.2	46.3	7 34.7	20.9	270 13.5	13.5	Sabik	102 28.8	S15 43.0
N 11	265 37.8	32 48.0	19.6	109 43.5	46.3	22 36.7	21.0	285 15.7	13.4			
D 12	280 40.3	47 48.1	S15 20.1	124 45.9	N13 46.4	37 38.6	S20 21.1	300 18.0	S10 13.3	Schedar	349 56.3	N56 30.9
A 13	295 42.8	62 48.3	20.7	139 48.3	46.5	52 40.5	21.2	315 20.3	13.2	Shaula	96 41.1	S37 05.9
Y 14	310 45.2	77 48.4	21.2	154 50.7	46.6	67 42.5	21.3	330 22.5	13.1	Sirius	258 45.5	S16 42.7
15	325 47.7	92 48.6	·· 21.7	169 53.1	·· 46.6	82 44.4	·· 21.4	345 24.8	·· 13.1	Spica	158 45.9	S11 08.1
16	340 50.2	107 48.7	22.2	184 55.5	46.7	97 46.4	21.5	0 27.1	13.0	Suhail	223 02.2	S43 24.7
17	355 52.6	122 48.9	22.7	199 57.9	46.8	112 48.3	21.6	15 29.3	12.9			
18	10 55.1	137 49.0	S15 23.3	215 00.3	N13 46.9	127 50.2	S20 21.7	30 31.6	S10 12.8	Vega	80 48.8	N38 46.8
19	25 57.5	152 49.1	23.8	230 02.7	46.9	142 52.2	21.8	45 33.9	12.7	Zuben'ubi	137 21.0	S16 01.2
20	41 00.0	167 49.3	24.3	245 05.0	47.0	157 54.1	21.9	60 36.1	12.7			
21	56 02.5	182 49.4	·· 24.8	260 07.4	·· 47.1	172 56.1	·· 21.9	75 38.4	·· 12.6		S.H.A.	Mer. Pass.
22	71 04.9	197 49.6	25.3	275 09.8	47.2	187 58.0	22.0	90 40.7	12.5	Venus	° ' 128 30.3	h m 8 49
23	86 07.4	212 49.7	25.9	290 12.2	47.2	202 59.9	22.1	105 42.9	12.4	Mars	204 09.3	3 24
	h m									Jupiter	117 17.3	9 33
Mer. Pass. 17 20.4		v 0.2	d 0.5	v 2.4	d 0.1	v 1.9	d 0.1	v 2.3	d 0.1	Saturn	19 44.7	16 02

1994 DEC. 30, 31, JAN. 1 (FRI., SAT., SUN.)

UT (GMT)	SUN G.H.A.	SUN Dec.	MOON G.H.A.	v	MOON Dec.	d	H.P.
30 00	179 26.5	S23 11.6	215 59.7	4.2	S19 09.9	3.8	60.7
01	194 26.2	11.4	230 22.9	4.1	19 13.7	3.6	60.7
02	209 25.9	11.3	244 46.0	4.1	19 17.3	3.5	60.7
03	224 25.6	.. 11.1	259 09.1	4.1	19 20.8	3.3	60.7
04	239 25.3	11.0	273 32.2	4.0	19 24.1	3.2	60.7
05	254 25.0	10.8	287 55.2	3.9	19 27.3	3.1	60.7
06	269 24.7	S23 10.6	302 18.1	4.0	S19 30.4	2.9	60.8
07	284 24.4	10.5	316 41.1	3.9	19 33.3	2.8	60.8
08	299 24.1	10.3	331 04.0	3.8	19 36.1	2.7	60.8
F 09	314 23.8	.. 10.2	345 26.8	3.9	19 38.8	2.4	60.8
R 10	329 23.5	10.0	359 49.7	3.8	19 41.2	2.4	60.8
I 11	344 23.1	09.8	14 12.5	3.7	19 43.6	2.2	60.8
D 12	359 22.8	S23 09.7	28 35.2	3.8	S19 45.8	2.1	60.8
A 13	14 22.5	09.5	42 58.0	3.7	19 47.9	1.9	60.8
Y 14	29 22.2	09.3	57 20.7	3.7	19 49.8	1.7	60.8
15	44 21.9	.. 09.2	71 43.4	3.7	19 51.5	1.7	60.8
16	59 21.6	09.0	86 06.1	3.6	19 53.2	1.4	60.8
17	74 21.3	08.8	100 28.7	3.7	19 54.6	1.4	60.8
18	89 21.0	S23 08.7	114 51.4	3.6	S19 56.0	1.2	60.8
19	104 20.7	08.5	129 14.0	3.6	19 57.2	1.0	60.8
20	119 20.4	08.3	143 36.6	3.6	19 58.2	0.9	60.8
21	134 20.1	.. 08.2	157 59.2	3.6	19 59.1	0.7	60.8
22	149 19.8	08.0	172 21.8	3.5	19 59.8	0.6	60.8
23	164 19.5	07.8	186 44.3	3.6	20 00.4	0.4	60.8
31 00	179 19.2	S23 07.6	201 06.9	3.6	S20 00.8	0.3	60.8
01	194 18.9	07.5	215 29.5	3.5	20 01.1	0.2	60.8
02	209 18.6	07.3	229 52.0	3.6	20 01.3	0.0	60.8
03	224 18.3	.. 07.1	244 14.6	3.6	20 01.3	0.2	60.8
04	239 18.0	06.9	258 37.2	3.5	20 01.1	0.3	60.8
05	254 17.7	06.8	272 59.7	3.6	20 00.8	0.4	60.8
06	269 17.4	S23 06.6	287 22.3	3.6	S20 00.4	0.6	60.8
07	284 17.1	06.4	301 44.9	3.6	19 59.8	0.8	60.8
S 08	299 16.8	06.2	316 07.5	3.6	19 59.0	0.9	60.8
A 09	314 16.5	.. 06.0	330 30.1	3.6	19 58.1	1.0	60.8
T 10	329 16.2	05.9	344 52.7	3.6	19 57.1	1.2	60.8
U 11	344 15.9	05.7	359 15.3	3.7	19 55.9	1.3	60.8
R 12	359 15.6	S23 05.5	13 38.0	3.6	S19 54.6	1.5	60.8
D 13	14 15.3	05.3	28 00.6	3.7	19 53.1	1.7	60.8
A 14	29 15.0	05.1	42 23.3	3.7	19 51.4	1.7	60.8
Y 15	44 14.7	.. 04.9	56 46.0	3.7	19 49.7	2.0	60.8
16	59 14.4	04.8	71 08.7	3.8	19 47.7	2.0	60.8
17	74 14.1	04.6	85 31.5	3.8	19 45.7	2.2	60.7
18	89 13.8	S23 04.4	99 54.3	3.8	S19 43.5	2.4	60.7
19	104 13.5	04.2	114 17.1	3.9	19 41.1	2.5	60.7
20	119 13.2	04.0	128 40.0	3.8	19 38.6	2.6	60.7
21	134 12.9	.. 03.8	143 02.8	4.0	19 36.0	2.8	60.7
22	149 12.6	03.6	157 25.8	3.9	19 33.2	3.0	60.7
23	164 12.3	03.4	171 48.7	4.0	19 30.2	3.0	60.7
1 00	179 12.0	S23 03.2	186 11.7	4.1	S19 27.2	3.2	60.7
01	194 11.7	03.1	200 34.8	4.0	19 24.0	3.4	60.7
02	209 11.4	02.9	214 57.8	4.2	19 20.6	3.5	60.6
03	224 11.1	.. 02.7	229 21.0	4.1	19 17.1	3.6	60.6
04	239 10.8	02.5	243 44.1	4.3	19 13.5	3.8	60.6
05	254 10.5	02.3	258 07.4	4.2	19 09.7	3.9	60.6
06	269 10.2	S23 02.1	272 30.6	4.3	S19 05.8	4.0	60.6
07	284 09.9	01.9	286 53.9	4.4	19 01.8	4.2	60.6
08	299 09.6	01.7	301 17.3	4.4	18 57.6	4.3	60.6
S 09	314 09.3	.. 01.5	315 40.7	4.5	18 53.3	4.4	60.5
U 10	329 09.1	01.3	330 04.2	4.6	18 48.9	4.6	60.5
N 11	344 08.8	01.1	344 27.8	4.6	18 44.3	4.7	60.5
D 12	359 08.5	S23 00.9	358 51.4	4.6	S18 39.6	4.8	60.5
A 13	14 08.2	00.7	13 15.0	4.7	18 34.8	5.0	60.5
Y 14	29 07.9	00.5	27 38.7	4.8	18 29.8	5.1	60.4
15	44 07.6	.. 00.3	42 02.5	4.9	18 24.7	5.2	60.4
16	59 07.3	23 00.1	56 26.4	4.9	18 19.5	5.3	60.4
17	74 07.0	22 59.8	70 50.3	4.9	18 14.2	5.5	60.4
18	89 06.7	S22 59.6	85 14.2	5.1	S18 08.7	5.6	60.4
19	104 06.4	59.4	99 38.3	5.1	18 03.1	5.7	60.3
20	119 06.1	59.2	114 02.4	5.2	17 57.4	5.8	60.3
21	134 05.8	.. 59.0	128 26.6	5.2	17 51.6	5.9	60.3
22	149 05.5	58.8	142 50.8	5.3	17 45.7	6.1	60.3
23	164 05.2	58.6	157 15.1	5.4	17 39.6	6.2	60.3
S.D. 16.3	d 0.2		S.D. 16.6		16.6		16.5

Lat.	Twilight Naut.	Twilight Civil	Sunrise	Moonrise 30	Moonrise 31	Moonrise 1	Moonrise 2
N 72	08 25	10 46	■	■	■	■	11 20
N 70	08 06	09 51	■	09 29	■	10 43	10 36
68	07 50	09 18	■	08 08	09 19	09 53	10 07
66	07 38	08 54	10 30	07 30	08 39	09 21	09 45
64	07 27	08 35	09 51	07 03	08 11	08 58	09 27
62	07 18	08 19	09 24	06 42	07 50	08 39	09 12
60	07 10	08 06	09 03	06 25	07 32	08 23	09 00
N 58	07 02	07 55	08 46	06 11	07 18	08 10	08 49
56	06 56	07 45	08 32	05 59	07 05	07 59	08 40
54	06 50	07 36	08 19	05 48	06 54	07 49	08 32
52	06 44	07 28	08 08	05 39	06 45	07 40	08 24
50	06 39	07 20	07 59	05 31	06 36	07 32	08 17
45	06 27	07 05	07 38	05 13	06 18	07 15	08 03
N 40	06 17	06 51	07 22	04 58	06 03	07 01	07 51
35	06 08	06 40	07 09	04 46	05 50	06 49	07 41
30	05 59	06 29	06 56	04 35	05 39	06 38	07 32
20	05 43	06 11	06 35	04 17	05 20	06 20	07 16
N 10	05 27	05 54	06 16	04 01	05 04	06 05	07 03
0	05 11	05 37	05 59	03 46	04 48	05 50	06 50
S 10	04 52	05 19	05 42	03 31	04 33	05 36	06 37
20	04 30	04 59	05 23	03 15	04 17	05 20	06 24
30	04 01	04 34	05 01	02 57	03 58	05 02	06 08
35	03 42	04 19	04 49	02 47	03 47	04 52	05 59
40	03 20	04 01	04 34	02 35	03 34	04 40	05 49
45	02 50	03 39	04 16	02 21	03 19	04 26	05 37
S 50	02 05	03 10	03 54	02 04	03 01	04 08	05 22
52	01 39	02 55	03 43	01 56	02 53	04 00	05 15
54	00 57	02 37	03 31	01 47	02 43	03 51	05 07
56	////	02 16	03 17	01 37	02 33	03 41	04 59
58	////	01 47	03 01	01 25	02 20	03 29	04 49
S 60	////	01 02	02 41	01 12	02 06	03 16	04 37

Lat.	Sunset	Twilight Civil	Twilight Naut.	Moonset 30	Moonset 31	Moonset 1	Moonset 2
N 72	■	13 20	15 41	■	■	■	15 02
N 70	■	14 15	16 00	10 28	■	13 35	15 45
68	■	14 48	16 16	11 50	12 49	14 24	16 13
66	13 36	15 12	16 28	12 28	13 29	14 55	16 35
64	14 15	15 31	16 39	12 55	13 57	15 19	16 52
62	14 42	15 47	16 48	13 16	14 18	15 37	17 06
60	15 03	16 00	16 57	13 33	14 35	15 52	17 17
N 58	15 20	16 12	17 04	13 47	14 50	16 05	17 27
56	15 35	16 22	17 10	14 00	15 02	16 16	17 36
54	15 47	16 30	17 16	14 11	15 13	16 26	17 44
52	15 58	16 38	17 22	14 20	15 23	16 34	17 51
50	16 07	16 46	17 27	14 29	15 31	16 42	17 57
45	16 28	17 01	17 39	14 47	15 49	16 59	18 11
N 40	16 44	17 15	17 49	15 02	16 04	17 12	18 22
35	16 58	17 26	17 58	15 14	16 17	17 23	18 31
30	17 10	17 37	18 07	15 25	16 28	17 33	18 40
20	17 31	17 55	18 23	15 44	16 47	17 51	18 54
N 10	17 50	18 12	18 39	16 00	17 03	18 05	19 06
0	18 07	18 29	18 55	16 16	17 18	18 19	19 17
S 10	18 24	18 47	19 14	16 31	17 33	18 33	19 29
20	18 43	19 07	19 36	16 47	17 49	18 47	19 41
30	19 04	19 32	20 05	17 06	18 08	19 04	19 55
35	19 17	19 47	20 23	17 17	18 18	19 14	20 03
40	19 32	20 05	20 46	17 29	18 31	19 25	20 12
45	19 50	20 27	21 16	17 44	18 45	19 38	20 22
S 50	20 12	20 56	22 00	18 02	19 03	19 53	20 35
52	20 22	21 11	22 26	18 10	19 11	20 01	20 41
54	20 34	21 28	23 07	18 20	19 20	20 09	20 47
56	20 48	21 49	////	18 30	19 31	20 18	20 54
58	21 04	22 18	////	18 43	19 42	20 28	21 02
S 60	21 24	23 02	////	18 57	19 56	20 40	21 11

Day	SUN Eqn. of Time 00h	SUN Eqn. of Time 12h	SUN Mer. Pass.	MOON Mer. Pass. Upper	MOON Mer. Pass. Lower	Age	Phase
30	02 13	02 28	12 02	10 01	22 32	28	
31	02 42	02 57	12 03	11 03	23 34	29	
1	03 11	03 26	12 03	12 05	24 35	00	●

EXPLANATION

PRINCIPLE AND ARRANGEMENT

1. *Object.* The object of this Almanac is to provide, in a convenient form, the data required for the practice of astronomical navigation at sea.

2. *Principle.* The main contents of the Almanac consist of data from which the *Greenwich Hour Angle* (GHA) and the *Declination* (Dec) of all the bodies used for navigation can be obtained for any instant of *Universal Time* (UT), or *Greenwich Mean Time* (GMT). The *Local Hour Angle* (LHA) can then be obtained by means of the formula:

$$\text{LHA} = \text{GHA} \begin{array}{c} - \text{ west} \\ + \text{ east} \end{array} \text{longitude}$$

The remaining data consist of: times of rising and setting of the Sun and Moon, and times of twilight; miscellaneous calendarial and planning data and auxiliary tables, including a list of Standard Times; corrections to be applied to observed altitude.

For the Sun, Moon, and planets the GHA and Dec are tabulated directly for each hour of UT throughout the year. For the stars the *Sidereal Hour Angle* (SHA) is given, and the GHA is obtained from:

$$\text{GHA Star} = \text{GHA Aries} + \text{SHA star}$$

The SHA and Dec of the stars change slowly and may be regarded as constant over periods of several days. GHA Aries, or the Greenwich Hour Angle of the first point of Aries (the Vernal Equinox), is tabulated for each hour. Permanent tables give the appropriate increments and corrections to the tabulated hourly values of GHA and Dec for the minutes and seconds of UT.

The six-volume series of *Sight Reduction Tables for Marine Navigation* (published in U.S.A. as Pub. No. 229 and in U.K. as N.P. 401) has been designed for the solution of the navigational triangle and is intended for use with *The Nautical Almanac*.

Two alternative procedures for sight reduction are described on pages 277–318. The first requires the use of programmable electronic calculators or personal computers, while the second uses a set of concise tables that is given on pages 286–317.

The tabular accuracy is $0\!\!:\!\!1$ throughout. The time argument on the daily pages of this Almanac is $12^{\text{h}} +$ the Greenwich Hour Angle of the mean sun and is here denoted by UT, although it is also known as GMT. This scale may differ from the broadcast time signals (UTC) by an amount which, if ignored, will introduce an error of up to $0\!\!:\!\!2$ in longitude determined from astronomical observations. (The difference arises because the time argument depends on the variable rate of rotation of the Earth while the broadcast time signals are now based on an atomic time-scale.) Step adjustments of exactly one second are made to the time signals as required (normally at 24^{h} on December 31 and June 30) so that the difference between the time signals and UT, as used in this Almanac, may not exceed $0\!\!:\!\!9$. Those who require to reduce observations to a precision of better than 1^{s} must therefore obtain the correction (DUT1) to the time signals from coding in the signal, or from other sources; the required time is given by UT1=UTC+DUT1 to a precision of $0\!\!:\!\!1$. Alternatively, the longitude, when determined from astronomical observations, may be corrected by the corresponding amount shown in the following table:

Correction to time signals	Correction to longitude
$-0\!\!:\!\!9$ to $-0\!\!:\!\!7$	$0\!\!:\!\!2$ to east
$-0\!\!:\!\!6$ to $-0\!\!:\!\!3$	$0\!\!:\!\!1$ to east
$-0\!\!:\!\!2$ to $+0\!\!:\!\!2$	no correction
$+0\!\!:\!\!3$ to $+0\!\!:\!\!6$	$0\!\!:\!\!1$ to west
$+0\!\!:\!\!7$ to $+0\!\!:\!\!9$	$0\!\!:\!\!2$ to west

EXPLANATION

255

3. *Lay-out.* The ephemeral data for three days are presented on an opening of two pages: the left-hand page contains the data for the planets and stars; the right-hand page contains the data for the Sun and Moon, together with times of twilight, sunrise, sunset, moonrise and moonset.

The remaining contents are arranged as follows: for ease of reference the altitude-correction tables are given on pages A2, A3, A4, xxxiv and xxxv; calendar, Moon's phases, eclipses, and planets notes (i.e. data of general interest) precede the main tabulations. The Explanation is followed by information on standard times, star charts and list of star positions, sight reduction procedures and concise sight reduction tables, tables of increments and corrections and other auxiliary tables that are frequently used.

MAIN DATA

4. *Daily pages.* The daily pages give the GHA of Aries, the GHA and Dec of the Sun, Moon, and the four navigational planets, for each hour of UT. For the Moon, values of v and d are also tabulated for each hour to facilitate the correction of GHA and Dec to intermediate times; v and d for the Sun and planets change so slowly that they are given, at the foot of the appropriate columns, once only on the page; v is zero for Aries and negligible for the Sun, and is omitted. The SHA and Dec of the 57 selected stars, arranged in alphabetical order of proper name, are also given.

5. *Stars.* The SHA and Dec of 173 stars, including the 57 selected stars, are tabulated for each month on pages 268–273; no interpolation is required and the data can be used in precisely the same way as those for the selected stars on the daily pages. The stars are arranged in order of SHA.

The list of 173 includes all stars down to magnitude 3·0, together with a few fainter ones to fill the larger gaps. The 57 selected stars have been chosen from amongst these on account of brightness and distribution in the sky; they will suffice for the majority of observations.

The 57 selected stars are known by their proper names, but they are also numbered in descending order of SHA. In the list of 173 stars, the constellation names are always given on the left-hand page; on the facing page proper names are given where well-known names exist. Numbers for the selected stars are given in both columns.

An index to the selected stars, containing lists in both alphabetical and numerical order, is given on page xxxiii and is also reprinted on the bookmark.

6. *Increments and corrections.* The tables printed on tinted paper (pages ii–xxxi) at the back of the Almanac provide the increments and corrections for minutes and seconds to be applied to the hourly values of GHA and Dec. They consist of sixty tables, one for each minute, separated into two parts: increments to GHA for Sun and planets, Aries, and Moon for every minute and second; and, for each minute, corrections to be applied to GHA and Dec corresponding to the values of v and d given on the daily pages.

The increments are based on the following adopted hourly rates of increase of the GHA: Sun and planets, 15° precisely; Aries, 15° 02′·46; Moon, 14° 19′·0. The values of v on the daily pages are the excesses of the actual hourly motions over the adopted values; they are generally positive, except for Venus. The tabulated hourly values of the Sun's GHA have been adjusted to reduce to a minimum the error caused by treating v as negligible. The values of d on the daily pages are the hourly differences of the Dec. For the Moon, the true values of v and d are given for each hour; otherwise mean values are given for the three days on the page.

7. *Method of entry.* The UT of an observation is expressed as a day and hour, followed by a number of minutes and seconds. The tabular values of GHA and Dec, and, where necessary, the corresponding values of v and d, are taken directly from the daily pages for the day and hour of UT; this hour is always *before* the time of observation. SHA and Dec of the selected stars are also taken from the daily pages.

EXPLANATION

The table of Increments and Corrections for the minute of UT is then selected. For the GHA, the increment for minutes and seconds is taken from the appropriate column opposite the seconds of UT; the v-correction is taken from the second part of the same table opposite the value of v as given on the daily pages. Both increment and v-correction are to be added to the GHA, except for Venus when v is prefixed by a minus sign and the v-correction is to be subtracted. For the Dec there is no increment, but a d-correction is applied in the same way as the v-correction; d is given without sign on the daily pages and the sign of the correction is to be supplied by inspection of the Dec column. In many cases the correction may be applied mentally.

8. *Examples.* (a) Sun and Moon. Required the GHA and Dec of the Sun and Moon on 1994 June 16 at 15^h 47^m 13^s UT.

		SUN			MOON			
		GHA	Dec	d	GHA	v	Dec	d
		° ′	° ′ ′		° ′	′	° ′	′
Daily page, June 16ᵈ 15ʰ		44 50·4	N 23 21·1	0·1	318 16·2	11·1	S 1 14·6	12·2
Increments for	47ᵐ 13ˢ	11 48·3			11 16·0			
v or d corrections for	47ᵐ		+0·1		+8·8		+9·7	
Sum for June 16ᵈ 15ʰ 47ᵐ 13ˢ		56 38·7	N 23 21·2		329 41·0		S 1 24·3	

(b) Planets. Required the LHA and Dec of (i) Venus on 1994 June 16 at 14^h 28^m 30^s UT in longitude E $64° 53'$; (ii) Mars on 1994 June 16 at 13^h 07^m 15^s UT in longitude W $123° 15'$.

		VENUS					MARS			
		GHA	v	Dec	d		GHA	v	Dec	d
		° ′	′	° ′	′		° ′	′	° ′	′
Daily page, June 16ᵈ	(14ʰ)	350 24·3	−0·6	N 21 44·9	0·7	(13ʰ)	54 23·0	0·6	N 16 28·6	0·5
Increments (planets)	(28ᵐ 30ˢ)	7 07·5				(07ᵐ 15ˢ)	1 48·8			
v or d corrections	(28ᵐ)	−0·3		−0·3		(07ᵐ)	+0·1		+0·1	
Sum = GHA and Dec.		357 31·5		N 21 44·6			56 11·9		N 16 28·7	
Longitude	(east)	+ 64 53·0				(west)	−123 15·0			
Multiples of 360°		−360					+360			
LHA planet		62 24·5					292 56·9			

(c) Stars. Required the GHA and Dec of (i) *Vega* on 1994 June 16 at 4^h 30^m 44^s UT; (ii) *Antares* on 1994 June 16 at 22^h 05^m 23^s UT.

		Vega			*Antares*	
		GHA	Dec		GHA	Dec
		° ′	° ′		° ′	° ′
Daily page (SHA and Dec)		80 48·2	N 38 46·8		112 43·4	S 26 25·2
Daily page (GHA Aries)	(4ʰ)	324 12·0		(22ʰ)	234 56·3	
Increments (Aries)	(30ᵐ 44ˢ)	7 42·3		(05ᵐ 23ˢ)	1 21·0	
Sum = GHA star		412 42·5			349 00·7	
Multiples of 360°		−360				
GHA star		52 42·5			349 00·7	

9. *Polaris (Pole Star) tables.* The tables on pages 274–276 provide means by which the latitude can be deduced from an observed altitude of *Polaris*, and they also give its azimuth; their use is explained and illustrated on those pages. They are based on the following formula:

$$\text{Latitude} - H_O = -p \cos h + \tfrac{1}{2}p \sin p \sin^2 h \tan (\text{latitude})$$

where
$$H_O = \text{Apparent altitude (corrected for refraction)}$$
$$p = \text{polar distance of } Polaris = 90° - \text{Dec}$$
$$h = \text{local hour angle of } Polaris = \text{LHA Aries} + \text{SHA}$$

a_0, which is a function of LHA Aries only, is the value of both terms of the above formula calculated for mean values of the SHA ($323° 21'$) and Dec (N $89° 14!4$) of *Polaris*, for a mean latitude of $50°$, and adjusted by the addition of a constant ($58!8$).

EXPLANATION

257

a_1, which is a function of LHA Aries and latitude, is the excess of the value of the second term over its mean value for latitude 50°, increased by a constant (0.6) to make it always positive. a_2, which is a function of LHA Aries and date, is the correction to the first term for the variation of *Polaris* from its adopted mean position; it is increased by a constant (0.6) to make it positive. The sum of the added constants is 1°, so that:

Latitude = Apparent altitude (corrected for refraction) $- 1° + a_0 + a_1 + a_2$

RISING AND SETTING PHENOMENA

10. *General.* On the right-hand daily pages are given the times of sunrise and sunset, of the beginning and end of civil and nautical twilights, and of moonrise and moonset for a range of latitudes from N 72° to S 60°. These times, which are given to the nearest minute, are strictly the UT of the phenomena on the Greenwich meridian; they are given for every day for moonrise and moonset, but only for the middle day of the three on each page for the solar phenomena.

They are approximately the Local Mean Times (LMT) of the corresponding phenomena on other meridians; they can be formally interpolated if desired. The UT of a phenomenon is obtained from the LMT by:

$$UT = LMT \genfrac{}{}{0pt}{}{+ \text{ west}}{- \text{ east}} \text{ longitude}$$

in which the longitude must first be converted to time by the table on page i or otherwise.

Interpolation for latitude can be done mentally or with the aid of Table I on page xxxii.

The following symbols are used to indicate the conditions under which, in high latitudes, some of the phenomena do not occur:

⬜ Sun or Moon remains continuously above the horizon;

⬛ Sun or Moon remains continuously below the horizon;

//// twilight lasts all night.

Basis of the tabulations. At sunrise and sunset 16′ is allowed for semi-diameter and 34′ for horizontal refraction, so that at the times given the Sun's upper limb is on the visible horizon; all times refer to phenomena as seen from sea level with a clear horizon.

At the times given for the beginning and end of twilight, the Sun's zenith distance is 96° for civil, and 102° for nautical twilight. The degree of illumination at the times given for civil twilight (in good conditions and in the absence of other illumination) is such that the brightest stars are visible and the horizon is clearly defined. At the times given for nautical twilight the horizon is in general not visible, and it is too dark for observation with a marine sextant.

Times corresponding to other depressions of the Sun may be obtained by interpolation or, for depressions of more than 12°, less reliably, by extrapolation; times so obtained will be subject to considerable uncertainty near extreme conditions.

At moonrise and moonset allowance is made for semi-diameter, parallax, and refraction (34′), so that at the times given the Moon's upper limb is on the visible horizon as seen from sea level.

11. *Sunrise, sunset, twilight.* The tabulated times may be regarded, without serious error, as the LMT of the phenomena on any of the three days on the page and in any longitude. Precise times may normally be obtained by interpolating the tabular values for latitude and to the correct day and longitude, the latter being expressed as a fraction of a day by dividing it by 360°, positive for west and negative for east longitudes. In the extreme conditions near ⬜, ⬛ or //// interpolation may not be possible in one direction, but accurate times are of little value in these circumstances.

Examples. Required the UT of (a) the beginning of morning twilights and sunrise on 1994 January 22 for latitude S 48° 55′, longitude E 75° 18′; (b) sunset and the end of evening twilights on 1994 January 24 for latitude N 67° 10′, longitude W 168° 05′.

258 EXPLANATION

From p. 25	(a)	Twilight		Sunrise	(b)	Sunset	Twilight	
		Nautical	Civil				Civil	Nautical
		d h m	d h m	d h m		d h m	d h m	d h m
LMT for Lat	S 45°	22 03 25	22 04 09	22 04 43	N 66°	24 14 56	24 16 07	24 17 14
Corr. to (p. xxxii, Table I)	S 48° 55′	−27	−20	−12	N 67° 10′	−17	−9	−6
Long (p. i)	E 75° 18′	−5 01	−5 01	−5 01	W 168° 05′	+11 12	+11 12	+11 12
UT		21 21 57	21 22 48	21 23 30		25 01 51	25 03 10	25 04 20

The LMT are strictly for January 23 (middle date on page) and 0° longitude; for more precise times it is necessary to interpolate, but rounding errors may accumulate to about 2^m.

(a) to January $22^d - 75°/360° = $ Jan. $21^d 8$, i.e. $\frac{1}{3}(1·2) = 0·4$ backwards towards the data for the same latitude interpolated similarly from page 23; the corrections are -2^m to nautical twilight, -2^m to civil twilight and -3^m to sunrise.

(b) to January $24^d + 168°/360° = $ Jan. $24^d 5$, i.e. $\frac{1}{3}(1·5) = 0·5$ forwards towards the data for the same latitude interpolated similarly from page 27; the corrections are $+8^m$ to sunset, $+5^m$ to civil twilight, and $+6^m$ to nautical twilight.

12. *Moonrise, moonset.* Precise times of moonrise and moonset are rarely needed; a glance at the tables will generally give sufficient indication of whether the Moon is available for observation and of the hours of rising and setting. If needed, precise times may be obtained as follows. Interpolate for latitude, using Table I on page xxxii, on the day wanted and also on the preceding day in east longitudes or the following day in west longitudes; take the difference between these times and interpolate for longitude by applying to the time for the day wanted the correction from Table II on page xxxii, so that the resulting time is between the two times used. In extreme conditions near ▢ or ▆ interpolation for latitude or longitude may be possible only in one direction; accurate times are of little value in these circumstances.

To facilitate this interpolation the times of moonrise and moonset are given for four days on each page; where no phenomenon occurs during a particular day (as happens once a month) the time of the phenomenon on the following day, increased by 24^h, is given; extra care must be taken when interpolating between two values, when one of those values exceeds 24^h. In practice it suffices to use the daily difference between the times for the nearest tabular latitude, and generally, to enter Table II with the nearest tabular arguments as in the examples below.

Examples. Required the UT of moonrise and moonset in latitude S 47° 10′, longitudes E 124° 00′ and W 78° 31′ on 1994 January 29.

	Longitude E 124° 00′		Longitude W 78° 31′	
	Moonrise	Moonset	Moonrise	Moonset
	d h m	d h m	d h m	d h m
LMT for Lat. S 45°	29 20 17	29 07 11	29 20 17	29 07 11
Lat correction (p. xxxii, Table I)	+02	−02	+02	−02
Long correction (p. xxxii, Table II)	−10	−27	+07	+18
Correct LMT	29 20 09	29 06 42	29 20 26	29 07 27
Longitude (p. i)	−8 16	−8 16	+5 14	+5 14
UT	29 11 53	28 22 26	30 01 40	29 12 41

ALTITUDE CORRECTION TABLES

13. *General.* In general two corrections are given for application to altitudes observed with a marine sextant; additional corrections are required for Venus and Mars and also for very low altitudes.

Tables of the correction for dip of the horizon, due to height of eye above sea level, are given on pages A2 and xxxiv. Strictly this correction should be applied first and subtracted from the sextant altitude to give apparent altitude, which is the correct argument for the other tables.

EXPLANATION

Separate tables are given of the second correction for the Sun, for stars and planets (on pages A2 and A3), and for the Moon (on pages xxxiv and xxxv). For the Sun, values are given for both lower and upper limbs, for two periods of the year. The star tables are used for the planets, but additional corrections for parallax (page A2) are required for Venus and Mars. The Moon tables are in two parts: the main correction is a function of apparent altitude only and is tabulated for the lower limb (30′ must be subtracted to obtain the correction for the upper limb); the other, which is given for both lower and upper limbs, depends also on the horizontal parallax, which has to be taken from the daily pages.

An additional correction, given on page A4, is required for the change in the refraction, due to variations of pressure and temperature from the adopted standard conditions; it may generally be ignored for altitudes greater than 10°, except possibly in extreme conditions. The correction tables for the Sun, stars, and planets are in two parts; only those for altitudes greater than 10° are reprinted on the bookmark.

14. *Critical tables.* Some of the altitude correction tables are arranged as critical tables. In these an interval of apparent altitude (or height of eye) corresponds to a single value of the correction; no interpolation is required. At a "critical" entry the upper of the two possible values of the correction is to be taken. For example, in the table of dip, a correction of −4′1 corresponds to all values of the height of eye from 5·3 to 5·5 metres (17·5 to 18·3 feet) inclusive.

15. *Examples.* The following examples illustrate the use of the altitude correction tables; the sextant altitudes given are assumed to be taken on 1994 June 16 with a marine sextant at height 5·4 metres (18 feet), temperature −3°C and pressure 982 mb, the Moon sights being taken at about 10^h UT.

	SUN lower limb	SUN upper limb	MOON lower limb	MOON upper limb	VENUS	*Polaris*
	° ′	° ′	° ′	° ′	° ′	° ′
Sextant altitude	21 19·7	3 20·2	33 27·6	26 06·7	4 32·6	49 36·5
Dip, height 5·4 metres (18 feet)	−4·1	−4·1	−4·1	−4·1	−4·1	−4·1
Main correction	+13·6	−29·4	+57·4	+60·5	−10·8	−0·8
−30′ for upper limb (Moon)	—	—	—	−30·0	—	—
L, U correction for Moon	—	—	+5·8	+4·0	—	—
Additional correction for Venus	—	—	—	—	+0·1	—
Additional refraction correction	−0·1	−0·3	0·0	−0·1	−0·3	0·0
Corrected sextant altitude	21 29·1	2 46·4	34 26·7	26 37·0	4 17·5	49 31·6

The main corrections have been taken out with apparent altitude (sextant altitude corrected for dip) as argument, interpolating where possible. These refinements are rarely necessary.

16. *Composition of the Corrections.* The table for the dip of the sea horizon is based on the formula:

Correction for dip $= -1′76\sqrt{\text{(height of eye in metres)}} = -0′97\sqrt{\text{(height of eye in feet)}}$

The correction table for the Sun includes the effects of semi-diameter, parallax and mean refraction.

The correction tables for the stars and planets allow for the effect of mean refraction.

The phase correction for Venus has been incorporated in the tabulations for GHA and Dec, and no correction for phase is required. The additional corrections for Venus and Mars allow for parallax. Alternatively, the correction for parallax may be calculated from $p \cos H$, where p is the parallax and H is the altitude. In 1994 the values for p are:

	Jan. 1	July 18	Sept. 6	Sept. 28	Oct. 14	Nov. 24	Dec. 9	Dec. 31
Venus	0′1	0′2	0′3	0′4	0′5	0′4	0′3	

	Jan. 1	Dec. 14	Dec. 31
Mars	0′1	0′2	

The correction table for the Moon includes the effect of semi-diameter, parallax, augmentation and mean refraction.

EXPLANATION

Mean refraction is calculated for a temperature of 10°C (50°F) and a pressure of 1010 mb (29·83 inches).

17. *Bubble sextant observations.* When observing with a bubble sextant no correction is necessary for dip, semi-diameter, or augmentation. The altitude corrections for the stars and planets on page A2 and on the bookmark should be used for the Sun as well as for the stars and planets; for the Moon it is easiest to take the mean of the corrections for lower and upper limbs and subtract 15′ from the altitude; the correction for dip must not be applied.

AUXILIARY AND PLANNING DATA

18. *Sun and Moon.* On the daily pages are given: the semi-diameters and the times of meridian passage of both Sun and Moon over the Greenwich meridian; the equation of time; the horizontal parallax and the age of the Moon, together with a symbol indicating the phase. For the Moon, the semi-diameters for each of the three days are given at the foot of the column; for the Sun a single value is sufficient. Table II on page xxxii may be used for interpolating the time of the Moon's meridian passage for longitude. The equation of time is given, without sign, for 00^h and 12^h UT on each day. To obtain apparent time, apply the equation of time to mean time with a *positive* sign when GHA Sun at 00^h UT *exceeds* 180°, or at 12^h *exceeds* 0°, corresponding to a meridian passage of the Sun *before* 12^h UT; *otherwise* apply with a *negative* sign. The times of the phases of the Moon are given in UT on page 4.

19. *Planets.* The magnitudes of the planets are given immediately following their names in the headings on the daily pages; also given, for the middle day of the three on the page, are their SHA at 00^h UT and their times of meridian passage.

The planet notes and diagram on pages 8 and 9 provide descriptive information as to the suitability of the planets for observation during the year, and of their positions and movements.

20. *Stars.* The time of meridian passage of the first point of Aries over the Greenwich meridian is given on the daily pages, for the middle day of the three on the page, to 0^m1. The interval between successive meridian passages is $23^h 56^m1$ (24^h less 3^m9) so that times for intermediate days and other meridians can readily be derived. If a precise time is required it may be obtained by finding the UT at which LHA Aries is zero.

The meridian passage of a star occurs when its LHA is zero, that is when LHA Aries + SHA = 360°. An approximate time can be obtained from the planet diagram on page 9.

The star charts on pages 266 and 267 are intended to assist identification. They show the relative positions of the stars in the sky as seen from the Earth and include all 173 stars used in the Almanac, together with a few others to complete the main constellation configurations. The local meridian at any time may be located on the chart by means of its SHA which is 360° − LHA Aries, or west longitude − GHA Aries.

21. *Star globe.* To set a star globe on which is printed a scale of LHA Aries, first set the globe for latitude and then rotate about the polar axis until the scale under the edge of the meridian circle reads LHA Aries.

To mark the positions of the Sun, Moon, and planets on the star globe, take the difference GHA Aries − GHA body and use this along the LHA Aries scale, in conjunction with the declination, to plot the position. GHA Aries − GHA body is most conveniently found by taking the difference when the GHA of the body is small (less than 15°), which happens once a day.

22. *Calendar.* On page 4 are given lists of ecclesiastical festivals, and of the principal anniversaries and holidays in the United Kingdom and the United States of America. The calendar on page 5 includes the day of the year as well as the day of the week.

EXPLANATION 261

Brief particulars are given, at the foot of page 5, of the solar and lunar eclipses occurring during the year; the times given are in UT. The principal features of the more important solar eclipses are shown on the maps on pages 6 and 7.

23. *Standard times.* The lists on pages 262–265 give the standard times used in most countries. In general no attempt is made to give details of the beginning and end of summer time, since they are liable to frequent changes at short notice. For the latest information consult Admiralty List of Radio Signals Volume 2 (NP 282) corrected by Section VI of the weekly edition of Admiralty Notices to Mariners.

The Date or Calendar Line is an arbitrary line, on either side of which the date differs by one day; when crossing this line on a westerly course, the date must be advanced one day; when crossing it on an easterly course, the date must be put back one day. The line is a modification of the line of the 180th meridian, and is drawn so as to include, as far as possible, islands of any one group, etc., on the same side of the line. It may be traced by starting at the South Pole and joining up to the following positions:

Lat	S 51·0	S 45·0	S 15·0	S 5·0	N 48·0	N 53·0	N 65·5
Long	180·0	W 172·5	W 172·5	180·0	180·0	E 170·0	W 169·0

thence through the middle of the Diomede Islands to Lat N 68°·0, Long W 169°·0, passing east of Ostrov Vrangelya (Wrangel Island) to Lat N 75°·0, Long 180°·0, and thence to the North Pole.

ACCURACY

24. *Main data.* The quantities tabulated in this Almanac are generally correct to the nearest 0′·1; the exception is the Sun's GHA which is deliberately adjusted by up to 0′·15 to reduce the error due to ignoring the v-correction. The GHA and Dec at intermediate times cannot be obtained to this precision, since at least two quantities must be added; moreover, the v- and d-corrections are based on mean values of v and d and are taken from tables for the whole minute only. The largest error that can occur in the GHA or Dec of any body other than the Sun or Moon is less than 0′·2; it may reach 0′·25 for the GHA of the Sun and 0′·3 for that of the Moon.

In practice it may be expected that only one third of the values of GHA and Dec taken out will have errors larger than 0′·05 and less than one tenth will have errors larger than 0′·1.

25. *Altitude corrections.* The errors in the altitude corrections are nominally of the same order as those in GHA and Dec, as they result from the addition of several quantities each correctly rounded off to 0′·1. But the actual values of the dip and of the refraction at low altitudes may, in extreme atmospheric conditions, differ considerably from the mean values used in the tables.

USE OF THIS ALMANAC IN 1995

This Almanac may be used for the Sun and stars in 1995 in the following manner.

For the Sun, take out the GHA and Dec for the same date but for a time $5^h 48^m 00^s$ *earlier* than the UT of observation; add 87° 00′ to the GHA so obtained. The error, mainly due to planetary perturbations of the Earth, is unlikely to exceed 0′·4.

For the stars, calculate the GHA and Dec for the same date and the same time, but *subtract* 15′·1 from the GHA so found. The error, due to incomplete correction for precession and nutation, is unlikely to exceed 0′·4. If preferred, the same result can be obtained by using a time $5^h 48^m 00^s$ earlier than the UT of observation (as for the Sun) and adding 86° 59′·2 to the GHA (or adding 87° as for the Sun and subtracting 0′·8, for precession, from the SHA of the star).

The Almanac cannot be so used for the Moon or planets.

262 STANDARD TIMES (Corrected to September 1992)

LIST I — PLACES FAST ON UTC (mainly those EAST OF GREENWICH)

The times given added to UTC to give Standard Time
below should be } subtracted from Standard Time to give UTC.

	h	m
Admiralty Islands	10	
Afghanistan	04	30
Albania*	01	
Algeria	01	
Amirante Islands	04	
Andaman Islands	05	30
Angola	01	
Armenia	04	
Australia		
Australian Capital Territory*	10	
New South Wales[1]*	10	
Northern Territory	09	30
Queensland	10	
South Australia*	09	30
Tasmania*	10	
Victoria*	10	
Western Australia	08	
Austria*	01	
Azerbaijan	04	
Bahrain	03	
Balearic Islands*	01	
Bangladesh	06	
Belgium*	01	
Belorussia*	02	
Benin	01	
Botswana, Republic of	02	
Brunei	08	
Bulgaria*	02	
Burma	06	30
Burundi	02	
Cambodia	07	
Cameroon Republic	01	
Central African Republic	01	
Chad	01	
Chagos Archipelago[2]	05	
Chatham Islands*	12	45
China	08	
Christmas Island, Indian Ocean	07	
Cocos Keeling Islands	06	30
Comoro Islands (Comoros)	03	
Congo Republic	01	
Corsica*	01	
Crete*	02	
Croatia*	01	
Cyprus, Ercan*	02	
Larnaca*	02	
Czechoslovakia*	01	
Denmark*	01	
Djibouti	03	
Egypt, Arab Republic of*	02	
Equatorial Guinea, Republic of	01	
Estonia*	02	
Ethiopia	03	

	h	m
Fiji	12	
Finland*	02	
France*	01	
Gabon	01	
Georgia*	03	
Germany*	01	
Gibraltar*	01	
Greece*	02	
Guam	10	
Holland (The Netherlands)*	01	
Hong Kong	08	
Hungary*	01	
India	05	30
Indonesia, Republic of		
Bangka, Billiton, Java, West and		
Middle Kalimantan, Madura, Sumatra	07	
Bali, Flores, South and East		
Kalimantan, Lombok, Sulawesi,		
Sumba, Sumbawa, Timor	08	
Aru, Irian Jaya, Kai, Moluccas,		
Tanimbar	09	
Iran*	03	30
Iraq*	03	
Israel*	02	
Italy*	01	
Japan	09	
Jordan*	02	
Kazakhstan*	06	
Kenya	03	
Kiribati Republic[3]		
Except Banaba	12	
Banaba	11	30
Korea, North	09	
Republic of (South)	09	
Kuril Islands	11	
Kuwait	03	
Kyrgyzstan*	05	
Laccadive Islands	05	30
Laos	07	
Latvia*	02	
Lebanon*	02	
Lesotho	02	
Libya	02	
Liechtenstein*	01	
Lithuania*	02	
Lord Howe Island*	10	30
Luxembourg*	01	
Macau	08	
Macias Nguema Biyogo Island		
(Fernando Póo)	01	

* Summer time may be kept in these countries.
[1] Except Broken Hill Area which keeps $09^h 30^m$.
[2] Except Diego Garcia which keeps 06^h.
[3] Except Kiritimati Island and the Phoenix Islands which keep 10^h and 11^h slow on UTC.

STANDARD TIMES (Corrected to September 1992)

LIST I — (continued)

	h	m
Madagascar, Democratic Republic of	03	
Malawi	02	
Malaysia		
Malaya, Sabah, Sarawak	08	
Maldives, Republic of The	05	
Malta*	01	
Mariana Islands	10	
Marshall Islands[1]	12	
Mauritius	04	
Micronesia		
General (Caroline Islands)	10	
Pohnpei and Kosrae	11	
Rest	12	
Moldavia*	02	
Monaco*	01	
Mongolia*	08	
Mozambique	02	
Namibia	02	
Nauru	12	
Nepal	05	45
Netherlands, The*	01	
New Caledonia	11	
New Zealand*	12	
Nicobar Islands	05	30
Niger	01	
Nigeria, Republic of	01	
Norfolk Island	11	30
Norway*	01	
Novaya Zemlya	03	
Okinawa	09	
Oman	04	
Pagalu (Annobon Islands)	01	
Pakistan	05	
Palau Islands	09	
Papua New Guinea	10	
Pescadores Islands	08	
Philippine Republic	08	
Poland*	01	
Portugal*	01	
Qatar	03	
Reunion	04	
Romania*	02	
Russia[2]*		
Zone 0 Kaliningrad	02	
Zone 1 Arkhangelsk, Moscow,		
St Petersburg, Astrakhan	03	
Zone 2 Samara, Izhevsk	04	
Zone 3 Novyy Port, Perm	05	
Zone 4 Omsk, Tashkent	06	
Zone 5 Dikson, Novosibirsk	07	
Zone 6 Irkutsk	08	
Zone 7 Yakutsk, Tiksi	09	

	h	m
Russia (continued)		
Zone 8 Khabarovsk, Vladivostok	10	
Zone 9 Magadan, Sakhalin I	11	
Zone 10 Petropavlovsk-Kamchatsky	12	
Rwanda	02	
Ryukyu Islands	09	
Sakhalin	11	
Santa Cruz Islands	11	
Sardinia*	01	
Saudi Arabia	03	
Schouten Islands	09	
Seychelles	04	
Sicily*	01	
Singapore	08	
Slovenia*	01	
Socotra	03	
Solomon Islands	11	
Somalia Republic	03	
South Africa, Republic of	02	
Spain*	01	
Spanish Possessions in North Africa		
(Ceuta, Melilla)*	01	
Spitsbergen (Svalbard)	01	
Sri Lanka	05	30
Sudan, Republic of	02	
Swaziland	02	
Sweden*	01	
Switzerland*	01	
Syria (Syrian Arab Republic)*	02	
Taiwan	08	
Tajikistan	05	
Tanzania	03	
Thailand	07	
Tonga	13	
Tunisia	01	
Turkey*	02	
Turkmenistan	05	
Tuvalu	12	
Uganda	03	
Ukraine*	02	
United Arab Emirates	04	
Uzbekistan	05	
Vanuatu, Republic of*	11	
Vietnam, Socialist Republic of	07	
Yemen	03	
Yugoslavia*	01	
Zaire		
Kinshasa, Mbandaka	01	
Haut-Zaire, Kasai, Kivu, Shaba	02	
Zambia, Republic of	02	
Zimbabwe	02	

* Summer time may be kept in these countries.
[1] Except the islands of Kwajalein and Ebon which keep time 24^h slow on that of the rest of the islands.
[2] The boundaries between the zones are irregular; listed are chief towns in each zone.

264 STANDARD TIMES (Corrected to September 1992)

LIST II — PLACES NORMALLY KEEPING UTC

Ascension Island	Ghana	Irish Republic*	Morocco	Togo Republic
Burkina-Faso	Great Britain[1]	Ivory Coast	Principe	Tristan da Cunha
Canary Islands*	Guinea Bissau	Liberia	St. Helena	
Channel Islands[1]	Guinea Republic	Madeira*	São Tomé	
Faeroes*, The	Iceland	Mali	Senegal	
Gambia	Ireland, Northern[1]	Mauritania	Sierra Leone	

* Summer time may be kept in these countries.

[1] Summer time, one hour in advance of UTC, is kept from March $27^d 01^h$ to October $23^d 01^h$ UTC, subject to confirmation.

LIST III — PLACES SLOW ON UTC (WEST OF GREENWICH)

The times given below should be } *subtracted* from UTC to give Standard Time } *added* to Standard Time to give UTC.

	h	m		h	m
Argentina*			**Canada** (*continued*)		
General	03		Saskatchewan	06	
Mendoza, Jujuy	04		Yukon*	08	
Austral Islands[1]	10		Cape Verde Islands	01	
Azores*	01		Chile*	04	
			Colombia*	05	
Bahamas*	05		Cook Islands	10	
Barbados	04		Costa Rica	06	
Belize	06		Cuba*	05	
Bermuda*	04		Curaçao Island	04	
Bolivia	04				
Brazil			Dominican Republic	04	
eastern[2]*	03				
Territory of Acre	05		Easter Island (I. de Pascua)*	06	
western*	04		Ecuador	05	
British Antarctic Territory[3]	03				
			Falkland Islands*	04	
Canada			Fanning Island	10	
Alberta	07		Fernando de Noronha Island	02	
British Columbia*	08		French Guiana	03	
Labrador*	04				
Manitoba*	06		Galápagos Islands	06	
New Brunswick*	04		Greenland[4],		
Newfoundland*	03	30	General*	03	
Northwest Territories*			Scoresby Sound*	01	
east of long. W. 68°	04		Thule area	04	
long. W. 68° to W. 85°	05		Grenada	04	
long. W. 85° to W. 102°	06		Guadeloupe	04	
west of long. W. 102°	07		Guatemala	06	
Nova Scotia*	04		Guyana, Republic of	04	
Ontario*	05				
Prince Edward Island*	04				
Quebec,			Haiti*	05	
east of long. W. 63°	04		Honduras	06	
west of long. W. 63°*	05				

* Summer time may be kept in these countries.

[1] This is the legal standard time, but local mean time is generally used.

[2] Including all the coast and Brasilia.

[3] Except South Georgia which keeps 02^h.

[4] Danmarkshavn and Mesters Vig keep UTC.

STANDARD TIMES (Corrected to September 1992)

LIST III — (*continued*)

	h	m		h	m
Jamaica	05		United States of America (*continued*)		
Jan Mayen Island	01		Illinois[2]	06	
Johnston Island	10		Indiana[3]	05	
Juan Fernandez Islands*	04		Iowa[2]	06	
			Kansas[2,3]	06	
Leeward Islands	04		Kentucky[2], eastern part	05	
			western part	06	
Marquesas Islands	09	30	Louisiana[2]	06	
Martinique	04		Maine[2]	05	
Mexico[1]	06		Maryland[2]	05	
Midway Islands	11		Massachusetts[2]	05	
			Michigan[2]	05	
Nicaragua*	06		Minnesota[2]	06	
Niue	11		Mississippi[2]	06	
			Missouri[2]	06	
Panama, Republic of	05		Montana[2]	07	
Paraguay*	04		Nebraska[2,3]	06	
Peru	05		Nevada[2]	08	
Puerto Rico	04		New Hampshire[2]	05	
			New Jersey[2]	05	
St. Pierre and Miquelon*	03		New Mexico[2]	07	
Salvador, El	06		New York[2]	05	
Samoa	11		North Carolina[2]	05	
Society Islands	10		North Dakota[2,3]	06	
South Georgia	02		Ohio[2]	05	
Suriname	03		Oklahoma[2]	06	
			Oregon[2,3]	08	
Trinidad and Tobago	04		Pennsylvania[2]	05	
Trindade Island, South Atlantic ...	02		Rhode Island[2]	05	
Tuamotu Archipelago	10		South Carolina[2]	05	
Tubuai Islands	10		South Dakota[2], eastern part ...	06	
Turks and Caicos Islands*	05		western part ...	07	
			Tennessee[2,3]	06	
United States of America			Texas[2]	06	
Alabama[2]	06		Utah[2]	07	
Alaska[2], east of W. 169° 30′ ...	09		Vermont[2]	05	
Aleutian Islands, west of W. 169° 30′	10		Virginia[2]	05	
Arizona	07		Washington D.C.[2]	05	
Arkansas[2]	06		Washington[2]	08	
California[2]	08		West Virginia[2]	05	
Colorado[2]	07		Wisconsin[2]	06	
Connecticut[2]	05		Wyoming[2]	07	
Delaware[2]	05		Uruguay*	03	
District of Columbia[2]	05				
Florida[2,3]	05		Venezuela	04	
Georgia[2]	05		Virgin Islands	04	
Hawaii	10				
Idaho[2,3]	07		Windward Islands	04	

* Summer time may be kept in these countries.

[1] Except the states of Sonora, Sinaloa, Nayarit and the Southern District of Lower California which keep 07^h , and the Northern District of Lower California which keeps 08^h*.

[2] Summer (daylight-saving) time, one hour fast on the time given, is kept in these states from the first Sunday in April to the last Sunday in October, changing at 02^h 00^m local clock time.

[3] This applies to the greater portion of the state.

STAR CHARTS

NORTHERN STARS

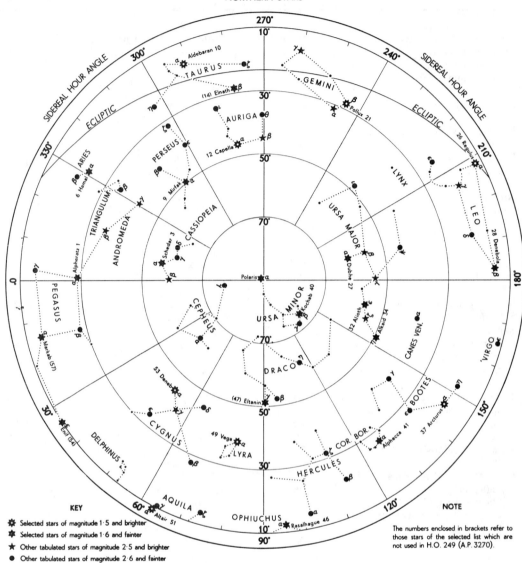

EQUATORIAL STARS (S.H.A. 0° to 180°)

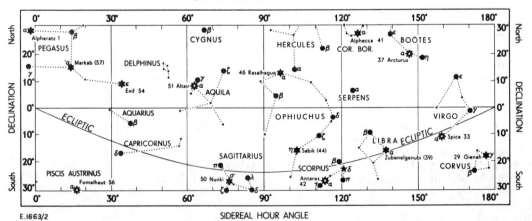

STAR CHARTS

SOUTHERN STARS

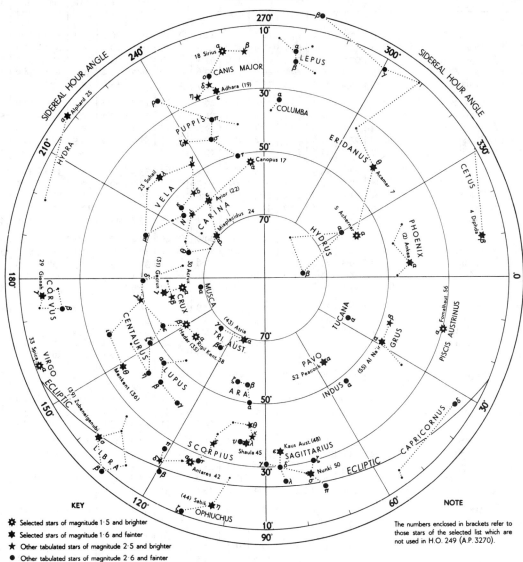

KEY
- ✬ Selected stars of magnitude 1·5 and brighter
- ★ Selected stars of magnitude 1·6 and fainter
- ★ Other tabulated stars of magnitude 2·5 and brighter
- ● Other tabulated stars of magnitude 2·6 and fainter
- · Untabulated stars

NOTE
The numbers enclosed in brackets refer to those stars of the selected list which are not used in H.O. 249 (A.P. 3270).

EQUATORIAL STARS (S.H.A. 180° to 360°)

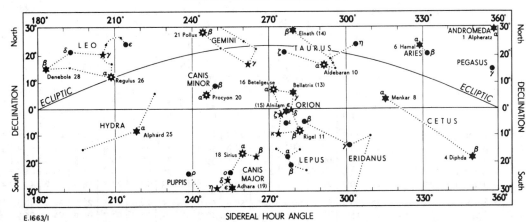

E.1663/1

STARS, 1994 JANUARY — JUNE

Mag.	Name and Number		SHA						Declination						
			°	JAN.	FEB.	MAR.	APR.	MAY	JUNE	°	JAN.	FEB.	MAR.	APR.	MAY	JUNE
3·4	γ Cephei		5	13·7	14·2	14·4	14·1	13·5	12·6	N 77	36·3	36·2	36·1	35·9	35·9	35·9
2·6	α Pegasi	57	13	53·0	53·0	53·0	52·9	52·7	52·5	N 15	10·5	10·5	10·4	10·4	10·4	10·5
2·6	β Pegasi		14	07·7	07·7	07·7	07·6	07·4	07·1	N 28	03·2	03·1	03·1	03·0	03·0	03·1
1·3	α Piscis Aust.	56	15	40·2	40·2	40·2	40·0	39·8	39·6	S 29	39·3	39·2	39·2	39·1	38·9	38·8
2·2	β Gruis		19	25·4	25·5	25·4	25·2	25·0	24·7	S 46	55·1	55·0	54·8	54·7	54·6	54·5
2·9	α Tucanæ		25	28·8	28·9	28·8	28·5	28·2	27·7	S 60	17·5	17·3	17·2	17·0	16·9	16·9
2·2	α Gruis	55	28	02·3	02·3	02·2	02·0	01·7	01·4	S 46	59·5	59·4	59·2	59·1	59·0	58·9
3·0	δ Capricorni		33	19·4	19·3	19·2	19·1	18·9	18·6	S 16	09·2	09·2	09·2	09·1	09·0	09·0
2·5	ε Pegasi	54	34	01·6	01·6	01·5	01·4	01·2	00·9	N 9	51·0	50·9	50·9	50·9	50·9	51·0
3·1	β Aquarii		37	11·4	11·3	11·2	11·1	10·8	10·6	S 5	35·8	35·8	35·8	35·8	35·7	35·6
2·6	α Cephei		40	23·9	23·9	23·7	23·4	23·0	22·6	N 62	33·9	33·7	33·6	33·5	33·5	33·6
2·6	ε Cygni		48	30·6	30·6	30·4	30·2	30·0	29·7	N 33	57·0	56·9	56·8	56·8	56·8	56·9
1·3	α Cygni	53	49	41·8	41·8	41·6	41·4	41·1	40·8	N 45	15·7	15·6	15·4	15·4	15·4	15·6
3·2	α Indi		50	42·9	42·8	42·7	42·4	42·1	41·7	S 47	18·7	18·6	18·5	18·4	18·4	18·4
2·1	α Pavonis	52	53	42·6	42·5	42·2	41·9	41·5	41·1	S 56	45·2	45·1	45·0	44·9	44·9	44·9
2·3	γ Cygni		54	30·0	29·9	29·8	29·5	29·3	29·0	N 40	14·4	14·2	14·1	14·1	14·2	14·3
0·9	α Aquilæ	51	62	22·7	22·6	22·5	22·2	22·0	21·8	N 8	51·2	51·1	51·1	51·1	51·2	51·3
2·8	γ Aquilæ		63	30·5	30·4	30·2	30·0	29·8	29·6	N 10	36·0	35·9	35·9	35·9	35·9	36·1
3·0	δ Cygni		63	48·5	48·4	48·2	47·9	47·6	47·4	N 45	07·1	06·9	06·8	06·8	06·9	07·0
3·2	β Cygni		67	23·0	22·8	22·7	22·4	22·2	22·0	N 27	56·9	56·8	56·7	56·7	56·8	56·9
3·0	π Sagittarii		72	38·9	38·8	38·6	38·4	38·1	37·9	S 21	01·9	01·9	01·9	01·9	01·8	01·8
3·0	ζ Aquilæ		73	43·1	42·9	42·8	42·5	42·3	42·2	N 13	51·3	51·2	51·2	51·2	51·3	51·4
2·7	ζ Sagittarii		74	26·6	26·4	26·2	26·0	25·7	25·5	S 29	53·3	53·2	53·2	53·2	53·2	53·1
2·1	σ Sagittarii	50	76	16·6	16·5	16·3	16·0	15·8	15·6	S 26	18·2	18·2	18·2	18·1	18·1	18·1
0·1	α Lyræ	49	80	49·2	49·0	48·8	48·6	48·3	48·2	N 38	46·7	46·5	46·5	46·5	46·6	46·7
2·9	λ Sagittarii		83	06·0	05·8	05·6	05·4	05·1	05·0	S 25	25·4	25·4	25·4	25·4	25·4	25·4
2·0	ε Sagittarii	48	84	03·4	03·2	03·0	02·7	02·5	02·3	S 34	23·2	23·1	23·1	23·1	23·1	23·1
2·8	δ Sagittarii		84	50·9	50·7	50·4	50·2	50·0	49·8	S 29	49·8	49·8	49·7	49·7	49·7	49·7
3·1	γ Sagittarii		88	38·7	38·5	38·2	38·0	37·7	37·6	S 30	25·4	25·4	25·4	25·4	25·4	25·4
2·4	γ Draconis	47	90	53·4	53·2	52·9	52·6	52·3	52·2	N 51	29·3	29·2	29·1	29·1	29·3	29·4
2·9	β Ophiuchi		94	12·4	12·2	12·0	11·8	11·6	11·5	N 4	34·2	34·1	34·1	34·1	34·2	34·2
2·5	κ Scorpii		94	28·9	28·7	28·4	28·1	27·9	27·7	S 39	01·5	01·5	01·5	01·5	01·5	01·6
2·0	θ Scorpii		95	46·7	46·4	46·2	45·9	45·6	45·4	S 42	59·5	59·5	59·5	59·5	59·5	59·6
2·1	α Ophiuchi	46	96	20·2	20·0	19·8	19·6	19·4	19·3	N 12	33·8	33·7	33·7	33·7	33·8	33·9
1·7	λ Scorpii	45	96	42·0	41·7	41·5	41·2	41·0	40·8	S 37	05·9	05·9	05·9	05·9	05·9	05·9
3·0	α Aræ		97	09·4	09·1	08·7	08·4	08·1	08·0	S 49	52·2	52·1	52·1	52·1	52·2	52·3
2·8	υ Scorpii		97	24·7	24·4	24·2	23·9	23·7	23·5	S 37	17·4	17·4	17·4	17·4	17·4	17·4
3·0	β Draconis		97	25·9	25·7	25·4	25·1	24·9	24·8	N 52	18·2	18·1	18·1	18·1	18·2	18·4
2·8	β Aræ		98	48·0	47·7	47·3	47·0	46·7	46·5	S 55	31·3	31·3	31·3	31·3	31·4	31·4
Var.‡	α Herculis		101	24·4	24·2	24·0	23·8	23·6	23·5	N 14	23·8	23·7	23·6	23·7	23·8	23·9
2·6	η Ophiuchi	44	102	29·5	29·3	29·0	28·8	28·6	28·5	S 15	43·0	43·1	43·1	43·1	43·1	43·0
3·1	ζ Aræ		105	28·2	27·8	27·4	27·1	26·8	26·6	S 55	58·7	58·7	58·7	58·7	58·8	58·9
2·4	ε Scorpii		107	33·3	33·1	32·8	32·6	32·4	32·3	S 34	16·9	16·9	16·9	16·9	17·0	17·0
1·9	α Triang. Aust.	43	107	59·7	59·1	58·6	58·0	57·6	57·4	S 69	00·8	00·8	00·8	00·9	01·0	01·1
3·0	ζ Herculis		109	44·2	44·0	43·7	43·5	43·4	43·3	N 31	36·7	36·6	36·5	36·6	36·7	36·9
2·7	ζ Ophiuchi		110	47·5	47·3	47·1	46·9	46·7	46·6	S 10	33·3	33·4	33·4	33·4	33·4	33·3
2·9	τ Scorpii		111	07·3	07·1	06·8	06·6	06·4	06·3	S 28	12·1	12·2	12·2	12·2	12·3	12·3
2·8	β Herculis		112	30·6	30·4	30·2	30·0	29·8	29·8	N 21	30·0	29·9	29·9	30·0	30·0	30·2
1·2	α Scorpii	42	112	44·3	44·1	43·9	43·6	43·5	43·4	S 26	25·1	25·1	25·1	25·2	25·2	25·2
2·9	η Draconis		114	01·8	01·5	01·1	00·8	00·6	00·6	N 61	31·4	31·3	31·3	31·4	31·6	31·7
3·0	δ Ophiuchi		116	29·5	29·3	29·0	28·9	28·7	28·7	S 3	40·8	40·8	40·9	40·9	40·8	40·8
2·8	β Scorpii		118	43·6	43·3	43·1	42·9	42·8	42·7	S 19	47·3	47·4	47·4	47·4	47·4	47·4
2·5	δ Scorpii		119	60·2	60·0	59·7	59·5	59·4	59·3	S 22	36·2	36·3	36·3	36·4	36·4	36·4
3·0	π Scorpii		120	22·6	22·3	22·1	21·9	21·7	21·7	S 26	05·8	05·8	05·8	05·9	05·9	05·9
3·0	β Trianguli Aust.		121	20·7	20·3	19·8	19·4	19·2	19·1	S 63	24·5	24·5	24·6	24·7	24·8	24·9
2·8	α Serpentis		123	60·3	60·1	59·9	59·7	59·6	59·6	N 6	26·6	26·5	26·5	26·5	26·5	26·6
3·0	γ Lupi		126	18·7	18·4	18·2	17·9	17·8	17·7	S 41	08·7	08·7	08·8	08·9	08·9	09·0
2·3	α Coronæ Bor.	41	126	23·5	23·2	23·0	22·9	22·8	22·7	N 26	43·9	43·8	43·8	43·9	44·0	44·1

‡ 3·0 — 3·7

STARS, 1994 JULY — DECEMBER

Mag.	Name and Number		SHA	JULY	AUG.	SEPT.	OCT.	NOV.	DEC.	Declination		JULY	AUG.	SEPT.	OCT.	NOV.	DEC.
			°	′	′	′	′	′	′		°	′	′	′	′	′	′
3·4	γ Cephei		5	11·9	11·3	11·0	11·2	11·6	12·2	N 77		35·9	36·1	36·3	36·5	36·6	36·7
2·6	*Markab*	57	13	52·2	52·1	52·0	52·0	52·1	52·2	N 15		10·6	10·8	10·8	10·9	10·9	10·9
2·6	*Scheat*		14	06·9	06·7	06·6	06·7	06·8	06·9	N 28		03·2	03·4	03·5	03·6	03·6	03·6
1·3	*Fomalhaut*	56	15	39·3	39·2	39·1	39·1	39·2	39·3	S 29		38·8	38·8	38·8	38·9	39·0	39·0
2·2	β Gruis		19	24·4	24·2	24·1	24·2	24·3	24·5	S 46		54·5	54·5	54·6	54·7	54·8	54·8
2·9	α Tucanæ		25	27·4	27·2	27·1	27·2	27·5	27·8	S 60		16·9	16·9	17·1	17·2	17·3	17·3
2·2	*Al Na'ir*	55	28	01·1	00·9	00·9	01·0	01·2	01·3	S 46		58·9	59·0	59·1	59·2	59·2	59·2
3·0	δ Capricorni		33	18·4	18·3	18·3	18·4	18·5	18·6	S 16		08·9	08·9	08·9	08·9	08·9	09·0
2·5	*Enif*	54	34	00·7	00·6	00·6	00·7	00·8	00·9	N 9		51·1	51·2	51·3	51·3	51·3	51·3
3·1	β Aquarii		37	10·4	10·3	10·3	10·4	10·5	10·6	S 5		35·5	35·5	35·4	35·4	35·5	35·5
2·6	*Alderamin*		40	22·4	22·3	22·4	22·6	23·0	23·3	N 62		33·8	34·0	34·1	34·2	34·3	34·2
2·6	ε Cygni		48	29·6	29·5	29·6	29·7	29·9	30·0	N 33		57·1	57·2	57·4	57·4	57·4	57·4
1·3	*Deneb*	53	49	40·7	40·6	40·7	40·9	41·1	41·2	N 45		15·7	15·9	16·0	16·1	16·1	16·1
3·2	α Indi		50	41·5	41·4	41·5	41·7	41·9	42·0	S 47		18·4	18·5	18·6	18·6	18·6	18·6
2·1	*Peacock*	52	53	40·9	40·8	40·9	41·1	41·4	41·5	S 56		44·9	45·0	45·1	45·2	45·2	45·1
2·3	γ Cygni		54	28·9	28·9	29·0	29·1	29·3	29·4	N 40		14·5	14·6	14·8	14·8	14·8	14·7
0·9	*Altair*	51	62	21·7	21·7	21·7	21·9	22·0	22·1	N 8		51·4	51·5	51·5	51·6	51·5	51·5
2·8	γ Aquilæ		63	29·5	29·4	29·5	29·6	29·8	29·8	N 10		36·2	36·3	36·3	36·3	36·3	36·2
3·0	δ Cygni		63	47·3	47·3	47·4	47·6	47·9	48·0	N 45		07·2	07·3	07·5	07·5	07·5	07·4
3·2	*Albireo*		67	21·9	21·9	22·0	22·2	22·3	22·4	N 27		57·0	57·2	57·3	57·3	57·3	57·2
3·0	π Sagittarii		72	37·8	37·8	37·9	38·0	38·2	38·2	S 21		01·8	01·8	01·8	01·8	01·8	01·8
3·0	ζ Aquilæ		73	42·1	42·1	42·2	42·3	42·4	42·5	N 13		51·5	51·6	51·6	51·6	51·6	51·5
2·7	ζ Sagittarii		74	25·4	25·4	25·5	25·6	25·8	25·8	S 29		53·2	53·2	53·2	53·2	53·2	53·2
2·1	*Nunki*	50	76	15·5	15·5	15·6	15·7	15·8	15·9	S 26		18·1	18·1	18·1	18·1	18·1	18·1
0·1	*Vega*	49	80	48·1	48·2	48·3	48·5	48·7	48·8	N 38		46·9	47·0	47·1	47·1	47·0	46·9
2·9	λ Sagittarii		83	04·9	04·9	05·0	05·2	05·3	05·3	S 25		25·4	25·4	25·4	25·4	25·4	25·4
2·0	*Kaus Australis*	48	84	02·2	02·2	02·3	02·5	02·6	02·6	S 34		23·2	23·2	23·2	23·2	23·2	23·1
2·8	δ Sagittarii		84	49·7	49·7	49·8	50·0	50·1	50·1	S 29		49·7	49·8	49·8	49·8	49·8	49·7
3·1	γ Sagittarii		88	37·5	37·5	37·7	37·8	37·9	37·9	S 30		25·4	25·4	25·4	25·4	25·4	25·4
2·4	*Eltanin*	47	90	52·2	52·4	52·6	52·9	53·1	53·1	N 51		29·6	29·7	29·8	29·8	29·7	29·5
2·9	β Ophiuchi		94	11·5	11·5	11·6	11·8	11·8	11·8	N 4		34·3	34·4	34·4	34·4	34·3	34·3
2·5	κ Scorpii		94	27·7	27·7	27·9	28·0	28·2	28·1	S 39		01·6	01·7	01·7	01·7	01·6	01·6
2·0	θ Scorpii		95	45·4	45·5	45·6	45·8	45·9	45·9	S 42		59·7	59·7	59·7	59·7	59·6	59·6
2·1	*Rasalhague*	46	96	19·3	19·4	19·5	19·6	19·7	19·7	N 12		34·0	34·1	34·1	34·1	34·0	33·9
1·7	*Shaula*	45	96	40·8	40·8	41·0	41·1	41·2	41·2	S 37		06·0	06·0	06·0	06·0	06·0	05·9
3·0	α Aræ		97	07·9	08·0	08·2	08·4	08·5	08·5	S 49		52·3	52·4	52·4	52·4	52·3	52·2
2·8	υ Scorpii		97	23·5	23·5	23·7	23·8	23·9	23·9	S 37		17·5	17·5	17·5	17·5	17·5	17·4
3·0	β Draconis		97	24·8	25·0	25·2	25·5	25·7	25·7	N 52		18·6	18·7	18·7	18·7	18·6	18·4
2·8	β Aræ		98	46·4	46·5	46·8	47·0	47·1	47·1	S 55		31·5	31·6	31·6	31·6	31·5	31·4
Var.‡	α Herculis		101	23·5	23·6	23·7	23·9	24·0	23·9	N 14		24·0	24·0	24·0	24·0	24·0	23·9
2·6	*Sabik*	44	102	28·5	28·6	28·7	28·8	28·9	28·8	S 15		43·0	43·0	43·0	43·0	43·0	43·0
3·1	ζ Aræ		105	26·6	26·8	27·0	27·2	27·3	27·3	S 55		59·0	59·0	59·0	59·0	58·9	58·8
2·4	ε Scorpii		107	32·2	32·3	32·5	32·6	32·7	32·6	S 34		17·0	17·0	17·0	17·0	17·0	16·9
1·9	*Atria*	43	107	57·5	57·7	58·1	58·5	58·7	58·6	S 69		01·2	01·3	01·3	01·2	01·1	01·0
3·0	ζ Herculis		109	43·4	43·5	43·6	43·8	43·9	43·8	N 31		37·0	37·1	37·1	37·0	36·9	36·8
2·7	ζ Ophiuchi		110	46·6	46·7	46·8	47·0	47·0	46·9	S 10		33·3	33·3	33·3	33·3	33·3	33·3
2·9	τ Scorpii		111	06·3	06·4	06·5	06·7	06·7	06·6	S 28		12·3	12·3	12·3	12·3	12·2	12·2
2·8	β Herculis		112	29·8	29·9	30·0	30·2	30·2	30·2	N 21		30·3	30·3	30·3	30·3	30·2	30·1
1·2	*Antares*	42	112	43·4	43·5	43·6	43·7	43·8	43·7	S 26		25·2	25·2	25·2	25·2	25·1	25·1
2·9	η Draconis		114	00·8	01·1	01·4	01·7	01·9	01·9	N 61		31·9	32·0	31·9	31·9	31·7	31·5
3·0	δ Ophiuchi		116	28·7	28·8	28·9	29·0	29·0	28·9	S 3		40·7	40·7	40·7	40·7	40·7	40·8
2·8	β Scorpii		118	42·7	42·8	42·9	43·0	43·1	43·0	S 19		47·4	47·4	47·4	47·4	47·4	47·4
2·5	*Dschubba*		119	59·4	59·4	59·6	59·7	59·7	59·6	S 22		36·4	36·4	36·4	36·3	36·3	36·3
3·0	π Scorpii		120	21·7	21·8	21·9	22·0	22·0	21·9	S 26		05·9	05·9	05·9	05·9	05·9	05·8
3·0	β Trianguli Aust.		121	19·2	19·4	19·7	20·0	20·0	19·8	S 63		25·0	25·1	25·0	25·0	24·8	24·7
2·8	α Serpentis		123	59·6	59·7	59·8	59·9	60·0	59·9	N 6		26·7	26·7	26·7	26·7	26·6	26·5
3·0	γ Lupi		126	17·8	17·9	18·1	18·2	18·2	18·1	S 41		09·0	09·0	09·0	09·0	08·9	08·8
2·3	*Alphecca*	41	126	22·8	22·9	23·1	23·2	23·2	23·1	N 26		44·2	44·2	44·2	44·1	44·0	43·9

‡ 3·0 — 3·7

STARS, 1994 JANUARY — JUNE

Mag.	Name and Number		SHA °	JAN.	FEB.	MAR.	APR.	MAY	JUNE	Dec. °	JAN.	FEB.	MAR.	APR.	MAY	JUNE
3·1	γ	Ursæ Minoris	129	49·7	49·1	48·6	48·2	48·1	48·3	N 71	51·0	50·9	51·0	51·1	51·3	51·4
3·1	γ	Trianguli Aust.	130	24·6	24·0	23·5	23·1	22·9	22·9	S 68	39·2	39·2	39·3	39·5	39·6	39·7
2·7	β	Libræ	130	49·6	49·4	49·2	49·0	48·9	48·9	S 9	21·7	21·8	21·8	21·8	21·8	21·8
2·8	β	Lupi	135	27·7	27·4	27·1	26·9	26·8	26·8	S 43	06·5	06·5	06·6	06·7	06·8	06·9
2·2	β	Ursæ Minoris 40	137	19·9	19·2	18·7	18·3	18·3	18·6	N 74	10·4	10·4	10·5	10·6	10·8	10·9
2·9	α	Libræ 39	137	21·6	21·4	21·2	21·0	20·9	20·9	S 16	01·0	01·1	01·2	01·2	01·2	01·2
2·6	ε	Bootis	138	49·0	48·8	48·6	48·4	48·4	48·4	N 27	05·7	05·6	05·7	05·7	05·8	05·9
2·9	α	Lupi	139	36·8	36·5	36·2	36·0	35·9	35·9	S 47	21·6	21·7	21·8	21·9	22·0	22·1
0·1	α	Centauri 38	140	11·7	11·3	10·9	10·7	10·6	10·6	S 60	48·4	48·4	48·6	48·7	48·8	48·9
2·6	η	Centauri	141	12·9	12·6	12·3	12·1	12·1	12·1	S 42	07·8	07·8	07·9	08·0	08·1	08·2
3·0	γ	Bootis	142	02·4	02·1	01·9	01·8	01·7	01·8	N 38	19·8	19·7	19·7	19·8	20·0	20·1
0·2	α	Bootis 37	146	09·0	08·8	08·6	08·5	08·5	08·5	N 19	12·6	12·5	12·5	12·6	12·6	12·7
2·3	θ	Centauri 36	148	24·8	24·5	24·3	24·1	24·1	24·1	S 36	20·4	20·4	20·5	20·6	20·7	20·8
0·9	β	Centauri 35	149	08·6	08·2	07·9	07·7	07·6	07·7	S 60	20·5	20·5	20·7	20·8	20·9	21·1
3·1	ζ	Centauri	151	12·2	11·9	11·6	11·5	11·4	11·5	S 47	15·4	15·5	15·6	15·7	15·8	15·9
2·8	η	Bootis	151	23·8	23·6	23·4	23·3	23·3	23·3	N 18	25·4	25·4	25·4	25·4	25·5	25·6
1·9	η	Ursæ Majoris 34	153	10·3	10·0	09·8	09·7	09·7	09·8	N 49	20·2	20·2	20·3	20·4	20·5	20·6
2·6	ε	Centauri	155	07·0	06·7	06·4	06·3	06·2	06·3	S 53	26·0	26·1	26·2	26·4	26·5	26·6
1·2	α	Virginis 33	158	46·5	46·3	46·2	46·1	46·1	46·1	S 11	07·9	08·0	08·0	08·1	08·1	08·1
2·2	ζ	Ursæ Majoris	159	04·6	04·3	04·0	04·0	04·0	04·2	N 54	57·0	57·0	57·1	57·2	57·3	57·4
2·9	ι	Centauri	159	55·7	55·5	55·3	55·2	55·2	55·3	S 36	40·8	40·9	41·0	41·1	41·2	41·2
3·0	ε	Virginis	164	31·5	31·3	31·2	31·1	31·1	31·2	N 10	59·3	59·2	59·2	59·2	59·3	59·3
2·9	α	Canum Venat.	166	03·5	03·3	03·1	03·1	03·1	03·2	N 38	20·7	20·7	20·7	20·8	20·9	21·0
1·7	ε	Ursæ Majoris 32	166	33·3	33·0	32·8	32·7	32·8	33·0	N 55	59·1	59·1	59·2	59·4	59·5	59·6
1·5	β	Crucis	168	08·9	08·5	08·3	08·2	08·3	08·5	S 59	39·2	39·3	39·5	39·7	39·8	39·9
2·9	γ	Virginis	169	39·3	39·1	39·0	38·9	39·0	39·0	S 1	25·1	25·2	25·3	25·3	25·3	25·2
2·4	γ	Centauri	169	41·7	41·5	41·3	41·2	41·3	41·4	S 48	55·5	55·6	55·8	55·9	56·0	56·1
2·9	α	Muscæ	170	46·9	46·5	46·2	46·1	46·2	46·5	S 69	06·0	06·1	06·3	06·4	06·6	06·7
2·8	β	Corvi	171	28·5	28·3	28·2	28·1	28·2	28·2	S 23	21·8	22·0	22·1	22·1	22·2	22·2
1·6	γ	Crucis 31	172	17·0	16·6	16·5	16·4	16·5	16·6	S 57	04·6	04·8	04·9	05·1	05·2	05·3
1·1	α	Crucis 30	173	25·3	25·0	24·8	24·7	24·8	25·0	S 63	03·8	03·9	04·1	04·3	04·4	04·5
2·8	γ	Corvi 29	176	07·1	06·9	06·8	06·8	06·8	06·9	S 17	30·6	30·7	30·8	30·9	30·9	30·9
2·9	δ	Centauri	177	58·7	58·5	58·3	58·3	58·4	58·5	S 50	41·2	41·4	41·6	41·7	41·8	41·8
2·5	γ	Ursæ Majoris	181	36·8	36·6	36·4	36·4	36·6	36·8	N 53	43·3	43·3	43·4	43·5	43·7	43·7
2·2	β	Leonis 28	182	48·3	48·1	48·0	48·0	48·1	48·1	N 14	36·1	36·0	36·0	36·1	36·1	36·2
2·6	δ	Leonis	191	32·7	32·5	32·4	32·5	32·6	32·6	N 20	33·1	33·1	33·1	33·2	33·2	33·2
3·2	ψ	Ursæ Majoris	192	39·6	39·4	39·3	39·4	39·5	39·6	N 44	31·5	31·5	31·6	31·7	31·8	31·8
2·0	α	Ursæ Majoris 27	194	09·0	08·7	08·6	08·7	08·9	09·2	N 61	46·6	46·7	46·8	46·9	47·0	47·0
2·4	β	Ursæ Majoris	194	37·2	36·9	36·9	37·0	37·1	37·4	N 56	24·5	24·5	24·7	24·8	24·9	24·9
2·8	μ	Velorum	198	21·7	21·5	21·5	21·5	21·7	21·9	S 49	23·3	23·4	23·6	23·7	23·8	23·8
3·0	θ	Carinæ	199	18·0	17·8	17·8	17·9	18·2	18·5	S 64	21·7	21·9	22·1	22·2	22·3	22·3
2·3	γ	Leonis	205	04·8	04·7	04·7	04·7	04·8	04·9	N 19	52·1	52·0	52·1	52·1	52·1	52·2
1·3	α	Leonis 26	207	58·7	58·5	58·5	58·6	58·7	58·8	N 11	59·6	59·5	59·5	59·5	59·6	59·6
3·1	ε	Leonis	213	36·7	36·6	36·6	36·7	36·8	36·9	N 23	47·8	47·8	47·9	47·9	48·0	48·0
3·0	N	Velorum	217	13·6	13·5	13·6	13·8	14·0	14·3	S 57	00·5	00·7	00·9	01·0	01·0	01·0
2·2	α	Hydræ 25	218	10·0	09·9	10·0	10·1	10·2	10·2	S 8	38·1	38·2	38·3	38·3	38·3	38·3
2·6	κ	Velorum	219	30·3	30·2	30·3	30·5	30·7	30·9	S 54	59·1	59·3	59·5	59·6	59·6	59·6
2·2	ι	Carinæ	220	45·2	45·1	45·2	45·5	45·7	46·0	S 59	15·0	15·2	15·4	15·5	15·5	15·5
1·8	β	Carinæ 24	221	41·8	41·8	41·9	42·3	42·7	43·2	S 69	41·6	41·8	41·9	42·1	42·1	42·1
2·2	λ	Velorum 23	223	02·7	02·6	02·7	02·9	03·0	03·2	S 43	24·6	24·7	24·9	25·0	25·0	24·9
3·1	ι	Ursæ Majoris	225	17·2	17·1	17·2	17·4	17·5	17·7	N 48	03·7	03·7	03·8	03·9	03·9	03·9
2·0	δ	Velorum	228	51·1	51·1	51·2	51·5	51·7	51·9	S 54	41·3	41·4	41·6	41·7	41·7	41·6
1·7	ε	Carinæ 22	234	23·3	23·3	23·5	23·8	24·1	24·3	S 59	29·5	29·7	29·8	29·9	29·9	29·8
1·9	γ	Velorum	237	39·1	39·1	39·2	39·4	39·6	39·8	S 47	19·3	19·4	19·5	19·6	19·6	19·5
2·9	ρ	Puppis	238	10·0	10·0	10·1	10·3	10·4	10·5	S 24	17·4	17·5	17·6	17·6	17·6	17·5
2·3	ζ	Puppis	239	08·7	08·7	08·9	09·0	09·2	09·3	S 39	59·3	59·5	59·6	59·6	59·6	59·5
1·2	β	Geminorum 21	243	45·1	45·0	45·1	45·3	45·4	45·4	N 28	02·3	02·3	02·3	02·3	02·4	02·3
0·5	α	Canis Minoris 20	245	14·5	14·5	14·6	14·8	14·9	14·9	N 5	14·3	14·2	14·2	14·2	14·2	14·2

STARS, 1994 JULY — DECEMBER

Mag.	Name and Number			SHA							Declination					
			°	JULY	AUG.	SEPT.	OCT.	NOV.	DEC.	°	JULY	AUG.	SEPT.	OCT.	NOV.	DEC.
3·1	γ Ursæ Minoris		129	48·7	49·2	49·7	50·1	50·3	50·2	N 71	51·5	51·5	51·5	51·4	51·2	51·0
3·1	γ Trianguli Aust.		130	23·1	23·4	23·8	24·0	24·0	23·8	S 68	39·8	39·8	39·8	39·7	39·6	39·4
2·7	β Libræ		130	48·9	49·0	49·1	49·2	49·2	49·1	S 9	21·8	21·7	21·7	21·7	21·7	21·8
2·8	β Lupi		135	26·9	27·0	27·2	27·3	27·3	27·1	S 43	06·9	06·9	06·8	06·8	06·7	06·6
2·2	Kochab	40	137	19·1	19·7	20·2	20·6	20·7	20·5	N 74	11·0	11·0	10·9	10·8	10·6	10·4
2·9	Zubenelgenubi	39	137	21·0	21·1	21·2	21·3	21·2	21·1	S 16	01·2	01·2	01·1	01·1	01·1	01·2
2·6	ε Bootis		138	48·5	48·6	48·8	48·8	48·8	48·7	N 27	06·0	06·0	06·0	05·9	05·8	05·7
2·9	α Lupi		139	36·0	36·2	36·3	36·4	36·4	36·2	S 47	22·1	22·1	22·0	21·9	21·8	21·8
0·1	Rigil Kent.	38	140	10·8	11·1	11·3	11·5	11·4	11·1	S 60	49·0	49·0	48·9	48·8	48·7	48·6
2·6	η Centauri		141	12·1	12·3	12·4	12·5	12·5	12·3	S 42	08·2	08·2	08·2	08·1	08·0	08·0
3·0	γ Bootis		142	01·9	02·1	02·2	02·3	02·3	02·1	N 38	20·1	20·2	20·1	20·0	19·8	19·7
0·2	Arcturus	37	146	08·6	08·7	08·8	08·8	08·8	08·6	N 19	12·8	12·8	12·8	12·7	12·6	12·4
2·3	Menkent	36	148	24·2	24·3	24·5	24·5	24·4	24·2	S 36	20·8	20·7	20·7	20·6	20·6	20·5
0·9	Hadar	35	149	07·9	08·1	08·4	08·4	08·3	08·0	S 60	21·1	21·1	21·0	20·9	20·7	20·7
3·1	ζ Centauri		151	11·6	11·8	11·9	12·0	11·9	11·6	S 47	15·9	15·9	15·8	15·7	15·6	15·6
2·8	η Bootis		151	23·4	23·5	23·6	23·7	23·6	23·4	N 18	25·6	25·6	25·6	25·5	25·4	25·3
1·9	Alkaid	34	153	10·0	10·2	10·4	10·4	10·4	10·2	N 49	20·7	20·7	20·6	20·4	20·2	20·1
2·6	ε Centauri		155	06·5	06·7	06·8	06·9	06·7	06·4	S 53	26·6	26·6	26·5	26·4	26·3	26·2
1·2	Spica	33	158	46·2	46·3	46·3	46·4	46·3	46·1	S 11	08·0	08·0	08·0	08·0	08·0	08·1
2·2	Mizar		159	04·4	04·6	04·7	04·8	04·7	04·5	N 54	57·5	57·4	57·3	57·2	57·0	56·8
2·9	ι Centauri		159	55·4	55·5	55·6	55·6	55·5	55·2	S 36	41·2	41·2	41·1	41·0	41·0	41·0
3·0	ε Virginis		164	31·3	31·4	31·4	31·4	31·3	31·1	N 10	59·4	59·4	59·3	59·3	59·2	59·1
2·9	Cor Caroli		166	03·3	03·5	03·5	03·5	03·4	03·2	N 38	21·0	21·0	20·9	20·8	20·6	20·5
1·7	Alioth	32	166	33·2	33·4	33·5	33·5	33·4	33·1	N 55	59·6	59·5	59·4	59·3	59·1	58·9
1·5	Mimosa		168	08·7	08·9	09·0	09·0	08·8	08·4	S 59	39·9	39·8	39·7	39·6	39·5	39·4
2·9	γ Virginis		169	39·1	39·2	39·2	39·2	39·1	38·9	S 1	25·2	25·2	25·2	25·2	25·2	25·3
2·4	Muhlifain		169	41·5	41·7	41·8	41·8	41·6	41·3	S 48	56·1	56·0	55·9	55·8	55·7	55·7
2·9	α Muscæ		170	46·9	47·2	47·4	47·4	47·1	46·6	S 69	06·7	06·6	06·5	06·4	06·2	06·2
2·8	β Corvi		171	28·3	28·4	28·5	28·4	28·3	28·0	S 23	22·2	22·1	22·0	22·0	22·0	22·0
1·6	Gacrux	31	172	16·8	17·0	17·1	17·1	16·9	16·5	S 57	05·3	05·2	05·1	05·0	04·9	04·9
1·1	Acrux	30	173	25·3	25·5	25·7	25·6	25·4	24·9	S 63	04·5	04·4	04·3	04·1	04·0	04·0
2·8	Gienah	29	176	07·0	07·1	07·1	07·0	06·9	06·7	S 17	30·8	30·8	30·7	30·7	30·7	30·8
2·9	δ Centauri		177	58·7	58·9	58·9	58·9	58·6	58·3	S 50	41·8	41·7	41·6	41·5	41·4	41·5
2·5	Phecda		181	37·0	37·1	37·1	37·1	36·9	36·5	N 53	43·7	43·6	43·5	43·3	43·1	43·0
2·2	Denebola	28	182	48·2	48·3	48·3	48·2	48·1	47·8	N 14	36·2	36·2	36·1	36·1	36·0	35·9
2·6	δ Leonis		191	32·7	32·8	32·7	32·7	32·5	32·2	N 20	33·3	33·2	33·2	33·1	33·0	32·9
3·2	ψ Ursæ Majoris		192	39·8	39·8	39·8	39·7	39·5	39·2	N 44	31·8	31·7	31·6	31·5	31·3	31·2
2·0	Dubhe	27	194	09·4	09·5	09·5	09·3	09·0	08·6	N 61	47·0	46·9	46·7	46·5	46·4	46·3
2·4	Merak		194	37·5	37·6	37·6	37·4	37·2	36·8	N 56	24·8	24·7	24·6	24·4	24·3	24·2
2·8	μ Velorum		198	22·0	22·1	22·1	21·9	21·7	21·3	S 49	23·8	23·6	23·5	23·4	23·4	23·4
3·0	θ Carinæ		199	18·7	18·9	18·9	18·7	18·3	17·8	S 64	22·3	22·1	22·0	21·9	21·8	21·9
2·3	Algeiba		205	05·0	05·0	04·9	04·8	04·6	04·3	N 19	52·2	52·1	52·1	52·0	51·9	51·8
1·3	Regulus	26	207	58·8	58·8	58·7	58·6	58·4	58·2	N 11	59·6	59·6	59·6	59·5	59·4	59·3
3·1	ε Leonis		213	37·0	36·9	36·8	36·7	36·5	36·2	N 23	48·0	47·9	47·9	47·8	47·7	47·6
3·0	N Velorum		217	14·4	14·5	14·3	14·1	13·7	13·4	S 57	00·9	00·7	00·6	00·5	00·5	00·6
2·2	Alphard	25	218	10·3	10·3	10·2	10·0	09·8	09·5	S 8	38·2	38·1	38·1	38·1	38·2	38·3
2·6	κ Velorum		219	31·1	31·1	31·0	30·7	30·4	30·1	S 54	59·5	59·3	59·2	59·1	59·1	59·2
2·2	ι Carinæ		220	46·2	46·2	46·1	45·8	45·4	45·0	S 59	15·4	15·2	15·1	15·0	15·0	15·1
1·8	Miaplacidus	24	221	43·4	43·5	43·3	42·9	42·4	41·9	S 69	41·9	41·8	41·6	41·6	41·6	41·7
2·2	Suhail	23	223	03·3	03·2	03·1	02·9	02·6	02·3	S 43	24·8	24·7	24·6	24·5	24·5	24·7
3·1	ι Ursæ Majoris		225	17·7	17·6	17·5	17·2	16·9	16·6	N 48	03·8	03·7	03·6	03·5	03·4	03·4
2·0	δ Velorum		228	52·0	52·0	51·8	51·6	51·2	50·9	S 54	41·5	41·3	41·2	41·1	41·2	41·3
1·7	Avior	22	234	24·4	24·4	24·2	23·8	23·5	23·1	S 59	29·7	29·5	29·4	29·4	29·4	29·5
1·9	γ Velorum		237	39·8	39·8	39·6	39·3	39·0	38·8	S 47	19·4	19·2	19·1	19·1	19·1	19·3
2·9	ρ Puppis		238	10·5	10·4	10·2	10·0	09·8	09·6	S 24	17·4	17·3	17·2	17·2	17·3	17·4
2·3	ζ Puppis		239	09·4	09·3	09·1	08·9	08·6	08·4	S 39	59·4	59·3	59·2	59·1	59·2	59·3
1·2	Pollux	21	243	45·4	45·3	45·1	44·9	44·6	44·4	N 28	02·3	02·3	02·2	02·2	02·1	02·1
0·5	Procyon	20	245	14·9	14·8	14·6	14·4	14·2	14·0	N 5	14·3	14·3	14·3	14·3	14·2	14·1

STARS, 1994 JANUARY — JUNE

Mag.	Name and Number		SHA							Declination					
			JAN.	FEB.	MAR.	APR.	MAY	JUNE		JAN.	FEB.	MAR.	APR.	MAY	JUNE
			°	′	′	′	′	′		°	′	′	′	′	′
1·6	α Geminorum		246	26·0	26·0	26·1	26·2	26·4	26·4	N 31	53·9	54·0	54·0	54·0	54·0	54·0
3·3	σ Puppis		247	43·7	43·8	43·9	44·1	44·3	44·4	S 43	17·5	17·7	17·8	17·8	17·8	17·7
3·1	β Canis Minoris		248	17·0	17·0	17·1	17·2	17·3	17·3	N 8	17·9	17·9	17·9	17·9	17·9	17·9
2·4	η Canis Majoris		249	01·5	01·5	01·7	01·8	02·0	02·0	S 29	17·6	17·8	17·9	17·9	17·8	17·7
2·7	π Puppis		250	45·4	45·4	45·6	45·8	45·9	46·0	S 37	05·4	05·5	05·6	05·6	05·6	05·5
2·0	δ Canis Majoris		252	57·2	57·2	57·3	57·5	57·6	57·7	S 26	23·2	23·3	23·4	23·4	23·3	23·2
3·1	o Canis Majoris		254	17·8	17·8	17·9	18·1	18·2	18·3	S 23	49·6	49·8	49·8	49·8	49·8	49·7
1·6	ε Canis Majoris	19	255	23·5	23·6	23·7	23·9	24·0	24·1	S 28	58·0	58·1	58·2	58·2	58·2	58·0
2·8	τ Puppis		257	32·5	32·6	32·8	33·1	33·3	33·4	S 50	36·6	36·8	36·9	36·9	36·8	36·7
−1·6	α Canis Majoris	18	258	46·1	46·2	46·3	46·4	46·5	46·6	S 16	42·6	42·7	42·8	42·8	42·7	42·6
1·9	γ Geminorum		260	38·9	38·9	39·0	39·1	39·2	39·2	N 16	24·2	24·1	24·1	24·1	24·1	24·2
−0·9	α Carinæ	17	264	02·0	02·2	02·4	02·7	02·9	03·0	S 52	41·7	41·9	41·9	41·9	41·9	41·7
2·0	β Canis Majoris		264	22·9	22·9	23·1	23·2	23·3	23·3	S 17	57·3	57·4	57·5	57·5	57·4	57·3
2·7	θ Aurigæ		270	09·5	09·6	09·8	09·9	10·0	10·0	N 37	12·7	12·7	12·8	12·7	12·7	12·7
2·1	β Aurigæ		270	12·8	12·9	13·1	13·3	13·4	13·3	N 44	56·8	56·9	56·9	56·9	56·8	56·8
Var.‡	α Orionis	16	271	16·7	16·7	16·9	17·0	17·1	17·0	N 7	24·3	24·2	24·2	24·2	24·2	24·3
2·2	κ Orionis		273	07·4	07·4	07·6	07·7	07·8	07·8	S 9	40·4	40·5	40·5	40·5	40·5	40·4
1·9	ζ Orionis		274	52·6	52·7	52·8	52·9	53·0	53·0	S 1	56·9	56·9	56·9	56·9	56·9	56·8
2·8	α Columbæ		275	08·0	08·1	08·2	08·4	08·5	08·5	S 34	04·8	04·9	05·0	04·9	04·9	04·7
3·0	ζ Tauri		275	40·1	40·1	40·3	40·4	40·5	40·4	N 21	08·3	08·3	08·3	08·3	08·3	08·3
1·8	ε Orionis	15	276	00·8	00·9	01·0	01·1	01·2	01·2	S 1	12·5	12·5	12·5	12·5	12·5	12·4
2·9	ι Orionis		276	12·3	12·4	12·5	12·7	12·7	12·7	S 5	55·0	55·0	55·0	55·0	55·0	54·9
2·7	α Leporis		276	52·5	52·6	52·7	52·8	52·9	52·9	S 17	49·7	49·8	49·9	49·8	49·8	49·7
2·5	δ Orionis		277	03·9	04·0	04·1	04·3	04·3	04·3	S 0	18·3	18·4	18·4	18·4	18·3	18·3
3·0	β Leporis		277	59·6	59·7	59·9	60·0	60·1	60·1	S 20	46·0	46·1	46·1	46·1	46·0	45·9
1·8	β Tauri	14	278	30·6	30·7	30·8	31·0	31·1	31·0	N 28	36·1	36·2	36·2	36·1	36·1	36·1
1·7	γ Orionis	13	278	47·3	47·4	47·5	47·6	47·7	47·6	N 6	20·6	20·5	20·5	20·5	20·6	20·6
0·2	α Aurigæ	12	280	55·5	55·6	55·8	56·0	56·0	56·0	N 45	59·6	59·6	59·6	59·6	59·5	59·5
0·3	β Orionis	11	281	25·7	25·8	25·9	26·1	26·1	26·1	S 8	12·6	12·7	12·7	12·7	12·6	12·6
2·9	β Eridani		283	06·1	06·2	06·4	06·5	06·5	06·5	S 5	05·8	05·8	05·8	05·8	05·8	05·7
2·9	ι Aurigæ		285	50·3	50·4	50·5	50·7	50·7	50·6	N 33	09·4	09·5	09·5	09·4	09·4	09·3
1·1	α Tauri	10	291	05·8	05·9	06·0	06·1	06·1	06·1	N 16	29·8	29·8	29·8	29·8	29·8	29·8
3·2	γ Eridani		300	33·3	33·4	33·6	33·7	33·7	33·6	S 13	31·6	31·7	31·7	31·7	31·6	31·5
3·0	ε Persei		300	37·6	37·7	37·9	38·0	38·0	37·9	N 39	59·7	59·7	59·7	59·6	59·6	59·5
2·9	ζ Persei		301	33·1	33·2	33·4	33·5	33·5	33·3	N 31	52·1	52·1	52·0	52·0	51·9	51·9
3·0	η Tauri		303	12·5	12·7	12·8	12·9	12·9	12·8	N 24	05·3	05·3	05·2	05·2	05·2	05·2
1·9	α Persei	9	309	00·9	01·1	01·3	01·4	01·4	01·2	N 49	50·6	50·6	50·6	50·5	50·4	50·3
Var.§	β Persei		313	02·8	02·9	03·1	03·2	03·1	02·9	N 40	56·2	56·1	56·1	56·0	56·0	55·9
2·8	α Ceti	8	314	30·1	30·2	30·3	30·4	30·3	30·2	N 4	04·0	03·9	03·9	03·9	04·0	04·1
3·1	θ Eridani	7	315	29·2	29·3	29·5	29·6	29·6	29·5	S 40	19·9	20·0	19·9	19·8	19·7	19·5
2·1	α Ursæ Minoris		323	24·1	35·4	44·6	49·4	46·8	38·8	N 89	14·6	14·6	14·5	14·4	14·3	14·1
3·1	β Trianguli		327	41·8	41·9	42·0	42·1	42·0	41·8	N 34	57·8	57·7	57·7	57·6	57·5	57·5
2·2	α Arietis	6	328	17·1	17·2	17·3	17·3	17·3	17·1	N 23	26·2	26·2	26·1	26·1	26·1	26·1
2·2	γ Andromedæ		329	06·6	06·8	06·9	06·9	06·8	06·6	N 42	18·3	18·3	18·2	18·1	18·0	18·0
3·0	α Hydri		330	21·1	21·4	21·7	21·8	21·7	21·5	S 61	36·2	36·2	36·1	35·9	35·7	35·5
2·7	β Arietis		331	25·0	25·1	25·2	25·2	25·1	25·0	N 20	46·9	46·8	46·8	46·7	46·7	46·8
0·6	α Eridani	5	335	37·5	37·7	37·9	38·0	37·9	37·7	S 57	16·3	16·2	16·1	15·9	15·8	15·6
2·8	δ Cassiopeiæ		338	38·2	38·5	38·7	38·7	38·5	38·1	N 60	12·6	12·6	12·4	12·3	12·2	12·2
2·4	β Andromedæ		342	38·8	38·9	39·0	38·9	38·8	38·6	N 35	35·6	35·5	35·4	35·4	35·3	35·3
Var.||	γ Cassiopeiæ		345	54·5	54·7	54·9	54·9	54·6	54·3	N 60	41·4	41·4	41·2	41·1	41·0	41·0
2·2	β Ceti	4	349	10·5	10·6	10·6	10·6	10·5	10·3	S 18	01·2	01·2	01·2	01·1	01·0	00·9
2·5	α Cassiopeiæ	3	349	57·2	57·4	57·5	57·5	57·3	56·9	N 56	30·6	30·5	30·4	30·3	30·2	30·2
2·4	α Phœnicis	2	353	30·1	30·2	30·3	30·2	30·1	29·8	S 42	20·5	20·4	20·3	20·2	20·0	19·9
2·9	β Hydri		353	38·9	39·4	39·7	39·6	39·2	38·5	S 77	17·5	17·4	17·2	17·0	16·9	16·7
2·9	γ Pegasi		356	45·9	46·0	46·0	46·0	45·8	45·6	N 15	09·2	09·1	09·1	09·0	09·1	09·1
2·4	β Cassiopeiæ		357	47·0	47·2	47·3	47·2	46·9	46·5	N 59	07·4	07·3	07·1	07·0	06·9	06·9
2·2	α Andromedæ	1	357	58·7	58·8	58·8	58·7	58·5	58·3	N 29	03·7	03·6	03·5	03·5	03·4	03·5

‡ 0·1 — 1·2　　§ 2·3 — 3·5　　\|\| Irregular variable; 1992 mag. 2·2

STARS, 1994 JULY — DECEMBER

Mag.	Name and Number		SHA							Declination					
			JULY	AUG.	SEPT.	OCT.	NOV.	DEC.		JULY	AUG.	SEPT.	OCT.	NOV.	DEC.
			°	′	′	′	′	′	°	′	′	′	′	′	′
1·6	*Castor*		**246**	26·4	26·2	26·0	25·8	25·5	25·3	N **31**	54·0	53·9	53·9	53·8	53·8	53·8
3·3	σ *Puppis*		**247**	44·4	44·3	44·1	43·9	43·6	43·4	S **43**	17·5	17·4	17·3	17·3	17·3	17·5
3·1	β *Canis Minoris*		**248**	17·3	17·2	17·0	16·8	16·6	16·4	N **8**	18·0	18·0	18·0	18·0	17·9	17·8
2·4	η *Canis Majoris*		**249**	02·0	01·9	01·7	01·5	01·3	01·1	S **29**	17·6	17·5	17·4	17·4	17·5	17·6
2·7	π *Puppis*		**250**	46·0	45·9	45·7	45·4	45·2	45·0	S **37**	05·3	05·2	05·1	05·1	05·2	05·3
2·0	*Wezen*		**252**	57·6	57·5	57·3	57·1	56·9	56·7	S **26**	23·1	23·0	22·9	22·9	23·0	23·2
3·1	o *Canis Majoris*		**254**	18·2	18·1	17·9	17·7	17·5	17·3	S **23**	49·6	49·5	49·4	49·4	49·5	49·6
1·6	*Adhara*	19	**255**	24·0	23·9	23·7	23·5	23·2	23·1	S **28**	57·9	57·8	57·7	57·7	57·8	58·0
2·8	τ *Puppis*		**257**	33·4	33·2	33·0	32·7	32·4	32·2	S **50**	36·5	36·4	36·3	36·3	36·4	36·6
−1·6	*Sirius*	18	**258**	46·5	46·4	46·2	46·0	45·8	45·6	S **16**	42·5	42·5	42·4	42·4	42·5	42·6
1·9	*Alhena*		**260**	39·2	39·0	38·8	38·6	38·3	38·2	N **16**	24·2	24·2	24·2	24·2	24·1	24·1
−0·9	*Canopus*	17	**264**	02·9	02·8	02·5	02·2	01·9	01·7	S **52**	41·6	41·4	41·3	41·4	41·5	41·6
2·0	*Mirzam*		**264**	23·3	23·1	22·9	22·7	22·5	22·3	S **17**	57·2	57·1	57·1	57·1	57·2	57·3
2·7	θ *Aurigæ*		**270**	09·9	09·6	09·4	09·1	08·9	08·7	N **37**	12·6	12·6	12·6	12·6	12·6	12·6
2·1	*Menkalinan*		**270**	13·2	13·0	12·7	12·4	12·1	11·9	N **44**	56·7	56·6	56·6	56·6	56·7	56·7
Var.‡	*Betelgeuse*	16	**271**	16·9	16·8	16·5	16·3	16·1	16·0	N **7**	24·3	24·4	24·4	24·4	24·3	24·3
2·2	κ *Orionis*		**273**	07·7	07·5	07·3	07·1	06·9	06·7	S **9**	40·3	40·2	40·2	40·2	40·3	40·4
1·9	*Alnitak*		**274**	52·8	52·7	52·4	52·2	52·1	51·9	S **1**	56·8	56·7	56·7	56·7	56·7	56·8
2·8	*Phact*		**275**	08·4	08·3	08·0	07·8	07·6	07·5	S **34**	04·6	04·5	04·4	04·4	04·5	04·7
3·0	ζ *Tauri*		**275**	40·3	40·1	39·9	39·6	39·4	39·3	N **21**	08·3	08·3	08·3	08·3	08·3	08·3
1·8	*Alnilam*	15	**276**	01·0	00·9	00·6	00·4	00·3	00·1	S **1**	12·3	12·3	12·2	12·3	12·3	12·4
2·9	ι *Orionis*		**276**	12·6	12·4	12·2	12·0	11·8	11·7	S **5**	54·8	54·7	54·7	54·7	54·8	54·9
2·7	α *Leporis*		**276**	52·8	52·6	52·4	52·2	52·0	51·9	S **17**	49·6	49·5	49·4	49·4	49·5	49·6
2·5	δ *Orionis*		**277**	04·2	04·0	03·8	03·6	03·4	03·3	S **0**	18·2	18·1	18·1	18·1	18·2	18·2
3·0	β *Leporis*		**277**	60·0	59·8	59·6	59·3	59·2	59·1	S **20**	45·8	45·7	45·7	45·7	45·8	45·9
1·8	*Elnath*	14	**278**	30·9	30·6	30·4	30·1	29·9	29·8	N **28**	36·1	36·1	36·1	36·1	36·1	36·1
1·7	*Bellatrix*	13	**278**	47·5	47·3	47·1	46·9	46·7	46·6	N **6**	20·6	20·7	20·7	20·7	20·7	20·6
0·2	*Capella*	12	**280**	55·8	55·5	55·2	54·9	54·7	54·5	N **45**	59·4	59·4	59·4	59·4	59·5	59·5
0·3	*Rigel*	11	**281**	26·0	25·8	25·5	25·3	25·2	25·1	S **8**	12·5	12·4	12·3	12·4	12·4	12·5
2·9	β *Eridani*		**283**	06·4	06·2	05·9	05·7	05·6	05·5	S **5**	05·6	05·5	05·5	05·5	05·6	05·7
2·9	ι *Aurigæ*		**285**	50·5	50·2	50·0	49·7	49·5	49·4	N **33**	09·3	09·3	09·4	09·4	09·4	09·5
1·1	*Aldebaran*	10	**291**	05·9	05·7	05·4	05·2	05·1	05·0	N **16**	29·8	29·9	29·9	29·9	29·9	29·9
3·2	γ *Eridani*		**300**	33·4	33·2	33·0	32·8	32·7	32·6	S **13**	31·4	31·3	31·2	31·3	31·3	31·4
3·0	ε *Persei*		**300**	37·7	37·4	37·1	36·8	36·7	36·6	N **39**	59·5	59·5	59·6	59·7	59·7	59·8
2·9	ζ *Persei*		**301**	33·1	32·9	32·6	32·4	32·2	32·2	N **31**	51·9	52·0	52·0	52·1	52·1	52·2
3·0	*Alcyone*		**303**	12·6	12·3	12·1	11·9	11·7	11·7	N **24**	05·2	05·3	05·3	05·4	05·4	05·4
1·9	*Mirfak*	9	**308**	60·9	60·6	60·3	60·0	59·9	59·8	N **49**	50·3	50·4	50·4	50·5	50·6	50·7
Var.§	*Algol*		**313**	02·7	02·4	02·1	01·9	01·8	01·8	N **40**	55·9	56·0	56·1	56·1	56·2	56·3
2·8	*Menkar*	8	**314**	30·0	29·8	29·6	29·4	29·3	29·3	N **4**	04·1	04·2	04·3	04·3	04·2	04·2
3·1	*Acamar*	7	**315**	29·3	29·0	28·7	28·6	28·5	28·5	S **40**	19·4	19·3	19·3	19·4	19·5	19·6
2·1	*Polaris*		**322**	86·9	73·8	62·5	55·1	52·7	57·0	N **89**	14·1	14·1	14·2	14·4	14·6	14·7
3·1	β *Trianguli*		**327**	41·5	41·2	41·0	40·9	40·8	40·8	N **34**	57·6	57·7	57·8	57·9	57·9	58·0
2·2	*Hamal*	6	**328**	16·8	16·6	16·4	16·2	16·2	16·2	N **23**	26·2	26·2	26·3	26·4	26·4	26·4
2·2	*Almak*		**329**	06·3	06·0	05·8	05·6	05·6	05·6	N **42**	18·1	18·2	18·3	18·4	18·5	18·5
3·0	α *Hydri*		**330**	21·2	20·8	20·4	20·3	20·3	20·5	S **61**	35·4	35·4	35·5	35·6	35·8	35·9
2·7	*Sheratan*		**331**	24·7	24·5	24·3	24·2	24·1	24·2	N **20**	46·9	46·9	47·0	47·1	47·1	47·1
0·6	*Achernar*	5	**335**	37·3	37·0	36·7	36·6	36·6	36·8	S **57**	15·5	15·5	15·6	15·7	15·8	16·0
2·8	*Ruchbah*		**338**	37·7	37·3	37·0	36·9	36·9	37·0	N **60**	12·2	12·3	12·5	12·6	12·8	12·9
2·4	*Mirach*		**342**	38·3	38·0	37·8	37·8	37·8	37·8	N **35**	35·4	35·5	35·6	35·7	35·8	35·9
Var.‖	γ *Cassiopeiæ*		**345**	53·9	53·5	53·2	53·1	53·2	53·3	N **60**	41·0	41·2	41·3	41·5	41·6	41·7
2·2	*Diphda*	4	**349**	10·0	09·8	09·7	09·6	09·6	09·7	S **18**	00·8	00·7	00·7	00·8	00·8	00·9
2·5	*Schedar*	3	**349**	56·6	56·2	56·0	56·0	56·0	56·2	N **56**	30·3	30·4	30·6	30·7	30·9	30·9
2·4	*Ankaa*	2	**353**	29·5	29·3	29·1	29·1	29·2	29·3	S **42**	19·8	19·8	19·9	20·0	20·1	20·2
2·9	β *Hydri*		**353**	37·8	37·1	36·6	36·6	37·0	37·6	S **77**	16·7	16·7	16·9	17·0	17·2	17·2
2·9	*Algenib*		**356**	45·3	45·1	45·0	45·0	45·0	45·1	N **15**	09·2	09·4	09·4	09·5	09·5	09·5
2·4	*Caph*		**357**	46·1	45·8	45·6	45·6	45·7	45·9	N **59**	07·0	07·2	07·3	07·5	07·6	07·7
2·2	*Alpheratz*	1	**357**	58·0	57·8	57·7	57·7	57·7	57·8	N **29**	03·6	03·7	03·8	03·9	04·0	04·0

‡ 0·1 — 1·2 § 2·3 — 3·5 ‖ Irregular variable; 1992 mag. 2·2

POLARIS (POLE STAR) TABLES, 1994
FOR DETERMINING LATITUDE FROM SEXTANT ALTITUDE AND FOR AZIMUTH

LHA ARIES	0° – 9°	10° – 19°	20° – 29°	30° – 39°	40° – 49°	50° – 59°	60° – 69°	70° – 79°	80° – 89°	90° – 99°	100° – 109°	110° – 119°
	a_0	a_0	a_0	a_0	a_0	a_0	a_0	a_0	a_0	a_0	a_0	a_0
°	° ′	° ′	° ′	° ′	° ′	° ′	° ′	° ′	° ′	° ′	° ′	° ′
0	0 22·3	0 18·1	0 15·1	0 13·5	0 13·3	0 14·5	0 17·0	0 20·8	0 25·8	0 31·8	0 38·6	0 46·1
1	21·9	17·8	14·9	13·4	13·3	14·6	17·3	21·3	26·4	32·5	39·4	46·8
2	21·4	17·4	14·7	13·4	13·4	14·9	17·7	21·7	26·9	33·1	40·1	47·6
3	21·0	17·1	14·5	13·3	13·5	15·1	18·0	22·2	27·5	33·8	40·8	48·4
4	20·5	16·8	14·3	13·2	13·6	15·3	18·4	22·7	28·1	34·5	41·5	49·2
5	0 20·1	0 16·5	0 14·2	0 13·2	0 13·7	0 15·6	0 18·8	0 23·2	0 28·7	0 35·1	0 42·3	0 49·9
6	19·7	16·2	14·0	13·2	13·8	15·8	19·1	23·7	29·3	35·8	43·0	50·7
7	19·3	15·9	13·9	13·2	14·0	16·1	19·5	24·2	29·9	36·5	43·8	51·5
8	18·9	15·6	13·7	13·2	14·1	16·4	20·0	24·7	30·5	37·2	44·5	52·3
9	18·5	15·4	13·6	13·2	14·3	16·7	20·4	25·3	31·2	37·9	45·3	53·1
10	0 18·1	0 15·1	0 13·5	0 13·3	0 14·5	0 17·0	0 20·8	0 25·8	0 31·8	0 38·6	0 46·1	0 53·9

Lat.	a_1	a_1	a_1	a_1	a_1	a_1	a_1	a_1	a_1	a_1	a_1	a_1
°	′	′	′	′	′	′	′	′	′	′	′	′
0	0·5	0·6	0·6	0·6	0·6	0·6	0·5	0·5	0·4	0·3	0·3	0·3
10	·5	·6	·6	·6	·6	·6	·5	·5	·4	·4	·3	·3
20	·5	·6	·6	·6	·6	·6	·5	·5	·5	·4	·4	·4
30	·5	·6	·6	·6	·6	·6	·6	·5	·5	·5	·4	·4
40	0·6	0·6	0·6	0·6	0·6	0·6	0·6	0·6	0·5	0·5	0·5	0·5
45	·6	·6	·6	·6	·6	·6	·6	·6	·6	·6	·5	·5
50	·6	·6	·6	·6	·6	·6	·6	·6	·6	·6	·6	·6
55	·6	·6	·6	·6	·6	·6	·6	·6	·6	·6	·6	·6
60	·6	·6	·6	·6	·6	·6	·6	·6	·7	·7	·7	·7
62	0·7	0·6	0·6	0·6	0·6	0·6	0·6	0·7	0·7	0·8	0·8	0·8
64	·7	·6	·6	·6	·6	·6	·7	·7	·7	·8	·8	·8
66	·7	·6	·6	·6	·6	·6	·7	·7	·8	·8	·9	·9
68	0·7	0·7	0·6	0·6	0·6	0·6	0·7	0·7	0·8	0·9	0·9	1·0

Month	a_2	a_2	a_2	a_2	a_2	a_2	a_2	a_2	a_2	a_2	a_2	a_2
	′	′	′	′	′	′	′	′	′	′	′	′
Jan.	0·8	0·8	0·8	0·8	0·8	0·8	0·8	0·8	0·8	0·8	0·7	0·7
Feb.	·7	·7	·8	·8	·8	·9	·9	·9	·9	·9	·9	·8
Mar.	·6	·6	·7	·7	·8	·8	·9	·9	·9	·9	·9	0·9
Apr.	0·4	0·5	0·5	0·6	0·7	0·7	0·8	0·8	0·9	0·9	0·9	1·0
May	·3	·3	·4	·4	·5	·6	·6	·7	·8	·8	·9	0·9
June	·3	·3	·3	·3	·4	·4	·5	·5	·6	·7	·7	·8
July	0·3	0·3	0·3	0·3	0·3	0·3	0·4	0·4	0·5	0·5	0·6	0·6
Aug.	·4	·4	·4	·3	·3	·3	·3	·3	·4	·4	·4	·5
Sept.	·6	·5	·5	·5	·4	·4	·3	·3	·3	·3	·3	·3
Oct.	0·8	0·7	0·7	0·6	0·6	0·5	0·4	0·4	0·3	0·3	0·3	0·3
Nov.	1·0	0·9	0·9	0·8	·7	·7	·6	·5	·4	·4	·3	·3
Dec.	1·1	1·0	1·0	1·0	0·9	0·8	0·8	0·7	0·6	0·5	0·4	0·4

Lat.	AZIMUTH											
°	°	°	°	°	°	°	°	°	°	°	°	°
0	0·4	0·3	0·2	0·0	359·9	359·8	359·6	359·5	359·4	359·4	359·3	359·3
20	0·4	0·3	0·2	0·0	359·9	359·7	359·6	359·5	359·4	359·3	359·2	359·2
40	0·5	0·4	0·2	0·0	359·9	359·7	359·5	359·4	359·3	359·2	359·1	359·0
50	0·6	0·4	0·2	0·0	359·8	359·6	359·4	359·3	359·1	359·0	358·9	358·8
55	0·7	0·5	0·3	0·0	359·8	359·6	359·4	359·2	359·0	358·9	358·8	358·7
60	0·8	0·6	0·3	0·0	359·8	359·5	359·3	359·0	358·8	358·7	358·6	358·5
65	1·0	0·7	0·4	0·1	359·7	359·4	359·1	358·9	358·6	358·4	358·3	358·2

Latitude = Apparent altitude (corrected for refraction) $-1° + a_0 + a_1 + a_2$

The table is entered with LHA Aries to determine the column to be used; each column refers to a range of 10°. a_0 is taken, with mental interpolation, from the upper table with the units of LHA Aries in degrees as argument; a_1, a_2 are taken, without interpolation, from the second and third tables with arguments latitude and month respectively. a_0, a_1, a_2, are always positive. The final table gives the azimuth of *Polaris*.

POLARIS (POLE STAR) TABLES, 1994

FOR DETERMINING LATITUDE FROM SEXTANT ALTITUDE AND FOR AZIMUTH

LHA ARIES	120° – 129°	130° – 139°	140° – 149°	150° – 159°	160° – 169°	170° – 179°	180° – 189°	190° – 199°	200° – 209°	210° – 219°	220° – 229°	230° – 239°
°	a_0	a_0	a_0	a_0	a_0	a_0	a_0	a_0	a_0	a_0	a_0	a_0
	° ′	° ′	° ′	° ′	° ′	° ′	° ′	° ′	° ′	° ′	° ′	° ′
0	0 53·9	1 01·8	1 09·7	1 17·2	1 24·1	1 30·3	1 35·5	1 39·6	1 42·5	1 44·1	1 44·3	1 43·2
1	54·7	02·6	10·4	17·9	24·8	30·9	36·0	40·0	42·7	44·2	44·3	43·0
2	55·5	03·4	11·2	18·6	25·4	31·4	36·4	40·3	42·9	44·3	44·2	42·8
3	56·3	04·2	12·0	19·3	26·1	32·0	36·9	40·6	43·1	44·3	44·1	42·6
4	57·1	05·0	12·7	20·0	26·7	32·5	37·3	40·9	43·3	44·4	44·0	42·4
5	0 57·8	1 05·8	1 13·5	1 20·7	1 27·3	1 33·0	1 37·7	1 41·2	1 43·5	1 44·4	1 43·9	1 42·1
6	58·6	06·6	14·2	21·4	27·9	33·5	38·1	41·5	43·6	44·4	43·8	41·9
7	0 59·4	07·3	15·0	22·1	28·5	34·1	38·5	41·8	43·8	44·4	43·7	41·6
8	1 00·2	08·1	15·7	22·8	29·1	34·6	38·9	42·0	43·9	44·4	43·5	41·3
9	01·0	08·9	16·4	23·5	29·7	35·0	39·3	42·3	44·0	44·4	43·4	41·0
10	1 01·8	1 09·7	1 17·2	1 24·1	1 30·3	1 35·5	1 39·6	1 42·5	1 44·1	1 44·3	1 43·2	1 40·7

Lat.	a_1	a_1	a_1	a_1	a_1	a_1	a_1	a_1	a_1	a_1	a_1	a_1
°	′	′	′	′	′	′	′	′	′	′	′	′
0	0·2	0·2	0·3	0·3	0·4	0·4	0·5	0·6	0·6	0·6	0·6	0·6
10	·3	·3	·3	·4	·4	·5	·5	·6	·6	·6	·6	·6
20	·3	·4	·4	·4	·4	·5	·5	·6	·6	·6	·6	·6
30	·4	·4	·4	·5	·5	·5	·5	·6	·6	·6	·6	·6
40	0·5	0·5	0·5	0·5	0·5	0·6	0·6	0·6	0·6	0·6	0·6	0·6
45	·5	·5	·5	·6	·6	·6	·6	·6	·6	·6	·6	·6
50	·6	·6	·6	·6	·6	·6	·6	·6	·6	·6	·6	·6
55	·7	·7	·7	·7	·6	·6	·6	·6	·6	·6	·6	·6
60	·8	·8	·7	·7	·7	·7	·6	·6	·6	·6	·6	·6
62	0·8	0·8	0·8	0·8	0·7	0·7	0·7	0·6	0·6	0·6	0·6	0·6
64	·9	·9	·8	·8	·8	·7	·7	·6	·6	·6	·6	·6
66	0·9	0·9	·9	·8	·8	·7	·7	·6	·6	·6	·6	·6
68	1·0	1·0	0·9	0·9	0·8	0·8	0·7	0·7	0·6	0·6	0·6	0·6

Month	a_2	a_2	a_2	a_2	a_2	a_2	a_2	a_2	a_2	a_2	a_2	a_2
	′	′	′	′	′	′	′	′	′	′	′	′
Jan.	0·6	0·6	0·6	0·5	0·5	0·5	0·4	0·4	0·4	0·4	0·4	0·4
Feb.	·8	·8	·7	·7	·6	·6	·5	·5	·4	·4	·4	·3
Mar.	0·9	0·9	0·9	·8	·8	·7	·6	·6	·5	·5	·4	·4
Apr.	1·0	1·0	1·0	0·9	0·9	0·8	0·8	0·7	0·7	0·6	0·5	0·5
May	0·9	1·0	1·0	1·0	1·0	0·9	·9	·9	·8	·8	·7	·6
June	·8	0·9	0·9	0·9	0·9	1·0	·9	·9	·9	·9	·8	·8
July	0·7	0·7	0·8	0·8	0·8	0·9	0·9	0·9	0·9	0·9	0·9	0·9
Aug.	·5	·5	·6	·6	·7	·7	·8	·8	·8	·9	·9	·9
Sept.	·3	·4	·4	·5	·5	·6	·6	·7	·7	·7	·8	·8
Oct.	0·3	0·3	0·3	0·3	0·3	0·4	0·4	0·5	0·5	0·6	0·6	0·7
Nov.	·2	·2	·2	·2	·2	·2	·2	·3	·3	·4	·5	·5
Dec.	0·3	0·2	0·2	0·2	0·1	0·1	0·1	0·2	0·2	0·2	0·3	0·4

Lat.	AZIMUTH											
°	°	°	°	°	°	°	°	°	°	°	°	°
0	359·2	359·2	359·3	359·3	359·4	359·5	359·6	359·7	359·8	0·0	0·1	0·2
20	359·2	359·2	359·2	359·3	359·4	359·5	359·6	359·7	359·8	0·0	0·1	0·3
40	359·0	359·0	359·1	359·1	359·2	359·3	359·5	359·6	359·8	0·0	0·1	0·3
50	358·8	358·8	358·9	359·0	359·1	359·2	359·4	359·6	359·8	0·0	0·2	0·4
55	358·7	358·7	358·7	358·8	359·0	359·1	359·3	359·5	359·7	0·0	0·2	0·4
60	358·5	358·5	358·6	358·7	358·8	359·0	359·2	359·5	359·7	0·0	0·2	0·5
65	358·2	358·2	358·3	358·4	358·6	358·8	359·1	359·4	359·6	359·9	0·3	0·6

ILLUSTRATION

On 1994 April 21 at 23^h 18^m 56^s UT in longitude W 37° 14′ the apparent altitude (corrected for refraction), H_O, of Polaris was 49° 31′·6

From the daily pages:	°	′
GHA Aries (23^h)	194	47·0
Increment (18^m 56^s)	4	44·8
Longitude (west)	−37	14
LHA Aries	162	18

	°	′
H_O	49	31·6
a_0 (argument 162° 18′)	1	25·6
a_1 (Lat 50° approx.)		0·6
a_2 (April)		0·9
Sum − 1° = Lat =	49	58·7

POLARIS (POLE STAR) TABLES, 1994
FOR DETERMINING LATITUDE FROM SEXTANT ALTITUDE AND FOR AZIMUTH

LHA ARIES	240° – 249°	250° – 259°	260° – 269°	270° – 279°	280° – 289°	290° – 299°	300° – 309°	310° – 319°	320° – 329°	330° – 339°	340° – 349°	350° – 359°
°	a_0	a_0	a_0	a_0	a_0	a_0	a_0	a_0	a_0	a_0	a_0	a_0
0	1 40.7	1 37.0	1 32.1	1 26.3	1 19.5	1 12.2	1 04.4	0 56.5	0 48.6	0 41.0	0 34.0	0 27.7
1	40.4	36.6	31.6	25.6	18.8	11.4	03.6	55.7	47.8	40.3	33.3	27.1
2	40.1	36.1	31.0	25.0	18.1	10.7	02.9	54.9	47.1	39.6	32.7	26.5
3	39.7	35.7	30.5	24.3	17.4	09.9	02.1	54.1	46.3	38.8	32.0	26.0
4	39.4	35.2	29.9	23.7	16.7	09.1	01.3	53.3	45.5	38.1	31.4	25.4
5	1 39.0	1 34.7	1 29.3	1 23.0	1 15.9	1 08.4	1 00.5	0 52.5	0 44.8	0 37.4	0 30.7	0 24.9
6	38.6	34.2	28.7	22.3	15.2	07.6	0 59.7	51.7	44.0	36.7	30.1	24.4
7	38.2	33.7	28.1	21.6	14.5	06.8	58.9	51.0	43.3	36.0	29.5	23.8
8	37.8	33.2	27.5	20.9	13.7	06.0	58.1	50.2	42.5	35.3	28.9	23.3
9	37.4	32.7	26.9	20.2	13.0	05.2	57.3	49.4	41.8	34.7	28.3	22.8
10	1 37.0	1 32.1	1 26.3	1 19.5	1 12.2	1 04.4	0 56.5	0 48.6	0 41.0	0 34.0	0 27.7	0 22.3

Lat.	a_1	a_1	a_1	a_1	a_1	a_1	a_1	a_1	a_1	a_1	a_1	a_1
°	′	′	′	′	′	′	′	′	′	′	′	′
0	0.5	0.5	0.4	0.3	0.3	0.3	0.2	0.2	0.3	0.3	0.4	0.4
10	.5	.5	.4	.4	.3	.3	.3	.3	.3	.4	.4	.5
20	.5	.5	.5	.4	.4	.4	.3	.4	.4	.4	.4	.5
30	.6	.5	.5	.5	.4	.4	.4	.4	.4	.5	.5	.5
40	0.6	0.6	0.5	0.5	0.5	0.5	0.5	0.5	0.5	0.5	0.5	0.6
45	.6	.6	.6	.6	.5	.5	.5	.5	.5	.6	.6	.6
50	.6	.6	.6	.6	.6	.6	.6	.6	.6	.6	.6	.6
55	.6	.6	.6	.7	.7	.7	.7	.7	.7	.7	.6	.6
60	.6	.7	.7	.7	.7	.8	.8	.8	.7	.7	.7	.7
62	0.6	0.7	0.7	0.8	0.8	0.8	0.8	0.8	0.8	0.8	0.7	0.7
64	.7	.7	.7	.8	.8	.8	.9	.9	.8	.8	.8	.7
66	.7	.7	.8	.8	.9	0.9	0.9	0.9	.9	.8	.8	.7
68	0.7	0.7	0.8	0.9	0.9	1.0	1.0	1.0	0.9	0.9	0.8	0.8

Month	a_2	a_2	a_2	a_2	a_2	a_2	a_2	a_2	a_2	a_2	a_2	a_2
	′	′	′	′	′	′	′	′	′	′	′	′
Jan.	0.4	0.4	0.4	0.4	0.5	0.5	0.6	0.6	0.6	0.7	0.7	0.7
Feb.	.3	.3	.3	.3	.3	.4	.4	.4	.5	.5	.6	.6
Mar.	.3	.3	.3	.3	.3	.3	.3	.3	.3	.4	.4	.5
Apr.	0.4	0.4	0.3	0.3	0.3	0.2	0.2	0.2	0.2	0.3	0.3	0.4
May	.6	.5	.4	.4	.3	.3	.3	.2	.2	.2	.2	.3
June	.7	.7	.6	.5	.5	.4	.4	.3	.3	.3	.3	.2
July	0.8	0.8	0.7	0.7	0.6	0.6	0.5	0.5	0.4	0.4	0.4	0.3
Aug.	.9	.9	.8	.8	.8	.7	.7	.7	.6	.6	.5	.5
Sept.	.9	.9	.9	.9	.9	.9	.9	.8	.8	.7	.7	.6
Oct.	0.8	0.8	0.9	0.9	0.9	0.9	0.9	0.9	0.9	0.9	0.9	0.8
Nov.	.6	.7	.8	.8	.9	.9	1.0	1.0	1.0	1.0	1.0	1.0
Dec.	0.4	0.5	0.6	0.7	0.8	0.8	0.9	1.0	1.0	1.0	1.1	1.1

Lat.	AZIMUTH											
°	°	°	°	°	°	°	°	°	°	°	°	°
0	0.4	0.5	0.6	0.6	0.7	0.7	0.8	0.8	0.7	0.7	0.6	0.5
20	0.4	0.5	0.6	0.7	0.8	0.8	0.8	0.8	0.8	0.7	0.6	0.5
40	0.5	0.6	0.7	0.8	0.9	1.0	1.0	1.0	0.9	0.9	0.8	0.7
50	0.6	0.7	0.9	1.0	1.1	1.2	1.2	1.2	1.1	1.0	0.9	0.8
55	0.6	0.8	1.0	1.1	1.2	1.3	1.3	1.3	1.3	1.2	1.1	0.9
60	0.7	0.9	1.1	1.3	1.4	1.5	1.5	1.5	1.5	1.4	1.2	1.0
65	0.8	1.1	1.3	1.5	1.7	1.8	1.8	1.8	1.7	1.6	1.4	1.2

$$\text{Latitude} = \text{Apparent altitude (corrected for refraction)} - 1° + a_0 + a_1 + a_2$$

The table is entered with LHA Aries to determine the column to be used; each column refers to a range of 10°. a_0 is taken, with mental interpolation, from the upper table with the units of LHA Aries in degrees as argument; a_1, a_2 are taken, without interpolation, from the second and third tables with arguments latitude and month respectively. a_0, a_1, a_2, are always positive. The final table gives the azimuth of *Polaris*.

SIGHT REDUCTION PROCEDURES
METHODS AND FORMULAE FOR DIRECT COMPUTATION

1. *Introduction.* Formulae and method are provided for use with an electronic calculator or microcomputer for the determination of position at sea from altitudes observed with a marine sextant. The calculator must have trigonometric functions, and preferably it should be programmable and retain the contents of its memory when switched off. The formulae have been expressed in algebraic notation and it is assumed that the user will be able to translate them into the code or language used by the calculator. The astronomical data, such as the *GHA* and *Dec* of a body, are assumed to be taken from the main tabular pages of the current *Nautical Almanac* and entered into the calculator for interpolation. All subsequent calculations for the sight reduction are then made with the calculator. The estimated longitude and latitude at the time of observation are entered into the calculator to determine the calculated altitude and azimuth. The calculator may also be used to reduce the sextant altitudes to observed altitudes by applying the corrections for dip, refraction, parallax and semi-diameter. Each observation provides an intercept and an azimuth that may be used to plot a position line on a chart. Several position lines are required to determine a fix. A method is given for calculating a fix from several observations by direct calculation using a programmable calculator. The method, which is based on least squares, has the advantage that further observations may be included in the solution and doubtful observations may be removed from the solution.

2. *Notation.*

GHA = Greenwich hour angle. The range of *GHA* is from 0° to 360° starting at 0° on the Greenwich meridian increasing to the west, back to 360° on the Greenwich meridian.

SHA = sidereal hour angle. The range is 0° to 360°.

Dec = declination. The sign convention for declination is north is positive, south is negative. The range is from −90° at the south celestial pole to +90° at the north celestial pole.

$Long$ = longitude. The sign convention is east is positive, west is negative. The range is −180° to +180°.

Lat = latitude. The sign convention is north is positive, south is negative. The range is from −90° to +90°.

LHA = $GHA + Long$ = local hour angle. The *LHA* increases to the west from 0° on the local meridian to 360°.

H_c = calculated altitude. Above the horizon is positive, below the horizon is negative. The range is from −90° in the nadir to +90° in the zenith.

H_S = sextant altitude.

H = apparent altitude = sextant altitude corrected for instrumental error and dip.

H_O = observed altitude = apparent altitude corrected for refraction and, in appropriate cases, corrected for parallax and semi-diameter.

Z = Z_n = true azimuth. Z is measured from true north through east, south, west and back to north. The range is from 0° to 360°.

I = sextant index error.

D = dip of horizon.

R = atmospheric refraction.

HP = horizontal parallax of the Sun, Moon, Venus or Mars.

PA = parallax in altitude of the Sun, Moon, Venus or Mars.

SIGHT REDUCTION PROCEDURES

S = semi-diameter of the Sun or Moon.
p = intercept = $H_O - H_C$. Towards is positive, away is negative.
T = course or track, measured as for azimuth from the north.
V = speed in knots.

3. *Entering Basic Data.* When entering into the calculator quantities such as *GHA*, which in *The Nautical Almanac* are given in degrees and minutes, convert them to degrees and decimals of a degree by dividing the minutes by 60 and adding to the degrees; for example, if $GHA = 123° 45'6$, enter the two numbers 123 and 45·6 into the memory and set $GHA = 123 + 45\cdot6/60 = 123°7600$. Although four decimal places of a degree are sufficient, it is assumed in the examples that full precision is maintained inside the calculator.

Most calculators have a special key for converting degrees, minutes and seconds to degrees and decimals. With programmable calculators it is often possible to write a subroutine that does the conversion automatically. For quantities like *Dec* which has a minus sign for southern declination, change the sign from plus to minus after the value has been converted to degrees and decimals, *e.g.* $Dec = S\,0° 12'3 = S\,0°2050 = -0°2050$. Other quantities which require conversion are semi-diameter, horizontal parallax, longitude and latitude.

4. *Interpolation of GHA and Dec.* The *GHA* and *Dec* of the Sun, Moon and planets are interpolated to the time of observation with a calculator as follows: If the universal time is $a^h\ b^m\ c^s$, form the interpolation factor $x = b/60 + c/3600$. Enter the tabular value GHA_0 for the preceeding hour (a) and the tabular value GHA_1 for the following hour ($a + 1$) then the interpolated value *GHA* is given by

$$GHA = GHA_0 + x(GHA_1 - GHA_0)$$

If the *GHA* passes through 360° between tabular values add 360° to GHA_1 before interpolation. If the interpolated value exceeds 360°, subtract 360° from *GHA*.

Similarly for declination, enter the tabular value Dec_0 for the preceeding hour (a) and the tabular value Dec_1 for the following hour ($a + 1$), then the interpolated value *Dec* is given by

$$Dec = Dec_0 + x(Dec_1 - Dec_0)$$

5. *Example.* (a) Find the *GHA* and *Dec* of the Sun on 1994 June 16 at $15^h\ 47^m\ 13^s$ UT.

The interpolation factor $\quad x = 47/60 + 13/3600 = 0^h7869$

$\qquad$ page 121 $\qquad 15^h\ GHA_0 = 44° 50'4 = 44°8400$

$\qquad\qquad\qquad 16^h\ GHA_1 = 59° 50'3 = 59°8383$

$\qquad 15^h7869\ GHA = 44\cdot8400 + 0\cdot7869(59\cdot8383 - 44\cdot8400) = 56°6429$

$\qquad\qquad 15^h\ Dec_0 = N\,23° 21'1 = +23°3517$

$\qquad\qquad\quad 16^h\ Dec_1 = N\,23° 21'2 = +23°3533$

$\qquad 15^h7869\ Dec = 23\cdot3517 + 0\cdot7869(23\cdot3533 - 23\cdot3517) = +23°3530$

GHA Aries is interpolated in the same way as *GHA* of a body. For a star the *SHA* and *Dec* are taken from the tabular page and do not require interpolation, then

$$GHA = GHA\ \text{Aries} + SHA$$

where *GHA* Aries is interpolated to the time of observation.

SIGHT REDUCTION PROCEDURES

(b) Find the *GHA* and *Dec* of *Vega* on 1994 June 16 at $6^h\ 47^m\ 13^s$ UT.

The interpolation factor $x = 0^h\!.7869$ as in the previous example

page 120 $6^h\ GHA\ \text{Aries}_0 = 354°\ 16'\!.9 = 354°\!.2817$

$7^h\ GHA\ \text{Aries}_1 = 9°\ 19'\!.4 = 369°\!.3233$ (360° added)

$6^h\!.7869\ GHA\ \text{Aries} = 354·2817 + 0·7869(369·3233 - 354·2817) = 366°\!.1186$

$SHA = 80°\ 48'\!.2 = 80°\!.8033$

$GHA = GHA\ \text{Aries} + SHA = 86°\!.9220$ (multiple of 360° removed)

$Dec = \text{N}\,38°\ 46'\!.8 = +38°\!.7800$

6. *The calculated altitude and azimuth.* The calculated altitude H_C and true azimuth Z are determined from the *GHA* and *Dec* interpolated to the time of observation and from the *Long* and *Lat* estimated at the time of observation as follows:

Step 1.   Calculate the local hour angle

$$LHA = GHA + Long$$

Add or subtract multiples of 360° to set *LHA* in the range 0° to 360°.

Step 2.   Calculate S, C and the altitude H_C from

$$S = \sin Dec$$
$$C = \cos Dec \cos LHA$$
$$H_C = \sin^{-1}(S\,\sin Lat + C\,\cos Lat)$$

where $\sin^{-1}$ is the inverse function of sine.

Step 3.   Calculate X and A from

$$X = (S\,\cos Lat - C\,\sin Lat)/\cos H_C$$
$$\text{If } X > +1 \quad \text{set} \quad X = +1$$
$$\text{If } X < -1 \quad \text{set} \quad X = -1$$
$$A = \cos^{-1} X$$

where $\cos^{-1}$ is the inverse function of cosine.

Step 4.   Determine the azimuth Z

$$\text{If } LHA > 180° \quad \text{then} \quad Z = A$$
$$\text{Otherwise} \quad Z = 360° - A$$

7. *Example.* Find the calculated altitude H_C and azimuth Z when

$$GHA = 53° \quad Dec = \text{S}\,15° \quad Lat = \text{N}\,32° \quad Long = \text{W}\,16°$$

For the calculation

$$GHA = 53°\!.0000 \quad Dec = -15°\!.0000 \quad Lat = +32°\!.0000 \quad Long = -16°\!.0000$$

Step 1. $LHA = 53·0000 - 16·0000 = 37·0000$

Step 2. $S = -0·2588$

$C = +0·9659 \times 0·7986 = 0·7714$

$\sin H_C = -0·2588 \times 0·5299 + 0·7714 \times 0·8480 = 0·5171$

$H_C = 31°\!.1346$

SIGHT REDUCTION PROCEDURES

Step 3.
$$X = (-0.2588 \times 0.8480 - 0.7714 \times 0.5299)/0.8560 = -0.7340$$
$$A = 137°2239$$

Step 4. Since $LHA \le 180°$ then $Z = 360° - A = 222°7761$

8. *Reduction from sextant altitude to observed altitude.* The sextant altitude H_S is corrected for both dip and index error to produce the apparent altitude. The observed altitude H_O is calculated by applying a correction for refraction. For the Sun, Moon, Venus and Mars a correction for parallax is also applied to H, and for the Sun and Moon a further correction for semi-diameter is required. The corrections are calculated as follows:

Step 1. Calculate dip

$$D = 0°0293\sqrt{h}$$

where h is the height of eye above the horizon in metres.

Step 2. Calculate apparent altitude

$$H = H_S + I - D$$

where I is the sextant index error.

Step 3. Calculate refraction (R) at a standard temperature of 10° Celsius (C) and pressure of 1010 millibars (mb)

$$R_0 = 0°0167/\tan(H + 7.31/(H + 4.4))$$

If the temperature $T°$ C and pressure P mb are known calculate the refraction from

$$R = fR_0 \qquad \text{where} \qquad f = 0.28P/(T + 273)$$
$$\text{otherwise set} \quad R = R_0$$

Step 4. Calculate the parallax in altitude (PA) from the horizontal parallax (HP) and the apparent altitude (H) for the Sun, Moon, Venus and Mars as follows:

$$PA = HP \cos H$$

For the Sun $HP = 0°0024$. This correction is very small and could be ignored.

For the Moon HP is taken for the nearest hour from the main tabular page and converted to degrees.

For Venus and Mars the HP is taken from the critical table at the bottom of page 259 and converted to degrees.

For the navigational stars and the remaining planets, Jupiter and Saturn set $PA = 0$.

If an error of $0'.2$ is significant the expression for the parallax in altitude for the Moon should include a small correction OB for the oblateness of the Earth as follows:

$$PA = HP \cos H + OB$$
$$\text{where} \quad OB = -0°0032 \sin^2 Lat \cos H + 0°0032 \sin(2Lat) \cos Z \sin H$$

At mid-latitudes and for altitudes of the Moon below 60° a simple approximation to OB is

$$OB = -0°0017 \cos H$$

SIGHT REDUCTION PROCEDURES

Step 5. Calculate the semi-diameter for the Sun and Moon as follows:

Sun: S is taken from the main tabular page and converted to degrees.

Moon: $S = 0°2724HP$ where HP is taken for the nearest hour from the main tabular page and converted to degrees.

Step 6. Calculate the observed altitude

$$H_O = H - R + PA \pm S$$

where the plus sign is used if the lower limb of the Sun or Moon was observed and the minus sign if the upper limb was observed.

9. *Example.* The following example illustrates how to use a calculator to reduce the sextant altitude (H_S) to observed altitude (H_O); the sextant altitudes given are assumed to be taken on 1994 June 16 with a marine sextant, zero index error, at height $5·4$ m, temperature $-3°$ C and pressure 982 mb, the Moon sights are assumed to be taken at 10^h UT.

Body limb	Sun lower	Sun upper	Moon lower	Moon upper	Venus –	*Polaris* –
Sextant altitude: H_S	21·3283	3·3367	33·4600	26·1117	4·5433	49·6083
Step 1. Dip: $D = 0·0293\sqrt{h}$	0·0681	0·0681	0·0681	0·0681	0·0681	0·0681
Step 2. Apparent altitude: $H = H_S + I - D$	21·2602	3·2686	33·3919	26·0436	4·4752	49·5402
Step 3. Refraction: R_0	0·0423	0·2262	0·0251	0·0338	0·1801	0·0142
f	1·0184	1·0184	1·0184	1·0184	1·0184	1·0184
$R = f R_0$	0·0431	0·2304	0·0256	0·0344	0·1834	0·0144
Step 4. Parallax:			(58′·4)	(58′·4)	(0′·1)	
HP	0·0024	0·0024	0·9733	0·9733	0·0017	–
Parallax in altitude: $PA = HP\cos H$	0·0022	0·0024	0·8127	0·8745	0·0017	–
Step 5. Semi-diameter: Sun : $S = 15·8/60$	0·2633	0·2633	–	–	–	–
Moon : $S = 0·2724HP$	–	–	0·2651	0·2651	–	–
Step 6. Observed altitude: $H_O = H - R + PA \pm S$	21·4827	2·7773	34·4441	26·6185	4·2935	49·5258

Note that for the Moon the correction for the oblateness of the Earth of about $-0°0017\cos H$, which equals $-0°0014$ for the lower limb and $-0°0015$ for the upper limb, has been ignored in the above calculation.

10. *Position from intercept and azimuth using a chart.* An estimate is made of the position at the adopted time of fix. The position at the time of observation is then calculated by dead reckoning from the time of fix. For example if the course (track) T and the speed V (in knots) of the observer are constant then *Long* and *Lat* at the time of observation are calculated from

SIGHT REDUCTION PROCEDURES

$$Long = L_F + t\,(V/60)\sin T / \cos B_F$$
$$Lat = B_F + t\,(V/60)\cos T$$

where L_F and B_F are the estimated longitude and latitude at the time of fix and t is the time interval in hours from the time of fix to the time of observation, t is positive if the time of observation is after the time of fix and negative if it was before.

The position line of an observation is plotted on a chart using the intercept

$$p = H_O - H_C$$

and azimuth Z with origin at the calculated position ($Long$, Lat) at the time of observation, where H_C and Z are calculated using the method in section 6, page 279. Starting from this calculated position a line is drawn on the chart along the direction of the azimuth to the body. Convert p to nautical miles by multiplying by 60. The position line is drawn at right angles to the azimuth line, distance p from ($Long$, Lat) towards the body if p is positive and distance p away from the body if p is negative. Provided there are no gross errors the navigator should be somewhere on or near the position line at the time of observation. Two or more position lines are required to determine a fix.

11. *Position from intercept and azimuth using a calculator.* The position of the fix may be calculated from two or more sextant observations as follows.

If p_1, Z_1, are the intercept and azimuth of the first observation, p_2, Z_2, of the second observation and so on, form the summations

$$A = \cos^2 Z_1 + \cos^2 Z_2 + \cdots$$
$$B = \cos Z_1 \sin Z_1 + \cos Z_2 \sin Z_2 + \cdots$$
$$C = \sin^2 Z_1 + \sin^2 Z_2 + \cdots$$
$$D = p_1 \cos Z_1 + p_2 \cos Z_2 + \cdots$$
$$E = p_1 \sin Z_1 + p_2 \sin Z_2 + \cdots$$

where the number of terms in each summation is equal to the number of observations.

With $G = AC - B^2$, an improved estimate of the position at the time of fix (L_I, B_I) is given by

$$L_I = L_F + (A E - B D)/(G \cos B_F), \qquad B_I = B_F + (C D - B E)/G$$

Calculate the distance d between the initial estimated position (L_F, B_F) at the time of fix and the improved estimated position (L_I, B_I) in nautical miles from

$$d = 60 \sqrt{((L_I - L_F)^2 \cos^2 B_F + (B_I - B_F)^2)}$$

If d exceeds about 20 nautical miles set $L_F = L_I$, $B_F = B_I$ and repeat the calculation until d, the distance between the position at the previous estimate and the improved estimate, is less than about 20 nautical miles.

12. *Example of direct computation.* Using the method described above, calculate the position of a ship on 1994 July 4 at $21^h\,00^m\,00^s$ UT from the marine sextant observations of the three stars *Regulus* (No. 26) at $20^h\,39^m\,23^s$ UT, *Antares* (No. 42) at $20^h\,45^m\,47^s$ UT and *Kochab* (No. 40) at $21^h\,10^m\,34^s$ UT, where the observed altitudes of the three stars corrected for the effects of refraction, dip and instrumental error, are $27°0109$, $26°0764$ and $47°4449$ respectively. The ship was travelling at a constant speed of 20 knots on a course of $325°$ during the period of observation, and the position of the ship at the time of fix $21^h\,00^m\,00^s$ UT is only known to the nearest whole degree W $15°$, N $32°$.

SIGHT REDUCTION PROCEDURES

Intermediate values for the first iteration are shown in the table. *GHA* Aries was interpolated from the nearest tabular values on page 132. For the first iteration set $L_F = -15°0000$, $B_F = +32°0000$ at the time of fix at $21^h\ 00^m\ 00^s$ UT.

First Iteration

Body	Regulus	Antares	Kochab
No.	26	42	40
time of observation	$20^h\ 39^m\ 23^s$	$20^h\ 45^m\ 47^s$	$21^h\ 10^m\ 34^s$
H_O	27·0109	26·0764	47·4449
interpolation factor	0·6564	0·7631	0·1761
GHA Aries	232·4715	234·0760	240·2887
SHA (page 132)	207·9800	112·7233	137·3150
GHA	80·4515	346·7993	17·6037
Dec (page 132)	+11·9933	−26·4200	+74·1833
t	−0·3436	−0·2369	+0·1761
Long	−14·9225	−14·9466	−15·0397
Lat	+31·9062	+31·9353	+32·0481
Z	267·5719	152·0222	358·9590
H_C	26·9878	25·7706	47·8450
p	+0·0231	+0·3058	−0·4001

$$A = 1·7814 \quad B = -0·3901 \quad C = 1·2186 \quad D = -0·6711 \quad E = 0·1276 \quad G = 2·0186$$
$$(A\,E - B\,D)/(G\cos B_F) = -0·0201, \qquad (C\,D - B\,E)/G = -0·3804$$

An improved estimate of the position at the time of fix is

$$L_I = L_F - 0·0201 = -15·0201 \quad \text{and} \quad B_I = B_F - 0·3804 = +31·6196$$

Since the distance between the previous estimated position and the improved estimate $d = 22·8$ nautical miles set $L_F = -15·0201$, and $B_F = +31·6196$ and repeat the calculation. The table shows the intermediate values of the calculation for the second iteration. In each iteration the quantities H_O, *GHA*, *Dec* and t do not change.

Second Iteration

Body	Regulus	Antares	Kochab
No.	26	42	40
Long	−14·9430	−14·9669	−15·0596
Lat	+31·5257	+31·5549	+31·6676
Z	267·7545	151·9172	358·9746
H_C	27·0206	26·0983	47·4649
p	−0·0098	−0·0219	−0·0200

$$A = 1·7796 \quad B = -0·3941 \quad C = 1·2204 \quad D = -0·0003 \quad E = -0·0002 \quad G = 2·0165$$
$$(A\,E - B\,D)/(G\cos B_F) = -0·0003, \qquad (C\,D - B\,E)/G = -0·0002$$

An improved estimate of the position at the time of fix is

$$L_I = L_F - 0·0003 = -15·0204 \quad \text{and} \quad B_I = B_F - 0·0002 = +31·6193$$

The distance between the previous estimated position and the improved estimated position $d = 0·02$ nautical miles is so small that a third iteration would produce a negligible improvement to the estimate of the position.

SIGHT REDUCTION PROCEDURES

USE OF CONCISE SIGHT REDUCTION TABLES

1. *Introduction.* The concise sight reduction tables given on pages 286 to 317 are intended for use when neither more extensive tables nor electronic computing aids are available. These "NAO sight reduction tables" provide for the reduction of the local hour angle and declination of a celestial object to azimuth and altitude, referred to an assumed position on the Earth, for use in the intercept method of celestial navigation which is now standard practice.

2. *Form of tables.* Entries in the reduction table are at a fixed interval of one degree for all latitudes and hour angles. A compact arrangement results from division of the navigational triangle into two right spherical triangles, so that the table has to be entered twice. Assumed latitude and local hour angle are the arguments for the first entry. The reduction table responds with the intermediate arguments A, B, and Z_1, where A is used as one of the arguments for the second entry to the table, B has to be incremented by the declination to produce the quantity F, and Z_1 is a component of the azimuth angle. The reduction table is then reentered with A and F and yields H, P, and Z_2 where H is the altitude, P is the complement of the parallactic angle, and Z_2 is the second component of the azimuth angle. It is usually necessary to adjust the tabular altitude for the fractional parts of the intermediate entering arguments to derive computed altitude, and an auxiliary table is provided for the purpose. Rules governing signs of the quantities which must be added or subtracted are given in the instructions and summarized on each tabular page. Azimuth angle is the sum of two components and is converted to true azimuth by familiar rules, repeated at the bottom of the tabular pages.

Tabular altitude and intermediate quantities are given to the nearest minute of arc, although errors of $2'$ in computed altitude may accrue during adjustment for the minutes parts of entering arguments. Components of azimuth angle are stated to $0°.1$; for derived true azimuth, only whole degrees are warranted. Since objects near the zenith are difficult to observe with a marine sextant, they should be avoided; altitudes greater than about $80°$ are not suited to reduction by this method.

In many circumstances the accuracy provided by these tables is sufficient. However, to maintain the full accuracy $(0'.1)$ of the ephemeral data in the almanac throughout their reduction to altitude and azimuth, more extensive tables or a calculator should be used.

3. *Use of Tables.*

Step 1. Determine the Greenwich hour angle (GHA) and Declination (Dec) of the body from the almanac. Select an assumed latitude (Lat) of integral degrees nearest to the estimated latitude. Choose an assumed longitude nearest to the estimated longitude such that the local hour angle

$$LHA = GHA \begin{array}{c} - \text{ west} \\ + \text{ east} \end{array} \text{ longitude}$$

has integral degrees.

Step 2. Enter the reduction table with Lat and LHA as arguments. Record the quantities A, B and Z_1. Apply the rules for the sign of B and Z_1: B is minus if $90° < LHA < 270°$: Z_1 has the same sign as B. Set $A° = $ nearest whole degree of A and $A' = $ minutes part of A. This step may be repeated for all reductions before leaving the latitude opening of the table.

Step 3. Record the declination Dec. Apply the rules for the sign of Dec: Dec is minus if the name of Dec (i.e. N or S) is contrary to latitude. Add B and Dec algebraically to produce F. If F is negative, the object is below the horizon (in sight reduction, this can occur when the objects are close to the horizon). Regard F as positive until step 7. Set $F° = $ nearest whole degree of F and $F' = $ minutes part of F.

SIGHT REDUCTION PROCEDURES

Step 4. Enter the reduction table a second time with $A°$ and $F°$ as arguments and record H, P, and Z_2. Set $P° =$ nearest whole degree of P and $Z_2° =$ nearest whole degree of Z_2.

Step 5. Enter the auxiliary table with F' and $P°$ as arguments to obtain $corr_1$ to H for F'. Apply the rule for the sign of $corr_1$: $corr_1$ is minus if $F < 90°$ and $F' > 29'$ or if $F > 90°$ and $F' < 30'$, otherwise $corr_1$ is plus.

Step 6. Enter the auxiliary table with A' and $Z_2°$ as arguments to obtain $corr_2$ to H for A'. Apply the rule for the sign of $corr_2$: $corr_2$ is minus if $A' < 30'$, otherwise $corr_2$ is plus.

Step 7. Calculate the computed altitude H_C as the sum of H, $corr_1$ and $corr_2$. Apply the rule for the sign of H_C: H_C is minus if F is negative.

Step 8. Apply the rule for the sign of Z_2: Z_2 is minus if $F > 90°$. If F is negative, replace Z_2 by $180° - Z_2$. Set the azimuth angle Z equal to the algebraic sum of Z_1 and Z_2 and ignore the resulting sign. Obtain the true azimuth Z_n from the rules

$$\begin{array}{lll} \text{For N latitude, if} & LHA > 180° & Z_n = Z \\ \text{if} & LHA < 180° & Z_n = 360° - Z \\[1em] \text{For S latitude, if} & LHA > 180° & Z_n = 180° - Z \\ \text{if} & LHA < 180° & Z_n = 180° + Z \end{array}$$

Observed altitude H_O is compared with H_C to obtain the altitude difference, which, with Z_n, is used to plot the position line.

4. *Example.* (a) Required the altitude and azimuth of *Schedar* on 1994 February 5 at UT 6^h 26^m from the estimated position 5° east, 53° north.

1. Assumed latitude $\qquad Lat = \quad 53°$ N
   From the almanac $\qquad GHA = 221°\ 38'$
   Assumed longitude $\qquad\qquad\quad 5°\ 22'$ E
   Local hour angle $\qquad LHA = 227$

2. Reduction table, 1st entry
   $(Lat, LHA) = (53, 227)$ $\qquad A = \quad 26\quad 07 \quad A° = 26,\ A' = 7$
   $\qquad\qquad\qquad\qquad\qquad\qquad B = -27\quad 12 \quad Z_1 = -49{\cdot}4, \qquad 90° < LHA < 270°$
3. From the almanac $\qquad Dec = +56\quad 31 \qquad\qquad\qquad\qquad Lat$ and *Dec* same
   $\text{Sum} = B + Dec \qquad\qquad F = +29\quad 19 \quad F° = 29,\ F' = 19$

4. Reduction table, 2nd entry
   $(A°, F°) = (26, 29)$ $\qquad H = \quad 25\quad 50 \quad P° = 61$
   $\qquad\qquad\qquad\qquad\qquad\qquad\qquad\qquad\qquad\qquad Z_2 = 76{\cdot}3$

5. Auxiliary table, 1st entry
   $(F', P°) = (19, 61)$ $\qquad corr_1 = \quad\underline{\quad +17\quad} \qquad\qquad F < 90°,\ F' < 29'$
   Sum $\qquad\qquad\qquad\qquad\qquad\qquad 26\quad 07$
6. Auxiliary table, 2nd entry
   $(A', Z_2°) = (7, 76)$ $\qquad corr_2 = \quad\underline{\quad -2\quad} \qquad\qquad\qquad A' < 30'$
7. Sum = computed altitude $\quad H_C = +26°\ 05' \qquad\qquad\qquad\qquad F > 0°$

8. Azimuth, first component $\quad Z_1 = -49{\cdot}4 \qquad\qquad\qquad\qquad$ same sign as B
   $\qquad\qquad$ second component $\quad Z_2 = \underline{+76{\cdot}3} \qquad\qquad\qquad\qquad F < 90°,\ F > 0°$
   Sum = azimuth angle $\qquad\quad Z = \quad 26{\cdot}9$

   True azimuth $\qquad\qquad\qquad Z_n = \quad 27° \qquad\qquad\qquad\qquad$ N Lat, $LHA > 180°$

continued on page 318

SIGHT REDUCTION TABLE

LATITUDE / A: 0° – 5°

B: (–) for 90°< LHA < 270°
Dec: (–) for Lat. contrary name

Z₁: same sign as B
Z₂: (–) for F > 90°

Lat./A LHA/F	0° A/H	0° B/P	0° Z₁/Z₂	1° A/H	1° B/P	1° Z₁/Z₂	2° A/H	2° B/P	2° Z₁/Z₂	3° A/H	3° B/P	3° Z₁/Z₂	4° A/H	4° B/P	4° Z₁/Z₂	5° A/H	5° B/P	5° Z₁/Z₂	Lat./A LHA
0 180	0 00	90 00	90.0	0 00	89 00	90.0	0 00	88 00	90.0	0 00	87 00	90.0	0 00	86 00	90.0	0 00	85 00	90.0	180 360
1 179	1 00	90 00	90.0	1 00	89 00	90.0	1 00	88 00	90.0	1 00	87 00	90.0	1 00	86 00	89.9	1 00	85 00	89.8	181 359
2 178	2 00	90 00	90.0	2 00	89 00	90.0	2 00	88 00	89.9	2 00	87 00	89.9	2 00	86 00	89.9	2 00	85 00	89.8	182 358
3 177	3 00	90 00	90.0	3 00	89 00	89.9	3 00	88 00	89.9	3 00	87 00	89.9	3 00	85 59	89.8	2 59	85 00	89.7	183 357
4 176	4 00	90 00	90.0	4 00	89 00	89.9	4 00	88 00	89.8	4 00	87 00	89.8	3 59	85 59	89.7	3 59	84 59	89.7	184 356
5 175	5 00	90 00	90.0	5 00	89 00	89.9	5 00	88 00	89.8	5 00	86 59	89.7	4 59	85 59	89.7	4 59	84 59	89.6	185 355
6 174	6 00	90 00	90.0	6 00	89 00	89.9	6 00	87 59	89.8	6 00	86 59	89.7	5 59	85 59	89.6	5 59	84 58	89.5	186 354
7 173	7 00	90 00	90.0	7 00	89 00	89.9	7 00	87 59	89.8	6 59	86 59	89.6	6 59	85 58	89.5	6 58	84 58	89.4	187 353
8 172	8 00	90 00	90.0	8 00	88 59	89.9	8 00	87 59	89.7	7 59	86 58	89.6	7 59	85 58	89.4	7 58	84 57	89.3	188 352
9 171	9 00	90 00	90.0	9 00	88 59	89.8	9 00	87 59	89.7	8 59	86 58	89.6	8 59	85 57	89.4	8 58	84 56	89.2	189 351
10 170	10 00	90 00	90.0	10 00	88 59	89.8	10 00	87 58	89.7	9 59	86 57	89.5	9 59	85 56	89.3	9 58	84 55	89.1	190 350
11 169	11 00	90 00	90.0	11 00	88 59	89.8	11 00	87 58	89.7	10 59	86 57	89.4	10 58	85 56	89.2	10 57	84 54	89.0	191 349
12 168	12 00	90 00	90.0	12 00	88 59	89.8	12 00	87 57	89.6	11 59	86 56	89.4	11 58	85 55	89.2	11 57	84 53	88.9	192 348
13 167	13 00	90 00	90.0	13 00	88 58	89.8	13 00	87 57	89.6	12 59	86 55	89.3	12 58	85 54	89.1	12 57	84 52	88.8	193 347
14 166	14 00	90 00	90.0	14 00	88 58	89.8	13 59	87 56	89.5	13 59	86 55	89.3	13 58	85 53	89.0	13 57	84 51	88.8	194 346
15 165	15 00	90 00	90.0	15 00	88 58	89.7	14 59	87 56	89.5	14 59	86 54	89.2	14 58	85 52	88.9	14 56	84 49	88.7	195 345
16 164	16 00	90 00	90.0	16 00	88 57	89.7	15 59	87 55	89.5	15 59	86 53	89.1	15 58	85 50	88.9	15 56	84 48	88.6	196 344
17 163	17 00	90 00	90.0	17 00	88 57	89.7	16 59	87 55	89.4	16 59	86 52	89.1	16 57	85 49	88.8	16 56	84 46	88.5	197 343
18 162	18 00	90 00	90.0	18 00	88 57	89.7	17 59	87 54	89.4	17 58	86 51	89.0	17 57	85 48	88.7	17 56	84 45	88.4	198 342
19 161	19 00	90 00	90.0	19 00	88 57	89.7	18 59	87 53	89.3	18 58	86 50	89.0	18 57	85 46	88.6	18 55	84 43	88.3	199 341
20 160	20 00	90 00	90.0	20 00	88 56	89.6	19 59	87 52	89.3	19 58	86 48	88.9	19 57	85 45	88.5	19 55	84 41	88.2	200 340
21 159	21 00	90 00	90.0	21 00	88 56	89.6	20 59	87 51	89.2	20 58	86 47	88.8	20 57	85 43	88.5	20 55	84 39	88.1	201 339
22 158	22 00	90 00	90.0	22 00	88 55	89.6	21 59	87 51	89.2	21 58	86 46	88.8	21 57	85 41	88.4	21 55	84 37	88.1	202 338
23 157	23 00	90 00	90.0	23 00	88 55	89.6	22 59	87 50	89.2	22 58	86 44	88.7	22 56	85 39	88.3	22 54	84 34	87.9	203 337
24 156	24 00	90 00	90.0	24 00	88 54	89.6	23 59	87 49	89.1	23 58	86 43	88.7	23 56	85 37	88.2	23 54	84 32	87.8	204 336
25 155	25 00	90 00	90.0	25 00	88 54	89.5	24 59	87 48	89.1	24 58	86 41	88.6	24 56	85 35	88.1	24 54	84 29	87.7	205 335
26 154	26 00	90 00	90.0	26 00	88 53	89.5	25 59	87 47	89.0	25 58	86 40	88.5	25 56	85 33	88.1	25 54	84 26	87.6	206 334
27 153	27 00	90 00	90.0	27 00	88 53	89.5	26 59	87 46	89.0	26 58	86 38	88.5	26 56	85 31	88.0	26 53	84 24	87.5	207 333
28 152	28 00	90 00	90.0	28 00	88 52	89.5	27 59	87 45	88.9	27 57	86 36	88.4	27 56	85 28	87.9	27 53	84 20	87.3	208 332
29 151	29 00	90 00	90.0	29 00	88 51	89.4	28 59	87 43	88.9	28 57	86 34	88.3	28 55	85 26	87.8	28 53	84 17	87.2	209 331
30 150	30 00	90 00	90.0	30 00	88 51	89.4	29 59	87 41	88.8	29 57	86 32	88.3	29 55	85 23	87.7	29 52	84 14	87.1	210 330
31 149	31 00	90 00	90.0	31 00	88 50	89.4	30 59	87 40	88.8	30 57	86 30	88.1	30 55	85 20	87.6	30 52	84 10	87.0	211 329
32 148	32 00	90 00	90.0	32 00	88 49	89.4	31 59	87 39	88.8	31 57	86 28	88.1	31 55	85 17	87.5	31 52	84 07	86.9	212 328
33 147	33 00	90 00	90.0	33 00	88 48	89.4	32 59	87 37	88.7	32 57	86 25	88.1	32 55	85 14	87.4	32 52	84 03	86.8	213 327
34 146	34 00	90 00	90.0	34 00	88 48	89.4	33 59	87 35	88.7	33 57	86 23	88.0	33 54	85 11	87.3	33 51	83 59	86.6	214 326
35 145	35 00	90 00	90.0	35 00	88 47	89.3	34 59	87 34	88.6	34 57	86 20	87.9	34 54	85 07	87.2	34 51	83 54	86.5	215 325
36 144	36 00	90 00	90.0	36 00	88 46	89.3	35 58	87 32	88.5	35 57	86 18	87.8	35 54	85 04	87.1	35 51	83 50	86.4	216 324
37 143	37 00	90 00	90.0	37 00	88 45	89.2	36 58	87 30	88.5	36 56	86 15	87.7	36 54	85 00	87.0	36 50	83 45	86.2	217 323
38 142	38 00	90 00	90.0	38 00	88 44	89.2	37 58	87 28	88.4	37 56	86 12	87.7	37 53	84 56	86.9	37 50	83 40	86.1	218 322
39 141	39 00	90 00	90.0	39 00	88 43	89.2	38 58	87 26	88.4	38 56	86 09	87.6	38 53	84 52	86.8	38 49	83 35	86.0	219 321
40 140	40 00	90 00	90.0	40 00	88 42	89.2	39 58	87 23	88.3	39 56	86 05	87.5	39 53	84 47	86.7	39 49	83 29	85.8	220 320
41 139	41 00	90 00	90.0	41 00	88 40	89.1	40 58	87 21	88.3	40 56	86 02	87.4	40 53	84 42	86.5	40 49	83 23	85.7	221 319
42 138	42 00	90 00	90.0	42 00	88 39	89.1	41 58	87 19	88.2	41 56	85 58	87.3	41 52	84 37	86.4	41 48	83 17	85.5	222 318
43 137	43 00	90 00	90.0	43 00	88 38	89.1	42 58	87 16	88.1	42 56	85 54	87.2	42 52	84 32	86.3	42 48	83 11	85.4	223 317
44 136	44 00	90 00	90.0	44 00	88 37	89.0	43 58	87 13	88.1	43 55	85 50	87.1	43 52	84 27	86.1	43 47	83 04	85.2	224 316
45 135	45 00	90 00	90.0	44 59	88 35	89.0	44 58	87 10	88.0	44 55	85 46	87.0	44 52	84 21	86.0	44 47	82 57	85.0	225 315

SIGHT REDUCTION TABLE

Lat./A	LHA/F	0° A/H	0° B/P	0° Z_1/Z_2	1° A/H	1° B/P	1° Z_1/Z_2	2° A/H	2° B/P	2° Z_1/Z_2	3° A/H	3° B/P	3° Z_1/Z_2	4° A/H	4° B/P	4° Z_1/Z_2	5° A/H	5° B/P	5° Z_1/Z_2	LHA	Lat./A
45	135	45 00	90 00	90.0	44 59	88 35	89.0	44 58	87 10	88.0	44 55	85 46	87.0	44 52	84 21	86.0	44 47	82 57	85.0	225	315
46	134	46 00	90 00	90.0	45 58	88 34	89.0	45 58	87 07	87.9	45 55	85 41	86.9	45 51	84 15	86.0	45 46	82 49	84.8	226	314
47	133	47 00	90 00	90.0	46 59	88 32	88.9	46 58	87 04	87.9	46 55	85 36	86.9	46 51	84 09	85.7	46 46	82 41	84.7	227	313
48	132	48 00	90 00	90.0	47 59	88 30	88.9	47 58	87 01	87.8	47 55	85 31	86.7	47 51	84 02	85.6	47 46	82 33	84.5	228	312
49	131	49 00	90 00	90.0	48 59	88 29	88.8	48 58	86 57	87.7	48 55	85 26	86.6	48 50	83 55	85.4	48 45	82 24	84.3	229	311
50	130	50 00	90 00	90.0	49 59	88 27	88.8	49 58	86 53	87.6	49 54	85 20	86.4	49 50	83 47	85.2	49 44	82 15	84.1	230	310
51	129	51 00	90 00	90.0	50 59	88 25	88.8	50 57	86 49	87.5	50 54	85 14	86.3	50 49	83 40	85.1	50 44	82 05	83.9	231	309
52	128	52 00	90 00	90.0	51 59	88 23	88.7	51 57	86 45	87.4	51 54	85 08	86.2	51 49	83 31	84.9	51 43	81 55	83.6	232	308
53	127	53 00	90 00	90.0	52 59	88 20	88.7	52 57	86 41	87.3	52 54	85 01	86.0	52 49	83 22	84.7	52 43	81 44	83.4	233	307
54	126	54 00	90 00	90.0	53 59	88 18	88.6	53 57	86 36	87.1	53 54	84 54	85.9	53 49	83 13	84.5	53 42	81 32	83.2	234	306
55	125	55 00	90 00	90.0	54 59	88 15	88.6	54 57	86 31	87.1	54 54	84 47	85.7	54 48	83 03	84.3	54 41	81 20	82.9	235	305
56	124	56 00	90 00	90.0	55 59	88 13	88.5	55 57	86 26	87.0	55 53	84 39	85.6	55 48	82 52	84.1	55 41	81 06	82.6	236	304
57	123	57 00	90 00	90.0	56 59	88 10	88.5	56 57	86 20	86.9	56 53	84 30	85.4	56 47	82 41	83.9	56 40	80 52	82.4	237	303
58	122	58 00	90 00	90.0	57 59	88 07	88.4	57 57	86 14	86.8	57 52	84 21	85.2	57 47	82 29	83.6	57 39	80 38	82.1	238	302
59	121	59 00	90 00	90.0	58 59	88 04	88.3	58 57	86 07	86.7	58 52	84 11	85.0	58 46	82 16	83.4	58 38	80 22	81.7	239	301
60	120	60 00	90 00	90.0	59 59	88 00	88.3	59 56	86 00	86.6	59 52	84 01	84.8	59 46	82 02	83.1	59 37	80 04	81.4	240	300
61	119	61 00	90 00	90.0	60 59	87 56	88.2	60 56	85 53	86.4	60 52	83 50	84.6	60 45	81 48	82.8	60 37	79 46	81.1	241	299
62	118	62 00	90 00	90.0	61 59	87 52	88.1	61 56	85 45	86.2	61 51	83 38	84.4	61 44	81 32	82.5	61 36	79 27	80.7	242	298
63	117	63 00	90 00	90.0	62 59	87 48	88.0	62 56	85 36	86.1	62 51	83 25	84.1	62 44	81 15	82.2	62 35	79 06	80.3	243	297
64	116	64 00	90 00	90.0	63 59	87 43	87.9	63 56	85 27	85.9	63 50	83 11	83.9	63 43	80 56	81.9	63 33	78 43	79.9	244	296
65	115	65 00	90 00	90.0	64 59	87 38	87.8	64 56	85 17	85.7	64 50	82 56	83.6	64 42	80 36	81.5	64 32	78 18	79.4	245	295
66	114	66 00	90 00	90.0	65 59	87 33	87.8	65 55	85 06	85.5	65 49	82 39	83.3	65 41	80 15	81.1	65 31	77 52	78.9	246	294
67	113	67 00	90 00	90.0	66 59	87 26	87.6	66 55	84 54	85.3	66 49	82 22	83.0	66 40	79 51	80.7	66 29	77 23	78.4	247	293
68	112	68 00	90 00	90.0	67 59	87 20	87.5	67 55	84 40	85.1	67 48	82 02	82.6	67 39	79 26	80.2	67 28	76 51	77.8	248	292
69	111	69 00	90 00	90.0	68 59	87 13	87.4	68 55	84 26	84.8	68 48	81 41	82.2	68 38	78 57	79.7	68 26	76 17	77.2	249	291
70	110	70 00	90 00	90.0	69 59	87 05	87.3	69 54	84 10	84.5	69 47	81 17	81.8	69 37	78 27	79.2	69 25	75 39	76.5	250	290
71	109	71 00	90 00	90.0	70 58	86 56	87.1	70 54	83 53	84.2	70 46	80 51	81.4	70 36	77 53	78.5	70 23	74 57	75.8	251	289
72	108	72 00	90 00	90.0	71 58	86 46	86.9	71 54	83 33	83.9	71 46	80 22	80.8	71 35	77 15	77.9	71 20	74 12	75.0	252	288
73	107	73 00	90 00	90.0	72 58	86 35	86.7	72 53	83 11	83.5	72 45	79 50	80.3	72 33	76 33	77.1	72 18	73 20	74.1	253	287
74	106	74 00	90 00	90.0	73 58	86 22	86.5	73 53	82 47	83.1	73 44	79 14	79.7	73 31	75 46	76.3	73 15	72 23	73.1	254	286
75	105	75 00	90 00	90.0	74 58	86 08	86.3	74 52	82 19	82.6	74 43	78 33	78.9	74 29	74 53	75.4	74 12	71 19	72.0	255	285
76	104	76 00	90 00	90.0	75 58	85 52	86.0	75 52	81 47	82.0	75 41	77 47	78.1	75 27	73 53	74.4	75 09	70 07	70.7	256	284
77	103	77 00	90 00	90.0	76 58	85 34	85.7	76 51	81 11	81.4	76 40	76 53	77.2	76 25	72 44	73.2	76 05	68 45	69.3	257	283
78	102	78 00	90 00	90.0	77 58	85 12	85.3	77 50	80 28	80.7	77 38	75 51	76.2	77 22	71 25	71.8	77 01	67 11	67.7	258	282
79	101	79 00	90 00	90.0	78 57	84 46	84.9	78 49	79 38	79.8	78 36	74 38	74.9	78 18	69 52	70.3	77 56	65 22	65.8	259	281
80	100	80 00	90 00	90.0	79 57	84 16	84.3	79 48	78 38	78.8	79 34	73 12	73.5	79 14	68 04	68.4	78 50	63 16	63.7	260	280
81	99	81 00	90 00	90.0	80 57	83 38	83.7	80 47	77 25	77.6	80 31	71 29	71.7	80 09	65 55	66.2	79 43	60 47	61.2	261	279
82	98	82 00	90 00	90.0	81 56	82 51	82.9	81 45	75 55	76.1	81 28	69 22	69.9	81 04	63 19	63.6	80 34	57 51	58.2	262	278
83	97	83 00	90 00	90.0	82 56	81 51	81.9	82 43	74 01	74.1	82 23	66 44	66.9	81 57	60 09	60.4	81 24	54 20	54.6	263	277
84	96	84 00	90 00	90.0	83 55	80 31	80.6	83 41	71 32	71.6	83 18	63 22	63.5	82 48	56 13	56.4	82 12	50 04	50.3	264	276
85	95	85 00	90 00	90.0	84 54	78 40	78.7	84 37	68 10	68.3	84 10	58 59	59.1	83 36	51 16	51.4	82 56	44 53	45.1	265	275
86	94	86 00	90 00	90.0	85 53	75 57	76.0	85 32	63 24	63.5	85 00	53 05	53.2	84 21	44 56	45.1	83 36	38 34	38.7	266	274
87	93	87 00	90 00	90.0	86 50	71 33	71.6	86 24	56 17	56.0	85 45	44 58	45.0	85 00	36 49	36.9	84 10	30 53	31.0	267	273
88	92	88 00	90 00	90.0	87 46	63 26	63.4	87 10	44 59	45.0	86 24	33 40	33.7	85 32	26 31	26.6	84 37	21 45	21.8	268	272
89	91	89 00	90 00	90.0	88 35	45 00	45.0	87 46	26 33	26.6	86 50	18 25	18.4	85 53	14 01	14.0	84 54	11 17	11.3	269	271
90	90	90 00	0 00	0.0	89 00	0 00	0.0	88 00	0 00	0.0	87 00	0 00	0.0	86 00	0 00	0.0	85 00	0 00	0.0	270	270

N. Lat.: for LHA > 180° ... $Z_n = Z$ / for LHA < 180° ... $Z_n = 360° - Z$

S. Lat.: for LHA > 180° ... $Z_n = 180° - Z$ / for LHA < 180° ... $Z_n = 180° + Z$

SIGHT REDUCTION TABLE

LATITUDE / A: 6° – 11°

B: (−) for 90°< LHA < 270°
Dec: (−) for Lat. contrary name

Z₁: same sign as B
Z₂: (−) for F > 90°

LHA/F		6° A/H	6° B/P	6° Z₁/Z₂	7° A/H	7° B/P	7° Z₁/Z₂	8° A/H	8° B/P	8° Z₁/Z₂	9° A/H	9° B/P	9° Z₁/Z₂	10° A/H	10° B/P	10° Z₁/Z₂	11° A/H	11° B/P	11° Z₁/Z₂	LHA	
°	°	° ′	° ′	°	° ′	° ′	°	° ′	° ′	°	° ′	° ′	°	° ′	° ′	°	° ′	° ′	°	°	°
0	180	0 00	84 00	90.0	0 00	83 00	90.0	0 00	82 00	90.0	0 00	81 00	90.0	0 00	80 00	90.0	0 00	79 00	90.0	180	360
1	179	1 00	84 00	89.9	1 00	83 00	89.9	0 59	82 00	89.9	0 59	81 00	89.8	0 59	80 00	89.8	0 59	79 00	89.8	181	359
2	178	1 59	84 00	89.8	1 59	83 00	89.8	1 59	82 00	89.7	1 59	81 00	89.7	1 58	80 00	89.7	1 58	79 00	89.6	182	358
3	177	2 59	84 00	89.6	2 59	82 59	89.6	2 58	81 59	89.6	2 58	80 59	89.5	2 57	79 59	89.5	2 57	78 59	89.4	183	357
4	176	3 59	83 59	89.6	3 58	82 59	89.5	3 58	81 59	89.4	3 57	80 59	89.4	3 56	79 59	89.3	3 56	78 58	89.2	184	356
5	175	4 58	83 59	89.5	4 58	82 58	89.4	4 57	81 58	89.3	4 56	80 58	89.2	4 55	79 58	89.1	4 54	78 58	89.0	185	355
6	174	5 58	83 58	89.4	5 57	82 58	89.3	5 56	81 57	89.2	5 56	80 57	89.1	5 55	79 57	89.0	5 53	78 56	88.9	186	354
7	173	6 58	83 57	89.3	6 57	82 57	89.1	6 56	81 56	89.0	6 55	80 56	88.9	6 54	79 56	88.8	6 52	78 55	88.7	187	353
8	172	7 57	83 56	89.2	7 56	82 56	89.0	7 55	81 55	88.9	7 54	80 55	88.7	7 53	79 54	88.6	7 51	78 54	88.5	188	352
9	171	8 57	83 56	89.1	8 56	82 55	88.9	8 55	81 54	88.7	8 53	80 53	88.6	8 52	79 53	88.4	8 50	78 52	88.3	189	351
10	170	9 57	83 54	89.0	9 55	82 54	88.8	9 54	81 53	88.6	9 53	80 52	88.4	9 51	79 51	88.2	9 49	78 50	88.1	190	350
11	169	10 56	83 53	88.9	10 55	82 52	88.7	10 53	81 51	88.5	10 52	80 50	88.3	10 50	79 49	88.1	10 48	78 48	87.9	191	349
12	168	11 56	83 52	88.7	11 55	82 51	88.5	11 53	81 49	88.3	11 51	80 48	88.1	11 49	79 47	87.9	11 47	78 46	87.7	192	348
13	167	12 56	83 51	88.6	12 54	82 49	88.4	12 52	81 48	88.2	12 50	80 46	87.9	12 48	79 45	87.7	12 45	78 43	87.5	193	347
14	166	13 55	83 49	88.5	13 54	82 47	88.3	13 52	81 46	88.0	13 49	80 44	87.8	13 47	79 42	87.5	13 44	78 40	87.3	194	346
15	165	14 55	83 47	88.4	14 53	82 45	88.1	14 51	81 43	87.9	14 49	80 41	87.6	14 46	79 39	87.3	14 43	78 37	87.1	195	345
16	164	15 55	83 46	88.3	15 53	82 43	88.0	15 50	81 41	87.7	15 48	80 39	87.4	15 45	79 36	87.1	15 42	78 34	86.9	196	344
17	163	16 54	83 44	88.2	16 52	82 41	87.9	16 50	81 38	87.6	16 47	80 36	87.3	16 44	79 33	87.0	16 41	78 31	86.7	197	343
18	162	17 54	83 42	88.1	17 52	82 39	87.7	17 49	81 36	87.4	17 46	80 33	87.1	17 43	79 30	86.8	17 39	78 27	86.5	198	342
19	161	18 54	83 39	87.9	18 51	82 36	87.6	18 48	81 33	87.3	18 45	80 29	86.9	18 42	79 26	86.6	18 38	78 23	86.2	199	341
20	160	19 53	83 37	87.8	19 51	82 33	87.5	19 48	81 30	87.1	19 45	80 26	86.7	19 41	79 22	86.4	19 37	78 19	86.0	200	340
21	159	20 53	83 35	87.7	20 50	82 30	87.3	20 47	81 26	86.9	20 44	80 22	86.6	20 40	79 18	86.2	20 36	78 14	85.8	201	339
22	158	21 52	83 32	87.6	21 50	82 27	87.2	21 46	81 23	86.8	21 43	80 18	86.4	21 39	79 14	86.0	21 35	78 10	85.6	202	338
23	157	22 52	83 29	87.5	22 49	82 24	87.0	22 46	81 19	86.6	22 42	80 14	86.2	22 38	79 09	85.8	22 33	78 05	85.4	203	337
24	156	23 52	83 26	87.3	23 49	82 21	86.9	23 45	81 15	86.5	23 41	80 10	86.0	23 37	79 05	85.6	23 32	77 59	85.1	204	336
25	155	24 51	83 23	87.2	24 48	82 17	86.7	24 44	81 11	86.3	24 40	80 05	85.8	24 36	78 59	85.4	24 31	77 54	84.9	205	335
26	154	25 51	83 20	87.1	25 48	82 13	86.6	25 44	81 07	86.1	25 39	80 00	85.6	25 35	78 54	85.2	25 29	77 48	84.7	206	334
27	153	26 50	83 16	87.0	26 47	82 09	86.4	26 43	81 02	85.9	26 38	79 55	85.4	26 33	78 48	84.9	26 28	77 42	84.4	207	333
28	152	27 50	83 13	86.8	27 46	82 05	86.3	27 42	80 57	85.7	27 38	79 50	85.2	27 32	78 42	84.7	27 27	77 35	84.2	208	332
29	151	28 50	83 09	86.7	28 46	82 01	86.1	28 41	80 52	85.6	28 37	79 44	85.0	28 31	78 36	84.5	28 25	77 28	84.0	209	331
30	150	29 49	83 05	86.5	29 45	81 56	86.0	29 41	80 47	85.4	29 36	79 38	84.8	29 30	78 29	84.3	29 24	77 21	83.7	210	330
31	149	30 49	83 01	86.4	30 45	81 51	85.8	30 40	80 41	85.2	30 35	79 32	84.6	30 29	78 23	84.0	30 22	77 13	83.5	211	329
32	148	31 48	82 56	86.3	31 44	81 46	85.6	31 39	80 35	85.0	31 34	79 25	84.4	31 27	78 15	83.8	31 21	77 05	83.2	212	328
33	147	32 48	82 51	86.1	32 43	81 40	85.5	32 38	80 29	84.8	32 33	79 18	84.2	32 26	78 08	83.6	32 19	76 57	82.9	213	327
34	146	33 47	82 46	86.0	33 43	81 35	85.3	33 37	80 23	84.6	33 32	79 11	84.0	33 25	78 00	83.3	33 18	76 48	82.7	214	326
35	145	34 47	82 41	85.8	34 42	81 29	85.1	34 37	80 16	84.4	34 30	79 03	83.7	34 24	77 51	83.1	34 16	76 39	82.4	215	325
36	144	35 46	82 36	85.7	35 41	81 22	84.9	35 36	80 09	84.2	35 29	78 55	83.5	35 22	77 42	82.8	35 14	76 29	82.1	216	324
37	143	36 46	82 30	85.5	36 41	81 16	84.8	36 35	80 01	84.0	36 28	78 47	83.3	36 21	77 33	82.5	36 13	76 19	81.8	217	323
38	142	37 45	82 24	85.3	37 40	81 09	84.6	37 34	79 53	83.8	37 27	78 38	83.0	37 19	77 23	82.3	37 11	76 09	81.5	218	322
39	141	38 45	82 18	85.2	38 39	81 01	84.4	38 33	79 45	83.6	38 26	78 29	82.8	38 18	77 13	82.0	38 09	75 57	81.2	219	321
40	140	39 44	82 11	85.0	39 39	80 54	84.2	39 32	79 36	83.3	39 25	78 19	82.5	39 16	77 02	81.7	39 07	75 46	80.9	220	320
41	139	40 44	82 04	84.8	40 38	80 46	84.0	40 31	79 27	83.1	40 23	78 09	82.3	40 15	76 51	81.4	40 05	75 33	80.6	221	319
42	138	41 43	81 57	84.6	41 37	80 37	83.7	41 30	79 17	82.9	41 22	77 58	82.0	41 13	76 39	81.1	41 04	75 21	80.3	222	318
43	137	42 42	81 49	84.4	42 36	80 28	83.5	42 29	79 07	82.6	42 21	77 47	81.7	42 12	76 27	80.8	42 02	75 07	79.9	223	317
44	136	43 42	81 41	84.2	43 35	80 19	83.3	43 28	78 57	82.3	43 19	77 35	81.4	43 10	76 14	80.5	43 00	74 53	79.6	224	316
45	135	44 41	81 33	84.0	44 34	80 09	83.1	44 27	78 46	82.1	44 18	77 22	81.1	44 08	76 00	80.1	43 57	74 38	79.2	225	315

SIGHT REDUCTION TABLE

$Z_n = 180° - Z$
$Z_n = 180° + Z$

Lat./A		6°			7°			8°			9°			10°			11°			Lat./A	
LHA/F		A/H	B/P	Z_1/Z_2	A/H	B/P	Z_1/Z_2	A/H	B/P	Z_1/Z_2	A/H	B/P	Z_1/Z_2	A/H	B/P	Z_1/Z_2	A/H	B/P	Z_1/Z_2	LHA	
45	135	44 41	81 33	84.0	44 34	80 09	83.1	44 27	78 46	82.1	44 18	77 22	81.1	44 08	76 00	80.1	43 57	74 38	79.2	225	315
46	134	45 41	81 24	83.8	45 34	79 59	82.8	45 26	78 34	81.8	45 16	77 09	80.8	45 06	75 45	79.8	44 55	74 22	78.8	226	314
47	133	46 40	81 14	83.6	46 33	79 48	82.6	46 24	78 21	81.6	46 15	76 56	80.5	46 04	75 30	79.5	45 53	74 05	78.4	227	313
48	132	47 39	81 04	83.4	47 32	79 36	82.3	47 23	78 08	81.2	47 13	76 41	80.1	47 03	75 14	79.1	46 51	73 48	78.0	228	312
49	131	48 38	80 54	83.1	48 31	79 24	82.0	48 22	77 55	80.9	48 12	76 26	79.8	48 01	74 57	78.7	47 48	73 30	77.6	229	311
50	130	49 38	80 43	82.9	49 30	79 11	81.7	49 20	77 40	80.6	49 10	76 09	79.4	48 58	74 40	78.3	48 46	73 10	77.2	230	310
51	129	50 37	80 31	82.6	50 29	78 58	81.4	50 19	77 25	80.2	50 08	75 52	79.1	49 56	74 21	77.9	49 43	72 50	76.7	231	309
52	128	51 36	80 19	82.4	51 27	78 43	81.1	51 18	77 08	79.9	51 06	75 34	78.7	50 54	74 01	77.5	50 40	72 29	76.3	232	308
53	127	52 35	80 06	82.1	52 26	78 28	80.8	52 16	76 51	79.5	52 04	75 15	78.3	51 52	73 40	77.0	51 37	72 06	75.8	233	307
54	126	53 34	79 52	81.8	53 25	78 12	80.5	53 14	76 33	79.2	53 02	74 55	77.8	52 49	73 18	76.6	52 35	71 42	75.3	234	306
55	125	54 33	79 37	81.5	54 24	77 55	80.1	54 13	76 14	78.8	54 00	74 34	77.3	53 47	72 55	76.1	53 31	71 17	74.8	235	305
56	124	55 32	79 21	81.2	55 22	77 37	79.8	55 11	75 54	78.3	54 58	74 11	76.9	54 44	72 30	75.6	54 28	70 50	74.2	236	304
57	123	56 31	79 05	80.9	56 21	77 18	79.4	56 09	75 32	77.9	55 56	73 47	76.5	55 41	72 04	75.0	55 25	70 22	73.6	237	303
58	122	57 30	78 47	80.5	57 19	76 57	79.0	57 07	75 09	77.4	56 53	73 22	75.9	56 38	71 36	74.5	56 21	69 51	73.0	238	302
59	121	58 29	78 28	80.1	58 18	76 35	78.5	58 05	74 44	76.9	57 51	72 54	75.4	57 35	71 06	73.9	57 17	69 19	72.4	239	301
60	120	59 28	78 08	79.7	59 16	76 12	78.1	59 01	74 18	76.4	58 48	72 25	74.8	58 32	70 34	73.3	58 13	68 45	71.7	240	300
61	119	60 26	77 46	79.3	60 14	75 47	77.6	60 01	73 50	75.9	59 45	71 54	74.2	59 28	70 01	72.6	59 09	68 09	71.0	241	299
62	118	61 25	77 23	78.9	61 12	75 21	77.1	60 58	73 20	75.3	60 42	71 21	73.6	60 24	69 25	71.9	60 05	67 30	70.3	242	298
63	117	62 23	76 58	78.4	62 10	74 52	76.5	61 56	72 48	74.7	61 39	70 46	72.9	61 20	68 46	71.2	61 00	66 49	69.5	243	297
64	116	63 22	76 31	77.9	63 08	74 21	76.0	62 53	72 13	74.1	62 35	70 08	72.2	62 16	68 05	70.4	61 55	66 05	68.6	244	296
65	115	64 20	76 02	77.4	64 06	73 48	75.4	63 50	71 36	73.4	63 32	69 27	71.5	63 12	67 21	69.6	62 50	65 18	67.7	245	295
66	114	65 18	75 31	76.8	65 03	73 12	74.7	64 47	70 56	72.6	64 28	68 43	70.6	64 07	66 34	68.7	63 44	64 27	66.8	246	294
67	113	66 16	74 57	76.2	66 01	72 33	74.0	65 43	70 13	71.8	65 23	67 56	69.8	65 02	65 43	67.8	64 38	63 33	65.8	247	293
68	112	67 14	74 20	75.5	66 58	71 51	73.2	66 40	69 26	71.0	66 19	67 05	68.8	65 56	64 48	66.7	65 32	62 35	64.7	248	292
69	111	68 12	73 39	74.8	67 55	71 05	72.4	67 36	68 35	70.1	67 14	66 09	67.8	66 50	63 48	65.7	66 25	61 31	63.6	249	291
70	110	69 09	72 55	74.0	68 51	70 15	71.5	68 31	67 40	69.1	68 09	65 00	66.7	67 44	62 44	64.5	67 17	60 23	62.3	250	290
71	109	70 07	72 06	73.1	69 48	69 20	70.5	69 27	66 39	68.0	69 03	64 03	65.6	68 37	61 34	63.2	68 09	59 10	61.0	251	289
72	108	71 03	71 13	72.2	70 44	68 20	69.4	70 21	65 33	66.8	69 57	62 52	64.3	69 29	60 17	61.9	69 00	57 50	59.6	252	288
73	107	72 00	70 14	71.1	71 39	67 13	68.3	71 16	64 20	65.5	70 50	61 33	62.9	70 21	58 54	60.4	69 50	56 23	58.0	253	287
74	106	72 56	69 08	70.0	72 34	65 59	67.0	72 09	62 59	64.1	71 42	60 07	61.4	71 12	57 24	58.8	70 40	54 48	56.4	254	286
75	105	73 52	67 54	68.7	73 29	64 37	65.5	73 03	61 30	62.6	72 34	58 32	59.7	72 02	55 44	57.1	71 28	53 06	54.5	255	285
76	104	74 48	66 31	67.3	74 23	63 05	64.0	73 55	59 51	60.8	73 24	56 47	57.9	72 51	53 55	55.1	72 16	51 13	52.6	256	284
77	103	75 42	64 57	65.6	75 16	61 22	62.2	74 46	58 00	58.9	74 14	54 51	55.9	73 39	51 55	53.1	73 02	49 10	50.4	257	283
78	102	76 36	63 11	63.8	76 08	59 26	60.2	75 37	55 57	56.8	75 02	52 42	53.6	74 26	49 42	50.8	73 47	46 56	48.1	258	282
79	101	77 29	61 09	61.7	76 59	57 14	57.9	76 26	53 38	54.4	75 49	50 18	51.2	75 11	47 16	48.2	74 30	44 26	45.5	259	281
80	100	78 21	58 49	59.3	77 49	54 44	55.3	77 13	51 01	51.7	76 35	47 38	48.4	75 54	44 34	45.4	75 11	41 47	42.7	260	280
81	99	79 12	56 06	56.6	78 37	51 52	52.4	77 59	48 04	48.7	77 18	44 39	45.4	76 35	41 35	42.4	75 49	38 50	39.7	261	279
82	98	80 01	52 56	53.4	79 23	48 35	49.1	78 42	44 43	45.3	77 59	41 18	41.9	77 13	38 17	39.0	76 26	35 36	36.4	262	278
83	97	80 47	49 13	49.6	80 07	44 47	45.2	79 23	40 56	41.4	78 37	37 35	38.1	77 49	34 39	35.3	76 59	32 05	32.8	263	277
84	96	81 31	44 51	45.2	80 47	40 24	40.8	80 01	36 38	37.1	79 12	33 25	33.9	78 21	30 40	31.2	77 29	28 16	28.8	264	276
85	95	82 12	39 40	39.9	81 24	35 22	35.7	80 34	31 48	32.2	79 43	28 49	29.2	78 50	26 18	26.7	77 56	24 09	24.6	265	275
86	94	82 48	33 34	33.8	81 57	29 36	29.8	81 04	26 24	26.7	80 09	23 46	24.1	79 14	21 35	21.9	78 18	19 44	20.1	266	274
87	93	83 18	26 28	26.6	82 23	23 05	23.3	81 28	20 25	20.6	80 31	18 17	18.5	79 34	16 32	16.8	78 36	15 04	15.4	267	273
88	92	83 41	18 22	18.5	82 43	15 52	16.0	81 45	13 57	14.1	80 47	12 26	12.6	79 48	11 12	11.4	78 49	10 11	10.4	268	272
89	91	83 55	9 26	9.5	82 56	8 05	8.2	81 56	7 05	7.1	80 57	6 17	6.4	79 57	5 39	5.7	78 57	5 08	5.2	269	271
90	90	84 00	0 00	0.0	83 00	0 00	0.0	82 00	0 00	0.0	81 00	0 00	0.0	80 00	0 00	0.0	79 00	0 00	0.0	270	270

N. Lat.: for LHA > 180° ..... $Z_n = Z$
for LHA < 180° ..... $Z_n = 360° - Z$

S. Lat.: for LHA > 180° ..... $Z_n = 180° - Z$
for LHA < 180° ..... $Z_n = 180° + Z$

SIGHT REDUCTION TABLE

LATITUDE / A: 12° – 17°

B: (−) for 90° < LHA < 270°
Dec: (−) for Lat. contrary name

Z₁: same sign as B
Z₂: (−) for F > 90°

Lat./A LHA/F	12° A/H	12° B/P	12° Z₁/Z₂	13° A/H	13° B/P	13° Z₁/Z₂	14° A/H	14° B/P	14° Z₁/Z₂	15° A/H	15° B/P	15° Z₁/Z₂	16° A/H	16° B/P	16° Z₁/Z₂	17° A/H	17° B/P	17° Z₁/Z₂	Lat./A LHA
0 / 180	0 00	78 00	90.0	0 00	77 00	90.0	0 00	76 00	90.0	0 00	75 00	90.0	0 00	74 00	90.0	0 00	73 00	90.0	180 / 360
1 / 179	0 59	78 00	89.8	0 58	77 00	89.8	0 58	76 00	89.8	0 58	75 00	89.7	0 58	74 00	89.7	0 57	73 00	89.7	181 / 359
2 / 178	1 57	78 00	89.6	1 57	77 00	89.5	1 56	76 00	89.5	1 56	75 00	89.5	1 55	73 59	89.4	1 55	72 59	89.4	182 / 358
3 / 177	2 56	77 59	89.4	2 55	76 59	89.3	2 55	75 59	89.3	2 54	74 59	89.2	2 53	73 59	89.2	2 52	72 59	89.1	183 / 357
4 / 176	3 55	77 58	89.2	3 54	76 58	89.1	3 53	75 58	89.1	3 52	74 58	89.0	3 51	73 58	88.9	3 49	72 58	88.8	184 / 356
5 / 175	4 53	77 57	89.0	4 52	76 57	88.9	4 51	75 57	88.8	4 50	74 57	88.7	4 48	73 57	88.6	4 47	72 56	88.5	185 / 355
6 / 174	5 52	77 56	88.7	5 51	76 56	88.6	5 49	75 56	88.5	5 48	74 55	88.4	5 46	73 55	88.3	5 44	72 55	88.2	186 / 354
7 / 173	6 51	77 55	88.5	6 49	76 54	88.4	6 47	75 54	88.3	6 46	74 54	88.2	6 44	73 53	88.1	6 42	72 53	87.9	187 / 353
8 / 172	7 49	77 53	88.3	7 48	76 53	88.2	7 46	75 52	88.1	7 44	74 52	88.0	7 41	73 51	87.8	7 39	72 51	87.6	188 / 352
9 / 171	8 48	77 51	88.1	8 46	76 51	88.0	8 44	75 50	87.8	8 41	74 49	87.7	8 39	73 49	87.5	8 36	72 48	87.3	189 / 351
10 / 170	9 47	77 49	87.9	9 44	76 48	87.7	9 42	75 48	87.6	9 39	74 47	87.4	9 37	73 46	87.2	9 34	72 45	87.0	190 / 350
11 / 169	10 45	77 47	87.7	10 43	76 46	87.5	10 40	75 45	87.3	10 37	74 44	87.1	10 34	73 43	86.9	10 31	72 42	86.7	191 / 349
12 / 168	11 44	77 44	87.5	11 41	76 43	87.3	11 38	75 42	87.1	11 35	74 41	86.9	11 32	73 40	86.6	11 28	72 39	86.4	192 / 348
13 / 167	12 43	77 42	87.3	12 40	76 40	87.0	12 36	75 39	86.8	12 33	74 37	86.6	12 29	73 36	86.4	12 25	72 35	86.1	193 / 347
14 / 166	13 41	77 39	87.0	13 38	76 37	86.8	13 35	75 35	86.5	13 31	74 34	86.3	13 27	73 32	86.1	13 23	72 31	85.8	194 / 346
15 / 165	14 40	77 35	86.8	14 36	76 33	86.6	14 33	75 32	86.3	14 29	74 30	86.0	14 24	73 28	85.8	14 20	72 26	85.5	195 / 345
16 / 164	15 38	77 32	86.6	15 35	76 30	86.3	15 31	75 28	86.0	15 26	74 25	85.8	15 22	73 23	85.5	15 17	72 21	85.2	196 / 344
17 / 163	16 37	77 28	86.4	16 33	76 26	86.1	16 29	75 23	85.8	16 24	74 21	85.5	16 19	73 19	85.2	16 14	72 16	84.9	197 / 343
18 / 162	17 36	77 24	86.1	17 31	76 21	85.8	17 27	75 19	85.5	17 22	74 16	85.2	17 17	73 13	84.9	17 11	72 11	84.6	198 / 342
19 / 161	18 34	77 20	85.9	18 30	76 17	85.6	18 25	75 14	85.2	18 20	74 11	84.9	18 14	73 08	84.6	18 08	72 05	84.3	199 / 341
20 / 160	19 33	77 15	85.7	19 28	76 12	85.3	19 23	75 08	85.0	19 17	74 05	84.6	19 12	73 02	84.3	19 05	71 59	83.9	200 / 340
21 / 159	20 31	77 10	85.4	20 26	76 07	85.1	20 21	75 03	84.7	20 15	73 59	84.3	20 09	72 56	84.0	20 03	71 52	83.6	201 / 339
22 / 158	21 30	77 05	85.2	21 24	76 01	84.8	21 19	74 57	84.4	21 13	73 53	84.0	21 06	72 49	83.6	21 00	71 45	83.3	202 / 338
23 / 157	22 28	77 00	85.0	22 23	75 55	84.5	22 17	74 51	84.1	22 10	73 46	83.7	22 04	72 42	83.3	21 56	71 38	82.9	203 / 337
24 / 156	23 27	76 54	84.7	23 21	75 49	84.3	23 15	74 44	83.9	23 08	73 39	83.4	23 01	72 34	83.0	22 53	71 30	82.6	204 / 336
25 / 155	24 25	76 48	84.5	24 19	75 43	84.0	24 13	74 37	83.6	24 06	73 32	83.1	23 58	72 27	82.7	23 50	71 22	82.2	205 / 335
26 / 154	25 23	76 42	84.2	25 17	75 36	83.7	25 10	74 30	83.3	25 03	73 24	82.8	24 55	72 18	82.3	24 47	71 13	81.9	206 / 334
27 / 153	26 22	76 35	84.0	26 15	75 28	83.5	26 08	74 22	83.0	26 01	73 16	82.5	25 52	72 10	82.0	25 44	71 04	81.5	207 / 333
28 / 152	27 20	76 28	83.7	27 13	75 21	83.2	27 06	74 14	82.7	26 58	73 07	82.2	26 50	72 00	81.7	26 41	70 54	81.2	208 / 332
29 / 151	28 18	76 20	83.4	28 11	75 13	82.9	28 04	74 05	82.4	27 55	72 58	81.8	27 47	71 51	81.3	27 37	70 44	80.8	209 / 331
30 / 150	29 17	76 13	83.2	29 09	75 04	82.6	29 01	73 56	82.0	28 53	72 48	81.5	28 44	71 41	81.0	28 34	70 33	80.4	210 / 330
31 / 149	30 15	76 04	82.9	30 07	74 56	82.3	29 59	73 47	81.7	29 50	72 38	81.2	29 41	71 30	80.6	29 30	70 22	80.0	211 / 329
32 / 148	31 13	75 56	82.6	31 05	74 46	82.0	30 57	73 37	81.4	30 47	72 28	80.8	30 37	71 19	80.2	30 27	70 11	79.6	212 / 328
33 / 147	32 11	75 47	82.3	32 03	74 37	81.7	31 54	73 27	81.1	31 44	72 17	80.5	31 34	71 07	79.9	31 23	69 58	79.2	213 / 327
34 / 146	33 09	75 37	82.0	33 01	74 26	81.4	32 52	73 16	80.7	32 42	72 05	80.1	32 31	70 55	79.5	32 20	69 45	78.8	214 / 326
35 / 145	34 08	75 27	81.7	33 59	74 16	81.0	33 49	73 04	80.4	33 39	71 53	79.7	33 28	70 42	79.1	33 16	69 32	78.4	215 / 325
36 / 144	35 06	75 17	81.4	34 56	74 04	80.7	34 46	72 52	80.0	34 36	71 40	79.4	34 24	70 29	78.7	34 12	69 18	78.0	216 / 324
37 / 143	36 04	75 06	81.1	35 54	73 53	80.4	35 44	72 40	79.7	35 33	71 27	79.0	35 21	70 15	78.3	35 08	69 03	77.6	217 / 323
38 / 142	37 02	74 54	80.8	36 52	73 40	80.0	36 41	72 27	79.3	36 29	71 13	78.6	36 17	70 00	77.8	36 04	68 48	77.1	218 / 322
39 / 141	38 00	74 42	80.4	37 49	73 27	79.7	37 38	72 13	78.9	37 26	70 59	78.2	37 13	69 45	77.4	37 00	68 32	76.7	219 / 321
40 / 140	38 57	74 30	80.1	38 47	73 14	79.3	38 35	71 58	78.5	38 23	70 43	77.7	38 10	69 29	77.0	37 56	68 15	76.2	220 / 320
41 / 139	39 55	74 16	79.8	39 44	72 59	78.9	39 32	71 43	78.1	39 19	70 27	77.3	39 06	69 12	76.5	38 51	67 57	75.7	221 / 319
42 / 138	40 53	74 02	79.4	40 41	72 45	78.5	40 29	71 27	77.7	40 16	70 10	76.9	40 02	68 54	76.1	39 47	67 38	75.3	222 / 318
43 / 137	41 51	73 48	79.0	41 39	72 29	78.2	41 26	71 11	77.3	41 12	69 53	76.4	40 58	68 35	75.6	40 42	67 19	74.7	223 / 317
44 / 136	42 48	73 32	78.6	42 36	72 12	77.7	42 23	70 53	76.9	42 09	69 34	75.9	41 54	68 16	75.1	41 38	66 58	74.2	224 / 316
45 / 135	43 46	73 16	78.3	43 33	71 55	77.3	43 19	70 35	76.4	43 05	69 15	75.5	42 49	67 56	74.6	42 33	66 37	73.7	225 / 315

SIGHT REDUCTION TABLE

Lat./A	LHA/F	12° A/H	12° B/P	12° Z₁/Z₂	13° A/H	13° B/P	13° Z₁/Z₂	14° A/H	14° B/P	14° Z₁/Z₂	15° A/H	15° B/P	15° Z₁/Z₂	16° A/H	16° B/P	16° Z₁/Z₂	17° A/H	17° B/P	17° Z₁/Z₂	LHA	Lat./A
45	135	43 46	73 16	78.3	43 33	71 55	77.3	43 19	70 35	76.4	43 05	69 15	75.5	42 49	67 56	74.6	42 33	66 37	73.7	225	315
46	134	44 43	72 59	77.8	44 30	71 37	76.9	44 16	70 15	75.9	44 01	68 54	75.0	43 45	67 34	74.1	43 28	66 15	73.2	226	314
47	133	45 40	72 41	77.4	45 27	71 18	76.4	45 12	69 55	75.5	44 57	68 33	74.5	44 40	67 12	73.5	44 23	65 51	72.6	227	313
48	132	46 38	72 23	77.0	46 24	70 58	76.0	46 09	69 34	75.0	45 53	68 11	74.0	45 35	66 48	73.0	45 17	65 27	72.0	228	312
49	131	47 35	72 03	76.5	47 20	70 37	75.5	47 05	69 11	74.5	46 48	67 47	73.4	46 30	66 23	72.4	46 12	65 01	71.4	229	311
50	130	48 32	71 42	76.1	48 17	70 15	75.0	48 01	68 48	73.9	47 44	67 22	72.9	47 25	65 58	71.8	47 06	64 34	70.8	230	310
51	129	49 29	71 20	75.6	49 13	69 51	74.5	48 57	68 23	73.4	48 39	66 56	72.3	48 20	65 30	71.2	48 00	64 05	70.1	231	309
52	128	50 25	70 57	75.1	50 09	69 27	73.9	49 52	67 57	72.8	49 34	66 29	71.7	49 15	65 02	70.6	48 54	63 35	69.5	232	308
53	127	51 22	70 33	74.6	51 06	69 01	73.4	50 48	67 30	72.2	50 29	66 00	71.0	50 09	64 31	69.9	49 48	63 04	68.8	233	307
54	126	52 19	70 07	74.0	52 02	68 33	72.8	51 43	67 01	71.6	51 24	65 30	70.4	51 03	64 00	69.2	50 41	62 31	68.1	234	306
55	125	53 15	69 40	73.5	52 57	68 04	72.2	52 38	66 30	70.9	52 18	64 58	69.7	51 57	63 26	68.5	51 34	61 56	67.3	235	305
56	124	54 11	69 11	72.9	53 53	67 34	71.6	53 33	65 58	70.3	53 12	64 24	69.0	52 50	62 51	67.8	52 27	61 20	66.6	236	304
57	123	55 07	68 41	72.2	54 48	67 02	70.9	54 28	65 24	69.6	54 06	63 48	68.3	53 43	62 14	67.0	53 19	60 42	65.8	237	303
58	122	56 03	68 09	71.6	55 43	66 28	70.2	55 22	64 48	68.9	55 00	63 11	67.5	54 36	61 35	66.2	54 12	60 01	64.9	238	302
59	121	56 59	67 34	70.9	56 38	65 51	69.5	56 16	64 10	68.1	55 53	62 31	66.7	55 29	60 54	65.4	55 03	59 18	64.1	239	301
60	120	57 54	66 58	70.2	57 33	65 13	68.7	57 10	63 30	67.3	56 46	61 49	65.9	56 21	60 10	64.5	55 55	58 33	63.1	240	300
61	119	58 49	66 20	69.4	58 27	64 32	67.9	58 04	62 47	66.4	57 39	61 04	65.0	57 13	59 24	63.6	56 46	57 46	62.2	241	299
62	118	59 44	65 38	68.6	59 21	63 49	67.1	58 57	62 02	65.5	58 31	60 17	64.0	58 05	58 35	62.6	57 36	56 56	61.2	242	298
63	117	60 38	64 55	67.8	60 15	63 03	66.2	59 50	61 13	64.6	59 23	59 27	63.1	58 55	57 43	61.6	58 26	56 03	60.2	243	297
64	116	61 32	64 08	66.9	61 08	62 14	65.2	60 42	60 22	63.6	60 15	58 34	62.0	59 46	56 49	60.5	59 16	55 06	59.1	244	296
65	115	62 26	63 18	66.0	62 01	61 21	64.2	61 34	59 28	62.6	61 06	57 37	61.0	60 36	55 51	59.4	60 05	54 07	57.9	245	295
66	114	63 20	62 25	65.0	62 53	60 25	63.2	62 26	58 30	61.5	61 56	56 37	59.8	61 25	54 49	58.2	60 53	53 04	56.7	246	294
67	113	64 13	61 27	63.9	63 45	59 25	62.1	63 16	57 27	60.3	62 46	55 34	58.6	62 14	53 44	57.0	61 41	51 57	55.4	247	293
68	112	65 05	60 26	62.8	64 37	58 21	60.9	64 07	56 21	59.1	63 35	54 25	57.4	63 02	52 34	55.7	62 27	50 47	54.1	248	292
69	111	65 57	59 20	61.6	65 27	57 13	59.6	64 56	55 10	57.8	64 23	53 13	56.0	63 49	51 20	54.3	63 14	49 32	52.7	249	291
70	110	66 48	58 08	60.3	66 18	55 59	58.3	65 45	53 55	56.4	65 11	51 55	54.6	64 36	50 01	52.9	63 59	48 12	51.2	250	290
71	109	67 39	56 52	58.9	67 07	54 40	56.8	66 33	52 33	54.9	65 58	50 33	53.1	65 21	48 38	51.3	64 43	46 48	49.7	251	289
72	108	68 29	55 29	57.4	67 55	53 14	55.3	67 20	51 06	53.3	66 44	49 04	51.5	66 06	47 08	49.7	65 26	45 18	48.0	252	288
73	107	69 18	54 01	55.8	68 43	51 42	53.7	68 07	49 33	51.6	67 29	47 30	49.8	66 49	45 33	48.0	66 08	43 43	46.3	253	287
74	106	70 06	52 26	54.1	69 30	50 03	51.9	68 52	47 52	49.8	68 12	45 49	47.9	67 31	43 52	46.1	66 49	42 02	44.4	254	286
75	105	70 53	50 36	52.2	70 15	48 16	50.0	69 36	46 04	47.9	68 55	44 00	46.0	68 12	42 04	44.2	67 29	40 15	42.5	255	285
76	104	71 38	48 42	50.2	70 59	46 20	47.9	70 18	44 08	45.9	69 36	42 05	43.9	68 52	40 09	42.1	68 07	38 21	40.5	256	284
77	103	72 23	46 37	48.0	71 42	44 15	45.7	70 59	42 03	43.7	70 15	40 01	41.7	69 30	38 07	39.9	68 43	36 21	38.3	257	283
78	102	73 06	44 22	45.6	72 23	42 00	43.4	71 38	39 49	41.3	70 53	37 49	39.4	70 06	35 57	37.6	69 18	34 13	36.0	258	282
79	101	73 47	41 55	43.1	73 02	39 34	40.8	72 16	37 26	38.8	71 28	35 27	36.9	70 40	33 38	35.2	69 50	31 58	33.6	259	281
80	100	74 26	39 15	40.3	73 39	36 57	38.1	72 51	34 51	36.1	72 02	32 57	34.3	71 12	31 12	32.6	70 21	29 36	31.1	260	280
81	99	75 02	36 21	37.3	74 14	34 07	35.1	73 24	32 06	33.2	72 34	30 17	31.5	71 42	28 37	29.9	70 50	27 06	28.4	261	279
82	98	75 37	33 13	34.1	74 46	31 05	32.0	73 55	29 10	30.2	73 03	27 27	28.5	72 09	25 53	27.0	71 16	24 29	25.7	262	278
83	97	76 08	29 50	30.6	75 16	27 50	28.6	74 23	26 03	26.9	73 29	24 27	25.4	72 34	23 02	24.0	71 39	21 44	22.8	263	277
84	96	76 36	26 11	26.8	75 42	24 22	25.0	74 48	22 45	23.5	73 52	21 19	22.1	72 56	20 02	20.9	72 00	18 53	19.8	264	276
85	95	77 01	22 18	22.8	76 05	20 41	21.3	75 09	19 16	19.9	74 12	18 01	18.7	73 15	16 54	17.6	72 18	15 55	16.7	265	275
86	94	77 22	18 10	18.6	76 25	16 49	17.3	75 27	15 38	16.1	74 29	14 36	15.1	73 31	13 40	14.2	72 33	12 51	13.5	266	274
87	93	77 38	13 50	14.1	76 40	12 46	13.1	75 41	11 51	12.2	74 43	11 03	11.4	73 44	10 21	10.8	72 45	9 43	10.2	267	273
88	92	77 50	9 19	9.5	76 51	8 36	8.8	75 52	7 58	8.2	74 52	7 25	7.7	73 53	6 56	7.2	72 53	6 31	6.8	268	272
89	91	77 58	4 42	4.8	76 58	4 19	4.4	75 58	4 00	4.1	74 58	3 44	3.9	73 58	3 29	3.6	72 58	3 16	3.4	269	271
90	90	78 00	0 00	0.0	77 00	0 00	0.0	76 00	0 00	0.0	75 00	0 00	0.0	74 00	0 00	0.0	73 00	0 00	0.0	270	270

N. Lat.: for LHA > 180°.... $Z_n = Z$
for LHA < 180°.... $Z_n = 360° - Z$

S. Lat.: for LHA > 180°.... $Z_n = 180° - Z$
for LHA < 180°.... $Z_n = 180° + Z$

SIGHT REDUCTION TABLE

LATITUDE / A: 18° – 23°

B: (−) for 90° < LHA < 270°
Dec: (−) for Lat. contrary name

Z₁: same sign as B
Z₂: (−) for F > 90°

Lat./A LHA/F	18° A/H	18° B/P	18° Z₁/Z₂	19° A/H	19° B/P	19° Z₁/Z₂	20° A/H	20° B/P	20° Z₁/Z₂	21° A/H	21° B/P	21° Z₁/Z₂	22° A/H	22° B/P	22° Z₁/Z₂	23° A/H	23° B/P	23° Z₁/Z₂	Lat./A LHA
0 / 180	0 00	72 00	90.0	0 00	71 00	90.0	0 00	70 00	90.0	0 00	69 00	90.0	0 00	68 00	90.0	0 00	67 00	90.0	180 / 360
1 / 179	0 57	72 00	89.7	0 57	71 00	89.7	0 56	70 00	89.7	0 56	69 00	89.6	0 56	68 00	89.6	0 55	67 00	89.6	181 / 359
2 / 178	1 54	71 59	89.4	1 53	71 00	89.3	1 53	69 59	89.3	1 52	68 59	89.3	1 51	67 59	89.3	1 50	66 59	89.2	182 / 358
3 / 177	2 51	71 59	89.1	2 50	70 59	89.1	2 49	69 58	89.0	2 48	68 58	89.0	2 47	67 58	88.9	2 46	66 58	88.8	183 / 357
4 / 176	3 48	71 58	88.8	3 47	70 58	88.7	3 46	69 57	88.6	3 44	68 57	88.6	3 42	67 57	88.5	3 41	66 57	88.4	184 / 356
5 / 175	4 45	71 56	88.5	4 44	70 56	88.4	4 42	69 56	88.3	4 40	68 56	88.1	4 38	67 55	88.1	4 36	66 55	88.0	185 / 355
6 / 174	5 42	71 54	88.1	5 40	70 54	88.0	5 38	69 54	87.9	5 36	68 54	87.8	5 34	67 53	87.7	5 31	66 53	87.6	186 / 354
7 / 173	6 39	71 54	87.8	6 37	70 52	87.7	6 35	69 52	87.6	6 32	68 51	87.6	6 29	67 51	87.4	6 26	66 51	87.3	187 / 353
8 / 172	7 36	71 50	87.5	7 34	70 50	87.4	7 31	69 49	87.4	7 28	68 49	87.1	7 25	67 48	87.1	7 22	66 48	86.9	188 / 352
9 / 171	8 33	71 47	87.2	8 30	70 47	87.0	8 27	69 46	86.9	8 24	68 46	86.8	8 20	67 45	86.6	8 17	66 45	86.5	189 / 351
10 / 170	9 30	71 44	86.9	9 27	70 44	86.7	9 23	69 43	86.5	9 20	68 42	86.4	9 16	67 42	86.2	9 12	66 41	86.1	190 / 350
11 / 169	10 27	71 41	86.6	10 24	70 40	86.4	10 20	69 39	86.2	10 16	68 38	86.0	10 11	67 38	85.8	10 07	66 37	85.7	191 / 349
12 / 168	11 24	71 37	86.2	11 20	70 36	86.0	11 16	69 35	85.8	11 12	68 34	85.6	11 07	67 33	85.4	11 02	66 32	85.3	192 / 348
13 / 167	12 21	71 33	85.9	12 17	70 32	85.7	12 12	69 31	85.5	12 07	68 30	85.3	12 02	67 29	85.1	11 57	66 28	84.8	193 / 347
14 / 166	13 18	71 29	85.6	13 13	70 28	85.4	13 08	69 26	85.1	13 03	68 25	84.9	12 58	67 24	84.7	12 52	66 22	84.4	194 / 346
15 / 165	14 15	71 24	85.3	14 10	70 23	85.0	14 05	69 21	84.8	13 59	68 21	84.5	13 53	67 18	84.3	13 47	66 17	84.0	195 / 345
16 / 164	15 12	71 19	84.9	15 06	70 18	84.7	15 01	69 16	84.4	14 55	68 14	84.1	14 48	67 12	83.9	14 42	66 10	83.6	196 / 344
17 / 163	16 09	71 14	84.6	16 03	70 12	84.3	15 57	69 10	84.0	15 50	68 08	83.7	15 44	67 06	83.5	15 37	66 04	83.2	197 / 343
18 / 162	17 05	71 08	84.3	16 59	70 06	84.0	16 53	69 03	83.7	16 46	68 01	83.4	16 39	66 59	83.1	16 32	65 57	82.8	198 / 342
19 / 161	18 02	71 02	83.9	17 56	69 59	83.6	17 49	68 57	83.3	17 42	67 54	83.0	17 34	66 52	82.7	17 26	65 49	82.3	199 / 341
20 / 160	18 59	70 56	83.6	18 52	69 53	83.2	18 45	68 50	82.9	18 37	67 47	82.6	18 29	66 44	82.2	18 21	65 41	81.9	200 / 340
21 / 159	19 56	70 49	83.2	19 48	69 45	82.9	19 41	68 42	82.5	19 33	67 39	82.2	19 24	66 36	81.8	19 16	65 33	81.5	201 / 339
22 / 158	20 52	70 41	82.9	20 45	69 38	82.5	20 37	68 34	82.1	20 28	67 31	81.8	20 19	66 27	81.4	20 10	65 24	81.0	202 / 338
23 / 157	21 49	70 33	82.5	21 41	69 29	82.1	21 32	68 26	81.7	21 24	67 22	81.4	21 14	66 18	81.0	21 05	65 15	80.6	203 / 337
24 / 156	22 45	70 25	82.2	22 37	69 21	81.8	22 28	68 17	81.3	22 19	67 12	80.9	22 09	66 09	80.5	21 59	65 05	80.1	204 / 336
25 / 155	23 42	70 16	81.8	23 33	69 12	81.4	23 24	68 07	80.9	23 14	67 03	80.5	23 04	65 58	80.1	22 54	64 54	79.7	205 / 335
26 / 154	24 38	70 07	81.4	24 29	69 02	81.0	24 20	67 57	80.5	24 09	66 52	80.1	23 59	65 48	79.6	23 48	64 43	79.2	206 / 334
27 / 153	25 35	69 58	81.1	25 25	68 52	80.6	25 15	67 47	80.1	25 05	66 42	79.7	24 54	65 36	79.2	24 42	64 32	78.7	207 / 333
28 / 152	26 31	69 48	80.7	26 21	68 42	80.2	26 11	67 36	79.7	26 00	66 30	79.2	25 48	65 25	78.7	25 36	64 19	78.3	208 / 332
29 / 151	27 27	69 37	80.3	27 17	68 31	79.8	27 06	67 24	79.3	26 55	66 18	78.8	26 43	65 12	78.3	26 30	64 07	77.8	209 / 331
30 / 150	28 24	69 26	79.9	28 13	68 19	79.4	28 01	67 12	78.8	27 50	66 06	78.3	27 37	64 59	77.8	27 24	63 53	77.3	210 / 330
31 / 149	29 20	69 14	79.5	29 09	68 07	79.0	28 57	67 00	78.4	28 44	65 53	77.9	28 31	64 46	77.3	28 18	63 39	76.8	211 / 329
32 / 148	30 16	69 02	79.1	30 04	67 54	78.5	29 52	66 46	77.9	29 39	65 39	77.4	29 26	64 32	76.8	29 12	63 25	76.3	212 / 328
33 / 147	31 12	68 49	78.7	31 00	67 41	78.1	30 47	66 32	77.5	30 34	65 24	76.9	30 20	64 17	76.3	30 05	63 09	75.8	213 / 327
34 / 146	32 08	68 36	78.2	31 55	67 27	77.7	31 42	66 18	77.0	31 28	65 09	76.4	31 14	64 01	75.8	30 59	62 53	75.2	214 / 326
35 / 145	33 04	68 22	77.8	32 51	67 12	77.2	32 37	66 03	76.5	32 23	64 54	75.9	32 08	63 45	75.3	31 52	62 36	74.7	215 / 325
36 / 144	33 59	68 07	77.3	33 46	66 57	76.7	33 32	65 47	76.0	33 17	64 37	75.4	33 01	63 28	74.8	32 45	62 19	74.2	216 / 324
37 / 143	34 55	67 52	76.9	34 41	66 41	76.2	34 26	65 30	75.5	34 11	64 20	74.9	33 55	63 10	74.2	33 38	62 01	73.6	217 / 323
38 / 142	35 50	67 36	76.4	35 36	66 24	75.7	35 21	65 13	75.0	35 05	64 02	74.4	34 48	62 51	73.7	34 31	61 41	73.0	218 / 322
39 / 141	36 46	67 19	76.0	36 31	66 06	75.2	36 15	64 54	74.5	35 59	63 43	73.8	35 42	62 32	73.1	35 24	61 21	72.4	219 / 321
40 / 140	37 41	67 01	75.5	37 26	65 48	74.7	37 10	64 35	74.0	36 53	63 23	73.3	36 35	62 12	72.6	36 17	61 01	71.8	220 / 320
41 / 139	38 36	66 42	75.0	38 20	65 29	74.2	38 04	64 15	73.4	37 46	63 02	72.7	37 28	61 50	72.0	37 09	60 39	71.2	221 / 319
42 / 138	39 31	66 23	74.5	39 15	65 08	73.7	38 58	63 54	72.9	38 40	62 41	72.1	38 21	61 28	71.4	38 01	60 16	70.6	222 / 318
43 / 137	40 26	66 03	74.0	40 09	64 47	73.1	39 51	63 33	72.3	39 33	62 18	71.5	39 13	61 05	70.7	38 53	59 52	70.0	223 / 317
44 / 136	41 21	65 42	73.4	41 03	64 25	72.5	40 45	63 10	71.7	40 26	61 55	70.9	40 06	60 41	70.1	39 45	59 27	69.3	224 / 316
45 / 135	42 16	65 19	72.8	41 57	64 02	72.0	41 38	62 46	71.1	41 19	61 30	70.3	40 58	60 15	69.5	40 37	59 01	68.7	225 / 315

SIGHT REDUCTION TABLE

Lat./F		18° A/H	18° B/P	18° Z₁/Z₂	19° A/H	19° B/P	19° Z₁/Z₂	20° A/H	20° B/P	20° Z₁/Z₂	21° A/H	21° B/P	21° Z₁/Z₂	22° A/H	22° B/P	22° Z₁/Z₂	23° A/H	23° B/P	23° Z₁/Z₂	Lat./A	
45	135	42 16	65 19	72.8	41 57	64 02	72.0	41 38	62 46	71.1	41 19	61 30	70.3	40 58	60 15	69.5	40 37	59 01	68.7	225	315
46	134	43 10	64 56	72.3	42 51	63 38	71.4	42 32	62 21	70.5	42 11	61 05	69.6	41 50	59 49	68.8	41 28	58 34	68.0	226	314
47	133	44 04	64 32	71.7	43 45	63 13	70.8	43 25	61 55	69.9	43 04	60 38	69.0	42 42	59 21	68.1	42 19	58 06	67.3	227	313
48	132	44 58	64 06	71.1	44 38	62 46	70.1	44 18	61 27	69.2	43 56	60 09	68.3	43 33	58 53	67.4	43 10	57 37	66.5	228	312
49	131	45 52	63 39	70.4	45 32	62 18	69.5	45 10	60 59	68.5	44 48	59 40	67.6	44 24	58 22	66.7	44 00	57 06	65.8	229	311
50	130	46 46	63 11	69.8	46 25	61 49	68.8	46 03	60 29	67.8	45 39	59 09	66.9	45 15	57 51	65.9	44 50	56 34	65.0	230	310
51	129	47 39	62 42	69.1	47 17	61 19	68.1	46 55	59 57	67.1	46 31	58 37	66.1	46 06	57 18	65.2	45 40	56 00	64.2	231	309
52	128	48 33	62 11	68.4	48 10	60 47	67.4	47 46	59 25	66.4	47 22	58 03	65.4	46 56	56 44	64.4	46 30	55 25	63.4	232	308
53	127	49 25	61 38	67.7	49 02	60 13	66.6	48 38	58 50	65.6	48 13	57 28	64.6	47 46	56 07	63.6	47 19	54 48	62.6	233	307
54	126	50 18	61 04	67.0	49 54	59 38	65.9	49 29	58 14	64.8	49 03	56 51	63.7	48 36	55 30	62.7	48 08	54 10	61.7	234	306
55	125	51 10	60 28	66.2	50 46	59 01	65.1	50 20	57 36	64.0	49 53	56 12	62.9	49 25	54 50	61.9	48 56	53 30	60.8	235	305
56	124	52 03	59 50	65.4	51 37	58 23	64.2	51 10	56 56	63.1	50 43	55 32	62.0	50 14	54 09	61.0	49 44	52 48	59.9	236	304
57	123	52 54	59 11	64.6	52 28	57 42	63.4	52 00	56 15	62.2	51 32	54 49	61.1	51 02	53 26	60.0	50 32	52 04	59.0	237	303
58	122	53 46	58 30	63.7	53 18	56 59	62.5	52 50	55 31	61.3	52 21	54 05	60.2	51 50	52 41	59.1	51 19	51 18	58.0	238	302
59	121	54 37	57 45	62.8	54 08	56 14	61.5	53 39	54 45	60.4	53 09	53 18	59.2	52 38	51 53	58.1	52 06	50 30	57.0	239	301
60	120	55 27	56 59	61.8	54 58	55 27	60.6	54 28	53 57	59.4	53 57	52 29	58.2	53 25	51 04	57.0	52 52	49 40	55.9	240	300
61	119	56 17	56 10	60.9	55 47	54 37	59.6	55 16	53 06	58.3	54 44	51 38	57.1	54 11	50 12	55.9	53 37	48 48	54.8	241	299
62	118	57 07	55 19	59.8	56 36	53 45	58.5	56 04	52 13	57.2	55 31	50 44	56.0	54 57	49 17	54.8	54 22	47 53	53.7	242	298
63	117	57 56	54 25	58.8	57 24	52 49	57.4	56 51	51 17	56.1	56 17	49 47	54.9	55 42	48 20	53.7	55 06	46 55	52.5	243	297
64	116	58 44	53 27	57.6	58 12	51 51	56.3	57 38	50 18	55.0	57 03	48 48	53.7	56 27	47 20	52.5	55 50	45 55	51.3	244	296
65	115	59 32	52 27	56.5	58 58	50 50	55.1	58 23	49 16	53.7	57 47	47 45	52.5	57 10	46 17	51.2	56 32	44 52	50.0	245	295
66	114	60 19	51 23	55.3	59 45	49 45	53.8	59 09	48 11	52.5	58 32	46 39	51.2	57 53	45 11	49.9	57 14	43 47	48.7	246	294
67	113	61 06	50 15	53.9	60 30	48 37	52.5	59 53	47 02	51.2	59 15	45 30	49.8	58 36	44 02	48.6	57 55	42 38	47.4	247	293
68	112	61 52	49 04	52.6	61 15	47 25	51.1	60 36	45 50	49.8	59 57	44 18	48.4	59 17	42 50	47.2	58 36	41 26	46.0	248	292
69	111	62 37	47 48	51.2	61 58	46 09	49.7	61 19	44 33	48.3	60 39	43 02	47.0	59 57	41 34	45.7	59 15	40 10	44.5	249	291
70	110	63 21	46 28	49.7	62 41	44 48	48.2	62 01	43 13	46.8	61 19	41 42	45.4	60 36	40 15	44.2	59 53	38 52	43.0	250	290
71	109	64 04	45 03	48.1	63 23	43 24	46.6	62 41	41 49	45.2	61 58	40 18	43.8	61 15	38 52	42.6	60 30	37 29	41.4	251	289
72	108	64 45	43 34	46.4	64 04	41 54	44.9	63 21	40 20	43.5	62 37	38 50	42.2	61 52	37 25	40.9	61 06	36 03	39.7	252	288
73	107	65 26	41 59	44.7	64 43	40 20	43.2	63 59	38 46	41.8	63 14	37 18	40.5	62 27	35 53	39.2	61 41	34 34	38.0	253	287
74	106	66 06	40 19	42.9	65 21	38 41	41.4	64 36	37 08	40.0	63 49	35 41	38.7	63 02	34 18	37.4	62 14	33 00	36.3	254	286
75	105	66 44	38 32	40.9	65 58	36 56	39.5	65 11	35 25	38.1	64 23	33 59	36.8	63 35	32 39	35.6	62 46	31 22	34.4	255	285
76	104	67 20	36 40	38.9	66 33	35 05	37.4	65 45	33 37	36.1	64 56	32 12	34.8	64 07	30 55	33.6	63 16	29 41	32.5	256	284
77	103	67 55	34 42	36.8	67 07	33 09	35.3	66 18	31 43	34.0	65 27	30 22	32.8	64 37	29 06	31.6	63 45	27 55	30.6	257	283
78	102	68 29	32 37	34.5	67 39	31 07	33.1	66 48	29 44	31.9	65 57	28 26	30.7	65 05	27 14	29.6	64 13	26 06	28.5	258	282
79	101	69 00	30 25	32.2	68 09	29 00	30.8	67 17	27 40	29.6	66 25	26 26	28.5	65 32	25 17	27.4	64 38	24 12	26.4	259	281
80	100	69 29	28 07	29.7	68 37	26 46	28.4	67 44	25 30	27.3	66 50	24 20	26.2	65 56	23 15	25.2	65 02	22 15	24.3	260	280
81	99	69 57	25 43	27.1	69 03	24 26	25.9	68 09	23 15	24.8	67 14	22 10	23.8	66 19	21 10	22.9	65 23	20 14	22.1	261	279
82	98	70 21	23 11	24.5	69 27	22 00	23.3	68 31	20 56	22.3	67 36	19 56	21.4	66 40	19 00	20.6	65 43	18 09	19.8	262	278
83	97	70 44	20 34	21.7	69 48	19 29	20.7	68 51	18 31	19.7	67 55	17 37	18.9	66 58	16 47	18.1	66 01	16 01	17.4	263	277
84	96	71 03	17 50	18.8	70 07	16 53	17.9	69 09	16 01	17.0	68 12	15 14	16.3	67 14	14 30	15.7	66 16	13 50	15.1	264	276
85	95	71 20	15 01	15.8	70 23	14 12	15.0	69 25	13 28	14.3	68 26	12 48	13.7	67 28	12 10	13.1	66 29	11 36	12.6	265	275
86	94	71 35	12 07	12.8	70 36	11 27	12.1	69 37	10 51	11.6	68 38	10 18	11.0	67 39	9 48	10.6	66 40	9 20	10.1	266	274
87	93	71 46	9 09	9.6	70 46	8 39	9.1	69 47	8 11	8.7	68 48	7 46	8.3	67 48	7 23	8.0	66 49	7 02	7.6	267	273
88	92	71 54	6 08	6.4	70 54	5 47	6.1	69 54	5 29	5.8	68 55	5 12	5.6	67 55	4 56	5.3	66 55	4 42	5.1	268	272
89	91	71 58	3 04	3.2	70 58	2 54	3.1	69 59	2 45	2.9	68 59	2 36	2.8	67 59	2 28	2.7	66 59	2 21	2.6	269	271
90	90	72 00	0 00	0.0	71 00	0 00	0.0	70 00	0 00	0.0	69 00	0 00	0.0	68 00	0 00	0.0	67 00	0 00	0.0	270	270

N. Lat.: for LHA > 180° ... Zn = Z
for LHA < 180° ... Zn = 360° − Z

S. Lat.: for LHA > 180° ... Zn = 180° − Z
for LHA < 180° ... Zn = 180° + Z

SIGHT REDUCTION TABLE

LATITUDE / A: 24° – 29°

B: (−) for 90°< LHA < 270°
Dec: (−) for Lat. contrary name

Z₁: same sign as B
Z₂: (−) for F > 90°

LHA	F	24° A/H	24° B/P	24° Z₁/Z₂	25° A/H	25° B/P	25° Z₁/Z₂	26° A/H	26° B/P	26° Z₁/Z₂	27° A/H	27° B/P	27° Z₁/Z₂	28° A/H	28° B/P	28° Z₁/Z₂	29° A/H	29° B/P	29° Z₁/Z₂	LHA	LHA
0	180	0 00	66 00	90.0	0 00	65 00	90.0	0 00	64 00	90.0	0 00	63 00	90.0	0 00	62 00	90.0	0 00	61 00	90.0	180	360
1	179	0 55	66 00	89.6	0 54	65 00	89.6	0 54	64 00	89.6	0 53	63 00	89.5	0 53	62 00	89.5	0 52	61 00	89.5	181	359
2	178	1 50	65 59	89.2	1 49	64 59	89.2	1 48	63 59	89.1	1 47	62 59	89.1	1 46	61 59	89.1	1 45	60 59	89.0	182	358
3	177	2 44	65 58	88.8	2 43	64 58	88.8	2 42	63 58	88.7	2 40	62 58	88.6	2 39	61 58	88.6	2 37	60 58	88.5	183	357
4	176	3 39	65 57	88.4	3 37	64 57	88.3	3 36	63 57	88.2	3 34	62 57	88.2	3 32	61 57	88.1	3 30	60 56	88.1	184	356
5	175	4 34	65 55	88.0	4 32	64 55	87.9	4 30	63 55	87.8	4 27	62 55	87.7	4 25	61 55	87.6	4 22	60 54	87.6	185	355
6	174	5 29	65 53	87.6	5 26	64 53	87.5	5 23	63 53	87.4	5 21	62 52	87.3	5 18	61 52	87.2	5 15	60 52	87.1	186	354
7	173	6 24	65 50	87.1	6 20	64 50	87.0	6 17	63 50	86.9	6 14	62 50	86.8	6 11	61 49	86.7	6 07	60 49	86.6	187	353
8	172	7 18	65 47	86.7	7 15	64 47	86.6	7 11	63 47	86.5	7 07	62 46	86.3	7 04	61 46	86.2	6 59	60 46	86.1	188	352
9	171	8 13	65 44	86.3	8 09	64 44	86.2	8 05	63 43	86.0	8 01	62 43	85.9	7 56	61 42	85.7	7 52	60 42	85.6	189	351
10	170	9 08	65 40	85.9	9 03	64 40	85.7	8 59	63 39	85.6	8 54	62 39	85.4	8 49	61 38	85.3	8 44	60 38	85.1	190	350
11	169	10 02	65 36	85.5	9 57	64 35	85.3	9 52	63 35	85.1	9 47	62 34	85.0	9 42	61 33	84.8	9 36	60 33	84.6	191	349
12	168	10 57	65 32	85.1	10 52	64 31	84.9	10 46	63 30	84.7	10 41	62 29	84.5	10 35	61 28	84.3	10 29	60 28	84.1	192	348
13	167	11 52	65 27	84.6	11 46	64 26	84.4	11 40	63 25	84.2	11 34	62 24	84.0	11 27	61 23	83.8	11 21	60 22	83.6	193	347
14	166	12 46	65 21	84.2	12 40	64 20	84.0	12 34	63 19	83.8	12 27	62 18	83.6	12 20	61 17	83.3	12 13	60 16	83.1	194	346
15	165	13 41	65 15	83.8	13 34	64 14	83.5	13 27	63 13	83.3	13 20	62 11	83.1	13 13	61 10	82.8	13 05	60 09	82.6	195	345
16	164	14 35	65 09	83.3	14 28	64 07	83.1	14 21	63 06	82.8	14 13	62 04	82.6	14 05	61 03	82.3	13 57	60 02	82.1	196	344
17	163	15 29	65 02	82.9	15 22	64 00	82.6	15 14	62 59	82.4	15 06	61 57	82.1	14 58	60 56	81.8	14 49	59 54	81.6	197	343
18	162	16 24	64 55	82.5	16 16	63 53	82.2	16 08	62 51	81.9	15 59	61 49	81.6	15 50	60 47	81.3	15 41	59 46	81.0	198	342
19	161	17 18	64 47	82.0	17 10	63 45	81.7	17 01	62 43	81.4	16 52	61 41	81.1	16 42	60 39	80.8	16 33	59 37	80.5	199	341
20	160	18 12	64 39	81.6	18 03	63 36	81.3	17 54	62 34	80.9	17 45	61 32	80.6	17 35	60 30	80.3	17 24	59 28	80.0	200	340
21	159	19 07	64 30	81.1	18 57	63 28	80.8	18 47	62 25	80.4	18 37	61 23	80.1	18 27	60 20	79.8	18 16	59 18	79.5	201	339
22	158	20 01	64 21	80.7	19 51	63 18	80.3	19 41	62 15	80.0	19 30	61 13	79.6	19 19	60 10	79.3	19 08	59 08	78.9	202	338
23	157	20 55	64 11	80.2	20 44	63 08	79.8	20 34	62 05	79.5	20 22	61 02	79.1	20 11	59 59	78.7	19 59	58 57	78.4	203	337
24	156	21 49	64 01	79.7	21 38	62 58	79.3	21 27	61 54	79.0	21 15	60 51	78.6	21 03	59 48	78.2	20 50	58 45	77.8	204	336
25	155	22 43	63 50	79.3	22 31	62 46	78.9	22 19	61 43	78.4	22 07	60 39	78.1	21 55	59 36	77.7	21 42	58 33	77.3	205	335
26	154	23 36	63 39	78.8	23 25	62 35	78.4	23 12	61 31	77.9	22 59	60 27	77.5	22 46	59 24	77.1	22 33	58 20	76.7	206	334
27	153	24 30	63 27	78.3	24 18	62 22	77.9	24 05	61 18	77.4	23 52	60 14	77.0	23 38	59 10	76.5	23 24	58 07	76.1	207	333
28	152	25 24	63 14	77.8	25 11	62 10	77.3	24 57	61 05	76.8	24 44	60 01	76.5	24 29	58 57	76.0	24 15	57 53	75.5	208	332
29	151	26 17	63 01	77.3	26 04	61 56	76.8	25 50	60 51	76.3	25 36	59 47	75.9	25 21	58 42	75.4	25 05	57 38	75.0	209	331
30	150	27 11	62 48	76.8	26 57	61 42	76.3	26 42	60 37	75.8	26 27	59 32	75.3	26 12	58 27	74.8	25 56	57 23	74.4	210	330
31	149	28 04	62 33	76.3	27 50	61 27	75.8	27 35	60 22	75.2	27 19	59 16	74.8	27 03	58 11	74.2	26 46	57 07	73.8	211	329
32	148	28 57	62 18	75.7	28 42	61 12	75.2	28 27	60 06	74.7	28 10	59 00	74.2	27 54	57 55	73.6	27 37	56 50	73.1	212	328
33	147	29 50	62 02	75.2	29 35	60 56	74.7	29 19	59 49	74.1	29 02	58 43	73.6	28 45	57 38	73.0	28 27	56 32	72.5	213	327
34	146	30 43	61 46	74.7	30 27	60 39	74.1	30 10	59 32	73.5	29 53	58 26	73.0	29 35	57 20	72.4	29 17	56 14	71.9	214	326
35	145	31 36	61 28	74.1	31 19	60 21	73.5	31 02	59 14	72.9	30 44	58 07	72.4	30 26	57 01	71.8	30 07	55 55	71.2	215	325
36	144	32 29	61 10	73.5	32 11	60 02	72.9	31 53	58 55	72.3	31 35	57 48	71.8	31 16	56 41	71.2	30 56	55 35	70.6	216	324
37	143	33 21	60 52	73.0	33 03	59 43	72.3	32 45	58 35	71.7	32 26	57 28	71.1	32 06	56 21	70.5	31 46	55 14	69.9	217	323
38	142	34 13	60 32	72.4	33 55	59 23	71.7	33 36	58 15	71.1	33 16	57 07	70.5	32 56	55 59	69.9	32 35	54 52	69.3	218	322
39	141	35 06	60 11	71.8	34 47	59 02	71.1	34 27	57 53	70.5	34 06	56 45	69.8	33 45	55 37	69.2	33 24	54 30	68.6	219	321
40	140	35 58	59 50	71.2	35 38	58 40	70.5	35 17	57 31	69.8	34 56	56 22	69.2	34 35	55 14	68.5	34 12	54 07	67.9	220	320
41	139	36 49	59 28	70.5	36 29	58 17	69.8	36 08	57 08	69.1	35 46	55 59	68.5	35 24	54 50	67.8	35 01	53 42	67.1	221	319
42	138	37 41	59 04	69.9	37 20	57 54	69.2	36 58	56 43	68.5	36 36	55 34	67.8	36 13	54 25	67.1	35 49	53 17	66.4	222	318
43	137	38 32	58 40	69.2	38 11	57 29	68.5	37 48	56 18	67.8	37 25	55 08	67.1	37 02	53 59	66.4	36 37	52 50	65.7	223	317
44	136	39 23	58 15	68.6	39 01	57 03	67.8	38 38	55 52	67.1	38 14	54 41	66.4	37 50	53 32	65.6	37 25	52 23	64.9	224	316
45	135	40 14	57 48	67.9	39 51	56 36	67.1	39 28	55 24	66.3	39 03	54 13	65.6	38 38	53 04	64.9	38 12	51 54	64.1	225	315

SIGHT REDUCTION TABLE

Lat./A	LHA/F	24°			25°			26°			27°			28°			29°			Lat./A	LHA
		A/H	B/P	Z_1/Z_2	A/H	B/P	Z_1/Z_2	A/H	B/P	Z_1/Z_2	A/H	B/P	Z_1/Z_2	A/H	B/P	Z_1/Z_2	A/H	B/P	Z_1/Z_2	LHA	
45	135	40 14	57 48	67.9	39 51	56 36	67.1	39 28	55 24	66.3	39 03	54 13	65.6	38 38	53 04	64.9	38 12	51 54	64.1	315	225
46	134	41 05	57 21	67.2	40 41	56 08	66.4	40 17	54 56	65.6	39 52	53 44	64.8	39 26	52 34	64.1	38 59	51 25	63.3	314	226
47	133	41 55	56 52	66.4	41 31	55 38	65.6	41 06	54 26	64.8	40 40	53 14	64.0	40 13	52 04	63.3	39 46	50 54	62.5	313	227
48	132	42 45	56 22	65.7	42 20	55 08	64.9	41 54	53 55	64.0	41 28	52 43	63.2	41 00	51 32	62.5	40 32	50 22	61.7	312	228
49	131	43 35	55 50	64.9	43 09	54 36	64.1	42 43	53 22	63.2	42 15	52 10	62.4	41 47	50 59	61.6	41 18	49 48	60.9	311	229
50	130	44 25	55 17	64.1	43 58	54 02	63.3	43 31	52 49	62.4	43 03	51 36	61.6	42 34	50 24	60.8	42 04	49 14	60.0	310	230
51	129	45 14	54 43	63.3	44 47	53 28	62.4	44 18	52 13	61.6	43 49	51 00	60.7	43 20	49 48	59.9	42 49	48 38	59.1	309	231
52	128	46 03	54 08	62.5	45 35	52 52	61.6	45 06	51 37	60.7	44 36	50 23	59.8	44 05	49 11	59.0	43 34	48 00	58.2	308	232
53	127	46 51	53 30	61.6	46 22	52 14	60.7	45 52	50 59	59.8	45 22	49 45	58.9	44 51	48 32	58.1	44 18	47 21	57.2	307	233
54	126	47 39	52 51	60.8	47 09	51 34	59.8	46 39	50 19	58.9	46 07	49 05	58.0	45 35	47 52	57.1	45 02	46 41	56.3	306	234
55	125	48 27	52 11	59.8	47 56	50 53	58.9	47 25	49 37	58.0	46 53	48 23	57.0	46 19	47 10	56.2	45 46	45 59	55.3	305	235
56	124	49 14	51 28	58.9	48 43	50 11	57.9	48 10	48 54	57.0	47 37	47 40	56.1	47 03	46 27	55.2	46 29	45 15	54.3	304	236
57	123	50 01	50 44	57.9	49 28	49 26	56.9	48 55	48 09	56.0	48 21	46 54	55.0	47 46	45 41	54.1	47 11	44 30	53.3	303	237
58	122	50 47	49 58	56.9	50 14	48 39	55.9	49 40	47 22	54.9	49 05	46 07	54.0	48 29	44 54	53.1	47 53	43 43	52.2	302	238
59	121	51 33	49 09	55.9	50 58	47 51	54.9	50 23	46 34	53.9	49 48	45 18	52.9	49 11	44 05	52.0	48 34	42 54	51.1	301	239
60	120	52 18	48 19	54.8	51 43	47 00	53.8	51 07	45 43	52.8	50 30	44 28	51.8	49 53	43 14	50.9	49 14	42 03	50.0	300	240
61	119	53 02	47 26	53.7	52 26	46 07	52.7	51 49	44 50	51.7	51 12	43 35	50.7	50 33	42 22	49.7	49 54	41 10	48.8	299	241
62	118	53 46	46 31	52.6	53 09	45 12	51.5	52 31	43 54	50.5	51 53	42 39	49.5	51 13	41 27	48.6	50 33	40 16	47.6	298	242
63	117	54 29	45 33	51.4	53 51	44 14	50.3	53 13	42 57	49.3	52 33	41 42	48.3	51 53	40 30	47.3	51 12	39 19	46.4	297	243
64	116	55 12	44 33	50.2	54 33	43 14	49.1	53 53	41 57	48.1	53 13	40 42	47.1	52 31	39 30	46.1	51 49	38 20	45.2	296	244
65	115	55 53	43 30	48.9	55 13	42 11	47.8	54 33	40 55	46.8	53 51	39 40	45.8	53 09	38 29	44.8	52 26	37 19	43.9	295	245
66	114	56 34	42 25	47.6	55 53	41 06	46.5	55 12	39 50	45.4	54 29	38 36	44.4	53 46	37 25	43.5	53 02	36 16	42.6	294	246
67	113	57 14	41 16	46.2	56 32	39 58	45.1	55 50	38 42	44.1	55 06	37 29	43.1	54 22	36 19	42.1	53 37	35 11	41.2	293	247
68	112	57 53	40 05	44.8	57 10	38 47	43.7	56 27	37 32	42.7	55 42	36 19	41.7	54 57	35 10	40.7	54 11	34 03	39.8	292	248
69	111	58 32	38 50	43.3	57 47	37 33	42.2	57 03	36 18	41.2	56 17	35 07	40.2	55 31	33 59	39.3	54 44	32 53	38.4	291	249
70	110	59 09	37 32	41.8	58 23	36 16	40.7	57 38	35 02	39.7	56 51	33 52	38.7	56 04	32 45	37.8	55 16	31 41	36.9	290	250
71	109	59 45	36 11	40.2	58 58	34 55	39.2	58 12	33 43	38.1	57 24	32 35	37.2	56 36	31 29	36.3	55 47	30 26	35.4	289	251
72	108	60 19	34 46	38.6	59 32	33 32	37.6	58 44	32 21	36.5	57 56	31 14	35.6	57 07	30 10	34.7	56 17	29 08	33.8	288	252
73	107	60 53	33 18	36.9	60 05	32 05	35.9	59 16	30 56	34.9	58 26	29 51	34.0	57 36	28 48	33.1	56 46	27 49	32.2	287	253
74	106	61 25	31 46	35.2	60 36	30 35	34.2	59 46	29 28	33.2	58 55	28 25	32.3	58 05	27 24	31.4	57 13	26 26	30.6	286	254
75	105	61 56	30 10	33.4	61 06	29 02	32.4	60 15	27 57	31.4	59 23	26 56	30.5	58 31	25 57	29.7	57 39	25 02	28.9	285	255
76	104	62 26	28 31	31.5	61 34	27 25	30.5	60 42	26 23	29.6	59 50	25 24	28.8	58 57	24 28	28.0	58 04	23 35	27.2	284	256
77	103	62 53	26 48	29.6	62 01	25 45	28.6	61 08	24 46	27.8	60 15	23 49	27.0	59 21	22 56	26.2	58 27	22 05	25.5	283	257
78	102	63 20	25 02	27.5	62 26	24 02	26.7	61 33	23 05	25.9	60 38	22 12	25.1	59 44	21 21	24.4	58 49	20 34	23.7	282	258
79	101	63 44	23 12	25.5	62 50	22 15	24.7	61 55	21 22	23.9	61 00	20 32	23.2	60 05	19 44	22.5	59 09	19 00	21.8	281	259
80	100	64 07	21 18	23.4	63 12	20 25	22.6	62 16	19 36	21.9	61 20	18 49	21.2	60 24	18 05	20.6	59 28	17 24	20.0	280	260
81	99	64 28	19 22	21.3	63 32	18 33	20.5	62 35	17 47	19.9	61 39	17 04	19.2	60 42	16 24	18.6	59 45	15 46	18.1	279	261
82	98	64 47	17 22	19.1	63 50	16 37	18.4	62 53	15 56	17.8	61 56	15 17	17.2	60 58	14 40	16.7	60 01	14 06	16.2	278	262
83	97	65 03	15 18	17.1	64 06	14 39	16.2	63 08	14 02	15.6	62 10	13 27	15.1	61 12	12 55	14.7	60 14	12 24	14.2	277	263
84	96	65 18	13 13	14.5	64 20	12 38	14.0	63 22	12 06	13.5	62 23	11 36	13.0	61 25	11 07	12.6	60 26	10 41	12.2	276	264
85	95	65 31	11 05	12.1	64 32	10 35	11.7	63 33	10 08	11.3	62 35	9 42	10.9	61 36	9 19	10.6	60 37	8 56	10.2	275	265
86	94	65 41	8 54	9.8	64 42	8 30	9.4	63 43	8 08	9.1	62 44	7 48	8.8	61 44	7 28	8.5	60 45	7 10	8.2	274	266
87	93	65 49	6 42	7.3	64 50	6 24	7.1	63 50	6 07	6.8	62 51	5 52	6.6	61 51	5 37	6.4	60 52	5 24	6.2	273	267
88	92	65 55	4 29	4.9	64 56	4 17	4.7	63 56	4 06	4.6	62 56	3 55	4.4	61 56	3 45	4.3	60 56	3 36	4.1	272	268
89	91	65 59	2 15	2.5	64 59	2 09	2.4	63 59	2 03	2.3	62 59	1 58	2.2	61 59	1 53	2.1	60 59	1 48	2.1	271	269
90	90	66 00	0 00	0.0	65 00	0 00	0.0	64 00	0 00	0.0	63 00	0 00	0.0	62 00	0 00	0.0	61 00	0 00	0.0	270	270

N. Lat.: for LHA > 180° ... $Z_n = Z$
for LHA < 180° ... $Z_n = 360° - Z$

S. Lat.: for LHA > 180° ... $Z_n = 180° - Z$
for LHA < 180° ... $Z_n = 180° + Z$

296 LATITUDE / A: 30° – 35°

SIGHT REDUCTION TABLE

B: (–) for 90° < LHA < 270°
Dec: (–) for Lat. contrary name

Z₁: same sign as B
Z₂: (–) for F > 90°

Lat./A LHA/F	30° A/H	30° B/P	30° Z_1/Z_2	31° A/H	31° B/P	31° Z_1/Z_2	32° A/H	32° B/P	32° Z_1/Z_2	33° A/H	33° B/P	33° Z_1/Z_2	34° A/H	34° B/P	34° Z_1/Z_2	35° A/H	35° B/P	35° Z_1/Z_2	Lat./A LHA
0 180	0 00	60 00	90.0	0 00	59 00	90.0	0 00	58 00	90.0	0 00	57 00	90.0	0 00	56 00	90.0	0 00	55 00	90.0	180 360
1 179	0 52	60 00	89.5	0 51	59 00	89.5	0 51	58 00	89.5	0 50	57 00	89.5	0 50	56 00	89.4	0 49	55 00	89.4	181 359
2 178	1 44	59 59	89.0	1 43	59 00	89.0	1 42	57 59	88.9	1 41	56 58	88.9	1 39	55 59	88.9	1 38	54 58	88.9	182 358
3 177	2 36	59 58	88.5	2 34	58 58	88.5	2 33	57 58	88.4	2 31	56 58	88.4	2 29	55 58	88.3	2 27	54 56	88.3	183 357
4 176	3 28	59 56	88.0	3 26	58 56	88.0	3 23	57 56	87.9	3 21	56 56	87.9	3 19	55 56	87.8	3 17	54 56	87.7	184 356
5 175	4 20	59 54	87.5	4 17	58 54	87.5	4 14	57 54	87.4	4 12	56 54	87.3	4 09	55 54	87.2	4 06	54 54	87.1	185 355
6 174	5 12	59 52	87.0	5 08	58 52	87.0	5 05	57 52	86.9	5 02	56 51	86.7	4 58	55 51	86.6	4 55	54 51	86.6	186 354
7 173	6 04	59 49	86.5	6 00	58 49	86.5	5 56	57 48	86.4	5 52	56 48	86.2	5 48	55 48	86.1	5 44	54 48	86.0	187 353
8 172	6 55	59 45	86.0	6 51	58 45	85.9	6 47	57 45	85.7	6 42	56 45	85.6	6 38	55 44	85.5	6 33	54 44	85.4	188 352
9 171	7 47	59 42	85.5	7 42	58 41	85.3	7 37	57 41	85.2	7 32	56 40	85.1	7 27	55 40	84.9	7 22	54 40	84.8	189 351
10 170	8 39	59 37	85.0	8 34	58 37	84.8	8 28	57 36	84.7	8 22	56 36	84.5	8 17	55 36	84.4	8 11	54 35	84.2	190 350
11 169	9 31	59 32	84.4	9 25	58 32	84.4	9 19	57 31	84.1	9 13	56 31	84.0	9 06	55 30	83.8	9 00	54 30	83.6	191 349
12 168	10 22	59 27	83.9	10 16	58 26	83.8	10 09	57 26	83.6	10 03	56 25	83.4	9 56	55 25	83.2	9 48	54 24	83.0	192 348
13 167	11 14	59 21	83.4	11 07	58 20	83.2	11 00	57 20	83.0	10 52	56 19	82.8	10 45	55 18	82.6	10 37	54 18	82.5	193 347
14 166	12 06	59 15	82.9	11 58	58 14	82.7	11 50	57 13	82.5	11 42	56 12	82.3	11 34	55 12	82.1	11 26	54 11	81.9	194 346
15 165	12 57	59 08	82.4	12 49	58 07	82.1	12 41	57 06	81.9	12 32	56 05	81.7	12 23	55 04	81.5	12 14	54 04	81.3	195 345
16 164	13 49	59 01	81.8	13 40	58 00	81.6	13 31	56 58	81.4	13 22	55 57	81.1	13 13	54 57	80.9	13 03	53 56	80.7	196 344
17 163	14 40	58 53	81.3	14 31	57 51	81.1	14 21	56 50	80.8	14 12	55 49	80.5	14 02	54 48	80.3	13 51	53 47	80.1	197 343
18 162	15 31	58 44	80.8	15 22	57 43	80.5	15 12	56 42	80.2	15 01	55 40	80.0	14 51	54 39	79.7	14 40	53 38	79.4	198 342
19 161	16 23	58 35	80.2	16 12	57 34	79.9	16 02	56 32	79.7	15 51	55 31	79.4	15 40	54 30	79.1	15 28	53 29	78.8	199 341
20 160	17 14	58 26	79.7	17 03	57 24	79.4	16 52	56 23	79.1	16 40	55 21	78.8	16 28	54 20	78.5	16 16	53 19	78.2	200 340
21 159	18 05	58 16	79.1	17 53	57 14	78.8	17 42	56 12	78.5	17 29	55 11	78.2	17 17	54 09	77.9	17 04	53 08	77.6	201 339
22 158	18 56	58 05	78.6	18 44	57 03	78.2	18 31	56 01	77.9	18 19	55 00	77.6	18 06	53 58	77.3	17 52	52 56	77.0	202 338
23 157	19 47	57 54	78.0	19 34	56 52	77.7	19 21	55 50	77.3	19 08	54 48	77.0	18 54	53 46	76.6	18 40	52 44	76.3	203 337
24 156	20 37	57 42	77.4	20 24	56 40	77.1	20 11	55 38	76.7	19 57	54 36	76.4	19 42	53 34	76.0	19 28	52 32	75.7	204 336
25 155	21 28	57 30	76.9	21 14	56 27	76.5	21 00	55 25	76.1	20 46	54 23	75.7	20 31	53 21	75.4	20 15	52 19	75.0	205 335
26 154	22 19	57 17	76.3	22 04	56 14	75.9	21 49	55 12	75.5	21 34	54 09	75.1	21 19	53 07	74.7	21 03	52 05	74.4	206 334
27 153	23 09	57 03	75.7	22 54	56 00	75.3	22 39	54 57	74.9	22 23	53 55	74.5	22 07	52 52	74.1	21 50	51 50	73.7	207 333
28 152	23 59	56 49	75.1	23 44	55 46	74.7	23 28	54 43	74.3	23 11	53 40	73.8	22 54	52 37	73.4	22 37	51 35	73.0	208 332
29 151	24 50	56 34	74.5	24 33	55 31	74.1	24 17	54 27	73.6	23 59	53 24	73.2	23 42	52 22	72.8	23 24	51 19	72.4	209 331
30 150	25 40	56 19	73.9	25 23	55 15	73.4	25 05	54 11	73.0	24 48	53 08	72.5	24 29	52 05	72.1	24 11	51 03	71.7	210 330
31 149	26 29	56 02	73.3	26 12	54 58	72.8	25 54	53 54	72.3	25 35	52 51	71.9	25 17	51 48	71.4	24 57	50 45	71.0	211 329
32 148	27 19	55 45	72.6	27 01	54 41	72.2	26 42	53 37	71.7	26 23	52 33	71.2	26 04	51 30	70.7	25 44	50 27	70.3	212 328
33 147	28 09	55 27	72.0	27 50	54 22	71.5	27 31	53 19	71.0	27 11	52 15	70.5	26 50	51 12	70.0	26 30	50 08	69.6	213 327
34 146	28 58	55 09	71.4	28 38	54 04	70.8	28 19	53 00	70.3	27 58	51 56	69.8	27 37	50 52	69.3	27 16	49 49	68.8	214 326
35 145	29 47	54 49	70.7	29 27	53 44	70.2	29 06	52 40	69.6	28 45	51 36	69.1	28 24	50 32	68.6	28 01	49 29	68.1	215 325
36 144	30 36	54 29	70.0	30 15	53 24	69.5	29 54	52 19	68.9	29 32	51 15	68.4	29 10	50 11	67.9	28 47	49 07	67.4	216 324
37 143	31 25	54 08	69.4	31 03	53 03	68.7	30 41	51 58	68.2	30 19	50 53	67.7	29 56	49 49	67.2	29 32	48 45	66.6	217 323
38 142	32 13	53 46	68.7	31 51	52 40	68.0	31 28	51 35	67.5	31 05	50 30	66.9	30 41	49 26	66.4	30 17	48 23	65.9	218 322
39 141	33 02	53 23	68.0	32 39	52 17	67.4	32 15	51 12	66.8	31 51	50 07	66.2	31 27	49 03	65.6	31 02	47 59	65.1	219 321
40 140	33 50	53 00	67.2	33 26	51 53	66.6	33 02	50 48	66.0	32 37	49 43	65.4	32 12	48 38	64.9	31 46	47 34	64.3	220 320
41 139	34 37	52 35	66.5	34 13	51 29	65.9	33 48	50 23	65.3	33 23	49 17	64.7	32 57	48 13	64.1	32 30	47 09	63.5	221 319
42 138	35 25	52 09	65.8	35 00	51 03	65.1	34 34	49 56	64.5	34 08	48 51	63.9	33 42	47 46	63.3	33 14	46 42	62.7	222 318
43 137	36 12	51 43	65.0	35 46	50 36	64.3	35 20	49 29	63.7	34 53	48 24	63.1	34 26	47 19	62.5	33 58	46 15	61.9	223 317
44 136	36 59	51 15	64.2	36 33	50 08	63.6	36 06	49 01	62.9	35 38	47 55	62.3	35 10	46 51	61.6	34 41	45 46	61.0	224 316
45 135	37 46	50 46	63.4	37 19	49 39	62.7	36 51	48 32	62.1	36 22	47 26	61.4	35 53	46 21	60.8	35 24	45 17	60.2	225 315

SIGHT REDUCTION TABLE

Lat./A	LHA/F	30° A/H	30° B/P	30° Z_1/Z_2	31° A/H	31° B/P	31° Z_1/Z_2	32° A/H	32° B/P	32° Z_1/Z_2	33° A/H	33° B/P	33° Z_1/Z_2	34° A/H	34° B/P	34° Z_1/Z_2	35° A/H	35° B/P	35° Z_1/Z_2	Lat./A	LHA
45	135	37 46	50 46	63.4	37 19	49 39	62.7	36 51	48 32	62.1	36 22	47 26	61.4	35 53	46 21	60.8	35 24	45 17	60.2	225	315
46	134	38 32	50 16	62.6	38 04	49 08	61.9	37 36	48 02	61.2	37 06	46 56	60.6	36 37	45 51	59.9	36 06	44 46	59.3	226	314
47	133	39 18	49 45	61.8	38 49	48 37	61.1	38 20	47 30	60.4	37 50	46 24	59.7	37 19	45 19	59.1	36 48	44 15	58.4	227	313
48	132	40 04	49 13	61.0	39 34	48 05	60.2	39 04	46 58	59.5	38 33	45 51	58.8	38 02	44 46	58.2	37 30	43 42	57.5	228	312
49	131	40 49	48 39	60.1	40 19	47 31	59.4	39 48	46 24	58.6	39 16	45 18	57.9	38 44	44 12	57.2	38 11	43 08	56.6	229	311
50	130	41 34	48 04	59.2	41 03	46 56	58.5	40 31	45 49	57.7	39 59	44 42	57.0	39 26	43 37	56.3	38 52	42 33	55.6	230	310
51	129	42 18	47 28	58.3	41 46	46 20	57.5	41 14	45 12	56.8	40 41	44 06	56.1	40 07	43 01	55.4	39 32	41 57	54.7	231	309
52	128	43 02	46 50	57.4	42 29	45 42	56.6	41 56	44 34	55.9	41 22	43 28	55.1	40 47	42 23	54.4	40 12	41 19	53.7	232	308
53	127	43 46	46 11	56.4	43 12	45 03	55.6	42 38	43 55	54.9	42 03	42 49	54.1	41 28	41 44	53.4	40 52	40 41	52.7	233	307
54	126	44 29	45 31	55.5	43 54	44 22	54.7	43 19	43 15	53.9	42 44	42 09	53.1	42 07	41 04	52.4	41 30	40 01	51.7	234	306
55	125	45 11	44 49	54.5	44 36	43 40	53.7	44 00	42 33	52.9	43 24	41 27	52.1	42 46	40 23	51.4	42 09	39 19	50.7	235	305
56	124	45 53	44 05	53.5	45 17	42 57	52.6	44 40	41 50	51.8	44 03	40 44	51.1	43 25	39 40	50.3	42 46	38 37	49.6	236	304
57	123	46 35	43 20	52.4	45 58	42 11	51.6	45 20	41 05	50.8	44 42	39 59	50.0	44 03	38 55	49.3	43 24	37 53	48.5	237	303
58	122	47 16	42 33	51.3	46 38	41 25	50.5	45 59	40 18	49.7	45 20	39 13	48.9	44 40	38 09	48.2	44 00	37 07	47.5	238	302
59	121	47 56	41 44	50.2	47 17	40 36	49.4	46 38	39 30	48.6	45 58	38 25	47.8	45 17	37 22	47.1	44 36	36 20	46.3	239	301
60	120	48 35	40 54	49.1	47 56	39 46	48.3	47 16	38 40	47.5	46 35	37 36	46.7	45 53	36 33	45.9	45 11	35 32	45.2	240	300
61	119	49 14	40 01	47.9	48 34	38 54	47.1	47 53	37 48	46.3	47 11	36 45	45.5	46 29	35 42	44.7	45 46	34 42	44.0	241	299
62	118	49 53	39 07	46.8	49 11	38 00	45.9	48 29	36 55	45.1	47 46	35 52	44.3	47 03	34 50	43.6	46 19	33 50	42.8	242	298
63	117	50 30	38 11	45.5	49 48	37 04	44.7	49 05	36 00	43.9	48 21	34 57	43.1	47 37	33 57	42.3	46 53	32 57	41.6	243	297
64	116	51 07	37 13	44.3	50 23	36 07	43.4	49 40	35 03	42.6	48 55	34 01	41.8	48 10	33 01	41.1	47 25	32 03	40.4	244	296
65	115	51 43	36 12	43.0	50 58	35 07	42.2	50 14	34 04	41.3	49 28	33 03	40.6	48 43	32 04	39.8	47 56	31 07	39.1	245	295
66	114	52 18	35 10	41.7	51 33	34 06	40.8	50 47	33 04	40.0	50 01	32 04	39.3	49 14	31 05	38.5	48 27	30 09	37.8	246	294
67	113	52 52	34 05	40.3	52 06	33 02	39.5	51 19	32 01	38.7	50 32	31 02	37.9	49 44	30 05	37.2	48 56	29 10	36.5	247	293
68	112	53 25	32 59	38.9	52 38	31 56	38.1	51 50	30 57	37.3	51 02	29 59	36.6	50 14	29 03	35.8	49 25	28 09	35.2	248	292
69	111	53 57	31 50	37.5	53 09	30 49	36.7	52 21	29 50	35.9	51 32	28 53	35.2	50 43	27 59	34.5	49 53	27 06	33.8	249	291
70	110	54 28	30 39	36.1	53 39	29 39	35.2	52 50	28 42	34.5	52 00	27 46	33.8	51 10	26 53	33.1	50 20	26 02	32.4	250	290
71	109	54 58	29 25	34.6	54 08	28 27	33.8	53 18	27 31	33.0	52 28	26 38	32.3	51 37	25 46	31.6	50 46	24 56	31.0	251	289
72	108	55 27	28 09	33.0	54 37	27 13	32.2	53 46	26 19	31.5	52 54	25 27	30.8	52 03	24 37	30.2	51 10	23 49	29.5	252	288
73	107	55 55	26 51	31.4	55 03	25 57	30.7	54 12	25 04	30.0	53 19	24 14	29.3	52 27	23 26	28.7	51 34	22 40	28.1	253	287
74	106	56 21	25 31	29.8	55 29	24 39	29.1	54 36	23 48	28.4	53 43	23 00	27.8	52 50	22 14	27.1	51 57	21 29	26.6	254	286
75	105	56 46	24 09	28.2	55 53	23 18	27.5	55 00	22 30	26.8	54 06	21 44	26.2	53 12	21 00	25.6	52 18	20 17	25.0	255	285
76	104	57 10	22 44	26.5	56 16	21 56	25.8	55 22	21 10	25.2	54 28	20 26	24.6	53 33	19 44	24.0	52 38	19 04	23.5	256	284
77	103	57 33	21 17	24.8	56 38	20 31	24.1	55 43	19 48	23.5	54 48	19 06	23.0	53 53	18 27	22.4	52 57	17 49	21.9	257	283
78	102	57 54	19 48	23.0	56 59	19 05	22.4	56 03	18 24	21.9	55 07	17 45	21.3	54 11	17 08	20.8	53 15	16 32	20.3	258	282
79	101	58 13	18 17	21.2	57 17	17 37	20.7	56 21	16 59	20.1	55 25	16 22	19.6	54 28	15 48	19.2	53 31	15 15	18.7	259	281
80	100	58 32	16 44	19.4	57 35	16 07	18.9	56 38	15 32	18.4	55 41	14 58	17.9	54 44	14 26	17.5	53 47	13 56	17.1	260	280
81	99	58 48	15 10	17.6	57 51	14 36	17.1	56 53	14 03	16.6	55 56	13 33	16.2	54 58	13 03	15.8	54 00	12 36	15.4	261	279
82	98	59 03	13 33	15.7	58 05	13 02	15.3	57 07	12 33	14.9	56 09	12 06	14.5	55 10	11 40	14.1	54 13	11 14	13.8	262	278
83	97	59 16	11 55	13.8	58 18	11 28	13.4	57 19	11 02	13.0	56 21	10 38	12.7	55 22	10 14	12.4	54 24	9 52	12.1	263	277
84	96	59 28	10 16	11.9	58 29	9 52	11.5	57 30	9 30	11.2	56 31	9 09	10.9	55 32	8 49	10.6	54 33	8 29	10.4	264	276
85	95	59 37	8 35	9.9	58 38	8 15	9.6	57 39	7 56	9.4	56 40	7 39	9.1	55 41	7 22	8.9	54 41	7 06	8.7	265	275
86	94	59 46	6 53	8.0	58 46	6 37	7.7	57 47	6 22	7.5	56 47	6 08	7.3	55 48	5 54	7.1	54 48	5 41	7.0	266	274
87	93	59 52	5 11	6.0	58 52	4 59	5.8	57 52	4 47	5.6	56 53	4 36	5.5	55 53	4 26	5.4	54 53	4 16	5.2	267	273
88	92	59 56	3 28	4.0	58 57	3 19	3.9	57 57	3 12	3.8	56 57	3 05	3.7	55 57	2 58	3.6	54 57	2 51	3.5	268	272
89	91	59 59	1 44	2.0	58 59	1 40	1.9	57 59	1 36	1.9	56 59	1 32	1.8	55 59	1 29	1.8	54 59	1 26	1.7	269	271
90	90	60 00	0 00	0.0	59 00	0 00	0.0	58 00	0 00	0.0	57 00	0 00	0.0	56 00	0 00	0.0	55 00	0 00	0.0	270	270

N. Lat.: for LHA > 180°.... $Z_n = Z$
for LHA < 180°.... $Z_n = 360° - Z$

S. Lat.: for LHA > 180°.... $Z_n = 180° - Z$
for LHA < 180°.... $Z_n = 180° + Z$

LATITUDE / A: 36° – 41°

SIGHT REDUCTION TABLE

B: (−) for 90°< LHA < 270°
Dec: (−) for Lat. contrary name

Z_1: same sign as B
Z_2: (−) for F > 90°

LHA	F	36° A/H	36° B/P	36° Z_1/Z_2	37° A/H	37° B/P	37° Z_1/Z_2	38° A/H	38° B/P	38° Z_1/Z_2	39° A/H	39° B/P	39° Z_1/Z_2	40° A/H	40° B/P	40° Z_1/Z_2	41° A/H	41° B/P	41° Z_1/Z_2	LHA	A
0	180	0 00	54 00	90.0	0 00	53 00	90.0	0 00	52 00	90.0	0 00	51 00	90.0	0 00	50 00	90.0	0 00	49 00	90.0	180	360
1	179	0 49	54 00	89.4	0 48	53 00	89.4	0 47	52 00	89.4	0 47	51 00	89.4	0 46	50 00	89.4	0 45	49 00	89.3	181	359
2	178	1 37	53 59	88.8	1 36	52 59	88.8	1 35	51 59	88.8	1 33	50 59	88.7	1 32	49 59	88.7	1 31	48 59	88.7	182	358
3	177	2 26	53 58	88.2	2 24	52 58	88.2	2 22	51 58	88.2	2 20	50 58	88.1	2 18	49 58	88.1	2 16	48 58	88.0	183	357
4	176	3 14	53 56	87.6	3 12	52 56	87.6	3 09	51 56	87.5	3 06	50 56	87.5	3 04	49 56	87.4	3 01	48 56	87.4	184	356
5	175	4 03	53 54	87.1	3 59	52 54	87.0	3 56	51 54	86.9	3 53	50 54	86.8	3 50	49 54	86.8	3 46	48 54	86.7	185	355
6	174	4 51	53 51	86.5	4 47	52 51	86.4	4 43	51 51	86.3	4 40	50 51	86.2	4 36	49 51	86.1	4 31	48 51	86.1	186	354
7	173	5 39	53 48	85.9	5 35	52 48	85.8	5 31	51 48	85.7	5 26	50 47	85.6	5 21	49 47	85.5	5 17	48 47	85.4	187	353
8	172	6 28	53 44	85.3	6 23	52 44	85.2	6 18	51 44	85.1	6 13	50 44	84.9	6 07	49 43	84.8	6 02	48 43	84.7	188	352
9	171	7 16	53 40	84.7	7 11	52 39	84.6	7 05	51 39	84.4	6 59	50 39	84.3	6 53	49 39	84.2	6 47	48 39	84.1	189	351
10	170	8 05	53 35	84.1	7 58	52 35	83.9	7 52	51 34	83.8	7 45	50 34	83.7	7 39	49 34	83.5	7 32	48 34	83.4	190	350
11	169	8 53	53 30	83.5	8 46	52 29	83.3	8 39	51 29	83.2	8 32	50 29	83.0	8 24	49 29	82.9	8 17	48 28	82.7	191	349
12	168	9 41	53 24	82.9	9 33	52 23	82.7	9 26	51 23	82.5	9 18	50 23	82.4	9 10	49 23	82.2	9 02	48 22	82.1	192	348
13	167	10 29	53 17	82.3	10 21	52 17	82.1	10 13	51 17	81.9	10 04	50 16	81.7	9 55	49 16	81.6	9 46	48 16	81.4	193	347
14	166	11 17	53 10	81.7	11 08	52 10	81.5	10 59	51 10	81.3	10 50	50 09	81.1	10 41	49 09	80.9	10 31	48 09	80.7	194	346
15	165	12 05	53 03	81.1	11 56	52 02	80.8	11 46	51 02	80.6	11 36	50 02	80.4	11 26	49 01	80.2	11 16	48 01	80.0	195	345
16	164	12 53	52 55	80.4	12 43	51 54	80.2	12 33	50 54	80.0	12 22	49 53	79.8	12 11	48 53	79.6	12 00	47 53	79.3	196	344
17	163	13 41	52 46	79.8	13 30	51 46	79.6	13 19	50 45	79.3	13 08	49 45	79.1	12 57	48 44	78.9	12 45	47 44	78.7	197	343
18	162	14 29	52 37	79.2	14 17	51 37	78.9	14 06	50 36	78.7	13 54	49 35	78.4	13 42	48 35	78.2	13 29	47 34	78.0	198	342
19	161	15 16	52 28	78.6	15 04	51 27	78.3	14 52	50 26	78.0	14 39	49 25	77.8	14 27	48 25	77.5	14 13	47 24	77.3	199	341
20	160	16 04	52 17	77.9	15 51	51 16	77.6	15 38	50 16	77.4	15 25	49 15	77.1	15 11	48 14	76.8	14 58	47 14	76.6	200	340
21	159	16 51	52 07	77.3	16 38	51 05	77.0	16 24	50 05	76.7	16 10	49 04	76.4	15 56	48 03	76.1	15 42	47 03	75.9	201	339
22	158	17 39	51 55	76.6	17 24	50 54	76.3	17 10	49 53	76.0	16 56	48 52	75.7	16 41	47 51	75.4	16 25	46 51	75.2	202	338
23	157	18 26	51 43	76.0	18 11	50 42	75.7	17 56	49 41	75.4	17 41	48 40	75.0	17 25	47 39	74.7	17 09	46 38	74.4	203	337
24	156	19 13	51 30	75.3	18 57	50 29	75.0	18 42	49 28	74.7	18 26	48 27	74.3	18 09	47 26	74.0	17 53	46 25	73.7	204	336
25	155	20 00	51 17	74.7	19 44	50 15	74.3	19 27	49 14	74.0	19 10	48 13	73.6	18 53	47 12	73.3	18 36	46 12	73.0	205	335
26	154	20 46	51 03	74.0	20 30	50 01	73.6	20 13	49 00	73.3	19 55	47 59	72.9	19 37	46 58	72.6	19 19	45 57	72.3	206	334
27	153	21 33	50 48	73.3	21 15	49 47	73.0	20 58	48 45	72.6	20 40	47 44	72.2	20 21	46 43	71.9	20 02	45 42	71.5	207	333
28	152	22 19	50 33	72.6	22 01	49 31	72.3	21 43	48 30	71.9	21 24	47 28	71.5	21 05	46 28	71.1	20 45	45 27	70.8	208	332
29	151	23 06	50 17	72.0	22 47	49 15	71.6	22 28	48 14	71.2	22 08	47 12	70.8	21 48	46 11	70.4	21 28	45 11	70.0	209	331
30	150	23 52	50 00	71.3	23 32	48 58	70.8	23 12	47 57	70.4	22 52	46 55	70.0	22 31	45 54	69.6	22 10	44 54	69.3	210	330
31	149	24 37	49 43	70.5	24 17	48 41	70.1	23 57	47 39	69.7	23 36	46 38	69.3	23 14	45 37	68.9	22 52	44 36	68.5	211	329
32	148	25 23	49 25	69.8	25 02	48 23	69.4	24 41	47 21	69.0	24 19	46 19	68.5	23 57	45 18	68.1	23 34	44 17	67.7	212	328
33	147	26 09	49 06	69.1	25 47	48 04	68.7	25 25	47 02	68.2	25 02	46 00	67.8	24 40	44 59	67.3	24 16	43 58	66.9	213	327
34	146	26 54	48 46	68.4	26 32	47 44	67.9	26 09	46 42	67.4	25 45	45 40	67.0	25 22	44 39	66.6	24 58	43 39	66.1	214	326
35	145	27 39	48 26	67.6	27 16	47 23	67.1	26 52	46 21	66.7	26 28	45 20	66.2	26 04	44 19	65.8	25 39	43 18	65.3	215	325
36	144	28 24	48 04	66.9	28 00	47 02	66.4	27 36	46 00	65.9	27 11	44 58	65.4	26 46	43 57	65.0	26 20	42 57	64.5	216	324
37	143	29 08	47 42	66.1	28 44	46 40	65.6	28 19	45 38	65.1	27 53	44 36	64.6	27 27	43 35	64.2	27 01	42 34	63.7	217	323
38	142	29 52	47 19	65.3	29 27	46 17	64.8	29 01	45 15	64.3	28 35	44 13	63.8	28 08	43 12	63.3	27 41	42 12	62.9	218	322
39	141	30 36	46 56	64.5	30 10	45 53	64.0	29 44	44 51	63.5	29 17	43 49	63.0	28 49	42 48	62.5	28 21	41 48	62.0	219	321
40	140	31 20	46 31	63.7	30 53	45 28	63.2	30 26	44 26	62.7	29 58	43 25	62.2	29 30	42 24	61.7	29 01	41 23	61.2	220	320
41	139	32 03	46 05	62.9	31 36	45 03	62.4	31 08	44 01	61.8	30 39	42 59	61.3	30 10	41 58	60.8	29 41	40 58	60.3	221	319
42	138	32 46	45 39	62.1	32 18	44 36	61.5	31 49	43 34	61.0	31 20	42 33	60.5	30 50	41 32	59.9	30 20	40 32	59.4	222	318
43	137	33 29	45 11	61.3	33 00	44 09	60.7	32 30	43 07	60.1	32 00	42 05	59.6	31 30	41 05	59.1	30 59	40 04	58.5	223	317
44	136	34 12	44 43	60.4	33 42	43 40	59.8	33 11	42 38	59.3	32 40	41 37	58.7	32 09	40 36	58.2	31 37	39 36	57.6	224	316
45	135	34 54	44 13	59.6	34 23	43 11	59.0	33 52	42 09	58.4	33 20	41 08	57.8	32 48	40 07	57.3	32 15	39 08	56.7	225	315

SIGHT REDUCTION TABLE

A	LHA/F	36° A/H	36° B/P	36° Z_1/Z_2	37° A/H	37° B/P	37° Z_1/Z_2	38° A/H	38° B/P	38° Z_1/Z_2	39° A/H	39° B/P	39° Z_1/Z_2	40° A/H	40° B/P	40° Z_1/Z_2	41° A/H	41° B/P	41° Z_1/Z_2	LHA	LHA
45	135	34 54	44 13	59.6	34 23	43 11	59.0	33 52	42 09	58.4	33 20	41 08	57.8	32 48	40 07	57.3	32 15	39 08	56.8	225	315
46	134	35 35	43 43	58.7	35 04	42 40	58.1	34 32	41 38	57.5	33 59	40 37	56.9	33 26	39 37	56.4	32 53	38 38	55.8	226	314
47	133	36 17	43 11	57.8	35 44	42 09	57.2	35 12	41 07	56.6	34 38	40 06	56.0	34 04	39 06	55.4	33 30	38 07	54.9	227	313
48	132	36 57	42 39	56.9	36 24	41 36	56.2	35 51	40 35	55.6	35 17	39 34	55.1	34 42	38 34	54.5	34 07	37 35	53.9	228	312
49	131	37 38	42 05	56.0	37 04	41 03	55.2	36 30	40 01	54.7	35 55	39 01	54.1	35 19	38 01	53.5	34 43	37 03	53.0	229	311
50	130	38 18	41 30	55.0	37 43	40 28	54.4	37 08	39 27	53.7	36 32	38 27	53.1	35 56	37 27	52.5	35 19	36 29	52.0	230	310
51	129	38 57	40 54	54.0	38 22	39 52	53.4	37 46	38 51	52.8	37 09	37 51	52.1	36 32	36 52	51.6	35 55	35 54	51.0	231	309
52	128	39 36	40 17	53.0	39 00	39 15	52.4	38 23	38 14	51.8	37 46	37 15	51.1	37 08	36 16	50.6	36 30	35 18	50.0	232	308
53	127	40 15	39 38	52.0	39 38	38 37	51.4	39 00	37 36	50.8	38 22	36 37	50.1	37 43	35 39	49.5	37 04	34 42	49.0	233	307
54	126	40 53	38 58	51.0	40 15	37 57	50.4	39 36	36 57	49.7	38 57	35 58	49.1	38 18	35 01	48.5	37 38	34 04	47.9	234	306
55	125	41 30	38 17	50.0	40 52	37 17	49.3	40 12	36 17	48.7	39 32	35 19	48.1	38 52	34 21	47.4	38 11	33 25	46.9	235	305
56	124	42 07	37 35	48.9	41 28	36 35	48.3	40 47	35 36	47.6	40 07	34 38	47.0	39 26	33 41	46.4	38 44	32 45	45.8	236	304
57	123	42 44	36 51	47.9	42 03	35 51	47.2	41 22	34 53	46.5	40 41	33 55	45.9	39 59	32 59	45.2	39 16	32 04	44.7	237	303
58	122	43 19	36 06	46.8	42 38	35 07	46.1	41 56	34 09	45.4	41 14	33 12	44.8	40 31	32 16	44.2	39 48	31 22	43.6	238	302
59	121	43 54	35 20	45.6	43 12	34 21	45.0	42 29	33 24	44.3	41 46	32 27	43.7	41 03	31 32	43.1	40 19	30 39	42.5	239	301
60	120	44 29	34 32	44.5	43 46	33 34	43.8	43 02	32 37	43.2	42 18	31 42	42.5	41 34	30 47	41.9	40 49	29 54	41.3	240	300
61	119	45 02	33 43	43.3	44 18	32 45	42.6	43 34	31 49	42.0	42 49	30 56	41.4	42 04	30 01	40.8	41 18	29 09	40.2	241	299
62	118	45 35	32 52	42.1	44 51	31 55	41.5	44 05	31 00	40.8	43 20	30 06	40.2	42 34	29 14	39.6	41 47	28 22	39.0	242	298
63	117	46 07	32 00	40.9	45 22	31 04	40.3	44 36	30 10	39.6	43 49	29 17	39.0	43 03	28 25	38.4	42 15	27 35	37.8	243	297
64	116	46 39	31 06	39.7	45 52	30 11	39.0	45 06	29 18	38.4	44 18	28 26	37.8	43 31	27 35	37.2	42 43	26 46	36.6	244	296
65	115	47 09	30 11	38.4	46 22	29 17	37.8	45 35	28 25	37.1	44 47	27 34	36.5	43 58	26 44	36.0	43 09	25 56	35.4	245	295
66	114	47 39	29 14	37.1	46 51	28 21	36.5	46 03	27 30	35.9	45 14	26 40	35.3	44 25	25 52	34.7	43 35	25 04	34.2	246	294
67	113	48 08	28 16	35.8	47 19	27 24	35.2	46 30	26 34	34.6	45 40	25 45	34.0	44 50	24 58	33.4	44 00	24 12	32.9	247	293
68	112	48 36	27 17	34.5	47 46	26 26	33.9	46 56	25 37	33.3	46 06	24 50	32.7	45 15	24 03	32.2	44 24	23 19	31.6	248	292
69	111	49 03	26 15	33.1	48 13	25 26	32.5	47 22	24 38	31.9	46 31	23 52	31.4	45 39	23 08	30.8	44 48	22 24	30.3	249	291
70	110	49 29	25 13	31.8	48 38	24 25	31.2	47 46	23 39	30.6	46 55	22 54	30.0	46 03	22 11	29.5	45 10	21 29	29.0	250	290
71	109	49 54	24 08	30.4	49 02	23 22	29.8	48 10	22 37	29.2	47 17	21 54	28.7	46 25	21 12	28.2	45 32	20 32	27.7	251	289
72	108	50 18	23 02	28.9	49 25	22 18	28.4	48 33	21 35	27.8	47 39	20 53	27.3	46 46	20 13	26.8	45 52	19 34	26.3	252	288
73	107	50 41	21 55	27.5	49 48	21 12	26.9	48 54	20 31	26.4	48 00	19 51	25.9	47 06	19 13	25.4	46 12	18 35	25.0	253	287
74	106	51 03	20 47	26.0	50 09	20 06	25.5	49 15	19 26	25.0	48 20	18 48	24.5	47 25	18 11	24.0	46 30	17 36	23.6	254	286
75	105	51 24	19 36	24.5	50 29	18 57	24.0	49 34	18 20	23.5	48 39	17 43	23.1	47 44	17 09	22.6	46 48	16 35	22.2	255	285
76	104	51 43	18 25	23.0	50 48	17 48	22.5	49 52	17 12	22.0	48 57	16 38	21.6	48 01	16 05	21.2	47 05	15 33	20.8	256	284
77	103	52 02	17 12	21.4	51 06	16 37	21.0	50 09	16 04	20.6	49 13	15 31	20.1	48 17	15 00	19.8	47 20	14 31	19.4	257	283
78	102	52 19	15 58	19.9	51 22	15 25	19.5	50 25	14 54	19.0	49 29	14 24	18.7	48 32	13 55	18.3	47 35	13 27	18.0	258	282
79	101	52 35	14 43	18.3	51 37	14 13	17.9	50 40	13 43	17.5	49 43	13 16	17.2	48 46	12 49	16.8	47 48	12 23	16.5	259	281
80	100	52 49	13 27	16.7	51 52	12 59	16.3	50 54	12 32	16.0	49 56	12 06	15.7	48 58	11 42	15.3	48 01	11 18	15.0	260	280
81	99	53 02	12 09	15.1	52 04	11 44	14.7	51 06	11 19	14.4	50 08	10 56	14.1	49 10	10 34	13.8	48 12	10 12	13.6	261	279
82	98	53 14	10 51	13.4	52 16	10 28	13.1	51 18	10 06	12.9	50 19	9 45	12.6	49 20	9 25	12.3	48 22	9 06	12.1	262	278
83	97	53 25	9 31	11.8	52 26	9 11	11.5	51 27	8 52	11.3	50 29	8 34	11.0	49 30	8 16	10.8	48 31	7 59	10.6	263	277
84	96	53 34	8 11	10.1	52 35	7 54	9.9	51 36	7 37	9.7	50 39	7 21	9.5	49 38	7 06	9.3	48 38	6 51	9.1	264	276
85	95	53 42	6 50	8.5	52 43	6 36	8.3	51 43	6 22	8.1	50 44	6 09	7.9	49 44	5 56	7.8	48 45	5 44	7.6	265	275
86	94	53 49	5 29	6.8	52 49	5 17	6.6	51 49	5 06	6.5	50 50	4 55	6.3	49 50	4 45	6.2	48 50	4 35	6.1	266	274
87	93	53 54	4 07	5.1	52 54	3 58	5.0	51 54	3 50	4.9	50 54	3 42	4.8	49 54	3 34	4.7	48 55	3 27	4.6	267	273
88	92	53 57	2 45	3.4	52 57	2 39	3.3	51 57	2 33	3.2	50 57	2 28	3.2	49 58	2 23	3.1	48 58	2 18	3.0	268	272
89	91	53 59	1 23	1.7	52 59	1 20	1.7	51 59	1 17	1.6	50 59	1 14	1.6	49 59	1 11	1.6	48 58	1 09	1.5	269	271
90	90	54 00	0 00	0.0	53 00	0 00	0.0	52 00	0 00	0.0	51 00	0 00	0.0	50 00	0 00	0.0	49 00	0 00	0.0	270	270

N. Lat.: for LHA > 180°... $Z_n = Z$
for LHA < 180°... $Z_n = 360° - Z$

S. Lat.: for LHA > 180°... $Z_n = 180° - Z$
for LHA < 180°... $Z_n = 180° + Z$

SIGHT REDUCTION TABLE

LATITUDE / A: 42° – 47°

B: (−) for 90°< LHA <270°
Dec: (−) for Lat. contrary name

Z1: same sign as B
Z2: (−) for F > 90°

Lat./A LHA/F		42° A/H	42° B/P	42° Z1/Z2	43° A/H	43° B/P	43° Z1/Z2	44° A/H	44° B/P	44° Z1/Z2	45° A/H	45° B/P	45° Z1/Z2	46° A/H	46° B/P	46° Z1/Z2	47° A/H	47° B/P	47° Z1/Z2	Lat./A LHA	
0	180	0 00	48 00	90.0	0 00	47 00	90.0	0 00	46 00	90.0	0 00	45 00	90.0	0 00	44 00	90.0	0 00	43 00	90.0	180	360
1	179	0 45	48 00	89.3	0 44	47 00	89.3	0 43	46 00	89.3	0 42	45 00	89.3	0 42	44 00	89.3	0 41	43 00	89.3	181	359
2	178	1 29	47 59	88.7	1 28	46 59	88.6	1 26	45 59	88.6	1 25	44 59	88.6	1 23	43 59	88.6	1 22	42 59	88.5	182	358
3	177	2 14	47 58	88.0	2 12	46 58	88.0	2 09	45 58	87.9	2 07	44 58	87.9	2 05	43 58	87.8	2 03	42 58	87.8	183	357
4	176	2 58	47 56	87.3	2 55	46 56	87.3	2 53	45 56	87.2	2 50	44 56	87.2	2 47	43 56	87.1	2 44	42 56	87.1	184	356
5	175	3 43	47 53	86.6	3 39	46 53	86.6	3 36	45 53	86.5	3 32	44 53	86.5	3 28	43 53	86.4	3 24	42 53	86.3	185	355
6	174	4 27	47 51	86.0	4 23	46 51	85.9	4 19	45 51	85.8	4 14	44 51	85.7	4 10	43 51	85.7	4 05	42 51	85.6	186	354
7	173	5 12	47 47	85.3	5 07	46 47	85.2	5 02	45 47	85.1	4 57	44 47	85.0	4 51	43 47	85.0	4 46	42 47	84.9	187	353
8	172	5 56	47 43	84.6	5 51	46 43	84.5	5 45	45 43	84.4	5 39	44 43	84.3	5 33	43 43	84.2	5 27	42 43	84.1	188	352
9	171	6 41	47 39	84.0	6 34	46 39	83.8	6 28	45 39	83.7	6 21	44 39	83.6	6 14	43 39	83.5	6 07	42 39	83.4	189	351
10	170	7 25	47 34	83.3	7 18	46 34	83.1	7 11	45 34	83.0	7 03	44 34	82.9	6 56	43 34	82.8	6 48	42 34	82.7	190	350
11	169	8 09	47 28	82.6	8 01	46 28	82.4	7 53	45 28	82.3	7 45	44 28	82.2	7 37	43 28	82.0	7 29	42 28	81.9	191	349
12	168	8 53	47 22	81.9	8 45	46 22	81.8	8 36	45 22	81.6	8 27	44 22	81.5	8 18	43 22	81.3	8 09	42 22	81.2	192	348
13	167	9 37	47 16	81.2	9 28	46 15	81.1	9 19	45 15	80.9	9 09	44 15	80.7	8 59	43 15	80.6	8 49	42 16	80.4	193	347
14	166	10 21	47 08	80.5	10 11	46 08	80.3	10 01	45 08	80.2	9 51	44 08	80.0	9 40	43 08	79.8	9 30	42 08	79.7	194	346
15	165	11 05	47 01	79.8	10 55	46 00	79.6	10 44	45 00	79.5	10 33	44 00	79.3	10 21	43 00	79.1	10 10	42 01	78.9	195	345
16	164	11 49	46 52	79.1	11 38	45 52	78.9	11 26	44 52	78.7	11 14	43 52	78.5	11 02	42 52	78.3	10 50	41 52	78.2	196	344
17	163	12 33	46 43	78.4	12 21	45 43	78.2	12 08	44 43	78.0	11 56	43 43	77.8	11 43	42 43	77.6	11 30	41 44	77.4	197	343
18	162	13 17	46 34	77.7	13 04	45 34	77.5	12 51	44 34	77.3	12 37	43 34	77.1	12 24	42 34	76.8	12 10	41 34	76.6	198	342
19	161	14 00	46 24	77.0	13 46	45 24	76.8	13 33	44 24	76.5	13 19	43 24	76.3	13 04	42 24	76.1	12 50	41 24	75.9	199	341
20	160	14 43	46 13	76.3	14 29	45 13	76.1	14 15	44 13	75.8	14 00	43 13	75.6	13 45	42 13	75.3	13 29	41 14	75.1	200	340
21	159	15 27	46 02	75.6	15 12	45 02	75.3	14 56	44 02	75.1	14 41	43 02	74.8	14 25	42 02	74.6	14 09	41 03	74.3	201	339
22	158	16 10	45 50	74.9	15 54	44 50	74.6	15 38	43 50	74.3	15 22	42 50	74.1	15 05	41 50	73.8	14 48	40 51	73.5	202	338
23	157	16 53	45 38	74.1	16 36	44 38	73.9	16 19	43 38	73.6	16 02	42 38	73.3	15 45	41 38	73.0	15 27	40 39	72.8	203	337
24	156	17 36	45 25	73.4	17 18	44 25	73.1	17 01	43 25	72.8	16 43	42 25	72.5	16 25	41 25	72.2	16 06	40 26	72.0	204	336
25	155	18 18	45 11	72.7	18 00	44 11	72.4	17 42	43 11	72.1	17 23	42 11	71.8	17 04	41 12	71.5	16 45	40 12	71.2	205	335
26	154	19 01	44 57	71.9	18 42	43 57	71.6	18 23	42 57	71.3	18 03	41 57	71.0	17 44	40 57	70.7	17 24	39 58	70.4	206	334
27	153	19 43	44 42	71.2	19 24	43 42	70.8	19 04	42 42	70.5	18 43	41 42	70.2	18 23	40 43	69.9	18 02	39 43	69.6	207	333
28	152	20 25	44 26	70.4	20 05	43 26	70.1	19 44	42 26	69.7	19 23	41 27	69.4	19 02	40 27	69.1	18 40	39 28	68.8	208	332
29	151	21 07	44 10	69.6	20 46	43 10	69.3	20 25	42 10	68.9	20 03	41 10	68.6	19 41	40 11	68.3	19 18	39 12	67.9	209	331
30	150	21 49	43 53	68.9	21 27	42 53	68.5	21 05	41 53	68.1	20 42	40 54	67.8	20 19	39 54	67.4	19 56	38 55	67.1	210	330
31	149	22 30	43 35	68.1	22 08	42 35	67.7	21 45	41 36	67.3	21 21	40 36	67.0	20 58	39 37	66.6	20 34	38 38	66.3	211	329
32	148	23 11	43 17	67.3	22 48	42 17	66.9	22 24	41 17	66.5	22 00	40 18	66.2	21 36	39 19	65.8	21 11	38 20	65.4	212	328
33	147	23 53	42 58	66.5	23 28	41 58	66.1	23 04	40 58	65.7	22 39	39 59	65.3	22 14	39 00	65.0	21 48	38 02	64.6	213	327
34	146	24 33	42 38	65.7	24 08	41 38	65.3	23 43	40 39	64.9	23 17	39 40	64.5	22 51	38 41	64.1	22 25	37 42	63.7	214	326
35	145	25 14	42 18	64.9	24 48	41 18	64.5	24 22	40 18	64.1	23 56	39 19	63.7	23 29	38 21	63.3	23 02	37 23	62.9	215	325
36	144	25 54	41 56	64.1	25 28	40 57	63.6	25 01	39 57	63.2	24 34	38 58	62.8	24 06	38 00	62.4	23 38	37 02	62.0	216	324
37	143	26 34	41 34	63.2	26 07	40 35	62.8	25 39	39 35	62.4	25 11	38 37	61.9	24 43	37 38	61.5	24 14	36 41	61.1	217	323
38	142	27 14	41 11	62.4	26 46	40 12	61.9	26 17	39 13	61.5	25 48	38 14	61.1	25 19	37 16	60.7	24 50	36 19	60.3	218	322
39	141	27 53	40 48	61.5	27 24	39 48	61.1	26 55	38 50	60.6	26 25	37 51	60.2	25 55	36 53	59.8	25 25	35 56	59.4	219	321
40	140	28 32	40 23	60.7	28 02	39 24	60.2	27 32	38 25	59.8	27 02	37 27	59.3	26 31	36 30	58.9	26 00	35 32	58.5	220	320
41	139	29 11	39 58	59.8	28 40	38 59	59.3	28 10	38 01	58.9	27 38	37 03	58.4	27 07	36 05	58.0	26 35	35 08	57.6	221	319
42	138	29 49	39 32	58.9	29 18	38 33	58.4	28 46	37 35	58.0	28 14	36 37	57.5	27 42	35 40	57.1	27 09	34 43	56.6	222	318
43	137	30 27	39 05	58.0	29 55	38 06	57.5	29 23	37 08	57.1	28 50	36 11	56.6	28 17	35 14	56.1	27 43	34 18	55.7	223	317
44	136	31 05	38 37	57.1	30 32	37 39	56.6	29 59	36 41	56.1	29 25	35 44	55.7	28 51	34 47	55.2	28 17	33 51	54.8	224	316
45	135	31 42	38 09	56.2	31 08	37 10	55.7	30 34	36 13	55.2	30 00	35 16	54.7	29 25	34 20	54.3	28 50	33 24	53.8	225	315

SIGHT REDUCTION TABLE

Lat./A LHA/F		42° A/H	42° B/P	42° Z1/Z2	43° A/H	43° B/P	43° Z1/Z2	44° A/H	44° B/P	44° Z1/Z2	45° A/H	45° B/P	45° Z1/Z2	46° A/H	46° B/P	46° Z1/Z2	47° A/H	47° B/P	47° Z1/Z2	Lat./A LHA	
45	135	31 42	38 09	56.2	31 08	37 10	55.7	30 34	36 13	55.2	30 00	35 16	54.7	29 25	34 20	54.3	28 50	33 24	53.8	225	315
46	134	32 19	37 39	55.3	31 45	36 41	54.8	31 10	35 44	54.3	30 34	34 47	53.8	29 59	33 51	53.3	29 23	32 56	52.9	226	314
47	133	32 55	37 08	54.3	32 20	36 11	53.8	31 45	35 14	53.3	31 08	34 18	52.8	30 32	33 22	52.4	29 55	32 27	51.9	227	313
48	132	33 31	36 37	53.4	32 55	35 40	52.9	32 19	34 43	52.3	31 42	33 47	51.9	31 05	32 52	51.4	30 27	31 58	50.9	228	312
49	131	34 07	36 05	52.4	33 30	35 08	51.9	32 53	34 11	51.4	32 15	33 16	50.9	31 37	32 21	50.4	30 59	31 27	49.9	229	311
50	130	34 42	35 31	51.4	34 04	34 35	50.9	33 26	33 39	50.4	32 48	32 44	49.9	32 09	31 50	49.4	31 30	30 56	48.9	230	310
51	129	35 17	34 57	50.4	34 38	34 01	49.9	33 59	33 05	49.4	33 20	32 11	48.9	32 40	31 17	48.4	32 00	30 24	47.9	231	309
52	128	35 51	34 22	49.4	35 12	33 26	48.9	34 32	32 31	48.4	33 52	31 37	47.9	33 11	30 44	47.4	32 30	29 52	46.9	232	308
53	127	36 24	33 45	48.4	35 44	32 50	47.9	35 04	31 56	47.3	34 24	31 02	46.8	33 42	30 10	46.3	33 00	29 18	45.9	233	307
54	126	36 57	33 08	47.4	36 17	32 13	46.8	35 35	31 20	46.3	34 54	30 27	45.8	34 12	29 35	45.3	33 29	28 44	44.8	234	306
55	125	37 30	32 30	46.3	36 48	31 36	45.8	36 06	30 43	45.2	35 24	29 50	44.7	34 41	28 59	44.2	33 58	28 08	43.8	235	305
56	124	38 02	31 51	45.2	37 19	30 57	44.7	36 37	30 04	44.2	35 53	29 13	43.6	35 10	28 22	43.2	34 26	27 32	42.7	236	304
57	123	38 33	31 10	44.1	37 50	30 17	43.6	37 06	29 25	43.1	36 22	28 34	42.6	35 38	27 45	42.1	34 53	26 56	41.6	237	303
58	122	39 04	30 29	43.0	38 20	29 36	42.5	37 36	28 45	42.0	36 51	27 55	41.5	36 06	27 06	41.0	35 20	26 18	40.5	238	302
59	121	39 34	29 46	41.9	38 49	28 55	41.4	38 04	28 04	40.9	37 19	27 15	40.4	36 33	26 27	39.9	35 46	25 39	39.4	239	301
60	120	40 04	29 03	40.8	39 18	28 12	40.2	38 32	27 22	39.7	37 46	26 34	39.2	36 59	25 46	38.8	36 12	25 00	38.3	240	300
61	119	40 32	28 18	39.6	39 46	27 28	39.1	38 59	26 39	38.6	38 13	25 52	38.1	37 26	25 05	37.6	36 37	24 20	37.2	241	299
62	118	41 00	27 32	38.5	40 13	26 43	37.9	39 26	25 56	37.4	38 38	25 09	36.9	37 50	24 23	36.5	37 02	23 39	36.0	242	298
63	117	41 28	26 45	37.3	40 40	25 58	36.8	39 52	25 11	36.3	39 03	24 25	35.8	38 14	23 40	35.3	37 25	22 57	34.9	243	297
64	116	41 54	25 58	36.1	41 06	25 11	35.6	40 17	24 25	35.1	39 28	23 40	34.6	38 38	22 57	34.1	37 48	22 14	33.7	244	296
65	115	42 20	25 09	34.9	41 31	24 23	34.4	40 41	23 38	33.9	39 51	22 55	33.4	39 01	22 12	33.0	38 11	21 31	32.5	245	295
66	114	42 45	24 19	33.6	41 55	23 34	33.1	41 05	22 50	32.7	40 15	22 08	32.2	39 23	21 27	31.8	38 32	20 46	31.3	246	294
67	113	43 10	23 28	32.4	42 19	22 44	31.9	41 28	22 02	31.4	40 37	21 21	31.0	39 45	20 40	30.5	38 53	20 01	30.1	247	293
68	112	43 33	22 35	31.1	42 42	21 53	30.6	41 50	21 12	30.2	40 58	20 32	29.7	40 06	19 53	29.3	39 13	19 15	28.9	248	292
69	111	43 56	21 42	29.8	43 04	21 01	29.4	42 11	20 22	28.9	41 19	19 43	28.5	40 26	19 05	28.1	39 33	18 29	27.7	249	291
70	110	44 18	20 48	28.5	43 25	20 08	28.1	42 32	19 30	27.7	41 38	18 53	27.2	40 45	18 17	26.8	39 51	17 41	26.5	250	290
71	109	44 38	19 53	27.2	43 45	19 15	26.8	42 51	18 38	26.4	41 57	18 02	26.0	41 03	17 27	25.6	40 09	16 53	25.2	251	289
72	108	44 58	18 57	25.9	44 04	18 20	25.5	43 10	17 45	25.1	42 16	17 10	24.7	41 21	16 37	24.3	40 26	16 05	24.0	252	288
73	107	45 17	17 59	24.6	44 23	17 24	24.1	43 28	16 51	23.8	42 33	16 18	23.4	41 38	15 46	23.0	40 42	15 15	22.7	253	287
74	106	45 35	17 01	23.2	44 40	16 28	22.8	43 45	15 56	22.4	42 49	15 25	22.1	41 54	14 54	21.7	40 58	14 25	21.4	254	286
75	105	45 53	16 02	21.8	44 57	15 31	21.4	44 01	15 00	21.1	43 05	14 31	20.8	42 09	14 02	20.4	41 12	13 34	20.1	255	285
76	104	46 09	15 02	20.4	45 12	14 33	20.1	44 16	14 04	19.7	43 19	13 36	19.4	42 23	13 09	19.1	41 26	12 43	18.8	256	284
77	103	46 24	14 02	19.0	45 27	13 34	18.7	44 30	13 07	18.4	43 33	12 41	18.1	42 36	12 15	17.8	41 39	11 51	17.5	257	283
78	102	46 38	13 00	17.6	45 40	12 34	17.3	44 43	12 09	17.0	43 46	11 45	16.7	42 48	11 21	16.5	41 51	10 58	16.2	258	282
79	101	46 51	11 58	16.2	45 53	11 34	15.9	44 55	11 11	15.6	43 57	10 48	15.4	43 00	10 26	15.1	42 02	10 05	14.9	259	281
80	100	47 03	10 55	14.8	46 04	10 33	14.5	45 06	10 12	14.2	44 08	9 51	14.0	43 10	9 31	13.8	42 12	9 12	13.6	260	280
81	99	47 13	9 51	13.3	46 15	9 31	13.1	45 16	9 12	12.8	44 18	8 53	12.6	43 19	8 35	12.4	42 21	8 18	12.2	261	279
82	98	47 23	8 47	11.9	46 24	8 29	11.6	45 26	8 12	11.4	44 27	7 55	11.2	43 28	7 39	11.1	42 29	7 24	10.9	262	278
83	97	47 32	7 42	10.4	46 33	7 27	10.2	45 34	7 12	10.0	44 34	6 57	9.9	43 35	6 43	9.7	42 36	6 29	9.5	263	277
84	96	47 39	6 37	8.9	46 40	6 24	8.8	45 41	6 11	8.6	44 41	5 58	8.5	43 42	5 46	8.3	42 42	5 34	8.2	264	276
85	95	47 46	5 32	7.4	46 46	5 20	7.3	45 46	5 09	7.2	44 47	4 59	7.1	43 47	4 49	6.9	42 48	4 39	6.8	265	275
86	94	47 51	4 26	6.0	46 51	4 17	5.9	45 51	4 08	5.7	44 52	3 59	5.6	43 52	3 51	5.6	42 52	3 43	5.5	266	274
87	93	47 55	3 20	4.5	46 55	3 13	4.4	45 55	3 06	4.3	44 55	3 00	4.2	43 55	2 54	4.2	42 56	2 48	4.1	267	273
88	92	47 58	2 13	3.0	46 58	2 09	2.9	45 58	2 04	2.9	44 58	2 00	2.8	43 58	1 56	2.8	42 58	1 52	2.7	268	272
89	91	47 59	1 07	1.5	46 59	1 04	1.5	45 59	1 02	1.4	44 59	1 00	1.4	43 59	0 58	1.4	43 00	0 56	1.4	269	271
90	90	48 00	0 00	0.0	47 00	0 00	0.0	46 00	0 00	0.0	45 00	0 00	0.0	44 00	0 00	0.0	43 00	0 00	0.0	270	270

N. Lat.: for LHA > 180°... Zn = Z
      for LHA < 180°... Zn = 360° − Z

S. Lat.: for LHA > 180°... Zn = 180° − Z
      for LHA < 180°... Zn = 180° + Z

302 LATITUDE / A: 48° – 53°

SIGHT REDUCTION TABLE

B: (–) for 90° < LHA < 270°
Dec: (–) for Lat. contrary name

Z₁: same sign as B
Z₂: (–) for F > 90°

Lat./A		48°			49°			50°			51°			52°			53°			Lat./A
LHA/F		A/H	B/P	Z_1/Z_2	A/H	B/P	Z_1/Z_2	A/H	B/P	Z_1/Z_2	A/H	B/P	Z_1/Z_2	A/H	B/P	Z_1/Z_2	A/H	B/P	Z_1/Z_2	LHA
0	180	0 00	42 00	90.0	0 00	41 00	90.0	0 00	40 00	90.0	0 00	39 00	90.0	0 00	38 00	90.0	0 00	37 00	90.0	180	360
1	179	0 40	42 00	89.3	0 39	41 00	89.3	0 39	40 00	89.2	0 38	39 00	89.2	0 37	38 00	89.2	0 36	37 00	89.2	181	359
2	178	1 20	41 59	88.5	1 19	40 59	88.5	1 17	39 59	88.5	1 16	38 59	88.4	1 14	37 59	88.4	1 12	36 59	88.4	182	358
3	177	2 00	41 58	87.8	1 58	40 58	87.7	1 56	39 58	87.7	1 53	38 58	87.7	1 51	37 58	87.6	1 48	36 58	87.6	183	357
4	176	2 41	41 56	87.0	2 37	40 56	87.0	2 34	39 56	87.0	2 31	38 56	86.9	2 28	37 56	86.8	2 24	36 58	86.8	184	356
5	175	3 21	41 53	86.3	3 17	40 54	86.3	3 13	39 54	86.2	3 09	38 54	86.1	3 05	37 54	86.1	3 00	36 54	86.0	185	355
6	174	4 01	41 51	85.5	3 56	40 51	85.5	3 51	39 51	85.4	3 46	38 51	85.3	3 41	37 51	85.3	3 36	36 51	85.2	186	354
7	173	4 41	41 47	84.8	4 35	40 47	84.8	4 30	39 47	84.7	4 24	38 47	84.5	4 18	37 48	84.5	4 12	36 48	84.4	187	353
8	172	5 21	41 43	84.0	5 14	40 43	84.0	5 08	39 43	83.9	5 01	38 44	83.8	4 55	37 44	83.7	4 48	36 44	83.6	188	352
9	171	6 01	41 39	83.3	5 53	40 39	83.3	5 46	39 39	83.2	5 39	38 39	83.0	5 32	37 39	82.9	5 24	36 40	82.8	189	351
10	170	6 40	41 34	82.5	6 32	40 34	82.5	6 25	39 34	82.4	6 16	38 34	82.2	6 08	37 35	82.1	6 00	36 35	82.0	190	350
11	169	7 20	41 28	81.8	7 11	40 28	81.7	7 03	39 29	81.5	6 54	38 29	81.4	6 45	37 29	81.3	6 36	36 29	81.2	191	349
12	168	8 00	41 22	81.0	7 50	40 22	80.9	7 41	39 23	80.8	7 31	38 23	80.6	7 21	37 23	80.5	7 11	36 24	80.4	192	348
13	167	8 39	41 16	80.3	8 29	40 16	80.1	8 19	39 16	80.0	8 08	38 16	79.8	7 58	37 17	79.7	7 47	36 17	79.6	193	347
14	166	9 19	41 09	79.5	9 08	40 09	79.3	8 57	39 09	79.2	8 45	38 09	79.0	8 34	37 10	78.9	8 22	36 10	78.7	194	346
15	165	9 58	41 01	78.7	9 47	40 01	78.6	9 35	39 02	78.4	9 22	38 02	78.2	9 10	37 02	78.1	8 58	36 03	77.9	195	345
16	164	10 38	40 53	78.0	10 25	39 53	77.8	10 12	38 53	77.6	9 59	37 54	77.4	9 46	36 54	77.3	9 33	35 55	77.1	196	344
17	163	11 17	40 44	77.2	11 04	39 44	77.0	10 50	38 45	76.8	10 36	37 45	76.6	10 22	36 46	76.5	10 08	35 47	76.3	197	343
18	162	11 56	40 34	76.4	11 42	39 35	76.2	11 27	38 35	76.0	11 13	37 36	75.8	10 58	36 37	75.6	10 43	35 38	75.5	198	342
19	161	12 35	40 25	75.6	12 20	39 25	75.4	12 05	38 26	75.2	11 49	37 26	75.0	11 34	36 27	74.8	11 18	35 28	74.6	199	341
20	160	13 14	40 14	74.9	12 58	39 15	74.6	12 42	38 15	74.4	12 26	37 16	74.2	12 09	36 17	74.0	11 53	35 18	73.8	200	340
21	159	13 52	40 03	74.1	13 36	39 04	73.8	13 19	38 04	73.6	13 02	37 05	73.4	12 45	36 06	73.2	12 27	35 08	73.0	201	339
22	158	14 31	39 51	73.3	14 14	38 52	73.0	13 56	37 53	72.8	13 38	36 54	72.6	13 20	35 55	72.3	13 02	34 56	72.1	202	338
23	157	15 09	39 39	72.5	14 51	38 40	72.2	14 33	37 41	72.0	14 14	36 42	71.7	13 55	35 43	71.5	13 36	34 45	71.3	203	337
24	156	15 48	39 26	71.7	15 29	38 27	71.4	15 09	37 28	71.1	14 50	36 30	70.9	14 30	35 31	70.7	14 10	34 33	70.4	204	336
25	155	16 26	39 13	70.9	16 06	38 14	70.6	15 46	37 15	70.3	15 25	36 17	70.1	15 05	35 18	69.8	14 44	34 20	69.6	205	335
26	154	17 03	38 59	70.1	16 43	38 00	69.8	16 22	37 01	69.5	16 01	36 03	69.2	15 39	35 05	69.0	15 18	34 07	68.7	206	334
27	153	17 41	38 44	69.3	17 20	37 46	69.0	16 58	36 47	68.7	16 36	35 49	68.4	16 14	34 51	68.1	15 51	33 53	67.9	207	333
28	152	18 19	38 29	68.4	17 56	37 30	68.1	17 34	36 32	67.8	17 11	35 34	67.5	16 48	34 36	67.3	16 25	33 38	67.0	208	332
29	151	18 56	38 13	67.6	18 33	37 15	67.3	18 09	36 16	67.0	17 46	35 18	66.7	17 22	34 21	66.4	16 58	33 23	66.1	209	331
30	150	19 33	37 57	66.8	19 09	36 58	66.5	18 45	36 00	66.1	18 20	35 03	65.8	17 56	34 05	65.5	17 31	33 08	65.2	210	330
31	149	20 10	37 40	65.9	19 45	36 41	65.6	19 20	35 44	65.3	18 55	34 46	65.0	18 29	33 49	64.7	18 03	32 52	64.4	211	329
32	148	20 46	37 22	65.1	20 21	36 24	64.8	19 55	35 26	64.4	19 29	34 29	64.1	19 02	33 32	63.8	18 36	32 35	63.5	212	328
33	147	21 22	37 03	64.2	20 56	36 06	63.9	20 30	35 08	63.6	20 03	34 11	63.2	19 35	33 14	62.9	19 08	32 18	62.6	213	327
34	146	21 58	36 44	63.4	21 31	35 47	63.0	21 04	34 49	62.7	20 36	33 53	62.3	20 08	32 56	62.0	19 40	32 00	61.7	214	326
35	145	22 34	36 25	62.5	22 06	35 27	62.1	21 38	34 30	61.8	21 10	33 33	61.4	20 41	32 37	61.1	20 12	31 41	60.8	215	325
36	144	23 10	36 04	61.6	22 41	35 07	61.3	22 12	34 10	60.9	21 43	33 14	60.5	21 13	32 18	60.2	20 43	31 22	59.9	216	324
37	143	23 45	35 43	60.8	23 15	34 46	60.4	22 45	33 50	60.0	22 15	32 54	59.6	21 45	31 58	59.3	21 14	31 02	59.0	217	323
38	142	24 20	35 21	59.9	23 49	34 25	59.5	23 19	33 28	59.1	22 48	32 33	58.7	22 16	31 37	58.4	21 45	30 42	58.0	218	322
39	141	24 54	34 59	59.0	24 23	34 02	58.6	23 52	33 07	58.2	23 20	32 11	57.8	22 48	31 16	57.5	22 15	30 21	57.1	219	321
40	140	25 28	34 36	58.1	24 57	33 40	57.7	24 24	32 44	57.3	23 52	31 49	56.9	23 19	30 54	56.6	22 45	30 00	56.2	220	320
41	139	26 02	34 12	57.1	25 30	33 16	56.7	24 57	32 21	56.3	24 23	31 26	56.0	23 49	30 32	55.6	23 15	29 38	55.2	221	319
42	138	26 36	33 47	56.2	26 02	32 52	55.8	25 28	31 57	55.4	24 54	31 02	55.0	24 20	30 08	54.6	23 45	29 15	54.3	222	318
43	137	27 09	33 22	55.3	26 35	32 27	54.9	26 00	31 32	54.4	25 25	30 38	54.1	24 50	29 45	53.7	24 14	28 52	53.3	223	317
44	136	27 42	32 56	54.3	27 07	32 01	53.9	26 31	31 07	53.5	25 55	30 13	53.1	25 19	29 20	52.7	24 43	28 28	52.4	224	316
45	135	28 14	32 29	53.4	27 38	31 35	53.0	27 02	30 41	53.0	26 25	29 48	52.1	25 48	28 55	51.8	25 11	28 03	51.4	225	315

SIGHT REDUCTION TABLE

LHA/F	A	48° A/H	48° B/P	48° Z1/Z2	49° A/H	49° B/P	49° Z1/Z2	50° A/H	50° B/P	50° Z1/Z2	51° A/H	51° B/P	51° Z1/Z2	52° A/H	52° B/P	52° Z1/Z2	53° A/H	53° B/P	53° Z1/Z2	A	LHA
45	135	28 14	32 29	53.4	27 38	31 35	53.0	27 02	30 41	52.5	26 25	29 48	52.1	25 48	28 55	51.8	25 11	28 03	51.4	315	225
46	134	28 46	32 01	52.4	28 10	31 08	52.0	27 32	30 14	51.6	26 55	29 22	51.2	26 17	28 29	50.8	25 39	27 38	50.4	314	226
47	133	29 18	31 33	51.4	28 40	30 40	51.0	28 02	29 47	50.6	27 24	28 55	50.2	26 46	28 03	49.8	26 07	27 12	49.4	313	227
48	132	29 49	31 04	50.5	29 11	30 11	50.0	28 32	29 19	49.6	27 53	28 27	49.2	27 14	27 36	48.8	26 34	26 46	48.4	312	228
49	131	30 20	30 34	49.5	29 41	29 42	49.0	29 01	28 50	48.6	28 21	27 59	48.2	27 41	27 08	47.8	27 01	26 18	47.4	311	229
50	130	30 50	30 04	48.5	30 10	29 12	48.0	29 30	28 20	47.6	28 49	27 30	47.2	28 08	26 40	46.8	27 27	25 51	46.4	310	230
51	129	31 20	29 32	47.5	30 39	28 41	47.0	29 58	27 50	46.6	29 17	27 00	46.2	28 35	26 11	45.8	27 53	25 22	45.4	309	231
52	128	31 49	29 00	46.4	31 08	28 09	46.0	30 26	27 19	45.6	29 44	26 30	45.2	29 01	25 41	44.7	28 19	24 53	44.3	308	232
53	127	32 18	28 27	45.4	31 36	27 37	45.0	30 53	26 48	44.5	30 10	25 59	44.1	29 27	25 11	43.7	28 44	24 24	43.3	307	233
54	126	32 46	27 53	44.4	32 03	27 04	43.9	31 20	26 15	43.5	30 36	25 27	43.1	29 52	24 40	42.7	29 08	23 53	42.3	306	234
55	125	33 14	27 19	43.3	32 30	26 30	42.9	31 46	25 42	42.4	31 02	24 55	42.0	30 17	24 08	41.6	29 32	23 23	41.2	305	235
56	124	33 42	26 44	42.2	32 57	25 55	41.8	32 12	25 08	41.4	31 27	24 22	41.0	30 41	23 36	40.6	29 56	22 51	40.2	304	236
57	123	34 08	26 07	41.1	33 23	25 20	40.7	32 37	24 34	40.3	31 51	23 48	39.9	31 05	23 03	39.5	30 19	22 19	39.1	303	237
58	122	34 34	25 30	40.1	33 48	24 44	39.6	33 02	23 58	39.2	32 15	23 14	38.8	31 28	22 29	38.4	30 41	21 46	38.0	302	238
59	121	35 00	24 53	39.0	34 13	24 07	38.5	33 26	23 22	38.1	32 39	22 38	37.7	31 51	21 55	37.3	31 03	21 13	37.0	301	239
60	120	35 25	24 14	37.8	34 37	23 30	37.4	33 50	22 46	37.0	33 02	22 03	36.6	32 13	21 20	36.2	31 25	20 39	35.9	300	240
61	119	35 49	23 35	36.7	35 01	22 51	36.3	34 12	22 08	35.9	33 24	21 26	35.5	32 35	20 45	35.1	31 46	20 04	34.8	299	241
62	118	36 13	22 55	35.6	35 24	22 12	35.2	34 35	21 30	34.8	33 45	20 49	34.4	32 56	20 09	34.0	32 06	19 29	33.7	298	242
63	117	36 36	22 14	34.4	35 46	21 32	34.0	34 56	20 51	33.6	34 06	20 11	33.3	33 16	19 32	32.9	32 26	18 53	32.5	297	243
64	116	36 58	21 32	33.3	36 08	20 52	32.9	35 17	20 12	32.5	34 27	19 33	32.1	33 36	18 54	31.8	32 45	18 17	31.4	296	244
65	115	37 20	20 50	32.1	36 29	20 10	31.7	35 38	19 32	31.3	34 47	18 54	31.0	33 55	18 16	30.6	33 03	17 40	30.3	295	245
66	114	37 41	20 07	30.9	36 49	19 28	30.5	35 58	18 51	30.2	35 06	18 14	29.8	34 14	17 38	29.5	33 21	17 02	29.1	294	246
67	113	38 01	19 23	29.7	37 09	18 46	29.4	36 17	18 09	29.0	35 24	17 33	28.6	34 31	16 59	28.3	33 38	16 24	28.0	293	247
68	112	38 21	18 38	28.5	37 28	18 02	28.2	36 35	17 27	27.8	35 42	16 53	27.5	34 48	16 19	27.1	33 55	15 46	26.8	292	248
69	111	38 40	17 53	27.3	37 46	17 18	27.0	36 53	16 44	26.6	35 59	16 11	26.3	35 05	15 38	26.0	34 11	15 07	25.7	291	249
70	110	38 58	17 07	26.1	38 04	16 33	25.7	37 10	16 01	25.4	36 15	15 29	25.1	35 21	14 58	24.8	34 26	14 27	24.5	290	250
71	109	39 15	16 20	24.9	38 20	15 48	24.5	37 26	15 17	24.2	36 31	14 46	23.9	35 36	14 16	23.6	34 41	13 47	23.3	289	251
72	108	39 31	15 33	23.6	38 36	15 02	23.3	37 41	14 32	23.0	36 46	14 03	22.7	35 50	13 34	22.4	34 55	13 07	22.1	288	252
73	107	39 47	14 45	22.4	38 51	14 16	22.1	37 56	13 47	21.8	37 00	13 19	21.5	36 04	12 52	21.2	35 08	12 25	20.9	287	253
74	106	40 02	13 56	21.1	39 06	13 28	20.8	38 10	13 01	20.5	37 13	12 35	20.3	36 17	12 09	20.0	35 21	11 44	19.8	286	254
75	105	40 16	13 07	19.8	39 19	12 41	19.5	38 23	12 15	19.3	37 26	11 50	19.0	36 29	11 26	18.8	35 33	11 02	18.5	285	255
76	104	40 29	12 17	18.5	39 32	11 53	18.3	38 35	11 28	18.0	37 38	11 05	17.8	36 41	10 42	17.6	35 44	10 20	17.3	284	256
77	103	40 41	11 27	17.3	39 44	11 04	17.0	38 47	10 41	16.8	37 49	10 19	16.5	36 52	9 58	16.3	35 54	9 37	16.1	283	257
78	102	40 53	10 36	16.0	39 55	10 15	15.7	38 57	9 54	15.5	38 00	9 33	15.3	37 02	9 14	15.1	36 04	8 54	14.9	282	258
79	101	41 04	9 45	14.7	40 05	9 25	14.4	39 07	9 06	14.2	38 09	8 47	14.0	37 11	8 29	13.9	36 13	8 11	13.7	281	259
80	100	41 13	8 53	13.3	40 15	8 35	13.2	39 16	8 17	13.0	38 18	8 00	12.8	37 19	7 44	12.6	36 21	7 27	12.5	280	260
81	99	41 22	8 01	12.0	40 23	7 45	11.9	39 25	7 29	11.7	38 26	7 13	11.5	37 27	6 58	11.4	36 28	6 43	11.2	279	261
82	98	41 30	7 09	10.7	40 31	6 54	10.5	39 32	6 40	10.4	38 33	6 26	10.3	37 34	6 12	10.1	36 35	5 59	10.0	278	262
83	97	41 37	6 16	9.4	40 38	6 03	9.2	39 39	5 50	9.1	38 39	5 38	9.0	37 40	5 26	8.9	36 41	5 15	8.7	277	263
84	96	41 43	5 23	8.1	40 44	5 12	7.9	39 44	5 01	7.8	38 45	4 50	7.7	37 45	4 40	7.6	36 46	4 30	7.5	276	264
85	95	41 48	4 29	6.7	40 49	4 20	6.6	39 49	4 11	6.5	38 49	4 02	6.4	37 50	3 54	6.3	36 50	3 45	6.3	275	265
86	94	41 52	3 36	5.4	40 53	3 28	5.3	39 53	3 21	5.2	38 53	3 14	5.1	37 53	3 07	5.1	36 54	3 01	5.0	274	266
87	93	41 56	2 42	4.0	40 56	2 36	4.0	39 56	2 31	3.9	38 56	2 26	3.9	37 56	2 20	3.8	36 56	2 16	3.8	273	267
88	92	41 58	1 48	2.7	40 58	1 44	2.6	39 58	1 41	2.6	38 58	1 37	2.6	37 58	1 34	2.5	36 58	1 30	2.5	272	268
89	91	42 00	0 54	1.3	41 00	0 52	1.3	40 00	0 50	1.3	39 00	0 49	1.3	38 00	0 47	1.3	37 00	0 45	1.3	271	269
90	90	42 00	0 00	0.0	41 00	0 00	0.0	40 00	0 00	0.0	39 00	0 00	0.0	38 00	0 00	0.0	37 00	0 00	0.0	270	270

N. Lat.: for LHA > 180°.... $Z_n = Z$
for LHA < 180°.... $Z_n = 360° - Z$

S. Lat.: for LHA > 180°.... $Z_n = 180° - Z$
for LHA < 180°.... $Z_n = 180° + Z$

SIGHT REDUCTION TABLE

LATITUDE / A: 54° – 59°

B: (–) for 90° < LHA < 270°
Dec: (–) for Lat. contrary name

Z₁: same sign as B
Z₂: (–) for F > 90°

Lat./A →	54°			55°			56°			57°			58°			59°			Lat./A
LHA/F	A/H	B/P	Z₁/Z₂	A/H	B/P	Z₁/Z₂	A/H	B/P	Z₁/Z₂	A/H	B/P	Z₁/Z₂	A/H	B/P	Z₁/Z₂	A/H	B/P	Z₁/Z₂	LHA
0 / 180	0 00	36 00	90.0	0 00	35 00	90.0	0 00	34 00	90.0	0 00	33 00	90.0	0 00	32 00	90.0	0 00	31 00	90.0	180 / 360
1 / 179	0 35	36 00	89.2	0 34	35 00	89.2	0 34	34 00	89.2	0 33	33 00	89.2	0 32	32 00	89.2	0 31	31 00	89.1	181 / 359
2 / 178	1 11	35 59	88.4	1 09	34 59	88.4	1 07	33 59	88.3	1 05	32 59	88.3	1 04	31 59	88.3	1 02	30 59	88.3	182 / 358
3 / 177	1 46	35 58	87.6	1 43	34 58	87.5	1 41	33 58	87.5	1 38	32 58	87.5	1 35	31 58	87.5	1 33	30 58	87.4	183 / 357
4 / 176	2 21	35 56	86.8	2 18	34 56	86.7	2 14	33 56	86.7	2 11	32 56	86.6	2 07	31 56	86.6	2 04	30 56	86.6	184 / 356
5 / 175	2 56	35 54	86.0	2 52	34 54	85.9	2 48	33 54	85.9	2 43	32 54	85.8	2 39	31 54	85.8	2 34	30 54	85.7	185 / 355
6 / 174	3 31	35 51	85.1	3 26	34 51	85.1	3 21	33 51	85.0	3 16	32 51	85.0	3 11	31 52	84.9	3 05	30 52	84.9	186 / 354
7 / 173	4 06	35 48	84.3	4 00	34 48	84.3	3 54	33 48	84.2	3 48	32 48	84.1	3 42	31 48	84.1	3 36	30 49	84.0	187 / 353
8 / 172	4 42	35 44	83.5	4 35	34 44	83.4	4 28	33 44	83.4	4 21	32 45	83.3	4 14	31 45	83.2	4 07	30 45	83.1	188 / 352
9 / 171	5 17	35 40	82.7	5 09	34 40	82.6	5 01	33 40	82.5	4 53	32 41	82.4	4 45	31 41	82.4	4 37	30 41	82.3	189 / 351
10 / 170	5 51	35 35	81.9	5 43	34 35	81.8	5 34	33 36	81.7	5 26	32 36	81.6	5 17	31 36	81.5	5 08	30 37	81.4	190 / 350
11 / 169	6 26	35 30	81.1	6 17	34 30	81.0	6 08	33 31	80.8	5 58	32 31	80.7	5 48	31 31	80.6	5 38	30 32	80.5	191 / 349
12 / 168	7 01	35 24	80.2	6 51	34 24	80.1	6 41	33 25	80.0	6 30	32 25	79.9	6 20	31 26	79.8	6 09	30 27	79.7	192 / 348
13 / 167	7 36	35 18	79.4	7 25	34 18	79.3	7 14	33 19	79.2	7 02	32 19	79.0	6 51	31 21	78.9	6 39	30 21	78.8	193 / 347
14 / 166	8 11	35 11	78.6	7 59	34 12	78.5	7 46	33 12	78.3	7 34	32 13	78.2	7 22	31 14	78.1	7 09	30 15	77.9	194 / 346
15 / 165	8 45	35 04	77.8	8 32	34 04	77.6	8 19	33 05	77.5	8 06	32 06	77.3	7 53	31 07	77.2	7 40	30 08	77.1	195 / 345
16 / 164	9 19	34 56	76.9	9 06	33 57	76.8	8 52	32 57	76.6	8 38	31 58	76.5	8 24	31 00	76.3	8 10	30 01	76.2	196 / 344
17 / 163	9 54	34 47	76.1	9 39	33 48	75.9	9 25	32 49	75.8	9 10	31 50	75.6	8 55	30 52	75.5	8 40	29 53	75.3	197 / 343
18 / 162	10 28	34 39	75.3	10 13	33 40	75.1	9 57	32 41	74.9	9 41	31 42	74.8	9 25	30 43	74.6	9 09	29 45	74.4	198 / 342
19 / 161	11 02	34 29	74.4	10 46	33 30	74.2	10 29	32 32	74.1	10 13	31 33	73.9	9 56	30 35	73.7	9 39	29 36	73.6	199 / 341
20 / 160	11 36	34 19	73.6	11 19	33 21	73.4	11 02	32 22	73.2	10 44	31 24	73.0	10 27	30 25	72.8	10 09	29 27	72.7	200 / 340
21 / 159	12 10	34 09	72.7	11 52	33 10	72.5	11 34	32 12	72.3	11 15	31 13	72.2	10 57	30 15	72.0	10 38	29 17	71.8	201 / 339
22 / 158	12 43	33 58	71.9	12 24	33 00	71.7	12 06	32 01	71.5	11 46	31 03	71.3	11 27	30 05	71.1	11 07	29 07	70.9	202 / 338
23 / 157	13 17	33 46	71.0	12 57	32 48	70.8	12 37	31 50	70.6	12 17	30 52	70.4	11 57	29 54	70.2	11 37	28 57	70.0	203 / 337
24 / 156	13 50	33 34	70.2	13 29	32 36	70.0	13 09	31 38	69.7	12 48	30 41	69.5	12 27	29 43	69.3	12 06	28 46	69.1	204 / 336
25 / 155	14 23	33 22	69.3	14 02	32 24	69.1	13 40	31 26	68.9	13 18	30 29	68.6	12 56	29 31	68.4	12 34	28 34	68.2	205 / 335
26 / 154	14 56	33 09	68.5	14 34	32 11	68.2	14 11	31 14	68.0	13 49	30 16	67.8	13 26	29 19	67.5	13 03	28 22	67.3	206 / 334
27 / 153	15 29	32 55	67.6	15 06	31 58	67.3	14 42	31 00	67.1	14 19	30 03	66.9	13 55	29 06	66.6	13 31	28 10	66.4	207 / 333
28 / 152	16 01	32 41	66.7	15 37	31 44	66.5	15 13	30 47	66.2	14 49	29 50	66.0	14 24	28 53	65.7	14 00	27 57	65.5	208 / 332
29 / 151	16 33	32 26	65.8	16 09	31 29	65.6	15 44	30 32	65.3	15 19	29 36	65.1	14 53	28 39	64.8	14 28	27 43	64.6	209 / 331
30 / 150	17 05	32 11	65.0	16 40	31 14	64.7	16 14	30 17	64.4	15 48	29 21	64.2	15 22	28 25	63.9	14 55	27 29	63.7	210 / 330
31 / 149	17 37	31 55	64.1	17 11	30 58	63.8	16 44	30 02	63.5	16 17	29 06	63.3	15 50	28 10	63.0	15 23	27 15	62.7	211 / 329
32 / 148	18 09	31 38	63.2	17 42	30 42	62.9	17 14	29 46	62.6	16 47	28 51	62.3	16 19	27 55	62.1	15 50	27 00	61.8	212 / 328
33 / 147	18 40	31 21	62.3	18 12	30 25	62.0	17 44	29 30	61.7	17 15	28 34	61.4	16 47	27 39	61.2	16 17	26 45	60.9	213 / 327
34 / 146	19 11	31 04	61.4	18 42	30 08	61.1	18 13	29 13	60.8	17 44	28 18	60.5	17 14	27 23	60.2	16 44	26 29	60.0	214 / 326
35 / 145	19 42	30 46	60.5	19 12	29 50	60.2	18 42	28 55	59.9	18 12	28 01	59.6	17 42	27 06	59.3	17 11	26 12	59.0	215 / 325
36 / 144	20 13	30 27	59.6	19 42	29 32	59.2	19 11	28 37	58.9	18 40	27 43	58.6	18 09	26 49	58.4	17 37	25 55	58.1	216 / 324
37 / 143	20 43	30 07	58.6	20 12	29 13	58.3	19 40	28 19	58.0	19 08	27 25	57.7	18 36	26 31	57.4	18 03	25 38	57.1	217 / 323
38 / 142	21 13	29 48	57.7	20 41	28 53	57.4	20 08	27 59	57.1	19 35	27 06	56.8	19 02	26 13	56.5	18 29	25 20	56.2	218 / 322
39 / 141	21 42	29 27	56.8	21 10	28 33	56.4	20 36	27 40	56.1	20 03	26 47	55.8	19 29	25 54	55.5	18 55	25 02	55.2	219 / 321
40 / 140	22 12	29 06	55.8	21 38	28 13	55.5	21 04	27 20	55.2	20 30	26 27	54.9	19 55	25 35	54.6	19 20	24 43	54.3	220 / 320
41 / 139	22 41	28 44	54.9	22 06	27 51	54.5	21 31	26 59	54.2	20 56	26 07	53.9	20 21	25 15	53.6	19 45	24 24	53.3	221 / 319
42 / 138	23 10	28 22	53.9	22 34	27 29	53.6	21 58	26 37	53.3	21 22	25 46	52.9	20 46	24 55	52.6	20 10	24 04	52.3	222 / 318
43 / 137	23 38	27 59	53.0	23 02	27 07	52.6	22 25	26 15	52.3	21 48	25 24	52.0	21 11	24 34	51.7	20 34	23 43	51.4	223 / 317
44 / 136	24 06	27 36	52.0	23 29	26 44	51.7	22 51	25 53	51.3	22 14	25 02	51.0	21 36	24 12	50.7	20 58	23 23	50.4	224 / 316
45 / 135	24 34	27 11	51.0	23 56	26 20	50.7	23 17	25 30	50.3	22 39	24 40	50.0	22 00	23 50	49.7	21 21	23 01	49.4	225 / 315

SIGHT REDUCTION TABLE

Lat./F °	LHA/F	54° A/H	54° B/P	54° Z_1/Z_2	55° A/H	55° B/P	55° Z_1/Z_2	56° A/H	56° B/P	56° Z_1/Z_2	57° A/H	57° B/P	57° Z_1/Z_2	58° A/H	58° B/P	58° Z_1/Z_2	59° A/H	59° B/P	59° Z_1/Z_2	LHA	LHA (Lat./A)
45	135	24 34	27 11	51.0	23 56	26 20	50.7	23 17	25 30	50.3	22 39	24 40	50.0	22 00	23 50	49.7	21 21	23 01	49.4	225	315
46	134	25 01	26 47	50.0	24 22	25 56	49.7	23 43	25 06	49.4	23 04	24 17	49.0	22 24	23 28	48.7	21 45	22 39	48.4	226	314
47	133	25 28	26 22	49.1	24 48	25 32	48.7	24 08	24 42	48.4	23 28	23 53	48.0	22 48	23 05	47.7	22 08	22 17	47.4	227	313
48	132	25 54	25 56	48.1	25 14	25 06	47.7	24 33	24 17	47.4	23 53	23 29	47.0	23 11	22 41	46.7	22 30	21 54	46.4	228	312
49	131	26 20	25 29	47.1	25 39	24 40	46.7	24 58	23 52	46.4	24 16	23 05	46.0	23 34	22 17	45.7	22 52	21 31	45.4	229	311
50	130	26 46	25 02	46.0	26 04	24 14	45.7	25 22	23 26	45.3	24 40	22 39	45.0	23 57	21 53	44.7	23 14	21 07	44.4	230	310
51	129	27 11	24 34	45.0	26 28	23 47	44.7	25 45	23 00	44.3	25 02	22 14	44.0	24 19	21 28	43.7	23 36	20 43	43.4	231	309
52	128	27 36	24 06	44.0	26 52	23 19	43.6	26 09	22 33	43.3	25 25	21 48	43.0	24 41	21 03	42.7	23 57	20 18	42.3	232	308
53	127	28 00	23 37	43.0	27 16	22 51	42.6	26 32	22 06	42.3	25 47	21 21	41.9	25 02	20 37	41.6	24 17	19 53	41.3	233	307
54	126	28 24	23 07	41.9	27 39	22 22	41.6	26 54	21 38	41.2	26 09	20 54	40.9	25 23	20 10	40.6	24 37	19 27	40.3	234	306
55	125	28 47	22 37	40.9	28 01	21 53	40.5	27 16	21 09	40.2	26 30	20 26	39.9	25 44	19 43	39.5	24 57	19 01	39.2	235	305
56	124	29 10	22 07	39.8	28 24	21 23	39.5	27 37	20 40	39.1	26 50	19 57	38.8	26 04	19 16	38.5	25 17	18 34	38.2	236	304
57	123	29 32	21 35	38.8	28 45	20 52	38.4	27 58	20 10	38.1	27 11	19 29	37.8	26 23	18 48	37.4	25 35	18 07	37.1	237	303
58	122	29 54	21 03	37.7	29 06	20 21	37.3	28 19	19 40	37.0	27 31	18 59	36.7	26 42	18 19	36.4	25 54	17 40	36.1	238	302
59	121	30 15	20 31	36.6	29 27	19 50	36.3	28 38	19 09	35.9	27 50	18 30	35.6	27 01	17 50	35.3	26 12	17 12	35.0	239	301
60	120	30 36	19 58	35.5	29 47	19 18	35.2	28 58	18 38	34.9	28 09	17 59	34.5	27 19	17 21	34.2	26 29	16 43	34.0	240	300
61	119	30 56	19 24	34.4	30 07	18 45	34.1	29 17	18 06	33.8	28 27	17 29	33.5	27 37	16 51	33.2	26 46	16 14	32.9	241	299
62	118	31 16	18 50	33.3	30 26	18 12	33.0	29 35	17 34	32.7	28 45	16 57	32.4	27 54	16 21	32.1	27 03	15 45	31.8	242	298
63	117	31 35	18 15	32.2	30 44	17 38	31.9	29 53	17 02	31.6	29 02	16 26	31.3	28 10	15 50	31.0	27 19	15 15	30.7	243	297
64	116	31 53	17 40	31.1	31 02	17 04	30.8	30 10	16 28	30.5	29 19	15 53	30.2	28 27	15 19	29.9	27 35	14 45	29.6	244	296
65	115	32 11	17 04	30.0	31 19	16 29	29.7	30 27	15 55	29.4	29 35	15 21	29.1	28 42	14 48	28.8	27 50	14 15	28.5	245	295
66	114	32 29	16 28	28.8	31 36	15 54	28.5	30 43	15 20	28.2	29 50	14 48	28.0	28 57	14 16	27.7	28 04	13 44	27.4	246	294
67	113	32 45	15 51	27.7	31 52	15 18	27.4	30 59	14 46	27.1	30 05	14 14	26.8	29 12	13 43	26.6	28 18	13 13	26.3	247	293
68	112	33 01	15 14	26.5	32 08	14 42	26.3	31 14	14 11	26.0	30 20	13 40	25.7	29 26	13 10	25.5	28 31	12 41	25.2	248	292
69	111	33 17	14 36	25.4	32 23	14 05	25.1	31 28	13 35	24.8	30 34	13 06	24.6	29 39	12 37	24.4	28 44	12 09	24.1	249	291
70	110	33 32	13 57	24.2	32 37	13 28	24.0	31 42	12 59	23.7	30 47	12 31	23.5	29 52	12 04	23.2	28 57	11 37	23.0	250	290
71	109	33 46	13 18	23.1	32 51	12 51	22.8	31 55	12 23	22.5	31 00	11 56	22.3	30 04	11 30	22.1	29 09	11 04	21.9	251	289
72	108	33 59	12 39	21.9	33 04	12 13	21.6	32 08	11 46	21.4	31 12	11 21	21.2	30 16	10 56	21.0	29 20	10 31	20.8	252	288
73	107	34 12	12 00	20.7	33 16	11 34	20.5	32 20	11 09	20.2	31 23	10 45	20.0	30 27	10 21	19.8	29 30	9 58	19.6	253	287
74	106	34 24	11 19	19.5	33 28	10 55	19.3	32 31	10 32	19.1	31 34	10 09	18.9	30 37	9 46	18.7	29 41	9 24	18.5	254	286
75	105	34 36	10 39	18.3	33 39	10 16	18.1	32 42	9 54	17.9	31 44	9 32	17.7	30 47	9 11	17.5	29 50	8 50	17.4	255	285
76	104	34 46	9 58	17.1	33 49	9 37	16.9	32 52	9 16	16.7	31 54	8 56	16.6	30 57	8 36	16.4	29 59	8 16	16.2	256	284
77	103	34 56	9 17	15.9	33 59	8 57	15.7	33 01	8 38	15.6	32 03	8 19	15.4	31 05	8 00	15.2	30 07	7 42	15.1	257	283
78	102	35 06	8 35	14.7	34 08	8 17	14.5	33 10	7 59	14.4	32 11	7 41	14.2	31 13	7 24	14.1	30 15	7 07	13.9	258	282
79	101	35 14	7 54	13.5	34 16	7 37	13.3	33 18	7 20	13.2	32 19	7 04	13.0	31 21	6 48	12.9	30 22	6 32	12.8	259	281
80	100	35 22	7 11	12.3	34 24	6 56	12.1	33 25	6 41	12.0	32 26	6 26	11.9	31 27	6 12	11.7	30 29	5 57	11.6	260	280
81	99	35 29	6 29	11.1	34 30	6 15	10.9	33 32	6 01	10.8	32 33	5 48	10.7	31 34	5 35	10.6	30 35	5 22	10.5	261	279
82	98	35 36	5 46	9.9	34 37	5 34	9.7	33 37	5 22	9.6	32 38	5 10	9.5	31 39	4 58	9.4	30 40	4 47	9.3	262	278
83	97	35 41	5 04	8.6	34 42	4 53	8.5	33 43	4 42	8.4	32 43	4 32	8.3	31 44	4 21	8.2	30 45	4 11	8.2	263	277
84	96	35 46	4 21	7.4	34 47	4 11	7.3	33 47	4 02	7.2	32 48	3 53	7.1	31 49	3 44	7.1	30 49	3 36	7.0	264	276
85	95	35 51	3 37	6.2	34 51	3 30	6.1	33 51	3 22	6.0	32 52	3 14	5.9	31 52	3 07	5.9	30 52	3 00	5.8	265	275
86	94	35 54	2 54	4.9	34 54	2 48	4.9	33 54	2 42	4.8	32 55	2 36	4.8	31 55	2 30	4.7	30 55	2 24	4.7	266	274
87	93	35 57	2 11	3.7	34 57	2 06	3.7	33 57	2 01	3.6	32 57	1 57	3.6	31 57	1 52	3.5	30 57	1 48	3.5	267	273
88	92	35 58	1 27	2.5	34 59	1 24	2.4	33 59	1 21	2.4	32 59	1 18	2.4	31 59	1 15	2.4	30 59	1 12	2.3	268	272
89	91	35 59	0 44	1.2	35 00	0 42	1.2	34 00	0 40	1.2	33 00	0 39	1.2	32 00	0 37	1.2	31 00	0 36	1.2	269	271
90	90	36 00	0 00	0.0	35 00	0 00	0.0	34 00	0 00	0.0	33 00	0 00	0.0	32 00	0 00	0.0	31 00	0 00	0.0	270	270

N. Lat.: for LHA $> 180°$ ... $Z_n = Z$; for LHA $< 180°$ ... $Z_n = 360° - Z$

S. Lat.: for LHA $> 180°$ ... $Z_n = 180° - Z$; for LHA $< 180°$ ... $Z_n = 180° + Z$

306 — LATITUDE / A: 60° – 65°

SIGHT REDUCTION TABLE

B: (−) for 90° < LHA < 270°
Dec: (−) for Lat. contrary name

Z₁: same sign as B
Z₂: (−) for F > 90°

Lat./F		60°			61°			62°			63°			64°			65°			Lat./A	
LHA/F	F	A/H	B/P	Z₁/Z₂	A/H	B/P	Z₁/Z₂	A/H	B/P	Z₁/Z₂	A/H	B/P	Z₁/Z₂	A/H	B/P	Z₁/Z₂	A/H	B/P	Z₁/Z₂	A	LHA
0	180	0 00	30 00	90.0	0 00	29 00	90.0	0 00	28 00	90.0	0 00	27 00	90.0	0 00	26 00	90.0	0 00	25 00	90.0	180	360
1	179	0 30	30 00	89.1	0 29	29 00	89.1	0 28	28 00	89.1	0 27	27 00	89.1	0 26	26 00	89.1	0 25	25 00	89.1	181	359
2	178	1 00	29 59	88.3	0 58	28 59	88.3	0 56	27 59	88.2	0 54	26 59	88.2	0 53	25 59	88.2	0 51	24 59	88.2	182	358
3	177	1 30	29 58	87.4	1 27	28 58	87.4	1 24	27 58	87.4	1 22	26 58	87.3	1 19	25 58	87.3	1 16	24 58	87.3	183	357
4	176	2 00	29 56	86.5	1 56	28 56	86.5	1 53	27 57	86.5	1 49	26 57	86.4	1 45	25 57	86.4	1 41	24 57	86.4	184	356
5	175	2 30	29 54	85.7	2 25	28 54	85.6	2 21	27 55	85.6	2 16	26 55	85.5	2 11	25 55	85.5	2 07	24 55	85.5	185	355
6	174	3 00	29 52	84.8	2 54	28 52	84.7	2 49	27 52	84.7	2 43	26 52	84.6	2 38	25 53	84.6	2 32	24 53	84.6	186	354
7	173	3 30	29 49	83.9	3 23	28 49	83.9	3 17	27 49	83.8	3 10	26 50	83.8	3 04	25 50	83.7	2 57	24 50	83.7	187	353
8	172	3 59	29 45	83.1	3 52	28 46	83.0	3 45	27 46	83.0	3 37	26 46	82.9	3 30	25 47	82.8	3 22	24 47	82.7	188	352
9	171	4 29	29 42	82.2	4 21	28 42	82.1	4 13	27 42	82.0	4 04	26 43	82.0	3 56	25 43	81.9	3 47	24 44	81.8	189	351
10	170	4 59	29 37	81.3	4 50	28 38	81.2	4 41	27 38	81.2	4 31	26 39	81.1	4 22	25 39	81.0	4 13	24 40	80.9	190	350
11	169	5 28	29 33	80.4	5 18	28 33	80.4	5 08	27 34	80.3	4 58	26 34	80.2	4 48	25 35	80.1	4 38	24 36	80.0	191	349
12	168	5 58	29 27	79.6	5 47	28 28	79.5	5 36	27 29	79.4	5 25	26 29	79.3	5 14	25 30	79.2	5 02	24 31	79.1	192	348
13	167	6 27	29 22	78.7	6 16	28 22	78.6	6 04	27 23	78.5	5 52	26 24	78.4	5 40	25 25	78.3	5 27	24 26	78.2	193	347
14	166	6 57	29 15	77.8	6 44	28 16	77.7	6 31	27 17	77.6	6 18	26 18	77.5	6 05	25 20	77.4	5 52	24 21	77.3	194	346
15	165	7 26	29 09	76.9	7 13	28 10	76.8	6 59	27 11	76.7	6 45	26 12	76.6	6 31	25 14	76.5	6 17	24 15	76.4	195	345
16	164	7 55	29 02	76.1	7 41	28 03	75.9	7 26	27 04	75.7	7 11	26 06	75.7	6 56	25 07	75.5	6 41	24 09	75.4	196	344
17	163	8 24	28 54	75.2	8 09	27 56	75.0	7 53	26 57	74.9	7 38	25 59	74.8	7 22	25 00	74.6	7 06	24 02	74.5	197	343
18	162	8 53	28 46	74.3	8 37	27 48	74.1	8 20	26 50	74.0	8 04	25 51	73.9	7 47	24 53	73.7	7 30	23 55	73.6	198	342
19	161	9 22	28 38	73.4	9 05	27 40	73.2	8 48	26 41	73.1	8 30	25 43	72.9	8 12	24 45	72.8	7 55	23 48	72.7	199	341
20	160	9 51	28 29	72.5	9 33	27 31	72.3	9 14	26 33	72.2	8 56	25 35	72.0	8 37	24 37	71.9	8 19	23 40	71.7	200	340
21	159	10 19	28 20	71.6	10 00	27 22	71.4	9 41	26 24	71.3	9 22	25 26	71.1	9 02	24 29	71.0	8 43	23 32	70.8	201	339
22	158	10 48	28 10	70.7	10 28	27 12	70.5	10 08	26 15	70.4	9 48	25 17	70.2	9 27	24 20	70.0	9 07	23 23	69.9	202	338
23	157	11 16	27 59	69.8	10 55	27 02	69.6	10 34	26 05	69.5	10 13	25 08	69.3	9 52	24 11	69.1	9 30	23 14	69.0	203	337
24	156	11 44	27 49	68.9	11 22	26 51	68.7	11 00	25 54	68.5	10 38	24 58	68.4	10 16	24 01	68.2	9 54	23 04	68.0	204	336
25	155	12 12	27 37	68.0	11 49	26 40	67.8	11 27	25 44	67.6	11 04	24 47	67.4	10 41	23 51	67.3	10 17	22 55	67.1	205	335
26	154	12 40	27 26	67.1	12 16	26 29	66.9	11 53	25 33	66.7	11 29	24 36	66.5	11 05	23 40	66.3	10 41	22 44	66.2	206	334
27	153	13 07	27 13	66.2	12 43	26 17	66.0	12 18	25 21	65.8	11 54	24 25	65.6	11 29	23 29	65.4	11 04	22 34	65.2	207	333
28	152	13 35	27 01	65.3	13 09	26 05	65.1	12 44	25 09	64.9	12 18	24 13	64.7	11 53	23 18	64.5	11 27	22 23	64.3	208	332
29	151	14 02	26 48	64.4	13 36	25 52	64.1	13 09	24 56	63.9	12 43	24 01	63.7	12 16	23 06	63.5	11 49	22 11	63.3	209	331
30	150	14 29	26 34	63.4	14 02	25 39	63.2	13 35	24 43	63.0	13 07	23 49	62.8	12 40	22 54	62.6	12 12	21 59	62.4	210	330
31	149	14 55	26 20	62.5	14 28	25 25	62.3	14 00	24 30	62.1	13 31	23 36	61.8	13 03	22 41	61.6	12 34	21 47	61.4	211	329
32	148	15 22	26 05	61.6	14 53	25 11	61.3	14 24	24 16	61.1	13 55	23 22	60.9	13 26	22 28	60.7	12 56	21 35	60.5	212	328
33	147	15 48	25 50	60.6	15 19	24 56	60.4	14 49	24 02	60.2	14 19	23 08	59.9	13 49	22 15	59.7	13 18	21 22	59.5	213	327
34	146	16 14	25 35	59.7	15 44	24 41	59.5	15 13	23 47	59.2	14 42	22 54	59.0	14 11	22 01	58.8	13 40	21 08	58.6	214	326
35	145	16 40	25 19	58.8	16 09	24 25	58.5	15 37	23 32	58.3	15 06	22 39	58.0	14 34	21 47	57.8	14 02	20 54	57.6	215	325
36	144	17 05	25 02	57.8	16 33	24 09	57.6	16 01	23 17	57.3	15 29	22 24	57.1	14 56	21 32	56.9	14 23	20 40	56.6	216	324
37	143	17 31	24 45	56.9	16 58	23 53	56.6	16 25	23 00	56.4	15 51	22 09	56.1	15 18	21 17	55.9	14 44	20 26	55.7	217	323
38	142	17 56	24 28	55.9	17 22	23 36	55.7	16 48	22 44	55.4	16 14	21 53	55.2	15 39	21 01	54.9	15 05	20 11	54.7	218	322
39	141	18 20	24 10	55.0	17 46	23 18	54.7	17 11	22 27	54.4	16 36	21 36	54.2	16 01	20 46	54.0	15 25	19 55	53.7	219	321
40	140	18 45	23 52	54.0	18 09	23 00	53.7	17 34	22 10	53.5	16 58	21 19	53.2	16 22	20 29	53.0	15 46	19 39	52.7	220	320
41	139	19 09	23 33	53.0	18 33	22 42	52.8	17 56	21 52	52.5	17 20	21 02	52.2	16 43	20 13	52.0	16 06	19 23	51.8	221	319
42	138	19 33	23 13	52.1	18 56	22 23	51.8	18 19	21 34	51.5	17 41	20 44	51.3	17 03	19 55	51.0	16 26	19 07	50.8	222	318
43	137	19 56	22 54	51.1	19 18	22 04	50.8	18 40	21 15	50.5	18 02	20 26	50.3	17 24	19 38	50.0	16 45	18 50	49.8	223	317
44	136	20 19	22 33	50.1	19 41	21 44	49.8	19 02	20 56	49.5	18 23	20 08	49.3	17 44	19 20	49.0	17 04	18 33	48.8	224	316
45	135	20 42	22 12	49.1	20 03	21 24	48.8	19 23	20 36	48.6	18 43	19 49	48.3	18 03	19 02	48.1	17 23	18 15	47.8	225	315

SIGHT REDUCTION TABLE

Lat./A LHA/F		60° A/H	60° B/P	60° Z₁/Z₂	61° A/H	61° B/P	61° Z₁/Z₂	62° A/H	62° B/P	62° Z₁/Z₂	63° A/H	63° B/P	63° Z₁/Z₂	64° A/H	64° B/P	64° Z₁/Z₂	65° A/H	65° B/P	65° Z₁/Z₂	Lat./A LHA	
45	135	20 42	22 12	49.1	20 03	21 24	48.8	19 23	20 36	48.6	18 43	19 49	48.3	18 03	19 02	48.1	17 23	18 15	47.8	225	315
46	134	21 05	21 51	48.1	20 25	21 04	47.8	19 44	20 16	47.6	19 04	19 29	47.3	18 23	18 43	47.1	17 42	17 57	46.8	226	314
47	133	21 27	21 30	47.1	20 46	20 43	46.8	20 05	19 56	46.6	19 24	19 10	46.3	18 42	18 24	46.1	18 00	17 39	45.8	227	313
48	132	21 49	21 07	46.1	21 07	20 21	45.8	20 25	19 35	45.6	19 43	18 50	45.3	19 01	18 04	45.1	18 18	17 20	44.8	228	312
49	131	22 10	20 45	45.1	21 28	19 59	44.8	20 45	19 14	44.6	20 02	18 29	44.3	19 19	17 45	44.0	18 36	17 01	43.8	229	311
50	130	22 31	20 22	44.1	21 48	19 37	43.8	21 05	18 52	43.5	20 21	18 08	43.3	19 37	17 24	43.0	18 53	16 41	42.8	230	310
51	129	22 52	19 58	43.1	22 08	19 14	42.8	21 24	18 30	42.5	20 40	17 47	42.3	19 55	17 04	42.0	19 10	16 21	41.8	231	309
52	128	23 12	19 34	42.1	22 28	18 51	41.8	21 43	18 08	41.5	20 58	17 25	41.2	20 13	16 43	41.0	19 27	16 01	40.8	232	308
53	127	23 32	19 10	41.0	22 47	18 27	40.7	22 01	17 45	40.5	21 15	17 03	40.2	20 30	16 21	40.0	19 44	15 41	39.7	233	307
54	126	23 52	18 45	40.0	23 06	18 03	39.7	22 19	17 21	39.4	21 33	16 40	39.2	20 46	16 00	39.0	20 00	15 20	38.7	234	306
55	125	24 11	18 19	39.0	23 24	17 38	38.7	22 37	16 58	38.4	21 50	16 17	38.2	21 03	15 38	37.9	20 15	14 58	37.7	235	305
56	124	24 29	17 54	37.9	23 42	17 13	37.6	22 54	16 34	37.4	22 07	15 54	37.1	21 19	15 15	36.9	20 31	14 37	36.7	236	304
57	123	24 48	17 27	36.9	23 59	16 48	36.6	23 11	16 09	36.3	22 23	15 31	36.1	21 34	14 53	35.8	20 46	14 15	35.6	237	303
58	122	25 05	17 01	35.8	24 17	16 22	35.5	23 28	15 44	35.3	22 39	15 07	35.0	21 49	14 29	34.8	21 00	13 53	34.6	238	302
59	121	25 23	16 34	34.8	24 33	15 56	34.5	23 44	15 19	34.2	22 54	14 42	34.0	22 04	14 06	33.8	21 14	13 30	33.5	239	301
60	120	25 40	16 06	33.7	24 50	15 29	33.4	23 59	14 53	33.2	23 09	14 18	32.9	22 19	13 42	32.7	21 28	13 07	32.5	240	300
61	119	25 56	15 38	32.6	25 05	15 03	32.4	24 15	14 27	32.1	23 24	13 53	31.9	22 33	13 18	31.7	21 42	12 44	31.5	241	299
62	118	26 12	15 10	31.5	25 21	14 35	31.3	24 29	14 01	31.1	23 38	13 27	30.8	22 46	12 54	30.6	21 55	12 21	30.4	242	298
63	117	26 27	14 41	30.5	25 36	14 08	30.2	24 44	13 34	30.0	23 52	13 01	29.8	22 59	12 29	29.5	22 07	11 57	29.3	243	297
64	116	26 42	14 12	29.3	25 50	13 39	29.1	24 57	13 07	29.1	24 05	12 35	28.7	23 12	12 04	28.5	22 20	11 33	28.3	244	296
65	115	26 57	13 43	28.3	26 04	13 11	28.1	25 11	12 40	27.8	24 18	12 09	27.6	23 25	11 39	27.4	22 31	11 09	27.2	245	295
66	114	27 11	13 13	27.2	26 17	12 42	27.0	25 24	12 12	26.8	24 30	11 43	26.6	23 36	11 13	26.4	22 43	10 44	26.2	246	294
67	113	27 24	12 43	26.1	26 30	12 13	25.9	25 36	11 44	25.7	24 42	11 16	25.5	23 48	10 47	25.3	22 54	10 20	25.1	247	293
68	112	27 37	12 12	25.0	26 43	11 44	24.8	25 48	11 16	24.6	24 54	10 48	24.4	23 59	10 21	24.2	23 04	9 55	24.0	248	292
69	111	27 50	11 41	23.9	26 55	11 14	23.7	26 00	10 47	23.5	25 05	10 21	23.3	24 09	9 55	23.1	23 14	9 29	23.0	249	291
70	110	28 01	11 10	22.8	27 06	10 44	22.6	26 11	10 18	22.4	25 15	9 53	22.2	24 20	9 28	22.0	23 24	9 04	21.9	250	290
71	109	28 13	10 39	21.7	27 17	10 14	21.5	26 21	9 49	21.3	25 25	9 25	21.1	24 29	9 01	21.0	23 33	8 38	20.8	251	289
72	108	28 24	10 07	20.6	27 27	9 43	20.4	26 31	9 20	20.2	25 35	8 57	20.0	24 38	8 34	19.9	23 42	8 12	19.7	252	288
73	107	28 34	9 35	19.4	27 37	9 12	19.3	26 41	8 50	19.1	25 44	8 28	18.9	24 47	8 07	18.8	23 50	7 46	18.6	253	287
74	106	28 44	9 03	18.3	27 47	8 41	18.2	26 50	8 20	18.0	25 52	8 00	17.8	24 55	7 39	17.7	23 58	7 19	17.6	254	286
75	105	28 53	8 30	17.2	27 55	8 10	17.0	26 58	7 50	16.9	26 01	7 31	16.7	25 03	7 12	16.6	24 06	6 53	16.5	255	285
76	104	29 01	7 57	16.1	28 04	7 38	15.9	27 06	7 20	15.8	26 08	7 02	15.6	25 10	6 44	15.5	24 13	6 26	15.4	256	284
77	103	29 09	7 24	14.9	28 11	7 06	14.8	27 13	6 49	14.7	26 15	6 33	14.5	25 17	6 16	14.4	24 19	5 59	14.3	257	283
78	102	29 17	6 51	13.8	28 18	6 34	13.7	27 20	6 19	13.5	26 22	6 03	13.4	25 23	5 47	13.3	24 25	5 32	13.2	258	282
79	101	29 24	6 17	12.7	28 25	6 02	12.5	27 27	5 48	12.4	26 28	5 33	12.3	25 29	5 19	12.2	24 31	5 05	12.1	259	281
80	100	29 30	5 44	11.5	28 31	5 30	11.4	27 32	5 17	11.3	26 33	5 03	11.2	25 35	4 50	11.1	24 36	4 38	11.0	260	280
81	99	29 36	5 10	10.4	28 37	4 57	10.3	27 38	4 45	10.2	26 38	4 33	10.1	25 39	4 22	10.0	24 40	4 10	9.9	261	279
82	98	29 41	4 36	9.2	28 41	4 25	9.1	27 42	4 14	9.0	26 43	4 03	9.0	25 44	3 53	8.9	24 44	3 43	8.8	262	278
83	97	29 45	4 01	8.1	28 46	3 52	8.0	27 46	3 42	7.9	26 47	3 33	7.8	25 48	3 24	7.8	24 48	3 15	7.7	263	277
84	96	29 49	3 27	6.9	28 50	3 19	6.9	27 50	3 11	6.8	26 50	3 03	6.7	25 51	2 55	6.7	24 51	2 47	6.6	264	276
85	95	29 52	2 53	5.8	28 53	2 46	5.7	27 53	2 39	5.7	26 53	2 32	5.6	25 54	2 26	5.6	24 54	2 19	5.5	265	275
86	94	29 55	2 18	4.6	28 55	2 13	4.6	27 56	2 07	4.5	26 56	2 02	4.5	25 56	1 57	4.4	24 56	1 52	4.4	266	274
87	93	29 57	1 44	3.5	28 57	1 40	3.4	27 57	1 36	3.4	26 58	1 32	3.3	25 58	1 28	3.3	24 58	1 24	3.3	267	273
88	92	29 59	1 09	2.3	28 59	1 06	2.3	27 59	1 04	2.3	26 59	1 01	2.2	25 59	0 59	2.2	24 59	0 56	2.2	268	272
89	91	30 00	0 35	1.2	29 00	0 33	1.1	28 00	0 32	1.1	27 00	0 31	1.1	26 00	0 29	1.1	25 00	0 28	1.1	269	271
90	90	30 00	0 00	0.0	29 00	0 00	0.0	28 00	0 00	0.0	27 00	0 00	0.0	26 00	0 00	0.0	25 00	0 00	0.0	270	270

N. Lat.: for LHA > 180° .... $Z_n = Z$
for LHA < 180° .... $Z_n = 360° - Z$

S. Lat.: for LHA > 180° .... $Z_n = 180° - Z$
for LHA < 180° .... $Z_n = 180° + Z$

308 LATITUDE / A: 66° – 71°

SIGHT REDUCTION TABLE

B: (–) for 90° < LHA < 270°
Dec: (–) for Lat. contrary name

Z₁: same sign as B
Z₂: (–) for F > 90°

Lat./A LHA/F	66° A/H	66° B/P	66° Z_1/Z_2	67° A/H	67° B/P	67° Z_1/Z_2	68° A/H	68° B/P	68° Z_1/Z_2	69° A/H	69° B/P	69° Z_1/Z_2	70° A/H	70° B/P	70° Z_1/Z_2	71° A/H	71° B/P	71° Z_1/Z_2	Lat./A LHA
0 180	0 00	24 00	90.0	0 00	23 00	90.0	0 00	22 00	90.0	0 00	21 00	90.0	0 00	20 00	90.0	0 00	19 00	90.0	180 360
1 179	0 24	24 00	89.1	0 23	23 00	89.1	0 22	22 00	89.1	0 22	21 00	89.1	0 21	20 00	89.1	0 20	19 00	89.1	181 359
2 178	0 49	23 59	88.2	0 47	22 59	88.2	0 45	21 59	88.1	0 43	20 59	88.1	0 41	19 59	88.1	0 39	18 59	88.1	182 358
3 177	1 13	23 58	87.3	1 10	22 58	87.2	1 07	21 58	87.2	1 04	20 58	87.2	1 02	19 58	87.2	0 59	18 59	87.2	183 357
4 176	1 38	23 57	86.3	1 34	22 57	86.3	1 30	21 57	86.3	1 26	20 57	86.3	1 22	19 57	86.2	1 18	18 57	86.2	184 356
5 175	2 02	23 55	85.4	1 57	22 55	85.4	1 52	21 55	85.4	1 47	20 56	85.3	1 42	19 56	85.3	1 38	18 56	85.3	185 355
6 174	2 26	23 53	84.5	2 20	22 53	84.5	2 15	21 53	84.4	2 09	20 54	84.4	2 03	19 54	84.4	1 57	18 54	84.3	186 354
7 173	2 50	23 50	83.6	2 44	22 51	83.6	2 37	21 51	83.5	2 30	20 51	83.5	2 23	19 52	83.4	2 16	18 52	83.4	187 353
8 172	3 15	23 48	82.7	3 07	22 48	82.6	2 59	21 48	82.6	2 52	20 49	82.5	2 44	19 49	82.5	2 36	18 50	82.4	188 352
9 171	3 39	23 44	81.8	3 30	22 45	81.7	3 22	21 45	81.7	3 13	20 46	81.6	3 04	19 46	81.6	2 55	18 47	81.5	189 351
10 170	4 03	23 41	80.8	3 53	22 41	80.8	3 44	21 42	80.7	3 34	20 42	80.7	3 24	19 43	80.6	3 14	18 44	80.5	190 350
11 169	4 27	23 36	79.9	4 17	22 37	79.9	4 06	21 38	79.8	3 55	20 39	79.7	3 45	19 40	79.7	3 34	18 41	79.6	191 349
12 168	4 51	23 32	79.0	4 40	22 33	78.9	4 28	21 34	78.9	4 16	20 35	78.8	4 05	19 36	78.7	3 53	18 37	78.6	192 348
13 167	5 15	23 27	78.1	5 03	22 28	78.0	4 50	21 29	77.9	4 37	20 30	77.8	4 25	19 32	77.8	4 12	18 33	77.7	193 347
14 166	5 39	23 22	77.2	5 25	22 23	77.1	5 12	21 24	77.0	4 58	20 26	76.9	4 45	19 27	76.8	4 31	18 28	76.7	194 346
15 165	6 03	23 16	76.3	5 48	22 18	76.1	5 34	21 19	76.0	5 19	20 21	76.0	5 05	19 22	75.9	4 50	18 24	75.8	195 345
16 164	6 26	23 10	75.3	6 11	22 12	75.2	5 56	21 13	75.1	5 40	20 15	75.0	5 25	19 17	74.9	5 09	18 19	74.8	196 344
17 163	6 50	23 04	74.4	6 34	22 06	74.3	6 17	21 08	74.2	6 01	20 09	74.1	5 44	19 11	74.0	5 28	18 14	73.9	197 343
18 162	7 13	22 57	73.5	6 56	21 59	73.3	6 39	21 01	73.2	6 21	20 03	73.1	6 04	19 06	73.0	5 46	18 08	72.9	198 342
19 161	7 37	22 50	72.5	7 19	21 52	72.4	7 00	20 54	72.3	6 42	19 57	72.2	6 24	18 59	72.1	6 05	18 02	72.0	199 341
20 160	8 00	22 42	71.6	7 41	21 45	71.5	7 22	20 47	71.4	7 02	19 50	71.2	6 43	18 53	71.1	6 24	17 56	71.0	200 340
21 159	8 23	22 34	70.7	8 03	21 37	70.5	7 43	20 40	70.4	7 23	19 43	70.3	7 02	18 46	70.2	6 42	17 49	70.1	201 339
22 158	8 46	22 26	69.7	8 25	21 29	69.6	8 04	20 32	69.5	7 43	19 35	69.3	7 22	18 39	69.2	7 00	17 42	69.1	202 338
23 157	9 09	22 17	68.8	8 47	21 21	68.7	8 25	20 24	68.5	8 03	19 28	68.4	7 41	18 31	68.3	7 19	17 35	68.1	203 337
24 156	9 31	22 08	67.9	9 09	21 12	67.7	8 46	20 16	67.6	8 23	19 19	67.4	8 00	18 24	67.3	7 37	17 28	67.2	204 336
25 155	9 54	21 58	66.9	9 30	21 03	66.8	9 07	20 07	66.6	8 43	19 11	66.5	8 19	18 15	66.3	7 55	17 20	66.2	205 335
26 154	10 16	21 49	66.0	9 52	20 53	65.8	9 27	19 57	65.7	9 02	19 02	65.5	8 37	18 07	65.4	8 12	17 12	65.2	206 334
27 153	10 38	21 38	65.0	10 13	20 43	64.9	9 48	19 48	64.7	9 22	18 53	64.6	8 56	17 58	64.4	8 30	17 03	64.3	207 333
28 152	11 00	21 28	64.1	10 34	20 33	63.9	10 08	19 38	63.8	9 41	18 43	63.6	9 14	17 49	63.5	8 48	16 55	63.3	208 332
29 151	11 22	21 17	63.1	10 55	20 22	63.0	10 28	19 28	62.8	10 00	18 34	62.6	9 33	17 39	62.5	9 05	16 46	62.3	209 331
30 150	11 44	21 05	62.2	11 16	20 11	62.0	10 48	19 17	61.8	10 19	18 23	61.7	9 51	17 30	61.5	9 22	16 36	61.4	210 330
31 149	12 06	20 53	61.2	11 37	20 00	61.1	11 07	19 06	60.9	10 38	18 13	60.7	10 09	17 20	60.5	9 39	16 27	60.4	211 329
32 148	12 27	20 41	60.3	11 57	19 48	60.1	11 27	18 55	59.9	10 57	18 02	59.7	10 27	17 09	59.6	9 56	16 17	59.4	212 328
33 147	12 48	20 29	59.3	12 17	19 36	59.1	11 46	18 43	59.0	11 15	17 51	58.7	10 44	16 58	58.6	10 13	16 06	58.4	213 327
34 146	13 09	20 16	58.4	12 37	19 23	58.2	12 06	18 31	58.0	11 34	17 39	57.8	11 02	16 47	57.6	10 29	15 56	57.5	214 326
35 145	13 29	20 02	57.4	12 57	19 10	57.2	12 24	18 19	57.0	11 52	17 27	56.8	11 19	16 36	56.7	10 46	15 45	56.5	215 325
36 144	13 50	19 49	56.4	13 17	18 57	56.2	12 43	18 06	56.0	12 10	17 15	55.9	11 36	16 24	55.7	11 02	15 34	55.5	216 324
37 143	14 10	19 34	55.5	13 36	18 44	55.3	13 02	17 53	55.1	12 27	17 03	54.9	11 53	16 12	54.7	11 18	15 23	54.5	217 323
38 142	14 30	19 20	54.5	13 55	18 30	54.3	13 20	17 40	54.1	12 45	16 50	53.9	12 09	16 00	53.7	11 34	15 11	53.5	218 322
39 141	14 50	19 05	53.5	14 14	18 15	53.3	13 38	17 26	53.1	13 02	16 37	52.9	12 26	15 48	52.7	11 49	14 59	52.6	219 321
40 140	15 09	18 50	52.5	14 33	18 01	52.3	13 56	17 12	52.1	13 19	16 23	51.9	12 42	15 35	51.7	12 05	14 47	51.6	220 320
41 139	15 29	18 34	51.5	14 51	17 46	51.3	14 14	16 57	51.1	13 36	16 09	50.9	12 58	15 22	50.8	12 20	14 34	50.6	221 319
42 138	15 48	18 18	50.6	15 09	17 30	50.3	14 31	16 43	50.1	13 52	15 55	49.9	13 14	15 08	49.8	12 35	14 21	49.6	222 318
43 137	16 06	18 02	49.6	15 27	17 15	49.3	14 48	16 28	49.2	14 09	15 41	49.0	13 29	14 54	48.8	12 50	14 08	48.6	223 317
44 136	16 25	17 46	48.6	15 45	16 59	48.4	15 05	16 12	48.2	14 25	15 26	48.0	13 45	14 40	47.8	13 04	13 55	47.6	224 316
45 135	16 43	17 29	47.6	16 02	16 42	47.4	15 22	15 57	47.2	14 41	15 11	47.0	14 00	14 26	46.8	13 19	13 41	46.6	225 315

SIGHT REDUCTION TABLE

LHA	F	A/H	B/P	Z1/Z2	A/H	B/P	Z1/Z2	A/H	B/P	Z1/Z2	A/H	B/P	Z1/Z2	A/H	B/P	Z1/Z2	A/H	B/P	Z1/Z2	LHA	A
		66°			**67°**			**68°**			**69°**			**70°**			**71°**				
45	135	16 43	17 29	47.6	16 02	16 42	47.4	15 22	15 57	47.2	14 41	15 11	47.0	14 00	14 26	46.8	13 19	13 41	46.6	225	315
46	134	17 01	17 11	46.6	16 19	16 26	46.4	15 38	15 41	46.2	14 56	14 56	46.0	14 15	14 11	45.8	13 33	13 27	45.6	226	314
47	133	17 18	16 53	45.6	16 36	16 09	45.4	15 54	15 24	45.2	15 12	14 40	45.0	14 29	13 56	44.8	13 46	13 13	44.6	227	313
48	132	17 36	16 35	44.6	16 53	15 51	44.4	16 10	15 08	44.2	15 27	14 24	44.0	14 43	13 41	43.8	14 00	12 58	43.6	228	312
49	131	17 53	16 17	43.6	17 09	15 34	43.4	16 25	14 51	43.2	15 42	14 08	43.0	14 58	13 26	42.8	14 13	12 44	42.6	229	311
50	130	18 09	15 58	42.6	17 25	15 16	42.4	16 41	14 33	42.1	15 56	13 52	41.9	15 11	13 10	41.8	14 27	12 29	41.6	230	310
51	129	18 26	15 39	41.6	17 41	14 57	41.3	16 56	14 16	41.1	16 10	13 35	40.9	15 25	12 54	40.8	14 39	12 14	40.6	231	309
52	128	18 42	15 20	40.5	17 56	14 39	40.3	17 10	13 58	40.1	16 24	13 18	39.9	15 38	12 38	39.7	14 52	11 58	39.6	232	308
53	127	18 57	15 00	39.5	18 11	14 20	39.3	17 24	13 40	39.1	16 38	13 00	38.9	15 51	12 21	38.7	15 04	11 42	38.6	233	307
54	126	19 13	14 40	38.5	18 26	14 01	38.3	17 39	13 22	38.1	16 51	12 43	37.9	16 04	12 05	37.7	15 16	11 26	37.5	234	306
55	125	19 28	14 20	37.5	18 40	13 41	37.3	17 52	13 03	37.1	17 04	12 25	36.9	16 16	11 48	36.7	15 28	11 10	36.5	235	305
56	124	19 42	13 59	36.4	18 54	13 21	36.2	18 06	12 44	36.0	17 17	12 07	35.8	16 28	11 30	35.7	15 40	10 54	35.5	236	304
57	123	19 57	13 38	35.4	19 08	13 01	35.2	18 19	12 25	35.0	17 29	11 49	34.8	16 40	11 13	34.6	15 51	10 37	34.5	237	303
58	122	20 11	13 17	34.4	19 21	12 41	34.2	18 31	12 05	34.0	17 42	11 30	33.8	16 52	10 55	33.6	16 02	10 20	33.5	238	302
59	121	20 24	12 55	33.3	19 34	12 20	33.1	18 44	11 45	32.9	17 53	11 11	32.8	17 03	10 37	32.6	16 12	10 03	32.4	239	301
60	120	20 37	12 33	32.3	19 47	11 59	32.1	18 56	11 25	31.9	18 05	10 52	31.7	17 14	10 19	31.6	16 23	9 46	31.4	240	300
61	119	20 50	12 11	31.2	19 59	11 38	31.1	19 08	11 05	30.9	18 16	10 33	30.7	17 24	10 00	30.5	16 33	9 29	30.4	241	299
62	118	21 03	11 48	30.2	20 11	11 16	30.0	19 19	10 44	29.8	18 27	10 13	29.7	17 35	9 42	29.5	16 42	9 11	29.4	242	298
63	117	21 15	11 26	29.2	20 22	10 54	29.0	19 30	10 24	28.8	18 37	9 53	28.6	17 45	9 23	28.5	16 52	8 53	28.3	243	297
64	116	21 27	11 03	28.1	20 34	10 32	27.9	19 41	10 03	27.7	18 47	9 33	27.6	17 54	9 04	27.4	17 01	8 35	27.3	244	296
65	115	21 38	10 39	27.0	20 44	10 10	26.8	19 51	9 41	26.7	18 57	9 13	26.5	18 03	8 45	26.4	17 10	8 17	26.2	245	295
66	114	21 49	10 16	26.0	20 55	9 48	25.8	20 01	9 20	25.7	19 07	8 52	25.5	18 12	8 25	25.4	17 18	7 58	25.2	246	294
67	113	21 59	9 52	24.9	21 05	9 25	24.8	20 10	8 58	24.6	19 16	8 32	24.5	18 21	8 06	24.3	17 26	7 40	24.2	247	293
68	112	22 09	9 28	23.9	21 14	9 02	23.7	20 19	8 36	23.5	19 24	8 11	23.4	18 29	7 46	23.3	17 34	7 21	23.1	248	292
69	111	22 19	9 04	22.8	21 24	8 39	22.6	20 28	8 14	22.5	19 33	7 50	22.4	18 37	7 26	22.2	17 42	7 02	22.1	249	291
70	110	22 28	8 40	21.7	21 32	8 16	21.6	20 37	7 52	21.4	19 41	7 29	21.3	18 45	7 06	21.2	17 49	6 43	21.1	250	290
71	109	22 37	8 15	20.7	21 41	7 52	20.5	20 45	7 30	20.4	19 48	7 07	20.2	18 52	6 45	20.1	17 56	6 24	20.0	251	289
72	108	22 45	7 50	19.6	21 49	7 28	19.4	20 52	7 07	19.3	19 56	6 46	19.2	18 59	6 25	19.1	18 02	6 04	19.0	252	288
73	107	22 53	7 25	18.5	21 56	7 04	18.4	21 00	6 44	18.2	20 03	6 24	18.1	19 05	6 04	18.0	18 08	5 45	17.9	253	287
74	106	23 01	7 00	17.4	22 04	6 40	17.3	21 06	6 21	17.2	20 09	6 02	17.1	19 12	5 44	17.0	18 14	5 25	16.9	254	286
75	105	23 08	6 34	16.3	22 10	6 16	16.2	21 13	5 58	16.1	20 15	5 40	16.0	19 17	5 23	15.9	18 20	5 06	15.8	255	285
76	104	23 15	6 09	15.3	22 17	5 52	15.2	21 19	5 35	15.1	20 21	5 18	15.0	19 23	5 02	14.9	18 25	4 46	14.8	256	284
77	103	23 21	5 43	14.2	22 23	5 27	14.1	21 24	5 12	14.0	20 26	4 56	13.9	19 28	4 41	13.8	18 30	4 26	13.7	257	283
78	102	23 27	5 17	13.1	22 28	5 03	13.0	21 30	4 48	12.9	20 31	4 34	12.8	19 33	4 20	12.7	18 34	4 06	12.7	258	282
79	101	23 32	4 51	12.0	22 33	4 38	11.9	21 35	4 24	11.8	20 36	4 11	11.8	19 37	3 58	11.7	18 38	3 46	11.6	259	281
80	100	23 37	4 25	10.9	22 38	4 13	10.8	21 39	4 01	10.8	20 40	3 49	10.7	19 41	3 37	10.6	18 42	3 25	10.6	260	280
81	99	23 41	3 59	9.8	22 42	3 48	9.8	21 43	3 37	9.7	20 44	3 26	9.6	19 45	3 16	9.6	18 45	3 05	9.5	261	279
82	98	23 45	3 33	8.7	22 46	3 23	8.7	21 46	3 13	8.6	20 47	3 03	8.6	19 48	2 54	8.5	18 48	2 45	8.5	262	278
83	97	23 49	3 06	7.6	22 49	2 58	7.6	21 50	2 49	7.5	20 50	2 41	7.5	19 51	2 32	7.4	18 51	2 24	7.4	263	277
84	96	23 52	2 40	6.6	22 52	2 32	6.5	21 52	2 25	6.5	20 53	2 18	6.4	19 53	2 11	6.4	18 54	2 04	6.3	264	276
85	95	23 54	2 13	5.5	22 54	2 07	5.4	21 55	2 01	5.4	20 55	1 55	5.4	19 55	1 49	5.3	18 55	1 43	5.3	265	275
86	94	23 56	1 47	4.4	22 56	1 42	4.3	21 57	1 37	4.3	20 57	1 32	4.3	19 57	1 27	4.3	18 57	1 23	4.2	266	274
87	93	23 58	1 20	3.3	22 58	1 16	3.3	21 58	1 13	3.2	20 58	1 09	3.2	19 58	1 05	3.2	18 58	1 02	3.2	267	273
88	92	23 59	0 53	2.2	22 59	0 51	2.2	21 59	0 48	2.2	20 59	0 46	2.1	19 59	0 44	2.1	18 59	0 41	2.1	268	272
89	91	24 00	0 27	1.1	23 00	0 25	1.1	22 00	0 24	1.1	21 00	0 23	1.1	20 00	0 22	1.1	19 00	0 21	1.1	269	271
90	90	24 00	0 00	0.0	23 00	0 00	0.0	22 00	0 00	0.0	21 00	0 00	0.0	20 00	0 00	0.0	19 00	0 00	0.0	270	270

N. Lat.: for LHA > 180°.... $Z_n = Z$
for LHA < 180°.... $Z_n = 360° - Z$

S. Lat.: for LHA > 180°.... $Z_n = 180° - Z$
for LHA < 180°.... $Z_n = 180° + Z$

B: (–) for 90° < LHA < 270°
Dec: (–) for Lat. contrary name

SIGHT REDUCTION TABLE

LATITUDE / A: 72° – 77°

Z_1: same sign as B
Z_2: (–) for F > 90°

Lat./A → LHA/F	72° A/H	72° B/P	72° Z_1/Z_2	73° A/H	73° B/P	73° Z_1/Z_2	74° A/H	74° B/P	74° Z_1/Z_2	75° A/H	75° B/P	75° Z_1/Z_2	76° A/H	76° B/P	76° Z_1/Z_2	77° A/H	77° B/P	77° Z_1/Z_2	LHA / A
0 / 180	0 00	18 00	90.0	0 00	17 00	90.0	0 00	16 00	90.0	0 00	15 00	90.0	0 00	14 00	90.0	0 00	13 00	90.0	180 / 360
1 / 179	0 19	18 00	89.0	0 18	17 00	89.0	0 17	16 00	89.0	0 16	15 00	89.0	0 15	14 00	89.0	0 13	13 00	89.0	181 / 359
2 / 178	0 37	17 59	88.1	0 35	16 59	88.1	0 33	15 59	88.1	0 31	14 59	88.1	0 29	14 00	88.1	0 27	13 00	88.1	182 / 358
3 / 177	0 56	17 59	87.1	0 53	16 59	87.1	0 50	15 59	87.1	0 47	14 59	87.1	0 44	13 59	87.1	0 40	12 59	87.1	183 / 357
4 / 176	1 14	17 58	86.2	1 10	16 58	86.2	1 06	15 58	86.2	1 02	14 58	86.1	0 58	13 58	86.1	0 54	12 58	86.1	184 / 356
5 / 175	1 33	17 56	85.2	1 28	16 56	85.2	1 23	15 57	85.2	1 18	14 57	85.2	1 12	13 57	85.1	1 07	12 57	85.1	185 / 355
6 / 174	1 51	17 54	84.3	1 45	16 55	84.3	1 39	15 55	84.2	1 33	14 55	84.2	1 27	13 56	84.2	1 21	12 56	84.2	186 / 354
7 / 173	2 09	17 52	83.3	2 03	16 53	83.3	1 56	15 53	83.3	1 48	14 54	83.2	1 41	13 54	83.2	1 34	12 54	83.2	187 / 353
8 / 172	2 28	17 50	82.4	2 20	16 51	82.3	2 12	15 51	82.3	2 04	14 52	82.3	1 56	13 52	82.2	1 48	12 53	82.2	188 / 352
9 / 171	2 46	17 48	81.4	2 37	16 48	81.4	2 28	15 49	81.3	2 19	14 49	81.3	2 10	13 50	81.3	2 01	12 51	81.2	189 / 351
10 / 170	3 05	17 45	80.5	2 55	16 45	80.4	2 45	15 46	80.4	2 35	14 47	80.3	2 24	13 48	80.3	2 14	12 49	80.3	190 / 350
11 / 169	3 23	17 41	79.5	3 12	16 42	79.5	3 01	15 43	79.4	2 50	14 44	79.4	2 39	13 45	79.3	2 28	12 46	79.3	191 / 349
12 / 168	3 41	17 38	78.6	3 29	16 39	78.5	3 17	15 40	78.4	3 05	14 41	78.4	2 53	13 42	78.3	2 41	12 44	78.3	192 / 348
13 / 167	3 59	17 34	77.6	3 46	16 35	77.5	3 33	15 37	77.5	3 20	14 38	77.4	3 07	13 39	77.4	2 54	12 41	77.3	193 / 347
14 / 166	4 17	17 30	76.7	4 03	16 31	76.6	3 49	15 33	76.5	3 35	14 34	76.5	3 21	13 36	76.4	3 07	12 38	76.3	194 / 346
15 / 165	4 35	17 25	75.7	4 20	16 27	75.6	4 05	15 29	75.6	3 50	14 31	75.5	3 35	13 32	75.4	3 20	12 34	75.4	195 / 345
16 / 164	4 53	17 21	74.7	4 37	16 23	74.7	4 21	15 25	74.6	4 05	14 27	74.5	3 49	13 29	74.5	3 33	12 31	74.4	196 / 344
17 / 163	5 11	17 16	73.8	4 54	16 18	73.7	4 37	15 20	73.6	4 20	14 22	73.5	4 03	13 25	73.5	3 46	12 27	73.4	197 / 343
18 / 162	5 29	17 10	72.8	5 11	16 13	72.7	4 53	15 15	72.7	4 35	14 18	72.6	4 17	13 20	72.5	3 59	12 23	72.4	198 / 342
19 / 161	5 46	17 05	71.9	5 28	16 07	71.8	5 09	15 10	71.7	4 50	14 13	71.6	4 31	13 16	71.6	4 12	12 19	71.5	199 / 341
20 / 160	6 04	16 59	70.9	5 44	16 02	70.8	5 25	15 05	70.7	5 05	14 08	70.6	4 45	13 11	70.6	4 25	12 14	70.5	200 / 340
21 / 159	6 21	16 52	69.9	6 01	15 56	69.8	5 40	14 59	69.8	5 19	14 03	69.7	4 58	13 06	69.6	4 37	12 10	69.5	201 / 339
22 / 158	6 39	16 46	69.0	6 17	15 50	68.9	5 56	14 53	68.8	5 34	13 57	68.7	5 12	13 01	68.6	4 50	12 05	68.5	202 / 338
23 / 157	6 56	16 39	68.0	6 34	15 43	67.9	6 11	14 47	67.8	5 48	13 51	67.7	5 25	12 56	67.6	5 03	12 00	67.5	203 / 337
24 / 156	7 13	16 32	67.1	6 50	15 36	66.9	6 26	14 41	66.8	6 03	13 45	66.7	5 39	12 50	66.6	5 15	11 55	66.5	204 / 336
25 / 155	7 30	16 25	66.1	7 06	15 29	66.0	6 41	14 34	65.9	6 17	13 39	65.8	5 52	12 44	65.7	5 27	11 49	65.6	205 / 335
26 / 154	7 47	16 17	65.1	7 22	15 22	65.0	6 56	14 27	64.9	6 31	13 32	64.8	6 05	12 38	64.7	5 40	11 43	64.6	206 / 334
27 / 153	8 04	16 09	64.1	7 38	15 14	64.0	7 11	14 20	63.9	6 45	13 26	63.8	6 18	12 32	63.7	5 52	11 37	63.6	207 / 333
28 / 152	8 20	16 00	63.2	7 53	15 06	63.0	7 26	14 12	62.9	6 59	13 19	62.8	6 31	12 25	62.7	6 04	11 31	62.6	208 / 332
29 / 151	8 37	15 52	62.2	8 09	14 58	62.1	7 41	14 05	61.9	7 13	13 11	61.8	6 44	12 18	61.8	6 16	11 25	61.6	209 / 331
30 / 150	8 53	15 43	61.2	8 24	14 50	61.1	7 55	13 57	61.0	7 26	13 04	60.9	6 57	12 11	60.7	6 27	11 18	60.6	210 / 330
31 / 149	9 09	15 34	60.3	8 40	14 41	60.1	8 10	13 49	60.0	7 40	12 56	59.9	7 09	12 04	59.8	6 39	11 12	59.7	211 / 329
32 / 148	9 25	15 24	59.3	8 55	14 32	59.1	8 24	13 40	59.0	7 53	12 48	58.9	7 22	11 56	58.8	6 51	11 05	58.7	212 / 328
33 / 147	9 41	15 15	58.3	9 10	14 23	58.2	8 38	13 31	58.0	8 06	12 40	57.9	7 34	11 49	57.8	7 02	10 57	57.7	213 / 327
34 / 146	9 57	15 05	57.3	9 25	14 13	57.2	8 52	13 22	57.0	8 19	12 31	56.9	7 46	11 41	56.8	7 14	10 50	56.7	214 / 326
35 / 145	10 13	14 54	56.3	9 39	14 04	56.3	9 06	13 13	56.1	8 32	12 23	55.9	7 59	11 33	55.8	7 25	10 43	55.7	215 / 325
36 / 144	10 28	14 44	55.4	9 54	13 54	55.4	9 19	13 04	55.1	8 45	12 14	54.9	8 11	11 24	54.8	7 36	10 35	54.7	216 / 324
37 / 143	10 43	14 33	54.4	10 08	13 43	54.2	9 33	12 54	54.1	8 58	12 05	53.9	8 22	11 16	53.8	7 47	10 27	53.7	217 / 323
38 / 142	10 58	14 22	53.4	10 22	13 33	53.2	9 46	12 44	53.1	9 10	11 55	53.0	8 34	11 07	52.8	7 58	10 19	52.7	218 / 322
39 / 141	11 13	14 10	52.4	10 36	13 22	52.2	9 59	12 34	52.1	9 22	11 46	52.0	8 45	10 58	51.8	8 08	10 10	51.7	219 / 321
40 / 140	11 27	13 59	51.4	10 50	13 11	51.3	10 12	12 23	51.1	9 35	11 36	51.0	8 57	10 49	50.8	8 19	10 02	50.7	220 / 320
41 / 139	11 42	13 47	50.4	11 04	13 00	50.3	10 25	12 13	50.1	9 47	11 26	50.0	9 08	10 39	49.9	8 29	9 53	49.7	221 / 319
42 / 138	11 56	13 34	49.4	11 17	12 48	49.3	10 38	12 02	49.1	9 58	11 16	49.1	9 19	10 30	48.9	8 39	9 44	48.7	222 / 318
43 / 137	12 10	13 22	48.4	11 30	12 36	48.4	10 50	11 51	48.1	10 10	11 05	48.0	9 30	10 20	47.9	8 49	9 35	47.7	223 / 317
44 / 136	12 24	13 09	47.4	11 43	12 24	47.3	11 02	11 39	47.1	10 21	10 55	47.1	9 40	10 10	46.9	8 59	9 26	46.7	224 / 316
45 / 135	12 37	12 56	46.4	11 56	12 12	46.3	11 14	11 28	46.1	10 33	10 44	46.0	9 51	10 00	45.9	9 09	9 16	45.7	225 / 315

SIGHT REDUCTION TABLE

Lat./A LHA/F	72° A/H	72° B/P	72° Z₁/Z₂	73° A/H	73° B/P	73° Z₁/Z₂	74° A/H	74° B/P	74° Z₁/Z₂	75° A/H	75° B/P	75° Z₁/Z₂	76° A/H	76° B/P	76° Z₁/Z₂	77° A/H	77° B/P	77° Z₁/Z₂	Lat./A LHA
45 135	12 37	12 56	46.4	11 56	12 12	46.3	11 14	11 28	46.1	10 33	10 44	46.0	9 51	10 00	45.9	9 09	9 16	45.7	225 315
46 134	12 51	12 43	45.4	12 08	11 59	45.3	11 26	11 16	45.1	10 44	10 33	45.0	10 01	9 50	44.9	9 19	9 07	44.7	226 314
47 133	13 04	12 30	44.4	12 21	11 47	44.3	11 38	11 04	44.1	10 55	10 21	44.0	10 11	9 39	43.9	9 28	8 57	43.7	227 313
48 132	13 17	12 16	43.4	12 33	11 34	43.3	11 49	10 52	43.1	11 05	10 10	43.0	10 21	9 28	42.9	9 37	8 47	42.7	228 312
49 131	13 29	12 02	42.4	12 45	11 21	42.3	12 00	10 39	42.1	11 16	9 58	42.0	10 31	9 17	41.9	9 46	8 37	41.7	229 311
50 130	13 42	11 48	41.4	12 57	11 07	41.3	12 11	10 27	41.1	11 26	9 46	41.0	10 41	9 06	40.9	9 55	8 26	40.7	230 310
51 129	13 54	11 33	40.4	13 08	10 53	40.3	12 22	10 14	40.1	11 36	9 34	40.0	10 50	8 55	39.8	10 04	8 16	39.7	231 309
52 128	14 06	11 19	39.4	13 19	10 40	39.2	12 33	10 01	39.1	11 46	9 22	39.0	10 59	8 44	38.8	10 13	8 05	38.7	232 308
53 127	14 17	11 04	38.4	13 30	10 26	38.2	12 43	9 47	38.1	11 56	9 10	38.0	11 08	8 32	37.8	10 21	7 55	37.7	233 307
54 126	14 29	10 49	37.4	13 41	10 11	37.2	12 53	9 34	37.1	12 05	8 57	36.9	11 17	8 20	36.8	10 29	7 44	36.7	234 306
55 125	14 40	10 33	36.4	13 51	9 57	36.2	13 03	9 20	36.1	12 14	8 44	35.9	11 26	8 08	35.8	10 37	7 33	35.7	235 305
56 124	14 51	10 18	35.3	14 02	9 42	35.2	13 13	9 07	35.1	12 23	8 31	34.9	11 34	7 56	34.8	10 45	7 21	34.7	236 304
57 123	15 01	10 02	34.3	14 12	9 27	34.2	13 22	8 53	34.0	12 32	8 18	33.9	11 42	7 44	33.8	10 52	7 10	33.7	237 303
58 122	15 12	9 46	33.3	14 21	9 12	33.2	13 31	8 38	33.0	12 41	8 05	32.9	11 50	7 32	32.8	11 00	6 59	32.7	238 302
59 121	15 22	9 30	32.3	14 31	8 57	32.1	13 40	8 24	32.0	12 49	7 51	31.9	11 58	7 19	31.8	11 07	6 47	31.7	239 301
60 120	15 31	9 14	31.3	14 40	8 41	31.1	13 49	8 10	31.0	12 57	7 38	30.9	12 06	7 06	30.8	11 14	6 35	30.6	240 300
61 119	15 41	8 57	30.2	14 49	8 26	30.1	13 57	7 55	30.0	13 05	7 24	29.8	12 13	6 54	29.7	11 21	6 23	29.6	241 299
62 118	15 50	8 40	29.2	14 58	8 10	29.1	14 05	7 40	28.9	13 13	7 10	28.8	12 20	6 41	28.7	11 27	6 11	28.6	242 298
63 117	15 59	8 23	28.2	15 06	7 54	28.0	14 13	7 25	27.9	13 20	6 56	27.8	12 27	6 27	27.7	11 34	5 59	27.6	243 297
64 116	16 08	8 06	27.2	15 14	7 38	27.0	14 21	7 10	26.9	13 27	6 42	26.8	12 34	6 14	26.7	11 40	5 47	26.6	244 296
65 115	16 16	7 49	26.1	15 22	7 22	26.0	14 28	6 55	25.9	13 34	6 28	25.8	12 40	6 01	25.7	11 46	5 34	25.6	245 295
66 114	16 24	7 32	25.1	15 29	7 05	25.0	14 35	6 39	24.9	13 41	6 13	24.7	12 46	5 47	24.6	11 52	5 22	24.6	246 294
67 113	16 32	7 14	24.1	15 37	6 49	23.9	14 42	6 24	23.8	13 47	5 59	23.7	12 52	5 34	23.6	11 57	5 09	23.5	247 293
68 112	16 39	6 56	23.0	15 44	6 32	22.9	14 48	6 08	22.8	13 53	5 44	22.7	12 58	5 20	22.6	12 02	4 57	22.5	248 292
69 111	16 46	6 39	22.0	15 50	6 15	21.9	14 55	5 52	21.8	13 59	5 29	21.7	13 03	5 06	21.6	12 07	4 44	21.5	249 291
70 110	16 53	6 20	20.9	15 57	5 58	20.8	15 01	5 36	20.7	14 05	5 14	20.6	13 08	4 52	20.6	12 12	4 31	20.5	250 290
71 109	16 59	6 02	19.9	16 03	5 41	19.8	15 06	5 20	19.7	14 10	4 59	19.6	13 13	4 38	19.5	12 17	4 18	19.5	251 289
72 108	17 05	5 44	18.9	16 09	5 24	18.8	15 12	5 04	18.7	14 15	4 44	18.6	13 18	4 24	18.5	12 21	4 05	18.4	252 288
73 107	17 11	5 26	17.8	16 14	5 06	17.7	15 17	4 48	17.6	14 20	4 29	17.6	13 23	4 10	17.5	12 25	3 52	17.4	253 287
74 106	17 17	5 07	16.8	16 19	4 49	16.7	15 22	4 31	16.6	14 24	4 13	16.5	13 27	3 56	16.5	12 29	3 38	16.4	254 286
75 105	17 22	4 48	15.7	16 24	4 31	15.7	15 26	4 15	15.6	14 29	3 58	15.5	13 31	3 42	15.4	12 33	3 25	15.4	255 285
76 104	17 27	4 30	14.7	16 29	4 14	14.6	15 31	3 58	14.5	14 33	3 43	14.5	13 35	3 27	14.4	12 36	3 12	14.4	256 284
77 103	17 31	4 11	13.6	16 33	3 56	13.6	15 35	3 41	13.5	14 36	3 27	13.4	13 38	3 13	13.4	12 40	2 58	13.3	257 283
78 102	17 36	3 52	12.6	16 37	3 38	12.5	15 38	3 25	12.5	14 40	3 11	12.4	13 41	2 58	12.4	12 43	2 45	12.3	258 282
79 101	17 39	3 33	11.6	16 41	3 20	11.5	15 42	3 08	11.4	14 43	2 56	11.4	13 44	2 43	11.3	12 45	2 31	11.3	259 281
80 100	17 43	3 14	10.5	16 44	3 02	10.5	15 45	2 51	10.4	14 46	2 40	10.3	13 47	2 29	10.3	12 48	2 18	10.3	260 280
81 99	17 46	2 55	9.5	16 47	2 44	9.4	15 48	2 34	9.4	14 49	2 24	9.3	13 49	2 14	9.3	12 50	2 04	9.2	261 279
82 98	17 49	2 35	8.4	16 50	2 26	8.4	15 50	2 17	8.3	14 51	2 08	8.3	13 52	1 59	8.2	12 52	1 50	8.2	262 278
83 97	17 52	2 16	7.4	16 52	2 08	7.3	15 53	2 00	7.3	14 53	1 52	7.2	13 54	1 44	7.2	12 54	1 37	7.2	263 277
84 96	17 54	1 57	6.3	16 54	1 50	6.3	15 55	1 43	6.2	14 55	1 36	6.2	13 55	1 30	6.2	12 56	1 23	6.2	264 276
85 95	17 56	1 37	5.3	16 56	1 32	5.2	15 56	1 26	5.2	14 56	1 20	5.2	13 57	1 15	5.2	12 57	1 09	5.1	265 275
86 94	17 57	1 18	4.2	16 57	1 13	4.2	15 58	1 09	4.2	14 58	1 04	4.1	13 58	1 00	4.1	12 58	0 55	4.1	266 274
87 93	17 58	0 58	3.2	16 59	0 55	3.1	15 59	0 52	3.1	14 59	0 48	3.1	13 59	0 45	3.1	12 59	0 42	3.1	267 273
88 92	17 59	0 39	2.1	16 59	0 37	2.1	15 59	0 34	2.1	14 59	0 32	2.1	13 59	0 30	2.1	13 00	0 28	2.1	268 272
89 91	18 00	0 19	1.1	17 00	0 18	1.0	16 00	0 17	1.0	15 00	0 16	1.0	14 00	0 15	1.0	13 00	0 14	1.0	269 271
90 90	18 00	0 00	0.0	17 00	0 00	0.0	16 00	0 00	0.0	15 00	0 00	0.0	14 00	0 00	0.0	13 00	0 00	0.0	270 270

N. Lat.: for LHA > 180°... $Z_n = Z$
for LHA < 180°... $Z_n = 360° - Z$

S. Lat.: for LHA > 180°... $Z_n = 180° - Z$
for LHA < 180°... $Z_n = 180° + Z$

B: (–) for 90°< LHA < 270°
Dec: (–) for Lat. contrary name

Z₁: same sign as B
Z₂: (–) for F > 90°

SIGHT REDUCTION TABLE

LATITUDE / A: 78° – 83°

Lat./A	LHA/F	78° A/H	78° B/P	78° Z_1/Z_2	79° A/H	79° B/P	79° Z_1/Z_2	80° A/H	80° B/P	80° Z_1/Z_2	81° A/H	81° B/P	81° Z_1/Z_2	82° A/H	82° B/P	82° Z_1/Z_2	83° A/H	83° B/P	83° Z_1/Z_2	Lat./A	LHA
0	180	0 00	12 00	90.0	0 00	11 00	90.0	0 00	10 00	90.0	0 00	9 00	90.0	0 00	8 00	90.0	0 00	7 00	90.0	180	360
1	179	0 12	12 00	89.0	0 11	11 00	89.0	0 10	10 00	89.0	0 09	9 00	89.0	0 08	8 00	89.0	0 07	7 00	89.0	181	359
2	178	0 25	12 00	88.0	0 23	11 00	88.0	0 21	10 00	88.0	0 19	9 00	88.0	0 17	8 00	88.0	0 15	7 00	88.0	182	358
3	177	0 37	11 59	87.1	0 34	10 59	87.1	0 31	9 59	87.0	0 28	8 59	87.0	0 25	7 59	87.0	0 22	6 59	87.0	183	357
4	176	0 50	11 58	86.1	0 46	10 58	86.1	0 42	9 59	86.1	0 38	8 59	86.0	0 33	7 59	86.0	0 29	6 59	86.0	184	356
5	175	1 02	11 57	85.1	0 57	10 58	85.1	0 52	9 58	85.1	0 47	8 58	85.1	0 42	7 58	85.0	0 37	6 58	85.0	185	355
6	174	1 15	11 56	84.1	1 09	10 56	84.1	1 02	9 57	84.1	0 56	8 57	84.1	0 50	7 57	84.1	0 44	6 58	84.0	186	354
7	173	1 27	11 55	83.2	1 20	10 55	83.1	1 13	9 56	83.1	1 06	8 56	83.1	0 58	7 56	83.1	0 51	6 57	83.1	187	353
8	172	1 39	11 53	82.2	1 31	10 54	82.1	1 23	9 54	82.1	1 15	8 55	82.1	1 07	7 55	82.1	0 58	6 56	82.1	188	352
9	171	1 52	11 51	81.2	1 43	10 52	81.2	1 33	9 53	81.1	1 24	8 53	81.1	1 15	7 54	81.1	1 06	6 55	81.1	189	351
10	170	2 04	11 49	80.2	1 54	10 50	80.2	1 44	9 51	80.1	1 33	8 52	80.1	1 23	7 53	80.1	1 13	6 54	80.1	190	350
11	169	2 16	11 47	79.2	2 05	10 48	79.2	1 54	9 49	79.2	1 43	8 50	79.1	1 31	7 51	79.1	1 20	6 52	79.1	191	349
12	168	2 29	11 45	78.3	2 16	10 46	78.2	2 04	9 47	78.2	1 52	8 48	78.1	1 39	7 50	78.1	1 27	6 51	78.1	192	348
13	167	2 41	11 42	77.3	2 28	10 43	77.2	2 14	9 45	77.2	2 01	8 46	77.2	1 48	7 48	77.1	1 34	6 49	77.1	193	347
14	166	2 53	11 39	76.3	2 39	10 41	76.2	2 24	9 43	76.2	2 10	8 44	76.2	1 56	7 46	76.1	1 41	6 48	76.1	194	346
15	165	3 05	11 36	75.3	2 50	10 38	75.3	2 35	9 40	75.2	2 19	8 42	75.2	2 04	7 44	75.1	1 48	6 46	75.1	195	345
16	164	3 17	11 33	74.3	3 01	10 35	74.3	2 45	9 37	74.2	2 28	8 39	74.2	2 12	7 42	74.1	1 56	6 44	74.1	196	344
17	163	3 29	11 29	73.4	3 12	10 32	73.3	2 55	9 34	73.2	2 37	8 37	73.2	2 20	7 39	73.2	2 03	6 42	73.1	197	343
18	162	3 41	11 26	72.4	3 23	10 28	72.3	3 05	9 31	72.3	2 46	8 34	72.2	2 28	7 37	72.2	2 09	6 40	72.1	198	342
19	161	3 53	11 22	71.4	3 34	10 25	71.3	3 14	9 28	71.3	2 55	8 31	71.2	2 36	7 34	71.2	2 16	6 37	71.1	199	341
20	160	4 05	11 18	70.4	3 45	10 21	70.3	3 24	9 24	70.3	3 04	8 28	70.2	2 44	7 31	70.2	2 23	6 35	70.1	200	340
21	159	4 16	11 13	69.4	3 55	10 17	69.4	3 34	9 21	69.3	3 13	8 25	69.3	2 52	7 28	69.2	2 30	6 32	69.1	201	339
22	158	4 28	11 09	68.4	4 06	10 13	68.4	3 44	9 17	68.3	3 22	8 21	68.3	2 59	7 25	68.2	2 37	6 30	68.1	202	338
23	157	4 40	11 04	67.5	4 17	10 09	67.4	3 53	9 13	67.3	3 30	8 18	67.3	3 07	7 22	67.2	2 44	6 27	67.2	203	337
24	156	4 51	10 59	66.5	4 27	10 04	66.4	4 03	9 09	66.3	3 39	8 14	66.3	3 15	7 19	66.2	2 50	6 24	66.2	204	336
25	155	5 02	10 54	65.5	4 38	9 59	65.4	4 13	9 05	65.3	3 47	8 10	65.3	3 22	7 16	65.2	2 57	6 21	65.2	205	335
26	154	5 14	10 49	64.5	4 48	9 55	64.4	4 22	9 00	64.3	3 56	8 06	64.3	3 30	7 12	64.2	3 04	6 18	64.2	206	334
27	153	5 25	10 43	63.5	4 58	9 50	63.4	4 31	8 56	63.4	4 04	8 02	63.3	3 37	7 08	63.2	3 10	6 15	63.2	207	333
28	152	5 36	10 38	62.5	5 08	9 44	62.4	4 41	8 51	62.4	4 13	7 58	62.3	3 45	7 04	62.2	3 17	6 11	62.2	208	332
29	151	5 47	10 32	61.5	5 18	9 39	61.4	4 50	8 46	61.4	4 21	7 53	61.3	3 52	7 00	61.2	3 23	6 08	61.2	209	331
30	150	5 58	10 26	60.5	5 28	9 33	60.5	4 59	8 41	60.4	4 29	7 49	60.3	3 59	6 56	60.2	3 30	6 04	60.2	210	330
31	149	6 09	10 20	59.6	5 38	9 28	59.5	5 08	8 36	59.4	4 37	7 44	59.3	4 07	6 52	59.2	3 36	6 00	59.2	211	329
32	148	6 20	10 13	58.6	5 48	9 22	58.5	5 17	8 30	58.4	4 45	7 39	58.3	4 14	6 48	58.3	3 42	5 57	58.2	212	328
33	147	6 30	10 06	57.6	5 58	9 16	57.5	5 26	8 25	57.4	4 53	7 34	57.3	4 21	6 43	57.3	3 48	5 53	57.2	213	327
34	146	6 41	10 00	56.6	6 08	9 09	56.5	5 34	8 19	56.4	5 01	7 29	56.3	4 28	6 39	56.3	3 54	5 49	56.2	214	326
35	145	6 51	9 53	55.6	6 17	9 03	55.5	5 43	8 13	55.4	5 09	7 24	55.3	4 35	6 34	55.3	4 00	5 45	55.2	215	325
36	144	7 01	9 45	54.6	6 26	8 56	54.5	5 51	8 07	54.4	5 17	7 18	54.3	4 42	6 29	54.3	4 06	5 40	54.2	216	324
37	143	7 11	9 38	53.6	6 36	8 49	53.5	6 00	8 01	53.4	5 24	7 13	53.3	4 48	6 24	53.3	4 12	5 36	53.2	217	323
38	142	7 21	9 31	52.6	6 45	8 43	52.5	6 08	7 55	52.4	5 32	7 07	52.3	4 55	6 19	52.3	4 18	5 32	52.2	218	322
39	141	7 31	9 23	51.6	6 54	8 35	51.6	6 16	7 48	51.4	5 39	7 01	51.3	5 01	6 14	51.3	4 24	5 27	51.2	219	321
40	140	7 41	9 15	50.6	7 03	8 28	50.5	6 25	7 42	50.4	5 46	6 55	50.3	5 08	6 09	50.3	4 30	5 22	50.2	220	320
41	139	7 50	9 07	49.6	7 11	8 21	49.5	6 32	7 35	49.4	5 53	6 49	49.4	5 14	6 03	49.3	4 35	5 18	49.2	221	319
42	138	8 00	8 59	48.6	7 20	8 13	48.5	6 40	7 28	48.4	6 01	6 43	48.4	5 21	5 58	48.3	4 41	5 13	48.2	222	318
43	137	8 09	8 50	47.6	7 29	8 05	47.5	6 48	7 21	47.4	6 07	6 36	47.4	5 27	5 52	47.3	4 46	5 08	47.2	223	317
44	136	8 18	8 42	46.6	7 37	7 58	46.5	6 56	7 14	46.4	6 14	6 30	46.4	5 33	5 46	46.3	4 51	5 03	46.2	224	316
45	135	8 27	8 33	45.6	7 45	7 50	45.5	7 03	7 06	45.4	6 21	6 23	45.4	5 39	5 41	45.3	4 57	4 58	45.2	225	315

SIGHT REDUCTION TABLE

Lat./A LHA		83° A/H	83° B/P	83° Z1/Z2	82° A/H	82° B/P	82° Z1/Z2	81° A/H	81° B/P	81° Z1/Z2	80° A/H	80° B/P	80° Z1/Z2	79° A/H	79° B/P	79° Z1/Z2	78° A/H	78° B/P	78° Z1/Z2	Lat./A LHA/F	A
315	225	4 57	4 58	45.2	5 39	5 41	45.3	6 21	6 23	45.4	7 03	7 06	45.4	7 45	7 50	45.5	8 27	8 33	45.6	135	45
314	226	5 02	4 53	44.2	5 45	5 35	44.3	6 28	6 17	44.4	7 11	6 59	44.4	7 53	7 41	44.5	8 36	8 24	44.6	134	46
313	227	5 07	4 47	43.2	5 51	5 29	43.3	6 34	6 10	43.4	7 18	6 51	43.4	8 01	7 33	43.5	8 45	8 15	43.6	133	47
312	228	5 12	4 42	42.2	5 56	5 22	42.3	6 41	6 03	42.4	7 25	6 44	42.4	8 09	7 25	42.5	8 53	8 06	42.6	132	48
311	229	5 17	4 36	41.2	6 02	5 16	41.3	6 47	5 56	41.4	7 32	6 36	41.4	8 17	7 16	41.5	9 02	7 56	41.6	131	49
310	230	5 21	4 31	40.2	6 07	5 10	40.3	6 53	5 49	40.3	7 39	6 28	40.4	8 24	7 07	40.5	9 10	7 47	40.6	130	50
309	231	5 26	4 25	39.2	6 13	5 03	39.3	6 59	5 42	39.3	7 45	6 20	39.4	8 32	6 58	39.5	9 18	7 37	39.6	129	51
308	232	5 31	4 19	38.2	6 18	4 57	38.3	7 05	5 34	38.3	7 52	6 12	38.4	8 39	6 49	38.5	9 26	7 27	38.6	128	52
307	233	5 35	4 14	37.2	6 23	4 50	37.3	7 11	5 27	37.3	7 58	6 03	37.4	8 46	6 40	37.5	9 33	7 17	37.6	127	53
306	234	5 39	4 08	36.2	6 28	4 43	36.3	7 16	5 19	36.3	8 05	5 55	36.4	8 53	6 31	36.5	9 41	7 07	36.6	126	54
305	235	5 44	4 02	35.2	6 33	4 37	35.3	7 22	5 11	35.3	8 11	5 47	35.4	9 00	6 22	35.5	9 48	6 57	35.6	125	55
304	236	5 48	3 56	34.2	6 38	4 30	34.3	7 27	5 04	34.3	8 17	5 38	34.4	9 06	6 12	34.5	9 56	6 47	34.6	124	56
303	237	5 52	3 50	33.2	6 42	4 23	33.3	7 32	4 56	33.3	8 22	5 29	33.4	9 13	6 03	33.5	10 03	6 36	33.6	123	57
302	238	5 56	3 43	32.2	6 47	4 16	32.3	7 37	4 48	32.3	8 28	5 20	32.4	9 19	5 53	32.5	10 09	6 26	32.6	122	58
301	239	6 00	3 37	31.2	6 51	4 08	31.2	7 42	4 40	31.3	8 34	5 11	31.4	9 25	5 43	31.5	10 16	6 15	31.6	121	59
300	240	6 04	3 31	30.2	6 55	4 01	30.2	7 47	4 32	30.3	8 39	5 02	30.4	9 31	5 33	30.5	10 22	6 04	30.6	120	60
299	241	6 07	3 24	29.2	6 59	3 54	29.2	7 52	4 23	29.3	8 44	4 53	29.4	9 36	5 23	29.5	10 29	5 53	29.5	119	61
298	242	6 11	3 18	28.2	7 04	3 46	28.2	7 56	4 15	28.3	8 49	4 44	28.4	9 42	5 13	28.4	10 35	5 42	28.5	118	62
297	243	6 14	3 11	27.2	7 07	3 39	27.2	8 01	4 07	27.3	8 54	4 35	27.4	9 47	5 03	27.4	10 41	5 31	27.5	117	63
296	244	6 17	3 05	26.2	7 11	3 32	26.2	8 05	3 58	26.3	8 59	4 25	26.3	9 52	4 52	26.4	10 46	5 19	26.5	116	64
295	245	6 20	2 58	25.2	7 15	3 24	25.2	8 09	3 50	25.3	9 03	4 16	25.3	9 57	4 42	25.4	10 52	5 08	25.5	115	65
294	246	6 24	2 52	24.2	7 18	3 16	24.2	8 13	3 41	24.3	9 08	4 06	24.3	10 02	4 31	24.4	10 57	4 56	24.5	114	66
293	247	6 26	2 45	23.1	7 22	3 09	23.2	8 17	3 32	23.3	9 12	3 56	23.3	10 07	4 21	23.4	11 02	4 45	23.5	113	67
292	248	6 29	2 38	22.1	7 25	3 01	22.2	8 20	3 24	22.2	9 16	3 47	22.3	10 11	4 10	22.4	11 07	4 33	22.4	112	68
291	249	6 32	2 31	21.1	7 28	2 53	21.2	8 24	3 15	21.2	9 20	3 37	21.3	10 16	3 59	21.4	11 12	4 21	21.4	111	69
290	250	6 35	2 24	20.1	7 31	2 45	20.2	8 27	3 06	20.2	9 23	3 27	20.3	10 20	3 48	20.3	11 16	4 09	20.4	110	70
289	251	6 37	2 17	19.1	7 34	2 37	19.2	8 30	2 57	19.2	9 27	3 17	19.3	10 24	3 37	19.3	11 20	3 58	19.4	109	71
288	252	6 39	2 10	18.1	7 36	2 29	18.2	8 33	2 48	18.2	9 30	3 07	18.3	10 27	3 26	18.3	11 24	3 45	18.4	108	72
287	253	6 42	2 03	17.1	7 39	2 21	17.2	8 36	2 39	17.2	9 34	2 57	17.2	10 31	3 15	17.3	11 28	3 33	17.4	107	73
286	254	6 44	1 56	16.1	7 41	2 13	16.1	8 39	2 30	16.2	9 37	2 47	16.2	10 34	3 04	16.3	11 32	3 21	16.3	106	74
285	255	6 46	1 49	15.1	7 44	2 05	15.1	8 41	2 21	15.2	9 39	2 37	15.2	10 37	2 53	15.3	11 35	3 09	15.3	105	75
284	256	6 47	1 42	14.1	7 46	1 57	14.1	8 44	2 12	14.2	9 42	2 27	14.2	10 40	2 42	14.3	11 38	2 57	14.3	104	76
283	257	6 49	1 35	13.1	7 48	1 49	13.1	8 46	2 02	13.2	9 44	2 17	13.2	10 43	2 30	13.2	11 41	2 44	13.3	103	77
282	258	6 51	1 28	12.1	7 49	1 40	12.1	8 48	1 53	12.1	9 47	2 06	12.2	10 45	2 19	12.2	11 44	2 32	12.3	102	78
281	259	6 52	1 21	11.1	7 51	1 32	11.1	8 50	1 44	11.1	9 49	1 56	11.2	10 48	2 07	11.2	11 47	2 19	11.2	101	79
280	260	6 54	1 13	10.1	7 53	1 24	10.1	8 52	1 35	10.1	9 51	1 45	10.2	10 50	1 56	10.2	11 49	2 07	10.2	100	80
279	261	6 55	1 06	9.1	7 54	1 16	9.1	8 53	1 25	9.1	9 53	1 35	9.1	10 52	1 45	9.2	11 51	1 54	9.2	99	81
278	262	6 56	0 59	8.1	7 55	1 07	8.1	8 55	1 16	8.1	9 54	1 24	8.1	10 53	1 33	8.1	11 53	1 42	8.2	98	82
277	263	6 57	0 51	7.1	7 56	0 59	7.1	8 56	1 06	7.1	9 55	1 14	7.1	10 55	1 21	7.1	11 55	1 29	7.2	97	83
276	264	6 58	0 44	6.0	7 57	0 50	6.1	8 57	0 57	6.1	9 57	1 03	6.1	10 56	1 10	6.1	11 56	1 16	6.1	96	84
275	265	6 59	0 37	5.0	7 58	0 42	5.0	8 58	0 47	5.1	9 58	0 53	5.1	10 57	0 58	5.1	11 57	1 04	5.1	95	85
274	266	6 59	0 29	4.0	7 59	0 34	4.0	8 59	0 38	4.0	9 59	0 42	4.0	10 58	0 47	4.1	11 58	0 51	4.1	94	86
273	267	6 59	0 22	3.0	7 59	0 25	3.0	8 59	0 28	3.0	9 59	0 32	3.0	10 59	0 35	3.1	11 59	0 38	3.1	93	87
272	268	7 00	0 15	2.0	8 00	0 17	2.0	9 00	0 19	2.0	10 00	0 21	2.0	11 00	0 23	2.0	12 00	0 26	2.0	92	88
271	269	7 00	0 07	1.0	8 00	0 08	1.0	9 00	0 10	1.0	10 00	0 11	1.0	11 00	0 12	1.0	12 00	0 13	1.0	91	89
270	270	7 00	0 00	0.0	8 00	0 00	0.0	9 00	0 00	0.0	10 00	0 00	0.0	11 00	0 00	0.0	12 00	0 00	0.0	90	90

N. Lat.: for LHA >180°.... $Z_n = Z$ / for LHA <180°.... $Z_n = 360° - Z$

S. Lat.: for LHA >180°.... $Z_n = 180° - Z$ / for LHA <180°.... $Z_n = 180° + Z$

LATITUDE / A: 84° – 89°

SIGHT REDUCTION TABLE

B: (−) for 90° < LHA < 270°
Dec: (−) for Lat. contrary name

Z_1: same sign as B
Z_2: (−) for F > 90°

LHA / F	84° A/H	84° B/P	84° Z_1/Z_2	85° A/H	85° B/P	85° Z_1/Z_2	86° A/H	86° B/P	86° Z_1/Z_2	87° A/H	87° B/P	87° Z_1/Z_2	88° A/H	88° B/P	88° Z_1/Z_2	89° A/H	89° B/P	89° Z_1/Z_2	LHA
0 / 180	0 00	6 00	90.0	0 00	5 00	90.0	0 00	4 00	90.0	0 00	3 00	90.0	0 00	2 00	90.0	0 00	1 00	90.0	180 / 360
1 / 179	0 06	6 00	89.0	0 05	5 00	89.0	0 04	4 00	89.0	0 03	3 00	89.0	0 02	2 00	89.0	0 01	1 00	89.0	181 / 359
2 / 178	0 13	6 00	88.0	0 10	5 00	88.0	0 08	4 00	88.0	0 06	3 00	88.0	0 04	2 00	88.0	0 02	1 00	88.0	182 / 358
3 / 177	0 19	6 00	87.0	0 16	5 00	87.0	0 13	4 00	87.0	0 09	3 00	87.0	0 06	2 00	87.0	0 03	1 00	87.0	183 / 357
4 / 176	0 25	5 59	86.0	0 21	4 59	86.0	0 17	3 59	86.0	0 13	3 00	86.0	0 08	2 00	86.0	0 04	1 00	86.0	184 / 356
5 / 175	0 31	5 59	85.0	0 26	4 59	85.0	0 21	3 59	85.0	0 16	2 59	85.0	0 10	2 00	85.0	0 05	1 00	85.0	185 / 355
6 / 174	0 38	5 58	84.0	0 31	4 58	84.0	0 25	3 59	84.0	0 19	2 59	84.0	0 13	1 59	84.0	0 06	1 00	84.0	186 / 354
7 / 173	0 44	5 57	83.0	0 37	4 58	83.0	0 29	3 58	83.0	0 22	2 59	83.0	0 15	1 59	83.0	0 07	1 00	83.0	187 / 353
8 / 172	0 50	5 57	82.0	0 42	4 57	82.0	0 33	3 58	82.0	0 25	2 58	82.0	0 17	1 59	82.0	0 08	0 59	82.0	188 / 352
9 / 171	0 56	5 56	81.0	0 47	4 56	81.0	0 38	3 57	81.0	0 28	2 58	81.0	0 19	1 59	81.0	0 09	0 59	81.0	189 / 351
10 / 170	1 02	5 55	80.1	0 52	4 55	80.0	0 42	3 56	80.0	0 31	2 57	80.0	0 21	1 58	80.0	0 10	0 59	80.0	190 / 350
11 / 169	1 09	5 53	79.1	0 57	4 55	79.0	0 46	3 56	79.0	0 34	2 57	79.0	0 23	1 58	79.0	0 11	0 59	79.0	191 / 349
12 / 168	1 15	5 52	78.1	1 02	4 53	78.0	0 50	3 55	78.0	0 37	2 56	78.0	0 25	1 57	78.0	0 12	0 59	78.0	192 / 348
13 / 167	1 21	5 51	77.1	1 07	4 52	77.0	0 54	3 54	77.0	0 40	2 55	77.0	0 27	1 57	77.0	0 13	0 58	77.0	193 / 347
14 / 166	1 27	5 49	76.1	1 12	4 51	76.1	0 58	3 53	76.1	0 44	2 55	76.0	0 29	1 56	76.0	0 15	0 58	76.0	194 / 346
15 / 165	1 33	5 48	75.1	1 18	4 50	75.1	1 02	3 52	75.1	0 47	2 54	75.0	0 31	1 56	75.0	0 16	0 58	75.0	195 / 345
16 / 164	1 39	5 46	74.1	1 23	4 48	74.1	1 06	3 51	74.1	0 50	2 53	74.0	0 33	1 55	74.0	0 17	0 58	74.0	196 / 344
17 / 163	1 45	5 44	73.1	1 28	4 47	73.1	1 10	3 50	73.1	0 53	2 52	73.0	0 35	1 55	73.0	0 18	0 57	73.0	197 / 343
18 / 162	1 51	5 43	72.1	1 33	4 45	72.1	1 14	3 48	72.0	0 56	2 51	72.0	0 37	1 54	72.0	0 19	0 57	72.0	198 / 342
19 / 161	1 57	5 41	71.1	1 38	4 44	71.1	1 18	3 47	71.0	0 59	2 50	71.0	0 39	1 53	71.0	0 20	0 57	71.0	199 / 341
20 / 160	2 03	5 38	70.1	1 42	4 42	70.1	1 22	3 46	70.1	1 02	2 49	70.0	0 41	1 53	70.0	0 21	0 56	70.0	200 / 340
21 / 159	2 09	5 36	69.1	1 47	4 40	69.1	1 26	3 44	69.1	1 04	2 48	69.0	0 43	1 52	69.0	0 22	0 56	69.0	201 / 339
22 / 158	2 15	5 34	68.1	1 52	4 40	68.1	1 30	3 43	68.1	1 07	2 47	68.0	0 45	1 51	68.0	0 22	0 56	68.0	202 / 338
23 / 157	2 20	5 32	67.1	1 57	4 38	67.1	1 34	3 41	67.1	1 10	2 46	67.0	0 47	1 50	67.0	0 23	0 55	67.0	203 / 337
24 / 156	2 26	5 29	66.1	2 02	4 36	66.1	1 38	3 39	66.1	1 13	2 44	66.1	0 49	1 50	66.0	0 24	0 55	66.0	204 / 336
25 / 155	2 32	5 26	65.1	2 07	4 34	65.1	1 41	3 38	65.1	1 16	2 43	65.1	0 51	1 49	65.0	0 25	0 54	65.0	205 / 335
26 / 154	2 38	5 24	64.1	2 11	4 32	64.1	1 45	3 36	64.1	1 19	2 42	64.1	0 53	1 48	64.0	0 26	0 54	64.0	206 / 334
27 / 153	2 43	5 21	63.1	2 16	4 30	63.1	1 49	3 34	63.1	1 22	2 40	63.1	0 54	1 47	63.0	0 27	0 53	63.0	207 / 333
28 / 152	2 49	5 18	62.1	2 21	4 27	62.1	1 53	3 32	62.1	1 24	2 39	62.1	0 56	1 46	62.0	0 28	0 53	62.0	208 / 332
29 / 151	2 54	5 15	61.1	2 25	4 25	61.1	1 56	3 30	61.1	1 27	2 37	61.1	0 58	1 45	61.0	0 29	0 52	61.0	209 / 331
30 / 150	3 00	5 12	60.1	2 30	4 20	60.1	2 00	3 28	60.1	1 30	2 36	60.1	1 00	1 44	60.0	0 30	0 52	60.0	210 / 330
31 / 149	3 05	5 09	59.1	2 34	4 17	59.1	2 04	3 26	59.1	1 33	2 34	59.1	1 02	1 43	59.0	0 31	0 51	59.0	211 / 329
32 / 148	3 11	5 06	58.1	2 39	4 15	58.1	2 07	3 24	58.1	1 35	2 33	58.1	1 04	1 42	58.0	0 32	0 51	58.0	212 / 328
33 / 147	3 16	5 02	57.1	2 43	4 12	57.1	2 11	3 21	57.1	1 38	2 31	57.1	1 05	1 41	57.0	0 33	0 50	57.0	213 / 327
34 / 146	3 21	4 59	56.1	2 48	4 09	56.1	2 14	3 19	56.1	1 41	2 29	56.1	1 07	1 39	56.0	0 34	0 50	56.0	214 / 326
35 / 145	3 26	4 55	55.1	2 52	4 06	55.1	2 18	3 17	55.1	1 43	2 27	55.1	1 09	1 38	55.0	0 34	0 49	55.0	215 / 325
36 / 144	3 31	4 52	54.1	2 56	4 03	54.1	2 21	3 14	54.1	1 46	2 26	54.1	1 11	1 37	54.0	0 35	0 49	54.0	216 / 324
37 / 143	3 36	4 48	53.2	3 00	4 00	53.1	2 24	3 12	53.1	1 48	2 24	53.1	1 12	1 36	53.0	0 36	0 48	53.0	217 / 323
38 / 142	3 41	4 44	52.2	3 05	3 57	52.1	2 28	3 09	52.1	1 51	2 22	52.1	1 14	1 35	52.0	0 37	0 47	52.0	218 / 322
39 / 141	3 46	4 40	51.2	3 09	3 53	51.1	2 31	3 07	51.1	1 53	2 20	51.1	1 16	1 33	51.0	0 38	0 47	51.0	219 / 321
40 / 140	3 51	4 36	50.2	3 13	3 50	50.1	2 34	3 04	50.1	1 56	2 18	50.1	1 17	1 32	50.0	0 39	0 46	50.0	220 / 320
41 / 139	3 56	4 32	49.2	3 17	3 47	49.1	2 37	3 01	49.1	1 58	2 16	49.1	1 19	1 31	49.0	0 39	0 45	49.0	221 / 319
42 / 138	4 01	4 28	48.2	3 21	3 43	48.1	2 41	2 58	48.1	2 00	2 14	48.1	1 20	1 29	48.0	0 40	0 45	48.0	222 / 318
43 / 137	4 05	4 24	47.2	3 24	3 40	47.1	2 44	2 56	47.1	2 03	2 12	47.1	1 22	1 28	47.0	0 41	0 44	47.0	223 / 317
44 / 136	4 10	4 19	46.2	3 28	3 36	46.1	2 47	2 53	46.1	2 05	2 10	46.1	1 23	1 26	46.0	0 42	0 43	46.0	224 / 316
45 / 135	4 14	4 15	45.2	3 32	3 32	45.1	2 50	2 50	45.1	2 07	2 07	45.1	1 25	1 25	45.0	0 42	0 42	45.0	225 / 315

SIGHT REDUCTION TABLE

Lat./A LHA	F	84° A/H	84° B/P	84° Z₁/Z₂	85° A/H	85° B/P	85° Z₁/Z₂	86° A/H	86° B/P	86° Z₁/Z₂	87° A/H	87° B/P	87° Z₁/Z₂	88° A/H	88° B/P	88° Z₁/Z₂	89° A/H	89° B/P	89° Z₁/Z₂	Lat./A LHA	LHA
45	135	4 14	4 15	45.2	3 32	3 32	45.1	2 50	2 50	45.0	2 07	2 07	45.0	1 25	1 25	45.0	0 42	0 42	45.0	225	315
46	134	4 19	4 11	44.2	3 36	3 29	44.1	2 53	2 47	44.0	2 09	2 05	44.0	1 26	1 23	44.0	0 43	0 42	44.0	226	314
47	133	4 23	4 06	43.2	3 39	3 25	43.1	2 55	2 44	43.0	2 12	2 03	43.0	1 28	1 22	43.0	0 44	0 41	43.0	227	313
48	132	4 27	4 01	42.2	3 43	3 21	42.1	2 58	2 41	42.0	2 14	2 01	42.0	1 29	1 20	42.0	0 45	0 40	42.0	228	312
49	131	4 31	3 57	41.2	3 46	3 17	41.1	3 01	2 38	41.0	2 16	1 58	41.0	1 31	1 19	41.0	0 45	0 39	41.0	229	311
50	130	4 36	3 52	40.2	3 50	3 13	40.1	3 04	2 34	40.0	2 18	1 56	40.0	1 32	1 17	40.0	0 46	0 39	40.0	230	310
51	129	4 40	3 47	39.2	3 53	3 09	39.1	3 06	2 31	39.1	2 20	1 53	39.0	1 33	1 16	39.0	0 47	0 38	39.0	231	309
52	128	4 43	3 42	38.2	3 56	3 05	38.1	3 09	2 28	38.1	2 22	1 51	38.0	1 35	1 14	38.0	0 47	0 37	38.0	232	308
53	127	4 47	3 37	37.2	3 59	3 01	37.1	3 12	2 25	37.1	2 24	1 48	37.0	1 36	1 12	37.0	0 48	0 36	37.0	233	307
54	126	4 51	3 32	36.1	4 03	2 57	36.1	3 14	2 21	36.1	2 26	1 46	36.0	1 37	1 11	36.0	0 49	0 35	36.0	234	306
55	125	4 55	3 27	35.1	4 06	2 52	35.1	3 17	2 18	35.1	2 27	1 43	35.0	1 38	1 09	35.0	0 49	0 34	35.0	235	305
56	124	4 58	3 22	34.1	4 09	2 48	34.1	3 19	2 14	34.1	2 29	1 41	34.0	1 39	1 07	34.0	0 50	0 34	34.0	236	304
57	123	5 02	3 17	33.1	4 12	2 44	33.1	3 21	2 11	33.1	2 31	1 38	33.0	1 41	1 05	33.0	0 50	0 33	33.0	237	303
58	122	5 05	3 11	32.1	4 14	2 39	32.1	3 23	2 07	32.1	2 33	1 35	32.0	1 42	1 04	32.0	0 51	0 32	32.0	238	302
59	121	5 08	3 06	31.1	4 17	2 35	31.1	3 26	2 04	31.1	2 34	1 33	31.0	1 43	1 02	31.0	0 51	0 31	31.0	239	301
60	120	5 12	3 00	30.1	4 20	2 30	30.1	3 28	2 00	30.1	2 36	1 30	30.0	1 44	1 00	30.0	0 52	0 30	30.0	240	300
61	119	5 15	2 55	29.1	4 22	2 26	29.1	3 30	1 56	29.1	2 37	1 27	29.0	1 45	0 58	29.0	0 52	0 29	29.0	241	299
62	118	5 18	2 49	28.1	4 25	2 21	28.1	3 32	1 53	28.1	2 39	1 25	28.0	1 46	0 56	28.0	0 53	0 28	28.0	242	298
63	117	5 21	2 44	27.1	4 27	2 16	27.1	3 34	1 49	27.1	2 40	1 22	27.0	1 47	0 54	27.0	0 53	0 27	27.0	243	297
64	116	5 23	2 38	26.1	4 30	2 12	26.1	3 36	1 45	26.1	2 42	1 19	26.0	1 48	0 53	26.0	0 54	0 26	26.0	244	296
65	115	5 26	2 33	25.1	4 32	2 07	25.1	3 37	1 42	25.1	2 43	1 16	25.0	1 49	0 51	25.0	0 54	0 25	25.0	245	295
66	114	5 29	2 27	24.1	4 34	2 02	24.1	3 39	1 38	24.1	2 44	1 13	24.0	1 50	0 49	24.0	0 55	0 24	24.0	246	294
67	113	5 31	2 21	23.1	4 36	1 57	23.1	3 41	1 34	23.1	2 46	1 10	23.0	1 50	0 47	23.0	0 55	0 23	23.0	247	293
68	112	5 34	2 15	22.1	4 38	1 53	22.1	3 42	1 30	22.0	2 47	1 07	22.0	1 51	0 45	22.0	0 56	0 22	22.0	248	292
69	111	5 36	2 09	21.1	4 40	1 48	21.1	3 44	1 26	21.0	2 48	1 05	21.0	1 52	0 43	21.0	0 56	0 22	21.0	249	291
70	110	5 38	2 04	20.1	4 42	1 43	20.1	3 46	1 22	20.0	2 49	1 02	20.0	1 53	0 41	20.0	0 56	0 21	20.0	250	290
71	109	5 40	1 58	19.1	4 44	1 38	19.1	3 47	1 18	19.0	2 50	0 59	19.0	1 53	0 39	19.0	0 57	0 20	19.0	251	289
72	108	5 42	1 52	18.1	4 45	1 33	18.1	3 48	1 14	18.0	2 51	0 56	18.0	1 54	0 37	18.0	0 57	0 19	18.0	252	288
73	107	5 44	1 46	17.1	4 47	1 28	17.1	3 49	1 10	17.0	2 52	0 53	17.0	1 55	0 35	17.0	0 57	0 18	17.0	253	287
74	106	5 46	1 40	16.1	4 48	1 23	16.1	3 51	1 06	16.0	2 53	0 50	16.0	1 55	0 33	16.0	0 58	0 17	16.0	254	286
75	105	5 48	1 33	15.1	4 50	1 18	15.1	3 52	1 02	15.0	2 54	0 47	15.0	1 56	0 31	15.0	0 58	0 16	15.0	255	285
76	104	5 49	1 27	14.1	4 51	1 13	14.1	3 53	0 58	14.0	2 55	0 44	14.0	1 56	0 29	14.0	0 58	0 15	14.0	256	284
77	103	5 51	1 21	13.1	4 52	1 08	13.0	3 54	0 54	13.0	2 55	0 41	13.0	1 57	0 27	13.0	0 58	0 13	13.0	257	283
78	102	5 52	1 15	12.1	4 53	1 03	12.0	3 55	0 50	12.0	2 56	0 37	12.0	1 57	0 25	12.0	0 59	0 12	12.0	258	282
79	101	5 53	1 09	11.1	4 54	0 57	11.0	3 56	0 46	11.0	2 57	0 34	11.0	1 58	0 23	11.0	0 59	0 11	11.0	259	281
80	100	5 55	1 03	10.1	4 55	0 52	10.0	3 56	0 42	10.0	2 57	0 31	10.0	1 58	0 21	10.0	0 59	0 10	10.0	260	280
81	99	5 56	0 57	9.0	4 56	0 47	9.0	3 57	0 38	9.0	2 58	0 28	9.0	1 59	0 19	9.0	0 59	0 09	9.0	261	279
82	98	5 56	0 50	8.0	4 57	0 42	8.0	3 58	0 33	8.0	2 58	0 25	8.0	1 59	0 17	8.0	0 59	0 08	8.0	262	278
83	97	5 57	0 44	7.0	4 58	0 37	7.0	3 58	0 29	7.0	2 59	0 22	7.0	1 59	0 15	7.0	1 00	0 07	7.0	263	277
84	96	5 58	0 38	6.0	4 58	0 31	6.0	3 59	0 25	6.0	2 59	0 19	6.0	2 00	0 13	6.0	1 00	0 06	6.0	264	276
85	95	5 59	0 31	5.0	4 59	0 26	5.0	3 59	0 21	5.0	2 59	0 16	5.0	2 00	0 11	5.0	1 00	0 05	5.0	265	275
86	94	5 59	0 25	4.0	4 59	0 21	4.0	3 59	0 17	4.0	3 00	0 13	4.0	2 00	0 08	4.0	1 00	0 04	4.0	266	274
87	93	6 00	0 19	3.0	5 00	0 16	3.0	4 00	0 13	3.0	3 00	0 09	3.0	2 00	0 06	3.0	1 00	0 03	3.0	267	273
88	92	6 00	0 13	2.0	5 00	0 10	2.0	4 00	0 08	2.0	3 00	0 06	2.0	2 00	0 04	2.0	1 00	0 02	2.0	268	272
89	91	6 00	0 06	1.0	5 00	0 05	1.0	4 00	0 04	1.0	3 00	0 03	1.0	2 00	0 02	1.0	1 00	0 01	1.0	269	271
90	90	6 00	0 00	0.0	5 00	0 00	0.0	4 00	0 00	0.0	3 00	0 00	0.0	2 00	0 00	0.0	1 00	0 00	0.0	270	270

N. Lat.: for LHA > 180° .... $Z_n = Z$; for LHA < 180° .... $Z_n = 360° - Z$

S. Lat.: for LHA > 180° .... $Z_n = 180° - Z$; for LHA < 180° .... $Z_n = 180° + Z$

ADJUSTMENT TO TABULAR ALTITUDE

AUXILIARY TABLE

A' < 30' : (−) corr.

F < 90° and F' > 29' : (−) corr.
F > 90° and F' < 30' : (−) corr.

| Z₂° | 30' | 29' | 28' | 27' | 26' | 25' | 24' | 23' | 22' | 21' | 20' | 19' | 18' | 17' | 16' | 15' | 14' | 13' | 12' | 11' | 10' | 9' | 8' | 7' | 6' | 5' | 4' | 3' | 2' | 1' | P° |
F'/A'	30	31	32	33	34	35	36	37	38	39	40	41	42	43	44	45	46	47	48	49	50	51	52	53	54	55	56	57	58	59	F'/A'
89																															1
88	1	1	0	0	0	0	0	0	0	0	0	0	0	0	0	0	0	0	0	0	0	0	0	0	0	0	0	0	0	0	2
87	1	1	1	1	1	1	1	1	1	1	1	1	1	1	1	1	0	0	0	0	0	0	0	0	0	0	0	0	0	0	3
86	2	2	1	1	1	1	1	1	1	1	1	1	1	1	1	1	1	1	1	1	1	0	0	0	0	0	0	0	0	0	4
85	2	2	2	2	2	2	2	2	2	1	1	1	1	1	1	1	1	1	1	1	1	1	1	0	0	0	0	0	0	0	5
84	3	3	2	2	2	2	2	2	2	2	2	2	2	1	1	1	1	1	1	1	1	1	1	1	1	0	0	0	0	0	6
83	3	3	3	3	3	3	3	2	2	2	2	2	2	2	2	2	1	1	1	1	1	1	1	1	1	1	0	0	0	0	7
82	4	4	3	3	3	3	3	3	3	3	2	2	2	2	2	2	2	2	1	1	1	1	1	1	1	1	1	0	0	0	8
81	4	4	4	4	4	3	3	3	3	3	3	3	3	2	2	2	2	2	2	2	1	1	1	1	1	1	1	1	0	0	9
80	5	5	4	4	4	4	4	4	3	3	3	3	3	3	3	2	2	2	2	2	2	2	1	1	1	1	1	1	1	0	10
79	5	5	5	5	5	4	4	4	4	4	3	3	3	3	3	3	2	2	2	2	2	2	2	2	1	1	1	1	1	1	11
78	6	6	5	5	5	5	5	4	4	4	4	4	3	3	3	3	3	2	2	2	2	2	2	2	2	1	1	1	1	1	12
77	6	6	6	6	5	5	5	5	5	4	4	4	4	4	3	3	3	3	2	2	2	2	2	2	2	1	1	1	1	1	13
76	7	7	6	6	6	6	5	5	5	5	4	4	4	4	4	3	3	3	3	3	3	2	2	2	2	2	1	1	1	1	14
75	7	7	7	7	6	6	6	6	5	5	5	5	4	4	4	4	3	3	3	3	3	3	2	2	2	2	2	1	1	1	15
74	8	8	7	7	7	6	6	6	6	5	5	5	5	4	4	4	4	3	3	3	3	3	3	2	2	2	2	1	1	1	16
73	8	8	7	7	7	7	7	6	6	6	6	5	5	5	5	4	4	4	3	3	3	3	3	3	2	2	2	2	1	1	17
72	9	9	8	8	8	7	7	7	6	6	6	6	5	5	5	5	4	4	4	4	3	3	3	3	3	2	2	2	1	1	18
71	9	9	8	8	8	8	7	7	7	6	6	6	6	5	5	5	5	4	4	4	3	4	3	3	3	2	2	2	1	1	19
70	10	10	9	9	8	8	8	7	7	7	7	6	6	6	5	5	5	4	4	4	4	4	3	3	3	3	2	2	2	1	20
69	10	10	9	9	9	9	8	8	8	7	7	7	6	6	6	5	5	5	4	4	4	4	4	3	3	3	2	2	2	1	21
68	11	11	10	10	9	9	9	8	8	8	8	7	7	6	6	6	5	5	5	4	4	4	4	3	3	3	3	2	2	1	22
67	11	11	10	10	10	9	9	9	8	8	8	7	7	7	6	6	5	5	5	5	4	4	4	4	3	3	3	2	2	1	23
66	12	12	11	11	11	10	10	9	9	9	8	8	8	7	7	6	6	6	5	5	5	4	4	4	4	3	3	2	2	1	24
65	12	12	11	11	11	10	10	9	9	9	8	8	8	7	7	7	6	6	5	5	5	5	4	4	4	3	3	2	2	1	25
64	13	13	12	11	11	11	10	10	9	9	9	8	8	8	7	7	6	6	5	5	5	5	5	4	4	3	3	2	2	2	26
63	13	13	12	12	11	11	11	10	10	9	9	9	8	8	7	7	6	6	6	5	5	5	5	4	4	3	3	2	2	2	27
62	14	13	13	12	12	11	11	10	10	10	9	9	9	8	8	7	7	6	6	6	5	5	5	4	4	3	3	3	2	2	28
61	14	14	13	13	12	12	11	11	11	10	10	9	9	8	8	7	7	6	6	6	6	5	5	4	4	4	3	3	2	2	29
60	15	14	14	13	13	12	12	11	11	10	10	10	9	8	8	8	7	7	6	6	6	5	5	5	4	4	3	3	2	2	30
59	15	15	14	13	13	12	12	11	11	10	10	10	9	9	8	8	7	7	6	6	6	6	5	5	4	4	3	3	2	2	31
58	16	15	14	14	13	13	13	12	11	11	11	10	10	9	9	8	7	7	6	6	6	6	5	5	4	4	4	3	2	2	32
57	16	16	15	14	14	13	13	12	12	11	11	10	10	9	9	8	8	7	7	6	6	6	6	5	4	4	4	3	2	2	33
56	17	16	15	15	14	14	13	13	12	12	11	11	10	10	9	9	8	8	7	6	6	6	6	5	5	4	4	3	2	2	34
55	17	17	16	15	15	14	14	13	13	12	12	12	11	10	10	9	8	8	7	7	6	6	6	5	5	4	4	3	2	2	35
54	18	17	16	16	15	15	14	14	13	12	12	11	11	10	10	9	8	8	7	7	6	6	6	5	5	4	3	3	2	2	36
53	18	17	16	16	15	15	14	14	13	13	12	11	11	10	10	9	8	8	7	7	7	6	6	5	5	4	4	3	2	2	37
52	18	18	17	16	16	15	15	14	14	13	13	12	11	11	10	9	9	8	7	7	6	6	6	5	5	4	4	3	2	2	38
51	19	18	17	17	16	16	15	15	14	13	13	12	12	11	10	9	9	8	8	7	7	7	6	5	5	4	4	3	2	2	39
50	19	19	18	17	17	16	15	15	14	13	13	13	12	11	10	10	9	8	8	7	7	7	6	5	5	5	4	3	2	2	40

SIGHT REDUCTION TABLE

Top-right note: For $Z_2 < 10°$, use $10°$.
Bottom-left note: For $P > 80°$, use $80°$.

Column headers show **F'/A'** values as (minutes' / complementary index). Left column = $Z_2°$, right column = $P°$.

Z2°	30'/30	29'/31	28'/32	27'/33	26'/34	25'/35	24'/36	23'/37	22'/38	21'/39	20'/40	19'/41	18'/42	17'/43	16'/44	15'/45	14'/46	13'/47	12'/48	11'/49	10'/50	9'/51	8'/52	7'/53	6'/54	5'/55	4'/56	3'/57	2'/58	1'/59	P°
49	20	19	18	18	17	16	16	15	14	14	13	12	12	11	10	10	9	9	8	7	7	6	5	5	4	3	3	2	1	1	41
48	20	19	19	18	17	17	16	15	15	14	13	13	12	11	11	10	9	9	8	7	7	6	5	5	4	3	3	2	1	1	42
47	20	20	19	18	18	17	16	16	15	14	14	13	12	12	11	10	10	9	8	8	7	6	5	5	4	3	3	2	1	1	43
46	21	20	19	19	18	17	17	16	15	15	14	13	13	12	11	10	10	9	8	8	7	6	6	5	4	3	3	2	1	1	44
45	21	21	20	19	18	18	17	16	16	15	14	13	13	12	11	11	10	9	8	8	7	6	6	5	4	4	3	2	1	1	45
44	22	21	20	19	19	18	17	17	16	15	14	14	13	12	12	11	10	9	9	8	7	6	6	5	4	4	3	2	1	1	46
43	22	21	20	20	19	18	18	17	16	15	15	14	13	12	12	11	10	10	9	8	7	7	6	5	4	4	3	2	1	1	47
42	22	22	21	20	19	19	18	17	16	16	15	14	13	13	12	11	10	10	9	8	7	7	6	5	4	4	3	2	1	1	48
41	23	22	21	20	20	19	18	17	17	16	15	14	14	13	12	11	11	10	9	8	8	7	6	5	5	4	3	2	2	1	49
40	23	22	21	21	20	19	18	18	17	16	15	15	14	13	12	11	11	10	9	8	8	7	6	5	5	4	3	2	2	1	50
39	23	23	22	21	20	19	19	18	17	16	16	15	14	13	12	12	11	10	9	9	8	7	6	5	5	4	3	2	2	1	51
38	24	23	22	21	20	20	19	18	17	17	16	15	14	13	13	12	11	10	9	9	8	7	6	6	5	4	3	2	2	1	52
37	24	23	22	22	21	20	19	18	18	17	16	15	14	14	13	12	11	10	10	9	8	7	6	6	5	4	3	2	2	1	53
36	24	23	23	22	21	20	19	19	18	17	16	15	15	14	13	12	11	11	10	9	8	7	6	6	5	4	3	2	2	1	54
35	25	24	23	22	21	20	20	19	18	17	16	16	15	14	13	12	11	11	10	9	8	7	7	6	5	4	3	2	2	1	55
34	25	24	23	22	22	21	20	19	18	17	17	16	15	14	13	12	12	11	10	9	8	7	7	6	5	4	3	2	2	1	56
33	25	24	23	23	22	21	20	19	18	18	17	16	15	14	13	13	12	11	10	9	8	8	7	6	5	4	3	3	2	1	57
32	25	25	24	23	22	21	20	20	19	18	17	16	15	14	14	13	12	11	10	9	8	8	7	6	5	4	3	3	2	1	58
31	26	25	24	23	22	21	21	20	19	18	17	16	15	15	14	13	12	11	10	9	9	8	7	6	5	4	3	3	2	1	59
30	26	25	24	23	23	22	21	20	19	18	17	16	16	15	14	13	12	11	10	10	9	8	7	6	5	4	3	3	2	1	60
29	26	25	24	24	23	22	21	20	19	18	17	17	16	15	14	13	12	11	10	10	9	8	7	6	5	4	3	3	2	1	61
28	26	26	25	24	23	22	21	20	19	19	18	17	16	15	14	13	12	11	11	10	9	8	7	6	5	4	4	3	2	1	62
27	27	26	25	24	23	22	21	20	20	19	18	17	16	15	14	13	12	12	11	10	9	8	7	6	5	4	4	3	2	1	63
26	27	26	25	24	23	22	22	21	20	19	18	17	16	15	14	13	13	12	11	10	9	8	7	6	5	4	4	3	2	1	64
25	27	26	25	24	24	23	22	21	20	19	18	17	16	15	15	14	13	12	11	10	9	8	7	6	5	5	4	3	2	1	65
24	27	26	26	25	24	23	22	21	20	19	18	17	16	16	15	14	13	12	11	10	9	8	7	6	5	5	4	3	2	1	66
23	28	27	26	25	24	23	22	21	20	19	18	17	17	16	15	14	13	12	11	10	9	8	7	6	6	5	4	3	2	1	67
22	28	27	26	25	24	23	22	21	20	19	19	18	17	16	15	14	13	12	11	10	9	8	7	6	6	5	4	3	2	1	68
21	28	27	26	25	24	23	22	21	21	20	19	18	17	16	15	14	13	12	11	10	9	8	7	7	6	5	4	3	2	1	69
20	28	27	26	25	24	23	23	22	21	20	19	18	17	16	15	14	13	12	11	10	9	8	8	7	6	5	4	3	2	1	70
19	28	27	26	26	25	24	23	22	21	20	19	18	17	16	15	14	13	12	11	10	9	9	8	7	6	5	4	3	2	1	71
18	29	28	27	26	25	24	23	22	21	20	19	18	17	16	15	14	13	12	11	10	10	9	8	7	6	5	4	3	2	1	72
17	29	28	27	26	25	24	23	22	21	20	19	18	17	16	15	14	13	12	11	11	10	9	8	7	6	5	4	3	2	1	73
16	29	28	27	26	25	24	23	22	21	20	19	18	17	16	15	14	13	12	12	11	10	9	8	7	6	5	4	3	2	1	74
15	29	28	27	26	25	24	23	22	21	20	19	18	17	16	15	14	14	13	12	11	10	9	8	7	6	5	4	3	2	1	75
14	29	28	27	26	25	24	23	22	21	20	19	18	17	16	16	15	14	13	12	11	10	9	8	7	6	5	4	3	2	1	76
13	29	28	27	26	25	24	23	22	21	20	19	19	18	17	16	15	14	13	12	11	10	9	8	7	6	5	4	3	2	1	77
12	29	28	27	26	25	24	23	22	22	21	20	19	18	17	16	15	14	13	12	11	10	9	8	7	6	5	4	3	2	1	78
11	29	28	27	27	26	25	24	23	22	21	20	19	18	17	16	15	14	13	12	11	10	9	8	7	6	5	4	3	2	1	79
10	30	29	28	27	26	25	24	23	22	21	20	19	18	17	16	15	14	13	12	11	10	9	8	7	6	5	4	3	2	1	80

SIGHT REDUCTION PROCEDURES

USE OF CONCISE SIGHT REDUCTION TABLES (continued)

4. *Example.* (b) Required the altitude and azimuth of *Vega* on 1994 July 29 at UT 4^h 51^m from the estimated position 152° west, 15° south.

1. Assumed latitude $Lat =$ 15° S
    From the almanac $GHA =$ 100° 10′
    Assumed longitude   152° 10′ W
    Local hour angle $LHA =$ 308

2. Reduction table, 1st entry
    $(Lat, LHA) = (15, 308)$ $A =$ 49 34 $A° = 50, A' = 34$
                                $B = +66$ 29 $Z_1 = +71 \cdot 7,$ $LHA > 270°$

3. From the almanac $Dec = -38$ 47   *Lat* and *Dec* contrary
    Sum $= B + Dec$ $F = +27$ 42 $F° = 28, F' = 42$

4. Reduction table, 2nd entry
    $(A°, F°) = (50, 28)$ $H =$ 17 34 $P° = 37$
                                             $Z_2 = +67 \cdot 8$

5. Auxiliary table, 1st entry
    $(F', P°) = (42, 37)$ $corr_1 =$ -11 $F < 90°, F' > 29'$
    Sum   17 23

6. Auxiliary table, 2nd entry
    $(A', Z_2°) = (34, 68)$ $corr_2 =$ $+10$ $A' > 30'$

7. Sum = computed altitude $H_C = +17° $ 33′ $F > 0°$

8. Azimuth, first component $Z_1 = +71 \cdot 7$ same sign as B
          second component $Z_2 = +67 \cdot 8$ $F < 90°, F > 0°$
    Sum = azimuth angle $Z =$ 139·5

    True azimuth $Z_n =$ 40°   S *Lat*, $LHA > 180°$

CONVERSION OF ARC TO TIME

0°–59°		60°–119°		120°–179°		180°–239°		240°–299°		300°–359°			0′·00	0′·25	0′·50	0′·75
°	h m	°	h m	°	h m	°	h m	°	h m	°	h m	′	m s	m s	m s	m s
0	0 00	60	4 00	120	8 00	180	12 00	240	16 00	300	20 00	0	0 00	0 01	0 02	0 03
1	0 04	61	4 04	121	8 04	181	12 04	241	16 04	301	20 04	1	0 04	0 05	0 06	0 07
2	0 08	62	4 08	122	8 08	182	12 08	242	16 08	302	20 08	2	0 08	0 09	0 10	0 11
3	0 12	63	4 12	123	8 12	183	12 12	243	16 12	303	20 12	3	0 12	0 13	0 14	0 15
4	0 16	64	4 16	124	8 16	184	12 16	244	16 16	304	20 16	4	0 16	0 17	0 18	0 19
5	0 20	65	4 20	125	8 20	185	12 20	245	16 20	305	20 20	5	0 20	0 21	0 22	0 23
6	0 24	66	4 24	126	8 24	186	12 24	246	16 24	306	20 24	6	0 24	0 25	0 26	0 27
7	0 28	67	4 28	127	8 28	187	12 28	247	16 28	307	20 28	7	0 28	0 29	0 30	0 31
8	0 32	68	4 32	128	8 32	188	12 32	248	16 32	308	20 32	8	0 32	0 33	0 34	0 35
9	0 36	69	4 36	129	8 36	189	12 36	249	16 36	309	20 36	9	0 36	0 37	0 38	0 39
10	0 40	70	4 40	130	8 40	190	12 40	250	16 40	310	20 40	10	0 40	0 41	0 42	0 43
11	0 44	71	4 44	131	8 44	191	12 44	251	16 44	311	20 44	11	0 44	0 45	0 46	0 47
12	0 48	72	4 48	132	8 48	192	12 48	252	16 48	312	20 48	12	0 48	0 49	0 50	0 51
13	0 52	73	4 52	133	8 52	193	12 52	253	16 52	313	20 52	13	0 52	0 53	0 54	0 55
14	0 56	74	4 56	134	8 56	194	12 56	254	16 56	314	20 56	14	0 56	0 57	0 58	0 59
15	1 00	75	5 00	135	9 00	195	13 00	255	17 00	315	21 00	15	1 00	1 01	1 02	1 03
16	1 04	76	5 04	136	9 04	196	13 04	256	17 04	316	21 04	16	1 04	1 05	1 06	1 07
17	1 08	77	5 08	137	9 08	197	13 08	257	17 08	317	21 08	17	1 08	1 09	1 10	1 11
18	1 12	78	5 12	138	9 12	198	13 12	258	17 12	318	21 12	18	1 12	1 13	1 14	1 15
19	1 16	79	5 16	139	9 16	199	13 16	259	17 16	319	21 16	19	1 16	1 17	1 18	1 19
20	1 20	80	5 20	140	9 20	200	13 20	260	17 20	320	21 20	20	1 20	1 21	1 22	1 23
21	1 24	81	5 24	141	9 24	201	13 24	261	17 24	321	21 24	21	1 24	1 25	1 26	1 27
22	1 28	82	5 28	142	9 28	202	13 28	262	17 28	322	21 28	22	1 28	1 29	1 30	1 31
23	1 32	83	5 32	143	9 32	203	13 32	263	17 32	323	21 32	23	1 32	1 33	1 34	1 35
24	1 36	84	5 36	144	9 36	204	13 36	264	17 36	324	21 36	24	1 36	1 37	1 38	1 39
25	1 40	85	5 40	145	9 40	205	13 40	265	17 40	325	21 40	25	1 40	1 41	1 42	1 43
26	1 44	86	5 44	146	9 44	206	13 44	266	17 44	326	21 44	26	1 44	1 45	1 46	1 47
27	1 48	87	5 48	147	9 48	207	13 48	267	17 48	327	21 48	27	1 48	1 49	1 50	1 51
28	1 52	88	5 52	148	9 52	208	13 52	268	17 52	328	21 52	28	1 52	1 53	1 54	1 55
29	1 56	89	5 56	149	9 56	209	13 56	269	17 56	329	21 56	29	1 56	1 57	1 58	1 59
30	2 00	90	6 00	150	10 00	210	14 00	270	18 00	330	22 00	30	2 00	2 01	2 02	2 03
31	2 04	91	6 04	151	10 04	211	14 04	271	18 04	331	22 04	31	2 04	2 05	2 06	2 07
32	2 08	92	6 08	152	10 08	212	14 08	272	18 08	332	22 08	32	2 08	2 09	2 10	2 11
33	2 12	93	6 12	153	10 12	213	14 12	273	18 12	333	22 12	33	2 12	2 13	2 14	2 15
34	2 16	94	6 16	154	10 16	214	14 16	274	18 16	334	22 16	34	2 16	2 17	2 18	2 19
35	2 20	95	6 20	155	10 20	215	14 20	275	18 20	335	22 20	35	2 20	2 21	2 22	2 23
36	2 24	96	6 24	156	10 24	216	14 24	276	18 24	336	22 24	36	2 24	2 25	2 26	2 27
37	2 28	97	6 28	157	10 28	217	14 28	277	18 28	337	22 28	37	2 28	2 29	2 30	2 31
38	2 32	98	6 32	158	10 32	218	14 32	278	18 32	338	22 32	38	2 32	2 33	2 34	2 35
39	2 36	99	6 36	159	10 36	219	14 36	279	18 36	339	22 36	39	2 36	2 37	2 38	2 39
40	2 40	100	6 40	160	10 40	220	14 40	280	18 40	340	22 40	40	2 40	2 41	2 42	2 43
41	2 44	101	6 44	161	10 44	221	14 44	281	18 44	341	22 44	41	2 44	2 45	2 46	2 47
42	2 48	102	6 48	162	10 48	222	14 48	282	18 48	342	22 48	42	2 48	2 49	2 50	2 51
43	2 52	103	6 52	163	10 52	223	14 52	283	18 52	343	22 52	43	2 52	2 53	2 54	2 55
44	2 56	104	6 56	164	10 56	224	14 56	284	18 56	344	22 56	44	2 56	2 57	2 58	2 59
45	3 00	105	7 00	165	11 00	225	15 00	285	19 00	345	23 00	45	3 00	3 01	3 02	3 03
46	3 04	106	7 04	166	11 04	226	15 04	286	19 04	346	23 04	46	3 04	3 05	3 06	3 07
47	3 08	107	7 08	167	11 08	227	15 08	287	19 08	347	23 08	47	3 08	3 09	3 10	3 11
48	3 12	108	7 12	168	11 12	228	15 12	288	19 12	348	23 12	48	3 12	3 13	3 14	3 15
49	3 16	109	7 16	169	11 16	229	15 16	289	19 16	349	23 16	49	3 16	3 17	3 18	3 19
50	3 20	110	7 20	170	11 20	230	15 20	290	19 20	350	23 20	50	3 20	3 21	3 22	3 23
51	3 24	111	7 24	171	11 24	231	15 24	291	19 24	351	23 24	51	3 24	3 25	3 26	3 27
52	3 28	112	7 28	172	11 28	232	15 28	292	19 28	352	23 28	52	3 28	3 29	3 30	3 31
53	3 32	113	7 32	173	11 32	233	15 32	293	19 32	353	23 32	53	3 32	3 33	3 34	3 35
54	3 36	114	7 36	174	11 36	234	15 36	294	19 36	354	23 36	54	3 36	3 37	3 38	3 39
55	3 40	115	7 40	175	11 40	235	15 40	295	19 40	355	23 40	55	3 40	3 41	3 42	3 43
56	3 44	116	7 44	176	11 44	236	15 44	296	19 44	356	23 44	56	3 44	3 45	3 46	3 47
57	3 48	117	7 48	177	11 48	237	15 48	297	19 48	357	23 48	57	3 48	3 49	3 50	3 51
58	3 52	118	7 52	178	11 52	238	15 52	298	19 52	358	23 52	58	3 52	3 53	3 54	3 55
59	3 56	119	7 56	179	11 56	239	15 56	299	19 56	359	23 56	59	3 56	3 57	3 58	3 59

The above table is for converting expressions in arc to their equivalent in time ; its main use in this Almanac is for the conversion of longitude for application to L.M.T. (*added* if *west*, *subtracted* if *east*) to give G.M.T. or vice versa, particularly in the case of sunrise, sunset, etc.

i

INCREMENTS AND CORRECTIONS

0ᵐ

s	SUN PLANETS ° ′	ARIES ° ′	MOON ° ′	v or Corrⁿ d ′ ′	v or Corrⁿ d ′ ′	v or Corrⁿ d ′ ′
00	0 00·0	0 00·0	0 00·0	0·0 0·0	6·0 0·1	12·0 0·1
01	0 00·3	0 00·3	0 00·2	0·1 0·0	6·1 0·1	12·1 0·1
02	0 00·5	0 00·5	0 00·5	0·2 0·0	6·2 0·1	12·2 0·1
03	0 00·8	0 00·8	0 00·7	0·3 0·0	6·3 0·1	12·3 0·1
04	0 01·0	0 01·0	0 01·0	0·4 0·0	6·4 0·1	12·4 0·1
05	0 01·3	0 01·3	0 01·2	0·5 0·0	6·5 0·1	12·5 0·1
06	0 01·5	0 01·5	0 01·4	0·6 0·0	6·6 0·1	12·6 0·1
07	0 01·8	0 01·8	0 01·7	0·7 0·0	6·7 0·1	12·7 0·1
08	0 02·0	0 02·0	0 01·9	0·8 0·0	6·8 0·1	12·8 0·1
09	0 02·3	0 02·3	0 02·1	0·9 0·0	6·9 0·1	12·9 0·1
10	0 02·5	0 02·5	0 02·4	1·0 0·0	7·0 0·1	13·0 0·1
11	0 02·8	0 02·8	0 02·6	1·1 0·0	7·1 0·1	13·1 0·1
12	0 03·0	0 03·0	0 02·9	1·2 0·0	7·2 0·1	13·2 0·1
13	0 03·3	0 03·3	0 03·1	1·3 0·0	7·3 0·1	13·3 0·1
14	0 03·5	0 03·5	0 03·3	1·4 0·0	7·4 0·1	13·4 0·1
15	0 03·8	0 03·8	0 03·6	1·5 0·0	7·5 0·1	13·5 0·1
16	0 04·0	0 04·0	0 03·8	1·6 0·0	7·6 0·1	13·6 0·1
17	0 04·3	0 04·3	0 04·1	1·7 0·0	7·7 0·1	13·7 0·1
18	0 04·5	0 04·5	0 04·3	1·8 0·0	7·8 0·1	13·8 0·1
19	0 04·8	0 04·8	0 04·5	1·9 0·0	7·9 0·1	13·9 0·1
20	0 05·0	0 05·0	0 04·8	2·0 0·0	8·0 0·1	14·0 0·1
21	0 05·3	0 05·3	0 05·0	2·1 0·0	8·1 0·1	14·1 0·1
22	0 05·5	0 05·5	0 05·2	2·2 0·0	8·2 0·1	14·2 0·1
23	0 05·8	0 05·8	0 05·5	2·3 0·0	8·3 0·1	14·3 0·1
24	0 06·0	0 06·0	0 05·7	2·4 0·0	8·4 0·1	14·4 0·1
25	0 06·3	0 06·3	0 06·0	2·5 0·0	8·5 0·1	14·5 0·1
26	0 06·5	0 06·5	0 06·2	2·6 0·0	8·6 0·1	14·6 0·1
27	0 06·8	0 06·8	0 06·4	2·7 0·0	8·7 0·1	14·7 0·1
28	0 07·0	0 07·0	0 06·7	2·8 0·0	8·8 0·1	14·8 0·1
29	0 07·3	0 07·3	0 06·9	2·9 0·0	8·9 0·1	14·9 0·1
30	0 07·5	0 07·5	0 07·2	3·0 0·0	9·0 0·1	15·0 0·1
31	0 07·8	0 07·8	0 07·4	3·1 0·0	9·1 0·1	15·1 0·1
32	0 08·0	0 08·0	0 07·6	3·2 0·0	9·2 0·1	15·2 0·1
33	0 08·3	0 08·3	0 07·9	3·3 0·0	9·3 0·1	15·3 0·1
34	0 08·5	0 08·5	0 08·1	3·4 0·0	9·4 0·1	15·4 0·1
35	0 08·8	0 08·8	0 08·4	3·5 0·0	9·5 0·1	15·5 0·1
36	0 09·0	0 09·0	0 08·6	3·6 0·0	9·6 0·1	15·6 0·1
37	0 09·3	0 09·3	0 08·8	3·7 0·0	9·7 0·1	15·7 0·1
38	0 09·5	0 09·5	0 09·1	3·8 0·0	9·8 0·1	15·8 0·1
39	0 09·8	0 09·8	0 09·3	3·9 0·0	9·9 0·1	15·9 0·1
40	0 10·0	0 10·0	0 09·5	4·0 0·0	10·0 0·1	16·0 0·1
41	0 10·3	0 10·3	0 09·8	4·1 0·0	10·1 0·1	16·1 0·1
42	0 10·5	0 10·5	0 10·0	4·2 0·0	10·2 0·1	16·2 0·1
43	0 10·8	0 10·8	0 10·3	4·3 0·0	10·3 0·1	16·3 0·1
44	0 11·0	0 11·0	0 10·5	4·4 0·0	10·4 0·1	16·4 0·1
45	0 11·3	0 11·3	0 10·7	4·5 0·0	10·5 0·1	16·5 0·1
46	0 11·5	0 11·5	0 11·0	4·6 0·0	10·6 0·1	16·6 0·1
47	0 11·8	0 11·8	0 11·2	4·7 0·0	10·7 0·1	16·7 0·1
48	0 12·0	0 12·0	0 11·5	4·8 0·0	10·8 0·1	16·8 0·1
49	0 12·3	0 12·3	0 11·7	4·9 0·0	10·9 0·1	16·9 0·1
50	0 12·5	0 12·5	0 11·9	5·0 0·0	11·0 0·1	17·0 0·1
51	0 12·8	0 12·8	0 12·2	5·1 0·0	11·1 0·1	17·1 0·1
52	0 13·0	0 13·0	0 12·4	5·2 0·0	11·2 0·1	17·2 0·1
53	0 13·3	0 13·3	0 12·6	5·3 0·0	11·3 0·1	17·3 0·1
54	0 13·5	0 13·5	0 12·9	5·4 0·0	11·4 0·1	17·4 0·1
55	0 13·8	0 13·8	0 13·1	5·5 0·0	11·5 0·1	17·5 0·1
56	0 14·0	0 14·0	0 13·4	5·6 0·0	11·6 0·1	17·6 0·1
57	0 14·3	0 14·3	0 13·6	5·7 0·0	11·7 0·1	17·7 0·1
58	0 14·5	0 14·5	0 13·8	5·8 0·0	11·8 0·1	17·8 0·1
59	0 14·8	0 14·8	0 14·1	5·9 0·0	11·9 0·1	17·9 0·1
60	0 15·0	0 15·0	0 14·3	6·0 0·1	12·0 0·1	18·0 0·2

1ᵐ

s	SUN PLANETS ° ′	ARIES ° ′	MOON ° ′	v or Corrⁿ d ′ ′	v or Corrⁿ d ′ ′	v or Corrⁿ d ′ ′
00	0 15·0	0 15·0	0 14·3	0·0 0·0	6·0 0·2	12·0 0·3
01	0 15·3	0 15·3	0 14·6	0·1 0·0	6·1 0·2	12·1 0·3
02	0 15·5	0 15·5	0 14·8	0·2 0·0	6·2 0·2	12·2 0·3
03	0 15·8	0 15·8	0 15·0	0·3 0·0	6·3 0·2	12·3 0·3
04	0 16·0	0 16·0	0 15·3	0·4 0·0	6·4 0·2	12·4 0·3
05	0 16·3	0 16·3	0 15·5	0·5 0·0	6·5 0·2	12·5 0·3
06	0 16·5	0 16·5	0 15·7	0·6 0·0	6·6 0·2	12·6 0·3
07	0 16·8	0 16·8	0 16·0	0·7 0·0	6·7 0·2	12·7 0·3
08	0 17·0	0 17·0	0 16·2	0·8 0·0	6·8 0·2	12·8 0·3
09	0 17·3	0 17·3	0 16·5	0·9 0·0	6·9 0·2	12·9 0·3
10	0 17·5	0 17·5	0 16·7	1·0 0·0	7·0 0·2	13·0 0·3
11	0 17·8	0 17·8	0 16·9	1·1 0·0	7·1 0·2	13·1 0·3
12	0 18·0	0 18·0	0 17·2	1·2 0·0	7·2 0·2	13·2 0·3
13	0 18·3	0 18·3	0 17·4	1·3 0·0	7·3 0·2	13·3 0·3
14	0 18·5	0 18·6	0 17·7	1·4 0·0	7·4 0·2	13·4 0·3
15	0 18·8	0 18·8	0 17·9	1·5 0·0	7·5 0·2	13·5 0·3
16	0 19·0	0 19·1	0 18·1	1·6 0·0	7·6 0·2	13·6 0·3
17	0 19·3	0 19·3	0 18·4	1·7 0·0	7·7 0·2	13·7 0·3
18	0 19·5	0 19·6	0 18·6	1·8 0·0	7·8 0·2	13·8 0·3
19	0 19·8	0 19·8	0 18·9	1·9 0·0	7·9 0·2	13·9 0·3
20	0 20·0	0 20·1	0 19·1	2·0 0·1	8·0 0·2	14·0 0·4
21	0 20·3	0 20·3	0 19·3	2·1 0·1	8·1 0·2	14·1 0·4
22	0 20·5	0 20·6	0 19·6	2·2 0·1	8·2 0·2	14·2 0·4
23	0 20·8	0 20·8	0 19·8	2·3 0·1	8·3 0·2	14·3 0·4
24	0 21·0	0 21·1	0 20·0	2·4 0·1	8·4 0·2	14·4 0·4
25	0 21·3	0 21·3	0 20·3	2·5 0·1	8·5 0·2	14·5 0·4
26	0 21·5	0 21·6	0 20·5	2·6 0·1	8·6 0·2	14·6 0·4
27	0 21·8	0 21·8	0 20·8	2·7 0·1	8·7 0·2	14·7 0·4
28	0 22·0	0 22·1	0 21·0	2·8 0·1	8·8 0·2	14·8 0·4
29	0 22·3	0 22·3	0 21·2	2·9 0·1	8·9 0·2	14·9 0·4
30	0 22·5	0 22·6	0 21·5	3·0 0·1	9·0 0·2	15·0 0·4
31	0 22·8	0 22·8	0 21·7	3·1 0·1	9·1 0·2	15·1 0·4
32	0 23·0	0 23·1	0 22·0	3·2 0·1	9·2 0·2	15·2 0·4
33	0 23·3	0 23·3	0 22·2	3·3 0·1	9·3 0·2	15·3 0·4
34	0 23·5	0 23·6	0 22·4	3·4 0·1	9·4 0·2	15·4 0·4
35	0 23·8	0 23·8	0 22·7	3·5 0·1	9·5 0·2	15·5 0·4
36	0 24·0	0 24·1	0 22·9	3·6 0·1	9·6 0·2	15·6 0·4
37	0 24·3	0 24·3	0 23·1	3·7 0·1	9·7 0·2	15·7 0·4
38	0 24·5	0 24·6	0 23·4	3·8 0·1	9·8 0·2	15·8 0·4
39	0 24·8	0 24·8	0 23·6	3·9 0·1	9·9 0·2	15·9 0·4
40	0 25·0	0 25·1	0 23·9	4·0 0·1	10·0 0·3	16·0 0·4
41	0 25·3	0 25·3	0 24·1	4·1 0·1	10·1 0·3	16·1 0·4
42	0 25·5	0 25·6	0 24·3	4·2 0·1	10·2 0·3	16·2 0·4
43	0 25·8	0 25·8	0 24·6	4·3 0·1	10·3 0·3	16·3 0·4
44	0 26·0	0 26·1	0 24·8	4·4 0·1	10·4 0·3	16·4 0·4
45	0 26·3	0 26·3	0 25·1	4·5 0·1	10·5 0·3	16·5 0·4
46	0 26·5	0 26·6	0 25·3	4·6 0·1	10·6 0·3	16·6 0·4
47	0 26·8	0 26·8	0 25·5	4·7 0·1	10·7 0·3	16·7 0·4
48	0 27·0	0 27·1	0 25·8	4·8 0·1	10·8 0·3	16·8 0·4
49	0 27·3	0 27·3	0 26·0	4·9 0·1	10·9 0·3	16·9 0·4
50	0 27·5	0 27·6	0 26·2	5·0 0·1	11·0 0·3	17·0 0·4
51	0 27·8	0 27·8	0 26·5	5·1 0·1	11·1 0·3	17·1 0·4
52	0 28·0	0 28·1	0 26·7	5·2 0·1	11·2 0·3	17·2 0·4
53	0 28·3	0 28·3	0 27·0	5·3 0·1	11·3 0·3	17·3 0·4
54	0 28·5	0 28·6	0 27·2	5·4 0·1	11·4 0·3	17·4 0·4
55	0 28·8	0 28·8	0 27·4	5·5 0·1	11·5 0·3	17·5 0·4
56	0 29·0	0 29·1	0 27·7	5·6 0·1	11·6 0·3	17·6 0·4
57	0 29·3	0 29·3	0 27·9	5·7 0·1	11·7 0·3	17·7 0·4
58	0 29·5	0 29·6	0 28·2	5·8 0·1	11·8 0·3	17·8 0·4
59	0 29·8	0 29·8	0 28·4	5·9 0·1	11·9 0·3	17·9 0·4
60	0 30·0	0 30·1	0 28·6	6·0 0·2	12·0 0·3	18·0 0·5

INCREMENTS AND CORRECTIONS

2ᵐ

2	SUN PLANETS	ARIES	MOON	v or Corrⁿ d	v or Corrⁿ d	v or Corrⁿ d
s	° ′	° ′	° ′	′ ′	′ ′	′ ′
00	0 30·0	0 30·1	0 28·6	0·0 0·0	6·0 0·3	12·0 0·5
01	0 30·3	0 30·3	0 28·9	0·1 0·0	6·1 0·3	12·1 0·5
02	0 30·5	0 30·6	0 29·1	0·2 0·0	6·2 0·3	12·2 0·5
03	0 30·8	0 30·8	0 29·3	0·3 0·0	6·3 0·3	12·3 0·5
04	0 31·0	0 31·1	0 29·6	0·4 0·0	6·4 0·3	12·4 0·5
05	0 31·3	0 31·3	0 29·8	0·5 0·0	6·5 0·3	12·5 0·5
06	0 31·5	0 31·6	0 30·1	0·6 0·0	6·6 0·3	12·6 0·5
07	0 31·8	0 31·8	0 30·3	0·7 0·0	6·7 0·3	12·7 0·5
08	0 32·0	0 32·1	0 30·5	0·8 0·0	6·8 0·3	12·8 0·5
09	0 32·3	0 32·3	0 30·8	0·9 0·0	6·9 0·3	12·9 0·5
10	0 32·5	0 32·6	0 31·0	1·0 0·0	7·0 0·3	13·0 0·5
11	0 32·8	0 32·8	0 31·3	1·1 0·0	7·1 0·3	13·1 0·5
12	0 33·0	0 33·1	0 31·5	1·2 0·1	7·2 0·3	13·2 0·6
13	0 33·3	0 33·3	0 31·7	1·3 0·1	7·3 0·3	13·3 0·6
14	0 33·5	0 33·6	0 32·0	1·4 0·1	7·4 0·3	13·4 0·6
15	0 33·8	0 33·8	0 32·2	1·5 0·1	7·5 0·3	13·5 0·6
16	0 34·0	0 34·1	0 32·5	1·6 0·1	7·6 0·3	13·6 0·6
17	0 34·3	0 34·3	0 32·7	1·7 0·1	7·7 0·3	13·7 0·6
18	0 34·5	0 34·6	0 32·9	1·8 0·1	7·8 0·3	13·8 0·6
19	0 34·8	0 34·8	0 33·2	1·9 0·1	7·9 0·3	13·9 0·6
20	0 35·0	0 35·1	0 33·4	2·0 0·1	8·0 0·3	14·0 0·6
21	0 35·3	0 35·3	0 33·6	2·1 0·1	8·1 0·3	14·1 0·6
22	0 35·5	0 35·6	0 33·9	2·2 0·1	8·2 0·3	14·2 0·6
23	0 35·8	0 35·8	0 34·1	2·3 0·1	8·3 0·3	14·3 0·6
24	0 36·0	0 36·1	0 34·4	2·4 0·1	8·4 0·4	14·4 0·6
25	0 36·3	0 36·3	0 34·6	2·5 0·1	8·5 0·4	14·5 0·6
26	0 36·5	0 36·6	0 34·8	2·6 0·1	8·6 0·4	14·6 0·6
27	0 36·8	0 36·9	0 35·1	2·7 0·1	8·7 0·4	14·7 0·6
28	0 37·0	0 37·1	0 35·3	2·8 0·1	8·8 0·4	14·8 0·6
29	0 37·3	0 37·4	0 35·6	2·9 0·1	8·9 0·4	14·9 0·6
30	0 37·5	0 37·6	0 35·8	3·0 0·1	9·0 0·4	15·0 0·6
31	0 37·8	0 37·9	0 36·0	3·1 0·1	9·1 0·4	15·1 0·6
32	0 38·0	0 38·1	0 36·3	3·2 0·1	9·2 0·4	15·2 0·6
33	0 38·3	0 38·4	0 36·5	3·3 0·1	9·3 0·4	15·3 0·6
34	0 38·5	0 38·6	0 36·7	3·4 0·1	9·4 0·4	15·4 0·6
35	0 38·8	0 38·9	0 37·0	3·5 0·1	9·5 0·4	15·5 0·6
36	0 39·0	0 39·1	0 37·2	3·6 0·2	9·6 0·4	15·6 0·7
37	0 39·3	0 39·4	0 37·5	3·7 0·2	9·7 0·4	15·7 0·7
38	0 39·5	0 39·6	0 37·7	3·8 0·2	9·8 0·4	15·8 0·7
39	0 39·8	0 39·9	0 37·9	3·9 0·2	9·9 0·4	15·9 0·7
40	0 40·0	0 40·1	0 38·2	4·0 0·2	10·0 0·4	16·0 0·7
41	0 40·3	0 40·4	0 38·4	4·1 0·2	10·1 0·4	16·1 0·7
42	0 40·5	0 40·6	0 38·7	4·2 0·2	10·2 0·4	16·2 0·7
43	0 40·8	0 40·9	0 38·9	4·3 0·2	10·3 0·4	16·3 0·7
44	0 41·0	0 41·1	0 39·1	4·4 0·2	10·4 0·4	16·4 0·7
45	0 41·3	0 41·4	0 39·4	4·5 0·2	10·5 0·4	16·5 0·7
46	0 41·5	0 41·6	0 39·6	4·6 0·2	10·6 0·4	16·6 0·7
47	0 41·8	0 41·9	0 39·8	4·7 0·2	10·7 0·4	16·7 0·7
48	0 42·0	0 42·1	0 40·1	4·8 0·2	10·8 0·5	16·8 0·7
49	0 42·3	0 42·4	0 40·3	4·9 0·2	10·9 0·5	16·9 0·7
50	0 42·5	0 42·6	0 40·6	5·0 0·2	11·0 0·5	17·0 0·7
51	0 42·8	0 42·9	0 40·8	5·1 0·2	11·1 0·5	17·1 0·7
52	0 43·0	0 43·1	0 41·0	5·2 0·2	11·2 0·5	17·2 0·7
53	0 43·3	0 43·4	0 41·3	5·3 0·2	11·3 0·5	17·3 0·7
54	0 43·5	0 43·6	0 41·5	5·4 0·2	11·4 0·5	17·4 0·7
55	0 43·8	0 43·9	0 41·8	5·5 0·2	11·5 0·5	17·5 0·7
56	0 44·0	0 44·1	0 42·0	5·6 0·2	11·6 0·5	17·6 0·7
57	0 44·3	0 44·4	0 42·2	5·7 0·2	11·7 0·5	17·7 0·7
58	0 44·5	0 44·6	0 42·5	5·8 0·2	11·8 0·5	17·8 0·7
59	0 44·8	0 44·9	0 42·7	5·9 0·2	11·9 0·5	17·9 0·7
60	0 45·0	0 45·1	0 43·0	6·0 0·3	12·0 0·5	18·0 0·8

3ᵐ

3	SUN PLANETS	ARIES	MOON	v or Corrⁿ d	v or Corrⁿ d	v or Corrⁿ d
s	° ′	° ′	° ′	′ ′	′ ′	′ ′
00	0 45·0	0 45·1	0 43·0	0·0 0·0	6·0 0·4	12·0 0·7
01	0 45·3	0 45·4	0 43·2	0·1 0·0	6·1 0·4	12·1 0·7
02	0 45·5	0 45·6	0 43·4	0·2 0·0	6·2 0·4	12·2 0·7
03	0 45·8	0 45·9	0 43·7	0·3 0·0	6·3 0·4	12·3 0·7
04	0 46·0	0 46·1	0 43·9	0·4 0·0	6·4 0·4	12·4 0·7
05	0 46·3	0 46·4	0 44·1	0·5 0·0	6·5 0·4	12·5 0·7
06	0 46·5	0 46·6	0 44·4	0·6 0·0	6·6 0·4	12·6 0·7
07	0 46·8	0 46·9	0 44·6	0·7 0·0	6·7 0·4	12·7 0·7
08	0 47·0	0 47·1	0 44·9	0·8 0·0	6·8 0·4	12·8 0·7
09	0 47·3	0 47·4	0 45·1	0·9 0·1	6·9 0·4	12·9 0·8
10	0 47·5	0 47·6	0 45·3	1·0 0·1	7·0 0·4	13·0 0·8
11	0 47·8	0 47·9	0 45·6	1·1 0·1	7·1 0·4	13·1 0·8
12	0 48·0	0 48·1	0 45·8	1·2 0·1	7·2 0·4	13·2 0·8
13	0 48·3	0 48·4	0 46·1	1·3 0·1	7·3 0·4	13·3 0·8
14	0 48·5	0 48·6	0 46·3	1·4 0·1	7·4 0·4	13·4 0·8
15	0 48·8	0 48·9	0 46·5	1·5 0·1	7·5 0·4	13·5 0·8
16	0 49·0	0 49·1	0 46·8	1·6 0·1	7·6 0·4	13·6 0·8
17	0 49·3	0 49·4	0 47·0	1·7 0·1	7·7 0·4	13·7 0·8
18	0 49·5	0 49·6	0 47·2	1·8 0·1	7·8 0·5	13·8 0·8
19	0 49·8	0 49·9	0 47·5	1·9 0·1	7·9 0·5	13·9 0·8
20	0 50·0	0 50·1	0 47·7	2·0 0·1	8·0 0·5	14·0 0·8
21	0 50·3	0 50·4	0 48·0	2·1 0·1	8·1 0·5	14·1 0·8
22	0 50·5	0 50·6	0 48·2	2·2 0·1	8·2 0·5	14·2 0·8
23	0 50·8	0 50·9	0 48·4	2·3 0·1	8·3 0·5	14·3 0·8
24	0 51·0	0 51·1	0 48·7	2·4 0·1	8·4 0·5	14·4 0·8
25	0 51·3	0 51·4	0 48·9	2·5 0·1	8·5 0·5	14·5 0·8
26	0 51·5	0 51·6	0 49·2	2·6 0·2	8·6 0·5	14·6 0·9
27	0 51·8	0 51·9	0 49·4	2·7 0·2	8·7 0·5	14·7 0·9
28	0 52·0	0 52·1	0 49·6	2·8 0·2	8·8 0·5	14·8 0·9
29	0 52·3	0 52·4	0 49·9	2·9 0·2	8·9 0·5	14·9 0·9
30	0 52·5	0 52·6	0 50·1	3·0 0·2	9·0 0·5	15·0 0·9
31	0 52·8	0 52·9	0 50·3	3·1 0·2	9·1 0·5	15·1 0·9
32	0 53·0	0 53·1	0 50·6	3·2 0·2	9·2 0·5	15·2 0·9
33	0 53·3	0 53·4	0 50·8	3·3 0·2	9·3 0·5	15·3 0·9
34	0 53·5	0 53·6	0 51·1	3·4 0·2	9·4 0·5	15·4 0·9
35	0 53·8	0 53·9	0 51·3	3·5 0·2	9·5 0·6	15·5 0·9
36	0 54·0	0 54·1	0 51·5	3·6 0·2	9·6 0·6	15·6 0·9
37	0 54·3	0 54·4	0 51·8	3·7 0·2	9·7 0·6	15·7 0·9
38	0 54·5	0 54·6	0 52·0	3·8 0·2	9·8 0·6	15·8 0·9
39	0 54·8	0 54·9	0 52·3	3·9 0·2	9·9 0·6	15·9 0·9
40	0 55·0	0 55·2	0 52·5	4·0 0·2	10·0 0·6	16·0 0·9
41	0 55·3	0 55·4	0 52·7	4·1 0·2	10·1 0·6	16·1 0·9
42	0 55·5	0 55·7	0 53·0	4·2 0·2	10·2 0·6	16·2 0·9
43	0 55·8	0 55·9	0 53·2	4·3 0·3	10·3 0·6	16·3 1·0
44	0 56·0	0 56·2	0 53·4	4·4 0·3	10·4 0·6	16·4 1·0
45	0 56·3	0 56·4	0 53·7	4·5 0·3	10·5 0·6	16·5 1·0
46	0 56·5	0 56·7	0 53·9	4·6 0·3	10·6 0·6	16·6 1·0
47	0 56·8	0 56·9	0 54·2	4·7 0·3	10·7 0·6	16·7 1·0
48	0 57·0	0 57·2	0 54·4	4·8 0·3	10·8 0·6	16·8 1·0
49	0 57·3	0 57·4	0 54·6	4·9 0·3	10·9 0·6	16·9 1·0
50	0 57·5	0 57·7	0 54·9	5·0 0·3	11·0 0·6	17·0 1·0
51	0 57·8	0 57·9	0 55·1	5·1 0·3	11·1 0·6	17·1 1·0
52	0 58·0	0 58·2	0 55·4	5·2 0·3	11·2 0·7	17·2 1·0
53	0 58·3	0 58·4	0 55·6	5·3 0·3	11·3 0·7	17·3 1·0
54	0 58·5	0 58·7	0 55·8	5·4 0·3	11·4 0·7	17·4 1·0
55	0 58·8	0 58·9	0 56·1	5·5 0·3	11·5 0·7	17·5 1·0
56	0 59·0	0 59·2	0 56·3	5·6 0·3	11·6 0·7	17·6 1·0
57	0 59·3	0 59·4	0 56·6	5·7 0·3	11·7 0·7	17·7 1·0
58	0 59·5	0 59·7	0 56·8	5·8 0·3	11·8 0·7	17·8 1·0
59	0 59·8	0 59·9	0 57·0	5·9 0·3	11·9 0·7	17·9 1·0
60	1 00·0	1 00·2	0 57·3	6·0 0·4	12·0 0·7	18·0 1·1

INCREMENTS AND CORRECTIONS

4ᵐ

s	SUN PLANETS	ARIES	MOON	v or d	Corrⁿ	v or d	Corrⁿ	v or d	Corrⁿ
	° ′	° ′	° ′	′	′	′	′	′	′
00	1 00·0	1 00·2	0 57·3	0·0	0·0	6·0	0·5	12·0	0·9
01	1 00·3	1 00·4	0 57·5	0·1	0·0	6·1	0·5	12·1	0·9
02	1 00·5	1 00·7	0 57·7	0·2	0·0	6·2	0·5	12·2	0·9
03	1 00·8	1 00·9	0 58·0	0·3	0·0	6·3	0·5	12·3	0·9
04	1 01·0	1 01·2	0 58·2	0·4	0·0	6·4	0·5	12·4	0·9
05	1 01·3	1 01·4	0 58·5	0·5	0·0	6·5	0·5	12·5	0·9
06	1 01·5	1 01·7	0 58·7	0·6	0·0	6·6	0·5	12·6	0·9
07	1 01·8	1 01·9	0 58·9	0·7	0·1	6·7	0·5	12·7	1·0
08	1 02·0	1 02·2	0 59·2	0·8	0·1	6·8	0·5	12·8	1·0
09	1 02·3	1 02·4	0 59·4	0·9	0·1	6·9	0·5	12·9	1·0
10	1 02·5	1 02·7	0 59·7	1·0	0·1	7·0	0·5	13·0	1·0
11	1 02·8	1 02·9	0 59·9	1·1	0·1	7·1	0·5	13·1	1·0
12	1 03·0	1 03·2	1 00·1	1·2	0·1	7·2	0·5	13·2	1·0
13	1 03·3	1 03·4	1 00·4	1·3	0·1	7·3	0·5	13·3	1·0
14	1 03·5	1 03·7	1 00·6	1·4	0·1	7·4	0·6	13·4	1·0
15	1 03·8	1 03·9	1 00·8	1·5	0·1	7·5	0·6	13·5	1·0
16	1 04·0	1 04·2	1 01·1	1·6	0·1	7·6	0·6	13·6	1·0
17	1 04·3	1 04·4	1 01·3	1·7	0·1	7·7	0·6	13·7	1·0
18	1 04·5	1 04·7	1 01·6	1·8	0·1	7·8	0·6	13·8	1·0
19	1 04·8	1 04·9	1 01·8	1·9	0·1	7·9	0·6	13·9	1·0
20	1 05·0	1 05·2	1 02·0	2·0	0·2	8·0	0·6	14·0	1·1
21	1 05·3	1 05·4	1 02·3	2·1	0·2	8·1	0·6	14·1	1·1
22	1 05·5	1 05·7	1 02·5	2·2	0·2	8·2	0·6	14·2	1·1
23	1 05·8	1 05·9	1 02·8	2·3	0·2	8·3	0·6	14·3	1·1
24	1 06·0	1 06·2	1 03·0	2·4	0·2	8·4	0·6	14·4	1·1
25	1 06·3	1 06·4	1 03·2	2·5	0·2	8·5	0·6	14·5	1·1
26	1 06·5	1 06·7	1 03·5	2·6	0·2	8·6	0·6	14·6	1·1
27	1 06·8	1 06·9	1 03·7	2·7	0·2	8·7	0·7	14·7	1·1
28	1 07·0	1 07·2	1 03·9	2·8	0·2	8·8	0·7	14·8	1·1
29	1 07·3	1 07·4	1 04·2	2·9	0·2	8·9	0·7	14·9	1·1
30	1 07·5	1 07·7	1 04·4	3·0	0·2	9·0	0·7	15·0	1·1
31	1 07·8	1 07·9	1 04·7	3·1	0·2	9·1	0·7	15·1	1·1
32	1 08·0	1 08·2	1 04·9	3·2	0·2	9·2	0·7	15·2	1·1
33	1 08·3	1 08·4	1 05·1	3·3	0·2	9·3	0·7	15·3	1·1
34	1 08·5	1 08·7	1 05·4	3·4	0·3	9·4	0·7	15·4	1·2
35	1 08·8	1 08·9	1 05·6	3·5	0·3	9·5	0·7	15·5	1·2
36	1 09·0	1 09·2	1 05·9	3·6	0·3	9·6	0·7	15·6	1·2
37	1 09·3	1 09·4	1 06·1	3·7	0·3	9·7	0·7	15·7	1·2
38	1 09·5	1 09·7	1 06·3	3·8	0·3	9·8	0·7	15·8	1·2
39	1 09·8	1 09·9	1 06·6	3·9	0·3	9·9	0·7	15·9	1·2
40	1 10·0	1 10·2	1 06·8	4·0	0·3	10·0	0·8	16·0	1·2
41	1 10·3	1 10·4	1 07·0	4·1	0·3	10·1	0·8	16·1	1·2
42	1 10·5	1 10·7	1 07·3	4·2	0·3	10·2	0·8	16·2	1·2
43	1 10·8	1 10·9	1 07·5	4·3	0·3	10·3	0·8	16·3	1·2
44	1 11·0	1 11·2	1 07·8	4·4	0·3	10·4	0·8	16·4	1·2
45	1 11·3	1 11·4	1 08·0	4·5	0·3	10·5	0·8	16·5	1·2
46	1 11·5	1 11·7	1 08·2	4·6	0·3	10·6	0·8	16·6	1·2
47	1 11·8	1 11·9	1 08·5	4·7	0·4	10·7	0·8	16·7	1·3
48	1 12·0	1 12·2	1 08·7	4·8	0·4	10·8	0·8	16·8	1·3
49	1 12·3	1 12·4	1 09·0	4·9	0·4	10·9	0·8	16·9	1·3
50	1 12·5	1 12·7	1 09·2	5·0	0·4	11·0	0·8	17·0	1·3
51	1 12·8	1 12·9	1 09·4	5·1	0·4	11·1	0·8	17·1	1·3
52	1 13·0	1 13·2	1 09·7	5·2	0·4	11·2	0·8	17·2	1·3
53	1 13·3	1 13·5	1 09·9	5·3	0·4	11·3	0·8	17·3	1·3
54	1 13·5	1 13·7	1 10·2	5·4	0·4	11·4	0·9	17·4	1·3
55	1 13·8	1 14·0	1 10·4	5·5	0·4	11·5	0·9	17·5	1·3
56	1 14·0	1 14·2	1 10·6	5·6	0·4	11·6	0·9	17·6	1·3
57	1 14·3	1 14·5	1 10·9	5·7	0·4	11·7	0·9	17·7	1·3
58	1 14·5	1 14·7	1 11·1	5·8	0·4	11·8	0·9	17·8	1·3
59	1 14·8	1 15·0	1 11·3	5·9	0·4	11·9	0·9	17·9	1·3
60	1 15·0	1 15·2	1 11·6	6·0	0·5	12·0	0·9	18·0	1·4

5ᵐ

s	SUN PLANETS	ARIES	MOON	v or d	Corrⁿ	v or d	Corrⁿ	v or d	Corrⁿ
	° ′	° ′	° ′	′	′	′	′	′	′
00	1 15·0	1 15·2	1 11·6	0·0	0·0	6·0	0·6	12·0	1·1
01	1 15·3	1 15·5	1 11·8	0·1	0·0	6·1	0·6	12·1	1·1
02	1 15·5	1 15·7	1 12·1	0·2	0·0	6·2	0·6	12·2	1·1
03	1 15·8	1 16·0	1 12·3	0·3	0·0	6·3	0·6	12·3	1·1
04	1 16·0	1 16·2	1 12·5	0·4	0·0	6·4	0·6	12·4	1·1
05	1 16·3	1 16·5	1 12·8	0·5	0·0	6·5	0·6	12·5	1·1
06	1 16·5	1 16·7	1 13·0	0·6	0·1	6·6	0·6	12·6	1·2
07	1 16·8	1 17·0	1 13·3	0·7	0·1	6·7	0·6	12·7	1·2
08	1 17·0	1 17·2	1 13·5	0·8	0·1	6·8	0·6	12·8	1·2
09	1 17·3	1 17·5	1 13·7	0·9	0·1	6·9	0·6	12·9	1·2
10	1 17·5	1 17·7	1 14·0	1·0	0·1	7·0	0·6	13·0	1·2
11	1 17·8	1 18·0	1 14·2	1·1	0·1	7·1	0·7	13·1	1·2
12	1 18·0	1 18·2	1 14·4	1·2	0·1	7·2	0·7	13·2	1·2
13	1 18·3	1 18·5	1 14·7	1·3	0·1	7·3	0·7	13·3	1·2
14	1 18·5	1 18·7	1 14·9	1·4	0·1	7·4	0·7	13·4	1·2
15	1 18·8	1 19·0	1 15·2	1·5	0·1	7·5	0·7	13·5	1·2
16	1 19·0	1 19·2	1 15·4	1·6	0·1	7·6	0·7	13·6	1·2
17	1 19·3	1 19·5	1 15·6	1·7	0·2	7·7	0·7	13·7	1·3
18	1 19·5	1 19·7	1 15·9	1·8	0·2	7·8	0·7	13·8	1·3
19	1 19·8	1 20·0	1 16·1	1·9	0·2	7·9	0·7	13·9	1·3
20	1 20·0	1 20·2	1 16·4	2·0	0·2	8·0	0·7	14·0	1·3
21	1 20·3	1 20·5	1 16·6	2·1	0·2	8·1	0·7	14·1	1·3
22	1 20·5	1 20·7	1 16·8	2·2	0·2	8·2	0·8	14·2	1·3
23	1 20·8	1 21·0	1 17·1	2·3	0·2	8·3	0·8	14·3	1·3
24	1 21·0	1 21·2	1 17·3	2·4	0·2	8·4	0·8	14·4	1·3
25	1 21·3	1 21·5	1 17·5	2·5	0·2	8·5	0·8	14·5	1·3
26	1 21·5	1 21·7	1 17·8	2·6	0·2	8·6	0·8	14·6	1·3
27	1 21·8	1 22·0	1 18·0	2·7	0·2	8·7	0·8	14·7	1·3
28	1 22·0	1 22·2	1 18·3	2·8	0·3	8·8	0·8	14·8	1·4
29	1 22·3	1 22·5	1 18·5	2·9	0·3	8·9	0·8	14·9	1·4
30	1 22·5	1 22·7	1 18·7	3·0	0·3	9·0	0·8	15·0	1·4
31	1 22·8	1 23·0	1 19·0	3·1	0·3	9·1	0·8	15·1	1·4
32	1 23·0	1 23·2	1 19·2	3·2	0·3	9·2	0·8	15·2	1·4
33	1 23·3	1 23·5	1 19·5	3·3	0·3	9·3	0·9	15·3	1·4
34	1 23·5	1 23·7	1 19·7	3·4	0·3	9·4	0·9	15·4	1·4
35	1 23·8	1 24·0	1 19·9	3·5	0·3	9·5	0·9	15·5	1·4
36	1 24·0	1 24·2	1 20·2	3·6	0·3	9·6	0·9	15·6	1·4
37	1 24·3	1 24·5	1 20·4	3·7	0·3	9·7	0·9	15·7	1·4
38	1 24·5	1 24·7	1 20·7	3·8	0·3	9·8	0·9	15·8	1·4
39	1 24·8	1 25·0	1 20·9	3·9	0·4	9·9	0·9	15·9	1·5
40	1 25·0	1 25·2	1 21·1	4·0	0·4	10·0	0·9	16·0	1·5
41	1 25·3	1 25·5	1 21·4	4·1	0·4	10·1	0·9	16·1	1·5
42	1 25·5	1 25·7	1 21·6	4·2	0·4	10·2	0·9	16·2	1·5
43	1 25·8	1 26·0	1 21·8	4·3	0·4	10·3	0·9	16·3	1·5
44	1 26·0	1 26·2	1 22·1	4·4	0·4	10·4	1·0	16·4	1·5
45	1 26·3	1 26·5	1 22·3	4·5	0·4	10·5	1·0	16·5	1·5
46	1 26·5	1 26·7	1 22·6	4·6	0·4	10·6	1·0	16·6	1·5
47	1 26·8	1 27·0	1 22·8	4·7	0·4	10·7	1·0	16·7	1·5
48	1 27·0	1 27·2	1 23·0	4·8	0·4	10·8	1·0	16·8	1·5
49	1 27·3	1 27·5	1 23·3	4·9	0·4	10·9	1·0	16·9	1·5
50	1 27·5	1 27·7	1 23·5	5·0	0·5	11·0	1·0	17·0	1·6
51	1 27·8	1 28·0	1 23·8	5·1	0·5	11·1	1·0	17·1	1·6
52	1 28·0	1 28·2	1 24·0	5·2	0·5	11·2	1·0	17·2	1·6
53	1 28·3	1 28·5	1 24·2	5·3	0·5	11·3	1·0	17·3	1·6
54	1 28·5	1 28·7	1 24·5	5·4	0·5	11·4	1·0	17·4	1·6
55	1 28·8	1 29·0	1 24·7	5·5	0·5	11·5	1·1	17·5	1·6
56	1 29·0	1 29·2	1 24·9	5·6	0·5	11·6	1·1	17·6	1·6
57	1 29·3	1 29·5	1 25·2	5·7	0·5	11·7	1·1	17·7	1·6
58	1 29·5	1 29·7	1 25·4	5·8	0·5	11·8	1·1	17·8	1·6
59	1 29·8	1 30·0	1 25·7	5·9	0·5	11·9	1·1	17·9	1·6
60	1 30·0	1 30·2	1 25·9	6·0	0·6	12·0	1·1	18·0	1·7

INCREMENTS AND CORRECTIONS

6ᵐ

6ᵐ s	SUN PLANETS ° ′	ARIES ° ′	MOON ° ′	v or d ′	Corrⁿ ′	v or d ′	Corrⁿ ′	v or d ′	Corrⁿ ′
00	1 30·0	1 30·2	1 25·9	0·0	0·0	6·0	0·7	12·0	1·3
01	1 30·3	1 30·5	1 26·1	0·1	0·0	6·1	0·7	12·1	1·3
02	1 30·5	1 30·7	1 26·4	0·2	0·0	6·2	0·7	12·2	1·3
03	1 30·8	1 31·0	1 26·6	0·3	0·0	6·3	0·7	12·3	1·3
04	1 31·0	1 31·2	1 26·9	0·4	0·0	6·4	0·7	12·4	1·3
05	1 31·3	1 31·5	1 27·1	0·5	0·1	6·5	0·7	12·5	1·4
06	1 31·5	1 31·8	1 27·3	0·6	0·1	6·6	0·7	12·6	1·4
07	1 31·8	1 32·0	1 27·6	0·7	0·1	6·7	0·7	12·7	1·4
08	1 32·0	1 32·3	1 27·8	0·8	0·1	6·8	0·7	12·8	1·4
09	1 32·3	1 32·5	1 28·0	0·9	0·1	6·9	0·7	12·9	1·4
10	1 32·5	1 32·8	1 28·3	1·0	0·1	7·0	0·8	13·0	1·4
11	1 32·8	1 33·0	1 28·5	1·1	0·1	7·1	0·8	13·1	1·4
12	1 33·0	1 33·3	1 28·8	1·2	0·1	7·2	0·8	13·2	1·4
13	1 33·3	1 33·5	1 29·0	1·3	0·1	7·3	0·8	13·3	1·4
14	1 33·5	1 33·8	1 29·2	1·4	0·2	7·4	0·8	13·4	1·5
15	1 33·8	1 34·0	1 29·5	1·5	0·2	7·5	0·8	13·5	1·5
16	1 34·0	1 34·3	1 29·7	1·6	0·2	7·6	0·8	13·6	1·5
17	1 34·3	1 34·5	1 30·0	1·7	0·2	7·7	0·8	13·7	1·5
18	1 34·5	1 34·8	1 30·2	1·8	0·2	7·8	0·8	13·8	1·5
19	1 34·8	1 35·0	1 30·4	1·9	0·2	7·9	0·9	13·9	1·5
20	1 35·0	1 35·3	1 30·7	2·0	0·2	8·0	0·9	14·0	1·5
21	1 35·3	1 35·5	1 30·9	2·1	0·2	8·1	0·9	14·1	1·5
22	1 35·5	1 35·8	1 31·1	2·2	0·2	8·2	0·9	14·2	1·5
23	1 35·8	1 36·0	1 31·4	2·3	0·2	8·3	0·9	14·3	1·5
24	1 36·0	1 36·3	1 31·6	2·4	0·3	8·4	0·9	14·4	1·6
25	1 36·3	1 36·5	1 31·9	2·5	0·3	8·5	0·9	14·5	1·6
26	1 36·5	1 36·8	1 32·1	2·6	0·3	8·6	0·9	14·6	1·6
27	1 36·8	1 37·0	1 32·3	2·7	0·3	8·7	0·9	14·7	1·6
28	1 37·0	1 37·3	1 32·6	2·8	0·3	8·8	1·0	14·8	1·6
29	1 37·3	1 37·5	1 32·8	2·9	0·3	8·9	1·0	14·9	1·6
30	1 37·5	1 37·8	1 33·1	3·0	0·3	9·0	1·0	15·0	1·6
31	1 37·8	1 38·0	1 33·3	3·1	0·3	9·1	1·0	15·1	1·6
32	1 38·0	1 38·3	1 33·5	3·2	0·3	9·2	1·0	15·2	1·6
33	1 38·3	1 38·5	1 33·8	3·3	0·4	9·3	1·0	15·3	1·7
34	1 38·5	1 38·8	1 34·0	3·4	0·4	9·4	1·0	15·4	1·7
35	1 38·8	1 39·0	1 34·3	3·5	0·4	9·5	1·0	15·5	1·7
36	1 39·0	1 39·3	1 34·5	3·6	0·4	9·6	1·0	15·6	1·7
37	1 39·3	1 39·5	1 34·7	3·7	0·4	9·7	1·1	15·7	1·7
38	1 39·5	1 39·8	1 35·0	3·8	0·4	9·8	1·1	15·8	1·7
39	1 39·8	1 40·0	1 35·2	3·9	0·4	9·9	1·1	15·9	1·7
40	1 40·0	1 40·3	1 35·4	4·0	0·4	10·0	1·1	16·0	1·7
41	1 40·3	1 40·5	1 35·7	4·1	0·4	10·1	1·1	16·1	1·7
42	1 40·5	1 40·8	1 35·9	4·2	0·5	10·2	1·1	16·2	1·8
43	1 40·8	1 41·0	1 36·2	4·3	0·5	10·3	1·1	16·3	1·8
44	1 41·0	1 41·3	1 36·4	4·4	0·5	10·4	1·1	16·4	1·8
45	1 41·3	1 41·5	1 36·6	4·5	0·5	10·5	1·1	16·5	1·8
46	1 41·5	1 41·8	1 36·9	4·6	0·5	10·6	1·1	16·6	1·8
47	1 41·8	1 42·0	1 37·1	4·7	0·5	10·7	1·2	16·7	1·8
48	1 42·0	1 42·3	1 37·4	4·8	0·5	10·8	1·2	16·8	1·8
49	1 42·3	1 42·5	1 37·6	4·9	0·5	10·9	1·2	16·9	1·8
50	1 42·5	1 42·8	1 37·8	5·0	0·5	11·0	1·2	17·0	1·8
51	1 42·8	1 43·0	1 38·1	5·1	0·6	11·1	1·2	17·1	1·9
52	1 43·0	1 43·3	1 38·3	5·2	0·6	11·2	1·2	17·2	1·9
53	1 43·3	1 43·5	1 38·5	5·3	0·6	11·3	1·2	17·3	1·9
54	1 43·5	1 43·8	1 38·8	5·4	0·6	11·4	1·2	17·4	1·9
55	1 43·8	1 44·0	1 39·0	5·5	0·6	11·5	1·2	17·5	1·9
56	1 44·0	1 44·3	1 39·3	5·6	0·6	11·6	1·3	17·6	1·9
57	1 44·3	1 44·5	1 39·5	5·7	0·6	11·7	1·3	17·7	1·9
58	1 44·5	1 44·8	1 39·7	5·8	0·6	11·8	1·3	17·8	1·9
59	1 44·8	1 45·0	1 40·0	5·9	0·6	11·9	1·3	17·9	1·9
60	1 45·0	1 45·3	1 40·2	6·0	0·7	12·0	1·3	18·0	2·0

7ᵐ

7ᵐ s	SUN PLANETS ° ′	ARIES ° ′	MOON ° ′	v or d ′	Corrⁿ ′	v or d ′	Corrⁿ ′	v or d ′	Corrⁿ ′
00	1 45·0	1 45·3	1 40·2	0·0	0·0	6·0	0·8	12·0	1·5
01	1 45·3	1 45·5	1 40·5	0·1	0·0	6·1	0·8	12·1	1·5
02	1 45·5	1 45·8	1 40·7	0·2	0·0	6·2	0·8	12·2	1·5
03	1 45·8	1 46·0	1 40·9	0·3	0·0	6·3	0·8	12·3	1·5
04	1 46·0	1 46·3	1 41·2	0·4	0·1	6·4	0·8	12·4	1·6
05	1 46·3	1 46·5	1 41·4	0·5	0·1	6·5	0·8	12·5	1·6
06	1 46·5	1 46·8	1 41·6	0·6	0·1	6·6	0·8	12·6	1·6
07	1 46·8	1 47·0	1 41·9	0·7	0·1	6·7	0·8	12·7	1·6
08	1 47·0	1 47·3	1 42·1	0·8	0·1	6·8	0·9	12·8	1·6
09	1 47·3	1 47·5	1 42·4	0·9	0·1	6·9	0·9	12·9	1·6
10	1 47·5	1 47·8	1 42·6	1·0	0·1	7·0	0·9	13·0	1·6
11	1 47·8	1 48·0	1 42·8	1·1	0·1	7·1	0·9	13·1	1·6
12	1 48·0	1 48·3	1 43·1	1·2	0·2	7·2	0·9	13·2	1·7
13	1 48·3	1 48·5	1 43·3	1·3	0·2	7·3	0·9	13·3	1·7
14	1 48·5	1 48·8	1 43·6	1·4	0·2	7·4	0·9	13·4	1·7
15	1 48·8	1 49·0	1 43·8	1·5	0·2	7·5	0·9	13·5	1·7
16	1 49·0	1 49·3	1 44·0	1·6	0·2	7·6	1·0	13·6	1·7
17	1 49·3	1 49·5	1 44·3	1·7	0·2	7·7	1·0	13·7	1·7
18	1 49·5	1 49·8	1 44·5	1·8	0·2	7·8	1·0	13·8	1·7
19	1 49·8	1 50·1	1 44·8	1·9	0·2	7·9	1·0	13·9	1·7
20	1 50·0	1 50·3	1 45·0	2·0	0·3	8·0	1·0	14·0	1·8
21	1 50·3	1 50·6	1 45·2	2·1	0·3	8·1	1·0	14·1	1·8
22	1 50·5	1 50·8	1 45·5	2·2	0·3	8·2	1·0	14·2	1·8
23	1 50·8	1 51·1	1 45·7	2·3	0·3	8·3	1·0	14·3	1·8
24	1 51·0	1 51·3	1 45·9	2·4	0·3	8·4	1·1	14·4	1·8
25	1 51·3	1 51·6	1 46·2	2·5	0·3	8·5	1·1	14·5	1·8
26	1 51·5	1 51·8	1 46·4	2·6	0·3	8·6	1·1	14·6	1·8
27	1 51·8	1 52·1	1 46·7	2·7	0·3	8·7	1·1	14·7	1·8
28	1 52·0	1 52·3	1 46·9	2·8	0·4	8·8	1·1	14·8	1·9
29	1 52·3	1 52·6	1 47·1	2·9	0·4	8·9	1·1	14·9	1·9
30	1 52·5	1 52·8	1 47·4	3·0	0·4	9·0	1·1	15·0	1·9
31	1 52·8	1 53·1	1 47·6	3·1	0·4	9·1	1·1	15·1	1·9
32	1 53·0	1 53·3	1 47·9	3·2	0·4	9·2	1·2	15·2	1·9
33	1 53·3	1 53·6	1 48·1	3·3	0·4	9·3	1·2	15·3	1·9
34	1 53·5	1 53·8	1 48·3	3·4	0·4	9·4	1·2	15·4	1·9
35	1 53·8	1 54·1	1 48·6	3·5	0·4	9·5	1·2	15·5	1·9
36	1 54·0	1 54·3	1 48·8	3·6	0·5	9·6	1·2	15·6	2·0
37	1 54·3	1 54·6	1 49·0	3·7	0·5	9·7	1·2	15·7	2·0
38	1 54·5	1 54·8	1 49·3	3·8	0·5	9·8	1·2	15·8	2·0
39	1 54·8	1 55·1	1 49·5	3·9	0·5	9·9	1·2	15·9	2·0
40	1 55·0	1 55·3	1 49·8	4·0	0·5	10·0	1·3	16·0	2·0
41	1 55·3	1 55·6	1 50·0	4·1	0·5	10·1	1·3	16·1	2·0
42	1 55·5	1 55·8	1 50·2	4·2	0·5	10·2	1·3	16·2	2·0
43	1 55·8	1 56·1	1 50·5	4·3	0·5	10·3	1·3	16·3	2·0
44	1 56·0	1 56·3	1 50·7	4·4	0·6	10·4	1·3	16·4	2·1
45	1 56·3	1 56·6	1 51·0	4·5	0·6	10·5	1·3	16·5	2·1
46	1 56·5	1 56·8	1 51·2	4·6	0·6	10·6	1·3	16·6	2·1
47	1 56·8	1 57·1	1 51·4	4·7	0·6	10·7	1·3	16·7	2·1
48	1 57·0	1 57·3	1 51·7	4·8	0·6	10·8	1·4	16·8	2·1
49	1 57·3	1 57·6	1 51·9	4·9	0·6	10·9	1·4	16·9	2·1
50	1 57·5	1 57·8	1 52·1	5·0	0·6	11·0	1·4	17·0	2·1
51	1 57·8	1 58·1	1 52·4	5·1	0·6	11·1	1·4	17·1	2·1
52	1 58·0	1 58·3	1 52·6	5·2	0·7	11·2	1·4	17·2	2·2
53	1 58·3	1 58·6	1 52·9	5·3	0·7	11·3	1·4	17·3	2·2
54	1 58·5	1 58·8	1 53·1	5·4	0·7	11·4	1·4	17·4	2·2
55	1 58·8	1 59·1	1 53·3	5·5	0·7	11·5	1·4	17·5	2·2
56	1 59·0	1 59·3	1 53·6	5·6	0·7	11·6	1·5	17·6	2·2
57	1 59·3	1 59·6	1 53·8	5·7	0·7	11·7	1·5	17·7	2·2
58	1 59·5	1 59·8	1 54·1	5·8	0·7	11·8	1·5	17·8	2·2
59	1 59·8	2 00·1	1 54·3	5·9	0·7	11·9	1·5	17·9	2·2
60	2 00·0	2 00·3	1 54·5	6·0	0·8	12·0	1·5	18·0	2·3

v

INCREMENTS AND CORRECTIONS

8ᵐ

8 s	SUN PLANETS	ARIES	MOON	v or d / Corrn		v or d / Corrn		v or d / Corrn	
00	2 00·0	2 00·3	1 54·5	0·0	0·0	6·0	0·9	12·0	1·7
01	2 00·3	2 00·6	1 54·8	0·1	0·0	6·1	0·9	12·1	1·7
02	2 00·5	2 00·8	1 55·0	0·2	0·0	6·2	0·9	12·2	1·7
03	2 00·8	2 01·1	1 55·2	0·3	0·0	6·3	0·9	12·3	1·7
04	2 01·0	2 01·3	1 55·5	0·4	0·1	6·4	0·9	12·4	1·8
05	2 01·3	2 01·6	1 55·7	0·5	0·1	6·5	0·9	12·5	1·8
06	2 01·5	2 01·8	1 56·0	0·6	0·1	6·6	0·9	12·6	1·8
07	2 01·8	2 02·1	1 56·2	0·7	0·1	6·7	0·9	12·7	1·8
08	2 02·0	2 02·3	1 56·4	0·8	0·1	6·8	1·0	12·8	1·8
09	2 02·3	2 02·6	1 56·7	0·9	0·1	6·9	1·0	12·9	1·8
10	2 02·5	2 02·8	1 56·9	1·0	0·1	7·0	1·0	13·0	1·8
11	2 02·8	2 03·1	1 57·2	1·1	0·2	7·1	1·0	13·1	1·9
12	2 03·0	2 03·3	1 57·4	1·2	0·2	7·2	1·0	13·2	1·9
13	2 03·3	2 03·6	1 57·6	1·3	0·2	7·3	1·0	13·3	1·9
14	2 03·5	2 03·8	1 57·9	1·4	0·2	7·4	1·0	13·4	1·9
15	2 03·8	2 04·1	1 58·1	1·5	0·2	7·5	1·1	13·5	1·9
16	2 04·0	2 04·3	1 58·4	1·6	0·2	7·6	1·1	13·6	1·9
17	2 04·3	2 04·6	1 58·6	1·7	0·2	7·7	1·1	13·7	1·9
18	2 04·5	2 04·8	1 58·8	1·8	0·3	7·8	1·1	13·8	2·0
19	2 04·8	2 05·1	1 59·1	1·9	0·3	7·9	1·1	13·9	2·0
20	2 05·0	2 05·3	1 59·3	2·0	0·3	8·0	1·1	14·0	2·0
21	2 05·3	2 05·6	1 59·5	2·1	0·3	8·1	1·1	14·1	2·0
22	2 05·5	2 05·8	1 59·8	2·2	0·3	8·2	1·2	14·2	2·0
23	2 05·8	2 06·1	2 00·0	2·3	0·3	8·3	1·2	14·3	2·0
24	2 06·0	2 06·3	2 00·3	2·4	0·3	8·4	1·2	14·4	2·0
25	2 06·3	2 06·6	2 00·5	2·5	0·4	8·5	1·2	14·5	2·1
26	2 06·5	2 06·8	2 00·7	2·6	0·4	8·6	1·2	14·6	2·1
27	2 06·8	2 07·1	2 01·0	2·7	0·4	8·7	1·2	14·7	2·1
28	2 07·0	2 07·3	2 01·2	2·8	0·4	8·8	1·2	14·8	2·1
29	2 07·3	2 07·6	2 01·5	2·9	0·4	8·9	1·3	14·9	2·1
30	2 07·5	2 07·8	2 01·7	3·0	0·4	9·0	1·3	15·0	2·1
31	2 07·8	2 08·1	2 01·9	3·1	0·4	9·1	1·3	15·1	2·1
32	2 08·0	2 08·4	2 02·2	3·2	0·5	9·2	1·3	15·2	2·2
33	2 08·3	2 08·6	2 02·4	3·3	0·5	9·3	1·3	15·3	2·2
34	2 08·5	2 08·9	2 02·6	3·4	0·5	9·4	1·3	15·4	2·2
35	2 08·8	2 09·1	2 02·9	3·5	0·5	9·5	1·3	15·5	2·2
36	2 09·0	2 09·4	2 03·1	3·6	0·5	9·6	1·4	15·6	2·2
37	2 09·3	2 09·6	2 03·4	3·7	0·5	9·7	1·4	15·7	2·2
38	2 09·5	2 09·9	2 03·6	3·8	0·5	9·8	1·4	15·8	2·2
39	2 09·8	2 10·1	2 03·8	3·9	0·6	9·9	1·4	15·9	2·3
40	2 10·0	2 10·4	2 04·1	4·0	0·6	10·0	1·4	16·0	2·3
41	2 10·3	2 10·6	2 04·3	4·1	0·6	10·1	1·4	16·1	2·3
42	2 10·5	2 10·9	2 04·6	4·2	0·6	10·2	1·4	16·2	2·3
43	2 10·8	2 11·1	2 04·8	4·3	0·6	10·3	1·5	16·3	2·3
44	2 11·0	2 11·4	2 05·0	4·4	0·6	10·4	1·5	16·4	2·3
45	2 11·3	2 11·6	2 05·3	4·5	0·6	10·5	1·5	16·5	2·3
46	2 11·5	2 11·9	2 05·5	4·6	0·7	10·6	1·5	16·6	2·4
47	2 11·8	2 12·1	2 05·7	4·7	0·7	10·7	1·5	16·7	2·4
48	2 12·0	2 12·4	2 06·0	4·8	0·7	10·8	1·5	16·8	2·4
49	2 12·3	2 12·6	2 06·2	4·9	0·7	10·9	1·5	16·9	2·4
50	2 12·5	2 12·9	2 06·5	5·0	0·7	11·0	1·6	17·0	2·4
51	2 12·8	2 13·1	2 06·7	5·1	0·7	11·1	1·6	17·1	2·4
52	2 13·0	2 13·4	2 06·9	5·2	0·7	11·2	1·6	17·2	2·4
53	2 13·3	2 13·6	2 07·2	5·3	0·8	11·3	1·6	17·3	2·5
54	2 13·5	2 13·9	2 07·4	5·4	0·8	11·4	1·6	17·4	2·5
55	2 13·8	2 14·1	2 07·7	5·5	0·8	11·5	1·6	17·5	2·5
56	2 14·0	2 14·4	2 07·9	5·6	0·8	11·6	1·6	17·6	2·5
57	2 14·3	2 14·6	2 08·1	5·7	0·8	11·7	1·7	17·7	2·5
58	2 14·5	2 14·9	2 08·4	5·8	0·8	11·8	1·7	17·8	2·5
59	2 14·8	2 15·1	2 08·6	5·9	0·8	11·9	1·7	17·9	2·5
60	2 15·0	2 15·4	2 08·9	6·0	0·9	12·0	1·7	18·0	2·6

9ᵐ

9 s	SUN PLANETS	ARIES	MOON	v or d / Corrn		v or d / Corrn		v or d / Corrn	
00	2 15·0	2 15·4	2 08·9	0·0	0·0	6·0	1·0	12·0	1·9
01	2 15·3	2 15·6	2 09·1	0·1	0·0	6·1	1·0	12·1	1·9
02	2 15·5	2 15·9	2 09·3	0·2	0·0	6·2	1·0	12·2	1·9
03	2 15·8	2 16·1	2 09·6	0·3	0·0	6·3	1·0	12·3	1·9
04	2 16·0	2 16·4	2 09·8	0·4	0·1	6·4	1·0	12·4	2·0
05	2 16·3	2 16·6	2 10·0	0·5	0·1	6·5	1·0	12·5	2·0
06	2 16·5	2 16·9	2 10·3	0·6	0·1	6·6	1·0	12·6	2·0
07	2 16·8	2 17·1	2 10·5	0·7	0·1	6·7	1·1	12·7	2·0
08	2 17·0	2 17·4	2 10·8	0·8	0·1	6·8	1·1	12·8	2·0
09	2 17·3	2 17·6	2 11·0	0·9	0·1	6·9	1·1	12·9	2·0
10	2 17·5	2 17·9	2 11·2	1·0	0·2	7·0	1·1	13·0	2·1
11	2 17·8	2 18·1	2 11·5	1·1	0·2	7·1	1·1	13·1	2·1
12	2 18·0	2 18·4	2 11·7	1·2	0·2	7·2	1·1	13·2	2·1
13	2 18·3	2 18·6	2 12·0	1·3	0·2	7·3	1·2	13·3	2·1
14	2 18·5	2 18·9	2 12·2	1·4	0·2	7·4	1·2	13·4	2·1
15	2 18·8	2 19·1	2 12·4	1·5	0·2	7·5	1·2	13·5	2·1
16	2 19·0	2 19·4	2 12·7	1·6	0·3	7·6	1·2	13·6	2·2
17	2 19·3	2 19·6	2 12·9	1·7	0·3	7·7	1·2	13·7	2·2
18	2 19·5	2 19·9	2 13·1	1·8	0·3	7·8	1·2	13·8	2·2
19	2 19·8	2 20·1	2 13·4	1·9	0·3	7·9	1·3	13·9	2·2
20	2 20·0	2 20·4	2 13·6	2·0	0·3	8·0	1·3	14·0	2·2
21	2 20·3	2 20·6	2 13·9	2·1	0·3	8·1	1·3	14·1	2·2
22	2 20·5	2 20·9	2 14·1	2·2	0·3	8·2	1·3	14·2	2·2
23	2 20·8	2 21·1	2 14·3	2·3	0·4	8·3	1·3	14·3	2·3
24	2 21·0	2 21·4	2 14·6	2·4	0·4	8·4	1·3	14·4	2·3
25	2 21·3	2 21·6	2 14·8	2·5	0·4	8·5	1·3	14·5	2·3
26	2 21·5	2 21·9	2 15·1	2·6	0·4	8·6	1·4	14·6	2·3
27	2 21·8	2 22·1	2 15·3	2·7	0·4	8·7	1·4	14·7	2·3
28	2 22·0	2 22·4	2 15·5	2·8	0·4	8·8	1·4	14·8	2·3
29	2 22·3	2 22·6	2 15·8	2·9	0·5	8·9	1·4	14·9	2·4
30	2 22·5	2 22·9	2 16·0	3·0	0·5	9·0	1·4	15·0	2·4
31	2 22·8	2 23·1	2 16·2	3·1	0·5	9·1	1·4	15·1	2·4
32	2 23·0	2 23·4	2 16·5	3·2	0·5	9·2	1·5	15·2	2·4
33	2 23·3	2 23·6	2 16·7	3·3	0·5	9·3	1·5	15·3	2·4
34	2 23·5	2 23·9	2 17·0	3·4	0·5	9·4	1·5	15·4	2·4
35	2 23·8	2 24·1	2 17·2	3·5	0·6	9·5	1·5	15·5	2·5
36	2 24·0	2 24·4	2 17·4	3·6	0·6	9·6	1·5	15·6	2·5
37	2 24·3	2 24·6	2 17·7	3·7	0·6	9·7	1·5	15·7	2·5
38	2 24·5	2 24·9	2 17·9	3·8	0·6	9·8	1·6	15·8	2·5
39	2 24·8	2 25·1	2 18·2	3·9	0·6	9·9	1·6	15·9	2·5
40	2 25·0	2 25·4	2 18·4	4·0	0·6	10·0	1·6	16·0	2·5
41	2 25·3	2 25·6	2 18·6	4·1	0·6	10·1	1·6	16·1	2·5
42	2 25·5	2 25·9	2 18·9	4·2	0·7	10·2	1·6	16·2	2·6
43	2 25·8	2 26·1	2 19·1	4·3	0·7	10·3	1·6	16·3	2·6
44	2 26·0	2 26·4	2 19·3	4·4	0·7	10·4	1·6	16·4	2·6
45	2 26·3	2 26·7	2 19·6	4·5	0·7	10·5	1·7	16·5	2·6
46	2 26·5	2 26·9	2 19·8	4·6	0·7	10·6	1·7	16·6	2·6
47	2 26·8	2 27·2	2 20·1	4·7	0·7	10·7	1·7	16·7	2·6
48	2 27·0	2 27·4	2 20·3	4·8	0·8	10·8	1·7	16·8	2·7
49	2 27·3	2 27·7	2 20·5	4·9	0·8	10·9	1·7	16·9	2·7
50	2 27·5	2 27·9	2 20·8	5·0	0·8	11·0	1·7	17·0	2·7
51	2 27·8	2 28·2	2 21·0	5·1	0·8	11·1	1·8	17·1	2·7
52	2 28·0	2 28·4	2 21·3	5·2	0·8	11·2	1·8	17·2	2·7
53	2 28·3	2 28·7	2 21·5	5·3	0·8	11·3	1·8	17·3	2·7
54	2 28·5	2 28·9	2 21·7	5·4	0·9	11·4	1·8	17·4	2·8
55	2 28·8	2 29·2	2 22·0	5·5	0·9	11·5	1·8	17·5	2·8
56	2 29·0	2 29·4	2 22·2	5·6	0·9	11·6	1·8	17·6	2·8
57	2 29·3	2 29·7	2 22·5	5·7	0·9	11·7	1·9	17·7	2·8
58	2 29·5	2 29·9	2 22·7	5·8	0·9	11·8	1·9	17·8	2·8
59	2 29·8	2 30·2	2 22·9	5·9	0·9	11·9	1·9	17·9	2·8
60	2 30·0	2 30·4	2 23·2	6·0	1·0	12·0	1·9	18·0	2·9

INCREMENTS AND CORRECTIONS

10ᵐ   **11ᵐ**

10ᵐ	SUN PLANETS	ARIES	MOON	v or Corrⁿ d		v or Corrⁿ d		v or Corrⁿ d	
s	° ′	° ′	° ′	′	′	′	′	′	′
00	2 30·0	2 30·4	2 23·2	0·0	0·0	6·0	1·1	12·0	2·1
01	2 30·3	2 30·7	2 23·4	0·1	0·0	6·1	1·1	12·1	2·1
02	2 30·5	2 30·9	2 23·6	0·2	0·0	6·2	1·1	12·2	2·1
03	2 30·8	2 31·2	2 23·9	0·3	0·1	6·3	1·1	12·3	2·2
04	2 31·0	2 31·4	2 24·1	0·4	0·1	6·4	1·1	12·4	2·2
05	2 31·3	2 31·7	2 24·4	0·5	0·1	6·5	1·1	12·5	2·2
06	2 31·5	2 31·9	2 24·6	0·6	0·1	6·6	1·2	12·6	2·2
07	2 31·8	2 32·2	2 24·8	0·7	0·1	6·7	1·2	12·7	2·2
08	2 32·0	2 32·4	2 25·1	0·8	0·1	6·8	1·2	12·8	2·2
09	2 32·3	2 32·7	2 25·3	0·9	0·2	6·9	1·2	12·9	2·3
10	2 32·5	2 32·9	2 25·6	1·0	0·2	7·0	1·2	13·0	2·3
11	2 32·8	2 33·2	2 25·8	1·1	0·2	7·1	1·2	13·1	2·3
12	2 33·0	2 33·4	2 26·0	1·2	0·2	7·2	1·3	13·2	2·3
13	2 33·3	2 33·7	2 26·3	1·3	0·2	7·3	1·3	13·3	2·3
14	2 33·5	2 33·9	2 26·5	1·4	0·2	7·4	1·3	13·4	2·3
15	2 33·8	2 34·2	2 26·7	1·5	0·3	7·5	1·3	13·5	2·4
16	2 34·0	2 34·4	2 27·0	1·6	0·3	7·6	1·3	13·6	2·4
17	2 34·3	2 34·7	2 27·2	1·7	0·3	7·7	1·3	13·7	2·4
18	2 34·5	2 34·9	2 27·5	1·8	0·3	7·8	1·4	13·8	2·4
19	2 34·8	2 35·2	2 27·7	1·9	0·3	7·9	1·4	13·9	2·4
20	2 35·0	2 35·4	2 27·9	2·0	0·4	8·0	1·4	14·0	2·5
21	2 35·3	2 35·7	2 28·2	2·1	0·4	8·1	1·4	14·1	2·5
22	2 35·5	2 35·9	2 28·4	2·2	0·4	8·2	1·4	14·2	2·5
23	2 35·8	2 36·2	2 28·7	2·3	0·4	8·3	1·5	14·3	2·5
24	2 36·0	2 36·4	2 28·9	2·4	0·4	8·4	1·5	14·4	2·5
25	2 36·3	2 36·7	2 29·1	2·5	0·4	8·5	1·5	14·5	2·5
26	2 36·5	2 36·9	2 29·4	2·6	0·5	8·6	1·5	14·6	2·6
27	2 36·8	2 37·2	2 29·6	2·7	0·5	8·7	1·5	14·7	2·6
28	2 37·0	2 37·4	2 29·8	2·8	0·5	8·8	1·5	14·8	2·6
29	2 37·3	2 37·7	2 30·1	2·9	0·5	8·9	1·6	14·9	2·6
30	2 37·5	2 37·9	2 30·3	3·0	0·5	9·0	1·6	15·0	2·6
31	2 37·8	2 38·2	2 30·6	3·1	0·5	9·1	1·6	15·1	2·6
32	2 38·0	2 38·4	2 30·8	3·2	0·6	9·2	1·6	15·2	2·7
33	2 38·3	2 38·7	2 31·0	3·3	0·6	9·3	1·6	15·3	2·7
34	2 38·5	2 38·9	2 31·3	3·4	0·6	9·4	1·6	15·4	2·7
35	2 38·8	2 39·2	2 31·5	3·5	0·6	9·5	1·7	15·5	2·7
36	2 39·0	2 39·4	2 31·8	3·6	0·6	9·6	1·7	15·6	2·7
37	2 39·3	2 39·7	2 32·0	3·7	0·6	9·7	1·7	15·7	2·7
38	2 39·5	2 39·9	2 32·2	3·8	0·7	9·8	1·7	15·8	2·8
39	2 39·8	2 40·2	2 32·5	3·9	0·7	9·9	1·7	15·9	2·8
40	2 40·0	2 40·4	2 32·7	4·0	0·7	10·0	1·8	16·0	2·8
41	2 40·3	2 40·7	2 32·9	4·1	0·7	10·1	1·8	16·1	2·8
42	2 40·5	2 40·9	2 33·2	4·2	0·7	10·2	1·8	16·2	2·8
43	2 40·8	2 41·2	2 33·4	4·3	0·8	10·3	1·8	16·3	2·9
44	2 41·0	2 41·4	2 33·7	4·4	0·8	10·4	1·8	16·4	2·9
45	2 41·3	2 41·7	2 33·9	4·5	0·8	10·5	1·8	16·5	2·9
46	2 41·5	2 41·9	2 34·1	4·6	0·8	10·6	1·9	16·6	2·9
47	2 41·8	2 42·2	2 34·4	4·7	0·8	10·7	1·9	16·7	2·9
48	2 42·0	2 42·4	2 34·6	4·8	0·8	10·8	1·9	16·8	2·9
49	2 42·3	2 42·7	2 34·9	4·9	0·9	10·9	1·9	16·9	3·0
50	2 42·5	2 42·9	2 35·1	5·0	0·9	11·0	1·9	17·0	3·0
51	2 42·8	2 43·2	2 35·3	5·1	0·9	11·1	1·9	17·1	3·0
52	2 43·0	2 43·4	2 35·6	5·2	0·9	11·2	2·0	17·2	3·0
53	2 43·3	2 43·7	2 35·8	5·3	0·9	11·3	2·0	17·3	3·0
54	2 43·5	2 43·9	2 36·1	5·4	0·9	11·4	2·0	17·4	3·0
55	2 43·8	2 44·2	2 36·3	5·5	1·0	11·5	2·0	17·5	3·1
56	2 44·0	2 44·4	2 36·5	5·6	1·0	11·6	2·0	17·6	3·1
57	2 44·3	2 44·7	2 36·8	5·7	1·0	11·7	2·0	17·7	3·1
58	2 44·5	2 45·0	2 37·0	5·8	1·0	11·8	2·1	17·8	3·1
59	2 44·8	2 45·2	2 37·2	5·9	1·0	11·9	2·1	17·9	3·1
60	2 45·0	2 45·5	2 37·5	6·0	1·1	12·0	2·1	18·0	3·2

11ᵐ	SUN PLANETS	ARIES	MOON	v or Corrⁿ d		v or Corrⁿ d		v or Corrⁿ d	
s	° ′	° ′	° ′	′	′	′	′	′	′
00	2 45·0	2 45·5	2 37·5	0·0	0·0	6·0	1·2	12·0	2·3
01	2 45·3	2 45·7	2 37·7	0·1	0·0	6·1	1·2	12·1	2·3
02	2 45·5	2 46·0	2 38·0	0·2	0·0	6·2	1·2	12·2	2·3
03	2 45·8	2 46·2	2 38·2	0·3	0·1	6·3	1·2	12·3	2·4
04	2 46·0	2 46·5	2 38·4	0·4	0·1	6·4	1·2	12·4	2·4
05	2 46·3	2 46·7	2 38·7	0·5	0·1	6·5	1·2	12·5	2·4
06	2 46·5	2 47·0	2 38·9	0·6	0·1	6·6	1·3	12·6	2·4
07	2 46·8	2 47·2	2 39·2	0·7	0·1	6·7	1·3	12·7	2·4
08	2 47·0	2 47·5	2 39·4	0·8	0·2	6·8	1·3	12·8	2·5
09	2 47·3	2 47·7	2 39·6	0·9	0·2	6·9	1·3	12·9	2·5
10	2 47·5	2 48·0	2 39·9	1·0	0·2	7·0	1·3	13·0	2·5
11	2 47·8	2 48·2	2 40·1	1·1	0·2	7·1	1·4	13·1	2·5
12	2 48·0	2 48·5	2 40·3	1·2	0·2	7·2	1·4	13·2	2·5
13	2 48·3	2 48·7	2 40·6	1·3	0·2	7·3	1·4	13·3	2·5
14	2 48·5	2 49·0	2 40·8	1·4	0·3	7·4	1·4	13·4	2·6
15	2 48·8	2 49·2	2 41·1	1·5	0·3	7·5	1·4	13·5	2·6
16	2 49·0	2 49·5	2 41·3	1·6	0·3	7·6	1·5	13·6	2·6
17	2 49·3	2 49·7	2 41·5	1·7	0·3	7·7	1·5	13·7	2·6
18	2 49·5	2 50·0	2 41·8	1·8	0·3	7·8	1·5	13·8	2·6
19	2 49·8	2 50·2	2 42·0	1·9	0·4	7·9	1·5	13·9	2·7
20	2 50·0	2 50·5	2 42·3	2·0	0·4	8·0	1·5	14·0	2·7
21	2 50·3	2 50·7	2 42·5	2·1	0·4	8·1	1·6	14·1	2·7
22	2 50·5	2 51·0	2 42·7	2·2	0·4	8·2	1·6	14·2	2·7
23	2 50·8	2 51·2	2 43·0	2·3	0·4	8·3	1·6	14·3	2·7
24	2 51·0	2 51·5	2 43·2	2·4	0·5	8·4	1·6	14·4	2·8
25	2 51·3	2 51·7	2 43·4	2·5	0·5	8·5	1·6	14·5	2·8
26	2 51·5	2 52·0	2 43·7	2·6	0·5	8·6	1·6	14·6	2·8
27	2 51·8	2 52·2	2 43·9	2·7	0·5	8·7	1·7	14·7	2·8
28	2 52·0	2 52·5	2 44·2	2·8	0·5	8·8	1·7	14·8	2·8
29	2 52·3	2 52·7	2 44·4	2·9	0·6	8·9	1·7	14·9	2·9
30	2 52·5	2 53·0	2 44·6	3·0	0·6	9·0	1·7	15·0	2·9
31	2 52·8	2 53·2	2 44·9	3·1	0·6	9·1	1·7	15·1	2·9
32	2 53·0	2 53·5	2 45·1	3·2	0·6	9·2	1·8	15·2	2·9
33	2 53·3	2 53·7	2 45·4	3·3	0·6	9·3	1·8	15·3	2·9
34	2 53·5	2 54·0	2 45·6	3·4	0·7	9·4	1·8	15·4	3·0
35	2 53·8	2 54·2	2 45·8	3·5	0·7	9·5	1·8	15·5	3·0
36	2 54·0	2 54·5	2 46·1	3·6	0·7	9·6	1·8	15·6	3·0
37	2 54·3	2 54·7	2 46·3	3·7	0·7	9·7	1·9	15·7	3·0
38	2 54·5	2 55·0	2 46·6	3·8	0·7	9·8	1·9	15·8	3·0
39	2 54·8	2 55·2	2 46·8	3·9	0·7	9·9	1·9	15·9	3·0
40	2 55·0	2 55·5	2 47·0	4·0	0·8	10·0	1·9	16·0	3·1
41	2 55·3	2 55·7	2 47·3	4·1	0·8	10·1	1·9	16·1	3·1
42	2 55·5	2 56·0	2 47·5	4·2	0·8	10·2	2·0	16·2	3·1
43	2 55·8	2 56·2	2 47·7	4·3	0·8	10·3	2·0	16·3	3·1
44	2 56·0	2 56·5	2 48·0	4·4	0·8	10·4	2·0	16·4	3·1
45	2 56·3	2 56·7	2 48·2	4·5	0·9	10·5	2·0	16·5	3·2
46	2 56·5	2 57·0	2 48·5	4·6	0·9	10·6	2·0	16·6	3·2
47	2 56·8	2 57·2	2 48·7	4·7	0·9	10·7	2·1	16·7	3·2
48	2 57·0	2 57·5	2 48·9	4·8	0·9	10·8	2·1	16·8	3·2
49	2 57·3	2 57·7	2 49·2	4·9	0·9	10·9	2·1	16·9	3·2
50	2 57·5	2 58·0	2 49·4	5·0	1·0	11·0	2·1	17·0	3·3
51	2 57·8	2 58·2	2 49·7	5·1	1·0	11·1	2·1	17·1	3·3
52	2 58·0	2 58·5	2 49·9	5·2	1·0	11·2	2·1	17·2	3·3
53	2 58·3	2 58·7	2 50·1	5·3	1·0	11·3	2·2	17·3	3·3
54	2 58·5	2 59·0	2 50·4	5·4	1·0	11·4	2·2	17·4	3·3
55	2 58·8	2 59·2	2 50·6	5·5	1·1	11·5	2·2	17·5	3·4
56	2 59·0	2 59·5	2 50·8	5·6	1·1	11·6	2·2	17·6	3·4
57	2 59·3	2 59·7	2 51·1	5·7	1·1	11·7	2·2	17·7	3·4
58	2 59·5	3 00·0	2 51·3	5·8	1·1	11·8	2·3	17·8	3·4
59	2 59·8	3 00·2	2 51·6	5·9	1·1	11·9	2·3	17·9	3·4
60	3 00·0	3 00·5	2 51·8	6·0	1·2	12·0	2·3	18·0	3·5

INCREMENTS AND CORRECTIONS

12ᵐ

12ᵐ	SUN PLANETS	ARIES	MOON	v or d Corrⁿ		v or d Corrⁿ		v or d Corrⁿ	
s	° ′	° ′	° ′	′	′	′	′	′	′
00	3 00·0	3 00·5	2 51·8	0·0	0·0	6·0	1·3	12·0	2·5
01	3 00·3	3 00·7	2 52·0	0·1	0·0	6·1	1·3	12·1	2·5
02	3 00·5	3 01·0	2 52·3	0·2	0·0	6·2	1·3	12·2	2·5
03	3 00·8	3 01·2	2 52·5	0·3	0·1	6·3	1·3	12·3	2·6
04	3 01·0	3 01·5	2 52·8	0·4	0·1	6·4	1·3	12·4	2·6
05	3 01·3	3 01·7	2 53·0	0·5	0·1	6·5	1·4	12·5	2·6
06	3 01·5	3 02·0	2 53·2	0·6	0·1	6·6	1·4	12·6	2·6
07	3 01·8	3 02·2	2 53·5	0·7	0·1	6·7	1·4	12·7	2·6
08	3 02·0	3 02·5	2 53·7	0·8	0·2	6·8	1·4	12·8	2·7
09	3 02·3	3 02·7	2 53·9	0·9	0·2	6·9	1·4	12·9	2·7
10	3 02·5	3 03·0	2 54·2	1·0	0·2	7·0	1·5	13·0	2·7
11	3 02·8	3 03·3	2 54·4	1·1	0·2	7·1	1·5	13·1	2·7
12	3 03·0	3 03·5	2 54·7	1·2	0·3	7·2	1·5	13·2	2·8
13	3 03·3	3 03·8	2 54·9	1·3	0·3	7·3	1·5	13·3	2·8
14	3 03·5	3 04·0	2 55·1	1·4	0·3	7·4	1·5	13·4	2·8
15	3 03·8	3 04·3	2 55·4	1·5	0·3	7·5	1·6	13·5	2·8
16	3 04·0	3 04·5	2 55·6	1·6	0·3	7·6	1·6	13·6	2·8
17	3 04·3	3 04·8	2 55·9	1·7	0·4	7·7	1·6	13·7	2·9
18	3 04·5	3 05·0	2 56·1	1·8	0·4	7·8	1·6	13·8	2·9
19	3 04·8	3 05·3	2 56·3	1·9	0·4	7·9	1·6	13·9	2·9
20	3 05·0	3 05·5	2 56·6	2·0	0·4	8·0	1·7	14·0	2·9
21	3 05·3	3 05·8	2 56·8	2·1	0·4	8·1	1·7	14·1	2·9
22	3 05·5	3 06·0	2 57·0	2·2	0·5	8·2	1·7	14·2	3·0
23	3 05·8	3 06·3	2 57·3	2·3	0·5	8·3	1·7	14·3	3·0
24	3 06·0	3 06·5	2 57·5	2·4	0·5	8·4	1·8	14·4	3·0
25	3 06·3	3 06·8	2 57·8	2·5	0·5	8·5	1·8	14·5	3·0
26	3 06·5	3 07·0	2 58·0	2·6	0·5	8·6	1·8	14·6	3·0
27	3 06·8	3 07·3	2 58·2	2·7	0·6	8·7	1·8	14·7	3·1
28	3 07·0	3 07·5	2 58·5	2·8	0·6	8·8	1·8	14·8	3·1
29	3 07·3	3 07·8	2 58·7	2·9	0·6	8·9	1·9	14·9	3·1
30	3 07·5	3 08·0	2 59·0	3·0	0·6	9·0	1·9	15·0	3·1
31	3 07·8	3 08·3	2 59·2	3·1	0·6	9·1	1·9	15·1	3·1
32	3 08·0	3 08·5	2 59·4	3·2	0·7	9·2	1·9	15·2	3·2
33	3 08·3	3 08·8	2 59·7	3·3	0·7	9·3	1·9	15·3	3·2
34	3 08·5	3 09·0	2 59·9	3·4	0·7	9·4	2·0	15·4	3·2
35	3 08·8	3 09·3	3 00·2	3·5	0·7	9·5	2·0	15·5	3·2
36	3 09·0	3 09·5	3 00·4	3·6	0·8	9·6	2·0	15·6	3·3
37	3 09·3	3 09·8	3 00·6	3·7	0·8	9·7	2·0	15·7	3·3
38	3 09·5	3 10·0	3 00·9	3·8	0·8	9·8	2·0	15·8	3·3
39	3 09·8	3 10·3	3 01·1	3·9	0·8	9·9	2·1	15·9	3·3
40	3 10·0	3 10·5	3 01·3	4·0	0·8	10·0	2·1	16·0	3·3
41	3 10·3	3 10·8	3 01·6	4·1	0·9	10·1	2·1	16·1	3·4
42	3 10·5	3 11·0	3 01·8	4·2	0·9	10·2	2·1	16·2	3·4
43	3 10·8	3 11·3	3 02·1	4·3	0·9	10·3	2·1	16·3	3·4
44	3 11·0	3 11·5	3 02·3	4·4	0·9	10·4	2·2	16·4	3·4
45	3 11·3	3 11·8	3 02·5	4·5	0·9	10·5	2·2	16·5	3·4
46	3 11·5	3 12·0	3 02·8	4·6	1·0	10·6	2·2	16·6	3·5
47	3 11·8	3 12·3	3 03·0	4·7	1·0	10·7	2·2	16·7	3·5
48	3 12·0	3 12·5	3 03·3	4·8	1·0	10·8	2·3	16·8	3·5
49	3 12·3	3 12·8	3 03·5	4·9	1·0	10·9	2·3	16·9	3·5
50	3 12·5	3 13·0	3 03·7	5·0	1·0	11·0	2·3	17·0	3·5
51	3 12·8	3 13·3	3 04·0	5·1	1·1	11·1	2·3	17·1	3·6
52	3 13·0	3 13·5	3 04·2	5·2	1·1	11·2	2·3	17·2	3·6
53	3 13·3	3 13·8	3 04·4	5·3	1·1	11·3	2·4	17·3	3·6
54	3 13·5	3 14·0	3 04·7	5·4	1·1	11·4	2·4	17·4	3·6
55	3 13·8	3 14·3	3 04·9	5·5	1·1	11·5	2·4	17·5	3·6
56	3 14·0	3 14·5	3 05·2	5·6	1·2	11·6	2·4	17·6	3·7
57	3 14·3	3 14·8	3 05·4	5·7	1·2	11·7	2·4	17·7	3·7
58	3 14·5	3 15·0	3 05·6	5·8	1·2	11·8	2·5	17·8	3·7
59	3 14·8	3 15·3	3 05·9	5·9	1·2	11·9	2·5	17·9	3·7
60	3 15·0	3 15·5	3 06·1	6·0	1·3	12·0	2·5	18·0	3·8

13ᵐ

13ᵐ	SUN PLANETS	ARIES	MOON	v or d Corrⁿ		v or d Corrⁿ		v or d Corrⁿ	
s	° ′	° ′	° ′	′	′	′	′	′	′
00	3 15·0	3 15·5	3 06·1	0·0	0·0	6·0	1·4	12·0	2·7
01	3 15·3	3 15·8	3 06·4	0·1	0·0	6·1	1·4	12·1	2·7
02	3 15·5	3 16·0	3 06·6	0·2	0·0	6·2	1·4	12·2	2·7
03	3 15·8	3 16·3	3 06·8	0·3	0·1	6·3	1·4	12·3	2·8
04	3 16·0	3 16·5	3 07·1	0·4	0·1	6·4	1·4	12·4	2·8
05	3 16·3	3 16·8	3 07·3	0·5	0·1	6·5	1·5	12·5	2·8
06	3 16·5	3 17·0	3 07·5	0·6	0·1	6·6	1·5	12·6	2·8
07	3 16·8	3 17·3	3 07·8	0·7	0·2	6·7	1·5	12·7	2·9
08	3 17·0	3 17·5	3 08·0	0·8	0·2	6·8	1·5	12·8	2·9
09	3 17·3	3 17·8	3 08·3	0·9	0·2	6·9	1·6	12·9	2·9
10	3 17·5	3 18·0	3 08·5	1·0	0·2	7·0	1·6	13·0	2·9
11	3 17·8	3 18·3	3 08·7	1·1	0·2	7·1	1·6	13·1	2·9
12	3 18·0	3 18·5	3 09·0	1·2	0·3	7·2	1·6	13·2	3·0
13	3 18·3	3 18·8	3 09·2	1·3	0·3	7·3	1·6	13·3	3·0
14	3 18·5	3 19·0	3 09·5	1·4	0·3	7·4	1·7	13·4	3·0
15	3 18·8	3 19·3	3 09·7	1·5	0·3	7·5	1·7	13·5	3·0
16	3 19·0	3 19·5	3 09·9	1·6	0·4	7·6	1·7	13·6	3·1
17	3 19·3	3 19·8	3 10·2	1·7	0·4	7·7	1·7	13·7	3·1
18	3 19·5	3 20·0	3 10·4	1·8	0·4	7·8	1·8	13·8	3·1
19	3 19·8	3 20·3	3 10·7	1·9	0·4	7·9	1·8	13·9	3·1
20	3 20·0	3 20·5	3 10·9	2·0	0·5	8·0	1·8	14·0	3·2
21	3 20·3	3 20·8	3 11·1	2·1	0·5	8·1	1·8	14·1	3·2
22	3 20·5	3 21·0	3 11·4	2·2	0·5	8·2	1·8	14·2	3·2
23	3 20·8	3 21·3	3 11·6	2·3	0·5	8·3	1·9	14·3	3·2
24	3 21·0	3 21·6	3 11·8	2·4	0·5	8·4	1·9	14·4	3·2
25	3 21·3	3 21·8	3 12·1	2·5	0·6	8·5	1·9	14·5	3·3
26	3 21·5	3 22·1	3 12·3	2·6	0·6	8·6	1·9	14·6	3·3
27	3 21·8	3 22·3	3 12·6	2·7	0·6	8·7	2·0	14·7	3·3
28	3 22·0	3 22·6	3 12·8	2·8	0·6	8·8	2·0	14·8	3·3
29	3 22·3	3 22·8	3 13·0	2·9	0·7	8·9	2·0	14·9	3·4
30	3 22·5	3 23·1	3 13·3	3·0	0·7	9·0	2·0	15·0	3·4
31	3 22·8	3 23·3	3 13·5	3·1	0·7	9·1	2·0	15·1	3·4
32	3 23·0	3 23·6	3 13·8	3·2	0·7	9·2	2·1	15·2	3·4
33	3 23·3	3 23·8	3 14·0	3·3	0·7	9·3	2·1	15·3	3·4
34	3 23·5	3 24·1	3 14·2	3·4	0·8	9·4	2·1	15·4	3·5
35	3 23·8	3 24·3	3 14·5	3·5	0·8	9·5	2·1	15·5	3·5
36	3 24·0	3 24·6	3 14·7	3·6	0·8	9·6	2·2	15·6	3·5
37	3 24·3	3 24·8	3 14·9	3·7	0·8	9·7	2·2	15·7	3·5
38	3 24·5	3 25·1	3 15·2	3·8	0·9	9·8	2·2	15·8	3·6
39	3 24·8	3 25·3	3 15·4	3·9	0·9	9·9	2·2	15·9	3·6
40	3 25·0	3 25·6	3 15·7	4·0	0·9	10·0	2·3	16·0	3·6
41	3 25·3	3 25·8	3 15·9	4·1	0·9	10·1	2·3	16·1	3·6
42	3 25·5	3 26·1	3 16·1	4·2	0·9	10·2	2·3	16·2	3·6
43	3 25·8	3 26·3	3 16·4	4·3	1·0	10·3	2·3	16·3	3·7
44	3 26·0	3 26·6	3 16·6	4·4	1·0	10·4	2·3	16·4	3·7
45	3 26·3	3 26·8	3 16·9	4·5	1·0	10·5	2·4	16·5	3·7
46	3 26·5	3 27·1	3 17·1	4·6	1·0	10·6	2·4	16·6	3·7
47	3 26·8	3 27·3	3 17·3	4·7	1·1	10·7	2·4	16·7	3·8
48	3 27·0	3 27·6	3 17·6	4·8	1·1	10·8	2·4	16·8	3·8
49	3 27·3	3 27·8	3 17·8	4·9	1·1	10·9	2·5	16·9	3·8
50	3 27·5	3 28·1	3 18·0	5·0	1·1	11·0	2·5	17·0	3·8
51	3 27·8	3 28·3	3 18·3	5·1	1·1	11·1	2·5	17·1	3·8
52	3 28·0	3 28·6	3 18·5	5·2	1·2	11·2	2·5	17·2	3·9
53	3 28·3	3 28·8	3 18·8	5·3	1·2	11·3	2·5	17·3	3·9
54	3 28·5	3 29·1	3 19·0	5·4	1·2	11·4	2·6	17·4	3·9
55	3 28·8	3 29·3	3 19·2	5·5	1·2	11·5	2·6	17·5	3·9
56	3 29·0	3 29·6	3 19·5	5·6	1·3	11·6	2·6	17·6	4·0
57	3 29·3	3 29·8	3 19·7	5·7	1·3	11·7	2·6	17·7	4·0
58	3 29·5	3 30·1	3 20·0	5·8	1·3	11·8	2·7	17·8	4·0
59	3 29·8	3 30·3	3 20·2	5·9	1·3	11·9	2·7	17·9	4·0
60	3 30·0	3 30·6	3 20·4	6·0	1·4	12·0	2·7	18·0	4·1

INCREMENTS AND CORRECTIONS

14ᵐ

14 (s)	SUN PLANETS	ARIES	MOON	v or Corrn d	v or Corrn d	v or Corrn d
00	3 30·0	3 30·6	3 20·4	0·0 0·0	6·0 1·5	12·0 2·9
01	3 30·3	3 30·8	3 20·7	0·1 0·0	6·1 1·5	12·1 2·9
02	3 30·5	3 31·1	3 20·9	0·2 0·0	6·2 1·5	12·2 2·9
03	3 30·8	3 31·3	3 21·1	0·3 0·1	6·3 1·5	12·3 3·0
04	3 31·0	3 31·6	3 21·4	0·4 0·1	6·4 1·5	12·4 3·0
05	3 31·3	3 31·8	3 21·6	0·5 0·1	6·5 1·6	12·5 3·0
06	3 31·5	3 32·1	3 21·9	0·6 0·1	6·6 1·6	12·6 3·0
07	3 31·8	3 32·3	3 22·1	0·7 0·2	6·7 1·6	12·7 3·1
08	3 32·0	3 32·6	3 22·3	0·8 0·2	6·8 1·6	12·8 3·1
09	3 32·3	3 32·8	3 22·6	0·9 0·2	6·9 1·7	12·9 3·1
10	3 32·5	3 33·1	3 22·8	1·0 0·2	7·0 1·7	13·0 3·1
11	3 32·8	3 33·3	3 23·1	1·1 0·3	7·1 1·7	13·1 3·2
12	3 33·0	3 33·6	3 23·3	1·2 0·3	7·2 1·7	13·2 3·2
13	3 33·3	3 33·8	3 23·5	1·3 0·3	7·3 1·8	13·3 3·2
14	3 33·5	3 34·1	3 23·8	1·4 0·3	7·4 1·8	13·4 3·2
15	3 33·8	3 34·3	3 24·0	1·5 0·4	7·5 1·8	13·5 3·3
16	3 34·0	3 34·6	3 24·3	1·6 0·4	7·6 1·8	13·6 3·3
17	3 34·3	3 34·8	3 24·5	1·7 0·4	7·7 1·9	13·7 3·3
18	3 34·5	3 35·1	3 24·7	1·8 0·4	7·8 1·9	13·8 3·3
19	3 34·8	3 35·3	3 25·0	1·9 0·5	7·9 1·9	13·9 3·4
20	3 35·0	3 35·6	3 25·2	2·0 0·5	8·0 1·9	14·0 3·4
21	3 35·3	3 35·8	3 25·4	2·1 0·5	8·1 2·0	14·1 3·4
22	3 35·5	3 36·1	3 25·7	2·2 0·5	8·2 2·0	14·2 3·4
23	3 35·8	3 36·3	3 25·9	2·3 0·6	8·3 2·0	14·3 3·5
24	3 36·0	3 36·6	3 26·2	2·4 0·6	8·4 2·0	14·4 3·5
25	3 36·3	3 36·8	3 26·4	2·5 0·6	8·5 2·1	14·5 3·5
26	3 36·5	3 37·1	3 26·6	2·6 0·6	8·6 2·1	14·6 3·5
27	3 36·8	3 37·3	3 26·9	2·7 0·7	8·7 2·1	14·7 3·6
28	3 37·0	3 37·6	3 27·1	2·8 0·7	8·8 2·1	14·8 3·6
29	3 37·3	3 37·8	3 27·4	2·9 0·7	8·9 2·2	14·9 3·6
30	3 37·5	3 38·1	3 27·6	3·0 0·7	9·0 2·2	15·0 3·6
31	3 37·8	3 38·3	3 27·8	3·1 0·7	9·1 2·2	15·1 3·6
32	3 38·0	3 38·6	3 28·1	3·2 0·8	9·2 2·2	15·2 3·7
33	3 38·3	3 38·8	3 28·3	3·3 0·8	9·3 2·2	15·3 3·7
34	3 38·5	3 39·1	3 28·5	3·4 0·8	9·4 2·3	15·4 3·7
35	3 38·8	3 39·3	3 28·8	3·5 0·8	9·5 2·3	15·5 3·7
36	3 39·0	3 39·6	3 29·0	3·6 0·9	9·6 2·3	15·6 3·8
37	3 39·3	3 39·9	3 29·3	3·7 0·9	9·7 2·3	15·7 3·8
38	3 39·5	3 40·1	3 29·5	3·8 0·9	9·8 2·4	15·8 3·8
39	3 39·8	3 40·4	3 29·7	3·9 0·9	9·9 2·4	15·9 3·8
40	3 40·0	3 40·6	3 30·0	4·0 1·0	10·0 2·4	16·0 3·9
41	3 40·3	3 40·9	3 30·2	4·1 1·0	10·1 2·4	16·1 3·9
42	3 40·5	3 41·1	3 30·5	4·2 1·0	10·2 2·5	16·2 3·9
43	3 40·8	3 41·4	3 30·7	4·3 1·0	10·3 2·5	16·3 3·9
44	3 41·0	3 41·6	3 30·9	4·4 1·1	10·4 2·5	16·4 4·0
45	3 41·3	3 41·9	3 31·2	4·5 1·1	10·5 2·5	16·5 4·0
46	3 41·5	3 42·1	3 31·4	4·6 1·1	10·6 2·6	16·6 4·0
47	3 41·8	3 42·4	3 31·6	4·7 1·1	10·7 2·6	16·7 4·0
48	3 42·0	3 42·6	3 31·9	4·8 1·2	10·8 2·6	16·8 4·1
49	3 42·3	3 42·9	3 32·1	4·9 1·2	10·9 2·6	16·9 4·1
50	3 42·5	3 43·1	3 32·4	5·0 1·2	11·0 2·7	17·0 4·1
51	3 42·8	3 43·4	3 32·6	5·1 1·2	11·1 2·7	17·1 4·1
52	3 43·0	3 43·6	3 32·8	5·2 1·3	11·2 2·7	17·2 4·2
53	3 43·3	3 43·9	3 33·1	5·3 1·3	11·3 2·7	17·3 4·2
54	3 43·5	3 44·1	3 33·3	5·4 1·3	11·4 2·8	17·4 4·2
55	3 43·8	3 44·4	3 33·6	5·5 1·3	11·5 2·8	17·5 4·2
56	3 44·0	3 44·6	3 33·8	5·6 1·4	11·6 2·8	17·6 4·3
57	3 44·3	3 44·9	3 34·0	5·7 1·4	11·7 2·8	17·7 4·3
58	3 44·5	3 45·1	3 34·3	5·8 1·4	11·8 2·9	17·8 4·3
59	3 44·8	3 45·4	3 34·5	5·9 1·4	11·9 2·9	17·9 4·3
60	3 45·0	3 45·6	3 34·8	6·0 1·5	12·0 2·9	18·0 4·4

15ᵐ

15 (s)	SUN PLANETS	ARIES	MOON	v or Corrn d	v or Corrn d	v or Corrn d
00	3 45·0	3 45·6	3 34·8	0·0 0·0	6·0 1·6	12·0 3·1
01	3 45·3	3 45·9	3 35·0	0·1 0·0	6·1 1·6	12·1 3·1
02	3 45·5	3 46·1	3 35·2	0·2 0·1	6·2 1·6	12·2 3·2
03	3 45·8	3 46·4	3 35·5	0·3 0·1	6·3 1·6	12·3 3·2
04	3 46·0	3 46·6	3 35·7	0·4 0·1	6·4 1·7	12·4 3·2
05	3 46·3	3 46·9	3 35·9	0·5 0·1	6·5 1·7	12·5 3·2
06	3 46·5	3 47·1	3 36·2	0·6 0·2	6·6 1·7	12·6 3·3
07	3 46·8	3 47·4	3 36·4	0·7 0·2	6·7 1·7	12·7 3·3
08	3 47·0	3 47·6	3 36·7	0·8 0·2	6·8 1·8	12·8 3·3
09	3 47·3	3 47·9	3 36·9	0·9 0·2	6·9 1·8	12·9 3·3
10	3 47·5	3 48·1	3 37·1	1·0 0·3	7·0 1·8	13·0 3·4
11	3 47·8	3 48·4	3 37·4	1·1 0·3	7·1 1·8	13·1 3·4
12	3 48·0	3 48·6	3 37·6	1·2 0·3	7·2 1·9	13·2 3·4
13	3 48·3	3 48·9	3 37·9	1·3 0·3	7·3 1·9	13·3 3·4
14	3 48·5	3 49·1	3 38·1	1·4 0·4	7·4 1·9	13·4 3·5
15	3 48·8	3 49·4	3 38·3	1·5 0·4	7·5 1·9	13·5 3·5
16	3 49·0	3 49·6	3 38·6	1·6 0·4	7·6 2·0	13·6 3·5
17	3 49·3	3 49·9	3 38·8	1·7 0·4	7·7 2·0	13·7 3·5
18	3 49·5	3 50·1	3 39·0	1·8 0·5	7·8 2·0	13·8 3·6
19	3 49·8	3 50·4	3 39·3	1·9 0·5	7·9 2·0	13·9 3·6
20	3 50·0	3 50·6	3 39·5	2·0 0·5	8·0 2·1	14·0 3·6
21	3 50·3	3 50·9	3 39·8	2·1 0·5	8·1 2·1	14·1 3·6
22	3 50·5	3 51·1	3 40·0	2·2 0·6	8·2 2·1	14·2 3·7
23	3 50·8	3 51·4	3 40·2	2·3 0·6	8·3 2·1	14·3 3·7
24	3 51·0	3 51·6	3 40·5	2·4 0·6	8·4 2·2	14·4 3·7
25	3 51·3	3 51·9	3 40·7	2·5 0·6	8·5 2·2	14·5 3·7
26	3 51·5	3 52·1	3 41·0	2·6 0·7	8·6 2·2	14·6 3·8
27	3 51·8	3 52·4	3 41·2	2·7 0·7	8·7 2·2	14·7 3·8
28	3 52·0	3 52·6	3 41·4	2·8 0·7	8·8 2·3	14·8 3·8
29	3 52·3	3 52·9	3 41·7	2·9 0·7	8·9 2·3	14·9 3·8
30	3 52·5	3 53·1	3 41·9	3·0 0·8	9·0 2·3	15·0 3·9
31	3 52·8	3 53·4	3 42·1	3·1 0·8	9·1 2·4	15·1 3·9
32	3 53·0	3 53·6	3 42·4	3·2 0·8	9·2 2·4	15·2 3·9
33	3 53·3	3 53·9	3 42·6	3·3 0·9	9·3 2·4	15·3 4·0
34	3 53·5	3 54·1	3 42·9	3·4 0·9	9·4 2·4	15·4 4·0
35	3 53·8	3 54·4	3 43·1	3·5 0·9	9·5 2·5	15·5 4·0
36	3 54·0	3 54·6	3 43·3	3·6 0·9	9·6 2·5	15·6 4·0
37	3 54·3	3 54·9	3 43·6	3·7 1·0	9·7 2·5	15·7 4·1
38	3 54·5	3 55·1	3 43·8	3·8 1·0	9·8 2·5	15·8 4·1
39	3 54·8	3 55·4	3 44·1	3·9 1·0	9·9 2·6	15·9 4·1
40	3 55·0	3 55·6	3 44·3	4·0 1·0	10·0 2·6	16·0 4·1
41	3 55·3	3 55·9	3 44·5	4·1 1·1	10·1 2·6	16·1 4·2
42	3 55·5	3 56·1	3 44·8	4·2 1·1	10·2 2·6	16·2 4·2
43	3 55·8	3 56·4	3 45·0	4·3 1·1	10·3 2·7	16·3 4·2
44	3 56·0	3 56·6	3 45·2	4·4 1·1	10·4 2·7	16·4 4·2
45	3 56·3	3 56·9	3 45·5	4·5 1·2	10·5 2·7	16·5 4·3
46	3 56·5	3 57·1	3 45·7	4·6 1·2	10·6 2·7	16·6 4·3
47	3 56·8	3 57·4	3 46·0	4·7 1·2	10·7 2·8	16·7 4·3
48	3 57·0	3 57·6	3 46·2	4·8 1·2	10·8 2·8	16·8 4·3
49	3 57·3	3 57·9	3 46·4	4·9 1·3	10·9 2·8	16·9 4·4
50	3 57·5	3 58·2	3 46·7	5·0 1·3	11·0 2·8	17·0 4·4
51	3 57·8	3 58·4	3 46·9	5·1 1·3	11·1 2·9	17·1 4·4
52	3 58·0	3 58·7	3 47·2	5·2 1·3	11·2 2·9	17·2 4·4
53	3 58·3	3 58·9	3 47·4	5·3 1·4	11·3 2·9	17·3 4·5
54	3 58·5	3 59·2	3 47·6	5·4 1·4	11·4 2·9	17·4 4·5
55	3 58·8	3 59·4	3 47·9	5·5 1·4	11·5 3·0	17·5 4·5
56	3 59·0	3 59·7	3 48·1	5·6 1·4	11·6 3·0	17·6 4·5
57	3 59·3	3 59·9	3 48·4	5·7 1·5	11·7 3·0	17·7 4·6
58	3 59·5	4 00·2	3 48·6	5·8 1·5	11·8 3·0	17·8 4·6
59	3 59·8	4 00·4	3 48·8	5·9 1·5	11·9 3·1	17·9 4·6
60	4 00·0	4 00·7	3 49·1	6·0 1·6	12·0 3·1	18·0 4·7

INCREMENTS AND CORRECTIONS

16ᵐ

16 s	SUN PLANETS	ARIES	MOON	v or d / Corrⁿ	v or d / Corrⁿ	v or d / Corrⁿ
00	4 00·0	4 00·7	3 49·1	0·0 0·0	6·0 1·7	12·0 3·3
01	4 00·3	4 00·9	3 49·3	0·1 0·0	6·1 1·7	12·1 3·3
02	4 00·5	4 01·2	3 49·5	0·2 0·1	6·2 1·7	12·2 3·4
03	4 00·8	4 01·4	3 49·8	0·3 0·1	6·3 1·7	12·3 3·4
04	4 01·0	4 01·7	3 50·0	0·4 0·1	6·4 1·8	12·4 3·4
05	4 01·3	4 01·9	3 50·3	0·5 0·1	6·5 1·8	12·5 3·4
06	4 01·5	4 02·2	3 50·5	0·6 0·2	6·6 1·8	12·6 3·5
07	4 01·8	4 02·4	3 50·7	0·7 0·2	6·7 1·8	12·7 3·5
08	4 02·0	4 02·7	3 51·0	0·8 0·2	6·8 1·9	12·8 3·5
09	4 02·3	4 02·9	3 51·2	0·9 0·2	6·9 1·9	12·9 3·5
10	4 02·5	4 03·2	3 51·5	1·0 0·3	7·0 1·9	13·0 3·6
11	4 02·8	4 03·4	3 51·7	1·1 0·3	7·1 2·0	13·1 3·6
12	4 03·0	4 03·7	3 51·9	1·2 0·3	7·2 2·0	13·2 3·6
13	4 03·3	4 03·9	3 52·2	1·3 0·4	7·3 2·0	13·3 3·7
14	4 03·5	4 04·2	3 52·4	1·4 0·4	7·4 2·0	13·4 3·7
15	4 03·8	4 04·4	3 52·6	1·5 0·4	7·5 2·1	13·5 3·7
16	4 04·0	4 04·7	3 52·9	1·6 0·4	7·6 2·1	13·6 3·7
17	4 04·3	4 04·9	3 53·1	1·7 0·5	7·7 2·1	13·7 3·8
18	4 04·5	4 05·2	3 53·4	1·8 0·5	7·8 2·1	13·8 3·8
19	4 04·8	4 05·4	3 53·6	1·9 0·5	7·9 2·2	13·9 3·8
20	4 05·0	4 05·7	3 53·8	2·0 0·6	8·0 2·2	14·0 3·9
21	4 05·3	4 05·9	3 54·1	2·1 0·6	8·1 2·2	14·1 3·9
22	4 05·5	4 06·2	3 54·3	2·2 0·6	8·2 2·3	14·2 3·9
23	4 05·8	4 06·4	3 54·6	2·3 0·6	8·3 2·3	14·3 3·9
24	4 06·0	4 06·7	3 54·8	2·4 0·7	8·4 2·3	14·4 4·0
25	4 06·3	4 06·9	3 55·0	2·5 0·7	8·5 2·3	14·5 4·0
26	4 06·5	4 07·2	3 55·3	2·6 0·7	8·6 2·4	14·6 4·0
27	4 06·8	4 07·4	3 55·5	2·7 0·7	8·7 2·4	14·7 4·0
28	4 07·0	4 07·7	3 55·7	2·8 0·8	8·8 2·4	14·8 4·1
29	4 07·3	4 07·9	3 56·0	2·9 0·8	8·9 2·4	14·9 4·1
30	4 07·5	4 08·2	3 56·2	3·0 0·8	9·0 2·5	15·0 4·1
31	4 07·8	4 08·4	3 56·5	3·1 0·9	9·1 2·5	15·1 4·2
32	4 08·0	4 08·7	3 56·7	3·2 0·9	9·2 2·5	15·2 4·2
33	4 08·3	4 08·9	3 56·9	3·3 0·9	9·3 2·6	15·3 4·2
34	4 08·5	4 09·2	3 57·2	3·4 0·9	9·4 2·6	15·4 4·2
35	4 08·8	4 09·4	3 57·4	3·5 1·0	9·5 2·6	15·5 4·3
36	4 09·0	4 09·7	3 57·7	3·6 1·0	9·6 2·6	15·6 4·3
37	4 09·3	4 09·9	3 57·9	3·7 1·0	9·7 2·7	15·7 4·3
38	4 09·5	4 10·2	3 58·1	3·8 1·0	9·8 2·7	15·8 4·3
39	4 09·8	4 10·4	3 58·4	3·9 1·1	9·9 2·7	15·9 4·4
40	4 10·0	4 10·7	3 58·6	4·0 1·1	10·0 2·8	16·0 4·4
41	4 10·3	4 10·9	3 58·8	4·1 1·1	10·1 2·8	16·1 4·4
42	4 10·5	4 11·2	3 59·1	4·2 1·2	10·2 2·8	16·2 4·5
43	4 10·8	4 11·4	3 59·3	4·3 1·2	10·3 2·8	16·3 4·5
44	4 11·0	4 11·7	3 59·6	4·4 1·2	10·4 2·9	16·4 4·5
45	4 11·3	4 11·9	3 59·8	4·5 1·2	10·5 2·9	16·5 4·5
46	4 11·5	4 12·2	4 00·0	4·6 1·3	10·6 2·9	16·6 4·6
47	4 11·8	4 12·4	4 00·3	4·7 1·3	10·7 2·9	16·7 4·6
48	4 12·0	4 12·7	4 00·5	4·8 1·3	10·8 3·0	16·8 4·6
49	4 12·3	4 12·9	4 00·8	4·9 1·3	10·9 3·0	16·9 4·6
50	4 12·5	4 13·2	4 01·0	5·0 1·4	11·0 3·0	17·0 4·7
51	4 12·8	4 13·4	4 01·2	5·1 1·4	11·1 3·1	17·1 4·7
52	4 13·0	4 13·7	4 01·5	5·2 1·4	11·2 3·1	17·2 4·7
53	4 13·3	4 13·9	4 01·7	5·3 1·5	11·3 3·1	17·3 4·8
54	4 13·5	4 14·2	4 02·0	5·4 1·5	11·4 3·1	17·4 4·8
55	4 13·8	4 14·4	4 02·2	5·5 1·5	11·5 3·2	17·5 4·8
56	4 14·0	4 14·7	4 02·4	5·6 1·5	11·6 3·2	17·6 4·8
57	4 14·3	4 14·9	4 02·7	5·7 1·6	11·7 3·2	17·7 4·9
58	4 14·5	4 15·2	4 02·9	5·8 1·6	11·8 3·2	17·8 4·9
59	4 14·8	4 15·4	4 03·1	5·9 1·6	11·9 3·3	17·9 4·9
60	4 15·0	4 15·7	4 03·4	6·0 1·7	12·0 3·3	18·0 5·0

17ᵐ

17 s	SUN PLANETS	ARIES	MOON	v or d / Corrⁿ	v or d / Corrⁿ	v or d / Corrⁿ
00	4 15·0	4 15·7	4 03·4	0·0 0·0	6·0 1·8	12·0 3·5
01	4 15·3	4 15·9	4 03·6	0·1 0·0	6·1 1·8	12·1 3·5
02	4 15·5	4 16·2	4 03·9	0·2 0·1	6·2 1·8	12·2 3·6
03	4 15·8	4 16·5	4 04·1	0·3 0·1	6·3 1·8	12·3 3·6
04	4 16·0	4 16·7	4 04·3	0·4 0·1	6·4 1·9	12·4 3·6
05	4 16·3	4 17·0	4 04·6	0·5 0·1	6·5 1·9	12·5 3·6
06	4 16·5	4 17·2	4 04·8	0·6 0·2	6·6 1·9	12·6 3·7
07	4 16·8	4 17·5	4 05·1	0·7 0·2	6·7 2·0	12·7 3·7
08	4 17·0	4 17·7	4 05·3	0·8 0·2	6·8 2·0	12·8 3·7
09	4 17·3	4 18·0	4 05·5	0·9 0·3	6·9 2·0	12·9 3·8
10	4 17·5	4 18·2	4 05·8	1·0 0·3	7·0 2·0	13·0 3·8
11	4 17·8	4 18·5	4 06·0	1·1 0·3	7·1 2·1	13·1 3·8
12	4 18·0	4 18·7	4 06·2	1·2 0·4	7·2 2·1	13·2 3·9
13	4 18·3	4 19·0	4 06·5	1·3 0·4	7·3 2·1	13·3 3·9
14	4 18·5	4 19·2	4 06·7	1·4 0·4	7·4 2·2	13·4 3·9
15	4 18·8	4 19·5	4 07·0	1·5 0·4	7·5 2·2	13·5 3·9
16	4 19·0	4 19·7	4 07·2	1·6 0·5	7·6 2·2	13·6 4·0
17	4 19·3	4 20·0	4 07·4	1·7 0·5	7·7 2·2	13·7 4·0
18	4 19·5	4 20·2	4 07·7	1·8 0·5	7·8 2·3	13·8 4·0
19	4 19·8	4 20·5	4 07·9	1·9 0·6	7·9 2·3	13·9 4·1
20	4 20·0	4 20·7	4 08·2	2·0 0·6	8·0 2·3	14·0 4·1
21	4 20·3	4 21·0	4 08·4	2·1 0·6	8·1 2·4	14·1 4·1
22	4 20·5	4 21·2	4 08·6	2·2 0·6	8·2 2·4	14·2 4·1
23	4 20·8	4 21·5	4 08·9	2·3 0·7	8·3 2·4	14·3 4·2
24	4 21·0	4 21·7	4 09·1	2·4 0·7	8·4 2·5	14·4 4·2
25	4 21·3	4 22·0	4 09·3	2·5 0·7	8·5 2·5	14·5 4·2
26	4 21·5	4 22·2	4 09·6	2·6 0·8	8·6 2·5	14·6 4·3
27	4 21·8	4 22·5	4 09·8	2·7 0·8	8·7 2·5	14·7 4·3
28	4 22·0	4 22·7	4 10·1	2·8 0·8	8·8 2·6	14·8 4·3
29	4 22·3	4 23·0	4 10·3	2·9 0·8	8·9 2·6	14·9 4·3
30	4 22·5	4 23·2	4 10·5	3·0 0·9	9·0 2·6	15·0 4·4
31	4 22·8	4 23·5	4 10·8	3·1 0·9	9·1 2·7	15·1 4·4
32	4 23·0	4 23·7	4 11·0	3·2 0·9	9·2 2·7	15·2 4·4
33	4 23·3	4 24·0	4 11·3	3·3 1·0	9·3 2·7	15·3 4·5
34	4 23·5	4 24·2	4 11·5	3·4 1·0	9·4 2·7	15·4 4·5
35	4 23·8	4 24·5	4 11·7	3·5 1·0	9·5 2·8	15·5 4·5
36	4 24·0	4 24·7	4 12·0	3·6 1·1	9·6 2·8	15·6 4·6
37	4 24·3	4 25·0	4 12·2	3·7 1·1	9·7 2·8	15·7 4·6
38	4 24·5	4 25·2	4 12·5	3·8 1·1	9·8 2·9	15·8 4·6
39	4 24·8	4 25·5	4 12·7	3·9 1·1	9·9 2·9	15·9 4·6
40	4 25·0	4 25·7	4 12·9	4·0 1·2	10·0 2·9	16·0 4·7
41	4 25·3	4 26·0	4 13·2	4·1 1·2	10·1 2·9	16·1 4·7
42	4 25·5	4 26·2	4 13·4	4·2 1·2	10·2 3·0	16·2 4·7
43	4 25·8	4 26·5	4 13·6	4·3 1·3	10·3 3·0	16·3 4·8
44	4 26·0	4 26·7	4 13·9	4·4 1·3	10·4 3·0	16·4 4·8
45	4 26·3	4 27·0	4 14·1	4·5 1·3	10·5 3·1	16·5 4·8
46	4 26·5	4 27·2	4 14·4	4·6 1·3	10·6 3·1	16·6 4·8
47	4 26·8	4 27·5	4 14·6	4·7 1·4	10·7 3·1	16·7 4·9
48	4 27·0	4 27·7	4 14·8	4·8 1·4	10·8 3·2	16·8 4·9
49	4 27·3	4 28·0	4 15·1	4·9 1·4	10·9 3·2	16·9 4·9
50	4 27·5	4 28·2	4 15·3	5·0 1·5	11·0 3·2	17·0 5·0
51	4 27·8	4 28·5	4 15·6	5·1 1·5	11·1 3·2	17·1 5·0
52	4 28·0	4 28·7	4 15·8	5·2 1·5	11·2 3·3	17·2 5·0
53	4 28·3	4 29·0	4 16·0	5·3 1·5	11·3 3·3	17·3 5·0
54	4 28·5	4 29·2	4 16·3	5·4 1·6	11·4 3·3	17·4 5·1
55	4 28·8	4 29·5	4 16·5	5·5 1·6	11·5 3·4	17·5 5·1
56	4 29·0	4 29·7	4 16·7	5·6 1·6	11·6 3·4	17·6 5·1
57	4 29·3	4 30·0	4 17·0	5·7 1·7	11·7 3·4	17·7 5·2
58	4 29·5	4 30·2	4 17·2	5·8 1·7	11·8 3·4	17·8 5·2
59	4 29·8	4 30·5	4 17·5	5·9 1·7	11·9 3·5	17·9 5·2
60	4 30·0	4 30·7	4 17·7	6·0 1·8	12·0 3·5	18·0 5·3

x

INCREMENTS AND CORRECTIONS

18ᵐ   **19ᵐ**

18ᵐ s	SUN PLANETS ° '	ARIES ° '	MOON ° '	v or Corrⁿ d ' '	v or Corrⁿ d ' '	v or Corrⁿ d ' '
00	4 30·0	4 30·7	4 17·7	0·0 0·0	6·0 1·9	12·0 3·7
01	4 30·3	4 31·0	4 17·9	0·1 0·0	6·1 1·9	12·1 3·7
02	4 30·5	4 31·2	4 18·2	0·2 0·1	6·2 1·9	12·2 3·8
03	4 30·8	4 31·5	4 18·4	0·3 0·1	6·3 1·9	12·3 3·8
04	4 31·0	4 31·7	4 18·7	0·4 0·1	6·4 2·0	12·4 3·8
05	4 31·3	4 32·0	4 18·9	0·5 0·2	6·5 2·0	12·5 3·9
06	4 31·5	4 32·2	4 19·1	0·6 0·2	6·6 2·0	12·6 3·9
07	4 31·8	4 32·5	4 19·4	0·7 0·2	6·7 2·1	12·7 3·9
08	4 32·0	4 32·7	4 19·6	0·8 0·2	6·8 2·1	12·8 3·9
09	4 32·3	4 33·0	4 19·8	0·9 0·3	6·9 2·1	12·9 4·0
10	4 32·5	4 33·2	4 20·1	1·0 0·3	7·0 2·2	13·0 4·0
11	4 32·8	4 33·5	4 20·3	1·1 0·3	7·1 2·2	13·1 4·0
12	4 33·0	4 33·7	4 20·6	1·2 0·4	7·2 2·2	13·2 4·1
13	4 33·3	4 34·0	4 20·8	1·3 0·4	7·3 2·3	13·3 4·1
14	4 33·5	4 34·2	4 21·0	1·4 0·4	7·4 2·3	13·4 4·1
15	4 33·8	4 34·5	4 21·3	1·5 0·5	7·5 2·3	13·5 4·2
16	4 34·0	4 34·8	4 21·5	1·6 0·5	7·6 2·3	13·6 4·2
17	4 34·3	4 35·0	4 21·8	1·7 0·5	7·7 2·4	13·7 4·2
18	4 34·5	4 35·3	4 22·0	1·8 0·6	7·8 2·4	13·8 4·3
19	4 34·8	4 35·5	4 22·2	1·9 0·6	7·9 2·4	13·9 4·3
20	4 35·0	4 35·8	4 22·5	2·0 0·6	8·0 2·5	14·0 4·3
21	4 35·3	4 36·0	4 22·7	2·1 0·6	8·1 2·5	14·1 4·3
22	4 35·5	4 36·3	4 22·9	2·2 0·7	8·2 2·5	14·2 4·4
23	4 35·8	4 36·5	4 23·2	2·3 0·7	8·3 2·6	14·3 4·4
24	4 36·0	4 36·8	4 23·4	2·4 0·7	8·4 2·6	14·4 4·4
25	4 36·3	4 37·0	4 23·7	2·5 0·8	8·5 2·6	14·5 4·5
26	4 36·5	4 37·3	4 23·9	2·6 0·8	8·6 2·7	14·6 4·5
27	4 36·8	4 37·5	4 24·1	2·7 0·8	8·7 2·7	14·7 4·5
28	4 37·0	4 37·8	4 24·4	2·8 0·9	8·8 2·7	14·8 4·6
29	4 37·3	4 38·0	4 24·6	2·9 0·9	8·9 2·7	14·9 4·6
30	4 37·5	4 38·3	4 24·9	3·0 0·9	9·0 2·8	15·0 4·6
31	4 37·8	4 38·5	4 25·1	3·1 1·0	9·1 2·8	15·1 4·7
32	4 38·0	4 38·8	4 25·3	3·2 1·0	9·2 2·8	15·2 4·7
33	4 38·3	4 39·0	4 25·6	3·3 1·0	9·3 2·9	15·3 4·7
34	4 38·5	4 39·3	4 25·8	3·4 1·0	9·4 2·9	15·4 4·7
35	4 38·8	4 39·5	4 26·1	3·5 1·1	9·5 2·9	15·5 4·8
36	4 39·0	4 39·8	4 26·3	3·6 1·1	9·6 3·0	15·6 4·8
37	4 39·3	4 40·0	4 26·5	3·7 1·1	9·7 3·0	15·7 4·8
38	4 39·5	4 40·3	4 26·8	3·8 1·2	9·8 3·0	15·8 4·9
39	4 39·8	4 40·5	4 27·0	3·9 1·2	9·9 3·1	15·9 4·9
40	4 40·0	4 40·8	4 27·2	4·0 1·2	10·0 3·1	16·0 4·9
41	4 40·3	4 41·0	4 27·5	4·1 1·3	10·1 3·1	16·1 5·0
42	4 40·5	4 41·3	4 27·7	4·2 1·3	10·2 3·1	16·2 5·0
43	4 40·8	4 41·5	4 28·0	4·3 1·3	10·3 3·2	16·3 5·0
44	4 41·0	4 41·8	4 28·2	4·4 1·4	10·4 3·2	16·4 5·1
45	4 41·3	4 42·0	4 28·4	4·5 1·4	10·5 3·2	16·5 5·1
46	4 41·5	4 42·3	4 28·7	4·6 1·4	10·6 3·3	16·6 5·1
47	4 41·8	4 42·5	4 28·9	4·7 1·4	10·7 3·3	16·7 5·1
48	4 42·0	4 42·8	4 29·2	4·8 1·5	10·8 3·3	16·8 5·2
49	4 42·3	4 43·0	4 29·4	4·9 1·5	10·9 3·4	16·9 5·2
50	4 42·5	4 43·3	4 29·6	5·0 1·5	11·0 3·4	17·0 5·2
51	4 42·8	4 43·5	4 29·9	5·1 1·6	11·1 3·4	17·1 5·3
52	4 43·0	4 43·8	4 30·1	5·2 1·6	11·2 3·5	17·2 5·3
53	4 43·3	4 44·0	4 30·3	5·3 1·6	11·3 3·5	17·3 5·3
54	4 43·5	4 44·3	4 30·6	5·4 1·7	11·4 3·5	17·4 5·4
55	4 43·8	4 44·5	4 30·8	5·5 1·7	11·5 3·5	17·5 5·4
56	4 44·0	4 44·8	4 31·1	5·6 1·7	11·6 3·6	17·6 5·4
57	4 44·3	4 45·0	4 31·3	5·7 1·8	11·7 3·6	17·7 5·5
58	4 44·5	4 45·3	4 31·5	5·8 1·8	11·8 3·6	17·8 5·5
59	4 44·8	4 45·5	4 31·8	5·9 1·8	11·9 3·7	17·9 5·5
60	4 45·0	4 45·8	4 32·0	6·0 1·9	12·0 3·7	18·0 5·6

19ᵐ s	SUN PLANETS ° '	ARIES ° '	MOON ° '	v or Corrⁿ d ' '	v or Corrⁿ d ' '	v or Corrⁿ d ' '
00	4 45·0	4 45·8	4 32·0	0·0 0·0	6·0 2·0	12·0 3·9
01	4 45·3	4 46·0	4 32·3	0·1 0·0	6·1 2·0	12·1 3·9
02	4 45·5	4 46·3	4 32·5	0·2 0·1	6·2 2·0	12·2 4·0
03	4 45·8	4 46·5	4 32·7	0·3 0·1	6·3 2·0	12·3 4·0
04	4 46·0	4 46·8	4 33·0	0·4 0·1	6·4 2·1	12·4 4·0
05	4 46·3	4 47·0	4 33·2	0·5 0·2	6·5 2·1	12·5 4·1
06	4 46·5	4 47·3	4 33·4	0·6 0·2	6·6 2·1	12·6 4·1
07	4 46·8	4 47·5	4 33·7	0·7 0·2	6·7 2·2	12·7 4·1
08	4 47·0	4 47·8	4 33·9	0·8 0·3	6·8 2·2	12·8 4·2
09	4 47·3	4 48·0	4 34·2	0·9 0·3	6·9 2·2	12·9 4·2
10	4 47·5	4 48·3	4 34·4	1·0 0·3	7·0 2·3	13·0 4·2
11	4 47·8	4 48·5	4 34·6	1·1 0·4	7·1 2·3	13·1 4·3
12	4 48·0	4 48·8	4 34·9	1·2 0·4	7·2 2·3	13·2 4·3
13	4 48·3	4 49·0	4 35·1	1·3 0·4	7·3 2·4	13·3 4·3
14	4 48·5	4 49·3	4 35·4	1·4 0·5	7·4 2·4	13·4 4·4
15	4 48·8	4 49·5	4 35·6	1·5 0·5	7·5 2·4	13·5 4·4
16	4 49·0	4 49·8	4 35·8	1·6 0·5	7·6 2·5	13·6 4·4
17	4 49·3	4 50·0	4 36·1	1·7 0·6	7·7 2·5	13·7 4·5
18	4 49·5	4 50·3	4 36·3	1·8 0·6	7·8 2·5	13·8 4·5
19	4 49·8	4 50·5	4 36·6	1·9 0·6	7·9 2·6	13·9 4·5
20	4 50·0	4 50·8	4 36·8	2·0 0·7	8·0 2·6	14·0 4·6
21	4 50·3	4 51·0	4 37·0	2·1 0·7	8·1 2·6	14·1 4·6
22	4 50·5	4 51·3	4 37·3	2·2 0·7	8·2 2·7	14·2 4·6
23	4 50·8	4 51·5	4 37·5	2·3 0·7	8·3 2·7	14·3 4·6
24	4 51·0	4 51·8	4 37·7	2·4 0·8	8·4 2·7	14·4 4·7
25	4 51·3	4 52·0	4 38·0	2·5 0·8	8·5 2·8	14·5 4·7
26	4 51·5	4 52·3	4 38·2	2·6 0·8	8·6 2·8	14·6 4·7
27	4 51·8	4 52·5	4 38·5	2·7 0·9	8·7 2·8	14·7 4·8
28	4 52·0	4 52·8	4 38·7	2·8 0·9	8·8 2·9	14·8 4·8
29	4 52·3	4 53·1	4 38·9	2·9 0·9	8·9 2·9	14·9 4·8
30	4 52·5	4 53·3	4 39·2	3·0 1·0	9·0 2·9	15·0 4·9
31	4 52·8	4 53·6	4 39·4	3·1 1·0	9·1 3·0	15·1 4·9
32	4 53·0	4 53·8	4 39·7	3·2 1·0	9·2 3·0	15·2 4·9
33	4 53·3	4 54·1	4 39·9	3·3 1·1	9·3 3·0	15·3 5·0
34	4 53·5	4 54·3	4 40·1	3·4 1·1	9·4 3·1	15·4 5·0
35	4 53·8	4 54·6	4 40·4	3·5 1·1	9·5 3·1	15·5 5·0
36	4 54·0	4 54·8	4 40·6	3·6 1·2	9·6 3·1	15·6 5·1
37	4 54·3	4 55·1	4 40·8	3·7 1·2	9·7 3·2	15·7 5·1
38	4 54·5	4 55·3	4 41·1	3·8 1·2	9·8 3·2	15·8 5·1
39	4 54·8	4 55·6	4 41·3	3·9 1·3	9·9 3·2	15·9 5·2
40	4 55·0	4 55·8	4 41·6	4·0 1·3	10·0 3·3	16·0 5·2
41	4 55·3	4 56·1	4 41·8	4·1 1·3	10·1 3·3	16·1 5·2
42	4 55·5	4 56·3	4 42·0	4·2 1·4	10·2 3·3	16·2 5·3
43	4 55·8	4 56·6	4 42·3	4·3 1·4	10·3 3·3	16·3 5·3
44	4 56·0	4 56·8	4 42·5	4·4 1·4	10·4 3·4	16·4 5·3
45	4 56·3	4 57·1	4 42·8	4·5 1·5	10·5 3·4	16·5 5·4
46	4 56·5	4 57·3	4 43·0	4·6 1·5	10·6 3·4	16·6 5·4
47	4 56·8	4 57·6	4 43·2	4·7 1·5	10·7 3·5	16·7 5·4
48	4 57·0	4 57·8	4 43·5	4·8 1·6	10·8 3·5	16·8 5·5
49	4 57·3	4 58·1	4 43·7	4·9 1·6	10·9 3·5	16·9 5·5
50	4 57·5	4 58·3	4 43·9	5·0 1·6	11·0 3·6	17·0 5·5
51	4 57·8	4 58·6	4 44·2	5·1 1·7	11·1 3·6	17·1 5·6
52	4 58·0	4 58·8	4 44·4	5·2 1·7	11·2 3·6	17·2 5·6
53	4 58·3	4 59·1	4 44·7	5·3 1·7	11·3 3·7	17·3 5·6
54	4 58·5	4 59·3	4 44·9	5·4 1·8	11·4 3·7	17·4 5·7
55	4 58·8	4 59·6	4 45·1	5·5 1·8	11·5 3·7	17·5 5·7
56	4 59·0	4 59·8	4 45·4	5·6 1·8	11·6 3·8	17·6 5·7
57	4 59·3	5 00·1	4 45·6	5·7 1·9	11·7 3·8	17·7 5·8
58	4 59·5	5 00·3	4 45·9	5·8 1·9	11·8 3·8	17·8 5·8
59	4 59·8	5 00·6	4 46·1	5·9 1·9	11·9 3·9	17·9 5·8
60	5 00·0	5 00·8	4 46·3	6·0 2·0	12·0 3·9	18·0 5·9

xi

INCREMENTS AND CORRECTIONS

20ᵐ

20	SUN PLANETS	ARIES	MOON	v or Corrⁿ d		v or Corrⁿ d		v or Corrⁿ d	
s	° ′	° ′	° ′	′	′	′	′	′	′
00	5 00·0	5 00·8	4 46·3	0·0	0·0	6·0	2·1	12·0	4·1
01	5 00·3	5 01·1	4 46·6	0·1	0·0	6·1	2·1	12·1	4·1
02	5 00·5	5 01·3	4 46·8	0·2	0·1	6·2	2·1	12·2	4·2
03	5 00·8	5 01·6	4 47·0	0·3	0·1	6·3	2·2	12·3	4·2
04	5 01·0	5 01·8	4 47·3	0·4	0·1	6·4	2·2	12·4	4·2
05	5 01·3	5 02·1	4 47·5	0·5	0·2	6·5	2·2	12·5	4·3
06	5 01·5	5 02·3	4 47·8	0·6	0·2	6·6	2·3	12·6	4·3
07	5 01·8	5 02·6	4 48·0	0·7	0·2	6·7	2·3	12·7	4·3
08	5 02·0	5 02·8	4 48·2	0·8	0·3	6·8	2·3	12·8	4·4
09	5 02·3	5 03·1	4 48·5	0·9	0·3	6·9	2·4	12·9	4·4
10	5 02·5	5 03·3	4 48·7	1·0	0·3	7·0	2·4	13·0	4·4
11	5 02·8	5 03·6	4 49·0	1·1	0·4	7·1	2·4	13·1	4·5
12	5 03·0	5 03·8	4 49·2	1·2	0·4	7·2	2·5	13·2	4·5
13	5 03·3	5 04·1	4 49·4	1·3	0·5	7·3	2·5	13·3	4·5
14	5 03·5	5 04·3	4 49·7	1·4	0·5	7·4	2·5	13·4	4·6
15	5 03·8	5 04·6	4 49·9	1·5	0·5	7·5	2·6	13·5	4·6
16	5 04·0	5 04·8	4 50·2	1·6	0·5	7·6	2·6	13·6	4·6
17	5 04·3	5 05·1	4 50·4	1·7	0·6	7·7	2·6	13·7	4·7
18	5 04·5	5 05·3	4 50·6	1·8	0·6	7·8	2·7	13·8	4·7
19	5 04·8	5 05·6	4 50·9	1·9	0·6	7·9	2·7	13·9	4·7
20	5 05·0	5 05·8	4 51·1	2·0	0·7	8·0	2·7	14·0	4·8
21	5 05·3	5 06·1	4 51·3	2·1	0·7	8·1	2·8	14·1	4·8
22	5 05·5	5 06·3	4 51·6	2·2	0·8	8·2	2·8	14·2	4·9
23	5 05·8	5 06·6	4 51·8	2·3	0·8	8·3	2·8	14·3	4·9
24	5 06·0	5 06·8	4 52·1	2·4	0·8	8·4	2·9	14·4	4·9
25	5 06·3	5 07·1	4 52·3	2·5	0·9	8·5	2·9	14·5	5·0
26	5 06·5	5 07·3	4 52·5	2·6	0·9	8·6	2·9	14·6	5·0
27	5 06·8	5 07·6	4 52·8	2·7	0·9	8·7	3·0	14·7	5·0
28	5 07·0	5 07·8	4 53·0	2·8	1·0	8·8	3·0	14·8	5·1
29	5 07·3	5 08·1	4 53·3	2·9	1·0	8·9	3·0	14·9	5·1
30	5 07·5	5 08·3	4 53·5	3·0	1·0	9·0	3·1	15·0	5·2
31	5 07·8	5 08·6	4 53·7	3·1	1·1	9·1	3·1	15·1	5·2
32	5 08·0	5 08·8	4 54·0	3·2	1·1	9·2	3·1	15·2	5·2
33	5 08·3	5 09·1	4 54·2	3·3	1·1	9·3	3·2	15·3	5·2
34	5 08·5	5 09·3	4 54·4	3·4	1·2	9·4	3·2	15·4	5·3
35	5 08·8	5 09·6	4 54·7	3·5	1·2	9·5	3·2	15·5	5·3
36	5 09·0	5 09·8	4 54·9	3·6	1·2	9·6	3·3	15·6	5·3
37	5 09·3	5 10·1	4 55·2	3·7	1·3	9·7	3·3	15·7	5·4
38	5 09·5	5 10·3	4 55·4	3·8	1·3	9·8	3·3	15·8	5·4
39	5 09·8	5 10·6	4 55·6	3·9	1·3	9·9	3·4	15·9	5·4
40	5 10·0	5 10·8	4 55·9	4·0	1·4	10·0	3·4	16·0	5·5
41	5 10·3	5 11·1	4 56·1	4·1	1·4	10·1	3·5	16·1	5·5
42	5 10·5	5 11·4	4 56·4	4·2	1·4	10·2	3·5	16·2	5·5
43	5 10·8	5 11·6	4 56·6	4·3	1·5	10·3	3·5	16·3	5·6
44	5 11·0	5 11·9	4 56·8	4·4	1·5	10·4	3·6	16·4	5·6
45	5 11·3	5 12·1	4 57·1	4·5	1·5	10·5	3·6	16·5	5·6
46	5 11·5	5 12·4	4 57·3	4·6	1·6	10·6	3·6	16·6	5·7
47	5 11·8	5 12·6	4 57·5	4·7	1·6	10·7	3·7	16·7	5·7
48	5 12·0	5 12·9	4 57·8	4·8	1·6	10·8	3·7	16·8	5·7
49	5 12·3	5 13·1	4 58·0	4·9	1·7	10·9	3·7	16·9	5·8
50	5 12·5	5 13·4	4 58·3	5·0	1·7	11·0	3·8	17·0	5·8
51	5 12·8	5 13·6	4 58·5	5·1	1·7	11·1	3·8	17·1	5·9
52	5 13·0	5 13·9	4 58·7	5·2	1·8	11·2	3·8	17·2	5·9
53	5 13·3	5 14·1	4 59·0	5·3	1·8	11·3	3·9	17·3	5·9
54	5 13·5	5 14·4	4 59·2	5·4	1·8	11·4	3·9	17·4	5·9
55	5 13·8	5 14·6	4 59·5	5·5	1·9	11·5	3·9	17·5	6·0
56	5 14·0	5 14·9	4 59·7	5·6	1·9	11·6	4·0	17·6	6·0
57	5 14·3	5 15·1	4 59·9	5·7	1·9	11·7	4·0	17·7	6·0
58	5 14·5	5 15·4	5 00·2	5·8	2·0	11·8	4·0	17·8	6·1
59	5 14·8	5 15·6	5 00·4	5·9	2·0	11·9	4·1	17·9	6·1
60	5 15·0	5 15·9	5 00·7	6·0	2·1	12·0	4·1	18·0	6·2

21ᵐ

21	SUN PLANETS	ARIES	MOON	v or Corrⁿ d		v or Corrⁿ d		v or Corrⁿ d	
s	° ′	° ′	° ′	′	′	′	′	′	′
00	5 15·0	5 15·9	5 00·7	0·0	0·0	6·0	2·2	12·0	4·3
01	5 15·3	5 16·1	5 00·9	0·1	0·0	6·1	2·2	12·1	4·3
02	5 15·5	5 16·4	5 01·1	0·2	0·1	6·2	2·2	12·2	4·4
03	5 15·8	5 16·6	5 01·4	0·3	0·1	6·3	2·3	12·3	4·4
04	5 16·0	5 16·9	5 01·6	0·4	0·1	6·4	2·3	12·4	4·4
05	5 16·3	5 17·1	5 01·8	0·5	0·2	6·5	2·3	12·5	4·5
06	5 16·5	5 17·4	5 02·1	0·6	0·2	6·6	2·4	12·6	4·5
07	5 16·8	5 17·6	5 02·3	0·7	0·3	6·7	2·4	12·7	4·6
08	5 17·0	5 17·9	5 02·6	0·8	0·3	6·8	2·4	12·8	4·6
09	5 17·3	5 18·1	5 02·8	0·9	0·3	6·9	2·5	12·9	4·6
10	5 17·5	5 18·4	5 03·0	1·0	0·4	7·0	2·5	13·0	4·7
11	5 17·8	5 18·6	5 03·3	1·1	0·4	7·1	2·5	13·1	4·7
12	5 18·0	5 18·9	5 03·5	1·2	0·4	7·2	2·6	13·2	4·7
13	5 18·3	5 19·1	5 03·8	1·3	0·5	7·3	2·6	13·3	4·8
14	5 18·5	5 19·4	5 04·0	1·4	0·5	7·4	2·7	13·4	4·8
15	5 18·8	5 19·6	5 04·2	1·5	0·5	7·5	2·7	13·5	4·8
16	5 19·0	5 19·9	5 04·5	1·6	0·6	7·6	2·7	13·6	4·9
17	5 19·3	5 20·1	5 04·7	1·7	0·6	7·7	2·8	13·7	4·9
18	5 19·5	5 20·4	5 04·9	1·8	0·6	7·8	2·8	13·8	4·9
19	5 19·8	5 20·6	5 05·2	1·9	0·7	7·9	2·8	13·9	5·0
20	5 20·0	5 20·9	5 05·4	2·0	0·7	8·0	2·9	14·0	5·0
21	5 20·3	5 21·1	5 05·7	2·1	0·8	8·1	2·9	14·1	5·1
22	5 20·5	5 21·4	5 05·9	2·2	0·8	8·2	2·9	14·2	5·1
23	5 20·8	5 21·6	5 06·1	2·3	0·8	8·3	3·0	14·3	5·1
24	5 21·0	5 21·9	5 06·4	2·4	0·9	8·4	3·0	14·4	5·2
25	5 21·3	5 22·1	5 06·6	2·5	0·9	8·5	3·0	14·5	5·2
26	5 21·5	5 22·4	5 06·9	2·6	0·9	8·6	3·1	14·6	5·2
27	5 21·8	5 22·6	5 07·1	2·7	1·0	8·7	3·1	14·7	5·3
28	5 22·0	5 22·9	5 07·3	2·8	1·0	8·8	3·2	14·8	5·3
29	5 22·3	5 23·1	5 07·6	2·9	1·0	8·9	3·2	14·9	5·3
30	5 22·5	5 23·4	5 07·8	3·0	1·1	9·0	3·2	15·0	5·4
31	5 22·8	5 23·6	5 08·0	3·1	1·1	9·1	3·3	15·1	5·4
32	5 23·0	5 23·9	5 08·3	3·2	1·1	9·2	3·3	15·2	5·4
33	5 23·3	5 24·1	5 08·5	3·3	1·2	9·3	3·3	15·3	5·5
34	5 23·5	5 24·4	5 08·8	3·4	1·2	9·4	3·4	15·4	5·5
35	5 23·8	5 24·6	5 09·0	3·5	1·3	9·5	3·4	15·5	5·6
36	5 24·0	5 24·9	5 09·2	3·6	1·3	9·6	3·4	15·6	5·6
37	5 24·3	5 25·1	5 09·5	3·7	1·3	9·7	3·5	15·7	5·6
38	5 24·5	5 25·4	5 09·7	3·8	1·4	9·8	3·5	15·8	5·7
39	5 24·8	5 25·6	5 10·0	3·9	1·4	9·9	3·5	15·9	5·7
40	5 25·0	5 25·9	5 10·2	4·0	1·4	10·0	3·6	16·0	5·7
41	5 25·3	5 26·1	5 10·4	4·1	1·5	10·1	3·6	16·1	5·8
42	5 25·5	5 26·4	5 10·7	4·2	1·5	10·2	3·7	16·2	5·8
43	5 25·8	5 26·6	5 10·9	4·3	1·5	10·3	3·7	16·3	5·8
44	5 26·0	5 26·9	5 11·1	4·4	1·6	10·4	3·7	16·4	5·9
45	5 26·3	5 27·1	5 11·4	4·5	1·6	10·5	3·8	16·5	5·9
46	5 26·5	5 27·4	5 11·6	4·6	1·6	10·6	3·8	16·6	5·9
47	5 26·8	5 27·6	5 11·9	4·7	1·7	10·7	3·8	16·7	6·0
48	5 27·0	5 27·9	5 12·1	4·8	1·7	10·8	3·9	16·8	6·0
49	5 27·3	5 28·1	5 12·3	4·9	1·8	10·9	3·9	16·9	6·1
50	5 27·5	5 28·4	5 12·6	5·0	1·8	11·0	3·9	17·0	6·1
51	5 27·8	5 28·6	5 12·8	5·1	1·8	11·1	4·0	17·1	6·1
52	5 28·0	5 28·9	5 13·1	5·2	1·9	11·2	4·0	17·2	6·2
53	5 28·3	5 29·1	5 13·3	5·3	1·9	11·3	4·0	17·3	6·2
54	5 28·5	5 29·4	5 13·5	5·4	1·9	11·4	4·1	17·4	6·2
55	5 28·8	5 29·7	5 13·8	5·5	2·0	11·5	4·1	17·5	6·3
56	5 29·0	5 29·9	5 14·0	5·6	2·0	11·6	4·2	17·6	6·3
57	5 29·3	5 30·2	5 14·3	5·7	2·0	11·7	4·2	17·7	6·3
58	5 29·5	5 30·4	5 14·5	5·8	2·1	11·8	4·2	17·8	6·4
59	5 29·8	5 30·7	5 14·7	5·9	2·1	11·9	4·3	17·9	6·4
60	5 30·0	5 30·9	5 15·0	6·0	2·2	12·0	4·3	18·0	6·5

INCREMENTS AND CORRECTIONS

22ᵐ

22ˢ	SUN PLANETS	ARIES	MOON	v or Corrⁿ d		v or Corrⁿ d		v or Corrⁿ d	
s	° ′	° ′	° ′	′	′	′	′	′	′
00	5 30.0	5 30.9	5 15.0	0.0	0.0	6.0	2.3	12.0	4.5
01	5 30.3	5 31.2	5 15.2	0.1	0.0	6.1	2.3	12.1	4.5
02	5 30.5	5 31.4	5 15.4	0.2	0.1	6.2	2.3	12.2	4.6
03	5 30.8	5 31.7	5 15.7	0.3	0.1	6.3	2.4	12.3	4.6
04	5 31.0	5 31.9	5 15.9	0.4	0.2	6.4	2.4	12.4	4.7
05	5 31.3	5 32.2	5 16.2	0.5	0.2	6.5	2.4	12.5	4.7
06	5 31.5	5 32.4	5 16.4	0.6	0.2	6.6	2.5	12.6	4.7
07	5 31.8	5 32.7	5 16.6	0.7	0.3	6.7	2.5	12.7	4.8
08	5 32.0	5 32.9	5 16.9	0.8	0.3	6.8	2.6	12.8	4.8
09	5 32.3	5 33.2	5 17.1	0.9	0.3	6.9	2.6	12.9	4.8
10	5 32.5	5 33.4	5 17.4	1.0	0.4	7.0	2.6	13.0	4.9
11	5 32.8	5 33.7	5 17.6	1.1	0.4	7.1	2.7	13.1	4.9
12	5 33.0	5 33.9	5 17.8	1.2	0.5	7.2	2.7	13.2	5.0
13	5 33.3	5 34.2	5 18.1	1.3	0.5	7.3	2.7	13.3	5.0
14	5 33.5	5 34.4	5 18.3	1.4	0.5	7.4	2.8	13.4	5.0
15	5 33.8	5 34.7	5 18.5	1.5	0.6	7.5	2.8	13.5	5.1
16	5 34.0	5 34.9	5 18.8	1.6	0.6	7.6	2.9	13.6	5.1
17	5 34.3	5 35.2	5 19.0	1.7	0.6	7.7	2.9	13.7	5.1
18	5 34.5	5 35.4	5 19.3	1.8	0.7	7.8	2.9	13.8	5.2
19	5 34.8	5 35.7	5 19.5	1.9	0.7	7.9	3.0	13.9	5.2
20	5 35.0	5 35.9	5 19.7	2.0	0.8	8.0	3.0	14.0	5.3
21	5 35.3	5 36.2	5 20.0	2.1	0.8	8.1	3.0	14.1	5.3
22	5 35.5	5 36.4	5 20.2	2.2	0.8	8.2	3.1	14.2	5.3
23	5 35.8	5 36.7	5 20.5	2.3	0.9	8.3	3.1	14.3	5.4
24	5 36.0	5 36.9	5 20.7	2.4	0.9	8.4	3.2	14.4	5.4
25	5 36.3	5 37.2	5 20.9	2.5	0.9	8.5	3.2	14.5	5.4
26	5 36.5	5 37.4	5 21.2	2.6	1.0	8.6	3.2	14.6	5.5
27	5 36.8	5 37.7	5 21.4	2.7	1.0	8.7	3.3	14.7	5.5
28	5 37.0	5 37.9	5 21.6	2.8	1.1	8.8	3.3	14.8	5.6
29	5 37.3	5 38.2	5 21.9	2.9	1.1	8.9	3.3	14.9	5.6
30	5 37.5	5 38.4	5 22.1	3.0	1.1	9.0	3.4	15.0	5.6
31	5 37.8	5 38.7	5 22.4	3.1	1.2	9.1	3.4	15.1	5.7
32	5 38.0	5 38.9	5 22.6	3.2	1.2	9.2	3.5	15.2	5.7
33	5 38.3	5 39.2	5 22.8	3.3	1.2	9.3	3.5	15.3	5.7
34	5 38.5	5 39.4	5 23.1	3.4	1.3	9.4	3.5	15.4	5.8
35	5 38.8	5 39.7	5 23.3	3.5	1.3	9.5	3.6	15.5	5.8
36	5 39.0	5 39.9	5 23.6	3.6	1.4	9.6	3.6	15.6	5.9
37	5 39.3	5 40.2	5 23.8	3.7	1.4	9.7	3.6	15.7	5.9
38	5 39.5	5 40.4	5 24.0	3.8	1.4	9.8	3.7	15.8	5.9
39	5 39.8	5 40.7	5 24.3	3.9	1.5	9.9	3.7	15.9	6.0
40	5 40.0	5 40.9	5 24.5	4.0	1.5	10.0	3.8	16.0	6.0
41	5 40.3	5 41.2	5 24.7	4.1	1.5	10.1	3.8	16.1	6.0
42	5 40.5	5 41.4	5 25.0	4.2	1.6	10.2	3.8	16.2	6.1
43	5 40.8	5 41.7	5 25.2	4.3	1.6	10.3	3.9	16.3	6.1
44	5 41.0	5 41.9	5 25.5	4.4	1.7	10.4	3.9	16.4	6.2
45	5 41.3	5 42.2	5 25.7	4.5	1.7	10.5	3.9	16.5	6.2
46	5 41.5	5 42.4	5 25.9	4.6	1.7	10.6	4.0	16.6	6.2
47	5 41.8	5 42.7	5 26.2	4.7	1.8	10.7	4.0	16.7	6.3
48	5 42.0	5 42.9	5 26.4	4.8	1.8	10.8	4.1	16.8	6.3
49	5 42.3	5 43.2	5 26.7	4.9	1.8	10.9	4.1	16.9	6.3
50	5 42.5	5 43.4	5 26.9	5.0	1.9	11.0	4.1	17.0	6.4
51	5 42.8	5 43.7	5 27.1	5.1	1.9	11.1	4.2	17.1	6.4
52	5 43.0	5 43.9	5 27.4	5.2	2.0	11.2	4.2	17.2	6.5
53	5 43.3	5 44.2	5 27.6	5.3	2.0	11.3	4.2	17.3	6.5
54	5 43.5	5 44.4	5 27.9	5.4	2.0	11.4	4.3	17.4	6.5
55	5 43.8	5 44.7	5 28.1	5.5	2.1	11.5	4.3	17.5	6.6
56	5 44.0	5 44.9	5 28.3	5.6	2.1	11.6	4.4	17.6	6.6
57	5 44.3	5 45.2	5 28.6	5.7	2.1	11.7	4.4	17.7	6.6
58	5 44.5	5 45.4	5 28.8	5.8	2.2	11.8	4.4	17.8	6.7
59	5 44.8	5 45.7	5 29.0	5.9	2.2	11.9	4.5	17.9	6.7
60	5 45.0	5 45.9	5 29.3	6.0	2.3	12.0	4.5	18.0	6.8

23ᵐ

23ˢ	SUN PLANETS	ARIES	MOON	v or Corrⁿ d		v or Corrⁿ d		v or Corrⁿ d	
s	° ′	° ′	° ′	′	′	′	′	′	′
00	5 45.0	5 45.9	5 29.3	0.0	0.0	6.0	2.4	12.0	4.7
01	5 45.3	5 46.2	5 29.5	0.1	0.0	6.1	2.4	12.1	4.7
02	5 45.5	5 46.4	5 29.8	0.2	0.1	6.2	2.4	12.2	4.8
03	5 45.8	5 46.7	5 30.0	0.3	0.1	6.3	2.5	12.3	4.8
04	5 46.0	5 46.9	5 30.2	0.4	0.2	6.4	2.5	12.4	4.9
05	5 46.3	5 47.2	5 30.5	0.5	0.2	6.5	2.5	12.5	4.9
06	5 46.5	5 47.4	5 30.7	0.6	0.2	6.6	2.6	12.6	4.9
07	5 46.8	5 47.7	5 31.0	0.7	0.3	6.7	2.6	12.7	5.0
08	5 47.0	5 48.0	5 31.2	0.8	0.3	6.8	2.7	12.8	5.0
09	5 47.3	5 48.2	5 31.4	0.9	0.4	6.9	2.7	12.9	5.1
10	5 47.5	5 48.5	5 31.7	1.0	0.4	7.0	2.7	13.0	5.1
11	5 47.8	5 48.7	5 31.9	1.1	0.4	7.1	2.8	13.1	5.1
12	5 48.0	5 49.0	5 32.1	1.2	0.5	7.2	2.8	13.2	5.2
13	5 48.3	5 49.2	5 32.4	1.3	0.5	7.3	2.9	13.3	5.2
14	5 48.5	5 49.5	5 32.6	1.4	0.5	7.4	2.9	13.4	5.2
15	5 48.8	5 49.7	5 32.9	1.5	0.6	7.5	2.9	13.5	5.3
16	5 49.0	5 50.0	5 33.1	1.6	0.6	7.6	3.0	13.6	5.3
17	5 49.3	5 50.2	5 33.3	1.7	0.7	7.7	3.0	13.7	5.4
18	5 49.5	5 50.5	5 33.6	1.8	0.7	7.8	3.1	13.8	5.4
19	5 49.8	5 50.7	5 33.8	1.9	0.7	7.9	3.1	13.9	5.4
20	5 50.0	5 51.0	5 34.1	2.0	0.8	8.0	3.1	14.0	5.5
21	5 50.3	5 51.2	5 34.3	2.1	0.8	8.1	3.2	14.1	5.5
22	5 50.5	5 51.5	5 34.5	2.2	0.9	8.2	3.2	14.2	5.6
23	5 50.8	5 51.7	5 34.8	2.3	0.9	8.3	3.3	14.3	5.6
24	5 51.0	5 52.0	5 35.0	2.4	0.9	8.4	3.3	14.4	5.6
25	5 51.3	5 52.2	5 35.2	2.5	1.0	8.5	3.3	14.5	5.7
26	5 51.5	5 52.5	5 35.5	2.6	1.0	8.6	3.4	14.6	5.7
27	5 51.8	5 52.7	5 35.7	2.7	1.1	8.7	3.4	14.7	5.8
28	5 52.0	5 53.0	5 36.0	2.8	1.1	8.8	3.4	14.8	5.8
29	5 52.3	5 53.2	5 36.2	2.9	1.1	8.9	3.5	14.9	5.8
30	5 52.5	5 53.5	5 36.4	3.0	1.2	9.0	3.5	15.0	5.9
31	5 52.8	5 53.7	5 36.7	3.1	1.2	9.1	3.6	15.1	5.9
32	5 53.0	5 54.0	5 36.9	3.2	1.3	9.2	3.6	15.2	6.0
33	5 53.3	5 54.2	5 37.2	3.3	1.3	9.3	3.6	15.3	6.0
34	5 53.5	5 54.5	5 37.4	3.4	1.3	9.4	3.7	15.4	6.0
35	5 53.8	5 54.7	5 37.6	3.5	1.4	9.5	3.7	15.5	6.1
36	5 54.0	5 55.0	5 37.9	3.6	1.4	9.6	3.8	15.6	6.1
37	5 54.3	5 55.2	5 38.1	3.7	1.4	9.7	3.8	15.7	6.1
38	5 54.5	5 55.5	5 38.4	3.8	1.5	9.8	3.8	15.8	6.2
39	5 54.8	5 55.7	5 38.6	3.9	1.5	9.9	3.9	15.9	6.2
40	5 55.0	5 56.0	5 38.8	4.0	1.6	10.0	3.9	16.0	6.3
41	5 55.3	5 56.2	5 39.1	4.1	1.6	10.1	4.0	16.1	6.3
42	5 55.5	5 56.5	5 39.3	4.2	1.6	10.2	4.0	16.2	6.3
43	5 55.8	5 56.7	5 39.5	4.3	1.7	10.3	4.0	16.3	6.4
44	5 56.0	5 57.0	5 39.8	4.4	1.7	10.4	4.1	16.4	6.4
45	5 56.3	5 57.2	5 40.0	4.5	1.8	10.5	4.1	16.5	6.5
46	5 56.5	5 57.5	5 40.3	4.6	1.8	10.6	4.2	16.6	6.5
47	5 56.8	5 57.7	5 40.5	4.7	1.8	10.7	4.2	16.7	6.5
48	5 57.0	5 58.0	5 40.7	4.8	1.9	10.8	4.2	16.8	6.6
49	5 57.3	5 58.2	5 41.0	4.9	1.9	10.9	4.3	16.9	6.6
50	5 57.5	5 58.5	5 41.2	5.0	2.0	11.0	4.3	17.0	6.7
51	5 57.8	5 58.7	5 41.5	5.1	2.0	11.1	4.3	17.1	6.7
52	5 58.0	5 59.0	5 41.7	5.2	2.0	11.2	4.4	17.2	6.7
53	5 58.3	5 59.2	5 41.9	5.3	2.1	11.3	4.4	17.3	6.8
54	5 58.5	5 59.5	5 42.2	5.4	2.1	11.4	4.5	17.4	6.8
55	5 58.8	5 59.7	5 42.4	5.5	2.2	11.5	4.5	17.5	6.9
56	5 59.0	6 00.0	5 42.6	5.6	2.2	11.6	4.5	17.6	6.9
57	5 59.3	6 00.2	5 42.9	5.7	2.2	11.7	4.6	17.7	6.9
58	5 59.5	6 00.5	5 43.1	5.8	2.3	11.8	4.6	17.8	7.0
59	5 59.8	6 00.7	5 43.4	5.9	2.3	11.9	4.7	17.9	7.0
60	6 00.0	6 01.0	5 43.6	6.0	2.4	12.0	4.7	18.0	7.1

INCREMENTS AND CORRECTIONS

24ᵐ / **25ᵐ**

24ᵐ	SUN PLANETS	ARIES	MOON	v or Corrⁿ d	v or Corrⁿ d	v or Corrⁿ d
s	° ′	° ′	° ′	′ ′	′ ′	′ ′
00	6 00·0	6 01·0	5 43·6	0·0 0·0	6·0 2·5	12·0 4·9
01	6 00·3	6 01·2	5 43·8	0·1 0·0	6·1 2·5	12·1 4·9
02	6 00·5	6 01·5	5 44·1	0·2 0·1	6·2 2·5	12·2 5·0
03	6 00·8	6 01·7	5 44·3	0·3 0·1	6·3 2·6	12·3 5·0
04	6 01·0	6 02·0	5 44·6	0·4 0·2	6·4 2·6	12·4 5·1
05	6 01·3	6 02·2	5 44·8	0·5 0·2	6·5 2·7	12·5 5·1
06	6 01·5	6 02·5	5 45·0	0·6 0·2	6·6 2·7	12·6 5·1
07	6 01·8	6 02·7	5 45·3	0·7 0·3	6·7 2·7	12·7 5·2
08	6 02·0	6 03·0	5 45·5	0·8 0·3	6·8 2·8	12·8 5·2
09	6 02·3	6 03·2	5 45·7	0·9 0·4	6·9 2·8	12·9 5·3
10	6 02·5	6 03·5	5 46·0	1·0 0·4	7·0 2·9	13·0 5·3
11	6 02·8	6 03·7	5 46·2	1·1 0·4	7·1 2·9	13·1 5·3
12	6 03·0	6 04·0	5 46·5	1·2 0·5	7·2 2·9	13·2 5·4
13	6 03·3	6 04·2	5 46·7	1·3 0·5	7·3 3·0	13·3 5·4
14	6 03·5	6 04·5	5 46·9	1·4 0·6	7·4 3·0	13·4 5·5
15	6 03·8	6 04·7	5 47·2	1·5 0·6	7·5 3·1	13·5 5·5
16	6 04·0	6 05·0	5 47·4	1·6 0·7	7·6 3·1	13·6 5·6
17	6 04·3	6 05·2	5 47·7	1·7 0·7	7·7 3·1	13·7 5·6
18	6 04·5	6 05·5	5 47·9	1·8 0·7	7·8 3·2	13·8 5·6
19	6 04·8	6 05·7	5 48·1	1·9 0·8	7·9 3·2	13·9 5·7
20	6 05·0	6 06·0	5 48·4	2·0 0·8	8·0 3·3	14·0 5·7
21	6 05·3	6 06·3	5 48·6	2·1 0·9	8·1 3·3	14·1 5·8
22	6 05·5	6 06·5	5 48·8	2·2 0·9	8·2 3·3	14·2 5·8
23	6 05·8	6 06·8	5 49·1	2·3 0·9	8·3 3·4	14·3 5·8
24	6 06·0	6 07·0	5 49·3	2·4 1·0	8·4 3·4	14·4 5·9
25	6 06·3	6 07·3	5 49·6	2·5 1·0	8·5 3·5	14·5 5·9
26	6 06·5	6 07·5	5 49·8	2·6 1·1	8·6 3·5	14·6 6·0
27	6 06·8	6 07·8	5 50·0	2·7 1·1	8·7 3·6	14·7 6·0
28	6 07·0	6 08·0	5 50·3	2·8 1·1	8·8 3·6	14·8 6·0
29	6 07·3	6 08·3	5 50·5	2·9 1·2	8·9 3·6	14·9 6·1
30	6 07·5	6 08·5	5 50·8	3·0 1·2	9·0 3·7	15·0 6·1
31	6 07·8	6 08·8	5 51·0	3·1 1·3	9·1 3·7	15·1 6·2
32	6 08·0	6 09·0	5 51·2	3·2 1·3	9·2 3·8	15·2 6·2
33	6 08·3	6 09·3	5 51·5	3·3 1·3	9·3 3·8	15·3 6·2
34	6 08·5	6 09·5	5 51·7	3·4 1·4	9·4 3·8	15·4 6·3
35	6 08·8	6 09·8	5 52·0	3·5 1·4	9·5 3·9	15·5 6·3
36	6 09·0	6 10·0	5 52·2	3·6 1·5	9·6 3·9	15·6 6·4
37	6 09·3	6 10·3	5 52·4	3·7 1·5	9·7 4·0	15·7 6·4
38	6 09·5	6 10·5	5 52·7	3·8 1·6	9·8 4·0	15·8 6·5
39	6 09·8	6 10·8	5 52·9	3·9 1·6	9·9 4·0	15·9 6·5
40	6 10·0	6 11·0	5 53·1	4·0 1·6	10·0 4·1	16·0 6·5
41	6 10·3	6 11·3	5 53·4	4·1 1·7	10·1 4·1	16·1 6·6
42	6 10·5	6 11·5	5 53·6	4·2 1·7	10·2 4·2	16·2 6·6
43	6 10·8	6 11·8	5 53·9	4·3 1·8	10·3 4·2	16·3 6·7
44	6 11·0	6 12·0	5 54·1	4·4 1·8	10·4 4·2	16·4 6·7
45	6 11·3	6 12·3	5 54·3	4·5 1·8	10·5 4·3	16·5 6·7
46	6 11·5	6 12·5	5 54·6	4·6 1·9	10·6 4·3	16·6 6·8
47	6 11·8	6 12·8	5 54·8	4·7 1·9	10·7 4·4	16·7 6·8
48	6 12·0	6 13·0	5 55·1	4·8 2·0	10·8 4·4	16·8 6·9
49	6 12·3	6 13·3	5 55·3	4·9 2·0	10·9 4·5	16·9 6·9
50	6 12·5	6 13·5	5 55·5	5·0 2·0	11·0 4·5	17·0 6·9
51	6 12·8	6 13·8	5 55·8	5·1 2·1	11·1 4·5	17·1 7·0
52	6 13·0	6 14·0	5 56·0	5·2 2·1	11·2 4·6	17·2 7·0
53	6 13·3	6 14·3	5 56·2	5·3 2·2	11·3 4·6	17·3 7·1
54	6 13·5	6 14·5	5 56·5	5·4 2·2	11·4 4·7	17·4 7·1
55	6 13·8	6 14·8	5 56·7	5·5 2·2	11·5 4·7	17·5 7·1
56	6 14·0	6 15·0	5 57·0	5·6 2·3	11·6 4·7	17·6 7·2
57	6 14·3	6 15·3	5 57·2	5·7 2·3	11·7 4·8	17·7 7·2
58	6 14·5	6 15·5	5 57·4	5·8 2·4	11·8 4·8	17·8 7·3
59	6 14·8	6 15·8	5 57·7	5·9 2·4	11·9 4·9	17·9 7·3
60	6 15·0	6 16·0	5 57·9	6·0 2·5	12·0 4·9	18·0 7·4

25ᵐ	SUN PLANETS	ARIES	MOON	v or Corrⁿ d	v or Corrⁿ d	v or Corrⁿ d
s	° ′	° ′	° ′	′ ′	′ ′	′ ′
00	6 15·0	6 16·0	5 57·9	0·0 0·0	6·0 2·6	12·0 5·1
01	6 15·3	6 16·3	5 58·2	0·1 0·0	6·1 2·6	12·1 5·1
02	6 15·5	6 16·5	5 58·4	0·2 0·1	6·2 2·6	12·2 5·2
03	6 15·8	6 16·8	5 58·6	0·3 0·1	6·3 2·7	12·3 5·2
04	6 16·0	6 17·0	5 58·9	0·4 0·2	6·4 2·7	12·4 5·3
05	6 16·3	6 17·3	5 59·1	0·5 0·2	6·5 2·8	12·5 5·3
06	6 16·5	6 17·5	5 59·3	0·6 0·3	6·6 2·8	12·6 5·4
07	6 16·8	6 17·8	5 59·6	0·7 0·3	6·7 2·8	12·7 5·4
08	6 17·0	6 18·0	5 59·8	0·8 0·3	6·8 2·9	12·8 5·4
09	6 17·3	6 18·3	6 00·1	0·9 0·4	6·9 2·9	12·9 5·5
10	6 17·5	6 18·5	6 00·3	1·0 0·4	7·0 3·0	13·0 5·5
11	6 17·8	6 18·8	6 00·5	1·1 0·5	7·1 3·0	13·1 5·6
12	6 18·0	6 19·0	6 00·8	1·2 0·5	7·2 3·1	13·2 5·6
13	6 18·3	6 19·3	6 01·0	1·3 0·6	7·3 3·1	13·3 5·7
14	6 18·5	6 19·5	6 01·3	1·4 0·6	7·4 3·1	13·4 5·7
15	6 18·8	6 19·8	6 01·5	1·5 0·6	7·5 3·2	13·5 5·7
16	6 19·0	6 20·0	6 01·7	1·6 0·7	7·6 3·2	13·6 5·8
17	6 19·3	6 20·3	6 02·0	1·7 0·7	7·7 3·3	13·7 5·8
18	6 19·5	6 20·5	6 02·2	1·8 0·8	7·8 3·3	13·8 5·9
19	6 19·8	6 20·8	6 02·5	1·9 0·8	7·9 3·4	13·9 5·9
20	6 20·0	6 21·0	6 02·7	2·0 0·9	8·0 3·4	14·0 6·0
21	6 20·3	6 21·3	6 02·9	2·1 0·9	8·1 3·4	14·1 6·0
22	6 20·5	6 21·5	6 03·2	2·2 0·9	8·2 3·5	14·2 6·0
23	6 20·8	6 21·8	6 03·4	2·3 1·0	8·3 3·5	14·3 6·1
24	6 21·0	6 22·0	6 03·6	2·4 1·0	8·4 3·6	14·4 6·1
25	6 21·3	6 22·3	6 03·9	2·5 1·1	8·5 3·6	14·5 6·2
26	6 21·5	6 22·5	6 04·1	2·6 1·1	8·6 3·7	14·6 6·2
27	6 21·8	6 22·8	6 04·4	2·7 1·1	8·7 3·7	14·7 6·2
28	6 22·0	6 23·0	6 04·6	2·8 1·2	8·8 3·7	14·8 6·3
29	6 22·3	6 23·3	6 04·8	2·9 1·2	8·9 3·8	14·9 6·3
30	6 22·5	6 23·5	6 05·1	3·0 1·3	9·0 3·8	15·0 6·4
31	6 22·8	6 23·8	6 05·3	3·1 1·3	9·1 3·9	15·1 6·4
32	6 23·0	6 24·0	6 05·6	3·2 1·4	9·2 3·9	15·2 6·5
33	6 23·3	6 24·3	6 05·8	3·3 1·4	9·3 4·0	15·3 6·5
34	6 23·5	6 24·5	6 06·0	3·4 1·4	9·4 4·0	15·4 6·5
35	6 23·8	6 24·8	6 06·3	3·5 1·5	9·5 4·0	15·5 6·6
36	6 24·0	6 25·1	6 06·5	3·6 1·5	9·6 4·1	15·6 6·6
37	6 24·3	6 25·3	6 06·7	3·7 1·6	9·7 4·1	15·7 6·7
38	6 24·5	6 25·6	6 07·0	3·8 1·6	9·8 4·2	15·8 6·7
39	6 24·8	6 25·8	6 07·2	3·9 1·7	9·9 4·2	15·9 6·8
40	6 25·0	6 26·1	6 07·5	4·0 1·7	10·0 4·3	16·0 6·8
41	6 25·3	6 26·3	6 07·7	4·1 1·7	10·1 4·3	16·1 6·8
42	6 25·5	6 26·6	6 07·9	4·2 1·8	10·2 4·3	16·2 6·9
43	6 25·8	6 26·8	6 08·2	4·3 1·8	10·3 4·4	16·3 6·9
44	6 26·0	6 27·1	6 08·4	4·4 1·9	10·4 4·4	16·4 7·0
45	6 26·3	6 27·3	6 08·7	4·5 1·9	10·5 4·5	16·5 7·0
46	6 26·5	6 27·6	6 08·9	4·6 2·0	10·6 4·5	16·6 7·1
47	6 26·8	6 27·8	6 09·1	4·7 2·0	10·7 4·5	16·7 7·1
48	6 27·0	6 28·1	6 09·4	4·8 2·0	10·8 4·6	16·8 7·1
49	6 27·3	6 28·3	6 09·6	4·9 2·1	10·9 4·6	16·9 7·2
50	6 27·5	6 28·6	6 09·8	5·0 2·1	11·0 4·7	17·0 7·2
51	6 27·8	6 28·8	6 10·1	5·1 2·2	11·1 4·7	17·1 7·3
52	6 28·0	6 29·1	6 10·3	5·2 2·2	11·2 4·8	17·2 7·3
53	6 28·3	6 29·3	6 10·6	5·3 2·3	11·3 4·8	17·3 7·4
54	6 28·5	6 29·6	6 10·8	5·4 2·3	11·4 4·8	17·4 7·4
55	6 28·8	6 29·8	6 11·0	5·5 2·3	11·5 4·9	17·5 7·4
56	6 29·0	6 30·1	6 11·3	5·6 2·4	11·6 4·9	17·6 7·5
57	6 29·3	6 30·3	6 11·5	5·7 2·4	11·7 5·0	17·7 7·5
58	6 29·5	6 30·6	6 11·8	5·8 2·5	11·8 5·0	17·8 7·6
59	6 29·8	6 30·8	6 12·0	5·9 2·5	11·9 5·1	17·9 7·6
60	6 30·0	6 31·1	6 12·2	6·0 2·6	12·0 5·1	18·0 7·7

INCREMENTS AND CORRECTIONS

26ᵐ   **27ᵐ**

26ᵐ	SUN PLANETS	ARIES	MOON	v or Corrⁿ d		v or Corrⁿ d		v or Corrⁿ d	
s	° ′	° ′	° ′	′	′	′	′	′	′
00	6 30·0	6 31·1	6 12·2	0·0	0·0	6·0	2·7	12·0	5·3
01	6 30·3	6 31·3	6 12·5	0·1	0·0	6·1	2·7	12·1	5·3
02	6 30·5	6 31·6	6 12·7	0·2	0·1	6·2	2·7	12·2	5·4
03	6 30·8	6 31·8	6 12·9	0·3	0·1	6·3	2·8	12·3	5·4
04	6 31·0	6 32·1	6 13·2	0·4	0·2	6·4	2·8	12·4	5·5
05	6 31·3	6 32·3	6 13·4	0·5	0·2	6·5	2·9	12·5	5·5
06	6 31·5	6 32·6	6 13·7	0·6	0·3	6·6	2·9	12·6	5·6
07	6 31·8	6 32·8	6 13·9	0·7	0·3	6·7	3·0	12·7	5·6
08	6 32·0	6 33·1	6 14·1	0·8	0·4	6·8	3·0	12·8	5·7
09	6 32·3	6 33·3	6 14·4	0·9	0·4	6·9	3·0	12·9	5·7
10	6 32·5	6 33·6	6 14·6	1·0	0·4	7·0	3·1	13·0	5·7
11	6 32·8	6 33·8	6 14·9	1·1	0·5	7·1	3·1	13·1	5·8
12	6 33·0	6 34·1	6 15·1	1·2	0·5	7·2	3·2	13·2	5·8
13	6 33·3	6 34·3	6 15·3	1·3	0·6	7·3	3·2	13·3	5·9
14	6 33·5	6 34·6	6 15·6	1·4	0·6	7·4	3·3	13·4	5·9
15	6 33·8	6 34·8	6 15·8	1·5	0·7	7·5	3·3	13·5	6·0
16	6 34·0	6 35·1	6 16·1	1·6	0·7	7·6	3·4	13·6	6·0
17	6 34·3	6 35·3	6 16·3	1·7	0·8	7·7	3·4	13·7	6·1
18	6 34·5	6 35·6	6 16·5	1·8	0·8	7·8	3·4	13·8	6·1
19	6 34·8	6 35·8	6 16·8	1·9	0·8	7·9	3·5	13·9	6·1
20	6 35·0	6 36·1	6 17·0	2·0	0·9	8·0	3·5	14·0	6·2
21	6 35·3	6 36·3	6 17·2	2·1	0·9	8·1	3·6	14·1	6·2
22	6 35·5	6 36·6	6 17·5	2·2	1·0	8·2	3·6	14·2	6·3
23	6 35·8	6 36·8	6 17·7	2·3	1·0	8·3	3·7	14·3	6·3
24	6 36·0	6 37·1	6 18·0	2·4	1·1	8·4	3·7	14·4	6·4
25	6 36·3	6 37·3	6 18·2	2·5	1·1	8·5	3·8	14·5	6·4
26	6 36·5	6 37·6	6 18·4	2·6	1·1	8·6	3·8	14·6	6·4
27	6 36·8	6 37·8	6 18·7	2·7	1·2	8·7	3·8	14·7	6·5
28	6 37·0	6 38·1	6 18·9	2·8	1·2	8·8	3·9	14·8	6·5
29	6 37·3	6 38·3	6 19·2	2·9	1·3	8·9	3·9	14·9	6·6
30	6 37·5	6 38·6	6 19·4	3·0	1·3	9·0	4·0	15·0	6·6
31	6 37·8	6 38·8	6 19·6	3·1	1·4	9·1	4·0	15·1	6·7
32	6 38·0	6 39·1	6 19·9	3·2	1·4	9·2	4·1	15·2	6·7
33	6 38·3	6 39·3	6 20·1	3·3	1·5	9·3	4·1	15·3	6·8
34	6 38·5	6 39·6	6 20·3	3·4	1·5	9·4	4·2	15·4	6·8
35	6 38·8	6 39·8	6 20·6	3·5	1·5	9·5	4·2	15·5	6·8
36	6 39·0	6 40·1	6 20·8	3·6	1·6	9·6	4·2	15·6	6·9
37	6 39·3	6 40·3	6 21·1	3·7	1·6	9·7	4·3	15·7	6·9
38	6 39·5	6 40·6	6 21·3	3·8	1·7	9·8	4·3	15·8	7·0
39	6 39·8	6 40·8	6 21·5	3·9	1·7	9·9	4·4	15·9	7·0
40	6 40·0	6 41·1	6 21·8	4·0	1·8	10·0	4·4	16·0	7·1
41	6 40·3	6 41·3	6 22·0	4·1	1·8	10·1	4·5	16·1	7·1
42	6 40·5	6 41·6	6 22·3	4·2	1·9	10·2	4·5	16·2	7·2
43	6 40·8	6 41·8	6 22·5	4·3	1·9	10·3	4·5	16·3	7·2
44	6 41·0	6 42·1	6 22·7	4·4	1·9	10·4	4·6	16·4	7·2
45	6 41·3	6 42·3	6 23·0	4·5	2·0	10·5	4·6	16·5	7·3
46	6 41·5	6 42·6	6 23·2	4·6	2·0	10·6	4·7	16·6	7·3
47	6 41·8	6 42·8	6 23·4	4·7	2·1	10·7	4·7	16·7	7·4
48	6 42·0	6 43·1	6 23·7	4·8	2·1	10·8	4·8	16·8	7·4
49	6 42·3	6 43·4	6 23·9	4·9	2·2	10·9	4·8	16·9	7·5
50	6 42·5	6 43·6	6 24·2	5·0	2·2	11·0	4·9	17·0	7·5
51	6 42·8	6 43·9	6 24·4	5·1	2·3	11·1	4·9	17·1	7·6
52	6 43·0	6 44·1	6 24·6	5·2	2·3	11·2	4·9	17·2	7·6
53	6 43·3	6 44·4	6 24·9	5·3	2·3	11·3	5·0	17·3	7·6
54	6 43·5	6 44·6	6 25·1	5·4	2·4	11·4	5·0	17·4	7·7
55	6 43·8	6 44·9	6 25·4	5·5	2·4	11·5	5·1	17·5	7·7
56	6 44·0	6 45·1	6 25·6	5·6	2·5	11·6	5·1	17·6	7·8
57	6 44·3	6 45·4	6 25·8	5·7	2·5	11·7	5·2	17·7	7·8
58	6 44·5	6 45·6	6 26·1	5·8	2·6	11·8	5·2	17·8	7·9
59	6 44·8	6 45·9	6 26·3	5·9	2·6	11·9	5·3	17·9	7·9
60	6 45·0	6 46·1	6 26·6	6·0	2·7	12·0	5·3	18·0	8·0

27ᵐ	SUN PLANETS	ARIES	MOON	v or Corrⁿ d		v or Corrⁿ d		v or Corrⁿ d	
s	° ′	° ′	° ′	′	′	′	′	′	′
00	6 45·0	6 46·1	6 26·6	0·0	0·0	6·0	2·8	12·0	5·5
01	6 45·3	6 46·4	6 26·8	0·1	0·0	6·1	2·8	12·1	5·5
02	6 45·5	6 46·6	6 27·0	0·2	0·1	6·2	2·8	12·2	5·6
03	6 45·8	6 46·9	6 27·3	0·3	0·1	6·3	2·9	12·3	5·6
04	6 46·0	6 47·1	6 27·5	0·4	0·2	6·4	2·9	12·4	5·7
05	6 46·3	6 47·4	6 27·7	0·5	0·2	6·5	3·0	12·5	5·7
06	6 46·5	6 47·6	6 28·0	0·6	0·3	6·6	3·0	12·6	5·8
07	6 46·8	6 47·9	6 28·2	0·7	0·3	6·7	3·1	12·7	5·8
08	6 47·0	6 48·1	6 28·5	0·8	0·4	6·8	3·1	12·8	5·9
09	6 47·3	6 48·4	6 28·7	0·9	0·4	6·9	3·2	12·9	5·9
10	6 47·5	6 48·6	6 28·9	1·0	0·5	7·0	3·2	13·0	6·0
11	6 47·8	6 48·9	6 29·2	1·1	0·5	7·1	3·3	13·1	6·0
12	6 48·0	6 49·1	6 29·4	1·2	0·6	7·2	3·3	13·2	6·1
13	6 48·3	6 49·4	6 29·7	1·3	0·6	7·3	3·3	13·3	6·1
14	6 48·5	6 49·6	6 29·9	1·4	0·6	7·4	3·4	13·4	6·1
15	6 48·8	6 49·9	6 30·1	1·5	0·7	7·5	3·4	13·5	6·2
16	6 49·0	6 50·1	6 30·4	1·6	0·7	7·6	3·5	13·6	6·2
17	6 49·3	6 50·4	6 30·6	1·7	0·8	7·7	3·5	13·7	6·3
18	6 49·5	6 50·6	6 30·8	1·8	0·8	7·8	3·6	13·8	6·3
19	6 49·8	6 50·9	6 31·1	1·9	0·9	7·9	3·6	13·9	6·4
20	6 50·0	6 51·1	6 31·3	2·0	0·9	8·0	3·7	14·0	6·4
21	6 50·3	6 51·4	6 31·6	2·1	1·0	8·1	3·7	14·1	6·5
22	6 50·5	6 51·6	6 31·8	2·2	1·0	8·2	3·8	14·2	6·5
23	6 50·8	6 51·9	6 32·0	2·3	1·1	8·3	3·8	14·3	6·6
24	6 51·0	6 52·1	6 32·3	2·4	1·1	8·4	3·9	14·4	6·6
25	6 51·3	6 52·4	6 32·5	2·5	1·1	8·5	3·9	14·5	6·6
26	6 51·5	6 52·6	6 32·8	2·6	1·2	8·6	3·9	14·6	6·7
27	6 51·8	6 52·9	6 33·0	2·7	1·2	8·7	4·0	14·7	6·7
28	6 52·0	6 53·1	6 33·2	2·8	1·3	8·8	4·0	14·8	6·8
29	6 52·3	6 53·4	6 33·5	2·9	1·3	8·9	4·1	14·9	6·8
30	6 52·5	6 53·6	6 33·7	3·0	1·4	9·0	4·1	15·0	6·9
31	6 52·8	6 53·9	6 33·9	3·1	1·4	9·1	4·2	15·1	6·9
32	6 53·0	6 54·1	6 34·2	3·2	1·5	9·2	4·2	15·2	7·0
33	6 53·3	6 54·4	6 34·4	3·3	1·5	9·3	4·3	15·3	7·0
34	6 53·5	6 54·6	6 34·7	3·4	1·6	9·4	4·3	15·4	7·1
35	6 53·8	6 54·9	6 34·9	3·5	1·6	9·5	4·4	15·5	7·1
36	6 54·0	6 55·1	6 35·1	3·6	1·7	9·6	4·4	15·6	7·2
37	6 54·3	6 55·4	6 35·4	3·7	1·7	9·7	4·4	15·7	7·2
38	6 54·5	6 55·6	6 35·6	3·8	1·7	9·8	4·5	15·8	7·2
39	6 54·8	6 55·9	6 35·9	3·9	1·8	9·9	4·5	15·9	7·3
40	6 55·0	6 56·1	6 36·1	4·0	1·8	10·0	4·6	16·0	7·3
41	6 55·3	6 56·4	6 36·3	4·1	1·9	10·1	4·6	16·1	7·4
42	6 55·5	6 56·6	6 36·6	4·2	1·9	10·2	4·7	16·2	7·4
43	6 55·8	6 56·9	6 36·8	4·3	2·0	10·3	4·7	16·3	7·5
44	6 56·0	6 57·1	6 37·0	4·4	2·0	10·4	4·8	16·4	7·5
45	6 56·3	6 57·4	6 37·3	4·5	2·1	10·5	4·8	16·5	7·6
46	6 56·5	6 57·6	6 37·5	4·6	2·1	10·6	4·9	16·6	7·6
47	6 56·8	6 57·9	6 37·8	4·7	2·2	10·7	4·9	16·7	7·7
48	6 57·0	6 58·1	6 38·0	4·8	2·2	10·8	5·0	16·8	7·7
49	6 57·3	6 58·4	6 38·2	4·9	2·2	10·9	5·0	16·9	7·7
50	6 57·5	6 58·6	6 38·5	5·0	2·3	11·0	5·0	17·0	7·8
51	6 57·8	6 58·9	6 38·7	5·1	2·3	11·1	5·1	17·1	7·8
52	6 58·0	6 59·1	6 39·0	5·2	2·4	11·2	5·1	17·2	7·9
53	6 58·3	6 59·4	6 39·2	5·3	2·4	11·3	5·2	17·3	7·9
54	6 58·5	6 59·6	6 39·4	5·4	2·5	11·4	5·2	17·4	8·0
55	6 58·8	6 59·9	6 39·7	5·5	2·5	11·5	5·3	17·5	8·0
56	6 59·0	7 00·1	6 39·9	5·6	2·6	11·6	5·3	17·6	8·1
57	6 59·3	7 00·4	6 40·2	5·7	2·6	11·7	5·4	17·7	8·1
58	6 59·5	7 00·6	6 40·4	5·8	2·7	11·8	5·4	17·8	8·2
59	6 59·8	7 00·9	6 40·6	5·9	2·7	11·9	5·5	17·9	8·2
60	7 00·0	7 01·1	6 40·9	6·0	2·8	12·0	5·5	18·0	8·3

xv

INCREMENTS AND CORRECTIONS

28ᵐ

28ᵐ s	SUN PLANETS	ARIES	MOON	v or d Corrⁿ		v or d Corrⁿ		v or d Corrⁿ	
00	7 00·0	7 01·1	6 40·9	0·0	0·0	6·0	2·9	12·0	5·7
01	7 00·3	7 01·4	6 41·1	0·1	0·0	6·1	2·9	12·1	5·7
02	7 00·5	7 01·7	6 41·3	0·2	0·1	6·2	2·9	12·2	5·8
03	7 00·8	7 01·9	6 41·6	0·3	0·1	6·3	3·0	12·3	5·8
04	7 01·0	7 02·2	6 41·8	0·4	0·2	6·4	3·0	12·4	5·9
05	7 01·3	7 02·4	6 42·1	0·5	0·2	6·5	3·1	12·5	5·9
06	7 01·5	7 02·7	6 42·3	0·6	0·3	6·6	3·1	12·6	6·0
07	7 01·8	7 02·9	6 42·5	0·7	0·3	6·7	3·2	12·7	6·0
08	7 02·0	7 03·2	6 42·8	0·8	0·4	6·8	3·2	12·8	6·1
09	7 02·3	7 03·4	6 43·0	0·9	0·4	6·9	3·3	12·9	6·1
10	7 02·5	7 03·7	6 43·3	1·0	0·5	7·0	3·3	13·0	6·2
11	7 02·8	7 03·9	6 43·5	1·1	0·5	7·1	3·4	13·1	6·2
12	7 03·0	7 04·2	6 43·7	1·2	0·6	7·2	3·4	13·2	6·3
13	7 03·3	7 04·4	6 44·0	1·3	0·6	7·3	3·5	13·3	6·3
14	7 03·5	7 04·7	6 44·2	1·4	0·7	7·4	3·5	13·4	6·4
15	7 03·8	7 04·9	6 44·4	1·5	0·7	7·5	3·6	13·5	6·4
16	7 04·0	7 05·2	6 44·7	1·6	0·8	7·6	3·6	13·6	6·5
17	7 04·3	7 05·4	6 44·9	1·7	0·8	7·7	3·7	13·7	6·5
18	7 04·5	7 05·7	6 45·2	1·8	0·9	7·8	3·7	13·8	6·6
19	7 04·8	7 05·9	6 45·4	1·9	0·9	7·9	3·8	13·9	6·6
20	7 05·0	7 06·2	6 45·6	2·0	1·0	8·0	3·8	14·0	6·7
21	7 05·3	7 06·4	6 45·9	2·1	1·0	8·1	3·8	14·1	6·7
22	7 05·5	7 06·7	6 46·1	2·2	1·0	8·2	3·9	14·2	6·7
23	7 05·8	7 06·9	6 46·4	2·3	1·1	8·3	3·9	14·3	6·8
24	7 06·0	7 07·2	6 46·6	2·4	1·1	8·4	4·0	14·4	6·8
25	7 06·3	7 07·4	6 46·8	2·5	1·2	8·5	4·0	14·5	6·9
26	7 06·5	7 07·7	6 47·1	2·6	1·2	8·6	4·1	14·6	6·9
27	7 06·8	7 07·9	6 47·3	2·7	1·3	8·7	4·1	14·7	7·0
28	7 07·0	7 08·2	6 47·5	2·8	1·3	8·8	4·2	14·8	7·0
29	7 07·3	7 08·4	6 47·8	2·9	1·4	8·9	4·2	14·9	7·1
30	7 07·5	7 08·7	6 48·0	3·0	1·4	9·0	4·3	15·0	7·1
31	7 07·8	7 08·9	6 48·3	3·1	1·5	9·1	4·3	15·1	7·2
32	7 08·0	7 09·2	6 48·5	3·2	1·5	9·2	4·4	15·2	7·2
33	7 08·3	7 09·4	6 48·7	3·3	1·6	9·3	4·4	15·3	7·3
34	7 08·5	7 09·7	6 49·0	3·4	1·6	9·4	4·5	15·4	7·3
35	7 08·8	7 09·9	6 49·2	3·5	1·7	9·5	4·5	15·5	7·4
36	7 09·0	7 10·2	6 49·5	3·6	1·7	9·6	4·6	15·6	7·4
37	7 09·3	7 10·4	6 49·7	3·7	1·8	9·7	4·6	15·7	7·5
38	7 09·5	7 10·7	6 49·9	3·8	1·8	9·8	4·7	15·8	7·5
39	7 09·8	7 10·9	6 50·2	3·9	1·9	9·9	4·7	15·9	7·6
40	7 10·0	7 11·2	6 50·4	4·0	1·9	10·0	4·8	16·0	7·6
41	7 10·3	7 11·4	6 50·6	4·1	1·9	10·1	4·8	16·1	7·6
42	7 10·5	7 11·7	6 50·9	4·2	2·0	10·2	4·8	16·2	7·7
43	7 10·8	7 11·9	6 51·1	4·3	2·0	10·3	4·9	16·3	7·7
44	7 11·0	7 12·2	6 51·4	4·4	2·1	10·4	4·9	16·4	7·8
45	7 11·3	7 12·4	6 51·6	4·5	2·1	10·5	5·0	16·5	7·8
46	7 11·5	7 12·7	6 51·8	4·6	2·2	10·6	5·0	16·6	7·9
47	7 11·8	7 12·9	6 52·1	4·7	2·2	10·7	5·1	16·7	7·9
48	7 12·0	7 13·2	6 52·3	4·8	2·3	10·8	5·1	16·8	8·0
49	7 12·3	7 13·4	6 52·6	4·9	2·3	10·9	5·2	16·9	8·0
50	7 12·5	7 13·7	6 52·8	5·0	2·4	11·0	5·2	17·0	8·1
51	7 12·8	7 13·9	6 53·0	5·1	2·4	11·1	5·3	17·1	8·1
52	7 13·0	7 14·2	6 53·3	5·2	2·5	11·2	5·3	17·2	8·2
53	7 13·3	7 14·4	6 53·5	5·3	2·5	11·3	5·4	17·3	8·2
54	7 13·5	7 14·7	6 53·8	5·4	2·6	11·4	5·4	17·4	8·3
55	7 13·8	7 14·9	6 54·0	5·5	2·6	11·5	5·5	17·5	8·3
56	7 14·0	7 15·2	6 54·2	5·6	2·7	11·6	5·5	17·6	8·4
57	7 14·3	7 15·4	6 54·5	5·7	2·7	11·7	5·6	17·7	8·4
58	7 14·5	7 15·7	6 54·7	5·8	2·8	11·8	5·6	17·8	8·5
59	7 14·8	7 15·9	6 54·9	5·9	2·8	11·9	5·7	17·9	8·5
60	7 15·0	7 16·2	6 55·2	6·0	2·9	12·0	5·7	18·0	8·6

29ᵐ

29ᵐ s	SUN PLANETS	ARIES	MOON	v or d Corrⁿ		v or d Corrⁿ		v or d Corrⁿ	
00	7 15·0	7 16·2	6 55·2	0·0	0·0	6·0	3·0	12·0	5·9
01	7 15·3	7 16·4	6 55·4	0·1	0·0	6·1	3·0	12·1	5·9
02	7 15·5	7 16·7	6 55·7	0·2	0·1	6·2	3·0	12·2	6·0
03	7 15·8	7 16·9	6 55·9	0·3	0·1	6·3	3·1	12·3	6·0
04	7 16·0	7 17·2	6 56·1	0·4	0·2	6·4	3·1	12·4	6·1
05	7 16·3	7 17·4	6 56·4	0·5	0·2	6·5	3·2	12·5	6·1
06	7 16·5	7 17·7	6 56·6	0·6	0·3	6·6	3·2	12·6	6·2
07	7 16·8	7 17·9	6 56·9	0·7	0·3	6·7	3·3	12·7	6·2
08	7 17·0	7 18·2	6 57·1	0·8	0·4	6·8	3·3	12·8	6·3
09	7 17·3	7 18·4	6 57·3	0·9	0·4	6·9	3·4	12·9	6·3
10	7 17·5	7 18·7	6 57·6	1·0	0·5	7·0	3·4	13·0	6·4
11	7 17·8	7 18·9	6 57·8	1·1	0·5	7·1	3·5	13·1	6·4
12	7 18·0	7 19·2	6 58·0	1·2	0·6	7·2	3·5	13·2	6·5
13	7 18·3	7 19·4	6 58·3	1·3	0·6	7·3	3·6	13·3	6·5
14	7 18·5	7 19·7	6 58·5	1·4	0·7	7·4	3·6	13·4	6·6
15	7 18·8	7 20·0	6 58·8	1·5	0·7	7·5	3·7	13·5	6·6
16	7 19·0	7 20·2	6 59·0	1·6	0·8	7·6	3·7	13·6	6·7
17	7 19·3	7 20·5	6 59·2	1·7	0·8	7·7	3·8	13·7	6·7
18	7 19·5	7 20·7	6 59·5	1·8	0·9	7·8	3·8	13·8	6·8
19	7 19·8	7 21·0	6 59·7	1·9	0·9	7·9	3·9	13·9	6·8
20	7 20·0	7 21·2	7 00·0	2·0	1·0	8·0	3·9	14·0	6·9
21	7 20·3	7 21·5	7 00·2	2·1	1·0	8·1	4·0	14·1	6·9
22	7 20·5	7 21·7	7 00·4	2·2	1·1	8·2	4·0	14·2	7·0
23	7 20·8	7 22·0	7 00·7	2·3	1·1	8·3	4·1	14·3	7·0
24	7 21·0	7 22·2	7 00·9	2·4	1·2	8·4	4·1	14·4	7·1
25	7 21·3	7 22·5	7 01·1	2·5	1·2	8·5	4·2	14·5	7·1
26	7 21·5	7 22·7	7 01·4	2·6	1·3	8·6	4·2	14·6	7·2
27	7 21·8	7 23·0	7 01·6	2·7	1·3	8·7	4·3	14·7	7·2
28	7 22·0	7 23·2	7 01·9	2·8	1·4	8·8	4·3	14·8	7·3
29	7 22·3	7 23·5	7 02·1	2·9	1·4	8·9	4·4	14·9	7·3
30	7 22·5	7 23·7	7 02·3	3·0	1·5	9·0	4·4	15·0	7·4
31	7 22·8	7 24·0	7 02·6	3·1	1·5	9·1	4·5	15·1	7·4
32	7 23·0	7 24·2	7 02·8	3·2	1·6	9·2	4·5	15·2	7·5
33	7 23·3	7 24·5	7 03·1	3·3	1·6	9·3	4·6	15·3	7·5
34	7 23·5	7 24·7	7 03·3	3·4	1·7	9·4	4·6	15·4	7·6
35	7 23·8	7 25·0	7 03·5	3·5	1·7	9·5	4·7	15·5	7·6
36	7 24·0	7 25·2	7 03·8	3·6	1·8	9·6	4·7	15·6	7·7
37	7 24·3	7 25·5	7 04·0	3·7	1·8	9·7	4·8	15·7	7·7
38	7 24·5	7 25·7	7 04·3	3·8	1·9	9·8	4·8	15·8	7·8
39	7 24·8	7 26·0	7 04·5	3·9	1·9	9·9	4·9	15·9	7·8
40	7 25·0	7 26·2	7 04·7	4·0	2·0	10·0	4·9	16·0	7·9
41	7 25·3	7 26·5	7 05·0	4·1	2·0	10·1	5·0	16·1	7·9
42	7 25·5	7 26·7	7 05·2	4·2	2·1	10·2	5·0	16·2	8·0
43	7 25·8	7 27·0	7 05·4	4·3	2·1	10·3	5·1	16·3	8·0
44	7 26·0	7 27·2	7 05·7	4·4	2·2	10·4	5·1	16·4	8·1
45	7 26·3	7 27·5	7 05·9	4·5	2·2	10·5	5·2	16·5	8·1
46	7 26·5	7 27·7	7 06·2	4·6	2·3	10·6	5·2	16·6	8·2
47	7 26·8	7 28·0	7 06·4	4·7	2·3	10·7	5·3	16·7	8·2
48	7 27·0	7 28·2	7 06·6	4·8	2·4	10·8	5·3	16·8	8·3
49	7 27·3	7 28·5	7 06·9	4·9	2·4	10·9	5·4	16·9	8·3
50	7 27·5	7 28·7	7 07·1	5·0	2·5	11·0	5·4	17·0	8·4
51	7 27·8	7 29·0	7 07·4	5·1	2·5	11·1	5·5	17·1	8·4
52	7 28·0	7 29·2	7 07·6	5·2	2·6	11·2	5·5	17·2	8·5
53	7 28·3	7 29·5	7 07·8	5·3	2·6	11·3	5·6	17·3	8·5
54	7 28·5	7 29·7	7 08·1	5·4	2·7	11·4	5·6	17·4	8·6
55	7 28·8	7 30·0	7 08·3	5·5	2·7	11·5	5·7	17·5	8·6
56	7 29·0	7 30·2	7 08·5	5·6	2·8	11·6	5·7	17·6	8·7
57	7 29·3	7 30·5	7 08·8	5·7	2·8	11·7	5·8	17·7	8·7
58	7 29·5	7 30·7	7 09·0	5·8	2·9	11·8	5·8	17·8	8·8
59	7 29·8	7 31·0	7 09·3	5·9	2·9	11·9	5·9	17·9	8·8
60	7 30·0	7 31·2	7 09·5	6·0	3·0	12·0	5·9	18·0	8·9

INCREMENTS AND CORRECTIONS

30ᵐ   **31ᵐ**

30ᵐ	SUN PLANETS	ARIES	MOON	v or Corrⁿ d	v or Corrⁿ d	v or Corrⁿ d
s	° ′	° ′	° ′	′ ′	′ ′	′ ′
00	7 30·0	7 31·2	7 09·5	0·0 0·0	6·0 3·1	12·0 6·1
01	7 30·3	7 31·5	7 09·7	0·1 0·1	6·1 3·1	12·1 6·2
02	7 30·5	7 31·7	7 10·0	0·2 0·1	6·2 3·2	12·2 6·2
03	7 30·8	7 32·0	7 10·2	0·3 0·2	6·3 3·2	12·3 6·3
04	7 31·0	7 32·2	7 10·5	0·4 0·2	6·4 3·3	12·4 6·3
05	7 31·3	7 32·5	7 10·7	0·5 0·3	6·5 3·3	12·5 6·4
06	7 31·5	7 32·7	7 10·9	0·6 0·3	6·6 3·4	12·6 6·4
07	7 31·8	7 33·0	7 11·2	0·7 0·4	6·7 3·4	12·7 6·5
08	7 32·0	7 33·2	7 11·4	0·8 0·4	6·8 3·5	12·8 6·5
09	7 32·3	7 33·5	7 11·6	0·9 0·5	6·9 3·5	12·9 6·6
10	7 32·5	7 33·7	7 11·9	1·0 0·5	7·0 3·6	13·0 6·6
11	7 32·8	7 34·0	7 12·1	1·1 0·6	7·1 3·6	13·1 6·7
12	7 33·0	7 34·2	7 12·4	1·2 0·6	7·2 3·7	13·2 6·7
13	7 33·3	7 34·5	7 12·6	1·3 0·7	7·3 3·7	13·3 6·8
14	7 33·5	7 34·7	7 12·8	1·4 0·7	7·4 3·8	13·4 6·8
15	7 33·8	7 35·0	7 13·1	1·5 0·8	7·5 3·8	13·5 6·9
16	7 34·0	7 35·2	7 13·3	1·6 0·8	7·6 3·9	13·6 6·9
17	7 34·3	7 35·5	7 13·6	1·7 0·9	7·7 3·9	13·7 7·0
18	7 34·5	7 35·7	7 13·8	1·8 0·9	7·8 4·0	13·8 7·0
19	7 34·8	7 36·0	7 14·0	1·9 1·0	7·9 4·0	13·9 7·1
20	7 35·0	7 36·2	7 14·3	2·0 1·0	8·0 4·1	14·0 7·1
21	7 35·3	7 36·5	7 14·5	2·1 1·1	8·1 4·1	14·1 7·2
22	7 35·5	7 36·7	7 14·7	2·2 1·1	8·2 4·2	14·2 7·2
23	7 35·8	7 37·0	7 15·0	2·3 1·2	8·3 4·2	14·3 7·3
24	7 36·0	7 37·2	7 15·2	2·4 1·2	8·4 4·3	14·4 7·3
25	7 36·3	7 37·5	7 15·5	2·5 1·3	8·5 4·3	14·5 7·4
26	7 36·5	7 37·7	7 15·7	2·6 1·3	8·6 4·4	14·6 7·4
27	7 36·8	7 38·0	7 15·9	2·7 1·4	8·7 4·4	14·7 7·5
28	7 37·0	7 38·3	7 16·2	2·8 1·4	8·8 4·5	14·8 7·5
29	7 37·3	7 38·5	7 16·4	2·9 1·5	8·9 4·5	14·9 7·6
30	7 37·5	7 38·8	7 16·7	3·0 1·5	9·0 4·6	15·0 7·6
31	7 37·8	7 39·0	7 16·9	3·1 1·6	9·1 4·6	15·1 7·7
32	7 38·0	7 39·3	7 17·1	3·2 1·6	9·2 4·7	15·2 7·7
33	7 38·3	7 39·5	7 17·4	3·3 1·7	9·3 4·7	15·3 7·8
34	7 38·5	7 39·8	7 17·6	3·4 1·7	9·4 4·8	15·4 7·8
35	7 38·8	7 40·0	7 17·9	3·5 1·8	9·5 4·8	15·5 7·9
36	7 39·0	7 40·3	7 18·1	3·6 1·8	9·6 4·9	15·6 7·9
37	7 39·3	7 40·5	7 18·3	3·7 1·9	9·7 4·9	15·7 8·0
38	7 39·5	7 40·8	7 18·6	3·8 1·9	9·8 5·0	15·8 8·0
39	7 39·8	7 41·0	7 18·8	3·9 2·0	9·9 5·0	15·9 8·1
40	7 40·0	7 41·3	7 19·0	4·0 2·0	10·0 5·1	16·0 8·1
41	7 40·3	7 41·5	7 19·3	4·1 2·1	10·1 5·1	16·1 8·2
42	7 40·5	7 41·8	7 19·5	4·2 2·1	10·2 5·2	16·2 8·2
43	7 40·8	7 42·0	7 19·8	4·3 2·2	10·3 5·2	16·3 8·3
44	7 41·0	7 42·3	7 20·0	4·4 2·2	10·4 5·3	16·4 8·3
45	7 41·3	7 42·5	7 20·2	4·5 2·3	10·5 5·3	16·5 8·4
46	7 41·5	7 42·8	7 20·5	4·6 2·3	10·6 5·4	16·6 8·4
47	7 41·8	7 43·0	7 20·7	4·7 2·4	10·7 5·4	16·7 8·5
48	7 42·0	7 43·3	7 21·0	4·8 2·4	10·8 5·5	16·8 8·5
49	7 42·3	7 43·5	7 21·2	4·9 2·5	10·9 5·5	16·9 8·6
50	7 42·5	7 43·8	7 21·4	5·0 2·5	11·0 5·6	17·0 8·6
51	7 42·8	7 44·0	7 21·7	5·1 2·6	11·1 5·6	17·1 8·7
52	7 43·0	7 44·3	7 21·9	5·2 2·6	11·2 5·7	17·2 8·7
53	7 43·3	7 44·5	7 22·1	5·3 2·7	11·3 5·7	17·3 8·8
54	7 43·5	7 44·8	7 22·4	5·4 2·7	11·4 5·8	17·4 8·8
55	7 43·8	7 45·0	7 22·6	5·5 2·8	11·5 5·8	17·5 8·9
56	7 44·0	7 45·3	7 22·9	5·6 2·8	11·6 5·9	17·6 8·9
57	7 44·3	7 45·5	7 23·1	5·7 2·9	11·7 5·9	17·7 9·0
58	7 44·5	7 45·8	7 23·3	5·8 2·9	11·8 6·0	17·8 9·0
59	7 44·8	7 46·0	7 23·6	5·9 3·0	11·9 6·0	17·9 9·1
60	7 45·0	7 46·3	7 23·8	6·0 3·1	12·0 6·1	18·0 9·2

31ᵐ	SUN PLANETS	ARIES	MOON	v or Corrⁿ d	v or Corrⁿ d	v or Corrⁿ d
s	° ′	° ′	° ′	′ ′	′ ′	′ ′
00	7 45·0	7 46·3	7 23·8	0·0 0·0	6·0 3·2	12·0 6·3
01	7 45·3	7 46·5	7 24·1	0·1 0·1	6·1 3·2	12·1 6·4
02	7 45·5	7 46·8	7 24·3	0·2 0·1	6·2 3·3	12·2 6·4
03	7 45·8	7 47·0	7 24·5	0·3 0·2	6·3 3·3	12·3 6·5
04	7 46·0	7 47·3	7 24·8	0·4 0·2	6·4 3·4	12·4 6·5
05	7 46·3	7 47·5	7 25·0	0·5 0·3	6·5 3·4	12·5 6·6
06	7 46·5	7 47·8	7 25·2	0·6 0·3	6·6 3·5	12·6 6·6
07	7 46·8	7 48·0	7 25·5	0·7 0·4	6·7 3·5	12·7 6·7
08	7 47·0	7 48·3	7 25·7	0·8 0·4	6·8 3·6	12·8 6·7
09	7 47·3	7 48·5	7 26·0	0·9 0·5	6·9 3·6	12·9 6·8
10	7 47·5	7 48·8	7 26·2	1·0 0·5	7·0 3·7	13·0 6·8
11	7 47·8	7 49·0	7 26·4	1·1 0·6	7·1 3·7	13·1 6·9
12	7 48·0	7 49·3	7 26·7	1·2 0·6	7·2 3·8	13·2 6·9
13	7 48·3	7 49·5	7 26·9	1·3 0·7	7·3 3·8	13·3 7·0
14	7 48·5	7 49·8	7 27·2	1·4 0·7	7·4 3·9	13·4 7·0
15	7 48·8	7 50·0	7 27·4	1·5 0·8	7·5 3·9	13·5 7·1
16	7 49·0	7 50·3	7 27·6	1·6 0·8	7·6 4·0	13·6 7·1
17	7 49·3	7 50·5	7 27·9	1·7 0·9	7·7 4·0	13·7 7·2
18	7 49·5	7 50·8	7 28·1	1·8 0·9	7·8 4·1	13·8 7·2
19	7 49·8	7 51·0	7 28·4	1·9 1·0	7·9 4·1	13·9 7·3
20	7 50·0	7 51·3	7 28·6	2·0 1·1	8·0 4·2	14·0 7·4
21	7 50·3	7 51·5	7 28·8	2·1 1·1	8·1 4·3	14·1 7·4
22	7 50·5	7 51·8	7 29·1	2·2 1·2	8·2 4·3	14·2 7·5
23	7 50·8	7 52·0	7 29·3	2·3 1·2	8·3 4·4	14·3 7·5
24	7 51·0	7 52·3	7 29·5	2·4 1·3	8·4 4·4	14·4 7·6
25	7 51·3	7 52·5	7 29·8	2·5 1·3	8·5 4·5	14·5 7·6
26	7 51·5	7 52·8	7 30·0	2·6 1·4	8·6 4·5	14·6 7·7
27	7 51·8	7 53·0	7 30·3	2·7 1·4	8·7 4·6	14·7 7·7
28	7 52·0	7 53·3	7 30·5	2·8 1·5	8·8 4·6	14·8 7·8
29	7 52·3	7 53·5	7 30·7	2·9 1·5	8·9 4·7	14·9 7·8
30	7 52·5	7 53·8	7 31·0	3·0 1·6	9·0 4·7	15·0 7·9
31	7 52·8	7 54·0	7 31·2	3·1 1·6	9·1 4·8	15·1 7·9
32	7 53·0	7 54·3	7 31·5	3·2 1·7	9·2 4·8	15·2 8·0
33	7 53·3	7 54·5	7 31·7	3·3 1·7	9·3 4·9	15·3 8·0
34	7 53·5	7 54·8	7 31·9	3·4 1·8	9·4 4·9	15·4 8·1
35	7 53·8	7 55·0	7 32·2	3·5 1·8	9·5 5·0	15·5 8·1
36	7 54·0	7 55·3	7 32·4	3·6 1·9	9·6 5·0	15·6 8·2
37	7 54·3	7 55·5	7 32·6	3·7 1·9	9·7 5·1	15·7 8·2
38	7 54·5	7 55·8	7 32·9	3·8 2·0	9·8 5·1	15·8 8·3
39	7 54·8	7 56·0	7 33·1	3·9 2·0	9·9 5·2	15·9 8·3
40	7 55·0	7 56·3	7 33·4	4·0 2·1	10·0 5·3	16·0 8·4
41	7 55·3	7 56·6	7 33·6	4·1 2·2	10·1 5·3	16·1 8·5
42	7 55·5	7 56·8	7 33·8	4·2 2·2	10·2 5·4	16·2 8·5
43	7 55·8	7 57·1	7 34·1	4·3 2·3	10·3 5·4	16·3 8·6
44	7 56·0	7 57·3	7 34·3	4·4 2·3	10·4 5·5	16·4 8·6
45	7 56·3	7 57·6	7 34·6	4·5 2·4	10·5 5·5	16·5 8·7
46	7 56·5	7 57·8	7 34·8	4·6 2·4	10·6 5·6	16·6 8·7
47	7 56·8	7 58·1	7 35·0	4·7 2·5	10·7 5·6	16·7 8·8
48	7 57·0	7 58·3	7 35·3	4·8 2·5	10·8 5·7	16·8 8·8
49	7 57·3	7 58·6	7 35·5	4·9 2·6	10·9 5·7	16·9 8·9
50	7 57·5	7 58·8	7 35·7	5·0 2·6	11·0 5·8	17·0 8·9
51	7 57·8	7 59·1	7 36·0	5·1 2·7	11·1 5·8	17·1 9·0
52	7 58·0	7 59·3	7 36·2	5·2 2·7	11·2 5·9	17·2 9·0
53	7 58·3	7 59·6	7 36·5	5·3 2·8	11·3 5·9	17·3 9·1
54	7 58·5	7 59·8	7 36·7	5·4 2·8	11·4 6·0	17·4 9·1
55	7 58·8	8 00·1	7 36·9	5·5 2·9	11·5 6·0	17·5 9·2
56	7 59·0	8 00·3	7 37·2	5·6 2·9	11·6 6·1	17·6 9·2
57	7 59·3	8 00·6	7 37·4	5·7 3·0	11·7 6·1	17·7 9·3
58	7 59·5	8 00·8	7 37·7	5·8 3·0	11·8 6·2	17·8 9·3
59	7 59·8	8 01·1	7 37·9	5·9 3·1	11·9 6·2	17·9 9·4
60	8 00·0	8 01·3	7 38·1	6·0 3·2	12·0 6·3	18·0 9·5

xvii

INCREMENTS AND CORRECTIONS

32m

32 s	SUN PLANETS	ARIES	MOON	v or d	Corrn	v or d	Corrn	v or d	Corrn
00	8 00.0	8 01.3	7 38.1	0.0	0.0	6.0	3.3	12.0	6.5
01	8 00.3	8 01.6	7 38.4	0.1	0.1	6.1	3.3	12.1	6.6
02	8 00.5	8 01.8	7 38.6	0.2	0.1	6.2	3.4	12.2	6.6
03	8 00.8	8 02.1	7 38.8	0.3	0.2	6.3	3.4	12.3	6.7
04	8 01.0	8 02.3	7 39.1	0.4	0.2	6.4	3.5	12.4	6.7
05	8 01.3	8 02.6	7 39.3	0.5	0.3	6.5	3.5	12.5	6.8
06	8 01.5	8 02.8	7 39.6	0.6	0.3	6.6	3.6	12.6	6.8
07	8 01.8	8 03.1	7 39.8	0.7	0.4	6.7	3.6	12.7	6.9
08	8 02.0	8 03.3	7 40.0	0.8	0.4	6.8	3.7	12.8	6.9
09	8 02.3	8 03.6	7 40.3	0.9	0.5	6.9	3.7	12.9	7.0
10	8 02.5	8 03.8	7 40.5	1.0	0.5	7.0	3.8	13.0	7.0
11	8 02.8	8 04.1	7 40.8	1.1	0.6	7.1	3.8	13.1	7.1
12	8 03.0	8 04.3	7 41.0	1.2	0.7	7.2	3.9	13.2	7.2
13	8 03.3	8 04.6	7 41.2	1.3	0.7	7.3	4.0	13.3	7.2
14	8 03.5	8 04.8	7 41.5	1.4	0.8	7.4	4.0	13.4	7.3
15	8 03.8	8 05.1	7 41.7	1.5	0.8	7.5	4.1	13.5	7.3
16	8 04.0	8 05.3	7 42.0	1.6	0.9	7.6	4.1	13.6	7.4
17	8 04.3	8 05.6	7 42.2	1.7	0.9	7.7	4.2	13.7	7.4
18	8 04.5	8 05.8	7 42.4	1.8	1.0	7.8	4.2	13.8	7.5
19	8 04.8	8 06.1	7 42.7	1.9	1.0	7.9	4.3	13.9	7.5
20	8 05.0	8 06.3	7 42.9	2.0	1.1	8.0	4.3	14.0	7.6
21	8 05.3	8 06.6	7 43.1	2.1	1.1	8.1	4.4	14.1	7.6
22	8 05.5	8 06.8	7 43.4	2.2	1.2	8.2	4.4	14.2	7.7
23	8 05.8	8 07.1	7 43.6	2.3	1.2	8.3	4.5	14.3	7.7
24	8 06.0	8 07.3	7 43.9	2.4	1.3	8.4	4.6	14.4	7.8
25	8 06.3	8 07.6	7 44.1	2.5	1.4	8.5	4.6	14.5	7.9
26	8 06.5	8 07.8	7 44.3	2.6	1.4	8.6	4.7	14.6	7.9
27	8 06.8	8 08.1	7 44.6	2.7	1.5	8.7	4.7	14.7	8.0
28	8 07.0	8 08.3	7 44.8	2.8	1.5	8.8	4.8	14.8	8.0
29	8 07.3	8 08.6	7 45.1	2.9	1.6	8.9	4.8	14.9	8.1
30	8 07.5	8 08.8	7 45.3	3.0	1.6	9.0	4.9	15.0	8.1
31	8 07.8	8 09.1	7 45.5	3.1	1.7	9.1	4.9	15.1	8.2
32	8 08.0	8 09.3	7 45.8	3.2	1.7	9.2	5.0	15.2	8.2
33	8 08.3	8 09.6	7 46.0	3.3	1.8	9.3	5.0	15.3	8.3
34	8 08.5	8 09.8	7 46.2	3.4	1.8	9.4	5.1	15.4	8.3
35	8 08.8	8 10.1	7 46.5	3.5	1.9	9.5	5.1	15.5	8.4
36	8 09.0	8 10.3	7 46.7	3.6	2.0	9.6	5.2	15.6	8.5
37	8 09.3	8 10.6	7 47.0	3.7	2.0	9.7	5.3	15.7	8.5
38	8 09.5	8 10.8	7 47.2	3.8	2.1	9.8	5.3	15.8	8.6
39	8 09.8	8 11.1	7 47.4	3.9	2.1	9.9	5.4	15.9	8.6
40	8 10.0	8 11.3	7 47.7	4.0	2.2	10.0	5.4	16.0	8.7
41	8 10.3	8 11.6	7 47.9	4.1	2.2	10.1	5.5	16.1	8.7
42	8 10.5	8 11.8	7 48.2	4.2	2.3	10.2	5.5	16.2	8.8
43	8 10.8	8 12.1	7 48.4	4.3	2.3	10.3	5.6	16.3	8.8
44	8 11.0	8 12.3	7 48.6	4.4	2.4	10.4	5.6	16.4	8.9
45	8 11.3	8 12.6	7 48.9	4.5	2.4	10.5	5.7	16.5	8.9
46	8 11.5	8 12.8	7 49.1	4.6	2.5	10.6	5.7	16.6	9.0
47	8 11.8	8 13.1	7 49.3	4.7	2.5	10.7	5.8	16.7	9.0
48	8 12.0	8 13.3	7 49.6	4.8	2.6	10.8	5.9	16.8	9.1
49	8 12.3	8 13.6	7 49.8	4.9	2.7	10.9	5.9	16.9	9.2
50	8 12.5	8 13.8	7 50.1	5.0	2.7	11.0	6.0	17.0	9.2
51	8 12.8	8 14.1	7 50.3	5.1	2.8	11.1	6.0	17.1	9.3
52	8 13.0	8 14.3	7 50.5	5.2	2.8	11.2	6.1	17.2	9.3
53	8 13.3	8 14.6	7 50.8	5.3	2.9	11.3	6.1	17.3	9.4
54	8 13.5	8 14.9	7 51.0	5.4	2.9	11.4	6.2	17.4	9.4
55	8 13.8	8 15.1	7 51.3	5.5	3.0	11.5	6.2	17.5	9.5
56	8 14.0	8 15.4	7 51.5	5.6	3.0	11.6	6.3	17.6	9.5
57	8 14.3	8 15.6	7 51.7	5.7	3.1	11.7	6.3	17.7	9.6
58	8 14.5	8 15.9	7 52.0	5.8	3.1	11.8	6.4	17.8	9.6
59	8 14.8	8 16.1	7 52.2	5.9	3.2	11.9	6.4	17.9	9.7
60	8 15.0	8 16.4	7 52.5	6.0	3.3	12.0	6.5	18.0	9.8

33m

33 s	SUN PLANETS	ARIES	MOON	v or d	Corrn	v or d	Corrn	v or d	Corrn
00	8 15.0	8 16.4	7 52.5	0.0	0.0	6.0	3.4	12.0	6.7
01	8 15.3	8 16.6	7 52.7	0.1	0.1	6.1	3.4	12.1	6.8
02	8 15.5	8 16.9	7 52.9	0.2	0.1	6.2	3.5	12.2	6.8
03	8 15.8	8 17.1	7 53.2	0.3	0.2	6.3	3.5	12.3	6.9
04	8 16.0	8 17.4	7 53.4	0.4	0.2	6.4	3.6	12.4	6.9
05	8 16.3	8 17.6	7 53.6	0.5	0.3	6.5	3.6	12.5	7.0
06	8 16.5	8 17.9	7 53.9	0.6	0.3	6.6	3.7	12.6	7.0
07	8 16.8	8 18.1	7 54.1	0.7	0.4	6.7	3.7	12.7	7.1
08	8 17.0	8 18.4	7 54.4	0.8	0.4	6.8	3.8	12.8	7.1
09	8 17.3	8 18.6	7 54.6	0.9	0.5	6.9	3.9	12.9	7.2
10	8 17.5	8 18.9	7 54.8	1.0	0.6	7.0	3.9	13.0	7.3
11	8 17.8	8 19.1	7 55.1	1.1	0.6	7.1	4.0	13.1	7.3
12	8 18.0	8 19.4	7 55.3	1.2	0.7	7.2	4.0	13.2	7.4
13	8 18.3	8 19.6	7 55.6	1.3	0.7	7.3	4.1	13.3	7.4
14	8 18.5	8 19.9	7 55.8	1.4	0.8	7.4	4.1	13.4	7.5
15	8 18.8	8 20.1	7 56.0	1.5	0.8	7.5	4.2	13.5	7.5
16	8 19.0	8 20.4	7 56.3	1.6	0.9	7.6	4.2	13.6	7.6
17	8 19.3	8 20.6	7 56.5	1.7	0.9	7.7	4.3	13.7	7.6
18	8 19.5	8 20.9	7 56.7	1.8	1.0	7.8	4.4	13.8	7.7
19	8 19.8	8 21.1	7 57.0	1.9	1.1	7.9	4.4	13.9	7.8
20	8 20.0	8 21.4	7 57.2	2.0	1.1	8.0	4.5	14.0	7.8
21	8 20.3	8 21.6	7 57.5	2.1	1.2	8.1	4.5	14.1	7.9
22	8 20.5	8 21.9	7 57.7	2.2	1.2	8.2	4.6	14.2	7.9
23	8 20.8	8 22.1	7 57.9	2.3	1.3	8.3	4.6	14.3	8.0
24	8 21.0	8 22.4	7 58.2	2.4	1.3	8.4	4.7	14.4	8.0
25	8 21.3	8 22.6	7 58.4	2.5	1.4	8.5	4.7	14.5	8.1
26	8 21.5	8 22.9	7 58.7	2.6	1.5	8.6	4.8	14.6	8.2
27	8 21.8	8 23.1	7 58.9	2.7	1.5	8.7	4.9	14.7	8.2
28	8 22.0	8 23.4	7 59.1	2.8	1.6	8.8	4.9	14.8	8.3
29	8 22.3	8 23.6	7 59.4	2.9	1.6	8.9	5.0	14.9	8.3
30	8 22.5	8 23.9	7 59.6	3.0	1.7	9.0	5.0	15.0	8.4
31	8 22.8	8 24.1	7 59.8	3.1	1.7	9.1	5.1	15.1	8.4
32	8 23.0	8 24.4	8 00.1	3.2	1.8	9.2	5.1	15.2	8.5
33	8 23.3	8 24.6	8 00.3	3.3	1.8	9.3	5.2	15.3	8.5
34	8 23.5	8 24.9	8 00.6	3.4	1.9	9.4	5.2	15.4	8.6
35	8 23.8	8 25.1	8 00.8	3.5	2.0	9.5	5.3	15.5	8.7
36	8 24.0	8 25.4	8 01.0	3.6	2.0	9.6	5.4	15.6	8.7
37	8 24.3	8 25.6	8 01.3	3.7	2.1	9.7	5.4	15.7	8.8
38	8 24.5	8 25.9	8 01.5	3.8	2.1	9.8	5.5	15.8	8.8
39	8 24.8	8 26.1	8 01.8	3.9	2.2	9.9	5.5	15.9	8.9
40	8 25.0	8 26.4	8 02.0	4.0	2.2	10.0	5.6	16.0	8.9
41	8 25.3	8 26.6	8 02.2	4.1	2.3	10.1	5.6	16.1	9.0
42	8 25.5	8 26.9	8 02.5	4.2	2.3	10.2	5.7	16.2	9.0
43	8 25.8	8 27.1	8 02.7	4.3	2.4	10.3	5.8	16.3	9.1
44	8 26.0	8 27.4	8 02.9	4.4	2.5	10.4	5.8	16.4	9.2
45	8 26.3	8 27.6	8 03.2	4.5	2.5	10.5	5.9	16.5	9.2
46	8 26.5	8 27.9	8 03.4	4.6	2.6	10.6	5.9	16.6	9.3
47	8 26.8	8 28.1	8 03.7	4.7	2.6	10.7	6.0	16.7	9.3
48	8 27.0	8 28.4	8 03.9	4.8	2.7	10.8	6.0	16.8	9.4
49	8 27.3	8 28.6	8 04.1	4.9	2.7	10.9	6.1	16.9	9.4
50	8 27.5	8 28.9	8 04.4	5.0	2.8	11.0	6.1	17.0	9.5
51	8 27.8	8 29.1	8 04.6	5.1	2.8	11.1	6.2	17.1	9.5
52	8 28.0	8 29.4	8 04.9	5.2	2.9	11.2	6.3	17.2	9.6
53	8 28.3	8 29.6	8 05.1	5.3	3.0	11.3	6.3	17.3	9.7
54	8 28.5	8 29.9	8 05.3	5.4	3.0	11.4	6.4	17.4	9.7
55	8 28.8	8 30.1	8 05.6	5.5	3.1	11.5	6.4	17.5	9.8
56	8 29.0	8 30.4	8 05.8	5.6	3.1	11.6	6.5	17.6	9.8
57	8 29.3	8 30.6	8 06.1	5.7	3.2	11.7	6.5	17.7	9.9
58	8 29.5	8 30.9	8 06.3	5.8	3.2	11.8	6.6	17.8	9.9
59	8 29.8	8 31.1	8 06.5	5.9	3.3	11.9	6.6	17.9	10.0
60	8 30.0	8 31.4	8 06.8	6.0	3.4	12.0	6.7	18.0	10.1

xviii

INCREMENTS AND CORRECTIONS

34ᵐ

34ᵐ	SUN PLANETS	ARIES	MOON	v or Corrⁿ d		v or Corrⁿ d		v or Corrⁿ d	
s	° ′	° ′	° ′	′	′	′	′	′	′
00	8 30·0	8 31·4	8 06·8	0·0	0·0	6·0	3·5	12·0	6·9
01	8 30·3	8 31·6	8 07·0	0·1	0·1	6·1	3·5	12·1	7·0
02	8 30·5	8 31·9	8 07·2	0·2	0·1	6·2	3·6	12·2	7·0
03	8 30·8	8 32·1	8 07·5	0·3	0·2	6·3	3·6	12·3	7·1
04	8 31·0	8 32·4	8 07·7	0·4	0·2	6·4	3·7	12·4	7·1
05	8 31·3	8 32·6	8 08·0	0·5	0·3	6·5	3·7	12·5	7·2
06	8 31·5	8 32·9	8 08·2	0·6	0·3	6·6	3·8	12·6	7·2
07	8 31·8	8 33·2	8 08·4	0·7	0·4	6·7	3·9	12·7	7·3
08	8 32·0	8 33·4	8 08·7	0·8	0·5	6·8	3·9	12·8	7·4
09	8 32·3	8 33·7	8 08·9	0·9	0·5	6·9	4·0	12·9	7·4
10	8 32·5	8 33·9	8 09·2	1·0	0·6	7·0	4·0	13·0	7·5
11	8 32·8	8 34·2	8 09·4	1·1	0·6	7·1	4·1	13·1	7·5
12	8 33·0	8 34·4	8 09·6	1·2	0·7	7·2	4·1	13·2	7·6
13	8 33·3	8 34·7	8 09·9	1·3	0·7	7·3	4·2	13·3	7·6
14	8 33·5	8 34·9	8 10·1	1·4	0·8	7·4	4·3	13·4	7·7
15	8 33·8	8 35·2	8 10·3	1·5	0·9	7·5	4·3	13·5	7·8
16	8 34·0	8 35·4	8 10·6	1·6	0·9	7·6	4·4	13·6	7·8
17	8 34·3	8 35·7	8 10·8	1·7	1·0	7·7	4·4	13·7	7·9
18	8 34·5	8 35·9	8 11·1	1·8	1·0	7·8	4·5	13·8	7·9
19	8 34·8	8 36·2	8 11·3	1·9	1·1	7·9	4·5	13·9	8·0
20	8 35·0	8 36·4	8 11·5	2·0	1·2	8·0	4·6	14·0	8·1
21	8 35·3	8 36·7	8 11·8	2·1	1·2	8·1	4·7	14·1	8·1
22	8 35·5	8 36·9	8 12·0	2·2	1·3	8·2	4·7	14·2	8·2
23	8 35·8	8 37·2	8 12·3	2·3	1·3	8·3	4·8	14·3	8·2
24	8 36·0	8 37·4	8 12·5	2·4	1·4	8·4	4·8	14·4	8·3
25	8 36·3	8 37·7	8 12·7	2·5	1·4	8·5	4·9	14·5	8·3
26	8 36·5	8 37·9	8 13·0	2·6	1·5	8·6	4·9	14·6	8·4
27	8 36·8	8 38·2	8 13·2	2·7	1·6	8·7	5·0	14·7	8·5
28	8 37·0	8 38·4	8 13·4	2·8	1·6	8·8	5·1	14·8	8·5
29	8 37·3	8 38·7	8 13·7	2·9	1·7	8·9	5·1	14·9	8·6
30	8 37·5	8 38·9	8 13·9	3·0	1·7	9·0	5·2	15·0	8·6
31	8 37·8	8 39·2	8 14·2	3·1	1·8	9·1	5·2	15·1	8·7
32	8 38·0	8 39·4	8 14·4	3·2	1·8	9·2	5·3	15·2	8·7
33	8 38·3	8 39·7	8 14·6	3·3	1·9	9·3	5·3	15·3	8·8
34	8 38·5	8 39·9	8 14·9	3·4	2·0	9·4	5·4	15·4	8·9
35	8 38·8	8 40·2	8 15·1	3·5	2·0	9·5	5·5	15·5	8·9
36	8 39·0	8 40·4	8 15·4	3·6	2·1	9·6	5·5	15·6	9·0
37	8 39·3	8 40·7	8 15·6	3·7	2·1	9·7	5·6	15·7	9·0
38	8 39·5	8 40·9	8 15·8	3·8	2·2	9·8	5·6	15·8	9·1
39	8 39·8	8 41·2	8 16·1	3·9	2·2	9·9	5·7	15·9	9·1
40	8 40·0	8 41·4	8 16·3	4·0	2·3	10·0	5·8	16·0	9·2
41	8 40·3	8 41·7	8 16·5	4·1	2·4	10·1	5·8	16·1	9·3
42	8 40·5	8 41·9	8 16·8	4·2	2·4	10·2	5·9	16·2	9·3
43	8 40·8	8 42·2	8 17·0	4·3	2·5	10·3	5·9	16·3	9·4
44	8 41·0	8 42·4	8 17·3	4·4	2·5	10·4	6·0	16·4	9·4
45	8 41·3	8 42·7	8 17·5	4·5	2·6	10·5	6·0	16·5	9·5
46	8 41·5	8 42·9	8 17·7	4·6	2·6	10·6	6·1	16·6	9·5
47	8 41·8	8 43·2	8 18·0	4·7	2·7	10·7	6·2	16·7	9·6
48	8 42·0	8 43·4	8 18·2	4·8	2·8	10·8	6·2	16·8	9·7
49	8 42·3	8 43·7	8 18·5	4·9	2·8	10·9	6·3	16·9	9·7
50	8 42·5	8 43·9	8 18·7	5·0	2·9	11·0	6·3	17·0	9·8
51	8 42·8	8 44·2	8 18·9	5·1	2·9	11·1	6·4	17·1	9·8
52	8 43·0	8 44·4	8 19·2	5·2	3·0	11·2	6·4	17·2	9·9
53	8 43·3	8 44·7	8 19·4	5·3	3·0	11·3	6·5	17·3	9·9
54	8 43·5	8 44·9	8 19·7	5·4	3·1	11·4	6·6	17·4	10·0
55	8 43·8	8 45·2	8 19·9	5·5	3·2	11·5	6·6	17·5	10·1
56	8 44·0	8 45·4	8 20·1	5·6	3·2	11·6	6·7	17·6	10·1
57	8 44·3	8 45·7	8 20·4	5·7	3·3	11·7	6·7	17·7	10·2
58	8 44·5	8 45·9	8 20·6	5·8	3·3	11·8	6·8	17·8	10·2
59	8 44·8	8 46·2	8 20·8	5·9	3·4	11·9	6·8	17·9	10·3
60	8 45·0	8 46·4	8 21·1	6·0	3·5	12·0	6·9	18·0	10·4

35ᵐ

35ᵐ	SUN PLANETS	ARIES	MOON	v or Corrⁿ d		v or Corrⁿ d		v or Corrⁿ d	
s	° ′	° ′	° ′	′	′	′	′	′	′
00	8 45·0	8 46·4	8 21·1	0·0	0·0	6·0	3·6	12·0	7·1
01	8 45·3	8 46·7	8 21·3	0·1	0·1	6·1	3·6	12·1	7·2
02	8 45·5	8 46·9	8 21·6	0·2	0·1	6·2	3·7	12·2	7·2
03	8 45·8	8 47·2	8 21·8	0·3	0·2	6·3	3·7	12·3	7·3
04	8 46·0	8 47·4	8 22·0	0·4	0·2	6·4	3·8	12·4	7·3
05	8 46·3	8 47·7	8 22·3	0·5	0·3	6·5	3·8	12·5	7·4
06	8 46·5	8 47·9	8 22·5	0·6	0·4	6·6	3·9	12·6	7·5
07	8 46·8	8 48·2	8 22·8	0·7	0·4	6·7	4·0	12·7	7·5
08	8 47·0	8 48·4	8 23·0	0·8	0·5	6·8	4·0	12·8	7·6
09	8 47·3	8 48·7	8 23·2	0·9	0·5	6·9	4·1	12·9	7·6
10	8 47·5	8 48·9	8 23·5	1·0	0·6	7·0	4·1	13·0	7·7
11	8 47·8	8 49·2	8 23·7	1·1	0·7	7·1	4·2	13·1	7·8
12	8 48·0	8 49·4	8 23·9	1·2	0·7	7·2	4·3	13·2	7·8
13	8 48·3	8 49·7	8 24·2	1·3	0·8	7·3	4·3	13·3	7·9
14	8 48·5	8 49·9	8 24·4	1·4	0·8	7·4	4·4	13·4	7·9
15	8 48·8	8 50·2	8 24·7	1·5	0·9	7·5	4·4	13·5	8·0
16	8 49·0	8 50·4	8 24·9	1·6	0·9	7·6	4·5	13·6	8·0
17	8 49·3	8 50·7	8 25·1	1·7	1·0	7·7	4·6	13·7	8·1
18	8 49·5	8 50·9	8 25·4	1·8	1·1	7·8	4·6	13·8	8·2
19	8 49·8	8 51·2	8 25·6	1·9	1·1	7·9	4·7	13·9	8·2
20	8 50·0	8 51·5	8 25·9	2·0	1·2	8·0	4·7	14·0	8·3
21	8 50·3	8 51·7	8 26·1	2·1	1·2	8·1	4·8	14·1	8·3
22	8 50·5	8 52·0	8 26·3	2·2	1·3	8·2	4·9	14·2	8·4
23	8 50·8	8 52·2	8 26·6	2·3	1·4	8·3	4·9	14·3	8·5
24	8 51·0	8 52·5	8 26·8	2·4	1·4	8·4	5·0	14·4	8·5
25	8 51·3	8 52·7	8 27·0	2·5	1·5	8·5	5·0	14·5	8·6
26	8 51·5	8 53·0	8 27·3	2·6	1·5	8·6	5·1	14·6	8·6
27	8 51·8	8 53·2	8 27·5	2·7	1·6	8·7	5·1	14·7	8·7
28	8 52·0	8 53·5	8 27·8	2·8	1·7	8·8	5·2	14·8	8·8
29	8 52·3	8 53·7	8 28·0	2·9	1·7	8·9	5·3	14·9	8·8
30	8 52·5	8 54·0	8 28·2	3·0	1·8	9·0	5·3	15·0	8·9
31	8 52·8	8 54·2	8 28·5	3·1	1·8	9·1	5·4	15·1	8·9
32	8 53·0	8 54·5	8 28·7	3·2	1·9	9·2	5·4	15·2	9·0
33	8 53·3	8 54·7	8 29·0	3·3	2·0	9·3	5·5	15·3	9·1
34	8 53·5	8 55·0	8 29·2	3·4	2·0	9·4	5·6	15·4	9·1
35	8 53·8	8 55·2	8 29·4	3·5	2·1	9·5	5·6	15·5	9·2
36	8 54·0	8 55·5	8 29·7	3·6	2·1	9·6	5·7	15·6	9·2
37	8 54·3	8 55·7	8 29·9	3·7	2·2	9·7	5·7	15·7	9·3
38	8 54·5	8 56·0	8 30·2	3·8	2·2	9·8	5·8	15·8	9·3
39	8 54·8	8 56·2	8 30·4	3·9	2·3	9·9	5·9	15·9	9·4
40	8 55·0	8 56·5	8 30·6	4·0	2·4	10·0	5·9	16·0	9·5
41	8 55·3	8 56·7	8 30·9	4·1	2·4	10·1	6·0	16·1	9·5
42	8 55·5	8 57·0	8 31·1	4·2	2·5	10·2	6·0	16·2	9·6
43	8 55·8	8 57·2	8 31·3	4·3	2·5	10·3	6·1	16·3	9·6
44	8 56·0	8 57·5	8 31·6	4·4	2·6	10·4	6·2	16·4	9·7
45	8 56·3	8 57·7	8 31·8	4·5	2·7	10·5	6·2	16·5	9·8
46	8 56·5	8 58·0	8 32·1	4·6	2·7	10·6	6·3	16·6	9·8
47	8 56·8	8 58·2	8 32·3	4·7	2·8	10·7	6·3	16·7	9·9
48	8 57·0	8 58·5	8 32·5	4·8	2·8	10·8	6·4	16·8	9·9
49	8 57·3	8 58·7	8 32·8	4·9	2·9	10·9	6·4	16·9	10·0
50	8 57·5	8 59·0	8 33·0	5·0	3·0	11·0	6·5	17·0	10·1
51	8 57·8	8 59·2	8 33·3	5·1	3·0	11·1	6·6	17·1	10·1
52	8 58·0	8 59·5	8 33·5	5·2	3·1	11·2	6·6	17·2	10·2
53	8 58·3	8 59·7	8 33·7	5·3	3·1	11·3	6·7	17·3	10·2
54	8 58·5	9 00·0	8 34·0	5·4	3·2	11·4	6·7	17·4	10·3
55	8 58·8	9 00·2	8 34·2	5·5	3·3	11·5	6·8	17·5	10·4
56	8 59·0	9 00·5	8 34·4	5·6	3·3	11·6	6·9	17·6	10·4
57	8 59·3	9 00·7	8 34·7	5·7	3·4	11·7	6·9	17·7	10·5
58	8 59·5	9 01·0	8 34·9	5·8	3·4	11·8	7·0	17·8	10·5
59	8 59·8	9 01·2	8 35·2	5·9	3·5	11·9	7·0	17·9	10·6
60	9 00·0	9 01·5	8 35·4	6·0	3·6	12·0	7·1	18·0	10·7

INCREMENTS AND CORRECTIONS

36ᵐ / **37ᵐ**

36ᵐ	SUN PLANETS	ARIES	MOON	v or Corrⁿ d	v or Corrⁿ d	v or Corrⁿ d
s	° ′	° ′	° ′	′ ′	′ ′	′ ′
00	9 00·0	9 01·5	8 35·4	0·0 0·0	6·0 3·7	12·0 7·3
01	9 00·3	9 01·7	8 35·6	0·1 0·1	6·1 3·7	12·1 7·4
02	9 00·5	9 02·0	8 35·9	0·2 0·1	6·2 3·8	12·2 7·4
03	9 00·8	9 02·2	8 36·1	0·3 0·2	6·3 3·8	12·3 7·5
04	9 01·0	9 02·5	8 36·4	0·4 0·2	6·4 3·9	12·4 7·5
05	9 01·3	9 02·7	8 36·6	0·5 0·3	6·5 4·0	12·5 7·6
06	9 01·5	9 03·0	8 36·8	0·6 0·4	6·6 4·0	12·6 7·7
07	9 01·8	9 03·2	8 37·1	0·7 0·4	6·7 4·1	12·7 7·7
08	9 02·0	9 03·5	8 37·3	0·8 0·5	6·8 4·1	12·8 7·8
09	9 02·3	9 03·7	8 37·5	0·9 0·5	6·9 4·2	12·9 7·8
10	9 02·5	9 04·0	8 37·8	1·0 0·6	7·0 4·3	13·0 7·9
11	9 02·8	9 04·2	8 38·0	1·1 0·7	7·1 4·3	13·1 8·0
12	9 03·0	9 04·5	8 38·3	1·2 0·7	7·2 4·4	13·2 8·0
13	9 03·3	9 04·7	8 38·5	1·3 0·8	7·3 4·4	13·3 8·1
14	9 03·5	9 05·0	8 38·7	1·4 0·9	7·4 4·5	13·4 8·2
15	9 03·8	9 05·2	8 39·0	1·5 0·9	7·5 4·6	13·5 8·2
16	9 04·0	9 05·5	8 39·2	1·6 1·0	7·6 4·6	13·6 8·3
17	9 04·3	9 05·7	8 39·5	1·7 1·0	7·7 4·7	13·7 8·3
18	9 04·5	9 06·0	8 39·7	1·8 1·1	7·8 4·7	13·8 8·4
19	9 04·8	9 06·2	8 39·9	1·9 1·2	7·9 4·8	13·9 8·5
20	9 05·0	9 06·5	8 40·2	2·0 1·2	8·0 4·9	14·0 8·5
21	9 05·3	9 06·7	8 40·4	2·1 1·3	8·1 4·9	14·1 8·6
22	9 05·5	9 07·0	8 40·6	2·2 1·3	8·2 5·0	14·2 8·6
23	9 05·8	9 07·2	8 40·9	2·3 1·4	8·3 5·0	14·3 8·7
24	9 06·0	9 07·5	8 41·1	2·4 1·5	8·4 5·1	14·4 8·8
25	9 06·3	9 07·7	8 41·4	2·5 1·5	8·5 5·2	14·5 8·8
26	9 06·5	9 08·0	8 41·6	2·6 1·6	8·6 5·2	14·6 8·9
27	9 06·8	9 08·2	8 41·8	2·7 1·6	8·7 5·3	14·7 8·9
28	9 07·0	9 08·5	8 42·1	2·8 1·7	8·8 5·4	14·8 9·0
29	9 07·3	9 08·7	8 42·3	2·9 1·8	8·9 5·4	14·9 9·1
30	9 07·5	9 09·0	8 42·6	3·0 1·8	9·0 5·5	15·0 9·1
31	9 07·8	9 09·2	8 42·8	3·1 1·9	9·1 5·5	15·1 9·2
32	9 08·0	9 09·5	8 43·0	3·2 1·9	9·2 5·6	15·2 9·2
33	9 08·3	9 09·8	8 43·3	3·3 2·0	9·3 5·7	15·3 9·3
34	9 08·5	9 10·0	8 43·5	3·4 2·1	9·4 5·7	15·4 9·4
35	9 08·8	9 10·3	8 43·8	3·5 2·1	9·5 5·8	15·5 9·4
36	9 09·0	9 10·5	8 44·0	3·6 2·2	9·6 5·8	15·6 9·5
37	9 09·3	9 10·8	8 44·2	3·7 2·3	9·7 5·9	15·7 9·6
38	9 09·5	9 11·0	8 44·5	3·8 2·3	9·8 6·0	15·8 9·6
39	9 09·8	9 11·3	8 44·7	3·9 2·4	9·9 6·0	15·9 9·7
40	9 10·0	9 11·5	8 44·9	4·0 2·4	10·0 6·1	16·0 9·7
41	9 10·3	9 11·8	8 45·2	4·1 2·5	10·1 6·1	16·1 9·8
42	9 10·5	9 12·0	8 45·4	4·2 2·6	10·2 6·2	16·2 9·9
43	9 10·8	9 12·3	8 45·7	4·3 2·6	10·3 6·3	16·3 9·9
44	9 11·0	9 12·5	8 45·9	4·4 2·7	10·4 6·3	16·4 10·0
45	9 11·3	9 12·8	8 46·1	4·5 2·7	10·5 6·4	16·5 10·0
46	9 11·5	9 13·0	8 46·4	4·6 2·8	10·6 6·4	16·6 10·1
47	9 11·8	9 13·3	8 46·6	4·7 2·9	10·7 6·5	16·7 10·2
48	9 12·0	9 13·5	8 46·9	4·8 2·9	10·8 6·6	16·8 10·2
49	9 12·3	9 13·8	8 47·1	4·9 3·0	10·9 6·6	16·9 10·3
50	9 12·5	9 14·0	8 47·3	5·0 3·0	11·0 6·7	17·0 10·3
51	9 12·8	9 14·3	8 47·6	5·1 3·1	11·1 6·8	17·1 10·4
52	9 13·0	9 14·5	8 47·8	5·2 3·2	11·2 6·8	17·2 10·5
53	9 13·3	9 14·8	8 48·0	5·3 3·2	11·3 6·9	17·3 10·5
54	9 13·5	9 15·0	8 48·3	5·4 3·3	11·4 6·9	17·4 10·6
55	9 13·8	9 15·3	8 48·5	5·5 3·3	11·5 7·0	17·5 10·6
56	9 14·0	9 15·5	8 48·8	5·6 3·4	11·6 7·1	17·6 10·7
57	9 14·3	9 15·8	8 49·0	5·7 3·5	11·7 7·1	17·7 10·8
58	9 14·5	9 16·0	8 49·2	5·8 3·5	11·8 7·2	17·8 10·8
59	9 14·8	9 16·3	8 49·5	5·9 3·6	11·9 7·2	17·9 10·9
60	9 15·0	9 16·5	8 49·7	6·0 3·7	12·0 7·3	18·0 11·0

37ᵐ	SUN PLANETS	ARIES	MOON	v or Corrⁿ d	v or Corrⁿ d	v or Corrⁿ d
s	° ′	° ′	° ′	′ ′	′ ′	′ ′
00	9 15·0	9 16·5	8 49·7	0·0 0·0	6·0 3·8	12·0 7·5
01	9 15·3	9 16·8	8 50·0	0·1 0·1	6·1 3·8	12·1 7·6
02	9 15·5	9 17·0	8 50·2	0·2 0·1	6·2 3·9	12·2 7·6
03	9 15·8	9 17·3	8 50·4	0·3 0·2	6·3 3·9	12·3 7·7
04	9 16·0	9 17·5	8 50·7	0·4 0·3	6·4 4·0	12·4 7·8
05	9 16·3	9 17·8	8 50·9	0·5 0·3	6·5 4·1	12·5 7·8
06	9 16·5	9 18·0	8 51·1	0·6 0·4	6·6 4·1	12·6 7·9
07	9 16·8	9 18·3	8 51·4	0·7 0·4	6·7 4·2	12·7 7·9
08	9 17·0	9 18·5	8 51·6	0·8 0·5	6·8 4·3	12·8 8·0
09	9 17·3	9 18·8	8 51·9	0·9 0·6	6·9 4·3	12·9 8·1
10	9 17·5	9 19·0	8 52·1	1·0 0·6	7·0 4·4	13·0 8·1
11	9 17·8	9 19·3	8 52·3	1·1 0·7	7·1 4·4	13·1 8·2
12	9 18·0	9 19·5	8 52·6	1·2 0·8	7·2 4·5	13·2 8·3
13	9 18·3	9 19·8	8 52·8	1·3 0·8	7·3 4·6	13·3 8·3
14	9 18·5	9 20·0	8 53·1	1·4 0·9	7·4 4·6	13·4 8·4
15	9 18·8	9 20·3	8 53·3	1·5 0·9	7·5 4·7	13·5 8·4
16	9 19·0	9 20·5	8 53·5	1·6 1·0	7·6 4·8	13·6 8·5
17	9 19·3	9 20·8	8 53·8	1·7 1·1	7·7 4·8	13·7 8·6
18	9 19·5	9 21·0	8 54·0	1·8 1·1	7·8 4·9	13·8 8·6
19	9 19·8	9 21·3	8 54·3	1·9 1·2	7·9 4·9	13·9 8·7
20	9 20·0	9 21·5	8 54·5	2·0 1·3	8·0 5·0	14·0 8·8
21	9 20·3	9 21·8	8 54·7	2·1 1·3	8·1 5·1	14·1 8·8
22	9 20·5	9 22·0	8 55·0	2·2 1·4	8·2 5·1	14·2 8·9
23	9 20·8	9 22·3	8 55·2	2·3 1·4	8·3 5·2	14·3 8·9
24	9 21·0	9 22·5	8 55·4	2·4 1·5	8·4 5·3	14·4 9·0
25	9 21·3	9 22·8	8 55·7	2·5 1·6	8·5 5·3	14·5 9·1
26	9 21·5	9 23·0	8 55·9	2·6 1·6	8·6 5·4	14·6 9·1
27	9 21·8	9 23·3	8 56·2	2·7 1·7	8·7 5·4	14·7 9·2
28	9 22·0	9 23·5	8 56·4	2·8 1·8	8·8 5·5	14·8 9·3
29	9 22·3	9 23·8	8 56·6	2·9 1·8	8·9 5·6	14·9 9·3
30	9 22·5	9 24·0	8 56·9	3·0 1·9	9·0 5·6	15·0 9·4
31	9 22·8	9 24·3	8 57·1	3·1 1·9	9·1 5·7	15·1 9·4
32	9 23·0	9 24·5	8 57·4	3·2 2·0	9·2 5·8	15·2 9·5
33	9 23·3	9 24·8	8 57·6	3·3 2·1	9·3 5·8	15·3 9·6
34	9 23·5	9 25·0	8 57·8	3·4 2·1	9·4 5·9	15·4 9·6
35	9 23·8	9 25·3	8 58·1	3·5 2·2	9·5 5·9	15·5 9·7
36	9 24·0	9 25·5	8 58·3	3·6 2·3	9·6 6·0	15·6 9·8
37	9 24·3	9 25·8	8 58·5	3·7 2·3	9·7 6·1	15·7 9·8
38	9 24·5	9 26·0	8 58·8	3·8 2·4	9·8 6·1	15·8 9·9
39	9 24·8	9 26·3	8 59·0	3·9 2·4	9·9 6·2	15·9 9·9
40	9 25·0	9 26·5	8 59·3	4·0 2·5	10·0 6·3	16·0 10·0
41	9 25·3	9 26·8	8 59·5	4·1 2·6	10·1 6·3	16·1 10·1
42	9 25·5	9 27·0	8 59·7	4·2 2·6	10·2 6·4	16·2 10·1
43	9 25·8	9 27·3	9 00·0	4·3 2·7	10·3 6·4	16·3 10·2
44	9 26·0	9 27·5	9 00·2	4·4 2·8	10·4 6·5	16·4 10·3
45	9 26·3	9 27·8	9 00·5	4·5 2·8	10·5 6·6	16·5 10·3
46	9 26·5	9 28·1	9 00·7	4·6 2·9	10·6 6·6	16·6 10·4
47	9 26·8	9 28·3	9 00·9	4·7 2·9	10·7 6·7	16·7 10·4
48	9 27·0	9 28·6	9 01·2	4·8 3·0	10·8 6·8	16·8 10·5
49	9 27·3	9 28·8	9 01·4	4·9 3·1	10·9 6·8	16·9 10·6
50	9 27·5	9 29·1	9 01·6	5·0 3·1	11·0 6·9	17·0 10·6
51	9 27·8	9 29·3	9 01·9	5·1 3·2	11·1 6·9	17·1 10·7
52	9 28·0	9 29·6	9 02·1	5·2 3·3	11·2 7·0	17·2 10·8
53	9 28·3	9 29·8	9 02·4	5·3 3·3	11·3 7·1	17·3 10·8
54	9 28·5	9 30·1	9 02·6	5·4 3·4	11·4 7·1	17·4 10·9
55	9 28·8	9 30·3	9 02·8	5·5 3·4	11·5 7·2	17·5 10·9
56	9 29·0	9 30·6	9 03·1	5·6 3·5	11·6 7·3	17·6 11·0
57	9 29·3	9 30·8	9 03·3	5·7 3·6	11·7 7·3	17·7 11·1
58	9 29·5	9 31·1	9 03·6	5·8 3·6	11·8 7·4	17·8 11·1
59	9 29·8	9 31·3	9 03·8	5·9 3·7	11·9 7·4	17·9 11·2
60	9 30·0	9 31·6	9 04·0	6·0 3·8	12·0 7·5	18·0 11·3

xx

INCREMENTS AND CORRECTIONS

38m

38 s	SUN PLANETS	ARIES	MOON	v or Corrn d		v or Corrn d		v or Corrn d	
00	9 30·0	9 31·6	9 04·0	0·0	0·0	6·0	3·9	12·0	7·7
01	9 30·3	9 31·8	9 04·3	0·1	0·1	6·1	3·9	12·1	7·8
02	9 30·5	9 32·1	9 04·5	0·2	0·1	6·2	4·0	12·2	7·8
03	9 30·8	9 32·3	9 04·7	0·3	0·2	6·3	4·0	12·3	7·9
04	9 31·0	9 32·6	9 05·0	0·4	0·3	6·4	4·1	12·4	8·0
05	9 31·3	9 32·8	9 05·2	0·5	0·3	6·5	4·2	12·5	8·0
06	9 31·5	9 33·1	9 05·5	0·6	0·4	6·6	4·2	12·6	8·1
07	9 31·8	9 33·3	9 05·7	0·7	0·4	6·7	4·3	12·7	8·1
08	9 32·0	9 33·6	9 05·9	0·8	0·5	6·8	4·4	12·8	8·2
09	9 32·3	9 33·8	9 06·2	0·9	0·6	6·9	4·4	12·9	8·3
10	9 32·5	9 34·1	9 06·4	1·0	0·6	7·0	4·5	13·0	8·3
11	9 32·8	9 34·3	9 06·7	1·1	0·7	7·1	4·6	13·1	8·4
12	9 33·0	9 34·6	9 06·9	1·2	0·8	7·2	4·6	13·2	8·5
13	9 33·3	9 34·8	9 07·1	1·3	0·8	7·3	4·7	13·3	8·5
14	9 33·5	9 35·1	9 07·4	1·4	0·9	7·4	4·7	13·4	8·6
15	9 33·8	9 35·3	9 07·6	1·5	1·0	7·5	4·8	13·5	8·7
16	9 34·0	9 35·6	9 07·9	1·6	1·0	7·6	4·9	13·6	8·7
17	9 34·3	9 35·8	9 08·1	1·7	1·1	7·7	4·9	13·7	8·8
18	9 34·5	9 36·1	9 08·3	1·8	1·2	7·8	5·0	13·8	8·9
19	9 34·8	9 36·3	9 08·6	1·9	1·2	7·9	5·1	13·9	8·9
20	9 35·0	9 36·6	9 08·8	2·0	1·3	8·0	5·1	14·0	9·0
21	9 35·3	9 36·8	9 09·0	2·1	1·3	8·1	5·2	14·1	9·0
22	9 35·5	9 37·1	9 09·3	2·2	1·4	8·2	5·3	14·2	9·1
23	9 35·8	9 37·3	9 09·5	2·3	1·5	8·3	5·3	14·3	9·2
24	9 36·0	9 37·6	9 09·8	2·4	1·5	8·4	5·4	14·4	9·2
25	9 36·3	9 37·8	9 10·0	2·5	1·6	8·5	5·5	14·5	9·3
26	9 36·5	9 38·1	9 10·2	2·6	1·7	8·6	5·5	14·6	9·4
27	9 36·8	9 38·3	9 10·5	2·7	1·7	8·7	5·6	14·7	9·4
28	9 37·0	9 38·6	9 10·7	2·8	1·8	8·8	5·6	14·8	9·5
29	9 37·3	9 38·8	9 11·0	2·9	1·9	8·9	5·7	14·9	9·6
30	9 37·5	9 39·1	9 11·2	3·0	1·9	9·0	5·8	15·0	9·6
31	9 37·8	9 39·3	9 11·4	3·1	2·0	9·1	5·8	15·1	9·7
32	9 38·0	9 39·6	9 11·7	3·2	2·1	9·2	5·9	15·2	9·8
33	9 38·3	9 39·8	9 11·9	3·3	2·1	9·3	6·0	15·3	9·8
34	9 38·5	9 40·1	9 12·1	3·4	2·2	9·4	6·0	15·4	9·9
35	9 38·8	9 40·3	9 12·4	3·5	2·2	9·5	6·1	15·5	9·9
36	9 39·0	9 40·6	9 12·6	3·6	2·3	9·6	6·2	15·6	10·0
37	9 39·3	9 40·8	9 12·9	3·7	2·4	9·7	6·2	15·7	10·1
38	9 39·5	9 41·1	9 13·1	3·8	2·4	9·8	6·3	15·8	10·1
39	9 39·8	9 41·3	9 13·3	3·9	2·5	9·9	6·4	15·9	10·2
40	9 40·0	9 41·6	9 13·6	4·0	2·6	10·0	6·4	16·0	10·3
41	9 40·3	9 41·8	9 13·8	4·1	2·6	10·1	6·5	16·1	10·3
42	9 40·5	9 42·1	9 14·1	4·2	2·7	10·2	6·5	16·2	10·4
43	9 40·8	9 42·3	9 14·3	4·3	2·8	10·3	6·6	16·3	10·5
44	9 41·0	9 42·6	9 14·5	4·4	2·8	10·4	6·7	16·4	10·5
45	9 41·3	9 42·8	9 14·8	4·5	2·9	10·5	6·7	16·5	10·6
46	9 41·5	9 43·1	9 15·0	4·6	3·0	10·6	6·8	16·6	10·7
47	9 41·8	9 43·3	9 15·2	4·7	3·0	10·7	6·9	16·7	10·7
48	9 42·0	9 43·6	9 15·5	4·8	3·1	10·8	6·9	16·8	10·8
49	9 42·3	9 43·8	9 15·7	4·9	3·1	10·9	7·0	16·9	10·8
50	9 42·5	9 44·1	9 16·0	5·0	3·2	11·0	7·1	17·0	10·9
51	9 42·8	9 44·3	9 16·2	5·1	3·3	11·1	7·1	17·1	11·0
52	9 43·0	9 44·6	9 16·4	5·2	3·3	11·2	7·2	17·2	11·0
53	9 43·3	9 44·8	9 16·7	5·3	3·4	11·3	7·3	17·3	11·1
54	9 43·5	9 45·1	9 16·9	5·4	3·5	11·4	7·3	17·4	11·2
55	9 43·8	9 45·3	9 17·2	5·5	3·5	11·5	7·4	17·5	11·2
56	9 44·0	9 45·6	9 17·4	5·6	3·6	11·6	7·4	17·6	11·3
57	9 44·3	9 45·8	9 17·6	5·7	3·7	11·7	7·5	17·7	11·4
58	9 44·5	9 46·1	9 17·9	5·8	3·7	11·8	7·6	17·8	11·4
59	9 44·8	9 46·4	9 18·1	5·9	3·8	11·9	7·6	17·9	11·5
60	9 45·0	9 46·6	9 18·4	6·0	3·9	12·0	7·7	18·0	11·6

39m

39 s	SUN PLANETS	ARIES	MOON	v or Corrn d		v or Corrn d		v or Corrn d	
00	9 45·0	9 46·6	9 18·4	0·0	0·0	6·0	4·0	12·0	7·9
01	9 45·3	9 46·9	9 18·6	0·1	0·1	6·1	4·0	12·1	8·0
02	9 45·5	9 47·1	9 18·8	0·2	0·1	6·2	4·1	12·2	8·0
03	9 45·8	9 47·4	9 19·1	0·3	0·2	6·3	4·1	12·3	8·1
04	9 46·0	9 47·6	9 19·3	0·4	0·3	6·4	4·2	12·4	8·2
05	9 46·3	9 47·9	9 19·5	0·5	0·3	6·5	4·3	12·5	8·2
06	9 46·5	9 48·1	9 19·8	0·6	0·4	6·6	4·3	12·6	8·3
07	9 46·8	9 48·4	9 20·0	0·7	0·5	6·7	4·4	12·7	8·4
08	9 47·0	9 48·6	9 20·3	0·8	0·5	6·8	4·5	12·8	8·4
09	9 47·3	9 48·9	9 20·5	0·9	0·6	6·9	4·5	12·9	8·5
10	9 47·5	9 49·1	9 20·7	1·0	0·7	7·0	4·6	13·0	8·6
11	9 47·8	9 49·4	9 21·0	1·1	0·7	7·1	4·7	13·1	8·6
12	9 48·0	9 49·6	9 21·2	1·2	0·8	7·2	4·7	13·2	8·7
13	9 48·3	9 49·9	9 21·5	1·3	0·9	7·3	4·8	13·3	8·8
14	9 48·5	9 50·1	9 21·7	1·4	0·9	7·4	4·9	13·4	8·8
15	9 48·8	9 50·4	9 21·9	1·5	1·0	7·5	4·9	13·5	8·9
16	9 49·0	9 50·6	9 22·2	1·6	1·1	7·6	5·0	13·6	9·0
17	9 49·3	9 50·9	9 22·4	1·7	1·1	7·7	5·1	13·7	9·0
18	9 49·5	9 51·1	9 22·6	1·8	1·2	7·8	5·1	13·8	9·1
19	9 49·8	9 51·4	9 22·9	1·9	1·3	7·9	5·2	13·9	9·2
20	9 50·0	9 51·6	9 23·1	2·0	1·3	8·0	5·3	14·0	9·2
21	9 50·3	9 51·9	9 23·4	2·1	1·4	8·1	5·3	14·1	9·3
22	9 50·5	9 52·1	9 23·6	2·2	1·4	8·2	5·4	14·2	9·3
23	9 50·8	9 52·4	9 23·8	2·3	1·5	8·3	5·5	14·3	9·4
24	9 51·0	9 52·6	9 24·1	2·4	1·6	8·4	5·5	14·4	9·5
25	9 51·3	9 52·9	9 24·3	2·5	1·6	8·5	5·6	14·5	9·5
26	9 51·5	9 53·1	9 24·6	2·6	1·7	8·6	5·7	14·6	9·6
27	9 51·8	9 53·4	9 24·8	2·7	1·8	8·7	5·7	14·7	9·7
28	9 52·0	9 53·6	9 25·0	2·8	1·8	8·8	5·8	14·8	9·7
29	9 52·3	9 53·9	9 25·3	2·9	1·9	8·9	5·9	14·9	9·8
30	9 52·5	9 54·1	9 25·5	3·0	2·0	9·0	5·9	15·0	9·9
31	9 52·8	9 54·4	9 25·7	3·1	2·0	9·1	6·0	15·1	9·9
32	9 53·0	9 54·6	9 26·0	3·2	2·1	9·2	6·1	15·2	10·0
33	9 53·3	9 54·9	9 26·2	3·3	2·2	9·3	6·1	15·3	10·1
34	9 53·5	9 55·1	9 26·5	3·4	2·2	9·4	6·2	15·4	10·1
35	9 53·8	9 55·4	9 26·7	3·5	2·3	9·5	6·3	15·5	10·2
36	9 54·0	9 55·6	9 26·9	3·6	2·4	9·6	6·3	15·6	10·3
37	9 54·3	9 55·9	9 27·2	3·7	2·4	9·7	6·4	15·7	10·3
38	9 54·5	9 56·1	9 27·4	3·8	2·5	9·8	6·5	15·8	10·4
39	9 54·8	9 56·4	9 27·7	3·9	2·6	9·9	6·5	15·9	10·5
40	9 55·0	9 56·6	9 27·9	4·0	2·6	10·0	6·6	16·0	10·5
41	9 55·3	9 56·9	9 28·1	4·1	2·7	10·1	6·6	16·1	10·6
42	9 55·5	9 57·1	9 28·4	4·2	2·8	10·2	6·7	16·2	10·7
43	9 55·8	9 57·4	9 28·6	4·3	2·8	10·3	6·8	16·3	10·7
44	9 56·0	9 57·6	9 28·8	4·4	2·9	10·4	6·8	16·4	10·8
45	9 56·3	9 57·9	9 29·1	4·5	3·0	10·5	6·9	16·5	10·9
46	9 56·5	9 58·1	9 29·3	4·6	3·0	10·6	7·0	16·6	10·9
47	9 56·8	9 58·4	9 29·6	4·7	3·1	10·7	7·0	16·7	11·0
48	9 57·0	9 58·6	9 29·8	4·8	3·2	10·8	7·1	16·8	11·1
49	9 57·3	9 58·9	9 30·0	4·9	3·2	10·9	7·2	16·9	11·1
50	9 57·5	9 59·1	9 30·3	5·0	3·3	11·0	7·2	17·0	11·2
51	9 57·8	9 59·4	9 30·5	5·1	3·4	11·1	7·3	17·1	11·3
52	9 58·0	9 59·6	9 30·8	5·2	3·4	11·2	7·4	17·2	11·3
53	9 58·3	9 59·9	9 31·0	5·3	3·5	11·3	7·4	17·3	11·4
54	9 58·5	10 00·1	9 31·2	5·4	3·6	11·4	7·5	17·4	11·5
55	9 58·8	10 00·4	9 31·5	5·5	3·6	11·5	7·6	17·5	11·5
56	9 59·0	10 00·6	9 31·7	5·6	3·7	11·6	7·6	17·6	11·6
57	9 59·3	10 00·9	9 32·0	5·7	3·8	11·7	7·7	17·7	11·7
58	9 59·5	10 01·1	9 32·2	5·8	3·8	11·8	7·8	17·8	11·7
59	9 59·8	10 01·4	9 32·4	5·9	3·9	11·9	7·8	17·9	11·8
60	10 00·0	10 01·6	9 32·7	6·0	4·0	12·0	7·9	18·0	11·9

INCREMENTS AND CORRECTIONS

40ᵐ   **41ᵐ**

40ᵐ s	SUN PLANETS ° ′	ARIES ° ′	MOON ° ′	v or d ′	Corrⁿ ′	v or d ′	Corrⁿ ′	v or d ′	Corrⁿ ′	41ᵐ s	SUN PLANETS ° ′	ARIES ° ′	MOON ° ′	v or d ′	Corrⁿ ′	v or d ′	Corrⁿ ′	v or d ′	Corrⁿ ′
00	10 00·0	10 01·6	9 32·7	0·0	0·0	6·0	4·1	12·0	8·1	00	10 15·0	10 16·7	9 47·0	0·0	0·0	6·0	4·2	12·0	8·3
01	10 00·3	10 01·9	9 32·9	0·1	0·1	6·1	4·1	12·1	8·2	01	10 15·3	10 16·9	9 47·2	0·1	0·1	6·1	4·2	12·1	8·4
02	10 00·5	10 02·1	9 33·1	0·2	0·1	6·2	4·2	12·2	8·2	02	10 15·5	10 17·2	9 47·5	0·2	0·1	6·2	4·3	12·2	8·4
03	10 00·8	10 02·4	9 33·4	0·3	0·2	6·3	4·3	12·3	8·3	03	10 15·8	10 17·4	9 47·7	0·3	0·2	6·3	4·4	12·3	8·5
04	10 01·0	10 02·6	9 33·6	0·4	0·3	6·4	4·3	12·4	8·4	04	10 16·0	10 17·7	9 47·9	0·4	0·3	6·4	4·4	12·4	8·6
05	10 01·3	10 02·9	9 33·9	0·5	0·3	6·5	4·4	12·5	8·4	05	10 16·3	10 17·9	9 48·2	0·5	0·3	6·5	4·5	12·5	8·6
06	10 01·5	10 03·1	9 34·1	0·6	0·4	6·6	4·5	12·6	8·5	06	10 16·5	10 18·2	9 48·4	0·6	0·4	6·6	4·6	12·6	8·7
07	10 01·8	10 03·4	9 34·3	0·7	0·5	6·7	4·5	12·7	8·6	07	10 16·8	10 18·4	9 48·7	0·7	0·5	6·7	4·6	12·7	8·8
08	10 02·0	10 03·6	9 34·6	0·8	0·5	6·8	4·6	12·8	8·6	08	10 17·0	10 18·7	9 48·9	0·8	0·6	6·8	4·7	12·8	8·9
09	10 02·3	10 03·9	9 34·8	0·9	0·6	6·9	4·7	12·9	8·7	09	10 17·3	10 18·9	9 49·1	0·9	0·6	6·9	4·8	12·9	8·9
10	10 02·5	10 04·1	9 35·1	1·0	0·7	7·0	4·7	13·0	8·8	10	10 17·5	10 19·2	9 49·4	1·0	0·7	7·0	4·8	13·0	9·0
11	10 02·8	10 04·4	9 35·3	1·1	0·7	7·1	4·8	13·1	8·8	11	10 17·8	10 19·4	9 49·6	1·1	0·8	7·1	4·9	13·1	9·1
12	10 03·0	10 04·7	9 35·5	1·2	0·8	7·2	4·9	13·2	8·9	12	10 18·0	10 19·7	9 49·8	1·2	0·8	7·2	5·0	13·2	9·1
13	10 03·3	10 04·9	9 35·8	1·3	0·9	7·3	4·9	13·3	9·0	13	10 18·3	10 19·9	9 50·1	1·3	0·9	7·3	5·0	13·3	9·2
14	10 03·5	10 05·2	9 36·0	1·4	0·9	7·4	5·0	13·4	9·0	14	10 18·5	10 20·2	9 50·3	1·4	1·0	7·4	5·1	13·4	9·3
15	10 03·8	10 05·4	9 36·2	1·5	1·0	7·5	5·1	13·5	9·1	15	10 18·8	10 20·4	9 50·6	1·5	1·0	7·5	5·2	13·5	9·3
16	10 04·0	10 05·7	9 36·5	1·6	1·1	7·6	5·1	13·6	9·2	16	10 19·0	10 20·7	9 50·8	1·6	1·1	7·6	5·3	13·6	9·4
17	10 04·3	10 05·9	9 36·7	1·7	1·1	7·7	5·2	13·7	9·2	17	10 19·3	10 20·9	9 51·0	1·7	1·2	7·7	5·3	13·7	9·5
18	10 04·5	10 06·2	9 37·0	1·8	1·2	7·8	5·3	13·8	9·3	18	10 19·5	10 21·2	9 51·3	1·8	1·2	7·8	5·4	13·8	9·5
19	10 04·8	10 06·4	9 37·2	1·9	1·3	7·9	5·3	13·9	9·4	19	10 19·8	10 21·4	9 51·5	1·9	1·3	7·9	5·5	13·9	9·6
20	10 05·0	10 06·7	9 37·4	2·0	1·4	8·0	5·4	14·0	9·5	20	10 20·0	10 21·7	9 51·8	2·0	1·4	8·0	5·5	14·0	9·7
21	10 05·3	10 06·9	9 37·7	2·1	1·4	8·1	5·5	14·1	9·5	21	10 20·3	10 21·9	9 52·0	2·1	1·5	8·1	5·6	14·1	9·8
22	10 05·5	10 07·2	9 37·9	2·2	1·5	8·2	5·5	14·2	9·6	22	10 20·5	10 22·2	9 52·2	2·2	1·5	8·2	5·7	14·2	9·8
23	10 05·8	10 07·4	9 38·2	2·3	1·6	8·3	5·6	14·3	9·7	23	10 20·8	10 22·4	9 52·5	2·3	1·6	8·3	5·7	14·3	9·9
24	10 06·0	10 07·7	9 38·4	2·4	1·6	8·4	5·7	14·4	9·7	24	10 21·0	10 22·7	9 52·7	2·4	1·7	8·4	5·8	14·4	10·0
25	10 06·3	10 07·9	9 38·6	2·5	1·7	8·5	5·7	14·5	9·8	25	10 21·3	10 23·0	9 52·9	2·5	1·7	8·5	5·9	14·5	10·0
26	10 06·5	10 08·2	9 38·9	2·6	1·8	8·6	5·8	14·6	9·9	26	10 21·5	10 23·2	9 53·2	2·6	1·8	8·6	5·9	14·6	10·1
27	10 06·8	10 08·4	9 39·1	2·7	1·8	8·7	5·9	14·7	9·9	27	10 21·8	10 23·5	9 53·4	2·7	1·9	8·7	6·0	14·7	10·2
28	10 07·0	10 08·7	9 39·3	2·8	1·9	8·8	5·9	14·8	10·0	28	10 22·0	10 23·7	9 53·7	2·8	1·9	8·8	6·1	14·8	10·2
29	10 07·3	10 08·9	9 39·6	2·9	2·0	8·9	6·0	14·9	10·1	29	10 22·3	10 24·0	9 53·9	2·9	2·0	8·9	6·2	14·9	10·3
30	10 07·5	10 09·2	9 39·8	3·0	2·0	9·0	6·1	15·0	10·1	30	10 22·5	10 24·2	9 54·1	3·0	2·1	9·0	6·2	15·0	10·4
31	10 07·8	10 09·4	9 40·1	3·1	2·1	9·1	6·1	15·1	10·2	31	10 22·8	10 24·5	9 54·4	3·1	2·1	9·1	6·3	15·1	10·4
32	10 08·0	10 09·7	9 40·3	3·2	2·2	9·2	6·2	15·2	10·3	32	10 23·0	10 24·7	9 54·6	3·2	2·2	9·2	6·4	15·2	10·5
33	10 08·3	10 09·9	9 40·5	3·3	2·2	9·3	6·3	15·3	10·3	33	10 23·3	10 25·0	9 54·9	3·3	2·3	9·3	6·4	15·3	10·6
34	10 08·5	10 10·2	9 40·8	3·4	2·3	9·4	6·3	15·4	10·4	34	10 23·5	10 25·2	9 55·1	3·4	2·4	9·4	6·5	15·4	10·7
35	10 08·8	10 10·4	9 41·0	3·5	2·4	9·5	6·4	15·5	10·5	35	10 23·8	10 25·5	9 55·3	3·5	2·4	9·5	6·6	15·5	10·7
36	10 09·0	10 10·7	9 41·3	3·6	2·4	9·6	6·5	15·6	10·5	36	10 24·0	10 25·7	9 55·6	3·6	2·5	9·6	6·6	15·6	10·8
37	10 09·3	10 10·9	9 41·5	3·7	2·5	9·7	6·5	15·7	10·6	37	10 24·3	10 26·0	9 55·8	3·7	2·6	9·7	6·7	15·7	10·9
38	10 09·5	10 11·2	9 41·7	3·8	2·6	9·8	6·6	15·8	10·7	38	10 24·5	10 26·2	9 56·1	3·8	2·6	9·8	6·8	15·8	10·9
39	10 09·8	10 11·4	9 42·0	3·9	2·6	9·9	6·7	15·9	10·7	39	10 24·8	10 26·5	9 56·3	3·9	2·7	9·9	6·8	15·9	11·0
40	10 10·0	10 11·7	9 42·2	4·0	2·7	10·0	6·8	16·0	10·8	40	10 25·0	10 26·7	9 56·5	4·0	2·8	10·0	6·9	16·0	11·1
41	10 10·3	10 11·9	9 42·4	4·1	2·8	10·1	6·8	16·1	10·9	41	10 25·3	10 27·0	9 56·8	4·1	2·8	10·1	7·0	16·1	11·1
42	10 10·5	10 12·2	9 42·7	4·2	2·8	10·2	6·9	16·2	10·9	42	10 25·5	10 27·2	9 57·0	4·2	2·9	10·2	7·1	16·2	11·2
43	10 10·8	10 12·4	9 42·9	4·3	2·9	10·3	7·0	16·3	11·0	43	10 25·8	10 27·5	9 57·2	4·3	3·0	10·3	7·1	16·3	11·3
44	10 11·0	10 12·7	9 43·2	4·4	3·0	10·4	7·0	16·4	11·1	44	10 26·0	10 27·7	9 57·5	4·4	3·0	10·4	7·2	16·4	11·3
45	10 11·3	10 12·9	9 43·4	4·5	3·0	10·5	7·1	16·5	11·1	45	10 26·3	10 28·0	9 57·7	4·5	3·1	10·5	7·3	16·5	11·4
46	10 11·5	10 13·2	9 43·6	4·6	3·1	10·6	7·2	16·6	11·2	46	10 26·5	10 28·2	9 58·0	4·6	3·2	10·6	7·3	16·6	11·5
47	10 11·8	10 13·4	9 43·9	4·7	3·2	10·7	7·2	16·7	11·3	47	10 26·8	10 28·5	9 58·2	4·7	3·3	10·7	7·4	16·7	11·6
48	10 12·0	10 13·7	9 44·1	4·8	3·2	10·8	7·3	16·8	11·3	48	10 27·0	10 28·7	9 58·4	4·8	3·3	10·8	7·5	16·8	11·6
49	10 12·3	10 13·9	9 44·4	4·9	3·3	10·9	7·4	16·9	11·4	49	10 27·3	10 29·0	9 58·7	4·9	3·4	10·9	7·5	16·9	11·7
50	10 12·5	10 14·2	9 44·6	5·0	3·4	11·0	7·4	17·0	11·5	50	10 27·5	10 29·2	9 58·9	5·0	3·5	11·0	7·6	17·0	11·8
51	10 12·8	10 14·4	9 44·8	5·1	3·4	11·1	7·5	17·1	11·5	51	10 27·8	10 29·5	9 59·2	5·1	3·5	11·1	7·7	17·1	11·8
52	10 13·0	10 14·7	9 45·1	5·2	3·5	11·2	7·6	17·2	11·6	52	10 28·0	10 29·7	9 59·4	5·2	3·6	11·2	7·7	17·2	11·9
53	10 13·3	10 14·9	9 45·3	5·3	3·6	11·3	7·6	17·3	11·7	53	10 28·3	10 30·0	9 59·6	5·3	3·7	11·3	7·8	17·3	12·0
54	10 13·5	10 15·2	9 45·6	5·4	3·6	11·4	7·7	17·4	11·7	54	10 28·5	10 30·2	9 59·9	5·4	3·7	11·4	7·9	17·4	12·0
55	10 13·8	10 15·4	9 45·8	5·5	3·7	11·5	7·8	17·5	11·8	55	10 28·8	10 30·5	10 00·1	5·5	3·8	11·5	8·0	17·5	12·1
56	10 14·0	10 15·7	9 46·0	5·6	3·8	11·6	7·8	17·6	11·9	56	10 29·0	10 30·7	10 00·3	5·6	3·9	11·6	8·0	17·6	12·2
57	10 14·3	10 15·9	9 46·3	5·7	3·8	11·7	7·9	17·7	11·9	57	10 29·3	10 31·0	10 00·6	5·7	3·9	11·7	8·1	17·7	12·2
58	10 14·5	10 16·2	9 46·5	5·8	3·9	11·8	8·0	17·8	12·0	58	10 29·5	10 31·2	10 00·8	5·8	4·0	11·8	8·2	17·8	12·3
59	10 14·8	10 16·4	9 46·7	5·9	4·0	11·9	8·0	17·9	12·1	59	10 29·8	10 31·5	10 01·1	5·9	4·1	11·9	8·2	17·9	12·4
60	10 15·0	10 16·7	9 47·0	6·0	4·1	12·0	8·1	18·0	12·2	60	10 30·0	10 31·7	10 01·3	6·0	4·2	12·0	8·3	18·0	12·5

xxii

INCREMENTS AND CORRECTIONS

42ᵐ

42ᵐ	SUN PLANETS	ARIES	MOON	v or Corrⁿ d		v or Corrⁿ d		v or Corrⁿ d	
s	° ′	° ′	° ′	′	′	′	′	′	′
00	10 30·0	10 31·7	10 01·3	0·0	0·0	6·0	4·3	12·0	8·5
01	10 30·3	10 32·0	10 01·5	0·1	0·1	6·1	4·3	12·1	8·6
02	10 30·5	10 32·2	10 01·8	0·2	0·1	6·2	4·4	12·2	8·6
03	10 30·8	10 32·5	10 02·0	0·3	0·2	6·3	4·5	12·3	8·7
04	10 31·0	10 32·7	10 02·3	0·4	0·3	6·4	4·5	12·4	8·8
05	10 31·3	10 33·0	10 02·5	0·5	0·4	6·5	4·6	12·5	8·9
06	10 31·5	10 33·2	10 02·7	0·6	0·4	6·6	4·7	12·6	8·9
07	10 31·8	10 33·5	10 03·0	0·7	0·5	6·7	4·7	12·7	9·0
08	10 32·0	10 33·7	10 03·2	0·8	0·6	6·8	4·8	12·8	9·1
09	10 32·3	10 34·0	10 03·4	0·9	0·6	6·9	4·9	12·9	9·1
10	10 32·5	10 34·2	10 03·7	1·0	0·7	7·0	5·0	13·0	9·2
11	10 32·8	10 34·5	10 03·9	1·1	0·8	7·1	5·0	13·1	9·3
12	10 33·0	10 34·7	10 04·2	1·2	0·9	7·2	5·1	13·2	9·4
13	10 33·3	10 35·0	10 04·4	1·3	0·9	7·3	5·2	13·3	9·4
14	10 33·5	10 35·2	10 04·6	1·4	1·0	7·4	5·2	13·4	9·5
15	10 33·8	10 35·5	10 04·9	1·5	1·1	7·5	5·3	13·5	9·6
16	10 34·0	10 35·7	10 05·1	1·6	1·1	7·6	5·4	13·6	9·6
17	10 34·3	10 36·0	10 05·4	1·7	1·2	7·7	5·5	13·7	9·7
18	10 34·5	10 36·2	10 05·6	1·8	1·3	7·8	5·5	13·8	9·8
19	10 34·8	10 36·5	10 05·8	1·9	1·3	7·9	5·6	13·9	9·8
20	10 35·0	10 36·7	10 06·1	2·0	1·4	8·0	5·7	14·0	9·9
21	10 35·3	10 37·0	10 06·3	2·1	1·5	8·1	5·7	14·1	10·0
22	10 35·5	10 37·2	10 06·5	2·2	1·6	8·2	5·8	14·2	10·1
23	10 35·8	10 37·5	10 06·6	2·3	1·6	8·3	5·9	14·3	10·1
24	10 36·0	10 37·7	10 07·0	2·4	1·7	8·4	6·0	14·4	10·2
25	10 36·3	10 38·0	10 07·3	2·5	1·8	8·5	6·0	14·5	10·3
26	10 36·5	10 38·2	10 07·5	2·6	1·8	8·6	6·1	14·6	10·3
27	10 36·8	10 38·5	10 07·7	2·7	1·9	8·7	6·2	14·7	10·4
28	10 37·0	10 38·7	10 08·0	2·8	2·0	8·8	6·2	14·8	10·5
29	10 37·3	10 39·0	10 08·2	2·9	2·1	8·9	6·3	14·9	10·6
30	10 37·5	10 39·2	10 08·5	3·0	2·1	9·0	6·4	15·0	10·6
31	10 37·8	10 39·5	10 08·7	3·1	2·2	9·1	6·4	15·1	10·7
32	10 38·0	10 39·7	10 08·9	3·2	2·3	9·2	6·5	15·2	10·8
33	10 38·3	10 40·0	10 09·2	3·3	2·3	9·3	6·6	15·3	10·8
34	10 38·5	10 40·2	10 09·4	3·4	2·4	9·4	6·7	15·4	10·9
35	10 38·8	10 40·5	10 09·7	3·5	2·5	9·5	6·7	15·5	11·0
36	10 39·0	10 40·7	10 09·9	3·6	2·6	9·6	6·8	15·6	11·1
37	10 39·3	10 41·0	10 10·1	3·7	2·6	9·7	6·9	15·7	11·1
38	10 39·5	10 41·3	10 10·4	3·8	2·7	9·8	6·9	15·8	11·2
39	10 39·8	10 41·5	10 10·6	3·9	2·8	9·9	7·0	15·9	11·3
40	10 40·0	10 41·8	10 10·8	4·0	2·8	10·0	7·1	16·0	11·3
41	10 40·3	10 42·0	10 11·1	4·1	2·9	10·1	7·2	16·1	11·4
42	10 40·5	10 42·3	10 11·3	4·2	3·0	10·2	7·2	16·2	11·5
43	10 40·8	10 42·5	10 11·6	4·3	3·0	10·3	7·3	16·3	11·5
44	10 41·0	10 42·8	10 11·8	4·4	3·1	10·4	7·4	16·4	11·6
45	10 41·3	10 43·0	10 12·0	4·5	3·2	10·5	7·4	16·5	11·7
46	10 41·5	10 43·3	10 12·3	4·6	3·3	10·6	7·5	16·6	11·8
47	10 41·8	10 43·5	10 12·5	4·7	3·3	10·7	7·6	16·7	11·8
48	10 42·0	10 43·8	10 12·8	4·8	3·4	10·8	7·7	16·8	11·9
49	10 42·3	10 44·0	10 13·0	4·9	3·5	10·9	7·7	16·9	12·0
50	10 42·5	10 44·3	10 13·2	5·0	3·5	11·0	7·8	17·0	12·0
51	10 42·8	10 44·5	10 13·5	5·1	3·6	11·1	7·9	17·1	12·1
52	10 43·0	10 44·8	10 13·7	5·2	3·7	11·2	7·9	17·2	12·2
53	10 43·3	10 45·0	10 13·9	5·3	3·8	11·3	8·0	17·3	12·3
54	10 43·5	10 45·3	10 14·2	5·4	3·8	11·4	8·1	17·4	12·3
55	10 43·8	10 45·5	10 14·4	5·5	3·9	11·5	8·1	17·5	12·4
56	10 44·0	10 45·8	10 14·7	5·6	4·0	11·6	8·2	17·6	12·5
57	10 44·3	10 46·0	10 14·9	5·7	4·0	11·7	8·3	17·7	12·5
58	10 44·5	10 46·3	10 15·1	5·8	4·1	11·8	8·4	17·8	12·6
59	10 44·8	10 46·5	10 15·4	5·9	4·2	11·9	8·4	17·9	12·7
60	10 45·0	10 46·8	10 15·6	6·0	4·3	12·0	8·5	18·0	12·8

43ᵐ

43ᵐ	SUN PLANETS	ARIES	MOON	v or Corrⁿ d		v or Corrⁿ d		v or Corrⁿ d	
s	° ′	° ′	° ′	′	′	′	′	′	′
00	10 45·0	10 46·8	10 15·6	0·0	0·0	6·0	4·4	12·0	8·7
01	10 45·3	10 47·0	10 15·9	0·1	0·1	6·1	4·4	12·1	8·8
02	10 45·5	10 47·3	10 16·1	0·2	0·1	6·2	4·5	12·2	8·8
03	10 45·8	10 47·5	10 16·3	0·3	0·2	6·3	4·6	12·3	8·9
04	10 46·0	10 47·8	10 16·6	0·4	0·3	6·4	4·6	12·4	9·0
05	10 46·3	10 48·0	10 16·8	0·5	0·4	6·5	4·7	12·5	9·1
06	10 46·5	10 48·3	10 17·0	0·6	0·4	6·6	4·8	12·6	9·1
07	10 46·8	10 48·5	10 17·3	0·7	0·5	6·7	4·9	12·7	9·2
08	10 47·0	10 48·8	10 17·5	0·8	0·6	6·8	4·9	12·8	9·3
09	10 47·3	10 49·0	10 17·8	0·9	0·7	6·9	5·0	12·9	9·4
10	10 47·5	10 49·3	10 18·0	1·0	0·7	7·0	5·1	13·0	9·4
11	10 47·8	10 49·5	10 18·2	1·1	0·8	7·1	5·1	13·1	9·5
12	10 48·0	10 49·8	10 18·5	1·2	0·9	7·2	5·2	13·2	9·6
13	10 48·3	10 50·0	10 18·7	1·3	0·9	7·3	5·3	13·3	9·6
14	10 48·5	10 50·3	10 19·0	1·4	1·0	7·4	5·4	13·4	9·7
15	10 48·8	10 50·5	10 19·2	1·5	1·1	7·5	5·4	13·5	9·8
16	10 49·0	10 50·8	10 19·4	1·6	1·2	7·6	5·5	13·6	9·9
17	10 49·3	10 51·0	10 19·7	1·7	1·2	7·7	5·6	13·7	9·9
18	10 49·5	10 51·3	10 19·9	1·8	1·3	7·8	5·7	13·8	10·0
19	10 49·8	10 51·5	10 20·2	1·9	1·4	7·9	5·7	13·9	10·1
20	10 50·0	10 51·8	10 20·4	2·0	1·5	8·0	5·8	14·0	10·2
21	10 50·3	10 52·0	10 20·6	2·1	1·5	8·1	5·9	14·1	10·2
22	10 50·5	10 52·3	10 20·9	2·2	1·6	8·2	5·9	14·2	10·3
23	10 50·8	10 52·5	10 21·1	2·3	1·7	8·3	6·0	14·3	10·4
24	10 51·0	10 52·8	10 21·3	2·4	1·7	8·4	6·1	14·4	10·4
25	10 51·3	10 53·0	10 21·6	2·5	1·8	8·5	6·2	14·5	10·5
26	10 51·5	10 53·3	10 21·8	2·6	1·9	8·6	6·2	14·6	10·6
27	10 51·8	10 53·5	10 22·1	2·7	2·0	8·7	6·3	14·7	10·7
28	10 52·0	10 53·8	10 22·3	2·8	2·0	8·8	6·4	14·8	10·7
29	10 52·3	10 54·0	10 22·5	2·9	2·1	8·9	6·5	14·9	10·8
30	10 52·5	10 54·3	10 22·8	3·0	2·2	9·0	6·5	15·0	10·9
31	10 52·8	10 54·5	10 23·0	3·1	2·2	9·1	6·6	15·1	10·9
32	10 53·0	10 54·8	10 23·3	3·2	2·3	9·2	6·7	15·2	11·0
33	10 53·3	10 55·0	10 23·5	3·3	2·4	9·3	6·7	15·3	11·1
34	10 53·5	10 55·3	10 23·7	3·4	2·5	9·4	6·8	15·4	11·2
35	10 53·8	10 55·5	10 24·0	3·5	2·5	9·5	6·9	15·5	11·2
36	10 54·0	10 55·8	10 24·2	3·6	2·6	9·6	7·0	15·6	11·3
37	10 54·3	10 56·0	10 24·4	3·7	2·7	9·7	7·0	15·7	11·4
38	10 54·5	10 56·3	10 24·7	3·8	2·8	9·8	7·1	15·8	11·5
39	10 54·8	10 56·5	10 24·9	3·9	2·8	9·9	7·2	15·9	11·5
40	10 55·0	10 56·8	10 25·2	4·0	2·9	10·0	7·3	16·0	11·6
41	10 55·3	10 57·0	10 25·4	4·1	3·0	10·1	7·3	16·1	11·7
42	10 55·5	10 57·3	10 25·6	4·2	3·0	10·2	7·4	16·2	11·7
43	10 55·8	10 57·5	10 25·9	4·3	3·1	10·3	7·5	16·3	11·8
44	10 56·0	10 57·8	10 26·1	4·4	3·2	10·4	7·5	16·4	11·9
45	10 56·3	10 58·0	10 26·4	4·5	3·3	10·5	7·6	16·5	12·0
46	10 56·5	10 58·3	10 26·6	4·6	3·3	10·6	7·7	16·6	12·0
47	10 56·8	10 58·5	10 26·8	4·7	3·4	10·7	7·8	16·7	12·1
48	10 57·0	10 58·8	10 27·1	4·8	3·5	10·8	7·8	16·8	12·2
49	10 57·3	10 59·0	10 27·3	4·9	3·6	10·9	7·9	16·9	12·3
50	10 57·5	10 59·3	10 27·5	5·0	3·6	11·0	8·0	17·0	12·3
51	10 57·8	10 59·6	10 27·8	5·1	3·7	11·1	8·0	17·1	12·4
52	10 58·0	10 59·8	10 28·0	5·2	3·8	11·2	8·1	17·2	12·5
53	10 58·3	11 00·1	10 28·3	5·3	3·8	11·3	8·2	17·3	12·5
54	10 58·5	11 00·3	10 28·5	5·4	3·9	11·4	8·3	17·4	12·6
55	10 58·8	11 00·6	10 28·7	5·5	4·0	11·5	8·3	17·5	12·7
56	10 59·0	11 00·8	10 29·0	5·6	4·1	11·6	8·4	17·6	12·8
57	10 59·3	11 01·1	10 29·2	5·7	4·1	11·7	8·5	17·7	12·8
58	10 59·5	11 01·3	10 29·5	5·8	4·2	11·8	8·6	17·8	12·9
59	10 59·8	11 01·6	10 29·7	5·9	4·3	11·9	8·6	17·9	13·0
60	11 00·0	11 01·8	10 29·9	6·0	4·4	12·0	8·7	18·0	13·1

xxiii

INCREMENTS AND CORRECTIONS

44ᵐ

44ᵐ	SUN PLANETS	ARIES	MOON	v or Corrn d		v or Corrn d		v or Corrn d	
s	° ′	° ′	° ′	′	′	′	′	′	′
00	11 00·0	11 01·8	10 29·9	0·0	0·0	6·0	4·5	12·0	8·9
01	11 00·3	11 02·1	10 30·2	0·1	0·1	6·1	4·5	12·1	9·0
02	11 00·5	11 02·3	10 30·4	0·2	0·1	6·2	4·6	12·2	9·0
03	11 00·8	11 02·6	10 30·6	0·3	0·2	6·3	4·7	12·3	9·1
04	11 01·0	11 02·8	10 30·9	0·4	0·3	6·4	4·7	12·4	9·2
05	11 01·3	11 03·1	10 31·1	0·5	0·4	6·5	4·8	12·5	9·3
06	11 01·5	11 03·3	10 31·4	0·6	0·4	6·6	4·9	12·6	9·3
07	11 01·8	11 03·6	10 31·6	0·7	0·5	6·7	5·0	12·7	9·4
08	11 02·0	11 03·8	10 31·8	0·8	0·6	6·8	5·0	12·8	9·5
09	11 02·3	11 04·1	10 32·1	0·9	•0·7	6·9	5·1	12·9	9·6
10	11 02·5	11 04·3	10 32·3	1·0	0·7	7·0	5·2	13·0	9·6
11	11 02·8	11 04·6	10 32·6	1·1	0·8	7·1	5·3	13·1	9·7
12	11 03·0	11 04·8	10 32·8	1·2	0·9	7·2	5·3	13·2	9·8
13	11 03·3	11 05·1	10 33·0	1·3	1·0	7·3	5·4	13·3	9·9
14	11 03·5	11 05·3	10 33·3	1·4	1·0	7·4	5·5	13·4	9·9
15	11 03·8	11 05·6	10 33·5	1·5	1·1	7·5	5·6	13·5	10·0
16	11 04·0	11 05·8	10 33·8	1·6	1·2	7·6	5·6	13·6	10·1
17	11 04·3	11 06·1	10 34·0	1·7	1·3	7·7	5·7	13·7	10·2
18	11 04·5	11 06·3	10 34·2	1·8	1·3	7·8	5·8	13·8	10·2
19	11 04·8	11 06·6	10 34·5	1·9	1·4	7·9	5·9	13·9	10·3
20	11 05·0	11 06·8	10 34·7	2·0	1·5	8·0	5·9	14·0	10·4
21	11 05·3	11 07·1	10 34·9	2·1	1·6	8·1	6·0	14·1	10·5
22	11 05·5	11 07·3	10 35·2	2·2	1·6	8·2	6·1	14·2	10·5
23	11 05·8	11 07·6	10 35·4	2·3	1·7	8·3	6·2	14·3	10·6
24	11 06·0	11 07·8	10 35·7	2·4	1·8	8·4	6·2	14·4	10·7
25	11 06·3	11 08·1	10 35·9	2·5	1·9	8·5	6·3	14·5	10·8
26	11 06·5	11 08·3	10 36·1	2·6	1·9	8·6	6·4	14·6	10·8
27	11 06·8	11 08·6	10 36·4	2·7	2·0	8·7	6·5	14·7	10·9
28	11 07·0	11 08·8	10 36·6	2·8	2·1	8·8	6·5	14·8	11·0
29	11 07·3	11 09·1	10 36·9	2·9	2·2	8·9	6·6	14·9	11·1
30	11 07·5	11 09·3	10 37·1	3·0	2·2	9·0	6·7	15·0	11·1
31	11 07·8	11 09·6	10 37·3	3·1	2·3	9·1	6·7	15·1	11·2
32	11 08·0	11 09·8	10 37·6	3·2	2·4	9·2	6·8	15·2	11·3
33	11 08·3	11 10·1	10 37·8	3·3	2·4	9·3	6·9	15·3	11·3
34	11 08·5	11 10·3	10 38·0	3·4	2·5	9·4	7·0	15·4	11·4
35	11 08·8	11 10·6	10 38·3	3·5	2·6	9·5	7·0	15·5	11·5
36	11 09·0	11 10·8	10 38·5	3·6	2·7	9·6	7·1	15·6	11·6
37	11 09·3	11 11·1	10 38·8	3·7	2·7	9·7	7·2	15·7	11·9
38	11 09·5	11 11·3	10 39·0	3·8	2·8	9·8	7·3	15·8	11·7
39	11 09·8	11 11·6	10 39·2	3·9	2·9	9·9	7·3	15·9	11·8
40	11 10·0	11 11·8	10 39·5	4·0	3·0	10·0	7·4	16·0	11·9
41	11 10·3	11 12·1	10 39·7	4·1	3·0	10·1	7·5	16·1	11·9
42	11 10·5	11 12·3	10 40·0	4·2	3·1	10·2	7·6	16·2	12·0
43	11 10·8	11 12·6	10 40·2	4·3	3·2	10·3	7·6	16·3	12·1
44	11 11·0	11 12·8	10 40·4	4·4	3·3	10·4	7·7	16·4	12·2
45	11 11·3	11 13·1	10 40·7	4·5	3·3	10·5	7·8	16·5	12·2
46	11 11·5	11 13·3	10 40·9	4·6	3·4	10·6	7·9	16·6	12·3
47	11 11·8	11 13·6	10 41·1	4·7	3·5	10·7	7·9	16·7	12·4
48	11 12·0	11 13·8	10 41·4	4·8	3·6	10·8	8·0	16·8	12·5
49	11 12·3	11 14·1	10 41·6	4·9	3·6	10·9	8·1	16·9	12·5
50	11 12·5	11 14·3	10 41·9	5·0	3·7	11·0	8·2	17·0	12·6
51	11 12·8	11 14·6	10 42·1	5·1	3·8	11·1	8·2	17·1	12·7
52	11 13·0	11 14·8	10 42·3	5·2	3·9	11·2	8·3	17·2	12·8
53	11 13·3	11 15·1	10 42·6	5·3	3·9	11·3	8·4	17·3	12·8
54	11 13·5	11 15·3	10 42·8	5·4	4·0	11·4	8·5	17·4	12·9
55	11 13·8	11 15·6	10 43·1	5·5	4·1	11·5	8·5	17·5	13·0
56	11 14·0	11 15·8	10 43·3	5·6	4·2	11·6	8·6	17·6	13·1
57	11 14·3	11 16·1	10 43·5	5·7	4·2	11·7	8·7	17·7	13·1
58	11 14·5	11 16·3	10 43·8	5·8	4·3	11·8	8·8	17·8	13·2
59	11 14·8	11 16·6	10 44·0	5·9	4·4	11·9	8·8	17·9	13·3
60	11 15·0	11 16·8	10 44·3	6·0	4·5	12·0	8·9	18·0	13·4

45ᵐ

45ᵐ	SUN PLANETS	ARIES	MOON	v or Corrn d		v or Corrn d		v or Corrn d	
s	° ′	° ′	° ′	′	′	′	′	′	′
00	11 15·0	11 16·8	10 44·3	0·0	0·0	6·0	4·6	12·0	9·1
01	11 15·3	11 17·1	10 44·5	0·1	0·1	6·1	4·6	12·1	9·2
02	11 15·5	11 17·3	10 44·7	0·2	0·2	6·2	4·7	12·2	9·3
03	11 15·8	11 17·6	10 45·0	0·3	0·2	6·3	4·8	12·3	9·3
04	11 16·0	11 17·9	10 45·2	0·4	0·3	6·4	4·9	12·4	9·4
05	11 16·3	11 18·1	10 45·4	0·5	0·4	6·5	4·9	12·5	9·5
06	11 16·5	11 18·4	10 45·7	0·6	0·5	6·6	5·0	12·6	9·6
07	11 16·8	11 18·6	10 45·9	0·7	0·5	6·7	5·1	12·7	9·6
08	11 17·0	11 18·9	10 46·2	0·8	0·6	6·8	5·2	12·8	9·7
09	11 17·3	11 19·1	10 46·4	0·9	0·7	6·9	5·2	12·9	9·8
10	11 17·5	11 19·4	10 46·6	1·0	0·8	7·0	5·3	13·0	9·9
11	11 17·8	11 19·6	10 46·9	1·1	0·8	7·1	5·4	13·1	9·9
12	11 18·0	11 19·9	10 47·1	1·2	0·9	7·2	5·5	13·2	10·0
13	11 18·3	11 20·1	10 47·4	1·3	1·0	7·3	5·5	13·3	10·1
14	11 18·5	11 20·4	10 47·6	1·4	1·1	7·4	5·6	13·4	10·2
15	11 18·8	11 20·6	10 47·8	1·5	1·1	7·5	5·7	13·5	10·2
16	11 19·0	11 20·9	10 48·1	1·6	1·2	7·6	5·8	13·6	10·3
17	11 19·3	11 21·1	10 48·3	1·7	1·3	7·7	5·8	13·7	10·4
18	11 19·5	11 21·4	10 48·5	1·8	1·4	7·8	5·9	13·8	10·5
19	11 19·8	11 21·6	10 48·8	1·9	1·4	7·9	6·0	13·9	10·5
20	11 20·0	11 21·9	10 49·0	2·0	1·5	8·0	6·1	14·0	10·6
21	11 20·3	11 22·1	10 49·3	2·1	1·6	8·1	6·1	14·1	10·7
22	11 20·5	11 22·4	10 49·5	2·2	1·7	8·2	6·2	14·2	10·8
23	11 20·8	11 22·6	10 49·7	2·3	1·7	8·3	6·3	14·3	10·8
24	11 21·0	11 22·9	10 50·0	2·4	1·8	8·4	6·4	14·4	10·9
25	11 21·3	11 23·1	10 50·2	2·5	1·9	8·5	6·4	14·5	11·0
26	11 21·5	11 23·4	10 50·5	2·6	2·0	8·6	6·5	14·6	11·1
27	11 21·8	11 23·6	10 50·7	2·7	2·0	8·7	6·6	14·7	11·1
28	11 22·0	11 23·9	10 50·9	2·8	2·1	8·8	6·7	14·8	11·2
29	11 22·3	11 24·1	10 51·2	2·9	2·2	8·9	6·7	14·9	11·3
30	11 22·5	11 24·4	10 51·4	3·0	2·3	9·0	6·8	15·0	11·4
31	11 22·8	11 24·6	10 51·6	3·1	2·4	9·1	6·9	15·1	11·5
32	11 23·0	11 24·9	10 51·9	3·2	2·4	9·2	7·0	15·2	11·5
33	11 23·3	11 25·1	10 52·1	3·3	2·5	9·3	7·1	15·3	11·6
34	11 23·5	11 25·4	10 52·4	3·4	2·6	9·4	7·1	15·4	11·7
35	11 23·8	11 25·6	10 52·6	3·5	2·7	9·5	7·2	15·5	11·8
36	11 24·0	11 25·9	10 52·8	3·6	2·7	9·6	7·3	15·6	11·8
37	11 24·3	11 26·1	10 53·1	3·7	2·8	9·7	7·4	15·7	11·9
38	11 24·5	11 26·4	10 53·3	3·8	2·9	9·8	7·4	15·8	12·0
39	11 24·8	11 26·6	10 53·6	3·9	3·0	9·9	7·5	15·9	12·1
40	11 25·0	11 26·9	10 53·8	4·0	3·0	10·0	7·6	16·0	12·1
41	11 25·3	11 27·1	10 54·0	4·1	3·1	10·1	7·7	16·1	12·2
42	11 25·5	11 27·4	10 54·3	4·2	3·2	10·2	7·7	16·2	12·3
43	11 25·8	11 27·6	10 54·5	4·3	3·3	10·3	7·8	16·3	12·4
44	11 26·0	11 27·9	10 54·7	4·4	3·3	10·4	7·9	16·4	12·4
45	11 26·3	11 28·1	10 55·0	4·5	3·4	10·5	8·0	16·5	12·5
46	11 26·5	11 28·4	10 55·2	4·6	3·5	10·6	8·0	16·6	12·6
47	11 26·8	11 28·6	10 55·5	4·7	3·6	10·7	8·1	16·7	12·7
48	11 27·0	11 28·9	10 55·7	4·8	3·6	10·8	8·2	16·8	12·7
49	11 27·3	11 29·1	10 55·9	4·9	3·7	10·9	8·3	16·9	12·8
50	11 27·5	11 29·4	10 56·2	5·0	3·8	11·0	8·3	17·0	12·9
51	11 27·8	11 29·6	10 56·4	5·1	3·9	11·1	8·4	17·1	13·0
52	11 28·0	11 29·9	10 56·7	5·2	3·9	11·2	8·5	17·2	13·0
53	11 28·3	11 30·1	10 56·9	5·3	4·0	11·3	8·6	17·3	13·1
54	11 28·5	11 30·4	10 57·1	5·4	4·1	11·4	8·6	17·4	13·2
55	11 28·8	11 30·6	10 57·4	5·5	4·2	11·5	8·7	17·5	13·3
56	11 29·0	11 30·9	10 57·6	5·6	4·2	11·6	8·8	17·6	13·3
57	11 29·3	11 31·1	10 57·9	5·7	4·3	11·7	8·9	17·7	13·4
58	11 29·5	11 31·4	10 58·1	5·8	4·4	11·8	8·9	17·8	13·5
59	11 29·8	11 31·6	10 58·3	5·9	4·5	11·9	9·0	17·9	13·6
60	11 30·0	11 31·9	10 58·6	6·0	4·6	12·0	9·1	18·0	13·7

INCREMENTS AND CORRECTIONS

46ᵐ / **47ᵐ**

46ᵐ	SUN PLANETS	ARIES	MOON	v or d	Corrⁿ	v or d	Corrⁿ	v or d	Corrⁿ
s	° ′	° ′	° ′	′	′	′	′	′	′
00	11 30·0	11 31·9	10 58·6	0·0	0·0	6·0	4·7	12·0	9·3
01	11 30·3	11 32·1	10 58·8	0·1	0·1	6·1	4·7	12·1	9·4
02	11 30·5	11 32·4	10 59·0	0·2	0·2	6·2	4·8	12·2	9·5
03	11 30·8	11 32·6	10 59·3	0·3	0·2	6·3	4·9	12·3	9·5
04	11 31·0	11 32·9	10 59·5	0·4	0·3	6·4	5·0	12·4	9·6
05	11 31·3	11 33·1	10 59·8	0·5	0·4	6·5	5·0	12·5	9·7
06	11 31·5	11 33·4	11 00·0	0·6	0·5	6·6	5·1	12·6	9·8
07	11 31·8	11 33·6	11 00·2	0·7	0·5	6·7	5·2	12·7	9·8
08	11 32·0	11 33·9	11 00·5	0·8	0·6	6·8	5·3	12·8	9·9
09	11 32·3	11 34·1	11 00·7	0·9	0·7	6·9	5·3	12·9	10·0
10	11 32·5	11 34·4	11 01·0	1·0	0·8	7·0	5·4	13·0	10·1
11	11 32·8	11 34·6	11 01·2	1·1	0·9	7·1	5·5	13·1	10·2
12	11 33·0	11 34·9	11 01·4	1·2	0·9	7·2	5·6	13·2	10·2
13	11 33·3	11 35·1	11 01·7	1·3	1·0	7·3	5·7	13·3	10·3
14	11 33·5	11 35·4	11 01·9	1·4	1·1	7·4	5·7	13·4	10·4
15	11 33·8	11 35·6	11 02·1	1·5	1·2	7·5	5·8	13·5	10·5
16	11 34·0	11 35·9	11 02·4	1·6	1·2	7·6	5·9	13·6	10·5
17	11 34·3	11 36·2	11 02·6	1·7	1·3	7·7	6·0	13·7	10·6
18	11 34·5	11 36·4	11 02·9	1·8	1·4	7·8	6·0	13·8	10·7
19	11 34·8	11 36·7	11 03·1	1·9	1·5	7·9	6·1	13·9	10·8
20	11 35·0	11 36·9	11 03·3	2·0	1·6	8·0	6·2	14·0	10·9
21	11 35·3	11 37·2	11 03·6	2·1	1·6	8·1	6·3	14·1	10·9
22	11 35·5	11 37·4	11 03·8	2·2	1·7	8·2	6·4	14·2	11·0
23	11 35·8	11 37·7	11 04·1	2·3	1·8	8·3	6·4	14·3	11·1
24	11 36·0	11 37·9	11 04·3	2·4	1·9	8·4	6·5	14·4	11·2
25	11 36·3	11 38·2	11 04·5	2·5	1·9	8·5	6·6	14·5	11·2
26	11 36·5	11 38·4	11 04·8	2·6	2·0	8·6	6·7	14·6	11·3
27	11 36·8	11 38·7	11 05·0	2·7	2·1	8·7	6·7	14·7	11·4
28	11 37·0	11 38·9	11 05·2	2·8	2·2	8·8	6·8	14·8	11·5
29	11 37·3	11 39·2	11 05·5	2·9	2·2	8·9	6·9	14·9	11·5
30	11 37·5	11 39·4	11 05·7	3·0	2·3	9·0	7·0	15·0	11·6
31	11 37·8	11 39·7	11 06·0	3·1	2·4	9·1	7·1	15·1	11·7
32	11 38·0	11 39·9	11 06·2	3·2	2·5	9·2	7·1	15·2	11·8
33	11 38·3	11 40·2	11 06·4	3·3	2·6	9·3	7·2	15·3	11·9
34	11 38·5	11 40·4	11 06·7	3·4	2·6	9·4	7·3	15·4	11·9
35	11 38·8	11 40·7	11 06·9	3·5	2·7	9·5	7·4	15·5	12·0
36	11 39·0	11 40·9	11 07·2	3·6	2·8	9·6	7·4	15·6	12·1
37	11 39·3	11 41·2	11 07·4	3·7	2·9	9·7	7·5	15·7	12·2
38	11 39·5	11 41·4	11 07·6	3·8	2·9	9·8	7·6	15·8	12·2
39	11 39·8	11 41·7	11 07·9	3·9	3·0	9·9	7·7	15·9	12·3
40	11 40·0	11 41·9	11 08·1	4·0	3·1	10·0	7·8	16·0	12·4
41	11 40·3	11 42·2	11 08·3	4·1	3·2	10·1	7·8	16·1	12·5
42	11 40·5	11 42·4	11 08·6	4·2	3·3	10·2	7·9	16·2	12·6
43	11 40·8	11 42·7	11 08·8	4·3	3·3	10·3	8·0	16·3	12·6
44	11 41·0	11 42·9	11 09·1	4·4	3·4	10·4	8·1	16·4	12·7
45	11 41·3	11 43·2	11 09·3	4·5	3·5	10·5	8·1	16·5	12·8
46	11 41·5	11 43·4	11 09·5	4·6	3·6	10·6	8·2	16·6	12·9
47	11 41·8	11 43·7	11 09·8	4·7	3·6	10·7	8·3	16·7	12·9
48	11 42·0	11 43·9	11 10·0	4·8	3·7	10·8	8·4	16·8	13·0
49	11 42·3	11 44·2	11 10·3	4·9	3·8	10·9	8·4	16·9	13·1
50	11 42·5	11 44·4	11 10·5	5·0	3·9	11·0	8·5	17·0	13·2
51	11 42·8	11 44·7	11 10·7	5·1	4·0	11·1	8·6	17·1	13·3
52	11 43·0	11 44·9	11 11·0	5·2	4·0	11·2	8·7	17·2	13·3
53	11 43·3	11 45·2	11 11·2	5·3	4·1	11·3	8·8	17·3	13·4
54	11 43·5	11 45·4	11 11·5	5·4	4·2	11·4	8·8	17·4	13·5
55	11 43·8	11 45·7	11 11·7	5·5	4·3	11·5	8·9	17·5	13·6
56	11 44·0	11 45·9	11 11·9	5·6	4·3	11·6	9·0	17·6	13·6
57	11 44·3	11 46·2	11 12·2	5·7	4·4	11·7	9·1	17·7	13·7
58	11 44·5	11 46·4	11 12·4	5·8	4·5	11·8	9·1	17·8	13·8
59	11 44·8	11 46·7	11 12·6	5·9	4·6	11·9	9·2	17·9	13·9
60	11 45·0	11 46·9	11 12·9	6·0	4·7	12·0	9·3	18·0	14·0

47ᵐ	SUN PLANETS	ARIES	MOON	v or d	Corrⁿ	v or d	Corrⁿ	v or d	Corrⁿ
s	° ′	° ′	° ′	′	′	′	′	′	′
00	11 45·0	11 46·9	11 12·9	0·0	0·0	6·0	4·8	12·0	9·5
01	11 45·3	11 47·2	11 13·1	0·1	0·1	6·1	4·8	12·1	9·6
02	11 45·5	11 47·4	11 13·4	0·2	0·2	6·2	4·9	12·2	9·7
03	11 45·8	11 47·7	11 13·6	0·3	0·2	6·3	5·0	12·3	9·7
04	11 46·0	11 47·9	11 13·8	0·4	0·3	6·4	5·1	12·4	9·8
05	11 46·3	11 48·2	11 14·1	0·5	0·4	6·5	5·1	12·5	9·9
06	11 46·5	11 48·4	11 14·3	0·6	0·5	6·6	5·2	12·6	10·0
07	11 46·8	11 48·7	11 14·6	0·7	0·6	6·7	5·3	12·7	10·1
08	11 47·0	11 48·9	11 14·8	0·8	0·6	6·8	5·4	12·8	10·1
09	11 47·3	11 49·2	11 15·0	0·9	0·7	6·9	5·5	12·9	10·2
10	11 47·5	11 49·4	11 15·3	1·0	0·8	7·0	5·5	13·0	10·3
11	11 47·8	11 49·7	11 15·5	1·1	0·9	7·1	5·6	13·1	10·4
12	11 48·0	11 49·9	11 15·7	1·2	1·0	7·2	5·7	13·2	10·5
13	11 48·3	11 50·2	11 16·0	1·3	1·0	7·3	5·8	13·3	10·5
14	11 48·5	11 50·4	11 16·2	1·4	1·1	7·4	5·9	13·4	10·6
15	11 48·8	11 50·7	11 16·5	1·5	1·2	7·5	5·9	13·5	10·7
16	11 49·0	11 50·9	11 16·7	1·6	1·3	7·6	6·0	13·6	10·8
17	11 49·3	11 51·2	11 16·9	1·7	1·3	7·7	6·1	13·7	10·8
18	11 49·5	11 51·4	11 17·2	1·8	1·4	7·8	6·2	13·8	10·9
19	11 49·8	11 51·7	11 17·4	1·9	1·5	7·9	6·3	13·9	11·0
20	11 50·0	11 51·9	11 17·7	2·0	1·6	8·0	6·3	14·0	11·1
21	11 50·3	11 52·2	11 17·9	2·1	1·7	8·1	6·4	14·1	11·2
22	11 50·5	11 52·4	11 18·1	2·2	1·7	8·2	6·5	14·2	11·2
23	11 50·8	11 52·7	11 18·4	2·3	1·8	8·3	6·6	14·3	11·3
24	11 51·0	11 52·9	11 18·6	2·4	1·9	8·4	6·7	14·4	11·4
25	11 51·3	11 53·2	11 18·8	2·5	2·0	8·5	6·7	14·5	11·5
26	11 51·5	11 53·4	11 19·1	2·6	2·1	8·6	6·8	14·6	11·6
27	11 51·8	11 53·7	11 19·3	2·7	2·1	8·7	6·9	14·7	11·6
28	11 52·0	11 53·9	11 19·6	2·8	2·2	8·8	7·0	14·8	11·7
29	11 52·3	11 54·2	11 19·8	2·9	2·3	8·9	7·0	14·9	11·8
30	11 52·5	11 54·5	11 20·0	3·0	2·4	9·0	7·1	15·0	11·9
31	11 52·8	11 54·7	11 20·3	3·1	2·5	9·1	7·2	15·1	12·0
32	11 53·0	11 55·0	11 20·5	3·2	2·5	9·2	7·3	15·2	12·0
33	11 53·3	11 55·2	11 20·8	3·3	2·6	9·3	7·4	15·3	12·1
34	11 53·5	11 55·5	11 21·0	3·4	2·7	9·4	7·4	15·4	12·2
35	11 53·8	11 55·7	11 21·2	3·5	2·8	9·5	7·5	15·5	12·3
36	11 54·0	11 56·0	11 21·5	3·6	2·9	9·6	7·6	15·6	12·4
37	11 54·3	11 56·2	11 21·7	3·7	2·9	9·7	7·7	15·7	12·4
38	11 54·5	11 56·5	11 22·0	3·8	3·0	9·8	7·8	15·8	12·5
39	11 54·8	11 56·7	11 22·2	3·9	3·1	9·9	7·8	15·9	12·6
40	11 55·0	11 57·0	11 22·4	4·0	3·2	10·0	7·9	16·0	12·7
41	11 55·3	11 57·2	11 22·7	4·1	3·2	10·1	8·0	16·1	12·7
42	11 55·5	11 57·5	11 22·9	4·2	3·3	10·2	8·1	16·2	12·8
43	11 55·8	11 57·7	11 23·1	4·3	3·4	10·3	8·2	16·3	12·9
44	11 56·0	11 58·0	11 23·4	4·4	3·5	10·4	8·2	16·4	13·0
45	11 56·3	11 58·2	11 23·6	4·5	3·6	10·5	8·3	16·5	13·1
46	11 56·5	11 58·5	11 23·9	4·6	3·6	10·6	8·4	16·6	13·1
47	11 56·8	11 58·7	11 24·1	4·7	3·7	10·7	8·5	16·7	13·2
48	11 57·0	11 59·0	11 24·3	4·8	3·8	10·8	8·6	16·8	13·3
49	11 57·3	11 59·2	11 24·6	4·9	3·9	10·9	8·6	16·9	13·4
50	11 57·5	11 59·5	11 24·8	5·0	4·0	11·0	8·7	17·0	13·5
51	11 57·8	11 59·7	11 25·1	5·1	4·0	11·1	8·8	17·1	13·5
52	11 58·0	12 00·0	11 25·3	5·2	4·1	11·2	8·9	17·2	13·6
53	11 58·3	12 00·2	11 25·5	5·3	4·2	11·3	8·9	17·3	13·7
54	11 58·5	12 00·5	11 25·8	5·4	4·3	11·4	9·0	17·4	13·8
55	11 58·8	12 00·7	11 26·0	5·5	4·4	11·5	9·1	17·5	13·9
56	11 59·0	12 01·0	11 26·2	5·6	4·4	11·6	9·2	17·6	13·9
57	11 59·3	12 01·2	11 26·5	5·7	4·5	11·7	9·3	17·7	14·0
58	11 59·5	12 01·5	11 26·7	5·8	4·6	11·8	9·3	17·8	14·1
59	11 59·8	12 01·7	11 27·0	5·9	4·7	11·9	9·4	17·9	14·2
60	12 00·0	12 02·0	11 27·2	6·0	4·8	12·0	9·5	18·0	14·3

xxv

INCREMENTS AND CORRECTIONS

48ᵐ

48ᵐ	SUN PLANETS	ARIES	MOON	v or d Corrⁿ	v or d Corrⁿ	v or d Corrⁿ
s	° ′	° ′	° ′	′ ′	′ ′	′ ′
00	12 00·0	12 02·0	11 27·2	0·0 0·0	6·0 4·9	12·0 9·7
01	12 00·3	12 02·2	11 27·4	0·1 0·1	6·1 4·9	12·1 9·8
02	12 00·5	12 02·5	11 27·7	0·2 0·2	6·2 5·0	12·2 9·9
03	12 00·8	12 02·7	11 27·9	0·3 0·2	6·3 5·1	12·3 9·9
04	12 01·0	12 03·0	11 28·2	0·4 0·3	6·4 5·2	12·4 10·0
05	12 01·3	12 03·2	11 28·4	0·5 0·4	6·5 5·3	12·5 10·1
06	12 01·5	12 03·5	11 28·6	0·6 0·5	6·6 5·3	12·6 10·2
07	12 01·8	12 03·7	11 28·9	0·7 0·6	6·7 5·4	12·7 10·3
08	12 02·0	12 04·0	11 29·1	0·8 0·6	6·8 5·5	12·8 10·3
09	12 02·3	12 04·2	11 29·3	0·9 0·7	6·9 5·6	12·9 10·4
10	12 02·5	12 04·5	11 29·6	1·0 0·8	7·0 5·7	13·0 10·5
11	12 02·8	12 04·7	11 29·8	1·1 0·9	7·1 5·7	13·1 10·6
12	12 03·0	12 05·0	11 30·1	1·2 1·0	7·2 5·8	13·2 10·7
13	12 03·3	12 05·2	11 30·3	1·3 1·1	7·3 5·9	13·3 10·8
14	12 03·5	12 05·5	11 30·5	1·4 1·1	7·4 6·0	13·4 10·8
15	12 03·8	12 05·7	11 30·8	1·5 1·2	7·5 6·1	13·5 10·9
16	12 04·0	12 06·0	11 31·0	1·6 1·3	7·6 6·1	13·6 11·0
17	12 04·3	12 06·2	11 31·3	1·7 1·4	7·7 6·2	13·7 11·1
18	12 04·5	12 06·5	11 31·5	1·8 1·5	7·8 6·3	13·8 11·2
19	12 04·8	12 06·7	11 31·7	1·9 1·5	7·9 6·4	13·9 11·2
20	12 05·0	12 07·0	11 32·0	2·0 1·6	8·0 6·5	14·0 11·3
21	12 05·3	12 07·2	11 32·2	2·1 1·7	8·1 6·5	14·1 11·4
22	12 05·5	12 07·5	11 32·4	2·2 1·8	8·2 6·6	14·2 11·5
23	12 05·8	12 07·7	11 32·7	2·3 1·9	8·3 6·7	14·3 11·6
24	12 06·0	12 08·0	11 32·9	2·4 1·9	8·4 6·8	14·4 11·6
25	12 06·3	12 08·2	11 33·2	2·5 2·0	8·5 6·9	14·5 11·7
26	12 06·5	12 08·5	11 33·4	2·6 2·1	8·6 7·0	14·6 11·8
27	12 06·8	12 08·7	11 33·6	2·7 2·2	8·7 7·0	14·7 11·9
28	12 07·0	12 09·0	11 33·9	2·8 2·3	8·8 7·1	14·8 12·0
29	12 07·3	12 09·2	11 34·1	2·9 2·3	8·9 7·2	14·9 12·0
30	12 07·5	12 09·5	11 34·4	3·0 2·4	9·0 7·3	15·0 12·1
31	12 07·8	12 09·7	11 34·6	3·1 2·5	9·1 7·4	15·1 12·2
32	12 08·0	12 10·0	11 34·8	3·2 2·6	9·2 7·4	15·2 12·3
33	12 08·3	12 10·2	11 35·1	3·3 2·7	9·3 7·5	15·3 12·4
34	12 08·5	12 10·5	11 35·3	3·4 2·7	9·4 7·6	15·4 12·4
35	12 08·8	12 10·7	11 35·6	3·5 2·8	9·5 7·7	15·5 12·5
36	12 09·0	12 11·0	11 35·8	3·6 2·9	9·6 7·8	15·6 12·6
37	12 09·3	12 11·2	11 36·0	3·7 3·0	9·7 7·8	15·7 12·7
38	12 09·5	12 11·5	11 36·3	3·8 3·1	9·8 7·9	15·8 12·8
39	12 09·8	12 11·7	11 36·5	3·9 3·2	9·9 8·0	15·9 12·9
40	12 10·0	12 12·0	11 36·7	4·0 3·2	10·0 8·1	16·0 12·9
41	12 10·3	12 12·2	11 37·0	4·1 3·3	10·1 8·2	16·1 13·0
42	12 10·5	12 12·5	11 37·2	4·2 3·4	10·2 8·2	16·2 13·1
43	12 10·8	12 12·8	11 37·5	4·3 3·5	10·3 8·3	16·3 13·2
44	12 11·0	12 13·0	11 37·7	4·4 3·6	10·4 8·4	16·4 13·3
45	12 11·3	12 13·3	11 37·9	4·5 3·6	10·5 8·5	16·5 13·3
46	12 11·5	12 13·5	11 38·2	4·6 3·7	10·6 8·6	16·6 13·4
47	12 11·8	12 13·8	11 38·4	4·7 3·8	10·7 8·6	16·7 13·5
48	12 12·0	12 14·0	11 38·7	4·8 3·9	10·8 8·7	16·8 13·6
49	12 12·3	12 14·3	11 38·9	4·9 4·0	10·9 8·8	16·9 13·7
50	12 12·5	12 14·5	11 39·1	5·0 4·0	11·0 8·9	17·0 13·7
51	12 12·8	12 14·8	11 39·4	5·1 4·1	11·1 9·0	17·1 13·8
52	12 13·0	12 15·0	11 39·6	5·2 4·2	11·2 9·1	17·2 13·9
53	12 13·3	12 15·3	11 39·8	5·3 4·3	11·3 9·1	17·3 14·0
54	12 13·5	12 15·5	11 40·1	5·4 4·4	11·4 9·2	17·4 14·1
55	12 13·8	12 15·8	11 40·3	5·5 4·4	11·5 9·3	17·5 14·1
56	12 14·0	12 16·0	11 40·6	5·6 4·5	11·6 9·4	17·6 14·2
57	12 14·3	12 16·3	11 40·8	5·7 4·6	11·7 9·5	17·7 14·3
58	12 14·5	12 16·5	11 41·0	5·8 4·7	11·8 9·5	17·8 14·4
59	12 14·8	12 16·8	11 41·3	5·9 4·8	11·9 9·6	17·9 14·5
60	12 15·0	12 17·0	11 41·5	6·0 4·9	12·0 9·7	18·0 14·6

49ᵐ

49ᵐ	SUN PLANETS	ARIES	MOON	v or d Corrⁿ	v or d Corrⁿ	v or d Corrⁿ
s	° ′	° ′	° ′	′ ′	′ ′	′ ′
00	12 15·0	12 17·0	11 41·5	0·0 0·0	6·0 5·0	12·0 9·9
01	12 15·3	12 17·3	11 41·8	0·1 0·1	6·1 5·0	12·1 10·0
02	12 15·5	12 17·5	11 42·0	0·2 0·2	6·2 5·1	12·2 10·1
03	12 15·8	12 17·8	11 42·2	0·3 0·2	6·3 5·2	12·3 10·1
04	12 16·0	12 18·0	11 42·5	0·4 0·3	6·4 5·3	12·4 10·2
05	12 16·3	12 18·3	11 42·7	0·5 0·4	6·5 5·4	12·5 10·3
06	12 16·5	12 18·5	11 42·9	0·6 0·5	6·6 5·4	12·6 10·4
07	12 16·8	12 18·8	11 43·2	0·7 0·6	6·7 5·5	12·7 10·5
08	12 17·0	12 19·0	11 43·4	0·8 0·7	6·8 5·6	12·8 10·6
09	12 17·3	12 19·3	11 43·7	0·9 0·7	6·9 5·7	12·9 10·6
10	12 17·5	12 19·5	11 43·9	1·0 0·8	7·0 5·8	13·0 10·7
11	12 17·8	12 19·8	11 44·1	1·1 0·9	7·1 5·9	13·1 10·8
12	12 18·0	12 20·0	11 44·4	1·2 1·0	7·2 5·9	13·2 10·9
13	12 18·3	12 20·3	11 44·6	1·3 1·1	7·3 6·0	13·3 11·0
14	12 18·5	12 20·5	11 44·9	1·4 1·2	7·4 6·1	13·4 11·1
15	12 18·8	12 20·8	11 45·1	1·5 1·2	7·5 6·2	13·5 11·1
16	12 19·0	12 21·0	11 45·3	1·6 1·3	7·6 6·3	13·6 11·2
17	12 19·3	12 21·3	11 45·6	1·7 1·4	7·7 6·4	13·7 11·3
18	12 19·5	12 21·5	11 45·8	1·8 1·5	7·8 6·4	13·8 11·4
19	12 19·8	12 21·8	11 46·1	1·9 1·6	7·9 6·5	13·9 11·5
20	12 20·0	12 22·0	11 46·3	2·0 1·7	8·0 6·6	14·0 11·6
21	12 20·3	12 22·3	11 46·5	2·1 1·7	8·1 6·7	14·1 11·6
22	12 20·5	12 22·5	11 46·8	2·2 1·8	8·2 6·8	14·2 11·7
23	12 20·8	12 22·8	11 47·0	2·3 1·9	8·3 6·8	14·3 11·8
24	12 21·0	12 23·0	11 47·2	2·4 2·0	8·4 6·9	14·4 11·9
25	12 21·3	12 23·3	11 47·5	2·5 2·1	8·5 7·0	14·5 12·0
26	12 21·5	12 23·5	11 47·7	2·6 2·1	8·6 7·1	14·6 12·0
27	12 21·8	12 23·8	11 48·0	2·7 2·2	8·7 7·2	14·7 12·1
28	12 22·0	12 24·0	11 48·2	2·8 2·3	8·8 7·3	14·8 12·2
29	12 22·3	12 24·3	11 48·4	2·9 2·4	8·9 7·3	14·9 12·3
30	12 22·5	12 24·5	11 48·7	3·0 2·5	9·0 7·4	15·0 12·4
31	12 22·8	12 24·8	11 48·9	3·1 2·6	9·1 7·5	15·1 12·5
32	12 23·0	12 25·0	11 49·2	3·2 2·6	9·2 7·6	15·2 12·5
33	12 23·3	12 25·3	11 49·4	3·3 2·7	9·3 7·7	15·3 12·6
34	12 23·5	12 25·5	11 49·6	3·4 2·8	9·4 7·8	15·4 12·7
35	12 23·8	12 25·8	11 49·9	3·5 2·9	9·5 7·8	15·5 12·8
36	12 24·0	12 26·0	11 50·1	3·6 3·0	9·6 7·9	15·6 12·9
37	12 24·3	12 26·3	11 50·3	3·7 3·1	9·7 8·0	15·7 13·0
38	12 24·5	12 26·5	11 50·6	3·8 3·1	9·8 8·1	15·8 13·0
39	12 24·8	12 26·8	11 50·8	3·9 3·2	9·9 8·2	15·9 13·1
40	12 25·0	12 27·0	11 51·1	4·0 3·3	10·0 8·3	16·0 13·2
41	12 25·3	12 27·3	11 51·3	4·1 3·4	10·1 8·3	16·1 13·3
42	12 25·5	12 27·5	11 51·5	4·2 3·5	10·2 8·4	16·2 13·4
43	12 25·8	12 27·8	11 51·8	4·3 3·5	10·3 8·5	16·3 13·4
44	12 26·0	12 28·0	11 52·0	4·4 3·6	10·4 8·6	16·4 13·5
45	12 26·3	12 28·3	11 52·3	4·5 3·7	10·5 8·7	16·5 13·6
46	12 26·5	12 28·5	11 52·5	4·6 3·8	10·6 8·7	16·6 13·7
47	12 26·8	12 28·8	11 52·7	4·7 3·9	10·7 8·8	16·7 13·8
48	12 27·0	12 29·0	11 53·0	4·8 4·0	10·8 8·9	16·8 13·9
49	12 27·3	12 29·3	11 53·2	4·9 4·0	10·9 9·0	16·9 13·9
50	12 27·5	12 29·5	11 53·4	5·0 4·1	11·0 9·1	17·0 14·0
51	12 27·8	12 29·8	11 53·7	5·1 4·2	11·1 9·2	17·1 14·1
52	12 28·0	12 30·0	11 53·9	5·2 4·3	11·2 9·2	17·2 14·2
53	12 28·3	12 30·3	11 54·2	5·3 4·4	11·3 9·3	17·3 14·3
54	12 28·5	12 30·5	11 54·4	5·4 4·5	11·4 9·4	17·4 14·4
55	12 28·8	12 30·8	11 54·6	5·5 4·5	11·5 9·5	17·5 14·4
56	12 29·0	12 31·1	11 54·9	5·6 4·6	11·6 9·6	17·6 14·5
57	12 29·3	12 31·3	11 55·1	5·7 4·7	11·7 9·7	17·7 14·6
58	12 29·5	12 31·6	11 55·4	5·8 4·8	11·8 9·7	17·8 14·7
59	12 29·8	12 31·8	11 55·6	5·9 4·9	11·9 9·8	17·9 14·8
60	12 30·0	12 32·1	11 55·8	6·0 5·0	12·0 9·9	18·0 14·9

INCREMENTS AND CORRECTIONS

50ᵐ   **51ᵐ**

50ᵐ	SUN PLANETS	ARIES	MOON	v or Corrⁿ d	v or Corrⁿ d	v or Corrⁿ d
s	° ′	° ′	° ′	′ ′	′ ′	′ ′
00	12 30·0	12 32·1	11 55·8	0·0 0·0	6·0 5·1	12·0 10·1
01	12 30·3	12 32·3	11 56·1	0·1 0·1	6·1 5·1	12·1 10·2
02	12 30·5	12 32·6	11 56·3	0·2 0·2	6·2 5·2	12·2 10·3
03	12 30·8	12 32·8	11 56·5	0·3 0·3	6·3 5·3	12·3 10·4
04	12 31·0	12 33·1	11 56·8	0·4 0·3	6·4 5·4	12·4 10·4
05	12 31·3	12 33·3	11 57·0	0·5 0·4	6·5 5·5	12·5 10·5
06	12 31·5	12 33·6	11 57·3	0·6 0·5	6·6 5·6	12·6 10·6
07	12 31·8	12 33·8	11 57·5	0·7 0·6	6·7 5·6	12·7 10·7
08	12 32·0	12 34·1	11 57·7	0·8 0·7	6·8 5·7	12·8 10·8
09	12 32·3	12 34·3	11 58·0	0·9 0·8	6·9 5·8	12·9 10·9
10	12 32·5	12 34·6	11 58·2	1·0 0·8	7·0 5·9	13·0 10·9
11	12 32·8	12 34·8	11 58·5	1·1 0·9	7·1 6·0	13·1 11·0
12	12 33·0	12 35·1	11 58·7	1·2 1·0	7·2 6·1	13·2 11·1
13	12 33·3	12 35·3	11 58·9	1·3 1·1	7·3 6·1	13·3 11·2
14	12 33·5	12 35·6	11 59·2	1·4 1·2	7·4 6·2	13·4 11·3
15	12 33·8	12 35·8	11 59·4	1·5 1·3	7·5 6·3	13·5 11·4
16	12 34·0	12 36·1	11 59·7	1·6 1·3	7·6 6·4	13·6 11·4
17	12 34·3	12 36·3	11 59·9	1·7 1·4	7·7 6·5	13·7 11·5
18	12 34·5	12 36·6	12 00·1	1·8 1·5	7·8 6·6	13·8 11·6
19	12 34·8	12 36·8	12 00·4	1·9 1·6	7·9 6·6	13·9 11·7
20	12 35·0	12 37·1	12 00·6	2·0 1·7	8·0 6·7	14·0 11·8
21	12 35·3	12 37·3	12 00·8	2·1 1·8	8·1 6·8	14·1 11·9
22	12 35·5	12 37·6	12 01·1	2·2 1·9	8·2 6·9	14·2 12·0
23	12 35·8	12 37·8	12 01·3	2·3 1·9	8·3 7·0	14·3 12·0
24	12 36·0	12 38·1	12 01·6	2·4 2·0	8·4 7·1	14·4 12·1
25	12 36·3	12 38·3	12 01·8	2·5 2·1	8·5 7·2	14·5 12·2
26	12 36·5	12 38·6	12 02·0	2·6 2·2	8·6 7·2	14·6 12·3
27	12 36·8	12 38·8	12 02·3	2·7 2·3	8·7 7·3	14·7 12·4
28	12 37·0	12 39·1	12 02·5	2·8 2·4	8·8 7·4	14·8 12·5
29	12 37·3	12 39·3	12 02·8	2·9 2·4	8·9 7·5	14·9 12·5
30	12 37·5	12 39·6	12 03·0	3·0 2·5	9·0 7·6	15·0 12·6
31	12 37·8	12 39·8	12 03·2	3·1 2·6	9·1 7·7	15·1 12·7
32	12 38·0	12 40·1	12 03·5	3·2 2·7	9·2 7·7	15·2 12·8
33	12 38·3	12 40·3	12 03·7	3·3 2·8	9·3 7·8	15·3 12·9
34	12 38·5	12 40·6	12 03·9	3·4 2·9	9·4 7·9	15·4 13·0
35	12 38·8	12 40·8	12 04·2	3·5 2·9	9·5 8·0	15·5 13·0
36	12 39·0	12 41·1	12 04·4	3·6 3·0	9·6 8·1	15·6 13·1
37	12 39·3	12 41·3	12 04·7	3·7 3·1	9·7 8·2	15·7 13·2
38	12 39·5	12 41·6	12 04·9	3·8 3·2	9·8 8·2	15·8 13·3
39	12 39·8	12 41·8	12 05·1	3·9 3·3	9·9 8·3	15·9 13·4
40	12 40·0	12 42·1	12 05·4	4·0 3·4	10·0 8·4	16·0 13·5
41	12 40·3	12 42·3	12 05·6	4·1 3·5	10·1 8·5	16·1 13·6
42	12 40·5	12 42·6	12 05·9	4·2 3·5	10·2 8·6	16·2 13·6
43	12 40·8	12 42·8	12 06·1	4·3 3·6	10·3 8·7	16·3 13·7
44	12 41·0	12 43·1	12 06·3	4·4 3·7	10·4 8·8	16·4 13·8
45	12 41·3	12 43·3	12 06·6	4·5 3·8	10·5 8·8	16·5 13·9
46	12 41·5	12 43·6	12 06·8	4·6 3·9	10·6 8·9	16·6 14·0
47	12 41·8	12 43·8	12 07·0	4·7 4·0	10·7 9·0	16·7 14·1
48	12 42·0	12 44·1	12 07·3	4·8 4·0	10·8 9·1	16·8 14·1
49	12 42·3	12 44·3	12 07·5	4·9 4·1	10·9 9·2	16·9 14·2
50	12 42·5	12 44·6	12 07·8	5·0 4·2	11·0 9·3	17·0 14·3
51	12 42·8	12 44·8	12 08·0	5·1 4·3	11·1 9·3	17·1 14·4
52	12 43·0	12 45·1	12 08·2	5·2 4·4	11·2 9·4	17·2 14·5
53	12 43·3	12 45·3	12 08·5	5·3 4·5	11·3 9·5	17·3 14·6
54	12 43·5	12 45·6	12 08·7	5·4 4·5	11·4 9·6	17·4 14·6
55	12 43·8	12 45·8	12 09·0	5·5 4·6	11·5 9·7	17·5 14·7
56	12 44·0	12 46·1	12 09·2	5·6 4·7	11·6 9·8	17·6 14·8
57	12 44·3	12 46·3	12 09·4	5·7 4·8	11·7 9·8	17·7 14·9
58	12 44·5	12 46·6	12 09·7	5·8 4·9	11·8 9·9	17·8 15·0
59	12 44·8	12 46·8	12 09·9	5·9 5·0	11·9 10·0	17·9 15·1
60	12 45·0	12 47·1	12 10·2	6·0 5·1	12·0 10·1	18·0 15·2

51ᵐ	SUN PLANETS	ARIES	MOON	v or Corrⁿ d	v or Corrⁿ d	v or Corrⁿ d
s	° ′	° ′	° ′	′ ′	′ ′	′ ′
00	12 45·0	12 47·1	12 10·2	0·0 0·0	6·0 5·2	12·0 10·3
01	12 45·3	12 47·3	12 10·4	0·1 0·1	6·1 5·2	12·1 10·4
02	12 45·5	12 47·6	12 10·6	0·2 0·2	6·2 5·3	12·2 10·5
03	12 45·8	12 47·8	12 10·9	0·3 0·3	6·3 5·4	12·3 10·6
04	12 46·0	12 48·1	12 11·1	0·4 0·3	6·4 5·5	12·4 10·6
05	12 46·3	12 48·3	12 11·3	0·5 0·4	6·5 5·6	12·5 10·7
06	12 46·5	12 48·6	12 11·6	0·6 0·5	6·6 5·7	12·6 10·8
07	12 46·8	12 48·8	12 11·8	0·7 0·6	6·7 5·8	12·7 10·9
08	12 47·0	12 49·1	12 12·1	0·8 0·7	6·8 5·8	12·8 11·0
09	12 47·3	12 49·4	12 12·3	0·9 0·8	6·9 5·9	12·9 11·1
10	12 47·5	12 49·6	12 12·5	1·0 0·9	7·0 6·0	13·0 11·2
11	12 47·8	12 49·9	12 12·8	1·1 0·9	7·1 6·1	13·1 11·2
12	12 48·0	12 50·1	12 13·0	1·2 1·0	7·2 6·2	13·2 11·3
13	12 48·3	12 50·4	12 13·3	1·3 1·1	7·3 6·3	13·3 11·4
14	12 48·5	12 50·6	12 13·5	1·4 1·2	7·4 6·4	13·4 11·5
15	12 48·8	12 50·9	12 13·7	1·5 1·3	7·5 6·4	13·5 11·6
16	12 49·0	12 51·1	12 14·0	1·6 1·4	7·6 6·5	13·6 11·7
17	12 49·3	12 51·4	12 14·2	1·7 1·5	7·7 6·6	13·7 11·8
18	12 49·5	12 51·6	12 14·4	1·8 1·5	7·8 6·7	13·8 11·8
19	12 49·8	12 51·9	12 14·7	1·9 1·6	7·9 6·8	13·9 11·9
20	12 50·0	12 52·1	12 14·9	2·0 1·7	8·0 6·9	14·0 12·0
21	12 50·3	12 52·4	12 15·2	2·1 1·8	8·1 7·0	14·1 12·1
22	12 50·5	12 52·6	12 15·4	2·2 1·9	8·2 7·0	14·2 12·2
23	12 50·8	12 52·9	12 15·6	2·3 2·0	8·3 7·1	14·3 12·3
24	12 51·0	12 53·1	12 15·9	2·4 2·1	8·4 7·2	14·4 12·4
25	12 51·3	12 53·4	12 16·1	2·5 2·1	8·5 7·3	14·5 12·4
26	12 51·5	12 53·6	12 16·4	2·6 2·2	8·6 7·4	14·6 12·5
27	12 51·8	12 53·9	12 16·6	2·7 2·3	8·7 7·5	14·7 12·6
28	12 52·0	12 54·1	12 16·8	2·8 2·4	8·8 7·5	14·8 12·7
29	12 52·3	12 54·4	12 17·1	2·9 2·5	8·9 7·6	14·9 12·8
30	12 52·5	12 54·6	12 17·3	3·0 2·6	9·0 7·7	15·0 12·9
31	12 52·8	12 54·9	12 17·5	3·1 2·7	9·1 7·8	15·1 13·0
32	12 53·0	12 55·1	12 17·8	3·2 2·7	9·2 7·9	15·2 13·0
33	12 53·3	12 55·4	12 18·0	3·3 2·8	9·3 8·0	15·3 13·1
34	12 53·5	12 55·6	12 18·3	3·4 2·9	9·4 8·1	15·4 13·2
35	12 53·8	12 55·9	12 18·5	3·5 3·0	9·5 8·2	15·5 13·3
36	12 54·0	12 56·1	12 18·7	3·6 3·1	9·6 8·2	15·6 13·4
37	12 54·3	12 56·4	12 19·0	3·7 3·2	9·7 8·3	15·7 13·5
38	12 54·5	12 56·6	12 19·2	3·8 3·3	9·8 8·4	15·8 13·6
39	12 54·8	12 56·9	12 19·5	3·9 3·3	9·9 8·5	15·9 13·6
40	12 55·0	12 57·1	12 19·7	4·0 3·4	10·0 8·6	16·0 13·7
41	12 55·3	12 57·4	12 19·9	4·1 3·5	10·1 8·7	16·1 13·8
42	12 55·5	12 57·6	12 20·2	4·2 3·6	10·2 8·8	16·2 13·9
43	12 55·8	12 57·9	12 20·4	4·3 3·7	10·3 8·8	16·3 14·0
44	12 56·0	12 58·1	12 20·6	4·4 3·8	10·4 8·9	16·4 14·1
45	12 56·3	12 58·4	12 20·9	4·5 3·9	10·5 9·0	16·5 14·2
46	12 56·5	12 58·6	12 21·1	4·6 3·9	10·6 9·1	16·6 14·2
47	12 56·8	12 58·9	12 21·4	4·7 4·0	10·7 9·2	16·7 14·3
48	12 57·0	12 59·1	12 21·6	4·8 4·1	10·8 9·3	16·8 14·4
49	12 57·3	12 59·4	12 21·8	4·9 4·2	10·9 9·4	16·9 14·5
50	12 57·5	12 59·6	12 22·1	5·0 4·3	11·0 9·4	17·0 14·6
51	12 57·8	12 59·9	12 22·3	5·1 4·4	11·1 9·5	17·1 14·7
52	12 58·0	13 00·1	12 22·6	5·2 4·5	11·2 9·6	17·2 14·8
53	12 58·3	13 00·4	12 22·8	5·3 4·5	11·3 9·7	17·3 14·8
54	12 58·5	13 00·6	12 23·0	5·4 4·6	11·4 9·8	17·4 14·9
55	12 58·8	13 00·9	12 23·3	5·5 4·7	11·5 9·9	17·5 15·0
56	12 59·0	13 01·1	12 23·5	5·6 4·8	11·6 10·0	17·6 15·1
57	12 59·3	13 01·4	12 23·8	5·7 4·9	11·7 10·0	17·7 15·2
58	12 59·5	13 01·6	12 24·0	5·8 5·0	11·8 10·1	17·8 15·3
59	12 59·8	13 01·9	12 24·2	5·9 5·1	11·9 10·2	17·9 15·4
60	13 00·0	13 02·1	12 24·5	6·0 5·2	12·0 10·3	18·0 15·5

INCREMENTS AND CORRECTIONS

52ᵐ

52ᵐ s	SUN PLANETS	ARIES	MOON	v or d	Corrⁿ	v or d	Corrⁿ	v or d	Corrⁿ
00	13 00·0	13 02·1	12 24·5	0·0	0·0	6·0	5·3	12·0	10·5
01	13 00·3	13 02·4	12 24·7	0·1	0·1	6·1	5·3	12·1	10·6
02	13 00·5	13 02·6	12 24·9	0·2	0·2	6·2	5·4	12·2	10·7
03	13 00·8	13 02·9	12 25·2	0·3	0·3	6·3	5·5	12·3	10·8
04	13 01·0	13 03·1	12 25·4	0·4	0·4	6·4	5·6	12·4	10·9
05	13 01·3	13 03·4	12 25·7	0·5	0·4	6·5	5·7	12·5	10·9
06	13 01·5	13 03·6	12 25·9	0·6	0·5	6·6	5·8	12·6	11·0
07	13 01·8	13 03·9	12 26·1	0·7	0·6	6·7	5·9	12·7	11·1
08	13 02·0	13 04·1	12 26·4	0·8	0·7	6·8	6·0	12·8	11·2
09	13 02·3	13 04·4	12 26·6	0·9	0·8	6·9	6·0	12·9	11·3
10	13 02·5	13 04·6	12 26·9	1·0	0·9	7·0	6·1	13·0	11·4
11	13 02·8	13 04·9	12 27·1	1·1	1·0	7·1	6·2	13·1	11·5
12	13 03·0	13 05·1	12 27·3	1·2	1·1	7·2	6·3	13·2	11·6
13	13 03·3	13 05·4	12 27·6	1·3	1·1	7·3	6·4	13·3	11·6
14	13 03·5	13 05·6	12 27·8	1·4	1·2	7·4	6·5	13·4	11·7
15	13 03·8	13 05·9	12 28·0	1·5	1·3	7·5	6·6	13·5	11·8
16	13 04·0	13 06·1	12 28·3	1·6	1·4	7·6	6·7	13·6	11·9
17	13 04·3	13 06·4	12 28·5	1·7	1·5	7·7	6·7	13·7	12·0
18	13 04·5	13 06·6	12 28·8	1·8	1·6	7·8	6·8	13·8	12·1
19	13 04·8	13 06·9	12 29·0	1·9	1·7	7·9	6·9	13·9	12·2
20	13 05·0	13 07·1	12 29·2	2·0	1·8	8·0	7·0	14·0	12·3
21	13 05·3	13 07·4	12 29·5	2·1	1·8	8·1	7·1	14·1	12·3
22	13 05·5	13 07·7	12 29·7	2·2	1·9	8·2	7·2	14·2	12·4
23	13 05·8	13 07·9	12 30·0	2·3	2·0	8·3	7·3	14·3	12·5
24	13 06·0	13 08·2	12 30·2	2·4	2·1	8·4	7·4	14·4	12·6
25	13 06·3	13 08·4	12 30·4	2·5	2·2	8·5	7·4	14·5	12·7
26	13 06·5	13 08·7	12 30·7	2·6	2·3	8·6	7·5	14·6	12·8
27	13 06·8	13 08·9	12 30·9	2·7	2·4	8·7	7·6	14·7	12·9
28	13 07·0	13 09·2	12 31·1	2·8	2·5	8·8	7·7	14·8	13·0
29	13 07·3	13 09·4	12 31·4	2·9	2·5	8·9	7·8	14·9	13·0
30	13 07·5	13 09·7	12 31·6	3·0	2·6	9·0	7·9	15·0	13·1
31	13 07·8	13 09·9	12 31·9	3·1	2·7	9·1	8·0	15·1	13·2
32	13 08·0	13 10·2	12 32·1	3·2	2·8	9·2	8·1	15·2	13·3
33	13 08·3	13 10·4	12 32·3	3·3	2·9	9·3	8·1	15·3	13·4
34	13 08·5	13 10·7	12 32·6	3·4	3·0	9·4	8·2	15·4	13·5
35	13 08·8	13 10·9	12 32·8	3·5	3·1	9·5	8·3	15·5	13·6
36	13 09·0	13 11·2	12 33·1	3·6	3·2	9·6	8·4	15·6	13·7
37	13 09·3	13 11·4	12 33·3	3·7	3·2	9·7	8·5	15·7	13·7
38	13 09·5	13 11·7	12 33·5	3·8	3·3	9·8	8·6	15·8	13·8
39	13 09·8	13 11·9	12 33·8	3·9	3·4	9·9	8·7	15·9	13·9
40	13 10·0	13 12·2	12 34·0	4·0	3·5	10·0	8·8	16·0	14·0
41	13 10·3	13 12·4	12 34·2	4·1	3·6	10·1	8·8	16·1	14·1
42	13 10·5	13 12·7	12 34·5	4·2	3·7	10·2	8·9	16·2	14·2
43	13 10·8	13 12·9	12 34·7	4·3	3·8	10·3	9·0	16·3	14·3
44	13 11·0	13 13·2	12 35·0	4·4	3·9	10·4	9·1	16·4	14·4
45	13 11·3	13 13·4	12 35·2	4·5	3·9	10·5	9·2	16·5	14·4
46	13 11·5	13 13·7	12 35·4	4·6	4·0	10·6	9·3	16·6	14·5
47	13 11·8	13 13·9	12 35·7	4·7	4·1	10·7	9·4	16·7	14·6
48	13 12·0	13 14·2	12 35·9	4·8	4·2	10·8	9·5	16·8	14·7
49	13 12·3	13 14·4	12 36·2	4·9	4·3	10·9	9·5	16·9	14·8
50	13 12·5	13 14·7	12 36·4	5·0	4·4	11·0	9·6	17·0	14·9
51	13 12·8	13 14·9	12 36·6	5·1	4·5	11·1	9·7	17·1	15·0
52	13 13·0	13 15·2	12 36·9	5·2	4·6	11·2	9·8	17·2	15·1
53	13 13·3	13 15·4	12 37·1	5·3	4·6	11·3	9·9	17·3	15·1
54	13 13·5	13 15·7	12 37·4	5·4	4·7	11·4	10·0	17·4	15·2
55	13 13·8	13 15·9	12 37·6	5·5	4·8	11·5	10·1	17·5	15·3
56	13 14·0	13 16·2	12 37·8	5·6	4·9	11·6	10·2	17·6	15·4
57	13 14·3	13 16·4	12 38·1	5·7	5·0	11·7	10·2	17·7	15·5
58	13 14·5	13 16·7	12 38·3	5·8	5·1	11·8	10·3	17·8	15·6
59	13 14·8	13 16·9	12 38·5	5·9	5·2	11·9	10·4	17·9	15·7
60	13 15·0	13 17·2	12 38·8	6·0	5·3	12·0	10·5	18·0	15·8

53ᵐ

53ᵐ s	SUN PLANETS	ARIES	MOON	v or d	Corrⁿ	v or d	Corrⁿ	v or d	Corrⁿ
00	13 15·0	13 17·2	12 38·8	0·0	0·0	6·0	5·4	12·0	10·7
01	13 15·3	13 17·4	12 39·0	0·1	0·1	6·1	5·4	12·1	10·8
02	13 15·5	13 17·7	12 39·3	0·2	0·2	6·2	5·5	12·2	10·9
03	13 15·8	13 17·9	12 39·5	0·3	0·3	6·3	5·6	12·3	11·0
04	13 16·0	13 18·2	12 39·7	0·4	0·4	6·4	5·7	12·4	11·1
05	13 16·3	13 18·4	12 40·0	0·5	0·4	6·5	5·8	12·5	11·1
06	13 16·5	13 18·7	12 40·2	0·6	0·5	6·6	5·9	12·6	11·2
07	13 16·8	13 18·9	12 40·5	0·7	0·6	6·7	6·0	12·7	11·3
08	13 17·0	13 19·2	12 40·7	0·8	0·7	6·8	6·1	12·8	11·4
09	13 17·3	13 19·4	12 40·9	0·9	0·8	6·9	6·2	12·9	11·5
10	13 17·5	13 19·7	12 41·2	1·0	0·9	7·0	6·2	13·0	11·6
11	13 17·8	13 19·9	12 41·4	1·1	1·0	7·1	6·3	13·1	11·7
12	13 18·0	13 20·2	12 41·6	1·2	1·1	7·2	6·4	13·2	11·8
13	13 18·3	13 20·4	12 41·9	1·3	1·2	7·3	6·5	13·3	11·9
14	13 18·5	13 20·7	12 42·1	1·4	1·2	7·4	6·6	13·4	12·0
15	13 18·8	13 20·9	12 42·4	1·5	1·3	7·5	6·7	13·5	12·0
16	13 19·0	13 21·2	12 42·6	1·6	1·4	7·6	6·8	13·6	12·1
17	13 19·3	13 21·4	12 42·8	1·7	1·5	7·7	6·9	13·7	12·2
18	13 19·5	13 21·7	12 43·1	1·8	1·6	7·8	7·0	13·8	12·3
19	13 19·8	13 21·9	12 43·3	1·9	1·7	7·9	7·0	13·9	12·4
20	13 20·0	13 22·2	12 43·6	2·0	1·8	8·0	7·1	14·0	12·5
21	13 20·3	13 22·4	12 43·8	2·1	1·9	8·1	7·2	14·1	12·6
22	13 20·5	13 22·7	12 44·0	2·2	2·0	8·2	7·3	14·2	12·7
23	13 20·8	13 22·9	12 44·3	2·3	2·1	8·3	7·4	14·3	12·8
24	13 21·0	13 23·2	12 44·5	2·4	2·1	8·4	7·5	14·4	12·8
25	13 21·3	13 23·4	12 44·7	2·5	2·2	8·5	7·6	14·5	12·9
26	13 21·5	13 23·7	12 45·0	2·6	2·3	8·6	7·7	14·6	13·0
27	13 21·8	13 23·9	12 45·2	2·7	2·4	8·7	7·8	14·7	13·1
28	13 22·0	13 24·2	12 45·5	2·8	2·5	8·8	7·8	14·8	13·2
29	13 22·3	13 24·4	12 45·7	2·9	2·6	8·9	7·9	14·9	13·3
30	13 22·5	13 24·7	12 45·9	3·0	2·7	9·0	8·0	15·0	13·4
31	13 22·8	13 24·9	12 46·2	3·1	2·8	9·1	8·1	15·1	13·5
32	13 23·0	13 25·2	12 46·4	3·2	2·9	9·2	8·2	15·2	13·6
33	13 23·3	13 25·4	12 46·7	3·3	2·9	9·3	8·3	15·3	13·6
34	13 23·5	13 25·7	12 46·9	3·4	3·0	9·4	8·4	15·4	13·7
35	13 23·8	13 26·0	12 47·1	3·5	3·1	9·5	8·5	15·5	13·8
36	13 24·0	13 26·2	12 47·4	3·6	3·2	9·6	8·6	15·6	13·9
37	13 24·3	13 26·5	12 47·6	3·7	3·3	9·7	8·6	15·7	14·0
38	13 24·5	13 26·7	12 47·9	3·8	3·4	9·8	8·7	15·8	14·1
39	13 24·8	13 27·0	12 48·1	3·9	3·5	9·9	8·8	15·9	14·2
40	13 25·0	13 27·2	12 48·3	4·0	3·6	10·0	8·9	16·0	14·3
41	13 25·3	13 27·5	12 48·6	4·1	3·7	10·1	9·0	16·1	14·4
42	13 25·5	13 27·7	12 48·8	4·2	3·7	10·2	9·1	16·2	14·4
43	13 25·8	13 28·0	12 49·0	4·3	3·8	10·3	9·2	16·3	14·5
44	13 26·0	13 28·2	12 49·3	4·4	3·9	10·4	9·3	16·4	14·6
45	13 26·3	13 28·5	12 49·5	4·5	4·0	10·5	9·4	16·5	14·7
46	13 26·5	13 28·7	12 49·8	4·6	4·1	10·6	9·5	16·6	14·8
47	13 26·8	13 29·0	12 50·0	4·7	4·2	10·7	9·5	16·7	14·9
48	13 27·0	13 29·2	12 50·2	4·8	4·3	10·8	9·6	16·8	15·0
49	13 27·3	13 29·5	12 50·5	4·9	4·4	10·9	9·7	16·9	15·1
50	13 27·5	13 29·7	12 50·7	5·0	4·5	11·0	9·8	17·0	15·2
51	13 27·8	13 30·0	12 51·0	5·1	4·5	11·1	9·9	17·1	15·2
52	13 28·0	13 30·2	12 51·2	5·2	4·6	11·2	10·0	17·2	15·3
53	13 28·3	13 30·5	12 51·4	5·3	4·7	11·3	10·1	17·3	15·4
54	13 28·5	13 30·7	12 51·7	5·4	4·8	11·4	10·2	17·4	15·5
55	13 28·8	13 31·0	12 51·9	5·5	4·9	11·5	10·3	17·5	15·6
56	13 29·0	13 31·2	12 52·1	5·6	5·0	11·6	10·3	17·6	15·7
57	13 29·3	13 31·5	12 52·4	5·7	5·1	11·7	10·4	17·7	15·8
58	13 29·5	13 31·7	12 52·6	5·8	5·2	11·8	10·5	17·8	15·9
59	13 29·8	13 32·0	12 52·9	5·9	5·3	11·9	10·6	17·9	16·0
60	13 30·0	13 32·2	12 53·1	6·0	5·4	12·0	10·7	18·0	16·1

INCREMENTS AND CORRECTIONS

54ᵐ

54ᵐ (s)	SUN PLANETS ° ′	ARIES ° ′	MOON ° ′	v or d ′	Corrⁿ ′	v or d ′	Corrⁿ ′	v or d ′	Corrⁿ ′
00	13 30·0	13 32·2	12 53·1	0·0	0·0	6·0	5·5	12·0	10·9
01	13 30·3	13 32·5	12 53·3	0·1	0·1	6·1	5·5	12·1	11·0
02	13 30·5	13 32·7	12 53·6	0·2	0·2	6·2	5·6	12·2	11·1
03	13 30·8	13 33·0	12 53·8	0·3	0·3	6·3	5·7	12·3	11·2
04	13 31·0	13 33·2	12 54·1	0·4	0·4	6·4	5·8	12·4	11·3
05	13 31·3	13 33·5	12 54·3	0·5	0·5	6·5	5·9	12·5	11·4
06	13 31·5	13 33·7	12 54·5	0·6	0·5	6·6	6·0	12·6	11·4
07	13 31·8	13 34·0	12 54·8	0·7	0·6	6·7	6·1	12·7	11·5
08	13 32·0	13 34·2	12 55·0	0·8	0·7	6·8	6·2	12·8	11·6
09	13 32·3	13 34·5	12 55·2	0·9	0·8	6·9	6·3	12·9	11·7
10	13 32·5	13 34·7	12 55·5	1·0	0·9	7·0	6·4	13·0	11·8
11	13 32·8	13 35·0	12 55·7	1·1	1·0	7·1	6·4	13·1	11·9
12	13 33·0	13 35·2	12 56·0	1·2	1·1	7·2	6·5	13·2	12·0
13	13 33·3	13 35·5	12 56·2	1·3	1·2	7·3	6·6	13·3	12·1
14	13 33·5	13 35·7	12 56·4	1·4	1·3	7·4	6·7	13·4	12·2
15	13 33·8	13 36·0	12 56·7	1·5	1·4	7·5	6·8	13·5	12·3
16	13 34·0	13 36·2	12 56·9	1·6	1·5	7·6	6·9	13·6	12·4
17	13 34·3	13 36·5	12 57·2	1·7	1·5	7·7	7·0	13·7	12·4
18	13 34·5	13 36·7	12 57·4	1·8	1·6	7·8	7·1	13·8	12·5
19	13 34·8	13 37·0	12 57·6	1·9	1·7	7·9	7·2	13·9	12·6
20	13 35·0	13 37·2	12 57·9	2·0	1·8	8·0	7·3	14·0	12·7
21	13 35·3	13 37·5	12 58·1	2·1	1·9	8·1	7·4	14·1	12·8
22	13 35·5	13 37·7	12 58·3	2·2	2·0	8·2	7·4	14·2	12·9
23	13 35·8	13 38·0	12 58·6	2·3	2·1	8·3	7·5	14·3	13·0
24	13 36·0	13 38·2	12 58·8	2·4	2·2	8·4	7·6	14·4	13·1
25	13 36·3	13 38·5	12 59·1	2·5	2·3	8·5	7·7	14·5	13·2
26	13 36·5	13 38·7	12 59·3	2·6	2·4	8·6	7·8	14·6	13·3
27	13 36·8	13 39·0	12 59·5	2·7	2·5	8·7	7·9	14·7	13·4
28	13 37·0	13 39·2	12 59·8	2·8	2·5	8·8	8·0	14·8	13·4
29	13 37·3	13 39·5	13 00·0	2·9	2·6	8·9	8·1	14·9	13·5
30	13 37·5	13 39·7	13 00·3	3·0	2·7	9·0	8·2	15·0	13·6
31	13 37·8	13 40·0	13 00·5	3·1	2·8	9·1	8·3	15·1	13·7
32	13 38·0	13 40·2	13 00·7	3·2	2·9	9·2	8·4	15·2	13·8
33	13 38·3	13 40·5	13 01·0	3·3	3·0	9·3	8·4	15·3	13·9
34	13 38·5	13 40·7	13 01·2	3·4	3·1	9·4	8·5	15·4	14·0
35	13 38·8	13 41·0	13 01·5	3·5	3·2	9·5	8·6	15·5	14·1
36	13 39·0	13 41·2	13 01·7	3·6	3·3	9·6	8·7	15·6	14·2
37	13 39·3	13 41·5	13 01·9	3·7	3·4	9·7	8·8	15·7	14·3
38	13 39·5	13 41·7	13 02·2	3·8	3·5	9·8	8·9	15·8	14·4
39	13 39·8	13 42·0	13 02·4	3·9	3·5	9·9	9·0	15·9	14·4
40	13 40·0	13 42·2	13 02·6	4·0	3·6	10·0	9·1	16·0	14·5
41	13 40·3	13 42·5	13 02·9	4·1	3·7	10·1	9·2	16·1	14·6
42	13 40·5	13 42·7	13 03·1	4·2	3·8	10·2	9·3	16·2	14·7
43	13 40·8	13 43·0	13 03·4	4·3	3·9	10·3	9·4	16·3	14·8
44	13 41·0	13 43·2	13 03·6	4·4	4·0	10·4	9·4	16·4	14·9
45	13 41·3	13 43·5	13 03·8	4·5	4·1	10·5	9·5	16·5	15·0
46	13 41·5	13 43·7	13 04·1	4·6	4·2	10·6	9·6	16·6	15·1
47	13 41·8	13 44·0	13 04·3	4·7	4·3	10·7	9·7	16·7	15·2
48	13 42·0	13 44·3	13 04·6	4·8	4·4	10·8	9·8	16·8	15·3
49	13 42·3	13 44·5	13 04·8	4·9	4·5	10·9	9·9	16·9	15·4
50	13 42·5	13 44·8	13 05·0	5·0	4·5	11·0	10·0	17·0	15·4
51	13 42·8	13 45·0	13 05·3	5·1	4·6	11·1	10·1	17·1	15·5
52	13 43·0	13 45·3	13 05·5	5·2	4·7	11·2	10·2	17·2	15·6
53	13 43·3	13 45·5	13 05·7	5·3	4·8	11·3	10·3	17·3	15·7
54	13 43·5	13 45·8	13 06·0	5·4	4·9	11·4	10·4	17·4	15·8
55	13 43·8	13 46·0	13 06·2	5·5	5·0	11·5	10·4	17·5	15·9
56	13 44·0	13 46·3	13 06·5	5·6	5·1	11·6	10·5	17·6	16·0
57	13 44·3	13 46·5	13 06·7	5·7	5·2	11·7	10·6	17·7	16·1
58	13 44·5	13 46·8	13 06·9	5·8	5·3	11·8	10·7	17·8	16·2
59	13 44·8	13 47·0	13 07·2	5·9	5·4	11·9	10·8	17·9	16·3
60	13 45·0	13 47·3	13 07·4	6·0	5·5	12·0	10·9	18·0	16·4

55ᵐ

55ᵐ (s)	SUN PLANETS ° ′	ARIES ° ′	MOON ° ′	v or d ′	Corrⁿ ′	v or d ′	Corrⁿ ′	v or d ′	Corrⁿ ′
00	13 45·0	13 47·3	13 07·4	0·0	0·0	6·0	5·6	12·0	11·1
01	13 45·3	13 47·5	13 07·7	0·1	0·1	6·1	5·6	12·1	11·2
02	13 45·5	13 47·8	13 07·9	0·2	0·2	6·2	5·7	12·2	11·3
03	13 45·8	13 48·0	13 08·1	0·3	0·3	6·3	5·8	12·3	11·4
04	13 46·0	13 48·3	13 08·4	0·4	0·4	6·4	5·9	12·4	11·5
05	13 46·3	13 48·5	13 08·6	0·5	0·5	6·5	6·0	12·5	11·6
06	13 46·5	13 48·8	13 08·8	0·6	0·6	6·6	6·1	12·6	11·7
07	13 46·8	13 49·0	13 09·1	0·7	0·6	6·7	6·2	12·7	11·7
08	13 47·0	13 49·3	13 09·3	0·8	0·7	6·8	6·3	12·8	11·8
09	13 47·3	13 49·5	13 09·6	0·9	0·8	6·9	6·4	12·9	11·9
10	13 47·5	13 49·8	13 09·8	1·0	0·9	7·0	6·5	13·0	12·0
11	13 47·8	13 50·0	13 10·0	1·1	1·0	7·1	6·6	13·1	12·1
12	13 48·0	13 50·3	13 10·3	1·2	1·1	7·2	6·7	13·2	12·2
13	13 48·3	13 50·5	13 10·5	1·3	1·2	7·3	6·8	13·3	12·3
14	13 48·5	13 50·8	13 10·8	1·4	1·3	7·4	6·8	13·4	12·4
15	13 48·8	13 51·0	13 11·0	1·5	1·4	7·5	6·9	13·5	12·5
16	13 49·0	13 51·3	13 11·2	1·6	1·5	7·6	7·0	13·6	12·6
17	13 49·3	13 51·5	13 11·5	1·7	1·6	7·7	7·1	13·7	12·7
18	13 49·5	13 51·8	13 11·7	1·8	1·7	7·8	7·2	13·8	12·8
19	13 49·8	13 52·0	13 12·0	1·9	1·8	7·9	7·3	13·9	12·9
20	13 50·0	13 52·3	13 12·2	2·0	1·9	8·0	7·4	14·0	13·0
21	13 50·3	13 52·5	13 12·4	2·1	1·9	8·1	7·5	14·1	13·0
22	13 50·5	13 52·8	13 12·7	2·2	2·0	8·2	7·6	14·2	13·1
23	13 50·8	13 53·0	13 12·9	2·3	2·1	8·3	7·7	14·3	13·2
24	13 51·0	13 53·3	13 13·1	2·4	2·2	8·4	7·8	14·4	13·3
25	13 51·3	13 53·5	13 13·4	2·5	2·3	8·5	7·9	14·5	13·4
26	13 51·5	13 53·8	13 13·6	2·6	2·4	8·6	8·0	14·6	13·5
27	13 51·8	13 54·0	13 13·9	2·7	2·5	8·7	8·0	14·7	13·6
28	13 52·0	13 54·3	13 14·1	2·8	2·6	8·8	8·1	14·8	13·7
29	13 52·3	13 54·5	13 14·3	2·9	2·7	8·9	8·2	14·9	13·8
30	13 52·5	13 54·8	13 14·6	3·0	2·8	9·0	8·3	15·0	13·9
31	13 52·8	13 55·0	13 14·8	3·1	2·9	9·1	8·4	15·1	14·0
32	13 53·0	13 55·3	13 15·1	3·2	3·0	9·2	8·5	15·2	14·1
33	13 53·3	13 55·5	13 15·3	3·3	3·1	9·3	8·6	15·3	14·2
34	13 53·5	13 55·8	13 15·5	3·4	3·1	9·4	8·7	15·4	14·2
35	13 53·8	13 56·0	13 15·8	3·5	3·2	9·5	8·8	15·5	14·3
36	13 54·0	13 56·3	13 16·0	3·6	3·3	9·6	8·9	15·6	14·4
37	13 54·3	13 56·5	13 16·2	3·7	3·4	9·7	9·0	15·7	14·5
38	13 54·5	13 56·8	13 16·5	3·8	3·5	9·8	9·1	15·8	14·6
39	13 54·8	13 57·0	13 16·7	3·9	3·6	9·9	9·2	15·9	14·7
40	13 55·0	13 57·3	13 17·0	4·0	3·7	10·0	9·3	16·0	14·8
41	13 55·3	13 57·5	13 17·2	4·1	3·8	10·1	9·3	16·1	14·9
42	13 55·5	13 57·8	13 17·4	4·2	3·9	10·2	9·4	16·2	15·0
43	13 55·8	13 58·0	13 17·7	4·3	4·0	10·3	9·5	16·3	15·1
44	13 56·0	13 58·3	13 17·9	4·4	4·1	10·4	9·6	16·4	15·2
45	13 56·3	13 58·5	13 18·2	4·5	4·2	10·5	9·7	16·5	15·3
46	13 56·5	13 58·8	13 18·4	4·6	4·3	10·6	9·8	16·6	15·4
47	13 56·8	13 59·0	13 18·6	4·7	4·3	10·7	9·9	16·7	15·4
48	13 57·0	13 59·3	13 18·9	4·8	4·4	10·8	10·0	16·8	15·5
49	13 57·3	13 59·5	13 19·1	4·9	4·5	10·9	10·1	16·9	15·6
50	13 57·5	13 59·8	13 19·3	5·0	4·6	11·0	10·2	17·0	15·7
51	13 57·8	14 00·0	13 19·6	5·1	4·7	11·1	10·3	17·1	15·8
52	13 58·0	14 00·3	13 19·8	5·2	4·8	11·2	10·4	17·2	15·9
53	13 58·3	14 00·5	13 20·1	5·3	4·9	11·3	10·5	17·3	16·0
54	13 58·5	14 00·8	13 20·3	5·4	5·0	11·4	10·5	17·4	16·1
55	13 58·8	14 01·0	13 20·5	5·5	5·1	11·5	10·6	17·5	16·2
56	13 59·0	14 01·3	13 20·8	5·6	5·2	11·6	10·7	17·6	16·3
57	13 59·3	14 01·5	13 21·0	5·7	5·3	11·7	10·8	17·7	16·4
58	13 59·5	14 01·8	13 21·3	5·8	5·4	11·8	10·9	17·8	16·5
59	13 59·8	14 02·0	13 21·5	5·9	5·5	11·9	11·0	17·9	16·6
60	14 00·0	14 02·3	13 21·7	6·0	5·6	12·0	11·1	18·0	16·7

INCREMENTS AND CORRECTIONS

56ᵐ	SUN PLANETS	ARIES	MOON	v or Corrn d		v or Corrn d		v or Corrn d	
s	° ′	° ′	° ′	′	′	′	′	′	′
00	14 00·0	14 02·3	13 21·7	0·0	0·0	6·0	5·7	12·0	11·3
01	14 00·3	14 02·6	13 22·0	0·1	0·1	6·1	5·7	12·1	11·4
02	14 00·5	14 02·8	13 22·2	0·2	0·2	6·2	5·8	12·2	11·5
03	14 00·8	14 03·1	13 22·4	0·3	0·3	6·3	5·9	12·3	11·6
04	14 01·0	14 03·3	13 22·7	0·4	0·4	6·4	6·0	12·4	11·7
05	14 01·3	14 03·6	13 22·9	0·5	0·5	6·5	6·1	12·5	11·8
06	14 01·5	14 03·8	13 23·2	0·6	0·6	6·6	6·2	12·6	11·9
07	14 01·8	14 04·1	13 23·4	0·7	0·7	6·7	6·3	12·7	12·0
08	14 02·0	14 04·3	13 23·6	0·8	0·8	6·8	6·4	12·8	12·1
09	14 02·3	14 04·6	13 23·9	0·9	0·8	6·9	6·5	12·9	12·1
10	14 02·5	14 04·8	13 24·1	1·0	0·9	7·0	6·6	13·0	12·2
11	14 02·8	14 05·1	13 24·4	1·1	1·0	7·1	6·7	13·1	12·3
12	14 03·0	14 05·3	13 24·6	1·2	1·1	7·2	6·8	13·2	12·4
13	14 03·3	14 05·6	13 24·8	1·3	1·2	7·3	6·9	13·3	12·5
14	14 03·5	14 05·8	13 25·1	1·4	1·3	7·4	7·0	13·4	12·6
15	14 03·8	14 06·1	13 25·3	1·5	1·4	7·5	7·1	13·5	12·7
16	14 04·0	14 06·3	13 25·6	1·6	1·5	7·6	7·2	13·6	12·8
17	14 04·3	14 06·6	13 25·8	1·7	1·6	7·7	7·3	13·7	12·9
18	14 04·5	14 06·8	13 26·0	1·8	1·7	7·8	7·3	13·8	13·0
19	14 04·8	14 07·1	13 26·3	1·9	1·8	7·9	7·4	13·9	13·1
20	14 05·0	14 07·3	13 26·5	2·0	1·9	8·0	7·5	14·0	13·2
21	14 05·3	14 07·6	13 26·7	2·1	2·0	8·1	7·6	14·1	13·3
22	14 05·5	14 07·8	13 27·0	2·2	2·1	8·2	7·7	14·2	13·4
23	14 05·8	14 08·1	13 27·2	2·3	2·2	8·3	7·8	14·3	13·5
24	14 06·0	14 08·3	13 27·5	2·4	2·3	8·4	7·9	14·4	13·6
25	14 06·3	14 08·6	13 27·7	2·5	2·4	8·5	8·0	14·5	13·7
26	14 06·5	14 08·8	13 27·9	2·6	2·4	8·6	8·1	14·6	13·7
27	14 06·8	14 09·1	13 28·2	2·7	2·5	8·7	8·2	14·7	13·8
28	14 07·0	14 09·3	13 28·4	2·8	2·6	8·8	8·3	14·8	13·9
29	14 07·3	14 09·6	13 28·7	2·9	2·7	8·9	8·4	14·9	14·0
30	14 07·5	14 09·8	13 28·9	3·0	2·8	9·0	8·5	15·0	14·1
31	14 07·8	14 10·1	13 29·1	3·1	2·9	9·1	8·6	15·1	14·2
32	14 08·0	14 10·3	13 29·4	3·2	3·0	9·2	8·7	15·2	14·3
33	14 08·3	14 10·6	13 29·6	3·3	3·1	9·3	8·8	15·3	14·4
34	14 08·5	14 10·8	13 29·8	3·4	3·2	9·4	8·9	15·4	14·5
35	14 08·8	14 11·1	13 30·1	3·5	3·3	9·5	8·9	15·5	14·6
36	14 09·0	14 11·3	13 30·3	3·6	3·4	9·6	9·0	15·6	14·7
37	14 09·3	14 11·6	13 30·6	3·7	3·5	9·7	9·1	15·7	14·8
38	14 09·5	14 11·8	13 30·8	3·8	3·6	9·8	9·2	15·8	14·9
39	14 09·8	14 12·1	13 31·0	3·9	3·7	9·9	9·3	15·9	15·0
40	14 10·0	14 12·3	13 31·3	4·0	3·8	10·0	9·4	16·0	15·1
41	14 10·3	14 12·6	13 31·5	4·1	3·9	10·1	9·5	16·1	15·2
42	14 10·5	14 12·8	13 31·8	4·2	4·0	10·2	9·6	16·2	15·3
43	14 10·8	14 13·1	13 32·0	4·3	4·0	10·3	9·7	16·3	15·3
44	14 11·0	14 13·3	13 32·2	4·4	4·1	10·4	9·8	16·4	15·4
45	14 11·3	14 13·6	13 32·5	4·5	4·2	10·5	9·9	16·5	15·5
46	14 11·5	14 13·8	13 32·7	4·6	4·3	10·6	10·0	16·6	15·6
47	14 11·8	14 14·1	13 32·9	4·7	4·4	10·7	10·1	16·7	15·7
48	14 12·0	14 14·3	13 33·2	4·8	4·5	10·8	10·2	16·8	15·8
49	14 12·3	14 14·6	13 33·4	4·9	4·6	10·9	10·3	16·9	15·9
50	14 12·5	14 14·8	13 33·7	5·0	4·7	11·0	10·4	17·0	16·0
51	14 12·8	14 15·1	13 33·9	5·1	4·8	11·1	10·5	17·1	16·1
52	14 13·0	14 15·3	13 34·1	5·2	4·9	11·2	10·5	17·2	16·2
53	14 13·3	14 15·6	13 34·4	5·3	5·0	11·3	10·6	17·3	16·3
54	14 13·5	14 15·8	13 34·6	5·4	5·1	11·4	10·7	17·4	16·4
55	14 13·8	14 16·1	13 34·9	5·5	5·2	11·5	10·8	17·5	16·5
56	14 14·0	14 16·3	13 35·1	5·6	5·3	11·6	10·9	17·6	16·6
57	14 14·3	14 16·6	13 35·3	5·7	5·4	11·7	11·0	17·7	16·7
58	14 14·5	14 16·8	13 35·6	5·8	5·5	11·8	11·1	17·8	16·8
59	14 14·8	14 17·1	13 35·8	5·9	5·6	11·9	11·2	17·9	16·9
60	14 15·0	14 17·3	13 36·1	6·0	5·7	12·0	11·3	18·0	17·0

57ᵐ	SUN PLANETS	ARIES	MOON	v or Corrn d		v or Corrn d		v or Corrn d	
s	° ′	° ′	° ′	′	′	′	′	′	′
00	14 15·0	14 17·3	13 36·1	0·0	0·0	6·0	5·8	12·0	11·5
01	14 15·3	14 17·6	13 36·3	0·1	0·1	6·1	5·8	12·1	11·6
02	14 15·5	14 17·8	13 36·5	0·2	0·2	6·2	5·9	12·2	11·7
03	14 15·8	14 18·1	13 36·8	0·3	0·3	6·3	6·0	12·3	11·8
04	14 16·0	14 18·3	13 37·0	0·4	0·4	6·4	6·1	12·4	11·9
05	14 16·3	14 18·6	13 37·2	0·5	0·5	6·5	6·2	12·5	12·0
06	14 16·5	14 18·8	13 37·5	0·6	0·6	6·6	6·3	12·6	12·1
07	14 16·8	14 19·1	13 37·7	0·7	0·7	6·7	6·4	12·7	12·2
08	14 17·0	14 19·3	13 38·0	0·8	0·8	6·8	6·5	12·8	12·3
09	14 17·3	14 19·6	13 38·2	0·9	0·9	6·9	6·6	12·9	12·4
10	14 17·5	14 19·8	13 38·4	1·0	1·0	7·0	6·7	13·0	12·5
11	14 17·8	14 20·1	13 38·7	1·1	1·1	7·1	6·8	13·1	12·6
12	14 18·0	14 20·3	13 38·9	1·2	1·2	7·2	6·9	13·2	12·7
13	14 18·3	14 20·6	13 39·2	1·3	1·2	7·3	7·0	13·3	12·7
14	14 18·5	14 20·9	13 39·4	1·4	1·3	7·4	7·1	13·4	12·8
15	14 18·8	14 21·1	13 39·6	1·5	1·4	7·5	7·2	13·5	12·9
16	14 19·0	14 21·4	13 39·9	1·6	1·5	7·6	7·3	13·6	13·0
17	14 19·3	14 21·6	13 40·1	1·7	1·6	7·7	7·4	13·7	13·1
18	14 19·5	14 21·9	13 40·3	1·8	1·7	7·8	7·5	13·8	13·2
19	14 19·8	14 22·1	13 40·6	1·9	1·8	7·9	7·6	13·9	13·3
20	14 20·0	14 22·4	13 40·8	2·0	1·9	8·0	7·7	14·0	13·4
21	14 20·3	14 22·6	13 41·1	2·1	2·0	8·1	7·8	14·1	13·5
22	14 20·5	14 22·9	13 41·3	2·2	2·1	8·2	7·9	14·2	13·6
23	14 20·8	14 23·1	13 41·5	2·3	2·2	8·3	8·0	14·3	13·7
24	14 21·0	14 23·4	13 41·8	2·4	2·3	8·4	8·1	14·4	13·8
25	14 21·3	14 23·6	13 42·0	2·5	2·4	8·5	8·1	14·5	13·9
26	14 21·5	14 23·9	13 42·3	2·6	2·5	8·6	8·2	14·6	14·0
27	14 21·8	14 24·1	13 42·5	2·7	2·6	8·7	8·3	14·7	14·1
28	14 22·0	14 24·4	13 42·7	2·8	2·7	8·8	8·4	14·8	14·2
29	14 22·3	14 24·6	13 43·0	2·9	2·8	8·9	8·5	14·9	14·3
30	14 22·5	14 24·9	13 43·2	3·0	2·9	9·0	8·6	15·0	14·4
31	14 22·8	14 25·1	13 43·4	3·1	3·0	9·1	8·7	15·1	14·5
32	14 23·0	14 25·4	13 43·7	3·2	3·1	9·2	8·8	15·2	14·6
33	14 23·3	14 25·6	13 43·9	3·3	3·2	9·3	8·9	15·3	14·7
34	14 23·5	14 25·9	13 44·2	3·4	3·3	9·4	9·0	15·4	14·8
35	14 23·8	14 26·1	13 44·4	3·5	3·4	9·5	9·1	15·5	14·9
36	14 24·0	14 26·4	13 44·6	3·6	3·5	9·6	9·2	15·6	15·0
37	14 24·3	14 26·6	13 44·9	3·7	3·5	9·7	9·3	15·7	15·0
38	14 24·5	14 26·9	13 45·1	3·8	3·6	9·8	9·4	15·8	15·1
39	14 24·8	14 27·1	13 45·4	3·9	3·7	9·9	9·5	15·9	15·2
40	14 25·0	14 27·4	13 45·6	4·0	3·8	10·0	9·6	16·0	15·3
41	14 25·3	14 27·6	13 45·8	4·1	3·9	10·1	9·7	16·1	15·4
42	14 25·5	14 27·9	13 46·1	4·2	4·0	10·2	9·8	16·2	15·5
43	14 25·8	14 28·1	13 46·3	4·3	4·1	10·3	9·9	16·3	15·6
44	14 26·0	14 28·4	13 46·5	4·4	4·2	10·4	10·0	16·4	15·7
45	14 26·3	14 28·6	13 46·8	4·5	4·3	10·5	10·1	16·5	15·8
46	14 26·5	14 28·9	13 47·0	4·6	4·4	10·6	10·2	16·6	15·9
47	14 26·8	14 29·1	13 47·3	4·7	4·5	10·7	10·3	16·7	16·0
48	14 27·0	14 29·4	13 47·5	4·8	4·6	10·8	10·4	16·8	16·1
49	14 27·3	14 29·6	13 47·7	4·9	4·7	10·9	10·4	16·9	16·2
50	14 27·5	14 29·9	13 48·0	5·0	4·8	11·0	10·5	17·0	16·3
51	14 27·8	14 30·1	13 48·2	5·1	4·9	11·1	10·6	17·1	16·4
52	14 28·0	14 30·4	13 48·5	5·2	5·0	11·2	10·7	17·2	16·5
53	14 28·3	14 30·6	13 48·7	5·3	5·1	11·3	10·8	17·3	16·6
54	14 28·5	14 30·9	13 48·9	5·4	5·2	11·4	10·9	17·4	16·7
55	14 28·8	14 31·1	13 49·2	5·5	5·3	11·5	11·0	17·5	16·8
56	14 29·0	14 31·4	13 49·4	5·6	5·4	11·6	11·1	17·6	16·9
57	14 29·3	14 31·6	13 49·7	5·7	5·5	11·7	11·2	17·7	17·0
58	14 29·5	14 31·9	13 49·9	5·8	5·6	11·8	11·3	17·8	17·1
59	14 29·8	14 32·1	13 50·1	5·9	5·7	11·9	11·4	17·9	17·2
60	14 30·0	14 32·4	13 50·4	6·0	5·8	12·0	11·5	18·0	17·3

INCREMENTS AND CORRECTIONS

58ᵐ   **59ᵐ**

58ᵐ	SUN PLANETS	ARIES	MOON	v or Corrⁿ d	v or Corrⁿ d	v or Corrⁿ d
s	° ′	° ′	° ′	′ ′	′ ′	′ ′
00	14 30·0	14 32·4	13 50·4	0·0 0·0	6·0 5·9	12·0 11·7
01	14 30·3	14 32·6	13 50·6	0·1 0·1	6·1 5·9	12·1 11·8
02	14 30·5	14 32·9	13 50·8	0·2 0·2	6·2 6·0	12·2 11·9
03	14 30·8	14 33·1	13 51·1	0·3 0·3	6·3 6·1	12·3 12·0
04	14 31·0	14 33·4	13 51·3	0·4 0·4	6·4 6·2	12·4 12·1
05	14 31·3	14 33·6	13 51·6	0·5 0·5	6·5 6·3	12·5 12·2
06	14 31·5	14 33·9	13 51·8	0·6 0·6	6·6 6·4	12·6 12·3
07	14 31·8	14 34·1	13 52·0	0·7 0·7	6·7 6·5	12·7 12·4
08	14 32·0	14 34·4	13 52·3	0·8 0·8	6·8 6·6	12·8 12·5
09	14 32·3	14 34·6	13 52·5	0·9 0·9	6·9 6·7	12·9 12·6
10	14 32·5	14 34·9	13 52·8	1·0 1·0	7·0 6·8	13·0 12·7
11	14 32·8	14 35·1	13 53·0	1·1 1·1	7·1 6·9	13·1 12·8
12	14 33·0	14 35·4	13 53·2	1·2 1·2	7·2 7·0	13·2 12·9
13	14 33·3	14 35·6	13 53·5	1·3 1·3	7·3 7·1	13·3 13·0
14	14 33·5	14 35·9	13 53·7	1·4 1·4	7·4 7·2	13·4 13·1
15	14 33·8	14 36·1	13 53·9	1·5 1·5	7·5 7·3	13·5 13·2
16	14 34·0	14 36·4	13 54·2	1·6 1·6	7·6 7·4	13·6 13·3
17	14 34·3	14 36·6	13 54·4	1·7 1·7	7·7 7·5	13·7 13·4
18	14 34·5	14 36·9	13 54·7	1·8 1·8	7·8 7·6	13·8 13·5
19	14 34·8	14 37·1	13 54·9	1·9 1·9	7·9 7·7	13·9 13·6
20	14 35·0	14 37·4	13 55·1	2·0 2·0	8·0 7·8	14·0 13·7
21	14 35·3	14 37·6	13 55·4	2·1 2·0	8·1 7·9	14·1 13·7
22	14 35·5	14 37·9	13 55·6	2·2 2·1	8·2 8·0	14·2 13·8
23	14 35·8	14 38·1	13 55·9	2·3 2·2	8·3 8·1	14·3 13·9
24	14 36·0	14 38·4	13 56·1	2·4 2·3	8·4 8·2	14·4 14·0
25	14 36·3	14 38·6	13 56·3	2·5 2·4	8·5 8·3	14·5 14·1
26	14 36·5	14 38·9	13 56·6	2·6 2·5	8·6 8·4	14·6 14·2
27	14 36·8	14 39·2	13 56·8	2·7 2·6	8·7 8·5	14·7 14·3
28	14 37·0	14 39·4	13 57·0	2·8 2·7	8·8 8·6	14·8 14·4
29	14 37·3	14 39·7	13 57·3	2·9 2·8	8·9 8·7	14·9 14·5
30	14 37·5	14 39·9	13 57·5	3·0 2·9	9·0 8·8	15·0 14·6
31	14 37·8	14 40·2	13 57·8	3·1 3·0	9·1 8·9	15·1 14·7
32	14 38·0	14 40·4	13 58·0	3·2 3·1	9·2 9·0	15·2 14·8
33	14 38·3	14 40·7	13 58·2	3·3 3·2	9·3 9·1	15·3 14·9
34	14 38·5	14 40·9	13 58·5	3·4 3·3	9·4 9·2	15·4 15·0
35	14 38·8	14 41·2	13 58·7	3·5 3·4	9·5 9·3	15·5 15·1
36	14 39·0	14 41·4	13 59·0	3·6 3·5	9·6 9·4	15·6 15·2
37	14 39·3	14 41·7	13 59·2	3·7 3·6	9·7 9·5	15·7 15·3
38	14 39·5	14 41·9	13 59·4	3·8 3·7	9·8 9·6	15·8 15·4
39	14 39·8	14 42·2	13 59·7	3·9 3·8	9·9 9·7	15·9 15·5
40	14 40·0	14 42·4	13 59·9	4·0 3·9	10·0 9·8	16·0 15·6
41	14 40·3	14 42·7	14 00·1	4·1 4·0	10·1 9·8	16·1 15·7
42	14 40·5	14 42·9	14 00·4	4·2 4·1	10·2 9·9	16·2 15·8
43	14 40·8	14 43·2	14 00·6	4·3 4·2	10·3 10·0	16·3 15·9
44	14 41·0	14 43·4	14 00·9	4·4 4·3	10·4 10·1	16·4 16·0
45	14 41·3	14 43·7	14 01·1	4·5 4·4	10·5 10·2	16·5 16·1
46	14 41·5	14 43·9	14 01·3	4·6 4·5	10·6 10·3	16·6 16·2
47	14 41·8	14 44·2	14 01·6	4·7 4·6	10·7 10·4	16·7 16·3
48	14 42·0	14 44·4	14 01·8	4·8 4·7	10·8 10·5	16·8 16·4
49	14 42·3	14 44·7	14 02·1	4·9 4·8	10·9 10·6	16·9 16·5
50	14 42·5	14 44·9	14 02·3	5·0 4·9	11·0 10·7	17·0 16·6
51	14 42·8	14 45·2	14 02·5	5·1 5·0	11·1 10·8	17·1 16·7
52	14 43·0	14 45·4	14 02·8	5·2 5·1	11·2 10·9	17·2 16·8
53	14 43·3	14 45·7	14 03·0	5·3 5·2	11·3 11·0	17·3 16·9
54	14 43·5	14 45·9	14 03·3	5·4 5·3	11·4 11·1	17·4 17·0
55	14 43·8	14 46·2	14 03·5	5·5 5·4	11·5 11·2	17·5 17·1
56	14 44·0	14 46·4	14 03·7	5·6 5·5	11·6 11·3	17·6 17·2
57	14 44·3	14 46·7	14 04·0	5·7 5·6	11·7 11·4	17·7 17·3
58	14 44·5	14 46·9	14 04·2	5·8 5·7	11·8 11·5	17·8 17·4
59	14 44·8	14 47·2	14 04·4	5·9 5·8	11·9 11·6	17·9 17·5
60	14 45·0	14 47·4	14 04·7	6·0 5·9	12·0 11·7	18·0 17·6

59ᵐ	SUN PLANETS	ARIES	MOON	v or Corrⁿ d	v or Corrⁿ d	v or Corrⁿ d
s	° ′	° ′	° ′	′ ′	′ ′	′ ′
00	14 45·0	14 47·4	14 04·7	0·0 0·0	6·0 6·0	12·0 11·9
01	14 45·3	14 47·7	14 04·9	0·1 0·1	6·1 6·0	12·1 12·0
02	14 45·5	14 47·9	14 05·2	0·2 0·2	6·2 6·1	12·2 12·1
03	14 45·8	14 48·2	14 05·4	0·3 0·3	6·3 6·2	12·3 12·2
04	14 46·0	14 48·4	14 05·6	0·4 0·4	6·4 6·3	12·4 12·3
05	14 46·3	14 48·7	14 05·9	0·5 0·5	6·5 6·4	12·5 12·4
06	14 46·5	14 48·9	14 06·1	0·6 0·6	6·6 6·5	12·6 12·5
07	14 46·8	14 49·2	14 06·4	0·7 0·7	6·7 6·6	12·7 12·6
08	14 47·0	14 49·4	14 06·6	0·8 0·8	6·8 6·7	12·8 12·7
09	14 47·3	14 49·7	14 06·8	0·9 0·9	6·9 6·8	12·9 12·8
10	14 47·5	14 49·9	14 07·1	1·0 1·0	7·0 6·9	13·0 12·9
11	14 47·8	14 50·2	14 07·3	1·1 1·1	7·1 7·0	13·1 13·0
12	14 48·0	14 50·4	14 07·5	1·2 1·2	7·2 7·1	13·2 13·1
13	14 48·3	14 50·7	14 07·8	1·3 1·3	7·3 7·2	13·3 13·2
14	14 48·5	14 50·9	14 08·0	1·4 1·4	7·4 7·3	13·4 13·3
15	14 48·8	14 51·2	14 08·3	1·5 1·5	7·5 7·4	13·5 13·4
16	14 49·0	14 51·4	14 08·5	1·6 1·6	7·6 7·5	13·6 13·5
17	14 49·3	14 51·7	14 08·7	1·7 1·7	7·7 7·6	13·7 13·6
18	14 49·5	14 51·9	14 09·0	1·8 1·8	7·8 7·7	13·8 13·7
19	14 49·8	14 52·2	14 09·2	1·9 1·9	7·9 7·8	13·9 13·8
20	14 50·0	14 52·4	14 09·5	2·0 2·0	8·0 7·9	14·0 13·9
21	14 50·3	14 52·7	14 09·7	2·1 2·1	8·1 8·0	14·1 14·0
22	14 50·5	14 52·9	14 09·9	2·2 2·2	8·2 8·1	14·2 14·1
23	14 50·8	14 53·2	14 10·2	2·3 2·3	8·3 8·2	14·3 14·2
24	14 51·0	14 53·4	14 10·4	2·4 2·4	8·4 8·3	14·4 14·3
25	14 51·3	14 53·7	14 10·6	2·5 2·5	8·5 8·4	14·5 14·4
26	14 51·5	14 53·9	14 10·9	2·6 2·6	8·6 8·5	14·6 14·5
27	14 51·8	14 54·2	14 11·1	2·7 2·7	8·7 8·6	14·7 14·6
28	14 52·0	14 54·4	14 11·4	2·8 2·8	8·8 8·7	14·8 14·7
29	14 52·3	14 54·7	14 11·6	2·9 2·9	8·9 8·8	14·9 14·8
30	14 52·5	14 54·9	14 11·8	3·0 3·0	9·0 8·9	15·0 14·9
31	14 52·8	14 55·2	14 12·1	3·1 3·1	9·1 9·0	15·1 15·0
32	14 53·0	14 55·4	14 12·3	3·2 3·2	9·2 9·1	15·2 15·1
33	14 53·3	14 55·7	14 12·6	3·3 3·3	9·3 9·2	15·3 15·2
34	14 53·5	14 55·9	14 12·8	3·4 3·4	9·4 9·3	15·4 15·3
35	14 53·8	14 56·2	14 13·0	3·5 3·5	9·5 9·4	15·5 15·4
36	14 54·0	14 56·4	14 13·3	3·6 3·6	9·6 9·5	15·6 15·5
37	14 54·3	14 56·7	14 13·5	3·7 3·7	9·7 9·6	15·7 15·6
38	14 54·5	14 56·9	14 13·8	3·8 3·8	9·8 9·7	15·8 15·7
39	14 54·8	14 57·2	14 14·0	3·9 3·9	9·9 9·8	15·9 15·8
40	14 55·0	14 57·5	14 14·2	4·0 4·0	10·0 9·9	16·0 15·9
41	14 55·3	14 57·7	14 14·5	4·1 4·1	10·1 10·0	16·1 16·0
42	14 55·5	14 58·0	14 14·7	4·2 4·2	10·2 10·1	16·2 16·1
43	14 55·8	14 58·2	14 14·9	4·3 4·3	10·3 10·2	16·3 16·2
44	14 56·0	14 58·5	14 15·2	4·4 4·4	10·4 10·3	16·4 16·3
45	14 56·3	14 58·7	14 15·4	4·5 4·5	10·5 10·4	16·5 16·4
46	14 56·5	14 59·0	14 15·7	4·6 4·6	10·6 10·5	16·6 16·5
47	14 56·8	14 59·2	14 15·9	4·7 4·7	10·7 10·6	16·7 16·6
48	14 57·0	14 59·5	14 16·1	4·8 4·8	10·8 10·7	16·8 16·7
49	14 57·3	14 59·7	14 16·4	4·9 4·9	10·9 10·8	16·9 16·8
50	14 57·5	15 00·0	14 16·6	5·0 5·0	11·0 10·9	17·0 16·9
51	14 57·8	15 00·2	14 16·9	5·1 5·1	11·1 11·0	17·1 17·0
52	14 58·0	15 00·5	14 17·1	5·2 5·2	11·2 11·1	17·2 17·1
53	14 58·3	15 00·7	14 17·3	5·3 5·3	11·3 11·2	17·3 17·2
54	14 58·5	15 01·0	14 17·6	5·4 5·4	11·4 11·3	17·4 17·3
55	14 58·8	15 01·2	14 17·8	5·5 5·5	11·5 11·4	17·5 17·4
56	14 59·0	15 01·5	14 18·0	5·6 5·6	11·6 11·5	17·6 17·5
57	14 59·3	15 01·7	14 18·3	5·7 5·7	11·7 11·6	17·7 17·6
58	14 59·5	15 02·0	14 18·5	5·8 5·8	11·8 11·7	17·8 17·7
59	14 59·8	15 02·2	14 18·8	5·9 5·9	11·9 11·8	17·9 17·8
60	15 00·0	15 02·5	14 19·0	6·0 6·0	12·0 11·9	18·0 17·9

ALTITUDE CORRECTION TABLES 0°–35°—MOON

App. Alt.	0°–4° Corrⁿ	5°–9° Corrⁿ	10°–14° Corrⁿ	15°–19° Corrⁿ	20°–24° Corrⁿ	25°–29° Corrⁿ	30°–34° Corrⁿ	App. Alt.
00	0° 33.8	5° 58.2	10° 62.1	15° 62.8	20° 62.2	25° 60.8	30° 58.9	00
10	35.9	58.5	62.2	62.8	62.1	60.8	58.8	10
20	37.8	58.7	62.2	62.8	62.1	60.7	58.8	20
30	39.6	58.9	62.3	62.8	62.1	60.7	58.7	30
40	41.2	59.1	62.3	62.8	62.0	60.6	58.6	40
50	42.6	59.3	62.4	62.7	62.0	60.6	58.5	50
00	1° 44.0	6° 59.5	11° 62.4	16° 62.7	21° 62.0	26° 60.5	31° 58.5	00
10	45.2	59.7	62.4	62.7	61.9	60.4	58.4	10
20	46.3	59.9	62.5	62.7	61.9	60.4	58.3	20
30	47.3	60.0	62.5	62.7	61.9	60.3	58.2	30
40	48.3	60.2	62.5	62.7	61.8	60.3	58.2	40
50	49.2	60.3	62.6	62.7	61.8	60.2	58.1	50
00	2° 50.0	7° 60.5	12° 62.6	17° 62.7	22° 61.7	27° 60.1	32° 58.0	00
10	50.8	60.6	62.6	62.6	61.7	60.1	57.9	10
20	51.4	60.7	62.6	62.6	61.6	60.0	57.8	20
30	52.1	60.9	62.7	62.6	61.6	59.9	57.8	30
40	52.7	61.0	62.7	62.6	61.5	59.9	57.7	40
50	53.3	61.1	62.7	62.6	61.5	59.8	57.6	50
00	3° 53.8	8° 61.2	13° 62.7	18° 62.5	23° 61.5	28° 59.7	33° 57.5	00
10	54.3	61.3	62.7	62.5	61.4	59.7	57.4	10
20	54.8	61.4	62.7	62.5	61.4	59.6	57.4	20
30	55.2	61.5	62.8	62.5	61.3	59.6	57.3	30
40	55.6	61.6	62.8	62.4	61.3	59.5	57.2	40
50	56.0	61.6	62.8	62.4	61.2	59.4	57.1	50
00	4° 56.4	9° 61.7	14° 62.8	19° 62.4	24° 61.2	29° 59.3	34° 57.0	00
10	56.7	61.8	62.8	62.3	61.1	59.3	56.9	10
20	57.1	61.9	62.8	62.3	61.1	59.2	56.9	20
30	57.4	61.9	62.8	62.3	61.0	59.1	56.8	30
40	57.7	62.0	62.8	62.2	60.9	59.1	56.7	40
50	57.9	62.1	62.8	62.2	60.9	59.0	56.6	50

H.P.	L U	L U	L U	L U	L U	L U	L U	H.P.
54.0	0.3 0.9	0.3 0.9	0.4 1.0	0.5 1.1	0.6 1.2	0.7 1.3	0.9 1.5	54.0
54.3	0.7 1.1	0.7 1.2	0.7 1.2	0.8 1.3	0.9 1.4	1.1 1.5	1.2 1.7	54.3
54.6	1.1 1.4	1.1 1.4	1.1 1.4	1.2 1.5	1.3 1.6	1.4 1.7	1.5 1.8	54.6
54.9	1.4 1.6	1.5 1.6	1.5 1.6	1.6 1.7	1.6 1.8	1.8 1.9	1.9 2.0	54.9
55.2	1.8 1.8	1.8 1.8	1.9 1.9	1.9 1.9	2.0 2.0	2.1 2.1	2.2 2.2	55.2
55.5	2.2 2.0	2.2 2.0	2.3 2.1	2.3 2.1	2.4 2.2	2.4 2.3	2.5 2.4	55.5
55.8	2.6 2.2	2.6 2.2	2.6 2.3	2.7 2.3	2.7 2.4	2.8 2.4	2.9 2.5	55.8
56.1	3.0 2.4	3.0 2.5	3.0 2.5	3.0 2.5	3.1 2.6	3.1 2.6	3.2 2.7	56.1
56.4	3.4 2.7	3.4 2.7	3.4 2.7	3.4 2.7	3.4 2.8	3.5 2.8	3.5 2.9	56.4
56.7	3.7 2.9	3.7 2.9	3.8 2.9	3.8 2.9	3.8 3.0	3.8 3.0	3.9 3.0	56.7
57.0	4.1 3.1	4.1 3.1	4.1 3.1	4.1 3.1	4.2 3.1	4.2 3.2	4.2 3.2	57.0
57.3	4.5 3.3	4.5 3.3	4.5 3.3	4.5 3.3	4.5 3.3	4.5 3.4	4.6 3.4	57.3
57.6	4.9 3.5	4.9 3.5	4.9 3.5	4.9 3.5	4.9 3.5	4.9 3.5	4.9 3.6	57.6
57.9	5.3 3.8	5.3 3.8	5.3 3.8	5.2 3.8	5.2 3.7	5.2 3.7	5.2 3.7	57.9
58.2	5.6 4.0	5.6 4.0	5.6 4.0	5.6 4.0	5.6 3.9	5.6 3.9	5.6 3.9	58.2
58.5	6.0 4.2	6.0 4.2	6.0 4.2	6.0 4.2	6.0 4.1	5.9 4.1	5.9 4.1	58.5
58.8	6.4 4.4	6.4 4.4	6.4 4.4	6.3 4.4	6.3 4.3	6.3 4.3	6.2 4.2	58.8
59.1	6.8 4.6	6.8 4.6	6.7 4.6	6.7 4.6	6.7 4.5	6.6 4.5	6.6 4.4	59.1
59.4	7.2 4.8	7.1 4.8	7.1 4.8	7.1 4.8	7.0 4.7	7.0 4.7	6.9 4.6	59.4
59.7	7.5 5.1	7.5 5.0	7.5 5.0	7.5 5.0	7.4 4.9	7.3 4.8	7.2 4.7	59.7
60.0	7.9 5.3	7.9 5.3	7.9 5.2	7.8 5.2	7.8 5.1	7.7 5.0	7.6 4.9	60.0
60.3	8.3 5.5	8.3 5.5	8.2 5.4	8.2 5.4	8.1 5.3	8.0 5.2	7.9 5.1	60.3
60.6	8.7 5.7	8.7 5.7	8.6 5.7	8.6 5.6	8.5 5.5	8.4 5.4	8.2 5.3	60.6
60.9	9.1 5.9	9.0 5.9	9.0 5.9	8.9 5.8	8.8 5.7	8.7 5.6	8.6 5.4	60.9
61.2	9.5 6.2	9.4 6.1	9.4 6.1	9.3 6.0	9.2 5.9	9.1 5.8	8.9 5.6	61.2
61.5	9.8 6.4	9.8 6.3	9.7 6.3	9.7 6.2	9.5 6.1	9.4 5.9	9.2 5.8	61.5

DIP

Ht. of Eye (m)	Corrⁿ	Ht. of Eye (ft.)	Ht. of Eye (m)	Corrⁿ	Ht. of Eye (ft.)
2.4	−2.8	8.0	9.5	−5.5	31.5
2.6	−2.9	8.6	9.9	−5.6	32.7
2.8	−3.0	9.2	10.3	−5.7	33.9
3.0	−3.1	9.8	10.6	−5.8	35.1
3.2	−3.2	10.5	11.0	−5.9	36.3
3.4	−3.3	11.2	11.4	−6.0	37.6
3.6	−3.4	11.9	11.8	−6.1	38.9
3.8	−3.5	12.6	12.2	−6.2	40.1
4.0	−3.6	13.3	12.6	−6.3	41.5
4.3	−3.7	14.1	13.0	−6.4	42.8
4.5	−3.8	14.9	13.4	−6.5	44.2
4.7	−3.9	15.7	13.8	−6.6	45.5
5.0	−4.0	16.5	14.2	−6.7	46.9
5.2	−4.1	17.4	14.7	−6.8	48.4
5.5	−4.2	18.3	15.1	−6.9	49.8
5.8	−4.3	19.1	15.5	−7.0	51.3
6.1	−4.4	20.1	16.0	−7.1	52.8
6.3	−4.5	21.0	16.5	−7.2	54.3
6.6	−4.6	22.0	16.9	−7.3	55.8
6.9	−4.7	22.9	17.4	−7.4	57.4
7.2	−4.8	23.9	17.9	−7.5	58.9
7.5	−4.9	24.9	18.4	−7.6	60.5
7.9	−5.0	26.0	18.8	−7.7	62.1
8.2	−5.1	27.1	19.3	−7.8	63.8
8.5	−5.2	28.1	19.8	−7.9	65.4
8.8	−5.3	29.2	20.4	−8.0	67.1
9.2	−5.4	30.4	20.9	−8.1	68.8
9.5		31.5	21.4		70.5

MOON CORRECTION TABLE

The correction is in two parts; the first correction is taken from the upper part of the table with argument apparent altitude, and the second from the lower part, with argument H.P., in the same column as that from which the first correction was taken. Separate corrections are given in the lower part for lower (L) and upper (U) limbs. All corrections are to be **added** to apparent altitude, *but 30' is to be subtracted from the altitude of the upper limb.*

For corrections for pressure and temperature see page A4.

For bubble sextant observations ignore dip, take the mean of upper and lower limb corrections and subtract 15' from the altitude.

App. Alt. = Apparent altitude = Sextant altitude corrected for index error and dip.